Di-Ershiwu Jie Quanguo Qiaoliang Xueshu Huiyi Lunwenji
第二十五届全国桥梁学术会议论文集

（上册）

中国土木工程学会桥梁及结构工程分会　编

2022·南京

人民交通出版社股份有限公司

北　京

内 容 提 要

本书为第二十五届全国桥梁学术会议论文集,由中国土木工程学会桥梁及结构工程分会精选的170余篇优秀论文汇编而成。本论文集包括大会报告、桥梁设计、桥梁施工、桥梁结构分析、桥梁抗风、抗震与耐久性、桥梁监测、检测与试验六个部分,全面、系统地展示了近一时期我国桥梁工程建设的新动态、新理念、新成果和新经验。

本书可供从事桥梁工程设计、施工、检测、管理等相关工作的技术人员参考使用,也可供高等院校相关专业师生阅读学习。

图书在版编目(CIP)数据

第二十五届全国桥梁学术会议论文集/中国土木工程学会桥梁及结构工程分会编. — 北京：人民交通出版社股份有限公司, 2022.9

ISBN 978-7-114-18181-8

Ⅰ.①第… Ⅱ.①中… Ⅲ.①桥梁工程—学术会议—文集 Ⅳ.①U44-53

中国版本图书馆 CIP 数据核字(2022)第 158337 号

书　　名：第二十五届全国桥梁学术会议论文集(上册)
著　作　者：中国土木工程学会桥梁及结构工程分会
责任编辑：郭红蕊　张征宇　齐黄柏盈
责任校对：席少楠　赵媛媛
责任印制：张　凯
出版发行：人民交通出版社股份有限公司
地　　址：(100011)北京市朝阳区安定门外外馆斜街3号
网　　址：http://www.ccpcl.com.cn
销售电话：(010)59757973
总　经　销：人民交通出版社股份有限公司发行部
经　　销：各地新华书店
印　　刷：北京地大彩印有限公司
开　　本：787×1092　1/16
印　　张：85.75
字　　数：2176千
版　　次：2022年9月　第1版
印　　次：2022年9月　第1次印刷
书　　号：ISBN 978-7-114-18181-8
定　　价：280.00元(上、下册)

(有印刷、装订质量问题的图书,由本公司负责调换)

第二十五届全国桥梁学术会议

学术委员会

名誉主任 项海帆
主　任 葛耀君
委　员 （以姓氏笔画为序）
　　　　　牛　斌　　吉　林　　苏权科　　肖从真　　肖汝诚　　邵长宇
　　　　　孟凡超　　高宗余

组织委员会

名誉主任 易　军
主　任 尚春明　　肖汝诚
副主任 李明安　　蒋振雄　　武焕陵　　吴　刚
委　员
　　　　　包雪松　　杨玉冬　　郭志明　　张　建　　杨志刚　　赵　阳
　　　　　周　畅　　熊　文　　张文明　　廖　玲　　李　镇　　戚兆臣
　　　　　郭海龙　　李洪涛　　杜亚江　　胡　尧　　冯　斌　　张永涛
　　　　　毛伟琦　　卢冠楠　　邓亨长　　赵宗智　　周冠南　　欧阳效勇
　　　　　姚占虎　　高　伟　　韩永刚　　薛　峰　　陈　剑　　王仁贵
　　　　　胡　骏　　陈克坚　　严爱国　　韩大章　　陈凤军　　杨　勇
　　　　　王建国　　李宗民　　王员根　　张伯阳　　赵　军　　胡颖健
　　　　　于抒霞　　孙志勇　　张庆芸　　华晓烨　　朱彦洁　　李　帅
　　　　　杨雪松　　松　宇

编辑委员会

主　任 肖汝诚
副主任 孙　斌　　杨志刚
委　员
　　　　　赵　阳　　周　畅　　于抒霞　　熊　文　　张文明　　廖　玲
　　　　　张庆芸　　陈　研　　朱梦雅　　华晓烨　　郭海龙　　罗　锐

主办单位

中国土木工程学会桥梁及结构工程分会
同济大学
东南大学

支持单位

江苏省交通建设局
南京市公共工程建设中心

协办单位

中交第二航务工程局有限公司
中铁大桥局集团有限公司
中交路桥建设有限公司
四川公路桥梁建设集团有限公司
中交一公局集团有限公司
中国铁建大桥工程局集团有限公司
中交第二公路工程局有限公司
中交隧道工程局有限公司
中铁隧道局集团有限公司
中铁四局集团有限公司
中铁十四局集团有限公司
中交第三航务工程局有限公司
中交公路规划设计院有限公司
中铁大桥勘测设计院集团有限公司
中铁二院工程集团有限责任公司
中铁第四勘察设计院集团有限公司
华设设计集团股份有限公司
江苏中设集团股份有限公司
广州市市政工程设计研究总院有限公司
中铁山桥集团有限公司

中铁宝桥集团有限公司
中铁九桥工程有限公司
中交天和机械设备制造有限公司
江苏法尔胜缆索有限公司
镇江蓝舶科技股份有限公司

承办单位

《桥梁》杂志社

目 录（上册）

一、大会报告

1. 桥梁车辆扫描法的几个关键问题……………………………………………………杨永斌　王志鲁(3)
2. 大跨桥梁超大构件尺度带来的挑战与工程创新
　………………………………………………………秦顺全　蒋振雄　苑仁安　秦竟熙(11)
3. IABSE 杰出结构奖引领现代桥梁工程的技术创新和工程创造
　……………………………………………………………………葛耀君　Naeem Hussain(17)

二、桥梁设计

4. 桥梁美学之变与不变……………………………………………………………………徐利平(39)
5. 南京上坝夹江大桥总体设计………………………………………韩大章　华　新　丁　磊(48)
6. 南京长江大桥桥墩柔性抗船撞装置设计…………………陈国虞　杨黎明　陆宗林　庄冬利(57)
7. 基于工业化建造理念的城市桥梁………………………………………………………穆祥纯(64)
8. 彩练当空
　——武汉长江大桥组群中的环境色彩景观重塑及其审美价值显现………………辛艺峰(70)
9. 一体化设计视角下人行梁桥合理墩梁比例研究…………………………赵少杰　云季彪(81)
10. 从景观桥梁发展趋势谈异型桥梁……………………姜宇飞　高金红　郑逸群　袁万城(89)
11. 桥梁概念设计中的 CMF 设计方法应用研究
　………………………………………………顾田心　骆洞甫　马春萌　苏国治　张语瞋(94)
12. 通用 BIM 神经网络技术研究………………………………………………张师定　程　杨(102)
13. 基于 3DE 平台的 BIM 技术在连续刚构桥设计中的应用
　……………………………………………………………………尹邦武　史召锋　朱克兆(110)

14. 基于FAHP的桥梁方案比选法在BIM平台上的二次开发 ……………………… 韦泽鹏(118)
15. 超大跨径波形钢腹板组合梁桥技术突破
    ……………………… 张　云　刘玉擎　王思豪　唐亚森　罗婷倚(126)
16. 浙江省中小跨径桥梁科技成果回顾及展望 ……………… 金　剑　丰月华(133)
17. 基于两种设计规范的高速铁路40m简支箱梁整体性能对比
    ……………………… 叶华洋　张宇轩　禚　一　李　奇(139)
18. 体现红色文化的涉县赤水湾大桥结构设计 ……… 邓锦平　黄思勇　华龙海(146)
19. 宜昌香溪河大桥主桥设计与受力分析 ……………………………… 袁任重(153)
20. 曲线下承式异形提篮钢拱桥设计研究 ……… 曾春清　徐　勇　屈　健　李　林(164)
21. 马来西亚蒲莱河大桥主桥总体及抗船撞设计 ……………… 刘　强　张　凡(172)
22. 高烈度区大跨径预应力混凝土连续刚构桥设计实践
    ……………………… 黄　宜　徐德标　潘可明　胡　彪(179)
23. 泸州蓝田长江五桥主梁形式的比选
    ……………………… 汪维安　易志宏　林小军　郑旭峰　牟廷敏(187)
24. 贵港苏湾大桥主桥设计 ……………………………………………… 王士刚(196)
25. 哈西大街跨铁路转体斜拉桥设计关键技术 ……………… 方　志　彭　俊(201)
26. 某城市立交桥梁总体设计 ………………………………………… 黄智华(208)
27. 香炉洲大桥东汊航道桥设计与施工技术创新 ……… 赵　江　赵定发　张晋瑞(215)
28. 新型装配式通道设计与施工技术研究 ……… 陈露晔　陈　瑶　吴淀杭　廖刘算(226)
29. 基于UHPC的新型连接件及其在桥梁快速建造中的应用
    ……………………… 郭劲岑　张江涛　邹　杨　蒋金龙(234)
30. 山区高速公路装配式桥梁方案设计与快速施工
    ……………… 陈露晔　陈　瑶　陆潇雄　杨世杰　宋志远　袁江川(241)
31. 预制装配化空心钢管混凝土拱桥试设计研究
    ……………………… 何任珂　颜东煌　许红胜　岳亚超(250)
32. 京雄高速公路常规桥梁墩柱设计的关键技术 ……………… 王　航　王国兴(259)
33. 高速铁路40m简支箱梁合理倒角尺寸研究 ………………………… 吴　鹏(266)
34. 文明大桥哑铃形超高墩设计与计算 ……… 孙秀贵　崔剑峰　王成伟(274)
35. 桥墩局部冲刷深度预测方法比较研究 ……… 乔　奎　吴文朋　尹启亮(282)

三、桥梁施工

36. 大跨径悬索桥大体积混凝土结构施工裂缝成因分析及控制措施研究 ……… 罗明秋(291)
37. 预制装配工艺在大截面盖梁施工中的应用 ……………… 杜一帆　徐胜利(298)
38. 波形钢腹板节段箱梁的安全及质量控制 ……………………………… 吴佩佩(304)
39. 南京仙新路过江通道跨江大桥散索鞍制造技术 ……………… 陈会振　董小亮(310)
40. 门式墩系梁支架设计与施工 …………………………………… 吕婷婷　巴正一(315)
41. 一种预制节段梁测量塔定位圆盘轴线调整新方法 ……… 周海生　岑　超　刘世超(325)

42. 大体积混凝土防裂技术在沉井顶盖板中的应用 ………………… 陈会振　张　说（332）
43. 南京仙新路过江通道南锚碇大体积混凝土温度控制技术研究
　　………………………………………………………………… 王　睿　王　恒　李　渊（337）
44. 南京仙新路过江通道锚杆调整测量方法 ………………………………… 马亮亮（343）
45. 南京仙新路过江通道南锚碇地下连续墙混凝土配合比设计与应用 ……… 徐海平（352）
46. 南京仙新路过江通道北锚碇沉井钢壳拼装测量控制 ………… 王　璐　姜　艳（355）
47. 南京仙新路过江通道南锚碇地连墙施工测量控制 …………… 王　璐　姜　艳（361）
48. 南京仙新路过江通道南锚碇地连墙施工关键技术研究 …………………… 苏小龙（370）
49. 在不良地质环境下采用旋挖钻机施工大直径超长桩基的施工控制与成效
　　……………………………………………………………………………… 杨成宏（378）
50. 超大型陆地沉井施工监控技术应用 …………………… 李维生　张洪达　李　宋（385）
51. 一种基于区块链可信数字身份的建筑职业技能评价系统架构设计 ……… 申小龙（392）
52. 大型桥梁建设期物质流模型构建与应用 …………………………………… 马　壮（401）
53. 南京五桥波形钢腹板节段箱梁预制工艺优化研究 ………………………… 叶　浪（410）
54. 南京五桥预制拼装波形钢腹板箱梁桥施工控制技术研究 ………………… 邓银中（416）
55. 南京长江第五大桥南边跨陆地支架区梁段安装施工技术研究
　　………………………………… 黄　伟　乔学宁　荆刚毅　马志青　张海涛（425）
56. 新型可变间距单主梁节拼架桥机应用于双幅同步架设的工艺研究 ……… 姚　斌（430）
57. 浅谈跨江大桥索塔涉航道施工安全管理 …………………………………… 王　彤（436）
58. 浦仪公路大桥钢塔制造技术创新与优化 ……………………… 余　超　沙军强（443）
59. 大型塔吊在钢结构索塔建设中应用 …………………………… 尤　田　梁　良（451）
60. 钢索塔塔底锚杆定位安装工艺 ………………………………… 韩治忠　杨　帆（458）
61. 中央独柱形钢塔端面机加工工艺 ……………………………… 刘大帅　沙军强（466）
62. 超宽分幅式钢箱梁制造技术研究 ……………………… 贾　顺　马浩鹏　王贝贝（472）
63. 浦仪公路西段上坝大桥分幅钢箱梁预拼装技术研究 … 赵　丽　谈发帮　龚　怡（478）
64. 斜拉桥超宽超重钢箱梁高支架纵横移施工工艺 ……… 李　亮　刘　江　张其玉（487）
65. 斜拉桥中跨钢箱梁悬臂吊装施工工艺 ………………… 周　畅　张其玉　蒋铁锐（495）
66. 600m 跨径劲性骨架拱桥
　　——天峨龙滩桥施工关键技术 ……… 韩　玉　秦大燕　罗小斌　沈　耀　郑　健（503）
67. BIM 技术在景观钢桥建造过程中的应用 ……………… 李　潭　季　轩　刘贝贝（511）
68. 大跨连续梁转体桥上跨铁路智慧 BIM 建造技术 ………………………… 卜东平（518）
69. 标尺索股法主缆架设原理及计算方法 ………… 侯思远　沈锐利　潘　济　闫　勇（526）
70. 智能制造预制构件自动化生产技术研究
　　………………… 邓文豪　邱志雄　林文朴　李华生　何　力　邹泽渝（533）
71. 桥梁预制墩柱及现场拼装施工技术 …………………… 何　俊　吴　健　李友清　祝安宝（540）
72. 固定液压模板移动台座 T 梁预制施工技术 ……………………………… 陈建平（549）
73. 轨道高差对移动台座上 T 梁稳定性影响分析 …………………………… 陈建平（554）
74. 基于齿轮齿轨传动的斜拉桥多点支撑转体系统设计 ……………………… 梅慧浩（567）
75. 大跨径钢桁梁斜拉桥支撑体系研究 …………… 闫生龙　李永庆　王　健　刘冠华（578）

76. 复杂曲线耐候钢板组合梁制造关键技术研究 …………………………… 冯仁东 刘治国(586)
77. 拱桥缆索吊装施工临时扣塔高度设计优化——基于数值拟合的
    合理塔高确定方法研究 …………… 舒 刚 夏红文 冯 川 何 利 李 颖(592)
78. 预制盖梁大体积混凝土温控技术研究
    ………………………… 严 科 宫 瑾 王喆宇 杨岳彪 杜文成(599)
79. 预制盖梁及现场拼装施工技术 ………………………… 吴 健 李友清 何 俊(604)
80. 装配式桥梁大体积盖梁吊装测量施工技术的改进与应用
    ………………………… 李晓菡 郑建凯 严 科 宫 瑾 刘佳杰(615)
81. 拱桥斜拉扣挂施工拱肋线形定位调控技术研究——基于GNSS实测塔偏数据的
    主拱施工预拱度动态调整 ………… 舒 航 夏红文 冯 川 冯 林 凌 夏(622)
82. 坪山高架桥宽幅钢箱梁制造技术 ………………… 郑鹏弟 张 磊 王志翔(629)
83. 山区特大跨度拱桥有平衡重转体施工
    ………………………… 郭小平 骆 鹏 黄贤增 陈 聪 梅志军(635)
84. 大跨度钢管拱桥拼装精度控制 ……………………………… 耿庆祥 张昌松(645)
85. 宽幅预应力混凝土斜拉桥塔梁同步施工安全设施设计与施工技术
    ………………………… 张 平 黄美懿 李育文 林 珊 李光正(650)
86. 常泰长江大桥下横梁专项施工监控系统研究 ……………… 吕昕睿 孙南昌(658)
87. 单线往复式索道在高山峡谷区域施工中的技术应用 ………………… 蔡 悬(665)
88. 张九台大桥连续箱梁施工线形控制技术 ………………………………… 郑 伟(672)
89. 钢管混凝土拱桥拱肋预埋段定位安装技术研究 …………… 杨 宇 谭林军(682)
90. 大跨度钢管拱桥拱肋吊装测量研究 ……………………… 王 雷 杨 宇(688)
91. 五峰山长江大桥主索鞍组合加工技术 ……………… 曾清健 石红昌 黄安明(695)
92. 悬索桥焊接式索夹制造工艺研究 …………………… 李泽锐 石红昌 黄安明(700)
93. 深中通道伶仃洋大桥东索塔及锚碇施工关键技术 …………………… 袁 航(705)
94. 钻石形主塔"塔梁同步"施工分析及控制技术研究
    ……………………………… 黄 斌 曾振华 张国刚 吴坤平(710)
95. 环槽铆钉连接技术在川藏铁路钢结构桥梁上的应用研究
    ………………………… 张 钦 贾云龙 何 旭 董 帅 左世斌(717)
96. 矮塔斜拉桥平行钢绞线拉索施工控制技术研究
    ……………………………… 况中华 李鑫奎 李旭东 金东华(725)
97. 某高速公路桥梁预制桥墩装配式建造技术 ………………… 周翰斌 刘永峰(733)
98. 穿塔连续式猫道承重索拆除施工技术 …………………………………… 庞 庆(740)
99. 高墩墩旁托架便捷荷载试验方法 …………………… 林 鹏 段成钢 王 楠(746)
100. 沥青现场热再生技术在路面大中修项目中的应用 ………… 王怀健 刘海龙(753)
101. 泥皮对地连墙复合式锚碇基础承载性能影响研究
    ………………………… 张太科 石海洋 张鑫敏 过 超 李 伟 付佰勇(763)
102. 超大水下钢沉井第二次取土下沉效率分析 ……… 孙南昌 董 剑 黄甘乐(776)
103. 三峡库区宝塔坪大桥钢围堰设计与施工 ……………………………… 秦清波(788)

104. 龙潭大桥南塔承台施工组合支护结构体系设计
　　　…………………………………………黄修平　刘　鸽　曾　炜　贺祖浩（794）
105. 淮河大桥主墩承台深水基坑漏水涌砂处理技术……………易家平　咸　宁（801）
106. 新型桩基顶升托换装置研究……………潘可明　王广业　肖永铭　路文发（809）
107. 桩梁一体化智能造桥机设备及技术研究
　　　……………………………邱志雄　邓文豪　林文朴　李华生　杨兴义（815）
108. 深水浅覆盖区钢栈桥及钢平台管桩施工关键技术………张庆伟　王成伟　魏晗琦（822）
109. 大跨度拱桥拱座基础绳锯切割施工技术研究……………………王怀健　谭林军（828）
110. 滑动式测斜仪在高路堤下深层土体变形观测中的运用………………白　兵（834）
111. 清江特大桥钢结构高栓孔群制孔技术………………………………姚承世（845）

一、大会报告

1. 桥梁车辆扫描法的几个关键问题

杨永斌　王志鲁

（重庆大学土木工程学院）

摘　要：中小跨径桥梁量大面广，但维护投入相对较少，如何实现快速、经济且准确的检测诊断是保障桥梁结构安全及长寿化服役的重要前提。2004 年，Yang 等首创了基于车辆响应的桥梁间接测量法，即车辆扫描法，因其高机动性、快速、可连续测试等优点，在国内外备受关注与推崇。为便于学者们深刻理解并协力推进车辆扫描法的技术推广，本文在综述国内外研究进展的基础上总结了车辆扫描法发展的几个关键问题，包括桥面不平整度影响的消减，车辆自身振动干扰的剔除，信噪比增强方法，测量车模型与信号处理方法的优选等，并给出了针对性建议。最后，本文对车辆扫描法的未来发展方向进行了展望，包括应用对象、桥梁病害、智能算法及智能终端等。

关键词：桥梁　车辆扫描法　车-桥动力耦合　路面平整度　信噪比

1 引言

经过 40 年的持续高速发展，我国桥梁建设取得了显著成就，桥梁数量已跃居世界第一。据统计：2021 年末全国公路桥梁已达 96.11 万座，其中特大桥梁 7417 座，大桥 13.45 万座，中小跨桥 81.92 万座。我国公路桥梁已迈向"建养并重阶段"，近 30% 的桥梁服役已超 20 年，桥梁养修任务日益艰巨。2019 年 9 月，中共中央、国务院印发了《交通强国建设纲要》，明确提出了构建安全保障完善可靠、反应快速的交通基础设施防护体系，强化交通基础设施养护，加强基础设施运行监测检测，提高养护专业化、信息化水平，增强设施耐久性和可靠性。

对于大桥和特大桥梁的管理维护，常有"一桥一系统"的健康监测系统和日常专项检测[1]。但对于量大面广的中小型桥梁的管养投入相对较少，现行规范仍以人工巡检目测为主，费时费力且检测结果受主观影响较大，结构安全检测间隔期 6~8 年，难以及时发现病害，预防突发事故[2]。数据显示：中小跨桥梁技术等级为三、四类的带病桥梁达 30%，事故桥梁的平均服役时长仅为 23.8 年，远低于设计使用年限[3]。如何实现快速、经济且准确的检测诊断是保障量大面广中小桥梁安全、长寿化服役的重要前提。目前，国内外学者已研发了多种智能检测技术，包括搭载无人机的图像识别、多功能检测机器人、激光扫描、探地雷达、光纤和电磁传感等。然而这些技术因依赖昂贵仪器设备，致使普及率较低。

国家自然科学基金：基于变分模态分解的桥梁固有频率驱车识别及测量车影响剔除方法研究，52008057。
重庆市科技计划项目科技人才培养计划（院士专项）：基于移动车辆响应的板桥结构模态参数识别研究，cstc2020yszx-jscxX0002。

应对需求,重庆大学杨永斌教授首次提出了基于车辆振动信号的桥梁间接测量方法[4],即车辆扫描法(Vehicle Scanning Method)[5],并通过研发的测量车系统验证了其可靠性[6]。传感器安装在测量车上,记录其过桥时的车体振动信号,基于车桥耦合原理,通过数据分析可识别桥梁模态参数和损伤。该方法无需封路和驻足作业,可实现对群桥的连续测试,具有快速、机动、经济等优点,因此备受国内外学者关注推崇,有望为量大面广中小型桥梁的快速测试与安全诊断提供关键技术支撑。

笔者作为车辆扫描法的首创者,一直从事和关注桥梁车辆扫描法的发展动态。目前,国内外围绕车辆扫描法的学术论文已达数百篇,尤其近几年快速增长[7]。为便于学者们深刻理解该方法,本文在综述前人工作的基础上总结了车辆扫描法发展的几个关键问题,以供参考,助力技术提升与推广应用。

2 基本理论

车辆扫描法已广泛应用于识别桥梁模态参数(频率、振型、阻尼比)、承载力、路面平整度、结构损伤等。本文以利用车辆响应识别简支梁模态频率为例(图1),简述车辆扫描法的基本理论[4]。

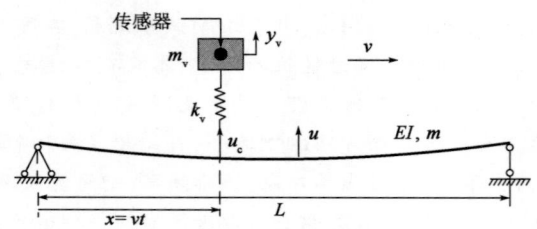

图1 简支梁驱车识别力学模型

测量车模拟为单自由度的弹簧-质子模型,车体质量为 m_v,弹簧刚度为 k_v,移动速度为 v,加速度传感器固定于测量车上,用于记录车体竖向振动加速度响应。简支梁和车体的振动方程表示为:

$$m\ddot{u} + EIu'''' = [k_v(y_v - u_c) - m_v g]\delta(x - vt) \quad (1)$$

$$m_v \ddot{y}_v + k_v(y_v - u_c) = 0 \quad (2)$$

式中:m——梁体单位长度的质量;

EI——桥梁弯曲刚度;

u——梁体竖向位移;

g——重力加速度;

δ——迪克拉函数;

y_v——车体竖向位移;

u_c——车桥接触点位移。

采用振型叠加和伽辽金法对式(1)求解,可得梁体竖向振动位移 $u(x,t)$,令 $x = vt$ 可得车桥接触点位移 u_c,再将其代入式(2),可得车体响应表达式:

$$\ddot{y}_v(t) = \sum_{n=1}^{N} \frac{\Delta_{stn}}{2(1-S_n^2)}\left[A_1\cos(\omega_v t) + A_2\cos(2\omega_{dn}t) + A_3\cos\left(\omega_{bn} - \frac{n\pi v}{L}\right)t + A_4\cos\left(\omega_{bn} + \frac{n\pi v}{L}\right)t\right]$$

(3)

式中，$\Delta_{stn}=-2m_vgL^3/(n^4\pi^4EI)$ 为静载位移；$S_n=\omega_{dn}/\omega_{bn}$ 为速度因子；A_i 为与 S_n 相关的系数参量，可参考文献[4]；$\omega_{dn}=n\pi v/L$ 为驱车频率；$\omega_v=\sqrt{k_v/m_v}$ 为车体频率；$\omega_{bn}=(n\pi/L)^2\sqrt{EI/m}$ 为简支梁模态频率。

由式(3)得：车体加速度响应 $\ddot{y}_v$ 中包含四组频率成分，即车体频率成分 ω_v、驱车频率成分 ω_{dn}、桥梁左频移成分 $\omega_{bln}=\omega_{bn}-n\pi v/L$ 和右频移成分 $\omega_{brn}=\omega_{bn}+n\pi v/L$。这四种频率均可在车体响应频谱中获得，如图2所示。其中，桥梁模态频率可通过识别的桥梁左、右频移项计算得到，即 $\omega_{bn}=(\omega_{bln}+\omega_{brn})/2$。至此，从理论上证实了基于车辆响应间接识别桥梁频率的可行性。同理，利用不同的车体模型或结合其他数据处理方法可识别桥梁振型、阻尼比、损伤等。

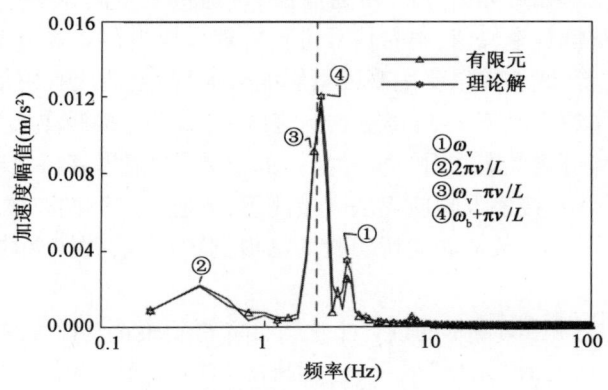

图 2 过桥车辆加速度响应的频谱图[4]

3 关键问题

3.1 桥面不平整度影响的消减

在实际情况下，桥面不平整度的影响无法避免。当车辆行驶于桥梁之上时，桥面不平整度与桥梁挠曲变形共同作用于车轮，造成车辆颠簸振荡。研究表明：车辆振动响应对桥面不平整度非常敏感，是影响车辆扫描法功效的主要因素。学者们提出了消减不平整度影响的多种方法，大致分为三类：

第一类是认为桥面不平整度是一种噪声，通过带通滤波[8]、小波变换[9]、卡尔曼滤波[10]等方法消减噪声的影响，但这类方法存在很大的主观性，时常难以清楚区分有效信号和噪声，因此在路面平整度消噪方面的应用相对较少。

第二类方法主要围绕轮胎模型改进。研究表明：轮胎简化为点模型易放大平整度的影响；相反，理想的刚性圆盘模型能显著降低其影响，尤其短波长部分[11]。但在实际中，轮胎的物理几何参数包括轮毂直径、轮胎宽度与扁平率、胎面纹路、胎压等均会影响轮胎与桥面起伏轮廓的接触印迹，进而影响车辆振动响应[12]。建议参考车辆工程领域的精细化轮胎模型，着重关注对桥梁振动信号的感知传递与车辆振动信号的精准模拟，提出适用于车辆扫描法仿真计算的轮胎模型，以此反向优化轮胎物理几何参数，提出降低路面不平整度影响的轮胎设计方法。

第三类方法主要是利用前、后车轮或车轴与路面平整度的时空相关性，通过两轮、两轴或两车响应相消剔除路面不平整的影响[13-15]。这类方法的功效在理论和数值层面已被诸多学者证实，广泛应用于车辆扫描法增效。但在现场试验层面应用较少，有待进一步技术开发。

另有学者提出了通过车辆移动-静置方式消除路面平整度的影响[16]，亦有提出通过增大桥梁激励相对降低路面平整度的影响等方式[17]。笔者认为：基于上述方法，通过车轮和车轴的精巧设计，选择适合的数据处理方法，可在实际测试中大幅降低甚至消除路面平整度的影响。

3.2 车辆自身振动干扰的剔除

车辆扫描法相较于传统直接测量法的优势在于将传感器固定于车辆之上，这也造成传感器信号中掺杂车辆自身振动干扰污染，且车体结构越复杂，杂讯信号越突出。因此，车辆扫描法的另一关键问题是如何剔除传感器信号中的车辆自身振动干扰？针对这一问题的处理方法总结如下：

一类是采用滤波技术如奇异谱分析-带通滤波[8]、随机子空间识别[18]、模态分解[19]等，在车辆响应频谱中滤除车辆频率峰值，再对信号进行处理。但当存在多个车辆频率，或与桥梁频率接近时，很难区辨二者，滤波效果受主观因素影响较大，甚至造成有用信息的误除。

另一类是通过车体响应反算车-桥接触点响应的方法[20]。接触点实际为桥梁上的移动观测点，而非车体，因此其可避免车体自身振动杂讯的掺入，大幅提高桥梁频率尤其是高阶频率的识别效果。但在实际中，接触点响应无法直接测得，需通过实测的车体响应及传递函数进行反算。该方法的功效在理论、数值和实桥实验均已得到了证实，并拓展应用于识别桥梁振型、阻尼比、损伤等[21-23]。

另有学者提出了"无频"测量车的设计想法[24]，将轮胎改造为聚氨酯硬轮胎，使车体频率远大于桥梁频率，以实现近似"无频"效果，进而排除车辆自身频率的干扰。该方法实质与接触点方法一致。

笔者认为：无论采用何种方法，均需着重关注测量车本身结构设计，应以构造简单、参数确定、响应传递明确为原则，防止不确定杂讯的掺入。结合滤波或接触点反算技术可成功排除车辆自身振动干扰。

3.3 增强信噪比

信噪比是动力测试效果的关键衡量指标。车辆扫描法在现场实测时会遇到诸多干扰，包括不平整度、噪声、车速、阻尼、测量误差等，致使信噪比降低。可通过优化测试方式改善信噪比，主要方法包括：

第一种方法是增大桥梁振动响应。车辆扫描法实质是通过车体感知桥梁振动响应，桥梁自身振动响应越大，被车体感知响应也越大，越利于桥梁的车辆扫描效果。增大桥梁振动响应的方法包括：伴随车激励、冲击[25]或敲击式测试车[26]、调谐式振动信号放大器[27]、车载或桥置激振器[17]等。

第二种方法是低速运行[28]。研究表明，车体运行速度越小，越利于提高信噪比。主要原因有三：一是低速运行可减少路面不平整度引致的车辆信号杂讯；二是低速运行可保证桥梁被充分时间激荡；三是低速运行保证数据量足够，防止谱泄露和稀疏现象出现。

第三种方法是扩充信号有效长度[29]。除低速运行外，可尝试通过多次、往复测试或连续多车辆信号采集的方式扩充测试信号的有效长度，解决车辆高速运行造成的数据量不足问题。

另有学者提出了通过引入小波变换、模态分解、自适应滤波等技术，从信号处理角度实现信噪分离，以增强信噪比，但这类方法的功效同样依赖于信号源数据的质量。笔者认为：通过优化测试方式，结合适合的数据后处理方法，可有效改善信噪比。但需注意，附加的激励需尽量减少或避免对测量车本身的影响，防止引入其他干扰因素。

3.4 优选测量车模型

由车-桥动力耦合机理可知,桥梁动力响应与车辆参数紧密相关。测量车模型的选择也决定了车辆扫描法的效果。测量车模型涵盖单轴单自由度模型、单轴两系悬挂双自由度(1/4车体)模型、单轴摇摆双自由度模型、双轴双自由度模型及双轴两系多自由度模型等[7],如图3所示。

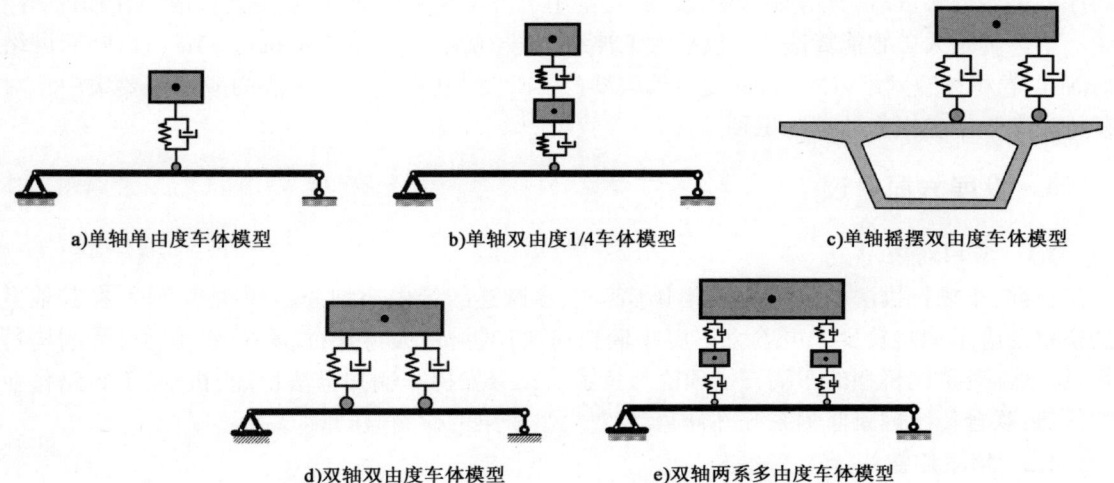

a)单轴单自由度车体模型　　b)单轴双自由度1/4车体模型　　c)单轴摇摆双自由度车体模型

d)双轴双自由度车体模型　　e)双轴两系多自由度车体模型

图3　测量车模型示意图

单轴单自由度移动簧上质量模型是车辆扫描法基本理论构建的经典模型,具有结构简单、闭合解易推导、力学机理清晰等优点,因此广泛应用于理论、数值与检测方法的改进与拓展研究。亦有对标单自由度模型的测量车应用于实桥实验中。

单轴两系悬挂双自由度1/4车体模型是对常规整车模型的简化,包含车厢和轮轴两系构件,常用于研究车体两系构造参数对车辆扫描法功效的影响规律,以优化车辆结构参数。亦可用于拓展研究车轮模型的影响,为轮胎选型设计提供科学依据。

单轴摇摆双自由度模型是最简单的空间车体模型,包含竖向和摇摆两个自由度,充分考虑了检测过程中左右车轮受不同激励的影响,可展现空间状态下单轴车实际运动状态,是车辆扫描法拓展应用于空间模态参数识别的重要理论力学模型。

双轴双自由度模型是最简单的双轴平面车体模型,包含竖向和转动两个自由度,其优势在于包含了前后两轴的动力响应,时空信息更丰富,常结合前后车轴的时空相关性用于剔除路面不平整度的干扰影响,以强化车辆扫描法的功效。

双轴两系多自由度模型最贴近常规整车模型,常用于车辆扫描法的数值模拟验证工作,亦可拓展应用于对整车结构参数的优化设计。

笔者认为:各车体模型有各自优点和功能,测量车模型的选择应充分考虑研究对象和研究目标。以理论为核心的研究应注重力学表达简洁、机理清晰;以数值和实验为核心的研究应贴近实际工况,验证完备,结果准确。

3.5 优选信号处理方法

在保证信号源数据质量的前提下,信号处理方法的选择尤为关键。目前车辆扫描法应用的信号处理方法可大致分为三类,可据需选择[2,7]。

第一类主要是时、频域分析技术[30],包括快速傅里叶变换(FFT)、短时傅里叶变换

(STFT)、小波变换(WT)、希尔伯特变换(HT)、广义 S 变换(S-transform)、随机子空间(SSI)、卡尔曼滤波(KF)等,主要用于桥梁模态参数的识别、时频信号降噪、车-桥系统的时变耦合分析等研究。

第二类是信号分解技术[19],包括经验模态分解(EMD)、聚合经验模态分解(EEMD)、变分模态分解(VMD)、奇异谱分析(SSA)、经验小波变换(EWT)、傅里叶分解(FDM)等,将实测时间序列进行分解,以辨分桥频、车频及噪声,常用于桥梁频率识别、桥梁振型重构、损伤识别等。

第三类是人工智能算法[31],包括人工神经网络(ANN)、支持向量机(SVMs)、贝叶斯网络(BNs)、卷积神经网络(CNN)、深度自编码器(DAE)等,其在车辆扫描法的应用主要集中于对桥梁模态频率和损伤的训练识别。

4 发展方向建议

4.1 应用对象

目前,车辆扫描法的应用大多集中于简支、多跨连续等中小型公路和铁路梁桥,在其他类型桥梁的应用相对较少。可着力拓展车辆扫描法于拱桥、人行天桥、悬索桥、斜拉桥、刚构桥等,探索针对不同桥型的车辆扫描理论与技术。充分发挥车辆扫描法快速、机动、不封路作业的优势,联合传统健康监测系统,协同实现对大型桥梁的检测监测。

4.2 桥梁病害

在桥梁损伤识别层面,车辆扫描法的研究大多关注于裂缝引起的桥梁等效刚度折减,部分应用于桥梁冲刷损伤识别。在实际中,桥梁病害多种多样,包括桥梁整体下挠、桥墩支座病害、伸缩缝失效、预应力缺失、混凝土碳化等,可拓展探索针对不同桥梁病害的车辆扫描方法。

4.3 智能算法

智能算法在健康监测领域已有较多应用,其在车辆扫描法中的探索应用已初露头角。智能算法在桥梁车辆扫描的普及应用需建立在大体量精准数值模拟和现场实测基础上,通过大数据、机器学习、深度学习等深度挖掘路面平整度、损伤、噪声、测速、结构参数随机性等干扰造成的车辆扫描数据特征及演变规律,同时需通过信噪比增强措施,提高车辆扫描信号源数据质量,保证智能算法的精度与效率。

4.4 智能终端

桥梁车辆扫描法的最终目标是建立车载智能终端系统,集振动信号采集、分析与病害可视化等模块于一体。现阶段,可联合智能手机等设备,探索用于桥梁路面平整度、模态参数和损伤识别的车载智能扫描技术。车辆扫描法的未来发展需结合人工智能、边缘计算、物联网等技术,将其嵌入车载智能终端内,实现车辆行驶过程中的实时智能化巡查。

参 考 文 献

[1] 李宏男,高东伟,伊廷华.土木工程结构健康监测系统的研究状况与进展[J].力学进展,2008,38(2):151-166.

[2] 孙利民,尚志强,夏烨.大数据背景下的桥梁结构健康监测研究现状与展望[J].中国公路学报,2019,32(11):1-20.

[3] 贺拴海,王安华,朱钊,等.公路桥梁智能检测技术研究进展[J].中国公路学报,2021,34

(12):12-24.

[4] Yang Y B,Lin C W,Yau J D.Extracting bridge frequencies from the dynamic response of a passing vehicle[J].Journal of Sound and Vibration,2004,272:471-493.

[5] Yang Y B,Yang J P,Zhang B,et al.Vehicle scanning method for bridges[M].Hoboken:John Wiley & Sons,2020.

[6] Lin C W,Yang Y B.Use of a passing vehicle to scan the fundamental bridge frequencies:An experimental verification[J].Engineering Structures,2005.27:1865-1878.

[7] Wang Z L,Yang J P,Shi K,et al.Recent Advances in Researches on Vehicle Scanning Method for Bridges[J].International Journal of Structural Stability and Dynamics,2022.

[8] Yang Y B,Chang K C,Li Y C.Filtering techniques for extracting bridge frequencies from a test vehicle moving over the bridge[J].Engineering Structures,2013,48:353-362.

[9] Tan C,Elhattab A,Uddin N.Drive-by bridge frequency-based monitoring utilizing wavelet transform[J].Journal of Civil Structural Health Monitoring,2017,7(5):615-625.

[10] Kang S W,Kim J S,Kim G W.Road roughness estimation based on discrete Kalman filter with unknown input[J].Vehicle System Dynamics,2019,57(10):1530-1544.

[11] Chang K C,Wu F B,Yang Y B.Disk model for wheels moving over highway bridges with rough surfaces[J].Journal of Sound and Vibration,2011,330(20):4930-4944.

[12] 邓露,凌天洋,何维,等.用于公路车-桥系统振动分析的精细化轮胎模型[J].中国公路学报,2022,35(4):108-116.

[13] Yang Y B,Li Y C,Chang K C.Using two connected vehicles to measure the frequencies of bridges with rough surface:a theoretical study [J]. Acta Mechanica, 2012, 223(8):1851-1861.

[14] Kong X,Cai C S,Kong B.Numerically extracting bridge modal properties from dynamic responses of moving vehicles[J].Journal of Engineering Mechanics,2016,142(6):04016025.

[15] Zhan J,Wang Z,Kong X,et al. A Drive-By Frequency Identification Method for Simply Supported Railway Bridges Using Dynamic Responses of Passing Two-Axle Vehicles[J].Journal of Bridge Engineering,2021,26(11):04021078.

[16] He W Y,Ren W X.Structural damage detection using a parked vehicle induced frequency variation[J].Engineering Structures,2018,170:34-41.

[17] Zhang J,Yi T H,Qu C X,et al.Detecting Hinge Joint Damage in Hollow Slab Bridges Using Mode Shapes Extracted from Vehicle Response[J].Journal of Performance of Constructed Facilities,2022,36(1):04021109.

[18] Yang Y B,Chen W F.Extraction of bridge frequencies from a moving test vehicle by stochastic subspace identification[J].Journal of Bridge Engineering,2016,21(3):04015053.

[19] Yang Y B,Chang K C.Extraction of bridge frequencies from the dynamic response of a passing vehicle enhanced by the EMD technique[J].Journal of sound and vibration,2009,322(4-5):718-739.

[20] Yang Y B,Zhang B,Qian Y,et al.Contact-point response for modal identification of bridges by a moving test vehicle[J].International Journal of Structural Stability and Dynamics,2018,18(5):1850073.

[21] Yang Y B, Xu H, Zhang B, et al. Measuring bridge frequencies by a test vehicle in non-moving and moving states[J]. Engineering Structures, 2020, 203:109859.

[22] Nayek R, Narasimhan S. Extraction of contact-point response in indirect bridge health monitoring using an input estimation approach[J]. Journal of Civil Structural Health Monitoring, 2020, 10(5):815-831.

[23] Zhan Y, Au F T K, Zhang J. Bridge identification and damage detection using contact point response difference of moving vehicle[J]. Structural Control and Health Monitoring, 2021, 28(12):e2837.

[24] Yang Y B, Li Z, Wang Z L, et al. A novel frequency-free movable test vehicle for retrieving modal parameters of bridges: Theory and experiment[J]. Mechanical Systems and Signal Processing, 2022, 170:108854.

[25] Tian Y, Zhang J, Yu S. Vision-based structural scaling factor and flexibility identification through mobile impact testing[J]. Mechanical Systems and Signal Processing, 2019, 122:387-402.

[26] Hu Z, Xiang Z, Lu Q. Passive Tap-scan damage detection method for beam structures[J]. Structural Control and Health Monitoring, 2020, 27(4):e2510.

[27] Yang Y B, Wang Z L, Shi K, et al. Adaptive amplifier for a test vehicle moving over bridges: theoretical study[J]. International Journal of Structural Stability and Dynamics, 2021, 21(03):2150042.

[28] Shi Z, Uddin N. Extracting multiple bridge frequencies from test vehicle-a theoretical study[J]. Journal of Sound and Vibration, 2021, 490:115735.

[29] Zhan J, You J, Kong X, et al. An indirect bridge frequency identification method using dynamic responses of high-speed railway vehicles[J]. Engineering Structures, 2021, 243:112694.

[30] Malekjafarian A, OBrien E J. Identification of bridge mode shapes using short time frequency domain decomposition of the responses measured in a passing vehicle[J]. Engineering Structures, 2014, 81:386-397.

[31] Malekjafarian A, Golpayegani F, Moloney C, et al. A machine learning approach to bridge-damage detection using responses measured on a passing vehicle. Sensors, 2019, 19(18):4035.

2. 大跨桥梁超大构件尺度带来的挑战与工程创新

秦顺全[1]　蒋振雄[2]　苑仁安[1]　秦竟熙[3]

（1.中铁大桥勘测设计院集团有限公司；2.江苏省交通工程建设局；
3.加州大学洛杉矶分校土木与环境工程系）

摘　要：为了在更高水平上兼顾沟通两岸交通需求和航道水运安全，对桥梁的跨越能力要求越来越高。桥梁跨度越大，其构件尺度也就越大，构件尺度超过常规会带来哪些技术上的问题，如何用创新的手段来解决，是桥梁建设必须面对的挑战。本文从超大跨度桥梁结构体系、桥塔结构、索塔锚固结构、新型沉井基础、涡激振动控制等方面入手，探讨桥梁跨度与构件尺度、超大构件尺度与工程创新等问题，希望以工程创新的方式找到解决大跨度桥梁建设中面临的构件超大尺度带来挑战的途径。

关键词：构件尺度　温度自适应塔梁纵向约束体系　空间钻石形桥塔　钢箱-核芯混凝土组合结构　台阶型沉井基础　临界宽度　阻尼储备

1　桥梁跨度与构件尺度

　　斜拉桥和悬索桥是大跨度桥梁的两种主要桥型。在中国，1975年建成的云阳汤溪河桥，跨度仅有76m；1991年建成的上海南浦大桥，主梁采用结合梁，主跨423m；1995年建成的武汉长江二桥，主梁采用混凝土梁，主跨400m；2008年建成的苏通长江大桥，主跨首次超过1 000m。在铁路斜拉桥方面，1977年建设的红水河桥，主跨96m；2000年建成的芜湖公铁两用长江大桥，主跨312m；2009年建成的武汉天兴洲公铁两用长江大桥，主跨504m；2020年建成的沪苏通长江大桥，主跨1 092m。

　　为了在更高水平上兼顾沟通两岸交通需求和航道水运安全，对桥梁的跨越能力要求越来越高。正在建设的常泰长江大桥，主桥采用斜拉桥，主跨达到了1 176m。正在建设中的公路悬索桥跨度更是超过了2 000m。

　　桥梁由各类构件组成，跨度越大，构件尺度也就越大。对于斜拉桥而言，随着跨度的增加，在梁、索、塔三类构件中，荷载效应增长最快的是桥塔的弯矩。以武汉长江二桥斜拉桥为例，其主跨400m，控制荷载组合下的塔底弯矩约为$0.5×10^6$kN·m，塔底断面如图1所示。常泰长江大桥为主跨1 176m的斜拉桥，其控制荷载组合下的塔底弯矩超过$10.5×10^6$kN·m，塔底断面如图 2 所示。从武汉长江二桥到常泰长江大桥,桥梁跨度增加了不到 2 倍,但桥塔的荷载效应(弯矩)增长了 20 倍!主塔顺桥向尺寸由 7m 增大至 21m,壁厚由 0.8m 增大至 3.0m。

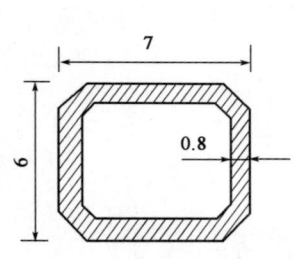
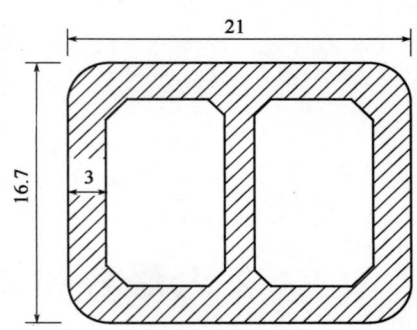

图 1　武汉长江二桥截面(尺寸单位:m)　　　　图 2　常泰长江大桥截面(尺寸单位:m)

随着桥梁跨度增加,荷载效应增大,必须增加构件的尺度才能有效抵抗荷载效应。构件尺度超出常规,会不会影响桥梁的安全、舒适和耐久,有哪些技术上的挑战,是超大跨度桥梁建设中必须面对的问题。

2　构件尺度与工程创新

2.1　温度自适应塔梁纵向约束体系

对于斜拉桥,半飘浮体系(飘浮体系)由于塔梁之间无纵向约束,中跨温度变形可自然释放,但在纵向风荷载和活载作用下,桥塔内力和梁端伸缩变形大。以主跨 1 176m 的常泰长江大桥为例,如果采用半飘浮体系,控制荷载组合下的塔底弯矩超过 $10.5×10^6 kN·m$,相应地桥塔截面纵向尺度达到 21m,混凝土壁厚 3.0m。大平面尺度的厚壁混凝土,开裂控制是一个难题;计算梁端伸缩位移量 2 800mm,如此大的梁端伸缩量,不但对桥上行车舒适性不利,其伸缩装置的运行维护也是一个难题。如果采用塔梁纵向约束体系,则可极大改善结构在承受风荷载和活载时的传力路径,优化结构受力行为,大幅度减小塔底弯矩和梁端伸缩位移量,但纵向约束限制了体系温度变化时中跨主梁温度变形的释放,产生巨大的温度附加力。

能否找到一种理想的结构体系,既能实现塔和梁之间纵向约束,又能自然释放中跨主梁温度变形?温度自适应塔梁纵向约束体系[1,2](TARS)是一种好的选择,见图 3。

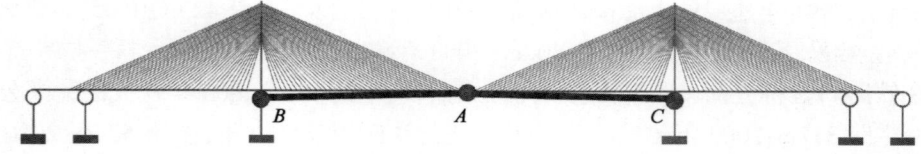

图 3　温度自适应塔梁纵向约束体系

该体系利用碳纤维复合材料 CFRP 温度惰性性能(线膨胀系数仅为钢材的 1/20 左右),在主梁跨中 A 点与桥塔 B、C 点之间设置 CFRP 水平连接杆,用此连接杆实现塔和梁之间的纵向约束。由于结构体系温度变化时,连杆 AB、AC 自身变形可忽略,A 点又是纵向变形零点,故中跨温度变形同漂浮体系一样可以自然释放,不增加结构附加温度内力。

常泰长江大桥应用表明,TARS 与常用的半漂浮体系相比,梁端纵向位移量减小 23%,活载作用桥塔弯矩降低 19%,风荷载作用桥塔弯矩降低 39%。

2.2 空间钻石型桥塔

大跨度斜拉桥桥塔荷载效应巨大,如果仅以提高单一截面抗力水平来承担荷载效应,则截面尺度超出常规。主跨1 176m的常泰长江大桥,桥塔截面尺度在纵向将达到21m,壁厚达到3m。对于这样大平面尺度的厚壁结构,混凝土在强约束条件下受早期干缩收缩、水化温差、后期徐变、日照温差和寒流降温等复杂因素影响,非主要受力方向(桥塔断面横向)的开裂控制是一项极大的挑战。大量的工程实践表明,对于边长超过15m的平面大尺度厚壁混凝土桥塔结构,要控制截面横向开裂,尚未有非常有效的办法。

从工程角度出发,采用结构措施而非简单增加截面尺度的方法来抵抗巨大的荷载效应是一个好的选择。所谓结构措施就是将单塔肢分解为双塔肢,即将塔肢沿纵向分为两个构件,桥塔在纵向形成框架式结构。一方面,框架式结构的塔肢其截面尺寸可大大减小,降低了混凝土开裂控制的难度;另一方面主塔的大部分弯矩作用将转变为两个框架柱的轴力作用,提高了结构整体的抗推刚度。平面和空间钻石形桥塔[3],见图4。

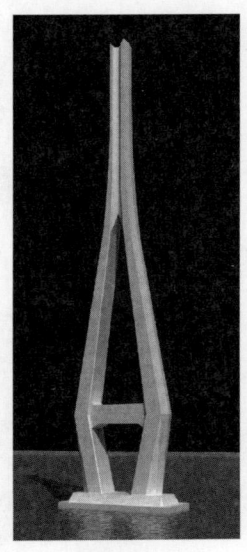 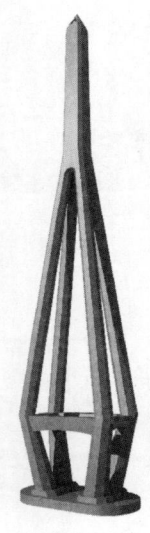

a)平面钻石形桥塔　　b)空间钻石形桥塔

图4　平面与空间钻石形桥塔

2.3 钢箱-核芯混凝土组合结构

斜拉桥景观的重点在桥塔。对于钻石形或倒Y形桥塔,上塔柱索塔锚固区长度与桥塔全高是否协调,是影响整体视觉效果的重要因素。虽然斜拉桥跨度越大,相应桥塔也越高,但由于斜拉索在主梁上的布置间距是一个相对固定的"模数",跨度越大意味着需要在桥塔上锚固的斜拉索数量也就越多。

斜拉索在桥塔上的锚固间距完全由结构构造控制。目前,大跨度斜拉桥常用钢锚梁或钢锚箱结构,最小构造间距在2.8m左右。过大的锚固间距,造成索塔锚固区长度占桥塔高度比例偏大,景观效果稍差[图5a)]。

为了减小桥塔上斜拉索锚固的构造间距,同时考虑到上塔柱截面应力超过50%来自竖向轴力的特点,并兼顾混凝土的开裂控制问题,提出钢箱-核芯混凝土组合结构[3](SCAS),见图6。

核芯混凝土既是斜拉索的锚固结构,也是桥塔整体受力的一部分,结构受力更加合理。边、中跨斜拉索交叉锚固于钢板围合的核芯混凝土,锚固构造得到最大限度的简化。拉索锚区构造最小间距由2.8m降低到2.2 m,上塔柱锚固区高度大大减小,改善了全桥特别是公路桥面视角的景观效果,见图5b)。

a)钢锚梁方案　　　　　　　b)"钢箱-核芯混凝土"组合结构方案

图5　公路桥面视角的桥塔

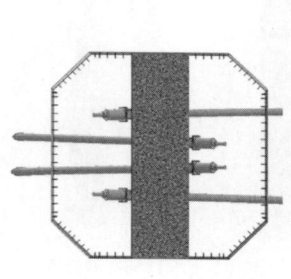 

a)断面示意图　　　　b)轴测图

图6　钢箱-核芯混凝土组合锚固结构

2.4 新型沉井结构及下沉控制方法

桥梁上部结构的荷载最终需要由基础结构传递给地基。武汉长江二桥主塔基础采用$19\phi2.5m$钻孔桩,承台直径21m。对于常泰长江大桥,若基础也采用群桩基础,则需要$27\phi2.5m$钻孔桩,承台尺度达到百米的量级。考虑到河床的冲刷具有随机性,这样规模的群桩基础,各桩之间可能存在的冲刷不均对桩群受力分配的影响是无法准确把握的。若采用沉井基础,由于基础尺度大,相应冲刷深度也越大,基础埋置深度更大,下沉施工难度大、风险高。

为此,设计了减自重减冲刷台阶型沉井基础[4](SRCF)。通过在沉井一定高度位置设置结构台阶,改变下切水流形态,控制河床冲刷,可有效减小沉井下沉深度及施工风险(图7)。

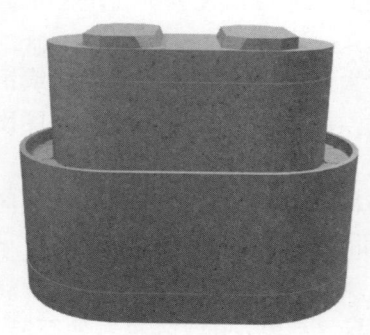

图7　减自重减冲刷台阶型沉井基础

沉井基础的成败关键在于下沉施工。沉井下沉阻力来自井壁侧阻力和正面端阻力两部分。对于常规尺度的沉井，井壁侧阻力占绝对主导，所以传统的沉井施工方法主要着眼于如何解决侧阻力问题。表1列出了不同尺度沉井端阻力与侧阻力占比，可以看出，随着沉井平面尺度增大，端阻力逐渐取代侧阻力，成为沉井下沉阻力的主导。对于超大尺度沉井，如何解除端阻力才是沉井下沉的关键。

沉井下沉参数对比表　　　　　　　　表1

典型沉井	平面尺寸(m)	外壁周长/井壁面积	侧壁摩阻力/沉井有效重量	端阻力/沉井有效重量
丁茜大桥沉井	φ16	0.58	0.86	0.14
泰州长江大桥沉井	58.4×44.4	0.24	0.59	0.41
常泰长江大桥沉井	95×57.8	0.16	0.37	0.63

本文提出了沉井端部破土的"临界宽度"控制方法[4]。该方法以井壁端部土体破坏的临界宽度、临界深度为基础，通过分区的盲区取土（改变土墙宽度），改变土体受力条件，使沉井正面盲区土体要么被设备主动取出，要么逐区破坏坍塌（图8）。实现了大尺度沉井的平稳、可控下沉。

图8　临界宽度控制示意

2.5 大跨度桥梁涡激振动控制的工程对策

近些年，大跨度桥梁涡激振动时有发生。涡激振动虽不足以影响桥梁的结构安全，但作为公用基础设施，过大的振幅会引起公众的恐慌，影响社会对大跨度桥梁建设的信心。所以，大跨度桥梁建设中必须高度重视涡激振动控制问题。

主梁在涡激力作用下产生的振动幅值与结构的阻尼密切相关，结构阻尼的大小在很大程度上决定了涡激振动是否发生以及振幅的大小。而桥梁结构阻尼的主要来源之一是支座滑动的摩擦耗能，支座摩擦力（支座反力）和所滑动位移越小，每一振动循环耗能越少。

表2列出了主跨2 200m级悬索桥方案前三阶竖弯振型频率以及振型向量中梁端支座位置水平位移与主梁最大竖向位移的比值。由表2可以看出：

（1）振型密集，振型之间频率相差不大，三阶正对称竖弯振型的频率仍在有可能发生涡激振动的风速范围之内；

（2）三阶正对称竖弯振型"振型向量比"仅为0.005，意味着如果桥梁发生高阶竖弯振动，支座移动微小,结构基本上是体系内部振动。

2 200m悬索桥方案振型特性 表2

模态序号	振型描述	自振频率	振型向量比(纵/竖)
2	一阶反对称竖弯	0.06	0.750
12	二阶反对称竖弯	0.14	0.150
3	一阶对称竖弯	0.08	0.180
8	二阶对称竖弯	0.11	0.090
21	三阶对称竖弯	0.18	0.005

注:"振型向量比"指振型向量中梁端纵向位移与全桥最大竖向位移之比。

另一方面,大跨度悬索桥支座大致仅承受支座附近未设置吊杆梁段的重量。显然,桥梁跨度越大,主梁长度越长,梁端支座恒载反力在主梁总质量中的占比就越小。

综合上述两个方面的分析可以看出,悬索桥跨度越大,结构阻尼比就越小。某大跨度结合梁悬索桥实测到0.235%阻尼比低值,也说明我们一直高估了大跨度桥梁的结构阻尼。

桥梁运营中必须确保结构安全、功能正常,并且有合适的安全富余。桥梁设计中,除了准确的计算分析和必要的试验外,还必须考虑"荷载效应储备"和"结构抗力储备",这样做的目的是为了应对当遇到某种认识上的不到位时的安全之需。但是,桥梁涡振风速不是某一风速的门槛值,而是若干风速区间,自然不能用"荷载效应储备"方式来保证安全富余。从工程的角度出发,用"阻尼储备"的方式应该是一种不错的选择。

3 结语

随着航道水运安全的需求,桥梁跨度不断增加,结构的荷载效应呈几何级数增大,带来了桥梁结构构件的尺度超出了常规。超出常规的构件尺度必然对超大跨度桥梁的发展带来新的技术挑战。基于此,本文介绍了应对构件超大尺度带来挑战的应对方法,包括温度自适应塔梁纵向约束体系、空间钻石型桥塔、钢箱-核芯混凝土组合结构、减自重减冲刷台阶型沉井基础和沉井下沉端阻力破土的"临界宽度"控制方法;提出了用"阻尼储备"方式为超长主梁涡激振动控制提供安全储备的设想。

参 考 文 献

[1] 秦顺全,徐伟,陆勤丰,等.常泰长江大桥主航道桥总体设计与方案构思[J].桥梁建设,2020,50(3):1-10.

[2] 秦顺全,苑仁安,郑清刚,等.超大跨度公铁两用斜拉桥结构体系研究[J].桥梁建设,2020,50(4):1-8.

[3] 秦顺全,张金涛,陆勤丰,等.常泰长江大桥主航道桥桥塔方案研究[J].桥梁建设,2021,51(4):1-9.

[4] 秦顺全,谭国宏,陆勤丰,等.超大沉井基础设计及下沉方法研究[J].桥梁建设,2020,50(5):1-9.

3. IABSE 杰出结构奖引领现代桥梁工程的技术创新和工程创造

葛耀君[1]　Naeem Hussain[2]

（1.同济大学土木工程防灾国家重点实验室；2.奥雅纳工程顾问有限公司）

摘　要：IABSE 杰出结构奖用以表彰最卓越、最创新、最有创意或启发性的桥梁结构项目。现代桥梁工程的最新进展可以用近 20 年间荣获 IABSE 杰出结构奖的 32 个桥梁获奖项目来展示。最具创造桥梁结构形式包括分体双箱梁悬索桥、空间主缆悬索桥、多主跨缆索承重桥梁和斜拉悬吊协作体系桥梁；最具创新结构材料组合包括钢桁架-预应力混凝土翼板组合梁桥、蝶形腹板索辅梁桥、多强度材料组合桥梁和长寿命混凝土斜拉桥；最为卓越结构功能技术包括卓越开启方式梁式桥、创新施工方法斜拉桥、创新抗震设计斜拉桥和卓越环境协调桥梁。还有一些具有启发性的桥梁被评为获奖项目或入围奖项目，其中包括索辅梁桥、拱式桥、斜拉桥和跨海桥梁。IABSE 杰出结构奖彰显了现代桥梁工程的创造、创新、卓越和启发，包括创造性的结构形式、创新性的材料组合、卓越性的功能技术和启发性的桥梁项目。

关键词：现代桥梁　结构创造　材料创新　功能卓越　建设启发

1　引言

国际桥梁与结构工程协会(IABSE)于 1929 年 10 月 29 日在瑞士苏黎世成立。经过 90 多年的发展，IABSE 已经发展成为所有结构和各种材料领域最负盛名的国际学术组织之一，全球会员遍布 100 多个国家和 58 个国家团组。IABSE 的宗旨是促进技术交流、推进工程实践、服务行业和社会。1998 年，IABSE 设立了杰出结构奖，作为 IABSE 的最高结构奖项，旨在世界不同地区评选和表彰最杰出、最具创新性、最具创造性或最具启发性的桥梁和结构[1]。在 2000 年至 2021 年的 22 年间，共有 28 个建筑结构和 32 个桥梁结构获得了该奖项，其中包括 33 个杰出结构奖和 27 个入围奖[2]。从 2022 年起，IABSE 将推出 IABSE 项目与科技奖，包括小型工程、建筑结构、人行或骑行桥梁、公路和铁路桥梁、基础设施、工程修复、施工创新，并设立国际发展奖和全年金质奖，代替单一的杰出结构奖及入围奖。现在正是回顾和总结以往 21 届获奖项目在桥梁和结构工程领域的创造性、创新性、卓越性和启发性的最佳时间。

来自 14 个国家的 32 个桥梁项目获得了 IABSE 杰出结构奖包括入围奖[2]，如表 1 所列，包含了 15 个杰出结构奖项目和 17 个入围奖项目。其中，中国 7 个，韩国 4 个，法国、英国和西班牙各3个,丹麦和日本各2个,瑞士、希腊、德国、美国、土耳其、挪威、加拿大和爱尔兰各1个。获奖的缆索承重桥梁有20座,包括斜拉桥8座、多主跨斜拉桥4座、悬索桥3座、自锚式悬索桥2座、多主跨悬索桥2座和斜拉悬吊协作体系桥梁1座,其余12座获奖桥梁中有4座拱式桥、3座梁式桥、3座索辅梁桥和2座开启桥[2]。

IABSE 杰出结构奖获奖桥梁项目 表1

编号	桥名	桥型	国家	年份(年)
1	Sunniberg 桥	索辅梁桥	瑞士	2001
2	Miho 博物馆桥	斜拉桥	日本	2002
3	厄勒海峡通道	公铁斜拉桥	丹麦	2002
4	Bras de la Plaine 桥	悬臂桥梁	法国	2003
5	盖茨亥德千禧桥	开启桥	英国	2005
6	Rion-Antirion 桥	多跨斜拉桥	希腊	2006
7	米约高架桥	多跨斜拉桥	法国	2006
8	卢浦大桥	拱式桥	中国	2008
9	Tri-Countries 桥	人行拱式桥	德国	2009
10	苏通大桥*	斜拉桥	中国	2010
11	Pont Gustave Flaubert 桥*	开启桥	法国	2011
12	昂船洲大桥*	斜拉桥	中国	2011
13	Busan-Geoje 跨海通道*	跨海斜拉桥	韩国	2012
14	西堠门大桥*	悬索桥	中国	2012
15	李舜臣大桥*	悬索桥	韩国	2013
16	泰州大桥	多跨悬索桥	中国	2014
17	旧金山奥克兰海湾大桥新东跨	自锚式悬索桥	美国	2015
18	南京大胜关长江大桥*	拱式桥	中国	2015
19	Ulla 河高架桥*	连续梁桥	西班牙	2016
20	Dandeung 桥*	自锚式悬索桥	韩国	2017
21	Yavuz Sultan Selim 大桥	斜拉-悬吊协作体系桥	土耳其	2018
22	圆环桥*	连续梁桥	丹麦	2018
23	Almonte 河高架桥*	拱式桥	西班牙	2018
24	Queensferry Crossing 桥*	多跨斜拉桥	英国	2018
25	Mersey Gateway 桥	多跨斜拉桥	英国	2019
26	Rande 海峡桥扩宽*	斜拉桥	西班牙	2019
27	Mukogawa 桥*	索辅梁桥	日本	2019
28	港珠澳大桥	跨海斜拉桥	中国	2020
29	Cheonsa 桥*	跨海缆索承重桥	韩国	2020
30	Halogaland 桥*	悬索桥	挪威	2020
31	Samuel De Champlain 桥*	斜拉桥	加拿大	2020
32	Rose Fitzgerald Kennedy 桥	索辅梁桥	爱尔兰	2021

注:* 获 IABSE 杰出结构奖的入围奖。

基于这32个获得IABSE杰出结构奖包括入围奖的桥梁项目,可以从不同的角度回顾和总结现代桥梁工程的最新发展,例如,桥梁体系包括梁、拱、斜拉桥和悬索桥,结构材料包括钢、混凝土和钢-混凝土的组合或混合,桥梁项目包括设计、分析、施工、维护和修复,桥梁跨度包括小、中、大和超大跨径等。IABSE杰出结构奖的设立最初目的是为了表彰那些最卓越的、最创新的、最创造的和最具启发性的桥梁结构[1]。回顾过去,重要的是从达到这个目的来总结桥梁工程的最新发展。缆索承重桥梁的最新发展与创造性的结构形式有关,包括分体双箱梁、空间主缆、多主跨和斜拉悬吊协作体系等;钢与混凝土的材料组合与创新性主要体现在悬臂或连续梁桥、索辅梁桥、拱式桥和斜拉桥中;卓越性的杰出功能技术发明为开启桥、建造技术、抗震技术和环境协调性等做出了贡献;最后,一些极具启发性的桥梁项目获评杰出结构奖,如索辅梁桥、拱式桥、斜拉桥和跨海桥梁。

2 创造性结构形式

在桥梁工程发展中,创造性的结构形式一直是非常重要的,而结构形式的创造性是IABSE杰出结构奖最重要的获奖标准之一。在所有获奖的桥梁中有12座缆索承重桥梁,创造性结构形式包括2座分体双箱梁悬索桥、3座空间主缆悬索桥、6座多主跨缆索承重桥梁和1座斜拉悬吊协作体系桥梁。

2.1 分体双箱梁悬索桥

随着跨度的不断增加,悬索桥变得更轻、更柔、更低阻尼,导致了悬索桥对风荷载的敏感性,包括气动颤振失稳和静力扭转发散。分体双箱梁桥已被证明是提高大跨径悬索桥颤振稳定性最有效的结构形式之一。

主跨1650m的西堠门大桥位于中国台风高发地区,颤振稳定性要求78.4m/s的颤振检验风速。除了传统的整体单箱梁外,通过风洞试验研究了2m高中央稳定板整体单箱梁和中央开槽6m或10.6m宽分体双箱梁。风洞试验结果表明,这三种加劲梁的颤振临界风速都能满足要求,但最终选择了6m宽开槽的分体双箱梁方案,并进一步将断面形式优化为如图1所示。2009年,分体双箱梁首次应用于悬索桥提高抗风稳定性,西堠门大桥也因此入围2012年IABSE杰出结构奖[3]。

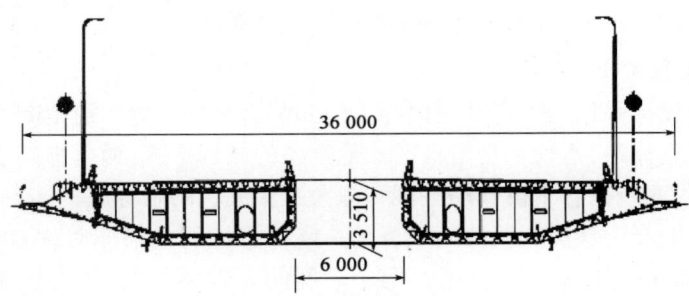

图1 西堠门大桥(尺寸单位:mm)

李舜臣大桥是主跨1545m的大跨径悬索桥,如图2所示。根据颤振稳定性要求,该桥也采用了分体双箱梁,开槽宽度为4.3m。李舜臣大桥于2013年入围IABSE杰出结构奖[4]。

土耳其的Canakkale 1915大桥以2023m的跨度取代了1991m的明石海峡大桥,成为悬索桥跨度新的世界纪录。为了提高颤振稳定性,同样采用了9m宽开槽的分体双箱梁设计(图3)。Canakkale 1915大桥于2022年2月建成通车[5]。

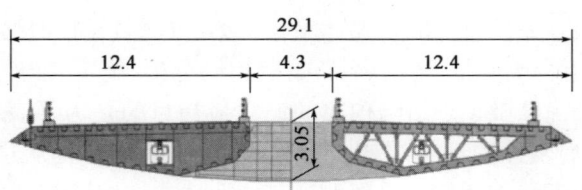

图2 韩国李舜臣大桥(尺寸单位:m)

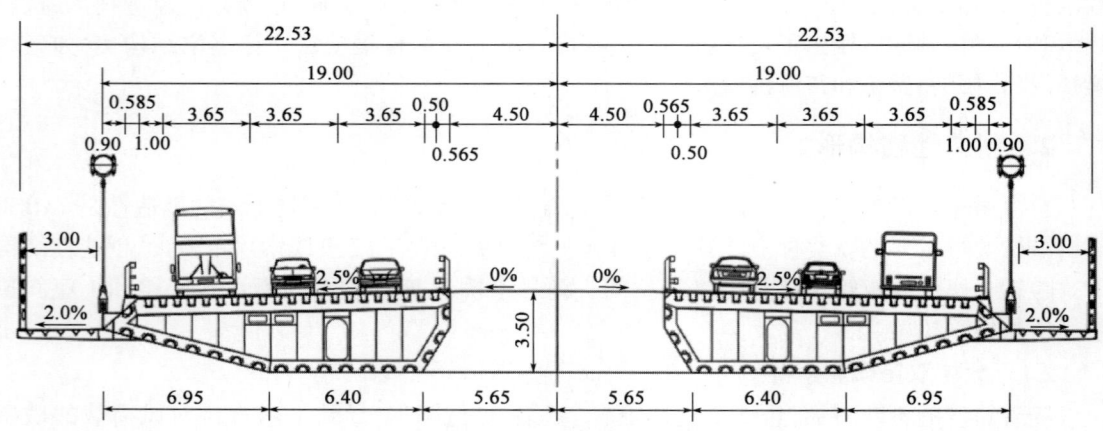

图3 土耳其Canakkale 1915桥(尺寸单位:m)

为了提高悬索桥的极限跨度,作者试设计了一座典型的三跨悬索桥,主跨跨径为5 000m,两边跨为2 000m。采用如图4所示的大开槽双箱梁,中心开槽宽度40m,通过全桥气弹模型风洞试验[6],证明可以满足65m/s的颤振检验风速要求。

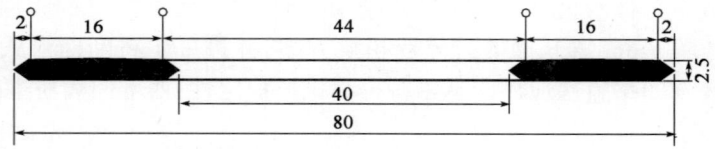

图4 5 000m跨度悬索桥(尺寸单位:m)

2.2 空间索面悬索桥

传统的悬索桥设计采用两平行平面内的主缆和竖直吊杆布置。由空间主缆和斜吊杆组成的创造性的空间缆索体系,不仅丰富了自锚式悬索桥的结构形式,而且提高了结构的扭转刚度和振动频率,提高了大跨径悬索桥气动颤振和静力扭转失稳的临界风速。

如图5所示的旧金山新奥克兰海湾东桥是一座标志性的单塔非对称自锚式悬索桥,该桥主跨385m,边跨180m,分体双箱梁悬吊在两个倾斜的缆索系统上,并由独柱主塔支撑。与传统的地锚式平行主缆悬索桥不同,这种自锚式悬索桥有两条空间的主缆,分别固定在箱梁的东墩,穿过塔顶后在西墩的梁端鞍座处绕回。每一根主缆索股都有独立的锚固构造,从而将整个缆索力传递到箱梁中。该桥是2015年的IABSE杰出结构奖的获奖项目[7]。

如图6所示的韩国Dandeung桥也是独塔、非对称自锚式悬索桥,拥有世界纪录的400m主跨。这座自锚式悬索桥有两条主缆,在边跨无吊杆时平行,主跨有斜吊杆时空间展开,用以悬挂分体双箱梁。该桥获得了2017年IABSE杰出结构奖入围奖[8]。

图 5　美国旧金山新奥克兰海湾东桥

图 6　韩国 Dandeung 桥

挪威 Halogaland 桥主跨 1 145m,是世界上建在北极圈内的跨度最长的悬索桥。Halogaland 桥采用 A 型塔、独特的空间缆索系统和简洁的闭口钢箱梁,拥有独特的、极具标志性的外观,如图 7 所示。为防止可能的自杀事故,细长的桥梁采用了 2.2m 高的双侧安全栏杆,这对桥面高度处 56m/s 的气动稳定性要求提出了严峻的抗风挑战。设计师创造性采用空间缆索系统提高桥梁的扭转基频,从而增大了桥梁的颤振临界风速。该桥入围了 2020 年 IABSE 杰出结构奖[9]。

图 7　挪威 Halogaland 桥

2.3　多跨缆索承重桥梁

跨越更宽的河流或海洋时,需要提高桥梁的纵向连续跨越能力,不仅需要更大的单跨桥梁,还需要在深水环境下建造多主跨桥梁。传统的三跨缆索承重桥梁方案目前可以实现斜拉桥主跨 1 104m,悬索桥主跨 2 023m,有必要研发双主跨甚至多主跨的缆索承重桥梁方案,以提升桥梁纵向连续跨越能力。目前已有 6 座多主跨缆索承重桥梁获得了 IABSE 杰出结构奖包括入围奖,其中斜拉桥 4 座、悬索桥 2 座。

两跨或两跨以上斜拉桥的问题是众所周知的。由于中塔不能像边塔那样将拉索直接与墩或地锚连接,桥梁的整体刚度明显降低,导致静力和动力特性劣化,风致振动加剧,直接影响到多主跨斜拉桥的施工和运行安全。为了提高中塔的刚度,在多主跨斜拉桥中创造性地提出并应用了多种有效的结构措施,包括提高中塔或主梁刚度、中塔顶部安装稳定索、主梁跨中设置交叉拉索等。

对于多主跨斜拉桥而言,中塔刚度越大,其静、动力特性越好。但桥梁体系刚度越大,造价就越高。2006 年 IABSE 杰出结构奖获奖项目,三主跨各 560m 的 Rion-Antirion 桥采用了刚度非常大的中塔设计,如图 8 所示[10],而 2019 年 IABSE 杰出结构奖获奖项目 Mersey Gateway 桥则采用了高度分别为110m、125m的较高边塔和80m的较矮中塔,相对提高了中塔刚度,如图9所示[11]。作为2006年IABSE杰出结构奖另一个获奖项目,多个主跨342m的米约高架桥通过塔梁之间的刚性连接提高整体刚度,如图10所示[12]。Queensferry Crossing桥是2018年IABSE杰出结构奖的入围项目[13],该桥采用了斜拉索交叉方法,即在每个主跨的跨中部分将斜拉索重叠或交叉,如图11所示。

图8　希腊Rion-Antirion桥

图9　爱尔兰Mersey Gateway桥

图10　法国米约高架桥

图11　英国Queensferry Crossing大桥

多主跨悬索桥采用刚度非常大的中塔时,跨中桥面竖向位移和中塔顶部纵向位移相对较小,但当主跨小于1 500m时,塔顶主缆抗滑移安全系数和中塔最大/小应力较为不利。2014年IABSE杰出结构奖获奖项目泰州长江大桥,采用钢箱主梁、4跨设计,包括双1 080m主跨和双390m边跨,如图12所示。为选择合适的中塔刚度,设计师对倒Y型钢塔进行了优化,优化了塔顶位移、跨中桥面位移、塔顶最大和最小应力、抗滑移安全系数等四个重要参数[14]。作为2020年IABSE杰出结构奖入围项目,Cheonsa桥(韩国天使大桥)是首座跨海多跨悬索桥,如图13所示。该桥全长1 750m,设计有三座主塔,两个主跨均为650m,两边跨均为225m。中塔的刚度约为边塔的6.5倍,是考虑主缆抗滑移和塔顶挠度综合优化后的结果[15]。

图12　泰州长江大桥

图13　韩国天使大桥

2.4　斜拉悬吊协作体系桥梁

由于斜拉桥具有更好的结构刚度,而悬索桥具有提供更大跨径的能力,这两种结构体系的结合而形成的斜拉悬吊协作体系桥梁,可望实现更大的跨越能力。该体系桥塔附近用斜拉索代替吊杆,可以有效减少协作体系桥梁的悬索吊部分,从而降低主缆的轴力,减少主缆的施工和锚固体量。与相同跨径的斜拉桥相比，协作结构可以减少斜拉索的数量，降低塔高、最长拉索的长度和主梁的轴压力。因此，斜拉悬吊协作体系桥梁在大跨径桥梁设计中成为一种极具竞争力的新桥型。

2018年IABSE杰出结构奖获奖项目，土耳其Yavuz Sultan Selim大桥，也被称为普鲁斯海峡三桥，是一座大跨度跨海桥梁，主跨1 408m，总长度2 250m。该桥承载8车道公路交通和双轨重型铁路，全部布置在59.4m宽的单层桥面上。由于索塔高度限制，它被创造性设计为斜拉悬吊协作体系桥梁，如图14所示，是世界上第一座在超大跨度桥梁领域建成的和最大跨度的斜拉悬吊协作体系桥梁[16]。

图14 土耳其Yavuz Sultan Selim大桥

3 创新性材料组合

桥梁的发展依赖于结构材料的发展。虽然桥梁工程的主要结构材料仍然是钢和混凝土，但这两种材料可以通过各种创新的方式进行组合，比如复合结构、混合结构、多种强度材料、长寿命混凝土等等。创新性材料组合是IABSE杰出结构奖最重要的评判标准之一，以往获奖项目中可以认为有6项与材料组合创新有关，包括两座钢桁架混凝土组合梁桥、一座蝶形腹板索辅梁桥、两座多强度材料桥梁和一座长寿命混凝土斜拉桥。

3.1 钢桁架-预应力混凝土翼板组合梁桥

随着预应力混凝土梁桥跨度的增加，主跨的过大挠度会对结构的耐久性提出挑战，混凝土箱梁的收缩、徐变和开裂是导致这种现象的主要原因。持续的下挠导致PC箱梁的顶板、腹板和底板裂缝增多，梁体裂缝会降低结构刚度，从而进一步增大挠度。除减小混凝土收缩徐变之外，最具创新性的解决策略是在混凝土箱梁中采用钢桁架腹板或波形钢腹板，代替混凝土腹板，如图15所示，从而可以完全避免腹板开裂，同时可降低梁体自重20%~40%。钢桁架腹板和波形钢腹板的混凝土箱梁截面如图16所示。

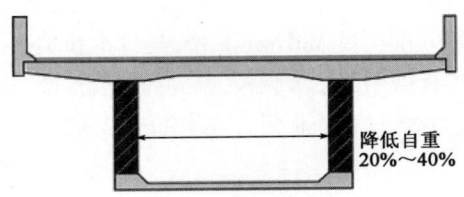

图15 预应力混凝土箱梁和腹桥

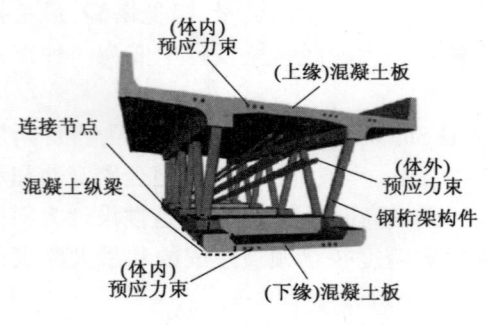 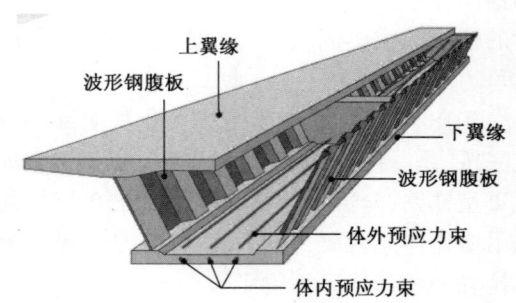

图16　钢桁架-预应力混凝土翼板组合梁

2003年IABSE杰出结构奖的获奖项目，法国Bras de la Plaine桥是一座特殊的悬臂组合桥，如图17所示，该桥横跨法国Réunion岛的一个深切峡谷，主跨跨度达281m。主跨本质上由两部分组成，每个部分都由悬臂钢桁架、预应力混凝土顶板和底板组成，并在中间会合。两个竖直的钢管桁架平面夹在两个水平的薄混凝土板之间，细长的跨度体现了两种基本结构材料的完美结合[17]。

2016年IABSE杰出结构奖入围项目西班牙Ulla河高架桥是一座(100+150+180+240+240+240+180+150+150+100)m的10跨高速铁路桥，如图18所示。这些桥跨被设计为双榀钢桁架和混凝土桥面板的组合结构，在空间上呈现双重组合效应，主梁高度从跨中段最小9.15m到桥墩处最大17.90m[18]。

图17　法国Bras de la Plaine桥　　　　　　　图18　西班牙Ulla河高架桥

3.2 蝶形腹板索辅梁桥

虽然波形钢腹板桥已经在世界上的许多工程中得到应用，但组合结构需要更多的养护工作以保证结构耐久性。一种名为"蝶形腹板"的新型复合结构已经被研发出来，在主梁腹板上使用蝴蝶形混凝土板，以更有效地架设桥梁、降低施工和维护成本。对于作用在腹板上的剪切力，它的表现类似于沃伦钢桁架，如图19所示。腹板的材料是混凝土，拉应力区用预应力钢束加强[19]。

2019年IABSE杰出结构奖入围项目Mukogawa桥，是日本新美新高速公路上的一座蝶形腹板索辅梁桥。图20所示的蝴蝶形板被用于主梁腹板，以提高抗震性能，降低施工难度。综合考虑索辅梁桥的结构形式和不变的梁高设计，这种腹板设计还有助于显著降低上部结构的重量[11]。

3.3 多材料强度桥梁

创新性的材料组合不仅涵盖了钢和混凝土这两种主要结构材料，还包括了组合或混合结构，以及同种类型材料但不同强度在桥梁中的组合。

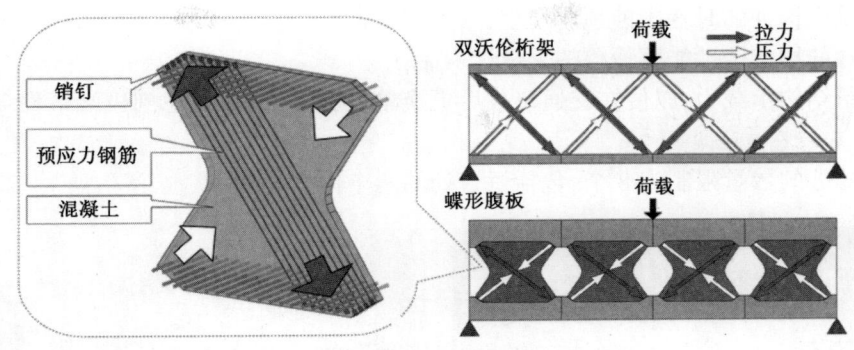

图 19 蝶形腹板结构特性

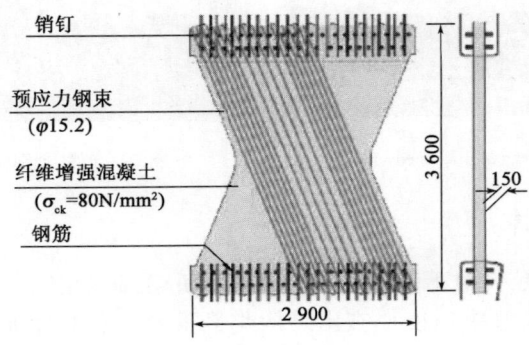

图 20 蝶形腹板设计细节

爱尔兰 Rose Fitzgerald Kennedy 桥是 2021 年 IABSE 杰出结构奖的获奖项目,与传统斜拉桥相比,它以其较低的塔高而闻名,如图 21 所示。虽然在美学上令人愉悦,但这种方法对桥梁的材料提出了更高的要求,即需要更高强度的混凝土。不同类型的高强度混凝土,包括 C50/60、C60/75 和 C80/95,被用以满足桥梁的不同建设需求。虽然 C50/60 混凝土的使用相对普遍,但 C60/75 尤其是 C80/95 混凝土在爱尔兰的使用却很少,为此进行了广泛的试验来评估混凝土混合料的塑性和硬化性能,包括和易性、保水性、可泵性和抗压强度等[20]。

3.4 长寿命材料桥梁

创新性材料组合最具挑战性的问题之一,是研发高质量和长寿命的结构材料,即超过 100 年设计使用寿命的钢和混凝土。作为 2020 年 IABSE 杰出结构奖的入围项目,加拿大 Samuel De Champlain 桥拥有创新性材料组合,采用了 125 年的设计使用寿命,其耐久性获得了华盛顿可持续基础设施研究所的 Envision 白金奖。

现有的 Champlain 桥建于 1962 年,是加拿大最繁忙的桥梁之一,桥梁结构性能已显示出严重退化的迹象。为取代现有的大桥,Samuel De Champlain 大桥的设计和建造周期安排得非常紧凑。桥梁包括总长 2 044m、标准跨 80.4m 的西引桥,总长 529m、主跨 240m 的非对称斜拉桥和总长 762m、最大跨度 109m 的东引桥,如图 22 所示。为了达到雄伟的美学和建筑效果,工程大量使用预制钢和混凝土的轻质复合结构来加快建设速度。该项目最重要的目标是确保一座高质量的新桥梁,并赋予其长寿命,所有不可更换的构件需使用 125 年。达到 125 年使用寿命的关键设计要素包括[21]:

(1)在所有的桥面板和其他易受盐雾或盐侵蚀的重要位置 100% 使用不锈钢钢筋;

(2)良好的桥面排水系统;

(3)混凝土构件的时变腐蚀预测模型；
(4)构件的抗疲劳性能要覆盖整个设计寿命；
(5)预留结构承载力，以便在交通事故后更换单根斜拉索，或考虑到极端事件多根斜拉索的失效；
(6)伸缩缝的数量限制为8个，包括桥台处的两个伸缩缝。

图21 爱尔兰 Rose Fitzgerald Kennedy 桥

图22 加拿大 Samuel De Champlain 桥

4 卓越性功能技术

随着桥梁技术的发展，针对不同的需求和不同的桥梁，研发出了一些引人注目的杰出功能技术。具有卓越的功能技术是 IABSE 杰出结构奖最重要的获奖标准之一。往年获奖桥梁项目中具有卓越功能技术的项目包括：两座卓越性开启桥、两座创新性施工方法斜拉桥、两座抗震性能卓越缆索承重桥和两座与环境协调型桥梁。

4.1 卓越性开启桥

有两座卓越的开启桥被授予 IABSE 杰出结构奖。一座是 2005 年获奖的采用创造性开启方式的桥梁，英国 Gateshead 千禧桥（图23），另一座是 2011 年获得入围奖的可垂直升降桥梁，法国 Pont Gustave Flaubert 桥（图24）。

图23 英国 Gateshead 千禧桥

图24 法国 Pont Gustave Flaubert 桥

Gateshead 千禧桥是一座可开启的曲梁桥，横跨英国伦敦泰晤士河，跨度为105m，供人行和骑行使用。在充分考虑了悬吊式、摇摆式、伸缩式、升降式等四种传统成熟的桥梁开启模式后，Gateshead 千禧桥创造性地提出了第五种开启模式，即在垂直于行进方向的竖直平面上旋转。这种杰出的开启模式产生了一种创新和冒险的设计，即由一对钢拱组成的桥梁，从混凝土承台内的起拱点开始进行旋转，如图23所示[22]。

法国的 Pont Gustave Flaubert 桥是一座大型垂直升降简支梁桥,设计简单高效,如图 24 所示。该升降桥梁的概念设计包括两个独立的桥跨,承载三个车道和一个 2.5m 宽的人行道,桥面设计宽 18m。两个桥跨之间放置索塔,吊装设备在塔两侧对称伸出。提升原理是将缆绳连接到塔顶的悬垂结构上[23]。

4.2 创新性施工方法斜拉桥

有两座采用创新性施工方法的斜拉桥获得了 IABSE 杰出结构奖。其中一座是 2006 年获杰出结构奖的法国米约高架桥,另一座是 2019 年获得入围奖的西班牙 Rande 海峡斜拉桥加宽工程。

法国米约高架桥是一座多跨斜拉桥,两端边跨为 204m,中间六跨跨度为 342m。主梁横截面为满足架设技术要求的具有双竖直腹板的流线型正交异性钢箱梁。钢箱梁从两端顶推架设,最后在塔恩河上方合龙。除合龙跨外,每个跨中都安装了临时墩,将顶推跨度减小了一半。两个顶推结构各加装前置塔,并设置 6 根斜拉索,以减少顶推时的梁体负弯矩。研发的顶推系统使用主动顶推支座直接平衡每个支撑处的摩擦力,系统具有很高的创新性,如图 25 所示。支座上的水平液压千斤顶按照来自计算机和传感器的中央指令产生水平运动,以控制所有支撑上的位移在任何时候都是相同的[12]。

Atlantic 高速公路横跨西班牙的 Vigo 河口,该公路通过一座 400m 跨度的组合梁斜拉桥跨越 Rande 海峡,该工程于 1981 年完工。为了提升桥梁的交通承载能力,研究发现最佳的解决方案是拓宽已有桥面,即在桥墩两旁、现有桥面两侧安装两个新的组合梁桥面,从而既不中断现有桥梁的交通,也不影响河口通航。新的桥面横向由一条 1.5m 宽、2.3m 高的纵向钢箱梁组成,该钢箱梁靠近主墩墩身外边缘。该钢箱梁与 0.2m 厚的钢筋混凝土板相结合,形成了一个钢-混凝土组合截面。与纯钢截面相比,大大改善了结构性能。两个箱形主梁各由位于主梁中轴线处的竖直平面内的斜拉索支撑,并设置横向 Warren 桁架,桁架端头设置一个铰链,每隔 10.53m 支撑在现有主梁的边缘,如图 26 所示[24]。

图 25 法国米约高架桥顶推过程　　　　　图 26 西班牙 Rande 海峡斜拉桥拓宽工程

4.3 抗震性能卓越缆索承重桥

目前已有两座抗震性能卓越的缆索承重桥梁获得了 IABSE 杰出结构奖。其中一座是 2006 年获奖项目,创造性的采用深水抗震基础的希腊 Rion-Antirion 桥,另一座是 2015 年获奖的美国旧金山新奥克兰海湾东桥,采用了创造性的独塔多肢可熔断剪力连接梁地震吸能装置。

希腊 Rion-Antirion 桥是一座独特的斜拉桥,三主跨跨度 560m,两边跨跨度 286m。主桥位于恶劣的自然环境中,包括深水(65m)、厚土层(500m)、弱冲积层和强地震加速度(1.2g),并在竖直和水平方向可能有缓慢但非常重要的地震地面运动(2m)。此外,桥塔设计还必须考虑以 30km/h 的速度移动的大型油轮(18 万 t)的撞击。为此,该桥研发了创新的深水抗震基础,基础由两个独立部分组成,由黏土和钢组成的 3D 复合结构加筋土,塔身基础是不受强度影响的刚体,如图 27 所示[10]。

旧金山新奥克兰海湾东桥的主桥曾经是世界上最长、最宽的独塔自锚式悬索桥。它位于两个能够产生大地震的断层之间的强震区。桥梁设计了特殊的结构构件来承载非弹性的地震变形,从而保护桥梁其他构件。这种抗震创新集中体现在具有美学特征的 160m 高的独塔钢桥塔上。基于对偏心支撑的建筑框架中采用剪力连接梁的前期研究,主塔被设计为四肢塔柱,并由可熔断的剪力连接梁相互连接。这种剪切连接的设计目的是为了桥塔提供所需的刚度,并吸收地震能量,在地震期间限制塔柱的破坏,如图 28 所示。该桥是世界上第一座在塔柱中使用可熔断剪力连接梁的桥梁[7]。

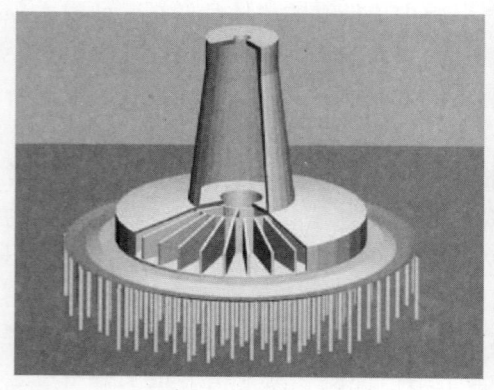
图 27　希腊 Rion-Antirion 桥加筋土基础

图 28　新奥克兰海湾东桥桥塔可熔断剪力连接梁

4.4　环境协调型桥梁

有两座环境协调型桥梁获得了 IABSE 杰出结构奖。一座是 2002 年获奖、桥梁形态与环境协调统一的日本美秀博物馆桥(图 29),另一座是 2018 年获得入围奖的丹麦圆环桥(图 30)。

图 29　日本美秀博物馆桥

图 30　丹麦圆环桥

在美学与技术的和谐融合下,美秀博物馆桥被设计为日本 Miho 博物馆的入口。这座桥是作为该地区美丽崎岖地形与美秀博物馆之间的连接。桥梁设计使用了后张拉、斜拉和悬臂等技术创新元素,产生了视觉上优雅和受力上高效的结构体系,如图 29 所示。由于基岩的强度较高,隧道被设计为跨越山谷的悬臂桥梁的一部分,这种悬臂是通过隧道口底部空间框架的轴向压缩和锚固在隧道口顶部的后张拉索的轴向张力之间形成的力矩平衡实现的[25]。

哥本哈根的海港由许多小运河组成,沿着海港步行或骑自行车会遇到许多跨越这些小运河的桥梁。哥本哈根市政府的想法不仅仅是在 Christianshavns 运河上建造一座桥,而是创造一个具有艺术价值的结合部,在城市中打造一个人们可以聚会的场所。这座 35m 长的桥梁设计有 5 个直径从 10m 到 14m 不等的钢平台,即圆环桥(图 30),并在水面上创造了一条交错的、曲折的路径,见证了当地环境的独特历史。五个平台的顶部是高耸的桅杆,细钢缆从桅杆延伸到平台的圆形栏杆上,在桅杆周围勾勒出几乎看不见的锥形屏风——最高的桅杆高出大桥 25m。其中两个钢平台固定在基础上,而剩下的三个钢平台是可以移动的作为桥梁开启部分。

5 启发性桥梁项目

启发性桥梁项目是指那些对桥梁工程和工程师能带来启发性构思、令人欣赏或兴趣盎然的桥梁结构。在已经获得 IABSE 杰出结构奖桥梁项目中,有 13 个具有启发性的桥梁项目,包括 3 座索辅梁桥、4 座拱式桥、2 座斜拉桥和 4 座跨海大桥。

5.1 启发性索辅梁桥

随着梁式桥跨度的增大,连续刚构桥中间墩处主梁的抗弯承载能力成为最具挑战性的问题。虎门大桥辅航道桥是首个遇到抗弯承载力挑战的梁式桥,1997 年创下 270m 跨径的世界纪录。由于恒载和活载作用,中间墩顶部主梁截面最大弯矩高达 4 000MN·m,虽然现在有多梁式桥跨径超过了虎门大桥辅航道桥,但是没有一座桥梁的墩顶主梁弯矩超越这个极限。

解决这个具有挑战性问题最有效的方法是采用体外预应力筋和较矮的桥塔建造索辅梁桥或矮塔斜拉桥,其中预应力筋可以放置在梁体外部,并对墩顶产生大偏心,而不是像悬臂梁桥那样将预应力筋设置在梁体内部。表 2 列出了世界上已经建成的跨度前十的索辅梁桥,其中,中国 4 座、日本 2 座,帕劳、加拿大、爱尔兰和墨西哥各 1 座。

全世界已经建成的跨度最大的十座索辅梁桥　　　　　表 2

编号	桥　　名	跨度(m)	国　　家	年份(年)
1	Kisogawa 桥	160+3×275+160	日本	2001
2	Ibigawa 桥	157+4×271.5+157	日本	2001
3	重庆嘉悦大桥	145+250+245	中国	2010
4	泸州茜草大桥	128+248+128	中国	2012
5	Koror-Babeldaob 桥	82+247+82	帕劳	2002
6	Golden Ears 桥	121+3×242+121	加拿大	2009
7	荷麻溪大桥	125+230+125	中国	2007
8	Rose F.Kennedy 桥	2×230	爱尔兰	2020
9	惠青黄河大桥	133+220+133	中国	2011
10	Puente BarraVieja 桥	140+220+140	墨西哥	2016

作为 IABSE 杰出结构奖的第一个获奖项目,1998 年建成的瑞士 Sunniberg 桥是一座弯曲的索辅梁桥,向道路边缘外侧倾斜的桥塔如图 31 所示。它的三个中跨跨度分别为 128m、140m 和 134m,两个边跨跨度为 59m 和 65m。虽然桥梁跨径现在未入前十,但建成时是世界第一,而且该桥的创意设计和环境协调产生了令人愉悦的美学效果,非常引人注目[26]。

Mukogawa 桥是日本最具创造性的桥梁之一,也是 2019 年 IABSE 杰出结构奖的入围项目。5 跨总长 442m 的索辅梁桥结构由 4 个预制圆柱形桥墩支撑,主梁采用纤维增强混凝土蝶形腹板。在桥面上,每根 8.5m 高的塔柱支撑着 10 根拉索,拉索连接到 100mm 厚的钢板上,如图 32 所示。IABSE 杰出结构奖评价为:"这是一座创新的索辅梁桥,非常优雅且提供了一个独特的采用先进材料来减轻桥面自重的途径"[11]。

图 31　瑞士 Sunniberg 桥　　　　　　　　图 32　日本 Mukogawa 桥

爱尔兰 Rose Fitzgerald Kennedy 桥是最后一个 IABSE 杰出结构奖的获奖项目,全长 887m,双主跨各长 230m,是一座预应力混凝土索辅梁桥,如图 21 所示。不对称布置的三个索塔赋予了桥梁独特的外形,在纯索辅梁斜拉结构体系中设置了一个窄窄的单平面缆索系统。该结构的规模和纤细令人印象深刻。IABSE 杰出结构奖评价为:"这是一个具有三座索塔和标志性轮廓的地标性结构,它突破了混凝土索辅梁桥的跨度极限"[18]。

5.2　启发性拱式桥

拱式桥是一种起源于小跨度石拱式桥的古老桥型。现代混凝土、钢和钢管混凝土(CFST)拱式桥可以跨越几乎两倍的梁式桥跨径。20 世纪 30 年代建成了两座著名的大跨度钢拱式桥,分别是 504m 的美国 Bayonne 大桥和 503m 的澳大利亚悉尼海港大桥,它们维持了拱式桥的跨度记录长达 45 年,直到 1977 年 518m 的美国 New Gorge River 大桥建成。在过去的 20 年里,中国建造了多座超大跨度拱式桥,现有全世界已经建成的最大跨度钢或钢管混凝土拱式桥中,我国包揽了前四名;最大跨度混凝土拱式桥中,我国包揽前两名,如表 3 所示。在这两个排名前五的拱式桥中,有两座获得了 IABSE 杰出结构奖。

全世界已经建成的跨度最大的五座钢或钢管混凝土和五座混凝土拱式桥　　表 3

编号	桥　名	跨度(m)	拱 类 型	国　家	年份(年)
1	平南三桥	575	钢管混凝土	中国	2020
2	朝天门大桥	552	钢桁架	中国	2009
3	卢浦大桥	550	钢箱拱	中国	2003
4	波司登大桥	530	钢管混凝土	中国	2012
5	新河谷桥	518	钢桁架	美国	1977
6	北盘江大桥	445	混凝土	中国	2016
7	万县长江大桥	420	混凝土	中国	2000
8	克尔克桥	416	混凝土	克罗地亚	1980
9	南盘江特大桥	416	混凝土	中国	2016
10	Almonte 铁路桥	384	混凝土	西班牙	2016

作为2008年IABSE杰出结构奖的获奖项目，卢浦大桥是一座横跨上海黄浦江的中承式拱式桥。卢浦大桥主桥的跨度组合为(100+550+100)m，拱高为100m。与现有的钢桁架拱式桥相比，例如518m的New Gorge River桥，箱形拱截面拱桥的设计在视觉上更简洁、运行上更耐久，在美学上赏心悦目、在结构上具有可持续性。由于该桥是在上海的软土地基上建造的，为了平衡主拱巨大的水平推力，在两边跨拱的两端之间750m范围内设置了16根强大的水平缆索平衡恒载水平推力，如图33所示。IABSE杰出结构奖评价为："一座高耸的创纪录跨度的箱形拱式桥，线条简洁令人印象深刻，创造性地使用了拱式桥的边跨和桥面以抵抗主拱的水平推力"[27]。

德国Tri-Countries桥赢得了2009年IABSE杰出结构奖，该桥是通过一座跨度为230m的细长拱式桥，连接德国、法国和瑞士边境，如图34所示。该桥是世界上跨度最大的人行桥，非常细长的拱式桥在最大程度上满足了功能和美学需求，具有非常优雅的外观。桥面北侧主拱在竖直平面内，并采用双拱肋，截面均为六角形钢箱，桥面南侧主拱采用倾斜平面布置，并采用圆形空心截面。采用封闭式钢索的斜吊索连接正交异性钢桥面板和拱肋，并采用开式索节以允许调整吊索的长度。为了有效利用材料和节省资金，结构钢材的用量被减至1 020t，约为每平方米桥梁120kg，整个工程造价仅为900万欧元，折合每平方米桥面仅1 050欧元[28]。

图33　卢浦大桥　　　　　　　　　　　图34　德国Tri-Countries桥

作为2015年IABSE杰出结构奖的入围项目，南京大胜关大桥是京沪高铁的重点项目。主桥为大跨度连续钢桁架拱式桥，桥梁全长1 615m。长江主航道上的两个主跨336m的钢桁架拱式桥，是当时世界上最大跨度的高速铁路拱式桥，如图35所示。该桥可容纳6条铁道线路，其特点是活载重、跨度长、宽度大。拱架由正交异性钢桥面板上方的三个桁架平面组成，如果采用传统的双平面桁架设计，构件的最大受力将大大增加[29]。

西班牙Madrid和Extremadura之间的高铁通过996m长的高架桥穿过Almonte河，高架桥包括一座384m的混凝土拱式桥，如图36所示，该桥建成时是世界上最大跨度的高铁拱式桥。桥面设计为连续梁，立柱顶设可滑动支座，拱顶处设固定支座。该拱式桥满足了所有的关键功能，以可靠承担高达350km/h速度的列车动力荷载。Almonte河高架桥是2018年IABSE杰出结构奖的入围项目[13]。

图35　南京大胜关大桥　　　　　　　　图36　西班牙Almonte河高架桥

5.3 启发性斜拉桥

虽然斜拉桥的建造可以追溯到18世纪,但1955年建成的主跨183m的Stromsund桥通常被认为是第一座现代斜拉桥。斜拉桥的跨度在诞生后的20年内几乎翻了一番,1975年建成了404m的Saint-Nazaire大桥,此后20年跨径又翻了一番,1995年建成了856m的诺曼底大桥。在过去的20年里,自1999年890m的多多罗桥后,2008年1 088m的苏通大桥和2012年1 104m的Russky桥两次改写了跨径纪录。世界上已建成的跨度前十位的斜拉桥如表4所示,其中两座获得了IABSE杰出结构奖。

全世界已经建成的跨度最大的十座斜拉桥　　　　表4

编号	桥名	跨度(m)	主梁类型	国家	年份(年)
1	Russky桥	1 104	钢箱梁	俄罗斯	2012
2	沪通大桥	1 092	钢桁梁	中国	2020
3	苏通大桥	1 088	钢箱梁	中国	2008
4	昂船洲大桥	1 018	双箱梁	中国	2009
5	青山大桥	938	钢箱梁	中国	2021
6	鄂东大桥	926	PK钢箱	中国	2010
7	嘉鱼大桥	920	钢箱梁	中国	2019
8	多多罗桥	890	钢箱梁	日本	1999
9	诺曼底大桥	856	钢箱梁	法国	1995
10	池州大桥	828	钢箱梁	中国	2019

作为2010年IABSE杰出结构奖入围项目,苏通长江大桥位于中国江苏省东南部,长江下游。主桥为斜拉桥,跨径1 088m,创当时世界纪录,如图37所示。大桥下部结构的设计和施工强调了对母亲河长江的环境保护和可持续发展。因此,大桥选择了群桩基础而非沉井来减轻对河流过水断面的影响,安装各种冲刷防护措施以最大限度地减少对河床的侵蚀,并采用部分水解聚丙烯酰胺进行泥浆处理以减少钻孔桩施工对环境的影响。在建造这座超大跨度斜拉桥的过程中,最大的挑战之一就是线形控制。建设者们针对苏通大桥独特的复杂性,开发了专门的方法和程序来控制施工期间的桥梁线形和安全。

香港昂船洲大桥(图38)是2011年IABSE杰出结构奖的入围项目,它的设计和建造均达到最高标准,是一个真正卓越的结构。经过国际设计竞赛的概念设计后,采用最先进的建模、试验、规划和安装技术,克服了设计和建造中的重大技术挑战。与其他A型、倒Y型或菱形桥塔和单层桥面的大跨度斜拉桥相比,昂船洲大桥采用了一个全新的非同寻常的设计方案,其桥塔是世界上最高的独柱桥塔,并采用了独特的不锈钢覆面混凝土桥塔。流线型的分体钢箱梁桥面非常适合抗风。设计中还包含了一套全新的结构监测和维护设施[23]。

5.4 启发性跨海桥梁

一般来说,提供跨海通道的结构有两种,一种是从上方跨越的桥梁结构,另一种是下方穿越的隧道结构。桥梁和隧道的建造都可以追溯到上千年前,而借助岛屿的跨海桥梁-隧道组合通道只有85年的历史,始于1936年建成的旧金山-奥克兰海湾大桥。在过去的20年里,世界各地共建成了4个跨海桥梁-隧道组合通道工程,如表5所示,其中3个获得了IABSE杰出结构奖包括入围奖。

图37　苏通长江大桥

图38　香港昂船洲大桥

四个跨海桥梁-隧道组合通道工程　　　　表5

编号	桥　名	长度(km)	国　家	年份(年)
1	厄勒海峡通道	16.0	丹麦	2000
2	上海长江隧桥	25.5	中国	2009
3	釜山巨济跨海通道	8.2	韩国	2010
4	港珠澳大桥	55.0	中国	2018

连接丹麦和瑞典的厄勒海峡通道(图39)获得了2002年IABSE杰出结构奖,它是"一个重要的基础设施,因其创新的规划、设计、承包和施工管理而得到认可"。这条全长16km的厄勒海峡通道由四个主要部分组成,其中包括在Kastrup岛的哥本哈根机场附近的$0.9km^2$的填海半岛,在Kastrup和Saltholm岛之间的3.8km的沉管隧道(当时世界上最长的沉管隧道),一个在现有Saltholm岛野生动物保护区南部的4.0km长的人工岛(Peberholm)和一个7.8km长连接丹麦Peberholm至瑞典Lernacken的桥梁(当时欧洲最长的公铁两用桥)。490m跨径斜拉桥跨过一条重要的国际航道,通航高度57m,就桥梁跨度结合交通荷载量而言,这是当时世界上最大的铁路或公铁两用斜拉桥。该项目还因按时完工、预算内建成、满足环境保护要求而引人注目[31]。

作为2012年IABSE杰出结构奖的入围项目,韩国釜山巨济跨海通道是连接韩国釜山巨济岛和Gaduk岛的双向4车道高速公路,如图40所示。这条通道全长8.2km,由三个主要桥

图39　丹麦-瑞典厄勒海峡通道

图40　韩国釜山巨济跨海通道

梁结构组成,包括主跨230m的三塔斜拉桥及巨济岛和Jeo岛之间的引桥,主跨475m的双塔斜拉桥及Jeo岛与Jungjuk岛之间的引桥,以及总长3.7km的Jungjuk岛与Gaduk岛之间的沉管隧道。由于跨海通道位于外海,因此暴露在由台风引发的极端风浪环境下,高达13m的巨浪和80m/s的颤振临界风速控制设计。此外,由于靠近大型船舶基地,该桥梁也容易受到极端的船舶碰撞荷载。通道位于海军基地较近,出于安全考虑,要求在主要航道位置采用隧道结构,而非桥梁结构。为了克服困难的条件,研发了几种特殊的施工方法。为了尽量减少海上作业,除索塔外,所有结构都采用了大型预制构件[32]。

2020年IABSE杰出结构奖授予中国港珠澳大桥,"港珠澳大桥是世界上最长的跨海大桥,由围垦造地、人工岛屿、沉管隧道、高架桥梁和通航孔斜拉桥组成。它从陆地、海洋和空中都可以看到,它的设计体现美学、环境、工程和耐久性等方面"。港珠澳大桥全长55km,由长29.6km的主桥、长13.4km的香港连接线和长12km的珠海连接线三段组成,如图41所示。主桥包括22.9km的高架桥梁和6.7km的沉管隧道,贯穿两个人工岛(西面的蓝海豚岛和东面的白海豚岛)。高架桥梁横跨珠江口,有三座跨度280m至460m的斜拉桥,可让船舶通行于桥下。工程大量使用大型预制构件,以提升施工质量和加快施工速度。在这个项目中实施了几项创新技术[33]:

(1)预制整体承台和墩柱下放到复合桩上,通过临时围堰允许承台在干燥的环境中与桩连接;

(2)采用组合式预制承台和墩柱,避免了在海洋环境中湿接施工,缩短施工时间并达到耐久性和高质量的施工目标;

(3)九州航道桥和江海直达船航道桥等两座斜拉桥,分别采用风帆式和海豚式桥塔,采用纵向塔梁固结,九州航道桥取消了边跨中部辅助墩,江海直达船航道桥中塔加大了刚度。

作为2020年IABSE杰出结构奖的入围项目,韩国天使大桥(图42)位于韩国西南部,连接Amtae岛和Aphae岛,是为开发Sinan县的菱形岛群而设计的。该桥全长7 224m,其中包括1 004m长的一座斜拉桥,1 750m长的一座三塔悬索桥。该桥采用了"天使之翼"的概念。"天使"翻译成韩语,就是"Cheonsa",也就是数字1 004的意思。这个概念很合适,因为Sinan县由1 004个岛屿组成。斜拉桥有两个A形主塔,索塔和拉索形成了天使之翼的形状。同时,采用了9组拉索布置和菱形的索塔横梁,传达了这座桥作为Sinan县9座岛屿区域入口大门的作用。每座缆索承重桥梁都应用了不同的结构方案,保证了抗风安全,提高了桥梁结构体系的安全性[34]。

图41 港珠澳大桥

图42 韩国天使大桥

6 结语

IABSE杰出结构奖评选和表彰现代桥梁工程的技术创新和工程创造,在过去20年中有

32个桥梁项目获此殊荣。其中，创造并应用了四种崭新的结构形式，包括分体双箱梁悬索桥两座、空间主缆悬索桥三座、多主跨斜拉桥六座、斜拉悬吊协作体系桥梁一座；创新并应用了四种新型的材料组合，分别是钢桁架-预应力混凝土翼板组合梁式桥两座、蝶形腹板索辅梁桥一座、多强度材料索辅梁桥一座和长寿命混凝土斜拉桥一座；研发并应用了四项卓越的功能技术，包括开启方式创新的梁式桥两座、施工方法创新的斜拉桥两座、抗震性能卓越的缆索承重桥两座和环境协调的人行桥两座。还有几座启发性的桥梁结构被评为杰出结构奖项目或入围项目，包括三座索辅梁桥、四座拱式桥、两座斜拉桥和四座跨海桥梁。

参 考 文 献

[1] IABSE.Standing Orders for the IABSE Outstanding Structure Award (OStrA).Approved by Executive Committee of IABSE[M].Rotterdam,2013.

[2] https://iabse.org/About/Awards/Outstanding-Structure[OL].2017.

[3] Song H, Wang X.D.Zhoushan Xihoumen Bridge with the World Record Span Length of Steel Box Girder,China[J].Structural Engineering International,2010,20(3):312-316.

[4] Lee M.J,Kim S.C,Seo Y.H.,et al.The Yi Sun-sin Bridge:Innovative Solutions for Suspension Bridges[J].Structural Engineering International,2012,22(1):32-35.

[5] Kroon I.B,H.Polk, Fuglsang K.1915 Çanakkale Bridge-Meeting the Challenge[J].Developments in International Bridge Engineering.2021;Springer,Cham (Germany):55-69.

[6] Ge Y.J.Aerodynamic stabilization and robustness evaluation of cable-supported bridges.Proceedings of 9th Asia-Pacific Conference on Wind Engineering[C].Auckland,New Zealand.3-7,2017.

[7] Nader M.San Francisco-Oakland Bay Bridge New East Span[R].OStrA Nomination Document.2014.

[8] IABSE.IABSE Awards 2017[J].Structural Engineering International,2017,27(3):462-465.

[9] Jamal A, Sundet E.Hålogaland Bridge-A Landmark in Arctic Norway[J].Structural Engineering International,2021,31(4):516-522.

[10] Combault J,Pecker A,Teyssandier J.P.,et al.Rion-Antirion Bridge,Greece -Concept,Design, and Construction[J].Structural Engineering International,2005,15(1):22-27.

[11] IABSE.IABSE Awards 2019[J].Structural Engineering International,2019,29(3):473-477.

[12] Virlogeux M,Servant C,Cremer J.-M, et al.Millau Viaduct,France[J].Structural Engineering International,2005,15(1):4-7.

[13] IABSE.IABSE Awards 2018[J].Structural Engineering International,2018,28(4):566-571.

[14] IABSE.IABSE Awards 2014[J].Structural Engineering International,2014,24(3):436-441.

[15] Son Y.K,Lee C.S,Yoo D.H,et al.Cheon-Sa Bridge-The First Sea Crossing Multi-Span Suspension Bridge[J].Structural Engineering International,2021,31(3):431-434.

[16] Guesdon M,Erdogan J.E., Zivanovic I.The Third Bosphorus Bridge:A Milestone in Long-span Cable Technology Development and Hybrid Bridges[J].Structural Engineering International,2020,30(3):312-319.

[17] Tanis J.-M. Bras de la Plaine Bridge, Reunion Island, France [J]. Structural Engineering

International,2003,13(4):259-262.
[18] Kata K, Ashizuka K, Miyamoto K., et al. Design and Construction of Butterfly Web Bridge. Proceedings of Third International Conference on Sustainable Construction Materials and Technologies[C].Kyoto,Japan.2013.
[19] Mato F.M, Cornejo M.O., Rubio L.M. Viaduct over River Ulla: An Outstanding Composite (Steel and Concrete) High-Speed Railway Viaduct[J].Structural Engineering International, 2014,24(1):131-136.
[20] IABSE.IABSE Awards 2021[J].Structural Engineering International,2021,31(3):435-439.
[21] Nader M, McGain Z, Demirdjian S, et al. Design and Construction of the Samuel De Champlain Bridge, Montreal, Canada. Proceedings of IABSE Congress 2019 on The Evolving Metropolis [C].New York,USA,2019:2330-2337.
[22] Curran P.Gateshead Millennium Bridge,UK[J].Structural Engineering International,2003,13 (4):214-216.
[23] IABSE.IABSE Awards 2011[J].Structural Engineering International,2011,21(4):524-527.
[24] Serrano-Corral A, Ruperez-Astarloa M, Alonso-López J.C., et al. Widening of the Cable-Stayed Bridge Over the Rande Strait in Spain[J].Structural Engineering International,2019,29(4): 547-550.
[25] Watanabe Y.Miho Museum Bridge,Shigaraki,Japan[J].Structural Engineering International, 2002,12(4):245-247.
[26] Figi H, Menn C, Bänziger D.J., et al. Sunniberg Bridge, Klosters, Switzerland[J]. Structural Engineering International,1997,7(1):6-8.
[27] Lin Y.P, Zhang Z.H, Ma B., et al. Lupu Arch Bridge, Shanghai[J]. Structural Engineering International,2004,14(1):24-26.
[28] Uwe H. Tri-Countries Bridge between Weil am Rhein, Germany and Hüningen, France[J]. Structural Engineering International,2010,20(3):321-324.
[29] Gao Z.Y, Yi L.X., Xiao H.Z. Dashengguan Bridge-The Largest Span Steel Arch Bridge for High-Speed Railway[J].Structural Engineering International,2010,20(3):299-302.
[30] You Q.Z, He P, Dong X.W, et al. Sutong Bridge -The Longest Cable-Stayed Bridge in the World[J].Structural Engineering International,2008,18(4):390-395.
[31] Hedberg T. Øresund Fixed Link, Denmark and Sweden [J]. Structural Engineering International,2002,12(4):239-241.
[32] Jeong S., Kim J.The Immersed Tunnel and Bridges of Busan-Geoje Fixed Link[J].Structural Engineering International,2012,22(1):20-25.
[33] IABSE.IABSE Awards 2020[J].Structural Engineering International,2020,30(3):430-436.
[34] Kim W.J, Cho K.S, Cho E.K, et al. Cheon-Sa Bridge (Section I), Hybrid Cable-Stayed Bridge Anchored to FCM Pier-Table[J].Structural Engineering International,2021,31(3): 427-430.

二、桥梁设计

4. 桥梁美学之变与不变

徐利平

(同济大学土木工程学院桥梁工程系)

摘　要：桥梁美学研究的内容和方法很多，这里仅以行业内经常讨论的、实践中经常碰到的一些观点、理念和想法，从工程师的视角，梳理总结出作者认为最能体现桥梁美学内在本质和外在特征的三个变化因素和三个不变因素。三个变化因素是因人而变、因地而变和因时而变，三个不变因素是力学之美、结构之美和创新之美。简要阐述和分析这些因素的内涵及其相互关系，强调"变"是美学学科的属性决定的，是桥梁美学强大生命力的表现，"不变"是桥梁结构的技术要求，是桥梁美学的技术基因决定的。"变与不变"作为桥梁美学的重要影响因素，它们共同揭示桥梁美学的奥秘，推动桥梁美学不断革新和发展。

关键词：桥梁美学　地方性　时代性　力学美　结构美　创新美

1　桥梁美学

桥梁工程师非常熟悉"桥梁美学"。"桥梁美学"的含义顾名思义似乎很清楚，但要确切给出它的定义却又似乎没那么简单，因为关系到它的研究对象和体系形态。研究对象和体系形态不同，它的内涵和定义就不同。因此，如果要精确给出定义，就要弄清楚它的研究对象、方法和体系形态。

从研究的侧重点和研究体系形态看，根据其所确定的逻辑起点或线索不同，桥梁美学主要有三种体系形态。第一种，以桥梁美或艺术的哲学探讨作为桥梁美学的逻辑起点；第二种，以人类审美经验作为桥梁美学研究的逻辑起点；第三种，以人们对桥梁的审美关系、审美规律作为研究的线索。这些关系和规律来自人们对美的桥梁的思考总结，以及借鉴建筑学专业的审美规律、美学要则。

无论以何作为桥梁美学研究内容的主体，无论以何作为桥梁美学研究的逻辑起点，大部分研究都结合审美经验，提出一些桥梁美学基础、法则(原则)，再落到具体桥型结构、工程案例的美学辨析。

这里将桥梁美学的内容精简抽离出变与不变两个大类共六项，涉及其内涵与外延全领域，贯穿全过程与终极目标的主要特征，以期抓住其关键和核心，达到简明扼要、精准独到地讲清楚桥梁美学特征的目的。

2 桥梁美学之变

桥梁美学作为人文学科，随着人类社会政治、经济、科技的发展而变化发展，随着不同地域人们生产生活方式和习俗的变化而变，常变常新，多姿多彩，彰显其强大生命力和勃勃生机。某地一座优美的桥梁需要"天时地利人和"，"天时"是时代的新风貌和新风尚，"地利"是体现地方历史人文的底蕴和特色，"人和"是设计者的风格流派与当地环境完美吻合。"天时地利人和"是桥梁美学中三项特征变量。

2.1 因人而变

因人而变主要是指因创作者的专业背景和设计风格而变，包含他们的技术专长、建筑创作风格和美学艺术流派，这些因素都会融入他们创作的作品中，而使他们的作品表现出与众不同的、独一无二的技术与艺术风格。

2.1.1 因技术风格而变

美国戴维.P.比林顿认为工程结构作为一种艺术形式，它们的设计者就是这种艺术形式的艺术家。他还指出结构艺术家必须有自己的风格：特尔福德的桁架拱，埃菲尔的新月形拱，罗布林的对角拉索，马亚尔的透镜形拱，安曼的单支撑塔，梅恩的薄多边形拱，内尔维的装配肋材，艾斯勒的波形混凝土薄板，坎代拉的双曲抛物面以及框架墙等，这些都是个人风格的标志。它们代表着有关的约束，具有普遍的吸引力，它们使公众感到心情愉悦，因为其设计者坚持了结构必须表现出个人风格的观点。当然，使结构表现出个人风格并不是随心所欲的，设计者经过长期而艰苦的研究，了解自然的规律；在创造形式的过程中，他们以其工程的美观使其他人感到惊奇。在技术的核心，他们找到了他们自己的个性；他们在不否认工程的严格要求下创造出个人的风格。

德国乔格·施莱希（Jorg Schlaich）长期从事索结构桥梁的研究，积累了大量的实践成果，是悬带桥梁技术的创始人，他的技术风格也成为施莱希工程设计咨询公司"独门技术"和"独家风格"。他设计的 Ingol 市跨越多瑙河的格拉茨（Glacis）桥是斜腿刚构和悬带桥的组合桥梁（图1），通过两种都不能独立承受荷载的结构组合，形成细长且通透的桥梁。悬带部分的人行道支承在 2 根 ϕ106mm 的全封闭索上。施莱希工程设计咨询公司设计的深圳光明小镇马拉松山湖绿道上的人行悬带桥，两条悬带是桥梁的最主要受力结构，采用 Q690 高强度钢材，钢板带上为厚度 120mm 的预制混凝土桥面板。

2.1.2 因艺术流派而变

就像一幅画，画家的艺术风格一目了然。艺术家的美学思想、艺术手法、风格和技巧等，都是其艺术流派的组成部分。不同的设计师有不同的艺术流派和设计风格，不知不觉中融入一座桥梁最终的美学效果之中，观者便一目了然。

西班牙卡拉特拉瓦具有建筑师与结构师的双重身份，它的作品融合了结构技术创新、创造诗意空间和结构艺术及细节等多个方面的个人风格。在武汉花山新城桥梁设计中（图2），卡拉特拉瓦将主拱肋截面设计成由短缀板连接的双支梯形钢箱截面，既保证了拱肋足够的截面受压面积，又避免了单根钢箱庞大的截面尺寸而呈现的笨拙感。桥

图 1 德国格拉茨桥

面主梁采用支撑在钢管截面下拱肋上的密布的强大钢横梁+桥面系的结构形式,呈现出轻巧、空间感和韵律感。三座桥梁采用相同的主拱肋与主梁的截面形式,尽管拱与梁的布置形式均不相同,仍然给人一种桥梁"家庭"群体的强烈印象。

英国建筑师扎哈·哈迪德(Zaha Hadid)主创的我国台湾淡江大桥(图3),以其卓越的建筑美学思想与高超的非线性参数化设计技巧,实现了大桥造型艺术、文化理念与桥梁结构三者完美地融合与对接,成为当代城市桥梁美学创作的又一风向标意义的优秀作品。就建筑美学思想与方法而言,应用非线性建筑参数化设计技术,创造了哈迪德标志性设计风格的桥塔,具有柔和空间曲面形式的塔柱,从江面的分叉向上逐渐合拢,之后挺拔、有力地直冲云霄,体现了结构受力的合理性。整座大桥干练、通透,刚中带柔,柔中带刚,同时,惟妙惟肖地隐喻着台湾文化云门舞集的舞蹈,在光影婆娑中,似乎隐约可见舞者悦动的舞姿。整座大桥呈现出充满时代感、崇尚科学技术的审美情节,带给人们一种兼容了当代科技力量与地方文化艺术的综合审美体验。

图2 武汉立琼路桥日景效果图

图3 淡江大桥桥塔与主梁结构图

2.2 因地而变

我们常常诟病千城一面、千桥一面,不断努力设法让各地的桥梁展现地方人文特色,弘扬地方文化,成为地标性建筑。与现代桥梁美学不同,当代桥梁美学注重地方特征与历史文脉的有机关联,因此,当代桥梁工程师和建筑师会在此方面着力,以追求结构的新颖性和唯一性。桥梁的结构及其形态不同于房屋建筑,因而桥梁的本土化审美、民俗艺术表现、与历史文脉有机关联、地方形象和精神培育等,需要我们不断探索其表现形式和设计方法,以真正实现桥梁的场所感和地方性。

20世纪70年代以后,建筑领域新地域主义的探索已经遍布许多国家和地区。本土化审美与民俗艺术表现,并由此建立新的时代品质,是新地域主义美学思想与审美价值观。新地域主义追求本土化审美与民俗艺术表现,并由此建立新的时代品质,进而构成新地域主义美学思想与审美价值观。在桥梁界,进入21世纪以后,这样一种新地域主义思想成为业主和设计师的普遍共识。

从地方文化中寻找设计灵感,为本土文化建立新的时代品质成为当代桥梁设计创作的一条重要路线,为设计师带来了令人兴奋的新构思,为业主带来了期盼已久的好作品。桥梁如何承载本土文化,激发本土情感,在许多时候需要创新的结构形式来满足承载本土文化的要求,这成为桥梁创作的一项重要任务。

近年来,在许多桥梁方案竞赛中,业主都提出了类似的要求。如2019年东莞滨海湾新区滨海湾大桥方案设计国际竞赛中,要求方案在均衡、比例、韵律、故事性等方面需体现出特色和美感,突出桥梁建筑艺术,与城市景观环境相融合,展现滨海城市风貌,体现地域文化内涵。2020年雄安新区59座桥梁方案征集中,要求在桥梁景观风貌方面,注重营造桥梁的城市空间形态,打造"中西合璧、以中为主、古今交融"的建筑风貌,塑造"中华风范、淀泊风光、创新风尚"的城市风貌。

衢州书院大桥(图4)位于衢州市书院路跨越衢江,地处教育文化城市规划组团。本方案的灵感来源于衢州1 800年积淀的书院文化,V形墩结构巧妙并艺术地运用了"书"的造型设计元素,如两本翻开的书卷跃然江面,供过往的行人驻足观览。同时在V形墩的中间设置了景观弧形通道连接桥面人行道,行人可步行至V形墩顶部的观光平台,观赏品读篆刻在V形墩表面的衢州古地图和论语金句。大桥成为既具有深厚地方历史文化底蕴,又彰显现代城市风貌的地标性建筑。

图4 衢州书院大桥

2.3 因时而变

随着人类社会政治、经济、文化和科学技术的发展,人们的审美取向一直发生着变革。比如19世纪末20世纪初在欧洲和美国产生并发展的影响面相当大的"装饰艺术"的运动,成为设计史上一次非常重要的形式主义运动。20世纪初功能主义思想开启了建筑领域的现代主义道路,现代主义的美学思想成为世界各地的主流思潮,一直延续至70年代。现代主义发展到后期,随着社会经济的恢复,功能主义已经不再适用,现代主义开始逐渐远离功能这个中心,向着形式的方向发展,多元的后现代美学思潮不断涌现。

2.3.1 20世纪倡导功能的满足与精炼的形式

在近代桥梁工程技术发展的基础上,现代工程材料广泛应用和各种桥型结构发明创造趋于成熟,去除装饰的,呈现大跨桥梁结构自身形态的力学美、结构美让世人耳目一新。这样一种审美取向与同时期第二次世界大战后现代主义建筑美学反对装饰,提倡"形式追随功能"的功能主义、纯净主义审美理念一脉相承,这也是社会政治与经济发展、科学技术成就和人类审美变迁相互作用的历史必然,构成了桥梁与建筑整体视野下的人类社会审美共识——现代桥梁美学。

德国莱昂哈特在《桥梁建筑艺术与造型》一书中给出了目的与功能的满足、比例、序列、精炼的形式、与环境相结合、表面质地、色彩、特性、复杂性与多变性的魅力、组合的自然界等十个方面的美学特性引导的设计准则,以及关于拱桥、梁桥、斜拉桥、悬索桥和桁架桥等的桥梁美学设计准则。我国唐寰澄运用哲学、历史和美学原理,在《桥梁美的哲学》一书中提出了桥梁美学中的普遍法则包括多样与统一、协调与和谐、比例、对称、韵律等。

这一时期,德国Fehmarnsund海峡提篮拱桥(1963年)、德国Kohlbrand倾斜索面斜拉桥(1973年)、法国Brottone单索面混凝土斜拉桥(1977年)等都是当时主流桥梁美学思潮的经典之作。

2.3.2 20世纪末和新世纪初倡导结构的优雅与精美

自从文丘里(Robert Venturi)提出向现代主义挑战以来,设计上主要有两条发展脉络,其中一条是后现代主义的探索,另外一条则是对现代主义的重新研究和革新。第二条发展脉络被称为"新现代主义",或者"新现代"设计。

新现代主义在继承现代主义设计语言的基础上,将这种语言发展得更加丰富、更有人情,也更加精致化。同样是采用几何学形式,现代主义往往更多些呆板、机械、简单化,而新现代主义却更多些灵活,注重有机性,简洁而不是简单。新现代主义建筑师称得上是卓越的修辞学家,他们善于通过对几何形体的分拆、穿插、叠加、并置甚至异构,建立起一套全新的逻辑体系和句法系统。他们对细部的精心推敲、对整体审美效果的考量,绝不弱于新古典主义,而被称为20世纪最后一批完美主义者。

由Michel完成概念设计,诺曼·福斯特建筑设计的法国Millau大桥(图5、图6),全长2 460m,7塔8跨,主跨342m,桥墩高244.80m,桥面以上塔高90m。独柱墩、独柱塔、单索面,整体的结构语言与山谷融合,简约干练,一气呵成,大气磅礴。大桥的结构语言和宽阔的山谷一样有气势,加上大桥桥墩、桥塔、主梁精致的几何修辞,使桥梁和山谷融合在一起,难怪福斯特说高耸的桥墩仿佛在山谷中生长出来一般。大桥从总体布局到细部推敲,完美地诠释了新现代主义的美学思想。

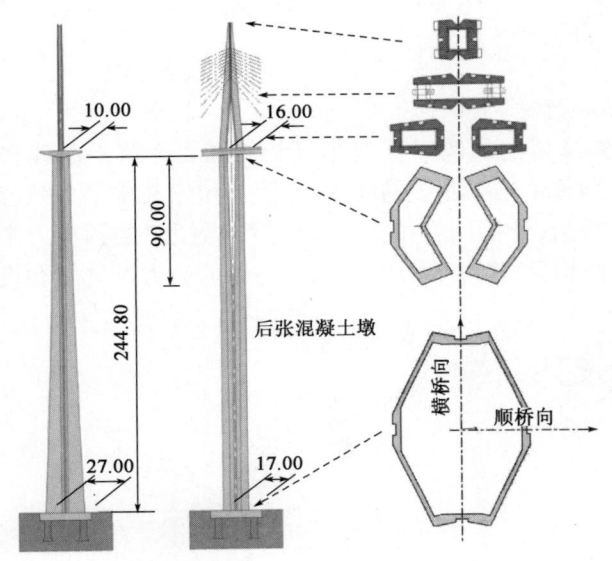

图5　桥墩桥塔截面细节设计(尺寸单位:m)

图6　塔梁墩细部照片

3　桥梁美学之不变

桥梁美学有着区别于其他应用(特殊)美学的特殊性,在随时代、地域变革发展的同时,有着恒定不变的根基和初衷,所谓万变不离其宗,这正是桥梁美学的技术特色所在,也是技术实现困难所在。

3.1　力学之美

力学之美是桥梁美学的特殊性之一,它诠释了桥梁结构及其形式的来源和存在的意义。桥梁结构的所有要素都是保证结构安全受力所需,许多时候缺少一个都不可以,甚至构件截面尺寸修改一点都不行。许多索结构桥梁缺少一根拉索就会危及桥梁安全。

各类桥型结构有其自身的传力规律和相应的力学状态及结构性能。通过结构体系、约束条件、构件刚度等参数优化,获得最优结构状态,成为力学美的一大标志。只有深谙其道的桥梁工程师,才能获得这种力学美的惊喜和享受。

比如西班牙阿拉米罗桥利用倾斜索塔自重平衡主跨侧斜拉索的索力,从而在沿塔柱方向形成轴向力。桥塔节段自重、索力与主梁节段上的荷载之间需满足平衡关系,并经过结构状态的优化设计计算,得到了在最优索力下,桥塔和主梁的合理受力状态,如果索力增大10%或减小10%,都会改变塔梁受力状态,见图7。

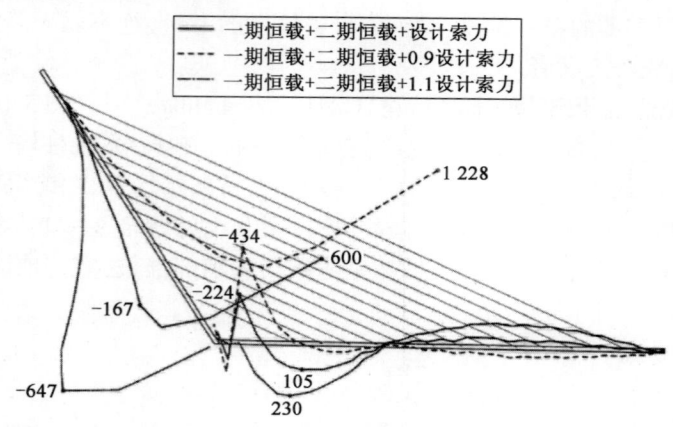

图7 无背索斜拉桥塔梁弯矩图(单位:MN·m)

比如法国特伦内斯(Terenez)曲线斜拉桥的边跨平曲线半径为200m,主跨平曲线半径800m,主跨跨径为285m。预应力混凝土肋板主梁平曲线的曲率,导致斜拉索在水平力效应下偏离桥中心线处的地方产生较大的压缩应力,外侧则受拉,必须通过"外侧肋"的预应力来平衡。斜拉索索力对桥塔的横桥向作用刚好相反,指向平曲线内侧。巧妙的受力及其结构设计展现了曲线斜拉桥的力学之美,见图8。

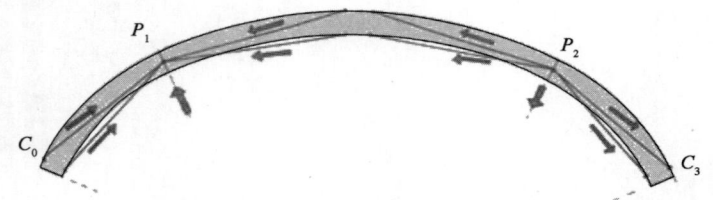

图8 索力对主梁的作用(左)和对桥塔的作用(右)
注:P_1、P_2为主桥桥塔;C_0、C_3为主桥过渡墩

3.2 结构之美

结构之美是桥梁美学的特殊性之二,桥梁美学几乎完全是桥梁结构的美学,美学关注的造型就是工程关注的结构,两者是等同的一个对象。一座桥梁的所有结构构成桥梁造型,包括结构的空间位置和相互关系,结构的长短、直曲等形态,构件的材料、截面的尺寸和形状等,这些技术上组成桥梁结构的全部要素直接构成桥梁造型——桥梁美学所关注的对象。

桥梁美学的特征及其魅力在于桥型结构的美学。桥梁结构中常见的结构形式有梁桥、拱桥、斜拉桥和悬索桥,以及各种组合结构、协作体系。每种桥梁结构都有其技术特点和造型特点,基于桥梁结构的受力规律和结构造型优势,充分挖掘它们的技术和艺术的美学特质,在合适的环境下,充分展现各类桥型结构的最佳姿态。这种桥梁结构之美是一种天然去雕饰之美,魅力无穷,让深谙其道的桥梁工程师乐在其中。这也是桥梁结构之美区别于其他各类建筑美的关键所在,即支撑造型艺术美学的背后是桥型结构技术的绝和妙。

梁桥为各种桥梁结构中最为常用、最为简单,一般也较为经济的一种结构。梁桥外形同其他结构形式的桥梁一样丰富多彩,其艺术性和标志性在特定情况下丝毫不逊色于其他昂贵的桥梁结构。

"拱桥已有2000多年的历史,从罗马拱桥的壮观而坚固,到许多现代拱桥的优雅而飘逸的风格,拱桥的发展受当时可用建筑材料的影响,演变出大量不同的拱的形状。今天,随着更多种类建筑材料和机械的出现,使许多美丽且具标志性的拱桥变为可能"。"拱永远是让人喜爱的结构,它是大跨度桥梁最古老的形式,它也可以代表桥梁结构设计中的最新发展"(邓文中《拱的艺术》,第21届全国桥梁学术会议论文集)。

斜拉桥与拱桥、悬索桥相比,算是一种较新的桥型结构形式,现代斜拉桥始于20世纪中叶,其适合的跨径从100m左右到上千米,具有极大的适用范围和技术优势,它的塔、梁、索形式多样,且在不同跨径桥梁中显示出不同的空间影响力,表现出不同的艺术感染力。

自1883年美国的布鲁克林桥(Brooklyn Bridge),作为第一座现代意义的悬索桥诞生以来,悬索桥跨径覆盖了100~200m到2 000m以上的广阔范围。许多近代悬索桥的桥塔几乎就是一座座精美的时代建筑。现代悬索桥的桥塔去除了古典建筑的装饰,回归了结构的美。悬索桥的主缆线形是这种桥型最显著的特征,曲线是柔美的,强大的缆力又表示其刚的一面。悬索桥的加劲梁历经了桁架、钢板梁到扁平钢箱梁、分体钢箱梁的发展历史,而对于一般跨径悬索桥来说,更具选择空间。

山西临汾市尧贤路跨涝河和洰河两座桥梁所处的主河道宽度有600~700m,两侧滩地规划有多座别具特色、体现山西文化的园林,在园林上空高度为20~30m穿越而过的桥梁以其为背景,使大桥与园林两种完全不同体量、不同形式的构筑物相得益彰,体现整座桥梁及桥面上下结构比例之美、桥梁与地形环境协调之美。洰河大桥(图9)为三塔六跨悬索式结构,索塔造型的灵感源自小篆"合"字造型,犹如双手合拢状,同时配以弯曲绵延的主缆线形,自然地融入整个园区的优美景色中。涝河大桥(图10)为呼应体育休闲公园动感、清新的环境特点,多跨连拱样式的V腿连续刚构桥梁体现了层次感、线条流畅感和时代感。

图9 山西临汾洰河大桥　　　　图10 山西临汾涝河大桥

3.3 创新之美

一座优美的桥梁是技术与艺术的结晶。工程技术和艺术创作都具有内生创新动力,科学技术在不断的创新中获得发展和进步,艺术创作在不断创新中得到繁荣和共鸣。

创新更是我们民族的基因,有着广泛的思想基础。《周易》上讲"日新之谓盛德","日新"

就是"日日新",就是不断创新。如果没有不断创新,就不可能"富有",也不可能"生生不息"。

项海帆院士在《桥梁概念设计》中,梳理了多样与统一等美学法则之后,提出在桥梁设计作品中应该体现出创新美、统一美、比例美、平衡美、和谐美、韵律美和协调美等七个方面的美学理念。可以看出,其中的统一、比例、平衡、和谐、韵律和协调,都是关于造型艺术的形式美学要旨,而唯独排在第一位的创新美,是技术与艺术的本源属性,是桥梁美学永恒的审美追求。

桥型结构创新对桥梁工程技术的发展起着重要的推动作用,国际桥梁及结构工程协会(IABSE)从2000年起设立杰出结构奖项(Outstanding Structural Awards),表彰最显著的(remarkable)、最有创新的(innovative)、最具创意的(creative)或者既明智(wise)又刺激(stimulating)的新建结构。这五个方面全面而精辟地诠释了桥梁工程创新之美的内涵、标准和目标。如2001年瑞士Sunniberg桥、2002年日本美秀美术馆步行桥和丹麦—瑞士厄勒海峡大桥、2003年法国平原之臂大桥、2005年英国盖茨黑德千禧桥、2006年希腊里翁—安蒂里翁大桥和法国米约大桥、2008年中国上海卢浦大桥、2009年德国三国桥、2014年中国泰州大桥、2015年美国奥克兰海湾新桥、2020年中国港珠澳大桥等,这些获奖之桥都体现了技术与艺术结晶的创新之美。

凡是在技术与创意上让人耳目一新的方案总能博得人们更多的关注和赞许,最终赢得竞赛,赢得项目。如香港昂船洲大桥是通过两轮方案竞赛胜出的创新的烟囱型桥塔、分体式钢箱梁超千米斜拉桥桥型,上海卢浦大桥是通过激烈的方案竞争最终胜出的大跨径中承式自平衡钢箱拱肋拱桥。

相反,凡是雷同(缺乏创新)和似曾相识(缺乏创意)的方案总是让人乏味,即便建成,也不免让人唏嘘和遗憾。国内有些抄袭、山寨、雷同的桥梁,在各地反复出现,这显然与我们桥梁美学的思想理念背道而驰,反映了一些工程人员存在桥梁美学水准不高、创作创新能力匮乏的问题。

4 变与不变共同揭示桥梁美学的奥秘

桥梁美学发展与桥梁技术进步紧密联系,相互依存,桥梁美学又与建筑美学同根同源。但是,桥梁美学有其不同于桥梁技术、不同于建筑美学的鲜明学科特点,上述桥梁美学之变与不变共同揭示其内在本质和外在特征。

桥梁美学之"变与不变"诸因素是桥梁美学不可分割的组成部分,如果片面强调不变的重要性,忽视变的意义,则会导致因排斥建筑美学思想和流派的多样性,使桥梁美学失去艺术的光彩,致使桥梁美学像被一些建筑师常常诟病的那样,失去场所感、时代感而乏味、陈旧;如果片面强调变的重要性,忽视不变的意义,则会导致桥梁美学偏离桥梁结构技术的根基,变成无本之木,而出现没有技术逻辑的所谓"造型艺术",奇奇怪怪的桥梁,甚至使桥梁产生安全隐患。

"变"是桥梁美学具有强大的生命力和艺术魅力所在,是美学学科属性和本质体现,是桥梁美学存在和发展的依靠,就像鱼儿离不开水一样。因人而变,桥梁作品的创作者是我们出高水平作品、原创作品的唯一来源。我们建造的每一座桥梁都应该是美的,每一座桥梁的技术思想和美学风格是创作者的技术功底和美学水平的反映和再现。针对同一座桥梁,不同的创作者会给出不同的解决方案,有利于业主从中遴选出技术与美学最佳的作品。桥梁的美需要因时而变、因地而变,每个时代都要创造代表这个时代的作品,每个地方需要建造反映地方历史人文和城市风貌的作品,追求作品的时代性和地域性是当代桥梁美学区别于现代桥梁美学的主流思潮。

  "不变"是桥梁美学具有的技术特色和结构魅力所在，是桥梁美学的初心和使命，是桥梁美学存在和发展的意义。力学之美包括结构的传力路线清晰、直接，构件受力可靠、安全，结构力学性能优良。结构之美包括各类桥型结构的分孔布局、构件尺寸及其与环境空间尺度的比例和协调。两者都是桥梁工程的专业内容，是桥梁美学的专业根基，更是工程师孜孜以求的专业境界。创新之美是桥梁技术与艺术共同的内在的驱动，技术需要不断创新发展，艺术需要创造创意。创新之美是桥梁美学之变与不变诸因素共同作用的终极目标。

参 考 文 献

[1] 徐利平.基于桥梁与建筑整体视野下的桥梁美学理论研究[J].公路,2021,66(3):78-84.
[2] 徐利平.当代建筑美学在桥梁领域的探索和发展[C]//第二十四届全国桥梁学术会议论文集.北京:人民交通出版社股份有限公司,2020.
[3] 徐利平.何为美的桥梁——当代桥梁美学理论与实践[J].桥梁,2020(6):88-92.
[4] 徐利平.城市桥梁美学创作[M].上海:同济大学出版社,2017.
[5] 徐利平.城市桥梁建筑理论[M].上海:同济大学出版社,2018.

5. 南京上坝夹江大桥总体设计

韩大章 华 新 丁 磊

(华设设计集团股份有限公司)

摘 要：上坝夹江大桥位于南京市江北新区，大桥跨越长江八卦洲夹江，主桥采用主跨500m的独柱钢塔钢箱梁斜拉桥，是国内首座独柱分离式主梁钢塔斜拉桥，主桥桥面总宽54.4m，是长江上最宽的桥梁之一。两个独柱钢塔，从两幅分离式钢梁之间穿过，塔高166m，空间双索面全飘浮体系。本文介绍了大桥的项目概况、独柱变截面钢塔、超宽分离式钢箱梁的结构设计、关键构造和抗风抗震设计，以及本桥在国内首次采用的全桥建筑信息模型(BIM)正向出图设计等有关情况。

关键词：总体设计 斜拉桥 独柱钢塔 分离式钢箱梁 BIM 正向设计

1 工程概况

南京上坝夹江大桥，是浦仪公路西段在南京江北新区跨越长江八卦洲夹江的一个节点工程，采用一级公路建设标准。该桥跨越长江八卦洲左侧夹江，大堤间距约2 100m，全桥由西跨堤桥、西引桥、主桥、东引桥、东跨堤桥组成，其中主桥采用50m+180m+500m+180m+50m独柱形钢塔双索面钢箱梁斜拉桥，西、东跨堤桥分别为100m主跨和80m主跨变截面预应力混凝土连续箱梁桥，东西引桥为50m跨径等截面混凝土连续箱梁桥。该桥于2018年6月1日开钻第一根钻孔桩，于2020年12月24日建成通车。全桥总体布置如图1所示。

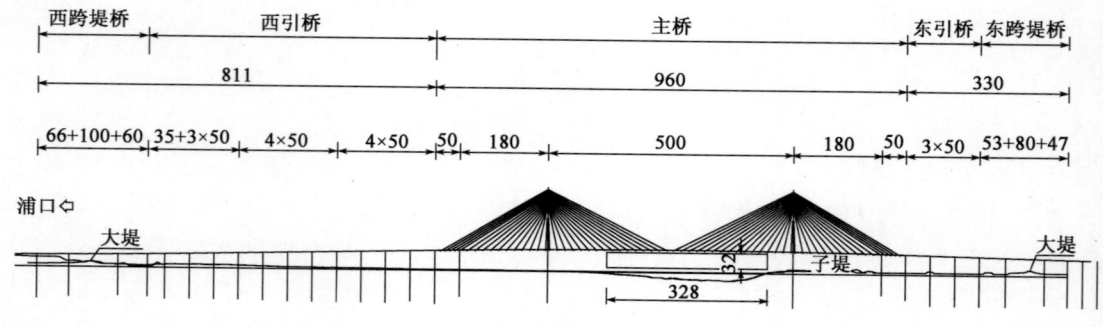

图1 南京上坝夹江大桥总体布置图(尺寸单位：m)

2 技术标准和建设条件

本桥采用双向六车道一级公路标准建设，兼具城市快速路功能，设计速度100km/h。主桥标准横断面总宽54.4m。钢箱梁断面分幅布置在索塔两侧,外侧设置行人与非机动车道。上坝夹江大桥引桥标准横断面总宽40.3m。人非系统标准横断面全宽4.0m。主桥P1水准地震重现期取500年,地表水平地震加速度0.134g,P2水准地震重现期取2 000年,地表水平加速度0.215g。桥梁通航净高不小于32m,双向通航净空宽度不小于328m。根据《公路桥梁抗风设计规范》(JTG/T D60-01—2004)及抗风专题研究报告,设计基本风速取28.9m/s。

八卦洲汊道在历史上极不稳定,主支汊自然易位。20世纪40年代前左汊为主汊,其后左汊衰退,右汊发展。1985年开始的八卦洲汊道人工抛石护岸工程,逐步稳定了八卦洲汊道的河势。左汊衰退的趋势减缓,汊道内两岸岸线变化已不明显,弯道深槽区平面位置相对稳定下来。根据河势专题研究,自1998年以来,桥位处河床断面基本稳定,深槽偏右岸八卦洲侧。

根据水利主管部门的意见,防洪大堤之间桥墩布置须尽可能减小阻水率。设计过程中对跨径400m、450m、500m的不同桥型方案做了定、动床模型试验。结果表明:采用主跨500m的桥梁方案,桥墩在防洪设计水位下的阻水面积约占长江行洪面积的3%,阻水率较小,在百年一遇水文条件下,左汊进口分流比减小0.14%~0.15%,建桥后对断面流速及流速分布影响不大。根据河工模型试验结果,水利主管部门对本桥主跨跨径的最小跨度要求为不小于500m,以最大限度地降低建桥对八卦洲北汊整治的影响。

本项目区属长江下游冲积平原,地势开阔、平坦,地面高程5.0~7.0m。工程区域分布上更新统中密~密实状粉砂(夹砾石)、白垩系上统浦口组(砂质)泥岩,总体分布稳定,且较厚,力学强度中等~高,工程地质条件较好。基岩埋藏深度,自西向东逐渐加深,持力层为中风化泥岩,桥梁基础宜采用钻孔灌注桩。

3 主要工程特点

本桥的主要特点如下:

(1)桥面宽。上坝夹江大桥采用双向六车道一级公路标准并兼顾城市道路功能建设,横断面需布置双向6个宽3.75m车道及宽3.0m紧急停车带,另外综合考虑规划、八卦洲居民出行需求,大桥两侧设置行人与非机动车系统,不含锚索区及风嘴,桥面宽度已达41m,这在跨江大桥中较少见。由于通航净空要求在最高通航水位以上32m的通航净高,人非系统过江后如何迅速落地汇入地面系统,对设计提出了较高的要求。

(2)施工工期紧。浦仪公路西段建成后将与南京二桥、绕城公路、南京五桥、江北大道形成南京绕城一环。作为南京绕城一环的最后两处节点,南京五桥已开工建设一年多了,需于2020年底建成通车。本桥和浦仪公路西段也必须同步完工,工期不到三年,时间非常紧迫,所采用的桥型方案需能够满足工期短的要求。

(3)景观要求高。项目位于南京城区,在城市风貌与城市景观格局方面具有重大意义,本桥将江北新区浦口片区与八卦洲生态岛进行生态景观交互,共同促进区域生态景观文化的和谐发展。目前,南京已建有二桥、三桥、五桥(在建)等多座斜拉桥,并有悬索桥(四桥)、拱桥(大胜关铁路桥),因此,本桥在桥型和景观上要尽量不雷同于南京的已建桥梁,须有一定的新颖性。此外,本桥与长江观音景区隔江相望,从幕府山远眺大桥,优美的桥型将给人以人工建筑物与自然文化和谐统一之感。所有这些,都对本桥的景观效果提出了很高的要求。

4 总体设计

4.1 桥型方案

根据通航要求、河工模型试验结果和水利部门的意见,本桥主跨不宜小于500m。由于江面宽约2 000m,对于主跨500m的桥梁,斜拉桥和拱桥可满足本项目的建设条件,但是对于主跨500m的拱桥,已经是超大跨度了,技术难度、施工风险和工期风险很大,因此采用斜拉桥方案。对于索塔材料,采用混凝土塔或钢塔都是可行的。混凝土塔结构尺寸较大、重量大、施工速度较慢,而钢塔结构尺寸较小、重量轻、节段工厂化制作、施工速度快,较混凝土塔缩短工期6个月以上,质量容易控制。虽然钢塔总体造价较混凝土塔有一定增加,但基础工程量较混凝土塔基础有所减少,基础部分造价略降。根据对本项目特点和具体建设条件的研究,为保证工期,最终采用可以大量工厂化制造、施工速度快的钢塔钢箱梁斜拉桥方案。

在桥跨布置上,由于桥位处深槽偏右岸,设计中将一个主墩设在右岸(八卦洲侧)水边,另一个主墩设在浅水中。主桥为双塔双索面钢塔钢箱梁斜拉桥,采用全飘浮体系,桥跨布置为50m+180m+500m+180m+50m。

4.2 塔形方案

由于本桥位于城市边缘,距长江边的幕燕风光带较近,在景观方面有较高的要求,而斜拉桥的塔形对全桥景观效果起着至关重要的作用。斜拉桥典型桥塔形式主要是H形、钻石形或人字形,以及独柱形塔。双塔斜拉桥桥面以上索塔的高度与主跨跨径之比宜为1/6~1/4,则本桥桥面以上塔高在83~125m。考虑到空间索面桥面上建筑限界净空因素,并为使全桥有高耸、挺拔的景观效果,桥面以上宜取较高值。而桥面以下,通航净高要求在最高通航水位以上不小于32m,则下塔柱高度约为45m,全塔高度为160~170m。

对于常规的H形和钻石形塔,由于下塔柱高度相对较矮,桥面又有人非系统,索塔易显得矮胖,景观效果相对略差。而独柱塔外观简洁挺拔,个性鲜明,尤其是对宽桥有很好的适应性,能取得较好的景观效果,且独柱钢塔斜拉桥在国内尚无先例,塔形无雷同,给人耳目一新的感觉;在受力方面,独柱钢塔施工阶段抗风稳定性较差,但在成桥阶段,塔柱受四根拉索不同角度对称张拉,抗风稳定性优于H形塔;在工期方面,独柱塔吊装块件最少,工期最省;造价方面,独柱塔少了一个塔肢,用钢量最少,虽然增加了两幅主梁间横梁用钢量,但钢塔的综合单价比钢箱梁高,独柱塔造价最低。因此本桥虽为双塔斜拉桥,但每个索塔采用独柱结构的钢塔。

采用独柱钢塔,主梁如仍旧是整体断面,桥面须在索塔处开孔使塔柱穿过,桥面部分有较大的浪费。由于本桥设置有人非系统,双向六车道一级公路标准断面宽度33.0m,主桥两侧另设4.0m的人非宽度,不含锚索区及风嘴,桥面宽度已达41m。采用独柱塔,塔柱在主梁处的截面尺寸8~10m宽,两幅主梁将拉开或开孔10m左右,桥面总宽将达到55m左右(含锚索区和风嘴),主梁宜采用分离式钢箱梁。本桥采用左右两幅分离式钢箱梁断面,两幅梁之间用箱形钢横梁连接,可以减轻主梁自重,减少钢材用量。另外,拉索从独柱钢塔上拉到主梁两侧机动车道外侧形成空间双索面,人非系统悬挑于拉索之外,行人与非机动车视野开阔,整个斜拉桥的塔、梁、索、横梁骨架清晰,立体感分明,有较强的美感。独柱钢塔见图2。

4.3 结构支承体系

由于采用独柱钢塔,为保证景观效果,索塔在主梁处不设下横梁,上部结构采用纵向飘浮体系,索塔与两侧钢箱梁之间设置横向抗风支座约束横向位移,不设竖向支座。索塔与中跨和边跨的第一道横梁之间各设置2个纵向黏滞阻尼器(每个索塔4个),以改善结构的动力响应、控制纵向位移,单个阻尼的阻尼系数为1 000,速度指数为0.4。黏滞阻尼器对脉动风、车辆制动和地震引起的动荷载具有阻尼耗能作用,而对温度和汽车引起的缓慢位移无约束。当由静风、温度和汽车引起的塔梁相对纵向位移在阻尼器设计行程以内时,不约束主梁运动。

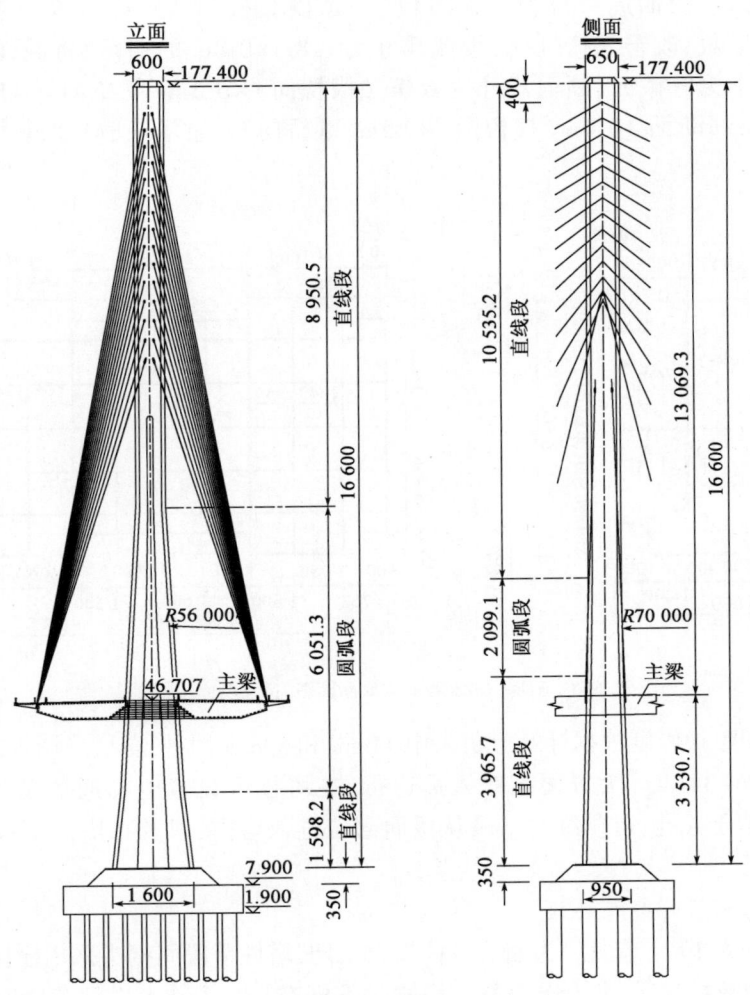

图2 独柱钢塔构造图(尺寸单位:cm;高程单位:m)

过渡墩及辅助墩处设置纵向滑动拉拔支座,并限制横向位移。辅助墩与主梁底部之间设置纵向限位挡块,以限制主梁的风荷载位移。主桥结构体系约束系统概要汇总于表1。

主桥结构体系约束系统概要　　　　表1

约束方向	过渡墩	辅助墩	索塔
纵桥方向	滑动	滑动/挡块限位	黏滞阻尼
横桥方向	约束	约束	约束
垂直方向	约束	约束	—

5 主桥结构设计

5.1 索塔设计

5.1.1 索塔主要构造

索塔为独柱形钢塔,塔高166.0m,主梁以上索塔高度为130.693m。索塔采用切角矩形断面,单箱多室布置,由四周壁板和三道腹板(一道横腹板和两道纵腹板)构成。为了减小塔柱截面风阻系数,改善涡振性能,设置尺寸为0.8m×0.8m的切角,将截面进行钝化。塔柱桥面以上基本为等截面,断面尺寸为6.0m(横桥向)×6.5m(顺桥向),自桥面开始向下圆弧渐变,至底部断面16.0m(横桥向)×9.5m(顺桥向)。索塔一般断面和塔底断面如图3所示。

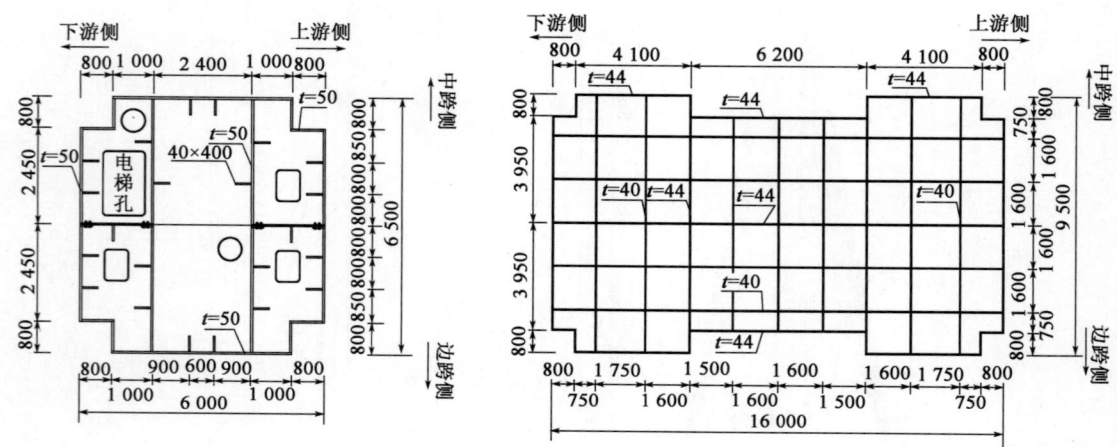

图3 索塔一般断面和塔底断面图(尺寸单位:mm)

塔柱壁板和腹板厚度根据计算分析采用44mm和50mm两种,全塔采用板式加劲肋,横隔板的间距为1.6~3.8m。为方便维修人员通行,在塔柱内设置电梯通道及人行爬梯通道。塔柱腹板上设若干人孔,可供维修人员从桥面部位进入塔内,以及在塔内部各个室之间相互穿越。

5.1.2 索塔节段划分与连接

塔柱共划分为19个节段。为缩短塔柱架设工期,塔柱节段间接头采用栓接接头。T1~T5节段采用浮式起重机吊装,其余节段采用塔式起重机安装。为减少塔柱节段间拼接缝数量对景观效果的影响,在起吊重量不变的前提下,对塔柱节段采取了竖向分块的设计,竖向拼缝通过耳板设在塔柱内部。考虑到索塔安装中误差的调整,在浮式起重机架设的J1~J4和锚索区下方J10接口设置了调整接头。

5.1.3 拉索在塔上的锚固方式

拉索在塔上的锚固如采用钢锚箱,则塔柱壁板和内外侧腹板均受较大水平力,不利于竖向分块的螺栓连接,而采用钢锚梁,锚梁平衡了恒载拉索水平力,塔柱壁板和腹板受力很小,有利于减少竖向螺栓拼缝,且构造上拉索锚固区用钢量相近,锚梁只多了中间梁的部分,全桥一共增加钢材130t。另外,锚箱必须与塔柱一起在工厂制作后整体吊装,锚梁可与塔柱分开吊装,可减轻吊重8~10t。因此,从受力和安装角度考虑,本桥采用锚梁方案。锚梁构造见图4。

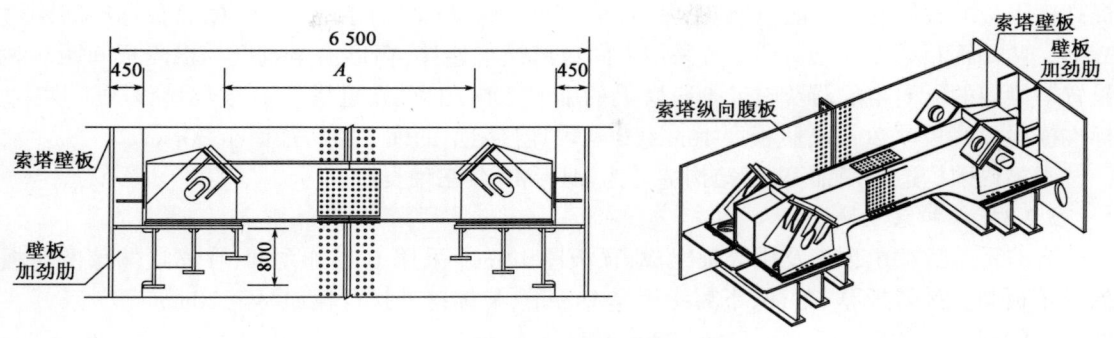

图4 锚梁构造图(尺寸单位:mm)

5.1.4 塔底连接

钢塔底部与混凝土承台的连接,采用高强螺杆的锚固方案,塔柱根部的压应力主要通过塔柱底板传递到承台混凝土中,而拉应力则通过锚固螺杆传递到基础中。除裸塔和地震工况外,塔柱基本不出现拉应力,预拉力的数值根据最不利工作状态下塔底截面无拉力出现状况(底板不出现缝隙)来控制。

5.2 钢箱梁设计

5.2.1 横断面设计

主桥标准横断面总宽54.4m,钢箱梁断面分幅布置在索塔两侧,外腹板外侧设置行人与非机动车道,单幅箱梁(含人非系统挑臂)宽22.05m。分幅式箱梁具有良好的颤振稳定性能。主梁节段模型风洞试验表明,颤振临界风速均大于120m/s,满足颤振稳定性检验要求。钢箱梁标准横断面见图5。

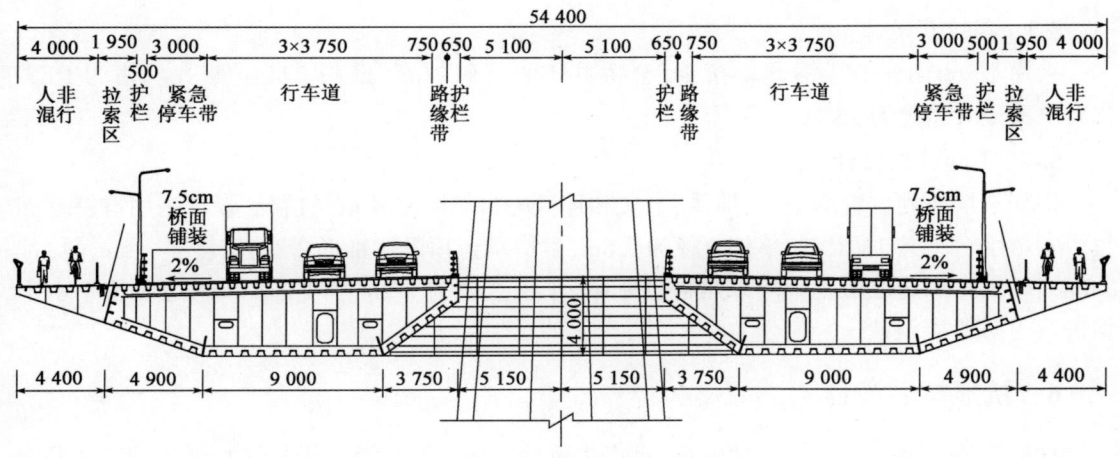

图5 钢箱梁标准横断面(尺寸单位:mm)

5.2.2 梁段划分与构造

考虑构造及施工架设等因素,主梁划分为67个梁段,均采用全断面焊接方式。主梁节段标准长度16m、边跨尾索区节段标准长度为9.6m。中跨标准梁段采用桥面起重机施工,边跨标准梁段采用高支架存梁施工,标准梁段质量约391t,最大起吊质量约495t。

顶板采用16mm钢板,横向近外腹板锚索区采用20mm板厚,U肋厚8mm。底板根据受力需要,不同区段采用14~28mm四种不同的钢板厚度,底板U肋分6mm和8mm两种厚度。为

53

提高横隔板的整体受力性能、有利于保障桥面板刚度,横隔板采用整体式,横隔板标准间距为3.2m。两幅钢箱梁在拉索对应位置采用中间箱形横梁连接,箱形横梁宽度为横隔板间距。为设置塔梁间的纵向阻尼器及施工阶段塔梁的临时纵向约束,在近塔处 B 梁段增设一道横梁。标准横梁顶底板厚20mm,腹板厚16mm,B 梁段连接阻尼的横梁腹板加厚至30mm。

索梁锚固构造采用锚箱,锚箱构造分为M1~M3共三种类型。

5.2.3 人非系统挑臂

人非系统挑臂由顶板及挑臂板组成,顶板厚14mm,采用 U 形加劲肋,在靠近端部及腹板处采用板肋。挑臂板厚12mm,下翼缘板厚14mm。伸缩缝处挑臂板加厚至20mm。

5.2.4 压重构造

为确保在正常运营荷载下,过渡墩及辅助墩不出现上拔力,在桥墩附近钢箱梁内施加压重。过渡墩、辅助墩墩顶压重区域单幅压重为170kN/m(局部120kN/m),全桥共计混凝土压重材料1220m³。压重采用底板钢槽放置重混凝土块方式,混凝土重度要求达到35kN/m³。

钢箱梁压重布置示意图如图6所示。

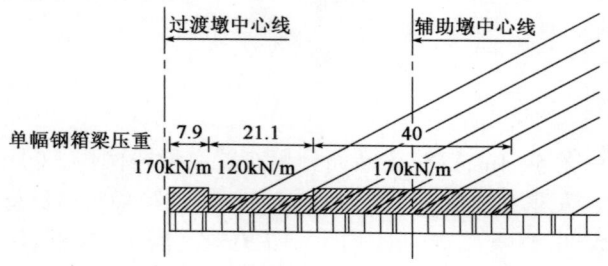

图6　钢箱梁压重布置示意图(尺寸单位:m)

5.3 斜拉索设计

采用1 860MPa 平行钢丝斜拉索,全桥共128根斜拉索,最长274m,最大规格为PES7-283,单根最大质量为25.7t。

5.4 下部结构设计

根据索塔所处位置的地形、地质、水文和环境等自然因素及地层情况,设计采用群桩基础,每个索塔承台下共18根桩,单桩直径为2.8m,索塔承台顶设置锥形塔座,塔座厚3.5m,承台厚6.0m。辅助墩和过渡墩基础均采用群桩基础,单桩直径为2.2m。西主墩和西边墩位于水中,均进行了防船撞设计。

6 抗风抗震设计

独柱钢塔桥面以上塔柱截面较小,易产生风振问题。对于矩形塔柱这种细长的钝体断面,可能的风振是驰振和涡振。通过数值风洞试验和模型试验,证明本桥独柱塔无驰振问题,但在特定风速下,在桥塔自立状态(即塔柱施工完挂斜拉索之前)可能产生较大振幅的涡激共振。进一步的风洞试验研究表明,通过提高独柱钢塔的阻尼比,可以有效减小涡振振幅。我国《公路桥梁抗风设计规范》(JTG/T D60-01—2004)中,钢结构的阻尼比为0.5%,但实测的国内泰州大桥钢中塔及日本的许多钢塔,阻尼比均小于0.5%。日本规范建议对不同的振动频率,采用不同的阻尼比。本桥钢塔的特征振动频率为0.23Hz,对应此频率日本规范建议采用0.15%的阻尼比较合适。模型试验中,对钢塔阻尼比分别为0.1%、0.25%、0.5%、1.0%、1.2%都进行了风洞试验,结果表明,当阻尼比为1%时,涡振振幅小于10cm;当阻尼比为1.2%时,已无涡振现象。在桥塔自立状态时,通过增设调谐质量阻尼器(TMD)的措施来提升结构阻尼比,以抑制涡激共振。当设置30t TMD时,钢塔阻尼比可达到1.2%。因此,设计采用在塔顶设置TMD的方法来解决钢塔涡振问题。

本桥分离式主梁总宽达54.4m,节段模型和全桥气弹模型试验均表明,大桥在成桥和施工状态颤振稳定性满足要求。两个模型试验都表明,原始断面在自然风场中有发生涡激共振的可能性,同样通过增设阻尼,可以对涡激共振进行抑制,当梁的阻尼比达到1.2%时,主梁的涡激共振没有超出允许值。采用气动措施的试验表明,采用内侧行车道护栏封闭,并加风鳍板的措施后,实桥结构发生涡振的可能性大幅降低。本桥经过经济性和景观效果等方面综合考虑,最终采用主梁设置TMD以提高阻尼的涡振控制方案。虽然本桥没有采用优化后的气动断面来抑制涡振,但通过本桥对分离式钢箱梁气动外形的研究,提出的风鳍板与挡风板组合的气动措施,为今后解决类似分离式钢箱梁涡激共振问题,提供了思路和参考依据。

我国针对钢塔斜拉桥的抗震研究还比较少,国内已建成的主跨超过400m的非混凝土塔斜拉桥仅有3座——香港汀九大桥、南京长江三桥和康巴什大桥,但前两座桥的桥塔均为钢混组合型结构。与混凝土塔相比,钢桥塔具有较小的刚度和质量,因此钢塔斜拉桥的地震反应有其自身的特点。

设计中针对本桥全钢塔钢梁斜拉桥,采用有限元软件进行了动力特性和地震反应分析,并与混凝土塔方案进行了对比研究,对本桥的动力特性、钢塔地震反应和抗震性能等进行了比较分析。结果表明:①同等跨度条件下,相对于混凝土塔斜拉桥,钢塔斜拉桥的纵飘和主塔侧弯振型周期较长,且主塔惯性力较小,从而具有较好的抗震性能;②钢桥塔的轴压比与混凝土桥塔相比略大,主塔的重力几何刚度能显著增大纵飘周期,从而显著增大塔顶及主梁的纵向地震位移,但对主塔及其基础的地震内力影响较小;③在7度地震区,对于钢塔和钢塔基础,地震作用一般不控制其结构设计。

7 全桥BIM正向出图设计

南京上坝夹江大桥主桥钢箱梁及钢塔构件众多,并且塔柱下段是双向曲面结构,局部构造复杂,对加工制造的要求高。若采用传统的平面、立面和侧面三视图的设计方法,塔柱内的许多曲面构造无法表达,对设计师的要求很高;另外塔柱节段、钢锚箱构造复杂、板件数量多、制图工作量大,而且在设计过程中不容易发现细部构造的问题,比如焊接空间以及局部碰撞问题。

为解决上述问题,在本项目设计中,首次采用了全桥三维建筑信息模型(BIM)正向设计技术。所谓正向设计,是相对于过去的BIM翻模设计而言的。以前的BIM设计,一般是先完成三视图设计,根据设计图纸,建立BIM模型,而本桥采用的是"先建模,后出图"的设计方式,即不经过传统的三视图出图阶段,直接利用Catia软件建立桥梁结构的三维模型,然后根据出图需要,进行二维平、立、侧面投影出图。正向设计可将BIM三维模型与二维三视图相关联,让同类型的图纸能够批量化生成,这就大大减少了出图工作量。BIM三维模型还可以和局部计算的有限元模型关联起来,将BIM模型直接导入有限元软件进行局部分析,根据计算分析结果,修改各个桥梁结构的构件参数,使得二维图纸能够随三维模型的参数变化而变化。另外,完成设计计算分析和出图后的BIM模型,可以传递给施工单位和运营养护单位,在施工和运营维护阶段,不断为模型补充后续信息,为桥梁的施工、管养提供可视化的后续服务。

8 结语

南京上坝夹江大桥作为南京绕城一环的最后一个重要节点,采用了适合桥位处建设条件的独柱钢塔钢箱梁斜拉桥设计方案。这种独柱变截面钢塔的全新桥梁造型设计,较好地适应了城市周边的建设条件,解决了宽桥的景观效果问题,在国内是首创。另外,根据本桥的具体特点,采用双向曲面变化的钢塔构造设计、竖向分块的塔柱节段设计、为减少塔壁拉力的钢锚梁设计,均是国内钢塔斜拉桥中首创。同时,本桥是国内第一个采用BIM正向出图设计的大型桥梁,解决了传统三视图双向曲面投影出图的难题,为复杂桥梁设计提供了新的设计思路,提升了桥梁设计品质,并为后续的预制加工、管理养护提供了技术支持。

参 考 文 献

[1] 华设设计集团股份有限公司.浦仪公路过奖通道涉河建设方案.南京:2018.
[2] 华设设计集团股份有限公司.浦仪公路西段设计文件.南京:2018.
[3] 中华人民共和国交通运输部.公路工程技术标准:JTG B01—2014[S].北京:人民交通出版社股份有限公司,2015.
[4] 中华人民共和国住房和城乡建设部.混凝土结构耐久性设计规范:GB/T 50476—2008[S].北京:中国建筑工业出版社,2009.
[5] 长沙理工大学.公路工程混凝土结构防腐蚀技术规范:JTG/T B07-01—2006[S].北京:人民交通出版社,2006.

6. 南京长江大桥桥墩柔性抗船撞装置设计

陈国虞[1] 杨黎明[2] 陆宗林[3] 庄冬利[3]

(1.上海海洋钢结构研究所;2.宁波大学力学与材料科研中心;
3.同济大学土木工程学院桥梁工程系)

摘 要: "柔性抗船撞装置"由内、外钢围和黏滞性防撞圈构成。实船撞击试验和基于冲击动力学理论的数值模拟分析,验证了这种装置可改变船舶航向、有效降低船撞水平力,既可保护桥梁,又可降低船舶损伤。本文以南京长江大桥为背景,提出了桥墩增设柔性抗船撞装置的设计方案。数值模拟分析结果表明,撞击力可降低50%以上,可提高大桥的抗船撞能力。

关键词: 南京长江大桥 桥墩柔性抗船撞装置 冲击动力学 黏滞性防撞圈 实船撞击试验 数值模拟分析

1 引言

南京长江大桥是中国在长江上自主修建的第一座双层公铁两用桥,自1968年通车以来,船舶流量密度超出了当初设计的几十倍。随着船舶的数量逐年增多、船体增大、船速增快,船撞桥的概率也越来越大,所造成的危害进一步增大。据统计,在该水域航行的船舶每2.5万艘发生一起交通事故。最近一次严重事故发生于2013年5月12日,装载1.25万t石灰石的轮船碰擦到6号桥墩后,在下游岸边浅滩处沉没,所幸未造成人员伤亡、环境污染和严重的结构损伤。但是,本次事故为大桥防船撞和提升抗船撞能力发出警示。

本文介绍了柔性抗船撞装置的基本原理,并通过实船撞击试验研究了装置的受力性能,并与数值模拟分析进行对比,验证了结果的有效性。针对南京长江大桥的特点,提出了桥墩增设柔性抗船撞装置的方案,并进行了数值分析。

2 柔性抗船撞装置的基本原理

船撞桥是冲击动力学问题,两物体相撞时冲击力的大小、变化、时间历程以及能量传送变化,不仅与撞击速度、质量有关,而且与撞击体本构的应力波效应和应变率效应密切相关。刚体、弹性体、弹塑性体、黏弹性体等不同本构的物体相撞时有完全不同的反应。船和桥墩直接相撞时将产生巨大的撞击力,使船与桥墩同时损毁。

"柔性抗船撞装置"主要由外钢围、黏滞性防撞圈和内钢围三部分构成,如图1所示。内、外钢围按照全水密浮箱设计,之间通过黏滞性防撞圈联结,从而形成围绕在桥墩或承台外围的整体结构,并且可随着水位的变化而上下浮动。

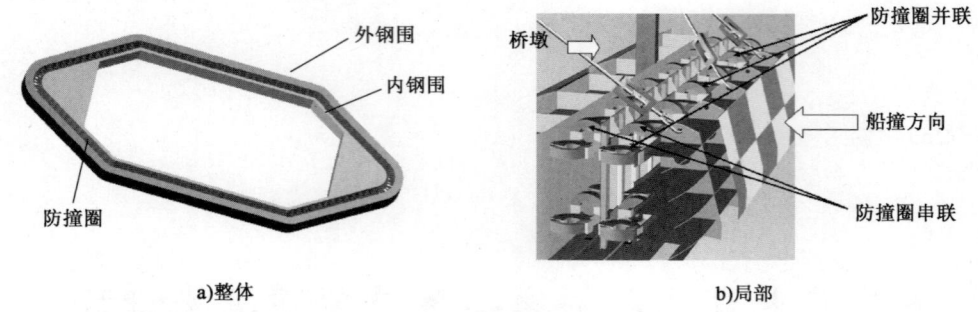

图1 柔性防撞装置示意图

当发生船撞事故时,因外钢围具有足够的结构刚度,受船舶撞击处不至于产生过大的局部变形,并基本保持整体刚性运动,同时带动内侧柔性防撞圈变形。柔性防撞圈起到隔阻强冲击波、减少撞击力和缓冲的作用,尤其是延长撞击时程和增大外钢围移动距离,使船舶有时间和空间转向,再利用水流的升力作用,将船舶推离桥墩,使船舶沿防撞装置外侧滑走。船舶带走大部分动能,大幅降低了船-桥撞击过程中的碰撞力,达到"四两拨千斤"的功效,从而实现既保护桥梁,又能大大降低船舶受到损伤的目的。

3 柔性抗船撞装置的实船撞击试验

3.1 试验装置

柔性抗船撞试验装置如图2a)所示。为了测量船舶的撞击力和反作用力,以及船舶的运动参数,在抗船撞装置和船舶上布置一系列的传感器。在防撞圈与内钢围之间装设力传感器(图2b),用于记录桥墩受到的撞击力;在外钢围船舶撞击区内布置有12个压力传感器(图2c),用于记录船舶与外钢围之间的撞击力。在船舶的质心附近设置有三维加速度传感器和陀螺仪,用于记录船舶加速度以及船舶运动方向的变化,利用测量得到的船舶加速度时程曲线,可以求得船舶受到的撞击力时程曲线。

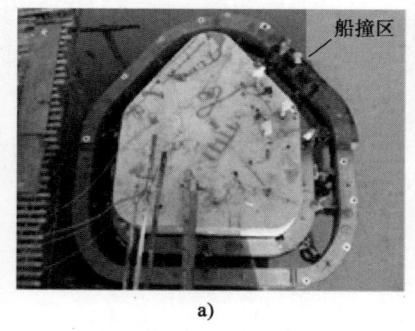
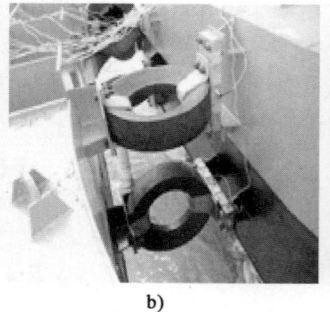

图2 柔性抗船撞试验装置及其传感器布置

3.2 实船撞击试验

试验使用的船舶空载质量为250t,撞击速度1~4m/s。试验船舶有总质量250t和400t两种。对不同的船舶航速、质量和撞击方向,共进行了12次实船撞击试验(图3)。试验测得船撞力时程曲线、船舶撞击后的运动轨迹,以及柔性防船撞装置的冲击响应等。

图 3 实船撞击试验

试验结果表明：

(1) 柔性抗船撞装置具有拨转船舶航向的功能，即使船舶偏航角度达到 25°，该装置仍能够拨转船舶航向，使其沿着外钢围外侧滑走。

(2) 船舶航速在撞击后的变化很小，当船舶偏航撞击角 5°时，撞击后、前的船舶航速比达到 90%以上；即使对于 25°的船舶偏航撞击角度，撞击后、前的船舶航速比仍达到 80%以上。可见船舶在撞击过程中，大部分动能没有参加能量交换，仍以动能的形式保留在船舶上。

(3) 柔性抗船撞装置不仅保护了桥梁墩台，而且可以保护船舶，同时装置本身也可以不受损坏，可以达到"三不坏"。

(4) 各防撞圈具有很好的受力同期性，桥墩受到的最大撞击力略小于船舶受到的最大撞击力。

3.3 试验与数值模拟分析结果对比

采用有限元软件对三种工况进行数值模拟计算，分析了裸撞和装设柔性抗船撞装置两种状态的响应，其最大船撞力见表 1。

数值模拟与试验实测最大船撞力对比　　表 1

船舶质量 (t)	船舶航速 (m/s)	船舶偏航撞击角 (°)	数值模拟最大船撞力(kN)		实测最大船撞力(kN)
			裸撞	柔性抗船撞装置	柔性抗船撞装置
250	2.3	26	2 700	800	650
250	3.0	0	1 600	750	650
400	3.5	0	2 300	1 100	1 000

由表 1 可知，数值计算得到的最大船撞力与试验测量值基本一致，柔性抗船撞装置可以降低撞击力 50%以上。

4 南京长江大桥桥墩柔性抗船撞装置方案设计

4.1 设计方案

方案设计考虑在南京长江大桥 6 个通航孔桥墩(3~8 号桥墩)上装设桥墩柔性抗船撞装置。该装置为浮式钢结构，可随水位变化上下浮动。为了抵御航速 8 节、载质量 13 000t 海轮的撞击,提出该装置设计方案,图4所示为装置设计方案平面图。图5所示为装置与海轮相遇图,撞击过程船舶球鼻艏及船头不会直接碰到桥墩。

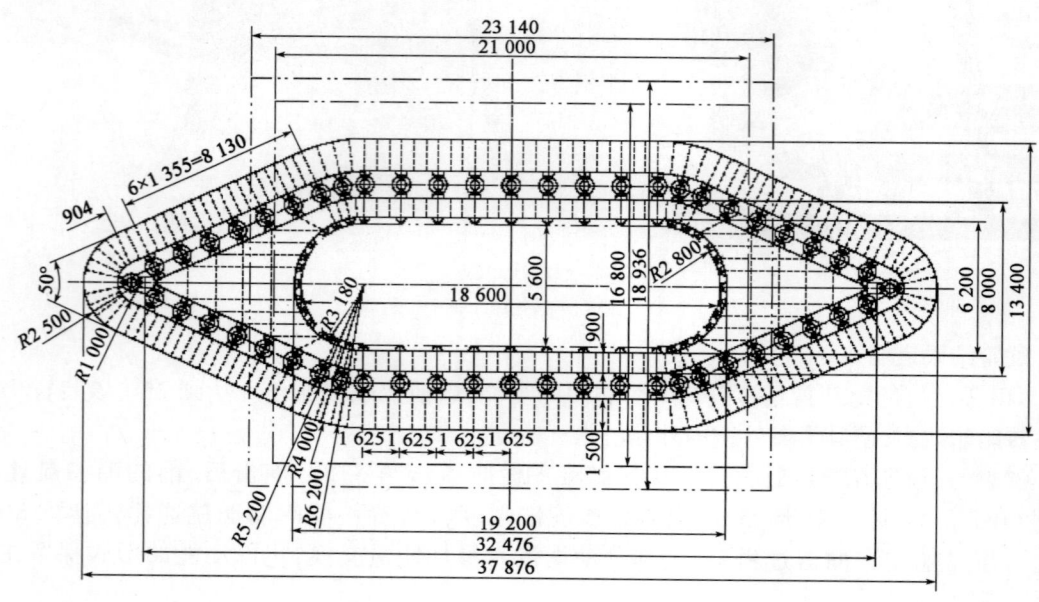

图4 桥墩柔性抗船撞装置设计方案平面图(尺寸单位:mm)

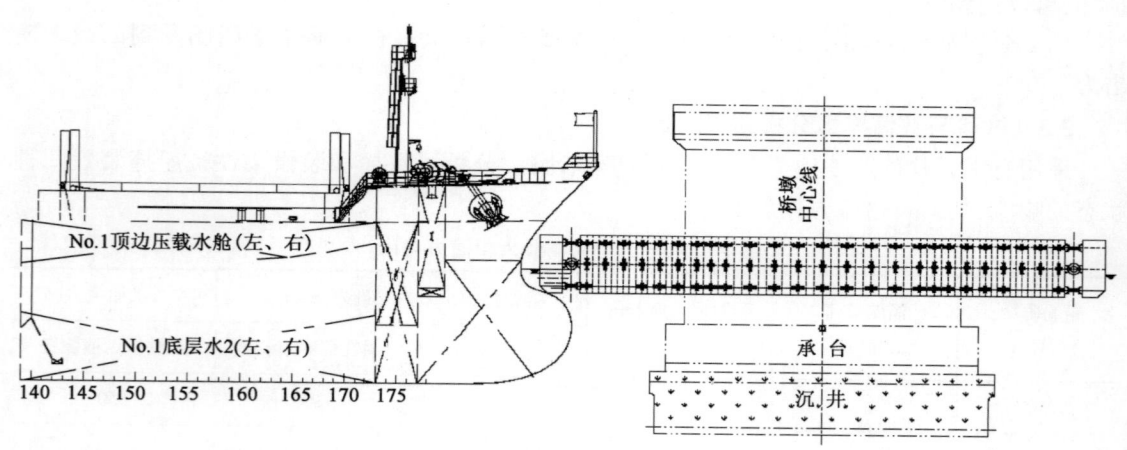

图5 抗船撞装置与13000t海轮相遇图

装置总长37.9m、宽13.4m、高4m(吃水深度为2m),外钢围和内钢围均为水密性的闭合式钢箱梁结构,外钢围箱梁宽1.5m,内钢围箱梁宽0.9m。装置的引撞角设计为50°。在内、外钢围之间分布156个柔性防撞圈。

4.2 数值模拟

船撞桥碰撞仿真计算模型的前处理采用FEMB软件完成。有限元模型包括桥墩、桥墩抗船撞装置及载质量为13 000t散货船。桥墩抗船撞装置是按照实际几何尺寸建立的1:1全尺寸模型,如图6所示。

图6 数值模拟有限元模型

内钢围、外钢围、船均由壳单元组成。钢的材料模型选为考虑应变率效应的弹塑性材料,桥墩的材料本构模型选定为线弹性材料。柔性防撞圈按其在防撞耗能中所起的作用,在数值模拟中每个柔性防撞圈化为离散单元,由4个非线性弹簧单元和1个非线性黏壶单元来模拟,材料参数由试验数据拟合得到。从柔性防撞圈实测力-位移试验曲线所反映的加-卸载滞回特性(图7),可以看出柔性防撞圈是一类具有黏性阻尼耗散的非线性力学元件,并且对应变率较敏感。要建立起反映这一特性的计算模型,必须考虑到非线性特性和不同应变率相关的黏性耗散效应。在冲击载荷下,柔性防撞圈的力-位移关系可采用下式表达:

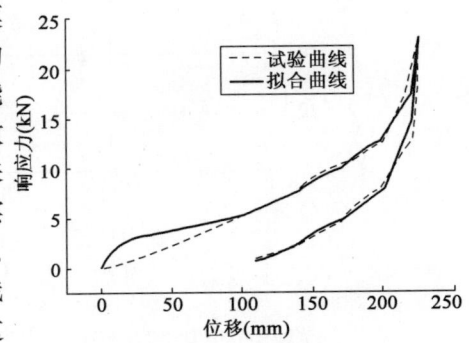

图7 冲击条件下柔性防撞圈试验曲线与计算拟合曲线

$$F = K_1(\Delta u)\Delta u + K_2 \int_0^t v(\tau)\exp\left(-\frac{t-\tau}{\theta_2}\right)\mathrm{d}\tau$$

式中:F——力;

Δu——位移;

K——弹簧系数。

计算的初始条件:抗船撞装置的初速度为零,载质量13 000t海轮的初速度为4.0m/s,载质量13 000t货船的质量按满载排水量,并考虑10%的附连水质量,总质量达到20000t。共进行了4种工况的分析:①工况1为0°角+裸撞桥墩;②工况2为偏10°角+裸撞桥墩;③工况3为0°角+柔性抗船撞装置;④工况4为偏10°角+柔性抗船撞装置。

4.3 数值分析结果

数值模拟分析结果如图8~图11所示。图8~图11为程序图,横坐标表示时间(s),纵坐标表示响应力(10^6N)。计算结果表明,增设抗撞装置时,瞬时最大撞击力同比裸撞时降低50%以上。

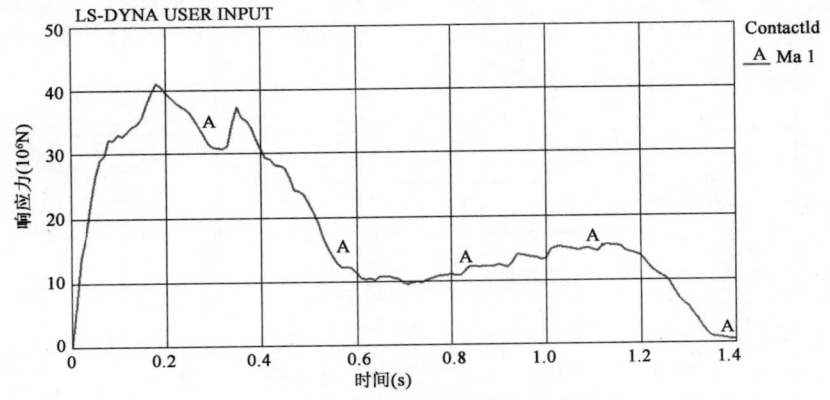

图8 工况1 0°角+裸撞,水平撞击力时程曲线

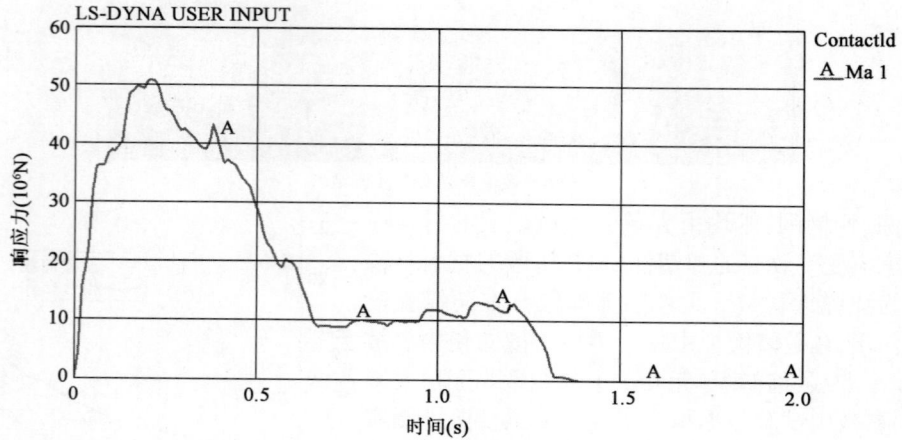

图 9 工况 2 偏 10°角+裸撞,水平撞击力时程曲线

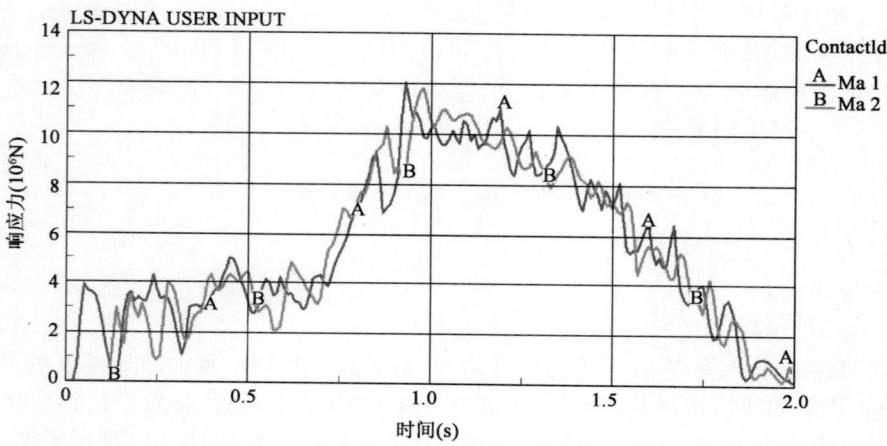

图 10 工况 3 0°角+柔性抗撞装置,水平撞击力时程曲线

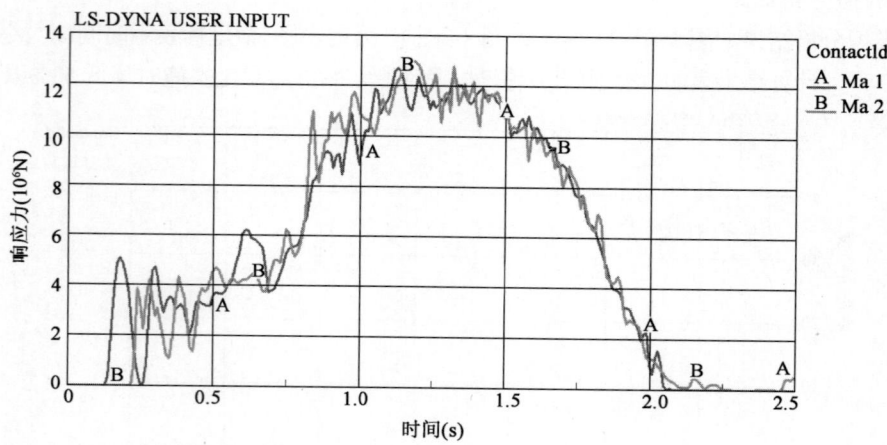

图 11 工况 4 偏 10°角+柔性抗撞装置,水平撞击力时程曲线

5 结语

由外钢围、防撞圈和内钢围等构成的"柔性抗船撞装置",具有刚柔并济的特点,可拨转船舶航向,降低船撞水平力,并经实船撞击试验和数值分析验证了装置的有效性。针对南京长江大桥的特点,提出了桥墩柔性抗船撞装置的设计方案。数值模拟分析结果表明,增设柔性抗船撞装置可使撞击力降低50%以上,可提高大桥的抗船撞能力。

参 考 文 献

[1] 王礼立,黄德进,陈国虞.基于钢丝绳圈的柔性防撞装置的冲击动力学分析[C]//中国力学学会学术大会2005论文摘要集(上),2005.

[2] 陈国虞,张澄,王礼立,等.桥墩柔性防撞问题研究的进展[C]//第十七届全国桥梁学术会议论文集(下册),2006.

[3] 陈国虞.防御船撞桥的新装置及其机理研究[J].船舶工程,2007(4):40-43.

[4] 陈国虞,杨黎明,刘军,等.船撞桥墩现场试验的调研和设计[J].广东造船,2012,31(2):53-57.

[5] 王礼立,杨黎明,陈国虞,等.船桥相撞时撞击力和能量转换的冲击动力学分析[C]//第二十届全国桥梁学术会议论文集(下册),2012.

[6] 杨黎明,吕忠达,王礼立,等.桥梁抗船撞柔性防护方法及实船撞击实验[C]//第二十届全国桥梁学术会议论文集(下册),2012.

[7] 陈国虞,倪步友,李玉节,等.船与墩的撞击力实验室研究和实船试验与数值模拟比较[C]//中国造船工程学会,2013:10.

[8] 王礼立,陈国虞,杨黎明.船桥碰撞过程引发的冲击动力学论题[J].振动与冲击,2015,34(3):14-22.

[9] 陈国虞.深水航道桥梁防船撞方法[J].船舶与海洋工程,2019(5):1-7.

[10] 陈国虞,王礼立.船撞桥及其防御[M].北京:中国铁道出版社,2006.

7. 基于工业化建造理念的城市桥梁

穆祥纯

（北京市市政工程设计研究总院有限公司）

摘　要：基于工业化建造理念的城市桥梁是近年来国内外研究和关注的热门话题。本文阐述了基于工业化建造理念城市桥梁的内涵，以笔者考察新加坡、以色列两国城市桥梁为案例，论述了该领域国外发展的最新趋势，提出了笔者的相关思考和建议，力图为我国大力发展以工业化建造理念的城市桥梁建设提供可借鉴的参考资料和经验，推动我国由桥梁建造大国向世界桥梁建造强国的目标迈进。

关键词：工业化　建造理念　城市桥梁

1 引言

城市桥梁通常指城区范围内建造的跨河、跨江、跨海桥梁，立交桥及人行天桥等。同时，桥梁也是现代人类生活中离不开的，它既是城市生命线的重要组成部分，也伴随着城市化进程的加快，是一种重要的历史遗存和城市建筑中经典的艺术品[1]。

众所周知，与传统建筑方法相比，现代工业化建筑的建造方法具有很高的生产率。近年来，世界各国十分重视建筑标准化和重复性实用程度，大大缩短了住宅的建造周期。譬如新加坡的建筑项目建设时间从传统的18个月下降到8~14个月。当今建筑产业化是建立在标准化之上的，其建筑结构预制构件的大规模使用，极大降低了项目建造成本。其设计的"模数化"也确保这些屡获大奖的建筑项目有着适合的成本，也让装配式建筑生产能与之相辅相成。新加坡政府近年来积极推动建立基于模数化的标准化产品体系和设计规范，因地制宜规定了建筑层高、墙厚、楼板厚度的模数，有利于预制构件的设计生产，节约材料和降低生产耗时，并以法规强制推行，提高劳动生产效率。

由此可见，基于工业化建造理念来建设城市桥梁，亦是当今世界该领域研究和发展的热点和最新趋势。

2 基于工业化建造理念城市桥梁的内涵诠释

考察中笔者发现，新加坡、以色列两国建筑业近些年来大规模发展装配式建筑，大力推行建筑工业化，极大地鼓舞了装配式建筑企业追求高水平建造系统的热情；而实行项目后评价，持续改进适合其国情的建筑工业化生产方式和建筑结构体系，更是决定性的因素之一。他们长期对工业化建设方法进行评估,采用预制混凝土组件并配合使用机械化模板系统,使得其建筑工业化得以稳步发展[2]。如新加坡15～30层的单元AA化的装配式住宅占全国总住宅数量的80%以上,这类住宅通过平面布局、部件尺寸和安装节点的重复性来实现标准化,以设计为核心实现施工过程的工业化,其装配率达到90%。

基于工业化建造理念的城市桥梁的内涵:城市桥梁应基于工业化建造理念,以推动发展桥梁集约化建设技术、组合结构和预制拼装桥梁技术、特殊桥梁设计技术、桥梁耐久性技术等内容;从理论研究与设计方法、结构的改进与开发以及施工技术等方面,分析和论证应该关注的主要技术问题。

3 反映工业化建造理念的世界城市桥梁

近些年来,笔者曾赴新加坡、以色列考察其最新的城市桥梁建设。这两个国家的共同特点是针对本国的实际情况,不盲目追求大跨径和怪异形状的城市桥梁,而是在工业化建造理念上,取得世人瞩目的成就。下面简要介绍其相关情况。

3.1 反映工业化建造理念的新加坡城市桥梁

新加坡曾作为亚洲"四小龙"中的佼佼者,其独立后的经济发展速度令世界瞩目。新加坡1965年后经济发展道路呈现一些基本特点:良好的软性条件、经济发展的继承性和独创性、外向性与开放性、全力开发优势资源等[3]。这些特点对发展中国家的经济建设具有重要的借鉴意义。

(1)在常规城市桥梁的建造上,新加坡积极引进工业化的建造理念。近20年来其在城市桥梁建设方面,与建筑行业的发展趋势和做法相对应,大力建造反映工业化建造理念的城市桥梁。该国在工厂预制装配式钢筋混凝土桥梁和预应力混凝土桥梁的拼装结构及其连接手法上独树一帜,主要特点包括预制主梁、预制桩基、预制底系梁、预制墩柱、预制盖梁、预制纵向梁、预制叠合底板和预制防撞栏,并且在连接方法上很有讲究:预制桩的桩顶与预制底系梁在底部连接、预制底系梁向上与预制墩柱连接、预制墩柱向上与预制盖梁连接、预制纵向梁通过桥梁支座并将固定端架立在预制盖梁上、预制叠合底板支撑在预制纵向梁之上、在预制叠合底板上绑扎桥面板钢筋后通过混凝土整体现浇而制成桥面板、预制防撞栏安装在桥面板之上。这些做法极大地提高了劳动生产率,并大大缩短了工期,降低了桥梁建造成本,有力保证了桥梁施工质量。

(2)在工业化装配式桥梁结构领域,新加坡形成了十分成熟的建造体系。这种由拼装体系和连接构造建造的预应力及钢筋混凝土桥梁及其拼装连接方法,广泛应用于工厂化预制简支梁片(包括空心板梁、T形梁等)及安装的全预制钢筋混凝土桥梁结构。

(3)在预制墩柱的柱顶与预制盖梁之间使用直穿钢筋灌缝连接方式安装,并对预制墩柱的柱顶和预制盖梁之间的缝隙以及预留的贯穿孔之间的缝隙进行砂浆灌缝处理。当预制墩柱的桩顶与预制盖梁之间缝隙较大时,采用对预制墩柱的桩顶临时支模灌注方式。

(4)在完成预制盖梁吊装后,即安装桥梁支座,将桥梁支座架立在预制盖梁上。预制纵向梁吊装顺序为从中间部位向两侧推进,相邻的两个预制纵向梁之间通过分别与之相连的横系梁连接。预制防撞栏之间的横向连接采用楔形灌缝连接,两个相邻预制防撞栏中的一个预制防撞栏一端预留楔形凸起,另外一个预留楔形凹槽。楔形凸起自上而下套入楔形凹槽后,再对连接空隙进行灌浆施工填缝。

(5)其桥面板使用叠合板技术完全取代了模板和支架系统,在降低费用的同时保证了施工安全和快速施工;桥面板的现浇还能保证桥梁整体性。他们采用桥梁施工设备和预制先进技术,达到快速建成一座简支及连续多跨桥梁的目的。通过上述严格的预制和施工环节,推动了新加坡在城市桥梁建造上的标准化和高效、快速建造的水平。

在新型城市桥梁的建造上,新加坡呈现出很强创新的意识。譬如亨德森波浪人行桥(图1)是举世闻名的桥梁,总长274m。其桥身名副其实酷似上下起伏的波浪,设计动感十足,到访的游人十分赞叹这座反映世界科技发展趋势的新型桥梁。该人行桥梁采用钢拱支架,布满的弧线"肋骨"均采用巴劳木板条。这种密实的硬木仅生长于东南亚,常用于大型建筑中。而这种外形使桥梁上有多处隐秘及贝壳状的休息区,游人可坐在其中,欣赏周边的风景。因为桥梁具有良好的私密性,又有许多休息空间,每逢周末便成为情侣谈情说爱、家庭携子出游和健身者慢跑接近大自然的热门之地。

图1　亨德森波浪人行桥

当人们漫步于亨德森波浪人行桥,观赏种类繁多的热带动植物之余,还能饱览新加坡的迷人风景。亨德森波浪人行桥也是新加坡最高的人行天桥,最高点离开路面36m,相当于12层楼高的新加坡组屋。这座独特的桥梁,其桥身犹如后浪推前浪,有4个波峰和3个波谷,8m宽的桥身就在波峰浪谷之间穿过。拱起的波峰也是遮篷,遮篷下有长凳让游人休憩。桥身从花柏山向直落布兰雅山攀升,两落差20m。全桥采取无障碍设计,没有梯级,设有扶手,桥面防滑,极大方便老人及坐轮椅者。

3.2　反映工业化建造理念的以色列城市桥梁

以色列地处亚洲西部,地中海东岸,地域狭小,资源贫乏。以色列十分重视科技创新,通过创新驱动本国的经济发展,在科技和经济领域都取得了举世瞩目的成绩,其在城市桥梁建设领域所取得的成绩和贡献,亦应得到人们赞美和尊敬。

(1)城市桥梁建设的发展成就映射先进的工业化发展水平的理念,也反映了桥梁文化的深刻内涵——展现科技发展的总体实力和科技创新。

譬如,谢赫扎耶德大桥(图2)的成功修建,主要是体现在"难"字上。这座钢桥建成后,已成为当地的一个风景优美的景点和地标性建筑。该桥上跨铁路以及火车站,其设计融合了超过200种不同钢梁的横截面,从而形成独特的集合形态——四跨钢拱形结构。桥体呈现弯曲和扭曲形态,分别形成110m和70m的两个大开口,造型新颖和别致。这个独特的设计令人赞叹不已。这种高超的桥梁设计水平和先进的造桥技能,正是以色列工业化的发展水平在城市桥梁建设中的成功展现。

(2)科尔德斯大桥(图3)的建造成果,充分展示了以色列的工业化建造理念。专家们对这座桥梁的总体评价非常高,其设计理念展现了简洁、舒展和奇妙。这座桥梁采用了抛物线异形钢拱塔造型,宛如一条在河中迎风招展的丝带。以舒展的钢拱为桥身,斜拉索按照不同规律变换,像在空中布设的一张奇妙的网。而两侧的桥梁栏杆,体现了简洁、明快和实用的理念,突出大桥的总体造型。特别是大桥所采用的合理又富有想象力的结构受力体系,展现其优美的桥型。这座桥在设计、建造和运营维护上都为人们所称赞。

图2　谢赫扎耶德大桥

图3　科尔德斯大桥

(3)以色列人在大跨径桥梁设计理念上,汲取世界上其他建造斜拉桥的成功经验。他们不盲目地追求跨径上的突破,而是潜心做自己的事情。这是值得我们学习和借鉴的。他们建造的科尔德斯大桥,其流畅的桥面从主塔腰际穿过,简洁流畅且受力合理的塔形,充分体现了力与美的完美结合。在总体布置上,既考虑了对水流的影响最小,又与整座桥梁功能要求的线形结合起来,使得它在造型优美的同时满足了环保上的要求。同时,这座近年来建造的大型斜拉桥,也反映了国际桥梁界技术发展的最新趋势。人们可从这座桥梁的奇妙设计中,学习和借鉴以色列人的创新意识和高超的建桥技术。

(4)以色列人将预应力新技术——预应力最新锚固体系成功应用于城市桥梁。众所周知,预应力混凝土技术是结构工程中一项先进、有发展前途的技术。预应力混凝土不仅节约钢材,更重要的是改善结构的功能,满足建设事业的需要。锚固技术在这座桥梁上的成功应用和发展,大大推动城市桥梁结构的发展。以色列人在应用现代预应力技术十分娴熟,其锚固体系也富于丰富的想象力,且结构安全、体系设计合理,并充分满足桥梁结构的安全性和耐久性,其在安全性和经济性方面走在了世界的前列。这一点值得我们学习和借鉴。

(5)在城市桥梁迈向工业化发展方面,以色列人同样取得了举世瞩目的成就,并起到了很好的示范作用。他们常采用预应力混凝土变截面结构。其城市桥梁的显著特点是:连续梁结构的主梁的尺寸都比较大;防撞栏杆与主梁的翼板浇筑在一起,完全满足防撞的受力要求。而他们在桥下的墩柱设计上,采用独柱墩柱、T形墩柱、Y形墩柱、薄壁墩和矩形墩等,其形状变化很多,而且注重工业化发展趋势,采用工厂预制和现场拼装相结合的方式。

(6)以色列人设计的简洁和新颖的人行天桥,都充分体现设计理念和建造手法;而独具特色的外形和实用的功能,给人们带来美的享受,也为桥梁结构和景观设计的结合提供了很好的案例。

以色列近70年来的城市桥梁建设,从不同侧面反映了以色列人富于工业化发展的建造理念和传世的作品。通过上述对以色列城市桥梁建造的简要回顾,对其典型城市桥梁的重点介绍,力求使大家全面了解其城市桥梁建设的总体水平。应该说,桥梁造型艺术积聚着浓厚的民族文化内涵,而以色列人在城市桥梁建造上富于创新精神,吸收世界上其他国家的成功经验,他们站在巨人的肩膀上,在城市桥梁的建造上实现了跨越式发展[4]。

4 相关启示和建议

4.1 相关启示

（1）城市桥梁作为土木工程和城市建设的重要载体，蕴藏着不同国家、不同民族的审美传统，应成为人类文明交流的纽带，我们应汲取其有益的营养成分，创造性地从事我们的桥梁设计。新加坡和以色列在桥梁建设上有许多值得我们学习和借鉴的东西，我们应积极推动我国城市桥梁建设的健康发展，加快祖国现代化建设[5]。

（2）通过上述对两国近些年新建新颖桥梁的总体评价，展现简洁、舒展和奇妙的桥梁设计理念和建造技术。他们不盲目地追求跨径上的突破，而是潜心做自己的事情，这是值得我们学习和借鉴的。我们也从其建造的一系列城市桥梁的作品中，看到了城市桥梁美学在桥梁建筑上的充分应用。

（3）他们在城市桥梁设计理念上，汲取世界上其他国家特别是发达国家建造桥梁的成功经验，十分重视和发展预应力混凝土结构新技术，不仅节约了钢材，而且改善了结构的功能，满足桥梁结构耐久性和安全性需要。他们在应用现代预应力技术上十分娴熟，其锚固体系也富于丰富的想象力，且结构安全、体系设计合理，充分满足桥梁结构的安全性和耐久性要求。

（4）与城市建筑工业化快速发展一样，这两国在城市桥梁迈向工业化发展方面，取得了令世人瞩目的成就，并为国际桥梁发展起到了很好的示范作用。他们注重工业化发展的理念，在常规城市桥梁建设上，积极采用工厂预制和现场拼装相结合的方式，给人们以深刻的启迪和示范作用。

（5）他们秉承创新发展的理念，设计出梦幻和新颖的人行天桥。譬如，亨德申波浪人行桥充分体现了设计理念和建造手法；其独具特色的外形和实用的功能，给人们带来美的享受，也为桥梁结构和景观设计的结合提供了很好的案例。

（6）综观他们近20年来的城市桥梁建设，都从不同侧面反映了其富于工业化发展的建桥理念和传世的作品。其在城市桥梁建设领域为人类做出了重大的贡献，应得到人们赞美和尊敬。

4.2 相关建议

（1）桥梁造型艺术积聚着浓厚的民族文化内涵，蕴藏着不同国家、不同民族审美传统、聪明才智和精湛技艺。我们应学习和借鉴新加坡和以色列顺应世界科技发展、大力建造城市桥梁的有益经验，认真总结我国前一段时间在城市桥梁建造上经验和教训，通过我们的积极努力，使我国在工业化建造城市桥梁上迈上新的台阶。

（2）我们应学习他们在城市桥梁建设上映射着世界科技发展趋势和先进工业化发展水平的理念，充分展现科技发展的总体实力和科技创新水平，从国家和行业层面上，大力发展我国城市桥梁集约化建设技术，编制相应的标准和规范，从源头上得到相应的发展。

（3）大力发展预应力混凝土结构新技术。他们将最新预应力锚固体系成功应用于城市桥梁，充分展现出预应力混凝土技术应用在结构工程中的先进性，其是一门有发展前途的技术。

（4）应清醒认识到，工业化时代稀缺的是资源和产品，资源和生产能力被视为今后企业的核心竞争力；工业化时代的标准思维模式：大规模生产、大规模销售和大规模传播。应树立工业化发展的理念，推动我国城市桥梁的工业化发展进程。

（5）发展常规的城市桥梁，应适应以工业化装配式发展的趋势，形成成熟的建造体系。由这种拼装体系和连接构造建造的预应力及钢筋混凝土桥梁及其拼装连接方法,广泛应用于工厂化预制简支梁片(包括空心板梁、T形梁等)及全预制钢筋混凝土桥梁结构安装。

参 考 文 献

[1] 穆祥纯.基于创新理念的城市桥梁及市政建设[M].北京:人民交通出版社,2012.
[2] 穆祥纯.古今中外桥梁[M].北京:人民交通出版社股份有限公司,2015.
[3] 穆祥纯.新加坡城市桥梁建设印象[J].道桥与防洪,2020(11):82.
[4] 穆祥纯.反映工业化发展水平的以色列城市桥梁[J].道桥与防洪,2019(9):71-75.
[5] 邵长宇.基于可持续发展工程理念的城市桥梁技术展望[J].道桥与防洪,2010(9):8-10.

8. 彩练当空
——武汉长江大桥组群中的环境色彩景观重塑及其审美价值显现

辛艺峰

(华中科技大学建筑与城市规划学院)

摘　要：本文立足桥梁美学导入城市的学术视野，从环境色彩层面回望"万里长江第一桥"武汉长江大桥的建设及其景观营造，对武汉人民在长江上的建桥梦、长江大桥的桥梁造型与环境色彩、长江大桥及其周边环境空间等方面予以解读，并对武汉长江大桥组群概念的提出及其环境色彩景观重塑和审美价值，即地标价值、持久价值、协调价值和文化价值进行归纳，营造华中地区的特大城市武汉市域世界级长江大桥群组的环境色彩景观风貌氛围。

关键词：武汉长江大桥组群　环境色彩　景观重塑　审美价值显现　长江主轴

"赤橙黄绿青蓝紫，谁持彩练当空舞？"出自一代伟人毛泽东于1933年夏创作的一首词《菩萨蛮·大柏地》中。这句话的意思是：天上挂着一条七色的彩虹，像是有人拿着彩色的丝绸在翩翩起舞。在当代城市建设中，一座座横越江河湖海及各种障碍，变天险为通途的桥梁，以及如雨后春笋般涌现的城市中形式多样的高架桥、立交桥、人行天桥及廊道桥、景观桥等，均可被喻为飞舞在城市上空的彩练。桥梁以其自身的实用性、固定性、永久性及艺术性影响及改变着我们所处城市的环境，而且以其情景交融、富有韵味的审美感受重塑城市环境景观，并在城市整体环境风貌塑造中发挥着重要作用(图1)。

位居华中地区中心的特大城市武汉，长江和汉水流经武汉，把其分为三镇。从1957年10月落成的武汉长江大桥通车起，至今武汉市域江面上已建成11座长江大桥和数座汉江桥，以及数条过江隧道，将武汉三镇和城市开发新区更好地融为一体，在增强武汉国家综合交通枢纽地位、为城市未来发展奠定了坚实建设基础的同时，也为武汉城市形象及景观重塑带来一道气势宏伟的城市桥梁靓丽风景线。

1　武汉长江大桥的建设及其环境色彩景观

武汉长江大桥位于武汉市内汉阳龟山和武昌蛇山之间，作为新中国成立后在"天堑"长江上修建的第一座复线铁路、公路两用桥，大桥全长1 670.4m，正桥是铁路公路两用双层梁桥，上层为公路桥，下层为双线铁路桥，桥身共有八墩九孔，每孔跨度为128m，桥下可通万吨巨轮，她像一道飞架的彩虹，在长江天堑上铺成了一条坦途，使素有"九省通衢"之称的武汉市成为全国重要的铁路枢纽。武汉长江大桥自建成以来，一直都是武汉市地标性的构筑物(图2)。

图 1　似彩练当空——飞舞在城市上空造型各异、形式多样的桥梁景观及环境色彩视觉审美意象

图 2　武汉长江大桥于 1957 年 10 月建成通车,是中国建桥史上的一个里程碑

1.1　武汉人民在长江上的建桥梦

在横穿武汉宽阔的长江江面建设长江大桥可谓是武汉人民的世纪夙愿。历史档案显示,1906 年(清光绪三十二年)时任鄂督张之洞提出在长江上建一铁桥即为最早的建桥构想。此后也有多个建桥方案,只是随之而来的纷飞战火,资金短缺,困难重重。直到 1949 年 9 月末,《武汉长江大桥计划草案》由几个桥梁专家向人民政府提出,国家开始筹备建设武汉长江大桥。1953 年 3 月,在三次召开大桥建设论证会议的基础上,委托苏联交通部对武汉长江大桥设计方案进行审定。

1954 年 1 月,以康斯坦丁·谢尔盖耶维奇·西林(Константин Сергеевич Силин)为首的苏联专家工作组来华援助,并于 1955 年 9 月提前动工建设武汉长江大桥[1]。大桥建设期间,毛泽东主席曾三次来到大桥工地视察,并于 1956 年 6 月第一次畅游长江,望着当时已具雏形的大桥轮廓,毛泽东即兴写下《水调歌头·游泳》一词,其中"一桥飞架南北,天堑变通途"一句更是将伟大领袖的浪漫豪情与武汉长江大桥的气势表现出来。1957 年 9 月 6 日,毛泽东主席在大桥通车前再次来到武汉长江大桥视察,并从汉阳桥头步行到武昌桥头,体现出新中国第一代领导人对武汉长江大桥建设的关注与重视。

经过一年多的建设,1957 年 5 月 4 日大桥钢梁顺利合龙,并于同年 10 月 15 日建成通车。2012 年 7 月在湖北美术馆举行的"丹青融情系九州——辛克靖从艺六十周年中国画作品展"

汇集的百余幅中国画作品中,有一幅画前总是人潮簇拥、观者不断。这幅中国画作品就是由大桥通车见证人,华中科技大学教授辛克靖先生所绘制长362cm、高150cm的巨幅中国画《南北天堑变通途》(图3),描绘出当年武汉长江大桥建成通车的盛况[2](图3)。也许正是辛克靖先生有着当年亲临通车盛况的经历,所绘巨幅中国画吸引众多武汉人驻足观赏这幅有着武汉人对武汉长江大桥特殊情愫的画作。在美术馆展厅里,有满头银发的老者,也许他就是当年大桥的建设者;有年到中年的夫妻,也许大桥曾见证了他们在此相恋的身影;青年学生们想到课本中学过的长江大桥课文;丫丫学步的孩童一进展厅见到这幅画就嚷道"这是长江大桥吧!",拉着妈妈的手要先来到这幅画前……所有这些述说了这座桥与武汉这个城市千丝万缕的联系(图4)。60余年前建成的武汉长江大桥,是中国建桥史上的一个里程碑。对于位居华中地区的最大城市武汉来说,更是激发出巨大的建设热情,武汉长江大桥对武汉这个城市的影响,从那个年代出生婴儿取名中大量重复使用的建桥、汉桥、银桥等,即可见当年武汉人以桥为荣、以桥为福的心境。

图3 辛克靖先生所绘长362cm、高150cm的中国画《南北天堑变通途》画作

图4 辛克靖先生在武汉长江大桥通车典礼所绘速写《天堑变通途》及驻足美术馆展厅中
《南北天堑变通途》画作前的武汉市民

今天,从1957年10月武汉长江大桥建成通车弹指一挥间过去六十余年,在2022年虎年春节到来之际,武汉长江大桥桥头两端及观景平台上就摆满花篮与植物扎景,展示出武汉市民对万里长江第一桥风雨兼程六十五岁生日的祝贺,由此也彰显这座桥与这个城市发展的紧密联系和人文情怀。

1.2 长江大桥的造型与环境色彩

从武汉长江大桥的桥梁造型来看,它凝聚着设计师匠心独运的机智和建设者们精湛的技艺。武汉长江大桥八个巨型桥墩矗立在大江之中,米字形桁架与菱格带副竖杆使巨大的钢梁透出一派清秀的气象。整个大桥桥身满足功能和美学要求,没有过多的装饰,裸露的钢架更显示出技术与力量,展现出大桥本身的结构美与时代风尚,给大桥增添了雄伟的气势。

在武汉长江大桥两端是高约35m的桥头堡,从底层大厅至顶亭,共八层,这样的设计显然受到国外桥梁形式的影响。大桥公路层两侧的桥头堡亭高8m,采用了中国传统的重檐四坡攒尖顶,钢筋混凝土结构,用汰石子粉刷,色调和周围的混凝土建筑一致,整个大桥形成庄严、朴素的氛围(图5)。而与武汉长江大桥一并落成的大桥纪念碑和观景平台与大桥相互依偎,其中纪念碑碑高6m,南面镌有毛泽东主席的诗句,观景平台则是市民与游人观长江、赏大桥的最佳景点之一。

图5 武汉长江大桥的正桥、引桥与大桥桥头、桥身、桥面、观景平台及纪念碑的设计造型实景

从武汉长江大桥的环境色彩来看,建设之时,人们对环境色彩的研究尚处萌芽状态,色彩也还未被列入桥梁造型的设计要素考虑。为此,当时武汉长江大桥的色彩,可说完全是各种建桥材料的本色体现(图6)。我们不管是登上黄鹤楼从高处远眺,还是从长江南岸的汉阳门近观,所见整座武汉长江大桥的桥体色彩以偏黄的浅灰色为主调,大桥的主跨钢梁和铁路桥檐钢架均为红褐色,上层公路桥外挑出檐钢架即为深灰色漆饰。

大桥桥面道路原为偏黄的浅灰色,现改铺黑灰色进口沥青,桥面上黄色的分隔线和乳白色的分道线,阳光照射下显得分外夺目,是桥面交通安全色的标识。大桥桥墩与两侧桥头堡均为偏黄的浅灰色饰面,只是造型上的高低与凸凹变化受光线照射与江水反光的影响而出现视觉上的差异,也就是高处与凸起要亮,低处与凹下要暗。这个因素对主跨钢梁正桥两侧的引桥在光线照射下的色彩也产生影响,如引桥桥孔墙体同为偏黄的浅灰色,本与主跨钢梁红褐色在明度上的差别,但当引桥桥孔墙体与主跨钢梁在阴面时却看不出这种明度上的差别,从而促使整个桥身在色彩明度上呈现出同一性的视觉效果。另外如大桥两侧的 4 个桥头堡亭颜色为偏黄的浅灰色,因在光照面而显得亮得多。大桥桥头堡虽为中国传统的屋顶样式,其堡顶与堡身既未用传统材料建造,也未用传统施色手法出现夺目的色彩,而是用汰石子粉刷桥头堡的表面,以与大桥桥面形成统一的色调和朴素的氛围,可能是受苏式建筑装饰方式的影响。

图 6　武汉长江大桥的色彩,可说完全是各种建桥材料的本色体现

大桥的附属设施包括观景平台、上桥步梯与桥台基座,均为汰石子粉刷表面偏黄的浅灰色。而大桥的细部装饰,诸如大桥的护栏为铸铁花饰,分为板式与镂空雕两种形式,采用蓝灰色漆饰,以构成与长江江水相印、龟蛇两山相依的联系。另外,如桥头堡内外空间中的花格门窗、电梯门上下与楼梯扶栏,则饰以深灰和黑色油漆。桥头堡内部空间的顶与墙面则以米黄色涂饰,间有白色边纹,地面由水磨石铜条饰边的花纹纹样组成,让人感悟到华丽、亲和的氛围。

1.3　长江大桥及其周边环境空间

武汉长江大桥与周边环境空间相结合,大桥两侧的引桥、桥台基座,以及长江两边岸堤等将大桥桥身融入两岸龟蛇两山郁郁葱葱的绿树之中。此情此景,若登临江北龟山电视塔上鸟瞰,大桥、长江、汉水、龟蛇两山与武汉三镇尽收眼底。而武汉长江大桥质朴、本色的色彩景观,以及这座桥与这个城市水乳交融的关系无不令人发出由衷的赞叹[2]。

2　武汉长江大桥组群概念的提出及其环境色彩景观重塑

面对武汉市城市发展的需要,在"万里长江第一桥"建成通车 38 年后,武汉长江二桥于 1995 年 6 月在其下游 6.8km 处建成。武汉长江二桥为长江上第一座特大型预应力混凝土斜拉公路桥,它的建成代表了武汉市在长江沿江两岸建设跨江桥隧步入了发展的快车道。岁月如梭,进入 2000 年后,随着武汉城市环线的不断加密,武汉大桥建设通车的速度明显加快,先后有 9 座跨江大桥建成通车(图 7),分别是 2000 年通车的白沙洲长江大桥,2001 年通车的军山长江大桥,2007 年通车的阳逻长江大桥,2009 年通车的天兴洲长江大桥,2011 年通车的二七长江大桥,2014 年通车的鹦鹉洲长江大桥,2017 年通车的沌口长江大桥,2019 年通车的杨泗港长江大桥,2021 年通车的青山长江大桥。而随着一座座长江大桥的建成通车,不仅进一步优化了武汉"环线和射线"路网结构,同时武汉长江大桥也成为一个组群,其环境色彩景观重塑需要面向城市未来发展进行规划考量,是具有前瞻性探究的设计课题。

图7　进入新世纪随着武汉城市环线的形成,先后有9座跨江大桥建成通车,且呈现彩练当空舞的环境色彩景观效果

2.1　武汉长江大桥组群概念的提出

武汉长江大桥组群概念,是基于"长江主轴"发展规划提出来的。所谓"长江主轴"发展规划,是指武汉提出的结合江城特点以长江为城市主轴线的发展规划,这也是武汉市这个华中地区特大城市建设进入新的发展时期,面向未来城市建设提出新的发展规划,预计10年基本建成。其发展规划的目标定位即沿"长江主轴",以"全国领先、世界一流"为要求,围绕塑造"现代、繁华、生态、人文、智慧"的城市气质,体现城市价值,引领时尚生活,契合未来发展,打造现代城市的功能轴、时尚之都的发展轴、楚汉文化的展示轴、滨水绿城的生态轴、长江气派的景观轴,形成标志节点有序、空间复合立体、可感知可游憩的世界级城市中轴,成为充满活力、彰显实力、富有魅力的核心区,引领和推动武汉大都市提升发展。

2.2　"长江主轴"的区域及环境色彩

以武汉长江大桥为中心沿长江上下流延伸的"长江主轴",其区域范围包括核心段、重点段、主城段、拓展段等(图8),其中:

核心段范围:北至长江二桥,南至长江大桥,面积约26.49km²,其中陆域面积约15.18km²,长江江段长约6.8km。

重点段范围:南北拓展至鹦鹉洲大桥和二七长江大桥,面积约61.23km²,其中陆域面积约39.67km²,长江江段长约12km。

主城段范围:西至沿江大道—晴川桥—滨江大道,东抵临江大道,南达长江上游白沙洲,北至长江下游天兴洲,总面积138.5km²,长江江段长约25.5km²。其中,陆域面积约为78.98km²,水域面积约为59.52km²。

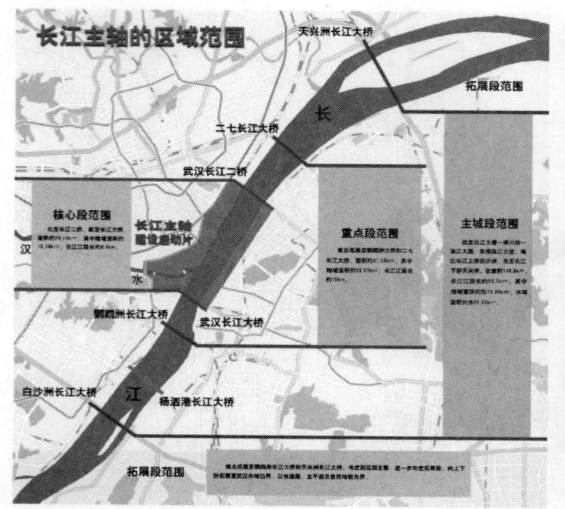

图8 武汉长江主轴的区域范围及其核心段长江大桥组群形成的环境色彩景观意象

拓展段范围:南北拓展至鹦鹉洲长江大桥和天兴洲长江大桥;考虑到远期发展,进一步划定拓展段,向上下游拓展至武汉市域边界,以快速路、主干道及自然地貌为界。

在此基础上,为加快启动"长江主轴"建设,选取两江四岸江滩沿线作为启动片区,并明确近、中、远期规划的建设重点[3]。

基于"长江主轴"规划范围内已建成11座长江大桥,我们提出应将其纳入一个"桥梁组群"的整体,来对其环境色彩景观特色关系予以设计考量,使其能够形成桥梁色彩景观的整体美感(图9),即"长江主轴"不能一桥一色。尤其是要防止使用高明度、高纯度、色相各异及争奇斗艳的桥梁用色出现。需从桥梁色彩整体景观塑造、两岸环境色彩协调、城市与桥梁关系融合等层面来进行桥梁色彩景观的设计。

图9 基于"长江主轴"规划范围内已建成11座与在建的长江大桥,我们提出应将其纳入一个"桥梁组群"的整体,来对其环境色彩景观特色关系予以设计考量,使其能够形成桥梁色彩景观的整体美感

2.3 大桥组群的环境色彩景观重整

"长江主轴"发展规划的提出,对位于"长江主轴"规划范围内已建成数座长江大桥的景观重整,以及长江大桥环境色彩的景观个性彰显无疑是一个良好契机。目前,在"长江主轴"规划范围景观轴内的桥梁由上游往下游看依次为白沙洲长江大桥、杨泗港长江大桥、鹦鹉洲长江大桥、武汉长江大桥、武汉长江二桥、二七长江大桥与天兴洲长江大桥已建成通车。其中除万

里长江第一桥——武汉长江大桥以质朴、本色的色彩景观立于龟蛇两山南北对应的长江江面，成为具有城市地标性的重要节点外，已有鹦鹉洲长江大桥以"国际橘"、杨泗港长江大桥"金秋黄"的色彩矗立于长江之中，其他几座大桥的桥体，其桥塔均为现浇混凝土呈现出偏暖或偏冷的灰白色，仅有桥索及梁架或红、或白、或浅蓝的区别。这些大桥因都为悬索桥，加之桥梁色彩趋于一致，使各桥的景观特色不够突出。如何对以上桥梁色彩景观进行调整，使其成为扮靓长江主轴的具有个性的桥梁景观，是尚需探索的环境色彩设计研究课题。

3　武汉长江大桥组群环境色彩景观的审美价值

基于对武汉城市及其"长江主轴"规划范围内已建成 11 座长江大桥的认知，我们认为武汉长江大桥组群环境色彩景观的审美价值归纳来看将表现在以下几个层面：

3.1　城市环境色彩景观营造中的地标价值

美国桥梁景观学家 Frederick Gottemoeller 在其著作 *Bridgescape-the Art of Designing Bridges* 中提出[4]："桥梁景观设计是与当地景观的和谐统一，是对建桥地点文化的尊重和共融，以及对桥梁建设地点自然景观的保护。"认为城市桥梁景观设计内容包括线形设计、桥梁造型设计、平面布局设计、肌理设计、装饰设计以及色彩设计等。《城市桥梁设计规范》（CJJ 11—2011）中，虽没有专门的桥梁景观设计准则，但将桥梁景观设计归为桥梁美学的范畴，做出了"城市桥梁设计应符合时代风貌，满足城市规划要求，并且与周围环境相协调"的规定[5]。

武汉长江大桥组群环境色彩景观营造，作为建于城市人群、城市建筑、城市路网和城市文化等城市空间中具有武汉标志功能的桥梁组群，其设计美学与景观特性有别于城市空间之外所建各式桥梁，是现代城市空间内需要满足城市交通、景观等综合功能于一体的人工构筑物，武汉长江大桥组群的环境色彩景观不仅需要与周边环境相融共生，还应在审美层面上彰显武汉市城市空间整体景观特色，呈现其地标价值。

3.2　城市环境色彩景观营造中的持久价值

环境色彩有固定色、临时色和流行色之分，其中固定性环境色彩即指能够相对持久保留的色彩，不少历史文化名城环境色彩均有文化遗产保护的持久性需要。而临时色往往是指短时间可以更换的载体色彩，流行色则是指时尚色彩。针对城市与乡村、建筑内外空间等环境色彩，其环境色彩的持久与稳定性等均为其呈现的重要特征。对武汉"长江主轴"规划范围内已建成或在建长江大桥组群环境色彩的景观营造，尚需确定其景观特色塑造的主次，并处理好"桥梁组群"色彩景观塑造中保护与创新的关系。诸如其中的万里长江第一桥——武汉长江大桥，落成六十余年来不仅已成为武汉市地标性建筑，她承载了几代武汉人挥之不去的城市记忆，其色彩景观塑造应纳入历史建筑的范畴，从保护层面予以思考。并且武汉长江大桥于2013 年 5 月 3 日已被列入第七批全国重点文物保护单位，于 2016 年 9 月入选"首批中国 20 世纪建筑遗产"名录，成为中国乃至武汉这座特大城市最具特色的一个旅游景观节点，在环境色彩景观营造中需突出其审美的持久价值（图10）。

3.3　城市环境色彩景观营造中的协调价值

城市桥梁与空间环境协调，不仅包括桥梁景观应与城市自然环境、地理位置相适应，还应最大限度地减少对城市环境产生的影响。诸如在城市空间中所建横跨江河湖海及各种障碍的大桥，以及城市高架桥与立交桥等，在其环境色彩景观营造中均需注意桥梁与城市、桥梁与建筑、桥梁与设施、桥梁与桥梁等之间的协调性，以展现其审美的协调价值。在当下武汉长江大桥组群环境色彩景观重塑中，其环境色彩审美层面的协调性尚未引起重视，应借鉴国内外城市桥梁色彩景观设计方面的成功经验予以参照。诸如法国巴黎塞纳河上的由36座各式各样的桥梁形成的组合系列桥梁,这些桥梁体现了法兰西文化,记载了巴黎的城市发展;其造型、用材不同的桥梁,以及和谐的桥梁色彩,将塞纳河装扮的似彩虹一样将沿河风光融为一体,直至体现桥梁与城市、建筑、设施及桥梁与桥梁之间的协调关系,也是武汉市"长江主轴"规划范围内11座长江大桥组群环境色彩景观营造中需要借鉴的成功经验(图11)。

图10 万里长江第一桥——武汉长江大桥于2016年9月入选"首批中国20世纪建筑遗产"名录,成为中国乃至武汉这座特大城市最具特色的一个旅游景观节点,其大桥色彩景观塑造应纳入历史建筑范畴,从保护层面予以思考

图11 法国巴黎塞纳河上各式桥梁形成"桥梁组群"的环境色彩景观效果,也是面向未来武汉市"长江主轴"规划范围内11座长江大桥组群环境色彩景观营造中需要借鉴的成功经验

3.4 城市环境色彩景观营造中的文化价值

文化价值是社会产物,它是由人创造出来的。不管是人的文化需要,还是满足这种需要的文化产品,都只能在人的社会实践中形成。人们创造文化需要和文化产品的能力,本身也是文化价值,而且是最本质的文化价值。任何社会形态都有该社会特有的文化需要,这种文化需要只有通过人们的文化创造活动来满足。环境色彩的产生首先是文化的积累形成的,城市空间中的桥梁景观在展现其桥梁结构先进性、合理性和时尚性的同时,尚需注重对桥梁所处城市空间场所地域文化的挖掘,使桥梁环境色彩景观营造能够展现审美上的协调性价值。美国宾夕法尼亚州匹茨堡市是美国著名的工业城市,被誉为"世界钢都",是武汉市的友好城市,阿勒格尼河与莫农格黑拉河于此交汇后形成了俄亥俄河。匹茨堡市城区桥梁共计百余座,横跨几条大河的桥梁均由钢材建造(该市钢铁产量长期占全国三分之二,所以舍得用钢材造桥)。匹茨堡市两河交汇处的尖端带更为密集,并形成钢桥组群,其中还有3座钢桥一模一样。而钢桥的色彩

有浅铬黄色、浅绿灰色、浅蓝灰色、浅紫灰色、浅紫灰色等,与深碧绿的河水、米黄色石砌的堤岸、中绿色的草地、各种建材色彩所构成的深浅灰色等多色系城市建筑背景的映衬下,更显靓丽与平和,引人注目又不耀眼,形成世界钢都昔日浓烟散去、产业转型后城市桥梁色彩明媚的景观效果(图12)。而在武汉长江大桥组群及其周边后续建成桥梁色彩处理中,环境色彩景观营造应注意不要争与抢,以免破坏其审美层面文化价值展现,以彰显其和谐城市环境色彩整体关系。

图12 被誉为"世界钢都"的美国宾夕法尼亚州匹茨堡市,也是武汉市友好城市,由俄亥俄河上各种钢桥形成"桥梁组群"的环境色彩景观效果,也是武汉长江大桥组群环境色彩景观营造中体现其审美文化性价值可供参照的建设成果

此外,武汉长江大桥组群环境色彩景观的审美价值还包括其空间性、跨越性、公共性、差异性等,基于篇幅不再赘述。日本桥梁美学家加藤诚平教授在《桥梁美学》中述及城市桥梁色彩设计方法:桥梁色彩设计根据目标不同可采用不同的方法,即消去法、融合法和强调法。这三种方法在城市桥梁色彩景观重塑中的关系是相辅相成的,将其导入"长江主轴"规划范围内,以及重塑范围内上游和下游两端10余座长江大桥组群环境色彩景观,直至应用于万里长江上更多的桥梁色彩景观营造之中,无疑也是一件有意义的设计创造活动。

1956年6月一代伟人毛泽东主席第一次畅游长江见到武汉长江大桥建设刍形时,即兴写下《水调歌头·游泳》一词中"一桥飞架南北,天堑变通途"的词句,凸显出伟大领袖的浪漫豪情与武汉长江大桥的恢宏气势。

如今弹指一挥间过去65年,武汉"万里长江第一桥"建成通车至今,仅武汉市域内的长江江面已建成通车11座长江大桥,进入2022虎年又有双柳长江大桥、汉南长江大桥将在年内动工,规划建设的还有光谷长江大桥、白沙洲公铁大桥等。武汉市域内的长江大桥已形成世界级的大桥群组,其环境色彩武汉市域内的长江大桥已形成世界级的大桥群组,在万里长江大桥建设者挥洒汗水的努力下,一座座飞跨大江南北的桥梁如当空飞舞的彩练,呈现多彩、和谐、独具个性及艺术魅力的城市桥梁色彩景观(图13)。

图13 武汉市域内的长江大桥已形成世界级的大桥群组,一座座飞跨大江南北如当空飞舞的彩练,呈现绚丽多彩的城市桥梁色彩景观

参 考 文 献

[1] 辛克靖.万里长江第一桥——南北天堑变通途画记[J].中华建设,2009(10):16-17.
[2] 辛艺峰.桥与城融合的六十载——从《南北天堑变通途》画作看万里长江第一桥的造型与装饰艺术魅力[C]//2017中国室内设计论文集,北京:中国水利水电出版社,2017.
[3] 武汉长江主轴规划范围初步划定,预计10年基本建成[EB/OL].http://news.163.com.2017-03-29.
[4] Gottemoeller F.Bridgescape:the art of designing bridges[M].Wiley,1998.
[5] 中华人民共和国住房和城乡建设部.城市桥梁设计规范:CJJ 11—2011[S].北京:中国建筑工业出版社,2012.

9. 一体化设计视角下人行梁桥合理墩梁比例研究

赵少杰　云季彪

(湘潭大学土木工程与力学学院)

摘　要：针对人行梁桥的设计，从力学与美学一体化设计角度出发，阐述了人行桥的理想力学构型特征和美学结构特征。进一步针对独柱圆墩人行混凝土箱梁桥的设计开展了合理梁墩尺寸比例的量化美学分析。研究表明，当梁高与墩宽之比 b_1 在 1.5~2.5 时，对应的换算到单跨的梁长与墩高之比 a_1 在 1.5~5.0 的范围内时，且 a_1/b_1 在 1.2~2.5 范围内时，人行混凝土梁桥整体表现出良好的美学和力学特征。研究结果可为人行梁桥的结构一体化设计提供一定参考。

关键词：人行桥　美学　梁墩比例　一体化设计

1　引言

现代城市人行景观桥越来越多，人行景观桥的设计理念也得到越来越多的重视。工程师在设计中除了考虑力学要求外，还应该考虑比例和尺寸的均衡、对称和平衡的统一以及桥梁与环境的交相辉映等。应该说，人行桥作为城市交通的重要载体，不仅具有功能属性，更具有景观属性。工程师打造的不仅是城市交通基础设施，也是一件件艺术品，这就需要工程师在结构与景观之间找到一个平衡点。David P. Billington 认为桥梁设计概念化的共同标准是效率、经济、优雅。邓文中[1]院士认为任何一座桥梁都必须是"安全、实用、经济、美观的，一座成功的桥梁需做到自然、简洁、新颖且与周边环境相协调"，徐利平[2]从"技艺结合"的角度认为，城市景观桥梁除了必须满足一般城市桥梁应该具有的造型优美、和环境协调等基本要求外，还应该具有可识别性。即要求桥梁依靠结构的形态和结构语言来体现地方历史文化元素和风貌，而不是依靠装饰来简单、粗俗地堆砌。最终设计应该落脚于优秀的建筑创意和高水平的结构创新。宁平华提出景观桥梁是城市品质的提升和城市活力的体现，应该更多地考虑方案构思、结构布置、力学原理和创新技术等。韩振勇[3]认为桥梁工程师的责任，就是把更多的艺术元素、创新元素融入结构中。徐洪涛[4]提到现代桥梁设计师不仅要在桥梁功能、构造、形态上下功夫，还要为应对社会发展带来的问题景观保持高度敏锐，提高景观本体的内在"素质"。鹿健等[5]提到了现在桥梁设计中更加注重其艺术感和欣赏性能，一座成功的桥梁，一定是在结构上和艺术上都是完美的，桥梁美学的成功与否是国民素质和综合国力的体现。

可见，上述研究都认识到在桥梁设计中需要综合考虑力学与美学的一体化，但现阶段的设计大多还停留在定性描述的阶段，对美学指标的定量分析还十分缺乏。本文重点针对人行梁桥的墩梁设计,在力学与美学一体化设计的理念下开展了合理梁墩比例尺寸的量化关系研究,结果可为人行梁桥墩结构的概念设计提供参考。

2 桥梁的理想力学特征

人行景观桥在结构形式上丰富多样,可以通过基本美学设计在自身结构上实现功能性和观赏性的统一。桥梁是力与美的结合体,从力学与美学一体化设计原则出发,理想的力学构型表现出来的力学美感最能给人直观的美观感受[6]。

2.1 简洁明确的传力路径

简洁的结构在景观上也必定呈现简洁之美。这样的结构往往给人一种踏实沉稳感和安全感。此外,结构传力路径越明确直接,结构的工作效率就越高,相对来说结构形式也就更简洁[7]。如我国的赵州桥就是一个很好的例证,见图1。

合理的结构造型能使材料的性能得到充分发挥。合理的梁桥跨径布置需要的桥墩数量相对较少[8]。研究人行景观桥合理的结构形态是桥梁景观设计中的关键。当然,桥梁形式是为其功能服务的,在结构设计时应优先满足桥梁本身的功能性要求。

图1 赵州桥

2.2 力的平衡稳定

桥梁结构在力的平衡稳定性上以受拉最优,受弯其次[9],受压的稳定性较差。因此,当考虑力的稳定性时人行桥应该优先采用受拉结构系统。力学上的平衡也会构成美学层面上的平衡,稳定的力学结构一般也呈现出对称均衡的外观构型。人们在观察一座桥梁时喜欢参考一个视觉中心往上下左右对称比较[5]。稳定均衡的结构更能给人愉悦安全的感觉。

3 桥梁的理想美学特征

3.1 建筑本身是艺术品

人行景观桥作为一种能展示结构力学之美的建筑,本身也具有艺术品的属性。小到结构的一点一线,大到整体布局形式,从桥梁构件到整体都能够呈现出不同的结构力学之美。人行桥在结构上理想的美学特征首要表现在比例协调、韵律优美及变化统一等特点[10]。比例协调要求结构的各部分相对尺寸大小及整体尺度保持和谐优雅。韵律则是建筑结构在变化与重复中给人带来的律动审美情感[11]。比如曲线的应用,与直线所带给我们的静感不同,它往往表现出变化与动感、节奏和韵律之美。另外,打破一味追求对称结构的固有思维,因地制宜构思非对称的创新布局,使得桥型新奇,妙趣横生。

3.2 建筑与周围生态环境和谐共存

人行景观桥梁作为重要的公共建筑物,其与周围生态环境的关系需要在美学设计上重点考量。和谐共存的关系才能支撑起真正优美的桥梁建筑作品[12]。一般根据桥梁的设计定位和建筑体量等来确定桥梁建筑与周围生态环境的关系,可采用强调、融合过渡、消隐这三种方法。当桥梁作为主景需要强调时,景观上应该注重桥梁本身的文化内涵表达,或传承历史或散发时代气息;当桥梁只需要满足功能性要求时,就应该让它与环境融为一体,消隐在背景中让人觉察不到它的存在。总之,有生命力的桥梁应该不仅能与当地自然生态和谐共存,也能与当地人文生态相得益彰[13]。

4 人行梁桥墩梁比例的美学与力学一体化设计

桥梁设计在考虑自身结构尺寸时往往以受力和经济性为第一要点,往往会出现墩梁比例不协调的问题。为了考虑一体化设计中合理的墩梁比例关系,以简支梁为例分析了不同墩径与梁长的合理比例尺寸,寻求建立具体可量化的评判指标。

4.1 独柱圆墩人行梁桥结构

梁是梁桥的主要构件,在满足受力要求的前提下,做到梁的形态优美、纤细轻盈、流畅连续一直是梁桥美学设计的重要内容[14]。尺寸比例合理表现为结构各部分之间的匀称性,是美观的基础。采用等截面梁的人行梁桥在表达形态上比较简洁,但是其美感受到梁的长细比影响。莱昂哈特在《桥梁建筑艺术与造型》一书中提出梁的长细比应在5~30之间,特别是在20左右时,梁体更加纤细,比例和谐,更加令人满意。为了更准确地量化梁桥设计效果,在满足结构受力的同时,从合理的梁墩比例尺寸上开展研究。

4.1.1 主梁结构

选择人行桥主梁进行分析。梁体采用C40混凝土,桥墩采用C30混凝土。计算荷载工况采用基本组合,主要考虑自重恒载、二期荷载和3.8kN/m²的人群活荷载,并按照1.2恒载+1.4活载的组合工况受力分析。考虑国内主要城市的交通情况,城市道路宽度一般在20~50m之间,所以对于一般梁桥而言,选取五组典型跨度,分别为20m、25m、30m、40m、50m,梁高采用实际工程对应的梁高,参数见图2。上述主梁尺寸均为工程标准图尺寸,故在结构受力上是合理的,接下来主要分析梁墩组合后的美学景观效果。

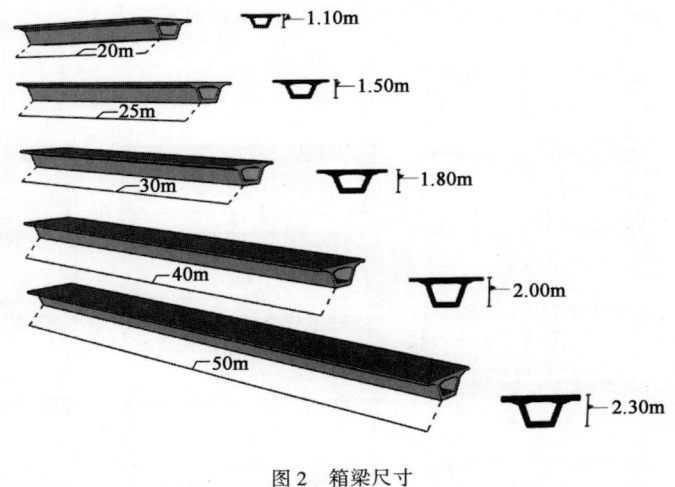

图2 箱梁尺寸

4.1.2 桥墩的造型体现

除主梁的比例协调外,桥墩也是一大重要组成部件。相比来说,桥墩更加能体现人行桥的整体外观性。根据实际情况,人行桥墩设计为常见的圆形截面,高度取4m和6m。

4.2 墩梁组合的美学效果分析

为直观地分析不同比例搭配下墩梁整体的美观性,采用不同尺寸比例的墩梁分别进行建模分析。定义长细比 $\alpha = a_1/b_1$,长度系数 $a_1 = l/h$,宽度系数 $b_1 = h_b/d_p$。其中,$l = l_{总}/n$,$h = (n+1)h_p/n$。其中,l 为一跨梁长,h 为一跨梁对应的墩高,n 为跨数,b_1 为梁高与墩直径比值,h_b 为梁高,d_p 为墩直径。

4.2.1 不同墩梁比例组合效果分析

各墩梁参数见表1、表2。

长度系数 a_1　　　　表1

h/m	l				
	20m	25m	30m	40m	50m
8	2.5	3.1	3.8	5.0	6.3
12	1.7	2.1	2.5	3.3	4.2

宽度系数 b_1　　　　表2

d_p/m	h_b				
	1.1m	1.5m	1.8m	2.0m	2.3m
0.75	1.5	2.0	2.4	2.7	3.1
1.0	1.1	1.5	1.8	2.0	2.3
1.2	0.9	1.3	1.5	1.7	1.9
1.5	0.7	1.0	1.2	1.3	1.5
1.8	0.6	0.8	1.0	1.1	1.3

将不同墩梁尺寸进行组合后得到的整体效果如图3~图6所示。

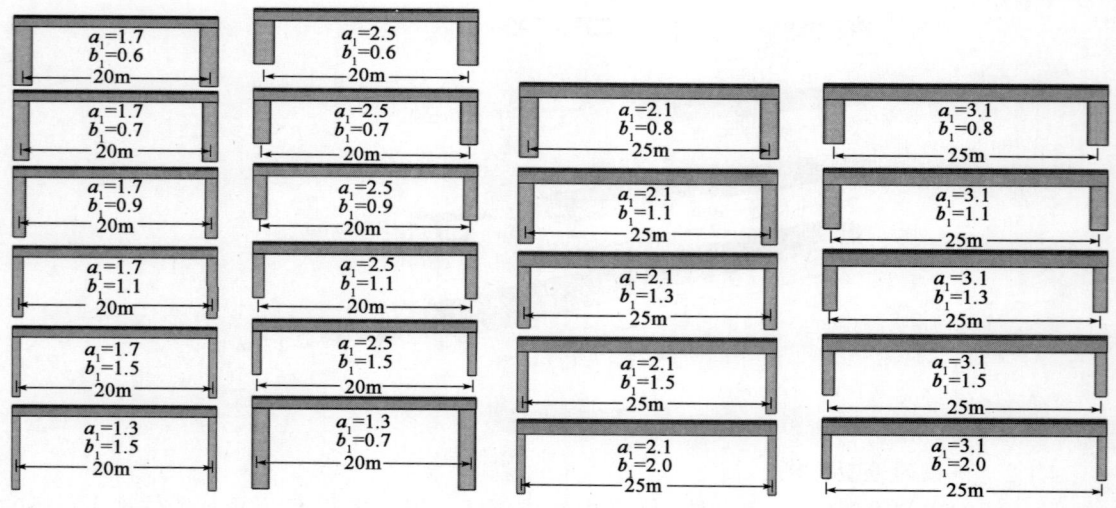

图3　20m、25m跨度组合效果图

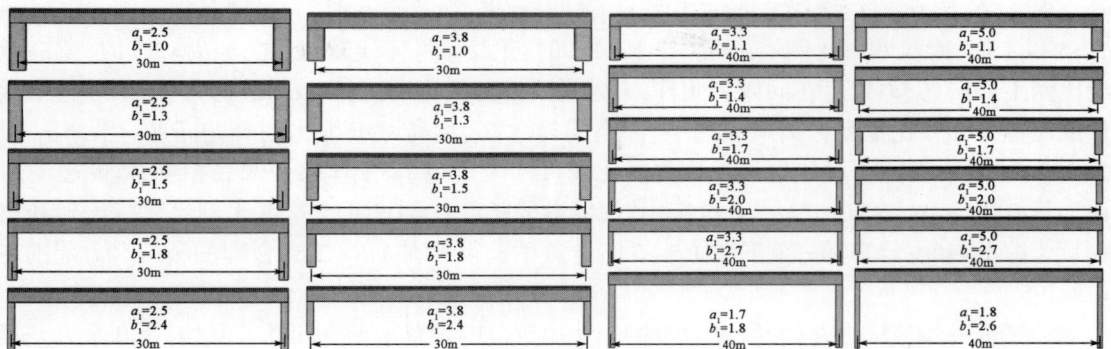

图 4　30m、40m 跨度组合图

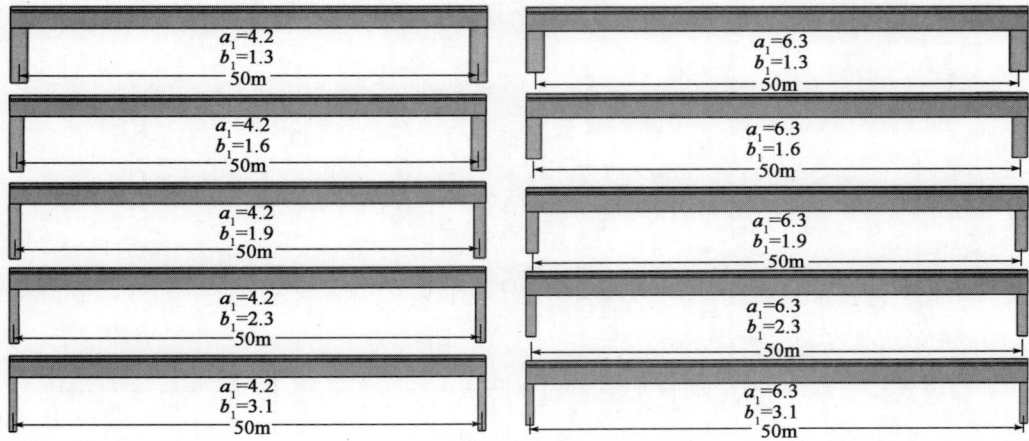

图 5　50m 跨度组合图

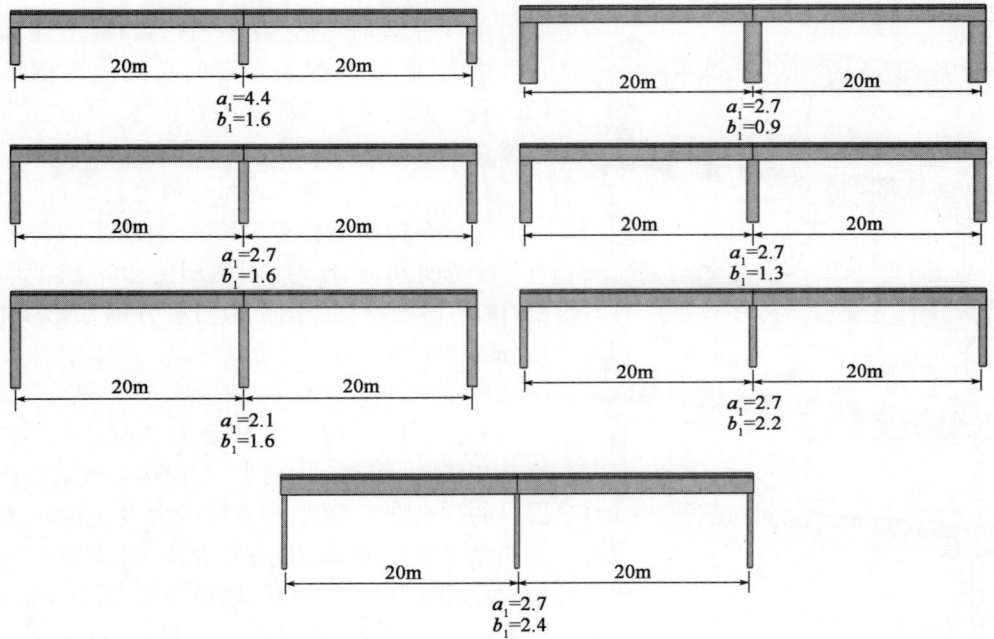

图 6　双跨 20m+20m 结构组合图

由图3~图6,根据墩梁之间的比例关系可以看出:当$a_1<1.5$时,梁短墩高不美观;反之,当$a_1>5$以上时,梁长墩矮比例不协调。当$b_1<1.5$时,梁矮墩胖不美观;反之,当$b_1>2.5$时,梁高墩细比例不协调,受力也存在问题。此外,考虑墩梁搭配的协调性,当$\alpha=a_1/b_1$小于1.2时,梁墩长度比例尺寸相比宽度比例尺寸过小,存在梁短墩高、梁高墩细等比例失调问题;当$\alpha=a_1/b_1$大于2.5时,梁墩的长度比例尺寸比宽度比例尺寸大出很多,整体表现刚好相反,搭配也不协调。只有当$\alpha=a_1/b_1$在1.2~2.5范围内时,梁墩的长度比例尺寸与宽度比例尺寸搭配较和谐一致。综上判断,合理的a_1范围在1.5~5.0;合理的b_1范围在1.5~2.5;合理的$\alpha=a_1/b_1$范围在1.2~2.5。

为了进一步佐证上述判断,针对墩梁尺寸比例范围设置了调查问卷,通过对300余人开展问卷调研,反馈结果如图7所示。

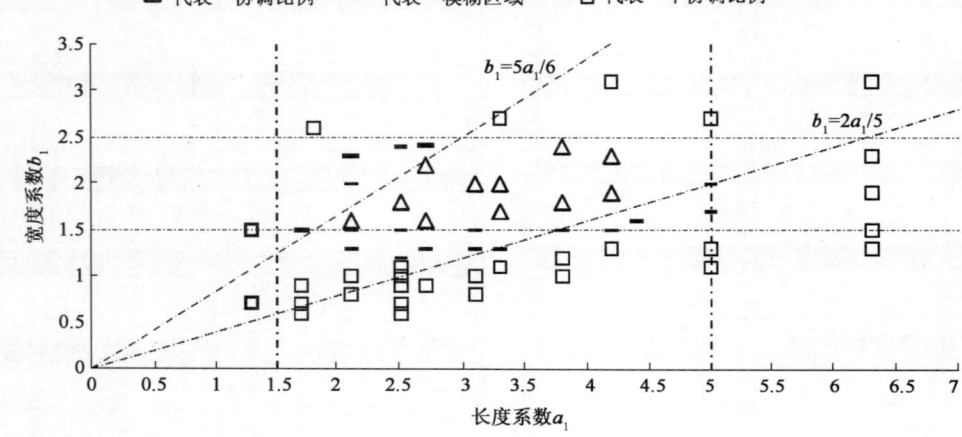

图7 不同系数组合调查结果分布

从以上结果看出,对于人行梁桥,上述确定的长度系数、宽度系数及合理的长细比范围是合理的。基于上述量化的美学评判指标,可方便实现人行梁桥墩梁比例尺寸的一体化设计。

4.2.2 合理墩梁比例结构的受力验算

选取合理墩梁比例与不合理的比例分别建模进行受力分析对比。采用典型的30m跨度单孔箱梁,模型1~5模型的圆形墩直径分别0.75m、1.0m、1.2m、1.5m和1.8m,长度为6m。墩梁组合效果如图8所示。

根据上述模型分析其受力情况,对比结果见表3和图9。从表3中可见,在前述合理墩梁比例范围内的是模型2、模型3,整体受力表现较好;模型5为典型的高梁细墩,比例欠协调,对应墩的应力也最大;模型1墩过于粗壮,墩整体受力较小而未发挥出相应的材料性能。从图9可见,合理协调的墩梁比例下结构的受力最合理。

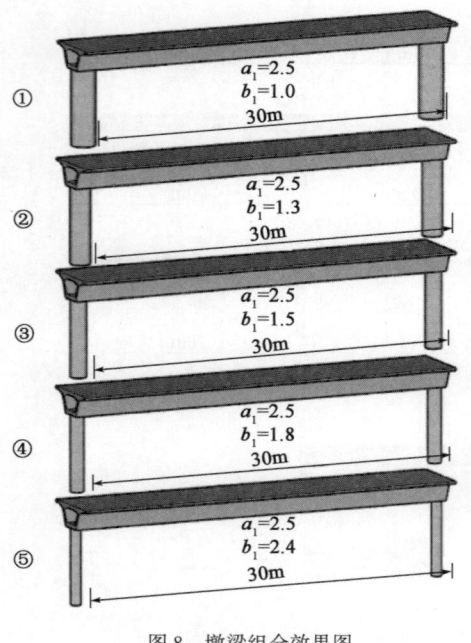

图8 墩梁组合效果图

受力验算结果　　　　表3

模型编号	a_1	b_1	α	箱梁最大压应力（MPa）	墩底最大应力（MPa）
1	2.5	1.0	2.5	9.1	1.1
2	2.5	1.2	2.1		1.5
3	2.5	1.5	1.7		2.2
4	2.5	1.8	1.4		3.1
5	2.5	2.4	1.0		5.3

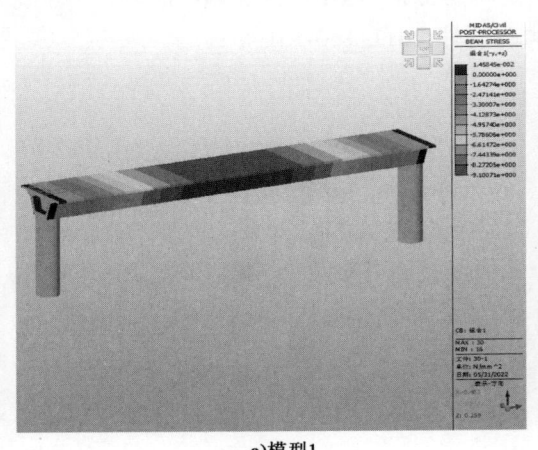

a) 模型1　　　　b) 模型3

图9　典型模型应力分布图

5　结语

在当前景观城市的建设中，人行景观桥呈现城市的景观风貌。当前随着我国经济的发展和公众审美能力的提升，人行桥的设计也越来越注重景观美学效果。作为人行梁桥，需要注重墩梁等各部分与整体之间的比例协调关系，以达到理想的桥梁造型，并与城市环境及人文生态完美融合。本文基于力学和美学一体化视角，提出了人行桥设计需要注意的受力特征和美学特征，进一步对独柱圆墩人行混凝土箱梁桥的主梁和桥墩的尺寸比例关系进行了景观美学分析和受力计算，给出了当梁高与墩宽之比 b_1 在 1.5~2.5 时，对应的换算到单跨的梁长与墩高之比 a_1 在 1.5~5.0，且 a_1/b_1 在 1.2~2.5 时，人行混凝土梁桥整体表现出协调的美学特征和良好的力学特征。故基于量化美学方法，在一体化设计视角下建立的上述合理墩梁尺寸比例关系，可为类似人行梁桥的结构概念设计等提供一定参考。

参 考 文 献

[1] 邓文中.桥梁形态与美学[J].Engineering,2018,4(2):221-242.
[2] 徐利平.谈城市景观桥梁[C]//中国土木工程学会桥梁及结构工程分会,2014:281-288.
[3] 韩振勇.世界最美的桥[J].天津建设科技,2005(2):51-53.
[4] 徐洪涛.当代人行景观桥设计艺术浅析[J].新建筑,2009:117-121.

[5] 鹿健,周珂,曹妍,等.桥梁设计中的美学应用分析[J].安徽建筑,2020,27:138-139.
[6] 糜径超,陈轲.设计美学语境下的桥梁景观设计[J].交通世界,2021:70-71.
[7] 刘德宝,张红星.中国桥梁美学研究的思考[J].市政技术,2020,38:71-74,80.
[8] 林长川,林琳.桥梁设计美学[M].北京:中国建筑工业出版社,2014.
[9] 盛勇,陈艾荣.桥梁造型与景观设计的研究[J].上海公路,2003:172-177.
[10] 曹菲.城市景观桥梁创新设计研究[D].南京:东南大学,2015.
[11] 何军宏,李海鸥.浅谈桥梁之美[J].美与时代(上),2018:48-50.
[12] 王嘉钰,万萱,设计美学语境下桥梁景观设计分析[J].设计,2019,32:152-153.
[13] 陆军.城市桥梁造型景观设计方法[J].城市道桥与防洪,2018:31-33,66,38.
[14] 储昭汉.城市桥梁景观结构造型设计[J].江西建材,2011:160-161.

10. 从景观桥梁发展趋势谈异型桥梁

姜宇飞[1] 高金红[2] 郑逸群[3] 袁万城[1]

（1.同济大学土木工程学院桥梁工程系；2.天津市交通运输基础设施养护集团有限公司；
3.福建省三明市公路发展中心永安分中心）

摘 要：景观桥梁逐渐成为城市中不可或缺的部分，兼有通行和景观的双重功能。景观桥梁中有很大比例是异型桥梁，异型桥造型新颖多样但受力复杂，受到行业人员的高度重视。本文重点分析了异型桥梁在环境和谐、受力巧妙和内涵精深三方面的特点，并通过工程案例加以分析说明。最后指出了异型桥梁目前存在的问题，并对异型桥梁的设计给出了建议。

关键词：景观桥梁 异型桥 发展趋势

1 引言

改革开放 40 多年来，我国的经济实力有了显著的提升，用于基础设施建设的投资逐年增加，大大促进了桥梁技术的发展，桥梁的结构设计和施工工艺也日臻完善；另一方面，随着生活水平不断提高，人们对美的追求不断增强。桥梁作为一种建筑物，除了具备跨越障碍的基本功能外，还应具有美学价值。目前景观桥梁还没有明确的定义，不同时代、不同的人对景观桥梁都有不同的解读，随着时代发展，城市建设更加多元化，景观桥的内涵也更加丰富。景观桥不一定标新立异、巧夺天工，也不一定高大雄伟、跨江达海，能够充分体现出"力"与"美"融合的桥梁都可以称为景观桥梁。景观桥梁能够激发人们的审美情趣，突出人文特性。

异型桥梁不拘泥于定式，在外观和结构形式上大胆创新，让人耳目一新，近年来在景观桥梁建设中独树一帜。异型桥梁因造型优美，外观奇特，与周围景观融为一体，力学特性巧妙同时又具备丰富的文化内涵，给人以美的享受，已经成为很多城市地标性建筑。主梁、主塔或主拱肋以倾斜、弯曲的设计代替垂直、直线设计的桥梁都可以称作异型桥梁。从结构形式上异型桥梁可以划分为异型梁桥、异型拱桥、异型斜拉桥、异型悬索桥和异型组合结构桥等[1]。

我国景观桥梁建设起步较晚，但近十几年来景观桥梁数量有了很大提升，设计理念更加成熟。以往的研究把景观桥梁划分为位置与功能定位、环境与景观分析、文化及形态设计、空间设计和结构设计五大维度[2]，综合考量后从比选方案中选择最终方案。有研究总结了景观桥梁设计应遵循的原则：实用、质量与安全第一、环保建设、地域风俗文化等[3]。由于异型桥造

国家自然科学基金：考虑体系弯扭非线性的异型桥梁地震最不利输入方向及易损性研究，基金编号：51778471。

型丰富、形态各异,在实践中应着重从环境和谐、受力巧妙、内涵精深三个方面进行重点探索。

2 和——与周围环境的和谐统一

桥梁并非是单独的个体,而是处于周围环境之中,桥梁的造型设计首先要考虑其与桥址所处的自然环境相协调,把桥梁看作自然环境中的一个元素。设计时应尽量使桥梁与环境中其他元素相和谐。在综合考虑环境与桥梁和谐统一时,根据桥梁和环境的关系,可以分为以下三点[4]:

(1)以桥为主,桥是主要景观,凸显桥梁而弱化周围景观;
(2)桥景结合,桥梁和周围环境共同构成一幅和谐的画面;
(3)以景为主,凸显周边自然景物而弱化桥梁的存在,把桥梁融入景观中。

跨越瑞士阿尔卑斯山萨尔基那峡谷的桥梁(图1)为上承式钢筋混凝土拱桥,依靠峡谷陡峭的地形和两岸良好的地基,充分发挥了拱桥的受力特性。将桥梁镶嵌在险峻的峡谷中,灰白色混凝土与周边绿色葱茏的树木形成鲜明对比,简约而不简单,做到了桥景结合。该桥被评为"20世纪最美的十座桥梁"之首。

广西风雨桥(图2)位于广西浔江河上,下部结构是下承拱钢筋混凝土,呈月牙形,上部结构采用具有侗族特色的木构建筑,全桥长368m,包括7个桥亭,其长度和规模在同类桥中均为世界之最。风雨桥与高大雄伟号称"侗乡第一鼓楼"的三江鼓楼遥相呼应,并通过别具风格的民居月亮街和侗乡大道,与世界上最大的单体木构建筑"侗乡鸟巢"东方斗牛场连成一片[5]。风雨桥在周边的人文环境中并不突兀,相反由于旁边高大雄伟的建筑而弱化了桥梁的存在,将桥梁融入环境之中。

图1 瑞士萨尔基那峡谷桥

图2 广西风雨桥

3 妙——结构受力巧妙

长期以来,我国桥梁的结构与建筑设计是分离的。一方面,结构工程师往往拘泥于结构的受力合理,设计出的桥梁缺乏美学的堆砌;另一方面,建筑师发挥想象力但不符合力学原理。桥梁设计即不是古板的堆砌,也不是肆意的发挥,而是力与美的巧妙结合,桥梁的建筑结构不仅需要符合力学原理,而且需要满足景观美学的要求。

主跨155m太原祥云桥(图3),在设计建造过程中,建筑师与桥梁工程师反复交流修改方案,最后确定将三根钢结构塔柱空间略微弯曲在塔顶顶部交会于一起,中塔柱立于桥面分隔带,两侧两根边塔柱立于桥梁外侧,主跨侧斜拉索为双索面,分别锚固在两侧边塔柱上,边跨为单索面,锚固在中间塔柱上。三根塔柱通过水平横撑和拉杆平衡拉索水平分力,其整体又构成一个稳定的格构式塔柱,承受斜拉索竖向分力。这样处理后,造型和受力都取得了满意的效果。主塔形似火炬,为城市点燃希望,又像一架云梯,激励人们向上攀登。

1992年建成的西班牙阿拉米罗桥(图4),设计师巧妙地将结构、建筑和雕塑融为一体。该桥的主梁采用结合梁,总长250m,主跨200m,桥面宽32m,桥塔采用钢筋混凝土结构,塔高152m,向一侧倾斜,倾角58°,是世界上第一座大跨度无背索斜拉桥。主梁断面模仿公牛的头形,与西班牙文化相契合。桥梁整体造型犹如一只展翅翱翔的飞鸟。阿拉米罗桥推翻了斜拉桥通过自身对称来追求稳定的基本原理,将主塔向一侧倾斜,通过拉索保证主塔和主梁之间的受力平衡,在力的平衡与不平衡、结构的稳定与不稳定之间谋求一个合适的临界,在静态中蕴含动态形象[5]。

图3　太原祥云桥

图4　西班牙阿拉米罗桥

4　精——文化内涵精深

景观桥梁是人类社会活动的产物,与文化息息相关。桥梁具有社会属性,它和建筑的不同之处在于它服务于整个社会,是人们能够接触和使用的公共建筑,因此桥梁能够反映社会、集体的价值与文化。桥梁作为永久性建筑,逐渐有了更多的内涵,不仅承担跨越与通行的功能,而且是隐喻的载体,在理性的计算与工程学之外,人们对桥梁的关注往往超越其简单的功能意义。桥梁能够成为城市发展的标志,也可以是河道上一抹亮丽的风景,或是一段历史的见证者。

四川成都五岔子大桥(图5)以莫比乌斯环作为设计原型,通过主副两座拱桥形成的阿拉伯数字8,也形似数学中象征无穷大的符号"∞"[6]。该桥梁位于成都高新区,桥梁流变的轮廓造型有着强烈的现代感,寓意高新区蓬勃向上的发展空间,桥梁纵向上的高低起伏,错落有致,结合灯光元素,营造出现代国际化大都市的氛围,与高新区创造活跃的气氛相融合,充分体现了桥址处的人文特点。

沈阳浑河上的"盛京之灵"桥(图6),为独塔三向斜拉桥,主要由上部主塔、中部桥面和下部戏水平台三部分组成,连接河心岛、南岸的奥体公园以及北岸的五里河公园[7]。主塔形状类似于足球奖杯,顶部为照明球体,体现了沈阳市的足球文化、体育文化。塔顶的球形寓意沈阳市是东北明珠,是东北振兴的中心城市。

图5　四川成都五岔子大桥

图6　"盛京之灵"桥

5　异型桥梁存在的问题

作为景观桥梁的异型桥梁进入快速发展时期,将会有越来越多的异型桥梁出现在城市中。在发展的同时,异型桥梁也面临一些问题,这些问题大大阻碍了异型桥梁的大规模建设。

(1)受力效率不高。异型桥梁往往有着优美的线性、较大的倾角,这些都造成了结构和构件受力不合理、材料的力学性能不能充分发挥,为了使结构和构件保持平衡,需要采取额外措施。

(2)经济性较差。由于结构和构件受力效率低,为使异型桥梁结构能够承受规定的荷载,需要添加其他的材料或采取额外措施,造成材料的极大浪费,提高了投资成本。据统计,对相同跨度的桥梁,异型桥梁的成本是普通桥的几倍甚至十几倍。

(3)存在潜在的安全隐患。异型桥梁在添加构造措施后,在正常使用状态能够满足基本通行,但是在地震或台风等灾害条件下,异型桥梁极易发生破坏。在全寿命周期内,异型桥梁需要特别监测和维修。

6　结语

在审美需求爆发的年代,异型桥梁的建设会更加多元化。针对景观桥梁设计发展远景,给出如下建议:

(1)顺应环境与时代发展需求。顺应的环境既包括自然环境也包括人文环境,设计的核心是要体现时代发展特点与周围环境的和谐统一,既显示桥梁本身的美,又不脱离自然环境而单独存在。从实际出发,量体裁衣、精心构思,简单明确设计桥梁的轮廓和空间组合。

（2）兼顾异型桥梁发展的矛盾。要抓住异型桥梁的主要矛盾和矛盾的主要方面，即弯扭耦合作用严重，传力路径复杂，受力功能退化和经济成本提升，通过结构整体和局部构造措施，减少结构的弯扭耦合。

（3）顺应智能化社会发展需求。随着计算机和人工智能的快速发展，给桥梁设计行业带来了巨大的变革。此外，原材料、设计和分析方法、施工工艺、监测与维护技术等也都向着智能化的方向发展，通过大数据和云计算，使异型桥梁的设计计算更加便利。

（4）顺应可持续发展需求。保护环境、可持续发展理念更加深入桥梁设计和建设过程之中，在桥梁结构全寿命期功能设计、桥区生态环境、管养与监测系统方面应更加注重可持续发展理念，设计中也应考虑到材料和构件的更换和灾后修复的可行性。

（5）注意细节处设计。应注意其附属结构与桥梁整体的协调统一，附属结构为桥梁主体通行能力与景观价值增光添彩，在满足安全、经济、耐久、施工方便、工序简单、便于更换的前提下，可以在附属设施中融入人文、色彩、线形等因素。

参 考 文 献

[1] 项海帆，等.高等桥梁结构理论[M].2版.北京：人民交通出版社，2013.
[2] 赵佳男，万杰龙.景观桥梁设计要点研究[J].城市道桥与防洪，2022(2)：114-117,130,18.
[3] 古金梁.景观桥梁创新设计书法及其应用研究[J].工程建设与设计，2020(23)：109-111.
[4] 郎咸林.基于景观美学对景观桥形态的评价[D].沈阳：沈阳农业大学，2020.
[5] 孙宇，王伊冬，张艳红.桥梁美学与环境协调的研究[J].科技创新导报，2020,7(17)：151-152.
[6] 徐利平.谈城市景观桥梁[C]//第二十一届全国桥梁学术会议论文集(上册)，北京：人民交通出版社，2014.
[7] 周然，刘志，钱钦利.城市景观桥梁美学简析[J].四川建筑，2018,38(5)：240-241.
[8] 宋福春，王厚宇，马梓桥.基于地域文化的景观桥梁美学设计[J].公路，2019,64(3)：182-186.

11. 桥梁概念设计中的 CMF 设计方法应用研究

顾田心　骆涧甫　马春萌　苏国治　张语晴

（西南交通大学）

摘　要：工业设计中的 CMF 设计是一种综合考虑色彩、材料、表面工艺的设计理念。将 CMF 方法应用到桥梁概念设计工作中，可以形成一种新的设计理念。桥梁设计者可以根据设计目的选择和组合 C-M-F 元素，实现不同设计效果。依托对成都高新区五岔子大桥的实地问卷调查分析，将群众喜闻乐见的桥梁元素进行李克特量化并形成数据库。通过颜色、材料和表面处理在现有桥梁中的应用状况的调研，并结合人因工程需求将 CMF 设计方法拓展到桥梁夜景、绿化新维度，最终形成了基于 CMF-X 方法的桥梁概念设计流程，为人性化、高质量的桥梁创新作品设计提供有效支撑。

关键词：桥梁工程　概念设计　颜色　材质　表面处理工艺

1 研究背景

交通强国，是中国的发展愿景。自十九大以来一直到刚刚结束的十九届五中全会，国家对交通强国战略的重视程度持续加深，创新发展的步伐加快。桥梁建设是交通强国战略不可缺少的一环，21 世纪里人们对美好生活的日益向往将要求桥梁建筑不再单纯作为交通上的构造物，也作为一种空间艺术结构物存在于人们的社会文化生活之中。但不少桥梁技术人员只重视实用、安全、经济的一面，而缺乏美学意识与审美能力的另一面，在工作中思路狭窄、构思平庸、创新求美意识淡薄，即使有美的愿望，也缺少创作美的手段和能力，所设计的桥梁没有风格，缺乏生命力。桥梁概念设计中 CMF 设计方法的应用将为桥梁设计师提供美的依据。

CMF（COLOR，MATERIAL&FINISHING），是一种对于产品的颜色、材质与表面工艺予以综合考量与创新的设计概念[1]，主要应用于产品设计中颜色、材质、加工等设计对象的细节处理。桥梁概念设计是依托桥梁设计及工程经验开展桥梁创新方案设计的活动，属于建筑与桥梁学科交叉的工程设计领域。CMF 设计与形态设计构成工业设计的两项重要支撑。将工业设计中的 CMF 方法应用于桥梁概念设计工作中可以拓展出全新的设计理念，打造出更具有人性化品质的创新作品。

2 桥梁概念设计中的 CMF 设计实例调研——以五岔子大桥为例

2.1 五岔子大桥

五岔子大桥(图1)位于成都市高新区南部园区锦江沿线,是连接高新区桂溪和中和街道的重要慢行桥梁,总面积有 4180m^2。它主要采用了钢箱梁加钢箱拱的结构形式,是市政人行桥,即供行人和非机动车通行。它的设计创意来自"无限之环"——莫比乌斯环的概念,把四维空间中才存在的无限形态,抽象设计到三维空间中,形成了数学中无穷大的符号形象。

图1 成都五岔子大桥

2.2 群众对五岔子大桥 CMF 应用评价

本研究依据桥梁概念设计中的 CMF 设计理念进行调查问卷的制作,到达五岔子大桥现场发放调查问卷;以现有桥梁分析群众喜闻乐见的 CMF 效果,根据语义差异法进行问卷问题的设计,最终确定 10 对最具代表性的语义词汇,如表1所示。

语义词汇表　　表1

材 质	表面加工	颜 色	材 质	表面加工	颜 色
冷—暖	现代—古典	协调—跳脱	软—硬	人工—自然	—
轻—重	光滑—粗糙	—			

为分析群众对桥梁的偏好普遍性,调研对象从老人到小孩、男性到女性、少年到成年等,本次调研共计发放 120 份调查问卷表格,实际回收有效调查问卷 102 份,根据调查问卷统计分析群众的桥梁偏好,进行李克特量表可视化(图2)。

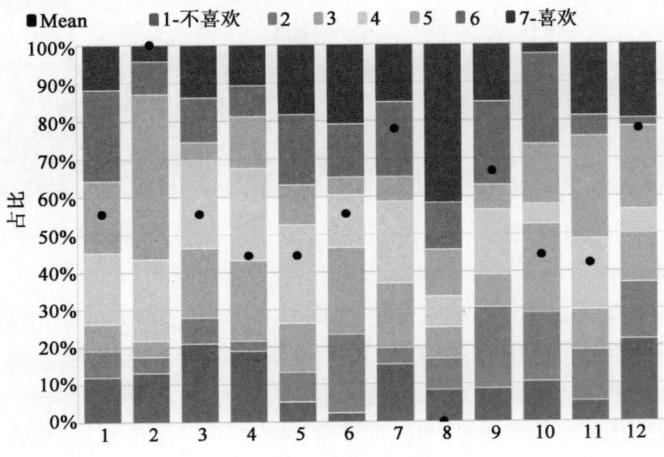

图2 桥梁偏好可视化

根据调查问卷统计结果,构建桥梁概念设计中的群众喜闻乐见的 CMF 数据库,如图 3 所示。

地点	名称	类型	C-saturation	C-Lightness	C-hue	M-冷暖度	M-轻重度	M-软硬度	F-粗糙度
Alabama	bridge1	拱桥	9	3	10	7	3	4	7
Alaska	bridge2	拱桥	8	5	6	9	1	8	9
Arizona	bridge3	梁式桥	9	7	7	2	4	10	8
Arkansas	bridge4	斜拉桥	7	2	1	3	7	10	1
California	bridge5	梁式桥	1	4	2	4	8	1	4
Colorado	bridge6	斜拉桥	7	10	9	6	6	9	5
Connecticut	bridge7	悬索桥	4	1	7	2	6	7	3
Delaware	bridge8	悬索桥	6	6	3	2	2	10	3
Washington D.C.	bridge9	拱桥	6	3	5	10	2	1	9
Florida	bridge10	斜拉桥	5	3	5	2	1	8	10
Georgia	bridge11	梁式桥	6	10	8	3	2	6	8
Hawaii	bridge12	悬索桥	3	10	6	1	8	10	3
Idaho	bridge13	斜拉桥	2	7	1	2	10	8	2
Illinois	bridge14	拱桥	3	2	9	10	6	7	6
Indiana	bridge15	斜拉桥	1	5	3	10	1	10	5

图 3 CMF 数据库

3 桥梁概念设计中的 CMF 应用研究

3.1 色彩(Color)

3.1.1 桥梁色彩研究

理论上来说,桥梁色彩比桥梁造型更具吸引力,在宏观尺度下色彩即是桥梁 CMF 设计中最具表现力的元素。合理的色彩搭配可以瞬间改变桥梁通行者的心理活动以及环境氛围。为了合理将 C 元素运用于桥梁的设计中,此处将桥梁分为地标性桥梁和协调性桥梁进行研究。

地标性桥梁:突出了与环境的对比,个性得到彰显,带给人们鲜明强烈的感受。千厮门嘉陵江大桥(图 4)中的红色属性取自雾都重庆,展现出强烈的魅力。

协调性桥梁:大桥色彩搭配和环境色彩协调统一的同时又不失桥梁本身的特色。瑞士萨尔基那山谷桥(图 5)是一座跨谷的镰刀形上承式拱桥。该桥镶嵌在阿尔卑斯山的山谷间,白色的桥身在蓝天和青山的背景映衬下显得格外突出,给人以"万绿丛中一点红"之感。

图 4 千厮门嘉陵江大桥

图 5 瑞士萨尔基那山谷桥

3.1.2 色彩应用分析——以贵州为例

在贵州极具特色的崇山峻岭、沟壑纵横的喀斯特地貌上,浮翠流丹的植被、奔腾的大江大河多呈现翠绿色或碧绿色,大量缭绕的白雾,灰白色的喀斯特地貌与蔚蓝色天空,使得整体环境偏冷色调。在贵州的桥梁中,明度高而彩度低的银灰色、乳白色、灰白色等作为调和色被大量运用,以达到与环境相协调的目的。而山区阴雨连绵,因此在色彩的选择中也采用更多的暖色调。在部分桥梁的主体结构中,也可以看到红色或橘红色被采用,与环境形成了鲜明的对比。陈崇霞对贵州代表性桥梁进行了结构色彩的统计[2]（表2），对桥梁CMF设计色彩库的形成提供了一定的借鉴意义。同时色彩的使用数量宜保持在三种之内，色彩杂乱则易产生视觉污染，但如果色彩过于单调、呆板,同样会使人产生视觉疲劳。

贵州代表性桥梁色彩统计　　表2

桥　名	结构类型	下部结构	上部结构	附属设施	
赫章大桥	预应力混凝土连续刚构	银灰色	银灰色	深绿色	
黔大高速西溪河大桥	预应力混凝土连续刚构	银灰色	银灰色	乳白色	
二郎河大桥	预应力混凝土连续刚构	银灰色	银灰色	深绿色	
朱昌河大桥	预应力混凝土连续刚构	银灰色	银灰色	浅灰色	
桥　名	结构类型	主拱圈	上部结构	附属设施	
沪昆高铁北盘江大桥	上承式劲性骨架钢筋混凝土拱	乳白色	乳白色	蓝色	
大小井大桥	上承式钢管混凝土拱	红色	乳白色	绿色	
成贵高铁西溪河大桥	上承式钢管混凝土拱	蓝色	乳白色	乳白色	
江凯河大桥	中承式钢管混凝土拱	红色	乳白色	乳白色	
总溪河大桥	上承式钢管混凝土桁架拱	国际橙	乳白色	乳白色	
江界河大桥	桁式组合拱桥	土黄色	土黄色	黄色	
夜郎河大桥	X形提篮式拱桥	灰白色	灰/天蓝色	灰白色	
桥　名	结构类型	主塔	缆索	主梁	护栏
阿志河大桥	预应力混凝土加劲板梁悬索桥	乳白色	红色	红色	天蓝色
乌江吊拉组合索桥	P.F.C吊拉组合索桥	乳白色	红色	天蓝色	天蓝色
关兴公路北盘江大桥	钢桁加劲梁悬索桥	乳白色	橙红色	灰白色	乳白色
沪昆高速北盘江大桥	钢桁加劲梁悬索桥	乳白色	红色	红色	红色
坝陵河大桥	钢桁加劲梁悬索桥	乳白色	橘红色	橘红色	橘红色
赤水河红军大桥	钢桁梁悬索桥	乳白色	乳白色	红色	乳白色
桥　名	结构类型	主塔	主梁	斜拉索	附属
道安高速乌江大桥	双塔双索面钢混凝土叠合梁斜拉桥	银灰色	银灰色	白色	天蓝色
六广河大桥	双塔双索面叠合梁斜拉桥	银灰色	红色	红色	红色
红枫湖大桥	独塔双索面斜拉桥	乳白色	红色	红色	红色
红水河大桥	双塔双索面斜拉桥	灰色	红色	红色	红色
平塘大桥	三塔双索面叠合梁斜拉桥	乳白/蓝	乳白色	乳白色	乳白色
贵黔高速鸭池河大桥	双塔双索面斜拉桥	红色	红色	红色	红色
杭瑞高速北盘江大桥	双塔钢桁梁斜拉桥	乳白色	红色	乳白色	红色

3.2 材料（Material）

材质是材料、色彩、工艺、纹理等多种因素的综合表现,单一材质要素的研究难以客观体现用户多种因素交织而产生的情感意象。将CMF材质要素作为整体对象,研究更具客观性[3]。

3.2.1 冷与暖

冷暖与材质的属性有关,如金属、玻璃、石材,这些材质传递的视觉效果偏冷,而木材、织物等,这些材质传递的视觉效果更多地偏暖。这些材质的冷暖,一是表现在身体的触觉,通过接触感知材质的冷暖；二是表现在视觉上,通过视觉感知材质的冷暖。由于材质表面属性的多样性,所以在视觉感知材质的色彩、肌理等因素时会更多地影响人的心理感受。如深蓝色的织物与红色的石材,在视觉上,红色(图6)比蓝色(图7)感觉暖,而在触觉上,织物比石材暖。材质的冷暖感具有相对性,例如,石材相对金属偏暖,而相对木材则偏冷。在桥梁设计中合理组织搭配,才能营造良好的空间效果。

图6　成都如意桥

图7　成都丝路云锦

3.2.2 软与硬

室内空间材质的软与硬的感觉直接影响人的心理,如纤维织物能产生柔软的感觉,而石材、玻璃则能产生偏硬的感觉,这些材质的软与硬都有各自不同的情感特征。软性材质,亲切、柔和、更有亲和力;硬性材质,挺拔、硬朗、更有力度。营造温馨舒适的空间,则需要适度地增加软性材质;反之,则需要选用硬性材质。材质的软与硬同样具有视觉和触觉两个属性,也具有软和硬的相对性。它们与各自所处的空间位置、面积等都有关系。应用好材质的软、硬搭配,对塑造桥梁设计空间的个性特征有重要意义。

3.2.3 轻与重

空间特征更多的是依靠点、线、面、体来塑造,而这些形态会因不同的材质特性而影响人的心理,会产生空间形态的轻与重不同的感觉。轻质材质如玻璃(图8)、有机玻璃、丝绸等,轻质材质的合理使用可使空间更柔和、轻松。轻质材质在空间中相对更有轻盈感。由于许多材质具有一定的通透性,所以它们在室内空间的应用中,可有效减弱空间的局促感与压抑感。与之相反,具有分量感的材质如金属(图9)、石材、木板等,这些材质相对具有厚重感和体量感,其表情特征更适宜营造庄重、沉稳的空间氛围。根据功能和空间特征的需要,将轻与重的材质合理应用会增强空间的功能,提高桥梁设计空间的个性特征。

图8　张家界玻璃桥

图9　苏格兰福斯桥(Forth Bridge)

3.2.4 肌理

将肌理放在材质的心理感觉分类中,更关注的是不同肌理的表面特征所形成的心理感受。材质肌理是影响人们心理感受的重要因素。形态表面的肌理特征会经过视觉、触觉作用于人们,使人们获得特定的感受。这些肌理有规则的和不规则的,有人工的和自然形成的(如天然的石材所形成的表面纹理),还有许多特效漆所产生的人工纹理和凹凸感,都能产生丰富的表面特征,从而使桥梁设计空间更加生动。

3.3 表面处理(Finishing)

表面处理工艺的建立总是在材质的选择之上,表面处理工艺的存在使得材质的表达得到优化[4]。表面处理工艺是指通过对材质进行表层或整体处理,赋予其新的颜色、光泽、纹理等,以此提升表层使用性能及美观度。同样的材质使用不同的表面处理工艺在感官上也会带来巨大的差异。在桥梁设计中,依据构件力学属性的不同将其拆分为了不同的类别进行表面处理工艺的选择,如图10所示。

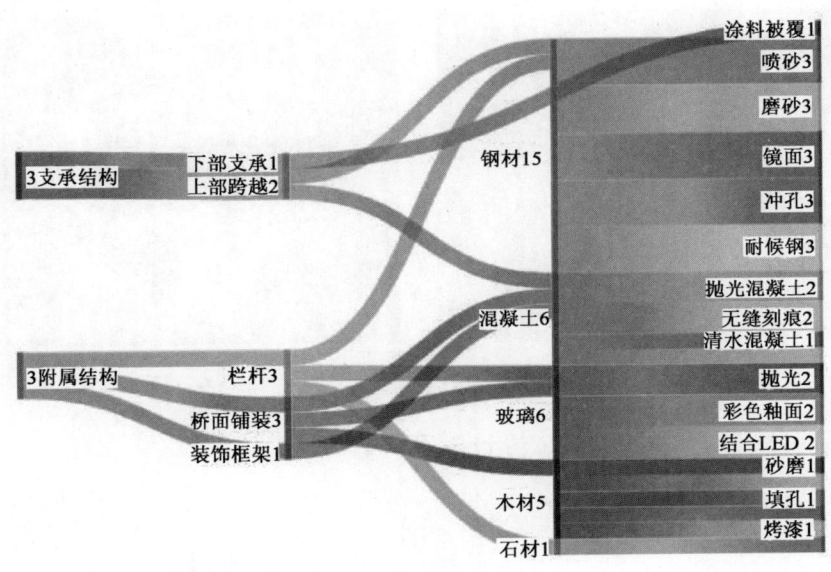

图 10 Finishing 工艺选择

4 桥梁概念设计中的 CMF 拓展研究

桥梁夜景照明是城市夜景展示的重要组成部分,LED(发光二极管)灯凭借其体积小、光效高、绿色节能、使用寿命长等特点逐渐被普及。桥梁作为连接城市两岸的纽带,是构成城市夜景风貌的重要载体,LED灯在桥梁夜景设计中得到越来越多的应用也成为一种必然趋势。

来往频繁的车流与行人,容易造成驾驶员的视觉疲劳和精神疲劳,给出行安全造成隐患。桥梁景观不但给桥梁通行者提供了一个高质量的运行空间,而且把桥梁对周围环境的视觉冲击降至最低。因此桥梁设计中,景观的绿化美化设计也必不可少。

在此基础上,对CMF拓展出新的维度X,X是指照明设备、植物种植等不属于桥梁本身,但会对桥梁的CMF造成二次影响的装置。

4.1 桥梁夜景

桥梁的夜景亮化设计是指在保障白天景观的基础上用灯光塑造桥梁形象与文化,使其夜景不脱离白天形象而又升华整体。通常通过灯光点、线、面的艺术组合[5]，凸显出桥梁的整体轮廓；重点点亮桥墩、桥身，形成主次分明的照明韵律，并保障来往通行车辆的安全，避免炫光。灯具与桥梁结构形成统一整体，使灯具成为桥体本身的有机组成部分，达到灯具与光与桥梁的完美组合，如图11所示。

4.2 桥梁绿化

桥面绿化主要通过种植槽进行种植。由于桥面种植槽体积小，蒸发量大，又无储水空间，空气中有大量汽车排放的烟尘、NO等有毒气体，对植物生长很不利，故桥面植物主要为黄馨、粉团蔷薇、日本无刺蔷薇等能形成良好景观的开花小灌木。

桥下空间光照条件不足给植物的生长带来困难，立柱绿化植物要求生长要快，所以植物的选择应以适应阴生环境快的长藤本植物为主[6]，其次要注意及时理藤和修剪。理藤是保证立柱攀援植物藤蔓合理有序地生长，达到最佳覆盖效果的一项重要工作。修剪是促进枝叶萌发，控制生长和复壮更新的重要手段。高架桥垂直绿化如图12所示。

图11　千厮门嘉陵江大桥夜景

图12　高架桥垂直绿化

5　桥梁概念设计中的 CMF 设计流程

CMF 设计流程如图13所示。

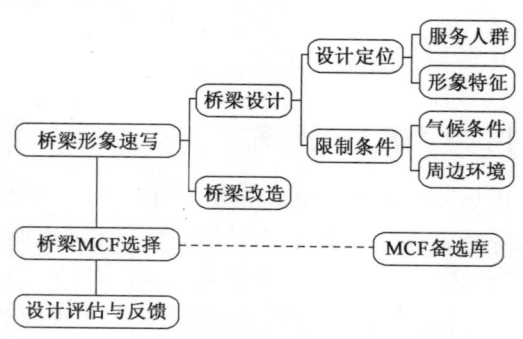
图13　桥梁概念设计中的 CMF 设计流程

（1）前期调研

对桥梁的设计定位（如服务人群、形象特征）、外在限制（如气候条件与周边环境）、桥梁现状（针对改造项目）进行调研，得到桥梁形象速写与设计原则。

（2）CMF 组合设计

桥梁上的色彩不是单独存在的，和材质、表面处理的加工工艺一起构成完整的色彩。材料是色彩的载体,色彩又有衬托材料质感的作用。并且表面处理工艺总是建立在材质的选择之上,表面处理工艺的存在又使得材质的表达得到优化。因此在将工业设计的 CMF 方法应用于桥梁概念设计中时,应当将 C、M、F 的选择顺序调整为 M、F、C,故由环境条件排除不合适的材料,再根据桥梁形象速写依次为桥梁从材料表和工艺表中确定 M 与 F,最后确定桥梁色彩。

（3）设计评估与反馈

对(2)中所得组合交付给专家与大众评审进行评估,并确认是否予以采用。将评估结果反馈至备选库。

随着设计流程的不断进行,最终逐渐形成一个不断生长的设计系统。此设计系统可随着材料工艺的发展实现对材料表、工艺表的更新,并根据设计评估与反馈不断完善。

6 结语

桥梁设计不仅满足交通运输所需的功能性,还需要更多地考虑桥梁美学,更好地展示人们的创造能力与聪明才智。依托 CMF 设计理念开展概念设计,可以帮助桥梁设计师们打造出更具有人性化和美学意义的创新作品。依托对色彩、材料、表面工艺的特性分析,选择适宜的 C、M、F 组合方案是设计师需要考虑的重要问题。以此为基础,进一步考虑灯光、绿化等拓展要素,应用 CMF-X 的设计方法,能够助力设计方案更好地承载桥梁人性化设计需求。

参 考 文 献

[1] 陈俊波,张莉,楚鹏.CMF 设计在产品设计中的影响与应用[J].设计,2019,32(1):108-109.

[2] 陈崇霞.贵州代表性桥梁色彩浅析[J].中国水运,2020(11):158-160.

[3] 胡安国.基于感性工学的 CMF 应用研究[D].合肥:合肥工业大学,2020.

[4] 张超.基于可拓学的产品材质感性设计方法研究[D].广州:广东工业大学,2018.

[5] 胡皓,杨春宇,汪统岳.桥梁夜景照明中 LED 的应用探讨[J].灯与照明,2016,40(2):41-43,60.

[6] 刘光立.垂直绿化及其生态效益研究[D].雅安:四川农业大学,2002.

12. 通用 BIM 神经网络技术研究

张师定　程　杨

(上海同豪土木工程咨询有限公司)

摘　要：本文基于软件四耳图，在提出软件系统神经网络的基础上，再度建立协同共享管理平台神经网络通用结构，进一步建立神经网络分解结构及传递信息编码方法，创立建筑信息模型(BIM)神经网络之协同/共享解决方案，并与传统人工神经网络做了比较。其为促进 BIM 技术发展、加速大型 BIM 软件系统研发，提供了新理论与新方法。

关键词：BIM 神经网络　BIM 软件四耳图　协同共享管理平台　BIM 模型协同　软件间合约

1　引言

模拟人脑，提出人工神经元及人工神经网络，从而模拟人脑学习功能，有着悠久的历史。1943 年，沃伦·麦卡洛克和沃尔特·皮茨[1]基于数学和算法创建了神经网络的计算模型，称为阈值逻辑。该模型为神经网络研究分成两种方法铺平了道路。一种方法侧重于大脑中的生物过程，而另一种方法侧重于神经网络在人工智能中的应用。这项工作引领了对神经网络及其与有限自动机的联系的研究[2]。此后，人工神经网络不断被深入研究，取得了一系列重要成果、并得到一系列重要应用。

笔者依托领域知识与笔者经验[3]、软件技术与经历，结合系统理论等，于 2018 年提出 BIM 系统及软件四耳图概念[4]；于 2019 年提出工程软件求解 BIM 之经验规则库技术路线及模型间智能联动机理[5]；于 2020 年正式建立通用 BIM 软件系统神经网络结构，并提出 BIM 十项关键技术[6]。

本文将进一步研究 BIM 神经网络结构，建立协同共享管理平台群神经网络，进一步建立分解结构及传递信息编码方法，首创 BIM 神经网络之协同/共享解决方案，并与传统人工神经网络做比较。

2　BIM 软件四耳图——BIM 神经元

BIM 的软件系统常由若干 BIM 软件(平台)组成，软件之间根据专业需要可进行数据流转或 BIM 模型传递。

模型需要输入信息，模型应产生输出信息。软件即系统，此软件与彼软件相关联，需要信息共享。将软件输入信息划分为共享输入与自输入，将输出信息划分为共享输出及自输出，形成软件四耳图,恰似"人工神经元",具有重大意义。

对于其中一个软件而言,必须有输入及输出。可将输入划分为共享输入与自输入,将输出划分为共享输出及自输出,如图1所示。

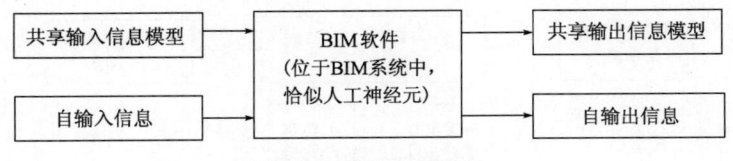

图1　BIM 软件四耳图

可将图1形象地称为BIM软件四耳图(BIM software with four ears)。其共享输出数据应传递给其紧后软件的共享输入,该软件恰似人工神经元。

传统的人工神经元模仿输入和输出的生物物理学神经元模型,接收输入,激活其内部状态,并根据输入和激活参数产生输出,由传播函数传向有关神经元。

而笔者提出的人工神经元——软件四耳图具有以下特点:
(1)适合"白箱",执行专家知识,无须学习,其依据输入及算法,完成任务,实现增值;
(2)输入模型权重均为100%,无阈值限制;
(3)既有公共信息,也有私有信息;
(4)"四耳"内容是确定的、明确的。"共享输入"来向是明确的,"共享输出"传播是明确的。

3　通用 BIM 神经网络

通过软件四耳图可以建立软件系统,从而完成较为复杂的任务。假设有一系统,其任务由软件A、软件B与软件C携手来完成,且软件A是软件B的紧前(上游/前件)工作,软件A是软件C的紧前(上游/前件)工作,则该系统的神经网络可按图2所示进行组织,这便是智能软件系统的神经网络。

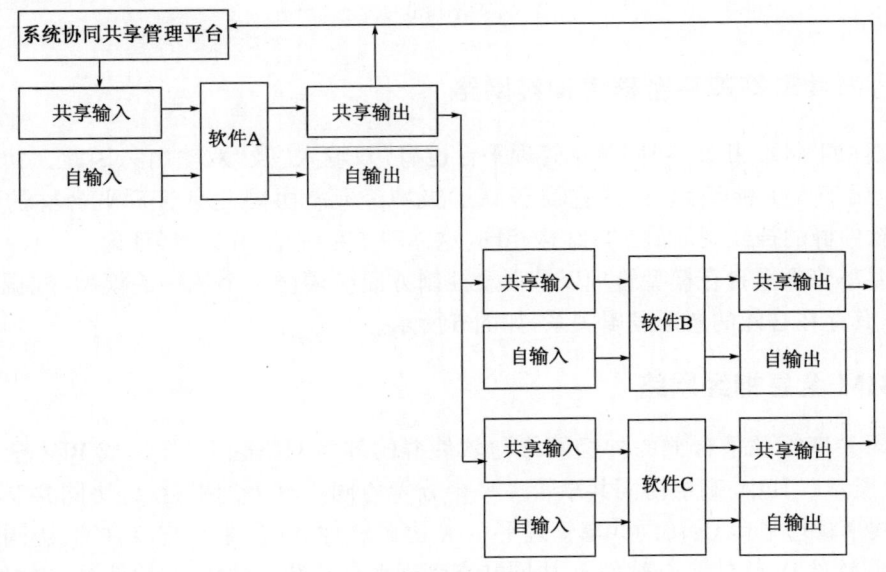

图2　智能软件系统的神经网络

其中,系统协同共享管理平台接收其上游系统的共享输入模型,分发数据(模型)给本子系统软件 A,收集本系统共享数据(模型),集成装配,将集成模型共享交付给下游系统平台,其协同共享管理平台数据流/模型流如图 3 所示。

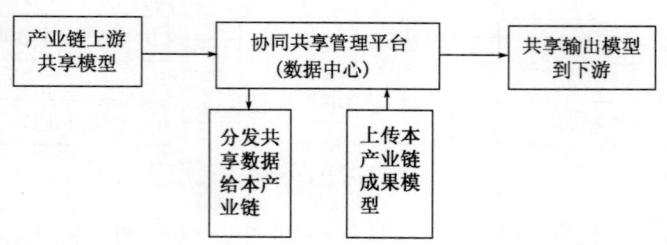

图 3 产业链协同共享管理平台的数据(模型)流

一软件从其紧前工作软件获得"共享输入",产生其共享输出。如果对"共享输出"进行再分的话,则可分解为"成果"与"半成品",如图 4 所示,其中,最终成果上传给协同共享管理平台,也传给需要的紧后工作,而半成品成果只传给需要的紧后工作。

数据存储地址:软件所有数据与模型均存在本机,而上传对象——协同共享管理平台处于服务器(即上一层级)。这既是对领域过程的高度抽象,也是与领域过程的高度吻合。

共享输出的传递如图 4 所示。

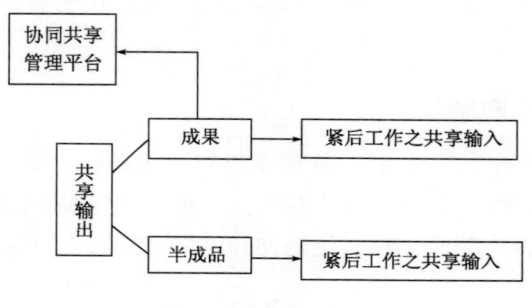

图 4 共享输出的传递

4 协同共享管理平台群之神经网络

与"软件四耳图"相比,协同共享管理平台也有"双输入"及"双输出",因此,"协同共享管理平台"也属于人工神经元,只是它属于高层级神经元。协同共享管理平台群的神经网络(图 5)与软件群的神经网络(图 2)结构相同,这体现了系统论中的分形理论。

协同共享管理平台在模型管理以及消息控制方面应遵循一个统一的模型,挖掘该过程的所有对象,其存在必然的树形逻辑关系,如图 6 所示。

5 BIM 全息神经网络

将协同共享管理平台群的神经网络与软件群的神经网络融合,便形成 BIM 全息神经网络,如图 7 所示。其中,高层协同共享管理平台分管协同共享管理平台 A、协同共享管理平台 B 及协同共享管理平台 C;协同共享管理平台 A 协调软件 A、软件 B 与软件 C;协同共享管理平台 B 协调软件 D、软件 E 与软件 F;协同共享管理平台 C 协调软件 G、软件 H 与软件 I。这里均是以个体代表全体,不失一般性。

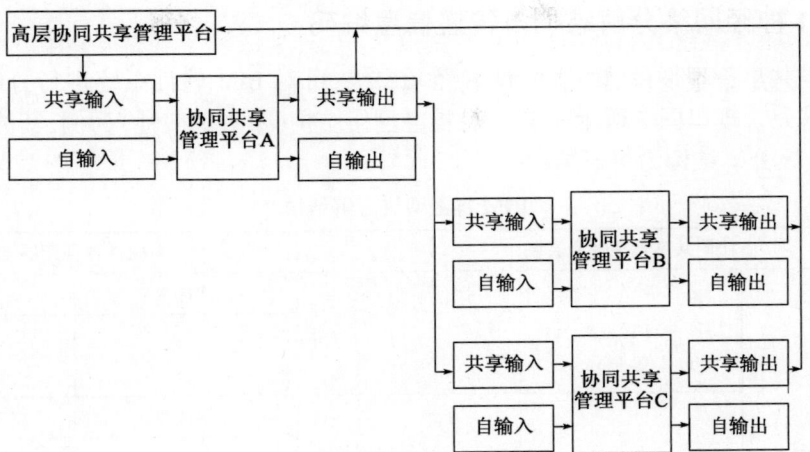

图 5 智能软件系统的 BIM 神经网络

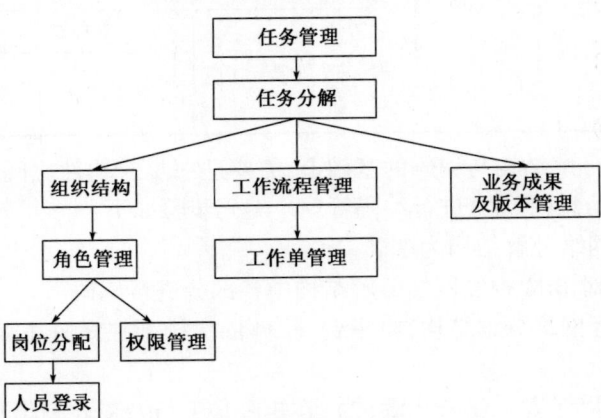

图 6 协同共享管理平台对象逻辑树

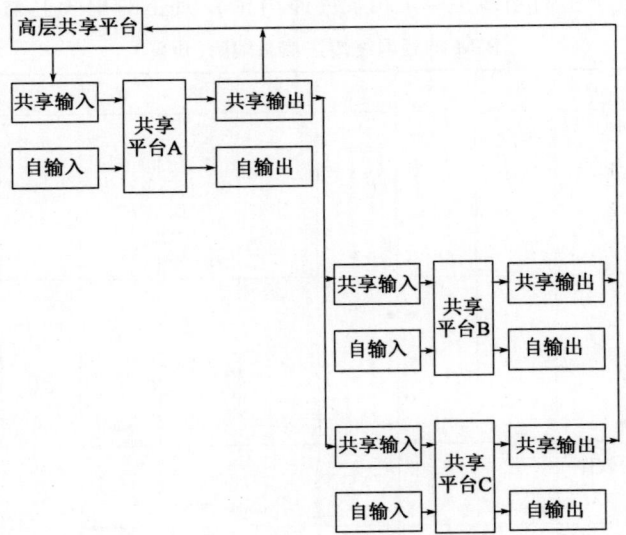

图 7 BIM 全息神经网络结构

6 BIM神经网络分解结构与传递信息编码

依据协同共享管理平台层级及软件神经元层级,可对 BIM 软件系统进行分解,并依据编码规则进行编码。现以图 7 所示 BIM 全息神经网络结构(不失一般性)为例,其神经网络分解结构见表1。该分解结构为树形结构。

BIM 神经网络分解结构　　　　表1

协同共享管理平台层级			软件神经元层级	
高层共享平台	协同共享管理平台 A		软件 A	
				软件 B
				软件 C
	协同共享管理平台 B		软件 D	
				软件 E
				软件 F
	协同共享管理平台 C		软件 G	
				软件 H
				软件 I

在 BIM 神经网络分解结构与编码的基础上,需要进一步对软件之间、软件与平台之间、平台之间等发生传递的信息(模型)进行编码管理。编码步骤如下:

(1)以 BIM 神经网络分解结构为基础。

(2)按编码规则,对 BIM 神经网络分解结构中各部分进行编码。

(3)依据 BIM 神经网络分解结构,将平台/软件依次排列在矩阵主对角线上,从左上角到右下角。

(4)依据主对角线"元素",结合步骤(2),在矩阵最上行及最左列填写相应编码,见表2。

(5)依据步骤(4),则可给主对角线中任意两个"元素"间发生传递的信息(模型)编号。例如,传递信息 D_{ij},表示主对角线上第 j 元素传递信息 D 到主对角线上第 i 元素。

BIM 神经网络传递信息编码(矩阵)　　　　表2

编码	01	02	03	04	05	06	07	08	09	10	11	12	13
01	高层协同共享管理平台												
02		协同共享管理平台 A											
03			软件 A										
04				软件 B						D_{ij}			

续上表

编码	01	02	03	04	05	06	07	08	09	10	11	12	13
05					软件C								
06						协同共享管理平台B							
07							软件D						
08								软件E					
09									软件F				
10										协同共享管理平台C			
11											软件G		
12												软件H	
13													软件I

7 BIM 神经网络协同解决方案

几何模型与数据模型是一个 BIM 模型的两个方面。其几何模型是由数据模型调用图形平台(属于基础平台)而生成;而 BIM 神经网络由若干软件及平台组成,实现 BIM 的协同或共享。实现软件(平台)间的协同是智能化的主要应用点。

协同共享管理平台包括共享数据模型与共享几何模型。

7.1 BIM 模型协同

基于 BIM 的协同包括软件内协同(俗称联动)及软件间协同(俗称横向协同)。

"软件内协同"的本质是该软件内各子模型间几何联动,执行(默认)联动规则,发生在同一软件内;模型联动规则宜属于被动模型系统内,而当两个模型互为被动模型时,模型联动规则宜同时属于这两个被动模型系统内。

"软件间协同"的本质是"本子系统模型"与其紧前(上游)模型(属于共享输入模型)间的几何联动,执行几何联动规则,发生在两个软件间。其中,首先判断紧前模型是否发生"微调"或"大调",从而决定本模型被放弃或"修改";判断紧前模型是否发生"微调"或"大调"的关键是模型几何参数值的变化量;当紧前模型起主导作用时,紧后模型执行联动规则,该联动规则宜属于紧后模型系统内。

纵向协同的本质是共享,通过协同共享管理平台来实现;协同共享管理平台既控制其所辖各软件间协同,也实现纵向协同。协同联动规则由领域专家发掘[3-5]。

7.2 分布式神经网络系统合约

分布式神经网络系统合约包括软件间合约与平台-软件间合约两类。前者属于同等级间合约;后者属于不同等级间合约。经笔者分析研究,分布于网络上的通用BIM神经网络应遵循通用合约规则。

7.2.1 软件间合约规则

预定义软件A(作为紧前工作)与软件B(作为紧后工作)之间的合约:

合约背景:软件A分布在网络地址A_IP上;软件B分布在网络地址B_IP上。

合约内容:当软件A运行产生"共享输出模型(A→B)",接受软件A工程师审核通过,并向协同-共享-管理平台发出"共享传递申请"得到同意时,软件A发送共享输出模型(A→B)给软件B;当软件B收到消息"软件A已发送共享输出模型(A→B)给软件B"时,接收"共享输出模型(A→B)",作为自己的"共享输入"。

合约规则:

(1)"共享输出模型(A→B)"在软件B全部工作过程中,均保持不变;

(2)当"共享输出模型(A→B)"由软件A发生变更时,则作为新版本模型,由软件A共享给软件B;

(3)软件B无权改变其"共享输入"信息内容。

扳机事件:当软件B接收"共享输出模型(A→B)"完成时,应发送广播消息给其他软件或平台,消息内容为"软件B完成接收'共享输出模型(A→B),含接收时间及模型版本号'"。

7.2.2 平台-软件间合约

预定义协同平台P与软件A(受平台P管辖)之间的合约:

合约背景:协同平台P分布在网络地址P_IP上,软件A分布在网络地址A_IP上。

合约内容:当协同平台P运行产生"模型(P→A)",并接受平台P工程师审核通过时,平台P发送模型(P→A)给软件A;当软件A收到消息"平台P已发送模型(P→A)给软件A"时,接收"模型(P→A)",作为自己的"共享输入"。

当软件A运行产生"共享成品输出模型(A→P)"时,提交该成果模型给平台P。

当平台P收到消息"软件A已发送共享成品输出模型(A→P)给平台P"时,接收"共享成品输出模型(A→P)",作为自己的信息模型。

合约规则:

(1)"模型(P→A)"在软件A全部工作过程中,均保持不变;

(2)当"模型(P→A)"由平台P发生变更时,则作为新版本模型,由平台P共享给软件A;

(3)软件A无权改变其"共享输入"信息内容。

扳机事件:当软件A接收"模型(P→A)"完成时,应发送广播消息给其他软件或平台,消息内容为"软件A完成接收'模型(P→A),含接收时间及模型版本号'"。

当平台P接收"模型(A→P)"完成时,应发送广播消息给其他软件或平台,消息内容为"平台P完成接收'模型(A→P),含接收时间及模型版本号'"。

8 BIM神经网络与传统人工神经网络的比较

传统人工神经网络的主要特点包括:

（1）模拟人脑结构,包括神经元与神经网络;

（2）模拟人脑学习功能,即训练接受输入权重、斟酌反应罚值、学习激活函数、减少偏置量、学习输出传播函数等;

（3）模拟人脑不确定性分析、模糊分析与模糊决策能力;

（4）需要大量合适的样本,才能建立较为成熟的人工神经网络模型;

（5）只有建立较为成熟的人工神经网络模型后,才可以执行任务。

笔者提出 BIM 神经网络,其主要特点:

（1）采用计算机语言,建立任务模型:

（2）固化专家知识[3],使用专家算法,实现专家推理,输出专家级成果,共享模型到应共享之处;

（3）抽象出确定的 BIM,依据理论与标准进行明确分析与决策;

（4）走专家之路,直接创建专家模型,无须使用样本进行训练;

（5）建立 BIM 神经网络后,可直接执行任务。

9 结语

本文笔者继提出软件四耳图概念、建立通用 BIM 软件系统神经网络结构之后,进一步研究 BIM 神经网络结构,建立了协同共享管理平台群神经网络,体现了系统论的分形理论;进一步建立网络分解结构及传递信息编码方法;建立 BIM 神经网络的协同/共享解决方案,成为领域智能的重要"固化"方式;与传统人工神经网络做了比较。

参 考 文 献

[1] McCulloch,Warren,Walter Pitts.A Logical Calculus of Ideas Immanent in Nervous Activity[J]. Bulletin of Mathematical Biophysics,1943,5(4):115-133.

[2] Kleene S C.Representation of Events in Nerve Nets and Finite Automata[M].Annals of Mathematics Studies(34).Princeton University Press,1956:3-41.

[3] 张师定.桥梁总体设计构思[M].成都:西南交通大学出版社,2020.

[4] 周宗泽.张师定.BIM 技术原理研究[C]//中国公路学会桥梁和结构工程分会 2018 年全国桥梁学术会议论文集.北京:人民交通出版社股份有限公司,2018.

[5] 周宗泽,张师定,申俊昕.BIM 软件系统模型间智能联动机理探究[J].中国公路,2020(11):166-167.

[6] 张师定.BIM 智能软件系统结构研究[C]//中国公路学会桥梁和结构工程分会 2020 年全国桥梁学术会议论文集.北京:人民交通出版社股份有限公司,2020.

13. 基于 3DE 平台的 BIM 技术在连续刚构桥设计中的应用

尹邦武　史召锋　朱克兆

(长江勘测规划设计研究有限责任公司)

摘　要：洪门渡大桥为乌东德水电站对外交通的控制性工程，连接滇川两省，并以其大跨、重载、高墩的特点在世界已建同类桥梁中排名第一。3DE 平台因其自身拥有强大的曲线、曲面和空间结构设计能力，被越来越多地应用于桥梁设计阶段的三维建模。本文以洪门渡大桥为例，基于 3DE 体验平台，结合自带的 EKL 语言和知识工程模板等功能，采用"骨架驱动+文档模板"方式实现大跨度连续刚构桥的快速化建模，提出了一种正向参数化建立预应力钢束三维模型的方法，并采用三维模型进行多维度的综合应用。同时，根据三维模型的数字化、信息化和可模拟化等特点，对项目在施工及运维阶段进行分析与指导，提高桥梁设计师的工作效率和桥梁工程的质量。

关键词：3DE 平台　BIM 技术　大跨度连续刚构桥　知识工程　协同设计

1　引言

预应力混凝土连续刚构是国内、外桥梁工程建设中应用非常广泛的一种桥型，此类桥梁具有结构整体性能好、施工工艺成熟等特点，业已成为 100~300m 跨径范围内竞争力较强的桥型之一。建筑信息模型(BIM)，是一种应用于工程设计、建造、管理等的数据化工具，其核心是通过建立虚拟的建筑工程三维模型，利用数字化技术为模型提供完整的、与实际情况一致的建筑工程信息库。近年来 BIM 技术不断地应用到桥梁的建设中，助力桥梁快速发展。而一个合格的三维信息模型，对工程快速获取各种几何尺寸、工程量信息、空间坐标高程等应用有着非常重要的作用，所以桥梁的前期设计建模工作尤为重要[1]。

达索系统 3DE 平台是一个全新整合的多功能平台，其通过采用统一的数据平台、统一的数据模型而提供了一系列的行业解决方案，如土木行业解决方案。它是目前国际上比较先进的 PLM 解决方案平台，其主要优点：①以单一数据源为研发人员提供了一个快速便捷的协同设计环境，最大限度保证设计过程中的数据始终处于最新的状态；②可创建任意实体、曲线、曲面功能强大；③提供参数化设计功能，可实现参数与模型的关联更新。本文基于达索系统 3DE 协同设计平台，利用其内嵌的 EKL 脚本语言和知识工程功能，探索其在连续刚构桥设计中的应用[2-3]。

2 工程概况

本文以乌东德水电站洪门渡大桥为例,分析其以 3DE 软件为平台的 BIM 技术实际应用。桥梁全长 522m,采用 135m+240m+135m 预应力混凝土连续刚构。上部结构采用单箱单室截面,桥墩设计为双肢薄壁空心墩,最大墩高 85m,桥台采用重力式桥台,桥梁总体布置见图 1。

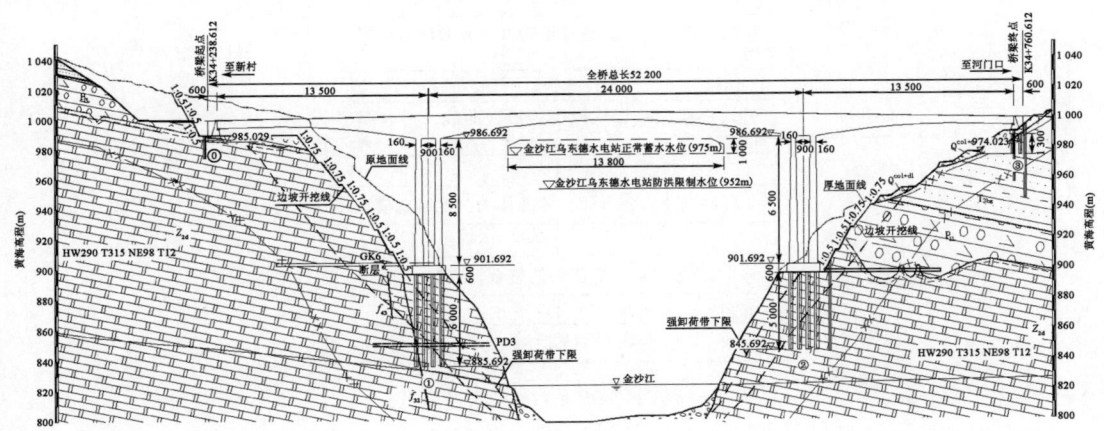

图 1 桥梁结构总体布置图(尺寸单位:cm;高程单位:m)

桥梁处于西南高山峡谷区,地形陡峭地质复杂,场地布置困难;涉及专业多,协同设计需求大;桥梁跨径大、荷载重(最大荷载为 13 轴 300t 挂车)。这些因素导致结构受力大且预应力钢束多;桥梁宽度窄,钢束布置极为困难;处于 8 度高震区,钢筋数量多且布置密集,与预应力钢束之间存在冲突;工期紧张,管理难度大;后期运营养护难。从勘测、设计、施工、运营等多方面综合考虑,应用 BIM 技术可带来可观的经济效益。

3 3DE 平台的应用特点

3.1 建模原则的制定

本桥涉及专业多,基于 3DE 强大的协同设计平台,建立结构树对全专业在统一的平台上进行协同设计,并可实时更新模型完成进度。桥梁整体模型采用"骨架驱动+文档模板"方式建模。骨架为定位需要的点、线、面等基本元素,即模型中的桥轴线以及关键点、关键平面等;模板为有设计规律的结构构件,通过 EKL 语言编程进行参数化控制,如抛物线段主梁、预应力钢束等。设计人员可按照图 2 所示流程进行设计建模。

以右手笛卡尔坐标系为基本坐标系,x、y、z 轴分别为桥梁横桥向、顺桥向和垂直高度方向,全桥的长度单位为 cm[4-5]。桥梁建模过程中充分利用对称性的特点,大大减少工程量。

3.2 协同平台的应用

3DE 平台的所有数据均以数据库的形式保存在协同空间(同一服务器)中,并有相应的权限/版本信息。当用户被加入协同空间时,用户就获得了读取的权限,随着数据成熟度的不断变化,数据的权限也不断变化。通过定义不同的用户角色(如 Reader、Contributor、Author、Leader 等)来设定用户可获得的权限和可使用的功能,从而对整体协同平台进行统一管理,以达到真正意义上的协同设计[6]。三维协同设计管理适应性强,可有效推动三维设计工作。

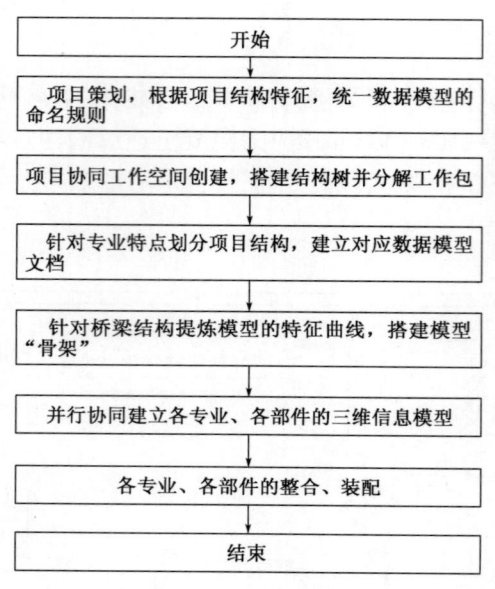

图 2 3DE 平台建模流程

3.3 整体骨架的构建

"骨架"类似于建筑工程中的轴网,是建模各部件定位组装的参照曲线。一般选取桥梁的中心线和桥梁墩台的中心线等具有明显定位功能的曲线作为"骨架"。目前主流三维建模软件(Revit、Bently 及 3DE 平台)中,3DE 平台中的骨架曲线需用户自行"发布"才能与其他曲线区分,"发布"后骨架曲线在结构树中单独列出,设计人员可轻松找出某一部件,方便建模时调用。对于桥梁各个组成部分,都以分布点、线等进行相互关联,通过修改这些要素使构件发生相应变化。

同时结合 3DE 平台在产品中新建或者插入产品或零部件的关联功能,可获取产品或零部件的存放路径与名称,直接调用该产品或零部件。基于以上方法建立的整体骨架和内嵌功能,实现三维设计功能[4,7]。工程中,采用"骨架+模板"的建模思路,能很好地实现多人协同建模的目的。

3.4 知识工程技术

3DE 体验平台产品知识模板(Product Knowledge Template,PKT)允许设计者创建和共享存储在规则库中的企业知识工程,以进行高效的重用。知识工程能帮助企业共享最佳经验,以确保后续设计等符合已创建的相关标准及流程。不需要技能方面的编程资源,就可以实现上述功能,这样就确保了企业中所有工程师都能参与到知识工程和三维设计中。

知识工程技术主要基于 3DE 中内嵌的企业知识语言(Enterprise Knowledge Language,EKL)来实现。EKL 作为达索系统原生内嵌脚本语言,其使用极为灵活与方便,学习成本相对较低,使用者不但可以通过其常规使用的公式、规则、检查、设计表、知识工程阵列、行为等知识工程工具进行操作,而且可以调用 Knowledge Packages 封装的大量的知识包,能够大大提高设计开发效率。

对工作在扩展供应链中的企业而言,应用知识工程技术将使他们能在不开放设计方法和规则内部的智力资产的前提下,将设计数据传递给合作伙伴,从而使合作伙伴也能利用到这些内在的知识[8]。

4 3DE整体模型的应用

目前,BIM技术的可视化、协调性、模拟性、优化性以及可出图性五大特性,都是基于建立其三维模型的软件平台来实现的。首先,利用3DE平台中建立的桥梁三维模型,在设计阶段可以进行三维展示、碰撞检测,从而优化工程设计,减少在桥梁施工阶段可能存在的错误以及返工的可能性;其次,设计人员可以通过优化之后的桥梁三维模型进行二维图纸的出图以及各种材料精确用量的统计;最后,建立的三维模型可应用于后期的施工及运营管理,确保实施过程的精确控制。

4.1 桥梁参数化设计

连续刚构桥的主梁抛物线段、齿块、转向器等部件截面形式基本一致且呈现规律性变化,通过3DE平台自带的知识工程模板功能调用已编制的Excel参数表,可实现类似构件的快速化建模。抛物线段参数化建模如图3所示。

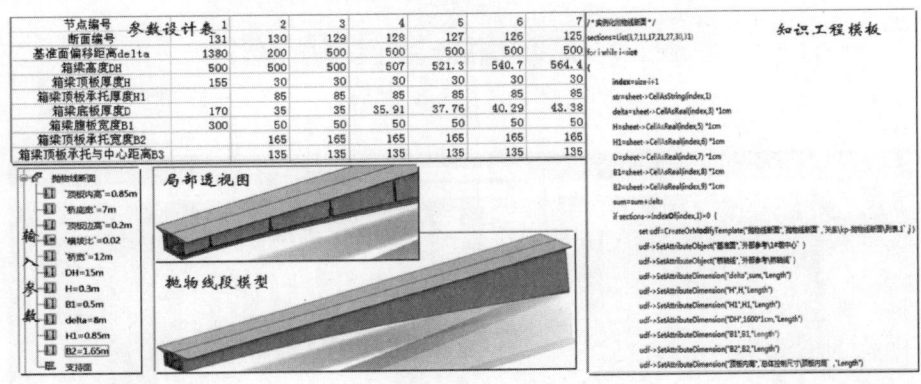

图3 抛物线段参数化建模

4.2 预应力钢束的快速输入

本桥跨径大、荷载重、桥梁宽度窄,从而导致预应力钢束多、布置困难。基于传统二维的方式判断预应力钢束之间、钢束与普通钢筋之间以及钢束与箱梁之间的干涉与位置关系较为困难;而预应力钢束的设计是一个不断调整的过程,需要三维模型能够快速响应设计的变更,参数化程度要求高。因此,建立全参数化的预应力钢束三维模型对桥梁设计有着重要的意义。目前预应力钢束三维模型创建方法多以关键点作为输入条件,抛弃了设计过程,采用中间结果作为输入条件。本文提出以预应力钢束平弯和竖弯设计参数作为初始输入条件,提供一种正向参数化建立预应力钢束三维模型的方法,以满足桥梁预应力钢束三维设计的需要。其主要步骤如下:

(1)根据平弯参数建立预应力钢束平弯曲线;
(2)根据竖弯参数建立预应力钢束竖弯曲线;
(3)根据平弯、竖弯曲线生成预应力钢束空间轴线,沿轴线扫掠生成实体,构建出全参数化的预应力钢束三维模型,如图4所示。

4.3 模型的碰撞检测

利用传统的二维平面设计模式很难发现桥梁构件在空间位置上是否发生冲突,尤其对于各种类型的预应力钢束、普通钢筋等。利用3DE平台中的碰撞功能对所需要进行碰撞分析的构件进行检查,如果发现空间位置冲突,及时修改桥梁的三维模型,以便减少在桥梁施工阶段可能存在的错误和返工的可能性。如图5所示预应力钢束与普通钢筋位置发生冲突,通过自动定位碰撞位置,设计人员可及时修改相应位置的设计,从而使此类问题消灭于设计阶段,不影响后期实施。

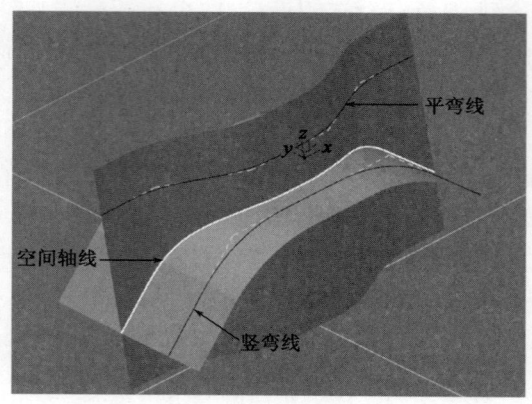

图4 预应力钢束空间线形

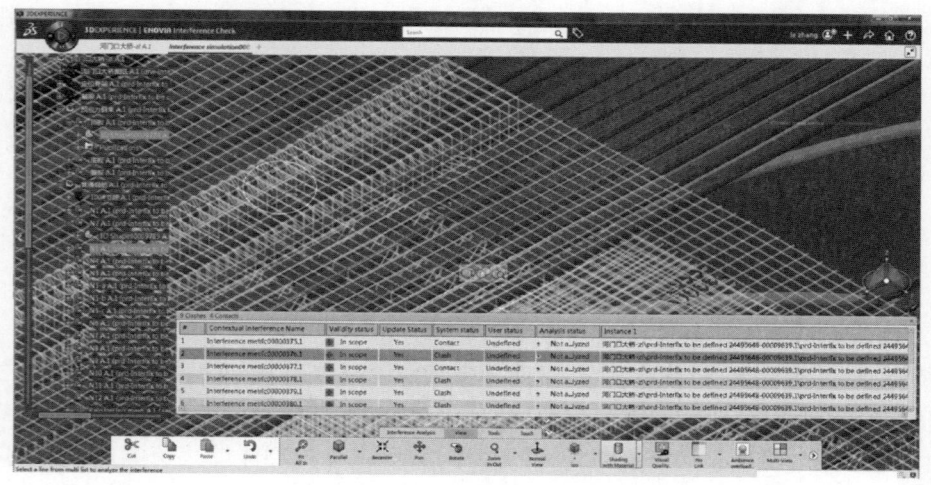

图5 预应力钢束、钢筋之间碰撞检测

4.4 二维平面出图研究

基于传统的CAD出图,桥梁基本组成部分的三视图和剖面图都需要设计人员手动绘制,而且在方案修改期间,一个尺寸的改变就需要对所有视图的尺寸进行修改,这就加大了设计人员的工作量,导致工作效率低下[9]。选取桥梁所需要进行出图的构件(以体型复杂的0号块为例)以及利用3DE平台中的Drawing模块,在开始界面选取所需要的视图,之后对二维平面图进行标注及图框的添加等,从而实现二维、三维图纸的形成(图6)。利用Drawing模块得出的工程图是与三维模型相关联的,只要三维模型的尺寸发生更改,工程图就会随之改变,进而大大提高工作效率。

4.5 多专业协同应用

洪门渡大桥为大跨-重载-高墩桥梁,结构及预应力布置复杂,同时涉及9级高边坡开挖、高山峡谷区复杂地形等制约设计的因素。为保证设计的准确性、实时性和有效性,从设计初期就应用了 BIM 协同技术。基于在同一协同工作空间建立的结构树,各专业、各分部在统一的平台上进行三维设计,最终形成地质、桥梁、边坡、机电等各专业的三维模型,如图7所示。

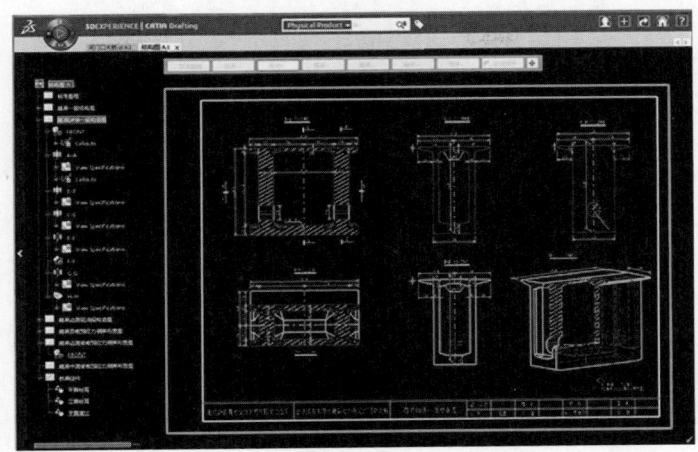

图6　0号块二维、三维图纸

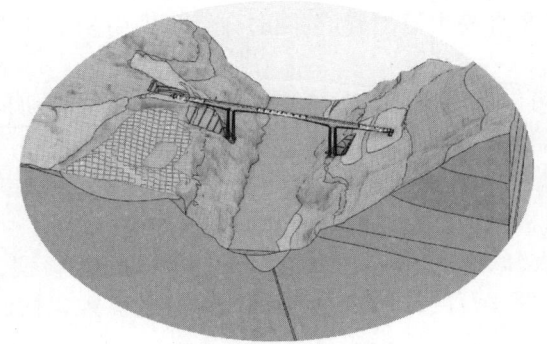

图7　洪门渡大桥三维模型

在地质勘测过程中,采用无人机+Smart 3D 倾斜摄影技术和三维激光扫描测绘数字地形极大提高地形采集精度。倾斜摄影建立流域整体三维实景模型和采集地形数据,指导设计规划和线路方案比选;三维激光扫描测量桥梁建筑区高精度地形点云数据,指导详细设计和施工。两种方法的灵活运用,极大地缩短野外工作时间,大幅提高地形采集和建模效率,较传统方法减少勘测工期50%以上。

4.6　精确算量

通过3DE平台自带的测量功能,在已建立的三维模型上可直接量取任意构件的工程量,特别是一些异型构件、土方开挖等工程量的统计,从而减轻了设计人员的劳动负担,加快工作进度,也对现场施工提供了一定的指导。桥梁左岸为9级高边坡,开挖量大,人工计算土方开挖量的工作量大且容易计算错误,通过三维模型可以准确地测量出土方开挖量(图8),为现场施工提供指导。经现场实施验证,三维模型中量测的工程量与实际开挖量误差在5%以内,满足施工精度要求。

基于3DE平台建立的三维模型,可以为后期开发施工、运营管理软件提供基础文件,保障施工工期,降低管理难度。

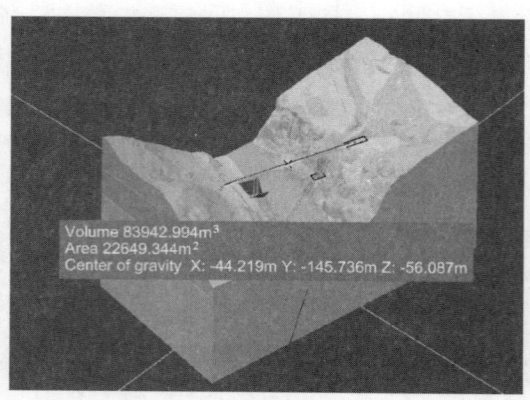

图8 左岸边坡土方开挖量计算

5 结语

本文以洪门渡大桥为例,阐述了利用3DE平台软件进行多专业的协同设计、使用"骨架+模板"的方法来建立大型连续刚构桥的三维模型,探索出一套快速实现预应力钢束模型的方法,可极大地提高建模效率并易大范围推广;同时介绍了采用3DE平台进行相关的BIM应用。主要总结为以下几点:

(1)基于3DE平台可以方便快捷地在统一平台下进行多专业协同设计,通过软件自带的功能实现三维协同设计管理。

(2)探索出一套快速实现预应力钢束模型的方法,通过"EKL语言+知识工程+模板"功能调用设计常用参数表格,极大地提高建模效率并易大范围推广。

(3)采用"骨架+模板"的方法来建立大型连续刚构桥的三维模型,即以桥梁基本部分组成的关键的点、线和面为骨架,结合构成桥梁基本组成部分的参数化构件的模板,快速有效地建立桥梁三维模型。

(4)设计人员能够应用桥梁三维模型,对桥梁部件或土石方开挖的工程量进行精确计算,利用3DE平台的碰撞检查功能对构件与构件的空间位置进行检查,结合Drawing功能进行符合项目相应深度的二维平面、三维立体图的出图。

(5)为今后类似桥梁BIM应用积累了经验,提供了参考。

参 考 文 献

[1] 鲍大鑫,严心军,张涛.基于"Revit+Dynamo"模式的现浇连续梁桥设计建模[J].土木建筑工程信息技术,2020,12(5):7-12.

[2] 李健刚,孙永超,孔越,等.基于EKL的桥梁结构BIM模板集成应用方法研究[J].特种结构,2021,38(2):113-118.

[3] 查克.伊斯曼,等.BIM手册[M].2版.北京:中国建筑工业出版社,2016.

[4] 李兴,王毅娟,王健.基于CATIA的BIM技术在桥梁设计中的应用[J].北京建筑大学学报,2016,32(4):13-17.

[5] 任玉明,王磊.CATIA在桥梁BIM建模中的应用[J].特种结构,2019,36(3):96-99.

[6] 冯洋,郝雪丽,冯明硕.基于3DE系统的桥梁工程三维协同设计管理[J].科技新时代,2019

(7):74-77.
[7] 李卓灿.基于BIM的桥梁设计方法与应用研究[D].重庆:重庆交通大学,2019.
[8] 刘飞虎.基于CATIA高级知识工程在BIM桥梁钢筋建模中的应用[J].土木建筑工程信息技术,2015,7(3):43-47.
[9] 任凯博.CATIA的BIM技术在桥梁设计中的应用[J].交通世界,2018,16:132-133.

14. 基于 FAHP 的桥梁方案比选法在 BIM 平台上的二次开发

韦泽鹏

（海南省交通规划勘察设计研究院）

摘　要：BIM 技术在桥梁工程领域的应用日益增多，研究在 BIM 平台上进行二次开发，建立一套供工程师使用的桥型方案比选程序。通过对桥梁特点的分析，研究依托 FAHP 算法，建立三阶模糊递阶层次模型，根据模型由工程师进行定量分值确定，建立判定矩阵进行计算，并进行一致性检验，由底层至顶层逐层确定分值，最终确定最佳桥型方案。研究通过对 RevitAPI、RevitAPIUI 及 System.Windows.Form 的引用，采用 C#语言进行编程，将基于 FAHP 的多维度指标综合评价方法的桥型智慧选择算法嵌入 BIM 平台中，供桥梁工程师使用。

关键词：BIM　FAHP　RevitAPI　施工组织　多维度指标综合评价方法

1　引言

BIM 技术在桥梁工程领域的应用日益增多。本文通过二次开发在 BIM 平台上建立用于桥型比选的程序，旨在为桥梁工程师提供更加便捷、更具依据性的桥型选择方法。

2　理论概述

本研究桥型选择算法采用基于模糊层次分析法（Fuzzy Analytic Hierarchy Process，FAHP）的多维度指标综合评价方法。FAHP 综合了模糊数学的模糊性及层次分析法的评判性[1]。FAHP 作为桥型比选的算法，大致流程为通过对实际情况的分析做初步筛选，选出对桥型选择提供依据的影响因子，建立递阶层次结构模型，然后给设置的影响因子打分，通过算法求得各个方案的得分，得出方案排序。FAHP 流程如图 1 所示。

FAHP 进行桥型决策步骤如下：

（1）建立模糊递阶层次结构模型。

应用 FAHP 进行桥型比选，需根据实际情况确定对桥型有影响的因素，并将各个影响因子进行归纳处置，建立从属关系，根据从属关系建立模糊递接层次结构模型。模型可根据桥梁选型过程中所需要的指标数量及层级从属关系进行建立。指标体系根据划分层次情况一般可分为总目标层（一般为此次比选的目的）、分目标层（一级指标）、准则层（二级指标）等。

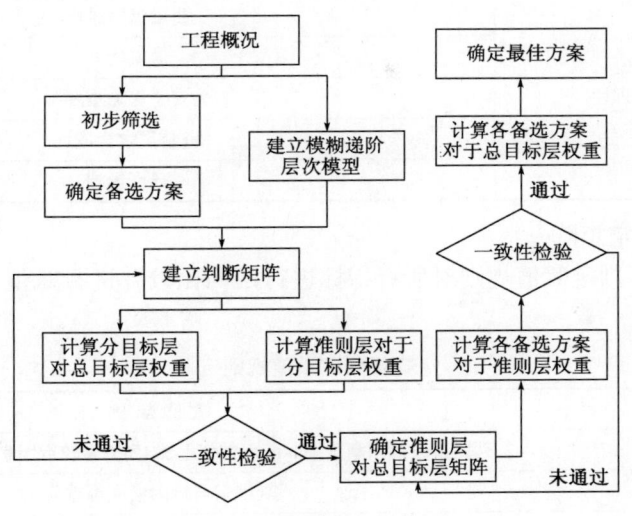

图 1　FAHP 流程图

通过对影响桥梁比选的各因素进行研究,选取桥型结构受力性能、防灾能力、耐久性、经济性、可施工性、景观分析以及伦理性[2-7]等因素作为比选指标。表 1 为研究拟建立的桥型对比分析递阶层次结构模型。

桥型对比分析递阶层次结构模型　　　　表 1

桥型比选	结构受力性能	总体应力水平
		局部应力水平
		地基承载力
	防灾能力	抗风性能
		抗震性能
		抗火性能
		防撞性能
		防洪性能
	耐久性	结构体系耐久性
		材料耐久性
		构件耐久性
		可发现性及可修复性
	经济性	设计成本
		施工成本
		运营养护成本
	可施工性	施工难度
		技术难度
	景观分析	桥梁外形构造
		与周边环境协调性
		景观经济性

续上表

桥型比选	伦理性	质量保障难度
		通航能力
		安全保障难度
		资金需求合理性
		环境影响

（2）模糊对比判定矩阵。

根据表2的指标判定赋值规则对所有指标进行两两比较并进行赋值,建立模糊对比判定矩阵[8]。

指标判定赋值规则 表2

值	赋 值 规 则
$0 < r_{ij} < 0.5$	列因素较行因素重要。随着数值上涨,列因素较行因素重要程度逐渐减小
$r_{ij} = 0.5$	列因素与行因素同等重要
$0.5 < r_{ij} < 1$	行因素比列因素重要程度依逐渐增加,且行因素重要程度大于列因素

模糊判定矩阵 $\boldsymbol{R} = (r_{ij})_{n \times n}$ 应满足：

$$0 \leqslant r_{ij} \leqslant 1 \quad (i,j = 1,2\cdots,n) \tag{1}$$

$$r_{ij} + r_{ji} = 1 \quad (i,j = 1,2\cdots,n) \tag{2}$$

$$r_{ii} = 0.5 \quad (i = 1,2\cdots,n) \tag{3}$$

当模糊判定矩阵 $\boldsymbol{R} = (r_{ij})_{n \times n}$ 满足：

$$\forall i,j,k, r_{ij} = r_{ik} - r_{jk} + 0.5 \tag{4}$$

将模糊判定矩阵 $\boldsymbol{R}$ 称为模糊一致性矩阵。

（3）权重计算。

对模糊判定矩阵 $\boldsymbol{R} = (r_{ij})_{n \times n}$ 各行进行求和：

$$r_i = \sum_{x=1}^{n} r_{ix} \quad (i = 1,2\cdots,n) \tag{5}$$

求模糊一致性矩阵 $\boldsymbol{A} = (a_{ij})_{n \times n}$：

$$a_{ij} = \frac{r_i - r_j}{2(n-1)} + 0.5 \tag{6}$$

并根据

$$w_i = \frac{\sum_{j=1}^{n} a_{ij} + \frac{n}{2} - 1}{n(n-1)} \quad (i = 1,2\cdots,n) \tag{7}$$

求得各个元素所占的权重：

$$w = (w_1, w_2, \cdots, w_n)^T \tag{8}$$

（4）模糊判定矩阵一致性检验。

一致性检验作用为评判模糊判定矩阵的适用性,即赋值过程是否具有统一性,未通过一致性检验的矩阵代表各赋值过程差异过大,需要进行调整修改。一致性检验步骤如下[8]：

令

$$w^* = (w_{ij})_{n \times n} \tag{9}$$

其中,

$$w_{ij} = w_i - w_j + 0.5 \quad (i=1,2\cdots n; j=1,2\cdots n) \tag{10}$$

计算模糊判断矩阵 R 与矩阵 w^* 的相容度：

$$I(R, w^*) = \frac{\sum\limits_{i=1}^{n}\sum\limits_{j=1}^{n}|r_{ij} - w_{ij}|}{n^2} \tag{11}$$

$I(R, w^*)$ 数值越趋近于 0，代表各专家的决定越趋近，越可信。可通过设置一个临界值 α 来判别一致性检验是否通过。一般取值为 0.1，$I(R, w^*) \leq 0.1$ 时代表判定矩阵一致性检验通过；若大于 0.1 时应对原判定矩阵进行调整。

当赋值由多个对象做出时，除了对各对象的模糊判定矩阵 R 与矩阵 w^* 做一致性检验以外，还应对各对象做出的模糊判定矩阵之间的相容度进行两两检验。设专家数量为 m，则一致性检验应满足：

$$I(R^\Phi, R^\Psi) \leq \alpha \quad (\Phi = 1,2\cdots m; \Psi = 1,2\cdots, m, \Phi \neq \Psi) \tag{12}$$

设此时计算出的权重集合为：

$$w^m = (w_1^m, w_2^m, \cdots, w_n^m)^T \tag{13}$$

当所有一致性检验满足要求时，根据：

$$w_i = \frac{1}{m}\sum_{j=1}^{m} w_i^j \quad (i=1,2\cdots,n) \tag{14}$$

根据上式求各因素所占比重：

$$w = (w_1, w_2, \cdots, w_n)^T \tag{15}$$

将各层元素进行换算，得出最低级子目标层因素相对于总目标层因素比重的矩阵 $B = (b_{ij})_{1 \times k}$。

（5）方案排序。

按表 3 的指标判定赋值规则评出各比选方案在最低级子目标层下的比重，通过模糊判定矩阵形式进行表达，参照本文前述的计算方法进行求解以及进行一致性验算，将结果表达为 $C = (c_{ij})_{k \times l}$，将最低级子目标层因素相对于总目标层因素比重的矩阵 B 与各比选方案在最低级子目标层下的比重矩阵 C 相乘，可得出最终的排序结果。

$$D = B \times C = (b_{ij})_{1 \times k} \times (c_{ij})_{k \times l} \tag{16}$$

指标判定赋值规则　　　　表3

标　度	定　义
$0 < r_{ij} < 0.5$	列方案重要程度大于行方案，随着 r_{ij} 增加列方案比行方案优秀程度依次减小
$r_{ij} = 0.5$	列方案与行方案同等优秀
$0.5 < r_{ij} < 1$	行方案比列方案优秀程度依次增加，且行方案优于列方案

3　算法系统展示

研究通过对 RevitAPI、RevitAPIUI 及 System.Windows.Form 的引用，采用 C#语言进行编程，将基于 FAHP 的多维度指标综合评价方法的桥型智慧选择算法嵌入 BIM 软件 Revit 中。该算法系统由一个启动主程序和 44 个窗体程序构成，各窗体程序中主要包含计算程序、读取程序、保存程序及跳页程序。通过图片截取，将桥型智慧选择算法的部分窗口加以展示，如图 2~图 15 所示。

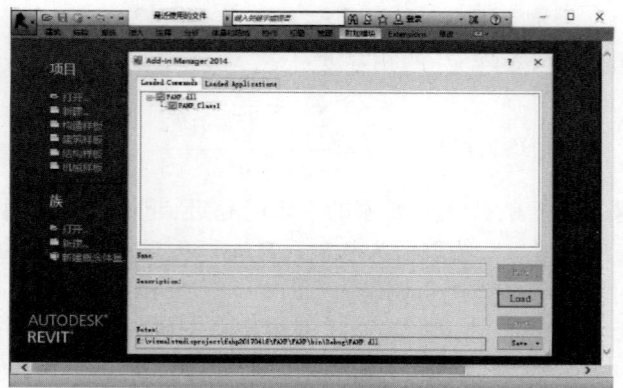

图 2　在 Revit 中打开桥型智慧化选择系统界面

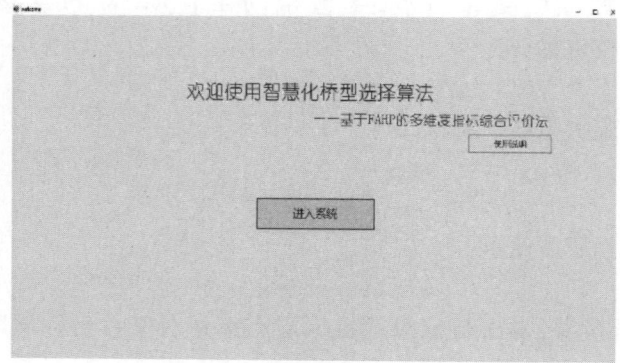

图 3　系统欢迎界面

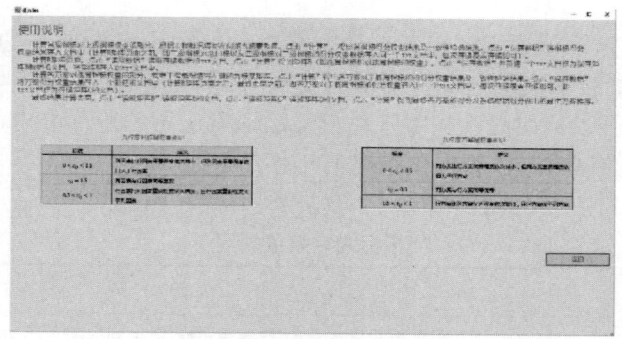

图 4　系统使用说明

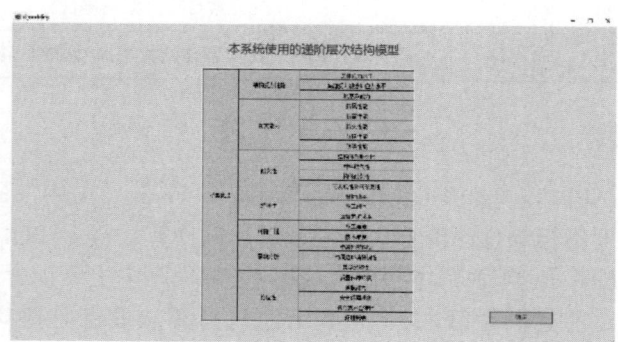

图 5　递阶层次结构模型说明

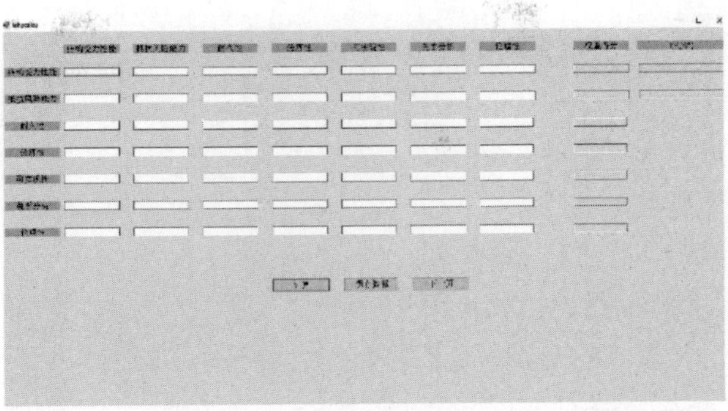

图6 二级指标对一级指标权重评价页面

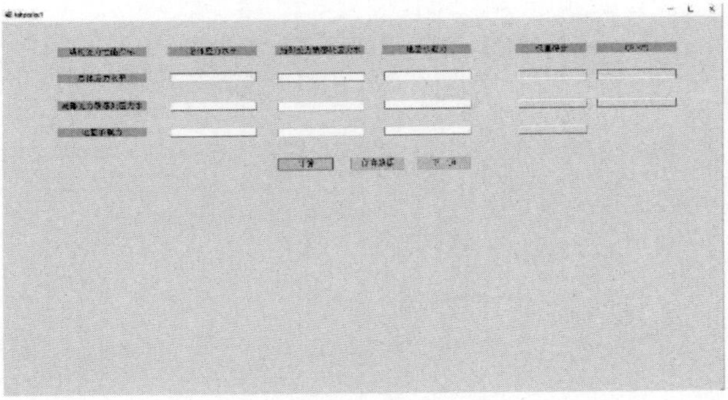

图7 三级指标对二级指标权重评价页面

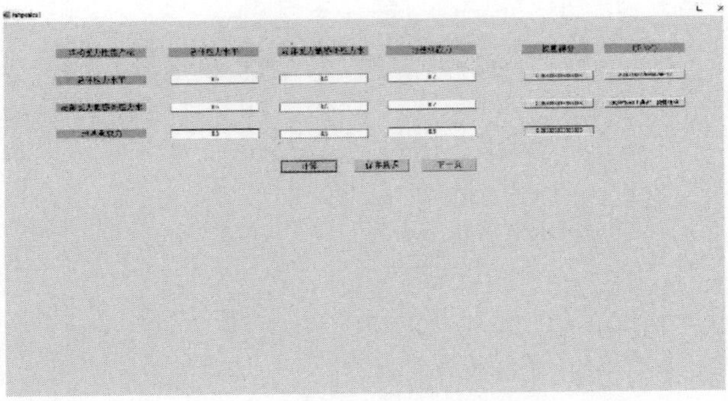

图8 建立九标度矩阵,计算得出权重得分并进行一致性检验

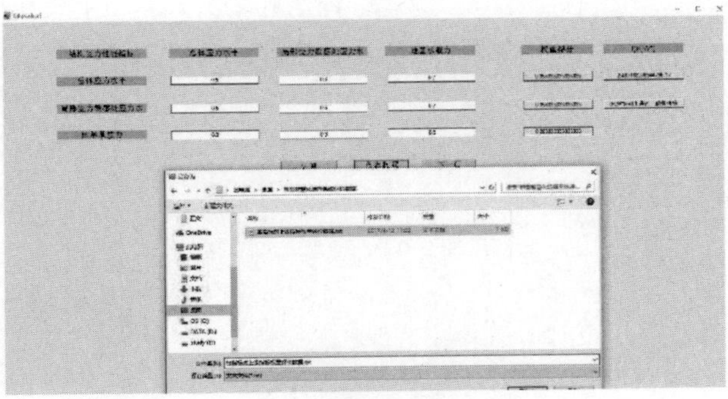

图9 数据存储页面

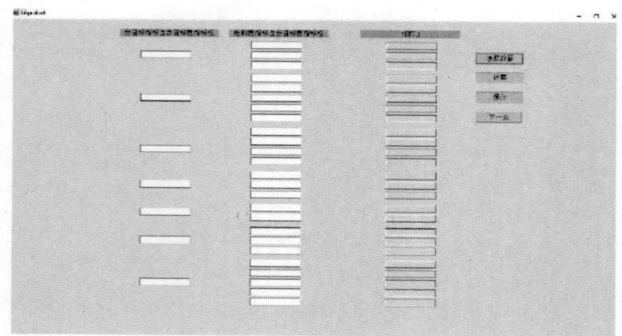

图 10 矩阵 B 计算页面

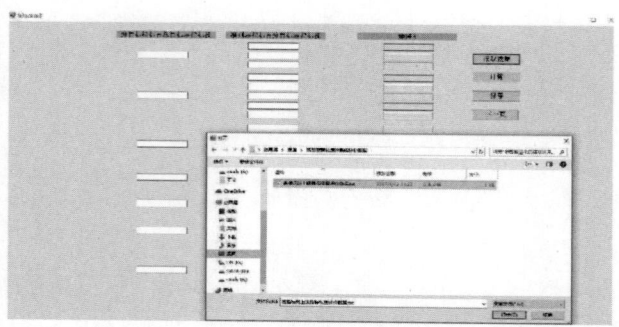

图 11 矩阵 B 页面读取数据

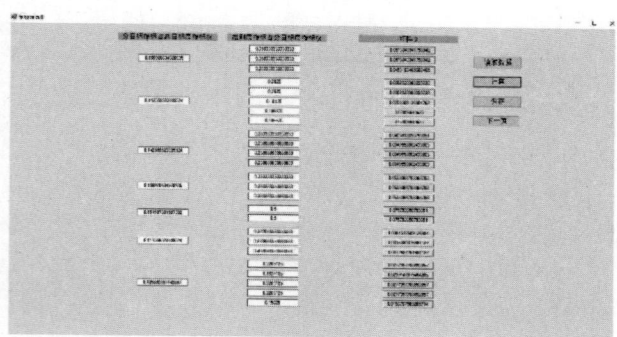

图 12 读取数据后计算得到矩阵 B 页面

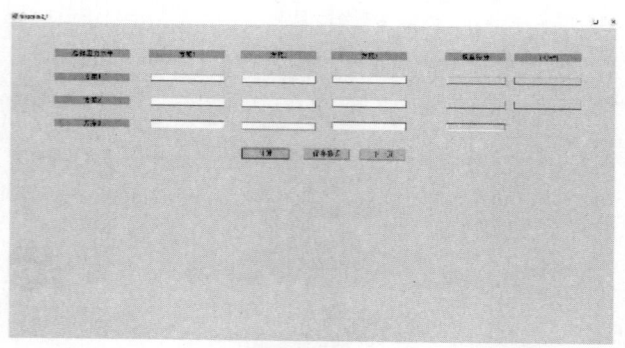

图 13 各方案在底层指标下评价页面

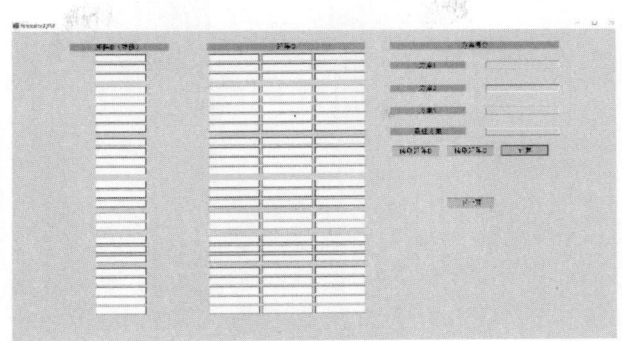

图14　最终结果计算页面

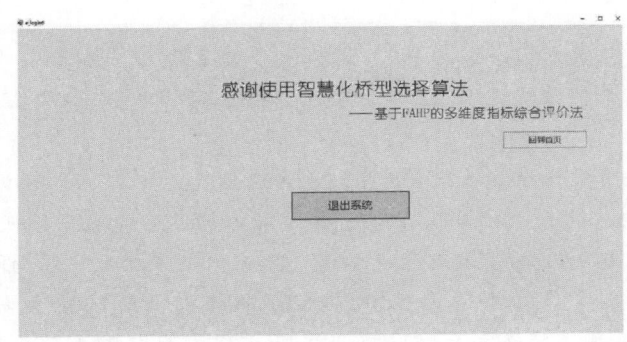

图15　退出页面

该智慧桥梁选择算法系统已将各个计算过程写入后台,在各个打分页面根据九标度矩阵做出模糊矩阵后,点击"计算"即可得出各个指标权重得分,并进行一致性检验,根据一致性检验的数值自动做出判断。为了防止人为修改数据,本系统将权重得分和一致性检验的相关TextBox控件设为只读模式,不可进行编辑。

最终结果页面通过"读取矩阵B"和"读取矩阵C"按键读取前面步骤计算已得出并自动进行保存的矩阵B和矩阵C文档,点击"计算"按键,由后台进行自动计算得出各个候选方案的得分评价。同时,系统根据各个方案的得分自动判断最佳方案并将结果展示给工程师。

<h1 style="text-align:center">参 考 文 献</h1>

[1] 郭金玉,张忠彬,孙庆云.层次分析法的研究与应用[J].中国安全科学学报,2008,18(5):148-153.
[2] 阮欣.桥梁工程风险评估体系及关键问题研究[D].上海:同济大学,2006.
[3] 吴海军.桥梁结构耐久性设计方法研究[D].上海:同济大学,2007.
[4] 胡益民.浅谈桥梁设计的经济性[J].建材技术与应用,2006(4):23-24.
[5] 陈艾荣,盛勇,钱峰.桥梁造型[M].北京:人民交通出版社,2004.
[6] (法)爱弥尔·涂尔干.职业伦理与公民道德[M].渠东,译.上海:上海人民出版社,2001.
[7] V I Bakshtanovskii, IU V Sogomonov. Professional Ethics: Sociological Perspectives [J]. Sociological Research,2007,46(1):75-95.
[8] 张吉军.模糊层次分析法(FAHP)[J].模糊系统与数学,2000,14(2):80-88.

15. 超大跨径波形钢腹板组合梁桥技术突破

张 云[1] 刘玉擎[2] 王思豪[2] 唐亚森[1] 罗婷倚[1]

（1.广西北投公路建设投资集团有限公司；2.同济大学土木工程学院）

摘 要：本文阐述了波形钢腹板组合梁桥超大跨径的定义，以飞龙大桥为例，介绍了超大跨波形钢腹板组合梁桥实践。飞龙大桥采取新构造、新施工工艺等创新措施进一步提高了腹板抗剪稳定性、抗弯承载力。结果表明，对于超大跨径波形钢腹板，其支点梁高一般均大于6m、板厚均大于24mm，当板高在临界高度以上时，采用1800波形钢腹板相比于1600型具有明显整体屈曲强度控制优势；设置刚度足够的横向加劲肋将腹板沿高度方向分割成若干独立板面，降低了整块腹板有效计算高度，同时竖向加劲肋增加截面的抗弯惯性矩，提高了腹板面外刚度，二者均可提高腹板的整体屈曲临界应力；部分自承重式施工工艺利用波形钢腹板的承重能力，与传统悬臂浇筑相比，可降低挂篮重量、减少后锚固措施、增加单个施工节段长度（标准节段长度5.4m），且与悬臂异步浇筑相比，可减小腹板承担的施工荷载与悬臂前端混凝土拉应力，提高腹板稳定性。

关键词：组合梁桥 1800型波形钢腹板 横竖向加劲肋 外包结合部 部分自承重式工艺

1 引言

波形钢腹板组合结构桥梁利用波形钢腹板代替传统的混凝土腹板，具有自重轻、避免腹板开裂、预应力施加效率高、抗震性能好等诸多优点[1]。法国最早提出、建立了世界上第一座波形钢腹板组合结构桥梁——Cognac桥。随后，德国、日本、韩国等国家相继开始修建。目前日本修建该类桥梁220余座，其中安威川桥主跨达179m，为世界最大跨径。

近年来，该类桥型在我国得到快速推广和应用，目前修建该类桥梁160余座，如鄄城黄河大桥、四川头道河桥、宁波奉化江大桥等，其中广西红水河特大桥主跨172m，为当前国内最大跨径。国内修建的波形钢腹板组合桥梁中90%以上为多跨连续梁或连续刚构，其中约40%的桥梁跨径在100~160m。波形钢腹板的抗剪稳定性是限制波形钢腹板组合桥梁的跨径向更大跨径方向发展的最主要因素，因此广西飞龙大桥通过新构造、新施工工艺等创新措施及工程实践，进一步提高腹板抗剪稳定性、抗弯承载力。

广西科技计划项目：超大跨波形钢腹板组合梁桥建设核心技术研究，桂科 AB19110026。

2 波形钢腹板组合梁桥超大跨径的定义

波形钢腹板组合梁桥总体受力特性与预应力混凝土箱梁桥类似,可通过设置合理的梁高、波形钢腹板形式及厚度、顶板和底板厚度及纵向钢束,使波形钢腹板组合梁桥的总体抗弯和抗剪均可以满足要求,但其重量相对减轻,理论上应该可以达到或超过预应力混凝土连续刚构桥梁的最大跨径。然而当前波形钢腹板梁桥跨径基本在160m以下,无法充分发挥该种桥型建设的经济性。

若要实现波形钢腹板组合梁桥向更大方向发展,就必须解决波形钢腹板的抗剪稳定性问题。波形钢腹板的剪切屈曲破坏模式包括整体屈曲、局部屈曲和合成屈曲。随着腹板高度的增加,其屈曲模态由局部屈曲向整体屈曲转变[2]。

根据日本《波形钢腹板预应力混凝土箱梁桥设计计算手册》规定,波形钢腹板的弹性整体剪切屈曲临界应力可以通过下式计算:

$$\tau_{cr,G} = \frac{36\beta(E_s I_y)^{1/4} \cdot (E_s I_x)^{3/4}}{h_w t_w} \tag{1}$$

式中:$\tau_{cr,G}$——波形钢腹板弹性整体剪切屈曲强度;
　　　E_s——钢板弹性模量;
　　　I_x——板强轴(横桥向)方向抗弯刚度;
　　　I_y——腹板弱轴(顺桥向)抗弯刚度;
　　　β——腹板上下端嵌固系数,一般取1。

腹板整体剪切屈曲应力可通过下式计算:

$$\frac{\tau_{cr}}{\tau_y} = \begin{cases} 1 & (\lambda_s < 0.6) \\ 1 - 0.614(\lambda_s - 0.6) & (0.6 \leq \lambda_s < \sqrt{2}) \\ 1/\lambda_s^2 & (\lambda_s \geq \sqrt{2}) \end{cases} \tag{2}$$

式中:λ_s——剪切屈曲系数,$\lambda_s = \sqrt{\tau_y/\tau_{cr,G}}$;当$\lambda_s<0.6$时,波形钢腹板的屈曲临界应力位于钢材的屈服域,即腹板剪切屈服强度小于其剪切屈曲强度;当$0.6<\lambda_s<1.414$时,腹板的屈曲临界应力位于钢材的非弹性域,此时屈曲应力小于屈服应力;当$\lambda_s>1.414$时,腹板的屈曲临界应力位于钢材的弹性域,此时腹板的屈服应力小于0.5倍的屈服应力。当前设计中,一般保证腹板的破坏发生在屈服域。

根据我国行业标准《组合结构桥梁用波形钢腹板》(JT/T 784—2010)的规定,考虑到桥梁材料、加工和结构的韧性等因素,波形钢腹板的最大厚度为30mm,最大的波形尺寸为1 600型,常用钢材为Q345钢材。由上述公式可推算得到,使得波形钢腹板发生剪切屈服破坏的最大腹板高度为6.5m。国内主跨超过150m的波形钢腹板梁桥跨径与支点梁高的比值为16.6,支点底板及梗腋厚度取150cm,顶板梗腋位置厚度取80cm。大跨径波形钢腹板组合梁桥腹板根部一般需要设置内衬混凝土,其长度一般为1.0~1.5倍支点梁高,过长的内衬混凝土会增大桥梁自重,严重降低预应力施加效率,且存在开裂问题。内衬混凝土段的腹板不考虑发生屈曲破坏,据此可以得到腹板发生剪切屈服破坏的最大跨径为168m。因此,将主跨170m定义为大跨径波形钢腹板组合梁桥的上限,主跨超过170m的该种桥梁为超大跨径波形钢腹板组合梁桥。

超大跨径波形钢腹板组合梁桥腹板高度进一步增大,需要首先解决腹板的抗剪稳定性问题。若仍然采用现有型号波形钢腹板,则会使得腹板抗剪设计进入非弹性域,非弹性域波形钢腹板抗剪屈曲行为研究仍不充分,有可能出现脆性破坏,若继续增加板厚使得加工制作困难。因此,超高腹板情况下,需要进一步提高腹板的弹性整体剪切屈曲强度,可以考虑采用大尺寸波形钢腹板、焊接纵横向加劲肋等措施,使腹板的设计仍然保持在剪切屈服域。

3 超大跨径波形钢腹板组合梁桥实践

飞龙大桥位于广西壮族自治区南宁横州市平马镇与新福镇交界处,由北至南跨越郁江,北岸为平马镇黄艾村,南岸为新福镇飞龙乡大路村,全桥总长940m。主桥长570m,采用四跨波形钢腹板连续刚构桥,跨径布置为100m+185m+185m+100m。两侧引桥长180m,为先简支后连续预应力混凝土T梁桥,桥跨布置为6×30m。下部结构桥台采用U台,7、8、9号桥墩采用双肢薄壁墩,6、10号桥墩采用墙式矩形墩,其余桥墩采用柱式墩,墩采用桩基础,桥台均采用扩大基础。

图1所示为飞龙大桥主桥主梁横断面布置图。主梁采用单箱单室截面,箱梁根部梁高10.9m,跨中梁高4m。顶板宽13m,箱底宽7m,悬臂长3m,设2%双向横坡。顶板中心厚0.34m,梗腋处厚84mm,底板厚0.3~1.75m。梁高及底板厚度均采用了1.8次抛物线变化。

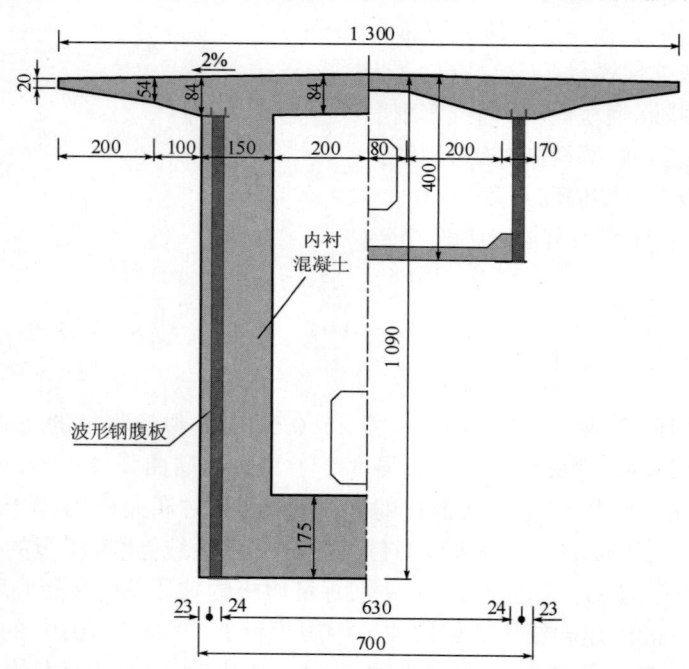

图1 主桥主梁1/2横断面(尺寸单位:cm)

箱梁顶底板、内衬混凝土、横隔板等采用C60混凝土。腹板采用大尺寸1800型波形钢板,材料为Q420NH耐候钢,钢板厚12~28mm。边跨箱梁设置4道钢筋混凝土横隔板,中跨箱梁设置9道钢筋混凝土横隔板、2道矮横隔板,横隔板厚度均为0.3m。采用部分自承重施工工艺。

4 飞龙大桥创新技术

4.1 1800型波形钢腹板

现行规范中规定的波形钢腹板的型号主要有1000型、1200型和1600型三种。国内跨径超过80m的波形钢腹板组合梁桥均采用1600型波形钢腹板。

飞龙大桥主跨跨径达185m,根部最大腹板有效高度(去掉外包底板部分的腹板高度)为8.25m。为了提高该桥支点区段波形钢腹板的整体剪切屈曲稳定性,创新采用1800型波形钢腹板。波形钢腹板尺寸见表1,1800型波形钢腹板构造尺寸如图2所示。波形标准长度L_w=1800mm,直板段长度a_w=480mm,斜板段投影长度b_w为420mm,腹板形状高度d_w为240mm,弯折半径r_w=15$t_w$mm,折形角度θ_w=29.7°。

常用型号波形钢腹板主要参数　　　　　表1

规格	L_w(mm)	a_w(mm)	b_w(mm)	c_w(mm)	d_w(mm)
1000型	1000	340	160	226	160
1200型	1200	330	270	336	200
1600型	1600	430	370	430	220
1800型	1800	480	420	484	240

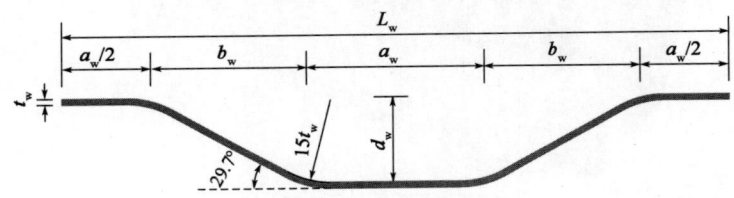

图2　1800型波形钢腹板构造尺寸

为比较大尺寸1800型波形钢腹板与1600型波形腹板剪切屈曲性能差异,开展了1800型波形钢腹板抗剪模型试验及数值模拟分析。图3所示为有限元模型计算得到的1600型、1800型波形钢腹板屈曲强度分界线。当板高在临界高度以上时,1800型波形钢腹板屈曲强度大于1600型,此时腹板一般由整体屈曲强度控制。对于超大跨径波形钢腹板,支点梁高一般均大于6m,板厚均大于24mm。因此,在该范围内采用1800型波形钢腹板相比于1600型具有明显优势。

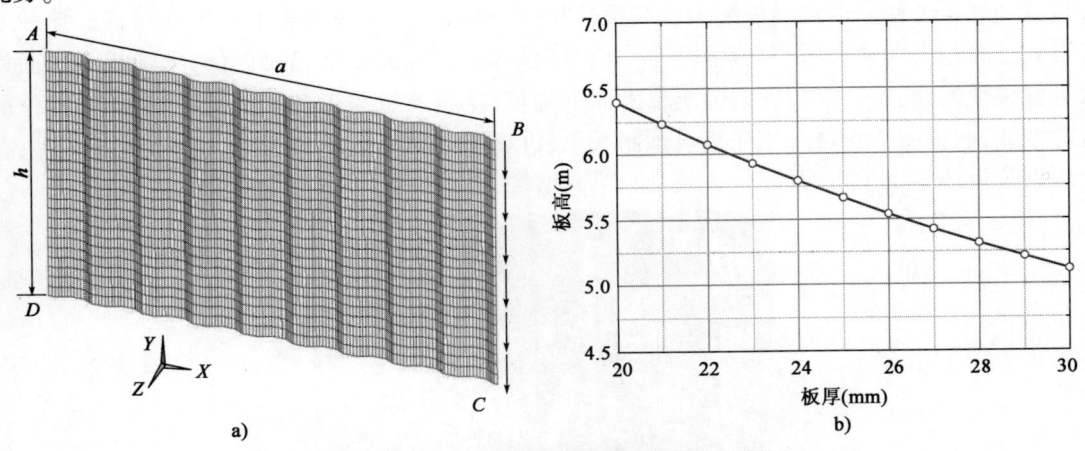

图3　1600型、1800型波形钢腹板屈曲强度分界线

4.2　波形钢腹板防屈曲构造

在大跨径波形钢腹板组合梁桥中,为避免腹板发生整体屈曲破坏,缓和腹板与横梁之间刚

度突变,对于超过5m高的波形钢腹板均设置了内衬混凝土。但过长的内衬混凝土增加了桥梁自重,限制了波形钢腹板纵向伸缩变形,降低了预应力施加效率;且内衬混凝土施工困难,普遍存在开裂问题。

飞龙大桥采用焊接横竖向加劲肋的方式进一步提高腹板抗剪稳定性,如图4所示,从跨中向梁根部腹板依次为波形钢腹板、加劲肋波形钢腹板和内衬混凝土组合腹板三种构造。刚度足够的横向加劲肋将腹板沿高度方向分割成若干独立板面,从而降低整块腹板有效计算高度;竖向加劲肋增加了截面的抗弯惯性矩,从而提高腹板面外刚度。二者均可提高腹板的整体屈曲临界应力。加劲肋波形钢腹板同时用作纯钢腹板与内衬混凝土组合腹板之间的过渡,有效减少了内衬混凝土设置长度。内衬混凝土段长11.25m,加劲肋段长21.6m,较传统设计内衬长度减小了约61.4%,主梁混凝土自重减小4.61%。

图4 波形钢腹板横竖向加劲体系

4.3 波形钢腹板与混凝土底板外包型结合部

波形钢腹板与混凝土底板的连接方式一般包括翼缘型和嵌入型。翼缘型结合钢翼缘板底面设置焊钉或开孔板连接件,钢翼缘板下的混凝土逆向浇筑,混凝土的密实性难以保证,且连接件处于倒立状态,抗剪性能降低。对于嵌入型结合部,腹板与混凝土底板结合面易产生分离,出现构造裂缝,钢混结合面一般需采取防水处理等措施,耐久性差。

飞龙大桥波形钢腹板与混凝土底板采用外包型结合部,如图5所示,下翼缘钢板和波形钢腹板紧贴底板外侧表面包裹住混凝土底板,同时在腹板和下翼缘钢板上布置连接件。该种连接方式已在运宝黄河大桥成功运用[3]。外包结合部钢混界面位于箱梁内部,无须担心界面渗水等耐久性问题;结合部位置混凝土自上而下浇筑,浇筑质量易得到保证,有效提高连接件的抗剪性能;底板混凝土可采用先搭设预制底板,再现浇混凝土的方式,实现无模板施工底板;在使用钢腹板作施工承重构件时,有效受力梁高增加,可提供更大的抗弯承载力。

图5 波形钢腹板与混凝土底板外包型结合部

4.4 高性能耐候钢波形钢腹板

飞龙大桥波形钢腹板采用 Q420qDNH 耐候钢,在运营期减少波形钢腹板的养护费用,进一步降低桥梁全寿命周期建设成本。耐候钢是指通过添加少量合金元素,使其在大气中具有良好耐腐蚀性能的低合金高强度钢。在干燥与潮湿的环境交替变化中,耐候钢表面上形成由 Cu、Cr、P 等元素浓缩后形成致密且连续的安定锈层,从而阻止内部钢材的进一步锈蚀[4]。目前我国建成了少量采用耐候钢的波形钢腹板组合桥梁,如辽宁宽甸桥、四川头道河桥,但耐候钢锈蚀性能及后期管养措施的研究尚不完善,都是带涂装使用。已建成的运宝黄河大桥为国内首座采用无涂装耐候钢的波形钢腹板组合梁桥,为我国免涂装耐候钢桥的发展起到引领作用。

4.5 钢腹板部分自承重施工工法

目前大跨径波形钢腹板组合梁桥主要采用传统悬臂施工(图6a)和钢腹板自承重悬臂施工(图6b)。大跨径波形钢腹板梁桥采用传统悬臂浇筑施工时,为了采用挂篮吊装波形钢腹板,挂篮一般设计得较高。为防止挂篮倾覆需要设置复杂的后锚固体系,使得挂篮构造复杂,用钢量大。采用钢腹板自承重悬臂施工时,挂篮荷载和混凝土湿重通过腹板传递至已浇混凝土顶板,钢混过渡位置顶板应力集中,混凝土受力较为不利,且需要设置横撑保证腹板的侧倾稳定性。

飞龙大桥拟采用钢腹板部分自承重悬臂浇筑施工工法,如图6c)所示。部分承重式挂篮利用 $N-1$ 节段混凝土顶板和 N 节段波形钢腹板共同承担挂篮自重。与传统悬臂浇筑相比,既利用了波形钢腹板的承重能力,降低挂篮重量和后锚固措施,又增加单个施工节段长度,标准节段长度5.4m。与悬臂异步浇筑相比,腹板承担的施工荷载减小,腹板稳定性好,悬臂前端混凝土拉应力减小。

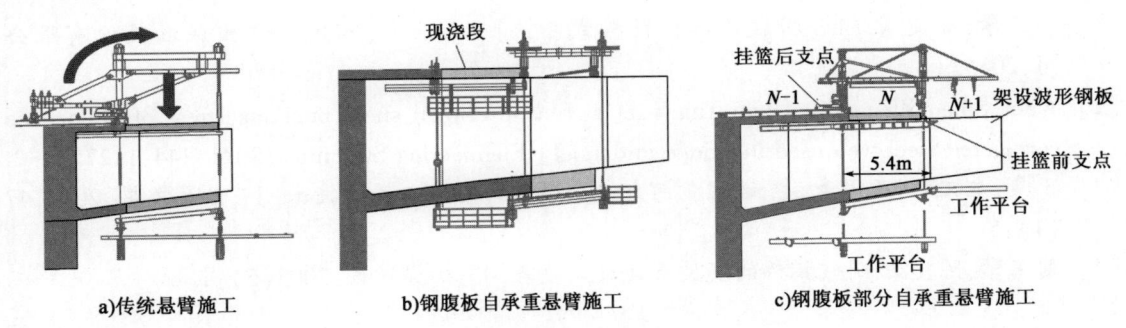

a)传统悬臂施工　　b)钢腹板自承重悬臂施工　　c)钢腹板部分自承重悬臂施工

图6　悬臂施工工法分类

图7所示为部分自承重悬臂浇筑法标准节段的施工工序:①将挂篮前支点移动至 N 节段的波形钢腹板前端,挂篮后支点移动至 $N-1$ 节段的混凝土顶板前端;②安装 N 节段的箱梁顶、底板的模板,并绑扎钢筋,同步浇筑箱梁顶、底板混凝土,混凝土达到设计张拉强度要求后,张拉预应力钢筋;③吊装 $N+1$ 段的波形钢腹板,进行下一个循环。

5　结语

飞龙大桥跨径组合为 100m+2×185m+100m,其跨度在当前已建波形钢腹板组合梁桥中位列第一。该桥采用了诸多创新构造和施工工艺,即:采用大尺寸1800型波形钢腹板;支点区段波形钢腹板上设置加劲肋;波形钢腹板与底板采用外包型结合部;腹板材料采用 Q420qDNH

耐候钢材;开发了部分自承重悬臂施工工艺。飞龙大桥的工程实践,为波形钢腹板组合梁桥持续向更大跨径迈进,具有极大的示范作用。

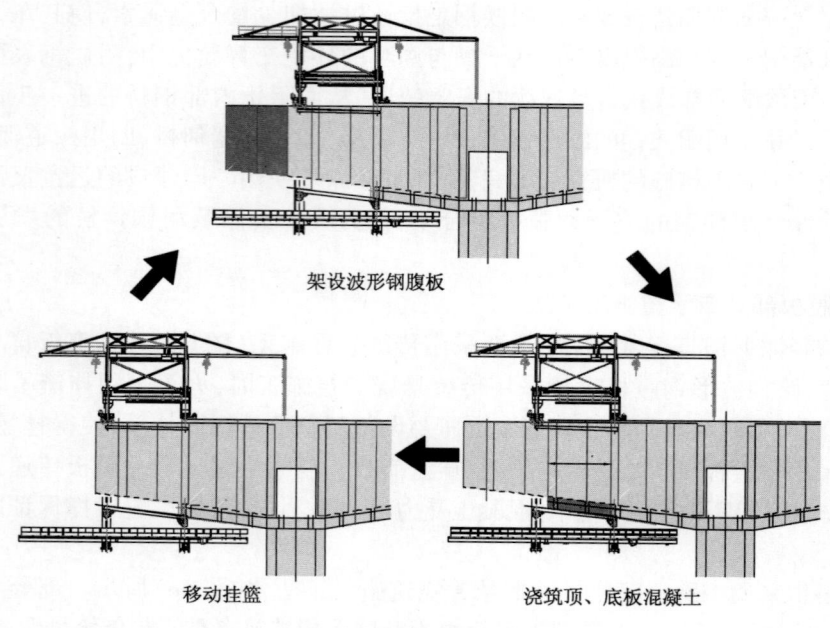

图7 部分自承重悬臂施工工序

参 考 文 献

[1] 刘玉擎,陈艾荣.组合折腹桥梁设计模式指南[M].北京:人民交通出版社股份有限公司,2015.
[2] Wang Sihao,Zhang Yun,Luo Tingyi,et al.Elastic critical shear buckling stress of large-scale corrugated steel web used in bridge girders[J].Engineering Structures,2021,244:112757.
[3] 王枭,金文刚,王思豪,等.运宝黄河大桥主梁设计与施工关键技术[J].世界桥梁,2019,47(1):5.
[4] 刘玉擎,陈艾荣.耐候钢桥的发展及其设计要点[J].桥梁建设,2003(5):4.

16.浙江省中小跨径桥梁科技成果回顾及展望

金 剑 丰月华

(浙江公路水运工程咨询有限责任公司)

摘 要:进入21世纪以来,随着浙江省经济的快速发展,省内一大批高速公路和国省道项目的建设促进了中小跨径桥梁研究及其科技成果推广。通过对浙江省中小跨径桥梁建设历程的总结和近二十年来中小跨径桥梁科技成果的回顾分析,提出了适宜浙江省的中小跨径桥梁创新发展方向,为浙江省公路桥梁未来十年发展提供参考。

关键词:中小跨径桥梁 建设历程 科技成果 创新发展

1 引言

进入21世纪以来,为了进一步加快地区经济发展,浙江省大力投资交通基础设施,逢山开路,遇水架桥,省内公路桥梁建设也迎来一个又一个发展高峰期。截至2019年末,浙江省公路总里程达12.18万km,已建成公路桥梁51106座(图1),占全国桥梁总数的十分之一,位居全国第三,其中中小跨径桥梁占全省桥梁总数的90%以上。

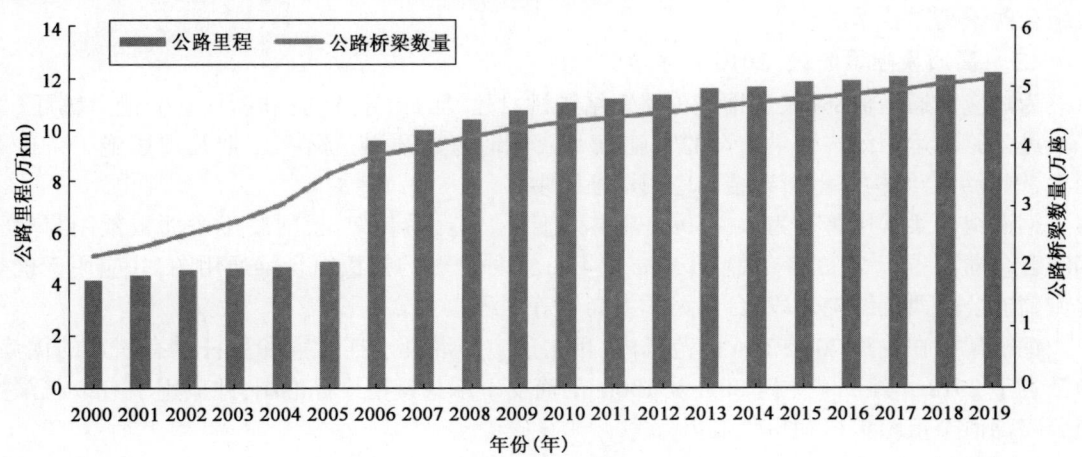

图1 浙江省公路总里程和公路桥梁数量(2000—2019年)

基金项目:浙江省交通运输厅科研计划项目,2019052。

近二十年来，浙江省桥梁科技创新水平不断取得新的突破，依托浙江省交通运输厅科技项目"浙江省公路桥梁科技成果回顾与展望研究"，从浙江省公路桥梁工程建设的发展历程入手，对近年来公路桥梁工程领域的科技成果进行全面梳理，在已有桥梁科技成果进一步总结提炼的基础上，分析公路桥梁领域科学研究的短板，提出未来桥梁科技发展方向，从产学研用全过程融合的维度入手，推动浙江省公路桥梁工程领域科技不断创新发展。

2 中小跨径桥梁建设历程

2.1 技术储备阶段（2000—2005年）

20世纪80~90年代，浙江省修建的中小跨径桥梁基本采用空心板结构，常用跨径10~16m，具有梁高低、施工方便、吊装重量轻等优点。2002年建成通车的杭宁高速公路采用了1.25m板宽的后张法预应力混凝土空心板，效果不理想。后在杭金衢高速公路上采用1m板宽的后张法预应力混凝土空心板，同时改用了先简支后连续结构，沿用多年。浙江省从金丽温三期（2005年建成通车）开始使用装配式预应力混凝土小箱梁后，在其他高速公路建筑高度受限时普遍采用这一结构，其常用跨径20~30m。当净空高度不受限时，多采用装配式T梁，其常用跨径为20~40m。

2.2 跨越式发展阶段（2006—2015年）

这一时期，浙江省积极开展中小跨径桥梁上部结构设计标准化和精细化。由于空心板结构病害多发，根据《关于进一步提高公路工程设计质量的若干意见》（浙交〔2009〕100号）及近年来高速公路建设经验，桥梁上部结构一般不再采用空心板，于2011年开始研发装配式预应力混凝土矮T梁，该结构横向通过横隔板和湿接缝连接，具有传统T梁的特点，同时克服了空心板的一些缺点，在杭州—长兴高速公路北延、杭新景高速公路、义务疏港高速公路等公路工程中替代空心板结构，效果良好。

另外，公路常规中小跨径桥梁不再采用单一的混凝土结构，钢结构及组合结构开始研发并小范围应用，嘉绍通道接线、甬台温高速公路复线等高速公路互通区均采用了钢混组合结构，同时编制了《公路组合钢板梁桥设计指南》，在杭新景高速公路田浦特大桥等工程中应用了钢混组合薄壁高墩技术。

2.3 高质量建设阶段（2016年至今）

为响应交通运输部《关于推进公路钢结构桥梁建设的指导意见》和浙江省交通运输厅《关于推进公路水运钢结构桥梁建设的实施意见》，同时考虑质量、环保、工期及现场施工条件等因素，钢混组合结构和钢桁架结构应用逐渐增多。

钢混组合梁常用跨径为30~60m，钢主梁工厂制造，吊装架设，混凝土桥面板预制与现浇相结合。浙江省于2017年编制了35m和45m两种跨度的钢板组合梁通用图，并应用于杭州绕城高速公路西复线湖州段、台州路泽太高架等工程。

钢桁架桥在主跨70~120m的范围内，相比预应力混凝土连续梁和系杆拱有一定的优势。浙江省于2018年编制了主跨80m及100m的简支下承式钢桁梁标准图，并应用于G25长深高速公路德清至富阳扩容湖州段工程。

3 中小跨径桥梁科技成果总结分析

下面，从科研项目立项时间、科技成果内容、科研成果鉴定及推广情况三个角度入手，对近二十年来浙江省中小跨径桥梁科技成果（共46个课题）进行总结分析。

3.1 科研项目立项时间

中小跨径桥梁科研项目立项时间多集中在2010—2013年间(图2),这一时期钢结构及组合结构发展迅速,相关研究课题较多;与此同时,中小跨径桥梁健康监测领域也得到关注,开展了很多研究。

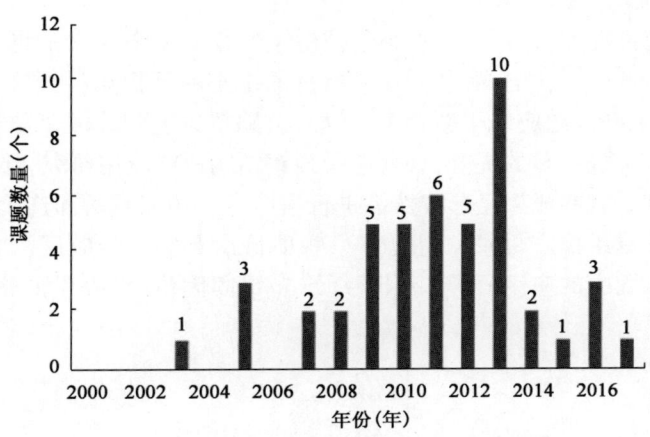

图2 中小跨径桥梁科研立项时间分布

3.2 科研成果内容

就课题研究内容而言(图3),结构设计优化类课题占课题总数的28%,其中既包含宏观的设计理论研究,又包含组合梁结合界面等部位的细化分析;既有钢板组合梁、钢箱组合梁、波形钢腹板组合梁等上部结构的研发,又有钢混组合薄壁高墩等下部结构的研发;装配式矮T梁、整孔预制连续箱梁及各类组合结构的大规模研发应用,为浙江省实现工业化桥梁建造打下了坚实的基础。

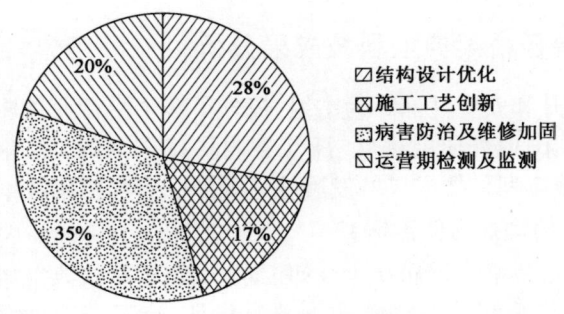

图3 中小跨径桥梁课题研究内容分布

施工工艺创新类课题占课题总数的17%,其研究内容以解决实际工程问题为导向,针对中小桥常见的纵面线形问题、有效预应力识别问题和桩基后压浆质量评定问题,开展了同步顶升、预应力张拉质量检测和桩基后压浆质量检测等方面的研究工作,对提高施工质量和工艺水平、防治桥梁病害具有重要作用。

病害防治及维修加固类课题占课题总数的35%,浙江省在2003年即开始此类课题研究,内容包括平面弯桥裂缝防治、混凝土箱梁开裂防治以及空心板梁桥铰缝修复等,涵盖碳纤维增强材料加固、高性能混凝土加固及体外预应力加固等。其中"中小跨径桥梁典型病害防治研究",针对中小跨径桥梁普遍存在的6类典型病害,分别从设计、施工、养护管理等方面对病害成因进行了分析研究,提出了一套系统的防治措施和加固维修方法。

运营期检测和监测类课题占课题总数的20%,于2010年前后相继开展,包括水下桩基础和下部结构的检测技术、上部结构健康监测集成技术等,基于物联网的信息化监测手段已在不少实际工程中实施应用,为保障中小桥长期服役性能提供了可靠的技术基础。

3.3 科研成果鉴定及推广情况

就科研成果鉴定情况而言(图4),中小跨径桥梁科技成果中48%的课题达到国内领先水平,28%的课题达国际先进及以上水平。几乎所有的中小跨径桥梁科技成果均在实际工程中得到了应用,有些成果已广泛应用于新建工程,如"公路桥梁装配式矮T梁开发及应用研究";有些在应用过程中有了进一步的提升,如普通跨径钢结构桥梁应用研究,预应力张拉设备拉力及位移监控仪的研制。有些成果已形成产品进行推广,如"植入式桥面连续构造"入选了2012年交通运输建设科技成果推广目录。但也有一些项目没有进一步应用,如"预应力碳纤维布技术在混凝土桥梁加固中的应用研究",因碳纤维布锚固困难,可提供的张拉力较小,没有继续深化研发和推广。

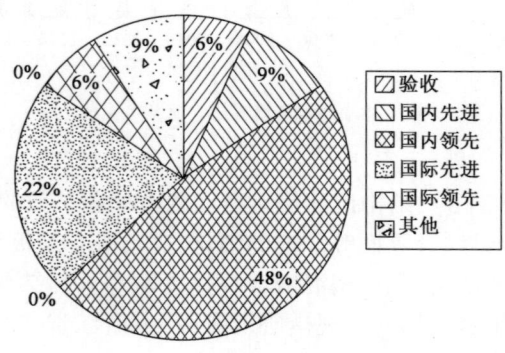

图4 中小跨径桥梁科研成果鉴定情况

4 浙江省中小跨径桥梁典型科技成果分析

课题组以耐久性提升和安全性保障为主线,梳理了多个受行业关注度较高的技术领域,分别对各专题的工程背景、国内外研究现状、浙江省内科技成果的创新和应用情况进行专项分析,以形成关于桥梁领域典型科技成果的发展综述和浙江省内桥梁技术发展水平的意见。

4.1 中小跨径桥梁典型病害防治研究

课题通过对全省公路桥梁进行病害调查和汇总,确定了桥梁典型病害的数量及比例,针对6种典型病害,通过理论计算和试验检测,并分别从设计、施工、养护管理等方面对病害成因进行了分析研究,对于常见的空心板铰缝病害、小半径钢筋混凝土现浇箱梁横向裂缝病害、桥面连续病害、墩台盖梁负弯矩区裂缝病害等提出了防治桥梁典型病害的对策措施和加固维修方法。

根据本课题研究成果编著的《中小跨径桥梁典型病害防治手册》已由人民交通出版社出版。中小跨径桥梁病害防治从源头上提高了桥梁在设计、施工、运营养护方面的质量,提高了结构的安全性和耐久性,对桥梁病害起到积极预防作用,减少未来桥梁维修加固次数,有利于保障公路运营安全,提高运营舒适度,保障国民经济和公路交通事业的可持续发展。

4.2 公路桥梁装配式矮T梁开发及应用研究

课题组为解决中小跨径桥梁典型常见病害(尤其是空心板结构),提出经过理论分析、荷载试验验证、实体工程验证的可替代空心板结构,以及符合《公路工程技术标准》(JTG B01—2014)要求的装配式预应力混凝土矮T梁全套标准施工图。

建设期梁体部分的单位造价矮T梁比空心板最高高出250元/m²左右,按照预算编制差距约200元/m²。运营期根据沪杭甬高速公路杭州到上虞段经验,空心板结构在营运期内相较预制T梁,运营20年累计增加投入182元/m²。按此发展趋势,当使用到30年左右时,空心板与T梁的梁板造价将持平。而且随着国内物流业的快速发展,近些年来早期预制空心板梁结构病害呈明显增加趋势,且病害发生的周期有逐渐缩短的趋势。如果按照桥梁设计使用年限100年计算,预制T梁将明显优于空心板梁。

由此可见,从全寿命成本分析,矮T梁与空心板梁相比具有经济优势。目前该结构已在浙江省全面推广,替代空心板梁。

4.3 植入式桥面连续构造在公路桥梁中的应用研究

课题组针对桥面连续部位病害开发了植入式桥面连续构造,在高弹性材料的配合下,桥面连续部位的混凝土变形协调范围增大,有效分散了桥面连续构造的主拉应力,从而避免了上层沥青面层出现反射裂缝。同时设有排水系统,能让渗入桥面的雨水沿管道排出,解决了该部位雨水渗漏对下部结构的侵蚀问题,提高了桥梁耐久性。

从短期经济效益来看,植入式桥面连续构造(ECS)的造价偏高,但从长期来看,ECS构造在使用寿命期20年内不需要维修,存在明显的经济优势。植入式桥面连续构造被列入交通运输部2012年科技成果推广目录,截至2019年底,已累计在杭金衢高速公路、杭长高速公路、绍诸高速公路、建金高速公路等多个项目中投放4080m。

5 浙江省中小跨径桥梁创新发展发向

在分析浙江省中小跨径桥梁科技成果现状的基础上,结合国内外先进水平,针对浙江省公路桥梁建管养全过程的技术需求,提出浙江省中小跨径桥梁的创新发展发向。

5.1 结构优化设计

结构优化设计主要包含混凝土结构、钢结构及钢混组合结构等的构造、连接、计算及疲劳等的相关理论及应用研究。

预制装配化混凝土桥梁重点研究方向包括:①先张法结构的标准化设计;②中小跨径高墩无支座标准化设计;③预制拼装构件的可更换性;④预制装配节点的性能劣化机制与特点。

钢混组合结构重点研究方向包括:①新型组合结构研发;②组合结构的精细化计算;③组合结构与高性能材料的应用。

钢结构疲劳重点研究方向包括:①结构服役全过程疲劳性能影响因素;②腐蚀等环境因素的疲劳性能效应机制;③面向疲劳性能的钢结构桥梁寿命预测。

5.2 工业化建造技术

近几年来,浙江省积极推进中小跨径桥梁"标准化设计、工厂化生产、装配化施工、智能化管理",变传统预制场预制为工厂化生产,各地市先后出现面向社会而不是单一工程的桥梁预制构件厂,全产业链的运作正处于探索、开拓阶段。今后可围绕推进设计—建造融合、重点突破制造设备和施工机械研发、建设管理模式等进行研究,建立覆盖设计、生产、施工、质量检验和维护全过程的标准规范体系。重点研究方向包括:①桥梁上下部结构全预制拼装设计施工技术;②预制结构接缝创新及质量控制;③组合结构连接构造创新及质量控制;④桥梁上下部结构全预制拼装施工装备;⑤中小跨径钢结构桥梁新型焊接装备;⑥桥梁施工全过程智慧化管理。

5.3 高性能材料研发和应用

目前浙江省对高性能混凝土还处于探索和研究阶段,主要应用于预制梁湿接缝及墩柱、盖梁接缝等位置。今后可围绕高性能混凝土、耐候钢及复合材料开展研究,为新型桥梁结构形式和新的设计理念提供发展机会。重点研究方向包括:①基于超高性能混凝土(UHPC)材料的预制桥梁结构;②钢与UHPC组合桥面;③耐腐蚀钢和耐候钢的研发和应用;④高强度钢丝的应用研究;⑤纤维增强复合材料(FRP)桥梁设计、施工和检测规范体系;⑥钢与FRP组合桥梁。

5.4 智能化检测监测技术及状态评估

针对运营期桥梁,发展中小桥关键状态参数和性能指标长期跟踪检测技术,推进健康监测系统标准化建设,研发高精度、长寿命、智能化传感器,建立桥梁状态评估体系和标准。重点研究方向包括:①中小跨径桥梁群动态监测硬件集成技术;②中小跨径桥梁群健康监测系统构件;③多源异构数据融合处理技术;④健康监测数据规范及通信协议标准;⑤桥梁健康监测系统建设指南和验收标准;⑥桥梁健康监测数据处理与结构安全评估标准;⑦行业安全运行监测系统平台开发;⑧钢桥疲劳裂纹智能探测技术;⑨水下桩基础智能检测技术;⑩新建桥梁嵌入式检测、监测模块开发;⑪智能化结构状态评估和损伤识别。

5.5 桥梁信息化建管养

目前浙江省尚未实现桥梁设计、施工、管理养护各阶段信息的互联互通,在建管养一体化技术开发和平台建设方面尚未形成相应的管理体制和标准。今后可围绕桥梁全寿命周期与现代信息技术深度融合,研发基于建筑信息模型(BIM)技术的桥梁建管养一体化平台。重点研究方向包括:①路网桥梁数据管理与分析系统;②桥梁建管养一体化信息管理系统。

6 结语

当前浙江省中小跨径桥梁建管养过程中对科技创新与应用有迫切需求,通过对近年来浙江省公路桥梁领域中小跨径桥梁科技成果的回顾与分析,提出未来创新发展发向,对推动浙江省公路桥梁领域科技不断创新发展,促进已有科技成果的推广和应用,具有重要意义。

参 考 文 献

[1] 张阿云,马振南,咸戎,等.公路工程病害处理数据库[R].浙江省公路局,2000.
[2] 沈建荣,周军,张建伟,等.既有桥梁的钢筋混凝土空心/实心矩形板梁加固与修复技术研究[R].湖州市公路管理处,浙江大学结构工程研究所,2006.
[3] 鲍卫刚,周泳涛.我国配筋混凝土梁式桥梁的回顾与思考[J].公路,2009(3):11-16.
[4] 梁宗保,胡怡然,张凯.桥梁健康监测信息的数据驱动处理方法研究[J].计算机技术与发展,2013(10):258-261.

17. 基于两种设计规范的高速铁路 40m 简支箱梁整体性能对比

叶华洋[1] 张宇轩[2] 禚 一[3] 李 奇[2]

(1.中国铁路上海局集团有限公司；2.同济大学；3.中国铁路设计集团有限公司)

摘 要：极限状态法已成为国内外主流的结构设计方法，我国也已制定基于极限状态法的铁路桥涵设计规范。本文以江苏南沿江城际铁路 40m 简支箱梁桥为例，阐述极限状态法在铁路桥梁结构设计中的应用特点，对比分析公路桥梁规范和现行两种铁路桥梁规范异同，分别采用极限状态法与容许应力法(破坏阶段法)对 40m 简支箱梁进行施工和运营阶段验算。结果表明，按两种规范验算的指标均满足规范要求且具有一定富余量，变截面处抗剪强度为该桥控制因素，建议今后依据铁路极限状态法进行 40m 箱梁的优化设计，并给出了优化建议。

关键词：极限状态法 容许应力法 高速铁路桥 40m 箱梁 设计规范

以弹性理论为基础的容许应力法难以反映各种荷载组合的统计特征，依赖于工程经验，难以适应现代铁路发展和中国高铁"走出去"的需要。随着世界贸易组织(WTO)和国际标准化组织(ISO)的推进及《结构可靠性总原则》(ISO 2394—1998)的发布[1]，美国、加拿大、日本和欧洲各国在工程设计方面均已采用了以概率为基础的极限状态法[2]。我国在公路、水利和水电方面均已采用基于极限状态法的设计规范[3]及评价体系[4]。随着我国高速铁路"走出去"战略的实施，我国基于容许应力法的铁路规范与国外的技术标准体系的差异已经成为瓶颈问题之一[5]。为适应技术的发展，实现与国际接轨，提高铁路设计的科学性与合理性，规范的计算理论由容许应力法向极限状态法过渡是十分有必要的。目前，基于极限状态法的《铁路桥涵设计规范(极限状态法)》(Q/CR 9300—2018)已正式发布，并已广泛应用于新建铁路项目[6-8]。

高速铁路 40m 梁是我国最新研制并采用《铁路桥涵混凝土结构设计规范》(TB 10092—2017)设计的新型大跨度简支梁结构。其研制期间，《铁路桥涵设计规范(极限状态法)》(Q/CR 9300—2018)也刚好发布，但并未应用于 40m 箱梁的设计。本文以江苏南沿江城际铁路 40m 简支梁桥为例，分别采用《铁路桥涵设计规范(极限状态法)》(Q/CR 9300—2018)和《铁路桥涵混凝土结构设计规范》(TB 10092—2017)两种不同的铁路规范对该桥施工阶段与运营阶段的结构整体力学性能进行研究，为 40m 箱梁进一步的优化和推广应用提供依据。

基金项目：中国铁路上海局集团公司科研计划课题(2019120)。

1 40m简支箱梁关键参数

江苏南沿江城际铁路40m简支箱梁桥的设计速度为350km/h,箱梁长40.6m,计算跨度39.3m。截面为单箱单室箱梁,梁高3.235m,顶板宽12.6m,翼缘板悬臂长2.916m,底板宽5.4m。梁端至距桥梁支座中心0.85m处为等厚度设计,腹板厚0.95m,底板厚0.7m;距支座中心0.85~3.85m处为变腹板、底板厚度设计,腹板厚度由0.95m直线变化至0.36m,底板厚度由0.7m直线变化至0.28m;距支座中心3.85m处至箱梁跨中处为等厚度设计,腹板厚0.36m,底板厚0.28m。梁体采用强度等级为C50的混凝土,弹性模量设计值为3.55×10^4MPa。预应力束采用规格为1×7-15.2-1 860-GB/T 5224—2014的预应力钢绞线,其中底板钢束采用15-ϕ15.2规格的预应力钢绞线,腹板钢束规格为22-ϕ15.2,管道直径分别为90mm、120mm,管道摩擦阻力按抽拔成孔计算,管道摩擦系数取值为0.55,管道偏差系数取值为0.0015。普通钢筋等级为HPB300及HRB400。40m简支梁截面与截面预应力束布置如图1所示。

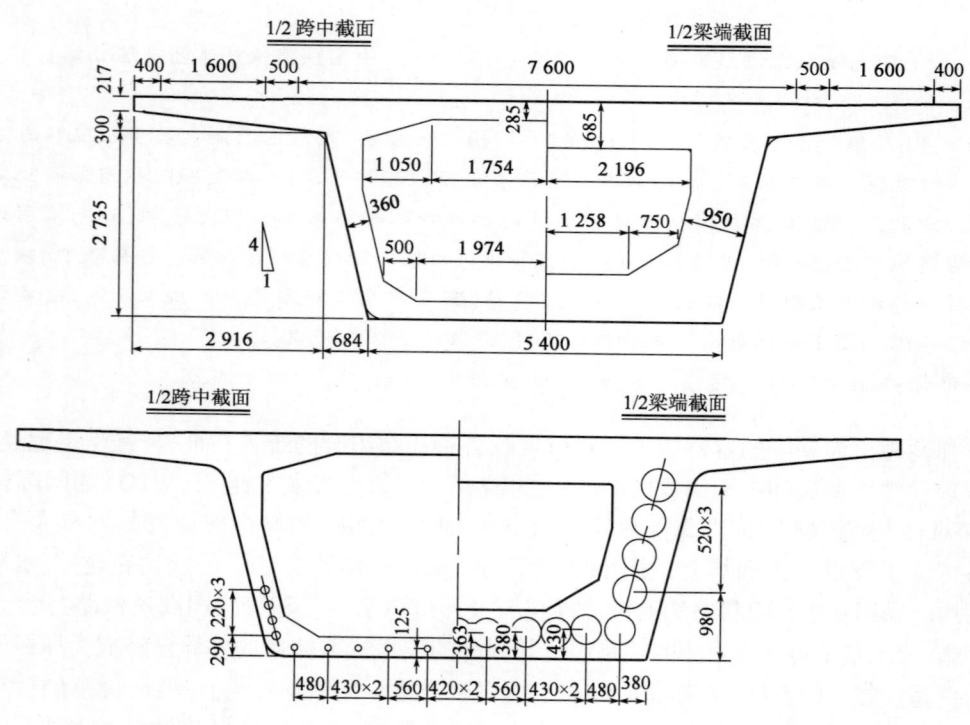

图1 40m简支箱梁截面与截面预应力束布置(尺寸单位:mm)

2 现行规范比较

《公路钢筋混凝土及预应力混凝土桥涵设计规范》(JTG 3362—2018)采用极限状态法作为设计原则。《铁路桥涵混凝土结构设计规范》(TB 10092—2017)仍采用容许应力法或破坏阶段法,《铁路桥涵设计规范(极限状态法)》(Q/CR 9130—2018)则采用极限状态法。本节将结合南沿江城际铁路40m简支箱梁桥箱梁设计方案,对三种规范关于预应力混凝土简支梁桥的结构验算方法进行对比,分析其异同。

2.1 铁路极限状态法与容许应力法规范比较

《铁路桥涵混凝土结构设计规范》(TB 10092—2017)与《铁路桥涵设计规范(极限状态法)》(Q/CR 9130—2018)验算预应力混凝土桥梁的主要差异为分项系数与安全系数不同。采用极限状态法时应对结构在多种工况下受到的作用进行荷载组合,对不同组合下各项作用取不同的分项系数,计算不同组合下验算内容的效应值,并与考虑材料分项系数的结构抗力值对比。而采用容许应力法进行荷载组合时各荷载直接叠加,没有分项系数,仅根据经验对每项验算指标提出单一安全系数。由于安全系数的取值通常大于作用分项系数和材料分项系数的综合效果,一般容许应力法更偏于保守。

另外,两种规范的差异体现在设计状态上。极限状态法按照承载能力极限状态与正常使用极限状态分别进行荷载组合。对于承载能力极限状态,应验算结构的抗弯、抗剪性能;对于正常使用极限状态,应验算结构的抗裂性能和结构应力。在梁体的运输、架设和安装过程中,同样需要进行承载能力与抗裂验算。而容许应力法仅对运营阶段与施工阶段进行了区分。

综上所述,极限状态法较容许应力法而言,考虑了多种荷载组合、多种极限状态下的情况,并用分项系数表示结构在各项作用下完成预定功能的概率,这种做法要比简单根据工程实际经验制定单一的安全系数更为科学合理。

2.2 公路与铁路极限状态法规范比较

公路预应力混凝土桥梁设计与铁路预应力混凝土桥梁设计的区别主要包括以下方面。

(1)材料强度的取值不同。公路桥梁规定的混凝土强度标准值与设计值均略小于铁路桥梁取值,普通钢筋抗拉/抗压强度设计值与钢绞线的抗拉强度设计值则略大于铁路规范取值。

(2)抗力计算公式上有略微差别。《公路钢筋混凝土及预应力混凝土桥涵设计规范》(JTG 3362—2018)将施工阶段定义为短暂状况,仅对其进行混凝土构件弹性应力验算;《铁路桥涵设计规范(极限状态法)》(Q/CR 9130—2018)明确规定需要对施工阶段的混凝土结构进行承载能力极限状态与正常使用极限状态的验算,且对抗力计算公式的系数进行了特别规定。

(3)荷载组合分项系数选取不同:在考虑荷载基本组合时,《公路钢筋混凝土及预应力混凝土桥涵设计规范》(JTG 3362—2018)各项作用的分项系数取值均为定值;而《铁路桥涵设计规范(极限状态法)》(Q/CR 9130—2018)将基本荷载组合分为六种组合,并对每种荷载组合下不同作用的分项系数做出了详细规定;在考虑偶然组合时,《公路钢筋混凝土及预应力混凝土桥涵设计规范》(JTG 3362—2018)考虑了某一可变作用取代车辆荷载成为主导可变作用的情况,主导可变作用的分项系数取频遇值系数,其他可变作用取准永久值系数,而《铁路桥涵设计规范(极限状态法)》(Q/CR 9130—2018)规定主导可变作用频遇值系数与其他可变作用准永久值系数均取 1.0。

综上所述,基于极限状态法制定的铁路桥涵设计规范相对公路规范略微调整了材料设计强度与抗力计算参数,并对不同荷载组合的作用分项系数进行了详细的规定,使结构性能验算过程中的荷载组合更加符合铁路桥梁工程特点。

3 基于极限状态法的结构性能分析

为分析 40m 箱梁的受力性能和设计富余量,本节基于极限状态法计算得到运营阶段与施工阶段各荷载组合情况下控制截面主要验算指标的计算值和抗力值。定义设计富余量作为评价结构各项验算指标达标及优化空间的指标,设计富余量的计算方法如式(1)所示:

$$M_n = \frac{R_n - \sum \gamma_n E_n}{R_n} \tag{1}$$

式中:M_n——第 n 项验算指标的富余量;

R_n——该项验算指标的结构抗力;

E_n——各项作用产生的结构荷载效应;

γ_n——作用分项系数。

考虑各项验算指标富余量最小的情况为最不利工况。承载能力极限状态下结构各项验算指标的效应值、抗力值、富余量以及最不利工况的荷载组合和截面位置见表1。

承载能力极限状态下 40m 简支箱梁验算结果　　　　表1

验算内容	运营阶段		施工阶段	
	正截面抗弯(MN·m)	斜截面抗剪(MN)	正截面抗弯(MN·m)	斜截面抗剪(MN)
效应值	128.23	10.60	130.67	22.73
抗力值	172.59	11.97	171.64	28.28
富余量	25.70%	11.41%	23.87%	19.65%
荷载组合	基本组合4	基本组合4	运梁阶段	架梁阶段
控制截面	跨中截面	变截面	跨中截面	支座截面

根据表1可知,基于极限状态法计算得到的南沿江铁路40m简支箱梁各项承载能力验算指标均能够满足规范要求。分析各验算指标富余量可知,运营阶段斜截面抗剪强度富余量最低,为11.41%,最不利位置为变截面与跨中截面的连接位置,最不利荷载组合为基本组合4。施工阶段抗弯、抗剪性能富余量较大,约为20%。

为进一步分析承载能力极限状态下结构抗弯、抗剪性能,绘制不同荷载组合下结构的抗弯、抗剪验算指标随距梁端距离变化的曲线,如图2所示。

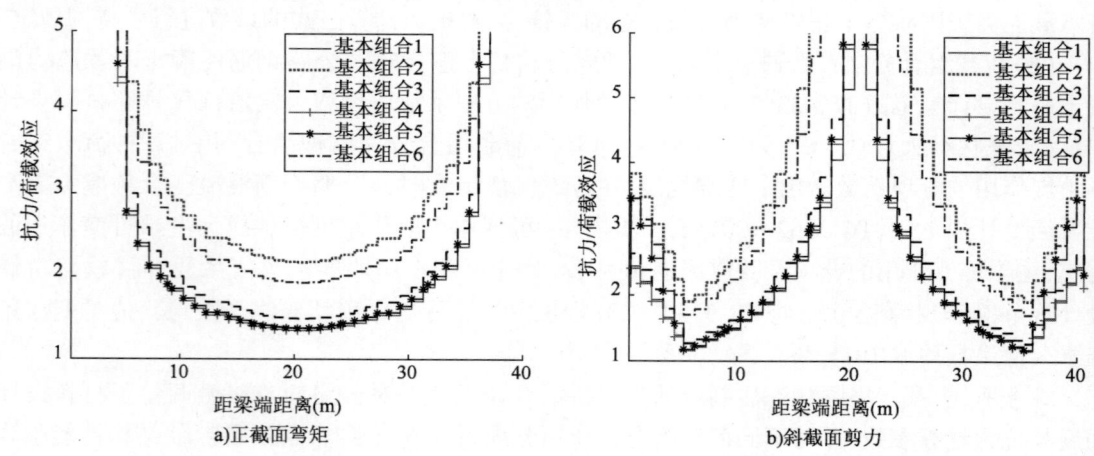

图2　结构抗弯、抗剪验算指标随距梁端距离变化曲线

40m简支箱梁受弯最不利位置为跨中位置,受剪最不利位置为梁端变截面位置,两者的最不利工况均为基本组合4,其次为基本组合1、5,三种工况相差不大,均为考虑列车活载的工况。对于全结构而言,在基本组合2工况下,不考虑列车活载,抗力值与计算值的比值均为最大,承载能力均存在较大富余量。因此,40m箱梁承载能力极限状态的控制活载主要是列车活载。

40m简支箱梁在正常使用极限状态下各项验算指标的计算值、容许值、富余量及荷载组合见表2。基于极限状态法计算得到的40m梁结构各项正常使用验算指标均能满足规范要求。在运营阶段，斜截面抗裂富余量最低（14.51%），与承载能力极限状态分析中斜截面抗剪为控制因素的结论一致，应将变截面处抗剪能力作为进一步优化时考虑的主要因素。

正常使用极限状态下40m简支箱梁验算结果　　　　表2

	验算内容	单位	计算值	容许值	富余量	荷载组合	截面位置
运营阶段	正截面抗裂（正应力）	MPa	16.85	$(\sigma_c+\gamma_0 f_{ctk})/1.2=21.29$	20.85%	荷载组合X	跨中截面
	斜截面抗裂（压应力）	MPa	14.78	$0.6f_{ck}=20.10$	26.47%	荷载组合IX	变截面
	斜截面抗裂（压应力）	MPa	15.13	$0.66f_{ck}=22.11$	31.57%	荷载组合X	变截面
	斜截面抗裂（拉应力）	MPa	2.65	$f_{ctk}=3.1$	14.51%	荷载组合X	变截面
	混凝土压应力	MPa	12.88	$0.5f_{ck}=16.75$	23.10%	荷载组合IX	变截面
	混凝土压应力	MPa	12.89	$0.55f_{ck}=18.43$	30.06%	荷载组合X	变截面
	混凝土拉应力	MPa	-0.32	0	满足	荷载组合X	梁端截面
施工阶段	正截面抗裂（主应力）	MPa	14.48	$(\sigma_c+\gamma_0 f_{ctk})/1.1=23.46$	38.28%	架梁阶段	跨中截面
	混凝土压应力	MPa	16.94	$0.75f_{ck}=25.13$	32.59%	吊梁阶段	起吊点截面
	混凝土拉应力	MPa	-0.30	$0.70f_{ctk}=2.17$	满足	吊梁阶段	起吊点截面

综上所述，40m简支箱梁控制设计的主要指标为承载能力极限状态下的变截面处斜截面抗剪性，这为今后的优化设计指明了方向。

4 基于容许应力法的结构性能验算

为考察极限状态法与容许应力法两者之间的差异，本节基于容许应力法对40m简支箱梁运营与施工阶段的相关力学性能进行验算。同样以各项验算指标的结构抗力与结构最大荷载效应相差的富余量作为结构性能的评价标准，富余量如式(2)所示：

$$M_n = \frac{R_n/K - \sum E_n}{R_n/K} \quad (2)$$

式中：M_n、R_n、E_n——含义与公式(1)一致；
　　　　K——《铁路桥涵设计规范（极限状态法）》（Q/CR 9130—2018）规定的各种荷载作用下的安全系数。

计算得到各项性能指标富余量，取富余量最低的截面为最不利位置，计算结果见表3。

40m简支箱梁验算结果（容许应力法）　　　　表3

	验算内容	单位	计算值	容许值	富余量	截面位置	备注
运营阶段	正截面抗弯（弯矩）	MN·m	102.49	$M_n/2.0=115.86$	11.54%	跨中截面	
	斜截面抗剪（剪力）	MN	8.54	$V_n/1.8=8.99$	5.06%	变截面	
	正截面抗裂（正应力）	MPa	16.85	$(\sigma_c+\gamma_0 f_{ctk})/1.2=21.29$	20.85%	跨中截面	
	斜截面抗裂（压应力）	MPa	14.78	$0.6f_{ck}=20.10$	26.47%	变截面	
	斜截面抗裂（拉应力）	MPa	2.65	$f_{ctk}=3.1$	14.51%	变截面	
	混凝土压应力	MPa	12.88	$0.5f_{ck}=16.75$	23.10%	变截面	
	混凝土拉应力	MPa	-0.31	0	满足	梁端截面	

续上表

	验算内容	单位	计算值	容许值	富余量	截面位置	备注
施工阶段	正截面抗弯（弯矩）	MN·m	87.47	$M_n/1.8=128.77$	32.07%	跨中截面	运梁
	斜截面抗剪（剪力）	MN	17.09	$V_n/1.5=20.34$	15.98%	支座截面	架梁
	正截面抗裂（正应力）	MPa	14.48	$(\sigma_c+\gamma_0 f_{ctk})/1.1=23.46$	38.28%	跨中截面	架梁
	混凝土压应力	MPa	16.94	$0.75f_{ck}=25.13$	32.59%	起吊点截面	吊梁
	混凝土拉应力	MPa	−0.32	$0.70f_{ck}=2.17$	满足	起吊点截面	吊梁

由表3可见，基于容许应力法计算得到的40m简支箱梁各验算指标均能够满足规范要求。运营阶段的斜截面抗剪性能富余量最低，为5.06%，最不利位置为梁端变截面与跨中截面的交界位置；其次为主力作用下正截面抗弯性能，富余量为11.54%，最不利位置为跨中截面。在施工阶段，斜截面抗剪性能富余量最低，为15.98%，最不利工况为架梁阶段，最不利位置为架梁机支腿位置与支座间的截面。其余验算指标的富余量均较高。与极限状态法结论类似，采用容许应力法对40m简支箱梁进行设计时，应将斜截面抗剪性能作为设计时的主要控制量。

对比表1、表2与表3可知，基于容许应力法计算得到的运营、施工阶段抗弯、抗剪性能的富余量总体上要小于极限状态法的计算结果，容许应力法更为保守。而抗裂性能与应力计算的计算结果基本一致，在这类验算时无本质区别。

5 结语

以南沿江城际铁路40m简支箱梁桥为工程背景，基于铁路极限状态法和容许应力法这两种方法对其进行了整体性能分析，得到以下结论。

（1）分别采用极限状态法和容许应力法分析了40m梁的主要验算指标，表明各项指标均满足规范要求，且均具有一定的富余量。两种方法计算的斜截面抗剪相关富余量均为最低，控制截面为靠近支座的变截面处。

（2）基于容许应力法得到的40m梁各项验算指标富余量总体上小于极限状态法，说明容许应力法较为保守。铁路极限状态法在正常使用极限状态验算上与容许应力法基本保持一致，而在承载能力极限状态验算时与公路规范类似，但体现了铁路荷载组合的特点，适宜在今后的铁路桥梁设计中推广应用。

（3）基于极限状态法得到40m梁的各项验算指标富余量均大于10%，而基于容许应力法计算得到的指标富余量最低为5.06%，这表明按照容许应力设计的40m简支箱梁已经非常经济合理，进一步优化的空间较小。不过，如果基于极限状态法设计，则该梁仍然存在一定的改进空间，建议在今后设计中进一步减小跨中抗弯和抗裂相关材料指标，特别是减小跨中区域混凝土截面尺寸，适当增加梁端变截面长度。

参 考 文 献

[1] Australia S.General principles on reliability for structures: ISO 2394—1998[S],1998.
[2] 贡金鑫,赵国藩.国外结构可靠性理论的应用与发展[J].土木工程学报,2005(2):1-7,21.
[3] 李明顺.工程结构可靠度设计统一标准及概率极限状态设计方法概述[J].建筑科学,1992

(2):3-7.
[4] 任远,王晓春,黄侨,等.中美欧公路桥梁设计规范的综合评价方法[J].哈尔滨工业大学学报,2016,48(9):7-13.
[5] 刘辉.中外铁路工程建设标准对比及海外应用探讨[J].铁道工程学报,2017,34(9):1-8.
[6] 高策,薛吉岗.铁路桥梁结构设计规范由容许应力法转换为极限状态法的思考[J].铁道标准设计,2012(2):41-45.
[7] 胡志鹏.基于极限状态法的高铁桥上双块式无砟轨道配筋设计研究[J].铁道标准设计,2019,63(10):72-75,105.
[8] 闫岩.极限状态法与容许应力法铁路大跨连续梁设计对比分析[J].铁道标准设计,2018,62(5):62-66.

18. 体现红色文化的涉县赤水湾大桥结构设计

邓锦平　黄思勇　华龙海

（天津市政设计研究总院有限公司）

摘　要：为实现桥梁结构设计与建筑景观设计的有效结合，同时保证桥梁结构耐久性，综合业主需求及桥位特点，赤水湾大桥在方案比选阶段对独塔自锚式悬索桥、下承式钢桁架拱桥、独塔斜拉桥3个方案进行了综合比较，最终选用独塔自锚式悬索桥作为本桥的实施方案。本文介绍了主跨129m的赤水湾大桥的结构和建筑景观设计，并借助有限元软件对该桥进行结构受力计算，重点分析了该桥的静力性能、动力性能以及抗风性能。分析结果表明：①主梁刚度及强度均满足设计要求，结构受力安全；②主缆及吊索力设计的安全系数均高于2.2，符合规范设计要求；③主桥结构颤振稳定性满足《公路桥梁抗风设计规范》（JTG/T D60-01—2004）要求。

关键词：自锚式悬索桥　景观设计　红色文化　结构设计

1　概述

自锚式悬索桥自1867年诞生以来[1]，已经在世界范围内广泛修建，其使用不受建设场地限制，能适应各种地质条件，结构布置形式灵活多样，在中小跨度范围内也可展现出主缆的曲线美特征，不高的桥塔适合景观造型设计。国内自锚式悬索桥早期较少，近二十年来得到了极大的发展，如大连金石滩金湾桥[2]、南昌市洪都大桥[3]、抚顺市万新大桥等，为该桥型在我国的设计、建造提供了重要的经验和借鉴。

针对涉县桥址区域规划情况及景观要求等因素综合考虑，赤水湾大桥最终采用自锚式悬索桥设计方案。本文针对自锚式悬索桥结构设计与桥梁建筑景观设计方案进行介绍，同时通过有限元软件对该桥进行结构受力计算，分析桥梁的静力、动力及抗风性能，为今后同类桥梁设计提供技术支持。

2　赤水湾大桥结构和景观设计

2.1　工程概况

涉县将军大道赤水湾大桥（图1）位于将军大道跨越清漳河河道处，紧邻涉县国家AAAA级旅游景区——八路军一二九师司令部旧址。大桥工程长度约790m，其中桥梁长约380m。主桥为129m+40m+40m+30m自锚式悬索桥。主梁由钢箱梁、混凝土连续箱梁组成，截面采用整幅断面；主塔采用钢筋混凝土截面。主塔西侧纵坡2.1%，主塔东侧纵坡-1.47%，凸形竖曲

线半径 $R=3365.616$m。项目采用的主要设计标准：①道路等级：城市次干路。②设计速度：40km/h。③设计荷载：汽车荷载为城—A级。④桥梁宽度：整幅桥面宽32m。⑤设计基准期：100年。⑥环境类别：Ⅱ类(使用除冰盐环境)。⑦桥梁抗震设防烈度：7度。⑧抗震措施等级：8度。

图1　赤水湾大桥

2.2　结构设计

2.2.1　上部结构设计

主桥为独塔自锚式钢箱梁悬索桥，全长239m，跨径为129m+98m。主梁采用分离式钢箱梁结构，在桥塔处的加劲梁梁底设置支座，形成半飘浮体系。吊索锚固区在人行道与非机动车道之间。钢箱梁梁高为1.78~2.0m，单个钢箱梁全宽5.0m。钢梁为分离式双箱断面，两个封闭钢箱梁中间用钢箱横梁连接，钢箱横梁顺桥向间距8m，宽度1m。

钢箱梁内顺桥向布置横隔板，横隔板分为锚点横隔板和普通横隔板两种。普通横隔板间距为2m，锚点处设2道横隔板，间距1m；锚点横隔板厚度16mm，普通横隔板厚度12mm，不同厚度的横隔板对应相应的纵横向加劲构造，横隔板上均设置人孔。

本桥索塔采用钢筋混凝土结构，桥塔分为上塔和下塔两部分，桥面以上为上塔，高度为45m，桥面以下为下塔，高度为9m，全高54m。为体现桥梁景观造型，塔柱外观为门形，单侧立柱横桥向宽12.9m，顺桥向长度为6m。桥面以上塔柱在桥梁纵横向开6×12.9m的人孔，供桥上行人通行。

2.2.2　下部结构设计

桥台采用U形桥台，与河堤可以更好地结合，桥台采用C30混凝土。主塔桩基直径1.8m，桥台桩基直径1.0m。

2.3　桥梁建筑及景观设计

景观设计创意理念关键词是凯旋。主塔是本桥桥梁景观的关键性构筑物，根据129师司令部旧址大门造型并参考法国凯旋门，经过不断优化设计而形成，主塔造型设计如图2所示。

景观设计方案特点：行车道视角上，主塔立柱宽12.9m，中间行车道宽20m，两者比例基本在黄金分割0.618附近，尺寸协调，富有美感并显得庄重。立柱宽度12.9m也体现了一二九师对涉县的丰富含义。主塔立柱在顺桥向及横桥向均开设拱门门洞，拱门高度为12.9m。围着主塔立柱设置观景平台，市民可在此观赏清漳河湿地公园以及将军岭等山水风景。主塔塔顶采用具有中华民族建筑特点的小庑殿顶，使主塔更显庄重。主塔整体颜色采用红色，与将军大道起点处红色将门遥相呼应,彰显涉县的红色文化。独塔自锚式悬索桥景观效果突出,和将军大道沿线景观形成一个有机的整体,成为涉县的一个标志性建筑。

图2 主塔造型设计

3 主桥受力分析

3.1 有限元模型

采用 Midas Civil 软件对全桥结构受力状况进行计算分析,全桥结构的几何模型透视图见图3。加劲梁采用鱼骨梁结构模拟。主缆和吊杆采用弹性悬索单元模拟,加劲梁、横梁、刚臂、索塔采用梁单元模拟。主缆与索塔顶端采用主从约束,主缆锚固点与主梁末端采用弹性连接中的刚性进行连接,横梁与加劲梁之间采用弹性连接,加劲梁在各个墩位及横梁处采用竖向支撑,顺桥向自由,约束横向位移,约束各个墩位处加劲梁的扭转自由度,桥塔承台顶部采用固结约束。全桥共316个节点,301个单元。

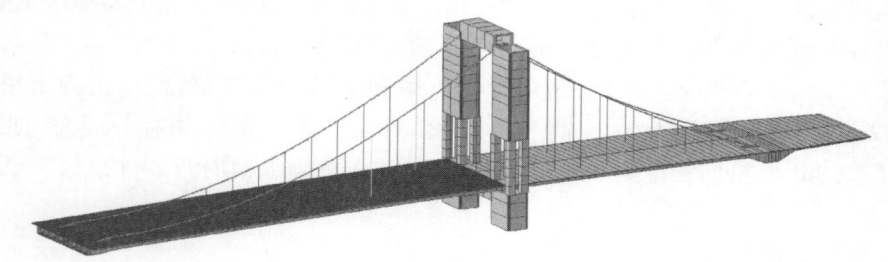

图3 全桥结构几何模型透视图

计算考虑的荷载及作用如下:①恒载:钢筋混凝土重度26kN/m³、钢结构重度77kN/m³。人行道板为钢结构,每侧重2.2kN/m。②汽车荷载:机动车按照四车道荷载考虑,非机动车道宽度2.5m,小于3.5m,按照人群荷载计算。③温度作用:整体升温36℃,降温41℃;钢梁梯度升降温按照《公路桥涵设计通用规范》(JTG D60—2015)[4]考虑,$T_1 = 17.6℃$,$T_2 = 6.22℃$。④风荷载:100年重现期基本风速值28.5m/s,地表类别按照B类考虑。⑤支座沉降:主跨沉降26mm,边跨沉降8mm,配跨沉降6mm。

3.2 计算结果与分析

3.2.1 主跨钢箱梁强度、刚度计算分析

在活载、风荷载作用下钢箱梁的位移计算结果见表1。

分项荷载作用下结构变形表　　　　　　　　　　表1

项目	部位	分项荷载	位移值(最大值/最小值)(mm)	限值(mm)
竖向	主跨跨中	汽车活载	4.4/−164	516
	边跨跨中	汽车活载	8.2/−4.3	160
横向	主跨跨中	横桥向风荷载(百年一遇)	0.4/−0.4	860
	边跨跨中	横桥向风荷载(百年一遇)	0.1/−0.1	267

根据《公路悬索桥设计规范》(JTG/T D65-05—2015)[5]规定,悬索桥加劲梁由车道荷载频遇值(系数取1)引起的最大竖向挠度值不宜大于跨径的1/250,在风荷载作用下,最大横向位移不宜大于跨径的1/150。由表1可知,主桥刚度满足设计要求。

基本组合下加劲梁上缘、下缘纵向正应力计算结果分别如图4、图5所示。

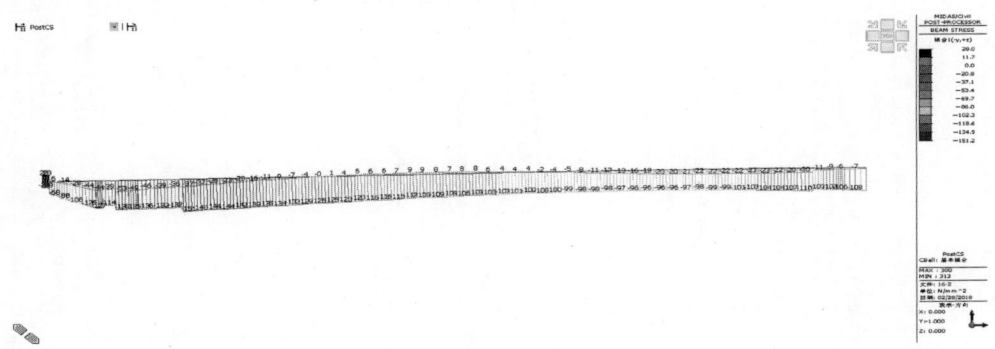

图4　基本组合下加劲梁上缘纵向正应力(单位:MPa)

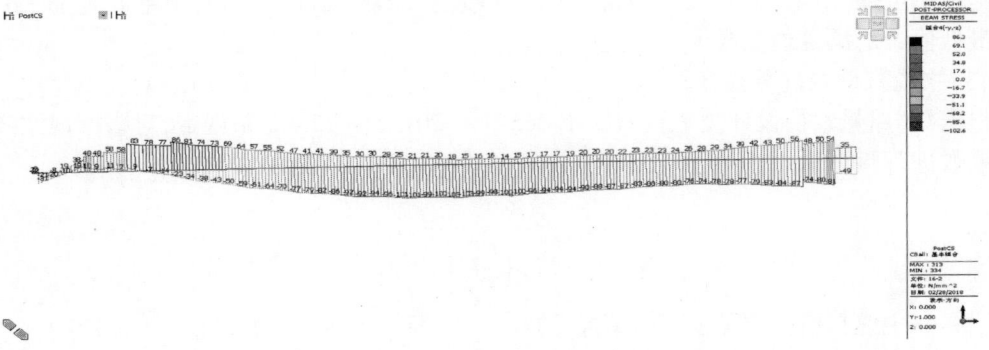

图5　基本组合下加劲梁下缘纵向正应力(单位:MPa)

从图4、图5可知,钢箱梁纵向正应力在基本组合作用下最大应力小于151.2MPa。结合以往工程经验,主梁的第二体系和第三体系的正应力为20~30MPa,故主梁正应力小于270MPa,满足规范要求。

3.2.2　缆索系统静力计算分析

(1)主缆及吊桥强度计算,见图6。

由图6可知,主缆在基本组合下最大应力小于788MPa,主缆的安全系数不小于2.2,大于规范的最低值1.85,满足设计规范要求。

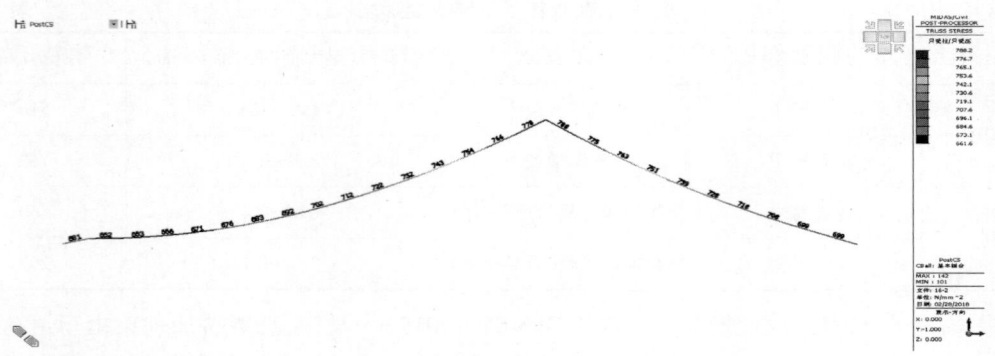

图6　主缆基本组合下应力包络图(单位:MPa)

(2)吊索计算,见图7。

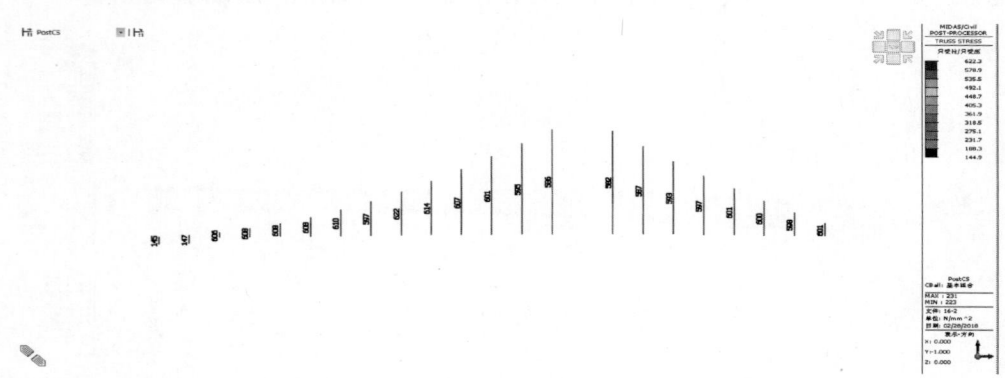

图7　吊索基本组合下应力包络图(单位:MPa)

由图7可知,吊索在基本组合下最大应力不大于622MPa,吊索的安全系数大于2.6,大于规范最低值2.2,满足规范要求。

(3)主缆鞍槽内抗滑验算。

根据《公路悬索桥设计规范》(JTG/T D65-05—2015)第12.4.2条规定,对鞍槽内主缆抗滑安全系数进行验算。

$$K = \frac{\mu \alpha_s}{\ln\left(\dfrac{F_{ct}}{F_{cl}}\right)} \geqslant 2$$

式中:μ——主缆与槽底或隔板间的摩擦系数;

α_s——主缆在鞍槽上的包角(rad);

F_{ct}——主缆紧边拉力,按作用标准值计算(N);

F_{cl}——主缆松边拉力,按作用标准值计算(N)。

计算结果表明,安全系数$K=4.9$(表2),大于2,因此主缆抗滑移安全,满足规范要求。

主缆鞍槽内抗滑安全验算　　　　　表2

位置	μ	α_s	F_{ct}(kN)	F_{cl}(kN)	K
主鞍座	0.15	1.138	28715.5	29726	4.9

3.2.3　主桥结构动力特性计算分析

(1)计算模型及方法。

采用 Midas Civil 软件,计算模型与静力计算模型相同,采用子空间迭代法求解特征值。为了模拟桩土之间的相互作用,根据 m 法计算了桩基等效刚度,在承台底部建立了相应的节点弹性支撑。

(2)计算结果。

主桥结构振动频率如表 3 所示。桥梁自振特性反映了结构的整体工作性能,为后期桥梁检测与健康评定提供重要支撑。

结构动力特性计算结果汇总表　　　表 3

阶次	频率(Hz)	周期(s)	振型描述
1	0.378	2.646	主梁纵飘+竖弯
2	0.490	2.043	主梁竖弯
3	0.906	1.103	主梁扭转

3.2.4　主桥结构抗风计算分析

(1)设计基本风速。

主桥设计采用《公路桥梁抗风设计规范》(JTG/T D60-01—2004)[6]。依据规范规定,邢台市标准高度 10m、平均时距 10min、重现期 100 年的基本风速为 $v_d = 24\text{m/s}$,长治市标准高度 10m、平均时距 10min、重现期 100 年的基本风速为 $v_d = 32.9\text{m/s}$。由于没有涉县数据,按照插值取基本风速为 28.5m/s。对应的场地类别为 B 类。

(2)设计基准风速。

根据《公路桥梁抗风设计规范》(JTG/T D60-01—2004)第 3.2.1 条,风速沿铅直高度方向的分布应按下述公式计算:

$$v_{z2} = \left(\frac{h_2}{h_1}\right)^\alpha \cdot v_{z1} \tag{1}$$

式中:v_{z2}——地面以上高度 h_2 处的风速(m/s);

v_{z1}——地面以上高度 h_1 处的风速(m/s);

α——地表粗糙程度系数。

参照《公路桥梁抗风设计规范》(JTG/T D60-01—2004)表 3.2.2,赤水湾大桥地形地貌类别以 B 类计,平均风剖面幂函数指数 α 为 0.16,粗糙高度为 0.05m。自锚悬索桥主梁跨中桥面距离水平面高度为 10.5m,则该桥桥面高度处成桥状态的设计基准风速为:

$$v_d = 28.5 \times (10.5/10)^{0.16} = 28.7 \text{(m/s)}$$

(3)颤振检验风速。

主跨长为 129m,按地形地貌类别,风速脉动修正系数 μ_f 取 1.351;考虑风洞试验误差及设计、施工中不确定因素的综合安全系数 $K = 1.2$,则 100 年重现期成桥状态颤振检验风速为:

$$[v_{cr}] = 1.2 \times \mu_f \times v_d = 46.5 \text{(m/s)}$$

(4)颤振稳定性计算分析。

计算分析时按照《公路桥梁抗风设计规范》(JTG/T D60-01—2004)的规定,利用下式计算桥梁的颤振稳定性指数。

$$I_f = \frac{[v_{cr}]}{f_t B} \tag{2}$$

式中:f_t——扭转基频;

B——桥梁全宽。

则成桥状态时 I_f 为：

$$I_f = 0.99 < 2.5$$

对于成桥状态，按照规范要求，当 $I_f<2.5$ 时，可按下式计算桥梁的颤振临界风速；当 $4>I_f>2.5$ 时，宜通过节段模型风洞试验加以检验。

$$v_{cr} = \eta_s \cdot \eta_\alpha \cdot v_{co}$$

$$v_{co} = 2.5\sqrt{\mu \cdot \frac{r}{b}} \cdot f_t \cdot B$$

计算可得，颤振临界风速为 145m/s，远大于检验风速。因此，桥梁颤振稳定性满足规范要求。

4 结语

结合赤水湾大桥自锚式悬索桥结构的特点，运用有限元软件对该桥的主梁、主塔、主缆的静力性能、动力性能以及抗风性能进行分析研究，主要得出如下结论：

（1）钢箱梁主跨在汽车荷载作用下，跨中竖向最大位移为 164mm，小于限值 516mm，结构刚度设计满足要求。

（2）主缆和吊索在基本组合下最大应力小于 788MPa、622MPa，其安全系数分别高于 2.2、2.6，满足规范设计要求。

（3）桥梁设计时按照《公路桥梁抗风设计规范》（JTG/T D60-01—2004）的要求对主桥结构抗风性能进行计算，桥梁颤振稳定性满足规范要求。

赤水湾大桥设计过程既考虑了结构特点，同时结合当地文化对桥梁建筑进行了景观设计，实现了结构设计与景观设计的良好结合，为今后类似桥梁的设计提供了参考和借鉴。

参 考 文 献

[1] 刘涛.自锚式悬索桥的力学特征和设计研究[D].石家庄：石家庄铁道大学，2013.
[2] 邓锦平，谢雪峰，华龙海，等.门式独塔自锚式悬索桥总体设计[J].天津建设科技，2020，30(4)：74-77.
[3] 童俊豪，陈鑫.某宽幅箱梁悬索桥气动特性节段模型风洞试验[J].广东公路交通，2020，46(4)：47-52.
[4] 中华人民共和国交通运输部.公路桥涵设计通用规范：JTG D60—2015[S].北京：人民交通出版社股份有限公司，2015.
[5] 中华人民共和国交通运输部.公路悬索桥设计规范：JTG/T D65-05—2015[S].北京：人民交通出版社股份有限公司，2016.
[6] 中华人民共和国交通部.公路桥梁抗风设计规范：JTG/T D60-01—2004[S].北京：人民交通出版社，2004.

19.宜昌香溪河大桥主桥设计与受力分析

袁任重

(中南勘察设计院集团有限公司)

摘　要：宜昌香溪河大桥地处山峡水库下游，属于香溪长江大桥跨香溪河控制性工程，主桥为双塔双索面组合混合梁斜拉桥，孔跨布置为48m+48m+78m+470m+78m+48m+48m，主梁采用钢主梁、混凝土边主梁，桥塔(墩)采用混凝土结构，斜拉索采用扇形双索面布置，桥塔(墩)采用钻孔桩群桩基础。采用midas Civil软件进行桥梁的整体计算、斜拉索应力幅值分析、全桥动力特性分析，采用ANSYS软件进行桥梁的局部应力分析。计算结果表明，该桥整体结构安全、可靠，可满足公路行车安全及舒适性要求；主梁未出现明显的局部应力集中现象，斜拉索的应力幅值均在200MPa以内，满足桥梁使用过程中耐久性的要求。

关键词：组合梁　结构设计　有限元法　力学行为分析　局部应力　动力特性

1 工程概况

宜昌香溪长江大桥是拟建的湖北省骨架公路网中第6纵(郧县—来凤)的第2条支线(兴山—五峰)跨越长江的节点工程，2010年该项目被列入湖北省公路水路交通运输发展"十二五"规划纲要，2011年该项目被纳入国务院批复的《三峡后续工作规划》。香溪河大桥是宜昌香溪长江大桥重要组成部分。该桥所处河段位于山峡水库下游，距三峡大坝17km。大桥于2015年10月开工，2019年10月建成通车。

大桥东岸为顺向坡，地形坡角26°~28°，基岩大范围裸露，地层倾角大于地形坡角，斜坡整体稳定性较好。地层岩性为三叠系下统嘉陵江组(T_{1j})灰岩地层，岩石承载力高，角砾状灰岩层厚1.5~5.2m不等，岩石承载力偏低；利用较完整的白云质灰岩、白云岩作为桩端持力层。大桥西岸岸坡总体为逆向坡，整体稳定性较好。地层岩性：0~16m为粉砂质黏土岩夹极少量薄层砂岩；16~40m为中厚层砂岩夹极少量薄层粉砂质黏土岩；40~68m为薄层含炭质黏土岩，力学性质差，不适宜作为持力层；68~95m主要为粉砂质黏土岩作为桩端持力层。总体而言，地质情况较好，适宜桥梁建设。综合考虑景观、施工方法、结构耐久性和造价等因素，选定组合混合梁斜拉桥方案[1]。

2 结构设计

主桥孔跨布置为48m+48m+78m+470m+78m+48m+48m，桥梁总长818m，桥面全宽25.9m，

设置2个辅助墩和1个交界墩,桥梁边、中跨之比为0.37[2]。香溪河大桥主桥总体布置见图1。索塔横桥向为倒Y形索塔,4号、5号桥塔高分别为177.0m、167.6m。每个桥塔上设置17对斜拉索,采用平行钢丝斜拉索,根据斜拉索应力不同分别采用91、139、163、187、223、241、253等7种类型。钢主梁标准索距13.5m,混凝土主梁标准索距8m,东塔、西塔基础均采用圆形承台,桩基采用 $\phi 3.0$ m钻孔灌注桩。

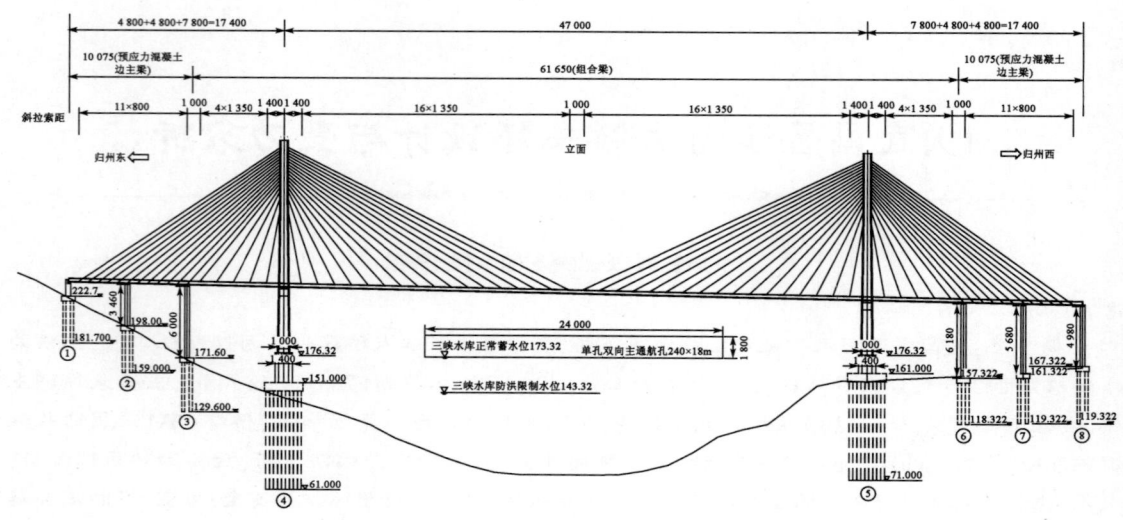

图1 香溪河大桥主桥总体布置(尺寸单位:cm;高程单位:m)

2.1 主梁

主梁由钢主梁和混凝土主梁组合,其中中跨、次边跨均为钢主梁,合计长616.5m;两侧边跨合计长100.75m,为混凝土主梁。钢主梁和混凝土主梁之间通过钢混结合段过渡。

钢主梁采用"工"字形钢纵梁、横梁、小纵梁通过节点板及高强度螺栓连接形成钢构架。构架上架设预制桥面板,现浇收缩补偿混凝土湿接缝,与钢梁上的抗剪栓钉形成整体,组成组合梁体系。主梁全宽25.9m,桥梁中心线处梁高3.31m,两"工"字钢纵梁梁肋间距25m。

边跨采用预应力混凝土边主梁,主梁中心高3.31m,设2%的双向横坡,桥面横坡由主梁顶板斜置而成。标准截面边主梁宽2.2m,顶板厚0.32m,横梁厚0.35m,标准节段设2道横梁。在3号、6号辅助墩处边主梁宽度加大至3.5m。

钢混结合段长7.0m,采用全连接填充混凝土方式,构造上将顶底板深入混凝土梁段3000mm。承压板厚度80mm,结合段顶板、底板、腹板上基本按150mm间距密布 $\phi 22$ mm剪力栓钉。主梁标准断面示意见图2、图3。

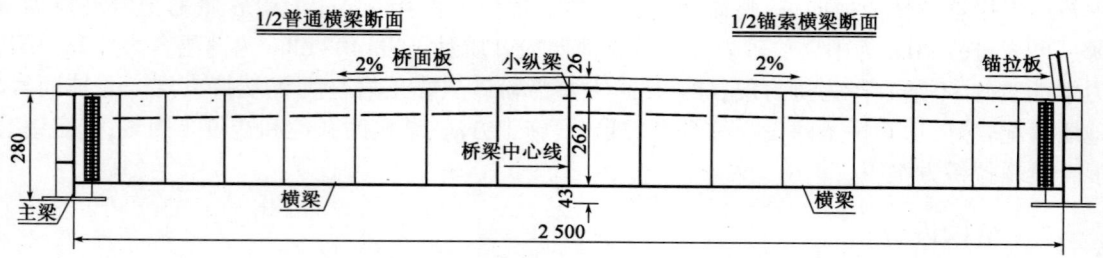

图2 钢主梁标准断面图示意图(尺寸单位:cm)

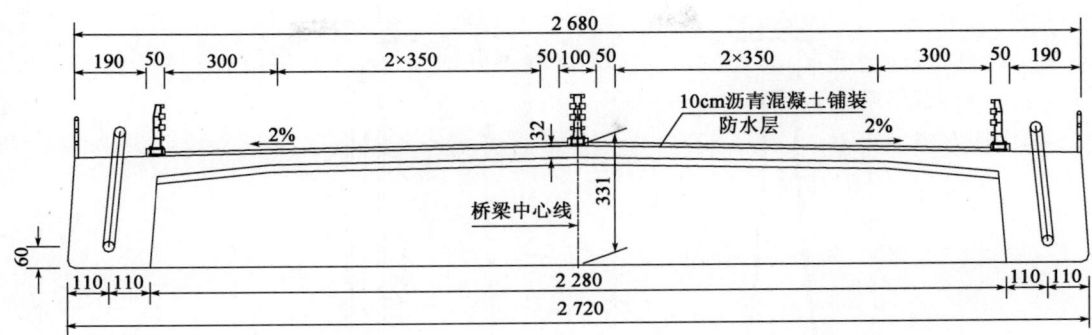

图 3 混凝土主梁标准断面图示意图(尺寸单位:cm)

2.2 桥塔

索塔采用倒 Y 形结构,包括上塔柱、中塔柱、下塔柱、横梁及塔墩。东索塔高 177.0m,塔墩高 25.32m;西索塔高 167.6m,西塔墩高 15.32m。东西桥塔桥面以上高 118.726m,高跨比为 0.253。

塔柱除上中塔柱连接段、中下塔柱连接段及下塔柱起始段为实心段外,其余断面均为单箱单室变截面空心矩形截面。根据塔柱受力在上中塔柱连接段、中下塔柱连接段、塔底等受力不利的区段设置加厚段。

索塔横梁位于下、中塔柱的转折处,横梁断面为混凝土箱形构造,横梁高 6.0m。

钢锚梁作为斜拉索在塔上的锚固结构,主要承受斜拉索的平衡水平力。东、西索塔各有 17 对拉索,设置 15 套钢锚梁,每套钢锚梁均按水平放置,各锚固一对斜拉索,另 2 对拉索直接锚固在塔壁混凝土齿块上。钢锚梁由腹板、底板、顶板、顶板翼缘板、腹板加劲板、锚板、平行锚板加劲板和锚下加劲板等构成。钢锚梁均采用整段式设计,钢锚梁梁长 4.48m,梁高 0.8m。

钢牛腿是钢锚梁的支撑结构,每套钢锚梁直接支撑在一对钢牛腿顶板上。钢牛腿由顶板、腹板、腹板加劲板、塔壁预埋钢板、剪力钉组成。钢牛腿伸出长度为 0.75m,牛腿顶面宽 2.61m,牛腿高 0.79m。桥塔和塔墩身构造见图 4。

2.3 斜拉索

斜拉索采用扇形单索面布置,梁上索距 13.5m,塔上索距 1m。每个塔上布置 17 对斜拉索,全桥共设 34 对拉索,采用二次张拉到设计索力。斜拉索索体采用平行钢丝斜拉索,其抗拉强度标准值为 1770MPa,根据斜拉索应力不同分别采用 91、139、163、187、223、241、253 等 7 种类型,锚具采用 91、139、163、187、223、241、253 群锚体系。本桥斜拉索护套采用双层,内层为黑色高密度聚乙烯,外层为彩色高密度聚乙烯,两层聚乙烯均应具有良好的机械性能及耐候性能。为护套屏蔽紫外线、抵御空气、雨水和汽车尾气等的侵蚀,斜拉索架设完毕,护套表面清洁并修补后,现场以 25%左右的重叠面螺旋缠包一层 PVF(聚氟乙烯)氟化膜保护胶带,在 PVF 氟化膜带外设置螺旋线抗风雨振措施。斜拉索安装后,在斜拉索的梁上锚固端附近安装减振器,以减少拉索振动。

2.4 基础

桥塔基础由 18 根 φ3.0m 的钻孔灌注桩组成群桩基础,桩基均设计为嵌岩桩。桥塔承台为直径 30m 的圆形承台,厚度 7m。

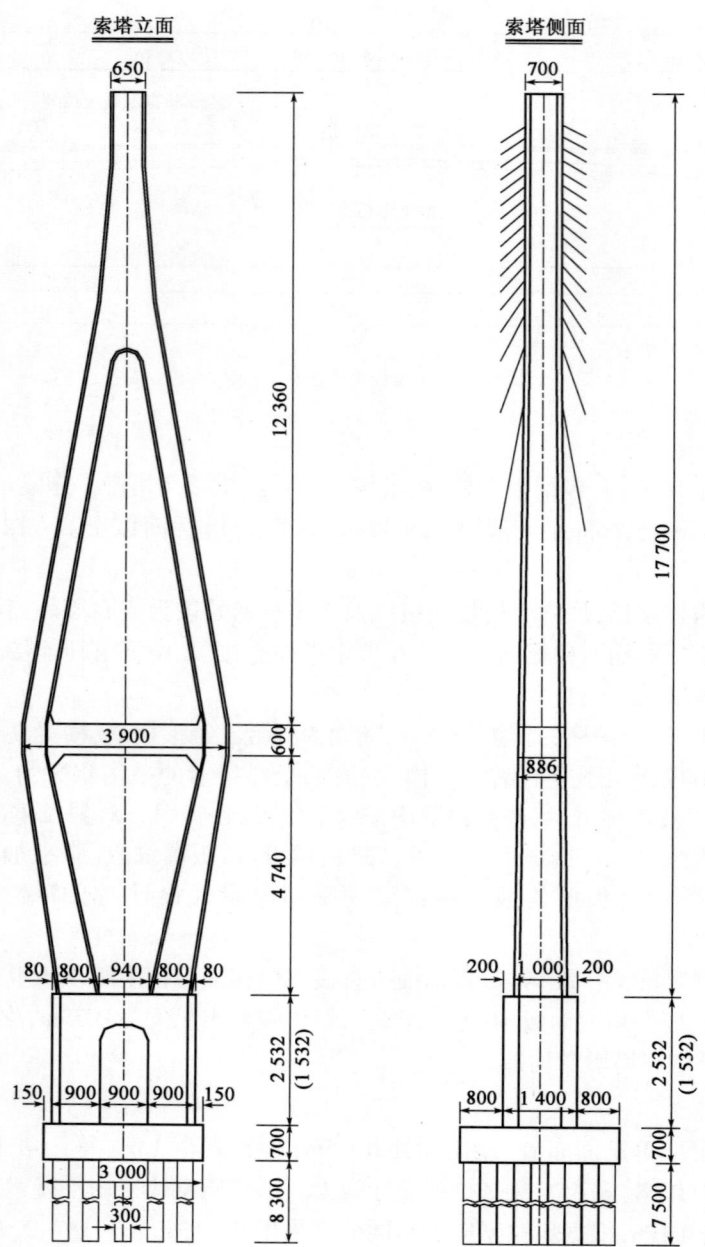

图 4 桥塔构造和塔墩身构造图(尺寸单位:cm)
注:图中数字括号外为东塔数据,括号内为西塔数据

3 结构计算

3.1 整体计算

根据荷载组合要求验算结构在施工和运营阶段内力、变形、应力是否符合规范要求。整体计算采用杆系理论,以主梁桥轴线为基准划分结构离散图。采用 Midas Civil 软件建立该桥整体有限元模型。全桥采用三维梁单元模拟索塔、桥墩、主梁、桥面板,采用索单元模拟斜拉索,

考虑斜拉索垂度效应、二阶效应（$P\text{-}\Delta$ 效应）及大位移效应等非线性因素。有限元模型由780个单元组成，桥塔墩底固结并考虑基础沉降的影响，计算模型按照施工方案共划分了140个计算阶段。建模完成后的桥梁有限元模型见图5。组合梁断面示意见图6。

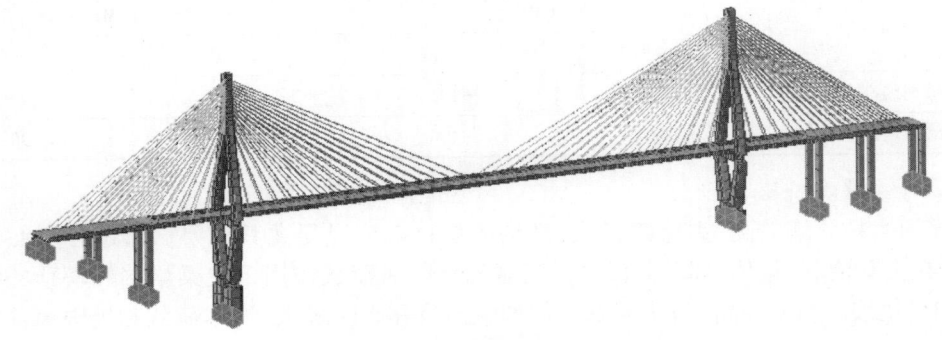

图 5　桥梁有限元模型

图 6　组合梁断面示意图

3.1.1　施工状态下索塔、主梁的应力

施工状态下主梁的主要计算结果见表1，表中正应力值表示拉力，负应力值表示压力。预应力混凝土构件根据《公路钢筋混凝土及预应力混凝土桥涵设计规范》（JTG 3362—2018）相关规定进行验算，钢结构根据《公路桥涵设计通用规范》（JTG D60—2015）进行验算。由表1可知，施工阶段主要构件应力均满足规范要求[4-5]。

主要施工状态下索塔、主梁的应力　　　　表1

施工过程	压应力（MPa）		拉应力（MPa）	
	最大值	容许值	最大值	容许值
索塔	-9.5	-19.46	0.4	—
组合梁钢构件	-93.8	-196	142.3	196
桥面板	-14.3	-26.9	1.73	3.27

3.1.2　使用状态应力

按照《公路桥涵设计通用规范》（JTG D60—2015）规定的荷载组合对组合梁使用状态应力进行了验算。结果表明，持久状况标准荷载组合下，混凝土主梁上缘最大压应力为-8.2MPa，主梁下缘最大压应力为-8.9MPa，未出现拉应力；桥面板上缘最大压应力为-8.7MPa，主梁下缘最大压应力为-10.4MPa，在短期效应组合作用下，组合梁桥面板上缘最大拉应力0.7MPa<1.92MPa，满足规范中关于正截面抗裂验算要求并有一定的富余量[3-4]。

在短期效应组合下的斜截面抗裂计算结果表明，组合梁桥面板最大主拉应力0.15MPa，边跨混凝土主梁最大主拉应力为0.35MPa，小于 $0.4f_{tk}$，即对应C55混凝土的主拉应力应小于

1.10MPa，满足规范要求[3-4]。

组合梁钢构件应力见表2，均满足规范要求[3-4]。

组合梁钢构件应力 表2

施工过程	压应力（MPa）		拉应力（MPa）	
	最大值	容许值	最大值	容许值
组合梁钢构件上缘	−93.8	−196	33.3	196
组合梁钢构件下缘	−142.2	−196	51.5	196

3.1.3 主梁及桥塔位移

香溪河大桥索塔较高，主跨跨径大，结构的位移响应显得尤其重要。通过有限元模型分析，桥梁在汽车活载、整体升降温、设计风荷载和极限风荷载作用下主梁梁端和塔顶的纵向位移见表3。由表3可知，整体升降温对主梁的纵向位移影响最大，汽车荷载和极限风荷载对桥塔塔顶位移的影响较大。

不同荷载下主梁梁端和塔顶的纵向位移 表3

荷 载	梁端位移（mm）	塔顶位移（mm）
汽车荷载	67	120
整体升降温	101	—
风荷载（风速25m/s）	18	20
极限风荷载	30	34

经计算可知，在汽车荷载作用下，主梁跨中最大竖向下挠位移为0.38m，主梁跨中最大竖向上挠值为0.022m，主梁的挠度幅值为0.402m，小于规范要求的$L/400=1.175$m。

3.2 局部验算

本桥钢主梁、混凝土主梁需要通过钢混结合段过渡。为了保证主梁间刚度和强度过渡均匀、平顺，顺畅地传递主梁各项内力及变形，结合段设计尤其重要[5]。根据纵向总体计算分析，选取混凝土主梁及钢主梁钢混结合JH节段进行局部空间分析。计算软件采用ANSYS14.0，混凝土采用SOLID186实体单元模拟，钢主梁采用shell281板壳单元模拟。结合段有限元模型见图7。

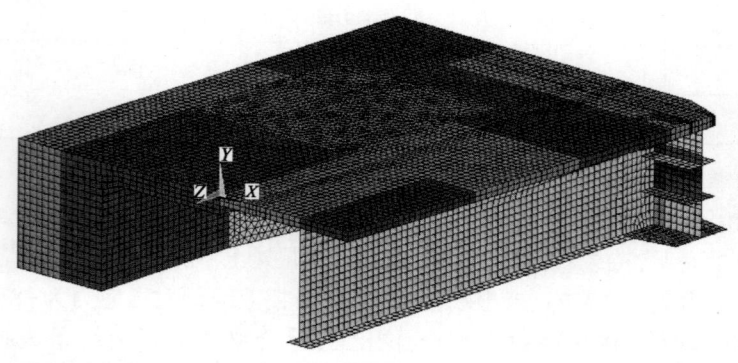

图7 结合段有限元模型

结合段钢梁纵向正应力图如图8所示，结合段承压钢板Mises等效应力图如图9所示，承压钢板处混凝土正应力图如图10所示。

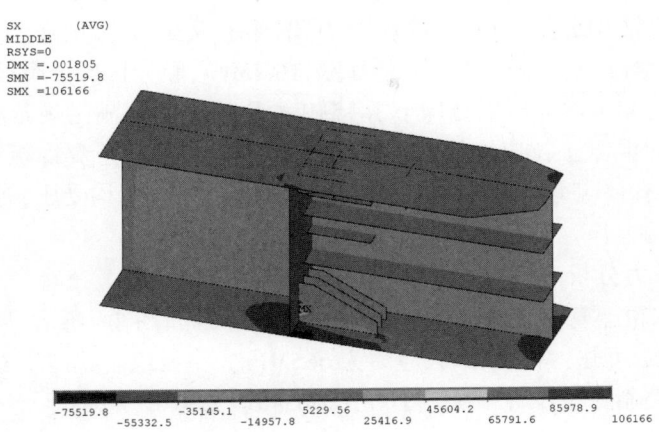

图 8　结合段钢梁纵向正应力图(单位:kPa)

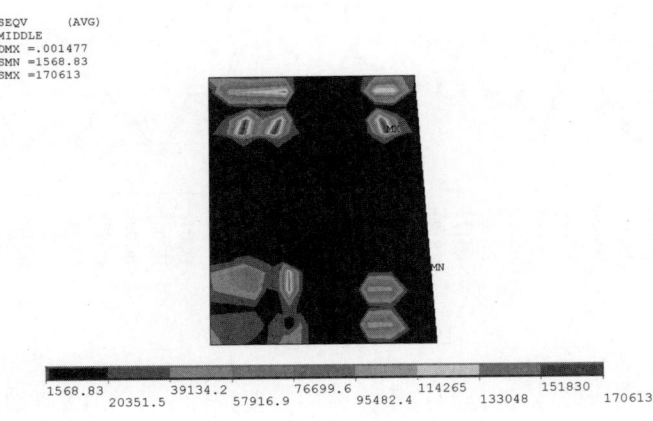

图 9　结合段承压钢板 Mises 等效应力图(单位:kPa)

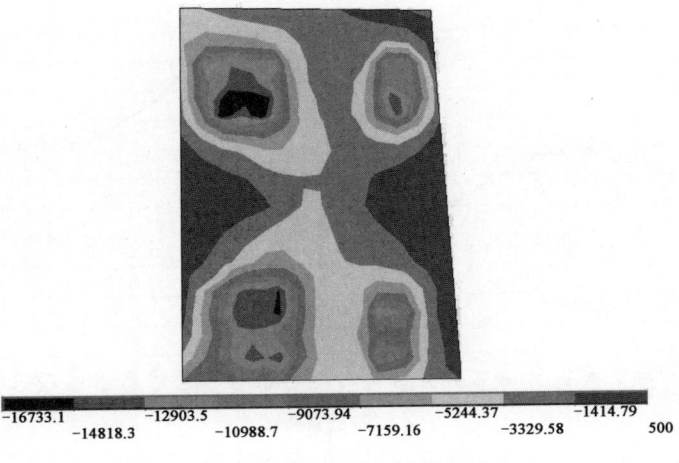

图 10　承压钢板处混凝土正应力图(单位:kPa)

各工况作用下:结合段钢梁纵向最大压应力-98.1MPa,最大拉应力为106.2MPa,满足规范要求。结合段钢结构最大Mises等效应力出现在承压板的预应力钢筋锚固位置,为170.6MPa。钢混结合面处混凝土最大压应力为-16.7MPa,经分析属于腹板预应力钢筋锚固引起的局部应力集中,其余部分压应力均小于15MPa,压应力验算满足规范要求;除个别应力集中位置外,结合段内混凝土拉应力均小于0.5MPa;对应钢梁上、下翼缘板和腹板位置,除上翼缘外侧附近小范围有拉应力外,最大拉应力为8.1MPa,其余位置均受压,有利于结合面钢梁与混凝土主梁紧密接触。

3.3 斜拉索应力分析

斜拉索的成桥和运营阶段恒载+活载主要组合应力如图11所示,图11中拉索编号如图11所示。由图11可知,斜拉索最大应力为665MPa。主要组合状态下斜拉索的安全系数均大于2.5,满足《公路斜拉桥设计细则》(JTG/T D65-01—2007)[3]要求。

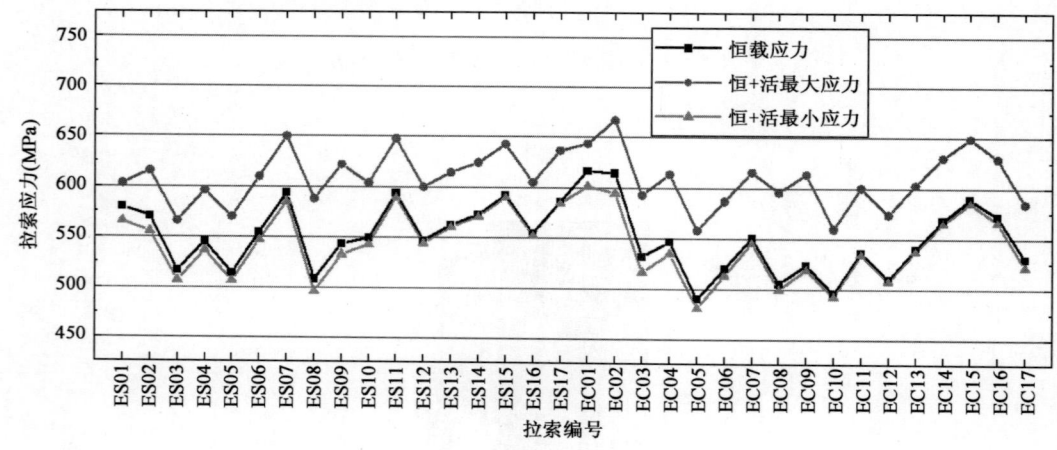

图11 不同状态斜拉索应力

活载引起的斜拉索应力幅值是斜拉索疲劳性重要指标。由图12可知,该桥由活载引起的最大应力幅值为79MPa,远小于斜拉索允许的疲劳应力幅200MPa,使得该桥拉索具有良好的抗疲劳性能。

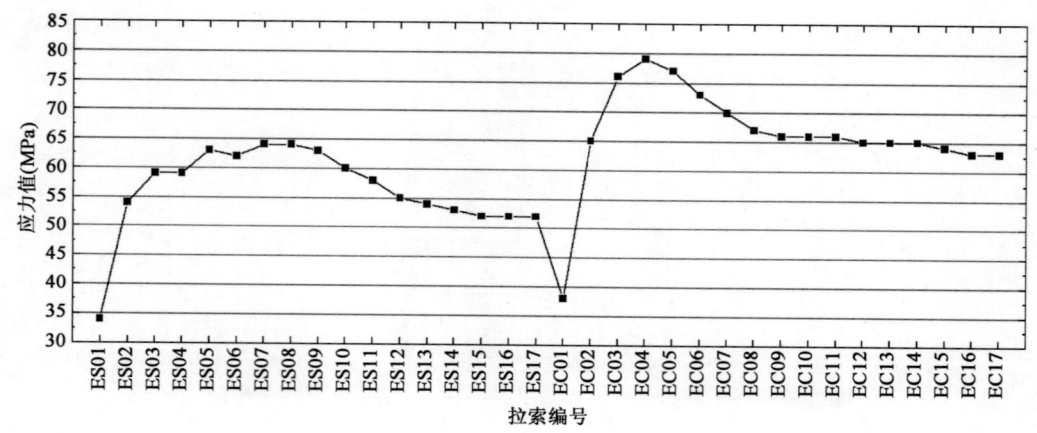

图12 斜拉索应力幅

3.4 动力特性计算

动力特性可以直观反映全桥刚度大小和刚度分布情况,对桥梁的设计可以起到指导作用[1]。由于该桥所在位置基础较好,东塔为白云质灰岩,西塔为黏土岩,计算时直接在墩底固结。成桥状态下桥梁前7阶自振频率见表4。由表4可知,成桥状态下主梁一阶对称竖弯频率为0.320Hz,一阶扭转频率为1.019Hz,正对称扭弯频率比为3.18,本桥扭弯频率比大于2.0,说明桥梁整体刚度和稳定性较好。桥梁第3阶、第13阶振型见图13。

成桥状态下桥梁前7阶自振频率　　　　表4

阶次	频率f(Hz)	振型特点	阶次	频率f(Hz)	振型特点
1	0.101	主梁纵漂	7	0.603	主梁二阶对称竖弯
2	0.312	主梁一阶对称横弯	13	1.019	主梁一阶扭转
3	0.320	主梁一阶对称竖弯			
4	0.422	主梁一阶反对称竖弯			
5	0.450	主梁一阶反对称横弯			
6	0.530	主梁二阶对称横弯	正对称扭弯频率比	$F_{13}/f_2 = 3.18$	

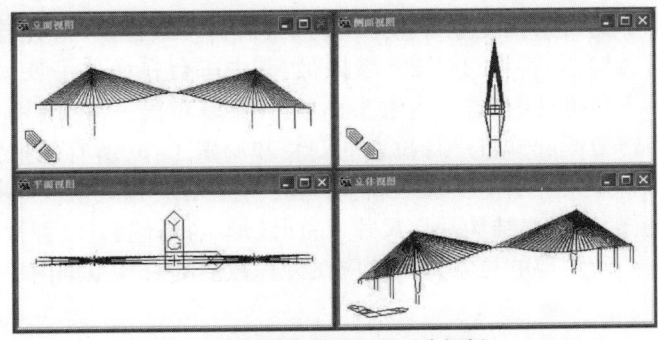

a)结构第3阶振型图(一阶对称竖弯)

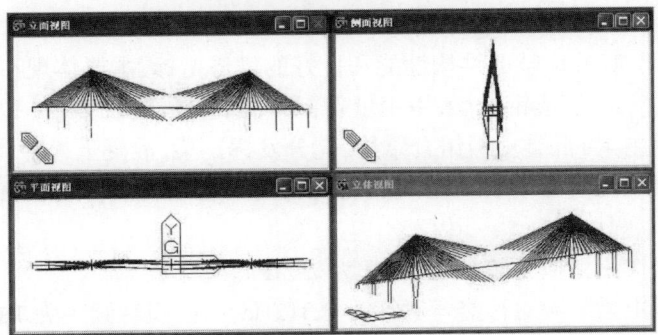

b)结构第13振型图(一阶对称扭转)

图13　结构振型图(部分)

4 施工方案

4.1 基础及下部结构

该桥4号、5号索塔基础处于河槽中,在施工时,4号索塔水深约45m,5号索塔水深约

20.0m。2个索塔均采用深水钻孔灌注桩+钢管柱支撑、无水下连接系高位重载水上钻孔平台,按"浮运平台→平台固结转换→钻孔桩施工→钢吊箱围堰"的施工顺序施工。钢吊箱围堰施工承台,以度过洪水期,保证施工进度。索塔和辅助墩墩身均采用滑模或爬模施工,每节段长度为5m。

4.2 主梁

全桥钢纵梁划分98个梁段,标准梁段长13.5m,最大吊装质量约34.2t。钢主梁采用桥面架梁起重机逐节段对称拼装。架梁起重机在使用前应进行试吊验收,架梁过程中应控制所吊装的杆件及其附件重量在容许范围内,起重机回转应留有足够的安全空间。斜拉桥钢梁安装时,对塔、梁、索实行内力、变形双控。钢梁每架设两个节段,进行一次桥面板的吊装,并在混凝土桥面板现浇湿接缝时,按监控指令执行现浇时间及顺序。现浇接缝混凝土达到设计要求的强度和弹性模量后,进行桥面板预应力系统施工,完成后进行斜拉索张拉和下一节钢梁架设。边跨混凝土边主梁采用支架现浇施工。

合龙顺序为先边跨后主跨。主跨钢梁合龙前根据监控的线形、应力和当时的施工环境,制定合龙方案,布置合龙设备,进行临时锁定并合龙,确保合龙点的位移、转角满足设计要求,使斜拉桥主梁线形平顺。

4.3 斜拉索安装

根据无应力状态下的自由长度进行斜拉索的下料,斜拉索挂时,先挂设梁端,后挂设塔端。在塔顶安装挂索膺架,并安装两台20t卷扬机,其中一台在塔外吊装,另一台用于塔内牵引。梁面布置索头小车轨道,并布置一台索头小车,在梁端布置一台10t牵引卷扬机用于梁面牵引。梁端利用全回转架梁起重机进行拉索的安装和调索工作,所有斜拉索均在塔端进行张拉。施工中注重保护斜拉索外层PE(聚乙烯)护套,防止划痕和破损。斜拉桥挂索施工时应建立严格的监控系统,适时采集结构几何尺寸、桥面线形、桥塔倾斜度、弹性模量、斜拉索张力、施工温度等技术参数。所测得的拉索力误差应在计算数值的±5%范围内。

5 结语

香溪河大桥采用双塔双索面组合混合梁斜拉桥方案,该桥设计充分体现了组合混合梁斜拉桥的一些受力特征,有着优越的结构性能和良好的经济指标,主要体现在以下方面:

(1)钢主梁采用"工"字形钢纵梁,用钢量省,吊装重量轻,施工方便。

(2)主梁采用钢主梁+混凝土板组合结构,充分发挥钢梁、混凝土板性能,结构受力合理。

(3)混凝土桥面板的桥面铺装采用成熟的沥青玛瑞脂碎石混合料(SMA)体系,结构耐久性较好。

(4)斜拉索活载作用下应力幅较小,最大为79MPa。

(5)成桥状态下主梁一阶对称竖弯频率为0.312Hz,一阶扭转频率为1.019Hz,正对称扭弯频率比$F_{13}/f_2=3.18$,本桥扭弯频率比大于2.0,桥梁整体刚度和稳定性较好。

参考文献

[1] 李亚东.桥梁工程概论[M].成都:西南交通大学出版社,2014.

[2] 邵旭东.桥梁设计百问[M].3版.北京:人民交通出版社股份有限公司,2017.

[3] 中华人民共和国交通部.公路斜拉桥设计细则:JTG/T D65-01—2007[S].北京:人民交通

出版社,2007.
[4] 中华人民共和国交通运输部.公路桥涵设计通用规范:JTG D60—2015[S].北京:人民交通出版社股份有限公司,2015.
[5] 中华人民共和国交通运输部.公路钢混组合桥梁设计与施工规范:JTG/T D64-01—2015[S].北京:人民交通出版社股份有限公司,2016.

20. 曲线下承式异形提篮钢拱桥设计研究

曾春清[1] 徐勇[2] 屈健[1] 李林[1]

（1.中国建筑西南设计研究院有限公司；2.中铁二院工程集团有限责任公司）

摘　要：成都西一线绛溪河大桥是一座曲线下承式异形提篮钢拱桥，拱肋呈空间扭曲形态，截面极不规则，并不存在传统意义上的拱轴线，空间扭曲的拱肋、弯梁和吊杆构成协同工作的空间受力体系，结构受力复杂。本文分析了拱脚横梁刚度对结构受力的影响，并结合桥型受力特点，提出一种合理支承布置形式，可供今后同类桥梁借鉴。

关键词：曲线提篮拱桥　支承布置　横梁刚度　扭转变形

1　工程概况

西一线绛溪河大桥位于成都市东部新区，是进入天府奥体城核心场馆区的重要门户，桥型采用三跨连续下承式梁拱组合体系提篮拱桥，跨径布置为55m+175m+55m，全长285m，桥宽51m，平面位于半径$R=400$m圆曲线上，西一线绛溪河大桥设计方案出自扎哈·哈迪德建筑事务所，绛溪河大桥是成都市重点打造的地标性景观桥梁。

桥梁断面布置：3.0m结构纵梁+3.5m人行道+3.5m非机动车道+3.0m侧分带（索区）+10.5m行车道+4.0m中央分隔带+10.5m行车道+3.0m侧分带（索区）+3.5m非机动车道+3.5m人行道+3.0m结构纵梁=51.0m。

该桥拱肋呈空间扭曲形态，中心桩号处拱顶距桥面30m。平曲线内侧拱肋内倾角度约47.69°，外侧拱肋内倾角度约24.85°，两拱于跨中交会，结合段长14m，内、外侧拱肋均采用单箱单室钢箱结构。

主跨内对称布置8对吊杆，呈扇形布置，梁上顺桥向吊杆间距12m，横桥向吊杆间距30.6m。

桥面系采用纵横梁形式，设四根纵梁，边纵梁宽3.0m，梁高3.0~8.14m；中间两根纵梁宽2.8m，高2.41m；横梁在道路中心线处高2.7m，顺桥向间距3m，桥面采用正交异性钢桥面板。

拱肋、边纵梁及锚区钢结构采用Q420qD，其他均采用Q345qD。

绛溪河大桥总体布置如图1所示，横断面布置如图2所示。

2　有限元模型的建立

为准确分析该桥结构的空间受力特性，采用有限元软件Midas Civil建立精细化全桥结构仿真分析模型,按照实际结构尺寸、支承情况建立计算模型,中纵梁采用空间梁单元模拟;拱肋、边纵梁、桥面板、中横梁、中支点横梁、端支点横梁均采用板单元模拟;吊杆采用桁架单元模拟。模型考虑了桥梁竖曲线、平曲线、桥面横坡,荷载按照实际作用位置精确施加。全桥共103 764个节点,116 540个单元。桥梁有限元计算模型如图3所示。

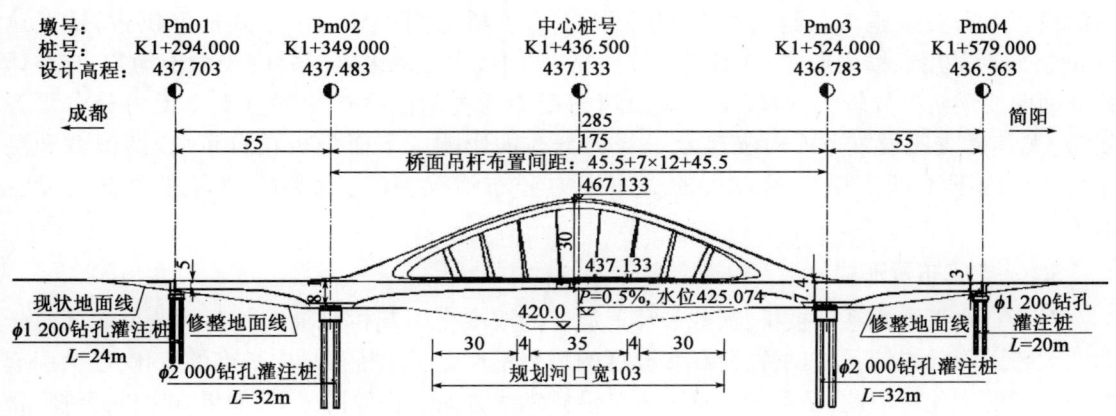

图1 绛溪河大桥总体布置图(尺寸单位:m;高程单位:m)

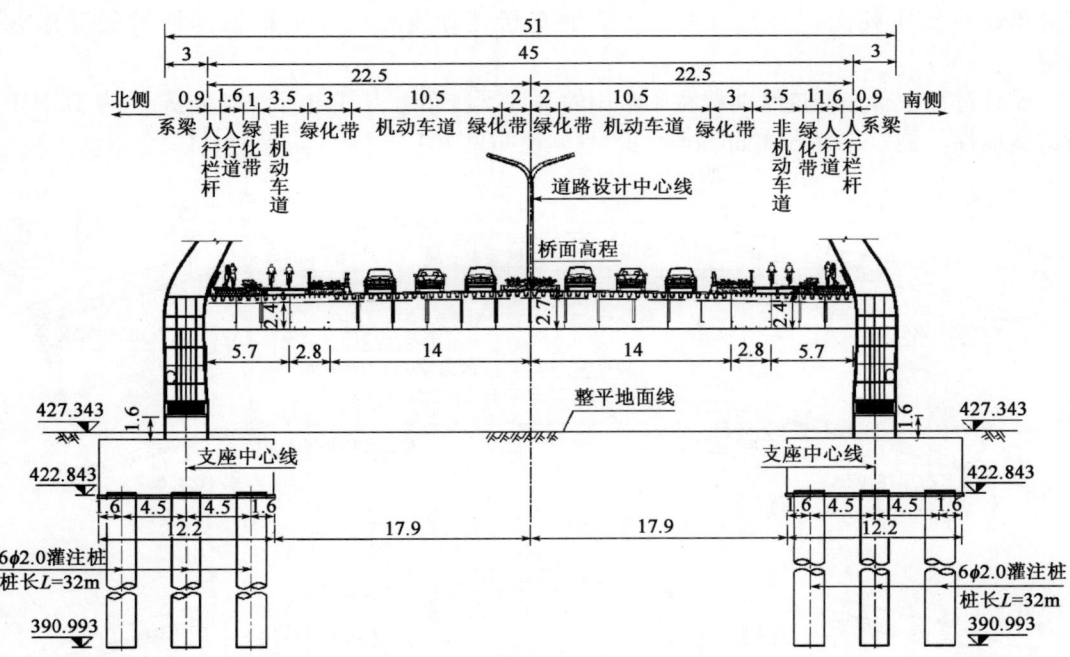

图2 绛溪河大桥横断面布置图(尺寸单位:m;高程单位:m)

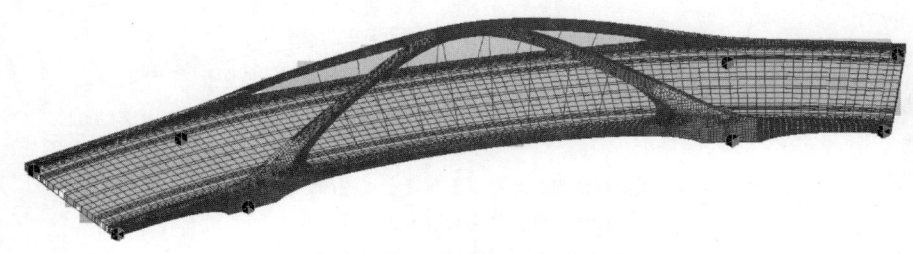

图3 绛溪河大桥有限元计算模型

3 支承体系设计

对于曲线连续梁桥,由支座布置不当带来桥梁的病害实例屡见不鲜,比如梁体爬移、侧倾、支座脱空等,这些都与支座的设置方式有一定的关系,设置合理的支承形式是保证桥梁结构受力体系成立和安全施工与运营的关键因素[1-3]。该桥为曲线异形下承式提篮拱桥,桥宽达51m,桥面系采用纵横梁形式,空间受力特性突出,曲线内外侧纵梁(系杆)受力不均匀,与整体式断面曲线梁桥差异较大,相较于常规以弯扭受力为主的曲线连续梁桥支座反力分布更为复杂,尤其是支座设置方式对支座水平受力分布的影响。下面分析在自重、二期恒载和温度变化作用下不同支座设置方式的支座反力分布情况,探究此类桥型合理的支座设置形式。

3.1 支座布置形式

对于直线下承式系杆拱桥,荷载和环境温度的改变会引起桥梁轴向长度的改变。而对于曲线大跨下承式提篮系杆拱桥,荷载和温度的改变不仅会引起桥梁轴向长度的变化,还会引起曲率半径的变化。因此,桥梁的运动不再是沿桥轴线方向。这种情况下,如果支座仅允许沿桥轴线方向的位移,则它将承受和传递横向力。如果该横向力很小且支座设计可适应该力,则可以简单地令支座朝向桥轴线方向。大多数弯桥活动支座的朝向都根据桥梁的变形方向确定[4]。

设计过程中首先对连续曲线宽梁常用的两种支座布置方式进行对比分析,判断其对于该桥的适应性。支座布置方式如图4所示,具体说明见表1。

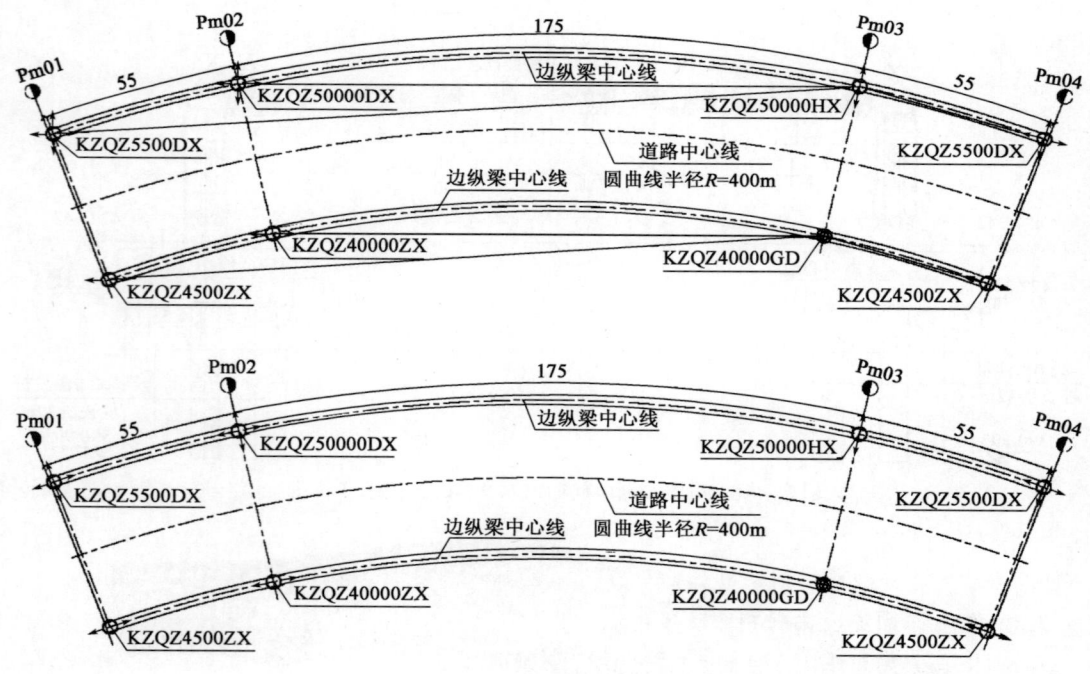

图4 曲线梁桥常用的两种支座布置形式图(尺寸单位:m)
注:上、下分图分别对应支护方式 a、b

支座布置形式列表　　　　　　　　　　　　　　　　　　　　　表1

布置方式	Pm01		Pm02		Pm03		Pm04		支座布置方向
	外侧	内侧	外侧	内侧	外侧	内侧	外侧	内侧	
a	DX	ZX	DX	ZX	HX	GD	DX	ZX	沿纵向约束点弦向
b	DX	ZX	DX	ZX	HX	GD	DX	ZX	沿桥梁轴线

注:"GD"表示固定支座,"DX"表示双向滑动支座,"ZX"表示纵向滑动支座,"HX"表示横向滑动支座。

3.2 恒载支反力分析

在自重、二期恒载作用下支座支反力的计算结果列于表2。从表2可以看出,不同于一般曲线连续梁桥,该桥在恒载作用下,单向滑动及固定支座处均会产生水平支反力;各支点在不同支座布置方式下竖向反力相差较小,不超过6.4%。

恒载作用下支反力计算结果表　　　　　　　　　　　　　　表2

布置方式	支座反力	Pm01(kN)		Pm02(kN)		Pm03(kN)		Pm04(kN)		支座布置方向
		外侧	内侧	外侧	内侧	外侧	内侧	外侧	内侧	
a	FZ	3 237	1 720	41 696	34 408	41 182	34 624	3 669	1 133	沿纵向约束点弦向
	FX	0	0	0	0	−7 460	7 935	0	0	
	FY	0	−3 764	0	5 474	0	3 521	0	−5 263	
b	FZ	3 200	1 694	41 923	34 226	41 207	34 608	3 580	1 231	沿桥梁轴线
	FX	0	0	0	0	−6 206	6 997	0	0	
	FY	0	−3 026	0	4 191	0	3 656	0	−4 947	

支座布置方式a:Pm03号桥墩处内侧支座纵向水平支反力约为竖向支反力的23%,横向水平支反力约为竖向支反力的10%,外侧支座纵向水平支反力约为竖向支反力的18%;Pm02号桥墩处内侧支座横向水平支反力约为竖向支反力的16%;Pm01号桥台处内侧支座横向水平支反力约为竖向支反力的219%;Pm04号桥台处内侧支座横向水平支反力约为竖向支反力的465%。

支座布置方式b:Pm03号桥墩处内侧支座纵向水平支反力约为竖向支反力的20%,横向水平支反力约为竖向支反力的11%,外侧支座纵向水平支反力约为竖向支反力的15%;Pm02号桥墩处内侧支座横向水平支反力约为竖向支反力的12%;Pm01号桥台处内侧支座横向水平支反力约为竖向支反力的179%;Pm04号桥台处内侧支座横向水平支反力约为竖向支反力的402%。

通过比较可见,在恒载作用下,支座布置方式b产生的水平反力小于方式a,即方式b能更好地释放桥梁恒载变形。

进一步分析方式a、b横向水平支反力分布,可知该桥型"提篮效应"显著,恒载作用下内外侧拱脚发生相对位移,各墩桥台处横向约束支座产生较大横向水平支反力,分别在Pm02与Pm01,Pm03与Pm04横向约束支座之间形成一对力偶。

3.3 温度作用支反力分析

在整体升温30℃作用下支座反力的计算结果列于表3。从表3可以看出,温度变化引起的竖向支反力较小。在整体升温作用下,方式a支座滑动方向顺应结构温度变形方向,较好释放了温度变形,产生的水平支反力可忽略不计。方式b由于温度变化,在受约束支点均产生了水平反力。

整体升温作用下支座反力计算结果表 表3

布置方式	支座反力	Pm01(kN) 外侧	Pm01(kN) 内侧	Pm02(kN) 外侧	Pm02(kN) 内侧	Pm03(kN) 外侧	Pm03(kN) 内侧	Pm04(kN) 外侧	Pm04(kN) 内侧	支座布置方向
a	FZ	-12	-15	5	23	0	23	-8	-16	沿纵向约束点弦向
a	FX	0	0	0	0	-6	6	0	0	
a	FY	0	4	0	-4	0	3	0	-3	
b	FZ	32	-62	-81	108	-70	84	-25	14	沿桥梁轴线
b	FX	0	0	0	0	874	-986	0	0	
b	FY	0	-762	0	545	0	665	0	-521	

3.4 支座反力综合分析

由以上分析可见,对于该桥型,在恒载作用下,曲线连续梁桥常用的两种支座布置方式 a、b 均会产生较大的水平支反力,方式 b 相较于 a 能更好地释放恒载变形,方式 a 能很好地释放温度变形;在恒载+温度共同作用下,两种支座布置方式水平支反力相差不大。

各支座横向水平支反力主要由该桥型"提篮效应"引起,故考虑释放桥墩处支座的横向约束,以减小各墩台处水平支反力,优化下部结构受力。

该桥为城市主干路上的特大型跨河桥梁,墩高仅 2m 高,支座均采用双曲面球型减隔震支座,抗震设防目标为:E1 地震作用下,桥梁约束体系不发生改变;E2 地震作用下,支座水平剪力键剪断,进入减隔震状态。

考虑桥墩支座横向约束释放后,E1 横向地震作用只能由桥台承担,鉴于桥台处恒载竖向支反力较小,难以匹配到具有足够水平抗力的支座,故需在两个桥台处设置独立的横向剪力键,同时桥台处全部采用双向滑动支座。新的支座布置方式 c 如图 5 所示,具体说明见表 4。

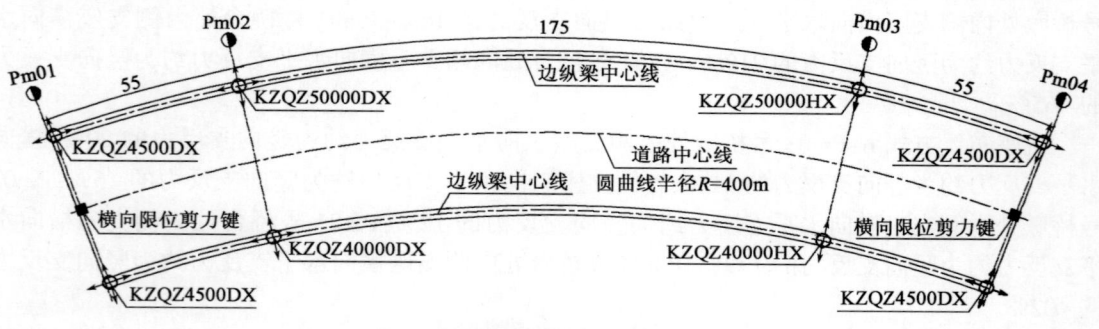

图 5 曲线梁桥常用的支座布置形式 c

支座布置形式表 表4

布置方式	Pm01 外侧	Pm01 内侧	Pm02 外侧	Pm02 内侧	Pm03 外侧	Pm03 内侧	Pm04 外侧	Pm04 内侧	支座布置方向
c	DX	DX	DX	DX	HX	HX	DX	DX	沿桥梁轴线,桥台处剪力键布置在结构中心线处

在恒载、整体升温 30℃ 作用下支座反力的计算结果列于表 5。从表 5 可以看出:支座布置方式 c 对该桥型的恒载及温度变形适应性很好,可有效消减下部结构所受的水平力,同时可使桥台处内外侧竖向支反力分布更为均匀。经比较,对于上述三种支座布置方式,恒载作用下拱肋、主梁受力差异在 3% 以内。

恒载、整体升温作用下支座反力计算结果表　　　　　　　　　　表 5

荷载	支座反力	Pm01(kN)			Pm02(kN)			Pm03(kN)			Pm04(kN)
		外侧	内侧	剪力键	外侧	内侧	外侧	内侧	外侧	内侧	剪力键
恒载	FZ	3 030	1 876	0	42 720	33 406	41 994	33 661	2 968	2 013	0
	FX	0	0	0	0	0	−84	94	0	0	0
	FY	0	0	16	0	0	0	0	0	0	−14
整体升温	FZ	−11	−16	0	4	23	2	20	−11	−12	0
	FX	0	0	0	0	0	39	−44	0	0	0
	FY	0	0	−7	0	0	0	0	0	0	6

4　拱脚横梁刚度对结构整体受力的影响分析

下承式提篮系杆拱桥一般会着重加强拱梁结合处横梁刚度，采用加高、加宽的横梁。该桥横梁设计宽 6m，由于建筑外观要求高，采用了高度较低的横梁，设计过程中对比分析了 2.7m（与桥面系普通横梁等高）和 8m（与边纵梁等高）两种横梁高度对结构受力的影响。

恒载作用下，两种不同横梁高度，边纵梁扭转变形见图 6、图 7。可见，加大横梁刚度能有效限制边纵梁的扭转变形。而边纵梁的扭转变形直接影响其对桥面系横梁的约束刚度[5]，恒载作用下，较大的横梁刚度能有效减小桥面系横梁应力水平，在边跨跨中位置两者恒载应力相差约 22%。进一步可知在桥面系验算时，不应只计算局部车辆荷载，应考虑车道荷载满布对边纵梁扭转变形的影响。恒载作用下，两种不同横梁高度拱肋应力见图 8、图 9。可见，较大的横梁刚度能改善拱肋的受力状态，拱顶结合处控制截面应力减小约 7%。

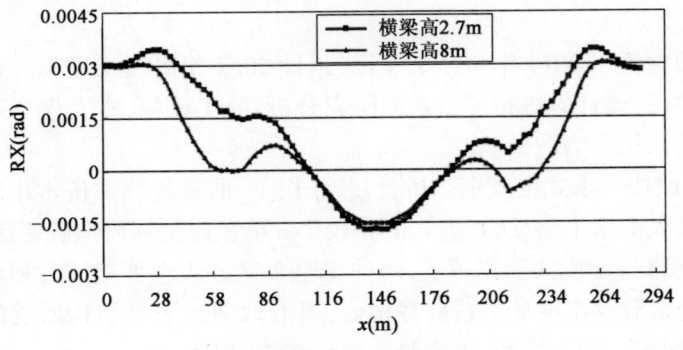

图 6　外侧边纵梁扭转变形

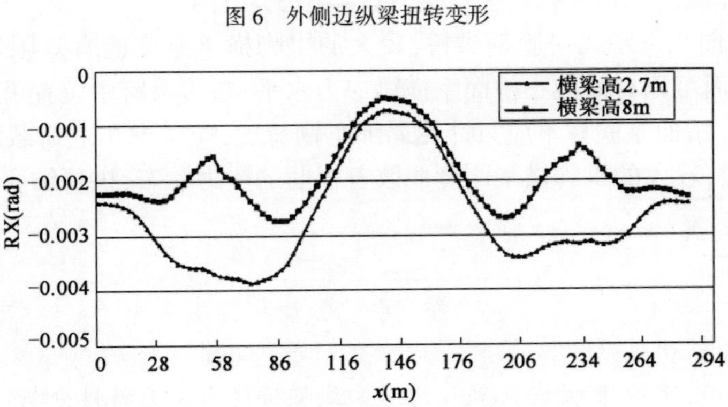

图 7　内侧边纵梁扭转变形

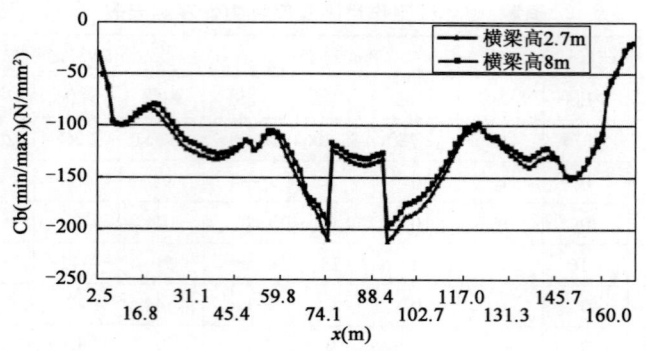

图8 外侧拱肋应力(MPa)

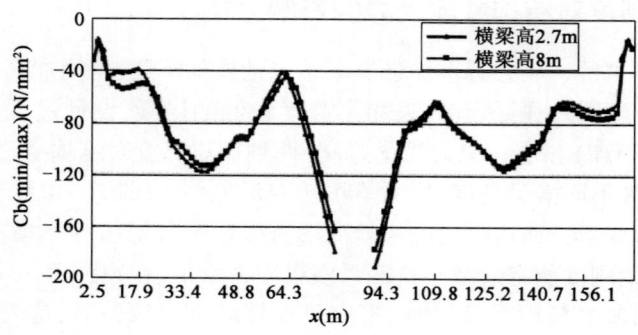

图9 内侧拱肋应力(MPa)

5 结语

西一线绛溪河大桥于2019年初开工建设,预计2022年底竣工通车。作为国内首座曲线下承式异形提篮拱桥,设计时进行了一系列研究分析,限于篇幅,本文仅介绍了支承布置形式和拱脚横梁刚度对结构受力的影响。

(1)对于此类曲线下承式提篮钢拱桥,恒载作用下,曲线连续梁桥常用的两种支座布置方式a、b均会产生较大的水平支反力,方式b相较于a能更好地释放恒载变形,方式a能很好地释放温度变形;在恒载+温度共同作用下,两种支座布置方式水平支反力相差不大。支座布置方式c对该桥型的恒载及温度变形适应性很好,可有效消减下部结构所受的水平力。上述三种支座布置方式,恒载作用下拱肋、主梁受力差异在3%以内。

(2)对于此类曲线下承式提篮钢拱桥,较大的拱脚横梁刚度能有效限制荷载作用下边纵梁的扭转变形,从而可以有效减小桥面系横梁应力水平,在边跨跨中位置可减小桥面系横梁恒载拉应力约22%。桥面系验算不应只计算局部车辆荷载,应考虑车道荷载满布对边纵梁扭转变形的影响。同时,较大的拱脚横梁刚度能改善拱肋的受力状态,拱顶结合处控制截面应力减小约7%。

参 考 文 献

[1] 潘晓民,孙立山,宁伯伟.竖向荷载作用下曲线梁桥约束反力特性分析[J].桥梁建设,2011(3):26-30.

[2] 梁仲林.曲线梁桥设计中支承形式的选用[J].桥梁建设,2007(S1):7-10.
[3] 方诗圣,肖兵,张吉烁,等.支座布置形式对曲线梁桥力学性能的影响[J].世界桥梁,2011(4):49-52.
[4] 拉伯特,赫特.钢桥 钢与钢-混组合桥梁概念和结构设计[M].葛耀君,苏庆田,等,译.北京:人民交通出版社股份有限公司,2014.
[5] 林道锦,罗荃,胡世德.修正系数法计算系杆拱桥横梁内力[C]//桥梁及结构工程学会第十三届年会论文集(下册),北京:中国土木工程学会,1998.

21. 马来西亚蒲莱河大桥主桥总体及抗船撞设计

刘 强 张 凡

（中交公路规划设计院有限公司）

摘 要：马来西亚蒲莱河大桥及道路工程是连接马来西亚柔佛州 Tanjung Bin 至 Tanjung Pelepas 的重要通道。本文介绍了蒲莱河大桥主桥的总体设计，分别从技术标准、建设条件和设计方案等方面进行阐述。本项目采用英国《混凝土桥梁设计规范》（BS 5400-4）进行设计，针对通航主桥 22.5m 超宽梁提出了大悬臂单箱单室的箱梁方案；针对抗船撞设计，在结构本身防撞能力的基础上，提出了橡胶护舷的防撞方案，确保结构安全。

关键词：蒲莱河大桥　单箱单室箱梁　英国规范　抗船撞设计　橡胶护舷

1 项目背景

马来西亚蒲莱河大桥及道路工程位于马来西亚半岛南部，项目紧邻新加坡，距离新加坡边境约 16km。该项目是连接马来西亚 Tanjung Bin 至 Tanjung Pelepas 的重大基础工程。项目建设于 2018 年 2 月启动，计划于 2021 年底建成通车，它的建成将极大缩短 Tanjung Bin 至 Tanjung Pelepas 港口之间材料及物资运输的时间，对推动柔佛州 Tanjung Bin 以及周边地区发展起到重要作用。本项目包括桥梁、道路以及附属设施工程。

蒲莱河大桥及道路工程全长 7.5km，为双向四车道公路，主要包括路基 4.5km，其中西侧路基长 3.3km，东侧路基长 1.2km；三座跨河桥梁合计约 3km，其中蒲莱河（Sg Pulai）大桥约 2.2km。蒲莱河大桥桥梁分布范围见表 1。项目西起于 Tanjung Bin，东止于 Tanjung Pelepas，与既有道路相连，线路跨越 Sg Boh、Sg Pulai、Sg Perepat 三条河流以及 KTMB 既有铁路线。

蒲莱河大桥桥梁分布范围　　表1

部　分	跨径布置（m）	长度（m）	备　注
西引桥	40×8+32×4+40×6	688	简支 T 梁
主桥	90+160+90	340	连续刚构
东引桥	40×14+35×4+40×2+32+40×2+33×2+32+40×4	1150	简支 T 梁
总长度（m）		2178	

2 主要技术标准

(1)道路等级:双向四车道,主干道路。
(2)设计速度:90km/h。
(3)桥梁标准宽度22.5m,行车道宽度3.5m,紧急停车带宽度3.0m,中央分隔带宽度1.6m,边护栏宽度0.45m。
(4)桥梁设计荷载:HA荷载和HB荷载,其中HA荷载由均布荷载(取值取决于加载长度)和集中荷载(120kN)组成;HB为4个轴16个车轮的车载,每个轴的荷载为10kN[1]。
(5)桥梁最大纵坡:5%。
(6)桥面横坡:2.5%。
(7)设计基准风速:V_{10}=35m/s。
(8)桥位区地震动峰值加速度:0.03g。
(9)通航标准:100m×25m。

3 建设条件

3.1 气象条件

本工程所在国气候属热带季风气候,全年湿热多雨,平均气温30℃,紫外线极强。在海面10m高度处,百年一遇的10min平均设计风速为35m/s,施工期间的基准小时平均风速为27m/s。

3.2 水文条件

桥梁跨越蒲莱河,桥位处河宽约900m,水流平缓,岸线至河道为陡降坡势,水深20m。桥址区潮位见表2。

蒲莱河潮位(桥址区) 表2

潮 位		高程(m)
最高天文潮	HAT	+2.300
平均大潮高潮	MHWS	+1.488
平均大潮低潮	MLWS	-1.487

3.3 工程地质

工程所在位置地表以下20~23m为松软淤泥层,其下为较坚硬的砂土及页岩层,地层信息如表3所示。

桥位区工程地质描述 表3

土层厚度/深度(m)	地 质 状 况
5.0/(0~5.0)	非常松软的灰色粉质黏土
1.0/(5.0~6.0)	松软的浅灰~中灰色粉质黏土
11.0/(6.0~17.0)	非常松软的浅灰~中灰色粉质黏土
4.5/(17.0~21.5)	松软~硬质浅灰色粉质黏土
8.0/(19.5~27.5)	硬质的中灰色粉质砂土
1.5/(27.5~29.0)	坚硬的浅灰~中灰色粉质砂土

3.4 通航净空及船撞力

蒲莱河为通航河流,项目业主规定通航净宽100m,净高25m。设计阶段提出了单孔单向通航的方式。桥梁结构设计需考虑船撞力,主桥船撞力设防按照美国国家高速公路和交通运输协会(AASHTO)标准执行[2],主桥船撞力设防标准见表4。

主桥船撞力设防标准　　　表4

区　域	代表船型	撞击荷载(MN)
主桥主墩	3 000 DWT	13.1
主桥过渡墩	3 000 DWT	1.0

3.5 地震

大桥地震设计按照英国规范 BS5400 执行,地面峰值加速度为 $0.03g$。

4 主桥总体设计

4.1 总体布置

主桥采用连续刚构,采用单孔单向通航方式以满足通航要求。桥梁采用整幅布置,单向设置 2 个行车道 2×3.5m 和 1 个紧急停车道 3.0m。主桥跨径布置为 90m+160m+90m＝340m,边中跨比 0.56。主墩与主梁固结处理,过渡墩与主梁采用球型钢支座连接,如图 1 所示。

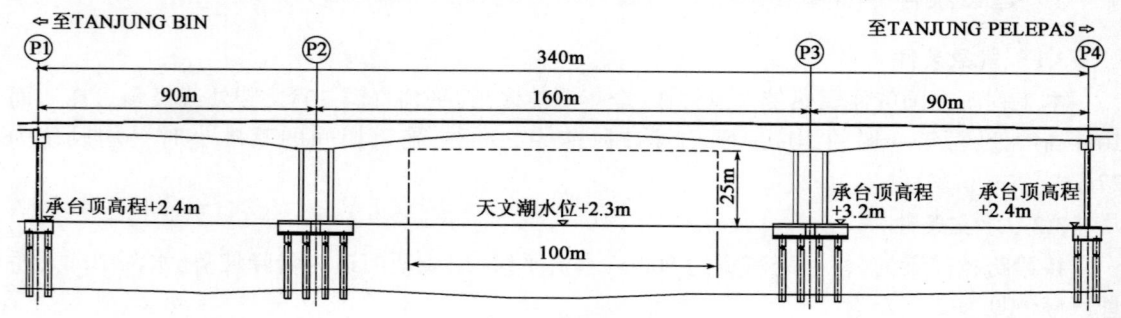

图 1　主桥桥型布置图

4.2 主梁构造

主梁为变截面梁,采用单箱单室斜腹板结构。箱梁根部高度为 9.0m,高跨比为 1/17.7,跨中高度 3.60m,高跨比为 1/44.4,梁高变化采用二次抛物线过渡。主梁根部及跨中断面分别如图 2 和图 3 所示。

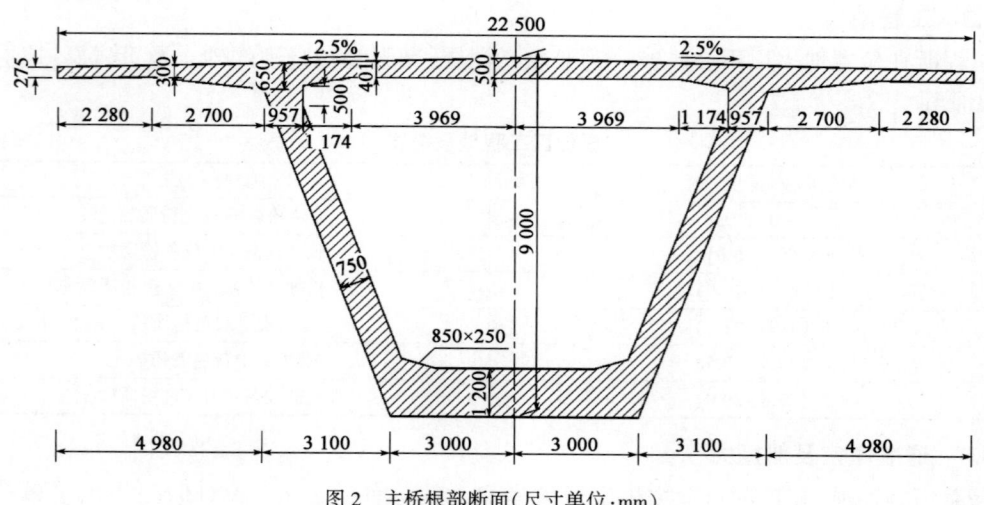

图 2　主桥根部断面(尺寸单位:mm)

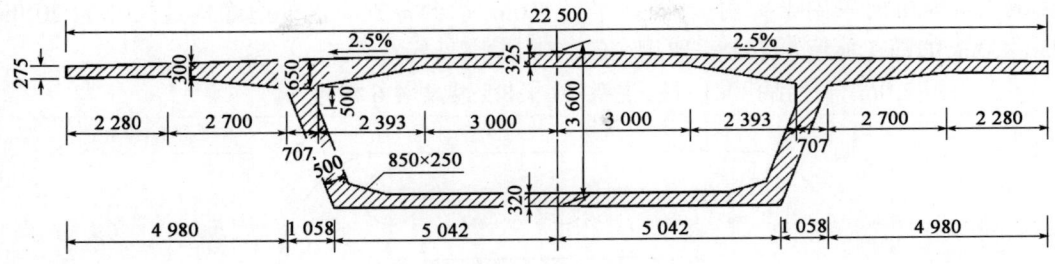

图3 主桥跨中断面(尺寸单位:mm)

主梁设置双向2.5%的横坡,顶部梁宽22.5m,底宽随高度由10.84m渐变为6.0m,悬臂长4.98m,主梁各部位构造尺寸见表5。

主梁各部位构造尺寸   表5

箱梁部位	构造尺寸(mm)	备注
顶板悬臂	850/650	满足横向受力、纵横向布孔确定厚度
顶板箱室内	1 000/825/325	满足横向受力、纵横向布孔确定厚度
腹板	1 250/750/700/600/500	随剪力变化调整
底板	1 200/991/650/480/325	底板采用二次抛物线过渡

主梁采用平衡悬臂浇筑法施工,其中0号块长度为12.8m,以满足两侧挂篮对称拼装空间的需要。主梁设置17个悬浇节段,从0号块起,节段布置为5×3.40m、3×4.10m、2×4.50m、2×4.60m、2×4.80m、3×5.0m,合龙段长3m。

主梁设计为纵、横双向预应力构件,不设置竖向预应力。预应力采用15.24mm直径的钢绞线,顶板束、腹板束和合龙束均采用15.2-27的钢束,横向预应力采用15.2-5的钢束。

4.3 下部结构

主墩为双薄壁墙形式,截面尺寸为1.5m×9m。过渡墩为实心墙形式,截面尺寸为10.5m×1.5m。

主墩承台采用菱形构造,各方向最外边缘间的尺寸为45.0m×24.2m×4.0m,如图4所示。

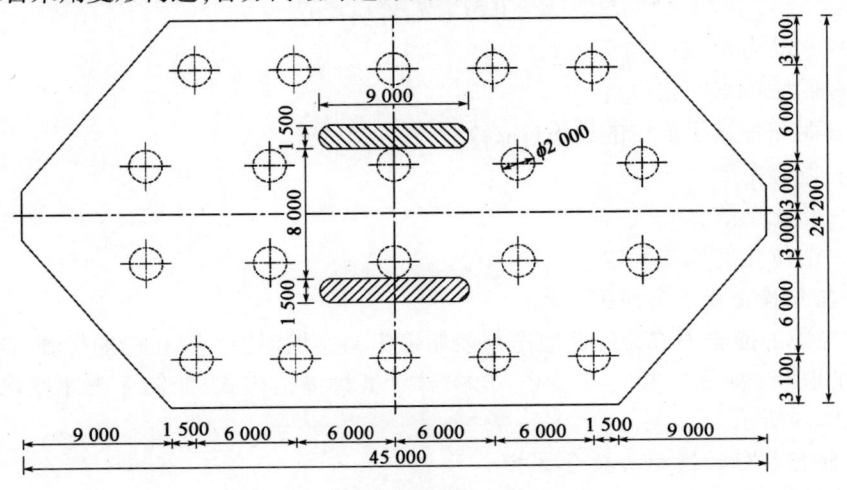

图4 主桥主墩基础形式(尺寸单位:mm)

过渡墩承台横桥向采用半圆构造,圆弧半径5.0m,承台各方向最外边缘构造尺寸为20.0m×9.2m×4.0m,如图5所示。承台采取钢套箱施工。

基础采用2.0m直径钻孔灌注桩,主墩20根桩,过渡墩6根桩。

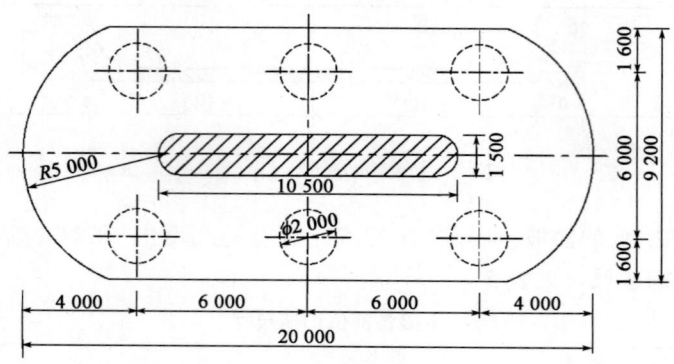

图5 主桥过渡墩基础形式(尺寸单位:mm)

5 主桥防撞设计

5.1 设计原则

基于蒲莱河大桥主桥主墩基础具备整体抗撞能力,且船舶不会直接碰撞桩基础的条件下,承台防撞采用布设防撞护舷的方式对桥梁结构进行保护。防撞护舷作用在于防止承台局部混凝土的局部破损,同时对船体起到一定的保护作用,具体如下:

(1)保护承台表面混凝土局部破损,防止发生局部开裂造成钢筋裸露等。

(2)保护船舶,避免承台棱角刺破船体,进而避免发生船舶沉没、人员伤亡、环境污染等一系列后果。

5.2 防撞护舷基本参数需求

5.2.1 船舶撞击能量

根据英国《海事工程第4部分:护舷和系泊系统设计规范》(BS 6349-4)第4.7.1条文[3],护舷系统的吸能需求E按式(1)确定:

$$E = 0.5 C_M M_D V_B^2 C_E C_S C_C \tag{1}$$

式中:C_M——水动力系数;

M_D——船舶排水吨位(t);

V_B——船舶垂直于泊位的速度(m/s);

C_E——偏心系数;

C_S——软化系数;

C_C——泊位几何构造系数。

5.2.2 船舶撞击模式与撞击速度

计算中考虑的撞击模式为船侧撞击与船艏撞击两类情形,对应α(船舶行驶方向与泊位表面夹角)分别取0°(侧靠)、30°、45°、60°与90°共计五种撞击模式,船舶撞击速度取2.0m/s,各撞击模式如图6所示。

5.2.3 防撞护舷的选型及数量要求

根据英国《海事工程第4部分:护舷和系泊系统设计规范》(BS 6349-4)第5节表5,V型

护舷的高度 H 范围为 150~1 300mm,吸能量为 3~600kJ。以 3 000DWT 轮船为例,α 取上述撞击模式角度,考虑 1300H 的 V 型护舷,计算得到吸收全部撞击能量所需的橡胶护舷数量为 17 个。主桥主墩承台护舷的平、立布置分别如图 7 所示(实际数量为 24 个),橡胶护舷构造尺寸如图 8 所示。

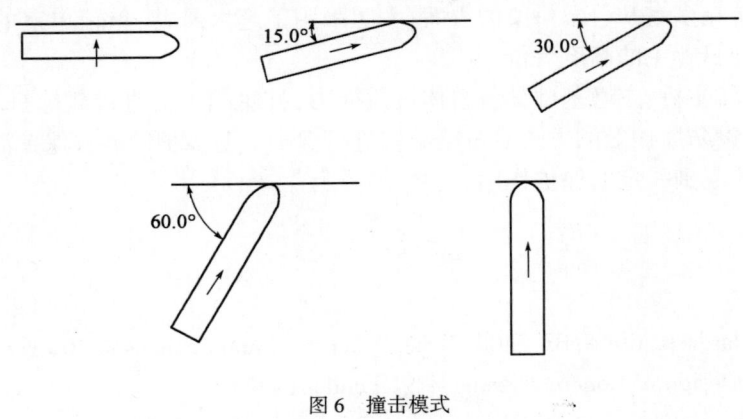

图 6 撞击模式

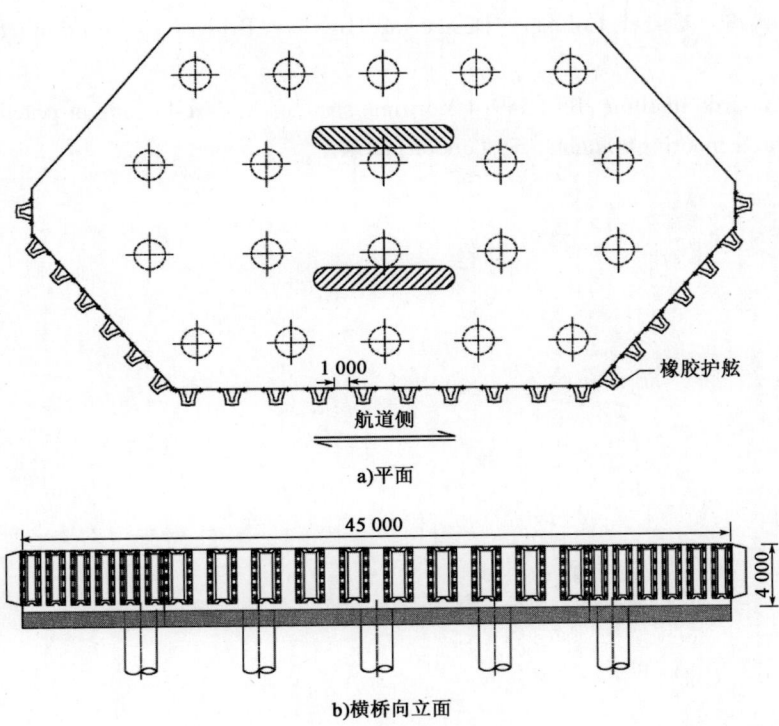

a)平面

b)横桥向立面

图 7 主桥主墩承台护舷布置(尺寸单位:mm)

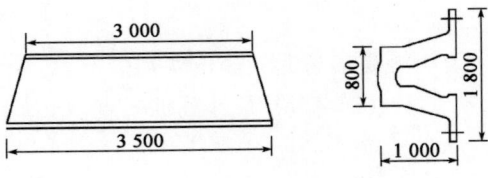

图 8 橡胶护舷构造尺寸(尺寸单位:mm)

6 结语

马来西亚蒲莱河大桥项目是"一带一路"上的一项重要工程,采用22.5m宽整幅箱梁方案,摒弃了传统单箱多室和分幅桥梁的方案,大胆采用了超大悬臂、单箱单室的箱梁的技术创新方案,获得了项目业主的高度评价。

基于具有通航主桥、主墩基础具备整体抗撞能力,且船舶不会直接碰撞桩基础的条件下,承台防撞采用布设防撞护舷的方式对桥梁结构进行保护。防撞护舷能够保护混凝土免于局部破损,同时对船体起到一定的保护作用。

参 考 文 献

[1] British Standards Institute, BS 5400-4 Steel, Concrete and Composite Bridges Part 4: Code of Practice for Design of Concrete Bridges[S]. London, 1990.

[2] American Association of State Highway and Transportation Officials, Guide Specifications and Commentary for Vessel Collision Design of Highway Bridges, 2nd Edition [S]. Washington DC, 2009.

[3] British Standards Institute, BS 6349-4 Maritime structures: Part 4: Code of practice for design of fendering and mooring systems[S]. London, 1994.

22. 高烈度区大跨径预应力混凝土连续刚构桥设计实践

黄 宜 徐德标 潘可明 胡 彪

（北京市市政工程设计研究总院有限公司）

摘 要：预应力混凝土刚构桥具有整体性好、受力明确、结构刚度大、性价比高等优点，在大跨径桥梁的实践中应用较为广泛。但从近年来工程实践来看，部分已建成的刚构桥出现了一些病害。本文从北京地区某大跨刚构桥的设计实践出发，结合以往工程设计、施工中的经验教训，总结了高烈度区大跨径预应力混凝土连续刚构桥梁设计中的重点、难点，在设计阶段提出相应的措施以避免或减少可能出现的病害，以期为今后的高烈度区大跨预应力混凝土连续刚构桥设计提供借鉴和参考。

关键词：高烈度区 大跨径 刚构桥 设计实践

1 引言

大跨径预应力混凝土连续刚构桥作为跨越性能较强的桥梁结构形式，具有整体性好、受力明确合理、结构刚度大、变形小、性价比高等优点[1]，已经在很多工程中得到应用。我国桥梁建设从20世纪90年代后期出现了一大批跨径大于200m的刚构桥，运营至今20余年，部分桥梁已经出现中跨跨中超限下挠，部分桥梁在施工和使用过程中箱室顶、底、腹板出现裂缝等病害，这些病害将影响桥梁结构的结构耐久性及长期使用过程中的安全性。根据《公路桥梁抗震设计规范》(JTG/T 2231-01—2020)[2]提出E2地震作用下，A类桥梁整体受力状态应在弹性范围内，高烈度区大跨径预应力混凝土连续刚构桥实践中的抗震设计也相应提高要求。

2 工程概况

国道109新线高速公路（西六环路—市界段）工程设计起点位于西六环路军庄立交，向西经妙峰山、王平、雁翅、斋堂、清水，终于市界（终点）与张涿高速公路相接，路线全长约65.5km。

军庄主线刚构桥是国道109新线高速公路跨越永定河连接西六环的一座重要桥梁，永定河在此处为南北走向，规划河道上口约为165m，无通航要求。根据地震安全性评价报告，军庄主线刚构桥抗震设防烈度为8度，设计基本地震动峰值加速度为$400g±40g$。防洪标准的设计洪水频率为1/300。本桥设计使用年限100年,设计荷载为公路—Ⅰ级,设计速度80km/h,标准6车道断面。军庄主线刚构桥选用跨径组合为108m+188m+108m,左右分幅设置,单幅桥面标准宽度23.5m,采用悬臂浇筑施工工艺。

3 结构设计

3.1 主梁结构设计

本桥上跨永定河连接西六环,其中规划永定河河道上口宽165m,河道管理部门要求河道内不允许设置墩柱,因此结合跨越条件,考虑边中跨组合的合理性,跨径组合设计为108m+188m+108m,如图1所示。

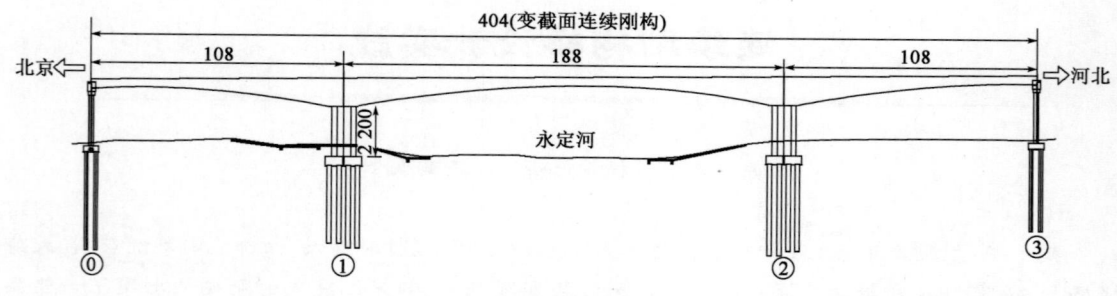

图1 军庄主线刚构桥立面布置(尺寸单位:m)

针对主梁构造细节的设计,设计团队对国内外刚构桥资料[3-5]做了广泛调查与深入研究。本桥单幅桥面标准宽度达到23.5m,经过方案比选,主梁截面选择分离双箱断面,桥面为单向坡,每个箱室底宽625cm,外悬臂宽325cm。根据大跨刚构桥设计思路,主梁宜按照全预应力结构进行设计,充分考虑本桥设计的特点,主梁中跨跨中梁高380cm,中墩墩顶梁高1260cm,主梁下缘按1.8次抛物线变化,支点处高跨比为1/15,跨中高跨比为1/49.5,跨中顶板厚度为32cm,跨中底板厚度为35cm,桥梁断面布置如图2所示。腹板厚度分为3级,厚度分别为65cm、85cm、100cm。主梁混凝土选用C60混凝土。

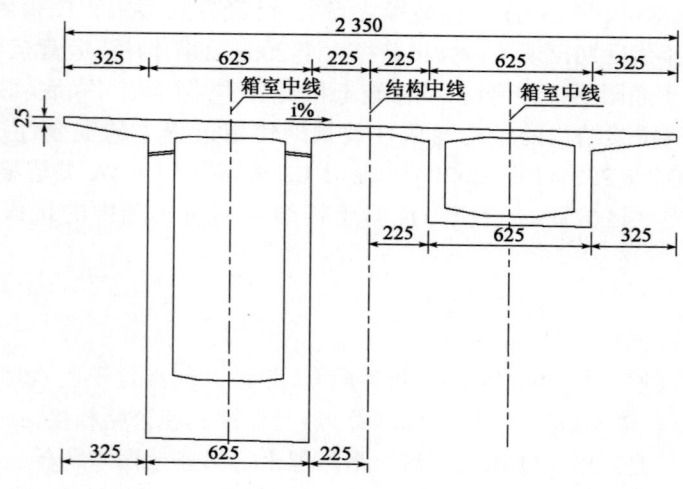

图2 军庄主线刚构桥断面布置(尺寸单位:cm)

3.2 下部结构设计

下部结构墩柱采用纵、横双向薄壁空心墩,高度22m,墩高跨径比为1/8.5。承台纵向分离处理,横向采用系梁连接,桩基采用双排桩基础。

3.3 预应力体系设计

该桥主跨188m,为特大桥,因此按照全预应力结构进行设计。该桥主梁采用纵、竖、横三向预应力体系。纵向、横向预应力采用$\phi^s 15.2$低松弛钢绞线,其标准强度$f_{pk}=1\,860$MPa。竖向预应力采用$\phi 16$-2无黏结预应力混凝土用钢棒。预应力张拉顺序为纵向、竖向、横向。纵向预应力应对称交替张拉,竖向应力落后纵向预应力1个节段张拉,横向预应力落后竖向应力1个节段张拉。

3.4 主梁施工方案设计

军庄主线刚构桥施工工艺为节段悬臂浇筑施工,为满足施工工期要求,在桥梁初步设计阶段的基础上将单侧悬浇段由27个块件优化为22个块件,其中0号块长度为13.6m,其余节段长度为2.7~4.5m,合龙段长度为2m,边跨支架现浇段长度为13m。

4 关键设计难点处理

对于国内同类型刚构桥,军庄主线刚构桥有以下几个设计特点:

(1)较宽的桥面需要采用合适的断面形式,避免过重的悬臂浇筑块件及挂篮,是本桥设计的亮点之一;

(2)较小高跨比(墩柱高与主跨跨度之比)的制约下,高烈度区桩基与墩柱的抗震设计,是本桥设计的难点及重点;

(3)北方地区施工期相对较短,本桥依照工期排布,需要跨年施工,如何应对跨年度施工收缩徐变对结构的影响,是本桥设计的重点;

(4)如何规避刚构桥常见病害,做好预防处理,是本桥设计的亮点之一。

解决好以上问题是本桥设计的关键。

4.1 构造设计比选

本桥主跨188m为北方高烈度地区最大跨径之一,单幅桥宽23.5m,应该为同类型桥梁悬臂浇筑较宽的桥梁。为实现既使结构受力合理、方便施工,又能在初步设计基础上降低造价的目标,设计团队在施工图阶段进行了多方案分析对比,在构造上进行了以下几项优化处理:

(1)增加了中墩处主梁梁高,由初步设计阶段的11.5m调整为12.6m,整体线形按照1.8次抛物线处理,优化调整后的结构提升了桥梁整体刚度,较大的高跨比可以有效降低收缩徐变效应,进而可以有效防止运营过程中的跨中塌腰问题。

(2)主梁截面由单箱大跨度双室调整为双箱小跨度单室,箱室间采用横向联系连接,增加一道腹板,减少了箱室中间的底板,不仅减轻了块件自重,而且可以省去桥面板横向钢束的布置,提高桥面板的竖向刚度,方便施工操作(双箱单室断面大大方便了挂篮本身设计及挂篮施工,同时也给施工单位预留一幅桥两单箱同步施工横向设置湿接的条件,极大地方便了施工方案的选择),小跨度箱室的设置也方便了施工过程中桥面板平整度的控制,可以确保施工质量。

(3)顶板厚度根据预应力布置需求调整为32~48cm,底板厚度调整为35~150cm,调整后的顶底板厚度确保钢束之间有适度充盈的空间,防止钢束张拉过程中的相互影响及局部劈裂裂缝。

4.2 高烈度区抗震设计

根据地安评报告,军庄主线刚构桥处于汾渭地震带与华北平原地震带交界处,场区抗震设防烈度为8度,设计基本地震动峰值加速度为$400g±40g$,属于高烈度区。按照《公路桥梁抗震设计规范》(JTG/T 2231-01—2020)设计要求需要在设计中进行特殊处理以满足规范要求。军庄刚构桥墩柱高度只有22m,墩柱抗推刚度较大,故在桥梁设计中需要采用构造措施来降低纵横向抗推刚度。根据A类桥梁抗震设防目标,E2地震下桥梁结构整体反应应处于弹性阶段的设计要求,需要在结构设计中重点考虑对结构形式尤其是下部结构结构形式的优化与强化处理,以满足桥梁结构对于地震作用的要求。基于以上抗震设计的要求与特点,对桥梁结构做了以下特殊处理:

(1)中墩承台采用纵分、横联方式(承台、墩柱布置如图3所示),有效解决了较大地震力对结构受力的影响。

①由于横桥向地震产生的较大弯矩,导致单幅桥横桥向最外侧桩基需承担较大的上拔力或下压力,为了满足受力要求,横桥向需要增加桩基数量,增大承台横桥向尺寸,但较初步设计增加了工程费用。该项目为PPP项目(即公私合营模式的项目),在结构安全的基础上控制造价为本工程设计重点,设计团队经过分析计算,将左右幅桥梁中墩承台连为一体,有效地解决了横桥向地震力问题。两幅桥承台连为一体后,桩基的力臂增大了1倍多,大大减小了横桥向地震弯矩作用下产生的竖向力。这种承台处理方式尚为同类型桥梁首次采用,不仅降低了造价,而且使结构受力更合理。

②由于中墩高度只有20m左右,而主跨高度188m,高跨比较小,导致顺桥向地震作用下墩柱、桩基需承受较大的力,而增大墩柱截面以满足受力要求会导致地震作用下承受更大的内力,同理增多桩基数量会产生同样的循环效应,因此,该桥也采用了国内一些同类型桥梁的处理办法,将承台在纵桥向一分为二,以减小基础纵向刚度,继而降低地震纵向效应。

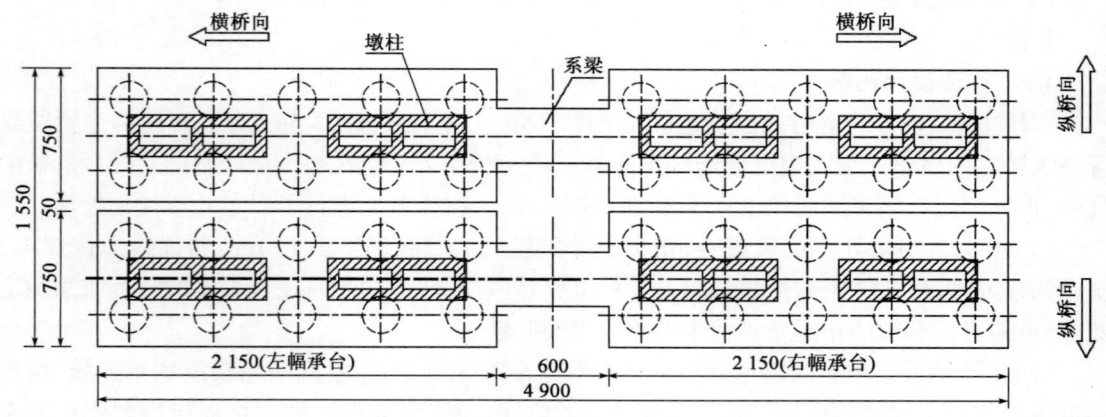

图3 承台、墩柱布置(尺寸单位:cm)

(2)通过不平衡配重布置,调节墩柱的内力分配。根据多次计算分析表明,合理地使用配重及中跨水平推力,能够增加主梁下缘的应力储备,改善墩柱的内力分布,调整结构下挠等。该桥在合龙前采用不平衡配重(边墩一侧3 200kN,中跨一侧1 800kN)及中跨水平推力($F_{顶推}$=10 000kN),产生以下效果:①调整了静力工况下双薄壁墩内力分布,成桥状态下墩柱顶底处应力趋于均匀;②中跨跨中配重释放后增加中跨跨中下缘压应力储备,可增加1.3MPa,并且可以作为下挠的预防措施之一。

（3）根据受力分析，中墩采用常规的配筋模式满足不了受力要求，因此该桥采用了HRB500钢筋与Q500工字钢相结合的配筋模式，以提高墩柱截面承载能力，使结构始终处于弹性状态。

4.3 常见刚构桥病害预防处理设计

已建大跨预应力混凝土刚构桥出现比较多的病害问题，具体有中跨塌腰、0号块及附近1/4跨节段区域出现较多裂缝。参考国内同行经验，该桥设计过程中对病害做了以下预防措施。

（1）对于中跨塌腰问题，进行如下处理：

①在预拱度设计中进行修正预拱度；

②中跨跨中预留配重沙袋，后期根据运营过程中的状态确定预留配重拆除时间（去除配重后可上拱2cm）；

③中墩墩顶及中墩跨中横梁处预留体外束张拉条件，后期根据运营过程中的状态确定是否需要穿索张拉（根据计算外加体外束可中跨跨中不考虑刚度损失状态下上拱2~3cm）；

④中跨跨中增加水平直腹板束。

（2）针对0号块及附近节段容易出现不规则裂缝，进行如下处理：

①在节段内、外表面设置直径6mm的CRB600H冷轧带肋钢筋焊网；

②1/4跨范围内竖向预应力筋加密布置（本桥根据计算竖向预应力仅为安全筹备）；

③0号块分层浇筑，且对施工时间进行约束，即墩柱顶节段与0号块之间、0号块与1号块之间的施工周期，原则上不超过15d。

5 结构计算分析

5.1 计算模型参数

本桥采用桥梁博士软件进行全桥结构静力计算，midas系列软件进行空间计算、动力计算及0号块的局部应力分析，慧加软件对施工过程中的结构主拉应力进行分析。利用不同软件的设计特点进行全桥结构验算并进行相互验证、复核，保证桥梁的结构安全，计算结果表明该桥各阶段均处于安全的工作状态中。

本文主要对主梁的静力计算的部分结果进行阐述，空间动力分析、空间局部应力分析、施工过程空间应力分析详见相关论文。

5.2 主梁静力计算结果

5.2.1 抗裂验算

根据《公路钢筋混凝土及预应力混凝土桥涵设计规范》（JTG 3362—2018）[6]（简称《公桥规》）需要对正截面及斜截面进行抗裂验算。该桥按照全预应力结构设计，根据《公桥规》第6.3.1条，分段浇筑或砂浆接缝的纵向分块构件正截面拉应力应满足：$\sigma_{st}-0.80\sigma_{pc} \leq 0$，即在正截面验算截面不出现拉应力，频遇组合下主梁应力上缘最小值为0.6MPa，下缘最小值3.4MPa（跨中），均为压应力，满足规范要求，如图4所示。

斜截面主拉应力应满足$\sigma_{tp} \leq 0.4f_{tk}$（限制为-1.14MPa，负号表示拉应力）。该桥在频遇组合下截面主拉应力最大值为-1.05MPa，满足规范要求，如图5所示。

根据《公桥规》第7.1.5条，使用阶段预应力混凝土受弯构件正截面混凝土的压应力，应符合下列要求：受压区混凝土的最大压应力未开裂构件需满足 $\sigma_{kc}+\sigma_{pt} \leqslant 0.5f_{ck}$（限制为 19.25MPa）。使用阶段最大压应力为 18.0MPa，满足规范要求，如图 6 所示。

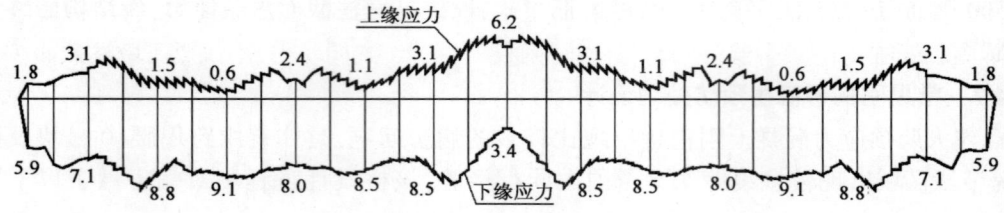

图 4　频遇组合下主梁应力（单位：MPa）

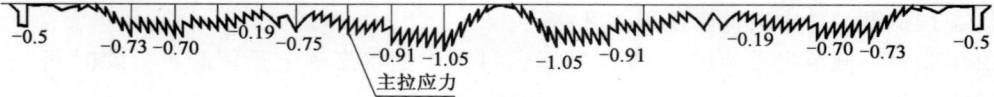

图 5　频遇组合下截面主拉应力（单位：MPa）

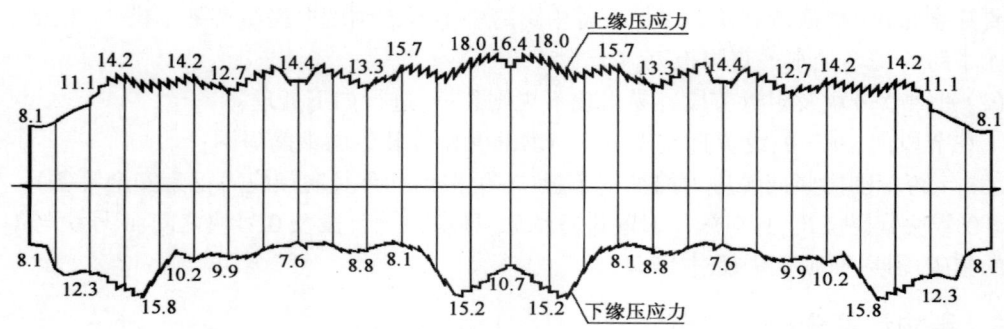

图 6　使用阶段主梁正截面压应力（单位：MPa）

5.2.2　挠度验算

军庄主线刚构桥中跨预应力产生的长期反拱值大于下挠值，按照规范无须设置预拱度，但是考虑结构的主梁刚度、长期效应的徐变等因素以及已建成桥梁的实际情况，在桥梁中跨跨中设置 13cm 的成桥预拱度，按照二次抛物线设置。为保证本桥的安全施工，施工过程中的主梁线型及应力情况由专业的监控单位进行全程监控。

6　新技术、新工艺的应用

6.1　桥梁桥面左右分幅，基础承台纵分、横联，在地震作用下，左右幅桥梁协同受力共同抵抗横桥向地震力

针对高烈度区地震作用对桩基与墩柱受力的不利影响，该桥中墩承台采用纵分、横联双幅桥协同工作，减少了桩基上拔力或下压力，使结构受力更加合理，避免采用大尺寸的桩基、承台结构，降低基础的造价。

6.2　通过调节配重方式优化结构受力

在军庄主线刚构桥设计过程中，通过多次的试算和构造比选，确定了通过调节配重方式，优化结构受力。该桥在合龙前采用不平衡配重及中跨水平推力，不仅使墩柱在静力荷载工况下受力均匀，也使主梁下缘留存应力及变形的安全准备，后期可以将中跨跨中配重转移至空心墩柱内，增加桩基竖向压力可用来抵抗地震作用产生的上拔力。

6.3 应用型钢代替传统束筋

根据计算需求,刚构桥墩柱需要相对较多的钢筋才能满足地震下桥梁结构整体反应应处于弹性阶段的设计要求,而传统的束筋在施工中安装复杂,影响混凝土浇筑,容易造成蜂窝麻面。军庄主线刚构桥采用异型型钢与普通钢筋搭配布置,共同受力,不仅提高墩柱截面承载能力,而且优化普通钢筋布置,如图7所示。

图7 异型型钢与普通钢筋搭配布置

6.4 新型可更换式混凝土箱形结构通气管的应用

新型可更换式混凝土箱形结构通气管的构造,主体采用带有螺纹的不锈钢管,不锈钢管的初始端设置朝下的弯曲,末端配有一个直径比箱形结构预留孔洞稍小的螺母。将此通气管放于通气孔的下缘,由螺母在箱形结构内壁将通气管卡住,避免其自由活动,孔道间隙由填充物填满,有效避免箱形结构内部积水、冰雪、沙或其他杂物,如图8所示。

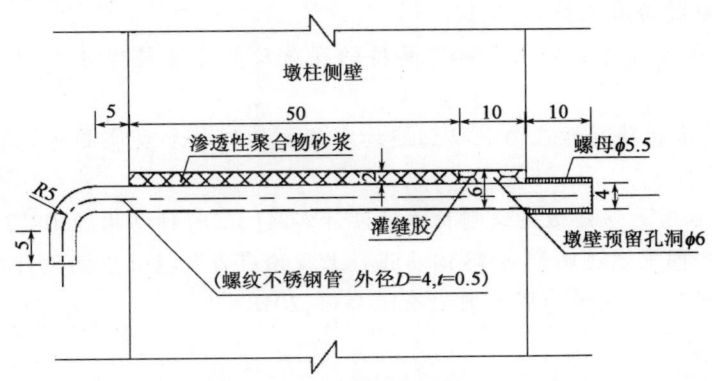

图8 新型可更换式混凝土箱形结构通气管构造(尺寸单位:cm)

6.5 竖向预应力采用无黏结预应力钢棒

经军庄主线刚构桥进行对比分析,选用无黏结预应力钢棒作为刚构桥的竖向预应力材料,如图9所示。

与其他竖向预应力材料相比,预应力钢棒具有延伸性能佳、加工精度高、施工应力一致性强、对截面削弱相对较少、张拉操作简单、无需灌浆操作、缩短工期的特点。军庄主线刚构桥在实际操作时选用2根钢棒编为一组的处理措施,降低钢棒出现断裂窜出的风险,提高运营中安全可靠性能。

图 9　无黏结预应力钢棒

7　结语

目前军庄主线刚构桥正在施工中,预计 2023 年 10 月将建成通车。希望该桥设计能为我国同类型桥梁建设提供借鉴作用。

参 考 文 献

[1]　苏磊.大跨连续刚构桥梁设计的关键技术研究[J].交通世界,2019(11):130-131.
[2]　中华人民共和国交通运输部.公路桥梁抗震设计规范:JTG/T 2231-01—2020[S].北京:人民交通出版社股份有限公司,2020.
[3]　袁鸿跃.大跨径预应力混凝土连续刚构桥的现状及其发展趋势分析[J].科技资讯,2011(9):62.
[4]　周军生,楼庄鸿.大跨径预应力混凝土连续刚构桥的现状和发展趋势[J].中国公路学报,2000,13(1):31-37.
[5]　潘可明.东莞水道大跨矮墩连续刚构桥的设计实践[J].特种结构,2008,25(5):64-68.
[6]　中华人民共和国交通运输部.公路钢筋混凝土及预应力混凝土桥涵设计规范:JTG 3362—2018[S].北京:人民交通出版社股份有限公司,2018.

23.泸州蓝田长江五桥主梁形式的比选

汪维安 易志宏 林小军 郑旭峰 牟廷敏

(四川省公路规划勘察设计研究院有限公司)

摘 要：泸州蓝田长江五桥为特大跨径中承式有推力钢箱拱桥,主梁桥面系承受着车辆、行人、轨道交通等荷载的直接作用,同时对吊索、拱肋对拱座地基基础产生巨大的水平推力,因此主梁结构形式的选取直接关系到行车舒适度、主梁主拱用钢量经济性和拱座基础工程量。本文从公轨交通的结构形式、体系的刚度需求、轨道交通的变形限值、各主梁的受力性能出发对三种主梁方案进行了深入比较,选择双边箱式扁平钢箱梁作为长江五桥的桥面系。

关键词：钢箱拱 扁平钢箱梁 双边箱主梁 格子梁 公轨两用

1 引言

泸州蓝田长江五桥(图1)及连接线工程为中心半岛丹霞路—蓝田片区未来大道段城市主干路的跨长江工程。跨江主桥范围为 K0+713.391～K1+325.391,主桥全长 612m,双向六车道、预留轨道、两侧设人行道,标准断面宽度为 42.5m,含风嘴、吊索区结构总宽 48.5m,跨江主桥为净跨570m 钢箱拱桥。主拱圈采用钢箱拱肋,拱脚局部区域为钢-混组合段,拱轴线为悬链线,拱肋净跨径570m,净矢高126.67m,净矢跨比为1/4.5,主拱的拱轴系数为1.5,拱轴线平面与竖直平面的夹角约为8°。钢箱拱肋采用等宽变高的单箱单室截面,拱肋高度按1.5次抛物线变化,由拱顶8m变化到拱脚12m,拱肋截面宽度5.5m。为了减小风阻和改善视觉效果,拱箱四角采用切角设计,切角尺寸约为500mm×1000mm。主拱吊索间距为13.5m,设置8道一字撑+2道 K 撑。长江北岸地质条件较好,有基岩出露,采用扩大基础拱座;南岸为宽坦漫滩区,上部为砂卵石土层,中风化泥岩层埋深为15～25m,采用井筒式地下连续墙组合基础。

图1 蓝田长江五桥效果图

依据《泸州市城市总体规划》及《航道通航条件影响评价报告》的要求,泸州蓝田长江五桥采用公轨合建、一跨过江的桥跨方案。主桥按照公路双向六车道+双线轻轨(B型车6辆编组)进行总体设计,轨道交通按照近期及远期相结合的方式进行预留,项目建成后将成为我国最大的公轨两用拱桥。

2 轨道交通断面形式的选择

泸州蓝田长江五桥段轨道交通断面布置从与路网轨道系统匹配衔接、远近期结合实施等方面考虑,对公轨同层方案和公轨分层方案进行了方案比选。

轨道与道路采用同层建设方式(图2),轨道通道位于双向行车道中间,近期作为市政交通车道和绿化带。本方案轻轨轨道布置在主梁断面中间,双线轻轨合并使用,在满足主桥通行功能要求和道路安全相关规范的前提下,主桥标准横断面布置为:1.0m(风嘴)+1.5m(吊杆区)+3.25m(人行道)+11.5m(机动车道)+14.0m(双线轻轨)+11.5m(机动车道)+3.25m(人行道)+1.5m(吊杆区)+1.0m(风嘴)=48.5m。

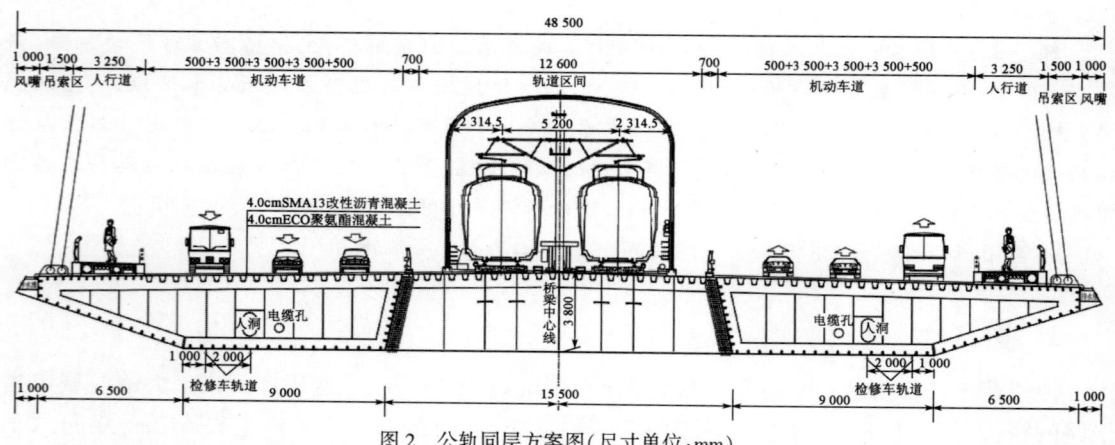

图2 公轨同层方案图(尺寸单位:mm)

轨道与道路采用分层设置的方式,考虑长江两岸现状道路与预留轨道空间关系,本方案上层设置双向六车道市政道路,下层敷设轨道(图3)。主梁采用钢桁梁。

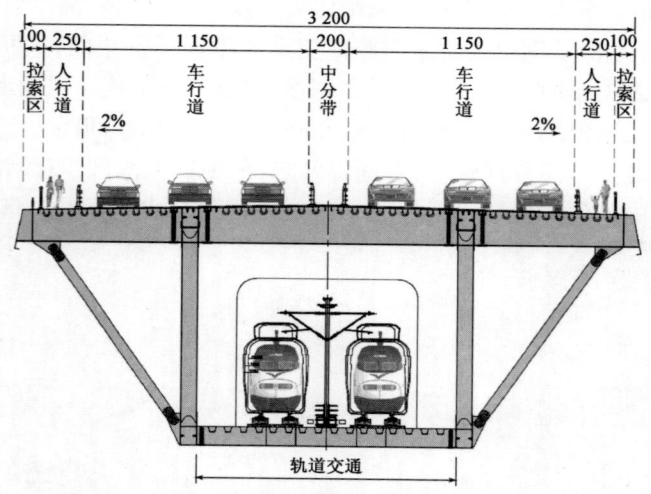

图3 公轨分层方案图(尺寸单位:cm)

由于泸州市轨道建设的时序未定,公轨分层方案中下层轨道层的建设会造成一定的资源闲置,而公轨同层方案则可以较好地满足近期预留和远期轨道需求,因此经过综合比选,主梁方案选择了公轨同层方案。

3 主梁结构形式

泸州蓝田长江五桥为特大跨径中承式有推力钢箱拱桥,主梁桥面系承受车辆、行人、轨道交通等荷载的直接作用,同时对吊索、拱肋对拱座地基基础产生巨大的水平推力。因此主梁结构形式的选取直接关系到行车舒适度、主梁主拱用钢量经济性和拱座基础工程量。泸州蓝田长江五桥作为重要的过江通道,轨道交通桥梁的设计必须面对合理刚度设置、疲劳、车桥共振等突出的问题。泸州蓝田长江五桥设计必须要解决好主梁结构选型、构造。

3.1 整体式扁平钢箱梁

基于大跨钢结构桥梁最常选用的主梁结构形式,主梁方案一采用整体式扁平钢箱梁的结构形式。整体式扁平钢箱梁具有整体性强、强度高、自重轻、工厂化程度高等优点,特别是采用流线型外形设计,抗风性能优越且抗扭刚度大。主梁方案一采用双腹板单室扁平流线型断面,见图4,底板水平,顶板设置1.5%的双向横坡。箱梁全宽48.5m(两侧各含1m的风嘴),主梁全长612m,其中拱肋吊杆范围长度33×13.5m=445.5m,两侧设置20m+26m+32.75m的引跨。钢箱梁中心线处梁高3.5m,根据制造及架设的需要,钢箱梁共划分为47个梁段、7种类型,标准节段梁长13.5m(与吊杆间距相同),梁段最大吊装质量约301t。

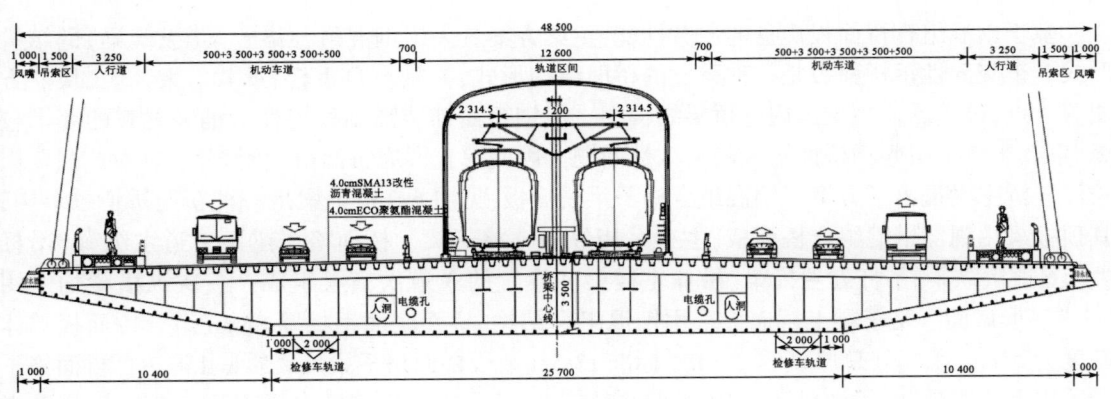

图4 整体式扁平钢箱梁断面(方案一)(尺寸单位:mm)

3.2 双边箱式扁平钢箱梁

基于进一步减少用钢量及减少主梁结构加工、运输难度,主梁方案二采用双边箱式扁平钢箱梁的结构形式。泸州蓝田长江五桥轨道交通布置于结构的中央,检修(逃生)通道可以共用,并设置于两条轨道的中间。由于轨道交通对主梁变形及舒适性要求远高于公路市政交通,因此,采用双边箱式扁平钢箱梁设计,主梁多两道纵向腹板,纵向刚度大大增加,更有利于适应控制轨道交通的刚度和挠度要求。双边箱式扁平钢箱梁断面见图5,其由两侧的钢箱梁+中间的钢板横梁组成,桥面均为正交异性钢桥面板。在分离式箱梁设计时,整体上必须使钢箱梁尾端转角控制在3‰以内,以满足轨道交通行车需要。局部桥面受力必须满足轨道交通刚度要求,在主梁构造上做了以下细节优化:在远期轨道交通位置设置4道倒T形加劲肋,以增强桥面纵向刚度，2道倒T形加劲肋肋高1386mm，T肋翼缘宽度600mm，翼缘厚度16mm，腹板厚度为12mm。双边箱式扁平钢箱梁选用钢材为Q345qD。根据制造及架设的需要，钢箱梁共划分为47个梁段、7种类型，标准节段梁长13.5m（与吊杆间距相同），梁段最大吊装质量295t。钢箱梁节段和节段之间采用环焊缝连接。为防止风嘴薄板受力过大，各节段连接时，风嘴间对接焊缝需留待全桥合龙后再焊接。

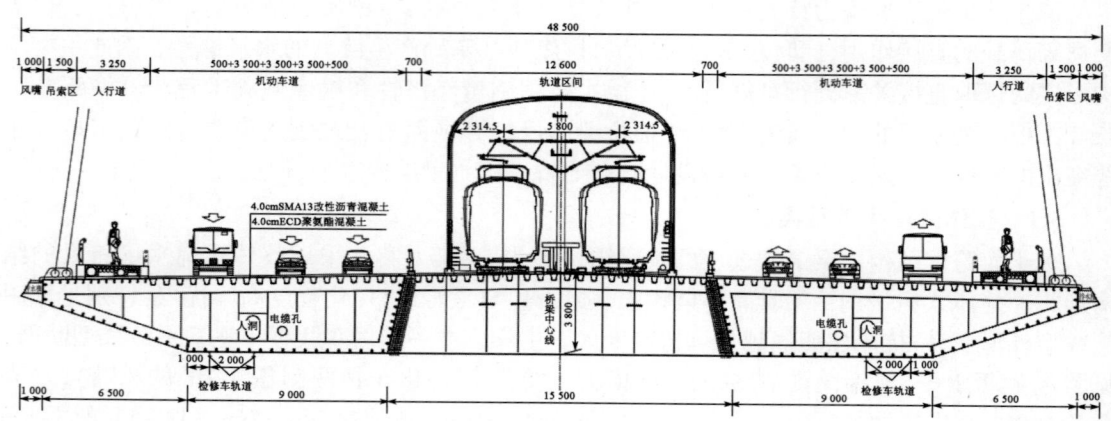

图5 双边箱式扁平钢箱梁断面（方案二）（尺寸单位：mm）

3.3 钢混组合格子梁

基于钢混组合桥面板优良的疲劳性能，主梁方案三采用钢混组合格子梁（纵横梁）的结构形式。正交异性钢桥面板是一种重要的桥面结构形式，其具有自重轻、承载力大、施工快捷方便等优点，被广泛应用于国内外桥梁结构中。但钢桥面铺装高温稳定性对铺装材料的要求较高，重载车常常引起钢桥面铺装的耐久性问题。因此综合考虑桥面板的耐久性，针对泸州蓝田长江五桥主梁提出了方案三钢混组合格子梁桥面板，见图6。格子梁是一种新型桥道系结构，其顶板采用现浇钢混组合桥面板，主梁采用纵横向格子梁。桥面格子梁由2道主纵梁（吊杆处）、6道次纵梁、吊杆处主横梁、吊杆主横梁间设置的3道次横梁组成；主、次纵横梁均采用"工"字形截面。格子梁上桥面板采用钢混组合结构，桥面底面钢板厚8mm，组合桥面板总体厚度为15cm，承托处总厚度约25cm。标准13.5m节段桥面格子梁吊装质量158.7t。桥面格子梁采用大节段预制、长江船运、缆索吊装系统安装、栓焊结合连接的方法进行安装作业，安装方式采用类似斜拉桥桥面梁的逐节悬臂安装。按照对称均衡的原则进行加载。依据两个吊杆节间长度划分桥面格子梁的节段。桥面格子梁在工厂预制加工，包含总横梁、桥面钢底板、人行道板、剪力传递器以及剪力钉的焊接、涂装。

4 计算分析

目前应用广泛的整体式扁平钢箱梁、双边箱式扁平钢箱梁和钢混组合桥面系均可以满足该桥的使用功能要求，但主梁的重量直接关系到拱肋的尺寸、板厚以至于拱桥基础的经济性；同时轨道系统的刚度要求远远高于公路桥梁的规范要求，其对主梁的构造有着直接影响。下面通过体系刚度、轨道变形、受力性能、经济性及施工等方面进行对比研究，旨在选择最适合于本项目的主梁构造形式。

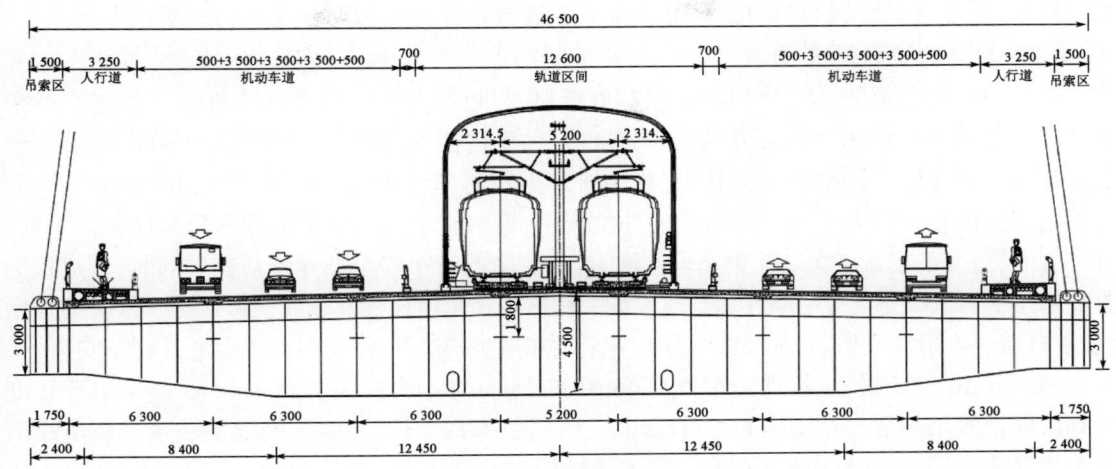

图6 整体式扁平钢箱梁断面(方案三)(尺寸单位:mm)

4.1 体系的刚度要求

泸州蓝田长江五桥主拱拱肋采用倒角钢箱截面,拱轴线采用 $m=1.5$ 的悬链线,净矢跨比 1/4.5,拱肋平面与竖直平面的夹角为 8.0°。为了对上述的三种主梁结构进行平行比较,对拱肋截面尺寸、板厚、桥面二期恒载等均按照同一标准进行建模分析。模型中主拱截面高度取 8(拱顶段)~12.0m(拱脚段),拱肋顶底板厚度从拱顶的 36mm 随节段变化到拱脚的 60mm,腹板厚度从拱顶的 36mm 随节段变化到拱脚的 52mm,拱肋加劲肋均按照刚性加劲肋进行设计。二期恒载中,公路车道(含人行道)范围恒载 82.4kN/m,轨道交通部分(含接触网及排水、供电等设施)恒载 78.2kN/m。根据吊装限值,标准段吊杆间距按照 13.5m 进行取值。

大跨度桥梁上铺设无砟轨道对桥梁的竖向刚度提出了更高的要求,列车通过桥梁结构时,将使桥梁产生竖向变形,从而导致轨道不平顺,影响列车行驶的安全性和舒适性。对于拱桥,其主梁结构在一个桥跨范围内的正、负挠度的绝对值之和必须满足一定的变形要求,具体体现在活载(轨道交通+汽车荷载+人群荷载)分别作用在 1/2 主梁范围内时,主拱 1/4 跨度的挠度变化,直接关系到行车的舒适性。表1给出了三种主梁结构在列车竖向静活载(和公路荷载组合)作用下 1/4 跨度的变形之和对比。

不同主梁方案下的主梁挠度 表1

主 梁 方 案	梁高(m)	挠度值(mm)		
		最小值	最大值	绝对值
扁平钢箱梁	3.5	-28.5	19.6	48.2
分体式钢箱梁	3.5	-29.4	19.8	49.2
钢混组合格子梁	4.0	-45.7	29.5	75.2

注:挠度限值 $L/800=71.25$mm。

从表1中可以看出,方案三——钢混组合格子梁的主拱 1/4 跨对应位置的变形绝对值之和 75.2cm,已经大于《城市轨道交通桥梁设计规范》(GB/T 51234—2017)要求的 1/800 挠跨比的限值要求。因此,从刚度上分析,方案三钢-混组合格子梁需要更大的主拱肋刚度,才能满足满足轨道交通的使用要求。这说明了方案三需要较大的拱肋尺寸或板厚,随之而来的是拱座尺寸的增加及造价的提高。而钢箱拱桥迈向更大的跨径和体量重要考量就是尽量减轻结构自重,做到主梁、主拱结构的轻型化,因此方案三不适合作为泸州蓝田长江五桥的主梁方案。

4.2 轨道的变形要求

轨道交通对轨道的平顺性和稳定性有着严格要求,文献[1]对梁端转角的大小亦有严格限制。无砟轨道自重比有砟轨道轻,且具有良好的稳定性、平顺性和耐久性。无砟轨道的轨道系统与桥梁处于较大的刚性连接状态,梁端的微小转角都将对轨道系统产生很大影响。一方面梁端转角的存在增大了列车对轨道的冲击作用,这对轨道结构的稳定性和耐久性非常不利;另一方面,过大的梁端转角会使列车响应增大,从而降低行车安全性和舒适性。同时,轨道板翘曲量是控制轨道线路运行平顺性和舒适性的关键参数。轨道板板端翘曲变形通过扣件传递至钢轨,使轨道产生附加不平顺,从而影响行车安全性和乘坐舒适性,严重时可能会危及行车安全。

泸州蓝田长江五桥主桥孔跨布置为 46m+37.25m+33×13.5m+37.25m+46m,其中引跨长度46.0m,取消短吊杆后的次引跨长度 37.25m。由于引跨跨径较大,引跨的梁端转角及轨道板的翘曲变形成为影响轨道交通行车安全的关键指标。

泸州蓝田长江五桥主梁宽度 48.5m,吊杆间距 13.5m,标准节段主梁为典型的横梁体系。方案一与方案二主梁均为正交异性钢桥面板桥面梁。正交异性板在桥梁结构中发挥多种作用,既是纵横梁的上盖板,又是把桥面荷载传递到横梁和主桁上的构件,同时又参与主桁的整体受力,一物三用,比较节省材料,对于大跨度桥梁的好处是不言而喻的。从横梁体系的受力出发,方案一及方案二主梁的横隔板间距均采用 3.375m,方案一不设置中间纵向隔板,为双腹板箱梁构造;方案二双箱 4 腹板,采用横梁体系,横梁与双边箱的横隔板对应设置。采用Abaqus 14.0 通用有限元分析软件,分别对方案一主梁及方案二主梁的转角进行计算,表 2 给出轨道交通+公路交通综合作用下,梁端转角的对比结果。

轨道交通的变形对比 表2

主梁方案	梁高(m)	梁端转角(‰)		翘曲变形(mm)	
		梁端转角	限值	翘曲变形	限值
方案一	3.5	5.15	3.0	7.94	4.5
方案二	3.5	2.11	3.0	3.52	4.5

从表 2 中可以看出,在相同的梁高下,方案一主梁其轨道交通的转角位移及桥面局部翘曲变形[对应《城市轨道桥梁设计规范》(GB/T 51234—2017)6.04 及 6.06 的条款]远大于方案二,这主要是由于方案一整体式扁平钢箱梁桥取消纵向中腹板,同时钢箱梁底板厚度的选择构造上没有方案二灵活。而方案二主梁除过其横梁高度、构造、板厚的选取较为灵活,可根据轨道交通及构造的要求进行板厚及尺寸的调整外,由于两道中腹板的存在,减少了轨道交通的翘曲变形。通过轨道交通的变形验算,选择方案二双边箱式扁平钢箱梁作为泸州蓝田长江五桥的推荐主梁方案。

5 推荐主梁的计算分析

根据推荐主梁方案二——双边箱式扁平钢箱梁,对该方案主梁的内力进行详尽的计算分析。

5.1 分析模型

双边箱式扁平钢箱梁整体第一体系计算采用总体梁格计算模型,Midas Civil 软件主梁总体计算模型如图 7 所示。

图7 主梁总体计算模型

双边箱式扁平钢箱梁计算荷载如下：

沥青混凝土桥面铺装厚8.0cm，重度$\gamma=23kN/m^3$，铺装重42.3kN/m(全宽)。

人行道板两侧恒重：

混凝土段22kN/m(单侧)；人行道栏杆0.65kN/m(单侧)；人行道侧防撞护栏0.66kN/m(单侧)；钢防撞护栏及底座按3.5kN/m；排水系统(含两侧及中央段)3.1kN/m(单侧)；预留管线重2.5kN/m(单侧)；550mm供水管，重3.54kN/m(单侧)。

远期轨道桥面系(按地铁B型车整体式道床恒载考虑)：

轨道结构(钢轨、扣件、混凝土台，双线)59.2kN/m；桥面防水2.5kN/m；弱电电缆支架(过轨防护材料、通信光电缆、PIS天线、轨旁电话等设施)，双线7.0kN/m；电缆支架(供电环网电缆，双侧)4kN/m；护栏及检修道(双侧)5.4kN/m。

远期轨道桥面系二期恒载合计78.1kN/m。

计算中吊杆张拉按照初应力考虑，吊杆以桁架单元进行模拟。吊杆处应力按照未知荷载系数法，取主梁梁平为约束条件进行线性规划求解确定。图8给出了主梁节段计算模型。

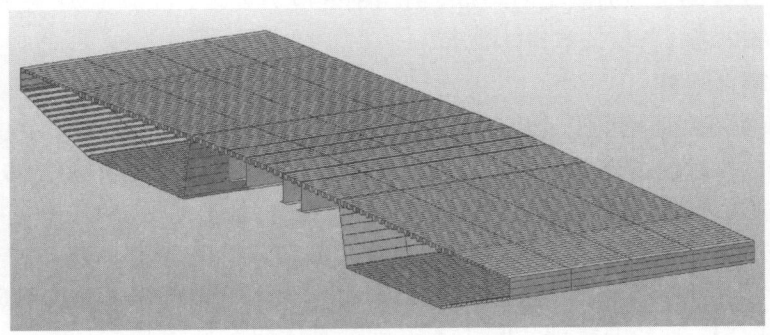

图8 主梁节段计算模型

5.2 荷载组合及计算结果

荷载组合按照《城市轨道交通桥梁设计规范》(GB/T 51234—2017)的要求，并参考同类型公轨合建体系桥梁的荷载组合，组合如下。

运营阶段主梁荷载组合考虑承载能力极限状态的基本组合，如下式所示：

1.1×(1.2恒载+1.8×1.3×车辆荷载+1.4×1.457×轨道交通荷载+1.4×人群荷载+0.75×1.4温度荷载)

式中：1.3——汽车荷载冲击系数；

1.457——轨道交通荷载冲击系数。

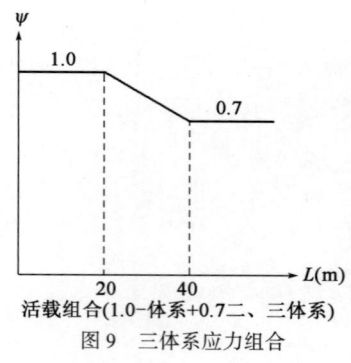

图9 三体系应力组合

汽车公路荷载考虑横向多车道的荷载横向折减;同时,如果叠加的荷载是车道荷载,则按照1.4×1.3×车道荷载进行取值计算。考虑到风荷载对主梁的影响主要表现为横向抗弯,而风攻角一般较小,其对主梁竖向受力的影响可以忽略,在此风荷载不计入主梁的应力计算中。

Eurocode3及BS5400规范关于三体系桥梁荷载组合(图9)的规定,进行桥面板的应力组合。

组合后的构件应力见表3。

推荐方案主梁应力组合汇总表　　表3

项目	分项应力(MPa)	类型	系数	组合应力(MPa)	1.1×组合应力(MPa)
主梁上缘(顺桥向)	23.5	恒载	28.2	227.3	250.0
	39.5	一体系活载	74.7		
	41.7	二体系	73.6		
	5	三体系	8.8		
	40	温度	42.0		
主梁上缘(横桥向)	47.6	恒载	57.1	187.3	206.1
	31.1	一体系活载	58.8		
	40.5	二体系	71.4		
主梁下缘	38.2	恒载	45.8	148.5	163.3
	54.3	活载	102.6		

可以看出,主梁结构应力满足Q345qE结构钢的应力要求。主梁应力、变形、刚度等满足轨道交通及公路交通的各项技术指标要求。

5.3 车桥耦合验算

根据《城市轨道交通桥梁设计规范》(GB/T 51234—2017),对跨度大于100m的桥梁宜进行运营列车的车-桥系统耦合振动计算验算,下面结合《泸州蓝田长江五桥初步设计阶段列车行驶安全和舒适度风-车-桥耦合振动计算分析研究》报告,基于泸州蓝田长江五桥B型地铁的车辆参数,建立了泸州蓝田长江五桥列车-桥梁耦合振动分析模型和脉动风-列车-桥梁耦合振动分析模型,开展了不同工况下的车-桥耦合研究,获得了桥梁和车辆的动力响应,给出双边箱式扁平钢箱梁主梁的车-桥系统耦合振动计算结果,具体如下:

(1)风速25m/s状态下列车以60km/h的运营车速通过桥梁结构时,列车和桥梁均能满足各项评价标准。

(2)-3°风攻角下箱梁断面跨中竖向位移最大为4.5cm,跨中和横向最大位移为1.09cm,竖向最大加速度为$0.4m/s^2$,横向最大加速度为$0.15m/s^2$,均满足规范限值要求。

(3)钢箱梁拱桥在列车作用下轮重减载率最大为0.286,列车最大脱轨系数为0.325,轮轨最大横向力为14.74kN,车体最大横向加速度为$1.41m/s^2$,车体最大竖向加速度为$1.82m/s^2$,均满足规范限值要求。

(4)-3°风攻角下双边箱式扁平钢箱梁断面跨中竖向最大位移为4.46cm,跨中和横向最大位移为1.07cm,竖向最大加速度为$0.28m/s^2$,横向最大加速度为$0.15m/s^2$,均满足规范限值要求。

（5）双箱梁拱桥在列车作用下轮重减载率最大为0.358，列车最大脱轨系数为0.342，轮轨最大横向力为15.86kN，车体最大横向加速度为1.44m/s²，车体最大竖向加速度为1.78m/s²，均满足规范限值要求。

（6）双边箱式扁平钢箱梁主梁在最大运营风速条件下，行车安全和舒适度均能满足规范要求。

6 结语

本文对泸州蓝田长江五桥的主梁方案选择进行了详细的比较分析，综合分析双边箱式扁平钢箱梁主梁在静力计算、轨道交通变形及车桥耦合振动分析方面的验算要求，主梁满足Q345qE钢材的受力要求及轨道交通的刚度限值要求。

参 考 文 献

[1] 中华人民共和国住房和城乡建设部.城市轨道交通桥梁设计规范:GB/T 51234—2017[S].北京:中国建筑工业出版社,2017.
[2] CEN-EN 1993-2,Design of steel structures-part 2:Steel bridges[S].
[3] Dassault Systemes.Abaqus analysis 6.11 user's manual [M].Simula inc,2011.
[4] 中华人民共和国交通运输部.公路钢结构桥梁设计规范:JTG D64—2015[S].北京:人民交通出版社股份有限公司,2015.
[5] 邵长宇.现代拱桥[M].北京:人民交通出版社股份有限公司,2021.
[6] 日本道路协会.钢道路桥设计便览[M].东京:丸善株式会社,1980.
[7] 中国公路学会.公路钢桥面聚酯型聚氨酯混凝土铺装技术指南:T/CHTS 10033—2021[S].北京:人民交通出版社股份有限公司,2021.

24. 贵港苏湾大桥主桥设计

王士刚

（中铁大桥勘测设计院集团有限公司）

摘　要：贵港苏湾大桥主桥为 42m+131m+334m+131m+42m 的双塔双索面组合梁斜拉桥。该桥采用半飘浮体系，主梁采用等高带悬臂混凝土边主梁与钢横梁相结合的组合梁结构，桥面宽 34.0m；主塔采用 H 形钢筋混凝土框架结构，塔高 111.0m，桥面以上塔高 90.2m；斜拉索采用 φ7mm 锌铝合金镀层钢丝拉索，空间索面扇形布置；主塔墩采用分离式桩基础，承台下各设 18 根 φ2.8m 钻孔桩。分别采用 SCDS 和 ANSYS 进行总体静力计算和主梁局部分析，计算结果表明，结构性能满足要求。

关键词：斜拉桥　钢横梁　边主梁结构　结构设计　半飘浮体系

1　概述

1.1　工程概况

苏湾大桥及接线工程是贵港市城市道路交通系统的主干路。项目呈南北走向，北起于规划港区大道，沿途向南跨越南广高铁、猫儿山中转港和石油库专用线、郁江、黎湛铁路，止于江南大道。其中，跨郁江主桥为主跨 334m 的双塔双索面组合梁斜拉桥。工程地处岩溶地区，场区覆盖层较薄，属于浅覆盖~裸露型岩溶强发育区，桩基按嵌岩桩设计，基础持力层为中、微风化灰岩。

1.2　技术标准

（1）道路等级：城市主干路。
（2）设计车道：双向六车道+人非混行车道。
（3）设计荷载：城市-A级。
（4）设计时速：50km/h。
（5）设计基本风速：$v_{10}=25.8$m/s。
（6）通航标准：通航净宽 220m，通航净高 13m，内河Ⅰ级。
（7）抗震设防标准：地震基本烈度Ⅵ度，设计地震峰值加速度 $0.06g$。

1.3　总体布置

根据通航研究成果，主桥通航净宽不小于 220m。综合考虑通航安全、主墩防撞、施工及造价、运营风险等因素，最终确定把主墩置于两岸陡坎上，主跨跨径为 334m。苏湾大桥连接贵港南、北两大工业园区,以客车、货车通行为主,考虑过江需求和工程经济规模,主桥两侧各设置人行道、非机动车道混行车道,主桥横断面布置为3.5m(人非混行车道)+1.5m(索区)+11.5m(机动车道)+1.0m(中央分隔带)+11.5m(机动车道)+1.5m(索区)+3.5m(人非混行车道)。主桥采用半飘浮结构体系[1],塔梁间设置竖向支座、横向抗风支座及纵向液压阻尼装置,边(辅)墩处设纵向活动支座。苏湾大桥主桥桥式立面布置如图1所示。

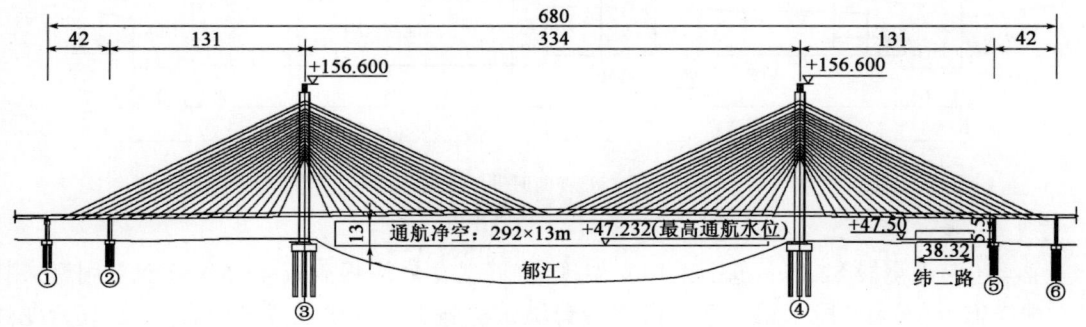

图1 苏湾大桥主桥桥式立面布置图(尺寸单位:m;高程单位:m)

2 结构设计

2.1 主梁设计

2.1.1 截面形式

叠合梁常采用预制混凝土桥面板+钢主梁(钢纵梁+钢横梁体系)[2]的组合形式,该组合形式是一种由钢和混凝土两种材料组合受力的结构,可以充分利用钢材抗拉和混凝土抗压的材料特性。本桥主梁设计时,将常规叠合梁中的钢纵梁替换为混凝土边主梁结构,根据受力需要布置纵向预应力,通过抗拔件和剪力钉将钢横梁、预应力混凝土边主梁及预制桥面板紧密结合,形成组合结构共同受力,该结构形式进一步降低了钢材用量。

2.1.2 主梁构造

主梁采用等高度、带悬臂的矩形混凝土边主梁与钢横梁组合结构,混凝土强度等级C60,钢横梁材质Q345qD。桥面全宽34.0m,设2%的双向横坡,桥梁对称中心线处梁高3.0m。主梁顶板厚0.25m,标准段矩形梁肋宽2.0m,边墩、辅助墩及主塔塔根处渐变加宽至3.0m;斜拉索梁端索距7.6m,主梁每3.8m设置一道横梁,其中边跨现浇段52.85m范围内采用混凝土横梁,标准横梁厚0.5m,端横梁及辅助墩墩顶横梁厚1.5m,辅助墩左、右侧各设一道1.0m厚横梁,其余梁段采用钢横梁;主梁两侧悬臂长3.25m,悬臂端部厚0.16m,根部厚0.4m;与横梁位置对应,悬臂下每3.8m设一道高0.3~0.6m,厚0.45m的混凝土加劲肋。

钢横梁采用工字形截面,根据横梁宽度不同分为4类(23.5m、22.914m、22.086m、21.5m)。标准段横梁宽23.5m,横梁中心线处梁高2 300mm,顶板宽600mm、厚24mm,底板宽600mm、厚32mm,腹板厚14mm,加劲板厚12mm,标准横梁重15.7t。预制桥面板长9 030mm,宽3 300mm(3 100mm、2 900mm),厚250mm,质量约19.4t。钢横梁与矩形梁肋(含悬臂及梗腋)共同施工,预制桥面板滞后一个节段安装,桥面板和钢横梁之间设置橡胶垫圈,主梁标准横断面如图2所示。

2.1.3 预应力体系

主梁边跨现浇段按双向预应力体系设计,预应力布置在梁肋及桥面板内;其余梁段按纵向预应力体系设计,预应力布置在矩形梁肋内。

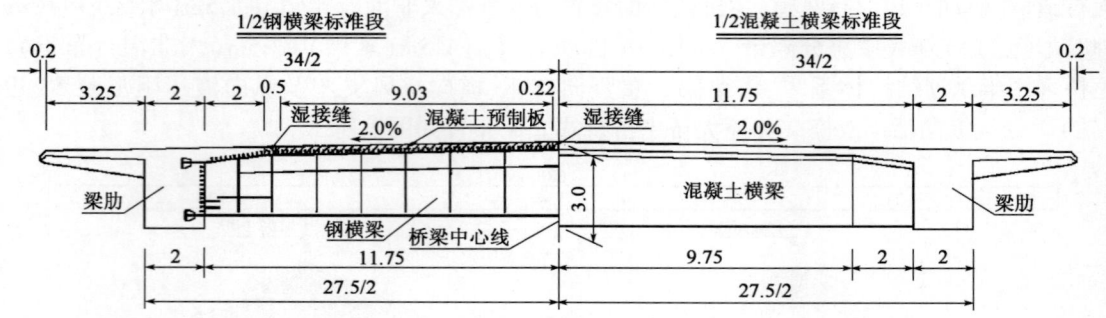

图2 主梁标准横断面(尺寸单位:m)

2.1.4 主梁施工

主梁边跨现浇段52.85m范围采用支架现浇施工,主塔塔根附近43.6m范围采用墩旁托架[3]现浇施工,其余节段采用牵索挂篮[4]悬臂浇筑法施工。主梁设置三个合龙段,先合龙边跨,后合龙中跨。

2.2 主塔设计

2.2.1 主塔造型

主塔是斜拉桥的主要承重构件,也是桥梁景观设计的重点。贵港市素有"甘蔗之乡"的美誉,主塔设计时融入甘蔗元素,塔柱采用棱角分明、刚劲有力的立柱造型,塔顶装饰区采用与甘蔗节段类似的分节造型。

2.2.2 主塔构造

主塔设计为H形钢筋混凝土框架结构,塔座高1.5m,自塔座以上塔柱高111.0m(含6.0m塔顶装饰区),桥面以上塔柱高90.2m。主塔由塔柱、上、下横梁及塔顶装饰区组成。塔柱外轮廓尺寸纵桥向等宽7.0m,横桥向宽5.0~6.0m;上横梁采用单箱单室顶板带挑臂变高梁,跨中梁高5.5m,塔柱交界处梁高7.0m;下横梁采用单箱单室矩形断面,梁端部与塔柱间设置圆弧倒角过渡;塔顶装饰区高6.0m,模拟甘蔗分节造型,采用多段小圆弧组成的圆柱形断面。斜拉索塔端采用混凝土齿块锚固,根据受力需要,索锚区内布置若干32-φ7mm的预应力钢丝束以平衡截面的拉应力,钢丝束采用墩头锚锚固形式[5]。最上部斜拉索和索锚区预应力在上横梁与塔柱交界区交会,预应力布置空间受限,且框架效应明显,受力复杂,综合考虑受力、施工等因素,主塔上横梁设计为钢筋混凝土结构。主塔下横梁设计为预应力混凝土结构,共布置40束19-ϕ_s15.2mm的预应力钢绞线。根据计算,每座主塔下横梁顶面设置2套纵向液压阻尼装置,以约束主梁纵向变位及抗震消能[6]。

主塔断面如图3所示。

2.3 斜拉索设计

斜拉索采用空间索面扇形布置,梁端索距7.6m,塔端索距2.0m,全桥共160根斜拉索。从施工条件、经济性等方面综合考虑,采用平行钢丝斜拉索,索体采用φ7mm锌铝合金镀层钢丝,标准强度1 860MPa。斜拉索分为9种,最小型号PES7-121,最大型号PES7-301。斜拉索表面设置螺旋线以抑制风雨振,两层护套间设置隔离层,以降低开裂风险。

2.4 主塔基础

3号、4号主塔墩均位于岸上,采用分离式基础,中心距35.2m。主塔墩承台尺寸16.8m(顺桥向)×16.8m(横桥向),下设18根 φ2.8m 钻孔灌注桩,呈行列式布置,桩基均按嵌岩桩设计。主塔墩桩基一定深度存在溶洞,根据溶洞大小不同,分别采用回填片石、阻塞封闭和钢护筒跟进等方式,以保证成孔质量。

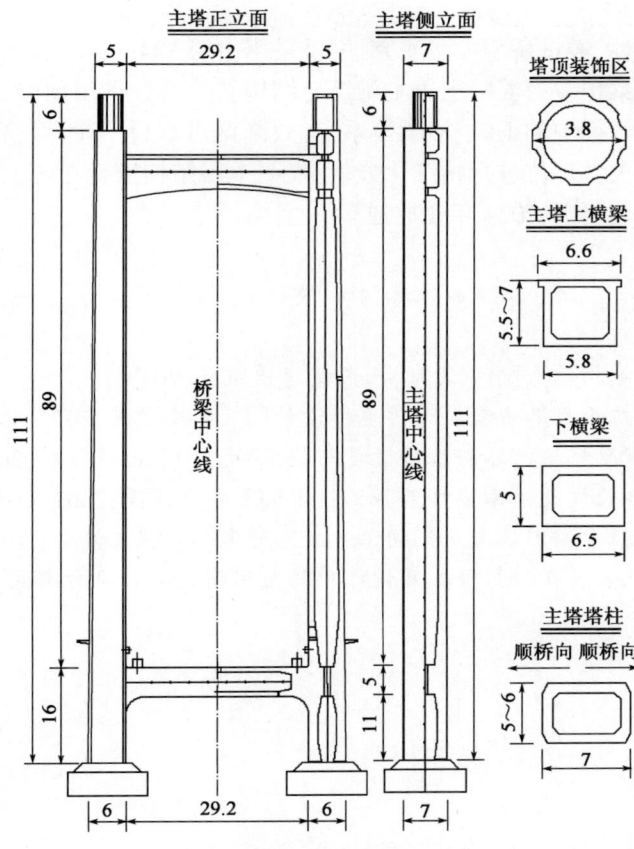

图3 主塔断面图(尺寸单位:cm)

3 结构静力计算

3.1 计算模型

采用 SCDS 软件进行纵向总体静力计算和横向计算,钢横梁与桥面板按简支结合梁建模计算。通过 ANSYS 建立实体有限元模型,分析钢横梁与梁肋结合处抗拔件、承压板等局部构件受力情况。采用有限元"生死单元"法模拟桥面板的二次架设效应对结构的影响。

3.2 有限元分析结果

(1)活载作用下,主梁跨中位移261mm,挠跨比1/1279;主梁梁端竖向转角0.05°,塔端水平位移54.8mm,满足规范要求。

(2)标准组合下,斜拉索最大应力715MPa,最大应力幅152MPa,满足规范要求。

(3)平面杆系模型基本组合下,钢横梁上翼缘最大压应力135MPa,下翼缘最大拉应力162MPa,钢横梁受力满足要求。

(4)局部分析表明,主力作用下上部抗拔件受拉,最大拉应力3.9MPa,下部抗拔件受压,最大压应力-36.5MPa,端部承压板最大压应力-39MPa。

（5）考虑桥面板的二次架设效应,钢横梁最大拉、压应力均有所增加,桥面板应力均有所减小,但变化量有限,结构受力满足要求。

4 结语

结合实际建桥条件,经过桥型方案研究,主桥采用主跨334m的斜拉桥方案。该桥为目前国内最大跨度的钢横梁预应力混凝土边主梁组合结构斜拉桥。采用预应力混凝土边主梁+钢横梁体系代替常规叠合梁中的钢纵、横梁体系,有效降低了钢材用量,经济效益显著。通过实体有限元对主梁受力关键部位进行精细化分析,表明主梁结构安全可靠。苏湾大桥主桥已于2020年11月正式开工,预计2024年建成通车。

参 考 文 献

[1] 肖汝诚,等.桥梁结构体系[M].北京:人民交通出版社,2013.
[2] 李翠霞,张巨生.广西贵港市新安大桥主桥设计[J].桥梁建设,2015,45(1):103-107.
[3] 刘小林.摩洛哥布里格里河谷斜拉桥设计与技术特点[J].世界桥梁,2012,40(4):1-5.
[4] 胡文俊.重庆忠县长江大桥牵索挂篮施工技术[J].桥梁建设,2009,1:52-55.
[5] 付小莲,徐芸.斜拉索锚固区墩头锚固工艺改进研究[J].施工技术,2014,43(5):82-85.
[6] 王天亮.液压阻尼装置在斜拉桥抗震设计中的应用研究[J].桥梁建设,2009(S2):72-77.

25.哈西大街跨铁路转体斜拉桥设计关键技术

方志 彭俊

(上海市城市建设设计研究总院(集团)有限公司)

摘 要：新建哈尔滨市哈西大街立交桥跨越既有哈南场铁路，主桥为118m+198m+118m单幅双塔双索面预应力混凝土斜拉桥。主梁采用2.4m等高度混凝土双主肋Π型梁，标准桥宽30m。桥塔为H形，斜拉索采用单丝涂敷环氧涂层钢绞线，空间扇形索面布置。斜拉桥结构采用半飘浮体系，纵向自由，横向约束，并设置金属板消能阻尼器。斜拉桥跨越既有铁路，主桥采用旁位现浇再水平转体的施工方法，单塔转体质量达2.6万t，转体不平衡弯矩达710MN·m，为目前国内不平衡转体最重桥梁。采用超大吨位转体球铰及不平衡转体施工方法，以满足该桥转体设计及施工要求。

关键词：斜拉桥 混凝土梁 转体球铰 转体施工 不平衡转体 桥梁设计

1 工程概况

新建哈尔滨市哈西大街跨哈南场铁路立交桥主桥，采用118m+198m+118m双塔双索面预应力混凝土斜拉桥，跨越既有哈南场铁路站。道路等级为城市主干道，桥梁设计荷载为1.3倍城-A级，双向六车道，两侧设有人行道，桥面总宽30m。哈南场铁路站位于黑龙江省哈尔滨市南岗区，该站为一等站，立交桥与铁路相交里程为哈南站王孙下行线K4+425.76m处，交角80.4°，上跨车辆段12条线、I场13条线等共计47条铁路线路。桥址场地土主要由杂填土、粉质黏土及中砂等组成。桥址区域无断裂构造，区域稳定性好，处于相对稳定的断块上，抗震设防烈度7度。

根据建设条件及相关要求，为减小对哈南场站既有铁路线运营影响及满足现场施工场地空间要求，采用旁位现浇然后水平转体的施工方法[1-2]。由于该桥采用混凝土结构，主墩转体质量达2.6万t，转体时主塔两侧梁长差异大，转体偏载大，为目前国内不平衡转体施工最重桥梁，转体施工难度大。

2 结构设计

2.1 总体布置

哈西大街跨哈南场铁路立交桥位于直线上，主桥设计为双塔双索面预应力混凝土斜拉桥，跨径布置为118m+198m+118m，主桥总长434m，边中跨比0.6：1。由于场站铁路线路布置的限制,边跨较常规斜拉桥要大(一般为0.45:1~0.5:1),且无法设置辅助墩。主桥结构采用半飘浮支承体系,主墩和过渡墩处设置竖向支座,纵向自由,横向水平约束。为提高桥梁的横向抗震性能,塔梁间、边墩处设置横向金属板消能阻尼器。

哈西大街跨哈南场铁路斜拉桥总体布置如图1所示。

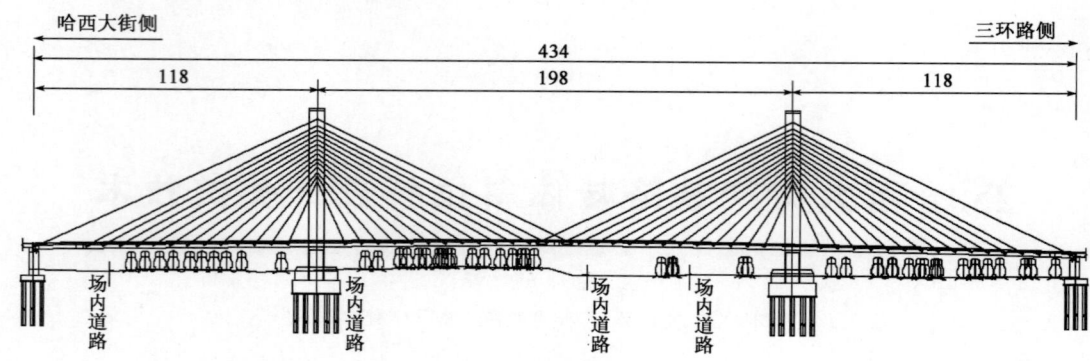

图1 哈西大街跨哈南场铁路斜拉桥总体布置图(尺寸单位:m)

2.2 主梁

主梁采用构造简单、传力明确的预应力混凝土双主肋板式结构。该种形式主梁梁高较小,在混凝土斜拉桥中应用较多,技术成熟。

主梁标准段顶宽30m,桥塔处主梁顶宽减小至24m,以避免与主塔柱的干扰。主梁中心线处高度2.4m,顶面设置双向1.5%的横坡。主梁顶板厚度30cm,肋宽180cm,在锚跨尾段及主塔根部局部加宽至280cm。两肋间设置预应力混凝土横梁,横梁腹板厚度42cm,标准间距7m。主塔支承处横梁宽5m,采用箱形截面;过渡墩处横梁宽2.2m,采用实心截面。主梁标准段横断面布置如图2所示。

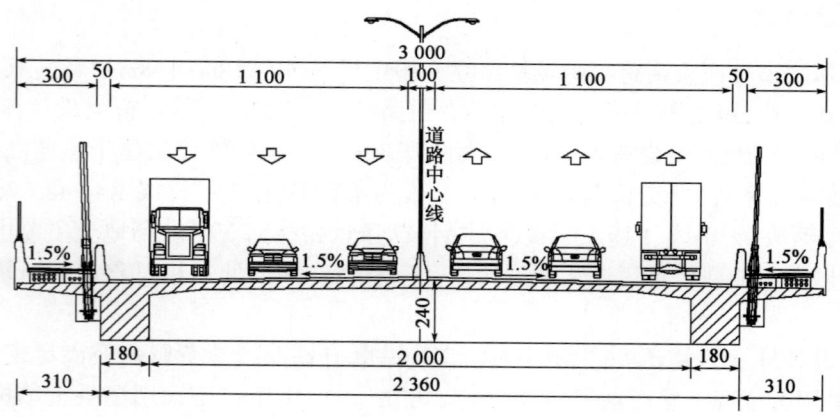

图2 主梁标准段横断面布置图(尺寸单位:cm)

主梁混凝土采用C60,设置纵横向双向预应力,按A类预应力体系设计。主梁共设置11个施工节段,包含8个支架现浇段和3个合龙段。

2.3 桥塔及基础

主塔采用H形,C50混凝土结构。塔高73.7m,其中,上塔柱高59.825m,下塔柱高13.875m,塔顶设一道横梁。上塔柱采用箱形断面,索塔锚固采用混凝土齿块,塔壁内设置环向预应力钢束。下塔柱采用实心墙式截面。为满足转体期间结构受力要求,下塔柱顶部设置强大的预应力钢束。

主塔墩基础采用钻孔灌注桩,承台为整体式八边形承台,承台厚度5.8m,下设30根直径1.8m的钻孔灌注桩,梅花形布置,桩长74.2m。

过渡墩采用柱式桥墩,钢筋混凝土结构,分幅布置。立柱采用实心矩形截面,墩顶设置一道盖梁。每根立柱下设厚度2.5m的矩形承台,基础为6根直径1.5m的钻孔灌注桩,桩长45m。

主塔墩结构如图3所示。

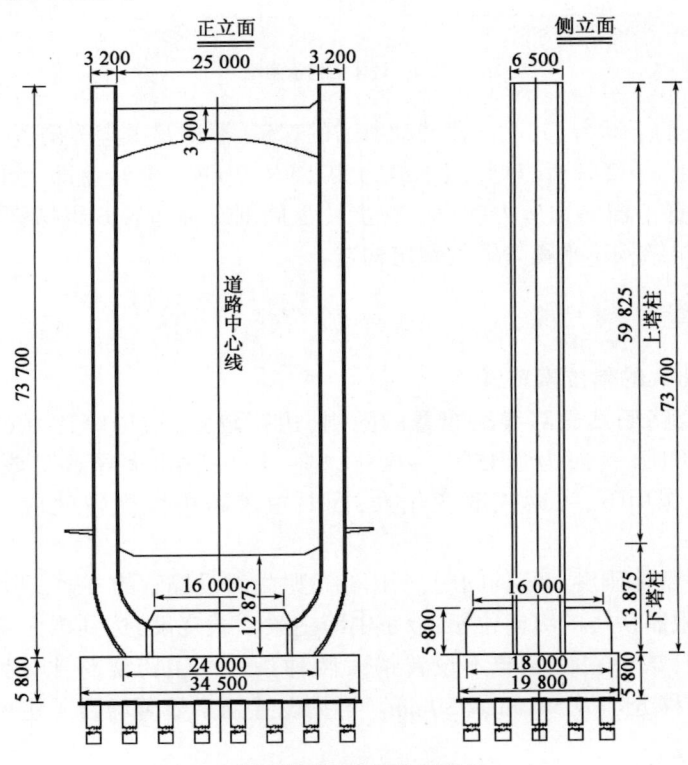

图3 桥梁主塔墩结构图(尺寸单位:mm)

2.4 斜拉索及锚固

斜拉索采用双索面空间扇形布置。梁上纵向标准索距7m,塔上竖向索距2~2.5m。斜拉索采用单丝涂敷环氧涂层钢绞线,钢绞线标准强度为1 860MPa,采用双层聚乙烯(PE)护套防护。在拉索预埋管内安装内置式高性能阻尼器,利用高阻尼橡胶来耗能减振。斜拉索安装时在塔端张拉,梁端锚固。

主肋为斜拉桥主梁的主要受力构件,斜拉索在混凝土主梁上的锚固采用主肋侧面外置的混凝土锚块形式。该方式既避免了斜拉索锚固于主肋内削弱主肋受力,又有利于斜拉索后期的维修保养。

2.5 转体结构

主桥施工采用旁位现浇再水平转体跨越既有铁路。全桥共两套转体结构,设于主墩底部的上下承台之间,包含下承台、球铰、上承台、牵引系统,转体系统以球铰作为转动体系的核心,包括转盘、球铰、撑脚、环形滑道、牵引系统和助推系统等,转体结构如图4所示[3]。

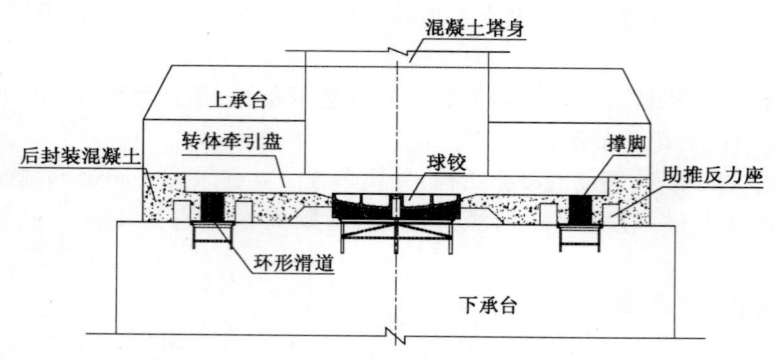

图4 转体结构示意图

下转盘为桥塔的下承台,其上设置转动所需的球铰、滑道及撑脚等构造。转动体系采用整体铸造钢球铰,分上、下2片,设计竖向承载力为 2.9×10^5 kN。上转盘即上承台在转体过程中受力状态复杂,布置了横向预应力钢束。在上转盘周围对称布置6组撑脚,下方设置环形滑道,作为转体时抵抗结构不平衡弯矩的稳定构造。

3 关键技术

3.1 边中跨比大的斜拉索布置

由于哈南场铁路场站铁路线路布置的限制,边跨较大,边中跨比 0.6:1,超出常规斜拉桥的合理边中跨比(一般为 0.45:1~0.5:1)。边中跨比大导致了该斜拉桥整体刚度较小,在设计活载作用下,主梁挠度变化大,同时主跨跨中段受拉效应大,合龙钢束配置较困难。

为了解决该桥整体刚度偏小的问题,采用在边墩处增设锚索的方式,利用锚固在边跨尾端端横梁处的锚索,限制桥塔的纵向位移,减小中跨主梁活载挠度,达到增大桥梁总体刚度的效果。分析结果表明,该桥在设置与不设置锚索两种条件下主跨挠跨比分别为 1/1500 及 1/616,主塔顶纵向位移分别为 59mm 及 89mm。可见设置锚索显著增强了主桥刚度。斜拉索总体布置如图1所示。

考虑桥梁立面美观,斜拉索采用对称布置的扇形索面,主、边跨索距采用等间距布置,在中跨跨中部分采取交叉布置,如图5所示。该方式利用两对交叉拉索在主梁上的水平轴压力来改善合龙段处的受拉效应,有利于合龙段部位的合龙钢束配置。

空间有限元模型分析结果显示,该桥在施工及运营阶段各种工况下的结构刚度、强度和截面应力等经验算均满足规范要求。

3.2 超大吨位转体球铰设计

该桥采用转体施工方法,为了减少后期养护工作、降低对桥下铁路运营的影响,主梁采用混凝土结构,转体结构质量大,单塔最大转体质量达 2.6 万 t,且不平衡偏载大,因此桥梁转体结构的设计及转体施工十分关键[4-5]。

转体球铰是转体施工转动机构的核心部件,是保证转体施工安全及转动精度的关键所在。其结构主要包括上球铰、下球铰、摩擦副、定位销轴、底座、定位键和下部的调平骨架等。该桥采用的球铰外轮廓直径 4.5m,球缺直径 4.3m,球铰竖向承载力达 2.9×10^5 kN。球铰示意如图4所示。

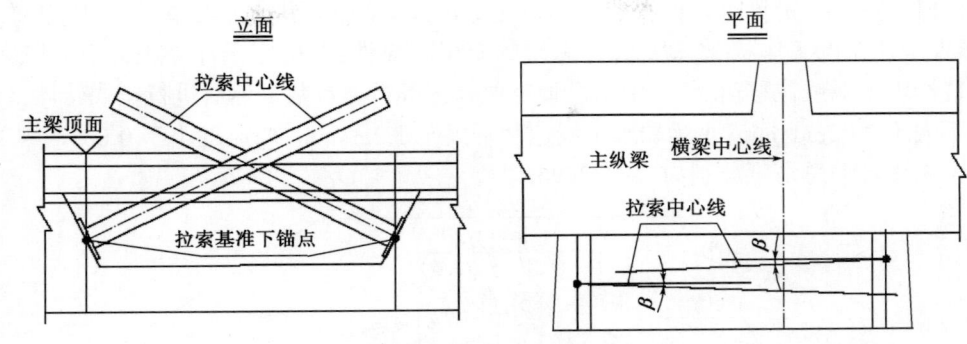

图5 斜拉索交叉布置示意图

采用有限元软件建立球铰结构三维模型[6],对正常状态和偏心状态进行应力及变形分析,结果表明该球铰满足设计要求。为了保证制造及加工精度,球铰主体采用整体铸造及球面数控加工技术,尺寸精度高,转动性能好,转体偏载易于调整,运行稳定性高,自适应性能好。

3.3 不平衡转体及预偏控制

由于现场场地限制及边、中合龙段不对称设置,该桥转体时墩柱两侧梁长不等,其中主墩2最大不平衡梁长达17m,无索悬臂长11m,对该墩柱转体球铰产生很大的不利偏载,不平衡弯矩达710MN·m。考虑到主墩的转体质量达2.6万t,该桥为目前国内不平衡转体施工的最重桥梁。

桥梁总体设计时为了降低纵断面高程,导致转体过程中桥下铁路接触网横梁与转体主梁底的预留间距过小,最小间距仅15.1cm。若转体过程中对桥梁姿态不能采取稳定有效的控制措施,则极易发生干涉碰撞,影响铁路的安全运营。

针对上述不利情况,采用不平衡转体方案,即在主梁短悬臂端设置一定长度的分布压重,平衡不利偏载;对主墩2设置临时拉索,减小外侧主梁无索悬臂长度。压重采用块状混凝土,其值根据转体前称重及计算确定。该桥转体平衡压重及临时索总体布置如图6所示。

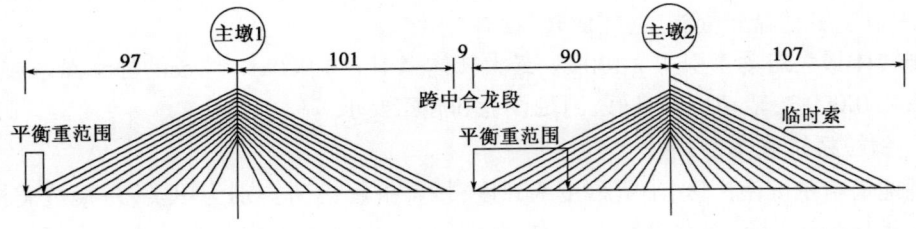

图6 桥梁转体平衡压重及临时索总体布置(尺寸单位:m)

同时,利用转盘撑脚与下承台滑道的预留间隙,通过合理压重对主墩2塔梁设置一定的预偏量,使其一侧撑脚着地,另一侧主梁翘起,从而增大转体梁底与铁路接触网横梁距离。转体球铰与2组着地撑脚形成稳定的支撑,如图7所示。平转到位后采用大吨位千斤顶调整塔梁姿态,使其恢复到设计状态。

3.4 转体施工流程控制

根据超大吨位转体施工的技术特点及控制要求,制定详细的转体施工技术流程及安全保障措施。具体流程为:完成转体设备安装、调试后,对转体结构称重,根据称重结果进行主梁平衡配重,并检查撑脚、滑道等。首先进行小角度试转,以确定牵引动力设备、转体体系、位控体系、防倾保险体系的工作状况,检测整个系统的安全可靠性,并确定千斤顶施力值、转速、单次点动悬臂端水平弧线位移值、停止牵引后惯性位移值等运行参数。然后进行正式转体,转动角速度按不大于 0.02rad/min、主梁端水平线速度不大于 1.2m/min、加速度小于 0.003m/s² 控制。该桥两个主墩转动总角度分别为 79.31°、96.12°。

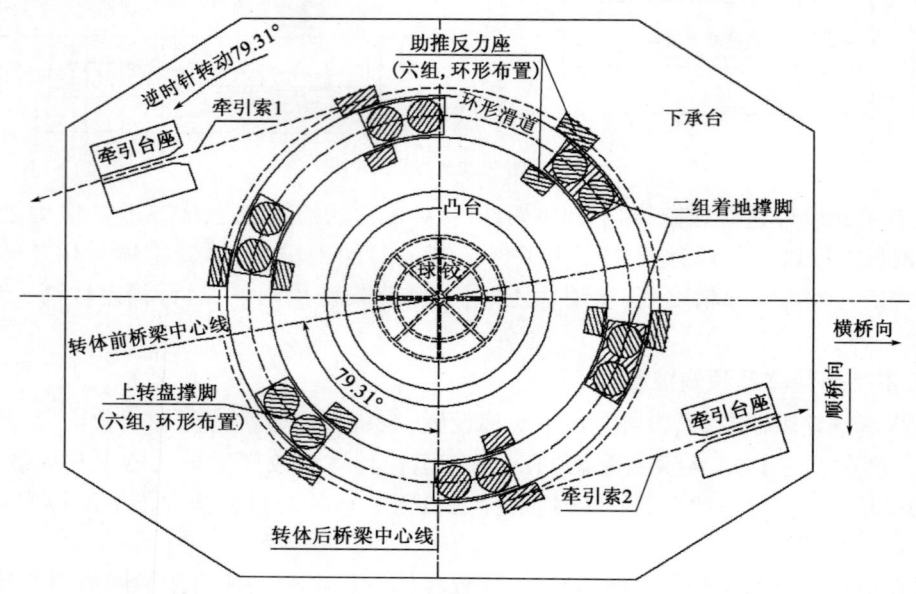

图 7　预偏转体撑脚布置示意图

转体过程中,密切观测塔柱轴线偏位情况及梁端高程变化[7]。转动速度根据转角刻度及梁面轴线进行控制。当由于转动惯性或测量误差,在复测发现已过转时,采用反向力偶助推系统,反向顶撑脚,将转体结构回转,最后点动调整至设计轴线。梁体中线到达设计位置后,根据实时监控数据,利用千斤顶进行结构姿态调整,保证梁体精确就位。最后将转体结构临时锁定后,立即进行上下转盘封固施工,完成转盘结构固结。

实测转体最大启动牵引力 2 100kN,最大转体牵引力 1 900kN,球铰的静摩擦系数 0.010 7、动摩擦系数 0.009 7,转动性能良好,满足设计和施工要求。

3.5　斜拉桥抗震体系

该桥地处哈尔滨南岗区,地震烈度为Ⅶ度,桥梁抗震设防类别为甲类,桥梁抗震性能要求较高。由于该桥采用预应力混凝土结构,自重很大,在桥梁纵向采取全飘浮体系,大幅度减少桥梁主塔的纵向地震作用,同时采用大规格梳齿板伸缩缝,来适应较大的纵向地震位移要求。

该桥横向地震响应大,如按常规方法设置横向限位支座,则桥墩基础的横向地震承载力要求高。经综合考虑,该桥主塔、过渡墩处设置横向金属板消能阻尼器进行减震,针对结构减震目标,对阻尼器关键技术参数如阻尼系数和阻尼指数等的选取进行了参数分析[8]。为了满足正常使用要求,主、边墩均设置横向固定支座,在地震 E2 水准作用下,横向固定约束剪断,横向阻尼器发挥作用。采用以上抗震措施,保证了该桥在地震作用下的安全可靠性。桥梁支座体系和阻尼器布置如图 8 所示。

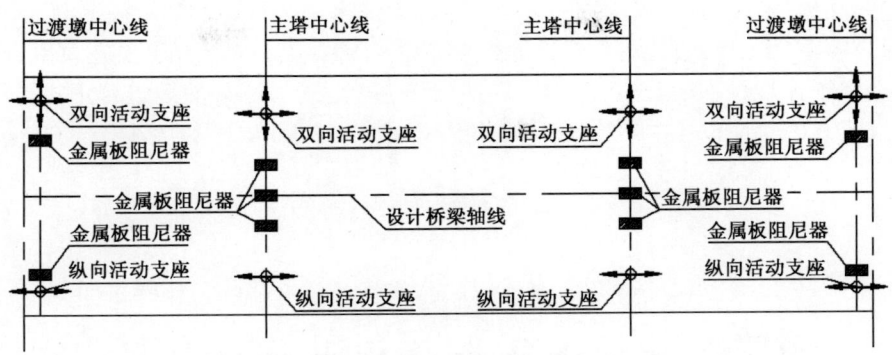

图8 桥梁支座体系和阻尼器布置图

4 结语

哈西大街跨哈南场铁路立交桥主桥斜拉桥跨越哈尔滨市哈南场繁忙干线铁路,纵断面条件苛刻,桥址建设条件复杂,需满足场地及铁路等诸多限制。设计采用的双塔双索面斜拉桥转体施工很好地适应了场地建桥条件。采用特大吨位转体球铰及精心设计的不平衡转体施工技术,通过严谨的施工流程及严格的施工控制,顺利实现了该桥跨越铁路运营股道最多、不平衡转体重量最大、转体精度控制最高(厘米级)的转体施工,对类似桥梁建设具有重要的参考意义。该桥于2020年4月开工建设,2020年11月成功转体,2021年7月建成通车。

参 考 文 献

[1] 杨海鹏,徐松,朱利明,等.我国转体斜拉桥发展综述[J].现代交通技术,2017,14(6):34-39.
[2] 邢铁雷.双索面斜拉桥转体设计关键技术研究[J].铁道建筑技术,2019(7):52-56.
[3] 牛远志,李恒跃,全伟,等.超大吨位斜拉桥水平转体铰型式研究[J].铁道工程学报,2015,32(6):34-39.
[4] 张雷,周岳武,杨斌.唐山二环路特大吨位转体斜拉桥设计[J].世界桥梁,2019,47(6):6-10.
[5] 姜保利.2.24万t转体施工斜拉桥设计研究[J].铁道建筑技术,2015(6):32-35,56.
[6] 左敏,江克斌.转体桥平转球铰转体过程应力计算方法研究[J].铁道标准设计,2015,59(12):36-39.
[7] 仲维玲.大型斜拉桥转体施工定位测量技术[J].铁道建筑技术,2020(9):94-97.
[8] 陈百奔,冯仲仁,王雄江.长周期地震动作用下斜拉桥粘滞阻尼器减震分析[J].桥梁建设,2018,48(5):75-80.

26. 某城市立交桥梁总体设计

黄智华

(上海浦东建筑设计研究院有限公司)

摘　要：本文介绍了济阳路外环立交的桥梁工程总体设计,具体阐述了桥梁总体布置、跨径布置、结构形式选取、断面形式、曲线连续钢混组合梁结构的设计思路及负弯矩区的处理方法等。

关键词：立交桥梁设计　曲线连续钢混组合梁　负弯矩区　钢结构桥墩

1　引言

1.1　工程项目总体

济阳路(卢浦大桥—闵行区界)快速化改建工程2标,北起济阳路、华夏西路交叉口,南至工程终点,全长超过3km,规划红线宽45~60m。

本工程道路方案采用"高架快速路+地面辅路"的断面布置形式。本工程道路与S20相交,需对既有立交进行改造,新的立交为"涡轮式"三层全互通立交,供S20车辆与济阳路高架之间转换。

1.2　立交桥梁工程概况

本立交范围内相关控制物众多,主要有运营中的轨道交通8号线、外环立交范围内航油管、合流污水箱涵、规划机场联络线等众多管线。

现状济阳路为地面道路,S20为一局部跨线桥跨越济阳路,之间建有互通立交。现济阳路新建高架,需拆除既有立交,仅利用原LC、LD匝道与S20相接段,新建及改建外环线8条立交匝道。立交匝道宽度一般为8.5~9.5m。

左转匝道中,现状苜蓿叶匝道不能利用,需拆除重建,新建长度为727m长的SW匝道和804m长的ES匝道。拆除重建既有LC、LD匝道北侧起桥段,新建匝道与既有利用部分相接。

右转匝道全部新建。

桥梁荷载等级为城-A级。

1.3　立交桥梁结构研究现状

目前国内大多数立交桥梁的主梁采用混凝土结构,如文献[1]、[2]等中的实例,也有不少桥梁采用钢箱梁结构,如龙东大道外环线立交,也有采用波形钢腹板钢混组合梁,但大规模采用钢混组合梁的结构较少见。目前不少国内的桥梁隧道项目采用建筑信息模型(BIM)辅助设计及施工[5-6]。

2 主桥总体设计

2.1 新建立交匝道桥上部结构选型思路

本工程 S20 立交标准段上部结构采用经济性好、有利于快速化施工、有利于环保、结构耐久的结构。

为了满足快速化施工需要，同时由于桥梁高度较高，现浇梁搭设支架工作量较大，因此不采用现浇混凝土连续梁的结构形式。

从经济性角度考虑，预应力混凝土结构相对来说经济性最好，其次是钢混组合梁，钢结构梁相对来说造价最高。

从跨径实用性角度来看，跨径较大的、预制为主的上部结构，优先考虑钢箱梁或者钢混组合梁。

因此，对于条件较好、跨径较小的，优先采用预制预应力混凝土小箱梁。对于跨径较大、需要跨越障碍物的，采用钢混组合梁。对于分合流变宽段、受力复杂的，采用钢结构箱梁。

济阳路 S20 立交匝道总体平面如图 1 所示。

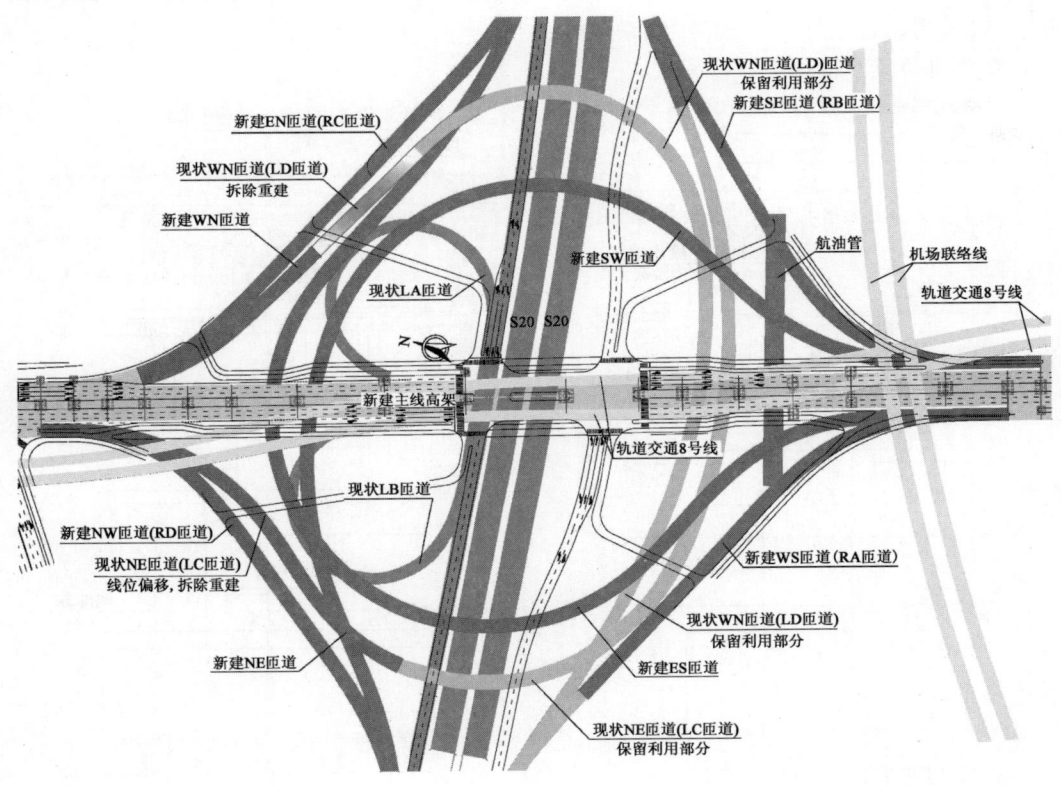

图 1　济阳路 S20 立交匝道总体平面图

2.2 既有立交匝道桥结构形式

原 S20 济阳路立交匝道中，LC、LD 两条迂回定向匝道结构形式以跨径 25m 钢筋混凝土连续箱梁为主，桥宽 8.0m，梁高 1.6m，单箱单室直腹板断面。新建结构的外形，在与既有结构相接时，考虑外形接近。

2.3 新建立交匝道桥上部具体结构形式

根据前述结构选型的考虑,结合具体的匝道进行结构形式的应用。

对于 WS、EN、NW 三条右转匝道,由于其曲率半径较大,采用预应力混凝土小箱梁能够较好地适应道路平曲线线形。

右转匝道 SE 和 WS,靠近南侧与左转匝道分合流点处,需要跨越航油管和规划机场联络线,跨径较大,因此跨越部分采用钢混组合连续箱梁。

对于 WN(第一联)、SW、ES、NE 四条左转迂回定向匝道,由于跨径较大,且曲率半径较小,一般采用钢混组合连续箱梁。

采用钢混组合连续箱梁,具有跨径较大、钢结构主梁施工架设方便、无需搭设满堂支架的优点,同时也具有混凝土桥面板耐疲劳性能好、噪声小、铺装不易损坏等优点。

与主线高架分合流位置变宽段由于跨越地铁8号线,考虑减轻上部结构重量,从而减小对地铁的影响,同时考虑变宽段受力合理性,采用钢结构连续箱梁。

2.4 新建立交匝道桥下部结构选型

下部结构一般位置采用单立柱接盖梁的形式,部分较宽的钢结构箱梁采用双立柱接盖梁的形式。盖梁上支座距离相对较大,保证结构横向倾覆稳定。其中,ES12 和 WN1 处由于跨越下方匝道,采用组合梁外伸门式横梁来跨越。

立交匝道桥梁断面如图2所示。

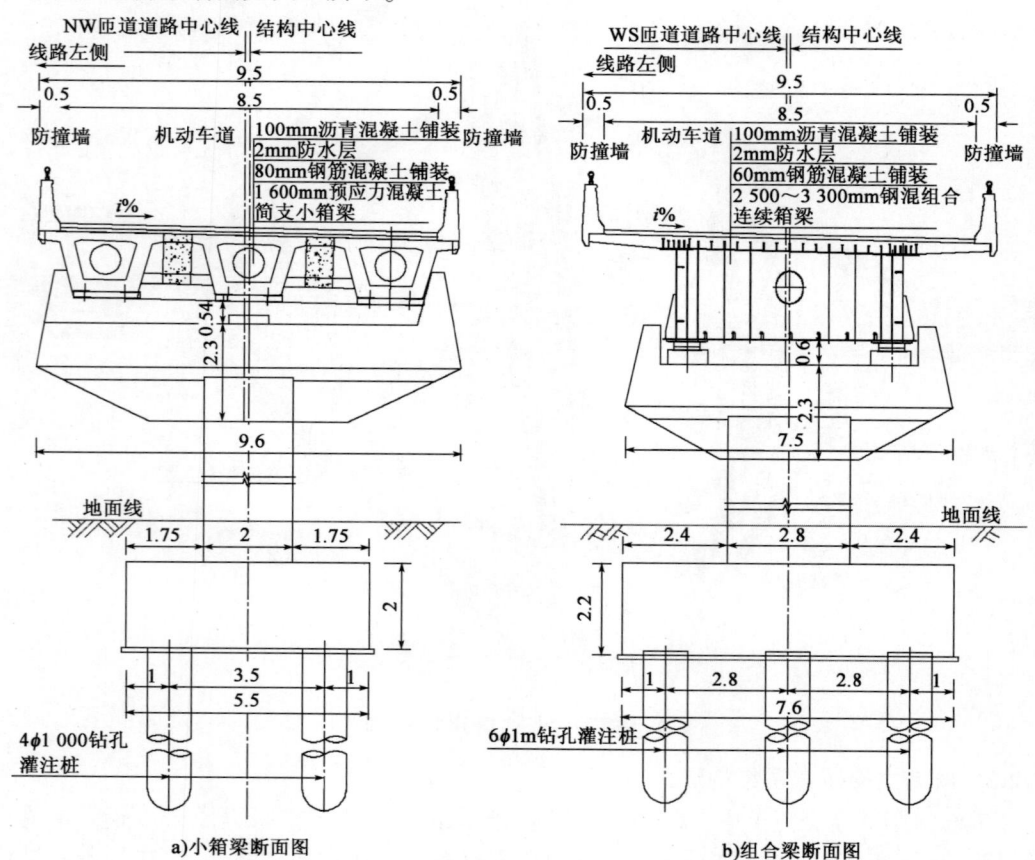

图 2 立交匝道桥梁断面图(尺寸单位:m)

2.5 结构跨径选取

当匝道曲率半径较大,且桥下无需大的跨越时,结构形式采用简支小箱梁,标准跨径为25m或30m,梁高1.6m。当匝道曲率半径较小时,等宽段部分标准结构采用钢混组合连续箱梁,标准跨径采用30m。由于本工程S20立交范围内管线、地面道路、下穿匝道、轨道交通等控制因素较多,桥梁结构跨越不同节点时,跨径需要进行扩大,跨径范围为34~59m,其中最大的跨径为59m。

2.6 BIM的应用

在设计过程中采用BIM技术,通过BIM可以检查曲线空间箱梁构造的碰撞问题,检查结构的净空是否满足要求,检查管线的位置等,起到很好的效果。在施工过程中,利用BIM技术辅助工业化建造、工厂加工、现状安装等,加快施工效率。

3 立交桥上部结构

3.1 预制小箱梁

标准桥梁上部结构采用上海市标准简支预应力混凝土小箱梁。

3.2 钢混组合梁

立交匝道钢混组合梁,采用箱形截面,箱梁外侧挑臂可根据桥宽采用适宜的大挑臂形式。箱形断面外形与保留的既有匝道外形类似。

钢混组合梁钢梁采用槽形断面,为开口的单箱室断面,浇筑混凝土桥面板后形成封闭的单箱室组合梁断面,其中腹板间距为5 200mm。横隔板采用空腹式圆钢管K形横撑。

钢混组合梁断面见图3。

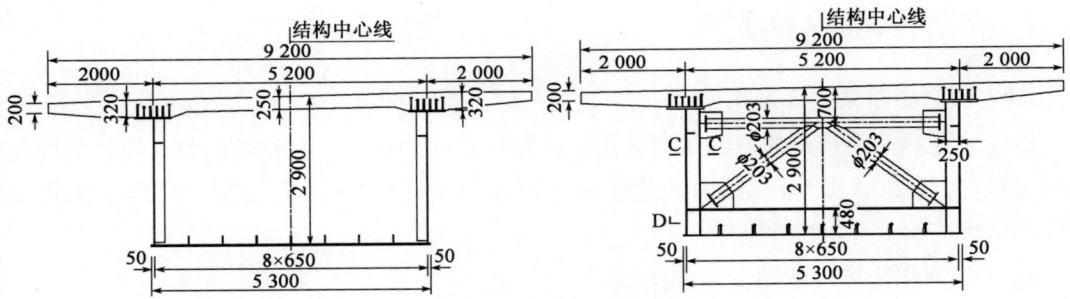

图3 钢混组合梁断面图(尺寸单位:mm)

对于中支点负弯矩区受力,采取的措施有:

(1)一般采用先浇正弯矩区桥面板混凝土,后浇负弯矩区桥面板混凝土的方法。

(2)对于跨径大于30m钢混组合梁,采用中支点升降的方法,来增加负弯矩区桥面板的预压应力。

(3)在负弯矩区桥面板钢筋用量适当增加。

(4)由于铣削型钢纤维能减少裂缝或阻止裂缝的开展,在负弯矩区浇筑混凝土时掺入铣削型钢纤维。通过上述措施来控制负弯矩区裂缝。

组合梁的钢梁采用开口槽形梁,施工期间桥面板混凝土未能提供刚度,因此抗扭刚度较小,而立交桥梁曲率半径较小,施工期间扭矩较大。为此,在钢梁顶面采取上平纵联、圆形钢管,提高了抗扭刚度,保证了施工期间的安全性。

该立交桥梁大量采用钢混组合梁,主跨径范围为42~59m,其中最大的跨径为59m,共有11联。

3.3 连续钢箱梁

在匝道合流变宽段采用连续钢箱梁,NE、WN、ES、SW 匝道均采用三跨或四跨连续结构,中跨跨径为30~47m,梁高均采用2 000mm。

截面采用箱形截面,单箱单室或单箱多室,钢箱梁外侧挑臂宽为2 000mm,变宽通过中间箱室的宽度变化来处理,通过增加腹板的方式来增加分隔室。钢箱梁小横隔板断面见图4。

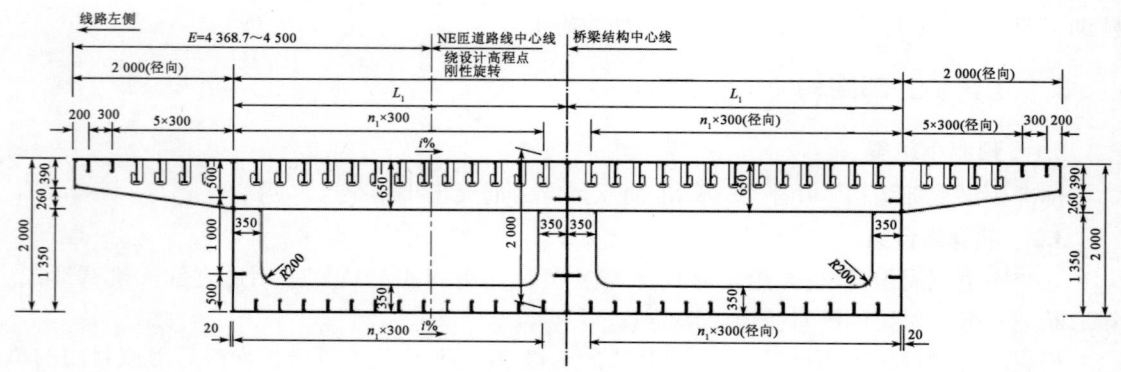

图4 钢箱梁小横隔板断面图(尺寸单位:mm)

4 立交桥下部及台后结构

4.1 预制小箱梁下部结构

预应力混凝土小箱梁的下部结构采用单柱墩接盖梁的形式。盖梁结构中心线处结构高度2.0m,纵桥向厚2.0m,8.5m 宽桥面的盖梁宽为7.3m,9.5m 宽桥面的盖梁宽为9.34m,采用钢筋混凝土结构。

4.2 钢混组合梁及钢箱梁下部结构

钢混组合连续箱梁下部结构采用单柱墩接盖梁的形式(图5)。墩顶设双支座,以利于上部结构横向抗倾覆稳定。

钢箱梁部分下部结构与钢混组合梁类似,根据实际桥宽变化及受力情况设置。对于桥宽较宽的情况,设置双立柱。

由于轨道交通8号线从立交处梁体下方穿越,部分位于立交匝道的合流变宽段,因此需要设置门架式桥墩盖梁来避让地铁盾构区间。考虑到钢筋混凝土门式墩需要在地铁上方搭设支架,对地铁影响较大,因此采用钢结构门架式桥墩盖梁。盖梁和立柱均采用钢结构,形成框架式结构,钢桥墩和混凝土承台之间通过一个过渡段连接成整体。

钢结构连续箱梁钢结构桥墩构造如图6所示。

由于立交位于既有轨道交通8号线及合流污水箱涵、航油管,桩基应减小对周边环境的影响,因此采用不挤土的钻孔灌注桩。

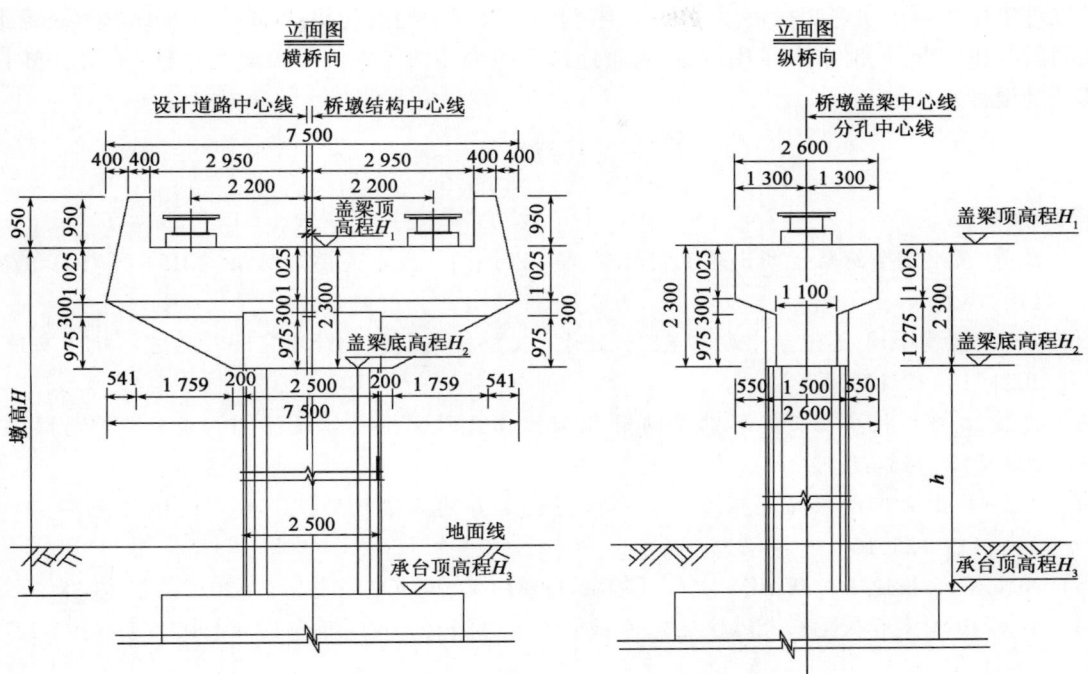

图5 钢混组合连续箱梁下部构造图(尺寸单位：mm)

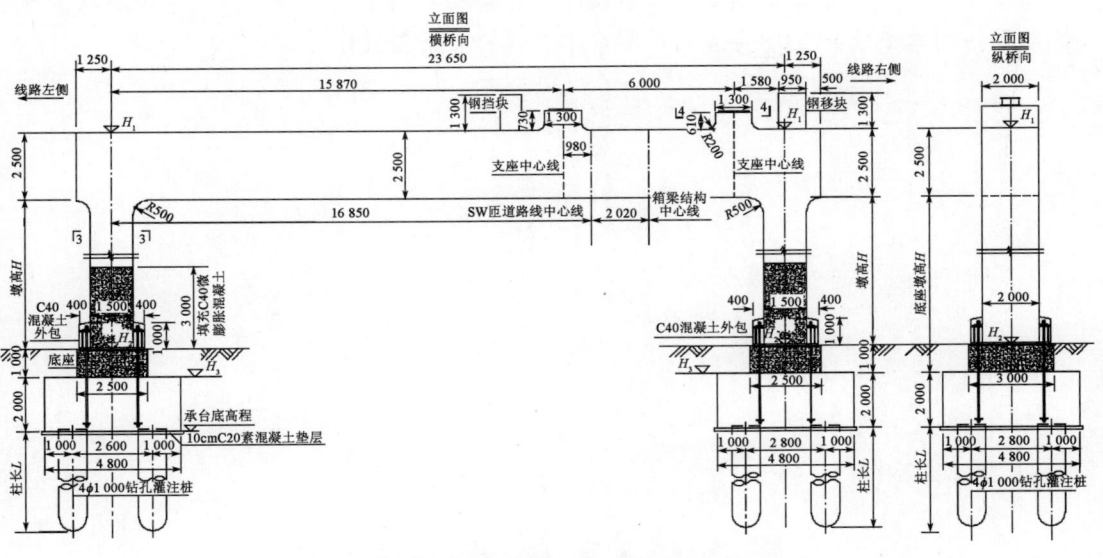

图6 钢结构连续箱梁钢结构桥墩构造图(尺寸单位：mm)

5 结语

本工程立交桥梁现场管线多，轨道交通、既有立交等对设计存在较大影响，通过合理布跨，选取合理的结构形式来处理好交通、结构需求与上述限制条件的关系。考虑到降低工程造价、方便施工，工程大量采用曲线连续钢混组合梁结构，起到较好的实用效果。同时采用预制预应力混凝土小箱梁、钢结构连续箱梁、钢结构桥墩等，达到快速、预制化施工的效果。

工程的创新点：大部分主梁采用曲线连续钢混组合梁、顶升工艺，负弯矩区采用铣削型钢纤维等措施来减少负弯矩区混凝土裂缝，组合梁主梁采用槽形开口梁，采用上平纵联解决施工期间的抗扭问题，同时节省了用钢量；跨越地铁采用钢结构大跨门架盖梁及立柱；采用 BIM 计算辅助设计。

参 考 文 献

[1] 陈勇.扬州市金湾路—华山路立交桥梁总体设计[J].城市道桥与防洪,2019(4):103-107,110,15.

[2] 李方明,黄小国.苏州春申湖路 S228 互通立交桥桥梁总体设计研究[J].隧道与轨道交通,2021(1):12-14,60.

[3] 史爱红.中川机场立交波形钢腹钢箱-混凝土组合箱梁桥总体设计[J].城市道桥与防洪,2020(12):55-57,12.

[4] 刘海峰.上海市龙东大道快速化外环立交施工筹划方案研究[J].城市道桥与防洪,2022(3):119-123,16.

[5] 高文堃.北横通道工程 BIM 技术研究应用概述[J].城市道桥与防洪,2017(7):35-38,7-8.

[6] 蒋剑.BIM 技术在龙东大道快速化工程中的应用[J].城市道桥与防洪,2021(5):294-297,30-31.

[7] 邵长宇.梁式组合结构桥梁[M].北京:中国建筑工业出版社,2015.

[8] 汪吉星,周传雄,刘玉擎.钢锭铣削型钢纤维在桥面铺装中的应用[C]∥中国公路学会桥梁和结构工程分会 2018 年全国桥梁学术会议论文集,2018.

27. 香炉洲大桥东汉航道桥设计与施工技术创新

赵 江[1]　赵定发[2]　张晋瑞[3]

(1.长沙市望城区城市建设投资集团有限公司；2.湖南路桥建设集团有限责任公司；
3.湖南省交通规划勘察设计院有限公司)

摘　要：香炉洲大桥东汉航道桥采用主跨2×165m连续刚构，主墩采用12根直径2.8m钻孔灌注桩。项目所处航道等级高、防撞等级高，河道基岩覆盖层薄，岩层坚硬，设计与施工难度大。为克服上述难题，进行了一系列创新。本文介绍了项目在双肢薄壁墩防撞设计、深水花岗岩地质条件下桩基成孔工艺和承台锁扣钢围堰施工工艺三个方面的创新，可供同类型桥梁设计施工参考。

关键词：香炉洲大桥　桩基础　双肢薄壁墩防撞　深水花岗岩桩基成孔　锁扣钢围堰

1　工程概况

香炉洲大桥位于长沙市望城区大泽湖街道、丁字湾街道，跨越湘江，河东对接书堂路，路线自东往西依次上跨湾田路、湘江北路，江中跨越香炉洲，往河西依次上跨潇湘大道景观道、潇湘北路，对接香炉洲路，主线长约3.24km，匝道长约3.85km。香炉洲大桥主线桥长2 788.5m，主桥宽37.5m(含拉索区)，引桥宽34.5m。西汉航道主桥采用主跨300m斜拉桥，东汉航道主桥采用主跨2×165m连续刚构。

香炉洲大桥所在湘江两岸地貌属平原微丘区，气候属中亚热带湿润季风气候区，具有四季分明、温暖潮湿、雨量充沛、严寒期短等特点。

东汉航道桥位区发育的地层主要为第四系更新统卵石层，燕山晚期侵入花岗岩层。场区附近断裂为非全新活动断裂，桥位区域地质稳定性较好。地震基本烈度为Ⅵ度，地震动峰值加速度为$0.05g$，地震动反应谱特征周期为0.35s。

2　结构设计

2.1　总体布置

全桥桥跨布置：3m桥台+3×30m连续箱梁+30m+50m+30m变高连续箱梁+2×3×30m连续箱梁+45m+72m+45m+35m变高连续箱梁+33m简支箱梁+62m简支组合梁+88.5m+2×165m+88.5m连续刚构+4×60m连续箱梁+3×60m+300m斜拉桥+2×60m连续刚构+45m+76m+45m变高连续箱梁+3×30m连续刚构+32.75m+2×33m+32.75m连续箱梁+45m+76m+45m变高连续钢箱梁+3×30m+4×30m结构简支桥面连续等高箱梁+3m桥台，桥梁全长2788.5m。

河东主桥桥跨布置为88.5m+165m+165m+88.5m变截面预应力混凝土连续刚构(图1)，桥宽为34.5～42.5m。

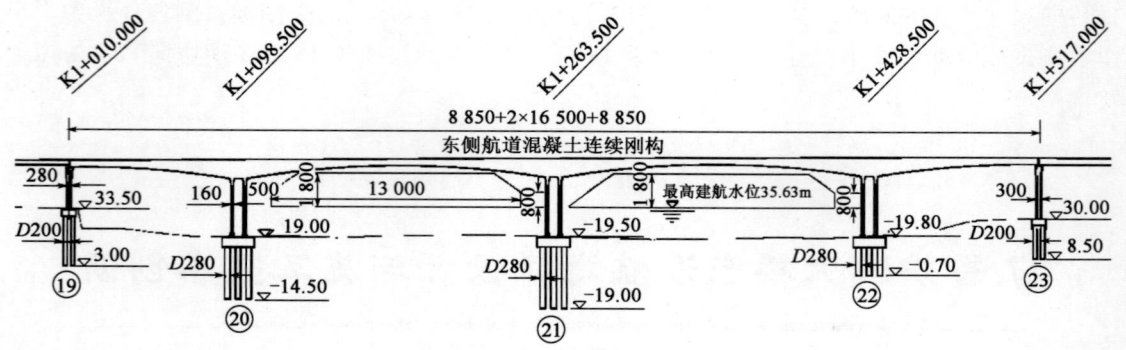

图1 东汉航道桥总体布置示意图(尺寸单位：cm；高程单位：m)

2.2 下部结构

主墩为双肢薄壁墩，单肢纵向壁厚1.6m，净距5.0m，横桥向宽度为16.5～20.5m，采用三角形(带圆弧倒角)分水尖。主墩承台尺寸为21.6m(横桥向)×16m(顺桥向)，高5.5m，桩基直径为2.8m，按端承桩设计，桩中心距为5.6m。主墩一般构造如图2所示。

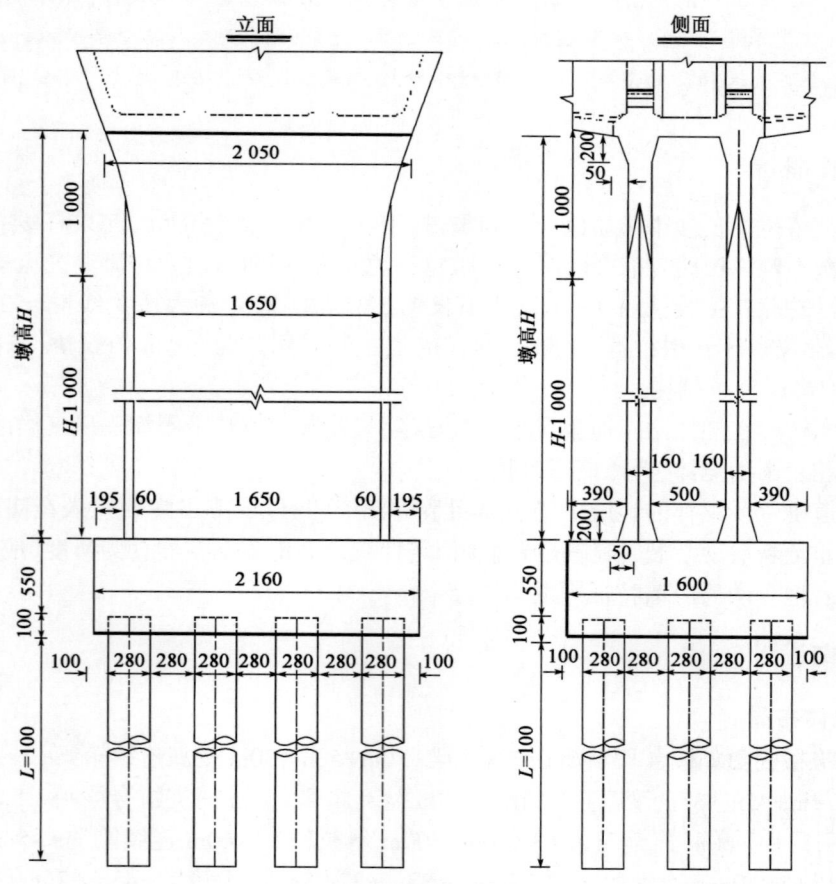

图2 主墩一般构造图(尺寸单位：cm)

过渡墩为独柱花瓶墩,如图3所示。小里程侧过渡墩(19号)墩底纵桥向×横桥向尺寸为2.8m×14.2m,墩顶纵桥向×横桥向尺寸为3.67m×20.7m;大里程侧过渡墩(23号)墩底纵桥向×横桥向尺寸为3.0m×12m,墩顶纵桥向×横桥向尺寸为3.8m×18.5m,采用圆弧倒角分水尖。小里程侧过渡墩承台尺寸为16m×7.4m,大里程侧过渡墩承台尺寸为15.2m(横桥向)×7.2m(顺桥向),高3.5m,桩基直径为2.0m,按端承桩设计。

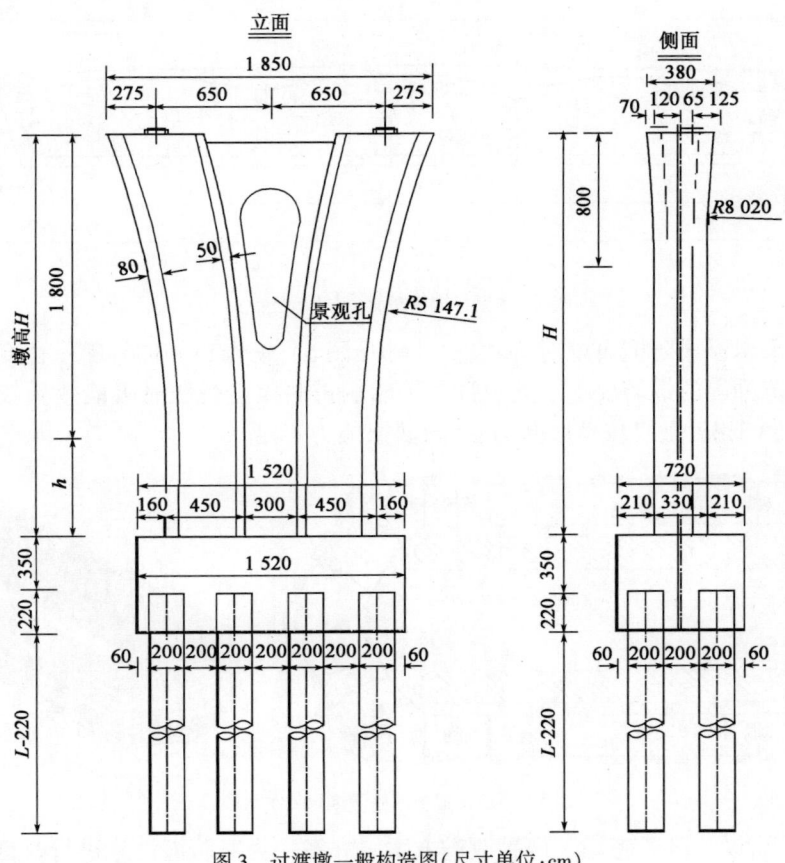

图3 过渡墩一般构造图(尺寸单位:cm)

2.3 上部结构

主梁采用预应力混凝土变截面箱梁,C55混凝土,单箱三室斜腹板箱形截面。主梁根部梁高10.0m,跨中及边跨现浇段梁高3.5m,梁底曲线按1.8次抛物线变化。箱梁顶板宽34.5~42.5m,标准宽悬臂长4m,加宽处悬臂最长8m。顶板厚0.3m,底板厚由跨中0.35m按1.8次抛物线加厚至根部1.0m,悬臂端部厚0.2m,根部厚0.75m。腹板厚度由跨中或边跨现浇段至箱梁根部采用0.5m、0.625m、0.75m、0.95m、1.1m四种尺寸。主墩、过渡墩顶、跨中及中跨1/4处设横隔梁(或横隔板),主墩顶横隔梁宽1.8m,一处2道,过渡墩顶横隔梁宽1.8m,跨中和中跨1/4处横隔板厚0.4m。

主梁标准横断面如图4所示。

3 设计及施工创新

3.1 双肢薄壁墩防撞设计

本项目桥位所在湘江航道规划为Ⅰ(3)级航道,为湘江上首次按Ⅰ级航道建设的桥梁。

根据大桥通航论证批复,考虑桥位距离上游长沙港及锚地较近,存在大型船舶撞击的可能性,主管部门首次将湘江上桥梁防撞等级由 3000 吨级提升为 5000 吨级。为满足香炉洲大桥防撞能力,特别是针对 2×165m 连续刚构双肢薄壁墩防撞能力较弱的特点,进行特殊设计。

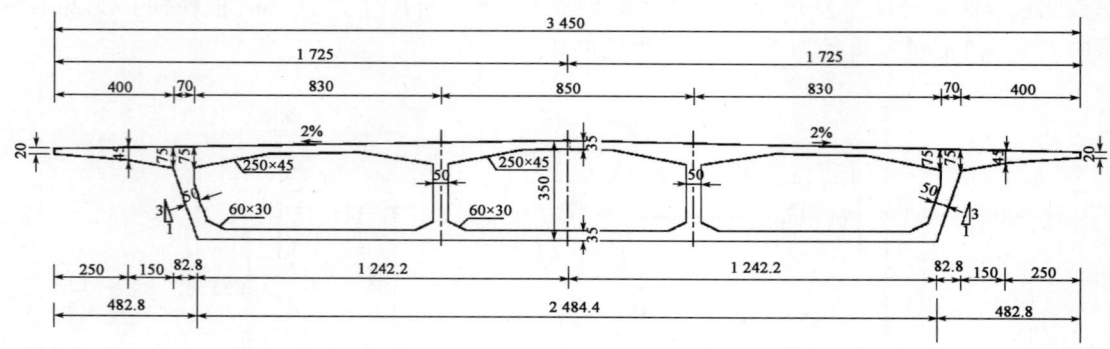

图 4　主梁标准横断面(尺寸单位:cm)

传统设计采用浮式防撞设施对桥墩进行保护(图 5),防撞设施能够随水位变化上下浮动,满足水位高差范围内的设防要求。此设计对于船舶正向撞击桥墩时吸能效果较好,但对于侧向撞击(顺桥向)工况,墩身仅单肢受力,桥墩防撞能力不足。

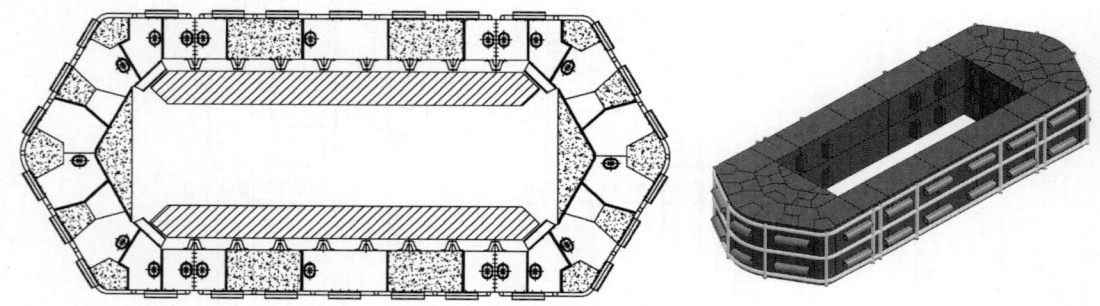

图 5　双肢薄壁墩传统防撞设施示意图

在此基础上,设计阶段考虑了两种改进方案。方案一为对防撞设施进行改良设计,在两肢之间增加传力部分,并对首部(迎撞面)进行加强设计,如图 6 所示。

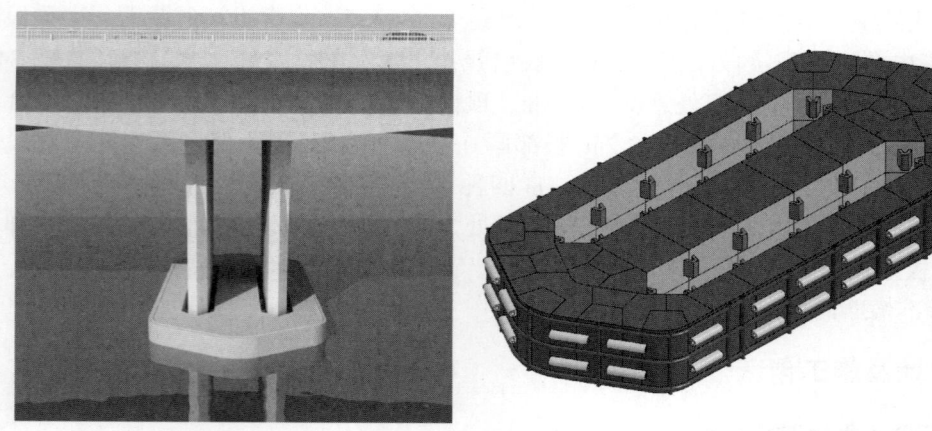

图 6　双肢薄壁墩防撞改进方案一

方案二为在保留原防撞设施的基础上,在双肢薄壁墩两肢之间增设横向铰接钢梁,使得顺桥向撞击力作用在桥墩上时,两肢可以协同受力,如图 7 所示。

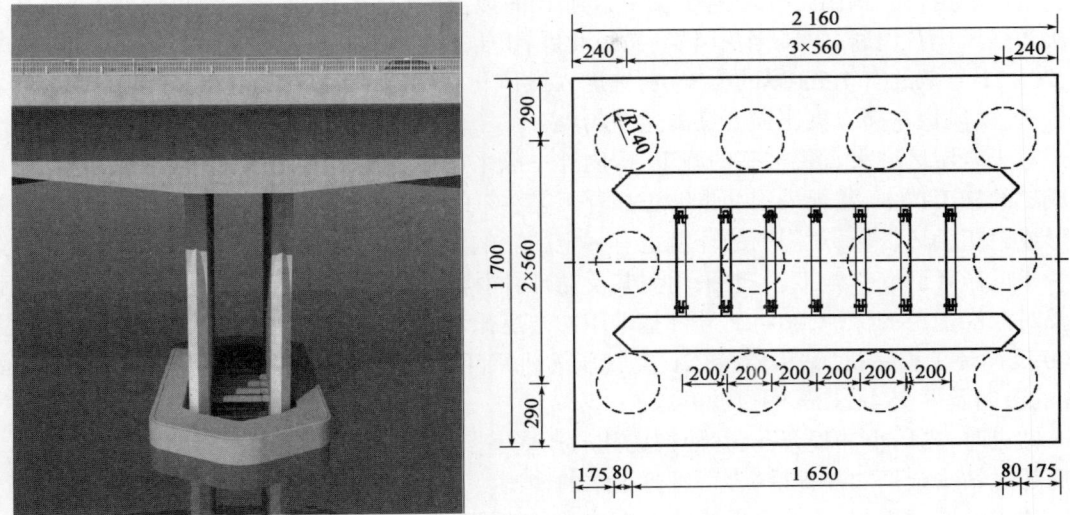

图 7　双肢薄壁墩防撞改进方案二(尺寸单位:cm)

将建立的船舶、防撞设施及桥墩有限元模型设置于同一碰撞场景,可以较好地模拟三者之间的相互作用,对防撞设施防撞性能进行有效评估。为全面分析防撞设施吸能,对图 8 所示两种工况进行动力计算,船舶撞击速度为 3.98m/s。

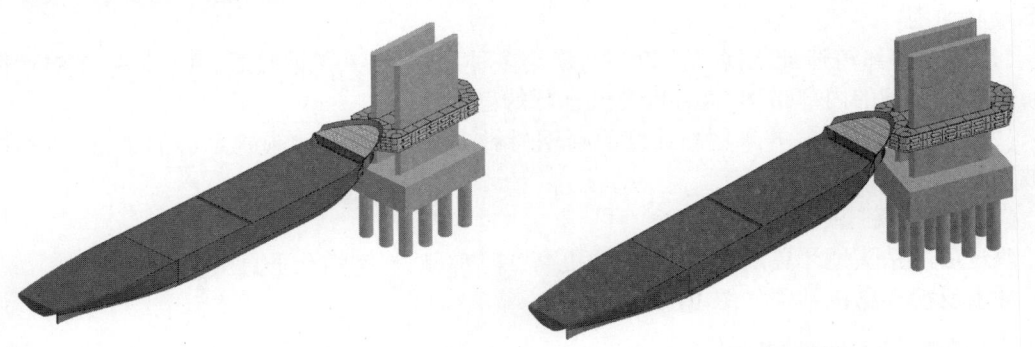

a)20~22号墩设防后正撞　　　　　　　　b)20~22号墩设防后20°斜撞

图 8　20~22 号墩设防撞设施后船撞有限元模型

改进前后的防撞设施性能和造价对比见表 1。

双肢薄壁墩防撞方案对比表　　　　　　表1

方案	安全系数			增加造价	受力性能
	正撞	20°斜撞	侧撞		
原方案	3.4	2.7	0.6	0	防撞性能不满足
改进方案一	5.3	4.4	1.1	690 万元	防撞性能略差
改进方案二	3.4	2.9	1.3	150 万元	防撞性能优

如上述对比可知,采用增设横向联系撑杆的设计,可以有效使双肢墩在撞击力作用下共同受力,同时采用铰接设计,并在铰接处留出适当间隙,可以避免撑杆升降温对双壁薄壁墩引起

219

的不利影响。

3.2 深水花岗岩地质条件下桩基成孔工艺

东汉航道桥下构施工区域湘江水深达到10m以上,且所处地质上层为浅薄卵石层,往下依次为强风化花岗岩、中风化花岗岩、微风化花岗岩。其中,22号墩无覆盖层,直接为花岗岩层,20~21号墩约有1.5m厚的覆盖层;桩进入微风化花岗岩最深达15m。经对钻孔取出的岩样分析,微风化花岗岩抗压强度最高达90MPa。

对于岩层区域大直径桩基的施工,国内外一般采用冲击钻施工,该工艺在桥梁领域已是比较成熟的施工技术,常规采用冲击钻正循环工艺,该工艺需要配置泥浆,且钢护筒必须进入岩层形成封闭循环区域,对周围的环境也有一定的影响。除此之外,大直径桩基岩层钻进工艺还有气举反循环回旋钻施工,一般采用泥浆反循环,同样对环境污染较大。根据该项目的地质特性及对湘江水源的保护,20~22号桩基采用冲击反循环清水钻施工工艺。钻机采用慧创HC-4000反循环工程钻机,钻头质量22t,空气压缩机采用德哈螺杆空气压缩机,并配置一个6m×3m的渣箱及一个4m×2m的过滤砂箱。

钻进时,先用小冲程开孔,并使初成孔的孔壁坚实、竖直、圆顺,能起到导向的作用,待钻进深度超过钻头全高加冲程后,方可进行正常的冲击。

冲击钻进过程中,应始终保持孔内水位高于地下水位1.5~2.0m,并应低于护筒顶面0.3m;停钻时,及时向孔内补水,保持水头高度。沉渣净化采用反循环方式,气压将钻渣携带至渣箱,流向沉渣池,经过沉淀过滤后,重新流入桩孔。

冲击反循环钻机施工如图9所示。

考虑花岗岩岩层较硬,对反循环冲击钻机钻头要求比较高,针对该地质特性,对钻头进行如下改制加固:

(1)锤牙整体铸造加入锰、硅、钨、钼、铬等多种元素,经人工锻打后,回炉以特定温度煅烧24h,彻底改变钢的内部结构,大幅度提升锤牙的稳定性;

(2)钻刃为梅花形,并采用高强度耐磨钢材做成底刃,确保钻头有足够的重量,达到更好的破岩效果;

(3)锤底外翻,使其不容易卡锤。

改进后的钻头锤牙更耐磨,钻孔功效更高,能更好地控制钻孔垂直度。

冲击反循环钻机钻头如图10所示。

图9 冲击反循环钻机施工

图10 冲击反循环钻机钻头

钻进过程中,对不同岩层采用不同冲程,强风化花岗岩地层采用高冲程、低频率,微风化花岗岩地层采用低冲程、高频率,更好地保证了特定地层条件下的钻孔进度。以20号墩1号桩基为例,钻进功效见表2,从表中可知,微风化地层中钻进速度与强风化地层中相比,并没有显著降低。

钻进功效分析表　　　　　　　　　　　　　　　表2

序号	地层情况	有效钻进时间(h)	钻进深度(m)	平均速度(m/h)
1	砂卵石层	9	3	0.333
2	强风化	49	9.3	0.190
3	中风化	44	9.4	0.214
4	微风化	71	12.2	0.172
5	合计	173	33.9	0.227

冲击反循环清水钻施工工艺的使用,在最大限度减少对环境影响的前提下,保证了施工效率,降低了施工成本,缩短了施工工期。

将冲击反循环与回旋反循环及冲击正循环在功效与成本等方面进行对比分析,分析结果见表3。

钻进功效分析表　　　　　　　　　　　　　　　表3

类别	冲击反循环	回旋反循环	冲击正循环
平均进尺速率	0.196m/h	0.16m/h	0.08m/h
成孔速度	快	较快	慢
成本	较高	高	低
用电	232kW	260kW	100kW
设备	设备种类多,维修次数及成本高	设备种类多,维修次数及成本高	设备种类少,维修次数及成本低
人员需求	6	8	3
环保要求	环保	环保	不环保

3.3　承台锁扣钢围堰施工工艺

东汉航道桥20~22号墩承台尺寸(长×宽×高)为21.6m×16m×5m,采用C40混凝土。每个承台下设12根直径为2.8m的钻孔灌注桩。由于20~22号墩承台深入花岗岩层4~5.5m,如采用双壁钢围堰,需要提前进行水下钻爆,钻爆基坑深度达10.5m,钻爆方量达到4万余立方米,且钻爆时间至少需要两个半月。根据工期安排,在汛期来临前无法完成围堰封底,钢围堰阻水面积大,抗洪水冲击稳定性差,安全风险大。

为解决上述问题,20~21号墩承台采用锁扣钢管桩围堰进行施工,以20号墩为例,围堰长为27.93m,宽为21.43m,高为24.0m(顶高程+34m,底高程+10.0m)。钢围堰位于宽1.2m的槽内,槽底根据承台位置地质情况确定,槽外、钢管桩内灌砂至河床,槽内采用C25水下混凝土进行密封,钢围堰垫层混凝土采用C25水下混凝土,钢围堰结构如图11、图12所示。

围堰设置6道围檩内撑,间距均为3.0m,由内撑杆与围檩组合成整体稳定框架结构,共同抵抗钢管桩外水压力;第1道围檩为特制双拼700×300×13×24H型钢、第2~6道围檩为特制三拼700×300×13×24H型钢,为矩形框,材质为Q235B;第1~3道撑杆由ϕ609mm、壁厚16mm的钢管桩组成,第4~6道撑杆由ϕ800mm、壁厚16mm的钢管桩组成,材质为Q235B和Q345B。为方便后续墩身施工,内侧斜撑与墩身净距控制在1m左右。锁扣钢管桩主体采用壁厚14mm的φ630螺旋管,钢管桩桩间连接件采用拉森Ⅳ型钢板,钢管桩材质为Q345B,钢板桩材质为Q345B。锁扣钢围堰的标准件由锁扣和钢管桩焊接而成,均在工厂内进行加工,现场进行对接加长。锁口示意见图13。

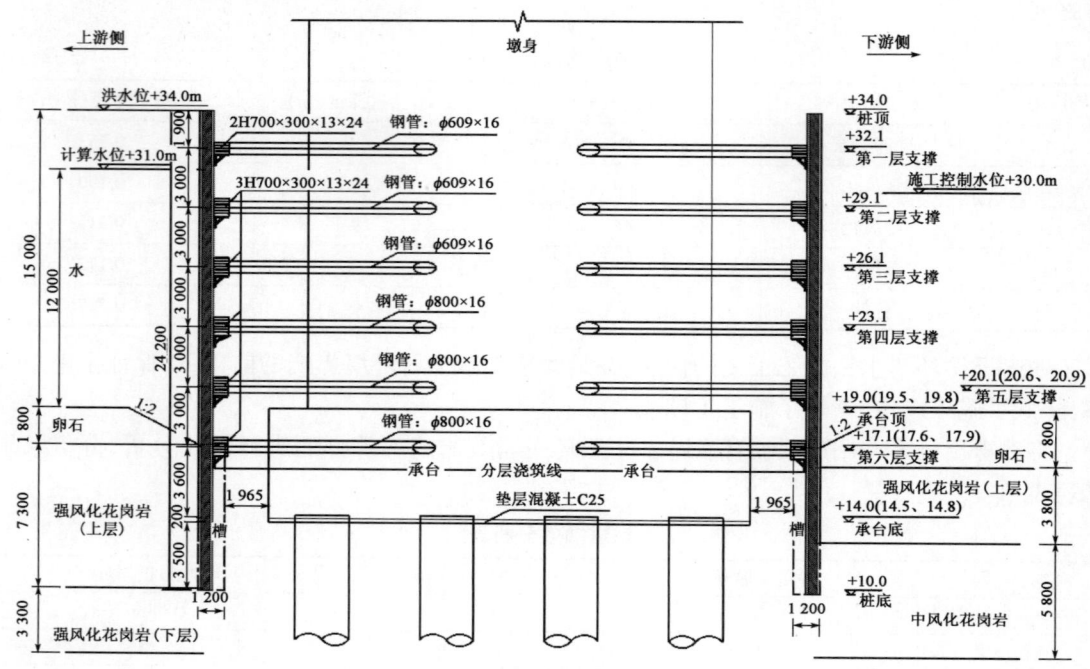

图11 钢围堰结构立面图(尺寸单位:mm)

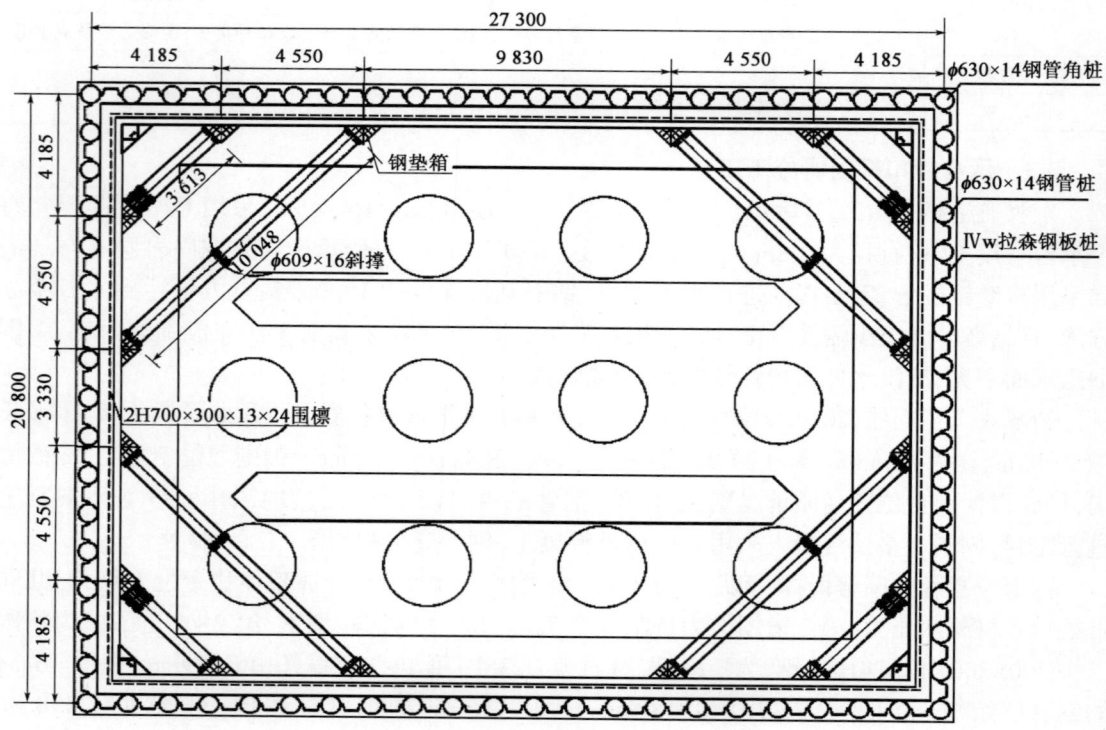

图12 钢围堰结构平面图(尺寸单位:mm)

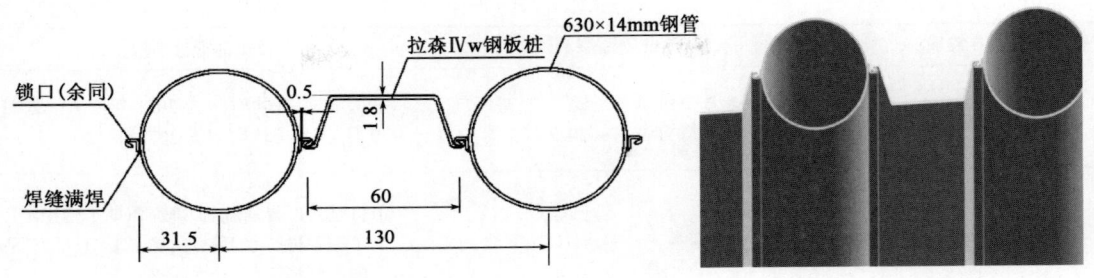

图 13 锁扣示意图(尺寸单位:cm)

锁扣钢管桩围堰施工流程如图 14 所示。

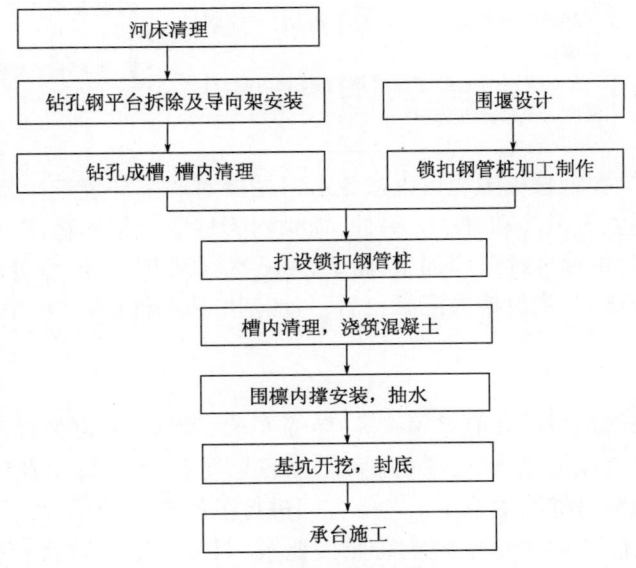

图 14 锁扣钢管桩围堰施工流程

传统双壁钢围堰与锁扣钢管桩围堰具体对比见表 4。

钻进功效分析表　　表 4

工艺名称		双壁钢围堰	锁扣钢管桩围堰
工艺简介		先围堰后桩施工工艺,即首先进行水下钻爆施工,然后搭设钻孔平台,最后整体下放双壁钢围堰	先桩后围堰施工工艺,先钻孔平台搭设及桩基础施工,再进行河床开槽,最后进行锁扣钢管桩打设,完成围堰施工
施工设备		钻爆船三艘(每个承台一艘),运渣船一艘,300t 浮式起重机一艘,50t 汽车起重机一台	冲击钻 9 台(每个围堰 3 台),履带式起重机 50t 一台,振动锤 120t 一台,空气压缩机一台
施工材料	水下爆破	42 620m³	0
	水下开槽	0	10 000m³
	干作业凿除	0	9 000m³
	钢材	4 000t	5 000t
	井壁混凝土	4 374m³	0
	封底混凝土	5 781m³	700m³

续上表

工艺名称	双壁钢围堰	锁扣钢管桩围堰
工期	2021年8月中旬围堰完成下放；桩基施工持续时间为2021年9月—2022年1月	桩基施工持续时间为2021年5月—2021年9月；围堰完成时间为2021年12月底
优点	1.工艺成熟； 2.焊接质量可控，分节整体对接下放，水密效果好	1.桩基可以提前施工，确保汛期平台稳定； 2.不需要进行水下钻爆，施工安全风险低； 3.围堰结构简单，受力明确
缺点	1.需要进行水下钻爆，对周围环境有一定影响，不可控因素多； 2.围堰下放定位期间处于汛期，安全风险高； 3.双壁钢围堰拆除需要进行水下切割，且河床以下部分无法回收	1.围堰开槽深度大，基岩较硬，成槽速度较慢； 2.需要额外投入承台侧面模板

综合考虑，采用锁扣钢管桩围堰可以避免水下钻爆对周围环境产生影响，有利于环保，降低汛期高水位钢围堰施工风险和难度。另外，锁扣钢管桩围堰结构稳定，整体刚度大，平面布置适应性强；锁扣钢管桩标准件厂内加工，简单快捷，质量可控；在墩位处的回形槽口形成后，直接振打钢管桩到基槽内，浇筑槽内混凝土后，与地基形成整体，围堰更稳定。

4 结语

香炉洲大桥东汉航道桥所处航道等级高，防撞要求等级高，河道基岩覆盖层薄，岩层坚硬，设计施工难度大。为克服上述难题，项目在双肢薄壁墩防撞设计、深水花岗岩地质条件下桩基成孔工艺和承台锁扣钢管桩围堰施工工艺等方面进行了创新，取得了如下成果：

（1）为满足湘江上要求的5000吨级防船撞要求，双肢薄壁主墩需特殊设计。为此，提出了一种新的解决思路，即在常规防撞套箱上增加横撑装置，从而使作用在单肢桥墩上的船撞力分摊到双肢，从而有效降低撞击力。与单纯改进防撞设施的方案相比，防船撞效果更好，造价更低。

（2）桩基成孔通过采用冲击反循环清水钻施工工艺，确保了湘江水源不受施工影响，并大大地加快了施工进度，仅历时5个月就按时、保质、安全地完成了主墩36根桩基施工。不仅有效避免了汛期风险，而且赢得了工期，创造了巨大的经济效益。通过对深水花岗岩桩基础施工多个方面的优化和改进，达到了预期的效果，为以后类似施工条件下的大直径桩基施工积累了宝贵的经验。

（3）锁扣钢管桩围堰的采用满足了度汛需求，避免了水下钻爆作业，降低了施工安全风险，且围堰结构简单，受力明确。

参考文献

[1] 王鹏,油川洲.某钢箱梁斜拉桥船撞设防标准研究[J].公路交通技术,2021,37(6):122-127.

[2] 陆凯,陈徐均,沈海鹏.船桥碰撞研究综述[J].港工技术,2021,58(1):59-65.

[3] 方海,王健,祝露,等.武汉鹦鹉洲长江大桥中塔墩防船撞装置研究[J].桥梁建设,2020,50(1):20-25.
[4] 邵斌,贺立新,宋雷,等.东江特大桥桥墩抗撞计算分析及防撞措施[J].桥梁建设,2011(2):59-61,70.

28. 新型装配式通道设计与施工技术研究

陈露晔[1] 陈 瑶[2] 吴淀杭[1] 廖刘算[1]
（1.浙江数智交院科技股份有限公司；2.杭州市交通运输行政执法队）

摘 要：本文从传统现场浇筑施工方法缺点出发，提出工业化研发的整体目标，针对通道断面类型和尺寸、节段划分、连接方式、防水措施等展开方案比选，考虑其制造、运输、吊装、拼接等全工业化流程，选择符合装配式结构特点并满足工业化条件的最优方案。通过依托工程实际施工检验，总结出标准化的施工工艺和作业流程。新型装配式通道工业化程度高，适用范围广，施工快捷方便，结构安全耐久，研究成果对于促进装配式结构大规模应用具有重要意义。

关键词：预制装配式 方案比选 通道设计 快速施工 工业化 工艺流程

1 引言

通道是公路工程中一种十分常见的结构，以人、车通行或过水为主要功能。作为公路工程中的重要组成部分之一，通道量大面广，投资较大，在施工建设中，往往成为影响整个工程造价、质量和工期的重要因素之一。

目前，国内的通道普遍以现浇钢筋混凝土结构为主，现浇通道在施工过程中容易受到地理环境、季节气候及原材料等条件的限制，加上施工方法、工艺、材料单一，存在一定局限性，不适应新时期我国交通强国建设、打造公路品质工程建设所提出的，对结构构件实现工厂化生产、机械化装配、标准化施工的要求。

预制装配式通道是改变交通建筑行业设计模式和建造方式，提高交通建筑行业科技含量、性能和质量的需要；是控制工地扬尘，减少环境污染的需要；是解决建筑市场劳动力资源短缺及劳动力成本增加的需要；是交通建筑行业节能减排、节约资源和合理控制造价的需要。

2 研发目标

为完成新型预制装配式通道的研发，实践交通强国战略，提高交通建设行业工业化、装配化、智慧化水平，制定了三个目标，并可细分为九个方面。

目标1：通道种类归并、尺寸优化、环境适用。

影响通道种类、尺寸的因素如下：功能[机动车通道（机通）、人行通道（人通）、排水通道]、通道埋深（明涵、暗涵）、运输吊装条件（起重设备、道路情况、超限上路审批）、净空要求。只有当装配式通道种类、尺寸经过归并后，实际施工中通道才能做到工业化、标准化、规模化，以适应沿线多种运输、安装，降低造价。装配式通道不仅需要适应各种环境（山区、平原）下的运输、吊装，而且应减少现场施工对环境的污染。只有做到各种环境适用，装配式通道才能适应未来国家建设的需求。

目标2：施工全过程的便利性。

现浇通道施工必须在地基处理完后进行，换填或管桩处理本身需要一定时间。现浇作业工序包括：钢筋绑扎焊接、模板架立、混凝土浇筑、模板拆除、混凝土养护，工艺复杂无法利用地基处理前期的时间。现场劳动力多，机械化程度低，现场立模、钢筋绑扎、喷水养护需要较多人力。现场施工场地占用大，原材料堆放难以管理。通过以上分析可以得出，为了实现施工全过程的便利性，实施装配式通道，其"工厂制造简捷高效、预制构件运输便利、现场装配快速可靠"的研究不可缺少。

目标3：通道结构经济、可靠、耐久。

通道结构设计，要求按照安全、耐久、经济等原则进行。通道的耐久性和可靠性，除了与结构尺寸有关外，还与以下因素有关：构件的连接方式（纵向有约束连接、纵向无约束连接）、防水措施（压缩胶圈密封、砂浆或弹性材料密封、外包止水带等），只有当构件的连接方式、防水措施都满足实际施工、运营需求，装配式通道才能达到可靠耐久。

装配式通道可以做到工业化、标准化、规模化，现场施工人员少，成本可控，但是由于目前国家标准缺少相应预制构件定额，设计、施工编制预算缺少依据。

3 方案设计

3.1 装配式通道断面类型和尺寸

装配式通道按其断面形状可分为箱型、拱型和异形通道三种结构形式（图1）。

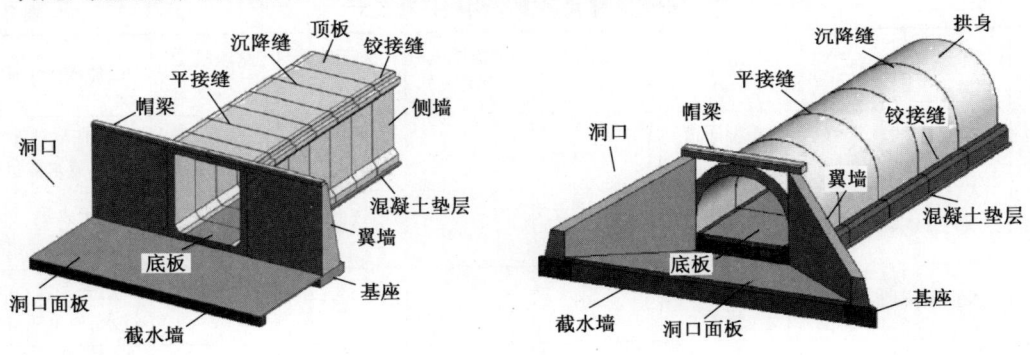

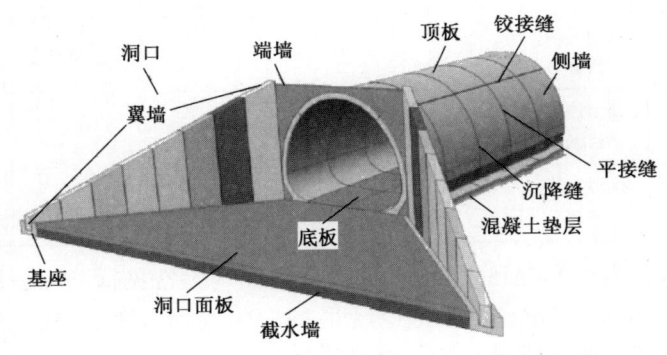

图1 箱型通道、拱型通道、异型通道示意图

根据其功能,装配式通道可分为人通、机通和排水。根据实际使用情况,可以单独或者混合使用其功能。

通道断面类型选择应保证:①用于人通、机通时,保证其净空满足使用要求;②用于排水时,尽可能提高其过水能力;③通道类型形式简单、断面规整、造价经济。断面类型方案比选见表1。

断面类型方案比选 表1

断面类型方案	箱型通道	拱型通道	异型通道
净空适应能力	内轮廓与规范净空要求形状基本一致,能充分利用通道内空间	不能充分利用弧线段空间	不能充分利用弧线段空间
过水能力	弱于拱形截面	拱形截面过水能力最强	弱于矩形、拱形截面
成本控制	模板形式简单,构件存放空间小,减少施工成本	模板形式较箱型通道复杂	弧度变化较多,模板形式最为复杂

经过表1对比分析,为了提高装配式通道对使用功能的适应性,从方便施工、降低造价的角度出发,最终确定采用"箱型通道"作为人通、机通的通道断面类型,"拱型通道"作为纯过水的通道断面类型。

通过对既有项目的大数据统计分析,净宽4m、5m、6m,净高3.5m、4m、4.5m占比最大,净高分布大致服从0.5m等差变化。考虑到减少模板尺寸、提高利用率,标准净宽采用4m和6m,标准净高采用3.5m和4.5m,考虑1m高度的预制水沟,最终确定两种标准结构通道:6m×5.5m及4m×4.5m通道,侧墙以0.5m为模数,根据实际需求进行调整,以满足不同净高的要求。每一种标准结构通道再根据填土高度细分为三种,结构型号和断面尺寸见表2。

新型装配式通道结构型号和尺寸 表2

序号	结构型号	类型	填土高度(m)	顶板厚度(m)	底板厚度(m)	侧墙厚度(m)	使用性质
1	XT-M4×4.5	箱型通道(明涵)	0.2~1	0.3	0.4	0.4	用于人通、机通、过水,通道兼过水
2	XT-A4×4.5-(L)	箱型通道(暗涵)	1~5	0.4	0.45	0.45	用于人通、机通、过水,通道兼过水
3	XT-A4×4.5-(H)	箱型通道(暗涵)	5~10	0.5	0.5	0.5	用于人通、机通、过水,通道兼过水
4	XT-M6×5.5	箱型通道(明涵)	0.2~1	0.4	0.5	0.5	用于汽通、过水,通道兼过水
5	XT-A6×5.5-(L)	箱型通道(暗涵)	1~5	0.5	0.55	0.55	用于汽通、过水,通道兼过水
6	XT-A6×5.5-(H)	箱型通道(暗涵)	5~10	0.6	0.6	0.6	用于汽通、过水,通道兼过水
7	GT-3×2	拱型涵洞(暗涵)	2~10	0.35	0.4	—	用于过水

实际工程应用中直径为1.0m、1.5m、2m的圆管涵断面均为常见横断面,预制工艺已经成熟,考虑到较大过水断面的需求,确定拱型通道尺寸3×2.0m,过水面积为5m^2。

新型装配式通道断面如图2所示。

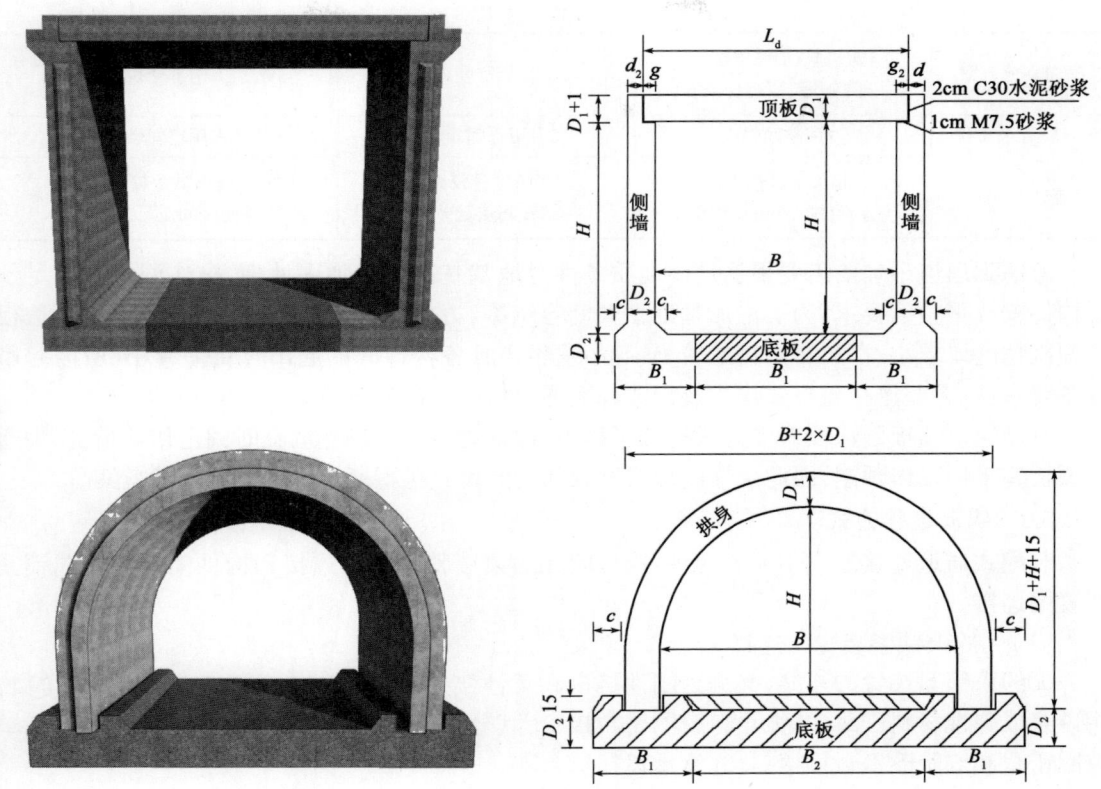

图2 新型装配式通道断面图(尺寸单位:cm)

3.2 纵横向节段划分

根据实际施工条件,装配式通道在纵横向往往需要划分节段,以满足工厂施工便利性、运输吊装重量等条件限制。

装配式通道纵向节段划分既要根据通道长度灵活调节,又能保证拼装施工量少,这就要求纵向节段不能过短,以往装配式通道节段长度一般分为1.0m、1.5m、2.0m三种;其次,吊装重量不能过大,控制在30t以下为宜;最后,考虑减少构件运输上路审批流程,构件节段尽量控制在2.5m以内。综上所述,纵向标准节段长度取2.5m,为了灵活调节通道长度,增加1m长度的调整节段,可实现0.5m级的长度调整。

装配式箱型通道横向节段主要形式有整体式、上下两部分拼块式、门形拼装式、盖板式等。整体式通道现场拼缝最少,但起吊重量大,不适合运输,故不做比选,其余均有现场拼缝,门式通道有现浇底板。

横向划分方案比选见表3。

横向划分方案比选 表3

横向划分方案	盖板式(1块顶板、2块侧墙、底板现浇)	门形拼装式	上下两部分拼块式
吊装次数	3	2	2
预制精度要求	精度要求低	底板凹槽精度要求较高	上下两部分接缝精度要求较高

续上表

横向划分方案	盖板式(1块顶板、2块侧墙、底板现浇)	门形拼装式	上下两部分拼块式
运输、存放条件	占用空间较少	占用空间较大	占用空间较大
起吊重量	起吊重量较小，各构件间重量差较小	起吊重量较大，各构件间重量差较大	起吊重量较大，各构件间重量差较小

考虑到通道吊装前需要根据具体地质条件对地基基础进行加固处理，施作调平层满足预制构件安放平整度要求，为了增加基础平整度容错率，方便施工，底板宜采用现浇底板。盖板式预制精度要求小、存放所需场地较小、起吊重量小且各构件间的起吊重量差异小，所需起吊设备要求低，因此选择盖板式作为装配式箱型通道横向节段划分方案。

拱型通道顶板圆弧段对竖直段有水平推力，因此为减少现场侧墙临时固定作业量，拱型通道顶板宜采用整体预制，因此选择门形拼装式作为装配式拱型通道横向节段划分方案。

3.3 纵向连接方式

装配式通道连接形式主要有两种：构件间无约束锁紧装置的连接和构件间带有纵向锁紧装置的连接。

（1）无约束锁紧装置的连接

无约束锁紧装置的连接，又分为刚性接口和柔性接口。接口形式主要有：①小企口接口，用砂浆或弹性材料密封；②大企口胶圈密封接口，其分为带胶圈槽的接口和无胶圈槽接口、单胶圈密封和双胶圈密封接口；③钢承口接口。

（2）构件间带有纵向锁紧装置的连接

其把每节通道连接成整体，所用的方法即是在通道中预留穿筋孔道，节段安装时穿入高强钢筋螺杆或钢绞线，经张拉锁紧，节段被串联成有一定刚度的整体通道，用以抗御基础不均匀沉降。因各节段间纵向有压力，故此类通道常用节段端面压缩胶圈形成接口密封，接口密封材料常用遇水膨胀胶圈。

纵向连接方式方案比选见表4。

纵向连接方式方案比选　　表4

方案	无约束锁紧装置	带有纵向锁紧装置
接口密封可靠性	柔性接口，可以适应一定程度的位移和转角	整体刚度大，接口不发生位移和转角，密封性较为可靠
连接方式适用性	①降低对基础的要求，可直接铺在素土地基或砂石垫层上；②地基基础越软，底板中内力越小，提高通道承载能力；③该连接方式下的通道，抵御沉降应力能力较弱，需加强地基、基础的设计要求	①难以设置沉降缝，发生地基沉降时，通道断面内将引起内应力，严重时通道会开裂，甚至破坏；②贯穿整个箱涵管道的纵向串接，张拉钢筋后在断面内产生压应力，可抵御沉降应力，防止通道开裂
制造安装便利性	①安装施工简单，不需作预应力操作；②施工中可对每一接口进行接口抗渗检验，合格后可即时还土，缩短施工工期；③工作面尺寸精度要求较高，承插口接口制作难度较大	①制作简单，端面只需保证平整、平行，无需制作承插口；②需对孔，穿预应力筋并张拉；③尺寸精度要求较低

续上表

方案	无约束锁紧装置	带有纵向锁紧装置
成本	省去预应力器材,可用普通胶圈为密封材料,工程本身费用低	①竖向土压力作用加大,配筋需增多; ②遇水膨胀胶圈为接口密封材料,价格高于普通密封胶圈; ③需用纵向高强钢筋或钢绞线

装配式通道的连接方式是形成整体质量的重要因素。其连接方式应保证:
(1)在通道全寿命过程中接口密封的可靠性;
(2)连接方式应能适应施工工艺的要求,简单方便;
(3)连接接口应便于生产制造;
(4)连接方式形式简单、成本低廉。

考虑装配式通道的适应性及耐久性,从方便施工、降低造价的角度出发,确定采用"柔性大企口"作为实施方案。承插口设置为可竖向插拔式,避免施工中水平顶推作业。

3.4 综合防水措施

通道一般防水措施:①采用砂浆或弹性材料密封;②采用胶圈密封接口;③采用钢承口接口;④采用遇水膨胀胶圈。但防水效果往往不尽如人意,尤其装配式通道在施工精度影响下,接缝处防水措施在设计时更需注意。根据调查资料,实际运营过程中,常常会发生接缝处渗水情况,防水措施有待优化。

经过资料查找、研究后,参考水底隧道防水措施,装配式通道采用综合防水措施,顶板铺设抗渗混凝土,侧墙接缝内采用膨胀止水条+双组分聚硫密封胶,接缝外侧采用弹性体改性沥青防水卷材(SBS防水卷材),底板下采用水泥基渗透结晶防水涂料。

4 施工工艺

4.1 新型装配式箱型通道(箱通)工业化预制流程(图3)

图 3

图3 新型装配式箱通工业化预制流程图

经过前期摸索和首件认可,总结出标准化的预制作业流程:①钢筋在胎架上制安;②钢筋整体吊装;③预制模板打磨涂脱模剂;④整体钢筋入预制台座;⑤装配式箱通混凝土浇筑;⑥混凝土养护;⑦脱模检查外观质量;⑧装配式构件翻转装车;⑨存放区养护堆放。

4.2 新型装配式箱通工业化安装流程(图4)

图4 新型装配式箱通工业化安装流程图

经过前期摸索和首件认可,总结出标准化的安装作业流程:

(1)检测高程,铺筑垫层。铺筑基础底砂砾垫层和浇筑混凝土垫层,定位浇筑低侧洞口卡槽、低侧洞口铺砌、一字墙或八字墙等。

(2)安装标准节段侧墙。现场检查各预制构件有无运输过程中的破损,包含遇水膨胀止水条是否固定,安装就位前水泥砂浆坐浆厚5cm。

(3)安装顶板。顶板与两侧墙接头为承插式,顶板吊装就位前于侧墙凹槽内涂设黏稠状M30水泥砂浆,用以顶板就位时的铰缝自行填塞。

(4)现浇底板混凝土。浇筑底板混凝土时,应将两侧墙的与底板接触面混凝土浮浆凿掉、凿毛,以便于现浇底板实现良好接合。

(5)处理结构接缝、沉降缝。固定遇水膨胀止水条,用钢钉或胶黏剂固定止水条在安装部位,并预留注胶孔。接缝内填充双组分聚硫密封胶,外面安装SBS改性沥青防水卷材。

(6)分层对称台背回填。采用级配碎石对称分层填筑与压实箱通结构物台背至顶板接缝,然后对称分层填筑与压实箱通结构物至路基顶面。

5 结语

本文研究和设计的新型装配式通道,具有标准化、工业化特点:①构件尺寸整齐划一,模板种类高效精简;②侧墙高度分级可调,涵盖多种适用范围;③现场装配零焊接量,环境污染持续降低;④产品质量有效保障,通道结构耐久环保;⑤专用定额有据可查,通道造价经济、合理;⑥形成若干技术指南,方便类似工程推广应用。

(1)目前,规范对于埋深较大的通道涵洞计算要求并未规定考虑土拱效应,因此本次设计尚未考虑该部分的有利影响,而事实上土拱效应在高填深埋路段的通道中普遍存在,后期将根据依托工程中对实际通道受力的检测分析,建立结构与土拱联合作用的实体有限元模型,摸清高填深埋路段的结构受力机理,对薄壁通道进行优化,进一步提高其经济性。

(2)在山区公路中填高较大,其下有多车道公路通行或者河流通过,建设桥梁规模较大,经济上无法接受,或者市政道路中受高程控制无法建设桥梁等特殊情况下,多孔通道结构不失为一种优良的选择,有必要对其进一步开发。

(3)结合BIM软件进行二次开发,将三维模型直接导出工程实用的施工图纸,只需输入少数几个控制参数,就可以完成不同跨度、不同高度、不同角度的施工图纸。

参 考 文 献

[1] 胡可,张其云,马祖桥,等."装配式钢筋混凝土管形通道"设计体系研究[J].公路交通科技(应用技术版),2010,6(10):8-12,21.
[2] 柯代琳.装配式预制箱涵通道设计施工技术研究[J].交通科技,2016(5):114-117.
[3] 陈志明,等.预制装配式混凝土箱涵设计与施工[J].现代交通技术,2019(1):49-51.
[4] 吴斌,等.关于装配式箱涵施工中防水的措施[J].广东公路交通,2019(5):148-152.
[5] 宋林,等.昌九高速改扩建项目装配式箱涵设计研究[J].公路,2020(4):145-151.

29. 基于 UHPC 的新型连接件及其在桥梁快速建造中的应用

郭劲岑　张江涛　邹　杨　蒋金龙
（重庆交通大学）

摘　要：为发展中小跨径桥梁的预制装配化，结合超高性能混凝土（UHPC）的优异性，本文提出一种可快速施工且方便混凝土桥面板预制的剪力连接体系（PCSC）。通过推出试验，验证了该连接体系的抗剪性能及特征失效模式。试验结果表明，该连接体系的荷载-滑移行为与常规栓钉连接件一致，破坏模式为栓钉断裂；且因为 UHPC 对栓钉优异的约束性，使得其极限抗剪承载力比规范计算值高 68.7%。以 2×40m 的连续梁桥为依托工程，研究采用 PCSC 连接体系的装配式工字钢混组合连续梁桥的设计概念、具体构造及施工工序，并顺利通过荷载试验。

关键词：装配式组合梁桥　UHPC　栓钉　抗剪承载力　推出试验

1　引言

装配式钢混组合梁桥可以降低混凝土用量，从而减少矿石开采造成的生态环境污染，因而被大力推广。其优点包括自重较混凝土结构轻、开裂病害少，较钢结构刚度大并弱化了疲劳问题。结合预制装配式建设方法，将组合桥梁构件工厂化制作，现场装配式建造，减少现场作业，这就使得桥梁施工质量得到保障，同时大幅度缩短施工工期[1]。

在组合结构中，桥面板和钢主梁通过连接件实现协同工作。目前装配式组合结构桥梁中常采用集束式栓钉连接件，具体实施方式如图 1 所示：预制

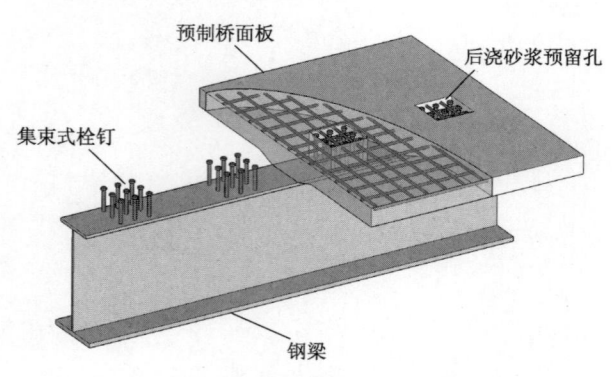

图 1　常规集束式栓钉连接件[5]

基金项目：青年科学基金项目，52008066；西藏自治区重点科技计划项目，XZ202001ZY0054G；海南省重大科技计划项目，ZDKJ2021048。

混凝土板预留现浇孔、现浇带或者注浆槽,在钢梁对应位置设置栓钉连接件,在施工现场将钢梁和预制混凝土板安装就位后,在预留现浇孔和现浇带内浇筑混凝土或者高强砂浆,从而实现钢梁和预制混凝土板的连接。这种常规集束式栓钉连接件,促进了预制装配式组合结构不断向建筑工业化发展。但这种集束式布置中单钉受力不均匀,群钉中单钉的刚度和强度往往低于单个栓钉。预留孔尺寸通常较大,对混凝土板削弱明显,且混凝土板的局部区域承受较高的剪应力,导致栓钉撬出破坏或混凝土开裂破坏。在制作上存在裸露钢筋与栓钉冲突的可能,对预制板和钢梁栓钉的制作精度要求较高。

高性能材料的研发和应用,为桥梁工业化装配化建造奠定基础。超高性能混凝土(UHPC)因其优异的强度(抗压强度>150MPa,抗拉强度>7MPa)、韧性、耐久性和施工流动性,常被作为装配式钢-混凝土连接件现浇材料。已经有相关学者[2-4]对UHPC应用于钢混组合结构中导致的栓钉抗剪性能不同于常规栓钉连接件的问题展开研究,分析不同栓钉直径、高度,以及不同混凝土强度等参数对抗剪承载力的影响。它可以带来更可靠的连接强度,更少的预留空间和更加简洁的预制构件设计,可大幅简化施工工艺,提升桥梁建造效率。

2 PCSC 连接体系

针对以上装配式组合梁桥存在的问题,基于均匀布置栓钉形式,本文提出一种新型简化连接体系——PCSC[5],如图2所示,在保证预制混凝土板与钢梁可靠连接的基础上实现桥梁快速建造。在制作时,预制桥面板(PC)对应钢梁底部纵向预埋剪力连接钢筋,在钢梁(S)上翼板顶面设置栓钉和侧挡板,当预制桥面板(PC)在钢梁(S)上吊装就位后,借助专用设备灌注钢梁上翼板和侧挡板,与桥面板底面围成的连接混凝土(C),形成钢混组合结构的PCSC剪力连接体系。其中,连接混凝土(C)常用材料为UHPC。

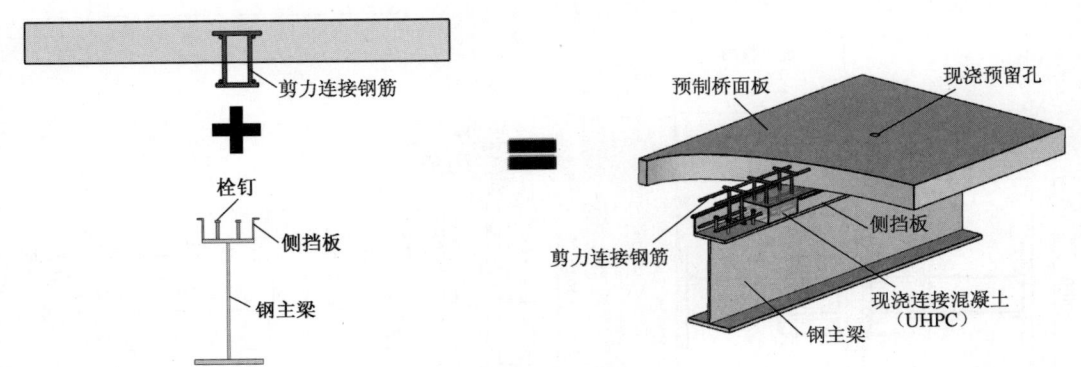

图2 PCSC 连接体系构造图

该结构的优点:

(1)预制混凝土板为预埋外露连接钢筋的矩形板,预制桥横向完整,不存在容易开裂薄弱部位。

(2)桥面板安装时,剪力连接钢筋与栓钉均匀插空布置,具有一定的位置调节空间,对精度要求较低。连接混凝土的体量小,可一次浇筑实现连接,避免了繁琐的施工过程。

(3)钢混的黏结摩擦面更大,有利于提升连接件抗疲劳性能;且结合部位界面紧密,有利于栓钉耐久性。

3 试验

3.1 推出试件设计与制作

本文根据实桥所用22mm直径的栓钉,设计一组推出试件以评估PCSC连接件的极限荷载行为和特征失效模式。图3展示了推出试件的具体尺寸,其中混凝土预制板为C50混凝土浇筑而成并配有普通钢筋加固,两侧混凝土预制板尺寸均为460mm×200mm×560mm;钢构件采用Q345钢,由一块30mm厚的加载钢板和6mm厚的L形钢板焊接而成;钢板两侧分别焊了6颗栓钉,栓钉直径为22mm,长120mm,其保护层厚度为10mm;抗剪连接钢筋直径的设计采用与栓钉面积等效的方法,以保证试件的极限强度由栓钉来控制。加载前预测极限抗剪承载力,根据《钢-混凝土组合桥梁设计规范》(GB 50917—2013)[6]中对应栓钉破坏的公式(1)计算。考虑到结合腔内布置了钢筋和栓钉,且空间尺寸狭小等特征,因此结合腔材料需要具有流动性大、无粗集料、强度高等特性。为此特别采用UHPC作为结合区的浇筑混凝土材料。同时,考虑实际工程中钢与黏结-滑移相互作用,所有试样的钢截面表面未经处理。

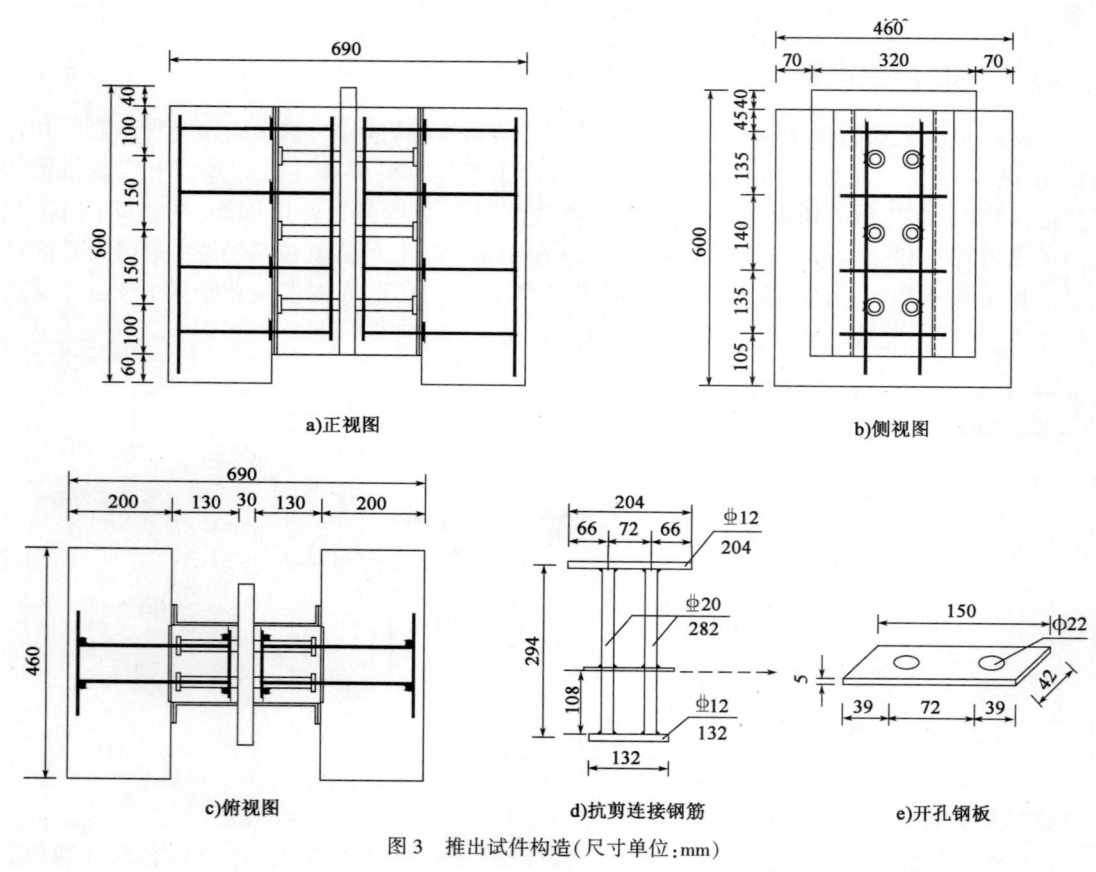

图3 推出试件构造(尺寸单位:mm)

$$N_v^c = 1.19 A_{std} f_{std} \left(\frac{E_c}{E_s}\right)^{0.2} \left(\frac{f_{cu}}{f_{std}}\right)^{0.1} \tag{1}$$

式中:A_{std}——栓钉截面面积(mm^2);

f_{std}——栓钉极限抗拉强度(MPa);

E_c——混凝土弹性模量 N/mm^2;

E_s ——钢材弹性模量；

f_{cu} ——混凝土立方体抗压强度(MPa)。

试件的钢板均使用 Q345 钢,其实测屈服强度、极限抗拉强度和弹性模量分别为 345MPa、450MPa 和 210GPa。栓钉的实测屈服强度、极限抗拉强度和弹性模量分别为 431MPa、479MPa 和 205GPa。剪力钢筋和普通钢筋的实测屈服强度、极限抗拉强度和弹性模量分别为 416MPa、564MPa 和 209GPa。UHPC 的弹性模量和抗压、抗拉强度分别为 43GPa、127.4MPa 和 5.8MPa。

推出试验加载在重庆交通大学国家重点实验室千吨压力机完成。在工字钢腹板两侧共布置 6 个位移计,分别测试钢-混凝土界面的滑移和预制混凝土板-UHPC 界面的滑移。为了使试件和仪器接触良好,每个试件在正式加载前都须进行 3 次预加载,其荷载大小为 $0.3P_u$。在弹、塑性阶段,使用力加载控制,加载速率不超过 5kN/s。达到极限荷载之后,采用位移加载控制,直至试件破坏。

加载与测量装置如图 4 所示。

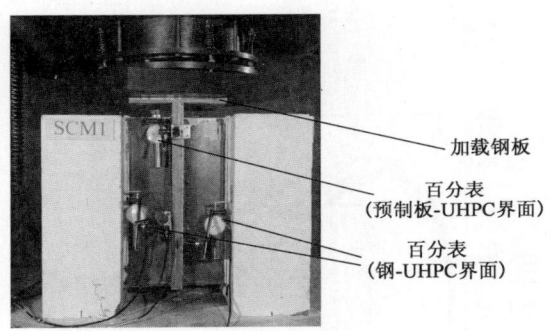

图 4 加载与测量装置图

3.2 推出试验结果分析

3.2.1 破坏模式

推出试件通常有三种失效模式:栓钉断裂、混凝土破坏和栓钉与混凝土板混合破坏模式。本文中的推出试件破坏模式为栓钉断裂破坏。观察图 5 可以看出,钢-UHPC 界面发生滑移,栓钉在根部断裂,而预制混凝土板-UHPC 界面不发生滑移。观察图 5d)所示试件内部破坏状态可知,随着加载钢板下移,栓钉根部对周围 UHPC 产生压力,UHPC 在焊缝处以楔形形状被局部压碎剥落,其余 UHPC 部分无任何损伤;栓钉保持直立状态,仅根部被剪断,说明 UHPC 对栓钉的包裹性很好。

3.2.2 荷载滑移曲线

从图 6 展示的荷载-滑移曲线可以看出,PCSC 连接件的破坏过程与常规栓钉连接件力学性能基本一致,可分为 3 个阶段:弹性阶段(Ⅰ)、塑性阶段(Ⅱ)和破坏下降阶段(Ⅲ)。现以 SCM-3 试件为例,具体描述受载过程。$0.5P_u$ 为弹性阶段的临界点。当荷载在 $[0.5P_u,P_u]$ 区间时,试件处于塑性阶段,割线刚度逐渐变小。当荷载达到 $0.7P_u$ 时,构件发出声响,预制混凝土底部出现裂缝并随着荷载增加,裂缝逐渐向上发展。随后,当荷载加载至 $(0.75\sim0.86)P_u$,试件发出 4 次声响,这是因为钢-UHPC 界面的黏聚力被损坏,然后钢梁不断下移摩擦 UHPC 产生的声音。荷载到达 $0.9P_u$ 时,侧挡板和 UHPC 之间的滑移开始快速增大,且能够被肉眼观测到。当荷载达到峰值 P_u 后,曲线开始下降,随后听到栓钉断裂发出的闷响。当荷载下降至 $0.85P_u$,欧洲规范 4(EC-4)规定这时对应的滑移为最大滑移。

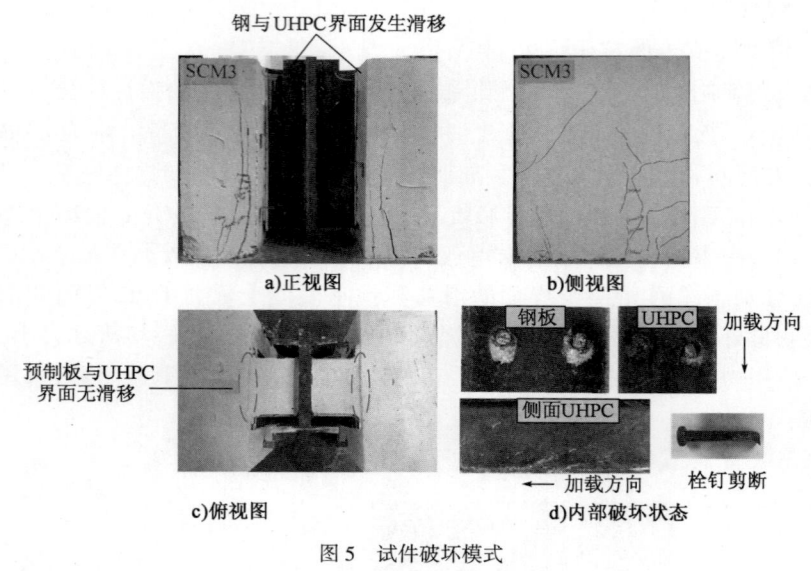

图 5 试件破坏模式

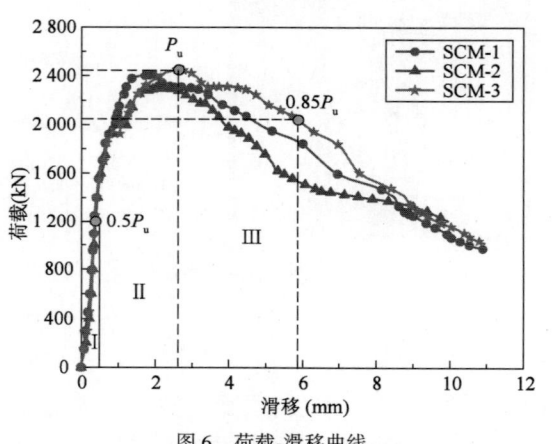

图 6 荷载-滑移曲线

推出试验结果如表 1 所示。可以看出,同组试件具有较高的一致性。PCSC 连接件的极限抗剪承载力根据《钢-混凝土组合桥梁设计规范》(GB 50917—2013)中对应栓钉破坏的公式(1)计算,其结果明显比试验结果低了 40.7%。相关研究也发现,嵌入 UHPC 中栓钉的力学性能与其嵌入普通混凝土有着显著差异。因此,UHPC 逐渐被广泛应用于组合结构,需要及时对相关规范做出调整。

推 出 试 验 结 果　　　　表 1

试件	极限荷载 (kN)	单个栓钉承载力 (kN)	极限滑移 (mm)	最大滑移 (mm)	抗剪刚度 (kN/mm)	破坏模式
SCM-1	2 407.1	200.6	1.84	4.61	3 540	栓钉断裂
SCM-2	2 451.3	204.3	2.61	4.02	3 057	栓钉断裂
SCM-3	2 359.8	196.7	1.97	5.66	3 405	栓钉断裂
平均	2 406.1	200.5	2.14	4.76	3 334	—
《钢-混凝土组合桥梁设计规范》(GB 50917—2013)	1 425.9	118.8	—	—	—	栓钉断裂

4 工程应用

4.1 工程概况

依托工程桥梁位于重庆大足至四川内江高速公路(重庆段),该桥梁上部结构为2×40m跨径的装配式工字钢混组合连续梁桥。如图7所示,钢梁采用中心间距为4.5m的双主梁结构,桥宽8m,主梁全高2.4m,其中工字钢梁高1.93m;正弯矩区段桥道板为32cm厚预制混凝土空心板,负弯矩区段桥道板为23cm厚预制混凝土空心板+9cm厚UHPC现浇层;栓钉采用$\phi22mm$圆柱头焊钉,高130mm。

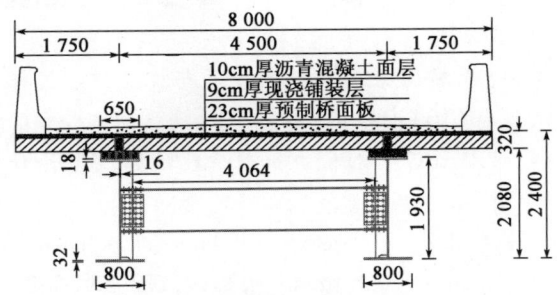

图7 主梁断面构造图(尺寸单位:mm)

4.2 施工工序

在预制场制作全宽8m、纵桥向长4m的混凝土桥道板,工厂制造钢梁节段及横向联系,桥位现场用高强螺栓和电焊(上翼板)连接形成长、短两节段双工字钢梁+横向联系,全桥钢梁分长、短两节段先后吊装就位并连接为整体。依次安装预制桥面板,待桥面板安装就位后一次性完成灌注结合腔UHPC和现浇横向湿接缝及铺装层,形成钢混组合连续梁桥。钢梁安装、桥道板安装、后灌注UHPC这3个工序各用1d时间完成,充分体现了全装配式组合梁桥的快捷装配成桥优势。

4.3 成桥荷载试验

荷载试验包括静载作用和动载作用,以此评估桥梁的强度及刚度是否满足要求,并确定桥梁结构的实际工作状态。本文主要阐述PCSC试验桥在静载作用下的滑移情况。主要控制截面如图8所示,分别为两跨的跨中截面和主墩附近的最大负弯矩截面。通过记录各个工况下钢梁与桥面板的滑移数据,发现最大滑移发生在梁端,仅为0.036mm。这表明桥梁仍处于弹性阶段,安全系数高。由此可知,PCSC连接体系可应用于中小跨径钢混组合梁桥。

图8 PCSC试验桥全景

5 结语

(1)提出一种可快速施工且方便混凝土桥面板预制的剪力连接体系(PCSC)。该连接体系的破坏模式为栓钉断裂,钢-UHPC界面发生滑移,预制混凝土板-UHPC界面无滑移。

(2)PCSC连接体系的荷载-滑移曲线与常规栓钉连接件一致,分为弹性阶段、塑性阶段和破坏下降阶段。其弹性阶段的刚度最大,为3334kN/mm。

(3)《钢-混凝土组合桥梁设计规范》(GB 50917—2013)中栓钉承载力计算公式很大程度低估了PCSC连接体系中栓钉的承载力。计算值比试验值低了40.7%。

(4)采用PCSC连接体系的桥梁顺利通过荷载试验,梁端最大滑移值仅为0.036mm,桥梁仍处于弹性阶段,安全系数高。PCSC连接体系可应用于中小跨径钢混组合梁桥。

参 考 文 献

[1] 周志祥,钟世祥,张江涛,等.桥梁装配式技术发展与工业化制造探讨[J].重庆交通大学学报(自然科学版),2021,40(10):29-40.

[2] 邵旭东,李萌,曹君辉,等.UHPC中短栓钉抗剪性能试验及理论分析研究[J].中国公路学报,2021:1-19.

[3] Wang J,Qi J,Tong T,et al.Static behavior of large stud shear connectors in steel-UHPC composite structures[J].Engineering Structures,2019,178:534-542.

[4] Tong L,Chen L,Wen M,et al.Static behavior of stud shear connectors in high-strength-steel-UHPC composite beams[J].Engineering structures,2020,218:110827.

[5] Zou Y,Guo J,Zhou Z,et al.Evaluation of shear behavior of PCSC shear connection for the construction of composite bridges with prefabricated decks[J].Engineering Structures,2022,257:141-296.

[6] 中华人民共和国住房和城乡建设部.钢-混凝土组合桥梁设计规范:GB 50917—2013[S].北京:中国计划出版社,2014.

30. 山区高速公路装配式桥梁方案设计与快速施工

陈露晔[1]　陈瑶[2]　陆潇雄[1]　杨世杰[1]　宋志远[1]　袁江川[1]

(1.浙江数智交院科技股份有限公司；2.杭州市交通运输行政执法队)

摘　要：本文从传统现场浇筑施工方法缺点出发，针对山区高等级公路存在运输困难、地势起伏、工点分散、桥墩普遍较高的特点，以浙江西部某典型山区高速公路为例，介绍了装配式桥梁方案设计与快速施工技术。重点研究适用于装配式技术的下部结构选型及节段合理划分，对构件连接形式进行方案比选，提出了一站式架桥机的快速施工解决方案，同步实现了上下部结构的机械化安装，研究结果和实践对于探索并扩大桥梁装配式技术在山区公路上的应用具有重要意义。

关键词：山区高速公路　预制装配桥梁　一站式架桥机　快速施工　桥梁设计

1　引言

传统桥涵现场浇筑施工方法有以下缺点：①搭设大量支架，对交通影响大；②现场作业需大量的劳动力；③建造效率低、施工工期长；④粉尘、泥浆、噪声等对环境影响大；⑤行业整体能耗高。而工业化预制装配桥涵能有效解决以上缺点，适应产业升级的趋势，应对劳动力成本上升，并有效推动全产业链发展，逐渐成为下一代桥梁工程的重要发展方向，因而近些年发展迅速，特别是在市政高架、跨海长桥上的应用逐年增加，有时成为不二之选。然而山区公路桥涵存在运输困难、地势起伏、工点分散、桥墩普遍较高，根据相关文献及调研，国内外对于在山区公路上大规模应用全预制装配式桥涵，尤其是混凝土下部结构研究和实践较少，山区高速公路应用相对空白。

2　工程概况

浙江西部某典型山区高速公路，全线采用双向四车道高速公路标准，设计速度100km/h，路基宽度26m，由于项目建设需要设置先行段24km。

先行段线路主要在浙江西部中低山丘陵区，沿线以低山丘陵间夹沟谷为主，地势起伏大。项目桥梁多跨越沟谷，大部分桥梁下伏中风化基岩，埋深适中且基岩面平整，总体物理力学性质良好。不良地质有断层、岩溶、崩坡积体。地震基本烈度为Ⅵ度。

3　总体方案

从打造品质工程出发，提升产品质量，积累工程经验，推动山区高速公路建设转型升级，结合工程形象、施工工期、运输条件、经济性等因素,拟在先行段范围内实施全预制装配化设计方案。

3.1 桥梁范围的选择

对于主线桥梁,首先要求跨径标准化,结合墩高,经经济技术比选,本项目以30m跨径为主(占比90%以上),少量20m跨径。采用一站式架桥机为主实施装配式结构。

对于互通区桥梁,其具有桥梁超高、变宽、斜交、结构形式多样等特点,但桥墩高度相对较低,同时曲线半径小不适应架桥机连续作业,采用吊装法实施装配式结构。

因此先行段除斜交桥外,其余主线桥梁和互通区桥梁全部采用全预制装配化方案。

3.2 单桥构件选择

由于山区公路养护不便,一般不选择钢结构,山区高速公路常规上部结构选型为T梁、矮T梁、组合小箱梁等预制装配混凝土结构,根据浙江高速公路建设经验,本项目选择常规T梁,其已为预制装配化,因此重点对预制下部结构进行分析说明。

本项目地质条件较好,中风化岩层埋深较浅,桩基绝大多数为嵌岩桩,预制管桩打设困难,且群桩基础需增设承台,经济性差;山区地势起伏、运输困难,大型打设、吊装设备到达每一桥墩工点不符合绿色环保理念;隐蔽工程对构件外观无较高质量要求,因此采用灌注桩基础。

灌注桩基础需凿除桩头,其桩头钢筋精准定位十分困难;预制立柱吊装需设置安装调平平台,该平台内预埋连接钢筋,因此采用现浇底系梁作为过渡平台。

桥台台帽为局部隐蔽工程,直接与桩基或承台相连,且有耳墙、背墙等薄壁异型构造,几何尺寸和重量较大,其控制架桥机规模,结构物重心整体安装时较难把握,吊装、运输风险较高,因此仍采用现浇方式。

综上所述,先行段采用预制T梁、盖梁、立柱全预制装配化方案。

先行段主线桥梁标准横断面如图1所示。

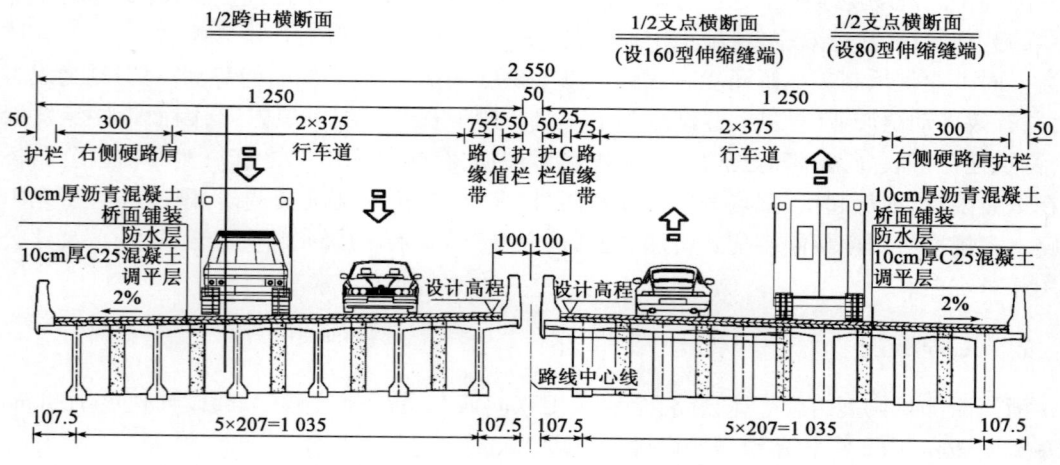

图1 先行段主线桥梁标准横断面(尺寸单位:cm)

4 下部结构选型

4.1 预制立柱

预制立柱设计原则:

(1)要求立柱整段快速安装。理由:空中接头需做钢牛腿,后期切割影响外观质量;避免立柱空中对接,降低施工难度和风险;接头只出现在顶部和底部两处,方便及时发现问题,如果有开裂或需加固,也方便及时处理。

(2)限制吊装质量(小于150t)。理由:控制架桥机体量(接近400t),降低整体施工难度,控制总体施工风险。

根据上述原则进行立柱种类划分,划分过少经济效益差,划分过多规模效应差。考虑减少立柱种类并兼顾经济性,并辅以计算分析结果,下部构造选型划分以下四档(表1)。总体上还可以分为两类,30m以下整段立柱,30m以上分成上下两段,上段预制,下段现浇。由于标准跨径为30m,据测算,立柱竖向转体最长28m,因此以30m墩高为界限。立柱构件断面种类分为三类,分别是1.2m×1.2m、1.5m×1.5m、1.7m×1.7m。其中为缩减吊装重量,控制架桥机整体规模,1.7m×1.7m立柱为空心薄壁方墩,壁厚35cm。

立 柱 构 造 选 型　　　　　　　　表1

30m跨径T梁墩高	方墩尺寸(m)	桩基直径(m)	主筋直径(mm)	节段划分	节段质量(t)
小于10m	1.2×1.2(实心)	1.5	24根32	整体	38
10~20m	1.5×1.5(实心)	1.8	32根36	整体	117
20~30m	1.7×1.7(空心)	2	40根40	整体	139
30~42m	1.7×1.7(空心)+2×2(实心)	1.7群桩	40根40	整体	139

30m墩高以上立柱下部考虑现浇段,原因如下:①控制架桥机前支腿长度,从而控制架桥机规模;②可以作为支撑辅助,提高前支腿的稳定性;③作为立柱拼装的施工平台。

30m以下和30~42m墩高立柱构造如图2所示。

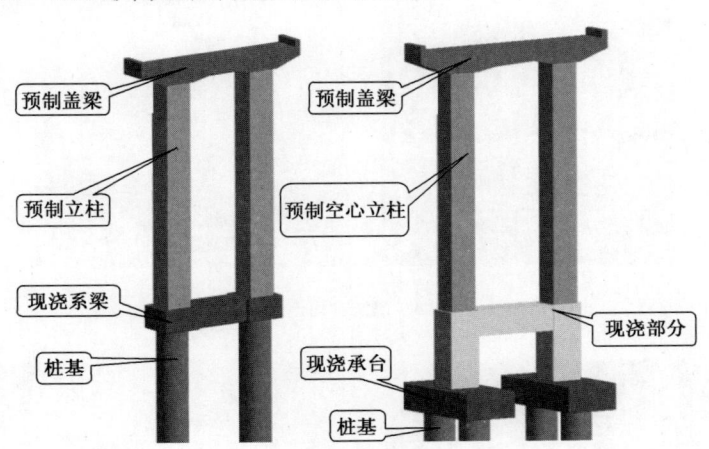

图2　30m以下和30~42m墩高立柱构造三维示意图

4.2 预制盖梁

主线预制盖梁形式归并为两种类型,每种跨径统一为一种盖梁构造尺寸,即30m和20m标准跨径盖梁,盖梁采用预应力混凝土结构,30m跨径跨中盖梁高1.4m,立柱处盖梁高1.7m,20m跨径跨中盖梁高1.2m,立柱处盖梁高1.5m。预制盖梁最大吊装质量90t。预应力采用双层布置,每层4束,钢束均采用两端张拉。为便于封锚及普通钢筋布置以及考虑美观要求,张拉端设置深埋锚。

普通钢筋盖梁和预应力盖梁的选用理由如下：

(1)盖梁在工厂预制,受弯盖梁做成预应力构件,其耐久性较好,适用于山区养护不便的环境。

(2)预应力盖梁重量较轻,便于旋转安装。

(3)经比选,预应力盖梁相比普通钢筋混凝土盖梁造价略低。

本项目采用的预应力盖梁其技术特色：一是工厂一次张拉到位,二是张拉端采用深埋锚。

预制盖梁构造和钢束配置如图3所示。

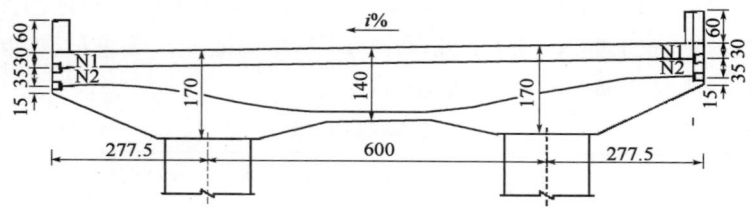

图3　预制盖梁构造和钢束配置(尺寸单位：cm)

5　连接形式

预制拼装桥墩根据国内外应用情况,大致可分为6类：灌浆套筒连接、灌浆波纹管连接、插槽式连接、承插式连接、现浇湿接缝连接、预应力筋连接等,如图4~图9所示。

图4　灌浆套筒连接

图5　灌浆波纹管连接

图 6　插槽式连接

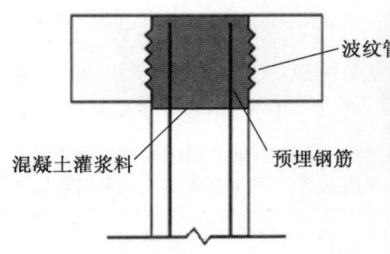
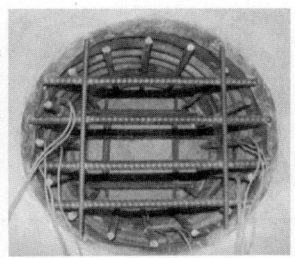

图 7　承插式连接

图 8　现浇湿接缝连接

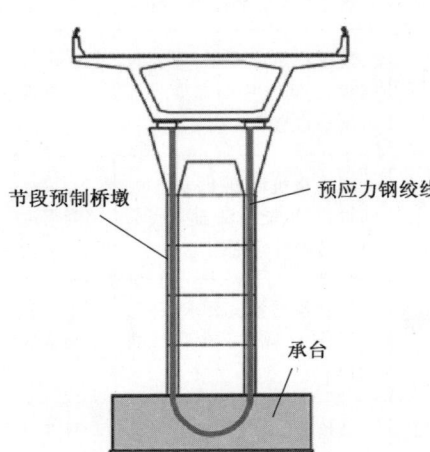
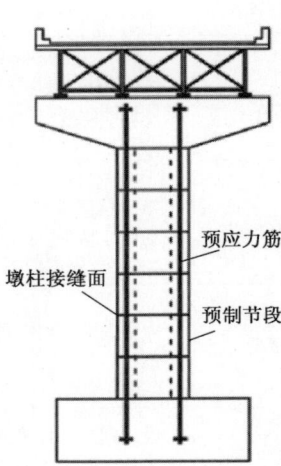

图 9　预应力筋连接

5.1 方案介绍

预制墩柱连接方案简介见表2。

预制墩柱连接方案简介　　　　　　　　　　　　　　　表2

方案	说明
方案1:灌浆套筒连接	预制墩身节段通过一端预埋灌浆套筒,一端预埋钢筋进行连接,在墩身与墩身、盖梁或承台之间的接触面往往采用高强砂浆垫层进行找平
方案2:灌浆波纹管连接	该连接与灌浆套筒连接较为类似,常用于不同构件之间的连接。预制墩身预埋钢筋通过插入预埋于盖梁或承台内的波纹管进行连接,在墩身与盖梁或承台之间的接触面往往采用高强砂浆垫层进行找平
方案3:插槽式连接	插槽式连接主要用于墩身与盖梁、桩与承台处的连接,墩柱吊装到位,墩身预埋钢筋伸入槽口后,现场在槽口里浇筑混凝土
方案4:承插式连接	承插式连接是将预制墩身插入基础对应的预留孔内,插入长度一般为墩身截面尺寸的1.2~1.5倍,底部铺设一定厚度的砂浆,周围用半干硬性混凝土填充
方案5:现浇湿接缝连接	预制拼装桥墩预留一定数量的钢筋以便与相邻构件预埋钢筋焊接,施工过程中需设临时支撑,钢筋连接部位需通过湿接缝后浇混凝土方式连接
方案6:预应力筋连接	预应力筋连接构造通过张拉预应力筋,使得阶段间的接缝强度满足使用要求,预应力筋可采用钢绞线或精轧螺纹钢等高强钢筋,节段间接触面往往采用砂浆垫层或环氧胶接缝构造

5.2 综合比选

考虑到先行段工期要求高,快速施工需求紧迫,采用现场施工时间短的立柱与盖梁、系梁和立柱的连接,现场工作量少的灌浆套筒连接(半灌浆套筒)。

利用定制钢筋胎架以提高钢筋预埋精度,加强施工管理和检测以提高灌浆套筒灌浆质量,最终确保产品质量,推动山区高速公路建设转型升级。

预制墩柱连接方式综合比选见表3。

预制墩柱连接方式综合比选　　　　　　　　　　　　　　　表3

连接形式	优点	缺点	力学性能
方案1:灌浆套筒连接	现场施工时间短,现场工作量少	施工精度要求较高,造价略高,灌浆套筒检测困难	与常规结构类似,低震区应用较多
方案2:灌浆波纹管连接	现场施工时间短	需要有足够的锚固长度	与常规结构类似
方案3:插槽式连接	施工精度要求相对较低,整体性能较好	现场浇筑混凝土,施工时间较长,可能中断盖梁或承台钢筋的连续性	与常规结构类似
方案4:承插式连接	施工精度要求相对较低,现场作业量少	现场浇筑混凝土,施工时间较长,可能中断盖梁或承台钢筋的连续性	尚需进一步研究
方案5:现浇湿接缝	力学性能与传统现浇桥墩类似	钢筋预埋精度要求较高,施工作业量大,施工时间较长	与常规结构类似
方案6:预应力筋连接	设计理论和计算分析以及施工技术经验成熟	造价较高,现场施工工艺复杂,施工时间较长	具有自复位能力,震后残余变形小

6 施工方案

6.1 一站式架桥机

基于"提高产品质量,减少环境污染,加快施工速度,降低人工消耗,合理控制造价"的设计理念,本项目强调构件标准化、工厂化、装配化、通用化、大型化,而山区高速公路的特点是运输困难、地势起伏、工点分散、桥墩较高,为克服山区高速公路在面对预制装配化桥梁时所遇到的困难,本项目提出"一站式机械化安装"方案(图10、图11),实现了上下部结构的一站式安装。

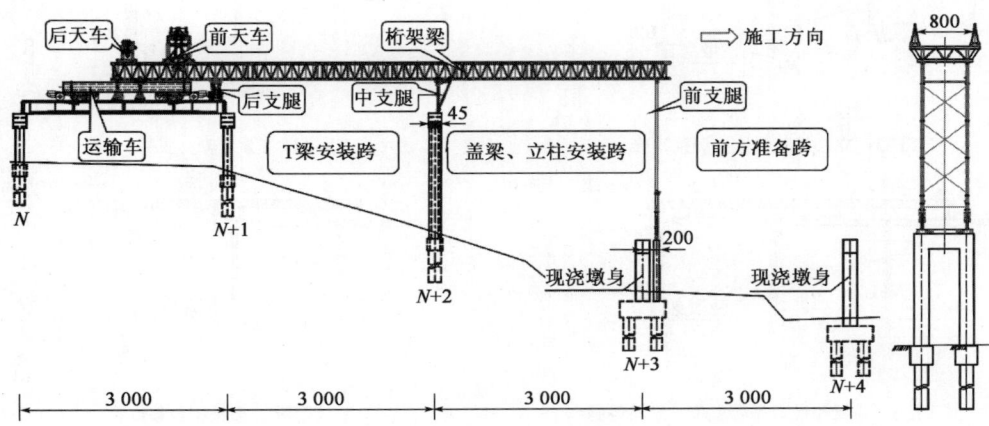

图10 一站式架桥机立面和断面布置(尺寸单位:cm)

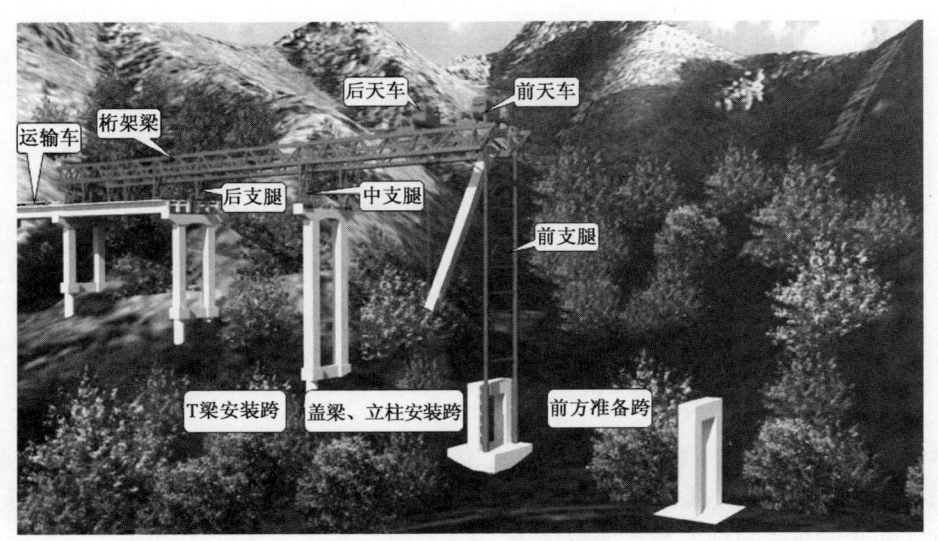

图11 一站式架桥机三维示意图

6.2 施工步骤

主要施工流程分为六个工序(图12),循环往复实现上下部结构的一站式安装。

6.3 工效分析

架桥机安装工效分析:如图13所示,假设立柱盖梁均一次安装到位,24h作业安排,其他边界条件不影响的情况下,黑色填充为控制线路。

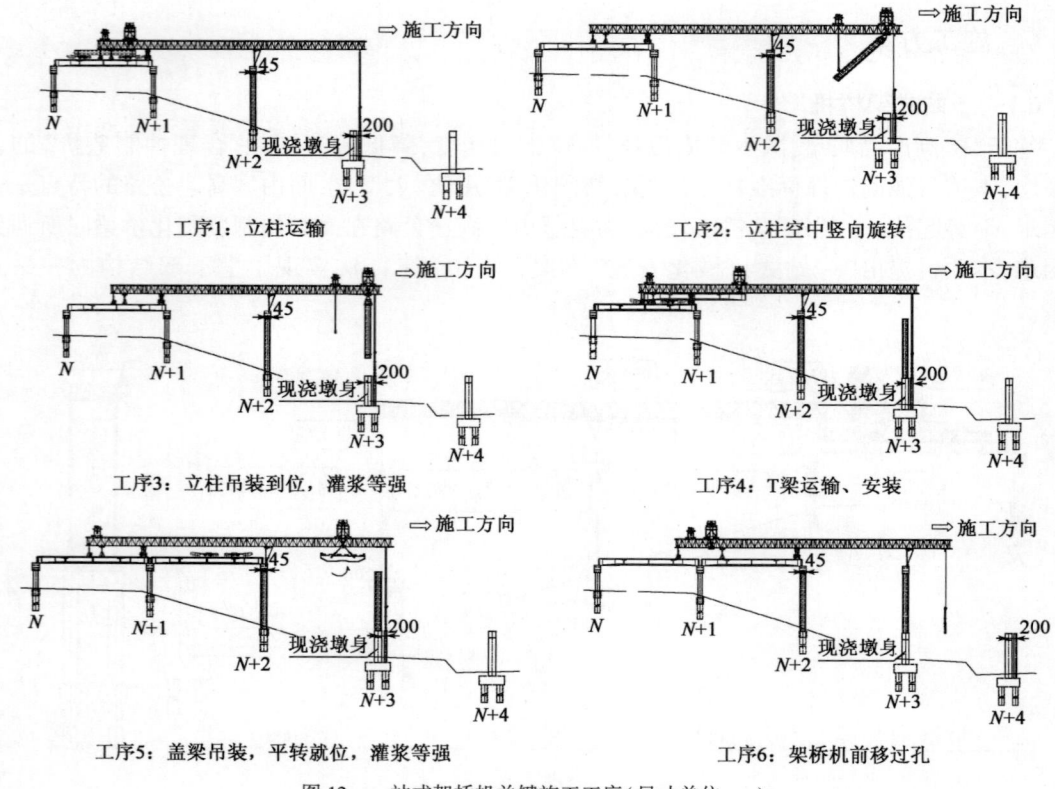

图 12 一站式架桥机关键施工工序(尺寸单位:cm)

图 13 一站式架桥机工序横道图

根据架桥机工序横道图测算,桥梁架桥机3d可完成一孔架设,本项目分线桥梁、错墩布设桥梁较多,考虑调试、维护、天气等不确定因素,可按5d一孔考虑。先行段按4台架桥机双向流水作业,24个月可完成所有桥梁架设任务。

7 结论与展望

本文从山区高速公路特点出发,对装配式桥梁的关键技术进行了全面的研究和分析,重点对立柱选型、盖梁设计、连接形式等进行多方案的技术经济比选。提出"一站式架桥机"进行机械化安装,详细设计了其施工流程,分析其架设工效,并应用于实际工程,主要结论如下:

(1)预制装配工业化桥梁是大势所趋,是"绿色发展"的必由之路。提高山区高速公路桥梁预制装配工业化水平,并使用快速化施工方法,拥有以下优势:有利于控制环境污染,降低事故发生风险,有效保障产品质量,充分发挥机械设备能力,降低劳动力开支,缩短现场施工时间,符合国家产业变革导向。

(2)桥梁上部结构工业化预制装配技术如预制T梁、预制箱梁施工等工程实践已相对较多,而桥梁下部结构工业化预制拼装技术的研发和工程实践自20世纪末才开始在美国、日本、韩国和中国逐步得到政府、工程界和学术界的重视。21世纪以来在市政高架、跨海长桥工程中下部结构预制技术成为研究热点,工程应用逐年增多,本项目山区公路"一站式架桥机"施工方案的提出,有效填补该研究领域的空白,可供未来山区类似工程参考。

(3)影响工业化预制装配式桥涵质量耐久性的重要因素是其连接形式的可靠性,工程实践中必须高度重视连接部位的施工及检测。针对灌浆套筒连接,现有的检测技术例如抽拔钢丝法、预埋芯片法、高压循环灌浆法各有优缺点,仍需更多工程实践检验。

参 考 文 献

[1] 郭熙冬.港珠澳大桥承台墩身工厂化预制施工技术[J].桥梁建设,2014,44(2):107-111.

[2] 项贻强,郭树海,陈政阳,等.快速施工桥梁技术及其研究[J].中国市政工程,2015,6(4):28-32.

[3] 夏樟华,邵淑营,葛继平.美国华盛顿州桥梁快速施工技术研究与实践[J].世界桥梁,2017,45(6):1-6.

[4] 尹富秋.中心城区高架桥桥墩预制拼装施工关键技术[J].施工技术,2017,46(12):80-82.

[5] 王志强,卫张震,魏红一,等.预制拼装联接件形式对桥墩抗震性能的影响[J].中国公路学报,2017,30(5):74-80.

[6] 周良,闫兴非,李雪峰.桥梁全预制拼装技术的探索与实践[J].城市道桥与防洪,2018,38(4):38-41.

[7] 孙策.城市桥梁预制装配化绿色建造技术应用与发展[J].世界桥梁,2021,49(1):39-44.

31.预制装配化空心钢管混凝土拱桥试设计研究

何任珂　颜东煌　许红胜　岳亚超

（长沙理工大学）

摘　要：在特大跨度钢管混凝土桥梁施工中，存在管内混凝土与钢管协同工作性能不佳、管内混凝土泵送时间较长、泵送顶升混凝土有一定安全风险等系列问题。面对相应问题，本文创新性提出预制装配化空心钢管混凝土拱桥的概念，采用现在较为成熟的空心钢管混凝土作为拱桥主要受力构件，从结构设计、经济性对比、施工方法三方面和国内已建成钢管混凝土拱桥进行对比分析，阐明空心钢管混凝土拱桥具有一定可行性，实现全预制装配化在空心钢管混凝土拱桥的应用，能有效降低拱桥自重和内力、缩短施工工期、改善施工风险、提高钢管与混凝土协同工作性能与利用效率，相较同类型实心钢管混凝土拱桥具有经济性更好等优势。

关键词：钢管混凝土拱桥　空心钢管混凝土拱桥　试设计　经济性分析　施工

1　概述

由于具有较好的经济性和桥型适用性，我国已建成和在建的实心钢管混凝土拱桥超过400座[1-3]，目前跨径最大的钢管混凝土拱桥为广西平南三桥，跨径575m，是世界第一大跨度拱桥[4]，跨山谷地带更理想的上承式钢管混凝土拱桥最大跨径的是大小井特大桥，跨径450m[5]。

着眼目前的研究进展可知，我国钢管混凝土拱桥的设计建造技术正迅速发展，其跨度在一次次突破，但也留下了不足和难点待我们解决[6]。在结构设计层面，国内学者认为限制钢管混凝土拱桥向更大跨度发展的主要因素之一是自身重量[7]，当其跨径达到400m以上时，钢管混凝土所要承受的荷载80%都来源于自重；在材料利用率方面，管内混凝土应力水平较低[8]，混凝土中芯位置应力更低；在经济性层面，随着钢管混凝土拱桥跨度加大，不仅主拱圈混凝土用量增加，拱座混凝土用量也会增加，临时结构措施费、材料、人工成本因桥梁的高、跨度大也越来越高；在施工控制层面，跨度越大的钢管混凝土拱桥，其管内混凝土灌注技术要求越高，而脱空率和管内大体积混凝土的收缩徐变越难以把控[9-10]，并且在顶升泵送混凝土过程中，由于压力控制不当容易引发安全事故。

为此，针对以上问题，本研究团队提出一种预制装配化空心钢管混凝土拱桥的新构思，将常用于建筑工程、电力工程常见的空心钢管混凝土作为拱桥主要受力构件，以拟建跨径482m上承式钢管混凝土拱桥为试设计原型，进行试设计及可行性研究，从多个层面对比分析预制装配式空心钢管混凝土拱桥可实施性和优势。

2 空心钢管混凝土拱桥试设计

2.1 工程背景

拟选型方案设计为计算跨度482m的上承式钢管混凝土变截面桁架拱桥,拱轴线采用悬链线,拱轴系数$m=1.6$,矢高$h=96.4m$,矢跨比$f=1/5$,桥址位于贵州省西部地区。主拱圈采用等宽变高度空间桁架结构,肋间设置横联和米撑,上、下弦拱肋钢管直径为1360mm,拱肋上、下弦管自拱脚至拱顶壁厚拟为35mm,拱上立柱采用空心钢管混凝土排架结构,公路等级为高速公路,双向四车道,荷载标准为公路—I级。

空心钢管混凝土拱桥渲染图如图1所示。

图1 空心钢管混凝土拱桥渲染图

2.2 结构设计

主拱圈管内顶升泵送灌注混凝土施工中风险源众多,并且考虑管内混凝土脱空率和管内大体积混凝土的收缩徐变难以把控等问题,一方面可能导致设计时相对保守,另一方面实际工作室钢管与混凝土协同工作能力不佳。面对这些难题,将预制装配式空心钢管混凝土拓展应用于拱肋和拱上立柱构件。

主拱圈分为十四个节段,上、下弦杆均采用牌号为Q345D钢材,外钢管直径1360mm,壁厚为35mm的钢材,内钢管为直径912mm、壁厚4mm的钢材,所有节段管内混凝土设计空心率为0.5,均采用牌号C60自密实微膨胀混凝土。上弦杆间设置风撑平联,上、下弦杆间设置竖联,在奇数节段设置剪力撑,偶数节段设置剪力撑与风撑斜腹杆,拱肋节段基本形成稳定的空间桁架结构。

第七、第八节段断面分别如图2、图3所示。

为有效解决顶压灌注混凝土施工中风险源众多、管内混凝土脱空率等和管内大体积混凝土收缩徐变等难题,每一段空心钢管混凝土节段上、下弦杆在工厂提前预制,有力保障了施工安全和每一节段钢管与混凝土协同工作质量,钢管混凝土截面空心化的设计也能提高的材料利用效率。

每一个拱上立柱由多个节段搭接而成,除柱脚外均采用标准节段,节段为空间排架结构,柱肢间采用横联联系,立柱四肢采用牌号为Q345钢材,外钢管直径700mm,壁厚16mm,管内混凝土空心率为0.6,拱上立柱节段同样在工厂提前预制,采用旋喷法形成空心钢管混凝土柱肢。

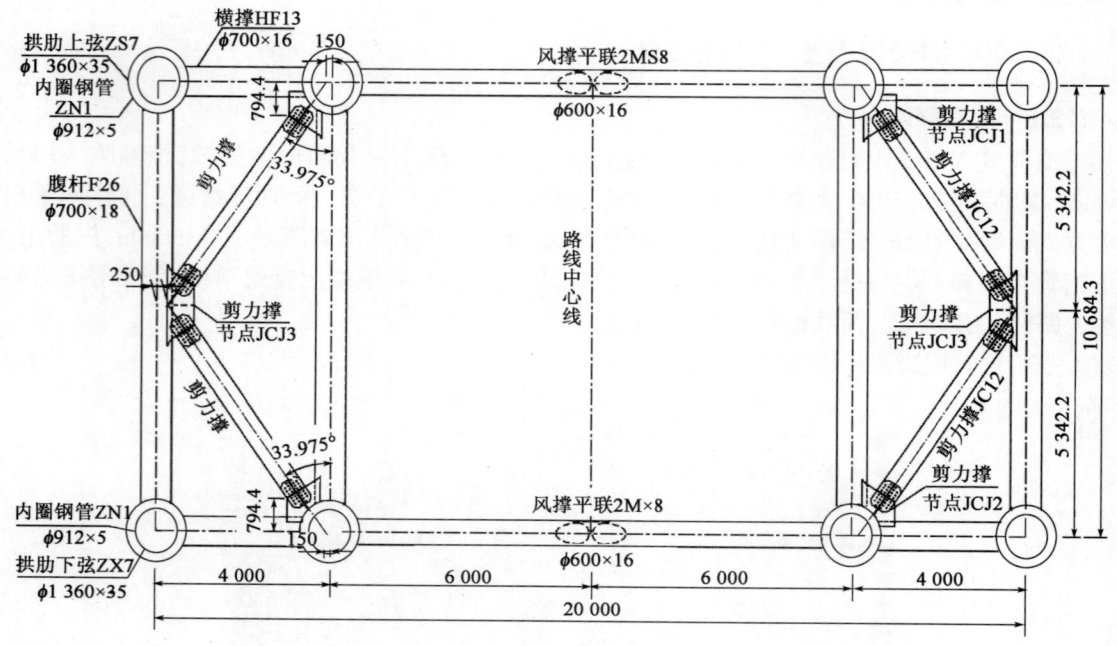

图2 第七节段断面图(尺寸单位:mm)

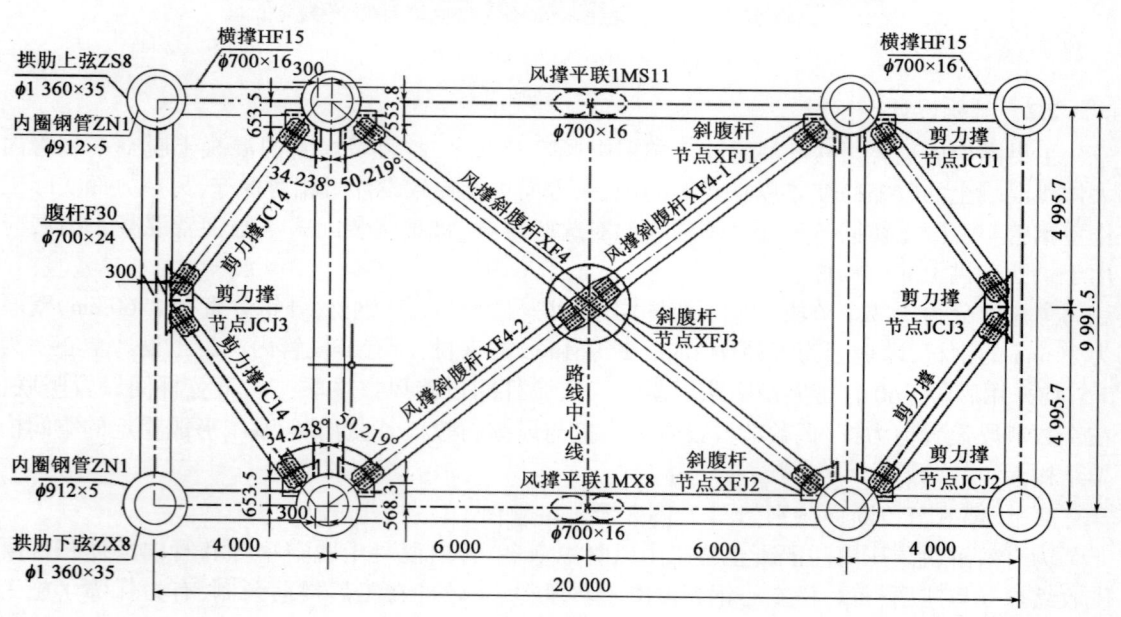

图3 第八节段断面图(尺寸单位:mm)

拱上立柱标准节段断面如图4所示。

桥面系主梁为波形钢腹板组合梁,桥面板采用C55混凝土桥面板,桥面铺装为10cm后沥青混凝土。

2.3 结构分析

为了更好了解空心钢管混凝土拱桥优势,依据《公路钢管混凝土拱桥设计规范》(JTG/T D65-06—2015)[11],分别建立相同条件空心钢管混凝土拱桥与实心钢管混凝土拱桥,对比两者成桥状态内力与变形情况。

选取空心钢管混凝土拱桥与实心钢管混凝土拱桥在拱脚、$L/8$、$L/4$、$3L/8$、拱顶五个位置的轴力进行对比分析,如表1所示。空心钢管混凝土拱桥各位置在成桥状态下上、下弦拱肋轴力都要比实心钢管混凝土拱桥要低,其中在拱脚上弦杆处轴力减小程度最大,上述位置平均降低超过20%。使用0.5空心率的空心钢管混凝土,减轻了桥梁整体自重,对于拱桥拱肋轴力的减少起到了一定作用。

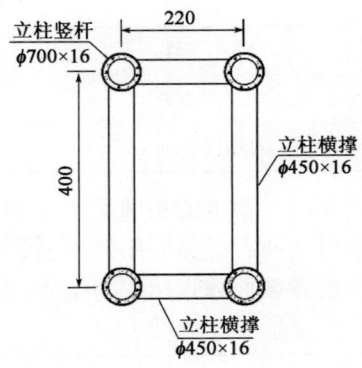

图4 拱上立柱标准节段断面图
(尺寸单位:mm)

空心钢管混凝土代替钢管混凝土后上、下弦杆轴力变化　　表1

项目	拱脚		$L/8$		$L/4$		$3L/8$		拱顶	
	上弦	下弦	上弦	下弦	上弦	下弦	上弦	下弦	上弦	下弦
δ_N	-32.6%	-17.7%	-19.9%	-23.9%	-21.6%	-26.4%	-24.4%	-23.5%	-27.1%	-20.4%

注:$\delta_N = (N_{hs} - N_s)/N_s$,其中,$N_s$ 为钢管混凝土轴力,N_{hs} 为空心钢管混凝土轴力。

对比空心钢管混凝土拱桥与实心钢管混凝土拱桥变形情况,考虑以下两种工况:①成桥状态恒荷载作用;②成桥状态活荷载(汽车荷载)单独作用。选取 $L/8$、$L/4$、$3L/8$、拱顶四个位置的挠度进行对比分析,如表2所示,结果表明,大部分位置出现空心钢管混凝土拱桥挠度大于实心钢管混凝土拱桥的情况;但整体而言,同一位置空心钢管混凝土和钢管混凝土变形挠度相差较小,两者差值最大不超过7mm。

空心钢管混凝土代替钢管混凝土后各截面挠度变化　　表2

项目	$L/8$		$L/4$		$3L/8$		拱顶	
	上弦	下弦	上弦	下弦	上弦	下弦	上弦	下弦
情况①	10.70%	10.90%	5.30%	5.50%	-0.50%	-0.50%	-3.40%	-3.30%
情况②	14.40%	14.40%	16.20%	16.70%	17.60%	17.70%	17.40%	17.30%

2.4 承载能力分析

目前没有针对空心钢管混凝土拱桥的设计计算规范,以下参考《实心与空心钢管混凝土结构技术规程》(CECS 254—2012)[12]进行计算,一方面计算空心钢管混凝土拱桥是否满足要求,另一方面对比实心与空心钢管混凝土拱桥承载能力与利用效率。

由现有规范可知,钢管混凝土轴心受压承载力计算公式:$\gamma N \leq \varphi_l K_p K_d f_{sc} A_{sc}$,空心钢管混凝土轴心受压承载力计算公式:$N = \varphi N_0 = \varphi k_c k_2 A_{sc} f_{sc}$,分别求得两者轴心承载能力,如表3所示。结构分析计算中,实心与空心钢管混凝土拱桥最不利位置轴力均小于自身轴心受压承载力,基本满足要求。

受压承载能力比较 表3

项　目	单　位	受压承载力
空心钢管混凝土	MN	48.22
实心钢管混凝土	MN	61.53

在满足要求的基础上,空心钢管混凝土拱桥是更轻巧的结构,通过"载强比"与稳定性进一步对比两者材料利用效率,载强比=轴力/受压承载力。由表4可知,空心与实心钢管混凝土拱桥各截面载强比较为接近,大部分截面空心钢管混凝土拱桥有更低的载强比。

载强比比较 表4

项　目		L/8		L/4		3L/8		拱顶	
		上弦	下弦	上弦	下弦	上弦	下弦	上弦	下弦
载强比	空心钢管混凝土拱桥	0.495 4	0.521 9	0.498 2	0.415 0	0.454 1	0.388 6	0.367 8	0.379 7
	实心钢管混凝土拱桥	0.489 5	0.577 5	0.496 6	0.438 6	0.469 6	0.399 3	0.404 2	0.382 3

考虑拱桥在实际工作中,拱肋为偏心受力,按照实心与空心钢管混凝土偏心受压稳定性计算公式,当 $\frac{N}{\varphi N_0} \geq 0.255$,使用 $\frac{N}{\varphi N_0} + \frac{\beta_m M}{1.5 M_0 \left(1 - 0.4 \frac{N}{N'_E}\right)} \leq 1$ 验算;当 $\frac{N}{\varphi N_0} < 0.255$,使用 $\frac{N}{2.17 \varphi N_0} + \frac{\beta_m M}{M_0 \left(1 - 0.4 \frac{N}{N'_E}\right)} \leq 1$ 验算。由表5可知除 L/8 上弦位置,其余位置空心钢管混凝土拱桥均有较好的稳定性。

偏压稳定性比较 表5

项　目		L/8		L/4		3L/8		拱顶	
		上弦	下弦	上弦	下弦	上弦	下弦	上弦	下弦
稳定性	空心钢管混凝土拱桥	0.487 0	0.528 7	0.404 0	0.428 5	0.429 7	0.384 9	0.375 9	0.390 0
	实心钢管混凝土拱桥	0.479 5	0.580 1	0.423 7	0.444 0	0.446 2	0.393 7	0.409 9	0.390 8

3 经济性分析

因为所构思的空心钢管混凝土拱桥与实心钢管混凝土拱桥施工工艺、流程有很大不同,两者概算结果存在差异,以下参考《公路工程概算定额(上、下册)》(JTG/T 3831—2018)[13],主要简单对比两者施工阶段中材料、设备、人工的经济性差异。

3.1 材料费用经济性分析

空心钢管混凝土拱桥与实心相比,其材料的差异主要体现在主拱圈和拱座上,与实心钢管混凝土相比,空心钢管混凝土由于存在的空心率,其管内混凝土用量较少,而空心率使拱肋自重降低也会使拱脚水平推力减少,浇筑拱座所需混凝土和钢筋用量也减少。主要材料差异如表6所示。

主要材料差异　　　　　　　表6

名　称	种　类	材　料	单　位	合　计
实心钢管混凝土拱桥	混凝土	C60	m³	5 547.2
		C40		10 202.6
		C30		12 679.8
	钢筋	HRB500	kg	409 395.2
		HRB400		260 120.0
		HRB300		9 038.0
空心钢管混凝土拱桥	混凝土	C60	m³	2 098.4
		C40		8 224.1
		C30		10 164.1
	钢筋	HRB500	kg	328 244.2
		HRB400		208 434.2
		HRB300		7 242.1

参考贵州省交通建设工程造价管理站2020年《贵州交通建设工程造价管理信息》第六期价格,对实心钢管混凝土拱桥和空心钢管混凝土拱桥主要差异材料价格进行统计,混凝土材料由水泥、中粗砂、碎石等构成。材料单价如表7所示。

材料单价表　　　　　　　表7

材料	32.5级水泥	42.5级水泥	52.5级水泥	中粗砂	碎石	HRB500钢筋	HRB400钢筋	HRB300钢筋
单位	元/t	元/t	元/t	元/m³	元/m³	元/t	元/t	元/t
单价	290	310	350	63	58	4 695.5	4 476	4 498

综上所述,空心钢管混凝土拱桥与实心钢管混凝土拱桥基本条件保持一致时(如拱肋外钢管壁厚、腹杆尺寸等可进一步优化设计),套用定额和考虑施工组织和各项措施费等得出综合价格,与实心钢管混凝土拱桥相比,空心钢管混凝土拱桥节约各类混凝土共7 942.8m³,节约约643.9万元;节约各类钢筋共134.6t,节约62万元;材料费节约约705.9万元。

3.2　设备费用经济性分析

空心钢管混凝土拱桥和实心钢管混凝土拱桥施工设备差异主要体现在拱肋吊装施工阶段,两者均采用无支架斜拉扣挂缆索吊装系统施工,但空心钢管混凝土拱桥主拱圈节段采用预制装配化施工,其钢管和管内混凝土同步吊装,在缆索吊系统和扣挂系统上所需设备额定吨位较大。

主要设备差异见表8。

主要设备差异(缆索吊系统) 表8

类 型	材料/设备名称	设备型号	单位	数量	类 型	材料/设备名称	设备型号	单位	数量
空心钢管混凝土拱桥（360t缆索吊系统）	主索	6×37S+IWR	m	1 100m×32根	实心钢管混凝土拱桥（160t缆索吊系统）	主索	6×37S+IWR	m	1 100m×16根
	牵引索	7×35W	m	2 500m×6根		牵引索	7×35W	m	2 500m×4根
	起重索	7×35W	m	2 000m×6根		起重索	7×35W	m	2 000m×2根
	牵引卷扬机	—	台	8		牵引卷扬机	—	台	4
	门式起重机	—	台	6		门式起重机	—	台	6

参考某跨径450m钢管混凝土拱桥采用160t缆索吊系统，其租赁费为14万/月；某300m钢管混凝土拱桥采用120t缆索吊系统，其租赁费为10万/月。当空心钢管混凝土拱桥与实心钢管混凝土拱桥起吊节段长度一致，空心钢管混凝土节段更重，通过咨询租赁公司，当超过缆索吊系统起吊质量160t时可定制缆索吊系统，360t缆索吊系统租赁费约为34万/月。同样参考其扣挂系统（岩锚），由施工方自己设计制作购买，考虑折旧回收后总耗费约为150万元，当吊装预制空心钢管混凝土节段时，主要是扣塔材料费用增加，考虑折旧回收后总耗费约为220万元。参考某钢管混凝土拱桥节段吊装施工，缆索吊试吊、拱肋吊装、斜拉扣挂施工共经过5个月，则在设备费用上，空心钢管混凝土拱桥将会多出170万元左右。

3.3 人工费用经济性分析

与实心钢管混凝土拱桥相比，空心钢管混凝土拱桥主拱圈节段采用厂内预制，只需现场在节点间灌注混凝土，在施工过程中节约了大量管内C60自密式混凝土灌注的时间。以合江长江一桥为例[14]，实心钢管混凝土拱桥现场需要33d完成弦杆管内混凝土灌注，以大小井特大桥施工计划为例，需要60d弦杆管内混凝土灌注，而空心钢管混凝土在场内预制时，其他作业面可同步展开，完全可以节省现场管内混凝土灌注的工期。

空心钢管混凝土拱桥节点灌注混凝土时间约为8d，对比合江长江一桥，节约25d，对比大小井特大桥节约52d（表9）。参考《贵州交通建设工程造价管理信息》第六期价格，该阶段分别节约人工费12.0万元、24.9万元。

灌注混凝土工艺工期比较 表9

名 称	跨径(m)	工 艺	工期(d)
合江长江一桥	530	拱肋灌注混凝土	33
大小井特大桥	450	拱肋灌注混凝土	60
空心钢管混凝土拱桥	482	节点间灌注混凝土	8

3.4 小结

通过综合对比施工阶段的材料、设备、人工费用，空心钢管混凝土拱桥经济性具有一定优势。与已建成450m实心钢管混凝土拱桥相比综合节省约560.8万元。为了比较空心钢管混凝土拱桥与实心钢管混凝土拱桥，许多条件上两者基本保持一致，且以实心钢管混凝土拱桥为主,但实际上空心钢管混凝土拱桥在设备费用上的劣势可以采用更短的节段来解决;材料上,随着拱座要求降低,拱座基础、拱座基础开挖这部分费用也会更低,满足要求情况下,空心钢管混凝土钢管外壁厚度、腹杆尺寸等也可以进一步优化调节。

4 施工方案

空心钢管混凝土拱桥采用预制装配化施工,与传统实心钢管混凝土拱桥施工相比有明显的区别,施工阶段只需在节段间的节点灌注少量混凝土,其施工工艺流程如图5所示。预制装配化在空心钢管混凝土拱桥施工中应用有许多优势,在结构力学性能方面,大幅减少管内混凝土收缩徐变,还能降低混凝土脱空率;在现场施工方面,有利于提高现场施工效率,降低顶升泵送混凝土气压控制不当引发的安全风险。

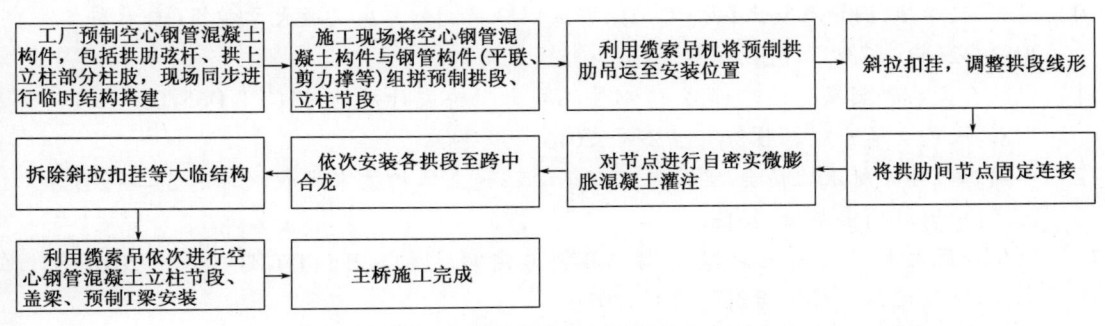

图5 预制装配式空心钢管混凝土拱桥施工工艺流程图

5 结语

(1)通过计算分析可知,预制装配化空心钢管混凝土拱桥在保证基本满足现行规范、规程的同时,轴力明显减小,且更轻的空心钢管混凝土拱桥比实心钢管混凝土拱桥有着较好的载强比和稳定性,减少了混凝土用量,提高了钢管与混凝土的利用率。

(2)本文简要从施工阶段中材料、设备、人工对比分析了已建成实心钢管混凝土拱桥和预制装配式空心钢管混凝土拱桥的经济性,虽然设备方面费用增加,但是综合考虑材料和人工费用的节省,空心钢管混凝土拱桥有一定经济优势,并且其经济优势可根据具体设计进一步挖掘。

(3)空心钢管混凝土拱桥的施工,主要依靠节段预制装配化施工特点,缩短现场施工工期,大幅度减少管内混凝土收缩徐变,解决现场管内灌注混凝土脱空率难以把控等问题,有利于减少管内灌注混凝土过程中风险源,如泵送混凝土气压控制不当发生的安全事故。

(4)本文分析研究只是初步,空心钢管混凝土拱桥还有许多方面可以进行研究,如现在并没有其相关规范,预制装配化的空心钢管混凝土拱桥内混凝土的收缩徐变减小程度,节段间节点的设计等。

参 考 文 献

[1] 蒋伟.钢管混凝土拱肋稳定性的可靠度分析与安全系数评定[D].哈尔滨:哈尔滨工业大学,2014.
[2] 王湘川.钢管混凝土拱桥极限跨径研究[D].重庆:重庆交通大学,2019.

[3] 饶文涛.特大跨上承式钢管混凝土拱桥拱上构造设计研究[D].重庆:重庆交通大学,2020.
[4] 欧阳平,林增海,米德才,等.平南三桥桥型方案设计研究[J].中外公路,2020,40(3):177-181.
[5] 彭元诚,丁德豪,宗昕,等.大小井特大桥桥型方案比选[J].公路,2019,64(9):146-149.
[6] 李瑜,胡建华,王甜.茅草街大桥钢管混凝土拱桥设计与关键技术研究[J].中外公路,2009,29(2):115-119.
[7] 高月琪.大跨度钢-混凝土组合拱桥地震反应分析[D].重庆:重庆交通大学,2014.
[8] 袁航.后折扣索对钢管混凝土拱桥成桥状态应力影响研究[D].湖南:长沙理工大学,2019.
[9] 侯剑岭,许维炳,陈彦江,等.大跨度异型钢管混凝土拱桥典型病害分析及支座脱空影响研究[J].振动与冲击,2020,39(18):161-168,187.
[10] 周水兴,李威.钢管混凝土拱桥常见病害成因分析[J].重庆交通大学学报(自然科学版),2013,32(S1):738-741,826.
[11] 中华人民共和国交通运输部.公路钢管混凝土拱桥设计规范:JTG/T D65-06—2015[S].北京:人民交通出版社股份有限公司,2015.
[12] 中国工程建设标准化协会.实心与空心钢管混凝土结构技术规程:CECS 254—2012[S].北京:中国计划出版社,2012.
[13] 中华人民共和国交通运输部.公路工程概算定额(上、下册):JTG/T 3831—2018[S].北京:人民交通出版社股份有限公司,2019.
[14] 郑皆连,王建军.中国钢管混凝土拱桥[J]:Engineering,2018,4(1):306-331.

32. 京雄高速公路常规桥梁墩柱设计的关键技术

王 航　王国兴

(北京市市政工程设计研究总院有限公司)

摘　要：高震区常规桥梁的墩柱通常作为延性构件发挥作用，但是对于工程中不同的墩柱情况，有时墩柱过矮或刚度过大，无法作为延性构件，注注需要通过人为干预，比如设置减隔震支座等抗震耗能措施，让 E2 地震作用下所需要的变形只发生在人为确定的构件或部位，结构其他位置保持弹性。本文通过京雄高速公路桥梁工程设计过程中的大量计算案例，总结了常规桥梁下部结构形式的选择和抗震计算的机理等，包括墩梁连接方式选择的依据，减隔震支座设置的原则以及发挥作用的时机，E1 地震力、剪断力和 E2 地震力的地震响应的关系和墩柱钢筋的设计原则等。

关键词：常规桥梁　刚性柱　延性柱　减隔震支座　剪断力

1 项目概况

京雄高速公路作为连接雄安新区和北京的重要通道，对于集中疏解北京非首都功能，完善雄安新区的重要布局，具有重大现实意义和深远历史意义。京雄高速公路北京段所在区属永定河水系，主要经过永定河灌渠、小清河和永定河，线位主要位于小清河蓄滞洪区内。根据水利部门的规定，全线采用桥梁形式穿越。

项目起点为西五环路，向西跨越永定河、稻田水库，穿越稻田组团，向南转向沿京石客运专线布线，连续上跨南水北调、京良路、地铁房山线、长阳等沿线村镇、丰西编组站、黄良铁路、六环路交通枢纽、京深路后，再向南延伸至市界；相交的规划及现状道路共计 29 条，中间涉及的管线包括燃气、电力、天然气、工业管线、雨污水等若干，情况非常复杂；共设置两座大型枢纽互通式立交和 3 座一般互通立交。道路全长约 27km，桥梁面积达到了 124 万 m^2，桥梁占比在 90%以上。

桥梁的结构形式：除了跨越永定河处设置了一座主跨 300m 的中承式拱桥，其他均采用常规结构，包括预制小箱梁、现浇连续梁、悬浇刚构、钢混叠合梁等。对于常规结构，上部结构的设计比较成熟，本文不做讨论。项目所处地域的地震基本烈度为Ⅷ度，地震动峰值加速度为 $0.2g$，场地类别为Ⅱ类，地震动反应谱特征周期为 0.4s。下部结构设计过程中，适逢《公路桥梁抗震设计规范》(JTG/T 2231-01—2020)(简称《抗规》)颁布实施。下部结构的选择、抗震计算规律以及基础设计过程中，得到了一些有价值的规律和结论，供同行参考。

2 常规桥梁墩柱设计的关键技术

2.1 常规桥梁下部结构选择的经济性对比

由于全线常规桥梁体量较大,下部结构形式的选择对经济指标的影响非常大。京雄高速公路主线的标准断面为上下行各宽21m,如图1所示,半幅采用双柱墩,墩柱轴压比在0.2~0.25,比较合理。对于基础形式的选择有几种方案,根据承载力计算结果,对比如表1所示。

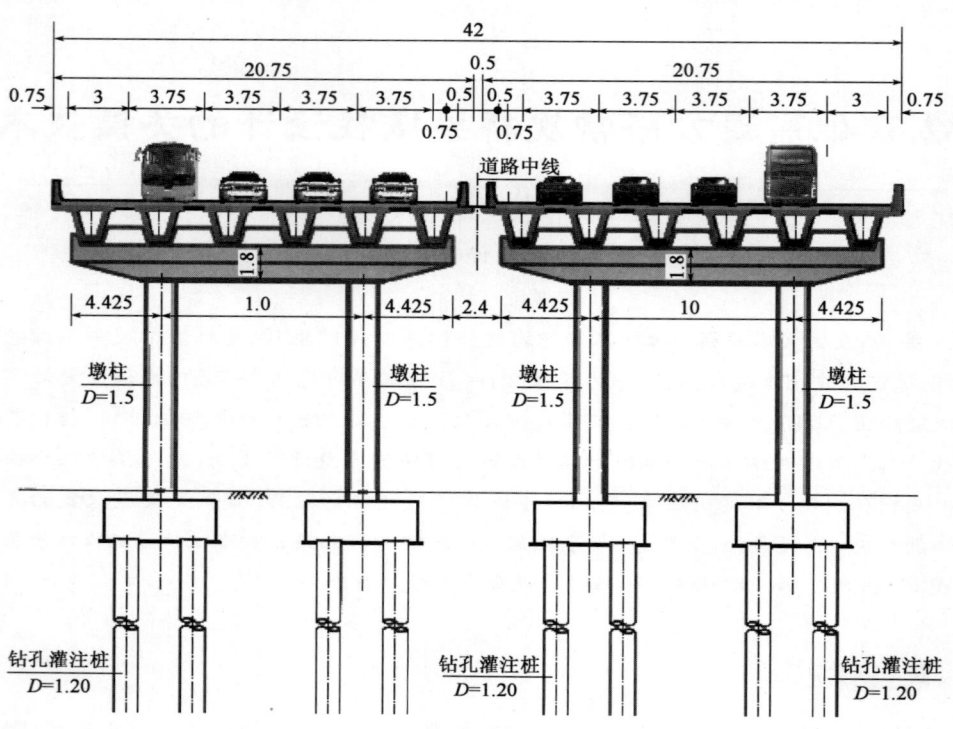

图1 标准断面(尺寸单位:m)

下部基础对比表 表1

方案	下部结构形式描述	墩柱直径(m)	墩柱根数(根)	承台尺寸(m×m)	单墩柱对应桩基数×直径(m×m)	需要桩长(m)	桥梁造价(主结构)(元/m²)
1	柱底四桩承台	1.5	2	5.5×5.5	4×1.2	35	4412
2	柱底纵向两桩承台	1.5	2	6.5×2.5	2×1.5	50	4563
3	柱底纵向两桩承台	1.5	2	7.5×3.0	2×1.8	42	4856
4	桩接柱	1.5	2	无承台	1×2.5	44	4336
5	桩接柱	1.5	3	无承台	1×2.0	42	4400

经过对比:

(1)方案2、方案3两桩承台基础造价较高,横向为单排桩,桩基配筋率高,并且横向太柔,高墩情况下横向位移控制设计。若采用直径1.5m的桩,桩长达到50m;若采用直径1.8m的桩,纵向刚度过大,抗震设计纵向控制的情况下,经济性更差。

(2) 方案4、方案5均为单桩单柱形式,造价相对较低,但是大直径桩有效承载力呈现越长越低的状况。同时为了满足高震区基础为能力保护构件的要求,需要高配筋,虽然从体量上其造价偏低,但是大直径桩施工要求高,风险大,不确定因素较多,难以保证工期。另外方案5采用半幅桥三个墩柱,桥下墩柱林立,除了景观效果差外,重要的是桥下规划辅路系统被切割甚至无法实现。

(3) 综合比较,四桩承台基础造价中等偏低,但其桩长较短,且直径1.2m桩比较常见,施工方便,最重要的是四桩基础刚度大,可采用最低的配筋率,即可满足高震区的抗震需求。另外,本项工程还有大量的现浇连续梁、大跨钢混组合梁、立交区变宽等结构形式,结构重量均大于上述对比的预制小箱梁的标准断面,墩柱直径也相应增加,单桩接柱的基础形式将导致桩长更长、效率更低甚至无法满足设计需求,而四桩基础具有很好的适应性。故本工程推荐采用直径1.2m桩基的四桩承台基础作为标准段基础。

2.2 常规桥梁的抗震计算

《抗规》颁布以来,桥梁下部结构的计算概念越发明晰。墩柱作为延性构件,允许B类及以下等级的桥梁,在E2地震作用下发生塑性变形来耗能,而墩柱抗剪需要按照能力保护原则进行设计,E2地震作用下居于弹性工作状态。但是对于工程中不同的墩柱情况,有时墩柱过矮或刚度过大,无法作为延性构件发挥作用,从而提出减隔震支座等抗震耗能措施,实际上是通过人为干预,让E2地震作用下所需的变形只发生在人为确定的构件或部位,结构其他位置处于弹性。《抗规》中没有说明的是,采用减隔震支座情况下,支座什么时候发挥耗能作用?E1地震发生的时候,结构处于什么样的状态?另外什么情况下设置减隔震支座?按照E1或剪断力进行配筋,能否保证E2情况下结构仍然处于弹性?本文通过有代表性的三个典型计算案例,总结出常规桥梁从墩柱形式尺寸、支座的选择到整个下部结构的抗震计算规律等一些有益的结论。

2.2.1 中等墩高桥梁的抗震计算

斜跨南水北调灌渠的匝道桥,计算跨径 $L=40m+60m+40m$,主梁宽度10.5m,上部结构采用变截面连续梁,下部墩高分别为6m、9m,高差不大,针对墩型和基础尺寸进行了两个方案的比选,见表2。

方案对比表 表2

方案	方案一:中墩为圆端型片墩,5×2m;桩基为4×1.8m;减隔震支座,矮墩固接	方案二:中墩为双圆柱墩,直径2m;桩基为4×1.5m;普通盆式支座,高墩固接
有限元模型	T=0.947s	T=1.027s

计算结果如表3所示。

计算结果对比表　　　　　　　　　表3

中墩连接情况	轴压比	墩底最大弯矩(kN·m)			墩柱的屈服弯矩(kN·m)	墩柱配筋	桩基
		E1地震力	10%剪断力	E2地震力			
圆端型片墩	0.123	21 450	23 600	19 172	62 487	50φ25	4×1.8m
双柱墩	0.181	9 885		33 741	18 019	32φ25	4×1.5m

由上面两种模型的计算结果可见：

(1)对于常规结构的规则桥梁,轴压比能够初步反映墩柱形式和尺寸的合理性,轴压比在0.15~0.25范围内比较合适。若轴压比过小,说明墩柱尺寸选择过大,如该算例中圆端型片墩方案,轴压比为0.123,矮墩墩高6m,墩柱进入刚性柱的范围,需要设置减隔震支座,并且工程量比较大,不够经济;对比双圆柱墩方案,轴压比0.181,仅需要采用普通盆式支座,并且基础的体量要比片墩减少一个等级,更为经济合理。若轴压比超过0.3,按照《抗规》的规定,需要按照非规则桥梁进行验算,也表明墩柱相对于上部结构荷载显得不足,对于承受动荷载的桥梁结构,应尽量避免。

(2)对于两中墩墩高差别不大的桥梁,控制支座剪断力超过E1,墩柱按照剪断力进行配筋,能够满足E2地震力作用下,墩柱保持弹性的工作状态。大量计算也表明了这种规律,因而本模型中可以省略E2地震响应下需要进行的迭代计算。

2.2.2 高矮墩大跨桥梁的抗震计算

斜跨永定河大堤处的主线桥,计算跨径为$L=49m+85m+55m$,桥宽20.6m,上部主梁采用悬臂浇筑变截面连续梁。下部墩柱为圆端型片墩11×2.5m,两中墩墩高分别为12m、24m,基础为8×1.8m桩基。

本桥跨径较大,施工方式为悬臂浇筑,故采用圆端型片墩,轴压比为0.161,墩柱尺寸的选择基本合理。墩柱和主梁的连接方式有三种:墩梁固接、普通盆式支座、减隔震支座连接。

由于两个中墩高差较大,水平地震力作用下高墩墩底的弯矩远远超出矮墩,若高墩设置为固定墩,将导致墩底弯矩过大,配筋量将会大幅增加,故将矮墩设置为固定墩,高墩设置滑动支座。

本桥墩柱纵横向尺寸相差悬殊,难以判定墩柱是否为刚性柱。笔者的计算经验是自振周期小于1.5s,需按照刚性墩设计,可采用减隔震支座,本桥自振周期为1.412s,可视为刚性墩。

有限元模型如图2所示。

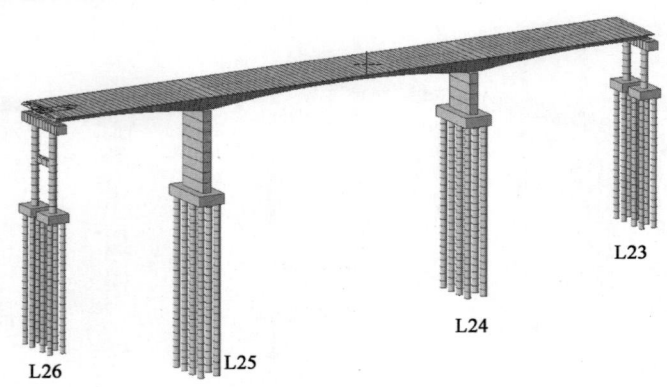

图2　有限元模型

对三种连接方式进行模拟计算的结果见表4。

计 算 结 果 表 表4

中墩连接情况	墩底最大弯矩(kN·m)			墩柱纵向屈服弯矩(kN·m)	墩柱配筋	桩基配筋
	E1地震力	11%剪断力	E2地震力			
固接	132 877		纵 383 827 横 548 632	244 189 (200φ32配筋)	E2地震力控制配筋,钢筋过多	48φ32 (配筋率1.52%)
普通盆式支座	126 653		纵 431 701 横 617 062	172 475 (110φ32配筋)		
减隔震支座	108 238	118 800	纵 151 187 横 228 028		117φ32/单侧	44φ25 (配筋率0.8%)

由上面三种模型的计算结果可见：

(1)若按照墩柱纵向为延性柱考虑,墩梁固接或固定盆式支座连接,均能够满足E1地震力作用下墩柱处于弹性,基础作为能力保护构件,需要采用1.2倍墩柱的超强弯矩进行强度验算。计算结果显示,纵向计算桩基配筋率已经偏高,横向计算的体量超出常规范围。故需要按照刚性柱考虑,采用减隔震支座进行连接。计算结果表明,该方案墩柱配筋更为合理,桩基配筋大幅降低,并且经过验算,采用减隔震支座后,E2地震力作用下,结构仍然居于弹性工作状态,满足规范要求。

(2)E1地震力和剪断力产生墩底最大弯矩,均小于剪断后E2地震力作用下的墩底弯矩,这一点与墩高差别不大的常规桥梁的计算结果不同,原因在于中墩墩高差别较大的情况下,E2地震力发生时,固定型减隔震支座已经剪断,E2地震力在两个墩柱上产生的水平剪力相差不多,而悬殊的墩高,导致高墩墩底产生较大的弯矩,可能超过E1地震力或剪断力产生的墩底弯矩。所以,对于墩高悬殊的桥梁,需要验算减隔震支座剪断后、E2发生时墩柱的最大弯矩,并据此进行墩柱的配筋。

(3)假如两个墩柱高度相当,则E2地震力在两个墩柱上产生的剪力差别不大,从而产生的墩底弯矩也差别不大。虽然总的E2地震力大于E1地震力,但是体系刚度已经大大减少;两个中墩共同承担E2地震力的情况下,每个墩的E2地震力一定小于单墩固定的E1地震力。所以为了简化计算,可以用E1地震力或剪断力控制墩柱配筋。

2.2.3 刚性墩匝道桥梁的抗震计算

京深路立交匝道桥,落地前的最后一联,柱高为4.5m,计算跨径$L=30m+30m$,主梁宽度9m,上部结构采用现浇箱梁的结构形式。下部结构采用2根直径1.3m圆形墩,基础采用4×1.5m桩基础。

本桥墩柱轴压比为0.156,基本合理。

有限元模型如图3所示。

该桥的设计关键点：中墩的连接方式有固接和固定支座两种连接方式;对于常规概念中两跨一联的桥梁,中墩通常采用墩梁固接,但是对于墩柱很矮的情况,计算结果将会不同,如表5所示。

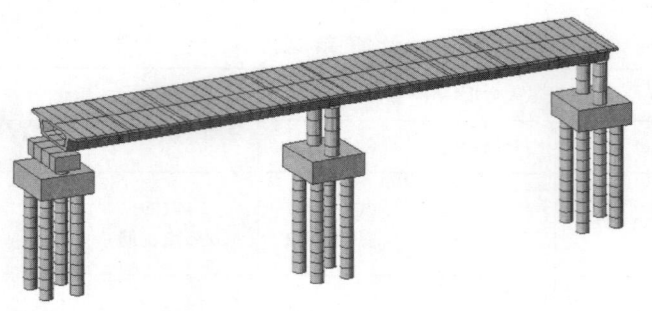

图 3 有限元模型

计算结果对比表 表5

中墩连接情况	自振周期(s)	墩柱轴力(恒载+地震力)(kN)	E1柱顶地震荷载(kN)	E1墩柱最大弯矩(kN·m)	E2柱顶地震荷载(kN)	E2墩柱最大弯矩(kN·m)	墩柱配筋
固接	2.52	6 146	1 478	4 042	5 061	12 283	97φ32(E2)
盆式支座	7.56	4 247	1 515	7 000	3 656	16 885	49φ32(E1)

从该算例计算结果可见：

(1)若采用墩梁固结，墩柱计算高度为2.25m<2.5D(D-圆形墩直径)=3.25m，属于刚性柱，需要按照E2地震力控制配筋，墩柱配筋率达到5.9%；若采用固定支座连接，墩柱计算高度为4.5m>2.5D=3.25m，所以墩柱属于延性柱，按照E1地震力控制配筋，墩柱配筋率2.9%，相对合理，故矮柱墩情况下，应采用固定支座连接。若支座连接仍为刚性柱，需要考虑采用减隔震支座连接。

(2)刚性柱或延性柱的定义，不是数字游戏，实际上是通过设置支座，降低结构体系的刚度，延长结构体系的周期，使墩柱成为延性构件，具有更好的抗震性能。

3 结语

(1)根据轴压比确定适宜的墩柱形式和尺寸，通过确定墩梁之间的连接方式，对体系的整体刚度进行适当的调整，使得体系的地震响应控制在设计范围内。延性墩可采用固接或普通支座连接，刚性墩需要采用减隔震支座连接。

(2)采用减隔震支座连接的桥墩，理论上需要确定在减隔震支座发生作用后的体系刚度下，E2地震作用下墩柱处于弹性状态，但是这需要进行繁琐的迭代计算。大量计算经验表明，在中墩高差不是很悬殊的情况下，如果设计剪断力超过E1地震力，并且按照剪断力控制墩柱配筋，基本可以保证E2情况下，墩柱处于弹性状态；否则，需要进行E2发生时的地震响应并据此进行墩柱验算。

(3)采用减隔震支座，不管固定墩还是滑动墩，墩柱尺寸相同的情况下，配筋率尽量一致。滑动墩在剪断后E2情况下可能反力更大。

(4)偏于激进的观点是，设定减隔震支座的剪断力(比如设置为竖向力的15%)小于E1地震力，并据此进行墩柱的配筋，目的是节省墩柱配筋量，采用的抗震机理是E1地震力发生之前，减隔震支座就先行剪断，从而保证墩柱的弹性。笔者认为不妥，原因如下：

①从抗震理论上，E1为多遇地震，重现期短，超越概率小于10%，对于高震区的桥梁，多遇

地震下就发生支座的剪断,不仅大大增加了桥梁的维护难度和成本,而且也违背了设防目标。

②抗震支座的质量和工艺的可靠性未必能够确保剪断力的精准性,一旦超过墩柱的弹性抗力,则违背设计初衷。

③若墩柱严格按照剪断力进行配筋,当地震等级超过支座剪断力后,在梁体摆动耗能的过程中,一旦位移遇到相邻梁体、抗震设施等的限制,必将这个抗力传递给墩柱,可能超过墩柱的弹性抗力,违背了减隔震支座下的墩柱是不能出现塑性的前提。

建议采用减隔震支座的情况下,墩柱至少扛过 E1 地震力和设计剪断力,减隔震支座在 E1 之后、接近 E1 的程度参与抗震耗能,通常支座剪断力不超过竖向力的 20%。

(5)构造注意事项:

①通常减隔震支座的尺寸较大,须注意墩柱尺寸与支座的匹配性,支座锚栓距离墩柱边缘要有足够的锚固尺寸。

②减隔震支座除了承载力参数外,需要自行设计半径、剪断力、间隙(满足温度)、防落梁挡块或钢销等。地震时一联桥假设看作一个刚体摆动,如果中、边墩摩擦摆支座的半径不同,梁体在发生水平位移时,存在竖向摆动的问题,所以中边墩支座的半径尽量靠近,以减少梁体的竖向变位差。

(6)根据计算经验对于矮柱桥梁,尽量减少桥梁跨径,增加墩柱数量,减少墩柱尺寸,效果更好。

参 考 文 献

[1] 中华人民共和国交通运输部.公路桥梁抗震设计规范:JTG/T 2231-01—2020[S].北京:人民交通出版社股份有限公司,2020.
[2] 范立础.桥墩延性抗震设计[M].北京:人民交通出版社,2001.
[3] 管仲国,沙丽新,李建中.城市高架桥抗震支撑体系优化设计与经济性分析[J].桥梁建设,2014,44(2):78-84.
[4] M.J.N.普瑞斯特雷,F.塞勃勒,G.M.卡尔维.桥梁抗震设计与加固[M].袁万城,胡勃,崔飞,等,译.北京:人民交通出版社,1997.
[5] 庄军生.桥梁减震、隔震支座和装置[M].北京:中国铁道出版社,2012.

33. 高速铁路 40m 简支箱梁合理倒角尺寸研究

吴 鹏

（中国铁路上海局集团有限公司）

摘 要：采用大吨位预应力锚具是目前高速铁路箱梁发展的一个重要趋势，它可以减少预应力孔道数量，降低腹板厚度和材料用量，但是会导致梁端局部应力增大。增加梁端腹板与底板之间的倒角可以减小局部应力，但会使得倒角混凝土难以浇筑密实。为解决这一矛盾，本文以江苏南沿江城际铁路 40m 简支箱梁为背景，采用实体有限元模型精细化分析梁端倒角尺寸对倒角处受力性能的影响；对比了不同倒角尺寸下 40m 简支箱梁在预应力张拉工况下的局部受力特征；引入了倒角应力效率的概念，初步将倒角尺寸增加引起的应力减小同倒角尺寸增加引起的施工缺陷增加统一起来加以考虑，在现有倒角尺寸基础上提出了合理减小倒角尺寸的建议，为高速铁路 40m 简支箱梁的下一步优化及推广应用提供了依据。

关键词：高速铁路 40m 简支箱梁 倒角应力效率 有限元

1 引言

预应力混凝土简支箱梁具有受力明确、构造简单、耐久性好、施工便捷等优点。目前我国高速铁路预制后张法预应力混凝土简支箱梁跨度以 32m 为主，并配以少量跨度 24m 简支箱梁[1]。近年来，在国内高速铁路建设中，经过系列理论研究和试验检测，逐步提出了 40m 简支箱梁的预制方案，并检算了其合理性、可实施性，形成了成套建造技术[2]。

为减轻梁体材料用量和吊装重量，40m 箱梁在腹板采用单排预应力管道，用以降低腹板厚度，同时配合采用大吨位预应力锚具，这导致箱梁锚固端局部应力增大。为此，在腹板与底板交界处采用比原 32m 梁更大的倒角，以减小应力集中。江苏南沿江城际铁路是全国继郑济高铁[3]、福厦高铁后，第三个采用 40m 预制箱梁的铁路建设项目。在 40m 梁场预制施工中，发现大倒角处的混凝土振捣困难，存在质量隐患。为提高 40m 梁的安全性和耐久性，有必要对倒角处的局部受力性能分析进行进一步研究，提出合理的梁端倒角尺寸，以满足受力合理和施工方便的要求。

李婷[4]的研究表明，增加倒角尺寸的会减小公路桥梁倒角处的拉应力。由于公路箱梁倒角比例与倒角尺寸与铁路箱梁不同，其研究结论并不能直接应用于铁路箱梁，有必要对高速铁路简支箱梁倒角处受力特性进行研究。肖飞[5]提出上调底板束位置以及均布底板束的方法，以降低大跨度箱梁端部混凝土拉应力。王树平[6]研究了箱梁底板中部槽口处倒角半径尺寸变化对箱梁局部受力的影响。

我国高速铁路32m简支箱梁经过了多次优化改进,而40m简支梁的建设才开始不久,对其施工和运营性能的全面了解还不够,尚未有针对40m箱梁进行改进研究的报道。本文从南沿江城际铁路40m箱梁预制过程遇到的问题出发,采用空间有限元实体模型进行高速铁路40m简支箱梁倒角处受力性能研究,对比了不同倒角尺寸的简支箱梁在预应力张拉作用下的局部受力情形,分析了倒角尺寸大小对倒角处拉应力大小的影响。通过引入倒角应力效率的概念,初步将倒角尺寸增加引起的效应减小同倒角尺寸增加引起的施工缺陷累积而导致的抗力减小联系起来,从而在现有40m箱梁倒角尺寸基础上提出合理减小倒角尺寸的方案,为高速铁路简支箱梁的进一步设计及应用提供参考。

2 计算参数

江苏南沿江城际铁路桥梁上部结构为39.3m跨径的预制双线预应力混凝土简支梁,采用单箱单室箱形截面、等高度设计,梁高为3.235m,箱梁顶板宽度12.6m。梁端腹板厚0.95m,底板厚0.7m;箱梁跨中处腹板厚0.36m,底板厚0.28m。箱梁横截面以及预应力束布置分别见图1、图2。

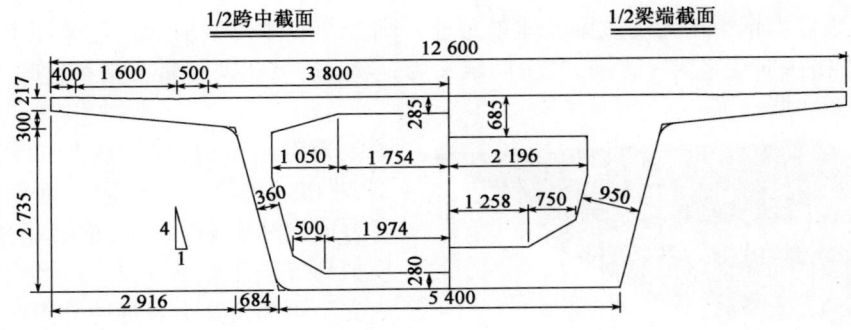

图1 箱梁截面图(尺寸单位:mm)

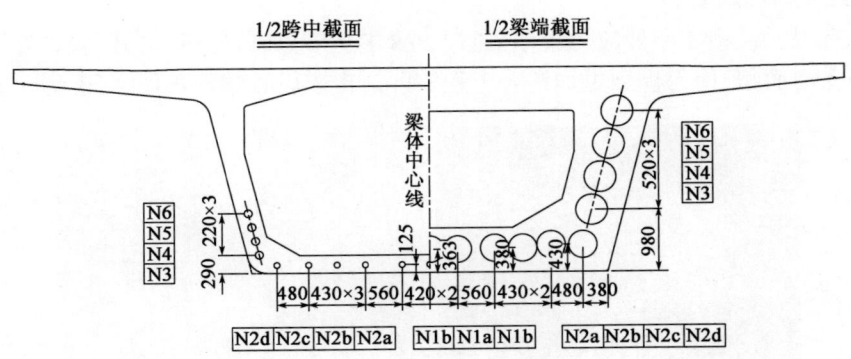

图2 箱梁预应力束布置(尺寸单位:mm)

梁体混凝土强度等级为C50,预应力束规格为1×7-15.2-1860-GB/T 5224—2014,40m简支箱梁主要力学及几何参数见表1。

江苏南沿江城际铁路 40m 简支箱梁力学及几何参数 表1

参数	数值	单位	参数	数值	单位	参数	数值	单位
标准跨径	40.0	m	梁高	3.235	m	管道摩阻	按抽拔成孔计算	—
计算跨径	39.3	m	梁端腹板厚度	0.95	m	管道摩擦系数	0.55	—
C50 弹性模量	$3.55×10^{10}$	Pa	跨中腹板厚度	0.36	m	管道偏差系数	0.0015	—
底板钢束规格	15-ϕ15.2	—	梁端底板厚度	0.70	m	腹板管道直径	90	mm
腹板钢束规格	22-ϕ15.2	—	跨中底板厚度	0.28	m	底板管道直径	120	mm

3 计算模型

3.1 空间实体有限元模型

采用 midas FEA 软件建立简支箱梁桥空间有限元实体模型,进行预应力钢束终张拉工况下的计算分析,模型材料及截面信息按设计文件进行设置。模型采用四节点空间实体单元模拟混凝土主梁,网格尺寸 0.1m,并在倒角处进行单元网格的细化,倒角处及其周围区域网格尺寸为 0.015m,锚垫板处网格尺寸为 0.04m。预应力束采用杆单元进行模拟,并利用 midas FEA 软件功能将预应力钢束单元与主梁实体单元进行耦合。实体模型坐标系定义如下:顺桥向定义为 x 方向,横桥向定义为 y 方向,竖桥向定义为 z 方向。高速铁路简支箱梁空间有限元实体分析模型如图 3 所示。

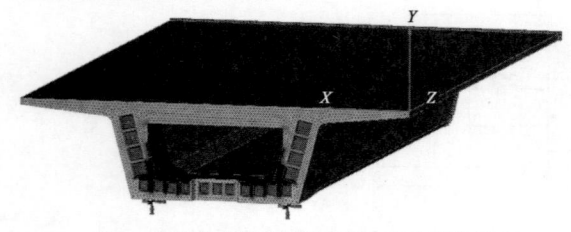

图 3 高速铁路简支箱梁空间有限元实体模型

为简化模型,仅沿纵桥向建立半桥模型,建模过程仅考虑预应力钢束作用,未考虑普通钢筋影响;此外,将梁端预应力孔道模拟为等同于垫板大小的方形孔道。因此简支箱梁倒角处受力特性分析时,以素混凝土为研究对象。

3.2 边界条件设置

为避免有限元模型支座处应力集中,通过设置主从节点刚性连接方式,模拟实际工程中支座处的真实受力面积,使得模型更加符合工程实际。支座设置情形如图 4 所示。

a)支座设置位置

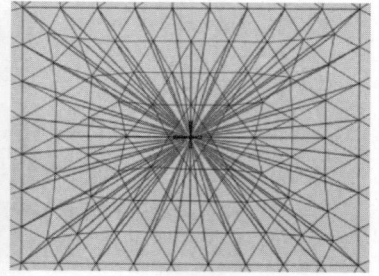
b)支座连接单元

图 4 有限元空间模型支座设置情形

采用设置双节点并添加弹性连接模拟实桥固定支座与活动支座。所建模型为半桥模型,因此梁体跨中截面处仅添加沿纵桥向的位移约束,并于梁端处释放沿纵桥向的位移约束,支座约束情况如表 2 所示。

支座约束情况 表 2

	线位移自由度	SDx	SDy	SDz
纵向活动铰支座	横桥向约束	释放	约束	约束
	释放横桥向约束	释放	释放	约束
	角变位自由度	SRx	SRy	SRz
纵向活动铰支座		约束	释放	约束

3.3 实体模型荷载工况设置

针对箱梁端部腹板与底板倒角处局部受力性能的研究,主要关注张拉预应力工况下的局部受力情形,故本模型仅考虑自重荷载以及预应力张拉荷载的作用。

预应力荷载工况的设置:为模拟锚固端预应力张拉作用于锚具的实际情况,依据锚垫板尺寸于模型梁端处进行挖孔,并通过设置主从节点间的刚性连接,模拟实际受力面积,锚固区刚性连接设置如图 5 所示。

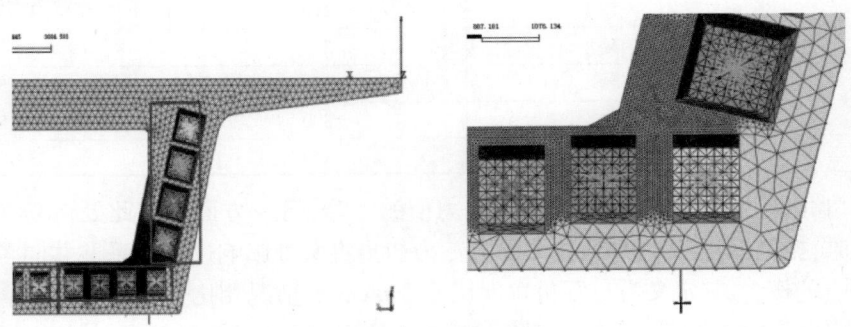

图 5 锚固区刚性连接设置示意图

4 梁端截面倒角处受力特性

4.1 预应力张拉工况下箱梁局部应力特点

张拉预应力钢束工况下,箱梁梁端主拉应力分布情况如图 6 所示。由图 6 可知,张拉预应力钢束工况下,受力较大的局部构件为箱梁腹板与底板倒角区,此处拉应力数值较大,拉应力方向处于 YZ 平面内。在腹板与底板相交处设置倒角,有助于使力线过渡平缓,减小应力集中;但增大倒角尺寸同时导致倒角处施工缺陷的进一步累积。

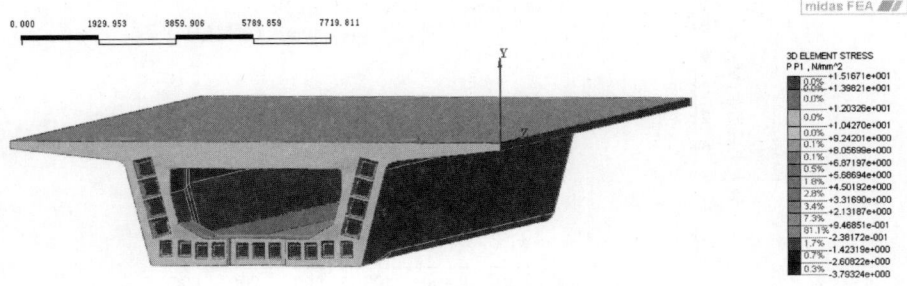

图 6 箱梁梁端主拉应力分布图

4.2 倒角尺寸对局部应力数值大小影响分析

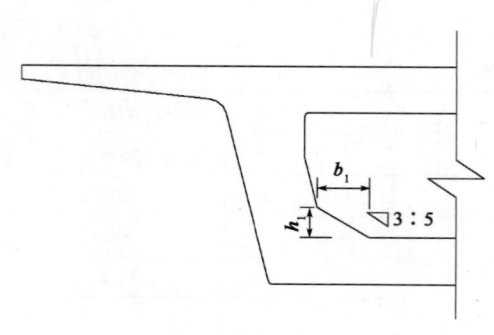

图7 箱梁梁端倒角示意图

南沿江城际铁路40m简支箱梁梁端处仅于腹板与底板交界处设置倒角,腹板与顶板处未设置倒角,桥梁梁端处倒角比例为3∶5,倒角形式如图7所示。

通过改变箱梁腹板与底板处倒角尺寸进行对比分析,探究不同倒角尺寸下倒角处拉应力的数值差异,从而得到倒角尺寸变化对倒角处最大拉应力数值变化的影响程度,拟定的几组倒角尺寸,如表3所示。

倒角尺寸变化表 表3

箱梁序号	倒角宽度 b_1(mm)	倒角高度 h_1(mm)	倒角比例 $h_1:b_1$
1	150	90	3∶5
2	250	150	3∶5
3	350	210	3∶5
4	450	270	3∶5
5	550	330	3∶5
6	650	390	3∶5
7	750	450	3∶5

倒角尺寸增大,一方面会引起倒角处应力值的下降,另一方面由于此处钢筋布置很密,混凝土下料困难,振捣不易密实,导致抗力下降。为初步将两种影响进行联系并共同考虑,引用倒角应力效率[4]的概念,其定义为与倒角宽度尺寸150mm的情况相比,每单位混凝土体积增量下倒角处主拉应力值的减小量。若假设倒角处混凝土体积增大与施工缺陷累积导致的抗力下降呈一次正相关关系,倒角应力效率越高,则意味着能在最低限度降低抗力的情况下降低荷载效应。

同时,为判断所建实体模型网格细化的程度是否满足计算精度要求,设置对照组进行对比分析。其中,对照组仅于倒角处进行网格细化,而未考虑倒角周围区域网格的细化,其余区域如倒角处网格尺寸、锚垫板位置处网格尺寸以及全桥网格尺寸同前述空间实体模型。

经计算分析,不同倒角尺寸下的梁端倒角处及对照组最大主拉应力值如表4所示,图8为不同倒角尺寸下的梁端倒角处最大主拉应力值变化曲线。可见,两种情况下倒角处最大主拉应力差异不大,表明计算模型和网格划分的合理性。

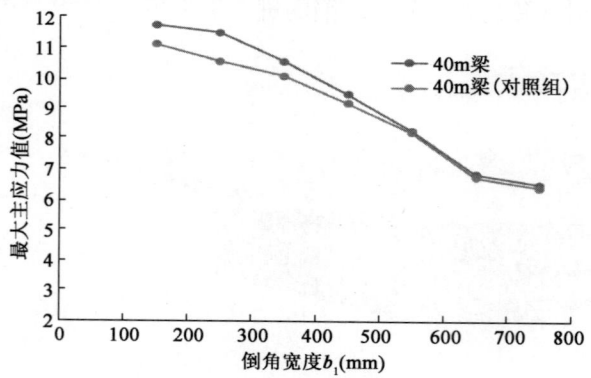

图8 不同倒角尺寸下的梁端倒角处最大主拉应力变化曲线

表4　40m梁不同倒角尺寸下的梁端倒角处及对照组最大主拉应力值

箱梁序号	倒角宽度 b_1 (mm)	最大主应力值 (MPa)	对照组最大主应力值 (MPa)
1	150	11.734 2	11.081 6
2	250	11.481 1	10.520 4
3	350	10.515 2	10.040 5
4	450	9.458 75	9.153 02
5	550	8.248 32	8.194 59
6	650	6.823 16	6.717 76
7	750	6.492 52	6.389 99

由图8不同倒角尺寸下的梁端倒角处最大主拉应力变化曲线可知,随着箱梁梁端倒角尺寸的增大,箱梁倒角处最大主拉应力值也随之减小,且倒角尺寸与最大主拉应力值并不呈现明显的线性关系。进一步而言,40m箱梁倒角处最大主拉应力值受倒角尺寸变化影响比较明显,在倒角宽度尺寸由150mm增大至650mm过程中,40m箱梁倒角处最大主拉应力值可减小接近5MPa。

图9为不同倒角尺寸下倒角应力效率柱状图,其表示了倒角宽度尺寸由150mm增大过程中,不同倒角宽度尺寸所对应的混凝土体积增量下倒角处主拉应力值的减小量。40m箱梁倒角应力效率并不随着倒角尺寸的增大而单向递增或单向递减,而是呈现先增后减的关系。40m箱梁采用450mm宽倒角时倒角应力效率最高。在假设倒角处混凝土体积增大与施工缺陷累积导致的抗力下降呈一次正相关关系情形下,可初步认为450mm为40m箱梁最适于工程实践的倒角宽度尺寸。

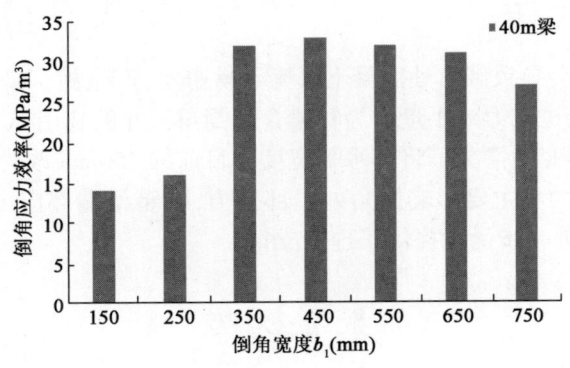

图9　不同倒角尺寸下倒角应力效率柱状图

4.3　倒角尺寸对局部应力空间分布影响分析

为探究高速铁路简支箱梁倒角尺寸变化对应力分布范围的影响,对箱梁端部处应力超出规范限值3.1MPa的部分进行汇总,对比如图10所示。由图10可知,在不考虑因倒角尺寸减小而直接导致梁端混凝土区域减小的情形下,箱梁倒角尺寸大小对箱梁端部应力超限区范围并无显著影响,应力超限区范围基本分布在倒角附近以及预应力孔边缘。

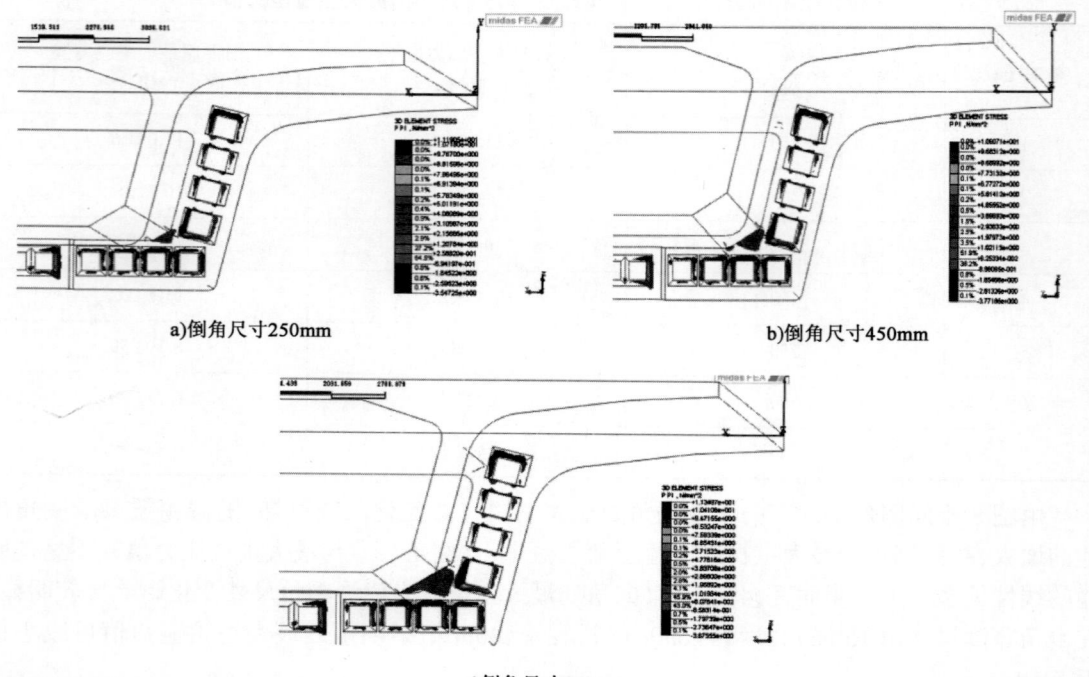

图10 不同倒角尺寸下倒角处应力超限区范围

5 结语

本文以江苏南沿江城际铁路40m简支箱梁为背景,采用实体有限元模型精细化分析了梁端倒角尺寸对预应力作用下梁端倒角处局部受力的影响,主要结论如下:

(1)高速铁路40m箱梁倒角处局部受力受倒角尺寸影响较为明显,倒角尺寸越大倒角处主拉应力越小。

(2)倒角尺寸增加会导致倒角处混凝土振捣不易密实,产生施工缺陷累积,以倒角处单位混凝土体积增量下的主拉应力减小量作为箱梁合理倒角尺寸的选用标准,综合考虑应力水平,建议在倒角斜率保持不变的情况下将其水平宽度由目前的750mm改为450mm。

(3)箱梁倒角尺寸大小主要影响倒角处局部受力,对箱梁端部应力超限区范围并无显著影响,这为倒角尺寸的进一步优化提供了理论支撑。

参 考 文 献

[1] 杨鹏健,周勇政,高策,等.铁路常用跨度标准梁技术发展与创新[J].铁道标准设计,2020,64(11):51-56.

[2] 叶阳升,魏峰,胡所亭,等.高速铁路跨度40m预制简支箱梁建造技术研究[J].中国铁路,2016(10):5-10.

[3] 陈海涛,邓运清,石鲁宁.郑济高铁40m整孔预制简支箱梁应用研究[J].铁道标准设计,2020,64(S1):152-157.

[4] 李婷.公路斜交箱梁及其角隅受力特性与构造设计研究[D].长沙:中南大学,2014.

[5] 肖飞.大跨度预应力混凝土简支箱梁的梁端应力分析[J].铁道标准设计,2004(8):78-80,114.

[6] 王树平.32m预应力混凝土箱梁锚固端局部应力分析[J].兰州交通大学学报,2018,37(2):7-10,26.

34. 文明大桥哑铃形超高墩设计与计算

孙秀贵[1]　崔剑峰[1]　王成伟[2]

(1.湖南省交通规划勘察设计院有限公司；2.中交一公局第六工程有限公司)

摘　要：文明大桥为典型的长联大跨超高墩连续刚构桥，桥墩应采用高承载力、低抗推刚度的结构形式。本文在等截面双肢薄壁墩的基础上设计了哑铃形桥墩新结构，该结构具有受力合理、承载力大、抗推刚度小的特点。超高墩为偏心受压结构，承载力验算需首先确定桥墩的计算长度，目前规范中仅针对简单约束条件的等截面桥墩有明确规定，对哑铃形截面的刚构桥墩计算长度没有涉及。经屈曲分析，文明大桥的失稳模态为各主墩同时纵向失稳或横向失稳，基于变形微分方程，建立结构失稳特征值方程，求解出高墩各节段的计算长度，并基于理论分析结果提出了实用验算方法。

关键词：连续刚构　哑铃形高墩　超高墩设计　计算长度

1　引言

随着我国山区高速公路的发展，连续刚构桥因其施工简单、经济性好、受力性能好得以大量修建。因山区地形复杂，连续钢构桥的桥墩往往较高，超高墩的设计是山区连续刚构桥的设计难点和重点。

文明大桥（图1）是厦门至成都高速公路汝城至郴州段K67+184处的一座特大型桥梁。主桥因跨越一开阔峡谷区域而采用中等跨径的多跨高墩连续刚构结构形式。主桥跨径布置为66m+6×120m+66m，连续刚构，主桥全长852m。桥型布置见图2。其中22～28号主墩高度为90～110m，是典型的超高墩连续刚构桥。

图1　文明大桥成桥图片

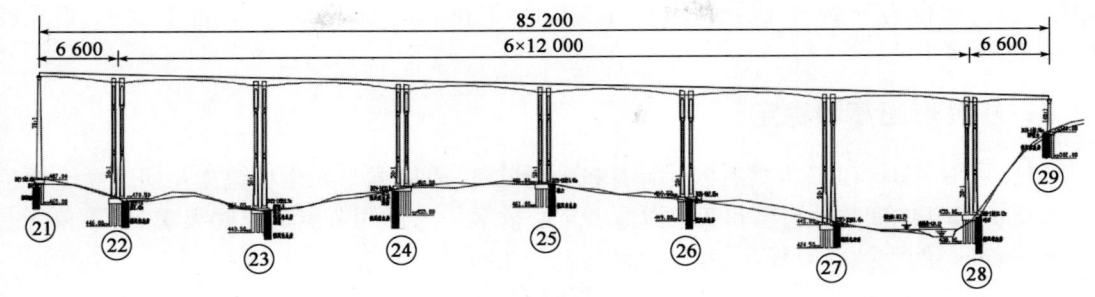

图 2 文明大桥桥型布置图(尺寸单位:cm)

超高墩的结构形式主要有整体箱形薄壁墩和双肢空心薄壁墩两种类型。文明大桥属长联大跨超高墩连续刚构桥,宜选用抗推刚度较小的双肢空心薄壁墩结构;又因文明大桥桥长较大,边主墩在温度、收缩徐变等效应下,桥墩内力较大,对桥墩的承载力有更高的要求。为实现文明大桥高承载力、低抗推刚度的要求,在等截面双肢薄壁墩的基础上,提出了哑铃形超高墩新结构,该桥墩结构与桥墩弯矩图相适应,采用两头大中间小的结构形式。墩顶、墩底采用较大截面来抵抗较大弯矩,中间段采用较小截面,在满足承载力的前提下,有效降低了桥梁的抗推刚度。根据计算分析,哑铃形桥墩在相同承载力的情况下,抗推刚度可降低15%。设计过程如图3所示。

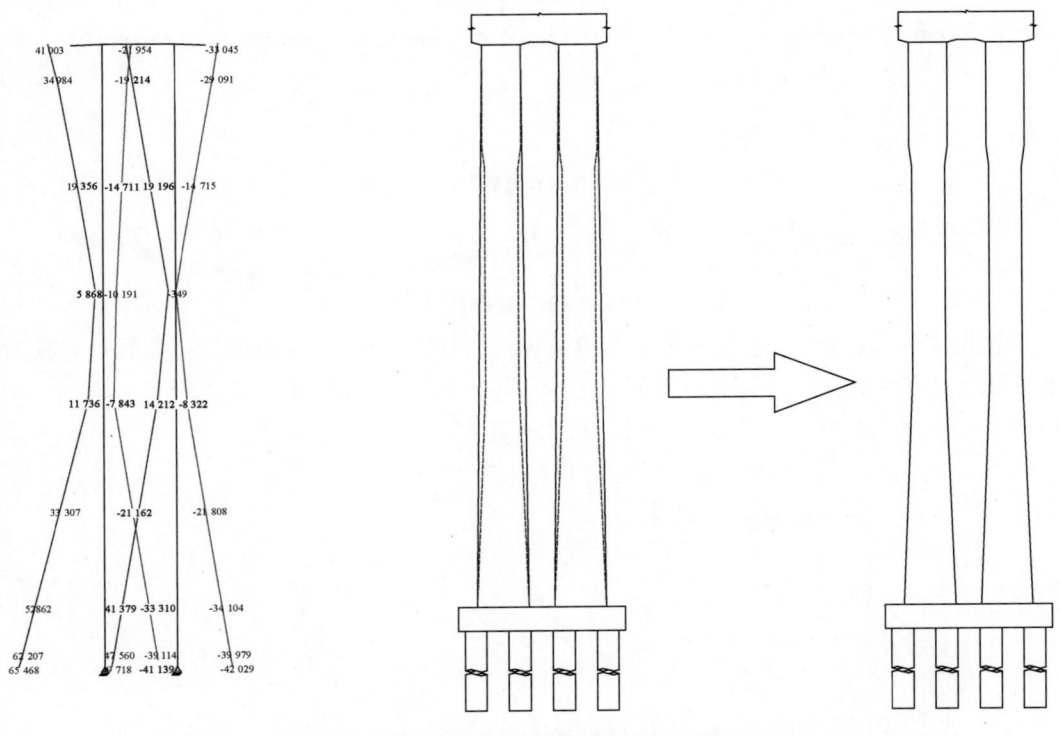

图 3 根据弯矩包络图将锥形墩"瘦身"为哑铃形桥墩

22~28 号桥墩为悬浇连续刚构主墩,设计为双肢变截面空心墩。空心墩两肢间中心距700cm;空心墩壁厚 60cm,且壁厚沿墩高保持不变;单肢空心墩顶部纵横尺寸为 350cm×700cm,中部纵横尺寸为 300cm×700cm,底部尺寸由中部尺寸按坡率 50∶1 向墩底逐渐放大直至承台顶。承台为分离式,纵横尺寸为 1 520cm×1 160cm,高 450cm。承台下设 12 根直径 200cm 钻孔灌注桩。

2 哑铃形超高墩稳定

研究采用 Midas Civil 大型有限元计算机分析软件,采用梁单元模型建立文明大桥全桥模型。Midas Civil 中变截面箱梁和变截面薄壁空心桥墩均采用两节点的空间梁单元,该单元基于 Tmoshenko 梁理论,计算模型如图 4 所示。

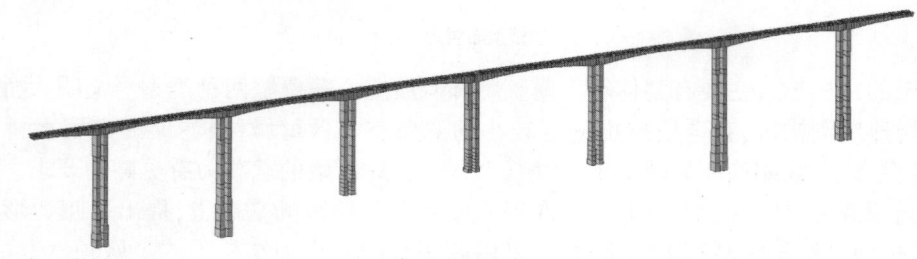

图 4 计算模型图

根据对连续刚构桥的失稳分析,纵向最不利失稳模态为反对称失稳,此时刚构桥各主墩同时达到失稳状态,横桥向的最不利失稳为对称横弯模态,此时各主墩同时达到失稳状态。纵桥向反对称失稳模态见图 5,横桥向对称失稳模态见图 6。

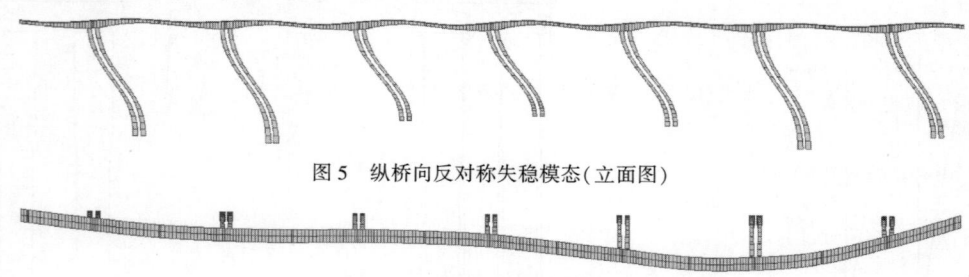

图 5 纵桥向反对称失稳模态(立面图)

图 6 横桥向对称失稳模态(平面图)

根据桥墩的失稳形式,主墩纵桥向失稳验算模型如图 7 所示,横桥向失稳验算计算模型如图 8 所示。

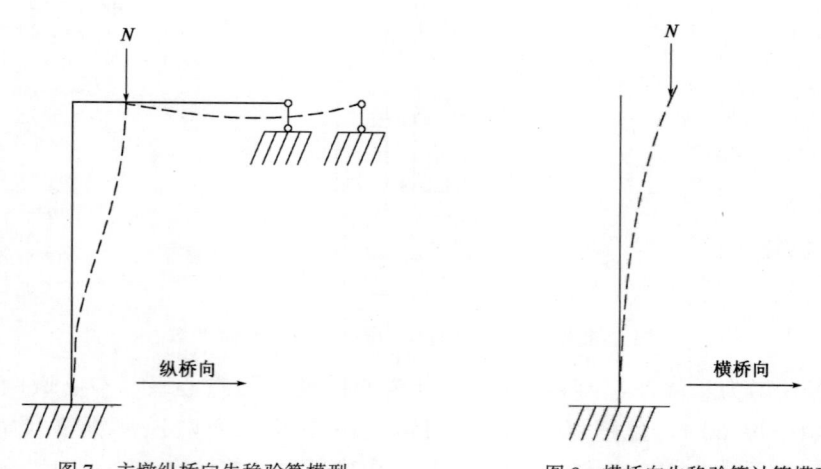

图 7 主墩纵桥向失稳验算模型　　　图 8 横桥向失稳验算计算模型

3 高墩稳定计算

3.1 纵桥向计算

连续刚构桥的主墩为偏心受压构件,承载力验算时首先应确定墩柱的计算长度。对于等截面且支撑条件较简单的结构,规范中明确规定计算长度的取值。哑铃形高墩截面属阶形变截面,且墩顶的约束条件复杂,目前规范中无相关规定,解决复杂超高墩的计算长度取值是高墩设计的重点。

对于高墩的连续刚构桥,其主墩通常采用变截面形式,这里讨论的连续刚构桥为类似于阶梯形截面的高墩。根据图7,可以把纵桥向的计算模型简化为图9所示的计算图式,桥墩为阶梯形变截面,各层墩柱的刚度依次为 EI_1、EI_2、EI_3,截面突变点到墩底的距离分别为 L_1、L_2、L_3,主梁对墩顶只有弯曲约束,其约束可以简化为一个弹簧系数为 α 的弹簧,假设各段墩柱失稳时的挠度自上而下分别为 y_1、y_2、y_3,则各段的平衡方程为:

$$EI_1 y_1'' = N(\delta - y_1) + M$$
$$EI_2 y_2'' = N(\delta - y_2) + M$$
$$EI_3 y_3'' = N(\delta - y_3) + M$$

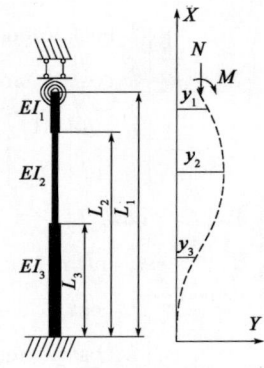

图9 桥墩纵桥向稳定计算图式

其中 δ 为墩顶处的挠度,M 为墩顶弹簧约束产生的墩顶弯矩,令 $k_1^2 = \dfrac{N}{EI_1}$,$k_2^2 = \dfrac{N}{EI_2}$,$k_3^2 = \dfrac{N}{EI_3}$,则各段墩柱挠度方程的解为:

$$y_1 = A_1 \cos k_1 x + B_1 \sin k_1 x + C \tag{1}$$
$$y_2 = A_2 \cos k_2 x + B_2 \sin k_2 x + C \tag{2}$$
$$y_3 = A_3 \cos k_3 x + B_3 \sin k_3 x + C \tag{3}$$

挠度方程中 A_1、B_1、A_2、B_2、A_3、B_3、C 均为未知系数,对上述方程依次求导,可以求得挠曲线的转角方程为:

$$y_1' = -A_1 k_1 \sin k_1 x + B_1 k_1 \cos k_1 x \tag{4}$$
$$y_2' = -A_2 k_2 \sin k_2 x + B_2 k_2 \cos k_2 x \tag{5}$$
$$y_3' = -A_3 k_3 \sin k_3 x + B_3 k_3 \cos k_3 x \tag{6}$$

挠度方程(1)~方程(3)及转角方程(4)~方程(6)可写成如下矩阵形式:

$$\begin{bmatrix} y_i \\ y_i' \end{bmatrix} = \begin{bmatrix} \cos k_i x & \sin k_i x \\ -k_i \sin k_i x & k_i \cos k_i x \end{bmatrix} \begin{bmatrix} A_i \\ B_i \end{bmatrix} + \begin{bmatrix} C \\ 0 \end{bmatrix} \quad (i=1,2,3) \tag{7}$$

虽然墩柱的截面为阶梯形,但其变形曲线必然是连续的,所以墩柱的挠曲线方程在 $x = L_2$ 及 $x = L_3$ 时应满足挠度及转角相等的边界条件。

$$\begin{bmatrix} y_1 \\ y_1' \end{bmatrix}_{x=L_2} = \begin{bmatrix} y_2 \\ y_2' \end{bmatrix}_{x=L_2};$$

$$\begin{bmatrix} y_2 \\ y_2' \end{bmatrix}_{x=L_3} = \begin{bmatrix} y_3 \\ y_3' \end{bmatrix}_{x=L_3}$$

将上述边界条件带入式(7)可以得到下式:

$$\begin{bmatrix} \cos k_1 L_2 & \sin k_1 L_2 \\ -k_1 \sin k_1 L_2 & k_1 \cos k_1 L_2 \end{bmatrix} \begin{bmatrix} A_1 \\ B_1 \end{bmatrix} = \begin{bmatrix} \cos k_2 L_2 & \sin k_2 L_2 \\ -k_2 \sin k_2 L_2 & k_2 \cos k_2 L_2 \end{bmatrix} \begin{bmatrix} A_2 \\ B_2 \end{bmatrix}$$

$$\begin{bmatrix} \cos k_2 L_3 & \sin k_2 L_3 \\ -k_2 \sin k_2 L_3 & k_2 \cos k_2 L_3 \end{bmatrix} \begin{bmatrix} A_2 \\ B_2 \end{bmatrix} = \begin{bmatrix} \cos k_3 L_3 & \sin k_3 L_3 \\ -k_3 \sin k_3 L_3 & k_3 \cos k_3 L_3 \end{bmatrix} \begin{bmatrix} A_3 \\ B_3 \end{bmatrix}$$

根据以上两式可以转化为如下：

$$\begin{bmatrix} A_2 \\ B_2 \end{bmatrix} = \begin{bmatrix} \cos k_2 L_2 & \sin k_2 L_2 \\ -k_2 \sin k_2 L_2 & k_2 \cos k_2 L_2 \end{bmatrix}^{-1} \begin{bmatrix} \cos k_1 L_2 & \sin k_1 L_2 \\ -k_1 \sin k_1 L_2 & k_1 \cos k_1 L_2 \end{bmatrix} \begin{bmatrix} A_1 \\ B_1 \end{bmatrix}$$

$$= \frac{1}{k_2} \begin{bmatrix} k_2 \cos k_2 L_2 \cos k_1 L_2 + k_1 \sin k_2 L_2 \sin k_1 L_2 & k_2 \cos k_2 L_2 \sin k_1 L_2 - k_1 \cos k_1 L_2 \sin k_2 L_2 \\ k_2 \cos k_1 L_2 \sin k_2 L_2 - k_1 \sin k_1 L_2 \cos k_2 L_2 & k_2 \sin k_2 L_2 \sin k_1 L_2 + k_1 \cos k_2 L_2 \cos k_1 L_2 \end{bmatrix} \begin{bmatrix} A_1 \\ B_1 \end{bmatrix}$$

$$= \frac{1}{k_2} \begin{bmatrix} a & b \\ c & d \end{bmatrix} \begin{bmatrix} A_1 \\ B_1 \end{bmatrix}$$

$$\begin{bmatrix} A_3 \\ B_3 \end{bmatrix} = \begin{bmatrix} \cos k_3 L_3 & \sin k_3 L_3 \\ -k_3 \sin k_3 L_3 & k_3 \cos k_3 L_3 \end{bmatrix}^{-1} \begin{bmatrix} \cos k_2 L_3 & \sin k_2 L_3 \\ -k_2 \sin k_2 L_3 & k_2 \cos k_2 L_3 \end{bmatrix} \begin{bmatrix} A_1 \\ B_1 \end{bmatrix}$$

$$= \frac{1}{k_3} \begin{bmatrix} k_3 \cos k_3 L_3 \cos k_2 L_3 + k_2 \sin k_3 L_3 \sin k_2 L_3 & k_3 \cos k_3 L_3 \sin k_2 L_3 - k_2 \cos k_2 L_3 \sin k_3 L_3 \\ k_3 \cos k_2 L_3 \sin k_3 L_3 - k_2 \sin k_2 L_3 \cos k_3 L_3 & k_3 \sin k_3 L_3 \sin k_2 L_3 + k_2 \cos k_3 L_3 \cos k_2 L_3 \end{bmatrix} \begin{bmatrix} A_1 \\ B_1 \end{bmatrix}$$

$$= \frac{1}{k_3} \begin{bmatrix} e & f \\ g & h \end{bmatrix} \begin{bmatrix} A_2 \\ B_2 \end{bmatrix}$$

根据上面两式得到：

$$\begin{bmatrix} A_3 \\ B_3 \end{bmatrix} = \frac{1}{k_2 k_3} \begin{bmatrix} e & f \\ g & h \end{bmatrix} \begin{bmatrix} a & b \\ c & d \end{bmatrix} \begin{bmatrix} A_1 \\ B_1 \end{bmatrix} = \frac{1}{k_2 k_3} \begin{bmatrix} ae+cf & be+df \\ ag+ch & bg+dh \end{bmatrix} \begin{bmatrix} A_1 \\ B_1 \end{bmatrix} \tag{8}$$

根据式(7)得墩柱底的挠度和转角如下：

$$\begin{bmatrix} y_3 \\ y_3' \end{bmatrix}_{x=0} = \begin{bmatrix} 1 & 0 \\ 0 & k_3 \end{bmatrix} \begin{bmatrix} A_3 \\ B_3 \end{bmatrix} + \begin{bmatrix} C \\ 0 \end{bmatrix} \tag{9}$$

将式(8)带入式(9)，得：

$$\begin{bmatrix} y_3 \\ y_3' \end{bmatrix}_{x=0} = \frac{1}{k_2 k_3} \begin{bmatrix} 1 & 0 \\ 0 & k_3 \end{bmatrix} \begin{bmatrix} ae+cf & be+df \\ ag+ch & bg+dh \end{bmatrix} \begin{bmatrix} A_1 \\ B_1 \end{bmatrix} + \begin{bmatrix} C \\ 0 \end{bmatrix}$$

$$y_{3(x=0)}' = \frac{1}{k_2}(ag+ch)A_1 + \frac{1}{k_2}(bg+dh)B_1 = 0 \tag{10}$$

墩顶弹簧约束的刚度为 α，由墩顶弯矩应等于墩顶弹簧反力，得：

$$EI_1 y_1'' = -\partial y_1'$$

$$EI_1(-k_1^2 A_1 \cos k_1 L_1 - k_1^2 B_1 \sin k_1 L_1) = -\partial(-k_1 A_1 \sin k_1 L_1 + k_1 B_1 \cos k_1 L_1)$$

$$(EI_1 k_1^2 \cos k_1 L_1 + \partial k_1 \sin k_1 L_1)A_1 + (EI_1 k_1^2 \sin k_1 L_1 - \partial k_1 \cos k_1 L_1)B_1 = 0 \tag{11}$$

联立式(10)、式(11)得到关于 A_1、B_1 的方程组，若要方程组有非 0 解，应满足方程组的矩阵系数矩阵为 0，如下式：

$$\begin{vmatrix} EI_1 k_1^2 \cos k_1 L_1 + \partial k_1 \sin k_1 L_1 & k_1^2 \sin k_1 L_1 - \partial k_1 \cos k_1 L_1 \\ ag+ch & bg+dh \end{vmatrix} = 0$$

稳定特征值方程可以简化如下式：

$$(EI_1k_1^2\cos k_1L_1+\partial k_1\sin k_1L_1)(bg+dh)-(EI_1k_1^2\sin k_1L_1-\partial k_1\cos k_1L_1)(ag+ch)=0 \quad (12)$$

式中：
$$a=k_2\cos k_2L_2\cos k_2L_2+k_1\sin k_2L_2\sin k_1L_2$$
$$b=k_2\cos k_2L_2\sin k_2L_2-k_1\cos k_1L_2\sin k_2L_2$$
$$c=k_2\cos k_2L_2\sin k_2L_2-k_1\sin k_1L_2\cos k_2L_2$$
$$d=k_2\sin k_2L_2\sin k_1L_2+k_1\cos k_2L_2\cos k_1L_2$$
$$g=k_3\cos k_3L_3\sin k_3L_3-k_2\sin k_2L_3\cos k_3L_3$$
$$h=k_3\sin k_3L_3\sin k_2L_3+k_2\cos k_3L_3\cos k_2L_3$$
$$k_2=k_1\sqrt{\frac{I_1}{I_2}}$$
$$k_3=k_1\sqrt{\frac{I_1}{I_3}}$$

上式即为墩底固结墩顶弹簧约束的阶梯墩柱的稳定特征方程，采用二分迭代法即可求解该方程的最小正根 k_1。根据 $k_1^2=\dfrac{N}{EI_1}$，得 $N=EI_1k_1^2$，所以上式中 k_1 的最小解对应的 N 即为该墩柱的稳定承载力。再由 $N=\dfrac{\pi^2EI}{(\mu l)^2}$，可以解得各段墩柱的计算长度系数为 $\mu_1=\dfrac{\pi}{k_1(L_1-L_2)}$，$\mu_2=\dfrac{\pi}{k_2(L_2-L_3)}=\dfrac{\pi}{\eta_{12}k_1(L_2-L_3)}$，$\mu_3=\dfrac{\pi}{k_3L_3}=\dfrac{\pi}{\eta_{13}k_1L_3}$。

3.2 横桥向计算

横桥向的计算图示为下端固结上端自由的阶梯型结构（图10），此时 $\partial=0$，将其代入式（12），化简得下式：

$$\cos k_1L_1(bg+dh)-\sin k_1L_1(ag+ch)=0 \quad (13)$$

根据 $k_1^2=\dfrac{N}{EI_1}$，得 $N=EI_1k_1^2$，所以上式中 k_1 的最小解对应的 N 即为该墩柱的稳定承载力。再由 $N=\dfrac{\pi^2EI}{(\mu l)^2}$，可以解得各段墩柱的计算长度系数为 $\mu_1=\dfrac{\pi}{k_1(L_1-L_2)}$，$\mu_2=\dfrac{\pi}{k_2(L_2-L_3)}=\dfrac{\pi}{\eta_{12}k_1(L_2-L_3)}$，$\mu_3=\dfrac{\pi}{k_3L_3}=\dfrac{\pi}{\eta_{13}k_1L_3}$。

4 算例及分析

文明大桥主桥跨径布置为 66m+6×120m+66m，连续刚构，主桥联长852m。7个主墩均采用双肢变截面空心墩，墩高为 80.495～110.275m。空心墩两肢间中心距700cm；空心墩壁厚60cm，且壁厚沿墩高保持不变；单肢空心墩沿高度方向为变截面结构，顶部纵横尺寸为 350cm×700cm，中部纵横尺寸为 300cm×700cm，底部尺寸由中部尺寸按坡率 50∶1 向墩底逐渐放大直至承台顶。其结构形式可以简化为上面论述的三阶梯形墩柱结构，采用上述公式求解纵向稳定特征方程，求解文明大桥各主墩节段纵桥向计算长度 μ_1、μ_2、μ_3，见表1。

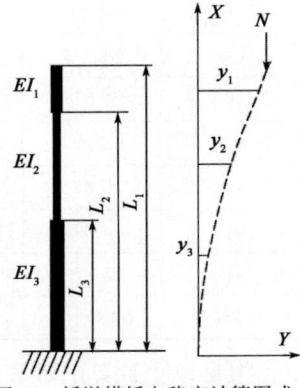

图10 桥墩横桥向稳定计算图式

文明大桥各主墩节段纵桥向计算长度　　　　　表1

项目	22号墩	23号墩	24号墩	25号墩	26号墩	27号墩	28号墩
$E(kN/m^2)$	3.55×10^7	3.55×10^7	3.55×10^7	3.55×10^7	3.55×10^7	3.55×10^7	3.55×10^7
α	1.00×10^8	1.00×10^8	1.00×10^8	1.00×10^8	1.00×10^8	1.00×10^8	1.00×10^8
$I_1(m^4)$	19.7939	19.7939	19.7939	19.7939	19.7939	19.7939	19.7939
$I_2(m^4)$	13.2984	13.2984	13.2984	13.2984	13.2984	13.2984	13.2984
$I_3(m^4)$	25.8840	28.4721	19.7939	18.1723	21.0734	29.5921	24.7082
k_2	0.04	0.04	0.04	0.04	0.04	0.04	0.04
k_3	0.03	0.02	0.03	0.04	0.03	0.02	0.03
$L_1(m)$	101.575	107.715	85.36	80.495	89.135	110.275	98.639
$L_2(m)$	81.575	87.715	65.355	60.495	69.135	90.275	78.639
$L_3(m)$	37.575	43.715	21.355	16.495	25.135	46.275	34.639
k_1	0.0300	0.0291	0.0328	0.0339	0.0320	0.0288	0.0305
μ_1	5.24	5.40	4.80	4.64	4.92	5.45	5.15
μ_2	1.95	2.01	1.79	1.73	1.83	2.03	1.92
μ_3	3.19	2.96	4.49	5.39	4.04	2.88	3.32
$N(kN)$	6.32×10^5	5.95×10^5	7.54×10^5	8.05×10^5	7.17×10^5	5.83×10^5	6.54×10^5

采用式(13)求解横向稳定特征方程,计算文明大桥横向各主墩节段μ_1、μ_2、μ_3计算长度,见表2。

文明大桥各主墩节段横桥向计算长度　　　　　表2

项目	22号墩	23号墩	24号墩	25号墩	26号墩	27号墩	28号墩
$E(kN/m^2)$	3.55×10^7	3.55×10^7	3.55×10^7	3.55×10^7	3.55×10^7	3.55×10^7	3.55×10^7
α	0	0	0	0	0	0	0
$I_1(m^4)$	67.9084	67.9084	67.9084	67.9084	67.9084	67.9084	67.9084
$I_2(m^4)$	61.7464	61.7464	61.7464	61.7464	61.7464	61.7464	61.7464
$I_3(m^4)$	92.6412	98.4842	78.3126	74.3265	81.4014	100.9751	89.9428
k_2	0.02	0.02	0.02	0.02	0.02	0.02	0.02
k_3	0.01	0.01	0.02	0.02	0.02	0.01	0.01
$L_1(m)$	101.575	107.715	85.36	80.495	89.135	110.275	98.639
$L_2(m)$	81.575	87.715	65.355	60.495	69.135	90.275	78.639
$L_3(m)$	37.575	43.715	21.355	16.495	25.135	46.275	34.639
k_1	0.0167	0.0162	0.0186	0.0193	0.0180	0.0161	0.0170
μ_1	9.43	9.70	8.45	8.14	8.73	9.76	9.24
μ_2	4.09	4.20	3.66	3.53	3.78	4.23	4.00
μ_3	5.87	5.34	8.49	10.32	7.60	5.14	6.14
$N(kN)$	6.68×10^5	6.33×10^5	8.34×10^5	8.98×10^5	7.81×10^5	6.25×10^5	6.97×10^5

根据以上计算的墩柱各节段计算长度系数,可以简单按照规范公式计算墩柱的偏心受压承载力。

5 结语

(1)多跨高墩连续刚构失稳的最不利状况是各主墩同时失稳,此时相邻主墩间失去相互约束,计算表明这种情况是可能发生的。所以高墩纵向失稳的计算模型为墩底固结,墩顶弹簧转动约束;高墩的横向失稳计算模型为墩底固结,墩顶自由。

(2)本文提出的阶形变截面高墩的计算长度计算方法为精确计算方法,适用于高墩普遍采用的哑铃形、梭形高墩结构的计算。

(3)根据计算出的各节段墩柱的计算长度系数,可以按照规范方便地验算高墩的偏心受压承载力。

(4)阶形高墩的中节段较长的部分对应的计算长度系数较小,节段较短的部分对应的计算长度系数较大。

参 考 文 献

[1] 李国豪.桥梁结构稳定与振动(修订版)[M].北京:中国铁出版社,2002.
[2] 任传波,云大真.用有限段-传递矩阵法计算变截面柱临界载荷[J].力学与实践,1997,19(2):20-22.
[3] 何畅,向中富.具有初始缺陷的高桥墩非线性稳定分析[J].重庆交通学院学报,2003,22(3):14-17.
[4] 刘进.高墩稳定影响因素分析[J].四川建筑,2009.29(4):156-158.
[5] 叶见曙.结构设计原理[M].2版.北京:人民交通出版社,2005.
[6] 宋娇.几种等截面压杆计算长度研究[J].山西建筑,2009,35(18):5-7.
[7] 申向东,赵占彪.变截面柱弹性失稳的加权残数解[J].内蒙古农牧学院学报,1998(3).
[8] 赵灿晖,刘日圣.阶梯形变截面柱式墩的稳定计算[C]//第八届全国结构工程学术会议,1999.
[9] 曾照亮.高墩计算长度探讨[J].中外公路,2008,28(5):160-162.
[10] 王钧利,贺栓海.钢筋混凝土高墩非线性稳定分析和模型试验[J].长安大学学报(自然科学版),2005,25(4):31-34.

35. 桥墩局部冲刷深度预测方法比较研究

乔 奎[1,2] 吴文朋[1] 尹启亮[1]

(1.湘潭大学土木工程学院;2.武汉城市运营基础设施有限公司)

摘 要:针对目前常用的几种桥墩局部冲刷深度预测方法及公式进行分类,重点阐述了适用于黏性土河床的时效最终冲刷计算方法,最后基于两个实际桥梁工程的冲刷数据对不同桥墩局部冲刷深度预测方法进行了比较研究。研究结果表明,非黏性土冲刷预测中,相同条件下中国规范所得最大冲刷深度值小于实测结果,且小于美国规范计算值,美国规范所得最大冲刷深度值则较实测结果偏大;黏性土冲刷预测中,时效最终冲刷深度预测方法所得结果相较于最大冲刷深度预测值与实测结果更为接近,而且该方法在获得最大冲刷深度值的同时,能够反映冲刷深度随桥梁服役时间变化发展过程。

关键词:桥梁工程 冲刷深度 水文信息 概率统计 比较分析

1 引言

洪水冲刷是导致桥梁损毁的主要原因之一。针对非黏性土冲刷,Richardson等[1]1995年提出了考虑结构尺寸、水流攻角、河床材料等参数影响的"HEC-18方法";Sheppard等[2-3]提出的改进冲刷方程被佛罗里达州交通部用于评估22个冲刷案例,发现该公式针对浅水流中宽墩的预测效果比用HEC-18方法时更好,在特定条件下可以替代HEC-18方法。随后,科罗拉多州立大学研究团队迭代更新了HEC-18方法。在黏性土冲刷研究方面,Annandale[4]提出了一种侵蚀性指数方法用于预测易侵蚀性岩石上的桥墩冲刷;Briaud等[5]基于黏性土侵蚀机理开发了黏性土冲刷率计算公式(简称"SRICOS方法"),用于评估黏性土河床局部冲刷情况。我国铁路技术人员于1956年桥渡冲刷会议提出了非黏性土河床"65-2公式",随后结合500余座桥墩实测数据的回归分析,对65-2公式进行了修正[6];《公路工程水文勘测设计规范》(JTG C30—2015)指出,计算非黏性土河床桥墩局部冲刷时可采用"65-1修正式",黏性土河床桥墩局部冲刷则采用引入塑性指数I_L的计算公式[7]。本文对目前冲刷研究和设计规范中常用的几种冲刷深度预测方法进行分类梳理,重点阐述了"SRICOS方法"在复杂条件下的计算流程,并基于Matlab编制了计算程序,最后结合2个桥梁冲刷案例对比分析了不同冲刷深度预测方法的差别。

基金项目:湖南省教育厅科研项目(21B0148);国家自然科学基金(51908481)。

2 桥墩局部冲刷深度预测方法

桥墩最大冲刷深度表征水流在无限时间内冲刷导致基础结构埋深减小的最大值,而桥墩最终冲刷深度值则表征水流在设计年限内冲刷导致基础结构埋深减小的最终值。因此,本文通过预测结果的不同,将冲刷深度预测方法分为最大冲刷深度预测方法和最终冲刷深度预测方法。

2.1 最大冲刷深度预测方法

2.1.1 HEC-18方法

《美国公路桥梁设计规范》(AASHTO LRFD)建议采用HEC-18方法预测砂土中桥墩冲刷深度[8]:

$$\frac{y_s}{y_1} = 2.0 K_1 K_2 K_3 \left(\frac{a}{y_1}\right)^{0.65} \mathrm{Fr}^{0.43} \tag{1}$$

式中:
- y_s——冲刷深度;
- y_1——桥墩上游水流深度;
- a——桥墩宽度;
- K_1——桥墩修正系数;
- K_2——水流攻角修正系数;
- K_3——河床条件修正系数;
- $\mathrm{Fr} = V_1/(gy_1)^{\frac{1}{2}}$——上游水流弗劳德数;
- V_1——桥墩上游的平均流速(m/s);
- g——重力加速度,取$9.81 \mathrm{m/s}^2$。

2.1.2 65-1修正式和65-2公式

我国《公路工程水文勘测设计规范》(JTG C30—2015)规定,在桥梁设计时计算非黏性土河床的桥墩局部冲刷深度值,可采用65-1修正式和65-2公式计算结果的最大值[7]。其中,65-1修正式为:

$$h_b = \begin{cases} K_\xi K_{\eta 2} B_1^{0.6}(v - v_0') & v \leq v_0 \\ K_\xi K_{\eta 1} B_1^{0.6}(v - v_0') \left(\dfrac{v - v_0'}{v_0 - v_0'}\right)^{n_1} & v > v_0 \end{cases} \tag{2}$$

式中:h_b——一般冲刷后墩局部冲刷深度(m);
- B_1——桥墩计算宽度(m);
- v_0——河床泥沙起动流速 $v_0 = 0.0246(h_p/\bar{d})^{0.14}\sqrt{332\bar{d}+(10+h_p/\bar{d}^{0.72})}$;
- h_p——一般冲刷后的最大水深;
- $\bar{d}$——河床土平均粒径;
- v——一般冲刷后墩前流速;
- K_ξ——墩形系数;
- n_1——指数,$n_1 = (v_0/v)^{0.25\bar{d}^{0.19}}$;
- $K_{\eta 1}$、$K_{\eta 2}$——河床颗粒影响系数;

v_0'——墩前起冲流速,计算公式分别 $K_{\eta 1} = 0.8(1/\bar{d}^{0.45} + 1/\bar{d}^{0.15})$、$K_{\eta 2} = 0.0023/\bar{d}^{2.2} + 0.375\bar{d}^{0.24}$、$v_0' = 0.462(\bar{d}/B_1)^{0.06} v_0$。

65-2 公式可表示为:

$$h_b = \begin{cases} K_\xi K_{\eta 2} B_1^{0.6} h_p^{0.15} \left(\dfrac{v - v_0'}{v_0}\right) & v \leq v_0 \\ K_\xi K_{\eta 2} B_1^{0.6} h_p^{0.15} \left(\dfrac{v - v_0'}{v_0}\right)^{n_2} & v > v_0 \end{cases} \tag{3}$$

式中:v_0——河床泥沙起动流速,$v_0 = 0.28(\bar{d} + 0.7)^{0.5}$;

v_0'——墩前河沙起冲流速,$v_0' = 0.12(\bar{d} + 0.5)^{0.55}$;

n_2——指数,$n_2 = (v_0/v)^{0.23 + 0.19 \lg d}$;

其余符号同前。

黏性土河床桥墩局部冲刷深度:

$$h_b = \begin{cases} 0.83 K_\xi B_1^{0.6} I_L^{1.25} v & h_p/B_1 \geq 2.5 \\ 0.55 K_\xi B_1^{0.6} h_p^{0.1} I_L^{1.0} v & h_p/B_1 < 2.5 \end{cases} \tag{4}$$

式中:I_L——冲刷坑范围内黏性土液性指数,取值范围为 0.16~1.48;

其余符号意义与式(2)、式(3)相同。

2.2 最终冲刷深度预测方法

Ting 等[9]于 1999 年进行了黏性土冲刷率试验检测,结果表明,冲刷是由于河床材料在水力作用下发生的侵蚀现象,取决于水-土界面上的剪切应力和土壤材料的抗侵蚀性,于是将河床材料临界剪切应力和土壤材料抗侵蚀性作为研究参数进行了一系列水槽试验。随后,Briaud 等人[5]结合黏性土侵蚀率数据,发现使用最大冲刷深度值与土壤初始侵蚀率构建的双曲线时间函数,能充分反映黏性土河床中某一时刻桥墩局部冲刷深度,其表达式为:

$$Z = \dfrac{t}{\dfrac{1}{\dot{z}_i} + \dfrac{t}{z_{\max}}} \tag{5}$$

式中: Z——t 时刻对应的冲刷深度;

$\dot{z}_i$——初始侵蚀率,采用侵蚀仪获取土壤剪切应力-侵蚀率曲线,其中,剪切应力与流速具有如下关系:

$$\tau = 0.094 \rho V^2 \left(\dfrac{1}{\lg R} - \dfrac{1}{10}\right) \tag{6}$$

R——VD/υ;

V——流速(m/s);

$z_{\max}$——当 $t \sim \infty$ 时的最大冲刷深度,其公式为:

$$z_{\max}(\text{mm}) = 0.18 \left(\dfrac{BV}{\upsilon}\right)^{0.635} \tag{7}$$

$z_{\max}(\text{mm})$——最大冲刷深度;

B——桥墩直径；

V——水流进近流速(m/s)；

υ——水的黏滞度(20℃时取值为 $1×10^{-6} m^2/s$)，当获得水流流速后计算剪切应力，查阅剪切应力-侵蚀率曲线，可得特定流速条件下的侵蚀率值。

基于式(5)~式(7)预测最终冲刷深度方法称为"SRICOS方法"。

3 复杂条件下基于SRICOS方法的冲刷预测

3.1 随机流条件下的冲刷预测

式(5)是基于匀速水流得出，然而，实际水流流量和流速往往处于随机状态，为了提升SRICOS方法的适用性，考虑两个不同恒定速度对均匀土壤冲刷的情况[10]。第一种情况：先发生小流量洪水，随后发生大流量洪水，此时，小流量洪水1对应流速和持续时间分别为 V_1 和 t_1，大流量洪水2对应流速和持续时间分别为 V_2 和 t_2，则对应持续时间段内的计算公式分别表达为：

$$Z_1 = \frac{t_1}{\frac{1}{\dot{z}_{i1}} + \frac{t_1}{z_{max1}}} \tag{8}$$

$$Z_2 = \frac{t_2}{\frac{1}{\dot{z}_{i2}} + \frac{t_2}{z_{max2}}} \tag{9}$$

经历时间 t_1 后洪水1导致的冲刷深度 Z_1 可由式(8)获得；经历时间 t_2 后洪水2导致的冲刷深度 Z_2 可由式(9)获得。同时，由于 V_2 大于 V_1，Z_1 可由洪水2在时间 t^* 内创建。时间 t^* 可通过联立式(8)、式(9)，并使 $Z_1 = Z_2$、$t_2 = t^*$，解得：

$$t^* = \frac{t_1}{\frac{\dot{z}_{i2}}{\dot{z}_{i1}} + t_1 \dot{z}_{i2}\left(\frac{1}{z_{max1}} - \frac{1}{z_{max2}}\right)} \tag{10}$$

由此可以看出，当洪水2开始时，虽然冲刷深度 Z_1 是由洪水1在时间内 t_1 导致，但情况与洪水2在时间 t^* 内相同。

第二种情况：大流量洪水冲刷后紧随而来的小流量洪水冲刷的情况。洪水1经历时间 t_1 后达到的冲刷深度为 Z_1，洪水2持续 t_2 时间段冲刷后冲刷深度为 Z_2，将 Z_1 与 Z_2 进行比较，若 Z_1 大于 Z_2，则洪水2开始冲刷时，洪水2不产生额外冲刷深度，洪水2期间冲刷深度不变；若 Z_1 小于 Z_2，则采取与第一种情况中 Z_1 小于 Z_2 的相同计算方法。

3.2 复杂土层条件下的冲刷预测

以上过程中适用于均匀土壤的情况，取初始侵蚀率 z_i 保持不变，然而，实际河床分层土壤之间是有明显差异的。因此，考虑匀速洪水冲刷时两层不同土壤条件进行冲刷预测。首先考虑硬土层覆盖在软土层情况，硬土层为土层1，厚度 ΔZ_1，软土层为土层2，厚度 ΔZ_2，同样采用式(8)、式(9)分别计算土层1和土层2的的冲刷深度-时间曲线。当 ΔZ_1 大于土层1的最大冲刷深度 Z_{max1} 时，该冲刷深度不会发展到土层2。然而，当冲刷深度到达 ΔZ_1 时，则土层2开始发生冲刷，这种情况下，即冲刷深度 ΔZ_1 是在土层1经由时间 t_1 造成，但与土层2在时间 t^* 上冲刷深度相同。接下来考虑软土层覆盖在硬土层和其他普通土层的情况。将软土层名为土层1,厚度为 ΔZ_1,同样采用式(8)、式(9)分别计算土层1和土层2的冲刷深度-时间曲线。当 ΔZ_1 大于土层1的 Z_{max1} 时,该冲刷深度不会发展到土层2;当冲刷深度到达 ΔZ_1 时,则土层2开始发生冲刷,这种情况下,即冲刷深度 ΔZ_1 是在土层1经由时间 t_1 造成,但与土层2在时间 t^* 上冲刷深度相同。综合前述内容,多种复杂条件下的 SRICOS 方法计算流程如图1所示。本文根据图1采用 MATLAB 程序编制相应的分析程序。

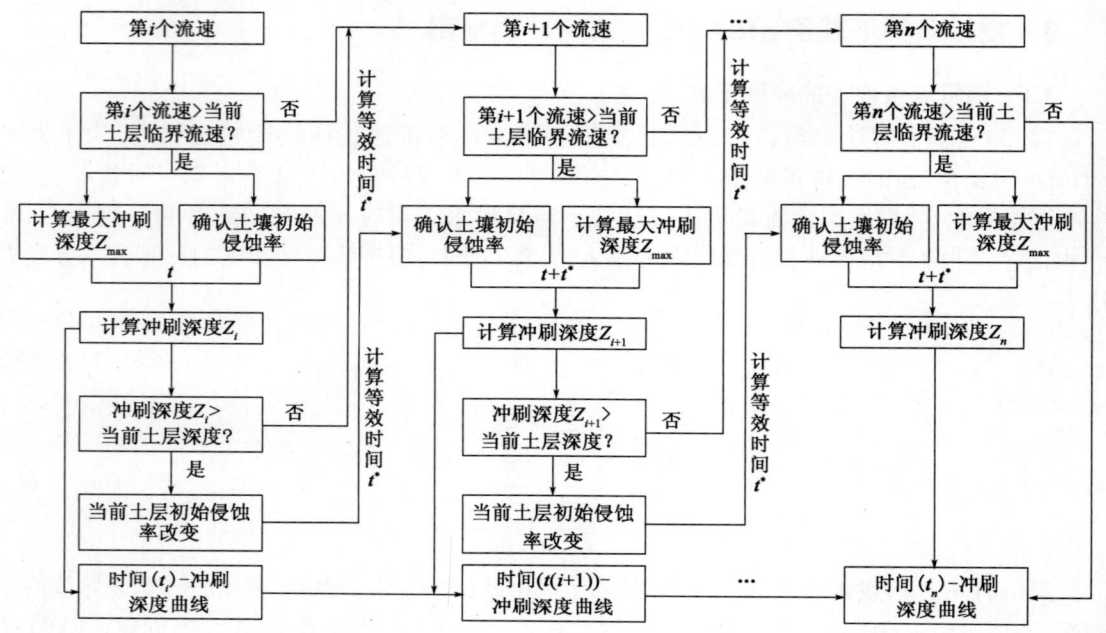

图1 复杂条件下基于 SRICOS 方法的桥梁基础时变冲刷深度预测计算流程

4 算例比较

4.1 案例桥梁介绍

本文选取了既往文献中的两个实际桥梁的冲刷情况进行验证分析,第一座桥为 Susitna River Bridge 254[11],桥墩直径1.5m,河床材料为细沙和砾石,平均粒径70mm。1971年7月2日洪峰过境后测得该桥2号桥墩局部冲刷深度1.71m,墩前水深5.33m,洪峰期间桥梁断面流速2.89m/s。第二座桥为 Brazos River Bridge[12],桥墩直径0.91m,河床材料为黏性土,平均粒径0.265mm,液性指数0.52。2000年测得该桥3号桥墩局部冲刷深度为2.87m,墩前水深7.41m,根据该桥自1966—2000年34年的日流量历史实测记录,采用 HEC-RAS 软件,将其转换为流速时程

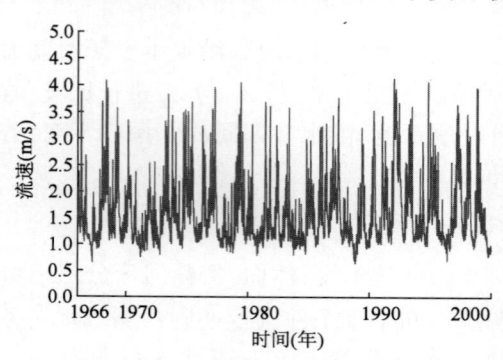

图2 Brazos River Bridge 流速时程线

线,如图2所示,由图可知,最大流速为4.2m/s。上述桥梁局部冲刷计算初始参数汇总后见表1。

两座桥梁局部冲刷计算初始参数　　　　　　　　　　　　　　　　表1

桥梁名称	D(m)	H(m)	V(m/s)	D(mm)	α(°)	I_L
Susitna River-Bridge 254	1.5	5.33	2.89	70	0	—
Brazos River Bridge	0.91	7.41	4.14	0.265	0	0.52

注：D-墩直径；H-墩前水深；V-行近流速；D-平均泥沙粒径；α-水流攻角；I_L-液性指数。

4.2 计算结果比较与讨论

基于不同方法得到两座算例桥梁冲刷深度的预测结果如图3所示。由图3a)可知，对于非黏性土层情况下的桥墩局部冲刷预测，中国规范计算公式(式2和式3)所得最大冲刷深度均小于实测冲刷深度，且在相同条件下中国规范计算值小于美国规范计算值(式1和式7)。同时，还可以发现，采用美国规范计算得到的最大冲刷深度是实测冲刷深度的2倍左右，预测结果偏大，这对于桥梁设计而言是偏安全的。由图3b)可知，对于黏性土层情况下的桥墩局部冲刷预测，由中国规范(式4)得到的最大冲刷深度预测值为1.45m，远小于实测冲刷深度2.87m。实际上黏性土的冲刷过程不像砂土冲刷短时间内形成，而是随桥梁服役时间的增长而逐渐发生的，因此，基于图2中34年的日流量历史实测记录，采用复杂条件下的SRICOS方法(即图1所示的分析流程)可以得到算例桥梁的最终冲刷深度预测值为2.64m，与实测结果的绝对误差为8.01%。

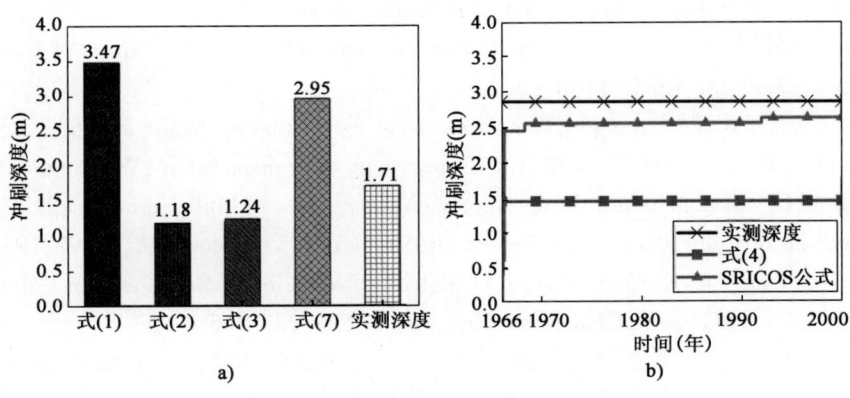

图3　桥墩局部冲刷深度结果对比图

总的来说，图3所示的SRICOS方法得到的冲刷深度预测结果与实测资料相比较，无明显偏差。由此可见，采用SRICOS方法不仅可以用于非黏性砂土的最大冲刷深度预测，其预测的冲刷深度值还可以看作桥梁服役时间的函数，用于估计桥梁结构在设计寿命结束时的最终冲刷深度。例如，如果以图2所示的历史记录水文信息为基础进行统计，得到桥址处洪水日流量的概率分布特征(均

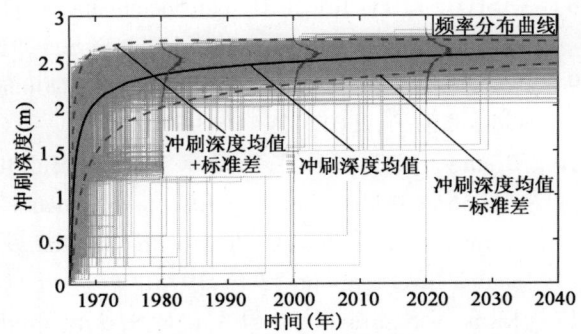

图4　基于概率历史水文信息的桥梁服役期间冲刷深度预测

值和标准差),然后,在图1所示流程的基础上采用蒙特卡洛模拟方法进行抽样统计分析,可以得到桥梁冲刷预测深度的概率统计分布情况,如图4所示。利用图4中的结果可以得到桥梁自1966年以后的74年服役期间任何时间点的冲刷深度预测的概率统计特征,例如,2000年时算例桥梁2的桥墩冲刷深度均值为2.48m,考虑1倍标准差冲刷深度波动区间为2.24~2.72m。

5 结语

(1)非黏性土层下的桥墩局部冲刷预测:中国规范中65-1修正式和65-2公式所得最大冲刷深度均小于实测冲刷深度,且计算值均小于美国规范计算值;美国规范计算所得最大冲刷深度大约是实测冲刷深度2倍左右,预测结果偏大,这对于桥梁设计而言是偏安全的。

(2)黏性土层下的桥墩局部冲刷预测:由中国规范中黏性土河床桥墩局部冲刷深度公式得到的预测值为远小于实测冲刷深度,但采用SRICOS方法得到冲刷深度预测值与实测结果更接近。SRICOS方法不仅可用于非黏性砂土最大冲刷深度预测,其预测的冲刷深度值还可以看作桥梁服役时间的函数,用于估计桥梁结构在设计寿命结束时的最终冲刷情况。

参 考 文 献

[1] Richardson E V, Davis S M. Evaluating scour at bridges[R]. Pub. No. FWHA-IP-90-017 HEC No.18, U.S. Department of Transportation, Washington. DC, 1995.

[2] Sheppard D M, W Miller. Live-bed Local Pier Scour Experiments[J]. Journal of Hydraulic Engineering-ASCE, 2006, 132(7):635-642.

[3] L A Arneson, L W Zevenbergen, P F Lagasse, et al. Evaluating Scour at Bridges Fifth Edition [R]. FHWA-HIF-12-003 HEC-18, U.S. Department of Transportation, Washington. DC, 2012.

[4] Annandale, G.W. Estimation of bridge pier scour using the erodibility index method[C] // ASCE Compendium of Conference Scour Papers (1991 to 1998), Reston, VA, 83-97, 1988.

[5] Briaud J-L, Ting F C K, Chen H C, et al. SRICOS Prediction of Scour rate in Cohesive Soils at bridge piers[J]. J. Geotech. Geoenviron. Eng., 1999, 125:237-246.

[6] 高冬光,王亚玲.桥涵水文[M].5版.北京:人民交通出版社股份有限公司,2016.

[7] 中华人民共和国交通运输部.公路工程水文勘测设计规范:JTG C30—2015[S].北京:人民交通出版社股份有限公司,2015.

[8] AASHTO LRFD Bridge Design Specifications, 9th Edition[M]. U.S. Department of Transportation, Washington. DC: American Association of State Highway and Transportation, 2020.

[9] Ting F C K, Briaud J-L, Chen H C, et al. Flume test for scour in clay at circular pier[J]. J. Hydraul. Eng., 2001, 127(1):969-978.

[10] Briaud J L, Chen H C, Kwak K W, et al. Multiflood and Multilayer Method for Scour Rate Prediction at Bridge Piers[J]. J. Geotech. Geoenviron. Eng., 2001, 127(2):114-125.

[11] Norman V W. Scour at selected bridge sites in Alaska[R]. U.S. Geological Survey Water Resoures Investigations 32-75, 1975.

[12] Kwak K S, Briaud J L, Kwak K S, et al. Prediction of Scour Depth Versus Time for Bridge Piers in Cohesive Soils in the Case of Multi-flood and Multi-layer Soil Systems[D]. Texas A&M University, 2002.

三、桥梁施工

36. 大跨径悬索桥大体积混凝土结构施工裂缝成因分析及控制措施研究

罗明秋

(南京市公共工程建设中心)

摘　要：针对大跨径悬索桥承台大体积混凝土裂缝产生原因，结合大桥工程实际情况对现场施工过程管控措施进行深入分析，经过多因素分析对比，确定控制薄弱点，针对性提高混凝土入模温度控制、循环水流量管理、内表温差控制等系列措施控制水平，将裂缝产生率从0.022降低到0.009，切实有效提升了混凝土耐久性，为同类工程施工提供宝贵借鉴经验。

关键词：大跨径悬索桥　大体积混凝土　温度控制　裂缝控制

1　引言

宏观裂缝是影响钢筋锈蚀与混凝土耐久性的重要因素[1]。混凝土结构的有害裂缝与钢筋的锈蚀相互作用，一方面，混凝土结构的有害裂缝会增加混凝土的渗透性，加速混凝土的碳化和侵蚀介质的侵蚀，使钢筋的腐蚀加重；另一方面，钢筋的腐蚀膨胀又会造成混凝土的进一步开裂，从而进一步加重钢筋的电化学腐蚀。锈蚀与开裂的相互作用，使混凝土结构的耐久性大大降低[2]。大跨径悬索桥承台体量大，混凝土开裂概率高，目前的大体积混凝土施工技术并不能完全避免裂缝产生，裂缝过多将会影响结构耐久性，且修补裂缝工艺复杂，先进修补方式造价高，对工期影响较大[3]。孙维东等[4]通过对大体积混凝土水化热分析提出采用科学的温度控制措施能够降低水化热温度和构件内部的温度梯度，避免温度应力过大，从而控制温度裂缝的出现。王文彬等[5]通过对深中通道大体积混凝土易发生温度开裂问题进行分析，研究了混凝土水化温升抑制剂对水化热的影响。本文以南京仙新路过江通道项目为研究背景，对承台及塔座大体积混凝土施工管控措施进行深入分析，经过多因素分析对比，确定控制薄弱点，针对性提高混凝土入模温度控制、循环水流量管理、内表温差控制等系列措施控制水平，将裂缝产生率从0.022下降到0.009，切实有效提升了混凝土耐久性，为同类工程施工提供宝贵借鉴经验。

2　工程概况

南京市仙新路过江通道工程全长13.17km，跨江大桥采用主跨为1 760m的单跨吊钢箱梁悬索桥,在同类型桥梁跨径中居国内第一、世界第二。南主墩索塔承台采用整体式矩形承台,承台外轮廓尺寸为74.8m×39.8m(横桥向×纵桥向),厚度为8m;塔座为棱台形,塔座外轮廓尺寸为18.5m×22.0m×4m。承台采用C35混凝土分两次浇筑,第一次浇筑厚度为4.0m,第二次浇筑厚度为4.0m+0.5m塔座预浇段,塔座采用C40混凝土一次浇筑成型,浇筑厚度为3.5m+2.0m塔柱预浇段;以上均为大体积混凝土。结构如图1所示。

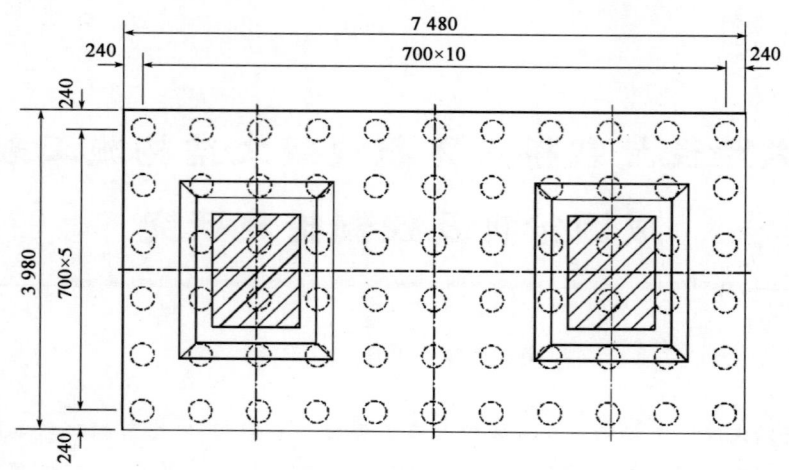

图1 承台平面图(尺寸单位:cm)

承台混凝土方量达到23 816m³,混凝土绝热温升高;混凝土温升控制不当时,极易因内表温差产生较大温度应力而导致开裂。承台长宽比接近2∶1,因长宽方向膨胀收缩量差异较大,长边中部容易出现开裂。且大体积混凝土为低温期施工,混凝土冻害预防、保温养护难度较大。

3 现况分析

作为国内在建跨径最大桥梁,其大体积承台混凝土的质量危害主要来自混凝土温度变化和混凝土收缩共同作用产生的裂缝。规范要求裂缝宽度需控制在0.2mm内,本项目制定需控制在0.15mm内,大体积承台混凝土裂缝产生率平均在0.02m/m²。

经过对已施工完成的南主塔承台的第一层浇筑的混凝土进行调查统计分析,承台第一层浇筑的混凝土侧面出现5条裂缝,均在长边侧。对裂缝分布及产生率统计见表1。

南主塔承台第一层浇筑裂缝观测统计表   表1

部位	长度(m)	宽度(mm)	深度(mm)	产生率(m/m²)	备注
承台南侧	5.9	0.05~0.15	15~30	0.020	2条裂缝
承台北侧	6.6	0.05~0.15	15~30	0.022	3条裂缝

针对大体积承台混凝土第一层施工的现状,结合行业大体积混凝土施工情况,确定控制目标:裂缝产生率低于0.012m/m²。

4 裂缝成因分析

针对大体积混凝土开裂的情况,经过多次现场调查,针对主要问题,采用因果图的形式对所列问题进行了细致分析,并从中找出了末端因素,根据通过鱼骨图分析方式得出的原因

(图2),对其逐条进行因素确认计划表进行因素确认(表2)。

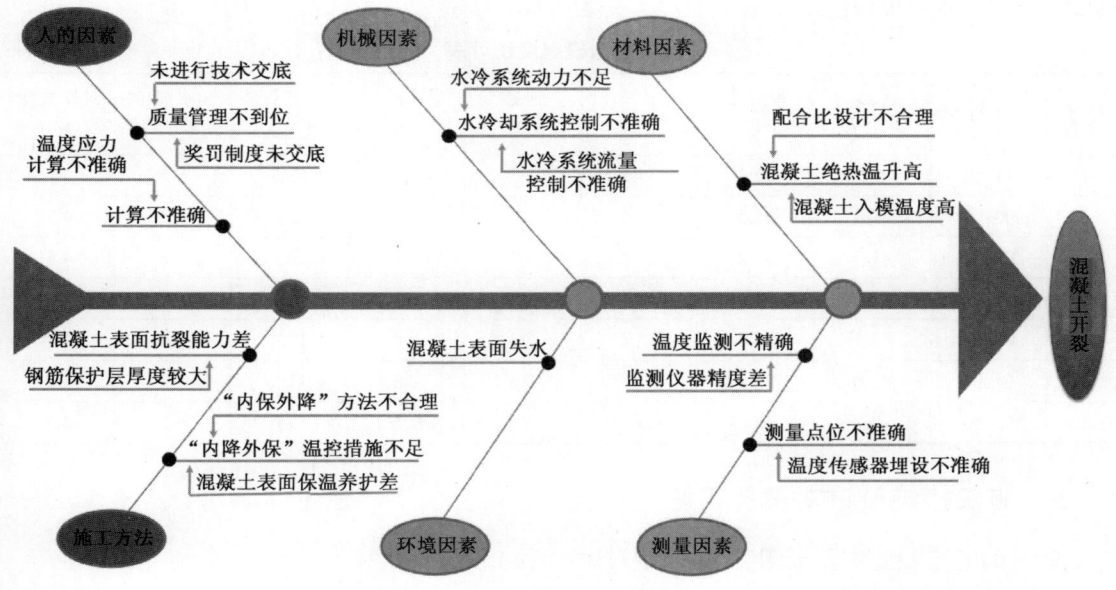

图 2　大体积混凝土裂缝产生原因因果图

因素确认计划表　　　　　　　　　　　　　　　表2

序号	末端原因	确认内容	确认方法	是否主因
1	未进行技术交底	现场施工人员技术交底情况	调查	否
2	奖罚制度未交底	项目奖罚制度交底情况	调查	否
3	温度应力计算不准确	检查施工方案温度应力计算是否计算准确	调查	否
4	水冷系统动力不足	检查水冷却系统增压泵功率型号	调查	否
5	水冷系统流量控制不准确	检查水冷却系统进水口水表安装情况	测量	是
6	混凝土入模温度低	现场测量混凝土入模温度	测量	是
7	配合比设计不合理	进行混凝土绝热温升试验	试验	否
8	混凝土表面保温养护差	检查混凝土表面保温及内外温差情况	调查	是
9	监测仪器精度差	检查温控元件测量精度	测量	否
10	温度传感器埋设不准确	检查温度传感器埋设点位情况	调查	否

经过调查分析,确认了3个主要成因:

(1)水冷却系统流量控制不准确:经现场检查发现4个分水器和4个循环水箱,一个水箱对应一个分水器进行编号分组,单个分水器未设置独立水阀以控制各套水管冷却水流量,控制后期通水速率,故对大体积承台混凝土造成裂缝有一定影响。

(2)混凝土入模温度低:由统计表和排列图可以看出,一天中20:00—6:00混凝土入模温度低于规定值5℃,而此时间段为一天之中气温较低时段,河砂、碎石和水等原材料温度较低。故可以得出结论:河砂、碎石和拌和水等原材料温度受环境影响较大,对大体积承台混凝土造成裂缝有一定影响。

(3)混凝土表面保温养护差:混凝土内部采用冷却水管进行内部降温,冷却水采用江水循环,进水温度为13~45℃之间,出水温度为15~47℃,进出水温差在1~10℃,符合温控方案要求。混凝土表面采用土工布+保温棉被,侧面带模养护。冬季表面保温效果较差,内表温差超过25℃,对大体积承台混凝土造成裂缝有一定影响(表3)。

混凝土入模温度统计表　　　　　表3

序号	时间	水泥(℃)	粉煤灰(℃)	矿粉(℃)	河砂(℃)	碎石(℃)	水(℃)	出机温度(℃)	入模温度(℃)
1	11:00	43.5	32.3	34.2	8.7	10.2	12.5	6.5	5.1
2	00:00	42.8	31.5	33.6	8.4	9.8	12.3	6.3	4.8
3	01:00	41.4	32.2	32.5	8.4	9.5	10.9	5.8	4.8
4	02:00	42.5	32.5	31.6	8.1	9.3	10.5	5.2	4.5
5	03:00	43.2	33.4	32.2	8.3	9.6	11.2	5.6	4.8
6	04:00	43.6	33.2	32.8	8.4	9.8	11.5	5.2	4.6
7	05:00	44.2	34.6	33.5	8.5	10.1	12.0	5.5	4.9

5 施工措施改进对策及实施

针对确定的裂缝主要成因,逐条制定对策(表4)。

对策表　　　　　表4

序号	因素	What 对策	Why 目标	How 措施
1	循环水冷却系统流量控制不准确	对冷却水提前进行试压和进出水管编号达到对流量可控	控制冷却水循环,合理降温	通过控制冷却水进出温度,控制温差,根据每根水管进出水量控制调水系统,浇筑前半小时加压通水试验
2	混凝土入模温度低	保证骨料温度及拌和水温度以达到混凝土入模温在范围内	控制混凝土入模温度,确保混凝土入模温度在5~30℃	通过提前备料,拌和站储料罐包裹保温防寒被,搭设骨料保温棚,使用锅炉烧热水拌和
3	混凝土表面保温养护差	调整混凝土表面保温措施	混凝土内表温差控制在25℃以内	对混凝土表面进行保温,保温层为塑料薄膜+土工布+保温棉被+防雨布,侧面带模养护,钢模贴保温板,分区凿毛及拆除侧面模板后回填沙保温

具体实施如下:

(1)根据现场施工情况,通过提前备料,拌和站原材料储罐包裹保温防寒被,搭设骨料保温棚来保证骨料温度不受冬季温度影响导致温度过低,并通过锅炉烧热水进行拌和,保证拌和水温度在40±5℃进行拌和,有效地控制了混凝土入模温度达到10℃以上,符合规范要求(表5)。

混凝土原材料温度及浇筑温度控制情况(单位:℃)　　　　　表5

浇筑层	砂	碎石	水	浇筑温度
承台第二层	10.3~10.5	8.2~9.6	11.9~12	10.9~17.3
左幅塔座	13~14	14~16	12~13	17.8~19.8
右幅塔座	12~13	14~15	11~12	17.9~20

（2）为了控制循环水流量对混凝土内部进行降温，在浇筑前半小时以上对循环水冷却系统进行加压试验，确保冷却水管的完整及正常工作，对冷却水管出水口进行编号再通入水箱，以便通过每套水管的进出水量进而更好地控制调水系统，调整每个水箱配备功率一样大的补水泵来保障水箱正常补水。通过以上措施对循环水冷却系统水流量做到可视可控，保证了循环水流量的准确(图3)。

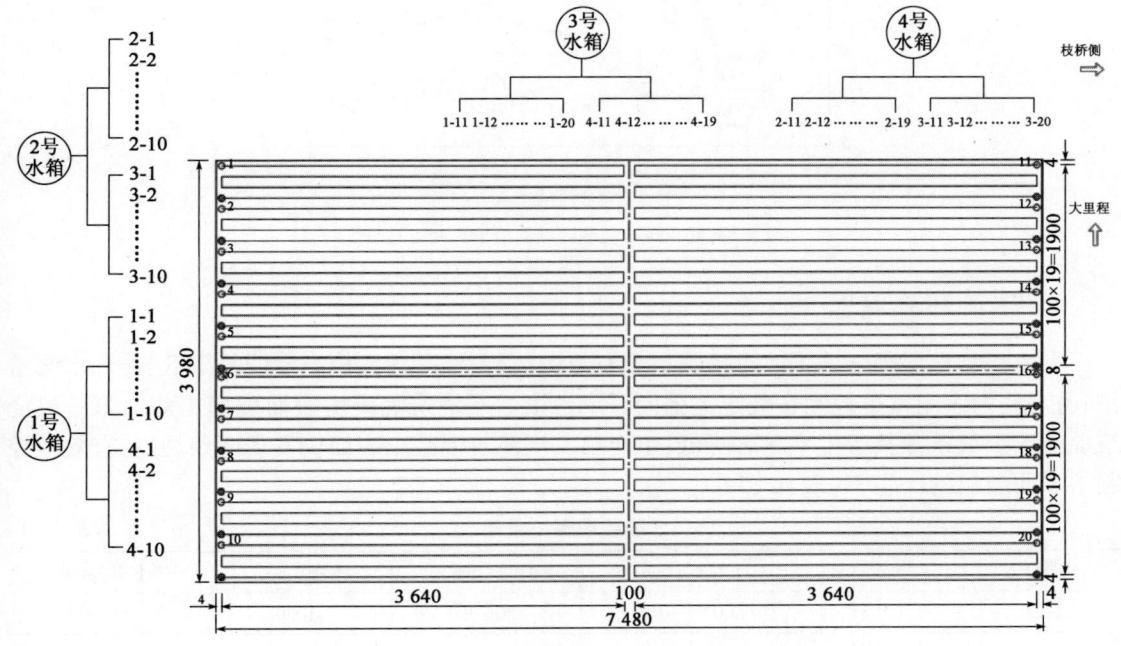

图3 水箱分布示意图

（3）根据实际情况，对混凝土表面进行塑料薄膜+土工布+保温棉被+防雨布的保温措施，侧面带模养护，钢模外加贴保温板进行控温，除此之外在混凝土达到规定强度后对表面采取分区凿毛的方式循序渐进地揭开保温层，侧面在拆模之后就采用回填沙进行保温。经过以上改进的保温措施，混凝土内表温差控制在25℃范围内，保温效果显著提高(图4、图5)。

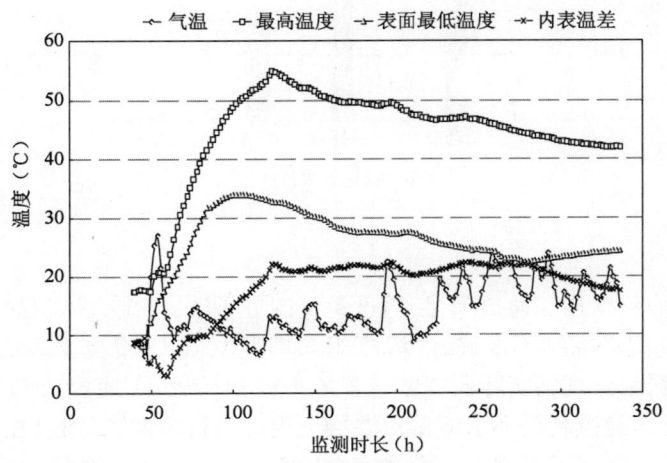

图4 高度200cm监测区域混凝土温度历时曲线

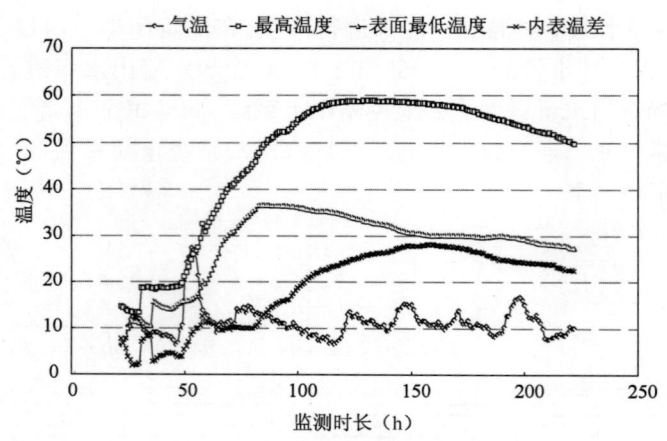

图5 高度300cm监测区域混凝土温度历时曲线

6 措施实施效果

大体积承台混凝土施工改进措施得到有效的执行,混凝土入模温度明显降低,循环水流量得到控制,内表温差也控制在规定范围内。承台第二层浇筑混凝土表面裂缝比前期第一层浇筑混凝土裂缝条数及产生率显著降低,承台第二层浇筑混凝土表面仅发现两条裂缝,有效地控制了表面裂缝的产生率(表6、图6)。

裂缝观测记录表　　　　　　　　　　　　　　　　表6

项目	长度(m)	宽度(mm)	深度(mm)	面积(m²)	产生率(m/m²)
裂缝	9.35	0.05~0.15	20~30	1030	0.009

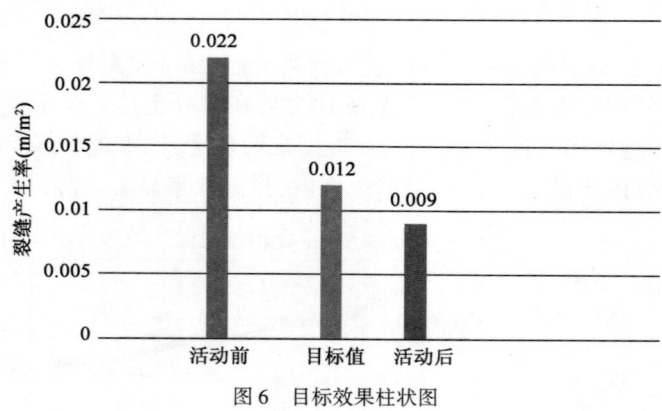

图6 目标效果柱状图

7 结语

本文依托南京仙新路过江通道项目,通过鱼骨图分析法,得出大体积混凝土施工裂缝主要成因为:①水冷系统流量控制不准确;②混凝土入模温度低;③混凝土表面保温养护效果差。并通过查阅相关资料结合现场实际研究制定了如下控制措施:①通过对循环水冷却系统水流量做到可视可控,可准确控制循环水流量对混凝土内部进行降温;②通过控制原材料入机温度以及拌和水温度,从而保证了混凝土入模温度在10℃以上;③增加混凝土保温措施,保证了混凝土升温期间内表温差控制在规范要求范围内。经过实践,将南京仙新路过江通道大体积混凝土发生率从0.022降低到0.009，切实有效提升了混凝土耐久性。

参 考 文 献

[1] 中华人民共和国住房和城乡建设部.大体积混凝土施工规范:GB 50496—2018[S].北京:中国建筑工业出版社,2018.

[2] 曹金竹.钢筋混凝土构件中钢筋锈蚀速度的影响因素分析[J].城市建设理论研究,2012,(9):108-110.

[3] 林利平,毛丁丁.桥梁承台大体积混凝土的温度控制技术研究[J].中国建设信息,2011,(3):74-75.

[4] 孙维东,张之伟,苏凯,等.大体积混凝土水化热分析与温度裂缝控制[J].四川水泥,2021,(12):15-17.

[5] 王文彬,谢彪,苏忠纯,等.混凝土水化温升抑制剂对深中通道大体积混凝土性能影响的研究[J].隧道与轨道交通,2021,(S2):45-48.

37. 预制装配工艺在大截面盖梁施工中的应用

杜一帆　徐胜利

（中交第二公路工程局有限公司）

摘　要：本文结合南京仙新路过江通道北引桥盖梁距离地面高、体积大的特点，钢筋设计包括密集横向钢筋，密集纵向单层多类闭合环箍叠合及重量大的特点。为了大量减少高空作业，同时也提高工程质量和功效。施工中采用轻型多功能装配三角托架，同时钢筋设计专用制作胎架、拼装胎架和存放胎架进行分段预制和存放，采用分段预制安装和少量现场绑扎结合施工工艺。

关键词：三角托架　钢筋拼装　预制胎架　存放胎架　吊装

1　引言

盖梁施工是桥梁施工中的重要结构之一，基本采用普通钢筋混凝土结构，也有一部分设计为预应力混凝土结构，根据所受荷载不同，截面类型较多。根据盖梁的设计结构、尺寸和周边环境，在施工过程中，矮墩采用搭设落地钢管支架法，高墩采用托架法。钢筋一般设计数量多，主筋直径大，抗剪骨架设计多等特点，钢筋施工难度较大，大部分采用现场搭设支架和现场绑扎钢筋作业法，这类方法缺点是功效低，高空作业量大，安全风险大，质量控制难度大；优点是投入设备小，墩身钢筋与盖梁钢筋交叉时易于调整。本文主要描述一种技术革新，针对高空大截面异形盖梁，设计装配式三角托架，盖梁钢筋采用工厂预制、现场整体安装的工艺，提升盖梁施工整体功效、质量，同时降低作业风险。

2　概况

仙新路过江通道桥为第三联~第六联 3×50m 钢板叠合梁，第七联为 4×50m 钢板叠合梁。N9 号墩~N25 号墩共有 17 个盖梁，盖梁距地面高度为 22~37.7m。盖梁采用六边形实心截面，四个类型，盖梁中心高度为 3m，端部高度 1.6m，横向宽度 25.45~30.525m，盖梁顶面纵桥向尺寸为 3.4m，盖梁混凝土为 C40。单个盖梁骨架重量分别约为 55t、52t、49t 和 38t。墩位地面为粉土。

盖梁横向主筋为 C32 和 C20，共布置 8 层 C32 和 1 层 C20，层距和水平间距为 10cm；箍筋为 C16，间距为 10cm，竖向单排为 6 根闭合箍筋组成，钢筋末端均带双 135°抗震弯钩。横向还设 10 组 C32 弯起钢筋骨架。单个盖梁骨架重量分别约为 55t、52t、49t 和 38t（图1）。

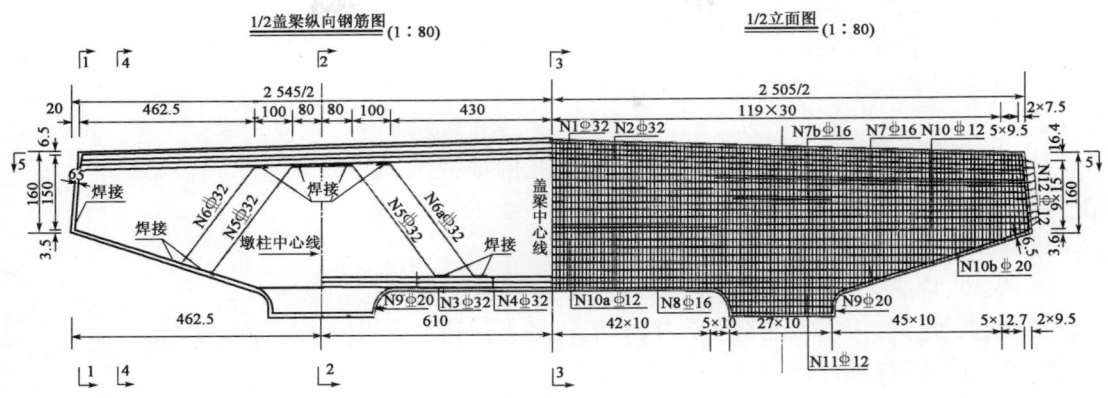

图 1 盖梁钢筋横断面图

3 盖梁施工重难点

（1）单个盖梁钢筋最大达到55t，盖梁最大高度达到37.7m，采用设计位置绑扎施工，高空作业时间长，容易疲劳，安全风险大，功效低。

（2）盖梁体积大，钢筋多，间距密且为变截面的不规则结构，钢筋极易发生碰撞难以调节，同时箍筋设计为闭合环装，末端带有双135°弯钩，安装非常困难，质量难控制。

4 盖梁三角托架设计与施工

引桥采用2HN500×200型钢三角托架与预埋件螺栓连接形成一整套托架体系，便于安装、拆除和周转使用。三角托架上放置砂筒起调节高程作用。纵横向设置2层2HN500×200型钢作为承重梁，承重梁顶再设置I25a分配梁。分配梁顶部设置钢模板体系（图2）。

图 2 盖梁三角托架安装图

托架采用大型吊车进行安装，混凝土施工完成后，强度达到设计要求后进行模板和托架拆除施工。

5 盖梁钢筋施工

5.1 盖梁钢筋现场绑扎与预制钢筋对比分析

5.1.1 盖梁钢筋现场绑扎的特点

优点：

(1)适用于低矮墩身处;
(2)适用于小型盖梁;
(3)吊装设备较小。
缺点:
(1)钢筋密集型和剪力骨架钢筋交叉多,绑扎困难;
(2)内部辅助钢筋材料用量多,经济性差;
(3)高墩作业时高空作业风险较高;
(4)大风、雨雪天气需停止作业;
(5)雨雪等特殊天气状况钢筋绑扎时间长、易出现锈蚀等影响内部质量问题。

5.1.2 盖梁钢筋预制安装的特点

优点:
(1)工厂化预制施工,避免特殊天气暂停钢筋绑扎作业,提高功效,节约工期;
(2)钢筋辅助材料用量少,经济性好;
(3)在加工厂进行加工,现场进行模块安装,减少高空作业风险;
(4)避免绑扎过程中因雨雪等天气造成钢筋锈蚀,更好地提高钢筋的外观质量保护;
(5)更好地控制了钢筋间距不一、整体尺寸不符合、线形歪曲等现象,提升了钢筋的绑扎精度。
缺点:
(1)需要单独场地,搭设预制场棚;
(2)需加工钢筋预制胎架;
(3)吊装设备较大。

由于盖梁横桥向设 2.0%横坡,钢筋整体尺寸大、保护层要求精度高、单个盖梁钢筋总重量最大55t。钢筋种类型号偏多绑扎复杂,经对比钢筋现场绑扎和钢筋预制安装两种工艺,选择地面预制安装和现场绑扎的施工工艺,钢筋预制分为3组。

盖梁钢筋施工工艺流程如下:钢筋加工→单个钢筋骨架片焊接→预制及存放胎架加工→钢筋骨架片胎架上组拼→骨架存放→吊具加工→骨架吊装→钢筋整体性绑扎→钢筋检验合格→下一步工序施工。

5.2 钢筋预制施工

5.2.1 单个钢筋骨架片加工

在钢筋加工厂进行钢筋半成品加工,然后运输至现场,根据盖梁钢筋骨架外形在混凝土地面胎架上根据钢筋设计剪力骨架钢筋,将各种不同型号的钢筋放置在骨架造型位置,形成一个整体主筋圈,进行钢筋之间的拼装焊接(图3);待单个骨架片钢筋焊接完成后,采用吊车进行吊装至半成品堆放区域内进行下垫上盖的方法放置存放。

5.2.2 预制与存放胎架加工

盖梁横桥向长度 25.45~30.525m,胎架设计满足结构尺寸变化和钢筋分组骨架尺寸。预制和存放胎架支架底座采用 140mm×140mm 方钢管,横向、纵向、立杆及顶部走道平台采用 80mm×80mm 方钢焊接连接,护栏采用 ϕ48 钢管焊接连接,胎架长32m,宽4m,高度4.2m(图4)。

5.2.3 钢筋胎架上预制

钢筋骨架计划分为3组、2种类型进行分段预制,类型一:标准重量为12t,主筋6根,类型二:标准重量为18t,主筋9根;标准横向长度:25m 左右;变径高度:1.6~3.3m;宽度:0.56~0.77m。

图3 盖梁钢筋骨架焊接加工图

图4 盖梁钢筋胎架图

步骤一:对加工完成的单个骨架片钢筋吊装至预制胎架上用方管□80mm穿插至骨架片顶面下进行临时固定,使骨架片底部处于悬空状态。

步骤二:安装第二个骨架片时,将纵向承重钢筋方管抽至反向固定端使第二个骨架片能吊装至胎架内,悬挑在方管上,按此方法逐一进行骨架片安装。

步骤三:胎架内骨架片数量安装完成后,使用吊车对胎架内钢筋进行整体吊装悬空于承重方管上,再将方管进行顺向回正,使方管两端都处于受力状态,再进行钢筋绑扎。

步骤四:对此次临时固定的钢筋进行间距调整,满足设计要求后进行箍筋环形套与闭合环施工且箍筋弯钩为135°角无法进行现场环形套,根据设计要求不得进行断开后焊接,所以将箍筋逐个掰开套入骨架片内,再将箍筋弯曲部位进行复原,以此类推将所有箍筋进行安装并进行间距调整及绑扎。

步骤五:对变径箍筋由端部往中心横向水平穿插至设计位置临时固定,以此类推将所有变径箍筋进行安装。

步骤六:对此类型组装成型的单组骨架片(12~18t类型)进行整体性检查,检查间距、线形及绑扎牢固程度是否满足设计及规范要求,满足要求后采用大型吊车使用专用吊具吊移至存放胎架上并临时固定、覆盖(图5)。

图 5　盖梁钢筋胎架上绑扎图

5.3 钢筋安装施工

5.3.1 组合式钢筋骨架吊装

吊装方法如下：

（1）钢筋骨架吊装顺序先吊装类型一放置盖梁中心位置再吊装类型二至两边位置；

（2）使用专用吊具，起重设备为 85~100t 大型吊车，吊装前需对单组骨架片钢筋吊点位置进行加固；

（3）使用直径 25mm 的端头挤压麻芯钢丝绳，一端与吊具用 20t 卸扣进行连接，另一端与盖梁顶 32 钢筋用 20t 卸扣进行连接；顶部分布纵向 2 排吊点，横向 8 个吊点共 16 个吊点进行吊装；

（4）钢筋存放胎架与盖梁是平行位置，在墩身大里程或小里程距离墩壁边 1.5~2m 位置；吊车在存放胎架大里程或小里程距离胎架边 2~3m 位置、横向立于两墩身之间的中心最佳起吊位置；

（5）将盖梁钢筋底部两端头各系一根超过盖梁高度的牵引绳，并牵引钢筋笼吊装至指定位置；

（6）在各项准备工作完成后，司索工在地面用对讲机指挥吊车平稳缓慢起吊，待钢筋骨架起吊至半空中后，司索工站立于墩顶进行指挥，当起吊高度超过墩顶预埋钢筋时，墩顶操作平台上两侧各站立 2 名工人手持牵引绳进行稳吊、调整钢筋骨架位置，再指挥吊车缓慢下落至墩顶预埋钢筋处并进行墩顶预埋钢筋的调整，使骨架钢筋落至指定位置，再用倒链式手拉葫芦进行线形调整，将钢筋骨架与墩顶预埋钢筋进行焊接固定，固定完成后对吊具进行卸除；依据此类方法将三组钢筋骨架片全部安装在墩顶预埋钢筋处，进行临时固定（图 6）。

5.3.2 墩顶盖梁钢筋整体性绑扎

盖梁钢筋绑扎顺序：

（1）对类型一与类型二组合式骨架片中间预留位置，两侧将单个钢筋骨架片按设计数量安装至此并逐一进行间距、线形调整；

（2）对墩顶预埋主筋进行箍筋绑扎；

（3）先从盖梁中心将箍筋由两侧进行对插拼接、调整间距并焊接固定；

（4）对墩顶位置的箍筋由两侧进行对插拼接、调整间距并焊接固定；

（5）对盖梁两端部箍筋由两侧进行对插拼接、调整间距并焊接固定；

（6）对钢筋外侧保护层垫块进行梅花式绑扎固定（每平方米不低于 5 个）并对所有扎丝头进行按压至钢筋内侧。

图6 预制完成后钢筋骨架吊装图

经方案对比:在地面将盖梁钢筋分为3组进行预制,然后吊装至设计位置,在现场绑扎剩余钢筋,经现场分析使用此种方法功为:胎架上预制8天、吊装1天、整体性绑扎4天。

6 盖梁模板及混凝土浇筑施工

经钢筋验收合格后,进行模板安装与混凝土浇筑施工。

待混凝土强度达到设计及规范要求后,进行模板与托架拆除施工。

7 结语

综上所述,此种分段预制和吊装,少量现场绑扎的施工工艺,减少了人员高空作业时间及外界不利天气等环境因素的影响,将大量需要高空完成的工作,转移至地面完成,极大降低了高空作业安全风险;同时也提高了盖梁混凝土耐久性,钢筋保护层工前合格率100%,钢筋工后保护层平均合格率达到96.5%;钢筋预制工艺,减少焊接,节约工期,质量易控制,低碳环保,实现工厂化和装配化,易于推广。

参 考 文 献

[1] 干华铭.预制盖梁钢筋笼胎架法制作施工技术[J].建筑施工,2018,40(9):1513-1515.
[2] 杨昀.32m大跨径盖梁预制吊装无支架施工设计[J].中国市政工程,2017(3):34-36+122.
[3] 马炮胜.大体积混凝土盖梁钢筋施工技术[J].中小企业管理与科技(下旬刊),2012(4):173-174.

38. 波形钢腹板节段箱梁的安全及质量控制

吴佩佩

(中交二航局第四工程有限公司)

摘 要：本文以南京五桥C1标波形钢腹板节段箱梁预制、跨大堤及滨江大道桥节段箱梁安装施工项目为依托,结合本项目的特点及建设条件,在保证施工质量、安全及工期的条件下进行了分析与研究。科学管理,精心施工,严格遵守各有关设计、施工规范、技术规程和质量评定及验收标准,确保安全、质量及工期,力求施工技术创新和采用新工艺、新设备、新技术、新材料达到预期目标。

关键词：波形钢腹板 节段箱梁 安全 质量控制 措施

1 工程概况

南京位于江苏省西南部,属北亚热带向中亚热带过渡气候带,具有过渡性、季风性、湿润性的特点。主要灾害性天气有大风、连阴雨、冰雹、干旱、台风、寒潮、冰冻、浓雾和暴雪、高温、暴雨、飑线等。

跨大堤及滨江大道桥为主跨78m的三跨波形钢腹板预应力混凝土连续梁桥,左右幅错墩布置,左幅桥跨布置为41m+78m+45m,右幅桥跨布置为45m+78m+41m,总长164m。主梁均采用上下行分幅布置。全部桥跨均位于半径4 000m的曲线段上,跨堤桥全线路线宽度均为加宽后标准宽度的38.0m。

2 波形钢腹板节段箱梁施工难点及措施

波形钢腹板组合梁桥具有自重轻、受力性能优、美观等特点,目前一般采用现浇工艺进行施工。本项目在国内外首次将节段预制拼装技术引入波形钢腹板组合梁桥建设中,以实现中小跨径钢混组合梁桥"高效、优质、绿色、节能"装配化施工。因此,施工难度非常大。

2.1 箱梁结构具有变截面、宽幅、多箱室等特点

结构尺度变化频繁(梁高从墩顶处4.5m变化至跨中处2.2m,梁宽14.9~18.65m)、梁段类型多(腹板2~3道、梁长1.5~3.2m不等),这对生产线布置、钢筋绑扎台座设计、模板系统设计、梁段存放及运输等都提出了更高要求(表1)。

变截面箱梁预制、存放及运输重难点分析及解决措施　　　　　　　　　　　　　　表1

重难点分析	解决措施
78m/68m跨径均为变截面斜腹板箱梁,尺寸变化幅度大,模板系统及钢筋绑扎胎架需适应尺寸变化	①钢筋绑扎台座:将绑扎胎架设置为顶板钢筋骨架、底板底层钢筋网片绑扎胎架两部分; ②模板系统:各部分均由固定块和活动块组成,适应截面尺寸变化
变截面梁段预制、分离、堆存、运输稳定性差,抗滑抗倾覆风险高	①模板系统:在匹配梁侧底模设置防倾覆挡块,并在顶面、底模和固定端模之间设置拉杆; ②堆存及运输:依据底板卸料加工制造混凝土楔形存梁垫块

2.2 波形钢腹板箱梁节段间混凝土顶底板胶接缝连接、波形钢腹板对接焊连接

在预制时存在波形钢腹板入模难度大、定位精度要求高、混凝土浇筑过程中波形钢腹板易变位、节段间钢混匹配连接工序多等问题,需提出既能满足流水线作业又高效的组合钢筋笼入模方案,采用整体节段预制拼装工艺,研发可辅助波腹板精确定位的预制模板系统(表2)。

波形钢腹板节段箱梁安装重难点分析及解决措施　　　　　　　　　　　　　　表2

重难点分析	解决措施
相比常规节段梁,波形钢腹板节段梁横向弯曲刚度、抗扭刚度较弱,导致节段梁自身在脱模、存梁、吊装等典型施工工况下变形更大,进而影响预制安装质量	①在节段接缝处外侧模增大顶紧力,延长拆模时间; ②调整吊点、存放支点位置,减小横断面弯曲变形,改善结构受力; ③在节段端口设置拉索或刚性联系撑,以提高运输及吊装施工期抗扭及抗侧移性能

2.3 波形钢腹板与顶板采用倒T形双PBL开孔板连接、与底板采用埋入式连接

钢混结合部普通钢筋、预应力管道、连接件之间相互干扰影响,给钢筋笼绑扎及混凝土浇筑造成很大麻烦。需优化钢筋笼绑扎顺序、优选结合区混凝土原材料及配合比,精细化布料、振捣等。钢混结合区质量控制重难点分析及解决措施见表3,钢混结合区防漏浆措施如图1所示。

钢混结合区质量控制重难点分析及解决措施　　　　　　　　　　　　　　　　表3

重难点分析	解决措施
顶底板钢混结合区受限于空间及钢筋形状,横向钢筋贯穿难度大,定位精度要求高	①在钢腹板吊起状态下事先贯穿钢筋,后与顶底板钢筋笼连接; ②增加贯穿钢筋定位措施
钢腹板与底板结合区,受埋入段影响,结合区内外浇筑质量难以控制;此外,波形腹板与混凝土顶底板通过各种形式连接件连接,钢筋密集,浇筑振捣困难	①优化混凝土配合比设计,严格控制原材料质量,粗骨料的最大粒径不超过20mm; ②底部结合区外侧混凝土浇筑时使用外侧溜槽布料,严禁出现直接在内侧赶料情况; ③加强结合区混凝土振捣,并备用30型振捣棒
钢混结合区易漏浆进而污染钢腹板,尤其是钢翼缘板兼做底模时(相邻翼缘板间存在2cm缝隙)	①侧模及内模顶结合区段宜设置止浆耳座,保证与连接件翼缘板紧密贴合、无漏浆; ②兼做底模的钢翼缘板端部与固定端模或匹配梁间设置堵头底模; ③混凝土浇筑前对所有模板拼缝位置进行检验,保证严丝合缝
底板埋入式连接区沿波腹板与底板交界处易于出现收缩裂缝,从而形成侵蚀通道,影响结构耐久性	梁段存放后,在钢腹板与底板结合处设置水带;增强底板结合区养护,减少收缩开裂

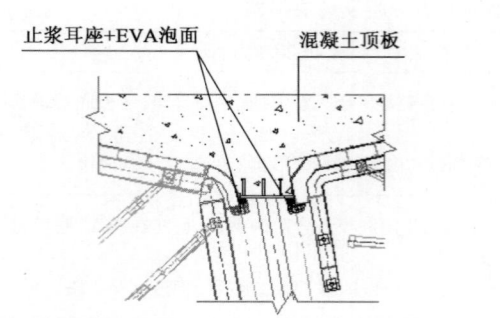
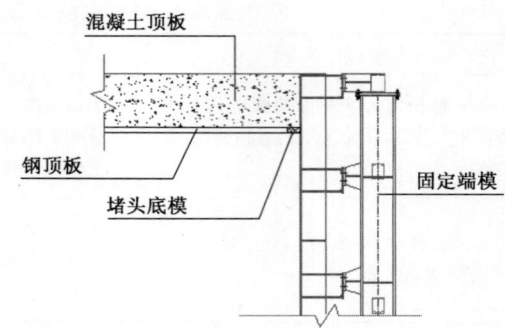

图 1 钢混结合区防漏浆措施

2.4 与常规混凝土节段梁相比，波形钢腹板箱梁横向抗弯及抗扭刚度较弱

梁段在预制、吊装及存放(尤其是双层堆放)、运输、悬臂拼装等施工工序中所产生的变形可观，受力可能处于不利状态，需采取措施提高抵抗横向弯曲、空间扭转的能力。

最大横向弯曲变形和扭曲变形控制如图2、图3所示。

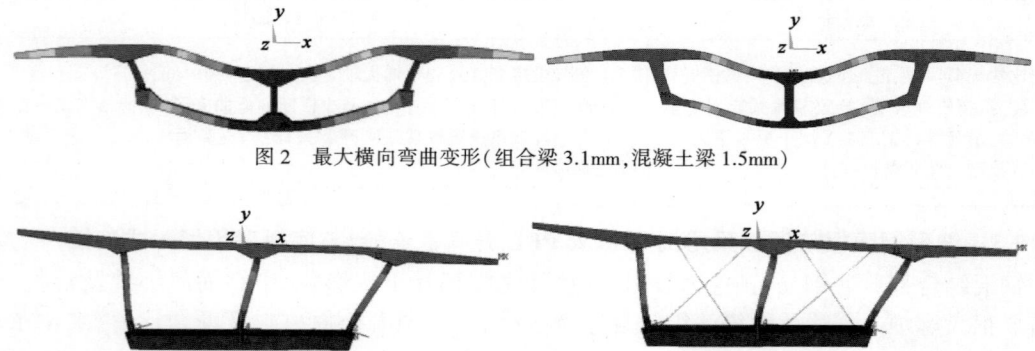

图 2 最大横向弯曲变形(组合梁 3.1mm，混凝土梁 1.5mm)

图 3 扭曲变形控制

2.5 波形钢腹板节段箱梁现场匹配连接工序多，施工效率制约大

主要包括环氧树脂胶涂抹、顶底板临时预应力张拉、永久预应力张拉、波腹板节段间临时连接及永久连接等。需通过研究，优化连接构造和工序，使其既能满足施工期受力要求，还能提高现场拼装效率。

2.6 波形钢腹板节段梁工序

波形钢腹板节段梁需经历钢腹板制造、短节段匹配预制以及桥位拼装等多道工序，拼装期主梁线形可调余地小，且本项目仅在跨中设置现浇合龙段，制造拼装误差累积对主梁拼装质量影响较大，需采取全过程、且适于这类节段组合梁桥的线形控制方法，提高梁段制造精度，确保成桥线形平顺。

3 安全保证措施

制定科学、合理的专项施工技术方案，并有效实施，目的是实现安全零事故、质量零缺陷的建设，并按期顺利通车，对波形钢腹板加工尺寸的控制、底板与角钢剪力连接件施工等关键技术进行严格把关。

3.1 安全生产管理保证

工程开工前，加强安全思想教育，对参建人员进行正规的上岗安全培训，讲解有关安全生产和劳动保护方面的法律、法规、规章和技术标准,制定对本项目管理行之有效的安全规章制度,并进行宣读张贴,考核与经济奖罚挂钩。

工程开工时,针对工程特点,建立健全完善的安全组织管理机构和人员配置,确保安全管理工作正常进行,成立安全小组,安全工作具体由安全总监负责,并配备多名经验丰富的专职安全员开展日常安全管理事务,同时在各班组配备兼职安全员。

严格执行安全技术交底制度,使参加施工的人员能了解作业过程中可能发生的事故隐患,每一单项工程都要以书面形式严格进行安全技术交底。分项工程施工技术交底必须同时进行安全技术交底,必须有现场专职安全工程师签认。

3.2 节段梁拼装安全措施

(1)节段箱梁进行运输时,箱梁落脚点的腹板上面要设置垫木,并用钢丝绳、手拉葫芦等进行稳固。运梁车的运输道路要坚实、平整,运输时道路要畅通。运梁车装载箱梁启动时起步应缓慢平稳,严禁突然加速或急刹车,在上下坡、转弯等地方要减速慢行。箱梁的重心要与运梁车的中心在同一垂直线上,做好日常检查、保养、维修工作,不得"带病"作业。

(2)节段梁拼装作业,要严格安装"架桥机例行安全检查表"对架桥机进行检查。设置专门供施工人员上下的安全通道和作业的工作平台;通道、工作平台要做好安全防护措施和设置安全警示牌,加强对施工现场的安全监督和检查,发现问题及时督促整改。

(3)设立安全质检监督部门,该职能部门制定并履行施工规范,上连领导小组,下监建筑工程师和施工部门,明确施工指令的落实。

(4)质量知识的普及,在全体员工层面及职能部门进行定期的质量知识的宣导,进行质量知识考核和技能的学习,从而提高质量管理水平,工程的质量同时得到保证。

(5)结合工程实际施工情况,编制和优化可行的工程编制,对施工的材料落实,施工工序,关键工序,施工安全,工程的质量做好明确的指导说明书,做好明确交底,让每个参与施工的人员都能明确施工流程。

(6)严加把控施工过程。施工过程层层把握,责任落实到个人,实行职能担责制。不漏掉每个施工细节,明确职能部门,与业主、施工单位、物管单位和市级单位保持密切联系。

(7)做好工程材料质量的严加监管,不符合要求且缺乏环保的坚决不用。

(8)落实的施工流程和细节,做好清晰记录,明确使用到实处。

3.3 架桥机作业安全注意事项

(1)架桥机作业人员必须经过专业培训,取得特种作业操作资格证书,方可上机作业,严禁无证操作。熟悉起重天车及起重工作的基本原理和要求,熟悉操作方法和设备使用说明书中的要求。

(2)架桥机运行前,机长应安排专人检查架桥机工作范围内有无障碍物或站位不当人员,并清除行走通道上的杂物。架桥机运行时,必须设专人观察,严禁非操作人员上下。作业人员应在规定的安全走道、专用站台上行走和上下,主梁上行走要远离内边。

(3)在架桥机过跨完成后,应先对架桥机各机各节段间的高强螺栓进行检查,并用扭力扳手逐个拧紧,防止松动,然后方可进行首榀梁段吊装作业。

3.4 预应力张拉安全措施

(1)张拉作业前,应制定张拉作业的操作规程,并组织进行安全技术交底工作。必须对钢绞线、锚夹具、千斤顶、高压油泵、压力表、油管路等认真标定、检查,通过校验确定张拉表读数,确保张拉机具、材料等安全投入使用。张拉过程中,如果发生很大声响或油压表突跳,露在锚具外面的那一段钢丝松动,要卸下千斤顶,重新更换一组锚具,并对油压表重新标定,才能继续张拉作业。

(2)施加预应力前,各种机械、电气设备应先进行检查和试运转,同时对混凝土结构进行外观检查。同时必须持有混凝土强度的检查报告,确保张拉时混凝土达到设计强度的90%。

(3)预应力钢绞线编束时,应梳理顺直、绑扎牢固,防止相互缠绞,每束间隔一定的距离用铅丝绑扎一道。

(4)在任何情况下,操作人员严禁站在预应力的两端延线上,避免钢绞线被拉断或锚具与张拉千斤顶失效,造成预应力束、千斤顶、锚具等飞出伤人。

(5)千斤顶不允许在超过规定的负荷和行程的情况下使用,其安装必须与端部垫板接触良好,位置平直对称,严禁多加垫块,防止受力失稳。张拉升压时,应观察油泵和千斤顶位置是否偏斜,必要时应回油调整。进油升压必须徐缓、均匀、平稳。回油降压时应缓慢松开油阀,并使各油缸回程到底。操作千斤顶和测量伸长值的人员,应站在千斤顶侧面操作,严格遵守操作规程。

(6)油泵不应在超负荷下工作,必须按设备额定油压或使用油压调整压力,严禁随意调整。油泵在开动过程中,操作人员不得擅自离开岗位,如需离开,必须松开全部阀门并切断电源。油泵停止工作时,应先将油阀缓缓松开,待压力表缓缓退回零后,方可卸开千斤顶的油管接头螺母。严禁在油泵带负荷时拆换油管压力表等。高压油泵运转前,应将各油路调节阀松开,然后开动油泵,待空负荷运转正常后,再紧闭回油阀,逐渐旋拧进油阀杆增大负荷,并注意压力表指针是否失常。

(7)油压表在使用过程中如发生震动、跳表等情况时,必须重新标定或更换,方能使用。

(8)耐油橡胶管必须耐高压,工作压力不得低于油泵的额定油压或实际工作的最大油压。

(9)孔道灌浆时,操作人员应戴好防护眼镜,以防水泥浆喷出伤及作业人员的面部及眼睛,严格按规定压力进行,要求输浆管道畅通,阀门接头牢固。

3.5 施工现场安全措施

(1)施工过程中,作业人员必须戴好安全帽,高空作业必须系好安全带,采取安全防护措施,片区专职安全员对节段梁拼装施工全过程进行安全监督,发现问题及时督促整改。通过单元预警牌及班前会向作业人员告知危险源及安全注意事项。

(2)对各工序施工前进行详细的施工和安全技术交底,突出关键点和危险点,事前找出有可能出现事故的危险点,采取措施予以防范,使事故"防患于未然"。

(3)密切注意天气预报,落实好防风防雨措施,保证各作业面的通信设施畅通,机械状态良好,防护设备齐全。六级以上大风停止一切操作,禁止在大雨、大风、夜间等恶劣天气下进行箱梁运输、架桥机和起重吊装作业。当遇强台风时,除采用日常防风措施外,还需对架桥机进行彻底地锚固。

(4)作业人员严格执行项目部《施工现场安全管理规定》和《各项安全操作规程》。

(5)认真执行氧气、乙炔的防爆安全规定,氧气瓶、乙炔瓶安全使用距离≥5m,离动火点≥10m,并进行严格管理。

(6)电焊机的设备必须符合安全要求,防止潮湿漏电。随时检查用电线路、工用具是否完好,确保生产安全。电焊、气割作业人员必须戴好防护绝缘手套、防护眼镜。

(7)严格执行电器安全操作规程,经常安排有关人员对整个施工现场的电器设备进行安全检查,值班人员值班时不得离开岗位,确保用电安全。

（8）施工现场起重吊装作业时，必须有专业起重指挥人员指挥，对危险作业范围要设置警戒区域和安全警示牌，限制非作业人员进入现场。

（9）为防止事故发生，架桥机安装必须由具备资质的专业队伍安装，人员必须持证上岗，安装完毕后须经政府相关部门验收合格后方可投入使用。

（10）起重设备严禁越过无防护设施的外电架空线路作业。在外电架空线路附近吊装时，起重机的任何部位或被吊物边缘在最大偏斜时与架空线路边线的最小安全距离应符合《施工现场临时用电安全技术规范》要求。

4　结语

综上分析，波形钢腹板箱梁桥是一种新型的钢混组合结构，其优点是预应力效率高、主梁自重较轻、结构少，缺点是施工工序繁复、钢与混凝土连接复杂。所以，在推广应用波形钢腹板节段箱梁的过程中，一定要对安全负责，做好相应的质量控制。

参 考 文 献

[1] 姚文磊.大跨径波形钢腹板连续箱梁桥施工关键技术研究[J].重庆交通大学，2016.
[2] 曾田胜，徐郁峰，卢绍鸿.波形钢腹板弯箱梁桥设计、施工与监控[J].中外公路，2014，34（3）：170-174.
[3] 中华人民共和国建设部.施工现场临时用电安全技术规范：JGJ 46—2005[S].北京：中国建筑工业出版社，2005.

39. 南京仙新路过江通道跨江大桥散索鞍制造技术

陈会振[1] 董小亮[2]

(1.南京市公共工程建设中心；2.武汉船用机械有限责任公司)

摘 要：南京仙新路过江通道跨江大桥散索鞍为底座式结构，由上部的鞍体和下部的特制大吨位柱面钢支座组成，鞍体为ZG300-500H的铸件，特制大吨位柱面钢支座的上支座板、柱面衬板、下支座板均采用ZG20Mn的铸件。索鞍铸件结构形状截面变化大、交叉节点多，采用立做立浇铸造方案，在鞍槽底部设置冒口并设置补衬，顶部摆放冷铁，热节圆角位放置专用成型外冷铁，鞍槽内腔设置工艺拉筋防止变形。鞍槽为三维空间复杂曲面，槽形复杂，尺寸大，加工难度大，加工精度要求高，采用5轴4联动数控镗床进行鞍槽和侧壁的加工，通过三维CAM软件UG编制加工程序，然后通过专用仿真软件VERICUT进行仿真加工，确保加工出的鞍槽的精度。通过对散索鞍首制件的检测验收，验证了散索鞍加工制造工艺的可行性，并取得了较好的效果。

关键词：散索鞍 铸造 鞍槽 机加工 钢支座

1 设计概况

南京仙新路过江通道工程跨江大桥散索鞍为支座式结构(图1)，其构造由鞍体、柱面钢支座、预埋底座板、隔板、锌填块、拉杆、压板、楔形块组成；散索鞍鞍体为ZG300-500H的铸件，上支座板、下支座板、预埋底座板采用ZG20Mn的铸件。散索鞍鞍槽底最低处竖弯半径分别为8.5m、6.5m、4.5m。

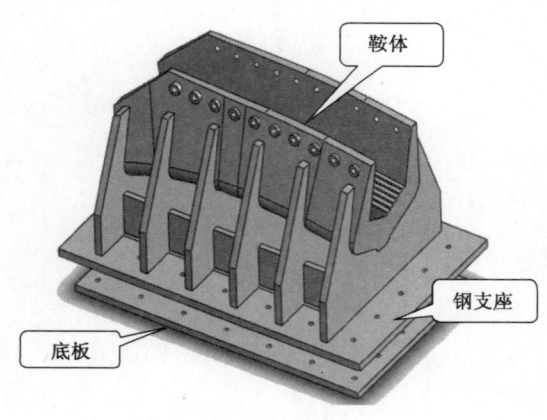

图1 散索鞍结构

2 重难点分析及应对措施

2.1 铸造

2.1.1 散索鞍铸造难点分析及应对措施

以散索鞍鞍体为例，散索鞍鞍体长宽高尺寸5 120mm×3 000mm×2 660mm，最大处当量壁厚约为500mm，最小处壁厚为约120mm，重量约为78t。其铸造难点在于：

(1)铸件结构由曲面及筋板组成，易于出现夹砂、夹渣缺陷；

(2)铸件结构形状截面变化大、交叉节点

多,易于出现裂纹、缩松以及应力导致变形等缺陷。

针对上述难点,采取以下应对措施:

浇铸系统采用立做立浇,钢水由底部进入铸件,钢水液面由下向上抬高,逐渐将夹杂物推升至冒口,并将内部气体排出。

精炼钢水,降低其中有害元素、夹杂物、有害气体的含量,合金熔炼出钢时充分脱氧。在筋板交叉处设置铬铁矿砂,加快该部位的冷却速度,防止不同部位冷却速度不同形成拉伸裂纹。

对鞍底进行大冒口设计,以补缩底部的厚大部位;在鞍体侧面及U形槽底放置外冷铁,使钢水顺序均匀凝固,防止厚大部位疏松、缩孔。

设置防变形拉筋并提前预制变形补正量;采用退让性好的型、芯砂,以减小钢水收缩的阻碍力;浇注后缓慢冷却,使铸件各部位均匀降温;铸造时已经形成的应力,通过热处理消除。

2.1.2 铸造工艺设计保障措施

索鞍工艺设计采用立做立浇铸造方案,在鞍槽底部设置冒口并设置补衬,顶部摆放冷铁,热节圆角位放置专用成型外冷铁,鞍槽内腔设置工艺拉筋防止变形(图2)。

浇注位置及分型面确定:铸件采用立做立浇,造型方法选择砂箱造型。其中:索鞍分型面全部选择在铸件鞍头底面平面位置。

工艺参数确定:选择模样收缩率为2.0%,按工艺设计保证加工余量。

浇注系统设计:采用底注式浇注系统,其管路口径合理设计。

冒口设置及铸造凝固模拟:根据铸件特点,保证顺序凝固及内部组织致密,确定冒口设置方案。

为确保铸件内部没有孤立液相区,无缩松,钢水最后凝固需在冒口内(图3),采用计算机技术,进行铸造CAE模拟优化分析,确定工艺设计方案能否满足铸件技术质量要求。

图2 鞍体铸造工艺设计图

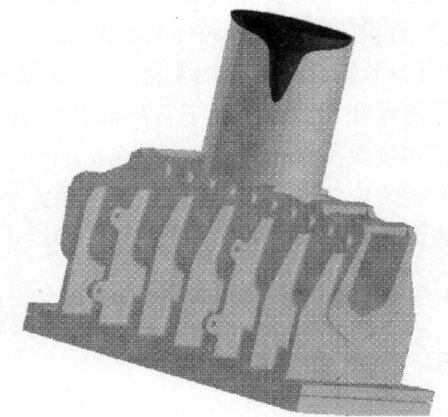

图3 鞍体凝固过程分析图

铸造和热处理工艺评定:铸造及热处理工艺评定是保证铸件质量的一个重要环节,是保证铸造工艺正确和合理的必经途径,是铸件质量及其各项化学成分和性能符合标准的重要验证方法。

2.1.3 实施过程措施保证要求

(1)选择质量可靠稳定、有鞍头铸造经验的专业铸造厂家。

(2)要求铸造厂家对铸造工艺造型进行计算机CAE仿真分析、Niyama缩松预测,确定最优的铸造工艺方案,用以指导生产。

(3)对砂模芯骨、浇冒口布局合理性等进行严格监控,保证钢水流动性好;对砂模烘干,严格控制型砂中水分。

(4)为防止裂纹,要求铸造厂家尽量减少合金中S、P等有害元素;为防止铸件气孔、夹渣、缩松等缺陷,要求铸造厂家在合金熔炼时要充分进行脱氧去气,减少非金属夹杂物,并且钢水冶炼时进行精炼,对冶炼钢水进行旁站抽检。

(5)针对铸造应力、冷裂及变形问题,要求铸造厂必须采取有效的保温措施,以减小铸造各部分温差,使铸件缓慢冷却。

(6)浇注后对铸件进行精整处理。

(7)铸件回厂后进行严格复验。

2.2 机加工

散索鞍鞍体长约5 120mm、宽约3 000mm、高约2 660m,重达78t。散索鞍鞍槽为三维空间复杂曲面,加工难度很大。在其制造过程中,其关键控制加工技术难点如下:

(1)散索鞍的鞍槽由三维空间曲面组成(鞍槽槽底为组合圆弧曲面,鞍槽侧面为直线、圆弧、斜线组成的组合面),槽形复杂,尺寸大,加工精度要求较高。

(2)鞍槽加工时需采用四轴联动的方式,即通过机床的X、Y、Z轴及机床的回转工作台参与旋转的联动,使机床的主轴方向始终为鞍槽底弧的径向,方能将鞍槽槽内的全部余量通过铣削的方式去除,但目前尚无能承受如此重大零件的数控联动工作台。

针对上述难点情况,在加工中采取以下措施:

(1)为了保证鞍槽的精度,加工时采用5轴4联动数控镗床来进行鞍槽和侧壁的加工。通过三维CAM软件UG编制加工程序,然后通过专用仿真软件VERICUT进行仿真加工,确保加工出的鞍槽的精度。最后再通过转动鞍槽角度的方法来实现对未加工残留部位的清根。

(2)在前期加工过程中,考虑设置工艺基准:在鞍体外侧焊接基准块,设置工艺基准带平面,记录与散索鞍中收线的实际尺寸;在鞍槽端部下方设置工艺基准块,将基准块与鞍槽中线垂直的端面和与鞍体底面平行的面进行精加工,作为加工底槽的找正基准;加工底槽时,按基准平面和侧面基准带找正,按侧面基准带平面确定底槽中线位置,并控制对称进行加工,从而保证了相关位置要求;鞍体加工时采用大型工作台加工,通过回转工作台实现底板加工工位到鞍槽加工工位的转换,减小重新起吊和校正引起的二次装夹误差。

3 主要制造技术

3.1 散索鞍鞍体制造

3.1.1 铸造

散索鞍鞍体为整体铸造结构,材质为ZG300-500H材质,重约78t,为满足设计要求,所有铸件毛坯要求采用一次浇注成型,所选用的型砂和芯砂均为优质砂,其物理性能符合相应的标准要求。钢水冶炼过程中要求进行精炼,减少钢水中的杂质。铸件在出箱后进行退火热处理消除铸造应力,并进行正火加回火热处理。

3.1.2 焊接

散索鞍鞍体主体为铸件,铸钢材质为ZG300-500H,底层隔板为Q355D钢板,两者属不同材质的结构件焊接。采用CO_2气体保护焊进行焊接,具有焊接效率高、焊缝成形美观、焊接质量易于控制等优点;在焊接材料的选择上,选用YCJ501-1药芯焊丝,该焊丝与索鞍母材强度匹配,电弧稳定,飞溅少,其焊缝塑性、韧性、焊接接头的抗裂性等符合设计要求;在下料方面,采用数控切割机和水下等离子切割机下料;焊接坡口采用半自动切割成形;在施工方法上,为减少淬硬组织,减小焊接应力及变形,有利于焊缝中氢的逸出,采用整体保温焊接。

3.1.3 机加工

加工时采用5轴4联动数控镗床来进行鞍槽和侧壁的加工。通过三维CAM软件UG编制加工程序,然后通过专用仿真软件VERICUT进行仿真加工,确保加工出的鞍槽的精度。最后再通过转动鞍槽角度的方法来实现对未加工残留部位的清根。

3.2 柱面钢支座制造

散索鞍柱面钢支座主要由上支座板、平面滑板、柱面衬板、球面滑板、下支座板等零件构成,其结构示意图见图4。

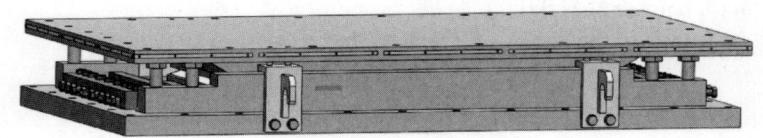

图4 柱面钢支座三维效果图

支座的球面(柱面)衬板、支座板均含有球面(柱面)。为满足球面间的配合要求,保证球面摩擦副间的摩擦系数和摩擦的稳定性,球面必须按照设计图纸规定的尺寸形位公差和表面粗糙度等技术要求进行加工,球面(柱面)加工是零件的加工重点和难点,对机床的选用和精度均有一定的要求,零件加工前需要编制数控加工程序。

关键件数控程序的编制采用先进的三维造型及加工软件,首先利用UG软件的CAD功能对零件进行实体建模;而后利用UG的CAM功能选择合适的加工刀具及加工方法,生成刀具路径,经后处理生成机床所需的G代码程序;最后利用加工仿真软件VERICUT对加工程序进行仿真验证。在零件实际加工还有1mm余量时,对球面(柱面)的型值点进行检测,检测合格后方能进行球面的最终精加工,从而确保了球面(柱面)的正确性。

数控加工零件的加工设备主要采用高精度的数控镗铣床,严格按照工艺要求进行加工和处理,加工前需要对数控机床的加工精度进行检验,合格后方可进行机械加工。在加工过程中,我们采用了激光跟踪仪(API)进行球面(柱面)半径及轮廓度的在线检测,针对在线检测的结果对刀具的磨损进行补偿,对程序进行修正,确保球面(柱面)加工的正确性。在加工完成后,对衬板球面(柱面)的半径及轮廓度在高精度的三坐标测量仪上进行测量,经测量所有球面的半径及轮廓度均达到了图纸要求。另外,由于表面光洁度要求很高,加工时采用恒定线速度的车削加工方法提高球面的光洁度,同时采购专用的球面抛光设备,对球面进行人工抛光。

散索鞍柱面钢支座设计时通过设置平面滑动摩擦副和柱面转动摩擦副来保证散索鞍的摆动运动,平面滑动副和柱面转动摩擦副采用镜面不锈钢板+自润滑铜基板或改性高分子量达克纶材料,制造时通过控制摩擦副材料表面的光洁度及圆柱度,保证摩擦副表面具有低摩擦系数,从而保证柱面钢支座的摆动运动功能。

3.3 散索鞍底座板制造

散索鞍底座板采用铸钢件结构,毛坯铸造方案和方法以及有关要求与散索鞍鞍体类似,铸造时采用平浇方式。底座板和散索鞍鞍体一样,进行退火+正火+回火热处理工艺,底座板保温时间为16h。

底座板的机械加工,拟采用龙门铣镗床加工平面,用摇臂钻床进行钻孔,加工后对加工面进行超声波和磁粉探伤检验。

3.4 散索鞍试装配

散索鞍制作完成后,进行厂内试装配,进行尺寸和形状检查,使其符合图纸要求,可动部件应能活动自如,同时应检查各零部件的防护层有无破损,有损部分应及时修补。

检查合格后,对各零部件的中心线位置及鞍体的 IP 点位置作出永久性定位标记,为现场安装定位和测量提供基准。

由于散索鞍底座板需要提前交货,散索鞍装配前,需将底座板、柱面钢支座试装配,检查螺栓的配合情况。散索鞍装配时,先装配钢支座,钢支座装配检验合格后,将底板水平放置在地轨上,再将柱面钢支座放置在底板上,利用工装固定,然后吊起鞍体,将鞍体连接孔对准钢支座的连接孔,缓慢落下,检测各部件的配合精度。

在各安装标记点处做安装定位标记,为现场安装定位和测量提供基准。

4 结语

本文分析了南京仙新路过江通道工程跨江大桥散索鞍制造重难点,并提出了应对措施,介绍了散索鞍主要制造技术。通过对散索鞍首制件的检测验收,验证了散索鞍加工制造工艺的可行性,并取得了较好的效果。

参 考 文 献

[1] 许兆斌,董小亮.虎门二桥坭洲水道桥索鞍制造技术[J].桥梁建设,2017,47(6):111-116.
[2] 张成东,肖海珠,徐恭义.杨泗港长江大桥总体设计[J].桥梁建设,2016,46(2):81-86.
[3] 唐贺强,曹洪武,万田保.重庆寸滩长江大桥主桥设计[J].桥梁建设,2013,43(3):71-76.
[4] 刘石强,石红昌,王云飞,等.悬索桥索鞍及索夹表面处理制造工艺[J].中国重型装备,2019(2):40-42+46.
[5] 王毅,周畅.南京长江第四大桥主索鞍及散索鞍的制造工艺研究[J].公路交通科技(应用技术版),2015,11(5):219-221.

40. 门式墩系梁支架设计与施工

吕婷婷[1] 巴正一[2]

(1.南京市公共工程建设中心；2.中交路桥华东工程有限公司)

摘　要：随着桥梁技术的迅猛发展，桥梁跨径的日益增大，墩柱就越来越高，而系梁作为门式墩柱的连接系，施工中存在着越来越大的难度。文章结合南京仙新路引桥S6号墩系梁施工，重点介绍系梁支架设计、安装、拆除等重要环节，对此类工程施工具有一定借鉴意义。

关键词：系梁　支架　设计　施工

1　工程概况

南京仙新路过江通道工程全长约13.17km，跨江主桥采用主跨1 760m的单跨门型塔整体钢箱梁悬索桥，主桥跨度布置采用580m+1 760m+580m，矢跨比1/9。

南引桥S6墩系梁处于双立柱顶部，为半圆形，端部高度为5.5m，中部高度4m。系梁长度为9.95m，宽度为2.6m；墩柱施工完成后，系梁采用支撑托架法施工。混凝土方量为116m³（图1）。

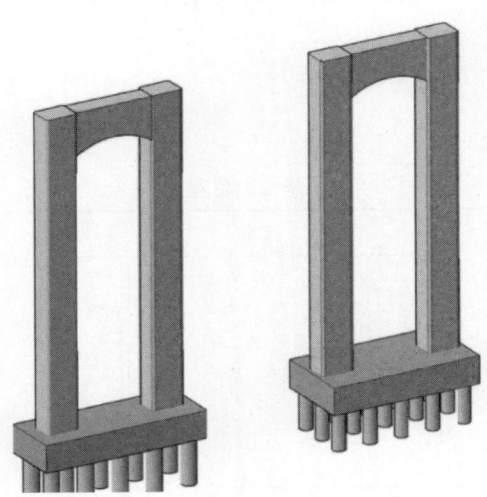

图1　引桥墩身及系梁结构图

2 系梁支架设计

根据系梁结构形式采用定制的半圆形拱架,承重结构为牛腿,采用 M36-D25 爬锥埋件系统,在牛腿上设置钢垫块,便于后期托架拆除。

具体结构形式为牛腿锚固在墩柱内侧,单个墩柱顺桥向布置2个牛腿,中心间距为1.6~2.1m;牛腿上设置钢垫块,承重梁支承钢垫块上,钢垫块高度为32cm;承重梁采用2HN600×200型钢组合,分配梁采用自制桁架结构,上弦杆、腹杆及斜杆采用I20a(两端腹杆采用I25a),下弦杆采用HN400×200,桁片间距40cm;底模系统由10mm钢板、[10 槽钢(间距30cm)组成,置于桁架分配梁上(图2)。

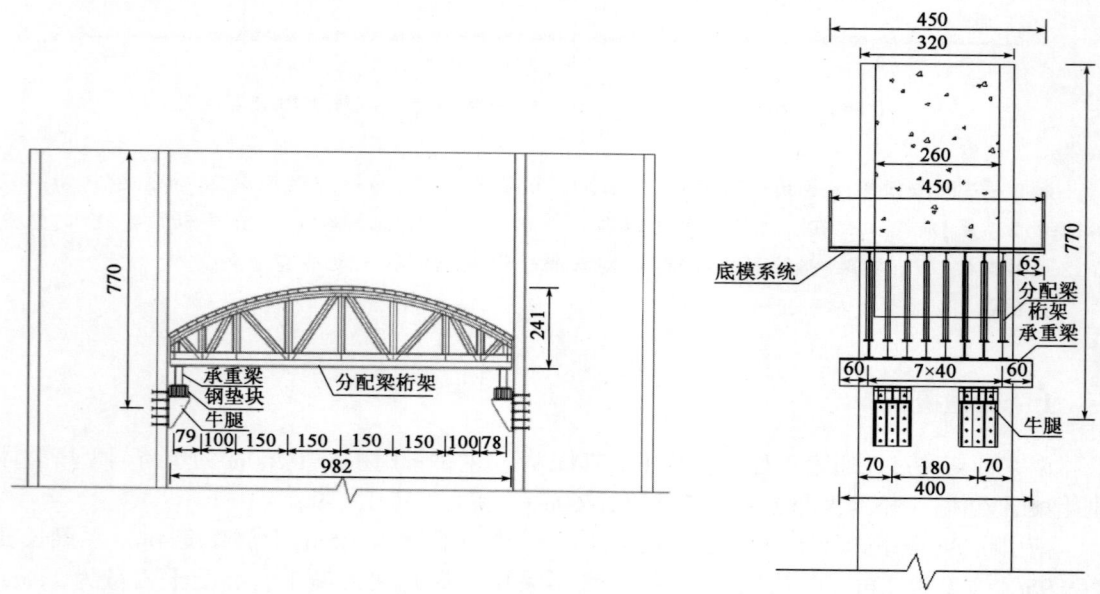

图2 系梁支架结构图(尺寸单位:cm)

3 系梁支架安装

3.1 施工流程图(表1)

施工流程 表1

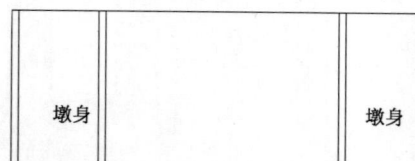

第一步:在墩身施工时在相应位置埋设牛腿支架预埋件,待模板拆除后安装牛腿。

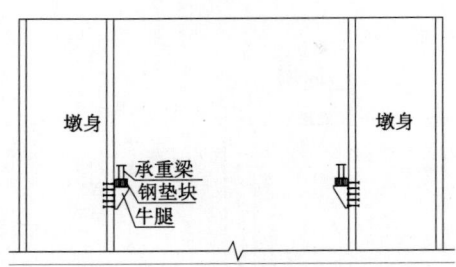

第二步:安装钢垫块(卸落装置),通过钢板抄垫将楔块顶面标高调整一致并焊接承重梁。

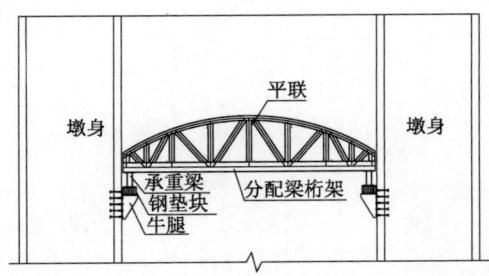

第三步:单片整体吊装分配梁桁架,并与承重梁焊接固定,安装平联。

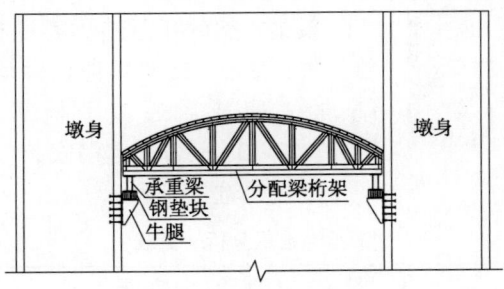

第四步:底模系统安装,并搭设施工平台。

3.2 牛腿预埋件安装

牛腿由1块锚板(厚3cm),1块盖板(厚2cm),4块竖向劲板(厚2cm)组成。牛腿钢板采用角焊缝,焊接厚度不小于10mm。焊缝质量等级为二级。

预埋件由爬锥、受力螺栓、高强螺杆等系统组成。注意施工时,需设置定位板保证爬锥定位的精度,本项目单个牛腿通过15个M36-D25埋件系统连接,单个埋件系统具体配置见表2和图3。

埋件系统一览表　　　　表2

序号	爬锥	受力螺栓	高强螺杆	埋件板
1	M36-D25	M36×75(8.8级)	$D25, L=40cm$	$D=100$

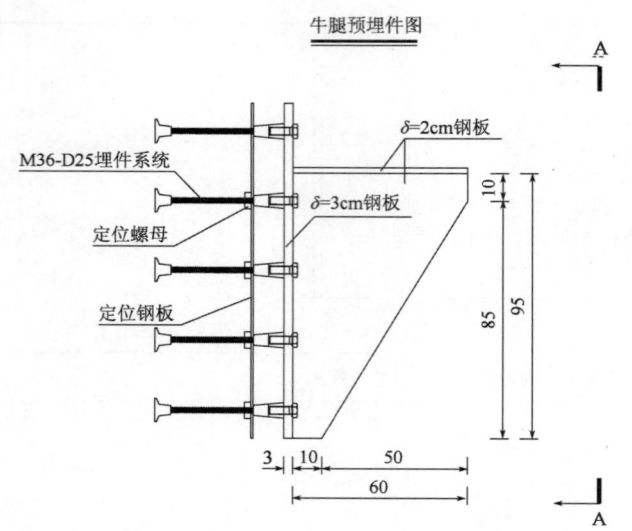
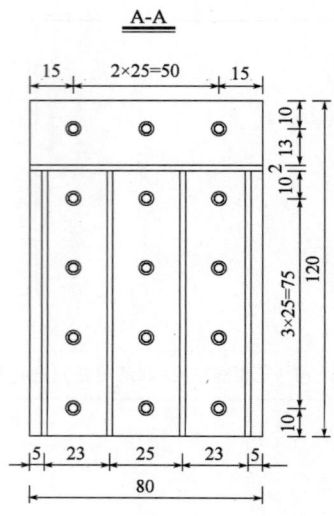

图3 牛腿预埋件示意图(尺寸单位:cm)

3.3 支架施工

牛腿安装完成后,在顶面设置钢垫块卸落装置。通过钢板抄垫把钢垫块顶面标高调整一致。卸落块上承重梁采用2HN600×200型钢;分配梁桁架采用自制桁架结构,上弦杆、腹杆及斜杆采用I20a(两端腹杆采用I25a),下弦杆采用HN400×200型钢,桁片间距40cm。

系梁支架的弧形结构委托有资质的专业钢结构加工单位进行制作,支架其他构件均在钢结构加工厂加工预制,加工完成后通过平板车运输至施工现场,采用XGT7018-10S型塔吊起吊安装(图4)。

钢丝绳选用见表3。

图4 系梁拱架安装

钢丝绳选用分析一览表　　表3

吊件名称	重量	起吊方式	钢丝绳规格
牛腿	0.5	2点吊装,吊装角度60°	φ20-6×19-1570钢芯钢丝绳
承重梁	0.81		
桁架	1.53		
分配梁	0.45		
平联	0.28		
底板	1.06		
侧模板	1.87		

3.4 底模系统安装

底模系统由10mm钢板及[10槽钢组成,槽钢布置间距为30cm,安装时与分配梁桁架进行焊接固定,槽钢安装完成后在顶面铺设10mm钢板作为系梁底模及人员操作平台,并在槽钢两侧搭设安全护栏(护栏采用φ48×3mm钢管,高度为1.2m,上下两层),确保施工人员的安全(图5、图6)。

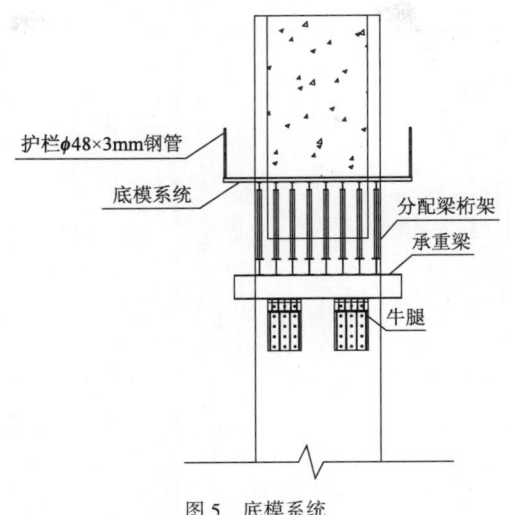

图 5 底模系统

图 6 底模系统安装

4 系梁支架拆除

系梁回弹强度达到100%后,进行支架拆除工序。

拆除顺序为搭设顺序的逆向。

4.1 施工流程图(表4)

施工流程 表4

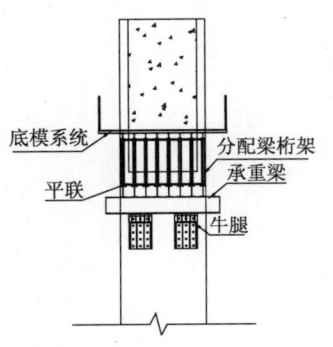	第一步:割除钢垫块,使支架进行落架

319

续上表

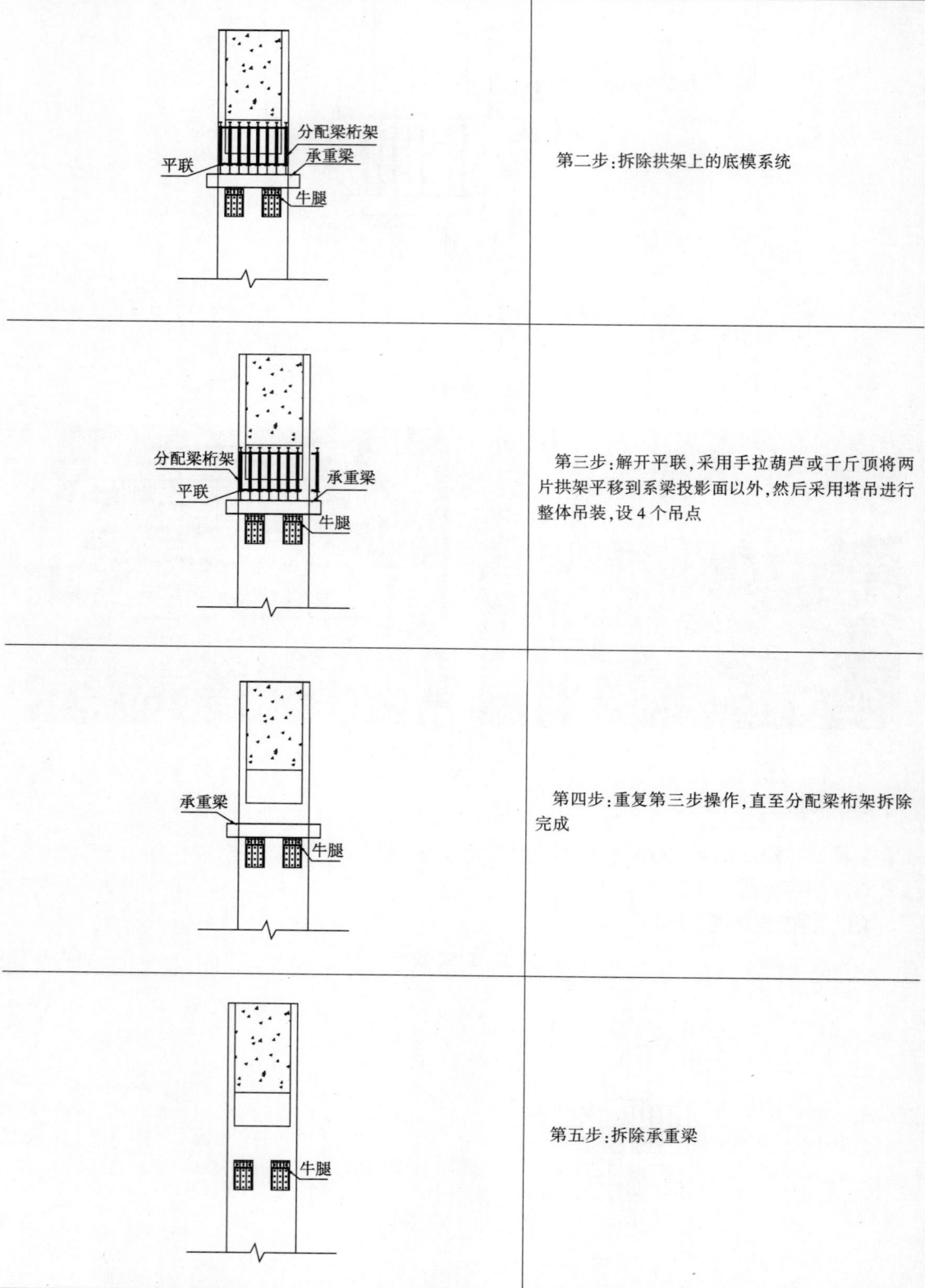

	第二步:拆除拱架上的底模系统
	第三步:解开平联,采用手拉葫芦或千斤顶将两片拱架平移到系梁投影面以外,然后采用塔吊进行整体吊装,设4个吊点
	第四步:重复第三步操作,直至分配梁桁架拆除完成
	第五步:拆除承重梁

续上表

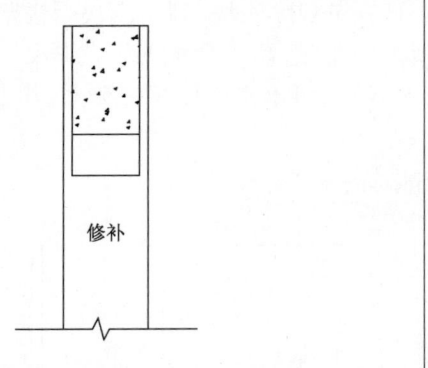	第六步:拆除牛腿预埋件,并采用等强度微膨胀混凝土对预埋孔进行处理

4.2 落架系统的安装

在系梁顶部预埋钢板上焊接型钢作为扁担梁,焊缝长度为20cm,厚度为2cm,手拉葫芦的两端分别勾在扁担梁距离系梁40cm的钢丝绳上,另一端钩在支架系统承重梁上对应位置的钢丝绳上,并在外侧焊接[10的槽钢进行限位,在承重梁处钢丝绳缠绕的位置需采用钢管进行包边处理,包边长度沿型钢长度方向20cm,避免钢丝绳磨损(图7、图8)。

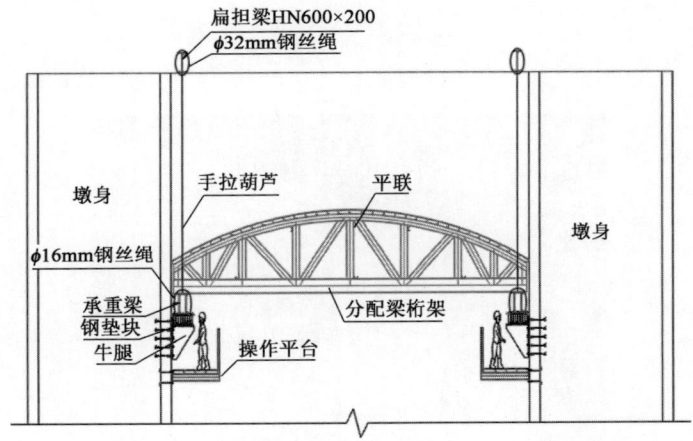

图7 落架系统设计

图8 落架系统的安装

4.3 割除钢垫块

两个垫块需要同步切割,垫块为 4 拼 I32,先割除两块,剩余两块缓慢割除,每次割除 3~5cm,下放的同时观察葫芦的受力情况,施工作业时,葫芦全程处于拉紧受力的状态。切割直至垫块可从牛腿上移除,采用手拉葫芦进行调整,将承重梁落在牛腿上,并进行焊接临时固定(图9、图10)。

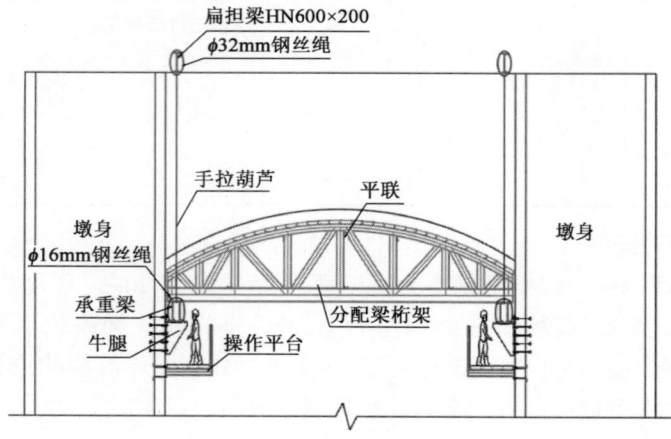

图 9　割除钢垫块示意

图 10　割除钢垫块实物

4.4 拆除底模系统

采用塔吊配合手拉葫芦进行底模系统的拆除。首件解除分配梁槽钢与钢板之间的焊缝,直接采用塔吊将钢板吊离,然后解除分配梁槽钢与桁架片之间的联系,由于空间的限制,由两名工人从低到高依次对分配梁槽钢进行抽离,并用钢丝绳绑扎牢固后用塔吊进行吊装(图11、图12)。

4.5 拆除分配梁桁架

拆除时两侧交替拆除。首先解开平联,注意不要割伤桁架,采用塔吊配合手拉葫芦将两片拱架平移到系梁投影面以外,手拉葫芦挂在承重梁上,塔吊辅助吊装,起到稳定性作用,待葫芦将桁架拉出系梁投影面后,采取塔吊进行吊离(图13)。

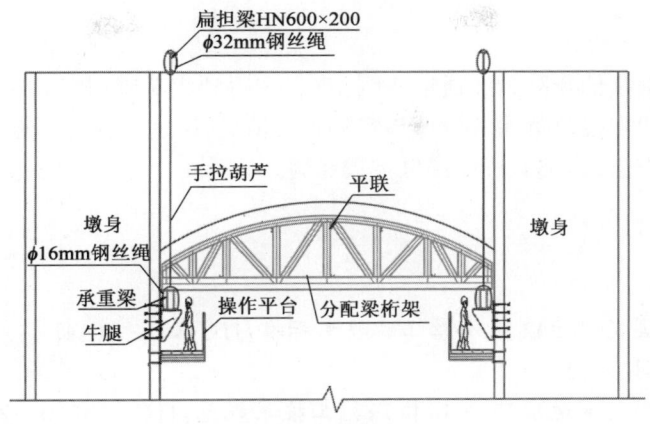

图 11　拆除底模系统示意

图 12　底模系统拆除实物

图 13　系梁拱架拆除

4.6　拆除承重梁及牛腿

拆除承重梁时,承重梁的两端分别连接塔吊和葫芦,葫芦一端固定在牛腿上,一端钩住承重梁,升起一定高度后由塔吊进行转向使承重梁吊离操作平台范围,缓慢放松手拉葫芦,使承重梁重量完全由塔吊承担(图14)。

图 14　承重梁及牛腿拆除

5 结语

系梁支架已在南京仙新路过江通道 A1 标项目中得到成功应用。

本文介绍了支架安装及拆除的设计与实际施工情况,论述了施工要点及注意事项,总结出的施工流程及施工方法,为类似桥梁提供宝贵经验。

参 考 文 献

[1] 中华人民共和国交通运输部.公路工程技术标准:JTG B01—2014[S].北京:人民交通出版社股份有限公司,2015.

[2] 中华人民共和国交通运输部.公路桥涵施工技术规范:JTG/T 3650—2020[S].北京:人民交通出版社股份有限公司,2020.

[3] 潘平.公路桥梁高墩施工技术探讨[J].低碳世界,2016(23):177-178.

41. 一种预制节段梁测量塔定位圆盘轴线调整新方法

周海生 岑 超 刘世超

(中交二航局第四工程有限公司)

摘 要：短线法预制节段梁施工已是桥梁工程建设中的常见技术，固定端模长期使用会产生一定程度的变形，测量塔自身沉降会导致定位圆盘发生一定程度的偏移，导致在后期预制施工过程中测量塔定位圆盘中心点偏离固定端模的中轴线。常规方法的调整对象为固定端模，本文提出一种新方法将测量塔直接作为调整对象，在不调整固定端模的情况下，使得测量塔定位圆盘能够根据需要进行左右定量横移，将其中心点直接重新纠正到固定端模中轴线上，实现精细化调整，避免常规方法对固定端模的损伤及对预制局部坐标系的影响，减少了人员和设备的投入。

关键词：固定端模 测量塔 定位装置 调整

1 引言

短线法预制节段梁施工已是桥梁工程建设中的常见技术，节段梁预制厂固定式预制台座目前多采用单测量塔设站测量[1]，相比于双测量塔设站测量，可节约测量塔建造与控制网维护成本。单测量塔设站测量是将安置全站仪的测量塔设置于固定端模中轴线上，直接测量固定端模轴线中点棱镜平距，通过方位角(置零)设站。通过测量固定端模两侧对称点的平距进行测量塔与固定端模中轴线关系检核，通常要求安置的全站仪定位圆盘(即测量塔强制对中盘)中心与固定端模轴线偏差不大于5mm[2]，若轴线偏差超过5mm，该预制台座将暂停使用，需要重新调整定位圆盘的轴线偏差(图1)。

图1 固定端模

2 常规调整方法

测量塔建造时,采用预制台座轴线放样的方法埋设测量塔,在测量塔顶部预埋件位置焊接定位圆盘,此时测量塔定位圆盘一般不在固定端模中点的垂线上,需要通过调整固定端模来使得定位圆盘处于其中垂线上。在节段梁长期预制施工中,受各种施工因素影响,固定端模和测量塔塔柱易发生跑位偏移,导致使用过程中定位圆盘轴线偏差易超出5mm要求。

常规处理手段需切除固定端模与施工平台的连接件,使用气割、电焊机、手拉葫芦、全站仪等多种设备工具,根据测量数据对固定端模进行调整,达到测量塔定位圆盘距离固定端模中轴线偏差不大于5mm,满足要求后重新将固定端模与施工平台焊接连接,这种粗放式调整方法投入人员与工具多、耗时长、易损伤固定端模,对以固定端模作为预制局部坐标系统影响较大,调节精度约为2mm(图2)。

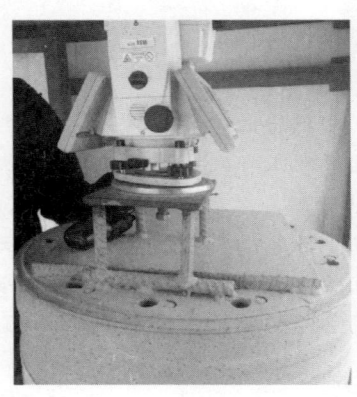 

图2 常规全站仪安置定位圆盘

3 创新调整方法

固定端模长期使用会产生一定程度的变形,测量塔自身沉降会导致定位圆盘发生一定程度的偏移,这些情况均会导致定位圆盘中心点偏离固定端模的中轴线,需研制一种适用于节段梁预制台座测量塔定位装置,使得定位圆盘能够根据需要进行左右定量横移,将定位圆盘中心点直接重新纠正到固定端模中轴线上,实现测量塔定位圆盘轴线的精细式调整(调节精度达到1mm)。

3.1 装置构成

适用于节段梁预制台座测量塔定位装置[3]由塔柱、安装板一、安装板二、钢筋柱、定位圆盘、连接螺丝、轴承座及摇杆等组成。塔柱的顶部焊接有水平的安装板一,安装板一的正上方通过钢筋柱连接设有水平的安装板二,安装板二的中间设有滑槽一并在滑槽一的上方设有定位圆盘,定位圆盘的上端面的中心设有连接螺丝,定位原盘的下端面的中心设有安装块,滑槽一的下方设有丝杆并通过轴承座安装在安装板二的下端面,丝杠一端可以方便安装摇杆,丝杆另一端与安装块相连接。装置结构图如图3所示。

3.2 定量调整

适用于节段梁预制台座测量塔定位装置通过摇动摇杆经丝杆传动后即可带动定位圆盘的位置调整,摇杆每转动一圈,定位圆盘可移动2mm,若定位圆盘需要移动Tmm,则摇动摇杆$T/2$圈即可,再通过锁紧螺钉将定位圆盘固定在安装板二上,即完成了定位圆盘的定量调整。

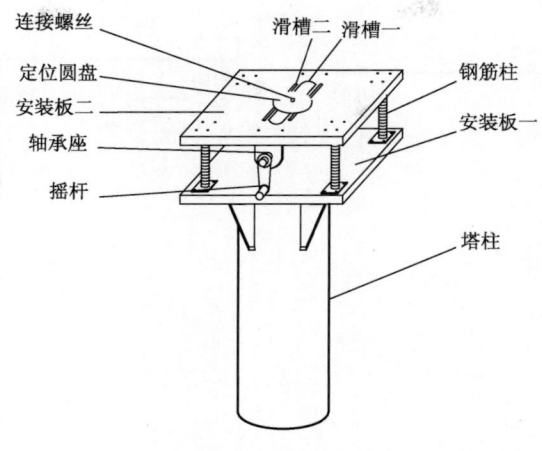

图 3　装置结构图

固定端模厚度为 $d$mm，在测量塔与固定端模严格垂直的情况下，固定端模上 LI1、I1、RI1 三个控制测量点的 X 值均为 $-d/2$mm，在使用过程中会发现，LI1、RI1 左右两个控制测量点的 X 值发生变化，一点 X 值大于 $-d/2$m，另一点 X 值小于 $-d/2$m，从数据看，固定端模的模板似乎是发生了旋转，固定端模中点 I 与测量塔定位圆盘中点的连线不再与固定端模严格垂直，需要通过测量塔定位装置横移定位圆盘中点至固定端模中轴线上。

固定端模上左右两个控制测量点 LI1、RI1 关于 I1 中点对称，与 I1 中点距离为 Lm，测量塔定位圆盘中心至固定端模中点 I1 的平距为 Sm，通过几何关系可计算出测量塔定位圆盘中心的轴线偏移量（图 4）。

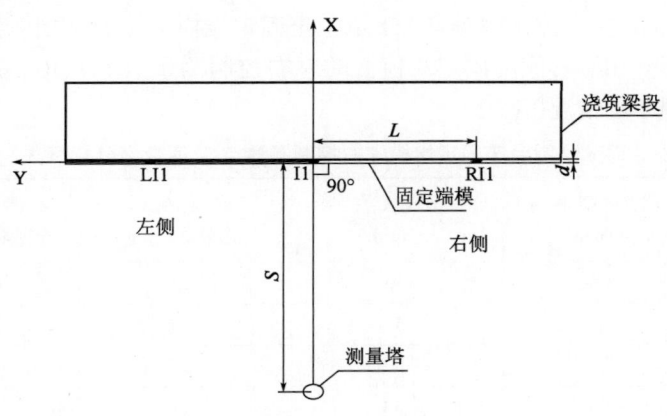

图 4　固定端模预制局部坐标系

左侧控制测量点 LI1 处 X 值变化量：ΔX_L = 左点 X 实测值 + $d/2$
右侧控制测量点 RI1 处 X 值变化量：ΔX_R = 右点 X 实测值 + $d/2$
固定端模在 X 方向平均变化量：$\Delta X = (\Delta X_L - \Delta X_R) \div 2$
测量塔定位圆盘中心轴线偏移量：$T = \Delta X \div L \times S$

ΔX 为正号，表示测量塔定位圆盘中心在固定端模中轴线的右侧，需要将定位圆盘中心向左侧横向移动 $|T|$mm；ΔX 为负号，表示测量塔定位圆盘中心在固定端模中轴线的左侧，需要将定位圆盘中心向右侧横向移动 $|T|$mm。测量塔定位圆盘调整示意如图 5 所示。

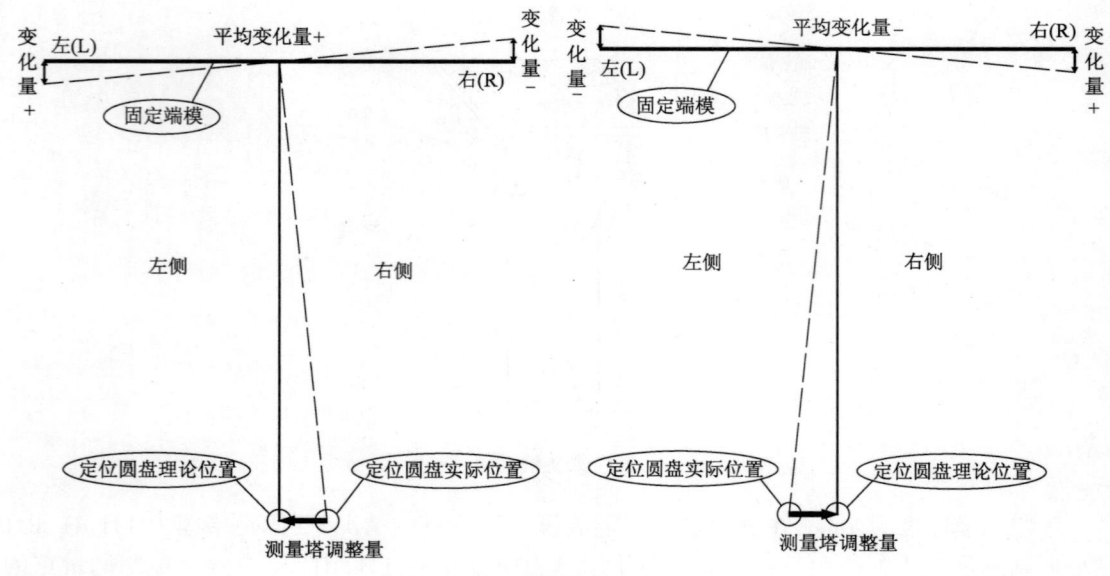

图 5 测量塔定位圆盘调整示意图

4 创新应用实践

4.1 发现问题

以五峰山公路节段梁预制厂短线法节段梁预制为例,预制台座配置的固定端模厚度均为 10mm,在测量塔与固定端模严格垂直的情况下,固定端模上左、中、右三个控制测量点 LI1、I1、RI1 的 X 值均为 -5mm,左右控制测量点 LI1、RI1 至固定端模中点 I1 的距离 $L=6.5$m。在使用一段时间后,发现部分预制台座的固定端模上的左右控制测量点 LI1、RI1 的 X 值发生异步位移,存在一侧大一侧小的情况,见表 1。

部分预制台座固定端模左右控制测量点 X 值变化分析表　　　　表 1

台座编号	点位标识	调整前实测 X 值(mm)	理论 X 值(mm)	左/右点 X 变化量 ΔX(mm)	测量定位圆盘中心至固定端模中点 I1 平距 S(m)
1-1	LI1	-3.4	-5.0	1.6	18.842 8
1-1	RI1	-9.0	-5.0	-4.0	18.842 8
2-3	LI1	-7.7	-5.0	-2.7	20.835 3
2-3	RI1	-2.6	-5.0	2.4	20.835 3

从表 1 中可以看出,预制台座固定端模左右控制测量点的 X 值发生异步变化,一侧变大一侧变小,X 值变化量的绝对值基本相当,反映出测量塔定位圆盘相对于固定端模中轴线的位置发生了变化。

4.2 分析问题

固定端模左右控制测量点的 X 值反号变化,且变化量的绝对值基本相当,说明固定端模板依然基本保持在一条直线上,没有发生变形。结合测量塔周边地面混凝土存在开裂及塔两侧堆载情况(图 6)进行初步分析,地面不均匀沉降引起测量塔倾斜导致定位圆盘产生一定的水平位移,进而使得定位圆盘中心与固定端模中点连线与固定端模自身中轴线不再重合,使得固定端模左右控制测量点的 X 值发生异步变化。

图 6　测量塔周边地面发生不均沉降开裂

在发现测量塔周边地面沉降开裂后,为证明测量塔定位圆盘发生了偏移,对测量塔进行了水平位移监测,监测结果见表 2。

测量塔水平位移监测　　表 2

测量塔编号	日期:2019-1-18		日期:2019-2-12		变化量(mm)	
	X(m)	Y(m)	X(m)	Y(m)	ΔX	ΔY
1-1	18.9069	65.9253	18.9093	65.9278	2.4	2.5
2-3	-10.0480	113.7286	-10.0507	113.7259	-2.7	-2.7

从表 2 中可以看出,测量塔定位圆盘中心点发生的水平位移均大于 2mm,证实了因地面不均匀沉降开裂导致测量塔定位圆盘中心确实存在较明显的水平位移。

4.3　处理措施及效果

五峰山公路节段梁预制厂生产线上的测量塔应用了节段梁预制台座测量塔定位装置,对需要调整轴线的测量塔转动装置摇杆横移定位圆盘进行定量调整,各测量塔定位圆盘的横移方向即摇杆转动圈数见表 3。

待调测量塔定位圆盘定量调整表　　表 3

测量塔编号	平均变化量 ΔX(mm)	距离 L(m)	平距 S(m)	轴线偏移量 T(mm)	横移方向	摇杆转动圈数(圈)
1-1	2.8	6.5	18.8428	8.1	向左侧移动	4.1
2-3	-2.6	6.5	20.8353	-8.2	向右侧移动	4.1

从表 3 可以看出,测量塔定位圆盘中心点轴线偏差均超出限差 5mm 要求,需要利用测量塔定位装置将定位圆盘中心点横移到固定端模中轴线上。

依据表 3,松动安装板二下的锁紧螺钉,按照横向移动方向转动装置摇杆定量圈数,使得定位圆盘中心重新回到固定端模中轴线上,上紧锁紧螺钉将定位圆盘再次固定,完成对测量塔定位圆盘轴线偏差的纠正。再次在测量塔定位圆盘上安置全站仪,对预制台座固定端模上的左右控制测量点 LI1、RI1 的 X 值进行数据采集,见表 4。

测量塔轴线偏差调整后固定端模左右控制测量点 X 值变化分析表　　　　表4

台座编号	点位标识	调整后实测 X 值(mm)	理论 X 值(mm)	左/右点 X 变化量 ΔX(mm)
1-1	LI1	-6.1	-5.0	-1.1
	RI1	-6.3	-5.0	-1.3
2-3	LI1	-5.3	-5.0	-0.3
	RI1	-5.0	-5.0	0.0

从表4可以看出,利用测量塔定位装置将定位圆盘中心点轴线偏差调整后,固定端模左右控制测量点 X 值变化量为1mm左右,数值较小,且符号相同,表明测量塔定位圆盘中心点较好的恢复到固定端模中轴线上。

5 两种方法对比分析

5.1 流程对比

两种方法流程对比如图7所示。

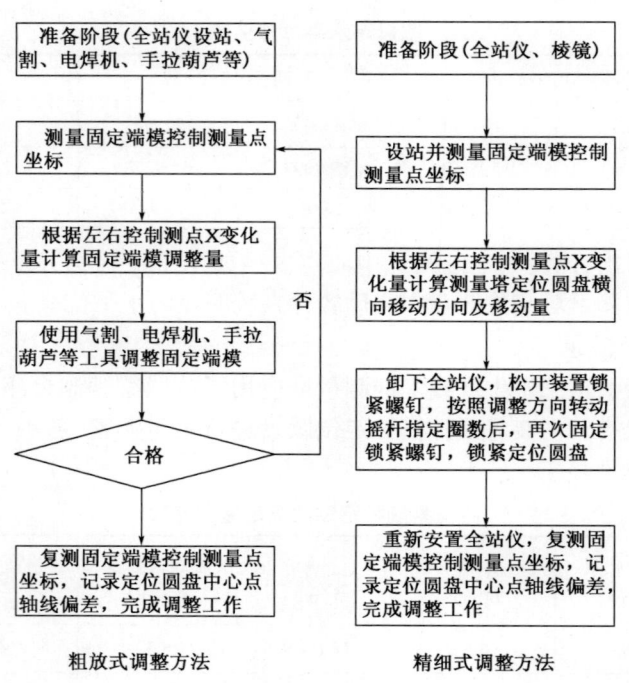

图7 两种调整方法流程对比图

从流程图对比中可以看出,粗放式调整方法需要调整多次才能将测量塔定位圆盘中心点轴线偏差调至限差要求内,精细式调整方法利用装置只需一次定量调整就可以将测量塔定位圆盘中心点轴线偏差调至限差要求内。

5.2 功效对比

两种方法功效对比见表5。

两种方法功效对比表　　　　　　　　　　　　　　　表5

项　　目	粗放式调整方法	精细式调整方法
人	需要测量人员2名、工人3名	仅需要测量人员2名
设备工具	全站仪、棱镜、气割、电焊机、手拉葫芦、角钢连接件	全站仪、棱镜
调整对象	固定端模	测量塔定位圆盘
调整时间	一个预制台座调整一次固定端模平均约用2h	一个预制台座调整一次测量塔仅需10min
轴线调整精度	2mm	1mm

6　结语

在短线法节段梁预制生产线上,固定式预制台座的测量塔定位圆盘轴线偏差超出要求的情况下,使用新装置对定位圆盘轴线进行精细式调整,不但避免了损伤固定端模,保护了以固定端模为基准的预制局部坐标系,而且调整过程简单、快速,节省了人力物力,提高了轴线调整精度,该创新方法有效地解决了预制节段梁测量塔定位圆盘中心位于固定端模中轴线上的调整难题。

参考文献

[1] 陈昊,夏辉.短线匹配法箱梁节段预制测量方法研究[J].现代测绘:2018,41(2):9-12.
[2] 江苏省交通工程建设局,中交第二航务工程局有限公司.短线法节段梁预制及安装质量检验标准:T-JSTERA 13—2020[S].南京:江苏省交通经济研究会,2020.
[3] 钟永新,鲁兴旺,邢键,等.一种适用于节段梁预制台座测量塔定位装置:中国ZL201921992021.0[P].2020-08-28.

42. 大体积混凝土防裂技术在沉井顶盖板中的应用

陈会振[1] 张 说[2]

(1. 南京市公共工程建设中心；2. 中交第二工程局有限公司)

摘 要：大体积混凝土施工时会产生大量水化热，内外温差极易造成结构开裂，为了预防结构裂缝，结合南京仙新路过江通道北锚碇沉井顶盖板大体积温控措施，从材料选择、配合比、养护几个方面对大体积混凝土防裂措施进行探讨。

关键词：大体积混凝土 水化热 顶盖板 裂缝控制

1 引言

随着科学技术的进步，特大跨径桥梁越来越多，悬索桥是特大跨径桥梁的主要形式之一，沉井作为锚碇基础的一种形式广泛应用在各种大型悬索桥中。

沉井顶盖板是连接沉井基础与锚体的重要部分。顶盖板体积大、单次浇筑混凝土方量大、施工条件复杂，如果施工不当极易产生裂缝，轻者会影响混凝土的耐久性，重者将影响混凝土的力学性能，裂缝过大可能会通过顶盖板贯穿锚体，导致锚体结构破坏，对桥梁危害大。

目前，人们对机械荷载下大体积混凝土结构开裂问题研究较透彻，但对大体积混凝土施工中因施工方法、水化热升温等导致的开裂问题还缺乏实质性的研究。

本文结合南京仙新路过江通道北锚碇顶盖板施工，从材料选择、配合比、养护等几个方面及探讨预防大体积混凝土开裂的施工措施。

2 工程概况

仙新路过江通道主桥为 680m+1 760m+680m 门架式单跨门型塔整体钢箱梁悬索桥，矢跨比 1/9。南锚碇基础为地下连续墙，北锚碇基础为沉井。

沉井顶盖为钢筋混凝土顶盖，其平面尺寸为 67.4m×47.6m、厚 6~7.5m。混凝土标号为 C30，方量 22 273.9m³。

大体积混凝土因浇筑后在 72h 左右水化热达到顶峰然后逐渐下降，环境的影响和养护措施不当，内外温差过大会造成大量裂缝产生。

3 防裂施工措施

3.1 大体积混凝土裂缝原理

温度及湿度的变化、水泥的水化热、原材料不合格、模板变形、基础不均匀沉降等是造成混凝土开裂的重要因素。

(1)外界气温变化：外界温度与混凝土表面温度、混凝土内外温度的温差越大，所产生的温度应力越大，越容易开裂。

(2)混凝土收缩：混凝土的水蒸发以后，干燥收缩变形会产生收缩应力，造成混凝土干缩裂缝。

(3)水泥水化热：由于大体积混凝土各方向尺寸大、体积大，水化热不易散发，导致热量聚集，温度升高过快。混凝土前期强度低，对温升引起的变形约束小，而随着强度升高，混凝土对收缩变形的约束越来越大，产生很大的温度应力，温度应力超过抗拉强度后，就会产生裂缝。

3.2 原材料选择

(1)水泥：采用 P.O42.5 普通硅酸盐低碱水泥。C3A 不超过 7%，大大抑制热量快速提升。

(2)砂：采用质地坚硬、级配良好的 B 类低碱活性天然中粗砂。含泥量控制不大于 1%、细度模数控制在 2.5~3.0。优质中粗砂可以有效降低混凝土的温升和减少混凝土的收缩。

(3)碎石：采用直径 5~25 连续集配碎石。

(4)粉煤灰：采用 F 类 I 级粉煤灰。能够改善混凝土工作性能，降低水化热，增加混凝土密实度，延缓前期强度增加，吸收混凝土中碱活物，提高抗裂性能。

(5)矿粉：采用 S95 矿粉，能够减少每方混凝土中水泥用量，能降低水灰比，延缓凝结时间，延缓水化热快速上升，提高抗裂能力。

(6)外加剂：采用聚羧酸型外加剂 HLC-IV，可以减少用水量，改善混凝土各项性能。

3.3 配合比

顶盖板混凝土属于大体积混凝土，配合比按 60d 龄期的抗压强度控制(表1)。

沉井顶盖板 C30 配合比 表1

材料名称	水泥	粉煤灰	矿粉	中粗砂	碎石	外加剂	水
规格型号	PO42.5	F类I级	S95	II区中砂	5~25mm	HLC-IV	
单位：kg/m³	180	126	54	827	1053	3.6	140

3.4 温控措施

3.4.1 施工工艺

混凝土在 6m 厚度分为 3 层×2m，在 7.5m 厚度分为 1.5m+3 层×2m，在 7.5m 至 6m 结合部位置设置横向后浇带，后浇带根据锚固系统位置宽度设置(图1)。

3.4.2 绝热温升计算

根据下面计算公式计算不同时间绝热温升：

$$T_{(t)} = \frac{MQ}{C\rho}(1 - e^{-mt}) \tag{1}$$

不同龄期混凝土绝热温升见表2。

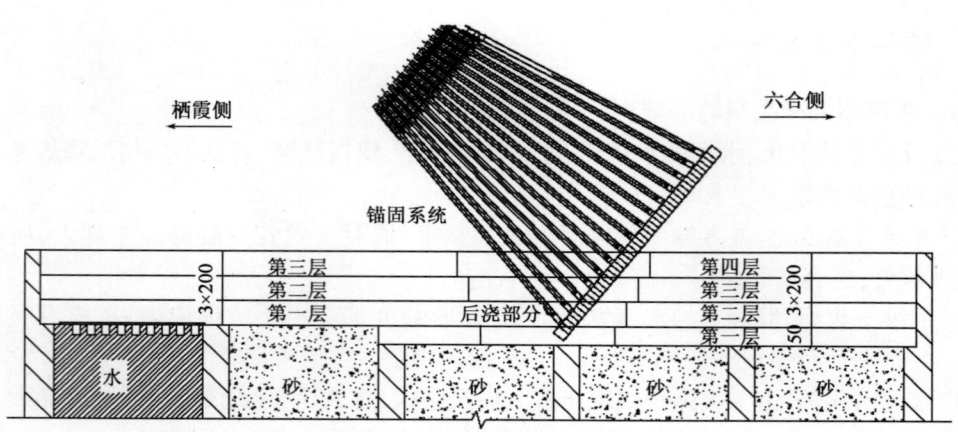

图 1 顶盖板分块浇筑图(尺寸单位:cm)

不同龄期混凝土绝热温升 表 2

龄期(d)	3	6	9	12	15	18	21	24	27	30
$T_{(t)}$(℃)	35.08	37.03	37.13	37.14	37.14	37.14	37.14	37.14	37.14	37.14

3.4.3 混凝土内部最高温度计算

依据下面公式计算混凝土内部最高温度:

$$T_{max} = T_j + \xi_{(t)} T_{(t)} \quad (2)$$

式中:T_{max}——混凝土内部的最高温度;

T_j——混凝土的浇筑温度,因搅拌混凝土无降温措施,取浇筑时的大气平均温度,取30℃;

$T_{(t)}$——混凝土龄期为 t 时的绝热温升(℃);

$\xi_{(t)}$——在龄期 t 时的降温系数。

不同龄期混凝土内部最高温度见表3。

不同龄期混凝土内部最高温度 表 3

龄期(d)	3	6	9	12	15	18	21	24	27	30
T_{max}(℃)	52.8	52.9	51.9	47.8	44.1	40.8	38.5	37.1	35.9	35.6

3.4.4 建模计算

根据浇筑分块和配合比,6m 厚设为Ⅰ区,分为 3 次 2m 浇筑;7.5m 厚度设为Ⅱ区分为 1.5m 和 3 次 2m 浇筑。根据顶盖板特点、计划浇筑时间和其他边界条件,采用 Midas 进行仿真计算(表4、表5)。按照三层和四层浇筑的仿真模型如图2所示。

顶盖板大体积混凝土边界条件 表 4

浇筑层	预计浇筑时间	环境温度(℃)	浇筑温度(℃)	养护方法
Ⅰ区第一层	9月25日	23±3	27	上表面覆盖土工布
Ⅰ区第二层	10月3日	20±3	25	上表面覆盖土工布
Ⅰ区第三层	10月11日	18±3	23	上表面覆盖土工布
Ⅱ区第一层	9月17日	22±3	26	上表面覆盖土工布

续上表

浇 筑 层	预计浇筑时间	环境温度(℃)	浇筑温度(℃)	养 护 方 法
Ⅱ区第二层	10月25日	16±3	22	上表面覆盖土工布
Ⅱ区第三层	11月1日	15±3	21	上表面覆盖土工布
Ⅱ区第四层	11月7日	13±3	20	上表面覆盖土工布

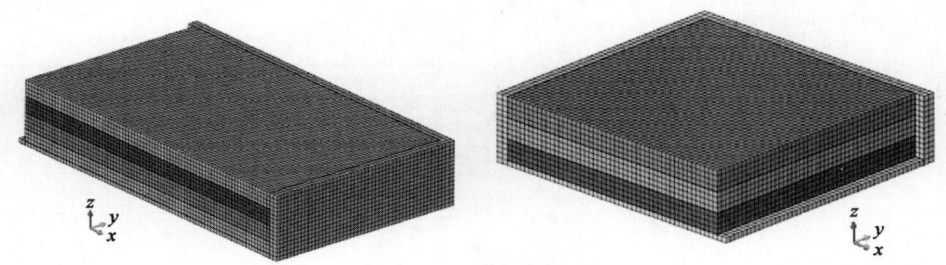

图2 按照三层和四层浇筑仿真模型

大体积混凝土温度计算结果　　　　表5

构 件	浇筑温度(℃)	内部最高温度(℃)	最大内表温差(℃)	温峰出现时间(d)
Ⅰ区第一层	27	60.23	18.37	3
Ⅰ区第二层	25	59.93	18.12	3
Ⅰ区第三层	23	58.65	18.03	3
Ⅱ区第一层	26	48.93	16.45	3
Ⅱ区第二层	22	58.01	17.53	3
Ⅱ区第三层	21	58.53	17.86	3
Ⅱ区第四层	20	58.35	17.64	3

3.4.5 混凝土施工和养护

(1)混凝土采用分层浇筑,分层厚度30cm,浇筑采用汽车泵泵送。

(2)混凝土养护采用内降外保,内侧设置冷却水管,表面采用土工布进行覆盖。根据规范要求,控制混凝土内部最高温度不大于75℃,控制内表温差在25℃以内。养护周期不少于14d。

(3)冷却水管采用$\phi 40.0mm \times 2.0mm$,水管水平管间距为100cm,单层竖向高度为1.0m,水管距离混凝土表面/侧面不小于50cm。控制冷却水管进出口温度在10℃以内,水温与内部混凝土温差不大于20℃,降温速率不大于2℃/天。

(4)为了对混凝土现场温度监控,建设信息监控云平台温度检测仪采用智能化数字多回路温度巡检仪,温度传感器为热敏电阻传感器。通过无线网直接上传至云平台,计算机或手机端均能使用该系统。

根据构件对称性的特点,选取构件的1/4块布置测点。表面温度测点布置在构件中心部位短边长边中心线表面以下5cm处,内部测温点布置在构件中心处。

混凝土温度监测频率和记录要求(图3)如下:

(1)浇筑块温度场测量:浇筑过程中以及浇筑完毕后至水化热升温阶段,2h测量一次温度;水化热降温阶段第一周,4h测量一次温度,一周后每天选取气温典型变化时段进行测量,每天测量2~4次。

（2）大气温度测量：与混凝土温度同步观测。

（3）特殊情况下，如大风或气温骤降期间，增加测量频率。

（4）混凝土全部浇筑完成，根据温度场及应力场的预测结果，与监测结果进行对比，分析并确定终止测量的时间。

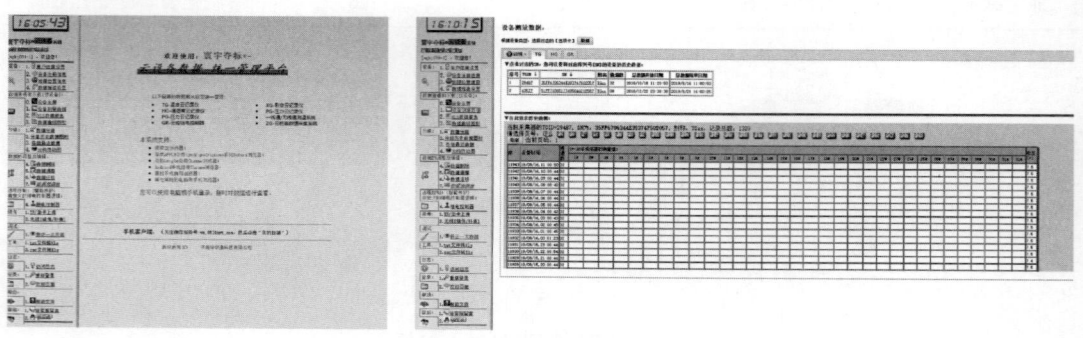

图3　云平台工作界面和数据界面

（5）根据2021年11月5日—9日对浇筑1.5m厚度温控数据显示从起始26.18℃升至最高温度55.6℃然后降至45.3℃。2021年11月16日—19日对第一次浇筑2m厚度温控数据显示从起始30.12℃升至最高温度51℃然后降至48.12℃。

根据温控数据混凝土内部最高温度没有超过60℃，没有超过规范要求75℃。

现场对混凝土表面进行观测，没有裂缝出现，局部出现裂纹。

4　结语

针对南京仙新路过江通道北锚碇沉井顶盖板施工的特点，通过原材料选择、混凝土配合比控制、内降外保养护措施，并采用信息化手段观测内部温度的发展趋势，起到了较好地控制大体积混凝土裂缝的效果。

参 考 文 献

［1］朱伯芳.大体积混凝土温度应力与控制［M］.北京：中国电力出版社，1993.
［2］袁荣辉,王碚,许祖家,等.大体积混凝土的裂缝控制［J］.广东建材,2005(9)：34-36.
［3］管由文,张永林.大体积混凝土裂缝控制技术措施［J］.现代城市轨道交通,2005(2)：20-23+65.
［4］齐亚丽.大体积混凝土温度裂缝控制研究［D］.长春：吉林建筑大学,2018.
［5］龚剑,李宏伟.大体积混凝土施工中的裂缝控制［J］.施工技术,2012,41(6)：28-32.

43. 南京仙新路过江通道南锚碇大体积混凝土温度控制技术研究

王睿[1] 王恒[1] 李渊[2]

（1.中交二航局建筑科技有限公司；2.中交二航局武汉港湾新材料有限公司）

摘 要：本文根据仙新路过江通道南锚碇大体积混凝土温控施工的特点及难点，针对性提出了温控的相关原则，通过仿真模型计算，制定了温控标准，采取相应的温控措施，并通过对现场温度进行实时监测，对检测结果进行分析讨论，达到动态调整温控施工的目的，为今后锚碇大体积混凝土施工及温控提供参考。

关键词：锚碇 大体积混凝土 温控 温度监测

1 引言

南京仙新路过江通道南起自G312以北科创路与仙新路交叉处，跨越长江后接入S501，项目全长13.17km。其中南锚碇基础工程位于长江南岸小漓江路，采用外径为65m，壁厚为1.5m的圆形地连墙结构[1]。

锚碇基坑工程混凝土用量极大，以顶板为例，南锚碇顶板外径60m，厚7.05m，采用C30混凝土浇筑，属于大体积混凝土。顶板大体积混凝土施工的特点：①结构尺寸大，单次浇筑方量大，混凝土内部温度较高且难以消散[2]；②混凝土原材料温度难以控制，浇筑时温度控制难度较高；③施工季节跨冬季低温期，遭遇寒潮等不利天气风险高，混凝土内表温差控制难度高。

大体积混凝土因其水化量大，分层分块较多，施工周期长等因素[3]，施工中应考虑相应的工艺技术措施，如控制水泥用量、降低混凝土浇筑温度、"内散外保"养护等有效方法，严格控制混凝土的内表温差，防止混凝土内表温差过大产生裂缝。因此，为防止构件产生裂缝而缩短顶板使用寿命，需对大体积混凝土结构进行合理的温控设计与控制，以保证混凝土使用寿命和运行安全[4]。本文结合仙新路过江通道南锚碇顶板大体积混凝土施工工艺及温度监测结果，分析探讨了大体积混凝土的温度控制及监测技术，为相关大体积混凝土温控施工提供了参考。

2 顶板混凝土技术参数

2.1 混凝土原材料选择

（1）水泥：选用南京中联水泥厂生产的42.5普通硅酸盐水泥；

(2)粉煤灰:选用国电集团公司谏壁发电厂(F类Ⅱ级)粉煤灰;
(3)矿渣粉:选用南京南钢嘉华新型材料有限公司S95矿渣粉;
(4)砂:选用江西赣江中砂;
(5)碎石:选用江西龙瑞建材实业有限公司5~25mm碎石;
(6)高性能减水剂:选用南京瑞迪高新技术有限公司HLC-IX型减水剂。

2.2 混凝土配合比及抗压强度

作为锚碇大体积混凝土施工中关键一环,科学合理的混凝土配合比尤为重要。本锚碇工程中混凝土配合比见表1。

混凝土配合比 表1

试件编号	基准配合比(kg/m³)		设计容重(kg/m³)	混凝土抗压强度(MPa)		
	水泥:粉煤灰:矿渣粉:砂:碎石:水:外加剂			7d	28d	60d
顶板混凝土(C30)	183:110:73:821:1 047:146:3.66		2 380	29.5	41.4	45.4

3 温控仿真计算与温控总体方案

3.1 温度仿真计算模型及结果

南锚碇顶板分三层浇筑(2.00m+3.05m+2.00m),根据结构对称性,取顶板混凝土1/2进行温度应力计算,顶板C30混凝土受填芯约束,仿真计算时按最不利因素考虑,混凝土浇筑温度取28℃,环境温度取19℃±3℃,温度及温度应力计算从混凝土浇筑开始,模拟之后28d的温度应力发展。

在以上设定条件下,计算结果显示顶板内部最高温度为56℃,温峰出现时间约为浇筑后第2天左右。顶板内部最高温度包络图见图1,应力计算结果见表2。由表2可知南锚碇顶板混凝土各龄期混凝土安全系数均大于1.40,抗裂保证率在85%以上,能较好满足施工要求。

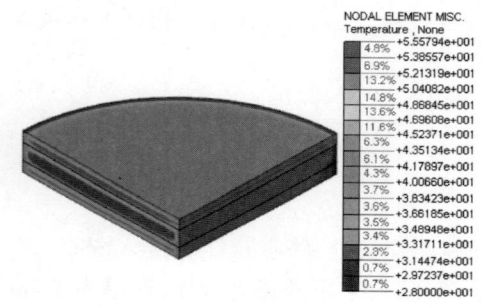

图1 顶板混凝土内部最高温度包络图

顶板温度应力场计算结果 表2

结构	最高温度(℃)	温度应力(MPa)			安全系数			最小安全系数
		3d	7d	28d	3d	7d	28d	
第一层	51.7	1.17	1.55	1.44	1.54	1.55	1.94	1.54
第二层	55.6	1.25	1.68	1.48	1.44	1.43	1.89	1.43
第三层	51.7	1.08	1.52	1.94	1.67	1.58	1.44	1.44

3.2 温控标准

根据本工程的实际情况,参考相关规定[5-6],对南锚碇顶板制定温控标准见表3。

顶板大体积混凝土温控标准 表3

结构部位	浇筑温度(℃)	最高温度(℃)	内表温差(℃)	降温速率(℃/d)
顶板	≥5,≤28	≤56	≤25	≤2.0,早期≤3.0

3.3 温控措施

3.3.1 混凝土配合比优化

为降低混凝土水化热，提升混凝土抗裂性和耐久性，需对混凝土配合比进行优化，措施如下：

（1）采用低热水泥，降低水泥用量以降低水化热。在胶材总量确定的情况下，尽量减小水泥用量，考虑大掺量矿物掺合料，实现混凝土的高性能化；

（2）延长混凝土缓凝时间以推迟并削弱温峰。混凝土室内缓凝时间调整大于30h，现场大于25h。

3.3.2 混凝土浇筑温度控制

降低混凝土的浇筑温度对控制混凝土裂缝非常重要，相同混凝土浇筑温度高的温升值要比浇筑温度低的大许多[7]。南锚碇顶板处于冬季施工期，为达到以上仿真计算结果，较好地控制混凝土浇注温度，使用如下措施降低混凝土浇筑温度：①水泥使用前充分冷却，确保施工时水泥温度≤55℃；②集料提前入仓存储，防止骨料结冰；③极端低温季节采用热水拌和，保证混凝土浇筑温度≥5℃，拌和水温控制在20~40℃。

3.3.3 冷却系统布设

根据内部温度场仿真计算结果，采用预埋冷却水管的方式进行合理降温散热，顶板共布置7层冷却水管，冷却水管水平间距为0.8m，竖直间距为0.8m。冷却水管采用$\phi 40 \times 2.5mm$，具有一定强度、导热性能好的铁管制作，弯管部分采用冷弯工艺。管与管之间通过黑色橡胶管紧密连接。施工现场放置容积≥20m^3的自来水箱，用水泵泵入分水器，冷却出水回收至水箱循环使用。冷却水进水温度越低，与混凝土温差越大，冷却效果越好，但过大的温差会在冷却水管周围的混凝土中引起相当大的拉应力，通水过程中将冷却水与混凝土之间的温差控制在20℃以内，防止裂缝的产生[8]。

3.3.4 保温、保湿养护

结构表层混凝土的抗裂性和耐久性在很大程度上取决于施工养护过程中的温度和湿度养护，顶板每层浇筑完成后洒少量水并覆盖一层塑料薄膜，后用10mm橡塑海绵保温养护，保温养护持续至冬期结束。

3.3.5 混凝土温度监控

为检验施工质量和温控效果，掌握温控信息，以便及时调整和改进温控措施，做到信息化施工，需在施工工程中对混凝土进行实时温度监测，检验不同时期的温度特性和温控标准。当温控措施效果不佳、达不到温控标准时，可及时采取补救措施；当混凝土温度远低于温控标准限值时，则可减少温控措施，避免浪费[9]。

温度检测仪采用无线数据采集仪，能够掌握实时温度数据。温控元件布设选取顶板混凝土垂直中位面的1/4块布置测点，根据温度场的分布规律，对测点间距做适当调整，在构件中心部位短边长边中心线表面以下5cm布置表面温度测点，并在构件中心处布置内部测温点。以顶板第二层为例，温度测点布设如图2、图3所示。

4 温度监测结果及分析

4.1 顶板温度发展规律

南锚碇顶板大体积混凝土的温度控制和温度监测措施严格按照以上温度控制及测温技术进行，现场全面测试了混凝土的入模、浇筑、内部和表面等温度，还有冷却水的进、出水口温度以及现场环境温度[10-11]。顶板各层混凝土实测入模温度为24.5~25.1℃(≤28℃);内部最高温度为54.4℃(≤56℃);混凝土最大内表温差为19.0℃(≤25℃);在峰值温度过后的降温速率为1.8~2.9℃/d(≤3.0℃/d 早期,≤2.0℃/d);均满足温控标准的要求。

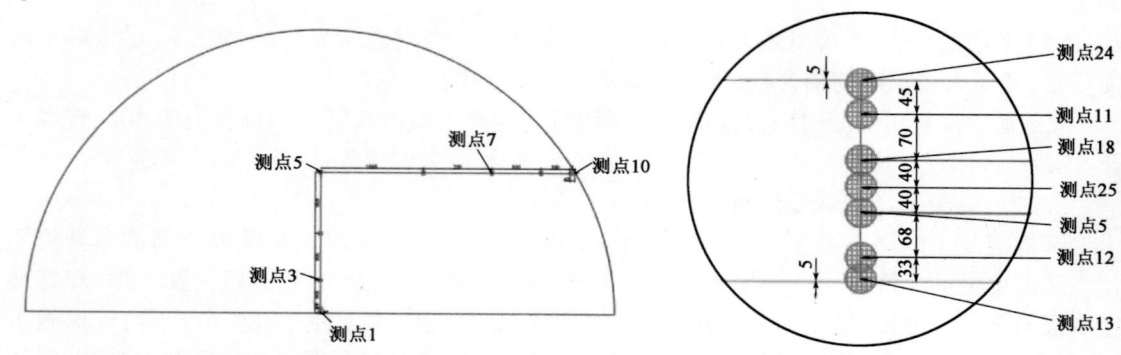

图2 顶板温度监测元件俯视图　　　　图3 顶板温度监测元件立面图(尺寸单位:cm)

混凝土温度监测数据汇总见表4,以顶板第二层为代表绘制的测点温度时程特征曲线如图4所示。

温控监测数据汇总　　表4

浇筑厚度 (m)	入模温度 (℃)	历史最高温度 (℃)	最高温度出现时间 (h)	最大内表温差 (℃)	最大内表温差 出现时间(h)
2.0	24.5~25.1	54.4	42	19.0	24

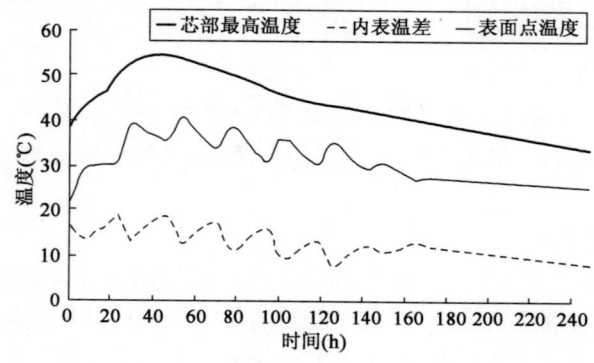

图4 顶板第二层测点温度时程特征曲线

(1)内部温度变化规律。

由温度图和温度数据汇总表可知,混凝土温峰出现的时间由于高效缓凝型外加剂的掺入而明显延迟,于42h到达温峰,混凝土内部最高温度为54.4℃,符合温控标准≤56℃的指标要求。

(2)内表温差变化规律。

由温度图和温度数据汇总表可知,混凝土表面点温度随混凝土最高温度同步变化,受气温影响,混凝土表面温度产生波动,于24h出现最大内表温差,内表温差为19.0℃;至168h,混凝土表面温度稳定下降,内表温差为13.0℃;至248h,混凝土内表温差为10.7℃,温度趋于稳定,结束监测。

4.2 实测与计算模型对比分析

以顶板第二层为代表,仿真计算时,顶板混凝土最高温度56.0℃,出现在17h,实测结果为54.4℃,出现在42h。这是由于混凝土掺入高效缓凝减水剂推迟混凝土初凝时间,冷却水有效带走大量水化热,延缓温峰到达时间,有效降低混凝土温升(图5)。

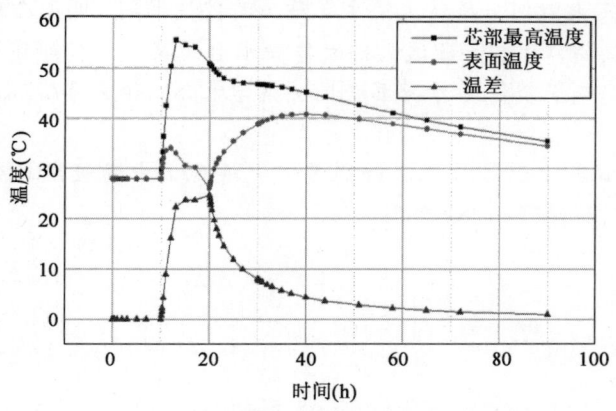

图5 顶板第二层仿真计算测点温度时程特征曲线

5 结语

本文对仙新路南锚碇大体积混凝土施工过程中温控及监测措施进行了总结和分析,得出以下几点结论:

(1)应通过原材料的选择、配合比优化、温控方案的确定、现场温控措施、温度实时监测及温控措施的动态调整等措施进行大体积混凝土温控施工,确保温度在可控范围。

(2)依据仿真结果对温控方案进行优化,能够使温控方案更加完善,现场采用多样的温控措施,达到温控的目的。

(3)温度监测不仅对仿真计算模型进行了验证,还为现场温控提供了调整依据,通过数据分析发现,本工程在采取了多种温控措施的条件下,有效降低了混凝土温升,温控效果较好,无可见裂缝产生。

参 考 文 献

[1] 余有光,孙成.南京仙新路过江通道南锚碇超深地连墙施工质量控制及关键技术[J].中外公路,2021,41(3):256-260.

[2] 孙克强,陈圆圆,牛亚洲,等.南京长江第四大桥北锚碇大体积混凝土施工温控技术[J].现代交通技术,2013,10(5):33-37.

[3] 于旭东,叶硕,朱治宝.西堠门大桥南锚碇大体积混凝土温度控制[J].世界桥梁,2007(3):72-75.

[4] 陈东泉.大体积混凝土温控施工技术[J].建筑工程技术与设计,2016,(16):312+784.

[5] 中华人民共和国交通运输部.公路桥涵施工技术规范:JTG/T 3650—2020[S].北京:人民交通出版社股份有限公司,2020.

[6] 中华人民共和国住房和城乡建设部.大体积混凝土施工标准:GB 50496—2018[S].北京:

中国建筑工业出版社,2018.
[7] 张博.大体积混凝土浇筑及温控措施[J].建筑工程技术与设计,2015,(8):1866-1866.
[8] 蒋伟.桥梁工程大体积混凝土温度控制研究[J].公路交通科技:应用技术版,2011(8):223-226.
[9] 黄兵,徐国挺.泸定大渡河兴康特大桥主塔施工关键技术[J].西南公路,2017(2):85-93.
[10] 高纪兵,何官健,雷江洪,等.苏通大桥大体积承台混凝土温控研究[C]//中国土木工程学会桥梁及结构工程分会.第十七届全国桥梁学术会议论文集(上册).北京:人民交通出版社,2006.
[11] 于金琪.大体积混凝土温控技术在西固黄河大桥施工中的应用与分析[J].公路交通科技:应用技术版,2016(5):282-285.

44. 南京仙新路过江通道锚杆调整测量方法

马亮亮

(中交二航局第四工程有限公司)

摘 要：本文主要依托南京仙新路过江通道工程介绍大跨径悬索桥锚杆的动态调整测量方法；重点介绍锚杆在复杂多变的工况条件下，通过数据转换计算、新型测量工装的使用、锚杆及锚固系统支架监控数据分析，通过动态循环的测量调整方法，使锚杆的空间姿态满足设计规范要求。对同类工程具有一定的参考价值。

关键词：坐标系统 精度分析 测量工装 动态调整 测量监控

1 工程概况

南京仙新路过江通道工程主桥主跨长度 1 760m，为目前国内第一、世界第三大跨度的悬索桥，主桥跨径布置为 580m+1 760m+580m，桥梁全长 13.17km。南锚碇主缆锚固系统由后锚梁和锚杆组成，锚杆一端与后锚梁相连，另一端与主缆相连。锚杆分单束锚杆和双束锚杆，每一根主缆对应的锚体上一端共布置锚杆 103 根。其中 Mg1 双束锚杆 66 根，Mg2 单束锚杆 37 根。锚杆与后锚梁之间的连接采用高强度螺栓进行连接。锚杆共分 4 批安装，锚固系统处混凝土分 4 次浇筑。锚固系统结构如图 1 所示。

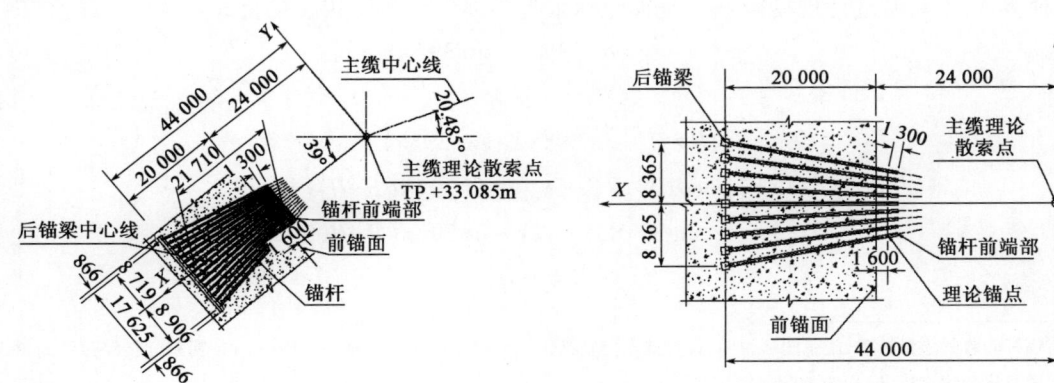

图 1

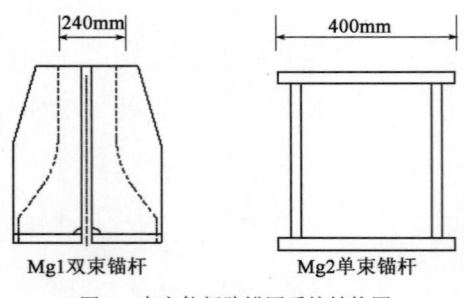

图 1 南京仙新路锚固系统结构图

2 测量工作准备

2.1 图纸、规范

对《主缆锚固系统》图纸参数表结构尺寸进行数据计算复核。现场实测过程要严格按照《南京仙新路过江通道工程专用质量检验评定标准》《施工设计图和交底报告》等设计规范要求进行(表1)。

锚杆安装的质量验收标准　　　　　　　　表1

项目		规定值或允许偏差
定位支架安装(mm)	中心线偏位	10
	横向安装锚杆之平联高差	−2,+5
锚杆安装(mm)	X轴	±10
	Y轴	±5
	Z轴	±5

注：本表引自《南京仙新路过江通道工程专用质量检验评定标准》[①]。

2.2 施工测量控制网

2.2.1 坐标系统

南京仙新路过江通道工程在锚杆施测过程中共用到三种坐标系,分别是仙新路过江通道施工坐标系、桥轴线坐标系、局部坐标系[②];高程测量采用1985国家高程基准。在锚杆调整中为了比较直观的指导现场调整方向,需要将实测的桥轴线坐标转换成局部坐标,通过实测锚杆长度换算 Y、Z 差值进行现场调整。桥轴坐标系与局部坐标系互相转换公式：

$$\begin{cases} x = x_0 - \cos 39° \times X - \sin 39° \times Y \\ y = y_0 + Z \\ H = H_0 - \sin 39° \times X + \cos 39° \times Y \end{cases} \quad (1)$$

$$\begin{cases} X = x_0 - \cos 39° \times (x - x_0) - \sin 39° \times (H - H_0) \\ Y = y_0 - \sin 39° \times (x - x_0) + \cos 39° \times (H - H_0) \\ Z = y - y_0 \end{cases} \quad (2)$$

---

① 锚杆验收的质量标准,施工图纸说明、设计技术交底报告、《公路工程质量检验评定标准》和《南京仙新路过江通道工程专用质量检验评定标准》规定的都一样。

② 仙新路过江通道施工坐标系:采用以08南京地方坐标系为基础的仙新路过江通道施工坐标系(CGCS2000椭球参数:长半轴6 378 137m,扁率1/298.257222101;以DQ2的2008南京地方坐标作为起算坐标,DQ2至DQ34的坐标方位角作为起算方位角,尺度归算至桥轴线平均子午线经度118°53′47″,投影面正常高为60.09m)。

$$左幅\begin{cases}x_0=6395\\y_0=13.85\\H_0=33.085\end{cases} \quad 右幅\begin{cases}x_0=6395\\y_0=-13.85\\H_0=33.085\end{cases}$$

式中：x,y,H——桥轴空间坐标；

X,Y,Z——局部空间坐标。

2.2.2 控制网布设

由于锚杆和鞍部同步施工，而且之间距离较近，施工鞍部时会遮挡锚杆前端的视线；通过现场勘测和综合考虑施工因素，现有的控制点都无法满足锚杆的测量要求，需要布设新的加密控制点。

新加密点经过 CAD 模拟最终确定在两个鞍部中间离鞍部小里程侧 5m 左右的位置搭设观测平台（MZ）；通过对观测的竖直角进行模拟分析，观察平台需要搭设 10m 左右高度才能保证仰角和俯角在合适的位置。为了保证控制点平台的稳定性底部埋入前顶板 2m，平台内部浇筑混凝土。观测平台点（MZ）能够与锚碇周边控制点相互通视，互相检核（图 2～图 4）。

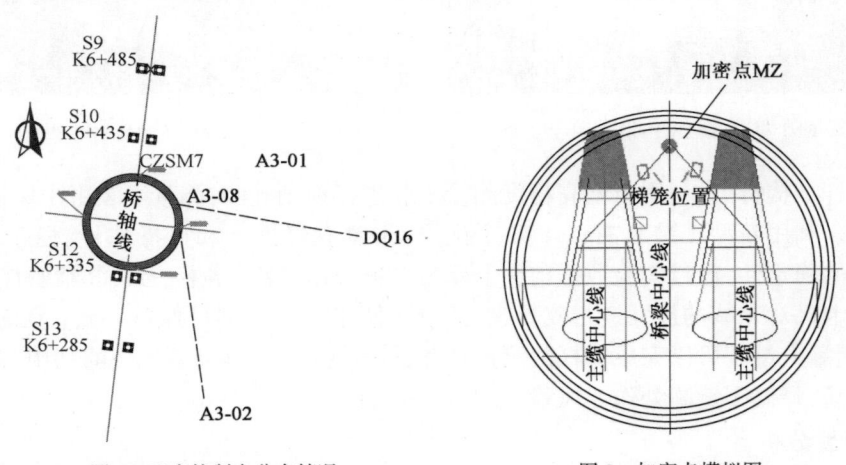

图 2　已有控制点分布情况　　　　图 3　加密点模拟图

图 4　观测平台（MZ）

3 测量方法与精度分析

3.1 测量方法

利用徕卡 TM60 全站仪架设在观测平台控制点(MZ)上,采用后视已知点方法设站(后视 A3-02),复核点 A3-08。锚杆平面测量采用桥轴坐标系,锚杆高程测量采用中间设站法三角高程测量,测量平台控制点(MZ)为中间设站位置,前顶板二等水准点(MDD2)为已知后视点,锚杆端部为未知前视点,进行全站仪三角高程测量。

测量工装使用如图 5 和图 6 所示。

图 5　锚杆调整测量作业

图 6　工装的使用

根据锚杆结构特点,利用新型高精度测量工装进行现场施测;测量工装由小棱镜和磁性枢纽开关组成。利用新型工装具有以下几个优点:①具有轻携性和可操作性,便于工人安装;②测量数据的稳定性:通过实验数据与徕卡原装棱镜数据对比,结果一致;③精密性:在投入使用前用游标卡尺对工装的尺寸进行复核,保证投入使用的工装型号保持一致;④经济性:节省人工,一个测量人员就可以完成锚杆的测量任务;⑤安全性:通过测量工装的利用,大大地缩短测量工作时间,降低测量高处作业风险。

3.2 精度分析

3.2.1 全站仪平面坐标精度分析

全站仪进行放样时,影响放样点位精度的主要误差来源包括仪器安置在测站上的对中误差、测设方位角的测角误差、测距误差以及放样点标定的误差等。

由误差传播定律可得极坐标法放样精度估算公式为:

$$m_p = \sqrt{m_s^2 \times \cos^2\alpha + m_\beta^2 \times S^2 \div \rho^2 + m_o^2 + m_a^2 + m_i^2} \tag{3}$$

式中:m_β——测角精度(TS50 仪器的标称精度均为 0.5″);

m_s——测距精度(TS50 仪器的标称精度分别为 0.6mm+1ppm);

S——放样点至置站点水平距离(取最远距离 50m);

ρ——常数 206 265″;

m_o——置站点点位精度(取本标段控制网复测最弱点位精度值 1.2mm);

m_a——全站仪架设误差(一般取值为 0.7mm);

m_i——对测量工装精度误差(一般取 0.5mm)。

将以上各项误差数据代入极坐标放样精度计算公式可得本次全站仪测量放样的精度为:TS50:m_p=1.62mm,其精度完全能够满足施工要求。

3.2.2 全站仪三角高程精度分析

三角高程精度分析:测站点 A 到观测点 B 的高差公式为：

$$H_{ab} = S_{ab} \times \tan\partial + (1-K) \times \frac{D^2}{2R} + i_A - i_B \tag{4}$$

式中： S_{ab} ——测站点 A 到 B 的水平距离；

∂ ——竖直角；

i_A ——测站点 A 仪器高；

i_B ——观测点 B 的目标高；

$(1-K) \times \dfrac{D^2}{2R}$ ——球气差改正数。

将上式全微分并转化成中误差关系式,得到式5：

$$m_h = \pm\sqrt{\tan^2\partial \times m_s^2 + S_{ab}^2 \times \frac{m_\alpha^2}{\cos^2\partial \times \rho^2} + m_{ia}^2 + m_{ib}^2 + S_{ab}^4 \times m_k^2/4R^2} \tag{5}$$

式中: m_s ——距离测量中误差；

m_α ——竖直角测量中误差；

m_{ia}, m_{ib} ——仪器和目标高测量中误差；

m_k ——大气折光误差；

ρ ——常数 206 265″；

R ——地球曲率半径,6 371km。

徕卡 TS50 全站仪仪器精度标准 0.6mm+1ppm,0.5″,则有 m_s 取±1mm（该处将测距中误差放大取值）, m_α 取±1″；一般不需要量取仪器高和后视棱镜高则 $m_{ia} = m_{ib} = 0$mm,折光系数 K 的中误差一般取上限±0.05,在实测定位最大的水平距离取 50m,最大观测竖直角设为 30°取值,可以计算出 $m_h = \pm 0.64$mm（该值为测站的高程中误差）。得出结论,距离在 50m 左右的三角高程满足现场高精度结构物的高程测量。

4 锚杆的动态调整

现场的锚杆和支架都是分批安装,后锚梁处混凝土也是分批浇筑,这就导致现场安装锚杆的工况一直在变,这就需要对锚杆进行动态调整才能保证锚杆空间姿态满足设计规范要求。

4.1 锚杆支架安装测量

锚杆支架是锚杆的承重结构,支架搭设的质量直接影响后续锚杆的安装质量,因此支架搭设的每一步测量都要对其进行检测。锚杆支架埋件严格按照测量放样点位在绑扎填芯钢筋时预埋；在安装第一层锚杆支架时,需要在埋件上放样出埋件中心点并同时放样出第一层埋件顶端在混凝土面上的投影点,安装时用垂线法控制支架的角度方向,在后续支架接长时同样先放样出支架顶端在混凝土面的投影点,然后吊垂线安装。在纵向安装完成后用全站仪免棱镜模式测量支架的底端和顶端坐标对其角度进行计算复核,没有问题后全部加焊牢固。在安装横向平联时,先用全站仪在支架上放样出第一层锚杆的底部标高,焊接平联时要控制平联顶面到锚杆底部的空间,需要考虑架设千斤顶的方便性,平联的两端高差按照(-2~+5mm)控制(图7、图8)。

图7 纵向支架图

图8 横向平联

4.2 锚杆的初步调整

当锚杆吊装完后要进行初步铆钉锚固,紧接着进行锚杆初步调整。初步调整需要考虑:①后续吊装锚杆对支架的挠度和刚度影响;②考虑临近锚杆调整对其扰动的影响;③高强螺栓终拧完的变化。表2是第一批锚杆右幅4-1号、左幅4-1号、5-2号锚杆终拧复测数据和初步调整好的数据。

锚杆终拧复测数据和初步调整完数据　　表2

(1)2021-11-12 上午 7:30 8℃（第一批锚杆初步调整完数据）						
位置	锚杆点号	里程(m)	偏距(m)	高程(m)	局部坐标差值	
					ΔY(mm)	ΔZ(mm)
右幅	4-1-x	6 380.955 4	12.671 7	16.887 0	1.1	-0.2
左幅	4-1-x	6 380.950 2	-15.029 0	16.881 1	1.7	0.2
	5-2-x	6 380.784 7	-14.037 0	17.105 6	2.1	2
(2)2021-11-13 上午 8:40 11℃（终拧完采集数据）						
位置	锚杆点号	里程(m)	偏距(m)	高程(m)	局部坐标差值	
					ΔY(mm)	ΔZ(mm)
右幅	4-1-x	6 380.956 3	12.670 6	16.881 2	-3.4	0.8
左幅	4-1-x	6 380.953 9	-15.031 9	16.876 4	-4.8	3
	5-2-x	6 380.785 5	-14.039 2	17.096 1	-4.9	4.2

通过实验数据分析对比(实验过程:锚杆初步调整完成后测量工装不拆卸,在吊装到终拧高强螺栓过程中实时监测工装的数据,通过监测数据分析寻找调整规律),在初步调整过程中需要对局部坐标系中的 ΔY 值按照正误差最大值控制,ΔZ 值按照 0mm 控制。

4.3 锚杆高强螺栓终拧完成后的调整

在初步调整完成后,要对锚杆高强螺栓进行拧紧;由于高强螺栓拧紧改变了锚杆的受力状态使锚杆位置发生了变化;这就需要在终拧完成后对每一根锚杆进行复测,对超出规范的锚杆进行逐个调整。在调整过程中还需要考虑混凝土浇筑对锚杆空间姿态的影响。表3是混凝土浇筑前后锚杆实测数据对比。

混凝土浇筑前后锚杆实测数据对比 表3

2021-11-24 报验数据（混凝土浇筑前）（21:06 3℃）

位置	锚杆点号	实测数据			局部坐标差值	
		里程(m)	偏距(m)	高程(m)	ΔY(mm)	ΔZ(mm)
右幅	6-1-x	6 380.941 1	14.819 1	16.876 1	3.2	0
	5-1-x	6 381.166 7	13.666 0	16.622 4	1.6	−1
	4-1-x	6 380.956 1	12.672 1	16.887 4	0.7	−0.6
左幅	4-1-x	6 380.955 5	−15.029 7	16.884 3	−0.8	1.1
	5-1-x	6 381.163 5	−14.031 2	16.615 6	−0.3	−3.8
	5-2-x	6 380.788 6	−14.032 3	17.106 3	−0.7	−2.7

2021-11-28 报验数据（混凝土浇筑后）（20:25 4℃）

位置	锚杆点号	实测数据			局部坐标差值	
		里程(m)	偏距(m)	高程(m)	ΔY(mm)	ΔZ(mm)
右幅	6-1-x	6 380.940 3	14.818 1	16.867 7	−1.7	1.2
	5-1-x	6 381.165 2	13.667 1	16.612 4	−3.6	−2.1
	4-1-x	6 380.958 3	12.671 5	16.882 8	−3.9	0
左幅	4-1-x	6 380.956 7	−15.031 4	16.880 5	−4.2	2.8
	5-1-x	6 381.165 5	−14.032 4	16.612 4	−3.9	−2.6
	5-2-x	6 380.789 5	−14.032 1	17.100 2	−5.2	−2.9

通过混凝土浇筑前后的数据对比分析，高强螺栓终拧完成后锚杆调整需要将局部坐标系中的ΔY值按照+5mm控制和ΔZ值按照0mm控制，这样能够减少浇筑后的锚杆调整幅度。

4.4 混凝土浇筑后调整

由于锚杆和混凝土是分四批安装和浇筑；前一批浇筑完的锚杆需要跟随后面每批锚杆同步复测调整，只有这样动态循环调整才能最终保证每根锚杆成品验收符合设计规范要求。

前三批混凝土浇筑前（高强螺栓终拧完成后）锚杆调整ΔY方向都是按照极限正偏差+5mm控制的，因后续锚杆增加支架荷载增加，锚杆会微小下降抵消；第四次后顶板混凝土浇筑前，锚杆全部吊装完成之后，锚杆工况发生改变，荷载基本不再增加，锚杆支架埋入混凝土内较深，后续施工过程中锚杆不再发生下沉现象，锚杆中下部埋入混凝土内，受混凝土自重影响，会导致锚杆前端发生上翘，因此ΔY值可按照−5~0mm控制，才能抵消工况改变的影响。

5 测量监测

从吊装第一根锚杆开始就对锚杆支架和锚杆进行监测，监测频率每天1次。监测的目的：

（1）监测支架的稳定性，如果出现数据突变要及时上报总工，对支架进行加固处理，超出规范的还要返工处理。

（2）统计监测数据得出变化规律，指导后续锚杆安装调整。

具体的监测方法：锚杆支架监测是在监测位置贴徕卡反射片（3cm×3cm），采用TM60全站仪三维坐标法架设在固定的强制归心墩上观测；锚杆监测是将测量工装均匀地分布在一幅锚杆上，固定跟踪测量；随着现场每一次工况的变化，测量人员都要及时采集数据，规范记录测量内容及气温变化情况。图9是锚杆监测点和支架监测点的折线变化图。

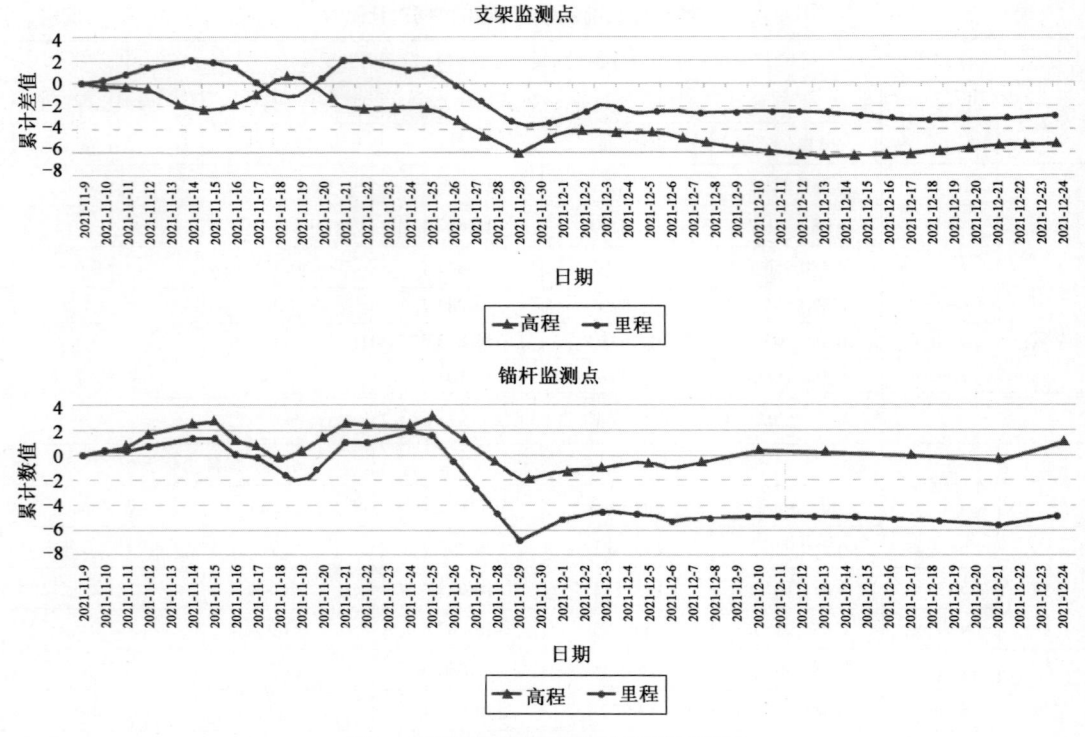

图 9　锚杆监测点和支架监测点折线变化图

通过对监测数据分析;随着锚杆安装的变化,监测点的里程累计差值变为负值,说明监测点向小里程方向偏移,随着时间的推移变化趋于稳定;通过高程分析支架有下挠变化随着时间推移也趋于稳定,锚杆监测点的高程变化相对较小。监控数据变化趋势和我们验收锚杆换算成局部坐标的 X 值变化趋势吻合。

6　锚杆成品验收结果

后顶板混凝土浇筑完成后,测量中心和总监办一起对 206 根锚杆进行安装成品验收测量,局部差值较大数据见表 4。

局 部 数 据 差 值　　　　表 4

位置	锚杆编号	位置偏差(mm)		
		ΔX	ΔY	ΔZ
左幅	5-11	8.8	3.1	1.4
	7-5	6.5	4.9	-0.7
右幅	3-3	4.7	2.9	-2.2
	6-12	7.2	3.2	-1.8

经过数据计算对比,所有锚杆均满足设计规范要求。

7　结语

南京仙新路过江通道南锚碇锚杆通过施工过程的动态调整,锚杆空间姿态均满足设计规范要求。通过施工过程的实验监测数据分析提前对动态调整过程中的锚杆进行预设控制,利用工况环境的改变,可以减少锚杆调整的频率;新型测量工装的投入使用可以提高工效节约成本。结果表明该测量方法科学可行对同类型的施工工艺具有借鉴作用。

参 考 文 献

[1]《南京仙新路过江通道工程专用质量检验评定标准》.南京市公共工程建设中心.
[2] 周海生,许雄飞.《五峰山长江特大桥北锚碇锚固系统施工测量》.
[3] 张正禄.工程测量学[M].3版.武汉:武汉大学出版社,2020.
[4] 南京仙新路过江通道工程.主缆锚固系统 施工图[R].武汉,2019.

45.南京仙新路过江通道南锚碇地下连续墙混凝土配合比设计与应用

徐海平

(中交二航局第四工程有限公司)

摘　要：水下混凝土在浇筑过程中容易受到泥浆浸渍、稀释等不利因素的影响,严重时会造成锚碇地连墙混凝土密实度较差,甚至出现漏水、断层等结构破坏。配合比设计及浇筑过程中的质量控制是保证混凝土结构完整密实的关键。文章结合南京仙新路过江通道南锚碇地连墙施工的经验,详细阐述了地连墙水下混凝土配合比设计和质量控制措施。

关键词：地连墙水下混凝土　配合比设计　现场控制措施

1　技术特点

南京仙新路跨江大桥(南京仙新路过江通道)主桥采用主跨1 760m的单跨门型塔整体钢箱梁悬索桥,设计使用年限100年。南锚碇采用地下连续墙基础,外径65m、壁厚1.5m、平面尺寸为圆形。槽段划分为44段,除Ⅰ-13为非标准槽段外,Ⅰ期标准槽段21个,Ⅱ期标准槽段22个,Ⅰ期槽段采用三铣成槽,长6.804m,边槽长2.8m,深度63m,中间槽段长度1.204m;Ⅱ期槽段长2.8m,深度60m。其中Ⅰ期槽段采用双导管同时灌注的方式进行。

地下连续墙基础采用水下C35高性能混凝土,超深水下混凝土浇筑情况关系到锚碇基础的成败,特点如下:

(1)混凝土浇筑连续性和浇筑质量要求高,三铣成槽施工周期长要求混凝土早期强度不宜太高,需与成槽节奏匹配。

(2)成槽深度落差大,要求混凝土和易性好黏聚性好不分层离析。

(3)单槽段混凝土方量大,其中一期槽段达到700m^3,施工时期为全年气温最高的6月到10月,混凝土工作性尤其凝结时间较普通混凝土要长。

(4)根据地勘报告,南锚碇附件所处地下水化学腐蚀环境分类为C级,混凝土硬化后抗水及氯离子渗透性要求高。

(5)Ⅰ期槽段采用双导管同时灌注的方式进行,混凝土拌和物稳定性要求高。

2　材料选定及配合比设计思路

根据项目的施工组织设计及地下连续墙专项施工技术方案,相关设计文件及现行施工规范的相关要求,依托长江运输的便利条件,参照周边项目地材使用情况确定原混凝土原材料类型及规格。

胶凝材料:在进行水下混凝土设计时,为满足环境等级的相关要求,一般较设计提高一个强度等级,胶凝材料用量偏高,从经济性与工作性综合考虑采用矿粉与粉煤灰双掺的方式以降低混凝土水化热和增加拌合物的流动性并降低混凝土早期强度。

水胶比:用水量的多少是决定水泥浆数量和制约混凝土拌和物流动性与黏聚性决定因素,然而一味增加用水量以改善流动性将严重影响混凝土耐久性指标及强度。因此一般用掺加高性能减水剂通过试验确定水胶比一般选取 0.36~0.40。

砂率:由于环境的特殊要求,水下混凝土设计较普通混凝土要求较高的扩展度与黏聚性,因此合适的砂率选取至关重要。砂率值随胶凝材料的变化而不同,对混凝土的工作性、抗压强度以及弹性模量均有一定的影响,其中混凝土的工作性受砂率的影响尤为显著。本项目地连墙混凝土配合比砂率值控制在 40%~46%。

粗集料:考虑混凝土浇筑方式及墙体钢筋配置情况,选取 5~25mm。主要有三方面原因:①最大粒径较小,则骨料-水泥浆界面应力差也较小,应力差可能会引起微裂缝;②岩石破碎时消除了控制强度的最大过隙,较小的骨料颗粒较大颗粒强度高;③若石子的级配不良,空隙率过大,浆体富裕度不足,混凝土的和易性难以得到保证,特别是碎石粒性偏大且级配不良时更容易发生离析及泌水现象。

减水剂:由于施工季节正值全年气温最高的 6—10 月,所以优选聚羧酸高性能缓凝性减水剂。

3 配合比设计

为获取预期混凝土性能的原材料组成成分设计称之为混凝土配合比设计,预期性能主要包含:新拌混凝土的工作性(流动性、黏聚性、可塑性)、硬化混凝土的强度和耐久性、混凝土的成本经济性。设计原则主要为最大水胶比和最少水泥用量原则。对水下混凝土要以满足施工工作性为主控,针对本项目,地下连续墙混凝土必须满足流动性和稳定性。混凝土在施工过程中依靠自身重力具有较大的流动性在高落差条件下保持合适的黏聚性,并需要早期强度发展缓慢但后期仍能达到设计要求。

综合设计要求经计算和室内试拌试验、混凝土拌和物检测以及硬化后试件强度检测。预估单槽段浇筑时间分析,按照大体积混凝土设计原则。试验成果汇总如下:

C35 混凝土配合比方案中,每立方米混凝土理论配合比参数见表1。

每方 C35 混凝土理论配合比参数　　　　表1

编号	水泥 P.O42.5	粉煤灰I级	矿渣粉 S95	砂	5~16mm 碎石	16~25mm 碎石	水	减水剂
1	287	96	96	749	298	696	158	4.79
2	250	83	83	795	303	708	158	4.16
3	220	73	73	835	306	714	158	3.67

通过验证,2 号配合比性能符合要求,3 号配合比试拌时有轻微泌水现象,1 号配合比胶凝材料用量过高,经济性差。综合考虑强度、工作性、耐久性以及经济性的要求,依据《普通混凝土配合比设计规程》(JGJ 55—2011)、《公路桥涵施工技术规范》(JTG/T 3650—2020)等规定,最终选定 2 号配合比为最终配合比。性能参数见表2。

2号配合比混凝土性能参数　　　　表2

水胶比	初凝时间(min)	砂率(%)	实测容重(kg/m³)	坍落度/扩展度(mm)	7d、28d、60d强度(MPa)	含气量(%)	总碱含量(kg/m³)	氯离子含量(%)
0.38	610	43%	2 390	210/550	33.2/42.8/51.9	2.9	1.22	0.03

4　浇筑过程质量控制

（1）严格控制进场原材料质量，品质优良的原材料是混凝土质量的物质基础。

（2）严格落实混凝土开盘鉴定及过程抽样检测制度。混凝土开盘前检测骨料含水量并计算施工配料单，混凝土拌和完成后取样检测拌和物性能并做好相应检测记录。杜绝坍落度合格但是"戴帽子"现象。并在浇筑过程中抽验拌和物确保浇筑的混凝土合格。

（3）导管埋深的控制，浇筑水下混凝土导管埋深测量是检测混凝土浇筑过程是否合格的重要评判依据。埋深过浅在提拔导管过程中容易使泥浆从导管底部进入导管造成混凝土夹泥、断桩等；埋深过深又会有堵管以及导管拔不动等问题的产生，尤其Ⅰ期槽段采用双导管同时灌注的方式进行因此应严格按照规范要求控制埋深在2~6m范围内，保证导管两侧混凝土上升高度保持一致。

（4）混凝土和易性控制，试验人员对混凝土生产及浇筑过程进行监督检测，不定时抽样检测，保持与施工人员的沟通。保证浇筑的混凝土质量。

（5）重视混凝土浇筑前导管的水密性试验及清孔后的泥浆指标满足规范要求。

5　工程应用

南京仙新路过江通道南锚碇地连墙自2020年5月28日动工至2020年9月10日结束，历时3个月。共浇筑水下C35混凝土18 700m³，在此期间浇筑的混凝土工作性良好，浇筑过程中无堵管、混凝土离析泌水等不良现象。经超声波检测，44槽段均为一类桩。施工进度符合原定计划工期。施工期间累计验收试件259组，60d平均抗压强度51.1MPa，强度最高值58.2MPa、最低值48.6MPa，标准差2.12MPa。经锚体基础开挖后验证，地连墙混凝土均匀密实，无露筋及漏水现象，达到施工预期。

6　结语

混凝土的工作性是影响混凝土施工质量和构件质量的关键，地下连续墙基础的顺利施工为后续的工序转换打下了坚实的基础。在超深地下连续墙混凝土配合比设计时，应首先考虑满足施工性能，尤其是混凝土流动性和稳定性，合理的胶凝材料总量、水胶比、砂率和骨料级配是配置水下混凝土的关键指标。混凝土龄期宜按60d设计，采用大掺合料，适当减小混凝土早期强度，确保水下结构密实，并对混凝土的总碱含量、氯离子含量、拌合物含气量、电通量等指标进行检测。

参 考 文 献

[1] 江桂华.水下混凝土设计与质量控制措施[J].广东建材,2016,32(6):12-13.
[2] 刘冰.高强混凝土试验及破坏过程模拟[D].南京:河海大学,2006.

46. 南京仙新路过江通道北锚碇沉井钢壳拼装测量控制

王璐 姜艳

(西安方舟工程咨询有限责任公司)

摘 要：南京仙新路过江通道北锚碇沉井钢壳为矩形布置，长70.4m，宽50.4m，高8m。钢壳沉井共分为5类，共计57个节段。钢壳在现场拼装的节段多，钢壳拼装精度要求高。本文主要介绍钢壳拼装过程中的测量控制方法。

关键词：锚碇 沉井 钢壳 拼装 测量控制

1 工程概况

南京仙新路过江通道工程，距离上游的南京长江二桥6.2km，距离下游的南京长江四桥4.3km。跨江大桥主桥采用主跨1760m的单跨门形塔整体钢箱梁悬索桥，主桥跨度布置采用580m+1760m+580m，矢跨比1/9。

南京仙新路过江通道北锚碇为重力式锚碇，基础采用沉井结构形式。沉井分20个井孔，顶面高程+4.585m，基底高程-45.415m，置于圆砾土层顶面，沉井顺桥向70m，横桥向宽度50m。沉井共分9节，除第一节为钢壳混凝土沉井外，其余8节均为钢筋混凝土沉井。其竖向高度划分为：第一节沉井高8m，第二节沉井高6m，第三节到八节沉井高5m，第九节沉井高6m。

北锚碇沉井钢壳为矩形布置，长70.4m，宽50.4m，高8m。钢壳沉井底部设有分区隔墙，挡板总质量46.04t。沉井井壁宽2.4m，高8m。沉井隔墙宽2m，高7.5m。钢壳设计平面立面图如图1所示，划分图如图2所示。

2 控制网等级及坐标基准

平面控制网精度等级：主桥为二等，引桥为三等。平面坐标系统采用08南京地方坐标系(2000国家大地坐标系椭球参数，中央子午线为118°50′)为基础的仙新路过江通道施工坐标系，以08南京地方坐标系控制点DQ2起算，DQ2至DQ24的08南京地方坐标系坐标方位角为起算方位角，尺度归算至桥轴线平均子午线经度118°53′47″，投影至主桥桥面平均高程面60.09m(85高程)。高程控制网精度等级为二等。高程系统采用1985国家高程基准。由于南京仙新路过江通道工程施工复杂,施工控制精度要求较高,现场施工测量难度较大。首先需对设计院提供的首级平面控制网和高程控制网进行同等级复核,对控制点进行加密布设,补充施工需要的水准点、平面控制墩。图3为控制网网形图。

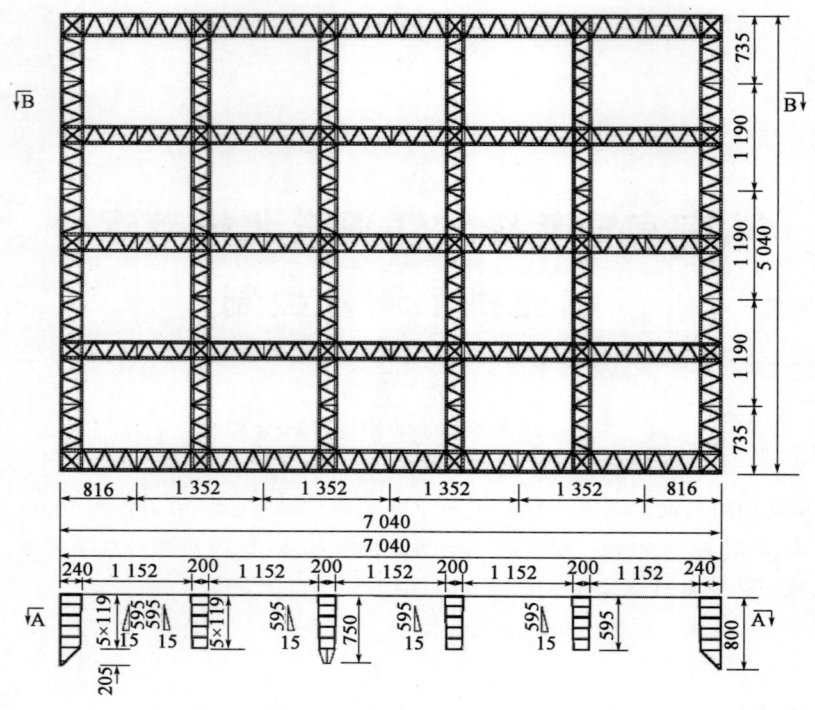

图1 钢壳设计平面立面图(尺寸单位:cm)

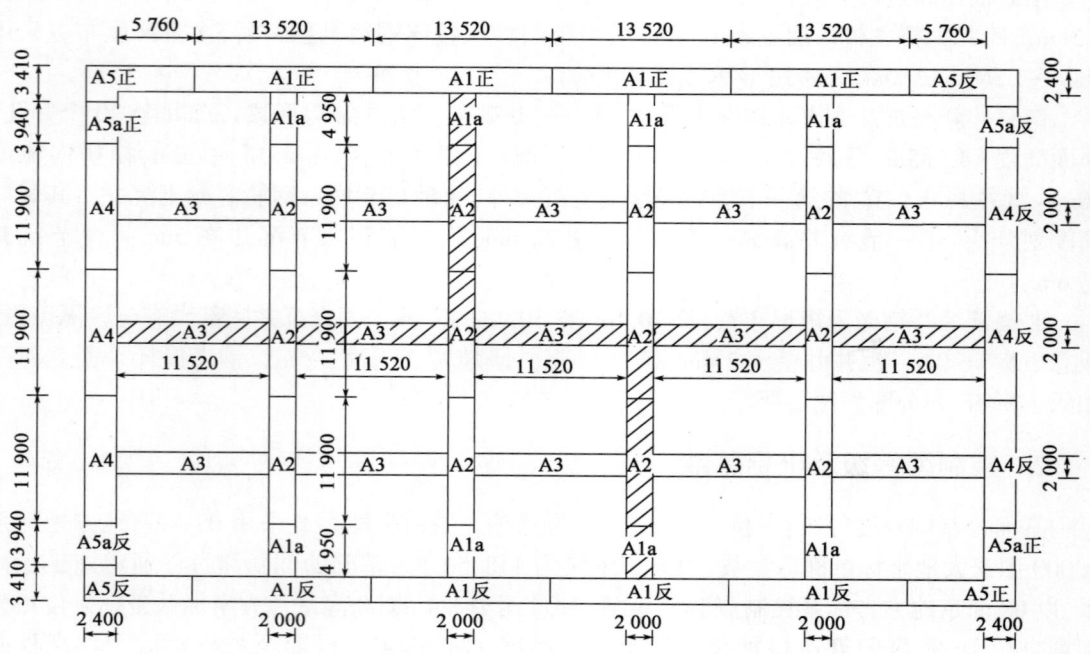

图2 钢壳划分图(尺寸单位:mm)

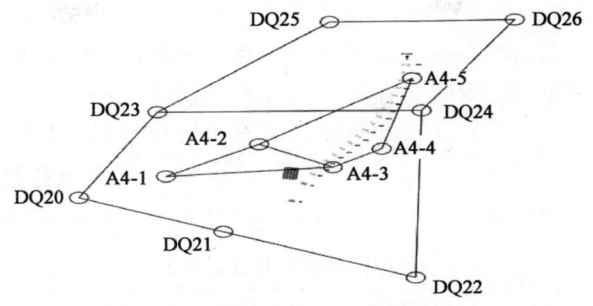

图 3 首级控制点及加密点网形图

其中 A4-1、A4-2、A4-3、A4-4、A4-5 为加密点。

3 沉井钢壳拼装测量控制

3.1 垫层放样测量控制

(1)根据设计提供的沉井刃脚和隔墙形状,计算出轮廓线的设计坐标和高程,用全站仪放样出边线,打上木桩,在木桩上放样出设计高程。根据木桩用白灰画出轮廓线,然后按照放样出来的形状开挖成槽,将槽底和边坡严格夯实。由于开挖之前放样的标记被破坏,需要重新放样,采用全站仪在垫层顶面放样出沉井刃脚外轮廓线及隔墙轴线。采用全站仪坐标法放样沉井平面位置,利用水准仪精确测量沉井刃脚位置处的高程,控制沉井底口高程。

(2)为方便钢壳拼装,在刃脚轮廓线外侧增加一条平行于轮廓线的检测线,在隔墙轴线两侧各增加一条平行于轴线的检测线。使用卷尺检测各线长度及间距作为复核。使用水准仪,严格控制好垫层顶面高程及平整度。为了保证钢壳的安装精度,使沉井钢壳踏面处于同一平面内,以保证钢壳拼装的竖直度和平面位置,垫层平面放样精度应控制在 2mm 以内,顶面高差控制在 2mm 以内。

(3)当换填高程达到 4.05m 时,放样出中隔墙下垫块位置。

(4)严格控制中隔墙垫层与刃脚垫层的高差,保证钢壳安装时不产生局部悬空。

3.2 垫块施工测量控制

为了消除钢壳拼装时因地基的不均匀沉降,根据以往沉井施工经验,在井壁及隔墙下设置方木垫块。垫块高 25cm。根据钢壳节段结构的差异,垫块在平面尺寸上分为两种:30×100cm 和 30×200cm,分别对应刃脚、刃脚四个角以及隔墙。垫块的平面布置如图 4 和图 5 所示。

(1)砂垫层施工完成后,根据钢壳节段拼装顺序,在钢壳井壁刃脚和隔墙位置铺设枕木。

(2)枕木铺设前,用平板式振动器将垫块位置砂层压实,并对枕木高程进行精确定位,严格控制好枕木顶面高程及平整度。枕木的顶面高差控制在 2mm 以内,同时控制好隔墙垫块与刃脚垫块的高差,对垫块进行逐一编号,以便后期抽除。

(3)井壁底部垫块的顶高程为+1.45m,隔墙底部垫块的顶高程为+3.5m,挡墙底部垫块的顶高程为+1.95m。施工中严格控制垫块的顶高程。

3.3 钢壳边线放样

采用徕卡 TS60 全站仪三维坐标法在垫块及换填层顶面放样出沉井刃脚轮廓线,以及中隔墙的轴线。根据现场施工经验,要在刃脚轮廓线外侧增加一条平行于轮廓线的检测线,中隔墙轴线两侧各增加一条平行于轴线的检测线(由于中隔墙上宽下窄,检测线取为隔墙顶口的投影线)。用于施工过程中便于随时使用钢卷尺检测各线的长度及相互之间的间距作为复核,钢壳平面位置边线点放样精度应控制在 2mm 以内(图6)。

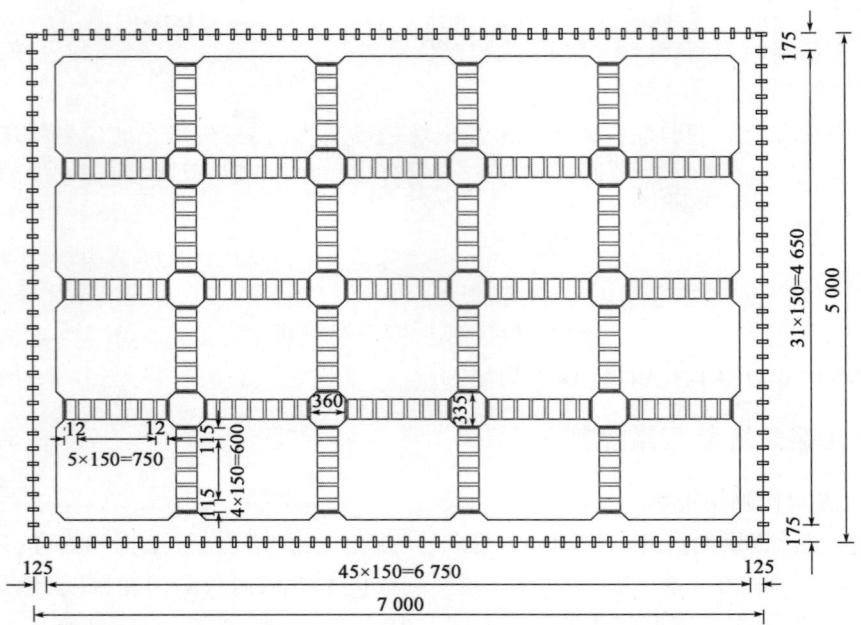

图 4 方木垫块布置图(尺寸单位:cm)

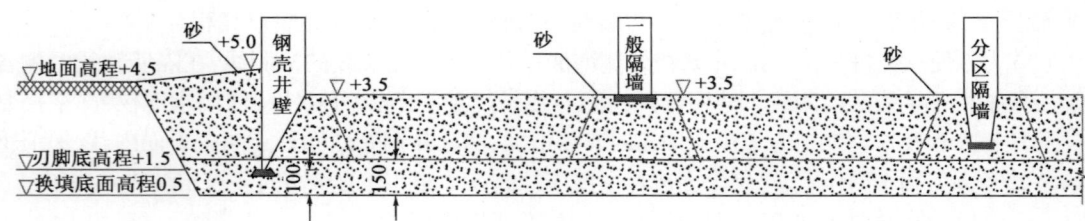

图 5 垫块立面设计图(高程单位:m)

图 6 沉井钢壳放样

3.4 钢壳拼装测量控制

(1)钢壳拼装前,用水准仪 DNA-02 再次检验垫层顶面平整度。钢壳拼装时,底口对准垫块上放样好的标记线,上口采用吊垂检测垂直度。

(2)中隔墙现场拼装时,底口对准垫层上放样好的轴线,上口采用吊垂球的方法定位,当垂球对准垫层上的检测线时,隔墙即拼装到位。

(3)井壁拼装时,刃脚外侧对准混凝土垫层上放样好的轮廓线,上口同样采用吊垂球的方法定位,保证外井壁垂直即可。

(4)在钢壳节段吊装时在方木附近可能出现局部受力的情况,可在此位置增加临时方木,该方木位置顶面高程超出设计高程3~5cm,再将节段吊放,待整个节段在方木上全部受力,拆除临时方木,再进行安装。

(5)对嵌补节段,先进行粗定位,用马板马好后,等其两端头连接的节段都定位安装好后,再进行精确定位。中间节段,整体定位完毕后再进行焊接,焊接留一定的焊接收缩余量。对于节段间的定位,通过临时连接件或是打样冲眼做标记的方法来控制其精度。

(6)严格控制首节钢壳的安装误差。由于是首节钢壳施工,为了给下一阶段沉井接高施工提供比较精确的三维坐标基准,现场必须精细组织、精细施工、精细测量和检验。

(7)沉井定位后,需要稳定一段时间,对钢沉井要进行连续的定期观测,包括平面位置、高程、垂直度、扭转度等。对所观测的数据进行统计、分析,确定钢沉井在不同环境条件下的变位情况及规律。最终准确微调至设计位置(图7)。

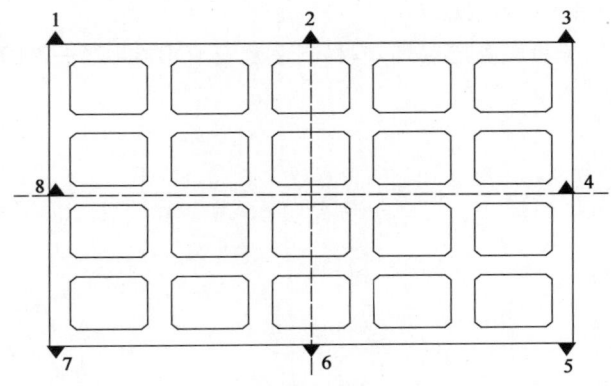

图7 沉井测点示意图

(8)当沉井所有节段拼装完毕,采用全站仪检测沉井钢壳角点和轴线,钢卷尺丈量沉井尺寸作为复核(图8)。根据设计要求,组装完成的沉井钢壳,其竖直度不得大于$H/1000$;沉井钢壳顶面中心偏位不得大于$H/100$,顶面高程±30mm;沉井钢壳几何尺寸长、宽±20mm,对角线差小于20mm,高度±10mm。

图8 钢壳拼装测量

4　结语

南京仙新路过江通道北锚碇钢壳由于体积大、安装精度要求高，要求现场测量人员要有认真细致的工作态度。在拼装过程中，要加强对平面位置、高程、垂直度（吊线检查）、扭转度的控制，编制几何姿态数据表格，实时反映其空间位置姿态，保证信息共享，指导施工。做到精细化施工，精细化管理。

参 考 文 献

[1] 中华人民共和国交通运输部.公路桥涵施工技术规范：JTG/T F50—2011[S].北京：人民交通出版社，2011.
[2] 中华人民共和国交通运输部.公路工程质量检验评定标准　第一册　土建工程：JTG F80/1—2017[S].北京：人民交通出版社股份有限公司，2017.
[3] 中华人民共和国住房和城乡建设部.钢结构工程施工质量验收规范：GB/T 50205—2017[S].北京：中国计划出版社，2017.
[4] 中华人民共和国住房和城乡建设部.工程测量规范：GB 50026—2007[S].北京：中国计划出版社，2007.

47. 南京仙新路过江通道南锚碇地连墙施工测量控制

王璐 姜艳

(西安方舟工程咨询有限责任公司)

摘 要：南京仙新路过江通道南锚碇基础采用外径65m、壁厚1.5m的圆形地下连续墙加环形钢筋混凝土内衬支护结构。南锚碇地连墙基础具有工艺复杂、施工风险高、施工难度大等特点。本文主要介绍地连墙基础施工过程中的测量控制方法。

关键词：锚碇 地连墙 施工 测量控制

1 工程概况

南京仙新路过江通道工程，距离上游的南京长江二桥6.2km，距离下游的南京长江四桥4.3km。跨江大桥主桥采用主跨1760m的单跨门形塔整体钢箱梁悬索桥，主桥跨度布置采用580m+1760m+580m，矢跨比1/9。

南锚碇基础采用外径65m、壁厚1.5m的圆形地下连续墙加环形钢筋混凝土内衬支护结构。地连墙基础由地连墙、帽梁、内衬、底板、顶板及填芯混凝土组成。锚碇前端分16个隔舱，隔舱尺寸为9.0m×9.0m(纵向×横向)，隔舱顶板厚7.2m，底板厚10m。地下连续墙嵌入微风化岩不小于3m，根据开挖深度及地质情况槽段划分A、B区，A区槽段平均深度为60m，B区槽段平均深度为63m。帽梁为钢筋混凝土圆形结构，高3.0m，宽4.0m。

锚体基础以上高24.8m，南锚碇主缆理论散索点高程为+33.085m，主缆在鞍部处入射角为20.485°，大缆横桥向上下游中心线距离为27.7m。整个锚体在平面呈U形，锚体顺桥向全长64.75m，横向宽62.8m。锚体从结构受力和功能上分为锚块、鞍部、锚室侧墙、锚室端墙、锚室顶盖和锚块后浇段。南锚碇结构布置如图1所示。

2 大桥控制网及坐标基准

平面控制网精度等级：主桥为二等，引桥为三等。平面坐标系统采用08南京地方坐标系(2000国家大地坐标系椭球参数，中央子午线为118°50′)为基础的仙新路过江通道施工坐标系，以08南京地方坐标系控制点DQ2起算，DQ2至DQ24的08南京地方坐标系坐标方位角为起算方位角，尺度归算至桥轴线平均子午线经度118°53′47″，投影至主桥桥面平均高程面

60.09m(85高程)。高程控制网精度等级为二等。高程系统采用1985国家高程基准。由于南京仙新路过江通道工程施工复杂,施工控制精度要求较高,现场施工测量难度较大。首先需对设计院提供的首级平面控制网和高程控制网进行同等级复核,对控制点进行加密布设,补充施工需要的水准点、平面控制墩,图2为控制网网形图。

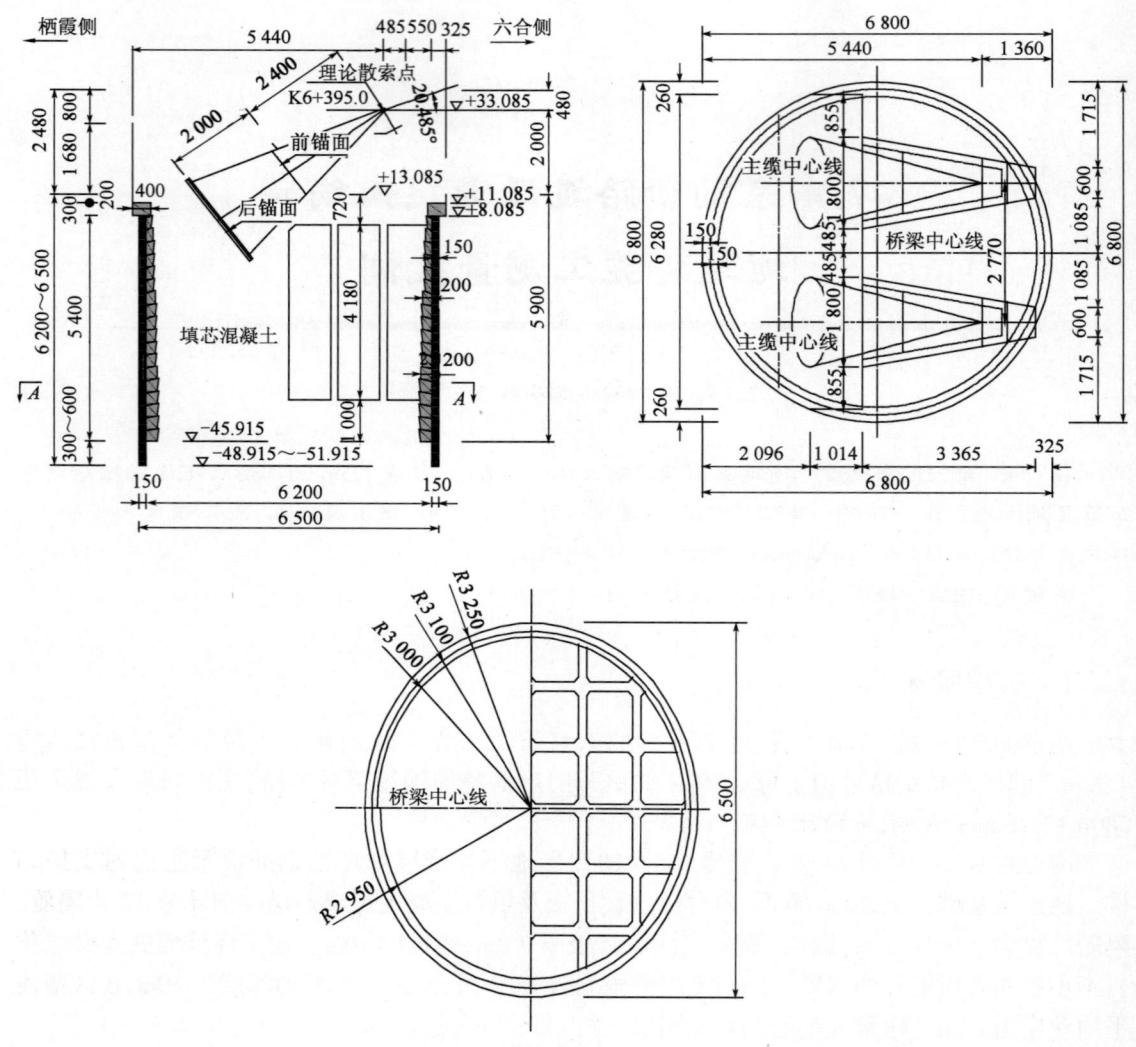

图1 锚碇结构布置示意图(尺寸单位:cm)

由于锚碇是规则的圆形结构,为了方便测量施工放样,以锚碇中心($X = 360\ 646.964$,$Y = 340\ 330.813$,里程为K6+374.6)为坐标轴原点,以桥轴线为X'轴,里程增加方向为正方向;Y'轴垂直于X'轴,正方向指下游。桥轴线坐标系投影面高程同首级控制网。规定某点的X'坐标值等于该点的里程值。桥轴线坐标系与工程独立坐标系换算关系可以通过其之间夹角计算转换,求得的换算关系如下:

$$X' = (X - X_0) \times \cos\alpha + (Y - Y_0) \times \sin\alpha \tag{1}$$

$$Y' = (Y - Y_0) \times \cos\alpha - (X - X_0) \times \sin\alpha \tag{2}$$

式中:X'、Y'——桥轴线坐标系坐标;

X、Y——工程独立坐标系坐标;

X_0、Y_0——特征点的中心坐标；
α——特征点的桥轴线方位角。

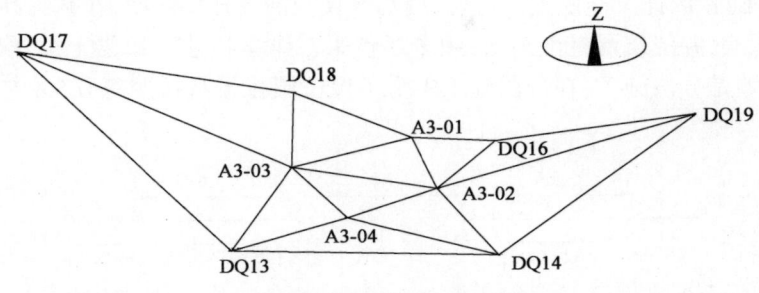

图2 首级控制点及加密点网形图

其中 A3-01、A3-02、A3-03、A3-04 为加密点。

地连墙施工测量主要采用全站仪三维坐标结合 GNSS-RTK 测量控制其平面位置及垂直度。地连墙施工测量流程如图3所示。

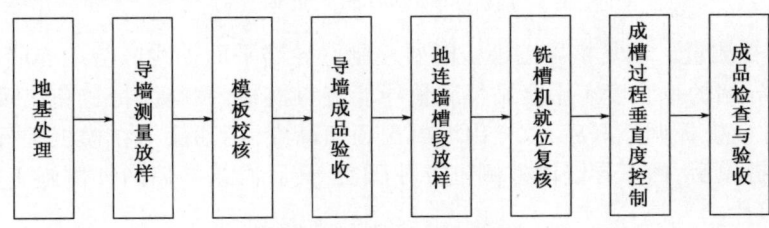

图3 地连墙施工测量流程

3 锚碇基坑支护施工测量控制

3.1 水泥土搅拌墙施工测量控制

（1）为了较好地保证加固效果，本标段槽壁加固采用双轮铣水泥土搅拌墙施工工艺：地连墙内侧划分75个加固槽段，外侧划分80个加固槽段。单个槽段墙长2.8m，宽0.7m；在施工前先用全站仪三维坐标法放样出每个加固槽段的四个特征角点，定上桩位，拉线把槽段区域框出来方便机械就位。具体槽段布设如图4所示。

外侧编号W1-W80共80幅，内侧编号N1-N75共75幅，共计155幅。

图4 槽壁加固槽段的布设

（2）设备的精确度控制：设备的平整度和机架的垂直度，通过微电脑数控控制调平；铣轮部分安装采集各类数据的传感器，中控台可掌控铣轮的偏直状况、铣削的深度、铣轮受到的阻力等，可进行相应的操作。操作员可以针对不同土层设定铣轮的下降速度。系统的垂直度由支撑矩形方管的三支点轴机的垂直度来控制，调整铣轮的姿态，调慢铣轮下降速度，从而有效地控制了槽孔的垂直度。

3.2 导墙施工测量控制

（1）为保护槽口及保证槽段位置的准确性，承载施工设备及方便钢筋笼的接长，防止槽壁顶部的坍塌等,地连墙施工前设置导墙。导墙由两个"["形钢筋混凝土墙组成,净距为1.6m,墙高2.0m,墙宽1.6m,墙厚0.4m,布置在地连墙两侧(如图5所示导墙尺寸结构)。导墙分段进行施工,先用RTK放样出开挖基础边线,用水准仪控制好开挖深度,在基础开挖到设计高程后将基础整平压实,并浇筑混凝土垫层;用全站仪采三维坐标法在垫层上放样出导墙底1.6m宽的底边线;导墙是分段施工,在分段施工中为了保证圆弧形状按照每0.5m左右距离放样导墙底边线。

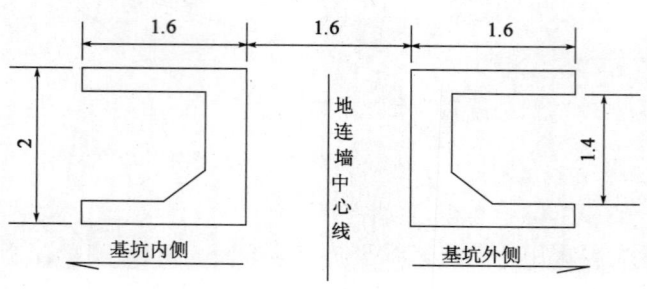

图5 南锚碇导墙结构图(尺寸单位:m)

(2)导墙模板测量。在复核导墙模板时要控制好导墙平面轴线应与地连墙的平面轴线相平行,严格控制导墙的垂直度。用全站仪测量导墙上口模板,调整模板避免出现以直代曲,侵占主体结构尺寸。模板调整好后,放样出混凝土顶面高度,用油漆笔在模板上标注好;待浇筑混凝土,经养护拆模后,回填导墙内外侧土方并压实,最后修筑导墙内外侧施工平台。图6所示为导墙施工照片。

图6 类似桥梁导墙施工图片

表1为导墙的质量验收标准。

导墙的质量验收标准　　　　　　　　　　　　　　　　　表1

序　号	项　目	允许偏差(mm)
1	平面轴线	≤10
2	两侧导墙间距	≤5
3	高程	≤5

4 地连墙施工测量控制

南锚碇地下连续墙采用液压铣槽机施工,每铣长为固定值2.8m,划分48槽段,Ⅰ期槽孔

24个、Ⅱ期槽孔24个。Ⅰ期槽段采用三铣成槽,共长5.512m,边槽长2.8m,中间槽段长0.408m;Ⅱ期槽段长2.8m,一铣成槽。地连墙槽段采用铣接法进行搭接,Ⅰ期槽段和Ⅱ期槽段在地连墙轴线上搭接长度为0.25m。全部采用铣接头作为地下连续墙槽段连接方式。图7、图8是地连墙槽段划分及铣槽顺序图。

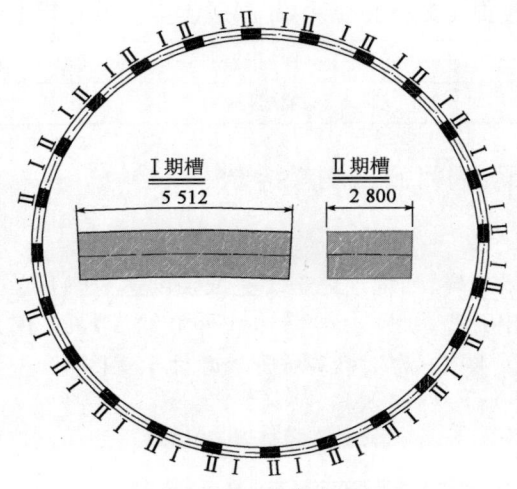

图7 地连墙槽段划分图

根据基坑开挖深度及地质情况槽段划分A、B区,并按A、B区分别配筋;A区槽段平均深度60m,B区槽段平均深度63m,锚碇地连墙轴线直径为63.5m,轴线周长为199.49m。图9为槽段分区图。

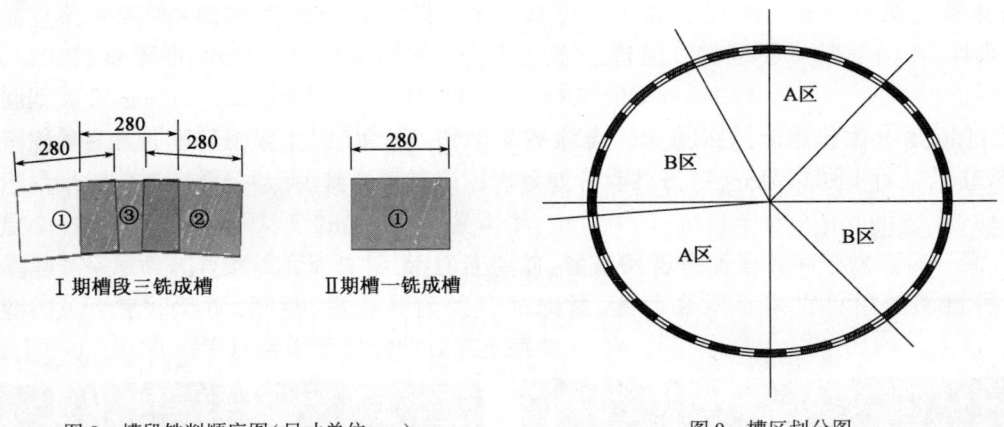

图8 槽段铣削顺序图(尺寸单位:cm)　　　　　　图9 槽区划分图

按照图纸划分的槽段,计算出每段成槽内侧弧和外侧弧段角点,用RTK在导墙上放样出槽段位置,并用油漆做好标志,做好记录为后续帷幕施工做好数据准备工作。在成槽过程中用水准仪控制成槽机水平度,利用成槽机上的竖直度仪表及自动纠偏装置,保证成槽垂直度,并用全站仪或者经纬仪在0°和90°方向进行交会检查成槽机垂直度。为了保证地连墙垂直度质量,在钢筋笼下方时用全站仪进行竖直度的测量和控制。图10为控制垂直度示意图。

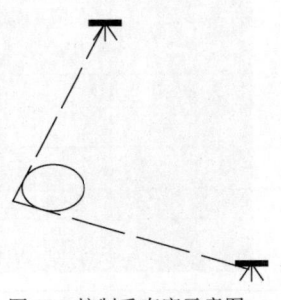

图10 控制垂直度示意图

365

表 2 为地连墙质量检验标准。

地连墙质量检验标准　　　　表 2

序号	项目	允许偏差
1	成槽垂直度	≤1/400 墙深
2	厚度误差	0～30mm
3	平面误差	±30mm
4	沉渣厚度	≤10cm

5 基坑开挖及帽梁、内衬施工测量控制

5.1 帽梁施工测量

（1）帽梁基坑开挖测量放样：当地连墙施工完成强度达 80%后，分段拆除内外导墙和设备基础。用 GPS-RTK 放样出开挖边坡线（导墙边线外放约 3.1m），用油漆标注开挖范围；开挖过程中随时检查开挖坡度。图 11 为帽梁基坑开挖断面示意图。

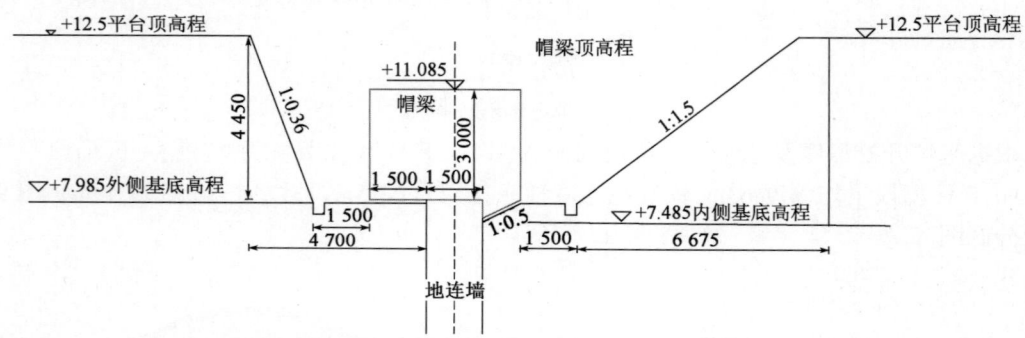

图 11　帽梁基坑开挖断面示意图（尺寸单位：mm；高程单位：m）

当基础开挖距帽梁底部 20cm 时，转换为人工开挖及平整，用水准仪放样出帽梁底高程。在基底进行清理、整平并夯实完成后经过自检合格后报监理和测量中心验收基底高程。

表 3 为基槽开挖的检验标准。

基槽开挖的检验标准　　　　表 3

项目	序号	检查项目	允许偏差或允许值（mm）					检查方法
			基坑、基槽	挖方场地平整		管沟	地（路）面基层	
				人工	机械			
主控项目	1	高程	+100，-300	±30	±50	-50	-50	水准仪
	2	长度、宽度（由设计中心线向两边量）	+200 -100	+300 -100	+500 -150	+100		全站仪、用钢尺量
一般项目	1	表面平整度	±100					用2m靠尺和楔形塞尺检查
	2	基底岩土性	设计要求					观察或土样分析
	3	边坡	设计要求					观察或用坡度尺检查

注：地（路）面基层的偏差只适用于直接在挖、填方上做地（路）面的基层。

(2)帽梁放样:根据施工方案帽梁节段的划分,在基底检验合格后用全站仪三维坐标法放样出每个节段帽梁中心线及边线,并做好桩位标记;放样完成后用钢尺对断面宽度进行复核。在钢筋绑扎时用全站仪放样出塔吊及其爬梯预埋件的基础位置,并做标记。在施工放样过程中确保帽梁的节段缝与地连墙槽段施工缝错分开。图12为地连墙槽段施工缝示意图。

(3)帽梁模板测量:帽梁模板采用内侧钢模板外侧胶合板形式施工;在模板拼装好后用全站仪直接测量模板角点坐标,根据测量的数据计算模板的尺寸偏差和轴线偏差,用吊垂线法检查模板垂直度;同时检查复核埋件位置。模板平面位置调整好后,用水准仪放样出帽梁顶面混凝土高程位置,并用油漆做好标记,作为混凝土浇筑时的高程控制依据(图13)。

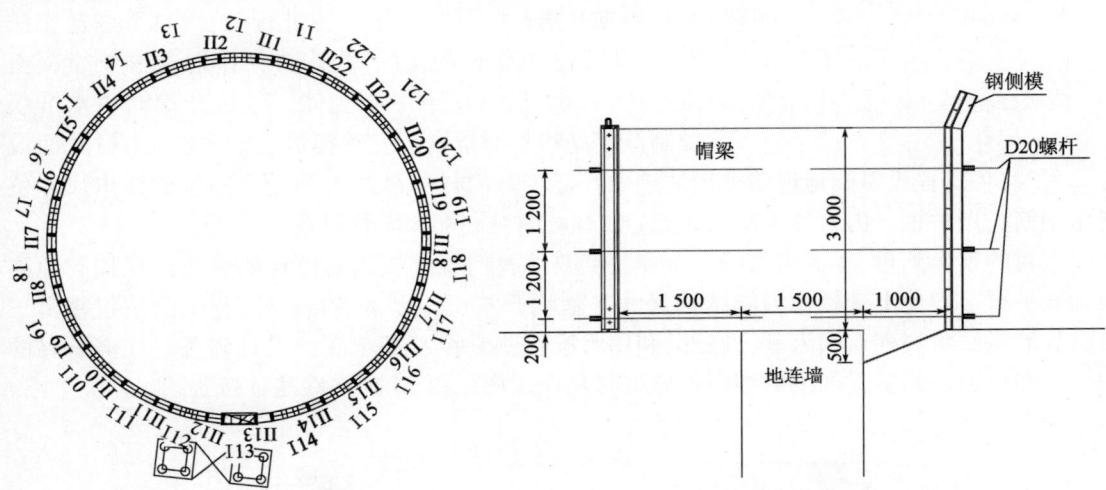

图12 地连墙槽段接缝示意图　　　　图13 帽梁模板断面示意图(尺寸单位:mm)

由于帽梁是圆形结构,为了提高现场测量工作效率,利用手机测量员软件假设一个线路参数(以地连墙轴线为依据)。在模板测量过程中需要对数据进行反算,确保外侧模板到锚碇中心的距离为34m、内测模板角点到锚碇中心距离为30m。实际操作中运用徕卡全站仪连接测量员软件进行自动换算。帽梁模板调整完成后要用钢尺进行丈量检核,确保断面尺寸没有问题。

表4为帽梁浇筑质量验收标准。

帽梁浇筑质量验收标准　　　　表4

序号	检验项目	单位	规定值或允许偏差	检测方法和频率
1	混凝土强度等级	—	C35	按规范要求
2	断面尺寸	mm	±20	尺量:检查3个断面
3	竖直度	mm	0.3%且不大于20	全站仪:测量两点
4	顶面高程	mm	±10	水准仪:测量3点
5	轴线偏位	mm	10	全站仪:纵横各测2点
6	节段间错台	mm	5	尺量:每段4处
7	平整度	mm	5	每20m² 测1次
8	预埋件位置	mm	符合设计要求	尺量:每件预埋件

帽梁为钢筋混凝土环形结构,地连墙顶部深入帽梁10cm,顶部竖向钢筋全部伸入帽梁,与帽梁相连。帽梁悬出地连墙内侧1.0m,外侧1.5m,帽梁总宽度4.0m,高3.0m,如图14所示。

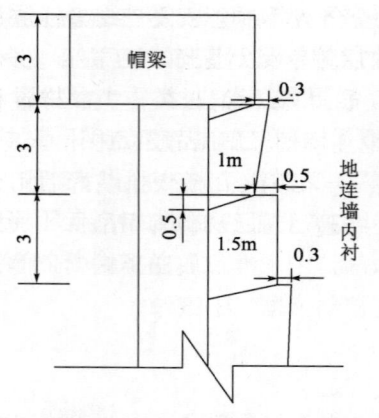

图14 帽梁和第一二层内衬(尺寸单位:m)

在地连墙施工完成后,用RTK放样出帽梁开挖的位置,在开挖过程中用水准仪控制帽梁底部高程,将其高程控制在+8.085m。开挖完成后用全站仪放样出帽梁的内外两条边线,要求两条边线与地连墙的轴线相平行。在帽梁模板安装好后,用全站仪测量模板的内边线点,调整模板控制好平面精度;用水准仪测量模板高程,放样出混凝土面高程位置做上标记。

5.2 基坑开挖及内衬施工测量

基坑开挖和内衬施工是交替进行的,内衬采用逆作法施工,即开挖一层土体施工一层内衬,当同一层内衬混凝土强度达到80%后开挖下一层土体。基坑开挖时用水准仪控制开挖高程水准精度按三等控制,当开挖到内衬底面设计高程时,将高程投射到地连墙上用油漆做好标记。内衬的靠圆心侧用全站仪放样出尺寸位置用钢筋头做护桩。内衬施工层高不超过3.0m,内衬底部均设置斜坡。

内衬的模板测量,考虑测量的安全和精度要求我们就复核内衬模板的底角点保证与地连墙轴线平行。避免出现侵占内侧结构尺寸。基坑开挖至距基底50cm时,利用全站仪精密三角高程测量法将高程点引入基坑底部,利用水准仪测量控制基坑底部设计高程。在浇筑好的内衬上贴反射片测量平面坐标和高程做临时复核点用。图15为锚碇基坑布置图。

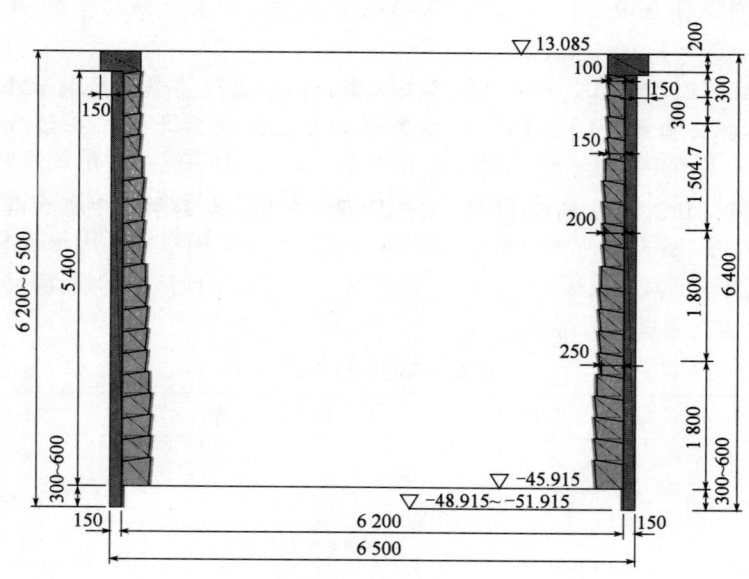

图15 南锚基坑布置图(尺寸单位:cm)

6 结语

地连墙是悬索桥的施工重点之一,施工质量对桥梁的安全与耐久有着重大影响。因此,就需要求现场测量人员严格按照方案施测并加强复核,做好过程放样、监测工作。由于施工周围场地的限制及地连墙基础开挖引起地表沉降,在加密控制点时要统筹兼顾、按照施工工序分步加密,使用时加强检核,保证测量精度满足设计及施工规范要求。

参 考 文 献

[1] 中华人民共和国交通运输部.公路桥涵施工技术规范:JTG/T 3650—2020[S].北京:人民交通出版社股份有限公司,2020.

[2] 中华人民共和国交通运输部.公路工程质量检验评定标准 第一册 土建工程:JTG F80/1—2017[S].北京:人民交通出版社股份有限公司,2017.

[3] 中华人民共和国交通运输部.特大跨径公路桥梁施工测量规范:JTG/T 3650-02—2019[S].北京:人民交通出版社股份有限公司,2019.

48. 南京仙新路过江通道南锚碇地连墙施工关键技术研究

苏小龙

(中交二航局第四工程有限公司)

摘　要：南京仙新路过江通道南锚碇采用地连墙作为深基坑支护结构，针对地连墙施工重点，成槽施工采用"抓铣结合"+"凿铣结合"工艺，在软土地层中充分利用槽壁加固优势，优化液压抓斗工效。入岩后采用旋挖钻进行双引孔，进一步提高铣槽机利用率，同时提高成槽垂直度控制精度。钢筋笼在通长胎架上同槽制作后，分两节起吊，直接由履带式起重机吊运入槽，避免多次倒运，钢筋笼接头对接良好。

关键词：仙新路　地连墙　成槽　铣槽机　钢筋笼

1　引言

随着《长江干线过江通道布局规划》(2020—2035年)的发布，在新的建设现代化经济体系、推动长江经济带高质量发展的重要时期，坚持共抓大保护、不搞大开发，坚定不移走生态优先、绿色发展之路，对过江通道布局提出新的更高要求。在生产和航运工作量繁重的地区主要推荐采用大跨径桥梁，其主跨可直接跨江，不再设置水中基础。南京及其下游地区江面开阔，航运繁忙，这为超大跨径桥梁的推广提供了极其有利的基础条件。而对于悬索桥，地连墙以其防水+支护"两墙合一"的优势，在深大锚碇基础中得到"重用"。

2　工程概况

南京仙新路过江通道位于南京长江二桥与南京四桥之间，直线距离分别为5.9km、4.3km。跨江大桥建设标准为城市快速路，设置双向六车道，设计速度80km/h。主桥桥型采用580m+1 760m+580m单跨门形塔整体钢箱梁悬索桥，矢跨比1/9。主跨度位居中国第一，世界第三。跨江主桥南主塔及南锚碇均设置于小漓江生态公园内。南锚碇采用地下连续墙基础，外径65m，锚碇基坑开挖深度59.0m，为同类型基坑开挖深度之最。地连墙内侧随基坑开挖逐层施作混凝土内衬，内衬厚度共分1.0m、1.5m、2.0m、2.5m四种类型（图1、图2）。

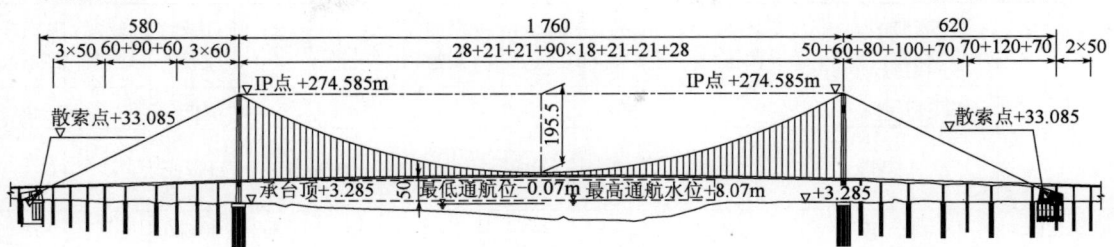

图 1 南京仙新路过江通道桥跨布置图(尺寸单位:m)

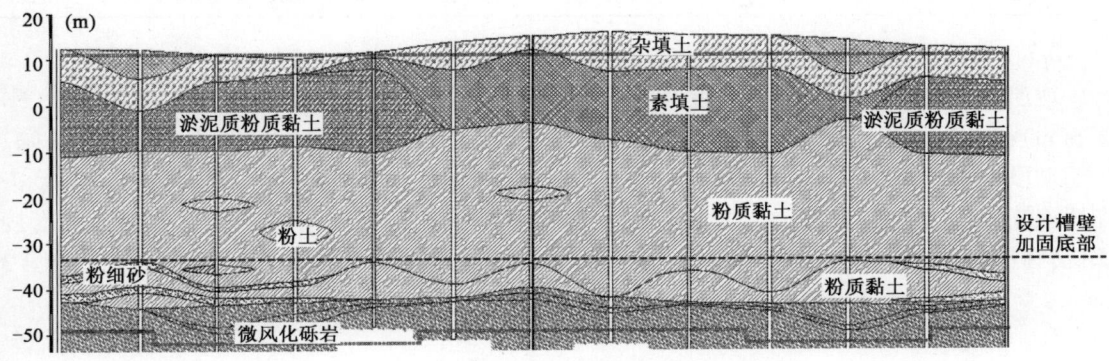

图 2 南锚碇区域地质断面展开图

3 主要建设条件

3.1 水文及地质条件

锚碇场区湿地公园遍布大量沟塘,地表水位由大气降水补给。锚碇位置处原为池塘深槽,后期采用施工弃渣回填,淤积厚度不等的淤泥质粉质黏土、粉质黏土(呈流塑~软塑)、粉土等,地形起伏较大。据钻孔揭示及区域地质资料,南锚碇覆盖层主要为全新统人工填土及软土,厚度 53~59m。根据淤积厚度,锚碇区域分 A、B 区,其中 B 区厚度较深,下伏基岩为砾岩。南锚碇基础嵌固于中、微风化砾岩层土层特性参数见表 1。

土层特性参数表　　表 1

岩土名称	直剪(快剪)		直剪(固快)		三轴(UU)		渗透系数	基床系数		比例系数	最大坡率	基底摩擦系数
	φ_q	c_q	φ_c	c_c	φ_{uu}	c_{uu}	k	K_h	K_v	m		μ
	°	kPa	°	kPa	°	kPa	10^{-6} cm/s	MPa/m		kPa/m^2	—	—
杂填土	6	20	17	23	—	—	2 000	12	15		1:1.25	
素填土	8	28	16	24	6.9	22.5	500	15	16	5 000	1:1.25	
淤泥质粉质黏土	3	10	15	10	0.7	13	10	1	2	3 000	1:1.75	
粉质黏土	7	19	17	19	3.2	20	20	2	3	3 500	1:1.25	
粉土	26	15	24	15	—	—	500	3	4	4 000	—	—

续上表

岩土名称	直剪（快剪）		直剪（固快）		三轴（UU）		渗透系数	基床系数		比例系数	最大坡率	基底摩擦系数
	φ_q	c_q	φ_c	c_c	φ_{uu}	c_{uu}	k	K_h	K_v	m		μ
	°	kPa	°	kPa	°	kPa	10^{-6} cm/s	MPa/m		kPa/m²	—	
强风化砾岩	35	50					500	160	150	30 000		
中风化砾岩	40	300					50	200	180	100 000		0.45
微风化砾岩	45	500					10	240	220	1 000 000		0.50

3.2 地连墙设计参数

地连墙采用水下 C35 混凝土，结构深度根据锚区地质情况分为两种，即 A 区段地连墙（深度 60m）和 B 区段地连墙（深度 63m），厚度为 1.5m；A、B 区地连墙共 48 幅，Ⅰ、Ⅱ 期各 24 幅。Ⅰ 期槽段长 5.512m，三铣成槽；Ⅱ 期槽段长 2.8m，一铣成槽。不同槽段通过铣接头连接，接头在地连墙轴线上重叠 0.25m。槽段倾斜度控制在 1/400 墙深以内，相邻两幅已成槽段的搭接部位，在圆轴线上的深度偏差 ≤6cm，平面偏位 <3cm。地连墙布置区域划分及尺寸图如图 3 所示。

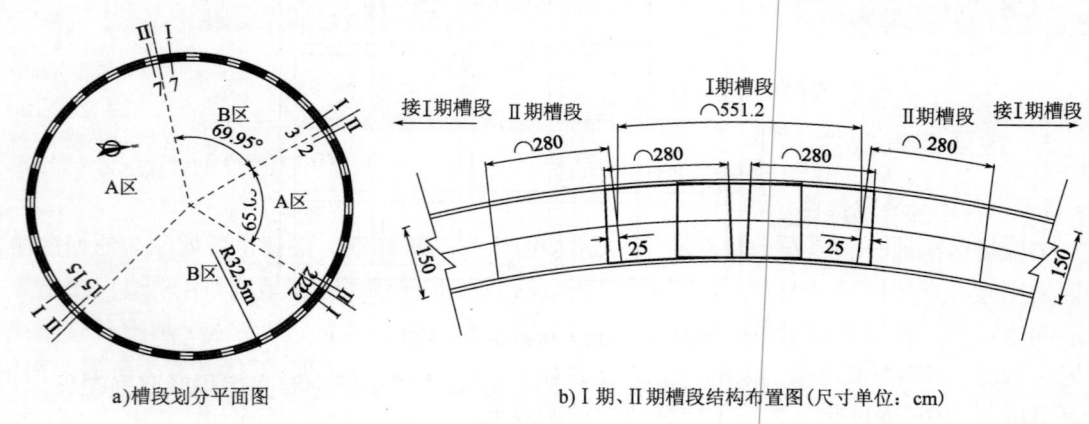

a) 槽段划分平面图　　　b) Ⅰ 期、Ⅱ 期槽段结构布置图（尺寸单位：cm）

图 3　地连墙布置区域划分及尺寸图

4　地连墙成槽施工

4.1 槽壁加固工艺

锚碇区域整体地质情况较差，且软土分布不均匀，近半部分淤泥质软土层厚超 15m，呈软塑~流塑状。若直接进行地连墙开槽，则槽壁稳定性差，且会对锚区周边现有原状地层产生明显扰动，影响后续地连墙成槽施工。

从施工质量、施工工效及文明施工等方面综合对比，为有效保证后续地连墙成墙质量，避免槽壁加固出现成桩（墙）能力不足，倾斜度控制不佳且加固质量无法保证的施工风险，提高基坑开挖期间安全系数，本项目最终选定 CSM 工法墙作为槽壁加固工艺。CSM 工法作为地连墙锚碇的槽壁加固工艺，在仙新路过江通道南锚碇尚属其首次在桥梁领域的使用。

CSM 工法高度结合了双轮铣的机械性和传统的水泥土改良技术，组合的技术优势不但使工法墙的加固深度能达到更深的地层，而且有效地提高了加固后墙体的均匀度、可靠度。双轮铣强大的切削能力,也克服了传统加固方法在不利地质条件下的加固性能缺陷。本项目CSM工法墙单幅墙尺寸2.8m×0.7m,墙体穿过淤泥质粉质黏土层,平均加固深度48m。CSM工法墙在地连墙内侧共计75幅,幅间搭接长度23.74cm;外侧共计80幅,幅间搭接长度21.69cm,总计155幅;内外侧加固墙体与地连墙间预留5cm间隙。

4.2 成槽工艺比选及应用

在确定成槽工艺前,对目前行业内的地连墙成槽工艺及设备进行调研,见表2。

成槽设备性能综合调研结果　　　　表2

机械设备	适用地层	成槽工效(软土层)	成槽工效(岩层)	造价	特　点
双轮铣	所有特性均匀土层及岩层,含孤石及漂石地层有一定影响	7~8m/h	1~2m/h(取决于引孔效果)	高	垂直度可实时控制及纠偏,入岩速度快,无引孔情况下入岩速度将大打折扣。综合费用高
液压抓斗	软~中硬土质地层	3~4m/h	—	较高	垂直度控制不佳,成槽质量依赖槽壁加固质量,不适用于硬质土层及岩层。综合费用较高
冲击钻	所有地层	0.5m/h	0.2m/h	低	多用于岩层地质下的辅助成孔,成槽工效较低,需要多台布置,综合费用低
旋挖钻	所有地层	m/h	m/h	中等	可用于土层及岩层地质下成孔,一般不单独使用,与铣槽机组合后,可大幅度提高成槽工效

结合我部在深中通道东锚碇地连墙施工的成功经验,综合考虑本项目锚碇区地质情况、成槽精度要求及槽壁加固工艺,经对比分析,选用"抓铣成槽"+"凿铣成槽"结合的工艺形式。施工前拟定成槽工艺如下:

4.2.1 上部软土层成槽

Ⅰ期槽段开挖时,上方15m左右的软土层(淤泥质粉质黏土、粉质黏土)利用液压抓斗开挖成槽。对于上方淤泥质土覆盖层开挖时,可根据实际施工情况采用反铲挖掘机先进行基槽开挖,当槽段边界清晰稳定后,利用液压抓斗实施进尺作业。

使用液压抓斗进行地连墙成槽时,为避免已抓取土体部位的槽孔失稳而影响成槽倾斜度控制,抓斗抓槽时采用先两侧后中心的顺序。抓斗下放抓土前,利用提前设置在导墙上的槽位控制点进行抓斗中心定位;抓斗下放时,贴近导墙外侧壁放入以开挖的基槽。在抓斗抓槽过程中及时对泥浆循环系统进行补浆。抓斗抓土完成并提升至导墙顶部前稍做停留,在抓斗内泥浆泄流干净后再专职拉渣车外运,防止造成大面积场地泥浆外流。

成槽时,根据进尺情况不断向槽内注入新鲜泥浆,保持距泥浆面高出地下水位1m且不低于导墙顶面0.3m。成槽过程中定时抽查检测泥浆指标。根据实际地质情况,实时调整新制泥浆及循环泥浆指标。

4.2.2 下部软土层成槽

导墙下15m以内的软土层采用铣槽机成槽。铣槽机自带垂直度检测功能,成槽过程中的倾斜度数据可在控制面板上实时显示,当发生倾斜时可通过铣头上的纠偏板完成纠偏,实现成槽倾斜度修正。另外与铣槽机配套使用的泥浆净化系统,由制浆、储浆、循环、净化四个子部分构成。铣槽机在成槽过程中,切削土体的钻渣通过铣头上的管口,以反循环的形式进入泥浆系统中完成净化,后从槽口回流补浆。

在铣槽机铣进中,对泥浆指标的检测以6h/次进行控制,确保新浆及循环浆指标均满足要求。此外,根据不同地层情况,对泥浆指标进行调整,防止出现塌孔或糊轮现场。

4.2.3 入岩层后成槽

铣槽机铣进入岩后,铣齿的磨损情况与岩层强度有直接关系。若入岩后发现铣齿磨损严重且铣进缓慢时(工效低于0.5m/h),即停止铣槽机继续"硬铣",改换"凿铣结合"的方法继续进尺。凿铣法为利用冲击钻在岩层中先行冲孔,进而辅助铣槽机成槽。先用冲击钻带直径0.8m冲锤进行多点冲凿基岩,形成孔道后再换用铣槽机修孔。凿铣法为多次循环进行,当已进行冲凿后的槽孔铣槽工效较低时,则重新进行冲凿。冲孔过程采用正循环形式,钻机就位后,对相邻槽段预挖2~3m,利用原槽内泥浆及相邻槽段形成小范围泥浆循环系统,在冲凿过程中,对相邻槽段内的沉渣及时挖除。

4.2.4 Ⅱ期槽成槽施工

Ⅱ期槽成槽直接选用铣槽机进行。铣接头具体形式为:对于两个已成墙的Ⅰ期槽段,在其中间部位开槽,成槽时对两侧已成槽段各铣削端头的25cm混凝土。由于铣槽机铣头上有多个铣齿不规则组合,因此对已成槽段铣削后,自然形成抗渗性能好、致密的接头锯齿形接头。

相邻的两个Ⅰ期槽尽量缩短混凝土龄期差,避免由于龄期相差太大而造成的混凝土强度差。在Ⅱ期槽成槽时,相邻槽段混凝土强度已发展较高,强度偏差直接导致两侧铣轮铣进难度不一致,铣轮"吃软",偏向强度较低一侧,这种偏斜一旦形成将很难纠偏,故在初始开孔铣进时使用导向架进行导向定位。

初始铣进时以成导向槽为主,确保整个铣头高度范围内的成槽顺直。此阶段铣轮低转速高强度运行,控制铣进速度的同时,保证对已浇筑段足够的切削能力,避免开孔过快导致倾斜度控制不佳而增加后续掘进的纠偏难度,甚至超过铣槽机的纠偏能力。待整个铣头均进入混凝土后,两侧已浇筑的槽段将对铣头有稳定的导向作用,便可加快铣进速度。

为有效控制Ⅱ期槽在初始铣进过程中的倾斜度控制,形成稳定导向,在Ⅰ期槽槽口顶端接头部位设置长度9m的导向板,Ⅰ期槽浇筑完成且强度达到2.5MPa时拆除。

4.3 实施效果分析及过程中的工艺调整

实施期间,共投入1台宝峨GB80S型液压抓斗、2台宝峨BC-40型液压铣槽机、4台CZ-6型冲击钻进行施工,首槽施工完成后增加1台宝峨GB38型旋挖钻辅助用于入岩后引孔。

4.3.1 施工工效

抓铣工艺:首个槽段的施工完全按照专项施工方案实施,将上部软土层全断面抓至15m的位置后,改由双轮铣铣槽至58m深度。在这个施工循环中,液压抓斗平均进尺工效为6.5m/h,改由铣槽机成槽后,平均进尺工效为5.4m/h。可以看出,铣槽机及液压抓斗的进尺工效与调研的结果存在一定出入:一方面是由于抓斗施工槽段顶部,相对工作距离较短,一定程度上提高了抓斗的工效;另一方面,也是由于上部软土层土质较为松软,适合抓斗开挖。此外,由于淤泥质软土地层软塑~流塑的地质特性,铣槽机在成槽过程中出现了"糊轮"现场,导致成槽工效未达到预期。

凿铣工艺:成槽深度达到58m后,铣槽机工效明显降低,平均铣进速度为0.3m/h,故改由冲击钻进行引孔,每个铣槽循环内底部引单孔,引孔至底后,由铣槽机成槽。在此过程中,引孔平均工效0.1m/h,引孔后,铣槽机明显提高,铣进速度达到0.8m/h。

工艺调整：首个Ⅰ期槽段共耗时200h，锚碇区内风化岩平均厚度达6~7m，岩层强度较高，完整性好。总结分析各工艺实际工效并对工艺进行调整。鉴于CSM的槽壁加固下，抓斗利用率可进一步增加，故后续成槽施工先采用成槽机抓取上部软弱土层至35~40m深度（槽壁已加固至48m深度），入岩层后的引孔工作由旋挖钻或冲击钻进行，引孔至底后，利用铣槽机一铣到底。

调整后成槽以铣槽机为控制点，以确保铣槽机"不停机"为前提，最大程度上合理利用液压抓斗成槽，旋挖钻、冲击钻引孔。实际上，因冲击钻对周边土层影响较大，为减小对成槽质量及环境影响，在引入旋挖钻后，仅保留1台冲击钻进行辅助引孔。

对于旋挖钻引孔，在成槽过程中分别对单个循环引钻1孔与引钻2孔进行试验，引孔直径1.0m，现场每循环引钻2孔，引钻1孔时，铣槽机铣进速度与冲击钻基本相同。引钻2孔时，铣槽机铣进速度达到1.5m/h，工效大幅度提升，单个Ⅰ期槽段成槽时间缩短至170h。Ⅱ期槽在入岩后也使用旋挖钻引钻2孔，单个槽段施工周期为120h。

4.3.2 施工质量

提高成槽质量的关键在于倾斜度控制及泥浆护壁。根据以往工程实例，地连墙在开挖过程中出现漏水现象，多数是由于墙体倾倾斜度控制不佳，出现相邻墙体"劈叉"。而泥浆护壁在成槽过程中是否成功，更是直接影响成槽质量。

对于本项目地连墙倾斜度控制主要从两个方面入手：其一是液压抓斗及铣槽机成槽期间，基于CSM优异的槽壁加固性能，成槽垂直度在利用设备自带的垂直度显示仪的同时，基于CSM墙体更好地实现了自动纠偏，垂直度总体控制在1/500，抓斗作业完全是在槽壁加固的深度内进行。此外铣槽机在加固深度内成槽，也是利用加固体的引导作用和纠偏能力，为加固区外成槽垂直度控制奠定基础；其二是旋挖在引孔过程中通过钻机定位纠偏系统进行引孔孔位控制，分段旋挖，分段校正垂直度，在不平整岩面情况下，为铣槽机成槽提供良好的垂直度控制基础。

地连墙成槽过程中对泥浆性能指标的要求远高于钻孔桩，泥浆在确保槽壁稳固起着关键作用。制浆采用天然钠基膨润土，同时加入高纯度的CMC、重晶石细粉和自来水，制浆完成后在泥浆箱中静置24h。投入使用的泥浆均在集中制浆站中完成制备，制浆站集成了下料、搅拌、静置存储为一体，有效控制了新制泥浆质量。为确保成槽质量，Ⅰ期槽成槽泥浆废除率达到50%，Ⅱ期槽达100%。

5 地连墙钢筋笼施工

5.1 钢筋笼分节方案及履带式起重机设备选型

钢筋笼吊装验算按最长、最重节段进行，最大钢筋笼质量92.937t，起吊机索具、吊钩、钢扁担按10t计算，即吊装质量 G=92.937+10=102.9t，按105t计算。为充分利用履带式起重机起吊能力，同时提高钢筋笼整体性，缩短钢筋笼整体下放时间，单个地连墙钢筋笼分为两节起吊。以B区段钢筋笼为例，分节长度：下部33m+上部29.45m。本工程采用一台280t履带式起重机作为主起重机，臂长50m，主要用于分节钢筋笼双机抬吊、分节钢筋笼下放、钢筋笼对接和整个钢筋笼下放。一台150t履带式起重机作为副起重机，臂长30m，辅助完成钢筋笼翻身。

钢筋笼起吊按照双机抬吊、移位及280t履带式起重机垂直起吊接长后的钢筋笼，三个工况进行吊装模拟分析，整体受力验算以吊装质量最大节段67t计算，通过Midas Civil对钢筋笼进行静力计算分析，得出钢筋笼的最大应力及变形如图4a)所示。

5.1.1 局部应力

局部最大应力为279.0MPa(仅位于吊点位置),小于设计强度(360MPa),且该位置经过加强处理,满足强度要求;其他位置的应力均不超过140MPa。

5.1.2 变形

吊装时钢筋笼均为弹性变形,最大变形为 6.1mm<L/800 = 33 000/800 = 41mm,满足吊装变形要求。

5.2 钢筋笼加工及吊装

考虑整个锚碇施工期间的现场规划布置,在锚碇环形道路区域外设置2条钢筋笼制作胎架,胎架通长布置,其长度比最长钢筋笼长10m左右,钢筋笼同槽对接预制。在两个胎架间增设场地与环形道路连接,作为履带式起重机站位区。钢筋笼制作完成后,解开对接部位的连接套筒。采用这种方法,分节后的钢筋笼由履带式起重机直接抬吊后翻身,避免钢筋笼多次起吊、移位造成的变形,导致上下节钢筋笼对接不到位。

上下节钢筋笼吊装工艺相同(图4b):主起重机和副起重机就位后对胎架上节段进行试吊;试吊合格后,履带式起重机主起重机和副起重机同时后移至平台区域,并对钢筋笼进行翻身(因胎架与环形道路区域存在2m高差,故起吊后,需整体后移);钢筋笼翻身完成后,副起重机驶离作业区域;主起重机将竖直吊装的钢筋笼吊运至指定槽段的孔口位置。

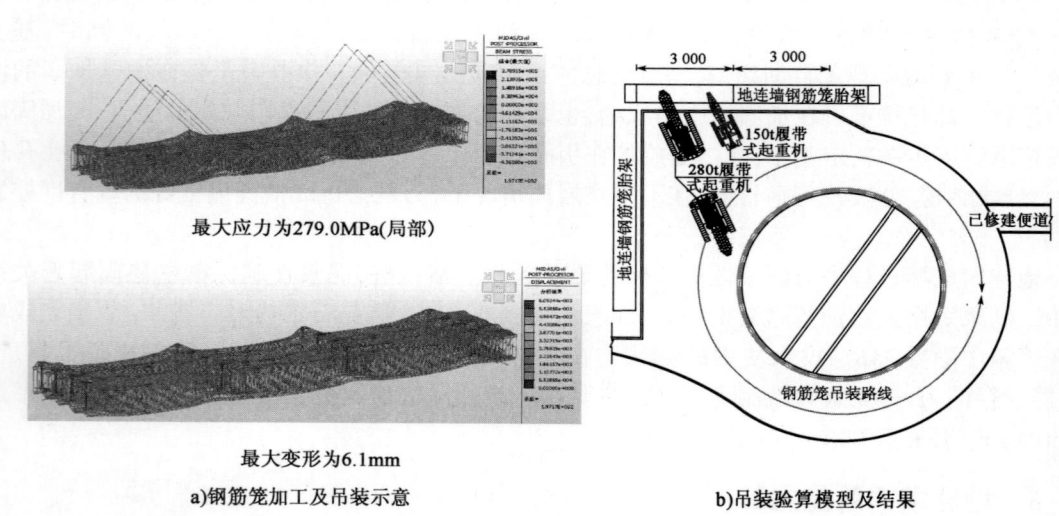

a)钢筋笼加工及吊装示意　　b)吊装验算模型及结果

图4　钢筋笼吊装模拟验算及吊装过程示意

6 结语

得益于其优秀的支护能力及防水能力,地连墙在近些年超大、超深支护结构的应用下得到了广泛推广,不断改良的工程设备及施工技术优化,都在进一步完善传统的地连墙施工工艺。在仙新路过江通道南锚碇实施的地连墙施工,汲取南京四桥、虎门二桥及深中通道地连墙施工经验,从成槽及钢筋笼安装两个重点方面切入,不仅将地连墙整体工期缩短半个月,而且有效保证了地连墙施工质量,这点在随后的基坑开挖过程中得到验证,基坑开挖过程中"滴水不漏"。从成槽方面而言,一方面是CSM槽壁加固工法对于成槽发挥了优异的引导效果,大大提升了液压抓斗及铣槽机的利用率;另一方面,入岩后采用旋挖钻进行双引孔,在缩短引孔及成槽时间的同时,进一步保证了成槽倾斜度控制。就钢筋笼施工而言,合理进行场地规划,优化钢筋笼分节方案,省略了钢筋笼的场内运输环节,也增加了钢筋笼的整体性,直接降低钢筋笼的对接难度,缩短总体下放时间。随着工程建设对于安全、环保、质量的要求日益提高,地连墙施工工艺也不断与时俱进,这无疑也对工艺技术的优化,提出了更高的要求。

参 考 文 献

[1] 陈刚.超深地连墙的抓铣结合成槽施工[J].建筑施工,2014,36(1):6-7.
[2] 沈培庆.铣槽机在地连墙入岩成槽施工中的应用[J].建筑施工,2014,36(9):1028-1030.
[3] 刘晓敏,王岁军,等.复杂地质条件下紧邻城轨隧道超深地连墙施工技术研究[J].施工技术,2021,50(1):83-86.
[4] 单根德,韩海亮,等.紧邻地铁复杂地质下多机械组合超深入岩地连墙施工技术[J].施工技术,2021,50(3):91-94.
[5] 李学聪.复杂地层地连墙施工关键技术[J].施工技术(中英文),2021,50(16):38-41.
[6] 陈若强.悬索桥锚碇基础地下连续墙施工工艺及质量控制措施[J].水运工程,2011(4):159-165.
[7] 段朝静,徐伟,何超然.南京长江四桥超深地下连续墙施工技术[J].施工技术,2010,39(2):39-42.

49. 在不良地质环境下采用旋挖钻机施工大直径超长桩基的施工控制与成效

杨成宏

(西安方舟工程咨询有限责任公司)

摘 要：桩基是桥梁工程常采用的一种基础形式，属于隐蔽工程，多采用旋转钻机、冲击钻成孔。桩基施工受工程地质和工程环境、施工工艺和施工机械设备的影响较大。因此，合理选择施工设备、施工工艺，是保证工程施工质量、施工安全、施工进度的有效措施。本文主要介绍在不良地质环境下，选用旋挖钻机施工大直径超长桩基施工的质量控制以及取得的施工成效。

关键词：旋挖钻机 超长桩基 质量控制

1 工程概况

南京仙新路过江通道工程江南侧起自科创路交叉处，向北沿仙新路跨越栖霞大道、恒广路、恒通大道及新港大道后，跨越长江，江北侧跨越疏港大道、化工大道后接入省道 S501，跨越江北沿江高等级公路及滁河后接地，全长 13.17km，跨江主桥主跨为 580m+1 760m+580m 悬索桥。南北主塔桩基为摩擦桩，呈行列式布置，纵向 6 排、横向 11 排，行间距和列间距均为 7.0m，南北主塔桩基各 66 根。其中北主塔桩基孔深达 120m，桩基有效桩长 110m，单桩直径为 $\phi 2.8m$，属超长大直径钻孔灌注桩，桩端为中等风化粉砂岩。

施工区总体地势开阔、平坦，水网发育。线路跨越长江，低漫滩区枯水期高于水面，汛洪期被长江水淹没，地表土为砂类土，地形微向长江倾斜。其工程特点如下：

（1）工程地质情况差。

根据勘察钻孔揭示及区域地质资料，工程范围内为第四纪淤泥质粉质黏土、粉质黏土夹粉砂、粉土、粉细砂、圆砾为主；基岩为中等风化粉砂岩。

工程地质差，施工超长、超大直径钻孔桩基，施工难度大，成孔困难。场区地质上覆粉质黏土、粉土、粉砂、粉细砂、圆砾等非岩性地质层达 80m 以上，桩基成孔施工不当，极易产生塌孔。

（2）泥浆性能指标要求高。

桩孔地层上覆粉质黏土、粉土、粉砂、粉细砂较厚，泥浆性能指标要满足桩孔护壁、清孔除砂、钢筋笼下放安装、导管安装时孔壁稳定，不发生塌孔，高性能泥浆起着关键作用。因此，泥浆性能指标要高要求精准控制到位。

(3)受环境影响大。

施工期间受到大堤防护、自然保护区环境保护、水文条件、航道影响因素多,汛期受洪水影响明显。北岸沿线码头多,水域条件复杂,四周分布化工企业及管廊、河流,铁路专用线和煤堆场,跨越长江大堤、疏港公路、高压电塔、石油管道、化工管廊、河流等,协调工作量大,质量、安全控制管理难度大。

2 桩基施工方案选定

北塔主墩位于漫滩上,临近长江,靠近长江大堤内,地势低洼,桩基施工受长江水位和汛期潮汐及施工环境影响较大,为保证本项目在关键线路上有序按施工进度计划实施,确保目标任务的实现,选择合理的施工方案至关重要。因此,施工前期对施工方案进行了比选。

2.1 机械选型

钻孔灌注桩常见的施工工艺按钻机成孔有螺旋钻、正反循环钻、回旋钻、潜水钻、冲击钻、旋挖钻。根据地质勘察报告和前期的试桩报告,结合总体施工组织和施工进度计划安排,认真研判了工程地质资料和长江水文资料,从钻孔机械设备选型、钻孔顺序布置、钻机设备的站位、材料进场以及长江水位的影响等方面进行分析比较,借鉴类似工程经验,初选采用旋挖钻机成孔工艺方案。

2.2 工艺研选

采用旋挖钻机在不良地质施工超长桩基带来的一系列问题,如何保证成孔质量和工程质量质,针对易出现的问题,开展了技术研究,一是护筒埋置深度;二是高性能泥浆的配置;三是钻孔速度;四是桩孔护壁的防止坍塌措施等。施工准备期选用1台XR550D旋挖钻原地钻孔的研究,验证旋挖钻施工成孔质量、泥浆配置与护壁效果、钻渣沉淀速度及沉淀厚度等,通过验证,解决了旋挖钻机在不良地质施工超长大直径桩基成孔及孔壁稳定问题。最终选用3台XR550D旋挖钻机施工北主塔桩基的施工工艺方案。施工工艺如图1所示。

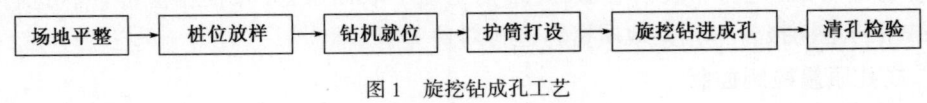

图1 旋挖钻成孔工艺

3 施工控制

3.1 成孔施工

3.1.1 场地布置与准备

钢护筒由专业化厂家生产制造,整体成型后通过公路运至现场插打下沉。钢护筒下沉采用1台200t履带吊机作为起重设备。护筒自重13.7t,振动锤自重约15.0t,根据吊重参数表可知,46.5m长主壁,18m吊重范围,吊机起重能力为44.8t,满足钢护筒插打下沉。北主墩钻孔桩施工平台区域通过宕渣、碎石进行填筑,平整后浇筑30cm厚C25混凝土形成作业平台,平台顶高程+5.0m。钻机布置考虑相邻两个孔位不可同时施工,主墩桩基配置3台XR550D和1台SR405R旋挖钻成孔。

3.1.2 泥浆制备

旋挖施工(图2、图3)选用优质膨润土、碱(Na_2CO_3)、聚丙烯酰胺(PAM)等原料制成PHP泥浆进行护壁,采用ZJ1000泥浆搅拌机搅拌制浆,泥浆比重应控制在1.05~1.2之间(黏土层:

1.05~1.10；砂层：1.07~1.15；有承压水的粉、细砂层：1.10~1.20）。黏度：一般地层控制在16s~22s，松散宜塌陷地层控制在19s~28s。含砂率：新制泥浆不大于2%；胶体率：不小于95%；pH值：大于6.5。

图2　旋挖钻机机身　　　　图3　旋挖钻机钻头

3.1.3　钻孔施工

桩孔孔深达120m，上覆粉质黏土、粉土、圆砾、粉砂、粉细砂等非岩性地质层共80m，下覆强风化粉砂岩及中风化粉砂岩共40m。桩孔顶部80m非岩性地质层采用φ2.8m钻头直接钻孔成孔，为保证在40m岩性底层的成孔垂直度，在岩性底层钻孔前将φ2.8m钻头更换为φ1.8m钻头钻至设计孔底高程，再更换φ2.8m钻头扩孔复钻至设计孔底高程。整个钻孔过程共需48h，钻进工效较高。

在钻进过程中，根据钻进进尺深度及地层的变化进行取样判别，判断地质的类型，记入记录表中，并与地勘资料进行比对，钻渣渣样编号留照保存，并如实填写钻孔施工记录。根据钻进速度，现场每隔2m进行一次钻渣取样，现场见证下取样留存，并根据渣样性状进行土层判定，最终结果与地勘报告中相关地质资料进行对比分析。

3.2　成孔质量检测控制

孔底高程及地质经确认后，本桩终孔，然后进行成孔检测。成孔检测采用TS-K100QC(B)超声波成孔检测仪，见表1。

成孔质量标准　　　　　　　　　　　　　　表1

项次	检查项目	规定值或允许偏差值
1	混凝土强度	在合格标准内
2	孔位偏位(mm)	40
3	倾斜度	1%
4	沉淀厚度(mm)	150
5	钢筋笼平面位置偏差(mm)	20
6	钢筋骨架底面高程(mm)	±50

3.3　清孔

清孔分两次进行，钻孔深度达到设计要求，对孔深、孔径、孔的垂直度等进行检查，符合要求后进行第一次清孔；桩基区域砂层较厚，桩基清孔为防止塌孔风险，首次清孔时保持孔内泥浆相对密度、黏度、含砂率等指标相对偏大，泥浆较黏稠。利用钻渣斗直接捞取钻渣、松散物及过滤相应较小颗粒。细小砂颗粒悬浮在泥浆中，不易沉淀，避免了清孔时塌孔的风险。

第二次清孔，在钢筋笼、导管安放完毕，混凝土浇筑之前进行。第二次清孔均采用气举反循环方法清孔，利用泥浆分离器过滤泥浆。在清孔排渣时，必须注意保持孔内水头，防止塌孔。泥浆性能指标满足质量要求和孔壁稳定为原则，以保证桩基施工质量与安全（图4）。

图4　二次清孔采用气举反循环的方式进行泥浆循环

3.4　钢筋笼制作、安装

北主塔主墩钻孔桩主筋为 $\phi 32mm$ HRB400 钢筋，自桩顶至承台底以下40m范围内为主筋加密区，沿桩体圆周均匀布置64根主筋，承台以下40m之外桩体设置16根主筋。加强箍筋与主筋直径一致，在钢筋笼顶底部各设一根，钢筋笼中部每隔2m设置一道。箍筋采用 $\phi 10mm$ HPB300 钢筋，承台以下15m范围为箍筋加密区，箍筋布置间距分别为10cm，其余区域箍筋间距为20cm。

钢筋笼在钢筋车间胎架上加工制作，按照单根钢筋12m的定尺长度分节吊装对接，钢筋主筋连接采用滚轧直螺纹接头，其余钢筋采用焊接或者绑扎连接，安装混凝土保护层垫块（净保护层7cm），纵向间距不大于2m，环向布置4个。

钢筋笼采取滚轧直螺纹套筒连接，钢筋连接前，检查钢筋规格是否和连接套筒一致，检查螺纹丝扣是否完好无损、清洁，检查套筒的产品质量，套筒必须有供货单位的质量保证书（图5、图6）。钻孔桩钢筋骨架质量验收标准见表2。

图5　钢筋连接套筒通止规检测

图6 钢筋丝头检测

钻孔桩钢筋骨架质量验收标准 表2

项次	项目	允许偏差	检验方法
1	钢筋骨架在承台底以下长度	±100mm	尺量检查
2	钢筋骨架直径	±20mm	尺量检查
3	主钢筋间距	±0.5d	尺量检查不少于5处
4	加强筋间距	±20mm	尺量检查不少于5处
5	箍筋间距或螺旋筋间距	±20mm	尺量检查不少于5处
6	钢筋骨架垂直度	1%	吊线尺量检查
7	钢筋保护层厚度	不小于设计值	检查垫块

钢筋笼在钢筋车间加工完成后,通过平板车分节运输到桩位处,采用200t履带式起重机进行翻身,双支点起吊,在半空将钢筋笼调整至竖直状态,最终吊装入孔。

3.5 导管安装

钢筋笼安装完成后,开始安装导管。导管安装前完成水密性试验和导管受力计算,试验控制压力按照《公路桥涵施工技术规范》(JTG/T F50—2011)第8.2.9条第2款确定。图7为第二次清泥浆指标测定。

图7 二清泥浆指标测定

3.6 灌注混凝土

成孔二清后,经现场泥浆指标、孔底沉渣厚度检测4cm(设计要求<15cm),出具浇筑申请报告单后,开始浇筑混凝土。混凝土强度等级为C30(水下)。混凝土到现场后,经坍落度、扩展度检测,混凝土各指标须满足规范要求。开始进行首封混凝土施工时,同步进行汽车泵补

料,确保首封混凝土连续灌注。

为有效保证水下混凝土灌注质量,减小混凝土灌注过程气堵风险,拔球后拆除6m³料斗在导管顶口安装放气堵小料斗,在小料斗内部安装两根φ50mm排气管,避免因管口混凝土堆积造成气堵,单根钻孔桩理论方量为678m³(不含桩顶1m超灌),单桩实际灌注方量约720m³,总耗时月8.5h,有效控制水下混凝土灌注的连续性(图8)。

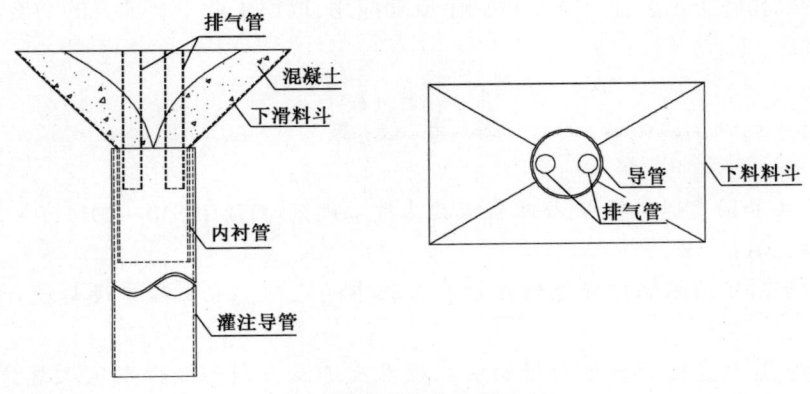

图8 防气堵小料斗示意图

4 施工成效

4.1 技术经济效益

超长大直径钻孔桩快速化施工工法的成功应用,采用"岩层内分级钻进保证成桩垂直度技术""导管法灌注水下混凝土防气堵技术""对混凝土扩展度控制有效保障桩底成桩质量技术"等多项关键技术,采用旋转钻机施工,现场产生的泥浆、钻渣数量较多,且南京地区环保要求较高,清理运输会成本较高。而旋挖钻机产生的废弃泥浆较少,旋挖钻机挖斗挖出的钻渣未与泥浆进行充分混合,经过简单的滤水和晾晒后,可以通过普通土方的运输形式进行渣土外运,减少经济成本。旋挖钻机作业,由柴油内燃机提供动力,电力消耗较少,现场电力电缆数量较少,更便于现场安全文明施工管控。

4.2 施工效果

采用旋挖钻机分级成孔施工工艺,从桩基开钻到混凝土灌注整个施工周期仅需90h,投入3台XR550D钻机作业,确保同时钻进桩位不少于2个。因投入钻机数量较少,桩基钻进过程便于隔孔施工,可有效缩短相邻孔成孔等待间歇时间,北主塔N1号墩完成全部66根桩基总有效耗时仅130d。南主塔S1号墩钻孔桩采用旋转钻机进行施工,与北主塔桩基同步开工,投入8台ZJD4000/350型全液压回旋钻机,钻进过程未采用分级钻进工艺,单桩桩长101m成孔时间约15d左右,除去因汛期洪水影响外,完成南主墩66根桩基总有效耗时210d。经第三方桩基检测单位对北主塔N1号墩66根桩现场超声波无损检测结论报告显示,北塔主墩66根桩基均为Ⅰ类桩。

5 结语

南京仙新路过江通道工程北主塔N1号墩基础超长桩施工过程中,通过现场实际应用,我们发现旋挖钻机不仅可以在软土层进行钻进,在砂、卵石层及比较坚硬强风化、中风化地质层中也有不错的成孔效果,拥有较高的施工效率。通过施工总结、优化,解决了从钻成孔、清孔到混凝土灌注在不良地质环境下超长桩基施工一系列难题,为后续施工提供了时间和质量上的保证。经第三方桩基检测单位对北主塔N1号墩66根桩现场超声波无损检测结论报告显示,66根桩均为Ⅰ类桩,施工效果好,工程质量好,对今后类似工程具有非常好的借鉴意义。北主塔桩基采用旋挖钻施工,形成了更先进成熟的旋挖钻施工工艺,为旋挖机成功进行桥梁大直径、超长钻孔桩的施工增加又一真实案例,为桥梁快速化施工领域又积累了宝贵的经验。充分验证了旋挖钻成孔施工工艺在本项目得到了成功应用,取得了业主及地方的高度认可,获得了良好的社会效益。

参 考 文 献

[1] 中华人民共和国交通运输部.公路桥涵施工技术规范:JTG/T F50—2011[S].北京:人民交通出版社,2011.

[2] 徐毅,韩鹏飞.反循环配合旋挖钻在桩基工程中的应用[J].工程建设与设计,2021(16):29-32.

[3] 魏朝西,杨勇.大直径嵌岩桩旋挖钻成孔技术改进及应用[J].广东土木与建筑,2021,28(5):112-115.

[4] 胡尧,刘注.旋挖钻与回旋钻组合施工工艺在大直径超长桩中的应用[J].施工技术,2021,50(8):73-75.

[5] 赖海英,杨静.旋挖钻施工技术在桥梁桩基工程中的应用[J].交通建设与管理,2021(1):64-65.

[6] 徐雷.深厚软泥地质条件下桩基旋挖钻施工技术[J].公路,2020,65(9):364-367.

[7] 苏保章.旋挖钻施工技术在桥梁桩基工程中的应用研究[J].福建交通科技,2019(6):139-141.

[8] 宁宏坤.复杂地层中旋挖钻施工技术的研究与应用[J].铁道建筑,2018,58(4):49-52.

50. 超大型陆地沉井施工监控技术应用

李维生　张洪达　李宋
（中交第二工程局有限公司）

摘　要：超大型陆地沉井结构体积大，下沉深度大，下沉地层比较复杂，沉井下沉困难。沉井下沉的姿态、下沉中结构安全非常关键。本文结合南京仙新路北锚碇沉井下沉过程中开发的信息化平台，对沉井下沉过程中提供的下沉姿态、沉井底部土压力和结构应力、沉井根部的土压力和结构应力、不同高程土侧面压力、沉井姿态、周边结构物、周边地面等提供信息进行预警和指导现场施工，协助沉井下沉安全顺利下沉的案例。

关键词：沉井　陆地　下沉　监控　应力

1　工程概况

1.1　工程简介

仙新路过江通道上游距南京长江二桥约6.2km，下游距南京四桥约4.3km。主桥为680m+1760m+680m门架式单跨门型塔整体钢箱梁悬索桥，矢跨比1/9。南锚碇采用地下连续墙基础，北锚碇采用沉井基础。

北锚碇基础沉井长宽分别为70m和50m，沉井高50m。沉井高度方向分为九节，第一节为钢壳混凝土沉井，高8m；第二至第九节均为钢筋混凝土沉井，其中第二、九节为6m高，三~八节为5m高。沉井封底混凝土厚度为10.5m，顶面高程为+4.585m，基底高程为−45.415m。沉井共分为20个井孔（图1）。

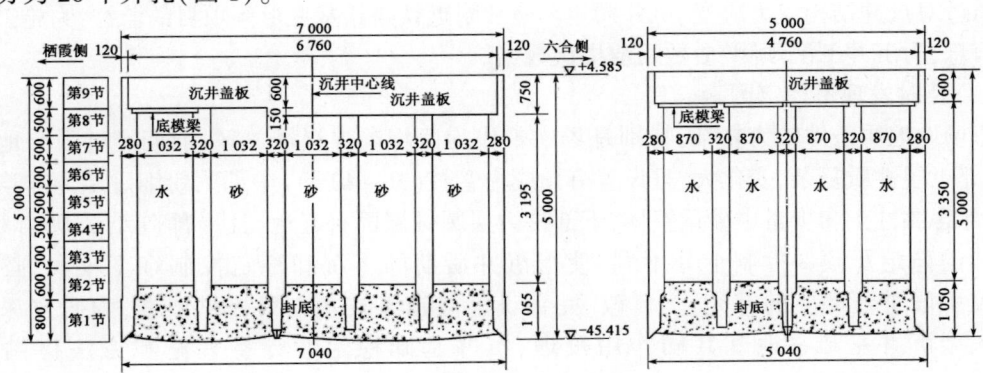

图1　沉井结构图（尺寸单位：cm）

1.2 沉井施工建设环境

（1）位置。

沉井位于西坝港码头公司的煤堆场内，锚碇范围内地面有一条运煤斗轮机基础横穿锚碇中心位置。斗轮机的基础结构由 ϕ600mmPHC 管桩、桩帽、钢筋混凝土框架结构组成。地表为 10cm 锁扣砖+30cm 水泥稳定土，局部采用换填砂处理，原地面进行强夯施工。

（2）地质。

沉井地质钻探孔揭示地表以下土层为杂填土、粉质黏土、粉质黏土夹粉土、粉砂、粉细砂、中砂、圆砾等土层。沉井基底置于密实的圆砾土层，入圆砾层深度约 3.6m。

（3）周边结构物。

沉井西侧约 400m 为项目部，东侧 150m 为钢筋场。北锚碇距离长江大堤约 450m，距离疏港大道约 300m。

沉井南侧有一条园区货运铁路距沉井最近距离 115m，在沉井与铁路中间打设一排 300m 长的防护桩，防护结构采用 ϕ850mm 的三轴搅拌桩和 SMW 工法桩作为隔水帷幕，设计深度为 30m，具体的防护 50.4m 三轴搅拌桩+199.2mSMW 工法桩+50.4m 三轴搅拌桩。

（4）厂区地下水埋深浅、地下水位高，且下部砂层为强透水层。

2 沉井施工工艺

（1）地面障碍物采用全回转钻机拔除 ϕ600mmPHC 管桩，再清除沉井范围内地面清障，确保沉井下沉不受影响。

（2）沉井范围采用砂垫层和砂桩复合地基处理。

（3）沉井钢壳在专业厂家加工，现场分段安装，采用泵送浇筑混凝土。

（4）沉井接高和下沉分为 3 次接高和 3 次下沉，第一次接高和下沉为第一节~第四节，高度 24m，采用降排水下沉；第二次接高第四、五节，高度 10m，采用不排水下沉；第三次接高第七节~第九节，高度 16m，采用不排水下沉。

（5）下沉过程中采用砂套和空气幕助沉措施。

3 沉井下沉监控目的和内容

3.1 沉井下沉监测目的

（1）为施工过程提供指导。

通过对沉井结构应力应变、沉井周边环境和附近铁路路基变形等项目的监控，为施工提供预警信息，为沉井下沉预测、参数反演提供数据。

（2）及时发现不稳定因素。

原场地地质条件较为复杂，特别是场地曾作为西坝港煤炭堆放区，前期经过强夯地基处理，上部土层性质复杂，变化大，且设置有预应力管桩（36~40m），中部的粉细砂层为非均质砂层，局部含黏性土和少量中砂透镜体，下部持力层圆砾层面有起伏，且局部胶结成砾岩状，对于沉井的稳定及倾斜控制十分不利；使得沉井后期的下沉和稳定控制难度较大，必须借助监控手段进行必要的补充，为修改、完善设计与施工技术方案提供依据，为研究深厚覆盖层大型沉井基础—地基共同作用机理、沉井基础稳定性计算理论和方法提供实测数据。

(3)为类似工程的建设积累经验。

3.2 沉井监测内容

在整个沉井施工及上部结构施工过程初期,需要进行如下几个方面的观测:①沉井几何姿态及竖向变形监测;②沉井结构自身应力监测;③刃脚及隔墙反力监测;④侧壁摩阻力监测;⑤沉井周边临近构筑物沉降监测;⑥信息化监控手段的应用。

4 沉井监测施工

4.1 沉井几何姿态及竖向变形

在沉井顶的四周布设8个监测点JC01~JC08。其中轴线4个监测点JC02、JC04、JC06、JC08布置4个GNSS移动站和1个基准站,构成实时动态相对定位;角点4个监测点JC01、JC03、JC05、JC07采用TS60全站仪自动采集功能采集数据。系统通过无线组网方式,把沉井顶各个监测点的测量数据实时传输到监控中心。在监控中心可以实时得到各个监测点的平面坐标和高程,通过计算分析,实现实时显示沉井顶的角点及中心位置、标高、平面扭角、倾斜度几何形态及变化情况(图2)。

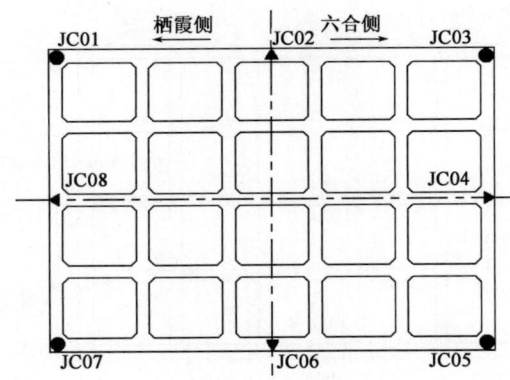

图2 沉井顶平面监测点布置图

4.2 沉井结构自身应力监测

在施工过程中,通过监控沉井结构应力和应变,可以得到客观反映施工过程中沉井结构是否处于安全状态的最直观的参数,包括隔墙底部应力和刃脚根部应力。监测仪器为VWS-10B振弦式钢板计。

4.2.1 隔墙底部应力

隔墙底面在沉井基础定位、混凝土浇筑、接高、取土下沉、排水及终沉阶段都是自身结构受力及安全的关键指标,用于监测开挖形成大锅底阶段(仅刃脚支承)或者排水工况,隔墙底部的结构应力值。布置15个监测点(图3)。

4.2.2 刃脚根部应力

刃脚根部在沉井基础切土下沉阶段及在刃脚外侧地基土的嵌固工况下,此处的结构应力是评价沉井自身结构受力及安全的关键指标,并可反映刃脚外侧地基土应力状态的变化规律。布置16个监测点(图4)。

4.3 刃脚和隔墙反力监测

在竖向荷载作用下,沉井基础主要通过基底承担自重和上部荷载。沉井刃脚反力客观反映了沉井的受力情况,是沉井下沉过程中的重要监控指标,同时也可以作为沉井运行过程中基底反力的监控指标。监测对象包括刃脚和隔墙的反力监测。监测仪器为振弦式土压力计。

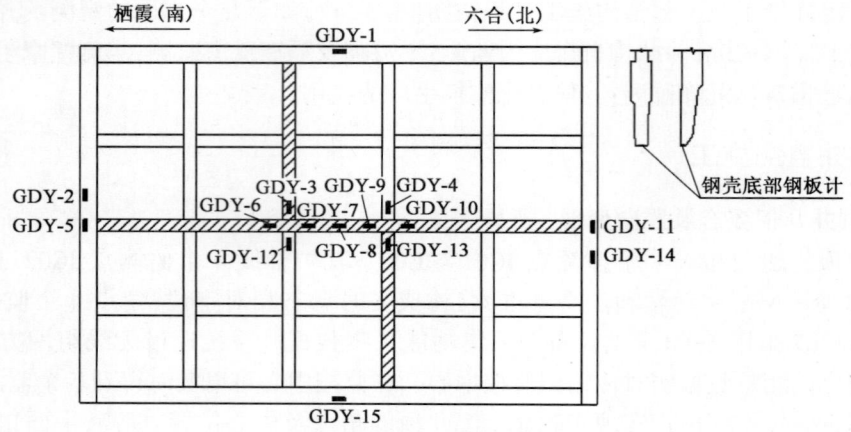

图3 隔墙底部应力监测点布置图

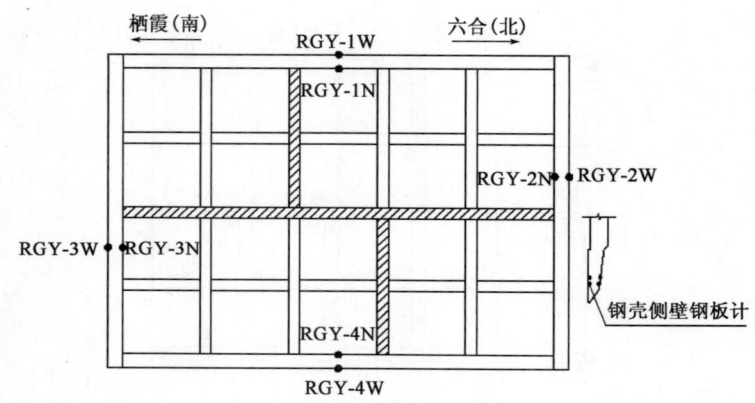

图4 刃脚根部应力监测点布置图

刃脚底部和隔墙底部中间位置布置24个反力监测点(图5)。

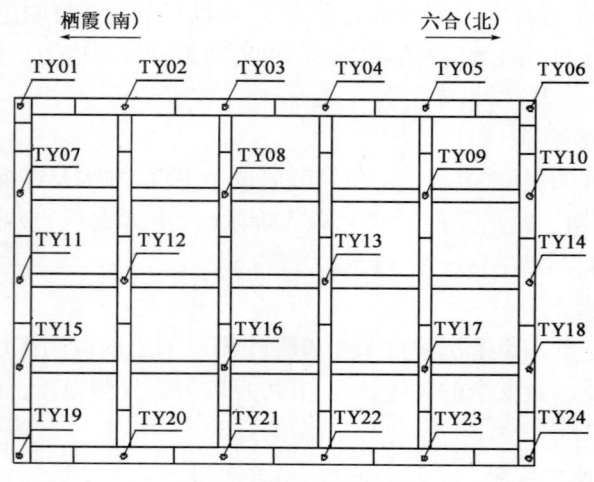

图5 刃脚反力监测布置图

4.4 土侧摩阻

侧壁摩阻力反映了沉井的受力情况,是沉井下沉设计和施工过程中的重要监控指标。然而,由于目前对于由于沉井在施工与运行过程中侧摩阻力及侧壁土压力的分布尚不十分明确,现行的计算模式和计算方法还和实际情况有很大的差异,给沉井设计和施工带来困难。通过埋设监控仪器获取数据,系统深入分析侧阻力的分布规律具有较高的实用价值,也可为建立沉井施工全过程计算模拟建模、参数反演等提供实测资料。另外,该场地工程地质条件较为复杂,为了及时、直观地了解沉井下沉过程中所遇到的土层侧阻力、清基过程中侧壁土压力的变化情况,从而引导施工过程,有必要进行侧阻力的监控。

当沉井某一侧壁的土压力呈现大面积增大且此时沉井对面土压力大面积减小时,此时可作为沉井偏斜的初步预判特征;当沉井底部区域整体呈现土压力减小趋势时,此时表示土体对沉井的嵌固作用减弱,若此时处于粉砂、或细砂层中,可作为翻砂涌土现象发生的先期预判特征,结合底部刃脚反力及泥面地形扫描,也可作为沉井突沉的预判特征。

侧壁摩阻力测点共62个,沿高度方向布设6个监测断面。监测仪器为振弦式土压力计(图6)。

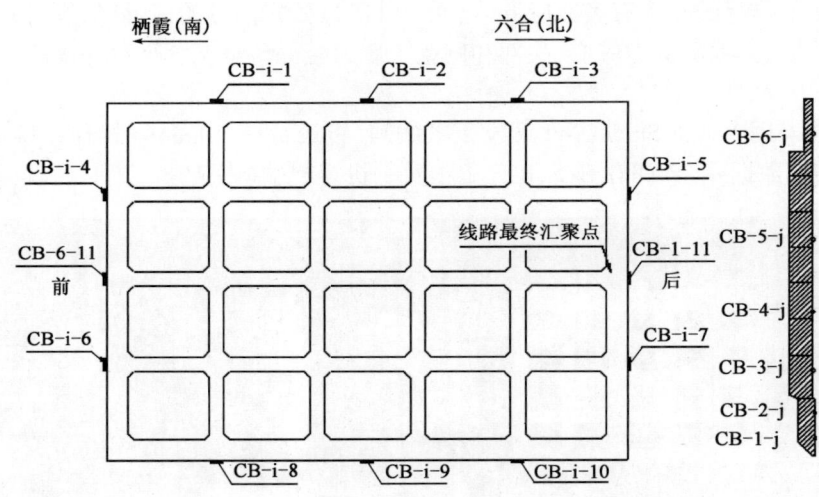

图6 侧壁压力计布置图

4.5 四周结构物和防护设施监测

4.5.1 水位监测

无论排水下沉还是不排水下沉,由于沉井周边管井降水或沉井井内抽泥会引起周边地下水的变化,因此必须对地下水位进行定期监控,掌握地下水漏斗变化情况,确保沉井下沉和接高过程中沉井周边土体不至于水力梯度太大引起渗透变形。在监控地下水位的同时,也必须同时对井内水位进行监控。

水位观测点共2个,设置于沉井南侧靠近园区铁路侧,分别布设于沉井外侧21m和36m处。观测用水位计进行测量。

4.5.2 沉井四周地表沉降监测

地表沉降及水平位移测点在沉井井壁外侧四个轴线设置,按照距沉井井壁20m,35m,50m进行布置,共12个测点。地表沉降和水平位移采用全站仪监测。

4.5.3 园区铁路、长江地、疏港大道监测及其他结构物监测

在铁路靠近沉井与铁路防护范围内设置沉降观测点,中间段每隔15m设置一个沉降监测点,两侧每隔20m设置一个沉降监测点,共12个。

沉井距离长江大堤约450m,距离疏港大道约300m,由于沉井所在厂区地下水埋深浅、地下水位高,且下部砂层为强透水层,与长江联系密切,具有承压性,在沉井排水下沉过程,可能导致长江大堤、疏港大道地质产生沉降、变形。在疏港大道设置5个沉降监测点,在长江大堤上每隔50m设置10个沉降监测点。

地表沉降和水平位移采用全站仪监测。

4.6 信息化应用

沉井下沉过程中数据采集周期长、频率高、人工采集困难,采用先进的监测设备,结合智能采集模块、先进的数据采集软件实现自动化数据采集、智能化数据处理分析、智能化显示和追踪、分级预警和报警、辅助决策控制、报告报表生成、设备在线管理、存储和查询等。

4.6.1 智能采集模块

GDA1902智能采集模块可接入传感的类型有雨量计、气温计、湿度计等。GDA1802振弦采集模块可接入传感的类型有表面应变计、反力计等振弦式信号的传感器,供电方式采用太阳能板。将沉井姿态、根部应力应变、底部和侧壁土压力全部传至系统平台界面。

4.6.2 采集软件

系统软件采用Visual Studio.Net开发工具编写,可运行在Windows操作系统下,使用SQL Server大型网络数据库,软件有C/S、B/S版本及手机客户端(图7)。

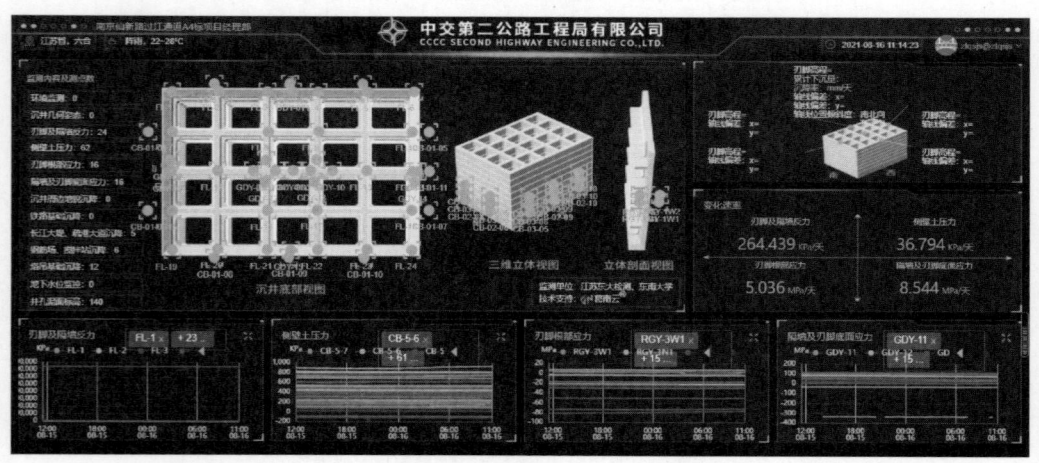

图7 沉井下沉信息化平台

系统数据采集可以根据需要进行设置,每半小时数据库更新一次。地表沉井值每日进行2次。

4.7 沉井下沉姿态及应力应变警戒值

为了确保沉井安全下沉,对下沉过程中进行姿态控制给允许值,在下沉过程中四角最大高差50cm,不满足进行纠偏。沉井应力应变最大允许值252MPa,应力应变设置橙色和红色警戒值,实际下沉过程中最大应力应变值没有超过130MPa,沉井下沉过程中结构处于安全状态(表1、表2)。

沉井下沉成果表　　　　　　　　　　　表1

项目	监测项目		容许值	实际值
1	几何姿态	沉井顶底面中心与设计中心偏位	500mm	最大偏位40mm,最小偏位2mm
2		倾斜度	不大于1°	0.117°
3		倾斜度	≤1/100	纵向1/5 358,横向1/1 219

沉井下沉应力分级警戒值表　　　　　　　　　　　表2

项目	预警级别	预警状态	实测值
1	橙色	应力监测控制值的70%,即176.4MPa	不大于130MPa
2	红色	应力监测的绝对值和速率值双控指标均达到控制值的85%,即214.2MPa	

5　结语

沉井下沉过程中由于地层特性及地质条件可能出现的风险比较多,而且时间比较长。通过信息化平台监测数据和沉井四周地面及结构物监测数据,对下沉施工起到预警作用,可以指导沉井姿态控制允许范围内,避免出现结构物开裂,避免因下沉不当造成涌砂现象、地面大面积沉降,四周结构物出现开裂或其他风险。通过信息化平台建设,软件设计传输数据发送至PC或手机端,迅速便捷使各级管理施工人员获得数据,根据数据,能够及时控制调整下沉,确保沉井安全下沉。

参 考 文 献

[1] 穆保岗,朱建民,龚维明.大型沉井设计、施工及监测[M].北京:中国建筑工业出版社,2015.
[2] 穆保岗,朱建民,牛亚洲.南京长江四桥北锚碇沉井监控方案及成果分析[J].岩土工程学报,2011,33(2):269-274.
[3] 周和祥,马建林,李军堂,等.深大沉井下沉阻力的现场监测[J].公路交通科技,2019,36(7):81-89.
[4] 韦庆冬.五峰山长江特大桥沉井基础施工监控[J].桥梁建设,2019,49(3):108-113.

51. 一种基于区块链可信数字身份的建筑职业技能评价系统架构设计

申小龙

(西安方舟工程咨询有限责任公司)

摘 要：文章提出了一种基于区块链可信数字身份和一种基于标准框架的建筑职业技能评价系统架构设计。针对建筑工人在项目中频繁流动、个人数据高度分散的问题，运用了区块链、可验证凭证、可信数字身份、IPFS 等技术，以"可信数字身份+联盟链"为基础框架，以建筑职业技能评价标准为应用场景，实现了多个培训机构和用工单位跨系统对建筑工人进行标准化职业技能培训和评价的协作机制。

关键词：区块链 可信数字身份 职业技能评价 系统 架构设计

1 问题的提出

建筑业是我国支柱型产业，建筑业各相关企业从业人员达 5 184 万人，并且解决了 5 226 万农民工的就业问题。经过长达 30 年的快速发展，我国建筑业各方面都取得长足进步，这也得益于我国培养的大量专业技术人员的加入，目前我国每十万人中受大专以上教育人口数已经从 1990 年的 1 422 人增加到了 2020 年的 15 467 人，增长了 10 倍，专业技术人员的受教育年限与发达国家的差距已经很小。但是截至 2020 年，我国全部从业的农民工高中及以下学历占比 87.8%、初中以下学历占比超过 70%，近 10 年高中以上学历仅提高了 4%，受教育年限较美、日、德等发达国家的建筑工人普遍少 6 年以上。央视大国工匠纪录片中李守镇代表中华全国总工会发言时说，纵观世界工业发展史，凡工业强国都是技师技工的大国，在日本，整个产业工人队伍中，高级技工占比 40%，德国则达 50%，而中国这一比例仅为 5%，全国高级技工缺口近 1 000 万人。

2019 年，我国国内生产总值达到 99 万亿，人均 GDP 突破 1 万美元，我国也进入了由快速发展向高质量发展的转型期。因此住建部等十三部委提出：到 2025 年，建筑工业化、数字化、智能化水平显著提高，打造"中国建造"升级版；到 2035 年，我国智能建造与建筑工业化协同发展取得显著进展，"中国建造"核心竞争力世界领先，建筑工业化全面实现，迈入智能建造世界强国行列的发展目标。由于我国建筑业农民工受教育程度低，普遍没有接受过职业技能培训，是当下建筑业高质量转型迫切需要突破的发展瓶颈。为此，住建部近年来累计发布了 18

项职业技能标准,并提出到2025年中级工以上建筑工人达1 000万人以上,中级工占技能工人比例达到20%、高级工及以上等级技能工人占技能工人比例达到5%的发展目标。

职业技能标准是一种行业技能型人才标准化的培训、考核和评价的标准,对工人接受培训的内容、时长、工龄、学历有着严格的条件限制,只有符合条件并经考核评价合格才能取得职业技能等级证书,而且规定培训机构不得跨省培训发证。由于农民工异地频繁流动的现象十分普遍,必然导致培训、工龄呈不连续、碎片化状,信息分散在各个用工企业和培训机构,各个机构之间没有信任的基础,也没有可靠的跨系统协作机制,因此即使工人积极参加职业技能培训,也很难完全满足职业技能标准的考核评价条件。

互联网、云计算、大数据、边缘计算、5G、人工智能和区块链的技术进步极大地改善了培训和学习方式,住建部等相关部委也提出利用区块链等现代信息技术赋能建筑工人的教育培训。区块链技术的去中心化、共识机制、密码学等特性被广泛用于解决跨系统协作的信任问题,比如在金融和政务领域。因此,我们提出了一种基于区块链可信数字身份和一种基于标准框架的建筑职业技能评价系统架构设计。

2 相关技术调研

2.1 区块链技术

1982年,David Chaum第一次在他的博士论文中提出类似区块链的协议[1]。1991年,Haber和Stornetta描述了一个加密的安全区块链[2]。1993年,Bayer、Haber和Stornetta将Merkle树纳入设计[3]。1998年,"比特黄金"———一种去中心化的数字货币机制由Nick Szabo[4]设计。2008年,中本聪推出了比特币,一个点对点的电子支付系统[5]。也是在2008年,区块链这个概念作为比特币交易背后的分布式账本被首次提出[6]。

2013年,Vitalik Buterin在他的白皮书中提出了以太坊[7]。以太坊的出现意味着区块链2.0的诞生。与比特币不同,以太坊被设计成一个去中心化应用平台,智能合约技术被开创性的引入区块链。智能合约的引入有助于实现安全高效的信息交换、价值转移和资产管理,有望深刻改变传统的商业模式和社会生产关系,为可编程资产、系统和社会的建设奠定基础。

区块链本质上是一个由全网节点共同维护的分布式账本,由点对点网络支持。每个节点都遵循共同的协议,并使用共识算法来保持每个节点上的副本与其他节点保持一致,并不断添加新的块。用户通过与节点交互以添加交易,交易一旦被添加进区块链后便不能修改和删除,如图1所示。

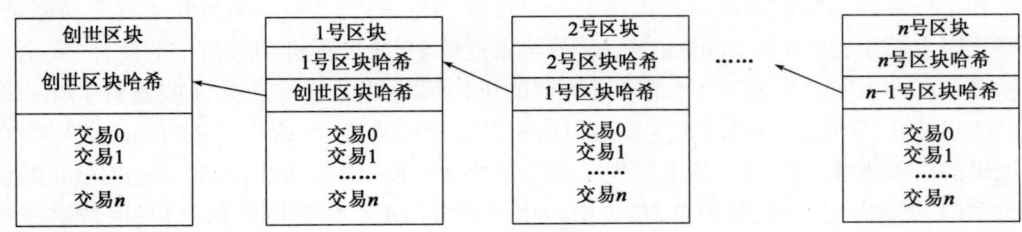

图1 区块链架构

区块链技术具有以下特点:①不可篡改:用技术的方式确保了一个稳定、不可篡改的网络;②去中心化:不再需要一个机构或个人来负责整个系统;③安全:没有人可以轻易篡改用户数据或者攻击系统;④透明:每一个网络节点的参与者都可以查询账本内容,建立了陌生节点之间的信任基础;⑤共识:所有节点就账本中存储的信息遵循共同一致的算法模型,实现了节点之间的高效协作。

区块链分为以下四种类型:①公有链:一种没有限制的、无须审核就可加入的分布式网络。②私有链:一般建立在某个机构或者企业的内部,安全性及隐私保护能力更强,可防范内外部的恶意攻击;但因其网络封闭,不适合需要部署在互联网上、跨域提供服务的应用[8]。③联盟链:仅限于联盟成员参与,链上的读写权限、参与记账权限按联盟规则来制定,数据只限于联盟机构及其用户才有权限进行访问或更改。联盟链实现了部分去中心化,可控性较强,这些特点让联盟链具有可管可控的现实需要和技术基础[8]。④混合链:结合了私有链和公有链的优势。混合链不向所有人开放,混合链可定制,混合链的成员有权决定谁可以参与(访问权)或哪些交易应该公开。

2.2 可验证凭证

数字可验证凭证是近几年伴随世界各国基于区块链身份管理需求而发展起来的一项新技术。数字可验证凭证包括对数字凭证颁发、接收、验证的有效管理和对凭证颁发者和接受者实体身份的可验证,用于构建信任基础从而降低验证成本。在允许用户对自己的身份和凭证进行完全控制的同时,执行数据最小化原则[9],在文献[10]的前提下,提出了自我主权身份(Self-Sovereign Identity,SSI)的概念。图 2 显示了可验证凭证系统中的关键术语和用户角色。

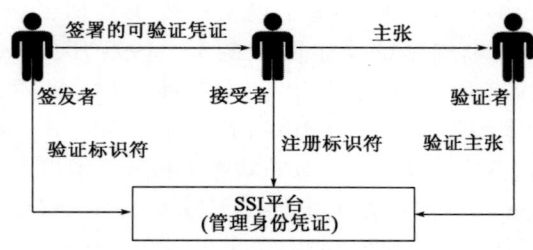

图 2 通过 SSI 平台验证凭证

针对数字身份的去中心化和自主主权身份,W3C(The World Wide Web Consortium)主张通过分布式身份标识(Decentralized Identifier,DID)来实现用户身份的自主管理。2022 年 3 月,W3C 推荐的《Verifiable Credentials Data Model v1.1》标准正式发布。

研究认为[11],基于区块链的证书共享解决方案可以带来很多好处:例如存储和共享在区块链上的证书或其存证是防篡改的;恶意用户无法更改存储在链上的任何文档。区块链的去中心化和不可篡改的特性为参与者提供了一个可信、中立的凭证共享平台和所有交易记录。

鉴于以上特点,2020 年,Rahma Mukta 等学者在第 19 届计算机和通信中的信任、安全和隐私国际会议(TrustCom)中提出了《基于区块链的可验证凭证共享与选择性披露》的 CredChain 架构。CredChain 实现了一种自我主权身份(SSI)[10]的架构设计,使用了 Johnson 等人[12]在论文中提出的可编辑签名的密码技术实现了数据最小化策略,即选择性披露。CredChain 的设计遵循文献[13]提出的架构,其中 W3C 去中心化标识符(DID)代表用户的身份,区块链充当中立的第三方来注册/验证 DID。

CredChain 架构的主要贡献是实现了可验证凭证中对数据的选择性披露。基于区块链的凭证管理系统还有如:CredChain[澳大利亚新南威尔士大学(UNSW)开发]、Blockcerts[麻省理工媒体实验室(MIT Media Lab)开发]、Sovrin[非营利性组织(Sovrin Foundation)开发]、uPort(基于以太坊的去中心化身份系统),VECefblock(越南的一个学生身份管理系统)等。

2.3 我国的可信数字身份

可信数字身份是我国可信区块链推进计划的一项重要课题。2020年12月,由公安部第一研究所、中国信息通信研究院、北京中盾安信科技发展有限公司等单位牵头编写的《基于可信数字身份的区块链应用服务白皮书》(1.0版)正式发布。可信数字身份的提出是基于可信数字身份作为各行业和各应用的底层基础,有利于促进各种应用和服务的融合,并能提高信息流转、汇聚和治理效率,降低企业的建设成本。同时可信数字身份是连接链上和链下的桥梁,也是区块链走向合规监管的桥梁。

基于可信数字身份(PID)的区块链应用服务采用了"可信数字身份+联盟链"的框架设计[8]。身份层以可信数字身份认证平台为基础,以法定身份证件为信任根,为各行业提供统一、权威、多级可信的网络身份认证服务;对外签发身份凭证,实现了网上网下身份管理的一体化。

可信数字身份采用了"可信数字身份+分布式身份"的"A+B"段的数字身份应用模式。其中A段锚定由权威机构签发的居民法定证件的身份信息,由国家权威机构的中心化系统提供验证;B段的分布式身份由区块链数字身份服务平台负责签发,承载个人不同业务属性的数据。

2.4 IPFS存储系统

比特币和以太坊在设计之初并没有考虑大数据和大文件的存储问题,因此并不适合大文件的存储。在以太坊中将1MB数据写入区块链需要超过132个区块,这个代价是非常昂贵的,而且性能较低。以明文的方式将凭证存储在区块链上无法对用户的隐私进行保护,采用中心化的云存储技术同样存在隐私数据泄露的风险。N.Nizamuddin等学者提出了一种基于区块链和IPFS的文档共享和版本控制的解决方案框架,解决了高吞吐量大文件的存储问题,以促进多用户以可信、安全和去中心化的方式实现协作[14]。

IPFS(Inter Planetary File System)[15]是一种基于内容寻址的、点对点的分布式文件系统,可用于存储和共享具有高吞吐量的大量文件。虽然区块链在存储大数据文件方面效率低下,但是如果在区块链上只存储文档的哈希,文档本身存储在IPFS系统,那么就可以弥补区块链技术存储的短板,用户也不必担心隐私数据泄露的风险。每次将文档上传到IPFS时都会生成一个哈希,可以将该哈希存储在用于访问该文档的智能合约中,就可以基于该哈希在IPFS系统中实现寻址。

3 架构设计

3.1 应用场景

以五级智能设备操作工的职业技能标准为例,标准要求工人必须完成16个培训单元,培训内容分理论学习和实操环节两部分,不少于100课时(最高280课时),培训结束经考试合格,从事本职工作1年(最长8年)以上,经评价合格可获得职业技能等级证书。职业技能培训需要依托项目进行,工人进入一个项目是短期务工行为,工人所参加的培训单元、包括工作年限的数据可能会分散在多个项目的多个独立的组织和系统中,为了实现这些分散在多个系统中真实的培训、工作年限数据的可信和可验证问题,我们提出了本架构设计。

3.2 可信数字身份架构

本架构设计运用了区块链、可验证凭证、可信数字身份、IPFS等这些技术,并参考了文献中一些有益的架构设计。本架构以可信数字身份为信任根，在多个培训系统、用工企业系统之间利用区块链的技术特点，建立一个可信、中立的培训单元、短期工作年限的数据验证机制，并利用 IPFS 系统实现培训、工作年限凭证的永久存储。考虑到住建部已全面启用了工人实名制系统，也可以工人实名制系统作为信任根。

该架构如图 3 所示分为左右两部分。右半侧代表基于区块链的可信数字身份架构，左半侧代表职业技能评价系统，该评价系统可集成在客户端。

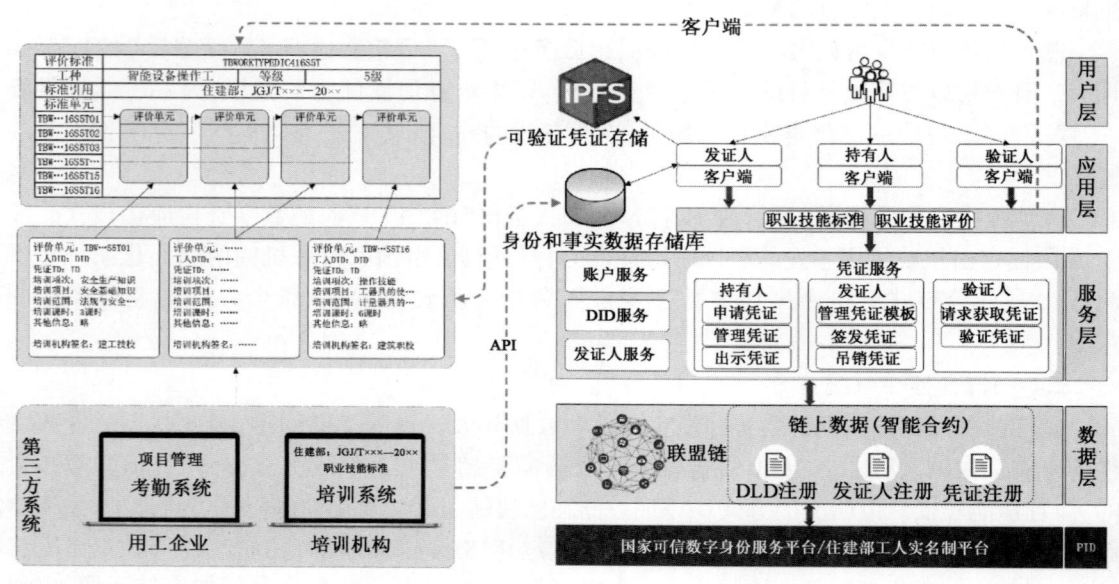

图 3 架构设计

可信数字身份架构由五部分组成：最下面一层是可信数字身份 PID 层，以法定身份证件为信任根，由国家权威机构的中心化系统提供认证和验证服务。数据层包括用户在联盟链上的 DID 身份、证书发行人以及凭证的注册信息。服务层包括账户服务（用于区块链账户管理）、DID 服务（用于管理 DID）、发行人服务（用于管理凭证签发人的资格）、凭证服务（用于管理凭证）。应用层为用户提供了客户端程序与区块链网络进行交互，每个发证人托管一个本地数据库来存储凭证持有人的身份数据和事实数据，以及一个 IPFS 系统来存储和验证生成的凭证。用户层包括发证人、持有人和验证人三类。

该架构运用了我国可信区块链推进计划"可信数字身份+分布式身份"的"A+B"段的数字身份应用模式。其中 A 段的可信数字身份锚定了用户的法定身份证件，由国家权威机构提供认证与验证服务，B 段为用户在联盟链上的分布式 DID 身份。符合国家可信区块链推进计划"可信数字身份+联盟链"的框架标准。

（1）DID 注册

工人的分布式 DID 身份创建与培训机构（发证人）的身份创建。

用户通过服务层的 DID 服务可以生成一个区块链账户密钥对，并为用户注册一个新的 DID。密钥对主要用于签署凭证。成功注册后，将启动 DID 注册表智能合约来存储 DID 和 DID Document。如果发证人已经在系统中注册，在获得联盟链账户管理员的批准后，则通过智能合约将其信息存储在发证人注册表中。

（2）凭证签发

工人每完成一项标准化培训单元便可生成一个凭证，工人每进入一个工地均可根据工作时间长短获得一个工作年限的凭证。凭证签发流程如图4所示。

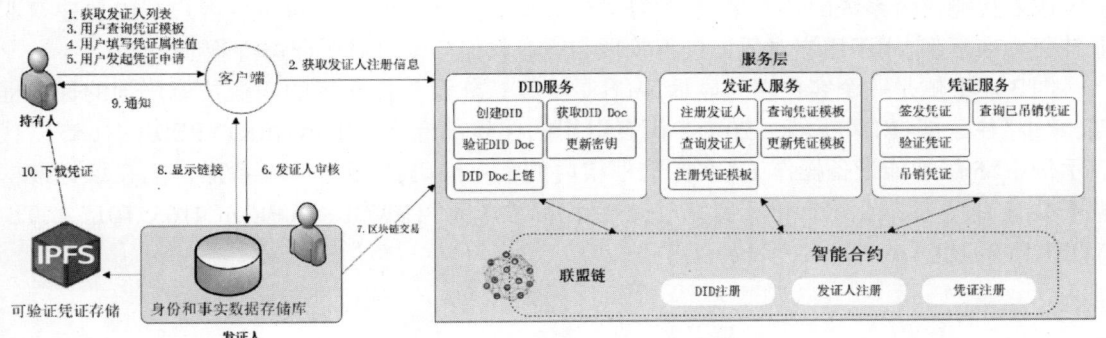

图4　凭证签发流程

对于凭证签发，首先，参与者使用区块链上的注册信息进行相互身份识别，并通过客户端进行通信。凭证签发的详细流程见图4。步骤1~5是假设用户未使用与本系统集成的第三方应用程序时需要执行的凭证申请步骤。如果用户使用了与本系统集成的第三方应用程序，如培训系统，由于客户端已内置凭证模板，客户端通过API接口直接调用培训系统内的数据自动填写凭证属性值，1~5的五个步骤缩短为一步操作，即5。

发证人在收到凭据请求后，从其身份和事实数据存储库中获取相关数据，创建凭证，并对生成的凭据进行签名。然后在区块链上创建一笔交易，将已签名凭证的哈希存储在凭证注册表中，作为签发的记录。随后，签发人将凭证上传到IPFS系统，并生成一个可共享链接通知申请人。申请人可以通过链接查看该凭证或者将其下载到他们的本地设备/云存储设备中。链接是用申请人的公钥加密的，只有正确的申请人可以访问该凭证。

（3）凭证验证

任何一方都可以对签发给工人的培训、工作年限凭证申请验证，包括工人本人、培训机构或其他任意第三方。凭证验证的详细流程如图5所示。

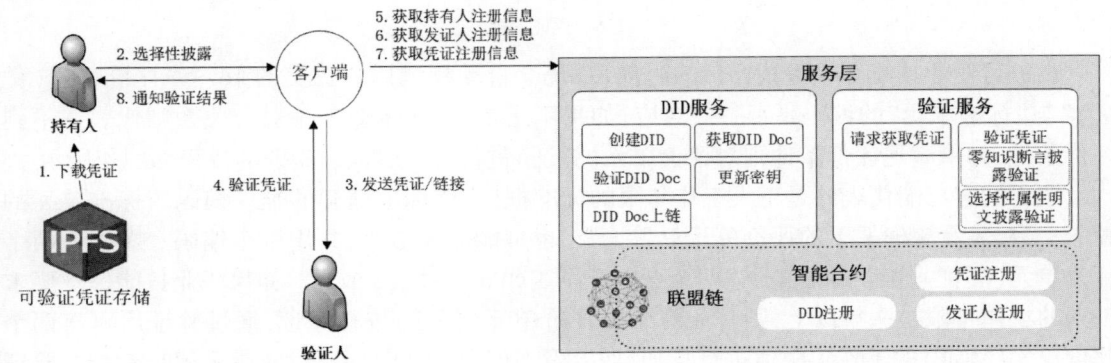

图5　凭证验证流程

验证流程由验证方调用，以验证某个凭证是否有效，分别验证凭证的签名、凭证是否过期、凭证是否吊销。凭证持有人可以通过选择性披露功能修订一些凭据的属性数据（例如用户只想给验证人展示他的学历，但并不想让验证人知道他的年龄），然后将凭证发送给验证人，或者存储在私有云中并为验证人生成一个可共享的链接。验证服务还可根据凭证持有人定义的时间限制(例如,未来7天内有效)来限制访问的时效。

3.3 职业技能评价系统

职业技能评价系统的功能集成在客户端,如图3左半侧和图6所示。客户端内置建筑职业技能标准框架,用于用户对凭证进行管理和职业技能评价时对凭证进行验证。

图3左上侧是一个客户端的显示,内容是5级智能设备操作工的职业技能培训的标准框架,其中"住建部:JGJ/T×××—20××"代表引用的住建部标准;"TBWORKTYPEDIC416S5T"代表示例中"5级智能设备操作工"在标准框架内的唯一编码;5级智能设备操作工在该标准框架下共有16个标准化培训单元要完成,分别用标准单元"TBWORKTYPEDIC416S5T01"~"TB-WORKTYPEDIC416S5T16~"表示。

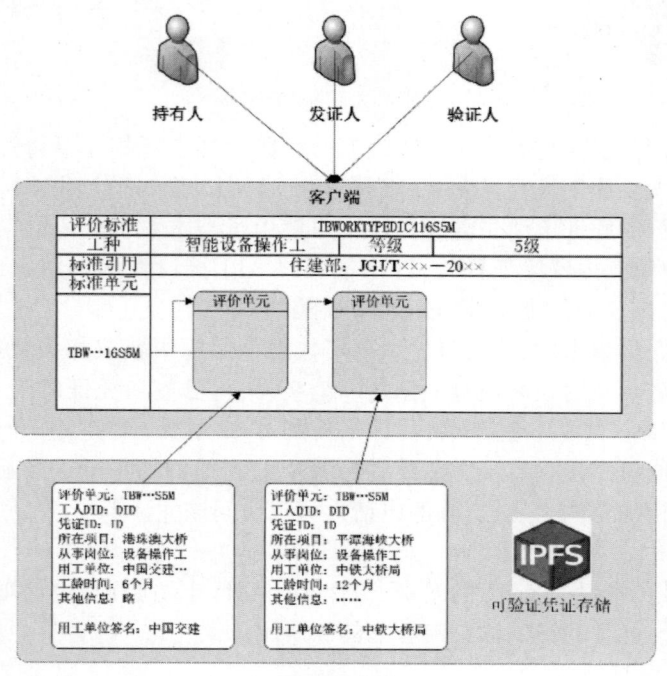

图6 凭证管理

在进行职业技能等级考核评价的时候,系统会自动检测用户提交的16个"评价单元(凭证)"与"标准单元"的编码是否一一对应,如果不足16个或者非一一对应关系则代表达不到评价条件,如果满足评价条件则对评价单元(凭证)进行逐一验证。验证的流程如图4所示。

图6的客户端代表的是工人工作年限的标准框架,该标准框架的唯一编码与标准单元的编码一致,表示该框架下的评价单元只需1个,也可能需要多个,共用一个编码。图6中两个评价单元(凭证)代表工人在上述两个企业分别工作6个月、12个月。如果职业技能标准要求工人的工作年限是一年以上,则首先对两个评价单元(凭证)进行验证,通过验证后再将两个评价单元(凭证)的工作年限值进行累加,如果累加值大于12个月,说明满足评价标准。验证流程同图5。

4 问题讨论

该架构提出了一种基于区块链技术的多方协作系统。即:将住建部发布的职业技能框架进行标准化设计,工人可以在多个项目、多个培训机构、多个企业的系统中参加培训,对于符合标准化框架的培训单元,联盟链上参与共识的机构都给予认可。例如,5级智能设备操作工需要完成16个标准化培训单元,张三在A机构完成了10个培训单元、在B机构完成了5个培训单元、在C机构完成了最后1个培训单元,完成了所有的培训单元后张三向C机构提出职业技能等级考核和评价的申请,C机构验证了A机构和B机构向张三签发的培训单元凭证均属实,那么C机构是否可以根据这些可验证凭证接受张三提出的考核和评价的申请？A、B、C三家机构能否通过区块链协作的方式实现对张三的培训？这不是一个技术问题,而是一个需要相关政策进一步明确的问题。

5 结语

我们介绍了一种基于区块链可信数字身份和一种基于标准框架的建筑职业技能评价系统架构设计。在架构设计中,我们采用了国家可信区块链推进计划的"可信数字身份+联盟链"的基础框架,实现对用户可信数字身份的锚定,基于区块链的多方协作机制实现对工人职业技能的标准化培训和评价,基于IPFS的分布式存储方案实现对凭证的永久存储。同时我们在客户端内置了建筑职业技能标准的框架,并根据住建部职业技能标准建立了标准化评价单元体系,这是机构间实现协作的重要基础。

虽然区块链技术作为一项新兴技术,实践和理论研究仍处于推广阶段,但基于区块链可信数字身份的标准化职业技能培训、评价系统在行业技能型人才培养的实际应用中具有很强的前瞻性和适应性。未来,我们相信基于区块链可信数字身份将会赋能更多的区块链应用,会将区块链应用向行业的纵深领域推进到深度融合发展阶段,并在行业区块链应用领域建立起生态圈。

参 考 文 献

[1] Chaum D L.Computer systems established, maintained and trusted by mutually suspicious group[EB/OL]. https://nakamotoinstitute.org/static/docs/computer-systems-by-mutually-suspicious-groups.pdf（June 1982）.

[2] Haber S, Stornetta W S.How to Time-Stamp a Digital Document[J].Journal of Cryptology, 1991,3(2):99-111.

[3] Bayer D, Haber S, Stornetta W S.Improving the Efficiency and Reliability of Digital Time-Stamping[M].Springer New York,1993.

[4] N.Szabo, Bit gold[EB/OL].https://unenumerated.blogspot.com/2005/12/bit-gold.html（December 27,2008）.

[5] Nakamoto S.Bitcoin:A Peer-to-Peer Electronic Cash System[J].consulted,2008.

[6] R. Sheldon, A timeline and history of blockchain technology [EB/OL]. https://whatis.techtarget.com/feature/A-timeline-and-history-of-blockchain-technology（2021）.

[7] V.Buterin, Ethereum whitepaper[EB/OL].https://ethereum.org/en/whitepaper/（2013）.

[8] 公安部第一研究所中盾安信公司,中国信通院.基于可信数字身份的区块链应用服务白皮书(1.0版)[R].2020.

[9] Moonen J M, Sinderen M J. Towards self-sovereign identity using blockchain technology

[J].2016.

[10] A Mühle, A.Grüner, T.Gayvoronskaya, et al. A survey on essential components of a self-sovereign identity[J].Computer Science Review,2018,30:80-86.

[11] B.Rodrigues, M.Franco, E.Scheid, et al. A technology-driven overview on blockchain-based academic certificate handling[M].Blockchain:Technology Applications in Education,2020.

[12] Johnson R, Molnar D, Song D, et al. Homomorphic Signature Schemes[C]// Cryptographers Track at the Rsa Conference on Topics in Cryptology.Springer-Verlag,2002.

[13] Y. Liu, Q. Lu, H. Paik, et al. Design-pattern-asa-service for blockchain-based self-sovereign identity[J].IEEE Software,2020.

[14] Nizamuddin N, Salah K, Azad M A, et al. Decentralized Document Version Control using Ethereum Blockchain and IPFS[J].Computers & Electrical Engineering,2019,76:183-197.

[15] Labs P.IPFS Powers the Distributed Web[EB/OL].(2019-12-20).https://ipfs.io/.Google Scholar.

52. 大型桥梁建设期物质流模型构建与应用

马 壮[1,2]

(1.东南大学土木工程学院；2.中交二航局第四工程有限公司)

摘 要：本文利用物质流分析的基本思想和方法，结合大型桥梁建设的特点及现状，通过引入物料、过程、节点、流、变迁等几个基本概念，介绍了桥梁建设期的物质流模型构建过程。针对不同对象构建实例和属性，只需要将数据与对象实例中的属性构造映射关系，即实现了信息系统模型与全部生产数据的组织关联，对信息平台的建立有着良好的意义，可轻易实现材料溯源、能耗统计分析、碳排放计算、工艺组合及资源优化等，具有很好的通用性和应用价值。

关键词：物质流 桥梁 建设期 能耗

1 概述

大型桥梁作为一类具有代表性重大公共工程，具有完善区域交通网络建设，优化地区人口、产业分布，调整经济发展方式等重要的经济社会效益。除满足安全质量成本等基本要求外，工程产品功能面临着智能化、绿色化等新的要求。其建造过程有以下特点，一是不同于工业与民用建筑，桥梁建造活动产生的，是有着较高定制要求的工程产品；二是大型桥梁项目投资额大，建设周期长，可参照的同类项目资料十分稀缺，对具体指标的测算有着较为重要的意义。得益于新一代信息技术产业的蓬勃发展，如融合了BIM、互联网、物联网、大数据、人工智能等技术的项目信息系统已经在施工企业、大型项目中广泛应用，这些信息系统基本实现了信息集成，如安全、质量、进度、视频监控、环境数据、结构监测等业务功能。

从这个角度思考，尽管现阶段大型桥梁项目在形式上借鉴了制造业的先进成果，但在生产组织方式与信息系统建设层面，与智能化、绿色化的发展趋势仍是不相适应的，因此，从另一视角来审视项目实施进程，认识到建造过程的本质是一种物质变迁活动，利用物质流分析方法对桥梁建设期进行产耗分析，对于提升桥梁工程精细化管理水平、优化资源分配、节能减排具有重要意义。

2 物质流分析方法论

物质流分析(Material Flow Analysis, MFA)是指在一定时空范围内关于特定系统的物质流动和储存的系统性分析，作为研究经济生产活动中物质资源新陈代谢的一种方法，其基本思想可以追溯到100多年以前。

该方法根据质量守恒定律,通过该系统所有的物质输入、贮存、输出过程,定量描述经济系统与外界环境之间的物质交换,一般用于不同层次的经济系统的分析,如城市和地区、产业部门、工业园区或企业个体等。

2.1 物质流分析的基本观点

物质流分析研究的是经济生产中物质的转换代谢和流动,通过追踪物质形态变化,观察人类在自然界中的系列活动过程,如对物质的开采、加工、流通、消费、遗弃等,定量分析物质在自然系统与经济系统间的输入输出过程的质量变化,从而揭示物质流动和转化的特征[1]。

2.2 物质流分析的系统边界

系统边界是进行物质流分析的前提,在对大型经济系统进行物质流分析时,其对象通常不包括内部物质流。在对微观层面进行物质流分析时,如针对某企业或者某大型工程,系统内部的物质流就包含了资源的代谢活动,即各物质不同阶段的形态变化。采用定量分析的方法对提升精细化管理水平有较好的意义。

在此基础上,对系统的边界做出准确的定义,是确保系统中物质流分析一致性的前提,需要对系统边界给出准确的界定。对系统边界的界定通常有两种方面,一是对自然环境和社会经济系统的边界,也就是环境系统中的天然资源等原材料进入到经济系统中的边界;二是指区域边界,即成品、半成品和其他物质通过边界区域到另一个区域,形成区域材料的进口和出口[1]。

2.3 物质流分析的基本框架

物质流方法通过对系统中各种物质的输入和输出进行分类、定量地计量,分析物质流代谢的规模和效率。用于微观层面的物质流分析,需要建立准确清晰的物质流框架,用物质的运行和流动过程引导整个分析评价的路径。

以生产流程各资源的流图为基础,生产网络(上下游工序、设备装置)、运输网络的衔接匹配,物质流系统与信息系统整体协同运行,从系统中得到实际生产中投入产出、能耗等信息,进而分析资源效率(图1)。

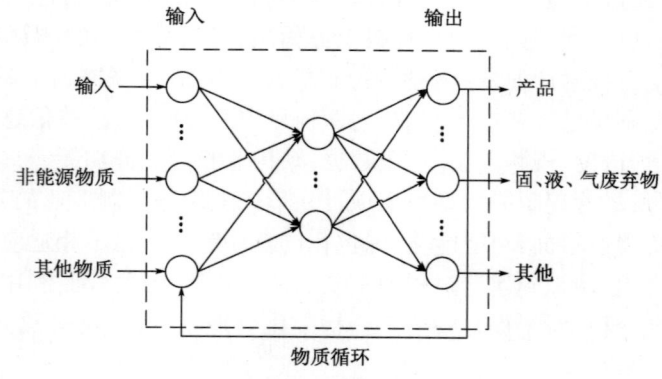

图1 系统一般物质流框架

3 大型桥梁建设期物质流模型

客观世界主要由物质系统、能量系统以及信息系统三大基础系统构成[2]。系统模型用来描述物理世界的客观存在,使客观存在成为研究对象[3]。

桥梁建造活动以工程实体为交付成果,其组成材料的流动、物理化学变化以及各工序的衔接构成了物质流网络。空间上,料场、加工场所、安装/浇筑场所,构成了物质流网络的空间节点;时间上,材料的进场、加工、安装、浇筑、养护等过程,对工程实体的基本单元建造活动进行了时间上的分隔。

为了贴合桥梁建造这一现实活动,利用 Petri 网的基本原理,引入三元组有向网,模拟生产活动的全部过程。本章就桥梁建造过程阐述信息系统模型的建立。

3.1 对象定义

为了将桥梁的建造过程刻画为构造简明、具有通用性的模型,通过借鉴钢铁流程模型,根据桥梁建造活动特点,定义物料、节点、过程、流、变迁等五个概念。

(1) 物料

物料(Material),指的是物质流、能量流的载体,用来表示建造过程中的基本材料,即构成工程实体的元素在各阶段的物质表现。包括桥梁建造过程中的所有材料,如钢材、水泥、砂、石、水等原材料,钢结构、预制构件等半成品,混凝土结构、机电设备、附属设施等工程实体,耗材、烟尘、废渣、废水等。

(2) 节点

节点(Node),指的是发生物质、能量交换的功能单元,用来表示建造过程中的材料运输、加工、安装等活动的场所,如砂石料厂、粉料储料罐、钢筋加工厂、安装位置等。在不同层次的模型中,节点有着不同的含义,如施工流程中,钢筋加工厂可以作为一个节点去表示;但是如果以钢筋加工厂为研究对象,则节点可以表示钢筋加工厂内的不同设备,材料堆放点等。

(3) 过程

过程(Process),指的是事物发展经历的程序和阶段,其主要作用,是对时间或进程进行分割,即物质前一状态到后一状态的转化过程,包含了物质、能量、信息的输入和输出。在具体活动中,指的是诸如钢筋的加工、混凝土的拌和、措施结构的制作加工、预制构件、设备的安装等。同样地,过程也具有层次特性,如钢筋加工这一过程,可以表示钢筋原材到钢筋半成品,亦可以表示在钢筋加工这一工序中,已经完成车丝的钢筋进行冷弯这一流程。

设置这一概念的目的在于,通过为流程赋予具体类型,便可以使模型包含工艺信息,方便描述施工工艺以及进行标准化管理。

(4) 流

流(Flow),由物料、节点构造,指的是物料的流向,物料的类型不发生变化。在桥梁建造过程中,用以表示物料的空间变换。具体来说,如钢筋半成品从钢筋加工厂运输至安装位置,混凝土自拌和站运输至浇筑位置,开挖土自基坑运输至堆土场,均视为流。

(5) 变迁

变迁(Transition),由过程、物料构造而来,指的是过程与物料的产出或消耗关系。如描述原材料经拌和形成混凝土实体,那么变迁就指的是消耗原材料和生产混凝土。

3.2 信息网络模型

根据 Petri 网模型,对桥梁建造过程进行建模。理论上,通过一组三元组有向网即可描述建造过程。但是根据实践经验,为满足项目管理需求,须将物料运输和物料加工生产独立地加以区分,因此,利用上文中定义的五个概念,通过两组有向网进行建模。

(1) 运输网络

运输网络是物料、节点之间通过流连接而成的有向网,定义如下:

$$dT\_net = (M,N;F) : \Leftrightarrow \quad (1)$$

$$M \cup N \neq \phi \quad (2)$$

$$\wedge M \cap N = \phi \quad (3)$$

$$\wedge F \subseteq M \times N \cup N \times M \quad (4)$$

$$\wedge dom(F) \cup cod(F) = M \cup N \quad (5)$$

式中:"×"——笛卡尔积;
$dom(F)$——F 的定义域;
$cod(F)$——F 的值域;
M——物料;
N——节点;
F——流。

$M \cup N \neq \phi$ 表示网中至少要有一个元素;$M \cap N = \phi$ 表示物料与节点是两类不同元素;$F \subseteq M \times N \cup N \times M$ 表示流是物料与节点组成的有向二元组,$dom(F) \cup cod(F) = M \cup N$ 表明网中不能用孤立元素。

(2) 生产网络

生产网络是物料、过程之间通过变迁连接而成的有向网,定义如下:

$$dC\_net = (M,P;T) : \Leftrightarrow \quad (6)$$

$$M \cup P \neq \phi \quad (7)$$

$$\wedge M \cap P = \phi \quad (8)$$

$$\wedge F \subseteq M \times P \cup P \times M \quad (9)$$

$$\wedge dom(T) \cup cod(T) = M \cup P \quad (10)$$

式中:$dom(T)$——T 的定义域;
$cod(T)$——T 的值域;
P——过程;
T——变迁。

$M \cup P \neq \phi$ 表示网中至少要有一个元素;$M \cap P = \phi$ 表示物料与过程是两类不同元素;$T \subseteq M \times P \cup P \times M$ 表示变迁是物料与过程组成的有向二元组,$dom(T) \cup cod(T) = M \cup P$ 表明网中不能用孤立元素。

(3) 信息流网络

运输网络和生产网络定义完成后,在网络中增加各对象的属性,就构成了包含了运输网络和生产网络的信息流网络,表示如下:

$$\Sigma = (M,N,P;F,T;A) \Leftrightarrow \quad (11)$$

$$T\_net = (M,N;F) \quad (12)$$

$$\wedge C\_net = (M,P;T) \quad (13)$$

$$\wedge A : \{A(M), A(N), A(P), A(F), A(T)\} \quad (14)$$

式中: A——属性;
$T\_net = (M,N;F)$——由物料、节点和流构成的运输网络;

$C\_net = (M, P; T)$ ——由物料、过程和变迁构成的生产网络；

$A(M)$、$A(N)$、$A(P)$、$A(F)$、$A(T)$ ——分别为物料的属性、节点的属性、过程的属性、流的属性、变迁的属性。

3.3 信息网络基本单元

通常，施工工艺在技术文档中采用流程图来进行表示。该流程图描述了典型混凝土结构的方法工艺，其中箭线表示了工艺之间的逻辑关系。尽管流程图中隐含着一定的物质流及工艺信息，但无法完详细完整地刻画物质流结构。

根据上节中对几个概念的定义，将工艺流程进行梳理，以参与到生产活动中的物质为主线，重新绘制流程图进行，得到典型混凝土结构的物质流网络，如图 2 所示。再根据物质流模型，进一步抽象，便得到了物质流信息网络图，如图 3 所示。

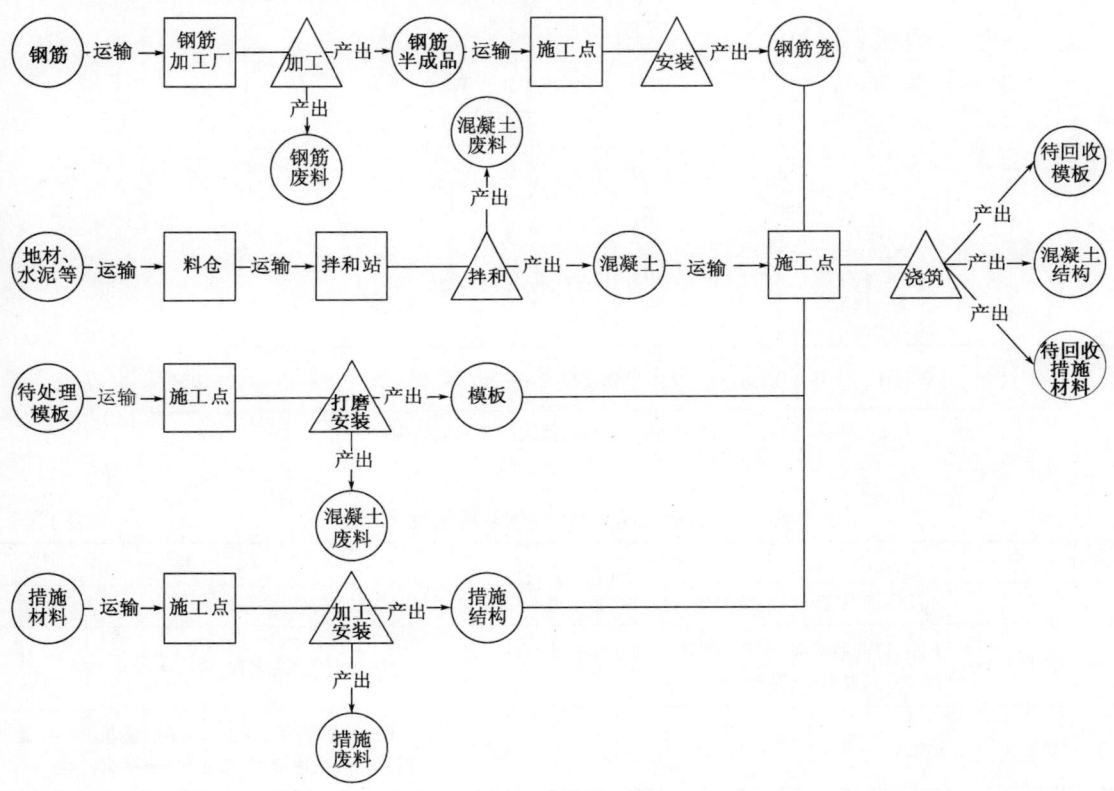

图 2 典型混凝土结构的物质流网络结构

采用同样方法，可以将项目中包含的全部分部分项工程进行建模，其中每一分项或子分项工程，都构成了信息网络的基本单元，这些基本单元，均包含了丰富信息。这些基本单元之间通过生产计划及工艺特点连接层具有多层逻辑结构的网络，构成了大型桥梁项目基本的信息网络。

3.4 物质流对象和属性

下面以项目为研究对象，对各对象进行说明。

（1）运输网络（表 1）

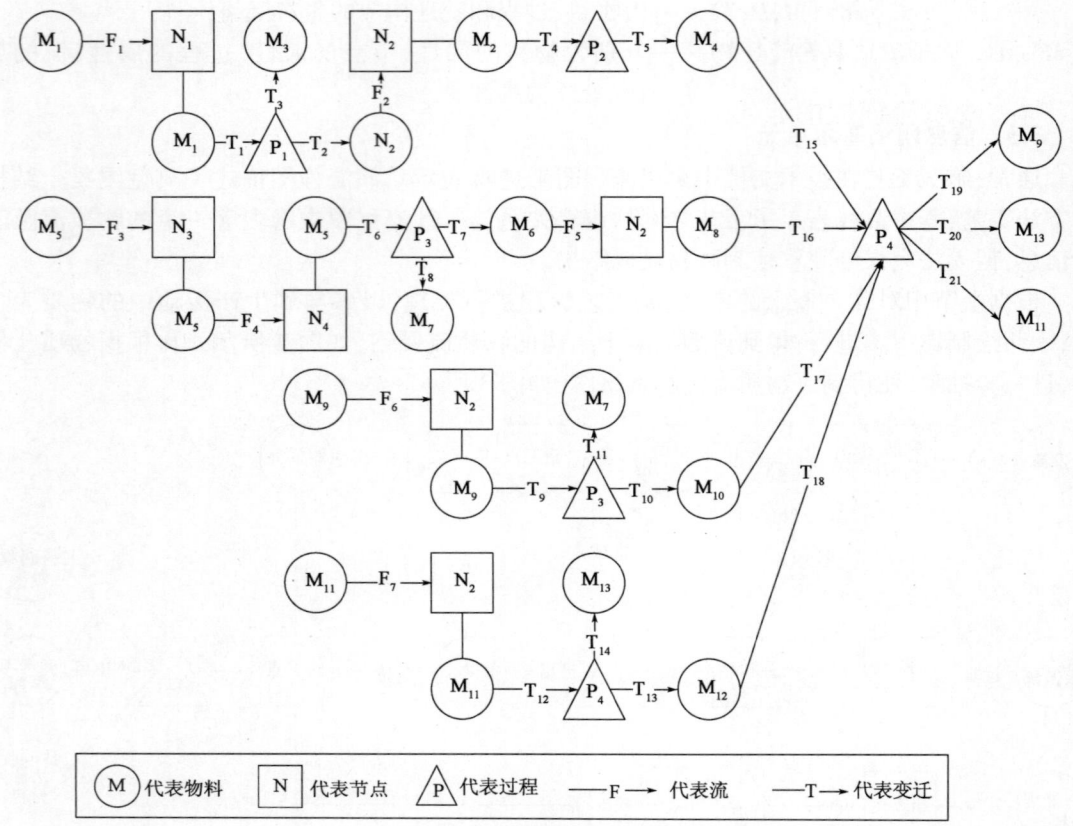

图 3　抽象后的物质流信息网络结构

运输网络对象、实例及属性表　　表1

对象	实例	属性
节点	外部供货点、预制厂、加工场、拌和站、施工点……	ID,位置,名称……
物料	支座、待安装设备、部件、钢材、土石材、水泥、粉煤灰、矿粉、外加剂、混凝土、模板、辅材……	ID,物料类型,名称,规格……
流	运输	ID,物料类型,来源,去向,重量/体积/面积,名称,运输类型,开始时间,结束时间……

（2）生产网络（表2）

生产网络对象、实例及属性表　　表2

对象	实例	属性
过程	切割、焊接、车丝、安装、调位……	ID,过程类型,开始时间,结束时间,设备名称,操作人员……
物料	支座、待安装设备、部件、钢材、土石材、水泥、粉煤灰、矿粉、外加剂、混凝土、模板、辅材……	ID,物料类型,名称,规格……
变迁	切割产生废料、切割产生半成品、焊接产生焊渣、焊接产生焊接件、安装产生成品……	ID,产/耗类型,物料类型,名称,重量/体积/面积……

通过对每一对象的属性进行规定,使各对象在网络中产生的数据,以外键的形式联系起来,构建了项目信息系统的基础。

4 物质流模型的应用

4.1 数据组织

采用上述五个概念构造的物质流网络与信息系统有着良好的现实意义。在具体项目中,对属性的规定必然涵盖了项目实施的全部需要。同时,建造活动产生的大量数据,无不包含于过程、节点、物料、流、变迁构造的信息系统中,因此,只需要将数据与对象实例中的属性相关联(构造映射关系),即实现了信息系统模型与全部生产数据的组织关联。采用此种方法组织生产数据十分简洁而具灵活性,如对流的物料重量按时间维度进行汇总,便得到该段时间总的运输量;对过程和流的时间信息按工序进行汇总,便得到完成该工序的总耗时,即工效信息。

针对多样性的数据需求,进行多样性的组合,使得数据轻易在多种业务功能中实现共享。

4.2 生产管理活动的实现

大型桥梁项目具有较高程度的产品定制化要求,参与方众多,不同参与方管理活动的侧重点和诉求均不尽相同,因此项目中往往有着众多用途不同的系统。

在基本的信息系统构建完毕后,从物质流的视角来引入项目管理活动。通常,主要的项目管理活动有安全、质量、进度、成本、监控、文件系统等几大模块。根据系统论中有关协同的观点,系统与环境、系统内部各子系统之间的相互作用影响着系统整体功能和效应[4]。无论哪一种管理活动,都是基于项目状态信息做出指令,对项目施加影响,作用于建造活动。因此,可以将与管理活动相关的子系统与物质流构成的基本信息系统统称为项目信息系统。

4.3 工程实例:混凝土云工厂

实现物质跟踪是物质流模型的应用之一,这里以南京仙新路过江通道混凝土云工厂为例来阐述混凝土结构物质跟踪与材料的实现。如图 4 所示,通过上述实例与属性的描述,在云工厂系统中建立搅拌楼、罐车、装载机、运输等实例、利用物联网技术自动记录其属性,以编号作为主、外键的形式联系实现数据的关联。

▲ 搅拌楼

车间编号	搅拌楼编号	搅拌楼标识	管理编号	来源	生产厂家	规格型号	理论产能 (m³/h)	进场日期	退场日期
1	1	1501122066793893890	B04030101016	自有	建友	建友180	180	2019-12-01	
1	2	1501122066806476802	B04030101037	自有	建友	建友180	180	2019-12-01	

▲ 罐车

车间编号	罐车编号	来源	管理编号	车牌号	生产厂家	单车方量	进场日期	退场日期
1	1	自有	01030708001	皖B53603	无	10	2020-08-23	
1	2	自有	01030708002	皖B53613	无	10	2020-08-23	
1	3	自有	01030708003	皖B53639	无	10	2022-02-19	
1	5	自有	01030708004	皖B09170	无	10	2022-02-19	

▲ 装载机

车间编号	装载机编号	来源	管理编号	生产厂家	斗容	进场日期	退场日期
1	1	租赁	02030209001	CLG855N	4	2021-05-26	
1	2	租赁	02030209002	CLG856N	4	2021-06-17	

图 4 混凝土云工厂相关实例的建立及属性录入

在实例及属性录入完成后,通过自动化采集混凝土生产过程信息,录入数据库,各层级如下:

(1)如图 5 所示,以各任务编号为主键,记录了车间—搅拌楼、生产时间、结构部位、配合比、强度等级及方量信息;

(2)如图 6 所示,在每一任务中,包含了车辆、车次、每车方量、每车时间等信息;

(3)如图 7 所示,在每一配合比中,包含了原材料厂家信息、进场检验批号等信息。

通过数据的关联共享,便可以轻易实现各结构部位的物质溯源、并计算生产成本,高效实现混凝土的生产管理功能。以 2022 年 3 月运输及浇筑成本为例,共生产混凝土 14 482.5m^3,运输及浇筑成本 952 173 元,可计算得单方运输及浇筑成本为 65.75 元。

任务编号	工程名称	车间-搅拌楼	供应项目	生产开始时间	结构部位	施工部位	配合比编号	强度等级	计划方量	累计方量
南锚碇右幅锚块第八层	四公司南京仙新通道A3标项目部	1-1	四公司南京仙新通道A3标项目部	2022-05-02 13:15:30	桥梁-锚碇锚体		C30锚块BG-A3-2022-PHB-001	混凝土 C30	830.0	816.0
南锚碇左幅鞍部第八、九层	四公司南京仙新通道A3标项目部	1-2	四公司南京仙新通道A3标项目部	2022-05-02 07:47:35	桥梁-锚碇锚体		C35鞍部BG-A3-2020-PHB-004	混凝土 C35	170.0	180.0
南锚碇左幅锚块第七层	四公司南京仙新通道A3标项目部	1-2	四公司南京仙新通道A3标项目部	2022-04-27 15:14:41	桥梁-锚碇锚体		C30锚块BG-A3-2022-PHB-001	混凝土 C30	855.0	855.0
南锚碇左幅锚块第七层	四公司南京仙新通道A3标项目部	1-1	四公司南京仙新通道A3标项目部	2022-04-27 15:07:23	桥梁-锚碇锚体		C30锚块BG-A3-2022-PHB-001	混凝土 C30	851.0	830.0
南锚碇右幅鞍部第八层	四公司南京仙新通道A3标项目部	1-2	四公司南京仙新通道A3标项目部	2022-04-23 13:00:51	桥梁-锚碇锚体		C35鞍部BG-A3-2020-PHB-004	混凝土 C35	166.0	171.0
南锚碇右幅锚块第七层	四公司南京仙新通道A3标项目部	1-1	四公司南京仙新通道A3标项目部	2022-04-21 18:04:54	桥梁-锚碇锚体		C30锚块BG-A3-2022-PHB-001	混凝土 C30	860.0	820.0

图 5　生产任务表单

车辆编号	累计车次	本次方量	累计方量	发车时间
53639 5号	25	9.0	180.0	2022-05-02 13:31:22
53613 3号	24	9.0	171.0	2022-05-02 13:05:48
53639 5号	23	9.0	162.0	2022-05-02 12:54:32
53613 3号	22	9.0	153.0	2022-05-02 12:38:02
53639 5号	21	9.0	144.0	2022-05-02 12:27:50

图 6　任务明细表单

▲ 配比明细

材料名称	检测报告编号	厂家/产地	用量(kg/m³)
普通硅酸盐水泥 P·O 42.5 散装	华设检(2021)-SY-00203	南京中联水泥有限公司	167.00
混凝土用磨细矿渣	华设检(2021)-SY-00270	南京南钢嘉华新型建材有限公司	81.00
磨细粉煤灰 Ⅰ级	华设检(2021)-SY-00307	国家能源集团谏壁发电厂	96.00
河砂 中砂	华设检(2021)-SY-00623	江西省	801.00
缓凝高效减水剂	华设检(2021)-SY-01101	南京瑞迪高新技术有限公司	3.70
防渗抗裂剂	22JT-01122(外)	江苏苏博特新材料股份有限公司	26.00
地下水			148.00
碎石 石灰岩 5-25mm	华设检(2021)-SY-00624	江西省	1,061.00
合计			2,383.70

图 7　配合比明细表单

5　结语

本文通过引入五个基本概念,在结构上重新组织了大型桥梁建设活动的物质流模型,其中模型中工序及运输这两个重要活动可以轻易采用定量化的手段得以描述。在信息技术高速发展的今天,如在物质流结构中引入传感器,物流跟踪等手段,可以很容易地实现材料溯源,能耗统计分析,碳排放计算等精细化管理要求。另一方面,通过基本工艺的组合,资源的线性规划等,可以实现工艺优化与资源分配的定量化对比,限于篇幅,本文未做详尽介绍。

智能化、绿色化是传统建筑业借鉴制造业优势成果的必然趋势，可以预见，随着信息技术应用水平的提升，桥梁建设行业也将迎来全新的建造模式以及更高的管理水平。

参 考 文 献

[1] 谢雄军.系统论视角下的园区循环经济物质流模型与实证研究[D].长沙：中南大学,2013.
[2] 张玲,袁增伟,毕军.物质流分析方法及其研究进展[J].生态学报,2009,29(11)：6189-6198.
[3] 袁崇义.Petri 网原理与应用[M].北京：电子工业出版社,2005.
[4] 龙妍.基于物质流、能量流与信息流协同的大系统研究[D].武汉：华中科技大学,2009.
[5] Brunner PH, Morf L, Rechberger H. Thermal waste treatment-a necessary element for sustainable waste management.[J].Waste Management Series,2004,4(4)：783-806.
[6] 黄和平,毕军,张炳,等.物质流分析研究述评[J].生态学报,2007(1)：368-379.
[7] 卜庆才.物质流分析及其在钢铁工业中的应用[D].沈阳：东北大学,2005.
[8] 徐化岩.钢铁流程物质流、能量流的信息表征及应用研究[D].北京：钢铁研究总院,2019.
[9] 殷瑞钰.关于智能化钢厂的讨论——从物理系统一侧出发讨论钢厂智能化[J].钢铁,2017,52(6)：1-12.

53. 南京五桥波形钢腹板节段箱梁预制工艺优化研究

叶 浪

(中交二航局第四工程有限公司)

摘 要：南京长江第五大桥中的跨大堤及滨江大道桥是国内首次采用短线匹配法预制、拼装工艺施工的波形钢腹板组合箱梁桥，目前在国内甚至国际都没有相对成熟的施工经验可供借鉴。本文对在新型组合箱梁节段匹配预制施工过程中钢筋骨架成型及入模工艺、波形钢腹板安装定位及成品梁段吊装、堆存等方式进行重点研究，确保预制波形钢腹板组合箱梁两两间拼装精度及成桥后线型，为后续类似项目提供经验参考。

关键词：波形钢腹板 节段箱梁 短线匹配预制 精度控制

1 项目概况

跨大堤及滨江大道桥位于南京长江第五大桥北接线，为主跨78m的三跨波形钢腹板预应力混凝土连续梁桥，桥跨布置为41m+78m+45m，单幅桥宽18.65m；跨中梁高2.2m，支点处梁高4.5m。根据构造及施工架设需要，全桥共划分为19种预制节段。41m边跨划分为16个预制节段，中跨划分为29个预制节段，45m边跨划分为18个预制节段，全桥共126个预制节段；节段长度为1.4m~3.2m，其中0号梁段为现浇节段。桥宽立面图、截面图如图1所示。

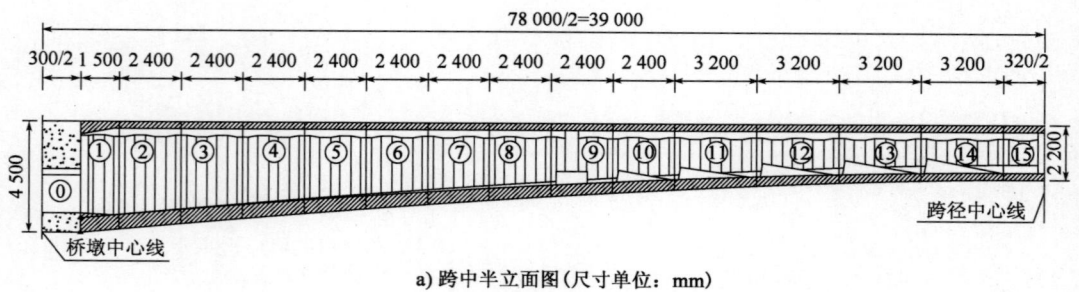

a) 跨中半立面图(尺寸单位：mm)

图 1

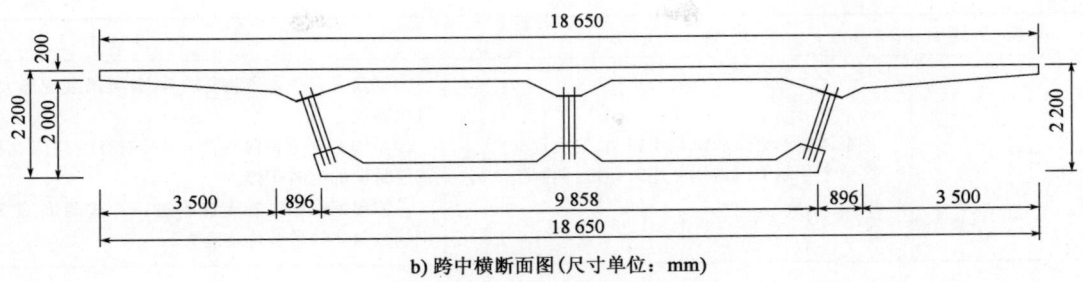

b) 跨中横断面图(尺寸单位：mm)

图1 桥跨尺寸信息图

2 节段预制重难点分析

与常规混凝土预制拼装节段梁以及现浇施工的波形钢腹板组合梁桥相比，本项目具有以下特点和难点：

(1)采用节段预制拼装工艺的波形钢腹板组织箱梁，其波形钢腹板与顶底板钢筋连接及安装方式、骨架入模过程中波形钢腹板定位精度偏差及变形控制等关键工艺控制点需进行适应性调整研究，以保证波形钢腹板组合箱梁钢筋骨架整体精度满足节段预制流水线作业这种高效施工工艺要求；

(2)组合箱梁波形钢腹板采用20mm钢板压型制作，成桥时波形钢腹板两两间采用焊接方式连接，且对接焊缝宽度仅6~8mm，对误差吸收能力差。因此对于在组合箱梁节段预制、吊装、堆存、运输、安装等工序中确保波形钢腹板定位精度、匹配连接精度等提出了更高的要求；

(3)波形钢腹板与顶板采用倒"π"形双PBL开孔板连接、与底板采用埋入式连接。钢混结合部为确保连接质量，在钢混段波形钢腹板处设置了较多穿孔连接钢筋，且顶板倒"π"形双PBL开孔板钢翼缘兼做组合箱梁上倒角底膜，在梁端面处缩进20mm以增加钢翼缘抗疲劳性能。组合箱梁钢混结合段处普通钢筋、预应力管道、波形钢腹板连接件及穿孔钢筋、倒"π"形钢板钢翼缘底部缩进等综合因素相互干扰影响下，给钢混结合段质量控制增加了极大的困难。

3 预制工艺研究

3.1 钢筋笼—钢腹板组合骨架入模

(1)入模方式选择。钢筋笼—钢腹板骨架可选择分部入模及整体入模2种工艺，两种工艺对比见表1。从施工便捷性、钢腹板定位难度、骨架整体质量及施工功效等方面综合比选，确定采用分部入模工艺。

钢筋组合骨架入模方式比选　　　表1

入模方式	优点	缺点
分部入模	①波形钢腹板分块入模难度小； ②波形钢腹板间不用设置临时支撑控制变形、位移情况； ③波腹板仅需在台座内完成精确定位； ④吊装要求低，风险小	①占用预制台座时间长，需要模板安装(底模、侧模)后方可进行钢筋骨架、波形钢腹板安装，施工效率低； ②在预制台座内贯穿钢筋难度大； ③容易造成模板二次污染，影响组合箱梁外观

续上表

入模方式	优 点	缺 点
整体入模	①整体钢筋骨架质量易于控制,精度较高; ②单个预制节段占用台座时间短,预制工效高	①钢筋骨架整体吊装要求高,骨架吊装变形大,且风险大; ②需增加波形钢腹板间、波形钢腹板与顶底板钢筋骨架的临时连接; ③波形钢腹板需在台座内进行二次调位,贯穿钢筋数量多导致调位难度大

（2）分部入模工艺。由于钢混结合段钢筋密集,在波形钢腹板安装完成后无法安装底部穿孔。因此,初步计划波形钢腹板组合箱梁整体钢筋骨架制作总体顺序为:①预制台座内绑扎底板钢筋;②波形钢腹板安装并临时固定(含穿孔钢筋);③顶板钢筋骨架整体吊装。

在工艺试验施工前采用 BIM 软件建立钢筋骨架三维模型,模拟波形钢腹板组合箱梁钢筋骨架成型过程(图2)。发现,连同波形钢腹板下放的贯穿钢筋将与较多的底板上层钢筋出现交叉,需对分部入模顺序进行调整。优化后的工序为:①预制台座内绑扎底板下层钢筋网片(底膜、侧模安装完成后);②波形钢腹板安装并临时固定(穿孔钢筋在波腹板吊装入模就位前安装);③底板上层钢筋绑扎;④顶板钢筋骨架整体吊装。

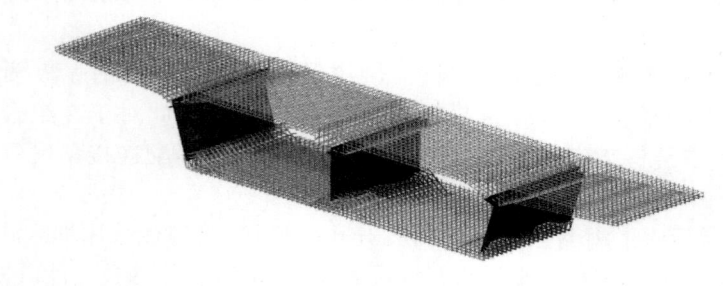

a)钢筋笼—钢腹板组合骨架

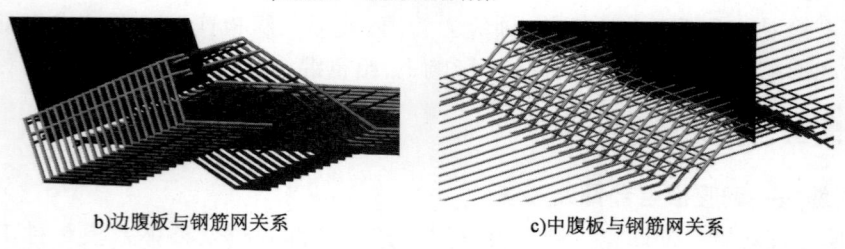

b)边腹板与钢筋网关系　　　　c)中腹板与钢筋网关系

图2　钢筋骨架BIM模型

3.2 波腹板精确定位

底板底层钢筋网片绑扎完成后,波形钢腹板由龙门吊吊装入模。边腹板吊装利用波形钢腹板顶部靠箱梁中心线侧倒"π"形开孔钢板上预留孔作为吊点,并在波腹板尾部拴带缆风绳,使边腹板处波腹板大致依据设计斜率倾斜入模。中腹板采用垂直吊装方式吊装入模,中腹板吊装入模时需先利用固定端与匹配梁(活动端)安装的顶部调节装置,并与波腹板连接固定后方可解除龙门吊钢丝绳连接。吊装工艺如图3所示。

（1）边腹板定位及调整

①边腹板横桥向调整及定位:在侧模受力主梁上设置横桥向调节装置,调节装置为可调节式推拉杆形式,焊接固定在侧模支架上(图4)。调节装置与边腹板接触面增设橡胶皮垫等软

连接,确保波腹板表面涂装层不被损坏。边腹板横桥向调整后,锁死调节装置,完成边腹板横桥向固定。

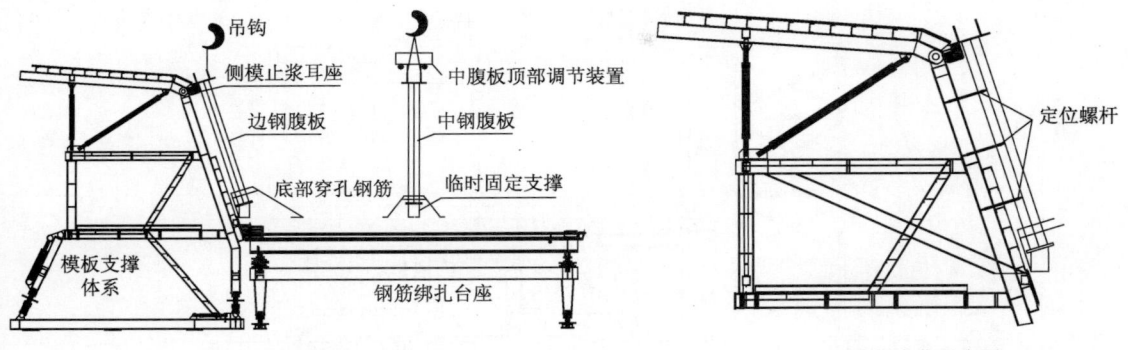

图3 钢波腹板吊装示意图　　　　　　图4 边腹板定位示意图

②边腹板高度方向调整及定位:通过悬挂手拉葫芦进行边腹板高度方向定位调整。边腹板高度向调整后可利用固定端模(活动端模)、匹配梁侧波形钢腹板上安装的高度方向限位挡板(图5a)及侧模上设置的止浆耳座进行固定。

③边腹板顺桥向调整及定位:通过固定端模上设置的调节装置进行腹板顺桥向位置调整。在相邻波腹板间、波腹板与固定端模间增设焊缝宽度调节垫片(图5b),控制相邻波腹板间预留拼缝满足现场焊接需求。

a)波腹板高度方向限位挡块　　　　　b)波腹板拼接缝控制垫块

图5 波腹板定位调整措施

(2)中腹板定位及调整

中腹板顶部增设的调节装置可支持横、纵向小范围内移动。通过调节装置位,并辅助手拉葫芦、千斤顶等工装完成中腹板精确定位调整。利用内模架靠近中腹板侧设置的限位装置对中腹板进行限位固定。

3.3 波形钢腹板组合箱梁浇筑质量控制

(1)组合箱梁浇筑位移、变形控制

由于用波形钢腹板代替混凝土腹板,波形钢腹板箱梁的抗扭及横向抗弯刚度相比同等结构的混凝土箱梁均有不同程度的降低。在混凝土浇筑过程中,因混凝土布料顺序、布料速度及混凝土振捣等因素综合影响,波形钢腹板组合箱梁梁(匹配梁)将出现局部甚至整体位移情况,影响预制箱梁线型精度,并给现场箱梁拼装及波腹板间焊接施工带来极大的困难。

为确保混凝土浇筑过程中两节段箱梁不出现相对位移情况,在混凝土浇筑前对匹配梁段与现浇梁段进行临时加固定位,如图6所示。

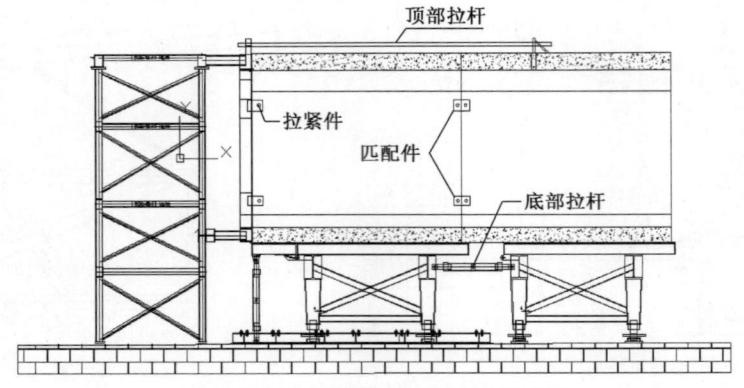

图6　组合箱梁浇筑位移、变形控制示意图

①匹配梁顶板:匹配梁顶板位移控制利用顶板处临时吊孔、临时预应力孔与固定端模安装精轧螺纹钢,通过对精轧螺纹钢施加部分预紧力,控制匹配梁顶板在混凝土浇筑过程中位移情况。

②波形钢腹板间:匹配梁与待浇梁波腹板相对位置利用模板系统及波腹板上设置的临时连接对波腹板位置进行控制。

③匹配梁底部位:匹配梁定位后利用拉杆将匹配梁与现浇梁底膜对拉连接固定,使匹配梁与现浇梁底模连接为整体。

(2)波形钢腹板顶部钢翼缘止浆控制

波形钢腹板安装至设计位置后,其顶钢板上缘与固定端模、内模齐平,为确保组合箱梁顶板钢混结合段混凝土浇筑质量及钢腹板顶钢板处漏浆控制,在侧、内模与波腹板顶钢板接触处增设可调节式止浆装置(图7)。

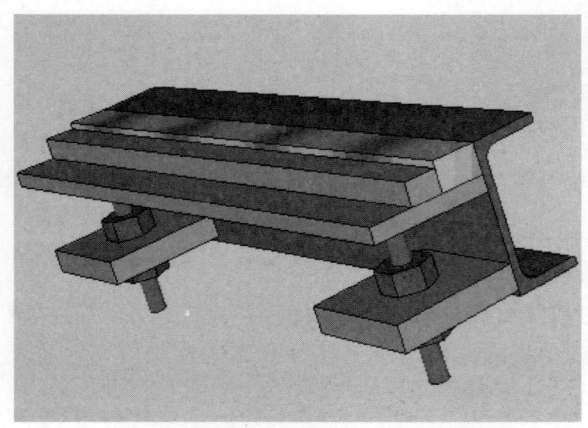

图7　波形钢腹板钢翼缘处止浆控制

止浆装置附属的连接耳板焊接固定于侧、内模上;调节螺杆与装置上钢板焊接固定后穿过耳板预留孔固定;上钢板近模板侧(侧、内模)边缘约25mm处加焊20×20mm方钢,利用方钢及模板加劲肋形成的卡槽安装定做的30×20mm聚丙烯橡胶条。波形钢腹板定位安装后通过调节止浆装置连接耳板上方螺杆调整螺杆长度,使起止浆作用的橡胶条紧贴波腹板顶钢板下缘。

4 结语

波形钢腹板组合箱梁预制拼装技术在未来一段时间将成为中小桥梁发展的趋势,相比普通预应力混凝土节段箱梁,南京长江第五大桥波形钢腹板组合节段箱梁在预制难度上有一个大跨越。变截面波形钢腹板组合箱梁短线匹配预制,对工艺、设备、机械、人员要求高,如何能快速、保质、保量地完成预制任务,通过本课题的研究,将得到充分验证。

本文通过对南京五桥波形钢腹板节段箱梁预制施工关键技术深化研究,对波形钢腹板组合箱梁节段匹配预制所涉及的钢筋骨架预制安装、波形钢腹板精确定位/连接、组合箱梁混凝土浇筑质量控制等重难点进行分析研究,整理出一套适用于该类型箱梁预制施工生产的工法及工艺流程,在推广标准化短线匹配预制施工工艺的基础上,为后续类似工程项目提供一些参考借鉴。

参 考 文 献

[1] 张鸿,郑和晖,陈鸣.波形钢腹板组合箱梁桥节段预制拼装工艺试验[J].桥梁建设,2017,47(1):82-87.

[2] 陈宝春,黄卿维.波形钢腹板PC箱梁桥应用综述[J].公路,2005(7):45-53.

[3] 李宏江,万水,叶见曙.波形钢腹板PC组合箱梁的结构特点[J].公路交通科技,2002(3):53-57.

[4] 张鸿,张喜刚,丁峰,等.短线匹配法节段预制拼装桥梁新技术研究[J].公路,2011(2):76-82.

54. 南京五桥预制拼装波形钢腹板箱梁桥施工控制技术研究

邓银中

(中交二航局第四工程有限公司)

摘　要：南京第五大桥中三座跨线引桥主梁采用波形钢腹板梁组合结构,在同类型桥梁建造中首次采用了节段预制悬臂拼装工艺。本文采用自适应几何控制法,首先基于有限元模拟得到了主梁理论线形并通过参数敏感性分析确定了影响线形的关键因素。在此基础上,提出了从波形钢腹板制造、预制到安装的全过程施工线形控制要点及控制措施。最后结合有限元模拟及现场实测,对比分析了施工过程中节段预制拼装波形钢腹板箱梁的受力行为。

关键词：大跨径波形钢腹板箱梁　节段预制拼装　有限元分析　线形控制　应力监测

1 引言

近年来,波形钢腹板组合结构桥梁由于自重轻、预应力效率高、耐久性好、造型美观等特点在我国得到了广泛应用[1]。目前,该类型桥梁基本采用悬臂浇筑、支架现浇等施工工艺[2-3]。随着桥梁工业化的发展,具有节能、环保、高效、耐久等优点的节段预制拼装技术在混凝土桥梁中得以推广[4-5]。将该技术引入波形钢腹板组合结构桥梁建设中,除能显著提升施工质量、加快施工速度外,还可提高常规节段梁接缝受力性能及抗震性能、降低建设成本等[6]。

南京长江五桥中三座跨线引桥为波形钢腹板预应力混凝土箱梁桥,其中主梁节段采用短线匹配预制[6]、架桥机悬臂拼装的工艺进行施工,为国内乃至国外首创。为此,本文以南京五桥中采用节段悬臂拼装施工的三座跨线引桥为背景,提出了从波形钢腹板制造、预制到安装的全过程施工线形控制要点及控制措施。并结合有限元模拟及现场实测,对比分析了施工过程中波形钢腹板箱梁的受力行为。研究结果旨在为同类型桥梁的设计及施工提供参考。

2 工程概况

南京五桥引桥中采用预制波形钢腹板节段梁的部分包括 3 个区段:跨立新路桥 31m+46m+31m、跨丰子河桥 38m+68m+38m、跨大堤及滨江大道桥:左幅桥跨布置为 41m+78m+45m、右幅桥跨布置为 45m+78m+41m。其中,跨立新路桥主梁为单箱单室等高结构(梁高 2.6m);跨丰子河桥为单箱单室变高结构(墩顶梁高 4m,跨中梁高 2.2m);跨大堤及滨江大道桥主梁为单箱双室变高结构(墩顶梁高4.5m,跨中梁高2.2m)。箱梁顶底板采用C50混凝土,波形钢腹板采用Q345C钢材,型号为1600型。图1为跨丰子河桥中跨梁段划分及主梁截面图。

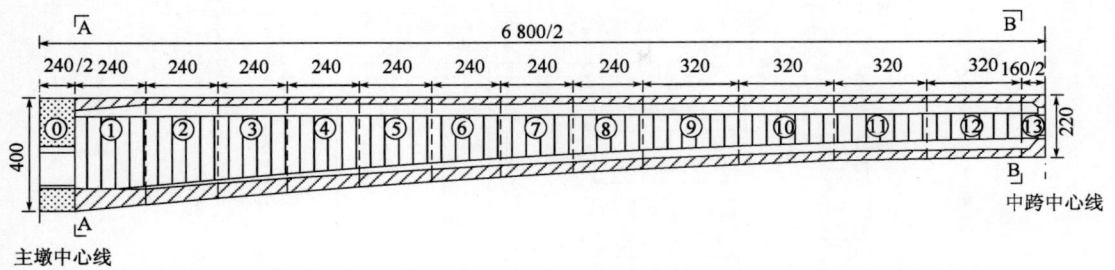

a) 中跨梁段划分图

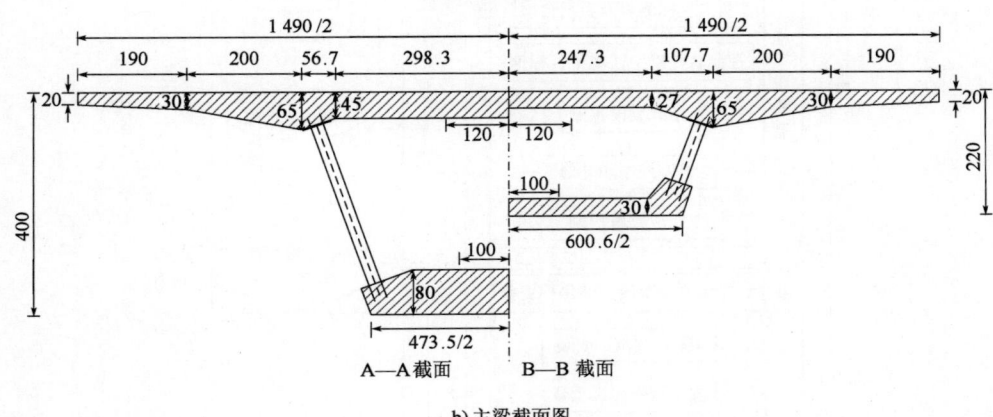

b) 主梁截面图

图1 跨丰子河桥构造图(尺寸单位:cm)

波形钢腹板在钢结构工厂内制造完成后,运输至混凝土构件预制场地,采用短线匹配预制工艺逐节段成型新型钢混组合梁,待存放期满足要求后转运至施工场地。在支架上安装两个中间墩1号节段并现场浇筑0号段,架桥机过跨到位,悬臂拼装波形钢腹板组合箱梁节段,依次完成边跨及中跨合龙,解除墩梁临时固结约束后完成连续梁体系转换。

3 施工控制方法

基于全过程几何控制理念[7],即通过对箱梁节段制造和安装等关键环节的全过程控制,实现箱梁无应力构形的目标。首先对结构施工阶段进行参数敏感性分析,确定影响主梁结构线形的敏感因素,然后通过前期准备阶段的模拟分析和施工过程的线形跟踪测量结果,不断修正施工控制分析模型,更新预制及安装理论线形,使施工线形始终偏离目标线形最小,确保成桥线形最大程度接近设计线形。整个控制体系分为准备、波形钢腹板制造、节段梁预制及安装四个阶段,具体控制流程如图2所示。

4 线形控制

4.1 波形钢腹板制造

采用短线法预制的节段波形钢腹板梁,其波形钢腹板制造线形应满足在短线台座中定位安装的需求,即首节段波形钢腹板两端均须垂直于固定(浮动)端模,标准节段波形钢腹板在固定端模侧(即预制前进方向)须垂直固定端模,如图3所示。

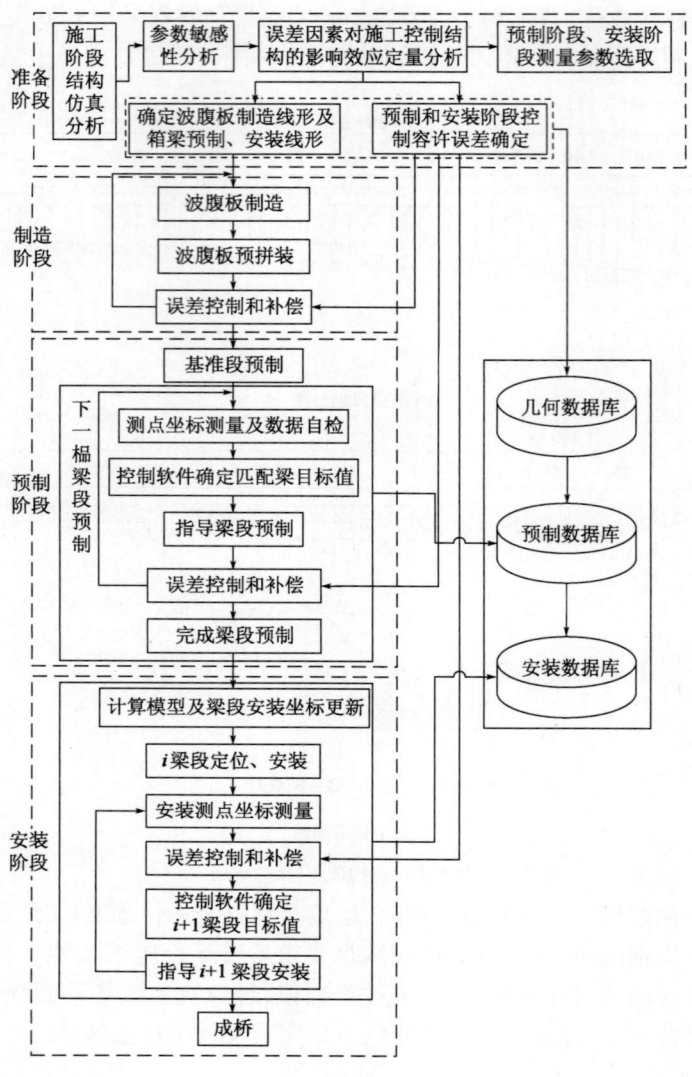

图 2 施工控制体系

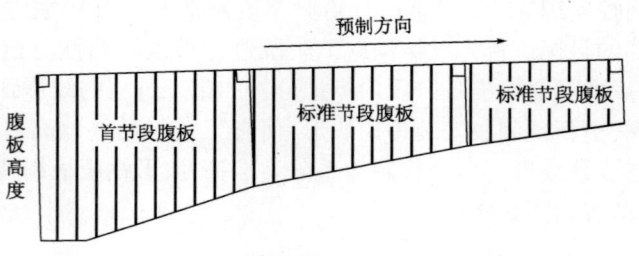

图 3 节段波形钢腹板制造示意图

波形钢腹板加工制造时,需要布设线形测点,以供后续波形钢腹板的安装定位使用。每块波形钢腹板布置 2 个测点,位于其翼缘板顶部,纵向距离节段分段线 200mm,横向位于翼缘板中心线位置,具体布置如图 4 所示。此外,在波形钢腹板两端还需设置如图 5 所示的临时匹配件,用以固定相邻节段位置关系。

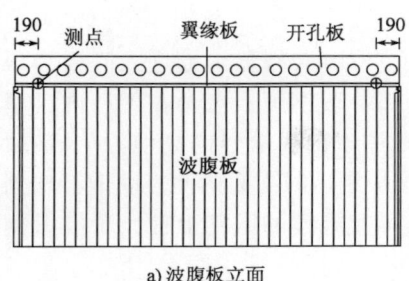
a) 波腹板立面

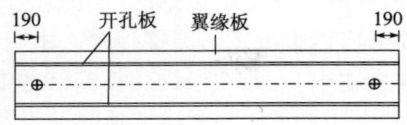
b) 波腹板顶面

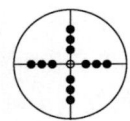
c) 测点标示意图

图 4　测点布置示意图

图 5　临时匹配件

4.2　波形钢腹板箱梁预制

波形钢腹板箱梁均采用短线匹配法预制，其控制重点是梁段之间的匹配及波形钢腹板在模板内的安装。

(1) 梁段匹配控制

在进行梁段匹配时，每一预制梁段顶部设置六个控制测点。其中，沿节段中心线的两个测点(FH、BH)控制平面位置，沿腹板的四个测点控制高程(FL、FR、BL、BR)。此外，在固定端模上缘也设置三个控制测点(L1、I、R1)，单元中心线由旋转在测量塔上的全站仪和目标塔反光镜确定。同时，在预制单元附近设置一个固定水准点(DM)，以对测量塔和目标塔进行校准(图6)。N号梁段预制完毕后移至匹配位置，通过底模台车将其姿态调整至目标位置，在N+1号段浇筑完成后再次测量全部测点位置，专用线形控制系统自动比较匹配段各测点的实测值与理论目标值的差别并进行误差调整，继续指导N+1号梁段定位。

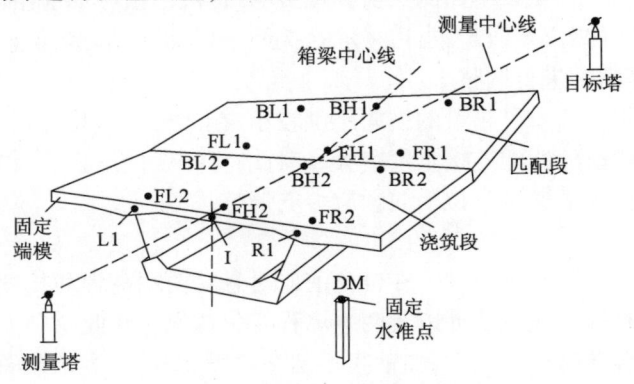

图 6　梁段匹配预制测量控制网

（2）波形钢腹板模板内安装控制

波形钢腹板模板内安装控制主要包括两个方面：一是波形钢腹板剪力键埋入底板和顶板的深度控制；二是相邻节段钢腹板之间连接控制。由于相邻节段钢腹板夹角在工厂内已基本确定，在安装阶段可调余地小，因而波形钢腹板安装控制采用以前后端竖向高程为主，前后两段夹角控制为辅的控制方法。竖向高程主要通过波形钢腹板制造时布置的测点获取。根据波形钢腹板箱梁节段安装线形精度控制需求，在现场验证其可实施性的基础上提出了波形钢腹板定位标准，具体见表1。

波形钢腹板定位标准　　　　表1

序号	控制项目	控制标准（mm）
1	波形钢腹板中心距	±3
2	波形钢腹板轴线偏位	±5
3	内外侧波形钢腹板间距偏差	±5
4	内外侧波形钢腹板高差	±5
5	波形钢腹板横桥向垂直度（斜率）	1/500
6	波形钢腹板纵桥向坡度	1/1 000

由于首节段的波形钢腹板定位对后续节段的定位起决定性作用，其定位应保证波腹板位置符合设计要求，包括波形钢腹板顶缘线、底缘线与固定端模交点位置；固定端模顶、底缘线应与固定端模保持垂直。此外，波形钢腹板位置校核完成之后应进行有效固定，保证其与固定端模不发生变化。在完成首节段预制后，为后续节段的活动端模进行匹配预制，波形钢腹板与固定端模除满足上述要求外，待浇筑节段的腹板与已成梁段腹板有效固定后的上、下焊缝宽度需一致，同时，匹配梁整体位置按照监控指令执行。若无法同时满足，可微调焊缝宽度，但不能超过设计规定值。

4.3 波形钢腹板箱梁安装

针对波形钢腹板箱梁安装，控制重点主要包括1号节段安装、架桥机悬拼以及中跨合龙。

（1）1号节段安装控制

作为首个安装的节段，1号节段既是0号节段浇筑的端模，又与2号节段相匹配。因此，1号节段的定位精度控制十分关键。支架变形及0号节段混凝土的浇筑均会影响1号节段的姿态。现场可通过将梁体与墩旁支架进行临时锚固，利用顶底板内临时预应力张拉用钢齿坎将0号块两侧1号块拉结固定，以抵抗0号块混凝土现浇部分侧压力对1号块的影响。

（2）架桥机悬拼控制

每个梁段拼装完成后，比较梁面测点实际位置与目标位置，若当前梁段不满足精度控制标准或估算至合龙口的预测误差值超限，可采取在接缝处增加环氧树脂楔形垫片、调整临时预应力张拉力以及压重等措施进行调整。

此外，由于波形钢腹板节段箱梁的横向刚度较小，在架桥机吊装过程中会产生一定的横向变形，从而使得相邻梁段的匹配连接难度增大。对此，可在梁段吊装前及时掌握相邻梁段的横向变形相对量，必要情况下通过张拉横向预应力筋调整。

（3）中跨合龙控制

中跨合龙是主梁施工的关键工序，在合龙前应对悬臂两端高程和长度以及主梁温度、大气温度进行连续观测，掌握合龙口长度以及两端高程变化情况。在此基础上，结合从气象部门获取的气象资料，确定合龙时机。同时，在钢腹板制造阶段，中跨合龙段端部需预留5cm的现场配切长度。

4.4 线形控制结果

基于上述的控制措施,部分节段拼装过程中的高程误差沿桥轴线方向分布如图7a)所示。由图可知,最大高程误差为12.2mm,说明节段波形钢腹板梁拼装施工精度可以达到普通混凝土节段梁拼装精度标准。

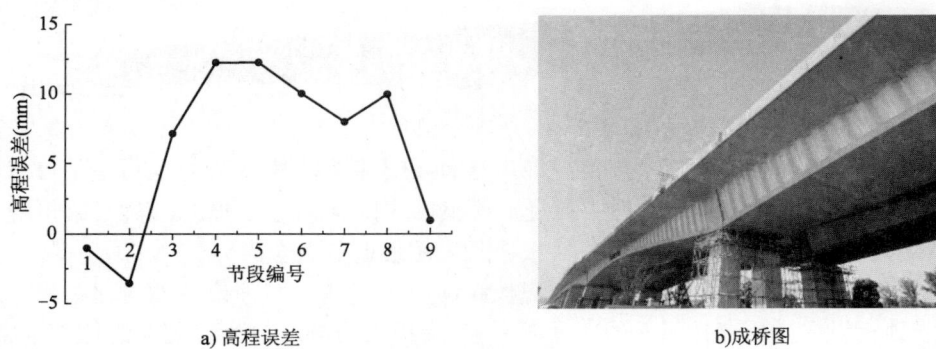

a) 高程误差　　　　　　b) 成桥图

图7　波形钢腹板梁拼装成果

5 应力监测

应力测点主要布置在主墩和中跨跨中附近,监测内容包括混凝土顶底板(混凝土纵向应变计)及波形钢腹板(三向钢应变花)的应力应变。其中,主墩附近测点位于1号节段与2号节段的接缝截面及2号节段中部截面处,具体布置如图8和图9所示,由于钢齿坎的影响,两个截面混凝土应变计的布置不完全相同;中跨跨中附近测点位于11号节段与12号节段的接缝截面及12号节段中部截面处,其测点布置与主墩附近截面类似。

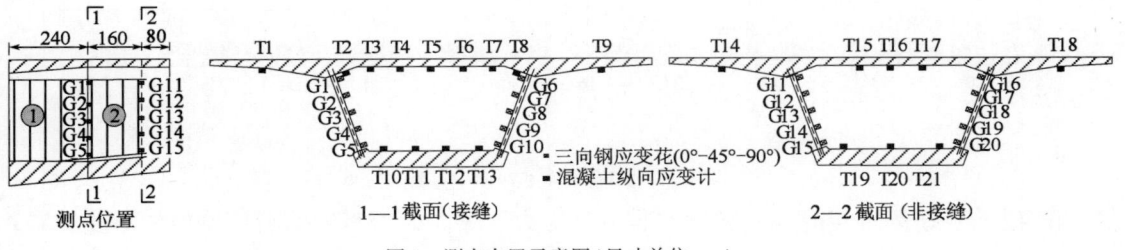

图8　测点布置示意图(尺寸单位:cm)

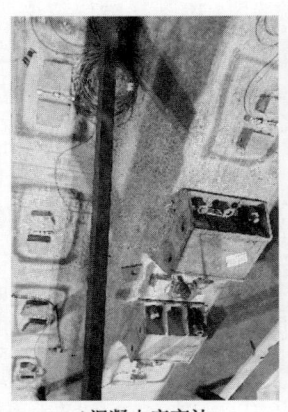 

a)混凝土应变计　　　　　b)腹板应变花

图9　现场测点布置图

基于 Midas/FEA 建立了波形钢腹板主梁的实体有限元模型,如图 10 所示。混凝土顶底板采用实体单元模拟,波形钢腹板及其双 PBL 剪力连接键采用板单元模拟,栓钉采用杆单元模拟,将栓钉节点与周边混凝土节点三向耦合,而不考虑两者间的滑移[8]。由于施工过程中主梁始终处于弹性阶段,混凝土和钢材均采用弹性本构。

图 10 主梁有限元模型

已有研究表明,即使环氧树脂胶与混凝土间为平接缝,其黏结力也可达到 1.5MPa 以上[9-10]。通过试算,本桥在施工过程中混凝土顶底板的拉应力均在 1MPa 以内,故接缝处不会出现开裂现象。因此,接缝处混凝土顶底板单元采用最近节点连接。

图 11 为主墩附近接缝截面混凝土顶底板纵向应力实测值与理论值的对比结果。由图可知,混凝土顶板纵向应力存在明显的剪力滞现象,底板应力分布较为均匀。总体而言,混凝土顶底板纵向应力实测值与理论值吻合较好。

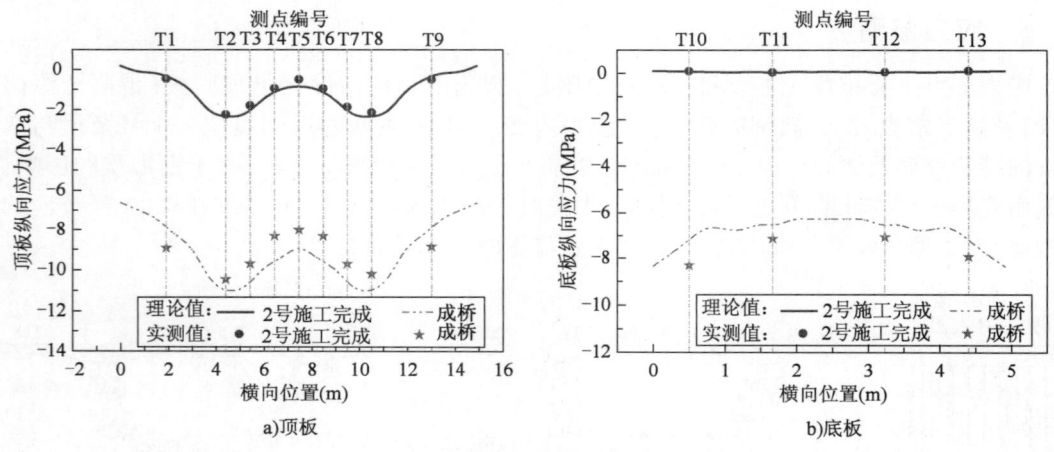

图 11 混凝土顶底板纵向应力图

图 12 为主墩附近接缝截面波形钢腹板剪应力及纵向应力实测值与理论值的对比结果。

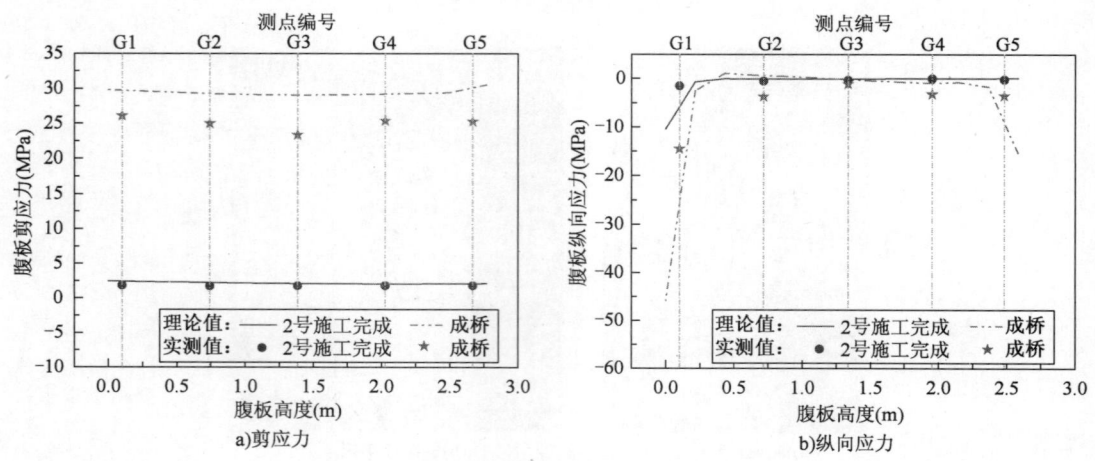

图 12 波形钢腹板剪应力及纵向应力图

由图可知,波形钢腹板剪应力沿其高度方向均匀分布,纵向应力除了与混凝土接触附近区域较大外,其余部分均很小。由此表明,波形钢腹板主要承担剪应力,几乎不承担纵向应力,符合波形钢腹板箱梁的受力机理。总体而言,波形钢腹板剪应力及纵向应力的实测值与理论值吻合较好。

6 有限元仿真分析

通过仿真分析确定主梁预制、安装线形以及针对关键因素进行参数敏感性分析是整个控制体系的重要一环。为此,基于 Midas Civil 建立了跨丰子河桥主梁有限元模型(图13),真实模拟各个施工阶段,得到了主梁施工期变形、成桥累计位移以及预拱度(图14)。

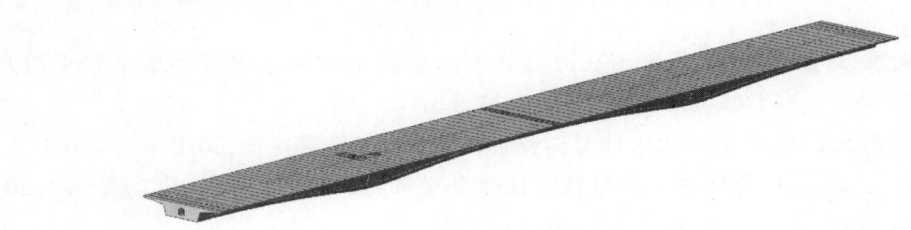

图13 跨丰子河桥主梁有限元模型

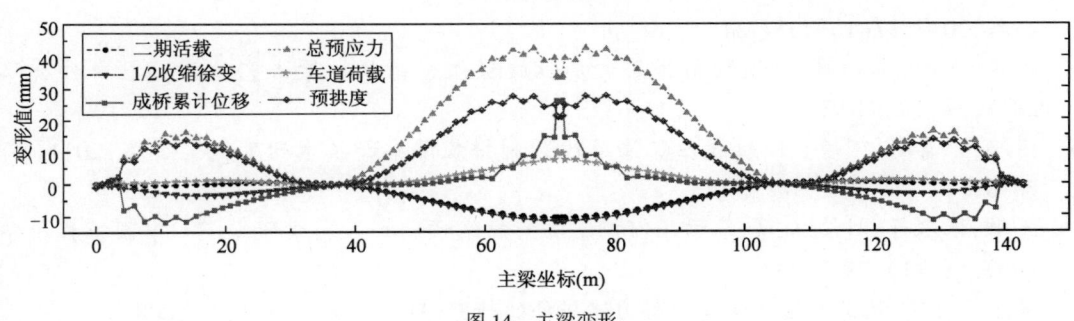

图14 主梁变形

在此基础上,基于参数敏感性分析确定影响主梁线形的关键因素,从而在施工中采取相应的措施进行控制。选取的参数包括:主梁自重、混凝土弹性模量、存梁期及温度,具体结果如图15所示。由图可知,自重对主梁线形的影响最大,存梁期次之。因此,在各箱梁节段预制完成后需称重并记录预制完成时间。

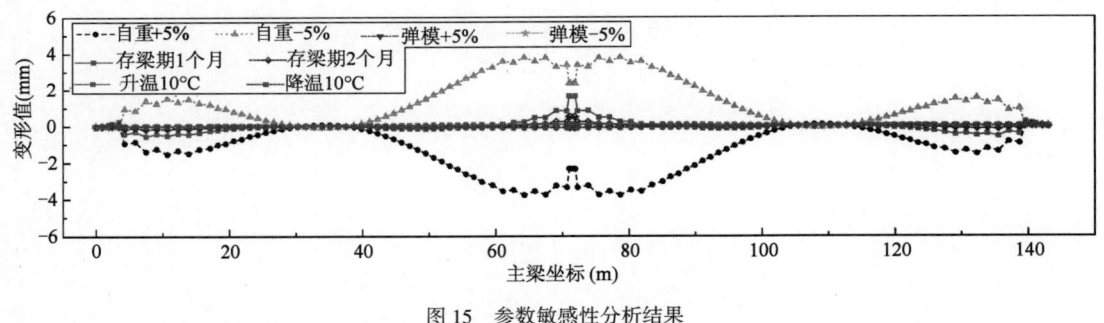

图15 参数敏感性分析结果

7 结语

本文以南京五桥中采用节段悬臂拼装施工的三座跨线引桥为背景,提出了从波形钢腹板制造、预制到安装的全过程施工线形控制方法、措施及要点。得到主要结论如下:

（1）建立了从波形钢腹板制造、节段预制及安装的全过程几何控制体系,实践表明节段波形钢腹板梁拼装施工精度可以满足设计要求。

（2）波形钢腹板节段制造及其在模板内的定位安装需兼顾短线匹配预制工艺的特点,结合现场实践提出了更为合理的波形钢腹板制造及定位标准。

（3）应力监测表明,采用节段预制拼装工艺成型的波形钢腹板箱梁弹性阶段截面应力分布规律与现浇梁几乎相同。

参 考 文 献

[1] 万水,李淑琴,马磊.波形钢腹板预应力混凝土组合箱梁结构在中国桥梁工程中的应用[J].建筑科学与工程学报,2009,26(2):15-20.

[2] 王健.波形钢腹板PC箱梁桥的设计与工程实例分析[J].桥梁建设,2010(4):61-64.

[3] 曾强,彭更生,杜亚江.悬臂施工波形钢腹板组合梁桥施工工艺[J].中国工程科学,2013,15(8):104-107.

[4] 郑和晖,王敏,亚兴发.节段预制拼装波形钢腹板组合梁整体受力性能试验研究[J].中外公路,2017,37(1):118-124.

[5] 张鸿,王敏,郑和晖.节段预制拼装波形钢腹板组合结构桥梁工艺试验[J].中外公路,2017,37(1):94-97.

[6] 张鸿,张喜刚,丁峰,等.短线匹配法节段预制拼装桥梁新技术研究[J].公路,2011(2):76-82.

[7] 王敏,张永涛,刘景红,等.基于几何控制法的短线预制拼装箱梁研究[J].中国工程科学,2009,11(11):79-81+96.

[8] 罗应章.钢—混凝土组合梁栓钉剪力连接件的研究[D].长沙:中南大学,2008.

[9] 闫泽宇.节段预制拼装UHPC胶接缝抗剪性能试验及有限元分析[J].公路工程,2019,44(6):228-233.

[10] 李学斌,杨心怡,李东昇,等.节段梁环氧树脂胶接缝抗拉强度的试验研究[J].铁道建筑,2015(1):23-26.

55. 南京长江第五大桥南边跨陆地支架区梁段安装施工技术研究

黄 伟 乔学宁 荆刚毅 马志青 张海涛

(中交二公局第二工程有限公司)

摘 要：南京长江第五大桥南边跨梁段安装施工过程中，项目部采用陆地高支架进行梁段安装，最终取得了良好的施工效果。文章通过分析项目施工难点，制订了具体的施工方案，并重点对支架设计、梁段低支架区滑移、梁段提升就位等工序进行了深入分析，研究成果可为类似工程提供参考。

关键词：边跨梁段 高低支架 存梁 提梁平台

1 工程概况

南京长江第五大桥(简称南京五桥)主桥采用纵向钻石型索塔中央双索面三塔组合梁斜拉桥，跨径布置为80m+218m+2×600m+218m+80m=1 796m，主桥总体布置如图1所示。主梁采用扁平流线型整体箱形钢混组合梁，两侧路肩区为底部开放的悬臂结构，钢混组合梁为单箱三室结构，其三个箱室的宽度分别为12.05m、5.6m、12.05m。中间箱内设置斜拉索锚箱，是箱梁内受力最大的区域。

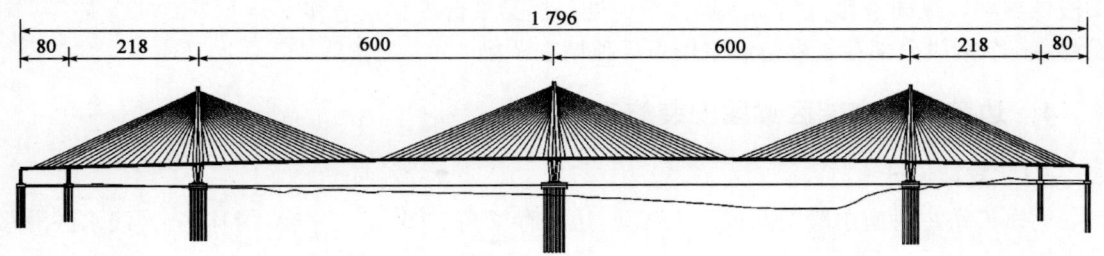

图1 主桥总体布置图(尺寸单位：m)

钢梁上铺设含粗骨料UHPC高强混凝土桥面板，钢和混凝土通过剪力钉连接以形成组合截面。桥面板标准厚度为17cm，在中腹板及边腹板顶加厚至20cm，中间箱桥面板厚20cm，边跨梁段桥面板厚度均为20cm。主梁标准宽度为35.6m，梁高3.6m(组合梁中心线处)，钢混组合梁为单箱三室结构，节段标准长度为14.6m，边跨尾索区节段长度为10.95m，标准梁段重量为423.4t,梁段间钢结构工地焊缝均为焊接。边跨起吊梁段D3~D7长度为14.6m,梁段E长度为12.039m,6个边跨梁段,最大起吊D3梁段重量约为486.5t。南边跨梁段参数见表1。

南边跨梁段参数一览表　　　　　　　表1

梁段类型	梁段编号	梁段数量	梁段宽度(m)	梁段长度(m)	梁段重量(t)	起吊重量(t)	起吊方式
D3	SB15	1	35.070~34.806	14.6	497.4	486.5	浮吊+提梁平台
D4	SB16	1	34.806~34.541	14.6	434.4	423.7	浮吊+提梁平台
D5	SB17	1	34.541~34.276	14.6	421.5	410.9	浮吊+提梁平台
D6	SB18	1	34.276~34.011	14.6	424.4	414.0	浮吊+提梁平台
D7	SB20	1	34.011~33.746	14.6	414.9	404.7	浮吊+提梁平台
E	S02	1	33.746~33.525	12.175	399.3	389.3	浮吊+提梁平台

2　施工难点

(1)南边跨梁段属于陆地高支架区梁段,支架上梁段精确定位难度大、梁段存放困难,对支架强度、刚度要求高。

(2)边跨梁段最重为486.5t,高空大吨位钢混组合梁整体安全安装到位,施工难度、安全风险高。

(3)边跨采用高支架存梁,次边跨浅水区采用低支架移梁,需制订安全可靠的施工方案,以保证边跨高支架梁段顺利由低支架滑移并提升至边跨高支架上。

(4)梁段提升到高支架上后,需精确定位支架上梁段,调整精度要求高,施工难度大。

3　施工方案

南京五桥主桥南边跨共6个梁段,位于陆地上,设计为高支架区存梁,梁段需通过浅水区低支架滑移到边跨辅助墩处。利用提梁平台将边跨梁段吊起后,滑移平台滑移至提梁平台正下方,提梁平台提升梁段放置在滑移平台上,梁段通过滑移平台及边跨支架上轨道纵向滑移至设计位置。

边跨梁段安装施工工艺:浮吊吊装梁段至横移支架上→梁段横移至纵向低支架轨道上→梁段低支架区纵向滑移至辅助墩提梁平台处→提梁平台提梁至滑移支架上→梁段高支架纵向滑移→6个梁段全部存放到位后采用千斤顶精确调梁。

4　边跨陆地支架区梁段安装施工技术

4.1　支架设计

南京五桥主桥南边跨支架包括三部分:边跨存梁高支架、提梁平台/滑移平台、浅水区滑移低支架。

(1)边跨存梁支架。边跨高支架采用混凝土扩大基础+钢管立柱+轨道梁形式,支架高约20m,钢管立柱采用$\phi 820mm\times 10mm$钢管,其中落架位置采用$\phi 1\,020mm\times 12mm$钢管,以提高刚度,钢管之间设置平联钢管及斜撑,钢管桩顶设置型钢轨道梁[1]。

(2)提梁平台/滑移平台。①提梁平台结构设计。提梁平台跨度为41.6m,宽12m,高约30m,采用12根$\phi 630mm\times 8mm$的钢管立柱,对称布置,每侧6根,分2排。钢管立柱之间平联采用φ426mm×6mm的钢管,斜撑采用型钢。扩大基础采用钢筋混凝土结构。主桁架采用260架桥机主梁,桁高2.9m,桁宽1.1m,总长48m,标准节长12m,共4节销接而成。提升系统采用4台DL-S185t连续液压千斤顶提升系统,最大起吊能力为500t。4台DL-S185千斤顶联动同步提升时的速度不小于25m/h。提梁平台主要技术参数见表2。②滑移平台设计。滑移平台长13.5m,宽9.2m,高20.58m。钢管立柱采用φ820mm×10mm钢管,平联采用φ426mm×6mm钢管,斜撑采用型钢。滑移平台钢管桩顶部纵向布置2排2HN900mm×300mm型钢轨道梁,用于梁段滑移。滑移平台底部纵向轨道采用2HN900mm×300mm型钢,横向轨道采用型钢。提梁平台、滑移平台示意图如图2所示。

提梁平台主要技术参数表　　　　　　表2

名　称	参　数	备　注
提梁平台自重(t)	332	
起重能力(t)	500	含吊具
起升高度(m)	21	
钢绞线最大下放长度	26.4	
平均提升速度(m·h^{-1})	不小于25	
吊具平均下放速度(m·h^{-1})	20	
液压系统同步性(mm)	阈值10	
提升系统	4台DL-S185连续千斤顶提升系统	
液压连续千斤顶主缸行程(mm)	400	
施工最大风速(m·s^{-1})	13.8	六级风速
设计最大风速(m·s^{-1})	24.4	九级风速

图2　提梁平台、滑移平台

(3)浅水区滑移低支架。①浅水区纵移低支架设计。浅滩区低支架纵向长114m,横向宽9.2m,外侧采用2排间距为9m的φ820mm×10mm钢管桩,桩顶搭设轨道梁,两侧轨道梁内侧搭设两排间距为4.5m的φ630mm×8mm钢管桩栈桥平台。钢管平联采用φ426mm×6mm钢管,斜撑采用型钢。②浅水区横移支架设计。浅滩区横移支架与低支架相交,长34.5m,宽10.95m,顺桥向搭设4排钢管桩,下游最后一联搭设3根钢管桩,采用φ820mm×10mm钢管,桩顶设置型钢作为轨道梁,在支架中间搭设栈桥。钢管之间采用φ426mm×6mm钢管作为平联连接。

4.2 梁段低支架区滑移

边跨梁段通过运梁船水运至横移支架处,采用500t级浮吊船将边跨梁段吊装放置于浅水区横移支架上[2]。梁段通过步履式移梁装置横移至纵向低支架轨道上,然后纵向滑移至辅助墩提梁平台处。

梁段滑移时,利用自主研发设计的步履式移梁装置进行梁段滑移。步履式移梁装置工作原理为顶推盒卡在轨道梁上的方孔内,液压千斤顶顶推滑块,滑块与轨道梁发生相对滑动,带动钢梁向前移动[3]。液压千斤顶收顶时,滑块不动,顶推盒内的卡板自动收进顶推盒内,液压千斤顶带着顶推盒向前移动。顶推盒移动到轨道梁上的下一个孔位时,卡板自动伸出,卡在轨道梁上的孔内,进行下一行程移梁。

千斤顶采用双作用单杆活塞式千斤顶,单个行程为1.6m。千斤顶与滑块之间采用销轴进行连接,千斤顶与顶推盒之间同样采用销轴进行连接。

滑块和顶推盒两侧均设置限位装置,在行走时起导向作用,防止梁段滑移时脱离滑移轨道。梁段滑移过程中,两端滑移行程保持同步,梁两端位移差不大于10cm,移梁速率不小于18~21m/h,保证移梁过程中的高效性、稳定性[4]。

4.3 梁段提升就位

边跨梁段通过在浅水区低支架轨道上纵向滑移至辅助墩位置提梁平台处,采用500t液压提梁平台提升梁段至滑移平台上,然后纵向滑移至设计位置。

边跨梁段滑移就位流程:梁段通过低支架滑移至提梁平台正下方→提梁平台提升梁段至设计高程→滑移平台通过横纵移轨道滑移到梁段正下方→梁段落置于滑移平台之上→滑移平台于高支架相接→梁段滑移至高支架设计位置→滑移平台移到初始位置,继续下一梁段的滑移提升[5-6]。

滑移平台初始位置在提梁平台外侧横移轨道上,当提梁平台将梁段提升后,滑移平台通过轨道横纵移至提梁平台正下方。滑移平台桩底与轨道之间布置橡胶板及四氟滑板,在滑移平台钢管立柱底部设置锚固板,在滑移平台轨道上设置反力座,通过千斤顶拽拉固定在滑移平台锚固板上的钢绞线牵引滑移平台至设计位置。滑移平台与高支架均采用型钢轨道。提梁平台将边跨梁段提升,滑移平台滑移至提梁平台正下方,将梁段放置于滑移平台顶轨道上。滑移平台顶轨道与高支架轨道相连,梁段自滑移平台滑移到高支架设计位置,实现梁段边跨高支架存梁。

4.4 梁段调整

根据设计要求,南京五桥边跨D3~D7、E梁段高支架存梁时,纵向位置整体向中跨侧预偏13cm摆放,按监控指令调整边跨梁段平面位置和高程,进行边跨梁段间接缝连接作业。先调整确定辅助墩墩顶梁段SB15以及过渡墩墩顶梁段S02平面位置和高程,调整时确保支座轴线与主梁轴线平行,支座轴线误差不得超过±1.5mm,辅助墩及过渡墩墩顶梁段位置确定后,对支座螺栓孔进行灌浆[7]。再以辅助墩、过渡墩墩顶梁段为基准,从俩端向中间逐段调整梁段位置,设计和监控验收通过后,进行梁段的临时固定。

梁段调整时,每片梁段布置4台竖向200t液压千斤顶和4台150t水平千斤顶调整梁段位置。先调整梁段平面位置,后精确调整高程[8]。主梁支垫采用型钢垫梁,垫梁上面通过垫不同厚度的钢板调整梁段高程。

5 结语

文章结合南京五桥南边跨工程实际情况,采用高低支架移梁、存梁施工工艺,及步履式移梁装置进行,实施了边跨6个梁段的安全、优质、高效的安装到位,为后续类似工程提供了成功的借鉴案例。

参 考 文 献

[1] 朱忠民,卢治国,姚吉友,等.高墩刚构桥边跨挂篮配合盖梁支架施工法及施工阶段受力分析[J].公路工程,2017,42(4):191-193,203.
[2] 朱文军.钢箱梁分段吊装施工工艺与变形监测技术[J].工程技术研究,2020,5(11):102-103.
[3] 卜星玮,徐海云,陈诚.大跨超宽钢箱梁斜拉桥边跨施工关键技术[J].中国港湾建设,2019(6):73-77.
[4] 徐召.黄河下游大跨钢混组合梁斜拉桥设计与施工[J].广东公路交通,2019,45(5):74-78+88.
[5] 华臻.市政钢箱梁吊装施工技术关键点解析[J].福建建材,2019(9):66-68.
[6] 代振龙.城市高架路钢箱梁施工工艺研究与应用[D].哈尔滨:哈尔滨工业大学,2020.
[7] 何川,颜东煌,易壮鹏,等.大跨度不对称体系斜拉桥边跨混凝土箱梁的线形控制研究[J].中外公路,2019,39(4):139-142.
[8] 张春新,胡军,谢红跃.武汉青山长江公路大桥主桥边跨结合梁施工技术[J].桥梁建设,2019,49(1):1-6.

56. 新型可变间距单主梁节拼架桥机应用于双幅同步架设的工艺研究

姚 斌

(中交二航局第四工程有限公司)

摘　要：近年来，国家大力倡导的"环保、优质、高效"的装配化作业模式，已成为桥梁工程设计和施工的主流趋势。但不同桥型的"跨径、幅宽、桥型构造"等各有不同，因此对桥机机型应进行有针对性的比选，以满足施工需要。以往绝大多数架桥机均为双主梁形式，但其截面尺寸和自重均较大，不适宜用于"悬臂式双幅共用盖梁"的桥型。工程人员设计制造出一种新型的"可变间距单主梁节拼架桥机"。本文结合南京长江第五大桥南北引桥混凝土节段箱梁架设施工，探讨总结该新型架桥机的施工工艺优缺点，为今后类似的工程提供施工参考。

关键词：可变间距　单主梁　架桥机　节段梁架设　工艺优缺点

1 工程概况

南京长江第五大桥南引桥北接主桥，南接互通，路线平面位于直线段上。桥跨布置为5×52m+4×52m+3×52m+49m，总长673m，共计单幅13跨，双幅26跨。北引桥北接跨大堤及滨江大道桥，南接主桥，路线平面位于半径4 000m的曲线上。桥跨布置为5×42m+49m+4×52m+3×5×52m，共长1 247m，共计单幅25跨，双幅50跨。南引桥节段梁376榀，均为单箱单室箱梁；北引桥节段梁740榀，有单箱单室和单箱双室两种类型，全桥共1 116榀箱梁。施工现场现有码头、主栈桥便道、支栈桥便道，满足节段梁进场、运输和桥下喂梁的条件。

2 桥机选型

南京长江第五大桥南北引桥下部结构均为悬臂式双幅共用盖梁，盖梁长度根据桥型幅宽同步变化。设计图纸明确规定：为确保桥墩结构安全，左右幅主梁需同步吊装架设。因此，选用"可变间距单主梁 TPJ52 节拼架桥机"，较好地解决了盖梁受力偏载的问题。单台桥机总长126.23m，总高16.2m，总重约680t，前后基本对称设计。架桥机由支撑系统(前辅助支腿、承重支腿、后辅助支腿、立柱)、主框架(前导梁、主梁、后导梁)、起重天车、吊挂、电气液压系统组成。桥机的各项参数，满足施工现场"纵坡、曲线、桥型、跨径、梁重、喂梁方式"等各项要求(图1)。

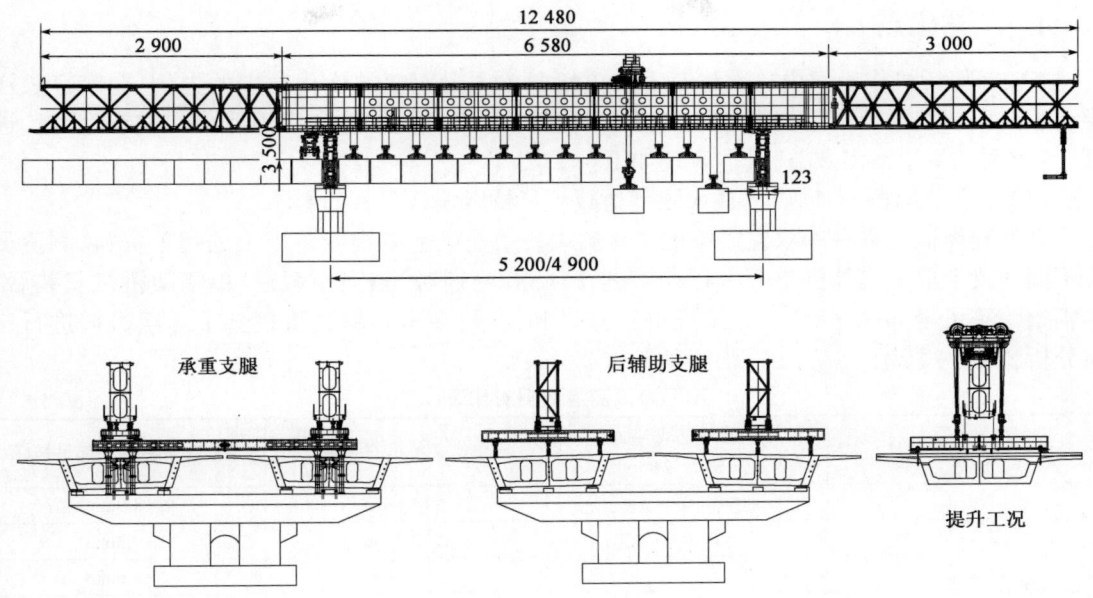

图 1 TPJ52 架桥机结构图(尺寸单位:cm)

3 施工简介

节段箱梁在预制场码头,经提梁门吊吊装至运梁车上,陆运至安装跨,通过桥下喂梁的方式由架桥机完成梁段安装。节段箱梁采取整孔悬挂拼装方式,单跨梁段安装完后进行体内及横向预应力施工。体内预应力施工完后架桥机卸载前移过跨,进入下一跨施工。单联单幅箱梁安装完后,浇注该联各跨之间墩顶后浇段,进行体外预应力施工,完成体系转换,最后进行桥面系及附属设施施工(图2)。本文重点讨论双幅同步架设的工艺的优缺点,详细施工方案不再叙述。

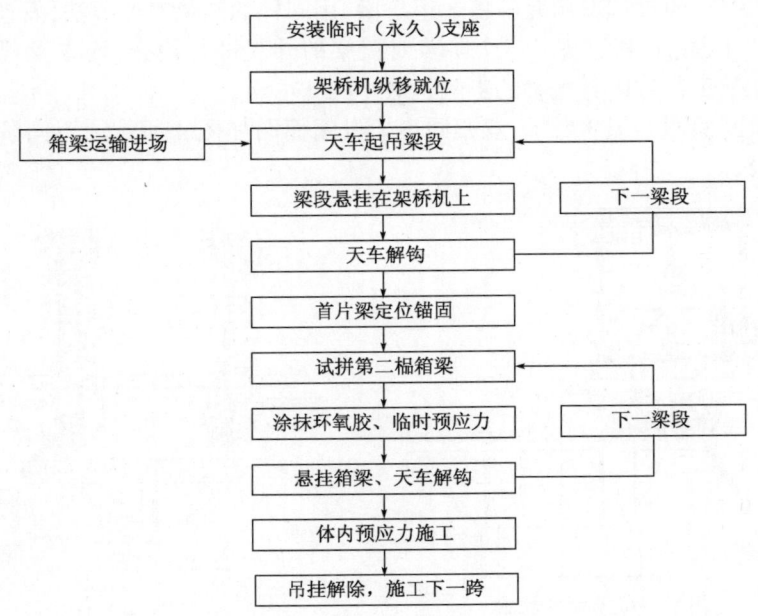

图 2 整孔先悬挂后拼装施工工艺流程图

4 工艺优点

TPJ52架桥机作为国内首次将双主梁单幅向单主梁双幅的优化改进的先例，在南京长江第五大桥南北引桥节段梁架设施工中，较好地发挥了自身优异性和实用性，在"安全、质量、进度"等方面产生了诸多效益，具体表现如下：

(1) 左右双幅桥同步施工，最大限度地减小了桥墩偏载受力的影响。

查阅到类似工程——双主梁桥机在悬挑式共用盖梁上单幅安装施工的相关资料，测量员在不同盖梁上取单幅外侧垫石中心点①进行观测，分别对"盖梁空载时、单幅架桥机安装后、单幅整跨箱梁全部吊挂后"三个工况进行测量和记录，在资料里随机挑选了4组数据进行比较分析，如表1所示。

不同阶段测量数据对比表(一)　　表1

墩　号	盖梁空载时（初始为0）	单幅架桥机安装后	单幅整跨箱梁全部吊挂后
J70-①	0	Δ-4.1mm	Δ-8.9mm
J77-①	0	Δ-3.7mm	Δ-9.3mm
J81-①	0	Δ-3.9mm	Δ-8.6mm
J88-①	0	Δ-4.2mm	Δ-8.7mm

根据数据对比表显示，分幅分阶段施工时，由桥机和箱梁因自重，对盖梁施加偏载压力，造成下部结构的偏载沉降，并产生不利的应力。虽然盖梁在横桥向均设有预应力筋，但由于对盖梁单幅侧集中施加了约10 000~12 000kN外力，盖梁悬臂侧顶部受拉、底部受压，因此对盖梁混凝土的结构，特别是顶面，仍然是有局部伤害的。后期桥机进行另一幅施工时，会对盖梁产生同样不利应力，这样反复的承受外界不利应力，对盖梁混凝土结构的耐久性有一定的影响。

南京长江第五大桥南北引桥为架桥机左右幅同步行走、节段梁左右幅同步架设。这种整体的施工工艺，使得盖梁在每种施工工况条件下，均能均布平衡受力，且TPJ52架桥机的支腿站位于箱梁内外侧支座的中心点位置，远离了悬臂端，很好地规避了盖梁两侧偏载和单悬臂受力过大的不利工况。通过选取南北引桥3组桥墩，用同样的测量对比方法，发现沉降变形数据均很小，且通过"工前、工中、工后"三个阶段对盖梁的外观进行检查，均未发现任何的结构缝隙。从而验证此类工艺对墩身盖梁的影响是最小的。

单幅先架设断面图如图3所示，双幅同步架设断面图如图4所示。不同阶段测量数据对比表(二)见表2。

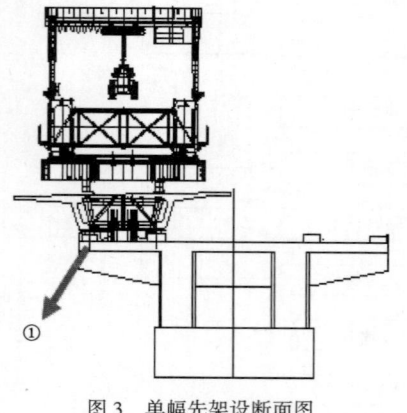

图3　单幅先架设断面图

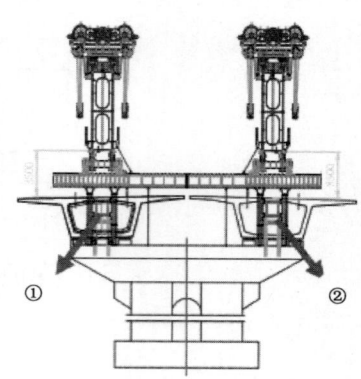

图4　双幅同步架设断面图

不同阶段测量数据对比表(二) 表2

墩 号	盖梁空载时（初始为0）	单幅架桥机安装后	单幅整跨箱梁全部吊挂后
S12-①	0	Δ-0.2mm	Δ-0.5mm
S12-②	0	Δ-0.3mm	Δ-0.4mm
N24-①	0	Δ-0.1mm	Δ-0.3mm
N24-②	0	Δ-0.2mm	Δ-0.5mm
N18-①	0	Δ-0.3mm	Δ-0.4mm
N18-②	0	Δ-0.3mm	Δ-0.5mm

(2)左右双幅同步施工，避免出现整机横移的工况，减小桥机操作风险，并节约施工工期、提高功效。

通常，架桥机横移变幅的工艺流程为：拆分前支腿→安装左幅中支腿与横移连接梁→整机卸载→整机横移→拆除倒运右幅中支腿→准备架梁。根据以往施工经验，架桥机横移之前准备工作繁多，"场地平整、起重设备和材料器具准备、架桥机横移作业之前检查"都是必需的工作，大约占用48～72h；横移作业约24h；横移之后桥机定位约36～48h。因此，架桥机每次横移约占用前后4.5～6d的时间。

架桥机横移作业还存在如下的安全风险：①横移操作风险；②台车和横梁的锚固风险；③主梁稳定性风险；④顶升操作风险；⑤整机下降操作风险。诸多风险源，直接关系到现场施工操作的安全性。

而TPJ52单主梁架桥机不存在上述横移操作的风险源和消耗的施工工期，从架桥机拼装完成后，直接从起始跨双幅同步连续架设到末跨即可。南京长江第五大桥节段梁架设过程中，架桥机只经历了南引桥拼拆一次和北引桥拼拆一次，提升了过程中的施工功效，降低了操作风险。

作为单主梁桥机，其高宽比虽然接近4∶1，但丝毫没有降低它的主梁和桥机的稳定性。

设计人员在横梁和台车、台车和主梁的连接处，分别设置了紧锁反扣和预应力筋预紧锚固装置，通过设计验算和评审专家鉴定，具备"≤7级风力过孔、≤8级风力挂梁、≤13级风锚固"的性能，如图5、图6所示。

图5 横梁—台车—主梁锚固实物图

图6 双主梁架桥机总体锚固实物图

(3)左右幅双幅同步架设，还大大提高了单跨和整体的施工功效，各类工序诸如：挂梁、首片梁定位、拼梁、体内钢绞线穿束、张拉、卸载解挂等，可以实现左右幅交错流水作业，不需要前后工序停滞等待。按照52m跨单幅架设工艺推算,从桥机就位开始挂梁,到本跨结束完成过孔就位一个周期,大约需要6~7d;而南京五桥TPJ52架桥机双幅同时架设时,平均一跨双幅大约需要9~10d,折合到单跨就是4.5~5d左右,架设效率直接提高了约20%,极大降低了设备租赁成本,增加了项目的经济效益,同时是完成业主合同工期的有利技术保障。

（4）一台具备架设52m跨箱梁的双主梁架桥机（双向6车道）,一般自重约800~1 000t。桥机在过孔过程中,由于向前纵移倒腿的需要,自身重量会通过支腿直接传递到梁面上。其中最不利工况为2个支点受力,此时每个支点将会承受大约桥机一半的自重,即约400~500t。这不仅对直接受力的箱梁顶板会产生巨大的压应力和剪力,同时压力通过箱梁和临时支座传递到盖梁上时,会再一次对下部结构施加巨大压力,加剧局部沉降和变形,对结构不利。

双台TPJ52单主梁桥机同步架设时,将本来一台桥机的自重量一分为二,平均分摊到盖梁两侧双幅的箱梁上,自重产生的压应力也减少到一半,桥机在过孔过程中,梁面单点最大只承受到不到300t的压力,而桥机的使用功能却有增无减。

（5）南京长江第五大桥南北引桥幅宽30.5~38.0m渐变,分为中央分隔带渐变和梁宽渐变2种,但均为左右幅箱梁的中心距渐变,而架桥机定位安装必须要保证主梁轴线和安装箱梁顶面轴线竖向重合。TPJ52单主梁架桥机具有的主梁可变间距的功能,很好地适应了这种桥型结构的要求。由于桥机承重支腿横梁是左右幅共用且通长布置,主梁台车能够稳定在横梁的滑移滑板上,根据测量轴线点即时定位,而双幅桥机的轴线可以根据桥型,成"八"字形布置或"平行线"布置,不存在因主梁相互干扰而影响定位的情况。

5 工艺缺点

（1）单主梁桥机的承重支腿横梁是左右幅通长布置,而其天车是布置在主梁的顶部。双主梁桥机过孔倒运支腿采用的是跨越式,而单主梁桥机由于横梁和天车构造原因,无法实现跨越,只能通过步履方式倒腿。根据理论分析,步履式过孔的占用工时较长,是跨越式的2倍（跨越式平均过孔1.5d）。

南京长江第五大桥TPJ52架桥机首件工艺磨合时,最长一次过孔耗费7d,随着施工人员对桥机的逐渐熟悉和优化,如每台天车各增设了一对电动葫芦来倒运小型构件、加强过孔作业时的施工组织管理和技能熟练,后续基本达到了2.5d的功效,比理论预计工时节省了1.5d（即30%）。

（2）单主梁桥机由于荷载全部集中在一道主梁上,造成跨中主梁的垂直静挠度偏大。南京长江第五大桥TPJ52桥机实测跨中挠度约10cm,架桥机最大跨度52m,跨中垂直静挠度$f=1/520$,小于规范要求的1/500。在拼梁时,对高程控制要求较高,必要时,需根据监控指令,提高适宜的预拱量,以保证桥机卸载后,安装成品梁跨的高程满足设计要求。

同时,由于跨中下挠的因素,拼梁至跨中时,会造成已定位锚固的首片梁梁底与临时支座脱空,在卸载时竖向回落,出现局部有剪切应力对临时支座加以破坏。施工人员后续改进工艺,采用了"先悬空拼梁,成跨后再对临时支座与梁底间隙灌浆"的办法,避免出现剪切力造成的临时支座破损,起到了良好的效果。

6 结语

可变间距单主梁节拼架桥机在南京长江第五大桥较好地完成了施工任务。节段梁安装后的各项技术质量指标（如高程、轴线、预拱度、拼接质量等）均满足设计和规范要求。而架桥机优越的装备性能和愈发成熟的操作性能,为提升施工现场整体的形象起到关键作用,连续两年被南京市公建中心和江苏省质监站评为"品质工程"和"平安工程"。本文对架桥机的主要工艺性能剖析,提出了对其优缺点的个人看法,对后续类似工程的施工有借鉴意义。

参 考 文 献

[1] 全国起重机械标准化技术委员会.架桥机通用技术条件:GB/T 26470—2011[S].北京:中国标准出版社,2011.
[2] 全国起重机械标准化技术委员会.架桥机安全规程:GB 26469—2011[S].北京:中国标准出版社,2011.
[3] 中华人民共和国交通运输部.公路桥涵施工技术规范:JTG/T F50—2011[S].北京:人民交通出版社,2011.
[4] 中华人民共和国交通运输部.公路工程质量检验评定标准:JTG F801—2017[S].北京:人民交通出版社股份有限公司,2017.
[5] 薛松森,高梦起,王世博.节段梁预拼装工艺流程及控制要点[J].中国标准化,2019(18):156+158.
[6] 魏林.沪通长江大桥48 m节段梁架设关键技术[J].铁道建筑,2019,59(11):19-21.
[7] 赵科.单主梁架桥机在节段箱梁架设施工中的应用[J].建筑技术开发,2019,46(8):62-63.

57. 浅谈跨江大桥索塔涉航道施工安全管理

王 彤

（中交二航局第四工程有限公司）

摘 要：随着长江经济带高质量发展战略的实施，跨江大桥成为促进长江南北两岸经济发展的重要纽带。但是跨江大桥建设一般为国家或省级重点工程，面对当前日趋严峻的安全生产形势和水上复杂的涉航道施工环境，索塔涉航道施工成为跨江大桥建设安全管理的重要一环。如何分析索塔涉航道施工中的关键安全风险，并提出相应的防范控制措施，成为当前有效降低跨江大桥施工安全风险的重点。

关键词：跨江大桥 索塔施工 涉航道 风险分析 安全管理

1 引言

跨江大桥索塔涉航道施工实施阶段，首先要解决的问题是如何保障施工期大桥水域具有良好的通航环境和施工秩序。既要保证该水域船舶航行安全，防止因施工等内部自身因素对过往船舶造成伤害；又要满足对施工水域的安全要求，规避船舶等外部环境因素对施工安全造成威胁。

通过查阅并分析现有文献及相关资料，目前国内对跨江大桥索塔涉航道施工安全关键风险控制的研究很少，对索塔涉航道施工涉及的安全关键分析没有具体分析，且为文字性的常规安全风险分析叙述，对索塔涉航道施工安全风险控制指导作用有限。

本文以南京长江第五大桥（简称南京长江五桥）中塔为例，针对索塔涉航道施工关键安全风险，创新性地结合图文示例进行分析并提出相应的具体防范控制措施，为类似桥梁涉航道施工安全管理提供借鉴意义。

2 项目背景

2.1 工程简介

南京长江五桥是 205 国道和 312 国道的过江通道，同时也是南京"高快速路系统"中绕城公路的重要组成部分。南京长江五桥位于南京长江三桥下游约 5km，南京大桥上游约 13km 处。

南京长江五桥路线全长约 10.3km，跨越长江左汊采用跨江大桥方式，跨江大桥通航孔桥设计为跨径 80m+218m+2×600m+218m+80m 的三塔六跨连续叠合梁斜拉桥，为纵向钻石型塔中央双索面三塔叠合梁斜拉桥(图1)。

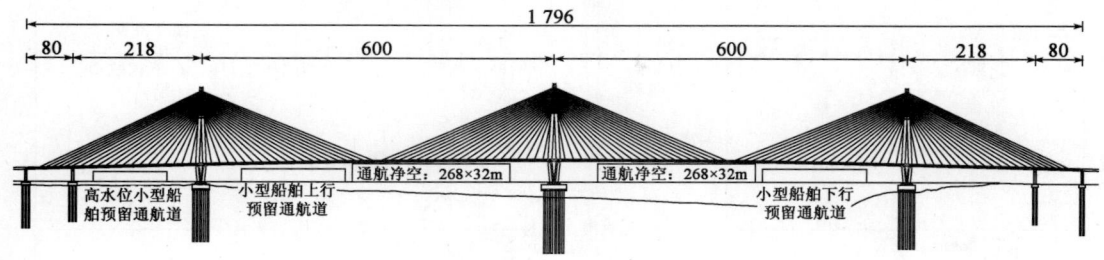

图1 通航孔主桥总体布置图(尺寸单位：m)

2.2 Z4中塔概况

中塔基础采用30根φ2.8m直径钻孔灌注桩基础,梅花式布置,按摩擦桩设计,桩底高程−117.0m,桩端持力层为中风化泥岩。承台为圆形构造,直径43m,厚8.0m,承台上设圆台式塔座,塔座顶面直径20m,底面直径24m,塔座高2m。

索塔采用纵向打开的钻石型索塔,横向为独柱塔,桥塔采用钢混组合索塔,钢壳采用Q345C钢材,混凝土采用C50混凝土。中塔高177.6m,划分为37个节段。

3 索塔涉航道施工中的关键安全风险分析

3.1 边通航边施工安全风险

索塔施工主要分为钻孔平台搭设及钢护筒沉放施工、钻孔灌注桩施工、钢围堰吊装和沉放施工、钢围堰封底及承台施工、钢塔安装施工这几个主要施工阶段,施工期间主要存在以下关键安全风险：

3.1.1 对过往船舶安全航行造成的安全风险

(1)钻孔平台钢管桩沉放由打桩船进行施工,存在受外界风、流(洪水期落潮时受径流的作用较明显)或船位固定不牢发生船舶移位的情况,一旦打桩船发生走锚失控状态,会与过往船舶发生碰撞事故,危及过往船舶航行安全。

(2)打桩船移位至下一施工作业位置时,在移位操纵的过程中未进行合理操纵,存在与施工平台及栈桥碰撞的风险;同时,移位操纵时与过往船舶未进行协调沟通,亦可能会对过往船舶正常航行产生影响。

(3)南京长江五桥采用浮吊整体吊装钢围堰施工工艺,吊装操作施工难度大,如果现场吊装施工作业组织协调不当,未按正常吊装施工作业程序进行,存在钢围堰因吊装断缆、脱钩造成失控漂移的安全的风险,造成影响水域范围扩大,危及过往通航船舶。

(4)以"打桩船沉桩现场水域占用布置图"为例,为保证施工船舶定位作业需要,抛出锚链绞多,甚至存在出链水域存在交叉的情况,抛链操作不当或因水流作用,存在锚链绞缠的风险。同时,因不同施工内容其影响水域范围亦不同,对应的施工作业区不同,会导致桥区船舶航路不断调整,对过往船舶带来通航安全风险。

(5)施工作业区占用一定的通航水域,客观上束窄了航道宽度(图2);施工期间在桥区参与施工的船舶较多,进一步增加施工水域船舶密度。

(6)夜间施工现场的照明灯光,对过往船舶的正常瞭望产生影响。

(7)索塔上部施工过程中材料构件或施工设施发生高空坠物的情况,可能会砸中或迸溅到过往的船舶,酿成事故。

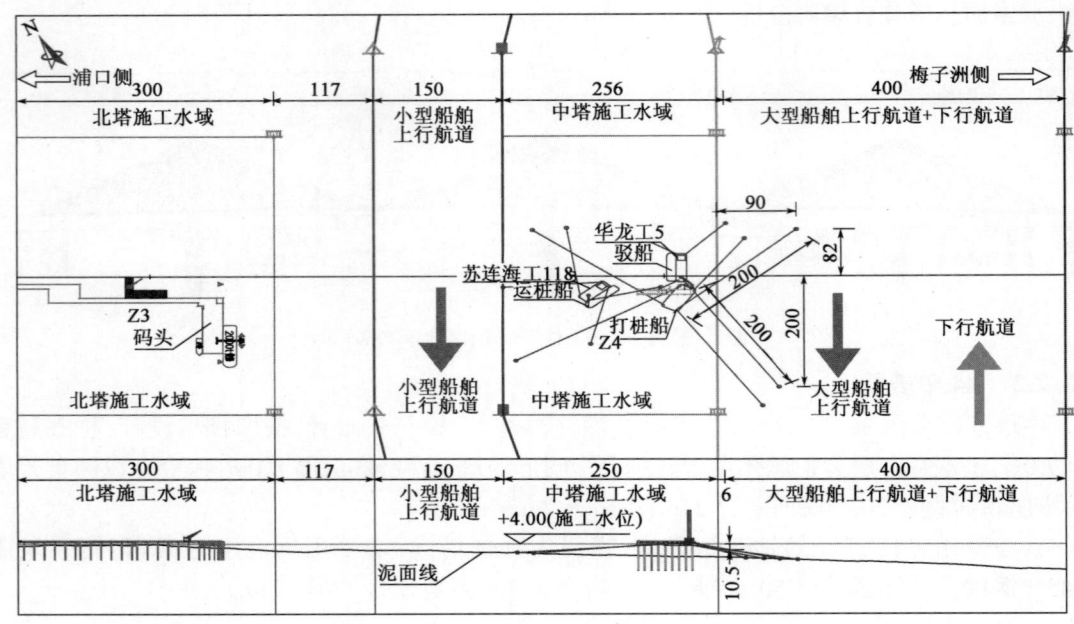

图2 Z4号墩打桩船沉桩现场船舶水域占用布置图(尺寸单位:m)

3.1.2 过往船舶对索塔施工带来的安全风险

(1)中塔水上平台施工及水上钻孔平台施工过程中如果被通航船舶碰撞,极易发生支架坍塌事故。如果中塔水上平台施工及水上钻孔平台施工发生支架坍塌事故,可能会造成暴露在施工作业环境中的10名以上、30名以下作业人员发生死亡事故,造成重大安全生产事故。

(2)钢围堰、钢塔节段等大型钢构件吊装过程中,一旦施工水域警戒维护不到位或突发遇到失控船舶闯入施工水域,碰到出水锚链,导致浮吊锚链走锚失控,危及现场起重吊装安全。

3.2 人员、物料运输安全风险

因中塔位于长江原航道中部水域,人员上下班乘坐的交通船、运送物料的工程船舶需频繁往来穿梭长江航道并进行靠离泊作业,会增加桥区船舶的通航密度,存在较大的水上交通安全风险。

3.3 极端突发恶劣天气安全风险

Z4中塔施工平台、施工船舶机械等均在水中,遇到暴雨、突风、台风、洪水等极端突发恶劣天气时,因受长江航道影响,人员及工程船舶撤离速度及效率会大打折扣,平台上的施工人员及靠泊船舶就会处在危险的环境中,一旦应急处置措施不到位,易导致安全生产事故的发生。

4 索塔涉航道施工安全管理关键控制措施

4.1 边通航边施工安全管理关键控制措施

4.1.1 设置禁航、警示标识

根据《交通运输部长江航务管理局航道行政管理准予许可决定书》,水上施工期间航标配布情况如图3所示。主桥施工水域航道日常管理维护主要由当地航道管理部门负责,项目部密切关注航标灯的正常运转情况,若出现异常及时上报当航道管理部门,共同确保主桥水上施工期间航道内的航标设施齐全有效。

中塔施工平台靠近大型船舶上行航道北侧设置警示桩,警示桩上布设专用警示灯,提醒过

往船只。施工平台上施工照明灯光方向均顺船方向布置,靠近通航水域一侧用遮光板予以有效遮挡,确保不影响施工船舶夜间航行视线。平台照明灯布置如图4所示。

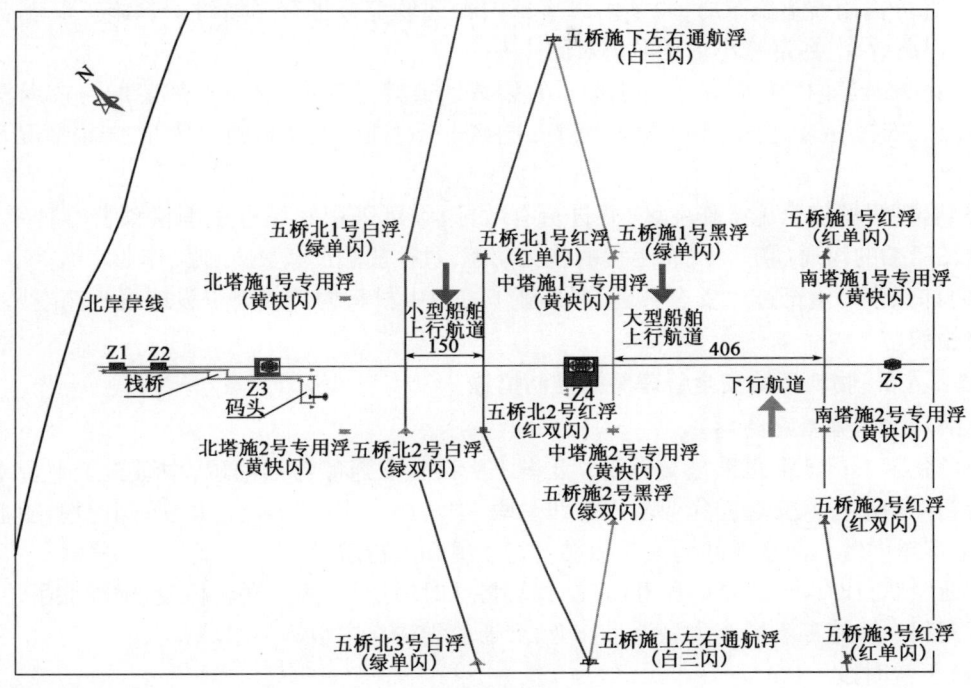

图 3　航道调整及航标配布

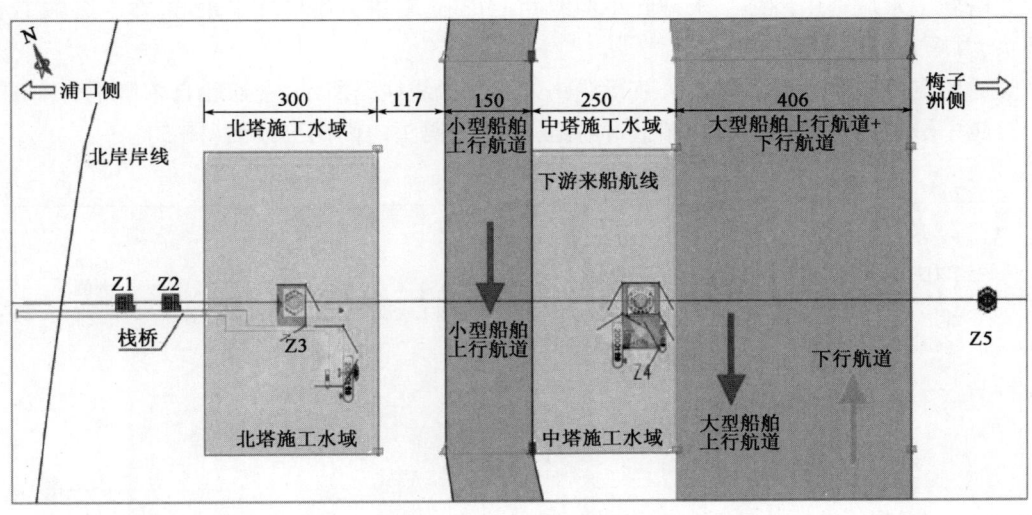

图 4　照明灯布置示意图

4.1.2　加强涉航道施工安全管理

(1)施工期间按规定办理水上水下施工许可证,需要进行临时设施安拆等占用航道施工时,必须提前向海事部门提出申请,发布航行通告。

(2)施工前制定完善的施工方案和应急预案,并报海事部门审核,施工过程中严格按照方案组织施工,打桩船应合理进行移位操纵,操纵车、舵等控制好速度、位置,防止施工船与过往船舶或与施工平台之间发生碰撞。若发生船舶走锚、钢围堰失控漂移、失控船舶闯入施工区域等突发事件,严格按照应急预案进行处置。

(3)部分占用航道施工时,必须由海事部门在现场配合进行通航维护。施工船舶合理组织施工,提高效率,尽量减小占用航道时间。

(4)抛入航道内的船锚必须在水面设置警戒船或警示浮标,防止过往船舶与锚绳发生缠绕等事故。安排专人负责高频值守和瞭望,并随时向过往船舶通告施工情况、抛锚情况及航行安全距离。

(5)合理设置安全施工作业区,并进行有效标示,可采用水域电子围栏预警管理系统,加强与过往船舶的沟通、联系,发布工程的施工动态,过往船舶严禁驶入施工作业水域。

(6)加强索塔上部施工安全管理,严禁施工过程中材料构件或施工设施发生高空坠物,伤及过往船舶。

4.2 人员、物料运输安全管理关键控制措施

4.2.1 交通船航行线路

中塔施工人员上下班乘坐交通船。北岸码头设置交通船停泊泊位,中墩施工平台南侧设置交通船停泊泊位。交通船作业范围为北主墩、中塔施工水域及施工水域间小型船舶上行航道内,不穿越中塔与南主墩间的大型船舶上行航道和下行航道。

交通船航行时段分正常时段和特殊时段,特殊时段指Z4施工平台搭设、钢围堰吊装、下塔柱吊装期间中墩施工水域有大型浮吊作业,交通船无法在中墩施工水域调头。

(1)正常时段

交通船自北岸码头向中墩平台航行线路如图5实线线路所示,交通船自北岸码头离泊后,横穿北塔施工水域至中塔施工水域间小型船舶上行航道,进入中塔施工水域,在中塔施工水域内调头,并顺行停靠中墩施工平台。

交通船自中墩平台向北岸码头航行线路如图5虚线线路所示,交通船自中墩平台离泊后,横向穿越中墩施工水域和小型船舶上行航道,在北岸码头内侧调头停泊(图5)。

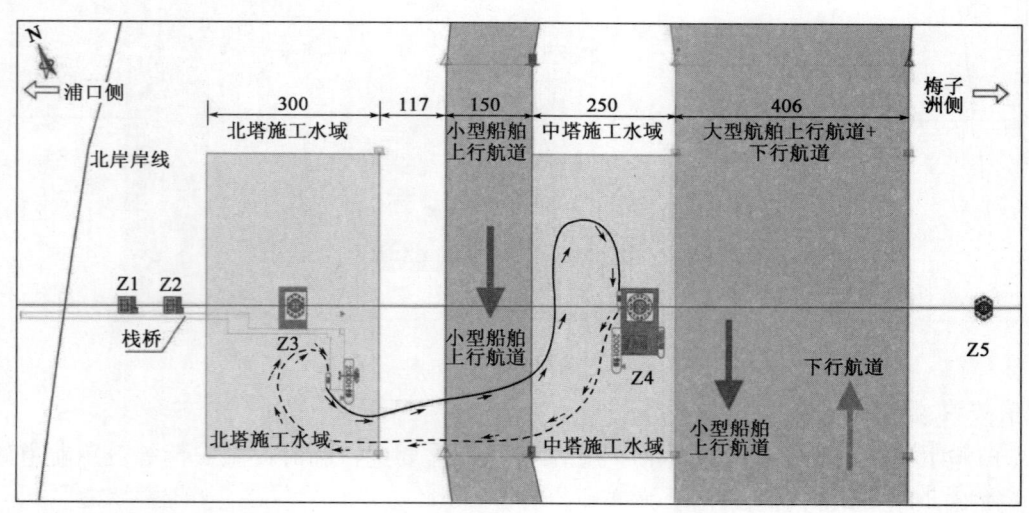

图5 交通船航行线路示意图(尺寸单位:m)

(2)特殊时段

Z4号墩施工平台搭设、钢围堰吊装与索塔下塔柱安装期间,Z4号墩施工水域北侧有浮吊作业,交通船无法在此水域调头。交通船自北岸码头向Z4平台航行时,在北塔施工水域内下行至北塔施工水域下游,然后横穿小型船舶上行航道,进入中塔施工水域,上行至Z4号墩施工平台交通船泊位或作业船舶上,如图6所示。

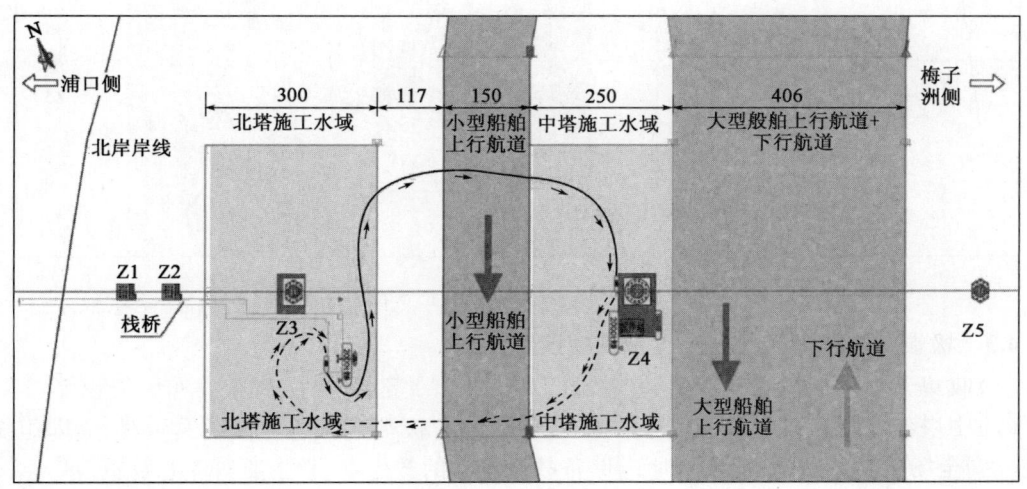

图6 交通船航行线路示意图(尺寸单位:m)

4.2.2 运输船航行线路

中墩施工材料除原材料由水路运输至桥位外,其余材料由北岸码头装驳船运输至中墩平台。北岸码头设置运输船停泊泊位,中墩施工平台两侧设置运输船停泊泊位。运输船作业范围为北主墩、中塔施工水域及施工水域间小型船舶上行航道内,不穿越中塔与南主墩间的大型船舶上行航道和下行航道。

(1)运输船自北岸码头向Z4号墩施工平台航行

运输船自北岸码头向中墩平台航行线路如图7实线线路所示,运输船自北岸码头离泊后,在小型船舶上行航道与北岸码头间水域下行,在施工水域下游横穿小型船舶上行航道,进入中墩施工水域,并顺行停靠中墩施工平台。

(2)运输船自Z4号墩施工平台向北岸码头航行

运输船自中墩平台向北岸码头航行线路如图7虚线线路所示,运输船自墩平台离泊后,横向穿越中墩施工水域和小型船舶上行航道,在北岸码头内侧调头停泊。

(3)船舶等待停泊

由于施工水域作业面积有限,作业船舶较多,施工期间,1至2条不及时使用的船舶在北岸码头停泊,当等待船舶较多时,可停泊在施工水域下游3km处的梅子洲锚地待命。

(4)船舶进出施工水域

上游来船在梅子洲锚地调头后沿上行航道进入施工水域。船舶沿上行航道进入施工水域和施工水域作业船舶离开施工水域航行线路如图7加粗线路所示,来船和离港总体原则是减小船舶对航道内正常航行船舶的影响(图7)。

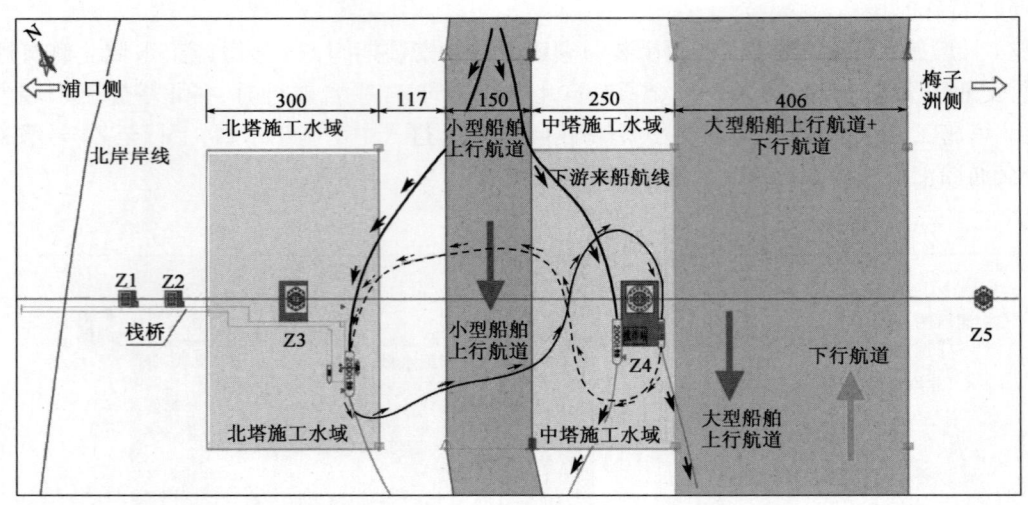

图 7　运输船航行线路示意图(尺寸单位:m)

4.3　极端突发恶劣天气安全管理关键控制措施

(1)收集天气预报情况,及时与气象部门和上级有关部门联系,提前发布天气预警。

(2)中塔作业平台设置稳固可靠的安全场所,遇有极端突发恶劣天气发生时,立即组织人员进入安全场所紧急避险,安全场所内储备数量足够的救生衣、救生艇等应急物资。

(3)遇有极端突发恶劣天气发生时,考虑人员需要在短时间内撤离至岸上安全区域,应常备至少一艘警戒船、一艘应急拖轮、一艘大吨位能抗风浪的运输船,便于施工人员的安全、快速撤离。

5　结语

在跨江桥梁建设过程中,索塔的结构形式及安装方式变得形式多样,但索塔涉航道施工风险分析与控制仍然是跨江大桥建设安全管控的重点,只有对潜在的施工安全关键风险进行辨识,落实切实可行的安全管控措施,才能对施工安全风险进行有效控制及规避。

参 考 文 献

[1] 罗胜祥.浅析长江大桥水上施工安全管理[C]//中国航海学会内河港航监督专业委员会1999年度学术交流论文集,1999.
[2] 杨再常.浅谈水上施工作业安全生产[J].中国水运:下半月,2008(11):2.

58.浦仪公路大桥钢塔制造技术创新与优化

余 超 沙军强

(中铁宝桥集团有限公司)

摘 要：结合浦仪公路大桥钢塔工程概况、结构特点及难点，本文重点介绍了浦仪公路钢塔在工厂制造阶段为保证产品质量及工程进度采用的技术创新，重点对T1钢混结合段制造技术、T2~T4机加工二次接刀技术、纵向分体式钢塔节段制造中的创新、计算机辅助程序等技术创新进行了阐述，为今后类似项目提供参考。

关键词：钢塔 制造技术 创新与优化

1 浦仪公路大桥钢塔概况

跨江大桥主桥为50m+180m+500m+180m+50m=960m 双塔双索面独柱形钢塔钢箱梁斜拉桥。为中央独柱形钢塔，西主塔高为166.0m，钢箱梁以下塔柱高度为35.307m，钢箱梁以上塔柱高度为130.693m。东主塔底高程较西主塔高1.6m，相应塔高为164.4m，钢箱梁以上塔柱高度均为130.693m。主桥总体布置如图1所示。

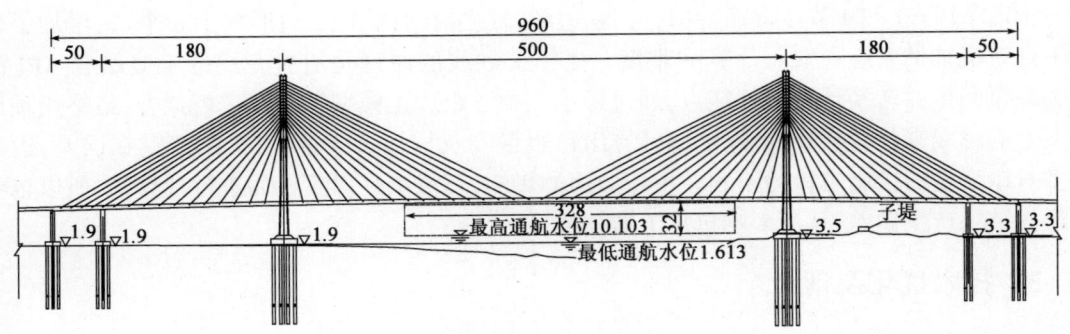

图1 主桥总体布置图(尺寸单位：m)

塔柱节段间接头采用栓接接头，吊装最大节段为T1西塔柱612.8t。下塔柱节段T1~T5采用浮吊安装，上塔柱节段T6~T19采用塔吊安装。受吊塔起重能力的限制，对上塔柱节段T6~T19，为了增加节段长度，减少横向拼接缝，设计采用了纵向分块方案，将T6~T19节段纵向分成两块在工厂加工制造，经预拼合格后，在现场进行拼装成完成的竖向节段。

2 钢塔的结构特点及难点

2.1 T1钢混段制作加工

T1钢混结合段轮廓尺寸为5 100mm(高)×10 740mm(宽)×17 240mm(长),重量584.8t,截面大、重量大,结构不规则,重心偏向塔底,运输难度及安全风险极大,制作成整体后无法进行机加工,必须采取合理的工艺方法保证端面的平面度(图2)。

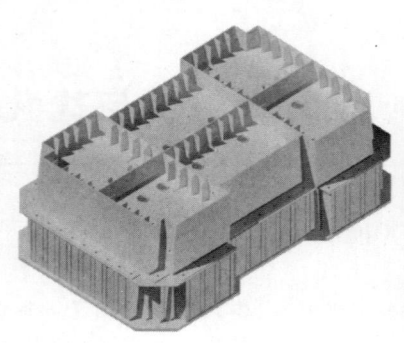

图2 T1钢混结合节段三维模型及实物照片

2.2 T2~T4节段超大端面机加工

T2~T4节段的最大断面尺寸达到9 500mm×16 000mm,对于断面高度大于6m的钢塔节段,无法一次加工成型,拟采用整体端面翻身、接刀的方法进行加工,如何保证二次接刀加工后整个超大断面的平面度是机加工过程的一个难题。

2.3 T6以上纵向分体式结构

钢塔节段T6及以上轮廓尺寸为6 000mm(高)×7 000mm(宽)×8 000mm(长),受塔吊吊装能力限制,设计采用纵向分体式结构。如何保证厂内整体机加工、拆开发运至桥位后,在桥位能够复位至原位置的制作、安装控制工艺也是需要攻克的难点之一。

2.4 计算机辅助机加工程序编写

钢塔节段T1~T9节段截面特殊,为20边形,较之前的钢塔12边形多了8个边,增加了机加工计算机辅助系统在取点计算的难度。机加工划线的原理是通过专用的工装结合API激光跟踪仪测量并转换计算出特征点,通过最小二乘法跟理论模型特征点进行拟合,最终用理论模型上的轴线来代替实物轴线,从而计算出错边量以及机加工余量,由于制造存在误差,边数增多对错变量的控制也极为不利。由于曲面的影响,算法中是以直代曲进行计算的,所以也会对运算结果产生偏差,从而影响机加工的精度。

3 技术优化及创新

3.1 T1钢混结合段制造工艺创新

T1钢混结合段综合段制造过程中,考虑箱口平面度等制造难点,采取先将下图3所示的板单元及零部件分别形成边跨侧箱体和中跨侧箱体。两个大块体两端口分别机加工(顶端预留5~6mm不加工到位),机加工后两箱体底端与承压板立式组装为整体节段如图4所示。

焊接、修整完成后划线,采用便携式平面铣床水平机加工T1上端面。此工艺不仅有利于保证T1上顶面端平面度,还大大降低了立式机加工存在的翻倒、倾覆等安全风险(图5)。

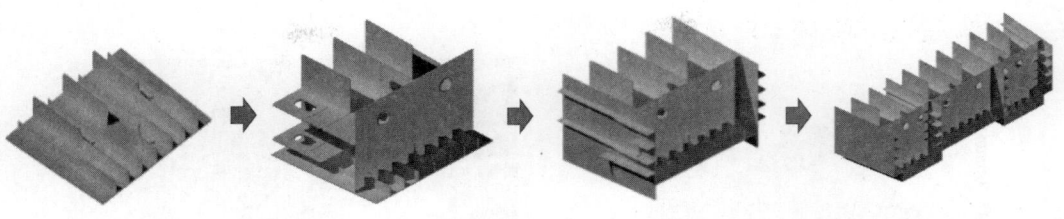

图3 T1中跨侧箱体组装顺序图

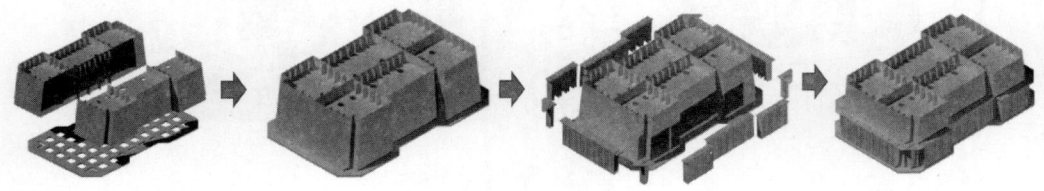

图4 T1节段组装顺序图

图5 T1节段机加工照片

3.2 T2~T4机加工二次接刀技术创新

钢塔节段T2~T4机加工的端面高度为9.2m~7.7m,现有的落地镗铣床的最大加工能力为6.5m,塔段纵桥向尺寸超出机床最大加工能力时,则需分区域进行加工,具体加工流程如图6所示。

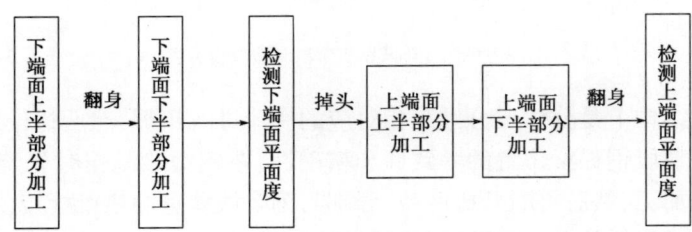

图6 二次接刀工艺流程图

具体实施方案,端面一次加工先加工一端面约2/3部分,即最大限度地加工端面(图7)。一次加工时严格控制平面度在0.35mm之下。

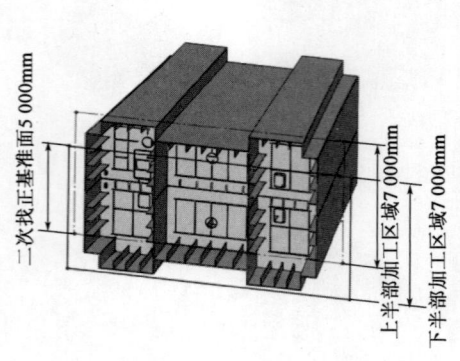 

图7 一端2/3部分机加工和检测

钢塔节段翻身180°,厂内倒运,通过百分表将已加工平面与机床走行平面调至平行,然后进行粗加工、半精加工、精加工多次,将两侧平面加工至平齐。采用API高精度激光跟踪仪指导整个加工过程中的划线和角度调整,并进行最终的平面度整体测量以及前后两个加工面的平行度测量。

3.3 纵向分体式钢塔节段制造中的创新

钢塔节段T6~T19为纵向分块节段,厂内制作时分成两块体,(T6A+T6B~T19A+T19B)块体制作完成后,由纵向拼接板和横向拼接板将两对应块体通过冲钉、8.8级高强螺栓连接成T6~T19整体节段。

为了将焊接应力降至最低,提高机加工精度,特制定工艺流程为:零部件制作→TiA/B块体→打砂-涂装第一道底漆-栓合成整体节段(含钢锚梁)→整体端面机加工→预拼装→拆开成TiA/B块体→涂装→桥位复位安装(图8)。

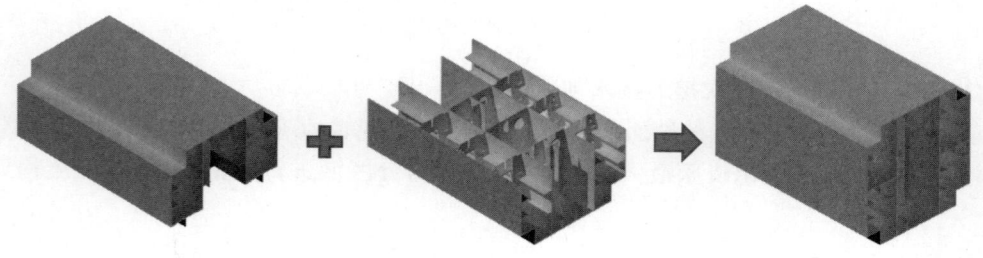

图8 纵向分体式钢塔节段制造流程示意

钢锚梁由于在结构上是分体式分别与相对应的块体进行组焊,然后桥位进行栓接成整体。为了保证整个钢塔节段钢锚梁位置的一致性和精确性,在钢锚梁制作时先统一以整体钢锚梁进行拼焊、钻孔、机加工,然后再断开成两截,分别与钢塔块体里的垫梁栓接(图9)。

为精确控制钢锚梁锚管角度编写了斜拉桥锚管批量放样小程序,通过读取excel表格中的坐标和角度数据,以数组的形式读取到Matlab的运行环境中,计算得出锚管方向的向量。根据设置的锚管长度,求出锚管和出锚点坐标,在软件界面中实现画图以检查数据的准确性,检查无误之后导出的数据可以直接导入三维建模软件进行建模(图10)。

图9 锚箱制作流程示意图

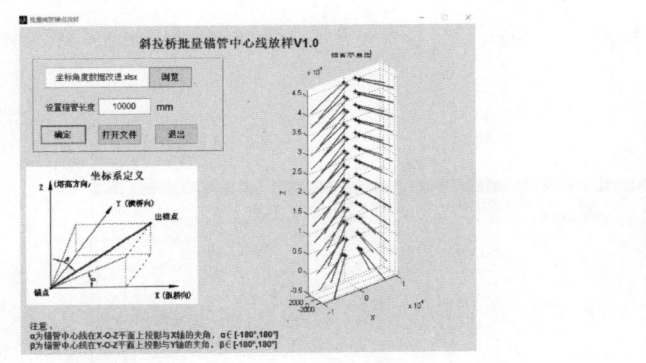 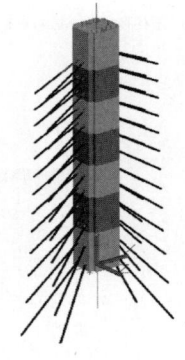

图10 斜拉桥锚管批量放样使用示意图

3.4 计算机辅助程序的优化与创新

由于钢塔截面与以往项目不同,达到了20边形,在编写计算机程序的时候,针对三种不同的钢塔节段类型,编写了三种不同的算法优化程序,如图11所示。选择塔段编号的时候,计算机程序可以自动选用对应的程序,针对20边形的塔段,测量点设置为72+8个固定靶的测量方案,如图12所示。

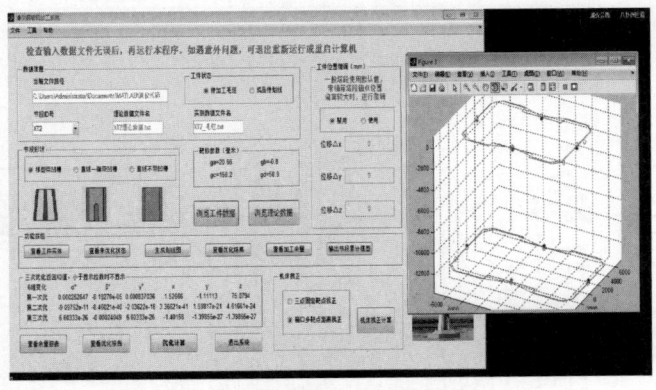

图11 机加工划线软件操作界面

为了使得精密找正更加准确,机加工划线完成之后,用机床粗找正,粗加工一刀之后,采用API激光跟踪仪测量加工平面,与固定靶球坐标,利用机加工时生成的复位矩阵,通过端面垂直度找正软件运算,如图13所示。结合精度管理端面垂直度指令,该截面简单清晰,直接显示调整量和角度。根据运算结果进行调整,每调整一次,只需要测量三靶球坐标即可,方便快捷准确,大大提高了机加工的效率和精度,运算会生成时间,运算结果可以截图存档。端面垂直度测量点分布如图14所示。

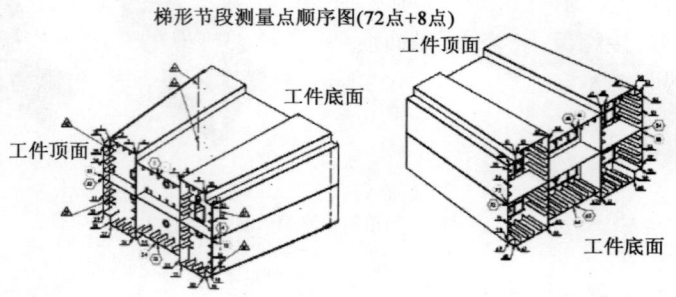

图 12　API 测量取点示意

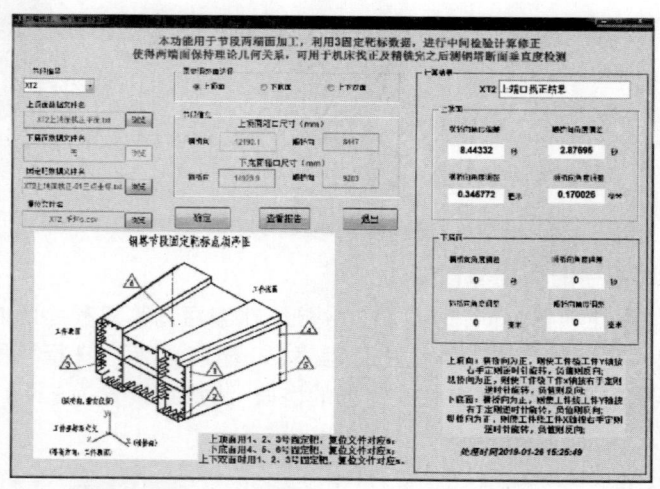

图 13　机加工找正软件操作界面

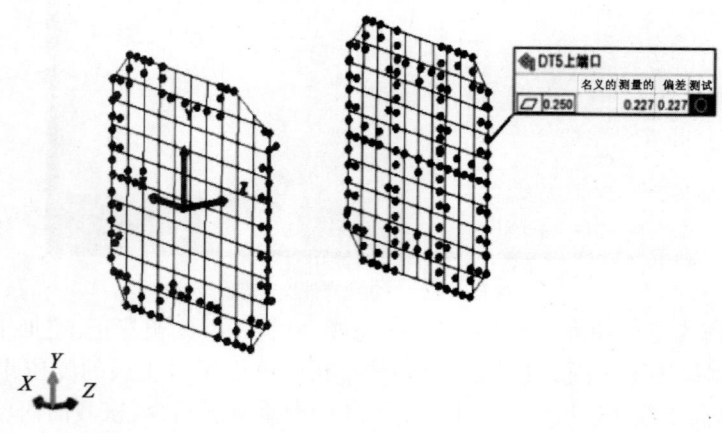

图 14　端面垂直度测量点分布图

3.5 一系列工装优化

受桥位施工条件的限制,栓接钢塔节段的存放、运输都需要立式存放,需要靠断面与方木或者橡胶垫接触传力,接触传力对断面平面度要求很高,传统的存放方式极易损坏机加工面,造成接触面平面度超差,吊装过程中需要人工定点放置方木或者橡胶圈,也存在一定的安全隐患。为此设计了一种端面保护工装,可满足精加工端面的保护功能,而且简单易操作,降低了吊装过程中的安全隐患,提高了生产效率(图15)。

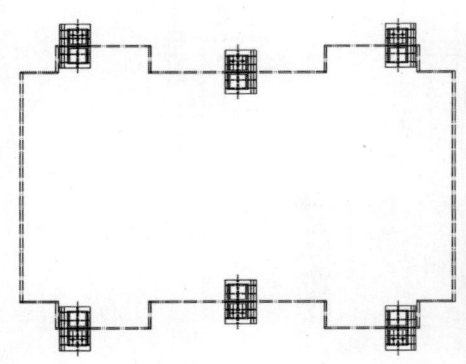 

图 15 保护装置示意及应用过程照片

为保证钢塔节段的几何尺寸、施工的操作方便性,特设计制作了一批专门用于钢塔块体、节段翻身的工装。利用钢塔节段两端头的高强螺栓孔,通过高强螺栓连接,达到翻身90°、180°的目的。钢塔机加工过程中因机床振动或结构变形而影响加工精度,特制作了一批机加工专用加固件,纵肋间加固件通过纵肋上已有高强螺栓孔连接,以及上下断面之间的刚性加固(图16)。

图 16 节段翻身及端面加固照片

为了桥位接口处调整错台的方便性及可操作性,特制作了一批安装用匹配件。根据每个节段高强螺栓孔群角度的不同,配套制作不同角度的匹配件,有效保证了桥位安装精度(图17)。

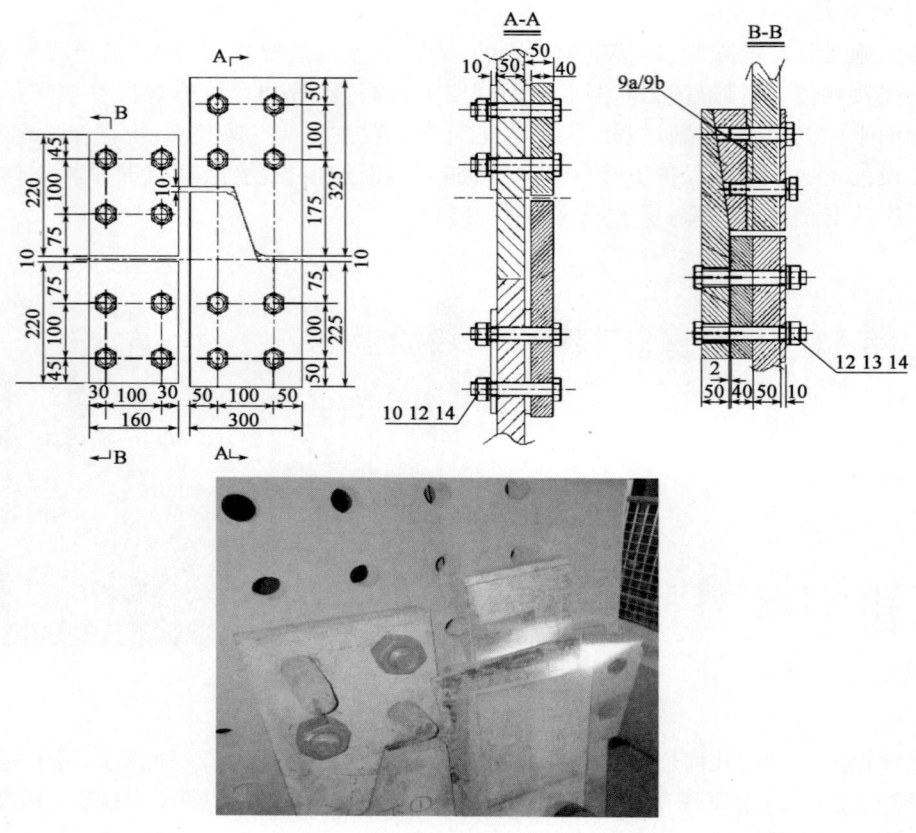

图17 安装用匹配件示意图及照片

4 结语

针对浦仪公路钢塔结构特点及制作难点,制定了一系列技术的创新与优化。通过钢混结合段组装与水平机加工技术在保证精度的同时大大降低了安全风险;通过二次接刀技术的应用,解决了当时机加工设备能力不足的问题;纵向分体式钢塔节段钢锚梁整体制作后断开技术以及应力消除等工艺创新保证了分体式钢塔制造精度;计算机辅助程序的优化与以及创新极大提高了机加工的效率和精度;通过端面保护、支撑等工装的应用也为产品质量提供了有效的保障。通过以上创新与优化的应用,确保了本项目的顺利进行,为今后类似桥塔的建造积累了经验。

参 考 文 献

[1] 李军平,李毅,成宇海.南京长江第三大桥钢塔柱制作与安装技术[J].桥梁建设,2006(2):61-63.

[2] 章登精.南京长江第三大桥钢塔工程控制技术[J].中国铁道科学,2007,28(4):133-140.

59. 大型塔吊在钢结构索塔建设中应用

尤田 梁良

（中交二航局第四工程有限公司）

摘 要：浦仪公路上坝大桥主塔采用独柱型钢索塔，东西两座索塔分别采用法国公司生产的MD3600和国产STT3930塔吊，两种塔吊结构形式差异较大。文章对两种塔吊结构特点、现场布设和关键应用技术进行总结，为类似工程的设计和设备选型提供经验。

关键词：钢索塔 塔吊 基础 扶墙 线型

1 引言

近年来，钢结构索塔凭借低碳环保、结构美观、施工功效快、抗震性能优越等技术特点被逐渐广泛采用。钢塔柱的施工设备主要由塔柱高度、桥位的水文条件、节段划分等综合考虑，常用的吊装设备有履带吊、浮吊、塔吊、爬架等，其中履带吊和浮吊多用于高度百米以内塔柱，在我国较高的钢塔多采用塔吊吊装。

南京长江第三大桥开创了我国桥梁钢索塔应用的先河，索塔吊装采用法国公司生产的MD3600塔吊，设备关键技术多为国外公司提供。近年来随着桥梁装配化历程推进以及桥梁钢索塔设计应用的增多，对国内大型设备的研发、制造提出了更高的要求，国内塔吊的起吊能力、设备性能均在稳步提升，现阶段国内多个厂家具备研发设计3000t·m级起重能力塔吊。目前国内已建典型钢结构索塔桥梁信息统计见表1。

我国已建典型钢索塔信息统计表　　表1

桥 名	桥 型	主跨（m）	钢塔节段横向分块	最大分块重（t）	塔吊型号	建成时间
南京三桥	斜拉桥	648	1	145.9	MD3600	2005
泰州大桥	悬索桥	1 080	2	123	MD3600	2012
马鞍山长江公路大桥	悬索桥	1 080	1	213.3	D5200-240	2013
鹦鹉洲大桥	悬索桥	850	1	169	D5200-240	2014
南京五桥	斜拉桥	600	1	79.8	ZSC2200	2020
浦仪路大桥	斜拉桥	500	2	115.4	MD3600、STT3930	2020

2 浦仪公路跨江大桥主塔结构

浦仪公路上坝大桥主桥为双塔双索面独柱形钢塔钢箱梁斜拉桥,采用全漂浮体系。主桥跨度布置为 50m+180m+500m+180m+50m 的对称结构(图1)。

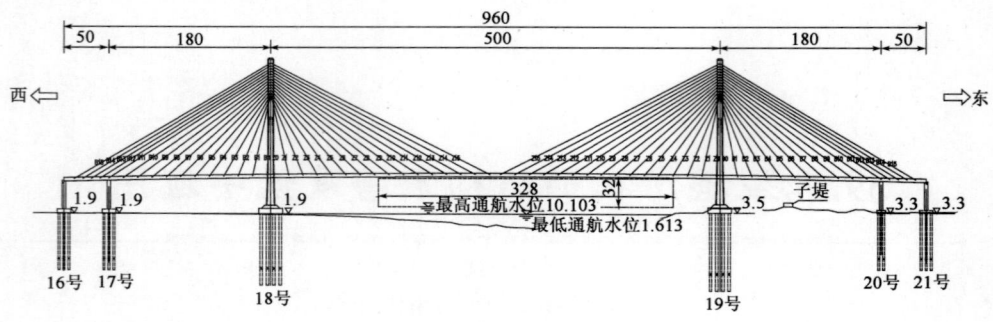

图1 主桥立面布置图(尺寸单位:m)

索塔为独柱形钢塔,索塔顶处高程为+177.40m,西塔塔底高程+11.40m,东塔塔底高程+13.0m,西塔塔柱高166.0m,东塔塔柱高164.4m。主梁以上索塔高度为130.693m。

塔柱共划分为19个节段,节段间接头采用栓接接头。为增加节段长度,减少横向拼接缝,设计采用了纵向分块方案,将上塔柱T6~T19节段纵向分成两块在工厂加工制造,经预拼合格后,在现场对接拼装成完整的竖向节段[1](图2)。

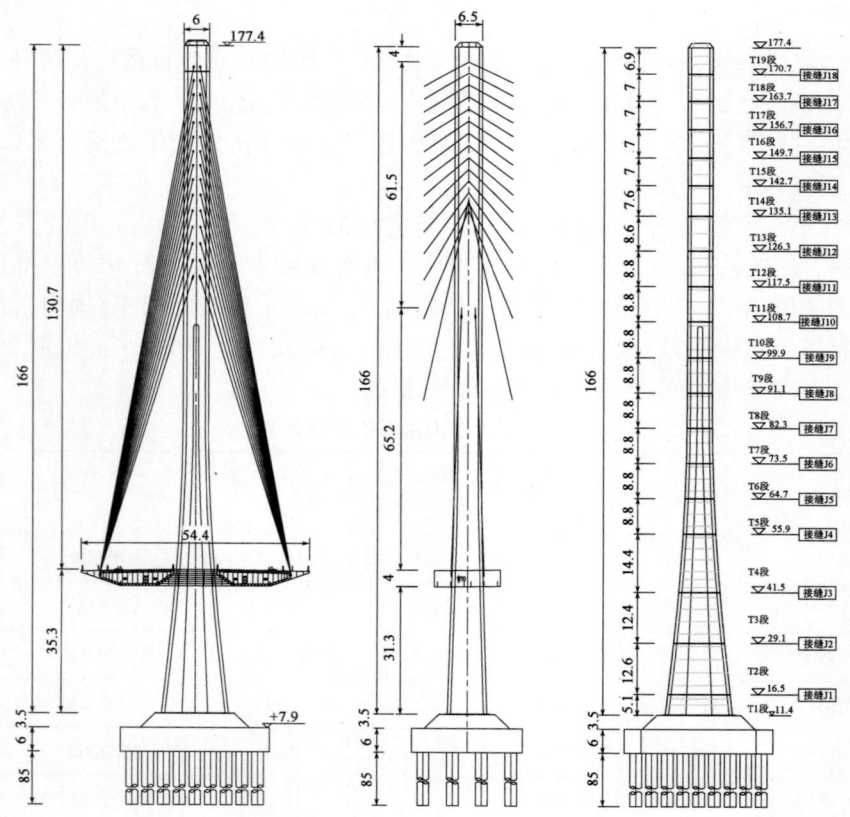

图2 西索塔总体布置图(尺寸单位:m)

3 塔吊在钢塔安装中应用

3.1 塔吊选型说明

桥梁设计阶段考虑下塔柱节段(T1～T5)采用800t级浮吊安装,上塔柱节段(T6～T19)采用3000t·m级塔吊安装。塔柱节段重量见表2。

西塔柱节段重量表 表2

节段号	节段长度(m)	节段重量(t)	拼接缝号	拼接板重量(t)	节段号	节段长度(m)	节段重量(t)	拼接缝号	拼接板重量(t)
T1	5.1	587.45	J1	73.92	T10	8.8	110.3/91.8	J10	73.92
T2	12.6	506.7	J2	71.32	T11	8.8	110.8/96.6	J11	21.88
T3	12.4	407.54	J3	60.62	T12	8.8	110.5/101.2	J12	21.88
T4	14.4	550.39	J4	53.23	T13	8.6	114.2/104.9	J13	21.88
T5	8.8	220.2	J5	44.06	T14	7.6	103.6/95.2	J14	21.88
T6	8.8	115.4/89.1	J6	24.4	T15	7	97.6/89.9	J15	18.88
T7	8.8	111.8/87.5	J7	23.36	T16	7	97.8/90.1	J16	18.88
T8	8.8	112.1/88.1	J8	23.36	T17	7	98.0/90.3	J17	18.88
T9	8.8	112.2/88.0	J9	23.36	T18	7	98.3/90.6	J18	18.88
T10	8.8	110.3/91.8			T19	8.3	99.5/88.3		

注:分子为跨中侧纵向分块节段重量,分母为边跨侧纵向分块节段重量。

西主塔采用既有MD3600塔吊吊装,东主塔在方案策划阶段决定对吊装用塔吊进行研发,最终确定起重力矩3930t·m的平头式塔吊方案。两种塔吊主要性能对比见表3。

两种塔吊性能对比表 表3

性能参数	MD3600(西塔)	STT3930(东塔)
塔头类别	尖头塔吊	平头塔吊
标准节平面尺寸(m)	5.5×5.5	3.6×3.6
最大自由高度(m)	91.5	67.3
标准节重量(t)	12	23
标准节结构	散件组拼	大型型钢
扶墙数量	2	4
吊装盲区(m)	双起升机构状态下10m,单起升机构状态下5m	双起升机构状态下5.3m,单起升机构状态下3.6m
吊装能力	18.5m吊幅内起吊160t,22.3m吊幅内起吊140t	21m吊幅内起吊200t

3.2 塔吊基础设计和施工

塔吊在钢塔施工中均采用双起升机构,该状态下塔吊主钩小车向塔吊根部回收后与根部距离较单起升机构较远,其中西主塔用的MD3600的吊装盲区为10m,东主塔用的STT3930塔吊的吊装盲区为5.3m。结合主墩承台尺寸和钢塔施工中吊装能力要求的考虑,最终塔吊基础方案设置如下:东西索塔用塔吊均布置在桥轴线上,靠江侧布置,其中MD3600塔吊2个支腿设置在承台范围内,承台外2个支腿单独设置钻孔桩基础,STT3930塔吊立柱均在承台上设置埋件。

MD3600塔吊中心距离塔柱中心线14.1m,塔吊在最不利工况下单个支腿最大压力6 375kN,最大拔力2 818kN,对基础进行专项设计。塔吊基础采用专用井字架底座,井字架2个支腿位于西主墩承台上,另外2个支腿采用桩基础作为承重结构,井字架支腿与西主墩承台、桩基础之间采用预埋件连接。桩基础采用2根直径1.8m灌注桩,2根灌注桩支间通过承台连接成整体。钻孔桩长55m,入中分化砂质泥岩5m以上。

STT3930塔吊布置于东主塔承台上,塔吊中心距离塔柱中心线8.1cm,承台施工过程中对相应预埋件进行预埋,预埋件和塔吊底节与塔座局部相冲突,塔座施工时在塔吊对应位置处预留槽口,待塔吊拆除后,再对塔座预留槽口位置进行完善(图3)。

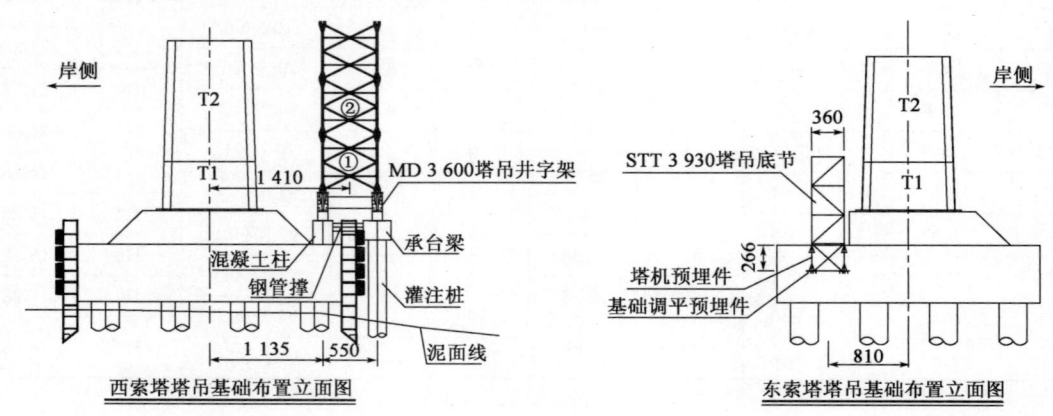

图3 索塔基础立面布置图(尺寸单位:cm)

3.3 塔吊扶墙设计和施工

在上塔柱安装过程中需设置扶墙,MD3600塔吊平面刚度较大,施工中共设置2层扶墙,STT3930塔吊施工中共设置4层扶墙。扶墙设置位置对比见表4。

东西索塔扶墙设置对比表　　　表4

序号	部位	西塔		东塔	
		高度(m)	对应塔柱节段	高度(m)	对应塔柱节段
1	第一层扶墙	72.4	T8节	60.22	T5节
2	第二层扶墙	124.4	T14节	96.1	T9节
3	第三层扶墙			110.7	T11节
4	第四层扶墙			152.4	T16节

塔吊扶墙设置高度和扶墙反力由研发厂家根据塔吊使用工况来确定,风荷载取桥梁抗风专题研究确定的基准风速28.9m/s。MD3600塔吊确定最不利工况下水平反力758kN,扭矩1 507kN·m。

上塔柱平面尺寸6.5m×6.0m,尺寸相对较小,且塔吊与钢塔之间净距离较大,在钢塔上焊接型钢托架以增大扶墙杆与钢塔之间水平夹角,改善扶墙杆受力情况。钢塔壁板根据扶墙设计图纸在钢结构加工厂内在塔壁上开设扶墙连接孔。扶墙水平框结构和钢塔采用高强螺栓连接,为降低现场高空安装风险,部分水平框托架主梁在厂内完成与钢塔栓接,现场直接吊装[2](图4)。

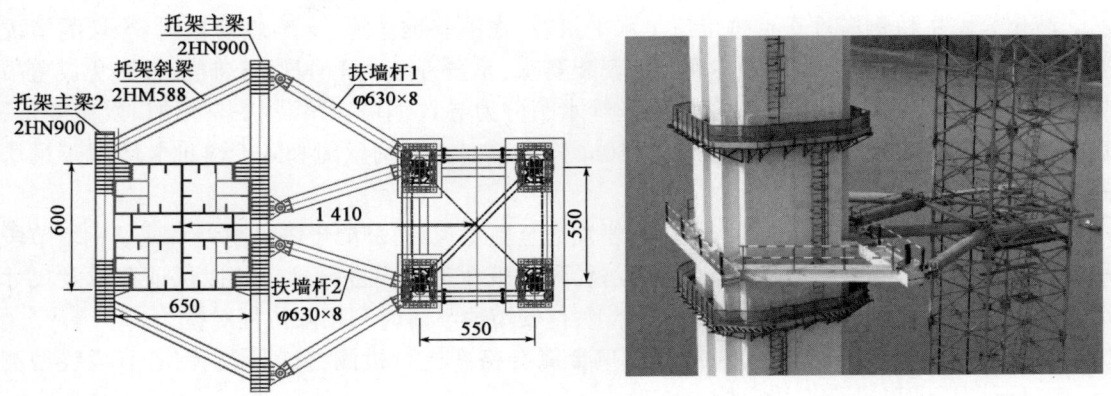

图4 西索塔扶墙(尺寸单位:cm)

STT3930-200t 的附着框可满足单侧三杆、单侧四杆及双侧四杆的附着安装箱式。TT3930塔吊与钢塔之间净距离相对较小,直接设置斜杆能较好满足扶墙反力需要,依据主塔的结构形式及附着反力的数据,附着形式采用"单侧三杆式"(图5、表5)。

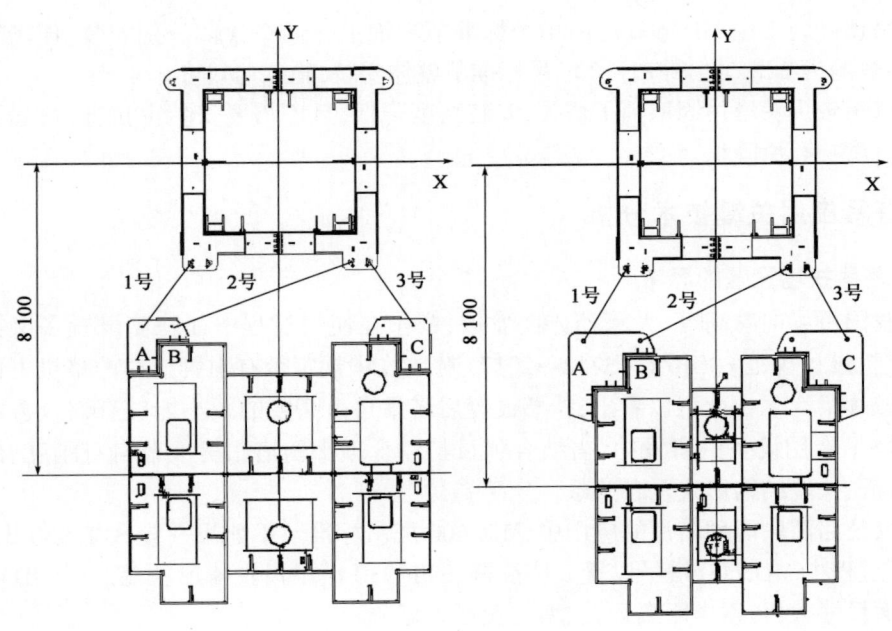

图5 东索塔扶墙平面图

TT3930塔吊扶墙水平作用力表 表5

起重臂与标准节夹角	A点(kN)		B点(kN)		C点(kN)	
	X方向	Y方向	X方向	Y方向	X方向	Y方向
41°	+1289	+1774	+821	+299	-403	+598
354°	+1005	-1383	+920	+335	-979	+1452
323°	+591	+813	+877	+319	-1103	+1636

3.4 钢塔安装

浦仪公路主桥钢塔垂直且拼接口呈水平状态,在吊装钢丝绳、卡环规格相同、等长的情况下,钢塔在吊装状态下能够很好实现匹配安装姿态,无须另行设置吊具。这样能够避免设置吊具带来的吊装重量增加难题。为避免钢丝绳水平分力导致钢塔在吊装状态下顶口发生变形,宜选用长钢丝绳。现场施工中配置4根10m长 $\phi66-6\times37$ 钢丝绳和4个80t卡环用于钢塔吊装。

钢塔节段在厂内预拼合格后,由运输船发送至施工现场,停泊于塔吊附近。现场钢塔节段吊装前在拼接口已安装节段四边设置限位板,限位板在工厂内进行预拼装以保证孔位及尺寸形状能满足使用要求。在牵引系统的配合下,待安节段下落时利用限位板对位。

钢塔对位完成后,对塔壁错边量和接口金属合格率进行检测,夜间完成钢塔节段线型测量,满足要求后即可进行拼接口栓合施工。

3.5 塔吊应用总结

MD3600塔吊标准节平面尺寸 5.5m×5.5m,标准节型号R1010C,主弦杆直径 200mm,鱼尾板连接孔径100mm,高5.78mm。组合式杆件现场散拼的方式较好解决了塔吊标准节运输和存储问题。STT3930主要钢结构采用Q460C材料,标准节尺寸3.6m×3.6m,该尺寸能较好满足陆运需要,构件在厂内加工成整体。

在塔吊顶升施工中MD3600塔吊单个标准节平面上分两个块体分别安装,现场组合成整体,施工功效约为2节/d。STT3930塔吊标准节整体安装,施工功效可达4节/d。

平头塔吊较尖头塔吊因取消了塔头,安装高度降低,且不需要安装上拉杆,对起重设备要求和安装难度均有所降低。

4 塔吊应用关键技术分析

4.1 塔吊扶墙设置的思考

目前我国桥梁向着高塔、大跨径方向发展,塔吊在使用过程中往往需设置多层扶墙。在《塔式起重机设计规范》(GB/T 13752—2017)附录G中规定带有附着支撑的整机可以等效转化为多跨连续梁[3]。由此可以看出,扶墙设置后塔吊自由高度的减小能够有效改善塔吊结构应力。在塔吊专用设备的研发中,需结合项目特点合理平衡塔吊标准节自身刚度、标准节成本、扶墙数量、扶墙结构形式几者关系。

在浦仪公路西段两种塔吊的应用中,MD3600塔吊标准节平面尺寸较STT3930大,结构刚度大,施工过程中MD3600塔吊设置2层扶墙,STT3930塔吊设置4层扶墙。因MD3600塔吊标准节平面尺寸大,与索塔距离远,扶墙设置更为复杂。

4.2 塔吊附着对钢塔线型影响

钢塔自身刚度较小,风荷载、扶墙水平作用力对钢塔线型均有较大影响。风荷载的影响可通过选择合适气象条件,连续观测、排除干扰因素。塔吊扶墙对钢塔作用力较复杂,方向和大小难以实时测定,需重点排除[4]。

塔吊在静置、非工作状态下受配重影响,塔身非垂直结构。塔吊大臂转向中塔身的倾斜方向随之变化。针对此,提出在"塔身垂直工况"下进行钢塔线型监控:在塔吊第一层扶墙杆安装前,吊装配重并调整吊幅,使得塔吊标准节处于垂直状态。在此工况下夜间温度稳定时段进行扶墙水平杆施工。在其后上塔柱线型测量时均恢复塔吊垂直工况的吊重和吊幅。可记录下钢塔附着节段在未安装扶墙时的绝对坐标,在后期上塔柱测量时同步测量附着节段的平面位置用以复核。

5 结语

工程基建的发展促进塔吊设备的革新,目前我国已自主研发完成起吊高度300m以上、起重能力10 000t·m级以上塔吊。超高、超重节段钢塔施工也给施工提出了更高要求。

大型塔吊附着在柔性的钢结构索塔上,塔吊在吊装索塔节段过程中与钢塔柱会产生耦合作用,需展开钢塔带吊机工作状态试验研究。在塔吊附着状态下钢塔线型控制除了恢复"塔身垂直工况"、测量附着节段坐标复核外,可通过智能化监控手段采集、分析扶墙和塔吊结构应力,进一步完善监控机制。

参 考 文 献

[1] 华设设计集团.104国道浦泗立交至南京二桥段(浦仪公路西段)设计施工图[R].2018.
[2] 陈建荣,姚清涛,郑先河.圆弧形钢斜塔施工塔式起重机扶墙方案设计研究[J].施工技术,2016,45(3):111-114.
[3] 全国起重机械标准化技术委员会.塔式起重机设计规范:GB/T 13752—2017[S].北京:中国标准出版社,2017.
[4] 戴书学.泰州长江公路大桥钢塔柱吊装施工[J].中国港湾建设,2011(2):54.

60. 钢索塔塔底锚杆定位安装工艺

韩治忠　杨　帆

(中交二航局第四工程有限公司)

摘　要：对塔底采用高强锚杆锚固的钢索塔,锚杆的定位精度对钢塔首节段安装有着决定性影响。浦仪公路西段跨江大桥主桥索塔采取独柱型钢塔设计,塔底截面大,锚杆数量达50根。该索塔锚杆具有数量多、横向刚度弱、定位精度要求高的特点。项目施工过程中研制了一种群锚杆定位、调整装置,该装置主要包括:大刚度支架、底板高程定位工装、水平调整限位工装。在每次混凝土浇筑完成后对锚杆坐标进行复核,必要情况下进行修正。最终实现锚杆3mm以内的定位精度,为首节段的顺利安装提供保证。

关键词：钢索塔　锚杆安装　锚杆支架　安装精度

1　引言

近年来随着制造业和装备业发展,桥梁钢塔柱施工诸多设计和施工技术难题得以解决,钢塔结构将成为一大设计方向。大跨度钢塔桥梁的建设能够有效利用国内的钢铁资源,解决产能过剩问题,且其自身具有良好的抗震性能,提高了桥梁的安全性。

钢塔—混凝基础连接形式主要有螺栓锚固式、埋入式和二者组合的形式。浦仪公路上坝夹江大桥在充分研究塔底内力传递、钢混界面应力及抗裂分析的基础上塔底最终选择螺栓锚固式连接。该类型结构对塔柱锚杆安装的精度要求很高,需对锚杆安装工艺进行分析研究。

2　工程概况

浦仪公路上坝夹江大桥跨径布置为50m+180m+500m+180m+50m,桥型为独柱形钢塔双索面钢箱梁斜拉桥,采用全漂浮体系。其500m主跨可满足1万吨级海船双向通航要求[1]。主塔高166.4m,为钢结构独柱塔,索塔采用切角矩形断面,单箱多室布置,西塔底部断面16.0m(横桥向)×9.5m(顺桥向)(图1)。

在塔底截面布置50根长11.475m,直径为110mm(不含防腐图层)的40CrNiMoA锚杆,并施加预拉力。单个锚杆预拉力大小正常工作状态时2 000kN,考虑预拉力张拉的损失,施工张拉力为2 500kN。在锚杆预埋阶段,锚杆表面经涂覆黄油,缠包塑料布,保证锚杆与混凝土分离,以便顺利张拉(图2、表1)。

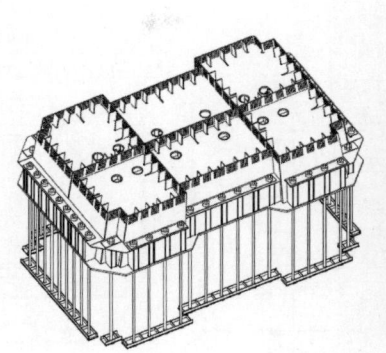
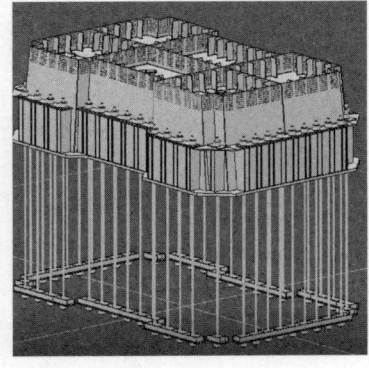

图 1　塔柱根部与台座连接示意图

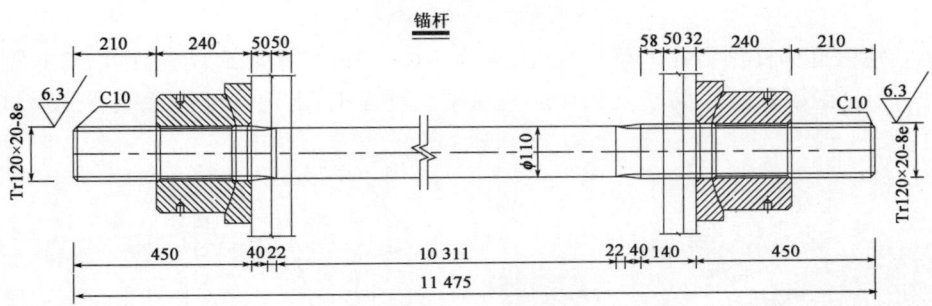

图 2　锚杆结构图(尺寸单位:mm)

锚杆防护技术参数　　　　　　　　表1

序　号	防护涂装部位	涂装材料	厚度(μm)
1	锚杆防护段	环氧底漆	80
2		聚硫密封剂(1)	2000~3000
3		高强玻璃布2层	600
4		聚硫密封剂(2)	2000~3000
5		聚氨酯面漆	120

注:聚硫密封剂(1)和聚硫密封剂(2)总厚度为5000μm。

钢塔上预留螺栓孔直径为140mm,预埋锚杆端头直径为120mm,且T1节段的轴线允许偏差仅为5mm。群锚杆的精确定位是施工关键。

3　锚杆定位支架设计

锚杆定位支架刚度是影响锚杆定位精度的关键性因素。支架材料选用工25a和工12.6型钢组成的框架体系,立柱为工25a,上下两层平联为工25a,中间平联和斜撑为工12.6。

支架结构总体长(横桥向)19.36m×宽(纵桥向)11.6m,立柱共采用74根工25a型钢,立柱和平联布置过程中兼顾锚杆的位置和钢围堰内支撑影响。为方便结构安装和倒运,支架在后场分块制造,现场组拼。支架平面上分6块,高度上两节,分别为6.9m和6.3m,两节支架之间用法兰连接。

支架共设置4层平联,最底层平联作为底板和锚杆承重层,采用工25a型钢;中间两层平联仅需满足结构构造要求和锚杆的精确定位,采用工12.6型钢;最顶层平联兼作后期张拉作业平台使用,承受荷载较大,采用工25a型钢(图3)。

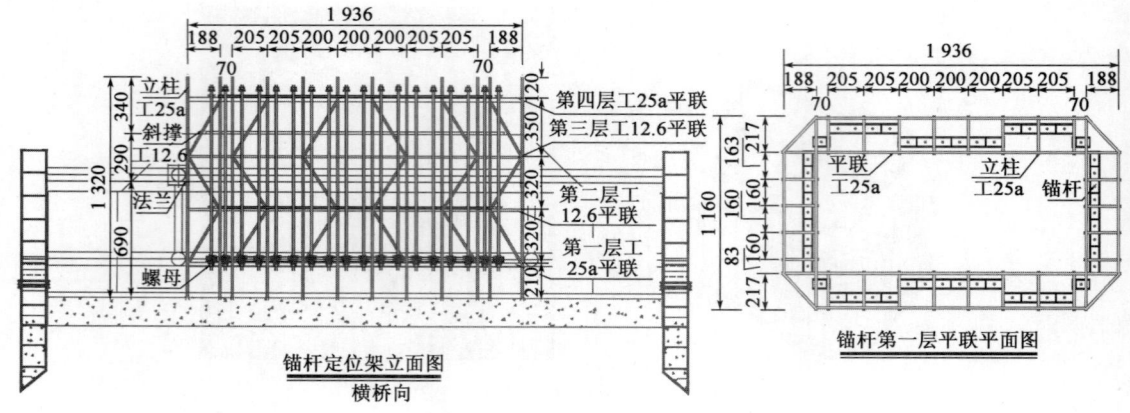

图3 锚杆支架结构图(尺寸单位:cm)

支架立柱根据锚杆预留孔进行布置,间距为1.6~2.2m。平联之间选用工12.6型钢作为斜撑构件,保证结构稳定性,防止支架在浇筑混凝土过程中,出现局部失稳或者变形过大的现象(图4)。

图4 支架现场照片

4 支架结构计算

4.1 计算方法

结构采用有限元计算软件 Midas Civil 对结构进行建模计算,结构计算采用极限状态法[2]。

4.2 主要荷载

(1)支架结构自重,锚杆自重;

(2)施工人员和施工材料、机具等行走或者运输荷载,根据实际情况,按 $1kN/m^2$ 取值,分布在支架结构平联上;

(3)支架上部承受水平向风荷载,桥位正常工作时风速为 $13.8m/s$($\omega_0 = 0.119kN/m^2$),设计风速为 $28.9m/s$($\omega_0 = 0.119kN/m^2$),并按照支架相应高度计算风荷载标准值。

4.3 计算模型

计算模型采用 Midas Civil 有限元软件进行模拟计算。支架根部与封底混凝土连接为铰接;各杆件焊接处共节点;锚杆与限位板和型钢支架采用铰接。支架型钢均选用梁(线)单元进行分析(图5)。

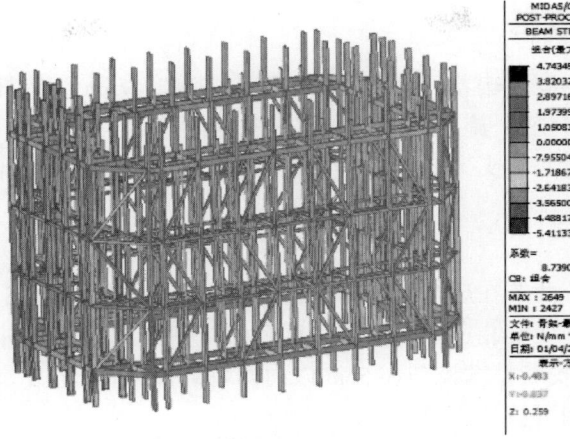

图5 应力分布云图

(1)结构强度计算

结构在施工期间,各个构件应力汇总见表2。

结构应力汇总表　　　　　　　　　　　　　　　　表2

构　件	类　型	施工工况
立柱、平联工25a	组合应力(MPa)	42.6
	轴应力(MPa)	20.2
	剪应力(MPa)	13.5
平联、斜撑工12.6	组合应力(MPa)	53.4
	轴应力(MPa)	21.3
	剪应力(MPa)	14.0

经过计算,结构最大组合应力53.4MPa,满足设计使用要求。

(2)支架第一类稳定分析

使用midas对结构进行线弹性稳定分析,得到第一阶模态如图6所示。

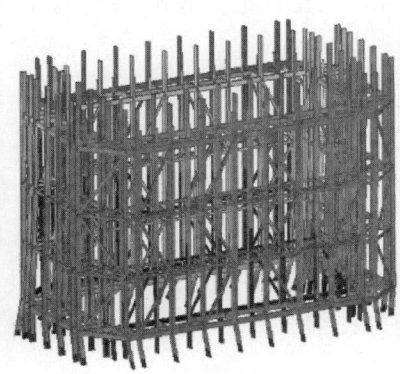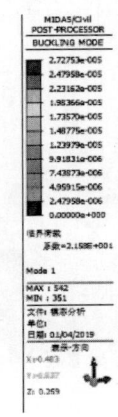

图6 支架结构第一节模态图

根据计算可知,支架弹性屈曲稳定系数为21.58,该结果大于《公路斜拉桥设计细则》(JTG D65-01—2007)规定弹性屈曲系数不得小于4的规定。

5 锚杆定位施工工艺

锚杆安装定位的准确度影响着后续钢塔安装精度[3]，11.475m长锚杆横向刚度较小，受到横向作用力时会发生一定变形，施工中需采取良好的定位措施。

锚杆高度上定位通过底部支架对应位置设置承托工装实现，水平方向通过在平联上设置横向限位卡板进行定位。

5.1 锚杆安装流程

锚杆定位架高度上分两节在后场加工制造，在承台封底浇筑完成后，由履带吊和浮吊在现场配合安装。底节定位支架安装过程中与部分承台底板钢筋理论位置冲突，可对支架或底板钢筋位置微调，控制支架安装精度控制在5cm以内即可。

锚杆安装总体流程如下：

（1）下放首节定位支架，柱脚位置在封底混凝土上设置膨胀螺栓紧固，靠近桩头护筒位置焊接横向型钢进一步增强水平稳定；

（2）首节支架安装到位后，在底层平联上安装锚杆底梁；

（3）根据锚杆底理论位置在锚杆底梁下方焊接承托工装；

（4）安装第二节支架，下放锚杆；

（5）锚杆高程精定位后，对锚杆的水平位置及垂直度进行精确定位；

（6）浇筑承台混凝土，对锚杆变形及位移进行监控。

5.2 锚杆安装、定位

（1）锚杆吊装

锚杆采用汽车吊的大钩和小钩配合完成"翻身"，其中锚杆上端吊点对应安装在厂内提前加工制造的提吊头，下端捆绑吊点采用粗麻布覆裹保护。锚杆下端提前安装牵引绳，在处于竖直状态下后吊送至安装位置。

（2）锚杆高程定位

总体上锚杆的精调顺序为先高程定位，后平面定位。在锚杆粗定位后，解开提吊头，安装垫圈，在定位支架顶的操作平台上采用手动千斤顶支撑垫圈对锚杆高程进行调整。

锚杆承托工装上对应锚杆底部标高控制点比理论值低5mm控制，后通过塞垫薄钢板对锚杆标高调整（图7）。

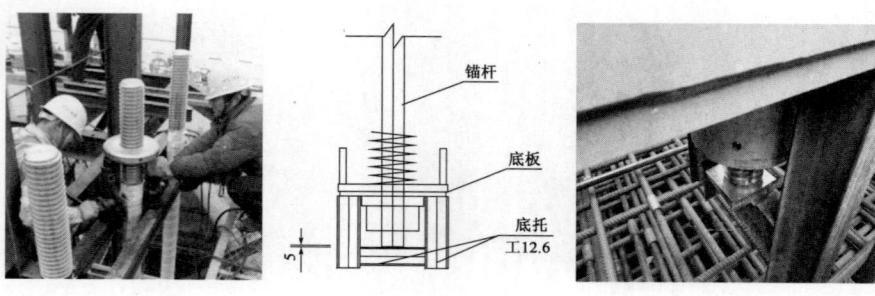

图7 底板高程定位工装

（3）锚杆水平定位

锚杆水平方向定位总体思路为首先在支架平联上焊接工12.6粗定位型钢，后设置水平限位措施。本项目承台混凝土分三次浇筑。在安装过程中第一次混凝土浇筑前,采用在厂内精加工的圆弧卡板对锚杆进行限位(图8)。圆弧卡板在锚杆精调到位后焊接在支架上。

先期混凝土浇筑完成后,对平面位置超差的个别锚杆,在下次混凝土浇筑前,采用带水平调位螺栓的限位工装对锚杆进行精调。具体操作方式如下:对平面位置超差的锚杆,自高向低依次将定位钢板解除,置换为带水平调位螺栓的限位工装(图9)。在水平约束均置换完成后,采用螺栓对锚杆平面位置精调。

需要注意的是,为避免损坏锚杆上防腐涂层,在锚杆与卡板及工装接触位置包裹透明橡胶垫。

图8 限位卡板图

图9 调位螺栓图

6 锚杆变形监测

为保证整个结构变形满足设计要求,同时分析混凝土浇筑对锚杆变形的影响,在浇筑混凝土时,对锚杆的水平坐标进行了连续、多点监测。

浇筑完第一层混凝土后,结构变形监测结果见表3。

锚杆测量误差表1　　　　　　　　　　　表3

点号	差值		点号	差值		点号	差值	
	ΔX	ΔY		ΔX	ΔY		ΔX	ΔY
1	-3.0	1.2	18	2.0	0.0	35	-3.7	2.5
2	-3.6	1.1	19	2.4	2.1	36	-4.0	2.0
3	-1.5	0.1	20	1.0	0.0	37	-3.0	1.7
4	-2.9	1.4	21	3.4	-1.9	38	-3.6	1.7
5	-1.4	0.1	22	2.0	-1.0	39	-1.2	2.5
6	-0.9	-0.7	23	1.0	1.0	40	-2.4	2.6
7	0.6	-0.3	24	1.1	-0.6	41	1.9	2.8
8	-2.5	1.2	25	-3.4	1.4	42	-3.7	1.4
9	-3.4	1.5	26	-2.9	1.4	43	-4.0	1.0
10	0.7	-0.8	27	-3.8	2.7	44	-3.2	0.6
11	-0.2	0.7	28	-5.2	2.2	45	-2.9	2.2
12	-2.6	1.0	29	-5.6	3.9	46	-1.2	1.9
13	-0.1	0.7	30	-5.0	3.0	47	-5.4	0.7
14	0.1	1.1	31	-2.1	4.3	48	-4.8	2.6
15	1.7	1.6	32	-5.0	3.2	49	-4.5	3.3
16	-1.5	0.4	33	-5.3	2.9	50	-4.9	2.1
17	1.0	1.0	34	-4.4	3.9			

注:X为横桥向,Y为纵桥向。

由表 3 可知,第一层混凝土浇筑完毕后,锚杆受到混凝土浇筑的影响,通过对锚杆位置的复测,锚杆位移量较大,锚杆位移与设计坐标的差值 ΔX 最大为 -5.6mm,ΔY 最大为 4.3mm,误差值大于监控 ± 3mm 的允许误差,需要对部分位移较大的锚杆进行调位。

在第二层承台混凝土浇筑前对误差超过 2.5mm 的锚杆进行调位,第二层承台混凝土浇筑完成后监测结果见表 4。

锚杆测量误差表 2 表 4

点 号	差值		点 号	差值		点 号	差值	
	ΔX	ΔY		ΔX	ΔY		ΔX	ΔY
1	-1.3	0.8	18	1.8	0.6	35	-0.6	1.5
2	-2.6	1.4	19	2.7	2.3	36	-2.4	1.5
3	-1.1	0.7	20	1.5	-0.3	37	-1.6	0.8
4	-1.5	1.4	21	3.4	-2.2	38	-0.6	-1.2
5	-1.6	0.5	22	2.1	-1.1	39	-1.4	2.7
6	-0.9	-0.8	23	0.8	0.7	40	-0.5	2.6
7	0.3	0.1	24	1.3	-0.4	41	2.2	1.7
8	-2.2	0.8	25	-1.5	0.8	42	-0.6	1.7
9	-2.9	1.7	26	-1.7	0.9	43	1.2	1.5
10	0.8	-1.2	27	-2.2	1.6	44	-0.5	-0.6
11	-0.3	0.5	28	-3.3	2.1	45	-1.8	1.7
12	-2.6	1.0	29	-1.3	1.6	46	-1.4	3.1
13	0.2	1.3	30	-1.6	0.7	47	-2.5	0.6
14	0.5	0.8	31	-2.6	1.7	48	-1.5	1.8
15	1.4	2.1	32	-2.2	-1.5	49	-2.3	1.2
16	-1.2	-0.2	33	-1.6	2.2	50	-1.7	0.4
17	1.3	1.2	34	-1.5	1.7			

表 4 所示,第二层混凝土浇筑完毕后,锚杆位移实测坐标与设计坐标的差值(绝对值)ΔX 最大为 3.4mm,ΔY 最大为 3.1mm,仍需对部分锚杆平面位置进行调整。且在第二次混凝土浇筑过程中锚杆顶部坐标仍会发生一定变化。

在塔座混凝土浇筑前对误差超过 2mm 的锚杆进行调位,塔座承台混凝土浇筑完成后监测结果见表 5。

第三层混凝土浇筑完毕后,通过对锚杆位置的复测,锚杆水平位置的误差均满足监控要求(± 3mm),达到了设计和监控要求,精度控制水平较高,为后续钢塔安装提供了基础。

锚杆测量误差表3 表5

点号	差值 ΔX	差值 ΔY	点号	差值 ΔX	差值 ΔY	点号	差值 ΔX	差值 ΔY
1	-0.9	1.2	18	1.5	1.0	35	-0.9	1.6
2	-2.1	1.6	19	2.2	2.6	36	-1.8	0.9
3	-1.7	1.3	20	1.7	-0.7	37	-1.4	0.9
4	-1.2	1.1	21	1.5	-2.1	38	-0.2	-1.5
5	-1.9	1.2	22	1.7	-1.4	39	-1.6	1.8
6	-0.6	-1.3	23	1.1	0.9	40	-0.5	1.5
7	0.9	0.7	24	1.5	-0.2	41	2.1	1.8
8	-1.8	1.1	25	-1.7	0.7	42	-0.3	1.9
9	-2.4	1.2	26	-1.8	1.2	43	1.5	1.5
10	1.1	-0.7	27	-1.3	2.1	44	-0.7	-0.2
11	-0.8	1.1	28	1.5	0.6	45	-1.9	1.6
12	-1.9	1.3	29	-1.6	1.8	46	1.7	1.5
13	0.5	2.1	30	-1.4	0.3	47	-1.8	0.8
14	0.6	1.4	31	-2.1	1.4	48	-1.3	1.4
15	1.8	2.2	32	-1.7	-1.6	49	-1.6	1.5
16	-1.4	0.3	33	-1.3	1.8	50	-1.2	0.6
17	1.4	2.0	34	-1.3	1.4			

7 结语

2019年3月2日,浦仪公路主桥西塔完成钢混结合段定位安装,钢塔由浮吊直接吊装下放,过程中所有锚杆一次性通过钢塔底节上承压板和锚固顶板,完成精准定位。作为备用的三向千斤顶配合牛腿调位装置没有利用,简化了施工工序,降低施工风险。

项目实施过程中支架的设计方式、锚杆标高和水平位置的定位方法为类似工程的设计和施工提供参考。

参 考 文 献

[1] 华设设计集团.104国道浦泗立交至南京二桥段(浦仪公路西段)设计施工图[R].2018.
[2] 中华人民共和国住房和城乡建设部.钢结构设计标准:GB 50017—2017[S].北京:中国建筑工业出版社,2018.
[3] 戴书学.泰州长江公路大桥钢塔柱吊装施工[J].中国港湾建设,2011(2):54.

61. 中央独柱形钢塔端面机加工工艺

刘大帅 沙军强

(中交第二航务工程局有限公司)

摘 要：浦仪钢塔是国内首座中央独柱形钢塔，连接形式为塔段之间高栓连接，塔段通过高栓和接触面传力，钢塔全端面要进行机加工处理，确保平面度和垂直度满足要求。本文介绍了浦仪钢塔的机加工难点和影响因素，通过提高测量手段、合理选择支撑点、优化工件姿态及加强温度控制等措施确保加工质量，进而总结出一套中央独柱形钢塔端面机加工工艺，通过工程验证，该工艺切实可行，为后续该类工程提供了有力的技术保证。

关键词：浦仪钢塔 中央独柱形钢塔 温度控制 机加工工艺

1 工程概况

浦仪公路西段工程起自与 205 国道交叉的浦泗立交，与拟建和燕路过江通道交叉，在八卦洲互通北，止于宁洛高速公路交叉处，与南京长江二桥连接，路线全长 11.430km。跨江大桥主桥为 50m+180m+500m+180m+50m=960m 双塔双索面独柱形钢塔钢箱梁斜拉桥（图 1）。索塔为中央独柱形钢塔，西塔高为 166.0m，东塔高为 164.6m，钢箱梁以上塔柱高度为 130.693m。

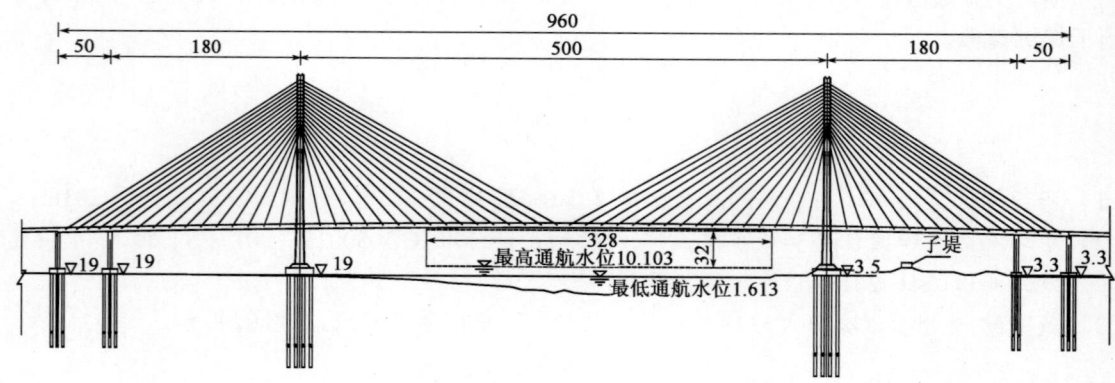

图 1 主桥总体布置图（尺寸单位：m）

浦仪塔柱采用切角矩形断面，单箱多室布置，由四周壁板和三道腹板（一道横腹板和两道纵腹板）构成（图 2）。为了减小塔柱截面风阻系数，改善涡振性能，设置尺寸为 0.8mm×0.8mm 的切角，将截面进行钝化。

图 2 标准段结构示意图

钢塔采用 Q345qD 钢材,塔柱的壁板、腹板厚度采用 44mm 和 50mm 两种,自钢混结合面往上 41.4m 范围内采用 44mm 板厚,其上范围采用 50mm 板厚。全塔采用板式加劲肋,加劲肋尺寸为 400mm×40mm;塔柱横隔板板间距为 1.6m~3.8m,板厚一般为 16mm,特殊受力部位为 20mm、30mm。

2 浦仪钢塔制造难点

由于浦仪钢塔为多节段钢塔,为了确保桥位安装后,钢塔整体轴线和塔段端面接触力满足设计要求,对单节段钢塔的机加工提出较高的要求。浦仪钢塔机加工要求见表 1。

浦仪钢塔端面机加工技术要求　　表 1

项　目	表面粗糙度(μm)	平面度(mm)	节段端面对轴线的垂直度(顺桥向、横桥向)
允许偏差	Ra≤12.5	0.25/全平面(0.08/m)	≤1/10 000

分析浦仪钢塔结构形式和特点,要实现其机加工要求,存在以下难点:

(1)塔段形体大、质量大、精确定位困难

塔段最大加工面尺寸为 17 240mm×10 740mm,高度尺寸为 5.1~14.4m,最大重量达 584.79t。而塔段轴线必须小于等于 1/10 000,机加工平面度小于等于 0.25mm/全平面 (0.08mm/m)。由于结构尺寸大,普通的测量仪器和测量方法已经很难适应其加工测量的准确性和测量周期的需要。必须采用新的测量方法及其相适应的测量仪器来满足塔段加工测量的需要。另外,由于构件重量大,使得构件在找正过程中的移位及精密定位困难,操作难度大,影响加工精度。

(2)塔段支撑位置对加工精度的影响

钢塔节段作为机加工件来说并不是一个刚体,由于重力的影响,钢塔机加工时姿态为卧式,支撑位置不同将会产生不同的变形;特别是在塔段端面的机加工中,如果支撑位置选择不当将使卧位加工形成的端面对轴线的位置关系在桥位塔段立位架设中发生变化,使钢塔柱的实际线形与设定线形的目标值产生偏差。因此对钢塔节段这样的大型钢构件进行加工,必须进行有限元分析,确定支撑位置。

(3)热变形对加工精度的影响

加工中热变形也是影响加工精度的重要因素。若取塔段钢材的线膨胀系数为 $12×10^{-6}/℃$,那么温度有 1℃ 的变化时,10m 高的塔段在长度方向有 0.12mm 的变化,这对目前塔段所要求的平面度及端面垂直度精度的影响是非常大的。必须采取各种措施,来确定加工温度,来减少加工中温度变化来降低热变形对加工精度的影响。

(4)找正装置对加工精度的影响

在钢塔加工修整过程中,可能只需要朝某个方向移动0.1mm,且找正装置的技术性能主要影响塔段的定位精度,定位精度低将使加工端面的位置精度降低,影响钢塔柱的线形。精密找正定位装置涉及对工件的空间姿态进行调整,包括使工件在三维坐标的位移、位移量的控制及位移量的精密测量等。因此找正装置的精度也是急需要解决的难题之一。

(5)局部刚性对加工精度的影响

钢塔节段作为机加工件来说并不是一个刚体,整体刚性较弱。从结构分析,隔板离端部距离较远,对加工部位的壁板和腹板构不成支撑,虽然有不等距的加劲肋与壁板相连,但由于加劲肋间距相对过大,对壁板的支撑作用有限,使壁板加工部位大部分处于悬空,加工刚性明显不足。另外,就加劲肋来说,加工部位一端处于悬臂,刚性更弱。由于加工部位刚性不足,在加工中将会产生较大的震动,使构件在加工中产生微小位移;同时,加工中切削部位的壁板和加劲肋由于刚性不足将会产生局部弹性变形,加工过后由于变形的恢复使得加工表面的状态难以控制,对加工精度产生非常不利的影响。针对这种情况我们专门设计了可调式的刚性增强工装,用来增加机加工端面的刚性、降低加工过程中的振动。

3 机加工过程的工艺措施

针对以上加工难点,在浦仪钢塔的端面机加工过程中,采取了如下措施确保加工质量:

(1)采用高精度测量设备

在测量过程中,引进了国际上先进的激光跟踪测量仪(图3)进行测量跟踪。

图3 激光跟踪测量仪
(API主机)

API精密激光跟踪测量系统是由美国自动精密工程公司(Automated Precision Inc)制造的大型精密测量系统。能够应用于大型工件、工具和构件的尺寸测量和形位误差测量;该系统测量精度为±5ppm,完全可以满足钢塔节段加工精度的要求。其所报告的测量数据准确可靠,功能强大,操作方便,工作效率高,解决了其他测量方法难以实现的测量精度和测量目标。

(2)支撑反力管理

为了保证钢塔柱节段端面的加工精度,防止由于各支撑点设置不当引起工件扭曲变形,造成钢塔柱节段完成加工运离加工位置后端面精度丧失,必须进行支撑反力管理。我们将利用有限元计算分析来确定支撑点位置(图4),各支撑点位置支座反力见表2。保证节段的扭曲变形控制在合理的范围之内。

支撑点支座反力表 表2

支点编号	1	2	3	4	5	6	合计
竖向反力(kN)	402.4	400.0	296.1	293.9	300.8	298.0	1991

(3)温度管理

根据钢塔柱节段端面机加工的精度要求,其加工属大型构件的精密加工,在切削加工中塔段各部如果温差过大将对加工精度产生重要影响,因此加工中的温度管理十分重要。为了保证端面加工精度我们将采取如下温度管理方法:

①将完成组装焊接的钢塔柱节段运至机加工车间放置一定时间进行均温,使其各部分温度趋于一致。

②做好加工环境温度的计量工作,确定一天中温差变化最小的时间带,在划线及加工找正前应对钢塔节段两端的壁板内外面、腹板用点温计进行温度测量,划线、半精加工及精加工应放在温差较小的时段进行。

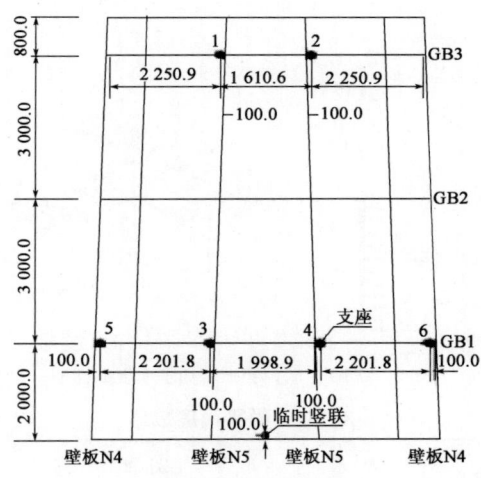

图 4 支撑点位置示意图

(4) 引入数控液压支撑调整系统

数控液压调整系统由液压顶升部件、液压泵站、控制系统及连接各单元的液压管路、信号电缆、电源线等组成,系统既能用负载作为反馈信号进行力大小调整控制(控制精度±1t),也能用液压顶升部件的工作位移作为反馈信号进行位移调整控制(控制精度 0.05mm),同时该系统能在控制台上实时显示各顶升部件的工作压力和工作位移。

(5) 安装刚性增强工装

在钢塔柱端面的加劲肋之间及壁板与腹板、腹板与腹板间安装刚性增强工装。现场安装时要让工装尽量适应工件,以免工件变形,工装固定螺栓要可靠拧紧。

结合上述工艺控制措施,结合钢塔的加工内容,制定如下的钢塔机加工工艺流程(图5)。

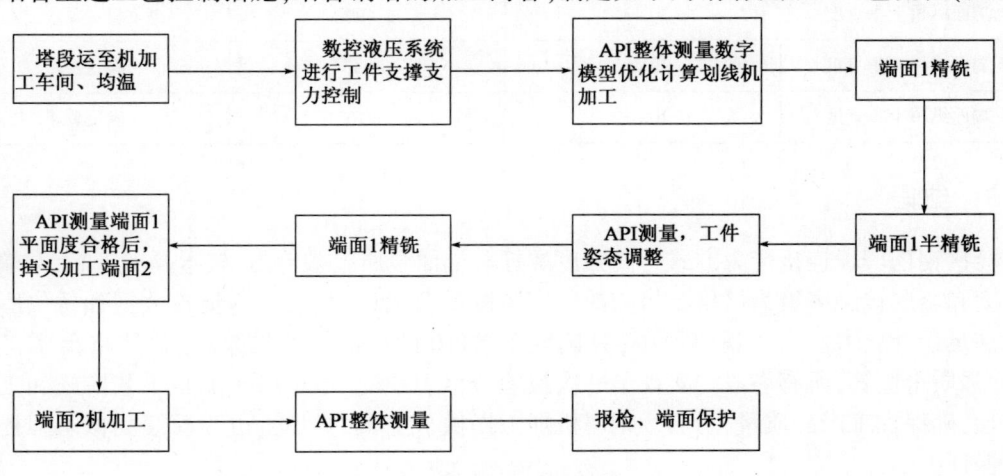

图 5 钢塔机加工工艺流程

4 工艺措施的效果

以浦仪钢塔 XT10 节段的检测数据来验证相关工艺措施所达到的效果。

4.1 API 测量平面度

通过 XT10 上、下端面平面度矢量图(图6)可以看出,在该工艺措施保证下,满足设计要求,具体数据见表3。

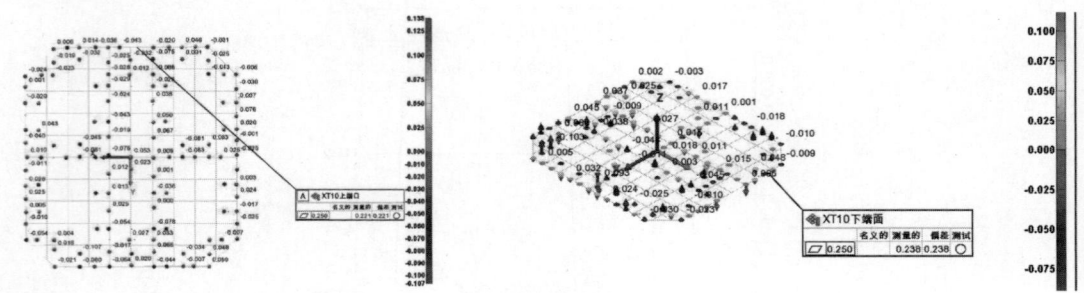

图6 XT10 上端面和下端面平面度数据图

XT10 端面平面度数据　　　　表3

XT10	设 计 要 求	实 测 数 据	结　论
上端面平面度	0.25mm/全平面	0.221mm/全平面	满足要求
下断面平面度	0.25mm/全平面	0.238mm/全平面	满足要求

4.2 塔段轴线垂直度

塔段纵横桥向轴线垂直度要求小于等于 1/10 000,换算成角度为 20.63″。XT10 上、下端面与轴线的夹角(表4)均小于技术要求。

XT10 端面平面度和垂直度数据　　　　表4

XT10	设 计 要 求	实 测 数 据	结　论
上端面横桥向垂直度	20.63″	2.34″	满足要求
上端面纵桥上垂直度	20.63″	−0.99″	满足要求
下端面横桥向垂直度	20.63″	7.84″	满足要求
下端面纵桥上垂直度	20.63″	11.40″	满足要求

5 结语

栓接钢塔塔段连接传力方式为高强度螺栓和端面金属接触传力,技术要求极高,对端面的平面度和金属接触率极为严格。目前浦仪钢塔桥位已架设完成,厂内报检数据和桥位所测数据均满足设计要求。由于篇幅所限,只选取了 XT10 的成品检测结果,通过严格落实工艺措施,加强质量监管,所有塔段均实现了一次报验合格100%。该钢塔机加工工艺措施和工艺流程合理,确保加工产品质量,为后续钢塔机加工提供了宝贵的经验,也为后续类似工程提供了技术保证。

参 考 文 献

[1] 李军平,李毅,成宇海.南京长江第三大桥钢塔柱制作与安装技术[J].桥梁建设,2006, 2006(2):61-63.

62. 超宽分幅式钢箱梁制造技术研究

贾 顺[1] 马浩鹏[2] 王贝贝[2]

(1. 南京市公共工程建设中心；2. 中铁山桥(南通)有限公司)

摘 要：超宽分幅式钢箱梁宽度大，整体刚度低，焊接变形、拼装精度不易控制。按照连续匹配拼装的原则，制定合理的拼装、测量方案来控制钢箱梁的精度。采用 BIM 技术，从钢箱梁制造的各个方面加以控制。对同类钢桥制造具有一定的参考意义。

关键词：分幅 钢箱梁 拼装精度

1 工程概况

浦仪公路西段工程起自与 205 国道交叉的浦泗立交，向东与永利铁路、南浦路、浦珠路、规划滨江大道交叉，跨上坝夹江。

浦仪公路西段上坝大桥主桥主桥钢箱梁斜拉桥跨度布置为：50m+180m+500m+180m+50m=960m，为独柱形钢塔双索面钢箱梁斜拉桥，两个边跨各设置一个辅助墩。桥面纵坡为 2.4%，其中主跨处于 $R=20\ 100$m 的圆弧竖曲线上。主梁为扁平流线型分幅钢箱梁，其上翼缘为正交异性板结构，两幅钢箱梁采用横向联系横梁连接。斜拉索采用高强度平行钢丝拉索。标准横断面总宽 54.4m，钢箱梁断面分幅布置在索塔两侧，外腹板外侧设置行人与非机动车道，单幅箱梁(含人非系统挑臂)宽 22.05m(图 1)。

2 板单元制造

2.1 板单元制造工艺

2.1.1 U 肋板单元制造

顶、底、挑臂板单元采用多嘴精切下料，预留焊接收缩量和向塔侧的配切量。U 肋下料后经过机加工，压制成型。使用组装 U 肋采用自动化组装机器，保证 U 形肋与顶、底板组装间隙≤0.5mm(局部 1.0mm)；端部及隔板位置处 U 肋中心距偏差≤1.0mm(其他位置处 2.0mm)。设计专用的检查工装，用于 U 肋的压弯及定位的检查(图 2)。

U 肋与面板间的焊接采用自动化焊接机器，预留合理的反变形量，以降低板单元焊接完成后的修整量。焊接方式为船位焊接，使用 E500T-1 焊丝打底和盖面。

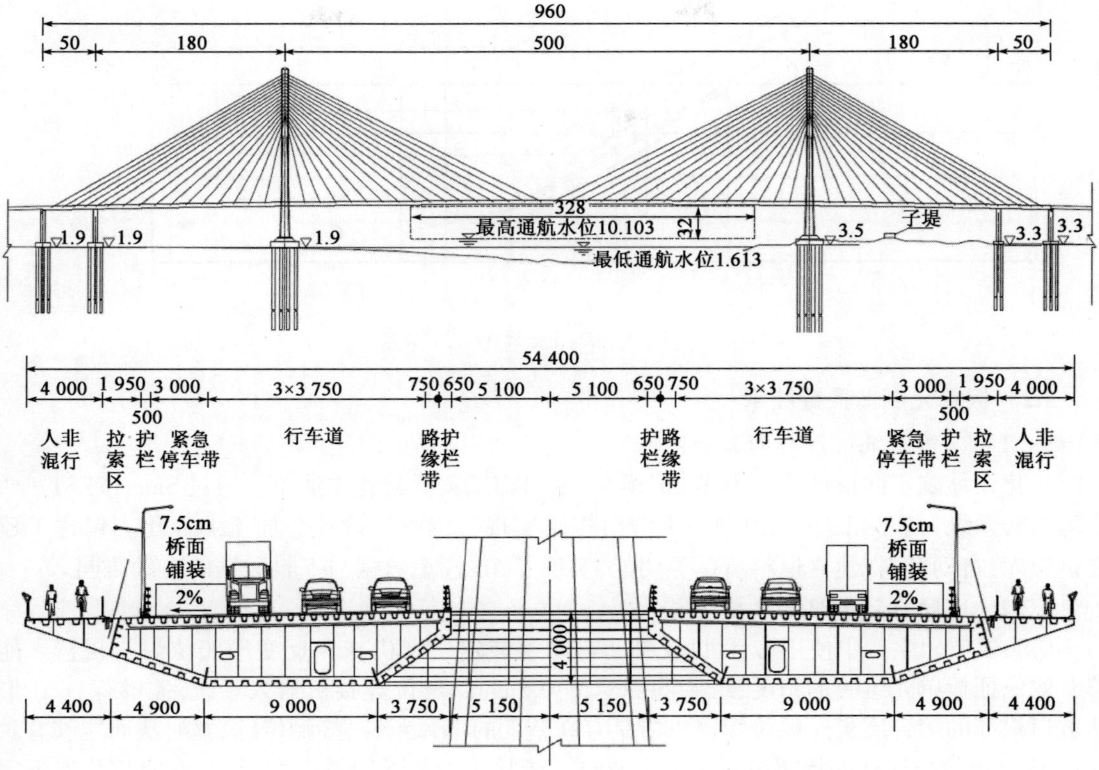

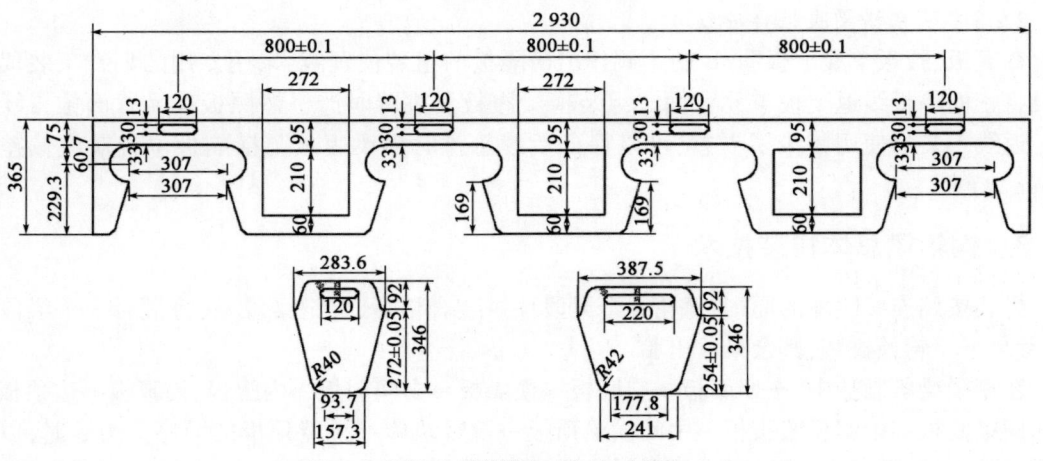

图1 浦仪主桥示意图(尺寸单位:mm)

图2 U肋加工、组装检查工装(尺寸单位:mm)

2.1.2 锚腹板单元制造

锚腹板单元所有零件使用程控精切下料,并对锚拉板、锚座板与腹板焊接边进行机加工,确保锚箱的空间角度。锚垫板和锚座板的下表面预留加工厚度,精确加工平面,保证锚箱中心与垫板平面角度垂直。组装锚箱时复核锚点尺寸,确保锚管角度 α 偏差≤±0.1°;锚箱组装尺寸偏差≤±0.75mm。锚腹板焊接时先焊接锚拉板、锚座板与腹板间主角焊缝,然后对主角焊缝进行探伤后,再组装根部两个加劲。焊接要求同向对称施焊,采用线能量相对较小的焊接方式,防止出现层状撕裂(图3)。

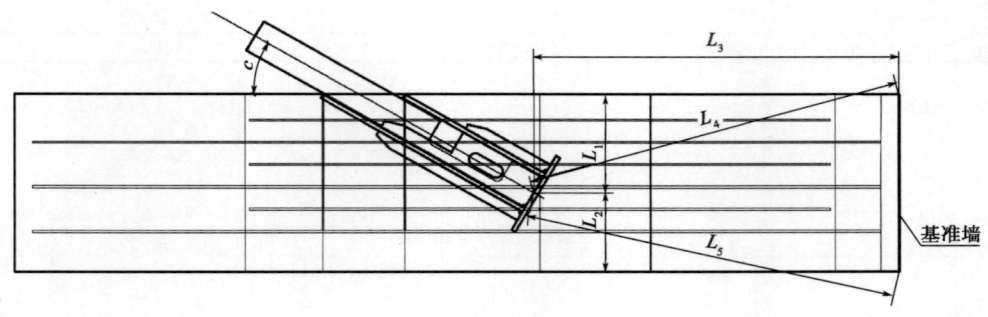

图3 锚箱定位检查尺寸

2.2 板单元制造关键技术

2.2.1 三维图纸设计与加工一体化

转化设计院正向设计模型为Tekla模型,导出施工图纸与各类清单。通过SigmaNEST(西格玛套料系统)与Tekla三维模型的无缝对接来实现三维图纸设计与加工一体化。包含了建立钢板库、自动套料、建立退料清单等功能,实现了3D模型数据与下料数据的准确协同。

2.2.2 U肋自动化组装焊接技术

U肋板单元生产中使用U形肋板单元自动组装定位焊机床和反变形船位焊接机器。能够有效保证板单元组装的精度;组装间隙达到0.5mm。定位焊接机器人系统,能够保证U形肋坡口根部的熔合质量。船位焊接机器具有高精度的电弧跟踪、接触传感功能,从而能够有效保证U形肋与桥面板的焊接熔深不低于80%。焊接前板单元预设反变形,并在船位状态下完成焊接。采用相控阵技术检测U肋焊缝熔深,确保U肋焊缝合格。

2.2.3 联系横梁腹板样冲线

在底板、腹板单元上板肋/U肋一侧作出横隔板的组装位置线,采用专用的划线工装代替盘尺将正面隔板线返至板单元背面。组装横梁腹板及挑臂时严格按照板单元背面位置线组装。返线工装的使用减少了误差,可以保证后续总拼时横梁腹板与横隔板位置对应偏差在±1mm之间。

3 钢箱梁总体拼装技术

拼装按照连续匹配的原则,每轮6个梁段预拼装合格后,标记梁段号,将最后一个梁段留下,参与下一轮预拼装,其余梁段出胎。

在箱梁梁段制造中,按照底板→斜底板→横隔板→中间顶板→内腹板、锚腹板→边顶板→中间横梁底板→中间横梁腹板→中间横梁顶板→挑臂块体→挑臂顶板的顺序。组装时,以胎架为外胎,以横隔板为内胎,重点控制桥梁的线形、钢箱梁几何形状和尺寸精度、相邻接口的精确匹配及桥梁横坡的精度等。

3.1 拼装胎架

拼装胎架设计应符合技术规范要求,胎架必须有底板单元定位的纵、横基准线、基准点和桥梁中心线,设置胎架外独立的测量网,用来控制钢箱梁制造过程中所有测量点的高程,保证钢箱梁的整体线形(图4)。

水准控制点要求布设在胎架外不受其他因素影响,基础坚实可靠的地方,最大沉降不得大于2mm。进行控制测量时要求测得的控制网闭合差不大于2mm。在每幅胎架的两头各设立7

个测量标志塔,塔上按照工艺数据设置基准标志线。基准线须用划针刻画,允许偏差为±0.5mm,用黑白两色的油漆或写号笔在基准线两侧涂成"◁▶"形状。

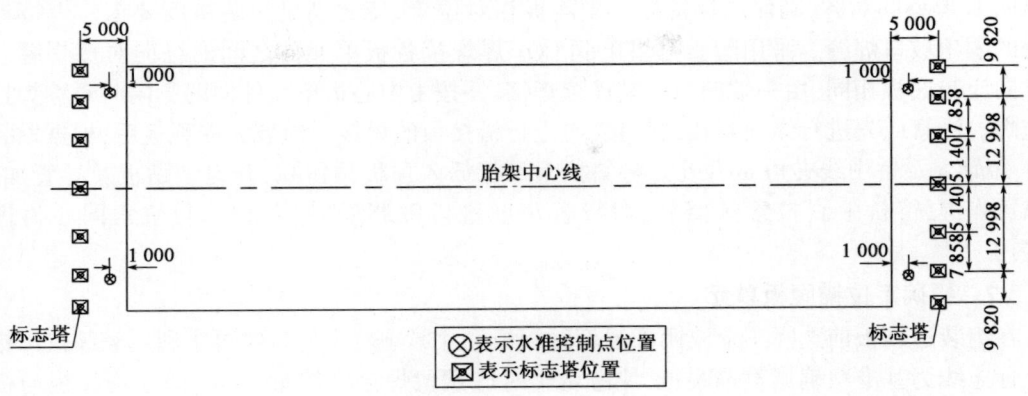

图4 测量控制网布置(尺寸单位:mm)

3.2 组装底板单元

先将中间一块底板单元置于胎架上,用经纬仪定位,使其横、纵基线在无日照影响的条件下与胎架上的基线精确对正,并与胎架固定。中间底板定位横向允许偏差≤0.5mm,纵向全长直线度允许偏差≤1mm。定位无误后再组装定位两侧底板,采用陶质衬垫单侧CO_2焊焊接各板单元件之间的纵向对接焊缝,应由一端向另一端连续焊接、由中心板单元件向两侧同时对称施焊。之后将斜底板按胎架上的腹板定位线与底板组装定位,焊接平、斜底板间对接焊缝。所有底板组装完成后,设置停止点,检查底板高程,重点控制梁段中心线、锚腹板位置、平、斜底板对接位置,底板线型要求偏差±2mm。

3.3 隔板单元定位组装

以底板上的纵基线为基准,用经纬仪定位横隔板的横向位置,使得横隔板竖基线与底板横基线偏差控制在0.5mm范围内;在底板上焊接横隔板落位马板,用水准仪定位横隔板横基线位置,以确定横隔板高度位置;调整控制好横隔板上边缘斜坡及横隔板与底板的垂直度,利用临时固定胎架,固定横隔板。组装时先组装内侧横隔板,再组装外侧横隔板,确保U肋槽口与U肋不发生冲突。

3.4 组装中间顶板单元

钢箱梁顶板整体组装应按照由左右两幅中心向各自两边,从定位端开始呈阶梯顺序进行。定位中心顶板单元,用经纬仪以标志塔标志线为基准按照顶板纵基线定位中心顶板,允许偏差0.5mm。横向以顶板横基线(U形肋组装线)为基准,用经纬仪、吊线锤方法共同定位,允许偏差±1mm。

3.5 初次定位内腹板、锚腹板

横向定位时外侧锚腹板下边以斜底板上放好的组装线为基准,上边以定位标志线(标志塔上)为基准,纵向定位时以中心顶板上放好的横基线为基准,同时用经纬仪校对上下游内、外锚腹板相对错位。确认无误后使用活码固定,不得进行点焊和焊接。

3.6 组装其余顶板单元

按从中间到两边的顺序组装顶板板块,施焊纵向对接焊缝。组装顶板时应注意:控制顶板与底板的相对位置,同时兼顾箱体的高度。用经纬仪精确定位各节段箱梁中心线处顶板的板单元件,与底板中心基准线处于同一垂直面上。调整各板单元件之间的组装间隙,确保相邻节段纵向U形型肋对齐,确保顶板接板与横隔板相对位置,使之满足组装精度要求。焊接外腹板处的隅角坡口焊缝。采用陶质衬垫单侧CO_2焊焊接各板单元件之间的纵向对接焊缝。焊接方向应与底板相同,由一端向另一端连续焊接,并按由中心板单元件向两侧同时对称焊接顺序施焊。注意应先进行纵向对接的焊接,再进行搭接板的焊接。组装完成顶板后,根据索孔长轴b、短轴a及桥中线夹角ω开孔。将斜拉索导管插入顶板预留孔,并组装贴板及导管加劲,但只可点焊,待桥上斜拉索按照后,对导管角度进行微调后,保证导管与拉索同心再进行焊接。

3.7 精确定位锚腹板单元

在组装边顶板前选择早上或阴天温度对钢板尺寸影响较小的时候再次利用经纬仪以标志塔上标志线为基准精确调整锚腹板,注意调整时应预留焊接收缩量3mm,保证锚腹板与横隔板焊接后钢箱梁的半宽尺寸。锚箱腹板的半宽尺寸作为重点控制尺寸严禁一次定位,或不考虑温度与焊接收缩量进行定位。

3.8 中间横梁定位组装

组装定位中间横梁底板,定位后使用刚性码固定,保证不发生位移,中心允许偏差0.5mm。在组装边横梁底板时应向中间横梁侧多顶推2~3mm,作为边横梁底板与箱梁底板焊接的收缩量。组装腹板按照内腹板以及底板单元制造时返出的横梁定位线定位,保证隔板位置与横梁腹板位置错边不超过2mm(图5)。

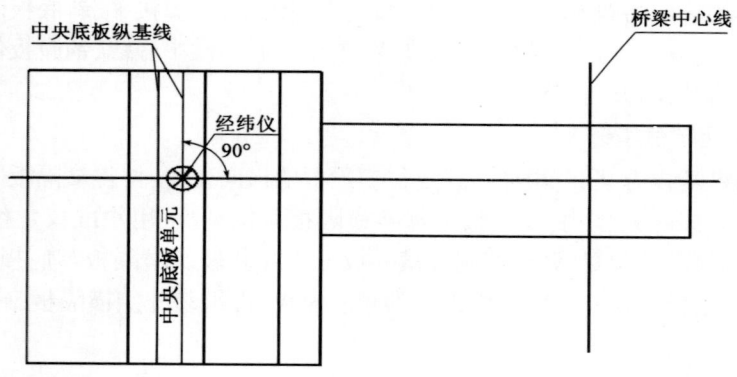

图5 横梁测量定位系统线

4 结语

近些年来,香港昂船洲大桥、嘉绍大桥、上海长江大桥等多座大型钢箱梁公路桥都采用了分幅式钢箱梁的结构形式,这种形式已经成为当今钢箱梁设计的主流。工厂制造时,必须通过可靠的措施以及先进的设备、技术保障箱梁的品质。

超宽分体钢箱梁的制造拼装则成为钢箱梁制造过程中的难点,通过一系列的工艺措施与设备、工装投入,我们顺利完成了24个钢箱梁节段的制造拼装。通过半年多的制造和监控,验证了制造技术的合理性与可行性。钢箱梁各项尺寸精度均满足制造规范的要求。

参 考 文 献

[1] 中华人民共和国交通运输部.公路桥涵施工技术规范:JTG/T 3650—2020[S].北京:人民交通出版社股份有限公司,2020.
[2] 魏明霞,魏云祥.香港昂船洲大桥锚腹板制造工艺设计[J].钢结构,2006(6):81-82+43.
[3] 宋仁进.嘉绍大桥钢箱梁和钢锚箱制作和施工关键技术研究[D].石家庄:石家庄铁道大学,2017.
[4] 张喜刚,王仁贵,孟凡超,等.多塔斜拉桥分体钢箱梁的设计与施工[J].公路,2013(7):289-293.
[5] 戴睿,居健.钢箱梁锚腹板及锚箱制造技术研究[J].现代制造技术与装备,2017(2):47-48.

63. 浦仪公路西段上坝大桥分幅钢箱梁预拼装技术研究

赵 丽 谈发帮 龚 怡

(中铁山桥(南通)有限公司)

摘 要：本文根据几何控制法理论和计算机模拟，对浦仪公路西段上坝大桥分幅式钢箱梁总拼时分幅梁段间接口匹配匀顺、分幅梁段预拼装线形的控制、钢箱梁锚腹板模块制作，整体拼分幅钢箱梁左右幅锚腹板模块精确定位等关键技术进行讨论和研究。

关键词：浦仪公路西段上坝大桥 钢箱梁 预拼装 锚腹板模块 关键技术

1 工程简介

随着科技的进步和社会的发展，世界桥梁钢结构出现了新的特点：首先，大型、超重的构件越来越多。其次，随着主梁跨度不断增加，主梁断面形式也更趋复杂，分幅钢箱梁在近几年里不断发展起来，结构创新的同时制造的难度也在不断增加。近十年来，我国大跨径桥梁的建设进入了一个最辉煌的时期，一大批结构新颖、技术复杂、设计和施工难度大和科技含量高的大跨径桥梁相继建成，标志着我国的桥梁建设水平已跻身于国际先进行列。西起205国道交叉的浦泗立交，向东与永利铁路、南浦路、浦珠路、规划滨江大道交叉，跨上坝夹江，与拟建和燕路过江通道交叉，在八卦洲互通北，止于与宁洛高速公路交叉处，与南京长江二桥连接的浦仪公路西段上坝大桥采用典型的斜拉桥设计，主航道桥为双塔双索面分幅钢箱梁斜拉桥，其跨径为50m+180m+500m+180m+50m＝960m，钢箱梁按两个行车道方向分为两幅独立的箱梁，单幅箱梁外侧腹板各设有斜拉索锚固点，为栓焊流线型扁平钢箱梁，梁高4.0m，单幅梁宽22m，两幅梁间采用横梁连接横梁长10.3m，全幅总宽54.4m(图1)。

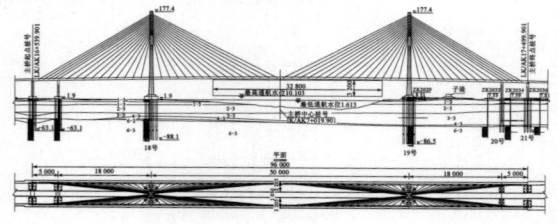

图1 浦仪公路西段上坝跨江大桥总体布置图(尺寸单位：cm)

2 浦仪公路西段上坝大桥钢箱梁预拼装技术解析

浦仪公路西段上坝大桥为独特的双幅钢箱梁,双幅双索面设计,同时按照行车道方向分为两幅独立箱梁,箱梁之间采用箱型横梁连接,这一造型的桥梁,在国内还是首创,独特的钢箱梁结构形式也是极少出现,如何保证浦仪公路西段上坝大桥钢箱梁分幅梁段间接口匹配匀顺、分幅梁段预拼装线形相同、分幅钢箱梁左右幅锚腹板精确定位、中间横梁的连接等构造特点和制造难点是一项新的挑战(图2)。

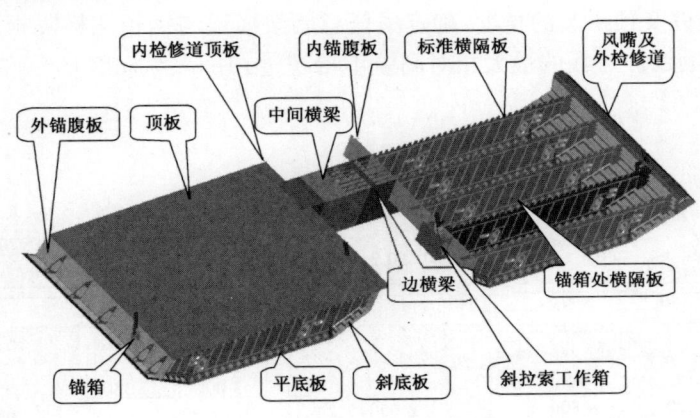

图2 钢箱梁整体效果图

3 钢箱梁预拼装技术

浦仪公路西段上坝钢箱梁制造采用多梁段连续匹配,组装、焊接、预拼装一次完成的工艺,每轮次12个节段同时拼装的长线拼装法。装顺序为:锚腹板模块单元制作→胎架设计→板单元两拼一→中心底板单元定位→组装边底板单元→横、纵隔板组装→腹板单元定位→横梁定位→中间顶板定位→边顶板单元的顺序,关键拼装技术如下:

3.1 CAD模拟放样技术

浦仪公路西段上坝钢箱梁制造采用多梁段连续匹配,组装、焊接、预拼装一次完成的工艺,所以在制造开始前,根据设计成桥线性和监控单位给定的顶、底板单元长度、梁段间角度、高程、温度变化修正值、配切预留工艺间隙、梁段摆放位置等数据在CAD上进行钢箱梁无应力制造线形1∶1模拟放样,通过模拟放样可以得到钢箱梁各位置高程、各板单元定位尺寸、隔板倾斜量、腹板倾斜量、各板单元的精确位置等指导钢箱梁制造胎架设计及预拼装过程中的所有重要拼装数据(图3)。

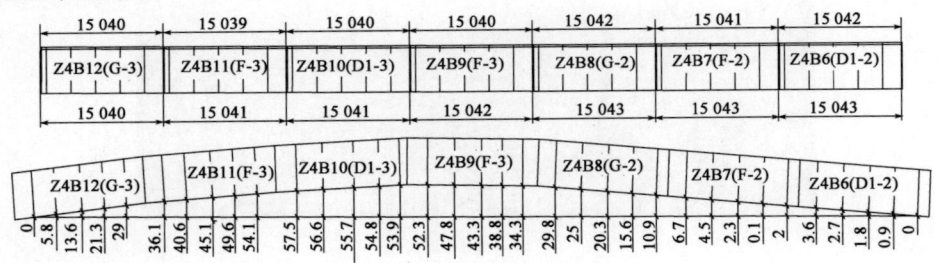

图3 CAD模拟示意图(尺寸单位:mm)

3.2 整体拼装胎架

钢箱梁总拼胎架作为梁段制造及预拼装的外胎,是对钢箱梁几何形状、尺寸精度、线形的控制起着关键作用,为了保证各板单元的精确定位,控制梁段拼装的尺寸,浦仪公路西段上坝大桥钢箱梁制造前,根据其结构特点、外形轮廓、横隔板分布、横梁分布及重心位置等对胎架进行了专门设计,通过上述计算机模拟放样,确定胎架横、纵梁分布、线性等,并且胎架设计预留出胎专用车道位置,确保大块体钢箱梁的出胎。浦仪公路西段上坝大桥胎架宽度55m,同时增加了中间横梁胎架,因结构特殊,横向无法设置反变形,所以胎架的制造精度要求非常高。为了保证钢箱梁制造以及预拼装的精度,确定了任意胎架横梁与钢箱梁横隔板的间距偏差不得超过5mm,胎架横梁线性牙板的最大相对高差不得超过±1mm,纵向线形允许偏差为±2mm的精度要求(图4~图6)。

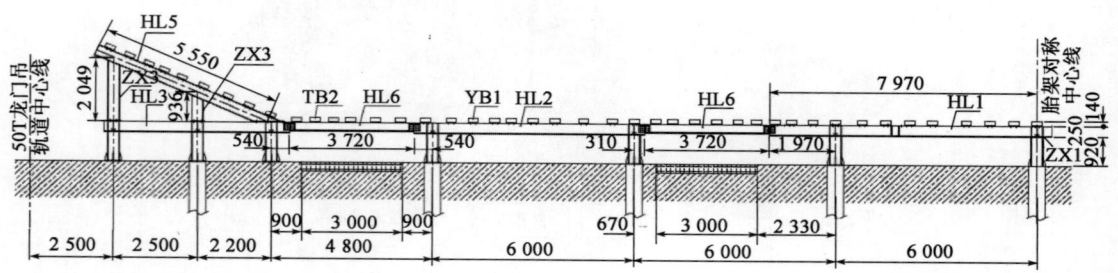

图4 有中间横梁位置处胎架横截面(尺寸单位:mm)

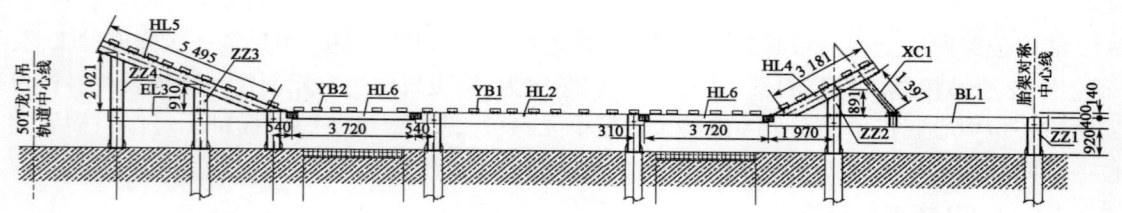

图5 无中间横梁位置处胎架横截面(尺寸单位:mm)

图6 现场制作胎架实物图

同时浦仪公路西段上坝大桥单个梁段长度 15m,每轮次的整体拼装长度约为 210m,浦仪公路西段上坝钢箱梁拼装周期需要四季施工,温度影响巨大,根据钢材的线膨胀系数和现场观测的最大温差可计算得出变化量最大约为 130mm。为了消除温度对整个预拼装的影响,在计算机模拟下,考虑预留的工艺间隙,每间隔两个梁段将胎架纵向断开 80mm,尽量消除由于温差引起的长度变化对箱梁的制造精度造成影响(图 7)。

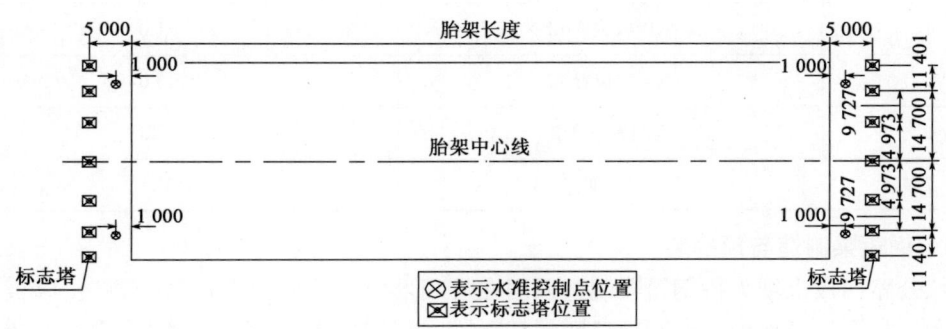

图 7　测量控制网平面布置图(尺寸单位:mm)

梁段总拼时为横纵向控制板单元位置,在胎架周围设置了测量控制网,其中胎架两端设置了 14 个标志塔,分别控制桥梁中心、单幅箱体中心、两侧锚腹板定位(锚箱位置)和梁段半宽;设置了 4 个永久水准点,作为胎架线形和板单元高程定位测量监控点。预拼装时将浦仪公路西段上坝钢箱梁的两个单幅箱梁和中间横梁按照成桥状态进行拼装,根据计算机模拟将所有梁段综合考虑,保证所有板单元定位均在同一个测量控制网监控下进行。

3.3　锚腹板模块

每次焊接都会造成焊接收缩,对梁段制造以及预拼装精度都会造成影响,加上浦仪公路西段上坝结构复杂、焊接量大,为了减小钢箱梁拼装过程中在总拼胎架上的焊接量和焊接变形,提高制造精度,同时也为了更好地保证锚箱的精度,因锚箱的空间位置决定了成桥后斜拉索的长度、角度,且锚腹板是主要受力构件。在钢箱梁制造前,为了简化制造程序,减少变形,保证锚箱相对腹板的精度,同时为了在钢箱梁预拼过程中达到定位精度的高要求,钢锚箱提前焊接在腹板上,与腹板组成一个整体模块即锚腹板模块(图 8)。

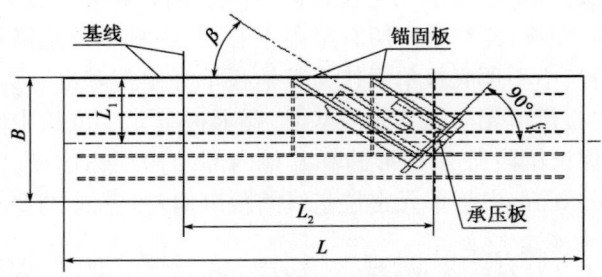

图 8　钢锚箱位置示意图

因锚腹板模块是钢箱梁组焊的基础部件,是保证钢箱梁组焊定位精度的根本,故此为了保证模块的精度,不但要求精确下料,承压板机加工,而且腹板与钢锚箱必须在经检验合格的平台上划线组焊,同时要求成品各部尺寸的允许偏差见表 1。

钢锚箱模块成品各部尺寸的允许偏差 表1

序 号	检 验 项 目	允 许 偏 差
1	腹板长度 L	±2.0
2	腹板宽度 B	±2.0
3	对角线差	≤4.0
4	承压板位置 L1	±1.0
5	承压板位置 L2	±1.0
6	锚锢板角度 β	±0.15°
7	承压板角度 90-β	±0.15°

3.4 钢箱梁制造与预拼装

浦仪公路西段上坝大桥钢箱梁制造采用在带线形的拼装胎架上进行预拼装，以板块单元的三维全过程匹配来保证梁段间接口匹配和梁段间连接质量，从而实现钢箱梁桥上架设连接线形顺畅，所以每块板单元每一次的精确定位都是一次预拼装过程，每块板单元的精确定位都要在计算机模拟数据以及测量控制网的监控下进行。

3.4.1 顶、底板单元连续定位

浦仪公路西段上坝大桥板单元制造时，在规定位置设置了横、纵基线，作为梁段定位基线（图9）。

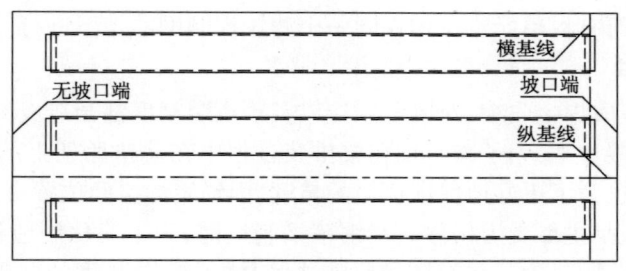

图9　板单元横、纵基线示意图

梁段拼装时，首先进行中心板单元定位，即采用经纬仪、测量标志塔、定位基线以及CAD模拟得到的定位基线间距离，连续确定所有梁段中心顶、底板单元精确位置，同时兼顾两幅中心顶底板单元相对位置，中心顶底板单元作为其他板单元定位基准。为了保证周边板单元的横、纵方向定位均以中心板单元横纵基线为基准，要求板单元定位从中心向两边依次完成，这种匹配定位方法能够保证梁段所有U形肋和其他内部结构顺畅连接。每块板单元纵向定位的精度满足桥中线偏差0.5mm，板单元定位基线间距离偏差±2mm的要求。

3.4.2 横隔板单元连续定位

浦仪公路西段上坝大桥横隔板分多种，以对接方式接宽。隔板拼装应从基准梁段开始，按照由近及远、由中间向两边的顺序进行。横隔板组装时，在底板接板上焊接横隔板落位码，隔板要求全部落入落位码内，重点控制横隔板间距及与箱梁底板的垂直度，因梁段存在线形所以在拼装时应特别注意隔板的倾斜量，根据CAD模拟数据，采用吊线锤的方法保证倾斜量的准确（图10、图11）。

图10 隔板精确定位

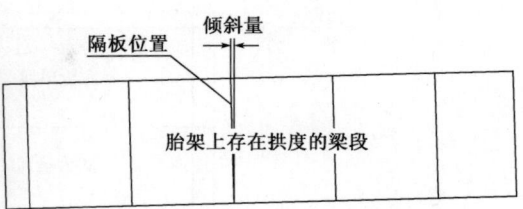

图11 隔板倾斜量示意图

3.4.3 锚腹板单元精确定位

在钢箱梁制造前,为了简化制造程序,提高定位精度,斜拉索的钢箱梁梁端锚固锚箱与锚腹板组成一个整体模块。因锚箱的空间位置决定了成桥后斜拉索的长度、角度,且锚腹板是主要受力构件,所以在钢箱梁长线法制造过程中对锚腹板这个重要模块的定位精度要求非常高,为了提高定位精度,在模块成型后,分两级控制锚腹板模块。

3.5 锚腹板定位的第一级控制

在钢箱梁预拼装定位锚腹板第一级控制可以分解为:高程方向定位、纵向定位、横向定位、角度定位。

3.5.1 锚腹板模块高程定位

底板与横隔板组装焊接全部完成后,对底板的线性进行调整,使腹板位置的高程最大偏差不超过2mm,保证锚腹板模块组焊时的累积误差(锚腹板模块本身的制造误差与腹板位置高程误差之和)最大不超过4mm。采用水准仪和全站仪同时检测高程数据,保证准确无误。

3.5.2 模块纵向定位

线形调整合格后,以每一轮次基准梁段的中心底板闭口肋组装基准线为基准,利用梁段间锚箱的纵向间距,在桥梁中心线上做好锚腹板模块纵向定位标记(最大偏差不允许超过2mm)。根据胎架外设立好的桥梁中心控制点,用经纬仪做好钢锚箱的纵向定位中心基准线。在此过程中要注意,因为梁段有线形与水平面存在夹角,故此钢锚箱纵向定位基准面垂直于斜底板而不是垂直于水平面。使用仪器所找到的模块纵向定位基准面是与水平面垂直的铅垂面,因平底板与斜底板有1m左右的高差,所以与实际钢锚箱纵向中心定位基准面产生了一定的偏移量,要在实际操作前进行计算然后进行补偿,同时兼顾两幅锚腹板相对位置关系。

3.5.3 模块横向定位

横向定位基准线也利用事先在胎架外做好的钢箱梁半宽控制点放样。钢锚箱横向定位基准要考虑焊接的影响,预先留好焊接收缩量。钢锚箱横、纵定位基准面放线都要避开温度与日照的影响,保证定位基准的准确,且完毕后要利用钢尺连续复核基线间距离,保证准确无误。

整个钢锚箱定位基准放样完毕后,在钢箱梁底板上会得到如图12所示的横、纵向定位基准网。

根据在底板上做好的锚腹板模块横、纵定位基准网以及在锚腹板模块制造时做好的锚箱基准线组装锚腹板。即将锚腹板上预先划好的锚箱横基线与斜底板上的锚箱纵向组装基准对正;将腹板底边外缘与锚箱横向组装基准对正。

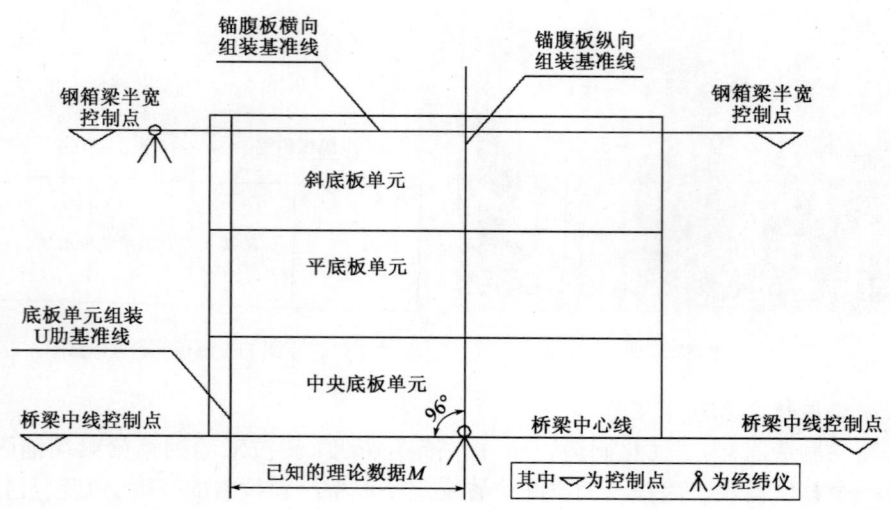

图12 钢锚箱在钢箱梁底板上的横、纵向定位基准网示意图

3.5.4 定位模块的角度

经检测横、纵向定位无误后进行点焊,开始对锚腹板模块角度进行调整,即利用经纬仪与钢尺测量锚腹板模块上边缘与仪器之间的水平距离 A,是否是计算的理论值,如不是则需要调节锚腹板角度,直至合格。如图13(钢箱梁局部)所示。

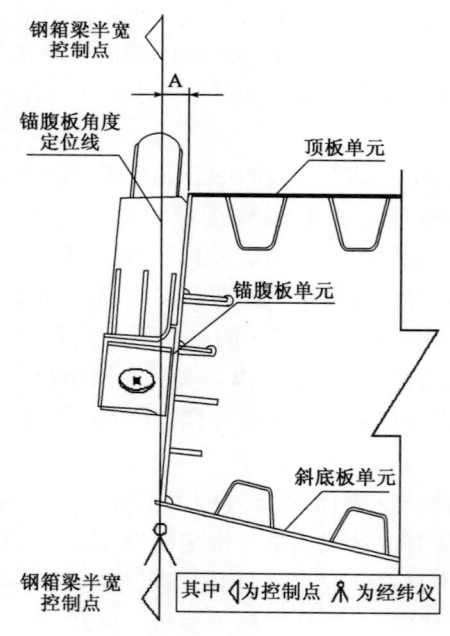

图13 钢锚箱与锚腹板定位示意图(钢箱梁局部)

注意在调整过程中要根据焊接形式的不同预留焊接收缩量,此工作要求在日出前或阴天完成。如温度不能达到15℃基准温度要增加温度补偿(钢材的线膨胀系数为 1.2×10^{-2} mm/m·℃)。定位完成后只进行模块与斜底板的焊接,不进行与横隔板的焊接。

3.6 锚腹板定位的第二级控制

锚腹板与斜底板焊接完成后,在与边顶板组焊前,进行锚腹板模块的第二次定位。此时除边顶板外的顶板焊接以及顶板与横隔板焊接都已进行完毕,焊接收缩产生的变化基本全部显现,更有利于模块定位精度的把握。此时主要是对第一级控制中的锚腹板模块角度做最后的验证,即保证锚腹板模块的角度同时也控制钢箱梁的宽度。定位调整过程也要在日出前或阴天完成,避免阳光、温度的干扰。定位后,完成模块与横隔板以及边顶板的焊接。

3.7 横梁精确定位

横梁板单元的定位与钢箱梁穿插进行,因梁段分为左右两幅以及横梁,在组装定位时应将两幅箱梁、横梁关联起来进行,不得只考虑单幅箱梁或者单个横梁进行组装定位,以保证箱梁以及横梁间的匹配性。

中间横梁底板单元定位完成后用刚性码固定,确保其不发生位移。组装横梁底板单元时,以中间横梁底板单元中心线为定位基线,预留 2.5mm 焊接收缩量,同时箱梁内斜底板与内腹板要求在横梁底板、隔板、腹板完成后进行定位。由于有横梁的钢箱梁的胎架在内斜底板位置不能设置斜支撑,所以,首先定位横梁底板、隔板、腹板既能在内斜底板定位时起到支撑作用,减少变形,同时也能避免横梁腹板后装造成的定位困难。

3.8 焊接控制

浦仪公路西段上坝钢箱梁制造过程中,横向没有预留反变形量,所以在焊接顺序上进行了一定的改进,确保箱梁线形。

(1)内、外斜底板定位、打码应在日出前或者阴天进行,如在日出前或阴天使用码板将平、斜底板单元连接成为整体,则可任何时段打码。避免因温度变化造成的膨胀、收缩对焊接间隙或者斜底板定位造成影响。

(2)隔板组焊时,要先进行横隔板的立位对接焊缝(此时边隔板与底板接板用活码定位,不得进行点焊和焊接),然后焊接横隔板与底板焊缝,但不得焊接边隔板与斜底板的焊缝,此部分仅能用活码组装定位,该焊缝在所有顶板单元组焊完成之后,边顶板组焊前完成,以减小节段内部的应力,控制好锚腹板的线形。

(3)腹板单元第一次定位完成后,焊接腹板与斜底板间的坡口角焊缝。内、外腹板与横隔板之间只能用活马连接,不得进行点焊和焊接。

(4)顶板焊接,应先进行纵向对接的焊接,顶板单元高程定位须在日出前或者阴天进行,顶板上的接板与隔板焊接须在日出前、阴天或者仓内隔板与顶板温差不大时进行,以减小因焊接前顶板、隔板温度影响量不同,焊接后造成对线性的不利影响。

(5)腹板第二次定位完成后,进行腹板与隔板以及隔板与斜底板的焊接。

以上 5 点控制,不但有效避免了钢箱梁的起翘,很好保证了线形,而且最大限度减小了焊接残余应力。

4 结语

按照以上工艺完成的浦仪公路西段上坝钢箱梁,预拼装精度高,质量好,经现场检测制造线行进偏差在+4.5~−4.3mm 之间(允许偏差−5~+25mm),标准拼接板的互换率达到 91.2%,其他检测项点也均满足制造规则的要求,很好地完成了浦仪公路西段上坝钢箱梁的制造与预拼装,顺利地解决了钢箱梁制造过程中,分幅梁段间接口匹配、分幅梁段预拼装线形、分幅钢箱梁左右幅锚腹板在横、纵、高程三维方向的高精度定位,保证了锚箱的精度,顺利完成了钢箱梁的制造工作。经过实践检验,桥位焊接完成的梁段斜拉索安装顺利,角度准确,证明该工艺是经济、可靠的,能够满足施工要求,确保钢箱梁制造与桥位安装的顺利完成。

　　根据我国交通发展总体规划,我国公路建设将形成以高速公路为主的国道主干线,这将跨越很多江河、海湾,随着浦仪公路西段上坝大桥钢箱梁制造技术的研究及成功运用,必将为以后建设的大型桥梁钢箱梁施工提供有益的借鉴。

参 考 文 献

[1] 陈朝军.宁波梅山春晓大桥拱梁结合段组焊技术研究[J].焊接技术,2016,45(5):156-159.
[2] 李彩霞,乔新旺.栓焊钢桁梁桥制孔技术研究[J].钢结构,2015,30(7):84-86.
[3] 邵天吉,谈发帮.合福铁路铜陵长江大桥整体桁片的关键拼装技术[J].中外公路,2015,35(1):183-187.
[4] 李峰.Auto CAD 放样技术在钢拱塔制作中的应用[J].钢结构,2013,28(4):55-57.
[5] 何艳萍.公路大桥索塔钢锚箱关键制作技术及焊接变形控制[J].金属加工(热加工),2014,705(6):79-81.
[6] 张瑶,郭卫东.嘉绍大桥钢锚箱制作质量控制方法研究[J].科技与企业,2012(4):50-51.
[7] 张永涛,罗承斌,吴启和.苏通长江大桥钢锚箱安装控制方法研究[J].中外公路,2008,25(6):101-103.
[8] 中国铁路总公司.铁路钢桥制造规范:Q/CR 9211—2015[S].北京:中国铁道出版社,2015.
[9] 中华人民共和国交通运输部.铁路桥梁钢结构设计规范:TB 10091—2017[S].北京:中国铁道出版社,2017.

64.斜拉桥超宽超重钢箱梁高支架纵横移施工工艺

李 亮[1] 刘 江[2] 张其玉[2]

（1.南京市公共工程建设中心；2.中交二公局第二工程有限公司）

摘　要：斜拉桥钢箱梁安装施工工艺一般有支架法、悬臂吊装法等，鉴于边跨部分梁段多位于浅水区或陆域，多采用支架和悬臂吊装相结合的工艺，本文以浦仪公路西段跨江大桥主桥东岸边跨钢箱梁施工为例，介绍超宽超重钢箱梁高支架纵横移施工技术，为类似工程提供借鉴。

关键词：斜拉桥　钢箱梁　边跨　高支架　纵横移

1 工程简介

浦仪公路西段跨江大桥主桥采用双索面独柱型钢索塔斜拉桥，主桥跨径布置为 50m+180m+500m+180m+50m=960m，其桥型布置如图 1 所示。

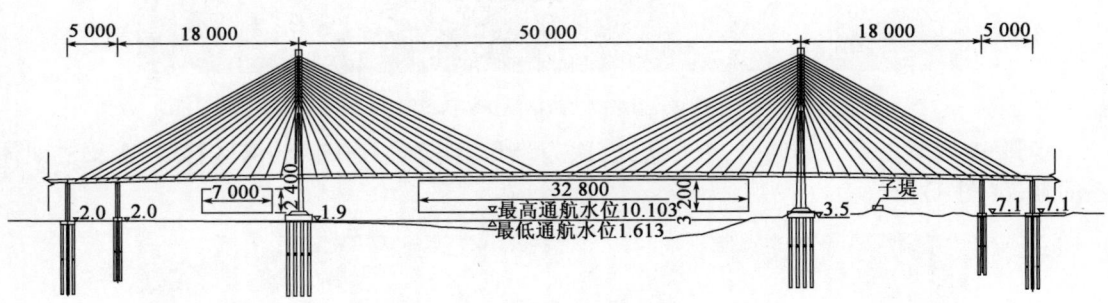

图 1　主桥桥型布置图（尺寸单位：cm）

主梁采用扁平流线型分幅钢箱梁，其上翼缘为正交异性板结构，两幅钢箱梁采用横向联系横梁连接。主桥钢箱梁划分为 A、B、C、D、E、F、G、H 共 8 种类型，65 个梁段，均采用全断面焊接方式。其中 A、B 为索塔区梁段，C 为标准梁段；E、F、G、H 为边跨梁段；D 为跨中合龙段。边跨次边跨梁段最大重量为 516.8t。钢箱梁节段划分见表 1。

梁段参数及施工工艺　　　　　　　　　　　　表1

序号	梁段类型	梁段编号	数量	梁段长度（m）	单个梁段吊装重量(t)	安装工艺	备注
1	H	EB16	1	13.6	302.1	浮吊起吊至移梁支架，纵横移至设计位置	边跨次边跨梁段
2	G	EB13~EB15	3	9.6	249.3		
3	F	EB12	1	9.6	302.8		
4	E	EB11	1	16	516.8		
5	C	EB02~EB10	9	16	393.3		
6	B	EB01	1	16	461.4		

由于其边跨次边跨段位于陆地上，在完成塔区梁段安装后，采用桥面吊机进行对称悬臂施工的常规方法难以实施，故边跨次边跨钢箱梁通过塔吊吊装、存移梁支架及滑移系统进行安装。

边跨次边跨共计16个梁段，包括B梁段1个（EB01）、C梁段9个（EB02~EB10）、E梁段1个（EB11）、F梁段1个（EB12）、G梁段3个（EB13~EB15）、H梁段1个（EB16）。在索塔施工的同时进行边跨次边跨梁段移梁、存梁支架的施工，利用800t浮吊起吊至梁段纵移支架上，通过纵横移至设计位置，顺序由EB16至EB01，存梁与环缝焊接同步进行，直至完成全部梁段的存放。

边跨次边跨钢箱梁安装施工如图2所示。

图2　边跨次边跨梁段安装示意图

步骤一：在索塔安装的同时，进行边跨、次边跨和索塔区、跨中侧浅滩区移梁、存梁支架体系的施工（图3）。

图3　移梁、存梁支架体系示意图

步骤二：在索塔安装的同时，待移梁、存梁支架施工完成后，开始边跨、次边跨梁段的安装，由EB16至EB01的顺序进行，同时调整各梁段的位置，进行梁段间环缝焊接，使边跨、次边跨梁段形成整体。

2 边跨侧钢箱梁支架设计

为给边跨次边跨钢箱梁提供纵、横移平台及存梁平台，使边跨次边跨钢箱梁到达设计位置，需在边跨次边跨侧设置钢箱梁支架，其支架体系包含：钢箱梁纵移支架、钢箱梁横移支架、次边跨钢箱梁支架和边跨钢箱梁支架，支架总体布置图如图4所示。

图4 边跨次边跨钢箱梁支架总体布置图(尺寸单位:cm)

2.1 钢箱梁纵移支架

钢箱梁纵移支架布置于上坝大桥下游，纵移支架中心轴线距离桥轴线56m，纵移支架总长75m。支架由钢管立柱、平联、斜撑、桩顶分配梁和轨道梁等组成。钢管立柱采用$\phi 820\times 10$mm钢管桩，纵桥向布置9排，标准间距为9m，其中2排兼做横移支架，标准间距为6.4m；纵移支架横桥向布置5排，其中横移区横桥向7排$\phi 820\times 10$mm钢管桩。平联均采用$\phi 426\times 6$mm钢管，斜撑采用I20型钢。桩顶分配梁顶部布置轨道(3拼工HN400×200)，纵移区钢箱梁轨道间距为27.6m，梁底设置滑板。

2.2 钢箱梁横移支架

钢箱梁横移支架由钢管立柱、平联、斜撑、桩顶分配梁和轨道梁等组成。钢管立柱采用$\phi 820\times 10$mm钢管桩，平联均采用$\phi 426\times 6$mm钢管，斜撑采用I20型钢，桩顶分配梁采用轨道(双拼工HW650×300)。

2.3 边跨次边跨钢箱梁支架

边跨次边跨钢箱梁支架由钢管立柱、平联、斜撑、桩顶分配梁和轨道梁等组成。钢管立柱采用$\phi 820\times 10$mm钢管桩，纵桥向布置18排，横桥向布置4排或5排，平联均采用$\phi 426\times 6$mm钢管，斜撑采用I20型钢，桩顶分配梁采用2HN500×200型钢。

为方便施工，在支架内侧设置安全通道，安全通道采用在贝雷上固定I12.6型钢的方式，并在环焊缝位置处设置横向通道，保证施工人员具有充足的操作空间。

3 梁段吊装

为满足吊装要求，边跨次边跨梁段钢箱梁采用"众威818"浮吊进行顺桥向吊装。

"众威818"浮吊抛锚定位、后退，运梁船抛锚，绞锚前移，停靠在浮吊前方，与浮吊呈90°，浮吊绞锚前移，主钩下放吊具，工人操作，将吊具与待吊钢箱梁连接，然后起升吊具，使起吊钢丝绳略微绷紧，再解除钢箱梁与运梁船的约束，当梁段吊离运梁船10cm后停止起钩，静止

15min,进行设备、吊物、环境检查,无异常情况后,缓慢起钩。当梁底超过运梁船甲板高度50cm后,停止起吊,运梁船起锚快速移走。继续起吊梁段,当梁段起吊至高于支架顶50cm左右时停止起钩,浮吊缓慢前移,到达落梁位置后徐徐落钩,直至梁段完全落放在支架顶滑块上,卸除吊具与钢箱梁的连接(图5)。

图5 边跨次边跨钢箱梁吊装示意图

4 梁段滑移

边跨次边跨梁段滑移分三个阶段:桥位外侧的纵移、桥位外侧的横移和桥位处的纵移。其中桥位外支架上的纵横移距离较近,采用中空顶纵横移工艺(穿心千斤顶+精轧螺纹钢);桥位处支架上的纵移距离较远,采用连续千斤顶纵移工艺(连续千斤顶+钢绞线)(表2)。

梁段滑移流程图　　　　　　　　　　　表2

步骤	说　　明	图　　例
步骤一	1.布置拖拉系统及滑块; 2.将钢箱梁运至现场	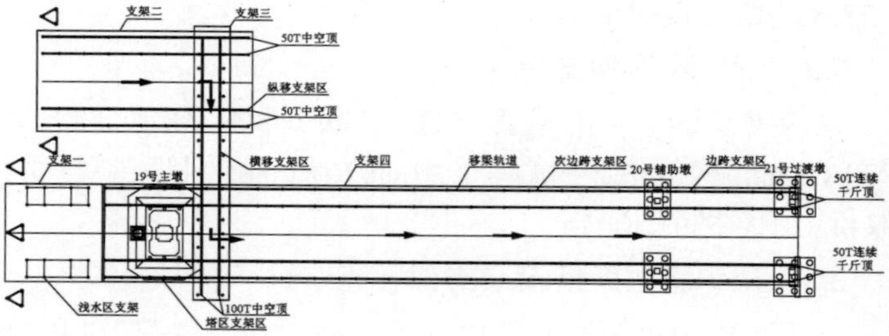
步骤二	将钢箱梁节段1吊运至拖拉滑块上	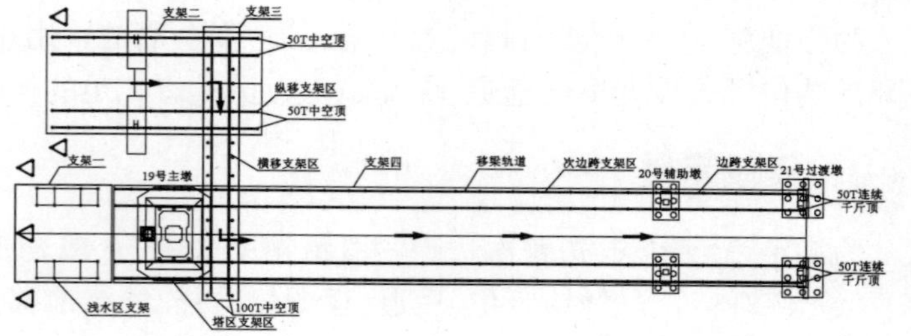

续上表

步骤	说　明	图　例
步骤三	1.将钢箱梁节段1拖拉至横纵滑道转换处,将滑块与拖拉顶连接； 2.将纵向拖拉千斤顶倒换至开始位置处继续拖拉下一节段钢箱梁	
步骤四	1.将钢箱梁节段1拖拉至横纵滑道转换处,将滑块与纵向连续拖拉顶连接； 2.将钢箱梁节段2拖拉至横纵滑道转换处,将滑块与横向拖拉中空顶连接； 3.将纵向拖拉顶倒换至开始处继续拖拉下一节段钢箱梁3	
步骤五	1.将钢箱梁节段1拖拉至设计位置,采用双作用千斤顶对钢梁的位置进行精确定位,同时倒换出滑块用垫块支撑钢梁； 2.将钢箱梁节段2拖拉至横纵滑道转换处,将滑块与纵向连续拖拉顶连接； 3.将钢箱梁节段3拖拉至横纵滑道转换处,将滑块与横向拖拉中空顶连接； 4.将纵向拖拉顶倒换至开始处继续拖拉下一节段钢箱梁4	
步骤六	1.重复步骤五拖拉后续钢梁节段5~15； 2.钢箱梁节段拖拉至设计位置后需对箱梁节段进行精确定位,并与前一节段进行焊接	

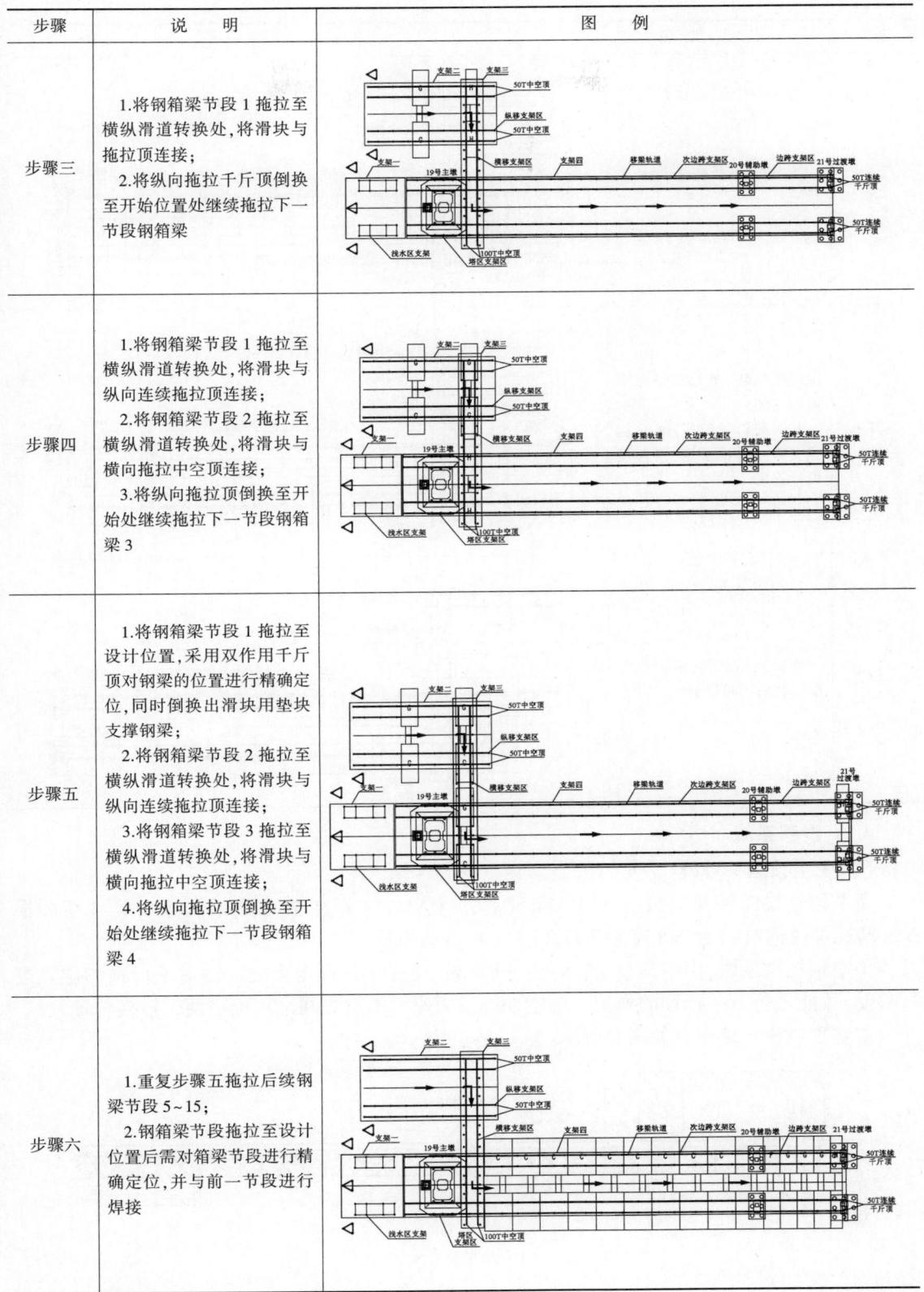

491

续上表

步骤	说明	图例
步骤七	采用浮吊安装钢梁节段16、17	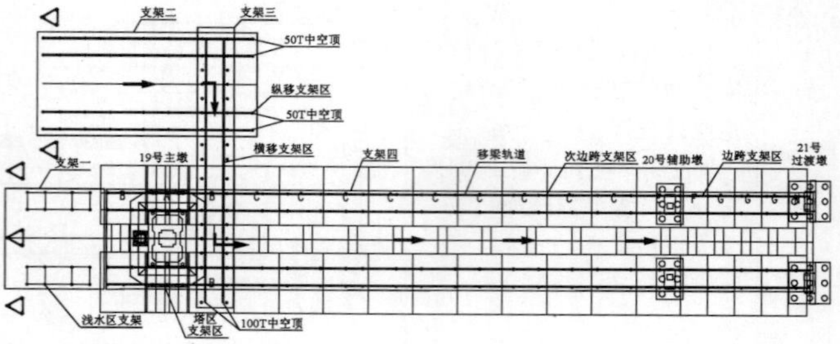
步骤八	1.将支架二处拖拉系统倒换至支架一处； 2.将钢箱梁节段18吊运至支架一处滑块上，滑移至设计位置	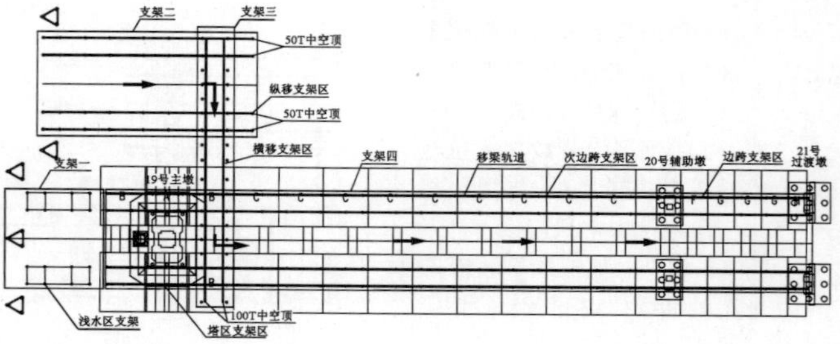
步骤九	拆除拖拉系统，采用桥面吊安装后续箱梁节段	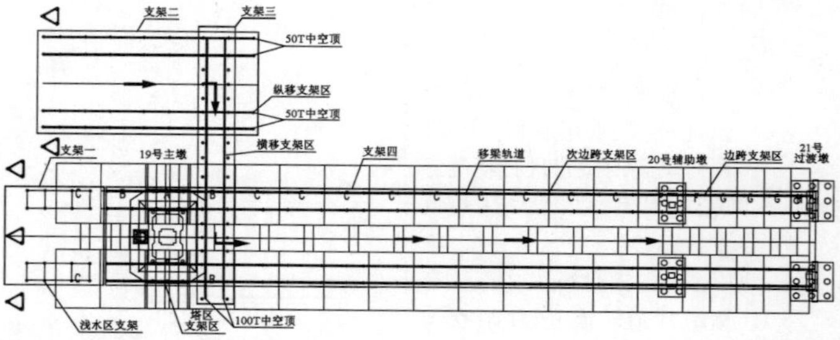

4.1 滑移系统

(1) 中空顶纵移系统

每节段钢梁滑移及牵引系统由4条滑道、8个滑块、4组4根Φ32精轧螺纹钢、4组8根φ18精轧螺纹钢筋、4台50t穿心千斤顶、4个反力座组成。

中空顶拖拉系统，中空顶每个行程走30/42m，及每个行程走完之后需对千斤顶的位置进行移动，才能进行下一行程的拖拉。中空顶的反力座与滑道之间采用栓接便于转换位置。

中空顶纵移系统布置如图6所示。

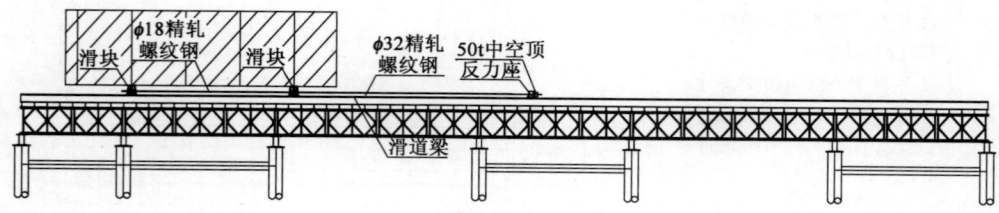

图6 中空顶纵移系统布置图

(2)中空横移系统

每节段钢梁滑移及牵引系统由 2 条滑道、8 个滑块、2 组 4 根 Φ32 精轧螺纹钢、4 组 8 根 ϕ18 精轧螺纹钢筋、2 台 100t 穿心千斤顶、2 个反力座组成。中空顶的反力座与滑道之间采用栓接便于转换位置。

中空横移系统布置如图 7 所示。

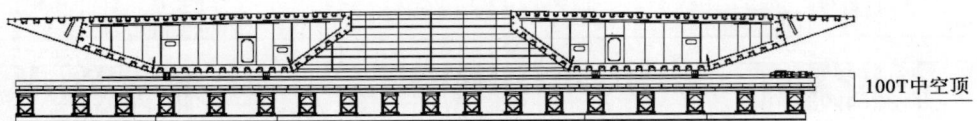

图 7　中空横移系统布置图

(3)连续千斤顶纵移系统

每节段钢梁滑移及牵引系统由 4 条滑道、8 个滑块、4 组 8 根 Φ15.2 钢绞线、4 组 8 根 ϕ18 精轧螺纹钢筋、4 台 50t 连续千斤顶、4 个反力座组成。

连续千斤顶拖拉系统,将连续千斤顶固定在反力座上,每片梁拖拉到位后,需要对拖拉系统的位置进行移动,所以连续千斤顶的反力座与滑道之间也采用栓接。同时采用钢垫块与滑块进行转换(每片梁配置 8 个垫块,全桥共 3×8+2＝26 个)。

连续千斤顶拖拉系统布置如图 8 所示。

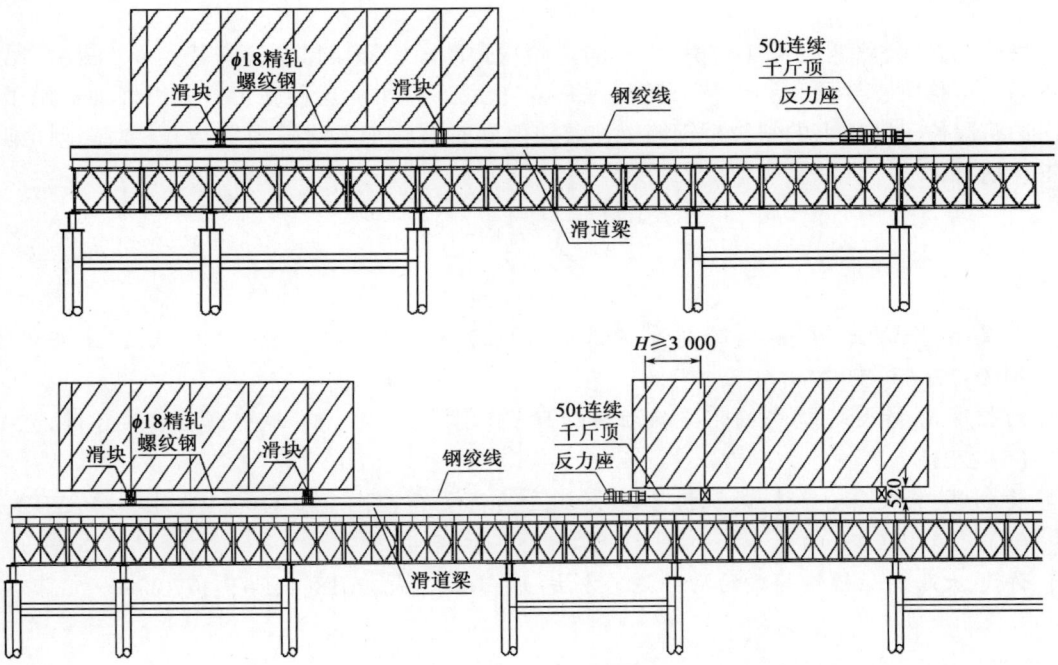

图 8　连续千斤顶纵移系统布置图(尺寸单位:cm)

4.2　梁段精确调位及焊接

钢箱精确配切完成后在每个滑块内侧设置 1 台 100t 竖向千斤顶与 1 台 30t 螺旋千斤顶进行位置调整。根据钢梁的偏位方向,利用纠偏装置调整标高、纵向线型、平面位置,直至钢梁位置满足设计要求。梁段精确调位布置如图 9 所示。

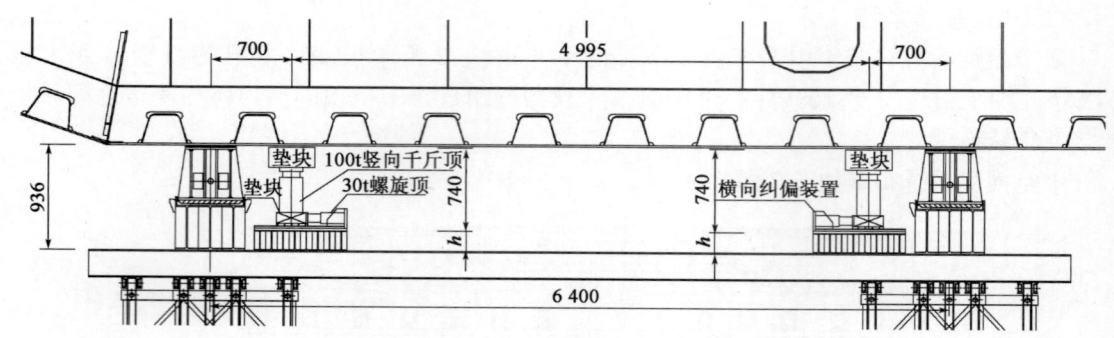

图9 梁段精确调位布置图(尺寸单位:cm)

竖向千斤顶顶面支垫1块2×50×50cm厚钢板,再在顶部设置一块2×50×50cm橡胶,防止钢箱梁底部局部变形。测量根据监控数据将钢箱梁纵、横轴线及底标高放好线,并做好标记或焊好限位。

4.3 边跨钢箱梁安装线形控制

根据监控单位提供钢箱梁安装线形,结合支架计算结果确定出支架的变形量,通过提前预抬的方式来避免已连接的钢箱梁节段和待安装的钢箱梁节段之间将存在差异沉降以确保已连接的钢箱梁节段和待安装的钢箱梁节段能够顺利对接。

5 结语

目前,浦仪公路西段跨江大桥A2标段边跨次边跨段钢箱梁已全部安装完成,采用浮吊起吊钢箱梁至移梁支架顶,经"纵移→横移→纵移"滑移后就位的这种施工方法很好地适用于边跨次边跨段位于陆地上的斜拉桥钢箱梁安装。但同时该施工方法较为复杂,需要制定详细的施工计划。

参 考 文 献

[1] 卜星玮,徐海云,陈诚.大跨超宽钢箱梁斜拉桥边跨施工关键技术[J].中国港湾建设,2019,39(6):73-77.

[2] 刘长辉.分析大跨超宽钢箱梁斜拉桥边跨施工关键技术[J].现代物业(中旬刊),2019(5):221.

[3] 黄朝晖,余定军,曾炜.斜拉桥边跨浅滩区钢箱梁吊装施工技术[J].中外公路,2012,32(4):134-137.

[4] 许飞.大跨斜拉桥钢箱梁的滑移施工方法[J].山西建筑,2018,44(6):177-179.

65. 斜拉桥中跨钢箱梁悬臂吊装施工工艺

周 畅[1]　张其玉[2]　蒋铁锐[2]

(1.南京市公共工程建设中心；2.中交二公局第二工程有限公司)

摘　要：考虑到交通流量及行人、非机动车通行等需求，桥梁宽度越来越宽，重量也随之变大。在施工条件允许的情况下，斜拉桥钢箱梁一般采用桥面吊机垂直起吊，但对超宽超重且左右幅分离式钢箱梁，在垂直起吊过程中会出现已吊梁段与待吊梁段之间高差较大的情况，需要尽量减轻桥面吊机重量情况下，研究超宽超重钢箱梁梁段调整的工艺，并研发相应的工装。

关键词：斜拉桥　中跨　钢箱梁　悬臂吊装施工

1　工程简介

浦仪公路西段跨江大桥为双索面独柱型钢索塔斜拉桥，两个边跨各设一个辅助墩、过渡墩，主桥跨径布置为50m+180m+500m+180m+50m＝960m，上部结构采用纵向漂浮体系，主桥跨越长江夹江航道，分东、西两塔。该桥主梁采用扁平流线型分幅钢箱梁，其上翼缘为正交异性板结构，两幅钢箱梁采用横向联系横梁连接。标准横断面总宽53.4m，钢箱梁断面分幅布置在索塔两侧，外腹板外侧设置行人与非机动车道，单幅箱梁（含人非系统挑臂）宽22.05m。主梁划分为A、B、C、D、E、F、G、H共8种类型，65个梁段，均采用全断面焊接方式。主梁节段标准长度16m，边跨尾索区节段标准长度为9.6m。钢箱梁节段划分见表1。

钢箱梁节段划分表　　　　表1

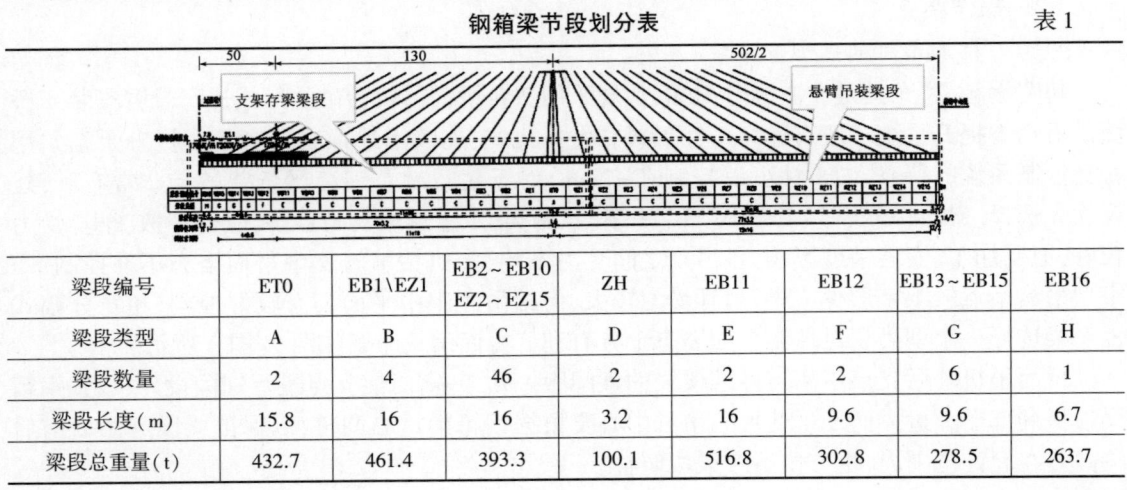

梁段编号	ET0	EB1\EZ1	EB2~EB10 EZ2~EZ15	ZH	EB11	EB12	EB13~EB15	EB16
梁段类型	A	B	C	D	E	F	G	H
梁段数量	2	4	46	2	2	2	6	1
梁段长度(m)	15.8	16	16	3.2	16	9.6	9.6	6.7
梁段总重量(t)	432.7	461.4	393.5	100.1	516.8	302.8	278.5	263.7

2 工艺原理

2.1 钢箱梁悬臂吊装

根据钢箱梁结构特点和监控要求,选择合适的桥面吊机,包括吊具。将待吊装钢箱梁运输至或转移至设计位置正下方,下放吊具并与钢箱梁吊耳连接,起吊钢箱梁至安装位置,等待线形调整。钢箱梁悬臂吊装与斜拉索安装张拉交叉进行。

2.2 钢箱梁线形调整

双索面斜拉桥,尤其是对于斜拉索布设在道路边缘的超宽超重分离式钢箱梁,在钢箱梁悬臂吊装过程中会出现已吊装梁段与待吊装梁段匹配口处有较大的高差,越靠近道路中心线高差越大,需要在相应工装的辅助下经过粗调、精调两个步骤调整梁段至监控要求的线形。

3 工艺流程及操作要点

3.1 施工工艺流程(图1)

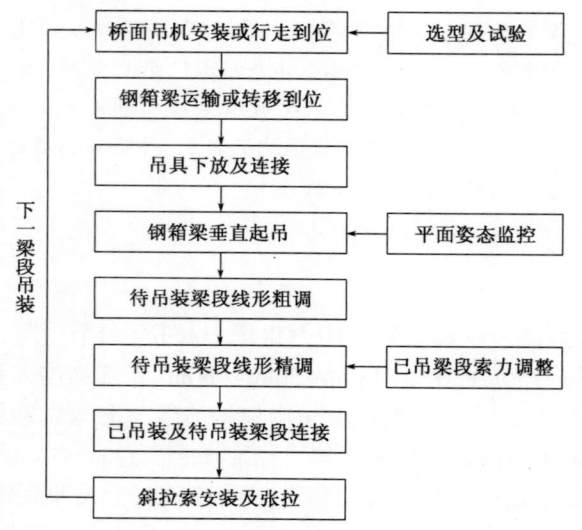

图1 施工总体流程图

3.2 操作要点

3.2.1 桥面吊机的选型及安装

超宽钢箱梁,尤其是左右幅分离式,常规采用2台桥面吊机抬吊的形式进行悬臂安装。桥面吊机动力提升系统一般有连续千斤顶式和卷扬机式,连续千斤顶式具有多套提升泵站共用一套控制系统的特点,同步性可以控制在±2mm,对于超宽超重钢箱梁悬臂吊装非常有利,建议优先选择。吊具一般有"工字形"和"一字型"两类,工字形吊具吊点多,应力分散,吊耳受力较好,但受加工、安装精度影响,各吊点之间受力不均,多机抬吊施工中平面姿态不易控制;一字型吊具吊点较工字形少一半,吊耳受力较大,但抬吊施工中平面姿态较好控制,超宽分幅式钢箱梁选择一字型吊具对控制平面姿态十分有利。桥面吊机布置如图2、图3所示。

桥面吊机前后支点距离与标准梁段的索间距一致,并需对前支点进行加固设计,放置钢箱梁顶板局部受力过大而发生变形。吊具中心要根据钢箱梁重心调整,以保证梁段起吊后前后端高差在允许范围内,也方便后续梁段调整。

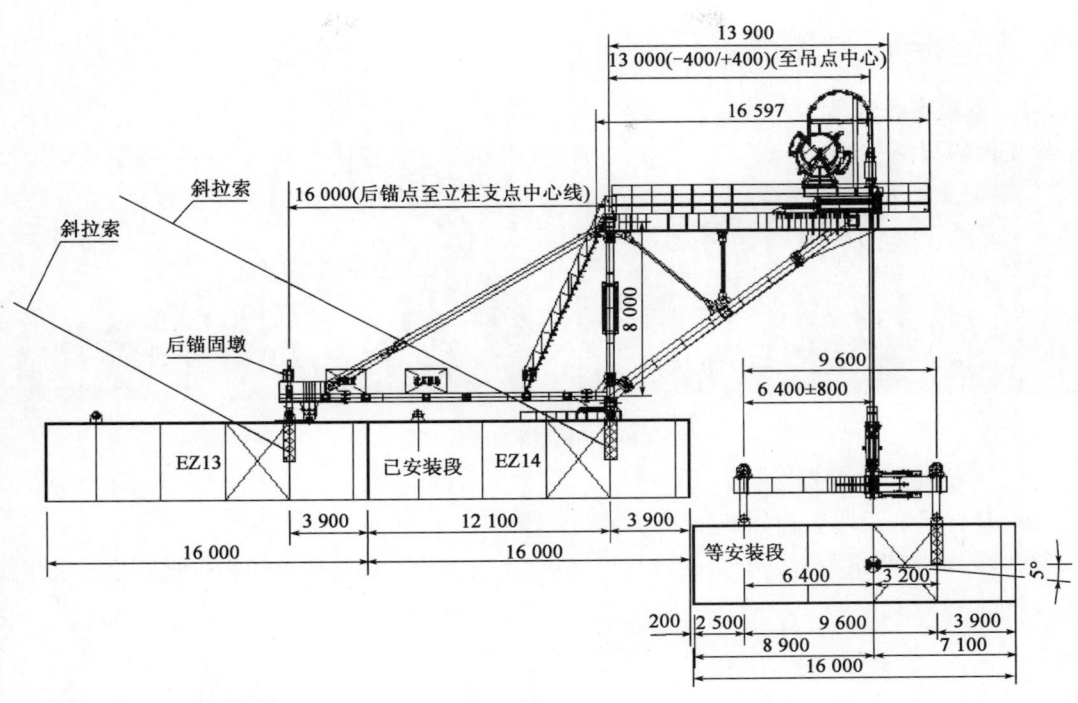

图2 桥面吊机布置立面图(尺寸单位:mm)

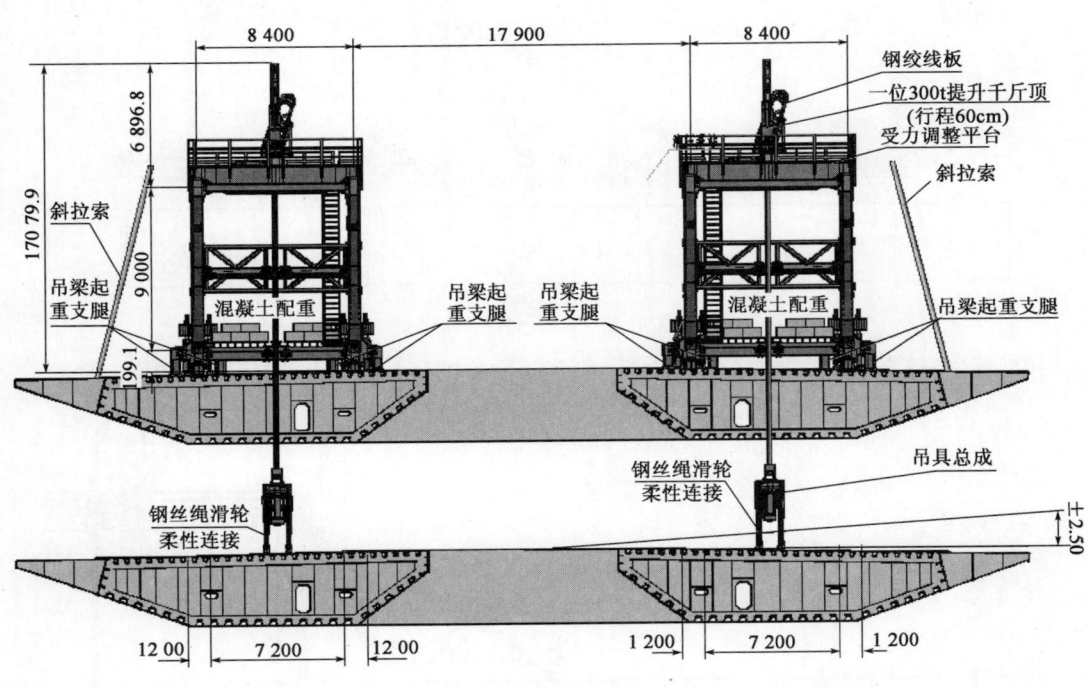

图3 桥面吊机布置正面图(尺寸单位:mm)

在条件具备的情况下,桥面吊机尽量在桥下拼装为整体后再利用浮吊或大型吊装设备整体吊装至桥面首次安装位置,如图4所示。

图 4 桥面吊机整体拼装与吊装

3.2.2 梁段悬臂吊装

梁段悬臂吊装总体流程如下：

第一步：待安装梁段与已安装梁段焊接完成后，安装待安装梁段上的斜拉索并第一次张拉（T1），如图 5 所示。

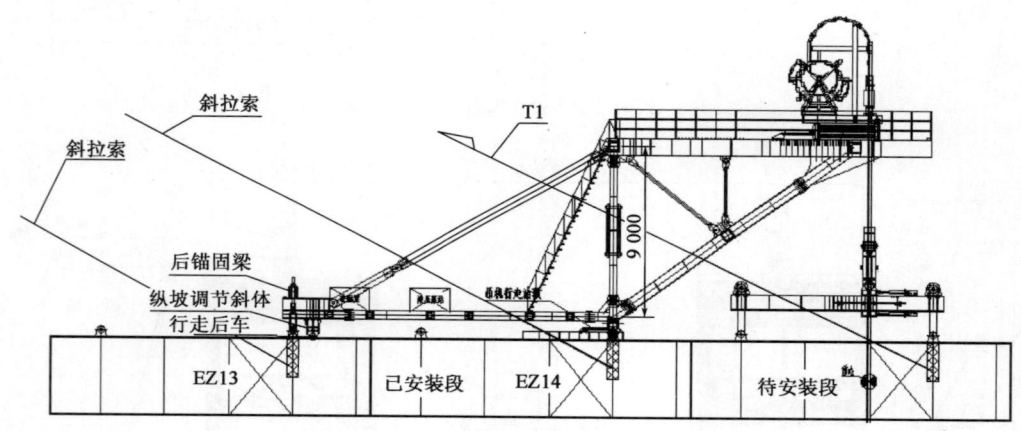

图 5 梁段悬臂吊装流程图一

第二步：斜拉索第二次张拉（T2）完成后，行走桥面吊机至下一梁段吊装位置，如图 6 所示。

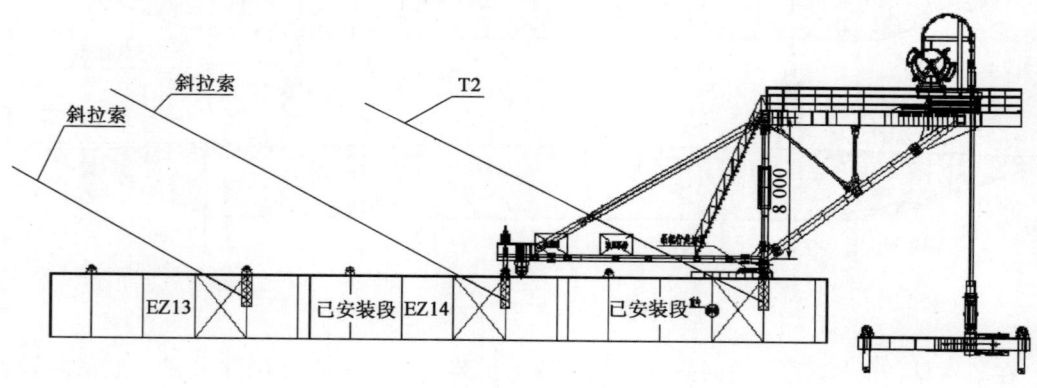

图 6 梁段悬臂吊装流程图二

第三步:运输或转移下一梁段至设计位置正下方,垂直起吊该梁段并精确调整梁段线形,重复上述步骤,如图7、图8所示。

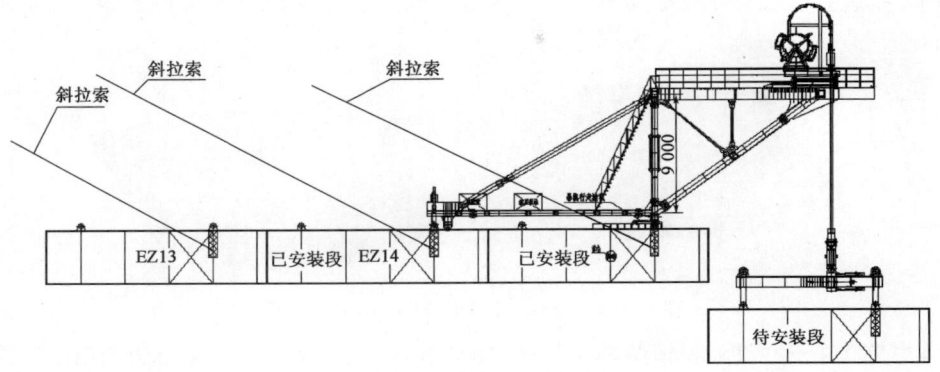

图7　梁段悬臂吊装流程图三

图8　桥面吊机行走及吊具下放、梁段垂直起吊

超宽超重分幅式钢箱梁悬臂吊装过程中,需要控制左右幅连续千斤顶提升的同步性,一般控制在3cm以内,避免因左右幅钢箱梁高差较大对横梁产生较大应力。两台千斤顶共用一套控制系统,并设置同步差小于2cm,可以解决上述问题(图9)。

图9　连续提升千斤顶与同步提升控制系统

3.2.3 超宽钢箱梁调整

依托项目钢箱梁宽度达54.4m,横向刚度较弱,已安装钢箱梁与待安装钢箱梁之间最大相对变形(高差)达到52mm,需要根据结构特点研究调整工艺和相应的调整工装,如图10所示。

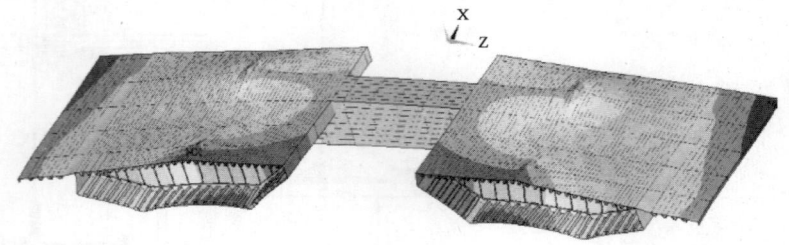

图10 超宽分离式钢箱梁吊装过程变形示意图

总体思路为:分为粗调和精调两个步骤,粗调利用桥面吊机自身可调功能(吊装平台纵横移动及吊具纵向移动等)及手拉护栏,主要是调整已安装梁段与待安装梁段之间的顶板缝宽及内、外腹板匹配关系(控制错边量在允许范围);精调利用桥面吊机提升或下降调整待安装梁段线形,利用设置在内腹板处的反压工装,调整已安装梁段与待安装梁段之间的顶板高差。调整工装布置如图11所示。

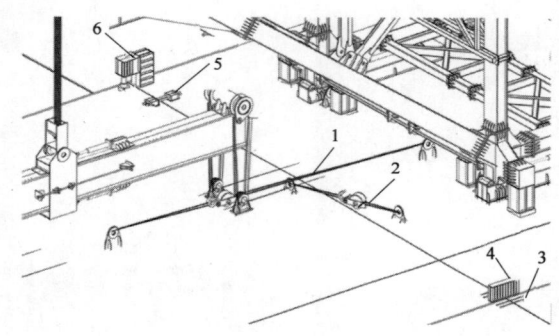

图11 超宽分离式钢箱梁线形调整工装布置图
1-纵向调整手拉葫芦;2-横向调整手拉葫芦;3-转角圆钢;4-限位一字梁;5-缝宽限位拉杆箱;6-调整反压工装

步骤一:利用桥面吊机吊装平台纵横移千斤顶及吊具纵向移动千斤顶、并配手拉葫芦将外腹板标高、焊接缝宽及内外腹板匹配关系粗调到位,其中外腹板标高(顶板处)误差控制在2mm以内,缝宽控制在8~15mm。并在外腹板处焊接圆钢,使已安装梁段与待安装梁段之间可以转动(图12、图13)。

图12 梁段调整手拉葫芦布置

图13 转角圆钢(外腹板附近)

步骤二:内腹板处缝宽符合规范要求后,在内腹板附近的锚箱安装拉杆,上紧螺栓,防止后续调整梁段标高时焊缝宽度发生较大变化(图14)。

图14 缝宽限位拉杆箱

步骤三:通过提升或下降吊具,调整待安装梁段前端标高,以及已安装梁段(后两个梁段)和待安装梁段整体线形,完成后在外腹板处焊接固定工装(限位一字梁)(图15)。

图15 焊接固定工装(限位一字梁)

步骤四:最后用反压工装进行内腹板处标高调整,通过水平尺观测平整度至符合规范要求(图16)。

步骤五:利用简易反压工装调整已安装梁段与待安装梁段之间顶、底板相对高差,并用码板临时固定,开始环缝焊接及U类欠补段安装(图17)。

图16 调整反压工装　　　　　图17 顶、底板高差调整与临时固定

3.2.4 钢箱梁悬臂安装质量标准

钢箱梁安装阶段,要求测量不同拼装工况下钢箱梁线形、桥轴线,形成规范记录。做到控制及时纠偏,掌握结构实际状态,为施工控制提供决策依据,防止施工中的误差累计,保证成桥线形和结构安全。控制标准见表2。

钢箱梁悬臂安装质量标准　　　　　表2

项次	检验项目	规定值或允许偏差	检验方法和频率
1	轴线偏位(mm)	≤L/20 000	全站仪:每段测2处
2	塔顶偏位	施工控制要求	全站仪:测塔顶各边中点
3	梁段前后端高差(mm)	≤10	水准仪:测前后端测柱
4	梁顶标高(mm)	施工控制要求	全站仪或水准仪:梁段两端中点

4 结语

浦仪公路西段跨江大桥跨中侧钢箱梁,于2020年6月1日主跨合龙,轴线偏位、线形等各项指标均满足设计规范要求。双索面斜拉桥超宽超重分幅式钢箱梁采用连续千斤顶式桥面吊机,并采用一字型吊具,减轻了吊机重量,确保了左右幅吊机提升同步性,对分幅式钢箱梁之间的连续横梁受力有利;同时结合钢箱梁结构特点,研究了梁段调整工艺,研发了梁段调整成套工装,提高了施工工效,最快达到了5天一个节段。

参 考 文 献

[1] 罗剑锋,孙科,沐川,等.无支架钢结构桥梁悬臂吊装施工[J].施工技术,2019,48(S1):1321-1324.
[2] 张洪涛.大节段钢箱梁长悬臂吊装施工技术[J].山西建筑,2018,44(9):167-168.
[3] 龚洁.桥面吊机在斜拉桥中的设计与应用[J].科学技术创新,2019(18):95-96.
[4] 谢德宽,彭琳琳,汤文凤,等.分幅式梁段悬臂吊装及四索面斜拉索张拉的同步控制及影响分析[J].中国水运(下半月),2016,16(5):304-306.

600m 跨径劲性骨架拱桥——天峨龙滩桥施工关键技术

韩 玉 秦大燕 罗小斌 沈 耀 郑 健

(广西路桥工程集团有限公司)

摘 要：天峨龙滩桥主跨600m，建成时是世界上最大跨径拱桥，其具有跨径大、拱肋节段数多、混凝土抗裂性要求高等工程特点。主要开展以下内容研究：①"桩基承台+超长岩锚"扣地锚组合体系施工技术研究。南丹岸存在一处巨型古滑坡堆积体，且扣地锚场地布置受限。采用永临结合，利用承台作为锚碇，通过设置120m的预应力超长锚索平衡扣索水平力，实现节段扣挂。②复杂山区超大跨径缆索吊装系统设计与施工。拱肋节段最长为30.5m，最重达169t，对超大跨径缆索吊装系统进行研究，引进支索器、锚拉板式扣点、扣索索鞍支承结构、装配式塔架、索鞍横移系统、集中控制系统和运行监控系统，提高缆索吊运系统灵活性和安全性。③超大跨径拱桥高精度线形控制方法研究。针对斜拉扣挂系统扣索采用断开式布置，基于影响矩阵原理和最优化计算理论，考虑扣塔和拱圈位移的耦合作用，建立一次张拉施工优化计算方法。

关键词：桥梁工程 天峨龙滩桥 超长岩锚 缆索吊运 线形

1 工程概况

1.1 设计概况

天峨龙滩特大桥是南下至天峨下老高速公路的控制性工程，大桥位于河池市天峨县内，跨越龙滩库区，位于龙滩水电站上游6km处。天峨龙滩特大桥全长2 488.55m，主桥为上承式劲性骨架混凝土拱桥，计算跨径达600m，矢高为125m，矢跨比 $f=1/4.8$，拱轴系数 $m=1.9$，拱箱单肋采用单箱单室变高度截面，拱顶截面高8m，拱脚截面高12m，宽6.5m。劲性骨架采用钢管混凝土结构，管内填充C80自密实微膨胀混凝土，拱上采用空心或实心矩形混凝土立柱，桥面总宽24.5m，桥面主梁为12×40m预制T梁，建成后为世界最大跨径拱桥，效果如图1所示。

1.2 主拱圈

天峨龙滩桥主拱圈高125m，矢跨比 $f=1/4.8$，拱轴线采用悬链线，拱轴系数为1.9，拱顶截面高8m，拱脚截面高12.0m，单肋宽6.5m，劲性骨架总重7 400t，最大节段165t，拱肋节段截面如图2所示。

图1 天峨龙滩桥总体布置(尺寸单位:m)

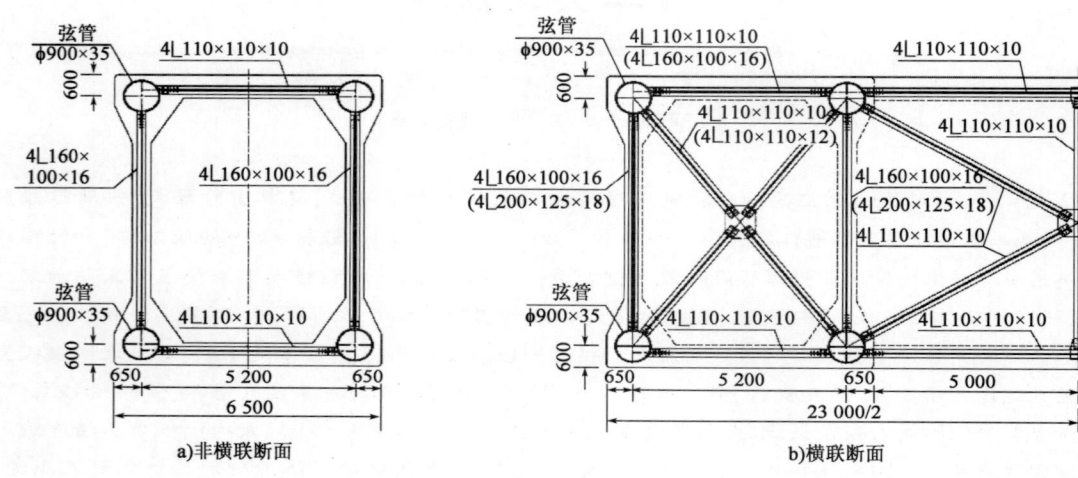

图2 拱肋节段(尺寸单位:mm)

目前世界最大的混凝土拱桥为沪昆高铁北盘江大桥,跨径445m,同类型拱桥跨径一次提升155m,施工难度大,安全风险高,缺少经验借鉴。基于此,对组合式扣地锚、高性能缆索吊运系统以及超大跨径拱桥高精度线形控制方法等几个方面开展研究。

2 关键技术创新

2.1 "桩基承台+超长岩锚"扣地锚组合体系施工技术

由于南丹岸存在一处巨型古滑坡堆积体,且扣地锚场地布置受限。因此采用永临结合,利用承台作为锚碇,通过设置120m的预应力超长锚索平衡扣索水平力,实现节段扣挂,扣地锚设计如图3所示。针对锚索长度达112m,超长钻孔易塌孔、孔道偏斜等问题,研发双套管成孔技术和承载力试验研究,确保施工安全经济,锚索拉力曲线如图4所示,试验过程如图5所示。

2.2 复杂山区超大跨径缆索吊装系统设计与施工

斜拉扣挂系统由扣索、水平力调节索两部分组成(图6)。扣索用于扣挂拱肋节段,实现拱肋的悬臂拼装。设计时,由于场地和地形限制,采用前后索分离、塔上(墩身)张拉的布置形式。水平力调节索主要考虑平衡塔架受到的不平衡水平力,将塔架偏位控制在较小的范围,减少吊装段对已扣挂段高程的影响。

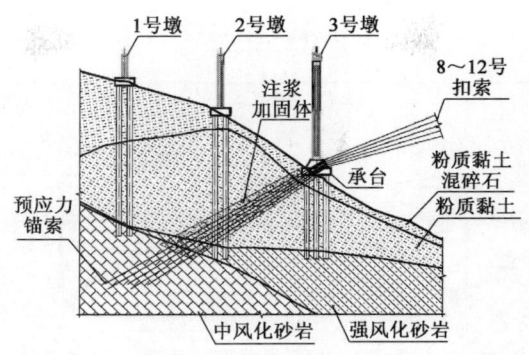

图3 扣地锚设计示意图

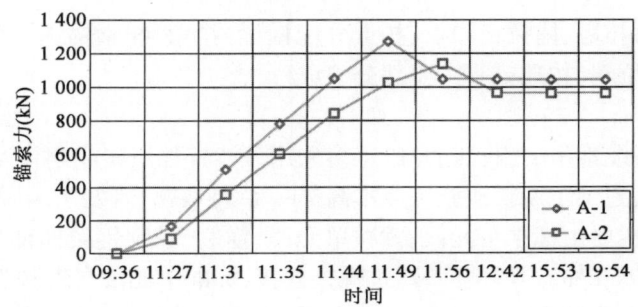

图4 锚索拉力曲线

a)双套管制孔

b)穿锚索

c)注浆、拔套管

d)承载试验

图5 "桩基承台+超长岩锚"试验

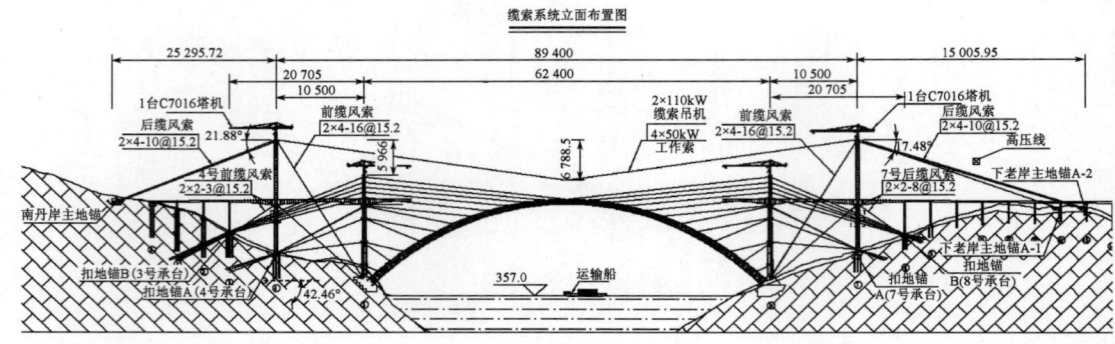

图6 天峨龙滩桥缆索吊运斜拉扣挂系统(尺寸单位:cm)

斜拉扣挂系统由扣塔、锚拉板扣点、扣点分配横梁、扣索、扣索锚固端、扣索张拉端、尾索、尾索锚固端、尾索张拉端、扣地锚等主要部分组成。

2.2.1 塔架

传统大跨径拱桥缆索吊运斜拉扣挂施工多采用万能杆件塔架或钢管混凝土塔架结构等类型,存在施工风险高、施工工期长或施工成本高等一系列难题,研发了装配式重型钢管塔架结构类型[1-3]。该塔架主要由标准单元段、索鞍单元段、横联、塔顶钢梁四部分组成,采用格构式结构设计,杆件均为标准件,圆形截面,通过螺栓连接,标准单元段与索鞍单元段以搭积木的形式进行组合安装,94m高塔架能在45d内搭设完成,较传统万能杆件塔架结构可节省钢材21.4%,杆件数量减少80%以上,缩减20%以上施工工期,操作简单高效、周转率高(图7)。

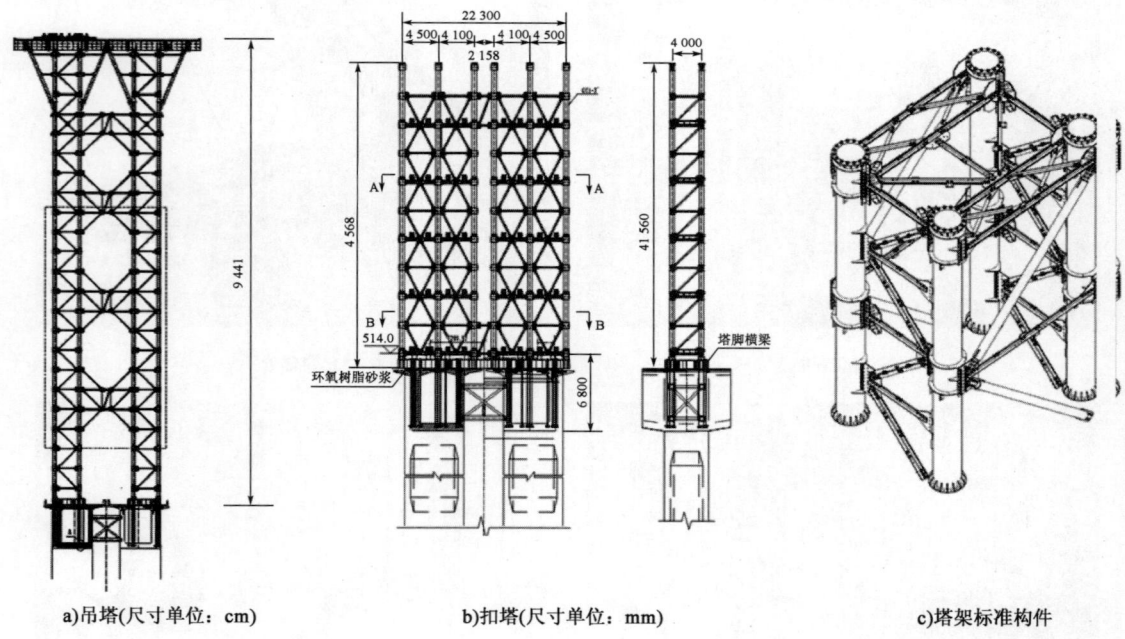

a)吊塔(尺寸单位:cm)　　b)扣塔(尺寸单位:mm)　　c)塔架标准构件

图7 天峨龙滩桥装配式重型钢管塔架

2.2.2 集中控制系统和运行监控系统

电机系统能够高精度地控制缆索吊运系统的运行速率,并有超限预警、超限停机的功能,如图8和图9所示。

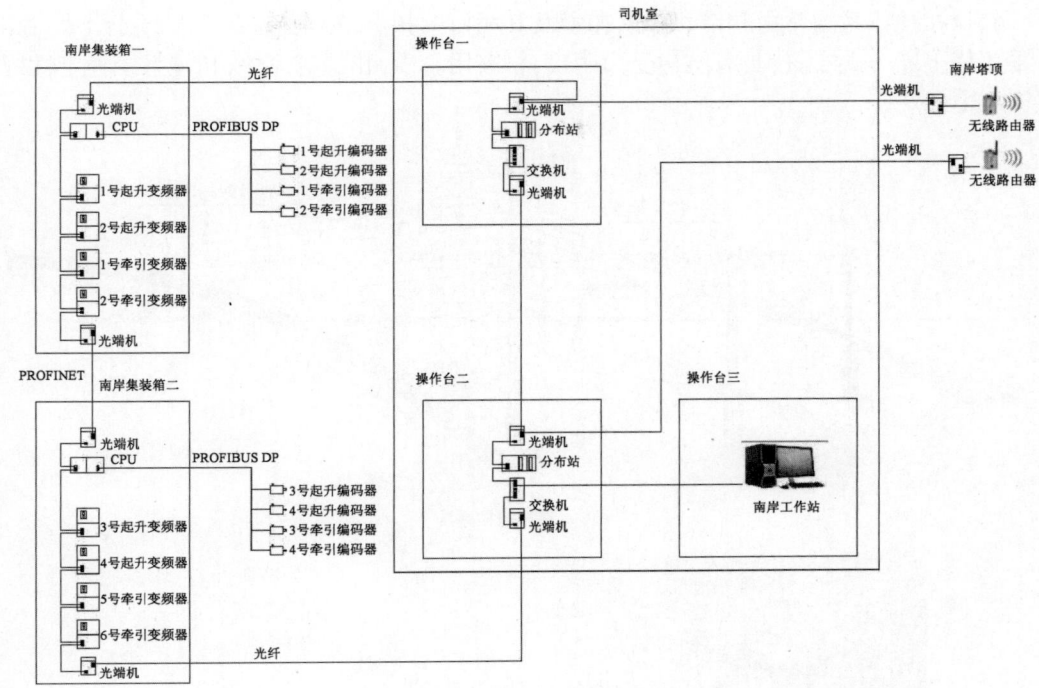

图 8 机电系统

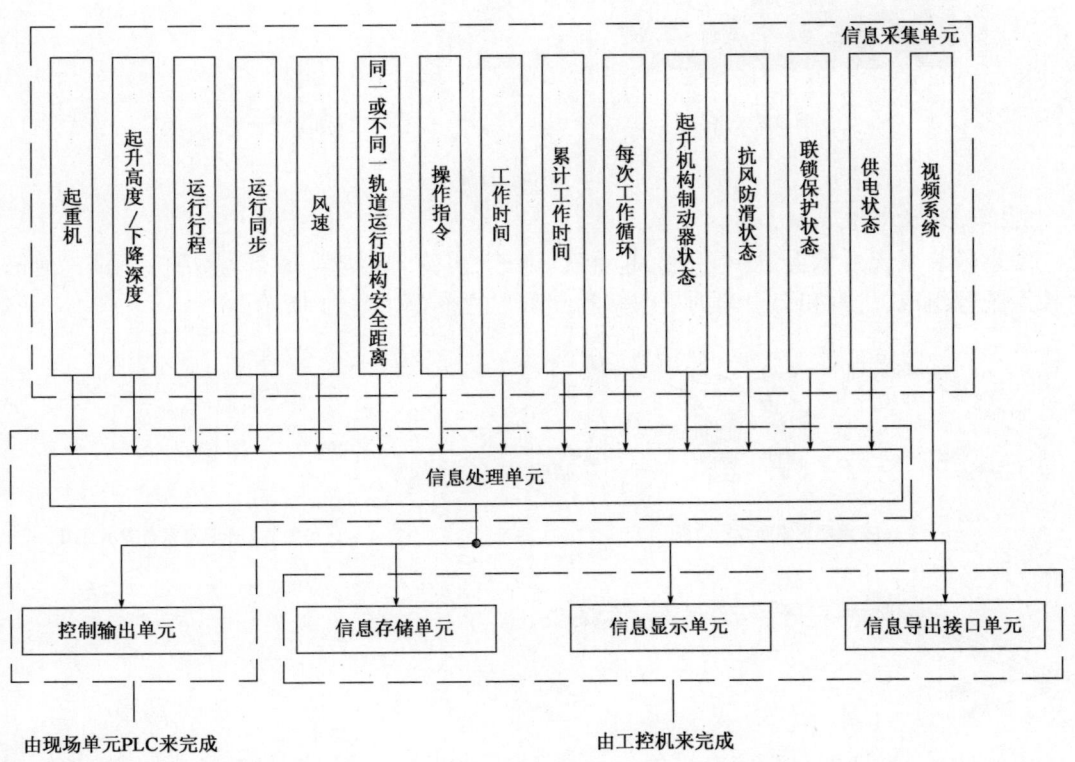

图 9 安全监控系统

2.2.3 斜拉扣挂系统

斜拉扣挂体系通常由扣塔、地锚、扣索及其相应的扣点、转点、锚点等几部分组成。扣索平台采用塔上断开式布置,具有结构受力明确,材料用量少,扣挂速度快,扣挂系统稳定性好等优点[4](图10)。

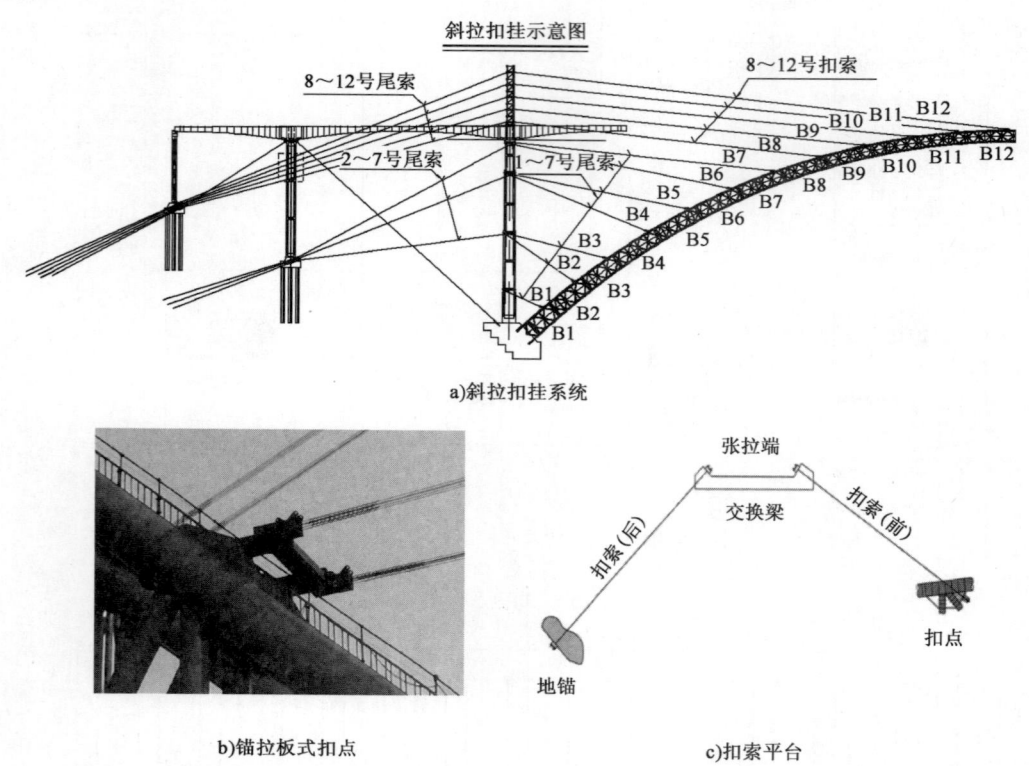

图10 斜拉扣挂体系

2.2.4 缆索吊装系统

缆索吊装系统由承重索、牵引索、起重索、跑车、索鞍、支索器、吊点、卷扬机、吊塔、地锚及电控系统等组成,主索和牵引索的工作索和起重索的布置如图11所示。

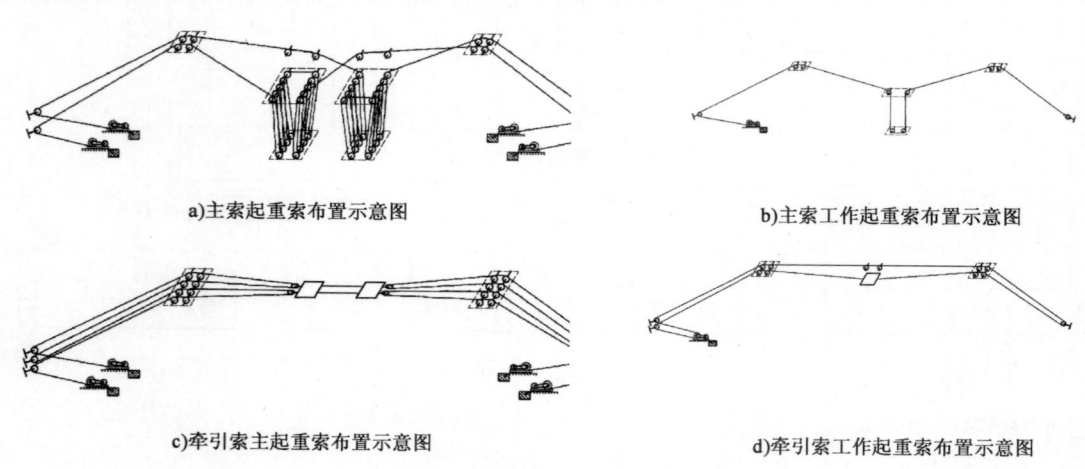

图11 天峨龙滩桥缆索吊装系统

缆索吊运系统在传统的基础上改进起重跑车、工作跑车、吊具等装置。此外,还引进了支索器装置,解决各种索空中缠绕和空钩下落的问题,还能对主索、牵引索、起重索进行有效分层和限位,保证缆索系统运行稳定和使用安全(图12~图15)。

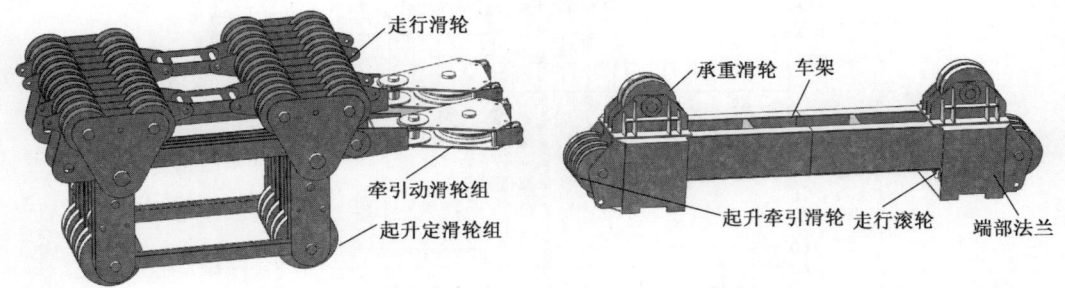

图12 主索起重跑车　　　　　图13 主索道吊具

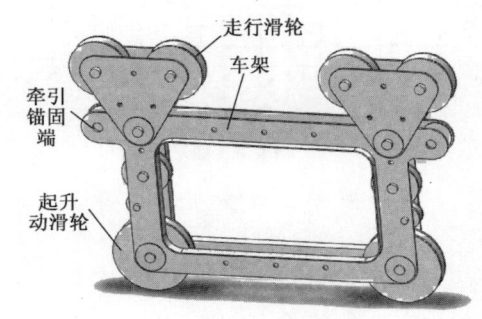

图14 工作跑车

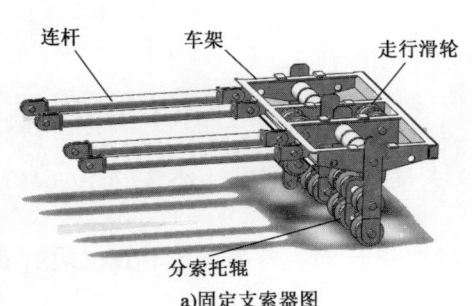 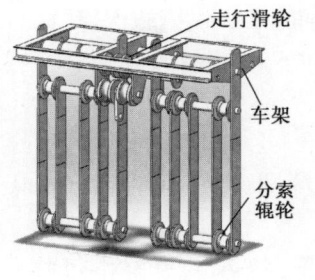

a)固定支索器图　　　　b)活动支索器　　　　c)边跨支索器

图15 支索器

2.3 超大跨径拱桥高精度线形控制方法研究

天峨龙滩桥扣索采用塔上断开式布置,塔上断开式扣索较通索具有扣索钢绞线均为直线张拉、无须弯折、受力明确、用料节约等优点,在工程中应用较多。然而,由于拱桥施工过程中各扣索索力不断发生变化,导致塔架产生位移,位移又反过来影响拱圈施工线形,导致施工过程中调索困难。基于此,结合影响矩阵原理和最优化计算理论[5],考虑扣塔和拱圈位移的耦合作用,建立一次张拉施工优化计算方法。理论上,拱圈合龙松索线形与目标线形偏差控制在40mm以内,塔高163m的塔架施工过程中最大偏位控制在83mm以内,线形良好(图16)。

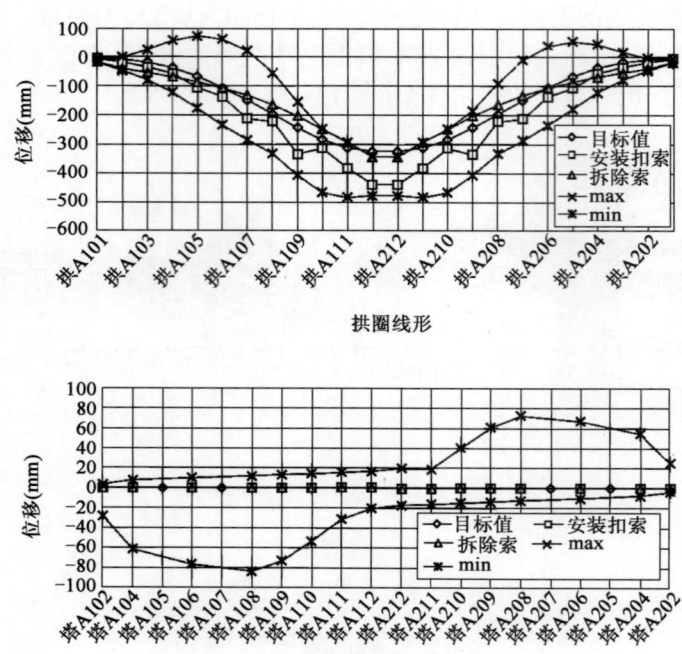

图16 天峨龙滩桥线形

3 结语

针对天峨龙滩桥施工过程中存在的重难点问题,从"桩基承台+超长岩锚"扣地锚组合体系、新型缆索起重机与控制系统、斜拉扣挂体系、线形控制技术等方面,展开详细的研究和分析,可为本工程后期施工提供措施保障。

参 考 文 献

[1] 韩玉,杨占峰,秦大燕,等.马滩红水河特大桥施工关键技术及创新[J].公路,2019,64(2):125-129.

[2] 罗小斌,秦大燕,韩玉.马滩红水河特大桥重型塔架设计[J].西部交通科技,2018(1):70-74.

[3] 黎卓勤,秦大燕,韩玉,等.新型缆索吊塔架结构选型与受力性能研究[J].公路,2018(7):199-203.

[4] 韩玉,杜海龙,秦大燕,等.平南三桥施工重难点及关键技术研发[J].公路,2019,10:140-146.

[5] 秦大燕,郑皆连,杜海龙,等.斜拉扣挂1次张拉扣索索力优化计算方法及应用[J].中国铁道科学,2020,41(6):52-60.

67. BIM技术在景观钢桥建造过程中的应用

李 潭 季 轩 刘贝贝

(中铁重工有限公司)

摘 要：本文以景观钢桥建造过程中的难点为切入，以深圳空港新城展览大道景观钢桥为案例对BIM技术在其建造过程中的应用进行实例说明，分别在技术准备阶段、制造及安装阶段中实现BIM的有效应用，成功解决景观钢桥因结构体系复杂导致的生产制造、现场组装困难问题。BIM技术在该案例的成功应用，为景观钢桥建造技术的发展提供了良好的指导及借鉴意义。

关键词：景观钢桥　BIM技术　桥梁制造　施工模拟

1 引言

随着设计手段及设计理念的发展，桥梁建设已经突破了传统理念束缚，逐渐向新型、景观等多方向发展。与生态环境、历史文化及美学景观融合变得更加重要。这些桥梁与传统桥梁建筑相比，有自身独特的特点，称为景观桥梁[1]。未来景观钢桥呈组合体系发展趋势，以钢拱、钢塔及其组合体系的异形化和结构的倾斜、扭转等变形的综合应用来实现景观效果，使用大量新型材料及超厚板材支撑空间结构受力，为加工制造带来大量难题。

建筑信息模型（Building Information Modeling, BIM）是以工程项目的核心信息数据作为基础，建立参数化和模块化模型，通过数字仿真模拟工程项目所具有的真实信息的一项技术。相对于传统CAD技术，BIM具备以下特点：①模型是3D直观可见的；②信息模型包含项目所有关联的参数和数据，是整个项目信息的集合；③BIM平台具有极高的协同性，支持不同软件的数据交流和不同工程人员的协同工作；④信息模型的所有参数具有关联性，即"一处修改，处处自动更新"，便于模型的修改和优化[2]。

将BIM技术应用于景观钢桥的建造过程中能有效解决空间景观结构加工制造的难题，并为方案研究和现场技术交底提供了可视化平台，便于获取最优方案，提高沟通效率。本文以深圳空港新城展览大道景观钢桥为案例对BIM技术在景观钢桥建造过程中的应用进行实例说明。

2 工程案例概况及结构特点

展览大道位于空港新城启动区南部，全长165.91m，桥梁孔跨布置为1×155m，上部结构为钢纵横梁+钢箱拱组合体系。总体质量约为11 230t，材质为Q420qD，其中钢拱主体结构全部使用60mm超厚钢板（图1）。

图 1　桥梁效果图及实景图

桥梁总体结构如图 2 所示,由钢拱、主纵梁、边纵梁、桥面板和拉索组成。

主拱肋由拱脚处的 1 片八边形通过一定的规则渐变成 2 片六边形,在两条拱肋之间设置三角横撑。钢拱为主要承力结构,其内部有多个箱室,空间狭小,结构复杂。

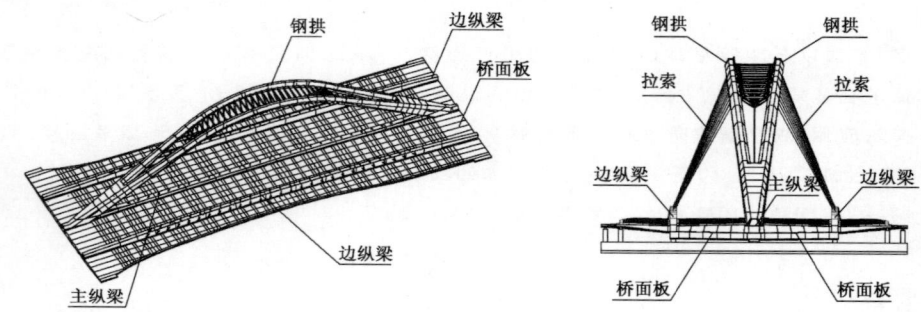

图 2　桥梁三维布局图及桥梁横断面图

其技术难点可总结为:①桥梁外形呈空间结构组合体系,空间结构的生产图绘制和异形零件加工均存在很大的难度;②桥梁内部结构形式复杂,狭小空间较多,加劲众多,轮廓均为 60mm 厚高强钢板,生产工艺复杂;③结构体系受力情况复杂,现场组装难度大。拱的分段重量较大,桥面较宽,吊车无法在桥面上或桥面外吊装拱肋,从而无法采取先梁后拱的传统安装方法。

将 BIM 技术应用于景观钢桥的建造全过程,在技术准备阶段解决空间异形结构的建模出图难题,在生产制造阶段处理异形结构制造的工艺性问题,在现场组装阶段进行安装工况的过程模拟(图 3)。

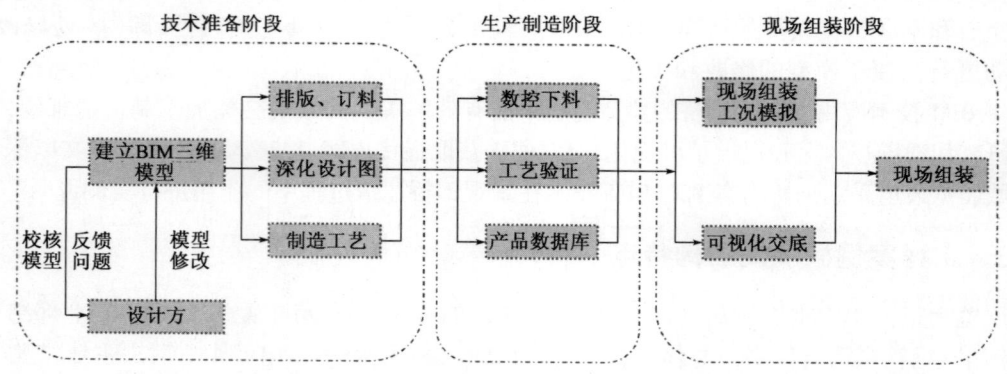

图 3　BIM 技术在景观钢桥建造过程中的应用流程

3 BIM 在技术准备及制造阶段中的应用

BIM 在技术准备及制造阶段的应用主要是建立三维模型,解决设计图纸错漏,节段划分,碰撞检查,加工坡口定型,排料订料,狭小、复杂空间制造工艺编制,制造过程工艺模拟等问题。

3.1 模型建立

三维模型是 BIM 技术应用的基础,能准确清晰地描述工程的细节。一般桥梁工程的建造数据来源都是设计院给出的二维图纸,设计图纸中桥面和钢拱都是成桥线型,需将成桥线型转变为制造线型后才能作为桥面和发散钢拱的制造基准。对此种复杂的钢拱景观桥,需对桥梁结构完成制造线型转换后进行整体三维建模,保证各部件间的空间相对位置关系。以桥台为定位基准,从下部至上部依次完成桥台、端横梁、纵梁及桥面板、桥拱、锚固结构、附属结构的模型建立,如图 4 所示。

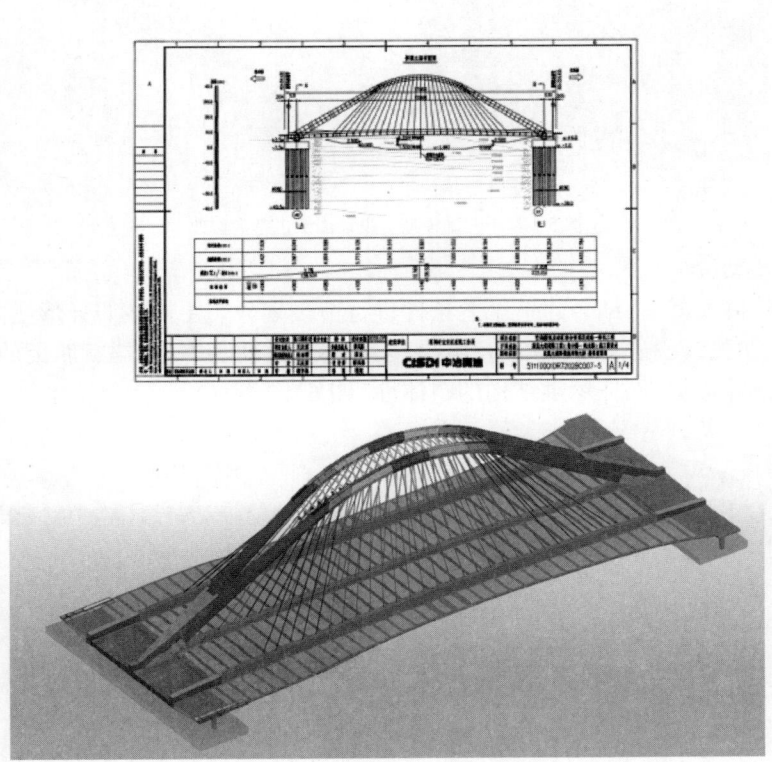

图 4 基于二维图纸建立的 BIM 三维模型

3.2 基于 BIM 模型对设计模型的深化

3.2.1 解决设计图纸错漏问题

由于二维设计的局限性,设计施工图纸中仅有少量结构的断面图,难以对整体产生清晰的认知,不能进行较为直观的可视化表达。在细部结构上也没有清晰的体现,给出的设计模型也未进行处理。通过三维模型建立空间曲面,很好地解决了二维设计存在的问题,让模型更加精细化。例如对拱脚段、纵梁和端横梁的内部具体结构形式进行修正,对钢拱的制造线型和纵梁拉索锚管、钢拱内拉索锚管的角度进行修正(图 5)。

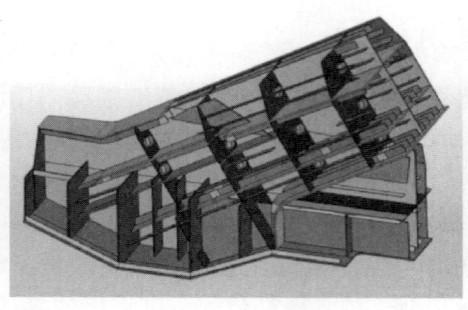 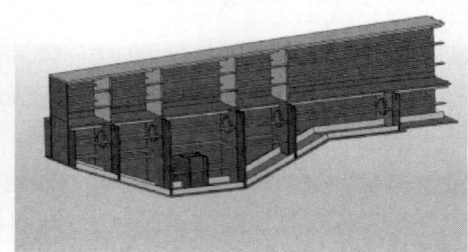

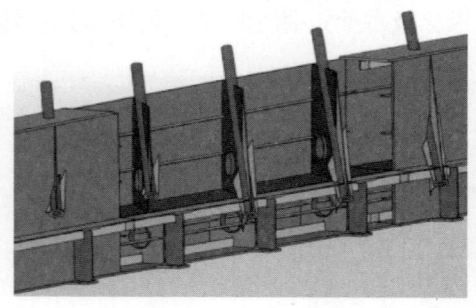 

图 5　基于三维模型对设计图纸进行的修改

3.2.2　节段划分

在建立好整体模型后,结合建造工艺条件进行节段划分。主拱按照异形变高差拱脚段、分叉变截面段、拱肋弧线段进行分区制造,解决其分段划分、线型保证、锚管匹配的难题。此制造方法充分遵从设计意图,保证钢拱结构的整体性(图6)。

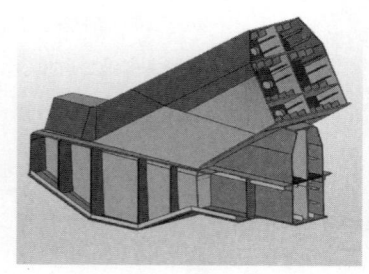 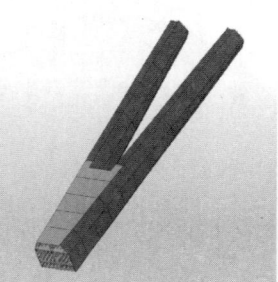 

图 6　基于三维模型的节段划分

初步完成切割方案后,通过测量工具可以验证划分的模型是否满足要求。建立各节段加筋的嵌补,并绘制出各拼接缝处的过焊孔(图7)。

图 7　基于三维模型的节段数据测量及细节的建立

3.2.3 碰撞检查及加工坡口定型

钢拱外壁结构为空间曲面结构,对于设计和制造精度的要求都是极高的,利用 BIM 建模软件的碰撞检查功能,对设计模型进行预拼装,检查模型设计精度,尽可能地消除人为因素引起的冲突问题,减少施工过程中因空间干涉引起的变更。

为方便加工,对于加工坡口和自然坡口进行三维空间的可视化操作,生成合适的胎架底面后,测量板件厚度、夹角等信息,结合加工方的工艺,综合确立焊缝形式(图8)。

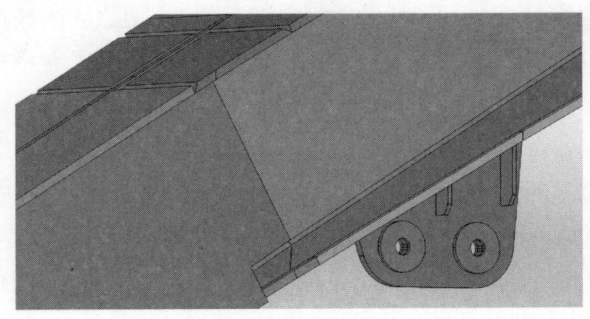

图8 碰撞检查及加工坡口的建立

3.3 基于 BIM 模型的技术文件编制

3.3.1 订料文件

由于本实例存在大量异型曲面,甚至是双曲面构造,无法简单使用设计图的材料表进行材料定制。所有不规则曲面零件均需要三维建模后得到具体结构并编号,通过曲面展开得到下料尺寸,最后将各零件按下料尺寸进行排版,才能得到订料单。本实例三维模型中不规则曲面数量较多,通过软件可实现曲面自动展开,避免人为展开时出现的错误,提高生产效率及加工精度。

此模式可获得各零部件的精确尺寸,避免材料的浪费,排料图可直接用于车间数控下料,不需要对排料图二次深化的过程。各零部件通过 BIM 模型中的编号可以和订料钢板进行关联,实现使用展开尺寸进行精确排料、订料、下料(图9)。

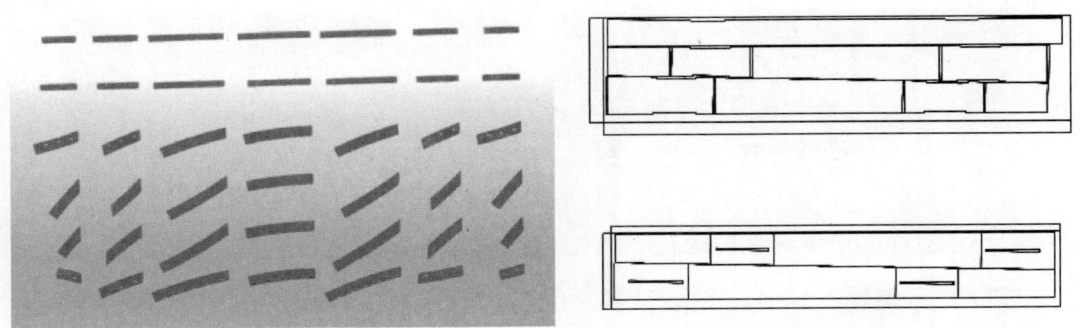

图9 曲面展开及排版订料

3.3.2 狭小、复杂空间结构制造工艺编制

本实例内部包含多个狭小、复杂空间结构,加劲众多,其制造过程非常复杂,需要对各部件的模型进行拆解,对每个零件每一步的组装过程进行模拟,通过 BIM 技术可充分考虑零件的组装顺序、组装空间、施焊空间、坡口朝向等二维图纸里无法反映清楚的棘手工艺问题。预演了生产过程中将面临的问题并提前解决,将大幅度提高制造速度,避免出现边制造边摸索的窘境(图10)。

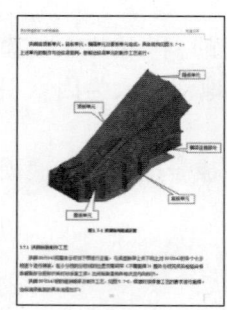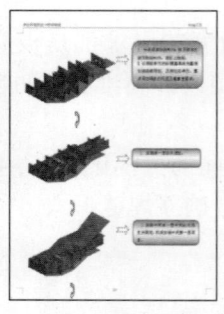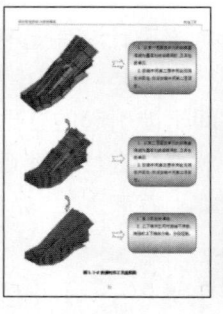

图 10　异形拱脚结构的制造工艺及实例照片

3.3.3　涂装工艺编制

本实例涂装工艺编制的难点在于结构复杂,无法直接通过设计图纸得出涂装要求中需要给出的各外表面、内表面使用油漆的面积,也不好表示外表面与内表面的划分界限。为此可结合 BIM 三维模型,对外、内表面在模型上进行划分并通过软件对模型进行分析,自动计算出其涂装面积,较人工计算更为准确高效。

4　BIM 在安装阶段的应用

4.1　基于 BIM 的可视化施工模拟

基于 BIM 的可视化施工模拟是将现场施工方案与 BIM 技术相结合,施工前根据施工方案将 BIM 模型进行切分,定义 BIM 模型的时间、位置、资源需求等参数,在计算机中模拟桥梁建造过程。

图 11 为根据现场施工方案对钢梁架设方案进行模拟与优化的过程。本项目地理条件复杂,主桥为新建道路,桥位处为路面,A0 桥台处有 10m 宽截流河,主桥下方设计有综合管廊,上游侧管廊位于主桥人行道底,下游侧管廊位于主桥车行道底,根据设计图纸信息建立了 BIM 环境模型,直观形象地反映现场环境地理环境,根据实际施工情况配置人员、机具、设备等相关资源。

图 11　基于 BIM 的可视化施工模拟

因项目自身原因,需采用拱梁交叉安装的新工艺,通过理论计算和基于BIM模型的施工模拟,以少量临时措施保证安装桥面板时钢拱的稳定性,解决了拱肋、桥面结构、拉索安装的矛盾,完成钢拱主梁组合体系景观钢桥安装工作(图11)。

4.2 基于BIM的可视化交底

本项目结构形式复杂,交叉作业众多。传统的技术交底流于形式,被交底人对待交底不认真,导致了对交底方案一知半解甚至理解有歧义,成为建筑工程重大危险源。为了改变这种枯燥的单一交底方式,将BIM可视化技术运用到方案之中为一种有效的方法(图12)。

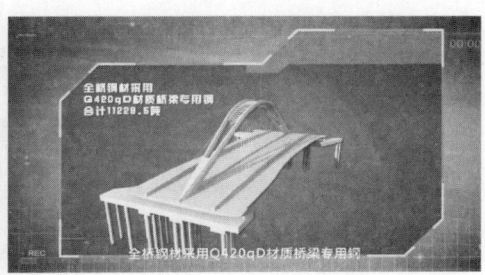

图12 基于BIM的可视化交底

与传统纸质交底相比,三维可视化交底具有直观明了、易于理解等优点。使用三维可视化交底,可以让现场施工人员更加深入地理解交底内容,提升施工质量。现在各企业可视化交底的编制方法不尽相同,本项目将施工全过程做成动画形式,以直观生动的方式对现场施工人员进行讲解。

5 结语

目前景观钢桥呈组合体系发展趋势,通过结构的倾斜、扭转等变形的综合应用来实现景观效果,为加工制造带来大量难题。将BIM技术应用于景观钢桥的建造过程,能有效解决其空间结构加工制造和现场安装的难题。本文以深圳空港新城展览大道景观钢桥为案例,对空间发散独拱与钢主梁的组合体系从技术准备阶段、生产制造阶段、现场安装阶段BIM技术的应用进行全面阐述,将建造过程中的难题逐一解决,桥梁顺利竣工并实现景观效果,为景观钢桥建造技术的发展提供了良好的指导及借鉴意义。

参 考 文 献

[1] 张绍银.国内外景观桥梁设计现状及发展[J].科技风,2009(15):263.

[2] 邹阳,周水兴.建筑信息模型技术及其在桥梁工程中的应用[C]//第二十一届全国桥梁学术会议论文集(上册).北京:人民交通出版社,2014:261-267.

[3] 宋红飞,常顺志,梁善国.BIM技术在钢桥制造中的应用研究方向探讨[J].铁路技术创新,2014(2):60-62.

[4] 岳长勇.基于BIM技术的钢桥制造应用[J].铁路技术创新,2017(1):15-19.

[5] 张海华,刘宏刚,甘一鸣.基于BIM技术的桥梁可视化施工应用研究[J].公路,2016,61(9):155-161.

[6] 王艳.BIM技术在钢结构桥梁精细设计及施工中的应用研究[D].镇江:江苏科技大学,2018.

68. 大跨连续梁转体桥上跨铁路智慧 BIM 建造技术

卜东平

(西安建工集团有限公司)

摘　要：随着我国路网发展日新月异，立体交通冲突点日益增多，相互交错，日益复杂。转体法施工与传统的满堂支架法、挂篮法等施工方法在上跨既有线施工中，以其施工速度快、施工风险小、对既有线影响小等优点得到广泛应用。转体桥梁构造日益复杂、新颖，转体吨位越来越大，转体技术越来越复杂。智慧 BIM 建造技术为桥梁施工走向智能化、信息化、可视化及提高桥梁施工管理水平提供了技术保障。本文以韩城市太史大街公路上跨复杂既有线的连续梁转体桥（西北最大单 T 转体重量 25 000t）施工为背景，通过对桥梁建立 BIM 模型，将智慧 BIM 建造技术的可视化建立、施工模拟等技术应用于施工现场复杂环境，进行三维实景模拟，指导现场施工。解决了施工过程中遇到的各种难题，节省了成本和工期，成功高质量地完成了桥梁转体建造任务。

关键词：既有铁路　转体桥　智能建造　BIM 模型

1　工程概况

韩城市太史大街公路为韩城市中心城区重要的东西向道路，其西延伸工程可东西串起黄河湿地公园、核心公共设施、象山片区（包括象山森林公园），构成城市东西发展轴线、景观廊道。本工程主要为跨既有线位置的 45m 预应力简支 T 梁+84m+152m+84m 预应力混凝土连续箱梁部分，全长 365m，桥宽 22.6m，桥式为 45m 简支 T 梁+84m+152m+84m 连续箱梁，最高墩 34m，基础采用桩径 1.5m、1.8m 的钻孔灌注桩。桥梁道路中心线与交叉处铁路中心线斜交角为 45°，与交叉处规划 G327 道路中心线斜交角为 30°。纵坡最大为 3.5%，范围内连续跨越国道 327 后继续上跨侯西铁路上行线、侯西铁路下行线、象山矿专用线牵出线铁路等，现场环境复杂。本桥设计中采用的山区高墩上跨复杂既有铁路环境设计、单箱多室大跨结构形式设计、单 T 转体重量 25 000t 设计等主要技术创新点均在国内排名前列，如图 1 所示。T 梁采用预制架设，连续箱梁采用悬灌现浇转体就位施工工艺。

2　采用智慧 BIM 建造技术的必要性

2.1　施工环境复杂

桥梁范围内连续跨越象山矿专用线牵出线、黄韩侯铁路、侯西铁路和国道 327 等既有线路。桥梁道路中心线与相交线路夹角均约为45°,地形环境复杂,桥位处于象山半坡上,高差约40m。

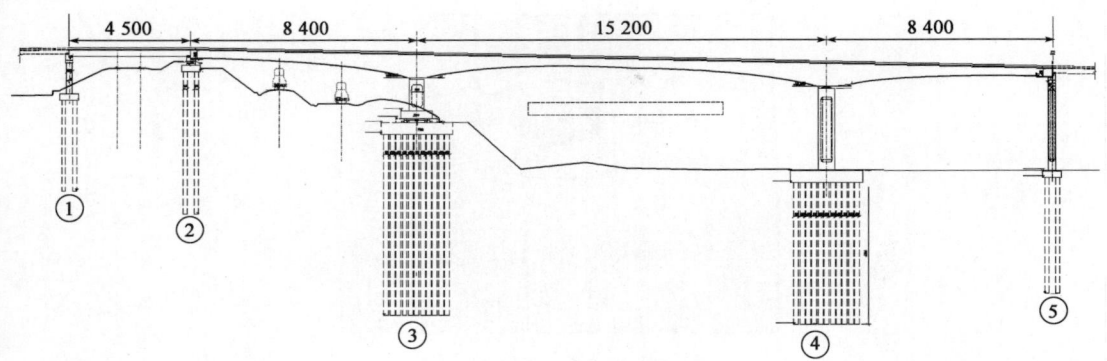

图1 45m预应力简支T梁+84m+152m+84m预应力连续箱梁桥孔布置(尺寸单位:cm)

2.2 施工要求高
铁路等部门对施工质量精度,施工安全、环境保护要求高。

2.3 施工场地狭窄
施工现场环境复杂,施工只能在狭长地带展开,场地狭窄。

2.4 施工工期紧
受既有线影响大,但为全线的控制性节点工程,施工工期紧。

2.5 技术含量高
本工程单T转体质量达25 000t,为西北第一,施工技术复杂,施工风险大,技术含量高。

基于以上原因,本工程采用智慧BIM建造技术辅助施工,解决现场实际困难,最大限度地节约人、材、机、工期等资源,以指导现场施工。

3 智慧BIM建造技术模型创建

3.1 既有线深基坑防护桩BIM模型

本桥3号墩为转体墩,基坑开挖深度3.0~10.0m。靠铁路侧采用钢筋混凝土灌注围护桩,围护桩桩径1.2m,间距1.5m,桩长15~24m,顶部设置冠梁,冠梁高1.0m,宽1.2m。基坑其余部位采用拉森六型SP-Ⅳw钢板桩支护,承台外扩2.5 m,桩长15m,三面支护钢板桩,两层围图加固,加固围图高度不影响承台施工[1],如图2所示。

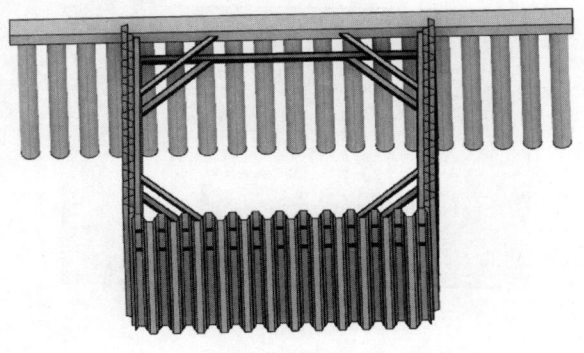

图2 既有线深基坑防护桩BIM模型示意图

3.2 转体墩下承台 BIM 模型

转体墩下承台尺寸为 27m×27m×4.5m,如图 3 所示。

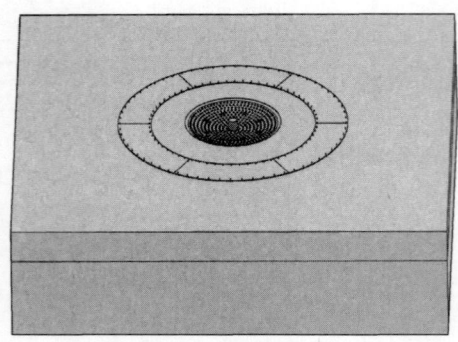

图 3 转体墩下承台 BIM 模型示意图

3.3 转体墩下转盘和下球铰及支架 BIM 模型

转体墩由转体下转盘、球铰、上转盘和转动牵引系统组成。下转盘为支撑转体结构全部重量的基础,转体完成后,与上转盘共同形成桥梁基础,下转盘厚4.5m,转盘上部1.0m范围采用C50混凝土,其余采用C40混凝土。下转盘上设置转动系统的下球铰、保险撑脚环形滑道及转体牵引千斤顶反力座等。钢球铰直径为 4 350mm,厚度为 390mm,分上下两片[2],如图 4 所示。

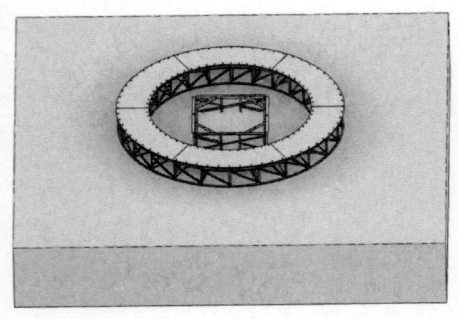 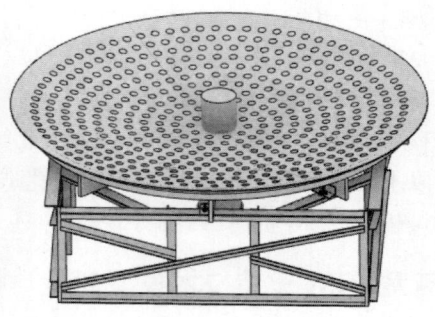

图 4 转体墩下转盘和下球铰及支架 BIM 模型示意图

3.4 转体墩千斤顶与牵引反力支座 BIM 模型

转体墩反力支座分内外两圈,各八块,与墩中心线左右对称,如图 5 所示。

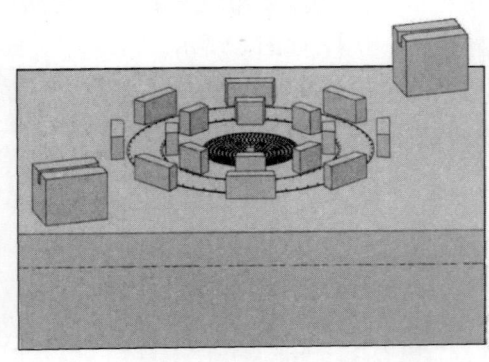

图 5 转体墩千斤顶与牵引反力支座 BIM 模型示意图

3.5 转体墩撑脚及沙箱 BIM 模型

转体墩采用沙箱 6 对,每对两个沙箱,以线路中心线呈轴对称分布;撑脚对称布置在两对沙箱之间,每个上盘撑脚钢管内灌注 C50 微膨胀混凝土,撑脚与滑道之间的空隙设为 20mm,如图 6 所示。

图 6 转体墩撑脚及沙箱 BIM 模型示意图

3.6 转体墩上转盘及牵引钢绞线 BIM 模型

转体墩上转盘是转体的重要结构,在整个转体过程中形成一个多向、立体的受力状态。上转盘布有纵、横、竖三向预应力钢筋。上盘边长 1 600cm,高 300cm;转台直径为 1 370cm,高度为 80cm。转台是球铰、撑脚与上转盘相连接的部分,又是转体牵引力直接施加的部位。转台内预埋转体牵引索,预埋端采用 P 型锚具。同一对索的锚固端在同一直径线上并对称于圆心,注意每根索的预埋高度和牵引方向应一致,每对索的出口点对称于转盘中心。牵引索外露部分圆顺地缠绕在转盘周围,互不干扰地搁置于预埋钢筋上,并做好保护措施,防止施工过程中钢绞线损伤或严重生锈。本桥转体选用两套四台 ZLD400 型液压同步自动连续牵引系统(牵引系统由连续千斤顶、液压泵站及主控台组成),形成水平旋转力偶,通过牵引锚固且缠绕于直径为 1 370cm 的转台周围的 30~ϕ^s15.2mm 钢绞线,使转动体系转动[3],如图 7 所示。

3.7 转体墩上承台 BIM 模型

转体墩上承台尺寸为 16m×16m×3.5m,如图 8 所示。

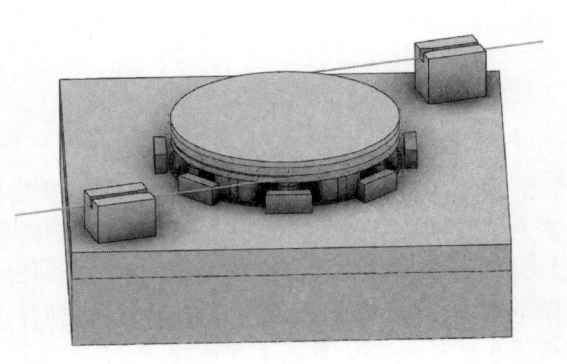

图 7 转体墩上转盘及牵引钢绞线 BIM 模型示意图

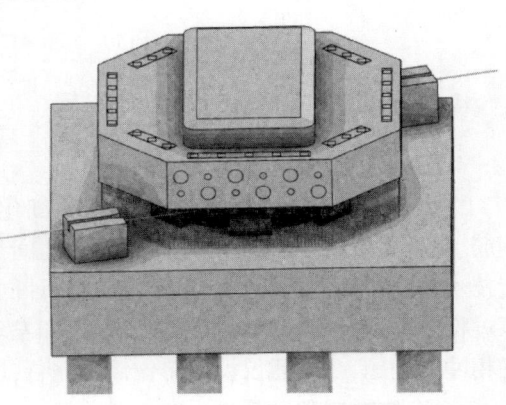

图 8 转体墩上承台 BIM 模型示意图

3.8 转体墩墩身BIM模型

转体墩墩身采用单箱三室薄壁空心墩结构,尺寸为15.0m×6.0m×12.0m,如图9所示。

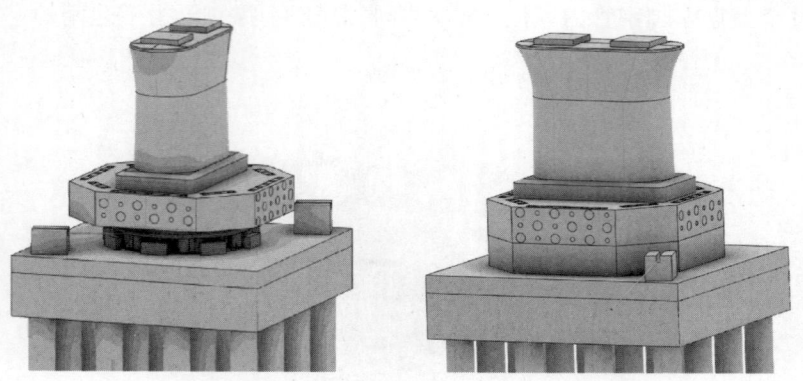

图9 转体墩墩身BIM模型示意图

3.9 转体墩T构整体BIM模型

连续箱梁上部结构为三跨全预应力混凝土变截面连续箱梁,箱梁根部梁高9.0m,跨中及边支点截面梁高3.5m,按1.8次抛物线形式变化。箱梁顶宽22.6m,底板宽15.0m,翼缘板悬臂长为3.8m。箱梁采用挂篮对称悬臂现浇法施工,单"T"构除0号块,外分20对梁段,转体总长度150m,总质量为25 000t,如图10所示。

图10 转体墩T构整体BIM模型示意图

4 转体墩BIM模型成果应用

4.1 深化设计图纸

根据设计图纸建立的转体墩BIM精细化模型,采用碰撞检查,在施工前就可以发现图纸中钢筋、预应力钢绞线管道、精轧螺纹钢等之间是否有不合理及自相矛盾的地方,利用智慧BIM建造技术对这些问题进行优化调整,经过设计同意后执行。可以大大提升施工质量和效率,避免施工过程中返工及不必要的资源浪费。例如发现图纸中上转盘布设的三向预应力筋管道预埋存在互相冲突问题,及时建议设计单位修改完善,取得了非常好的效果,如图11所示。

4.2 核对工程数量

本工程通过建立精细化BIM模型,可以通过模型直接提取工程数量,与设计数量进行对比,实现精准核对设计工程数量,有利于加快预算速度,减轻预算人员工作量,提高预算质量,为后期审计工作智能化管理提供依据,如图12所示。

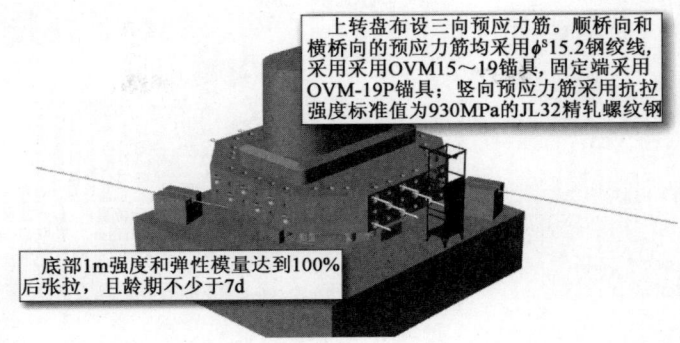

图11 深化设计图纸示意图

编号	根数(根)(设计量)	总重(kg)(设计量)	根数(根)(BIM模型量)	总重(kg)(BIM模型量)	重差(设计量-模型量)
N13-1	84	1206.9	84	2370.278	-1163.378
N13-2	12	347.3	12	344.217	3.083
N13-3	12	322.1	12	318.988	3.112
N13-4	12	296.9	12	293.779	3.121
N13-5	12	271.7	12	268.551	3.149
N13-6	18	532.3	18	351.754	180.546
N13-7	24	221.3	24	191.860	29.440
N13-8	12	195	12	229.629	-34.629
N14	912	3129.3	912	1482.349	1646.951
N15	336	1381	336	1264.291	116.709
N16	672	2291	672	2290.985	0.015
N17	42	199.5	42	356.049	-156.549
N17-1	42	220.3	42	391.688	-171.388
N17-2	42	241.1	42	427.344	-186.244
N17-3	504	1578.2	504	1240.957	337.243
N18	96	277.9	96	187.870	90.030
N19	48	138.2	48	187.868	-49.668
	18048	202280.2	15528	215040.457	-12760.257

图12 核对工程数量示意图

4.3 三维动态模拟施工及技术交底

在BIM模型建立完成后,对转桥体墩球铰安装施工(图13)、连续梁桥现浇段支架施工(图14)、转体桥墩动态转体施工(图15)等过程进行三维动态施工模拟。可动态地直观展示施工过程的每一个步骤,通过三维动态BIM+VR技术模拟真实场景渲染图的形式表达,生成三维漫游动画,方便决策方充分理解设计意图、设计理念,真实地反映项目与周围环境的立体关系及施工环境关系。并将结果进行三维技术交底,让施工人员对施工过程有直观的理解,将原本的抽象概念变为可以直观看到的动画,达到所见即所得,对现场施工过程中可能存在的危险源、安全隐患等进行提前预判,减少施工安全风险。

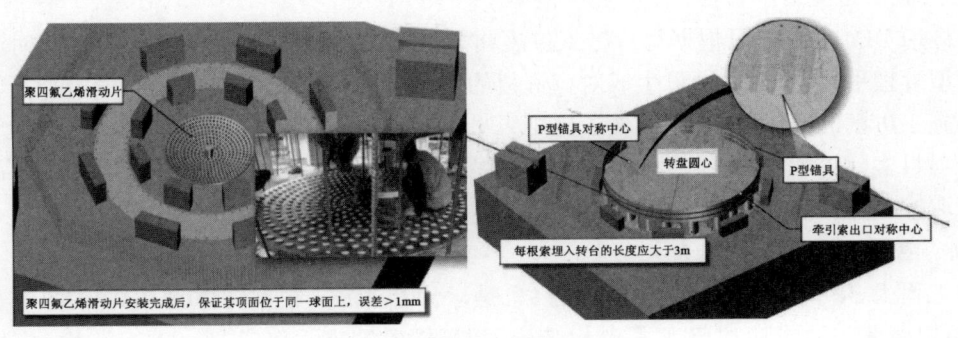

图13 球铰安装施工示意图

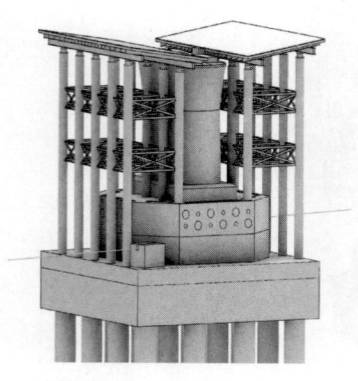

图14 连续梁现浇段施工示意图　　图15 转体桥墩动态转体施工示意图

4.4 精准定位与坐标控制

本桥转体墩单T吨位为国内第一，其球铰安装的精确定位是决定转体桥梁施工的关键因素。转体角度较大，转动时间较长，需要对球铰进行双向控制，以保证后期转体的精度。采用转体墩BIM模型，避免了人为因素，可以利用模型，直接拾取球铰定位架、球铰、滑道等转动体系结构的高程值与坐标，与设计图纸相比误差为0，与传统方法相比，不受现场施工人员的理论水平、实操水平及施工经验的影响。采用BIM技术测量定位，技术人员不用记录数据，可通过手机端直接点击选取所需结构的监控点，提取相应数据进行测量定位。减轻了技术人员的复核工作量，减少了工人的劳动量，如图16所示。

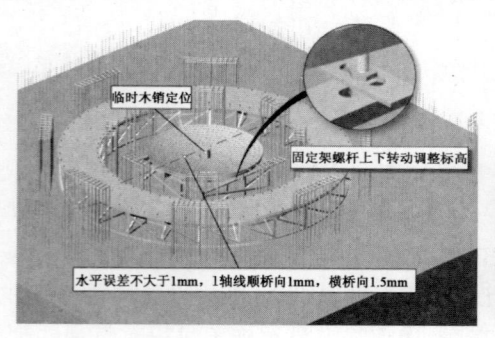
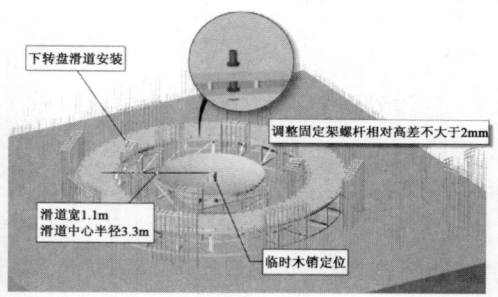

图16 精准定位与坐标控制示意图

4.5 施工进度智能管控

转体墩BIM模型中可根据每日施工进度将施工日志、台账、技术交底等资料及时上传至BIM模型管理平台，下载后即可生成对应资料的电子版，还可打印留底备查。既方便了管理层对现场施工进度的实时掌控，又方便了施工人员查阅相应技术交底。转体墩BIM模型管理平台结合项目实际工期安排，综合评估施工进度情况，使项目管理人员及时发现施工滞后问题，及时采取措施进行纠偏调整。

4.6 智慧运维管理的结合

本工程为PPP项目，我方既是施工方，也是运营管理方。根据转体墩BIM模型，在施工完成后，可以将其与运维阶段管理平台相结合，积极探索智能运维管理。人工巡检（定期的检查）结合自动化的在线安全监测系统，通过在结构布置智能传感器元件，实时监控结构的整体和局部状况。自动检测,统计交通量,并监测通过车辆的多种参数(总重、轴重、车牌号码、超载重量、超载率等),为智慧运维安全提供智能化管理数据,如图17所示。

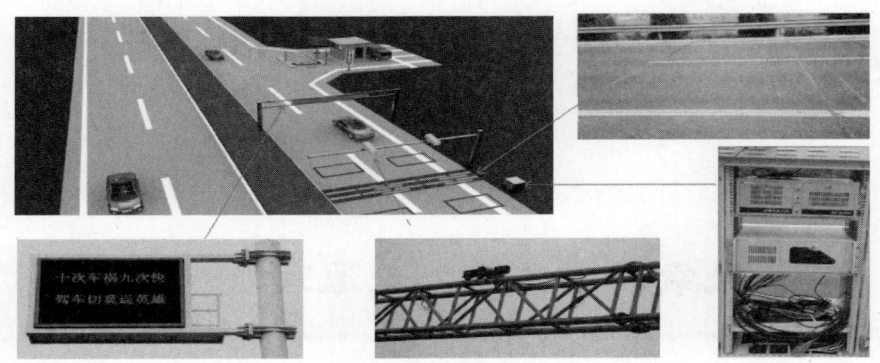

图17 运维管理的结合

5 结语

通过在本项目中转体墩 BIM 精细化模型成果的建立及应用,有效解决了转体墩 T 构在复杂环境下的设计图纸深化、工程数量核对、转体球铰精准定位与坐标的空间控制、三维动态模拟施工及技术交底、施工进度智能管控及运维管理的结合等问题。实现了桥梁施工过程的精细化和智能化管理,最大限度地节约人、材、机、工期等。实现了转体墩桥梁智慧 BIM 建造技术在上跨既有线桥梁工程中的应用,填补了企业标准的空白,建立了从公司到项目的确保 BIM 技术落地的制度。该技术对位于交通繁忙地段、施工场地受限、周边环境复杂、环保要求高的复杂立交工程具有极高的借鉴、指导意义。

参 考 文 献

[1] 蒋赣猷,罗伟,孙辉,等.BIM 技术在特大钢管拱桥施工中的应用[J].中外公路,2019,39(4):176-180.
[2] 刘均利,张聪,薛飞宇,等.BIM 技术在重庆曾家岩嘉陵江大桥设计中的应用[J].世界桥梁,2020,48(2):71-76.
[3] 张海华,刘宏刚,甘一鸣.基于 BIM 技术的桥梁可视化施工应用研究[J].公路,2016,61(9):155-161.

69. 标尺索股法主缆架设原理及计算方法

侯思远[1] 沈锐利[1] 潘济[2] 闫勇[1]

(1.西南交通大学;2.温州瓯江口大桥有限公司)

摘 要：悬索桥主缆架设现行采用的"层间距控制"，存在主缆索股架设受猫道承载能力、夜间调索效率等影响因素制约的问题。基于此，根据悬索桥悬链线线形计算理论和无应力状态法原理，提出了一种可直接修正温度对主缆架设精度影响的改进的预制平行丝股主缆架设方法标尺索股法。详细介绍了使用标尺索股法进行主缆架设的基本原理和架设步骤，采用C++语言，编制了标尺索股法调索计算程序，并依托某三塔四跨公路悬索桥为算例，讨论了计算算法和程序的正确性。结果表明：采用标尺索股法进行主缆架设，可保证主缆每根索股无应力长度相同，大大减小索股架设施工误差，同时可直接修正索股温度场影响，白天时段也具备索股入鞍调索条件，大幅降低调索作业所需的环境要求，提高了主缆架设效率；通过调索程序计算索股调整量与索股跨中点标高差间的规律与现有规律相互吻合表明，计算程序编制的正确性，计算结果精度满足实际工程需求。

关键词：标尺索股法 悬链线计算理论 无应力状态法 调索量 C++语言

1 引言

目前国内悬索桥的主缆架设一般采用预制平行索股法（PPWS）施工工艺[1]，预制平行索股由单根或多根基准丝（完成长度标定的钢丝）与同规格钢丝编制成股。在实际工程中，主缆架设通常采用从先架设的索股中选取一根作为基准索股，后续架设的索股采用"若即若离"或者"层间距控制"方法，进行参考架设的工艺流程[2]。

即有架设方法不足之处是，只能选取夜间温度场相对均匀时才能进行调索，这是由于白天日照温差等影响，会引起已架设的上层索股平均温度较基准索股平均温度高，从而导致施工中的已架设上层索股压到下层的基准索股的现象，此时基准索股处于非自由悬挂状态，不能再作为其他索股线形控制的标准，无法准确将索股线形调整至设计线形。因此，PPWS法相应的施工组织设计通常采用白天牵引索股后置于猫道上，夜间温度满足条件后再进行调索，这使得主缆索股架设效率受限于猫道承载能力、夜间调索效率等影响因素。

基于此，一种符合国内工程背景，且可以忽略温度对主缆架设精度影响，白天时段也可具

基金项目：浙江省交通运输厅科研计划荐（2018008），强台风区多塔连跨双层桥面悬索桥上部结构安装施工关键技术。

备入鞍调索条件的全新主缆架设工法的提出势在必行,标尺索股法[3]即是这种全新的工法。

本文详细介绍了标尺索股法架设主缆索股的基本原理及相应的调索步骤,然后基于悬索桥主缆线形悬链线理论和无应力状态法理论,给出标尺索股法架设索股的调整量计算算法和计算程序,最后依托某三塔四跨公路悬索桥为工程背景,讨论了索股调整量与索股跨中点标高差间的关系,通过与现有的相关文献比对,论证了算法和程序的正确性。

2 标尺索股法主缆架设基本原理

2.1 主缆悬链线计算理论

当悬索桥主缆受到沿索曲线分布的自重荷载作用时,主缆线形为悬链线[4-5]。悬链线计算图示如图1所示。设笛卡尔坐标系原点位于主缆左支点 A 处,主缆自重荷载集度为 q,跨中垂度为 f,主缆两端支点跨度为 L,高差为 C,主缆弹性模量和横截面积分别为 E、A。

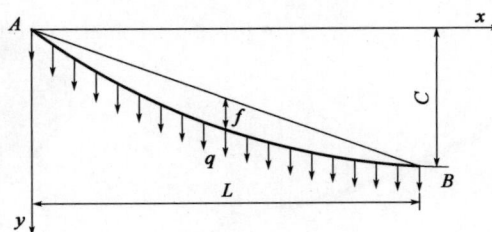

图1 悬链线理论计算图示

结合柔性索线形计算基本假定及原理[6],得到满足图1坐标系和边界条件的悬链线方程表达式(1):

$$y = \frac{H}{q}\left[\cosh\alpha - \cosh\left(\frac{2\beta x}{L} - \alpha\right)\right] \tag{1}$$

式中:$\alpha = \sinh^{-1}\left[\dfrac{\beta(C/L)}{\sinh\beta}\right] + \beta, \beta = \dfrac{qL}{2H}$。

方程(1)所代表的曲线是一族悬链线,当其他条件一定时,对每一跨中垂度 f 值,即可由此式迭代求出一相应的 H 值,也就是说,f 与 H 是一一对应的关系,即如果给定曲线上任一点的坐标值,整条曲线可完全确定。

由跨中垂度建立迭代表达式 F,即当 $x=\dfrac{L}{2}$ 时,$y=f+\dfrac{C}{2}$,此时可得:

$$F = \frac{H}{q}\left[\cosh\alpha - \cosh(\beta-\alpha)\right] - f - \frac{C}{2} = 0 \tag{2}$$

对式(2)进行非线性方程迭代求解即可获得主缆张力水平分量 H。当求得力 H 的值后,即可进而求出主缆的形状长度 s、弹性伸长量 Δs 及无应力长度 s_0:

$$s = \int_0^s \mathrm{d}s = \int_0^L \sqrt{1+\left(\frac{\mathrm{d}y}{\mathrm{d}x}\right)^2}\mathrm{d}x = \frac{H}{q}\left[\sinh\left(\frac{qL}{H}-\alpha\right)+\sinh\alpha\right] \tag{3}$$

$$\Delta s = \int_0^s \frac{T}{EA}\mathrm{d}s = \int_0^L \frac{T(x)}{EA}\sqrt{1+\left(\frac{\mathrm{d}y}{\mathrm{d}x}\right)^2}\mathrm{d}x$$

$$= \frac{H}{EAq}\left[\frac{1}{2}qL + \frac{1}{8}H(e^{-2\alpha+4\beta}-e^{2\alpha-4\beta}-e^{-2\alpha}+e^{2\alpha})\right] \tag{4}$$

$$s_0 = s - \Delta s \tag{5}$$

以上就是求解主缆悬链线线形的基本公式。悬链线理论计算主缆内力线形是一种成熟且应用广泛的方法,具有极高的计算精度。但在计算长大跨度悬索桥时,由于未考虑主缆弹性伸长对自重荷载集度的影响,使得计算结果与实际有稍许出入,但影响甚微,对跨径2 000m以下的悬索,是否考虑此因素主缆线形差值最大值也未超过1mm,因此运用悬链线理论计算的主缆线形完全能满足当前工程精度的要求[7]。

2.2 标尺索股法主缆架设基本原理

标尺索股法,顾名思义即是使用标尺索股对悬索桥主缆预制平行索股进行定位架设的全新工法,其相应的原理示意图如图2a)所示。

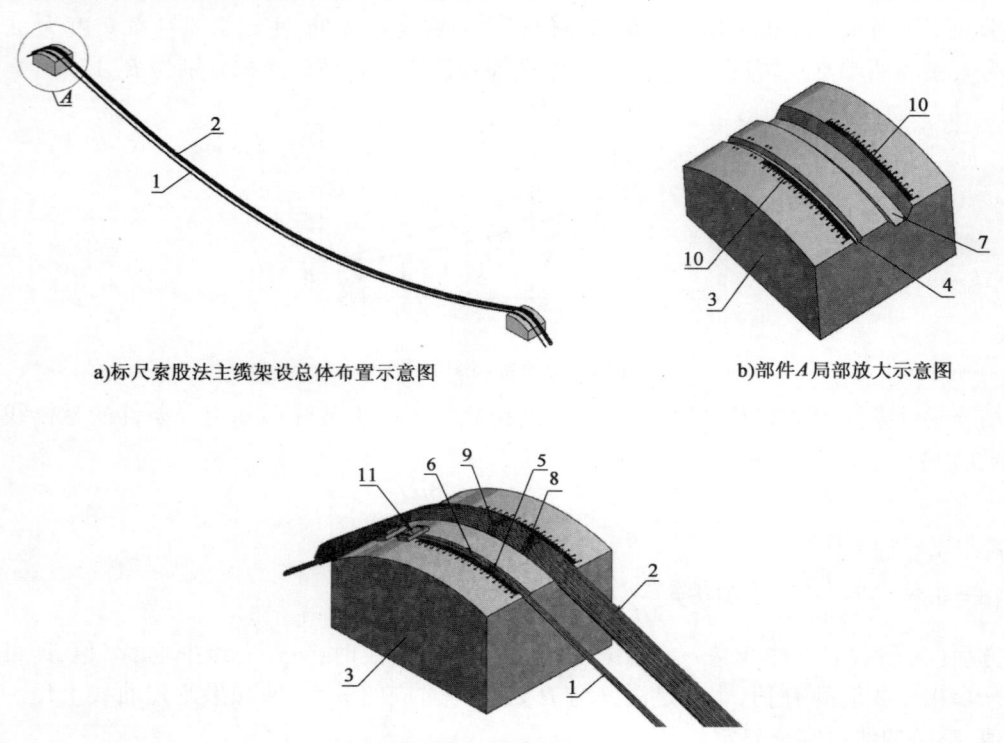

a)标尺索股法主缆架设总体布置示意图

b)部件A局部放大示意图

c)标尺索股法定位标记线标识示意

图2 标尺索股法主缆架设图示

1-标尺索股;2-待架索股;3-标尺台;4-标尺索股鞍槽座;5-标尺索股下料标线;6-标尺索股入鞍位置标记线;7-待架索股鞍座槽;8-待架索股下料标记线;9-待架索股入鞍位置标记线;10-修正标尺;11-标尺索股锁定件

假定待架的预制平行索股2与标尺索股1经过调索等一系列步骤后完全平行,即有标尺索股的跨度 L_1、垂度 f_1、高差 C_1 等基本参数与待架索股的跨度 L_2、垂度 f_2、高差 C_2 等基本参数完全一致,由式(1)和式(2)可知,此时应有标尺索股的水平张力 H_1 = 待架索股的水平张力 H_2。

设标尺索股的形状长度、索股伸长量及索股无应力长度分别为 s_1、Δs_1 和 s_{01};待架索股的各物理量表示为 s_2、Δs_2 和 s_{02}。

由公式(3)可知:

$$s_1 = s_2 \tag{6}$$

从物理方面考察,索股的伸长量 Δs 由索内力增量,即索股弹性伸长量 Δs_q 和温度变化引

起的伸长量Δs_t两部分组成,由公式(4)可知:

$$\Delta s_{q1} = \Delta s_{q2} \tag{7}$$

索股温度变化引起的伸长量为:

$$\Delta s_t = \int_s \alpha \Delta t \mathrm{d}s = \alpha \Delta t \int \frac{\mathrm{d}s}{\mathrm{d}x} \Delta \mathrm{d}x = \alpha \Delta t \int \sqrt{1 + \left(\frac{\mathrm{d}y}{\mathrm{d}x}\right)^2} \mathrm{d}x \tag{8}$$

由图2可知,待架索股2与标尺索股1所处温度场基本相同,即有:

$$\Delta t_1 = \Delta t_2 \tag{9}$$

将式(9)代入式(8),可得:

$$\Delta s_{t1} = \Delta s_{t2} \tag{10}$$

由公式(7)和公式(10),可以看到有:

$$\Delta s_1 = \Delta s_{q1} + \Delta s_{t1} = \Delta s_{q2} + \Delta s_{t2} = \Delta s_2 \tag{11}$$

进而可以求得标尺索股和待架索股此时的无应力长度:

$$\Delta s_{01} = s_1 - \Delta s_1 = s_2 - \Delta s_2 = s_{02} \tag{12}$$

故使用此方法,可以直接修正白天温度效应的影响,利用标尺索股的无应力长度,去标定待架索股的无应力长度,这就是标尺索股法主缆架设的基本原理。

使用同样的一根标尺索股,可保证主缆每一根索股的无应力长度相同,与"层间距控制"主缆架设方法相比,大大减小索股加工及施工作业误差,提升主缆索股的成缆质量;同时此方法可忽略索股温度场的影响,因此白天时段也具备入鞍调索条件,从而大幅降低了调索作业所需要的环境条件要求,提高了主缆架设的效率,这就是提出标尺索股法主缆架设原理的意义。

2.3 标尺索股法主缆架设基本步骤

标尺索股法作为全新的主缆架设方法,与常规的"层间距控制"主缆架设方法有较大不同[8],使用标尺索股对悬索桥主缆预制平行索股进行定位架设,其相关步骤如下所示:

(1)在工厂预制包括一根以上基准丝制作的标尺索股1。标尺索股1上有多条与现场主缆理论位置对应的标记线,其中标记线5为标尺索股1在索鞍处对应的标记线,即索股下料标记线。

(2)悬索桥主缆架设前在鞍座边上设置一标尺台3,标尺台详细构造如图2b)所示,其上设标尺索股鞍槽座4和预制平行索股鞍槽座7,两种索股鞍槽座中心等高。

(3)将标尺索股1牵引后安装在标尺台3上的鞍槽4内,采用绝对高程测量法对标尺索股1的精度进行检验并调整至理想的线形(即设计线形)后,安装标尺索股锁定件11,固定标尺索股1与标尺台3的相对位置,标明标尺索股的入鞍位置标记线6。

(4)此步骤对应"层间距控制"法主缆架设中的调索过程,为施工工艺中最重要的一步,相关的操作步骤如图2c)所示。牵引架设一根预制平行索股2(即待架的常规索股),牵引到位后,将索股2横移至标尺台3的鞍槽7内,将索股2上基准丝的鞍座位置标记线8与标尺索股1的对应标记线5对齐。测量跨中位置标尺索股1与预制平行索股2的高度差,根据索股跨中高差与标尺台3处索长调整量的对应关系,通过悬链线数值求解可计算得到预制平行索股2的调整量。利用标尺台3上的修正标尺10,参考标尺索股1上的标记线6,根据调整量直接在预制平行索股2上标记出实际定位入鞍位置标记线9。

(5)将预制平行索股 2 整形横移入鞍,预制平行索股 2 入鞍后,将索股上的标记线 9 调整到与鞍槽相对应的位置,即完成一根预制平行主缆索股 2 的架设。

(6)按照相同的方法,完成主缆的每一根预制平行索股的架设。

3 标尺索股法主缆架设算法及程序编制

结合第 1 节的悬链线理论,第 2 节标尺索股法主缆架设原理和架设步骤,利用 C++语言,编制标尺索股法主缆架设索股标记线位置的计算程序,计算流程如图 3 所示,具体步骤说明如下:

(1)引入设计基准温度下,标尺索股的基本参数,跨中垂度 f、跨度 L、高差 C、索股弹性模量 E 和钢丝直径 D;

(2)利用钢丝直径 D 计算得到索股截面积 A、自重荷载集度 q;

(3)由上述基本参数建立标尺索股的非线性方程迭代表达式(2),使用牛顿迭代法求解该方程,得到标尺索股的无应力长度 s_0;

(4)测量在标尺台上的待架索股与标尺索股在跨中位置的垂度差 Δf,即待架索股的跨中垂度为 $f' = f + \Delta f$,其他基本参数与标尺索股保持一致;

(5)重复步骤(3),建立待架索股的非线性方程表达式,求得待架索股的无应力长度 s_0';

(6)则待架索股的标记线调整量 $\Delta s = s_0 - s_0'$。

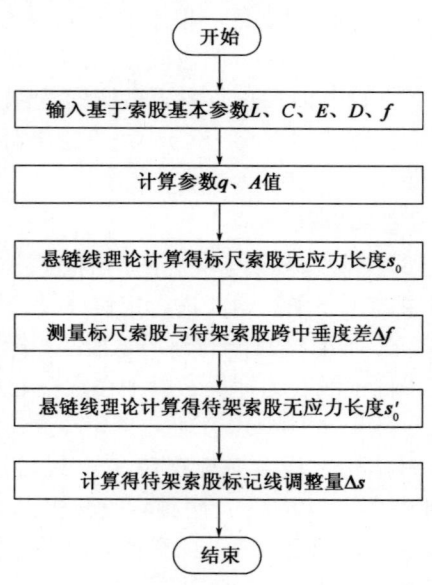

图 3 标尺索股法主缆索股标记线调整量计算程序流程图

4 标尺索股法架设程序正确性检验

为了验证编制的标尺索股标记线调整量计算程序的正确性,拟依托某三塔四跨公路悬索桥为工程背景,讨论其索股调整量与索股跨中点标高差间的关系,通过与现有的相关文献比对,从而得到结论。某公路悬索桥空缆状态的主缆设计线形如图 4 所示。

与主缆索股调整量计算有关的基本参数汇总见表 1。

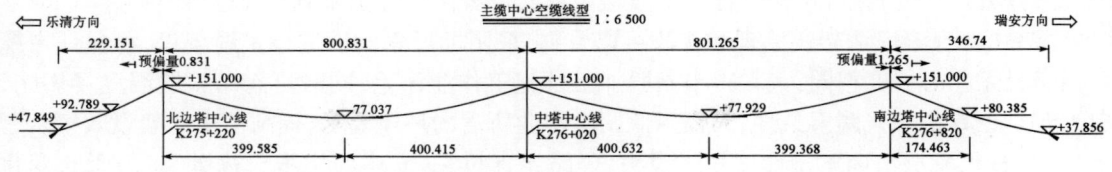

图 4 某公路悬索桥空缆状态的主缆设计线形(尺寸单位:m)

调索量计算基本参数汇总表 表 1

位 置	跨度 L(m)	高差 C(m)	垂度 f(m)	弹性模量 E(MPa)	钢丝直径 D(mm)
左边跨	229.151	103.151	58.211	$2.0×10^5$	5.40
左中跨	800.831	0.000	73.963	$2.0×10^5$	5.40
右中跨	801.265	0.000	73.071	$2.0×10^5$	5.40
右边跨	346.740	113.144	70.615	$2.0×10^5$	5.40

将表 1 中悬索桥的参数输入计算程序,索股跨中点标高差在小范围变化取 -0.3m、-0.2m、-0.1m、0m、0.1m、0.2m、0.3m,在大范围变化取 -3m、-2m、-1m、0m、1m、2m、3m 共两种工况。将计算得到的数据绘制成图,并对各跨的数据进行拟合,结果如图 5 和图 6 所示。

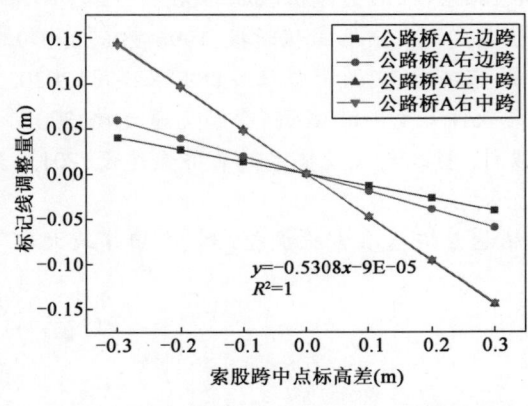

图 5 小范围矢高差与标记线调整量关系图

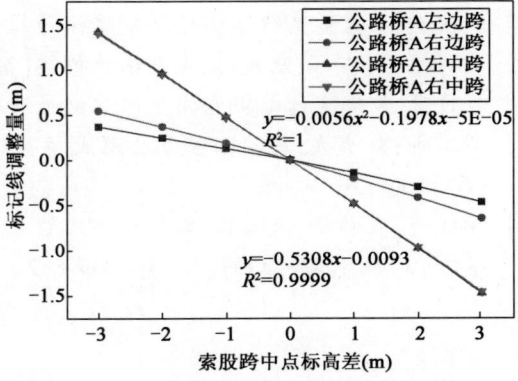

图 6 大范围矢高差与标记线调整量关系图

结果表明,当索股跨中点标高差在小范围变化时,无论是边跨还是中跨,矢高差与标记线调整量间均呈线性变化,其线性拟合函数相关性为 $R^2=1$;当矢高差变化范围变大后,左、右中跨两个变量间仍保持线性关系,而对于边跨来说,矢高差与标记线调整量间呈二次曲线变化规律。这一规律与谭红梅等[9]的研究结果相吻合,即中跨主缆矢高差 Δf 与索长变化量 Δs 呈线性变化,而边跨主缆两者间存在着一定的非线性,这证明了标尺索股法调索量计算结果的正确性,即该程序计算结果精度可满足工程应用。

5 结语

本文基于悬索桥悬链线线形计算理论和无应力状态法原理,提出了一种改进的预制平行丝股主缆架设方法——标尺索股法的索股架设原理和架设步骤,使用 C++语言编制标尺索股法主缆架设索股调索量计算程序,最后以某三塔四跨公路悬索桥为算例,检验编制程序的正确性,本文主要结论如下:

(1)悬索桥主缆悬链线理论是当今应用最为广泛和成熟的主缆线形求解方法,其所计算的线形具有理想的精度,可作为标尺索股法主缆架设方法的理论基础。

(2)由标尺索股法架设原理和步骤可以看到,采用标尺索股法进行主缆架设,可保证主缆每根索股无应力长度相同,大大减小索股加工及施工作业误差;同时可忽略索股温度场影响,白天时段也具备入鞍调索条件,大幅降低调索作业所需的环境要求,提高了主缆架设效率。

(3)标尺索股法调索量计算程序表明,公路悬索桥左、右中跨主缆矢高差 Δf 与索长变化量 Δs 呈线性变化,边跨由于矢跨比较小,呈现较明显的非线性;此规律与已有的研究资料相互吻合,证明计算程序编制的正确性,计算结果精度满足实际工程需求,可直接投入工程使用,具有一定的实用价值。

参 考 文 献

[1] 叶志龙.悬索桥主缆架设误差影响分析及参数控制[D].成都:西南交通大学,2008.
[2] 许曦,周胜利,戴秋云.大跨径悬索桥主缆线形测量[J].施工技术,2002(9):21-23.
[3] 沈锐利,闫勇,郑锋利,等.一种基于标尺索股定位架设悬索桥主缆预制平行索股的方法:CN111705674B[P].2021-03-09.
[4] 邵旭东,程翔云,李立峰.桥梁设计与计算[M].北京:人民交通出版社,2007.
[5] 沈锐利.悬索桥主缆系统设计及架设计算方法研究[J].土木工程学报,1996,29(2):3-9.
[6] 沈锐利,刘占辉,唐茂林.缆索承重桥梁[M].北京:人民交通出版社股份有限公司,2020.
[7] 唐茂林.大跨度悬索桥空间几何非线性分析与软件开发[D].成都:西南交通大学,2003.
[8] 吴志刚,汪成龙.马鞍山长江公路大桥主缆设计、制造与架设技术[J].桥梁建设,2013,43(6):106-110.
[9] 谭红梅,袁帅华,肖汝诚.基于悬链线的大跨度悬索桥基准索股调整[J].沈阳建筑大学学报(自然科学版),2009,25(5):847-852.

70. 智能制造预制构件自动化生产技术研究

邓文豪[1] 邱志雄[2] 林文朴[1] 李华生[2] 何 力[1] 邹泽渝[1]

(1.保利长大工程有限公司；2.广东省高速公路有限公司深汕西分公司)

摘 要：本研究从传统预制构件生产形式出发，结合其传统构件生产工艺，分析了旧预制构件生产模式的不足。同时，针对目前出现的新型预制构件生产的特点及有待完善之处进行思考，提出结合信息化管理，先进生产设备的应用，基于原材料拌和、梁板钢筋骨架搭设、梁板模板安装、混凝土浇筑、养护、预应力张拉等多工艺步骤整合及联动的预制构件自动化生产智能制造技术，从而缩短预制构件生产各生产环节的生产周期，保证预制构件批量生产质量的一致性，真正使得"机械化减人、自动化换人"目标落地，极大地提升施工效率及构件生产产能，最终实现预制构件生产的精益管理。

关键词：预制构件 自动化生产 预制构件厂 精益管理 智能制造

1 引言

伴随桥梁建设水平的不断提升，预制装配式桥梁建设因其施工周期短得到较大发展，并逐步成为未来桥梁建设的新趋势。然而现阶段，预制构件的生产却仍然以独立模具化生产形式开展着施工作业，养护方式也以自然养护和简易养护为主，最优的生产频次仅为每日一模。此外，施工人员在整个构件生产区域内需频繁走动、流动作业，生产劳动强度大，效率低也成为亟待解决的问题。基于此，本研究通过结合实际工程应用情况，从预制构件生产模式的转变出发探索适用于新型预制构件厂预制构件自动化生产技术。

2 预制构件厂建设及其生产工艺的发展与思考

2.1 传统预制构件生产形式及工艺的不足

在我国装配式桥梁建设发展初期，预制梁场的规划布局大都以施工工序进行划分，但因信息化管理较为滞后，各施工工序生产制作区域在场区内分部较为分散，相应生产工艺的生产过程相对孤立，导致梁场占地面积较广，预制构件生产管理难度大，且施工工序之间的转换耗时较长。同时因机械化水平较低，导致人员投入体量巨大，预制构件生产质量参差不齐，造成预制构件产能低且生产制作周期长的问题。

随着我国装配式桥梁工程建设的不断深入推进，呈现出预制构件生产所需周期短，生产数量大等特点，自动化水平要求高已是工程建设之趋势，传统预制构件厂及其生产工艺的短板也

日益突出,并成为预制构件生产问题的重大阻碍,其主要不足大致可归纳为如下几点:

(1) 与占地面积大、生产周期长,进度无法保障;

(2) 模板、设备、人员投入大,易造成窝工损耗;

(3) 质量安全管理难度大,文明施工难。

2.2 新型预制构件生产技术的出现及其生产工艺的变革

随着需求的提高,智能预制方式已经涌现于桥梁工程建设中。预制构件厂的高站位,促使我们在预制梁场建设中转化理念,不断钻研创新推动着我们走向自动化、智能化。预制理念的转变,也促使着预制构件生产技术发生变革,浮现出新型预制构件厂的建造与对应新的生产技术。例如采用流水节拍生产线的预制构件厂,开启了智能生产1.0时代。在此基础上,经过各施工技术人员们的集思广益,进一步提出了以工位固定节拍化生产线为主导的预制构件生产形式,也标志着智能制造构件预制生产2.0时代的正式出现。

2.2.1 流水节拍化预制构件生产线的出现与生产工艺的变革

据已有资料显示,流水节拍化生产预制构件厂率先针对预制构件厂工字梁生产提出采用折线先张法工艺进行预制构件的生产,实现了钢筋、模板整体吊装,同时采用高性能混凝土材料结合蒸汽养护生产技术精准控制了混凝土水化热过程,实现了混凝土早期强度的大幅度提升。通过流水节拍化生产的实现,提高了工字梁早期强度,同时加快单片梁板生产周期,实现了工字梁快速化生产的目标。尽管如此,该新型梁场模式及其生产技术并未实现台座流水作业,自动化生产,机械化水平、减少人员及设备投入方面仍然有待进一步提升(图1)。

图1 流水节拍化生产预制构件厂(左)及模板整体吊装工艺(右)

2.2.2 工位固定节拍化预制构件生产线(环形生产线)的出现与生产工艺的变革

随着预制构件厂变革的不断深入,工程技术人员经过不断探索结合蒸养箱技术,又创造性地提出基于移动台车和液压侧模技术创新环形生产线。其中移动台座技术的应用,压缩了工序之间的衔接时间,实现从钢筋绑扎、浇筑、养护在流水线上移动作业,充分发挥了流水化作业、工厂化生产的优势。同时液压模板技术的加持,使得模板拆装自动化得以实现,进一步减少人工投入,提高了生产效率。但是,同流水节拍化生产新型构件厂类似,工位固定节拍化生产预制构件厂及生产技术并不能满足预制构件自动化生产的需求,精益管理方面,并未实现质量、安全、细节化管控以及进度的动态可视化管理(图2~图4)。

图2 工位固定节拍化生产预制构件厂(左)、自动整体传束机(中)、生物燃料蒸汽技术(右)

图3 液压侧模技术(左)、无人工振捣排振技术浇筑(中)、移动台车技术(右)

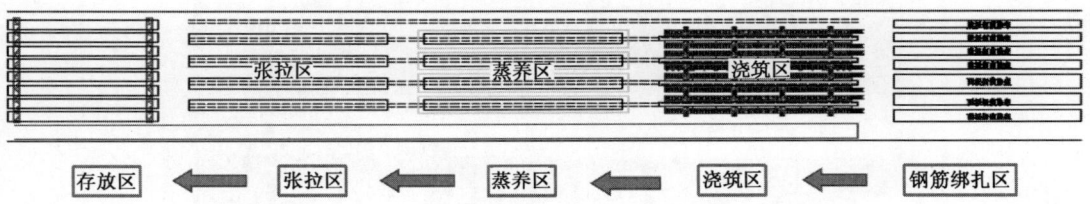

图4 环形生产线区域分布图

2.3 智能制造预制构件自动化生产技术思考

结合上述传统预制构件厂及新型预制构件厂预制构件生产形式,本研究拟针对旧预制构件厂模式的不足,结合目前出现的新型预制构件厂的特点及有待完善之处,探索将原材料拌和、构件钢筋骨架搭设、模板安装、混凝土浇筑、养护、预应力张拉等多个工艺步骤整合一体的预制构件自动化生产技术,从而减少各预制构件生产环节中途运输转换时间,保证预制构件批量生产质量的一致性,缩短生产周期,提高预制构件厂生产效率,给出新型梁场建设的新思路,即通过对预制构件厂预制构件工艺进行技术变革和技术创新,逐步推进构件生产自动化、机械化发展,实现以下几点的新技术目标:

(1)减少施工用地,增产增效;
(2)机械化减人、自动化换人;
(3)智能化生产管理,提高生产品质。

3 基于新型模式下智能制造预制构件自动化生产技术探索

本研究在总结传统预制构件厂及新型预制构件厂生产技术的不足及已有预制构件生产技术基础上,依托于深汕西改扩建高速TJ10合同段装配式桥梁建设工程,提出采用自动环形生产线技术、台车链式驱动系统关键技术、模具化生产技术、无人工振捣技术以及智能梁场管理系统,在充分发挥流水化作业及工程化生产有优势的情况下,实现预制构件的生产真正意义上从旧模式向"智能制造"的转变,从而降低单片梁板生产周期,提高生产效率,减少人工成本,确保质量、进度可控,实现"机械化减人、自动化换人"及精益管理的目标。

3.1 依托工程概况及新型预制构件厂规划布置

深汕西改扩建高速公路 TJ10 合同段采用预制装配式桥梁工程,全长 8.889km,主要工程为梅陇特大桥,梅陇农场 1 号、2 号特大桥 3 座特大桥,其上部结构采用预制双 T 梁及预制小箱梁形式,桥梁下部结构形式主要为:(1)管桩基础,拼接盖梁;(2)管桩基础+现浇承台+预制拼装立柱、盖梁的形式。项目预制构件共 8 982 个,其中预制墩柱 861 个,预制盖梁 1 543 片,预制双 T 梁 3 709 片,预制小箱梁 2 869 片。

针对上述实际工程预制构件生产的具体情况,新型预制构件厂建设从考虑将原材料进行集中拌和,同时利用现代信息化技术,实现梁板钢筋骨架搭设、梁板模板安装、混凝土浇筑、养护、预应力张拉等各工序间的联动,并形成了包含工地试验室、混凝土拌和站、双 T 梁生产区、小箱梁生产区、墩柱盖梁生产区的总体布局。其中双 T 梁布置 2 条环形生产线,小箱梁布置 8 条生产线,盖梁布置 2 条生产线,按生产工序划分为钢筋胎架区、合模浇筑区、蒸养区、静养区、张拉区、横移区、喷淋养生区(图 5)。

图 5 基于预制构件自动化生产技术的预制构件厂布局图

本研究也在此基础上进行预制构件自动化生产技术探索。

3.2 预制构件自动化生产技术探索

本研究在基于工位固定节拍化生产预制构件厂提出的预制构件生产技术基础上再进一步创新,通过在小箱梁的环形生产线上采用混凝土面板的无人工振捣排振技术,在双 T 梁(盖梁)的工位制节拍化智能环形生产线上采用大型整体式无人工振捣技术、台车链式驱动系统及模具化生产技术进行预制构件自动化生产技术的变革探索(图 6)。

  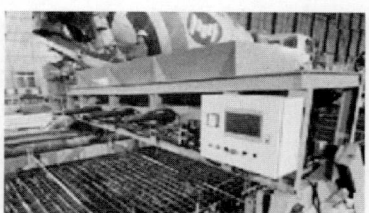

图 6 预制构件自动化生产技术展示

3.2.1 自动环形生产线技术-双T梁(盖梁)

采用首创大型整体式振动台振捣工艺+首例双T梁环形生产线施工。环线采用移动钢台座(模具化生产),纵横移台车,大型整体式振动台振捣工艺,将原有单片梁的生产周期缩大幅度缩短,且大大降低了人工及机械设备的投入,实现了"机械化减人、自动化换人"的目的(图7)。经单片梁板功效分析可知采用该技术生产预制双T梁生产制造周期缩短至原有周期的30%。

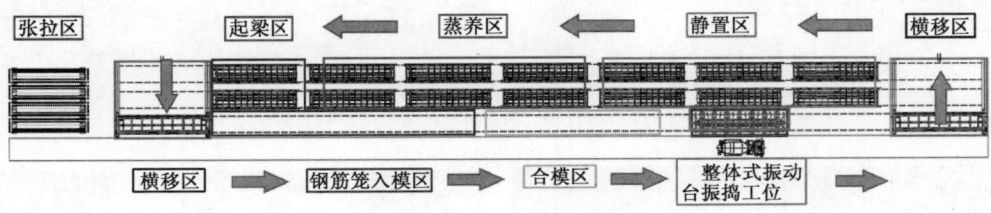

图7 双T梁(盖梁)自动环形生产线

3.2.2 台车链式驱动系统关键技术

在环形生产线中创新使用"链式台车驱动系统",通过驱动系统有效降低了梁板行走制动缓冲力,能够方便快捷进行台车移动,减少移动台车的电机驱动在长期蒸养使用中老化损坏、同时保证启停中台车的稳定性,减少台车自身构件的变形,从而保证了构件的生产质量(图8)。

图8 台车链式驱动装置

3.2.3 模具化生产技术

双T梁(盖梁)采用模具化生产技术,底模和内模固定于移动台座上,侧模放置于移动台座上,通过钢台座桁架螺杆进行模板的松紧,构件整体吊出,无须模板转运,高效便捷,减少门式起重机投入及占用时间,减少模板重复拆装而导致的变形,影响结构尺寸的控制,较好保证了现场安全文明施工(图9)。

3.2.4 无人工振捣技术

无人工振捣技术结合大型整体式振动台通过智能控制系统有效控制振捣时间和频率,提高生产效率,实现自动化生产管理。该技术的使用可满足80t预制构件的激振力要求,完成预制构件的整体振动浇筑,实现由原来需多人多小时完成一片双T梁的浇筑至仅需几人施工的高效化生成的转变,从而极大减少人工及机械设备的投入(图10)。

图9 双T模板+可移动式台车(左)、盖梁模板+台车(右)

图10 大型整体式振动台(左)、混凝土自动布料设备(右)

3.2.5 动态可视化管理技术

动态可视化管理技术是基于信息技术，通过整合各生产工序各机械化设备信息，实现各生产工序间的联动管理，同时借助 BIM 建模技术搭建梁场智能制造管理平台，实现预制构件生产任务布置、前后场生产进度、生产质量及安全等方面的动态管控，从而达到"精益管理"的目的(图11)。

 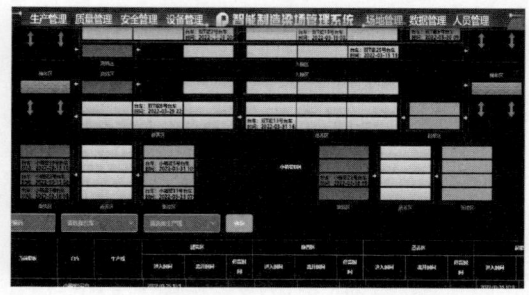

图11 智能制造梁场管理系统

3.2.6 技术效益分析

经过对本研究提出的预制构件自动化生产技术进行效益分析，主要从以下几方面实现了智能制造的精益管理目标。

(1)通过减少人工成本，提高生产效率

采用环形生产线、结合振动台技术，以及蒸汽养生工艺，降低单片梁板生产周期，提高生产效率，减少人工成本，确保质量、进度可控，实现了"机械化减人、自动化换人"的目的，充分发挥了流水化作业、工厂化生产的优势。

(2)通过智能化生产管理,提高生产品质

采用纵横移台车、大型整体式振动台、智能蒸养、智能张拉压浆等智能设备,减少人工作业偏差;采用精细的工厂信息化质量管理系统,减少粗放式的野外作业管理模式,使梁板生产真正实现工厂化流水作业,从而打造品质工程、培养产业工人。

(3)通过智能制造,促进工业化生产发展

新型梁厂改变传统梁场的占地面积大、生产周期长的缺点,在占地面积大大减少的情况下,通过流水作业减少工序转换等待时间,达到增产增效的目的,为一些受场地限制的项目提供一种全新的建设管理思路,推动桥梁工程智能制造、绿色建造、工业化生产发展的进程。

4 结语

本研究基于新型预制构件厂模式提出的预制构件自动化生产技术,通过将传统预制构件生产工序进行整合,通过引入大型整体式振动台、可移动台车等机械化设备,以及借助信息化技术手段采用BIM建模技术搭建梁场智能制造管理平台实现了预制构件自动化生产技术变革。同时,经效益分析表明,该技术的采用,在保障生产质量一致性的同时,使生产效率得到了极大的提升,真正使"机械化减人、自动化换人"目标落地,实现了精益管理。

参 考 文 献

[1] 罗支贵,吴兆炜.高速铁路小型预制构件自动化施工技术研究[J].安徽建筑,2020,27(3):70-72.

[2] 陈汉宇.基于精益建造理论的桥梁预制构件生产质量评价研究[D].北京:中国矿业大学,2021.

[3] 吴杰,朱敏涛,陈兆荣,等.新型预制混凝土构件生产技术研究及工艺装备开发[J].混凝土世界,2018(12):42-51.

[4] 陶旭东,陈音,陈飞雁,等.游牧式预制构件生产技术与应用[J].施工技术,2020,49(14):105-109.

[5] 齐博磊,王群.装配式混凝土构件生产管理与质量控制要点[J].混凝土世界,2022(3):43-47.

71. 桥梁预制墩柱及现场拼装施工技术

何 俊 吴 健 李友清 祝安宝
(中交路桥华南工程有限公司)

摘 要：传统桥梁墩柱主要采用现浇施工的方法，近年来受施工工期和场地的影响，在市政、公路项目中越来越多采用预制拼装的方法，预制拼装相对于现浇施工有很多优点。本文通过肯尼亚内罗毕快速路项目，介绍墩柱预制及现场拼装的施工方法。

关键词：预制墩柱 现场拼装 快速化施工

在传统桥梁施工中，上部结构采用预制安装的较多，如：预制小箱梁、预制T梁、预制空心板等；下部结构还是主要采用现浇施工：通过现场绑扎钢筋、安装模板、浇筑混凝土、混凝土养生、墩柱成型。现浇施工需要的工期较长，需要长时间占用施工场地，在市区道路施工时严重影响交通，同时施工噪声比较大，对周围居民的影响较大。

近年来，桥梁下部结构施工，兴起一种墩柱预制拼装的方法，首先在预制场将墩柱预制完成，然后运输至现场，现场起吊、坐浆、通过灌浆套筒与承台预留钢筋连接、压浆，完成墩柱施工。预制拼装法在施工基础时，同时在工厂预制墩柱和盖梁，基础施工完后进行现场拼装。这样既能加快施工速度，也能减少对既有交通的干扰，实现快速化施工的目的。由于不需要搭设支架，现场作业的人员少，高空作业少，对施工安全也有很好的保障。

1 工程简介

肯尼亚内罗毕快速路项目是一条BOT公路项目，也是肯尼亚第一条收费公路项目，项目特许经营期为30年，到期后，项目资产和设施将无偿移交给肯尼亚政府。它以Mlolongo东侧为起点，自东南向西北沿现有A8国道中央分隔带布线，穿越内罗毕核心区，终点在James Gichuru Road路口落地，项目主线全长27.131km。

本项目负责的二标段起讫桩号为K15+710~K27+131，主线线路全长11.421km，其中K18+645~K20+060及K24+700~K26+105段为分离式路基，其他路段为整体式路基；桥梁段长度8.66km，沿线共设置5个互通，匝道桥全长约2.2km。本标段主要施工内容包括：桥梁、涵洞、路基、路面、排水、交安、照明及绿化环保等工程，合同工期24个月。

2 墩柱预制

2.1 墩柱预制工艺流程

本项目桥梁下部结构按照桥墩类型,可以分为双柱墩、独柱墩、框架墩、门式墩等六种,如图1所示。

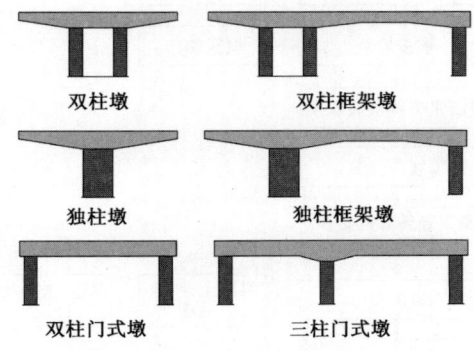

图1 下部结构示意图

其中双柱墩和独柱墩用于中分带宽度合适的主线位置;框架墩适用于主线接匝道出入口处,与匝道共用墩;门式墩用于主线跨越障碍物较复杂或中分带宽度较窄处。

墩柱施工采用预制拼装和现浇相结合的方法,需要预制的墩柱截面图如图2所示。

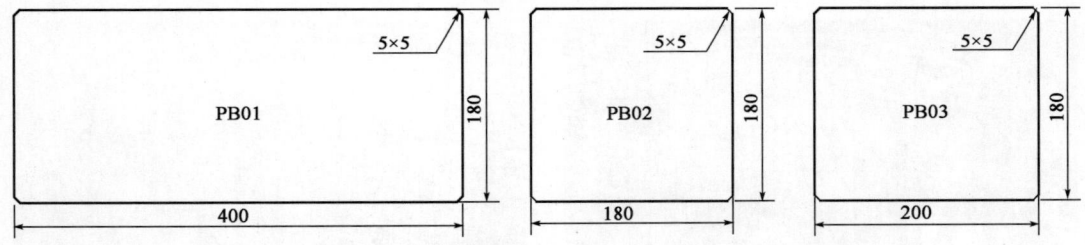

图2 预制墩柱截面图(尺寸单位:cm)

具体墩柱类型数量及截面尺寸见表1。

预制墩柱类型及数量统计表　　表1

序号	类型代号	结构尺寸(m)	现浇数量	预制数量	最大高度(m)	备注
1	PB01	4×1.8	0	166	12.3	主线独柱
2	PB02	1.8×1.8	140	230	18.2	主线双柱
3	PB03	2×1.8	0	32	10.3	主线门式墩

墩柱预制施工流程如图3所示。

2.2 钢筋骨架绑扎

预制立柱钢筋骨架在胎架上提前绑扎成型,整体吊装入模。钢筋骨架绑扎胎架共配置4套,胎架底座安装后精度误差±1mm,有效防止主筋安装时产生弯扭。由于骨架钢筋允许偏差仅为±2mm,对精度要求极高,为使钢筋绑扎及吊装过程中不发生转动及位置变化,在胎架一端利用底模作为灌浆套筒定位板,另一端设置钢筋端定位板,用于定位及固定立柱主筋,并使用支头螺丝卡紧主筋,防止钢筋移动。定位板与立柱钢筋笼一起吊装入模(图4)。

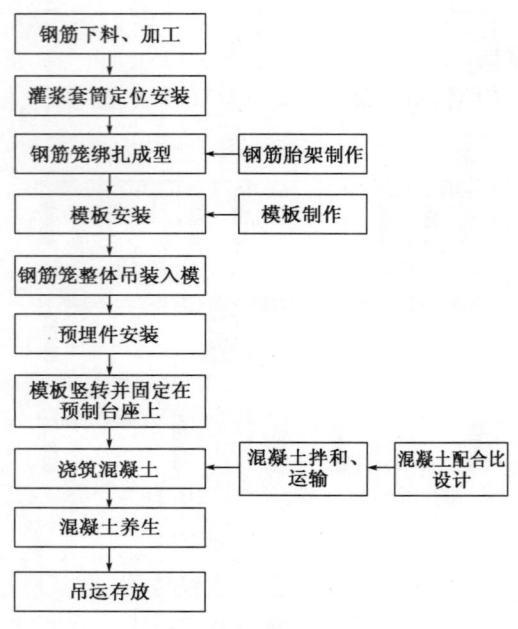

图 3 墩柱预制施工工艺流程图

图 4 钢筋骨架绑扎

2.3 墩顶吊点预埋

墩柱采用柔性吊环,顶部设置两个吊点。吊点材料为 $\phi^s15.2mm$ 钢绞线,钢绞线采用单根绕环,埋深 1m,末端设置 16mm 锚板及 P 锚挤压套,钢绞线露出混凝土表面 20cm,外露部分套上镀锌钢管,吊点沿立柱横向轴线布置(图5)。

每个吊点钢绞线根数根据立柱重量进行布置,每根钢绞线承载力按 90kN 计,对于 PB01 类墩柱:墩柱高度≤2m 时,单个吊点 2 根钢绞线;2m<墩柱高度≤4m 时,单个吊点 4 根钢绞线;4m<墩柱高度≤6m 时,单个吊点 6 根钢绞线;6m<墩柱高度≤8m 时,单个吊点 8 根钢绞线。对于 PB02 和 PB03 类墩柱:墩柱高度≤4m 时,单个吊点 2 根钢绞线;4m<墩柱高度≤8m 时,单个吊点 4 根钢绞线;8m<墩柱高度≤12m 时,单个吊点 6 根钢绞线(图6)。

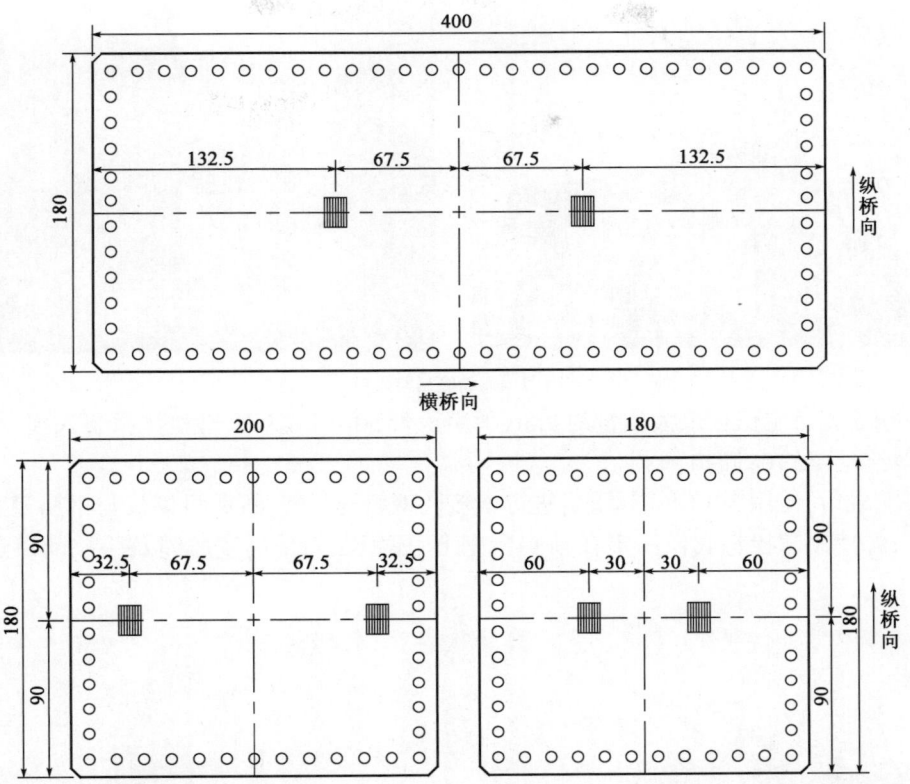

图 5 吊点平面布置图(尺寸单位:cm)

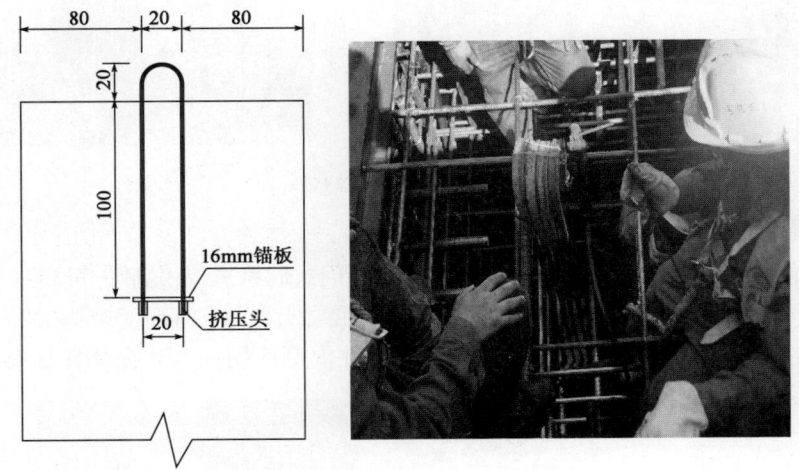

图 6 吊点安装示意图(尺寸单位:cm)

2.4 模板安装及钢筋笼吊装

为了保证墩柱施工安全及外观质量,墩柱模板采用专业厂家加工的定型钢模。预制墩柱模板由侧模、底模和翻转架三部分构成,侧模与底模、底模与台座之间使用 M20 高强螺栓连接,侧模上下节采用高强螺栓和精轧螺纹钢连接,以提高竖向刚度。模板采用体外拉杆设计,不设穿体对拉拉杆。模板打磨光滑,保证模板表面整洁干净,并对其表面均匀涂抹脱模剂;安装模板过程中,应保证其接缝处无错台,并对其螺栓进行加固(图 7)。

图7 钢筋笼吊装入模

立柱钢筋笼及定位板最大质量约7.5t,采用1台30t门式起重机整体吊装入模,吊索使用φ22mm钢丝绳,配10t卸扣。

吊装完成后,使用30t门式起重机进行模板及钢筋笼竖转,然后将模板与钢筋笼整体吊至浇筑台座,并使用螺栓将底模固定在预制台座上,模板四周采用缆风绳及手拉葫芦进行固定(图8)。

图8 模板及钢筋笼竖转

2.5 混凝土浇筑及养护

预制墩柱混凝土等级C40,采用立式浇筑工艺,30t门式起重机提吊料斗一次性浇筑完成,立柱最大浇筑高度为12m,使用11m长橡胶软管作为导管,混凝土自由下落高度控制在2m以内,导管顶部设喇叭状料斗入料。混凝土振捣采用人工钻入立柱内部使用插入式振捣棒振捣(图9)。

图9 混凝土浇筑

预制墩柱混凝土强度不低于10MPa后进行模板拆除。模板采用30t门式起重机分片进行拆除。墩柱高度小于6m时,一侧模板整体拆除;墩柱高度大于6m时,一侧模板分上下两次拆除。拆模时要求有专人指挥,不得强行拉撬模板,不得让钢模碰撞墩柱,以防损伤墩柱棱角。拆下的模板由专人保养,及时清除模板表面混凝土,暂时不用的模板应堆放整齐,模板下方支垫方木,上面覆盖塑料布,避免模板翘曲(图10、图11)。

图10 模板拆除

图11 混凝土养生

拆模后,在立柱顶部设1个1m³左右的塑料桶,桶内存水用于滴灌养生,养生时间不少于7d。

2.6 预制墩柱移运及存放

预制墩柱混凝土强度达到85%设计强度后,使用1台18m高的200t门式起重机进行场内转运。起吊前,拆除墩柱底模与台座之间的连接螺栓,缓慢提起,墩柱最佳受力状态为竖向。为提高场地利用率,墩柱采取竖立姿态集中存放,存放台座采用下放式台座。墩柱出厂运输时采用翻转平躺姿态(图12、图13)。

图12 预制墩柱移运

图13 预制墩柱存放

3 墩柱拼装

3.1 墩柱现场拼装工艺流程

墩柱现场拼装施工工艺流程如图14所示。

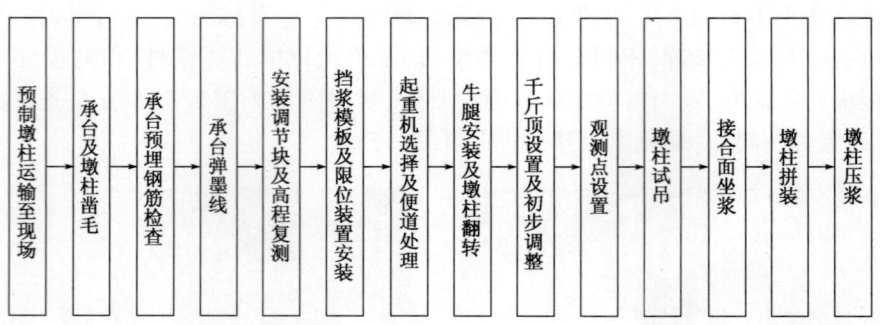

图 14 墩柱拼装施工工艺流程图

3.2 预制墩柱安装

3.2.1 承台凿毛及预埋钢筋清理

为保证墩柱与承台拼接面的黏结性,对墩柱和承台接触面进行凿毛,凿毛要求露出混凝土骨料为止。墩柱中心安放调节垫块的位置不进行凿除,预留 20cm×20cm。承台清理完成后根据墩柱尺寸外延 5cm 进行承台挡浆板安装并固定(图 15、图 16)。

图 15 墩柱凿毛

图 16 承台预埋钢筋清理

3.2.2 墩柱翻转竖立

墩柱运输至现场卸车后,在预埋吊点上安装钢丝绳和卸扣,将翻转用轮胎安放到位,大钩起吊,缓慢提起墩柱,使墩柱一端脱离地面。墩柱翻转过程中,设专人指挥并禁止闲杂人员进入履带式起重机工作半径,履带式起重机操作手在执行吊装作业时严格遵守吊装作业安全操作规程(图 17)。

3.2.3 墩柱预安装及正式安装

墩柱预安装:墩柱翻装完成到位后,履带式起重机旋转就位,首先进行牛腿安装。牛腿安装后履带式起重机吊装立柱到达承台预埋钢筋上方,缓慢下落,柱底靠近承台钢筋顶部后,采用人工辅助调整立柱平面位置,使钢筋对准灌浆套筒底口。对位后,立柱继续下放,下放至接触橡胶垫块时停止下放,根据牛腿与承台顶面高度放置槽钢及钢板支垫,然后放置 50t 螺旋千斤顶,继续卸力使橡胶垫块受力,调节千斤顶螺旋上顶到位。使用全站仪对立柱的垂直度进行观测,根据测量数据,使用千斤顶对立柱垂直度进行微调,垂直度调节到位后,将墩柱吊离承台,搁置在混凝土地面或路基箱板上,起重机钢丝绳不得松弛(图 18)。

图17 预制墩柱翻转

图18 调节牛腿安装

结合面坐浆：承台顶面洒水润湿，使用小型搅拌机进行坐浆料搅拌，搅拌时间为3~4min，搅拌完成后倒入挡浆板范围内并采用人工进行粗平，坐浆料略高于橡胶垫片以保证坐浆饱满。预埋钢筋安装橡胶密封圈及平垫片安装，橡胶密封圈安装高于挡浆板（图19）。

吊装就位：履带式起重机再次起吊墩柱，人工辅助调整墩柱位置，套筒对准预埋钢筋后，墩柱继续下放。履带式起重机吊钩分级卸荷，使中心橡胶垫块逐步受力，吊钩保留受力状态。使用全站仪在纵横两个方向，对墩柱顶端轴线进行观测，然后用50t千斤顶微调墩柱位置。墩柱顶偏位满足要求后，锁紧所有千斤顶，松掉吊钩，拆除吊具卸扣，清除溢出砂浆。垫层砂浆等强24h后方可拆除千斤顶和牛腿（图20）。

图19 承台顶面坐浆

图20 墩柱安装

套筒灌浆：垫层砂浆强度满足要求后方可进行套筒内灌浆施工，先将墩柱四周的千斤顶和牛腿等临时支撑拆除，然后准备开始套筒灌浆施工。首先检查灌浆孔，确保通畅后，在注浆口安装注浆管，然后进行灌浆料搅拌，灌浆料采用T100灌浆料，使用专用压浆机进行灌浆作业。灌浆过程：浆料从下部注浆孔进入，从上部流出，当流出浆料较浓稠时，停止灌浆，用阀门封闭注浆口，清理多余灌浆料。灌浆料强度达到要求后，用水泥浆修补注浆口（图21）。

图21 墩柱压浆

3.2.4 墩柱与墩柱对接(墩柱过高时采用)

当墩柱高度超过12m时,不能一次拼装完成,需要进行第二节或多节墩柱拼装,第一节墩柱灌浆套筒内灌浆完成并等强24h以上,就可进行第一节墩柱顶凿毛。为方便第二节墩柱及盖梁安装过程中操作千斤顶及灌浆作业,墩柱预制时,在距离顶面下方1.5m处预埋$\phi 28$直螺纹套筒和钢筋,钢筋锚固长度为60cm,作为施工操作平台受力件及挡浆板支撑件。施工平台安装完成之后进行第二节墩柱预安装,具体安装流程同第一节墩柱安装,自重挡浆板设置为抱箍,用以安放千斤顶。通常第二节墩柱安装比第一节困难,调节精度要求更高(图22、图23)。

图22 第二节墩柱结合面坐浆　　　　图23 第二节墩柱安装

4 结语

桥梁下构装配式施工具有以下优势:

(1)城市高架桥建设中,在基础施工的同时,可提前进行墩柱和盖梁预制,能合理缩短施工工期;区别于传统现浇工艺,现场不需要搭设施工支架、绑扎钢筋、安装模板和浇筑混凝土,可大幅减少施工对交通的干扰,减轻施工现场噪声和对周围居民的影响。

(2)墩柱在工厂预制,施工质量和工期能得到很好的保证。温度过低或过高的地区,受极端天气的影响,一方面现浇混凝土质量不能得到很好保证,另一方面工期无法得到保证,可采用这种工厂预制、现场拼装的方法确保工期和质量要求。

(3)跨江、跨海桥梁施工中,桩基和承台施工完成后,下部墩柱、盖梁和上部结构可以采用工厂化预制、现场拼装的方法,在加快施工速度的同时减少江上或海上作业风险。

本文通过介绍肯尼亚内罗毕快速路项目墩柱预制及现场拼装施工工艺,为同类型桥梁施工提供参考,以达到缩短施工工期,尽量少占用施工场地,减少施工安全环保风险,实现下部结构快速化施工的目的。

参 考 文 献

[1] 宁英杰.桥梁装配式施工技术[M].北京:人民交通出版社股份有限公司,2018.
[2] 中华人民共和国交通运输部.公路桥涵施工技术规范:JTG/T 3650—2020[S].北京:人民交通出版社股份有限公司,2020.

72. 固定液压模板移动台座 T 梁预制施工技术

陈建平

(中交第四公路工程局有限公司)

摘　要：本文以中交四公局京秦高速公路遵秦段 B2 标滦河特大桥 T 梁预制施工为例，开展了"固定液压模板移动台座 T 梁预制施工技术研究"，结合滦河特大桥 T 梁结构形式特点，应用了固定液压模板移动台座 T 梁施工技术。本技术将传统制梁模式下的施工区域固定、施工工序循环，改进为施工工序固定、施工区域循环的全新预制模式。固定液压模板的安装与拆除采用液压驱动，省去模板的吊装及转移工序，减少起重吊装作业，同时各区域相互独立，避免了交叉施工带来的安全风险。每个施工区域只负责 T 梁预制的一道工序，作业人员在固定区域进行固定的工作。液压模板避免模板安拆中出现敲、打、撬等暴力拆模方式，消除拆模对梁体造成的损伤，模板安拆时间缩短，移动台座携带预制 T 梁进入蒸汽养生区，实现混凝土强度快速提升，张拉后及时移梁，每天可预制 1 片 T 梁，且不受外部环境影响，进度提升明显。固定液压模板移动台座 T 梁预制施工，减少场地建设面积，生产效率高，每条生产线每天可预制 1 片 T 梁。减少了混凝土台座的浇筑，且液压模板、移动台座等设备均可重复多次利用，起到很好的节能减排效果。

关键词：固定液压模板　移动台座　流水作业

1　工程概况

滦河特大桥起点桩号 K61+337.92，终点桩号 K65+442，桥梁全长 4 104.08m，桥跨结构为 5×40m+5×35m+83×40m+120m+7×40m。引桥上部结构采用预应力简支转联系 T 梁，预制 T 梁共计 1 600 片，其中 40m T 梁 1 520 片，35T 梁 80 片。预制 T 梁高度 2.5m，中梁顶板宽度 1.5m，边梁顶板宽度 1.75m，梁体两侧布置端横隔板 2 道和中横隔板 5 道，横隔板间距固定，通过调整端头挡板来调节 T 梁长度。

2　工艺原理

采用固定液压模板移动台座 T 梁预制施工技术，将液压模板组装并固定在浇筑区域，移动台座作为输送系统串联各生产区域。生产区域按功能分解为钢筋绑扎、混凝土浇筑、蒸汽养生、张拉提吊四个固定区域，移动台座在各个区完成相应的工序，通过台座移动形成流水作业，每个施工区域只负责 T 梁预制的一道工序，作业人员在固定区域进行固定的工作，提高梁片生产效率、提升预制梁品质。

3 固定液压模板、移动台座

3.1 固定液压模板

模板面板采用 t8-Q235 热轧钢板，支架立杆间距 1m，采用 I14 工字钢与 14 槽钢焊接进行加固，安全操作平台采用 t3-Q235 扁豆类花纹板，支架与平台拉杆用螺栓连接。固定液压模板由液压控制系统、整体模板、支架系统、浇筑作业平台三部分组成。T 梁外模分为两块，液压控制系统由 6 个斜向液压油缸和 6 个反向推动油缸控制，通过油缸的伸缩来控制模板的安装与拆除。斜向油缸提供模板的竖向和水平方式的移动动力，反推动油缸提供拆模时顶口的反推力。通过调节油缸，实现模板的精准定位。连接形式如图 1 所示。

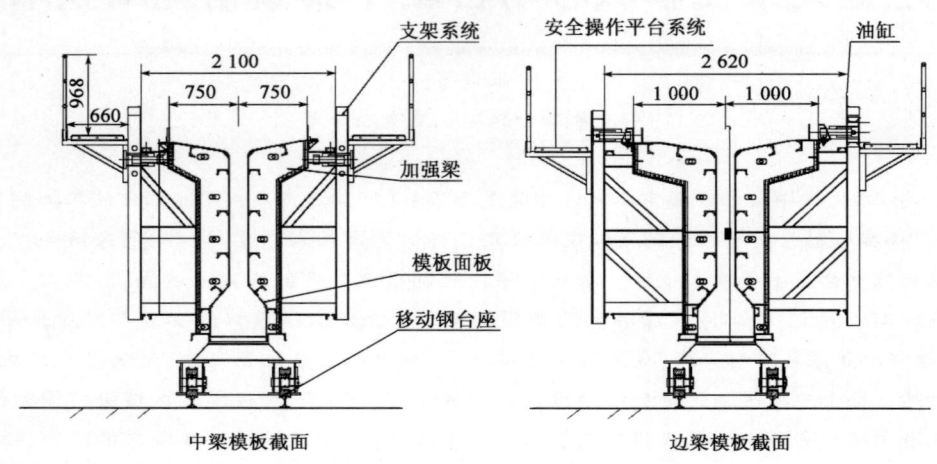

图 1 固定液压模板一般位置截面示意图

3.2 移动台座

预制 T 梁移动台座顶面采用 6mm 厚钢板作为预制 T 梁底板，台座长度 42m，三相电滑触线、预埋钢轨、驱动轮组、被动轮组、钢构梁、带预拱台座、电气控制系统、安全保护系统组成（图 2），单个台车质量为 20t。移动轨道的基础全长 173m，宽 1.955m，厚 0.5m，采用 C30 钢筋混凝土浇筑而成，地基承载力不小于 150kPa。移动台座轨道间距 1 000mm，纵坡为 0.5%，采用高精度水准仪进行高程测量，允许误差控制在 ±3mm，行走时控制行走速度在 3m/min 以内，保持匀速慢行。

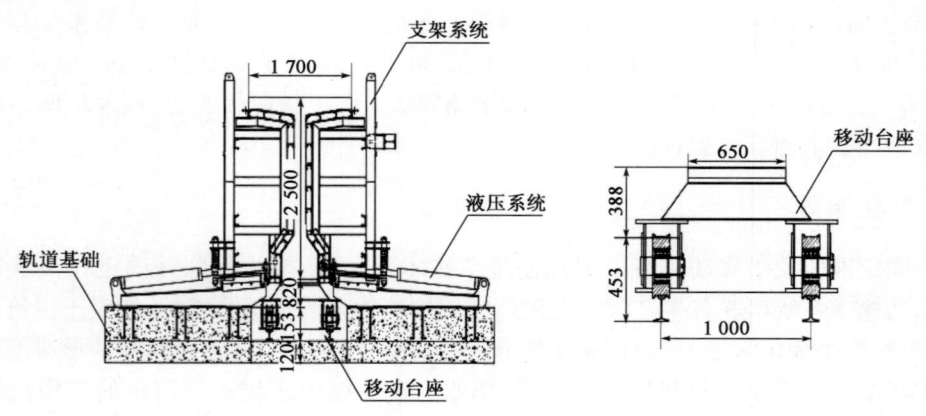

图 2 固定液压模板斜向油缸位置截面图、移动台座截面图（尺寸单位：mm）

4 施工技术

4.1 施工准备

预制场建设按功能区域划分明确,平面布置如图3所示。固定液压模板安装就位,移动台座组装完成并调试,移动台座行走轨道自钢筋绑扎区贯通至张拉提吊区。

图3 场站平面布置图

4.2 钢筋绑扎

移动台座和钢筋绑扎胎架就位,绑扎腹板和顶板钢筋,安装端头挡板,运行绑扎胎架,使钢筋骨架与胎架分离。钢筋绑扎采用顶腹板整体式液压钢筋绑扎胎架,直接在移动台座上安装腹板钢筋和顶板钢筋,绑扎成型后直接入模,避免吊装造成骨架偏位,有效控制钢筋保护层厚度和提高骨架的整体稳定性。

4.3 模板安装

移动台座携带钢筋骨架行走至固定液压模板区域,定位准确后,运行液压系统,单侧的6个斜向油缸同步进行顶升,使液压模板自动合模时保持模板整体均匀受力,安装顶面和底面对拉螺杆。通过同步液压控制系统带动模板整体同步平移,实现模板自动安装,减少施工中模板吊装转运因受力不均产生的变形,提升工作效率,提高施工标准化程度。

4.4 混凝土浇筑

C50混凝土采取吊斗入模,坍落度控制在160~200mm,浇筑顺序采用纵向分段水平分层的方式进行布料,附着式振捣器与插入振动棒相结合的方式进行振捣,每片T梁需要56方混凝土,需要分5车运至现场,每车分5~6斗入模。第1斗自端头放料,沿梁板方向以0.5m/s的速度缓慢移动,浇筑范围控制在10m以内,以同样的方式完成第2、3斗的浇筑,此时混凝土已经布满端头至第3道横隔板处的马蹄部分。第4斗浇筑的同时开启两侧附着式振捣器,振捣时间15.5s,后续浇筑重复第4斗的浇筑过程,直至当混凝土液面达到顶腹板与顶板交界处,将放料点前移,同时两名振捣工人持50型插入式振捣棒前后间隔40cm,自端头开始对混凝土进行振捣,振捣棒快速插入梁底部,停留5s钟后缓慢提升,提升过程维持在45~55s之间。第四车混凝土从另一端开始反向放料,直至混凝土布满整个腹板。第五车混凝土坍落度控制在160~180mm之间,用于顶板的浇筑,顶板从尾部开始沿梁长方向顺序浇筑,插入式振捣棒紧随其后,负责顶板混凝土的振捣,整个浇筑过程4h。每片T梁制作同条件养护试块3组,每组3

块,用于代表初张拉和终张拉时梁体强度,为工序转换提供依据。

4.5 自动化模板拆除

待混凝土强度达到2.5MPa以上,拆除顶面和底面的对拉螺杆,运行顶部反向推动油缸,使顶部油缸顶紧横隔板。同时运行两侧油缸,使模板产生向外和向下的位移,在反推油缸和斜向油缸的共同作用下,完成拆模。拆模后,移动台座携预制梁板行走至蒸汽养生区,移动台座的行走速度平稳,控制在3m/min。

4.6 智能蒸汽养生

模板拆除后,移动台座携带梁板行走至蒸养区,进行蒸汽养生。蒸养温度通过智能温控系统自动调整。梁板进入蒸养棚之前,调节棚内温度使之与梁体温度相近,温差在5℃以内。梁体进入蒸养棚后,开始逐步升温,升温速率不得超过10℃/h,降温速度不得超过10℃/h。根据图纸要求,混凝土抗压强度达到37.5MPa以上,可进行初张拉。根据前期进行的模拟试验,试验结果如图4所示,确定最佳蒸养温度为43℃,蒸养时间为22.5h以上。

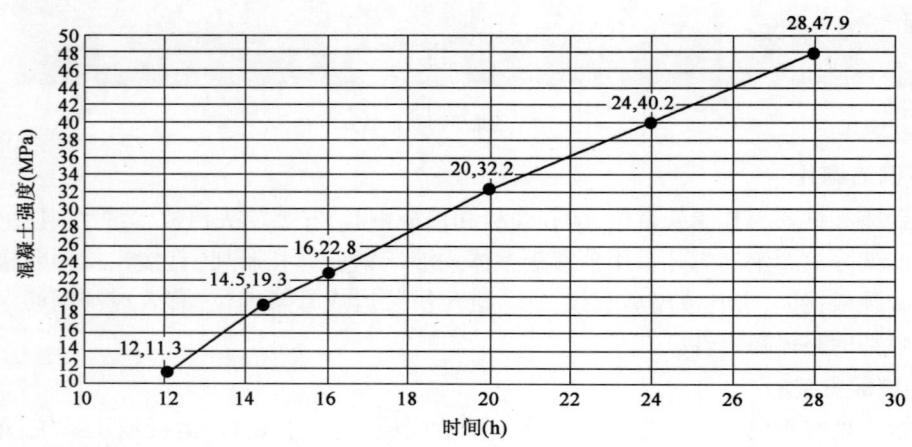

图4 蒸汽养生温度—时间—强度变化曲线

4.7 预应力初张拉

蒸养24h后,对同条件养护试块进行抗压强度检测,达到设计强度等级的75%(37.5MPa)时,即可进行初张拉。预应力钢束采用两端同时张拉,初张拉应力为张拉控制应力1 395MPa的60%,即837MPa。初张拉完成后移至存梁区进行喷淋洒水养生,待强度达到设计值龄期大于7d时,进行终张拉压浆。

4.8 移动台座转移

待梁板初张拉结束后,T梁移至存梁区,门式起重机将移动台座吊回至钢筋绑扎区,开始下一循环。移动台座在钢筋绑扎和初张拉区占用24h、混凝土浇筑区占用24h、蒸汽养生区占用24h,1个移动台座3d周转一次,每条生产线配备3个移动台座,可实现每天生产1片T梁。

5 结语

滦河特大桥1 600片40m T梁历时10个月全部预制完成,已经安装1 360片。梁板长度、结构尺寸、顶面横坡、横隔板间距等各项指标均满足设计和规范要求。结论表明:该项T梁预制施工技术是可靠和可行的,同时提高了预制梁生产功效,降低了施工成本,产生了良好的经济效益和社会效益，获得了建设和监理单位的一致好评。可以在今后类似的梁板预制施工中推广应用。

参 考 文 献

[1] 中华人民共和国交通运输部.公路桥涵施工技术规范：JTG/T 3650—2020[S].北京：人民交通出版社股份有限公司,2020.

[2] 中国公路工程咨询集团有限公司.北京—秦皇岛高速公路遵化至秦皇岛段二阶段施工图设计[Z].

73. 轨道高差对移动台座上 T 梁稳定性影响分析

陈建平

(中交第四公路工程局有限公司)

摘 要：固定液压模板移动台座施工技术，要求 T 梁拆模后需要移动台座携带梁板移动至张拉区。行走过程中需要确保梁板稳定，且产生的应力不能使梁体混凝土产生开裂。移动台座轨道的高差是影响稳定性的主要的因素，根据预制 T 梁的结构形式和混凝土早期强度、弹性模量的发展情况建立模型并进行研究。

关键词：移动台座 轨道高差 有限元分析

1 引言

滦河特大桥起点桩号 K61+337.92，终点桩号 K65+442，桥梁全长 4 104.08m。引桥上部结构采用预应力简支转联系 T 梁，预制 T 梁共计 1 600 片，其中 40m T 梁 1 520 片，35m T 梁 80 片。预制 T 梁高度 2.5m，中梁顶板宽度 1.5m，边梁顶板宽度 1.75m，梁体两侧布置端横隔板 2 道和中横隔板 5 道，横隔板间距固定，通过调整端头挡板位置来调节 T 梁长度。

2 工艺原理

采用固定液压模板移动台座 T 梁预制施工技术，将液压模板(图1)组装并固定在浇筑区域，移动台座作为输送系统串联各生产区域。生产区域按功能分解为钢筋绑扎、混凝土浇筑、蒸汽养生、张拉提吊四个固定区域。移动台座轨道贯穿四个区域，移动台车通过轮毂在轨道上行驶。

钢筋绑扎区：移动台座(图2)就位于钢筋绑扎区，T 梁的腹板和顶板钢筋在该区域内完成钢筋的绑扎。

混凝土浇筑：钢筋绑扎完成后，移动台座携 T 梁的钢筋骨架移动至固定液压模板处，就位后安装模板和对拉螺杆，并在此区域完成混凝土浇筑。

蒸汽养生区：T 梁混凝土达到一定强度后拆除模板，移动台座携带预制梁行走至蒸汽养生区，蒸养时间不少于24h，待 T 梁混凝土强度达到设计强度的75%以上时，可对 T 梁进行初张拉。

张拉提吊区：蒸养结束后，移动台座携带预制 T 梁行走至张拉提吊区，对 T 梁进行初次张拉，张拉应力为设计张拉应力的60%，移至存梁区后待龄期和强度达到设计要求进行二次张拉压浆。

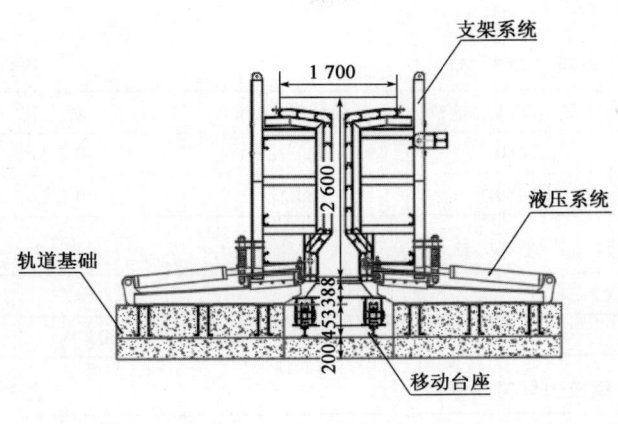
图1 固定液压模板斜向油缸位置截面图(尺寸单位:mm)

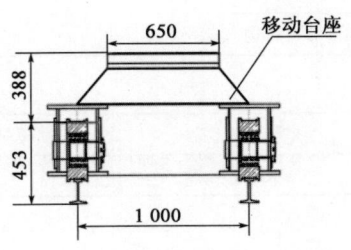
图2 移动台座截面图(尺寸单位:mm)

3 分析内容

分析移动台座两根轨道的水平高差对40m预应力混凝土T梁倾覆和局部开裂的影响,提出移动时混凝土强度值与其对应的轨道水平高差限值。

4 分析方法

关于轨道高差对T梁运输时应力的影响分析,考虑梁体形式的不同,对中梁和边梁分别进行分析。基于ANSYS有限元分析软件,建立两种梁型的实体模型,T梁带有横隔板,为异形复杂结构,对T梁整体进行应力分析,考虑异形结构局部应力影响,将T梁横隔板、局部变截面形状均在模型中建出。混凝土与钢筋分别建模,通过耦合方式共同工作。主要分析内容如下:

分析两种T梁在自重作用下由于不同轨道高差引起的应力,包括竖向拉压应力、主拉应力、主压应力,依据《公路钢筋混凝土及预应力混凝土桥涵设计规范》(JTG 3362—2018)(简称《公预规》)第6.3节内容,以主拉应力作为开裂判别指标,并得出不同轨道高差下混凝土需满足的最小抗拉强度标准值,并以最小抗拉强度标准值按《公预规》第3.1.3条换算为抗压强度标准值。

根据《公预规》第4.1.8条进行T梁抗倾覆计算,按横桥向抗倾覆稳定系数取2.5,分别计算边梁和中梁发生倾覆时的临界轨道高差。

5 分析依据

《公路桥涵设计通用规范》(JTG D60—2015)。
《公路钢筋混凝土及预应力混凝土桥涵设计规范》(JTG 3362—2018)。
《时速160公里客货共线铁路预制后张法简支T梁(角钢支架方案)》通用参考图,图号:通桥(2012)2101-I。
滦河特大桥引桥T梁设计图、构件材料参数表、混凝土蒸汽养护试验数据统计表。

6 材料与设计参数(表1~表3)

混凝土材料参数 表1

工况	弹性模量(×10⁴MPa)	质量密度(kg/m³)	抗压强度(MPa)	泊松比
拆模移梁	2.8	2 480	11~22	0.2
吊装转运	—	2 480	37.5	0.2

钢筋材料参数 表2

钢筋种类	弹性模量(×10⁵MPa)	容重(kN/m³)	f_{sk}(MPa)
HRB400	2.0	78.50	400

预应力筋材料参数 表3

钢筋种类	弹性模量(×10⁵MPa)	容重(kN/m³)	公称截面面积(mm²)	线膨胀系数
$\phi^s15.2$	1.95	78.50	139.0	$1.2×10^{-5}$
f_{pk}(MPa)	松弛率	松弛系数	波纹管摩阻系数	孔道偏差系数(mm)
1 860	0.35	0.3	0.25	0.001 5

7 转运过程中台座轨道高差对T梁应力影响分析

7.1 基于ANSYS的T梁有限元模型

为模拟T梁整体与细部的应力与变形状况,采用ANSYS有限元分析软件建立T梁实体模型进行分析。

钢筋混凝土采用分离式模型,将混凝土与钢筋作为不同单元来处理,分别建立钢筋模型与混凝土模型,并通过约束方程使两者共同工作。钢筋采用2节点的LINK8单元;考虑到T梁变截面处的角形构造,混凝土采用10节点的四面体单元,即SOLID92。

常规对预应力的模拟有等效荷载法和实体力筋法。等效荷载法是用一组"等效"荷载来替代预应力筋的作用施加到结构上。其优点是建模简单,不需要考虑预应力钢筋的具体位置,在用梁单元和壳单元进行桥梁总体内力分析的时候,能研究整体的预应力效应。其缺点是不能模拟预应力钢筋与混凝土构件之间协同工作、无法计入预应力损失、难以求得结构细部受力行为。实体力筋法是将混凝土和预应力钢筋用不同的单元类型分别建模,再建立二者之间的位移关系。一般情况下,混凝土用SOLID系列单元进行模拟,预应力钢筋则用LINK系列单元模拟。实体力筋法可消除等效荷载法的缺点,对预应力混凝土结构的应力分析能够精确模拟。该法在力学模型上的处理方法,可分为实体切分法、节点耦合法和约束方程法三种。对预应力的施加方法有降温法和初应变法,降温法可调整力筋不同位置的预应力分布,从而实现对预应力损失的模拟;初应变法通常不考虑预应力损失。

本项目对预应力的模拟分析方法采用实体力筋法,力筋与混凝土分别建模,预应力筋采用LINK8单元,以约束方程建立力筋节点与混凝土的位移变形关系,并以降温法加载预应力以及模拟预应力损失。以中梁为例说明T梁的ANSYS有限元模型。

(1)定义单元与材料属性

根据上文选定的单元类型与材料参数设定单元与材料属性,并根据设计图纸定义钢筋与预应力筋的实常数。

(2)创建几何模型

根据T梁设计文件建立T梁实体模型,以跨中截面梁底中点作为坐标系原点,考虑模型的对称性,建立1/2模型。混凝土、钢筋、预应力筋模型如下图3~图6所示。

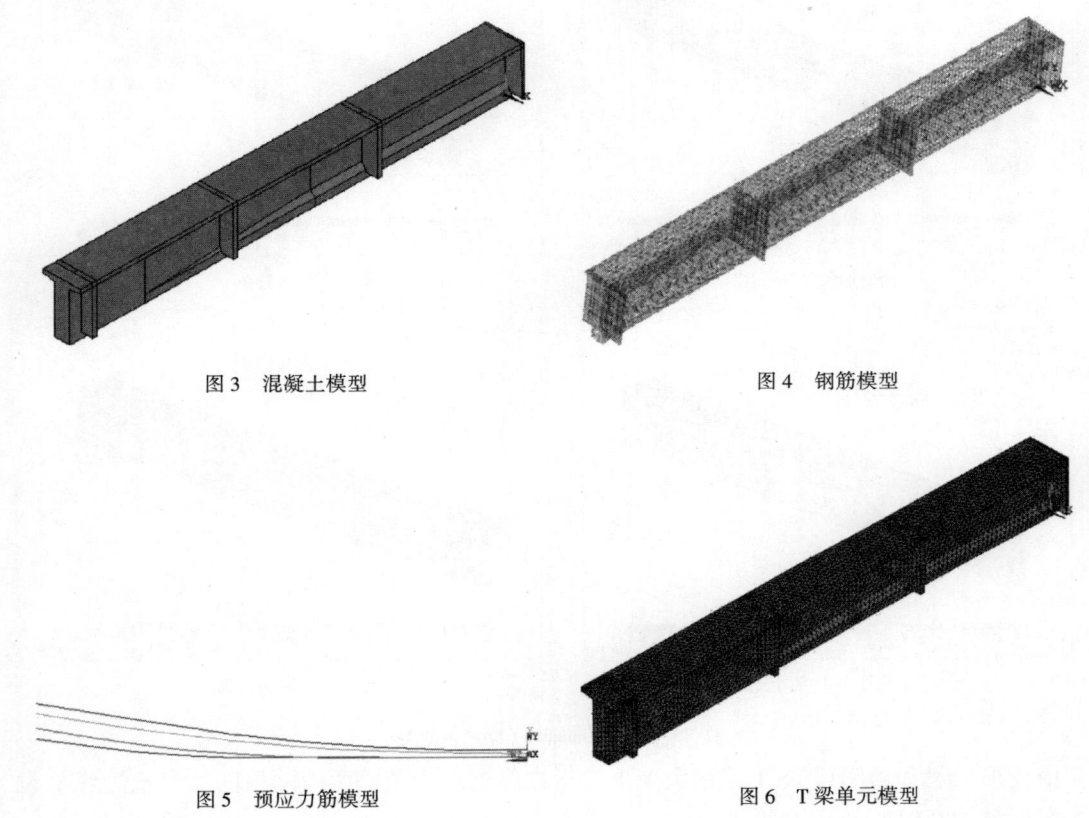

图3 混凝土模型　　　　　　　　　图4 钢筋模型

图5 预应力筋模型　　　　　　　　图6 T梁单元模型

(3)划分单元网格

将单元与属性赋予相应模型,混凝土采用四面体单元划分网格,控制单元尺寸为0.2m,钢筋根据节段间距控制每节段钢筋划分单元份数为1,预应力筋控制单元尺寸为0.1m,网格划分后的T梁单元模型如图6所示。

(4)边界约束与加载

对于轨道高差对应力影响分析,在有限元模型中,限制梁底节点y、x向位移,并在跨中截面设置对称约束边界。对所有单元施加y向的重力加速度,通过xy面的角度调整实现轨道高差模拟。

7.2 不同轨道高差下的T梁应力与变形分析

对引桥的中梁和边梁分别进行不同轨道高差下的应力分析,无预应力筋,轨道间距为1 000mm,高差分析包括0、10mm、20mm、30mm和50mm,动力系数取1.2,边梁有限元模型参照中梁进行建模。

7.2.1 中梁

(1)高差为0

轨道高差为0时T梁(中梁)的计算结果如图7所示,其中图7a)变形矢量和云图为变形放大图,其余为真实变形图。横隔板编号,跨中处横隔板为0号,向两端编号依次增大。

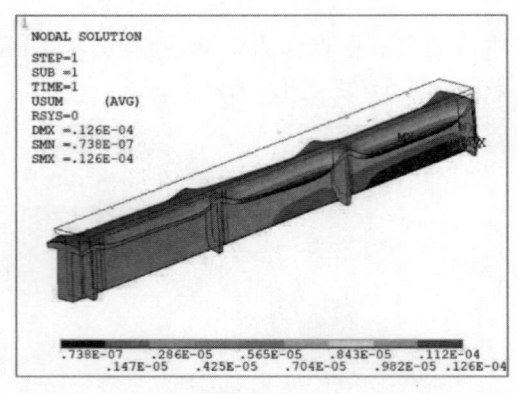
a)变形矢量和云图

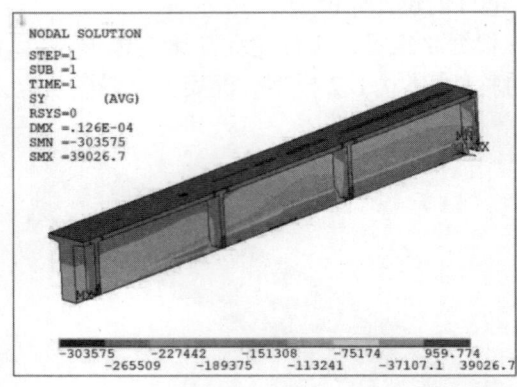
b)竖向应力云图

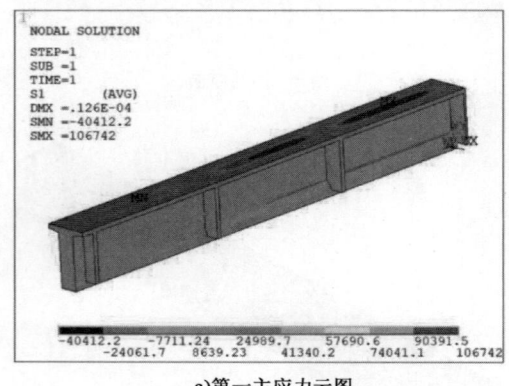
c)第一主应力云图

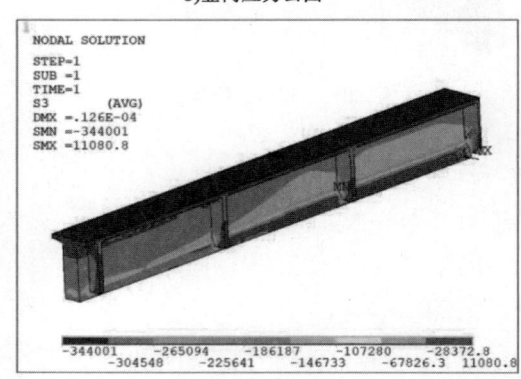
d)第三主应力云图

图7　高差为0mm时T梁结果云图

由变形矢量和云图可知,T梁最大变形发生在靠近跨中截面两横隔板间的翼板边缘部位,最大变形量为0.0126mm,变形极小。

竖向应力云图显示,在T梁自重作用下,竖向最大拉应力为0.039MPa,最大压应力为-0.303MPa,竖向应力非常小。

第一主应力云图显示主拉应力,最大主拉应力为0.107MPa,发生在0号与1号横隔板间顶板中部,该处为薄弱点。第三主应力云图显示主压应力,最大主压应力为-0.344MPa,发生在1号横隔板与马蹄交点处。

(2)高差为10mm

轨道高差为10mm时,底座平面与水平面夹角为$\alpha = \arctan(10/1000)$,重力加速度在$y$方向分量为$gy = g \times \cos\alpha$,在$x$方向分量为$gx = g \times \sin\alpha$。计算结果如图8所示,其中图8a)变形矢量和云图为变形放大图,其余为真实变形图。

由变形矢量和云图可知,T梁最大变形发生在靠近跨中截面两横隔板间的翼板边缘部位,最大变形量为0.018mm,变形极小。

竖向应力云图显示,在T梁自重作用下,竖向最大拉应力为0.041MPa,最大压应力为-0.42MPa,竖向应力非常小。

第一主应力云图显示主拉应力,最大主拉应力为0.107MPa,0号与1号横隔板间顶板中部为薄弱点。第三主应力云图显示主压应力,最大主压应力为-0.424MPa,发生在跨中横隔板与马蹄交点(低侧)。

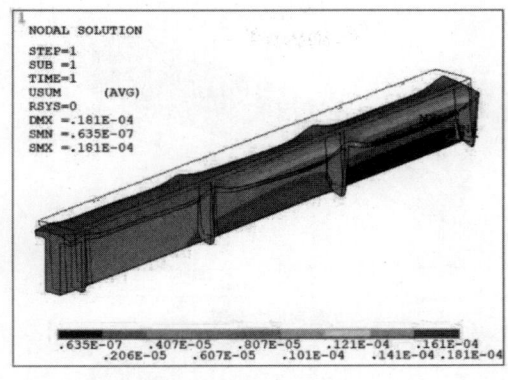
a)变形矢量和云图

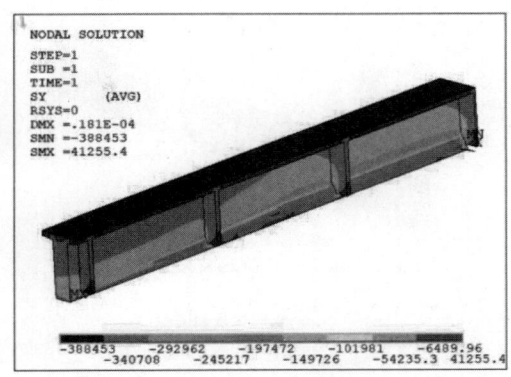
b)竖向应力云图

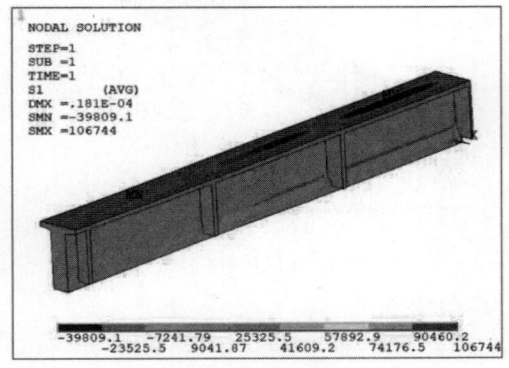
c)第一主应力云图

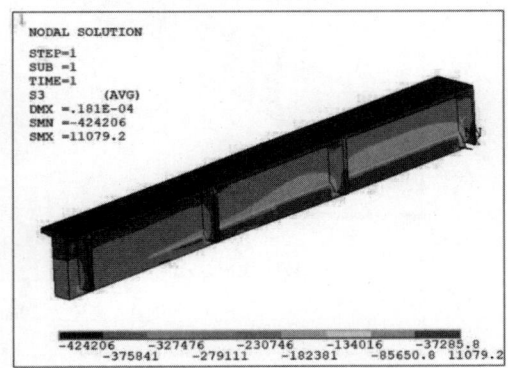
d)第三主应力云图

图 8 高差为 10mm 时 T 梁结果云图

(3)高差为 20mm

轨道高差为 20mm 时,底座平面与水平面夹角为 $\alpha=\arctan(20/1\,000)$,重力加速度在 y 方向分量为 $gy=g\times\cos\alpha$,在 x 方向分量为 $gx=g\times\sin\alpha$。计算结果如图 9 所示,其中图 9a)变形矢量和云图为变形放大图,其余为真实变形图。

由变形矢量和云图可知,T 梁最大变形发生在靠近跨中截面两横隔板间的翼板边缘部位,最大变形量为 0.025mm,变形极小。

竖向应力云图显示,在 T 梁自重作用下,竖向最大拉应力为 0.043MPa,最大压应力为 -0.474MPa,竖向应力非常小。

第一主应力云图显示主拉应力,最大主拉应力为 0.108MPa,发生在跨中马蹄角点(低侧),该处为薄弱点。第三主应力云图显示主压应力,最大主压应力为 -0.518MPa,发生在跨中横隔板与马蹄交点(低侧)。

(4)高差为 30mm

轨道高差为 30mm 时,底座平面与水平面夹角为 $\alpha=\arctan(30/1\,000)$,重力加速度在 y 方向分量为 $gy=g\times\cos\alpha$,在 x 方向分量为 $gx=g\times\sin\alpha$。计算结果如图 10 所示,其中图 10a)变形矢量和云图为变形放大图,其余为真实变形图。

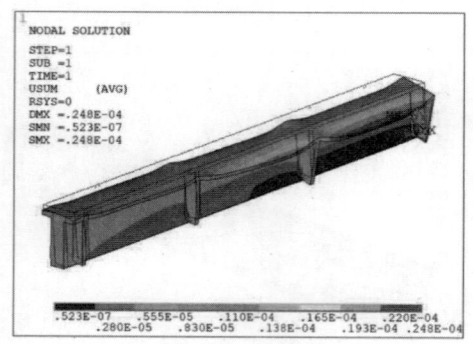
a)变形矢量和云图

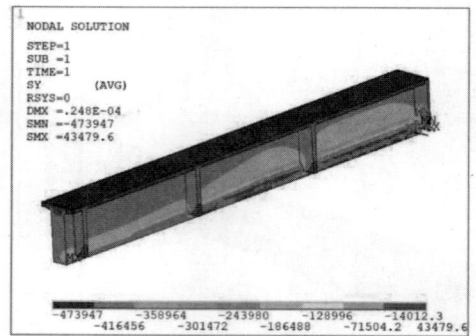
b)竖向应力云图

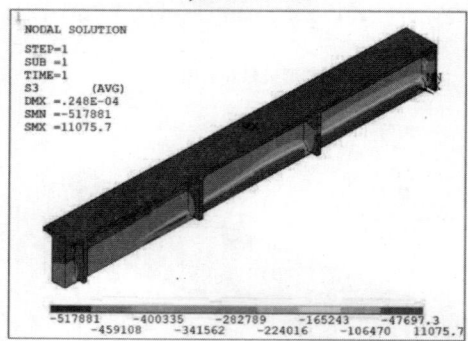

c)第一主应力云图　　　　　　　　d)第三主应力云图

图 9　高差为 20mm 时 T 梁结果云图

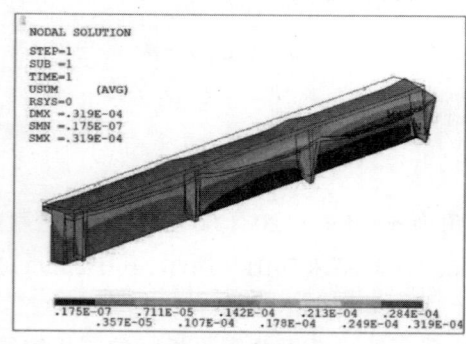

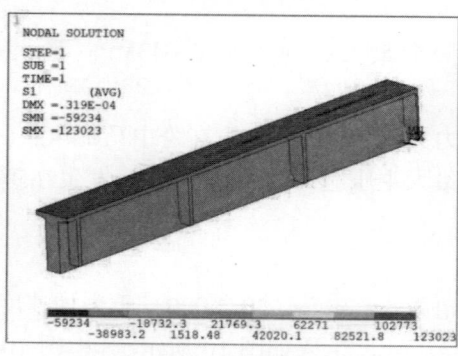
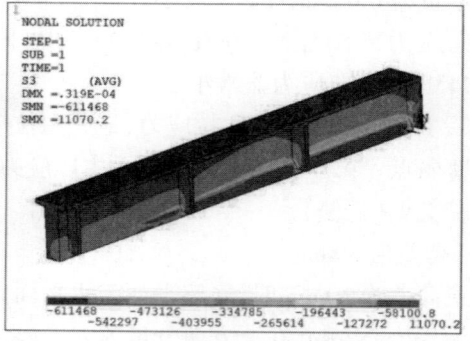

a)变形矢量和云图　　　　　　　　b)竖向应力云图

c)第一主应力云图　　　　　　　　d)第三主应力云图

图 10　高差为 30mm 时 T 梁结果云图

由变形矢量和云图可知，T梁最大变形发生在靠近跨中截面两横隔板间的翼板边缘部位，最大变形量为0.032mm，变形极小。

竖向应力云图显示，在T梁自重作用下，竖向最大拉应力为0.046MPa，最大压应力为-0.559MPa，竖向应力非常小。

第一主应力云图显示主拉应力，最大主拉应力为0.123MPa，发生在跨中马蹄角点(低侧)，该处为薄弱点。第三主应力云图显示主压应力，最大主压应力为-0.611MPa，发生在跨中横隔板与马蹄交点(低侧)。

(5) 高差为50mm

轨道高差为50mm时，底座平面与水平面夹角为$\alpha=\arctan(50/1\,000)$，重力加速度在$y$方向分量为$gy=g\times\cos\alpha$，在$x$方向分量为$gx=g\times\sin\alpha$。计算结果如图11所示，其中图11a)变形矢量和云图为变形放大图，其余为真实变形图。

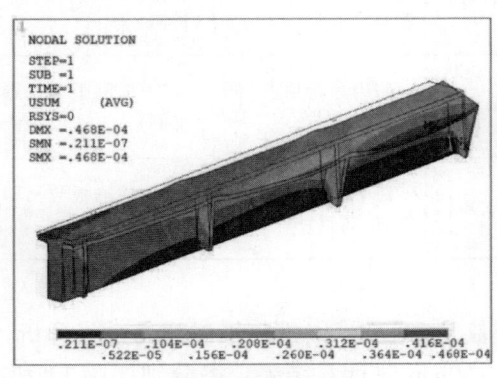

a)变形矢量和云图　　　　　　　　　　b)竖向应力云图

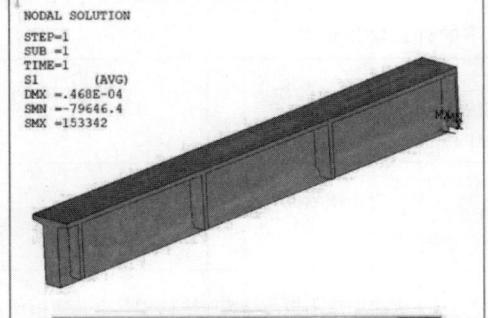　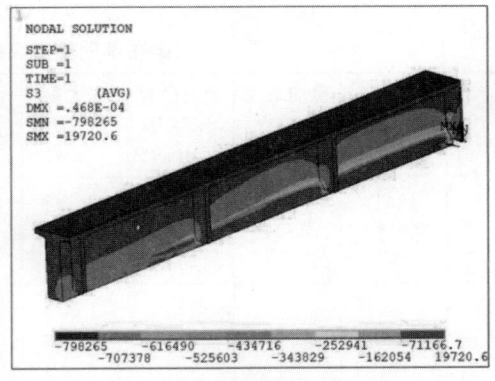

c)第一主应力云图　　　　　　　　　　d)第三主应力云图

图11　高差为50mm时T梁结果云图

由变形矢量和云图可知，T梁最大变形发生在靠近跨中截面两横隔板间的翼板边缘部位，最大变形量为0.047mm，变形极小。

竖向应力云图显示，在T梁自重作用下，竖向最大拉应力为0.124MPa，最大压应力为-0.729MPa，竖向应力非常小。

第一主应力云图显示主拉应力，最大主拉应力为0.153MPa，发生在跨中横隔板与马蹄交点(高侧)，该处为薄弱点。第三主应力云图显示主压应力，最大主压应力为-0.798MPa，发生在跨中横隔板与马蹄交点(低侧)。

中梁在不同轨道高差下的计算分析结果汇总见表4。

中梁在不同轨道高差下的计算结果汇总　　　　表4

高差(mm)	最大变形量(mm)	竖向最大拉应力(MPa)	竖向最大压应力(MPa)	最大主拉应力(MPa)	最大主压应力(MPa)	最大主拉应力位置	最大主压应力位置
0	0.012 6	0.039	-0.303	0.107	-0.344	0号与1号横隔板间顶板中部	1号横隔板与马蹄交点
10	0.018	0.041	-0.42	0.107	-0.424	0号与1号横隔板间顶板中部	跨中横隔板与马蹄交点（低侧）
20	0.025	0.043	-0.474	0.108	-0.518	跨中马蹄角点（低侧）	跨中横隔板与马蹄交点（低侧）
30	0.032	0.046	-0.559	0.123	-0.611	跨中马蹄角点（低侧）	跨中横隔板与马蹄交点（低侧）
50	0.047	0.124	-0.729	0.153	-0.798	跨中横隔板与马蹄交点（高侧）	跨中横隔板与马蹄交点（低侧）

7.2.2　边梁

以相同方法分析边梁应力，边梁横隔板侧超高不利状况，以横隔板侧超高进行分析，结果见表5，其中受拉为正受压为负。轨道高差为0～50mm时计算结果云图分别如图12和图13所示。

边梁在不同轨道高差下的计算结果汇总　　　　表5

高差(mm)	最大变形量(mm)	竖向最大拉应力(MPa)	竖向最大压应力(MPa)	最大主拉应力(MPa)	最大主压应力(MPa)	最大主拉应力位置	最大主压应力位置
0	0.013 1	0.434	-0.380	0.639	-0.454	跨中横隔板与马蹄交点	翼板与腹板交线
10	0.141	0.552	-0.418	0.778	-0.457	跨中横隔板与马蹄交点（高侧）	跨中马蹄与腹板交点（低侧）
20	0.152	0.669	-0.462	0.918	-0.505	跨中横隔板与马蹄交点（高侧）	跨中马蹄与腹板交点（低侧）
30	0.163	0.786	-0.505	1.06	-0.554	跨中横隔板马蹄交点（高侧）	跨中马蹄与腹板交点（低侧）
50	0.184	1.02	-0.592	1.34	-0.65	跨中横隔板与马蹄交点（高侧）	跨中马蹄与腹板交点（低侧）

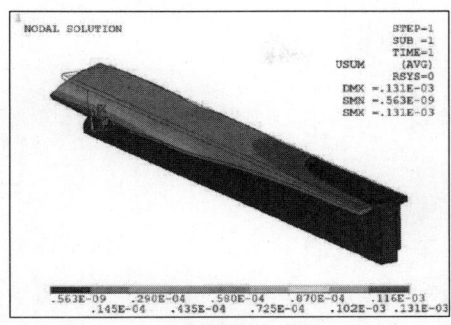

a)变形矢量和云图 b)竖向应力云图

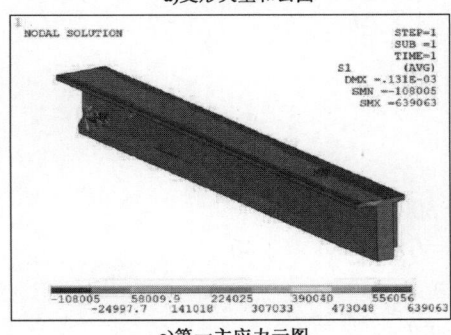 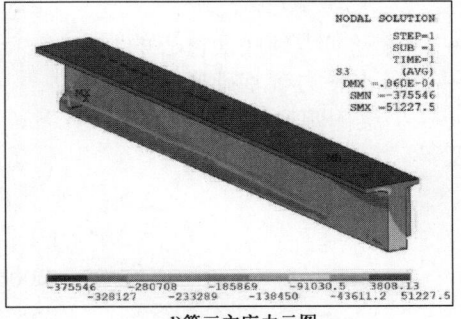

c)第一主应力云图 d)第三主应力云图

图 12 高差为 0mm 时 T 梁结果云图(边梁)

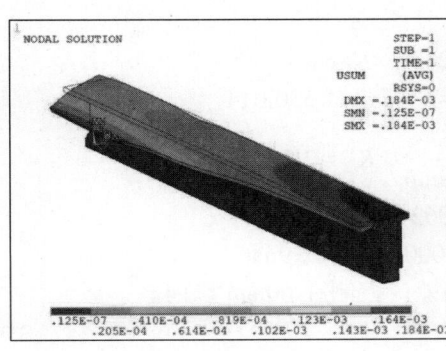 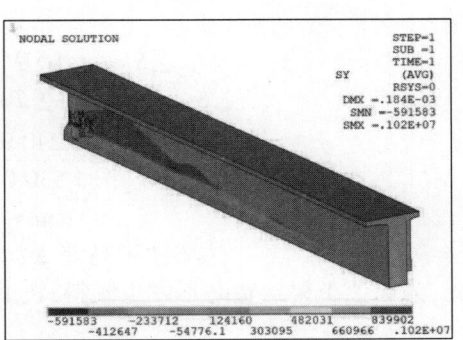

a)变形矢量和云图 b)竖向应力云图

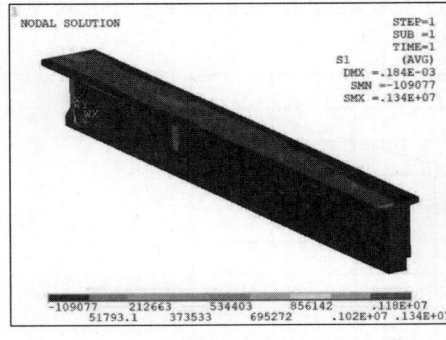 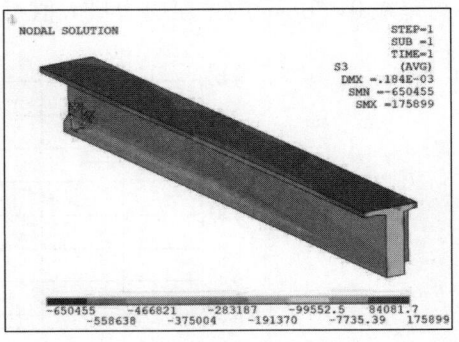

c)第一主应力云图 d)第三主应力云图

图 13 高差为 50mm 时 T 梁结果云图(边梁)

7.3 《公预规》抗倾覆计算

根据《公预规》第 4.1.8 条进行抗倾覆计算

$$\frac{\sum S_{bk,i}}{\sum S_{sk,i}} \geq K_{qf} \tag{1}$$

式中：K_{qf}——横桥向抗倾覆稳定系数，取 2.5；
$\sum S_{bk,i}$——稳定力矩，$\sum S_{bk,i} = y_1 \sum P_i$；
$\sum P_i$——竖向力组合；
y_1——T 梁底面重心至偏心方向外缘的距离；
$\sum S_{sk,i}$——倾覆力矩。

$$\sum S_{sk,i} = \sum P_i e_i + \sum T_i h_i \tag{2}$$

式中：e_i——各竖向力到底面重心的距离；
h_i——各水平力到基础底面的力臂；
T_i——T 梁侧倾产生的水平力；

中梁

$$\sum S_{bk,i} = y_1 \sum P_i = 300 \times G \times \cos\partial$$
$$\sum S_{sk,i} = \sum P_i e_i + \sum T_i h_i = G \times \sin\partial \times 1\,468.46$$
$$\frac{\sum S_{bk,i}}{\sum S_{sk,i}} = \frac{300\cos\partial}{1\,468.46\sin\partial} \geq K_{qf} = 2.5$$
$$\tan\partial \leq 0.081\,7$$

中梁轨道高差 $\Delta h \leq 1\,000\tan\partial \leq 81.7\,\text{mm}$

边梁

$$\sum S_{bk,i} = y1 \sum P_i = 240.9 \times G \times \cos\partial$$
$$\sum S_{sk,i} = \sum P_i e_i + \sum T_i h_i = G \times \sin\partial \times 1\,530.014$$
$$\frac{\sum S_{bk,i}}{\sum S_{sk,i}} = \frac{240.9\cos\partial}{1\,530.014\sin\partial} \geq K_{qf} = 2.5$$
$$\tan\partial \leq 0.062\,9$$

边梁轨道高差 $\Delta h \leq 1\,000\tan\partial \leq 62.9\,\text{mm}$

因此，为保证 T 梁运输时不发生倾斜，轨道高差应控制在 60mm 以内。

7.4 结果分析

（1）T 梁由混凝土浇筑区运至蒸养区过程中，由于自重和轨道高差导致的混凝土压应力较小，轨道高差在 0~50mm 内主压应力最大值不超过 1MPa；最大主拉应力与轨道高差的关系如图 14 所示。

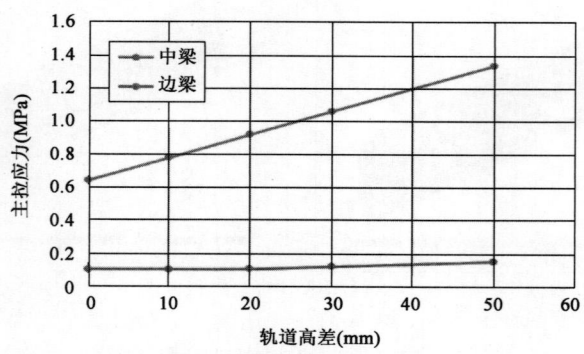

图 14 轨道高差与混凝土最大主拉应力关系图

在轨道高差接近10mm时，混凝土主拉应力达到0.8MPa，根据《公预规》由主拉应力对混凝土抗裂进行控制，即：

$$\sigma_{tp} \leq 0.7 f_{tk}$$

式中：σ_{tp}——混凝土主拉应力；

f_{tk}——混凝土轴心抗拉强度标准值，参见《公预规》表3.1.3。

混凝土抗拉强度标准值应不小于1.14MPa，对应的混凝土抗压强度不小于10MPa。因此混凝土强度由主拉应力控制。

对于中梁，最大主拉应力在跨中马蹄角点（低侧），以及跨中横隔板与马蹄交点（高侧）处；对于边梁，最大主拉应力在跨中横隔板与马蹄交点（高侧），此处为T梁混凝土破坏危险点。

为避免开裂，得到不同轨道高差对应的最小混凝土抗拉强度标准值，如图15所示。

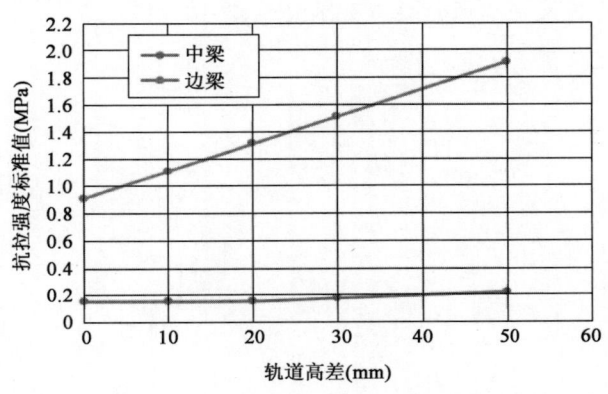

图15 不同轨道高差对应的最小混凝土抗拉强度标准值

依据《公预规》（2018版及2004版）表3.1.3，得到混凝土抗拉强度标准值对应的混凝土抗压强度值。不同轨道高差对应的最小混凝土抗压强度值见表6。

不同轨道高差对应的最小混凝土强度　　　　表6

轨道高差（mm）	最小混凝土强度（MPa）
0	15
10	15
20	17
30	20
50	30

（2）在现有施工条件下，既能满足施工生产又可避免运输过程中发生倾覆开裂，选择轨道高差不超过10mm，拆模强度15MPa。

8 结语

滦河特大桥T梁采用固定液压模板移动台座施工技术进行预制，历时10个月全部预制完成，已经安装1360片。梁板长度、结构尺寸、顶面横坡、横隔板间距等各项指标均满足设计和规范要求。施工中台座轨道采用高精度水准仪进行高程控制，轨道高差控制在±5mm以内，并定期进行复测。拆模后张拉区T梁随轨道车移动时，未发生梁体倾覆，梁体混凝土未发现裂缝。

参 考 文 献

[1] 中华人民共和国交通运输部.公路桥涵施工技术规范:JTG/T 3650—2020[S].北京:人民交通出版社股份有限公司,2020.

[2] 中国公路工程咨询集团有限公司.北京—秦皇岛高速公路遵化至秦皇岛段二阶段施工图设计[Z].

[3] 中华人民共和国交通运输部.公路桥涵设计通用规范:JTG D60—2015[S].北京:人民交通出版社股份有限公司,2015.

[4] 中华人民共和国交通运输部.公路钢筋混凝土及预应力混凝土桥涵设计规范:JTG 3362—2018[S].北京:人民交通出版社股份有限公司,2018.

74. 基于齿轮齿轨传动的斜拉桥多点支撑转体系统设计

梅慧浩

(中铁十一局集团有限公司)

摘 要：随着桥梁转体技术的发展，常规的单点支撑平转系统已无法完全满足大跨度、大吨位、高重心桥梁的转体施工要求。跨襄阳北编组站大桥为转体斜拉桥，转体重量为 3.2 万 t，转体重心高。结合桥梁结构特点，开展了基于齿轮齿轨传动的多点支撑转体系统设计。从改善中心球铰受力、保证驱动承力支腿受力稳定、有效提供转动驱动力等角度出发，对转体系统的构造进行了研究，确定由中心球铰和 6 个驱动承力支腿共同承受桥梁结构竖向荷载，每个驱动承力支腿设计承载 10 000 kN，并通过每个驱动承力支腿的齿轮啮合齿条转动提供转体动力。通过计算分析，验证了桥梁转体系统的受力可靠性，进一步拓展了桥梁转体系统的结构形式。

关键词：转体技术　斜拉桥　齿轮齿轨传动　多点支撑　驱动承力支腿

1 引言

随着我国交通网络化进程的加快推进，新建桥梁跨越既有铁路线越来越多，由于铁路线路行车密度大、安全防护要求高，水平转体法已成为降低新建桥梁施工对既有铁路线影响的最佳方案。我国许多学者对此开展了深入研究，取得了丰富成果[1-3]，对水平转体技术的发展起到了积极的促进作用[4-7]。然而，以上转体系统均为中心支撑形式，桥梁竖向荷载全部由转体重心处的球铰承担，撑脚仅起平衡和抗倾覆作用，由千斤顶牵引预埋于上转盘上的钢绞线提供转体动力。此转体系统虽然具有构造简单、施工方便等优点，但存在桥梁两悬臂端需平衡配重，且对中心球铰及下部结构受力不利等技术缺陷。随着建设环境的日益复杂和工程规模的不断扩大，中心支撑形式已无法完全满足桥梁水平转体施工要求。常青路 95m+105m 连续钢箱梁转体桥由于受施工场地限制，两悬臂端长度相差过大，仅靠在断臂梁端配重无法解决转体平衡问题，马兴川等[8-9]创造性地提出了不对称梁段多支点齿轮传动转体系统，并形成了桥梁多支点平转施工技术[10-12]，有效解决了极不平衡桥梁转体施工难题。目前，此新型转体系统尚未在其他工程中得以应用。本文以跨襄阳北编组站大桥为工程背景，设计采用齿轮齿轨式多点支撑转体系统，并加以改进，通过计算验证了转体系统的可行性，为此新型转体系统在大吨位斜拉桥转体施工中推广应用提供参考。

2 工程概况

跨襄阳北编组站大桥(简称襄北大桥)是襄阳市内环快速化改造工程的重要节点,位于襄阳北编组站Ⅱ场与Ⅲ场、Ⅳ场与Ⅴ场之间的南侧咽喉,该处共有正线5股道(分布于站场东西两侧),站线27股道,共32股道,站场宽度490m。襄北大桥总长920m,为双独塔双索面混合梁斜拉桥,跨径布置为102m+98m+294m+226m+74m+66.25m+40.45m+19.3m,如图1所示。

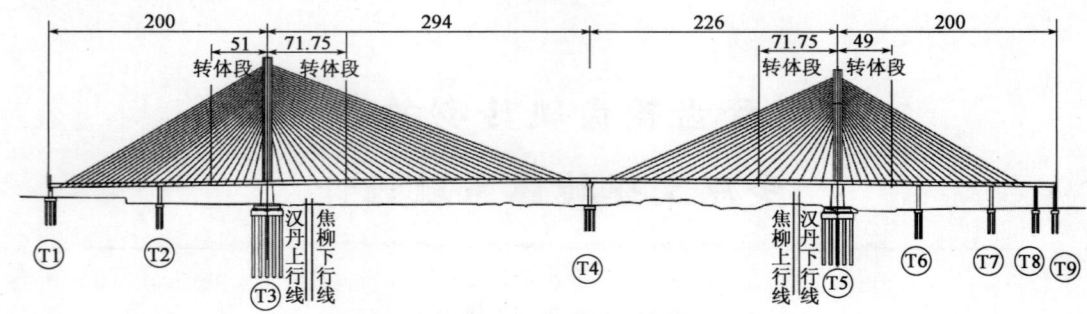

图1 跨襄阳北编组站大桥结构图(尺寸单位:m)

襄北大桥采用塔梁固结体系,边跨预应力混凝土梁为双边主梁+横肋(梁)的格构式体系;主跨钢混组合梁采用混凝土桥面板+钢主梁的组合结构形式,钢主梁为纵梁(边主箱)+横梁的格构式体系。斜拉索采用直径15.2mm的镀锌高强度低松弛钢丝,采用双层热挤PE护套平行钢绞线拉索体系。

为降低桥梁施工对铁路运营的影响,襄北大桥采用部分转体+部分悬拼的方式施工,其中跨汉丹、焦柳正线部分采用转体施工,剩余跨越线路部分采用悬拼施工。T3号、T5号两个主塔施工至梁面以上73m后分别转体,T3号主塔侧转体部分梁长为122.75m,转体角度为顺时针旋转77°,重量30 600t;T5号墩侧转体部分梁长为120.75m,转体角度为顺时针旋转84°,转体重量为32 000t。转体完成后,浇筑边跨合龙段,同步施工上塔柱剩余部分,同时利用桥面吊机悬拼主跨钢混组合梁。转体结构如图2、图3所示。

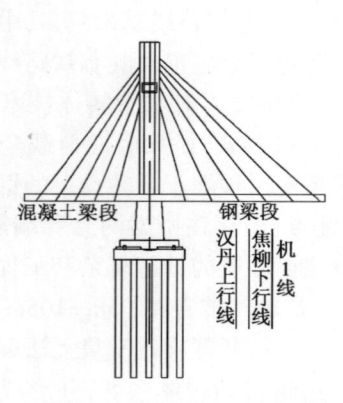

图2 T3号主塔转体立面图

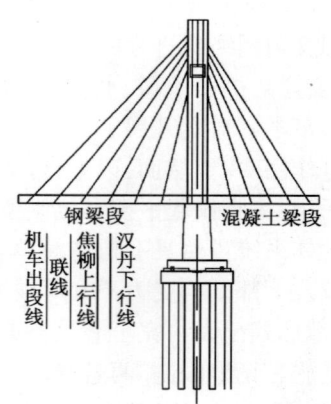

图3 T5号主塔转体立面图

3 转体系统设计

由于转体斜拉桥重心高,转体重量大,为提高转体过程中桥梁的抗倾覆稳定性,本桥转体系统创新采用齿轮齿轨式多点支撑转体系统,转体系统主要由中心球铰、驱动承力支腿、常规撑脚、滑道、齿轨和控制系统组成,如图4、图5所示。中心球铰设计承载2.8万t,6个驱动承力支腿设计承载4 000t,并通过6个驱动承力支腿的齿轮啮合齿轨实现桥梁转体。李前名[13]通过计算单球铰支承转体系统和多点支撑转体系统的结构效应,表明多点支撑转体系统有效减小了上转盘、下承台的主应力及中桩反力,显著提高了抗倾覆稳定系数,尤其适用于桥梁重心高、重量大、两悬臂端不平衡的转体施工。

3.1 球铰及常规撑脚设计

3.1.1 球铰

球铰采用钢球铰,设计荷载28 000t。由上球铰、下球铰、销轴以及下球铰骨架组成,如图6所示。球铰直径为φ5 200mm,厚度为40mm,分上下两片,中心销轴直径φ290mm。在下球铰的上表面镶嵌聚四氟乙烯滑板,用黄油四氟粉填满聚四氟乙烯滑板之间的间隙,有效降低桥梁转动过程中的摩擦力。

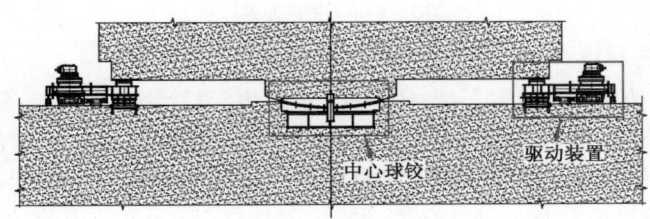

图4 转体系统立面图

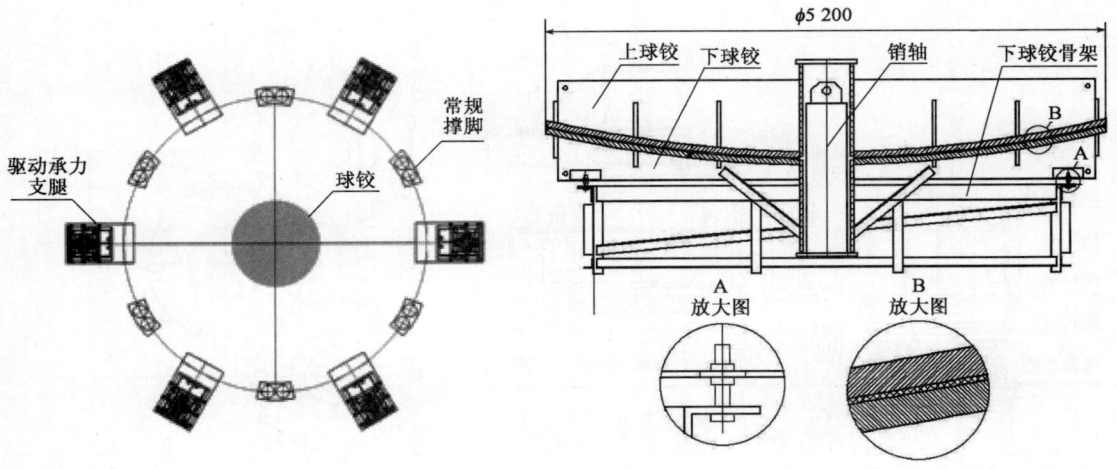

图5 驱动承力支腿和常规撑脚平面布置图

图6 球铰构造图(尺寸单位:mm)

3.1.2 常规撑脚

上转盘下设有6个常规撑脚,每个撑脚为双圆柱形,撑脚与滑道之间留2cm间隙。双圆柱为两φ1 000mm×32mm的钢管,撑脚钢管内灌注C55微膨胀混凝土。

3.2 滑道及齿条设计

3.2.1 滑道

滑道采用钢板+骨架拼装的结构形式,钢板与骨架间设置调高调平螺栓,滑道上表面钢板宽1.5m,内径19.9m,外径22.9m。

3.2.2 齿条

齿条固定在下转盘上,齿条沿滑道的外侧均匀布置一周,如图 7 所示。齿条的模数 40mm,齿数 630,齿宽 180mm,精度等级 10 级,分 30 块安装。

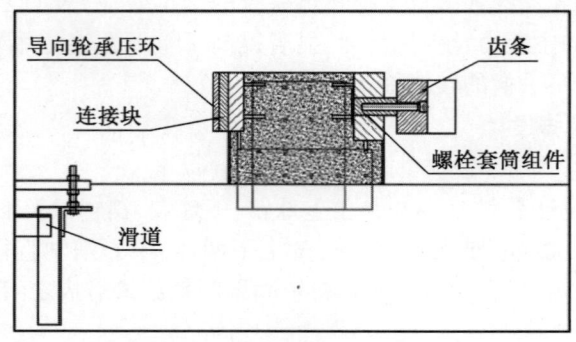

图 7 齿条的侧向布置图

3.3 驱动承力支腿设计

驱动承力支腿由加载结构、台车架、限位架、橡胶垫、滚轮小车、电机、减速机、减速机架、主从动齿轮、导向轮和支撑轮等零部件组成,如图 8 所示。在转体前对加载结构施加 10 000kN 的顶力并锁定,实现每个驱动承力支腿承载 1 000t。转体时利用控制柜启动变频电机及减速机,带动齿轮转动,通过齿轮与齿条啮合带动转体结构转动(图 9),由滚轮小车沿滑道滚动实现竖向荷载传递至滑道。

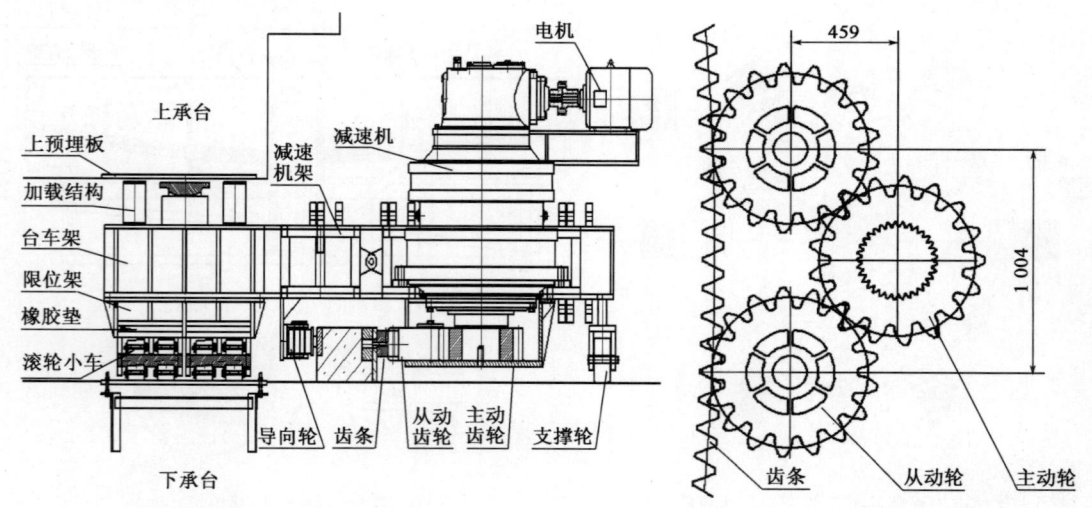

图 8 驱动承力支腿构造图　　　图 9 齿轮齿条啮合传动图(尺寸单位:mm)

3.3.1 加载结构

加载结构由 3 台 500t 千斤顶和 8 个 HW200×200 的 H 型钢斜撑组成,如图 10 所示。

3.3.2 电机减速机

电机减速机为桥梁的转动提供动力,电机选型为 18.5kW,8 级;减速机的选型速比 4 000,输出扭矩 1 060kN·m。

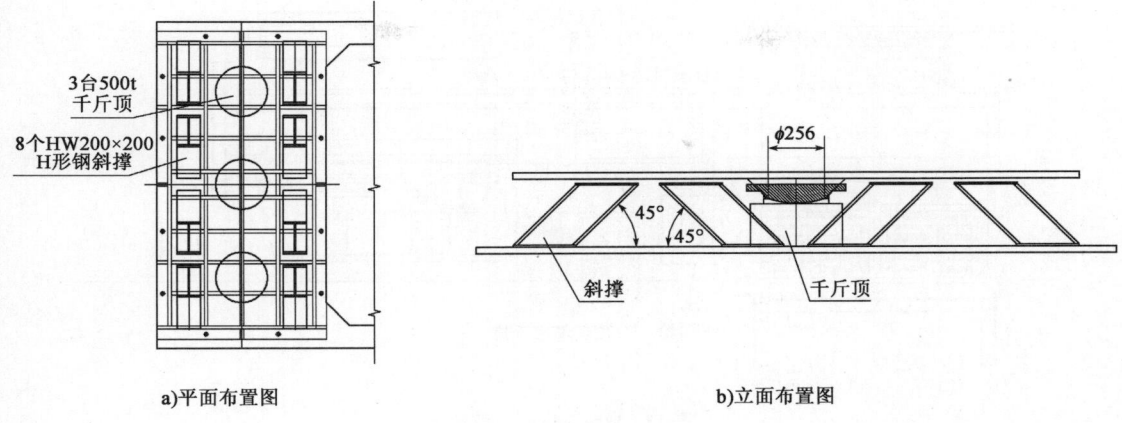

图 10 加载结构构造图(尺寸单位:mm)

3.3.3 主从动轮

单个主动齿轮啮合两个从动齿轮,两个从动齿轮同时啮合齿条传动,从动齿轮与主动齿轮的传动比为1:1。

主动齿轮和两个从动齿轮的齿形参数相同:模数40mm,齿数17,齿宽230mm,精度等级10级。主动齿轮与减速机采用花键连接,花键为渐开线花键,模数$m=10$mm,齿数$Z=33$,压力角$α=30°$,外径D为350mm。三个齿轮通过托架固定在减速机架上。

3.3.4 减速机架

减速机架用于固定减速机、齿轮和导向轮,减速机架分为两部分,中间设置销轴,如图11所示。

3.3.5 台车架

台车架起到固定减速机架和承受竖向力传递转动扭矩的作用,台车架外侧与减速机架连接,内侧上部与加载结构连接,下部通过限位架与滚轮小车连接。台车架的承力结构部分在加工过程中填充C60混凝土;外侧的支撑轮用于安装过程中的支撑和平衡,安装完成后拆除,如图12所示。

图 11 减速机架构造图

图 12 台车架三维图

3.3.6 导向轮

导向轮安装于减速机架上,位于齿条混凝土墩的内侧,防止转体过程中齿轮沿径向向远离圆心方向移动,避免齿轮与齿条的脱离,如图13所示。

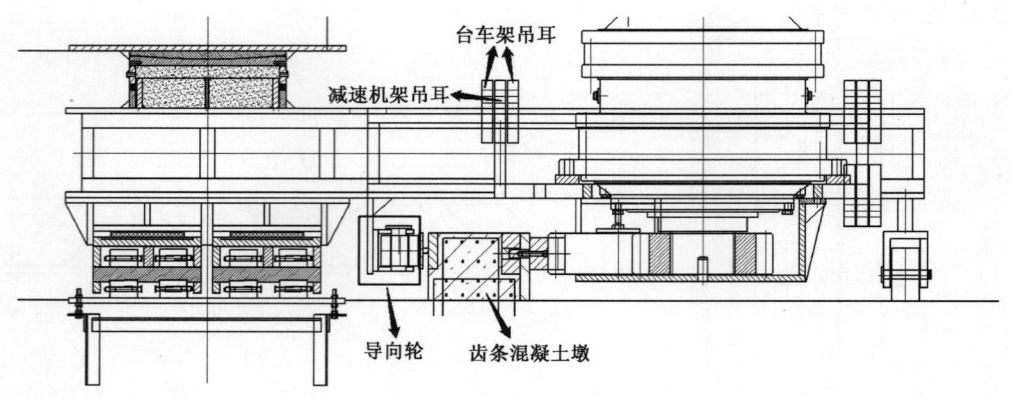

图 13　导向轮设置示意图

与导向轮配合的承压环设置为可调结构,在现场安装时进行调整,偏差不大于±5mm;导向轮为偏心结构,安装时根据轮与承压环的间隙 5mm 来确定轮的偏心位置。

转体过程中导向轮为适应承压环的变形而移动时,台车架吊耳与减速机架吊耳间有10mm 间隙,允许减速机架相对台车架进行径向移动。

3.3.7　橡胶垫

每个承力驱动支腿上安装 2 个橡胶垫,其结构和外形见图 14,其受力 1 250kN,竖向刚度113.6kN/mm,适应滑道±1.5mm 的变形,其变化量控制在±20%范围内。

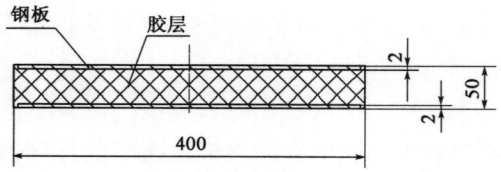

图 14　橡胶垫结构图(尺寸单位:mm)

3.3.8　滚轮小车

每个承力腿下安装 4 台滚轮小车。为保证滚轮小车沿滑道圆周旋转,将滚轮小车的车轮设置为锥形,如图 15 所示。

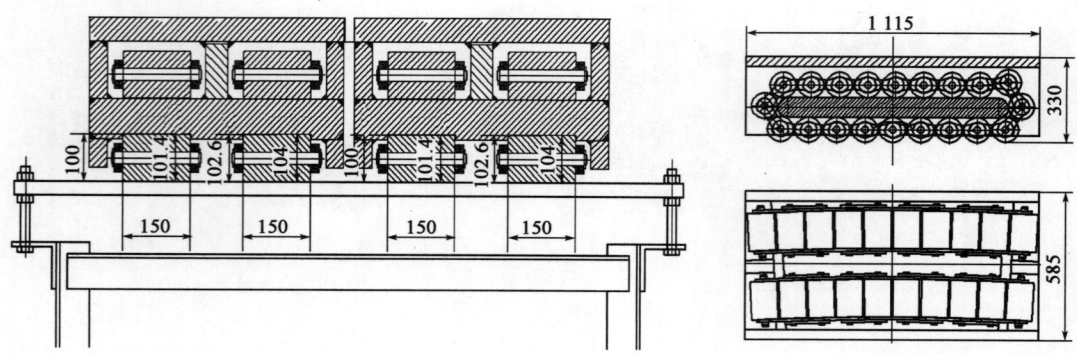

图 15　滚轮小车构造图(尺寸单位:mm)

3.4 电气控制系统

电气控制系统由供配电及保护系统、PLC控制系统、变频驱动系统、状态监控系统及安全保护系统组成。系统内还设有手持操作盒,可远程操控。安全保护系统可实现紧急停止功能。在紧急状态下,现场操作人员可以紧急停止按钮切断动力电源,停止转动。

4 转体系统计算校核

4.1 桥梁转动结构计算校核

4.1.1 计算模型

转体下承台尺寸为44m(横桥向)×29m(纵桥向)×5m(高度),承台下横向布置7根直径2.5m的桩基,承台下纵向布置5根直径2.5m的桩基,桩基均采用摩擦桩设计。转体球铰直径5.6m,转体上承台直径24m×24m,高度2.3m。

采用有限元软件Midas FEA建立三维实体模型对上转盘及下承台受力进行分析。转体上部结构采用压力荷载加设在墩顶,桩基和承台采用刚性连接,桩基与土体用土弹簧进行模拟。转体阶段上部结构部分荷载简化加载在下塔墩与主梁相接位置,按照面压力的形式加载,根据纵向模型计算,加载压力为 $2N/mm^2$,加载位置如图16所示。

4.1.2 计算结果分析

(1)上转盘竖向应力

上转盘上表面的应力云图如图17所示。

图16 转体计算模型　　　　图17 上转盘上表面竖向应力云图

由图17可知,上转盘加设预应力,竖向只有在转盘四角处存在拉应力,且均小于容许拉应力 $1.00f_{tk}=2.74MPa$,该位置属于预应力张拉应力集中区域,其余均为压应力,压应力均小于 $0.7f_{ck}=0.7×35.5=24.85(MPa)$,满足规范要求。

(2)下转盘竖向应力

下转盘上表面竖向应力云图如图18所示。

由图18可知,下转盘只在转盘角处存在较小的竖向拉应力,且均小于容许拉应力 $1.00f_{tk}=2.74MPa$。压应力最大位于球铰与下承台接触面位置,小于 $0.7f_{ck}=0.7×35.5=24.85(MPa)$,其余位置压应力均满足规范要求。

(3)最大桩顶反力

桩顶反力云图如图19所示。

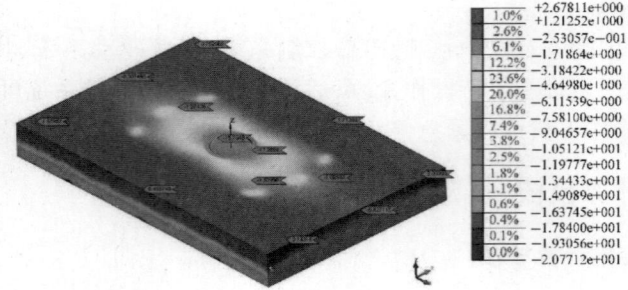

图18 下转盘上表面竖向应力云图

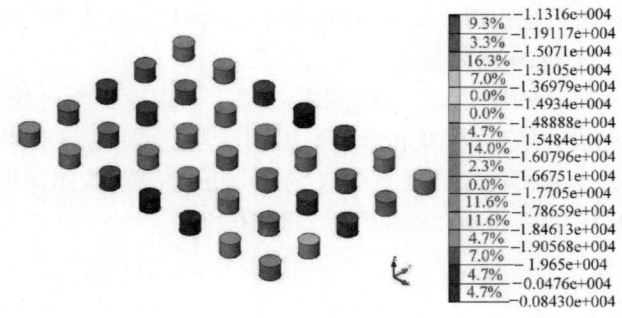

图19 桩顶反力云图

由图19可知,最大桩顶反力 $N_{max}=20\ 247.6kN$,满足规范要求。

4.2 辅助支撑系统计算校核

4.2.1 混凝土面压

每个驱动承力支腿按承载10 000kN设计,每个支撑设置四个滚轮小车,则单个滚轮小车承载为2 500kN。实际运动过程中,单个滚轮小车有8个滚轮与轨道系统底板接触,则单个滚轮受力312.5kN,如图20所示。

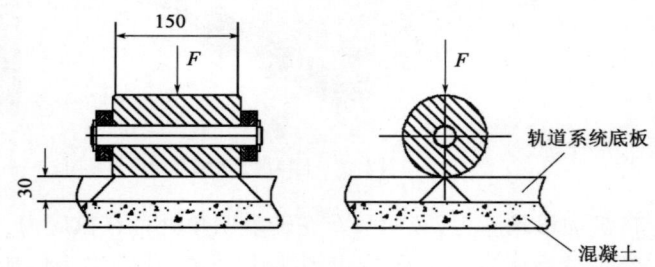

图20 单个滚轮受力图(尺寸单位:mm)

应力发散按45°来考虑,则单个滚轮下混凝土受压面积为 $S=(150+60)\times60=12\ 600$ (mm²);混凝土面压为: $P=F/S=24.8(MPa)$,小于C50混凝土设计标准值32.4MPa,因此,混凝土结构安全。

4.2.2 滚轮小车承载能力

建立滚轮车有限元模型,各个滚动副定义为接触,法向无相对位移,切向的摩擦系数为0.1;滑道定义为刚性,固定约束;小车顶板面积为0.627m²,受力225t的荷载,在顶面加载3.59MPa的压力,有限元模型如图21所示,计算结果如图22所示。

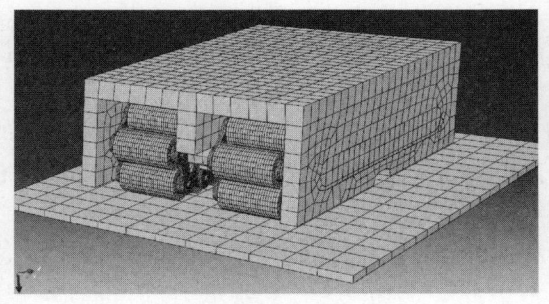

图 21　有限元模型图

图 22　Mises 应力云图

由图 22 可知,最大 von-mises 应力为 152.8MPa,发生在滚轮和中间板的接触部位。应力水平低于材料的许用应力,认为结构强度能够满足要求。

4.2.3　橡胶垫

单个驱动承力支腿的橡胶垫数量为 4 个,即每个滚轮小车配一块橡胶垫,橡胶垫面积为 345 663.5mm²,单块橡胶垫承受的力为 2 500kN,则单个橡胶垫承受的压力为 $p=\dfrac{2\,500\,000}{345\,663.5}=7.2$（MPa）,所选用的橡胶垫抗压性能大于 10MPa,故橡胶垫承载能力满足要求。

4.2.4　转动驱动力

（1）转矩计算。

$$\begin{aligned}T&=\frac{2\mu_1 W_1 R_1}{3}+n\mu_2 W_2 R_2\\&=\frac{2\times0.06\times280\,000\times2.6}{3}+6\times0.02\times10\,000\times10.7\\&=41\,960(\text{kN}\cdot\text{m})\end{aligned} \quad (1)$$

式中：T——转矩；

μ_1——中心球铰静摩擦系数,取值 0.06；

μ_2——滚轮小车的滚动摩擦系数,取值 0.02；

R_1——球铰投影半径,2.6m；

R_2——滚轮小车的转动半径,10.7m；

W_1——中心球铰承载力,280 000kN；

W_2——滚轮小车的承载力,10 000kN；

n——承载的支腿数量,6 个。

（2）电机减速机的驱动力 F。

$$F_{总}=\frac{T}{L}=\frac{41\,960}{12.6}=3\,330.2\text{kN} \quad (2)$$

式中：$F_{总}$——总驱动力；

T——转矩；

L——齿条半径,12.6m。

单组驱动力：$F=F_{总}/n=3\,330.2/6=555$（kN）。

考虑克服风载及克服转体惯性力,因此对总驱动力进行修正：$F'=1.2\times F=1.2\times555=666$（kN）。

4.2.5 台车架

台车架的结构如图23所示,减速机架通过吊耳将扭矩传递到台车架上,台车架右侧平板部分承压,承压位置下方是四台小车。

针对台车架建模,减速机架视为刚体,采用Couple单元分配其扭矩,台车架与滚轮小车的接触面固定约束,对台车架顶面加载10 000kN向下的均布荷载。在吊耳处施加扭矩231kN·m和120kN的竖向力。

台车架结构应力云图如图23所示,在吊耳和钢材的连接位置处,有局部应力集中现象,这是由于模型中对倒角进行简化处理所致。不考虑此类应力集中,主要承力部位的应力约210MPa,低于材料Q355的许用应力310MPa。

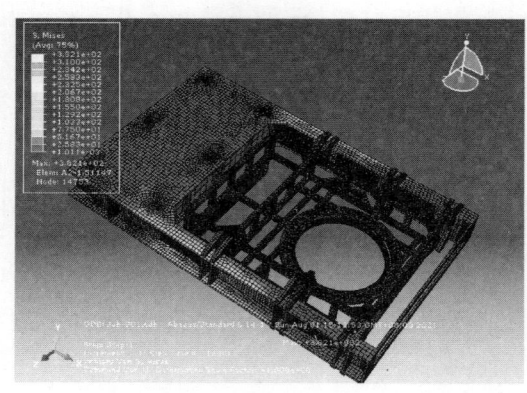

图23 台车架结构应力云图

5 结语

跨襄阳北编组站大桥为大吨位转体斜拉桥,转体系统设计是全桥的关键施工工序,为改善桥梁结构受力,提高转体过程中的抗倾覆稳定性,设计采用齿轮齿轨式多支点支撑转体系统,通过开展理论计算和数值仿真分析,验证了桥梁转体结构及辅助支撑系统的可靠性。分析结果表明,此转体系统具有转体稳定性好、可改善球铰及承台桩基受力状态、转体中桥梁抗倾覆能力强、自动化程度高等优点,对于丰富我国转体桥梁技术体系具有积极的促进作用。

参 考 文 献

[1] 高光品,何乔东.京张高铁土木特大桥连续梁墩顶转体施工技术[J].桥梁建设,2018,48(6):1-5.

[2] 秦少宗.跨铁路线斜拉桥转体施工监控技术研究[D].石家庄:石家庄铁道大学,2019.

[3] 上海市住房和城乡建设管理委员会.桥梁水平转体法施工技术规程:DG/TJ 08-2220—2016[S].上海:同济大学出版社,2017:3.

[4] 张雷,周岳武,杨斌.唐山二环路特大吨位转体斜拉桥设计[J].世界桥梁,2019,47(6):6-10.

[5] 王子文.非对称独塔混合梁斜拉桥转体施工关键技术[J].桥梁建设,2019,49(4):108-112.

[6] 罗力军.武汉长丰大道高架桥不平衡重称重试验[J].世界桥梁,2019,47(6):46-50.

[7] 李俞凛,崔凤坤,苗雷,等.基于新式撑脚的宽幅超重桥梁转体施工工艺及力学性能研究[J].公路,2020,11(11):220-223.

[8] 马行川.不对称结构梁式桥水平转体的辅助支撑系统设计[J].工程技术研究,2019(17):16-18.

[9] 李金峰.桥梁极不对称转体齿轮驱动体系设计[J].世界桥梁,2019,47(5):17-21.

[10] 赵凯兵.基于极不平衡条件下钢箱梁桥转体施工的研究[J].铁道建筑技术,2018(8):60-63.

[11] 郭昭赢.桥梁两支点转体施工技术的可行性研究[J].铁道建筑技术,2019(2):64-68.

[12] 郭昭赢.不对称梁段多支点齿轮传动转体施工技术[J].筑路机械与施工机械化,2020,37(10):40-44.

[13] 李前名,肖宇松.襄阳内环线跨襄阳北铁路编组站大桥总体设计[J].桥梁建设,2021,51(3):123-130.

75. 大跨径钢桁梁斜拉桥支撑体系研究

闫生龙 李永庆 王 健 刘冠华

（中交第一公路勘察设计研究院有限公司）

摘　要：本文以主跨930m的钢桁架斜拉桥为例，通过对半飘浮体系和固结体系的两种支撑方式进行数值模拟，分别对辅助墩、主塔、基础、钢主梁和斜拉索的受力行为进行对比分析，并对两种体系下结构的动力性能和工程造价进行了深入的研究。研究结果表明，对于高墩大跨斜拉桥结构，塔梁固结体系，受地震力影响，虽然基础规模较飘浮体系略大，但在施工阶段不需要进行塔梁临时固结，省去了合龙后解除临时固结的施工工序；成桥运营阶段结构纵向刚度大，整体稳定性好，塔顶、梁端位移较半飘浮体系大幅降低，支座位移需求大幅度减小；结构造价方面，由于固结体系索塔处主梁为混凝土结构，减少了主梁钢材用量，省去了在索塔处的竖向、横向支座和纵向阻尼装置，梁端伸缩缝尺寸也大幅降低，后期养护工作量小，结构耐久性较好，结构经济性较优。

关键词：大跨径　高墩　斜拉桥　钢桁架　结构体系

1 引言

结构的支承体系直接影响结构静力和动力两方面的性能，是影响结构抗风抗震性能以及工程经济性的主要因素之一[1-2]，支承体系的选择与桥型结构、跨径布置以及外界条件（风速与地震烈度）等密切相关。斜拉桥的结构支承体系包括竖向、纵向和横向支承体系。一般将竖向和纵向合在一起进行斜拉桥结构支承体系的划分，而横向支承体系则具有独立性。大跨度斜拉桥的主梁纵向约束体系对桥梁整体结构受力影响较大，以其纵向约束为主要特征，按照主梁、桥塔间的结合方式不同，可进一步将大跨斜拉桥的结构支承体系归纳为全飘浮、半飘浮+纵向约束和塔梁固结3种。

全飘浮体系由于没有纵向约束使温度应力得到释放，但主梁和塔顶的水平位移较大，结构固有振动周期长，地震响应较小[3]。塔梁固结体系能显著提高结构的纵向刚度，可大大减小梁端和塔顶水平位移，但由于温度变化引起的主梁轴力和塔根弯矩远大于全飘浮体系结构，同时结构固有振动周期相对较短，地震响应相对较大。半飘浮+纵向约束体系的结构静动力响应是介于以上两者之间的一种体系形式，由于增加了纵向约束或有限位移约束，一定程度上改善了结构的静动力响应，但对于超大跨桥梁而言，对梁端位移控制程度有限，且长行程阻尼器造价不菲，后期养护成本高，必要时还需要更换[4-6]。表1给出了目前国内外大跨径斜拉桥的结构体系和支承方式。

大跨径斜拉桥采用的结构体系和支承方式 表1

桥 名	主跨(m)	塔高(m)	下塔柱高度(m)	结构体系
沪苏通长江大桥	1 092	325	54	半飘浮
苏通大桥	1 088	300.4	64.3	半飘浮
昂船洲大桥	1 018	298	77.8	塔梁墩固结
青山大桥	938	279.5	53	全飘浮
鄂东长江大桥	926	242.5	37.7	半飘浮
多多罗大桥	890	224	39.4	半飘浮
诺曼底大桥	856	202.7	48.4	塔梁墩固结
九江长江大桥	818	242.3	40.7	半飘浮
荆岳长江大桥	816	265.5	44.9	半飘浮
鸭池河特大桥	800	258.2	65.9	半飘浮
北盘江大桥	720	269	42	索半飘浮
长门大桥	550	186.2	60.2	塔梁墩固结

2 工程概况

南盘江普者黑特大桥位于云南省,大桥跨越南盘江,主桥采用主跨930m钢桁梁斜拉桥,桥跨布置为3×84m+108m+930m+108m+3×84m=1 650m,边中跨比为0.387,在两岸边跨各布置3个辅助墩,引桥采用3×40m装配式预应力混凝土T梁,桥梁全长1 777m(图1)。

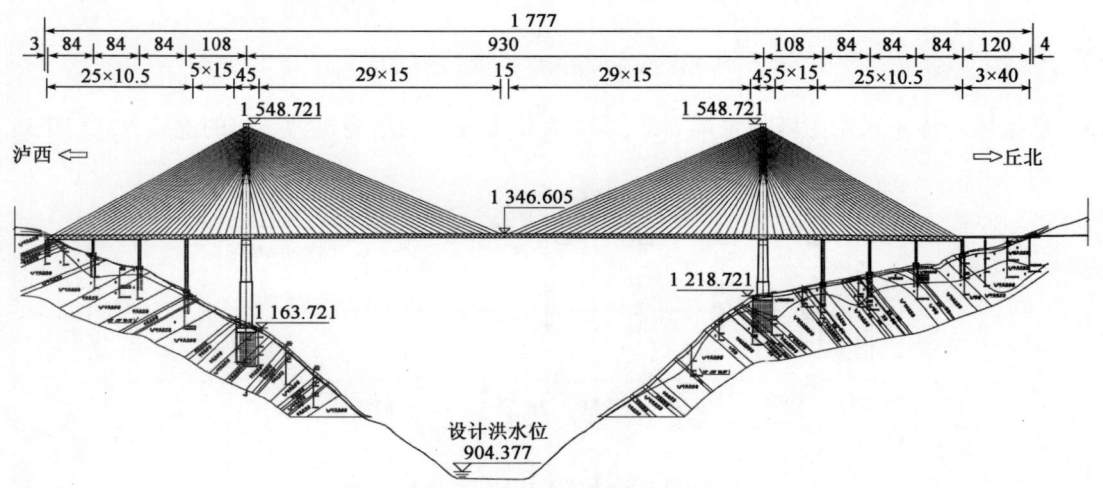

图1 南盘江普者黑特大桥桥型布置图(尺寸单位:m)

主跨中跨采用板桁结合钢桁梁,主桁桁高8.5m,桁宽28.5m。边跨主梁采用钢桁-混凝土桥面板组合梁,主桁桁高7.975m,桁宽28.5m,考虑边孔压重,桥面板采用50cm厚预制钢筋混凝土。

索塔采用钻石型混凝土索塔,空间索面布置,泸西侧索塔总高380m,丘北侧索塔总高320m,塔柱采用矩形空心断面,辅助墩和过渡墩采用薄壁空心墩,钻孔灌注桩基础。

3 支撑体系的选择

全飘浮体系一般适用于下塔柱外扩且下塔柱较矮的塔形,一般不需设置下横梁,基础规模较大,且结构刚度较小,一般采用较少。对于半飘浮体系,经过静力、动力计算结果的比较,静力工况下风载是控制性荷载,该体系在百年风工况及地震工况下会导致梁端产生过大位移,对伸缩缝和滑动支座的允许位移量要求大。因此,必须对半飘浮体系的位移和塔底在风载作用下的弯矩进行控制,研究较为合理的塔梁连接方式。

目前,液压缓冲装置在国内应用较多,对减轻地震、汽车制动等动荷载作用效果显著,但是对静风、温度作用等相对缓慢作用的荷载位移不是特别明显[7-8],阻尼装置在运营期需定期维护,使用成本较高。鉴于上述原因,结合本桥下塔柱高度高、结构刚度柔、适应温度变形能力较强的特点,提出了塔墩梁固结体系的方案,并对半飘浮+纵向阻尼约束体系和塔梁固结体系两种结构体系进行比较研究。

半飘浮+纵向约束体系采用主塔与主梁设纵向滑动支座,主塔与主梁间采用纵向阻尼约束装置的连接方式(图2)。

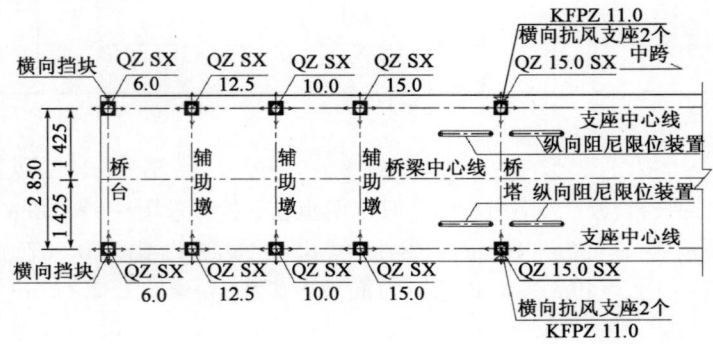

图2 半飘浮+纵向约束体系示意图(尺寸单位:mm)

塔梁固结体系采用主塔与主梁固结,主梁在横梁处与主塔浇筑为一体的连接方式(图3)。

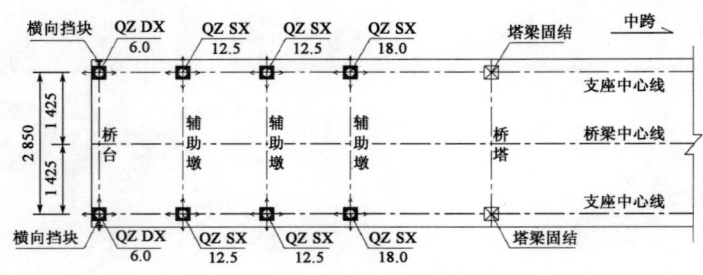

图3 塔梁固结支承体系示意图(尺寸单位:mm)

4 结构支撑体系对比分析

分别对半飘浮+纵向约束体系和塔梁固结体系两种约束边界下,主墩、主梁、斜拉桥及过渡墩受力行为进行计算分析。

4.1 过渡墩及辅助墩边界约束

在进行纵向支撑体系研究之前,首先对相对独立的横向支撑体系进行了系统的研究比较。针对以上两种体系,通过对过渡墩和辅助墩位置的横向支撑进行不同方式的组合(表2),分析不同的约束条件对结构受力的影响程度,进而确定最优的横向支撑体系。

过渡墩及辅助墩位置不同的支座布置方案　　　　　表2

支座布置	支座编号	过渡墩	1号辅助墩	2号辅助墩	3号辅助墩
方案1	①	✛	✛	✛	✛
	②	✛	✛	✛	✛
方案2	①	↔	✛	✛	✛
	②	✛	✛	✛	✛
方案3	①	↔	↔	✛	✛
	②	✛	✛	✛	✛
方案4	①	↔	↔	↔	✛
	②	✛	✛	✛	✛
方案5	①	↔	↔	↔	↔
	②	✛	✛	✛	✛

注:表中✛表示支座双向活动支座,↔示单向活动支座。

对不同支座布置形式下过渡墩和辅助墩支座在基本组合下横桥向反力、承台底横桥向弯矩以及百年风作用下塔顶和跨中的横向位移进行对比,对比结果见表3。

不同辅助墩支座布置下墩底弯矩对比(MN·m)　　　　　表3

支撑体系	位置	支座布置形式				
		方案1	方案2	方案3	方案4	方案5
半飘浮+纵向约束体系	辅助墩1	15	15	117	57	46
	辅助墩2	38	38	38	94	79
	辅助墩3	104	104	104	104	180
	主塔	16 847	16 835	16 520	16 500	16 483
墩梁固结体系	辅助墩1	15	15	169	130	128
	辅助墩2	37	37	37	145	142
	辅助墩3	100	100	100	100	123
	主塔	16 250	15 587	15 370	15 260	15 238

计算结果表明,半飘浮+纵向约束和塔梁固结两种体系下,过渡墩处不同的支座布置方式产生的结构响应基本是一致的。增加辅助墩或者过渡墩处单向支座(横向固定)的布置,可减少主塔处的横向支反力,同时也可减小主梁跨中和主塔塔顶的横向位移,但是减少幅度均较小(小于2%)。由于横向约束支座的增加,各辅助墩墩底的横向弯矩大幅提高,约束前后的承台底弯矩值增加5~10倍,使得辅助墩受力更为不利,需增加墩身尺寸并扩大基础规模。

综上所述,对于横向约束体系,增加横向约束的数量一定程度上可增强横向刚度,但横向位移响应降低较小,反而增加了辅助墩墩身受力,因此横向约束体系的选择推荐采用仅过渡墩位置单侧设置横向约束,辅助墩位置横向均释放的约束形式(方案2)。

4.2 主塔关键截面内力及节点位移

两种体系下结构的主要控制截面受力和节点位移见表4。由表可知：相比半飘浮+纵向约束体系，塔梁固结体系的结构内力除温度内力偏高外，其他荷载作用下的内力均有所降低，塔底的组合弯矩固结体系略大，但结构整体刚度得到大幅提升，百年风荷载下塔顶纵向偏位及梁端位移仅为半飘浮体系的1/10，主梁竖向和横向刚度也得到了改善。

各结构体系关键截面受力和位移　　表4

项目	工况	半飘浮+纵向约束体系	塔梁固结体系
梁端位移（mm）	风荷载	997	75
	温度	404	352
	制动力	61	3
	汽车	90	32
	地震	748	306
	标准组合	950	458
塔底弯矩（kN·m）	风荷载	6 458 545	3 125 816
	温度	1 621 289	8 234 455
	制动力	129 988	53 310
	汽车	787 997	707 649
	地震	10 967 827	14 543 526
	地震作用	10 967 827	14 543 526
	基本组合	12 427 052	14 181 633

4.3 主塔基础规模对比

两种体系下的主塔基础布置形式如图4所示。半飘浮+纵向阻尼体系的主塔基础采用5×7共35根直径3m的桩基础，承台平面尺寸为47m×33m，承台厚8m；固结体系的主塔基础采用6×7共42根直径3m的桩基础，承台平面尺寸为47m×35m，承台厚8m。从基础规模的对比可以看出，塔梁固结体系由于结构刚度的增加，使得结构的地震响应有所增大，基础平面尺寸较半飘+阻尼体系略大，纵桥向基桩数量增加了一排共7根。

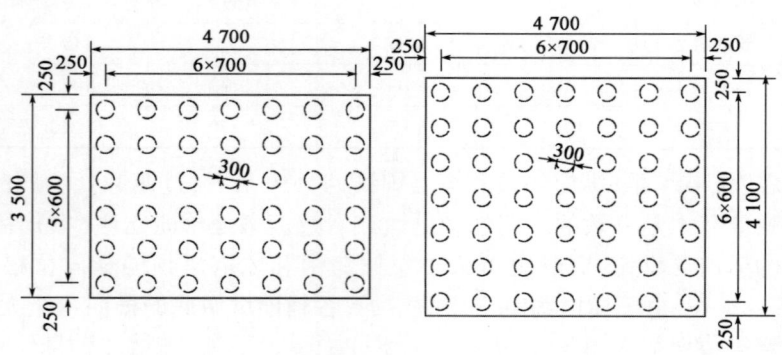

图4　主塔基础布置示意图(尺寸单位：cm)

4.4 钢主梁应力计算对比

两种体系下，恒载作用下主桁应力相当，百年风荷载为主要控制荷载，对塔根部主桁应力起控制性作用。

基本组合下,两种体系的主桁最大压应力均出现在塔根部上弦杆位置,如表5所示,其中固结体系弦杆最大压应力-372.9MPa(压),半飘浮体系弦杆最大压应力-369.2MPa(压);最大拉应力都位于跨中下弦,两种体系基本相当(270MPa左右)。两种体系的塔根部压应力峰值相当,但固结体系的塔根部主梁上弦杆板厚为56mm,半飘浮体系根部弦杆板厚为48mm,板件厚度的差异对全桥的钢材用量有一定影响。固结体系在塔梁固结位置附近三个节间对主桁截面进行了调整,同时,除了15m墩梁固结区外,其余梁段Q500钢材使用范围较飘浮体系增加了120m。

钢主梁应力对比 表5

项 目		半飘浮+纵向约束体系	固 结 体 系
应力(MPa)	最大应力	269.9	272.5
	最小应力	-369.2	-372.9
主桁各型号钢材范围(m)	钢混结合段	—	30
	Q500	135	255
	Q420	441	306
	Q345	1 074	1 059

4.5 斜拉索选型对比

本桥为空间双塔双索面体系,采用钢绞线斜拉索,全桥共240根斜拉索,根据计算,两种体系下斜拉索的选型及重量如表6所示。由表6可知,由于结构刚度及边界的影响,斜拉索的索力也有所不同,固结体系斜拉索的总用量较半飘浮体系略高。

斜拉索选型对比 表6

拉索型号	半飘浮+纵向约束体系	塔梁固结体系
280A-73	16	16
280A-61	40	72
280A-55	216	184
280A-43	120	120
280-37	88	88
裸索重量(t)	3 893	3 944

4.6 动力特性及稳定性比较

两种体系下结构的主要振型模态如图5、图6所示,对比两种体系下结构的动力特性可以看出,由于结构支撑体系的变化,两种体系各阶振型的模态和振动周期均有所不同。半飘浮+纵向约束体系首先发生的是纵飘振型;墩梁固结体系由于增加了结构纵向约束刚度,首先发生的是主梁侧弯振型,而主梁纵飘是耦合主梁竖向振动振型发生在第四阶。对比结构主要一阶振型模态及频率值可以看出,相比半飘浮+纵向约束体系,塔梁固结体系结构纵向刚度增加明显,结构的横向刚度、扭转刚度也得到了一定加强,但竖向刚度两者基本一致,振动模态及频率值较为接近。

对于大跨径斜拉桥,结构的几何非线性效应较为突出,考虑材料非线性和结构几何非线性双重影响,分别对两种体系下结构的一类稳定和二类稳定进行计算。结果表明(表7),半飘浮体系最小一类稳定系数为8.73,二类稳定系数为1.86,固结体系最小一类稳定系数为18.94,二类稳定系数为2.03,总体稳定性较优。

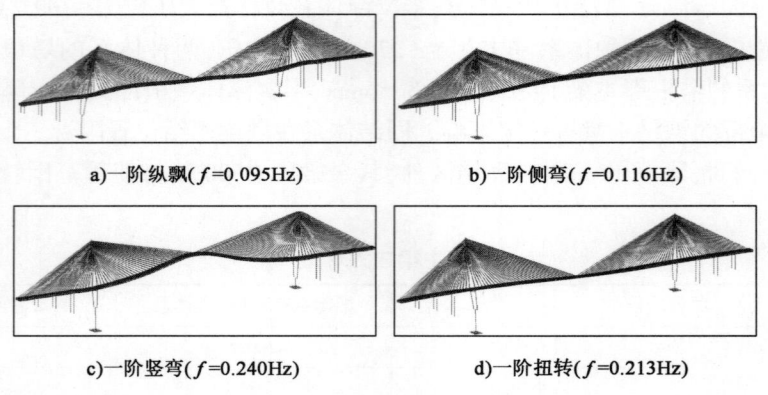

图5 半飘浮+纵向约束体系典型振型图

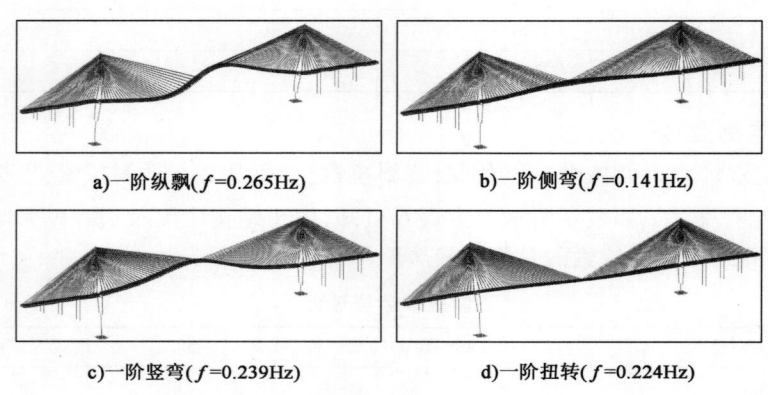

图6 墩梁固结体系典型振型图

结构稳定性对比　　　　　　　表7

项目		半飘浮体系	固结体系
成桥阶段	一类稳定系数	8.73	18.94
	二类稳定系数	1.86	2.03

5 结语

通过对不同支撑体系下,辅助墩、主塔和基础、主梁及斜拉索受力性能和工程造价的综合比较可知:

(1)塔梁固结体系在施工阶段不需要进行塔梁临时固结,同时也省去了合龙后解除临时固结的施工工序,相比半飘浮体系,固结体系的一二类稳定安全系数明显提高。

(2)在地震力作用下,固结体系地震工况下的主塔受力较大,需增加基础规模。

(3)固结体系的纵向刚度大,塔顶、梁端位移较半飘浮体系大幅降低,主塔位置不需要设置竖向和抗风支座。

(4)塔梁固结段受力复杂,钢材用量高,但省去了在索塔处的竖向、横向支座和纵向阻尼装置,梁端伸缩装置的伸缩量也有较大的减少,结构耐久性较好。

参 考 文 献

[1] 耿文宾,刘康,周俊龙,等.高-矮塔斜拉钢桁梁桥空间温度场监测分析[J].天津建设科技, 2021,31(5):20-22.

[2] 阮猛,李鹏飞,王之强.不同支撑体系下的矮塔斜拉桥线形参数分析[J].四川建筑,2021, 41(5):174-176.

[3] 张荣.独塔斜拉桥纵向结构体系分析[J].中国水运(下半月),2015,15(5):200-201+204.

[4] 彭伟,彭天波,李建中.多塔斜拉桥纵向约束体系研究[J].同济大学学报(自然科学版), 2009,37(8):1003-1009.

[5] 胡可,王胜斌,王波,等.超大跨径柱式塔斜拉桥结构创新与应用[J].桥梁建设,2021,51 (4):88-95.

[6] 谢康华.大跨径斜拉桥平行钢丝斜拉索施工技术分析[J].安徽建筑,2021,28(6):33-35.

[7] 马冬莉,桑弘鹏,张海燕,等.大型液压机缓冲装置的设计与应用[J].机械制造,2020,58 (4):19-20+34.

[8] 旷权,张振海,朱石坚.油缸缓冲装置结构参数对缓冲性能影响分析[J].舰船科学技术, 2020,42(3):132-136.

76. 复杂曲线耐候钢板组合梁制造关键技术研究

冯仁东　刘治国

(中铁宝桥集团有限公司)

摘　要：简要介绍了复杂曲线耐候钢板组合梁结构特点和施工方案,分析了钢板组合梁制造难点,针对钢板组合梁的细部构造、大断面曲线工字型纵梁制造、曲线吊装节段制作、焊接质量控制、高强螺栓施工等进行研究,解决了复杂曲线钢板组合梁制造的难题。

关键词：钢板组合梁　节段制作　线形控制　焊接变形　高强螺栓

1　引言

随着我国桥梁建设发展方向的转变,山区或城市曲线形钢桥梁越来越多。钢板梁桥具有结构简单、相较于钢桁梁、钢箱梁重量轻,满足各种复杂地形运输及施工要求,特别适合我国广袤山区地形及城市复杂条件下的桥梁施工,成为我国公路常规跨径桥梁的发展趋势之一。

2　工程概况

平镇高速钢板组合梁项目被陕西省交通厅列为重大关键技术攻关项目和桥梁示范引领项目,主桥材质均为Q345qDNH,工程量总计约1.1万t。全线采用4车道高速公路标准,建设里程85.295km。项目位于陕南巴山地区,山区地形复杂,根据实际由两跨、三跨、四跨、五跨、六跨不等组合成连续钢板组合梁(图1),每跨长度45m、38m、35m、28m不等。钢板组合梁左、右幅完全分离,采用双纵梁工型直腹板式结构,通过端横梁、中横梁或小横梁加强横向连接,通过湿接缝集束式焊钉将桥面板与钢梁组合梁连接成整体受力体系。

a)钢板组合梁

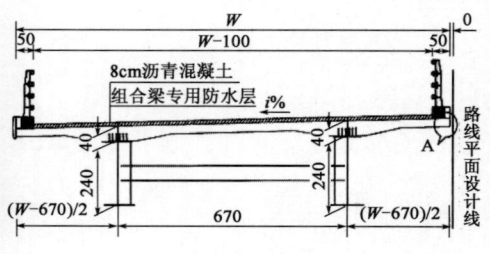
b)钢板组合梁标准截面图

图1　钢板组合梁结构(尺寸单位:mm)

3 施工难点

作为国内首个连续耐候钢板组合梁桥,工程选取水库、河流、山谷、隧桥隧相接等5个不同地形对钢板组合梁关键施工技术、免涂装耐候桥梁钢应用技术等进行研究。

(1)工程位于河流、山谷、隧桥隧相接等不同地形,施工工况复杂。

(2)钢板组合梁组合形式多样、制造线形复杂,需综合"恒载+1/2活载"+竖曲线+施工工况影响+横坡渐变+连接处转角等。

(3)现场无适宜条件进行预拼装。

(4)70mm超厚耐候钢板单面焊接变形不易控制。

(5)主体结构钢材均为耐候钢,目前在国内应用较少,缺乏对桥梁用耐候钢焊接性的分析与研究。

4 总体施工方案设计

工程包含27m+35m+35m+28m、4×35m、5×35m、38m+45m+38m等13种不同跨径组合形式。针对工程特点及施工部署(图2)安排,钢结构制造采用"钢板→构件(纵梁杆件、横梁等)→现场拼装(吊装节段)→桥位连接"的生产组织模式。即车间生产零件及杆件,在桥位拼装场地进行吊装梁段制作,桥位进行焊接连接的方案。

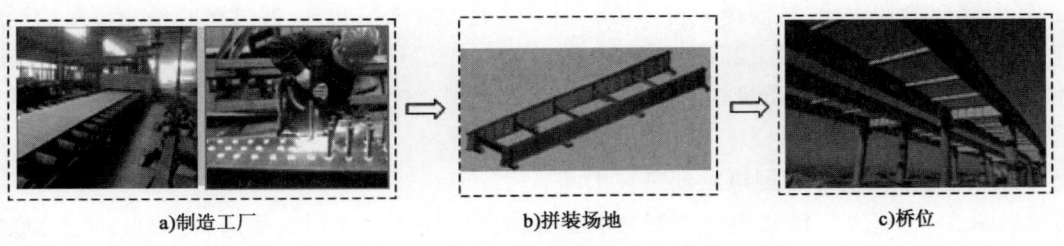

a)制造工厂　　　　b)拼装场地　　　　c)桥位

图2　总体施工部署

5 钢板组合梁施工关键技术

综合桥梁标准化设计、工厂化制造、装配式施工要求,将通用设计与路线图结合进行二次设计,研究合理的节段划分;对现场拼装方案进行专项设计,尽量减少施工现场焊接、防腐涂装,增强施工操作的便利性,保证质量耐久性;研究提升产品的质量、生产效率和经济性,保证产品的几何尺寸精度和焊接质量的稳定性、降低钢桥制造成本,提升桥梁建设的经济性。

5.1 细部构造研究

5.1.1 制造线形设计

连续钢板梁施工过程复杂、施工工况变化多,成桥线形控制难度大。理论预拱度采用了余弦曲线法 $Y=0.5A\times[1-\cos(X/L\times2\pi)]$ 计算,同一跨度下,施工方案、组合位置不同,纵梁预拱度、横坡都有较大差异。确定钢板梁制造线形时,整体预拱度"恒载+1/2活载"的基础上,应综合平竖线形、施工方案、施工荷载、成桥线形等因素的影响。

(1)根据钢板组合梁路线图,将线路的平曲线按照不同的圆弧半径、缓和曲线参数方程、连接隧道出转角等进行放样,同时结合设计图的结构形式、路线的起始里程、组合形式等,标注出道路设计线处的各个桩号、钢板规格及连接细节等,设计出钢板梁桥的平面施工图。

(2)根据现场顶推、架桥机架设等不同施工方案,结合连续钢板组合梁设计预拱度、跨径组合形式、跨径位置、成桥线形及制造预拱度,确定连续钢板组合梁的制造预拱度。

5.1.2 节段划分优化

(1)所有节段划分(图3)位置及接口错缝必须满足设计文件及相关技术规范。

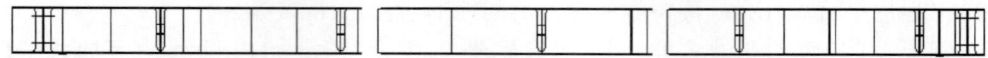

图 3 纵梁制作节段

(2)节段划分位置与支点位置保持足够距离;上下翼缘与腹板接缝相互错开至少200mm。

(3)考虑制造、运输、吊装对钢梁节段重量及尺寸的限制,同时必须确保单元件在运输及吊装过程中的结构稳定。

(4)现场吊装就位及节段间组拼合龙方便,充分考虑作业时对桥下既有道路通行的影响。

(5)断面划分应和施工方案结合,宜采用阶梯错位、搭接的方法,以确保梁段顺利架设。

平镇高速钢板组合梁吊装节段纵梁划分为三段,45m/38m跨径纵梁杆件最大长度16.75m(中支座位置)、35m/28m跨径纵梁杆件最大长度13m(跨中);杆件最大重量约为24.6t。

5.1.3 横坡设置

平镇高速钢板组合梁保持不变,通过调整上下翼缘高程实现横坡变化,腹板与下翼缘垂直,上翼缘与横坡一致。类似项目中,腹板与下翼缘制造相同,腹板与上翼缘采取了不同的工艺。其中福建莆炎大桥、杭绍甬大桥横坡将上翼缘设置成水平状态,通过橡胶条的可压缩性来实现;西镇高速钢板组合梁上翼缘与横坡一致。通过工厂化制作精度和施工效率分析,上翼缘设置为水平状态更有利于质量控制和标准化生产,尤其是对于复杂曲线的组合梁桥效果更为显著。

5.2 大断面曲线工字型纵梁制造技术

(1)采用TEKLA三维建模软件配合AUTOCAD对复杂曲线钢板梁进行放样,通过NC精密切割设备制出带有曲线的零件。

(2)在工厂内设计制作曲线工型杆件制作组装装置,采用"平位"组装法组装纵梁,按线定位腹板,重点控制腹板平面度,在定位好的腹板上按照基线组装盖板,每隔一定的距离控制纵梁上盖板高程实现纵梁上盖板横坡角度的渐变过程。

(3)采用线性能量小的埋弧对称焊接及变形控制技术,减小焊接变形。

5.3 曲线吊装节段制作技术

曲线吊装节段精度和质量直接影响到桥位的安装质量。吊装节段制作工艺须合理、经济可行,在满足规范要求的同时,还需考虑累积公差,在预拼吊装节段消除。

5.3.1 适应不同曲线的拼装胎架设计及地面基线设置

结合项目的结构特点,制作满足刚度及稳定性的组拼胎架,采用地脚螺栓与地面固定,根据吊装节段支撑位置灵活调整,满足不同曲线吊装节段施工,满足多场地施工及重复利用及高程灵活调整。

每处纵梁下方设置固定纵基线,支座中心位置、节段端头等位置固定横基线,形成框型固定基准。组拼时,调整测量吊装节段上的测量控制点与框型基线偏差即可实现平曲线控制,采用水准仪测量控制点高程可实现预拱度、横坡变化,将吊装节段长度、支座距离、平曲线控制等大空间测量转化为小距离偏差测量,测量精度提高的同时,施工测量强度大幅下降,效率明显提升。

5.3.2 模拟预拼装技术

山区地形复杂,无试拼装条件,为对钢板梁吊装节段制造进行验证,结合钢板梁特点,采用了模拟预拼装技术。通过对吊装节段二次设计转换、吊装节段测量体系转换、吊装过程线形监控及纠偏等全过程线形控制,确保钢板梁的成桥线形达到设计要求。

5.4 吊装节段焊接

5.4.1 钢板梁上、下盖板对接焊缝

钢纵梁上、下翼缘板易采用平位焊接,单面焊双面成型焊接工艺。实心焊丝 CO_2 气体保护焊打底、埋弧自动焊接填充盖面(图4、图5),下翼缘采用 CO_2 气体药芯焊丝填充盖面,焊接材料分别为实心焊丝 ER50-G ϕ1.2、药芯焊丝 E491T-GC ϕ1.2、埋弧焊丝 TH500-NQ-Ⅲ ϕ5.0。

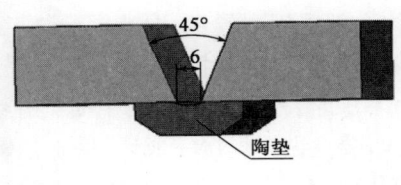

图4 埋弧焊接　　　　　图5 上下翼缘对接焊缝坡口

5.4.2 腹板对接焊缝

腹板立位对接采用双面接成型焊接工艺,立位焊接,采用轨道式焊接机器人药芯焊丝 CO_2 气体保护焊(图6、图7),焊接材料采用药芯焊丝 E491T-GC ϕ1.2,焊接接头设计为背面贴陶质衬垫的 X 形坡口。

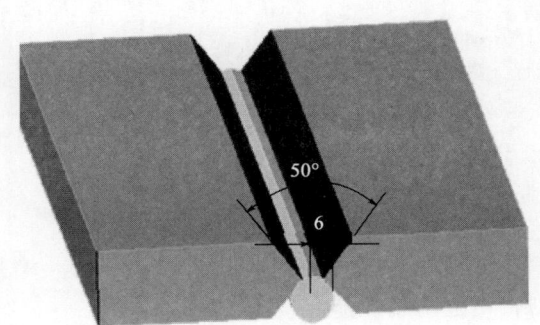

图6 轨道机器人焊接　　　　　图7 腹板对接焊缝坡口

5.4.3 横梁与纵梁连接焊缝

横梁上、下盖板与纵梁对接焊缝,采用单面焊双面成型工艺,药芯焊丝 CO_2 气体保护焊,横梁与纵梁连接焊缝对称焊接。横梁腹板与纵梁加劲板连接角(坡口)焊缝,采用药芯焊丝

CO_2 气体保护焊立位焊接。

5.4.4 焊接变形控制措施

(1)制定合理的焊接顺序及焊接方向。吊装节段焊接先纵梁后横梁、先中间后两侧,纵梁按下翼缘—腹板—上翼缘板焊接顺序,横梁按腹板—下翼缘—上翼缘板顺序焊接。两片纵梁焊接完成后,对拱度进行复核修整,满足制造拱度、横坡等要求时进行横梁焊接;纵梁焊接时,两片梁同位置同时焊接,每条焊缝从中间对称施焊。

(2)根据制造经验,分析焊接变形规律,刚性固定与预留反变形相结合,减少焊接变形。

(3)严格执行焊接工艺,做好焊接前防风防雨及预热保温措施,对焊接填充量比较大的焊接部位,在现有反变形措施的基础上,加强焊接过程中的预变形及热矫正。

(4)选用技术水平高的焊接操作者施焊,加强焊缝填充量的控制,提高一次探伤合格率,减少焊缝返修次数。

5.5 高强螺栓施工

为保证钢结构的耐久性,一般采用油漆涂层防护体系,以达到隔绝空气、防腐的目的。本项目主体全部采用耐候钢,取消了涂装工序,高强螺栓的防腐就更为突出。平镇高速钢板组合梁中横梁由两个杆件对拼而成,采用高强螺栓连接成整体,两端与纵梁焊接。

(1)考虑定位及连接需求,中横梁在纵梁焊接完成后,采用工艺螺栓、冲钉连接成一个整体杆件,两端与纵梁焊接完成后,将工艺螺栓、冲钉换为高强螺栓,减少高空作业施工。

(2)优化高强螺栓检查方法(图8)。原高强螺栓初拧、复拧及终拧后分别用不同颜色油漆笔进行标识,实际检测为抽检,不易发现漏拧现象。在初拧、复拧完成后,采用油漆笔将高强螺栓、螺母、垫圈、钢板表面连接划一条线,检查线是否错位即可发现高强螺栓是否漏拧。

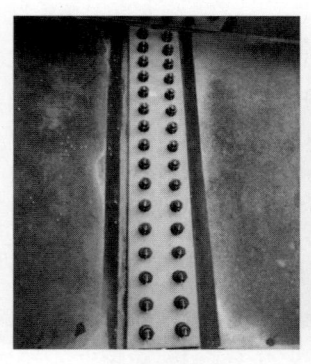  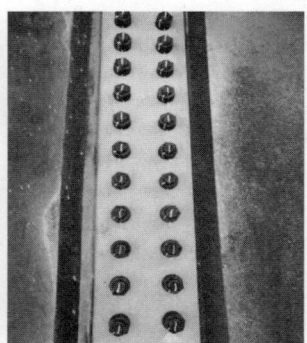

a)初拧复拧标识　　　　　b)据矩检查　　　　　c)漏拧检查

图8　高强螺栓施拧检查

(3)针对本项目,采购一批专用耐候高强螺栓,增强耐候性能;同时采用密封胶对高强螺栓进行密封,增强防腐性能。

6 结语

结合平镇高速钢板组合梁项目的结构特点及施工难点,制定了科学合理的施工技术措施,攻克了多项复杂曲线钢板梁桥制造的关键技术,突破了钢板梁曲线半径600m的极限,开创了小曲线半径(最小半径 $R=460$m)钢板组合梁建造的先河,同时将钢板组合梁施工精度和质量提升到了一个新高度,具有明显的技术先进性和较好的经济效益,对推动钢结构桥梁制造产业的进步具有重要意义。

参 考 文 献

[1] 宋红飞.全焊连续钢板梁制作标准化工艺研究[J].钢结构,2017,32(9):93-96+5.
[2] 杨忠强.48m 箱梁节段拼装关键技术研究[J].价值工程,2013,32(33):94-95.
[3] 腾军,那琪,郭时安,等.高墩连续曲线梁桥以直代曲判别条件的确定[J].工程抗震与加固改造,2009,31(2):16-20+54.

77.拱桥缆索吊装施工临时扣塔高度设计优化
——基于数值拟合的合理塔高确定方法研究

舒 刚[1,2] 夏红文[1,2] 冯 川[1,2] 何 利[1,2] 李 颖[1,2]

(1.四川路桥建设集团股份有限公司技术中心;2.四川智通路桥工程技术有限责任公司)

摘 要:本文以缆索吊装系统临时扣塔为研究对象,分别拟合了用索量、拱肋(圈)拉压应力、拱肋(圈)变形和扣塔偏移五个影响因子与塔跨比函数关系曲线,并以五种函数增长率之和最小值作为优化目标,构建扣塔高度优化目标函数模型,利用线性规划方法求解受力合理、变形较小、用索经济的合理塔跨比和扣塔高度。结果表明:该方法原理清晰,实用性强,对于扣塔高度优化具有一定的指导和借鉴。

关键词:缆索吊装 塔跨比 扣塔高度 数值拟合 目标函数

1 引言

缆索吊装是大跨度钢筋混凝土或钢管混凝土拱桥悬臂浇筑或悬臂拼装的常用施工工艺[1],其扣塔一方面作为施工期悬吊系统的重要组成部分,直接影响拱肋(拱圈)的受力和变形,对整体的稳定性和安全性至关重要;另一方面,作为大型临时设施,与施工成本密切相关,关系到工程项目的经济效益。研究表明[2],扣塔越高,相应的索长和扣锚索的工作效率也越大,随之整体稳定性和经济性变差;反之,过矮的扣塔虽然节约索长,但往往需要增大索力来平衡拱肋(拱圈)节段重量。理论上讲,对于既定跨径和结构形式的拱桥,存在一定的扣塔高度区间,使得拱肋(圈)受力和变形合理且用索量较为经济。

2 影响因子目标函数确定

2.1 用索量

在扣塔高度一定时,通常以最佳用索量作为索力优化效果的重要评价指标[2-3],综合考虑索力、索长以及塔高折减系数,构建不同塔跨比(λ)下的用索量目标函数$f_s(\lambda)$:

$$f_s(\lambda) = \eta_{\lambda_k} \sum_{i=1}^{I} T_{i,\lambda_k} L_{i,\lambda_k} \tag{1}$$

$$\eta_{\lambda_k} = \sum_{i=1}^{I} T_{i,\lambda_0} / \sum_{i=1}^{I} T_{i,\lambda_k} \quad (i=1,2,\cdots,I; k=1,2,\cdots,K)$$

式中:η_{λ_k}——第k个塔跨比组合即$\lambda=\lambda_k$时扣塔高度折减系数;

$T_{i,\lambda_k}, L_{i,\lambda_k}$——$\lambda=\lambda_k$ 时第 i 组扣索索力和索长；

T_{i,λ_0}——初始设计塔跨比 λ_0 时第 i 组扣索索力；

I——扣索组数；

K——塔跨比组合数量。

2.2 拉压应力

分析不同塔跨比（λ）下各个施工阶段的受力情况，分别以各施工阶段下拱肋（圈）截面最大压应力绝对值之和以及最大拉应力绝对值之和，分别构建拱肋（圈）压应力目标函数 $f_\sigma(\lambda)$ 和拉应力目标函数 $f_{\sigma'}(\lambda)$：

$$f_\sigma(\lambda)=\sum_{j=1}^{J}|\sigma_j| \tag{2}$$

$$f_{\sigma'}(\lambda)=\sum_{j=1}^{J}|\sigma'_j| \quad (j=1,2,\cdots,J) \tag{3}$$

式中：σ_j, σ'_j——第 j 个施工阶段时的最大压应力和最大拉应力；

J——施工阶段数量。

考虑到不同材料拉压性能差异，对于钢材，拉压性能相当，可同时考虑 $f_\sigma(\lambda)$ 和 $f_{\sigma'}(\lambda)$；对于混凝土材料，在满足抗压强度的前提下更加关注拉应力不超限，此时可主要考虑 $f_{\sigma'}(\lambda)$。

2.3 变形

分析不同塔跨比（λ）下各个施工阶段拱肋（圈）变形和扣塔偏移，分别以拱肋（圈）最大变形绝对值之和以及最大塔偏绝对值之和，构建如下拱肋（圈）变形和塔偏目标函数：

$$f_w(\lambda)=\sum_{j=1}^{J}\left(|w_j^+|+|w_j^-|\right) \tag{4}$$

$$f_{w'}(\lambda)=\sum_{j=1}^{J}\left(|w'^+_j|+|w'^-_j|\right) \tag{5}$$

式中：w_j^+, w_j^-——第 j 个施工阶段时拱肋（圈）最大上挠值和最大下挠值；

w'^+_j, w'^-_j——第 j 个施工阶段时扣塔偏向岸侧和偏向河侧水平位移。

3 扣塔高度优化目标函数建立

综合考虑多个影响因子，以各个影响因子最小值作为标准值，将各个影响因子拟合函数关系曲线无量纲化，并以不同塔高下各个影响因子目标函数增长率之和最小作为优化目标，构建如下扣塔高度优化目标函数模型：

$$\min H(\lambda)=\sum_{n=1}^{N}\gamma_n g_n(\lambda) \quad (n=1,2,\cdots,N)$$

$$\text{s.t.}\begin{cases}\sum_{n=1}^{N}\gamma_n=1\\ g_n(\lambda)=\dfrac{f_n(\lambda)}{f_{n,\min}(\lambda)}\\ f_n(\lambda)=a_n\lambda^3+b_n\lambda^2+c_n\lambda+d_n\end{cases} \tag{6}$$

式中：γ_n——第 n 个影响因子所占权重；

N——影响因子数量。

4 工程应用

泸州车辆大桥主桥为中承式钢管混凝土拱桥,计算跨径240m,矢高60m,矢跨比1/4。主拱结构为四管桁式钢管混凝土拱肋,桁高4.6m,宽2.3m,等截面悬链线无铰拱,拱轴系数1.5。主拱采用分段缆索吊装拱肋节段并合龙,再缆索吊装钢格子梁及预制混凝土桥面板(图1)。

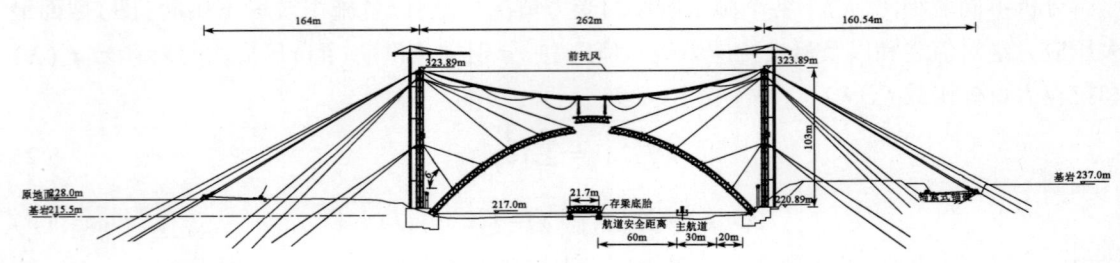

图1 主桥结构及缆索吊装系统总体布置

考虑到两岸对称,取半拱作为研究对象,以设计塔跨比为基础,参考悬臂法建造的钢筋混凝土拱桥塔跨比多在0.3~0.5之间[4-5],选取以下组合方案(表1)。为便于分析,假定扣索与拱肋及临时扣塔的相对锚固点位置不变,不改变其结构形式和扣塔跨径,利用Midas Civil建立变扣塔高度整体分析模型(图2)。采用正装迭代法进行施工阶段索力调整优化。

不同塔高下的组合方案 表1

序号	岸高(m)	塔高(m)	跨径(m)	塔跨比	备注
1	4.6	73	262	0.296	—
2	4.6	83	262	0.334	—
3	4.6	93	262	0.373	—
4	4.6	98	262	0.392	—
5	4.6	103	262	0.411	设计值
6	4.6	108	262	0.430	—
7	4.6	113	262	0.449	—
8	4.6	123	262	0.487	—
9	4.6	133	262	0.525	—

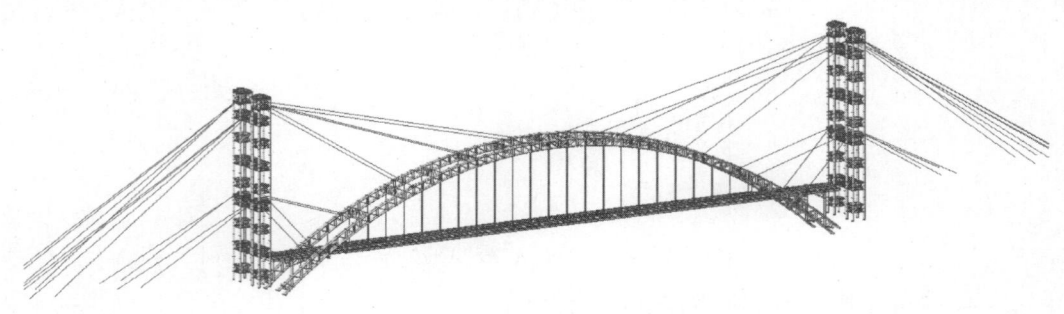

图2 变扣塔高度有限元模型

从图3和图4可知,随着塔跨比增大,即扣塔高度增加导致扣索与竖直方向夹角减小,为平衡拱肋节段自重,相应的扣索索力总和呈下降趋势,在不增加扣索组数的情况下,索力平均值($\sum T_i/I$)呈下降趋势。

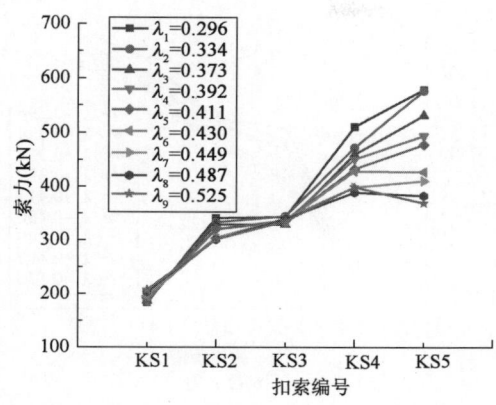

图3 不同塔高下扣索初拉力优化后对比图

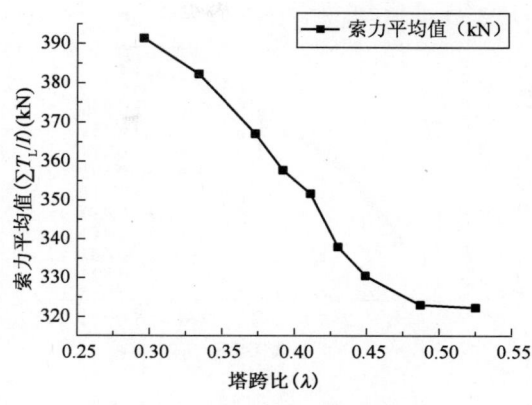

图4 索力平均值与塔跨比关系曲线图

考虑扣索索力 T、长度 L 和塔高折减系数 η,相对于初始设计塔高,当塔高增加时,$\eta>1$,当塔高降低时,$\eta<1$。该参数具有显著的现实意义,即在满足其他约束条件的前提下,更倾向于较低的塔高以达到经济性和安全性的目的。

分别将不同塔跨比下,调整优化后的索力(扣索初拉力)和索长代入公式(1),并进行三次多项式拟合(图5),得到的用索量目标函数拟合曲线方程为:

$$y_1 = -2\,895\,591\,000\lambda^3 + 4\,337\,497\,000\lambda^2 - 1\,877\,643\,000\lambda + 400\,001\,000 \quad (7)$$

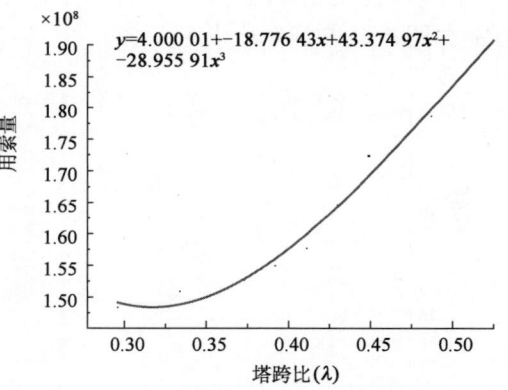

图5 基于不同塔跨比的扣索用索量目标拟合曲线

在塔跨比变化区间[0.296,0.525]内,当塔跨比 $\lambda=0.317$ 时,上式取得最小值 $y_{1,\min}=148\,419\,760.18$。

从图6a)可知,随着塔跨比增加,各施工阶段下,拱肋截面最大压应力呈下降趋势。究其原因,提升扣塔高度,使得扣索水平方向的夹角不断增大,加之扣索平均索力随着扣塔高度的增加而减小,两者叠加,导致扣索的水平分力减小,水平分力对拱肋表现为"体外预应力"的效果,拱肋的轴向压力效应逐渐减小,所以提升扣塔高度使得各施工阶段拱肋压应力最大值不断减小。

将不同塔跨比下各个施工阶段的最大压应力用三次多项式进行数据拟合,得到的拱肋最大压应力目标函数拟合曲线方程为:

$$y_2 = 309.62\lambda^3 - 316.56\lambda^2 + 55.536\lambda + 87.41 \quad (8)$$

该函数在塔跨比变化区间[0.296,0.525]内单调递减。当塔跨比 $\lambda=0.525$ 时,上式取得最小值 $y_{2,\min}=74.12$ MPa。

在拱肋吊装过程中,截面拉、压应力交替出现且转化迅速。从图6b)可知,拱肋截面最大拉应力随着塔跨比的增大呈现先减小后增大的趋势,仍然采用三次多项式进行数值拟合,得到的最大拉应力目标函数拟合曲线方程为：

$$y'_2 = 369.42\lambda^3 - 79.39\lambda^2 - 113.31\lambda + 99.65 \tag{9}$$

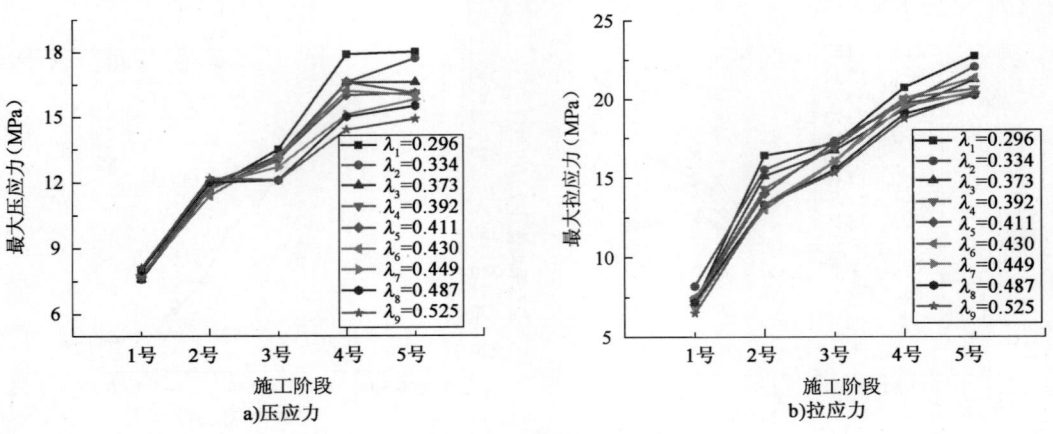

图6 基于不同塔跨比的施工阶段拱肋最大应力

在塔跨比变化区间 $[0.296, 0.525]$ 内，当塔跨比 $\lambda = 0.399$ 时，上式取得最小值 $y'_{2,\min} = 65.26$ MPa，如图7、图8所示。

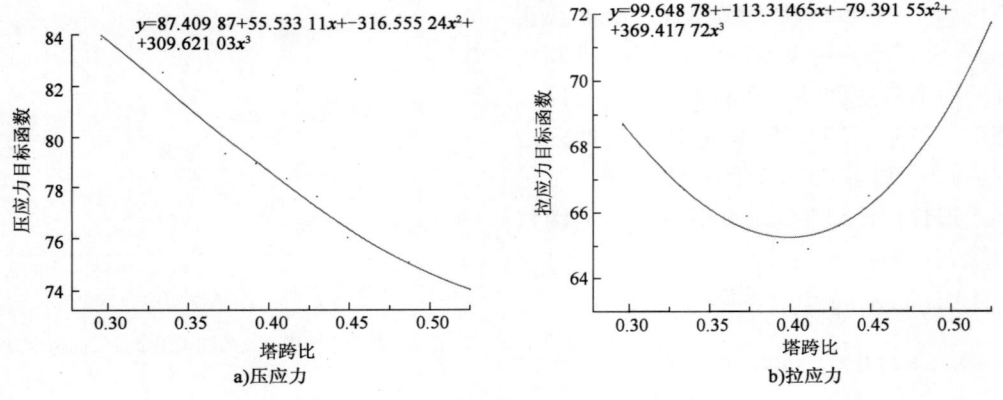

图7 基于不同塔跨比的最大拉压应力目标函数拟合曲线

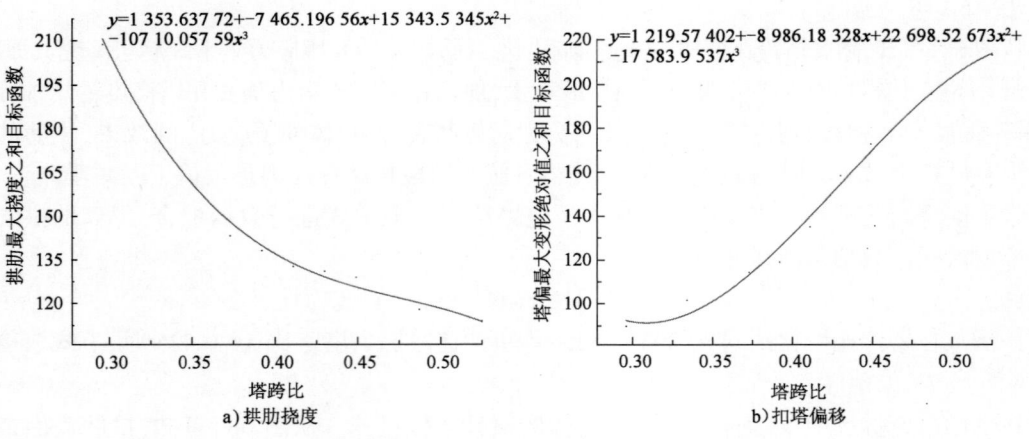

图8 基于不同塔跨比的施工阶段最大变形绝对值之和拟合曲线

同理,分别取各个施工阶段下拱肋最大上挠绝对值之和以及最大下挠绝对值之和,扣塔最大向岸侧塔偏绝对值之和以及最大向河侧塔偏绝对值之和,采用三次多项式进行数值拟合,得到不同塔跨比下拱肋变形和扣塔偏移的目标函数拟合曲线方程分别为:

$$y_3 = -94.20\lambda^3 + 134.96\lambda^2 - 65.66\lambda + 11.91 \tag{10}$$

$$y_3' = -190.32\lambda^3 + 245.68\lambda^2 - 97.26\lambda + 13.20 \tag{11}$$

在塔跨比变化区间[0.296,0.525]内,塔跨比 $\lambda = 0.525$ 时,拱肋变形目标函数取得最小值 $y_{3,\min} = 113.69$mm;塔跨比 $\lambda = 0.296$ 时,塔偏目标函数取得最小值 $y_{3,\min}' = 92.39$mm。

将公式(7)~公式(11)代入公式(6),并根据经验,依次选取用索量、拱肋截面拉应力和压应力、拱肋变形和塔偏所占的权重分别为 0.4、0.15、0.15、0.2、0.1,得到综合考虑以上各项因素的扣塔高度优化目标函数方程为:

$$H(\lambda) = -44.2\lambda^3 + 62.43\lambda^2 - 28.07\lambda + 0.19 \tag{12}$$

在塔跨比变化区间[0.296,0.525]内,塔高增加 30m 时,最大悬臂状况下,即最大塔高最不利工况一阶失稳荷载系数为 9.319>4.0,表明在此区间内结构均处于稳定状态。当塔跨比 $\lambda = 0.371$ 时,塔高优化目标函数取得最小值 $H(\lambda)_{\min} = -3.888$(图9)。此时,拱肋受力和变形较为合理且扣索用量较为节省,可以认为此时的塔跨比为最佳塔跨比,对应的扣塔高度为 92.6m,相比设计初始高度降低 10.4m。

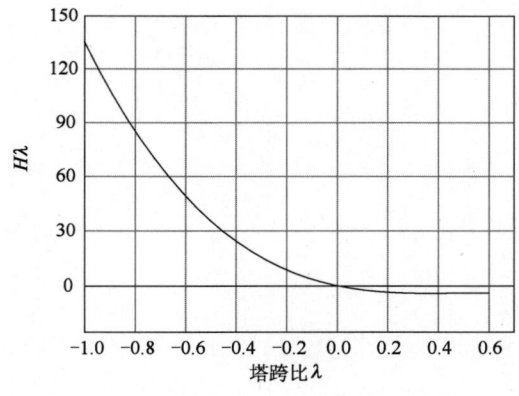

图9 扣塔高度优化目标函数曲线

5 结语

本文以缆索吊装系统大型临时设施扣塔高度为研究对象,分别拟合了以塔跨比为自变量,用索量、拱肋截面拉压应力、拱肋变形和扣塔偏移为因变量的三次函数关系曲线,构建出扣塔高度优化目标函数,并以车辆大桥作为工程算例对该方法进行了验证。结果表明:应用该方法,对综合求解拱肋拉压应力、线形、塔偏和扣索用量等多因素约束条件下的合理塔跨比和扣塔高度区间具有一定的适用性。同时,各影响因素权重系数的引入,也体现了从大型临时设施本身出发对经济性和功能性各方面的统筹考量。此外,塔跨比不仅与扣塔高度有关,也与塔间跨径有关。本文仅考虑了跨径不变、改变扣塔高度这种典型情况。后续仍可沿用本文的数值拟合模型,研究扣塔高度和跨径同时变化时的合理塔高和合理跨径,或可设计正交试验再次进行验证。这也进一步表明,本文的研究对于后续深入探讨缆索吊装系统临时扣塔的优化设计具有显著的借鉴和指导意义。

参 考 文 献

[1] 青志刚,罗小斌.复杂地质环境下拱桥缆索吊装创新技术[J].公路,2015,60(8):5.
[2] 彭文平.大跨悬臂浇筑混凝土拱桥施工期索力优化及拱圈应力调控研究[D].长沙:长沙理工大学.2020.
[3] 项海帆,等.高等桥梁结构理论[M].北京:人民交通出版社,2001.
[4] 严允中,杨虎根,许伟,等.上承式混凝土拱桥建造实例及评析[M].北京:人民交通出版社股份有限公司,2015.
[5] J Muller,On Design and Construction of Long Span Concrete Arch Bridge [A],Proceedings of the Third International Conference on Arch Bridge [C],19-21,Sept. 2001,Paries France:17-26.

78. 预制盖梁大体积混凝土温控技术研究

严 科[1]　官 瑾[1]　王喆宇[2]　杨岳彪[1]　杜文成[1]

(1.中建安装集团有限公司；2.东南大学)

摘　要：装配式公路桥梁工程中的预制盖梁属于大体积混凝土，为了防止出现混凝土水化热引起构件表面开裂，通过实时监测预制盖梁浇筑温度，绘制温度变化曲线，分析水化热引起的温度变化过程，最后结合现场情况提出预制盖梁温控措施，可为相关工程提供参考借鉴。

关键词：预制盖梁　大体积混凝土　温控技术

1　引言

本文依托于 312 国道南京绕越高速公路至仙隐北路段改扩建工程项目 SG5 标段，该项目是江苏省首个公路系统装配式桥梁工程。工程中的预制混凝土盖梁横桥向宽度达 32.7m，中心高度 3.8m，最大重量 341.7t，混凝土强度等级 C50。按照《公路桥涵施工技术规范》(JTG/T F50—2020)[1]相关规定。该项目中的预制盖梁属于大体积混凝土，为了防止出现混凝土水化热引起构件表面开裂，开展了相关的预制盖梁温度监测和抗裂技术研究。

20 世纪 30 年代，美国最早对胡佛大坝的大体积混凝土水化热进行研究，国内对此的研究开始于 20 世纪 50 年代，主要在大体积混凝土的温度场与温度应力方面取得了许多创新性的进展。杨川[2]现场采集某承台大体积混凝土的温度监测数据，并采用黏弹性方程分析了承台的温度应力。牛建丰[3]对某大体积桥墩进行温度监测，并通过数值模拟对温度场和温度应力进行分析。周礼庚[4]通过有限单元法仿真模拟，揭示了设置冷却水管对大体积混凝土内部温度场的影响规律。

2　预制盖梁浇筑温度监测方案

本次浇筑温度监测选取 A 型预制盖梁的节段 1，预制盖梁总长度 32.7m，节段 1 和节段 3 长度为 15.35m，节段 2 长度为 2m。预制盖梁测温点剖面布置示意图和测温点编号分别见图 1 和图 2。

测温计采用 RT-1 型电阻温度计，数据采集设备采用 BGK-Micro-40 自动化数据采集仪，该设备可采用无线通信的方式进行数据采集，将测温计与数据采集仪连接，并通过 BGK-MICRO-40-WD 型数据传输电台在电脑端实现温度数据的自动化采集。

基金项目：312 国道南京绕越高速公路至仙隐北路段改扩建工程课题研究项目，项目编号 ZAFH2020-146。

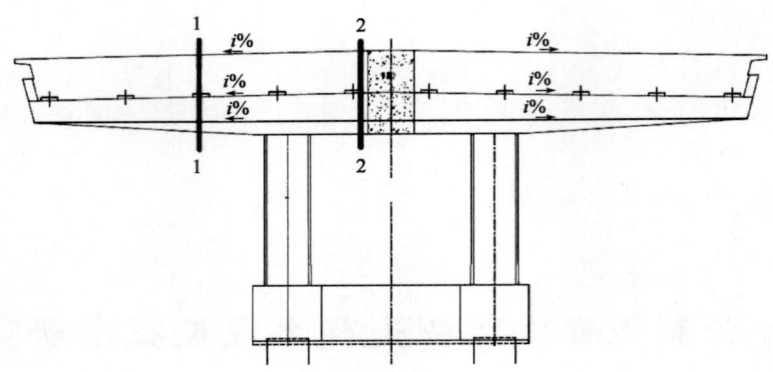

图1 预制盖梁测温点剖面布置示意图

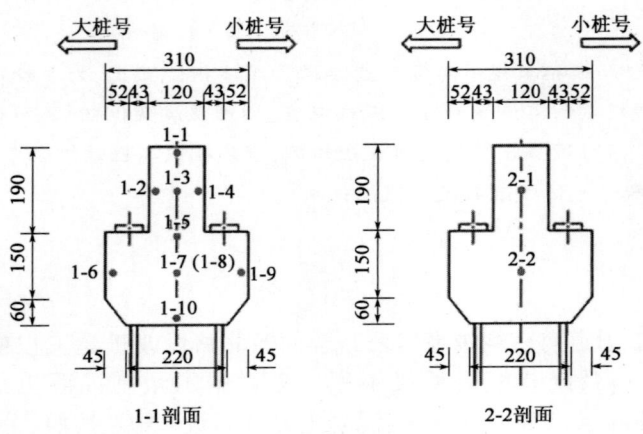

图2 预制盖梁测温点编号(尺寸单位:cm)

本次温度监测的控制指标包括混凝土入模温度、混凝土最高温度、混凝土表里温差、混凝土降温速率和混凝土表面与养护环境温度之差,当监测数据逼近临界值时采取相应的措施加以控制。具体的温度控制目标见表1。

温度控制目标　　　　　　　　　表1

序号	名　称	控制值	预警值	备　注
1	混凝土入模温度	5~30℃	>25℃	《大体积混凝土施工标准》(GB 50496—2018)—5.1.7
2	混凝土最高温度	升温≤50℃	>60℃	《大体积混凝土施工标准》(GB 50496—2018)—3.0.4-1
3	混凝土表里温差	≤25℃	>20℃	《大体积混凝土施工标准》(GB 50496—2018)—3.0.4-2
4	混凝土降温速率	≤2.0℃/d 且≤1.0℃/(4h)	>1.8℃/d 或>0.9℃/(4h)	《大体积混凝土温度测控技术规范》(GB/T 51028—2015)—6.3.6
5	混凝土表面与养护环境温度之差	≤20℃	>18℃	《大体积混凝土施工标准》(GB 50496—2018)—3.0.4-4

3 预制盖梁浇筑温度监测过程

首先选用直径较小的钢筋作为定位钢筋,依据测温点布置图预先在定位钢筋上标记出温度传感器的位置,用扎丝把温度传感器绑扎在定位钢筋上,再将定位钢筋深入钢筋笼内,用扎丝固定好。温度传感器布置好后,将导线接入数据采集仪,调试完成后即可在电脑端自动进行数据采集和记录。预制盖梁浇筑温度监测过程如图3所示。

a)绑扎温度传感器　　　b)固定温度传感器位置　　　c)接入数据采集仪

图3　预制盖梁浇筑温度监测过程

4 温度监测数据及数据分析

温度监测从混凝土入模后开始,记录内容包括混凝土的入模温度、浇筑后混凝土内部温度和环境温度等。温度监测数据采集频率:混凝土的入模温度,每台班不应少于2次;混凝土内部温度,在浇筑完成后的1~4d每2h采集一次,第5天至混凝土温度降至室温前每6h采集一次;环境温度,与混凝土温度数据采集频率保持相同。

预制盖梁浇筑时间为2020年9月29日14:00,自浇筑开始后共监测7d,代表性测温点检测数据见图4。

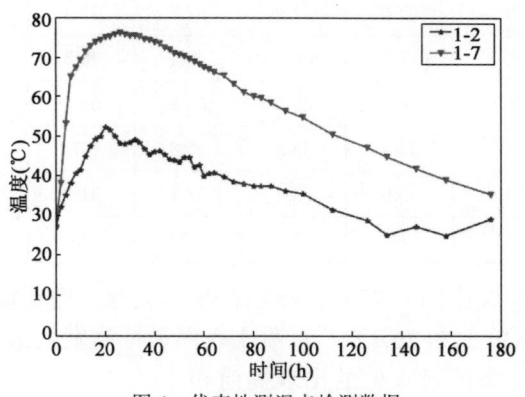

图4　代表性测温点检测数据

测温点位1-7和1-2分别位于盖梁中部横断面的中心位置和边缘位置。测温点1-7于浇筑26h后达到最大值76.1℃,测温点1-2于浇筑20h后达到最大值52.1℃,之后下降迅速,且随环境温度变化而波动,在5d后降低至环境温度。

图5为温度监测数据曲线,部分温度监测数据见表2。

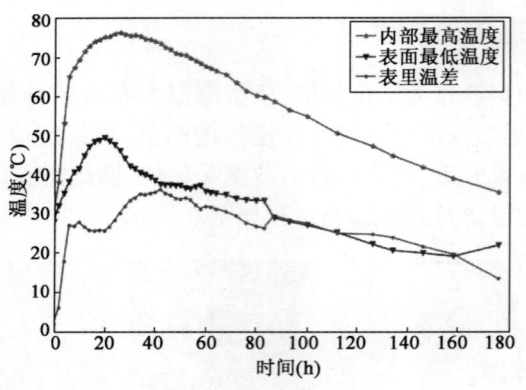

图 5 温度监测数据曲线

温度监测数据表(单位:℃)　　　　表 2

测点编号	监测时间							
	8:00	10:00	12:00	14:00	16:00	18:00	20:00	22:00
1-1	48.1	47.9	47.6	47.8	47.8	47.2	46.6	45.7
1-2	43.4	44.6	44.6	42.1	42.7	39.9	40.5	40.7
1-3	57.3	57	55.8	55.2	54.4	53.4	52.9	52.1
1-4	40.7	40.4	56	38.7	39.9	38	38.4	38.4
1-5	61.6	61.4	60.6	59.9	59.2	58.4	57.9	57.2
1-6	39.6	39.2	38.7	38.6	38.8	36.5	37.4	38
1-7	70.6	70.3	69.6	68.9	68.2	67.4	66.9	66.2
1-8	70.6	70.3	69.6	68.9	68.2	67.4	66.9	66.2
1-9	37	36.4	36.2	36.8	37	35.6	35.3	35
1-10	50.7	50.5	49.9	49.5	49.2	48.8	48.6	48.2
2-1	37.4	37.6	37.9	37.8	37.4	36	35.6	35
2-2	50.2	50	49.5	49.1	48.8	48.2	47.8	47.3
内部最高温度	70.6	70.3	69.6	68.9	68.2	67.4	66.9	66.2
表面最低温度	37	36.4	36.2	36.8	37	35.6	35.3	35
表里温差	33.6	33.9	33.4	32.1	31.2	31.8	31.6	31.2
环境温度	22	24	27	27	26	24	23	20

升温阶段:混凝土入模温度约为27℃,浇筑后8h内混凝土内部温度升高迅速。内部温度最大值出现在浇筑后26h,峰值为76.1℃。混凝土表面最低温度的最大值出现于浇筑20h后,峰值为49.3℃,比内部最高温度最大值的出现提前6h。内外温差在浇筑42h后达到最大值,内外最大温差为36.0℃。

降温阶段:温度达到最大值后开始降温,水化热产生的热量速度小于热量散发速度,混凝土表面最低温度受环境温度影响较大,曲线波动较为明显,浇筑3d后表面温度变化趋于缓和,内部温度降温速率减缓,浇筑7d后内部最高温度为35.4℃。内部最高温度平均降温速率6.7℃/d,表面最低温度平均降温速率4.2℃/d,均大于规范规定的2.0℃/d。

5 预制盖梁温控措施

通过现场温度监测,该项目中预制盖梁大体积混凝土的表里温差太大,需要采取合理的措施防止温度裂缝产生。

首先原材料上可采用水化热系数较低的低热水泥,施工前可根据实际强度要求进行预配比实验,得到合理的配合比,减少水泥用量。合理使用外加剂能够有效降低混凝土的水化热,比如减水剂通过减少水的用量来提高材料的塑性;缓凝剂通过延长混凝土凝结时间,来降低混凝土的最高内部温度;粉煤灰可通过提高原料的流动性和保水性来缓解水泥产生大量水化热的现象[5]。

其次在施工工艺上,有研究表明随着浇筑时间增加水泥水化热系数不断增大。首先应在环境温度较低时进行浇筑,其次在保证质量的前提下可以提高施工速度,减少浇筑时间。合理确定拆模时间,避免混凝土表面凝固不牢造成表面温度突然变化从而引起裂缝。

现场可采取的措施包括在盖梁混凝土外围增设保温结构,以减小热量散失。也可在混凝土浇筑前埋入冷却水管和温度传感器,通过冷却水的流动带走混凝土内部的部分热量,降低内部温度,温度传感器测得的温度用于控制冷却水流动速度。

6 结语

本文通过对预制盖梁浇筑温度的监测,绘制温度变化曲线,分析水化热引起的温度变化过程,结合现场采取的温控措施和裂缝开展情况,可得出以下结论:

(1)混凝土内部最高温度76.1℃,超过规范限值60℃,内外温差36℃,也超过规范25℃的限值。现场预制盖梁采用的温控措施为盖梁脱模后在表面覆盖土工布,并定期洒水养护。根据现场观察结果,预制盖梁成型后表面尚未发现明显裂缝,因此实际施工中对于诸如预制盖梁的高配筋的大体积混凝土,温度限值可以考虑适当放宽。

(2)混凝土入模后内部升温迅速,表面温度先达到最大值,混凝土内部散热困难,混凝土表面降温速率相比于混凝土内部较快,由此产生的内外温差于降温后出现最大值,此时最容易出现温度裂缝,也是预制盖梁温控的主要时期。

(3)环境温度对于预制盖梁温度的影响主要体现在混凝土表面,导致混凝土表面温度曲线随环境温度的变化出现不同程度的抖动,而混凝土内部温度曲线较为平滑。

参 考 文 献

[1] 中华人民共和国交通运输部.公路桥涵施工技术规范:JTG/T 3650—2020[S].北京:人民交通出版社股份有限公司,2020.
[2] 杨川.承台大体积混凝土水化热温度监测技术[J].中国建材科技,2021,30(1):106-107.
[3] 牛建丰.高墩大跨桥梁大体积混凝土水化热分析研究[D].重庆:重庆大学,2013.
[4] 周礼庚.某大体积混凝土承台水化热仿真分析与温度控制[J].建筑施工,2021,43(6):1147-1149.
[5] 何聪艺.大体积混凝土温度裂缝的防治措施[J].建筑工程技术与设计,2020(21):3071-3072.

79.预制盖梁及现场拼装施工技术

吴 健 李友清 何 俊

(中交路桥华南工程有限公司)

摘 要：传统盖梁施工主要采用现浇施工方法，近年来受施工工期、保通和场地的影响，在市政、公路项目中越来越多的桥梁采用预制拼装的方法，预制拼装相对于现浇施工有很多优点。本文通过肯尼亚内罗毕快速路项目，介绍盖梁工厂化预制及现场拼装的施工方法。

关键词：预制盖梁 现场拼装 快速化施工

在房屋建造中，通过在工厂预制梁、板、柱等基本构件，然后运至施工现场，通过"搭积木"的形式，快速将构件组装起来，形成整体，以实现快速化施工的目的。

传统桥梁施工中，上部结构采用预制安装的较多，如预制小箱梁、预制T梁、预制空心板等；下部结构还是主要采用现浇施工：通过现场绑扎钢筋、安装模板、浇筑混凝土、混凝土养生、构件成型。现浇施工需要的周期较长，需要长时间占用施工场地，在市区道路施工时严重影响交通，同时施工噪声比较大，对周围居民的影响较大。

近年来，桥梁下部结构施工，兴起一种预制拼装的方法，首先在预制场将盖梁整体或分段预制成型，然后运输至现场，现场起吊、组拼、通过灌浆套筒与墩柱预留钢筋连接，浇筑后浇带并张拉预应力后完成盖梁施工。采用预制拼装工艺在施工基础时就可以提前预制盖梁，这样就能加快施工速度，同时减少对既有交通的干扰，实现快速化施工的目的，而且现场作业的人员少，高空作业少，对施工安全也有很好的保障。

1 工程简介

肯尼亚内罗毕快速路项目是一条BOT公路项目，也是肯尼亚第一条收费公路项目，项目特许经营期为30年，到期后，项目资产和设施将无偿移交给肯尼亚政府。它以Mlolongo东侧为起点，自东南向西北沿现有A8国道中央分隔带布线，穿越内罗毕核心区，终点在James Gichuru Road路口落地，项目主线全长27.131km。

本项目负责的二标段起讫桩号为K15+710~K27+131，主线线路全长11.421km，其中K18+645~K20+060及K24+700~K26+105段为分离式路基，其他路段为整体式路基；桥梁段长度8.66km，沿线共设置5个互通，匝道桥全长约2.2km。本标段主要施工内容包括桥梁、涵洞、路基、路面、排水、交安、照明及绿化环保等工程，合同工期24个月。

2 预制盖梁

2.1 预制盖梁工艺流程

主线桥盖梁为大悬臂预应力混凝土结构,标准长度20.9m,盖梁在高度上分为上下两个部分,上半部分高度1.1m,宽度为2.2m;下半部分高度在0~1.4m范围内变化,宽度为2m;盖梁混凝土强度等级为C50,主筋规格为HRB500φ32mm,箍筋及勾筋为HRB400φ16mm。盖梁预应力设计采用深埋锚工艺,采用10束预应力,每束预应力采用17或19根φs15.24mm钢绞线,预应力分两次张拉,第一次张拉为盖梁浇筑或安装后,第二次张拉为上部结构安装后,张拉控制应力为75%f_{pk}(预应力钢绞线抗拉强度标准值)。盖梁一般构造图如图1所示。

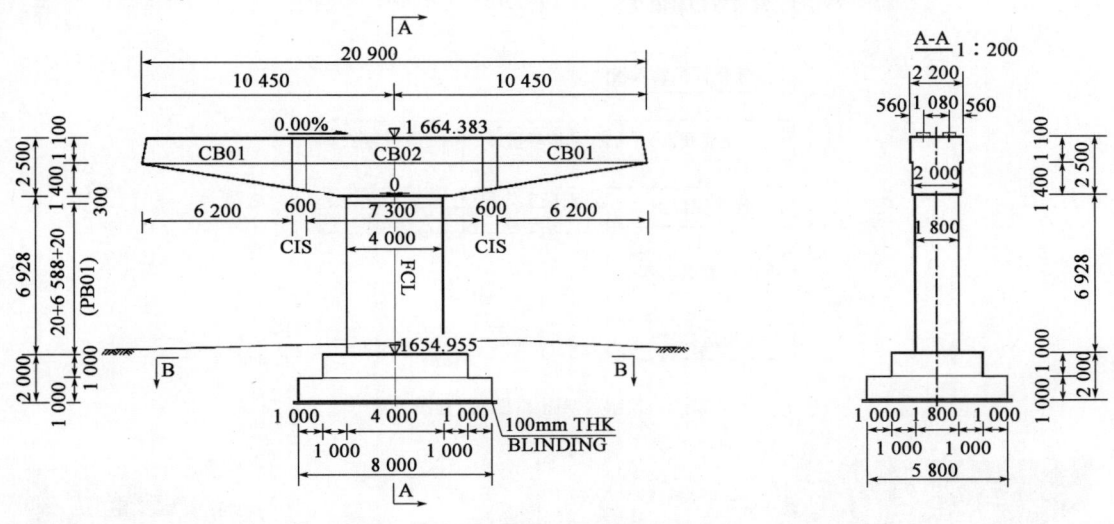

图1 盖梁一般构造图(尺寸单位:mm)

由于盖梁重量和长度较大,整体预制安装难度较大,因此采用分段预制拼装工艺,分节长度控制在12m以内,分节重量控制在150t以内。盖梁与立柱之间采用灌浆套筒连接,盖梁节段之间采用湿接缝连接。具体分节情况如表1所示。

预制盖梁类型及最大吊重统计表   表1

序号	类型代号	构件规格尺寸(m) 长×宽×高	预制数量	最大重量(t)	备注
1	CB-01	6.5×2.2×2.217	153	60.8	标准独柱悬臂块
2	CB-02	7.3×2.2×2.5	89	112.5	标准独柱墩顶块
3	CB-03	6.5×2.2×2.316	42	62.5	加长独柱悬臂块
4	CB-04	8.1×2.2×2.7	21	132.4	加长独柱墩顶块

预制盖梁施工流程图如图2所示。

2.2 灌浆套筒定位

盖梁预制节段与立柱钢筋采用φ32mm全灌浆套筒连接,灌浆套筒固定在1.8m×1.8m底座上,安装时,应使灌浆套筒与底座紧密相贴,防止出现灌浆套筒偏移等情况。同时,采用水准仪对盖梁横坡进行精确调节,应特别注意:①立柱顶与盖梁底模的连接处,防止出现漏浆、错台等情况;②检查盖梁横坡是否正确,防止吊装过程中产生偏移;③预埋防雷接地钢板,使其与墩柱预埋钢板连接；④在底模调节完成后，采用拉杆对其进行固定，防止钢筋骨架吊入模板过程中出现偏移，以及盖梁移运至存放区的过程中出现倾斜。灌浆套筒安装如图3所示，盖梁底模调整如图4所示。

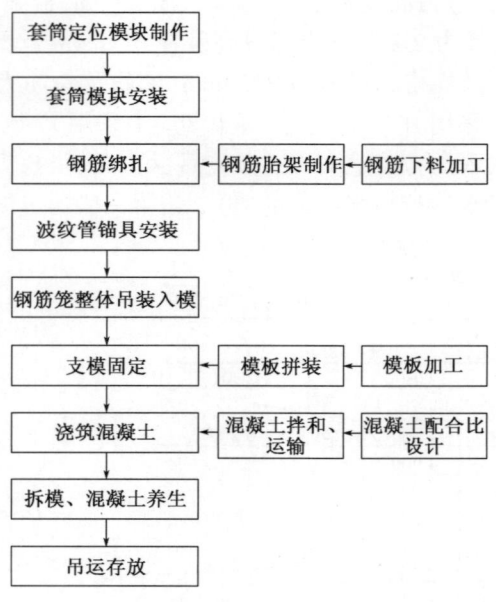

图2 预制盖梁施工工艺流程图

图3 灌浆套筒安装

图4 盖梁底模调整

2.3 预制盖梁吊点布置

盖梁采用4点吊装，吊环采用预埋钢绞线，外套φ20mm方钢管，钢绞线锚固深度80cm，预埋端采用P锚锚固，沿盖梁横向中心和重心对称布置。重量在120~150t范围内的盖梁节段，每吊点预埋6根钢绞线；重量在90~120t范围内的盖梁节段，每吊点预埋5根钢绞线；重量在60~90t范围内的盖梁节段，每吊点预埋4根钢绞线。吊点布置图如图5所示。

2.4 钢筋骨架绑扎

预制盖梁节段钢筋主筋之间采用双螺纹套筒进行连接，对钢筋连接精度要求高，轴向和径向偏差均不得超过2mm。为确保钢筋骨架主筋定位准确，后续钢筋对接顺利，盖梁钢筋骨架除灌浆套筒定位模块外均在胎架上采用长线法绑扎成型。钢筋绑扎时，骨架两端设置钢筋定位板,骨架节段之间使用双螺纹套筒连接成整体,成型后再拆开钢筋接头,分别将钢筋骨架整体吊装至台座上(图6)。盖梁悬臂段钢筋还需与已预制节段钢筋连接成整体,确保后续顺利安装。

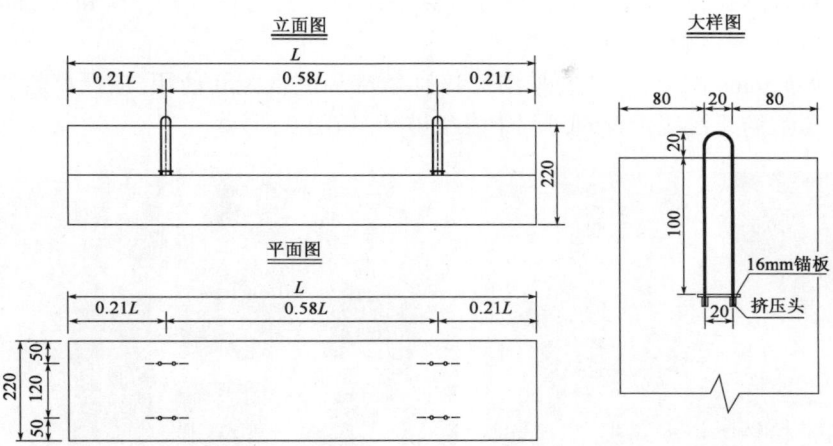

图5　预埋吊点布置示意图(尺寸单位:cm)

图6　钢筋骨架长线法绑扎

2.5　钢筋入模及波纹管安装

钢筋骨架采用整体吊入预制台座,锚垫板采用YJM15-15型号,安装完成后,检查其锚下加强钢筋是否满足要求,待验收合格后,安装金属波纹管,波纹管从端模板定位槽口穿入,并使用U形钢筋定位(图7)。

图7　钢筋入模及波纹管安装

2.6 压浆管及侧模安装

采用12m长侧模进行安装,模板安装前检查侧模是否打磨光滑,脱模剂是否涂抹均匀;在侧模的上、下部预留拉杆位置,以穿拉杆进行侧模稳固。安装时保证侧模和底面垂直,安装完成后检查模板的接缝以确保无错台(图8)。

压浆管为φ20mm的镀锌钢管,采用镀锌直角弯头进行配套使用,应严格检查丝头质量,并对其进行固定,防止混凝土浇筑过程中发生破坏,如图9所示。

图8 侧模安装　　　　　　　　　　图9 压浆管安装

2.7 混凝土浇筑与养生

预制盖梁混凝土强度等级C50,采用中间向两边水平分层浇筑,分层厚度30cm,插入式振捣棒振捣密实(图10)。混凝土初凝后进行二次收浆抹面,然后用土工布和塑料薄膜覆盖养生(图11),养生用水必须无色、无污染、无腐蚀,养生期间保证混凝土表面湿润;尤其是在早期、高温期更应加强对混凝土的养生,养生时间不少于7d。

图10 混凝土浇筑　　　　　　　　　图11 混凝土养生

2.8 盖梁移运及存放

预制盖梁混凝土达到设计强度后,使用200t龙门吊水平提吊盖梁(图12)至存放区存储,盖梁下方支垫方木进行调平。

图 12　预制盖梁移运

3　盖梁拼装

3.1　盖梁现场拼装工艺流程

盖梁现场拼装施工工艺流程图如图 13 所示。

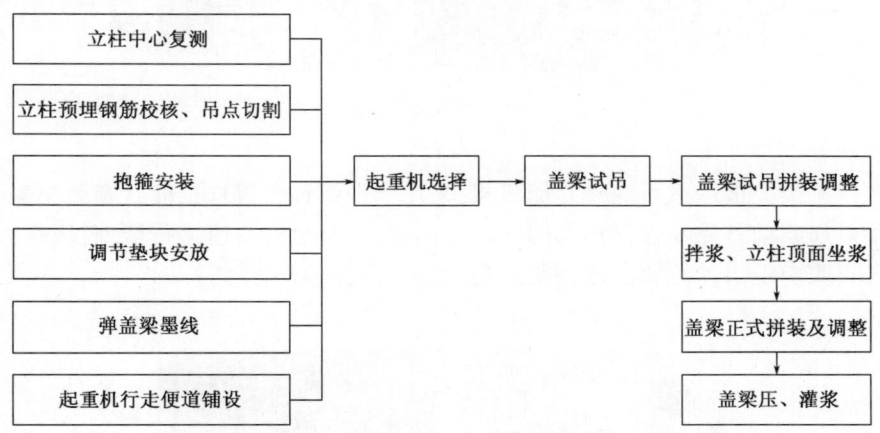

图 13　盖梁拼装施工工艺流程图

独柱墩盖梁分为三段安装：墩顶盖梁与立柱之间采用灌浆套筒连接，悬臂段与墩顶盖梁采用湿接缝连接。

3.2　墩顶段盖梁安装

3.2.1　操作平台安装

为方便盖梁安装过程中操作千斤顶及灌浆作业，立柱预制时，在距离顶面下方 1.5m 处预埋 $\phi 28mm$ 直螺纹套筒和钢筋，钢筋锚固长度为 60cm，作为施工操作平台受力件及挡浆板支撑件。

3.2.2　墩顶段盖梁卸车及预安装

盖梁卸车：盖梁通过专用运输板车运至现场，履带吊大钩下放到位，在预埋吊点上安装卸扣，卸扣安装完成后起吊，在盖梁临时存放点铺设枕木，履带吊旋转到位下放。复测盖梁节段长度确保盖梁节段正确，同时在盖梁端头系上麻绳便于盖梁水平位置调节。

盖梁预安装：履带吊吊装盖梁到达立柱上方，缓慢下落，靠近立柱钢筋后，采用人工辅助调整盖梁平面位置，使钢筋对准灌浆套筒底口。对位后，盖梁继续下放，下放至接触橡胶垫块时停止下放,然后放置50t螺旋千斤顶,继续卸力使橡胶垫块受力,调节千斤顶螺旋上顶到位。使用全站仪对盖梁的水平位置及高程进行测量,根据测量数据,使用千斤顶对立柱进行粗调,调节到位后,将盖梁吊离立柱20～30cm。

3.2.3 墩顶坐浆及盖梁吊装就位

预安装完成后盖梁起吊但不脱离,灌浆套筒不脱离立柱预埋钢筋,使用注浆机从盖梁顶部下压坐浆料,铺设M60高强砂浆垫层,表面抹平,砂浆表面比橡胶垫块略高。注浆前将立柱预埋钢筋安装橡胶密封圈上提,保证密封圈略高于砂浆顶面。吊装过程中溢出的砂浆应及时清理。墩顶盖梁安装如图14所示。

图14 墩顶盖梁安装

3.2.4 墩顶盖梁压浆

墩顶盖梁安装完成后进行灌浆套筒压浆,采用预埋镀锌钢管连接灌浆套筒至盖梁顶面,便于盖梁压浆。压浆前首先从盖梁顶部向下压水润湿,同时也对管道进行清理,压浆料从下口流入,上口流出,直至上口连续流出浓稠浆液为止,表明已压满(图15)。

图15 墩顶盖梁压浆

3.3 悬臂段盖梁拼装

3.3.1 辅助工装加工及安装

悬臂段盖梁安装采用辅助工装(辅助工艺装置,下同)进行施工,悬臂段最大长度6.2m。悬臂段盖梁预制时提前预埋10cmPVC管作为销棒孔,墩顶段盖梁预制时提前预埋固定端反力架地脚螺栓,以便于现场固定反力架。辅助工装结构如图16所示。

独柱墩悬臂节段盖梁安装之前,在预制场进行工艺试验(图17),对悬臂段盖梁进行试拼装,以检查安装工装、安装工序、安装工艺的安全性,确保施工安全可靠。

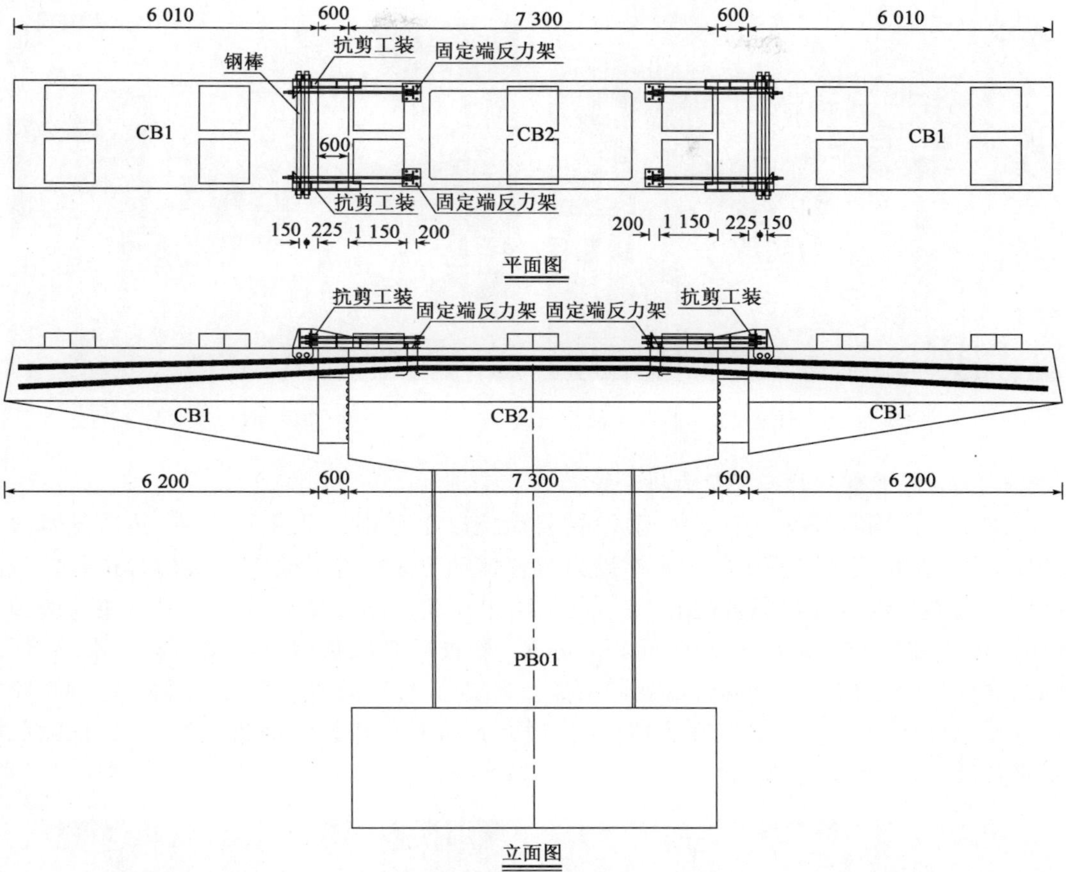

图 16 辅助工装结构图(尺寸单位:mm)

图 17 悬臂段盖梁辅助工装试验

墩顶段盖梁安装完成后进行套筒灌浆,待浆液凝固后进行悬臂段辅助工装及墩顶盖梁固定端反力架安装。悬臂段辅助工装安装首先将销棒穿入预留孔,再采用吊车辅助进行安装,并采用双螺帽进行固定(图18)。然后在墩顶盖梁预埋固定端反力架、地脚螺栓,对固定端反力架进行开孔安装(图19)。

图18 辅助工装安装

图19 固定端反力架安装

3.3.2 盖梁悬臂段预安装及齿块涂胶

辅助工装及固定端反力架安装完成后,将后浇段上截面U形钢筋安装,然后悬臂段盖梁预安装,并在预安装过程中将固定端反力架及辅助工装精轧螺纹钢连接位置进行定位及开孔保证精轧螺纹钢连接顺直(图20)。并采用手拉葫芦辅助使悬臂段盖梁齿块与墩顶盖梁吻合,齿块高度1 320mm,齿与齿间距80mm。检查后浇段预留钢筋是否对位准确,保证双螺纹套筒连接。预安装完成后悬臂段盖梁下放进行齿块接触面涂胶(图21)。AB胶根据厂家提供比例为1∶3,AB胶在容器内混合均匀后,对齿块接触面进行涂胶,保证涂胶厚度及均匀度。

图20 悬臂段盖梁预安装

图21 悬臂端齿块接触面涂胶

3.3.3 悬臂端预制盖梁安装

齿块涂胶完成后及时进行安装(根据试验室实验AB胶初凝时间为70min左右),与预安装流程一致采用手拉葫芦辅助使齿块吻合,采用φ40mm精轧螺纹钢连接固定端反力架及辅助工装,采用双螺帽形式进行紧固,并检查螺帽是否紧固到位。在固定端反力架及辅助工装连接完成后进行后浇段上排预留钢筋对位,并采用管钳紧固双螺纹套筒(图22)。上排钢筋紧固完成后,专人指挥履带吊卸力至齿块上下吻合。卸力完成后进行下排双螺纹套筒紧固,在保证上下排双螺纹套筒紧固完成后续履带吊完全卸力,并测量悬臂段平面位置及高程。

图 22 双螺纹套筒连接

3.3.4 后浇带施工

盖梁后浇带模板采用木模,反吊支架法固定。后浇带底模及侧模面板采用16mm竹胶板,10cm×10cm方木加劲,侧模方木间距30cm,底模方木间距20cm,龙骨使用双拼[12槽钢,反吊梁使用双拼[20a槽钢,拉杆及吊带使用φ16mm丝杆。

采用型钢加工U形挂篮,挂于已安装的盖梁上,设置安全护栏,悬挂密目网,作为盖梁湿接缝施工的安全平台。

后浇带混凝土采用C60自密实混凝土,自密实混凝土在低水胶比下具有高流动度、不离析、均匀性和稳定性,浇注时可依靠其自重流平并充满模板和包裹钢筋,无须振捣而达到密实(图23)。自密实混凝土配合比由试验室进行专项设计,要求初始和1h后扩展度大于600mm(SDC),在增减±10kg水或±0.1%外加剂掺量的情况下,混凝土基本稳定,不离析、不泌水,且混凝土强度性能优于或与普通C60混凝土相当。

混凝土初凝后,顶面覆盖土工布并滴灌养生,保持土工布始终处于湿润状态。拆模后,侧面及底面立即缠绕覆盖土工布并湿润养护。

后浇带达到设计强度后,及时进行预应力张拉,使各盖梁节段形成一个整体,如图24所示。

图 23 悬臂段后浇带施工

图 24　盖梁拼装完成

4　结语

预制盖梁装配式施工具有以下优势：

（1）在基础施工的同时，进行盖梁预制，能合理缩短施工工期；区别于传统现浇工艺，现场不需要搭设施工支架、作业时间少，可大幅减少施工对交通的干扰，减少施工现场噪声及对周围居民的影响。

（2）盖梁在工厂预制，施工质量和工期能得到很好的保证。只需将预制好的盖梁运输至现场，通过现场拼接，快速完成施工。

（3）跨江、跨海桥梁施工，桩基和承台施工完成后，墩柱、盖梁和上部结构可以采用这种工厂内预制完成，然后运送到现场拼装，以加快施工速度，减少江上或海上作业的风险。

通过介绍肯尼亚内罗毕快速路项目预制盖梁及现场拼装工艺，为同类型桥梁施工提供参考。以达到缩短施工工期，尽量少占用施工场地，减少施工安全环保风险，实现盖梁快速化施工的目的。

参 考 文 献

[1] 宁英杰.桥梁装配式施工技术[M].北京：人民交通出版社股份有限公司,2018.
[2] 中华人民共和国交通运输部.公路桥涵施工技术规范：JTG/T 3650—2020[S].北京：人民交通出版社股份有限公司,2020.

80. 装配式桥梁大体积盖梁吊装测量施工技术的改进与应用

李晓菡 郑建凯 严科 官瑾 刘佳杰

(中建安装集团有限公司)

摘 要：为缩短装配式桥梁的大体积盖梁吊装的吊装时间，提高吊装精准度，减少传统吊装测量控制时的视觉盲区，本文以312国道南京段改扩建工程为例，创新了测量标记方式，优化了装配式桥梁的大体积盖梁在吊装时的测量控制方法。通过选择徕卡反射片代替宝马贴，结合现场盖梁安装施工状态合理布置徕卡反射片的安装位置，利用软件实时输出盖梁吊装偏距，并进行现场调整，保证了盖梁安装时轴线位置的精准定位与安装，优化后将盖梁安装精度控制在1mm，安装时间缩短至3h/每盖梁节段，节约施工成本约80万元。

关键词：装配式桥梁 盖梁吊装 测量控制

1 工程概况

随着装配式桥梁在全国的推广，凭借着其质量可靠、建造速度快、安全性高等优势，在全国所占份额不断增大[1]。312国道南京绕越高速公路至仙隐北路段改扩建工程作为国内桥宽最宽、盖梁节段吨位最重的装配式桥梁项目，是江苏省首个装配式公路桥梁项目及江苏省重大交通、民生工程。预制盖梁吊装作为项目施工的重要一环，其安装的精准度需要通过精准测量进行精细控制，在使用传统盖梁吊装测量方法轴线控制法时，出现场地受限、内侧无法观测、高程无法实时控制等问题。

2 国内外盖梁吊装技术研究现状

目前，国内外关于装配式桥梁中大体积盖梁吊装技术的研究，虽呈现多样化研究趋势，但主要集中于预制盖梁结构设计与施工管理研究[2-4]，对通过测量控制大体积盖梁吊装精度的研究较少。近年来，国外预制盖梁安装以架桥机等外部辅助设备的相关研究为主。国内的许多学者也根据装配式桥梁的发展对装配式桥梁施工技术展开了全方位的研究[5]。

基金项目：312国道南京绕越高速公路至仙隐北路段改扩建工程课题研究项目，项目编号ZAFH2020-146。

国内外对装配式桥梁盖梁吊装方法仍以轴线控制法为主[6-7]，使用传统宝马贴进行观测，但是随着装配式桥梁的快速发展，轴线控制法对六车道、八车道断面的倒 T 形盖梁逐渐不再适用，出现场地受限、内侧无法观测、高程无法实时控制等多重问题，面对装配式桥梁安装精度提高、安装工时压缩等新要求，装配式桥梁的大体积盖梁吊装需要研发新的测量控制方法。

目前在隧道施工等光线较差的环境中存在使用徕卡反射片进行测量控制，监测单位在进行变形监测时也会使用反射片进行观测[8]。因此，将徕卡反射片粘贴于棱镜卡片上，使用全站仪分别对棱镜及反射片进行观测，将距离及高程观测值分别记录，通过大量实验证实将徕卡反射片粘贴在盖梁上，观测反射片就能够达到实时监测实时控制的目的。

3 装配式桥梁施工阶段盖梁吊装测量控制施工改进技术

3.1 施工流程

装配式桥梁施工阶段盖梁吊装测量控制施工改进技术的施工流程主要如图 1 所示。

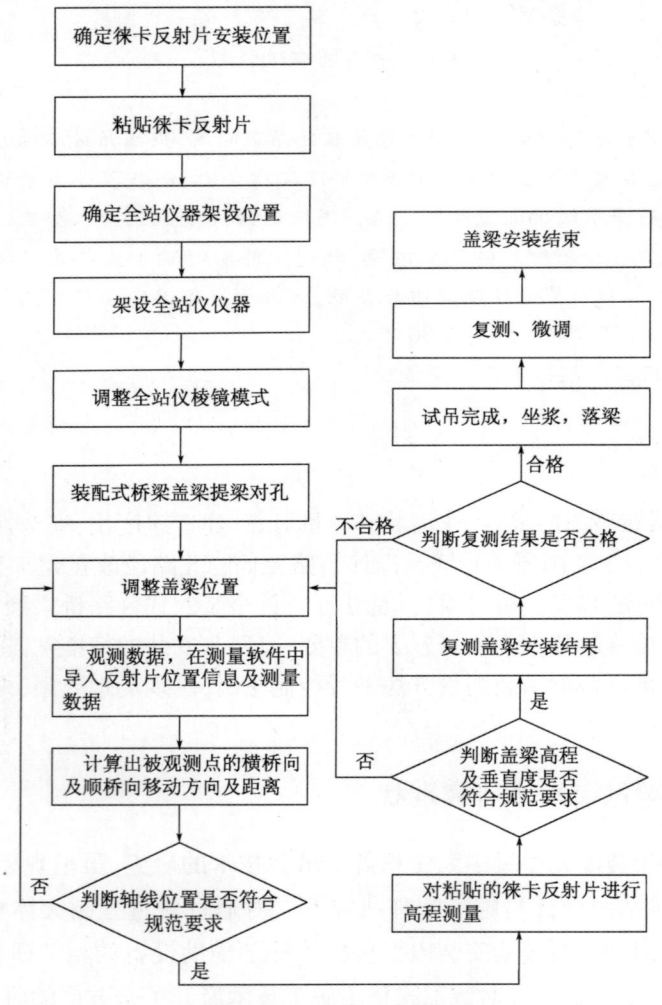

图 1 改进技术的施工流程

3.2 关键施工步骤

以 312 国道南京绕越高速公路至仙隐北路段改扩建工程 55-1 盖梁吊装为例，其吊装测量控制的关键施工步骤详述如下。

3.2.1 步骤一:测量仪器前期调试与准备

需要依次购买所需蓝牙适配器(图2)、下载所需测量软件(测量员App,图3)、编辑软件所需参数。其中测量计算方式采用实时计算+软件辅助。通过调整软件参数,使软件计算值与设计值保持一致。在软件中输入反射片粘贴位置的桩号及偏距,然后对正面两张反射片进行坐标测量,软件可直接计算出被观测点的横桥向及顺桥向移动方向及距离,如图4所示,手机测量员软件可与测量的全站仪进行蓝牙连接(如仪器不具有蓝牙功能,可使用测量员软件手动输入观测结果进行反算),软件通过计算得到对应桩号的盖梁坐标并与设计值进行比较,给出盖梁位置调整意见。

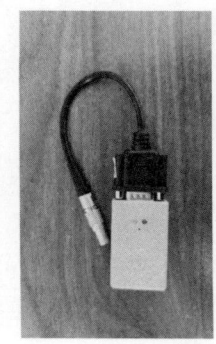  

图2 蓝牙适配器　　图3 测量员App　　图4 曲线要素输入

3.2.2 步骤二:观测点标识位置选择与标识粘贴

(1)购买仪器专用反射片,改进观测点标识,将传统宝马贴(图5)改进为徕卡反射片(图6)。

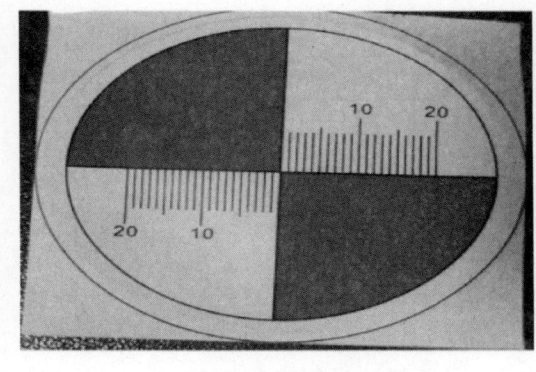 

图5 传统宝马贴　　　　　　　图6 徕卡反射片

(2)粘贴位置采用盖梁腰线处粘贴,在合理位置上粘贴反射片,保证稳固,如图7所示。

(3)记录好粘贴位置,给出测量设计值

3.2.3 步骤三:现场测量及安装实时控制

提前规划好测量步骤,调试软件及测量仪器,保证稳定运行。将全站仪棱镜模式调整为反射片模式,仪器与手机测量员进行蓝牙连接,调整立柱顶、临时支撑顶高程,调整完成后粘贴反射片,将需要安装的盖梁提梁对孔进行吊装,同时通过全站仪进行盖梁吊装监测保证盖梁吊装符合设计规定与精度标准,通过观测反射片给出盖梁调整意见,调整盖梁位置,如图8所示。

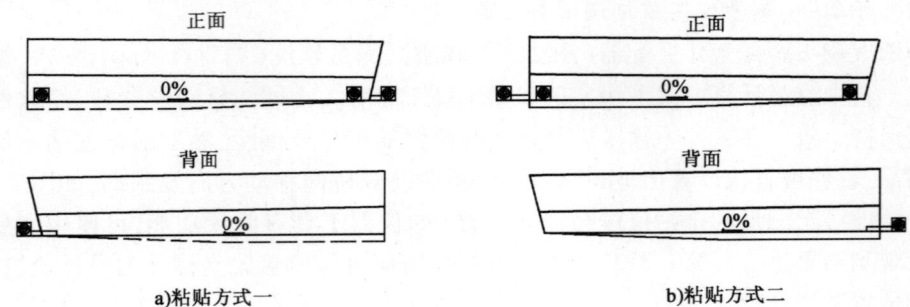

a) 粘贴方式一 b) 粘贴方式二

图7 粘贴方式

  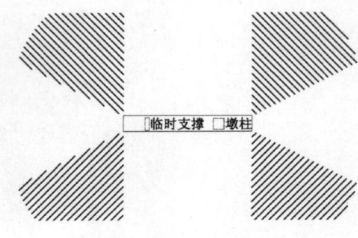

a) 实际安装站位情况 b) 可架设范围示意图

图8 现场测量仪器架设

盖梁下落至距离立柱顶5cm位置时,在软件中输入反射片粘贴位置的桩号及偏距,然后对正面两张反射片进行坐标测量。测量员软件在得到测量信息后可直接根据内置公式计算出被观测点的横桥向及顺桥向移动方向及距离,将软件自动计算出得观测结果与桥梁盖梁安装轴线位置规定值或允许偏差进行比对,看是否符合要求,若不符合要求,则告知现场施工人员并调整盖梁位置。立柱顶、临时支撑顶高程测量示意图如图9所示。

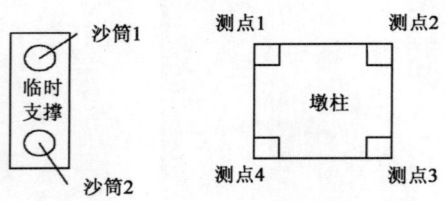

图9 立柱顶、临时支撑顶高程测量示意图

3.2.4 步骤四:现场复测及微调

沉降完毕后再对正面两张反射片及背面一张反射片进行高程测量,完成复测并对盖梁位置进行微调,当盖梁的轴线位置与高程及垂直度规定值或允许偏差,则完成盖梁吊装,结束后在盖梁与立柱上画线标记。

3.3 施工过程中的改进

因反射片为硬质材料,如果一次粘贴不到位,撕下重新粘贴会导致反射片折断,影响后续观测精度。故在现场使用时,需设计一种辅助尺帮助反射片的粘贴,正面反射片粘贴时,将辅助尺(图10)贴合盖梁腰线,将尺子边线对齐盖梁折角处,记录辅助尺读数,计算反射片偏距。

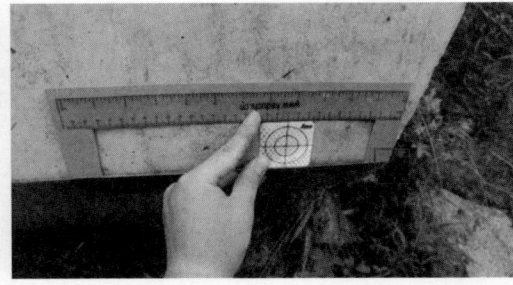

a) 粘贴辅助尺　　　　　　　　　　　　b) 现场操作

图 10　正面反射片粘贴

背面反射片粘贴时,使用直尺进行延长粘贴,将辅助工具将辅助尺(图 11)粘贴双面胶,贴合盖梁腰线,并固定牢靠,盖梁安装完成后可撕下进行下一次使用。此辅助工具可保证背面反射片粘贴精度。

a) 辅助工具　　　　　　　　　　　　b) 现场操作

图 11　背面反射片粘贴

4　改进技术施工效益对比

4.1　时间投入对比

55-1 盖梁共用时 163min,折合 2.72h,小于目标 3h/每盖梁节段,满足目标要求。加上运输、交叉施工、转移机械等时间(1~2h),平均每天可架设 2.5 个节段,2 处施工点共需约 78d,满足 85d 工期需求。改进技术前后时间投入对比详见表 1。

改进技术前后时间投入对比分析　　　　　　　　　表 1

步　骤	原测量方案耗时(s)	改进后测量方案耗时(s)
架设仪器	30(需放轴线延长线点位)	5
调整立柱顶、临时支撑顶高程,粘贴反射片	40(原方案为粘贴宝马贴,需精确量取中心位置,并用登高车配合粘贴)	23
提梁对孔	18	18
观测反射片,给出调整意见	10(原方案为观察宝马贴)	14
现场调整	30(调整意见不直观,需多次调整)	22
复测	30(需提梁复测沙筒沉降高程)	5

续上表

步 骤	原测量方案耗时(s)	改进后测量方案耗时(s)
试吊完成,坐浆	48	48
落梁、复测、微调	50(需重新对孔)	28
合计	256	163

4.2 人员及仪器投入对比

测量方案改进后,每盖梁节段仅需 1 台全站仪及 1 名测量人员,改进技术前后人员及仪器投入对比详见表 2。

改进技术前后人员及仪器投入对比分析　　　表 2

类　别	原测量方案投入	改进后测量方案投入
人员投入	2 人/每盖梁节段	1 人/每盖梁节段
仪器投入	2 台/每盖梁节段	1 台/每盖梁节段

4.3 测量精度对比

现有的测量方案仅可观测宝马贴相对差值,按照长宽 5∶1 的比例,正面宝马贴差值每误差 1mm,则里程方向误差 5mm,无法精确调整。改进后方案,可直观地观测盖梁轴线偏位情况,观测精度为 1mm(高精度仪器可精确到 0.1mm)。

4.4 经济效益分析

改进技术前后经济效益投入对比分析见表 3。

改进技术前后经济效益投入对比分析　　　表 3

方　案	材料及仪器投入	人员、机械投入	其他投入说明
原有测量方案	每处盖梁施工需投入 2 台全站仪,现场 3 处施工点,共计 6 台全站仪,按投入普通型号的徕卡 TS02,每台 61 200 元,小计 183 600 元。每盖梁节段需 3 片宝马贴,项目共有 392 个节段,共需 1 176 片,每片 0.5 元,小计 588 元。仪器及宝马贴共计 184 188 元	两处施工点共 12 名工人,4 台履带吊,工期 98d。 98d×12 人×400 元＝470 400 元 98d×4×10 000 元＝3 920 000 元	测量仪器日常维护费用、定期检定费用、损耗费用、人员及机械加班费用无法估算,未纳入对比
改进后测量方案	每处盖梁施工需投入 1 台全站仪,现场 3 处施工点,共计 3 台全站仪,按投入普通型号的徕卡 TS02,每台 61 200 元,小计 91 800 元。每盖梁节段需 3 片徕卡反射片,项目共有 392 个节段,共需 1 176 片,每片 0.8 元,小计 940.8 元。仪器及反射片共计 92 740.8 元	两处施工点共 12 名工人,4 台履带吊,工期 78d。 78d×12 人×400 元＝374 400 元 78d×4×10 000 元＝3 120 000 元	

5 结语

装配式桥梁施工方法在我国已广泛应用 10 余年,预制装配式施工过程控制更为重要,尤其是节段装配。改进的测量控制方法也提高了工程建设的效益:

(1)解决了大体积盖梁吊装过程中场地受限、内侧无法观测、高程无法实时控制等问题。

(2)通过替换测量标记与改进标记粘贴方式,改进了传统盖梁吊装测量控制方法,优化装配式桥梁中盖梁吊装的精度控制,也节约了装配时间,将每节盖梁安装时间控制在3h以内。

(3)测量方案改进后,每盖梁节段仅需1台全站仪及1名测量人员,在312国道改扩建项目应用中创造效益约80万元。

参 考 文 献

[1] 周志祥,钟世祥,张江涛,等.桥梁装配式技术发展与工业化制造探讨[J].重庆交通大学学报(自然科学版),2021,40(10):29-40+72.

[2] 周海燕.装配式盖梁吊装技术在桥梁工程中的应用[J].工程机械与维修,2021(5):248-249.

[3] Dai X H,Wu X F,Zhang T K.Research on the Precision Control Technology of Short-line Segmental Prefabricated Assembly Bridge[J].IOP Conference Series Earth and Environmental Science,2018,128.

[4] Wang J Q.Study on Scheme of Fully Prefabricated Assembled Bridge[J].Urban Roads Bridges & Flood Control,2018.

[5] 张瑞兴,袁军,王喆宇,等.装配式桥梁预制构件安装成套技术[J].安装,2021(8):45-48.

[6] 姜早龙,臧格格.桥梁工程装配式智能建造全过程管理研究[J].公路工程,2021,46(4):39-45.

[7] 王志刚,孙贵清,余顺新,等.公路桥梁装配式桥墩工业化快速建造技术[J].公路,2021,66(6):145-150.

[8] 穆阿龙.高速公路隧道施工测量关键技术[J].居舍,2021(32):55-56+126.

81. 拱桥斜拉扣挂施工拱肋线形定位调控技术研究
——基于GNSS实测塔偏数据的主拱施工预拱度动态调整

舒 航[1,2] 夏红文[1,2] 冯 川[1,2] 冯 林[1,2] 凌 夏[1,2]

(1.四川路桥建设集团股份有限公司技术中心;2.四川智通路桥工程技术有限责任公司)

摘 要：本文以拱桥缆索吊装斜拉扣挂系统为研究对象，提出了一种基于GNSS的实时塔偏数据优化在吊装过程中拱肋控制高程的方法。该方法应用于先市大桥施工过程控制，在施工过程中能更精确地掌握拱肋高程在当前塔偏状况下与目标值的偏差，并在施工中采用动态修正节段控制点位实时反馈高程的方法使得拱肋线性实现精确定位。

关键词：GNSS 拱桥 斜拉扣挂 拱肋高程 扣塔偏位

1 引言

目前，钢管混凝土拱桥除少量使用支架法、转体法施工外，在西南地区绝大部分采用缆索吊装悬臂拼装的方式架设主拱。斜拉扣挂法施工过程中，主拱、扣索、锚索、扣塔为一个整体的受力体系，吊装系统和扣挂系统相互影响，吊装过程中随着拱肋节段的起吊，扣塔会发生位移，导致已安装的节段的高程发生变化。有学者探讨了扣塔偏位对节段高程的影响，但未深入研究扣塔偏位对已经安装的拱肋高程的影响[1]。扣塔偏位对拱脚处节段高程影响较小，而对于靠近拱顶节段的高程影响较大，应在施工控制中加以考虑[2-3]。扣塔偏位除了影响已安装阶段的拱肋高程外，对未吊装阶段的拱肋高程控制不可避免地也产生了影响，当前拱肋节段的施工阶段预抬值就需要进行调整，否则会引起拱肋线形的不平顺。

全球卫星导航定位系统(GNSS)，可在地球上任何位置、任何时刻，实时提供动态的三维位置、三维速度和时间信息，精度可达到毫米级，并且可以实现连续不间断的检测[4]。本文拟研究采用GNSS高精度位移自动化监测系统，对扣塔偏位进行实时测量，根据实测的数据，实时调整拱肋节段施工控制高程，实现拱肋阶段的平顺、精确定位。

2 工程背景

泸州市渡改桥工程先市大桥起于泸州市合江县先市镇渡口下游300m，起点接赤水河左岸XE39，止点接右岸乡道。大桥全长358.02m，主桥为计算跨径240m的中承式钢管混凝土拱桥。大桥平面位于直线上，桥面横坡双向2%，纵断面位于$R=10\,000$m的竖曲线上，设计荷载为公路—Ⅰ级，设计速度40km/h，桥面全宽12m。主桥为中承式钢管混凝土拱桥，采用四管桁式拱肋,桁架高4.6m,宽2.3m,矢高60m,矢跨比为1/4,拱肋采用等截面悬链线无铰拱,拱轴系数$m=1.5$;引桥为跨径25m现浇预应力混凝土箱梁。拱座采用钢筋混凝土重力式结构;引桥下部结构采用钢筋混凝土双柱式桥墩,桩基础,起、终点桥台采用桩柱式桥台,立面布置图如图1所示。

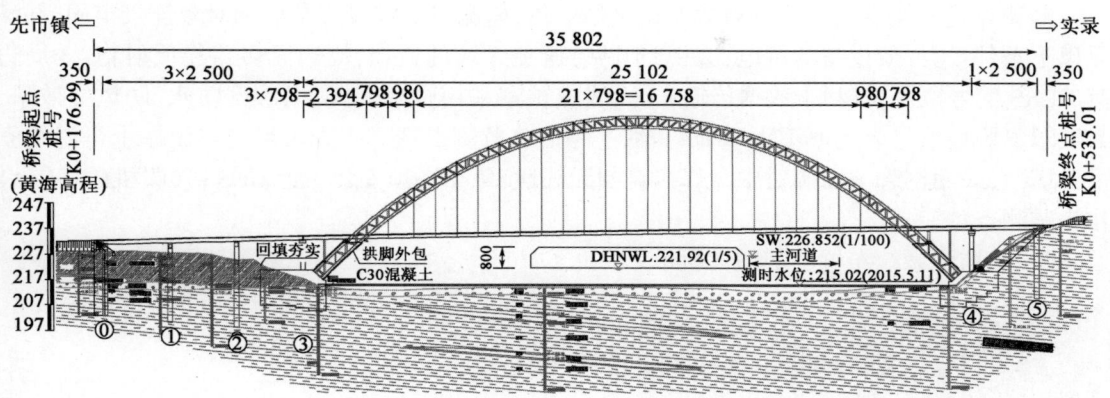

图1 先市大桥立面布置图(尺寸单位:mm)

施工采用斜拉扣挂法施工,吊装系统主要由塔架、缆索、吊点、岩锚四大系统组成,通过各系统的相互配合完成吊装工作。结合施工现场实际情况,索塔置于两岸拱座上,索塔塔高103m,两岸索塔对称布置,索塔主跨262m,主索重载垂度取20.96m,设计最大吊装重量50t。塔架立柱采用8根$\phi 800mm\times 16mm$钢管(纵桥向2根,间距为4.85m;横桥向4根,中支间距9.47m,边支间距4.85m),立面布置图如图2所示。

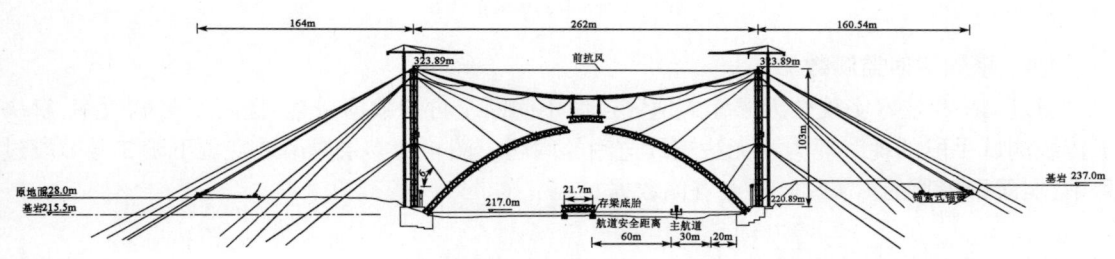

图2 先市大桥吊装系统立面布置图

3 采用GNSS实时监测塔偏

3.1 监测系统组成与功能

整个监测系统分为:GNSS数据采集部分、数据通信部分、数据处理部分。数据采集采用5台P5采集系统配备小盘天线,其中1台为参考站、4台为监测站。完成数据采集和本地存储。数据通信采用GPRS信号将采集的数据远程发送给数据处理系统的工作站。实现远程自动接收、储存并处理工作站采集的数据,并对原始数据和处理后数据进行显示和评估及预警。

3.2 监测系统布置

监测系统由1个参考点和4个监测点组成;参考点是变形监测的基础,必须保证坚固和稳定。参考站要求建立在稳定的地点并满足以下要求:①场地稳固,年平均下沉和位移小于3mm；②视野开阔,视场内障碍物的高度不宜超过15°；③远离大功率无线电发射源,其距离不小于200m,远离高压输电线不小于50m；④应远离震动源。综上考虑将参考点选择在距离缆索吊索塔500m外一处民房屋顶平台处,采用强制对中天线墩,安装参考点接收天线。

监测点是真实反映被监测对象变化量的依据,监测点的埋设应与监测对象连接牢固,并满足以下条件：①方便设备的供电；②视野开阔,避免天线的遮挡,周边无多路径反射物；③周边有GPRS信号覆盖,有利于数据传输；④天线保护罩采用全封闭式,以起到防水、防风等效果,天线罩安装后信号衰竭率不大于1%。综上考虑将监测点选择在先市岸与贾山岸上下游缆索吊索塔顶,采用钢管与强制对中盘焊接自制天线墩,每个塔顶安装1台GNSS接收机(共4台)作为监测点。

GNSS监测系统布置图如图3所示。

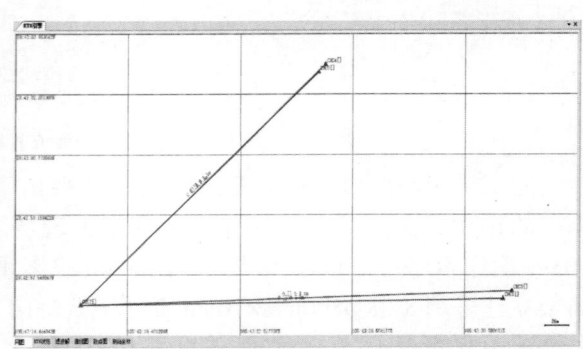

图3 GNSS监测系统布置图

3.3 塔偏实时监测数据

通过GNSS技术实现全天候无人值守连续不间断全自动数据采集,提高了测试效率,解决了传统测试手段的耗时耗力和无法连续监测的问题。图4为实录岸吊装定位下游3号节段过程中,实录岸塔顶的GNSS监测点塔偏数据。

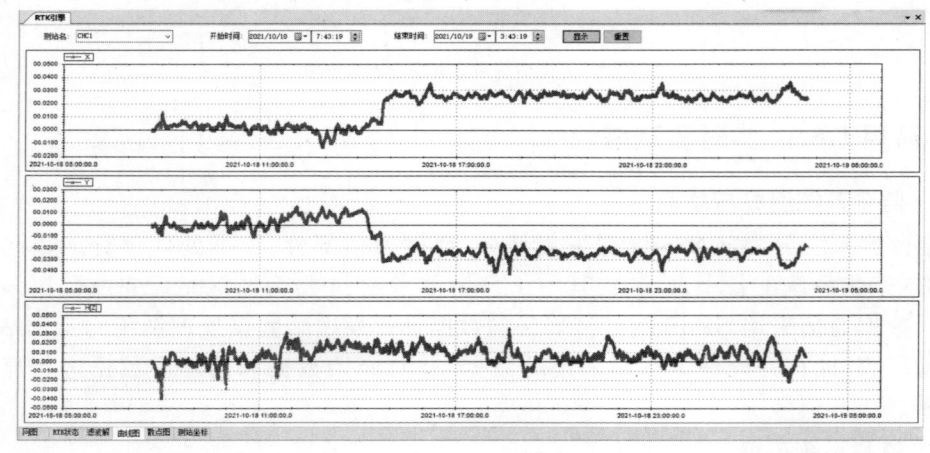

图4 九支大桥GNSS塔偏数据实时监测

4 施工预拱度动态调整

4.1 施工预拱度理论值

4.1.1 计算参数

采用 MIDAS 建模计算,各材料理论参数见表1。

计 算 参 数 表　　　表1

序 号	项 目	材 料	单元类型
1	主拱钢管	Q355C	梁单元
2	主拱灌注混凝土	C60	梁单元
3	扣索、锚索	1860钢绞线	索单元(无应力长度)
4	吊杆	1860钢绞线	索单元(无应力长度)
5	格子梁	Q355C	梁单元
6	桥面板	C40	板单元
7	扣塔主要受力构件	Q345	梁单元
8	扣塔连接件	Q235	梁单元

4.1.2 模型概况

主拱肋建模采用梁单元模拟,索塔构件也采用梁单元模拟,扣索和锚索采用索单元模拟。计算模型如图5所示。

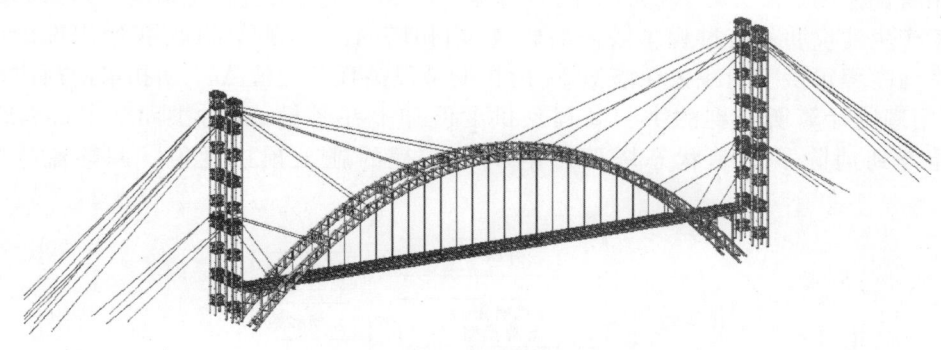

图5　先市大桥有限元模型

4.1.3 施工预拱度理论计算值

按照施工阶段计算得到拱肋各节段端头施工预拱度理论计算值设置情况如表2所示。

拱肋各节段端头施工预拱度理论计算值　　　表2

位　置	节段编号	计算预抬高值(cm)
先市岸/实录岸	节段1号	0.6
	节段2号	1.8
	节段3号	3.3
	节段4号	4.8
	节段5号	3.6

4.2 扣塔偏位对拱肋节段高程影响

用 MIDAS 分别计算先市大桥吊装施工1号拱肋节段、2号拱肋节段、3号拱肋节段、4号拱肋节段、5号拱肋节段时,从-10cm到10cm(塔偏向河岸测偏为负值,向河心偏为正值)的扣塔偏位情况下拱肋节段高程的变化(拱肋高程向下为负值,向上为正值)。如图6所示,主拱i阶段拱肋端头的位移变化值Δh_i为:$\Delta h_i = A_i \Delta y + B_i$(其中$\Delta y$为塔偏,$A_i$、$B_i$为常数)。

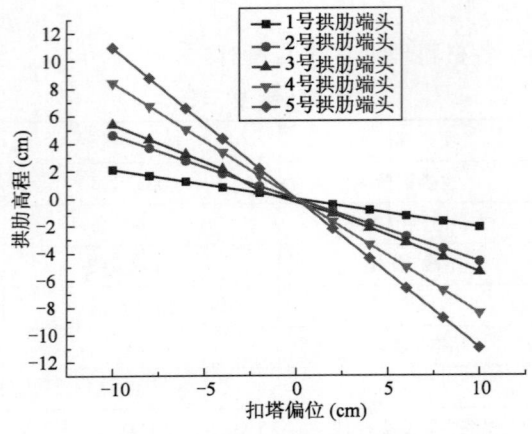

图6 先市大桥塔偏对各节段拱肋高程的影响曲线

4.3 调整方法

扣挂一体的钢管混凝土拱桥,在拱肋吊装施工时,因为主索、扣索、锚索等都在扣塔上,扣索和锚索在水平力上几乎保证平衡,但是主索在塔架两侧的水平倾角不同,主索合力会引起的扣塔偏位为Δy,会导致拱肋节段的高程发生Δh_i的变化值。为了消除因为扣塔扣挂一体施工产生的拱肋吊装过程中塔偏的影响,当扣塔向河心测移动时,我们用理论计算所得到的拱肋高程预拱度值减去在塔偏Δy时拱肋节段高程变化值Δh_i,当扣塔向河岸测移动时,我们用理论计算所得到的拱肋高程预拱度值加上在塔偏Δy时拱肋节段高程变化值Δh_i,就能得到消除了吊装状态塔偏影响拱肋高程的施工预拱度值。调整流程如图7所示。

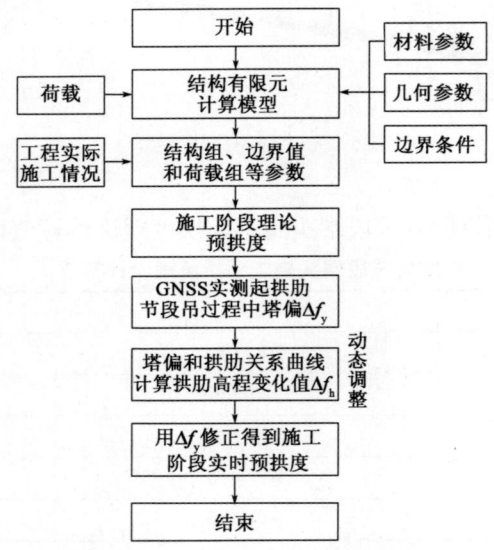

图7 拱肋施工阶段预拱度动态调整流程图

4.4 拱肋安装高程确定

在吊装先市上游 5 号拱肋节段时,在定位安装过程中 GNSS 测量扣塔偏位 Δy 为向河心 2.4cm;此时计算理论施工预拱度值和根据 Δh_i 调整后的施工阶段预拱度值如图 8 所示;拱肋高程测量结果如表 3 所示,其中理论设计高程为实测桩号对应的拱肋高程设计值,定位 5 号拱肋节段时,已安装的拱肋 1~4 号节段实测高程减去理论设计值高程后,与理论计算施工预拱度之间又出现较大偏差,最大偏差为 1.9cm,此时的 5 号节段如果按照理论计算施工阶段预拱度 3.6cm 进行定位,会使拱肋节段出现折角而不平顺,因此我们需考虑扣塔偏位的影响,根据扣塔偏位 Δy 和拱肋节段高程变化值 Δh_i,可得到 5 号节段调整后的预抬值为 1.1cm,此时已安装的 1~4 号节段高程实测值也与调整后的目标值高度吻合,最大偏差-4mm;我们就将 5 号节段端头施工阶段预拱度目标值确定为 1.1cm,保证了拱肋节段在安装过程中的平顺性,更加精确地完成了在过程中对主拱拱肋线形的控制。

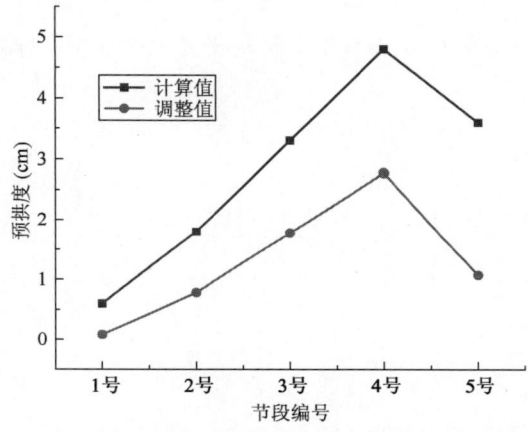

图 8 先市上游 5 号节段定位时各拱肋节段施工预抬值计算值和调整值

先市上游拱肋各节段端头高程测量值(单位:m) 表 3

节段编号	实测桩号	实测高程	棱镜高	理论设计高程	计算施工预拱度值	偏差值	调整施工预拱度值	偏差值
先市上游 1 号段	K0+275.639	237.174	0.573	236.598	0.006	-0.003	0.001	0.002
先市上游 2 号段	K0+295.043	252.752	0.583	252.160	0.018	-0.009	0.008	0.001
先市上游 3 号段	K0+318.832	267.133	0.724	266.395	0.033	-0.019	0.018	-0.004
先市上游 4 号段	K0+345.908	277.355	0.626	276.698	0.048	-0.017	0.028	0.003
先市上游 5 号段	K0+370.251	281.687	0.700	280.974	0.036	—	0.011	0.002

5 结语

先市大桥主拱从开始吊装到全桥合龙,历时一个多月,通过一次张拉定位安装,快速圆满地完成了主拱拱肋的吊装任务,精度达到规范的要求。主塔偏位对先市大桥的拱肋高程影响显著,根据 GNSS 实测塔偏数据对拱肋节段施工预拱度的调整,对于采用主塔扣挂一体施工的斜拉扣挂拱桥,能更加精确地在过程中实现对主拱拱肋线形的控制,保证拱肋节段安装的平顺性,对最终成拱线性的精确控制起到了关键性作用。

参 考 文 献

[1] 周水兴.浙江三门健跳大桥拱肋安装与施工控制计算[J].重庆交通学院学报,2002,21(2):1-5.

[2] 吴平琴,潘荣斌,郭吉平.混凝土拱桥悬臂浇筑法施工扣塔偏位对拱肋高程的影响研究[J].中外公路,2020,40(4):154-157.

[3] 邓江明.缆索吊装扣塔偏位对拱肋高程影响的几何分析[J].重庆交通大学学报(自然科学版),2009,28(3):505-507.

[4] 余加勇.基于GNSS和RTS技术的桥梁结构动态变形监测研究[D].长沙:湖南大学,2015.

[5] 戴鹏,谢公元.大跨径钢管混凝土拱桥缆索吊装非线性分析[J].武汉理工大学学报,2019,41(1):45-50.

[6] 吴朝旭.钢管混凝土拱桥无应力状态施工控制研究[D].成都:西南交通大学,2015.

82. 坪山高架桥宽幅钢箱梁制造技术

郑鹏弟[1]　张　磊[2]　王志翔[1]

(1.中铁宝桥集团有限公司；2.广东省高速公路有限公司深汕西分公司)

摘　要：根据沈海高速公路深圳段改扩建坪山高架桥钢箱梁制造经验,介绍了宽幅钢箱梁制造工艺流程,对制造过程中的块体划分、板单元智能化制造、钢箱梁块体总拼等难点提出相应的控制措施,为类似高架桥钢箱梁的制造提供借鉴。

关键词：钢箱梁　板单元　智能制造　块体　节段　总拼胎架

钢箱梁由于采用高强材料,构件重量轻,强度高,运输安装简捷,工程造价适中,是各类桥梁的理想桥型。在当代的建筑结构和交通工程设计中,大江大河中的大跨钢箱梁是设计的首选,在高架桥建设中钢箱梁也越来越被普遍采用,但由于构造的原因,大于24m宽幅钢箱梁应用很少,本文就沈海高速公路汕尾陆丰至深圳龙岗段改扩建工程中坪山高架桥的宽幅钢箱梁制造予以介绍。

1　工程概况

深汕西高速公路改扩建项目坪山高架桥分14联49跨,全长1 954.2m,双向八车道,宽41.5~46.4m,道路设计线位于直线段及圆曲线上,桥梁上部结构采用1箱8室等高变宽整体流线型钢箱梁结构,由顶板单元、底板单元、腹板单元、横隔板单元、挑臂块体组成,主桥横断面形式见图1。节段间除顶板U形肋采用栓接外,其余采用焊接。主要材质为Q355C,全桥用钢量约4.5万t。

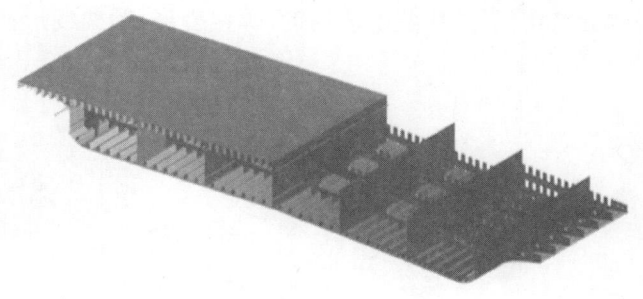

图1　坪山高架桥标准横断面

2 制造难点分析

坪山高架桥为典型扁平大挑臂宽幅钢箱梁桥,依据项目总体安装方案,需在工厂内加工成块体,汽车运至现场拼装成节段,采用400t龙门吊安装;钢箱梁制造要求工厂化、标准化、智能化和信息化的智能制造理念;依据项目制造安装要求,分析有如下施工难点。

2.1 钢箱梁块体划分

钢箱梁由于运输原因,需分块体制造,钢箱梁的分块受吊装方案、运输状况、结构特点等因素综合影响,合理划分保证制造、运输、吊装、线性控制、现场连接施工方便是本项目的控制难点。

2.2 钢箱梁智能制造

钢箱梁制造要求以板材智能下料切割、板单元智能焊接、节段智能总拼、钢箱梁智能涂装和建管一体化平台的工厂化、标准化、智能化、信息化钢箱梁制造系统,推动桥梁制造模式的创新,打造全新的智能化高速公路改扩建样本工程。

2.3 钢箱梁块体的总拼

通常大桥的钢箱梁是工厂内制造成节段,水运至桥位吊装,结构整体性好;而本桥由于块体运输的缘故,钢箱梁横向需分8块制造,需陆运至桥位,块体结构刚性较差,后期现场焊缝多,如何控制节段的几何尺寸及线形是制造的难点。

2.4 钢箱梁现场布局

由于本桥为高速公路改扩建项目,在原来4车道高速公路外侧先修保通辅道,再在左右两辅道中间的场地上建设拼装场地,进行块体组焊节段,场地宽度仅50m,合理的现场布局对钢箱梁的现场制造影响很大。

3 制造工艺要点及措施

坪山高架桥钢箱梁制造划分为板单元制造,场内钢箱梁块体总拼预拼装,桥位节段拼焊三个阶段。钢箱梁制造总体按照零件→板单元→预拼装→块体→吊装节段→桥位连接的工艺流程。即先单元板件制作,后在总拼胎架上由板单元采用阶梯推进法逐步拼焊成钢块体箱梁,再进行钢箱梁的预拼装;待检验合格后,进行块体解码涂装后车运至桥位进行总拼及焊接,后整节段吊装、环缝连接、最终补涂装等工作。

钢箱梁拼焊成实体后,其主要的几何要素即横断面对角线差、营弯、拱度、对接错边及扭曲等方面,因此,钢箱梁整个制造过程即是对这些几何要素的控制过程。对坪山桥主要几何要素起决定性作用的有板单元几何尺寸、拼装工艺精度、焊接变形、胎架线形控制等方面。坪山高架桥拼装工艺流程见图2。

图2 坪山高架桥钢箱梁工艺流程

3.1 钢箱梁制造块体划分

本桥钢箱梁为1箱8室的多腹板整体扁平结构，保证整体制造质量的第一步就是对结构合理分解，通过各个制造单元的精度控制来保证钢箱梁整体制造精度。同时钢箱梁分块对项目的造价、施工进度质量有多方面的影响。因其宽度大，分块多，所以需要按照"受力合理、制造方便、运输方便"的原则，对其进行合理分段分块。

(1) 制定分块原则与起重设备的起重能力、吊装现场的工况、方案等因素息息相关，所以在项目技术准备之前，关于起重设备的选择，对后续诸多方案的确定有很大的影响。

(2) 分块方式的选择，需考虑现场焊接工程量与运输便利性，但分块过大、过重将不利于运输及现场架设。

(3) 根据坪山高架桥钢箱梁结构特点、吊装方案和公路运输界限的考察，对每联钢梁均进行分块，横桥向以5.5m宽度加一腹板的分块原则进行划分，边腹板划分在挑臂上，减少后期现场工作难度，长度根据支墩部位及跨中重量控制在10.5~17.2m。具体横桥向划分见图3。

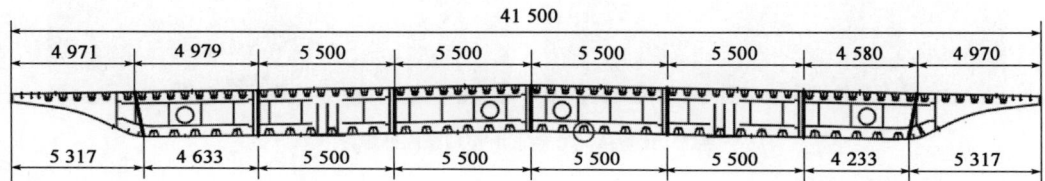

图3 坪山高架桥横向分块(尺寸单位：mm)

3.2 板单元智能自动化焊接技术

根据项目智能化需求，在广东中山建设智能化制造基地，为项目提速增效。

3.2.1 面板焊缝自动打磨除锈

面板打磨机可一次完成3个U肋组装位置的车间底漆、油污、锈蚀打磨，打磨效果良好，打磨宽度、深度均匀一致。工作噪声较低，同时具备自动除尘功能，可以将打磨时产生的粉尘及杂质及时回收处理，避免了对工人身体健康的危害。

3.2.2 自动化喷墨划线

采用喷墨划线机可以完成U肋组装位置线的划线定位，具有高精度、高效率优点。在大大降低工人劳动强度的同时，保证了U肋组装位置的精确性，确保了全桥U肋线形的准确性，保证了桥面板单元的抗疲劳性能。面板自动打磨及喷墨划线见图4。

图4 面板焊缝自动打磨除锈及自动化喷墨划线

3.2.3 顶板单元 U 肋自动焊接

顶板单元 U 肋采用全熔透焊接,采用平位+船位分步双面埋弧工艺。内侧埋弧焊机采用 12 个焊接机头,1 次可焊接 6 个 U 肋,采用固定式焊枪机头,通过板单元直线运动使焊枪机头伸入 U 肋内部实现 U 肋与顶板的内侧焊缝,焊接采用平位带预变形,SU35(ϕ1.6)+FB(SJ101q)焊接材料;外侧焊缝采用反变形船位埋弧焊接专机,焊材为 SU35(ϕ3.2)+FB(SJ101q),6 把焊枪一次可焊一个板单元 6 根 U 肋的一侧焊缝,将自动焊接技术与反变形船位焊接技术结合,可以在一定程度上抵消焊接变形,保证板单元焊后平面度,也提高焊趾处的抗疲劳性能,如图 5 所示。

图 5　顶板单元 U 肋多电极埋弧内外焊接

3.2.4 等离子自动切边

等离子切边机按照所给定数控程序进行板单元富余量切割,同时,切割出板单元对接坡口,具有极高的切割精度,避免了人工切割时测量引起的误差及机器切割误差。

3.2.5 智能化控制室

智能制造基地配备了 1 个智能化控制室,与业主的建管一体化平台对接,可以对现场作业设备状态进行信息反馈,并实现自动化设备的数据采集。控制室数据监测系统通过数据服务器,实时采集控制室内所监测的设备的生产作业状态,所采集的设备数据包括:横隔板焊接机器人、U 肋内焊机、外焊机、自动喷砂设备和自动喷漆设备(图 6)。如作业环境、设备运行参数、焊接工艺参数、作业时间,并对采集的数据进行分类/分析,可直观形象地显示设备运行状态、当前作业任务等电子信息,同时控制室的监控系统平台也具备与 MES 系统进行数据交互的功能,预留相关有效接口。系统界面可直观形象地显示设备运行状态、作业环境、项目进度等电子信息。

图 6　等离子自动切边及智能设备数据采集

3.3 设计安全可靠的拼装胎架

拼装胎架是控制钢箱梁预拼装制造精度最有效的工装,通过拼装胎架设置测量网,同时可以通过胎架控制定位单元、高程、线形等重要精度控制参数。同时可以及时矫正与消除钢箱梁拼装过程中公差的累计。

3.3.1 测量网与总拼胎架

本项目总拼胎架为型钢构件,在设计时根据钢箱梁顶底板双向2%横坡特点结合钢箱梁竖曲线加预拱度的制造线形设置胎架。

(1)在预拼装胎架区域设置纵横向测量基准线,并在测量墩布设节段控制基准线,作为板单元定位组装基准。

(2)在组装胎架两端及横向设置纵横基线,胎架线形按钢箱梁底板下沿线形加设计预拱度及横向预拱度进行设置[2]。在钢箱梁隔板对应位置设置支撑横梁,横梁与测量网中心线垂直,其中心与测量网中心线对齐。以测量网为基准,通过牙板精调胎架线形。

(3)拼装过程中对支架及地面部位进行沉降观测,避免支架承重对基准的影响,检测基准必须单独设在支架外的稳固基础上。

(4)板单元定位除控制好横向及横基线之间纵向尺寸外,还应重点控制基准点处的高程、中心线偏位及相对位置。

(5)后续节间之间匹配时,不但要考虑与第一节段的匹配和相对几何精度,还要进行整体测量,以避免误差积累。

3.3.2 整体组焊预拼装

顶、底板单元制作时依据线形放样设置定位纵横基线,底板单元定位时,在胎架上定位第一节段定位底板,先以定位底板基线与胎架测量纵、横基线相互重合,控制定位精度;两侧板单元依次定位时,应按照施工图中横基线沿径向进行布置,纵基线采用钢尺依次测量与的定位板单元纵基线的距离(设+3),底板单元焊接完成后,使用水准仪对底板进行纵横向线形监控。

隔板单元、腹板单元以底板的横基线与隔板位置线为基准,从节段左端开始依次组装横隔板单元与第一道腹板单元,重点控制横隔板与腹板倾斜度、几何节点位置,其余隔板与腹板单元交替进行安装。规定的焊接顺序,先焊接隔板与底板、腹板焊缝,定位横隔板时着重控制横隔板直线度和上缘高程符合横向坡度要求。

以测量纵横基线为基准,组装定位顶板单元,中心顶板单元基线与桥轴线偏差不大于2mm,重点控制顶板与隔板组装间隙。用水准仪监控箱体高度和横向坡度。

总拼完成后进行预拼装,对钢箱梁总体检测,主要检测跨度(±8)、全长(±15)、横断面对角线差(≤4)、旁弯($3±L/10\,000$)、拱度(+10,−5)[1]等参数,检验合格后成对组焊工地连接匹配件,并作出工地拼装对位基准。

3.4 工地节段拼接及桥位连接

依据现场提供的拼装场地及施工内容,现场工艺布局如图7所示。

在现场两辅道中间设置60t龙门式起重机,91m节段拼装胎架(一次可拼装6个节段)以及拼焊、涂装的活动厂房,并配置相应的电缆、库房、焊接等设备。

现场设置根据场地、设备条件,在现场,在拼装胎架上将1个节段的8个块体复位,匹配件连接,按一定的焊接次序和工艺整体组焊节段,重点控制整体节段几何尺寸精度。

钢箱梁在工地胎架上由块体组焊成为节段后,用400t安装门式起重机吊运在支架安装,待测量、调整就位后焊接梁段节段间焊缝与顶板 U 肋栓接,底板 U 肋嵌补段的连接以及组焊附属设施,最后完成漆面修补。

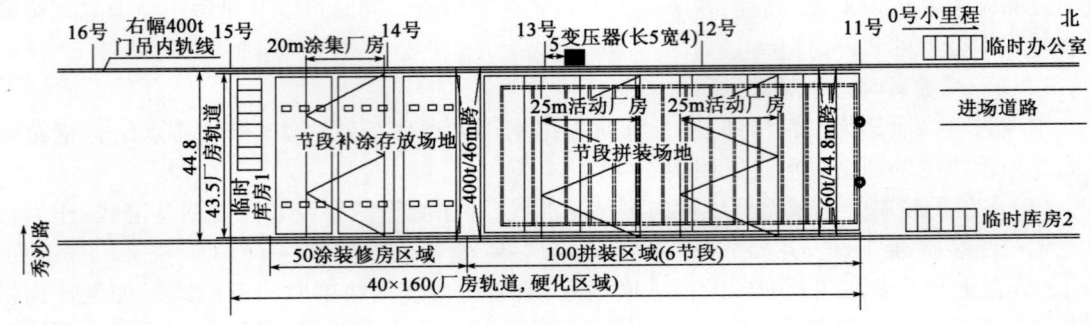

图 7　坪山高架桥钢箱梁现场工艺布局

4　结语

通过对宽幅钢箱梁的结构特点分析,结合施工工况,采取合理的施工工艺,并应用智能化设备进行板单元制造及钢箱梁块体总拼关键技术的研究,解决了国内高架桥宽幅钢箱梁的制造难题,也为大力推广宽幅钢箱梁提供了有力的技术支撑。

参 考 文 献

[1] 中华人民共和国交通运输部.公路工程质量检验评定标准　第一册　土建工程:JTG F80/1—2017[S].北京:人民交通出版社股份有限公司,2018.
[2] 徐亮.南京长江第四大桥钢箱梁制作技术[J].钢结构,2010,28(177).

83. 山区特大跨度拱桥有平衡重转体施工

郭小平 骆 鹏 黄贤增 陈 聪 梅志军

(中国瑞林工程技术股份有限公司)

摘 要：本文详细介绍了以南渡江特大桥主桥净跨190m的上承式钢筋混凝土拱桥为例，用普通钢筋混凝土球铰和普通千斤顶按有平衡重转体施工的工艺修建特大跨度钢筋混凝土箱型拱桥的经验。南渡江特大桥主拱圈采用有平衡重转体施工，磨心为普通钢筋混凝土球铰，转出的桥体为带混凝土底板的小直径空钢管劲性骨架。转动体系在岸边制作完成后，采用普通千斤顶驱动转体合龙成拱，再分环分段浇筑形成设计断面拱圈，在拱圈上搭设支架浇筑拱上建筑。

关键词：特大跨度拱桥 有平衡重转体施工 普通钢筋混凝土球铰 普通千斤顶

1 概况

南渡江特大桥位于湖北省鹤峰县境内，省道南鹤公路上跨南渡江(U字形峡谷)处，桥梁全长272.276m，桥宽10m，桥高163m。桥跨布置为2×18.6m(引桥)+204.6m(主桥)+25m(引桥)。主桥为净跨190.0m上承式钢筋混凝土箱形拱桥，拱上建筑为11孔跨度18.6m的装配式预制小箱梁桥，两岸引桥也为预应力混凝土小箱梁桥。桥梁立面布置见图1，成桥后照片见图2。

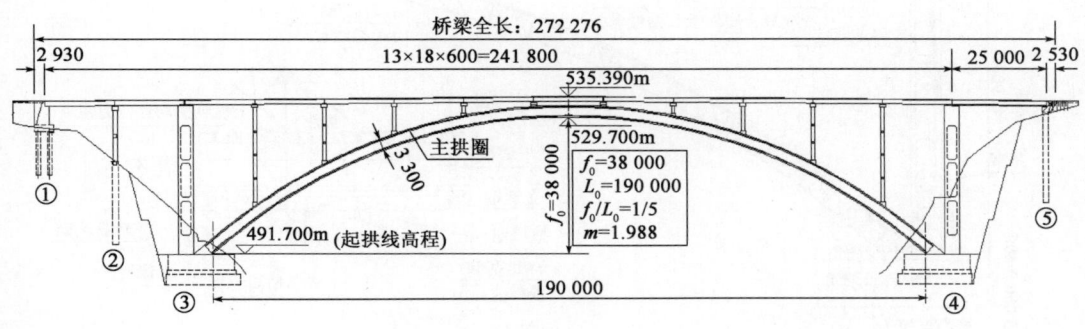

图1 桥梁立面布置图(尺寸单位:mm)

图 2 成桥照片

2 有平衡重转体施工的主要流程

(1)在桥台基础上浇筑下盘,在下盘上制作磨心下球铰和环道,上、下盘之间留1.0m高的间隙,在下球铰上制作上球铰,上下球铰磨合,浇筑上转盘和背墙混凝土。

(2)根据地形选择一条通过球铰圆心的合理轴线,制作土牛拱胎或搭设拱圈底模板支架,组装小直径钢管劲性骨架,浇筑底板混凝土。

(3)通过交替张拉扣索和背索实现转动体系脱架。

(4)驱动转体合龙成拱。

(5)在合龙成拱的第一期拱圈结构上进行后续的无支架加载施工,逐渐形成设计断面的主拱圈。

(6)主拱圈设计断面形成后,后续拱上建筑施工同常规拱桥施工。

3 转动体系制作

转动体系(图3)包括下盘基础上的下球铰(磨心)、环道、环道两侧的预留孔洞;上转盘及其中的上球铰(磨盖)、倒锥体、撑脚、拱座;交界墩背墙;扣索和背索;转出的半跨桥体。交界墩背墙不仅是交界墩,是平衡重,也是扣索的反力墙。

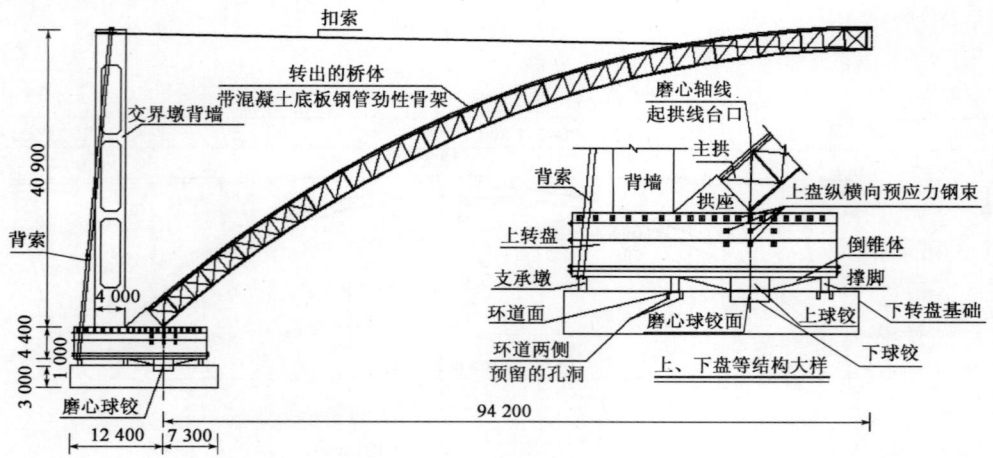

图 3 转动体系构造图(尺寸单位:mm)

3.1 普通钢筋混凝土球铰制作

球铰包括下盘基础中的磨心与上转盘中的磨盖。磨心、磨盖为C50普通钢筋混凝土结构，磨心球铰直径2.6m，矢高10cm，磨盖直径2.64m，凹面矢高10cm(图4~图6)。磨心(图7)成型主要靠一个标准的母线样板在磨心混凝土终凝前反复刮制而成。磨心浇筑完成后，进行了磨心表面同心圆上高程测量，同心圆间距15cm，测点间距约20cm，每个同心圆上测点高差不大于1mm。磨盖以磨心顶面为底模进行浇筑，并采用卷扬机机械反复磨合(图8)8h。为了保证磨心周边混凝土不因局部承压破坏，要在磨心表面周边15cm宽度范围内垫两层油毛毡以后再浇上球铰混凝土，以使上、下球铰周边之间形成间隙，磨心周边不承受压力。磨心、磨盖磨合完毕，通过推动力测试合格后，通过验收。再将磨盖提起，在磨心顶面均匀涂抹了约8mm厚黄油四氟粉润滑剂(70:30)，再进行后续施工。

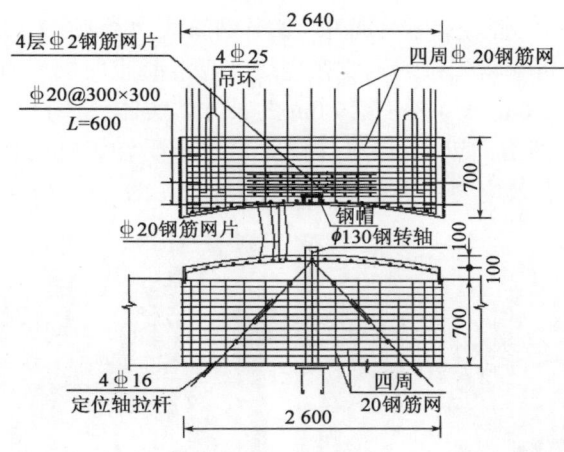

图4 混凝土球铰构造及配筋图(尺寸单位:mm)

图5 下球铰钢筋骨架安装完毕

图6 反复刮制下球铰表面

上、下球铰是转体桥最关键的施工设施，它要能安全地承受整个转动体系的重量，并且确保转动体系可以在下球铰上灵活转动。

3.2 上转盘及交界墩施工

以下盘为基础，在基础上设置砂胎浇筑上转盘及交界墩，砂胎方便后续脱架(图9)。上转盘尺寸17.7m×10.0m×4.4m，采用C40混凝土，内设有纵、横向双向预应力，浇筑混凝土前预埋了预应力波纹管。交界墩背后的背索也下穿过上转盘，相应预埋了穿索波纹管。拱座位置预埋了与转出桥体连接的钢管、角钢以及钢筋。

图7 打磨后的磨心

图8 磨心磨盖反复磨合

交界墩背墙是一个40多米高的空心墩,交界墩尺寸9.0m×4.0m,壁厚1.0m,采用C30混凝土,墩中有预埋背索波纹管。背索为每束12根钢绞线,背墙顶为张拉端,下盘底面为固定端。背索待张拉脱架时再穿索张拉。不要在浇筑上盘混凝土时同时预埋,避免背索长期外露锈蚀。背墙顶锚梁为高2.6m、长4.8m、宽9.0m的长方体实体,采用C50混凝土。锚梁上、下部各设置16束15-12钢绞线纵向钢束,以确保锚梁足以承受背索竖向剪力。纵向钢束为短索,施工张拉时务必保证其有效应力。采用钢结构爬模施工(图10),3.0m一节段。

图9 上转盘砂胎制作

图10 背墙爬模施工

3.3 转出桥体的制作

根据两岸地形,按照尽量少挖、少破坏植被、保护生态的原则选择合理的拱胎底模制作轴线,搭设简易支架,安装简易支架之间的简支钢桁架,在钢桁架上铺设半跨拱圈的底模板,要求底模板安装牢靠、高程符合设计,要求钢桁架能承受半跨转出桥体的荷载,包括劲性骨架钢结构和混凝土底板。并且能够方便地拆除底模板。

转出的桥体是带混凝土底板的小直径空钢管劲性骨架,是半跨钢混组合结构的拱形空间网架。下弦是宽7.5m、15cm厚的钢筋混凝土底板,它把三片上弦是$\phi377×12mm$的钢管混凝土杆件和腹杆是双肢角钢$2\angle110×10$的平面桁架联成整体,桁架中-中距离为3.4m,桁架的纵向节间距离约为2.9m,它的腹杆、上平联以及横剖面上的横向剪刀撑都用型钢通过节点板联结形成几何不变的、稳定的三角形。劲性骨架交叉腹杆选用加强型角钢,即在$\angle110×10$的两肢端加焊$2\phi25mm$钢筋。这种转动体系的特点是重量轻、刚度和强度大。劲性骨架在工厂制作,半跨劲性骨架的平面桁架共3×7=21片,每片桁架长度分别约为14.48m或17.4m,重10.4~12.5t。桁架制作完成后运输至现场,通过塔式起重机吊至拱肋支架模板上。拱肋支架采用钢管墩支架,支架进行了堆沙袋预压。一期拱肋底板混凝土厚15cm,采用现浇施工。为减轻转体重量,转出桥体的上弦钢管为空钢管(图11)。

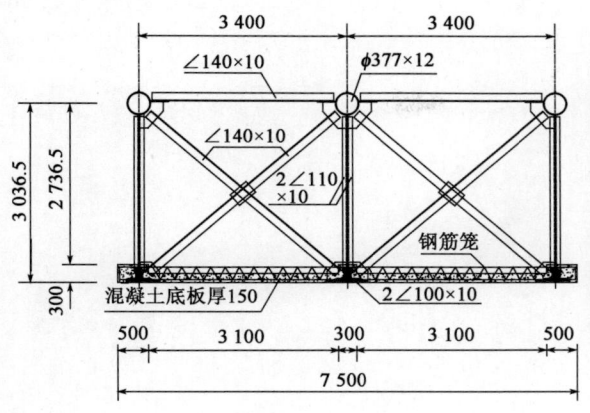

图 11　转出桥体拱顶处横断面(尺寸单位:mm)

4　驱动转体

4.1　脱架形成转动体系

待转动体系各部分混凝土养护龄期大于28d,强度达到100%以后,穿扣索、背索,然后按5级交替张拉背索、扣索,实现脱架,形成转动体系,交替张拉扣背索过程中严密控制背墙及上盘各部位应力状态。为了使带混凝土底板的小直径钢管劲性骨架能平稳脱架,在土牛拱胎端部拱顶处对应腹板的下方设置一排三个坚固稳妥的支撑柱,以备放置千斤顶辅助脱架。脱架后四周的保险墩在环道上完全脱空,转动体系的重心基本就在磨心上,转体体系质量约6 006t。转动体系见图12、图13。

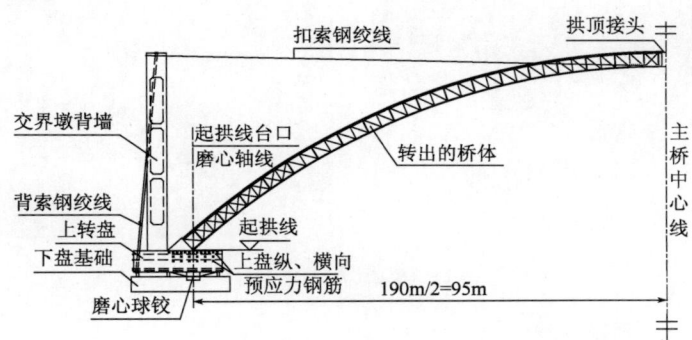

图 12　转动体系构造图

4.2　称重

桥梁转体要想顺利、安全、平稳,就必须保证梁体在转动过程中始终处于平稳状态,并且牵引系统能提供充足、稳定的牵引力,且实现"中心承重"的设计意图。通过称重试验测试转动体的不平衡力矩以及静摩阻系数,从而制定相应的配重方案,并根据实际支承情况计算启动牵引力,确保牵引系统的动力安全系数满足要求。为了保证测试结果的精度,称重试验采用计算机同步控制顶

图 13　转动体系照片

升设备,可同时对两台顶升设备进行顶升力的控制,并进行位移测量,保证试验的精度。如图 14 所示。

图 14 转动体系称重试验

4.3 驱动转体

以环道对应的上盘底撑脚作为施加转动力矩的受力点,下盘顺环道四周预留的孔洞中插入钢棒作为反力点,通过水平放置千斤顶施加力驱动转体,如图 15 所示,千斤顶吨位为 200t,两岸各转体到位的时间为 4~5h(图 16)。

图 15 普通千斤顶驱动转体

图 16 转体过程照片

4.4 合龙成拱

转体到位后,通过事先准备好的两岸各两台500t千斤顶,作用在上转盘下缘,调整拱的合龙高程,见图17,高程到位后,通过钢楔子将撑脚与下盘基基础焊接固定稳固,安装合龙段临时固结措施,实现主拱瞬时合龙。混凝土浇筑密封上下盘空间以及上盘背后基坑超挖的部分,使拱作用力可靠传给基岩,密封混凝土养护龄期达7d,混凝土强度大于90%后,浇筑拱顶合龙段底板混凝土。实现主拱圈真正合龙成拱,至此,在两岸桥台之间,河沟的高空已架设好一个有足够刚度、强度和稳定安全系数的空间拱形骨架。

图17 转体合龙

5 后期桥梁结构施工

5.1 二期主拱混凝土施工

为保证后续施工安全顺利,灌注劲性骨架上弦空钢管微膨胀C50混凝土,确保劲性骨架有足够的强度和刚度。钢管内混凝土养护龄期大于7d,强度大于90%后,浇筑拱圈侧壁和中腹板的混凝土。腹板浇筑完成后再加厚底板混凝土,最后浇拱圈顶板混凝土形成单箱双室的钢筋混凝土主拱圈。此时松去拉索,实现体系转换成为拱式结构。

5.2 拱上建筑施工

在拱上左右对称搭设支架浇筑垫梁、立柱、盖梁(系梁)。拱上小箱梁两端向跨中,左、右半拱对称吊装,最后吊模现浇湿接缝。桥面系附属结构防撞护栏、桥面现浇层及铺装左右半拱对称浇筑,成桥完成。如图18、图19所示。

图18 分环分段浇筑主拱圈　　　　　　　图19 架设小箱梁

6 桥梁结构计算

6.1 施工阶段计算

施工阶段计算主要包括:①转动体系重心及扣索索力计算;②逐级交替张拉扣索、背索时背墙和上盘各断面内力和配筋计算;③脱架后半跨开口薄壁箱各截面的内力、变位以及截面验算和配筋;④开口薄壁箱转体稳定性计算;⑤主拱圈施工加载计算。

转动体系重心计算按照磨心"中心承重"要求配置背墙及上盘平衡重;扣索拉力计算考虑脱架后半跨主拱圈受力均匀,主要处于受压状态;扣索、背索张拉时要控制背墙、上盘各断面的应力状态和背墙顶部位移,尽量让背墙处于全过程均匀受压。

转体阶段,上弦为空钢管,转动体系质量为6 006t,其重心基本控制在磨心处,向后偏心约4cm。扣索拉力为7 500kN。

转体时一阶失稳为拱圈平面内压弯失稳,稳定安全系数为10.2(图20),二阶失稳为拱圈劲性骨架型钢腹杆平面内局部失稳,稳定安全系数为10.7(图21)。

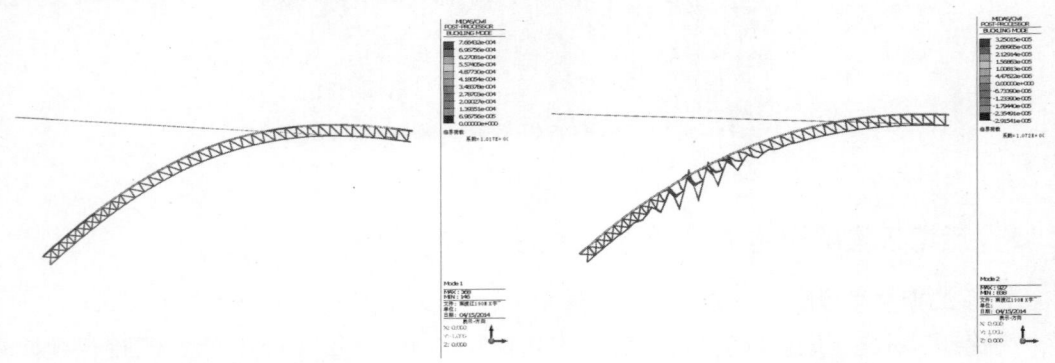

图20 转体一阶屈曲模态(Factor=10.2)　　图21 转体二阶屈曲模态(Factor=10.7)

浇筑下腹板混凝土工况为全桥施工最不利工况,其一阶失稳为拱圈平面内劲性骨架型钢局部失稳,稳定安全系数为10.0(图22);浇筑上腹板时其一阶失稳为拱圈平面内整体压弯失稳,稳定安全系数为13.7(图23)。

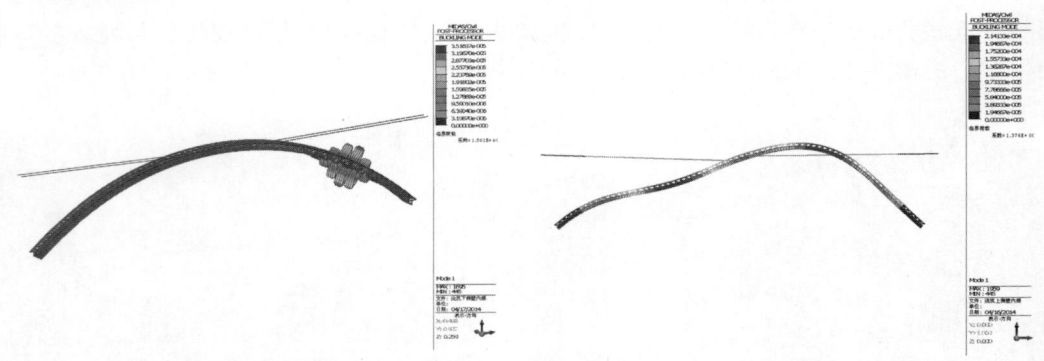

图22 浇筑下腹板一阶屈曲模态(Factor=10.0)　　图23 浇筑上腹板一阶屈曲模态(Factor=13.7)

鉴于拱脚段杆件内力较大,拱脚附近斜腹杆采用交叉腹杆(图24)。为加强腹杆平面外的稳定,受力较大的拱脚区域(1/8拱长)、拱顶扣索锚固区域(1/8拱长)腹杆增焊了钢筋,以改善受压腹杆的长细比,加大单杆件的抗弯刚度,以增强该区域腹杆稳定,如图25、图26所示。

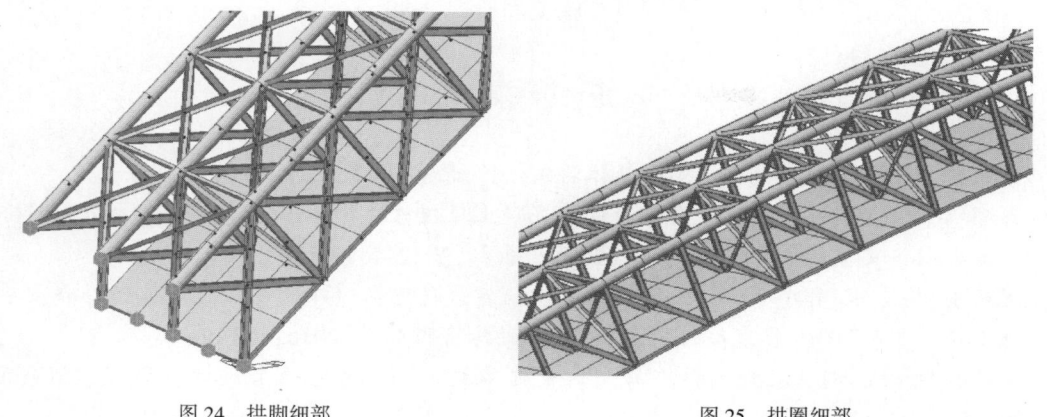

图24 拱脚细部　　　　　　　　　图25 拱圈细部

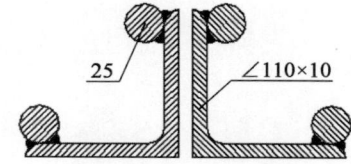

图26 腹杆焊接钢筋大样图

6.2 运营阶段计算

运营阶段计算主要包括:①主拱截面内力计算;②主拱稳定性计算。

主拱圈计算考虑了恒载、活载、温度及混凝土收缩徐变的影响,按不同工况组合进行承载能力及抗裂性验算,均满足规范要求。

运营阶段桥梁一阶失稳为平面内整体压弯失稳,稳定安全系数为15.5(图27),桥梁二阶失稳为平面外跨中失稳,稳定安全系数为19.9(图28)。

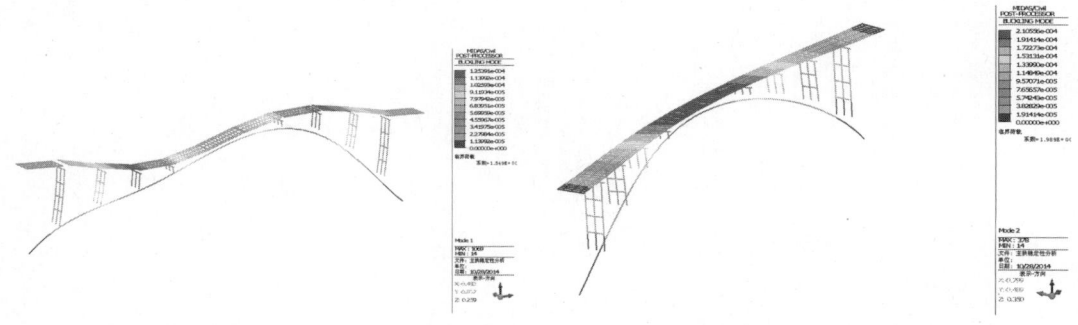

图27 运营阶段一阶屈曲模态(Factor=15.5)　　　图28 运营阶段二阶屈曲模态(Factor=19.9)

7 结语

南渡江大桥于2015年月7开工建设,2018年8月正式通车,为国内目前有平衡重转体工艺建造的最大跨度的公路钢筋混凝土箱型拱桥,其实践证明,它不需要大型复杂的缆索吊装设备和技术,工艺简单,把高空作业、水上作业、吊装悬拼作业转换为岸边陆上常规土建作业,因而施工安全、施工简易、质量可靠、造价低,特别适用于山区大跨度桥梁建设,为后期设计更大跨径的钢筋混凝土拱桥提供了宝贵的设计施工经验。

参 考 文 献

[1] 张联燕,程懋芳,谭邦明,等.桥梁转体施工[M].北京:人民交通出版社,2002.

[2] 肖硕刚,梅志军,郭小平,等.用普通钢筋混凝土球铰修建转体桥[C]//第二十届全国桥梁学术会议论文集(下册).北京:人民交通出版社,2012:1197-1205.

[3] 肖硕刚,梅志军,郭小平,等.山区桥梁建设的实践与体会[C]//第二十二届全国桥梁学术会议论文集(下册).北京:人民交通出版社股份有限公司,2016:653-664.

[4] 肖硕刚.大跨度钢筋混凝土拱桥有平衡重转体施工[J].有色冶金设计与研究,2017(6):80-83.

84.大跨度钢管拱桥拼装精度控制

耿庆祥　张昌松

(中铁北京工程局集团第五工程有限公司)

摘　要：苏南地区运河三级航道大桥工程中常州段戚墅堰大桥主桥为下承式钢管混凝土系杆拱桥，并采取了整体拼装工艺，根据该桥的施工特性，介绍了其预拼装工艺和精度控制措施，对中国大跨钢管混凝土系杆拱桥的拼装精度控制技术做出了研究与总结，为中国各类跨航道以及江河上的系杆拱桥建造技术提供了经验。

关键词：精度控制　拼装　系杆拱桥　劲性骨架

1　工程概况

戚墅堰桥坐落于中国江苏常州市戚墅堰区，原有的桥梁跨桥位处水面宽约61m，路线中心点与原航道中心线交角约74.86°。通航净空高度为80m×7m，设计最大通航水位为3.3m(85国家高程系)。但由于现有桥的净空宽度并不符合三级航道规定，因此需要在原桥位处"拆旧建新"。

主桥拱选用下承载式预应力钢管混凝土系杆桥拱，矢长跨比仅为1/5，矢塔高约22.20m，计算总跨径仅为约111m。系杆拱采取箱形拱截面，梁高、宽各约为2.20m、1.40m，拱脚处加高处约各约为3.89m，加宽至1.69m以上；拱肋高度均为约3.0m；每片拱采用20根间距4.5m的刚性吊杆相连，采用钢绞线成品索；风撑设为8道K撑，端横梁高度为2.45～2.75m，宽2.6m；中横梁高度为0.76～1.66m，宽0.6m。

在施工图纸中，由于主桥采用了先施工拱角后施工梁端的方法，故而在结构设计上两端拱脚之间取用了格构式劲性骨架见图1，主肢设为4根200mm×200mm×24mm的角钢，内部∟75mm×50mm×8mm的剪刀撑。

2　线性控制

戚墅堰大桥跨度较大，为了优化施工方法，工作人员先在地面将两肋"卧拼"连成整体，然后进行整体吊装，将空中拼接作业转变为地面工作作业，从而进一步保证了全桥的精度控制。由于现场拼装难度大，再加上结构分段较多，另外，在钢管的长途倒运中极易损坏变形，对保证拱轴线的控制增加了难度。全桥拱轴线成形的必要条件是钢管拱肋预埋的精准度施工，且劲性骨架也十分接近系杆混凝土表面，因此预埋二者的精准度是重中之重，为了在浇筑混凝土过程中避免预埋骨架的偏位,须选择一定措施对预埋骨架加以固定。由于现场加以把控钢管拱肋的加工、试拼、钢管拱安装、管内混凝土泵送及拱上结构作业,在全桥竣工后,拱轴线完全满足设计规范要求。

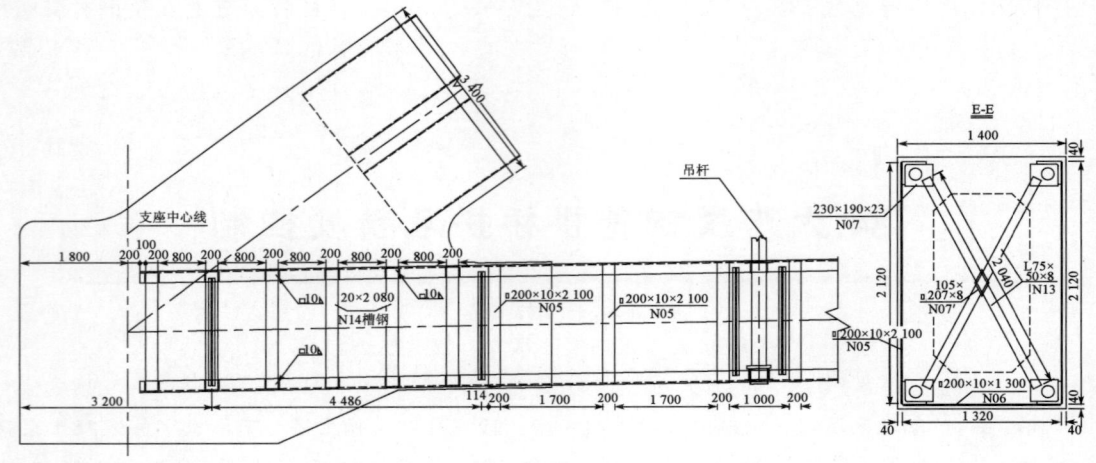

图1 劲性骨架示意图(尺寸单位:mm)

3 控制难点

(1)拱脚的定位。拱脚支座位于与主系杆、拱肋、端板横梁交点处,拱脚预埋件设置在拱墩柱孔处,构造平面由上下两列钢板梁与导弦钢管固定,中间部分由两道工字钢梁加柱颈埋设布置在主拱墩柱孔平面内。拱脚预埋件与目前国外的同类桥梁构造方案比较,具有构件体积形状变化过大、质量要求偏重、定位误差和安装精度要求相对很较高等复杂的构造施工设计特点,且可采用以安排施工人员在墩柱号混凝土浇筑桩施工阶段结束时间前进行定位进场施工。本项工程线路本身施工设计作业的难度系数太大,其设计定位作业的精度要求直接关系整个全孔钢桥整体结构吊装与整体合龙工作的工程质量控制,且对于又一条处于整条本桥工程最关键施工节点上施工阶段的施工线路,其自身的具体节点施工阶段设计工作进度会直接影响到其整段条本桥工期目标的控制任务的最终顺利实现。

(2)跨河段拱肋、劲性骨架的对接。跨河段采用岸上拼装单片整体就位的方式进行施工,岸上拼装和岸地支架组装应实时不断调整高程坐标来控制偏差,通过对吊装的力学计算分析来确定最佳吊点以减小形变,保证其顺利对接。

(3)系杆钢骨架的加工精度。厂内加工质量决定现场拼装精度,精度决定系梁的线形控制,要求厂内加工务必精度控制满足规范要求。

(4)吊装点设置、吊装过程中的摆动及人为调整。拱肋构件的长度一般约为51.33m,重约为1923.9kN,吊装高度约为27.5m,水上吊装是本工程另一难点,吊装至设计位置后精度调整也是一大难点。

4 拼装控制措施

主桥的钢管拱肋、劲性骨架及拱脚和端横梁均设支架作业。由于拱脚与端横梁坐落于地面,可直接采取钢管支架施工;而对于跨越河道的钢管拱肋与劲性骨架,则先在地面组装好支架后进行一体吊装到位的方式作业,钢管拱肋及劲性骨架均在岸上的胎架完成组拼后吊装到站立支架上来进行劲性骨架、吊杆、拱肋三者的组拼,之后用两台500t浮式起重机将中间单片整体构件吊装到跨河段已预留好的位置定位即可。以上过程采取的精度控制措施如下:

4.1 钢管拱肋及劲性骨架的预埋

由图2可以看出,拱脚段混凝土浇筑总长度为8.85m,位于劲性骨架之上安装钢管拱肋预埋段,拱脚预埋段长度2m,劲性骨架预埋段长度6.85m,钢管拱肋预埋段重约6.8t;劲性骨架的预埋段重约3.3t。

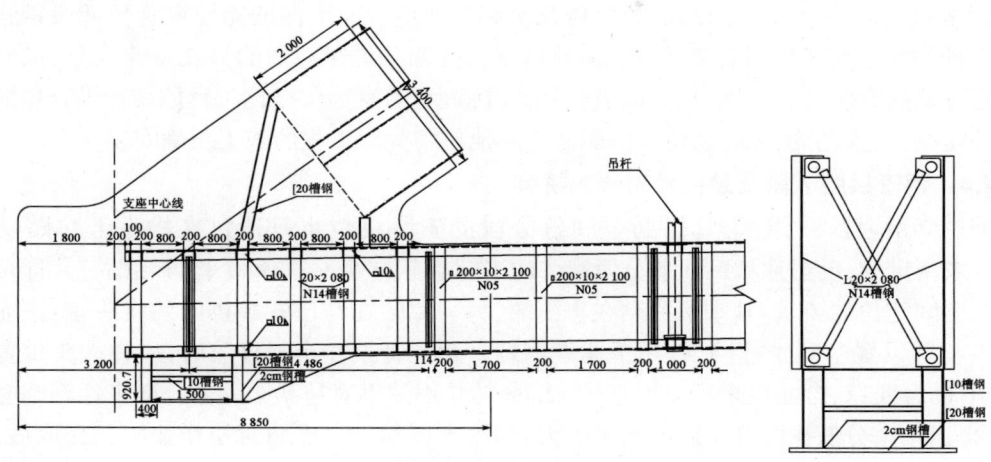

图2 拱脚段预埋结构示意图(尺寸单位:mm)

由于在钢管拱浇筑中对于肋骨的预埋判断位置判定的准确性一直是直接决定钢管拱桥拱轴线及成形效果大小的唯一直接决定的重要因素,而劲性骨架距系杆混凝土表面厚度之间仅约差3.5cm,因此要提高对于两者的肋位预埋位置判断的位置和准确性亦同样很重要,为达到尽可能地防止在钢管预应力混凝土柱的混凝土浇筑或成型的过程中出现肋骨预埋件骨架的跑位,必须立即采取一些有效技术措施,以尽快完成对肋骨上预埋好的骨架位置并予以重新固定。

拱肋预埋段与劲性骨架段板之间还可再采用[20槽钢做支腿,焊接安装于劲性骨架段的上斜角钢板支座上;由于钢劲性骨架通常是直接与焊接钢管系杆轴线相垂直平行焊接进行布置,而焊接钢管上的钢拱肋部分却可直接与其他钢材劲性骨架在一起平行焊接固定后即成为采用整体平行焊接结构的钢骨架,因此劲性骨架的本身构造其实就是给钢提供一个受力性能都很好地焊接结构的钢托架,只需再直接将焊接钢管劲性骨架进行焊接并固定即可。劲性骨架下对应加劲性骨架竖肋焊接[20槽钢支腿立柱,下设2cm厚钢板做垫板,内设[10槽钢做横缀条,如图2所示焊接固定,钢管拱肋及劲性骨架均与钢筋连接。

4.2 拱脚的支撑

拱脚前段采用格构式钢管桩支墩如图3所示支撑,钢管桩顶设2I40b工字钢做横向分配梁托住拱肋,横向分配梁在拱肋预埋段没有精确定位之前不得固定,这样可以方便地前后移动调整高程。

4.3 劲性骨架及钢管拱肋的定位

劲性骨架从N1-N10的顺序拼装,最后留有2m的合龙段,其安装的精度定位就要求专业测量安装人员要将钢系肋杆轴线位置及边线坐标找出并准确标记好,使劲性骨架安装精准定位即可,而对于钢管拱肋杆的安装定位则往往需要关联到空间高程坐标,较为复杂。钢管拱肋预埋段工程的安装,包括以后施工的所有工程钢管拱肋预分段工程安装的准确安装,完全可做到直接利用全站仪设备观测三维空间位置坐标的变化情况来迅速地完成施工就位作业;先在工程每个钢管的拱肋预埋段工程的四角的每一个半圆周 1/2 处粘贴测量位置用的反射片(当钢管的拱肋工程在厂内已经制造完时,这些测量点位也已经进行标记,空间坐标也是唯一确定的)以后,钢管和拱肋预埋段工程安装到位之时,只需先再重新把三维全站仪架设装在原已知测站基础上,然后再通过对准反射片来直接读取原来实测站的三维坐标,并最后通过计算机与原设计站的三维坐标数据相比较,反复做几次调整处理后即可保证能使钢管预埋段钢管和钢拱肋工程的安全准确顺利安装就位。需要再重点强调并说明清楚的另几点建议是,拱肋预埋段工程准确的安装高差与就位高程调整后的实际高程差宜为仅略比工程原始预设计中的实际高程偏差稍小,大约为 1cm,以使尽可能便于其他拱肋分段工程的施工正确安装。

4.4 钢管拱肋节段及劲性骨架合龙拼装

同拱脚预埋段一样,钢管拱肋中间各分段的安装就位也是通过在构件上粘贴反射片(图4)来测量的,反射片粘贴在各分段端头的半圆周分点处,一般每个构件粘贴三片即可满足测量及空间定位的要求,其中两片贴在自由端,另一片贴在与已安装拱肋的接头端;进而地面测量工程师设置空间坐标网,以用于建设测站。劲性骨架在岸上拼装时,应在端头位置预留2m 左右的合龙口,合龙口采用 4 根直径 32mm 精轧螺纹钢对拉系梁劲性骨架来达到临时合龙效果,得以用来分散拱肋合龙后的水平推力,如图5所示。在拱肋对接作业施工完成后,安装合龙口的钢筋骨架及劲性骨架。

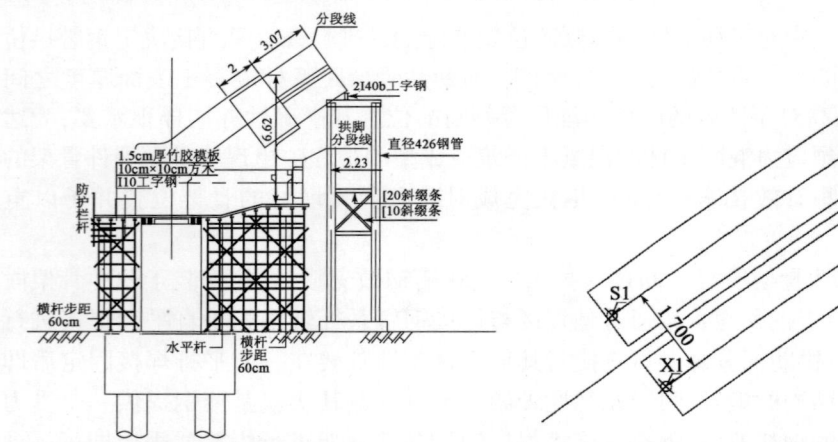

图3 钢管拱肋预埋支架图(尺寸单位:m)

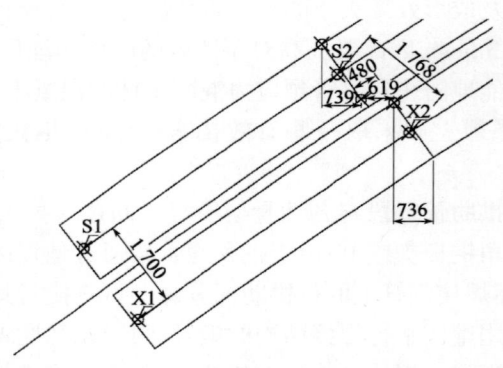

图4 钢管拱肋反射片位置示意图(尺寸单位:cm)

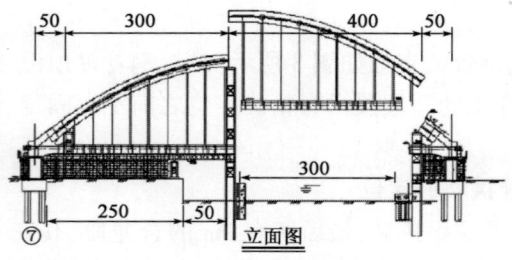

图5 劲性骨架临时合龙装置(尺寸单位:m)

5 整体吊装精度控制

5.1 构件起吊的测量准备

由于主桥线路关键,施工进程关系到工程整体工期进度。所以经专家组议论决定,采用整体吊装施工方案,从而高程度上节约了工程的施工期限与资金流入,并且在保障了全桥的质量情况下,使风险值降到最低。整体吊装方案中,工程部测量人员根据图纸要求,确定施工设计所需要的水平及三维空间坐标。

5.2 安装测量监控确认吊装

安全可靠后,进行钢管拱肋各分段及风撑的吊装。工作人员用皮带扣将钢丝绳与吊装结构相连,并检查稳固情况,吊装结构起吊之前,在钢构件左右两侧分别绑一条绳子,以防止构件在吊装时旋转与支架碰撞;随后特种作业人员操作浮式起重机使构件徐徐上升,当其在空中直接移动到拱肋支墩上方时停稳,然后缓慢下放,待构件下降至距离支墩顶分配梁 0.8~1m 高度时,测量工程师使用全站仪实时观察并计算拱肋的空间高程坐标,将定位偏差用对讲机告知浮式起重机人员,浮式起重机人员根据构件偏差实际状况时刻调整位置,使构件精确定位。

6 结语

戚墅堰大桥总工期仅历时 36d,桥位总装合龙后经测量工程师实测:上游水平精度偏差 6mm、竖向偏差 5mm,下游水平偏差 7mm、竖向偏差 6mm,施工过程中封航时长仅为 3h,封航次数也小于 3 次,二者均在省级海事部门要求范围内。

在对全桥方案的比拼以及专家的反复论证下,采用精准的拼装方案及合适的节间划分,在拼装过程中采用动态精度控制系统,保证了拼装精度,加大了精度控制效果。为此后类似跨航道大跨度系杆拱桥拼装精度控制提供借鉴作用,是一种值得应用推广的好方案。

参 考 文 献

[1] 苏南运河三级航道桥梁工程(常州段)戚墅堰大桥主桥施工技术方案.
[2] 中华人民共和国交通运输部.公路工程质量检验评定标准 第一册 土建工程:JTG F80/1—2017[S].北京:人民交通出版社股份有限公司,2018.
[3] 史淑艳,张健康,陈伟涛.纳界河提篮拱桥预拼装精度控制方法[C]//2014 全国钢结构设计与施工学术会议论文集,2014,07.
[4] 刘长卿.京杭运河特大桥主桥 132m 钢管拱拼装与线形控制[J].施工技术,2011,40(20):91-94.

85. 宽幅预应力混凝土斜拉桥塔梁同步施工安全设施设计与施工技术

张 平[1,2]　黄美懿[1]　李育文[1]　林 珊[1]　李光正[1]

(1.云南省铁路集团有限公司；2.中南林业科技大学土木工程学院)

摘　要：通过云南省景洪市神秘谷澜沧江大桥塔梁同步施工安全设施设计与施工的实际经验，对宽幅预应力混凝土斜拉桥塔梁同步施工步骤及相关安全设施采用大型有限元软件 Midas Civil 进行建模仿真分析与设计，根据仿真分析计算结果设置特定的安全设施进行施工。研究结果表明：采用的相关安全防护措施能够有效保证塔梁同步施工时尚未形成完整受力体系的索塔及主梁的结构安全，确保斜拉索、索塔、主梁交叉施工情况下施工人员及设备、物资、构件的施工安全，以达到斜拉索防污损及预防火灾的效果，进而实现降低施工风险、加快施工进度，确保施工质量与安全的目的，为以后同类斜拉桥塔梁同步施工安全设施的设置提供参考。

关键词：斜拉桥　塔梁同步　安全设施　设计　施工

1 引言

斜拉桥塔梁同步施工工艺为一种新型的工艺，其优点是斜拉索、索塔和主梁三个主要构件交叉施工，可以缩短施工工期、节约施工成本，同时改善高索塔在施工期间的抗风稳定性，总体上是经济合理的。但是塔梁同步施工也存在着许多难点或缺点，主要是"塔梁同步"过程中塔、梁整体刚度还未成型，在恒载、拉索张拉力及其他施工临时荷载作用下,结构部分位置受力偏不利。同时塔、梁施工在空间和时间上均有交叉，增加了安全风险。

目前斜拉桥塔梁同步施工所采取的安全防护措施主要是设置安全区域、搭设安全防护平台、设置安全通道、覆盖防火隔离层等。如赵骏[1]通过新疆可克达拉大桥塔梁同步施工对相关控制技术进行了研究。陈干、李哲[2]等通过九江新长江公路大桥南索塔的塔梁同步施工对安全防护平台的设计与施工进行了研究。蔺炳辉、唐立昕[3]等通过国道108线禹门口黄河公路大桥塔梁同步施工对安全防护平台及斜拉索防火措施进行了研究。

从上述相关的研究成果可以得出，目前对于斜拉桥塔梁同步防护设施的研究主要集中在安全防护平台的设计与施工、斜拉索防火控制上，主梁结构类型也基本集中在钢梁或钢-混组合梁上，而对于采用前支点牵索挂篮进行施工的宽幅预应力混凝土主梁的斜拉桥，以及塔梁同步施工节段未形成完整受力体系的索塔结构安全、主梁上较远距离的人员通行安全等研究较少,本文通过对云南省景洪市神秘谷澜沧江大桥塔梁同步施工为例,分析了相关施工安全风险,对索塔结构安全及立体交叉施工安全设施进行了分析和计算,并针对性地提出了处置措施,为相关类似工程提供参考。

2 工程概况

云南省景洪市神秘谷澜沧江大桥位于国道 G214 线景洪南过境公路跨澜沧江处,主桥跨径布置为 32m+85m+300m+85m+32m,全长 534m,为双塔双索面斜拉桥,结构整体为半飘浮体系。桩长 32@57m,$R=2.5m$,承台尺寸为 42m×22.8m×6m,钻石形塔高度为 146.872m。每个桥塔设置 24 对钢绞线斜拉索,全桥拉索共 192 根(分为 43、47、55、61、73、79 束共六种类型)。混凝土主梁宽度为 39.1m,主梁 0 号~3 号及 0′号~3′号段为单箱四室构造,4 号~5 号及 4′号~5′号段为单箱四室渐变为双边箱梁构造,9′号~10′号段为双边箱梁渐变为单箱四室构造。主梁 0 号段长 10m,主梁 0 号段处索塔顺桥向长度为 9.5m,中跨 1 号~24 号段及边跨 1′号~10′号段长度均为 6m,中、边跨合龙段均长 2m,边跨现浇段长 18m+32m=50m。主桥桥型布置图如图 1 所示。

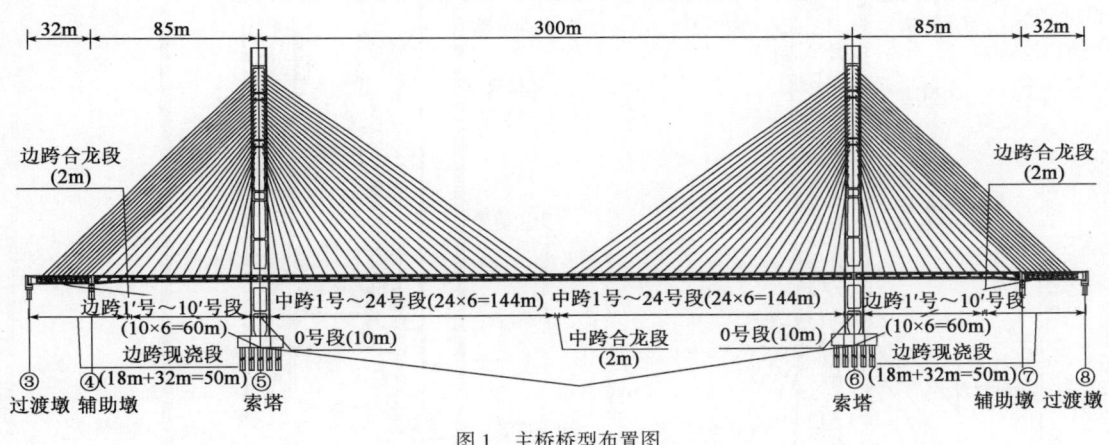

图 1 主桥桥型布置图

3 塔梁同步施工安全风险分析

3.1 索塔及主梁结构安全

塔梁同步施工过程中索塔、主梁的整体刚度还未成型,在恒载、空间索面的斜拉索张拉力及其他风荷载、施工人员及设备等临时施工荷载作用下,索塔结构部分位置受力偏不利,塔偏、索力控制及索导管定位等不确定影响因素显著增加。容易产生索塔及主梁变形、开裂,定位不准、索力出现偏差等严重质量问题。

3.2 立体交叉施工安全

塔梁同步施工过程中斜拉索、索塔和主梁三个主要构件进行立体交叉施工,且各种工序错综复杂、多种因素共同影响,索塔施工的高空坠物(五金工具、构配件、材料等)易对主梁及斜拉索的施工人员及设备的安全带来极大隐患。

3.3 斜拉索污损及火灾隐患

塔梁同步施工过程中索塔施工所产生的高温焊渣的掉落,易对斜拉索(本桥斜拉索采用的是带油脂的环氧涂层钢绞线斜拉索及 HDPE 护套管)、主梁施工时所使用的氧气、乙炔瓶以及养护用土工布等产生影响,带来严重火灾隐患。

4 安全设施方案的设计

根据大桥设计构造、施工节段划分及施工步骤的协调情况,对大桥塔梁同步施工安全设施方案进行规划和设计,塔梁同步施工安全设施主要包括根据塔梁同步施工步骤在上塔柱中上横梁及上横梁尚未施工时塔肢处于悬臂状态而未形成完整受力体系时因空间斜拉索张拉时产生水平力进行平衡的临时对拉杆1(2根$\phi 820×12$mm钢管+4根25@15.2mm钢绞线及锚具)、临时对拉杆2(2根$\phi 820×12$mm钢管+2根12@15.2mm钢绞线及锚具),中塔柱安全防护平台、纵向安全通道及斜拉索防火设施四部分,安全防护设施总体布置图如图2所示,详细构造图如图3所示。

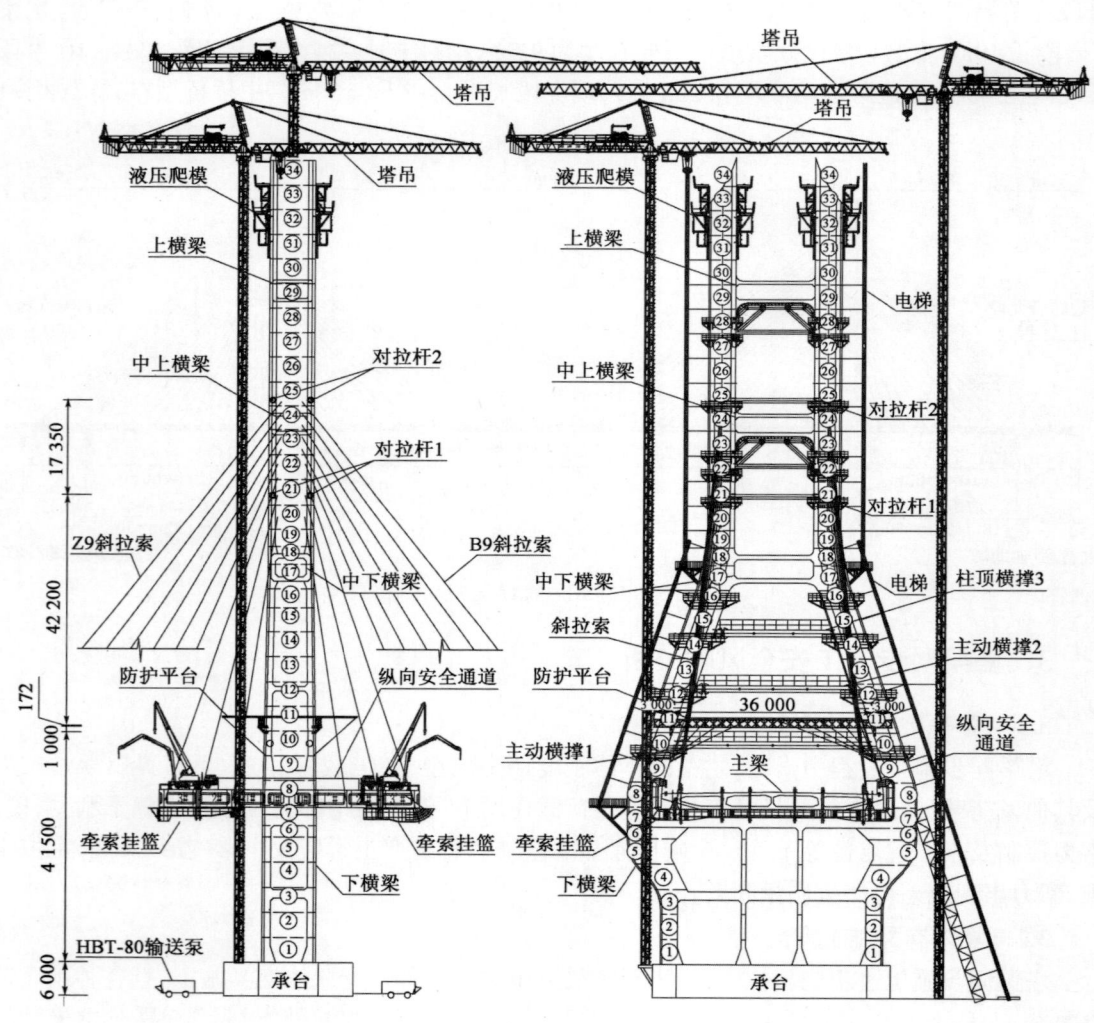

图2 塔梁同步施工安全设施总体布置图(尺寸单位:mm)

4.1 塔梁同步施工步骤

根据施工进度计划,编制塔梁同步施工步骤表,并通过Midas Civil有限元软件进行建模分析,确定确保塔柱受力安全的支撑设施(对拉杆)的位置及施加的对拉力。相关步骤见表1。

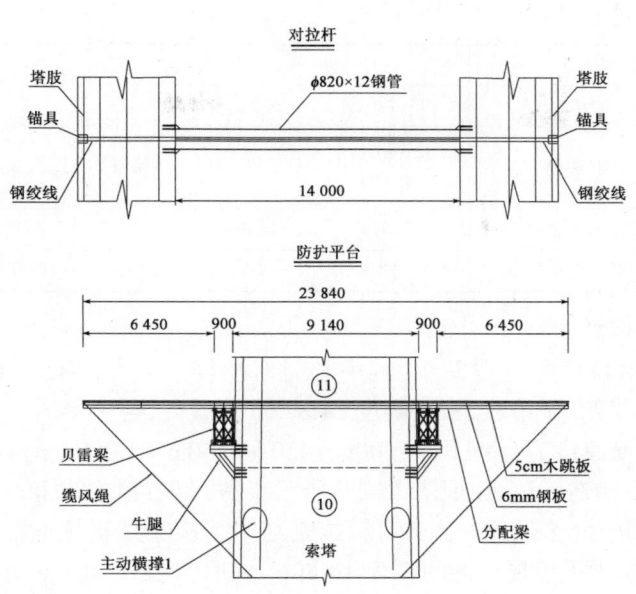

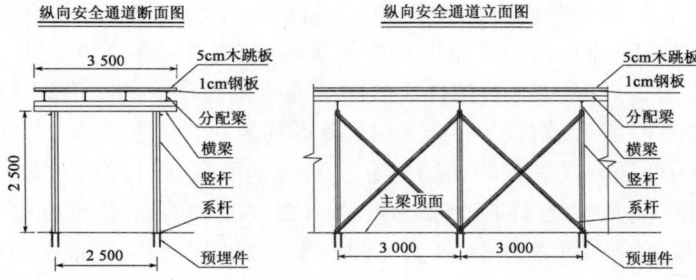

图3 塔梁同步施工安全设施构造图(尺寸单位:mm)

塔梁同步施工步骤表　　　　　　　表1

主梁施工			塔柱施工			备 注
主梁节段	节段长度	结构形式	塔柱节段	节段高度	结构形式	
0号段	10m	单箱四室	17号~20号段、中下横梁	3.199~4.5m	渐变单箱室	中下横梁($H=5.0$m)异步施工
1号段	6m	单箱四室	中下横梁、21号~22号段	4.5~5.0m	单箱室	索塔19号段进入上塔柱等截面段
2号段	6m	单箱四室	23号~24号节段	4.5m	单箱室	对拉杆1同步张拉至11 810.1kN
3号段	6m	单箱四室渐变双边箱	23号~24号节段	4.5m	单箱室	对拉杆1同步张拉至2 515.2kN
4号段	6m	单箱四室渐变双边箱	中上横梁	4.0m	单箱室	对拉杆2同步张拉至1 130.4kN
5号段	6m	单箱四室渐变双边箱	中上横梁、27号节段	4.0~4.5m	单箱室	中上横梁($H=4.0$m)异步施工
6号段	6m	双边箱	28号~29号节段	4.5m	单箱室	边跨现浇段同步施工
7号段	6m	双边箱	30号~31号节段	4.5m	单箱室	边跨现浇段同步施工

续上表

主梁施工			塔柱施工			备注
主梁节段	节段长度	结构形式	塔柱节段	节段高度	结构形式	
8号段	6m	双边箱	32号节段、上横梁	4.5m	单箱室	边跨现浇段铁砂配重同步施工
9号段	6m	双边箱渐变单箱四室	上横梁	4.0m	单箱室	对拉杆2同步张拉至882.1kN
10号段	6m	双边箱渐变单箱四室	33号~34号节段	4.5m	单箱室	边跨现浇段铁砂配重同步施工

4.2 临时对拉杆设计

每个索塔的临时对拉杆共设置两组,其中临时对拉杆1(2根$\phi 820\times 12$钢管+4根25@15.2钢绞线)设置于索塔第21节段,索塔高度84.872m位置处,与中下横梁顶板顶面的间距为10.8m,顺桥向单个塔壁厚度方向间距为300m+450m+450m=1 200mm,其设施与主桥25@15.2钢绞线预应力体系构造一致,按照塔梁同步施工步骤,与之相关的JZ1及JB1斜拉索与中下横梁顶板顶面的间距为6.8m,JZ2及JB2斜拉索与中下横梁顶板顶面的间距为10.8m,JZ3及JB3斜拉索与中下横梁顶板顶面的间距为13.8m。临时对拉杆2(2根$\phi 820\times 12$钢管+2根12@15.2钢绞线)设置于索塔第24节段,索塔高度102.222m位置处,与临时对拉杆1的间距为17.35m,顺桥向单个塔壁厚度方向间距为675m+525m=1 200mm,其设施与主桥12@15.2钢绞线预应力体系构造一致,按照塔梁同步施工步骤,与之相关的JZ9及JB9斜拉索与中上横梁顶板顶面的间距为2.15m,临时对拉杆2与中上横梁顶板顶面的间距为2.5m。

根据Midas Civil有限元软件分析结果,按最不利原则,不考虑$\phi 820\times 12$mm钢管参与受力,仅考虑其作用为增强索塔塔肢的结构稳定性和安全系数,经计算,对拉杆1钢绞线最大拉力11 810.4kN<钢绞线最大容许拉力206×100=20 600(kN);对拉杆2钢绞线最大拉力882.06kN<钢绞线最大容许拉力206×24为4 944kN,各施工阶段大桥最小屈曲系数为30.8>4,塔柱混凝土最大拉应力为0.85MPa<索塔C55混凝土抗拉强度设计值1.96MPa,索塔横梁混凝土最大拉应力=0.52MPa<索塔横梁C55混凝土抗拉强度设计值1.96MPa,主梁混凝土最大拉应力为0.29MPa<主梁C60混凝土抗拉强度设计值2.04MPa,受力计算满足要求。相关有限元仿真分析计算模型如图4所示,有限元仿真应力分析如图5所示。

图4 塔梁同步施工有限元仿真分析模型

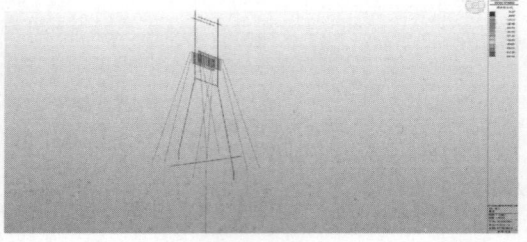

图5 塔梁同步施工有限元仿真应力分析

4.3 安全防护平台设计

中塔柱安全防护平台设置于中塔柱第10号~11号节段,通过在该处安装2×I 32b工字钢牛腿进行支撑,在牛腿上设置3榀贝雷梁,其间距为2×45cm,跨度为36m,长度为42m,在贝雷梁上设置I25b工字钢分配梁,分配梁间距为1.0m,分配梁上设置6mm钢板及5cm木跳板,分配梁端部采用∟75×8系杆进行连接,大、小里程侧采用$\phi 24$mm钢丝绳作为缆风绳点进行锚固。防护平台计算考虑坠物冲击力(自塔顶坠落)、自重荷载、风荷载作用,荷载组合系数为130%静载+150%动载,采用Midas Civil有限元软件进行建模分析得贝雷梁弦杆大轴力为112.9kN<容许轴力560kN,竖杆大轴力为105.9kN<容许轴力210kN,腹杆大轴力为105.9kN<容许轴力171kN,型钢组合应力计算为75.3MPa<Q235钢容许应力190MPa,稳定系数为6.8>4,均满足要求。安全防护平台有限元仿真分析计算模型如图6所示,组合应力仿真分析计算模型如图7所示。

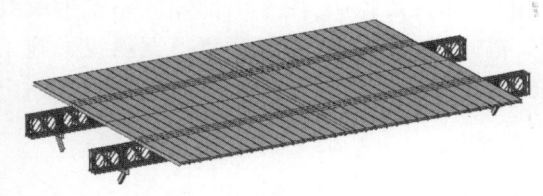 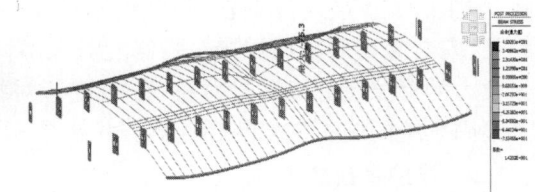

图6 安全防护平台仿真分析计算模型　　　　图7 安全防护平台组合应力仿真分析

4.4 纵向安全通道设计

主梁顶面纵向安全通道尺寸为2.5m×2.5m,设置于主梁横桥向距离梁边线1.0m位置(外侧竖杆),竖杆、横梁及分配梁均采用I20b工字钢,数杆间距2.5m,横梁长度3.5m,竖杆和横梁焊接形成门架,门架间距为3.0m,门架两侧采用∟75×8mm角钢作为连接系加强稳定性,分配梁设置于门架横梁顶面,与门架横梁进行焊接,间距为1.0m,分配梁顶部设置10mm钢板及5cm木跳板,在0号块顶部纵向安全通道转向90°,形成电梯安全通道与电梯平台进行连接,并纵向延伸至主梁6号节段[按照6级风速(6级以上禁止施工)计算焊渣等物体的坠落范围],门架底部采用预埋钢板预埋在主梁混凝土内。其计算考虑坠物冲击力(自塔顶坠落)、自重荷载、风荷载作用,荷载组合系数为130%静载+150%动载,采用Midas Civil有限元软件进行建模分析得型钢组合应力计算为113.9MPa<Q235钢容许应力190MPa,钢板组合应力计算为128.8MPa<Q235钢容许应力190MPa,稳定系数为16.7>4,均满足要求。纵向安全通道有限元仿真分析计算模型如图8所示,防护钢板单元组合应力仿真分析计算模型如图9所示。

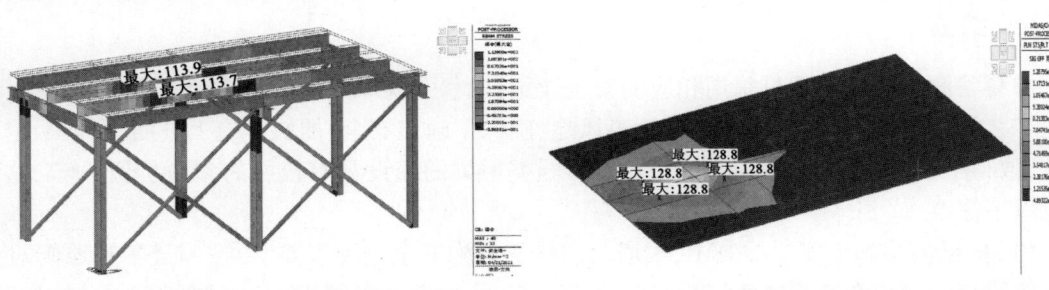

图8 纵向安全通道梁单元组合应力计算结果图　　　　图9 纵向安全通道钢板单元组合应力计算结果

4.5 斜拉索防火设计

为防止塔柱施工时电焊焊渣等对斜拉索HDPE护套管及预埋索导管造成污损,并导致HDPE护套管及环氧钢绞线油脂产生火灾,采用防火玻璃棉进行缠绕覆盖,并采用细铁丝进行绑扎。按照6级风速(6级以上禁止施工)计算其坠落范围后,得知斜拉索及索导管的防护范围为主梁0号~6号节段。

5 安全设施的施工

5.1 临时对拉杆施工

索塔施工时在对应位置进行临时对拉杆的 $\phi 820\times 12mm$ 对撑钢管预埋件及锚固系统的波纹管、锚垫板等预埋,预埋件施工时要求定位准确,临时对拉杆的钢绞线锚固系统设置于 $\phi 820\times 12mm$ 对撑钢管内部,其构造与大桥 25@15.2mm 及 12@15.2mm 普通钢绞线预应力体系构造一致,施工时先安装对撑钢管,并在对撑钢管一端的端部预留孔洞,用于内部锚固系统钢绞线的安装,安装完毕后采用焊接等强修复对撑钢管。锚固系统张拉时主要注意根据斜拉索施工时张拉力的百分比分级同时对称、分级进行对拉杆的张拉,张拉时及张拉后及时进行观测记录。锚固系统的施工工艺与预应力张拉工艺一致。

5.2 防护平台施工

中塔柱防护平台的贝雷梁在索塔承台附近的场地进行组拼,场地在索塔塔吊覆盖范围内,地面用 50t 及 25t 汽车吊配合进行组装。用索塔 C7050 塔吊进行吊装,安装就位后在索塔牛腿上焊接限位板进行限位,现场搭设须确保牛腿布置在贝雷梁的竖杆主受力节点上。分配梁采用 U 形卡与贝雷梁顶部弦杆进行固定。分配梁顶部的钢板及木跳板顶部设置 $\phi 16mm$ 压条钢筋,通过 U 形卡与分配梁进行固定,其间距为 1.5m,木跳板与 $\phi 16mm$ 压条钢筋为垂直方向布置,钢板在相应位置开孔方便 U 形卡穿过与分配梁固定,木跳板同时用铁丝与钢板进行固定。

5.3 纵向安全通道施工

纵向安全通道相关构件在加工场加工完毕后,通过平板车运输至索塔承台附近,采用塔吊吊装至主梁顶面后,采用塔吊或梁面挂篮悬浇所使用的 25t 吊车配合施工,施工主要注意在主梁施工时对相关预埋件进行准确预埋施工。

5.4 斜拉索防护设施施工

斜拉索 HDPE 护套管及索导管采用防火玻璃棉进行覆盖并采用系铁丝进行绑扎,施工时与 HDPE 护套管同时进行挂设,在塔柱施工完毕后拆除顶部固定的铁丝并拖送至主梁顶面进行拆除。施工时还需对现场存放的环氧涂层钢绞线、氧气、乙炔等易燃易爆物品同步进行覆盖。

6 结语

神秘谷澜沧江大桥通过采用相应的安全设施,确保了宽幅预应力混凝土斜拉桥塔梁同步施工工艺的成功实施,有效地控制了施工风险、确保了施工安全、加快了施工进度、降低了施工成本,取得了良好的社会效益和经济效益,对同类桥梁的建设具有较好的参考价值,施工过程中有以下体会:

(1)塔梁同步施工安全控制中,索塔及主梁的结构安全至关重要,要按照最不利原则对大桥塔梁同步施工步骤进行整体结构受力分析计算,并根据计算结果增设相应的安全控制设施并严格按照方案实施,方能确保大桥主体结构的施工安全。

(2)安全防护平台及安全通道的设置对塔梁同步施工时索塔、主梁、斜拉索同步立体交叉作业的安全控制影响巨大,是塔梁同步施工过程中确保施工安全的必要措施,是施工作业人员、设备及相关物资安全的可靠保证。

(3)塔梁同步施工过程中应高度重视索塔施工中高温焊渣的掉落等可能对斜拉索及相关物资、设备、构件造成影响从而产生火灾隐患,确保施工安全。

参 考 文 献

[1] 赵骏.新疆可克达拉大桥塔梁同步施工控制技术[J].市政工程,2019(8):1554-1557.
[2] 陈干,李哲.斜拉桥塔梁同步施工安全防护平台设计与施工[C]//全国斜拉桥关键技术论文集,2012(1):99-104.
[3] 蔺炳辉,唐立昕.塔梁同步施工的安全防护措施[J].筑路机械与施工机械化,2018(35):68-75.

86. 常泰长江大桥下横梁专项施工监控系统研究

吕昕睿 孙南昌

(中交第二航务工程局有限公司技术中心)

摘 要：横梁作为斜拉桥主塔的关键受力结构，施工过程的安全性和施工监控值得关注。本文依托常泰长江大桥主塔下横梁施工，对其信息化监控技术开展了关键技术研究。研发了基于数字孪生的下横梁专项施工监控技术及平台。研究表明，该施工技术极大地提高施工效率和精度，节省人力成本，相关技术应用推广前景广阔。

关键词：斜拉桥 下横梁 施工监控 智能化

1 引言

斜拉桥由于跨度大、结构美观，近年来建设规模逐步扩大。主塔作为斜拉桥关键组成部分，其结构形式也越来越复杂，诞生了类似水滴形、钻石形等空间结构主塔。复杂的结构对施工技术和工艺有了更高的要求，下横梁作为休斜拉桥主塔重要的组成部分，其施工质量控制的好坏对主塔整体的线性、受力有着关键影响，因此下横梁施工过程的安全性和监控越发值得关注。目前，暂无对桥梁主塔下横梁施工的专项监控系统，传统的主塔施工监控存在信息化手段有限、监测覆盖面窄、无法施工具体专项需求等问题。因此，本文依托常泰长江大桥下横梁施工，对其信息化监控技术开展了关键技术研究。研发了基于数字孪生的下横梁专项施工监控技术及平台。

2 工程背景

常泰长江大桥主航道桥采用双层斜拉桥方案（142m+490m+1 176m+490m+142m=2 440m），如图1所示。主塔设计采用"钢-混"组合结构空间钻石形桥塔，总高352m，分为上、中、下塔柱三个区域，上塔柱采用钢-混组合结构，中下塔柱采用钢筋混凝土结构。

其中，中塔柱与下塔柱交界处设置下横梁，下横梁为单箱单室截面。横梁采用变截面设计，跨中梁高8m，宽7m，梁底曲线$R=126$m。第8节塔肢总高10.15m，采用现浇支架施工，高度方向不分层，纵、横梁均设置2m后浇段，下横梁分四块区域与塔柱同步施工。具体如图2所示。

常泰长江大桥5号主塔下横梁及第8节施工具有以下特点：①施工体量大，塔梁同步施工，总浇筑方量8 000m³；②一次浇筑高度高，第8节塔柱浇筑高度10.15m，混凝土侧压力大；

③结构倾角大,纵梁最大倾角12.67°、横梁最大倾角9.88°、塔柱最大倾角15.3°,模板倾覆力大;④结构非对称,横梁跨中设后浇带,模板受力体系复杂;⑤施工要求高,需达到准清水混凝土外观要求,控裂指标严。

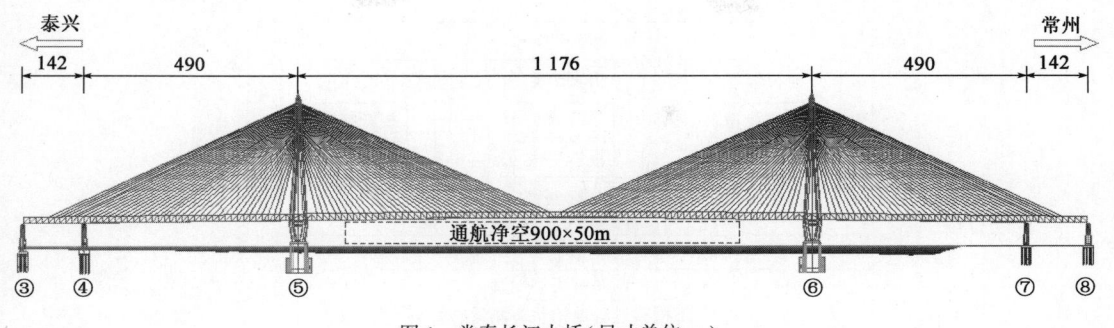

图1 常泰长江大桥(尺寸单位:m)

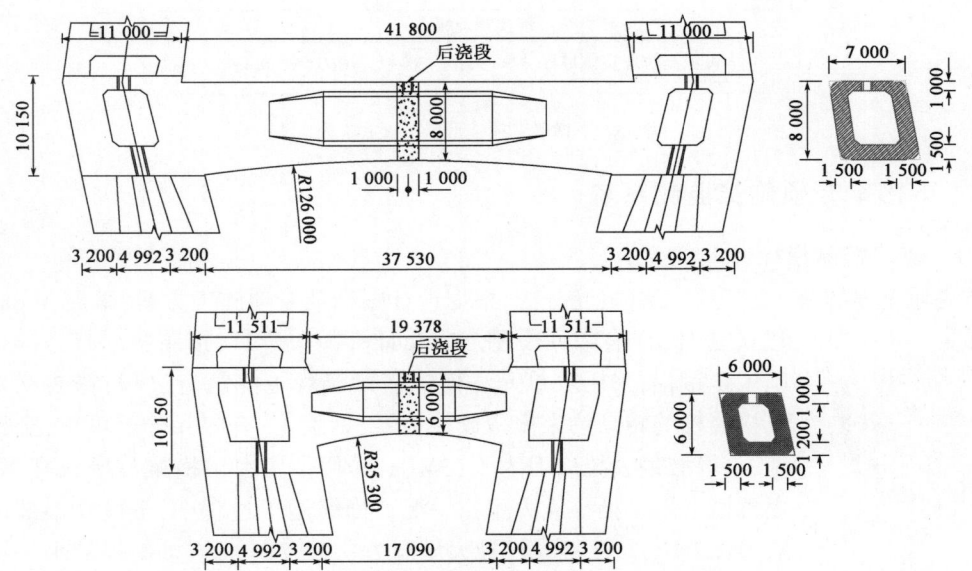

图2 5号墩下横梁构造示意图(尺寸单位:mm)

3 智能监控体系设计

针对上述施工重难点,对其进行专项智能化施工监控。目前,暂无对桥梁主塔下横梁施工的专项监控系统,传统的桥梁施工监控存在信息化手段有限、监测覆盖面窄、无法满足施工具体专项需求等问题。针对其施工特点,构建了以BIM构件为核心的数字孪生仿真场景,结合混凝土浇筑控制要素,从多参数全方位反映施工现场真实状态,实现数据动态传递和精细控制。数字孪生体系总体设计架构由用户域、数字孪生体、监测与实体控制、现实物理域组成,具体如图3所示。

其中,现实物理域为可观测目标对象;监测与实体控制通过安装在下横梁、模板、支架的各类传感器实时采集数据,并将监测数据全方位实时传输到云端服务器;数字孪生体将采集的监测数据进行滤波、存储与结构化处理,分析施工阶段和进度,对超限数值发出警报;用户域主要向用户提供所需要的应用服务,使用者可以利用PC、智能手机等设备,访问云数据中心的Web

服务器,获取所需信息,并调取数字孪生模型。

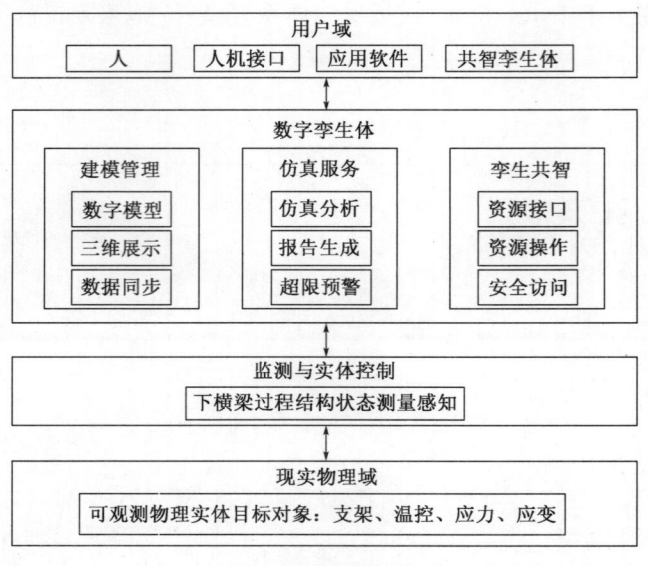

图3 下横梁专项施工数字孪生体系

4 下横梁专项施工监测系统

4.1 施工控制指标

首先对下横梁施工过程进行有限元分析,根据设计图纸及专项施工方案,采用 Midas Civil 建立空间 3D 有限元模型。收集计算相关资料,按照实际状态模拟横梁施工全过程,采用双单元法模拟横梁混凝土浇筑全过程,释放支架与塔肢扶墙杆的转动约束模拟铰接边界,见图4。有限元分析可得,全桥顶推施工,塔肢最大拉应力为 1.23MPa,作用位置在下横梁与塔肢交界处,发生再横梁第 1 批预应力张拉工况。横梁施工过程中,下塔柱根部最大拉应力 0.7MPa。支架立杆最大压应力-122.7MPa,连接斜撑的水平杆最大拉应力 102.4MPa,斜撑-72.1MPa。计算结果见图5。

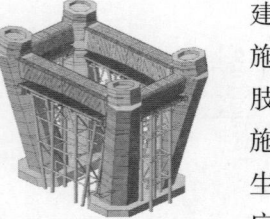

图4 桥塔下横梁有限元整体模型

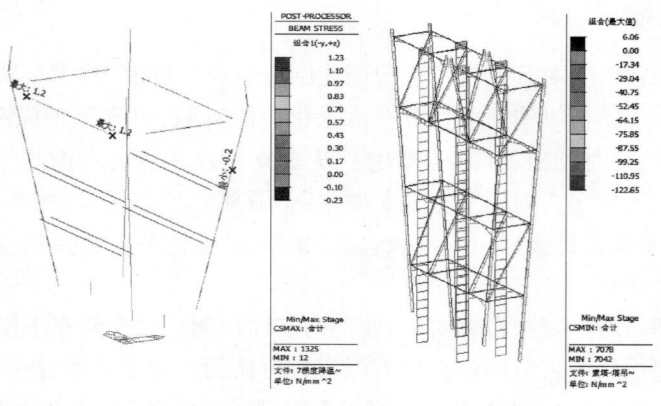

图5 下横梁及支架有限元分析结果

通过计算,拟定顶控制指标,容许值为理论计算值,黄色预警范围为理论计算值与设计值的75%之间,红色预警为超过设计值75%。具体见表1。

控制指标表　　　　　　　　　　表1

施工监控项目	容许值	黄色预警	红色预警
下横梁支架钢管立柱底部应力	135MPa	135~228.75MPa	228.75MPa
下横梁支架钢管立柱顶部应力	110MPa	110~228.75MPa	228.75MPa
下横梁立柱附墙应力	94MPa	94~161.25MPa	161.25MPa
下横梁支架钢管斜撑应力	105MPa	105~161.25MPa	161.25MPa
塔肢外模板顶层	10mm	5~10mm	10mm
下横梁外模板变形	10mm	5~10mm	10mm
塔肢外模板变形	10mm	5~10mm	10mm

4.2 物联网感知系统

施工监测内容主要包括三个方面,即几何参数、应力、温度。根据有限元分析得到计算结果和控制指标,在相应位置布置传感器。结合下横梁施工模板体系,分为4个施工区域。支架位移变形监测点设置在钢管支撑桩对应的分配梁顶面,每个施工区域横梁3个、纵梁1个,共4个支架位移变形监测点。模板监测点设置在第8节塔柱模板顶面和下横梁模板顶面,每个施工区域横梁6个、纵梁2个、塔柱8个,共16个横梁模板监测点。单个"L"浇筑时的测点合计24个测点。单个"L"区域监测布置点如图6和图7所示。

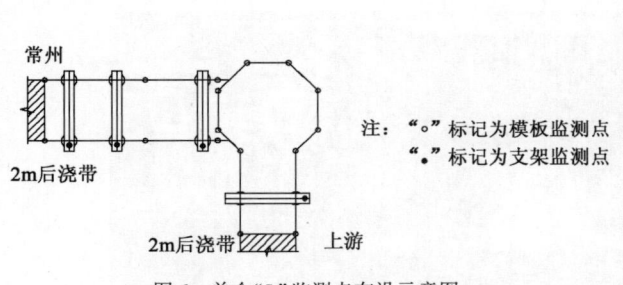 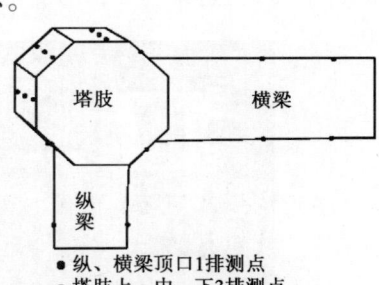

图6　单个"L"监测点布设示意图　　　图7　单个"L"模板变形测点布置图

5号墩支架立柱、斜撑、扶墙等关键结构部位的应力进行监测,测点对称布置。立柱应力测点共12个,斜撑应力测点共8个,扶壁杆应力测点共16个,支架共计36个测点。应力与变形监测均采用两级预警机制,确保支架结构应力状态可控,具体见图8。

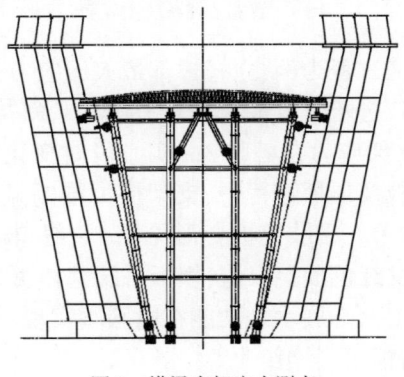

图8　横梁支架应力测点

温度测量主要包括浇筑施工阶段环境温度及混凝土温度场分布监测,应变采集时同步测量温度数据。施工监测项目及监测数量合计见表2。

单塔肢施工监测项目及监测数量表　　　　表2

施工监控项目	传感器类型	数量(个)	监测手段
模板拉杆应力监测	钢弦计	7	自动采集1min/次
支架位移变形监测	倾角传感器	4	
模板位移变形监测	倾角传感器	16	
模板变形监测	倾角传感器	24	
支架立柱杆	钢弦计	12	
支架斜撑	钢弦计	8	
支架扶墙杆	钢弦计	16	
混凝土温度监测	温度传感器	19	

5　实施效果

下横梁施工各类数据展示在数字孪生三维展示等功能在指挥部PC端实现,主界面如图9所示。同时可通过系统导出历史记录数据,用于后期分析。

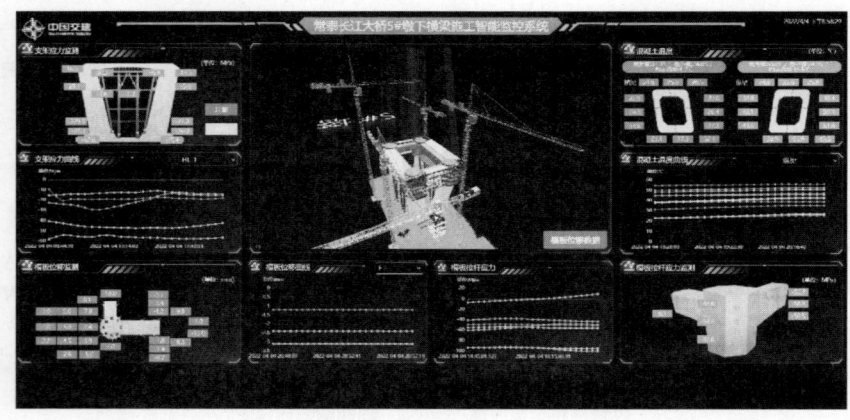

图9　智能监控系统主界面

其中,以3号塔肢整个施工过程为例,立杆根部最大压应力-120.5MPa,斜撑-56.0MPa,附墙杆最大拉应力78.6MPa,支架立杆应力最大增量-97MPa,斜撑-53.0MPa,附墙杆57.6MPa。支架应力绝对量图见图10。支架应力在塔肢3m实心段时变化较小,浇筑到横梁底板时支架应力逐步增大、浇筑到横梁腹板及顶板过程中,支架应力增幅显著。支架应力符合计算范围,变化较为合理满足施工精度要求。塔肢模板变形见图11,纵、横梁模板变形见图12。监测系统录到最大变形9.5mm,未触发红色预警限值,模板系统整体可控。整体符合浇筑荷载下模板变位趋势,状态稳定。数字孪生三维展示等功能在电脑端实现,预警信息均实时推送到手机终端。该监控平台实现了实时高精度连续作业。

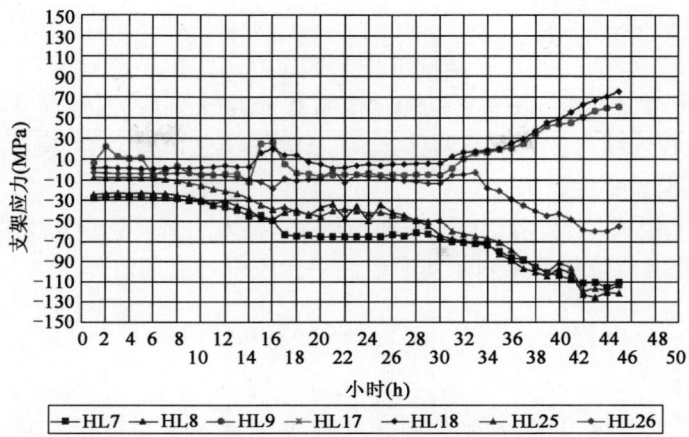

图10 支架应力绝对量图

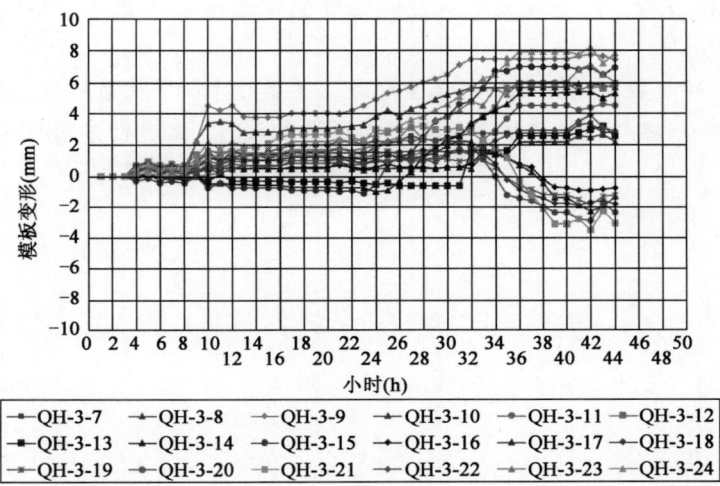

图11 塔肢模板变形

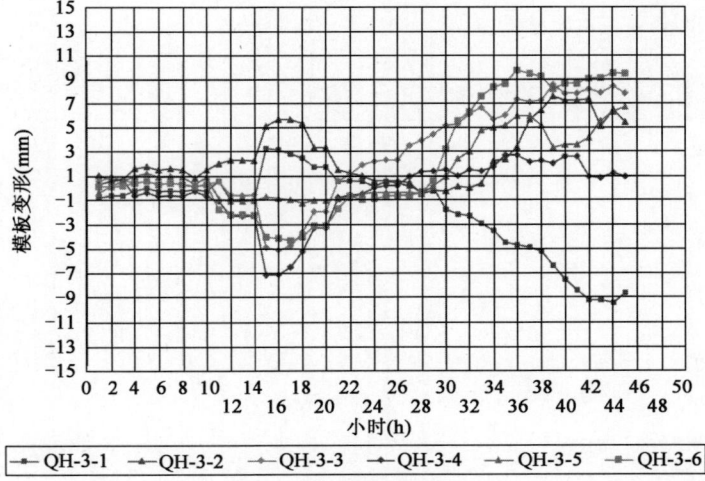

图12 纵、横梁模板变形

6 结语

(1)开发了基于智能传感、数字孪生的下横梁智能监控平台,通过高效评判与智能决策,确保下横梁施工过程连续作业与动态调整,全程未触发红色预警限值,模板系统整体可控,整体符合浇筑荷载下模板变位趋势。

(2)该施工技术极大地提高施工效率和精度,节省人力成本,相关技术应用推广前景广阔,适用于各类大跨度斜拉桥桥梁施工实时监测平台及全寿命期监测。

参 考 文 献

[1] 潘博,刘爱林,王令侠.芜湖长江三桥2号桥塔下横梁支架设计与施工[J].世界桥梁,2021,49(6):34-39.

[2] 张鸿,张永涛,王敏,等.全过程自适应桥梁智能建造体系研究与应用[J].公路,2021,66(4):124-136.

[3] 张文斌.千米跨公铁两用斜拉桥超高主塔施工关键技术[J].交通科技,2020(3):11-15.

[4] 崔洋,王小东.双塔斜拉桥主塔下横梁施工技术要点[J].交通世界,2019(14):129-130.

87. 单线往复式索道在高山峡谷区域施工中的技术应用

蔡 悬

(中交四公局第六工程有限公司)

摘　要：处于高山、悬崖峭壁等特殊地形的旅游景点建筑，由于其位置特性、景观保护等原因，在建设过程中无法使用常规运输机械和起重设备。本文依托恩施大峡谷七星寨景区大楼门景观桥工程，从现场货运索道选址设计及布置情况、索道架设、检查与调试、货物运输、经济分析等方面讲述单线往复式索道在高山峡谷区域的施工应用，以供类似工程施工参考。

关键词：单线往复式索道　景点建筑　经济分析　高山峡谷

1　引言

近年来旅游景区内特殊结构桥梁建设发展迅速，在现场施工过程中，桥梁所需的大件材料进场难的问题非常突出。而恩施大峡谷七星寨景区大楼门景观桥沿线地形以高山大岭为主，地表植被发育茂密，树木密集，且山体相对高差150~350m，地形陡峭，几乎没有运输道路可以利用，工程材料与器材的运输十分困难；若以传统的人力或畜力运输，劳动强度高，施工效率低，运输周期长。本文依据设计图纸并结合现场实际施工条件，经过单线往复式索道运输与以传统的人力或畜力运输的工效和经济对比，认为采用单线往复式索道运输具有实用意义，对类似工程有借鉴意义。

2　工程概况

主体景观桥采用岩锚式单侧张拉斜拉桥，主跨88m，桥梁总宽5.0m，人行道净宽3.2m。主梁采用工字形焊接钢梁，梁高1.2m，宽1.0m，主梁共分为11个标准节段，2个锚固节段，通过横梁焊接连接形成框架。斜拉索采用整束挤压式钢绞线，间距6m，共24束，斜拉索单件最重达2.5t，斜拉索采用CFRP筋预应力岩锚基础。主梁在斜拉索张拉一侧嵌入完整岩层中，形成固结，另一侧采用支座支撑。桥面板采用超高性能混凝土(UHPC)预制板，板厚8cm，采用湿接缝现浇连接成整体。桥型布置图如图1所示。

施工场所环境复杂，景观桥的所有构件及原材均无法通过车辆运输至施工现场，综合考虑，使用索道运输是解决此问题的最优方式。

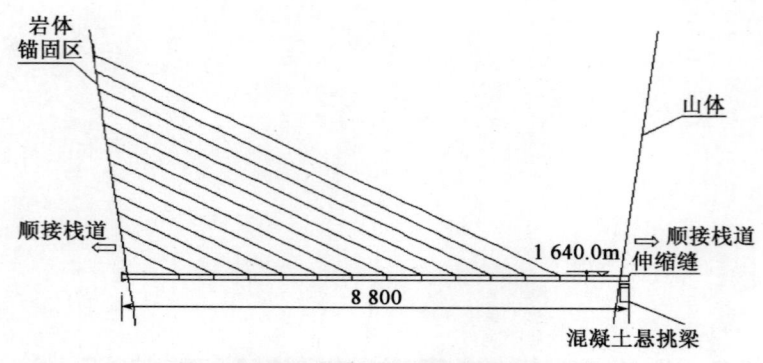

图1 桥型布置图(尺寸单位:mm)

3 货运索道选址设计及布置情况

由于项目位于恩施大峡谷景区,拟建场区周边均是绝壁山峰,材料、设备进场需要搭建货运索道进行转运。索道选址要点为:货运索道的行径路线必须为直线,货运索道纵向布置角度不得大于45%,不宜设置转折点,同时应避开景区商铺,不得与景区游步道交叉;货索上、下站必须通视,采用全站仪测量选定最佳高差段和岩锚锚固点,选择路线短、高差小的运输路线;货索装料点尽量靠近车辆能到达的位置,卸料点尽量靠近施工区,减少货物的二次转运。结合其要点,将货运索道起点拟定场区附近的垭口,起点高程1 653m,货运索道终点位于拟建场区内原连廊位置附近,终点高程1 609m,空缆承重索中心高程1 623m,起终点平距为138.65m。

根据现场地形、运距及运输工程量等综合考虑,货运索道设计为单线往复式形式,采用单根承重索运输货物。牵引方式采用循环绳牵引,即绕过单筒循环卷扬机、滑车与牵引运输跑车相连的牵引系统,用同一钢丝绳形成封闭环的闭合循环牵引方式。货运索道由承重绳、牵引绳、单筒循环卷扬机驱动装置、起点门架、起点地锚、滑车等部分组成。现场布置图如图2、图3所示。

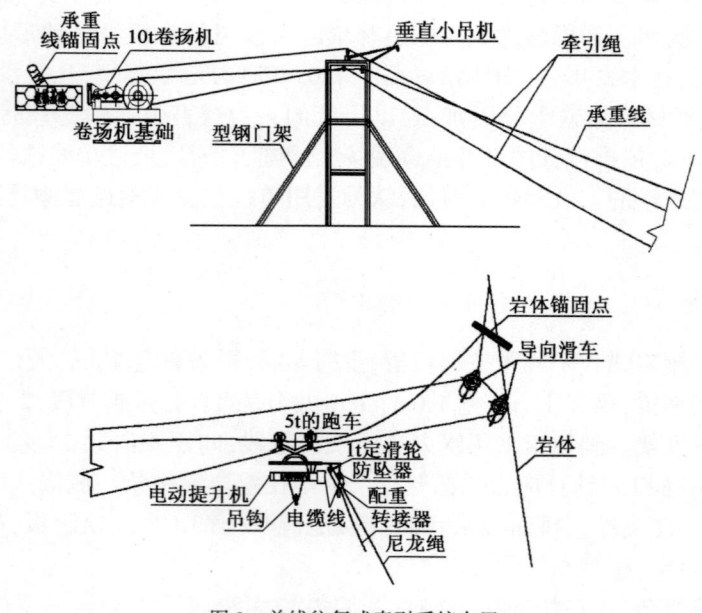

图2 单线往复式牵引系统布置

图3 货运索道现场施工图

4 货运索道的架设

4.1 架设通道及场地清理

首先通过测量放样,确定货运索道行径线路,将索道行径路线下影响索道安装的障碍物清理干净,通过实地考察,选择门架及卷扬机基础位置,基础设置在完整的岩层上。

4.2 门架安装

门架在厂内加工经试拼后运往施工现场用焊接连接;门架采用焊接连接方式,遵循"整体组拼,整体焊接,分片安装"的组拼安装原则。先吊装直立片段与柱脚相连,然后拼装连接段及其他杆件;门架调整定位后柱脚底板与门架基础预埋钢板面采用混凝土进行浇筑加固。

4.3 先导索架设

根据本工程地理位置和地形条件,索道架设的初级引绳采用远距离抛投器进行展放,通过人工配合机械的方式,进行先导索的架设,先导索采用 $\phi 3mm$、长约180m的抛投绳,抛投绳尾连接 $\phi 20mm$ 尼龙绳,然后通过 $\phi 20mm$ 过渡绳进行过渡,最后完成 $\phi 26mm$、长约350m的牵引绳施工,接着完成单线往复牵引系统架设(图4)。

图4 先导索架设施工图

4.4 承重索架设

承重索通过人工及挂于支架上的滑车固定于地锚和岩锚上,地锚及岩锚施工应按设计要求进行,锚点埋深不得小于规范要求,其角度不应大于45°,承载索上可连接调节器(如手拉葫芦)。承重索架设方法:首先,采取随车吊将180m $\phi 32mm$ 钢丝绳运输到货索上站,人工展放出绳头一端,将绳头牵至货索地锚端并缠绕,再采用骑马式绳卡将绳头折回端与主绳紧固,将 $\phi32mm$ 钢丝绳绳尾与架设好的牵引绳采用绳卡紧固在一起,启动牵引卷扬机,将承重绳尾绳牵引至货索下站处。其次,利用下站处 3t 卷扬机、挂于支架上的滑车将绳尾平稳送至下站岩锚端,接着采用上站地锚端同样的紧固方式进行绳尾紧固,完成承重索架设。

4.5 牵引索架设及牵引循环系统形成

采用远距离抛投器方式,进行先导索的架设,先导索采用 $\phi3mm$、长约 20m 的抛投绳,抛投绳绳尾连接 $\phi20mm$ 尼龙绳,然后通过 $\phi20mm$ 过渡绳进行过渡,最后完成 $\phi22mm$、长约 350m 的牵引绳施工,接着完成单线往复牵引系统架设。牵引系统架设总体布置如图 5 所示。

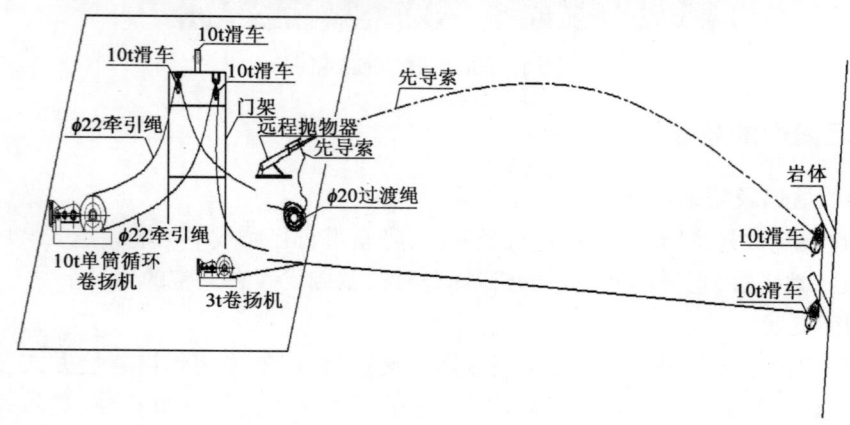

图 5　牵引系统架设总体布置图

(1)将抛投绳绳尾与 $\phi20mm$ 过渡绳连接,抛投器准备就绪,启动抛投器按钮,抛投器弹头带着 $\phi20mm$ 过渡绳到达指定位置,解除先导索与 $\phi20mm$ 过渡绳,将过渡绳用人力直接展放。此时,可在下站处岩锚端设立型钢支架,并在支架上悬挂两个 10t 转向滑车,通过人工将过渡绳穿过两个 10t 的转向滑车,并将过渡绳绳头展放在合适位置,等待与上站 3t 牵引卷扬机连接。

(2)同时,将 $\phi22mm$ 牵引绳盘进货索上站的 10t 循环卷扬机内,并分别展放出两个绳头,钢绳在卷扬机滚筒上缠绕不得少于 5 圈,两端绳头分别放进门架顶部 10t 滑车里并牵引至货索门架底部,牵引绳尾端采用骑马式绳卡与门架临时锚固,牵引绳头等待与过渡绳尾连接。

(3)接着将过渡绳绳尾与门架下放置的 $\phi22mm$ 牵引绳绳头连接,再将过渡绳尾部与 3t 卷扬机放出的牵引绳连接,借助 3t 卷扬机将牵引绳绳头牵引至上站处并临锚固在门架上,完成牵引绳架设。

(4)最后将 $\phi22mm$ 牵引绳两个绳头分别固定在运输跑车板卡子两端,再利用门架下方 3t 卷扬机通过门架顶部 10t 滑车,完成运输跑车在承重绳上的安装,运输跑车安装完成后,将 $\phi22mm$ 牵引绳其中一端在距离绳头 15m 的地方重新用钢丝绳与门架临时锚固,用 10t 滑车、$\phi12.5mm$ 钢丝绳和 3t 卷扬机进行张紧。张紧完毕后将预留的牵引绳缠绕成盘并附挂在运输跑车上,接着牵引循环系统形成。

(5)牵引循环系统形成后,运转 10t 循环卷扬机,从低速开始运行,逐渐达到高速,查看牵引绳的受力情况和在门架上的运行情况,运转至少达 8h。

5 检查与调试

索道安装完成后,在运行前应进行相关的检查、调试,从而保证索道设备的运行安全。索道在每天运行前应认真做好以下项目检查:

(1)检查仪表、指示灯、控制按钮、各安全控制装置反应是否灵敏;牵引机冷却水、燃油量是否充足,润滑油油位是否正常。

(2)检查卷扬机安装方向,制动系统操纵机构是否可靠灵活,各连接件是否牢固。

(3)检查工作索相互是否摩擦或与他物是否摩擦,各支架是否稳定牢靠,各支撑器状态是否良好,各工作索地锚埋设是否正常。

(4)检查各运行跑车、转向滑车转动是否灵活,强度是否满足运输需求。

(5)检查地锚处混凝土基础是否完好,岩体锚固件是否稳固,若有沉降及受力不均等情况应及时进行补填和加固。

6 运输跑车设置

运输跑车采用承重导轮组和5t电动提升机销接组成,跑车承重轮设置2~4个车轮,现场需根据运输单重计算车轮受力,选择车轮数量;利用门架处3t提升卷扬机通过门架顶部悬挑支架上的滑车将起重跑车提升至承重绳上,运输跑车临时固定后,采用5个骑马绳卡将绕过运输跑车夹板的牵引绳头连接,完成运输跑车安装。

7 货物运输施工

物料的装卸组织不当将会造成索道运输停滞,运输不当将会影响索道运输速度,并造成安全事故等。因此,物料的装卸及运输时应根据材料特性,选用不同的运输吊具(图6)。

图6 货运索道物料运输现场施工图

7.1 砂、石料运输

现场砂、石料采用容积为 $1m^3$,并设有活动装置的提升料斗进行运输,运输跑车具有提升功能,自带转接器,通过转接器控制5t提升电动机装卸货物。接着启动10t循环卷扬机,操作人员根据监控人员指令对卷扬机进行控制,观察带载跑车与沿途障碍物实际高度;跑车运输到下站后停车,通过下站处控制器与运输跑车连接,启动控制按钮,将重物摆放在适当位置,反向运行10t循环卷扬机,将跑车运至上站继续下次运输(图7)。

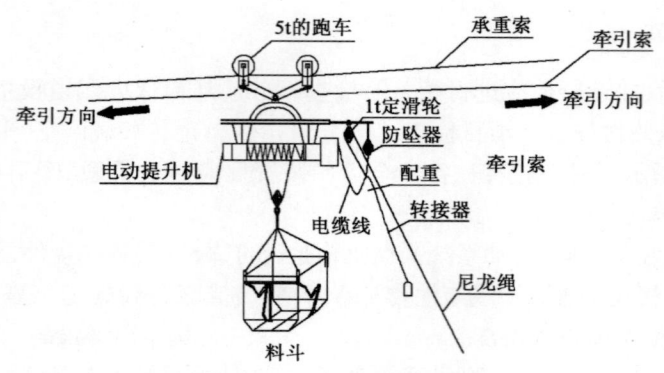

图7 单线往复式索道运输砂、石料示意图

7.2 钢材及钢主梁运输

对于钢主梁及钢材等大型材料,在装料区用吊装带或者高强U形环通过吊装钢丝绳套将运输跑车吊钩连接,采用运输砂、石料同样的操作方法运输各项大型材料(图8)。

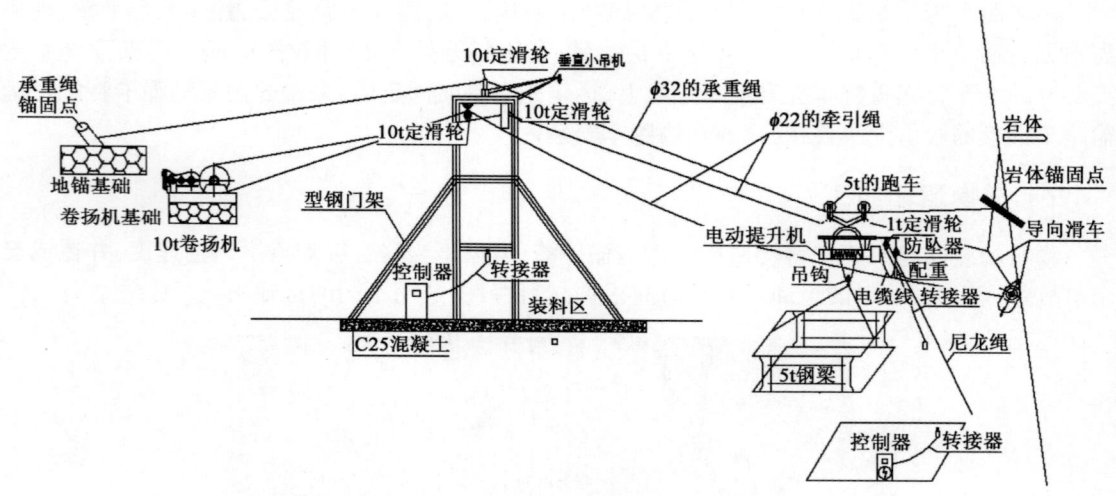

图8 钢主梁运输示意图

8 索道运输经济分析

景观桥主体工程材料及辅助材料的运输量约为2 401.52 t。通过对恩施大峡谷七星寨景区大楼门景观桥工程材料数量统计,总结出货物索道运输与人工运输功效和经济数据统计分析表见表1。

货物索道运输与人工运输数据统计分析表　　　　表1

材料	总量(t)	单线往复式索道运输时间(d)	单线往复式索道运输单价(元)	人工运输时间(d)	人工运输单价(元)
钢材	173.52	9	18 000	29	52 200
砂石料	2 170.2	99	19 800	362	543 000
水泥	58	3	6 000	10	18 000

注:货索运输按照每天6人计算,300元/人;货索磨损及电费按照每天200元计算(索运输水泥20 t/d,砂石料22 t/d,钢材20 t/d),人工运输按照每天6人计算,300元/人(人工运输水泥6 t/d,砂石料6 t/d,钢材6 t/d)。

9 结论

从上述功效和经济分析表来看,索道运输所花费的时间仅为人工运输的 29.4%,索道运输总费用较传统人工运输费用节省 566 400 元。因此,在高山峡谷区域施工,采用单线往复式索道施工技术行至有效。

10 结语

近年来高山峡谷地区旅游景区开发迅速,单线往复式货运索道运输在高山峡谷地区的运用也越来越广泛,本论文结合本项目的特点和单线往复式货运索道架设的工艺,通过现场实际运用,节省了工程材料运输费用,节约了时间和功效,同时也总结出一套简便、有效、可控的施工方法,具有一定的参考意义。

参 考 文 献

[1] 中华人民共和国交通运输部.公路桥涵施工技术规范:JTG/T F50—2011[S].北京:人民交通出版社,2011.
[2] 中华人民共和国住房和城乡建设部.架空索道工程技术标准:GB 50127—2020[S].北京:中国计划出版社,2020.
[3] 李庆林.架空送电线路施工手册[M].北京:中国电力出版社,2002.
[4] 黄磊,王树贵,杜春阳.索道运输在山区线路施工中的应用[C]//中国电力企业联合会,2012.

88. 张九台大桥连续箱梁施工线形控制技术

郑 伟

(中交四公局第六工程有限公司)

摘 要：预应力悬臂现浇箱梁施工技术已经得到广泛运用，梁段的线形控制及合龙精度控制是行业内的技术重难点，为了保证经过体系转换悬臂端的合龙精度符合要求，则应准确地测算每个梁段浇筑前后的预拱度、立模高程、挠度等。本文以张九台大桥施工实际为例，分析预应力悬浇箱梁线形控制。

关键词：连续箱梁 立模高程 线形控制 预拱度 挠度

1 引言

预应力混凝土连续箱梁桥是在T构上采用挂篮悬臂浇筑法，对称平衡施工箱梁节段，箱梁设计时下缘按抛物线 $Y=-1.63556X^2$ 变化，线形控制是本工程的难点。为确保一个跨径内2个悬臂端部的合龙精度满足规范要求，交工验收达到合格标准，施工时应准确测定上部结构每一待浇梁段的预拱度及相应部位的高程、转角。悬臂浇筑过程中会受到很多不确定因素的干扰，导致合龙误差超范围，影响成桥后的受力情况及线形美观，因此对箱梁高程的理论计算和施工控制及调整显得尤为重要。

2 工程概况

张九台大桥位于张九台渡口下游900m，S231安乡黄山头至出口洲公路夹夹至出口洲段改建工程K11+169.58处。上部结构：跨河主桥采用85m+130m+85m预应力混凝土连续刚构2座；跨防洪堤主桥采用50m+80m+50m预应力混凝土连续梁1座。

50m+80m+50m连续梁上部采用预应力混凝土变截面连续箱梁(图1)，梁高及底板厚度按二次抛物线变化，为三向预应力结构，在纵、横、竖向配有预应力钢束。箱梁顶宽11.0m，底宽5.5m，两侧翼板宽2.75m，翼板悬臂端部厚20cm，根部加厚至60cm。桥面设双向2%的横坡。梁墩顶支点处梁高4.5m，高跨比为1/17.77，跨中最小梁高为2.2m，高跨比为1/36.36。箱梁顶板厚30cm；底板厚30~70cm；腹板厚50~70cm；中横隔板厚2.0m，端部横隔板为1.5m。主桥箱梁采用挂篮悬浇逐段施工。各T构箱梁分别为0号块(长度10.0m)，悬臂对称浇筑10梁段(纵向长度分别为3×3.0m+7×3.5m)，边跨现浇段(长度9.5m)，边跨及中跨合龙段(边跨合龙段长度均为2.0m，中跨合龙段长3m)。0号~12号块1/2立面布置图如图2所示。

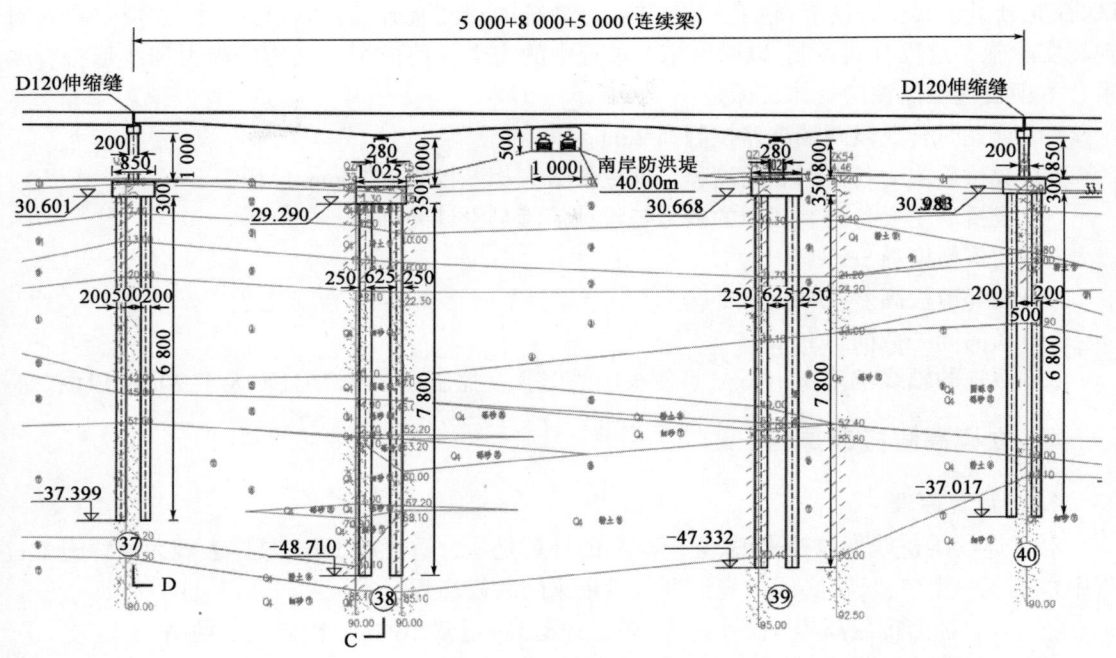

图1 50m+80m+50m 连续箱梁桥型布置图(尺寸单位:mm)

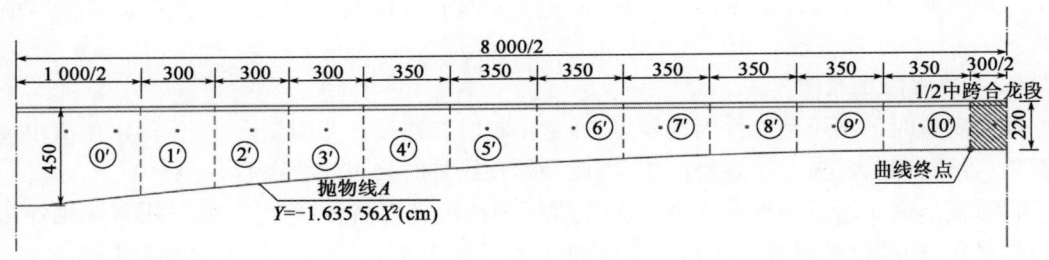

图2 50m+80m+50m 连续箱梁0号~10号块1/2立面布置图(尺寸单位:mm)

本文主要以跨防洪堤主桥 50m+80m+50m 预应力混凝土连续梁为对象进行分析和论述。

3 线形控制的意义和目的

3.1 线形控制的意义

S231 安乡黄山头至出口洲公路夹夹至出口洲段改建工程张九台大桥(主跨 80m 连续梁)采用悬臂浇筑施工,施工过程中各种影响结构变形和内力的因素较多(如梁重、结构刚度、温度场、有效预应力等),而且在边跨或中跨合龙时体系转换施工工艺复杂,如果不加以控制调整,这些误差会导致结构变形和受力严重偏离理论计算轨迹,成桥后主梁的线形无法满足设计要求,合龙后结构中会存在较大的内应力。为了确保在施工过程中结构内力和变形始终处于安全的范围内,且成桥后的线形及结构恒载受力状态满足设计要求,在桥梁施工过程中必须进行严格的施工控制。

3.2 线形控制的目标

本文将通过对张九台大桥 50m+80m+50m 连续箱梁进行比较系统的理论分析和现场测

试,在充分了解其受力性能、施工工艺,并经过系统的观测基础,科学合理地建立分析模型,对现场实际施工过程有效控制,以确保施工过程中的安全并使成桥后结构的内力和线形符合要求。本项目施工监控的具体目标是:

(1)合龙时合龙段两端高差控制在20mm以内。
(2)成桥后主梁各控制点的高程与理论值最大相差控制在20mm以内。
(3)成桥后主梁各控制截面的内力与设计值满足设计允许值。
(4)立模精度:±5mm。
(5)相邻节段高差:±10mm。
(6)横向同一截面:±10mm。
(7)墩顶的轴线偏差在10mm,且使桥墩的竖直度控制在$0.3\%H$且不大于20mm以内。

4 立模高程控制原理

4.1 计算原理

对于连续梁桥线形监控来说,立模高程的计算是最为重要的工作,具体表现为悬臂施工过程中每施工一个节段,都必须预先计算节段主梁的底模高程。

挂篮定位高程=设计高程+施工预抛高+运营预抛高+挂篮变形抛高

其中:①设计高程值是图纸上提供的设计高程;②施工预抛高值为施工该节段至成桥时,该节段的竖向变形值负数;③运营预抛高为成桥后,由于活载或者徐变作用,使该节段发生竖向变形值的负数;④挂篮变形抛高为浇筑该节段混凝土,挂篮产生的竖向变形值的负数。

4.2 高程修正原理

挂篮定位时的不可预见性因素较多,通常由临时荷载及日照温变产生,使得定位值出现临时偏差,悬臂端越大,偏差越容易产生,因此必须现场临时修正立模高程。

临时变形修正示意图见图3,为了施工现场便捷地进行高程修正,一般采用直线延伸法进行高程修正,即根据悬臂端往后两个节段的临时变形,判断悬臂端浇筑块段的变化趋势。

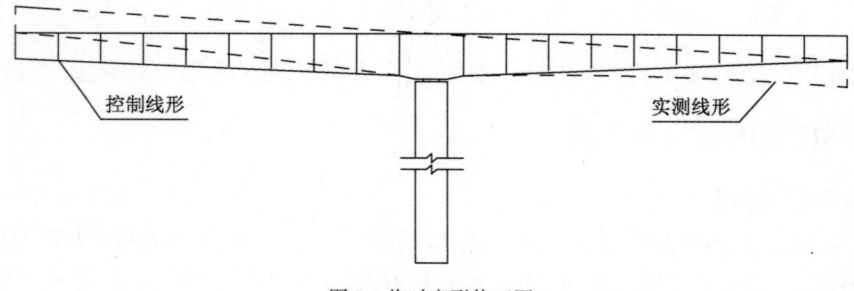

图3 临时变形修正图

5 结构理论计算

采用桥梁平面计算程序进行计算分析,复核设计计算所确定的理论成桥状态和施工状态。按照施工工序以及设计基本参数,对施工过程进行正装计算,得到各施工状态以及成桥状态下的结构受力和变形等控制数据。与设计文件相互校对确认无误后,作为预应力桥梁的施工控制的理论轨迹。

5.1 计算内容及方法

施工控制计算应包括设计符合性计算、事前仿真计算、实时仿真计算。

设计符合性计算应按设计图纸提供的施工工序及结构尺寸,设计图纸和设计规范给出的材料参数值进行桥梁考虑施工过程的总体计算,并与设计方校对参数取值、边界条件与计算结果。

事前仿真计算应按批准的施工组织设计确定的施工工序,根据设计图纸、规范、相关试验,选取合理的结构参数,进行考虑施工过程的总体计算,以确定合理施工状态,并得到各施工阶段及成桥状态的结构受力和变形等控制计算目标数据。

实时仿真计算应根据实测数据、数据分析、反馈控制等得到的更新的参数值和施工流程,考虑施工过程的总体计算,以确定后续的合理施工状态,并得到后续各施工阶段及成桥状态的结构受力和变形等控制计算目标数据,通过施工过程的反馈测量数据不断修正用于施工控制跟踪分析程序仿真计算的参数,使仿真分析自身适应实际施工过程。

桥梁控制计算宜采用按杆系有限元方法,控制计算一般不考虑材料的非线性,但应计入混凝土收缩徐变的影响;应考虑施工过程边界条件、构件数量、作用荷载等的变化;梁桥一般不需考虑几何非线性影响。

5.2 建立计算模型

主桥为50m+80m+50m预应力混凝土变截面悬浇连续箱梁,根据设计图纸的结构布置和施工方法,采用桥梁专用有限元计算软件桥梁博士来建立结构有限元分析模型。箱梁取全截面进行计算,桥面混凝土铺装仅作为二期恒载考虑,按A类部分预应力混凝土构件设计。

全桥主梁共分为67个节点、66个单元,有限元模型如图4所示。

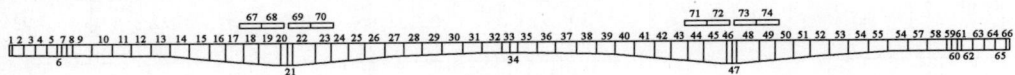

图4 主桥计算模型

(1)材料特性值。

材料参数见表1。

材料参数表 表1

材料	项目	参数
C55混凝土	重度 γ	26.0kN/m³
	弹性模量 E	3.55×10⁴MPa
沥青混凝土	重度 γ	24.0kN/m³
预应力钢筋	弹性模量 E	1.95×10⁵MPa
	松弛率 ρ	0.035
	松弛系数 ξ	0.3
锚具	锚具变形及钢绞线回缩	一端6mm
塑料波纹管	摩阻系数 μ	0.15
	偏差系数 κ	0.0015
支座	不均匀沉降 Δ	10mm

竖向梯度温度效应:按《公路钢筋混凝土及预应力混凝土桥涵设计规范》(JTG 3362—2018)规定取值。

(2)挂篮荷载。

计算分析过程中,挂篮荷载采用集中力模拟,主跨80m连续梁桥合计挂篮重为55t,合龙段吊架荷载按15t考虑。

(3)临时固结和临时支撑。

施工完0号段后,进行临时固结并安装临时支撑,计算时采用临时支撑将主梁单向约束,相应施工阶段结束后拆除临时固结和临时支撑。

(4)二期恒载。

具体包括桥面10cm沥青混凝土铺装,假定单侧栏杆总重平均分布在整个桥面上,合计27.0kN/m。

(5)计算工况。

主跨80m连续梁桥全桥施工阶段至成桥共划分22个工况,成桥后3年划分为另一工况23,计算工况如表2所示。

施工阶段描述　　　　表2

施工阶段编号	1	2	3	4~13	14	15	16
施工阶段描述	桥墩施工	立模现浇0号块同时形成临时约束和张拉钢束	拆除托架	悬臂1~10号块施工	拆除所有挂篮	边跨现浇	边跨合龙配重
阶段时间	30	30	10	单块9d	5	30	4
施工阶段编号	17	18	19	20	21	22	23
施工阶段描述	边跨临时锁定	边跨合龙	解除边跨临时约束	浇筑中跨合龙段	拆除中跨合龙吊架和约束	二期铺装	成桥3年收缩徐变
阶段时间	2	7	4	7	2	30	1 095

5.3 位移计算结果

主跨80m连续梁桥合龙后的累计位移如图5所示,主跨80m连续梁桥各节段合龙后的累计位移计算结果如表3所示。

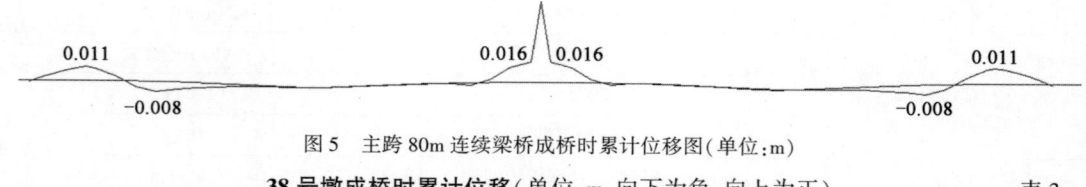

图5　主跨80m连续梁桥成桥时累计位移图(单位:m)

38号墩成桥时累计位移(单位:m,向下为负,向上为正)　　表3

桩号	K11+131.080	K11+148.580	K11+161.580	K11+164.580	K11+169.580	K11+174.580	K11+177.580	K11+190.580	K11+208.080
节段编号	10节段	5节段	1节段	0节段	38号墩	0节段	1节段	5节段	10节段
累计位移	0.01	−0.004	−0.001	0	0	0	0	0	0.016

5.4 成桥预拱度设置

考虑到结构10年收缩徐变和后期运营活载的影响,并为达到比较合理的最终线形,主跨80m桥计算出的中跨跨中最大相应下挠值为6.0cm,即主桥跨中截面成桥预拱度取6.0cm,其他截面按余弦曲线过渡至墩顶;主跨80m桥边跨最大下挠值为2.0cm,即主桥边跨在$3L/8$处成桥预拱度取2.0cm,其他截面按余弦曲线分配(注:此成桥预拱度设置方法通过大量连续梁桥预拱度设置的研究成果而来)。箱梁各截面在收缩徐变和运营活载影响下的变形值见表4、表5。

主跨80m桥箱梁中跨各截面收缩徐变与活载作用下的变形值(单位:cm)　　表4

截面号	0	1	2	3	4	5	6	7	8	9	10	跨中
预拱度值	0.0	0.6	1.1	1.6	2.4	3.2	4.0	4.8	5.4	5.8	6.0	6.0

主跨80m桥箱梁边跨各截面收缩徐变与活载作用下的变形值(单位:cm)　　表5

截面号	0	1	2	3	4	5	6	7	8	9	10	现浇段
预拱度值	0.0	0.1	0.2	0.4	0.8	1.2	1.6	1.9	2.0	1.9	1.6	1.4

5.5 立模高程计算结果

立模高程指箱梁底板的立模高程,由底板的设计高程+预拱度+挂篮变形值,其中预拱度包括两个方面的变形值:

(1)成桥时上部结构各截面的累计变形值,即施工预拱度值。

(2)10年的收缩徐变影响值和运营活载作用下的变形值,即成桥预拱度值。见表6。

38号墩底板立模高程　　表6

桩号	K11+131.080	K11+148.580	K11+161.580	K11+164.580	K11+169.580	K11+174.580	K11+177.580	K11+190.580	K11+208.080
节段号	10号	5号	1号	0号	38号墩	0号	1号	5号	10号
梁高(m)	2.2	2.701	3.721	4.036	4.5	4.036	3.721	2.701	2.2
底板设计高程(m)	45.816	45.189	44.075	43.738	43.238	43.666	43.959	44.885	45.26
施工预拱度(m)	-0.01	0.004	0.001	0	0	0	0	0	-0.016
成桥预拱度(m)	0.016	0.012	0.001	0	0	0	0.006	0.032	0.06
挂篮变形(m)	0.02	0.02	0.01	0.01	0.01	0.01	0.01	0.02	0.02
总预抬值	0.026	0.036	0.012	0.01	0.01	0.01	0.016	0.052	0.064
底板立模高程(m)	45.843	45.225	44.087	43.748	43.248	43.676	43.975	44.937	45.324

6 施工监测内容及方法

6.1 基准点的设立

在主墩0号块浇筑面顶设立水平基准点(基准点用预埋短钢筋为标识,高出混凝土顶面

1.5~2.5cm,用红色喷漆做好标识,小心施工严格保护),利用两侧大地控制网点,使用后方交汇法,用全站仪测出主墩顶箱梁0号块基准点的三维坐标。将主墩箱梁0号块顶面高程值作为箱梁高程的水准基点,每一主墩箱梁0号块顶面布置一个水平基准点,包括底板所用基准点,每月至少一次复测。以首次获得的主墩箱梁0号块顶面高程值为初始值,每一工况下的测试值与初始值之差即该工况下的墩顶变位。水平基准点的建立(包括水平基准点的埋设和高程后视点引至箱梁0号块顶面基准点)。

6.2 立模高程复测

(1)测点布置:箱梁高程控制的具体做法是在地面上固定位置设置永久水准点,在每个T构的0号块墩中心外边缘设置两个参照水准点,作为每个悬浇梁段高程观测的临时基准点。

在每个梁段最前端部的顶板、底板对称设置三个观测点(底板左①、中②、右③点)用于定位、测量、复测模板立模高程,如图6所示。

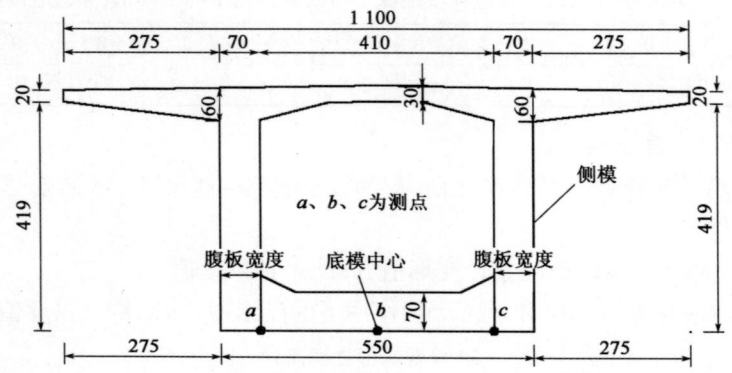

图6 立模高程控制点示意图(尺寸单位:cm)

说明:立模后测量底板 a、b、c 三个点。待挂篮后锚拧紧之后,对底板 a、b、c 三个点进行立模高程复合,严格控制立模高程在±2mm 之内。工人拧紧所有挂篮锚固点后,不得擅自松动锚固螺栓。

施工监控中测量工作应进行换手复测,测量时采用各自的仪器,但采用同一把标尺、同一人立尺,原则上要求换手独立测量,如图7所示。

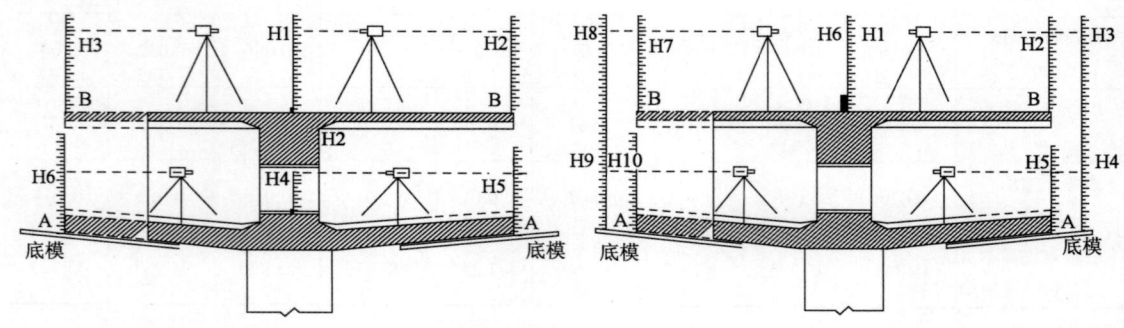

图7 测量方式示意图

(2)参照0号梁上的临时基准点,将50m钢卷尺起始端悬吊在挂篮上桁梁上,另一端挂适当重物,先在箱梁顶面架水准仪,在悬臂端部悬吊钢卷尺前视,将水准仪搬到箱梁内后视钢卷尺,其余测点采用 5m 塔尺测量,接近桥墩处可在箱梁内墩顶处设基准点。

施工过程注意事项:

①立模时进行测量放样;混凝土浇筑前进行复核。

②立模复测时现场调模,精度达到±5mm。

③从合龙段前 4 个梁段起,对全桥各梁段的高程和线形进行联测,并在这 4 个梁段内逐步调整,以控制合龙的精度。

(3)工艺要求:

①挂篮定位一定要准确,边调模边测量,直到定位偏差满足要求为止,内模与侧模定位要求与底模一致。

②浇筑混凝土前对底模高程、混凝土浇筑面高程进行复测,对超过±5mm 的部位必须进行调整。

③混凝土振捣后将多余的混凝土铲除修面。

④混凝土浇筑过程中特别注重纵坡顺畅,横坡严格控制,混凝土振捣后人工调整,或用提浆整平机抹平,保证排水坡度和平整度。

6.3 主梁挠度观测

(1)测点布置:在每一梁段悬臂端(距前端约 10cm 处)设立三个高程观测点。测点须用短钢筋预埋,伸出混凝土面 1.5~2.5cm,并用红油漆标明编号。截面测点见图 8 中的"|"所示的位置,作为主梁混凝土上表面高程的测点。

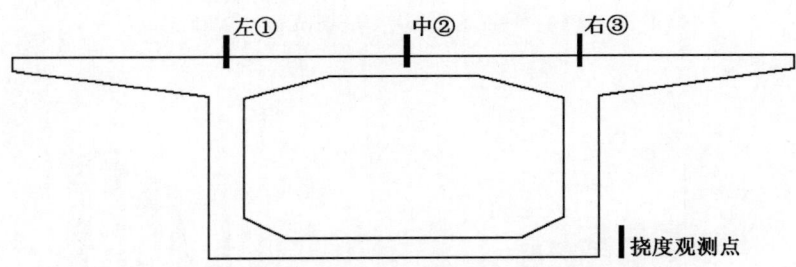

图 8　箱梁截面位置测定示意图

(2)测量方法:用精密水平水准仪测量测点高程。

(3)测量频率:按各节段施工次序,每一节段按两种工况(即浇筑混凝土后和张拉后)对主梁挠度进行测量。

(4)测量时间:测量时间宜在早 8:00 之前和晚上 10:00 以后或在温度场较稳定的时候进行。

6.4 主梁中线的监测与控制

桥梁施工监控最终目标是为了保证成桥后期线形平顺以及内力满足设计要求,因此,对于主梁的线形控制,除了要对每个工况的主梁相对挠度的变化测量之外,还要注意主梁的轴线偏位问题。查阅资料以及借鉴经验可知,轴线偏位主要是挂篮沿着滑行轨道向前滑动时,出现偏差造成的。所以,首先在立模时要用全站仪控制好底板轴线位置,定位侧模时切勿使底模产生不必要的挤压变形,其次是要在混凝土浇筑完成至下一块段立模前,用钢尺和全站仪对轴线进行复核,如有偏差,需在下一块段立模时调整过来。

7 线性控制成果

通过对张九台大桥主桥38号、39号墩主梁施工进行了线形监测,38号墩实测值与理论值最大偏差发生在3号块大桩号侧底板处,误差为12mm;39号墩实测值与理论值最大偏差发生在5号块小桩号侧底板处,误差为13mm,如图9、图10所示。误差产生原因:①测量存在毫米级误差;②该块段实际挂篮变形偏小,因此该误差在控制范围之内,无须调整模型,按正常设计施工即可,同时须加强日常养生。

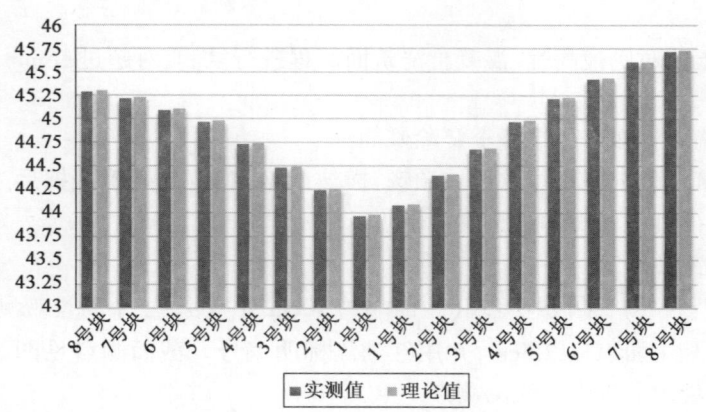

图9 38号墩8号块混凝土浇筑各块段理论值与实测值对比图

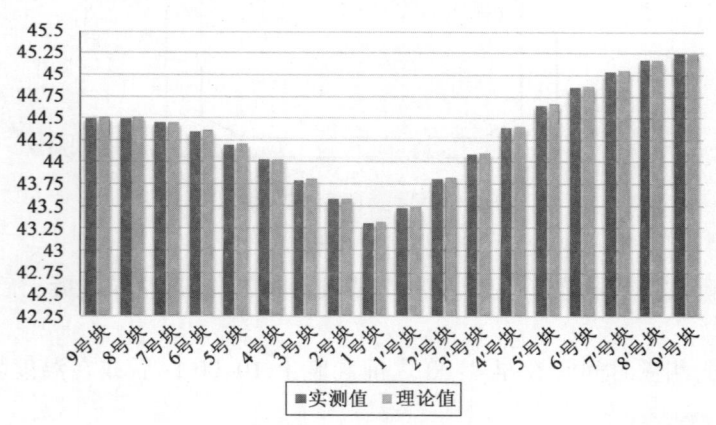

图10 39号墩9号块张拉后各块段理论值与实测值对比图

8 结语

预应力悬浇箱梁线形控制技术在张九台大桥的实际施工运用中进展顺利,建模计算数据准确可靠,施工测量校验及调整控制有效,使成桥线形及合龙精度达到合格要求。通过计算加测量的严格控制,使本项目在施工线形控制中受益颇丰,对公司以后进行同类项目的施工也具有可借鉴意义。

参 考 文 献

[1] 顾安邦,张永水.桥梁施工监测与控制[M].北京:机械工业出版社,2005.
[2] 中华人民共和国交通运输部.公路桥涵施工技术规范:JTG/T F50—2011[S].北京:人民交通出版社,2011.

89. 钢管混凝土拱桥拱肋预埋段定位安装技术研究

杨宇 谭林军

（中交四公局第六工程有限公司）

摘 要：钢管混凝土拱桥拱肋预埋段的安装定位是拱桥施工的关键，而定位骨架是保证预埋件准确的基础。一旦定位骨架安装出现偏差，则需要对定位骨架进行切割后重新焊接。这不仅对拱肋预埋段的整体稳定性造成较大影响，而且还将会给项目造成较大的经济损失。本文通过对钢管混凝土拱桥拱肋预埋段定位骨架安装实例进行研究，成功解决了定位骨架安装、拱肋预埋段准确定位等各项难题，此方法具有施工简便、效率高等优势，可以为类似工程提供借鉴。

关键词：钢管混凝土拱桥 拱肋 预埋段 定位骨架

1 引言

目前，钢管混凝土拱桥拱肋预埋段定位骨架安装施工的常规方法为：作业人员根据测量放样的点位在现场进行整体拼装，待整个骨架拼装完成后再进行拱肋预埋件的安装。该方法虽然简单、有效，但未考虑到定位骨架角钢与拱肋预埋段发生冲突的情况，盲目地组织施工，将会造成定位骨架的大面积返工，给项目带来较大的经济损失。

本桥通过利用 CAD 模型对定位骨架的安装间距、顺序等进行优化后，再进行底部、最外侧及全部竖向角钢的安装，然后进行拱肋预埋段安装，最后再进行剩余部位定位骨架的安装。这种方法不但可以有效地避免对定位骨架的切割，加快了施工进度，而且保证了定位骨架的整体稳定性。

2 工程概况

张花高速公路古丈连接线唐家河特大桥为 200m 上承式钢管混凝土拱桥，桥跨布置为：(2×20m) 先简支后结构连续 T 梁+200m 上承式钢管混凝土拱桥+(2×20m) 先简支后结构连续 T 梁，桥长 294.20m。全桥两个拱座共 4 个定位骨架，唐家河特大桥整体效果图如图 1 所示，定位骨架图如图 2、图 3 所示。

图 1 唐家河特大桥效果图

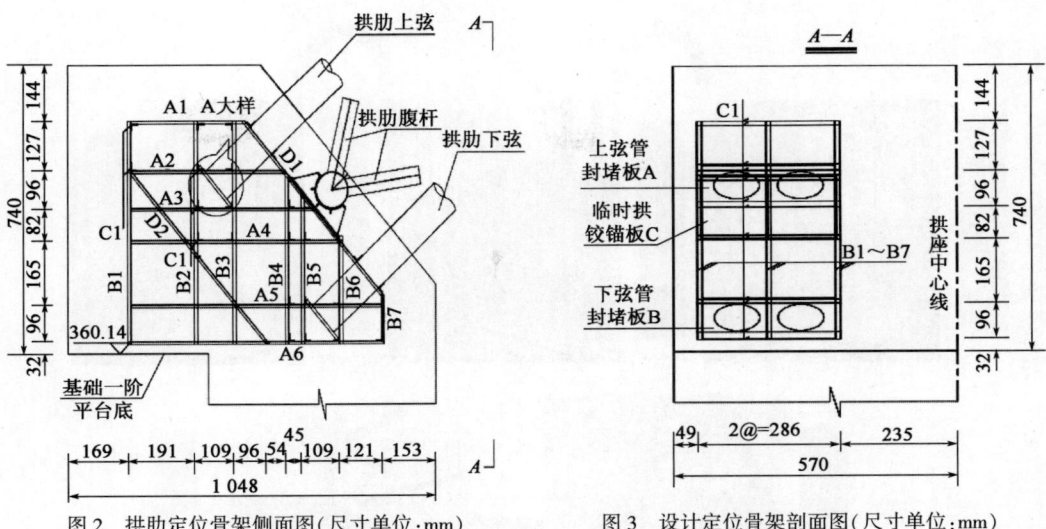

图2 拱肋定位骨架侧面图(尺寸单位:mm)　　图3 设计定位骨架剖面图(尺寸单位:mm)

3 骨架尺寸及角钢位置优化

定位骨架采用∟100×80×7的角钢焊接而成,角钢材质需要满足Q235要求。由于定位骨架安装时必须对锚板精确定位,安装时需根据主拱预埋件的精度要求,调节定位骨架角钢间距。因此,在定位骨架施工前,首先根据设计图纸按1∶1的比例绘制定位骨架及主拱拱肋预埋段的三维图,将主拱拱肋预埋段嵌入定位骨架中,然后根据图中冲突部分调整主拱拱肋预埋段的封底钢板四周竖向角钢的间距及布设方向,确保封底钢板能准确架立在"井"字角钢中。骨架间距优化时应将骨架宽度加宽10cm,防止竖向角钢安装时垂直度发生偏差,预埋钢管拱无法放入的现象发生,详见图4。

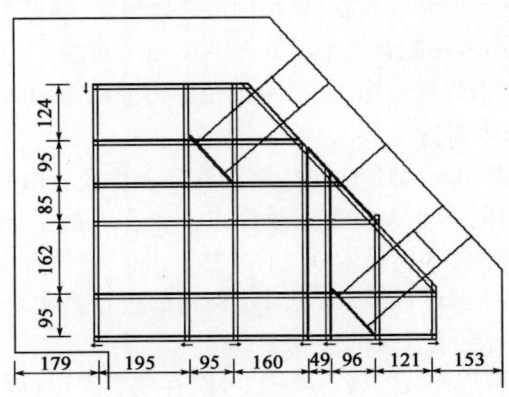

图4 定位骨架调整后侧面图(尺寸单位:cm)

4 主要施工工艺

施工工艺流程图详见图5。

4.1 材料加工及运输

根据CAD模型中优化的各部位角钢尺寸进行下料,根据构件尺寸和施工现场需求,本工程计划采用以公路为主的运输方式,力求快、平、稳地将构件运抵施工现场。

图5 施工工艺流程图

材料装载与加固的基本要求是必须能够经受正常的汽车运输中所产生的各种力的作用,以便保证钢结构在运输的全过程中不致发生移动、滚动和坠落等情况。

材料到现场后,通过塔吊进行卸料,现场人员将根据现场的堆场情况对堆场进行分区,然后根据构件的安装位置分区分层进行堆放,先安装的堆放在上面,后安装的堆放在下面,并对材料堆放进行详细登记,堆场要合理布置,堆场内道路要通畅,确保不影响现场施工。

角钢下料完成后利用缆索吊配合塔吊吊放至两岸施工现场,在拱座处进行组拼。角钢拼装前,应将角钢焊接部位和沿焊缝边缘 30~50mm 范围内的铁锈、毛刺、污垢等清除干净。

4.2 定位骨架安装顺序调整

当混凝土浇筑至定位骨架底部约 1m 时,停止混凝土作业。由测量人员依据调整后的定位骨架图进行现场点位放样,作业人员根据放样点位置在混凝土浇筑前用定位架把 φ25mm 预埋钢筋固定好,定位钢筋长 1.5m,植入 0.2m,外露 1.3m。定位钢筋安装好后进行混凝土的浇筑施工。待混凝土强度达到设计要求后,对定位钢筋进行再次复测,确保定位钢筋位置准确;待确认无误后,即可进行定位骨架的安装。

安装过程中按照边定位边安装的施工顺序,可以有效避免定位骨架安装完成后因位置冲突而返工的现象,既符合主拱钢预埋件的安装要求,又保证了定位骨架的整体稳定性。调整前定位骨架安装见图6,调整后定位骨架图见图7。

4.3 底层、竖向角钢及下拱肋安装

首先,进行定位骨架两侧竖向角钢以及最底层横向角钢的拼装焊接,安装过程中及时对角钢位置进行一次复测,防止安装过程中出现偏差。待定位骨架的主框架安装完成后再进行下拱肋预埋段安装。下拱肋预埋段封底钢板角点通过测量放样将位置标记在角钢上,然后采用缆索吊将下拱肋预埋段吊放至设计位置,利用横向角钢将下拱肋预埋段封底钢板底部进行临

时固定,待定位钢板底部临时固定后,再次对封底钢板下缘平面位置及高程进行复核,确定拱肋的轴线尺寸、纵向仰角、横向垂直度,复核无误后通过手拉葫芦调节下拱肋封底钢板预埋角度并将封底钢板上缘紧贴在上层横向角钢边缘,对其进行临时固定,最后进行下拱肋预埋段整体复测,确定无误后对下拱肋及其封底钢板进行焊接加固,见图8、图9。

图6　调整前定位骨架图

图7　调整后定位骨架图

图8　底层及竖向角钢安装

图9　拱肋下弦管安装

4.4　铰支座预埋钢板安装

待下拱肋预埋段安装完成后依次进行第二、三、四层纵、横向角钢的拼装焊接。焊接完成后通过测量放样将铰支座预埋钢板角点位置标记在斜面角钢上,然后将铰支座预埋钢板通过缆索吊吊放至设计位置并进行临时固定,再次对预埋钢板平面位置及高程进行复核,确认无误后对铰支座预埋钢板进行加固处理,见图10。

4.5　拱肋上弦管安装

将第五、六层纵、横向角钢拼装焊接完成后,再进行上拱肋预埋段的安装。安装方法及顺序同下拱肋预埋段安装,首先将上拱肋预埋钢板下缘吊放至设计位置并临时固定,复测确认其位置后,再通过手拉葫芦调节上拱肋预埋段放置角度,将上拱肋预埋钢板上缘调整至设计位置,然后对上拱肋拱肋的轴线尺寸、纵向仰角、横向垂直度等关键指标进行复测,并焊接加固。最后进行中间剩余竖向定位骨架角钢的拼装焊接施工,待主拱预埋段及定位骨架全部安装完成后,再对定位骨架及拱肋预埋段整体进行加固施工,见图11。

图10 铰支座预埋钢板安装

图11 拱肋上弦管安装

5 施工中注意事项

（1）为确保定位骨架安装精度，在大风及阴雨天禁止施工。

（2）骨架拼装过程中，通过各施工控制点，严格控制骨架的安装精度及几何尺寸，当骨架安装精度达到设计要求后，应尽快与拱座预埋筋焊接成整体并将整个定位骨架安装牢固。

（3）拼装时应防止焊接变形。为保证焊接结构的质量，防止焊接产生应力、变形和裂纹等缺陷，在角钢拼装焊接时，应采用两边对称施焊。

（4）合理组织定位骨架与拱肋预埋件的施工顺序及工序衔接，防止出现返工现象。

（5）拱肋测量前需对棱镜进行校核，施工过程中每个点应进行多次复核，保证其误差控制最小。

（6）预埋件吊装施工时，现场需安排专人进行指挥，确保施工安全。

6 效益分析

通过利用CAD模型对定位骨架的安装顺序及位置进行优化调整，确保了预埋件的安装精度，这种方法相对于整体安装定位骨架，能够有效地避免对定位骨架的切割造成材料的浪费，在施工过程中拱肋预埋段吊装更加便捷，节约工期。

工程造价方面，通过对定位骨架施工工序的调整与优化，有效地节约角钢的损耗量，使工序衔接更加紧凑，提高了施工效率。相比常规定位骨架整体安装法，节约10%~20%的经济成本，因此具有良好的经济效益和社会效益。

7 结语

通过对唐家河特大桥拱肋预埋段安装技术的研究，经实践证明，该施工方法能有效避免定位骨架整体安装完成后因返工而造成的材料浪费，减少现场多次调整的问题，既确保了拱肋预埋件的安装精度，又加快了施工进度。通过对拱肋预埋段安装技术的研究，为类似工程提供应用价值和参考价值，可在类似工程中推广使用。

参 考 文 献

[1] 丁亮.某大跨径钢管混凝土劲性骨架拱桥的施工[C]//湖北省公路学会2012年学术年会

论文集,2012:134-138.
[2] 周智兴.大跨度钢管混凝土拱桥合理施工状态的确定与施工控制[D].长沙:长沙理工大学,2005.
[3] 肖军良.大跨度钢管混凝土拱桥施工方法的研究[D].重庆:重庆交通学院,2003.
[4] 罗月静.大跨度钢管混凝土拱桥施工控制研究[D].南宁:广西大学,2004.
[5] 中华人民共和国交通运输部.公路桥涵设计通用规范:JTG D60—2015[S].北京:人民交通出版社股份有限公司,2015.
[6] 中华人民共和国交通运输部.公路桥涵施工技术规范:JTG/T F50—2011[S].北京:人民交通出版社,2011.

90. 大跨度钢管拱桥拱肋吊装测量技术研究

王雷 杨宇

(中交四公局第六工程有限公司)

摘 要：文章依托唐家河特大桥在拱肋吊装过程中的测量定位技术以及线形调整的工程实例，详细介绍了拱肋预抬量的计算、拱肋放样坐标的计算及拱肋线形测量控制技术。

关键词：钢管拱桥　拱肋吊装　坐标计算　预抬量　测量技术

1 引言

拱肋吊装作为唐家河特大桥的施工难点，它不仅影响到主桥的顺利合龙，而且还严重影响拱肋的线形控制，所以，必须在拱肋吊装过程中严格控制测量误差，确保桥梁合龙时的安装精度及施工线形。本文根据测量控制原理、拱肋放样坐标的计算以及现场实际测量技术，可以快速、准确地达到控制拱肋线形的目的，且满足精度要求。

2 工程概况

唐家河特大桥桥跨布置为：2×20m 先结构简支后桥面连续的 T 梁+200m 上承式钢管混凝土拱桥+2×20m 先结构简支后桥面连续的 T 梁，主桥桥面系为 16.10m+11×16.00m+16.10m 结构简支桥面连续 T 梁，桥长 294.20m，桥面全宽 10m。主拱的轴线采用悬链线，计算跨径 $L=200$m，矢高 $f=40$m，矢跨比为 1/5，拱轴系数 $m=1.756$。唐家河特大桥拱肋合龙图如图 1 所示。

图 1　唐家河特大桥拱肋合龙图

3 施工工艺

3.1 施工流程

施工流程图如图2所示。

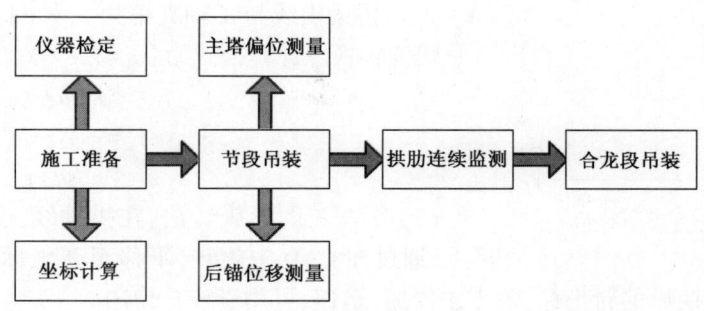

图2 施工流程图

3.2 施工准备

3.2.1 仪器检定

(1)对施工中所使用的全站仪、水准仪进行检定,确保仪器在检定期限内其测量误差满足规范要求。

(2)控制点的埋设应稳定、可靠,远离振动源,且要满足通视要求;在有条件的作业环境下,应该埋设强制对中墩,确保测量结果的准确性。

(3)每次测量设站点应尽可能为同一点控制点,测量过程中不应频繁更换仪器;使用过程中注意仪器防潮、防暴晒。测量完成后对结果进行多人复核。

3.2.2 导线点加密及复测

由于唐家河特大桥为本项目控制性工程,桥区控制点分布疏远,不通视。项目测量人员先对桥址区附近的L018、L019、L021、L022进行网平差,然后再根据平差后的L018、L019、L021、L022四个控制点对桥址区导线点进行加密,古丈岸加密点编号为DQ3、DQ4,保靖岸加密点编号为DQ1、DQ2。最后再次对新加密的控制网进行测量平差,确保其精度满足一级导线点要求,将加密点成果上报监理工程师审查、批准后投入使用。

桥区加密后控制网示意图如图3所示。

3.3 施工坐标系的建立

由于本项目坐标系为1954年北京坐标系,中央子午线109°30′,1985国家高程基准,使得坐标计算较为烦琐。为了简化计算,方便现场测量放样与控制,本项目以桥梁起点桩号K26+000为坐标原点,重新建立了施工平面坐标系,新建原点坐标为(26000,0),其余坐标通过换算求得。

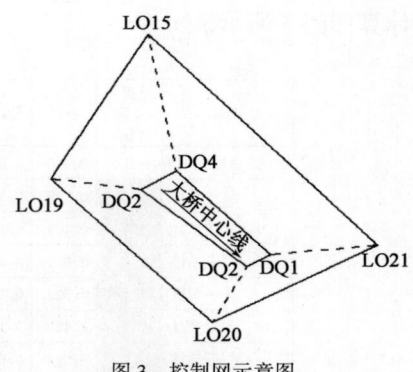

图3 控制网示意图

3.3.1 坐标换算原理

该方法利用拱肋在平面上的曲线元素为直线的特点,通过新建坐标原点,将设计图纸中的绝对距离在(X,Y)平面上换算成以沿路线方向为X(横)轴、拱肋竖向矢高方向为Y(纵)轴的相对坐标系,从而将空间三维坐标系转换成二维平面坐标系。通过转换后,在实际的拱肋吊装过程中计算效率提高、便于记忆,且降低了计算错误的概率。

3.3.2 坐标换算方法

(1)方法1,公式计算法:设施工坐标原点为 o,施工坐标为 (x_o, y_o),原设计坐标为 (X_o, Y_o)。待转换点为 P,施工坐标为 (x_p, y_p),原设计坐标为 (X_p, Y_p),桥梁中线与 X 轴夹角为 a,如图4所示。

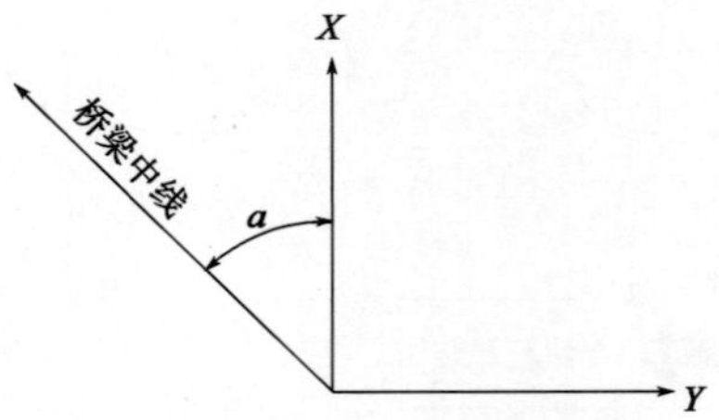

则待转换点计算公式为:$x_p = (X_p - X_o) \times \cos a + (Y_p - Y_o) \times \sin a + x_o$

$y_p = -(X_p - X_o) \times \sin a + (Y_p - Y_o) \times \cos a + y_o$

图4 桥梁中线与 X 轴夹角

(2)方法2,图形旋转法:在拱轴线上选取任意一对坐标点,通过在CAD中旋转、平移至新坐标系中的同一点位处,从而提取出转换后的新坐标,该方法便捷、迅速,可用于校核使用。

3.4 拱肋坐标计算

唐家河特大桥设计跨径 $L=200\text{m}$,矢高 $f=40\text{m}$,矢跨比为 $1/5$,拱轴系数为 $m=1.756$,跨中预拱度 $b=0.235$。

3.4.1 拱肋设计坐标计算

由于拱轴线是一条虚拟的线条,不能直接用来指导现场拱肋安装,需根据拱肋的拱轴线推算至拱肋的上缘或下缘才能进行拱肋的定位安装。唐家河特大桥的拱轴线采用悬链线设计,只要根据悬链线方程式计算出每条拱肋节段的拱轴线设计坐标,即可求出拱肋上缘或下缘点位坐标。

拱肋设计坐标计算式如下:

$$y = \frac{f}{m-1}\{\cosh[k(2x/L)] - 1\} \tag{1}$$

$$k = \ln(m + \sqrt{m^2 - 1}) \tag{2}$$

3.4.2 拱肋预拱度计算

将计算出的拱肋拱轴线设计坐标加上拱肋预拱度即可计算出拱肋放样坐标,然后根据拱肋放样坐标推算至拱肋上缘或下缘点位坐标指导拱肋定位。为方便拱肋坐标计算,结合拱肋设计坐标计算公式和拱肋预拱度计算公式在Excel中编制计算程序,可大大减轻内业计算量。计算如图5所示。

编号		至跨中距离 x(m)	2x/L	cosh[k(2x/L)]-1	y	跨中预拱度 b(m)	设计坐标计算		bx	施工坐标计算	
							桩号	高程		桩号	高程
拱顶		0	0.000	0.000	0.000	0.235	K26+149.850	404.738	0.235	K26+149.850	404.973
古丈岸	一节段	72.946	0.729	0.382	20.209	0.235	K26+222.796	384.529	0.110	K26+076.904	384.639
	二节段	40.843	0.408	0.115	6.082	0.235	K26+190.693	398.656	0.196	K26+109.007	398.852
	三节段	8.776	0.088	0.005	0.276	0.235	K26+158.626	404.462	0.233	K26+141.074	404.695
保靖岸	一节段	72.946	0.729	0.382	20.209	0.235	K26+222.796	384.529	0.110	K26+222.796	384.639
	二节段	40.843	0.408	0.115	6.082	0.235	K26+190.693	398.656	0.196	K26+190.693	398.852
	三节段	8.776	0.088	0.005	0.276	0.235	K26+158.626	404.462	0.233	K26+158.626	404.695

图5 拱肋预拱度计算表

3.4.3 预抬值复核

采用 Midas Civi 有限元计算软件,建立有限元模型,进行全桥施工阶段模拟,计算各阶段及成桥后位移,然后反算得到拱肋安装各节段预抬高值,见表1。

有限元计算拱肋预抬高值　　　　表1

工 况	拱肋扣索处预抬高值(mm)		
	1号	2号	3号
有限元计算结果	9.7	11	15

为保证软件计算无误,采用手动计算方式进行复核计算,总的预抬高值为将拱肋假定成刚体时计算所得的预抬高值与单独将拱肋考虑成弹性体时所得的预抬高值之和,见表2~表4。

拱肋假定为刚体时拱肋控制点的预抬高值表　　　　表2

工 况	拱肋扣索处预抬高值（mm)		
	1号	2号	3号
吊装最终状态	8	9	12

拱肋弹性变形产生的拱段控制点预抬高值表　　　　表3

施工过程	拱肋扣索处预抬高值（mm)		
	1号	2号	3号
第一节段	0.3		
第二节段	0.4	0.5	
第三节段	0.3	0.6	2
总和	1	1.1	2

拱段总的预抬高值与有限元计算结果进行对比　　　　表4

工 况	拱肋扣索处预抬高值(mm)		
	1号	2号	3号
刚体位移	8	9	12
弹性变形	1	1.1	2
预抬高值总和	9	10.1	14
有限元计算结果	9.7	11	15

手动计算弹性变形产生的预抬高值时以直拱段代替悬链线拱段,这样势必带来一定的误差,同时一些参数的选取与实际情况不能完全一致,也是误差产生的一个原因。表4计算结果显示,误差均不超过1mm,故预抬量应采用有限元计算结果。

3.5 拱肋吊装过程中定位测量及监控测量

3.5.1 拱肋观测点布设

本桥共设2条拱肋,每条拱肋分7个节段,全桥共14个拱肋吊装单元。拱肋吊装过程中的轴线、高程测量均采用全站仪观测,为方便测量,需在拱肋吊装前在每个拱肋单元段上安装一组定位棱镜,定位棱镜布置于每个拱肋节段顶部中心处,距离端头0.5m处,并垂直于拱肋,如图6、图7所示。

图6 拱肋定位棱镜　　　　　　　　　　　图7 拱肋测量

3.5.2 温度的修正

由于温度变化会对测量结果产生影响,在拱肋安装定位测量过程中需对温度进行调整,温度的修正包括两个方面:一是全站仪中温度的设置及系数修正;二是监控单位对每节拱肋都提供了高程均匀修正系数,在现场调整过程中需将温度引起的高程变化进行均匀温度修正。

3.5.3 节段吊装测量

吊装时,各拱肋节段的高程采用全站仪三角高程测量法进行控制,拱肋高程的调整主要是通过张拉扣索来调整完成;拱肋轴线偏位主要通过侧缆风索以及横向临时对拉索来调整完成。拱肋调整到位后,锚固扣索P锚,完成拱肋阶段吊装。为确保拱肋合龙精度,每节段拱肋的安装定位偏差控制在10mm以内。

3.5.4 吊装过程中监控测量

(1)主塔和扣塔的塔顶位移监测。主塔和扣塔的塔顶水平位移均采用全站仪极坐标法进行观测,在每个主塔及扣塔顶部均设置2个位移观测点。在拱肋吊装及拱肋扣挂张拉过程中对主塔及扣塔实行连续观测,及时对主塔和扣塔的塔顶位移值进行监测及记录,确保主塔与扣塔顶部位移在允许范围内。

(2)地锚位移监测。由于整个缆吊承重系统全靠地锚承受,一旦地锚松脱或产生位移,后果将不堪设想。因此,每次拱肋吊装完成后,须及时对后锚的位移情况进行测量,并绘制出位移趋势图;同时,应安排专人在主索、牵引索、起重索锚固端卡扣处采用红油漆作出标记,在拱肋吊装过程中及吊装完成后,派专人巡查地锚周围土体稳定情况及主索、牵引索、起重索卡扣处有无滑动情况。

3.6 合龙段测量

合龙段吊装前,由于拱肋、钢绞线等材料受温度变化会产生一定的伸缩变形,先对各节段接头处间隔1h连续观测2d,并做好测量时间、温度、偏位记录,并绘制偏位变化表(图8、图9)。通过拱肋的线形变化观测,分析拱肋的伸缩变形及基本规律,确定出拱肋合龙的最佳时间和温度。使用全站仪测量合龙段端口的三维坐标,确定出合龙段下料长度;合龙过程中采用全过程跟踪测量,严格控制拱顶的设计高程及拱肋中心偏位,确保合龙精度满足设计要求。

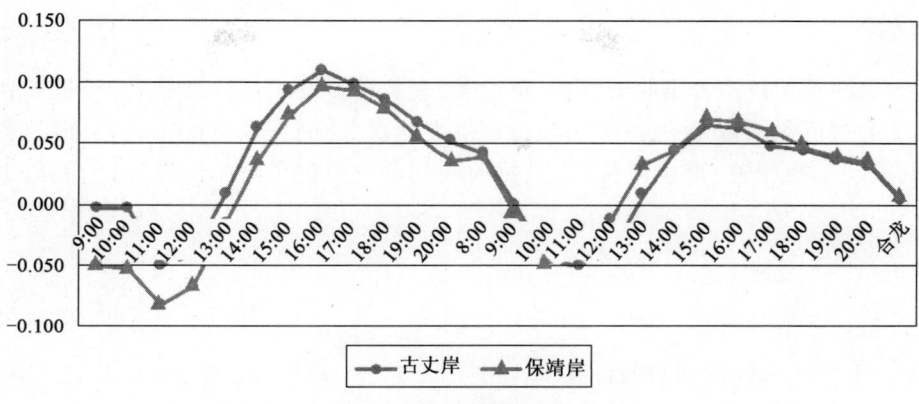

图 8　时间-水平偏位变化表

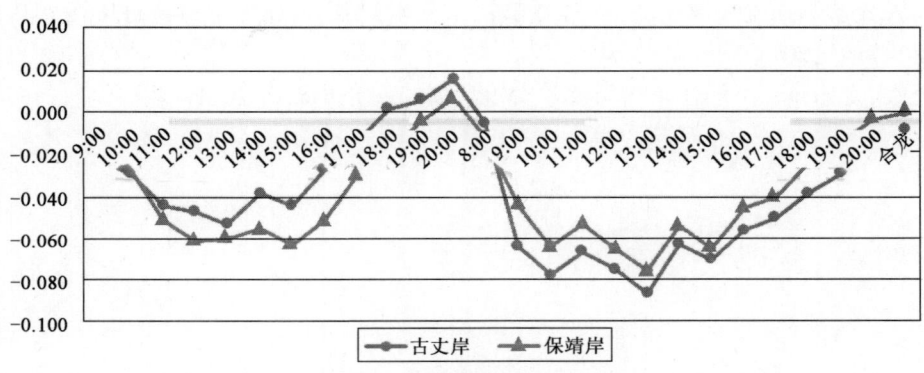

图 9　时间-高程偏位变化表

拱肋合龙后,对每片拱肋各控制点进行联合测量,获取拱肋最终安装线形。主拱圈合龙后,以拱圈外侧边缘点及拱肋上部中心点作为拱肋线形测量观测点,每 5m 设置一个测量断面,每个断面设置 2 个测点。测量时间选在清晨或黄昏日落之后,温度介于 10~20℃ 之间,且对每个点位连续进行 3 次观测,观测结果取其平均值,以减少测量误差。最终确定拱肋安装线形,为后续拱上立柱测量工作打好基础。施工测量的验收要求见表 5。

施工测量的验收　　　　　　　　　　　　表 5

项　目	规定值或允许偏差
轴线偏位(mm)	$L/6000$,且不超过 40
拱圈高程(mm)	$\pm L/3000$,且不超过 50
两对称接头相对高差(mm)	$L/3000$,且不超过 40
同跨各拱肋相对高差(mm)	$L/3000$,且不超过 30

4　实施效果

本文所论述的测量方法能为拱肋吊装施工提供有力保障,该方法既能缩短拱肋高空安装时间,又能实现拱肋高精度合龙。其中拱肋预拱度计算程序减少了内业计算量,提高了工作效率,同时又能保证计算数据的准确度;拱肋预抬值采用 Midas Civil 反算拱肋安装各节段预抬高值,为拱肋安装精度提供有力保障。通过实践,唐家河特大桥拱肋合龙段实现平面 5mm、高程 3mm 的高精度合龙。

5　结语

由于唐家河特大桥钢管拱肋节段长、重量大、合龙精度要求高,所以施工测量起到关键性作用。本文通过优化测量方法,减少吊装过程中观测次数,简化数据计算过程,提高了工作效率,使拱肋安装实现快速、准确就位,为拱桥的顺利合龙提供了技术保障,可为类似工程提供借鉴。

参 考 文 献

[1] 徐润平.大跨度曲线连续刚构桥施工控制分析[J].铁道建筑技术,2003(4):25-27.
[2] 徐晓和,陈小强.大跨度钢管混凝土系杆拱桥施工监控[J].铁道建筑,2009(10):22-23.
[3] 中华人民共和国交通运输部.公路桥涵施工技术规范:JTG/T F50—2011[S].北京:人民交通出版社,2011.
[4] 李天文,龙永清,李庚译.工程测量学[M].北京:科学出版社,2011.

91. 五峰山长江大桥主索鞍组合加工技术

曾清健　石红昌　黄安明
(德阳天元重工股份有限公司)

摘　要：五峰山长江大桥是我国第一座公铁两用悬索桥，同时也是世界上荷载最大的公铁两用悬索桥。其主索鞍为国内首创三半式结构，并创造了结构轮廓尺寸最大、重量最大的世界纪录。对主索鞍机械加工进行分析研究，制定合理的加工工艺，解决加工中存在的技术难点，保证产品质量，为今后同类型主索鞍加工提供参考。

关键词：悬索桥　三半式主索鞍　组合加工

1　工程概况

五峰山长江特大桥是江苏南北中轴城际交通枢纽——连淮扬镇铁路和京沪高速公路南延的关键节点工程。大桥位于江苏泰州长江大桥和润扬长江大桥之间，全桥长 6 406m，其中跨长江的五峰山公铁两用主航道悬索桥长 1 432m、主跨 1 092m。大桥为公铁两用钢桁梁悬索桥，双层桥面布置，上层为八车道高速公路，设计速度 100km/h，桥面宽 40.5m，下层为四线高速铁路通道，设计速度 250km/h，线间距 4.6m，采用有砟轨道结构形式。它是我国第一座公铁两用悬索桥，同时也是世界上荷载最大的公铁两用悬索桥[1]。桥型布置图见图 1。

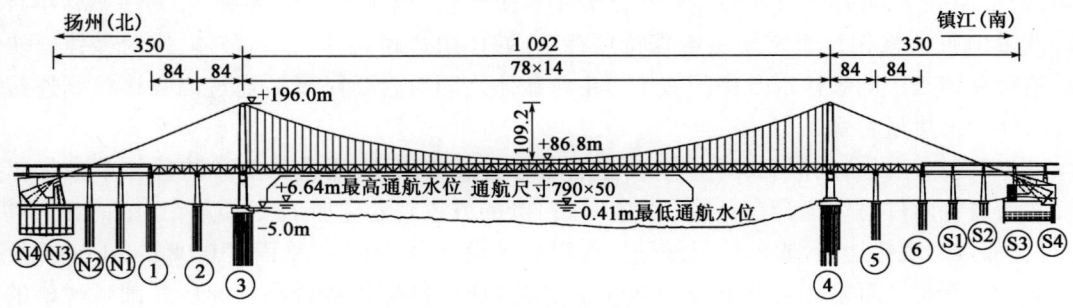

图 1　五峰山长江大桥桥型布置图(尺寸单位：m)

大桥桥塔采用钢筋混凝土框架结构，南北主桥塔顶由 4 套主索鞍及南北锚碇各 2 个散索鞍，共计 8 个鞍体组成[2]。大桥主缆直径 1.3m，为目前世界范围内最大直径主缆，单根主缆拉力高达 9 万 t，南北塔主索鞍、锚碇散索鞍均为目前世界最重主、散索鞍鞍体。作为关键的上部钢结构核心受力部件，索鞍在设计应用创造了新的世界纪录。本桥的索鞍创造了结构轮廓尺寸最大、重量最大的世界纪录,其中主鞍体单件重量约120t,单件最大轮廓尺寸5 100mm(宽)×4 410mm(高)×3 800mm(长),组合后整体总重量约360t;组合索鞍轮廓尺寸为5 100mm(宽)×4 410mm(高)×10 000mm(长)。

主索鞍采用铸焊结合的结构形式[3],鞍头用铸钢铸造,材料牌号为ZG270-480H,铸钢材料符合《焊接结构用铸钢件》[4]标准的要求。底座由钢板焊成,材料牌号为Q345R钢板,材料符合《锅炉和压力容器用钢板》[5]标准要求。鞍体下设不锈钢板—聚四氟乙烯板滑动副,以适应施工中的相对位移。为了减轻制造、吊装、运输重量,主索鞍鞍体纵向分三块制造,三维模型图见图2,吊至塔顶后用高强螺栓拼接,为增加主缆与鞍槽间的摩阻力,并方便索股定位,鞍槽内设竖向隔板。在索股全部就位并调股后,顶部用锌块填平,再将鞍槽侧壁用螺杆夹紧。桥塔为混凝土结构,塔顶设有格栅,以方便安装主索鞍。顶推架与格栅连接为一个整体,以便安装控制塔顶主索鞍鞍体移动的千斤顶。后期可利用反力架增加顶推点数量以满足顶推力要求,施工完成后,将悬出主塔部分的顶推架与格栅割除。

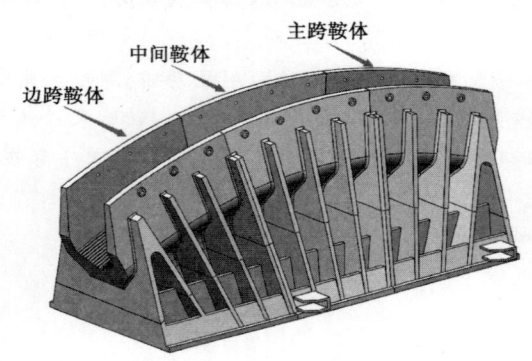

图2 主索鞍三维模型图

2 机加工工艺

2.1 机加工重难点分析

常规主索鞍结构分为整体式主索鞍和分半式主索鞍。整体式主索鞍鞍体为整体铸造,一般为中小型鞍体,外形尺寸及重量较小。分半式主索鞍一般由边跨主索鞍、中跨主索鞍组合而成,五峰山主索鞍相比于常规主索鞍特点在于:鞍体由边跨鞍体、中间鞍体、主跨鞍体三块组成,边跨鞍体与中间鞍体以及中间鞍体与主跨鞍体之间对合面贴紧后通过高强螺栓副连接成整体;体积及重量特别大。

由于受加工设备的限制,对分体组合使用的主索鞍加工,通常采取单跨鞍体单独加工完成,然后再将两件鞍体组合在一起,采用人工打磨的方式来处理加工尺寸误差造成的在两件鞍体对合部位出现错边、台阶的质量缺陷。难以满足设计图纸要求"平面度0.08mm/1 000mm及0.5mm/全平面""面轮廓度小于1/1 000mm",并造成两件鞍体组合在一起后各圆弧绳槽的圆心不重合的严重质量问题。

为避免以上问题发生,采用鞍体组合整体加工方式。即先分别对主索鞍的边跨鞍体、中间鞍体、主跨鞍体进行粗加工,然后将三半鞍体配对组合,用销子定位,螺栓副连接成为整体,在大型数控机床上一次性装夹索鞍,对组合索鞍的底平面和鞍槽各部位进行整体精加工。这样才能很好地保证设计图纸要求。

2.2 机加工设备选择

主索鞍单半鞍体约120t,组合后整体重量约360t,机械加工需要大型起吊设备和配备大型回转工作台的数控镗床来完成,随着装备水平的提高,机加工能力和精度得到了大力提升,加工设备选用大型数控落地镗铣床FB260进行加工,配备承重450t数控回转工作台。其具有优秀的位置测量系统和补偿系统,能够保证多轴联动加工精度。制造车间配备400t行车,保证组合主索鞍起吊及翻身。

3 工艺流程

施工工艺流程见图3。

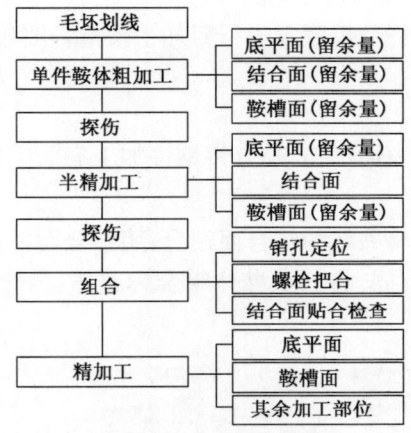

图3 施工工艺流程图

3.1 毛坯划线

将边跨主索鞍体、中间主索鞍体、主跨主索鞍体分别放在划线平台上,划出工件的加工全线,并检查加工余量是否满足加工要求。

3.2 单件鞍体粗加工

单件鞍体侧放置于数控落地镗铣床的旋转工作台上,侧面向下,结合面向机床主轴,按前一序划线找正并装夹工件。首先粗加工底平面,留加工余量,然后旋转工作台,粗加工结合面及鞍槽各圆弧面,均留加工余量。单半鞍体产品粗加工实物见图4。

图4 单半鞍体粗加工

3.3 探伤

各加工面进行超声波探伤,检查铸钢件内部质量满足设计图纸及标准要求。

3.4 半精加工

单件鞍体侧放置于数控落地镗铣床的旋转工作台上,侧面向下,结合面向机床主轴,按粗加工面找正并装夹工件。

首先粗加工底平面,留加工余量。旋转数控工作台,通过数控工作台保证底平面和结合面角度,避免二次装夹造成累计误差。通过检查,其垂直度小于0.1mm,然后精加工结合面。

为更好地控制结合面平面度、粗糙度,以使组合后鞍体结合面能完全贴合,结合面加工分半精加工、精加工。加工平面度在0.1mm内,粗糙度达Ra3.2。数控定位钻铰结合面销孔及各螺栓孔,保证定位销孔尺寸公差0/+0.025mm。

然后通过旋转工作台与镗杆数控联动进行粗加工鞍槽各圆弧绳槽面,留余量,待三半组合后进行整体精加工。

3.5 探伤

对精加工后的结合面进行表面探伤,检查铸钢件加工表面质量满足设计图纸及标准要求。

3.6 组合

将边跨鞍体、中间鞍体、主跨鞍体的结合面贴合,用结合面销孔定位,穿入销子。然后用高强螺栓穿入螺栓孔,螺栓把合牢固,将三块鞍体组合为整体,组合图见图5。用塞尺检查结合面贴合间隙不大于0.15mm。

图5 鞍体三半组合

3.7 精加工

精加工前,采用数控编程软件NX编写鞍槽加工程序,为保证程序正确性,在软件中进行模拟加工,铣削刀轨及加工模拟仿真示意见图6和图7。

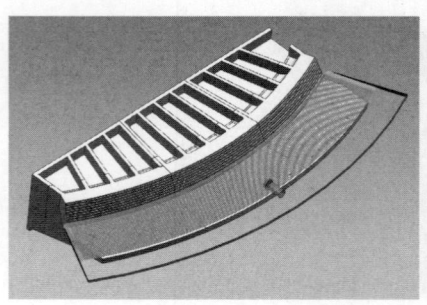 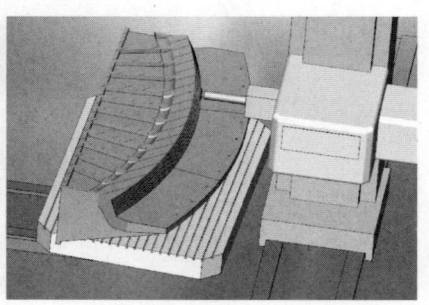

图6 铣削刀轨示意图   图7 加工仿真模拟示意图

(1)将组合后的鞍体整体侧放置在数控镗床的旋转工作台上,按已加工的底平面及侧面找正。

(2)整体加工组合后的鞍体的大底平面,保证整个底平面的平面度不大于0.08/1000。

(3)工作台旋转180°,采用数控编程加工组合后的鞍体的各绳槽圆弧台阶面及鞍槽两侧面,从而保证中鞍体整个鞍槽圆弧的在同一个圆心上。主索鞍实物整体加工见图8和图9。

图8 底面组合精加工图

图9 鞍槽面组合精加工图

主索鞍整体加工,使得边跨鞍体、中间鞍体和主跨鞍体鞍槽、底平面一次性完成加工取得了很好的效果。三块鞍体组合在一起进行整体精加工,底平面、底侧面对接处属同一加工面,一次性加工完成后在对接处无任何台阶和错位,能够完全保证设计图纸或规范规定的"平面度0.08mm/1 000mm 及 0.5mm/全平面"的要求。三块鞍体组合后进行整体精加工,组合鞍体的鞍槽两侧壁面和槽内的各圆弧绳槽都是一次性整体精加工完成,在两鞍体的对合处不会存在任何的台阶错位现象,完全能够保证侧壁平面的平面度以及各圆弧绳槽的面轮廓度符合设计图纸或规范的要求。

4 结语

五峰山主索鞍为国内首创三半式组合主索鞍,单件鞍体在120t左右,组合重量在360t左右,创造了结构轮廓尺寸最大、重量最大的世界纪录。通过分析索鞍结构特点,制定合理的加工工艺,采用整体加工技术,并选择合适的加工设备及吊装设备,解决了特大型主索鞍加工难点,产品各项检验数据均满足设计要求。

参 考 文 献

[1] 唐贺强,徐恭义,刘汉顺.五峰山长江大桥主桥总体设计[J].桥梁建设,2020,50(6):7.

[2] 冯传宝.五峰山长江大桥上部结构施工控制技术[J].桥梁建设,2020,50(1):6.

[3] 中华人民共和国交通运输部.悬索桥索鞍索夹:JT/T 903—2014[S].北京:人民交通出版社股份有限公司,2014.

[4] 全国铸造标准化技术委员会.焊接结构用铸钢件:GB/T 7659—2010[S].北京:中国标准出版社,2011.

[5] 全国钢标准化技术委员会.锅炉和压力容器用钢板:GB 713—2014[S].北京:中国标准出版社,2014.

92. 悬索桥焊接式索夹制造工艺研究

李泽锐　石红昌　黄安明

(德阳天元重工股份有限公司)

摘　要：悬索桥索夹通常由铸钢铸造而成，作为悬索桥上重要的受力构件，其质量要求非常高。但现有铸造结构索夹存在工艺复杂、铸造缺陷多、材料强度低、对低温环境适应差、铸造生产对环境污染大、铸件生产周期长、生产效率低等不足。某项目采用了我公司研制出的一种成型方便、承载能力大、满足低温环境使用要求、可靠安全的焊接组合式索夹，该索夹采用Q355D钢板焊接而成，既可以保证索夹的内在质量，又能提高其承载能力。本文通过对该索夹的装配、焊接、加工工艺研究，为该类型的产品拟定正确的制造工艺方法做好技术储备。

关键词：悬索桥　焊接索夹　钢板　装配　焊接　加工

1　项目背景

近年来，我国道路交通发展迅速，随着交通强国战略的实施，中国的交通建设进入全面发展阶段。悬索桥[1]因跨越能力强、造型美观、经济性高，成为超级桥梁工程的首选桥型。自20世纪90年代以来，悬索桥设计和建设技术发展进步较快，如今我国已经成为桥梁建设大国，同时相关理论和技术也在快速的发展更新中。

索夹[2]是紧箍悬索桥主缆索股并连接主缆与吊索的构件。目前，索夹通常采用铸造成形，索夹中可能会存在一定量的铸造缺陷，如气孔、砂眼、针孔、冷隔、缩松、疏松、裂纹、变形等。铸造工艺复杂，工人操作熟练程度要求高，产品报废率相对较高。

针对铸造结构索夹存在的上述不足，通过计算与试验，研制了一种焊接式索夹，采用钢板件焊接形成需要的索夹结构，避免了采用常规索夹的铸造过程，减小了预留的加工余量，提高材料利用率、减少加工量，同时还可根据桥位所处的环境需求，选择合适的能满足低温冲击韧性要求的钢板，扩展悬索桥的应用范围。

2　产品介绍

根据吊索结构的不同，索夹可分为骑跨式索夹与销接式索夹两种。铸造索夹中，骑跨式索夹一般采用左右对合型结构形式，销接式索夹则多选用上下对合型结构。

参照铸造索夹的构造形式，对于焊接索夹，也可以设计出焊接的骑跨式索夹和销接式索夹。不同的结构各有其优缺点，通过设计方案的对比，可为合适的结构选择提供参考。不论骑跨式还是销接式焊接索夹,索夹的总体设计应满足《公路悬索桥设计规范》(JTG/T D65-05—2015)要求,本次通过数值模拟计算及加工工艺对比,比选出索夹结构合理、加工工艺简单、使用寿命更长的索夹结构形式,本次选用比选出的销接式焊接索夹结构中的最优方案来进行生产试制。

一般铸造索夹的材料采用ZG20Mn[3],其屈服强度在285MPa,其力学性能与Q345钢接近,为保证索夹的强度满足要求并减轻索夹重量,焊接索夹的钢材宜选用Q345钢及以上等级的钢;为满足低温性能要求,应采用D级,如Q355D或Q345qD钢,本次试验选用Q355D[4]钢板作为焊接索夹的钢结构材料。

焊接索夹钢板的材料采用Q355D,焊接应选用与母材强度相当的焊接材料,并综合考虑焊缝金属的强度、韧性等性能符合标准要求,焊接索夹宜采用CO_2气体保护焊,选择ER55-G[5]、直径1.2mm的实芯焊丝进行焊接,选用的焊丝中含有足够的脱氧元素Si和Mn,且含碳量较低,焊接过程中可有效地防止CO气孔的产生。

3 制造方案及流程

3.1 焊接索夹制造方案

焊接索夹的制造主要工艺流程包括:钢板件下料→索夹圆弧板卷板成型→钢板件组装焊接→焊后消应力热处理→单半索夹粗加工→上下半索夹组合精加工→防护涂装→试装配及包装入库。

索夹加工时先粗加工上、下半块索夹的结合面以及螺杆孔承压台上平面,然后两半索夹配对组合,在镗床或立式车床上粗加工索夹内孔和端面,在拆开两半索夹后对粗加工面进行超声波探伤。再分别精加工半块索夹的结合面、消气槽及螺杆孔承压台上平面,组合精加工内孔,加工螺杆孔和耳板面及钢销孔。加工后对精加工面进行超声波探伤,精加工表面进行磁粉探伤检验,相关检验合格后进行表面的防护涂装,预装配后进行包装,准备发运。

半块索夹的结合面和螺杆孔承压台上平面采用普通铣镗床或台式重型铣镗床进行加工;索夹内孔采用150数控落地镗床、重型立车、专用索夹镗孔机等设备进行加工。

3.2 焊接索夹制造流程

焊接索夹的制造工艺流程如图1所示。

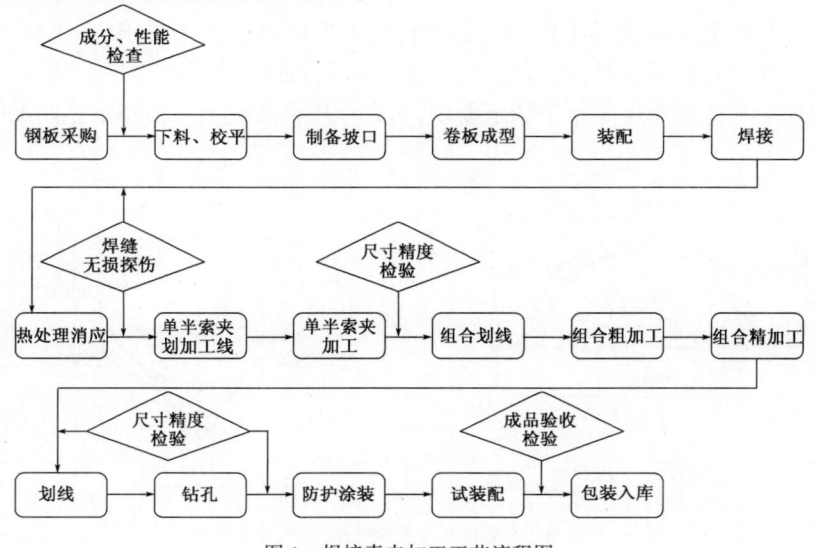

图1 焊接索夹加工工艺流程图

4 难点及解决措施

4.1 难点分析

在焊接索夹装焊、加工过程中难点如下：

(1) 索夹内孔弯曲成型容易出现偏差，而导致焊接后索夹的壁厚不均匀。

(2) 索夹承压台面与中分面的间距控制容易超差，导致中分面或承压台面钢板厚度不满足图纸要求。

(3) 焊接量大，焊后变形不好控制，特别是索夹内孔容易出现扭曲变形，导致索夹内孔加工余量不够。

(4) 索夹下半耳板焊后容易发生偏移，导致焊后耳板两侧面加工余量不均匀。

(5) 索夹螺孔数量多，其位置度不易保证。

4.2 解决措施

针对以上装焊过程中容易出现的问题，采取以下措施，保证产品质量。

(1) 在索夹成型过程中，为保证成型后的精度，将上、下半索夹进行整体成型，按整圆进行弯曲成型，成型后用样板检查，保证成型后的不圆度在1mm以内。索夹内孔样板如图2所示。

图2 索夹内孔样板检查

(2) 为保证索夹中分面及承压台面的钢板在加工后能满足图纸要求，在下料环节就对该部位的竖向筋板尺寸进行修正，保证装焊后中分面与承压台面间的距离比理论值小2~3mm，从而保证该部位在加工后钢板厚度不小于图纸要求，索夹承压台装配尺寸控制示意图如图3所示。

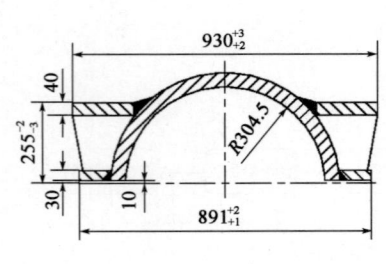 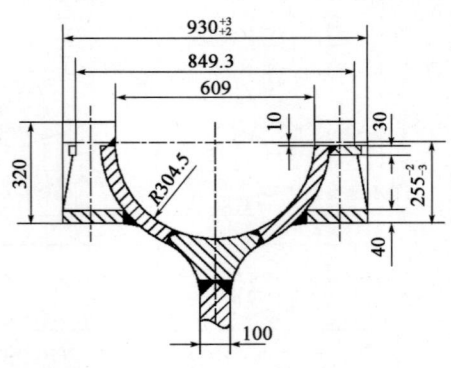

图3 索夹承压台装配尺寸控制示意图（尺寸单位：mm）

（3）针对焊接变形大的问题，在制作时在内孔里面增加半圆形筋板，半圆形筋板与圆筒内壁紧密贴合后加固，索夹装焊内孔变形拉筋详见图4，保证焊接过程中圆弧板的弧度不发生变形，从而保证内孔有均匀的加工余量。

图4　索夹装焊内孔防变形拉筋

（4）针对索夹耳板容易发生焊后偏移问题，先将除耳板外的所有钢板装焊并校正后，再装焊耳板，在耳板焊接过程中，进行多次翻身，保证耳板焊后不发生偏移。

（5）为了保障索夹螺孔位置尺寸，生产中采取在数控设备上预钻定位螺孔孔位的方式控制螺孔位置精度；为了保证两半索夹用螺栓连接时顺利穿入连接孔锁紧索夹，在加工中采取两半对合、划线钻孔，此时将一半钻通，另一半钻10mm左右深，拆开连接装置直接吊走已钻好螺孔的上半块后，对下半用已钻10mm深孔导向钻通另一半，从而保证两半索夹螺栓孔位置不会出现错位，索夹组合钻拉杆孔见图5。

图5　上、下半索夹组合配钻螺栓孔

5　结语

通过焊接索夹制造，发现焊接索夹比铸造索夹少了毛坯铸造工序，同时增加了大量的焊接工作。在原材料的应用方面，铸钢索夹采用的材料一般为铸造合金钢，而焊接索夹可采用低合金高强度钢，或者桥梁用结构钢。钢板的综合性能较铸钢件有较大幅度的提升。钢板通过下料、成型、组装、焊接等一步步工序完成焊接索夹的制造。工艺路线合理可行。但是由于焊接索夹增加了大量的焊缝。焊后存在较大的焊接残余应力,需要进行焊后退火去应力处理。目前焊接索夹已成功应用在新田长江大桥跨中部位 SJ5 类型索夹上。

参 考 文 献

[1] 钱冬生,陈仁福.大跨悬索桥的设计与施工[M].成都:西南交通大学出版社,2015.

[2] 中华人民共和国交通运输部.悬索桥索鞍索夹:JT/T 903—2014[S].北京:人民交通出版社股份有限公司,2014.

[3] 全国大型铸锻件标准化技术委员会.大型低合金钢铸件 技术条件:JB/T 6402—2018[S].北京:机械工业出版社,2018.

[4] 全国钢标准化技术委员会.低合金高强度结构钢:GB/T 1591—2018[S].北京:中国标准出版社,2018.

[5] 全国焊接标准化技术委员会.气体保护电弧焊用碳钢、低合金钢焊丝:GB/T 8110—2008[S].北京:中国标准出版社,2008.

93. 深中通道伶仃洋大桥东索塔及锚碇施工关键技术

袁 航[1,2,3]

（1.中交第二航务工程局有限公司；2.长大桥梁建设施工技术交通行业重点实验室；
3.中交公路长大桥建设国家工程研究中心有限公司）

摘　要：深中通道伶仃洋大桥为580m+1 666m+580m三跨全飘浮体系的悬索桥，东锚碇为海中重力式锚碇，采用"8"字形地下连续墙基础，东索塔为270m门型结构混凝土索塔，施工区域距离海岸10余公里，为全海上施工作业。针对桥址区复杂的建设条件，东锚碇提出筑岛围堰施工方案，并创新采用"锁口钢管桩+工字型板桩+平行钢丝索"柔性组合式筑岛围堰结构，将海上施工转为陆域施工；东索塔研发了钢筋网柔性制造生产线，研发了适用于超高混凝土索塔的一体化智能筑塔设备，形成了基于钢筋部品及智能筑塔的超高索塔工业化建造技术。锚碇及索塔关键施工技术解决了全离岸海中超大跨悬索桥建设难题，提高了超高索塔工程智能及工业化建造水平。

关键词：悬索桥　海中锚碇　筑岛围堰　超高索塔　工业化建造

1　工程概况

深中通道项目是连接广东省深圳市和中山市的超大型集"桥、岛、隧、地下互通"四位一体的世界级跨海集群工程。深中通道项目全长24km，其中跨海段22.4km，采用双向八车道的高速公路标准，设计速度100km/h，从深圳往中山侧依次为岛隧工程及桥梁工程，其中伶仃洋大桥作为桥梁工程中关键控制性工程跨越伶仃航道，采用580m+1 666m+580m的三跨全飘浮体系悬索桥结构形式，如图1所示。

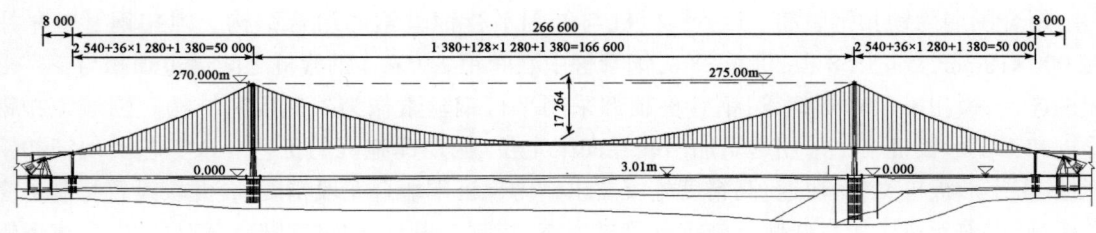

图1　深中通道伶仃洋大桥平面布置图（尺寸单位：mm）

伶仃洋大桥东锚碇为海中重力式锚碇，基础采用"8"字形地下连续墙结构（长107.1m、宽65m、厚1.5m），锚碇混凝土浇筑方量34.3t，结构巨大，地处宽阔海域，毗邻10万吨级伶仃洋航道，锚碇基础底部多为流塑性、软塑状淤泥，淤泥层厚、侧向稳定性极差。伶仃洋大桥塔柱采用门形结构，高270m，整个塔肢共设置上中下三道横梁，塔柱采用空心八边形截面，索塔塔柱施工共分为48个节段，标准节段按照高度分为4.5m和6m两种，桥塔在79m处设置斜率变化点，超高索塔位于高温、高湿、高盐环境，对于混凝土塔柱品质要求更高。

2 东锚碇快速筑岛施工关键技术

为降低海上大型锚碇建造难度及安全风险，将海上施工转为陆域施工，伶仃洋大桥东锚碇创新性地提出采用"锁扣钢管桩+工字形板桩+平行钢丝索"柔性组合围堰结构体系，并基于该体系形成了快速筑岛施工关键技术。快速筑岛首先在施工区域进行地基处理，插打塑料排水板，地基处理完成后施工组合结构围堰，形成直径150m的圆形围堰，围堰内部进行填砂充实，外部辅以冲刷防护，最终快速形成陆域施工条件，为后续锚碇基础及锚体施工提供便利[1-2]。筑岛围堰结构示意图如图2所示。

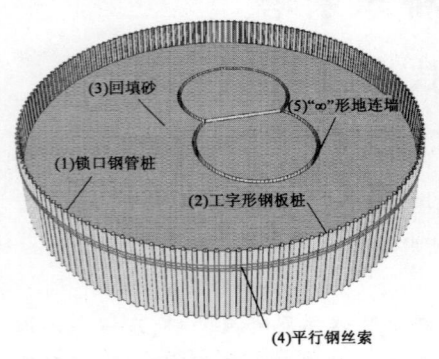

图2 东锚碇筑岛围堰结构示意图

2.1 围堰地基处理

为保证后续锚碇施工过程中，回填的岛体能够实现快速稳定，针对离岸、深厚淤泥软弱土层，提出水下开挖清淤+砂石垫层+水下塑料排水板排水固结方案，借助筑岛回填土体，加快软土地基承载力增长，缩短软基固结等待时间，加快施工工效。水下清淤采用抓斗式挖泥船分层分段开挖施工，分层开挖深度0.5m。为保证清淤质量，分别在清淤施工前、砂垫层施工前对围堰附近海床进行多波束地形检测，分析对比清淤前后海床地形，保证清淤效果。

砂垫层抛填总体按照分区进行并绘制抛石网格图，以桥轴线为界分南北两侧，配合潮水涨、落选择抛填北、南侧。碎石垫层采用抛石船自配反铲挖机抛填施工，单个网格抛完后，抛石船沿轴线平移开始抛填下一网格，直至抛填施工完成。塑料排水板采用C形排水板，设计插设深度25m，排水板底部进入中砂层，地连墙局部区域不进行塑料排水板施工。排水板采用专用插板船施工，插板船定位完成后，依次进行水下塑料排水板穿靴、打设、水下剪板施工。插板船单次驻位可以完成左右两排塑料排水板的打设，打设完成后根据行距要求，绞锚移船至下一打设位置。

2.2 组合围堰体系施工

组合围堰为锁扣钢管桩、工字形板桩与外围平行钢丝索的组合结构。锁扣钢管桩采用φ2000×18mm，数量158根，桩长38m，钢管桩中心间距2.95m。钢管桩之间通过锁扣与工字形板桩连接，锁扣采用C形钢管，钢管桩顶部采用平行钢丝索作为外侧围箍结构。围堰锁扣钢管桩和工字形板桩施工采用起重船吊装导向架定位、振动锤施沉的工艺。该工艺实现锁扣钢管桩/工字形板桩交替、快速、高精度施沉要求。为保证围堰合龙段精度，合龙段设置特制工字形板桩，提前测量合龙口两侧已施沉钢管桩姿态，特制一根与合龙口两侧钢管尺寸匹配楔形钢板桩，完成最终合龙。

围堰合龙完成后,在钢管桩外侧搭设操作平台,沿钢管桩外侧顶部位置安装平行钢丝索,环向平行安装7根强度为1 670MPa、直径为91mm的平行钢丝索。平行钢丝索接头处精轧螺纹钢采用千斤顶张拉调节索力,通过调节预紧索力适应围堰荷载变化使柔性钢丝索和刚性钢管桩结合得到有效结合。组合围堰结构体系实现了锁扣钢管桩与工字形板桩交替、快速施工的要求,圆形围堰可一次准确合龙,变形可控。

2.3 筑岛及外围防护施工

为兼顾筑岛围堰冲刷防护和回填土体造成软土挤淤的影响,在围堰外侧底层和顶层分别设置水下模袋砂和水下模袋混凝土作为冲刷防护结构。为减少筑岛回填土体对围堰结构的不利影响,平衡围堰内回填砂荷载,围堰外围防护施工与围堰内吹填筑岛施工同步进行,外围防护设两级斜坡、两级反压护道。下层膜袋沙利用吹砂泵向砂袋内吹填砂,完成围堰外第一层防护(模袋砂)施工。模袋砂分段铺设完成后,模袋混凝土采用水下混凝土泵送、分段施工。围堰回填及防护如图3所示。

图3 东锚碇筑岛回填及防护

3 东索塔工业化建造关键技术

伶仃洋大桥桥塔位于高温、高湿、高盐的宽阔海域环境,针对混凝土桥塔变截面和变壁厚等特点,对桥塔各部位钢筋工业化装配成型和桥塔混凝土工厂化施工工艺进行研究,提出了基于钢筋柔性生产线的索塔大断面钢筋部品施工关键技术,并研发了一体化智能筑塔施工设备,实现了索塔建造上的自动化减人、机械化换人,提高了桥塔建造品质、降低高塔上作业强度并有效保障了作业安全[3-5]。

3.1 索塔钢筋部品施工关键技术

伶仃洋大桥塔柱塔柱截面为八边形截面,为满足大跨桥梁的索塔整体结构受力性能,塔柱设计高度高、截面大、钢筋布置密集,单个4.5标准节段钢筋最重达52t,6m标准节段钢筋最重达61t。常规单根钢筋现场绑扎人员投入多、高空作业量大、作业时间长、高空施工安全风险显著增大,因此,基于伶仃洋大桥东索塔提出了"钢筋网片+部品成型+整体吊装"的塔柱钢筋部品工业化成型、装配施工关键技术。

将塔柱外两层钢筋按照顺桥向边中点分割线划分为两个C形网片断面形式,并将C形立体网片映射展开主筋与箍筋相互交错的多边扇形二维展开图。基于二维钢筋网片展开图,采用自主研发的大尺寸钢筋网片柔性自动生产设备在工厂内对钢筋网片进行加工制作。利用该设备在钢筋加工厂内完成塔柱标准节段内层及外层"箍筋+主筋"的钢筋立体网片制作,全面实现了钢筋网片的智能化及机械化加工制造(图4)。钢筋部品由钢筋网片通过拼装胎架定位、组拼而成,钢筋网片在工厂内完成加工,再由驳船运至塔柱下方钢筋部品专用胎架进行安装组拼。在胎架顶部及底部分别设置内外层钢筋定位装置,实现钢筋网片快速定位成笼。网片定位完成后通过测量人员针对顶口及底口的相对位置进行复测。待网片吊装定位成型后,人工穿插拉钩筋,完成节段钢筋部品组拼。钢筋部品整体吊装采用引导工装实现钢筋部品快速定位,钢筋连接采用锥套锁紧钢筋接头实现上下节段钢筋的有效对接,钢筋部品吊装施工图如图5所示。

图4 钢筋网片制作示意图

图5 钢筋部品吊装示意图

3.2 一体化智能筑塔机施工技术

针对传统液压爬模作业条件差、机位多、整体性不好、承载力小,设置混凝土布料和养护系统困难等问题,基于竖向移动式工厂的建设理念,研发具有钢筋部品调位、混凝土自动辅助布料及振捣、智能养护和应急逃生功能的一体化智能筑塔机。

一体化智能筑塔机由架体结构、爬升系统、锚固系统、模板系统、布料系统、振捣系统、养护系统、抗风系统、类工厂系统、人性化服务设施和智能化控制系统等组成。筑塔机整体由4组架体组成,沿架体高度方向分别设置作业、养护及修复平台共8层,架体之间通过收分装置适应塔柱复杂截面的变化。筑塔机爬升采用大行程液压油缸,单个油缸顶升能力达100t且可在各方向进行角度调节,广泛适应塔肢在不同高度上的线形变化。此外,在架体顶部布置两台能够覆盖全塔柱的布料机,通过智能化控制系统可实现自动布料及振捣;同时采用温、湿度可智能调节的热雾养护系统实现施工效率及品质的同步提升。一体化智能筑塔设备实现了工厂化建造条件的同时,通过自动化减人、机械化换人提升桥塔建造品质、效率和安全。一体化智能筑塔机现场施工如图6所示。

图6 一体化智能筑塔机

4 结语

伶仃洋大桥位于宽阔海域环境,施工现场远离陆地,施工期台风频繁,海上施工组织难度大、风险高。围绕全离岸海中超大跨径悬索桥的建造难题,形成了基于组合围堰结构的快速筑岛围堰施工关键技术,提出了锁扣钢管桩+板桩+平行钢丝索的柔性组合围堰结构,解决了海中超大锚碇施工难题,形成了海中陆域施工条件,降低了施工安全风险;研发了钢筋网片柔性生产线,形成超高索塔钢筋部品成型关键技术,打破了常规钢筋施工工艺,有效增加了作业面,将塔柱上钢筋施工时间有效缩短至1d;研发了一体化智能筑塔设备,实现了高塔施工工厂化条件,有效保障了在恶劣海洋环境下的混凝土品质及作业安全,提升塔柱施工效率至1.2m/d。该系列新技术显著提升了桥梁工业化建造水平,为后续工程建设提供了有益借鉴。

参 考 文 献

[1] 黄厚卿,李冕,刘建波.深中通道伶仃洋大桥东锚碇筑岛围堰施工方案优化[J].桥梁建设,2020,50(6):104-109.

[2] 姚志安.深中通道伶仃洋大桥筑岛围堰施工关键技术[J].世界桥梁,2020,48(2):15-19.

[3] 张三鹏,张文光,钟国兴.超高层核心筒液压爬模及布料机一体化施工技术[J].施工技术,2020,49(2):77-79.

[4] 王东辉,韩冰.平潭海峡公铁两用大桥通航孔桥桥塔施工关键技术[J].桥梁建设,2019,49(3):1-5.

[5] 孙文,王志珑,蒋国华,等.集成模块化工厂拼装液压爬模快速安拆施工技术[J].施工技术,2019,48(20):43-45+53.

94. 钻石形主塔"塔梁同步"施工分析及控制技术研究

黄 斌　曾振华　张国刚　吴坤平
（湖南省交通规划勘察设计院有限公司）

摘　要：斜拉桥传统施工一般采用先主塔后主梁的施工方法，近年来兴起的一种"塔梁同步"施工方法，由于该方法能节省大量的工期，有着很大的应用前景。然而，对于造型美观的钻石形桥塔，由于其结构特点，"塔梁同步"的应用受到限制，且国内关于该类桥塔的"塔梁同步"施工实际案例和研究却很少。本文以汕头某大桥一座空间钻石形桥塔斜拉桥为工程背景，对该主塔类型的"塔梁同步"施工可行性和施工控制技术进行研究，最后确定同步5对索的"塔梁同步"施工方案，在实际施工过程中，当3号索初张完成时，主塔塔顶合龙，最终实现"塔梁同步3对索"，同时，"塔梁同步"过程中，根据监控方案对主塔关键部位进行了应力和变形监测，监测结果表明关键控制指标符合监控预期，证明了"塔梁同步"施工方法在钻石形主塔的斜拉桥中也具有可实施性。

关键词：斜拉桥　钻石形桥塔　塔梁同步　可行性分析　施工控制

1　引言

斜拉桥以其美观的外形、良好的受力及较大的跨越能力而受到设计与建设者的青睐，同时推动了桥梁结构理论计算分析及施工技术的发展，增大了斜拉桥的控制难度和挑战性。传统的斜拉桥施工方法桥塔与主梁采用异步施工，往往施工工期长，施工成本高，"塔梁同步"施工方法也随之提出，该方法能达到缩短工期节约成本的目的。

近年来，随着斜拉桥设计理论的不断完善和施工技术水平的不断提高，在保证桥梁结构安全和质量的前提下，已有很多桥梁采用"塔梁同步"的施工方法，其中具有代表性的有马岭河特大桥[1]、丁字河口大桥[2]、芜湖长江公铁大桥[3]、湞史杭大桥[4]等。目前有的学者针对门式桥塔[4]、倒Y形桥塔[1,5]"塔梁同步"施工进行分析探讨的，然而针对空间钻石形桥塔斜拉桥"塔梁同步"施工的分析及实例很少，本文以汕头某大桥钻石形桥塔"塔梁同步"施工为例，分别对3对、5对、7对斜拉索"塔梁同步"施工进行可行性对比分析，并在施工工程中对3对斜拉索"塔梁同步"施工进行控制，列出施工中主要控制性指标，为同类桥梁"塔梁同步"施工提供参考。

2 工程概况

2.1 主桥及主塔概况

汕头某大桥总长827m,主桥全长519m,主桥跨径布置为89m+245m+185m,采用钢-混组合连续梁与斜拉桥协作体系,其中西岸侧主桥为89m+31.25m连续组合梁桥,东岸侧为213.75m+185m独塔空间扇形双索面组合梁斜拉桥,主塔两侧各23对斜拉索。

主塔采用水滴钻石形桥塔,主塔塔身高143.3m(含塔座、塔顶装饰高度),桥面以上桥塔高123.2m。桥塔横桥向最大宽度为50.752m,塔柱向内收拢。

主塔为钢筋混凝土桥塔,采用C50混凝土。上塔柱断面设置为菱形,塔柱最下端设置塔座连接承台。塔顶部为高10.9m的钢塔帽,并结合灯光设计加装装饰性玻璃顶冠。塔柱总高121.6m,标准浇筑高度为4.5m,共分25节施工。图1所示为桥塔节段划分图。

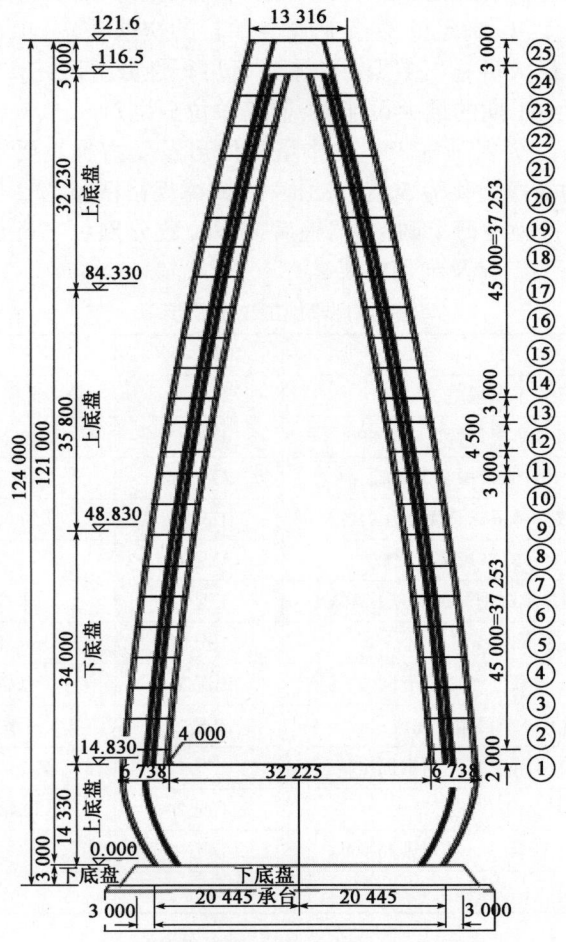

图1 汕头某大桥桥塔节段划分图(尺寸单位:mm)

2.2 主塔施工方案

2.2.1 非"塔梁同步"施工方案

主塔塔柱施工采用爬模施工工艺,因塔柱横桥向内倾,为保证塔柱线形及受力合理,非"塔梁同步"施工时在塔柱在施工过程中设置3道主动横撑,规格为2根φ800×12mm钢管,横撑位置分别位于塔柱第8、14、19节段顶端,通过调整横撑顶推力来控制塔柱施工过程中的应力、变形。非"塔梁同步"施工工况及步骤见表1。

非"塔梁同步"施工工况及步骤　　　　表1

工况编号	工 况 内 容	工况编号	工 况 内 容
工况1	塔柱1~10节段施工完成	工况6	第2道横撑单根钢管顶推力1 300kN
工况2	第1道横撑单根钢管顶推力950kN	工况7	塔柱22~24节段施工完成
工况3	塔柱11~16节段施工完成	工况8	第25节段(上横梁)施工完成
工况4	第2道横撑单根钢管顶推力1 100kN	工况9	拆除第2、第3道横撑
工况5	塔柱17~21节段施工完成	工况10	成桥阶段

2.2.2 "塔梁同步"施工方案

根据同类型钢混组合梁结构施工经验,安装一节段钢梁及浇筑桥面板湿接缝的工期约为12d,为加快桥梁施工进度,以满足汕头市亚青会举行的交通需求,项目部提出采用"塔梁同步"施工方案,并提出对最大可施工多少对拉索进行可行性分析研究。

为确定本项目可节约工期的最大可能性,监控单位分别对3、5、7对斜拉索"塔梁同步"施工进行可行性对比分析。为保证施工过程中塔柱线形及受力满足要求,根据计算分析,将非"塔梁同步"的3道主动横撑优化为5道主动横撑,横撑规格调整为2根φ1 000×14mm钢管,并对横撑顶推位置及顶推力进行了调整,调整后横撑位置分别位于塔柱第7、12、16、19、24节段顶端。"塔梁同步"施工工况及步骤见表2。

"塔梁同步"施工工况及步骤　　　　表2

工况编号	工 况 内 容	工况编号	工 况 内 容
工况1	第1~9节段施工完成	工况14	第4道横撑单根钢管顶推力1 400kN
工况2	第1道横撑单根钢管顶推力800kN	工况15	张拉4号索(5对、7对索同步)
工况3	第10~14节段施工完成	工况16	第22节段施工完成
工况4	第2道横撑单根钢管顶推力910kN	工况17	张拉5号索(5对、7对索同步)
工况5	第15~18节段施工完成	工况18	第23节段施工完成
工况6	第3道横撑单根钢管顶推力1 240kN	工况19	张拉6号索(7对索同步)
工况7	拆除第1道横撑	工况20	第24节段施工完成
工况8	张拉1号索(3、5、7对索同步)	工况21	张拉7号索(7对索同步)
工况9	第19节段施工完成	工况22	第5道横撑单根钢管顶推力1 000kN
工况10	张拉2号索(3、5、7对索同步)	工况23	第25节段(上横梁)施工完成
工况11	第20节段施工完成	工况24	拆除主塔第2~5道横撑
工况12	张拉3号索(3、5、7对索同步)	工况25	张拉剩余斜拉索
工况13	第21节段施工完成		

3 "塔梁同步"施工方案可行性分析

3.1 有限元计算模型

计算采用有限元软件Midas Civil建立桥塔空间有限元模型,计算模型的建立根据实际结构构件进行杆系离散。桥塔塔柱、塔座及横撑以梁单元进行模拟,斜拉索采用桁架单元模拟。本次计算主要关心塔柱一般截面的应力、横撑内力及主塔变形情况。桥塔施工过程的模拟分析部分问题处理如下：

(1)计算模型中桥塔塔底边界约束条件用固结处理。
(2)计算中考虑恒载、风荷载、爬架、塔吊附着荷载、温度荷载的影响，按标准组合计算。
(3)各计算模型成桥状态的索力与设计索力一致。
(4)桥塔为C50混凝土,其主要力学性能如下：弹性模量$E=34\,500$MPa,索塔重度$\rho=25$kN/m^3,泊松比$\gamma=0.2$[6]。

其中非"塔梁同步"及5对索塔梁同步结构计算模型如图2、图3所示。

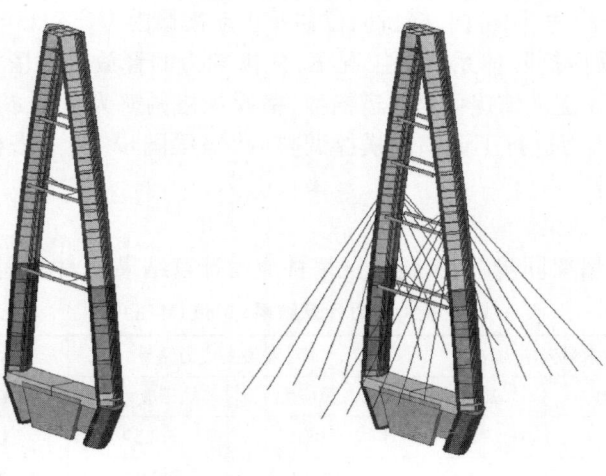

图2 非"塔梁同步"有限元模型　　图3 5对索"塔梁同步"有限元模型

3.2 理论计算结果

3.2.1 非"塔梁同步"计算结果

非"塔梁同步"施工主要关心施工过程中主塔的塔柱应力、横桥向位移及横撑轴力是否在可控范围内,各工况计算结果见表3。表中,"-"号应力表示受压,横桥向位移表示往桥轴线方向。

非"塔梁同步"各参数计算结果　　　　　表3

计算工况	塔柱应力(MPa)		最大塔柱位移(mm)	最大横撑轴力(kN)
	最大拉应力	最大压应力		
工况1	1.29	-2.69	-12.1	—
工况2	—	-1.28	0.6	998
工况3	1.25	-2.91	-14.3	2145
工况4	—	-1.52	-1.1	1183
工况5	1.31	-2.54	6.7	2359
工况6	—	-1.95	-0.7	1293
工况7	1.05	-2.73	-6.5	2349
工况8	0.62	-3.51	-7.1	2563
工况9	1.68	-4.34	-11.4	—
工况10	1.21	-10.23	-5.3	—

由表3可知,非"塔梁同步"施工在最少设置3道主动横撑基础上,主塔最大应力为1.68 MPa,小于C50混凝土的轴心抗拉强度设计值1.83MPa[6],表明塔柱应力可控;施工过程及成桥状态塔柱横向较小,最大为14.3mm,表明塔柱线形可控;整个施工过程中横撑最大轴力为2 563kN,对应的钢管应力为85.0MPa,小于Q235钢材强度设计值215MPa[7],表明施工时横撑轴力可控。

3.2.2 "塔梁同步"计算结果

采用"塔梁同步"施工时两个塔柱之间通过临时横撑联系,索力会产生竖向、顺桥向及横桥向的分力,其对塔柱应力、顺桥向、横桥向位移及主动横撑内力产生影响,甚至可能造成失稳破坏,同时塔柱合龙横撑拆除体系转换工况下,横撑轴力的释放会对塔柱内力产生影响。故"塔梁同步"施工将原3道横撑优化为5道横撑,横撑规格调整为2根φ1 000×14mm钢管,并对横撑顶推位置及顶推力进行了调整。横撑调整后"塔梁同步"施工塔柱应力、横桥向位移、横撑轴力计算结果如下。

(1)主塔应力计算结果。

3、5、7对斜拉索"塔梁同步"时关键工况塔柱应力计算结果见表4,表中"-"号表示受压。

塔柱最大应力计算结果(单位:MPa)　　　　　表4

计算工况	3对索最大应力结果		5对索最大应力结果		7对索最大应力结果	
	拉应力	压应力	拉应力	压应力	拉应力	压应力
工况8	0.01	-2.59	0.01	-2.59	0.01	-2.59
工况10	0.21	-3.13	0.21	-3.13	0.21	-3.13
工况12	0.53	-3.46	0.53	-3.46	0.53	-3.46
工况15	0.10	-3.64	0.05	-3.86	0.05	-3.86
工况17	0.35	-3.78	0.28	-4.26	0.28	-4.26
工况19	0.73	-3.91	0.65	-4.39	0.65	-4.66
工况21	1.09	-4.01	0.99	-4.49	0.99	-5.01
工况23	0.03	-4.61	—	-5.07	—	-5.59
工况24	1.06	-5.08	1.65	-5.63	1.88	-6.20
工况25	0.96	-10.21	1.28	-10.20	1.26	-10.20

由表4可知,在设置5道主动横撑的基础上,3、5、7对拉索的"塔梁同步"施工过程中塔柱部分位置仍出现拉应力;在第2~5道横撑拆除后,3、5、7对索塔梁同步施工均在塔柱24号节段顶端外侧产生最大拉应力,其中3、5对拉索"塔梁同步"应力分别为1.06 MPa、1.65MPa,均小于C50混凝土的轴心抗拉强度设计值1.83MPa;7对拉索应力分别为1.88MPa,大于C50混凝土的轴心抗拉强度设计值1.83MPa,但小于C50混凝土的轴心抗拉强度标准值2.62MPa[6]。故理论上3、5对拉索的"塔梁同步"施工方案是可行的,7对拉索的"塔梁同步"施工方案塔顶位置局部存在开裂的风险。

(2)位移计算结果。

根据上述应力计算结果,7对拉索的"塔梁同步"施工方案存在一定风险,故选取最大可能性5对拉索的"塔梁同步"施工方案继续进行位移、轴力分析。由于中跨及边跨索力张拉力对称,不会影响两个塔支的顺桥向位移,关键工况塔柱横向最大位移计算结果见表5,表中"-"号表示向桥梁轴线方向位移。

塔柱横向最大位移计算结果（单位：mm） 表5

工况编号	塔柱位移	工况编号	塔柱位移	工况编号	塔柱位移	工况编号	塔柱位移
工况7	-4.7	工况11	-9.9	工况16	-6.8	工况22	-4.0
工况8	-4.8	工况12	-10.0	工况17	-6.8	工况23	-3.9
工况9	-6.7	工况14	-5.1	工况18	-9.6	工况24	-11.0
工况10	-6.8	工况15	-5.1	工况20	-11.6	工况25	-6.8

由表5可知，5对拉索的"塔梁同步"施工方案，张拉斜拉索工况与前一工况横向位移相比，变化较小，最大位移为11.6mm，表明5对拉索的"塔梁同步"施工时塔柱横向线形及稳定性可控。

（3）横撑轴力计算结果。

5对拉索的"塔梁同步"施工方案关键工况横撑最大轴力计算结果见表6。

横撑最大轴力计算结果（单位：kN） 表6

工况编号	横撑轴力	工况编号	横撑轴力	工况编号	横撑轴力	工况编号	横撑轴力
工况7	1 199	工况11	2 258	工况16	1 865	工况22	1 026
工况8	1 317	工况12	2 335	工况17	1 910	工况23	1 241
工况9	1 694	工况14	1 386	工况18	2 433		
工况10	1 825	工况15	1 414	工况20	2 844		

由表6可知，5对拉索的"塔梁同步"施工方案，张拉斜拉索工况与前一工况横撑轴力相比，均存在增大的现象，整个施工过程中横撑最大轴力为2 844kN，对应的钢管应力为64.7MPa，小于Q235钢材强度设计值215MPa[7]，表明5对拉索"塔梁同步"施工横撑轴力安全可控。

4 "塔梁同步"施工控制成果

"塔梁同步"施工模拟计算分析是在理想的情况下进行的，所得到的计算结果也是理想化的，但实际施工过程中拉索索力、材料参数等都会存在误差。根据理论计算结果，有针对性地对"塔梁同步"施工控制，是避免桥梁在施工过程中出现问题的有效途径。

本项目在实际施工过程中，当3号索初张完成时，主塔塔顶合龙，最终实现"塔梁同步3对索"，施工过程中对主塔应力、位移及横撑轴力进行了监测，监测主要采取的措施及关键工况监测结果如下：

（1）在主塔根部、横撑对应节段及24节段位置布置应力传感器，实时监测应力变化情况，以保证施工过程中塔柱应力安全。

（2）拉索张拉前后对塔柱最上端截面的横向及顺桥向位移进行监测，以保证塔柱的线形满足设计要求。

（3）通过在主动横撑上布置应变计，对横撑的应力变化情况进行监测，保证横撑受力合理，防止出现失稳的情况。表中"-"号应力表示受压，顺桥向位移表示往大里程，横桥向位移表示往桥轴线方向，各点应力为多个相同测点的平均值。

由表7实测结果可知，在"塔梁同步"施工过程中，塔柱最大拉应力为1.29MPa，小于C50

混凝土的轴心抗拉强度设计值1.83MPa;塔柱顺桥向及横桥向最大位移分别为4.5mm、10.2mm,表明塔柱线形控制良好;横撑最大轴力为42.47MPa,虽然存在偏心的情况,但均处于受压状态,表明横撑受力合理,为出现失稳风险。综上所述,汕头某大桥的"塔梁同步"施工过程中结构应力及主塔线形控制良好,表明"塔梁同步"施工技术应用于空间钻石形桥塔斜拉桥是可行的。

"塔梁同步"施工各参数实测结果   表7

测试结果/工况	张拉1号索	张拉2号索	张拉3号索	拆除横撑
塔柱最大拉应力(MPa)	−0.23	−0.02	0.31	1.29
塔柱顺桥向位移(mm)	3.2	−2.7	4.5	−2.4
塔柱横桥向位移(mm)	−4.1	−6.2	−9.5	−10.2
横撑最大应力(MPa)	−20.06	−25.73	−42.47	—

5 结语

本文通过对汕头某大桥空间钻石形桥塔"塔梁同步"施工计算分析及施工控制研究,可得到如下结论:

(1)钻石形桥塔"塔梁同步"施工须根据实际情况对主塔横撑的数量、位置、顶推力及钢管型号进行选择,保证施工过程塔柱的横向联系和整体刚度,确保主塔线形、最不利截面应力及横撑轴力都能得到有效控制,并防止施工过程中两塔支斜拉索张拉不同步造成横撑失稳的情况出现。

(2)"塔梁同步"施工方法应用于空间钻石形桥塔斜拉桥是可行的,但对同步施工拉索的数量有一定的要求,不同数量拉索的"塔梁同步"施工对主塔的应力情况有一定的影响。

(3)"塔梁同步"施工可缩短施工工期,降低施工成本,取得良好的经济效益。本项目采用"塔梁同步"施工方法节约了30d的工期,可为同类桥梁"塔梁同步"施工提供参考。

参 考 文 献

[1] 熊邵辉,卓静.马岭河斜拉桥塔梁同步施工控制技术[J].公路,2014(1):69-73.

[2] 杨则英,曲永业,等.斜拉桥塔梁同步施工控制技术研究[J].公路与汽运,2018(4):114-117.

[3] 熊琦,郭辉,刘爱林,等.矮塔斜拉桥塔梁同步施工可行性分析[J].铁道建筑,2019(7):37-41.

[4] 张淑坤,张向东,等.大跨度斜拉桥塔梁同步施工控制技术[J].广西大学学报:自然科学,2012(1):88-93.

[5] 顾箭峰,曾祥红.混合梁斜拉桥塔梁同步施工可行性分析[J].桥梁建设,2016(1):111-116.

[6] 中华人民共和国交通运输部.公路钢筋混凝土及预应力混凝土桥涵设计规范:JTG 3362—2018[S].北京:人民交通出版社股份有限公司,2018.

[7] 中华人民共和国住房和城乡建设部.钢结构设计标准:GB 50017—2017[S].北京:中国建筑工业出版社,2017.

95. 环槽铆钉连接技术在川藏铁路钢结构桥梁上的应用研究

张 钦 贾云龙 何 旭 董 帅 左世斌

(眉山中车紧固件科技有限公司)

摘 要：目前钢结构桥梁节点主要采用高强螺栓进行连接，由于螺栓结构牙型特点，钢结构桥梁节点连接处存在螺栓松动、脱落、延迟断裂等问题，给社会带来了一定的安全隐患。本文介绍一种环槽铆钉紧固连接技术，就该技术在川藏线上的应用与高强螺栓进行了对比研究，为川藏线的钢结构桥梁建设提供了新的连接技术选择。

关键词：环槽铆钉连接技术 桥梁钢结构 川藏线

1 引言

川藏铁路从四川盆地的成都市出发，西行分别穿越川西高山峡谷区、川西山地区(高山原区)、藏东南横断山高山峡谷区、藏南谷地区到达终点拉萨。沿线山岭连绵，险峰突兀，河谷深切，桥隧占比超过80%，其中部分位于高原缺氧地区，工人在这种高海拔和缺氧环境下进行重体力劳动，呼吸困难，体能消耗很大。如何简化桥梁施工操作步骤，减轻工人的作业强度，增强施工质量，提高施工效率，缩短工期，是桥梁施工需要重点解决的问题。本文介绍的环槽铆钉连接技术与高强螺栓相比，具有施工效率高、操作简单、防松性能优异、后期免维护，可明显缩短作业时间，降低工人劳动强度，而且可省去日后在恶劣的青藏高原环境下维修养护的工作量，有利于推动我国钢结构桥梁连接技术的进步。

2 环槽铆钉起源与原理

环槽铆钉起源于20世纪40年代。起因是在第二次世界大战中，美国军方的远程作战轰炸机在航空母舰上频繁起飞降落，这一过程会对甲板产生较大的冲击和强烈振动。在频繁的冲击与振动环境下，连接甲板的螺栓螺纹之间会沿径向发生相对运动，引起预紧力丧失，导致连接甲板的螺栓发生松动。为了解决螺栓失效的棘手问题，美国人HUCK先生利用胡克定律发明了第一代环槽铆钉，通过近80年在军工装备、轨道交通装备等行业的应用，技术成熟可靠。

环槽铆钉与螺栓最大的不同就是安装方式的差异。如图1所示，在安装时铁砧会沿着轴向方向向下移动,从开始接触套环至铆接完成的这个过程中,套环始终处于被径向挤压的状态,这一过程使得套环内壁的金属流动到铆钉的环槽中,同时轴向拉伸铆钉,产生轴力,形成永久的金属塑性变形连接。

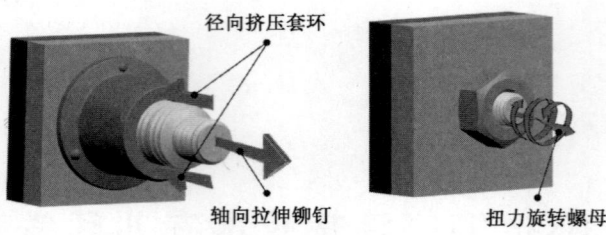

图1 连接原理对比

3 技术特点

3.1 优异的力学性能

高强度螺栓与环槽铆钉力学性能参数见表1。如图2所示,同等规格的高强度环槽铆钉连接副夹紧力值比高强螺栓大10%以上,对摩擦型节点连接设计能产生更大的抗滑移载荷,节点连接更安全。在川藏铁路钢结构桥梁节点设计时,可减少紧固件数量,有利于降低工人作业强度,提升项目进度。

高强度螺栓与环槽铆钉力学性能对比表　　　　表1

直径规格	等级	高强度螺栓夹紧力		环槽铆钉夹紧力	
		设计值(kN)	施工值(kN)	最小值(kN)	实际值(kN)
24	10.9级	225	250	≥256.9	280
30	10.9级	355	390	≥408.1	450

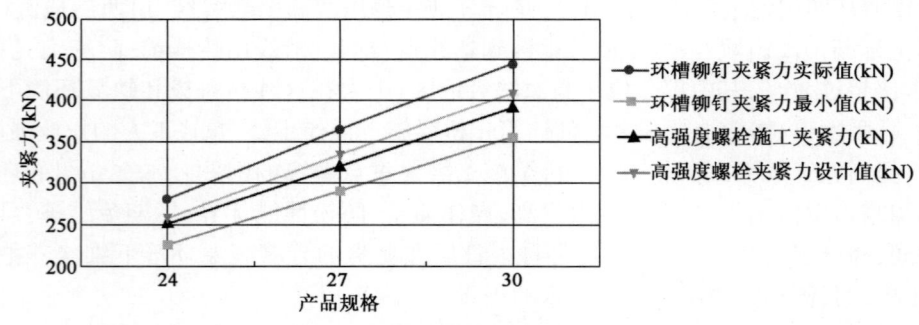

图2 高强螺栓与环槽铆钉性能对比

3.2 良好的夹紧力一致性

由德国机械工程师协会标准VDI 2230可知,螺栓在安装过程中通过扭矩产生夹紧力,总扭矩的80%~90%用来克服螺母与接触面之间和螺母螺纹与螺栓螺纹之间的摩擦力,只有10%~20%的扭矩会转化为夹紧力,同时夹紧力又受到被连接件表面状态、螺纹配合精度、温度、湿度和安装工具精度等因素的影响,最终会造成紧固连接夹紧力波动较大,研究发现,采用扭矩法安装的螺栓夹紧力偏差普遍达20%以上。这使高强度螺栓安装过程中必然出现"过拧"或"欠拧"现象发生,这都会影响节点连接效果(图3)。

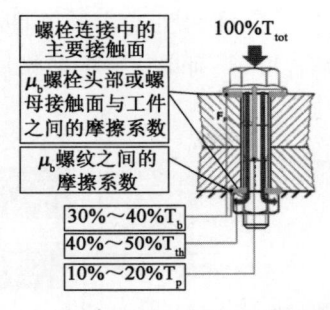
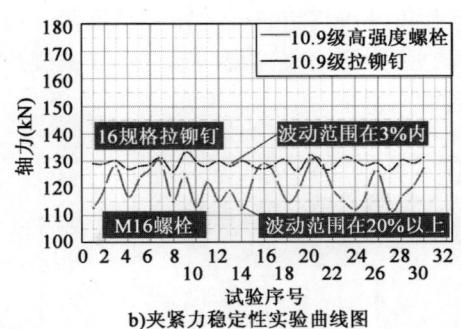

a) 使用扭矩法安装过程中的扭矩传递情况　　b) 夹紧力稳定性实验曲线图

图 3

拉铆连接技术是通过轴向拉伸铆钉,挤压套环,受到环槽铆钉与套环接触面之间的摩擦力等其他因素的影响极小,能提供更加稳定的轴向力,连接的夹紧力波动范围在3%以内,与高强螺栓相比具有更好的夹紧力一致性,在川藏线钢结构桥梁节点施工过程中可提供更稳定可靠的抗滑移荷载。

3.3 可靠的防松性能

高强度螺栓的螺纹之间存在横向间隙,当承受横向荷载时,在长期的震动工况下,螺栓和螺母会因为摩擦力逐渐沿螺纹线发生相对转动,造成夹紧力下降,导致连接松动、失效。而高强度环槽铆钉连接副具有封闭独立的圆环锁紧结构,在铆接时套环中的金属会流动到铆钉的圆环形锁紧槽中,通过塑性变形形成永久性紧固连接,同时消除铆钉和套环之间的间隙。在受到横向载荷时,在长期振动的工况下,独立的圆环锁紧结构能有效阻止铆钉与套环发生相对转动和退出,良好地保持了形成的轴向力,避免了高强度环槽铆钉连接副的松动和失效(图4)。

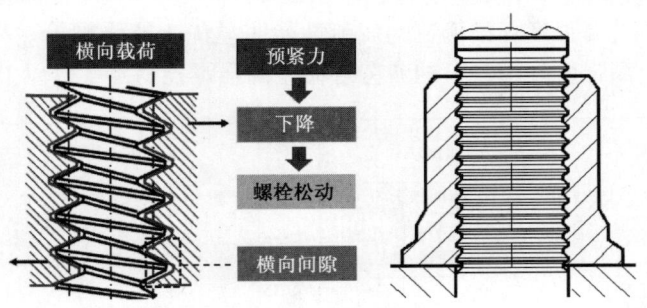

a) 横向载荷下的松动原理

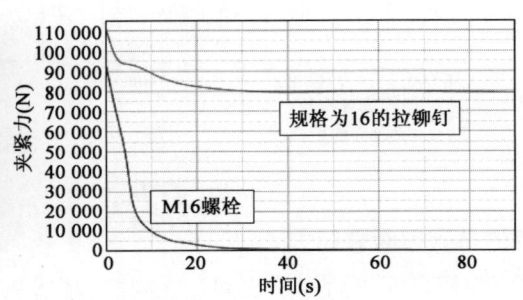

b) 防松性能对比

图 4

由于高强度环槽铆钉连接副采用特殊的环槽结构设计,所以如图5b)所示,在同等试验条件下环槽铆钉的夹紧力衰减率明显的小于高强螺栓的衰减程度,具有更优异的防松性能,适用于川藏线钢结构桥梁。

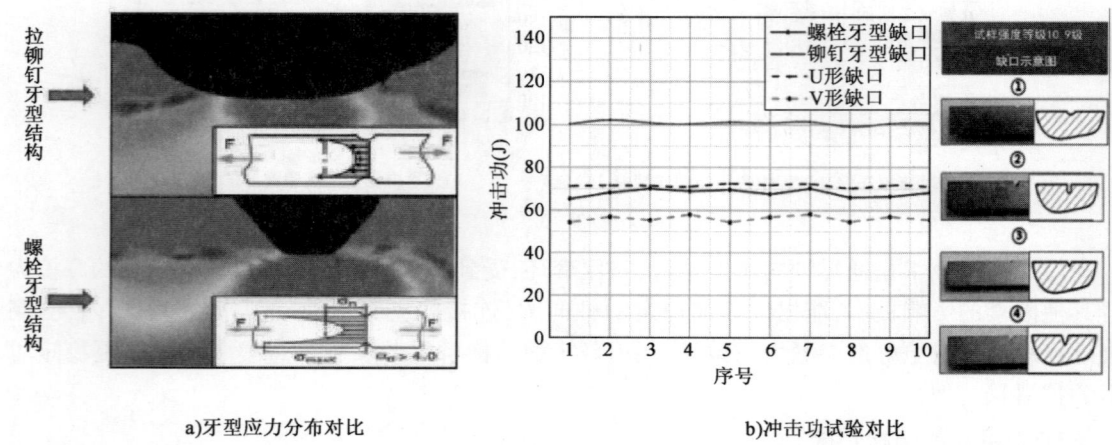

a)牙型应力分布对比　　　　　　b)冲击功试验对比

图　5

3.4　更好的抗疲劳性能

高强度环槽铆钉连接副的锁紧槽牙型采用弧形结构设计,而螺栓的牙型是60°的等边三角形结构,对同规格螺栓与高强度环槽铆钉进行有限元分析,结果表明,高强度环槽铆钉较螺栓具有更低的应力集中。通过冲击功试验验证,仿真结果与实际情况一致,且高强度环槽铆钉牙型较螺栓牙型冲击功吸收能力提升48%。

在相同受力情况下,高强度环槽铆钉的疲劳性能明显优于高强螺栓。在轴向荷载或杠杆偏心轴向荷载作用下,高强度环槽铆钉的疲劳寿命比高强螺栓高出3倍以上(图6)。

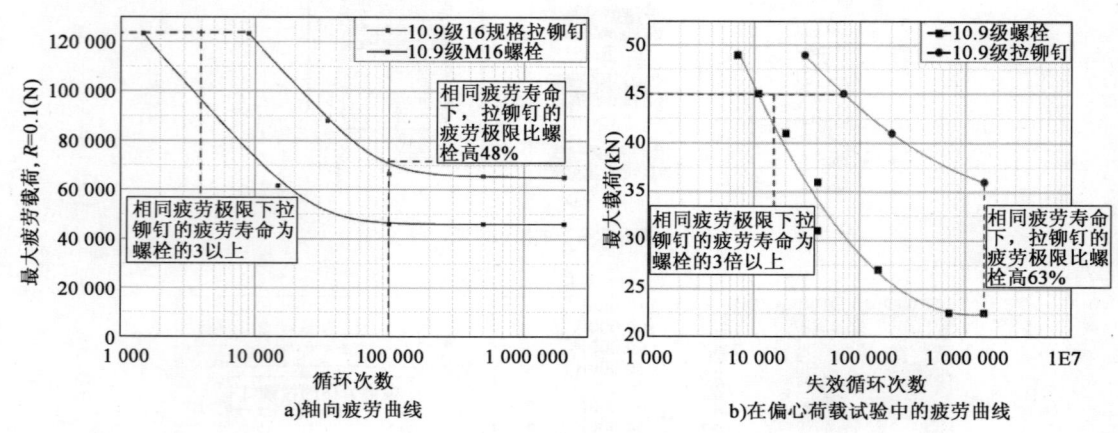

a)轴向疲劳曲线　　　　　　b)在偏心荷载试验中的疲劳曲线

图　6

3.5　出色的抗延迟断裂能力

高强度螺栓与螺母匹配后螺纹之间存在间隙,环境中的氢原子以及腐蚀物质易从螺纹间隙处进入,在螺纹根部应力集中区域聚集,最终引发失效,而高强度环槽铆钉牙型为环槽结构,铆接完成后无间隙,可有效地阻止氢原子进入锁紧槽内部,避免了氢脆的发生(图7)。

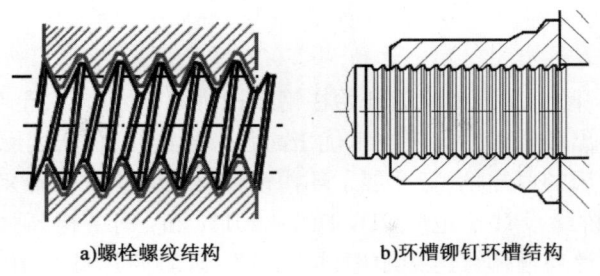

a)螺栓螺纹结构　　　b)环槽铆钉环槽结构

图 7

同时良好的密封性能,避免了高强度环槽铆钉连接副的连接部位暴露在潮湿空气、雨水等环境下使环槽受到腐蚀引发断裂的风险。分别对高强度环槽铆钉连接副与高强螺栓连接副进行了 3 000h 的中性盐雾试验,并对试验后的样品进行了最小拉力荷载测试,试验表明螺栓的最小拉力荷载下降非常明显,而高强度环槽铆钉连接副的下降较小,且趋势较为缓慢,因此环槽铆钉连接方式具有更高的防腐蚀性能,降低了延迟断裂的概率(图 8)。

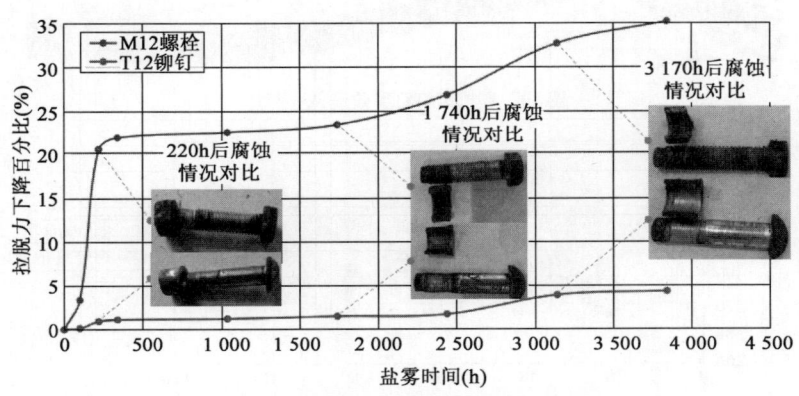

图8 不同腐蚀时间后的螺栓与环槽铆钉拉脱力下降对比

3.6 安装过程高效、便捷

高强度环槽铆钉连接副还具有以下优点：

(1)在环槽铆钉安装过程中,液压铆接装备能够精准地控制铆接油压,确保轴向力符合要求,同时铆接设备能够对安装质量实时监测和不合格报警。

(2)在安装效率方面,每套安装时间约 10s。

(3)对于环槽铆钉的拆卸,可使用专用破拆工具,方便、快捷,每套拆卸时间约 10s。

铆接安装过程如图 9 所示。

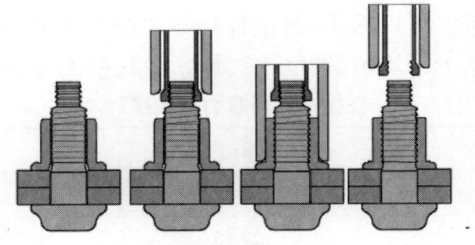

图9 高强度环槽铆钉铆接安装示意图

4 应用研究

从20世纪60年代开始,高强螺栓就开始在钢结构桥梁领域应用,至今积累了大量的实践经验。虽然从试验中得出环槽铆钉连接技术优于高强螺栓连接,但未实际运用,为保证环槽铆钉在钢结构桥梁节点运用的可靠性,特开展了环槽铆钉钉群效应试验研究。

依据《公路钢结构桥梁设计规范》(JTG D64—2015)和《钢结构高强度螺栓连接技术规程》(JGJ 82—2011),设计环槽铆钉连接顺序试验试件,试验照片见图10,共开展了108可铆钉的试验研究,试验结果见图11。

图10 环槽铆钉钉群效应试验照片

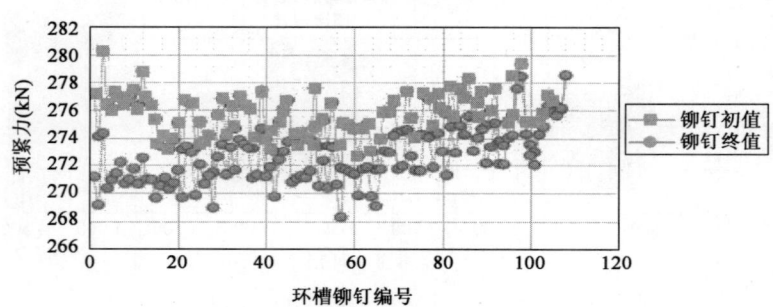

图11 环槽铆钉钉群效应试验数据

从图11中可以看出,大部分铆钉的初值与终值相比有所降低,特别是先行施拧的中部区域(前15颗铆钉)受其他铆钉施拧影响导致的预紧力下降幅度最大可达3.19%;而较晚施拧的角部铆钉则受影响较小,尤其是最后两颗铆钉出现预紧力不变或上升的情况。与初值的统计数据相比,各试件终值的平均值均有所降低,变异系数有所降低,表明施拧过程减小了节点区环槽铆钉整体的预紧力水平,但节点区的预紧力趋于一致、稳定。

表2给出了试件安装完成后监测得到的环槽铆钉预紧力平均值随时间变化的情况,其中T0为所有环槽铆钉安装完成时的预紧力平均值,T1为所有环槽铆钉安装完成2周后(336h)试件中铆钉预紧力的平均值。可以看出,各试件预拉力损失完成后的环槽铆钉预紧力平均值为全部铆钉终拧完成后预紧力平均值的99.6%,预紧力几乎无变化。

环槽铆钉预紧力松弛统计　　　表2

环槽铆钉编号	铆钉初值 T0(kN)	节点终值 T1(kN)
平均值	279.04	272.44
标准差	29.65	1.98
变异系数	0.11	0.07

5 结语

本文通过对环槽铆钉与高强螺栓的力学性能、牙型结构、受力模拟分析、冲击功特性、轴向荷载下疲劳试验、腐蚀试验等试验对比,得出了以下结论:

(1)同等规格的高强度环槽铆钉连接副夹紧力值比高强螺栓大10%以上,对摩擦型节点连接设计能产生更大的抗滑移荷载,节点连接更安全。

(2)与高强螺栓相比具有更好的夹紧力一致性,在钢结构桥梁节点施工过程中可提供更稳定可靠的抗滑移荷载。

(3)同规格环槽铆钉牙型比螺栓牙型应力集中小,环槽铆钉圆弧结构可有效降低牙底和牙顶的应力集中,提高疲劳寿命。

(4)环槽铆钉的夹紧力衰减率明显的小于高栓的衰减程度,具有更优异的防松性能。

(5)铆钉牙型缺口在夏比冲击试验中所吸收的能量远大于螺栓的牙型;在相同受力情况下,高强度环槽铆钉的疲劳性能明显优于高强螺栓。在轴向荷载或杠杆偏心轴向荷载作用下,高强度环槽铆钉的疲劳寿命比高强螺栓高出3倍以上。

(6)在大节点的环槽铆钉施工过程会使环槽铆钉的预紧力降低,但随着施拧工作的完成,预紧力趋于一致、稳定,其中预紧力下降幅度最大可达3.19%,小于5%,符合预期。

总的来说,与螺栓连接相比,环槽铆钉连接技术具有连接强度高、夹紧力一致性好、抗振防松性能优异、抗疲劳寿命长、抗延迟断裂能力强、安装快捷等优点,更适用于川藏线钢结构桥梁节点的连接。

参 考 文 献

[1] 薛翊国,孔凡猛,杨为民.川藏铁路沿线主要不良地质条件与工程地质问题[J].岩石力学与工程学报,2020,39(3):1-1.

[2] 边巴次仁,旦真次达.川藏公路沿线桥隧施工安全技术研究[J].山西建筑,2015,041(21):135-136.

[3] 刘宏刚,张洪玉,彭月燊.铁路钢桥高强度螺栓连接施工若干问题探讨[J].铁道标准设计,2015,59(2):60-64.

[4] 张钦,贾云龙.风电机组用新型紧固连接技术疲劳性能试验研究[J].东方汽轮机,2020(4):55-58.

[5] 张钦,张鹏,贾云龙,等.基于Deform数值模拟的环槽铆钉试验研究[J].锻压装备与制造技术,2020,55(3):130-134.

[6] 张先鸣.高强度螺栓低温脆性断裂与冲击韧性[C]//中国金属学会轧钢分会金属制品学术委员会第23届年会论文集,2013:248-252.

[7] 欧阳卿.高强螺栓受力及疲劳性能研究[D].长沙:湖南大学,2013.

[8] 施刚,石永久,王元清,等.钢结构端板连接高强度螺栓应变松弛的试验研究[J].施工技术,2003(11):15-17.

[9] 宋明志,王勇,郭兰慧.钢结构用高强度螺栓预拉力损失研究[J].建筑技术,2011,42(11):1033-1035.

[10] 国家紧固件标准化技术委员会.环槽铆钉连接副 技术条件:GB/T 36993—2018[S].北

京:中国标准出版社,2018.
[11] 中华人民共和国交通运输部.公路钢结构桥梁设计规范:JTG D64—2015[S].北京:人民交通出版社股份有限公司,2015.
[12] 中华人民共和国国家质量监督检验检疫总局.轴向加力疲劳试验机:JJG 556—2011[S].北京:中国标准出版社,2012.
[13] 中华人民共和国住房和城乡建设部.钢结构高强度螺栓连接技术规程:JGJ 82—2011[S].北京:中国建筑工业出版社,2011.

96.矮塔斜拉桥平行钢绞线拉索施工控制技术研究

况中华[1]　李鑫奎[1]　李旭东[2]　金东华[2]

(1.上海建工集团股份有限公司；2.上海市基础工程集团有限公司)

摘　要：矮塔斜拉桥常用平行钢绞线作为拉索，该类型拉索主要采用逐根张拉的施工方式，施工过程中索力均匀性和准确性的控制技术难度大。本文针对矮塔斜拉桥施工中平行钢绞线拉索的施工控制技术开展研究，以平行钢绞线施工张拉力和索套管倾角为关键控制对象，探索有效的平行钢绞线斜拉索施工控制方法。通过分析主梁混凝土浇筑、斜拉索张拉、收缩徐变等荷载作用对索套管倾角的影响，确定索套管在安装时的预偏角度，从而保证成桥后索套管达到设计角度。同时，依据平行钢绞线拉索中钢绞线的张拉相干性分析，确定同一束斜拉索中多根钢绞线的张拉力，保证同一束斜拉索中钢绞线的索力均匀度，并确保成桥索力达到设计索力值。

关键词：斜拉桥　斜拉索　索套管　调索　施工控制

1　引言

矮塔斜拉桥又名矮塔部分斜拉桥，其主塔相对较矮、刚度较大，斜拉索的水平倾角较小。与普通斜拉桥相比，矮塔斜拉桥的拉索为主梁提供了更大的水平压力，但为主梁提供的竖向支撑作用相对较弱，桥梁的恒活载主要由主梁承担，斜拉索辅助分担。从结构受力特性上看，矮塔斜拉桥类似具有较大体外预应力的梁式桥，可看作是一种介于梁式桥与斜拉桥之间的特殊桥型。因其结构体系的特殊性，矮塔斜拉桥一般采用类似梁式桥的悬臂法施工，可参考悬臂法施工的控制方法实施施工过程控制。然而，矮塔斜拉桥在具备梁式桥受力特性的同时，又拥有斜拉桥所特有的斜拉索和主塔构件，使其施工控制又具有斜拉桥的特点。矮塔斜拉桥与梁式桥施工控制关键的区别在于斜拉索的控制，对于斜拉索索力和斜拉索倾角的控制均有严格的要求，斜拉索索力的控制关键在于施工张拉力的设定，而斜拉索倾角的控制关键在于索套管安装角度的设定。

目前，大部分矮塔斜拉桥采用平行钢绞线作为拉索，且多采用单根逐次张拉的施工方法，这个索力控制提出了新的问题，即如何保证索体内所有钢绞线张拉完成后每根钢绞线拉力的均匀性和整束拉索索力的准确性。以往大多工程采用逆推法通过倒退计算出索体内多根钢绞线的张拉力，该方法在计算时假定每根钢绞线的初始长度和初始倾角为相同的常量，未考虑钢绞线逐根张拉变形对初始长度和倾角的影响,从而导致计算的施工张拉力存在一定误差。

本文结合平行钢绞线拉索的施工特点,以斜拉索的索力均匀度和准确度、索套管水平倾角作为施工控制的关键要素,开展矮塔斜拉桥平行钢绞线拉索的施工控制方法研究。利用迭代逆推法确定每根钢绞线施工张拉力,解决钢绞线受力不平衡问题。结合矮塔斜拉桥的施工特点,开展索套管水平倾角影响因素分析,充分考虑各因素之间耦合效应,确定了索套管安装时预偏角度,保证了拉索与索套管相对位置关系。

2 斜拉索索力控制

矮塔斜拉桥虽然以主梁受力为主,但是斜拉索为主梁提供了相当一部分的体外预应力,不仅可辅助主梁承担部分恒、活载作用,而且对主梁线形具有一定的影响,因此斜拉索索力的合理控制对于矮塔斜拉桥的结构内力分布和线形控制而言至关重要。目前,为了便于拉索材料的运输、牵挂和张拉,大部分矮塔斜拉桥采用平行钢绞线拉索,平行钢绞线拉索是由多根带有护套的钢绞线束张拉组装而成,整束拉索外部设置一层HDPE套管,形成一种无黏结的柔性拉索,如图1所示。平行钢绞线拉索在带来施工便利的同时,也为拉索的张拉控制提出了新的难题,即如何确定拉索内部每根平行钢绞线的张拉力,在控制拉索内平行钢绞线的索力均匀性的同时如何保证整束拉索索力达到设计索力值。

图1 平行钢绞线拉索现场照片

平行钢绞线拉索一般采用逐根张拉、一次张拉到位的施工方法,钢绞线张拉过程中,主梁会产生上抬和纵向压缩,主塔会产生竖向压缩和水平位移,斜拉索梁端锚固点与塔端锚固点的相对距离会缩短,从而导致已张拉钢绞线的工作长度同步缩短,造成已张拉钢绞线索力减小。因此,在平行钢绞线拉索张拉施工前,应分析后期钢绞线张拉对已张拉钢绞线索力的影响,并通过理论分析确定每根钢绞线的张拉力,使得在最后一根钢绞线张拉后整束斜拉索索力相同,且达到设计索力。

2.1 逆推法

计算拉索钢绞线张拉力较为普遍的方法为逆推法,逆推法的计算思路为:假设整束拉索由 n 根钢绞线组成,第 i 根钢绞线张拉引起之前 $i-1$ 根已张拉钢绞线的索力减小值为 ΔX_i;当第 i 根钢绞线张拉完成后,所有已张拉的 i 根钢绞线均达到相同索力值 F_i;以此类推,待最后一根(第 n 根)钢绞线张拉完成后,之前已张拉的 $n-1$ 根钢绞线索力减小 ΔX_n,使得 n 根钢绞线均达到同一索力值 F_n,F_n 即整束拉索的钢绞线平均索力值,最终保证整束拉索索力达到设计索力值。

依据逆推法,最后一根钢绞线的张拉力为 X_n 平均索力 F_a:

$$X_n = F_a = \frac{F}{n} \tag{1}$$

式中:F——整束拉索索力值;

n——钢绞线根数。

倒数第二根钢绞线的张拉力 X_{n-1} 为平均索力加上张拉最后一根钢绞线所引起的索力减小值 Δx_n,最后一根钢绞线张拉引起的索力损失可以通过前述斜拉索张拉引起的斜拉索长度变化 Δl_n 计算得出,而斜拉索长度变化 Δl_n 可通过 F_a 引起的主梁纵向压缩、竖向变形和主塔竖向变形计算得出,如图2所示,因此可建立如下等式:

$$X_{n-1} = F_a + \Delta x_n \tag{2}$$

$$\Delta x_n = \frac{\Delta l_n \cdot EA}{L} \tag{3}$$

$$\Delta l_n = L - \sqrt{\cos^2\alpha (L - X_n k_x)^2 + \sin^2\alpha (L - X_n k_z - X_n k_t)^2} \tag{4}$$

式中:E——钢绞线的弹性模量;

A——钢绞线的有效截面积;

L——钢绞线的初始长度;

α——拉索水平倾角;

k_x——主梁纵向刚度;

k_z——主梁竖向刚度;

k_t——主塔竖向刚度。

按式(2)~式(4)依次类推,可由已知 X_n 逐步倒推计算得出 $X_{n-1},\cdots,X_1$。

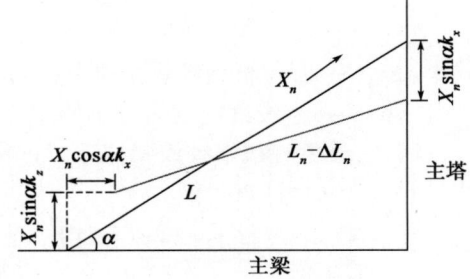

图2 斜拉索长度变化示意图

2.2 迭代逆推法

由前述2.1节可知,逆推法是在计算每根钢绞线张拉力时,假定每根钢绞线的初始长度均为第1根钢绞线张拉前主梁锚点与主塔锚点间距 L,且每根钢绞线的水平倾角均等于第1根钢绞线张拉前的初始倾角 α。然而,在实际的施工当中,第1根钢绞线张拉会引起主梁和主塔的变形,主梁锚点与主塔锚点间距会减小,导致第2根钢绞线的初始长度便小于第1根钢绞线的初始长度 L,同时第2根钢绞线的初始水平倾角也会小于第1根钢绞线的初始倾角 α。由此可知,每根钢绞线张拉前的初始长度和水平倾角均不相同,且最后1根钢绞线的初始长度和水平倾角最小。因此,在逆推法计算过程中,倘若每根钢绞线均采用相同的初始长度和水平倾角,会导致计算得出的钢绞线张拉力产生误差,不仅影响钢绞线索力的均匀性,甚至造成张拉完成后拉索索力偏离设计值。

针对平行钢绞线拉索张拉过程中每根钢绞线初始状态不断变化的情况,本文在原有逆推法的基础上,提出了一种考虑平行钢绞线初始态变化的迭代逆推法。迭代逆推法的思路大致如下:

(1)以第1根钢绞线的初始长度 L 和水平倾角 α 作为每根钢绞线的初始长度和水平倾角按照逆推法进行计算,计算得出每根钢绞线的张拉力向量 $[X^0]$。

$$[X^0] = \{X_1^0, X_1^0, \cdots, X_n^0\} \tag{5}$$

(2)以此第1根钢绞线的初始长度 L 和水平倾角 α 作为主梁锚点与主塔锚点间距和两点连线水平倾角的初始值,利用步骤(1)计算的张拉力向量 $[X^0]$ 按张拉顺序正装计算得出每根钢绞线张拉后主梁锚点与主塔锚点间距 L_{i+1}，以及两点连线的水平夹角 α_{i+1}，并作为下一根钢绞线的初始长度和水平倾角。同时，通过正装计算得到最后1根钢绞线张拉后每根钢绞线的索力值向量 $[F]$，计算索力值向量 $[F]$ 与平均索力 F_a 的索力差值向量 $[\Delta F]$，将索力差值向量作为收敛残差。计算过程如公式(6)~公式(12)所示。

$$L_1 = L\ ; \alpha_1 = \alpha \tag{6}$$

$$L_i = \sqrt{\cos^2\alpha_{i-1}(L_{i-1}-X_{i-1}^0 k_x)^2 + \sin^2\alpha_{i-1}[L_{i-1}-X_{i-1}^0(k_x+k_t)]^2} \tag{7}$$

$$\alpha_i = a\tan\left\{\frac{\sin\alpha_{i-1}[L_{i-1}-X_{i-1}^0(k_x+k_t)]}{\cos\alpha_{i-1}(L_{i-1}-X_{i-1}^0 k_x)}\right\} \tag{8}$$

$$\Delta l_i = L_i - L_{i+1} \tag{9}$$

$$\Delta x_{ij} = \frac{\Delta l_i \cdot EA}{L_j}\ ; [\Delta X] = \begin{bmatrix} \Delta x_{11} & \cdots & 0 \\ \vdots & \ddots & \vdots \\ \Delta x_{n1} & \cdots & \Delta x_{nn} \end{bmatrix} \tag{10}$$

式中：Δx_{ij}——第 i 根钢绞线张拉引起第 j 根钢绞线的索力减小值；

$[\Delta X]$——钢绞线的索力减小值矩阵，为下三角矩阵，对角线元素 Δx_{nn} 均为0。

因此，最后一根钢绞线张拉后，每个钢绞线的索力值向量 $[F]$ 及索力差值向量 $[\Delta F]$ 可按式(11)、式(12)计算得到。

$$[F] = \text{sum}([\Delta X],1) + [X^0]\ ; \text{sum}(x,1)\text{代表列向量求和} \tag{11}$$

$$[\Delta F] = [F] - F_a \tag{12}$$

(3)将步骤(2)计算得到的每根钢绞线的初始长度 $[L]$ 和水平倾角 $[\alpha]$ 作为计算参数，代入逆推法公式中再次计算每根钢绞线的张拉力 $[X^1]$。

(4)利用步骤(3)计算得到的张拉力向量 $[X^1]$ 进行正装计算，重复步骤(2)~步骤(3) m 次，直至索力差值向量 $[\Delta F]$ 满足设定的迭代收敛准则，便可得到较为精确的钢绞线张拉力值 $[X^m]$。

3 索套管预偏角度控制

索套管是斜拉索在混凝土主梁中的通道，为斜拉索提供角度定位，为拉索减振器提供固定支撑，对斜拉桥安全运营具有重要的作用。索套管的水平倾角若与设计倾角偏差较大时，会影响斜拉索穿索施工和减震器的安装。当索套管与斜拉索不平行或中心偏离时，会导致斜拉索与索套管内壁间隙过小，从而导致减振垫圈无法安装。矮塔斜拉桥的索套管长度较大，即使索套管发生极小倾角偏差也会造成索套管端部较大的偏位，偏位较大时会导致斜拉索与索套管内壁接触，从而给桥梁运营带来极其不利的影响，其中包括：一方面使得索套管承受斜拉索带来的弯矩；另一方面增加了斜拉索的约束，造成斜拉索的索力发生改变；另外造成斜拉索保护套破损或索体断裂。因此，斜拉桥的索套管倾角控制显得尤为重要。

由于施工过程中索套管的水平倾角及高程随主梁变形而发生变化，若安装索套管的时候按设计倾角设置，会导致索套管水平倾角随着施工的进行逐渐偏离设计值，因此在安装索套管时应考虑后续施工对索套管水平倾角的影响，将后续施工造成的倾角偏差作为预偏角度，在叠加设计倾角的基础上进行索套管的安装，从而使得索套管水平倾角随着施工的进行逐步向设计倾角逼近。

矮塔斜拉桥的主梁大多采用悬臂浇筑施工,斜拉索张拉(穿索)之前索套管预先埋入主梁混凝土中,索套管安装完成后会经历主梁混凝土浇筑、斜拉索穿索和张拉、后续恒载施工等阶段。因而,索套管预偏角度的设置应综合考虑主梁预拱度、主梁变形、挂篮变形、斜拉索垂度效应、后续恒载施工引起的索套管水平倾角变化。斜拉索索套管的预偏角度控制主要考虑混凝土节段浇筑时的挂篮弹性变形、前一梁段变形、本梁段斜拉索垂度效应、后续节段主梁浇筑与斜拉索张拉、成桥后恒载产生的累计变形所造成的索套管角度变化。文中不仅考虑了各种因素对索套管空间位置的影响,还着重考虑了主梁曲率变化对索套管倾斜角度的影响(图3)。

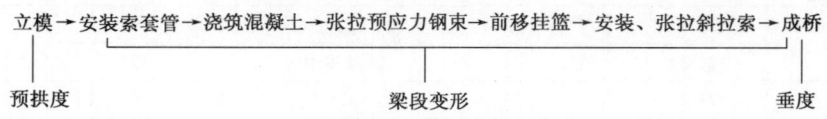

图3 索套管水平倾角影响要素图

综上所述,索套管的安装角度 α 可按如下公式计算:

$$\alpha = \alpha_d + \Delta\alpha \tag{13}$$

$$\Delta\alpha = \alpha_y + \alpha_b + \alpha_c \tag{14}$$

式中:α_d——设计倾角;

α_y——当前梁段预拱度设置引起的角度变化;

α_b——当前梁段累计变形引起的角度变化;

α_c——斜拉索垂度效应引起的角度变化。

4 工程案例

本文以上海地区某矮塔斜拉桥工程为例,验证前述迭代逆推法控制钢绞线拉索索力的均匀性和索套管倾角控制的准确性。背景工程主桥为预应力混凝土主塔斜拉桥,跨径组合为 115m+180m+115m,结构体系采用塔梁固结(图4),梁底设置摩擦摆支座的形式。主塔高 32.5m,主梁高度由墩顶 6.7m 至跨中 3.8m 呈抛物线渐变,全桥共设 15 束斜拉索,斜拉索的塔端锚点间距 1m,斜拉索采用 43@ϕ^s15.2mm 单丝涂覆环氧涂层钢绞线拉索体系,斜拉索水平倾角在 18°~28°范围内变化,索套管为 351mm×10mm 钢管。

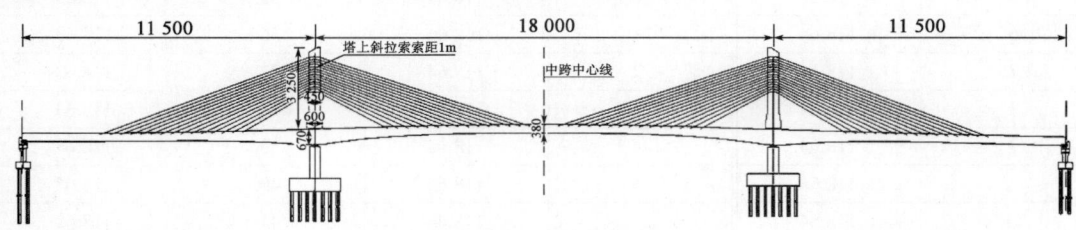

图4 矮塔斜拉桥立面图(尺寸单位:cm)

以第6束斜拉索张拉施工为例,主梁施工长度49m,主塔锚点高度21m。主梁锚点端纵向刚度 $3.69×10^{-5}$mm/kN,主梁锚点端竖向刚度 $8.05×10^{-3}$mm/kN,主塔锚点端竖向刚度 $5.54×10^{-5}$mm/kN。整束斜拉索施工张拉力为 5 100(kN),钢绞线平均张拉力为 5 100/43=118.60(kN)。通过迭代逆推法计算得出43根钢绞线施工张拉力,见表1。

钢 绞 线 张 拉 力   表1

钢绞线编号	张拉力(kN)	钢绞线编号	张拉力(kN)	钢绞线编号	张拉力(kN)
1	121.94	16	120.74	31	119.55
2	121.86	17	120.66	32	119.47
3	121.78	18	120.58	33	119.39
4	121.70	19	120.50	34	119.31
5	121.62	20	120.42	35	119.23
6	121.53	21	120.34	36	119.15
7	121.45	22	120.26	37	119.07
8	121.37	23	120.18	38	119.00
9	121.29	24	120.10	39	118.92
10	121.21	25	120.02	40	118.84
11	121.13	26	119.94	41	118.76
12	121.05	27	119.86	42	118.68
13	120.97	28	119.78	43	118.60
14	120.90	29	119.70		
15	120.82	30	119.63		

以表1中的钢绞线张拉力进行斜拉索张拉施工的有限元正装计算,得出整束斜拉索张拉完成后每根钢绞线的索力值见表2。从表2可知,每根钢绞线索力与目标索力值118.60kN的偏差率在0.03%以内,斜拉索的索力准确度达到99.97%;每根钢绞线的索力标准偏差为0.064kN,斜拉索的索力均匀度达到99.99%。表明迭代逆推法计算的钢绞线施工张拉力能有效保证斜拉索内部索力的均匀性和索力的准确性,可确保斜拉索在逐根钢绞线张拉完成后达到设计索力值。

整束斜拉索张拉后钢绞线索力   表2

钢绞线编号	索力(kN)	钢绞线编号	索力(kN)	钢绞线编号	索力(kN)
1	118.64	16	118.64	31	118.63
2	118.64	17	118.64	32	118.63
3	118.64	18	118.64	33	118.63
4	118.64	19	118.64	34	118.63
5	118.64	20	118.64	35	118.63
6	118.64	21	118.64	36	118.63
7	118.64	22	118.64	37	118.63
8	118.64	23	118.64	38	118.63
9	118.64	24	118.64	39	118.63
10	118.64	25	118.64	40	118.63
11	118.64	26	118.64	41	118.62
12	118.64	27	118.64	42	118.62
13	118.64	28	118.64	43	118.62
14	118.64	29	118.64		
15	118.64	30	118.64		
索力偏差(kN)	索力准确度(%)	索力标准偏差(kN)	索力均匀度(%)		
0.03	99.97%	0.064	99.99%		

依据本文第 3 节所述方法,考虑主梁预拱度、各梁段成桥阶段的累计变形值、各梁段浇筑时的挂篮变形以及各斜拉索的垂度计算得出表 3 所示的索套管预偏角度,预偏角度均为负值,按索套管水平倾角减小设置,预偏角度基本随施工梁段长度增大而增大。如图 5 所示,斜拉索张拉完成后,索套管与索体间隙为 70mm,与理论间隙值 65.5mm 偏差 4.5mm;表明通过预偏角度的设置,可有效保证索体中心线与索套管中心线平行对中,可预防索体与索套管接触碰撞的情况发生。

全桥索套管预偏角度表(单位:°)　　　　表 3

拉索编号	P1 墩		P2 墩	
	边跨侧	中跨侧	边跨侧	中跨侧
1	-0.44	-0.53	-0.45	-0.50
2	-0.43	-0.49	-0.82	-0.96
3	-0.43	-0.48	-0.95	-1.07
4	-0.72	-1.06	-0.99	-1.13
5	-1.00	-1.11	-1.01	-1.13
6	-1.00	-1.10	-0.93	-1.06
7	-0.96	-1.06	-0.95	-1.06
8	-1.01	-1.11	-0.93	-1.05
9	-1.03	-1.13	-0.97	-1.05
10	-1.03	-1.10	-0.97	-1.06
11	-1.02	-1.09	-0.97	-1.05
12	-1.00	-1.10	-0.92	-1.04
13	-0.99	-1.10	-0.94	-1.05
14	-1.00	-1.10	-0.95	-1.07
15	-1.03	-1.10	-0.98	-1.06

图 5　索套管间隙测量图

5　结语

本文利用施工控制思想针对矮塔斜拉桥施工中平行钢绞线拉索张拉及索套管安装定位开展研究。在逆推法基础上提出了迭代逆推索力计算方法,通过考虑施工中每根钢绞线初始长度和水平倾角变化,准确计算了斜拉索内部每根钢绞线的张拉力,该方法在理论上可使斜拉索索力均匀度达到 99.99%，另外该方法可有效控制斜拉索索力达到设计索力值。在索套管安全定位方面，综合考虑主梁梁段变形、斜拉索垂度、预拱度设置等对的索套管水平倾角的耦合影响，设置索套管安装预偏角，较好地预测了索套管控制位置变化，有效保证了斜拉索与索套管相对位置的准确性。

参 考 文 献

[1] 熊杰.矮塔斜拉桥施工控制及索力误差分析[D].成都:西南交通大学,2009.

[2] 韩岳.矮塔斜拉桥施工控制及关键技术研究[D].成都:西南交通大学,2018.

[3] 张海禄.独塔斜拉桥钢绞线拉索施工过程中索力控制方法研究[D].重庆:重庆交通大学,2017.

[4] 颜东煌,何博文,陈星烨,等.平行钢绞线斜拉索索力误差分析与张拉方案优化研究[J].中外公路,2012,32(6):124-128.

[5] 邵旭东.桥梁工程[M].4版.北京:人民交通出版社股份有限公司,2017.

[6] 向中富.桥梁工程控制[M].北京:人民交通出版社,2011.

[7] 池彦宾.预应力混凝土矮塔斜拉桥悬臂施工监控研究[D].重庆:重庆大学,2011.

[8] 包立新,喻骁.斜拉桥施工中斜拉索长度计算和导管安装角度修正方法[J].公路交通技术,2011(3):87-91.

97. 某高速公路桥梁预制桥墩装配式建造技术

周翰斌　刘永峰

(中交四航局第一工程有限公司)

摘　要：某高速公路桥梁位于江河湖冲洪积平原区，施工便道填筑条件较差，为便于桥墩装配式构件常规式运输和安装，采用节省混凝土的离心预制的PHC桩及高强管柱，管柱与承台、预制盖梁分别采取大容差的承插式连接和灌浆金属波纹管连接。制作现浇墩柱试件及6个不同承插深度、构造形式的预制墩柱试件进行缩尺模型对比试验。试验结果表明，承插深度取0.7倍管柱直径的承插连接方案及构造措施有足够的安全度和可靠性，结构的抗震性能基本等同于现浇构件；承插连接界面采用锯齿状槽口构造，可使管柱底下即使没有承台混凝土，抗冲剪能力也完全能够满足要求。施工表明，承插式连接降低了墩柱制作和拼装施工的精度控制要求，可实现桥墩快速拼装施工目标。

关键词：装配式桥墩　承插式连接　预制管柱　模型试验　拼装技术

1　工程背景

某高速公路项目位于江河湖冲洪积平原区，地势平坦，起伏较小；沿线河渠纵横交织，水塘、湖泊星罗棋布。沿线一带无石料场，走廊带附近无砂料分布，地材较匮乏。区内可通过多条高速公路、普通公路、高速铁路、江河到达，公铁运输及水运条件较好。项目全长约62.9km，桥梁工程总长36km。基岩埋藏较深，表层堆积有大量的巨厚层的第四系沉积物，多分布有一层或者多层较厚的条带状或透镜体状的软土，岩土工程地质条件较差。地震动峰值加速度$0.05g$，抗震设防等级较低。

该项目作为某省典型示范工程，设计速度100km/h，双向六车道，桥梁上部结构采用30m跨径装配式钢-混组合梁桥的长度共10km，要求采取工业化建造，其中装配式桥墩设计的路线长度4km。

2　工程难点及装配式桥墩整体方案

本桥梁工程位于平原区，场外运输方便，线路较长，桥高适中，传统上适于采用装配式建造技术。但场内施工便道填筑条件较差，要满足重型构件运输及吊装条件付出的成本大，对比现浇桥墩方案就没有成本优势，因此要求构件必须轻型化，以减轻运输便道和吊装场地处理要求，降低工程造价。

按照本工程的地质条件，采用钻孔灌注桩接现浇墩柱、盖梁的传统桥墩方案能够满足要求,技术成熟。由于覆盖层较厚,预应力混凝土管桩适合作为桥梁基础,将其与钻孔灌注桩方案进行对比分析,桩长由试桩确定。预制墩柱如果应用国内多个市政桥梁和高速公路桥梁工程中采用的实心矩形墩或方柱墩,则带来极大的挑战,因为那些工程基本位于城区或市郊,大型墩柱、盖梁运输的道路转弯半径及承载能力条件好,比如上海S7公路新建工程(S20公路至月罗公路段),预制墩柱和盖梁的吊装重量分别达到125t、230t,采用大型平板运输车和400t大型履带吊机进行作业,占用和处理的场地面积较大,对于本工程需要征用过多的农地是不允许的。因此,预制墩柱轻型化要通过截面空心化、高度方向节段化来实现;预制盖梁则根据受力特点进行构造优化,切除墩柱间的盖梁底部多余部分来减轻自重。采用的装配式桥墩整体方案与传统现浇桥墩方案的比较见表1。

现浇桥墩及预制装配式桥墩布置方案　　　　表1

项目	传统现浇桥墩方案	装配式方案
基础	2根直径1.8m C30钻孔灌注桩,桩长46m	8根直径0.8m C80预应力混凝土管桩,桩长36m
承台/系梁	两桩顶设1根现浇系梁连接,C30混凝土	C40现浇承台连接4根预制管桩,两承台通过系梁联结
墩柱	2根直径1.5m的C30现浇实心圆柱	2根外径1.4m的C70离心预制拼装管柱(壁厚0.25m)
盖梁	C30现浇混凝土盖梁	预制C55混凝土盖梁
备注	桥跨 $L=30m$,墩高 $h\leqslant 15m$;桩长按试桩数据确定,钻孔灌注桩为46m,管桩为36m	

表1中,管桩采用《预应力混凝土管桩》(国家建筑标准设计图集10G409)的PHC800AB110型管桩。管柱根据该设计图集提供的偏心受压 $N\sim M$ 曲线,验算偏心受压承载力,结果表明,直径1.4m、壁厚0.25m的C70管柱比直径1.5m现浇实心墩柱略好。管柱抗剪承载力按《混凝土结构设计规范》(GB 50010—2010)第6.3.15条计算,结果是预制管柱抗剪承载力比现浇墩柱高2%。

单根柱高 7~13m,按平均柱高10m,计算两种桥墩方案的混凝土用量,见表2。

一个桥墩混凝土用量比较　　　　表2

项目	传统现浇桥墩方案(m³)	装配式桥墩方案(m³)	拼装桥墩与现浇桥墩之比(%)
基础	234.11	68.67	29.3
承台/系梁	9.62	62.52	649.9
墩柱	35.34	21.25	60.1
盖梁	35.09	25.32	72.2
合计	314.16	177.76	56.6

从表2可以看出,装配式桥墩方案的混凝土预制比例为64.8%,节约混凝土用量43.4%;另外,一个装配式桥墩与现浇桥墩的钢材用量分别为26.31t和27.45t,节省约4%;现场施工工期分别为20d和43d,缩短约53%。单个桥墩工程造价分别是53.61万元和57.03万元,节省约6%。可见虽然离心预制管柱比现浇墩柱造价高,但管柱混凝土用量减少39.9%;虽然装配式桥墩增加了构件运输及工地吊装环节,在装配式桥墩规模4km及施工工期节省53%的情况下,综合造价反而降低。

3 预制墩柱与承台的承插式连接构造

3.1 承插式连接构造方案

桥墩整体方案优劣的重点在于构件类型选择,而方案成败关键在于构件连接构造。目前国内预制桥墩采取灌浆套筒连接方式较多。灌浆套筒直径较大,在薄壁管柱中布设困难,本工程一根管柱的竖向连接钢筋达54根,要同时多点对准套筒进行拼装,对构件预制、施工安装精度要求很高,对预制厂、施工方有很高的专业化要求。为便捷拼装,分析后选择预制管柱与承台采取承插式连接,与预制盖梁采用灌浆金属波纹管连接的大容差连接方式。

预制墩柱与承台采取承插式连接,需要确定墩柱的承插深度,因为其影响到桥墩的力学性能和承台厚度、墩柱长度,以及桥梁基础经济性。国外学者[1-2]认为,墩柱承插深度在粗糙界面条件下至少应取 $1.0D$ (D 为柱截面长边尺寸),预制桥墩性能方可不亚于现浇桥墩。上海嘉闵高架北二段的一座匝道桥预制矩形墩柱的承插深度为 $0.7D$,承台厚度为 2.60m。济祁高速寿县淮河特大桥的预制墩柱承插深度取值 $0.82D$,承台总厚度 2.2m[3]。《建筑地基基础设计规范》(GB 50007—2011)[4]第 8.2.4 条规定,当 $1.0m≤D<1.5m$ 时,预制柱的埋深取 $0.8D$ 且大于等于 1m,杯口基础的杯底与杯壁的厚度应分别大于等于 0.25m、0.35m;《铁路装配式小桥涵技术规范》(TBJ 107—1992)[5]第 4.0.3 条规定预制柱的最小埋深为 $1.4D$。可见,目前国内外对预制墩柱承插深度最小取值还没有较统一的意见。

本工程管柱直径 1.4m,按《公路钢筋混凝土及预应力混凝土桥涵设计规范》(JTG 3362—2018)(简称桥规)[6]计算承台最小厚度为 1.5m,柱底下承担抗冲切的底部承台最小厚度 0.98m。假设按上海嘉闵高架北二段工程经验,管柱埋深取值 $0.7D$ 为 0.98m,承插孔深度为管柱埋深 0.98m 加上柱底砂浆垫层厚 0.02m 等于 1.0m,则柱底下的承台厚度就仅有 0.5m<0.98m,此时承台的抗冲切承载力远远无法满足桥规[6]要求,但柱底下承台厚度 0.5m 是能够满足《建筑地基基础设计规范》(GB 50007—2011)[4]对于杯底厚度应不小于 0.25m 的要求。可见桥规[6]对于墩柱承插连接要求的承台抗冲切计算结果与《建筑地基基础设计规范》(GB 50007—2011)[4]的规定有较大不同。

为满足桥规[6]计算要求的承台抗冲切能力,解决思路是通过技术手段将原先不考虑承担抗冲切的承插段承台与柱底部分的承台拉结在一起,共同承担墩柱对承台的冲切作用,为此采取在承插孔壁周围布置与承台顶部水平钢筋相联结的 U 形钢筋,管柱插入段表面与承插孔壁均设置锯齿状槽口,承插孔的空隙灌注 C100 无收缩水泥基灌浆料,管柱底端设置钢端板与管柱主筋做穿孔塞焊,以及管柱底部 2.5m 高度内腔填充 C30 混凝土等措施(图1)。

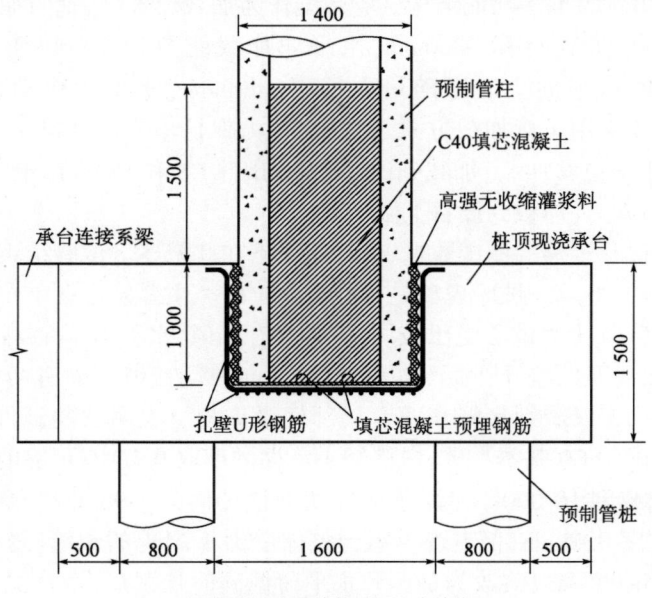

图 1 桥墩承插式连接构造(尺寸单位:mm)

3.2 模型试验

为验证管柱埋深取值 0.7D 的可靠性及承插孔壁周围布置 U 形钢筋抗冲切的合理性,根据桥墩布置原型方案,按照 1:2 缩尺比制作 1 个现浇墩柱及 6 个预制桥墩承插连接试件开展试验研究(表 3)。原型方案和模型试件的配筋率和配箍率均相同。原型桥墩轴压设计值 7 734kN,外径 1 400mm,内径 900mm,混凝土 C70,主筋 36ϕ28mm,填芯混凝土 C40,ϕ10mm 螺旋箍筋,间距 100mm。试验模型桥墩混凝土实测值 C80,换算加载轴力 1 935kN,外径 700mm,内径 450mm,配置主筋 18ϕ20mm,螺旋箍筋直径 6mm,箍筋间距 75mm。模型承台混凝土 C40,承插孔采用螺旋波纹钢管成型,填缝材料为高强无收缩水泥灌浆料。

主要试验研究内容　　　　　　　　　　　　　表 3

试件	试件模拟角色	主要试验研究内容
C0	现浇空心桥墩	对应直径 1.4m 的 C70 现浇空心管柱方案,作为墩柱力学性能和变形比较基准
C1	承插深度 0.7D 的预制空心桥墩	对应直径 1.4m 的 C70 预制管柱方案,研究管柱与桩基承台承插连接的拼装桥墩的压弯性能、裂缝开展、抗震性能及损伤机理等
C2	承插深度 0.5D 的预制空心桥墩	在 C1 基础上,研究承插深度 0.5D 时拼装桥墩的压弯性能
C3	承插深度 1.0D 的预制空心桥墩	在 C1 基础上,研究承插深度 1.0D 时拼装桥墩的压弯性能
C4	承插深度 1.5D 的预制空心桥墩	在 C1 基础上,研究承插深度 1.5D 时拼装桥墩的压弯性能
C5	只考虑柱底承台抗冲切的预制空心桥墩	在 C1 基础上,将承插界面设为光滑接触面,孔壁布置 U 形钢筋,只研究柱底承台与 U 形钢筋组合的抗冲切能力
C6	只考虑承插粗糙界面作用的预制空心桥墩	在 C1 基础上,挖除管柱下的承台混凝土,只研究承插界面锯齿状槽口的抗冲剪能力

试验采用 10 000kN 大型多功能结构试验系统作为加载设备[7],垂向加载能力为 10 000kN 压力和 3 000kN 拉力,最大行程 ±300mm;水平向加载能力为 1 500kN 推拉力,最大行程 ±400mm;垂向作动器水平向主动跟随最大行程 ±400mm,水平向作动器垂向主动跟随 ±900mm。试件 C0~C4 采用压弯加载方式,在竖向轴力保持不变的基础上施加水平循环荷载(先水平力加载,后水平位移加载)加载到试件破坏;试件 C5 和 C6 采用单向轴压加载,以判断承台的抗冲切极限承载力,加载到设备上限 10 000kN。

由于篇幅限制,试验过程的测试数据、位移曲线不在此赘述。试验结束后对构件连接的接缝进行检查,发现试件 C0~C5 试验现象是管柱混凝土破坏主要发生在承台面至往上延伸 45~50cm,即 0.64D~0.7D,均为大偏心受压破坏,破坏形态相似;水平力-位移滞回曲线、骨架曲线、耗能及残余位移并无明显的差异;除了 C2 的加载方向一侧接缝表面有两处破坏疑与灌浆料质量有关外,C1、C3~C5 仅个别接缝表面有局部轻微破损。表明预制试件 C1~C5 的承载能力、抗震性能与现浇试件 C0 基本一致,墩柱最小承插深度取 0.7D 有足够的安全度。

试件 C5 轴压加载到 10 000kN 时(承台冲切力设计值为 1 935kN),柱底承台底板(仅厚 25cm)的裂缝最大宽度 0.45mm,仍表现为承台整体受力下出现的裂缝,管柱和灌浆料未发现裂缝,承台底板未发生冲切破坏;改为轴压和水平荷载同时加载后,墩柱混凝土破坏形态与试件 C0 基本相同,共有 8 处箍筋断裂,表明承插孔壁周围布设 U 形钢筋后,承插段的承台起到了抗冲切作用,原型方案的柱底承台厚度0.5m可满足承台抗冲切要求。

试件C6轴压加载到10 000kN时,灌浆料表面发现的一条裂缝最大宽0.08mm;改为偏心10cm加载到10 000kN时,一条裂纹宽0.072mm,另一条裂纹宽度0.046mm;偏心15cm加载到9 000kN时,墩顶空心截面破坏,波纹钢管与承台混凝土界面处出现了环状裂纹,剪切破坏连接并未失效。表明试件C6在仅锯齿状槽口侧壁与承台连接情况下,即使加载到远大于设计冲切力1 935kN,试件仍未发生冲剪破坏失效,锯齿状槽口构造对承插界面的抗冲剪作用是明显的。

此次验证试验的墩柱最小承插深度、柱底承台底板抗冲切能力、承插界面锯齿状槽口抗剪切能力,都超出了试验前的预期,表明:①墩柱承插深度0.7D有足够的安全度,抗震性能基本等同于现浇构件;②承插孔壁周围布设U形钢筋,可合理利用承插段承台的抗冲切能力,能有效降低柱底的承台厚度,也即减少了承台总厚度;③灌浆料两侧的锯齿状槽口构造同样能有效降低柱底的承台厚度需求。基于此试验成果,最终本工程实桥桥墩设计采取了原型方案及承插构造措施。

4 桥墩拼装施工关键技术

4.1 构件预制

PHC桩及管柱均在工厂内采用离心法成型,离心法工艺已较成熟,在此不再赘述。单根墩柱整体预制,最长13m吊装重量34.5t。管柱与PHC桩成型不同之处,在于管柱的承插段外模需要制作成锯齿槽口状,管柱顶部端模应采用精加工的工具式钢模,确保柱顶与盖梁连接的预埋钢筋偏位在5mm以内。

盖梁采取整片预制施工,吊装重量64.2t以内。钢筋笼在高精度胎架上制作成型。钢筋及灌浆金属波纹管的定位装置均采用数控切割,精加工成型,确保钢筋及灌浆波纹管定位偏差控制在2mm以内。波纹管定位板随钢筋笼一起入模,同时作为波纹管区域的底模。

4.2 桩基及承台施工

桩基采用PHC800AB110型管桩,属于建筑行业比较成熟的产品,采用导杆式柴油打桩锤,锤型DD160或DD128型,沉桩以桩长控制为主,锤击数控制为辅。

管桩嵌入承台15cm,承台施工前先浇筑顶部2.5m高度的C40补偿收缩填芯混凝土。承台钢筋笼在预制厂加工运输到现场安装后,固定好管柱填芯混凝土预埋钢筋和承插孔的螺旋波纹钢管,确保其位置、垂直度符合要求。承台浇筑成型后,承插孔底面凿毛并冲洗,管柱拼装前将积水、杂物和灰尘清理干净,安放约2.0cm厚的钢板调节块两块并测量高程,确保其高程一致是保证管柱拼装垂直度的重要环节。

4.3 管柱拼装及位置偏差调整

管柱在工厂装车及现场卸车存放时采用捆绑帆布带两点起吊。正式吊装时顶部帆布带改用钢抱箍,与管柱之间垫以土工布或橡胶垫,并在顶部预留钢筋上均匀固定缆风绳3根。

吊装前在起重吊机作业墩位周围按需要铺上25mm钢板。吊机将管柱吊起,慢慢翻转到完全竖立后,缓缓移至承插孔上方,人工辅助对准承插孔徐徐垂直下放,落于孔底4根短钢筋围成的限位范围内。当管柱坐落到调节块时,吊机分级卸力至5~10t时停止卸力,采用两台互成90°角的全站仪观测管柱轴线及垂直度,通过松紧插在承插孔空隙的木楔来精调管柱位置,满足后下放到孔底,垂直度偏差由缆风绳配合调整。偏位满足要求后,楔紧在承插孔周边空隙楔入的木楔来固定管柱下部,拉紧缆风绳固定管柱顶端,松开吊机吊钩,完成管柱拼装施工。墩柱拼装时的人工登高作业,由自行曲臂式登高车辅助。

4.4 接缝灌浆料和填芯混凝土灌注

承插孔50mm接缝采用专用的水泥基灌浆料充分搅拌均匀后灌注,水灰比0.16~0.17。浆液初始流动度不小于300mm,在制备后30min内用完。灌浆管口伸到孔底缓慢灌注,以排除浆液中多余气泡。浆液从承台顶面溢出后停止灌浆,将灌浆管缓慢从孔底拔出。溢出的浆液在接近终凝时清理干净。灌浆料的抗压强度一般1d不小于40MPa,3d不小于80MPa。柱底及柱顶各2.5m高度C40填芯自密实混凝土采用混凝土泵车分层灌入,一次灌注成型。填芯混凝土施工1d后,解除柱顶缆风绳,进入预制盖梁吊装施工。

4.5 盖梁拼装

首先复测管柱中心线,清理干净柱顶杂物,安装柱顶坐浆层抱箍并与管柱表面密贴,抱箍高出柱顶20mm,在柱顶安放2个调节垫块,使盖梁高程偏差控制在±5mm以内。柱顶铺设专用浆料拌制的坐浆层并刮平均匀,四周与抱箍顶面齐平。浆液铺设后,须保证在初凝时间30min内完成盖梁吊装作业。

盖梁根据实际情况选择单机吊装或双机抬吊。吊机将盖梁起吊移到管柱上方,人工辅助将盖梁内的预埋波纹管对准柱顶钢筋缓慢下放。盖梁下放落地后,吊机预留20t吊力,进行盖梁偏位及顶面高程的测量和调整,控制盖梁偏位在5mm以内。

盖梁吊装到位后,检查冲洗外溢到管柱表面的浆液。如果管柱四周都有浆液溢出,说明浆液完全填充了盖梁与管柱的接合面。如果浆液没有溢出,说明浆液不够,应立即将盖梁吊起,补充接合面浆液。盖梁拼装12h后,进行盖梁与管柱连接的金属波纹管灌浆,此处的灌浆需要用到登高车进行辅助。

5 结语

本工程预制桥墩为实现轻型化建造,采取高强管柱与承台承插式连接,通过制作1:2缩尺模型进行对比试验,验证了承插式连接方案的可靠性并成功应用到工程实践中。

(1)本工程预制管柱采用0.7倍直径的承插深度有足够的安全度,在承插孔空隙灌注C100无收缩灌浆料良好黏结的情况下,构件承插连接的抗震性能基本等同于现浇构件。

(2)本工程承插界面采取的锯齿状槽口构造作用明显、合理。采用施工简便的螺旋波纹钢管进行锯齿状槽口成型,试验结果表明墩柱底下即使没有承台底板或失效,承台的抗冲剪能力也完全能够满足要求。另外,承插孔壁周围布设U形钢筋,也可增强承台的整体抗冲切能力,能有效降低承台总厚度。

(3)实践表明承插式连接降低了墩柱制作和拼装施工的精度控制要求,拼装施工便捷,可实现装配式桥墩快速建造。离心预制混凝土管柱,具备混凝土强度高、材料用量少、构件重量轻的优点,符合低碳环保的绿色建造理念,是公路桥梁装配式墩柱的较好构件形式之一。

(4)本次试验的承插连接处未发生失效破坏,证明承插连接效果理想,但并不利于研究分析。试验验证了设计方案和构造措施的安全可靠,但对于作用机理、各构造措施对承插深度的定量影响分析、相互影响关系、外部条件变化的影响等,以及存在施工缺陷下的结构安全性尚待研究分析。

参 考 文 献

[1] Khaleghi B, Schultz E, Seguirant S, et al. Accelerated Bridge Construction in Washington State from Research to Practice[J]. PCI Journal, 2012, 57(4).
[2] Mashal M, Palermo A. Quasi-static Cyclic Testing of Half-Scale Fully Precast Bridge substructure system in high seismicity[C]//Towards Integrated Seismic Design. Auckiand: NZ-SEE Conference, 2014.
[3] 陈金彪. 装配式桥梁预制空心桥墩与承台连接性能的研究与应用[D]. 合肥：合肥工业大学, 2017.
[4] 中华人民共和国住房和城乡建设部. 建筑地基基础设计规范：GB 50007—2011[S]. 北京：中国建筑工业出版社, 2011.
[5] 中华人民共和国铁道部. 铁路装配式小桥涵技术规则：TBJ 107—1992[S]. 北京：中国铁道出版社, 1992.
[6] 中华人民共和国交通运输部. 公路钢筋混凝土及预应力混凝土桥涵设计规范：JTG 3362—2018[S]. 北京：人民交通出版社股份有限公司, 2018.
[7] 孙贵清, 王志刚, 曾增, 等. 公路桥装配式桥墩承插式连接的桩基承台研究[J]. 桥梁建设, 2020, 50(3): 81-85.

98.穿塔连续式猫道承重索拆除施工技术

庞 庆

(中交四公局第六工程有限公司)

摘　要：猫道作为是索桥上部结构施工最重要的临时通道，在工程结束后方可将其进行拆除。水布垭清江大桥猫道采用承重索穿塔三跨连续的结构形式，拆除过程中，依据现有安装好的钢桁梁及铺筑结束的桥面，采用两种不同施工顺序完成主缆内外侧承重索拆除，实现了安全、高效、低耗等效果。

关键词：猫道　承重索　钢桁梁　桥面　拆除

1 工程概况

清江大桥单幅猫道设 6 根 $\phi 36mm$（6×36WS+IWR）钢芯镀锌钢丝绳猫道承重索，采用三跨连续的构成形式，在塔顶设置过塔孔道，塔顶两侧设置转向钢管圆弧过渡梁保护承重绳不被磨损，在散索鞍支墩基础设置钢管混凝土锚桩，边跨猫道距主缆中心线铅垂方向控制目标距离 1.7m，中跨猫道距主缆中心线控制目标距离 1.5m，单边猫道设计宽度 3.0m。

2 技术原理

穿塔连续式猫道承重索拆除过程中无须借助塔吊等大型起重设备，充分挖掘现有资源，主缆内侧承重索利用铺装好的桥面为放索平台，将两岸边跨承重索依次放松后穿过塔顶孔道放在主跨桥面顶部；主缆外侧承重索利用吊索外侧钢桁梁主弦杆为放索平台，将两侧边跨承重索放松落至钢桁梁主弦杆顶部，用装载机从一侧向另一侧拽拉承重索逐一穿过两主塔塔顶孔洞，直至整根猫道承重索放置边跨侧桥面。

3 穿塔连续式猫道承重索拆除施工流程图

猫道承重索拆除施工流程如图 1 所示。

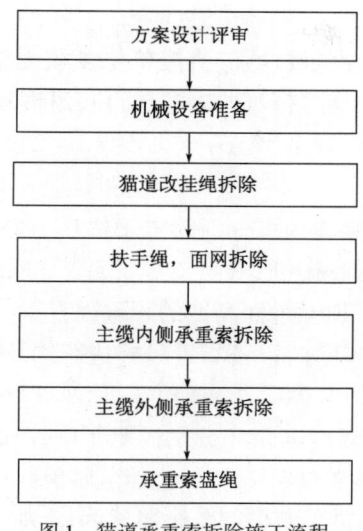

图 1 猫道承重索拆除施工流程

4 主要工序操作要点

4.1 方案设计评审

4.1.1 方案

猫道承重索拆除前,首先利用卷扬机导线滑车将待拆猫道改挂绳逐一放松并拆除,然后对猫道扶手绳及面网进行拆除摆放整齐。待面网及承重索上所有附属材料全部拆除后,对猫道承重索进行逐一拆除。主缆内侧的承重索利用现有桥面为放索平台,将两岸边跨承重索利用卷扬机依次放松后穿过塔顶孔道放在主跨桥面;主缆外侧承重索利用吊索外侧钢桁梁主弦杆为放索平台,将两岸边跨承重索放松后人工辅助落至钢桁梁主弦杆顶部后,为保证承重索能够稳固在钢桁梁主弦杆顶部且不损坏桥梁永久结构物,需将猫道防滑木条插入每个吊索锚固箱内,作为承重索限位装置,吊索采用薄铁皮包裹保护,主弦杆上每隔1m捆绑一根猫道防滑木条,防止猫道承重索与钢桁梁接触磨损表面涂装。在桥塔北岸侧采用装载机与边跨放松的承重绳连接后缓慢行驶,承重索在装载机的牵引下逐一穿过两主塔塔顶孔洞,直至整根猫道承重索放置边跨侧桥面。

整体布设:根据猫道承重索自重及与塔柱摩擦阻力计算,两岸共设4台卷扬机(单台起重量10t),分别布置在两岸锚后及主跨靠近两岸塔柱侧各1台。每个塔顶设2台10t滑车分别安装中跨侧及边跨侧。详见图2长岭岸卷扬机布置图示,泗淌岸与长岭岸布置形式一致。

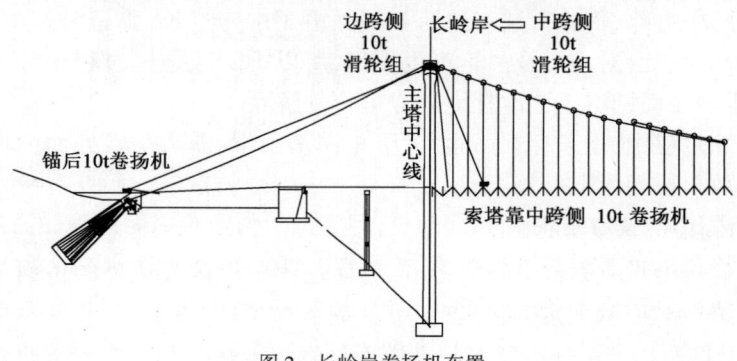

图 2 长岭岸卷扬机布置

4.1.2 方案评审

方案设计计算完成后,委托总包设计院、监控单位复核无误后,聘请国内相关专业专家进行评审,经过专家评审通过后,现场严格按照方案执行猫道拆除工作。

4.2 机械设备准备

4.2.1 卷扬机固定

根据现场地形,将两岸边跨侧卷扬机分别固定于锚后。经计算,边跨侧卷扬机受力较大,所以选用主缆架设时所用的锚后卷扬机。

跨中侧卷扬机由于只承受塔顶至桥面高度的承重绳自重,相对受力较小,为保证不损坏成型桥面,经过计算,仅用砂袋将其压住,以备靠近塔柱边跨侧及中跨侧循环使用。

4.2.2 滑车固定及配绳

利用两端带吊环钢丝绳将2台10t滑车分别固定于塔柱顶边跨侧及中跨侧。利用$\phi 16mm$的尼龙绳配合滑车将卷扬机钢丝绳拉至塔顶通过滑车后预留一定长度(具体长度根据现场调整)安装绳卡,绳卡作为钢丝绳刹车装置,防止钢丝绳端头在其自重作用下从滑车的滑门溜出。

4.3 猫道改挂绳拆除

利用锚后卷扬机导线滑车,将边跨改挂绳逐一拆除,中跨侧改挂绳暂时不予放松。边跨侧改挂绳拆除过程中,需安排1名工人位于主缆检修通道顶部,对猫道上工人安全绳位置进行调整。待边跨侧改挂绳全部拆除后,为防止猫道发生侧翻,采用2个5t手拉葫芦借助主缆将猫道面网调正。手拉葫芦与主缆接触时,需对主缆进行保护,确保主缆防腐材料不受损坏。

4.4 扶手绳、面网拆除

4.4.1 边跨扶手绳、面网拆除

首先解除主塔与第一根扶手立柱之间的侧面网,利用尼龙绳导向5t滑车将面网缓慢放置桥面摆放整齐。然后解除塔顶边跨侧锚固位置扶手绳,将拆除的锚固绳卡放置在工具桶内并将工具桶用尼龙绳固定,防止其发生倾覆坠落伤人。待扶手绳锚固端解除后,把扶手绳自由端拉至猫道面网顶部,再把此段底部面网与猫道承重索解除,用尼龙绳配合滑车将其下放至桥面处摆放整齐,进入下一阶段即一、二道立柱间拆除工作,如此循环。直至把边跨侧全部扶手立柱、扶手绳及面网等全部拆除。拆除过程中,将手拉葫芦安装在主缆顶部,用以临时调整猫道,防止其在改挂绳拆除后发生倾覆。

4.4.2 中跨扶手绳、面网拆除

中跨猫道扶手绳及面网拆除时,为保证猫道承重索受力均匀,需安排两组施工人员沿两个塔柱顶部对称向跨中拆除,拆除方法与边跨相同。由于中跨过长,猫道易发生局部受力倾覆,存在安全隐患的同时也会对主缆及吊索产生损伤,所以拆除改挂绳过程中等距预留一部分以稳定猫道,待扶手绳及面网拆至该改挂绳处方可将其解除。

中跨面网拆除过程中,由于存在吊索,为防止损伤吊索,需将吊索处面网切割两半后再分片利用尼龙绳下放至桥面(图3)。

4.5 主缆内侧猫道承重索拆除

由于主缆内侧猫道承重索位于桥面上方,拆除过程中以铺装成型的桥面作为承重索下落平台为主导思想进行猫道承重索拆除(图4),主要分为以下8步:

(1)利用绳卡将两端带吊环钢丝绳与猫道承重索固定在一起作为卷扬机牵引钢丝绳连接

固定作用,根据现场总结的施工经验,固定时保证顶部自由端较短,底部自由端略长。

图3 中跨侧扶手绳、面网拆除现场施工照片

图4 主缆内侧猫道承重索拆除桥面保护照片

(2)利用卸扣将北岸侧锚后卷扬机牵引绳与主缆内侧第一根承重索连接。启动卷扬机,待第一根承重索在卷扬机牵引下使锚固端底部处于松弛状态后停止卷扬机,解除承重索锚固端绳卡,使承重索锚固端处于自由状态。

(3)慢慢放松卷扬机,让中跨侧承重索在其自重作用下带动边跨侧承重索缓慢向中跨滑动,在中跨侧跨中处安排工人观察承重索下落过程中是否能安全落至桥面顶部,如有特殊情况,人工辅助确保猫道承重索落至桥面顶部。

(4)待中跨侧承重索落到桥面后猫道承重索在其自重作用下不能满足边跨侧继续向跨中滑动时,将边跨侧卷扬机牵引钢丝绳与猫道承重索连接点后移至距承重索尾端约1m处(现场施工经验总结,这样在穿过塔顶孔洞时更安全)。

(5)将50型装载机与中跨侧猫道承重索连接,启动装载机慢慢行驶,使猫道承重索在装载机牵引下向跨中继续滑行,此过程慢慢放松卷扬机,直至卷扬机牵引绳与猫道承重索连接点距离塔顶大约2m时停止(此距离为现场施工经验总结得出)。

(6)将跨中侧卷扬机牵引绳穿过塔顶滑车与中跨侧猫道承重索连接且收紧受力,放松边跨侧卷扬机牵引绳(此时中跨侧猫道承重索重量全部由跨中侧卷扬机承担),直至边跨侧牵引绳与猫道承重索处于松弛状态。将穿过5t滑车的尼龙绳与边跨侧卷扬机牵引绳连接且处于受力状态,解除边跨侧卷扬机牵引绳与猫道承重索之间的连接,慢慢放松尼龙绳,使边跨侧卷扬机牵引绳落至桥面。中跨侧卷扬机慢慢放绳,直至将全部猫道承重索下放置桥面后与其解除,然后将尼龙绳与中跨侧牵引绳连接,待卷扬机收绳过程中慢慢放尼龙绳,使中跨侧卷扬机牵引绳回到塔顶。

(7)如此循环,将主缆内侧其他猫道承重索全部放落至跨中桥面上。

(8)为防止装载机在拽拉钢丝绳过程中对桥面产生磨损,需要采用木条等材料对桥面进行保护(图5)。

4.6 主缆外侧猫道承重绳拆除

由于外侧猫道承重索处于悬空状态,拆除过程中创新采用吊索外侧23cm现有钢桁梁主弦杆作为猫道承重索下落平台。

(1)首先利用猫道防滑木条插入每个吊索锚固箱内,作为承重索限位装置,采用薄铁皮将锚固箱处吊索包裹保护,主弦杆上每隔1m捆绑一根猫道防滑木条,防止猫道承重索与钢桁梁接触磨损表面涂装。

图 5 主缆内侧猫道承重索拆除过程中采用装载机拖拽现场施工照片

（2）采用拆除主缆内侧同样的方法，利用卸扣将南岸侧锚后卷扬机牵引绳与外侧第一根承重索连接。启动卷扬机收绳，待第一根猫道承重索在卷扬机牵引下使锚固端底部处于松弛状态后停止卷扬机运行，解除锚固端绳卡，使承重索锚固端处于自由状态。

（3）慢慢放松卷扬机，跨中承重索在其自重作用下带动边跨侧承重索向中跨慢慢滑动，此时工人利用钢筋钩将猫道承重索引导至吊索与限位木条之间的空隙内，直至边跨卷扬机放松后猫道承重索不在滑动为止。同样将卷扬机牵引钢丝绳后移至承重索尾端。

（4）采用同样方法将北岸同一根猫道承重索与锚固端解除后再与 50 型装载机连接。慢慢启动装载机向前行驶，启动南岸卷扬机慢慢放牵引绳，使整条承重索缓慢向北岸滑动，待卷扬机牵引绳滑行至南岸且距离塔顶约 2m 时停止卷扬机运行。为保证中跨承重索在装载机拽拉过程中飞高逃出限位木条，在主桥两侧及跨中分别安装钢丝绳起到限位作用，同时安排工人观察承重索能否飞出限位木条。

（5）将跨中侧卷扬机牵引绳穿过塔顶滑车与中跨侧猫道承重索连接且收绳处于受力状态，同时放松边跨侧卷扬机，直至边跨侧牵引绳与猫道承重索处于松弛状态。将穿过 5t 滑车的尼龙绳与边跨侧卷扬机牵引绳连接且处于受力状态，解除边跨牵引绳与猫道承重索之间的连接，慢慢放松尼龙绳，使边跨侧卷扬机牵引绳落至桥面。中跨侧卷扬机慢慢放绳，直至将全部猫道承重索放在钢桁梁主弦杆上，多余部分从塔柱位置拖至桥面后解除牵引绳。然后将尼龙绳与中跨侧牵引绳连接，待卷扬机收绳过程中慢慢放尼龙绳，使卷扬机牵引绳回到塔顶。

（6）利用 2 根尼龙绳将猫道承重索尾部捆绑，启动装载机继续缓慢匀速向前行驶，人工拽拉尾部两根尼龙绳确保承重索尾端始终在钢桁梁主弦杆顶面滑行并安排人员随时检查。

（7）待猫道承重索滑行至北岸塔柱附近约 40m 处装载机停止，采用人工将 40m 尾绳拽拉至主桥桥面与跨中卷扬机牵引绳连接，再次启动装载机缓慢前行，卷扬机慢慢放松，直至尾绳距离塔顶 2m 位置后停止。

（8）采用锚后卷扬机导向穿过塔顶边跨侧滑车与边跨侧承重索连接，且启动卷扬机使其处于受力状态，慢慢放松中跨侧卷扬机，使中跨卷扬机牵引绳不再受力后与穿过 5t 滑车的尼龙绳连接，然后将其与承重索解除，启动锚后卷扬机放绳，使承重索落至北岸引桥桥面，解除锚后卷扬机与猫道承重索连接。启动跨中卷扬机收绳，人工慢慢放松中跨侧尼龙绳，使中跨侧卷扬机牵引绳收至储绳桶。

（9）采用相同方法拆除主缆外侧其他猫道承重索。

主缆外侧猫道承重索拆除现场施工照片如图6所示。

图6　主缆外侧猫道承重索拆除现场施工照片

4.7　猫道承重索盘绳

采用卷扬机将猫道承重索盘至储绳桶，摆放整齐，清理桥面。

4.8　经济效益分析

以清江大桥穿塔连续式猫道承重索拆除施工技术创新利用现有资源为放索平台为例：

利用现有资源桥面及钢桁梁主弦杆为放索平台，利用卷扬机为放索过程中的动力来源，相对原方案利用塔吊等大型设备及钢桁梁外侧架设放索平台拆除相比：每岸节约塔吊一台，施工时间约为1个月，塔吊租赁费用3.6万元/月，总计节约：3.6万元/台×2台=7.2万元；加工主缆外侧承重索放索施工平台按2m一道10工字钢布设，每根工字钢长度约为2.5m计算，节约钢材：420m÷2m×2.5m×17.2kg/m=9 030kg，折合费用：9 030kg×5 400元/t=48 762元；加工施工平台人工费约为1万元。

综上所述总计节约费用7.2+4.876 2+1=13.076 2(万元)。

5　结语

本文在悬索桥猫道承重索拆除过程中利用现有资源完成猫道承重索拆除工作，且该技术的创新应用在清江大桥猫道拆除时发挥了提质增效作用，节约了施工成本；保证了施工安全，并对以后猫道承重索拆除施工具有重大指导意义。

参 考 文 献

[1] 张俊义.桥梁施工常用数据手册[M].北京：人民交通出版社，2005.
[2] 黄绍金,刘陌生.装配式公路钢桥多用途使用手册[M].北京：人民交通出版社，2004.

99. 高墩墩旁托架便捷荷载试验方法

林 鹏 段成钢 王 楠
(中交四公局第六工程有限公司)

摘 要:铜仁江玉高速公路 TJ-3 标项目高墩墩旁托架采用千斤顶、钢绞线、承台反力架等组成的预压系统进行荷载试验,较常规堆载荷载试验方法,有效地提高了高墩墩旁托架荷载试验的工作效率、减少了预压材料、降低了操作难度、精确了加载数据,达到了降低施工成本、简化施工步骤的目的。

关键词:墩旁托架 钢绞线 反力架 预压

1 引言

目前,箱梁 0 号块的主要施工方法有支架法、托架法等,托架法以耗材少、施工便捷等优点被广泛用于高墩的 0 号块施工,然而托架法施工 0 号块的托架预压方式基本以采用堆放荷载的方式为主,此种预压方法施工较简单,但是施工周期较长,使用的物料较多、成本高,受天气影响较大,所以找到高墩墩旁托架便捷荷载试验方法尤为重要,本位依托铜仁江玉高速公路 TJ-3 标项目车坝河大桥 0 号块托架预压施工,较详细地阐述了一种高墩墩旁托架便捷荷载试验方法,可以为同类施工项目提供参考。

2 工程概况

铜仁江玉高速 TJ-3 标项目车坝河大桥为连续刚构特大桥,主桥跨度组成为 55m+100m+55m,主墩墩高 37~50m,箱梁截面为单箱单室截面,其中 0 号、1 号节段采用墩旁三角托架进行施工。

3 技术背景

铜仁江玉高速公路 TJ-3 标项目车坝河大桥高墩 0 号、1 号块均采用墩旁托架进行施工,墩旁托架荷载试验目前一般采用堆放荷载的方式进行,按照结构物设计理论尺寸编制荷载预压图,按照荷载预压图在墩旁托架平台各部位堆放与之相匹配的荷载,使其与结构物设计重量相吻合,以此来检验墩旁托架的结构安全可靠性并消除非弹性变形和得到弹性变形值。这种荷载试验方法施工较简单,但是施工周期较长,使用的物料较多,成本高,受天气影响较大,一般比较难保证在短时间内配齐足够的荷载压重物料,而项目所采取的高墩墩旁托架便捷荷载试验方法可以有效地避免上述问题,并提高荷载施加的精确度,具有很高的推广价值。

车坝河大桥托架设计如图1所示。

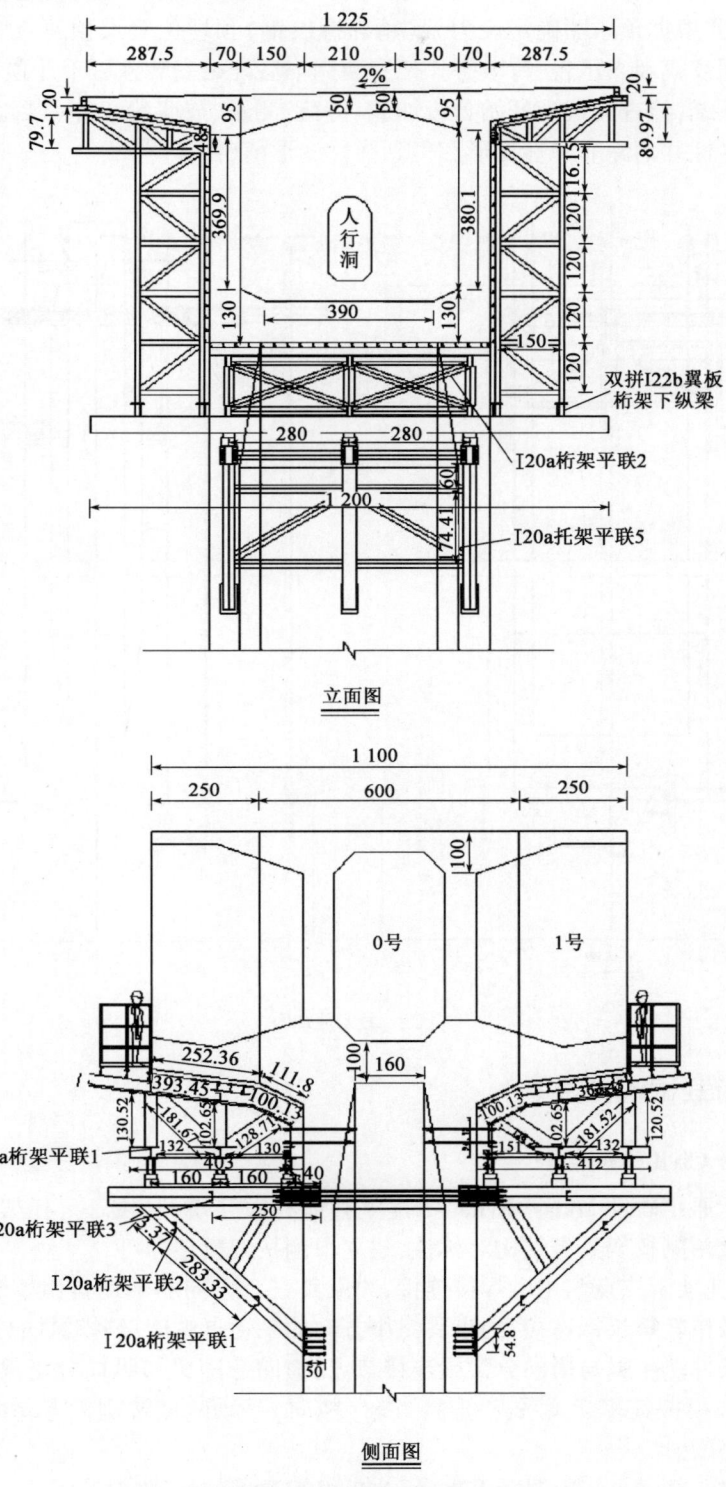

图1 车坝河大桥托架设计图(尺寸单位:mm)

4 技术原理

采用有限元通用软件 Midas Civil8.32 整体建模模拟墩旁托架受力情况,根据计算结果绘制荷载预压图,并根据预压图确定反力架(精轧螺纹钢)预埋位置及预压点布置位置,在承台施工时将精轧螺纹钢埋入承台,待墩旁托架安装完毕后开始安装预压千斤顶、反力架、钢绞线,形成一套反压系统,检查无误后开始分级加载、持荷、测量、放张等工序,以此来检验墩旁托架的结构安全可靠性并消除非弹性变形和得到弹性变形值(图2)。

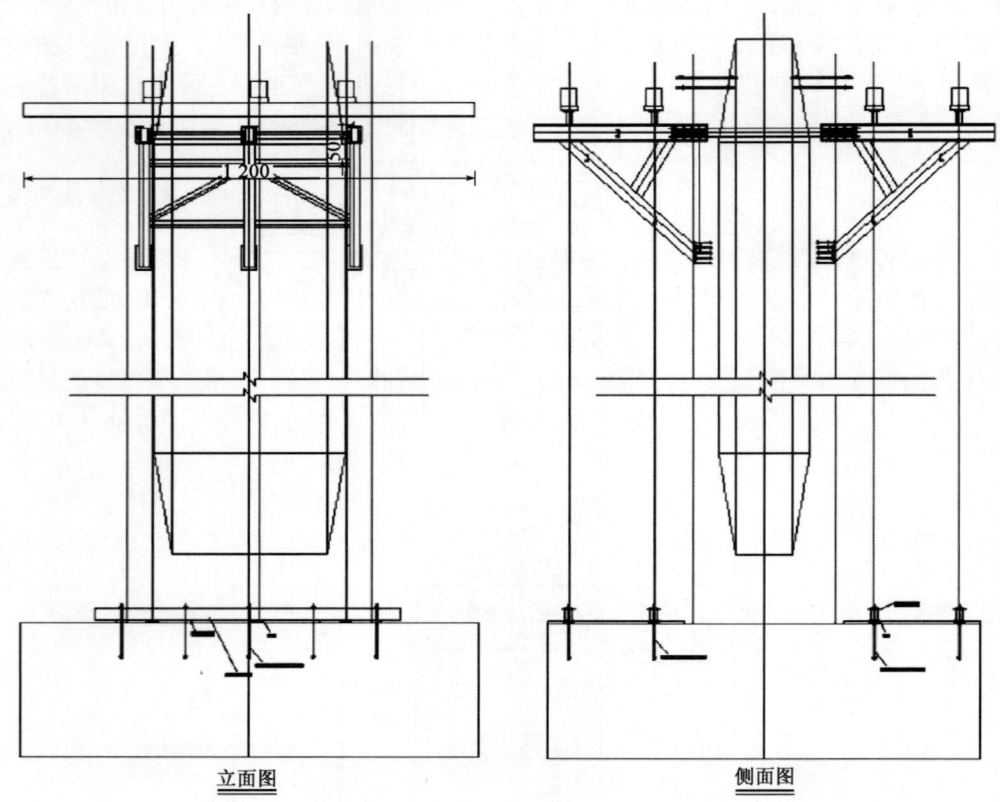

图 2 技术原理图

5 具体荷载试验方法

5.1 Midas Civil 建模

运用有限元通用软件 Midas Civil8.32 建立整体有限元模型(图3),托架各杆件均采用梁单元。由于主墩两侧托架具有结构对称性,建立单侧托架模型即可。

边界条件:托架下支点与主墩焊接连接,约束其三个方向的平动自由度和转动自由度,托架上支点与主墩精轧螺纹钢连接,约束其三个方向的平动自由度;侧模纵向分配梁在对称面处施加对称边界条件。牛腿与横向分配梁连接节点,横向分配梁与纵向分配梁连接节点之间均采用"弹性连接"模拟其相互关系,沿连接方向(竖向)平动刚度按刚性考虑取较大值,其余自由度刚度取较小值。

荷载组合:1.2×自重+1.2×混凝土重量+1.2×模板重量+1.4×临时荷载。

由于预压平面位置在三角托架之上，所以只需求出三角托架之上的预压荷载值即可，即在三角托架预压点处设置一般支撑边界条件，可以得到靠近墩身的三处预压点荷载值为 A1 = 480.2kN、A2 = 223.7kN、A3 = 488.8kN；外侧的三处预压点荷载值为 B1 = 370.1kN、B2 = 118.4kN、B3 = 371.5kN(图 4)。

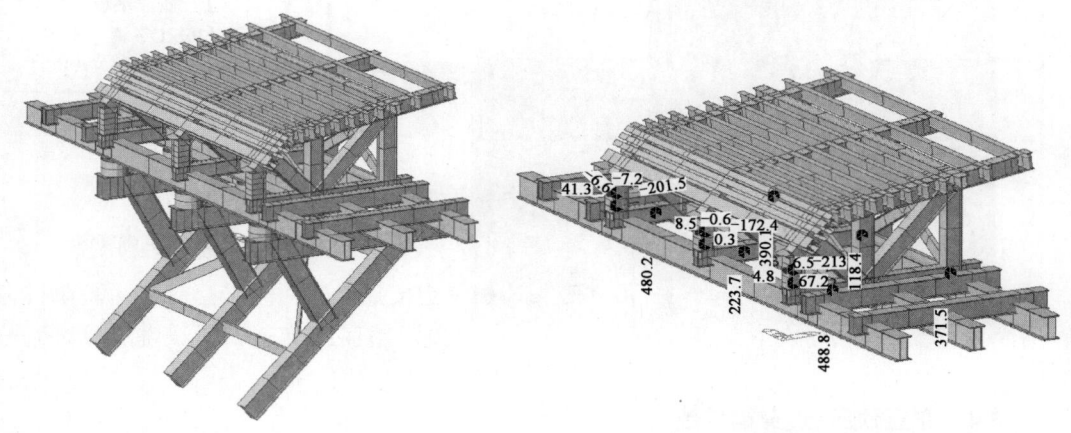

图 3　Midas Civil 建模　　　　　　　　　　图 4　预压荷载求解图

5.2　绘制预压图

因 A 区荷载预压值较大，所以 A 区采用扁担梁形式进行预压，即将每个小 A 区再各自分成两个预压点，绘制预压平面图(图 5)，图中每个圈代表一个预压点，每个预压点配一个工作锚，每个工作锚中穿 2 根钢绞线，钢绞线采用高强度低松弛 $\phi^s 15.2$mm 钢绞线，公称面积 139mm^2，标准强度 1 860MPa，其中 A 区单根钢绞线最大受力为 488kN/4 = 122kN，B 区单根钢绞线最大受力为 370.1kN/2 = 185.05kN，均小于钢绞线允许大受力 $1860 \times 0.75 \times 139 \div 10^3 = 193.9$(kN)，可行。

图 5　墩旁托架预压示意及预压平面布置图

5.3　预压系统反力架安装

在承台钢筋绑扎施工时预埋 PSB785MPaϕ^T32mm 精轧螺纹钢作为反力架受力锚点，每个承台单侧预埋 10 个锚固点，两侧共计 20 个，每根精轧螺纹钢锚固深度 1m，外露高度 1m，且底部均安装螺帽来增加抗拔能力，每根 PSB785MPaϕ^T32mm 精轧螺纹钢可受拉力为 $650 \times 3.14 \times 16 \times 16/1\,000 = 522.5$(kN)，大于单区最大预压值 488kN，可行。

待墩旁托架安装完毕后，开始组装反力架，将双拼I36b工字钢套入精轧螺纹钢中，下设垫梁，精轧螺纹钢上安装双拼工字钢、垫板、螺母，如图6所示。

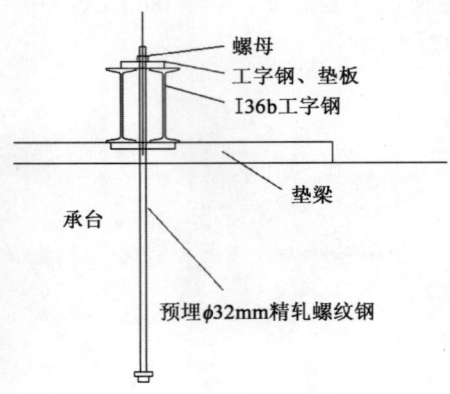

图6　反力架组装图

5.4　布置预压点、穿钢绞线

将每个工作锚按预压图位置布置于墩旁托架上，钢绞线采用塔吊配合人工从上至下进行穿束，穿束完成后，安装工作夹片，反力架下端同理安装锚具及工作夹片，注意预压点位置必须准确，防止钢绞线倾斜，使托架受水平力，至此，墩旁托架反力预压系统安装完毕，如图7、图8所示。

图7　预压点布置　　图8　钢绞线穿束后效果

5.5　进行荷载试验

荷载试验前，在1号节段端点的法相投影点(三角托架上)设置沉降观测点，由于预压点多达18个，所以拟采用高墩两侧预压点逐一、对称、分级进行张拉预压，即两侧托架同时将A1点张拉至$20\%\sigma_{con}$、锚固、换顶安装到A2点、A2点对称张拉至$20\%\sigma_{con}$、锚固、换顶安装到A3点，以此类推：逐一、对称地将A1、A2、A3、B1、B2、B3全部张拉至$20\%\sigma_{con}$，再次逐一、对称地将A1、A2、A3、B1、B2、B3全部张拉至$40\%\sigma_{con}$、$60\%\sigma_{con}$、$80\%\sigma_{con}$、$100\%\sigma_{con}$直至$110\%\sigma_{con}$锚固，张拉完每个阶段后先对托架进行检查，如无异常则测量托架变形量后进行下一级张拉，如有异常立刻停止张拉，查出原因并解决后再继续张拉，荷载值达到$110\%\sigma_{con}$持荷24h后再次测量托架变形量。图9、图10所示为进行荷载试验和托架变形量测量图。

图 9 进行荷载试验图

图 10 托架变形量测量

5.6 卸载

卸载原则为：先张后卸、后张先卸，即依次分级对 B3、B2、B1、A3、A2、A1 进行卸载，卸载采用单顶放松夹片的方式进行卸载，卸载后再次测量托架变形量，计算非弹性变形和弹性变形值，卸载后的钢绞线收好后可重复利用，注意需要将夹片磨损位置切断。

5.7 计算预抬值

收集整理观测数据见表1。

墩旁托架预压变形观测数据统计表   表1

观测位置	变形量(mm)						
	$20\%\sigma_{con}$	$40\%\sigma_{con}$	$60\%\sigma_{con}$	$80\%\sigma_{con}$	$100\%\sigma_{con}$	$110\%\sigma_{con}$	卸载后
A1 大	2	3	8	10	14	15	1
A2 大	0	1	2	3	4	4	0
A3 大	1	4	7	8	15	16	0
A1 小	2	3	7	8	14	14	1
A2 小	0	1	1	2	4	4	0
A3 小	2	3	6	11	15	15	0

从表中数据可以得知，1号节段端点的弹性变形量为15mm，塑性变形值可以忽略不计，所以大、小桩号方向1号节段端点底模预抬值为15mm 弹性变形+15mm 砂筒变形+10mm 设计预抛值+5mm 徐变=45mm。

5.8 效果验证

在车坝河大桥0号、1号块浇筑过程中对托架进行变形监测（图11），整理观测数据见表2。

墩旁托架浇筑过程变形观测数据统计表   表2

观测位置	变形量(mm)				
	20%	40%	60%	80%	100%
A1 大	1	3	5	8	11
A2 大	1	1	3	4	6
A3 大	1	2	5	7	12
A1 小	2	3	7	8	12
A2 小	1	1	2	4	7
A3 小	2	3	7	11	13

从表中数据可以得知，在浇筑0号、1号块时，由于实际浇筑过程中在分配梁的作用下，导致A2点的实际变形量比荷载试验时变形量较大，考虑此因素后，托架的实际变形量与采用本荷载试验方法所计算出的变形量基本吻合，故验证了此高墩墩旁托架便捷荷载试验方法的可行性。0号、1号块浇筑完毕图如图12所示。

图11　浇筑过程中托架变形监测

图12　0号、1号块浇筑完毕图

6　效益分析

6.1　技术效益

高墩墩旁托架便捷架荷载试验方法可以更真实地模拟托架实际受力情况，并减少了过多的压重材料、缩短了试压施工周期、检验了托架结构的安全可靠性、得到了结构的弹性变形量，为以后同类型施工提供了重要参考。

6.2　经济效益

经实际操作，采用此种墩旁托架便捷荷载试验方法较常规堆载预压方法每套托架预压可节省施工周期5~6d，可节省砂袋80元/个×300个=2.4万元，节省砂子40元/t×400t=1.6万元，节省人工装砂费用200元/d×2d×4人=0.16万元，由于本方法中的千斤顶和钢绞线均可用于后续箱梁施工，成本可忽略不计。

6.3　社会效益

此种墩旁托架便捷荷载试验方法使用范围较广，常规的墩旁托架采用此方法预压均可获得上述效益，具有很高的推广价值。

7　结语

本文依托铜仁江玉高速公路TJ-3标项目车坝河大桥主墩0、1号块托架预压为依据，通过采用墩旁托架便捷荷载试验方法有效地解决了墩旁托架堆载预压中的工作效率低、预压材料多、受天气影响大等问题，取得了良好的技术、经济、社会效益，为同类项目工程施工提供了极大的借鉴意义。

参 考 文 献

[1] 中华人民共和国交通运输部.公路桥涵施工技术规范:JTG/T F50—2011[S].北京:人民交通出版社,2011.
[2] 胡长江.浅谈悬浇箱梁0号块预应力三角托架施工技术[J].福建交通科技,2019(2):50-53.

100. 沥青现场热再生技术在路面大中修项目中的应用

王怀健　刘海龙

(中交四公局第六工程有限公司)

摘　要：本文依托 G314 线伽师九乡——大山口沥青路面大中修工程，从现场热再生施工工艺、施工质量控制要点及注意事项、效益分析等方面对现场热再生沥青路面进行技术应用，以供类似工程施工参考。

关键词：沥青　现场热再生　应用　研究

1　引言

随着中国公路的高速发展及时间的推移，早期修筑的沥青路面路用性能逐渐变差，各种病害逐渐显现，需要维修的道路越来越多。最常见的维修方式为对原有病害路段路面进行铣刨挖除，然后再重铺新沥青，以恢复道路的使用性能，这样将产生大量的废弃材料，严重浪费了资源。而现场热再生技术不但能够有效地对路面病害进行处置，而且具有高效环保、回收利用废旧物料、施工时间短、通车快等优点。本文以 G314 线伽师九乡——大山口大中修施工为工程背景，对沥青现场热再生进行了技术应用与总结，以供同类沥青路面现场热再生工艺进行参考。

2　工程概况

G314 线(K1328+700~K1350+000)段公路大中修工程，本项目位于伽师县境内，路线总体走向东自向西；起点位于西克尔镇以西伽师九乡附近，桩号 K1328+700，终点位于大山口附近，如图 1 所示，桩号 K1350+000，路线全度 21.3km。本项目为二级公路，设计速度 80km/h，项目区自然区划为Ⅵ2区，属绿洲荒漠区，夏季炎热、冬季寒冷。对路面病害进行现场热再生施工，利用原有路面 3cm 上面层进行现场热再生处理，再生成 3cm 细粒式沥青混凝土(AC-13C)。

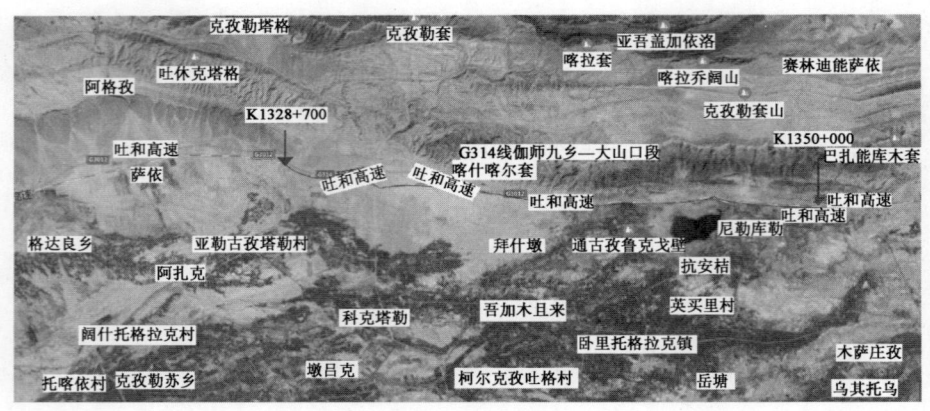

图1 项目地理位置图

3 路面整体病害状况及成因分析

项目组对全线沥青混凝土路面进行了徒步调查,仔细调查和记录了路面病害类型、损坏程度、病害位置,并将沥青混凝土路面上的病害类型、数量、特征等一一记录。随后为进一步直观地了解项目路段的路面使用现状,为病害成因分析及养护方案的制定提供参考依据,对项目区路面裂缝、龟块裂等病害路段及无病害路段的路面进行专项检测,主要采用路面钻芯取样等方法,了解典型病害处路面结构总体情况及病害产生的根源。主要的路面病害如下。

3.1 块状裂缝

根据现场调查统计,全路段轻度块状裂缝共计约 3 465 m^3,重度块状裂缝 6 618 m^3,块状裂缝病害总面积 10 083 m^3,占沥青路面的 4.1%,块状裂缝病害主要分布在 K1337~K1339 段且病害较为严重,两侧车道均有分布,其相邻反射裂缝间的块状裂缝呈连续分布,病害连续的段落较长。其余段落块状裂缝较少,如图2、图3所示。

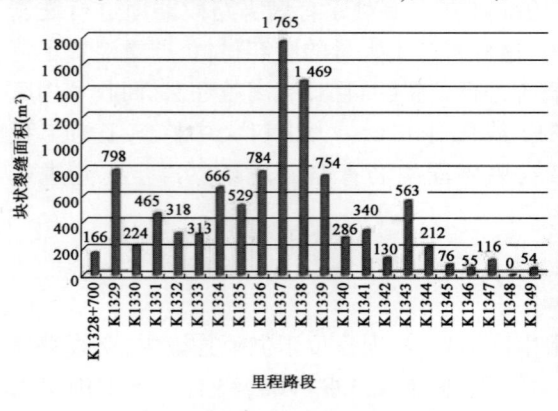

图2 块状裂缝病害里程分布图

图3 块状裂缝

3.2 纵向裂缝

根据现场调查统计,全路段轻度纵向裂缝共计约 1 716m,重度纵向裂缝 31 448m,纵向裂缝病害共计 33 164m,(按照0.2m的影响宽度)病害总面积 6 632.8m^2,占沥青路面的 2.7%,裂缝病害分布在项目全线,如图4、图5所示。主要为道路中心线附近的纵向温缩裂缝,轮迹带上反复荷载造成疲劳裂缝,呈纵向不规则分布。

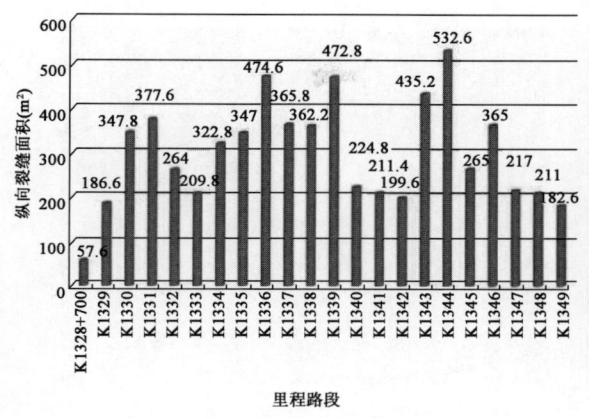

图4 纵向裂缝病害里程分布图

图5 纵向裂缝

3.3 横向裂缝

根据现场调查统计,全路段轻度横向裂缝共计约325m,重度横向裂缝32 227m,横向裂缝病害共计32 552m,(按照0.2m的影响宽度)病害总面积6 510.4m²,占沥青路面的2.66%,以贯穿路面横断面的横向裂缝分布居多,主要以反射裂缝、温缩裂缝为主,横向裂缝分布连续,间距多为5m左右,其特点为贯穿路面宽度,横缝两侧分布有大面积块状裂缝。个别横缝两侧沥青面层出现发展的块状裂缝,缝宽逐渐向龟裂发展。全线路面均分布有横向裂缝病害,如图6、图7所示。

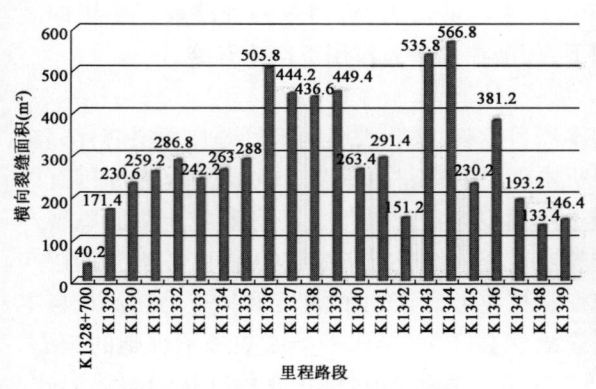

图6 横向裂缝病害里程分布图

图7 横向裂缝

3.4 龟裂

根据现场调查统计,全路段轻度龟裂1 023m²,中度龟裂1109m²,重度龟裂1 619m²,病害总面积3 750.8m²,占沥青路面1.53%,龟裂病害主要分布在K1334~K1336段,集中分布在轮迹带上,并向两侧发展的趋势;其余段落分布较少龟裂病害,如图8、图9所示。

3.5 路面病害成因分析

本项目所处区域昼夜温差大,气候变化剧烈,具有典型内陆性干旱气候特性。在此气候条件下,沥青路面较易产生裂缝等病害,对路面是一种结构性破坏,在其发展初期对路面的行车功能还未产生大的影响,但在行车荷载、温度以及雨水等的作用下,其破坏程度则进一步扩大,最终引起路面结构的大面积破坏,导致路面行驶功能降低,并严重影响行车安全。

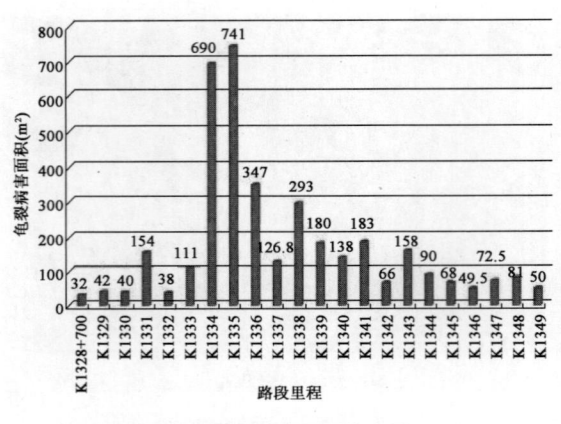

图8 龟裂病害里程分布图　　　　　图9 龟裂

3.5.1 纵、横向裂缝成因分析

通过对纵、横向裂缝进行骑缝钻芯检测,现场取芯发现:大部分纵、横向裂缝面层芯样完全断裂,裂缝贯穿整个面层,对应基层也存在开裂。通过骑缝钻芯检测发现,横向裂缝产生的主要原因为温度收缩性裂缝和半刚性基层反射裂缝,横向裂缝的表观形式相似,大部分横向裂缝是由于无机结合料稳定集料的半刚性基层的收缩(温缩和干缩),或者已经开裂了的半刚性基层在裂缝部位的应力集中与沥青面层的低温收缩、荷载作用产生的综合作用,使温缩裂缝较多地产生;纵向裂缝基本都向下贯通至基层。根据路面现场对比观测,分析认为其原因主要是在交通荷载特别是超载及高胎压作用下,路表产生较大的剪应力,致使轮迹处路表产生纵向裂缝。由于沥青面层开裂,基层在交通荷载作用下,逐渐在拉应力作用下产生开裂。

3.5.2 龟裂、块状裂缝成因分析

根据现场病害调查情况及钻芯取样数据,本项目龟裂、块状裂缝病害处芯样面层芯样完全破碎,面层与基层层间黏结状况一般。综合分析本项目沥青路面龟裂、块状裂缝病害原因有以下两种:①行车荷载的重复作用导致沥青混凝土路面发生疲劳破损。沥青混凝土路面龟裂产生原因与行车荷载直接相关,裂缝通常发生在轮迹带处。由于行车荷载的作用,使沥青面层产生较大的弯矩,因此在沥青路面层内部发生应变和拉应力,当产生的应变和拉应力超过材料本身所具有的弹性应变极限和抗拉强度极限时,裂缝就会产生,形成一条或数条不规则的裂缝。而后在行车荷载的继续作用下,裂缝开始贯通连接逐步发展成网格状或龟纹状的裂缝形式。②项目区冬季寒冷导致沥青性能下降,沥青混凝土路面产生龟裂破损。由于该区域冬季寒冷,低温时沥青混合料脆硬,沥青混合料的伸缩形变减少,在重车反复碾压下,路面表面形成相互交错的小网格状、块度很小的裂缝发展为龟裂。

4 现场热再生沥青路面施工工艺

4.1 现场热再生沥青路面施工工艺流程

施工时工艺流程为:施工准备→路面加热软化→旧料铣刨→再生剂、新沥青混合料添加→新旧混合料拌和→摊铺→碾压→开放交通。

4.2 施工准备

本项目交通量不大,根据统计数据分析,施工期交通量约为2 052辆/d,短段落临时封闭双向交替通行暂不至于造成严重的车辆拥堵现象;采用热再生处理,全机械化施工,施工速度

较快,养生时间短,基本可以保证边施工、边通车。为了保证车辆通行顺畅、交通安全、施工质量,项目部决定采用半幅封闭施工,半幅交替通行。在道路两侧及相关城镇村庄设置施工告知牌,并设限速牌,施工区域安放反光桶,保证交通安全顺畅。

施工前清扫或清除路面存在泥土、杂物及影响施工正常进行的障碍物,对破损严重或翻浆的路段应提前进行基层处理。

4.3 路面加热软化

(1)采用热辐射对沥青面层进行加热,该加热原理是在施工前对设备的加热系统设定温度上限和温度下限,然后开始加热。当路表温度达到设定的温度上限时,设备的加热系统停止加热,此期间为保温状态,热量逐渐渗透到路面深层。当路表温度下降到设定的温度下限时,设备的加热系统再次启动开始加热,通过如此循环的加热,既保证了施工温度,又满足了加热深度的要求,此种方法不会对路面造成损伤。为保证施工纵缝的有效连接,加热时将两侧宽度放宽10cm。

(2)结合本项目现场试验段施工,决定采用3台热再生加热设备对路面依次循环加热,每台加热设备的间距为1 m,为保证路面加热温度足够,机组行驶速度建议控制在2.5 m/min,当碰到大风或者阴天等特殊天气,其速度应控制不大于2 m/min,并在迎风面加装移动挡风板,使挡风板紧贴路面,以减少热量损失;同时将加热板向逆风一侧超宽预热10cm,以保证边缘充分加热;当风力大于5级时,应暂停施工。

(3)对于下坡路段加热施工时,要控制好各台加热机行驶速度,防止下坡行驶过程中,由于重力加速度导致车速过快,使沥青面层不能充分加热。

(4)加热机启动前需预热30s,使加热机温度提升至施工要求,并确保温度向路面渗透充分,如果出现冒烟情况,说明加热温度过高,则可适当抬高加热板。三台加热机施工现场如图10所示。

图10 三台加热机施工现场图

4.4 混合料铣刨、拌和、摊铺

加热机将路面沥青温度加热至设计温度后,对路面进行铣刨处理,本工程采用机械为铣刨复拌一体化机械,该机械相较于分步式的加热铣刨、集料搅拌和摊铺机能够有效地减少原有路面沥青加热后温度的散失,能够跟有效地进行沥青的铣刨和拌和工作,保证了沥青的拌和质量。

铣刨过程中应结合设计文件严格控制铣刨厚度,宜比旧路面厚度深3mm。并派专人负责检查铣刨厚度,厚度误差为+5mm,铣刨完基面应确保平整、坚固,避免出现夹层。铣刨完成后,及时安排工人将基槽两侧铣刨料进行清扫并回收至复拌机料斗内。

按照设计施工比例向机械内添加再生剂及新添加沥青混合料(图11),机械内含有再生剂添加装置,通过电脑对再生剂添加质量进行控制,新加沥青混合料通过自卸车进行添加。

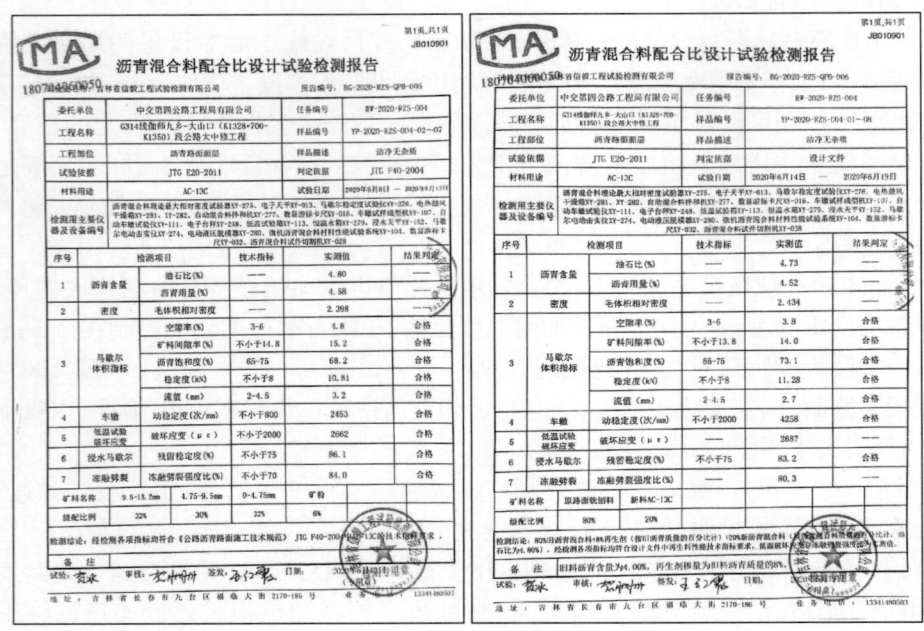

图11 沥青矿料配合比设计

安排专人对摊铺机内材料进行关注,若发生缺料或多料现象,则调整摊铺速度及新料添加量,添加量误差控制在设计值±5%。

根据试验路段施工总结,混合料松铺系数控制为1.25,摊铺时应注意松铺厚度,保证摊铺厚度。

安排施工员时刻对施工摊铺质量进行检查,若出现离析、边角缺料等现象,应立即进行调整,并安排工人对缺陷部位进行修整。

再生沥青混合料复拌现场图如图12所示。

图12 再生沥青混合料复拌

4.5 碾压

(1)采取先两侧后中央,先静压后振动,由低向高、先慢后快,低振幅高频率碾压的原则进行碾压,碾压时先压两侧纵向接缝,使接缝密实平顺。碾压时压路机至少2/3轮宽要处于老路面,每次重叠1/3轮宽。

(2)初压前需先对施工缝进行碾压处理,在新摊铺的路面上为10~20cm宽度范围内进行碾压,初压长度不大于30m,以减少热量损失。首先采用双钢轮压路机进行初压,初压速度控制在2~3km/h,静压1遍;然后采用双钢轮压路机及大吨位胶轮压路机组合进行复压,速度控制在3~4 km/h,振压3遍,胶轮挤密碾压3遍;最后采用双钢轮压路机进行终压收面,速度控制在4~6km/h,静压2遍,终压完成后,应确保新摊铺面层表面无明显轮迹。

(3)压路机碾压时,在停机和启动过程中,宜尽可能缓慢平稳,严禁在新碾压完成的路面上转向、掉头或停机。

(4)对于部分边缘、加宽路段等区域无法进行充分碾压时,可采用小型振动压路机进行碾压,其碾压遍数应控制在6~8遍(图13)。

图13 再生沥青混合料碾压

4.6 开放交通

碾压完成后,待路面温度降至50℃以下,方可开放交通。开放交通前严禁车辆进入。对于部分交叉口等特殊部位因急于开放交通,可进行洒水降温,其余路段应采取自然降温。

5 施工控制要点

5.1 温度控制

(1)预热过程中,加热温度关系到沥青面层受热的均匀性,需要将加热温度控制在设计要求以内,以确保待再生路面在深度范围内沥青充分受热软化,以保证新旧沥青混合料的充分融合。

(2)新拌沥青混合料的拌和温度控制。当拌和温度过低时,沥青难以充分融化,造成混合料在拌和过程中沥青不能均匀包裹集料,使得混合料各项性能大打折扣。当拌和温度过高时,将造成沥青的加速老化,混合料的各项性能降低,减少了道路的使用性能。因此在施工过程中,应采用数字显示插入式热电偶温度计或红外线温度计对沥青混合料温度进行实时测量。温度控制见表1。

现场热再生现场温度控制　　　　表1

温度观测点	实测温度(℃)
环境温度	18~35
第一台加热机后路表温度	60~70
第二台加热机后路表温度	100~120
第三台加热机后路表温度	150~160
原路面旧料翻松后温度	110~130
新沥青混合料添加温度	160~170
再生混合料拌和温度	120~140
摊铺温度	120~140
初压温度	120~130
终压温度	80~90

5.2 接缝处理

(1)横向接缝的处理。每天作业时,均需要将待处置路段的起点、终点接茬处沥青面层进行预热,以形成热接缝。预热位置为接缝外10 cm范围,待接缝处沥青面层软化后及时进行切缝处理,并在接缝处涂刷黏层油。待摊铺混合料后,人工立即将接缝两侧的混凝料铲松,使接缝两侧断面松铺保持一致,并对局部离析处用细骨料进行修补,使接缝平顺、美观,便于碾压。

(2)纵向接缝的处理。相邻两幅路面施工时,应沿线路纵向应超宽预热5cm,确保加热机的加热宽度大于待再生宽度。待混合料摊铺完成后,用细集料对接缝处进行再次找平,并用耙子扒平,注意不要让混合料遗洒在相邻已经再生的路面上,以免影响接缝处的压实与美观,必须做到新旧路面接缝平顺、密实,杜绝有松散现象。

5.3 再生剂的添加

再生剂的掺量也是影响再生沥青路面施工质量的重要因素之一,如果再生剂掺入过量,将导致路面发软,若掺量不足,沥青路面会发生老化现象。再生剂的添量通过计算机进行控制,安排专人进行监测,根据使用量与设计用量的偏差做出调整。施工过程中时刻观察路面沥青摊铺情况,若出现泛油情况要减少再生剂的添加量,反之应增加添加量。

5.4 施工质量控制

施工过程中及施工完成后均需对沥青质量进行检验,检验内容级检测标准详见表2、表3。

现场热再生混合料施工过程中的质量控制标准表　　　　表2

检测项目	检测频率	质量要求或允许偏差	检测方法
外观	随时	表明平整密实,无明显轮迹、裂痕、推移、油包、离析等缺陷	目测
宽度(mm)	每100m/1次	大于设计宽度	T 0911
再生厚度(mm)	随时	设计厚度±5mm	T 0912
平整度最大间隙(mn)	随时	<3	T 0931
横接缝高差(mm)	随时	<3,必须压实	3m直尺间隙
纵接缝高差(mm)	随时	<3,必须压实	3m直尺间隙
再生剂用量	随时	适时调整,总量控制	每天计算

续上表

检测项目	检测频率	质量要求或允许偏差	检测方法
新加沥青用量	随时	适时调整,总量控制	每天计算
路表加热温度	随时	130~180℃	加热设备保温板后1m位置测量
再生混合料摊铺温度	随时	>120℃	温度计测量
碾压终了温度	随时	>70℃	温度计测量
加热耙松深度	每200m一处	设计值±0.5cm	插入法量测
加热耙松宽度	每200m一处	不小于设计宽度	钢尺丈量
压实度均值	每km5点	最大理论相对密度94%	T 0922
渗水试验	每1km10点	80（mL/min）	T 0730
矿料级配	每台班每天1~2次,以2个试样的平均值测定	±0.3%	T 0725 抽提筛分
沥青用量(油石比)	每台班每天1~2次,以2个试样的平均值测定	符合《公路沥青路面施工技术规范》(JTG F40—2004)中的要求	T 0721、T 0722
马歇尔试验:稳定度、孔隙率、流值	每台班每天1~2次,以2个试样的平均值测定	符合《公路沥青路面施工技术规范》(JTG F40—2004)中的要求	T 0702、T 0709
浸水马歇尔试验			
车辙试验	根据实际情况确定试验频率		T 0719

现场热再生交工验收质量标准　　　　表3

检查项目		检查频度（每一侧车行道）	质量要求或允许偏差	试验方法	备注
外观		随时	表面平整密实,不得有明显轮迹、裂缝、推挤、油丁、油包等缺陷,且无明显离析	目测	
压实度	代表值	每1km1点	最大理论密度的94%	T 0924	JTG E60—2008
路表平整度	IRI	再生路段连续	<2.0m/km	T 0933	JTG E60—2008
摩擦系数		再生路段连续	SFC60≥45	T 0967 T 0965	JTG E60—2008
构造深度		每1km不少于2点,每点3处取平均值评定	≥0.45	T 0961	JTG E60—2008
渗水系数		每1km不少于2点	≤80mL/min	T 0971	JTG E60—2008
宽度		每100m/1次	大于设计宽度	T 0911	JTG E60—2008
再生厚度		每1km1点	设计厚度±5mm	T 0912	JTG E60—2008

6 效益分析

6.1 经济效益分析

与传统沥青路面铣刨加铺的维修方式相比,现场热再生技术大大减少了工程费用。由于现场热再生能够100%利用原路面材料,因此可以节省旧路面的铣刨运输费用、原材料的开采和运输费用、旧路面材料的处理费用、废料运输处理以及废料永久占地费用等,同时现场热再生具备的施工便捷性能够缩短施工周期、降低交通影响,这也将带来一定的经济效益。成本比较见表4。

每吨再生沥青混合料与热拌沥青混合料成本比较　　　　表4

项　目	热拌沥青混合料		热再生沥青混合料	
	消耗量(t)	费用/元	消耗量(t)	费用(元)
碎石	0.62	48.6	0.03	2.4
机制砂	0.3	27	0.09	8.1
矿粉	0.03	7	0	0
SBS改性沥青	0.05	300	0.01	60
再生剂	0	0	0.016	28.8
材料费用小计(元)	382.6		99.3	
机械设备及人工费用	25		250	
差价/元	58.3			

6.2 社会效益分析

由于G314线伽师九乡—大山口大中修沥青路面现场热再生技术旧材料得到了100%应用,杜绝了原材料浪费,施工环保。施工过程中无废料产生,大大降低了对石料的需求,减少了开山采石料对环境的破坏。沥青混合料中含有在自然中难以分解的有毒物质,自然界难以有效分解,如随意丢弃则将会对环境造成严重污染。

采用半封闭施工,道路的堵塞时间大量地减少,交通的开放程度逐渐增加,并且降低了交通事故的发生概率,间接产生社会效益。

7　结语

本文通过笔者对G314线伽师九乡—大山口大中修沥青现场热再生进行全程跟踪与学习,总结出一套相对较完整沥青现场热再生技术,沥青现场热再生施工技术具有高效、经济、环保、节能、快速等优点,符合国家节能减排的要求。该项目现场热再生顺利完工,为现场热再生施工提供了极其宝贵的实践经验,可以有效地避免现场热再生过程中一些问题的出现。其成功经验可以对今后同类型沥青热再生施工起到借鉴作用。

参 考 文 献

[1] 朱琴.沥青路面就地热再生技术在城市道路施工中的使用[J].科技创新与应用,2020(10):168-169.
[2] 张益,王全磊.高速公路沥青路面就地热再生技术与经济效益分析[J].公路交通技术,2007,33(5):37-40.
[3] 杨斌.再生技术在沥青路面养护中的应用[J].交通世界,2019(11):89-90.
[4] 刘亚洲.沥青路面就地热再生施工常见问题及质量控制[J].公路交通技术,2017,33(1):21-23+27.

101. 泥皮对地连墙复合式锚碇基础承载性能影响研究

张太科[1]　石海洋[2]　张鑫敏[1]　过　超[2]　李　伟[2]　付佰勇[2]
（1.广东省公路建设有限公司；2.中交公路长大桥建设国家工程研究中心有限公司）

摘　要：与常规重力式锚碇基础不同，地连墙复合式锚碇基础通过地连墙与围岩形成整体协同受力体系，而基于泥浆护壁法的地连墙结构，墙体侧壁泥皮的存在直接影响复合了锚碇承载性能发挥。本文在现场泥皮取样测试基础上，开展室内缩尺模型试验，研究表明：由于泥皮效应的存在，弱化了嵌岩地连墙与持力层围岩整体协同受力特性，改变了复合锚碇极限破坏模式，复合式锚碇基础应有的嵌岩效应优势无法发挥，显著降低复合锚碇极限承载力。

关键词：泥皮　地连墙　极限破坏　嵌岩　复合式锚碇基础

1　引言

目前，我国在悬索桥的建设过程中，桥梁越来越大型化，而地连墙参与协同受力的复合式锚碇作为新的基础形式，在降低锚碇规模、减少施工周期、节省建设资金等方面，有广阔前景。但在地连墙施工过程中，常采用基于泥浆护壁的施工方法，将导致地连墙侧存在一定厚度的泥皮，给复合式锚碇的安全带来了风险。

国内外学者对于泥皮影响地连墙复合式锚碇基础进行了广泛的研究。夏才初等[1]对虎门大桥东侧隧道锚碇开展了 1∶50 相似比的现场结构模型试验，研究了锚碇结构和岩体的变形机制和破坏模式。罗林阁等[2]进行了地连墙-重力式复合锚碇基础底板以下地连墙嵌固作用对其承载性能的影响的试验研究，得到地连墙结构嵌入深部强度较好的基岩时，可考虑地连墙作为基坑围护结构对锚碇承载力的贡献。李家平等[3]对宁波庆丰悬索桥重力式锚碇进行了 1∶100 相似比的室内模型试验研究，研究了软土中锚碇结构、相邻土体变位、土体附加应力分布与缆力及时间变化规律。崔岗等[4]基于虎门二桥悬索桥锚碇基础数值研究指出，当考虑地连墙复合作用后，基础的抗滑移能力将得到较大提升，基础的破坏模式将由滑动破坏转变为倾覆破坏。李永盛[5]对江阴长江公路大桥北锚碇开展 1∶100 的相似材料模型试验，提出了旨在加强锚碇结构与相邻地层稳定状况的地基加固措施、结构选型、埋置深度等措施建议。魏焕卫等[6]基于室内物理模型试验，分析其内力、变形等规律，分别研究了组合基础和吸力锚承载性能；苏静波的等[7]通过对润扬大桥北锚碇基础的数值计算，对锚碇基础抗滑移、抗倾覆稳定进行了计算分析,研究分析了基础前、后墙土体压力对锚碇基础稳定性的影响,并且分析了基底接触面摩擦强度指标对抗滑移稳定性的敏感程度。王东英等[8],进行了悬索桥隧道式锚碇"夹持效应"的试验研究,通过开展室内模型试验,分析了锚碇和岩体联合承载的过程、机理及锚碇自岩体内拔出时的破坏形态,在一定程度上揭示了隧道式锚碇"夹持效应"的本质。杨彦丽[9]通过数值计算对泥皮缺陷桩在竖向荷载下的承载性状和工作机理进行了研究和分析,揭示了泥皮缺陷桩在竖向荷载的承载性状和工作机理,对于本文泥皮研究有借鉴意义。

为了研究是否存在泥皮对于地连墙复合锚碇基础承载力的影响,在前人研究成果的基础上,设计开展了室内模型试验。利用公路长大桥建设国家工程研究中心的大型地基-基础模型试验槽,分别进行了同等条件下不考虑泥皮作用的地连墙复合锚碇基础与考虑泥皮的地连墙复合基础模型的承载性能对比试验,通过分析荷载变形关系、基底应力分布及分配规律等,研究泥皮对地连墙复合基础的受力性能影响。

2 工程概况

莲花山过江通道的桥型方案之一,即单跨吊悬索桥。锚碇基础采用重力式锚碇,因其承受巨大缆力,且地质条件存在一定的岩层。依据莲花山锚碇实际地勘 KZ1 和 KZ3 钻孔,地连墙基底高程-43m,位于中风化泥质砂岩。为了更好地发挥岩层的效能,降低锚碇的规模,拟通过一定比尺的物理缩尺模型,探究锚碇基础在有无嵌岩工况下,承受竖向及水平向荷载作用下的变位、应力分布特征和规律、破坏形态等的改变。锚碇样式及岩层见图1。

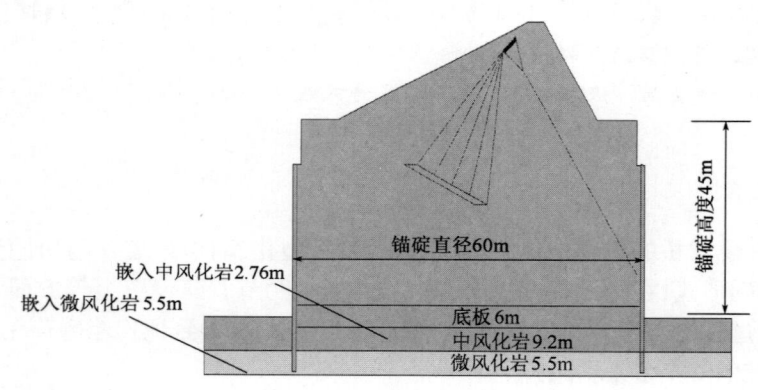

图1 锚碇样式及岩层

3 试验方案

3.1 试验工况

基于相似理论,模拟锚碇基础与周围岩土体相互作用关系,通过施加竖向及水平向荷载,研究嵌岩地连墙-重力式锚碇复合基础在嵌岩处地连墙有无泥皮对于承载性能、荷载分担、破坏模式的影响,以此为基础设计开展了两组试验。

A组试验:不考虑泥皮嵌岩地连墙-重力式锚碇复合基础,即在地连墙内外侧直接与模拟岩层及填芯混凝土接触,地连墙穿过中风化岩层,并嵌入微风化岩层(图2a)。

B组试验:考虑泥皮嵌岩地连墙-重力式锚碇复合基础,即在地连墙内外侧粘贴模拟泥皮物再与模拟岩层及填芯混凝土接触,地连墙穿过中风化岩层并嵌入微风化岩层(图2b)。

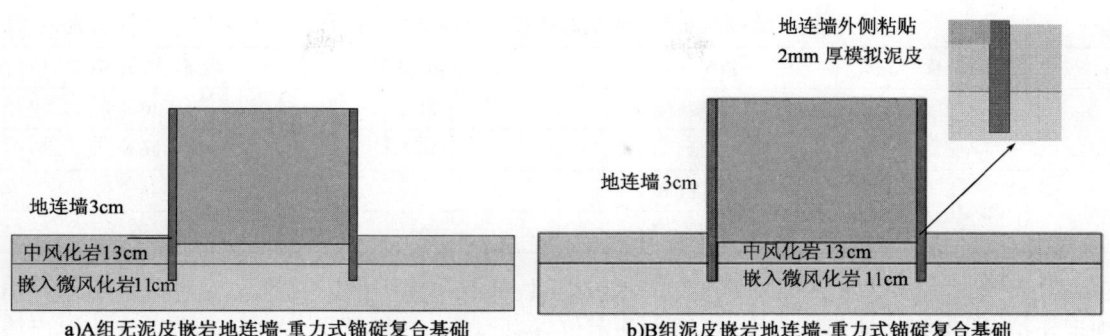

图 2 两组试验示意图

3.2 相似比及相似常数

进行地基基础模型试验模型相似比应考虑以下三方面：

任何模型试验都是按一定几何比例关系设计的。设原基础尺寸为 B，地基土深度为 T，可设：

$$i = \frac{B_P}{B_M} = \frac{T_P}{T_M}$$

式中：P——原体工程几何相似准数；

M——模型的几何相似准数；

i——几何比例系数，即派定律中的 π_1，它反映几何相似准数的特征。

根据实验室的空间及加载设备的能力，选择的模型比尺为 1∶50，按照初步形成的锚碇基础方案尺寸进行模拟，地连墙的实际外径尺寸为 60m，模型的外径尺寸为 1.2m，全部的几何外形尺寸均按照 1∶50 进行考虑，以保证荷载分配关系的准确。模型试验的中风化岩层厚度 0.185m，其中底板以下中风化层厚度 0.13m，嵌入微风化岩 0.11cm，见表 1。

锚碇模型尺寸　　　　　表1

内　容	设计原型尺寸（m）	设计模型尺寸（m）
锚碇高度	45	0.9
锚碇直径	60	1.2
中风化岩层厚度	9.2	0.185
嵌入中风化岩层深度	2.76	0.055
底板以下中风化厚度	6.44	0.13
嵌入微风化岩厚度	5.5	0.11

3.3 岩层及地连墙模拟方案

原型方案的覆盖层为粉质黏土、砂质土，根据数值模拟结果，覆盖层能提供的摩阻力和水平土抗力都很小，因此为降低土体制备难度，不考虑覆盖层的作用，只模拟中风化和微风化泥岩。

由于地连墙底部的中风化泥岩、微风化泥岩的强度较高，采用水泥砂浆模拟风化岩层，以轴心抗压强度、弹性模量两个控制指标进行砂浆配合比的调试。依据《公路工程岩石试验规程》[10]（JTG E41—2005）进行材料轴心抗压强度及弹性模量的测试试验，采用立方体试件，边长 7.7cm，每组配合比试样含 6 个抗压强度试件+6 个弹模测试试件，确定最终材料配合比，见表2。

试验拟采用砂浆试验指标与地勘参数指标　　　　表2

岩体名称	指 标	地勘参数	砂浆参数
中风化	抗压强度(MPa)	21.2	18.8
	弹性模量(GPa)	16.3	16.6
微风化	抗压强度(MPa)	56	44.5
	弹性模量(GPa)	66	35

室内模型试验以地连墙实际施工工艺为基础,采取简化手段以实现。地连墙采用预制结构来模拟,即先制作地连墙模型,再埋入预定位置,后填筑填芯混凝土的方式来实现。地连墙材料采用与原型弹性模量接近的高性能混凝土模拟,提高其抗拉弯性能,在3cm厚时,保证混凝土开裂后不发生脆性破坏,且满足抗压和抗弯刚度等效原则。

3.4 泥皮模拟方案

实际工程中,灌注混凝土过程中侧壁将形成泥浆护壁与水泥的混合物(称之为"泥皮"),如图3所示,以往研究侧重于混凝土与泥皮间的剪切特性,而地连墙承受缆力作用时,侧面与泥皮间的压缩性能是本项目应关注的重点。基于此,开展现场泥皮采样,获取泥皮参数,其参数与软黏土较为接近。

a)现场采样　　　　　　　　　　　　　　b)泥皮厚度

图3　现场泥皮

对此,试验前针对泥皮效应开展小尺度模型的模拟与试验,为后期锚碇正式试验提供支撑。本次试验分为两期。前期主要研究按照实际工程情况,配制掺入一定量水泥的膨润土泥浆来模拟泥皮。后期,在前期试验结果的结果上,考虑试验的易操作性,真实反映实际工程等情况。进一步进行泥皮选型试验,确定锚碇试验过程中,采用何种方式来模拟泥皮,可以使试验更加充分地验证目的性。

3.4.1 膨润土泥皮试验

采用C30混凝土浇筑钢筋混凝土板,用于模拟地连墙,制作钢片围箍,模拟泥皮侧限约束条件,加载时泥皮上部放置钢板,其尺寸略小于钢围箍净尺寸,模拟泥皮均匀受力状态。

如图4所示,试验采用膨润土掺入一定量的水泥制备泥浆,凝固后形成具有一定强度的泥皮结构,水泥采用普通硅酸盐水泥 P.O42.5,其配比为膨润土：水：水泥 = 1：0.733：0.144。通过加载荷载及沉降值,获得泥皮弹性模量值：

$$E = \frac{\Delta P}{\Delta \varepsilon} = \frac{p_2 - p_1}{h_2 - h_1} H$$

a)加载过程中

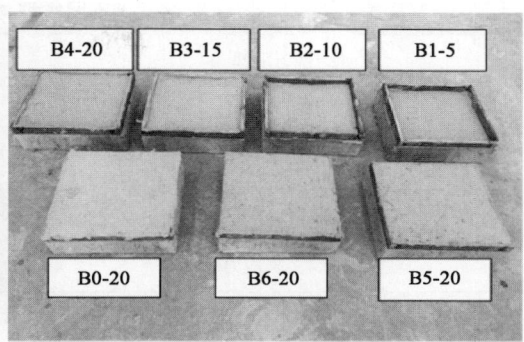
b)试验分组

图4 膨润土泥皮试验

根据多组泥皮加载对比试验,得到以下结论:掺入水泥的膨润土泥皮,其弹性模量数值较大,不能较好地反映实际泥皮的存在状态。因此,采取掺入水泥膨润土泥皮,未在本次试验过程采纳。泥皮试件弹性模量统计情况见表3。

泥皮试件弹性模量统计表　　　表3

编 号	厚度(mm)	泥浆成分	养护天数(d)	弹性模量(MPa)
B1-5	5	膨润土+10%水泥	14	50.97
B2-10	10	膨润土+10%水泥	14	46.67
B3-15	15	膨润土+10%水泥	14	35.21
B4-20	20	膨润土+10%水泥	14	30.89
B5-20	20	膨润土+20%水泥	14	32.22
B6-20	20	膨润土+10%水泥	28	36.18

3.4.2 材料泥皮选型试验

在膨润土掺入水泥试验不能较好地反映实际情况后。为更好实现试验目的,选取稍低于软黏土弹性模量值为参考数值。经综合比选,初步选取四种材料进行试验论证,分别是白色泡沫胶带、黑色PE胶带、橡胶胶皮、3M强力胶带,如图5和表4所示。

a)胶皮材料

b)白色泡沫胶带

图5 不同材料选型试验

不同类型材料模量数值　　　　表4

类　　型	模量(MPa)
胶皮方案	4.71
白色泡沫胶带	1.20
PE胶带	1.62
3M双面胶强力海绵	2.00

在经过试验论证,综合比较白色泡沫胶带,更加符合试验目的,选取其为预选方案。试验过程中,白色泡沫胶带会与混凝土接触,水分可能对于泡沫胶带造成影响,易导致单一次试验,数据结果出现偏差。为此,进行预试验来探究水体对白色泡沫胶带的弹性模量数值影响。试验结果表明,经水泡后白色泡沫胶带未出现数值较大变化,水体不会影响本次试验结果。因此本次试验拟采用白色泡沫胶带模拟泥皮。

3.5　试验步骤

3.5.1　复合式锚碇模型制作步骤

锚碇模型制作及安装(图6)分为7步:①在试验方案锚碇模型底部位置浇筑制作刚性地基。②拼接地连墙片段,并在前后趾及中部两块地连墙片段下埋设土压力盒。③根据试验方案,在前后趾及中部3块地连墙片段内外对称粘贴应变片,并进行防潮处理与走线布置。④浇筑模拟微风化岩与中风化岩,前趾趾外侧安放土压力盒,中风岩上安放锚碇基底土压力盒。⑤按照试验方案位置,焊接接驳钢筋、加载板、吊装螺母。⑥浇筑填芯混凝土,加强振捣保证密实,后进入养护阶段。⑦进行安装位移传感器、水平和竖向作动器,调试试验设备等。

a)浇筑底板　　　　b)拼接地连墙粘贴泥皮　　　　c)埋设土压力盒

d)接驳钢筋及预埋件　　　　e)浇筑填芯材料　　　　f)架设传感器连接作动器

图6　锚碇制作过程

3.5.2　地连墙泥皮制作

使用厚度为2mm白色泡沫胶带模拟泥皮,对嵌入岩层的地下连续墙内侧、外侧、墙端进行粘贴,模拟泥皮存在于地连墙结构上的状态,如图7所示。

a)地连墙内部　　　　　　　　　b)地连墙外部

图7　泥皮粘贴

3.6 加载方案

竖向荷载500kN,分10级加载,每级50kN,竖向荷载距离圆心15.5 cm;水平荷载分级加载,第一级荷载50kN,当位移每级增量偏大时,变为一级荷载25 kN 水平荷载距离锚碇底板110 cm(底板以上模型高80cm,底板以下地连墙高度24cm),加载方案如表5所示,水平加载至破坏停止。为分析基底应力分布规律,分析章节将竖向荷载每两级提取一次,共分为V1~V5,将水平荷载至破坏前平均分为5级H1-H5。

水平荷载分级　　　　　　　　　　　　　　　　　表5

水平荷载分级	1	2	3	4	5	6	7	8	9
荷载(kN)	50	100	150	200	250	300	350	400	450

3.7 监测方案

监测内容包括基底应力监测(采用基底土压力盒)、竖向沉降及水平位移监测(位移计)、地连墙槽段布置土压力盒和应变片。

(1)基底和地连墙底土压力盒监测,用来计算地连墙、底板竖向荷载分担比。

(2)竖向沉降和水平位移可用于分析锚碇基础变位特性。

(3)地连墙槽段应变计、土压力盒,用于监测锚碇轴向应变、嵌岩地连墙水平应力分布。

基底土压力盒布置为:墙底为前趾、后趾、中部两侧4块地连墙片段布置土压力盒;模型基底沿南北向力作用方向,均匀布置5个土压力盒,前后趾距离地连墙超过5cm,具体如图8所示。

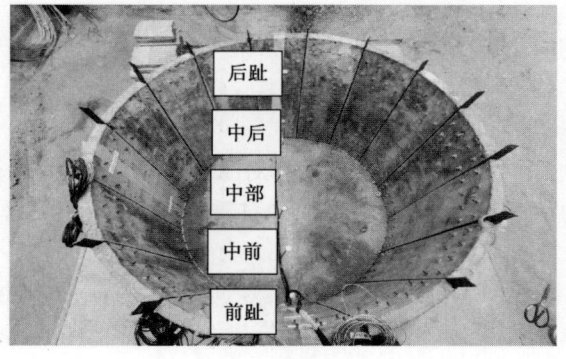

图8　土压力盒布置

应变片布置：监测地连墙沿轴向应变数据及分布规律，分别在前趾、后趾、中部西侧地连墙内外侧粘贴应变片，分为5层，具体如图9所示。

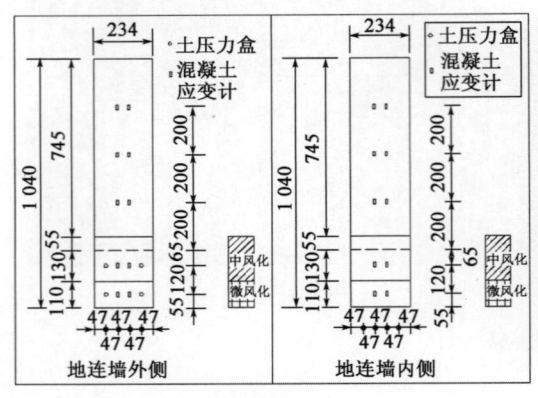
a)粘贴形式

b)粘贴应变片

图9 轴力监测形式(尺寸单位：cm)

位移监测布置：监测各组锚碇模型结构荷载作用下，结构变位特性及区别，分别于锚碇顶板加载前后方向及正交方向布置四个竖向沉降监测位移计，用于监测锚碇顶板在竖向荷载、水平荷载作用下，顶板竖向变位情况；在锚碇前趾区域上下位置水平方向布置水平位移计，用于监测锚碇顶板、前趾水平变位规律情况，变位监测点布置情况如图10所示。

图10 位移计监测布置

4 试验数据分析

4.1 竖向荷载锚碇沉降分析

为研究泥皮效应对复合锚碇承载能力影响，对A和B两组模型进行对比研究。首先在锚碇顶面施加500kN竖向荷载，以模拟锚碇结构的自重荷载作用，通过监测锚碇顶板竖向沉降，得出以下结论：

（1）随着竖向荷载增大，锚碇顶板沉降增加，竖向荷载-竖向沉降曲线基本呈线性变化，锚碇及风化层岩体模型处于线弹性阶段。但相同荷载作用下，B组锚碇沉降显著高于A组锚碇。以500kN为例，A组锚碇沉降值为0.5mm，而B组锚碇沉降稳定后数值为1.23mm，为前者的

2.46倍,沉降值增幅146%(图11)。主要原因为:地连墙复合锚碇主要由底板、墙端和墙侧承担荷载,而泥皮的存在削弱了墙端和墙侧荷载承担能力,降低了锚碇竖向荷载承载力。

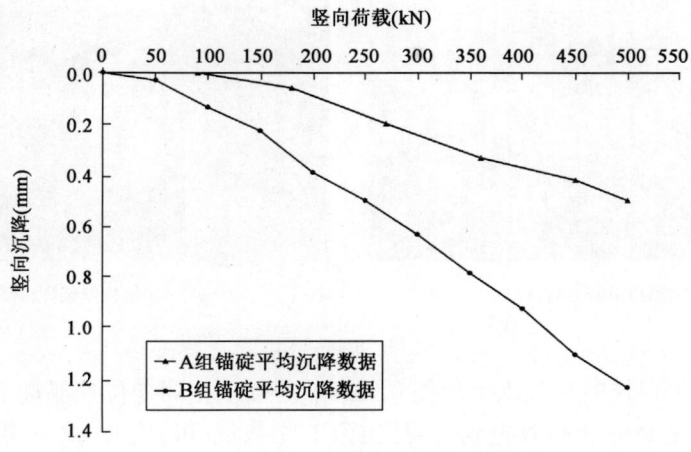

图11　A组与B组平均沉降数据

（2）由于偏心荷载作用,A和B两组锚碇顶板后部沉降高于锚碇前部。其中A组锚碇,顶板前后位置沉降相差较小,500kN时后部沉降0.52mm,仅比前部大0.04mm。而B组锚碇后部沉降差相对显著,500kN时后部较前部大0.44mm。主要原因为:无泥皮存在时,复合锚碇通过嵌岩地连墙与深部岩层形成整体受力结构,锚碇结构整体刚性更强,结构沉降差小,而墙端和墙侧泥皮的存在,降低了这种整体协同受力刚性特性,从而导致锚碇前后顶板不同位置出现沉降差(图12)。

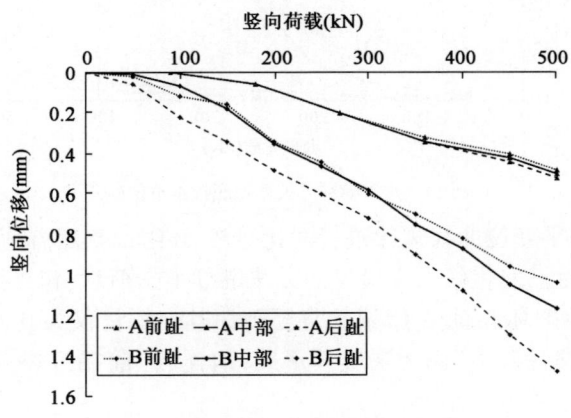

图12　A组与B组各位置沉降数据

4.2　水平荷载锚碇变位分析

4.2.1　水平荷载-水平变位分析

（1）对于B组模型,在水平荷载由325kN增大到350kN过程中,发生破坏。取发生破坏的前一级荷载为极限破坏荷载,A组模型极限破坏荷载为450kN,B组模型极限破坏荷载为325kN。

基于A和B两组模型数据对比,开展泥皮影响分析,相比A组模拟,B组考虑泥皮影响后,由于泥皮的存在对地连墙与围岩黏结强度存在弱化效应,相同水平荷载作用下,锚碇水平变位相对更大,导致复合型锚碇极限破坏荷载降低幅度达27.8%(图13)。

a)A组模型破坏后样貌　　　　　　　　　　b)B组模型破坏后样貌

图 13　破坏后形态

（2）A 组锚碇 450kN 时顶板水平变位 0.96mm，若以该相同变位控制标准承载力值进行对比分析，对 B 组锚碇 150~200kN 差值计算，得到 B 组数值，可知在泥皮影响下，同一标准下的承载力值仅为无泥皮影响下的 36.1%，泥皮的存在严重降低了锚碇承载能力（图 14）。

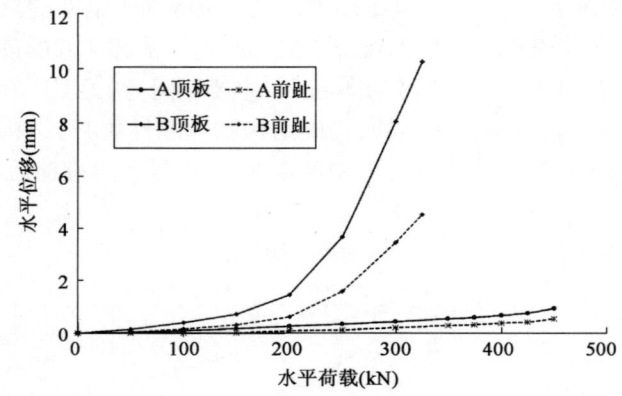

图 14　水平荷载下模型顶底板水平位移

（3）对水平荷载-水平变位曲线规律进行对比分析，B 组锚碇随着荷载增大，水平变位值急剧增加，最终临近破坏时已发生较大变形量而无法继续承担荷载，包裹泥皮的嵌岩地连墙从岩层拔出，总体呈现"缓性破坏"；而 A 组锚碇直至破坏其变形量仅为 0.96mm，破坏模式以嵌岩地连墙发生"突然性的脆性破坏"而无法继续承载，地连墙"前端折裂、后端拔断"为特征的破坏模式。

4.2.2　水平荷载-竖向变位分析

监测水平荷载施加阶段，锚碇顶板竖向变位情况，得出结论如下：

（1）水平荷载作用下，锚碇呈现前部下沉、后部上翘变形特性，且在同等水平荷载作用下，各组锚碇模型后部上翘幅度高于前端下沉量。极限破坏荷载时，A 组锚碇后端上翘 0.38 mm，前端沉降 0.26 mm；B 组锚碇后端上翘 11.66 mm，前端沉降 2.86 mm。

（2）为研究泥皮效应影响，着重针对 A 组和 B 组锚碇进行对比，得知，在相同水平荷载作用下，受泥皮影响的 B 组锚碇变位远大于 A 组锚碇，以 300kN 水平荷载为例，A 组锚碇前后端变位分别为 0.12mm 和 0.02mm，变位差为 0.14mm；而 B 组锚碇前后端变位分别为 2.24mm 和 8.42mm，变位差为 10.66 mm，后者为前者的 76 倍。主要原因在于：A 组锚碇地连墙嵌岩效应显著,嵌岩地连墙与周围岩层协同受力,在水平荷载作用下,调动中微风化岩层承载能力,而泥皮的存在削弱了地连墙结构与岩层嵌固黏结效应,降低了锚碇承载能力(图15)。

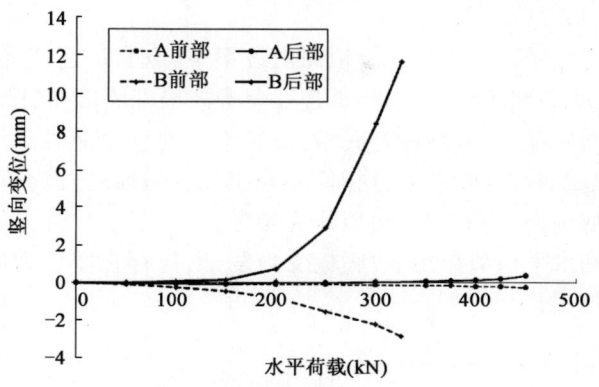

图15 水平荷载下模型竖向变位

4.3 基底墙底应力分布规律

通过在墙底和底板底部布置土压力盒,监测获取底板、墙端不同位置应力值,分析随着竖向荷载、水平荷载不同荷载施加阶段下,锚碇基底的前趾、中前部、中部、中后部及后趾底板应力分布规律,以及地连墙前趾、中部和后趾应力分布规律(图16),位置关系已在前面章节展示,将竖向荷载分为5级(V1~V5),水平荷载至破坏前荷载分为5级(H1~H5)。

(1)对锚碇底板应力分析:在竖向荷载施加阶段,随着竖向荷载增大,锚碇底板基底应力逐级增大,其中竖向作动器正下方的中后部测点处底部应力最大;随着水平荷载施加,底板底部应力重新分布,在弯矩作用下,前趾区应力增加,后趾区应力显著降低,水平荷载施加到V3级(3倍设计水平缆力)后,后趾区应力趋近于0kPa。

同A组锚碇模型规律类似,由于前趾和后趾临近地连墙,在地连墙与底板接驳钢筋作用下,与内部底板边缘处营造了应力低值区域,在整个竖向和水平加载过程中,底板前、后趾处的应力一直较小。

(2)对地连墙底板应力分析:在竖向荷载施加阶段,墙底应力呈线性分布,其中偏心方向的后端墙底应力高于前端应力;水平荷载施加阶段,随着水平荷载增大,后端墙底应力降低,前端增大。

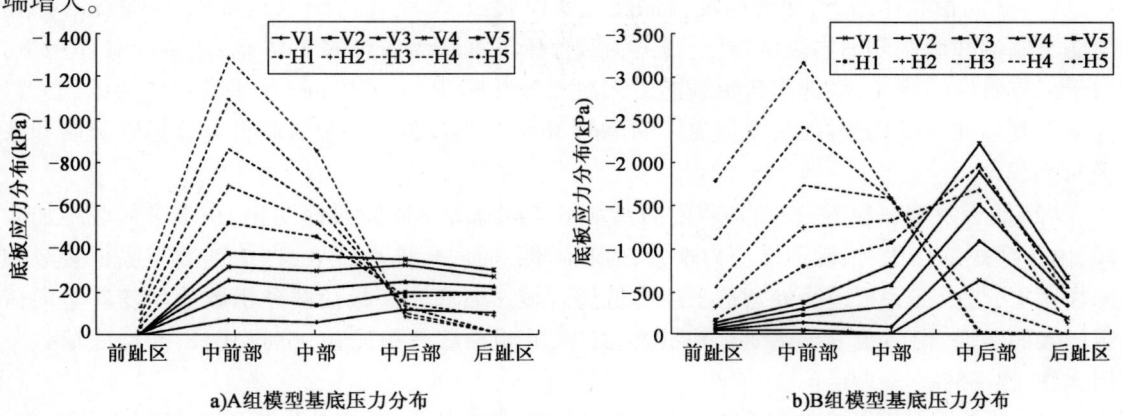

图16 基底应力分布

4.4 底板墙底荷载分担规律

复合锚碇竖向应力主要由底板、墙底和墙侧土体承担荷载,为分析荷载分担规律,基于以下假设进行数据处理(图17)。

(1)假设1:考虑到底部粘贴双面胶模拟泥皮方案下,嵌岩地连墙侧壁与风化岩层完全断开,地连墙侧壁荷载分担忽略不计,仅分析地连墙复合式锚碇墙端、底板二者荷载分担规律。

(2)假设2:对数据处理时,分别计算底板、墙底土压力盒压应力平均值,与墙底和底板实际面积相乘,计算获得墙底和底板荷载分担值和分担比,尽管该方法会存在一定误差,但对于定性的比较底板与墙底荷载分担大小,可以作为参考。

(3)假设3:考虑到水平荷载作用下,底板受力复杂,且存在零应力区,因此未统计计算水平荷载阶段荷载分担情况。

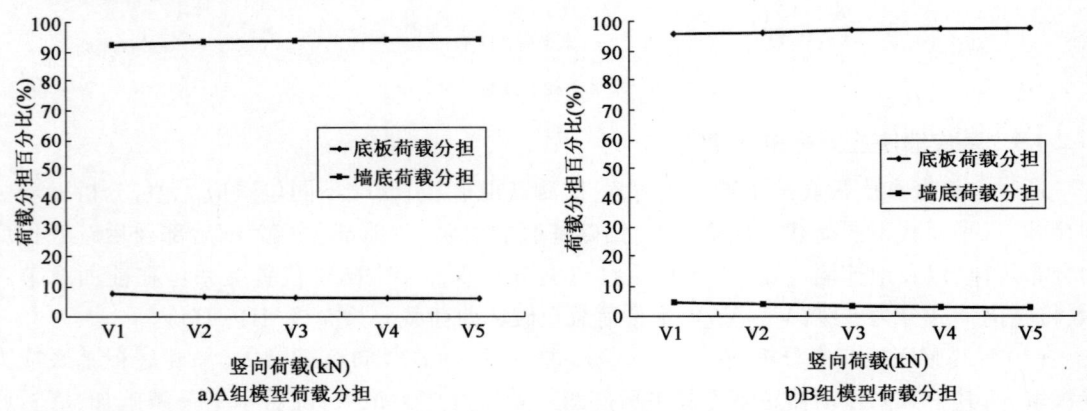

图17 A和B组模型荷载分担对比

计算得知,墙底和底板荷载分担数值均随着竖向荷载增大而增加,但荷载分担比变化并不大,底板荷载分担比在95%~97%,而墙底荷载分担比在3%~5%,由于墙侧和墙端泥皮的存在,弱化了地连墙与围岩协同受力作用,与A组模型相比,地连墙嵌岩效应降低,上部竖向荷载主要以底板来承担。

5 结语

(1)竖向荷载作用下,地连墙复合锚碇主要由底板、墙端和墙侧承担荷载,而泥皮的存在削弱了墙端和墙侧与围岩黏结强度,最终荷载作用下沉降为前者的2.46倍;水平荷载作用下,由于泥皮效应的存在,底部围岩承载能力无法充分发挥,以$\delta=0.96$mm水平变位作为承载力特征值控制标准,有泥皮时仅为无泥皮影响下的36.1%,泥皮的存在显著降低复合锚碇竖向和水平向承载力。

(2)底板及墙底应力分布,随着竖向及水平荷载施加不同阶段而变化,在水平荷载施加阶段,由于弯矩的作用,锚碇前端应力增大,后端降低;而底板前后趾处,在地连墙与底板接驳钢筋作用下,与内部底板边缘处营造了应力低值区域。墙底和底板荷载分担数值均随着竖向荷载增大而增加,但荷载分担比变化并不大,其中,底板荷载分担比在95%~97%,而墙底荷载分担比在3%~5%。

(3)对于无泥皮影响的复合锚碇,由于嵌岩效应的存在,可充分发挥下部岩层承载能力,极限破坏模式以嵌岩地连墙发生"突然性的脆性破坏"为主要特征。而存在泥皮效应影响的复合锚碇,极限破坏时已发生较大变形量而无法继续承担荷载,包裹泥皮的嵌岩地连墙从岩层拔出,无法发挥嵌岩效应。

参 考 文 献

[1] 夏才初,程鸿鑫,李荣强.广东虎门大桥东锚碇现场结构模型试验研究[J].岩石力学与工程学报,1997,16(6):571-576.

[2] 罗林阁,崔立川,石海洋,等.地连墙-重力式复合锚碇基础承载性能试验研究[J].岩土力学,2019,40(3):1049-1058.

[3] 李家平,张子新,黄宏伟,等.宁波庆丰大桥锚碇室内相似模型试验研究[J].同济大学学报(自然科学版),2005,33(8):1011-1016.

[4] 崔岗,韩冬冬,石海洋,等.虎门二桥坭洲水道桥重力式锚碇基础稳定性研究[J].公路,2017(4):129-134.

[5] 李永盛.江阴长江公路大桥北锚碇模型试验研究[J].同济大学学报,1995,23(2):134-140.

[6] 魏焕卫,孙川,王建强,等.堆载下桩+地下墙水平承载组合基础模型试验研究[J].岩土力学,2018,39(增刊1):203-210.

[7] 苏静波,邵国建,刘宁.悬索桥锚碇基础的稳定性分析[J].公路,2005(4):61-65.

[8] 王东英,尹小涛,杨光华.悬索桥隧道式锚碇"夹持效应"的试验研究[J].岩土力学,2021(4):1-10.

[9] 杨彦丽.泥皮对灌注桩竖向承载性状影响的数值模拟及试验研究[D].天津:天津大学,2012.

[10] 中华人民共和国交通部.公路工程岩石试验规程:JTG E 41—2005[S].北京:人民交通出版社,2005.

102.超大水下钢沉井第二次取土下沉效率分析

孙南昌[1,2,3,4] 董剑[1,2,3] 黄甘乐[1,2,3]

(1.中交第二航务工程局有限公司;2.长大桥梁建设施工技术交通行业重点实验室;
3.交通运输行业交通基础设施智能制造技术研发中心;
4.中交公路长大桥建设国家工程研究中心有限公司)

摘　要：常泰长江大桥5号墩基础采用平面圆端型、立面台阶型沉井结构,沉井长95.0m,宽57.8m,高64m,为目前世界上最大水中钢沉井。在第二次取土下沉过程中,由于地层分布差异大,沉井底面受力不均匀,长边和短边倾斜姿态敏感性强等特点,施工采用"台阶型"取土工艺,遵循对称、同步、均匀取土原则,通过一系列主动控制和动态纠偏措施,加快了沉井高效、平稳下沉。结果表明:当日取土量在1 000m³以下时,日下沉量几乎在10cm以下,当日取土量超过1 800m³时,日下沉量几乎在40cm以上;通过气水混合冲射,能够有效处理隔墙下的黏土层,高压旋喷设备进行预搅松,可明显降低十字节点处的土压力;通过反演,下沉系数与下沉速率正相关,当下沉系数小于1时,沉井几乎不会下沉;当下沉系数超过1.1,沉井下沉速率可进一步加快;沉井下沉到位后受力状态、支撑状态及几何姿态均保持良好。

关键词：水下钢沉井　施工控制　取土下沉　几何姿态　应力控制　反演分析

1　引言

沉井基础具有刚度大、承载能力高、环保性能好等优点,在跨江、跨海的大跨斜拉桥和悬索桥的基础结构中广泛应用[1-2]。如沪通长江大桥(2020)[3]主航道桥采用倒圆角矩形沉井基础,平面尺寸86.9m×58.7m,高50m,商合杭铁路芜湖长江公铁两用大桥(2020)[4]、香港青马大桥(1998)、日本北备赞公铁两用大桥(1988)、葡萄牙四月二十五日桥(1966)[5]均采用了水下沉井基础。对于水下沉井而言,沉井姿态及受力状态易受施工荷载、施工顺序、地质条件、水流及风浪等环境等的影响,施工控制相对于陆上沉井更为复杂。同时,沉井施工是分阶段地连续作业过程,面临控制难度大、风险性高等难题,如何在确保沉井几何姿态及安全的前提下,动态调整施工方法,以实现高效取土下沉,成为沉井施工亟须解决的问题。以常泰长江大桥5号沉井基础为例,分析水下钢沉井取土下沉效率,为今后水下沉井施工提供参考。

2　项目概况

常泰长江大桥主航道桥采用142m+490m+1 176m+490m+142m=2 440m双塔双层钢桁梁

公铁两用斜拉桥,主航道桥5号墩基础采用平面圆端型、立面台阶型水下钢沉井,沉井总高72m(含承台8m),沉井底面长95.0m,宽57.8m,圆端半径28.9m;沉井顶面长77.0m,宽39.8m,圆端半径19.9m,沉井钢壳内部填充混凝土,为目前世界上最大的水中沉井[6-7],沉井立面如图1所示。沉井区域覆盖土层从上往下依次为松散粉砂、软塑~硬塑状粉质黏土、中密细沙、密实中砂及密实粗砂,砂砾胶结层零星分布在河床下-45~-35m范围内。潮位受长江径流与潮汐双重影响,涨潮历时3h多,落潮历时8h多。20年一遇桥位断面垂线平均最大流速为1.93~2.1m/s,最高通航水位+5.8m,最低通航水位-0.7m。

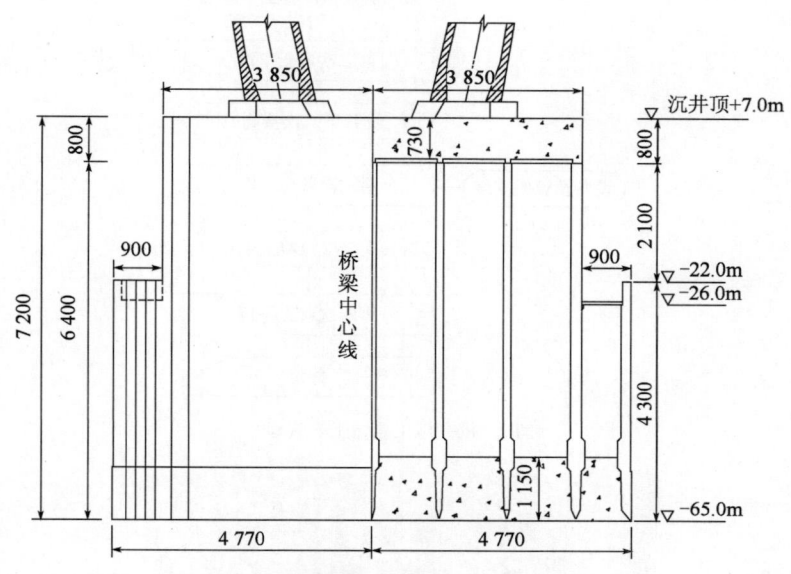

图1 5号墩钢沉井基础结构(尺寸单位:cm)

3 控制原则

5号墩沉井在平面上分为28个隔舱,沉井底面由外向内依次外刃脚、外隔墙、内井壁、内隔墙、十字节点。沉井施工总体采用"两次接高、三次夹壁混凝土浇筑、四次取土下沉"工艺,终沉到设计位置(图2),现场施工如图3所示。

在总结第一次取土下沉及国内外文献调研[8-13]基础上,第二次取土下沉总体原则与第一次基本保持一致,采用"台阶型"取土工艺,遵循对称、同步、均匀取土,同时兼顾几何姿态,采取先内井孔、隔墙、十字节点,后外井孔的循环施工方案。施工全过程采用自动化控制,取土结束判断标准以沉井进入黏土层并达到全断面稳定支撑状态为主,预定高程为辅,具体取土原则如下:

(1)遵循对称取土原则,先进行中间18个井孔、后外圈18个井孔取土,二者交替作业,其中,外圈18个井孔取土过程中可并行隔墙盲区取土或破土。

(2)在黏土层中,外井孔内距离内井壁外侧6.0m范围内,取土最大深度不超过外井壁刃脚踏面下1.0m,外刃脚埋深不小于1m,中间井孔取土深度不超过外井壁刃脚踏面下2m。

(3)在砂土层中,外井孔内距离内井壁外侧5.0m范围内,取土最大深度不超过外井壁刃脚踏面下1.0m,外刃脚埋深不小于1.5m,中间井孔取土深度不超过外井壁刃脚踏面下1.5m。

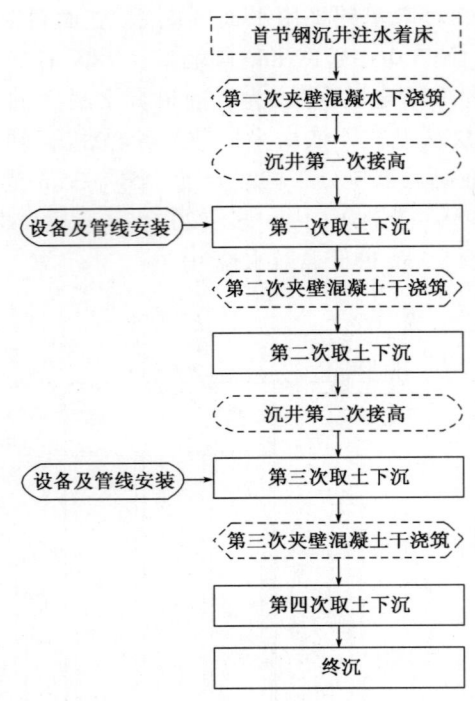

图2 沉井施工总体工艺流程

图3 第二次取土下沉现场施工

4 三阶段取土下沉

4.1 下沉曲线

第二次取土下沉期间,沉井外刃脚底高程从-32.4m到-41.2m,累计下沉8.8m(图4),根据取土下沉效率的不同,先后经历了缓慢、快速、缓慢调位三个阶段,如图5所示。在整个期间,日平均下沉量32.6cm/d。从图6可以看出,累计下沉量与取土量密切相关,当日取土量在1 000m³以下时,相应日下沉量较小,几乎在10cm以下;当日取土量超过1 800m³时,沉井日下沉量大幅增加,几乎均在40cm以上。8月4日达到最大日取土量接近2 600m³,日下沉量达到最大值97cm。表明取土量是决定沉井下沉量的重要因素,在取土下沉时,应当保障一定的取土量,才能够确保沉井的高效下沉。这一现象与首次取土下沉不同,主要原因在于:沉井内外井孔几乎同步对称、均匀取土施工,在沉井底面支撑体系不断转换的过程中,沉井底面中心下沉量与取土量几乎保持一致的趋势。

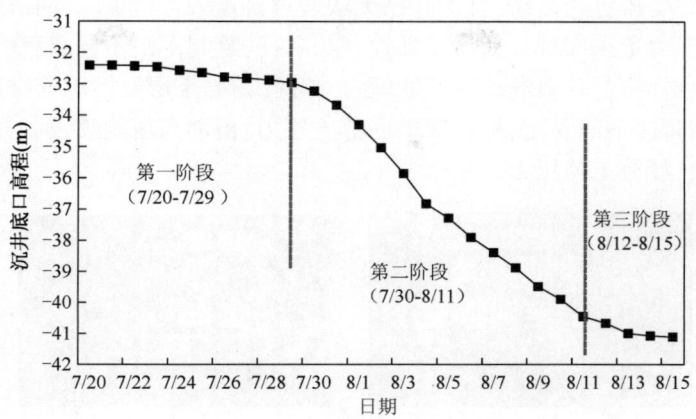

图4 第二次取土下沉曲线

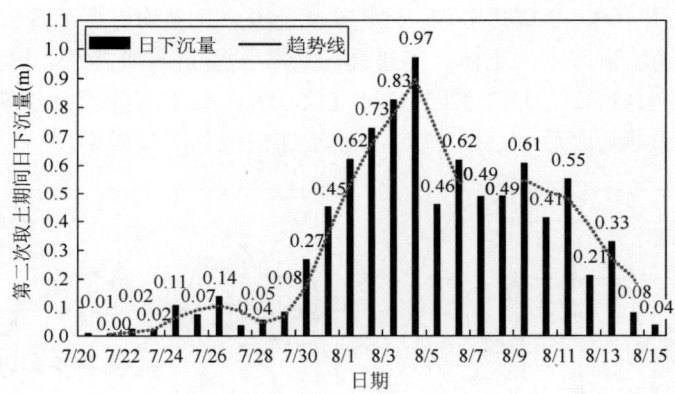

图5 第二次取土日下沉量

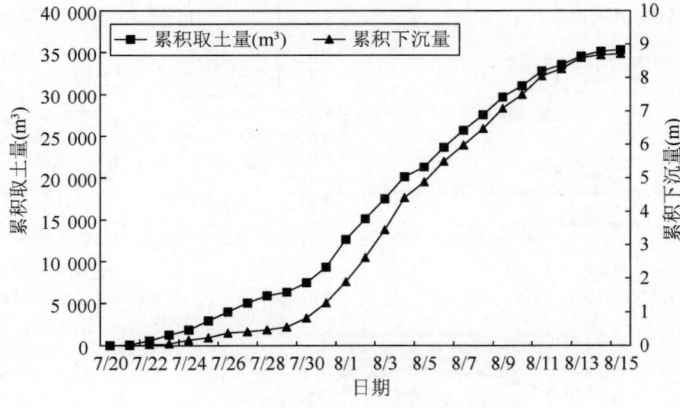

图6 第二次取土量与下沉量的关系

4.2 第一阶段取土下沉

第一阶段为缓慢下沉阶段，即7月20日—7月29日主要处理黏土层，由于黏土层中含有较厚的砂砾胶结层，导致气举设备功效大幅度降低，日均取土量仅631.8m³/d，日均下沉仅5.5cm/d，在此期间累计下沉0.55m。

在第一阶段取土过程中，砂砾胶结层的分布较多较厚，在沉井施工区域，大范围存在黏土层,区域土体的性质变得更为复杂,且沉井已无法通过自重来自行破除井孔区域刃脚及盲区的土体,需要借助外界力量来实现。通过不断摸索与试探,绘制了沿不同高程的黏土层实际分布图(图7)。结合地层情况,采用电动铰刀处理内外井孔的黏土层及砂砾胶结层;通过气水混合冲射设备处理隔墙盲区下的黏土,解除隔墙底部土压力;借助高压旋喷设备对十字节点盲区下的土层进行预搅松,释放土体压力。

a)-32m处

b)-33.5m处

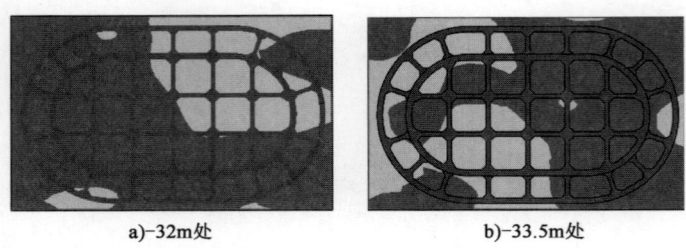

图7　黏土层分布(深色区域)

结合图8所示,井孔K4-3周边隔墙、十字节点土压力几乎均有所下降,表明气水混合冲射措施能够有效处理隔墙盲区下的土体。经过高压旋喷设备进行预搅松,十字节点处土压力下降明显,如十字节点J1-2、J2-2、J3-2、J2-5、J2-6、J3-5、J3-6基本解除至二次夹壁砼浇筑前的受力状态,且维持较长时间,之后才逐渐增大,有助于加快沉井下沉效率。

a)底面上压力测点

b)井孔K4-3周边隔墙土压力

c)节点J2-5、J2-6、J3-5、J3-6

d)节点J1-2、J2-2、J3-2

e)节点J1-4、J4-3、J4-4

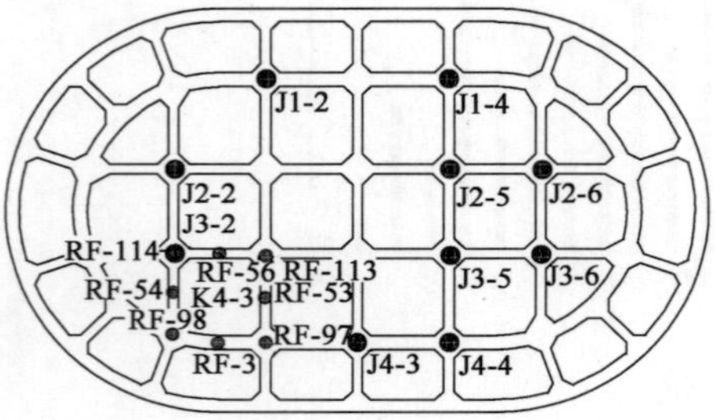

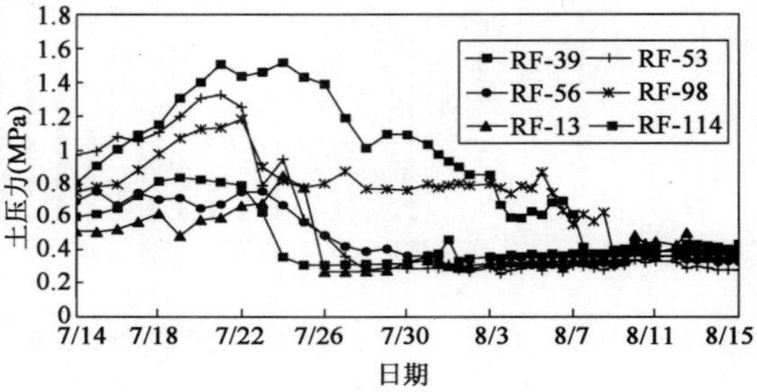

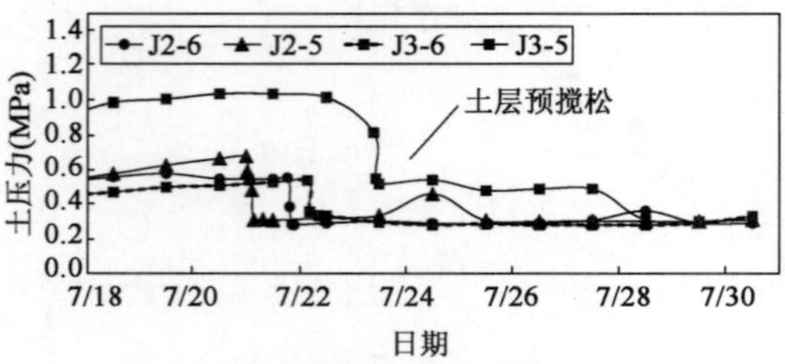

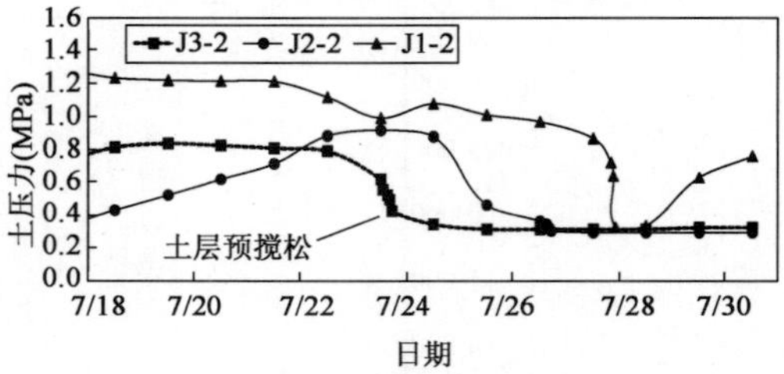

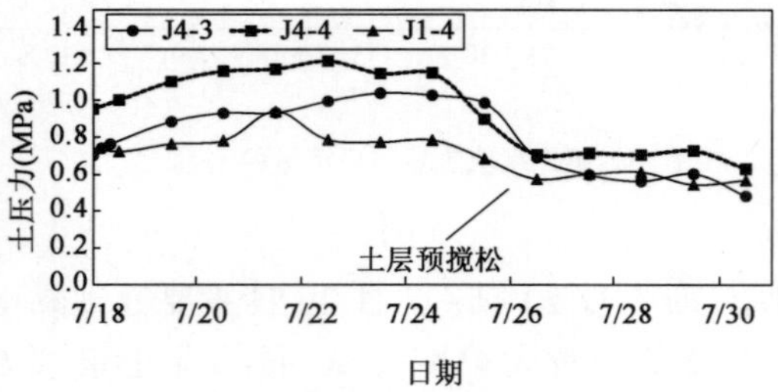

图8　十字节点处土压力变化

4.3 第二阶段取土下沉

经过第一阶段基本贯穿黏土层,第二阶段进入砂层,沉井进入了快速下沉阶段。即从7月30日—8月11日,累计下沉7.50m,日平均下沉量为57.65cm/d,日均取土量2 034.4m³/d,单日最大下沉量97cm。

沉井快速下沉主要原因在于:其一,土层中所含胶结层逐渐减少,气举等设备功效大幅提升,取土速度加快,同时,在取土过程中,根据几何姿态变化趋势,采取了合理预判和动态调整取土措施;其二,根据土压力及泥面高程监测数据,通过编制的小程序实时展示底面土压力的分布情况,制定各作业面的不同施工方法和取土速率,确保沉井端阻力受力均匀,同时,充分利用既有设备的优势,进一步扩大取土井孔面积,相比于第一阶段3~4个井孔/d,第二阶段基本保持在10个井孔/d左右,井孔取土量和隔墙盲区破土进一步加快,有效提高了沉井下沉速度(图9);其三,前场与后场的紧密配合,在确保沉井姿态和受力安全的前提下,严格遵循"台阶型"取土原则,确保刃脚埋深高度,防止沉井发生过快下沉或"突沉"现象。在第二次取土下沉期间,尽管沉井侧阻力及水浮力抵抗自重的占比逐渐增大,但沉井端阻力始终处于主导作用,通过一系列动态调控措施(表1),减小或破除底面土压力,确保了沉井平稳、高效下沉。

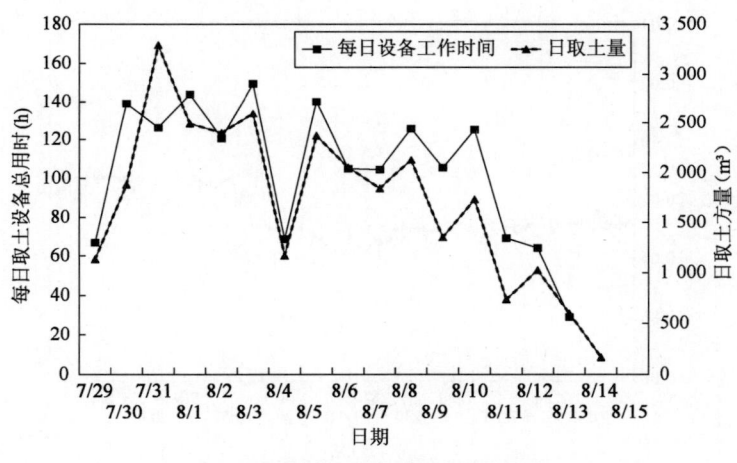

图9 取土设备工效与取土方量的关系

动态调整措施　　　　　　　　　　　　　表1

内容	控制措施
出现倾斜征兆	加快底侧取土,加大底侧设备投入,使底侧取土效率快于高侧,同时加强姿态、应力监测
较大倾斜	降低高侧取土,关停个别井孔设备,加大底侧取土量,同时兼顾姿态
过大倾斜	高侧暂停施工,加快底侧取土,以调整姿态为主
隔墙、十字节点土压力上升过快	采用气水混合设备、高压旋喷设备处理,调整沉井底部支撑状态

4.4 第三阶段取土下沉

第三阶段为缓慢调位阶段,即8月12日—8月15日,日均取土量632m³/d,日均下沉量16.4cm/d,累计下沉量65.6cm。

此阶段主要是确保沉井支撑体系转换为全断面支撑状态,同时兼顾预定高程位置。由于该阶段土层中分布较多的胶结层,且存在大量的石块,在设计地勘中,-46~-36m间,土层均为密实中沙,实际土体分布有较大差异,通过加强地质勘探,完善土层分布信息,制定更有针对性的指导施工方案,优化了取土设备,及时调整取土设备,诸如增加抓斗、汽水混合冲射等设备。同时,加强潜水摸排,查看沉井刃脚支撑情况及土层信息,指导取土工序,最终实现了沉井下沉目标。

5 沉井几何姿态及应力

5.1 几何姿态

在第一阶段取土过程中,沉井在顺桥向及横桥向的倾斜姿态均易受施工顺序、取土深度的影响,呈现出左右摇摆,姿态敏感多变,在此期间出现多次橙色预警(1/200),通过动态调整取土策略,兼顾沉井长边和短边的几何姿态,及时消警。

下沉过程中,底口中心偏位几乎稳定在±15cm以内(设计要求不大于34cm),施工结束后,外刃脚入泥平均深度14.33m,底口嵌入砂层较深,所受的约束力有所增大,对称取土确保了沉井底口受力均衡,未发生较大偏位。

沉井倾斜及平面扭转角变化曲线分别如图10和图11所示,施工过程沉井姿态总体保持良好,沉井下沉到位后,第二次取土下沉控制结果见表2。

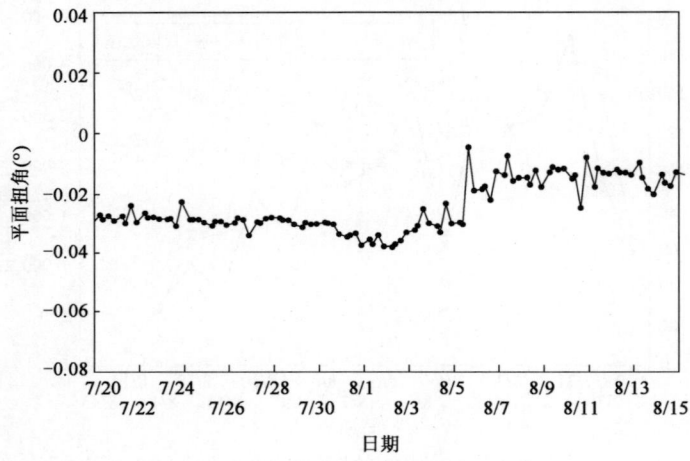

图 10 平面扭转角变化曲线

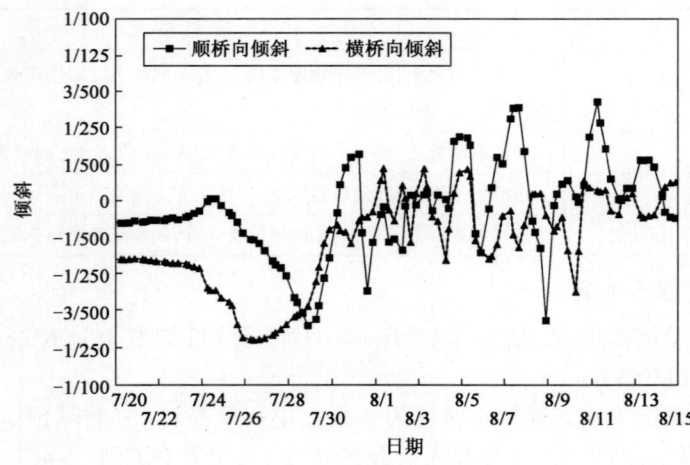

图 11 倾斜变化曲线

第二次取土下沉控制结果　　　　　　　　　　　表2

内　　容		控 制 要 求	实 测 值
平面偏位(cm)	顶口中心	≤34	偏江侧6.3；偏下游5.0
	底口中心		偏江侧11.6；偏下游10
倾斜	顺桥向	≤1/130	向岸侧倾斜1/952
	横桥向		向上游倾斜1/997
高差(cm)	顺桥向	≤38.5	岸侧低6.1
	横桥向	≤63.3	上游低9.5
扭转角(°)		≤1	0.023

5.2　应力

第二次取土期间结构应力如图12所示，其中应力测点见文献[14]。从结构应力上看，内隔墙底部钢结构拉应力在第一阶段快速上升，第二、三阶段基本保持稳定，总体上看，结构应力在70MPa以内，结构处于受力安全状态。

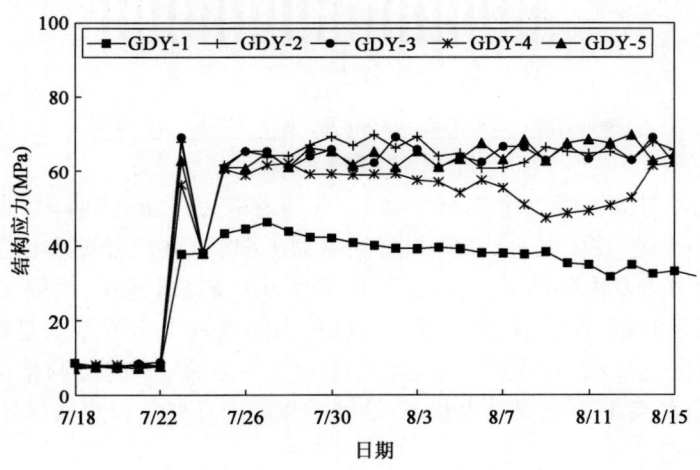

图12　结构应力变化曲线

5.3　土压力

沉井刃脚土压力分布如图13所示，其中测点布置见文献[4]，从图13b)中可以直观看出，沉井底面刃脚支撑情况，表明下沉结束后，沉井为外井壁、内井壁、外隔墙和内隔墙共同作用的全断面支撑状态，其中，外刃脚及外隔墙底部土压力较大，外井壁次之，内隔墙最小。

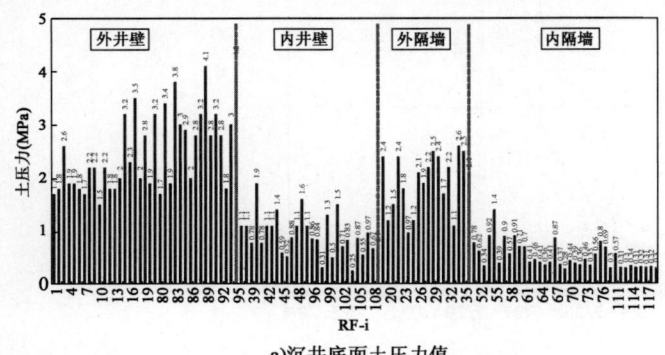

a)沉井底面土压力值

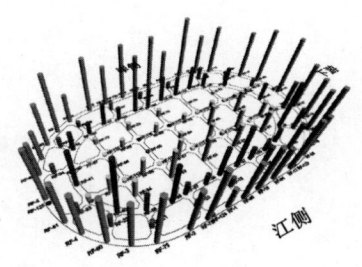

b)沉井底面土压力分布图

图13　沉井底面土压力

6 反演分析

6.1 端阻力分析

沉井平面尺寸大,各区域刚度不同,同时受沉井下沉姿态的影响,沉井底面反力的分布会有所差异。根据各区域沉井泥面高程推算刃脚有效支撑面积以及区域平均底面反力,反演各部位的端阻力,与端承力总和进行比较,各部位阻力占比如图14所示。

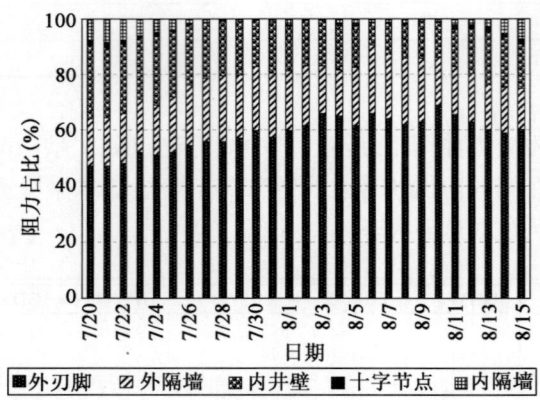

图14 沉井底面反力占比

由图14可知,外刃脚支撑力均在45%以上,且随着取土下沉,刃脚阻力占比达到60%以上;外隔墙阻力占比均在16%以上。7月20日—8月6日,沉井内井壁占比逐渐减小,此后略有回升。结合十字节点及内隔墙阻力占比看,在沉井刃脚支撑体系中,内隔墙及十字节点阻力支撑力逐渐转移至外井壁、外隔墙,在7月26日后,内隔墙及十字节点承受较小部分支撑力,沉井逐步逼近小锅底支撑状态;在第三阶段(8月11日—8月13日),调整沉井受力状态,可以看出,沉井几乎保持全断面支撑受力状态,达到了接高前良好的稳定支撑体系。

6.2 侧阻力分析

结合自重、浮力及各区域端阻力,反演得到第二次取土下沉期间侧摩阻力曲线,如图15所示。7月20日沉井开始取土下沉,此时沉井自重主要由端阻力承担,随着取土量的增加,端阻力逐渐被削弱,侧摩阻力逐渐增加,即一部分端阻力逐渐转移为侧摩阻力。直到7月29日,侧摩阻力达到最大值约为58kPa。7月29日后沉井下沉量开始增加,侧摩阻力减小至48kPa,即静摩阻力开始转变为动摩阻力。

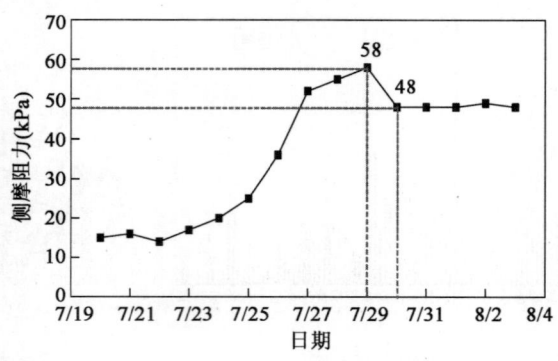

图15 下沉系数与下沉速率的关系

6.3 下沉系数与下沉速率

利用反演获取的端阻力和侧摩阻力可以计算出沉井下沉的总阻力,然后结合沉井自重和浮力,按照式(1)~式(4)计算出沉井下沉系数。其中,端阻力与各区域平均底面反力和刃脚支撑面积有关。在取土过程,底面反力会随着沉井支撑及姿态的变化而相互转移,刃脚支撑面积随着沉井的下沉和取土的方量的变化可能会增加或者减少。在第二次取土下沉过程中,每天利用早上6:00的泥面和底面反力参数对下沉系数进行计算,以指导沉井现场取土指令的制定。通过建立下沉系数与下沉速率之间的联系,为沉井后续下沉控制提供参考依据。

$$k_0 = \frac{G_k - F_w}{T_f + R_1 + R_2} \tag{1}$$

$$F_w = \gamma_w V \tag{2}$$

$$P_1 = \left(b + \frac{n}{2}\right) f_u \tag{3}$$

$$R_2 = A_1 R_k \tag{4}$$

式中:k_0——下沉系数,一般取值范围宜在1.05~1.25;

G_k——井体自重标准值(包括外加助沉重量的标准值)(kN);

F_w——沉过程中地下水浮力标准值(kN);

γ_w——地下水天然重度(kN/m³);

V——沉井在地下水位以下的体积(m³);

R_1——刃脚端部极限承载力(kN);

n——刃脚斜面与土壤接触面的水平投影宽度(m);

f_u——地基承载力极限值(kPa);

R_2——隔墙端部极限承载力(kN);

A_1——隔墙支承面积(m²)。

由图16可知,下沉系数与下沉速率正相关,当下沉系数小于1时,沉井不会下沉;当下沉系数在1~1.04范围内,沉井下沉速率约1~2cm/h;当下沉系数1.04~1.06范围内,沉井下沉速率2~3cm/h;当下沉系数在1.06~1.1范围内,沉井下沉速率为3~4cm/h;当下沉系数超过1.1,沉井下沉速率可进一步加快,如8月4日,下沉系数1.14,下沉速率达5cm/h。根据下沉系数与下沉速率的关系可知,后续取土下沉过程中,为保证沉井持续处于高效下沉状态,需保证下沉系数接近于1.1左右。

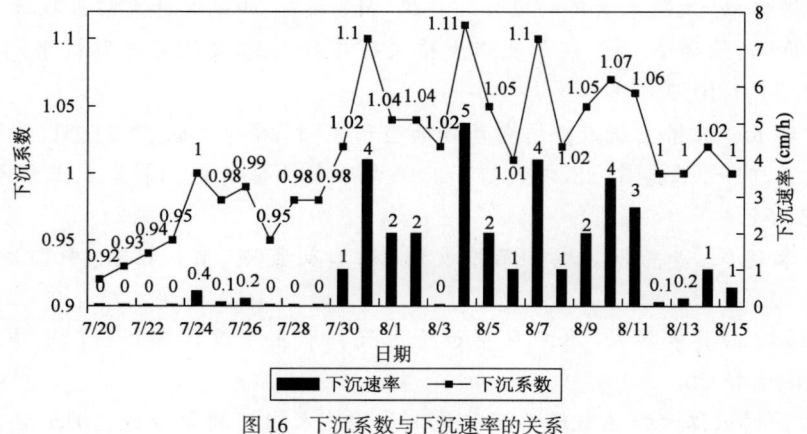

图16 下沉系数与下沉速率的关系

7 结语

(1)采用"台阶型"取土工艺,遵循对称、同步、均匀取土原则,根据不同土质,严格控制外刃脚埋深及取土深度,确保了沉井安全、平稳下沉。

(2)取土量是确保沉井高效下沉的重要因素,当日取土量在1 000m³以下时,相应日下沉量几乎在10cm以下;当日取土量超过1 800m³时,沉井日下沉量大幅增加,几乎均在40cm以上。

(3)根据不同土层分布的情况,采用不同的取土设备,如遇到分布不均匀且较厚胶结层的黏土层,通过增加电动铰刀、高压旋喷、汽水混合冲射、抓斗等取土设备,加快了取土效率。

(4)通过主动控制与跟踪控制,沉井顺桥向:向岸侧倾斜1/952,高差6.1cm;横桥向:向上游倾斜1/997,高差9.5cm;平面扭转角−0.023°,沉井姿态良好;结构应力在70MPa,结构处于受力安全状态。

(5)在三阶段取土下沉过程中,沉井由全断面支撑到逼近小锅底支撑、最后调整为全断面支撑的良好受力状态,沉井自重仍主要由端阻力承担。

(6)下沉系数与下沉速率正相关,当下沉系数小于1时,沉井几乎不会下沉;随着下沉系数增大,沉井下沉速率随着增大,下沉系数接近于1.1左右,可确保沉井高效下沉。

参 考 文 献

[1] 罗朝洋,马建林,周和祥,等.超深大沉井基础的承载特性[J].铁道建筑,2019,59(7):8-11.

[2] 李桂林,文望青,严爱国,等.公铁合建跨海桥梁裸岩区深水基础设计[J].铁道建筑,2020,60(9):43-47.

[3] 陈开桥.沪通长江大桥主航道桥桥塔墩钢沉井定位施工技术[J].世界桥梁,2017,45(1):15-19.

[4] 刘爱林.芜湖长江公铁大桥设置式沉井基础施工关键技术[J].桥梁建设,2017,47(6):7-11.

[5] 钱冬生,陈仁福.大跨悬索桥的设计与施工[M].成都:西南交通大学出版社,1999.

[6] 秦顺全,徐伟,陆勤丰,等.常泰长江大桥主航道桥总体设计与方案构思[J].桥梁建设,2020,50(3):1-10.

[7] 胡勇.常泰长江大桥主航道桥桥塔基础选型研究[J].桥梁建设,2021,51(2):1-9.

[8] 陈晓平,茜平一,张志勇.沉井基础下沉阻力分布特征研究[J].岩土工程学报,2005,27(2):148-152.

[9] 穆保岗,朱建民,龚维明.大型沉井设计、施工及监测[M].北京:中国建筑工业出版社,2015.

[10] 赵东梁,沈立龙,李嘉成.水中巨型台阶形沉井取土下沉计算分析[J].中国港湾建设,2020(10):45-50.

[11] 李军堂.沪通长江大桥主航道桥沉井施工关键技术[J].桥梁建设,2015,45(3):7-12.

[12] 周和祥,马建林,李军堂,等.深大沉井下沉阻力的现场监测[J].公路交通科技,2019,36(7):81-89.
[13] 李德.洞庭湖大桥组合式沉井施工关键技术及仿真分析[J].铁道建筑,2020,60(6):48-52.
[14] 王紫超,杨切,陈建荣,等.超大水下钢沉井施工监测数据分析[J].中外公路,2022,42(3):149-155.

103. 三峡库区宝塔坪大桥钢围堰设计与施工

秦清波

(长江勘测规划设计研究有限责任公司)

摘　要：宝塔坪大桥位于三峡库区的深水区,大桥7#桥塔位于三峡库区的深水区,最大水深约47m,水位变幅高达30m,桥塔位置地质条件复杂。为解决承台及桥塔施工的难题,7#桥塔采用双壁钢吊箱围堰按先成桩后围堰的方案进行施工。钢吊箱围堰外轮廓尺寸为50.7m(长)×31.5m(宽)×43.0m(高),壁厚2.0m,竖向共分7节。该围堰的设计充分考虑了其建造、运输和施工的主要工况,计算结果表明围堰结构安全可靠,该设计可满足施工要求。

关键词：钢围堰　结构设计　施工技术

1　工程概况

宝塔坪大桥主桥为主跨800m的单跨吊悬索桥,桥面宽21.5m,为城市主干道,按双向四车道设计。桥型布置图见图1。

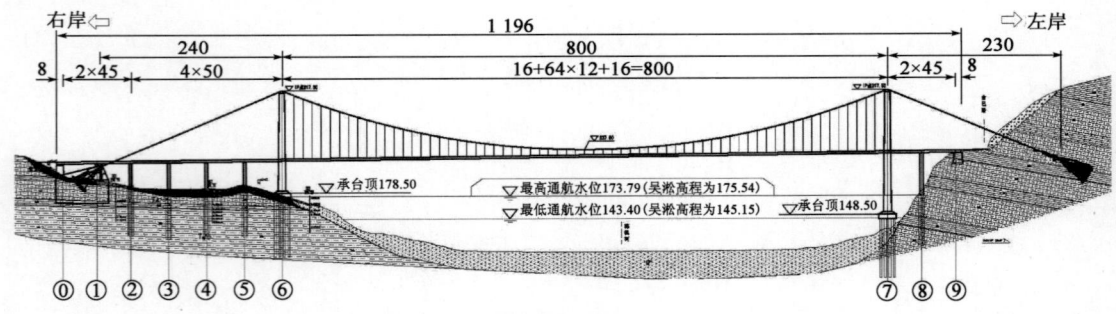

图1　桥型布置示意图(尺寸单位:m;高程单位:m)

大桥主塔采用混凝土结构,6号和7号主塔塔高分别为161.1m和191.1m,其中7号主塔位于三峡水库深水水域,承台尺寸为43.7m(长)×24.5m(宽),承台厚6.0m,基础采用18根直径3.2m的桩基础,桩基础长度105.0m,承台以下最大自由端长度为17.8m。7号主塔基础平面布置见图2。

7#桥塔位于左岸水下,距离岸边约43.2m,水下地形显示7号主塔处为一斜坡,高程118.2~128.5m,地形坡度约17°。塔位处覆盖层为河流冲洪积物,厚39.3m,上部6.3m为淤泥质粉质黏土,中部及下部为粉质黏土夹碎块石及砂卵砾石,下伏岩体为泥岩、粉砂岩。

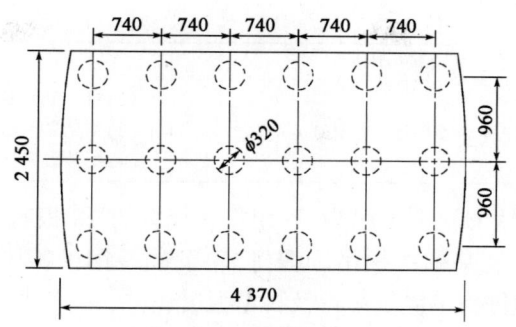

图2　7号塔基础平面布置图(尺寸单位:cm)

根据三峡水库的调度原则:1—4月坝前库水位控制在不低于153.25 m,5月末6月初坝前水库水位降143.25 m,6—9月汛期坝前库水位维持低水位,10月初开始蓄水,至10月底坝前库水位升至173.25m,11—12月坝前库水位维持高水位。

2　施工难点和施工方法选择

2.1　工程主要施工难点

本工程位于三峡库区内,水位落差大,最低水位与最高水位差30m,在汛期,桥位处的水流流速较大,流态紊乱,风浪对桥梁施工影响较大,同时桥位7号桥塔处河床覆盖层厚薄不一,岩层倾斜,岩面高差较大,加之7号桥塔基础规模较大,工期紧张,因此,7号桥塔水中基础施工难度很大,也是本工程施工顺利推进的重中之重。

2.2　研究现状

桥梁水上基础施工技术要求较高,受水深、水位变化、地质条件等外部条件的影响较大,往往会对桥梁施工进度及安全造成不利的影响,国内桥梁深水桩基础施工一般多采用先成桩后围堰或先围堰后成桩两种施工方案,两种施工方案技术均成熟,国内桥梁深水基础施工应用较多,如南京长江三桥、苏通大桥、东江二桥、万州长江三桥等。

先成桩后围堰方案首先搭建固定施工平台(支架)或浮动施工平台(打桩船)完成桩基础施工,利用钢吊箱围堰作为防水措施来进行水下承台及桥墩施工;先围堰后成桩方案首先下放围堰形成施工平台,然后利用围堰作为施工平台进行水下桩基础、承台及桥梁施工。

2.3　施工方法选择

7号桥塔施工针对两种方案进行了详细的比较,最终决定采用先成桩后围堰的施工方法,具体比较详见表1。

7号桥塔基础施工方案比选表　　表1

技术方案	先成桩后围堰	先围堰后成桩
优点	(1)开钻早,可快速形成桩基础; (2)清除钻渣难度减小; (3)可以利用桩基础施工平台拼装下放围堰; (4)成桩后再下围堰,围堰稳定性较高; (5)围堰形成后,承台施工时间较短,围堰设防水位低,围堰高度和用钢量小; (6)围堰下放设备要求小	(1)施工受水位影响较小; (2)桩基础施工平台利用钢护筒和围堰拼装平台,可大量节约平台材料; (3)桩基础施工平台整体稳定性强,安全度高; (4)钢护筒长度和厚度可减少,大量减少护筒用钢量; (5)钢护筒易精确定位,保证成桩质量; (6)围堰形成后,可保证连续性施工
缺点	(1)桩基础施工平台稳定措施费大; (2)钢护筒定位受水流影响,施工复杂;	(1)围堰形成后,基础施工时间长,围堰设防水位高,围堰高度和用钢量大;

续上表

技术方案	先成桩后围堰	先围堰后成桩
缺点	(3)桩基础、承台不能连续性施工	(2)桩基础开钻时间晚; (3)清楚钻渣难度加大; (4)下放设备要求高

7号桥塔先成桩后围堰的施工工序为:利用打桩船插打18根直径3.4m钢护筒→形成桩基础固定施工平台→施工桩基础→钢吊围堰拼装、下放→钢吊箱围堰固定→浇筑封底混凝土→抽干围堰内水→处理桩头→浇筑承台及桥塔混凝土。

3 钢吊箱围堰设计

3.1 结构设计

7号桥塔钢吊围堰外轮廓尺寸为50.7m(长)×31.5m(宽)×43.0m(高),壁厚2.0m,封底C30混凝土厚8.0m,围堰竖向共分7节,顶节围堰高7.0m,其他节段高6.0m。围堰各节段在工厂内分块制作,运至塔位处现场拼装。围堰共设置10套提升装置,通过千斤顶和钢绞线组成提升系统完成钢围堰的10点同步提升下放,围堰每个节段内侧板上设置8个导向点,确保围堰平稳下放。7号桥塔钢吊围堰布置图见图3。

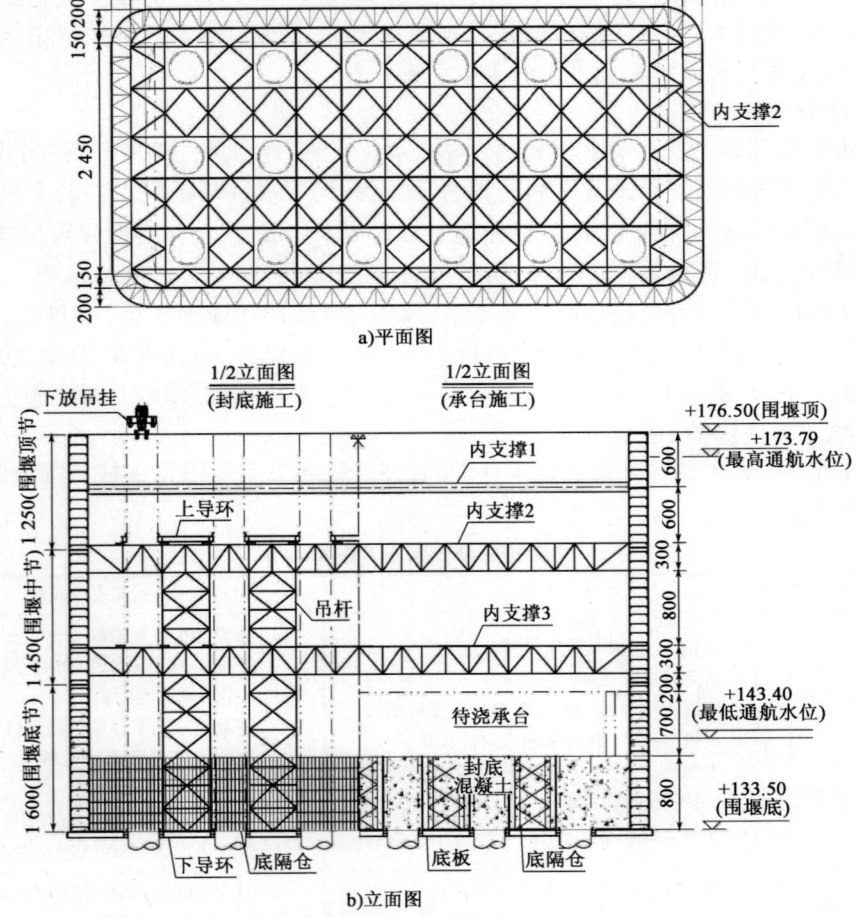

图3 钢吊箱围堰布置图(尺寸单位:cm;高程单位:m)

钢吊箱围堰结构构造主要由底板、侧板、内支撑、吊挂系统及定位系统等几部分组成[1]。宝塔坪大桥 7 号桥塔钢吊箱围堰除底龙骨为 Q345B 钢材外,其余主要构件均采用 Q235B 钢材,主要构件参数见表 2。

7 号桥塔钢吊箱围堰构件参数表（单位:mm）　　表 2

项目	构 件	规 格	备 注
1	壁板	$\delta = 8$	内、外壁板
2	竖肋	∠63×63×6	—
3	水平环板	$\delta = 20;\delta = 14$	井壁混凝土以上
		$\delta = 16$	井壁混凝土内
4	水平桁架	∠125×8	井壁混凝土以上直线段
		∠100×8	圆弧段、井壁混凝土内直线段
5	隔舱板	$\delta = 16$	—
6	内支架	HW588×300	弦杆
		2∠100×10	平联
		2[28b	腹杆
7	吊挂	HN900×300	分配梁
		16φ15.2	钢绞线拉索
8	底板	$\delta = 8$	底板面板
		∠75×6	加劲角钢
		HW488×300	底龙骨

3.2 结构计算

3.2.1 计算荷载

①静水压力:$P = \gamma h B$。γ 为水的重度,h 为水深,B 为围堰宽度;

②动水侧压力:$P = KA\gamma V^2/(2g)$。K 为形状系数,矩形取值1.3,A 为阻水面积,γ 为水的重度,V 为水流设计流速,g 为重力加速度;

③浮力:$P = \gamma H B$(水浮力作用于水深 H 的底板);

④封底混凝土及井壁混凝土自重 G 按实际体积计算;

⑤围堰自重 G 按实际重量计算;

⑥钢护筒与混凝土黏结力:$f = \mu A$。μ 护筒与混凝土黏结力系数 150kN/m^2,A 为钢护筒与混凝土接触面积。

3.2.2 计算分析

钢吊箱围堰在施工和工作过程中受力状况较为复杂,随着施工工况的变化,结构受力也发生变化。根据初步分析,选取两种最不利工况进行计算。

①工况1:钢吊箱围堰下放到设计高程后,封底混凝土浇筑完成,此时围堰固定于钢护筒,荷载组合为静水侧压力、动水侧压力、钢护筒与混凝土黏结力和围堰及混凝土自重。

②工况2:封底混凝土浇筑完成后,抽干围堰内水,当围堰外水位达到设计高程时,内外水头差最大,此时围堰荷载组合为静水侧压力、动水侧压力、浮力、钢护筒与混凝土黏结力和围堰及混凝土自重。

7号主塔钢吊箱围堰采用Midas有限元软件进行计算分析,根据计算结果,围堰侧板、底板、内支撑、吊挂分配梁等主要构件最大抗拉、抗压和抗弯组合应力小于180MPa,最大剪应力小于105 MPa,围堰整体变形较小,抗浮安全系数大于1.15,可以满足施工要求。

4 钢吊箱围堰施工技术

4.1 钢吊箱围堰施工工艺

钢吊箱围堰施工的工艺如下:

(1)将钢结构工厂加工好的双壁钢围堰底板、壁板及内撑用驳船运至墩位处进行拼装,利用浮吊系统起吊第一节钢吊箱围堰下水,并用拉缆固定其位置,再向双壁内注水使第一节围堰下沉至合适位置。

(2)逐节接高钢围堰,并向围堰内注水,使围堰下沉至设计高程,施工过程中若水位变化,通过调整双壁内水位,使其始终在设计高程处;安装已经浇筑的桩基础钢护筒挂桩设备,使围堰支撑于钢护筒,固定围堰底。

(3)围堰内清理,堵漏,向钢吊箱围堰内浇筑水下封底混凝土至承台底部高程,封底混凝土厚5m。

(4)围堰抽水,切割多余钢护筒;桩基无损检测、破桩头和基坑凿毛;准备承台混凝土施工。

4.2 围堰加工制作

在钢围堰加工时,应严格按规范和设计的规定对骨架以及面板进行焊接,焊接完成后应对钢围堰实施现场质量检查,其中最重要的检查项目为其水密性。水密性检查一般在钢围堰外壁接缝处刷一层白石灰,然后在对应的内壁接缝处涂刷煤油,接着观察外壁上的白色石灰是否会变黑,若白石灰逐渐变黑,则说明接缝处水密性不良,需对水密性不良的局部位置进一步焊接并重新检验,直至水密性检查合格为止。

4.3 围堰拼装

围堰加工完成后,应在加工场地进行试拼装,组装好确定无误后,拆卸分片运输至塔位拼装平台处,实施逐节拼装工序。待首节拼装完毕后,应将其焊接锁定。在进行首节钢围堰拼装时,为避免出现侧翻的情况,一般将钢管桩的内外两侧采用倒链锁定,并在托座的局部加焊一定数量及强度的斜撑。底节钢围堰拼装焊完成后,应进行焊接质量的全面检查,检查内容主要包括焊缝内是否存在气孔、是否含有焊渣,是否存在局部漏焊错焊等。

4.4 围堰下放

第一节围堰在塔位拼装平台拼装完成后,再次进行水密性检查。水密检查合格后,采用千斤顶通过吊索将第一节围堰提起,割除牛腿,利用导向点,平稳缓慢下放第一节围堰,然后在第一节围堰上拼装第二节围堰,如此循环,直至全部节段围堰拼装完成并下放至设计高程。

本工程钢吊箱围堰下放共设置10个下放吊点,每个吊点设置2根吊索,为控制围堰下放时的平面位置,在围堰内壁板上共设置有8个导向点,导向点的定位轮与钢护筒间距不大于5cm。

4.5 封底混凝土施工

围堰下放到位并锁定后,潜水员下水,清除封底高度范围内护筒泥垢,并用高压水枪冲洗护筒表面及围堰内壁和底板,用混凝土将围堰底板与护筒间缝隙封闭。封底混凝土为水下混凝土施工,施工顺序为:搭设封底平台→安装导管→布料机、中心集料斗及分料槽安装到位→封底施工。本工程封底混凝土的浇筑面积较大,浇筑时需对称施工,并及时检查混凝土浇筑面高差。封底混凝土浇筑时,由于混凝土灌入,围堰内的水位升高,需增设抽水泵及时排水,使围堰内外水位基本相当。

5 结语

钢吊箱围堰适用于水深大、水位变幅高、地质条件复杂的桥梁高桩承台桩基础施工,结构设计时,应充分考虑各种工况下的荷载和结构受力状态,钢吊箱围堰抗浮安全系数宜大于1.15。钢吊箱围堰施工过程中应重点关注水密性检查及围堰下放偏位控制。

在宝塔坪大桥7号桥塔钢吊箱围堰设计过程中,根据三峡水库的调度情况及现场施工条件,对围堰的结构不断优化设计,以达到节省投资、方便施工的目的,同时考虑施工过程中最不利工可,对围堰进行了计算,确保了结构安全。经实际工程检验,证明该设计方案是合理可靠的,可为后续同类桥梁基础施工提供参考。

参 考 文 献

[1] 安关峰,梁立农.钢围堰工程技术指南[M].北京:中国建筑工业出版社,2020.
[2] 宋伟俊.南京大胜关长江大桥主墩深水基础施工关键技术研究[J].桥梁建设,2009(2):1-4+8.
[3] 秦清波,王哲,刘合耀.三峡库区某大桥深水基础施工方案研究[J].交通科技,2014(6):23-26.

104. 龙潭大桥南塔承台施工组合支护结构体系设计

黄修平[1,2]　刘鸽[1,2]　曾炜[1]　贺祖浩[1,2]

(1.中交第二航务工程局有限公司；2.长大桥梁建设施工技术交通行业重点实验室)

摘　要：龙潭大桥南塔承台在长江大堤附近，存在平面尺寸大、地质条件复杂、不平衡土压力大等特点。经过方案比选，采用钢板桩、支护桩、防渗墙形成组合支护结构体系，保证承台顺利施工，取得了较好的经济效益。充分利用防护桩、钢板桩围堰(含支撑)及桩间土共同抵抗不平衡土压力，保证围堰整体稳定性，减少滑移、变形大、大堤沉降等安全风险；在基坑底采取井点主动降水措施，大大减小封底混凝土厚度，降低基坑隆起等安全风险。该组合支护结构体系的成功实践，为大堤附近深大基坑支护设计与施工提供借鉴。

关键词：龙潭大桥　南塔　钢板桩　大堤　管涌　支护结构　承台施工　深大基坑

1　引言

随着高速公路网的加密，我国基础设施建设高速发展，跨江河湖海通道日益增多，悬索桥由于其优越的跨越性能，越来越得到广泛使用。一是可以降低对通航船舶的影响，二是可以减少水中墩的施工难度。但往往将大型基础设置在大堤附近，导致埋深较大，不平衡土压力较大[1]，伴随着河流可能产生冲刷，甚至土层变化较大，基础施工面临不小的挑战。

2　工程概况

龙潭过江通道位于长江南京段与镇扬段分界处，距离上游南京长江四桥约16.8km，距离下游润扬大桥约28.6km。龙潭过江通道跨江主桥为主跨为1 560m的两塔单跨钢箱梁悬索桥[2]，南塔采用52根2.8m直径的钻孔灌注桩群桩基础，桩长105m。承台为哑铃型，平面尺寸为78.95m×40.5m，在每侧塔柱下承台平面尺寸为33.5(横桥向)×40.5m(顺桥向)，厚度6m。承台之间采用11.95(横桥向)×23.5m(顺桥向)系梁相连，系梁的厚度为6m。承台顶高程4m，底高程为-2m。承台及塔座构造见图1。

桥址位于长江下游，沿线周边较大的地表水体为长江，地表水主要赋存于长江内，水位涨落主要受大气降水、上游来水和潮水的影响，在汛期及大潮期水位较高，在枯水期水位较低。南塔承台施工区地形地貌简单，主要为河漫滩，地层依次为杂填土、粉质黏土、粉细砂、含卵砾石中粗砂、强风化粉砂质泥岩，中风化粉砂质泥岩，各土层参数及特性见表1。

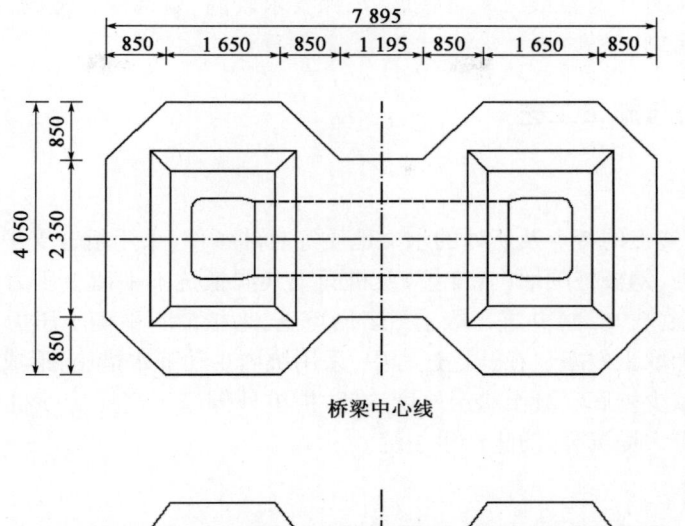

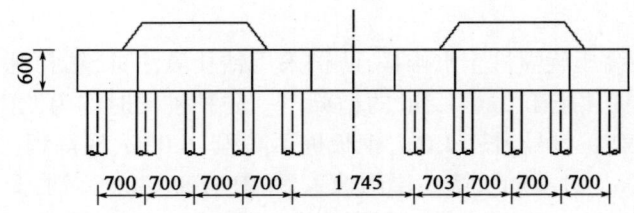

图1 南塔承台及塔座构造图(尺寸单位:cm)

土体物理学参数推荐表　　　表1

地层名称	层厚(m)	层底高程(m)	重度γ(kN/m³)	内摩擦角(°)	黏聚力(kPa)	地基承载力基本容许值(kPa)
筑岛填土	3.44	+4.06	19.2	10	20	70
①-2素填土	0.70	+3.36	19.2	10	20	70
②-1b3黏土	3.30	+0.06	18.9	17	25	110
②-2b4淤泥质粉质黏土	9.80	-9.74	18.4	14	15	70
②-2d3粉砂夹粉土	3.30	-13.04	19.2	29	5	90
②-2bc4粉质黏土夹粉土	9.40	-22.44	18.4	16	15	90

3 重难点分析

龙潭大桥南塔承台位于长江大堤附近,根据所处水文地质环境和施工要求,具有以下难题需在支护体系设计时解决[3]。

(1)南塔承台基坑距离长江大堤最小直线距离为19.7m,支护结构体系要满足大堤稳定性要求。

(2)承台平面尺寸大(面积2 416.33m²),厚度大(6m),支护体系刚度选择要合适,保证施工设备所需开挖空间。

(3)基坑底部土层为淤泥质粉质黏土、粉砂、粉土层,基坑封底措施要选择合理,确保基坑底部不隆起,不发生管涌。

(4)施工临近湿地生态红线二级管控区,环保要求较高,要选择合适的支护结构形式和施工工艺,减少环境污染。

4 设计思路与施工工艺

4.1 设计思路

根据南塔承台施工的特点及所处的水文地质等自然条件,采用组合支护体系,在垂直于大堤方向,利用防护桩、钢板桩围堰(含支撑)及桩间土共同抵抗不平衡土压力;在另外的一个方向,利用钢板桩围堰(含支撑)并进行取土或者回填土,来抵消不平衡土压力;支撑结构预留较大的取土空间,增加取土效率。在开挖过程中,采用坑内主动降水措施,形成干施工环境,减少底板扬压力,从而减少坑底混凝土垫层厚度;在防护桩外侧施工高压旋喷桩止水帷幕,增加地下水绕流路径,减少大堤沉降,防止产生裂缝。

4.2 总体设计

大堤防渗墙采用高压旋喷桩止水帷幕,防护采用钻孔灌注桩,钻孔桩径1.8m,间距2.3m,桩长25m,共37根,桩顶施工2m×1.5m的帽梁[4]。防护桩同时作为龙门吊岸侧轨道基础。

钢板桩采用SP-IVw型号,长18.0m,钢板桩顶高程+6.00m,底高程-12.00m,设置两道支撑体系,高程为+5.00m、+1.00m。第一层围檩采用2HN700×300型钢,支撑采用$\phi1400×16$、$\phi800×10$钢管、2HN700×300型钢。第二层围檩采用4HN700×300型钢,支撑采用$\phi1400×16$、$\phi1000×12$、$\phi800×10$钢管、2HN700×300型钢。联系撑采用$\phi426×6$钢管[4]。

坑内设置10口降水井,直径为273mm,长度12m,坑底混凝土垫层厚度0.5m。为保证支护体系两侧土压力的基本平衡,在钢板桩周边采取坡面减载或者底口护脚方式进行调节。要求围堰施工前上游侧泥面开挖至+5.50m,开挖范围不得小于4.5;下游侧泥面高程低于+4.00m的区域,须防护至+5.00m高程,防护范围不得小于3m;河侧泥面高程+1.60m;堤脚防护桩与钢板桩之间泥面开挖至+5.50m。如图2、图3所示。

4.3 施工工艺

(1)在大堤坡脚承台施工范围外施工高压旋喷桩防渗墙。

(2)在大堤坡脚承台外侧3m左右(在防渗墙以外)施工钻孔灌注桩,并施工冠梁,预留后期龙门吊轨道固定的埋件。

(3)施作导梁,利用打桩机插打钢板桩,完成围堰施工,保证围堰外侧离承台外边缘不小于1.5m[5]。

(4)围堰内逐层开挖取土,并逐层安装内支撑,并在适当时机设置降水井,主动降水,保证进坑土体稳定性;期间将防护桩与钢板桩之间土体高度保持在合理高程,减少板桩两侧的不平衡土压力。

(5)基坑开挖到位后,及时浇筑垫层,减少基坑底部土体的暴露时间,保证基坑稳定性。

(6)分层浇筑承台,根据需要拆除和更换支撑,确保支撑得当,用合适的分层厚度减少承台内外温差。

(7)承台施工完成后,拆除内支撑,拔除钢板桩,回填承台周边土体,留下防渗墙和防护桩作为大堤永久防护结构。

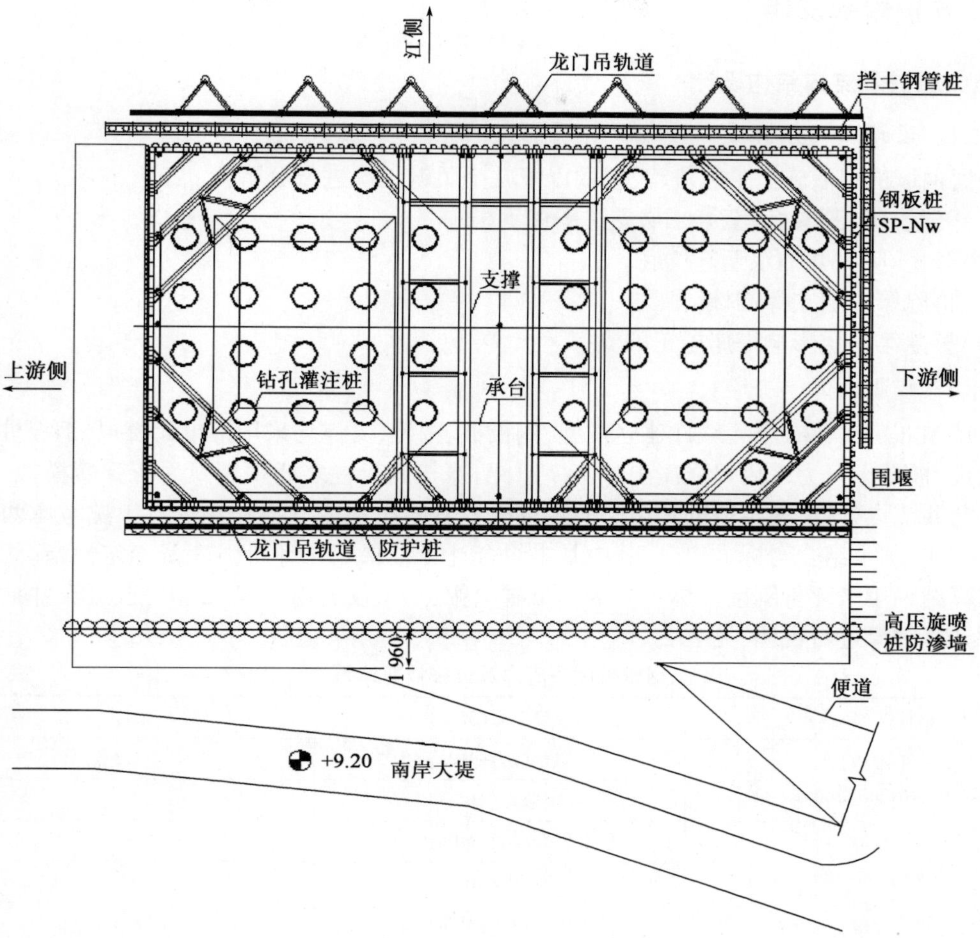

图 2 支护体系平面布置图(尺寸单位:mm)

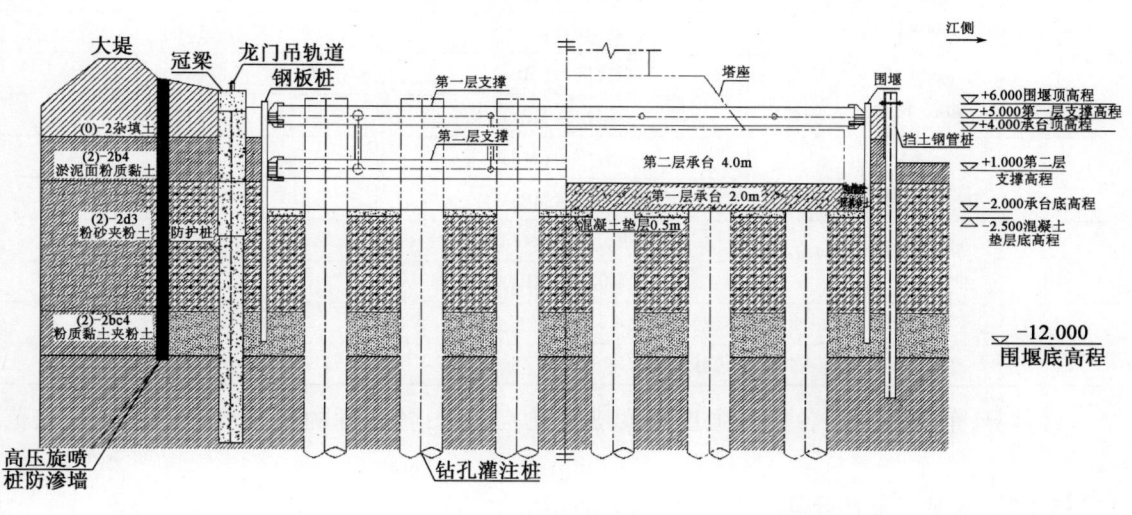

图 3 支护体系立面布置图

5 支护体系设计

5.1 板桩及支撑结构设计

5.1.1 设计工况分析

根据钢板桩围堰施工工艺流程，选取以下几个关键工况进行分析：
(1) 开挖、吸泥并抽水至第二层支撑围檩下1m。
(2) 开挖、吸泥并抽水至基坑底。
(3) 拆除第二层支撑围檩。
(4) 拆除第一层影响塔座施工的支撑。

5.1.2 模型计算

采用 Midas Civil 有限元软件建立模型，钢板桩、围檩、支撑均采用梁单元模拟，钢板桩底部竖向约束，被动土压力采用只受压土弹簧模拟，围檩与钢板桩之间采用只受压弹簧模拟，支撑与围檩间共节点处理，在牛腿处约束竖向位移模拟其对围檩的支撑作用。各工况考虑两种荷载组合形式，基本组合与标准组合，其中基本组合计算结果用来评价强度及稳定性指标，标准组合计算结果用来评价刚度指标[6]。为了节省篇幅，这里仅列出工况(2)开挖、吸泥并抽水至基坑底计算结果进行说明，见表2。

钢板桩围堰应力及位移计算结果 表2

构件	指标	数值
钢板桩 SP-IVw	组合应力(MPa)	241
围檩 2HN700×300	组合应力(MPa)	112
	剪应力(MPa)	19
围檩 4HN700×300	组合应力(MPa)	180
	剪应力(MPa)	51
支撑 φ1 400×16	组合应力(MPa)	135
	轴应力(MPa)	58
支撑 φ1 000×12	组合应力(MPa)	170
	轴应力(MPa)	108
支撑 φ800×10	组合应力(MPa)	169
	轴应力(MPa)	133
支撑 2HN700×300	组合应力(MPa)	110
	轴应力(MPa)	71
联系撑 φ426×6	组合应力(MPa)	73
	轴应力(MPa)	40
钢板桩水平相对位移(mm)		68
围檩支撑竖向位移(mm)		78

经计算，钢板桩围堰各构件强度刚度满足规范要求；各构件的稳定性计算也满足规范要求[7]。

5.1.3 板桩稳定性计算

分别对钢板桩围堰进行抗浮、抗隆起、抗倾覆稳定性计算[7]，计算结果见表3。

板桩稳定性计算结果　　　　　　　　　　表3

计算类型	计算值	规范限值	结论
抗隆起计算	2.45	1.8	满足要求
嵌固稳定性计算	1.26	1.25	满足要求
抗渗透稳定性计算	2.59	1.6	满足要求
抗管涌稳定性计算	3.20	2.0	满足要求

5.2 底板结构设计及降水设计

5.2.1 底板结构设计

根据施工特点,该基坑支护有水下封底和干封底[8]两种工艺,其主要特点见表4。

围堰封底工艺对比表　　　　　　　　　　表4

封底工艺	水下封底	干封底
受力机理	承台底部土层为透水性土层,不考虑底部土体对底板水扬压力减小作用,全部靠封底混凝土与钢护筒之间的握裹力来抵抗扬压力	承台底部土层为不透水或者弱透水土层,且具有一定的厚度,或者采取降水措施,地基土不会发生隆起、管涌等破坏
优点	封底混凝土受力明确,工艺成熟,止水效果好	垫层混凝土用量小,施工简便
缺点	混凝土方量较大,施工有难度	需要配合降水井使用,有一定的渗水风险

经过比选,坑底采用干封工艺。采用降水设计,消除底板扬压力,采用50cm厚混凝土垫层底板。

5.2.2 降水设计

根据地质资料,判定②-2d3粉砂夹粉土为关键地层。拟采用直径为273mm的降水井,全部12m为滤管,降水井总长度为12m,计算得到单井出水量理论值为350m³/d,考虑地层变化、水位变化及降水井施工质量,实际抽水时单井出水量按270m³/d考虑。

不考虑钢围堰止水作用时,基坑降水为开放式降水。根据《建筑与市政工程地下水控制技术规范》,可利用潜水完整井公式计算基坑总涌水量为2 500m³/d,需要布置10口降水井。

5.3 基坑及大堤稳定性分析

建立二维有限元模型对承台开挖过程进行分析[9],土体采用摩尔库伦模型,钢支撑、防护桩及钢板桩均采用梁单元,防护桩及支撑刚度及密度均根据实际间距对模量进行等比例折减,模型约束两侧法向位移,底部固定,基坑开挖前后模型如图4所示。

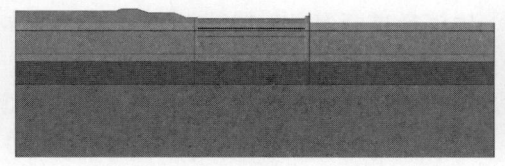
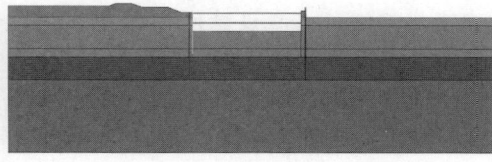

a)基坑开挖前　　　　　　　　　b)基坑开挖后

图4　基坑开挖有限元模型

防护桩及钢板桩施工后进行地应力平衡,施工步骤:加第一道支撑;开挖第一层;加第二道支撑;开挖至底部;强度折减计算安全系数。荷载施加重力荷载,大堤平台考虑施工荷载20kPa。

计算考虑水位+1.1m 和+4.5m 两种工况,结算结果见表5。

基坑变形及稳定性计算结果　　　　　表5

计算类型	水位+1.1m			水位+4.5m		
	计算值	规范限值	结论	计算值	规范限值	结论
防护桩最大水平位移(mm)	10.5	20~30	满足要求	15.6	20~30	满足要求
钢板桩水平位移(mm)	18.7	20~30	满足要求	19.2	20~30	满足要求
坝顶最大沉降(mm)	2.9	10~20	满足要求	5.7	10~20	满足要求
坝顶最大水平位移(mm)	15.5	25~35	满足要求	17.6	25~35	满足要求
大堤稳定系数	1.96	1.35	满足要求	2.35	1.35	满足要求

经计算,基坑变形及大堤沉降和变形均满足规范要求[10],大堤稳定性也满足规范要求。

6 结语

龙潭大桥南塔承台已经于2021年1月浇筑完成,标志着钢板桩围堰支护结构体系取得成功实践。从工程实践中,可以得出以下结论并为类似工程提供借鉴:

(1)在大堤边深水大型承台施工时,选择防护桩、钢板桩围堰(含支撑)及桩间土形成的支护体系共同抵抗不平衡土压力是合理的。

(2)在上覆淤泥质土的沙土粉复合土层中进行井点降水降低坑底扬压力,并大大减少围堰封底混凝土厚度是合适的。

参 考 文 献

[1] 黄修平,等.深中通道海上大型锚碇施工筑岛围堰设计[J].中国港湾建设,2020(11):44-48.
[2] 中设设计集团股份有限公司,等.龙潭过江通道工程施工图设计　第二册　主桥[R].2019.
[3] 中交第二航务工程局有限公司.龙潭过江通道工程LT-A3标段项目南塔承台及塔座专项施工方案[R].2020.
[4] 黄修平,等.巨型深水围堰比选研究与设计施工[J].中国港湾建设,2020(6):25-29.
[5] 中华人民共和国住房和城乡建设部.钢围堰工程技术标准:GB/T 51295—2018[S].北京:中国计划出版社,2018.
[6] 中交武汉港湾工程设计研究院有限公司.龙潭过江通道项目LT-A3标段·南塔主墩钢板桩围堰施工图[R].2020.
[7] 中华人民共和国住房和城乡建设部.钢结构设计标准:GB 50017—2017[S].北京:中国建筑工业出版社,2017.
[8] 陈恒超,余流.土木工程施工临时结构[M].北京:化学工业出版社,2016.
[9] 中华人民共和国住房和城乡建设部.建筑基坑支护技术规程:JGJ 120—2012[S].北京:中国建筑工业出版社,2012.
[10] 中华人民共和国住房和城乡建设部.建筑基坑工程监测技术规范:GB 50497—2019[S].北京:中国计划出版社,2019.

105. 淮河大桥主墩承台深水基坑漏水涌砂处理技术

易家平 咸 宁

（1. 江苏省交通工程集团有限公司）

摘 要：在桥梁深水基础施工中，围堰内桩基钢护筒设置和封底混凝土是施工的关键环节，稍处理不当将产生严重的安全事故和经济损失。本文以G344国道盱眙淮河大桥左幅10号墩围堰施工为例，简要分析了主墩围堰漏水涌砂事故产生的原因，及相关底板表面封闭、底板下灌浆及二次封底等处理措施，成功地解决了深水围堰漏水涌砂等问题，确保了工程的顺利进行。

关键词：桥梁 深水基坑围堰 漏水涌砂 钢护筒

1 工程概况

1.1 工程简介

盱眙县淮河大桥位于344国道上，主桥上部结构为72.5m+125m+72.5m的波形钢腹板变截面连续梁，下部结构考虑防撞需要采用实体墩，钻孔灌注桩群桩基础。主桥10号主墩围堰尺寸为15.55m×16.52m，承台尺寸14.4m×12m，承台厚度为4.5m，主墩桩基直径为$\phi1.8m$，数量为12根。桩基钢护筒直径$\phi2.2m$，长度为22.0m。10号墩桥位处于淮河常水位高程为13.5m，河床高程约+2.0m右，承台封底底高程-7.5m，封底厚度3.5m，封底抽水后基坑水头差达13.5m+4.0m=17.5m。

1.2 10号主墩地质水文条件

河床往下以粉土、粉质黏土和粉细砂为主，地质具体情况见表1。项目所在地区属于暖温带半湿润季风气候区，雨水充沛，年均降水量为991.3mm，桥址属于淮河水系，地表水发育。

主墩围堰处地质参数　　表1

序号	地质情况	范围	备注
1	粉土	0.2~4.6m	
2	淤泥质粉质黏土	-7.3~0.2m	
3	粉土	-16.5~-7.3m	
4	淤泥质（粉质）黏土	-22.5~-16.5m	封底底高程-7.5m
5	全风化泥质灰岩	-24.2~-22.5m	
6	强风化泥质灰岩	-26.1~-24.2m	
7	中风化泥质灰岩	-30~-26.2m	

1.3 围堰施工情况

10号主墩采用先堰后桩施工顺序,围堰采用 φ820mm 锁扣钢管桩支护结构,但是由于右幅承台封底混凝土伸入左半幅围堰范围,后会同设计院对围堰尺寸进行调整,承台由原设计 16.5m×12.0m×4.0m 调整为 14.4m×12m×4.5m,10 号围堰具体布置如图1所示。

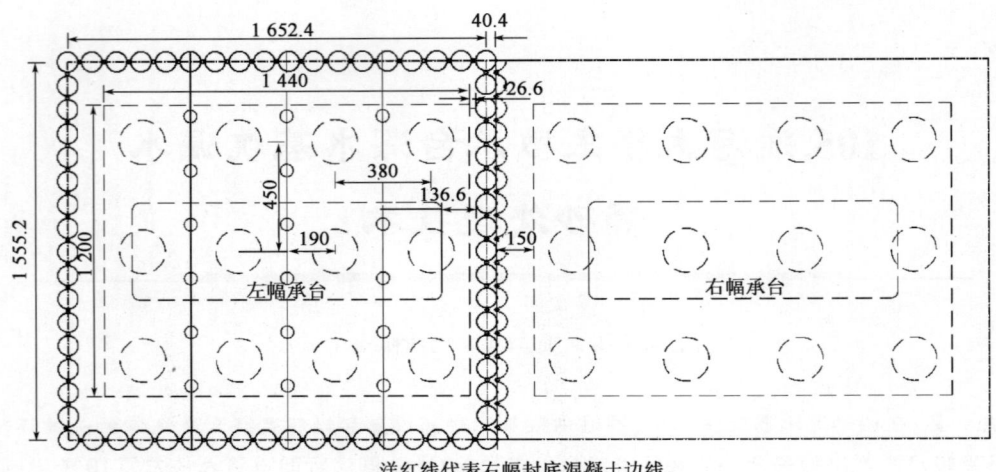

洋红线代表右幅封底混凝土边线。

图1 10号主墩围堰示意图(尺寸单位:mm)

为了给承台施工留出合理空间,左幅锁扣桩围堰设计位置与右幅重叠半个桩位,有5根锁扣桩未施打至设计高程,最长1根桩高程相差2.6m。

2 桩头冒水涌砂过程及原因分析

2.1 事件发生过程

(1)2021年5月29日17:30完成桩头护筒切割吊装后,发现10#-9桩头从护筒内翻泥浆,空洞较大;10#-12桩头与护筒间同样存在较大空洞,不翻砂。

(2)2021年5月30—5月31日对10号~9号采用软管进行引流,同时采用土工布加大头塞封堵,渗漏点临时堵住。

(3)10#~12#桩头夹层空洞(无水),于6月2日下午采用压浆措施(压浆料)进行压浆灌实。

(4)2021年6月1日—6月2日14:00采用2台微型挖机对基底进行清理,10#~11#下口 0.5m 护筒切割后,露出大空洞,泥沙不断涌出,后冒水、翻浆停止。

(5)2021年6月3日4:00左右,封底底板多处出现涌砂冒泡现象,基底水位急剧上升,项目部利用水泵以最快速度往围堰内回水,最终内外水位维持一平。

2.2 冒水涌砂原因分析

(1)地质原因

10号承台底高程-4.0m,封底底高程-7.5m,护筒底高程-6.0m,根据地质勘测报告,整个施工范围被淤泥质粉质黏土覆盖,细粉沙粒可随水流流动,一旦发生管涌,涌水量将非常大。管涌时的涌水量可以通过下式计算得到:

$$Q = \frac{2\pi KMS\delta}{\ln\frac{2.06a}{R_2}} \tag{1}$$

式中：Q——涌水量；

K——渗透系数；

S——内外水头差；

M——透水层的厚度；

a——河边到护筒的距离；

δ——出流系数；

R_2——管涌半径。

根据计算涌水量大致为62.3m³/h，与观察时的预估值基本一致。9号～10号桩和10号～11号桩渗水冒砂情况如图2所示。

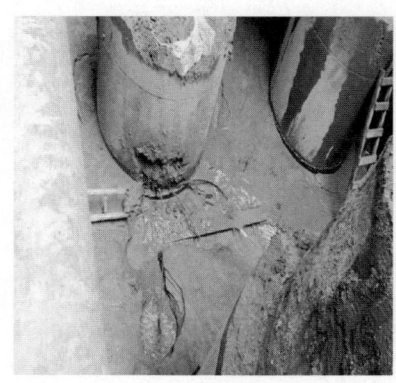
a) 9号～10号桩

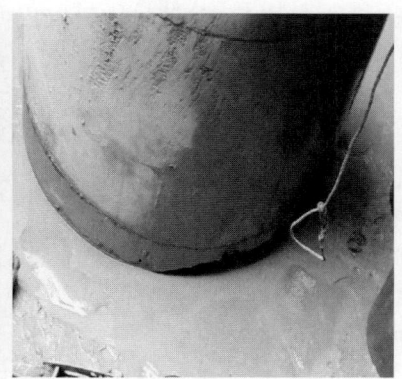
b) 10号～11号桩

图2 渗水冒砂情况

（2）施工原因

①钢护筒直径2.2m，桩基直径1.8m，钢护筒和桩之间形成0.2m夹泥层，钻孔时经过钻头挤压后，仅依靠泥浆护壁连接，形成不规则相互独立条状夹层，成为涌砂突破通道。10#-9、10#-11、10#-12护筒下口位于封底混凝土内，位于封底混凝土内的桩身表面粗糙，附着泥皮，吸泥清洗没有彻底清理干净，导致封底混凝土与桩身之间有泥皮隔离，形成管涌通道。

②围堰抽水至基底后，围堰内外水位高差达17.5m，造成水压力过大，桩和护筒之间的夹层在钢护筒上部割除后，夹层承受不住围堰底部水头顶升压力，从而造成涌砂。

③由于10#-9、10#-11、10#-12护筒顶面高程分别为+16.179m、16.273m、16.254m，护筒底扣高程分别为-5.821m、-5.727m、-5.746m。围堰吸泥基底高程为-7.5m，吸泥后护筒悬空约1.679m、1.773m、1.754m。在大功率泵吸作用下，护筒下部夹泥（粉土层）被吸附流失，上层夹层泥在重力作用下下落，导致护筒顶桩头部分出现空洞，减弱了抵抗水头压力的能力。

④由于靠近右幅桥部分围堰桩没有施打至设计高程最大相差2.6m，相当于缩短了管涌通道2.6m×2=5.2m，为管涌产生创造了条件。

⑤由于10#-9、-11桩头处涌沙量较多，估算有150m³左右，导致封底混凝土底板下出现空洞，在重力作用下3.5m厚度底板与护筒、围堰锁扣桩之间接触面出现缝隙，围堰外水从底板大量涌入围堰内。

3 桩头冒水涌砂事故处理

针对 10#-9、10#-11 桩头与护筒之间涌砂冒水情况,经讨论拟定处理方案:对 10#-9、10#-11 两根桩夹层空洞部位进行灌浆固结。

(1)灌浆料准备

灌浆料采用水下抗分散灌浆料,此灌浆料具有很强的抗分散性和较好的流动性,实现水下混凝土的自流平、自密实,抑制水下施工时水泥和集料分散。现场采用真空压浆机进行浆液搅拌,搅拌时间通常控制浆体无气泡,有光泽为宜,对浆体控制采用稠度仪进行试验,在浆液使用前进行过滤。

(2)灌浆

灌浆分二次灌浆:第一次先灌入 20~30cm 厚度,第二次灌入 130~200cm 直至灌满,两次灌入时间间隔24h。拌和机拌制浆液倒入储料桶,压浆管注入孔洞中,浆管插入空洞底部,浆液在压浆泵压力下注入孔底,注浆压力可以根据摩尔-库伦公式进行计算:

$$P_c > \frac{\gamma h(1+K)}{2} - \frac{\gamma h(1-K)}{2\sin\varphi} + c\cos\varphi \tag{2}$$

式中:P_c——注浆时的压力;
γ——土的重度;
h——灌浆深度;
K——侧压力系数;
c——黏聚力;
φ——内摩擦角。

根据式(2)计算得 P_c 大于 0.73MPa,取注浆压力为 0.8MPa。

注浆过程如图 3 所示,在注浆中应保持连续,不得中途中断,否则影响浆体强度,影响堵漏效果。

图 3 灌浆现场

(3)灌浆效果检查

灌浆后第二天,潜水员水下检查桩头灌浆质量情况,灌浆口已经形成强度,表面平整密实。洞口封闭材料采用堵漏王,人工拌和成手抓成团,潜水员携带水下将洞口封闭填实,再用脚踩平,确保桩头混凝土与护筒之间没有缝隙。

4 封底混凝土底板检查及处理

桩头冒水翻砂处理完成后,安排潜水员进行水下吸泥清砂,根据测量,底板局部淤沙约1.0m,局部0.2~0.3m。总量150~160m³,吸泥清砂持续2-3天。2021年6月16日晚,潜水员将水下摸探情况进行了反馈,如图4所示。

(1)1号点区域从底板斜向下有0.5m深夹层缝隙。
(2)2号点区域从底板斜向下有0.4m深夹层缝隙。
(3)10#-3、6、9、5、4、7桩护筒外侧有一个小洞和缝隙。
(4)锁扣桩与封底底板之间有1~3cm缝隙,局部达5cm。

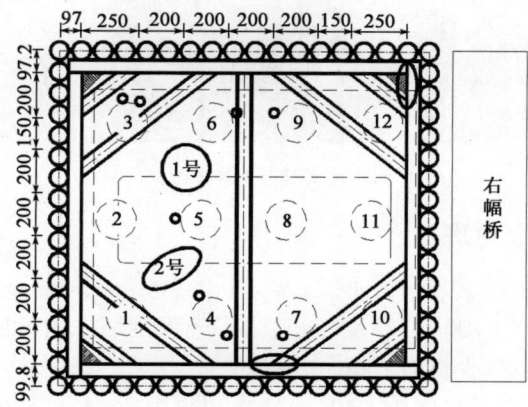

图4 围堰底板缝隙及空洞分布图

4.1 原因分析

(1)护筒周边漏水点:围堰回水后,内外水位平,水头差为0。封底混凝土在自重作用下往下沉,底板下部分脱空。限制底板下沉的作用力为围堰、护筒与封底混凝土黏结力和浮力,当黏结力和浮力无法抵抗混凝土重力情况下,护筒周边就会裂开,出现裂缝和小空洞。

(2)围堰回水后,锁扣钢管桩往外撑移位变形,导致与封底混凝土产生缝隙。

4.2 处理方案

(1)底板破坏点修复

对图4中所标记的8处红圈渗漏点处理:底板渗漏点进行扩口→清洗→埋设压浆管→不分散混凝土封口→水下不分散灌浆料压浆处理。

(2)封底混凝土底板与锁扣桩缝隙修复

对底板与锁扣桩之间的缝隙处理:先用水下不扩散灌浆料对缝隙上口灌浆封闭→间隔5m埋设压浆管→逐段压浆处理(灌浆料)。

(3)围堰外侧涌沙点处理

围堰外侧12号桩围堰转角处、合龙桩处(椭圆红圈处)出现涌沙坑,采取外浇筑水下混凝土方式处理,浇筑混凝土填堵沙至河床表面以上50cm,如图5所示。

(4)底板打孔深水高压注浆施工

封底混凝土底板注浆施工前,先在脱空处封底混凝土底板上钻孔(初步选定4个孔位),用工程小钻机穿透混凝土封底底板,孔内插入直径2.5cm钢管,钢管长度为22m左右。下放钢套管并管内浇筑混凝土对孔口进行封孔,封孔的位置在封底顶面向下约500mm。封孔定位完毕后,最大压力可根据现场实际注浆情况决定,确保压浆时不冒浆。底板深水高压注浆施工应该将底板下空洞全部填充完成,彻底堵住管涌通道,消除管涌通道,高压注浆施工完成后,潜水员水下检查冒浆情况,待有浓浆液冒出可停止注浆点施工,转至下一个注浆点(图6、图7)。

施工工艺为:搭设钻孔平台→钻机成孔(穿透封底混凝土面)→埋置压浆管→封孔→浆液拌制→注浆→浆液凝固。

图5 围堰外侧涌沙点处理　　图6 浆液拌制和输送　　图7 浆液压浆注入

5 围堰二次混凝土封底

5.1 混凝土配合比

由于封底混凝土厚度为100cm,厚度较小,为了确保围堰二次封底成功,浇筑时使混凝土与水尽可能地减小接触,以减少材料离析、水泥流失。

水下二次封底混凝土设计强度为C40,混凝土初步配比:水泥采用P.O42.5水泥,混凝土配合比为:水泥:砂:碎石:水:外加剂=421:751:1 038:180:5.7,每方混凝土水泥用量421kg。

通过试验验证,试配混凝土坍落度为220mm,扩展度为560mm。

5.2 导管布置

围堰封底设10个导管浇筑点,配备3套导管进行浇筑。每根导管需要进行编号登记,同时对每根导管每节长度进行尺寸进行测量登记,以便在安装和拆除导管是计算导管悬空高度以及混凝土埋深。10号墩承台围堰封底导管浇筑点及混凝土流动半径(流动半径3.5m)见图8。

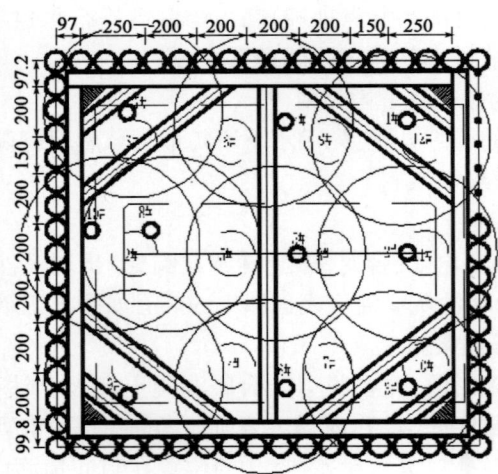

图8 钢管桩围堰封底导管布置及混凝土流动半径(尺寸单位:cm)

5.3 封底混凝土浇筑

主墩承台钢板桩围堰封底混凝土采用1台HZS90搅拌站集中生产供应,配备5台10m³混凝土罐车运送;现场布置1台泵车负责供料;配备二台75t汽车吊辅助作业。二次封底混凝土总方量约200m³,每小时混凝土有效浇筑能力约40m³,预计需要5.0h。

5.4 抽水、基底清理

当混凝土强度达到设计强度80%(根据同条件养护试块试验确定)后,进行抽水施工。当抽水到围檩支撑以下1.0m左右时及时围檩支撑进行检查:围檩与锁扣桩抄垫情况、围檩与支撑焊接情况及锁扣桩与围檩之间的焊接。出现脱空及脱焊的情况,及时进行抄垫和焊接,确保围堰整体结构,增强钢板桩围堰整体稳定性。在NO.1-NO.3层围檩增设焊接三角钢板加固锁扣桩和围檩(图9),三角钢板尺寸为300mm×300mm×20mm,间隔4根锁扣桩焊接布设。

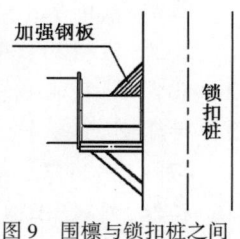

图9 围檩与锁扣桩之间钢板加固图

5.5 围堰二次封底后续处理

①围堰再次抽干水后,护筒桩头周边,用φ280模板套入桩头(φ220),高度15~20cm,浇筑C50混凝土,并振捣密实。

②在围堰内侧四周浇筑一层混凝土(承台与围堰之间,不影响承台施工),高度50cm,进一步对围堰周边容易出现的渗漏部位进行加强(图10)。

③二次封底完成,围堰内抽水完成如发现底板冒水泡,可以用堵漏王调成软塑状,先清洗底板冒泡部位,然后用堵漏王覆盖在冒泡部位,靠堵漏王快速凝固形成强度堵住冒水点。

如底板部位冒泡涌水较大,插入预先制作的引流管(管端打孔并设过滤网)过水滤沙,冒水口用堵漏王封闭密实,待堵漏王材料形成强度后,关闭引流管阀门,完成冒泡涌水堵漏工作(图11)。

图10 围堰内侧混凝土底板加固

图11 围堰内堵漏王堵漏

6 结语

深水基坑围堰漏水涌砂对桥梁基础下部结构施工的影响较大,如果处理不当将产生灾难性的后果,通过本次工程事故分析和处理实践,总结如下:

(1)桥梁基础下部结构施工项目多、工序繁杂,面临的不确定因素较多,受到水文地质条件、环境条件的影响较大,在围堰设计、护筒埋设深度、吸泥施工时应综合考虑各种因素。

(2)施工原因在已有的围堰漏水涌砂事故中占的比例较大,钢护筒设置和封底混凝土的浇筑如果处理不当会造成封底失败并形成涌砂。

(3)当工程出现围堰漏水涌砂等现象时应该立即采取封堵引流等措施,防止渗漏扩大,以免造成更大的风险,施工前应该做好相关应急预案,问题出现时可安全迅速地处理。

参 考 文 献

[1] 程永辉,陈航,熊勇.2020年鄱阳湖圩堤险情应急抢险技术回顾与思考[J].人民长江,2020,51(12):64-70+81.

[2] 孔令磊,杨润来,刘昊槟,等.外海深基坑管涌封堵技术[J].水运工程,2019,(S1):67-70.

[3] 付于堂,郭敏敏.枕头坝电站导流明渠围堰管涌应急抢险方案研究[J].人民长江,2016,47(11):31-34+42.

[4] 杨擎,刘毅,王勇,等.隧道工作井深基坑管涌事故分析及处理技术[J].现代隧道技术,2015,52(4):184-189+200.

[5] 陈建生,何海清,王霜,等.无黏性土管涌出砂及流量研究[J].岩土力学,2014,35(3):623-630.

[6] 沈瑜,王宁,杜国平.南京高淳排涝站地下水管涌渗流试验研究[J].中国农村水利水电,2012,(9):109-111+119.

[7] 李晓强,李荣,薛有良.无锡市城市防洪利民桥水利枢纽施工期基坑管涌处理[J].水利水电技术,2011,42(6):33-36.

106. 新型桩基顶升托换装置研究

潘可明[1]　王广业[2]　肖永铭[1]　路文发[1]

(1.北京市市政工程设计研究总院有限公司；2.衡橡科技股份有限公司)

摘　要：近年国内地铁工程建设方兴未艾，伴随产生了大量的既有桥梁基础与地铁线位矛盾的问题，采用桩基托换是解决矛盾的常用手段。本文针对实际工程中桩基托换的难点问题，介绍了一种新型的桥梁托换装置，通过理论分析与多次改进试验，研发了新型的桩基顶升支座，解决了主动托换预加顶力损失及支顶构造耐久性的工程难题。本装置在桩基托换及主梁支顶加固等工程中具有良好的应用前景。

关键词：桩基主动托换　托换装置　顶升支座　性能试验

1 概述

近年来，随着城市建设及交通的迅速发展，国内地下空间开发及利用迅速发展；发达的地铁网络与既有高架桥桩基础不可避免地会发生交叉干扰，这一问题无论对于地下工程还是既有桥梁来说，都成为实施及控制的重点及难点问题。目前解决这一问题的常用手段是对高架桥桩基进行托换或者对于地铁线路进行调整，但是由于地铁线路线型的要求和前期规划的前瞻性不足，导致某些交叉点只能进行既有桥梁的桩基托换。

北京市政总院近十余年来，先后完成了北京地铁 10 号线、地铁 16 号线建设过程中穿越稻香园桥、新兴桥、四环万泉河立交桥、五环肖家河桥、万泉河快速路西苑高架桥等桥梁的桩基托换工程。在方案设计至施工配合中，桩基托换是这些项目的重点及难点；大多数的桩基托换工程，其地下施工空间狭小，施工控制复杂，支顶内力较大(一般在 200~1000t 范围内)，精度要求高(沉降控制一般在 3mm 以内)，因此需要对桩基托换中的关键技术与难点进行深入研究是必要的。

2 桩基托换

当地下暗挖或盾构隧道与桥梁基础位置较近或冲突，对桥梁基础的承载能力影响过大，采用土体加固无法满足桥梁基础承载能力要求时，需采用新增加桩基础，对既有桥梁的基础进行部分或者完全替换既有基础，并与原有基础共同承担上部荷载，以取得预期的沉降和沉降差控制效果。桩基托换控制变形能力好，能将沉降控制在数毫米以内，是地下工程穿越桥梁基础最常用的基础托换方法。根据桩基与地下穿越隧道结构的相对关系，当桩在隧道上方(相交)

(图1),由于桩直接被截断,应进行桩基托换。

桩基托换技术的核心是新桩和原基础之间的荷载转换,在新建桩基顶支顶既有桥梁结构,完成既有桩向新桩的内力转换过程。在将原基础的荷载根据设计要求全部或部分转移到新桩上的同时,要求在托换过程,应将桥梁结构的变形限制在允许的范围内。

桩基主动托换是在桩基托换中,原桩切断之前,采用预顶、稳压、顶升等工艺,消除部分新桩和托换结构的变形,使托换后桩和托换结构的变形控制在很小范围内。可使新增桩基承担部分恒载,可消除过大差异沉降,新建桩基承担的荷载较大,适用于截桩长度大或者现况桩基承载力储备不足或者需要调整主梁、盖梁恒载状况下内力分布等情况。在顶升过程中,利于千斤顶加载,上部结构有微量顶升,不但初始沉降量大部分被消除,同时也检验了托换节点的可靠性。主动托换原理见图2。主动托换为了减少桩基回弹变形,一般选用机械自锁式千斤顶,此类千斤顶在顶升完成后,为减少取顶过程的顶力损失,其可埋设于桩顶不再取出,存在耐久性及造价高等问题;支顶完成后,也可取出千斤顶,采用钢板垫片支顶结构,但存在一定的预加顶力的损失。以上两种支顶后千斤顶的处理方式,是主动支顶工程的重点与难点问题。

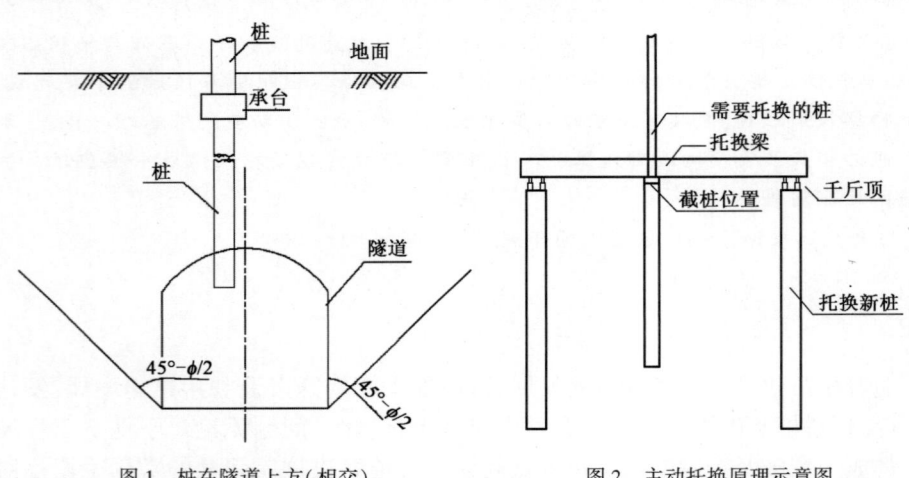

图1 桩在隧道上方(相交)　　　　图2 主动托换原理示意图

3 肖家河桥桩基托换的难点

3.1 工程难点

以北京市轨道16号线穿越五环路肖家河桥桩基主动托换项目为例,桩基托换主要施工流程如下:①地铁地下工程施工前新建桩基;②基坑开挖,新建桩基桩顶设置千斤顶;③对既有承台进行深度凿毛、植筋、涂界面胶,浇筑新建托换承台;④弯折处理新建托换桩基桩顶钢筋,为按照千斤顶预留工作空间,预顶升千斤顶,顶升力为10%设计顶力,千斤顶锁死;⑤张拉承台预应力,再次分级顶升千斤顶,循环加载,达到设计值,千斤顶锁死;⑥机械连接桩顶主筋;⑦浇筑桩顶后浇段,桩顶注浆;⑧截断旧桩;⑨完成桩基托换;⑩基坑回填,地铁穿越既有桥梁。

在该项目实施过程中,存在以下技术难题:为避免托换后期取出千斤顶带来的顶力损失,实施方案是将千斤顶留在桩头内,和二次浇筑桩头混凝土浇在一起,形成了一个整体,类似于预应力连接器的作用,避免了取顶楔入垫板的又顶力损失,保证了主动托换的预顶力,减少了施工步骤。其主要存在的问题是千斤顶留在桩基内的耐久性问题、油污染、千斤顶结构与混凝土结合情况、经济性等问题。

3.2 新型顶升支座原理

针对上述问题,研发了一种新型顶升支座。该支座由千斤顶顶起至相应设计高度后可以锁紧;将千斤顶解锁,通过顶升支座的调整结构将千斤顶的顶力完全转换给支座,然后将相应上部结构荷载均由该构件承担,完成了托换内力的转换工作。该装置体系有效解决了千斤顶留置在桩基内的各种问题,同时通过循环利用千斤顶,有效降低了项目成本。

4 新型顶升支座的设计研发

4.1 设计目标

以北五环肖家河项目为例进行顶升支座方案设计,该项目中相应桩基托换千斤顶及桩顶设计顶力参数如下:新建托换桩基9号墩单桩设计顶力3 600kN,3号墩单桩设计顶力3 500kN。主梁顶升千斤工作参数:吨位不小于计算顶力的1.5倍,行程不小于10cm,具备机械自锁装置,具备同步升降功能。根据上述参数,并综合考虑试验室试验设备等限制因素;明确本项目设计目标为:顶升支座承载能力为6 000kN(按照不小于1.5倍设计顶力荷载),顶升支座内部考虑安装250t千斤顶,试验顶升顶力为2 000kN(受制于试验设备选用较小千斤顶),行程不小于10cm。

4.2 初步方案

将千斤顶内置于顶升支座中心,千斤顶支顶后能采用调节螺母进行高度调整,调节螺母向上调整锁死后可将千斤顶取出。具体构造如图3所示。

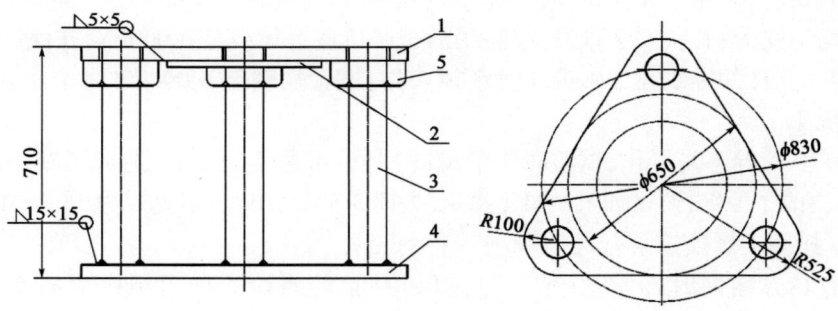

图3 顶升支座的结构图
1-顶板;2-加强板;3-立柱;4-底板;5-调整螺母

顶升支座的主要构造与工作原理:顶升支座由顶板、加强板、立柱、底板以及调整螺母等零部件组成;顶板,上表面与承台或梁体接触,下表面与千斤顶活塞杆接触;加强板,进一步加强顶板刚度;立柱,三支立柱呈等边三角形布置,上部加工成外螺纹,与调整螺母连接,支撑上部结构;底板,固定于桩顶或墩柱以上,完成承载力向桥梁下部结构的传递;顶升支座的主要工作原理是通过对称循环旋紧调整螺母,转化千斤顶的顶力至顶升支座的顶板,传力至桥梁的上部结构。

4.3 理论分析

采用有限元软件进行计算分析,其主要计算分析结果如下:竖向加载6 000kN分布在15个螺栓端面。应力云图和形变云图,见图4、图5。

结论:计算结果,应力与变形均满足规范要求。

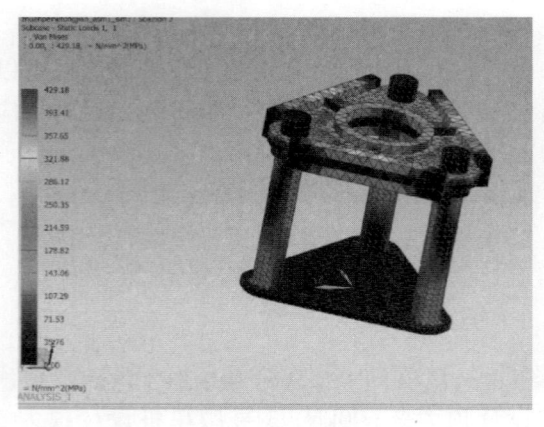

图 4　应力云图　　　　　　　　　图 5　形变云图

4.4　顶升支座性能试验与方案调整

4.4.1　试验目的

通过静力加载的方式对上述方案设计验证以下内容:①检验整体结构的强度和刚度;②验证顶升过程体系转换的可行性。

4.4.2　性能试验设备

主要试验设备:1 500t/3 000t 压力试验机;250t 液压千斤顶 1 台;油泵(接千斤顶)1 台。

4.4.3　性能试验与方案调整

(1)性能试验与调整

竖向压载试验,采用 1 500t 试验机,试验过程中,首先旋转三个螺母并测量顶板的高度,保证三个螺母均匀受力;其次安装顶升支座;最后试验机逐级加载至 6 000kN,并保压 10min。试验结果:其中一立柱的螺纹在 3 000kN 时断掉一扣,试验加载至 6 000kN 时未出现其他破坏、变形或失稳现象。

小结:M110 螺栓不易操作,试验时 3 个 M110 螺栓不易均匀受力,造成了断扣的问题。根据试验结果,更改了原结构,增加了一层支撑板,去掉 3 个 M110 的螺母,改为 15 个 M30 的螺栓。

(2)桩基托换中螺栓拧紧方式

两人沿直径方向同时拧紧螺栓,并尽量保持同步,螺栓的拧紧顺序为:1-9、5-13、3-11、7-15、2-10、8、4-12、6-14(图 6);拧紧螺栓的次数:共分五次。第一次,用手直接拧,无间隙为准,保持两板平行;第二次,用测力扳手调节扭矩达 30%最终扭矩开始拧螺栓,并保持两板平行;第三次、第四次重复第二次,扭矩力值分别为 60%最终扭矩和 90%最终扭矩;第五次,拧紧至千斤顶不受力,螺栓旋紧至最终扭矩。

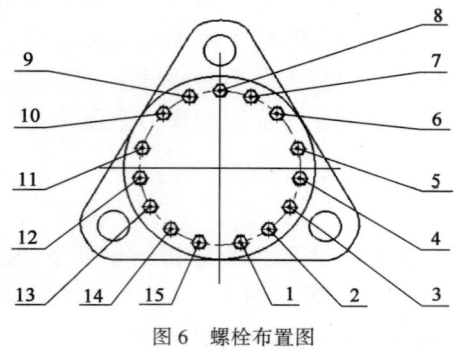

图 6　螺栓布置图

4.4.4 顶升支座成品检验

(1) 竖向承载试验

试验过程中对称循环旋紧螺栓,保证螺栓均匀受力;试验全加载过程为:500-4 000-4 500-5 000-5 500-6 000-4 000-500(kN),每个过程保压至百分表读数不变。

试验结果:加载至6 000kN后虽有变形,但在保压10min后变形趋于稳定。

(2) 4 000kN竖向承载保压试验

竖向承载力4 000kN,保压时间8h,结果:4 000kN保压8h后竖向变形1.317mm,在弹性变形范围内。

(3) 承载体系转化试验

采用250t千斤顶、油泵。试验过程:①用千斤顶将顶升支座顶板顶起,试验机加载至2 000kN,油泵的压力表不断升高至25.8MPa。②扭矩扳手按对称循环扭紧螺栓,至油泵的压力表降至0MPa。③油泵卸压,顶升支座以及试验机上工作台高度不变。

(4) 水平力试验

采用3 000t试验机;试验过程:千斤顶顶起;试验机加载到2 000kN;扭矩扳手按前文螺栓旋紧方法扭紧螺栓至油泵的压力表显示0MPa;千斤顶卸油;试验机竖向加载在4 000kN,保压10min;水平分级加载50kN、100kN、150kN、200kN、250kN、300kN、350kN、400kN,记录上部顶板相对中间支撑板的位移。

4.4.5 结构形式的确定

经过上述多次结构调整和多次性能试验,确定顶升支座的结构形式,其结构示意图(图7)。该结构的整体结构强度和刚度通过了1.5倍竖向承载和水平承载(竖向承载力的10%)的试验;同时试验也验证了顶升体系转换的可行性。

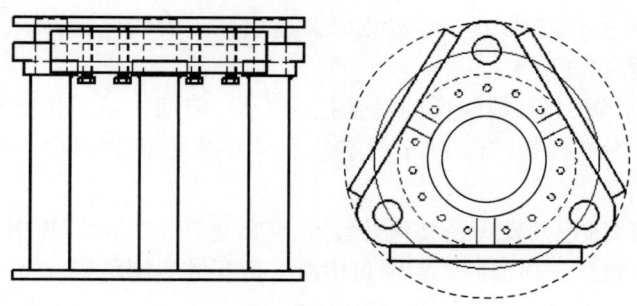

图7 顶升支座结构示意图

5 托换工程顶升的实施方案

5.1 顶升支座的安装

①整理新建托换桩基钢筋,保证顶升支座安装过程有足够的空间。将桩基上的钢筋向外弯曲,捆扎成束,便于操作人员施工(图8、图9)。②拆除顶升支座的外包装,查看表面铭牌,确定其与安装的顶升支座型号一致;检查外观;测量顶升支座的外形尺寸;检查配件的数量。③检测桩顶的表面是否平整,如有不平需修复后再安装;测量桩顶顶面与承台底面的高度,一般情况下应小于顶升支座的高度加调高量,如果超差,加垫钢板。④在桩顶上划出支座的位置轮廓线,把支座放在线内,保证桩基中心与顶升支座的中心基本重合。⑤固定顶升支座:如果桩顶顶面设置了预埋钢板,点焊固定支座;如果顶面为混凝土面,可以在支座和垫石间涂一层

环氧树脂砂浆黏结固定。⑥把千斤顶放至顶升支座内部,使千斤顶中心与顶升支座中心重合,连接供油泵站的管路和电源。

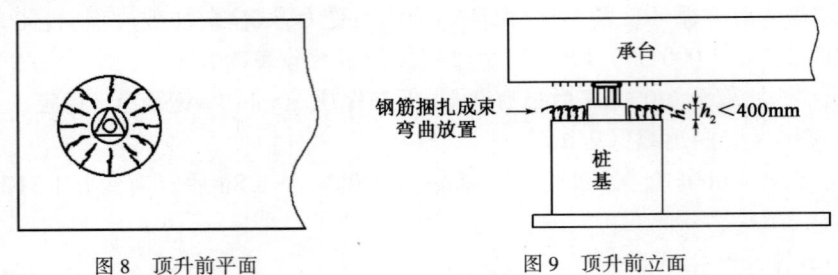

图 8　顶升前平面　　　　图 9　顶升前立面

5.2　托换顶升的实施

①复检支座和千斤顶;②预顶升千斤顶,顶升力为10%设计顶力,千斤顶锁死;张拉承台预应力,再次分级顶升千斤顶,循环加载,达到设计值,千斤顶锁死;③体系转换;④千斤顶复位,然后取走千斤顶;⑤安装顶升支座外侧防护围板;⑥修复桩基的立筋至竖直位置,与承台的钢筋焊接或绑扎;按设计要求固定水平钢筋;⑦拆除围板,支模,浇筑混凝土。

6　结论及展望

本文针对实际桩基托换工程中的难点,研发了一种新型的桥梁托换顶升支座系统,解决了主动支顶托换预加顶力损失及支顶构造耐久性的工程难题,主要结论如下:

(1)既有桥梁的主动托换工程,包括桩基托换以及墩柱的托换与加固工程;其风险大、施工复杂,属于危险性较大工程范畴,工程建设各方应予以高度重视。

(2)常规的桩基托换技术中,一般多采用支顶后,取顶嵌入垫板的方式完成预加顶力向承台结构的传力方式,在操作过程中不可避免地会造成预顶力的损失,理论与实际存在较大偏差,很难满足托换工程精度要求。

(3)为克服以上弊病,北京地铁项的桩基托换工程,前期大量采用桩头留顶的方式,即支顶完成后将千斤顶留在与桩基结构中,虽然避免了顶力损失,但仍然存在耐久性以及污染等问题,需要进一步研究。

(4)本文依托实际工程开发出新型顶升装置,有效地解决实际工程中的问题;新型顶升装置在后续桩基托换或墩柱支顶加固工程项目中有着广泛的应用前景。

参 考 文 献

[1] 潘可明.北京市地铁工程穿越城市桥梁安全保护研究[C]//第十八届全国桥梁学术会议论文集(上册),北京:人民交通出版社,2008:457-463.

[2] 北京市市政工程设计研究总院有限公司.衡橡科技股份有限公司.桩基托换顶升技术研究与应用结题报告[R].2020,9.

[3] 北京市市政工程设计研究总院有限公司.肖家河桥梁加固工程施工图.2016.

[4] 北京市市政工程设计研究总院有限公司.桥梁桩基托换典型案例分析与总结研究报告[R].2019.

[5] 穆祥纯.基于创新理念的城市桥梁及市政建设[M].北京:人民交通出版社,2012.

107. 桩梁一体化智能造桥机设备及技术研究

邱志雄[1] 邓文豪[2] 林文朴[2] 李华生[1] 杨兴义[2]

（1.广东省高速公路有限公司深汕西分公司；2.保利长大工程有限公司）

摘 要：本研究应用于整体预制拼装桥梁梅陇特大桥全长5 487.2m,该桥梁施工包含了预制管桩基础沉桩工艺、盖梁、双T梁架设工艺以及各构件连接浇筑UHPC高强混凝土工艺,以上全部工艺均由一台桩梁一体化智能造桥机来完成。为实现这种"一体化"的设计理念,桩梁一体化智能造桥机是一台施工工艺集成化、施工过程自动化、施工管理智能化的设备。其每道工序衔接紧密,每跨工期5天,所过之处不需要临时便道和作业平台减少施工用地,施工过程智能监控,各个构件都能精准的安装到位,实现施工工艺一体化,施工平台一体化,施工管理一体化。

关键词：大型预制构件 预制拼装 预应力管桩 一体化架桥机 绿色施工

1 引言

该研究依托于深汕西高速改扩建工程建设项目,参照国内现有一体化架桥机施工技术,再考虑解决传统高速公路桥梁施工效率较低、施工便道建设受环境制约、施工占用耕地面积较大的前提下,探索研究高速公路桥梁桩梁一体化智能造桥机预制拼装快速、环境友好的施工技术,并投入实际工程应用于推广。

1.1 对现有一体化架桥机技术的突破

通过查阅国内外研究现状,本项目涉及桥梁施工技术领域,具体为运用所发明的桩梁一体化智能造桥机进行桥梁预应力管桩基础施工,盖梁、梁板架设集成化施工。一体化架桥机是针对预制拼装施工工艺提出的一种新型施工理念,通过对传统架桥机重新进行设计改进,使其兼具墩柱、盖梁、梁板的吊装功能。目前国内外设计应用的一体化架桥机已经实现了预制墩柱、预制盖梁、预制梁板等预制构件的拼装施工。而本项目的桩梁一体化智能造桥机则在以上功能基础上增加超大直径预制管桩打设功能。但在高速公路桥梁建设中仍然主要以单一管桩、盖梁施工工序分阶段进行施工为主,而传统的施工方式已无法满足现阶段装配式桥梁施工效率的需求。综上所述,本项目拟提出的高速公路桥梁桩梁一体化智能造桥机预制拼装快速施工技术有待进一步探索和研究。

1.2 依托工程概况

项目预制拼装桥梁全长约8.88km,其中梅陇特大桥全长5.4km,采用桩梁一体化智能造桥机施工(图1)。下部基础采用先张法预应力混凝土高强管桩,采用 PRCⅠ-1000C-140 型管桩+PHC-1000C-140 管桩的配桩形式,管桩与盖梁采用超高性能混凝土(UHPC)连接,在与管桩相接处以钢波纹管成孔方式预留后浇孔,吊装就位后下放填芯钢筋笼,浇筑 UHPC 连成整体,后续安装梁板及桥面系施工。

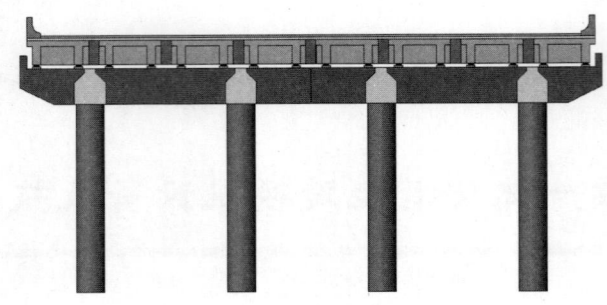

图1 梅陇特大桥桥梁结构图

2 桩梁一体化智能造桥机设备

针对本项目的桥梁施工特点,研发团队组织项目相关技术及机材人员对预制管桩施工工艺和一体化架桥机设计进行探讨分析,并对预制管桩厂家、桩工机械厂家、管桩施工现场、架桥机设计单位、生产厂家等进行实地考察及交流学习,足迹遍至中山、佛山、上海、浙江、湖北等地,深入了解预制管桩打设及预制拼装施工工艺,并对桩梁一体化智能造桥机的基本设计原理提出了理念并实现:

(1)梅陇特大桥大直径预应力管桩打设要穿透厚砂砾层,需增设引孔工序,设计将桩机与钻孔装置相结合,共用一套桩架。

(2)桥梁为桩接盖梁的单桩基础结构,管桩定位及垂直度要求极高,需要设计特定调节构件满足平面位置及垂直度等。

(3)考虑扩大作业面数,充分利用连接处 UHPC 等强时间,进行其他工序的施工。

(4)降低打桩架重心,保障打桩架乃至整个架桥机的稳定性,保证桥机施工的安全性能。

2.1 桩梁一体化智能造桥机设备概况

桩梁一体机全长总长 91.21m,中心距 11m,桩架高度 20.25m。主要由主梁、吊梁天车、吊桩天车、临时支腿、前辅助支腿、前支腿、中支腿、后支腿、打桩装置、电气系统、液压系统等组成(图2)。其中临时支腿属于防止设备倾覆的安全保险支腿。

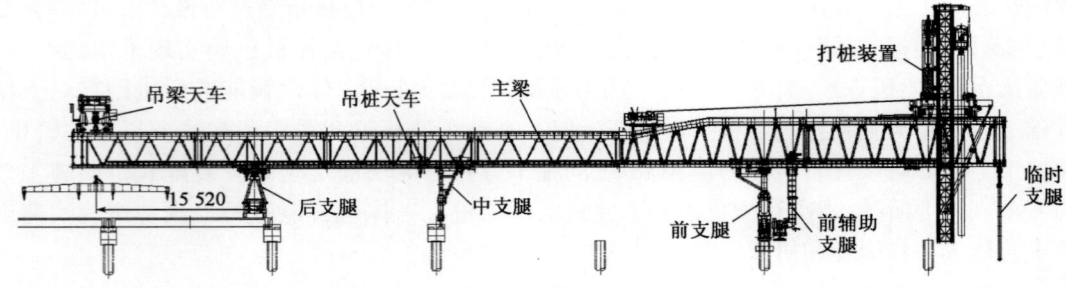

图2 桩梁一体化智能造桥机结构总图

2.2 桩梁一体化智能造桥机的理论验算

该桥架机的施工步骤最不利工况主要包括：过孔工况 1—后支腿收缩，开始准备走行；过孔工况 2—后支腿纵移 16m 到位支撑，中支腿收缩；过孔工况 3~65T 和两 10T 起重小车后退 16m，整机横移到中间；过孔工况 4—前辅助支腿收缩前行 14.4m，到位未支撑；过孔工况 5—前辅助支腿收缩 14.4m，到位支撑；过孔工况 6—前辅助支腿支撑，前支腿走行到位未支撑；过孔工况 7—前支腿两外侧支撑，前辅助支腿收缩前行 1.6m；过孔工况 8—整机继续纵移走行 8m，到位后中支腿未支撑；打桩作业；架设盖梁；架设主梁。

为了保证架桥机施工安全顺利进行，对施工的关键工况进行计算和模拟。

本项目采用 Midas Civil 有限元软件对架桥机进行模拟。由于架桥机机械复杂，因此本次用梁单元模拟关键构件，并对构件的截面进行了相应的简化，主要对架桥机的主梁进行施工最不利阶段分析，65t 车、10t 小车和打桩装置等以荷载的形式施加于主梁。根据所给桩梁一体机图纸，量取相应截面尺寸和重量(表 1、表 2)，另外在前支腿、中支腿及后支腿附近主梁截面局部加厚，在 Midas 中进行模拟和有限元分析，材料主要采用 Q355B。

主梁模型构件截面尺寸(单位:mm)　　　　　表 1

构 件	截 面 尺 寸	材 料
主梁上弦杆	箱型截面 340×700×16(25 或 30，顶板厚度)×8(12 或 16，腹板厚度)，顶、底板两边伸出 20mm	Q355B
主梁下弦杆	类箱型截面 320×350×10(顶板厚度)×12(16 或 20，一侧腹板厚度)×8(另一侧腹板厚度)	Q355B
主梁腹杆 1	管型截面 168×8、管型截面 140×6	Q355B
主梁腹杆 2	箱型截面 194×194×8	Q355B
主梁底桁杆	管型截面 102×6	Q355B
横向连接系	管型截面 102×6、管型截面 140×6	Q355B

建模过程所用荷载(单位:t)　　　　　表 2

前辅助支腿	前支腿	中支腿	后支腿	临时支腿	盖梁平台
35	67	15	42	3.4	5
10t 小车作用在主梁上	65t 小车作用在主梁		打桩的泵站+液压卷扬	打桩装置作用在主梁	
4.3×2	39		17	106	

两片主梁通过横向连接杆建立联系，支腿处的边界条件均采用铰接(约束 D_x、D_y 和 D_z)，荷载主要考虑自重和风荷载下引起的应力和变形，架桥机 Midas 模型如图 3 所示。

图 3　架桥机模型

模型中风荷载考虑工作计算风压：工作计算风速 20.0 m/s，查《起重机设计规范》(GB 3811—2008)，风压为 250N/m²，并根据公式 $P_{WII}=C p_{II} A$ 计算作用在架桥机上的工作状态最大风荷载，见表3。

横向风荷载　　　　　　　　　　　　　表3

名　称	迎风面积(m²)	风力系数	工作风压(N/m²)	风荷载(N)
主梁	164.41	1.7	500	139749
前支腿	6.45	1.55	500	4999
中支腿	5.19	1.55	500	4022
后支腿	6.65	1.55	500	5154
前辅助支腿	6.46	1.55	500	5007
临时支腿	2.59	1.55	500	2007
65t 起重小车	3.00	1.55	500	2325
10t 起重小车	11.00	1.55	500	8525
打桩装置	57.25	1.2	500	34350

综上所述，主梁在过孔和架设步骤中位移和应力如表4所示。

主梁在过孔和架设步骤中位移和应力统计　　　　　　　　　　　表4

施工工况	无风状态(仅自重)			有风状态(自重+横向风)			
	拉应力(MPa)	压应力(MPa)	竖向位移(mm)	拉应力(MPa)	压应力(MPa)	横向位移(mm)	竖向位移(mm)
过孔工况1	168	-228	-230	168	-254	-51	-233
过孔工况2	168	-168	-103	173	-166	-36	-103
过孔工况3	185	-193	-178	202	-202	-41	-177
过孔工况4	168	-200	-165	166	-200	-41	-164
过孔工况5	165	-156	-92	168	-158	-30	-92
过孔工况6	188	-156	-117	190	-164	-30	-117
过孔工况7	166	-157	-146	167	-168	-33	-147
过孔工况8	184	-193	-104	190	-174	-15	-103
打桩工况1	180	-238	-158	186	-240	-35	-160
打桩工况2	171	-225	-157	177	-227	-36	-158
盖梁架设工况1	201	-206	-126	205	-208	-32	-127
盖梁架设工况2	177	-189	-128	171	-191	-32	-129
盖梁架设工况3	170	-185	-112	170	-187	-32	-114
T梁架设工况1	173	-204	-127	176	-203	-32	-129
T梁架设工况2	170	-188	-131mm	170	-190	-32	-132

由表4可知，主梁应力较为不利的工况有：过孔工况1、打桩工况1、打桩工况2以及架设盖梁工况1。其最不利应力状态分别发生在中支腿主梁下弦杆、前支腿主梁下弦杆(打桩工况1、2)和后支腿主梁下弦杆处。在建模过程中均对这几处位置做了局部加强处理，但局部应力还是较大，对这几处位置的局部区域做进一步加强处理，以提高结构安全储备。

主梁竖向位移最为不利的工况为过孔工况1,其端部的悬臂长度约为36m，竖向位移满足

小于 $l/120$ 的规定,故全部工况竖向位移均满足要求。

3 工程应用

为了论证本研究提出的桩梁一体化智能造桥机的可行性,本文依托于深汕西改扩建高速公路 TJ10 合同段装配式桥梁工程建设项目,针对实际工程采用桩梁一体化智能造桥机的梅陇特大桥进行工艺性实验、功效分析以及信息化系统验证。

3.1 桩梁一体化智能造桥机工序

桩梁一体化智能造桥机分左右幅施工作业:

工艺顺序:管桩引孔施工→桩架纵移打桩锤对中→沉桩①→桩架横移至旁边桩位→重复以上步骤施工半幅的另一条管桩②→管桩施工期间完成相应半幅4片双T梁吊装④及1个盖梁安装③→整机横移11m至另半幅→重复前半幅管桩⑤⑥、盖梁⑦、双T梁施工⑧→整机过孔。如图4所示。

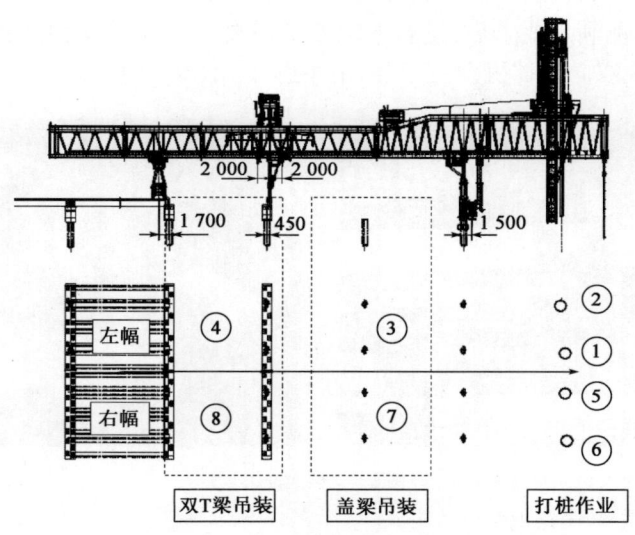

图4 桩梁一体化现场施工图

3.2 桩梁一体化智能造桥机工艺

3.2.1 打桩作业

(1)打桩装置钻机对位后,通过接钻杆的形式钻到预设深度。

(2)引孔完成后进行打桩作业,打桩装置前行,桩机对位后,进行喂桩作业。

(3)两个吊桩天车从桩梁一体化智能造桥机尾部抬吊预制管桩到前方,利用桩架顶部的起升机构挂住预制桩的前端,然后吊钩起升并配合下弦后吊桩天车向前走行,使预制桩立起来,然后将其固定在桩架上,调整桩架位置使其到达预定位置后进行打桩作业(图5)。

(4)管桩焊接采用人工焊接及自动环形焊机焊接。

(5)针对桩身完整性检测,孔内成像检测做到逐根检测,同时高应变法与低应变法合计检测频率应达到100%,高应变检测结合贯入度进行,每个墩以收锤贯入度较大管桩采用高应变法检测,管桩检测均为打完后立即检测。

(6)管桩封底混凝土浇筑及面漆防腐涂装。

图5 打桩作业

3.2.2 盖梁架设作业

(1)吊梁天车从尾部梁面吊起盖梁,走行到待架位置,盖梁旋转后安装在桩顶上(图6)。

(2)吊具旋转,安装就位,控制横坡、高程以及平面位置等。

(3)盖梁安装复测满足要求后,进行 UHPC 浇筑施工。浇筑采用搅拌设备采用可移动集装箱立柱逆流行星式双向搅拌机,并且利用吊斗进行 UHPC 浇筑。

图6 盖梁架设作业

3.2.3 双肢 T 梁架设作业

(1)吊梁天车从尾部梁面吊起双肢 T 梁,到达安装位置后,缓慢下放调整位置使双 T 梁平稳放置在支座上(图7)。

(2)安装完成后,进行双 T 梁楔形块与支座密贴情况检查,双 T 梁三支座与盖梁垫石的密贴程度以及桥梁高程、中线等复测。

图7 双肢 T 梁架设作业

4 结语

随着我国交通网络建设的不断完善,装配式桥梁设计不断涌现,并逐步成为桥梁建设的主要形式。基于传统布设便道开展桥梁施工的作业形式,常因周围环境因素无法开展。在梅陇特大桥项目建设中,由于施工环境为鸟类保护区的限制,无法设置便道。由此本文针对桩接盖梁的装配式桥梁施工形式,自主研发了一款新型桩梁一体化智能造桥机。该机主要由双主梁、四支腿、三天车、一打桩装置等结构组成。该新型架桥机有效集成了管桩施打,盖梁、梁板吊装等工艺并搭载了信息化管理系统。本新型桩梁一体化智能造桥机的研发真正落实了"不落地"施工,减少了施工占地,机械化集成施工信息化系统管理,为装配式桥梁的一体化施工建设进度、质量、安全提供了有效保障,为后续一体化架桥机预制拼装桥梁工程实际应用提供了有力参考。

参 考 文 献

[1] 张浩,杨洋,方正东.预制装配式桥梁下部结构方案研究[J].安徽建筑,2021(12):163-164.
[2] 张子飚,邓开来,徐腾飞.预制装配式混凝土桥梁结构2019年度研究进展[J].土木与环境工程学报(中英文),2020,42(5):183-191.
[3] 贾力锋.一种架设全预制桥梁架桥机的设计及应用研究[J].铁道建筑设计,2020(5):70-73.
[4] 宋飞,陈德利,代宇.DP80型节段拼装架桥机在上海轨道交通5号线中的应用[J].铁道建筑设计,2018(11):243,245.
[5] 张立青.节段预制拼装法建造桥梁技术综述[J].铁道标准设计,2014,58(12):63-66
[6] 王其明.公路装配式桥梁一体化快速建造经济性能与定额分析[J].交通节能与环保,2021(85):98-104.
[7] 王辉.预制拼装式一体化架桥机施工工艺[J].建材与装饰,2021,17(12):261-262.

108.深水浅覆盖区钢栈桥及钢平台管桩施工关键技术

张庆伟 王成伟 魏晗琦

(中交一公局集团有限公司)

摘 要：本文结合长益复线至兴联路大通道工程(过江段)项目钢栈桥及钢平台在深水浅覆盖层区施工关键技术的应用，重点阐述深水浅覆盖区钢栈桥及钢平台管桩引孔栽桩工艺施工流程及技术要点，为类似工程提供参考。

关键词：钢栈桥 浅覆盖层 引孔栽桩 施工技术

1 引言

长益复线至兴联路大通道工程(过江段)主桥地处湘江Ⅰ级航道水域，工程建设工期紧任务重，根据施工组织设计及地勘报告，决定采用YR900旋挖站进行桩基施工，85t履带吊辅以钢筋笼及浇筑施工。因此钢栈桥须具有良好的稳定性。由地勘报告可知，施工水域为深水浅覆盖地质条件，常规"钓鱼法"钢栈桥施工难以进展且钢栈桥使用周期长，因此钢管桩采取水上引孔栽桩施工以保障管桩插打的桩端承载力及埋深，引孔采用驳船载旋挖钻水上钻孔作业，实现引孔栽桩与栈桥框架及上部结构施工同步进展，保障施工进度。

2 钢管桩结构形式

依据施工需求对钢栈桥进行设计荷载计算以确定钢栈桥及钢平台构造形式及钢管桩嵌固点，深水浅覆盖层采用12m+2×(6+15)m+6m标准联布置，设板凳桩，钢管桩打设均采用"水上旋挖引孔栽桩"工艺进行施工。钢管桩采用$\phi 710\times 10$mm，水上旋挖引孔直径1m，引用《港口工程灌注桩设计与施工规程》(JTJ 248—2018)计算公式(4.3.1-1)、公式(4.3.1-2)，$L_t \geqslant 4T$，$T=\sqrt[5]{\dfrac{E_p I_p}{mb_0}}$，$t = \eta T$。$\phi 711\times 10$mm 钢管桩嵌固点计算为：

$$T = \sqrt[5]{\frac{E_p I_p}{mb_0}} = \sqrt[5]{\frac{2.0\times 10^8 \times 1.34\times 10^{-3}}{5\,000\times 0.711\times 2}} = 2.06(\text{m}), t = 2T = 4.12\text{m}。$$

为保障钢栈桥长周期使用安全性，定位钢管桩入岩深度5m。

钢管桩板凳桩结构形式如图1所示。

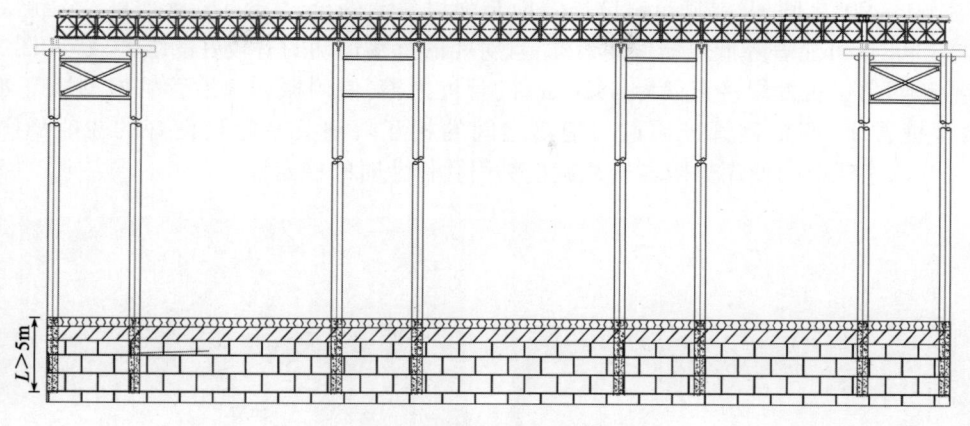

图1 钢管桩板凳桩结构形式

3 钢管桩水上旋挖引孔栽桩技术要点

3.1 施工主要设备与施工工艺流程图

项目栈桥分为河西、河东两片作业区,同时进行栈桥施工。每片作业区机械设备采用驳船一艘、ZR280C-2旋挖钻一台、50t履带吊一台、DZ60振动锤一台、300kW发电机一台、运渣船和交通船各一艘,另配GPS定位系统一套用以桩位放样。水上旋挖引栽桩工艺流程如图2所示。

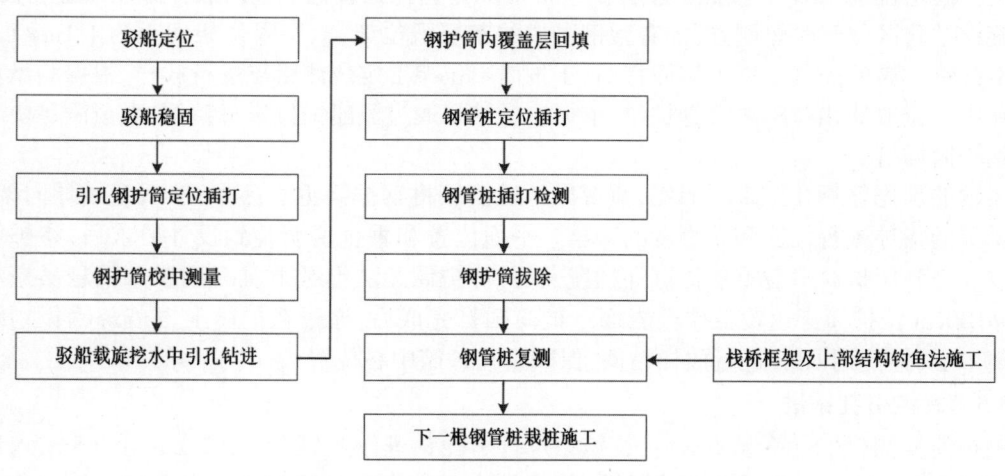

图2 水上旋挖引孔栽桩工艺流程图

3.2 驳船定位

驳船定位停泊是钻孔准确的重要因素,驳船定位主要通过GPS放样确定。岸边空旷位置设定GPS基站,首先于驳船定位点使用GPS进行粗放样,确定驳船与引孔桩位的相对位置驱动驳船靠近,驳船至大致位置处通过抛锚艇对驳船头尾分别进行八字锚初定位,在八字锚初定位后再次使用GPS于驳船定位点进行精放样,根据测量放样结果通过驳船上卷扬机对锚进行收放精调位,待误差满足要求时驳船定位完成。

3.3 驳船稳固措施

驳船载旋挖钻引孔施工时会因旋挖钻钻孔荷载产生显著晃动,从而会导致旋挖钻无法进行荷载施加,进而导致钻孔效率极低。针对该现象,驳船在头尾八字锚泊操纵下,将两锚链夹角控制在 60°~90°之间,又要满足锚位连线应与强风急流的合力方向尽量垂直。锚链夹角在 60°~90°之间时,可显著降低船体偏荡运动,且对船的垂荡运动的有较好的缓冲效果(图 3)。

在船舶四角位置处焊接直径为 ϕ820mm 的管桩抱箍,使用振动锤沿管桩抱箍插打 ϕ630×9mm 钢管桩着床,四根钢管桩通过与抱箍之间的相互限制关系起到良好的驳船稳固作用(图 4)。与八字锚结合使用保障驳船载旋挖钻引孔作业时的稳定性。

图 3　驳船抛锚定位

图 4　引孔驳船四角稳固桩应用

3.4　引孔钢护筒定位插打

钢护筒定位采用 GPS 按照从整体到局部的原则进行钢管桩位置的放样并及时进行复核。驳船旋挖钻孔区位于驳船侧方,焊有型钢组成的双层限位架,双层限位架间距为 1.1m×1.1m,用以引孔钢护筒的插打。钢护筒插打前,于护筒限位架上定位测量点进行放样,根据测量点与限位孔中心位置的相对距离反算桩位,依据测量结果通过驳船锚拉进行精调,直至满足要求后进行钢护筒插打。

运输船预先停靠在施工驳船侧,履带吊从运输船将钢护筒垂直起吊,然后穿过导向架,根据测量员的指导进行位置和垂直度的调整。平面位置和垂直度调整到设计要求后,将护筒缓慢下放。先利用护筒自身重量下沉穿越覆盖层,待护筒无法继续下沉时用履带吊悬吊振动锤插打 ϕ100cm 钢护筒穿透覆盖层至岩面。护筒插打完成后,通过在护筒上方盖薄钢板划线定出护筒中心,并使用 GPS 进行放样精调,保障引孔护筒中心位置。

3.5　旋挖引孔钻进

钢护筒复测(图 5)符合要求后,旋挖钻进行引孔钻进作业(图 6),引孔直径 0.8m,入岩深度 5m,引孔深度通过地勘报告结合钻渣、旋挖钻表显数据和测绳多方面来确定入岩深度。为保障引孔栽桩质量,项目对施工人员开展水上施工技术培训,严格把控水上钻孔安全及技术要点。旋挖钻作业时要注意观察锚链与稳固桩状态,防止船舶失稳。

旋挖钻引孔钻渣严禁倾倒在水中,统一堆卸于运渣船上,集中处理避免影响水域环境。

3.6　钢护筒内覆盖层回填

旋挖钻机引孔深度至设计深度时,使用测绳进行复测,在确保钻孔深度满足设计时进行护筒内覆盖层回填。覆盖层回填采用履带吊悬吊储料斗,在人工辅助下进行护筒内部回填既有覆盖层及细砂(图 7),回填高度至河床高程,回填高程使用测绳进行复测。料斗采用现场已有材料进行加工。回填材料采用既有覆盖层及细砂进行回填,可以极大降低现场的施工难度和成本,且进度易控制,对自然环境影响较少。

图5 钢护筒插打复测

图6 水上旋挖引孔钻进

3.7 钢管桩定位插打

回填完毕后测量人员通过GPS放样，现场指挥精确插打钢管桩，采用履带吊将钢管桩垂直起吊，通过人工调整，将钢管桩底口垂直插入导向架定位孔后缓慢下放，在钢管桩插入过程中要不断地检测桩位和桩的垂直度，并控制好桩顶高程，发现偏差要及时纠正（图8）。

图7 护筒内覆盖层回填

图8 钢管桩振沉

钢管桩先利用自重进行下沉，待钢管桩插入困难时，采用振锤辅助管桩振沉。如钢管桩倾斜，及时牵引校正。每振沉1~2min要暂停测量并校正钢管桩垂直度。记录钢管桩每分钟振沉贯入度，当振沉钢管桩至设计高程时且钢管桩无明显下沉时方可停止振动。

栽桩质量主要控制桩的垂直度和桩身埋深。垂直度通过水平尺测得，控制要求为桩长的1‰。桩身埋深通过桩身的油漆标记及护筒内测绳测量确认。钢管桩插打完成后，测量人员通过盒尺、水平尺及GPS等仪器对管桩的垂直度及中心偏位进行测量并统计归档（表1），并针对钢栈桥验收标准判断钢管桩施工是否满足要求。

引孔栽桩检测数据统表   表1

桩 号	引孔深度(m)	孔槽倾斜度(％)	孔槽中心偏位(mm)	钻孔时间(h)
Z52-2	28.3	0.61	14	9.4
Z52-3	28.2	0.62	22	9.1
Z52-4	27.6	0.46	13	8.3
Z52-6	28.7	0.36	14	9.1
Z52-7	28.2	0.81	8	8.7

续上表

桩　号	引孔深度(m)	孔槽倾斜度(%)	孔槽中心偏位(mm)	钻孔时间(h)
Z52-8	28.2	0.63	11	8.4
Z52-9	28.4	0.47	10	9.2
Z52-10	27.7	0.32	9	8.3
Z52-11	28.7	0.43	13	8.4

3.8 钢护筒拔除及后续施工

钢管桩插打经检测合格后经振动锤震动拔除钢护筒,钢护筒拔除时要专人指挥缓慢提拔,严禁与钢管桩发生碰撞导致钢管桩栽桩产生质量问题。钢护筒拔除完成后,测量人员再次使用盒尺、水平尺及GPS等仪器对钢管桩进行复核。

3.9 钢栈桥框架及上部结构施工

钢栈框架及上部结构施工采用常规"钓鱼法"从桥头逐步施工,对于深水浅覆盖层引孔栽桩的钢管桩,进行框架结构施工前需先进行钢管桩复测及复振,防止长时间静置的管桩在水流力作用下发生倾斜等问题,待检测及复振无误后进行框架及上部结构施工(图9)。材料均在后场下料加工制作,运输至现场直接进行焊接安装。施工应选在低水位时进行,在满足焊接施工于水面之上条件下尽可能降低平联及剪刀撑的安装高度,增强钢栈桥整体稳定性。

图9　湘江航道钢栈桥施工图

4　水上旋挖引孔栽桩工效分析

针对本工程深水浅覆盖层地质条件下的钢栈桥及钢平台施工,常规"钓鱼法"施工会因管桩插打至无法振沉情况下并不存在足够的覆盖层,进而导致钢栈桥稳定性不满足施工需求。采用引孔栽桩工艺可有效解决此类问题,相比于已有钢栈桥外延平台冲击引孔工艺,水上旋挖引孔栽桩能够实现预先施工并在后续与钢栈桥框架及上部结构的同步施工,并根据水上旋挖引孔栽桩检测数据可知,单根水中孔施工时间约为9h,施工效率优异,总体工期效益巨大。钻渣及回填覆盖层通过运渣船进行运输卸除,有效避免湘江水域的施工污染,具有良好的环保效益和社会效益。

5　结语

应对深水浅覆盖层地质水域的栈桥施采用水域作业机械的施工联动,可实现该水上成孔栽桩施工工艺。该施工技术的成功实践表明,该方法施工速度快,实用性强工艺简单,易于控制施工质量,能满足引孔栽桩施工及钢栈桥框架及上部结构施工同时进行,具有良好的工期效益。此项施工技术的成功应用,可以为以后类似工程施工提供借鉴。

参 考 文 献

[1] 中华人民共和国交通运输部.公路桥涵施工技术规范:JTG/T 3650—2020[S].北京:人民交通出版社股份有限公司,2020.
[2] 朱政敏.无覆盖层深水钢架栈桥施工技术分[J].桥隧工程,2015(17):34-38.
[3] 张波,彭启明,陈倩,等.钢栈桥施工技术分析[J].交通科技及经济,2011(6):41-42.
[4] 宋小军.跨河钢栈桥施工要点及浅覆盖地层钢管桩加固措施[J].铁道建筑技术,2016(5):42-44.

109.大跨度拱桥拱座基础绳锯切割施工技术研究

王怀健 谭林军

(中交四公局第六工程有限公司)

摘 要：本文依托唐家河特大桥两岸拱座基础施工，借鉴矿山开挖施工工法，采用绳锯切割机对拱座岩体进行分层分块切割后，再采用破碎锤对切割的石块进行二次分解，然后由塔吊配合自卸车出渣。通过本项目的研究，该方法能有效保证两岸拱座的开挖尺寸，对围岩扰动小，施工安全，经济效果显著。

关键词：拱座 基础 绳锯切割 施工

1 引言

目前，大跨度拱桥拱座基础通常采用钻爆法或机械破碎法进行施工。钻爆法易对拱座周围岩体造成较大扰动，无法保证拱座周围岩体的稳定性，且爆破后的滚石淤塞河道，严重破坏自然环境。而机械破碎开挖效率低、施工周期长，导致施工成本增高且工期无法保证。针对上述问题，本文依托唐家河特大桥两岸拱座基础开挖，研究采用绳锯切割配合破碎锤二次分解的方法进行开挖，该方法不但可以有效避免对基坑周边岩体的破坏，而且施工进度快、效率高，具有安全、环保、经济等优点。

2 工程概况

唐家河特大桥主桥为上承式钢管混凝土拱桥，桥跨布置为2×20m(T梁)+200m(上承式钢管混凝土拱桥)+2×20m(T梁)，主桥桥面系为16.10m+11×16.00m+16.10m结构简支桥面连续T梁，桥梁全长294.20m，桥面全宽10m，布置为：0.5m(防撞护栏)+9m(行车道)+0.5m(防撞护栏)。桥型效果图如图1所示。

两岸拱座位于陡峭的崖壁上，基础长10.48m，总宽11.4m，高13.4m。为防止爆破施工对拱座岩壁产生较大的扰动而失稳，拱座基础开挖采用绳锯切割配合破碎锤二次分解的方式进行开挖。拱座立面图如图2所示。

3 施工工艺流程及操作要点

3.1 施工工序

施工工序如图3所示。

图 1 桥型效果图

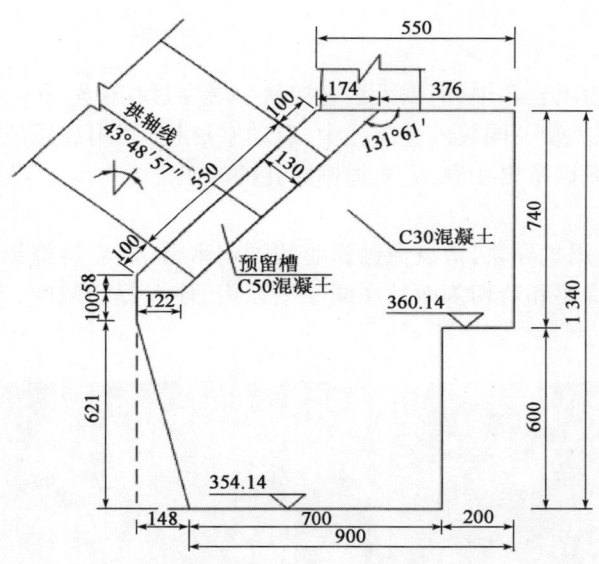

图 2 保靖岸拱座立面图(尺寸单位:cm)

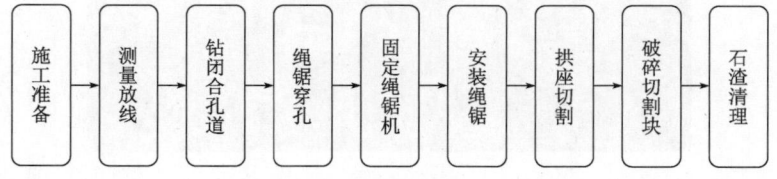

图 3 施工工序图

3.2 主要工序操作要点

(1)施工准备

施工前,现场技术人员要熟悉图纸。根据地质勘察资料,探明施工部位的岩层特性后,并综合考虑拱座尺寸、绳锯机切割功率、施工进度、岩石特性等诸多方面因素,确定分块切割方案。开工前,保证施工场地有足够的电源及水源,开阔的施工平台,做好施工场地的安全防护工作。

(2) 测量放线

首先利用挖掘机将拱座表层的腐殖土及灌木清理干净,然后由测量人员现场放样出拱座的开挖边线,并在距开挖边线 5cm 位置处测量其高程值,作为确定钻孔深度的依据。

(3) 钻闭合孔道

钻孔前,先利用破碎锤将拱座基础顶面和外侧临空面风化的岩层及破碎的岩体进行凿除,确保凿除的松散岩层大致平整。然后在临空侧安装防护栏杆,确保施工人员安全。

测量人员再次进行拱座边线复核,确定无误后。施工人员在距边线外 5cm 位置处开始竖向钻孔,钻孔间距 2m。钻机采用 YT28 手风钻,孔深依据事先测定的高程及分层厚度确定;先进行竖向钻孔,然后进行横向水平钻孔。钻孔时要控制好钻孔角度,保证竖向孔与横向水平孔处于同一平面内,并形成闭合孔洞。钻孔达到预定深度后,采用高压风将炮孔内的石粉细渣及裂隙水清理干净。

为保证钻孔为闭合孔道,必要时在拱座外侧打垂直于竖直孔的水平孔或沿开口线坡面的斜孔,使孔道相互串联。

(4) 绳锯穿孔

由于成型的孔道为闭合孔道,绳锯无法直接从一端穿过孔道至另一端,需采用一根细绳系在绳锯一端,将细绳与风管一同放入竖向孔中,启动空压机,利用高压风将细绳送出横向水平孔。然后通过细绳将绳锯拉出孔洞,完成绳锯穿孔的施工。

(5) 固定绳锯机

整平场地,安放绳锯机导轨,搭设绳锯作业的固定平台,然后将绳锯机固定在平台上。安装时要将导向轮的边缘要和待切割面处在同一平面内,使绳锯切割时,顺畅、匀速进行。导轨铺设如图 4 所示。

图 4 导轨铺设

(6) 安装绳锯

绳锯安装前,将穿过闭合孔洞的绳锯采用专用卡头和专用液压钳将两端接头压紧,连接成一根闭合绳锯。安装绳锯时,首先将绳锯安装在辅助轮上,再通过辅助轮将绳锯安装至主动轮。安装绳锯时应注意绳锯的方向要与主动轮转动方向一致,弹簧金刚石串珠绳锯的每个卡子上都有明确的箭头,如果没有标注箭头指示的,也可通过金刚石串珠绳锯本身的串珠来识别,串珠基体较短的一端为前端(金刚石绳锯接头较短的一端),为绳锯的切割方向,较长的一端为尾端;切割过程中不可反向切割,避免前后端产生锥度,从而造成绳锯断裂。

绳锯安装完成后,通过绳锯控制平台移动主动轮与辅助轮之间的间距,调整绳锯的松紧度,使绳锯调整至松紧适宜的状态。绳锯如图5所示,绳锯串珠端部如图6所示。

图5 绳锯

图6 绳锯串珠端部图

(7)拱座切割

启动绳锯进行试转,通过控制盘调整主动轮转速,从而调整绳锯张力,确保绳锯运转正常后再进行拱座切割施工。施工过程中,为保证绳锯切割时绳线不会因温度过高导致绳线拉断或切割时产生的碎渣将绳锯卡住,在进行切割时要同步供应冷却水对绳锯降温,并利用冷却水将切割的粉末冲出孔道。切割过程中,安排专人观察机具的稳定性及导向轮的偏移情况,及时调整运行参数。待切割正常后,将绳锯的运转速度控制在20m/s,匀速进行。

若施工过程中需进行中途停机时,停止进尺,让飞轮空转15~30s,在原有面扩大切缝后,再关闭电源,以防再次起动时绳锯被卡住。

为防止切割过程中发生断绳、卡绳现象导致断裂的绳锯上的金刚石串珠飞溅伤人,绳锯作业过程中,切割线四周要做好安全防护工作,并设立安全警示标志,非施工人员严禁进入施工区域。拱座切割如图7所示。

图7 拱座切割

(8)破碎锤分解及石渣清理

因绳锯切割完成后石块过大,无法直接进行吊运,需采用破碎锤对切割的石块进行破碎分解,待分解成小石块后,采用塔吊将破碎分解的石块吊运出基坑,然后利用自卸车将石块运送至指定弃土场。然后根据划分的切割块依次循环操作,直至整个拱座切割完成。机械破碎分解如图8所示,切割成型后的平面如图9所示。

图8 机械破碎分解

图9 切割成型后的平面

(9)实施效果

通过对唐家河特大桥两岸拱座绳锯切割施工检测,发现拱座尺寸符合设计要求,未出现超欠挖现象;岩壁光滑,对岩壁扰动小,有效避免了环境污染;绳锯机施工效率高,施工周期短,保证了施工工期。

4 效益分析

4.1 社会效益

绳锯切割施工有效地保证了拱座开挖的施工质量,降低了施工人员施工安全风险,加快了施工进度,得到业主、监理单位及湘西自治州质监局的一致好评,并且该方法在张花连接线项目的成功应用,提高了公司在湖南市场的信誉,为企业树立了良好的社会形象,取得了良好的社会效益。

4.2 经济效益

在整个施工过程中,绳锯切割施工简便、安全、环境污染小,相对于爆破施工,工期相同,但减少了爆破施工后所产生的环保措施费用,共计约成本16.89万元,相对于机械开挖,费用相同,但工期缩短10d,经济效益显著。绳锯切割节约成本见表1。

绳锯切割节约成本　　　　　　　　　　　　　　　　　　　表1

项　目		爆破施工	绳锯切割施工	机械开挖施工
石方开挖	单价(元/m³)	260.00	290.00	290.00
	方量(m³)	2 705.00	2 705.00	2 705.00
	费用(万元)	70.33	78.45	78.45
环保费用(万元)		25.00	0.00	0.00
费用合计(万元)		95.33	78.45	78.45
节约成本(万元)		0.00	16.89	16.89
工期(天)		60.00	50.00	60.00
说明		在施工工期上,爆破施工所用工期为40d,开挖后河道岩层清理所用时间为20d,共用工期60d,和机械开挖所用时间相同		

5 结语

通过绳锯切割施工工艺的成功应用,项目总结出一套系统、完整的施工方法。此方法实用、可靠,尤其是在空间狭小,不适宜大型机械操作或不适宜爆破施工的山区、城市桥梁基础开挖中具有较好的推广价值,该施工方法可为类似工程提供借鉴。

参 考 文 献

[1] 朱慈祥,姜传刚.基于静力切割的混凝土箱梁桥拆除方法研究[J].公路,2013(1):7-12.
[2] 白凡玉,邱国江.静力切割技术在奥体中心体育场改造工程中的应用[J].建筑结构,2007,37(S1):589-591.
[3] 刘子枫.绳锯切割桥面附属工程施工施工方法[J].黑龙江交通科技,2017,(8):120-121.
[4] 何波.金刚石绳锯在桥梁施工中的运用[J].城市建筑,2015,(32):224-225.

110. 滑动式测斜仪在高路堤下深层土体变形观测中的运用

白 兵

(中交四公局第六工程有限公司)

摘 要：XB338-2型智能数显滑动式测斜仪监测软基变形不受施工影响，操作方便、灵活、精度高。对控制及指导高填方路基施工有着重要作用。本文通过沿海地带的一个工程实例，对此仪器在高填方路基下深层土体变形观测中的运用及数据的分析、修正做一个论述。

关键词：测斜仪 高填方路基 土体变形 监测测量

1 引言

在沿海地带，软基处理施工一直是一个高难点。我们在运用各种施工方案进行软基处理之后，总是会发生深层土体被挤密压实，整体形成一个变形沉降的过程，因此在施工过程中和施工结束后的一定时间内，对其实行动态监测，是一个非常有必要的工作。这对确保施工质量，给业主一个满意的"售后服务"提供一个放心的产品，给社会一个平稳、舒适、安全的驾驶环境有着十分重要的意义。本文依托天津港东疆港区澳洲北路项目，对XB338-2型智能数显滑动式测斜仪在高填方路基下深层土体变形观测中的运用及数据的分析、修正进行了进一步的探讨。

2 工程概况

本工程为天津港东疆港区澳洲北路(新疆路~亚洲路)道路工程，位于天津港东疆港区北部区域，新港八号路北侧，新港九号路南侧，西起新疆路，东至亚洲路。澳洲北路为天津港东疆港区主要交通干道，西起新疆路，东至亚洲路，桩号范围：K0+035.002~K3+401.190，全长3 187.983m。我部施工范围为K0+035.002~K3+043.43，共3 008.4m。施工路段图如图1所示。

其中，工程K1+240~K1+560为高填方路段，填土高度最高为27.5m，施工过程中采用滑动式测斜仪对高填方路基进行变形观测。图2所示为使用仪器。

3 滑动式测斜仪在高填方路基下深层土体变形观测中的运用

3.1 测斜仪施工流程图

测斜仪施工流程如图3所示。

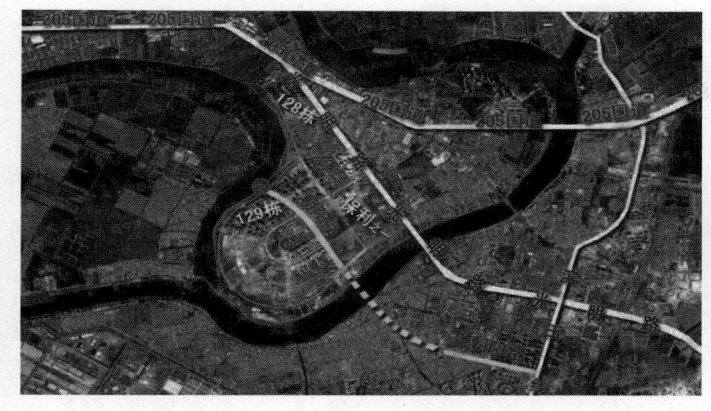

图 1　施工路段图

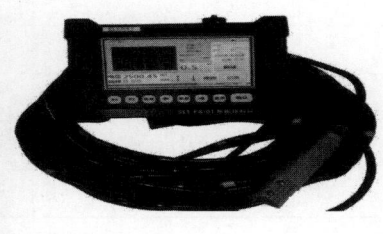

图 2　滑轮式测斜仪

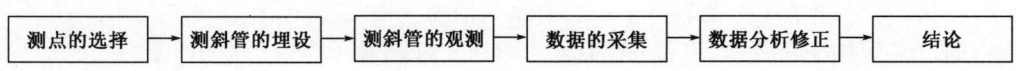

图 3　测斜仪施工流程图

3.2　测点的选择

(1)根据相关的技术规范和标准选择布设观测点,孔与孔之间布置间距为20~50m。但是对主要的路段、高填方路基、曲线段路基,结合项目的特点做加密处理。

(2)观测点埋设在坡脚外2~3m之间,路基两旁对称布置。

(3)对于桥台锥坡等特殊位置可以另设特殊观测点。观测点布置详见图4。

3.3　测斜管的埋设

(1)钻90~110mm的孔,钻孔深度主要根据当地的地质情况,观测深度为地面以下10~15m。

(2)把外径70mm的4m标准PVC测斜管用80mm连接头接长,并在最下面接一根锥形头底管。

(3)在下管的时候在管内注入水,减少地下水对塑料管的浮力,提高效率。

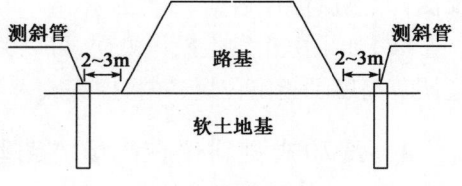

图 4　观测点布置

(4)管沉入后,将管内一个槽口方向垂直路基的中心线,测量的数据才最具代表性。

(5)管下完毕后用水泥砂浆对管壁外侧均匀回填密实,保证管的整体稳定性。

3.4　测斜管的观测

(1)按设计或者规范要求去观测,但是观测的频率与变形的速率相适应,变形速率小,观测频率减小;反之,变形速率大,观测频率增加。观测频率表详见表1。

(2)当观测曲线突然变陡时,要跟踪加密观测频率,分析原因,并确定是否采取措施。

(3)长期观测过程中孔底容易形成沉渣,所以孔底留0.5m不观测,防止后期观测不到底。

(4)仪器在刚开始使用前,开机热机3~5min,方可开始测量,来减少零飘影响。

观 测 频 率 表 表1

周期	次数	时间(d)
加载期间	1	1
加载后7d内	1	3
加载后1个月内	1	7
加载后5个月内	1	10
加载5个月后	1	30
加载1年后	1	30~60

3.5 数据的采集

为了获得测斜管周围土体的一个全面报告,必须沿着测斜管进行一系列的倾斜测量。常规的测斜探头有两组滑轮,距离相隔0.5m。每采集一个孔分为以下几步:

(1)先将各部件按照使用说明连接好。

(2)将仪器开启预热,放置3~5min,来消除高精度仪器的零飘值。

(3)通过平面按钮将孔号、孔深、侧头参数、时间、日期输入完毕后退出。

(4)监测前先将测杆放入管内0.5m,看仪表显示A+、A-,如果为A+,则将此方向标记在测斜管上,若为A-,则将测杆旋转180°,然后标记此方向。让计算数据保持一致,便于数据分析。

(5)将探头放到测斜管底部,安上卡槽,稳定后,开始读数。

(6)探头每读数一次,提高0.5m,然后再读数,一直测到测斜管顶部。将此组数据称为A+读数(简称正测)。然后保存数据。

(7)然后把探头拔出,旋转180°重新放入测斜管底,同样再侧一组数据称为A-读数(简称反测)。然后保存数据。

(8)如果中途发生操作失误,可以关机重新测量;或者补测某个点,可以进入修改功能,通过调节高度到指定位置,并将探头放入某个位置,然后重测。

4 滑动式测斜仪在高填方路基下深层土体变形观测中的数据分析

4.1 仪器的主要性能指标

系统精度:≤±0.01mm/500mm。

分辨率:0.000 4°。

导轮间距:500mm。

抗渗:300m(全方位防水防震)。

抗震:20 000g。

数据分组:001~225组。

4.2 竖向测斜的工作原理

竖向测斜仪是通过测量测斜管轴线与铅垂线之间的夹角变化量,来计算出土体沿测斜管轴线方向不同高程的水平位移。通常在土体内埋设一根竖直带有4个导槽的测斜管,当管被土体挤压,发生变形时,将测斜仪探头放入导槽内,逐段(每50cm)测一次变形后的管子轴线

与铅垂线的夹角 θ_i,并按测点分段长度,分别求出不同高程处的水平位移增量 $\Delta d_i = L\sin\theta_i$。由测斜管底部测点开始逐段累加,可得到任意高度的水平位移大小;即 $b_i = \sum \Delta d_i$,而管口水平累计位移为 $B = \sum b_i$。其中 $L = 0.5\text{m}$,Δd_i 为测量段内的水平增量,θ_i 为测量段内管轴线与铅垂线的夹角,b_i 为固定点的管底端以上的 i 点处水平位移,b 为管口在该次观测时的水平位移。竖向测斜细部图如图 5 所示。

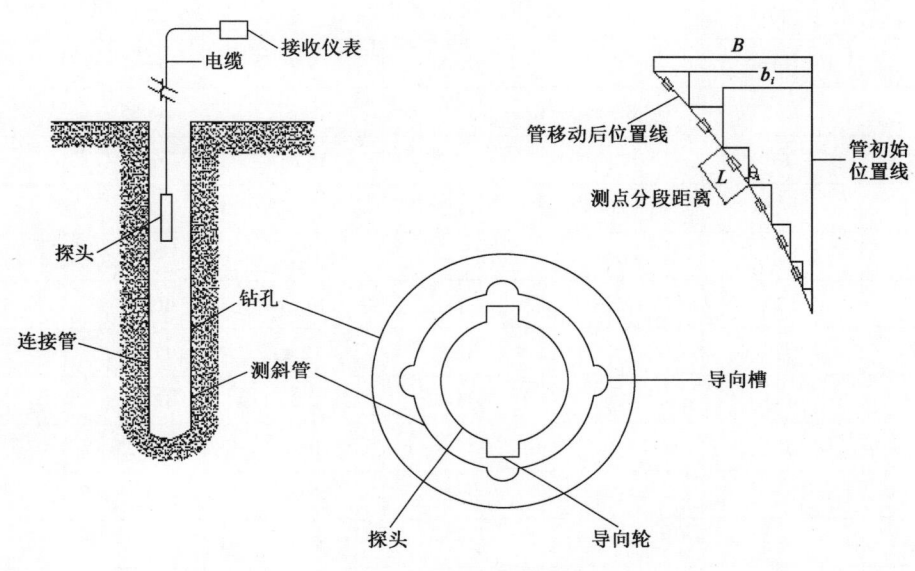

图 5　竖向测斜细部图

4.3　仪器的计算模式

(1) 电压-位移转换系数(轮距 500mm)

由于输出电压与倾角的正弦成正比。

电压 $U = K\sin\theta$(θ 为测斜倾角,K 为测斜探头灵敏度系数);

测杆轮距 $L = 500\text{mm}$;

测斜倾角 $\sin\theta = U/K$;

偏移量 $d = L \cdot \sin\theta = (L/K) \cdot U = C \cdot U$($C$ 为探头电压-位移转换系数);

累计偏移量 $D = \sum_{i=1}^{N} d_i = \sum_{i=1}^{N} C \cdot U_i$;

位移量 = 累积偏移量-初始偏移量 $S_i = D - D_0$。

(2) 数据处理计算公式

当加速度计敏感轴在水平面时,矢量 g 在敏感轴上的投影为 0,加速度计输出为 0,当加速度计敏感轴与水平面存在一个倾角 θ 时,在加速度计输出一个电压信号。

$U_{\text{out1}} = K_0 + K_{g\sin\theta}$($K_0$ 为加速度计偏值,K 为加速度计灵敏度,g 为重力加速度)。

为消除 K_0 的影响,可以讲侧头调转 180°在该点进行第二次测量,得:

$U_{\text{out2}} = K_0 + K_{g\sin\theta}$($K_0$ 为加速度计偏值,K 为加速度计灵敏度,g 为重力加速度)。

用"差和法"将偏值 K_0 消除 $U_{\text{out1}} - U_{\text{out2}} = 2K_{g\sin\theta}$。

(3) 工程实例的软件计算模式

工程实例软件计算表见表 2。

工程实例软件计算表　　　　　　　　　　表 2

测　点	深度（m）	A+（mm）	A-（mm）	测值（mm）	累计位移（mm）	系统偏差（mm）
1	15.5	9.2	-15.1	12.15	12.15	-2.95
2	15	5.6	-11.2	8.4	20.55	-2.8
3	14.5	3.7	-9.5	6.6	27.15	-2.9
4	14	7	-12.8	9.9	37.05	-2.9
5	13.5	8.9	-14.7	11.8	48.85	-2.9
6	13	12.5	-18.2	15.35	64.2	-2.85
7	12.5	15.3	-21.3	18.3	82.5	-3
8	12	11.4	17.2	14.3	96.8	-2.9
9	11.5	7.3	-13	10.15	106.95	-2.85
10	11	9.5	-15.3	12.4	119.35	-2.9
11	10.5	5.4	-11.2	8.3	127.65	-2.9
12	10	7.7	-13.5	10.6	138.25	-2.9
13	9.5	7.7	-13.5	10.6	148.85	-2.9
14	9	8.7	-14.5	11.6	160.45	-2.9
15	8.5	10.6	-16.2	13.4	173.85	-2.8
16	8	10.1	-15.9	13	186.85	-2.9
17	7.5	10.1	-15.8	12.95	199.8	-2.85
18	7	8.8	-14.6	11.7	211.5	-2.9
19	6.5	8.9	-14.4	11.65	223.15	-2.75
20	6	5.5	-11.2	8.35	231.5	-2.85
21	5.5	4.2	-9.9	7.05	238.55	-2.85
22	5	3.4	-8.8	6.1	244.65	-2.7
23	4.5	1.4	-7	4.2	248.85	-2.8
24	4	2.7	-8.5	5.6	254.45	-2.9
25	3.5	3.2	-9	6.1	260.55	-2.9
26	3	5.6	-11.4	8.5	269.05	-2.9
27	2.5	7.3	-9	10.2	279.25	-2.9
28	2	5.6	-11.4	8.5	287.75	-2.9
29	1.5	4.8	-10.2	7.5	295.25	-2.7
30	1	2.4	-8.1	5.25	300.5	-2.85
31	0.5	0.5	-6.3	3.4	303.9	-2.9

（4）测点为一根测斜管每0.5m测一次的次数，由设定的初始设置的孔深确定测点的个数值=孔深×2。

（5）A+、A-为现场正反测测得的，仪器液晶屏显示的数据。测值为(A+ - A-)/2所得的数据。如果第一次测得的为正值，第二次测得就是负值，所以测值将是一个正值。如果两次所测数据相反，则可以调换数据，自己重新计算。累计位移值就是测值的累加求和。例如累计位移1=测值1，累计位移2=测值1+测值2，累计位移3=测值1+测值2+测值3……依次类推求和。系统偏差值为A+和A-的绝对值的差值，相减后倾角均被抵消，只留下一个等于水平测斜仪两倍的一个值，用来检测数据的质量，因为导致数据不可靠的可能有以下几种：

①跳过或重复读取某个数。
②读数前，没有使探头静置足够长的时间。
③探头或者电缆、装置故障。
④两次测量都是同一侧。
⑤将滑轮放在接头处，以致读数不稳定或出错。

4.4 实例分析

本文将对各测点呈现的不同情况进行分析。

（1）逐渐稳定型（初判）

此点为20号点，经过观测发现，3.5m以下的土体，从8月21日至9月29日基本未发生变形，3.5m以上的土体最大位移量约为75mm。（0.5m深度处）。从9月16日至9月29日，这14d中，土体基本未发生变形。若下一次（15d后）观测中，仍未发生变形，则说明该处路基已经处于变形稳定阶段。在没有外部恶劣环境的影响（如暴雨、超极限荷载），没有周边土体发生明显突变的情形下，可以考虑3个月观测一次。观测记录详见图6。

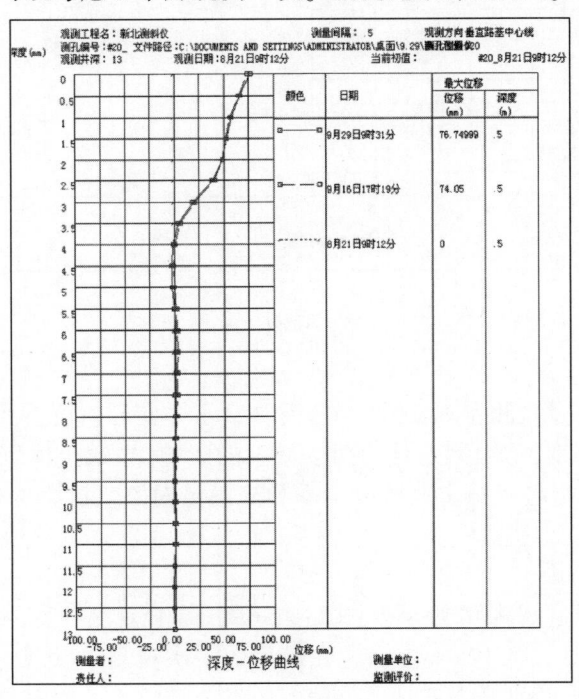

图6 观测记录

（2）完全稳定型

此点为4号点,经过观测发现,在初次(2010年7月23日)观测后,后续总共观测10次（为了方便分析省略5次观测）,在2011年5月2日前,在4.5m处变形最大约为20mm,在后面的4个月共计变化约2mm,可以判断此处路基已经趋于稳定。（注:2011年8月2日最大位移为23.0999,9月7日最大位移为22.3999,数据有回弹0.7mm,考虑为测量误差。）观测记录详见图7。

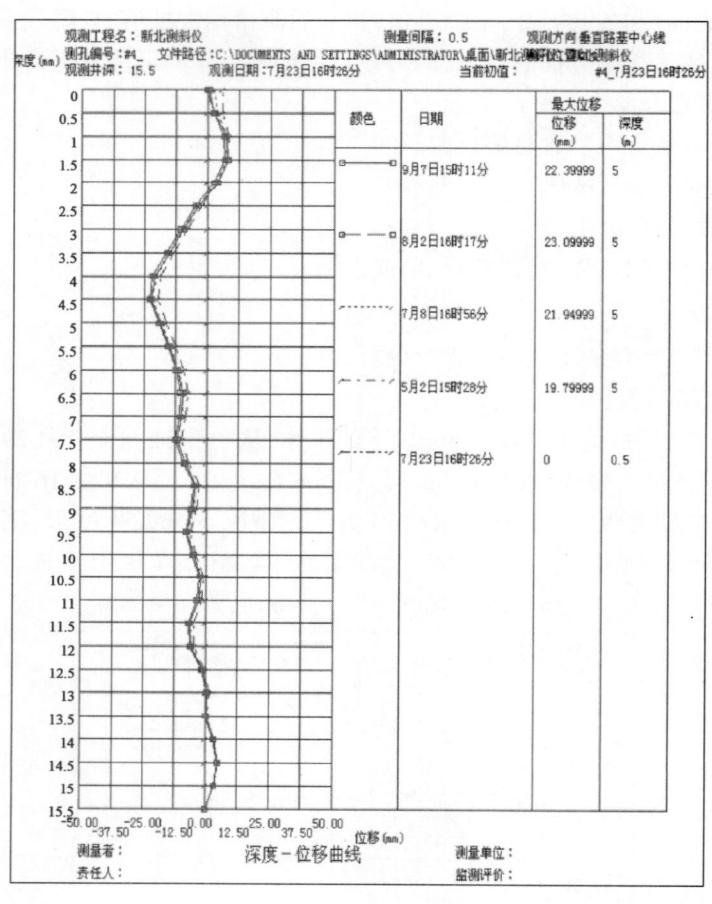

图7 观测记录

（3）突变型

此点为14号点,经过观测发现,2011年5月2日土体变形比较小,但2011年6月14日的土体变形发生明显的突变,是因为6月的两场暴雨的影响,导致土体沉降变形。而后在2011年7月7日后测得,开始趋于稳定。所以雨季和降雨量对路基沉降的影响还是比较明显的。观测记录详见图8。

（4）连续变化型

此点为26号点,经过观测发现,自从2011年6月15日观测开始,每次观测都在土体仍在连续发生形变,且每个月大概10mm左右。在最后的一次观测中发现,变形速率开始减缓,此情形应该继续跟踪观测,特别是在遇到雨季偏多的时节。由于此路基总变形还处于正常的沉降范围,不影响后续的使用。观测记录详见图9。

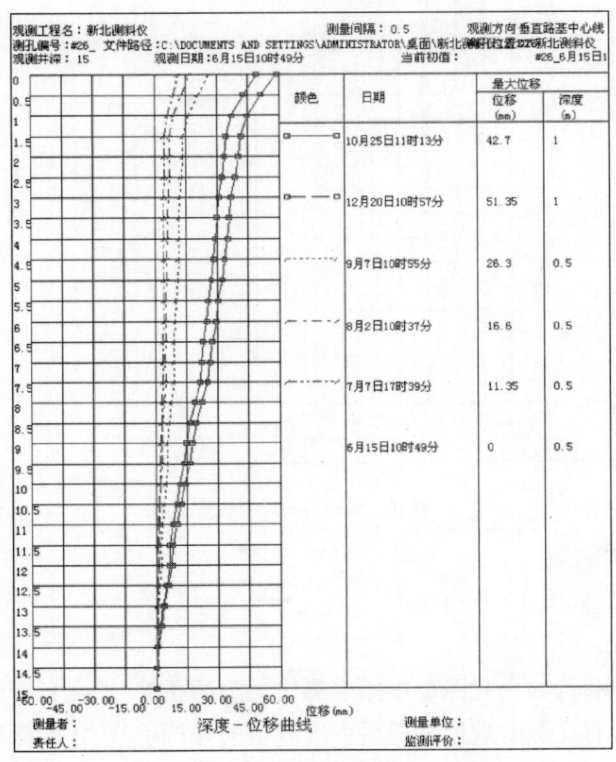

图 8 观测记录

图 9 观测记录

5 滑动式测斜仪在高填方路基下深层土体变形观测中的数据修正

5.1 实例数据修正分析

由于在测量中,有时候在探头正反测上也会搞反,使数据的 A+、A- 颠倒,需要做数据的修正。有时候会发生一些管底沉泥等现象,导致侧头无法放到底。此时测量的孔深应做相应的调整,所以测得的数据也需要做进一步的修正。

5.2 正反测颠倒

正测(A+)、反测(A-)颠倒的数据,可以把 A+、A- 的数据剪切调换,测值=A+ - A-,累计位移 1 = 测点 1,累计位移 2 = 测值 1+测值 2,累计位移 3 = 测值 2+测值 3……系统偏差值为 A+ 和 A- 的绝对值的差值,相减后倾角均被抵消,只留下一个等于水平测斜仪两倍的一个值,用来检测数据的质量。

(1)颠倒后的观测

颠倒后的观测结果如图 10 所示。

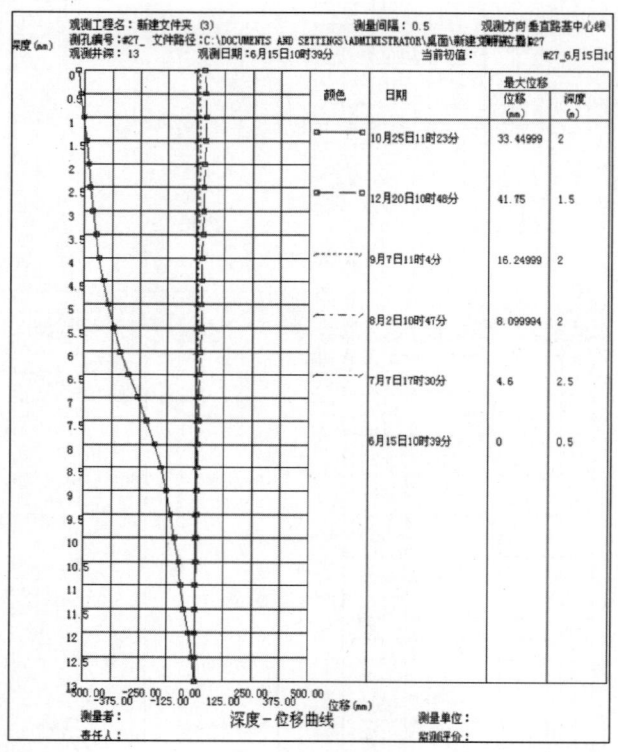

图 10 颠倒后的观测结果

(2)修正后的观测结果

修正后的观测结果如图 11 所示。

5.3 孔深变化

在对某个孔的观测时,如果孔深小于原来每次观测的孔深,那么只能删除多余的孔深对应的测点数据,使之前所有孔深的数据和最后一次测量的保持一致,才能保证观测的点是相对应的。然后按照上面讲述的方法将测值和累计位移修正过来,再重新分析结果。

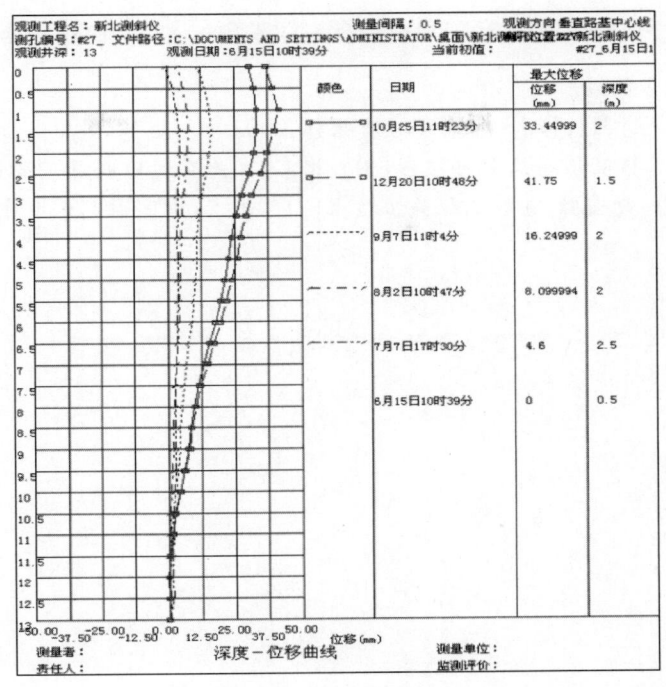

图 11 修正后的观测结果

6 注意事项

（1）埋管时垂直度保证不大于2%，来保证采集数据的优质性。

（2）为了采集数据时便于现场操作，管露出地面0.5~1m。

（3）在埋管时，管与管的连接管应做牢固、密闭，来减少淤泥土的渗入。

（4）孔底留0.5m不观测，防止孔底沉泥后，侧头放不到底。

（5）给每个测斜管盖上保护盖，并加设标识标牌，填入编号和孔深。否则稍有破坏，就会导致此孔的观测前功尽弃。

（6）每次测完一遍后，应对仪器进行保养，若发现滑轮处六角螺丝松动应及时拧紧。否则会影响数据的精度。

（7）及时对仪器充电，及时导出测量数据。及时清除内存数据，新北仪器的XB338-2型智能数显滑动式测斜仪超过内存的50%，将可能数据无法导出。

7 结语

通过一段长期的时间对沿海地带高填方路基下深层土体变形的观测，学会了智能测斜仪的观测及使用技巧，加强了分析、处理数据的基本技能；了解了高填方路基加载过程中，及加载后的一段时间内土体的变形情况；领悟到软基施工的重要性和外界环境因素对软基沉降的影响力。采用该测斜仪在高填方路基上的变形具有不影响施工，不受天气影响、操作方便、轻捷、灵活、精度高等优点，为及时、准确地测试高填方路基变形提供了保证。同时，使用高精度滑动式测斜仪，测定深层土体的变形，能有效地指导软基中高填方路基的施工，为其他项目提供宝贵经验。

参 考 文 献

[1] 李仕东.工程测量[M].北京:人民交通出版社,2002.
[2] 潘威,等.公路工程实用施工放样技术[M].北京:人民交通出版社,2004.
[3] 闫超君,丁明科,费秉胜.道路工程施工技术[M].北京:中国水利水电出版社,2008.

111. 清江特大桥钢结构高栓孔群制孔技术

姚承世

(中交四公局第六工程有限公司)

摘 要：本文结合清江特大桥钢结构加工生产探讨高栓孔的制孔技术，按照钻孔方法分别从先孔法和后孔法进行了工艺介绍，并且文章结合项目实际情况，通过选择合适的施工工艺和施工技术进行实际应用，确保了钢结构高栓孔的加工质量。

关键词：高栓孔　先孔法　后孔法　质量控制

1 引言

随着我国科技力量的发展，制孔技术也随之发展，机具种类变化多样，按操作性可分为半自动化和全自动化，其中连接板的制孔多采用全自动制孔（即数控钻孔），而构件制孔受其几何尺寸影响则多采用半自动化制孔（即摇臂钻床和磁力钻）。本文以清江特大桥项目为依托，在钢结构加工生产过程中，对高栓孔的制孔技术进行了探讨和应用，并通过选择合适的施工工艺和施工技术，运用于项目的生产中，保证了施工质量，取得了较好的效益。

2 工程概况

清江特大桥桥址位于宜昌市长阳县城东侧，横跨清江、龙舟大道（图1）。长阳岸桥台位于龙舟坪村境内，有省道S324及龙舟大道到达桥台处；宜都岸桥台位于何家坪村境内，有乡村公路到达桥台处。本项目主要施工内容有：路基、防排水、桥梁、涵洞。桥梁工程中主桥60m+200m+60m为飞燕式钢桁架系杆拱，引桥为1孔30m预应力混凝土简支现浇箱梁。

图1　清江特大桥效果图

主桥采用栓焊结合的连接形式,其中钢梁在工厂制造时各构件间全部为焊接;在工地拼装除端部主梁 G0~G3、G0'~G3'挑臂顶板与钢主梁顶板焊接外其余为栓接。钢梁及连接板在工厂制造时完成连接处制孔,到工地后进行栓接拼装(图2)。

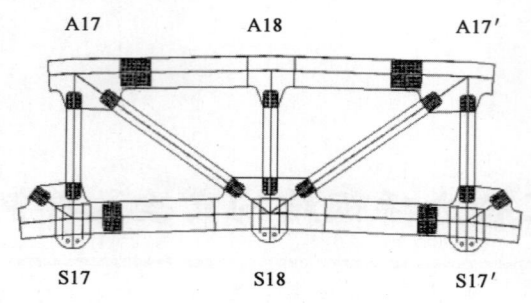

图2 清江特大桥主桥栓接节段示例图

3 钻孔方法的选择

钻孔方法按工艺顺序可分为先孔法和后孔法。

3.1 先孔法

先孔法是指构件在制作过程中,其零件上的栓孔在组装、焊接前制孔后进行组装的方法,清江特大桥钢构件制孔过程中集中体现在各主桁拱及主梁与腹杆的接头板处以及连接板的制孔(图3)。

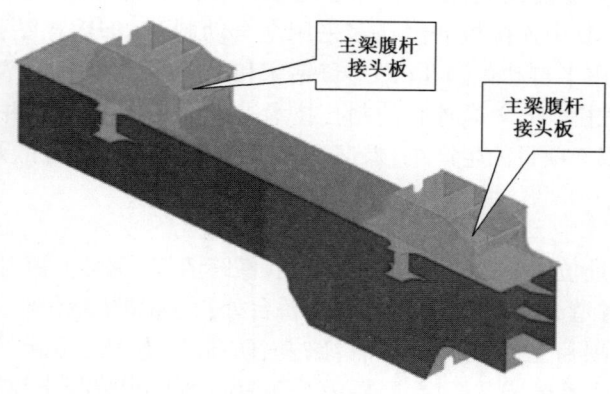

图3 主梁腹杆接头板示意图

先孔法的主要优点是:同类型的零件可以采用摇臂钻床或数控钻床批量制孔,成本低、过程易于控制,影响制孔精度的因素少。

先孔法的缺点主要表现在两方面:其一,构件制作过程中由于零件批量制孔,制孔一旦出现差错,影响范围大,易造成批量产品不合格,产生较大的经济损失;其二,对于有熔透要求的横梁、主梁、连接系接头板等由于焊接收缩量及修整量具有离散性,先孔法孔群精度无法确保组焊精度。

3.2 后孔法

后孔法是指构件在整体组装后再制孔的方法。后孔法主要用于复杂构件,如主桁整体节点弦杆、箱形腹杆及截面较大的工形腹杆,清江特大桥的主桁拱、主梁、横梁、腹杆等构件标准断面的钻孔均采用后孔法(图4)。

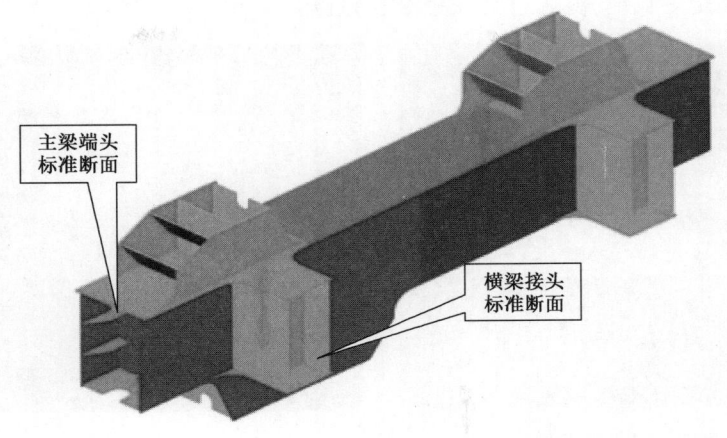

图4 构件标准断面示意图

后孔法的主要优点是:避免了构件制孔前各工序对孔群精度的影响,能够有效地保证栓孔精度,对制孔前杆件的组装精度要求可适当放宽,其零件的加工精度可适当放宽,对焊接变形的预估要求相对容易,技术难度相对小一些。

后孔法的缺点是:制孔效率较先孔法低,杆件组焊后几何尺寸较大,对设备能力及人工专业水平要求较高。

生产加工过程中需根据构件形式及设计要求选择合适的钻孔方法。

4 制孔工艺流程

4.1 先孔法制孔工艺流程

先孔法制孔工艺流程如图5所示。

图5 先孔法制孔工艺流程图

4.2 先孔法制孔操作过程

先孔法制孔前需确保零件尺寸精准无误后,将零件置于数控钻床之上规定位置固定,在数控钻床操控台输入相关数据及参数后进行钻孔,钻孔完成后将零件取下检查外观是否有飞边、毛刺,如有须打磨、清除干净,如图6~图9所示。

4.3 后孔法制孔工艺流程

后孔法制孔工艺流程如图10所示。

4.4 后孔法制孔操作过程

4.4.1 制备模具

为保证制孔精度,后孔法制孔前需制备模具。根据设计图纸孔群排布要求对钢板进行切割下料至合适大小,钢板厚度以12~16mm为宜(太薄容易变形,太厚不易对孔),将下料完成的钢板置于数控钻床固定,根据设计要求选择钻头大小,输入相关数据及参数进行钻孔。不同孔距或孔径的孔群至少制备一套模具(图11),将制孔完成的模具四周打磨平顺并检查钢板平面度。使用划线笔在模具上外围每排孔中心位置进行划线标记(图12),为防止标记掉落消失或模糊不清可在标记处切缝,缝隙位置须精准、窄且短。

图6 数控钻床操控台实图

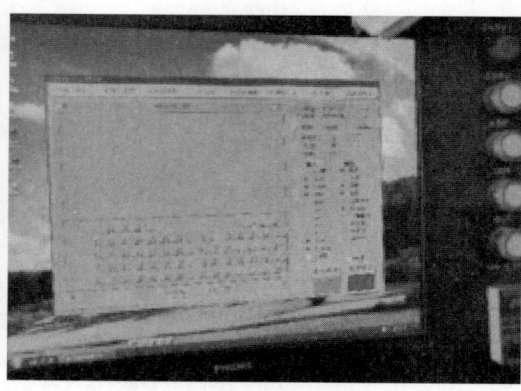
图7 数据输入面板实图

图8 数控钻床钻孔图片

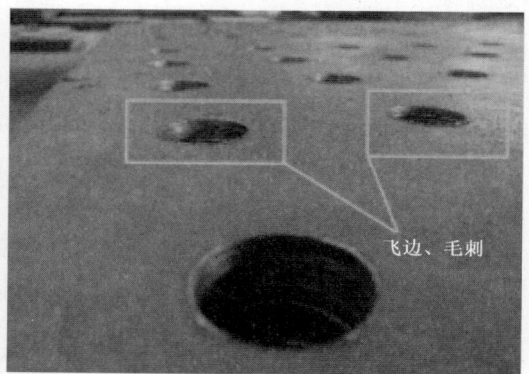
图9 钻孔后表面飞边、毛刺图片

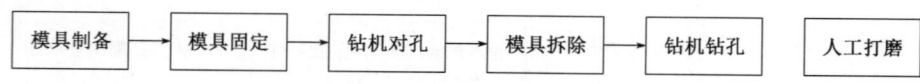
图10 后孔法制孔工艺流程图

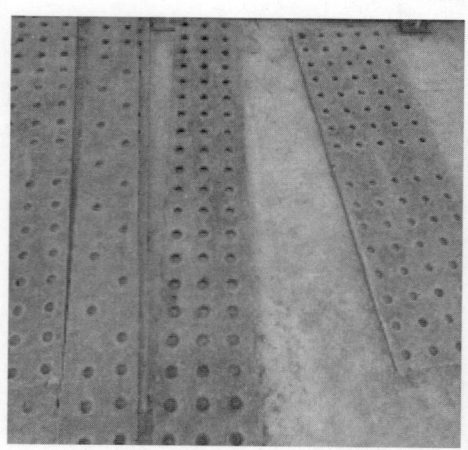
图11 不同规格制孔模具

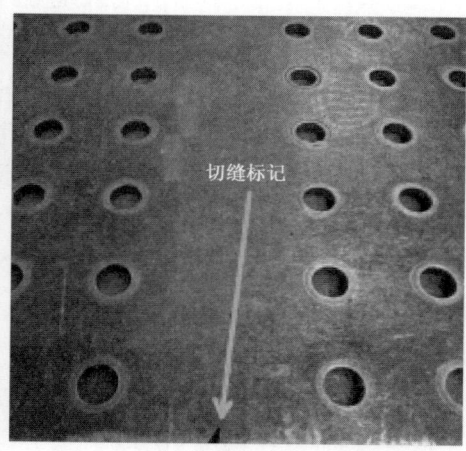
图12 切缝标记示意图

4.4.2 安装模具、钻孔

将组焊好需制孔的构件水平放置后进行孔群定位,划出孔群在相互垂直的两个方向上的中心线,找到与之孔径、孔距对应的模具,使模具上各中心点与构件上已划出的中心线重合,利用卡钳固定牢靠后使用磁力钻或摇臂钻床垂直对孔,对孔过程中须确保模具没有扰动,对孔时可一次性钻透,无法一次性钻透的构件可对孔完成后将模具取下后按已钻出的孔槽逐个钻孔,钻孔过程中钻头中心线须与钻孔构件平面垂直。具体操作流程如图13~图15所示。

图13 钻孔模具定位施工图片

图14 磁力钻钻孔施工图片

图15 摇臂钻床钻孔施工图片

4.4.3 异形构件钻孔

异形构件或非平面连接构件钻孔时需要进行配钻,此时只需要将下料完成未钻孔的异形连接板与需钻孔构件相应位置紧密贴合,固定牢靠,进行孔群划线定位后使用相应模具左右两侧分别进行对孔并钻孔即可。本桥中有横坡的横梁中心连接处顶板钻孔均为配钻,示意如图16所示。

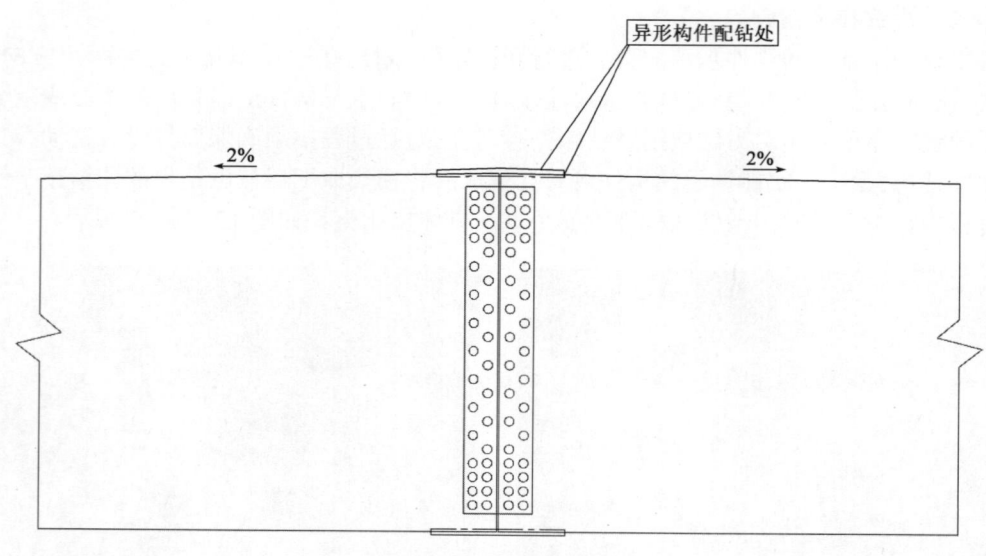

图16 横梁中心连接位置配钻示意图

5 质量控制标准及检测内容

高强螺栓的栓孔应采用钻孔成型,孔边应无飞边、毛刺。高强螺栓连接构件栓孔孔距的允许偏差应符合表1的规定。

螺栓孔检测项目及允许偏差表 表1

名称		直径及允许偏差(mm)						
螺栓孔	直径	13.5	17.5	22	24	26	30	33
	允许偏差	+0.43 0		+0.52 0		+0.84 0		
圆度(最大和最小直径之差)		1.00		1.50				
中心线倾斜度		应不大于板厚的3%,且单层板不得大于2.0mm,多板迭组合不得大于3.0mm						

选用千分尺或游标卡尺对螺栓直径和圆度进行检测,检测频率不低于单个孔群中孔数的80%(图17)。

图17 孔径及圆度检测现场图片

高强度螺栓连接构件栓孔孔距可采用中心距测量仪(图18)进行检查,允许偏差应符合表2的规定。

图18 中心距测量仪检测孔距现场图片

螺栓孔群检测项目及允许偏差表 表2

项次	项 目		螺栓孔距(mm)			
			<500	500~1 200	1 200~3 000	>3 000
1	同一组内任意两孔间	允许偏差	±1.0	±1.2	—	—
2	相邻两组的端孔间	允许偏差	±1.2	±1.5	+2.0	±3.0

注:孔的分组规定为:
(1)在节点中连接板与一根杆件相连的所有连接孔划为一组。
(2)接头处的孔:通用接头——半个拼接板上的孔为一组;
     阶梯接头——两接头之间的孔为一组。
(3)在两相邻节点或接头间的连接孔为一组,但不包括(1)、(2)所指的孔。
(4)受弯构件翼缘上,每1m长度内的孔为一组。

高强度螺栓连接板上所有螺栓孔,均应采用量规检查,其通过率为:

用比孔的公称直径小1.0mm的量规检查,每组至少应通过85%;用比螺栓公称直径大0.2~0.3mm的量规检查,应全部通过。

检查时,凡量规不能通过的孔,扩孔补焊行为及扩孔数量应征得设计同意,扩孔后的孔径不应超过$1.2d$(d为螺栓直径)且不得大于原设计直径2.0mm,补焊时,应用与母材力学性能相当的焊条补焊,严禁用钢块填塞。每组孔中经补焊重新钻孔的数量不得超过20%。处理后的孔应作出记录。量规分为塞规与卡规,栓孔的检查除使用量规外也可使用观察检查及卡尺检查。

6 经验总结

根据生产情况具体分析,不断总结经验。由于数控钻床钻孔精度高、效率高,后续无须焊接的零件应尽可能采用先孔法施工;而后续需要焊接的零件为防止焊接产热对孔群精度产生影响应尽可能采用后孔法施工;对于异形构件的栓接,为使零件与构件孔群高度一致则必须采用后孔法配钻施工。总结得出:施工精度的控制多体现在人工操作部分,主要为零件固定是否牢固、位置是否准确以及是否一次性成孔,故工人的专业操作水平及责任态度是施工质量控制的重点。

7 结语

通过以上高栓孔制孔方法的合理选择和质量的严格控制,在生产上有效地控制了本桥各部位构件制孔乃至总体的精度,保证了杆件及整桥的连接质量,同时也为公司同类型桥梁高强度螺栓孔群结构制作积累了宝贵的经验。

参 考 文 献

[1] 中华人民共和国建设部.钢结构高强度螺栓连接的设计、施工及验收规程:JGJ 82—91[S].1991.
[2] 中华人民共和国建设部.钢结构工程施工质量验收规范:GB 50205—2001[S].北京:中国计划出版社,2001.
[3] 中华人民共和国铁道部.铁路钢桥制造规范:TB 10212—2009[S].北京:中国铁道出版社,2009.

Di-Ershiwu Jie Quanguo Qiaoliang Xueshu Huiyi Lunwenji
第二十五届全国桥梁学术会议论文集

（下册）

中国土木工程学会桥梁及结构工程分会　编

2022·南京

人民交通出版社股份有限公司
北京

内 容 提 要

本书为第二十五届全国桥梁学术会议论文集,由中国土木工程学会桥梁及结构工程分会精选的170余篇优秀论文汇编而成。本论文集包括大会报告、桥梁设计、桥梁施工、桥梁结构分析、桥梁抗风、抗震与耐久性、桥梁监测、检测与试验六个部分,全面、系统地展示了近一时期我国桥梁工程建设的新动态、新理念、新成果和新经验。

本书可供从事桥梁工程设计、施工、检测、管理等相关工作的技术人员参考使用,也可供高等院校相关专业师生阅读学习。

图书在版编目(CIP)数据

第二十五届全国桥梁学术会议论文集／中国土木工程学会桥梁及结构工程分会编. — 北京：人民交通出版社股份有限公司，2022.9
　ISBN 978-7-114-18181-8

Ⅰ.①第… Ⅱ.①中… Ⅲ.①桥梁工程—学术会议—文集 Ⅳ.①U44-53

中国版本图书馆 CIP 数据核字(2022)第 158337 号

书　　名：	第二十五届全国桥梁学术会议论文集（下册）
著 作 者：	中国土木工程学会桥梁及结构工程分会
责任编辑：	郭红蕊　张征宇　齐黄柏盈
责任校对：	席少楠　赵媛媛
责任印制：	张　凯
出版发行：	人民交通出版社股份有限公司
地　　址：	(100011)北京市朝阳区安定门外外馆斜街3号
网　　址：	http://www.ccpcl.com.cn
销售电话：	(010)59757973
总 经 销：	人民交通出版社股份有限公司发行部
经　　销：	各地新华书店
印　　刷：	北京地大彩印有限公司
开　　本：	787×1092　1/16
印　　张：	85.75
字　　数：	2176 千
版　　次：	2022年9月　第1版
印　　次：	2022年9月　第1次印刷
书　　号：	ISBN 978-7-114-18181-8
定　　价：	280.00元（上、下册）

(有印刷、装订质量问题的图书，由本公司负责调换)

第二十五届全国桥梁学术会议

学术委员会

名誉主任 项海帆
主　任 葛耀君
委　员（以姓氏笔画为序）
　　　　　牛　斌　　吉　林　　苏权科　　肖从真　　肖汝诚　　邵长宇
　　　　　孟凡超　　高宗余

组织委员会

名誉主任 易　军
主　任 尚春明　　肖汝诚
副主任 李明安　　蒋振雄　　武焕陵　　吴　刚
委　员
　　　　　包雪松　　杨玉冬　　郭志明　　张　建　　杨志刚　　赵　阳
　　　　　周　畅　　熊　文　　张文明　　廖　玲　　李　镇　　戚兆臣
　　　　　郭海龙　　李洪涛　　杜亚江　　胡　尧　　冯　斌　　张永涛
　　　　　毛伟琦　　卢冠楠　　邓亨长　　赵宗智　　周冠南　　欧阳效勇
　　　　　姚占虎　　高　伟　　韩永刚　　薛　峰　　陈　剑　　王仁贵
　　　　　胡　骏　　陈克坚　　严爱国　　韩大章　　陈凤军　　杨　勇
　　　　　王建国　　李宗民　　王员根　　张伯阳　　赵　军　　胡颖健
　　　　　于抒霞　　孙志勇　　张庆芸　　华晓烨　　朱彦洁　　李　帅
　　　　　杨　雪　　松　宇

编辑委员会

主　任 肖汝诚
副主任 孙　斌　　杨志刚
委　员
　　　　　赵　阳　　周　畅　　于抒霞　　熊　文　　张文明　　廖　玲
　　　　　张庆芸　　陈　研　　朱梦雅　　华晓烨　　郭海龙　　罗　锐

主办单位

中国土木工程学会桥梁及结构工程分会

同济大学

东南大学

支持单位

江苏省交通建设局

南京市公共工程建设中心

协办单位

中交第二航务工程局有限公司

中铁大桥局集团有限公司

中交路桥建设有限公司

四川公路桥梁建设集团有限公司

中交一公局集团有限公司

中国铁建大桥工程局集团有限公司

中交第二公路工程局有限公司

中交隧道工程局有限公司

中铁隧道局集团有限公司

中铁四局集团有限公司

中铁十四局集团有限公司

中交第三航务工程局有限公司

中交公路规划设计院有限公司

中铁大桥勘测设计院集团有限公司

中铁二院工程集团有限责任公司

中铁第四勘察设计院集团有限公司

华设设计集团股份有限公司

江苏中设集团股份有限公司

广州市市政工程设计研究总院有限公司

中铁山桥集团有限公司

中铁宝桥集团有限公司
中铁九桥工程有限公司
中交天和机械设备制造有限公司
江苏法尔胜缆索有限公司
镇江蓝舶科技股份有限公司

承办单位

《桥梁》杂志社

目 录（下册）

四、桥梁结构分析

112. 直接剪切：一种常被忽视的病害成因
    ——再谈大跨径预应力混凝土梁桥的下挠问题………… 徐 栋 金永学 柳惠芬(855)
113. 悬浮隧道波流-车辆荷载下动力响应的数值模拟方法及分析
    ………………………………………………………… 项贻强 高超奇 申永刚(861)
114. 矩形带破冰体桥墩流冰碰撞时变动荷载模型研究
    ………………………… 张连振 杨庆伟 张宿峰 卫学亮 吴红林 孙永明(872)
115. 斜风下斜拉-悬吊组合体系桥颤振稳定性研究 ………… 张新军 胡智勇 应赋斌(880)
116. 混凝土梁式桥爆炸毁伤研究综述………………………………… 尹修文 严 波(887)
117. 不同减隔震支座的减隔震效果对比……………………………… 黄 磊 李建中(898)
118. 库区四柱桩柱式框架墩动力力学行为研究
    ………………………… 李 杰 张金鹏 李宏亮 李思达 杨大雨 张军锋(905)
119. 基于实体模型对异形箱梁桥的受力机理分析…………………… 戚永超 徐 栋(914)
120. 基于实测数据的大跨度悬索桥主缆恒载系数研究
    ………………………………… 龚 旺 吴玉刚 沈锐利 张太科 鲜 荣(920)
121. 基于随机车流的大跨度悬索桥梁端位移极值预测……… 凌 琪 沈锐利 马政辉(927)
122. 某匝道桥桥墩严重偏位事故成因鉴定与分析
    ………………………………………………… 高玉峰 田志勇 郑小刚 鲁俊峰(934)
123. 基于梁单元的波形钢腹板简化建模方法研究…………………………… 张 宇(941)
124. 超宽箱室组合梁桥面板的计算与分析…………………………………… 邵新林(947)
125. 基于CatBoost与SHAP的混凝土抗压强度预测
    ………………………………………… 王永威 肖 垚 李焜耀 杨怡光(955)
126. 小曲率半径斜拉桥主梁横向偏位分析与研究………… 李 炎 蒋云锋 董道福(963)

127. 钢箱系杆拱面外稳定的实用计算方法 ··· 李 正(975)
128. 大跨度高 HD 值管桥结构优化分析 ······································· 祁勇峰 龚亚琦(982)
129. 悬索桥索夹与主缆紧固作用的数值仿真分析及抗滑计算
·· 苗如松 王忠彬 沈锐利 毛德均(989)
130. 中跨长距离等截面矮塔斜拉桥长度参数研究 ··························· 韩 锋 杨 华(996)
131. GH 可视化编程在桥梁实体建模中的应用 ···························· 孙先锋 谢 峰(1003)
132. 重力式桥台墙体应力分析研究 ·· 许延祺(1008)
133. 新型钢悬臂拓宽盖梁结构性能分析与试验研究
·· 陈 瑶 袁江川 陈露晔 杨世杰 陆潇雄(1014)
134. 基于精细有限元模拟的组合-混合梁斜拉桥结合段构造优化研究
·· 赵澜婷 穆勇勇 蒲广宁 郭 琦 袁阳光(1022)
135. 装配式桥梁预制构件与现浇混凝土结合面性能研究
·· 严 科 谢 祺 李晓蒟(1030)
136. 龙潭长江大桥纵向间隙约束研究 ·································· 陈 铭 王忠彬 杨光武(1036)
137. 新型密肋双 T 梁承载能力试验分析 ····································· 武继民 邱志雄(1042)
138. 上承式钢管混凝土拱桥上部小箱梁架梁方案受力分析及比选
·· 左 雁 彭云涌 罗桂军 钟远帆(1051)

五、桥梁抗风、抗震与耐久性

139. 喇叭形山口风参数概率特性 ·· 沈正峰 方金苗(1057)
140. 水下悬浮隧道地震响应分析方法及研究展望 ··················· 杨云深 项贻强 申永刚(1064)
141. 近断层地震作用及可恢复抗震设计研究 ······························ 邢 帆 陈惟珍(1072)
142. 发生黏结滑移半套筒连接纵筋预制拼装桥墩抗震性能分析
·· 高 奇 张 涛 闫兴非 郝晨宇 王志强 杨 通(1081)
143. 京雄高速公路常规桥梁桩基抗震设计分析 ······················· 王国兴 王 航(1089)
144. 先损状态的混凝土桥墩抗震性能拟静力试验研究
·· 王志强 侯力元 孙先锋 杨介立(1096)
145. 库区深水高墩大跨连续刚构桥地震动水压力对比研究
·· 朱克兆 史召锋 闫海青(1105)
146. 不对称钢管混凝土拱桥地震响应影响规律研究 ········· 张佳文 黎 罡 黄志平(1112)
147. 预制拼装下部结构 UHPC 接缝足尺模型拟静力试验研究
·· 邱志雄 李华生 石雪飞(1120)
148. 矩形空心墩拟静力试验研究 ·· 孙南昌 郑建新(1126)
149. 钢结构桥梁平板疲劳裂纹高强螺栓止裂方法研究
·· 范 杰 张焕楠 刘 朵 王贤强 张建东(1134)
150. 基于模型-数据同化的钢桥面焊缝疲劳可靠度综合评估方法
·· 衡俊霖 周志祥 楚 玺 董 优(1140)

151. 碳纤维布修复钢桥面板 U 肋对接焊缝疲劳性能
　　　　　　　　　　　　　 吕志林　姜　旭　白　洁　强旭红　张冠华（1148）
152. 粘贴角钢加固钢桥面板 U 肋-顶板焊缝疲劳性能
　　　　　　　　　　　　　　　　　 范铭新　姜　旭　吕志林　强旭红（1155）
153. 自动驾驶对正交异性桥面板疲劳寿命的影响 …………… 邹圣权　邓　露　王　维（1162）
154. 钢-UHPC 组合桥面板矩形干接缝开裂特性分析
　　　　　　　　　　　　　　　　　　　　 肖　涵　王　巍　徐　晨　马　矗（1169）
155. PPC 斜拉桥主梁抗疲劳性能模型试验研究
　　　　　　　　　　　 颜东煌　郭　鑫　袁　晟　彭坤帅　刘　昀　袁　明（1177）
156. 日本高速公路桥梁养护管理调研与分析 …… 邢丹丹　闫　畅　刘　朵　张建东（1185）
157. 基于元胞自动机的受荷混凝土碳化过程仿真模型
　　　　　　　　　　　　　　　　　　　　 马俊军　蔺鹏臻　刘应龙　何志刚（1191）
158. 玄武岩纤维在钢桥面铺装维修工程中的应用研究 ……………… 刘连湘　祁妍娟（1199）
159. 典型预应力连续梁桥主梁结构病害溯源分析 ………………… 刘能文　孙运洪（1210）
160. 氯离子侵蚀下 UHPC 耐久性试验与箱梁寿命预测 …………… 颜维毅　蔺鹏臻（1218）
161. 基于随机腐蚀坑的鞍座内钢丝极限承载力分析 ……………… 柳晨阳　沈锐利（1226）
162. 考虑桥台约束的预应力混凝土梁火灾响应
　　　　　　　　　　　　　　 宋超杰　张　岗　李徐阳　赵晓翠　陆泽磊（1234）

六、桥梁监测、检测与试验

163. 南京栖霞山长江大桥主桥结构健康监测系统应用研究
　　　　　　　　　　　　　 孙小飞　李金桥　何秋雨　胡孝阳　汪　航（1243）
164. 大跨径悬索桥健康监测系统设计与研究
　　　　　　　　　　　　　 于利存　谢静轩　王晓光　张　立　庞　立（1250）
165. 基于自然纹理特征追踪的桥梁全息形态监测
　　　　　　　　　　　　　 楚　玺　周志祥　衡俊霖　段　鑫　罗　瑞　孟俊豪（1258）
166. 基于点云与深度学习的混凝土梁式桥智能识别研究 ………… 舒江鹏　李文豪（1265）
167. 基于评级系统的大型桥梁各构件检测周期确定方法 ………………… 许　翔（1273）
168. 超声波测试法在高强螺栓轴力检测中的应用
　　　　　　　　　　　　　　　　　　　　 郭　勇　王　凯　王富颉　徐文城（1280）
169. 在线监测系统在桥梁施工支架变形安全中的应用 ……………… 程　斌　林贤光（1285）
170. 基于涡流热成像技术的 CFRP 加固钢桥界面损伤无损检测研究
　　　　　　　　　　　　　　　　　　　　 马　浩　邹星星　王立彬　王景全（1294）
171. 普适性 GNSS 用于桥梁施工实时监测研究分析
　　　　　　　　　　　　　 李新瑞　赵立都　向中富　王叙乔　张双成（1301）

172. 基于小波包排列熵的钢箱梁正交异性板损伤识别
　　…………………………………………… 郭　健　余作操　王仁贵　马开疆(1308)
173. CFRP黏结型锚具锚固性能试验研究 ……… 贾丽君　张文超　张宇涵　刘　松(1316)
174. 基于正交试验的超高性能混凝土力学性能研究
　　…………………………………… 雒　敏　蔺鹏臻　杨子江　孙理想　刘应龙(1323)
175. 新型预制装配双T梁承载性能试验研究 ………… 邱志雄　陈长万　石雪飞(1330)
176. 既有钢筋混凝土板桥极限承载力试验
　　…………………………………… 王　鹏　张建川　舒　皓　胡文华　朱俊良(1336)
177. 高速铁路40m跨度简支箱梁预制工艺试验与理论计算对比研究
　　…………………………………………………………… 张　迪　禚一　李　奇(1343)

四、桥梁结构分析

112. 直接剪切：一种常被忽视的病害成因
——再谈大跨径预应力混凝土梁桥的下挠问题

徐 栋　金永学　柳惠芬
(同济大学桥梁工程系)

摘 要：对于大跨径预应力混凝土桥梁下挠病害问题已经有几十年的研究，但仍然缺乏公认的下挠成因。业界的许多研究针对弹性挠度，提出调整设计状态或设计参数以优化成桥长期恒载挠度，但恒载挠度可以通过施工过程中的控制和成桥挠度预抛来加以调整，并不是所要研究的持续下挠病害。另一种研究方法是试算研究，包括调整预应力损失、结构刚度，或修改徐变模型等来拟合发生的挠度变化，但试算方法注注只顾及了挠度变化部分，没有顾及结构开裂情况等结构受力状态。本文结合同济大学桥梁系在大跨径梁桥下挠问题的持续科研，提出另一种剪至下挠成因，也是一个常被忽视并鲜有研究的问题——直接剪切。同时，本文对桥梁结构的横向受力分析方法以及对纵向直剪的影响做了较为详细的阐述。最后，本文提出了研究及设计建议。

关键词：直接剪切　混凝土桥梁　下挠　应力验算指标　箱梁横向分析

1 概述

大跨径预应力混凝土桥梁下挠病害问题的研究已经有几十年，但仍然缺乏公认的下挠成因。业界的研究主要有以下3种：一是基于结构受力状态和参数分析研究。这种方法实际上是不考虑开裂的成桥弹性挠度计算。由于所有施工阶段恒载挠度（长期成桥挠度可以看作一个施工阶段）的变化可以通过施工控制和预抛解决，所以并不是所要研究的持续下挠病害。二是试算研究，主要包括不断折减预应力损失或结构刚度、修改徐变模型等。试算方法还是主要关注挠度变化，并将试算值去拟合实测下挠值。但是，试算方法同样没有考虑结构开裂情况，即没有做到"双控"，在试算拟合挠度的同时，也需要关注结构受力及开裂情况，两者需要相互印证，不能只顾一头。三是腹板剪切斜裂缝开展并使剪切钢筋屈服，从而引发腹板剪切刚度降低导致下挠，作者在苏通大桥辅航道桥科研时注意到了这个问题，开始研究混凝土结构的剪切配筋理论并延续至今。腹剪问题的研究将另文表述。

本文结合同济大学桥梁系在大跨径梁桥下挠问题的持续科研，提出另一种剪至下挠成因，也是一个常被忽视并鲜有研究的问题——直接剪切。

2 反映直接剪切的应力验算指标：直剪应力

图1所示箱梁的完整验算应力指标体系是《公路钢筋混凝土及预应力混凝土桥涵设计规

范》(JTG 3362—2018)中空间精细化分析的核心理念。"指标"的意义是指获取了某项"病症"的应检测项目,这个"病症"就是混凝土箱梁的开裂问题。有了检测指标,就可以"按图索骥"应对混凝土桥梁的开裂问题。

图2为箱梁腹板上的剪应力分布。剪应力是成对的,在腹板中与竖向剪应力成对的是沿腹板纵向的剪应力,当腹板面积能够承担该剪应力时,该剪应力才会与正应力组成腹板主应力。当腹板面积不足以承担该剪应力时,腹板会发生直剪破坏(剪切错动),裂缝将不再是由主拉应力产生的斜裂缝,而是纵向水平裂缝。

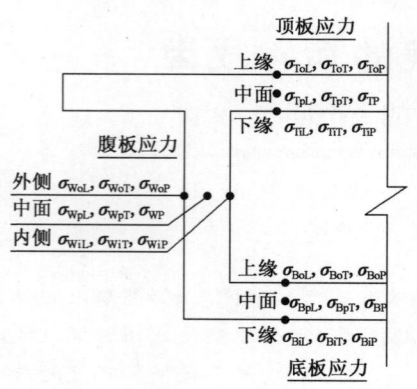

图1 箱梁的完整验算应力指标体系

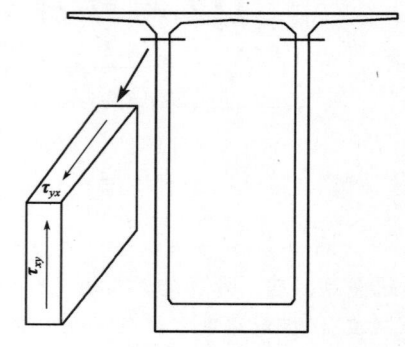

图2 箱梁腹板上的剪应力

对于混凝土的直接剪切,相关规范甚至教科书涉及甚少,其原因是通常认为混凝土截面尺寸较为充裕,一般直接剪切不会出现问题。在同济大学桥梁工程专业过去采用的袁国干教授主编的《配筋混凝土结构设计原理》教材中有对于直接剪切的相关内容。

我国预应力混凝土梁式桥的箱形断面在20世纪80—90年代的设计相对较为纤薄,由于运行过程中出现各种病害,现在的箱梁截面设计则相对厚实,特别是腹板与顶板交汇处的加腋部分,这对于避免直接剪切问题的发生有益。同时,纵向预应力的设计曾在20世纪80—90年代全部采用直线束,由于腹板竖向预应力的效果不能很好保证,出现了较为普遍的腹板开裂问题,所以后来业界便不再采用直束,而采用腹板下弯钢束。实际上,腹板下弯钢束还有一个好处:当腹板与顶板之间的混凝土发生直剪破坏时,下弯穿过交界面的预应力钢束会拽住直剪滑移面的相对滑移。

可以说,发生直剪滑移需要具备某些条件:箱梁截面较为纤薄;直剪滑移面范围没有腹板下弯钢束。但从另外一个方面而言,箱梁截面纤薄重量会更轻,也更为美观;直线布置的预应力钢束施工便捷,工业化程度高。对于桥梁设计而言,两者都应该可以成为工程师的选项。当然,前提条件是不能出现问题,包括主拉应力和直接剪切。主拉应力检算已经包含在图1的应力指标体系之中,而直接剪切同样也应该作为设计检算内容。

于是,在图1应力检算指标体系中需要增补各板件中面的纵向剪切应力,即τ_{TpL}、τ_{BpL}、τ_{WpL},其中顶板和底板一般满布纵横向钢筋网,而腹板中一般只有箍筋和竖向预应力钢筋穿过直剪面,所以检算腹板直剪应力τ_{WpL}更为关键。

3 箱梁横框架分析的问题

图3为常用的箱梁截面横向框架分析的平面杆系模型。

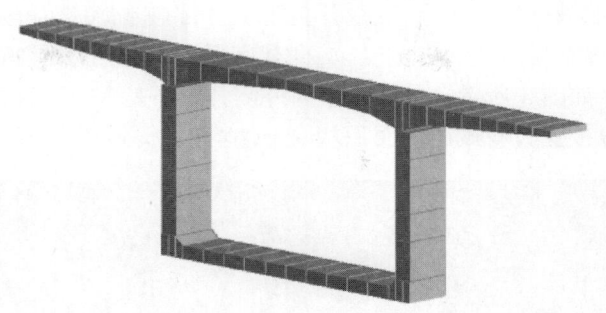

图 3　箱梁截面横向框架分析的平面杆系模型

3.1 框架计算模型

框架分析主要为计算适用于顶板的桥面板受力,包括对称荷载效应和非对称荷载效应。而对于腹板和底板,由于两侧腹板采用简支约束,无法考虑两侧腹板的竖向位移差,这个竖向位移差就是箱梁截面框架由非对称荷载导致的畸变效应。所以,箱梁的横向框架模型可以计算全框架的对称荷载效应,但无法计算腹板和底板的非对称荷载效应。

3.2 箱室内外温差效应

现行规范的温度效应包括长周期的年均温差以及短周期的梯度温度效应,没有箱室内外温差的相关规定。实际上,箱室内外温差对于腹板受力有较大的影响:当箱室外侧温度高于箱室内部温度时,腹板内侧受拉;反之,当箱室外侧温度低于箱室内部温度时,腹板外侧受拉。在工程实践发现的病害中,箱室内外温差是腹板内外侧裂缝数量差异的主要原因,也是图 1 中腹板主应力指标分为内缘、外缘、中面的主要原因。箱室内外温差将导致竖向预应力效应在腹板内外侧发生卸载或加载,从而导致主应力在腹板不同位置上的差异。

3.3 成桥荷载试验和检测

成桥荷载试验通过加载确定桥梁的承载能力,通过比较结构响应(挠度、应变)的差异,掌握结构工作性能的变化情况。加载一般在选定的几个关键断面的几种关键工况,采用弯矩、挠度等效原则,在桥面布置加载车辆模拟实际活载,测试桥梁结构在试验荷载(正载及偏载)下的挠度及应变,并采用校验系数来评价桥梁结构的工作性能。

这个"工作性能"一般而言是纵向工作性能,或者也可以叫作整体工作性能。成桥试验是桥梁工程交付使用前检验桥梁建设是否符合设计预期的重要环节。但是,横向设计虽然也是箱形截面桥梁结构重要的设计内容之一,荷载试验并没有对横向受力进行同样的校验。现行规范明确规定桥梁的横向分析属于局部分析,加载采用车辆荷载,且需要考虑冲击影响(一般按 1.3 考虑)。这样,按现行规范的 55t 车,试验车辆应该需要 70t(尚未考虑箱室内外温差效应)。从这个角度讲,通常用于纵向加载的"加载车辆"可能并不符合横向加载要求。

4　箱梁横向受力对腹板纵向直接剪切的影响

上面讨论的箱梁横向受力实际上对箱梁腹板直剪受力有很大的影响。图 2 所示的腹板纵向剪应力等于相应位置剪力除以受剪面积,受剪面积为腹板厚度与纵向长度的乘积,而腹板厚度与横向受力密切相关。

以腹板与顶板交界面为例,横向框架由于活载(包括超载)作用,以及箱室内外温差作用,腹板与顶板交界面会发生横向开裂。当车辆荷载为正载、箱室内部升温时,该截面外侧受拉,直至克服竖向预应力的轴向压力发生开裂,开裂将从外部削弱该截面,如图4所示;当车辆荷载为偏载、箱室外部升温时,该截面内侧受拉,直至克服竖向预应力的轴向压力发生开裂,开裂将从内部削弱该截面,如图5所示。虽然腹板内外侧开裂不是一个荷载工况,但是开裂造成的截面损伤永久存在,腹板受直剪截面的面积从内外侧均被削弱。

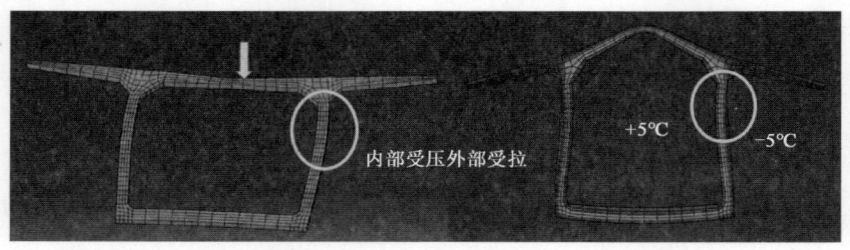

图4 腹板外侧受拉工况

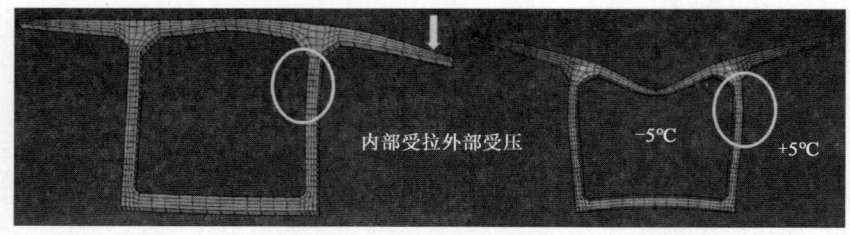

图5 腹板内侧受拉工况

计算显示,当箱梁截面较为纤薄时,腹板厚度内外侧的削弱量之和将达到原腹板厚度的50%以上。

腹板受直剪厚度的削弱意味着腹板纵向剪应力的增加,这个剪应力就是对应着前述的应力指标τ_{WpL},当τ_{WpL}超过混凝土的直剪应力极限值$[\tau_{WpL}]$时,腹板就会沿交界面纵向发生剪切错动。原来由混凝土截面承担的剪力便会传递给穿过腹板与顶板交界面的钢筋,包括箍筋及竖向预应力钢筋。如果腹板布设有纵向预应力下弯束并交遇剪切错动面,预应力钢束将发挥强大的阻挡作用。

5 箱梁腹板发生纵向直剪错动与下挠病害的关系

直剪错动呈现的裂缝形式与主拉应力超过混凝土受拉极限呈现的裂缝形式不同:直剪裂缝是沿桥梁纵向水平的,而主拉应力裂缝是斜裂缝。直剪裂缝发生的部位与腹板厚度横向受力开裂后的削弱以及该断面承受的剪力大小相关。如图4和图5所示,在活载效应下腹板横向应力较大位置是顶板与腹板交界处,而在箱室内外温差下腹板横向应力较大位置是靠近腹板中心处。同时,对于桥梁结构的纵向受力,靠近墩顶位置剪力较大,而靠近跨中位置则剪力较小。所以,要进行综合分析来判断裂缝更容易出现的位置。

箱梁腹板发生纵向剪切错动导致下挠的机理,可以比拟为叠合梁界面的剪切滑移引发的挠度增加,如图6所示。完全黏结的叠合梁符合平截面假定,结构刚度大,挠度较小;若连接界面出现剪切滑移,则平截面假定会被放松,结构刚度削弱,截面曲率增加,挠度增大。

在大跨径预应力混凝土桥梁中,由于竖向钢筋的存在,这个"直剪错动"不一定是刚体位移,而经常是弹性剪切变形。

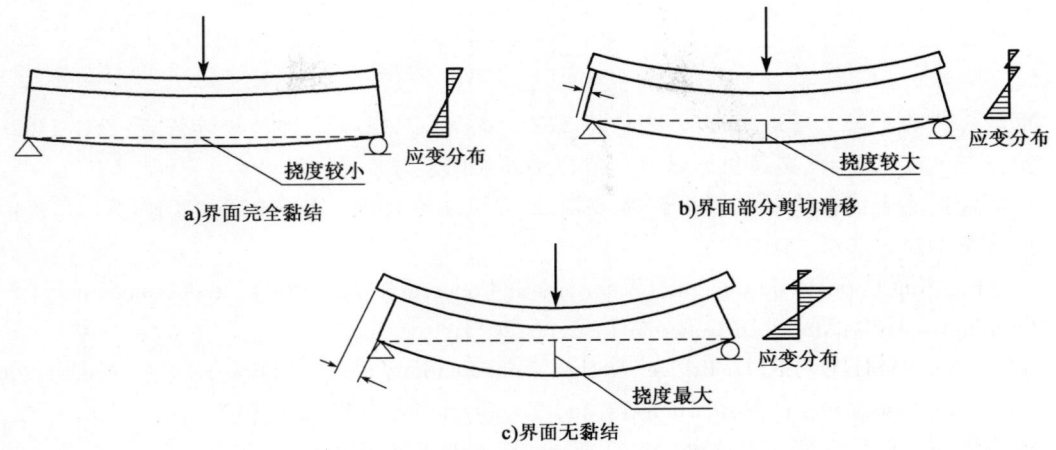

图6 剪切错动下挠机理与叠合梁比拟示意图

断面某处的直剪破坏(剪切滑移或错动)意味着截面各层间的共同作用被损坏,结构受力发生变化,受力状态脱离了设计预期。桥梁各截面刚度比的改变也将引起桥梁内力的重分布,间接增加跨中正弯矩和跨中挠度,同时混凝土徐变进一步在这样的结构上作用,又会引起附加挠度。所以,下挠会持续发展,且一直在引起结构内力的变化。

6 研究及设计建议

6.1 混凝土直剪强度

直剪强度是构件一部分沿着力的作用方向对其余部分做相对移动时的材料强度。我国历次《公路钢筋混凝土及预应力混凝土桥涵设计规范》中都没有给出混凝土直剪应力的限值(即直剪强度),所以往往为设计者忽略。由于保证剪应力的传递是正应力分布以及主应力产生的前提,所以直剪应力指标,即$[\tau_{WpL}]$,应该视作与正应力指标或主应力指标同等重要的应力指标。由于现行规范没有该项验算,也没有直接剪切强度的确切取值,故有必要对此进行细致研究,并补充对该项指标的研究和实验,以作为规范值提供给设计单位。

6.2 箱梁截面横向分析

桥梁设计一般较为重视纵向,横向的重视程度相对较弱。从前文可知,箱梁截面的横向受力分析需要从荷载和计算模型上进一步完善。在荷载方面需要补充箱室内外温差的荷载工况。另外,如何检验施工完成后箱梁结构是否满足横向设计要求,也需要从成桥试验环节进一步重视和完善。

6.3 桥梁出现直剪错动后的结构受力模式与计算模型

混凝土桥梁结构一般依赖自身的尺度抵抗直剪应力,且未发生剪切滑移的腹板截面的剪切变形可以忽略不计。但如果发生了剪切错动,桥梁只能依靠桥梁结构中原有的预应力钢束和钢筋。如果没有下弯的纵向预应力钢束,就只能依靠竖向箍筋、竖向预应力钢筋的横向抗剪能力来承担剪力,同时依靠腹板抗剪钢筋(包括箍筋和纵向钢筋)受拉提供剪切刚度来抵抗剪切变形,以阻挡箱梁顶板与腹板之间以及腹板一定范围内剪切变形和剪切滑移的进一步发展。桥梁出现直剪错动后的结构受力模式与计算模型至关重要,需要在理论及试验多方面做深入研究。

参 考 文 献

[1] 中华人民共和国交通运输部.公路钢筋混凝土及预应力混凝土桥涵设计规范:JTG 3362—2018[S].北京:人民交通出版社股份有限公司,2018.

[2] 中华人民共和国住房和城乡建设部.混凝土结构设计规范:GB 50010—2010[S].北京:中国建筑工业出版社,2010.

[3] ACI.Building Code Requirements for Structural Concrete(ACI 318-11)and Commentary[S].Farmington Hills:American Concrete Institute,2011.

[4] AASHTO.AASHTO LRFD Bridge Design Specifications(8th Edition)[S].Washington:American Association of State Highway and Transportation Officials,2017.

[5] 项海帆,等.高等桥梁结构理论[M].2版.北京:人民交通出版社,2001.

[6] 袁国干.配筋混凝土结构设计原理[M].上海:同济大学出版社,1995.

[7] Tang M C.The Story of the Koror Bridge[M].Zürich:International Association for Bridge and Structual Engineering,2014.

[8] Bažant Z P,Yu Q,Li G-H.Excessive Long-Time Deflections of Prestressed Box Girders.I:Record-Span Bridge in Palau and Other Paradigms[J].Journal of Structural Engineering,2012,138(6):676-686.

[9] Bažant Z P,Yu Q,Li G-H.Excessive Long-Time Deflections of Prestressed Box Girders.II:Numerical Analysis and Lessons Learned[J].Journal of Structural Engineering,2012,138(6):687-696.

[10] 徐栋,赵瑜,刘超.混凝土桥梁结构实用精细化分析与配筋设计[M].北京:人民交通出版社,2013.

[11] 徐栋.桥梁体外预应力设计技术[M].北京:人民交通出版社,2008.

[12] 王国亮,谢峻,傅宇方.在用大跨度预应力混凝土箱梁桥裂缝调查研究[J].公路交通科技,2008,25(8):52-56.

[13] 谢峻,王国亮,郑晓华.大跨径预应力混凝土箱梁桥长期下挠问题的研究现状[J].公路交通科技,2007,24(1):47-50.

113. 悬浮隧道波流-车辆荷载下动力响应的数值模拟方法及分析

项贻强[1,2,3]　高超奇[1,2]　申永刚[1,2,3]

(1.浙江大学建工学院; 2.浙江大学建工学院悬浮隧道研究中心;
3.浙江大学-浙江交工协同创新联合研究中心)

摘　要：悬浮隧道作为一个海洋中的交通结构,其受到的荷载作用十分复杂,除了重力和浮力等静载外,还受到一系列动力荷载的影响,如波流水动力和移动车辆等。本文以一座400m长的悬浮隧道为背景,采用数值方法模拟悬浮隧道在不同车辆荷载工况以及波流荷载的作用,分析其结构动力响应。结果表明：本文的数值模拟方法得到悬浮隧道管段的频率和位移响应与解析法分析值十分接近；随着隧道内车队中车辆数的增加,其跨中的最大位移逐渐变大,但当车数达到10辆后,随着车辆的增加,跨中位移增幅浪小。在波浪荷载作用下,当锚索倾角为60°时,悬浮隧道管体和锚索的横荡比纵荡更大。随着深度的增加,两者的位移均迅速减小,并趋于平稳,冲击流速越大,管体的横荡位移越大,但振荡的时间也越短。同一情况下,锚索的振荡现象不明显,但稳定后的位移浪大。

关键词：悬浮隧道　波流　车辆　动力响应　数值方法　分析

1 引言

悬浮隧道作为一个创新的海洋交通结构,其受到的荷载作用十分复杂,除了重力和浮力等静载外,还受到一系列动力荷载的影响[1]。在正常的运营过程中,悬浮隧道不仅会受到车辆行驶过程中的振动影响,还要考虑环境中波浪、水流对其冲击作用,除此以外,在偶然情况下,还有可能受到地震、爆炸、物体撞击等作用[2]。目前已有一些关于悬浮隧道受到波浪荷载[3-5]、车辆荷载[6-8]、冲击荷载[9-11]等动力响应分析以及相关的试验研究[12-13],但多种荷载共同作用的研究较少。各种不同荷载的作用方向各异,使结构产生振动的模式也各不相同,准确研究多种荷载对悬浮隧道共同作用的空间耦合效应比研究单一荷载作用下结构的动力响应复杂得多。而采用有限元进行数值建模分析不仅可以高效模拟复杂的结构受力问题,使结构分析更加精细化,而且具有广泛的适用性。

基金项目：国家自然科学基金(51279178,51541810)。

本文采用通用有限元软件ABAQUS[14]的流体动力分析模块ABAQUS/AQUA对悬浮隧道在车辆荷载以及波流荷载作用下的结构动力响应进行分析。首先介绍了波浪荷载的分析理论,在此基础上建立了悬浮隧道数值分析模型,通过调用子程序*DLOAD以及添加*AQUA、*WAVE等海洋环境模块对结构施加移动荷载以及波流荷载,研究了不同荷载共同作用下悬浮隧道的动力响应。

2 波浪理论

海洋中的波浪荷载分为线性波浪理论和非线性波浪理论。线性波浪理论假定波面呈简谐波的形式起伏,波高相对于波长无限小,水质点以固定的圆频率 ω 做简谐振动,同时波形以一定的波速向前传播[15]。非线性波浪理论认为实际波浪的波高相对于波长是有限的,因此必须考虑波动的自由水面引起的非线性效应[16]。工程中常用的非线性波浪理论包括司托克斯(Stokes)波理论、孤立波理论以及椭圆余弦波理论,其中Stokes波理论运用最为广泛,其假定波浪运动基本方程可以用幂级数展开式表示,而在幂级数展开式中所取级数项越多,则越接近实际的波动特性,但表达形式也更加复杂。二阶Stokes波的基本要素如下:

二阶Stokes波的波面方程和速度势分别为:

$$\eta = \frac{H}{2}\cos(kx-\omega t) + \frac{H^2}{8}\left(\frac{\pi}{L}\right)\frac{\cosh kd}{\sinh^3 kd} \times [2+\cosh(2kd)]\cos 2(kx-\omega t) \quad (1)$$

$$\varphi = \frac{HL}{2T}\frac{\cosh k(z+d)}{\sinh kd}\sin(kx-\omega t) + \frac{3\pi H^2}{16T}\frac{\cosh 2k(z+d)}{\sinh^4 kd}\sin 2(kx-\omega t) \quad (2)$$

二阶Stokes波的水平方向和竖直方向的速度分别为:

$$u_x = \frac{\partial \varphi}{\partial x} = \frac{\pi H}{T}\frac{\cosh k(z+d)}{\sinh kd}\cos(kx-\omega t) + \frac{3}{4}\left(\frac{\pi H}{T}\right)\left(\frac{\pi H}{L}\right)\frac{\cosh 2k(z+d)}{\sinh^4 kd}\cos 2(kx-\omega t) \quad (3)$$

$$u_z = \frac{\partial \varphi}{\partial z} = \frac{\pi H}{T}\frac{\sinh k(z+d)}{\sinh kd}\sin(kx-\omega t) + \frac{3}{4}\left(\frac{\pi H}{T}\right)\left(\frac{\pi H}{L}\right)\frac{\sinh 2k(z+d)}{\sinh^4 kd}\sin 2(kx-\omega t) \quad (4)$$

水平方向和竖直方向的加速度分别为:

$$a_x = \frac{\partial u_x}{\partial t} = 2\left(\frac{\pi^2 H}{T^2}\right)\frac{\cosh k(z+d)}{\sinh kd}\sin(kx-\omega t) + 3\left(\frac{\pi^2 H}{T^2}\right)\left(\frac{\pi H}{L}\right)\frac{\cosh 2k(z+d)}{\sinh^4 kd}\sin 2(kx-\omega t) \quad (5)$$

$$a_z = \frac{\partial u_z}{\partial t} = -2\left(\frac{\pi^2 H}{T^2}\right)\frac{\sinh k(z+d)}{\sinh kd}\cos(kx-\omega t) - 3\left(\frac{\pi^2 H}{T^2}\right)\left(\frac{\pi H}{L}\right)\frac{\sinh 2k(z+d)}{\sinh^4 kd}\cos 2(kx-\omega t) \quad (6)$$

上述式中,H 为波高;ω 为圆频率;k 为波数;d 为水深;T 为波的周期。相比线性波,二阶Stokes波多了二阶项,一定程度上修正了线性波假定带来的误差。

3 有限元模型建立

3.1 工程背景及计算参数

悬浮隧道的工程背景参考千岛湖悬浮隧道方案[9,18-19],其尺寸、材料参数以及隧道所处的环境参数等见表1。有限元软件ABAQUS建立悬浮隧道模型,采用ABAQUS/Standard隐式动力求解器进行动力响应分析。有限元模型共计 327 个节点,划分 320 个单元,如图 1 所示,其中悬浮隧道管体和锚索均采用 B31 梁单元模拟,通过 Rayleigh 阻尼考虑结构阻尼的影响,锚索和管体之间采用"MPC BEAM"连接,从而约束锚索与管体相连的两个节点之间的平移和旋转。考虑到实际情况中悬浮隧道管体可能的连接方式,暂时将管体两端的约束设为固定支承。

悬浮隧道算例基本参数　　　　　　　表1

结构/介质	参数名称	符号	数值	单位
管体	隧道总长	L	400	m
	外径/内径	D/D'	5/4.4	m
	弹性模量	E_t	3.45×10^4	MPa
	单位长度质量	m	1.13×10^4	kg/m
	阻尼比	ξ	0.05	—
	重浮比	η	0.575	—
	截面中心水深	d	20	m
锚索	锚索长度	l_i	60	m
	直径	d_c	7.2	cm
	弹性模量	E_c	2.1×10^5	MPa
	倾角	α	60°	—
	锚索间距	l	100	m
流体	密度	ρ_w	1 000	kg/m³
	波高	H	2	m
	周期	T	5.66	s
	波长	L	50.8	m
车辆	重量	G	117.6	kN
	速度	v	20	m/s

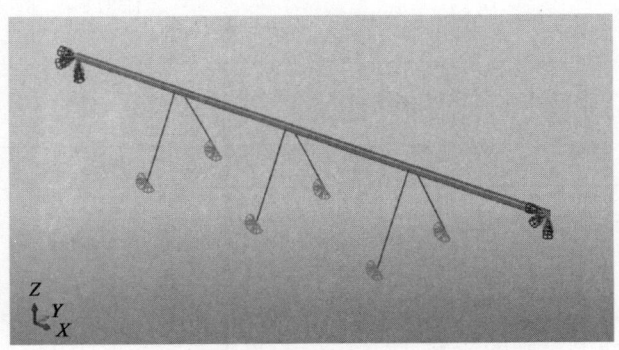

图 1　悬浮隧道有限元模型

3.2　移动荷载和流体作用力的施加

为在 ABAQUS 中实现移动车辆荷载施加并分析结构的动力特性,本文采用 *DLOAD 子程序接口来进行移动荷载的模拟,在过去的大量研究中已被证明具有较高精度。其主要依靠 Fortran 语言,与分析增量步相结合,将移动车辆荷载的作用力大小和作用位置实时地施加在结构上,以实现车辆荷载的移动。

对于流体力的施加,将采用 ABAQUS/AQUA 模块来进行模拟。AQUA 是 ABAQUS 分析海洋工程结构的专业模块,基于 *AQUA、*WAVE 等关键字功能开关来模拟海洋环境,并通过 *Dload PB、FI 和 FDD 等关键字来模拟作用在海洋结构物上的浮力、流体附加惯性力和拖曳力等外荷载。其中流体力施加的基本原理是通过给定的波浪理论得到空间中任意水质点的速度和加速度,再通过 Morison 方程求解结构在当前时刻流体中受到的动荷载,进而得到下一时刻结构和流体之间的相对速度,以迭代的方式得到下一时刻流体力的大小。本文中,隧道管体和锚索均受到流体力的作用。各输入参数以 .inp 文件定义。

4 计算结果

4.1 模态

表2为有限元计算得到的悬浮隧道各阶频率,并与文献[17]预测平面竖弯振动的解析法分析值进行比较,发现锚索各阶的模态的频率十分接近,说明该悬浮隧道模型的一阶侧弯频率比一阶竖弯频率更小;悬浮隧道竖向频率的有限元计算值与文献[17]预测值十分接近,说明建模方法的正确性。

悬浮隧道各阶频率　　　　表2

阶次	FEM频率(Hz)	文献[17]	振型	阶次	频率(Hz)	文献[17]	振型
1~24	0.063 46~0.205 65	—	锚索模态	54	0.780	0.785	三阶竖弯
25	0.295	—	一阶侧弯	55	0.893	—	四阶侧弯
26	0.396	—	二阶侧弯	56	0.915	0.921	四阶竖弯
27~38	0.429 08~0.429 17	—	锚索模态	57~68	1.120 1~1.120 2	—	锚索模态
39	0.493	0.496	一阶竖弯	69	1.343	—	五阶侧弯
40	0.548	0.551	二阶竖弯	70	1.394	1.404	五阶竖弯
41	0.634	—	三阶侧弯	71~82	1.587 8~1.587 9	—	锚索模态
42~53	0.733 81~0.733 9	—	锚索模态	83	1.865	—	六阶侧弯
				84	1.906	1.920	六阶竖弯

4.2 不同荷载作用的对比分析

4.2.1 移动荷载

为后续研究移动荷载与波浪荷载共同作用的影响,对不同数量的车队引起的结构响应进行了分析。考虑实际车辆行驶的情况,计算采用的集中力大小取为 117.6kN(12t 重),移动集中力之间的间距为 20m,整个车队以 20m/s 的速度匀速同步运动,如图2所示。共设置了4个工况:1辆车、5辆车、10辆车以及20辆车。悬浮隧道的位移响应如图3所示。从图中可以发现,在 10 辆车与在 20 辆车的工况下,悬浮隧道跨中处的最大位移几乎相同。即当中间两跨隧道内分布最多的车辆数(10辆车)时,跨中位移达到最大,继续在边跨内增加车辆,跨中位移增幅并不明显。因此,在后续分析波浪与车辆共同作用时,车辆荷载采用 10 辆车的工况进行组合分析。

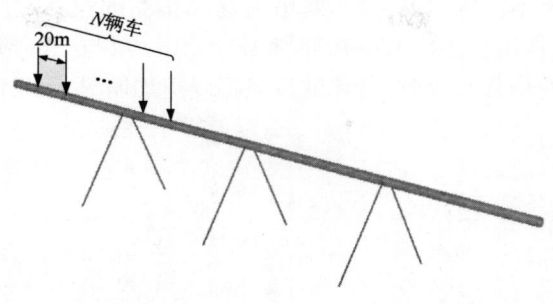

图 2 移动荷载队列示意图

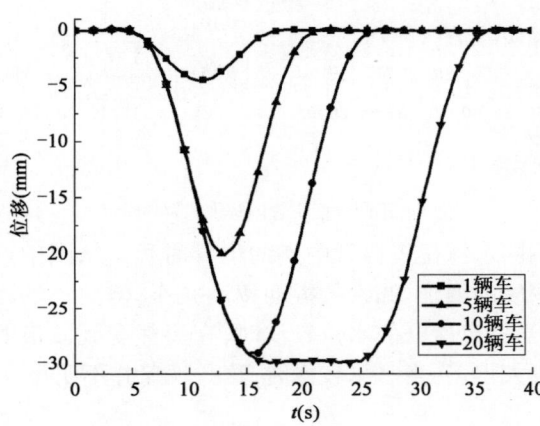

图 3 不同车队工况下管体跨中位移时程响应

4.2.2 波浪荷载

本文将分析在相同的波流环境下(表1),位于不同水深 d 处悬浮隧道管体所受的波浪力,以及隧道管体和锚索的结构位移振动响应,图4和图5分别给出了波高为2m以Stokes五阶波计算的当管体位于水面以下20m处管体跨中以及相应截面锚索中点的位移响应。从图中可以发现,在波浪荷载作用下该分析模型的管体和锚索水平方向上的横荡比竖直方向上的垂荡更大,而锚索达到稳定振动所需的时间比管体所需的时间更长。同时,与单个车辆荷载作用进行对比,在该波浪荷载工况下管体跨中位置的最大竖向位移是单个车辆荷载作用下的11.1倍。

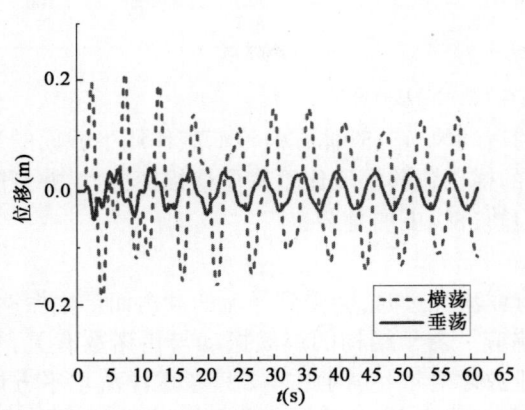

图 4 波高为 2m 时悬浮隧道管体跨中处的位移时程

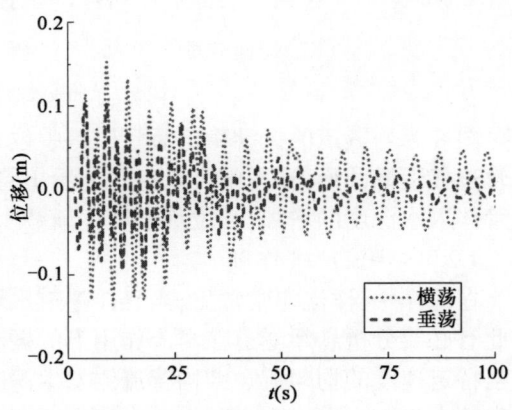

图 5 波高为 2m 时悬浮隧道中锚索中点处的位移时程

图 6 为隧道管体位于不同水深处,管体跨中横荡和垂荡的位移响应。随着管体入水深度的增加,隧道在波浪荷载作用下的位移响应迅速减小,10m 深与 20m 深的管体位移响应差距十分明显。并且当管体的位移较小时,管体的高频振动更加明显。

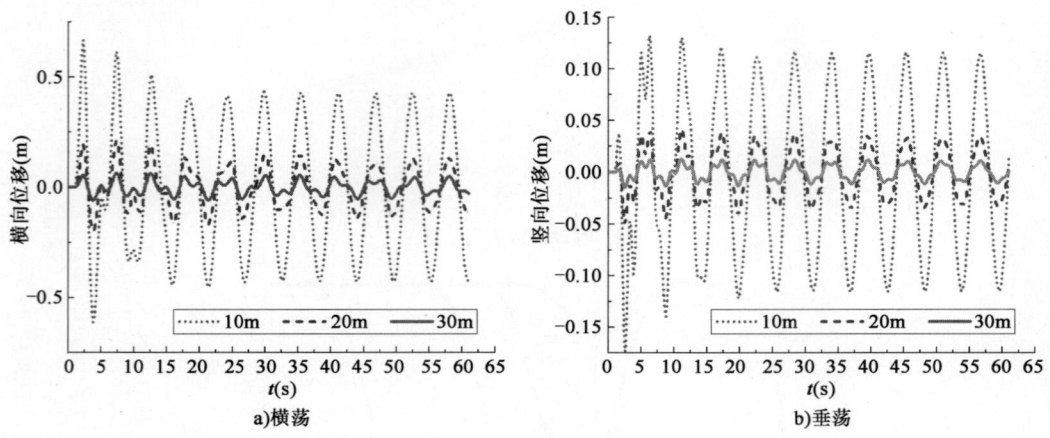

图 6　不同深度下管体跨中的位移时程

图 7 进一步给出了不同水深位置锚索中点的位移时程。从图中可以发现,锚索的横荡和垂荡具有相似性。随着深度的增加,锚索的振动幅度减小,但减小的程度逐渐降低,同时高频振动也更加明显。此外,当隧道所处的水位较浅时,在突然受到波浪的冲击后的初始阶段,锚索的振幅比稳定后的振幅大得多,当水深较深时,这一现象并不明显。

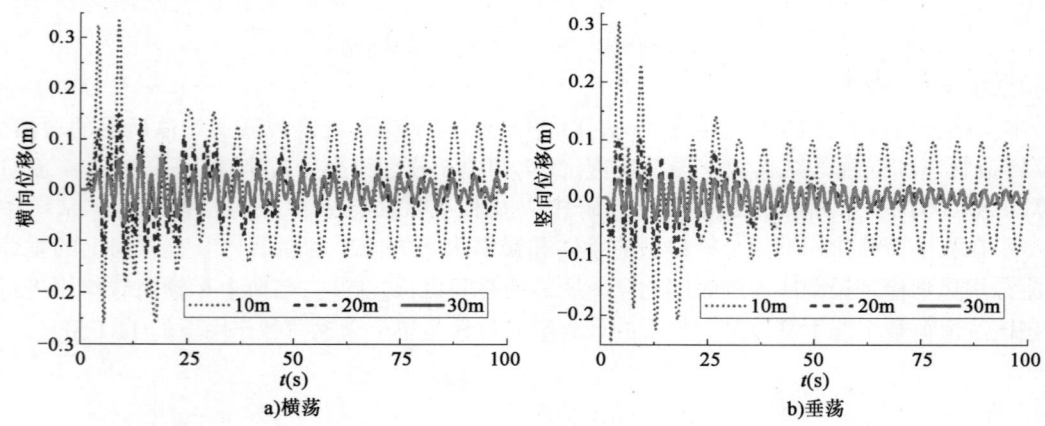

图 7　不同水深位置锚索中点的位移时程

图 8 为当隧道的振动稳定后管体跨中位置的运动轨迹。管体在波浪荷载作用下截面的运动轨迹接近椭圆形,在图中可以直观地看出管体的横荡位移幅度比垂荡位移幅度更大,并且随着管体入水深度的增加,其位移幅度逐渐减小,但轨迹线更加复杂。

4.2.3　洋流冲击作用

在海洋中,洋流非常常见,当悬浮隧道水域有洋流经过时,会受到洋流的冲击而产生振动,因此有必要分析悬浮隧道在洋流作用下的振动响应。由于结构的涡激振动与雷诺数有关,只有当特定速度的均匀流在结构背流侧发生涡激泄放才会产生,因此本文只考虑洋流水平方向上的冲击作用。考虑到实际水流表面流速大,底部流速小,因此采用流速在竖直方向上线性变化的形式来模拟实际水流,悬浮隧道管体处的水深为 20m。图 9 为不同流速的洋流冲击作用下管体的横荡位移。随着流速的增加，管体的最大振动位移和稳定后的静位移变大，并且位移的增幅也逐渐变大。但是在高流速的洋流作用中，管体的振动衰减也更快，这是因为流速越大，管体受到的流体阻尼力就越大，振动的衰减更明显。

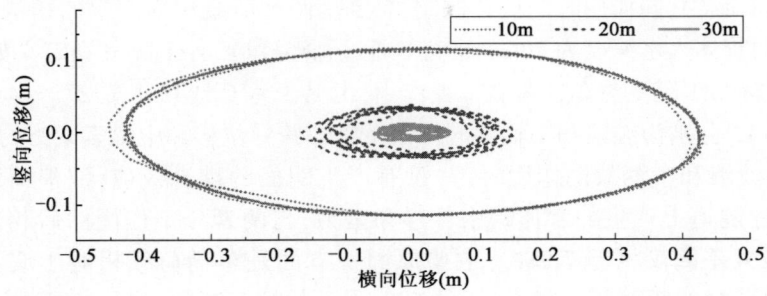

图 8　不同水深下管体跨中运动轨迹

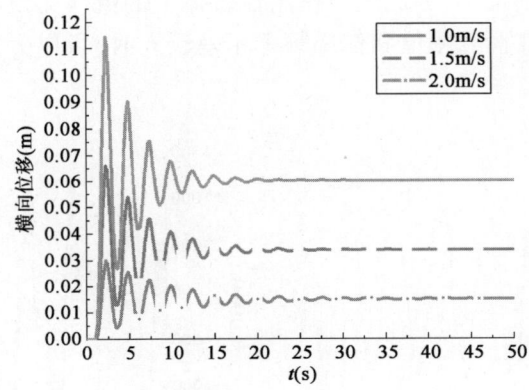

图 9　不同流速洋流冲击下悬浮隧道管体的横荡响应

图 10 为锚索跨中在不同流速洋流冲击作用下的横荡和垂荡位移。随着流速的增加，锚索的最大位移明显增大，但振动现象则明显减弱。此外，与管体相比，锚索的刚度更小，因此洋流冲击作用下锚索的振动现象也更不明显，只经过短暂振动后就达到了新的平衡状态。

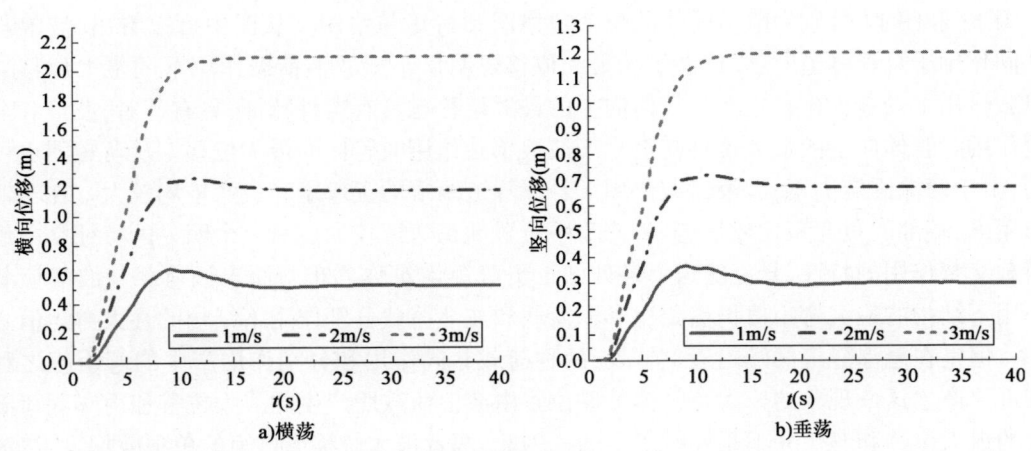

图 10　不同流速洋流冲击下悬浮隧道锚索的位移响应

4.2.4 波浪荷载与车辆移动荷载共同作用

在实际运营期内,悬浮隧道必然会受到多种荷载共同的作用,因此有必要分析多种荷载共同作用时隧道的动力响应情况,这里首先分析移动荷载与波浪荷载共同作用时结构的响应。为能够体现不同荷载共同作用时的耦合效应,需要使两种荷载作用产生的结构响应在同一个量级。分析中的管体入水深度为20m,10辆车通过悬浮隧道,各工况分别定义如下:工况1为波浪荷载单独作用,工况2为车辆荷载单独作用,工况3为工况1+工况2。

图11和图12分别为波浪和车辆共同作用下管体跨中位移和中锚索索力的时程响应。从图中可以看出,波浪和车辆共同作用时,并没有产生明面的耦合效应,波浪荷载和车辆荷载同时作用在悬浮隧道上产生的管体跨中位移和索力,与两者分别作用然后相加的位移和索力几乎相同,最大差值仅相差7.2%。主要原因一方面是车辆荷载相对于波浪荷载来说较小,车辆与波浪荷载的频率相差较大,无法产生明显的耦合现象,另一方面是由车辆荷载引起的管体运动速度很小,在车辆荷载作用时,波浪和隧道的相对速度与波浪单独作用时波浪和隧道的相对速度差别很小,因此波浪作用在管体上的流体力没有明显的变化。这说明当波浪荷载和车辆荷载在荷载幅值和作用频率相差较大时,可以分别计算两者的作用效应再进行叠加。

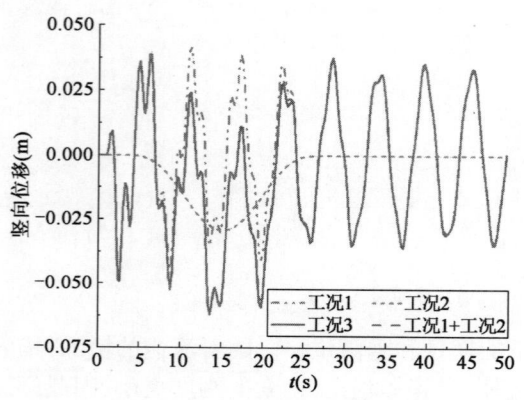

图11 波浪和车辆共同作用下管体跨中竖向位移响应　　图12 波浪和车辆共同作用下中锚索索力时程响应

图13和图14分别为隧道管体的位移包络图和弯矩包络图。从图中可以看出,波浪与车辆共同作用于悬浮隧道时,管体向下的最大位移要明显小于波浪荷载作用下的最大位移与车辆荷载作用下的最大位移之和。管体向上的最大位移也具有这种特征,更有甚者,波浪和车辆共同作用时管体向上的最大位移甚至小于波浪单独作用时管体的最大位移。从弯矩图也可以看到,由于两端固定支承,波浪荷载作用下悬浮隧道两端的正弯矩和负弯矩均较大。在车辆荷载作用下,端部的负弯矩比较显著,各跨跨中位置的正弯矩较大。另一个明显的特征是由于波浪荷载交替作用的特性,悬浮隧道上各处的正负弯矩均对称分布。而车辆荷载与波浪荷载同时作用下结构的最大弯矩值仍然要比车辆荷载和波浪荷载分别作用下结构的最大弯矩值之和要小。但是在悬浮隧道两端附近位置处,两种荷载共同作用和分别作用产生的弯矩值之和十分接近。产生这一现象的原因是管体某些位置由波浪荷载所产生的最大位移和由车辆荷载所产生的最大位移和弯矩并不是同时发生的。因此,两者最大位移或弯矩的单独叠加,比波浪荷载和车辆荷载同时作用时管体的位移或弯矩要更大。

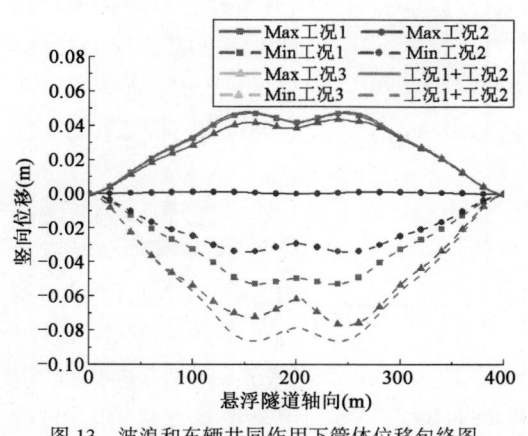

图13 波浪和车辆共同作用下管体位移包络图

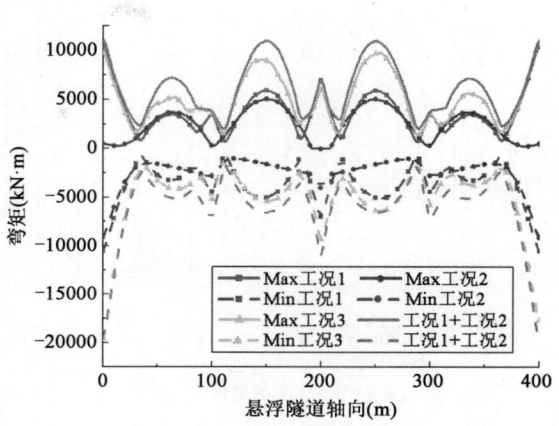

图14 波浪和车辆共同作用下管体弯矩包络图

4.2.5 波浪和均匀流冲击共同作用

在海洋中,波浪和水流叠加的情况也比较常见,本文对波浪和均匀流冲击共同作用下的悬浮隧道结构响应进行了分析,以管体处水深20m、水面流速2m/s的工况为例。图15为管体跨中横荡和垂荡位移的时程响应。在初始阶段由于受到均匀流的冲击,当波-流方向相同时,管体横荡的最大振幅变大,随着均匀流的冲击产生的振动减弱,管体的最大振幅也逐渐减小。而当波-流方向相反时,管体的横荡最大振幅明显变小。在管体竖直的垂荡时程响应中,虽然水平方向上的均匀流冲击单独作用时不会使管体产生竖向的振动,但是波流共同作用管体的竖向位移峰值和波浪单独作用时相比略有减小。此外,可以发现,有水流存在时,管体高阶的振动会减弱,振动时程曲线接近简谐振动。

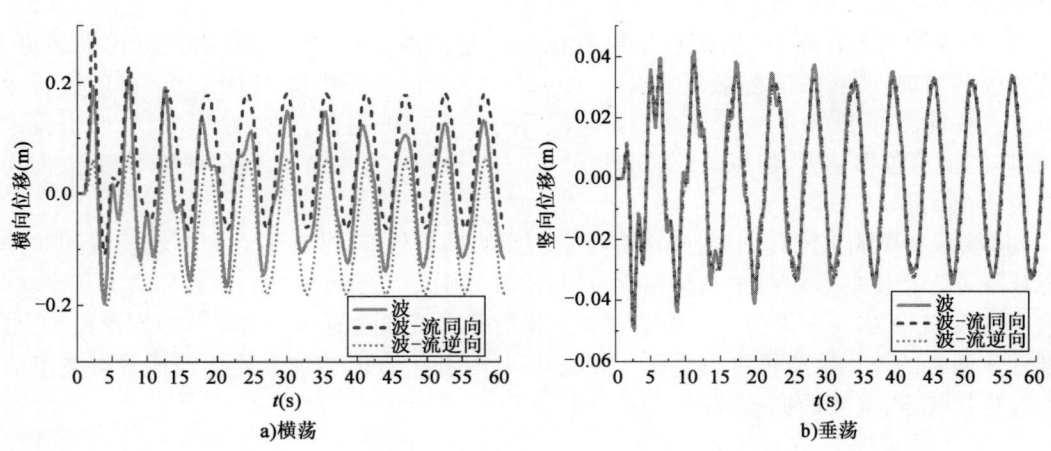

图15 波-流共同作用下管体跨中的位移响应

图16为锚索的振动时程曲线。相比只有波浪的作用,在有稳定的水流共同作用下,锚索跨中位置水平方向上的横荡减弱,但竖向的垂荡增强,并且可以发现在水流环境中,锚索的振动更加稳定,高频的振动减弱。

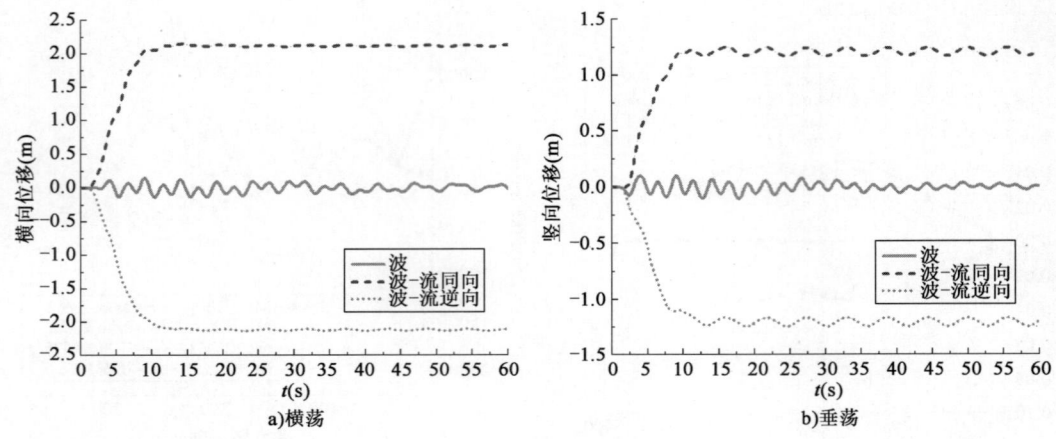

图16 波-流共同作用下锚索的位移响应

5 结语

本文采用 ABAQUS/AQUA 模块对悬浮隧道在车辆荷载以及波流荷载作用下的结构动力响应进行了分析,介绍了波浪荷载的分析理论,以千岛湖悬浮隧道方案为背景建立了悬浮隧道数值分析模型,并研究了不同荷载共同作用下悬浮隧道的动力响应,得出以下结论:

(1)本文的有限元数值模拟方法计算的悬浮隧道频率与文献[17]预测平面竖弯振动的解析法计算得到的频率十分接近。同时,有限元法计算得到的锚索的各阶频率十分接近,该模型的一阶侧弯频率比一阶竖弯频率要小。

(2)随着车队中车辆数的增加,悬浮隧道的跨中最大位移逐渐变大,但当车数达到10辆后,随着车辆的增加,跨中位移增幅很小。这是由于当车辆达到10辆后,车队已满布中间两跨,此时跨中位移已接近最大值。

(3)在波浪荷载作用下,当锚索倾角为60°时,悬浮隧道管体和锚索的横荡比纵荡更大。随着深度的增加,两者的位移均迅速减小,10~20m深的位移减小量比20~30m深的位移减小量更大。在洋流冲击作用下,管体在初始阶段有一个横向的振荡,最后趋于平稳,冲击流速越大,管体的横荡位移越大,但振荡的时间也越短。同一情况下,锚索的振荡现象不明显,但稳定后的位移很大。

(4)波浪和车辆共同作用时,并没有产生明面的耦合效应,波浪荷载和车辆荷载同时作用在悬浮隧道上产生的管体跨中位移和索力,与两者分别作用然后相加的位移和索力几乎相同,最大差值仅相差7.2%。说明当波浪荷载和车辆荷载在荷载幅值和作用频率相差较大时,可以分别计算两者的作用效应再进行叠加。波流共同作用时,管体和锚索的振动比只有波浪荷载作用时更加稳定,高频的振动减弱。

参 考 文 献

[1] 项贻强,薛静平.悬浮隧道在国内外的研究[J].中外公路,2002(6):49-52.

[2] 项贻强,陈政阳,杨赢.悬浮隧道动力响应分析方法及模拟的研究进展[J].中国公路学报,2017,30(1):69-76.

[3] 李勤熙,蒋树屏.随机波浪作用下的水中悬浮隧道力学模型实验[J].科学技术与工程,

2018,18(10):156-160.

[4] DENG S,REN H,XU Y,et al.Experimental study of vortex-induced vibration of a twin-tube submerged floating tunnel segment model[J].Journal of Fluids and Structures,2020,94:102908.

[5] SEO S,MUN H,LEE J,et al.Simplified analysis for estimation of the behavior of a submerged floating tunnel in waves and experimental verification[J].Marine Structures,2015,44:142-158.

[6] LIN H,XIANG Y,YANG Y,et al.Dynamic response analysis for submerged floating tunnel due to fluid-vehicle-tunnel interaction[J].Ocean Engineering,2018,166:290-301.

[7] LIN H,XIANG Y,YANG Y.Vehicle-tunnel coupled vibration analysis of submerged floating tunnel due to tether parametric excitation[J].Marine Structures,2019,67:102646.

[8] YANG Y,XIANG Y,LIN H,et al.Study on vibration response of submerged floating tunnel considering vehicle eccentric load[J].Applied Ocean Research,2021,110:102598.

[9] XIANG Y,YANG Y.Spatial dynamic response of submerged floating tunnel under impact load[J].Marine Structures,2017,53:20-31.

[10] 杨赢,项贻强,陈政阳,等.悬浮隧道整体冲击响应模拟方法及试验验证[J].中国公路学报,2019,32(1):127-134.

[11] 罗刚,潘少康,周晓军,等.水下非接触爆炸冲击作用下悬浮隧道动力响应[J].中国公路学报,2018,31(6):244-253.

[12] 蒋树屏,李勤熙.不同断面型式悬浮隧道管段波动特性实验研究[J].地下空间与工程学报,2019,15(2):416-422.

[13] XIANG Y,LIN H,BAI B,et al.2021.Numerical simulation and experimental study of submerged floating tunnel subjected to moving vehicle load[J/OL].Ocean Engineering,2021,235:109431.

[14] ABAQUS,ABAQUS 6.14 Documentation.Dassault Systemes Simulia Corp.,Providence,2014[Z].

[15] 竺艳蓉.海洋工程波浪力学[M].天津:天津大学出版社,1991.

[16] WILSON J.海洋结构动力学[M].杨国金,等,译.北京:石油工业出版社,1991.

[17] 项贻强,高超奇,杨云深.两端任意约束的弹性支撑梁在移动荷载下的动力响应[J].哈尔滨工业大学学报,2022,54(3):12-19.

[18] Fiorentino A,Mazzolani F M,Perotti F.The SIJLAB Joint Laboratory and the design of a prototype Archimedes Bridge[C]//5th Symposium on Strait Crossing,2009:133-138.

[19] Faggiano B,Iovane G,Toscano I,et al.Preliminary study on the behaviour of the SFT Qiandao prototype against explosions and impacts[C]//Proceedings of the 14th International Conference on Vibration Problems.Springer,Singapore,2021:823-842.

114. 矩形带破冰体桥墩流冰碰撞时变动荷载模型研究

张连振[1] 杨庆伟[1] 张宿峰[2] 卫学亮[3] 吴红林[1] 孙永明[1]

（1.哈尔滨工业大学交通科学与工程学院；2.黑龙江省公路建设中心；
3.中交一航局第三工程有限公司）

摘 要：我国高寒地区流冰灾害严重，每年春季开河时，流动的冰排会严重威胁位于河中的桥梁结构。为避免桥梁结构遭撞击毁坏，必须对流冰与桥墩之间的相互作用进行研究，而撞击力模型是抗冰灾设计的基础。本文构建了一种描述流冰撞击桥墩过程的时变动荷载模型，可用于计算结构在流冰撞击过程中的动力响应。首先，对我国高寒地区河冰的力学性质开展研究，收集整理了不同河段河冰的力学试验结果，通过区间估计与可靠度分析得出了我国高寒地区的河冰强度代表值。然后，基于 LS-DYNA 软件建立了矩形带破冰体桥墩的流冰撞击有限元模型，并对撞击过程进行了参数分析。最后，在对大量仿真数据进行统计分析的基础上，构建了一种描述流冰撞击桥墩过程的动力荷载模型。数值仿真结果表明，本文提出的时变动荷载模型可以较好地描述流冰-桥梁的碰撞过程。

关键词：河冰力学性质 流冰撞击桥墩 LS-DYNA 时变动荷载模型

1 引言

我国是一个多冰灾的国家，每年冬季在 N30°以上的黄河、辽河、松花江、黑龙江、嫩江等流域都存在严重的冰情。这些江河在春季气温回升时开河，冰盖裂开为巨大的冰排，冰排在风、波浪、水流等的作用下向下游漂流。巨大而坚硬的冰排会对位于河中的桥梁等水工建筑物构成严重威胁，历史上曾发生过多起冰致桥梁结构毁坏的事故[1]。为避免桥梁结构被撞击毁坏，必须对流冰与桥墩之间的相互作用进行研究并设防。而撞击力模型是抗冰灾设计的基础，为此国内外学者做了大量研究，并给出了一些计算流冰撞击力的经验公式或建议。

目前，国内外学者给出的撞击力计算公式形式比较相似[2]，但都将撞击力看作一个静荷载，忽略了流冰撞击桥墩是一种动力行为，既有的荷载模型没有考虑结构在这个过程中的动力响应。因此，有必要研究流冰撞击桥墩过程中撞击力的变化规律，构建一种描述撞击过程的动力荷载模型。本文以矩形带破冰体桥墩为例，基于 LS-DYNA 碰撞分析软件，对流冰-桥梁的碰撞过程进行了参数分析。在对大量仿真计算结果进行统计分析的基础上，构建了一种描述流冰撞击桥墩过程的时变动荷载模型,为桥梁抗冰灾设计提供依据。

2 高寒地区河冰力学性能统计分析

掌握河冰的力学性能是研究冰与结构相互作用的基础,关于河冰的力学性能,国内外学者已经开展了较多的试验研究,得到了大量河冰强度和弹性模量的试验数据。但由于河流地域和试验条件的差别,不同学者的试验结果之间存在较大差异,离散性较大,在进行抗冰灾设计时,无法确定河冰强度的代表值。为此,本文通过整理来自不同学者的多年来的试验成果[3-6],获得松花江、嫩江、牡丹江、呼玛河等典型流域的河冰力学试验数据,基于可靠度分析,得出河冰强度在95%保证率下的取值,图1为处理数据的流程。

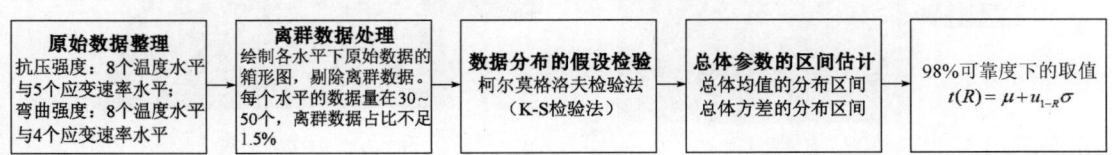

图1 河冰力学性能试验数据统计分析流程

表1给出了河冰抗压强度在保证率为95%时的取值,这些取值反映了我国高纬度地区不同流域内河冰的力学性能。由表1可知,河冰抗压强度随温度降低基本呈线性增加的趋势,在-30℃时达到最大值;当温度继续降低,河冰强度有所减小,这是由于过低的温度使河冰的冰相成分发生变化[4]。同理,也可以得出河冰其他力学指标在可靠度统计意义上的代表值,限于篇幅,不再列出。

河冰抗压强度代表值(单位:MPa)　　　　　　表1

温度 (℃)	应变速率				
	$0.05×10^{-3}/s$	$0.95×10^{-3}/s$	$1.90×10^{-3}/s$	$2.86×10^{-3}/s$	$5.70×10^{-3}/s$
0	1.172	1.799	1.239	1.270	1.350
-1	1.444	1.861	2.073	1.783	1.547
-2	1.538	2.192	2.258	2.123	1.558
-5	1.716	2.735	2.788	2.309	2.012
-15	2.383	2.937	2.895	2.670	2.922
-20	2.827	3.505	3.049	3.349	3.145
-30	2.984	3.598	3.463	3.419	4.348
-35	2.752	3.382	3.043	3.297	3.120

3 流冰-桥墩碰撞过程参数分析

桥梁设计时,在存在流冰的河段,一般将桥墩设计成实体墩,且通常设置破冰体。本文基于LS-DYNA程序建立了矩形带破冰体桥墩的流冰撞击仿真模型,分析了参数改变对撞击结果的影响。

冰排自身的破坏类型及破坏过程将会直接影响它对结构物的作用模式与作用力。常见的冰排破坏类型有:挤压破坏、压屈破坏、纵向剪切破坏、弯曲破坏、摩擦破坏与混合型破坏[7]。在这些破坏模式中,挤压破坏最为常见且作用效果最为剧烈[7]。冰排发生挤压破坏时,在不同的流速下会表现出不同的破坏状态,本文主要研究流速较大,冰排发生脆性劈裂破坏这种最不利情形，以便得到可用于指导桥梁抗冰灾设计的动力荷载模型。

3.1 有限元建模

本文借助 ANSYS APDL 程序建立几何模型，在程序内完成前处理并写出 K 文件，导入 LS-DYNA 程序中进行求解和后处理。建立了流冰河段典型的桥墩形式——矩形带破冰体实体式桥墩，桥墩高度 3m，底端固结。冰排尺寸为 30m×40m，在与桥墩接触的区域对网格进行加密，以提高计算精度。有限元模型与碰撞过程如图 2 所示。

a)流冰撞击有限元模型　　　　　　　　　b)仿真模型的碰撞过程

图 2　有限元模型与碰撞过程

冰排与桥墩相撞时一般为冰排破坏且为脆性破坏，桥墩仍处于弹性状态，因此桥墩与冰排的材料均可简化为线弹性模型。桥墩材料采用 C40 混凝土，弹性模量为 3.25×10^4 MPa，密度为 2 550kg/m²，泊松比为 0.2；冰排的弹性模量取 800MPa，密度为 900kg/m²，泊松比为 0.3。桥墩和冰排单元均采用 Solid164 实体单元。为模拟冰排的破碎，需要在程序中定义单元失效的准则。在 LS-DYNA 程序中，*mat add erosion 关键字可对没有失效准则的材料类型进行额外定义，通过定义该关键字可实现冰排单元的失效和脱落，从而模拟冰排的破碎。按照主拉应力控制单元的失效比按照最大压应力控制更符合现场的试验结果[8]，因此本文按照主拉应力定义冰排的失效准则。LS-DYNA 程序中提供 NTS(点对面接触)、ANTS(自动点对面接触)与 ASTS(自动面对面接触)三种接触类型。在模拟冰排与桥墩碰撞时，ASTS(自动面对面接触)的精度更高[9]，本文选用这种接触类型，接触算法采用对称罚函数法。

3.2 仿真结果分析

冰排的流速 v、冰温 T 与冰厚 h，桥墩的迎冰面宽度 b 与破冰体角度 α，均会对撞击结果产生影响[10]。根据现场监测数据[6,9,11]，本文在参数分析中将冰排流速取为 0.2m/s、0.5m/s、1.0m/s、1.5m/s、2.0m/s、2.5m/s 和 3.0m/s；河冰温度取为 0℃、−1℃、−2℃、−3℃、−4℃和−5℃；冰厚取为 0.2m、0.5m、0.8m、1.0m、1.4m 和 1.7m。将桥墩迎冰面宽度取为 2m、3m、4m、5m、6m 和 7m；桥墩破冰体角度取为 45°、60°、75°、90°和 120°。下面给出参数分析结果。

3.2.1 流冰速度的影响

图 3 是在不同冰排流速下的撞击力时程。可以看出，当速度小于 1.5m/s 时，撞击力峰值随速度的增大而增大；当大于此临界值时，撞击力峰值的大小基本保持不变。同时，加载时间随速度的增大而变短。这是因为当冰排速度大于发生劈裂破坏的临界流速后，冰排部分或整体失效导致撞击力不再增长。

3.2.2 流冰温度的影响

不同冰排温度下的撞击力时程如图 4 所示。可以看出，撞击力峰值随温度降低而增大，但变化幅度不大。这是因为冰排的强度与冰温密切相关，而撞击力的大小与冰排的强度近似成正比关系[10]。

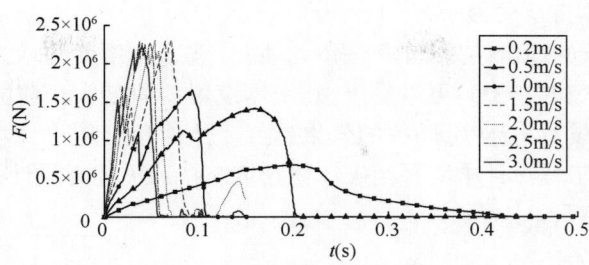

图 3　不同冰排速度的撞击力时程

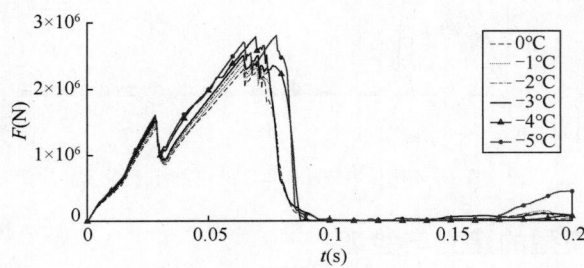

图 4　不同冰排温度的撞击力时程

3.2.3　流冰厚度的影响

不同冰排厚度下的撞击力时程如图 5 所示，可以看出，不同厚度下的撞击力曲线差异很大，这与冰排的破坏形式有关。总体来看，撞击力峰值随厚度的增加显著增加；加载时间随厚度增加有变短的趋势。

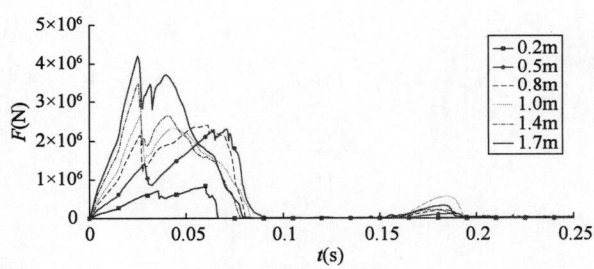

图 5　不同冰排厚度的撞击力时程

3.2.4　桥墩迎冰面宽度的影响

图 6 是不同迎冰面宽度下的撞击力时程。可以看出，在不同的迎冰面宽度下，撞击力时程的曲线形状差异不大，撞击力峰值随宽度的增大有显著增大的趋势；加载时间与迎冰面宽度没有显著关系。

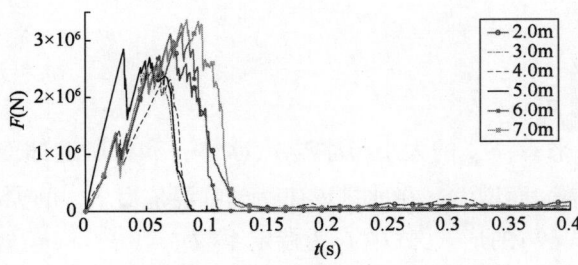

图 6　不同桥墩迎冰面宽度的撞击力时程

3.2.5 桥墩破冰体角度的影响

不同破冰体角度下的撞击结果如图7所示。随着破冰体角度的增大,撞击力峰值显著增大;加载时间有逐渐增长的趋势。可以看出,破冰体设置的角度大小将显著影响防撞效果,一般来说,破冰体的角度设置得越小,防撞的效果越好。然而角度越小,破冰体前端伸出桥梁越远,工程量越大,因此,工程设计中应平衡破冰体角度与抗冰灾能力设计的关系。

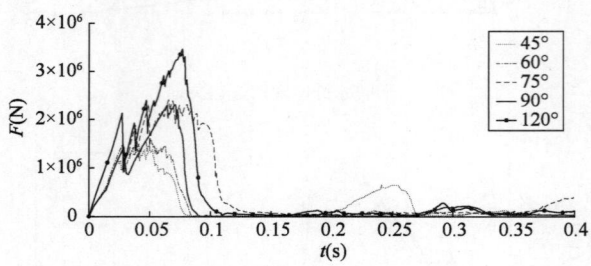

图7 不同桥墩破冰体角度的撞击力时程

4 时变动荷载模型的建立与验证

由第3节中大量撞击力时程曲线的特征可知,当冰排发生劈裂破坏时,作用力在较短时间内快速增大,到达峰值后撞击力开始减小,整个加载-卸载的过程可以简化为一个三角形冲击荷载,如图8所示。这个动荷载可由撞击力峰值 F_{max}、加载时间 t_1 和卸载时间 t_2 三个参数确定,用公式表达为:

$$F = \begin{cases} \dfrac{F_{max}}{t_1} \times t & (0 < t \leq t_1) \\ \dfrac{F_{max}}{t_2} \times (t_1 - t) + F_{max} & (t_1 \leq t \leq t_2) \end{cases} \quad (1)$$

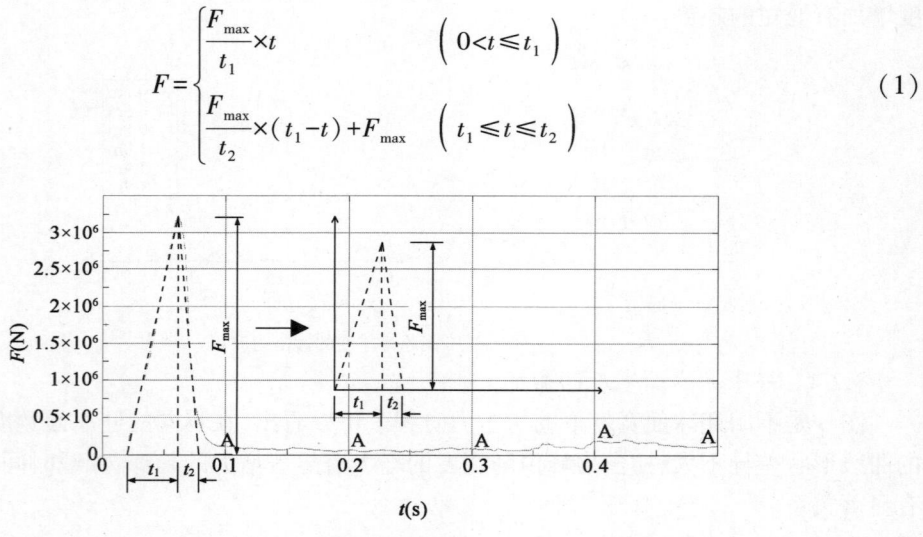

图8 三角形冲击荷载

4.1 荷载模型建立

4.1.1 撞击力峰值 F_{max}

从参数分析的结果来看,F_{max} 的大小与冰温 T、冰厚 h 和桥墩迎冰面的宽度 b 近似成正比关系,随破冰体角度的增大而增大。在冰排流速达到临界值后 F_{max} 的大小与速度无关,不再增大。因此,将 F_{max} 设为式(2)的形式,式中 C_f 为待定系数。

$$F_{max} = C_f b h T \quad (2)$$

式(2)与我国《公路桥涵设计通用规范》(JTG D60—2015)中采用冰抗压强度控制的静冰压力计算公式[式(4.3.11-1)]形式相似。根据第2节的分析,河冰抗压强度可表达为冰温T的函数,如图9所示。因此,撞击力峰值F_{max}可表达为式(3),式中m为迎冰面形状系数,按规范中表4.3.11-1取用[12]。

$$F_{max} = mbh(-0.095\,548T + 1.415\,3) \tag{3}$$

4.1.2 加载时间 t_1

加载时间t_1受温度T和迎冰面宽度b的影响不大,随冰排速度v和厚度h的增大而减小,随破冰体角度α的增大而变大。因此,将加载时间t_1设为式(4)的形式,式中C_{t1}为待定系数。

$$t_1 = \frac{C_{t1}}{vh}\sin\frac{\alpha}{2} \tag{4}$$

图10为加载时间t_1与$(\sin\alpha/2)/vh$的关系。从图中可以看出,两个量之间基本符合正比关系,待定系数C_{t1}可通过直线的斜率取得。因此,可得到加载时间t_1的表达式为式(5)。

$$t_1 = \frac{1}{13.86vh}\sin\frac{\alpha}{2} \tag{5}$$

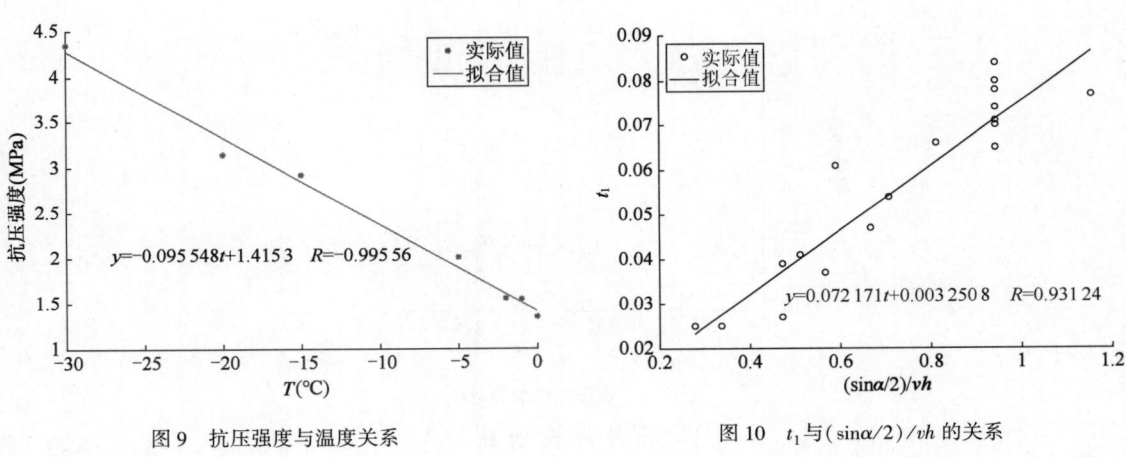

图9 抗压强度与温度关系　　　　图10 t_1与$(\sin\alpha/2)/vh$的关系

4.1.3 卸载时间 t_2

将卸载时间t_2设为t_1的倍数,如式(6)所示,式中C_{t2}为待定系数。

$$t_2 = C_{t2}t_1 \tag{6}$$

根据参数分析的结果,C_{t2}的大小与桥墩迎冰面宽度b、冰排厚度h与破冰体夹角α密切相关,可按照表2取得。表中未列出的情形通过直线内插取值,对于圆柱形桥墩,取$\alpha=80°$。

C_{t2} 的取值　　　表2

$(b\sin\alpha/2)/vh$	0.5	30
C_{t2}	1	0.2

将式(3)、式(5)和式(6)代入式(1)即可得到描述流冰-桥墩碰撞作用的时变动荷载模型。

4.2 荷载模型验证

为检验所建立的荷载模型对流冰-桥墩碰撞作用的模拟效果,本文按照真实尺寸建立了实体重力式桥墩的仿真模型,如图11所示。通过对比LS-DYNA碰撞分析与本文荷载模型计算的结果,可以发现按照两种方式计算得到的撞击荷载以及由撞击荷载引起结构的动力响应都比较接近,如图12、图13所示。由此可见,本文建立的时变动荷载模型可较好地模拟流冰撞击桥墩的过程,可应用于桥梁抗冰灾动力设计。表3为三个参数的计算值对比。

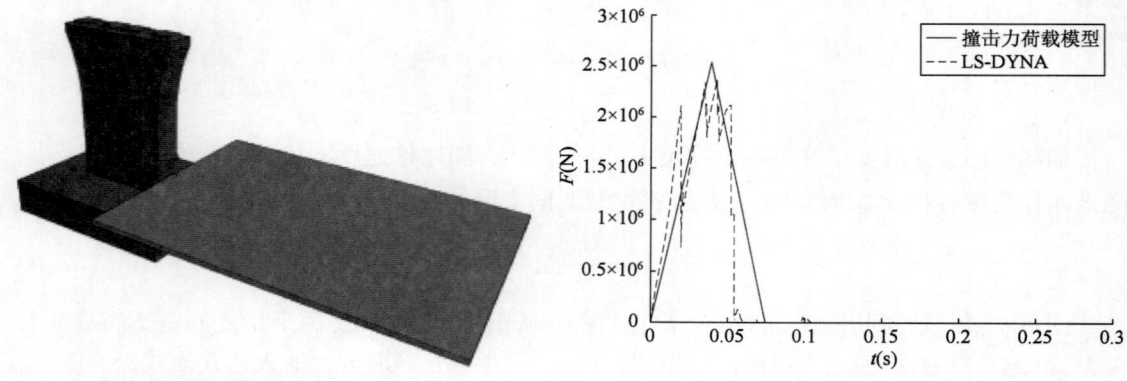

图11 流冰撞击实体桥墩有限元模型　　　　　图12 撞击荷载对比

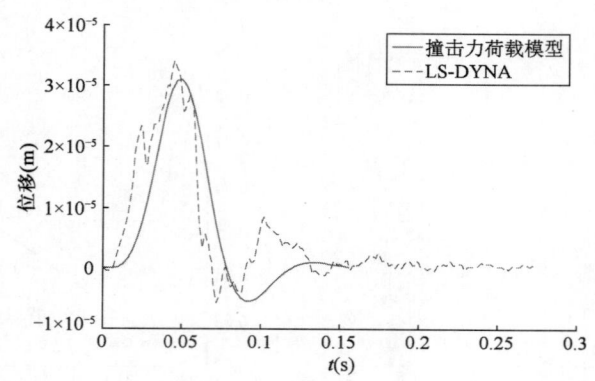

图13 墩顶位移响应对比

计算结果对比　　　　　　　　　　　　　　　表3

参　数	LS-DYNA 程序计算结果	荷载模型结果	误　差
撞击力峰值 F_{max}(kN)	$2.370×10^6$	$2.539×10^6$	7.13%
加载时间 t_1(s)	0.042 8	0.039 2	−8.41%
卸载时间 t_2(s)	0.070 5	0.074 4	5.53%

5　结语

本文针对流冰河段的典型桥墩形式——矩形带破冰体实体式桥墩,构建了一种描述流冰撞击桥墩过程的时变动荷载模型,主要得到以下结论:

(1)冰排的温度与厚度,桥墩迎冰面的宽度与破冰体的角度均会显著影响撞击荷载峰值的大小;当冰排流速在一定范围内时,撞击荷载峰值随速度的增大而增大,当大于临界值后,撞击力峰值的大小与速度无关。

(2)加载时间受温度和迎冰面宽度的影响不大;随冰排速度和厚度的增大而变短,随破冰体角度的增大而变长。

（3）本文建立的时变动荷载模型可较好的模拟流冰撞击桥墩的过程,可为桥梁抗冰灾动力设计提供依据。

参 考 文 献

[1] 蔡之瑞,郭世荣.冰荷载的实验研究与计算方法[J].地震工程与工程振动,1997,17(4):8.
[2] 陆钦年,段忠东,欧进萍,等.河冰对桥墩作用的冰荷载计算方法(Ⅱ)——冰压力计算公式[J].自然灾害学报,2002,11(4):7.
[3] 陆钦年,汤爱平,钟南萍.河冰对桥墩作用的冰荷载计算方法(Ⅰ)——河冰的力学性能试验[J].自然灾害学报,2002,11(2):5.
[4] 袁正国,于天来.河冰力学性能试验研究[J].辽宁工程技术大学学报(自然科学版),2009,28(6):4.
[5] 曹岩.河冰强度标准值确定方法研究[D].哈尔滨:东北林业大学,2014.
[6] 张宿峰.流冰与桥墩的相互作用[D].哈尔滨:东北林业大学,2014.
[7] 宋安.海冰静力作用的特点及几种典型结构的冰力模型试验[J].海洋学报,1994,16(6):9.
[8] 单思镝.河冰对桥墩撞击作用的数值模拟分析[D].哈尔滨:东北林业大学,2011.
[9] 于天来,雷俊卿,单思镝,等.春季河冰流凌对桥墩撞击作用计算模型的研究[J].振动与冲击,2011,30(6):5.
[10] 鄂宇辉,李忠龙,牛津.河流冰撞击实体桥墩的作用力影响因素分析[J].低温建筑技术,2018,40(11):4.
[11] 马晨阳.流冰荷载作用下双柱式钢筋混凝土桥墩动力响应分析[D].哈尔滨:东北林业大学,2021.
[12] 中华人民共和国交通运输部.公路桥涵设计通用规范:JTG D60—2015[S].北京:人民交通出版社股份有限公司,2015.

115.斜风下斜拉-悬吊组合体系桥颤振稳定性研究

张新军 胡智勇 应赋斌

(浙江工业大学土木工程学院)

摘 要：为了解斜风作用下斜拉-悬吊组合体系桥的颤振性能，本文采用考虑静风效应和全模态耦合影响的斜风下大跨径桥梁三维精细化颤振分析程序，以主跨1400m的斜拉-悬吊组合体桥设计方案为研究对象，对其动力特性和斜风作用下的颤振稳定性进行分析，并揭示斜风作用和静风效应对斜拉-悬吊组合体系桥颤振稳定性的影响。结果表明：斜拉-悬吊组合体系桥是长周期的大跨柔性结构，自振频率密集分布，模态耦合效应强，具有显著的多模态耦合颤振特点；斜拉-悬吊组合体系桥的颤振临界风速随着风偏角的增大呈现波动起伏变化特征，并非如斜风分解法所述的单调递增的变化规律，且主要在斜风情况下达到最低值；斜风作用和静风效应均会降低斜拉-悬吊组合体系桥的颤振稳定性，且静风效应起主要作用；斜风和静风效应使颤振临界风速的平均降幅分别为1.53%和9.83%，而斜风和静风的综合作用则进一步劣化斜拉-悬吊组合体系桥的颤振稳定性，降幅平均值达到了13.8%。因此，斜拉-悬吊组合体系桥颤振分析必须综合考虑斜风和静风效应及其产生的不利影响。

关键词：斜风 斜拉-悬吊组合体系桥 颤振稳定性 动力特性 静风效应

斜拉-悬吊组合体系桥是在传统悬索桥和斜拉桥基础上发展形成的一种组合式缆索承重桥梁，融合了斜拉桥和悬索桥两种桥型的优点，在提高桥梁跨越能力的同时也改善了结构的受力性能，具有刚度大、锚锭小、动力性能好以及造价低等特点。研究表明：斜拉-悬吊组合体系桥在1 100~1 800m跨径范围内可以与悬索桥竞争，尤其在1 400~1 800m跨径范围内更具有优势，为21世纪跨海越江的超大跨径桥梁建设提供了一种理想的结构解决方案[1]。自1883年建成当时世界最大跨径的斜拉-悬吊组合体系桥梁——纽约布鲁克林大桥以来，斜拉-悬吊组合体系桥经过近140年的研究实践曾相继提出了罗勃林体系、狄辛格体系、斯坦因曼体系、林同炎体系和吉姆辛体系等结构形式，并在世界大跨桥梁的设计中屡次提出该桥型方案[1-2]。近年来，斜拉-悬吊组合体系桥在实际工程中得到成功应用，如2016年建成通车的土耳其博斯普鲁斯海峡三桥(主跨1 408m的公铁两用斜拉-悬吊组合体系桥)和我国在建的西堠门公铁两

基金项目：浙江省公益技术应用研究项目(LGF22E080018)。

用大桥(主跨1 488m的斜拉-悬索协作体系桥)等。与斜拉桥和悬索桥等缆索支承桥梁一样,斜拉-悬吊组合体系桥同样是一种大跨柔性结构,风作用下的结构稳定性(主要指颤振稳定性)是其设计和建造需要关注的重要问题。

近年来,国内外学围绕斜拉-悬吊组合体系桥的结构体系与静力性能、动力性能及经济性能等问题开展了较详尽的研究,但对颤振稳定性问题的研究涉及很少。为了提高斜拉-悬吊组合体系桥空气动力稳定性和经济性,Fumoto等[2]提出了跨中区域分离式双箱梁和近桥塔区域单箱梁的混合式主梁方案,并通过风洞试验证明其具有良好的气动稳定性。张新军等[3]运用颤振多模态分析方法,对主跨1 400m的斜拉-悬吊组合体系桥进行了颤振稳定性分析,并探讨了主缆矢跨比、吊跨比、边跨长度、斜拉索平面布置和边跨辅助墩等设计参数对其颤振稳定性的影响。张新军[4]等针对1 400m主跨的吊拉组合体系,采用三维非线性空气静力和动力稳定性分析方法,开展了主梁从两侧桥塔至中跨跨中以及同时从两侧桥塔和中跨跨中开始至斜拉悬吊结合处两种对称架设顺序下施工全过程的颤振稳定性分析。李佳莹[5]针对主跨1 736m的公铁两用斜拉-悬索协作体系桥提出了单层混合箱梁和双层钢桁架梁两个桥面主梁设计方案,利用ANSYS有限元软件对比分析了两个方案的动力特性,在此基础上采用规范简化公式对两个方案的颤振稳定性进行评价。邵国攀[6]拟定主跨2 100m的超大跨径吊拉组合桥梁方案,运用三维多模态颤振分析方法对主梁采用整体钢箱梁和分体双箱梁两种设计方案的颤振稳定性进行对比分析。当前,斜拉-悬吊组合体系桥的抗风研究都是针对法向风作用情况,即假定风的来流方向垂直于桥轴线。大跨径桥梁在确定桥位时,通常使桥轴线的法向偏离桥址处的主风向,内地山区或复杂地形地区的桥梁所受的自然风方向复杂多变,沿海地区桥梁经常遭受风向多变的台风侵袭,现场风速观测表明桥梁所受强风的作用方向大多偏离桥跨法向[7]。鉴于实际情形中桥梁多承受斜风作用,斜风作用下斜拉-悬吊组合体系桥的颤振性能如何至今未见文献报道,因此迫切需要研究斜风作用下斜拉-悬吊组合体系桥的颤振稳定性问题。

为此,采用考虑静风效应和全模态耦合影响的斜风作用下大跨径桥梁精细化三维颤振分析程序[8],结合主跨1 400m的斜拉-悬吊组合体系桥设计方案,对其斜风作用下结构的颤振稳定性进行分析,并探明斜风作用和静风效应对斜拉-悬吊组合体系桥颤振稳定性的影响,为该类桥梁的抗风分析和设计提供理论指导。

1 桥梁简介

图1所示为一座主跨1 400m的斜拉-悬吊组合体系桥设计方案,桥跨布置为319m+1 400m+319m。主跨由612m悬吊段、680m的斜拉段以及两侧各54m的斜拉悬吊结合部组成,每个结合部设置4对交叉吊杆[3]。悬吊段主缆横向间距34m,吊杆间距18m,主缆矢跨比为1/10。斜拉索在边跨主梁的锚固间距为14m,在中跨主梁的锚固间距为18m。桥面主梁采用流线型钢箱梁,宽36.8m,高3.85m。桥塔采用钢筋混凝土门式框架结构,塔高约259m,两塔柱间设置三道横梁。锚碇采用重力式锚碇。

2 结构动力特性分析

分析时,将该桥简化为如图2所示的三维有限元分析模型,其中桥面主梁、桥塔及刚性横梁均采用空间梁单元模拟,主缆、吊杆及斜拉索则采用只受拉空间桁架单元模拟。桥面主梁采用鱼骨式计算模型,主梁与吊索和斜拉索之间通过刚性横梁进行连接。塔梁之间耦合横向自由度,墩梁之间耦合竖向和横向自由度。

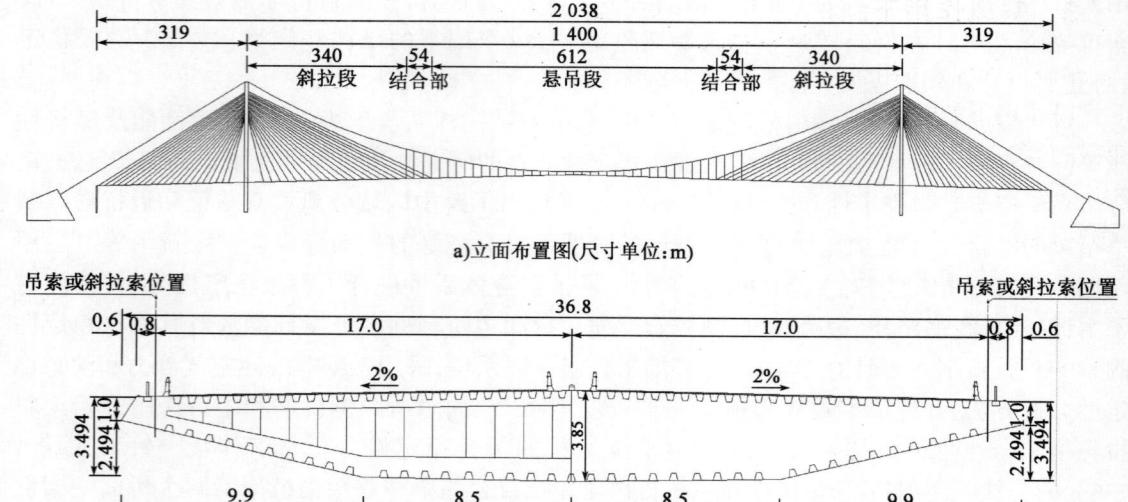

a) 立面布置图(尺寸单位:m)

b) 主梁横断面(尺寸单位:m)

图1 斜拉-悬吊组合体系桥设计方案

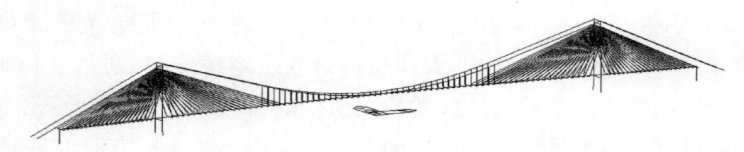

图2 斜拉-悬吊组合体系桥三维有限元模型

基于上述三维有限元分析模型,采用基于子空间迭代法的结构动力特性分析程序SDCA进行动力特性分析。该桥一阶正对称和反对称的侧弯、竖弯和扭转自振频率见表1。

斜拉-悬吊组合体系桥的动力特性 表1

振型	频率(Hz)	振型形状
侧弯	0.061 9	1-L-S
	0.146 0	1-L-AS
竖弯	0.182 7	1-V-S
	0.096 6	1-V-AS
扭转	0.335 6	1-T-S
	0.365 4	1-T-AS

注:数字表示振型阶数;L-侧弯;V-竖弯;T-扭转;S-正对称;AS-反对称,下同。

如表1和图4所示,斜拉-悬吊体系桥的结构动力特性存在以下的特点:①结构一阶振型的自振频率是0.061 9Hz,相应的周期为16.2s,体现了斜拉-悬吊组合体系桥长周期柔性结构的特点;②侧弯振型首先出现,其次是竖弯振型,扭转振型最晚出现,一阶对称竖弯和侧弯自振频率比为2.992,表明结构的横向刚度明显小于竖向刚度,因此应重视横向风作用下结构的稳定性问题;③扭转频率显著大于侧弯和竖弯频率,同时也比同等主跨悬索桥的扭转频率大,表明结构具有较大的扭转刚度,有利于结构的抗风稳定性;④自振频率密集分布,模态耦合效应较明显,将促使更多的模态参与颤振,结构具有显著的多模态耦合颤振特点。

3 斜风作用下斜拉-悬吊组合体系桥颤振稳定性分析

由于斜拉-悬吊组合体系桥设计方案的主梁截面形状和尺寸与南京长江三桥极为相似,以下斜风作用下的颤振稳定性分析采用了南京长江三桥桥面主梁成桥状态斜节段模型风洞试验测得的气动力参数[9]。采用斜风下大跨度桥梁精细化三维颤振分析程序 Nflutter-sw[8],在 $-3°\sim+3°$ 初始风攻角和 $0°\sim20°$ 初始风偏下,进行不同初始风攻角和初始风偏角组合工况的颤振稳定性分析,各初始风攻角下颤振临界风速随初始风偏角增大的变化趋势如图3所示,图中 U_f 表示颤振临界风速,α_0 表示初始风攻角,β_0 表示初始风偏角,实线表示不考虑静风效应的颤振临界风速,虚线表示考虑静风效应的颤振临界风速。

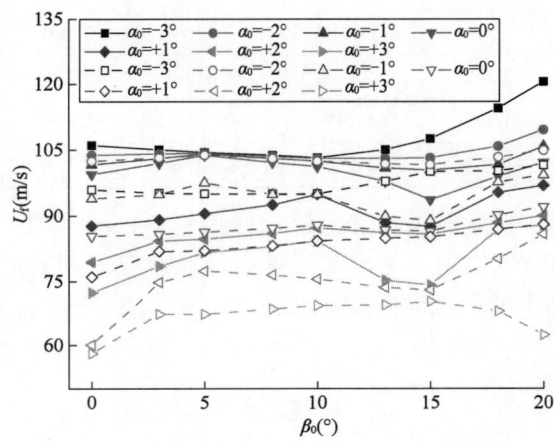

图3 各初始风攻角下颤振临界风速随初始风偏角增大的变化趋势

由图3可见,不同初始风攻角下的颤振临界风速随初始风偏角增大的变化趋势各不相同,但均呈现起伏变化特征,并非呈现如斜风分解法所述的单调递增的变化趋势,最低颤振临界风速分别出现在 $10°$(-3°和-2°初始风攻角)、$15°$(-1°、0°和+1°初始风攻角)和 $0°$(+2°和+3°初始风攻角)初始风偏角下。除+2°和+3°初始风攻角外,斜风作用对斜拉-悬吊组合体系桥的颤振稳定性带来不利的影响。在同一初始风攻角下,考虑和不考虑静风效应的颤振临界风速随风偏角增大的变化趋势总体相似,静风效应主要影响颤振临界风速值。

为了探明静风效应对斜风下颤振临界风速的影响,表2给出了各初始风攻角和风偏角下的静风效应影响率 η_w。η_w 的计算式为:

$$\eta_w(\alpha_0,\beta_0)=\frac{U_f^N(\alpha_0,\beta_0)-U_f^L(\alpha_0,\beta_0)}{U_f^L(\alpha_0,\beta_0)} \tag{1}$$

式中:$U_f^N(\alpha_0,\beta_0)$、$U_f^L(\alpha_0,\beta_0)$——在初始风攻角 α_0 与初始风偏角 β_0 作用下的考虑和不考虑静风效应的颤振临界风速。

如表2所示,考虑静风效应后,斜风下颤振临界风速都有所减小,各初始风攻角的平均减幅居于 1.46%~16.6% 之间,总体平均降幅达到了 9.83%,影响比较显著。与负风攻角情况相比,非负风攻角下的减幅更大,静风效应影响更显著。因此,为准确预测斜风下结构的颤振性能,斜拉-悬吊组合体系桥颤振分析时须充分考虑静风效应及其产生的不利影响,尤其是在非负风攻角下。

静风效应对颤振临界风速的影响率　　　　表2

β_0	α_0						
	−3°	−2°	−1°	0°	+1°	+2°	+3°
0°	−9.50%	−1.35%	−7.53%	−14.14%	−13.36%	−24.39%	−19.74%
3°	−9.37%	−0.90%	−7.88%	−15.79%	−8.06%	−11.31%	−14.13%
5°	−8.98%	−0.45%	−6.30%	−16.85%	−9.32%	−8.66%	−17.42%
8°	−8.43%	−0.45%	−7.88%	−14.61%	−10.13%	−11.08%	−17.31%
10°	−7.87%	−0.61%	−7.32%	−13.13%	−11.19%	−13.43%	−17.61%
13°	−6.84%	−1.21%	−10.84%	−11.33%	−3.98%	−14.60%	−7.48%
15°	−6.97%	−1.51%	−11.41%	−7.67%	−2.68%	−14.92%	−5.06%
18°	−12.42%	−2.36%	−3.83%	−8.84%	−8.85%	−9.20%	−21.65%
20°	−15.81%	−4.28%	−6.20%	−9.79%	−9.19%	−4.68%	−28.98%
平均	−9.58%	−1.46%	−7.69%	−12.46%	−8.53%	−12.47%	−16.60%

为了更加直观地了解斜风、斜风和静风综合作用对斜拉-悬吊组合体系桥颤振性能的影响,图4给出了法向风和斜风作用下考虑和不考虑静风效应得到的最低颤振临界风速,同时表3给出了各初始风攻角下的最低颤振临界风速、斜风效应影响率 η_β 以及斜风与静风效应综合影响率 $\eta_{w\beta}$,相应的计算表达式为:

$$\eta_\beta(\alpha_0) = \frac{\min\{U_f^L(\alpha_0,\beta_0)\} - U_f^L(\alpha_0,0°)}{U_f^L(\alpha_0,0°)} \tag{2}$$

$$\eta_{w\beta}(\alpha_0) = \frac{\min\{U_f^N(\alpha_0,\beta_0)\} - U_f^L(\alpha_0,0°)}{U_f^L(\alpha_0,0°)} \tag{3}$$

式中:$U_f^L(\alpha_0,0°)$——对应法向风下初始风攻角为 α_0 不考虑静风效应的颤振临界风速。

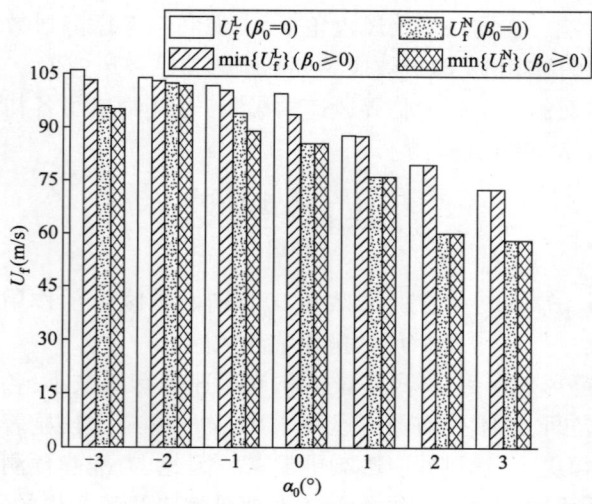

图4　各初始风攻角斜风下最低颤振临界风速对比

各初始风攻角下的最低颤振临界风速、斜风效应影响率　　表3

α_0	−3°	−2°	−1°	0°	+1°	+2°	+3°
$\min\{U_f^L\}$ (m/s)	103.20	103.05	100.39	93.67	87.58	79.45	72.42
η_β	−2.72%	−0.75%	−1.23%	−5.81%	−0.18%	0.00%	0.00%
$\min\{U_f^N\}$ (m/s)	95.08	101.64	97.75	85.39	76.02	60.08	58.13
$\eta_{w\beta}$	−10.38%	−2.11%	−12.50%	−14.14%	−13.36%	−24.39%	−19.74%

从图4可以看出,除了+2°和+3°初始风攻角外,斜风作用下考虑和不考虑静风效应得到的最低颤振临界风速均小于法向风下相应的颤振临界风速,但减幅不明显。如表3所示的η_β,与法向风情况相比,斜风作用下不考虑静风效应的颤振临界风速最大降幅为5.81%,不同风攻角下的平均降幅为1.53%,说明单独斜风效应对斜拉-悬吊组合体系桥颤振性能影响有限。在此基础上,进一步考虑静风效应影响后,各初始风攻角的斜风下最低颤振临界风速均显著小于不考虑静风效应的最低颤振临界风速,再次说明了静风效应对颤振稳定性的不利影响。考虑斜风和静风作用的综合影响后,各初始风攻角下的颤振临界风速降幅居于2.11%~24.39%之间,总体平均降幅为13.80%,可见斜风和静风综合作用对斜拉-悬吊组合体系桥颤振稳定性的影响非常可观,分析时需要准确考虑。

4　结语

以主跨1 400m的斜拉-悬吊组合体系桥设计方案为研究对象,采用考虑静风效应和全模态耦合影响的斜风下大跨径桥梁精细化三维颤振分析程序,对其动力特性和斜风作用下的颤振稳定性进行分析,并得到了以下主要结论:斜拉-悬吊组合体系桥是长周期的大跨柔性结构,横向刚度较弱,受横向风作用敏感。结构频率密集分布,模态耦合效应强,具有显著的多模态耦合颤振特点;斜拉-悬吊组合体系桥的颤振临界风速随着风偏角的增大呈现波动起伏变化特征,并非如斜风分解法所述的单调递增的变化规律,最低颤振临界风速大多都出现在斜风作用情形;斜风尤其是静风效应会显著降低斜拉-悬吊组合体系桥的颤振稳定性。与法向风情况相比,斜风作用使得斜拉-悬吊组合体系桥颤振临界风速最大降幅为5.81%,不同风攻角的平均降幅为1.53%。斜风作用下,静风效应影响明显减小,斜拉-悬吊组合体系桥的颤振临界风速,平均降幅达9.83%。考虑斜风和静风效应的综合影响后,颤振临界风速平均降幅进一步增大,达到了13.80%,影响更显著。因此,斜拉-悬吊组合体系桥颤振分析必须综合考虑斜风和静风效应及其产生的不利影响。

参 考 文 献

[1] 肖汝诚.桥梁结构体系[M].北京:人民交通出版社,2013.
[2] FUMOTO K,MURAKOSHI J,HATA K,et al.A Study on the Aerodynamic Characteristics of a New Type of Super Long Span Bridge[J].IABSE Symposium Report,2004,88(6):351-356.
[3] 张新军,孙炳楠,陈艾荣,等.斜拉-悬吊协作体系桥的颤振稳定性研究[J].土木工程学报,2004(7):106-110.

[4] 张新军,潘航滨.吊拉组合体系桥施工过程抗风稳定性研究[J].浙江工业大学学报,2011,39(5):5.
[5] 李佳莹.主跨1 736m公铁两用斜拉-悬索协作体系方案设计[D].成都:西南交通大学,2019.
[6] 邵国攀.大跨度吊拉组合桥梁结构行为及抗风稳定性研究[D].成都:西南交通大学,2020.
[7] XU Y L.Wind effects on cable-supported bridges[M].Singapore:John Wiley & Sons Singapore Pte.Ltd.,2013.
[8] ZHANG X J,YING F B,SUN L L.Flutter Analysis of Long-Span Suspension Bridges Considering Yaw Wind and Aerostatic Effects[J].International Journal of Structural Stability and Dynamics,2021,21(13):2150191.
[9] 朱乐东,王达磊.南京长江三桥主桥结构抗风性能分析与试验研究(三)——节段模型风洞试验研究[R].上海:同济大学土木工程防灾国家重点实验室,2003.

116.混凝土梁式桥爆炸毁伤研究综述

尹修文 严波
(国防科技大学空天科学学院)

摘 要：混凝土梁式桥使用广泛,常应用于交通枢纽,其开放暴露性使得在生命周期内可能遭受意外爆炸或恐怖袭击等爆炸事件。国内外学者针对结构抗爆问题开展大量研究,本文聚焦混凝土梁式桥爆炸毁伤研究中的关键技术问题,对桥梁抗爆问题中爆炸荷载、梁式桥结构件毁伤特征和毁伤判据方面展开讨论,发现各构件破坏模式随着爆炸荷载的增加从弯曲破坏转变为冲切破坏,梁式桥整体毁伤判据通过构件毁伤形态间接表征。建议开展全尺寸梁式桥抗爆数值模拟计算,建立不同爆炸工况下桥梁整体破坏模式和毁伤特征快速准确预测方法,为桥梁整体毁伤判据研究提供参考。

关键词：混凝土 梁式桥 爆炸荷载 损伤特征 毁伤判据

1 引言

桥梁作为交通运输线路中起跨越作用的关键节点,对社会发展和国家安全具有重要意义。由于其具有暴露性和公开性,是军事精确打击和恐怖爆炸袭击的重要目标。偶然爆炸事故也会对桥梁产生极其严重的损伤,且桥梁受损难以及时修复,往往造成非常严重的直接或间接损失。

按照承重结构体系,桥梁分为梁桥、拱桥、斜拉桥、悬索桥、刚构桥等。截至 2021 年,我国公路桥梁总数超 90 万座[1],其中 85%以上为混凝土梁式桥,成为城市立交桥梁、中小跨径公路桥梁的主要结构形式[2]。梁式桥主要由主梁、桥墩、桥台、支座等部分组成,主梁作为水平承重构件,其在水平面内的特征尺寸远大于其余构件,暴露性更强,遭受爆炸荷载的概率更大。

由于桥梁自身的重要性以及不断增大的爆炸威胁,桥梁抗爆问题近年来得到了广泛关注和深入研究。本文聚焦混凝土梁式桥爆炸毁伤研究中的关键技术问题,结合已有研究成果,讨论桥梁爆炸荷载、梁式桥结构件毁伤特征和桥梁毁伤判据,并对后续的研究工作提出了相应的建议。

2 爆炸荷载研究

爆炸是能量在短时间内迅速释放的过程,以冲击波的形式作用于目标物,在爆炸点周围的介质中发生急剧的压力突跃,是破坏周边物体的主要因素。冲击波峰值超压的大小主要取决于炸弹的质量(TNT当量)和爆炸点离目标的距离[3]。根据比例距离,可将爆炸作用分为接触爆炸、内部爆炸、近区爆炸和远区爆炸。美国ASCE[4](The American Society of Civil Engineer)将爆炸比例距离小于 $1.2m/kg^{1/3}$ 时定义为近区爆炸。目前在桥梁抗爆研究中主要考虑接触爆炸、内部爆炸和近区爆炸,内部爆炸主要针对桥梁的箱形截面构件。

2.1 远区爆炸荷载研究

爆炸冲击波在自由空气中的传播规律是桥梁爆炸荷载研究的重要基础。国内外学者对自由空气中的爆炸冲击波荷载模型、传播规律、作用机理进行深入研究,给出冲击波峰值超压、正压作用时间和比冲量等荷载特征值的经验预测公式,在结构抗爆分析设计中,爆炸冲击波压力时间曲线一般视为指数衰减形式[式(1)]。Henrych[5]给出了自由空气场爆炸超压峰值的经验公式[式(2)]。Brode[6]、Mills[7]、Wu[8]同样提出了相应的爆炸荷载公式,李忠献等[9]运用统计学方法将其他学者给出的经验公式进行对比验证后,发现爆炸点处于中近距离时($1m/kg^{1/3}<Z<10m/kg^{1/3}$)各经验公式计算出的超压峰值较为接近,近距离和远距离结果相差较大。我国《人民防空地下室设计规范》(GB 50038—2005)[10]给出了较为可靠的自由场空气中爆炸的经验公式[式(3)]。

$$P=P_s\left(1-\frac{t}{t_+}\right)e^{-b\frac{t}{t_+}} \quad (1)$$

$$P_{so}=\begin{cases} \dfrac{1.407\,2}{Z}+\dfrac{0.544}{Z^2}-\dfrac{0.035\,7}{Z^3}+\dfrac{0.000\,625}{Z^4} & (0.05m/kg^{1/3}\leqslant Z<0.3m/kg^{1/3}) \\ \dfrac{0.061\,94}{Z}-\dfrac{0.032\,6}{Z^2}+\dfrac{0.213\,2}{Z^3} & (0.3m/kg^{1/3}\leqslant Z<1m/kg^{1/3}) \\ \dfrac{0.062}{Z}+\dfrac{0.405}{Z^2}+\dfrac{0.328\,8}{Z^3} & (0.05m/kg^{1/3}\leqslant Z<10m/kg^{1/3}) \end{cases} \quad (2)$$

$$P_{so}=\frac{1.316}{Z^3}+\frac{0.369}{Z^{3/2}} \quad (3)$$

分析桥梁结构在爆炸荷载作用下的动态响应,需要首先确定爆炸冲击荷载[9]。桥梁结构表面的爆炸冲击荷载大小与分布受到结构物周边环境以及结构自身形状的影响[11]。目前,工程应用较为成熟的是美国陆军发布的《常规武器防护设计技术手册》(TM5-855-1)[12]和《结构抗偶然性爆炸手册》(TM5-1300)[13],经改进后成为美国国防部标准《结构抗爆设计规范》(UFC3-340-02)[14],概述了爆炸荷载从强度、约束、结构构形和相对结构物方向四类爆炸作用产生的荷载展开讨论,通过图标和计算公式给出了正压持续时间同总正冲量和峰值压力的关系。经过Ngo[15]研究,由于UFC3-340-02基于理想TNT装药与假定球形或半球形自由空气爆炸,计算出的峰值超压相对试验结果较为保守。Ngo等[16]对自由空气爆炸的冲击波传播规律和爆炸性质进行了研究,同时给出了对不同工况下的爆炸荷载估算方法。美国ASCE出版的《抗核武器结构设计手册》(ACI 349-0112)[17]、《建筑物的爆炸防护标准》(ASCE/SEI 59-11)[18]等提出了各自的爆炸荷载模型,可供桥梁抗爆设计参考。

最初研究将近区爆炸荷载简化为三角形荷载,远区爆炸简化为均布荷载,未考虑空气与结构物相互作用,对应复杂结构的抗爆问题适用性较小。经过对部分构件(如梁、板、柱、箱体)或具体构形(如房屋、地下结构、舰船等)开展爆炸试验研究,对爆炸冲击波超压峰值、正压持时等参数进行测定并取值。在数值计算中,爆炸荷载一般通过三种方式加载,即流固耦合法、CONWEP经验爆炸模型、简化荷载模型。流固耦合法一般采用ALE(Arbitrary Lagrange-Euler)

方法,能在爆炸问题中考虑结构与空气相互作用,适用性广泛,常用于桥梁抗爆数值模拟研究;CONWEP经验爆炸模型通过加载爆炸函数,考虑荷载随时间指数衰减,相较流固耦合算法节约计算时间[19];简化荷载模型通过荷载时间曲线进行加载,输入压力时程曲线和爆炸持时,计算过程复杂,但计算效率高结果精确。

2.2 近区爆炸荷载研究

近区爆炸引起桥梁结构表面荷载分布不均匀,加上爆轰产物与桥梁构件的作用过程非常复杂,理论和试验研究难度较大,目前主要采用数值模拟方法开展仿真研究。

近距离爆炸产生的爆炸冲击波在构件迎爆面发生反射,在构件侧面发生绕射[20-22],桥梁构件的毁伤效应及动力响应较为复杂[23]。汪维等[24]采用数值模拟方法对近区爆炸作用下混凝土板面的荷载分布进行了研究,利用最小二乘曲线拟合方法建立了正反射峰值压力和正向冲量的拟合公式[式(4)],通过数值计算和数据拟合得到方形板构件表面的爆炸荷载分布函数;李源等[25]通过近爆数值计算发现,混凝土受压时程曲线呈现三角形分布,峰值超压较大,荷载分布范围小;Williams等[26]通过地面爆炸试验和数值模拟,提出了墩柱上爆炸荷载预测方法;彭玉林等[27]以墩柱为对象研究爆炸荷载冲量分布规律,并提出爆炸总净冲量计算方法。

$$P = \left(\frac{0.125\ 8}{Z} + \frac{0.064\ 1}{Z^2} - \frac{0.003\ 3}{Z^3} - 0.067\ 8\right) \times (e^{-r} + 32.011) \tag{4}$$

2.3 接触爆炸研究

接触爆炸的起爆点接近或直接位于结构表面,高强度的冲击波和爆轰产物会对结构构件产生严重的局部毁伤,导致构件承载力急剧下降甚至完全失效。接触爆炸[28-29]产生的冲击波在混凝土构件的迎爆面产生开坑效应,构件背面由于反射拉伸波造成混凝土的层裂和崩塌破坏。由于混凝土材料的不均匀性和受载后的塑性变形,混凝土对接触爆炸的响应是高度非线性的。由于爆炸问题本身的复杂性,在理论研究层面需要进行大量的假设和简化。由于理论模型复杂,计算过程烦琐,理论计算不能快速地应用于工程实际,同时也无法考虑应力波在构件内部的复杂路径传播和破坏过程[30],因此需要借助试验研究和数值模拟计算相结合的方式。

2.4 内部爆炸研究

箱梁作为梁式桥主梁的主要截面形式之一,可能遭受冲击作用贯穿薄壁进而在箱梁内部发生爆炸。箱梁内部的爆轰产物由于受到周围介质的限制而不易扩散,加之结构壁面的反射影响,会产生更强的冲击荷载。由于内爆问题的复杂性,其爆炸荷载难以用理论方法进行分析和计算。Baker等[31]认为反射波在传播过程中逐次减弱,只需要考虑前三次脉冲,把每个反射波的波形均简化为直角三角形,反射波每反射一次幅值缩减为原来的一半,反射持续时间不变,但该模型只能适用于简单的一维或二维问题,无法直接应用于箱梁内爆荷载计算。《结构抗爆设计规范》(UFC3-340-02)[14]对球状装药给出理想化的双直线内爆模型,可以考虑箱体尺寸、爆炸当量和爆炸位置。Wu[32-33]等经过试验发现 UFC3-340-02 低估了柱状炸药的轴向荷载值,经过研究后得到柱状装药轴向与径向爆炸荷载的简化模型。

爆炸荷载计算的研究方法很多,但由于爆炸激波与结构之间的相互作用受许多参数的影响,许多经验公式的计算结果被严格采用。在当今流行的数值模拟分析和研究中,进一步探索复杂工况下爆炸冲击波的传播模式和荷载分布,并将其应用于桥梁结构工程爆炸荷载的快速预测,为桥梁抗爆防护理论的研究提供理论依据。

3 桥梁毁伤特征研究

梁式桥作为大型结构物,主要包括主梁、行车道板等水平构件以及桥墩、桥台等竖向构件,通过主梁受弯承受桥面板传递的竖向荷载,进而通过墩柱传入基础。其结构组成与房屋建筑、舰船汽车等有显著不同,纵向跨度远大于横向跨度,一般纵向刚度较小,且由于桥梁的开放性,更可能遭遇近距离爆炸威胁[34]。当量取值、爆炸位置的选择对局部毁伤效果和整体毁伤模式有较大的影响,主梁和墩柱的爆炸毁伤可能造成整体性倒塌破坏。经研究,爆炸作用持时长可视为拟静态荷载一般发生弯曲破坏[35-36],爆炸作用持时短的冲量荷载则发生剪切破坏。公路桥梁在承受爆炸荷载时首先以局部破坏形式发生破坏[37],部分学者设计主梁、行车道板、墩柱等构件承受爆炸荷载试验研究局部毁伤特征,明确桥梁各构件的抗爆受力方式后,进一步考察桥梁整体毁伤和动力响应。

3.1 主梁爆炸毁伤特征研究

主梁作为梁式桥上部结构主要水平承重构件,结构纵向跨度大,部分学者针对梁抗爆性能开展研究。在数值模拟方面,Yan Bo[38]利用LS-DYNA软件对近程爆破荷载作用下钢筋混凝土梁的损伤机理进行了数值研究,得出梁的自由底面反射的拉应力波是混凝土产生散裂的主要原因,泊松效应引起的横向扩展导致了侧面混凝土的剥落;周清[39]、高翔[40]、姜天华[41]等分别开展了钢筋混凝土简支PRC-T梁的爆炸动态响应研究,分析了炸药当量、炸药相对于梁的位置、比例距离及配筋率等参数对桥梁损伤的影响,随着炸药当量的增加,安放比例距离的减小,损伤程度随之增大;增加箍筋配筋率,增加梁截面高度,增加翼缘厚度可提高T形截面钢筋混凝土简支梁抗爆性能;蒋志刚等[42]采用LS-DYNA软件对钢箱梁进行接触爆炸研究,采用Lagrangian算法求解结构响应,模拟汽车炸弹在桥面爆炸的情况,设计控制爆炸位置、炸药装量、爆炸高度、比例距离进行15种工况数值计算,通过模拟结果发现钢箱梁破坏的两种模式和爆炸毁伤因素。国内外学者一般通过缩比桥梁试验或梁模型试验获得可靠数据,以此分析桥梁破坏机理和损伤模式。王辉明[43]设计钢筋混凝土梁接触爆炸试验,混凝土梁迎爆面成坑,背爆面受到拉伸波作用发生拉伸破坏形成震塌坑;李宝岩[44]设计预应力钢筋混凝土T形梁的接触爆炸的缩比试验,得到试件的局部和整体的破坏形式。经研究,碳纤维布加固混凝土梁[45-46]能有效减少爆炸后混凝土剥落程度和减小裂缝间距和宽度。

简要分析混凝土梁分为4个破坏形态:①表面坑陷,迎爆面混凝土压缩破坏,纵筋弯曲;②侧面崩落,压缩波传递至侧面叠加绕射,侧面混凝土崩落;③背面震塌,冲击波在结构内部传播至底面反射出拉伸波,超过混凝土抗拉强度导致底面层裂震塌;④截面冲切破坏,大当量装药情况下,冲击波应力超过材料极限强度,纵筋产生大变形甚至断裂,全截面内混凝土破碎,产生贯穿性斜裂缝。

3.2 墩柱爆炸毁伤特征研究

墩柱是桥梁下部结构主要承重构件,学者们对其开展了大量混凝土柱抗爆相关研究。在数值模拟方面,Sun[47]通过数值模拟混凝土短柱在爆炸荷载下出现的3种破坏模式;师燕超[48]通过数值计算研究混凝土柱承受爆炸荷载的受损程度和评估方法;杜林等[49]研究普通混凝土短柱和钢管混凝土短柱在爆炸荷载作用下的抗爆性能,发现混凝土在钢管的约束下抗爆性能得到明显改善;刘路[50]对钢管混凝土墩柱进行抗爆防护研究,随着装药量增大,破坏模式从弯曲变形发展为剪切破坏。在试验方面,Fujikura[51]设计混凝土墩柱缩比模型进行爆炸试验,测得抗震设计墩柱没有产生延性弯曲变形,基底产生剪切破坏。王宏伟等[52]设计圆形截面和方形界面的钢管混凝土柱,通过改变炸药当量开展近区爆炸试验,随着钢管壁厚增加,跨中残余变形明显减小;Yi[53-54]等开展混凝土桥梁下部爆炸试验研究,发现墩柱破坏存在墩底混凝土脱落、墩底剪切破坏、钢筋剪切破坏、柱混凝土剥落和塑性铰。通过研究发现,外包钢板混凝土柱[55]、钢管混凝土柱[56]、CFRP钢管组合混凝土柱[57]等加固方式通过增加侧向约束的方法,增加抗侧刚度,延缓混凝土开裂和墩柱变形,能有效提升墩柱非接触抗爆性能。

混凝土柱在装药量大、爆炸距离小甚至接触爆炸的情况下,柱底迎爆面混凝土破碎并产生爆坑,两侧混凝土剥落,背爆面混凝土出现裂缝甚至震塌,极易发生局部冲切破坏;在爆炸距离远的情况下,柱体受到均布横向荷载发生弯曲变形,迎爆面混凝土开裂并向两侧拓展,一般发生弯曲破坏。

3.3 行车道板爆炸毁伤特征研究

行车道板为上部结构水平构件直接承受桥面荷载,直接影响交通运输功能。在数值模拟方面,蒋志刚等[58]开展钢箱梁桥面板承受爆炸荷载的数值模拟,李天华[59]开展钢筋混凝土板爆炸损伤数值模拟研究,在近距离和接触爆炸情况下易发生剪切甚至冲剪破坏,在远距离情况下易发生弯曲破坏。在试验方面,张想柏[60]通过试验对有限厚度混凝土板进行接触爆炸试验,分析过后得到4种经典破坏形态,爆炸成坑、爆炸震塌、爆炸贯穿和爆炸冲切;Kumar等[61]对混凝土板开展近爆试验,分析结果得到随着装药量的增加,板的变形模式更趋近于单向弯曲,随着比例爆距的增加,板的破坏模式从局部破坏发展为整体破坏;汪维[62]通过开展四边固支混凝土板近区爆炸试验,得到混凝土板在爆炸荷载下的破坏模式,划分破坏等级。

混凝土板在爆炸荷载作用下的破坏形态为:迎爆面受到爆炸荷载作用形成爆坑,背爆面受到压缩波反射出强拉伸波形成震塌破坏,当爆坑深度与震塌厚度之和大于板厚时发生贯穿破坏。钢筋混凝土板的动态损伤过程为从混凝土开裂破碎到钢筋的屈服到局部穿孔的过程[63],即随着装药量增加和爆炸距离减小,破坏模式从弯曲破坏转变为冲切破坏。

3.4 桥梁整体毁伤研究

部分学者以桥梁结构为对象开展研究。钢筋混凝土梁式桥在持时长爆炸荷载下可视为拟静态荷载,易发生弯曲破坏;动荷载峰值大、作用时间短时通常发生脆性剪切破坏[64]。杨赞等[65]采用三阶段连续耦合有限元方法,对内爆荷载下PC箱梁桥的动态响应进行数值模拟仿真,发现顶板与腹板连接位置在拉应力叠加作用下产生应力集中,形成纵向裂缝,进而发展成横向裂缝。韩国振等[66]利用LS-DYNA软件对接触爆炸荷载作用下的预应力混凝土T梁桥的动态响应进行数值模拟,得出预应力T梁桥的破坏模式和失效情况。Wang等[67]对桥梁烟花爆炸事故进行数值模拟分析,判断桥梁损伤模式为剪切损伤。蒋京慧[68]对爆炸荷载下高速铁路桥梁开展数值模拟分析,对主梁和墩柱构件破坏模式进行了分析。邱敏杰以预应力混凝土箱梁桥为对象,模拟桥面遭受意外爆炸事故,发现以梁体局部破坏为主,随着当量增加,梁体破坏模式从弯曲破坏发展为剪切破坏。

桥梁整体特征尺寸较大,开展整桥试验耗费大量资源,受制于硬件水平难以开展数值模拟,现有整桥爆炸毁伤研究成果较少。通过已开展研究将钢筋混凝土梁式桥爆炸毁伤过程分为3个阶段,即局部毁伤、局部毁伤扩展、桥梁倒塌。钢筋混凝土梁式桥的跨中部位发生爆炸时,结构破坏形式主要表现为混凝土桥面板的冲剪破坏、炸点附近腹板的弯曲破坏、支座附近的受压破坏。能够初步确定桥梁的损伤破坏形式随着装药量的增加从弯曲破坏转变为局部冲切破坏,爆炸参数变化对于整桥损伤影响程度值得深入研究。现一般通过测定受损后主梁、行车道板、墩柱、钢筋的各项力学性能参数分析梁式桥整体毁伤特征,以此评估整桥抗爆性能。

4 桥梁毁伤判据研究

4.1 整体毁伤判据

混凝土梁式桥的主要受力构件有主梁、支座和墩台。主梁和桥墩作为主要的水平承重构件和竖向承重构件,在爆炸荷载作用下产生远超正常设计荷载的弯矩和剪力,受到毁伤后往往会引起桥梁整体垮塌。行车道板、支座等构件作为荷载传递构件,受到毁伤后一般会造成局部破口、层裂等局部破坏,对桥梁整体工作性能的影响程度有限。通过研究主梁、行车道板、墩柱等受力构件的局部毁伤特征,准确测量构件的力学性能参数,可用于表征桥梁整体在爆炸事件中的毁伤程度,进而建立桥梁爆炸整体毁伤的判据。

钢筋混凝土桥梁构件常用的损伤评估指标有两类:一类基于构件变形,主要包括支座转角准则[69-72]、盆式支座剪切位移[68]、延性比准则[59,73-74];另一类基于构件承载能力,如剪切失效准则[75]、剩余承载力准则[76-78]。

当混凝土梁板类水平构件在爆炸作用下发生弯曲破坏时,整体毁伤主要与其最大变形(挠度)有关,可采用构件跨中最大挠度度量其损伤程度;由于构件塑性变形主要集中在塑性铰,其余部分保持相对刚性,相应损伤程度可用支座转角进行表征。延性比为构件的最大挠度与屈服挠度的之比,爆炸荷载作用下构件的允许延性比越大,则构件的塑性变形发展越充分,有利于吸收更多的冲击能量。彭云等[79]给出了混凝土梁的损伤评估指标,将结构的毁伤程度与损伤参数相关联,便于工程应用。

对于钢筋混凝土柱等竖向构件,最大挠度、支座转角等不适用于毁伤评估,现有研究主要通过对柱子竖向承载力的退化程度进行分析,提出了基于竖向剩余承载力指标的评估准则,定义柱损伤参数 D 如式(5)所示,其中 P 为损伤后剩余承载力,P_0 为原结构承载力。

$$D = 1 - \frac{P}{P_0} \tag{5}$$

任新见[80]、王辉明等[43]对典型钢筋混凝土构件的毁伤判据研究提出了物理判据、火力判据、力学判据3种毁伤效应分析方法,并且将混凝土梁物理毁伤判据划分4类,即轻微毁伤、中等毁伤、严重毁伤、完全失效。

4.2 局部毁伤判据

局部毁伤判据主要用于评估爆炸冲击波作用下的混凝土崩落、层裂及震塌等局部爆炸效应。Morishita 等[81]通过对混凝土板接触爆炸开展定量研究,采用爆坑深度 C_d 与板厚 H 之比、爆坑及层裂厚度之和 $C_d + S_d$ 与板厚 H 之比表征爆炸损伤穿透混凝土板程度[式(6)]。Li 等[82]通过试验结果将损伤面积比作为结构震塌损伤判据。Cramsey[83]、Schenker[84]认为在不发生贯穿破坏的前提下,可将迎爆面的爆坑尺寸和底部震塌尺寸作为试验测定参数。郑全平[30,85]通过震塌系数 K_z 对爆炸震塌半径 r_z 与混凝土板厚度 H_z 进行预估,见式(7)。

$$\begin{cases} \dfrac{C_d}{H} = -0.046 \dfrac{H}{Q^{1/3}} + 0.42 \\ \dfrac{C_d + S_d}{H} = -0.49 \dfrac{H}{Q^{1/3}} + 2.0 \quad \left(2.0 \leqslant \dfrac{H}{Q^{1/3}} \leqslant 3.6\right) \end{cases} \tag{6}$$

$$\begin{cases} r_z = mK_zQ^{1/3} \\ H_z = K_zm^{1/3}+e \end{cases} \quad (7)$$

桥梁爆炸毁伤判据最终应用于工程上的桥梁毁伤评估,通过构件位移或承载力等参数判断桥梁整体毁伤情况,以局部混凝土破口、震塌尺寸,钢筋应力应变、预应力损失等局部测量数据分析局部毁伤情况。不同阈值的毁伤判据分别对应不同宏观破坏现象,影响定量测定损伤参数评估桥梁毁伤程度的准确性。

桥梁爆炸毁伤问题本身的复杂性,梁式桥整体结构毁伤评估和毁伤判据仍处于探索研究阶段,目前一般通过构件力学指标判断整桥结构毁伤情况。建立一套可靠的梁式桥整体爆炸毁伤评估方法,提出若干切实可行的毁伤判据,成为桥梁抗爆研究领域亟待解决的问题。

5 结语

国内外学者在爆炸冲击波荷载研究、梁式桥结构件损伤特性等方面的研究取得了丰硕的成果,桥梁整体毁伤特征和判据现阶段一般通过构件毁伤形态间接表征。未来可以基于桥梁结构件毁伤特征,开展多种爆炸工况下全尺寸整桥抗爆毁伤研究,提供应用于桥梁整体具有广泛适用性的毁伤判据,为多种构形多种工况的桥梁结构抗爆设计提供参考。

(1)根据爆炸位置变化划分梁式桥破坏特征,近区爆炸下冲击波在构件前表面反射,压力急剧增强;接触爆炸下高强度的冲击波使得迎爆面产生开坑,背爆面由于压缩波传至底部反射出拉伸波造成混凝土的层裂和崩塌破坏;箱形梁内部爆炸下冲击波在箱内反射叠加,超压峰值显著提高,在压缩波和拉伸波的交替作用下混凝土破坏剥落,腹板角隅处波束重叠导致应力集中产生裂缝。各构件破坏模式随着装药量增加和爆炸距离减小从弯曲破坏转变为冲切破坏。

(2)许多学者提出以桥梁构件力学参数作为毁伤判据,预判桥梁局部和整体毁伤特征为抗爆防护提供依据。但不同判据对应相同构件宏观毁伤现象存在差异,桥梁整体毁伤特征需要特异性小的整体毁伤判据,需要整理出系统性的评估方法适用于差异化桥型爆炸评估。

(3)现有高性能工作站可供开展全尺寸整桥爆炸毁伤数值模拟,研究桥梁中应力波在构件中传递和相互影响情况,分析主要承载构件破坏形态与桥梁整体破坏特征关联性,探究整体毁伤与局部毁伤内在影响因素,为桥梁整体毁伤判据研究提供技术支持。

参 考 文 献

[1] 中华人民共和国交通运输部.2020年交通运输行业发展统计公报[J].交通财会,2021(6):92-97.

[2] 范立础.桥梁工程(上)[M].3版.北京:人民交通出版社股份有限公司,2017.

[3] 杨春燕,高轩能.建筑结构的抗爆设计方法研究[J].福建建筑,2010(7):59-60,26.

[4] The American Society of Civil Engineers.Blast Protection of Buildings[M].Reston VA:ASCE/SEI 59-11,2011.

[5] Henrych J.The Dynamics of Explosion and its Use[M].Amsterdam:Elseviser Scientific Publishing Company,1979.

[6] Brode H L.Numerical Solutions of Spherical Blast Waves[J].Journal of Applied Physics,1955,26(6):766-775.

[7] Tolba A F F.Response of FRP-retrofitted reinforced concrete panels to blast loading[D].Otta-

wa, Canada: Carleton University, 2002.

[8] WU C Q, HAO H. Modeling of simultaneous ground shock and airblast pressure on nearby structures from surface explosions[J]. International Journal of Impact Engineering, 2005, 31(6): 699-717.

[9] 李忠献,任其武,师燕超,等.重要建筑结构抗恐怖爆炸设计爆炸荷载取值探讨[J].建筑结构学报,2016,37(3):51-58.

[10] 中华人民共和国建设部.人民防空地下室设计规范:GB 50038—2005[S].北京:中国计划出版社,2005.

[11] 宗周红,刘路,院素静,等.桥梁结构抗爆及其防护研究进展[C]//第一届全国动力多灾害工程结构防护学术研讨会论文集.广州,2018:64-81.

[12] Department of the Army Technical Manual. Fundamental of Protective Design for Coventional Weapons: TM5-855-1[S]. Washington DC: US Department of the Army, 1986.

[13] Department of the Army Technical Manual. Structures to resist the effects of accidental explosion: TM5-1300[S]. Washington DC: US Department of the Army, 1990.

[14] Department of the Army Technical Manual. Structures to resist the effects of accidental explosions: UFC3-340-02[S]. Washington DC: US Department of Defense, 2008.

[15] Ngo T, Lumantarna R, Whittaker A, et al. Quantification of the Blast-Loading Parameters of Large-Scale Explosions[J]. Journal of Structural Engineering, 2015, 141(10): 4015009-1-11.

[16] Ngo T, Mendis P, Gupta A, et al. Blast loading and blast effects on structures-An overview[J]. Electronic Journal of Structural Engineering, 2007, 7: 76-91.

[17] ACI Committee. Code Requirement for Nuclear Safety Related Concrete Structures: ACI 349-01[S]. Farmington Hills, MI: American Concrete Committee, 1979.

[18] ASCE/SEI 59-11. Blast Protection of Buildings[M]. New York: American Society of Civil Engineers Structural Engineering Institute, Forth coming, 2011.

[19] 张舵,卢芳云,王瑞峰.钢筋混凝土板在爆炸作用下的破坏研究[J].弹道学报,2008(2):13-16.

[20] 都浩,李忠献,郝洪.建筑物外部爆炸超压荷载的数值模拟[J].解放军理工大学学报(自然科学版),2007(5):413-418.

[21] 严国建,周明安,余轮,等.空气中爆炸冲击波超压峰值的预测[J].采矿技术,2011,11(5):89-90,112.

[22] 杨鑫,石少卿,程鹏飞.空气中TNT爆炸冲击波超压峰值的预测及数值模拟[J].爆破,2008(1):15-18,31.

[23] CHEN L, HU Y, REN H Q, et al. Performances of the RC column under close-in explosion induced by the double-end-initiation explosive cylinder[J]. International Journal of Impact Engineering, 2019, 132.

[24] 汪维,刘光昆,赵强,等.近爆作用下方形板表面爆炸载荷分布函数研究[J].中国科学:物理学 力学 天文学,2020,50(2):144-152.

[25] 李源,侯炜,贺拴海.近爆荷载作用下的桥梁受力及破坏特征分析[J].公路,2020,65(9):73-77.

[26] Williams G D, Williamson Eric B. Procedure for Predicting Blast Loads Acting on Bridge

Columns[J].Journal of Bridge Engineering,2012,17(3):490-499.

[27] 彭玉林,吴昊,方秦.爆炸荷载在圆截面桥梁墩柱上的分布规律[J].爆炸与冲击,2019,39(12):24-35.

[28] Alok D,Abass B,Manish K.Experimental and numerical investigation of rectangular reinforced concrete columns under contact explosion effects[J].Engineering Structures,2020,205(C).

[29] SHI Y C,WEI X,LI Z X,et al.Experimental studies on the local damage and fragments of unreinforced masonry walls under close-in explosions[J].International Journal of Impact Engineering,2016,90(C).

[30] 郑全平,周早生,钱七虎,等.防护结构中的震塌问题[J].岩石力学与工程学报,2003(8):1393-1398.

[31] Bangash T.Explosion-Resistant Buildings :Design,Analysis,and Case Studies[M].Berlin:Springer,2006.

[32] Wu C,Fattori G,Whittaker A,et al. Investigation of Air-Blast Effects from Spherical-and Cylindrical-Shaped Charges[J].International Journal of Protective Structures,2010,1(3):345-362.

[33] Wu C,Lukaszewicz M,Schebella K,et al. Experimental and numerical investigation of confined explosion in a blast chamber [J]. Journal of Loss Prevention in the Process Industries,2013,26(4):737-750.

[34] 院素静.爆炸荷载作用下混凝土梁桥倒塌破坏机理研究[D].南京:东南大学,2019.

[35] Krauthammer T. Shallow-Buried RC Box-Type Structures [J]. Journal of Structural Engineering,1984,110(3):637-651.

[36] Krauthammer T,Bazeos N,Holmquist T J.Modified SDOF Analysis of RC Box-Type Structures[J].Journal of Structural Engineering,1986,112(4):726-744.

[37] 刘山洪,魏建东,钱永久.桥梁结构爆炸分析特点综述[J].重庆交通学院学报,2005(3):16-19.

[38] YAN B,LIU F,SONG D Y,et al.Numerical study on damage mechanism of RC beams under close-in blast loading[J].Engineering Failure Analysis,2015,51:9-19.

[39] 周清,丁杰,张新鑫,等.各因素对简支T形截面钢筋混凝土梁抗爆性能的影响[J].水利与建筑工程学报,2018,16(1):247-254.

[40] 高翔,梁栋,陈璐.简支T梁在爆炸冲击下的损伤研究[J].青岛理工大学学报,2016,37(5):26-31.

[41] 姜天华,杨云锋,龚杰,等.混凝土T梁在爆炸作用下的损伤分析[J].建材世界,2015,36(6):36-39.

[42] 蒋志刚,朱新明,严波,等.钢箱梁爆炸冲击局部破坏的数值模拟[J].振动与冲击,2013,32(13):159-164.

[43] 王辉明,刘飞,晏麓晖,等.接触爆炸荷载对钢筋混凝土梁的局部毁伤效应[J].爆炸与冲击,2020,40(12):37-45.

[44] 李宝岩.爆炸荷载下预应力T梁动态响应研究[D].长沙:中国人民解放军国防科技大学,2018.

[45] 胡青军.爆炸荷载作用下碳纤维布加固梁的数值模拟[J].建筑技术开发,2010,37(3):

[46] 陈万祥,严少华.CFRP加固钢筋混凝土梁抗爆性能试验研究[J].土木工程学报,2010,43(5):1-9.

[47] Sun J Y.Numerical Simulation of Response of SRC Columns Subjected to Blast Loading[J].Transactions of Tianjin University,2006(S1):126-131.

[48] 师燕超.爆炸荷载作用下钢筋混凝土结构的动态响应行为与损伤破坏机理[D].天津:天津大学,2009.

[49] 杜林,石少卿,张湘冀,等.钢管混凝土短柱内部抗爆炸性能的有限元数值模拟[J].重庆大学学报(自然科学版),2004(10):142-144,59.

[50] 刘路.不同防护方式下钢筋混凝土墩柱的抗爆性能试验研究[D].南京:东南大学,2016.

[51] Fujikura S,Bruneau M.Experimental Investigation of Seismically Resistant Bridge Piers under Blast Loading[J].Journal of Bridge Engineering,2011,16(1):63-71.

[52] 王宏伟,吴成清,杨立燥,等.足尺钢管混凝土柱爆炸作用后残余承载力试验研究[J].建筑结构学报,2016,37(5):155-160.

[53] Yi Z,Agrawal A K,Ettouney M,et al.Blast Load Effects on Highway Bridges.I:Modeling and Blast Load Effects[J].Journal of Bridge Engineering,2014,19(4):04013023.

[54] Yi Z,Agrawal A K,Ettouney M,et al.Blast Load Effects on Highway Bridges.II:Failure Modes and Multihazard Correlations[J].Journal of Bridge Engineering,2014,19(4):04013024.

[55] 田志敏,董尚委,廖维张,等.外包钢板加固钢筋混凝土柱抗爆性能试验研究[J].防护工程,2019,41(1):7-13.

[56] 李国强,瞿海雁,杨涛春,等.钢管混凝土柱抗爆性能试验研究[J].建筑结构学报,2013,34(12):69-76.

[57] 周振宇.CFRP-混凝土-钢管组合柱抗爆响应数值研究[D].湘潭:湘潭大学,2019.

[58] 蒋志刚,白志海,严波,等.钢箱梁桥面板爆炸冲击响应数值模拟研究[J].振动与冲击,2012,31(5):77-81.

[59] 李天华.爆炸荷载下钢筋混凝土板的动态响应及损伤评估[D].西安:长安大学,2012.

[60] 张想柏,杨秀敏,陈肇元,等.接触爆炸钢筋混凝土板的震塌效应[J].清华大学学报(自然科学版),2006(6):765-768.

[61] Kumar V,Kartik K V,Iqbal M A.Experimental and numerical investigation of reinforced concrete slabs under blast loading[J].Engineering Structures,2020,206:110125.

[62] 汪维,刘光昆,汪琴,等.四边固支方形钢筋混凝土板抗爆试验研究[J].兵工学报,2018,39(S1):108-113.

[63] 汪维.钢筋混凝土构件在爆炸载荷作用下的毁伤效应及评估方法研究[D].长沙:中国人民解放军国防科技大学,2012.

[64] 王静妤.爆炸荷载作用下梁桥的动力响应与损伤研究[D].上海:同济大学,2017.

[65] 杨赞,韩国振,严波,等.内爆荷载作用下PC箱梁桥的动态响应过程[J].高压物理学报,2021,35(1):87-97.

[66] 韩国振,杨赞,王硕,等.预应力T梁桥在接触爆炸荷载动态响应数值模拟分析[C]//中国力学大会论文集(CCTAM 2019).杭州:中国学术期刊电子出版社,2019.

[67] WANG W,LIU R C,WU B.Analysis of a bridge collapsed by an accidental blast loads[J].

Engineering Failure Analysis, 2014, 36: 353-361.

[68] 蒋京慧.近场爆炸荷载作用下高速铁路桥梁的易损性分析与可靠性评估[D].北京:北京交通大学,2021.

[69] 史祥生.爆炸荷载作用下钢筋混凝土板的损伤破坏分析[D].天津:天津大学,2008.

[70] 王路明.冲击荷载作用下钢管混凝土柱损伤评估方法研究[D].成都:西南交通大学,2018.

[71] 唐彪.钢筋混凝土墩柱的抗爆性能试验研究[D].南京:东南大学,2016.

[72] Sudeep K, Rao V N. Structures to Resist the Effects of the Accidental Explosions[J]. International Journal of Trend in Scientific Research and Development, 2019, 3(3).

[73] 李洪.化爆条件下梁式结构的等效静载法研究[D].太原:中北大学,2019.

[74] Mcvay M K. Spall Damage of Concrete Structures[M]. Vicksburg: Army Engineer Waterways Experiment Station, 1988.

[75] Bai Y L, Johnson W. Plugging: physical understanding and energy absorption[J]. Metals Technology, 1982, 9(1): 182-190.

[76] Guozhen H, Bo Y, Zan Y. Damage Model Test of Prestressed T-Beam Under Explosion Load [J]. IEEE Access, 2019, 7: 135340-135351.

[77] 汪维,张舵,卢芳云,等.钢筋混凝土楼板在爆炸荷载作用下破坏模式和抗爆性能分析[J].兵工学报,2010,31(S1):102-106.

[78] 田力,朱聪.碰撞冲击荷载作用下钢筋混凝土柱的损伤评估及防护技术[J].工程力学,2013,30(09):144-150,57.

[79] 彭芸,富裕.钢筋混凝土梁爆损后生存能力计算与分析[J].西南科技大学学报,2016,31(1):30-34.

[80] 任新见,沈俊.典型钢筋混凝土工事毁伤判据研究探讨[J].防护工程,2019,41(2):43-47.

[81] Masahiro M, Hideaki T, Tomohiro A, et al. Effects of Concrete Strength and Reinforcing Clear Distance on the Damage of Reinforced Concrete Slabs Subjected to Contact Detonations[J]. Concrete Research and Technology, 2004, 15(2).

[82] LI Z, LIU Y, YAN J B, et al. Experimental investigation of p-section concrete beams under contact explosion and close-in explosion conditions[J]. Defence Technology, 2018, 14(5): 540-549.

[83] Cramsey N, Naito C. Analytical assessment of blast resistance of precast, prestressed concrete components[J]. Pci Journal, 2007, 52(6): 67-80.

[84] Schenker A, Anteby I, Gal E, et al. Full-scale field tests of concrete slabs subjected to blast loads[J]. International Journal of Impact Engineering, 2008, 35(3): 184-198.

[85] 郑全平,钱七虎,周早生,等.钢筋混凝土震塌厚度计算公式对比研究[J].工程力学,2003(3):47-53.

117. 不同减隔震支座的减隔震效果对比

黄 磊 李建中

(同济大学土木工程学院桥梁系)

摘 要：本文首先对常用的3种典型的减隔震支座（叠层橡胶支座、铅芯橡胶支座、摩擦摆支座）的减震原理、力-位移恢复力模型进行了分析和比较，在此基础上，以一座典型连续梁桥为背景，采用非线性时程方法，对以上3种支座的减隔震效果进行了分析比较。分析结果表明：叠层橡胶支座的隔震效果不如其他两种支座，而采用摩擦摆支座的连续梁桥地震作用内力小于采用铅芯橡胶支座的连续梁桥，但是梁体位移较大。

关键词：减隔震支座 非线性动力时程分析 减隔震效果对比

1 引言

桥梁作为公共交通的生命线，在国内外的多次大地震中常常遭到严重破坏。国内，2008年5月12日四川汶川地震，多座桥梁受到了不同程度的震害，造成交通和救灾的困难[1]。国外，1971年至今，美国加利福尼亚州多次发生7级左右地震，造成的桥梁震害导致了运输生命线的严重危害[2]。

为了减小地震作用下桥梁结构的破坏，目前，桥梁的抗震主要是利用延性抗震和减隔震技术。传统结构延性抗震设计方法依靠增加结构构件自身的变形能力来抗震，通过选择塑性铰的位置和构件的细部构造来保证结构的整体性和防止结构的倒塌。但在强震作用下，结构构件的损伤难以避免[3]。为了降低结构所受地震的影响，可以采用减隔震技术[4]。与依靠增加结构构件自身变形能力来抵抗地震反应的传统结构的抗震设计方法相比，减隔震装置构造简单、造价低、可靠性和稳定性好，自20世纪80年代以来，在世界范围内引起广泛关注，在理论研究和工程应用中取得了巨大进展。

常用的减隔震支座主要有叠层橡胶支座、铅芯橡胶支座和摩擦摆支座[5]。本文在对其减震原理介绍的基础上，以一典型连续梁桥为背景，进行非线性时程分析，得到3种支座下桥梁的地震响应，从而对3种支座的减隔震效果进行对比分析，为连续梁桥减隔震设计的研究提供参考。

2 三种减隔震支座的力学特性

目前国内外最常用的减隔震支座有叠层橡胶支座、铅芯橡胶支座和摩擦摆支座3种，以下对各自的力学特性进行介绍。

2.1 叠层橡胶支座

叠层橡胶支座由薄橡胶片与薄加强钢板交替连接而成,且上下有翼缘,其横截面主要有圆形和矩形,基本构造如图 1 所示。

叠层橡胶支座滞回曲线形状呈狭长形,滞回曲线包络面积很小,几乎没有耗能能力,其力-位移恢复力滞回曲线可以用一条剪切刚度为 k 的直线代表,如图 2 所示。

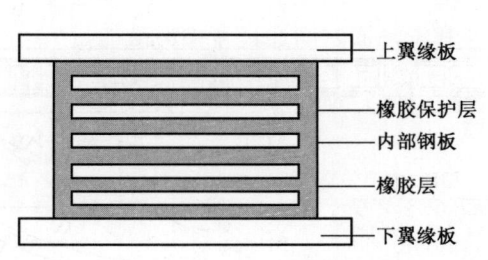
图 1 叠层橡胶支座基本构造

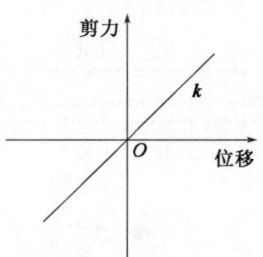
图 2 叠层橡胶支座滞回曲线

剪切刚度 k 受其他因素影响较小,采用下式计算：

$$k = \frac{G_d A_r}{\sum t} \tag{1}$$

式中：G_d——橡胶支座的动剪切模量(kN/m^2),一般取 $1\,200 kN/m^2$；

A_r——橡胶支座的有效水平剪切面积；

$\sum t$——橡胶层总厚度。

2.2 铅芯橡胶支座

铅芯橡胶支座是由普通的橡胶支座中央插入铅芯构成(图 3)。铅的屈服力较低,但是其初始剪切刚度较高,铅在反复荷载作用下能大量吸收耗散振动能量[6]。在地震力作用下,由于铅芯的屈服,消耗输入结构的地震能量,使支座具有良好的耗能效果,铅芯橡胶支座的等效阻尼比可以达到 20%~30%。

此外,由于铅芯的存在,能提供静力荷载下所必需的刚度,保证桥梁在汽车制动力、等荷载下也并不会产生较大的位移。此外,铅芯橡胶支座对于由温度、徐变等蠕变变形引起的支座抗力很低。

铅芯橡胶支座的滞回曲线如图 4 所示,滞回曲线比较饱满。

铅芯橡胶支座的恢复力模型可采用双线性模型,如图 5 所示。图中,F_y 为铅芯橡胶支座的屈服强度；K_u 和 K_d 分别为铅芯支座的屈前和屈后刚度；Δ_y 为铅芯橡胶支座的屈服位移。屈前刚度主要由铅芯的初始剪切刚度确定,屈后刚度主要由橡胶支座的部分确定。

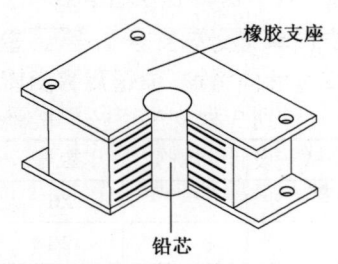
图 3 铅芯橡胶支座的构造示意图

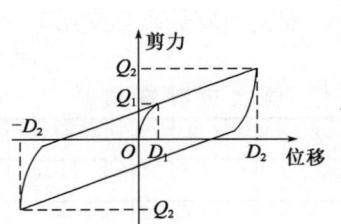
图 4 铅芯橡胶支座的滞回曲线

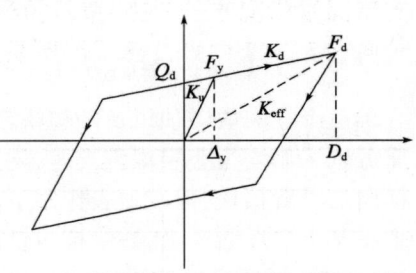
图 5 铅芯橡胶支座的恢复力模型

2.3 摩擦摆减隔震支座

摩擦摆减隔震支座是一种滑动摩擦耗能的减隔震支座，通过摩擦耗散地震能量。该支座将普通球型滑动支座的平滑动面改为球面，结构上包括一个具有滑动凹球面的上支座板、一个具有双凸球面的中支座板和一个具有转动凹球面的下支座板（图6）。

摩擦摆支座的工作原理类似一个单摆，中间层滑块由高强的抗压材料构成，滑块的滑动面在下部结构发生地震位移时，由于上部结构的重力及圆弧形的下底板滑动面设计，能产生指向平衡位置的回复力，同时在地震过程中滑块和滑动面之间通过摩擦耗散能量。

摩擦摆减隔震支座的滞回曲线如图7所示。由于摩擦摆减隔震支座通过曲面的摩擦耗能，其滞回曲线接近双线性，且比较饱满。

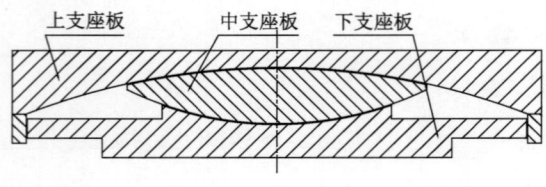

图6 摩擦摆减隔震支座的构造示意图

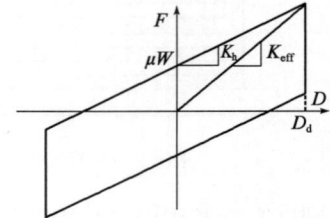

图7 摩擦摆减隔震支座的滞回曲线

屈服力为：

$$F_y = \mu W \tag{2}$$

摩擦摆支座的屈前刚度为：

$$K_u = \frac{F_y}{\Delta_y} \tag{3}$$

式中：Δ_y——屈服位移，通常取 2.5mm。

摩擦摆支座的屈后刚度为：

$$K_h = \frac{W}{R} \tag{4}$$

3 分析模型

3.1 背景工程

本文选用一四跨连续梁桥，每跨跨径均为25m，桥面宽20.5m（图8），基础采用桩基础（图9）。

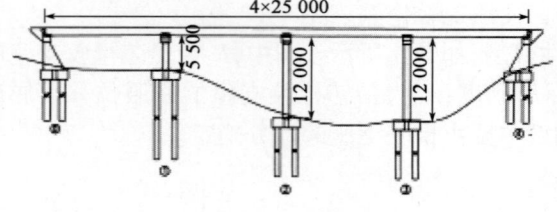

图8 桥梁立面布置图（尺寸单位：mm）

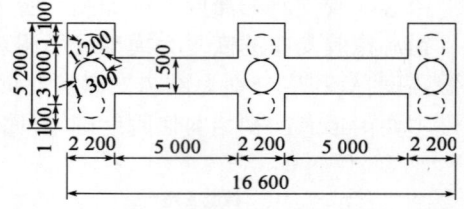

图9 基础布置图（尺寸单位：mm）

三个排架墩墩顶以及两边桥台均采用减隔震支座，每个立柱位置处分别设置一个支座，支座分别采用均为叠层橡胶支座、均为铅芯橡胶支座、均为摩擦摆支座进行布置，桥墩和桥台处横向均设置挡块，但在地震作用下，不考虑挡块对减隔震体系横向地震反应的影响。桥址处的地震基本烈度为8级，桥梁抗震设防等级为乙级，分区为2。

3.2 减隔震支座设计

桥墩采用三柱排架墩，每个立柱上设置一个支座，单个支座的设计参数如下：

(1)叠层橡胶支座

选用正方形叠层橡胶支座,支座截面尺寸为520mm×520mm,支座总高H_t = 186mm,橡胶层厚度为126mm,叠层橡胶支座剪切刚度为2 550kN/m。

(2)铅芯橡胶支座

选用与叠层橡胶支座相同尺寸的铅芯橡胶支座,铅芯支座的屈服强度取支座反力的7%,支座屈前刚度为17 000kN/m,屈后刚度取屈前刚度的15%,即2 550kN/m。

(3)摩擦摆支座

取摩擦摆支座的滑动摩擦系数 u = 0.03,摩擦曲面半径取 R = 3m,支座临界位移X_y为0.003m,根据支座的恒载反力计算出的支座设计参数见表1。

摩擦摆支座设计参数　　　　表1

墩号	1、5	2、4	3
屈服强度(kN)	41.1	117.5	96.9
屈前刚度(kN/m)	13 700	39 160	39 100
屈后刚度(kN/m)	456.7	1 305.3	1 075.6

3.3 模型建立

本例的四跨非规则连续梁桥在建模时主要考虑的内容包括主梁、支座、盖梁、桥墩以及承台。承台及下部基础模拟为固定端约束;桥墩采用空间梁单元结构,3m划分一个节段;盖梁也采用空间梁单元结构,2m左右划分一个节段,分别采用对应的截面形式;主梁等截面,也采用空间梁单元结构,沿纵桥向3m划分一个节段。

模型中,叠层橡胶支座采用线性弹簧单元模拟,铅芯橡胶支座和摩擦摆支座采用双线性弹簧模拟。

3.4 地震动输入

桥梁所在地区基本烈度为8度,设防等级为乙类,工程场地类别Ⅱ类,分区为2区。根据《城市桥梁抗震设计规范》(CJJ 166—2011)[7],桥梁所处地区的设计基本加速度峰值为0.2g,设计加速度反应谱特征周期为0.40s,在计算8度E2地震作用时,特征周期宜增加0.05s。根据《公路桥梁抗震设计规范》(JTG/T 2231-01—2020)乙

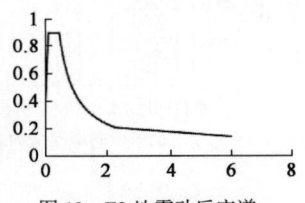

图10　E2地震动反应谱

类桥梁E2的水平向地震峰值加速度A为所处地区的设计基本加速度峰值的2.0倍。

5%阻尼比水平设计加速度反应谱如图10所示。

根据图10所示反应谱相匹配的地震加速度时程曲线,使用软件SIMQKE_GR生成10条人工时程波,设置时长40s,时间间隔0.01s。从中挑出最贴近的7条人工时程波,进行减隔震桥梁的非线性时程分析,分析结果选取7条地震加速度时程结果的平均值。典型加速度如图11所示。

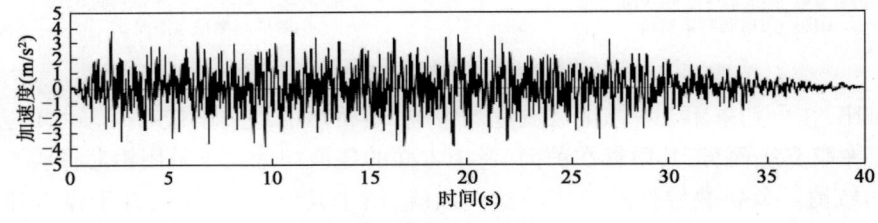

图11　部分非线性时程人工波

4 减隔震效果比较

采用SAP2000对不同支座的桥梁进行非线性时程分析,并选取关键位置的地震响应对比分析。

4.1 不同支座下桥墩的响应对比分析

在纵桥向,对比地震力下各个桥墩的墩底剪力、弯矩;在横桥向,对各个桥墩墩底和墩顶的剪力、弯矩进行对比分析,分析结果如图12~图14所示。

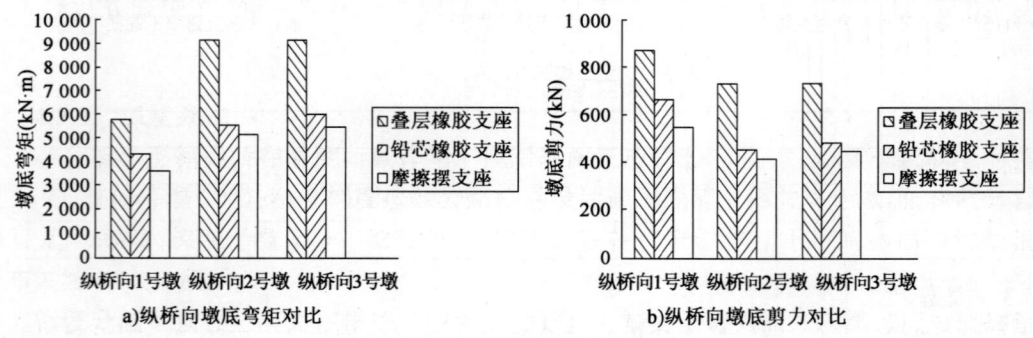

图12 不同支座下纵桥向墩底弯矩、剪力对比

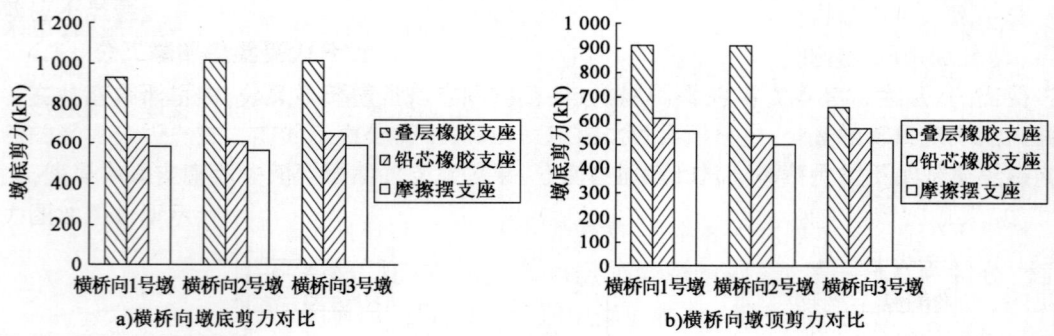

图13 不同支座下纵桥向墩底、墩顶剪力对比

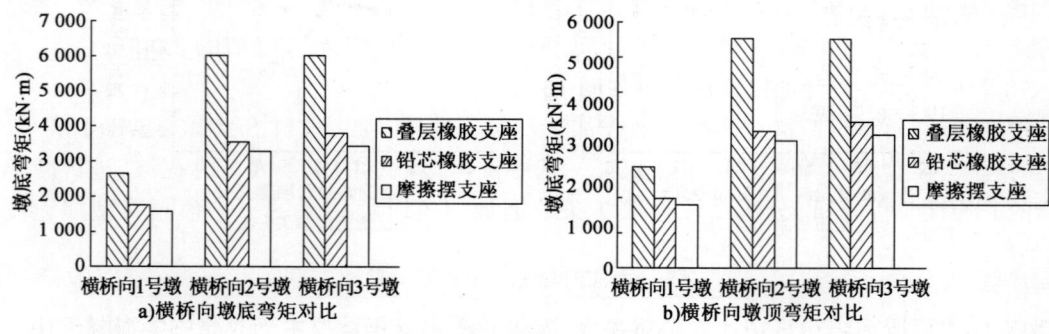

图14 不同支座下横桥向墩底、墩顶弯矩对比

通过对比,在分别采用3种减隔震支座的情况下,桥墩的地震响应存在较大的差别,尤其是对于叠层橡胶支座而言,其墩柱在剪力、弯矩方面的数值均远大于采用铅芯橡胶支座和摩擦摆支座时的数值。分析叠层橡胶支座的滞回曲线,由于其近乎是线性,几乎没有什么耗能能力,尽管在刚度方面和铅芯橡胶支座的屈服后刚度相仿,但是由于耗能能力弱,不能够有效地

减小传递到下部结构的水平力,所以其减隔震效果低于其他两种支座。

对于铅芯橡胶支座和摩擦摆支座,对比发现在该尺寸下,采用摩擦摆支座的桥梁比采用铅芯橡胶支座的桥梁在墩柱的剪力、弯矩上的数值更小,不过两者的差别不是很大。

4.2 支座位移比较

分别在纵、横桥向对3种支座在E2地震下自身的位移进行对比,结果如图15所示。

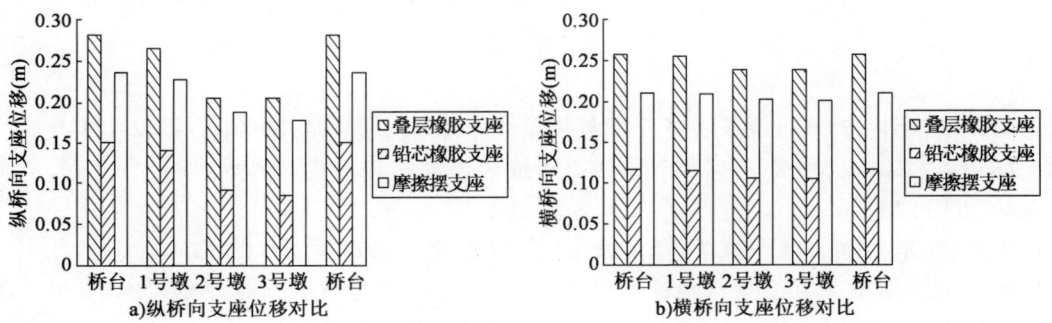

图15 不同支座下纵、横桥向支座位移对比

通过对比,采用叠层橡胶支座时支座位移最大,采用摩擦摆支座时支座位移稍微小于前者。而采用铅芯橡胶支座时支座位移最小,甚至不及前两者的一半。

总结上述对比分析结果,可以得到下述结论:

(1)叠层橡胶支座的减隔震效果在墩顶、墩底的剪力、弯矩以及位移都较大。

(2)采用铅芯橡胶支座的桥梁,其支座位移小,墩顶、墩底的内力也较小。这与铅芯橡胶支座的刚度较大、耗能能力较强有关。其与叠层橡胶支座相比,由于发挥铅芯的作用,能够有效地减小下部结构内力以及支座、梁体位移,减隔震效果优于叠层橡胶支座。

(3)采用摩擦摆支座的桥梁,其在墩顶、墩底的剪力、弯矩都较小,不过支座位移远大于采用铅芯橡胶支座的桥梁。因为摩擦摆支座的刚度小于铅芯橡胶支座的刚度,其组成的桥梁体系更柔,桥梁的基本周期更大,所以在地震影响下,具有内力小而位移大的特点。因此,在采用摩擦摆支座的时候,应当注意支座位移的影响,加强抗震细节设计,防止落梁等情况发生。

5 总结与展望

桥梁作为交通工程的生命线,在地震发生时,保证其基本的使用功能具有重要意义。通过对连续梁桥进行减隔震设计,采用设置减隔震支座、耗能装置等方式,可以有效地控制结构变形、减小地震作用力,保护上部结构、桥墩和基础免受地震破坏,保障桥梁的通行能力。本文通过比较叠层橡胶支座、铅芯橡胶支座、摩擦摆支座的减隔震效果,主要结论如下:

(1)叠层橡胶支座、铅芯橡胶支座、摩擦摆支座的构造和原理不同,设计时会考虑不同的支座参数,在恢复力模型方面,叠层橡胶支座采用单线性,铅芯橡胶支座和摩擦摆支座采用双线性。

(2)通过对3种支座下的连续梁桥在E2地震作用下的结构响应进行对比,分析3种支座在连续梁桥减隔震设计中的减隔震效果。简单总结得到的对比结果为:叠层橡胶支座的减隔震效果最差,其连续梁桥在该支座下的剪力、弯矩和支座位移均大于采用其他两种支座的桥梁;铅芯橡胶支座和摩擦摆支座的减隔震效果优异,在本文的实例中,摩擦摆支座桥梁的墩底剪力弯矩较铅芯支座桥梁小,但是梁体位移却较大。主要原因在于3种支座刚度与耗能能力不同。

进入 21 世纪后,我国桥梁的减隔震技术得到了大规模的研究和发展。汶川地震后,桥梁减隔震技术更是得到重视,相关规范中也引入了减隔震设计。如今,减隔震技术在公路桥梁和城市桥梁中的应用日益受到重视,越来越多的桥梁都已采用了减隔震设计。但总的看来,减隔震设计应用还可以进一步推广,在未来,减隔震设计必将得到更多的重视与发展。

参 考 文 献

[1] 范立础,李建中.汶川桥梁震害分析与抗震设计对策[J].公路,2009(5):122-128.
[2] 陈彦江,袁振友,刘贵.美国加利福利亚洲桥梁震害及其抗震加固原则和方法[J].东北公路,2001:70-73.
[3] 吴彬,庄军生.桥梁支座减震、隔震技术[J].铁道建筑,2002(12):13-15.
[4] 安玉.减隔震技术在桥梁结构设计中的应用分析[J].科学技术创新,2020(19):132-133.
[5] 陈松.浅析桥梁减隔震支座及分析方法[J].科技资讯,2013(34):55-56.
[6] 陈志强.浅析铅芯橡胶支座对提高桥梁抗震性能的作用[J].福建建材,2017(7):88-90.
[7] 中华人民共和国住房和城乡建筑部.城市桥梁抗震设计规范:CJJ 166—2011[S]北京:中国建筑工业出版社,2012.

118.库区四柱桩柱式框架墩动力力学行为研究

李 杰[1]　张金鹏[2]　李宏亮[2]　李思达[1]　杨大雨[1]　张军锋[1]
(1.郑州大学土木工程学院; 2.河南濮泽高速公路有限公司)

摘　要：为了明确库区桥梁复杂桥墩的动力力学行为特点,本文以跨黄河小浪底库区某连续梁的四柱桩柱式框架墩为研究对象,运用 ANSYS 建立墩-水耦合数值模型,研究水动力效应对库区复杂桥墩自振特性影响,分析桥墩在水流作用下绕流及波、流联合作用动水响应;在此基础上详细分析波浪、水流和水深对该桥墩地震响应的影响。研究表明:四柱桩柱式框架墩的自振频率随水深增加而降低;4个柱速度场和压力场不对称,则各柱的动力响应不对称;波、流共同作用时,桥墩动力响应随着流速增加而增加,水流对波浪场波峰作用影响大于波谷作用,且波、流共同作用动力响应并非两者单独作用叠加;与无水工况相比,桥墩静水地震响应更大;波、流动水效应可能增强,也可能减弱地震响应;波、流环境时地震响应不是地震和波、流的单独作用叠加;对于该桥墩及所分析工况,波、流环境削弱了地震响应,且随着水深的增加,地震响应削弱越来越显著。

关键词：四柱桩柱式框架墩　动力行为　水流　波浪　流固耦合

1　引言

处于库区的桥梁,其力学行为受到水动力影响,水流和波浪会对桥墩产生冲击作用。当地震发生时,水中桥墩产生一定变形和振动,间接使其附近水体晃动,水体又会对桥墩产生反作用,进而改变桥墩变形和振动状态。水流和波浪冲击,在桥墩表面所形成的冲击荷载分布不均匀且方向不确定[1],不应简单地被看作是集中荷载或者均布荷载进行设计和分析。地震作用下深水桥梁将处于绕射波、水流和地震共同产生的辐射波形成的综合波流场,桥墩与波流场作用双向耦合。但限于理论认识和问题复杂性,多数研究对流体影响简单化处理,忽略了由地震激励产生的辐射波浪对绕射波流场影响;在分析桥梁动力特性时,通常只考虑流水或者波浪对桥墩冲击作用,忽略桥墩周围水体与桥墩在振动过程中耦合作用,即不考虑桥墩周边水体依附于墩身发生振动并影响墩身动力特性。现有研究显示,水会使桥梁结构的自振频率降低[2],不考虑墩-水相互作用可能低估结构地震响应[3-5]。随着水库库区深水桥梁建造技术发展,出现了诸如桩柱式框架墩的复杂截面深水桥墩,在波浪、水流以及地震作用下,其动力力学行为特征更复杂。鉴于此,本文以跨黄河小浪底库区某连续梁主墩——四柱桩柱式框架墩为研究

基金项目:河南省交通运输科技计划(2021J2)。

对象,运用 ANSYS 建立墩-水耦合数值模型,研究水动力效应对库区复杂桥墩自振特性影响,分析桥墩在水流作用下绕流及波、流联合作用动水响应;在此基础上详细分析波浪、水流和水深对该桥墩地震响应的影响。

2 依托工程、数值模型和模拟方法

2.1 依托工程

依托桥梁为跨黄河小浪底水库库尾某四柱桩柱式框架墩预应力混凝土连续梁桥。该桥主墩构造复杂,采用 C40 混凝土 2×2 桩柱式框架墩(桥墩构造如图1所示):桥墩高 78.865m,其中 h_1 段 12.865m 墩直径 2.8m 立模施工,h_2 段 66m 墩直径 3m 钢护筒施工;在距桩底 84.4m、100m、120.6m 位置分别设置厚度 2.4m、2.4m、2.6m 的 3 道系梁;与墩一体的基础为 4 根(按2×2 布置)直径 2.5m、长 52m 钻孔灌注嵌岩桩,横桥向两桩间距 6.25m,顺桥向两桩间距 5m。桥墩施工现场如图2所示。针对本文研究目的,选取主河槽桥墩为研究对象。

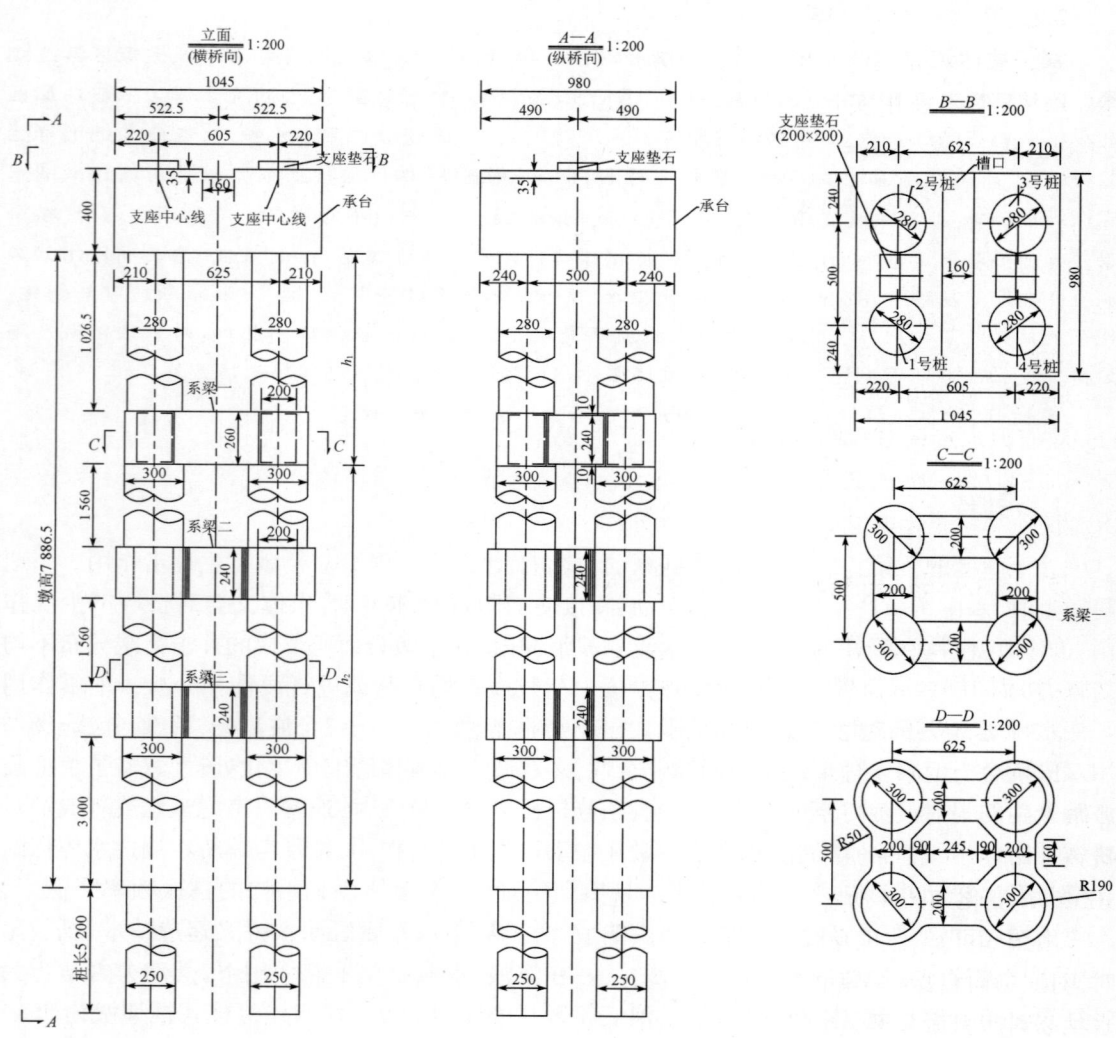

图 1 四柱桩柱式框架墩构造(尺寸单位:cm)

图 2 桥墩施工实景

2.2 有限元模型

基于流体单元法[6]考虑流固耦合效应,利用有限元软件 ANSYS 建立桥墩-水耦合分析模型。桥墩、系梁采用实体单元 Solid95。墩柱参数:弹性模量 $E_h = 3.00 \times 10^{10}$ Pa,密度 $\rho_h = 2\,440$ kg/m³,泊松比 $\mu = 0.2$。水体采用 Fluid130 单元,参考小浪底库区水文资料,水密度 1 025kg/m³,动力黏滞系数 1.05×10^{-3} m²/s,水中声速 1 460m/s;桥址水流速度≤4m/s,最高水位 60m。模型边界:不考虑崁岩桩,墩底固结,墩顶考虑上部结构自重及支座约束,水体表面为自由液面,水体底面为刚壁界面。

2.3 流固耦合模拟方法

本文在考虑波、流水动力作用时,采用 Workbench 软件将 Fluent 流体分析与 Transient Structural 结构分析进行系统耦合,通过数据交换以求得流场变化趋势及结构受力特点。Fluent 模拟水流只需要将 ANSYS APDL 建立的模型导入;考虑流固耦合分析,对固体区域网格局部加密以保证流固交界网格连接顺滑,流场区网格划分粗糙以降低整体模型规模。数值波浪水槽模拟属于三维动态模拟,本文采用 Fluent 多相流明渠造波法。

3 库区四柱桩柱式框架墩自振特性分析

为了探讨流固耦合水域范围和水深影响,针对依托工程四柱桩柱式框架墩,取一根墩柱建立墩-水流固耦合数值模型,首先分析水域范围和水深对墩的自振特性影响。

3.1 水域范围对墩自振特性影响

以桥墩为中心,将迎水面水体宽度定义为水域范围。由于桥梁主跨 100m,因此水域范围以墩为中心,每侧最宽取 50m。假定水深取 35m,0m 表示没有水。图 3 为水域范围对桥墩自振频率影响。令频率减幅 $R_f = $(结构无水自振频率−结构有水自振频率)/结构无水自振频率×100%,R_f 变化如图 4 所示。

由图 3 可知,水使单柱圆形实心墩自振频率降低,墩基频 0.245 8Hz。水域范围小于 10m 时,对应各阶自振频率减小;水域范围大于 10m 时,水使墩对应各阶自振频率增大,但小于无水状态对应自振频率。由图 4 可知,不论第 1 阶纵飘,还是前 3 阶侧弯,墩的自振频率减幅 R_f 在水域范围小于 10m 时增加,水域范围大于 10m 趋于稳定,此时水域可视为对自振特性无影响的边界,即对于水深 35m、主跨 100m 桥梁,相邻两个桥墩自振特性不受跨间流体交互影响。

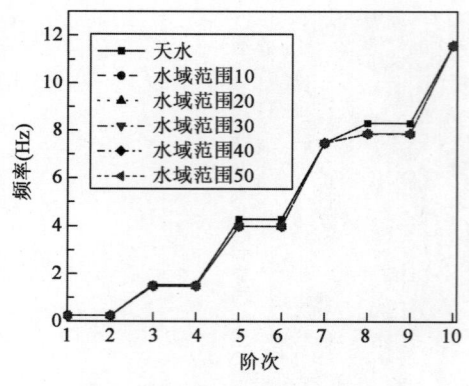
图3 不同水域范围单柱圆形实心墩自振频率

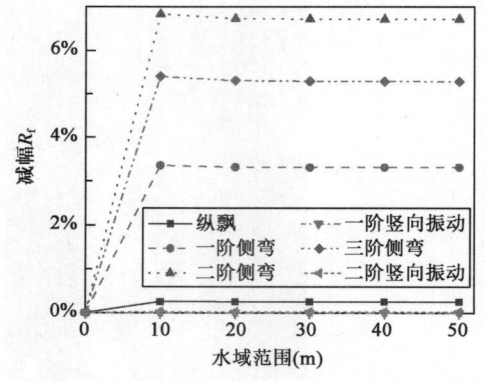
图4 水域范围对单柱圆形实心墩自振频率减幅 R_f 影响

3.2 深水四柱桩柱式框架墩自振特性分析

针对四柱桩柱式框架墩，考虑最大水深60m（参考该桥水文资料），得不同水深桥墩前9阶自振特性，如图5所示。图6为水深对该墩前9阶自振频率减幅 R_f 影响。

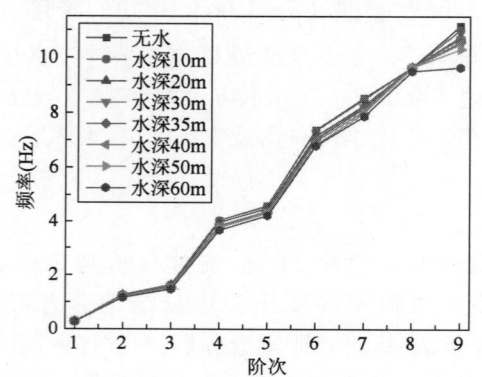

图5 不同水深四柱桩柱式框架墩自振频率　　　　图6 水深对四柱桩柱式框架墩自振频率减幅 R_f 影响

由图5、图6可知，在流固耦合作用下，随着水深度的增加，四柱桩柱式框架墩频率逐渐降低，第6、7、9阶频率减小较显著；与单柱墩类似，四柱桩柱式框架墩竖向振动特性几乎不变。

4 库区四柱桩柱式框架墩水动力响应分析

4.1 墩柱绕流分析

三维流场范围取 200m×100m×H 的长方体，H 为水深。为方便叙述，4个墩柱编号为1号、2号、3号和4号（图1中 B—B 截面），且假定图1立面图左侧为入水方向，右侧为出水方向。当水深 $H=35$m（常水位）、流速 $u=4$m/s 时，距墩底5m墩柱流场速度局部矢量图如图7所示。

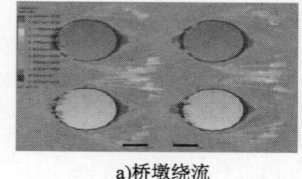
a)桥墩绕流

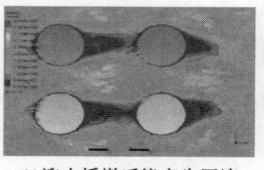
b)迎水桥墩后缘产生回流

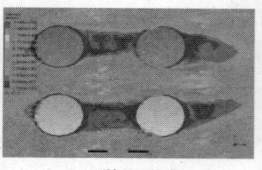
c)漩涡形成

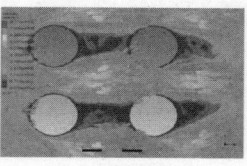
d)二次漩涡

图7 墩柱绕流全过程

圆形墩柱尾流形态与雷诺数R_e有关,本文$R_e=1.17×10^7>3.6×10^6$,故流场处于超临界状态[7],则墩柱后端形成漩涡涡街,并且结构周期运动。由图7可知,两排桥墩之间会形成较大漩涡,甚至产生二次涡流,直至漩涡消散。当流场入口处流速$u=1\sim4$m/s、桥墩入水深度35m时,可得到不同流速对4个柱绕流影响。限于篇幅,仅给出流速4m/s时距墩底25m处截面的速度场和压力场,如图8所示。

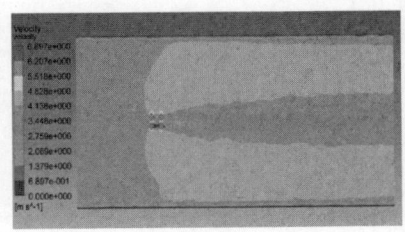 

a)速度场　　　　　　　　　　　　b)压力场

图8　流速4m/s各柱绕流速度场和压力场

由图8可知,流场的速度分布接近对称,且墩柱两侧速度明显增大,而墩柱后侧水流速度逐渐减小,甚至出现回流现象。分析还显示墩柱后缘尾流速度随着流速变化越来越明显,1号、4号柱速度差异比2号、3号柱速度差异更显著,各柱之间相互干扰使得速度场和压力场不对称,这也预示4个柱水动力响应不同。

4.2　各墩柱水动力响应对比分析

绕流分析显示各柱响应不同,限于篇幅,仅给出水深35m不同流速对柱底剪力响应影响,见表1。

水深35m不同流速各墩柱柱底剪力响应最值和稳定值　　表1

流速(m/s)	最值(kN)				稳定值(kN)			
	1号	2号	3号	4号	1号	2号	3号	4号
1	183.4	177.7	206.5	227.4	2.7	2.3	2.7	2.2
2	376.3	365.9	425.7	465.7	10.4	8.9	10.5	10.3
3	574.5	560.7	652.9	709.9	27.3	24.3	31.4	35.5
4	777.2	761.2	887.1	958.9	46.6	39.8	53.7	57.6

由表1可得,各墩柱剪力响应随水流速度增大而增加。由于水流冲击作用,桥墩产生绕流,相比其他3个墩柱,2号柱后端回流产生负动水压力大,与墩柱前端水流冲击正向动水压力抵消,2号柱动力响应最值和稳定值均最小。定义各墩柱间扰动系数为$R=Q_i/Q_{ave}$。式中,Q_i为墩柱响应,i为墩柱编号;Q_{ave}为墩柱平均响应。扰动系数R越小则墩柱所受干扰越明显。图9为不同流速各墩柱之间剪力响应最值和稳定值的扰动系数R。

由表1及图9可知,各柱动力响应并不相同,无论最值响应还是稳定值响应,2号扰动系数R最小,表明4根墩柱水动力响应不同,且2号受到其他3个墩柱干扰最明显。

4.3　水流、波浪联合作用四柱桩柱式框架墩水动力响应

为了分析水流对波浪场影响作用,令水流影响系数=(波、流共同作用响应最值-波浪单独作用响应最值)/波浪单独作用动力响应最值×100%。限于篇幅,仅以不同流速桥墩动力响应最值为例,见表2。其中波浪和水流指仅考虑其单独作用,波、流为波浪和水流共同作用。图10为水流影响系数。

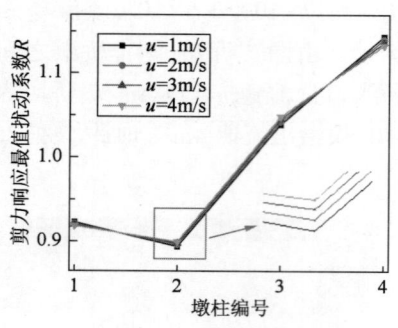 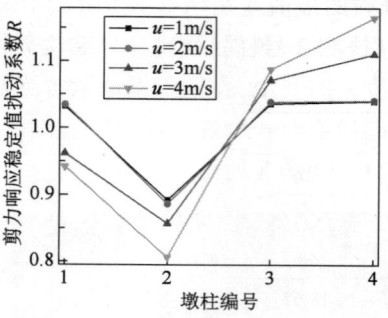

图9 不同流速各墩柱剪力响应扰动系数 R

不同流速四柱桩柱式框架墩动力响应最值 表2

流速(m/s)		位移(mm)			弯矩(MN·m)			剪力(MN)		
		波浪	水流	波、流	波浪	水流	波、流	波浪	水流	波、流
波峰	1	0.188 4	4.69	0.255 5	0.76	11.50	1.13	205.92	227.40	206.78
	2	0.188 4	9.66	0.283 1	0.76	23.63	1.49	205.92	465.74	216.66
	3	0.188 4	14.79	0.386 5	0.76	36.16	1.88	205.92	709.89	218.57
	4	0.188 4	20.07	0.468 2	0.76	49.03	2.35	205.92	958.85	229.7
波谷	1	−0.190 4	4.69	−0.161 4	−0.63	11.50	−0.21	−203.77	227.40	−197.43
	2	−0.190 4	9.66	−0.185 0	−0.63	23.63	−0.56	−203.77	465.74	−198.91
	3	−0.190 4	14.79	−0.205 3	−0.63	36.16	−1.00	−203.77	709.89	−207.99
	4	−0.190 4	20.07	−0.217 8	−0.63	49.03	−1.38	−203.77	958.85	−215.66

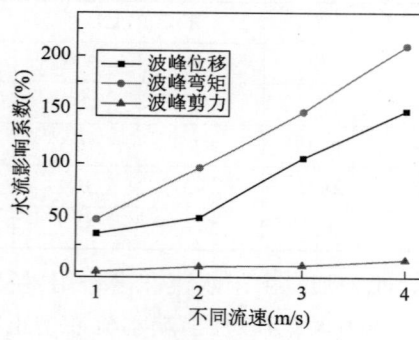 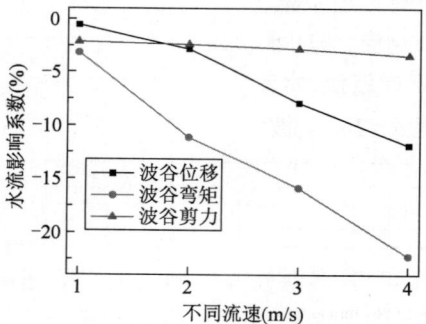

图10 不同流速四柱桩柱式框架墩动力响应水流影响系数

由表2和图10可知,流速使墩动力响应增大;波、流联合作用时,墩动力响最值不是波浪或水流单独作用动力响应叠加,墩动力响应在波峰处达到最大值,在波谷处达到最小值,说明波浪在波流环境中占主导地位;不同流速,水流对波峰作用影响大于波谷作用,水流影响系数随着速度增加而逐渐增大。

5 库区四柱桩柱式框架墩地震响应分析

考虑本文目的,仅取符合桥址场地条件的 El-Centro 地震波对桥墩进行横桥向激励。

5.1 无水和静水时桥墩的地震响应

为了确保结构抗震安全,应由最不利地震响应控制设计,由于主墩为四柱桩柱式框架墩,故内力取自该墩的最值地震响应某根柱底,位移取自该墩的墩顶。限于篇幅,仅给出无水和水深35m静水时桥墩2号柱底最大弯矩和墩顶位移时程曲线,见表3、图11。

El-Centro 地震波横桥向激励作用各墩柱地震响应最值　　　　表3

墩柱序号	位移(mm)		弯矩(MN·m)		剪力(MN)	
	无水	静水	无水	静水	无水	静水
1号	18.67	21.74	84.12	95.66	15.35	19.27
2号	18.67	21.74	86.88	99.36	16.24	20.98
3号	18.67	21.74	83.35	95.03	15.42	18.92
4号	18.67	21.74	85.91	97.29	15.97	20.33

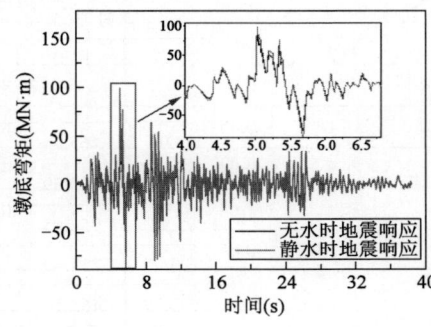 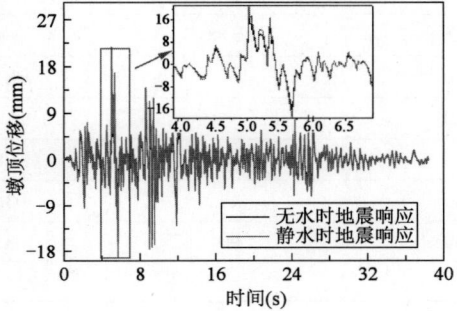

图11　墩底弯矩、墩顶位移时程曲线

由表3和图11可知,各个柱的墩底弯矩和墩底剪力各不相同,2号柱内力响应最大,但由于桥墩设置有三道系梁,各柱底的弯矩和剪力最值响应差别不大。静水工况地震响应大于无水工况地震响应,表明水会放大结构地震响应。

5.2　考虑波浪、水流共同作用时桥墩地震响应

取流速 $u=2$m/s,波浪高度2m,水深35m,表4为考虑波、流作用地震响应最值。

考虑波、流影响 El-Centro 波横桥向激励四柱桩柱式框架墩地震响应最值对比　　　表4

动力响应	荷载工况	地震响应最值
位移(mm)	地震	18.67
	地震+静水	21.74
	波、流	0.28
	地震+波、流	18.26
弯矩(MN·m)	地震	86.88
	地震+静水	99.36
	波、流	1.49
	地震+波、流	85.33
剪力(MN)	地震	16.24
	地震+静水	20.98
	波、流	0.22
	地震+波、流	15.27

由表4可看出,静水时地震响应最值始终最大;波、流共同作用时地震响应并不是各种作用单独作用动力响应叠加;波、流环境的地震响应小于静水时地震响应,故波、流环境削弱了结构地震响应。文献[8]考虑波、流环境分析远、近场深水桥梁地震响应,得出"波、流环境对桥梁地震响应可能增强,也可能削弱"的结论,本文进一步的分析亦有类似结论。因此,波、流环境对桥梁地震响应的影响与地震波、激励方式等因素有关,应根据具体情况进行更多工况动力响应分析,以便获得设计控制值。

5.3 波高、水深对桥墩地震响应影响分析

为了讨论波高、水深对地震响应影响,表5、表6给出不同水深、波高时桥墩墩底弯矩地震响应最值。

水深对库区桥梁弯矩响应最值影响(流速 $u=2m/s$,波高2m)　　　　表5

水深(m)	地　震	地震+静水	波、流	地震+波、流
0	86.88			
10	—	89.42	0.22	86.34
20	—	93.71	0.45	85.83
30	—	98.86	0.94	85.45
40	—	103.55	1.68	85.02
50	—	108.29	2.65	84.66
60	—	113.91	3.79	83.98

波高对库区桥梁弯矩响应最值影响(流速 $u=2m/s$,水深35m)　　　　表6

波高(m)	地　震	地震+静水	波、流	地震+波、流
0	86.88	99.36	—	
1	—	—	1.13	85.05
2	—	—	1.49	85.33
3	—	—	1.88	85.22
4	—	—	2.28	85.01

由表5、表6可以看出,静水环境地震响应最大,考虑波、流环境的地震响应最值均小于在地震单独作用下的响应最值,随着水深增加地震响应逐渐减小,且响应最值不是地震单独作用与波、流作用的动力响应最值的叠加;波、流作用削弱结构地震响应,且随着水深增加,地震响应削弱越明显。

6 结语

(1)绕流分析显示4个柱速度场和压力场不对称。4根墩柱水动力响应不同,2号受到其他3个墩柱干扰最明显。

(2)波、流联合作用时,桥墩动力响应随着流速增加而增加;动力响应在波峰处达到最大值,在波谷处达到最小值,波浪在动力响应中起主导作用;波、流联合作用水动力响应并非两者单独作用叠加。

(3)对于该桥墩及本文所分析工况,与无水工况相比,静水工况的地震响应更大,水会放大桥墩地震响应;波、流环境时地震响应不是地震和波、流的单独作用叠加;波、流环境削弱了地震响应,且随着水深增加,地震响应削弱越显著。

(4)波、流环境对结构地震响应的影响与地震波、激励方式等因素有关,应根据具体情况进行更多工况动力响应分析,以便获得设计控制值。

参 考 文 献

[1] 赵秋红,李晨曦,董硕.深水桥墩地震响应研究现状与展望[J].交通运输工程学报,2019,19(2):1-13.

[2] YANG W L,LI Q.The expanded Morison equation considering inner and outer water hydrodynamic pressure of hollow piers[J].Ocean Engineering,2013,69(sep.1):79-87.

[3] 郭庆康.深水高墩桥梁流固耦合数值模型与非线性地震响应研究[D].武汉:武汉理工大学,2019.

[4] 杨万理,李乔.墩-水耦合计算模式及深水桥墩动力响应研究[J].地震工程与工程振动,2012,32(3):130-137.

[5] WANG P G,CHANG Y F,ZHAO M,et al.Earthquake and Wave Analysis of Circular Cylinder considering Water-Structure-Soil Interaction[J].Advances in Civil Engineering,2020(2):1-18.

[6] 江辉,白晓宇,黄磊,等.波浪、海流环境中跨海桥梁深水桥墩的地震响应特性[J].铁道学报,2019,41(3):117-127.

[7] 刘二朋,陈威,林永水,等.不同雷诺数下二维椭圆柱绕流的数值模拟研究[J].应用力学学报,2021,38(5):2025-2031.

[8] 白晓宇.波、流环境中深水桥墩地震响应特性研究[D].北京:北京交通大学,2017.

119.基于实体模型对异形箱梁桥的受力机理分析

戚永超 徐 栋

(同济大学桥梁工程系)

摘 要:本文研究了一座小宽跨比、大分叉角度的异形箱梁桥空间受力特性,通过建立实体模型,计算了此类异形箱梁桥在恒载、活载以及温度荷载作用下的结构响应,从而总结异形箱梁桥的受力特点。经分析得远离分叉端时截面应力分布规律与常规直桥相一致,在直桥向分叉端过度区域,直桥和弯桥的耦合效应最为明显,而分叉端部呈现出明显的曲梁效应。在分析结果的基础上,对于此类异形箱梁桥的支座布置和预应力布置方案提出建议,为类似桥梁的计算分析和结构优化提供借鉴。

关键词:异形箱梁 受力特性 实体模型 空间受力 曲梁效应

1 引言

随着我国交通事业及城市建设的快速发展,中、小桥梁的结构形式越来越注重路线线形、美观要求和行车舒适,例如高架桥和立交桥在主桥通往匝道、主线通往分支线的连接处,通常需要设置变坡度、变曲率、变宽度的分岔连接段,这类分岔连接段即是异形桥梁结构[1]。采用异形桥梁将立交桥和高架桥的主线和支线进行连接,不仅减少了对地面交通的影响,而且满足了车辆改变线路的要求,使得桥梁结构线形顺畅。从梁桥线形的角度来说,可以分为直线梁桥、曲线梁桥和异形梁桥[2],对于前两种桥梁的结构响应,经过学者的分析研究已经总结出了规律性的特点。相比之下,异形桥梁的结构形态各异,受力特点也各不相同,一直无法总结出规律性的特征,其薄壁效应和空间效应往往使得异形桥梁在设计分析中很难进行定性判断,只能依赖于有限元软件的计算结果[3]。

由于异形箱梁结构本身受力状况极为复杂,且运用常规的平面杆系有限元分析方法已经无法得到桥梁的真实受力,通常需要利用三维有限元分析软件建立实体单元或者板壳单元模型进行分析[4],本文将选取一座小宽跨比、大分叉角度的异形箱梁桥建立实体有限元模型,研究其在恒载、汽车荷载、温度荷载作用下支座反力的规律和控制截面的顶、底板正应力分布状况。

2 背景工程

该分叉桥跨径布置为 2×38m,两边各留 6cm 伸缩缝,未变宽端部桥宽 18.5m,变宽端部支承边夹角为152°,两支承边宽分别为12.45m和11.13m。箱梁悬臂长度200cm,根部厚度45cm,顶底宽229.6～608.2cm,厚度25cm,支点处加厚为45cm。跨中处腹板厚56.8cm,中支点及边支点处腹板均加厚至170cm。端支点横梁厚170cm,中支点横梁厚200cm。桥梁为变宽单箱多室箱梁,箱室数为4,箱梁腹板位置布置纵向预应力钢束,桥梁上部结构立面图及平面图如图1所示。A—A截面横断面图如图2所示。

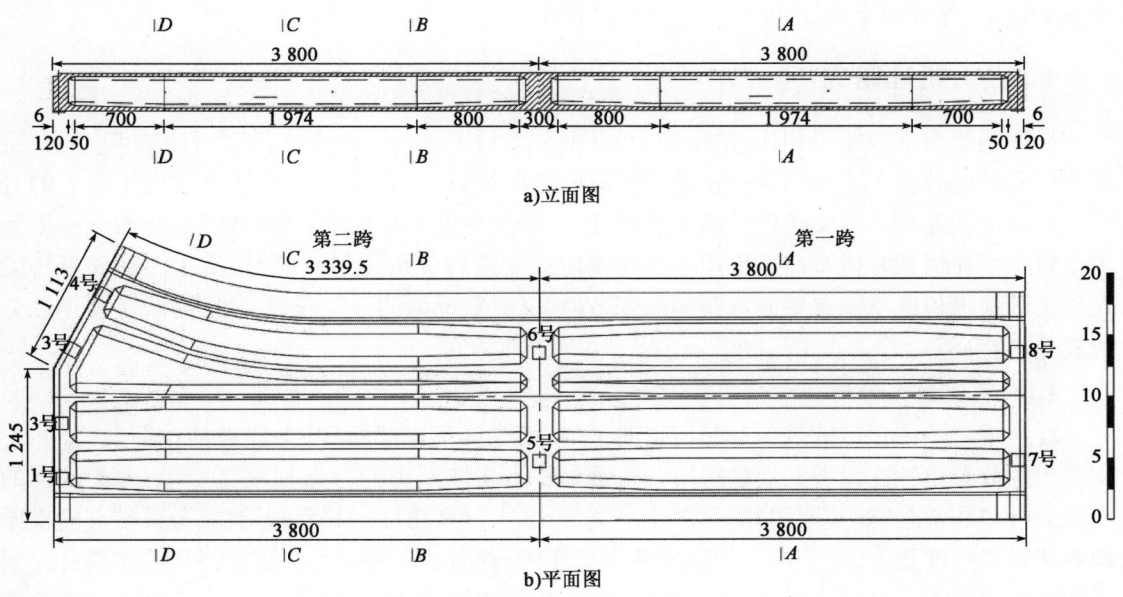

图1 异形箱梁立面图和平面图(尺寸单位:cm)

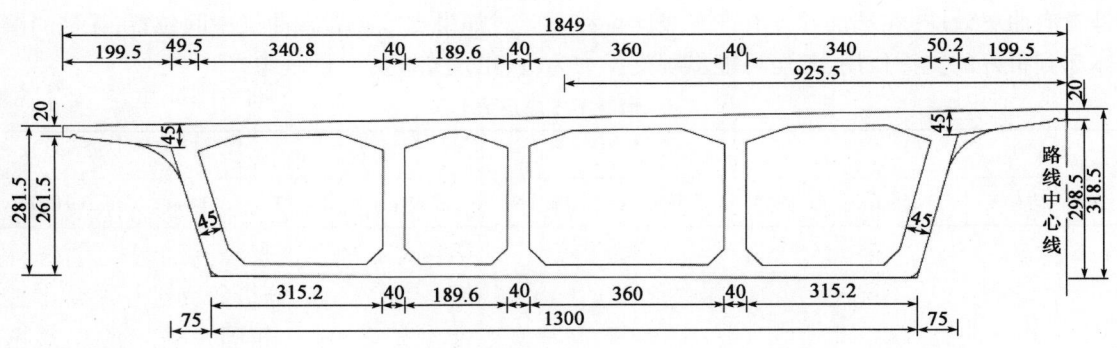

图2 A—A截面横断面图(尺寸单位:cm)

全桥共8个支座,为了减少支座对于异形桥受力下变形的约束,在5号支座设置固定支座,1号、7号支座设置单向支座,其他支座都是双向支座,具体情况见表1,表中X、Y、Z方向分别代表纵桥向、横桥向和竖直方向。

支座约束方向　　　　　　　　　　　　　　　　表1

支座	1	2	3	4	5	6	7	8
DX					√			
DY	√				√		√	
DZ	√	√	√	√	√	√	√	√

3 有限元模型建立

在异形箱梁的计算中,梁格法这种简化模型只能提供粗略的计算结果,为准确计算异形箱梁的受力响应,这里采用有限元软件ABAQUS建立实体有限元模型,上部结构采用C3D8单元模拟,支座约束按照实际布置情况模拟。上部结构采用C50混凝土,模型参数取值如下:重度为 $26kN/m^3$,弹性模量取35 000MPa,泊松比取0.2。

4 受力机理研究

异形箱梁与常规箱梁相比,由于截面宽度、分叉角度等因素的变化,其受力更加复杂,在空间效应和薄壁效应上不再像常规桥梁一样有明确的规律,无论支座反力还是截面正应力的分布都有一定的差异。本文选取一座小宽跨比、大分叉角度的异形箱梁桥,建立实体空间有限元模型对全桥在恒载和汽车荷载作用下结构响应规律进行分析总结。同时,由于此种异形桥梁在分叉的横隔板既承担着控制箱梁的畸变效应,又对支反力的分配起着重要作用,需要单独分析其受力特征。

4.1 支座反力分析

在常规桥梁中恒载的效应都是清晰明了的,而在异形箱梁桥中,即使在简单荷载作用下,支反力的分布也往往没有共性的规律。自重作用下支座反力的分布如表2所示,分叉端部的支反力分布非常悬殊,其原因如下:对于小宽跨比、大分叉角度的异形箱梁桥,分叉端部的横梁相对于纵梁刚度更大,对于反力传递起到重要作用,此时分叉端部的横隔梁将反力主要分配到了两端的支座上。如图3所示,在恒载作用下,分叉端部出现一定的转角位移,由于端横梁相对刚性,此时分叉端横梁相当于一根曲梁发生转动,在未分叉端部,虽然也产生了转角位移,但是没有曲梁效应,在端部并没有产生竖向位移。此时如果支座布置在曲梁中间位置,无法对梁体起到很好的支撑作用,甚至可能出现支反力为负,出现支座脱空的现象。

恒载下支座反力　　　表2

支座号	1	2	3	4	5	6	7	8
支座反力(kN)	3 856.1	1 054.4	531.3	3 321.9	12 654	11 591	3 944.2	3 945.7

图3　恒载下全桥竖向挠度

4.2 正应力分布研究

本实际工程为曲线单箱多室异形箱梁桥,其受力规律与常规桥梁有很大区别,结构的薄壁效应及空间受力特性也不尽相同,为此建立实体空间有限元模型对全桥在恒载、汽车荷载、整体升降温荷载下的控制截面应力分布进行分析。本例中选取 A—A~D—D 四个截面分析,其分别为第一跨跨中和第二跨的三个四分点截面,对各个控制截面的顶底板的节点纵桥向正应力进行分析计算。

4.2.1 恒载效应

混凝土桥梁的恒载主要包括自重与二期恒载,全桥纵向正应力分布如图4a)所示,计算控制截面的顶底板正应力在恒载下的分布,结果如图5a)、b)所示。A—A 截面和 B—B 截面的顶板正应力分布与常规直桥的应力分布规律一致,由于剪力滞效应使得距离腹板较远的单元应力偏小,底板应力近似均匀分布。在 C—C 截面中,与常规桥梁正应力对称分布不同的是,匝道一侧的正应力绝对值偏大,呈现出弯桥的受力特征,这也与图中恒载下挠度分布图一致。对于 D—D 截面底板正应力分布,匝道一侧的正应力偏小,同时匝道一侧正应力分布波动加剧,需要进一步分析分叉端的受力特征。在远离分叉端处的截面中,应力分布近似与常规直线箱梁桥一致,随着截面位置越靠近分叉端,直桥和弯桥的耦合作用越明显,在分叉端附近的应力分布已经很难用梁的截面法来分析结构受力了。

4.2.2 汽车荷载效应

在杆系模型中,对于汽车荷载需要进行影响面加载,对于多车道桥面需要引入荷载横向分布系数及折减系数来考虑汽车荷载的空间效应,对于曲线异形箱梁实体计算模型,需要先通过梁格模型计算找到桥梁的最不利加载方式,再将车辆荷载施加到响应位置。由于这里关注于分叉异形桥梁特殊的受力特点,车辆荷载的布载方式是第二跨满布,从而分析计算相应截面的正应力分布规律,全桥纵向正应力分布如图4b)所示。图5c)、d)是汽车荷载下控制截面的顶底板正应力分布图,其中第二跨跨中截面中匝道一侧的正应力偏大,这一特征相较于恒载中的规律更加明显,C—C 截面顶板正应力最大值和最小值相差0.8MPa,D—D 截面应力分布趋势与之相反,在靠近匝道一侧的正应力偏小,这说明匝道一侧的应力在顺桥向分布变化更剧烈。A—A 截面和 B—B 截面的应力分布规律仍然近似与常规直桥一致,最大应力和最小应力相差不超过0.5MPa。

a)恒载下全桥纵向正应力分布图

b)汽车荷载下全桥纵向正应力分布图

图4 恒活载下全桥纵向正应力分布图

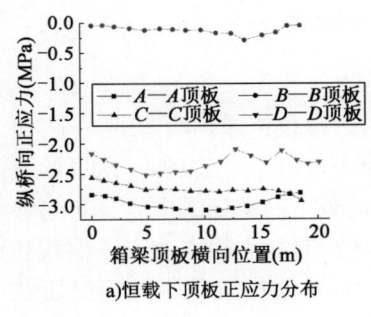
a)恒载下顶板正应力分布

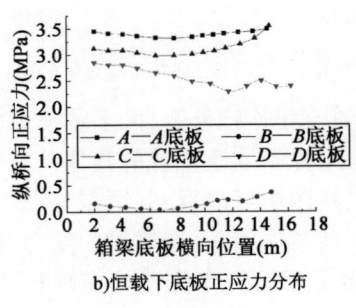
b)恒载下底板正应力分布

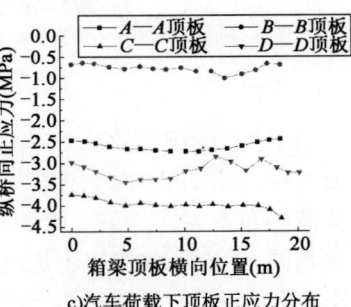
c)汽车荷载下顶板正应力分布

图5

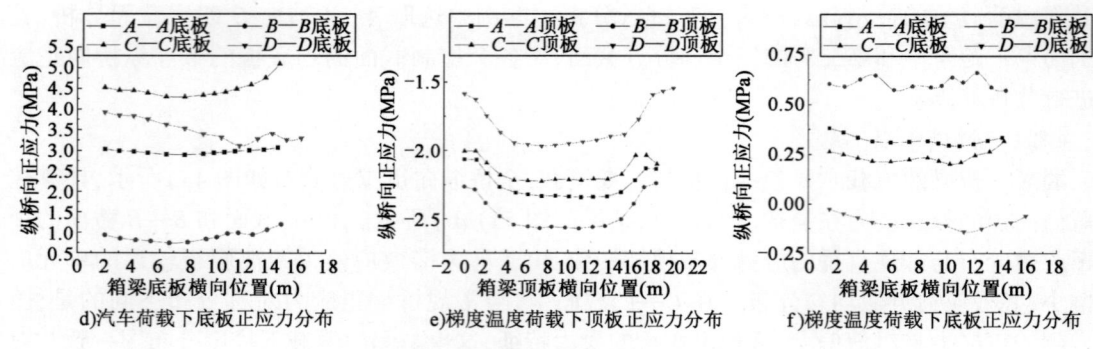

d) 汽车荷载下底板正应力分布　　e) 梯度温度荷载下顶板正应力分布　　f) 梯度温度荷载下底板正应力分布

图 5　控制截面顶底板正应力分布图

4.2.3　温度效应

在分析异形箱梁桥在温度荷载作用下控制截面正应力分布规律,温度荷载取值为整体升温 25℃,整体降温 20℃;温度梯度按照公路桥涵设计通用规范中相关规定取值,梯度升温：$t_1 = 14℃$, $t_2 = 5.5℃$,梯度降温：$t_1 = -7℃$, $t_2 = -2.75℃$。在梯度升温作用下控制截面顶底板正应力分布如图 5e)、f) 所示。

梯度升温下顶板正应力在横桥向中间大、两边小,端由于剪力滞效应翼缘应力比靠近腹板位置的正应力小,底板正应力分布较为均匀,这是由于在靠近腹板位置正应力分布均匀,剪力滞效应不显著。

4.3　分叉端部横梁受力分析

在此座异形桥中,分叉端部横梁是空间构型,与常规桥梁的端横梁有很大区别,需要进行单独的受力分析。在之前的反力分析中,可以发现在这种异形桥中,分叉端部的横梁刚度相对较大,使得中间支座无法起到预期的支承效果,分别在恒载和汽车荷载作用下的端横梁横向正应力图如图 6 所示。

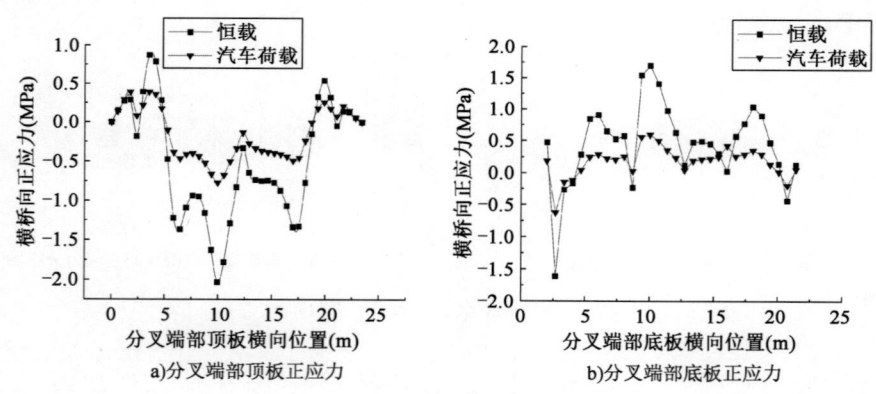

a) 分叉端部顶板正应力　　　　　　　b) 分叉端部底板正应力

图 6　分叉端部顶底板正应力分布图

由于端横梁中部处于主要承重支座连线外侧,大多数荷载由边腹板传递到两边的支座,使得分叉端横梁的应力水平相对较小,除了支座位置的其他区域应力数值小于 2MPa。这里的汽车荷载的布置方式是第二跨满布,从图中可以看到,恒载和汽车荷载下的端横梁应力分布趋势大致相同,无论恒载作用还是汽车荷载作用下,端横梁的受力规律没有发生根本改变。恒载和汽车荷载作用下,分叉端部上缘除了两边支座位置处出现拉应力,其他位置基本处于受压状态,在分叉端部中间位置压应力最大。对于分叉端部下缘,两种工况下都在中间位置出现最大拉应力,在两边支座位置出现压应力峰值,与上缘的横向正应力分布规律相一致。

5　结语

(1)一般将跨宽比≥2.0时的桥称为"窄桥",对于本例中这种分叉角度大的典型窄桥中,分叉端部有弯梁效应,即分叉端横梁的位移和转角变形相耦合。常规桥梁中端部虽然也出现转角,但是并不影响反力分布,而异形桥中由于端横梁并非平直,端部的转角位移带动端横梁中部产生向上的竖向位移,使得布置在端横梁中间的支座不能发挥其支承作用,建议在此类异形桥中将支座布置在距离端横梁两边位置。

(2)在远离分叉端的位置,截面正应力分布近似与常规直桥相一致,随着位置靠近分叉端部同时桥梁宽度增大,截面应力分布表现为直桥和弯桥的共同作用,在本例中表现为匝道一侧的纵桥向正应力偏大,在布置预应力钢束时需要在匝道一侧外腹板增加钢束数量。

(3)异形桥梁的分叉端横梁受力复杂,同时对于反力传递起到重要作用,如果端横梁刚度不足或因损伤后导致刚度下降,支反力的分布规律可能会发生改变,从而影响全桥的安全性,因此需要保证端横梁的安全度和可靠度。

参 考 文 献

[1] 杨成龙.分叉式异形混凝土连续箱梁桥结构空间静力学行为研究[D].成都:西南交通大学,2018.
[2] 项海帆,等.桥梁概念设计[M].北京:人民交通出版社,2011.
[3] 刘钊,王斌,孟少平,等.连续分叉曲线箱梁桥的计算分析与设计探讨[J].公路,2003(S1):95-99.
[4] 康俊涛,邹立,贾贤盛.双箱多室混凝土曲线异形箱梁横截面正应力分布研究[J].武汉理工大学学报(交通科学与工程版),2020,44(2):222-227.

120. 基于实测数据的大跨度悬索桥主缆恒载系数研究

龚 旺[1] 吴玉刚[2] 沈锐利[1] 张太科[3] 鲜 荣[3]

(1.西南交通大学;2.广东省交通集团有限公司;3.广东湾区交通建设投资有限公司)

摘 要：随着我国交通事业的迅速发展,在跨越大江大河海峡等地方修建通道的需求愈发迫切,超大跨度悬索桥以跨越能力强、受力合理、造型优美等特点常成为首选桥型,但针对2 000m+超大跨度悬索桥现行设计规范使用范围不适宜且部分设计参数取值缺乏针对性和系统性研究,鉴于此本文基于主缆钢丝的大量实测资料,建立了大跨度悬索桥主缆恒载概率模型并结合可靠度理论对不同失效概率下的主缆恒载分项系数展开了研究。研究表明大跨度悬索桥主缆恒载概率分布特征近似服从正态分布,主缆恒载系数小于规范恒载系数取值,对于超大跨度悬索桥该项系数调整可提高主缆结构设计的经济性是合理且必要的。

关键词：大跨度悬索桥 主缆 加劲梁 二期恒载 概率模型 恒载系数

1 引言

随着经济的迅速发展和交通需求的增长,过去跨越大江大河和海峡难度非常大的地方修建通道的需求越来越迫切。这些通道工程为了满足通航、防洪和避免深水基础施工的困难和高昂的造价,需要修建2 000m+的超大跨度桥梁。悬索桥具有跨越能力大、受力合理、适应桥位孔跨布置能力强、充分发挥材料强度和造价经济等特点,往往成为这些通道的首选桥型。目前世界上已建成的最大跨度悬索桥是日本明石海峡大桥,跨径1 991m。刚建成通车的土耳其1915恰纳卡莱大桥设计主跨2 023m;国内正在做工程可行性研究或初步设计的跨度超过2 000m的悬索桥有广州狮子洋过江通道、广州莲花山通道、南京锦文路过江通道、江苏张靖皋长江大桥等工程。

针对2 000m以上的悬索桥,目前没有适用范围规范可用,需要针对具体的结构开展研究,特别是超大跨度悬索桥缆索系统的相关设计指标亟须研究[1-2]。国外对于大跨度和超大跨度桥梁的设计,一般会针对具体的结构专门研究与之相适应的设计指南而不是采用常规桥的设计规范[3]。比如对于恒载的荷载系数,超大跨度悬索桥主缆和加劲梁的一期恒载占了很大部分,主缆钢丝在工厂加工时,严格限制了钢丝直径、加劲梁在工厂制作时对板厚也是严格控制,且一般还要求出厂称重。因此考虑实际的变异影响后,超大跨度悬索桥恒载的系数将小于规范值,而超大跨度悬索桥的恒载可能超过桥梁承受荷载的90%以上,因此对于超大跨度悬索桥,直接采用规范值[1]将可能带来较大的材料浪费。鉴于此,本文通过广泛收集缆索制造厂关于主缆钢丝直径等统计参数,根据主缆恒载自身的分布特点建立其随机变量概率模型,并结合可靠度理论确定满足统一标准[4]的可靠度水平的恒载分项系数。

2 大跨度悬索桥主缆恒载概率模型

2.1 主缆恒载概率分布参数统计

主缆是悬索桥的重要受力构件,且随着主缆自重的增加,对于大跨度悬索桥结构的承载能力是有利的,其由数量众多平行钢丝所组成,丝股的制作一般在工厂内完成,结构尺寸误差控制严格,故主缆自重的变异性较小。钢丝直径的制造误差将直接影响钢丝自重,进而对主缆的自重造成影响。主缆自重恒载属于永久作用,随时间的变化很小,可近似地认为在设计基准期内,保持恒定的量值,可以选用随机变量概率模型来描述,本文对缆索制造厂关于钢丝直径、面积等参数进行了广泛收集和统计并将此作为基础研究数据。根据所收集的各桥主缆钢丝出厂实测数据,主要选用千米级以上桥梁进行统计分析,所选桥梁主缆钢丝的基本参数信息汇总见表1。

千米级悬索桥主缆钢丝基本信息　　　表1

序号	桥名	主跨跨径(m)	钢丝设计直径(mm)	钢丝测量组数
1	桥1	1 000	5.20	7 210
2	桥2	1 050	5.20	7 077
3	桥3	1 196	5.25	1 587
4	桥4	1 385	5.35	4 247
5	桥5	1 688	5.00	8 038
钢丝数据组数合计(随机变量样本数)				28 159

为了使统计结果适用于不同跨度悬索桥,采用主缆恒载的实测值和设计值的无量纲比值作为统计分析的随机变量。主缆恒载主要由组成钢丝自重构成,本文通过收集到的各实桥钢丝出厂实测直径数据,假定主缆钢丝容重为恒定值保持不变,利用钢丝实测面积和钢丝设计面积之间的比值关系来表征主缆实际恒载与设计恒载之间的关系,并对其进行概率分布统计,基本随机变量表达式如下:

$$X_i = \frac{A_s}{A_d} \tag{1}$$

式中:X_i——主缆恒载基本随机变量;

A_s——主缆钢丝实际面积;

A_d——主缆钢丝设计面积。

由于钢丝直径实测数据样本来源于不同的生产厂家,为消除因不同厂家测试所带来的误差,因此对上述各桥钢丝样本分别进行概率统计分析。对各桥钢丝样本进行整理并剔除异常值,各桥主缆恒载随机变量统计参数结果见表2。

主缆恒载随机变量统计参数　　　表2

桥名	最大值	最小值	极差	平均值	标准方差	变异系数
桥1	1.019 3	0.980 9	0.038 5	0.998 2	0.007 3	0.007 4
桥2	1.019 3	0.980 9	0.038 5	1.002 2	0.006 4	0.006 4

续上表

桥　名	最大值	最小值	极　差	平均值	标准方差	变异系数
桥3	1.017 2	0.982 9	0.034 3	0.999 5	0.006 5	0.006 5
桥4	1.028 2	0.983 2	0.045 0	1.002 5	0.006 4	0.006 4
桥5	1.020 1	0.976 1	0.044 0	0.998 4	0.009 0	0.009 0
平均值	1.020 8	0.980 8	0.040 0	1.000 2	0.007 1	0.007 1

如表2所示，桥1、桥3、桥5主缆恒载随机变量平均值小于1.0，表明主缆钢丝实际生产面积略小于设计面积，而桥2、桥4主缆恒载随机变量平均值大于1.0，表明主缆钢丝实际生产面积略大于设计面积；同时易知，各桥主缆恒载随机变量的极差最大值为0.045均在5%误差范围以内，表明主缆钢丝生产和加工误差均较小，且各桥恒载随机变量的变异系数均小于0.1，表明大跨度悬索桥主缆恒载离散性非常小。

2.2　主缆恒载分布类型拟合及检验

为进一步了解主缆恒载的分布特征，绘制各桥主缆恒载随机变量的频率分布直方图，并采用正态分布曲线进行拟合，如图1所示。

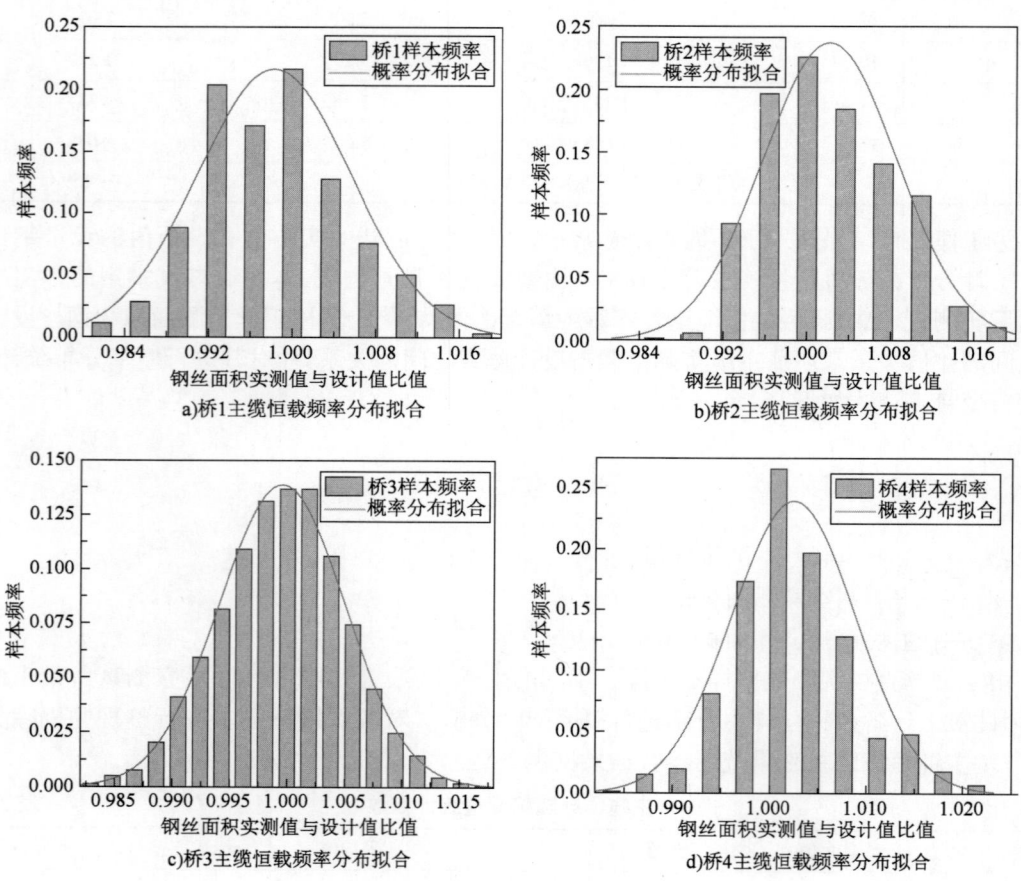

图　1

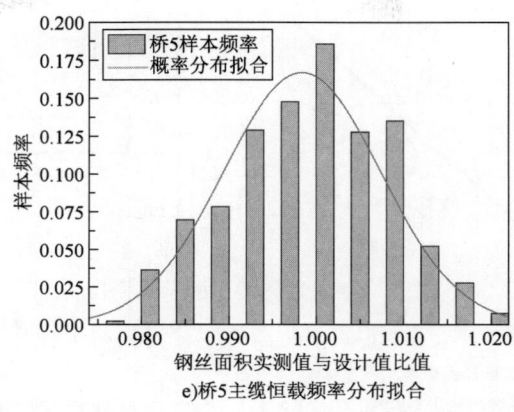

e) 桥5主缆恒载频率分布拟合

图1 主缆恒载随机变量频率分布拟合

由图1可知，各桥主缆恒载随机变量的频率分布直方图呈现中间高、两边低的分布特点，近似符合正态分布的形态特征，且主缆恒载随机变量频率分布与正态分布曲线拟合较好，故假设主缆恒载服从正态分布，并采用P-P图示法[5]对样本数据进行正态性检验，各桥主缆恒载随机变量样本的正态P-P图及去趋势的正态P-P图如图2所示。

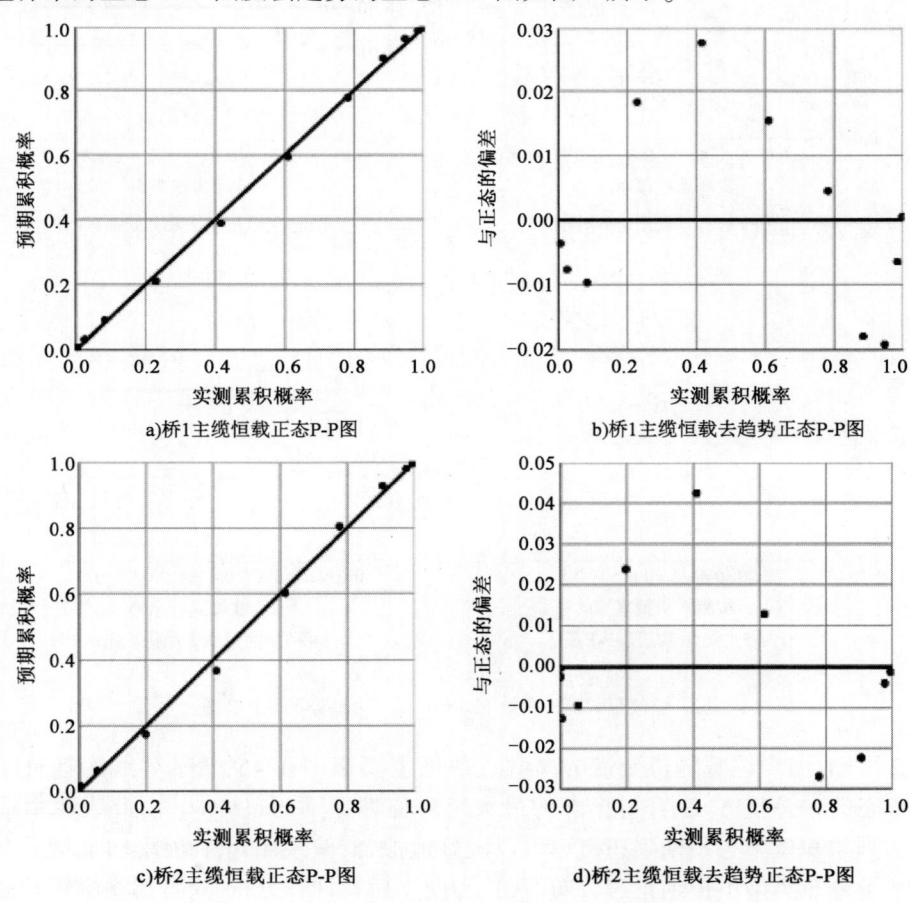

图 2

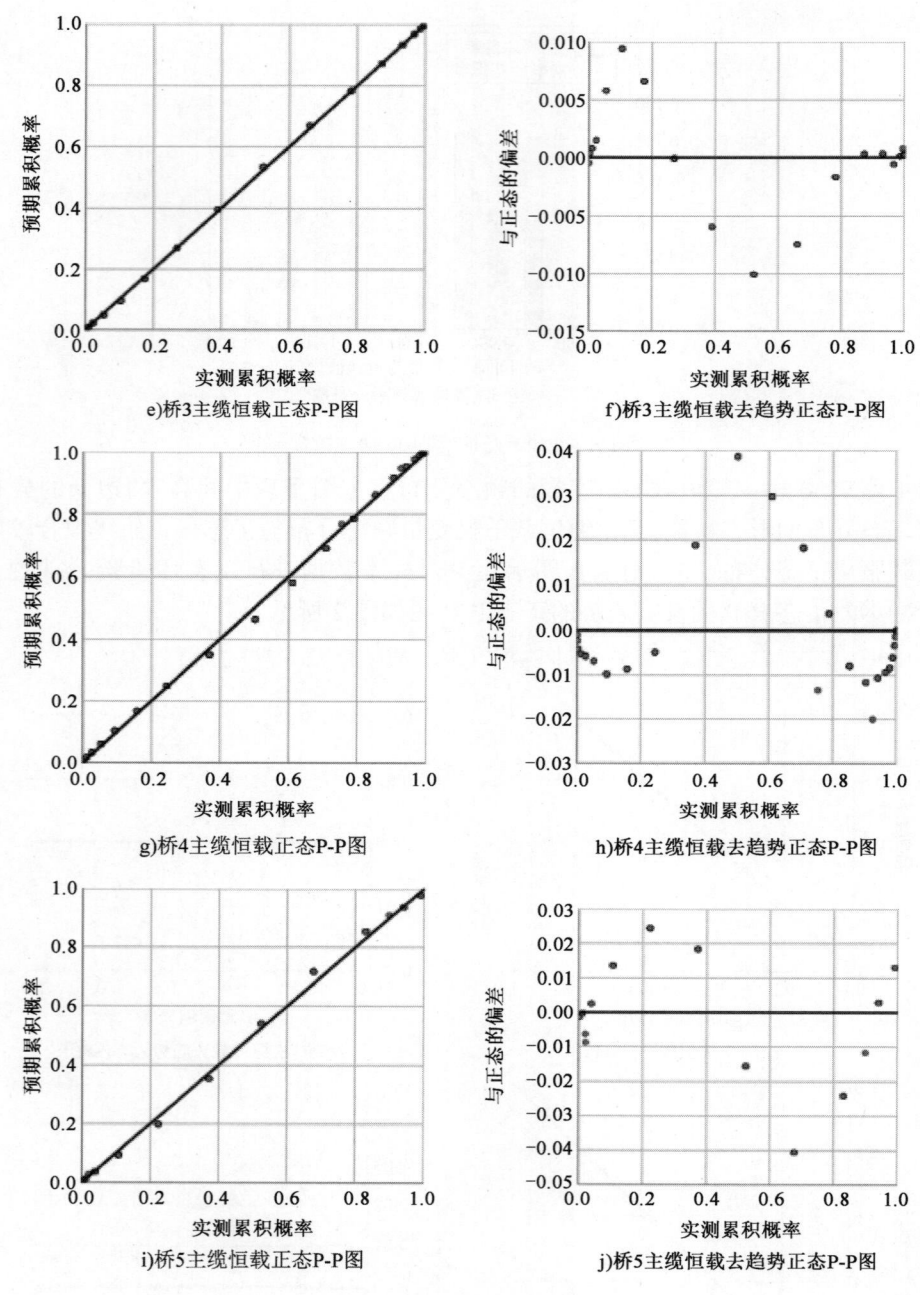

图 2 主缆恒载随机变量正态 P-P 图与去趋势正态 P-P 图

由图 2 可知,主缆恒载随机变量的离散点数据主要集中在 45°角平分线附近且随机变量离散点与正态的偏差整体较小,与正态的最大绝对值偏差不超过 5%。由此表明主缆恒载随机变量的实测累积概率与预期累积概率可以较好地拟合,偏差在允许范围之内,因此判定主缆恒载随机变量分布类型不拒绝正态分布假设,为便于后文计算分析,对各桥主缆恒载随机变量的统计参数取平均值,可得主缆恒载随机变量的最大值为 1.028 2,最小值为 0.976 1,均值为 1.000 2,变异系数为 0.007 1。

3 主缆恒载系数取值研究

根据第 2 节中大跨度悬索桥主缆恒载的概率模型分析可知主缆恒载近似服从正态分布,即 $X \sim N(\mu, \sigma^2)$,其中 μ 为主缆恒载随机变量的平均值,σ 为主缆恒载随机变量的标准差。由正态分布的相关定义即可求得主缆恒载随机变量的概率密度函数及概率分布函数,分别如式(2)、式(3)所示。

$$f(x) = \frac{1}{\sqrt{2\pi}\sigma} e^{\frac{(x-\mu)^2}{2\sigma^2}} = \frac{1}{\sqrt{2\pi} \times 0.007\,1} e^{\frac{(x-1.000\,2)^2}{2 \times 0.007\,1^2}}, -\infty < x < +\infty \quad (2)$$

$$F(x) = \frac{1}{\sqrt{2\pi}\sigma} \int_{-\infty}^{x} e^{-\frac{(t-\mu)^2}{2\sigma^2}} dt = \frac{1}{\sqrt{2\pi} \times 0.007\,1} \int_{-\infty}^{x} e^{-\frac{(t-1.000\,2)^2}{2 \times 0.007\,1^2}} dt \quad (3)$$

为便于计算分析,令 $u = (x-\mu)/\sigma$,将主缆恒载分布转换为标准正态分布,即 $u \sim N(0,1)$,相应概率密度函数和分布函数可以变化为:

$$\phi(u) = \frac{1}{\sqrt{2\pi}} e^{-\frac{u^2}{2}} \quad (4)$$

$$\Phi(u) = \frac{1}{\sqrt{2\pi}} \int_{-\infty}^{u} e^{-\frac{t^2}{2}} dt \quad (5)$$

当 $u \geq 0$ 时,主缆恒载随机变量标准正态分布函数取值如图 3 中阴影部分所示。当主缆恒载偏差失效概率分布取值不同时,对应可靠概率与主缆恒载分布函数取值之间的关系如式(6)所示。

$$P_r\{U \leq u\} = \Phi(u) = \frac{1}{\sqrt{2\pi}} \int_{-\infty}^{u} e^{-\frac{t^2}{2}} dt \quad (6)$$

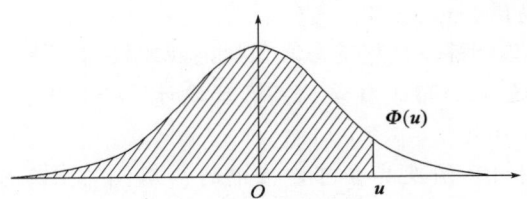

图 3 标准正态分布函数取值示意图

考虑主缆恒载实测值与标准值之间的偏差,通过查表[6]和利用 Matlab 软件近似计算可得当主缆恒载偏差失效概率分别取 5%、0.14%($\mu+3\sigma$)、1/1 万、1/10 万、1/100 万、1/1 000 万时,对应分布函数的积分值 $\Phi(u)$,通过 $\Phi(u)$ 的积分计算公式可换算得到积分上限值 u,从而进一步可以求得主缆恒载系数 γ,如式(7)所示。

$$\gamma_1 = u \cdot \sigma + \mu \quad (7)$$

计算不同失效概率下主缆恒载系数 γ,结果见表 3。

不同失效概率下主缆恒载系数计算结果　　表 3

保证率	可靠概率	$\Phi(u)$ 结果	$u=(x-\mu)/\sigma$	γ
95%	0.95	0.950 528 55	1.65	1.012
$\mu+3\sigma$	0.998 6	0.998 650 03	3.00	1.022
1/1 万	0.999 9	0.999 900 36	3.72	1.027
1/10 万	0.999 99	0.999 990 22	4.27	1.031
1/100 万	0.999 999	0.999 999 03	4.76	1.034
1/1 000 万	0.999 999 9	0.999 999 90	5.20	1.037

由表3可知,随着主缆恒载分布失效概率的减小,相应主缆恒载系数的取值在增加,当主缆恒载失效概率为5%时,对应主缆恒载系数为1.012;当主缆恒载失效概率达到1/1 000万时,对应主缆恒载系数为1.037,该系数由主缆恒载自身分布特点决定,在不同主缆恒载失效概率下,主缆恒载系数均小于现行规范规定的1.1取值,主缆恒载系数的降低对于大跨度悬索桥主缆结构的设计更经济合理。

4 结语

(1)通过对实测数据统计分析和分布检验,大跨度悬索桥的主缆钢丝恒载的概率分布特征均近似服从正态分布,其概率模型的均值为1.000 2,变异系数为0.007 1;主缆钢丝恒载的离散性较小,这与当前制造生产工艺的水平和精度较高是密不可分的。

(2)基于可靠度理论,对不同失效概率下大跨度悬索桥主缆钢丝恒载系数研究表明,随着主缆钢丝恒载自重失效概率的减小,对应恒载系数取值越高。

(3)当主缆钢丝恒载失效概率为5%时,对应主缆恒载系数为1.012;当主缆钢丝恒载失效概率达到1/1 000万时,对应主缆恒载系数为1.037,相比规范1.1的取值更合理。

参 考 文 献

[1] 中华人民共和国交通运输部.公路悬索桥设计规范:JTG/T D65-05—2015[S].北京:人民交通出版社股份有限公司,2015.

[2] 中华人民共和国交通运输部.公路桥梁抗风设计规范:JTG/T 3360-01—2018[S].北京:人民交通出版社股份有限公司,2018.

[3] 林康.2017版日本公路钢桥设计规范与我国规范的比较[J].特种结构,2019,36(2):6.

[4] 中华人民共和国交通部.公路工程结构可靠度设计统一标准:GB/T 50283—1999[S].北京:中国计划出版社,1999.

[5] 武东,费鹤良,汤银才.PP图及其在可靠性中的应用[J].上海师范大学学报(自然科学版),2004(2):13-17.

[6] 张建仁.结构可靠度理论及其在桥梁工程中的应用[M].北京:人民交通出版社,2003.

121. 基于随机车流的大跨度悬索桥梁端位移极值预测

凌琪[1] 沈锐利[1] 马政辉[1,2]

(1.西南交通大学；2.云南省交通规划设计研究院有限公司)

摘 要：大跨度悬索桥设计计算表明，汽车荷载作用引起的梁端伸缩量占重要部分，目前这部分的计算仍按照公路Ⅰ级荷载进行考虑，这导致了设计的伸缩缝规格过大，直接增加了桥梁的整体造价，且给后期的养护管理带来了更多麻烦。以某大跨度悬索桥为工程背景，利用实测车流荷载数据进行统计分析，获取随机车流荷载参数分布特性，采用Matlab编制程序生成随机车流荷载；利用随机车流荷载基于影响线加载及Rice公式极值外推法，预测不同重现期下的梁端位移极值。研究结果表明：车重服从高斯混合分布，车型轴重分配比例服从正态分布，车间距服从对数正态分布；随机车流荷载作用下的梁端纵向位移服从高斯分布，可用Rice公式对其进行极值外推；根据单月随机车流作用下的梁端位移外推值远小于规范荷载计算值。

关键词：随机车流 蒙特卡洛法 梁端位移 Rice公式 极值外推

1 引言

梁端伸缩缝作为大跨度悬索桥的重要构件之一，其规格与伸缩缝伸缩量的大小密切相关。目前对于大跨度悬索桥梁端伸缩缝活载作用下的位移量计算，是按公路Ⅰ级荷载最不利影响线加载方式进行考虑的，荷载总量与跨径基本呈正比，这导致设计的伸缩缝装置规格偏大，经济性较差的同时还给伸缩缝装置施工、养护管理都带来了挑战。

基于实测车流数据或荷载效应，通过短期车流荷载下桥梁的响应来预测长周期下的桥梁结构响应极值，对新建桥梁的设计及现有桥梁的状态评估具有重要意义。C.Cremona[1]基于动态称重系统获取了数周内的车辆数据，并运用Rice公式对Tancarville悬索桥活载下主缆轴力进行了极值预测；阮欣等[2]基于合成车流的车辆荷载效应及Rice公式极值预测方法，分析了某双塔斜拉桥跨中斜拉索的活载附加应力极值；张明等[3]基于南溪长江大桥动态称重实测数据，研究了三跨连续梁桥不同设计基准期下的弯矩和剪力外推极值；夏樟华等[4]利用一座连续梁桥的实测车辆荷载数据，研究了并道运行状态下高速公路桥梁的车辆荷载效应分析方法；田智鹏等[5]依托某斜拉桥健康监测位移数据，基于车辆荷载效应通过构建极值模型外推了不同评估周期内位移响应极值。韩大章等[6]利用单元胞自动机法模拟了动态荷载流，采用极值外推法估计了长回归周期下的荷载效应特征值。

由上述可以看出,学者们基于随机车流荷载对悬索桥、斜拉桥、连续梁桥的荷载效应如轴力、弯矩、剪力、竖向位移、斜拉索应力等展开了大量研究,并采用极值外推法计算了不同重现期下的荷载效应极值,得到了很多有益结论。而基于随机车流对大跨度悬索桥梁端位移极值预测进行的研究还鲜有报道,因此本文以某大跨悬索桥为工程背景,对实测车流荷载参数分布特性进行研究,建立相应的概率模型,并基于蒙特卡洛法编制随机车流荷载生成程序;利用影响线加载原理获取梁端位移时程响应,基于 Rice 公式对其进行极值外推,计算不同重现期下的梁端位移极值,并与公路 I 级荷载作用下的标准值进行对比。

2 随机车流荷载模拟与生成

2.1 工程背景

某大跨度桥梁主桥采用主跨 1 560m 的单跨悬吊钢箱梁悬索桥,主缆跨径布置为 615m+1 560m+552m,主梁采用带风嘴的流线型扁平钢箱梁,标准节段长为 15m,宽 39.1m,共 6 条行车道,2 条应急车道,钢箱梁车道划分及横断面如图 1 所示。

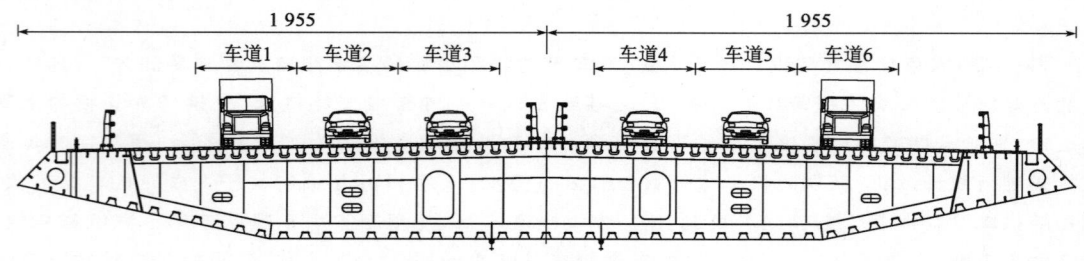

图 1 钢箱梁横断面图(尺寸单位:cm)

2.2 随机车流荷载参数分布特性

随机车流荷载参数的分布特性是模拟随机车流荷载的关键信息,根据实测的车流荷载数据对车型构成比例、车重、车辆轴重、车间距四个参数进行统计分析,给出相应的概率分布模型。

2.2.1 车型构成比例

随机车辆荷载参数中车型的构成分类主要是通过车辆的几何参数来进行划分,结合相关参考文献[7]及《中国汽车车型手册》,将汽车类型划分为以下 7 种代表车型,分别为两轴私家车、两轴公交车及两轴至六轴货车,依次命名为车型 A~车型 G。根据对实测的交通车流量数据的统计,日均交通流量为 32 287 辆,各车道车流量占比见表 1,各车型总体占比及各车道中各车型占比如图 2、图 3 所示。

各车道车流量及占比   表 1

车道	车道 1	车道 2	车道 3	车道 4	车道 5	车道 6
数量	3 519	6 296	6 393	5 909	6 296	3 874
比例	10.9%	19.5%	19.8%	18.3%	19.5%	12.0%

2.2.2 车重分布

各类车型车辆总重是随机车流荷载模拟的关键参数,直接影响梁端位移的响应情况。通过对实测车流各车型重量的统计发现,各车型车重不服从单峰分布,而是呈现出不规则的多峰

分布特征,采用混合高斯分布模型对各车型车重分布进行描述:

式中,w_i、μ_i、σ_i 为高斯混合分布函数的待定系数,各系数通过对各类车型车辆总重分布回归分析得到。限于篇幅,仅给出两轴私家车及两轴公交车车重分布频数直方图,如图4、图5所示。

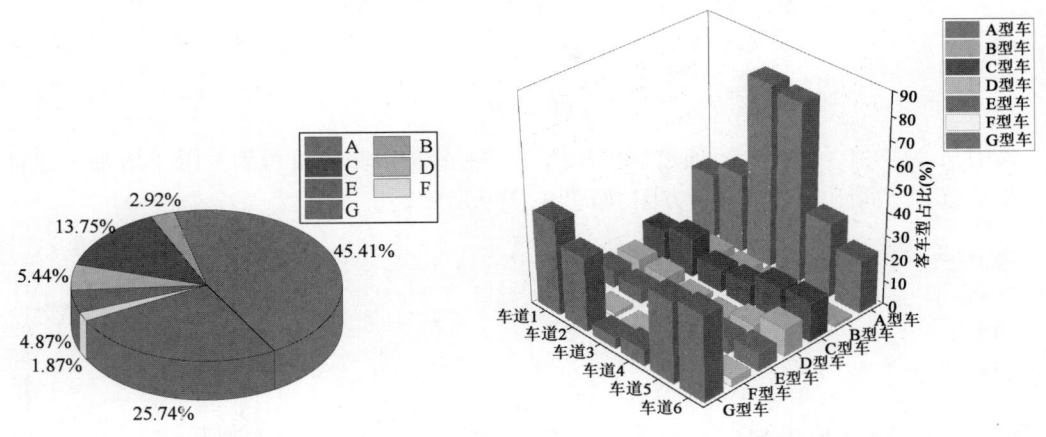

图2 各车型总体占比　　　　图3 各车道中各车型占比

$$f(x|\theta) = \sum_{i=1}^{m} w_i \frac{1}{\sqrt{2\pi}\,\sigma_i} e^{\frac{-(x-\mu_i)^2}{2\sigma_i^2}} \quad (1)$$

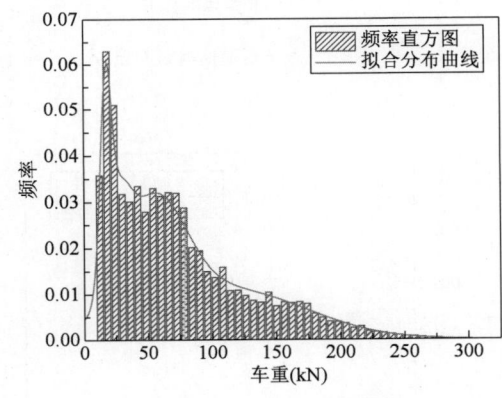 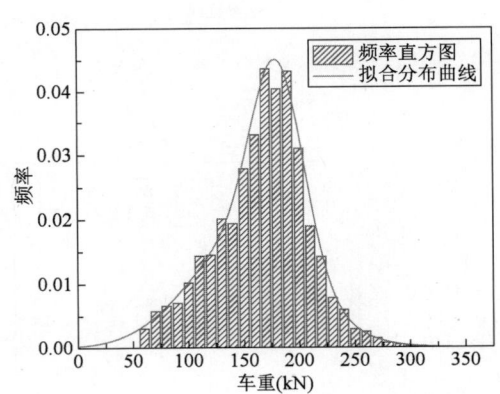

图4 两轴私家车车重分布　　　　图5 两轴公交车车重分布

2.2.3 车辆轴重分布

车辆轴重也是影响梁端位移响应的一个重要因素,在确定各类车型总重后,可以根据其各轴分配总重的比例来确定其轴重荷载。通过对各类车型轴重分配比例进行统计分析,发现其服从正态分布,用如下公式对其进行描述:

$$f(x) = \frac{1}{\sigma\sqrt{2\pi}} e^{-\frac{(x-\mu)^2}{2\sigma^2}} \quad (2)$$

式中,μ 为均值,σ 为方差,通过对各类车型轴重比例分布回归分析得到。限于篇幅,仅给出两轴私家车轴重比例的分布频数直方图,如图6、图7所示。

2.2.4 车间距分布

车辆在桥面上的空间分布是随机车流荷载的重要参数之一,对于研究对象梁端位移而言,车辆纵向间距的大小对结果有较大的影响,而荷载的横向分布带来的影响可忽略不计。因此,本文对车流在桥面上的空间分布只考虑沿纵桥向的分布,以车间距来表征。对各车道车间距进行统计分析,发现其服从对数正态分布,用如下公式对其进行描述:

$$f(x) = \frac{1}{\sigma x \sqrt{2\pi}} e^{-\frac{(\ln x - \mu)^2}{2\sigma^2}} \tag{3}$$

式中,μ 为均值,σ 为方差,通过对各车道车间距分布回归分析得到。限于篇幅,仅给出车道 1 及车道 2 车间距分布频率直方图,如图 8、图 9 所示。

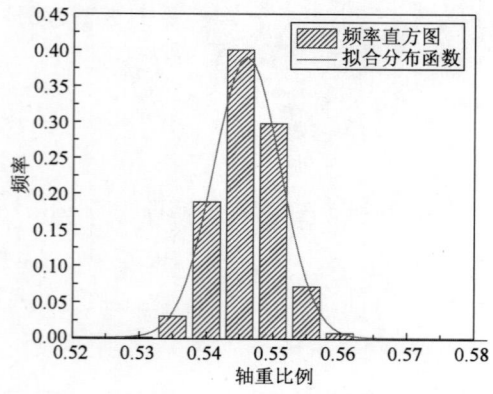

图 6 两轴私家车第 1 轴重比例分布

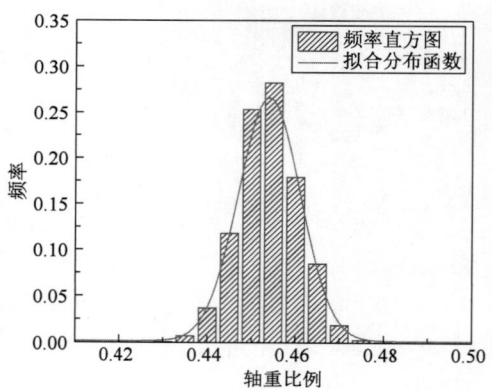

图 7 两轴私家车第 1 轴重比例分布

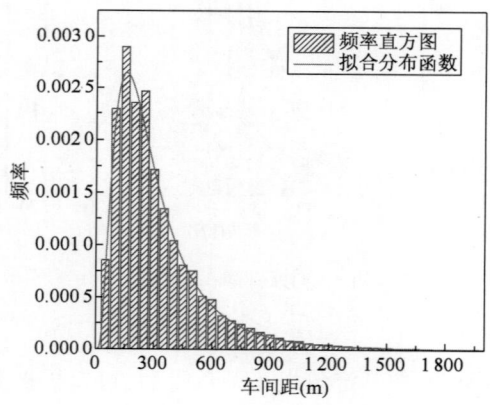

图 8 车道 1 车间距分布及拟合函数

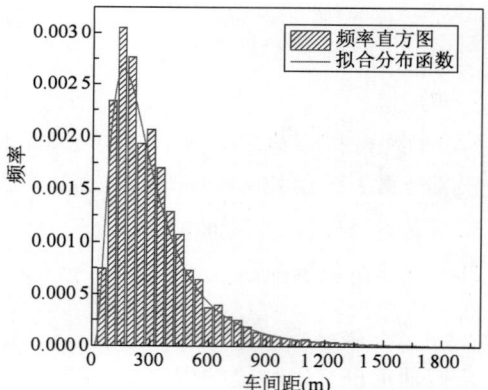

图 9 车道 2 车间距分布及拟合函数

2.3 程序编制

蒙特卡洛法具有很强的解决随机性问题的能力,基于蒙特卡洛法根据车重、车型轴重分配比例及车间距的分布函数,利用 Matlab 编制程序即可实现随机车流的模拟。程序编制的技术路线如图 10 所示。

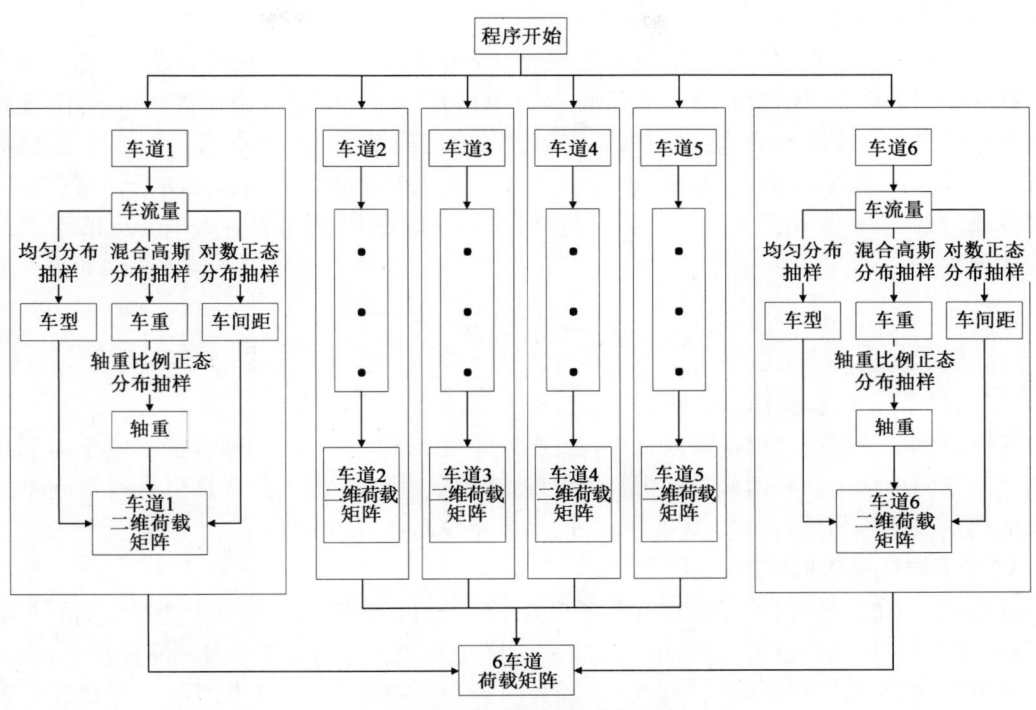

图 10　随机车流程序编制技术路线图

3　梁端位移极值预测

3.1　超越概率与重现期

荷载超越概率 P_K 的定义为在设计基准期内至少出现一次等于或大于某荷载的概率,令超越概率 $\alpha=1-P_K$,则 R_T 与 α 关系如下：

$$R_T = \frac{-T}{\ln(1-\alpha)} \tag{4}$$

《公路工程结构可靠度设计统一标准》(GB/T 50283—1999)规定,汽车荷载效应取设计基准期荷载效应最大值概率分布的 0.95 分位值作为汽车荷载效应的标准值,即超越概率取 5%,因此按照公路 I 级荷载计算得到的荷载效应标准值所对应的重现期为 1 950 年。

3.2　Rice 公式极值外推法

由于汽车荷载效应具有很强的时变性,因此必须作为随机过程 $X(t)$ 进行处理,当某时刻的荷载效应超过某一确定水准值时,可称之为对该水准值的超越,分为向上超越和向下两种情况。Rice 公式中将某一荷载效应 x 作为自变量,其函数为单位时间内荷载效应 $X(t)$ 对其的超越次数,即超越次数 $v(x)$ 应满足如下所示的 Rice 公式：

$$v(x) = \frac{1}{2\pi} \frac{\dot{\sigma}}{\sigma} \exp\left[-\frac{(x-m)^2}{2\sigma^2}\right] \tag{5}$$

式中：σ——随机过程 X 的标准差；

$\dot{\sigma}$——随机过程 $\dot{X}$(即 dX/dt)的标准差；

m——随机过程 X 的均值。

为了便于对穿越次数直方图的尾部进行拟合,将 Rice 公式两边取对数,这个问题就转换为了二次多项式拟合的问题：

$$y = \ln[v(x)] = a_0 + a_1 x + a_2 x^2 \quad (6)$$

式中，$a_0 = \ln(V_0) - m^2/2\sigma^2$，$V_0 = \dot{\sigma}/2\pi\sigma$，$a_1 = m/2\sigma^2$，$a_2 = -1/2\sigma^2$。采用最小二乘法对直方图尾部数据进行二次项拟合，通过引入 K-S 检验法确定最优拟合起始点 $x^l_{最优}$ 及 $x^r_{最优}$。根据筛选出的最优拟合起始点及相应的数据，即可确定两侧最佳拟合曲线的 a_0、a_1 及 a_2 三个参数，反算可得到相应的 V_0、m 及 σ 三个参数。根据重现期的定义，利用重现期 R_T 表示对应的外推荷载效应极值为：

$$x_{l,max} = m^l_{最优} - \sigma^l_{最优}\sqrt{2\ln(V^l_{0,最优}R_T)} \quad (7)$$

$$x_{r,max} = m^r_{最优} + \sigma^r_{最优}\sqrt{2\ln(V^r_{0,最优}R_T)} \quad (8)$$

式中，l 和 r 分别表示超越频数对数直方图左端尾部和右端尾部，即分别对应于向下超越和向上超越两种情况。将两侧最优拟合曲线对应的 V_0、m 及 σ 代入公式即可外推得到不同重现期 R_T 内的极值。另外，式(7)及式(8)中的 R_T 是单位时间的倍数。

3.3 梁端位移极值外推

分析数据的时长对极值预测有重要影响，在条件允许的情况下，应至少选择3周的车辆数据进行荷载响应计算及极值外推，因此本文根据随机车流程序生成一个月的车流荷载，使车流荷载每次移动15m，加载到梁端纵向位移及竖向转角影响线上，计算得到单月荷载效应直方图，如图11所示。经 K-S 检验发现，随机车流荷载下的梁端纵向位移服从正态分布，梁端竖向转角服从混合高斯分布，因此可以使用 Rice 公式对其进行极值外推。

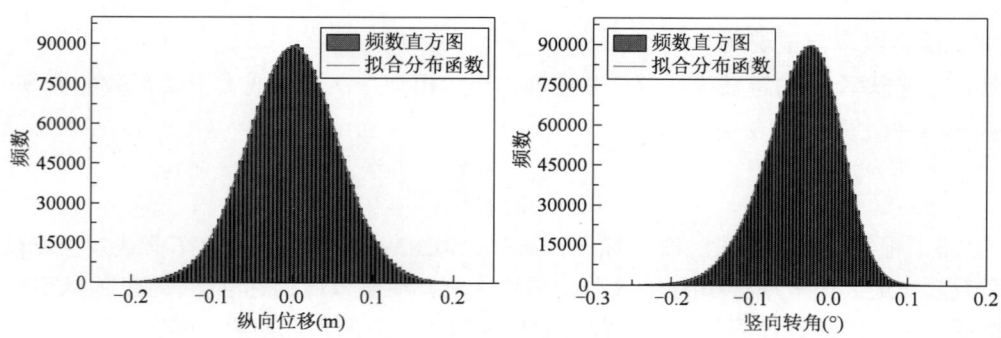

图11 单月荷载效应直方图

根据 Rice 公式及上述极值外推流程，计算得到不同重现期及不同超越概率下的纵向位移及竖向转角极值外推值，见表2，向上超越时不同重现期下的纵向位移及竖向转角外推值如图12所示。可以看出，对于纵向位移而言，向上超越不同重现期下的位移值与向下超越不同重现期下的位移值基本相同；对于竖向转角而言，向上超越不同重现期下的位移值与向下超越不同重现期下的位移值相差较大，向下超越的位移值为控制值。当重现期为2000年时，极值外推的纵向位移为0.41m，极值外推的竖向转角为-0.45°，按我国规范公路Ⅰ级荷载计算得到梁端纵向位移极值为0.77m，竖向转角极值为-0.86°。因此，由单月随机车流作用下的纵向位移及竖向转角外推值仅为荷载效应标准值的53.2%及52.3%，说明对于大跨度悬索桥梁端位移设计计量而言，采用公路Ⅰ级荷载进行计算过于保守，有必要适当降低伸缩缝的设计伸缩量。

不同重现期及不同超越概率下纵向位移及竖向转角极值外推值　　　表2

重现期(年)	1	100	500	1 000	1 500	2 000
超越概率	100.0%	63.2%	18.1%	9.5%	6.4%	4.9%
向下超越纵向位移(m)	−0.316	−0.366	−0.383	−0.390	−0.394	−0.396
向上超越纵向位移(m)	0.321	0.375	0.393	0.400	0.405	0.408
向下超越竖向转角(°)	−0.364	−0.416	−0.433	−0.440	−0.444	−0.447
向上超越竖向转角(°)	0.192	0.236	0.252	0.259	0.262	0.265

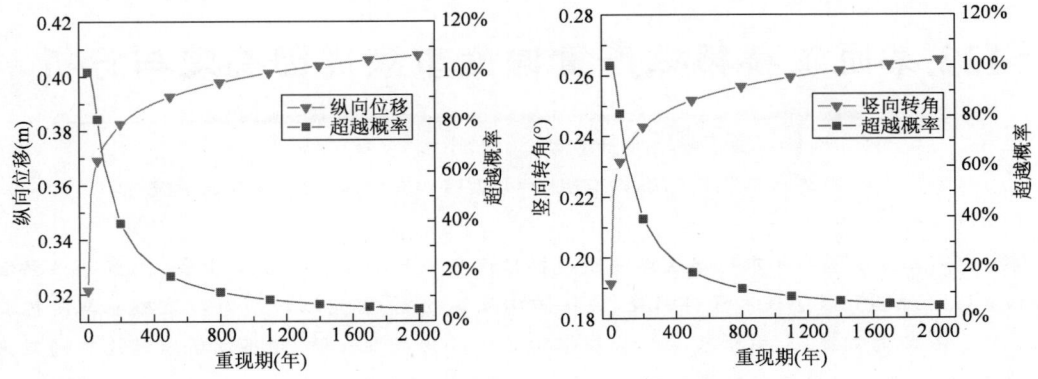

图12　向上超越时不同重现期下的梁端位移外推值

4　结语

（1）对实测车流数据进行统计分析发现，各车型车重服从高斯混合分布，各车型轴重比例服从正态分布，各车道车间距服从对数正态分布。

（2）随机车流荷载作用下的梁端位移服从高斯分布，可以采用Rice公式对其进行极值外推；由单月随机车流作用下的纵向位移及竖向转角外推值约为规范荷载计算值50%，对于大跨径桥梁梁端位移设计量而言，采用公路Ⅰ级荷载进行计算过于保守。

参 考 文 献

[1] Cremona C.Probabilistic approach for cable residual strength assessment[J].Engineering structures,2003,25(3):377-384.

[2] 阮欣,周小燚,郭济.基于合成车流的桥梁车辆荷载效应极值预测[J].同济大学学报(自然科学版),2012,40(10):1458-1462,1485.

[3] 张明,等.分时段交通流荷载效应分析[J].铁道科学与工程学报,2020,17(12):3216-3223.

[4] 夏樟华,等.并道运行状态下高速公路桥梁车辆荷载效应[J].长安大学学报(自然科学版),2017,37(1):76-84.

[5] 田智鹏,魏君龙.基于健康监测的大跨径桥梁车辆荷载效应分析[J].公路交通科技(应用技术版),2018,14(7):110-112.

[6] 韩大章,等.基于计重收费数据的大跨径桥梁荷载效应评估[J].桥梁建设,2018,48(4):27-32.

[7] 崔闯.基于应变能的钢桥面板与纵肋连接细节疲劳寿命评估方法及其可靠度研究[D].成都:西南交通大学,2018.

122. 某匝道桥桥墩严重偏位事故成因鉴定与分析

高玉峰[1,2] 田志勇[1,2] 郑小刚[1] 鲁俊峰[1]

(1.四川交大工程检测咨询有限公司；2.西南交通大学土木工程学院)

摘 要：本文以国内某市机场连接线匝道桥桥墩发生严重偏位事故为背景，为查明该桥墩发生偏位事故的原因开展了技术资料调查、现状结构病害检测、鉴定性地质勘察及桩基取芯检测等系列工作。在此基础上，采用摩尔-库仑模型模拟土体的弹塑性性质，用不同区域的均布荷载来模拟堆载作用，建立三维数值分析模型对堆土效应、河道清理效应进行模拟分析。从而综合分析桥墩发生偏位的成因。

关键词：桥墩 偏位 事故 鉴定 堆土 分析

随着城市化的发展，城市桥梁数量不断增加，但由于地理位置和施工条件的限制，在桥梁结构附近经常会出现大面积工程废土倾倒的现象，严重影响着桥梁结构的正常使用与受力安全，由此造成的工程事故已屡见不鲜[1-4]。桥梁附近堆载会对周围土体产生扰动，导致桩周土体产生水平位移，桩本身也会发生沉降变形。尤其在软质土分布较多的区域，堆载对桩基的影响更为明显，甚至会改变桩体的设计控制状态。常见的工程病害有桥墩倾斜、支座滑移、桩基与承台交接处开裂、梁体变位等。本文针对某市桥墩偏位事故案例开展成因鉴定与分析，研究分析桥墩发生偏位的各种影响因素，对类似工程有重大借鉴意义。

1 工程概述

国内某市机场连接线项目连接线匝道桥全长725m，桥跨上部结构分别为由40m预应力混凝土T梁和30m预应力混凝土现浇箱梁组成的多联结构。桥梁设计荷载等级采用城-A级，抗震设防烈度为Ⅶ度。该桥于2018年6月开始施工，至2020年4月交工试运行。

匝道桥上部结构第二联为5×40m预应力混凝土预制T梁，横向布置为4片梁，梁高为2.5m。该联桥梁下部结构对应4~9号墩，桥墩采用空心薄壁墩和桩基础，其中5号墩高42m、桩基长29m。桩基采用4根直径为1.8m的钻孔灌注桩，桩底嵌入中风化泥岩6~7m。5号墩附近地表有条小河，河面宽10~16m，河流常年流水，水量不大，水深约2m。匝道桥立面布置形式如图1所示。

2020年7月期间，现场发现匝道桥5号墩附近新增大量人为弃土。7月29日发现5号墩附近河道内淤泥发生隆起、靠岸侧地表开裂，遂开始对河道进行了清理。随后观察到5号墩右侧盖梁挡块开裂，墩身发生明显偏位。至7月30日午时，测量发现5号墩底横向偏位约3m，纵向偏位约2m。故立即对5号墩旁一定范围的填土进行开挖卸载,并对堆土位置的反方向进行堆填土反压,直至桥墩偏位过程趋于稳定。随后主管部门组织专业施工队伍对该偏位桥墩进行应急处治,并委托专业机构对其发生偏位的成因进行鉴定分析。

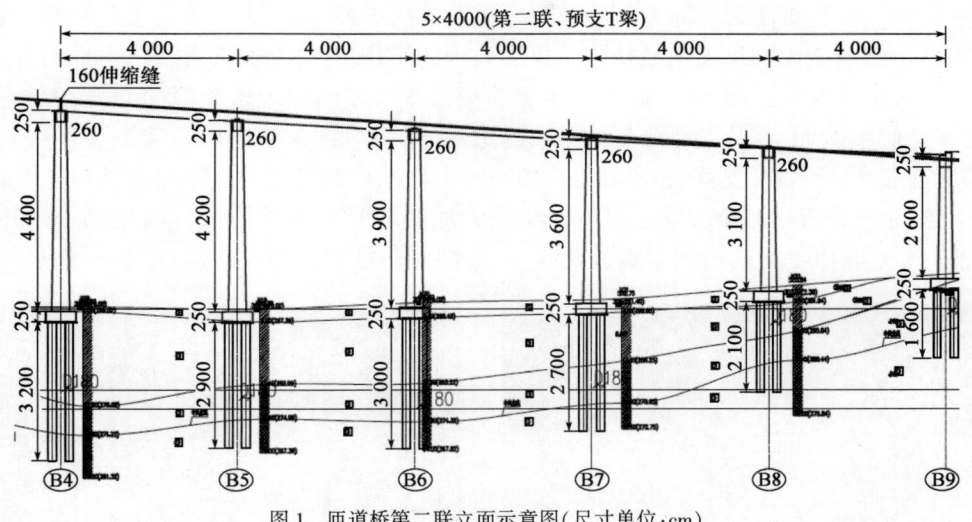

图1 匝道桥第二联立面示意图(尺寸单位:cm)

2 鉴定分析工作内容

首先对该联桥梁相关建设过程资料进行查阅、分析,包括地勘报告、施工图设计文件等。然后开展现场各方面的技术工作:对桥面系及上下部结构外观情况进行详细检查,主要关注各混凝土构件开裂及破损情况并记录损伤的位置及破坏程度,描述裂缝形态并分析成因;对5号墩开展实体质量检测,包括其几何形态、强度参数等;对5号墩周边开展鉴定性地质勘查;对桥墩基桩开展钻芯检查。最后,对5号墩及桩基持久状况极限状态及地震状况极限状态进行计算分析,对堆土效应、河道清理效应进行数值模拟分析。综合各方面数据分析5号墩发生偏位的原因。鉴定分析的主要工作内容及流程示意如图2所示。

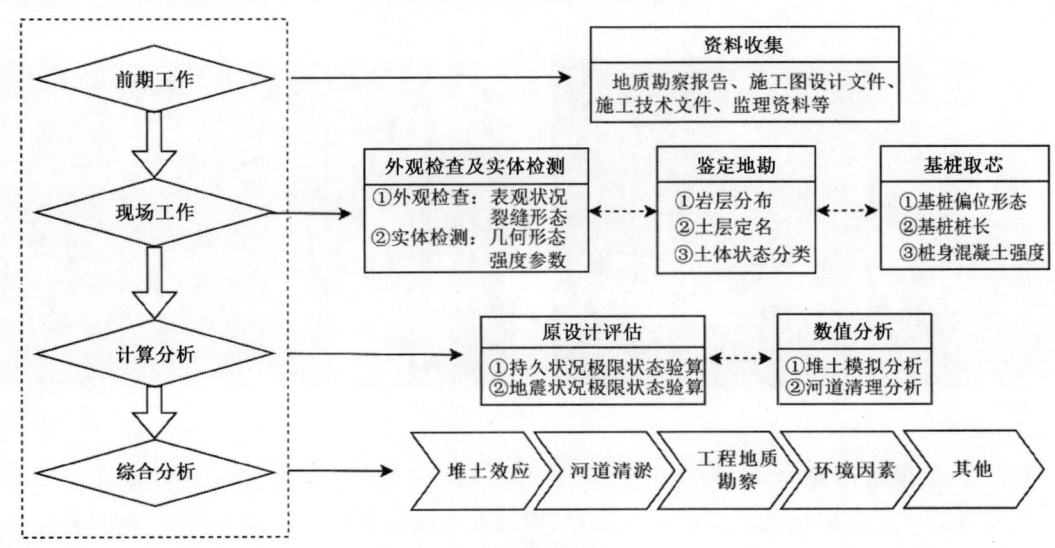

图2 鉴定分析主要工作内容及流程

3 现场结构检测与地质勘察

3.1 梁体及桥墩检测

检测结构表明:该匝道桥除5号墩及与之关联的第5跨、第6跨梁体及支座出现一定损伤外,其余各桥墩及梁体均未见明显缺陷。检测发现的结构损伤或病害情况描述如下:

(1)T梁损伤情况。第5跨、第6跨T梁腹板及横隔板均出现多条斜向裂缝,大部分裂缝分布于整个腹板侧面,部分裂缝已延伸至翼缘边缘,跨中附近区域梁体马蹄侧面存在斜裂缝。腹板裂缝走向约为45°,支座往跨中方向0~10m范围内最为密集,缝间距30~50cm,缝宽0.06~0.18mm。分析认为该裂缝为梁体发生较大的扭转变形导致的,梁体裂缝形态如图3所示。此外,5号墩顶T梁间桥面连接处明显下沉,两侧防撞护栏挤压破损,如图4所示。

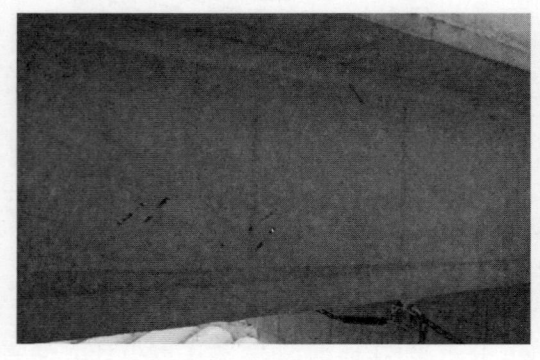 

图3　T梁腹板及翼板斜向裂缝　　　　　　图4　5号墩顶T梁间桥面连接处明显下沉

(2)5号墩身及墩顶支座情况。5号墩墩身未见表观缺陷,其上游侧盖梁挡块完好,下游侧盖梁挡块开裂严重(图5)。5号墩小里程侧支座存在移位、大里程侧支座均存在部分脱空、剪切变形,同时1~4号T梁均存在移位现象(图6)。检测表明5号墩结构尺寸及墩身混凝土强度均满足设计要求。对桥墩控制断面进行三维坐标测量表明:至2020年11月3日,5号墩墩顶中心向河侧偏移量为0.59m,向小里程侧偏移量为0.16m;并推算得墩底中心向河侧偏移3.8m、向小里程侧偏移3.0m。

图5　5号墩下游侧盖梁挡块开裂严重　　　　　　图6　支座部分脱空、剪切变形

3.2 地质勘察情况

主要针对5号墩原位地质情况进行勘察,以便明确墩周地勘土层分布情况、查明墩位处是否存在不良地质情况,并通过试验确定各项工程参数。根据鉴定分析需要,在5号墩周边及附

近共选取了14个孔位进行钻孔,孔名编号为ZK1~ZK7(孔深约40m)、DZK1~DZK7(孔深约30m),具体钻孔布置示意如图7所示。

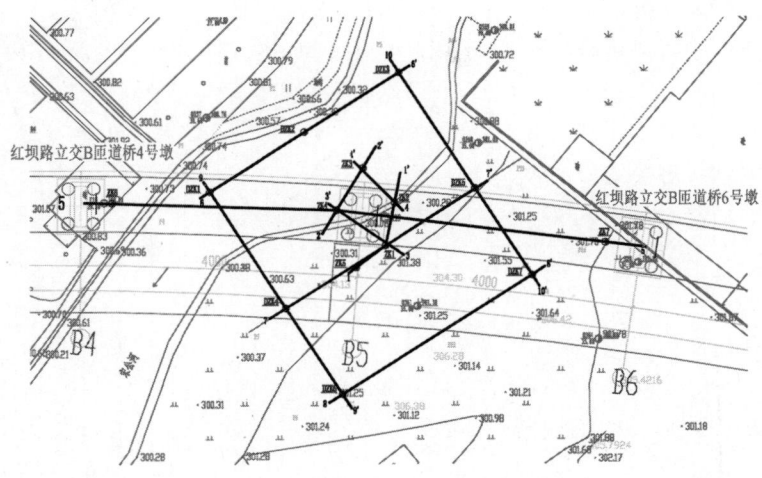

图7 地质钻孔孔位布置示意图

本次鉴定性地质勘察工作由专业机构实施,地勘结果显示6号墩和5号墩间基覆界面存在10.5~15.2m的高程差,形成了东西向由高到低的倾斜面;而原设计地勘资料中6号墩和B5号墩间基覆界面高差约为0.2m。此倾斜基覆界面是覆盖层土体侧向变形位移的不利因素。

鉴定地勘报告显示覆盖层土体有机质含量为10.4%~14.3%,根据规范[5]属于泥炭质土;原设计地勘资料中相应地层土质野外定名为粉质黏土,"偶见有机质",无有机质含量测试资料。泥炭质土的液性指数I_p为0.85~0.94,根据规范[5]表4.1.10条,为软塑状态;原设计地勘资料中相应地层土质野外状态认定为"主要呈可塑状,局部软塑,很湿~饱和",液性指数I_p为0.5~0.7,根据规范[5]为可塑状态。

鉴定地勘报告显示泥炭质土的天然内聚力c值建议值为8.0kPa、天然内摩擦角ϕ值建议值为7.0°;原设计地勘资料中粉质黏土天然内聚力c值建议值为23kPa、天然内摩擦角ϕ值建议值为11.7°。

3.3 基桩的钻芯检测

为判断5号墩偏位后基桩在土层中的现状分布情况并对桩身混凝土质量进行检查,5号墩切割处治完成后采用地质钻机在基桩原设计位置、偏位后位置及偏移轨迹上多处进行钻孔,根据分析需要共实施了18个孔位布置,具体布置示意如图8所示。主要成果包括:

(1)对5号墩基桩及承台混凝土芯样进行抗压强度试验,结果表明基桩及承台混凝土强度均满足设计要求。

(2)5号墩桩底设计高程为268.5m,而本次对5-3号桩、5-4号桩芯样钻孔钻出桩身混凝土处高程分别为268.08m和268.18m,表明桩长满足设计要求。

(3)桩基芯样大部分呈长柱状,少量呈短柱状和块状、断口基本吻合;胶结较好,芯样侧表面光滑、集料分布均匀;桩底未见明显沉渣,持力层岩石芯样局部破碎、少量呈块状、大部分呈柱状。

(4)为了解基桩轴线偏位及倾斜走势情况,对5-1~5-4号桩所有钻孔位置钻入和钻出基桩混凝土高程位置的中点进行连线,如图9所示。现场钻芯结果显示,原设计桩位钻孔在设计桩头以下11.2~15.8m范围内芯样出现混凝土。

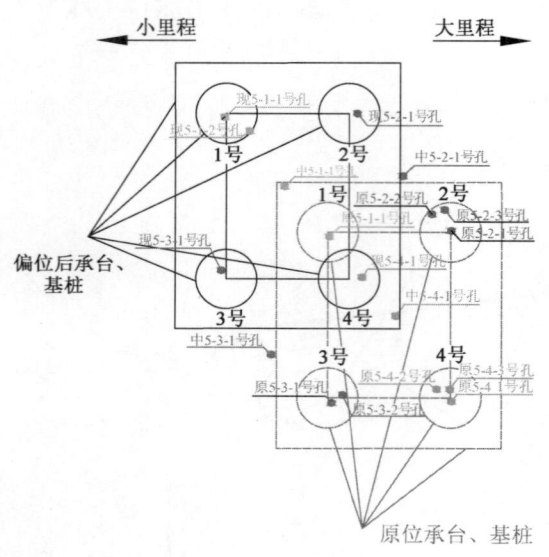
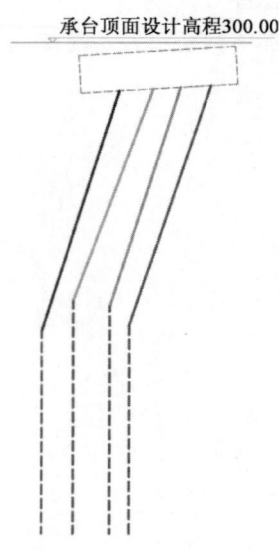

图8 5号墩基桩钻孔孔位布置图　　图9 实测5-1~5-4号基桩混凝土轴线倾斜走势

4 结构计算与数值模拟

4.1 结构受力计算

分别按有关规范针对原设计地勘条件及现地勘条件下5号墩柱及桩基的持久状况极限状态和地震状况极限状态进行了验算,结果表明两种情况下桥墩及桩基受力略有差异,但均能满足规范要求。

4.2 堆土、清淤影响数值模拟

4.2.1 计算模型

数值模拟计算采用FLAC3D6.0有限差分程序,该程序能够进行土质、岩石和其他材料的三维结构受力特性模拟和塑性流动分析。FLAC3D采用了显式拉格朗日算法和混合-离散分区技术,能够非常准确地模拟材料的塑性破坏和流动。模型中岩土体均采用摩尔-库仑模型模拟,梁体、桥墩及承台采用线弹性材料模拟,钢筋混凝土桩基采用考虑拉-剪破坏的摩尔-库仑模型模拟。本次数值计算范围为如图10所示的三维地质结构模型,并根据地质情况在模型中加入本次分析所涉及的堆土区域、河道、河道开挖区域;桥墩、桥面及承台和桩基等结构实体模型。根据联合调查资料,模型中泥炭质土和强风化泥岩的基覆界面所拟合的曲面平均堆土高度为4.789m。河道位置根据实地调查的数据进行建模:河道深3.2m,其中上部1.2m深为水,下部2m深为淤泥,河道开挖区域长30m、宽10m、深2.2m。桩基、承台为实心结构,桥墩为空心结构,各构件尺寸位置

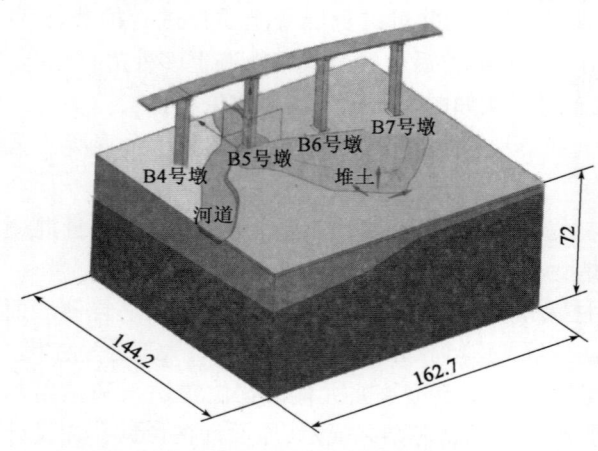

图10 堆土、清淤影响三维地质结构模型(尺寸单位:m)

均按设计图纸建模。

4.2.2 计算过程及计算工况

模拟计算的具体分析步骤为:①给模型各土层施加重力荷载,进行自重平衡;②施加桥梁上部结构、承台及桩基,进行上部结构与桩、土的自重应力平衡;③将模型初始位移清零,在完成上述①、②步的应力状态下进行堆土;④将堆土后河道内隆起淤泥区域的水模型,设置为淤泥模型,模拟河道内隆起淤泥后的状态;⑤清除河道内隆起的淤泥土。计算地质工况主要考虑原设计地勘及现鉴定地勘两种情况,原地勘粉质黏土层参数为重度19.1kN/m³、压缩模量4.3MPa、黏聚力23kPa、内摩擦角11.7°;现鉴定地勘泥炭质土参数为重度15.4kN/m³、压缩模性1.5MPa、黏聚力8kPa、内摩擦角7°。

4.2.3 计算结果

(1)在原地勘结果($c=23$kPa,$\varphi=11.7°$)下,5号墩东南侧大体积堆土后,桩头及软土与基岩地层分界处出现局部少量的塑性破坏区,承台最大水平位移为0.009m。河道清理后5号墩桩头及软土与基岩地层分界处塑性破坏区范围增大,承台最大水平位移为0.024m。

(2)在现勘察结果($c=8$kPa,$\varphi=7°$)下,5号墩东南侧大体积堆土后,河道靠近5号墩承台部位土体隆起,隆起高度为0.32m。软弱土层与地基基岩基覆界面以上部分出现较大范围的剪切塑性破坏区,承台最大水平位移0.17m。河道清理后5号墩桩身发生整体破坏,承台产生显著水平侧向移位和下沉,最大水平位移为3.52m(纵向1.2m、横向3.2m),最大竖向位移为1.2m。

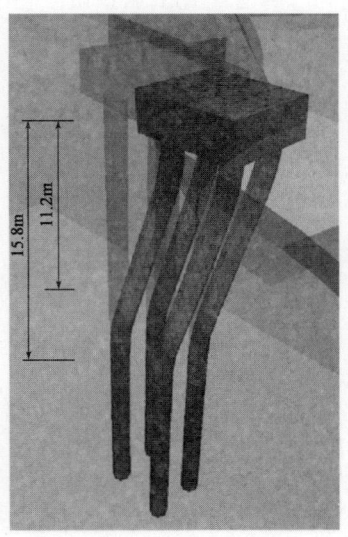

图11 B5-1~B5-4号基桩理论模拟变形结果

(3)从数值计算结果看出,河道清理后5号墩桩基发生偏位后的形状如图11所示,同时模拟分析显示5-1号基桩桩头处拉应变已达到$3×10^5$ $\mu\varepsilon$,表明该处混凝土材料已发生破碎;现场钻芯结果显示该处钻进迅速且无芯样取出,推断桩头混凝土与承台底已发生分离。可见,模拟分析变形结果与现场实际变形特征基本一致。

5 结语

(1)5号墩东南侧平均填土高度达4.8m,使得该墩东南侧土体土层竖向荷载显著增加,导致泥炭质土层侧向土压力增加、产生向西北侧的水平变形位移,形成对群桩及承台河道方向水平荷载作用,致使桩基局部破坏,并使河床显著隆起,承台东南侧地表开裂。

(2)在堆土导致河床隆起后,对5号墩西北侧的河床隆起段进行清理。河道清理使5号墩群桩侧向土压力差进一步加大,承台及桩身水平位移快速发展,并使群桩发生整体破坏,承台产生显著水平侧向移位并下沉。

(3)鉴定性地质勘察报告显示,原设计地勘物理力学性能参数及主要覆盖层土体状态与现勘察结果存在较大差异,6号墩和5号墩间基覆界面存在较原地勘更为明显的高差。相对更低的物理力学性能指标和更大的基覆界面高差更不利于桩基础承受水平荷载作用。

(4)降雨量数据调查结果显示,6—7月为雨季,雨水充沛;7月25日出现最大降雨量为212.5mm的特大暴雨,桥址区域土体饱和度增加,特别是填土层含水量增加,覆盖层土体工程性能变差,加大了土体侧向作用力。

参 考 文 献

[1] 潘晓东,应添添,范立盛,等.桥侧大面积堆土致斜交梁桥倒塌事故分析[J].中国公路学报,2019,32(8):114-124.

[2] 高文军,许长城.某连续梁桥桥墩偏位处治和加固[J].公路交通技术,2012(6):80-83.

[3] 张浩,石名磊,胡伍生,等.互通区跨线桥邻近路基墩柱偏移事故分析[J].东南大学学报(自然科学版),2013,43(3):617-623.

[4] 侍刚,伍贤智.某桥桥墩桩基偏位纠偏方案设计与实施[J].桥梁建设,2015(1):97-102.

[5] 中华人民共和国住房和城乡建设部.建筑地基基础设计规范:GB 50007—2011[S].北京:中国建筑工业出版社,2012.

123. 基于梁单元的波形钢腹板简化建模方法研究

张 宇

(山东大学)

摘 要：波形钢腹板组合桥梁自重较轻、预应力效率高、跨越能力强，常被用于大跨径桥梁结构中。目前较多采用板壳/实体有限元模拟波形钢腹板组合桥梁，计算成本高。本文基于十字梁格与波形钢腹板的剪切等效原理，提出了基于梁单元的波形钢腹板简化建模方法，并将其应用于组合桥梁，提出了网格模型。最后，以波形钢腹板组合工字梁为例，验证了本文模型的正确性及精确度。结果表明，在静力、动力和屈曲(一阶)方面，基于梁单元的简化网格模型与 ANSYS 板壳/实体有限元模型的误差均在3%以内。

关键词：组合桥梁 波形钢腹板 剪切变形 十字梁格 网格模型

1 引言

波形钢腹板组合梁桥是将波形钢腹板代替传统混凝土腹板或平直钢板而形成的一种组合结构桥梁体系，具有自重较轻、稳定性好、预应力效率高、抗震性能好等特点，具有强大的适应能力，是一种很值得推广的新型桥梁[1]。针对此类桥梁的分析和设计，若采用传统的单梁模型，一般假设其抗弯完全由顶底板承担，抗剪完全由腹板承担，但这种分析方法偏于安全和保守，但结果不够精细，有时与实际情况间存在较大的误差。若采用板壳/实体有限元方法进行分析，则需要大量单元模拟腹板波形，计算成本高，不利于工程实际应用。因此，本文旨在提出一个既能够模拟波形钢腹板实际剪切变形行为及"手风琴效应"又不丧失其简单性的简化建模方法。

2 波形钢腹板的受力特征

波形钢腹板组合梁示意图如图1所示。作为组合梁的重要组成部分，波形钢腹板的主要任务是承担竖向剪力，同时，由于"手风琴"效应(accordion effect)[2]的存在，波形钢腹板的纵向轴向刚度以及面内弯曲刚度通常只有同等厚度的平直钢腹板的几百甚至几千分之一[3]，因此几乎不承担纵向轴力和面内弯矩，面内受力近似为纯剪应力状态，如图2所示。在面外受力方面，由于波形的存在，波形钢腹板侧向弯曲刚度大，不容易发生失稳问题，节省了腹板加劲肋的布置。

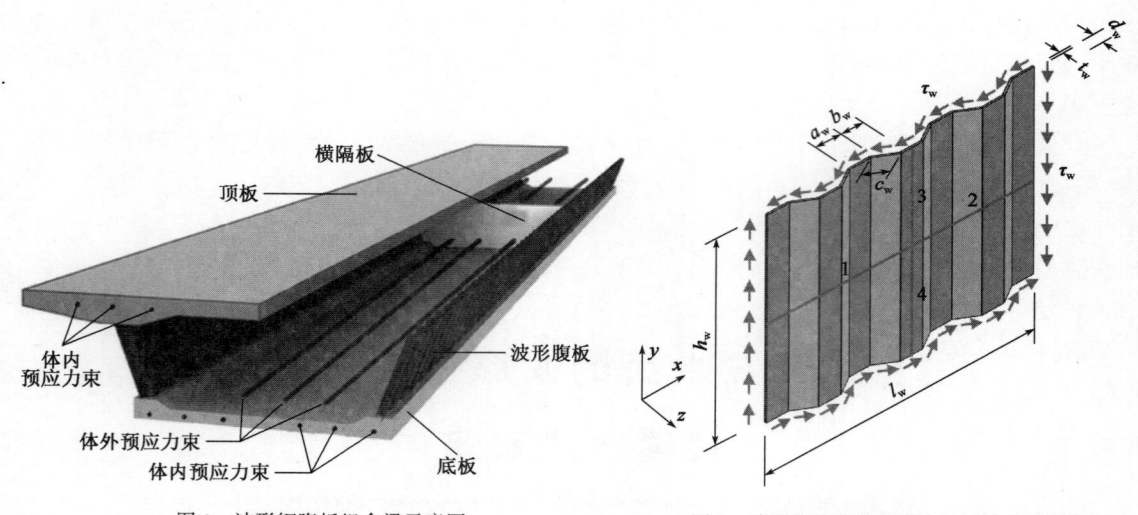

图 1 波形钢腹板组合梁示意图　　　　图 2 波形钢腹板纯剪受力与等效十字梁格

波形钢腹板的几何尺寸、材料属性以及面内外刚度可归纳为表 1。除"手风琴"效应导致的纵向刚度折减外,剪切刚度亦应考虑波形影响进行修正[4-5]。

波形钢腹板属性　　　　表 1

分类	参数
尺寸参数	外形尺寸:l_w, h_w, t_w 波形参数:a_w, b_w, c_w, d_w
材料参数	杨氏模量(钢):$E_0 = 2.0 \times 10^5$ MPa 泊松比(钢):$\mu_0 = 0.3$ 剪切模量:$G_0 = \dfrac{E_0}{2(1+\mu_0)}$
面内刚度	纵向轴向刚度:$E_x A_x = \eta E_0 A_x$, $\eta = \left(\dfrac{t_w}{d_w}\right)^2 \dfrac{a_w + b_w}{3a_w + c_w + \left(\dfrac{b_w^2}{c_w}\right)\left(\dfrac{t_w}{d_w}\right)^2}$, $A_x = h_w t_w$ 竖向轴向刚度:$E_y A_y = E_0 A_y = E_0 \left(\dfrac{a_w + c_w}{a_w + b_w} l_w t_w\right)$ 纵向剪切刚度:$G_{xy} A_{xy} = \left(\dfrac{a_w + b_w}{a_w + c_w}\right) G_0 (h_w t_w)$ 竖向剪切刚度:$G_{yx} A_{yx} = G_0 (l_w t_w)$
面外刚度	竖向面外抗弯刚度(考虑实际波形):$E_0 I_x$ 纵向面外抗弯刚度(类似于平钢板):$E_0 I_y$

注:η 为手风琴效应导致的波形腹板纵向刚度折减系数。

3 基于梁单元的波形钢腹板模拟原理

波形钢腹板采用钢这一各向同性材料,但由于纵向波形的存在,其轴向刚度和剪切刚度在纵向和竖向存在差异,因此具有正交异性的特点,理论上可用一个十字梁格进行模拟。图2为波形钢腹板与等效十字梁格的示意图,十字梁格中的纵向梁单元标记为1、2,竖向梁单元标记为3、4。

当采用十字梁格模拟波形钢腹板时,纵向和竖向的轴向刚度以及面外刚度的模拟较为简单、直观,直接将相应的刚度赋予梁单元即可,关键在于面内刚度的模拟。十字梁格通常采用初等梁单元,不计剪切变形,如图3所示,以一矩形单元为例,推导十字梁格的剪切刚度赋值公式。矩形单元长、宽分别为 a、b,厚度为 d,承受的面内剪应力为 f,杨氏模量为 E,剪切模量为 G,泊松比为 ν,单元变形前后分别如图3所示,变形后单元剪切角为 γ。根据力的等效,矩形单元面内剪切力可以等效为十字梁格的外部节点切向力 adf 和 bdf,由此产生的十字梁格面内弯矩如图3a)所示,面内弯曲变形如图3b)所示。对比可知,矩形单元的面内剪切变形与十字梁格的面内弯曲变形一致,即十字梁格是以面内弯曲变形的方式模拟单元的面内剪切变形。

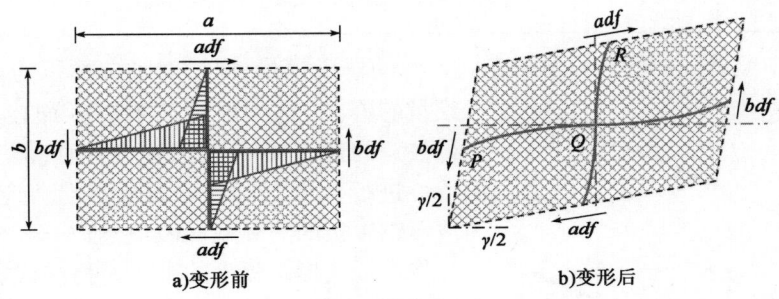

图3 矩形单元剪切变形示意图

根据变形一致的原则,列出 P 点相对于 Q 点的竖向变形等式:

$$\frac{bdf}{3EI_z}\left(\frac{a}{2}\right)^3 = \left(\frac{\gamma}{2}\right)\left(\frac{a}{2}\right) = \left(\frac{f}{2G}\right)\left(\frac{a}{2}\right)$$

因此得到:

$$I_z = \frac{ba^2 d}{6(E/G)} = \left(\frac{a}{b}\right)^2 \frac{b^3 d}{6(E/G)}$$

若矩形单元尺寸比取1(即 $a/b=1$,矩形变为正方形),泊松比 ν 取0($E/G=2$),上式则退化为传统弯曲截面惯性矩的表达式。但在实际情况中,单元划分并非均为正方形($a/b \ne 1$),此外混凝土泊松比 ν 一般取0.25($E/G=15$),故而杆件 PQ 面内刚度表达式为:

$$EI_z = E\left(\frac{a}{b}\right)^2 \frac{b^3 d}{15}$$

同理,杆件 RQ 的面内弯曲刚度表达式为:

$$EI_z = E\left(\frac{b}{a}\right)^2 \frac{a^3 d}{15}$$

应当注意的是,为模拟面内剪切变形,上文得到的面内弯曲刚度与传统截面弯曲刚度相比是不一致的,或者说是经过修正的,因此公式应用的前提是十字梁格必须处于面内受力状态,即节点上无节点弯矩,否则由节点弯矩产生的弯曲变形部分会失真。由于"手风琴"效应,波形钢腹板几乎不承担弯矩,因此弯曲刚度可以采用上述修正公式。十字梁格的完整单元刚度参见表2。

十字梁格单元刚度		表2
材料属性	杨氏模量(钢):$E_0 = 2.0 \times 10^5$ MPa	
单元面内刚度	面内轴向刚度:$E_0 A_{(1,2)}$, $A_{(1,2)} = \eta h_w t_w$ $E_0 A_{(3,4)}$, $A_{(3,4)} = \dfrac{a_w + c_w}{a_w + b_w} l_w t_w$ 面内弯曲刚度:$E_0 I_{z(1,2)}$, $I_{z(1,2)} = \left(\dfrac{l_w}{h_w}\right)^2 \dfrac{h_w^3 t_w}{6(E_0/G_{xy})}$ $E_0 I_{z(3,4)}$, $I_{z(3,4)} = \left(\dfrac{h_w}{l_w}\right)^2 \dfrac{l_w^3 t_w}{6(E_0/G_{yx})}$	
单元面外刚度	竖向面外抗弯刚度(考虑实际波形):$E_0 I_x$ 纵向面外抗弯刚度(类似于平钢板):$E_0 I_y$	

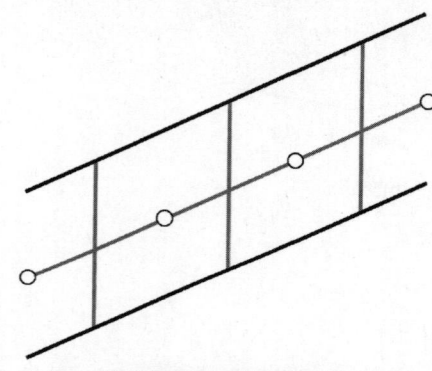

十字梁格中梁单元的杨氏模量取钢材本身的杨氏模量,通过对轴向面积的折减和面内抗弯模量的修正,达到模拟波形腹板面内刚度的目的。值得注意的是,在由内力求解应力时,仍应采用实际截面特性进行计算,例如,钢腹板竖向剪应力 $\tau = Q/A$,A 为波形钢腹板的实际截面面积,即 $h_w t_w$。

将模拟波形钢腹板的十字梁格与代表上下翼缘的混凝土部分的杆件连接,并进一步在十字梁格之间设铰,便得到图4所示的组合梁模型。由于铰的存在,波形钢腹板在保留了面内剪切刚度的同时释放了面内弯矩,优雅地模拟了波形钢腹板几乎不承担弯矩的这一实际受力情况。

图4 波形钢腹板组合梁网格模型示意图

4 波形钢腹板组合梁网格模型的验证

本部分以波形钢腹板组合工字梁为例,验证本文提出的网格模型的正确性及精确度。悬臂梁长56m,自由端施加100kN集中力,工字梁截面尺寸及腹板波形详图如图5所示。

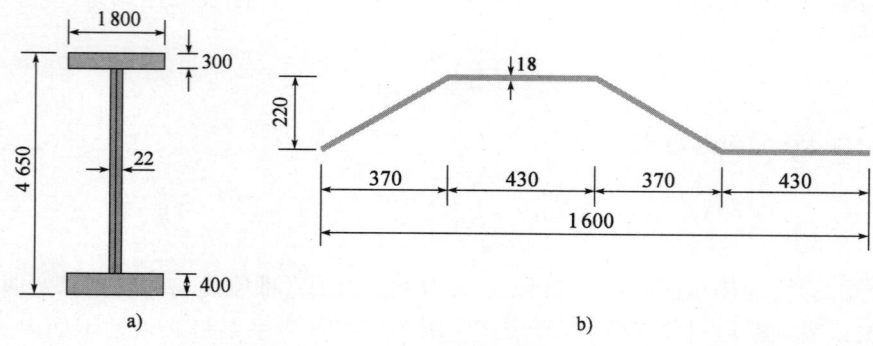

图5 悬臂梁截面及波形腹板波形图(尺寸单位:mm)

波形钢腹板采用一道十字梁格模拟,混凝土顶、底板分别划分为两道纵梁并采用横向杆件与波形钢腹板十字梁格连接形成网格模型,如图6所示。另外,基于ANSYS[6]建立精细化板壳/实体模型,如图7所示。

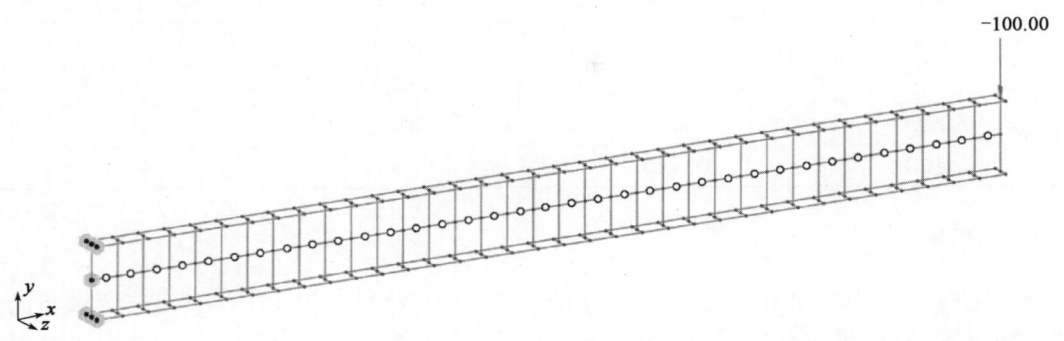

图6 悬臂梁网格模型

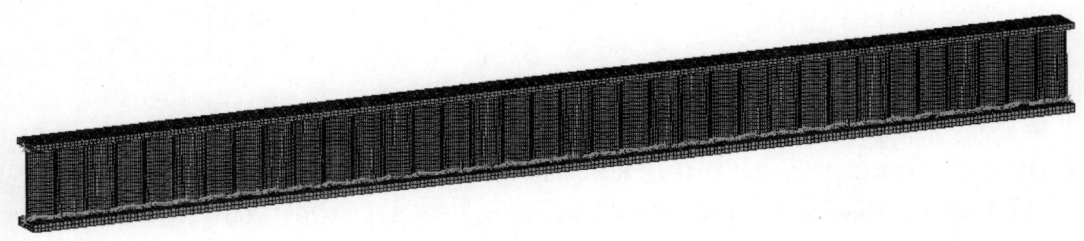

图7 悬臂梁网格模型

波形钢腹板组合工字梁的腹板剪力、自由端挠度对比参见表3,前五阶自振频率对比参见表4,前五阶屈曲稳定系数对比参见表5。由表3、表4可知,与ANSYS板壳/实体模型相比,网格模型的静力、动力特性的分析精度均在3%以内。由表5可知,网格模型能够较好地反映一阶屈曲稳定,即整体平弯失稳模态,误差仅有1.79%,但由于单元数量有限,无法反映高阶屈曲稳定,即局部失稳模态。对于工程设计而言,通过限制腹板剪应力,即可达到屈曲验算的目的,而网格模型可以精确解析腹板剪力,误差仅为-0.45%。

静力工况 表3

项 目	网格模型	ANSYS模型	误 差
1/2跨波形钢腹板剪力(kN)	$9.105×10$	$9.146×10$	-0.45%
自由端挠度(m)	$3.015×10^{-2}$	$3.020×10^{-2}$	-0.17%

动力工况 表4

项 目	网格模型	ANSYS模型	误 差
一阶频率(Hz)	$3.071×10^{-1}$	$3.100×10^{-1}$	-1.08%
二阶频率(Hz)	1.061	1.092	-2.90%
三阶频率(Hz)	1.241	1.247	-0.52%
四阶频率(Hz)	1.915	1.937	-1.11%
五阶频率(Hz)	3.530	3.553	-0.66%

屈 曲 稳 定 系 数   表5

项　目	网 格 模 型	ANSYS 模型	误　差
一阶稳定系数	3.78×10	3.72×10	1.79%
二阶稳定系数	6.10×10	8.44×10	−27.79%
三阶稳定系数	6.47×10	8.86×10	−26.96%
四阶稳定系数	$1.18×10^2$	$1.02×10^2$	15.96%
五阶稳定系数	$2.00×10^2$	$1.04×10^2$	91.57%

5　结语

本文基于等效十字梁格与波形钢腹板剪切变形一致的原则，提出了一种基于梁单元的波形钢腹板模拟方法，并将其应用至波形钢腹板组合桥梁，与 ANSYS 板壳/实体有限元模型相比，简化模型在静力、动力和屈曲(一阶)方面的误差均在3%以内。

参 考 文 献

[1] 陈宝春,黄卿维.波形钢腹板 PC 箱梁桥应用综述[J].公路,2005(7):45-53.

[2] HUANG L,HIKOSAKA H,KOMINE K.Simulation of Accordion Effect in Corrugated Steel Web with Concrete Flanges[J].Computers & Structures,2004,82(23-26):2061-2069.

[3] 徐岳,朱万勇,杨岳.波形钢腹板 PC 组合箱梁桥抗弯承载力计算[J].长安大学学报(自然科学版),2005(2):60-64.

[4] 聂建国,李法雄,樊健生.波形钢腹板梁变形计算的有效刚度法[J].工程力学,2012,29(8):71-79.

[5] 聂建国,李法雄.考虑腹板剪切行为的波形钢腹板梁理论模型[J].中国公路学报,2011,24(6):40-48.

[6] Madenci E,Guven I.The finite element method and applications in engineering using ANSYS®[M].Berlin:Springer,2015.

124. 超宽箱室组合梁桥面板的计算与分析

邵新林

(同济大学桥梁工程系)

摘 要：为研究超宽箱室组合梁桥面板的受力特性及计算设计方法，本文结合实际桥梁工程，介绍了超宽箱室组合梁桥面板在均布荷载和局部荷载作用下的空间有限元分析方法，对比分析了有限元计算结果，并提出了具有实际工程意义的桥面板简化设计思路。分析结果表明：由于桥面板横向支撑刚度较弱，超宽箱室组合梁桥面板在荷载作用下并不仅仅简单表现为单向板的受力特性；桥面板纵向验算时，箱内桥面板及悬臂段靠近端部区域可偏安全采用简支板进行配筋验算，靠近腹板段受力较小，由纵向整体计算控制配筋设计；桥面板横向验算时，对于横肋间桥面板，悬臂段采用《公路钢筋混凝土及预应力混凝土桥涵设计规范》(JTG 3362—2018) 中"悬臂板"计算所得弯矩×折减系数 α (α 取 0.42) 进行配筋计算；腹板间桥面板可采用单向"肋间板"计算所得弯矩×折减系数 β (β 取 0.33) 进行配筋验算。

关键词：超宽箱室　组合梁　桥面板　计算分析

1 引言

近几年，钢-混组合梁桥以其自重轻、强度高、延性好、施工便捷等优点，已在许多大型或重点工程得到成功应用，被认为是 21 世纪推广应用的新型结构形式之一[1]。与此同时，随着社会的不断发展，人们对交通的需求越来越大。为满足日益增长的车流量，桥梁断面往往布置成双向六车道或八车道，断面宽度不断增大，超宽箱室组合梁桥正不断得到推广。

作为组合梁的一个极其重要的部分，混凝土桥面板直接承受车轮载荷等局部效应，并将其传递给钢制主梁。同时，在构造上，桥面板还起到了连接钢主梁的作用，与钢梁共同形成整体组合结构，参与结构整体受力。桥面板的质量直接影响桥梁的性能和寿命、桥面板的设计和计算，特别是桥面板承受局部荷载的计算，一直是人们普遍关心并加以研究的问题。

张剑英[2]以上海南浦大桥和杨浦大桥主桥结合梁斜拉桥为背景，从理论上对组合梁混凝土桥面板的力学特性和受力特点进行了扼要的分析，并将组合梁混凝土桥面板的合成受力状态分解为局部受力状态和整体受力状态的叠加。具体而言，即桥面板合成计算内力应等于桥面板整体计算内力与桥面板局部计算内力的适当叠加。与此同时，为了简化计算，推荐采用等效宽度的计算方法分析桥面板局部荷载效应。吴万忠等[3]结合工程实例，介绍了大跨连续组合箱梁桥面板在轮载作用下的空间有限元分析方法，并将分析结果与相关文献的简化方法的结果进行比较。结果表明简化方法结果与有限元结果相比整体偏高。对于桥面板跨中弯矩，简支模型偏高29%，连续模型偏高15%；对于支点处弯矩，由于没有考虑内力的重分布，连续板模型计算结果偏高51%。建议在初步设计阶段采用连续板模型估算轮载作用下桥面板板块跨中弯矩。吴骏[4]指出桥面板在荷载作用下，其受力特性表现为弹性支撑的连续板，要想精确分析桥面板的受力比较复杂，可以常用简化算法。具体地，桥面板可以简化为3种状态：简支板，连续板或悬臂板。蒋智峰等[5]对比分析了现行规范考虑板的有效工作宽度下的板的理论算法、不考虑腹板支承宽度下的平面杆系算法、考虑腹板支承宽度下的平面框架算法3种算法，建议使用专业桥梁平面有限元程序对来对桥面板进行分析，并指导桥面板横向配筋设计。

朱波[6]结合上海市嘉闵高架工程，针对大挑臂连续宽箱梁桥面板设计总结出一套简化设计方法：通过将常规桥面板设计方法边界条件中各腹板中心线位置处的支座在竖向上的约束由原来的刚性约束优化为弹性约束，从而较为准确地模拟大挑臂连续宽箱梁在荷载作用下的横向受力效应。李飞等[7]对带挑梁的悬臂桥面板的计算进行了探讨，通过参考普通悬臂桥面板的有效宽度的计算方法，将带挑梁悬臂桥面板比拟成正交异性板，建立比拟正交异性板挠曲微分方程。运用残值法解出挠曲微分方程的一个解析解，用弹性力学的方法求其弯矩，参照规范的算法得出带挑梁悬臂桥面板的有效宽度。并运用ANSYS建立实体模型，求出所需弯矩及有效宽度，通过对数值解与解析解的对比验证，得到计算方法的所得结果的精度是可靠的。

可以看出，对于组合梁混凝土桥面板受力分析与计算的研究已经较为丰富，但仍主要集中于常规箱室组合梁桥面板的研究。对于常规箱室组合梁，其桥面板往往表现出单向板的受力特性，荷载传力路径明确，采用规范推荐的"单向板"简化方法往往便能得到较为准确的结果。然而对于本文所研究的超大箱室组合梁，箱内桥面板横向支承间距往往远大于纵向支承间距，且由于横撑较弱，难以对桥面板形成有效支撑，桥面板不在简单表现为单向板的受力特性；同时，桥面板挑臂段过大，亦不能简单按照《公路钢筋混凝土及预应力混凝土桥涵设计规范》(JTG 3362—2018)[8]所述"悬臂板"进行计算。为此，本文结合某桥梁实际工程，并采用Midas Civil 2019有限元软件分析超宽箱室组合梁桥面板的受力特性，并提出简化计算方法的思路，以便为类似桥梁的设计提供一定的参考。

2 工程背景及计算思路

2.1 工程背景

本文工程引桥采用60m等截面连续组合箱梁，单箱单室断面，双幅布置，梁高4.0m，顶板宽17.25m，底板宽6.8m，挑臂长3.60m，断面布置如图1所示。

钢主梁高3.72m，采用槽形断面，包括顶板、底板、腹板及底板纵向加劲肋。顶板厚20~50mm，宽1.2m；腹板厚16~30mm；底板厚14~30mm，宽6.8m。腹板采用板式水平加劲肋，纵向间断布置，腹板竖向加劲肋采用T形，底板采用板式纵向加劲肋，纵向连续布置，设置过焊孔穿越横梁。钢梁横梁包括空腹式横梁和实腹式横梁两种，除支点处采用实腹式横梁外，其余位置均采用空腹式横梁。空腹式横梁间距为4.0m，由顶板横梁、腹板、型钢撑杆及底板横向加劲肋组成。全桥通长采用28cm等厚度桥面板，材料为C50高强混凝土，桥面板分块预制，再现浇纵、横向湿接缝。

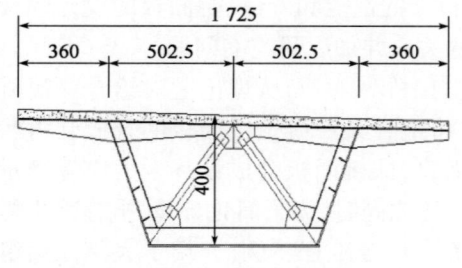

图1 组合梁断面(尺寸单位:mm)

2.2 计算思路

从断面构造可以看出,本工程组合梁桥面板与常规桥梁桥面板计算不尽相同,主要体现在3个方面:①桥面板挑臂较大;②腹板间距 10.05m,横隔板间距仅为 4m,腹板间桥面板受力上偏向于"纵向单向板",需考虑与纵向整体受力"合成";③桁架式横隔板对桥面板的支撑刚度与实腹式横隔板相比较弱,对桥面板不能形成理想刚性支撑边界。为此,本工程组合梁桥面板不能简单参照《公路钢筋混凝土及预应力混凝土桥涵设计规范》(JTG 3362—2018)中的"悬臂板"与"肋间板"进行计算与设计。

本工程组合梁桥面板拟先采用 Midas Civil 有限元分析软件进行全桥板单元建模,分析各区域(悬臂段、腹板段)桥面板纵、横向力学行为,再通过规范计算结果×折减系数进行简化计算,并指导桥面板配筋设计。

3 桥面板实体有限元分析

桥面板实体有限元分析模型如图 2 所示,组合梁混凝土桥面板、腹板及底板均采用板单元建模,顶板横肋及斜撑采用空间梁单元模拟,在底板四个角点处布置理想支撑边界。

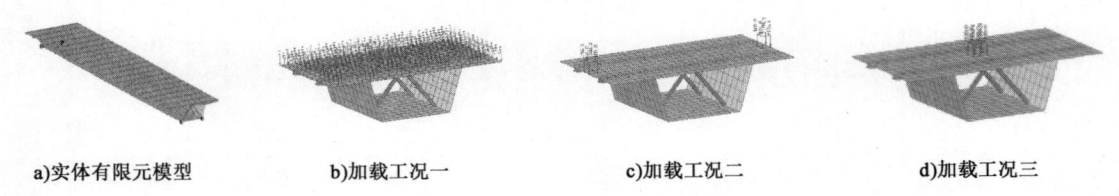

a)实体有限元模型　　b)加载工况一　　c)加载工况二　　d)加载工况三

图 2　组合梁有限元模型及加载工况

为分析悬臂段与腹板间桥面板在均布荷载与集中荷载作用下的力学性能,本模型共建立以下 3 种荷载工况。

工况一:桥面板作用均布荷载,荷载取值 $15kN/m^2$,以分析均布荷载作用下桥面板受力性能。

工况二:悬臂端桥面板两道横肋间,作用一集中面荷载,荷载取值 $100kN/m^2$,作用面为 $0.8m×0.8m$,以分析横肋间集中荷载作用下悬臂段桥面板受力性能。

工况三:腹板间桥面板两道横肋间,作用一集中面荷载,荷载取值 $100kN/m^2$,作用面为 $0.8m×1.25m$,以分析横肋间集中荷载作用下悬臂段桥面板受力性能。

4 有限元分析结果

从受力特性上分析可知,桥面板自身在承担均布荷载与集中荷载作用下,主要表现为受弯构件。本文上述实体有限元模型中,桥面板所受内力与应力其实已经叠加了"整体第一体系内力",具体表现在:靠近腹板两侧桥面板作为主梁顶板参与整体受力,承担较大轴力;靠近横隔板两侧桥面板作为横肋顶板参与横向受力,承担较大轴力,但桥面板弯矩部分仍主要是由"第二体系"产生。为此,为分析不同荷载作用下桥面板自身受力特性,需研究桥面板板单元弯矩分布情况。基于上述考虑,本文给出下列不同工况下桥面板纵、横向弯矩计算结果,且弯矩值均为单位宽度(1m)板单元弯矩值。

4.1 工况一计算与分析

4.1.1 桥面板纵向计算结果

图 3 为均布荷载作用下桥面板的纵向弯矩结果,其中 A—A 断面为横肋间剖面,B—B 断

面为横肋剖面(本文中 $A—A$ 断面、$B—B$ 断面均表示此含义)。可以看出,箱内与挑臂处桥面板纵向弯矩表现为多跨弹性支撑连续板,且其弹性支撑刚度受横向支撑刚度影响。

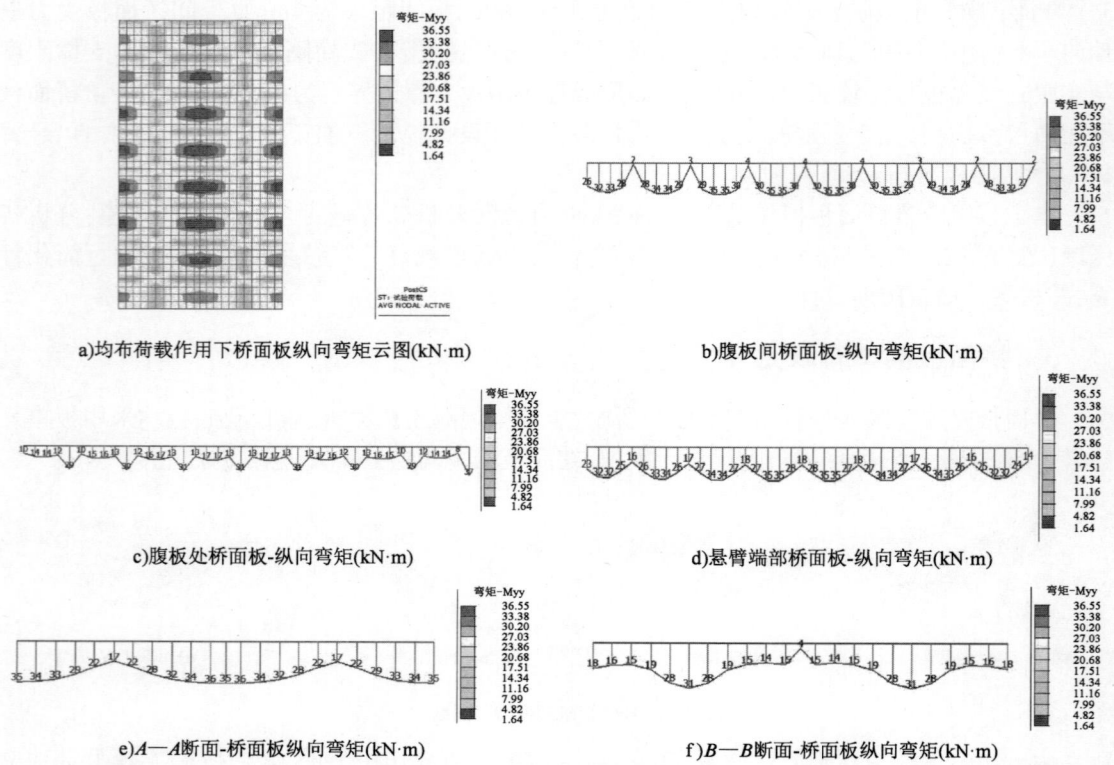

图3 工况一桥面板纵向内力计算结果

假设一跨径4m单向简支桥面板,作用均布荷载 $q=15\mathrm{kN/m^2}$,其跨中弯矩 $M_o=1/8qL^2=30\mathrm{kN\cdot m}$。从图3结果可以看出,由于本工程组合梁横肋支撑刚度较小,均布荷载作用下,腹板间桥面板纵向弯矩较简支跨中弯矩偏大,且 $M'_o=1.22M_o$;悬臂端部纵向弯矩 $M''_o=1.17M_o$。

4.1.2 桥面板横向计算结果

图4为均布荷载作用下桥面板的横向弯矩结果。假设一悬臂长为4m桥面板,作用均布荷载 $q=15\mathrm{kN/m^2}$,可知其根部弯矩 $M_1=1/2qL^2=120\mathrm{kN\cdot m}$。从上述结果可以看出,均布荷载作用时,桥面板横向受力总体表现为"悬臂板",但在横肋支撑帮助作用下,横向弯矩大大减小,悬臂端部横向弯矩 $M''_1=0.42M_1$。

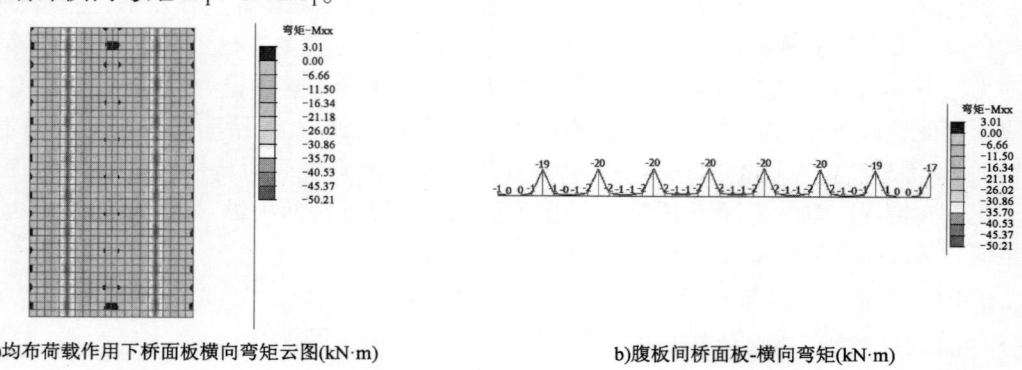

图 4

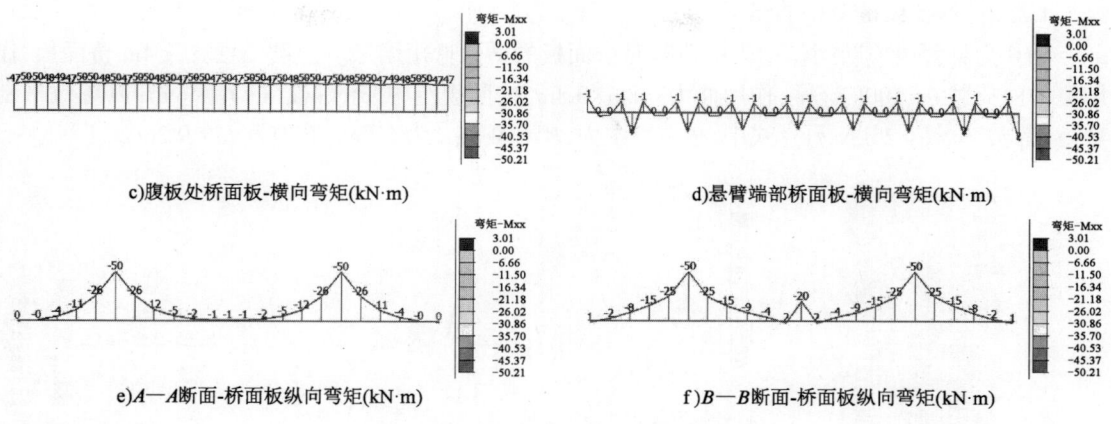

c)腹板处桥面板-横向弯矩(kN·m)　　　　d)悬臂端部桥面板-横向弯矩(kN·m)

e)A—A断面-桥面板纵向弯矩(kN·m)　　　f)B—B断面-桥面板纵向弯矩(kN·m)

图4　工况一桥面板横向内力计算结果

4.2　工况二计算与分析

4.2.1　桥面板纵向计算结果

图5为悬臂段横肋间作用集中荷载时桥面板的纵向弯矩结果。假设一跨径4m单向桥面板，作用集中面荷载 $q=100\text{kN/m}^2$，作用面为 $0.8\text{m}\times0.8\text{m}$，按照规范中"单向板"的计算可知其等效简支弯矩 $M_\text{o}=1/4\times P/a\times L=32\text{kN}\cdot\text{m}$（式中，$P$ 为集中力，$P=64\text{kN}$；a 为有效分布宽度，$a=2\text{m}$）。

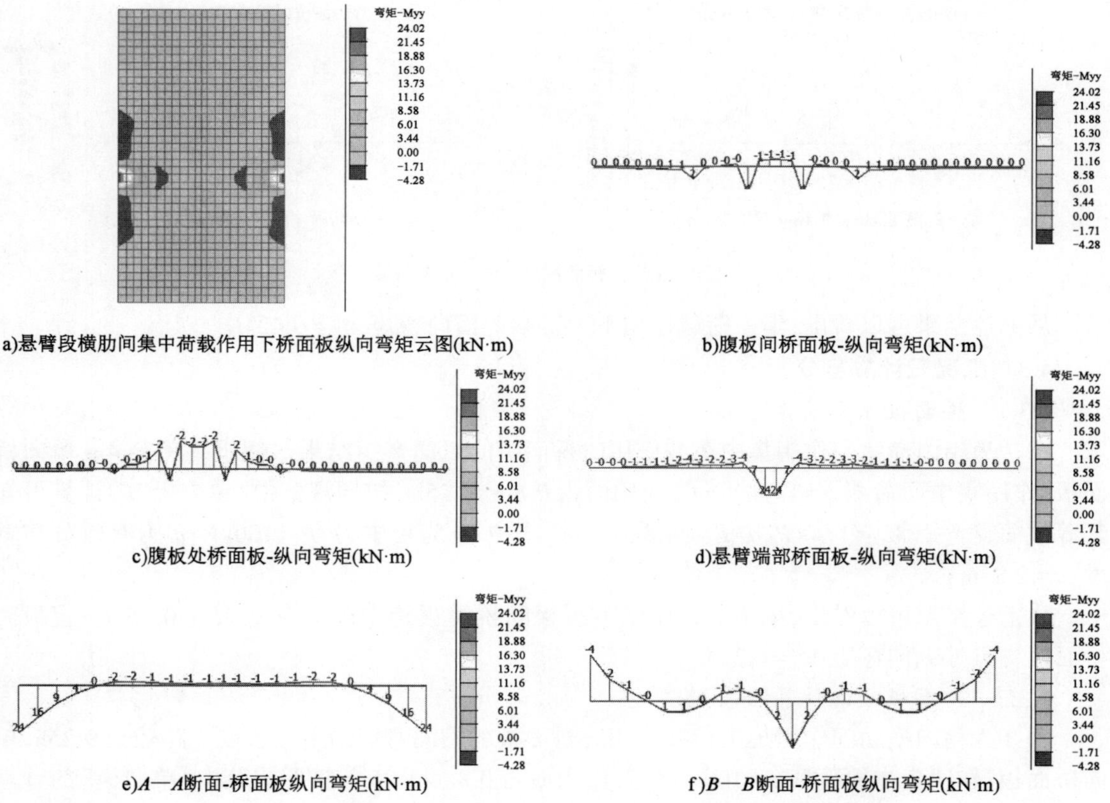

a)悬臂段横肋间集中荷载作用下桥面板纵向弯矩云图(kN·m)　　b)腹板间桥面板-纵向弯矩(kN·m)

c)腹板处桥面板-纵向弯矩(kN·m)　　　d)悬臂端部桥面板-纵向弯矩(kN·m)

e)A—A断面-桥面板纵向弯矩(kN·m)　　　f)B—B断面-桥面板纵向弯矩(kN·m)

图5　工况二桥面板纵向内力计算结果

从上述结果可以看出，集中荷载作用下悬臂端部纵向弯矩 $M_\text{o}''=0.75M_\text{o}$。

4.2.2 桥面板横向计算结果

图6为悬臂段横肋间作用集中荷载时桥面板的横向弯矩结果。假设一悬臂长4m桥面板，作用集中面荷载$q=100\text{kN/m}^2$，作用面为0.8m×0.8m，按照规范中"悬臂板"的计算可知其等效根部弯矩$M_1=P/a\times L=25\text{kN}\cdot\text{m}$（式中，$P$为集中力，$P=64\text{kN}$；$a$为有效分布宽度，$a=9.2\text{m}$）。

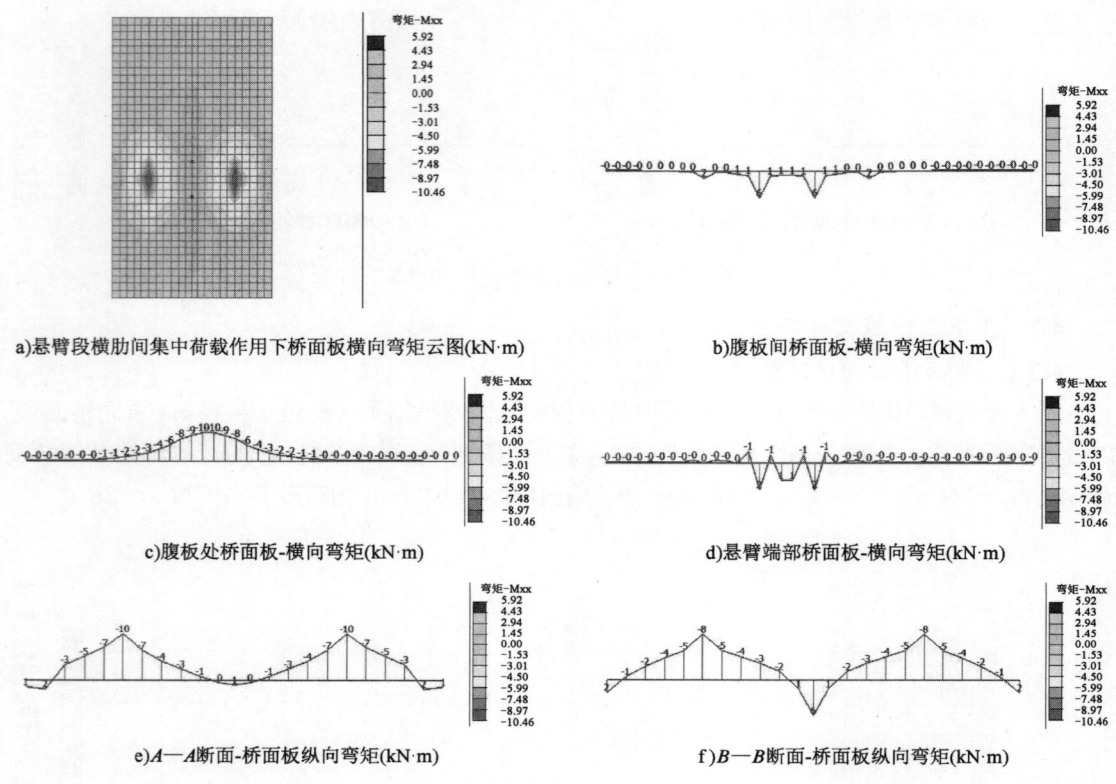

a)悬臂段横肋间集中荷载作用下桥面板横向弯矩云图(kN·m)

b)腹板间桥面板-横向弯矩(kN·m)

c)腹板处桥面板-横向弯矩(kN·m)

d)悬臂端部桥面板-横向弯矩(kN·m)

e)A—A断面-桥面板纵向弯矩(kN·m)

f)B—B断面-桥面板纵向弯矩(kN·m)

图6 工况二桥面板横向内力计算结果

从上述结果可以看出，集中荷载作用下悬臂端部横向弯矩$M_1''=0.42M_1$。

4.3 工况三计算与分析

4.3.1 桥面板纵向计算结果

图7为箱内横肋间作用集中荷载作用时桥面板的纵向弯矩结果。假设一跨径4m单向桥面板，作用集中面荷载$q=100\text{kN/m}^2$，作用面为0.8m×1.25m，按照规范中"单向板"的计算可知其等效简支弯矩$M_o=1/4\times P/a\times L=34.8\text{kN}\cdot\text{m}$（式中，$P$为集中力，$P=100\text{kN}$；$a$为有效分布宽度，$a=2.87\text{m}$）。

从上述结果可以看出，集中荷载作用下腹板间桥面板跨中纵向弯矩$M_o'=0.46M_o$，腹板间桥面板支点处纵向弯矩$M_o''=0.31M_o$。

4.3.2 桥面板横向计算结果

图8为箱内横肋间作用集中荷载作用时桥面板的横向弯矩结果。假设一跨径长9.25m单向桥面板，作用集中面荷载$q=100\text{kN/m}^2$，作用面为0.8m×1.25m，按照规范中"单向板"的计算可知其等效简支弯矩$M_1=1/4\times P/a\times L=37.3\text{kN}\cdot\text{m}$（式中，$P$为集中力，$P=100\text{kN}$；$a$为有效分布宽度，$a=6.17\text{m}$）。

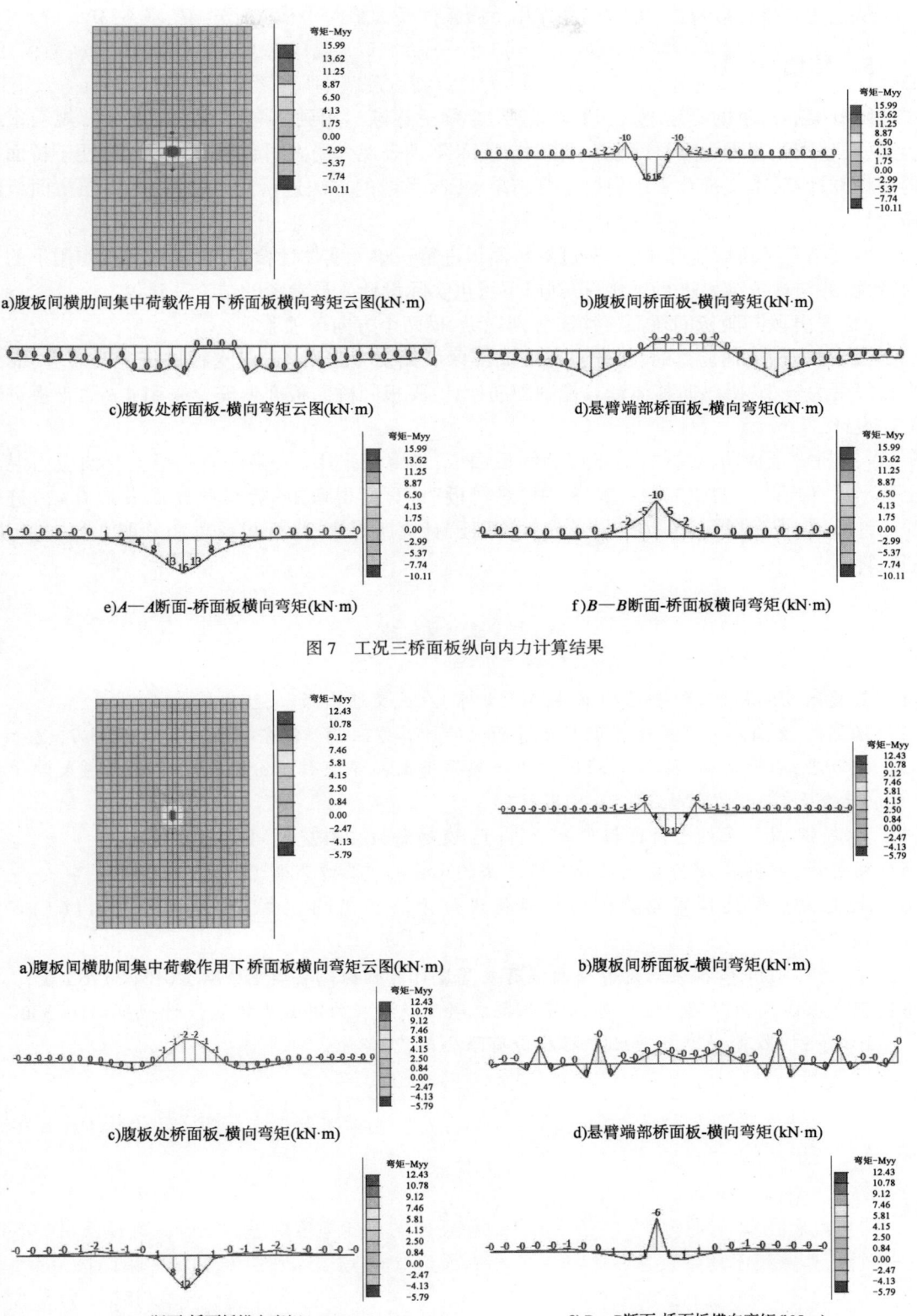

图7 工况三桥面板纵向内力计算结果

图8 工况三桥面板横向内力计算结果

从上述结果可以看出,集中荷载作用下腹板间桥面板跨中横向弯矩 $M_1''=0.33M_1$。

5 结语

随着交通需求的不断增大,超宽箱室组合梁桥逐渐运用到实际工程中。相比常规箱室组合梁桥,超宽箱室组合梁桥面板在荷载作用下,不再表现为受力明确的单向板。为便于桥面板的设计与计算,本文推荐采用规范计算结果×折减系数的方法进行简化计算,并指导桥面板配筋设计。

本文结合某桥梁实际工程,通过对桥面板进行板单元实体建模,分析其在荷载作用下的受力特性,并与规范结果进行对比,得到以下可供实际设计人员参考的结论及建议:

(1)悬臂段与腹板间桥面板均需分别在纵、横两个方向单独验算。

(2)桥面板纵向验算时:悬臂段靠近端部区域偏安全采用4m简支板进行配筋验算,靠近腹板段受力较小,由纵向整体计算控制配筋设计;腹板间桥面板亦偏安全采用4m简支板进行配筋设计。

(3)桥面板横向验算时:对于横肋间桥面板,悬臂段采用《公路钢筋混凝土及预应力混凝土桥涵设计规范》(JTG 3362—2018)中"悬臂板"计算所得弯矩×折减系数 α(α 取 0.42)进行配筋计算;腹板间桥面板采用9m单向"肋间板"计算所得弯矩×折减系数 β(β 取 0.33)进行配筋验算。

参 考 文 献

[1] 聂建国.钢-混凝土组合结构桥梁[M].北京:人民交通出版社,2011.
[2] 张剑英.黄浦江大桥结合梁混凝土桥面板的计算方法[J].华东公路,1995(3):3-7,12.
[3] 吴万忠,周云岗,张杨永.大跨连续组合箱梁桥面板轮载作用分析[J].重庆交通大学学报(自然科学版),2009,28(5):818-821.
[4] 吴骏.钢-混凝土组合桥面板计算分析[J].交通科技,2012(1):16-18.
[5] 蒋智锋,余芸.箱梁桥面板计算分析方法的比较[J].北方交通,2017(11):8-12.
[6] 朱波.大挑臂连续宽箱梁桥面板简化设计方法研究[J].中国市政工程,2011(1):72-74,87.
[7] 李飞,杜柏松.带挑梁的悬臂桥面板有效宽度计算初探[J].华东公路,2013(2):63-65.
[8] 中华人民共和国交通运输部.公路钢筋混凝土及预应力混凝土桥涵设计规范:JTG 3362—2018[S].北京:人民交通出版社股份有限公司,2018.

125. 基于 CatBoost 与 SHAP 的混凝土抗压强度预测

王永威[1,2,3,4]　肖垚[1,2,3]　李焜耀[1,2,3]　杨怡光[5]

（1. 中交第二航务工程局有限公司；2. 长大桥梁建设施工技术交通行业重点实验室；
3. 交通运输行业交通基础设施智能制造技术研发中心；
4. 中交公路长大桥建设国家工程研究中心有限公司；
5. 中南财经政法大学信息与安全工程学院）

摘　要：混凝土抗压强度事关建筑结构的安全稳定，对其进行精准预测可为现场施工提供重要决策依据。本文以 Boosting 集成学习框架为基础，建立了基于 CatBoost 与 SHAP 算法的混凝土抗压强度预测分析模型。首先，通过探索性数据分析与数据清洗对混凝土数据进行预处理，基于清洗后的数据建立 CatBoost 预测模型，并与线性回归、K 近邻、XGBoost 等 7 种模型进行对比研究，结合交叉验证与 4 种评价指标进行模型评估。其次，通过特征构造与随机搜索参数优化进一步提升 CatBoost 的模型性能。最后，结合特征重要性度量与 SHAP 模型可解释性算法增强预测结果的可解释性。测试结果表明，CatBoost 模型拟合精度较高，具有积极的工程应用研究价值。

关键词：混凝土抗压强度　CatBoost　特征构造　模型可解释性

1　引言

作为实现我国交通强国战略的重要支柱产业，桥梁工程的稳定可靠和可持续发展的现实需求对混凝土结构的安全稳定提出了更高要求[1]。与此同时，高性能混凝土得益于其突出的高强度和高耐久性等特点，在大跨桥梁建设中也得到了愈加广泛的应用。混凝土的抗压强度是混凝土质量评价的重要指标，并在极大程度上决定了建筑的安全性能[2]。因此，研究混凝土抗压强度的精准预测方法对施工进度的精准把控和对工程项目的科学评估具有重要意义。

影响混凝土抗压强度的各因素之间关系复杂，难以直接建立有效的数学模型[3]，而机器学习无须对各影响因素做过多的归纳偏置，通过训练建模即可以深入挖掘出潜在的数据模式[4-5]，因而具有广泛的应用前景。曹斐等[2]提出了一种基于马氏距离的加权 SVR 算法进行混凝土强度预测，并结合 RMSE 对模型进行了评估，同时作者指出该方法对异常数据的捕捉能力较为有限。崔晓宁等[6]结合随机森林算法进行混凝土强度预测，并将结果与 SVR 和多层感知机进行了对比。陈庆等[7]基于遗传算法（GA）对 BP 网络进行优化并用于抗压强度预测，提

基金项目：国家重点研发计划——桥梁智能建造理论与方法研究（2021YFF0500900）。

升了 BP 网络的性能。高蔚等[8]建立了卷积神经网络模型进行再生混凝土抗压强度预测,相较于 BP 神经网络和支持向量机,该模型具有较强的泛化能力。Chun 等[9]基于随机森林模型以进行钢筋混凝土结构内部损伤程度的评价,并对结果进行了交叉验证。Yeh 等[10]基于一个改良神经网络结构进行普通混凝土的强度预测,并用于混合比例优化。Feng 等[11]基于自适应 Boosting 算法对抗压强度进行预测,并取得了 4.85MPa 的测试集 RMSE。MAHMOOD 等[12]建立了 K 近邻和多元线性回归模型用于高温条件下抗压强度预测,证明了数据驱动模型用于混凝土抗压强度预测的适用性。

在混凝土相关的研究中,机器学习已发挥了巨大作用,但对于高性能混凝土(HPC)的研究仍处于初步阶段,并由于 HPC 组成成分复杂,建模困难,现有研究仍有不足并主要体现在:①传统线性模型难以有效捕获 HPC 各组成成分与抗压强度间的非线性关系,且上述研究未考虑各成分含量比例对抗压强度的影响;②神经网络模型参数量大、优化过程复杂且对样本容量的需求较高;③缺乏对样本特征的深入挖掘以及对模型预测结果的解释分析,极大限制了智能算法的辅助决策效益;④现有研究大多采用单一学习算法进行建模,对多种算法的对比研究相对不足[16]。因此,基于集成学习模型 CatBoost 与 SHAP 可解释性算法,建立了 HPC 抗压强度预测分析模型,经交叉验证后,结合 4 种评价指标与随机森林等 7 种模型进行性能比选,并通过混合比等特征构造与超参数调优进一步提升模型性能。同时,结合 SHAP 算法进行了模型预测结果的解释,针对显著影响模型预测结果的因素进行了分析。

2 算法描述

(1)CatBoost 算法。传统 GBDT 算法在每一步迭代中,损失函数使用相同的数据集求得当前模型的梯度,并训练得到基模型,以至于会导致梯度估计偏差,进而引起模型过拟合。而 CatBoost[14]是一种改进的 GBDT 算法,除了能高效处理类别型特征外,还实现了对梯度估计的改进,通过采用 Ordered Boosting 算法实现对 GBDT 中梯度的无偏估计。同时,CatBoost 算法采用完全对称树作为基模型,降低了参数量,进一步提升了模型预测精度与泛化能力;此外,CatBoost 算法还支持自定义损失函数、支持多卡 GPU 并行运算以及高效部署等。如表 1 所示,CatBoost 对每一个样本 x_i 都会训练一个单独的模型 M_i,模型 M_i 基于不包含样本 x_i 的训练集训练得到。对每个样本,基于模型 M_i 得到其梯度估计,并使用该梯度来训练基模型并得到最终的模型。

Ordered Boosting 算法伪代码 表 1

算法 1:Ordered Boosting

Input: $\{(\boldsymbol{x}_k, y_k)\}_{k=1}^n, l$;
$\sigma \leftarrow$ random permutation of $[1, n]$;
$M_i \leftarrow 0$ for $i = 1, \cdots, n$;
for $t \leftarrow 1$ to l do
  for $i \leftarrow 1$ to n do
    $r_i \leftarrow y_i + M_{\sigma(i)-1}(\boldsymbol{x}_i)$;
  for $i \leftarrow 1$ to n do
    $\Delta M \leftarrow$ LearnModel$((x_j, r_j) : \sigma(j) \leq i)$;
    $M_i \leftarrow M_i + \Delta M$;
return M_n

(2)SHAP 算法。集成学习模型虽然具有较为优秀的性能,但随着复杂度的提高,模型的可解释性却随之下降,以至于 CatBoost 模型几乎是一个黑箱。为解决该模型可解释性较差的问题,引入 SHAP 框架对模型结果进行解释。SHAP[15]以博弈论思想为载体,作为一种经典的事后解释框架,可实现对输入特征和预测结果之间关系的定性理解。与 CatBoost 等模型提供的 Feature Importance 仅可以用于反映各特征的相对重要性不同,SHAP 不仅可以计算每个特征的重要性取值,还可以反映各个特征对模型预测结果的贡献度[15],贡献度被称为 Shapley Value,将其简记为 ϕ,于是可得:

$$\phi_j(\mathrm{val}) = \sum_{S \subseteq \{x_1,\cdots,x_p\} \setminus \{x_j\}} \frac{|S|!(p-|S|-1)!}{p!}(\mathrm{val}(S \cup \{x_j\}) - \mathrm{val}(S))$$

式中:S——模型输入的特征子集;

x_j——待解释样本的特征值向量;

p——特征总数。

$\mathrm{val}_x(S) = \int \hat{f}(x_1,\cdots,x_p) \mathrm{d} \mathbb{P}_{x \notin S} - E_X(\hat{f}(X))$,表示对集合 S 中特征值的预测。因此,各个特征的贡献由剔除该特征后的收益或损失决定,即边际贡献而 Shapley Value 就是各边际贡献的均值。进一步,SHAP 模型解释定义如下:

$$g(z') = \phi_0 + \sum_{j=1}^{M} \phi_j z'_j$$

式中,g 是解释模型;$z' \in \{0,1\}^M$ 为组合向量,代表该特征是否存在;M 为组合特征个数;$\phi_j \in \mathbb{R}$ 为特征 j 的特征归因 Shapley Value;ϕ_0 为模型平均预测结果。Shapley Value 度量了特征对于总体预测结果的贡献,$\phi_j > 0$ 时,说明该特征对预测值具有积极提升效果。SHAP 全局特征重要性即为每个特征的 Shapley Value 绝对值求和的平均,即 $I_j = \sum_{i=1}^{n} |\phi(i)_j|$。

3 建模分析

基于 CatBoost 与 SHAP 的混凝土抗压强度预测模型整体构建流程如图 1 所示,主要包括数据统计分析与预处理、模型构建、模型评估、模型优化和结果分析。首先,通过缺失值和重复值检查、异常值处理、对数变换等步骤对原始数据进行预处理,然后建立 CatBoost 预测模型并与随机森林等 7 种模型进行性能对比研究,并进一步通过参数调整与特征构造实现对模型性能的进一步提升,最后基于 CatBoost 模型的特征重要性量化与 SHAP 解释模型实现对模型的解释性分析,识别得出对模型预测具有相对较大影响的特征并研究影响趋势,从而实现对模型预测结果的理解并充分发挥模型对实际生产的辅助决策作用。

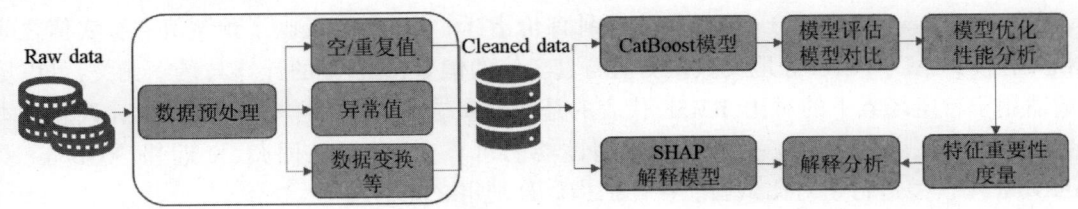

图 1 模型构建流程图

(1)数据描述。原始数据集[13]包含 1030 条样本,每条样本含有 8 个特征($X = \{x_1, x_2, \cdots, x_8\}$,分别代表水泥、矿渣、粉煤灰、水、减水剂、粗集料、细集料、养护期)和 1 个目标变量(Y,代表抗压强度),如表2统计结果所示,原始数据不含缺失值,但部分特征极值差距明显且分布相对不均。因此,首先进行了数据清洗与数据变换等预处理。

数据统计分析　　　　　　　　　表2

	cement	slag	fly ash	water	super plasticizer	coarse agg	fine agg	age	strength
count	1 030.00	1 030.00	1 030.00	1 030.00	1 030.00	1 030.00	1 030.00	1 030.00	1 030.00
mean	281.17	73.90	54.19	181.57	6.20	972.92	773.58	45.67	35.82
std	104.51	86.28	64.00	21.36	5.97	77.75	80.18	63.17	16.71
min	102.00	0.00	0.00	121.75	0.00	801.00	594.00	1.00	2.33
25%	192.38	0.00	0.00	164.90	0.00	932.00	730.95	7.00	23.71
50%	272.90	22.00	0.00	185.00	6.35	968.00	779.51	28.00	34.44
75%	350.00	142.95	118.27	192.00	10.16	1 029.40	824.00	56.00	46.14
max	540.00	359.40	200.10	247.00	32.20	1 145.00	992.60	365.00	82.60

(2)模型构建:基于上述预处理后得到的数据,以7:3划分训练集和测试集,建立基于CatBoost的混凝土抗压强度预测模型,经10折交叉验证后得到模型分别在训练集和测试集上的预测结果与实际结果之间的拟合关系,如图2所示。

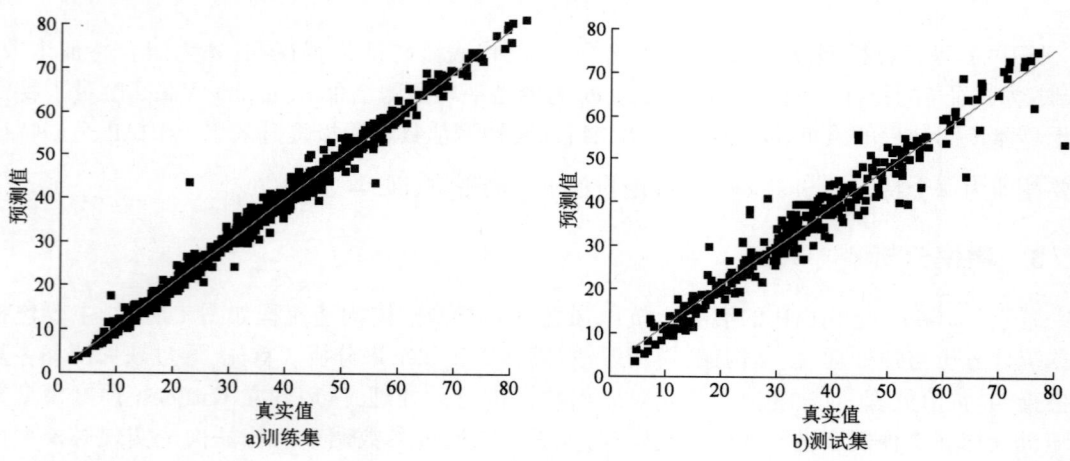

图2　模型预测结果与实际结果

(3)模型评估。为评估上述强度预测模型的性能,采用了决定系数(R^2)、平均绝对误差(Mean Absolute Error,MAE)、平均绝对百分误差(Mean Absolute Percentage Error,MAPE)、均方根误差(Root Mean Squared Error,RMSE)4种评价指标。其中,R^2反映了预测值和真实值之间的相关程度;MAE可以很好地反映预测值与真实值的偏差;MAPE的计算与量纲无关,可以更好地适用于特定场景下的对比;RMSE代表的是预测值与真实值的样本标准差,对大误差样本有更大的惩罚。同时,为进一步确保模型性能的可靠,结合线性回归、K近邻、XGBoost及LightGBM等模型进行了对比试验。各评估指标分别定义如下:

$$R^2 = 1 - \frac{\sum_{i=1}^{s}(Y_{i_{predicted}} - Y_{i_{observed}})^2}{\sum_{i=1}^{s}(Y_{i_{observed}} - \overline{Y}_{observed})^2}$$

$$MAE = \frac{1}{s}\sum_{i=1}^{s}|Y_{i_{observed}} - Y_{i_{predicted}}|$$

$$MAPE = \frac{100\%}{s}\sum_{i=1}^{s}\left|\frac{Y_{i_{observed}} - Y_{i_{predicted}}}{Y_{i_{observed}}}\right|$$

$$RMSE = \sqrt{\frac{1}{s}\sum_{i=1}^{s}[(Y_{i_{observed}} - Y_{i_{predicted}})]^2}$$

式中，$Y_{i_{predicted}}$ 和 $Y_{i_{observed}}$ 分别代表预测结果与真实结果；s 为样本容量。各模型经 10 折交叉验证后得到的各项评估指标统计结果见表 3。

模 型 评 估 结 果　　　　表3

模型名称	训练集指标				测试集指标			
	R^2	MAE(MPa)	MAPE	RMSE(MPa)	R^2	MAE(MPa)	MAPE	RMSE(MPa)
CatBoost	**0.99**	**1.26**	**0.04**	**1.86**	**0.93**	**2.71**	**0.09**	**4.18**
线性回归	0.80	5.46	0.19	7.06	0.78	6.15	0.21	8.00
K 近邻	0.88	3.93	0.13	5.45	0.84	5.86	0.19	8.43
XGBoost	0.99	0.38	0.02	1.01	0.91	3.10	0.12	4.80
LightGBM	0.98	1.49	0.05	2.30	0.92	3.09	0.10	4.60
Random Forests[6]	—	—	—	—	0.90	3.76	0.13	5.34
SVR[6]	—	—	—	—	0.86	4.38	0.16	6.26
MLP[6]	—	—	—	—	0.88	4.27	0.15	6.13

（4）模型优化。由 10 折交叉验证与模型评估结果可知，CatBoost 模型有着综合最优的性能，为进一步提升模型预测精度及泛化能力，对 CatBoost 模型进行随机搜索参数调优，同时，结合工程经验进行特征构造，实现对数据集的扩充。如表 4 所示，新构造的特征主要是 HPC 各组成成分的含量比例，其中 binder(胶)为 cement、slag 及 fly ash 的含量总和。部分参数调整结果和模型优化后的各项指标见表 5。图 3 为基于 CatBoost 模型的特征重要性评估。

特 征 构 造　　　　表4

特征名	构造过程	特征名	构造过程	特征名	构造过程
水灰比	水/水泥	粉煤灰/胶	粉煤灰/胶	细集料占比	细集料/(细集料+粗集料)
水胶比	水/胶	矿渣/胶	矿渣/胶	粗集料/胶	粗集料/胶
减水剂/胶	减水剂/胶	(矿渣+粉煤灰)/胶	(矿渣+粉煤灰)/胶	减水剂/水泥	减水剂/水泥

CatBoost 模型优化结果　　　　表5

部分超参数					测试集指标			
learning_rate	l2_leaf_reg	iterations	depth	border_count	R^2	MAE(MPa)	MAPE	RMSE(MPa)
0.25	4	809	4	198	**0.96**	**2.30**	**0.07**	**3.55**

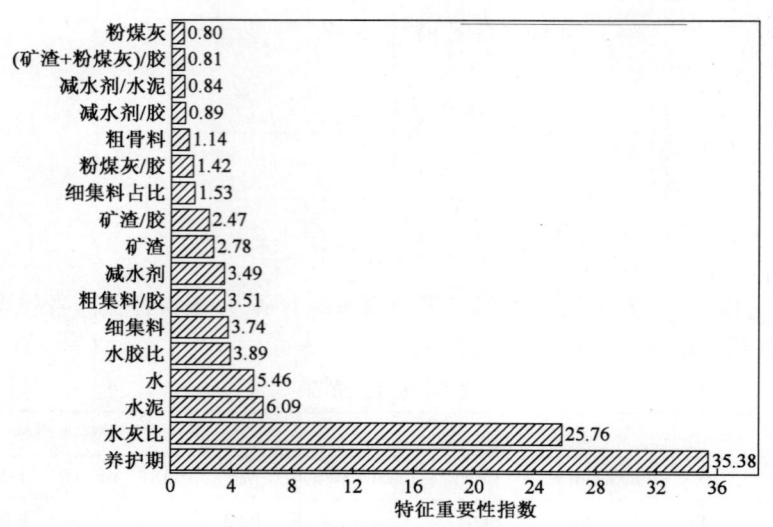

图3 CatBoost模型特征重要性评估

(5)结果讨论。从特征重要性评估结果可知,CatBoost模型判定的相对重要的前5个特征分别为养护期、水灰比、水泥、水及水胶比;同时,新构造的其他特征如粗集料/凝胶比、矿渣/凝胶比等均被模型认定为具有较高的特征重要性。这不仅证明了新构造的特征对于提升模型预测能力具有积极意义,而且有力支撑了文献[17]的观点,即 HPC 的抗压强度不仅受到水灰比的影响,而且还受到其他各成分含量的影响。然而特征重要性评估仅仅可以回答哪些特征对于模型决策更具意义,却无法直观反映各个特征是如何影响模型决策的[15]。

因此,为进一步研究各组成成分对于 HPC 抗压强度的影响趋势,基于 SHAP 算法进行模型可解释性分析。以图4为例,其分别为第1条和第10条样本的 SHAP 局部解释。

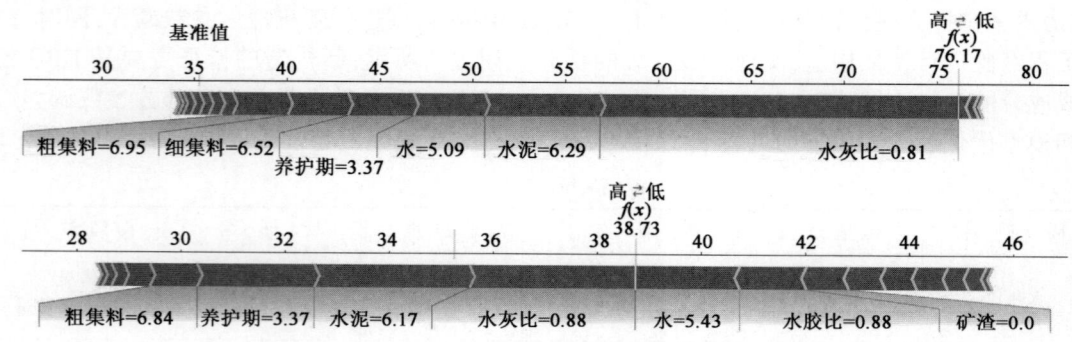

图4 对单个样本的SHAP解释

如图可知,CatBoost 模型平均预测结果约为35.3MPa。对第1条样本的预测结果为76.17MPa(实际结果为19.01MPa),可见模型遭遇了较大的偏差,原因是模型认为各个特征的正向贡献较大,尤其是认为特征值为0.81的水灰比与特征值为6.29的水泥等特征对于模型预测具有更大的正向提升作用;相应的,模型对第10样本的预测结果为38.73MPa(实际结果为34.4MPa),可见模型对该样本有较好的把握,其中,粗集料、养护期及水泥等特征对模型预测具有较大的正向提升作用,同时,特征值为0.88的水灰比和水胶比对模型预测分别具有提升和降低的作用,因此整体贡献相抵。这充分表明HPC各成分间关系的复杂性以及简单线性模型的不适用性。图5为SHAP特征概要分析,图中每个点都是一个特征和一条样本的Shapley

Value。左轴为特征重要性排序、右轴为特征取值,越靠上越大;下轴为 SHAP Value,即各成分对 HPC 抗压强度预测结果的影响。

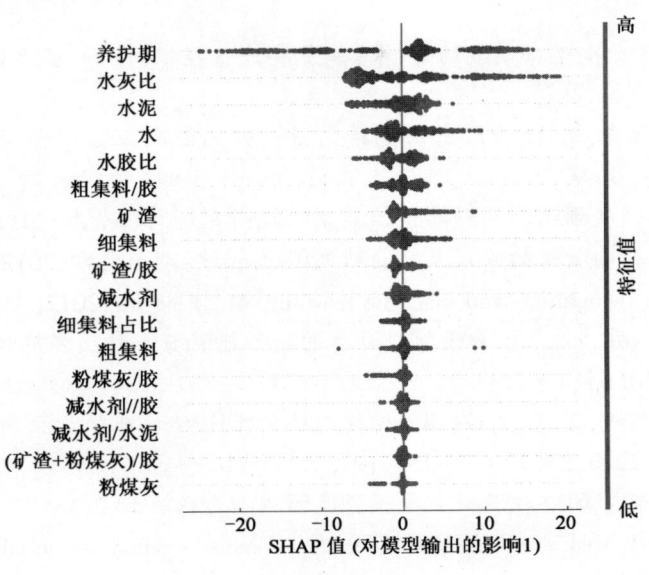

图 5 SHAP 概要分析

以图 5 中重要性排名前 5 的特征为例,且在仅考虑单变量因素的条件下,由图中分析可知,随着养护期的加长,其对于模型的正向提升作用逐渐增强,即抗压强度逐渐提升;而水灰比、水泥和水等组成成分则与抗压强度之间呈现出复杂的线性关系,在仅考虑水灰比时,其与抗压强度间呈现出了反比例趋势,即随着水灰比的增大,抗压强度相应减小;类似的,在一定范围内,水胶比的增大,抗压强度也相应减小。综合分析可知,对 HPC 抗压强度的预测不仅需要综合考虑各成分含量,还需要考虑各成分的含量比例关系,而 SHAP 算法则为这种复杂关系的识别与影响趋势的研究提供了有利条件。然而,往往因问题的复杂性和模型的黑箱性,导致 SHAP 算法提供的特征效应分析实际上仅描述了模型的预测行为,在实际生产中却并不一定是绝对的因果关系,因此该分析结果可用于促进理解或辅助决策。整体而言,尽管模型可解释性算法未能完全使得黑箱模型透明化,但 SHAP 算法的应用对促进更好地理解 HPC 的机理特性以及通过样本发掘而进行对混合比例的调整依然具有积极意义。

4 总结展望

本文将 CatBoost 算法应用于抗压强度预测,通过多指标评估与多模型对比研究,证明了 CatBoost 模型对于复杂数据模式的挖掘能力;通过特征构造,进一步提升了模型预测性能,充分表明混凝土抗压强度还与各组成成分间的比例有关,这不仅揭示了建立抗压强度预测模型的难度,更充分表明研究混凝土各成分混合比例的必要性;而 SHAP 模型可解释性算法的引入,不仅有助于更好地理解模型的决策依据,更是为研究各组成成分和成分比例对于抗压强度的影响指明了方向。然而,HPC 是一种高度复杂的材料且种类多样,除了文中提到的各种输入特征外,温度、湿度等影响因素也应该被考虑,这也为抗压强度预测模型的发展提出了新的挑战;接下来,将更深入分析挖掘相关影响因素,进而建立更加精准有效以及更具实践指导意义的智能化辅助决策模型。

参 考 文 献

[1] 甘彬霖,谯钰.基于全生命周期的可持续建筑实践路径探讨[J].城市住宅,2020,27(12):97-100.
[2] 曹斐,周彧,王春晓,等.一种改进的支持向量回归的混凝土强度预测方法[J].硅酸盐通报,2021,40(1):90-97.
[3] 朱学兵.混凝土强度预测的两种非线性模型比较研究[J].混凝土,2011(12):28-30.
[4] 殷宏辉.基于支持向量机的混凝土性能研究[D].长沙:湖南大学,2012.
[5] Anzai Y.Pattern recognition and machine learning[M].Elsevier,2012.
[6] 崔晓宁,王起才,张戎令,等.基于随机森林的高性能混凝土抗压强度预测[J].兰州交通大学学报,2021,40(6):1-6,14.
[7] 陈庆,马瑞,蒋正武,等.基于GA-BP神经网络的UHPC抗压强度预测与配合比设计[J].建筑材料学报,2020,23(1):176-183,191.
[8] 高蔚.基于深度学习的再生混凝土抗压强度预测[J].混凝土,2018(11):58-61,70.
[9] Chun P J,Ujike I,Mishima K,et al.Random forest-based evaluation technique for internal damage in reinforced concrete featuring multiple nondestructive testing results[J].Construction and Building Materials,2020,235:119238.
[10] Yeh I C.Modeling of strength of high-performance concrete using artificial newral networks[J].Cement and Cencrete Research,1998,28(12):1797-1808.
[11] Feng D C,Liu Z T,Wang X D,et al.Machine learning-based compressive strength prediction for concrete:An adaptive boosting approach[J].Construction and Building Materials,2020,230:117000.
[12] MAHMOOD AKBARI V J D.Data driven models for compressive strength prediction of concrete at high temperatures[J].Front Struct Civ.Eng.,2020,14(2):311-321.
[13] Yeh I C.Modeling slump flow of concrete using second-order regressions and artificial neural networks[J].Cement and Concrete Research,2007,29(6):474-480.
[14] PROKHORENKOVA L,GUSEV G,VOROBEV A,et al.CatBoost:unbiased boosting with categorical features[C].Proceedings of the 32nd International Conference on Neural Information Processing Systems.Montréal,Canada;Curran Associates Inc.2018:6639-6649.
[15] S M Lundberg,S-I Lee.A unified approach to interpreting model predictions[C].Proceedings of the 31st International Conference on Neural Information Processing Systems,Long Beach,California,USA,2017:4768-4777.
[16] Chou J S,Pham A D.Enhanced artificial intelligence for ensemble approach to predicting high performance concrete compressive strength[J].Construction & Building Materials,2013,49:554-563.
[17] Francis A O.Fly Ash Concrete Mix Design and the Water-Cerment Ratio Law[J].ACI Materials Journal,1994,91(4):362-371.
[18] MOLNAR C.Interpretable machine learning[M].Lulu.com,2020.

126. 小曲率半径斜拉桥主梁横向偏位分析与研究

李 炎[1]　蒋云锋[2]　董道福[3,4]

(1.广东省冶金建筑设计研究院有限公司；2.重庆建筑工程职业学院；
3.江西省公路工程监理有限公司；4.江西省长大桥隧研究设计院有限公司)

摘　要：小曲率半径斜拉桥在施工和运营阶段发生主梁偏移是此类桥梁发生概率较大的一种现象，本文针对这一现象，以某跨黄河特大桥在施工过程中主梁轴线横向发生偏位为例，分析了斜拉索索力误差和昼夜温差对各墩塔处主梁不平衡力的影响，采用"特殊连杆单元"模拟千斤顶提供横向顶推作用，并对顶推过程中各状态下的理论数据与实测数据进行对比分析。分析结果表明：小曲率半径斜拉桥曲线段索塔处主梁横向不平衡力受该索塔处边中跨不平衡索力误差影响最大，其中南塔边跨整体索力误差+5%导致主梁横向不平衡力变化值为997kN，昼夜温差对曲线段13号交界墩处主梁横向不平衡力变化值影响最大，其中温差30℃主梁横向不平衡力变化值可达到686kN，主梁横向偏位复位过程中各状态下的理论数据与实测数据十分吻合，并且最终成桥状态能较好地满足设计要求。

关键词：小曲率半径斜拉桥　不平衡力　特殊连杆单元　索力误差　昼夜温差

1 引言

小曲率半径斜拉桥兼具斜拉桥和曲线梁桥的受力特性，具有较复杂的受力特性和空间效应[1-3]。由于斜拉索空间效应的影响，使得主梁、拉索和桥塔表现为空间受力状态，造成结构整体受力具有空间性[4-6]。目前我国小曲率半径斜拉桥工程实例较少，这类桥受桥梁结构线形影响，在施工期间主梁受曲线圆心方向径向水平力和温度荷载等影响较大，容易因此产生较大的纵向和横向偏位，这不仅影响主梁成桥线形，还影响结构安全。因此，分析横向偏位产生的影响因素和如何确保主梁归位后结构受力状态满足设计要求是值得进行研究的内容。当前主要的桥梁偏位复位方法是通过液压千斤顶的方式对偏位主梁施加与偏位位移反向的水平顶力，顶推过程中的反力支撑，通常采用搭设反力支架的方式[7-8]，或在盖梁、桥墩上植筋安装钢牛腿等临时构件[9-11]，小曲率半径斜拉桥则可以利用索塔塔肢作为支撑进行顶推，其实际实施过程并不简单，顶推过程如何稳定控制结构位移、内力，使其达到合理范围之内，确保偏位复位过程不对结构产生二次伤害。

本文以实际工程为背景,结合 Midas Civil 2020 有限元软件分析了昼夜温差和索力误差对主梁横向不平衡力的影响,采用特殊连杆单元模拟千斤顶进行横向顶推,并对顶推过程中各状态下的理论数据与实测数据进行对比分析。

2 工程概况

某跨黄河特大桥曲线斜拉桥全长 598.862m,桥跨布置为 46.8m+49.2m+364m+49.2m+46.8m+42.862m,桥宽 35.5m,布设双向六车道。主梁在平曲线上,南岸以 600m 为半径,向西北偏弧 102.848m,北岸以 1 020m 为半径,向东南偏弧 0.473m。主梁采用两侧钢箱梁和中间的钢桁架连接而成的整体,桥梁横断面的中分线处高为 3m,两侧钢箱梁均宽 10.4m,中间(桁架梁)宽 14.7m,顶面设置双向 2% 横坡。主梁节段长沿长度方向分别为 11.98m、5.38m、7.8m、12m、16m、17.042m,共 57 个节段,最小节段重量为 157.037t,最大节段量为 374.208t,总重量为 13 534.497t,主梁材质为 Q345qD,梁节段间连接方式为焊接。

斜拉索采用扇形布置成双索面,全桥共设置 56 对斜拉索,跨中标准索距为 12m,边跨标准索距为 7.8m。桥塔采用钢筋混凝 A 字形高低塔布置,南岸桥塔塔高 102m,北侧桥塔塔高 118.5m,主塔混凝土为 C50。全桥桥型布置和主梁标准断面分别为图 1 和图 2。

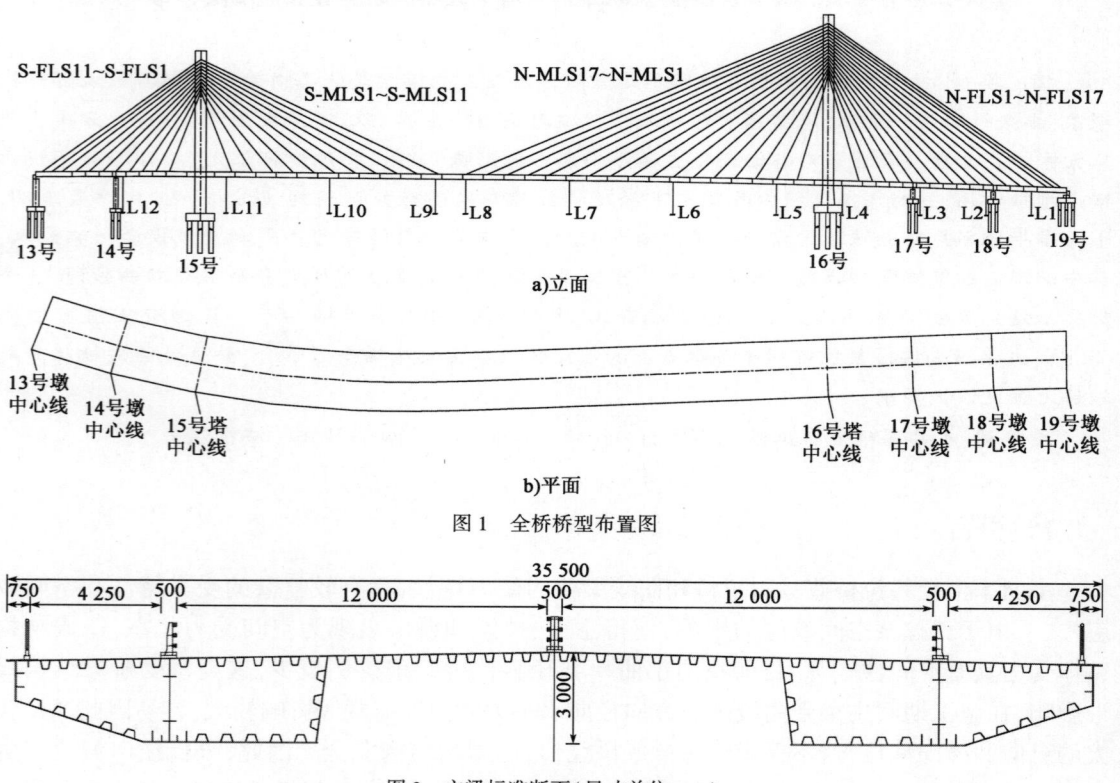

图 1 全桥桥型布置图

图 2 主梁标准断面(尺寸单位:mm)

3 计算模型

3.1 整体模型介绍

空间模型主梁采用梁单元进行模拟,主塔采用梁单元、板单元模拟,斜拉索采用索单元模拟,如图 3 所示。在支座的空间位置处建立节点,并将该节点与主梁相应节点 6 个自由度耦合,以便较准确地计入曲线梁的空间效应。全桥共计978个节点、900个单元。

图3 Midas整体模型

在进行斜拉索的张拉施工模拟时,临时墩对主梁的约束采用仅受压支承,当主梁被斜拉索(施加主动预加力)拉起后临时墩对钢主梁的支承作用将会失效。为准确模拟这一效应,模型中采用仅受压支座模拟支撑作用,当其出现拉力效应时,即将支座单元"杀死",此时对应临时支墩的实际拆除工况,以此在保证现场控制效果的同时,得到合理的施工工序,模型采用施工工序见表1。

模型计算施工顺序　　　　　　　　　　表1

工况编号	工况名称	工况编号	工况名称	工况编号	工况名称
工况1	主梁顶推到位	工况13	第五批压重	工况25	12号斜拉索张拉
工况2	拆除临时支墩 L11~L12 和 L1~L4	工况14	06号斜拉索张拉	工况26	第九批压重
工况3	01号斜拉索张拉	工况15	第六批压重	工况27	13号斜拉索张拉
工况4	全部挂完剩余索/ 第一批压重	工况16	07号斜拉索张拉	工况28	拆除临时支墩 L7和L8
工况5	02号斜拉索张拉	工况17	拆除临时支墩 L10和L6	工况29	第十批压重
工况6	第二批压重	工况18	08号斜拉索张拉	工况30	14号斜拉索张拉
工况7	03号斜拉索张拉	工况19	拆除除临时 支墩L9	工况31	15号斜拉索张拉
工况8	第三批压重	工况20	第七批压重	工况32	第十一批压重
工况9	拆除临时支墩L5	工况21	09号斜拉索张拉	工况33	16号斜拉索张拉
工况10	04号斜拉索张拉	工况22	10号斜拉索张拉	工况34	17号斜拉索张拉
工况11	第四批压重	工况23	第八批压重	工况35	主梁横向偏位复位 顶推施工
工况12	05号斜拉索张拉	工况24	11号斜拉索张拉	工况36	二期恒载

3.2 特殊连杆单元模拟及其原理

为模拟施工过程中钢梁横向顶推过程,建立"特殊连杆单元",通过施加温度效应使该连杆单元产生沿长度方向的大尺寸变化,间接地对钢梁施加横向"顶推"效应。弹性模量:1.95×10^5MPa;线膨胀系数:0.01;截面面积:0.196 25m^2;抗弯刚度:0;连杆长度:0.5m。具体实施原理如下所示:

$$\Delta L = T \times L \times \gamma - \frac{F_N L}{EA} \tag{1}$$

式中：ΔL——特殊连杆单元伸长值即千斤顶顶推距离值；

T——对特殊连杆单元施加的温度值；

L——特殊连杆单元长度值；

γ——线膨胀系数；

F_N——特殊连杆单元轴向压力值即千斤顶顶推力值；

E——特殊连杆单元弹性模量；

A——特殊连杆单元截面面积。

通过上述公式,可以分析出特殊连杆单元顶推距离、轴力和温度三者之间的关系,首先通过关系 $\Delta L = T \times L \times \gamma$ 计算出顶推距离所对应得初始温度值,然后将初始温度值代入斜拉桥的三维计算模型获取横向顶推单元内力值(即横向顶推力值 F_N),将获得的推力值 F_N 代入关系式 $\Delta L = T \times L \times \gamma - \frac{F_N L}{EA}$ 重新获得温度值 T,采用所述关系式进行迭代计算以获得目标顶推距离值最终所对应的顶推力值 F_N 和需要施加的温度值 T。

4 横向偏位影响因素分析

通过对施工过程中各类可能产生的影响因素进行排查,发现已张拉完成的斜拉索力存在不平衡误差和中午高温时段与晚上低温时段主梁 13 号索塔处横向偏位值存在较大差异,因此,采用 Midas Civil 2020 有限元软件对这两项影响因素进行分析。

4.1 斜拉索索力误差影响分析

为分析斜拉索整体索力误差影响,分别采用斜拉索内外侧整体索力误差+5%、南塔边中跨整体索力误差+5%和北塔边中跨整体索力误差+5%对桥墩桥塔处主梁横向不平衡力造成的影响进行分析,具体分析结果如图 4 所示。

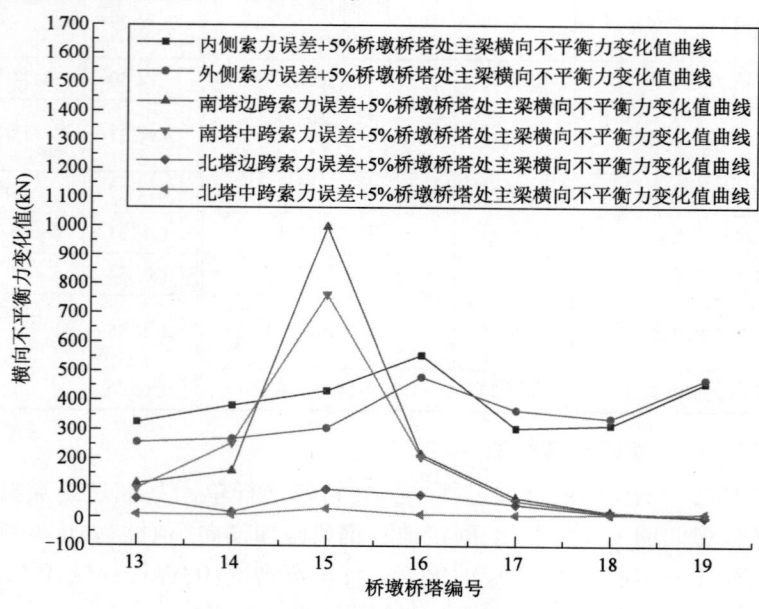

图 4 斜拉索索力误差对主梁横向不平衡力变化值影响曲线图

由图4可知,南塔边跨整体索力误差+5%对15号南塔处主梁横向不平衡力影响值最大,其值为997kN,南塔中跨整体索力误差+5%对15号南塔处主梁横向不平衡力影响值次之,其值为763kN,北塔边中跨整体索力误差对各桥墩桥塔处主梁横向不平衡力影响值均较小,内外侧索力误差对各桥墩桥塔处主梁横向不平衡力影响值较均匀。

4.2 昼夜整体温差影响分析

为分析昼夜整体温差影响,分别采用整体温差5℃、10℃、15℃、20℃、25℃和30℃对桥墩桥塔处主梁横向不平衡力进行分析,具体分析结果如图5所示。

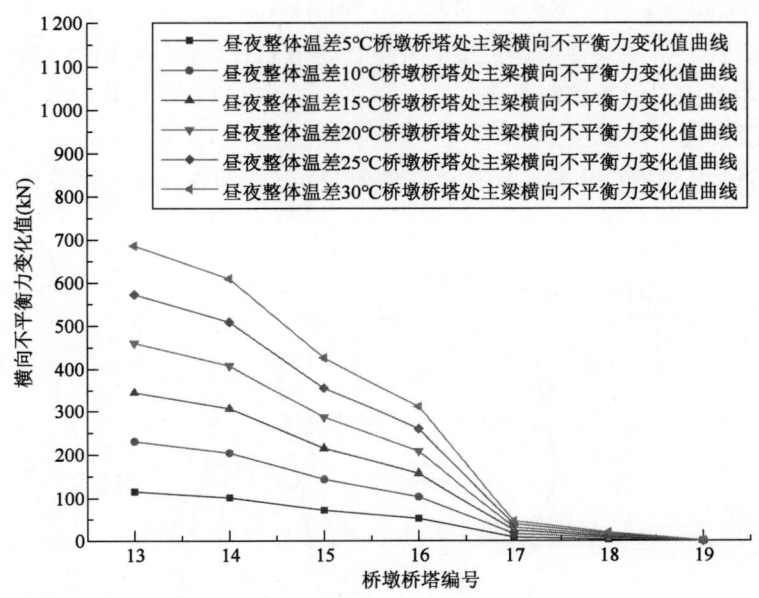

图5 昼夜整体温差对主梁横向不平衡力变化值影响曲线图

由图5可知,昼夜整体温差对13号交接墩处主梁横向不平衡力变化值影响最大,其中温差30℃主梁横向不平衡力变化值可达到686kN,随着昼夜整体温差增加,各墩塔处主梁横向不平衡力变化值不断增加,其中昼夜整体温差主要影响曲线段各处主梁横向不平衡力变化值。

综上分析可知,小曲率半径斜拉桥主梁曲线段横向不平衡力受斜拉索索力误差和昼夜整体温差的影响较大,在施工期间和后期运营期间均要重点关注主梁曲线段各墩塔处的横向约束情况,设计过程中也应预留足够的安全储备,以确保在桥梁生命周期内不发生主梁横向偏位的事故。

5 横向顶推分析

5.1 横向顶推控制值确定

将现场实际测量数据与当前阶段(斜拉索张拉完成,主梁未发生异常偏位)理论计算数据进行比较,确定出当前阶段主梁实际横向偏位值,从而确定出主梁横梁顶推量控制值,具体数据见表2。

主梁横向顶推控制值表　　　表2

位置	主梁横向实测偏位值(mm)	主梁横向顶推控制值(mm)	主梁横向偏位控制值(mm)
11号	−372	370	−2
12号	−345	340	−5

续上表

位 置	主梁横向实测偏位值(mm)	主梁横向顶推控制值(mm)	主梁横向偏位控制值(mm)
13号(南塔)	-324	320	-4
14号(北塔)	-40	40	0
15号	-45	45	-0
16号	-41	40	-1
17号	-32	30	-2

注:表中横向偏位正值表示向曲线内弧侧偏,负值表示向曲线外弧侧偏。

由表2数据可知:①主梁横向偏位主要发生在南塔曲线段;②主梁横向偏位控制值均小于5mm,较好地满足了施工误差控制要求。

5.2 横向顶推控制过程

(1)设置防过顶装置(图6):南塔允许横向位移 Δ_{13} 为320mm,北塔允许横向位移 Δ_{14} 为40mm。

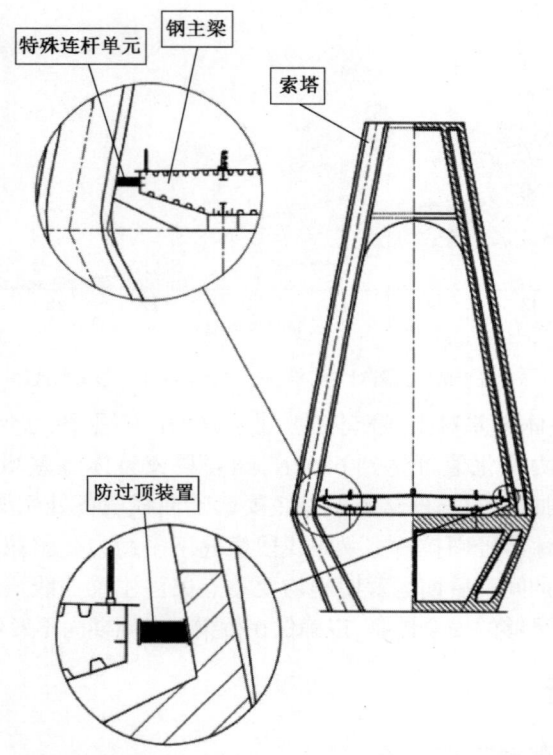

图6 索塔处特殊连杆单元和防过顶装置布置图

(2)安置千斤顶保持各千斤顶处于被动受力状态:南索塔处放置两台500t千斤顶,北索塔处放置两台300t千斤顶。

(3)分级横向顶推:以南塔横向顶推位移控制值为参考,利用千斤顶将主梁分三级(对应特殊连杆单元施加的温度值 T 分别为20.002℃、40.006℃和64.009℃)顶回设计位置。

(4)顶到位后锁定:顶回至预期位置后对主梁横向进行锁定,防止再次发生横向偏位。

(5)顶推到位后再调索:主梁横向位移顶推至目标状态后,进行全桥索力及主梁坐标数据收集,确定索力和高程误差,然后对全桥斜拉索索力误差和主梁高程误差进行调整。

5.3 顶推过程对索塔应力值和塔偏值的影响分析

横向顶推过程中的塔肢最不利应力绝对量结果见表3。

顶推过程中塔肢最不利截面应力值表　　　　　　　　　　表3

工况	南塔应力（MPa）	北塔应力（MPa）
北边辅助墩横向约束解除前	-2.5	-1.7
北边辅助墩横向约束解除后	-2.5	-1.8
南塔处横向顶推10cm	-2.3	-1.6
南塔处横向顶推20cm	-2.1	-1.5
南塔处横向顶推32cm	-1.8	-1.4

由表3可知，顶推过程中索塔截面应力均处于受压状态，因此在顶推过程中索塔受力状态满足控制要求。

为确保顶推过程中索塔受力安全，并辅助验证横向顶推效果，对索塔的塔偏值增量进行监测与分析，参考理论增量变形值见表4。

顶推过程中南塔偏增量值表　　　　　　　　　　表4

工况	南塔左肢理论计算值（mm）			南塔左肢现场实测值（mm）		
	Δx	Δy	Δz	Δx	Δy	Δz
北边辅助墩横向约束解除后	2	0	0	0	0	0
南塔处横向顶推10cm	-11	-1	0	-10	0	0
南塔处横向顶推20cm	-24	-3	0	-25	-5	0
南塔处横向顶推32cm	-36	-5	0	-38	-8	0
工况	南塔右肢理论计算值（mm）			南塔右肢现场实测值（mm）		
	Δx	Δy	Δz	Δx	Δy	Δz
北边辅助墩横向约束解除后	1	0	0	0	0	0
南塔处横向顶推10cm	-10	-2	0	-10	0	0
南塔处横向顶推20cm	-22	-3	0	-25	-5	0
南塔处横向顶推32cm	-34	-5	0	-38	-8	0
工况	北塔左肢理论计算值（mm）			北塔左肢现场实测值（mm）		
	Δx	Δy	Δz	Δx	Δy	Δz
北边辅助墩横向约束解除后	-1	0	0	0	0	0
南塔处横向顶推10cm	9	4	0	10	5	0
南塔处横向顶推20cm	19	8	0	20	10	0
南塔处横向顶推32cm	28	12	0	30	15	0
工况	北塔右肢理论计算值（mm）			北塔右肢现场实测值（mm）		
	Δx	Δy	Δz	Δx	Δy	Δz
北边辅助墩横向约束解除后	-1	0	0	0	0	0
南塔处横向顶推10cm	9	4	0	10	5	0
南塔处横向顶推20cm	19	8	0	20	10	0
南塔处横向顶推32cm	28	12	0	30	15	0

由表4可知,顶推过程中索塔塔偏实际变化值与理论计算值基本一致,因此,可以确定在顶推过程中索塔结构的受力和变形满足控制要求。

5.4 顶推过程对索力值变化的影响分析

在对南塔处主梁进行横向顶推的过程中,索力值变化受横向顶推行程的影响如图7和图8所示。

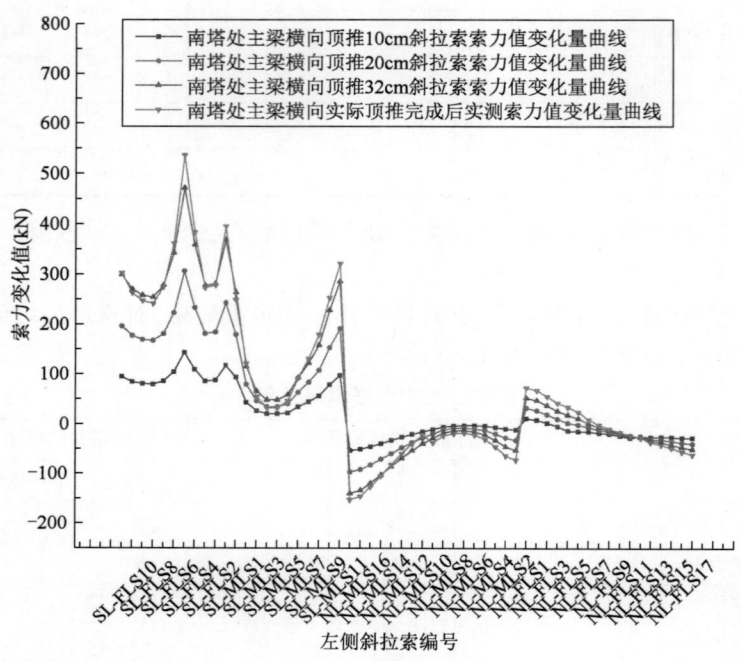

图7 左侧斜拉索索力值变化曲线图

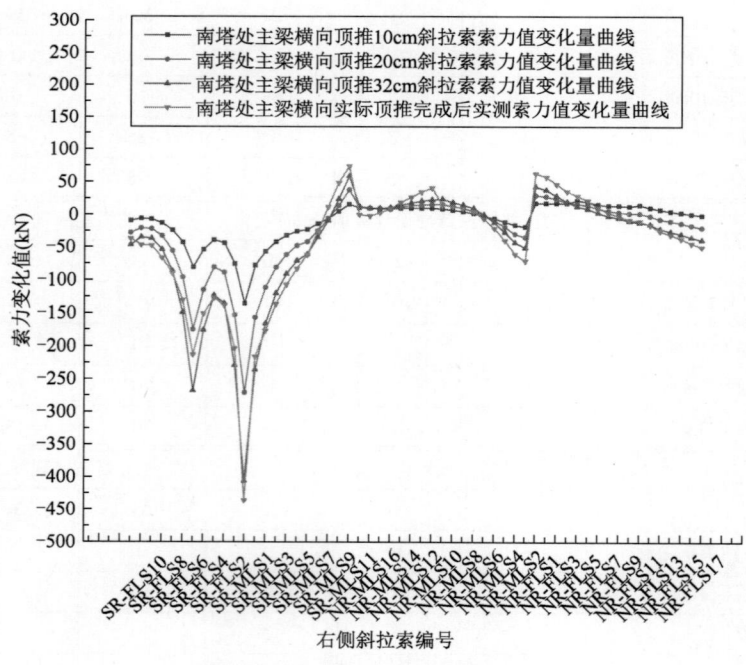

图8 右侧斜拉索索力值变化曲线图

由图7和图8可知,在对南塔处主梁进行顶推的过程中,北塔左右侧斜拉索索力值受其影响十分小,南塔边跨尾索和塔区短索索力值受其影响相对较大,理论计算顶推完成后 SL-FLS5 号拉索索力值影响最大,该拉索索力值增加了471kN,约占总索力值的27%。实测顶推完成后 SL-FLS5 号拉索索力值影响依然最大,该拉索索力值增加了536kN,约占总索力值的29%。总体而言,主梁横向顶推对斜拉索索力值变化影响较大。

5.5 顶推过程对主梁高程值的影响分析

在对南塔处主梁进行横向顶推的过程中,主梁高程值受横向顶推行程的影响如图9所示。

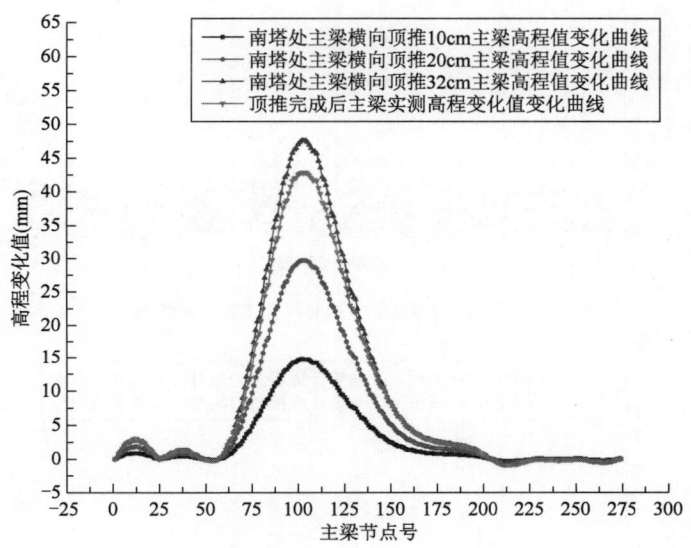

图9 主梁高程值变化曲线

由图9可知,在对南塔处主梁进行顶推的过程中,两侧边跨主梁高程受其影响较小,主梁跨中高程受其影响较大,顶推完成后跨中高程抬高约47.6mm。现场实际测量跨中高程抬高43mm,实际测量值与理论值最大误差约4.6mm。

6 顶推完成后成桥状态分析

6.1 顶推完成后成桥索力分析

在横向顶推完成后,主梁平面位置达到设计成桥要求,此时的成桥索索力,主梁高程均与设计预期状态相差较大,因此需要通过对斜拉索索力值进行调整,确保成桥状态下索力值和主梁高程值满足设计要求。通过全桥调索后,实测成桥索力和理论计算成桥索力与设计成桥索力相对百分误差如图10和图11所示。

由图10和图11可知,左侧斜拉索实测成桥索力和理论计算成桥索力与设计成桥索力最大相对百分误差分别为4.2%和3.5%,最小相对百分误差分别为−5.1%和−5.6%,右侧斜拉索实测成桥索力和理论计算成桥索力与设计成桥索力最大相对百分误差分别为4.8%和4.2%,最小相对百分误差分别为−4.4%和−4.7%,分析可知,索力实测值和理论计算值与设计值之间的误差均满足施工控制要求。

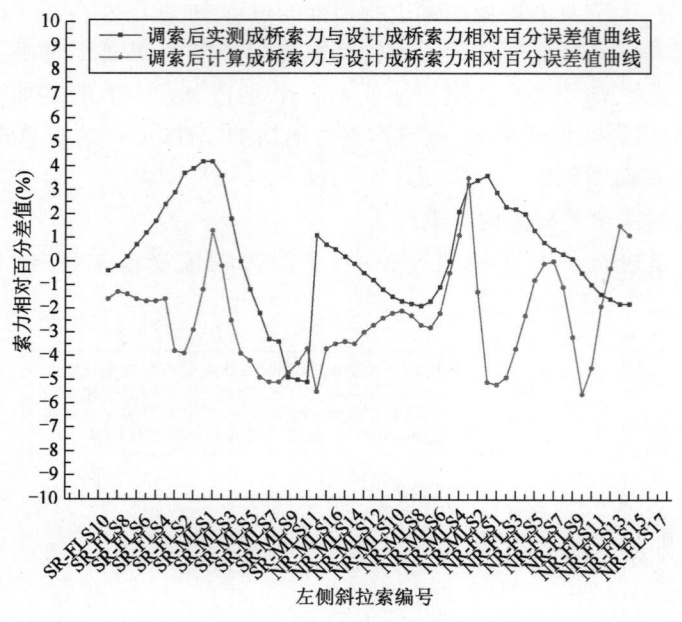

图 10 左侧斜拉索索力相对百分误差值曲线图

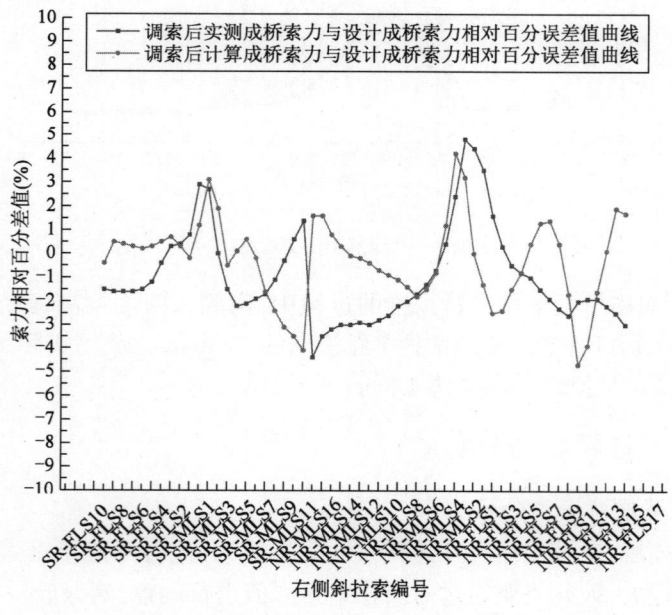

图 11 右侧斜拉索索力相对百分误差值曲线图

6.2 顶推完成后主梁高程分析

在全桥调索过程中,根据主梁实际误差情况,通过对斜拉索局部索力进行适当调整的方式,将主梁高程误差调整到施工可接受范围内,调整后的实测高程值误差如图 12 所示。

由图 12 可知,主梁左侧腹板处钢梁顶面实测高程与理论高程误差最大值为 18mm,最小值为 −5mm,主梁右侧腹板处钢梁顶面实测高程与理论高程误差最大值为 12mm,最小值为 −7mm,主梁左右侧腹板处钢梁顶面实测高程差值最大为 10mm,中跨高程最大误差值相对主跨跨径的比例为18/364 000≈1/20 222,左右侧高程差约占横向跨度的比例为10/35 500≈1/3 550,分析可知,主梁实测线形满足设计平顺性要求,高程误差和左右侧高程差均满足施工控制要求。

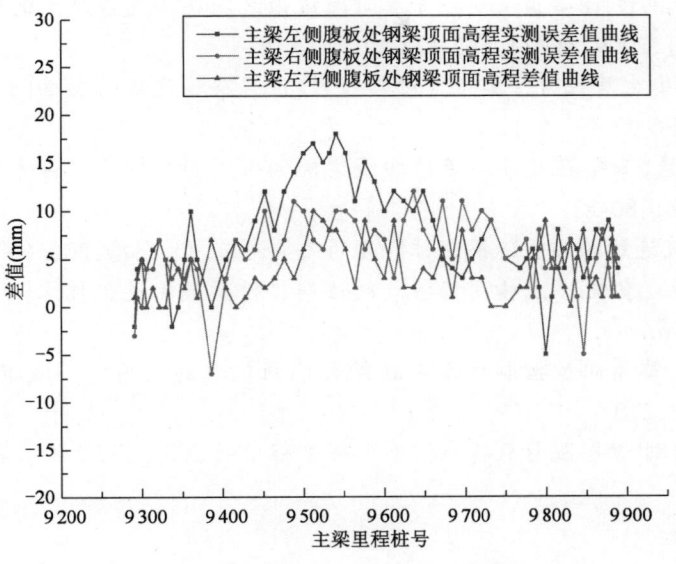

图12 调索后实测主梁高程误差值曲线图

7 结语

本文经过对小曲率半径斜拉桥主梁横向偏位影响因素和主梁偏位复位进行分析与研究,发现斜拉索索力误差和昼夜整体温差对曲线段主梁横向不平衡力存在影响,并对其影响进行了理论分析,采用本文推荐的"特殊连杆单元"模拟千斤顶提供横向顶推作用,并对将顶推过程中的理论计算数据与实测数据进行了比较,得出结论如下:

(1)小曲率半径斜拉桥曲线段索塔处主梁横向不平衡力受该索塔处边中跨不平衡索力误差影响最大,其中南塔边跨整体索力误差+5%导致主梁横向不平衡力变化值为997kN,昼夜温差对曲线段13号交界墩处主梁横向不平衡力变化值影响最大,其中温差30℃主梁横向不平衡力变化值可达到686kN。

(2)在制定主梁横向顶推施工方案的过程中,应考虑设置防过顶装置和顶到位后的锁定装置,避免横向顶推超过控制限值和后期施工导致主梁再次发生横向偏位。

(3)采用"特殊连杆单元"模拟千斤顶提供横向顶推作用,在主梁横向偏位复位过程中各状态下的理论数据与实测数据十分吻合,并且最终成桥状态能较好地满足设计要求。

参 考 文 献

[1] 刘泉,李茂奇.不同圆心角对小半径曲线桥受力性能影响的研究[J].城市道桥与防洪,2014(4):93-95,5.

[2] 杨凯.PC箱梁曲线斜拉桥的静力性能研究[D].成都:西南交通大学,2015.

[3] 熊明祥,黄亮文,许国光,等.关于"S"形反向平面曲线桥梁的探讨和研究[J].工程与建

设,2010,24(4):489-491.
- [4] 刘立民.曲率半径对曲线矮塔斜拉桥的影响分析[J].公路交通科技(应用技术版),2015,11(5):153-155.
- [5] 许莉,房贞政,洪适.圆心角及支座布置对圆弧曲线箱梁桥支座反力的影响[J].南昌大学学报(工科版),2009,31(2):167-172.
- [6] 王钧利,贺拴海.大跨径弯桥圆心角对其内力、位移及稳定性的影响[J].交通运输工程学报,2007(3):86-90.
- [7] 吕宏奎,安群慧,王夷.某小半径连续曲线梁桥偏位成因分析及纠偏方案研究[J].世界桥梁,2013,41(2):80-83.
- [8] 梁志成.某立交连续箱梁匝道桥变位修复的顶梁施工[J].公路,2003(7):126-131.
- [9] 陈立锋,吴鹏松,袁航.多点横向顶推旋转法纠偏桥梁偏位施工技术[J].中外公路,2014,34(1):194-196.
- [10] 周松国.PLC整体同步控制技术在连续梁桥纠偏中的应用[J].城市道桥与防洪,2010(8):155-158,270.
- [11] 袁新华,陈绪刚.摩擦阻荷原理在桥梁平移工程中的应用[J].结构工程师,2011,27(1):149-153.

127.钢箱系杆拱面外稳定的实用计算方法

李 正

（华设设计集团股份有限公司）

摘 要：本文介绍了钢箱系杆拱面外稳定的两种实用计算方法。第一种方法采用简单有限元模型确定弹性屈曲力，计算出拱肋承载力。第二种方法通过选择合适的拱肋屈曲长度公式，确定弹性屈曲力。实用计算方法通过弹塑性有限元模型的分析进行了验证，并对简化模型约束条件、吊杆的非保向力效应、压弯共同作用等问题进行了探讨。

关键词：钢箱系杆拱 面外屈曲 计算方法

1 引言

系杆拱因为较小建筑高度和优美的外观而受到欢迎。为了寻求更为简洁外观、节约桥面空间的需要或者为驾乘人员提供空间开敞的使用感受，人们越来越多地采用单榀拱肋的系杆拱或者无横撑的敞开式系杆拱。

当拱肋之间无横撑联系时，面外稳定性分析成为设计的关键问题之一。第一类稳定安全系数通常被认为是衡量结构稳定的重要指标，我国规范要求弹性稳定安全系数 $K \geqslant 4$。单榀拱肋面外失稳屈曲的计算长度，文献[1]和[2]并没有给出一个清晰的计算方法，设计人员往往参照其他拱结构进行取值，或者根据以往有限元软件分析结果的失稳模态进行取值，因而存在设计人员错误理解和误判结果的可能[3]。另外，拱肋作为压弯构件，如何运用规范公式进行验算也存在许多困扰。如今计算机与结构分析软件得到了充分的发展，因此可运用有限元软件，在考虑初始缺陷、大位移和材料非线性等因素的基础上，求解结构的极限承载力。但实际工作量和难度偏大。

本文抓住求解拱肋的弹性临界轴向力这个关键点，给出两种拱肋面外稳定分析的实用方法。方法一基于整体结构而不是单个的构件，建立有限元模型，进行屈曲分析，求得弹性临界轴向力。方法二为传统上基于单个构件的方法，寻求合适的拱肋面外失稳弹性临界载荷计算公式（或者说失稳屈曲的计算长度）。同时探讨了简化模型约束条件、吊杆的非保向力效应、压弯共同作用等问题。最后通过弹塑性有限元分析对实用方法进行了验证。

2 钢结构屈曲分析一般方法

对于钢结构设计，有一种通用统一的屈曲设计方法，对于钢拱肋可按照以下流程来确定构件的屈曲强度。

第一步：确定所考虑的构件的截面一个无量纲的参数细长比λ。对于钢拱肋，λ可通过以下公式计算：

$$\lambda = \sqrt{\frac{A \cdot f_y}{N_{cr}}}$$

式中：A——拱肋截面面积；
$\quad f_y$——钢的屈服强度；
$\quad N_{cr}$——拱肋的弹性临界轴向力。

系杆拱桥面外屈曲的弹性临界轴向力可以通过简化的有限元模型，使用梁单元并求解特征值问题得到。也可以通过解析式$N_{cr} = \left(\frac{\pi}{\beta L}\right)^2 EI_z$计算确定，式中，$L$代表桥跨；$EI_z$为拱的面外弯曲刚度；$\beta$为屈曲长度系数。

第二步：根据这一细长比系数λ，选择合适屈曲曲线，确定折减系数χ。本文采用了较为简洁的欧洲规范表达式：

$$\chi = \frac{1}{\phi + \sqrt{\phi^2 + \lambda^2}} \quad (\chi \leq 1)$$

$$\phi = 0.5[1 + \alpha(\lambda - 0.2) + \lambda^2]$$

参数α决定了屈曲曲线的选择，参照照欧洲规范，α取曲线b，即$\alpha = 0.34$。

第三步：确定钢构件的屈曲强度χN_{Rd}。

$$N_{Rd} = \frac{A \cdot f_y}{\gamma_{M1}}$$

$$\frac{\gamma_0 N_d}{\chi N_{Rd}} \leq 1$$

式中，γ_{M1}为承载力极限状态杆件抗失稳分项系数，我国规范取值与材料分项系数相同，为1.25。

3 基于简化梁模型的拱桥屈曲设计

3.1 结构介绍

一座钢箱系杆拱计算跨径91m，拱肋矢高18.2m，矢跨比$f/L = 1/5$，布置18根吊杆，间距4.8m。桥跨布置如图1所示。

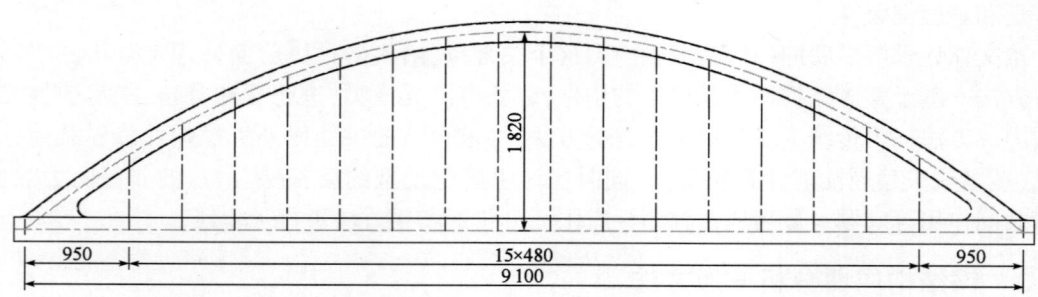

图1 桥跨布置(尺寸单位：cm)

两拱肋中心距离24.8m,中间布置有6个3.5m宽行车道,行车道下为钢横梁+25cm厚混凝土桥面板。钢箱系杆外挑3m的人行道。拱肋典型断面为1.8m×1.6m,壁厚24mm。横断面布置如图2所示。

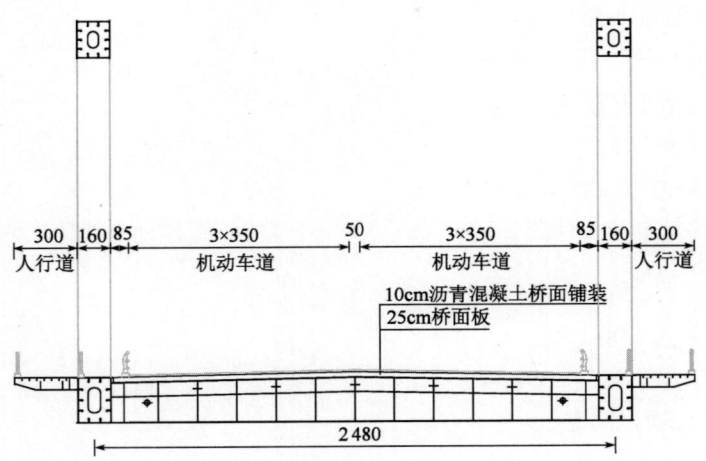

图2 横断面布置(尺寸单位:cm)

3.2 简化梁索单元模型

采用图3所示的简化的有限元模型,拱肋、系杆采用梁单元,吊杆采用索单元,在此基础上进行弹性稳定性分析,计算拱桥的屈曲强度。弹性屈曲模态及稳定系数见表1。

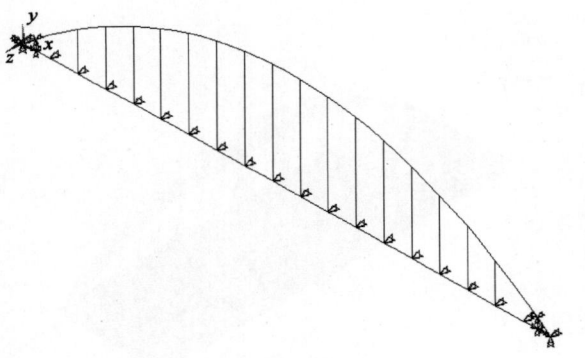

图3 简化梁模型

弹性屈曲模态及稳定系数 表1

阶数	失稳模态	稳定系数
一阶		7.449
二阶		9.074

不管是本文中的钢横梁+混凝土桥面板组合而成的桥面系,还是钢横梁+正交异性板的桥面系或者是正交异性板箱梁,桥面系均能提供巨大的横向抗弯刚度,限制了系杆的横向位移,并与端横梁一起限制拱脚处顺桥向扭转。因此,本模型对系杆的横桥向和拱脚的扭转施加约束。荷载按照恒载+活载基本组合施加。

单榀拱肋一阶模态为面外失稳模态,为看起来像个半波正弦曲线,因此常常被错误判读。实际上是其模态更接近超过一个完整周期的余弦曲线,有效压杆长度不到1/2L。本例中恒载+活载基本组合拱顶内力 N_d = 15 620.4kN, M_y = 2 221.6kN ; M_z = 412.7kN(风载按照1.25kN/m沿拱肋施加),弹性临界轴向力为:

$$N_{cr} = 15\ 620.4 \times 7.449 = 116\ 356 (kN)$$

$$\lambda = \sqrt{\frac{A \cdot f_y}{N_{cr}}} = \sqrt{\frac{0.191\ 6 \times 345\ 000}{116\ 356}} = 0.754$$

$$\phi = 0.5[1 + \alpha(\lambda - 0.2) + \lambda^2] = 0.878$$

$$\chi = \frac{1}{\phi + \sqrt{\phi^2 + \lambda^2}} = 0.491$$

$$\chi N_{Rd} = \chi \frac{A \cdot f_y}{\gamma_{M1}} = 25\ 965 (kN)$$

$$\frac{\gamma_0 N_d}{\chi N_{Rd}} = 0.662 < 1, 通过验算。$$

3.3 全桥模型的验证

为了验证3.2节中简化模型中对系杆的横桥向和拱脚的顺桥向扭转施加约束的合理性,建立了全桥的梁板模型,横梁采用梁单元,混凝土桥面板采用板壳单元,其他与简化模型相同。考虑到混凝土桥面板受拉开裂,参考欧洲钢混组合梁规范,将其顺桥向的弹性模量折减为8%。全桥模型一阶弹性屈曲模态及稳定系数如图4所示。

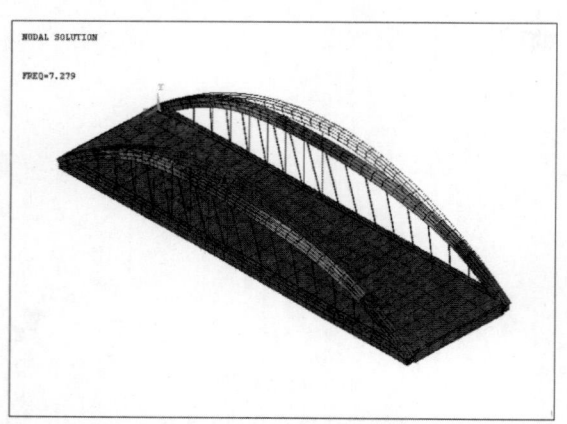

图4 全桥模型一阶弹性屈曲模态及稳定系数

虽然全桥模型中混凝土桥面板等参与了整体结构受力,对拱肋轴向力、失稳模态、稳定系数有所影响,但其计算结果与简化模型基本一致,拱肋临界荷载为 N_{cr} = 15 723.6×7.279 = 114 452(kN),与简化模型仅相差-1.7%。因此,简化模型采用的约束的合理的。

3.4 非保向力的作用

非保向力表现为拱肋发生横向位移后,吊杆力的水平分力对拱肋面外失稳起扶正作用。因此,在弹性稳定分析时,可在拱肋的吊杆位置增加一个水平弹簧来模拟其作用。弹簧刚度为 $K_s = F/h$,式中,F 为吊杆拉力;h 为吊杆长度。

若吊杆力取恒载作用下拉力,拱肋弹性临界力为 N_{cr} = 15 620.4×8.072 = 126 087.9(kN)。

弹簧刚度是随吊杆拉力增加而增大的,当施加荷载的达到基本荷载组合2.5倍时,弹簧刚度增加了约3.8倍,这时拱肋弹性临界力为N_{cr} = 15 620.4×9.553 = 149 221.7(kN)。即采用水平弹簧来模拟非保向力作用,弹性临界力提高28.2%,承载力可提高10.5%。

3.5 压弯共同作用下的稳定分析

由于系杆拱整体表现为拱肋受压,系杆受拉,拱肋截面的面外面内弯矩均比较小,而且拱肋面内稳定性较好,拱肋为箱形断面,弯扭稳定性也较好,文献[3]和[4]等均按照轴心受压构件稳定进行分析。根据公路钢桥规范,压弯构件整体稳定按照下式计算:

$$\gamma_0\left[\frac{N_d}{\chi_z N_{Rd}}+\beta_{m,y}\frac{M_y+N_d\cdot e_z}{\chi_{LT,y}M_{Rd,y}\left(1-\frac{N_d}{N_{cr,y}}\right)}+\beta_{m,z}\frac{M_z+N_d\cdot e_y}{M_{Rd,z}\left(1-\frac{N_d}{N_{cr,z}}\right)}\right]\leq 1$$

根据3.2节和3.3节的弹性稳定分析,前30阶的拱肋都没出现弯扭失稳的模态,因此,$\chi_{LT,y}$ = 1.0,取跨中拱肋断面的弯矩作为典型断面弯矩,β_m = 1.0,则拱肋压弯验算公式退化为接近轴向受压构件的验算公式形式,只是弯矩项增加了放大系数$1/\left(1-\frac{N_d}{N_{cr,y}}\right)$。

本例中:

$$\frac{\gamma_0 N_d}{\chi_z N_{Rd}} = 0.662$$

$$\left(1-\frac{N_d}{N_{cr,y}}\right) = (1-1/33.641) = 0.970$$

$$\gamma_0\beta_{m,y}\frac{M_y+N_d\cdot e_z}{\chi_{LT,y}M_{Rd,y}\left(1-\frac{N_d}{N_{cr,y}}\right)} = 1.1\times 1.0\times\frac{2\ 221.6+0}{1.0\times 34\ 216\times 0.970} = 0.074$$

$$\left(1-\frac{N_d}{N_{cr,z}}\right) = \left(1-\frac{1}{7.449}\right) = 0.866$$

$$\gamma_0\beta_{m,z}\frac{M_z+N_d\cdot e_y}{M_{Rd,z}\left(1-\frac{N_d}{N_{cr,z}}\right)} = 1.1\times 1.0\times\frac{412.7+0}{33\ 202\times 0.866} = 0.016$$

$$\gamma_0\left[\frac{N_d}{\chi_z N_{Rd}}+\beta_{m,y}\frac{M_y+N_d\cdot e_z}{\chi_{LT,y}M_{Rd,y}\left(1-\frac{N_d}{N_{cr,y}}\right)}+\beta_{m,z}\frac{M_z+N_d\cdot e_y}{M_{Rd,z}\left(1-\frac{N_d}{N_{cr,z}}\right)}\right] = 0.752\leq 1$$

从计算结果可以看出,弯矩项占12%,占比较小,这个值与考虑非保向力后的承载力提高值相当。

4 基于屈曲长度系数的拱桥屈曲计算

在计算机使用普遍的今天,应用有限元法去获得这样一个稳定问题的数值解,困难不大。但解析形式对于设计者来说更简捷、方便。

平面外弹性屈曲载荷可用推力H_{cr}表示,取决于拱的矢跨比f/L、拱肋截面的横向抗弯刚度EI_z和拱肋截面的St Venant扭转刚度GJ。不考虑非吊杆非保向力的作用,文献[5]给出了平面外弹性屈曲载荷公式:

$$H_{cr} = \frac{EI_z}{L^2} \frac{k_1}{1+k_2\gamma}$$

式中，$\gamma = \frac{EI_z}{GJ}$；k_1 和 k_2 是取决于矢跨比的常数（表 2）。

常数 k_1 和 k_2　　　　　　　　　　　　　　　表 2

f/L	0.16	0.24
k_1	81.92	67.92
k_2	0.0264	0.053

对于单榀拱肋的系杆拱，为了提高稳定性（H_{cr}），提高拱桥截面的外弯曲刚度 EI_z 和抗扭刚度 GJ 非常重要。当拱截面（如箱形截面）的扭转刚度较大时，其稳定性对矢跨比的依赖性不大，当矢跨比 $f/L = 0.16 \sim 0.24$ 时，屈曲长度 $L_e = (0.35 \sim 0.40)L$。

本例中：$L=91\text{m}$，$f/L=1/5$，$k_1=74.9$，$k_2=0.0397$，$GJ=8912\text{MN}\cdot\text{m}^2$，$EI_z=15398\text{MN}\cdot\text{m}^2$，$\gamma = \frac{EI_z}{GJ} = 1.728$，$H_{cr} = \frac{EI_z}{L^2}\frac{k_1}{1+k_2\gamma} = 130.4\text{MN}$，$\chi=0.515$，$\frac{\gamma_0 N_d}{\chi N_{Rd}} = 0.631$。其余计算内容与基于简化有限元模型流程相同，这里就不列出。

可以看出，解析式计算结果与有限元模型结果比较接近，承载力相差 +4.9%。

5 弹塑性有限元分析

弹塑性有限元分析基本模型及约束条件同 3.3 节全桥模型。拱肋初始缺陷按照弹性一阶面外失稳模态取，拱顶处 $L/500=18.2\text{cm}$。拱肋钢材的本构关系按照二折线模型，$E_1=2.0\times10^8\text{kN/m}^2$，$f_y=345\text{MPa}$，$E_2=0$。荷载按照基本组合等比例放大，分析中打开大位移选项，求解桥拱肋的极限承载力。随着荷载的施加，竖向位移线性增加；横向位移在 2.5 倍荷载基本组合前几乎是线性增加，在这之后表现出非线性特征（图 5）。在 3.09 倍时，竖向位移 28.7cm，横向位移 45.7cm。若把位移曲线出现明显弯曲处（对应 2.8 倍荷载）作为极限承载力值，即 $\chi N_{Rd} = \frac{43794.2}{1.25} = 35035.4(\text{kN})$，则 $\frac{\gamma_0 N_d}{\chi N_{Rd}} = \frac{1.1\times15620.4}{35035.4} = 0.490 < 1$。

可以看出，按照弹塑性有限元法分析，极限承载力要大于实用计算方法值，说明实用计算方法是安全可靠的。

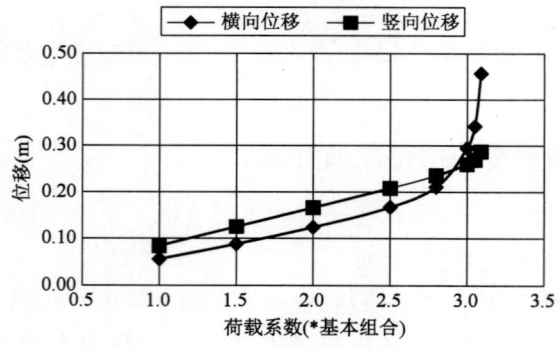

图 5　拱顶位移随荷载变化曲线

6 结语

本文总结出适应我国公路钢桥规范的拱肋面外稳定计算的两种实用方法。第一种方法采用一个简单的有限元模型确定弹性屈曲力,然后计算出拱肋承载力,计算可以考虑实际结构形式和详细的参数,结果要更为准确,而且通用性强。第二种方法通过选择合适的拱肋屈曲长度公式,确定弹性屈曲力,不需要进行有限元分析,计算方法直接和简单。运用弹塑性有限元法进行分析,验证了实用计算方法是安全可靠性。

参 考 文 献

[1] 中华人民共和国交通运输部.公路钢结构桥梁设计规范:JTG D64—2015[S].北京:人民交通出版社股份有限公司,2015.

[2] EN 1993-2. Eurocode 3-Design of steel structures-Part 2: Steel Bridges [S]. Brussels: CEN,2006.

[3] 金成棣,陈宁.安静洁.改善拱肋面外稳定性的单榀系杆拱桥稳定性分析[J].城市道桥与防洪,2019(11):138-141,147,17.

[4] 杜国华,毛昌时.敞开式系杆拱桥面外稳定实用计算方法[J].重庆交通学院学报,1989(2):54-67,88.

[5] C.R.C.of Japan.Handbook of Structural Stability[M].Tokyo:Corona Publishing Company,1971.

128. 大跨度高 HD 值管桥结构优化分析

祁勇峰　龚亚琦

(长江水利委员会长江科学院材料与结构研究所)

摘　要：引水式大跨度管桥因其跨越能力大、整体性强且能适应复杂多变的地形而应用日益广泛,但是高水头、大流量输水流量设计使得其 HD 值过高,对温度荷载、风荷载及结构自身的变形更为敏感,结构强度和稳定性问题尤为突出,且管桥设计目前尚无成熟的经验和规范指导。结合严寒地区大跨度 KLH 管桥在建工程,通过建立三维整体有限元模型,基于关键部位参数的敏感性分析,对设计荷载作用下的管桥受力特性进行研究。研究表明,钢管、桥墩受力状态良好,支承环、伸缩节的变位满足设计要求,支承环根部以及桥墩联系梁为刚度薄弱部位,设计中应予以重视;研究成果可为类似工程的设计和管桥类规范的制定提供参考。

关键词：管桥　HD 值　有限元　强度　敏感性分析

1　引言

随着大型长距离、跨流域、跨地区的输调水工程的兴建,管桥作为压力管道和桥梁组合的一种新型跨河输水建筑物得以广泛应用[1-2]。管桥虽然借鉴于普通桥梁,但实际上管桥与一般桥梁的结构受力还是存在差异的,一般的公路桥梁上部主要是承受车载,而引水式管桥上部主要是承受水荷载,HD 值(H 为水头,D 为压力钢管直径)往往较高,其荷载大小甚至是一般桥梁的很多倍,同时水体和压力钢管之间的相互作用影响也不可忽略,这种"头重脚轻"的特性是管桥区别于一般公路桥梁的最主要特点。与常规桥梁相比,尤其是大跨度、高 HD 值管桥对温度荷载、风荷载、地震作用及结构自身的变形更为敏感,其强度和稳定性要求更高,因此,要保证上部管道与下部桥梁之间的协调变形以及管桥整体稳定性,钢管自身、下部支承结构如支承环、桥墩的强度甚至管桥跨度的合理设置成为管桥设计的重难点[3]。

目前,管桥设计尚无成熟的经验和完善的理论指导,同时《水利水电工程压力钢管设计规范》(SL/T 281—2020)对管桥结构尚无具体规定和要求,现阶段管桥设计只能对输水管道和托管桥分别依据上述钢管设计规范和《公路桥涵设计规范》(JTG D60—2015),究其原因,主要是由于管桥结构的相关研究还不够深入,对输水压力管道与下部桥梁之间的变形协调机制的认识还有待加强[4-5]。因此,结合新疆 KLH 大跨度、高 HD 值管桥结构工程建设实际,通过三

基金项目:国家自然科学基金项目(52009011);湖北省自然科学基金(2021CFB154)。

维有限元计算对比分析,对设计荷载作用下的管桥受力特性进行研究,合理确定管桥结构的跨度,明确支承环间距及厚度、钢管壁厚,控制管道两端伸缩节以及管道与下部结构之间的相对变形,为 KLH 管桥的结构形式优化提供技术支撑。研究成果可为大跨度管桥结构特性的深入研究提供思路,也可为管桥类规范的制定提供借鉴。

2 工程概况与数值模型

新疆 XSDYEQ 工程等别为 I 等大(1)型工程,其主要输水建筑物 KLH 管桥为 1 级建筑物,管桥上部布置明钢管输水,明钢管总长 220m,下部采用桥梁支撑即采用盖梁及两根墩柱框架的支撑形式,基础采用灌注桩。钢管内径 3.6m,钢管两端分别伸入左、右岸桥台,左右岸近桥台处设置伸缩节(左、右岸伸缩节距钢管两端桥台约 9m)以适应钢管变形,钢管通过支承环固结支承并传力于下部盖梁上。

计算模型如图1、图2所示,整个模型划分单元 114 668 个,节点总数 148 460 个。混凝土及基岩采用 8 节点六面体单元,钢管采用四边形壳单元。基岩模拟范围:桥梁左右岸方向各取 300m(约 1.5 倍桥长)范围。基岩底部全约束,上下游及左、右侧面为法向约束。

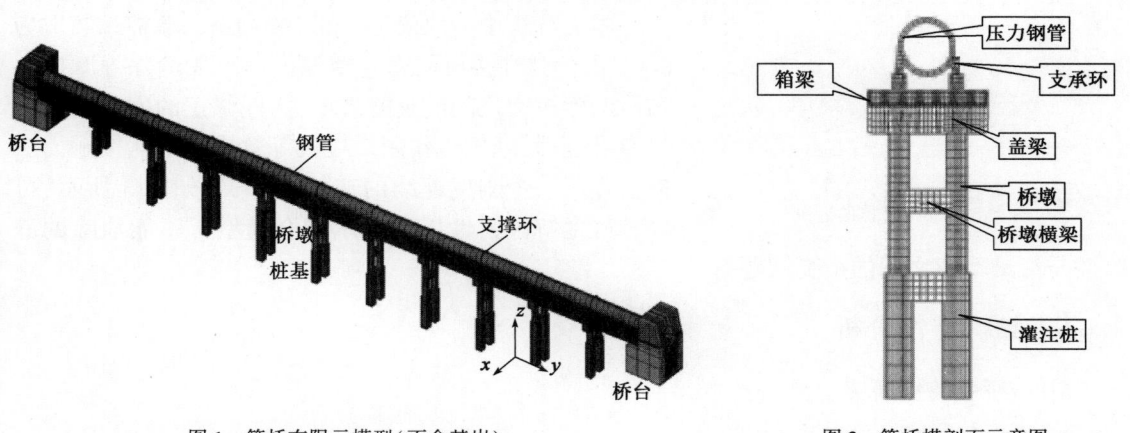

图 1 管桥有限元模型(不含基岩)　　　　图 2 管桥横剖面示意图

3 材料参数

混凝土:箱梁以及上部混凝土为 C40 混凝土,弹模取 32.5GPa;盖梁以及墩柱为 C30 钢筋混凝土,弹模取 30GPa,重度均为 25kN/m³。

钢管及支承环:弹模取 210GPa,重度为 78.5kN/m³,泊松比为 0.3,其中钢管厚度初拟为 22mm,支承环厚度初拟为 30mm,线膨胀系数为 $1.2\times10^{-5}/℃$。

基岩:分为两类,河床表层为砂砾石,平均层厚为 2~5m,下部为花岗岩。花岗岩弹模为 33GPa,泊松比为 0.25;砂砾石变模为 25MPa,重度为 20.4kN/m³。

4 荷载

考虑结构自重、桥面汽车荷、风载、雪荷载、温度荷载(桥墩及以上结构温降 48℃)、钢管内水压(60m 水头,HD 值为 216m),按照管桥实际施工过程分步加载。

5 支承环接触模拟

支承环滑动支座的设置是管桥设计的关键点之一,支承环支座与下部支墩之间一般设有板式或盆式橡胶支座保证接触传力,通常的计算模拟分析中一般将支承环支座作为简支处理[6]。针对管桥这种复杂的空间三维结构,这种处理方法不能真实反映支承环支座与下部结构的传力机制。实际工程中,支承环支座与下部结构之间的接触一般为摩擦滑动接触,两者之间可以产生剪切相对滑动,其摩擦作用接触面可以传递压力及剪力,不传递拉力。因此,本文考虑采用修正的滑动库仑摩擦模型[7][式(1)],来模拟支承环支座与下部结构之间的接触传力问题。

$$\sigma_f = -\mu\sigma_n \frac{2}{\pi}\arctan\left(\frac{v_r}{r_v}\right)t \tag{1}$$

式中:σ_f——切线摩擦力;
σ_n——接触面法向应力;
μ——摩擦系数;
t——相对晃动速度方向上的切线单位矢量;
v_r——接触体之间的相对滑动速度;
r_v——发生滑动时接触体之间的临界相对速度。

本文分析中 r_v 取值为 v_r 的 1%~10%,摩擦系数取为 0.1。由于弹性接触的库仑摩擦模型不能消除静摩擦力与滑动摩擦力之间的突变现象,因此修正的库仑模型经平滑处理后,摩擦力作用效应就等效成在节点接触面法向上作用一个刚度连续的非线性弹簧,如图 3 所示,可以较好地解决弹性接触摩尔库仑模型所不能消除的静

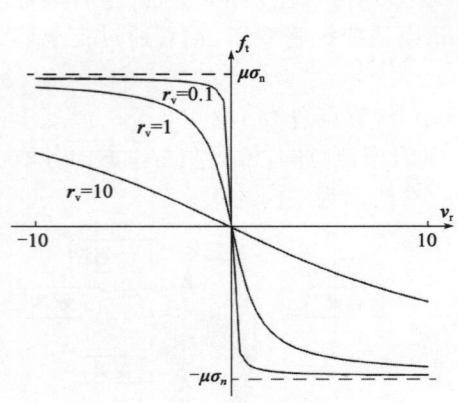

图 3 黏-滑摩擦的近似

摩擦与滑动摩擦之间的突变问题。

6 结构特性分析

6.1 桥墩跨度研究

6.1.1 支承环应力对比

表 1 为不同跨度情况下,支承环取为不同厚度时的等效应力对比。图 4、图 5 为不同厚度情况下支承环应力分布。钢管等效应力根据第四强度理论公式[8]计算。

$$\sqrt{\sigma_\theta^2+\sigma_x^2+\sigma_r^2-\sigma_\theta\sigma_x-\sigma_\theta\sigma_r-\sigma_r\sigma_x+3(\tau_{\theta x}^2+\tau_{\theta r}^2+\tau_{xr}^2)} \leqslant \varphi[\sigma] \tag{2}$$

式中:σ_x、σ_θ、σ_r——轴向、环向、径向正应力,以拉为正;
$\tau_{\theta x}$、$\tau_{\theta r}$、τ_{xr}——剪应力;
φ——焊缝系数;
$[\sigma]$——容许应力。

不同跨度支承环等效应力对比　　　　表1

跨度(mm)	厚度(mm)	等效应力(MPa)	允许应力(MPa)
20	30	167.0	196.0
	40	135.8	
30	30	343.7	
	50	193.1	

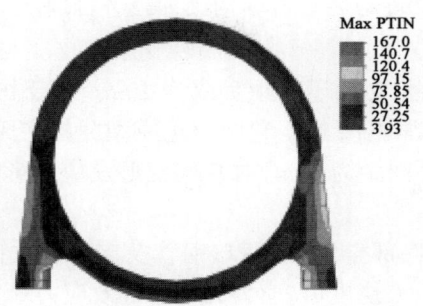
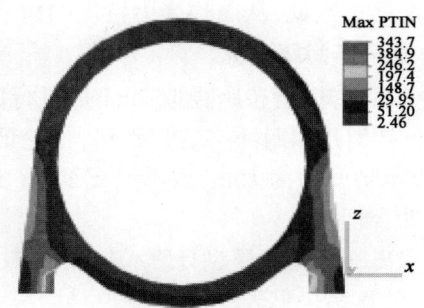

图4 20m跨度支承环应力分布(厚度30mm)　　　图5 30m跨度支承环应力分布(厚度30mm)

根据规范[8]，支承环、明钢管的允许应力分别为 $0.67\sigma_s$、$0.55\sigma_s$，σ_s 为钢材的屈服强度，根据规范 Q345 钢材取为 325MPa，焊缝系数取为 0.9。

由图表可知，30m 跨度情况下，同等厚度的支承环应力大于 20m 跨度，最大应力均位于支承环根部，且 20m 跨度的支承环厚度取为 30mm，而 30m 跨度的支承环厚度要取为 50mm，其等效应力才勉强小于钢材的允许应力。

6.1.2 桥墩应力对比

表2给出了不同跨度情况下桥墩及盖梁应力，30m 跨度桥墩应力分布如图6所示。由图表可知，30m 跨度桥墩拉应力，30m 跨度普遍大于 20m 跨度，其中横桥向最大拉应力分别为 2.5MPa、1.6MPa，均出现在桥墩联系梁，因此桥墩横向联系梁为下部结构薄弱部位，应加强配筋。

不同跨度典型桥墩部及盖梁位最大拉应力　　　　　　　　　　　　　　　　表2

跨度(m)	桥墩			
	横桥向	出现部位	顺桥向	出现部位
20	1.6MPa	桥墩联系梁底	1.5MPa	盖梁变截面处
30	2.5MPa	桥墩联系梁底	3.0MPa	盖梁变截面处

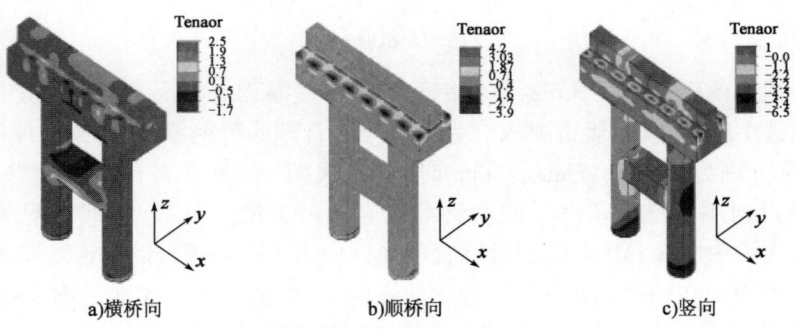

a)横桥向　　　　　b)顺桥向　　　　　c)竖向

图6 30m 跨度盖梁及桥墩应力(正常温降工况，单位：MPa)

6.1.3 小结

总体来讲，30m 跨度结构整体应力分布和 20m 跨度结构大体相同，混凝土结构拉应力及钢材等效应力比 20m 跨度管桥结构有所增加，增幅多在 50% 以内。对细部结构强度的要求，30m 跨度结构要严于 20m 跨度，其中，支承环的厚度要增加，需从 30mm 至少增加为 50mm；桥墩混凝土最大拉应力从 1.6MPa 增加为 2.5MPa，混凝土有开裂的风险，需要提高桥墩混凝土强度或加强配筋。因此，从结构受力特性的角度讲，20m跨度管桥结构更为经济合理。

6.2 支承环间距研究

以上分析可知，管桥跨径取20m是可行的，因此支承环间距宜取为20m。由于国内采用20m跨度的明管道设计不多，进行可行性论证是非常必要的。利用简化模型分析在跨中设置支承环(支承环间距为10m)或不设支承环(支承环间距为20m)对结构变形及应力影响，以确定支承环的合理间距。

首先取出一跨简化模型计算，其中，桥墩基础底部全约束，两端钢管及支承环法向(顺桥向)约束。计算结果见表3，表中的位移为跨中的最大挠度值，应力为钢管等效应力最大值。

钢管以及混凝土梁最大竖向位移及钢管等效应力最大值　　　　表3

支承环间距(m)	混凝土梁		钢管		支承环
	竖向位移(mm)	梁向应力(MPa)	竖向位移(mm)	应力(MPa)	应力(MPa)
20	4.7	2.5	2.3	44.2	86.2
10	5.8	3.5	2.0	41.6	77.8

由表可知，当支承环间距从20m减小为10m时，对钢管而言，钢管竖向变形及等效应力都略有减小，没有超过钢管的允许挠度50mm($l/400$，l为计算钢管跨度，取20m)及允许应力，其中竖向位移从2.3mm减小为2.0mm，钢管应力从44.2MPa减小至41.6MPa，应力仅减小了约6%，支承环应力从86.2MPa减小至77.8MPa，支承环应力仅减小了约10%。以上分析表明，跨中加设支承环后的效果并不明显，压力管道的应力和挠度没有明显的降低。对混凝土箱梁而言，箱梁的竖向变形及梁向拉应力均有所增加，竖向位移从4.7mm增加为5.8mm，拉应力从2.5MPa增加至3.5MPa，应力增幅约为40%。以上表明，在跨中加设支承环后，箱梁梁向拉应力却增加了1.0MPa，大大增加了混凝土梁开裂的风险。

综合以上分析可知，支承环间距取为20m是相对比较合理的。

6.3 钢管厚度敏感性分析

根据《水利水电工程压力钢管设计规范》(SL/T 281—2020)，钢管的最小壁厚(mm)应满足以下公式：

$$t \geq D/800 + 4 \tag{3}$$

根据设计拟定的钢管直径3.6m，得到钢管的最小壁厚为8.5mm。设计拟定的钢管壁厚为22mm，大于其最小厚度，满足规范要求。为获得经济合理的管壁厚度，对钢管厚度进行敏感性分析，考虑厚度分别为10mm、15mm、22mm时，根据式(1)计算并对比分析钢管的应力。表4为管桥20m跨度时不同壁厚条件下的钢管等效应力最大值。可知，当钢管壁厚为10mm时，钢管最大等效应力为212.7MPa，已超过钢管的允许应力161.0MPa；当钢管壁厚为15mm时，钢管最大等效应力为150.1MPa，虽小于钢管的允许应力，但钢管强度的富余不大；而钢管壁厚为22mm时，钢管最大等效应力为104.0MPa，远小于钢管的允许应力。

钢管不同壁厚的等效应力最大值　　　　表4

壁厚(mm)	允许应力(MPa)	第四强度理论(MPa)
10		212.7
15	161	150.1
22		104.0

以上分析表明,设计拟定的钢管壁厚为22mm是相对合适的,并满足规范要求。

6.4 支承环及伸缩节相对变位

在温度荷载作用下,管道变形将引起支承环所在的滑动支座发生滑动以及伸缩节产生相对变形,滑动支座、伸缩节部位的最大相对位移见表5。

支承环滑动支座位移(单位:mm)　　表5

工况	滑动支座		伸缩节	
	边跨	中跨	左岸	右岸
横桥向	11.5	0.1	11.3	11.7
顺桥向	21.8	0.1	69.4	70.2

在温度荷载作用下,钢管的横向变形导致滑动支座的水平向变位,位于边跨部位的滑动支座变位相对较大,滑动支座的横桥向、顺桥向相对最大位移分别为11.5mm、21.8mm,位于中跨部位的滑动支座相对变位相对较小,不超过0.1mm。左岸伸缩节横桥向、顺桥向的相对位移分别为11.3mm、69.4mm,右岸伸缩节横桥向、顺桥向相对位移分别为11.7mm、70.2mm,伸缩节变位小于设计要求的顺桥向≤±120mm以及横桥向≤±50mm。

7 结语

本文以KLH输调水工程管桥结构为研究对象,围绕管桥结构构件参数优化方法进行研究。对大跨度梁式管桥结构在风载、温度作用、施工工序等作用下的结构响应特性进行了全面研究,主要结论如下:

(1)KLH工程采用20m跨度的梁式管桥体型是合适的,这也是目前国内引水梁式管桥所采用的最大跨径,超过20m的跨径虽然在结构分析上可行,但增加了建造成本,如钢材厚度的大幅增加、混凝土强度的提高,也增加了混凝土开裂风险。基于构件参数的敏感性分析,对20m跨径管桥构件如支承环的厚度、间距、钢管的壁厚、伸缩节以及支承环支座的相对变形进行了验证,研究表明管桥各构件设计参数基本满足相关规范要求。

(2)随着远距离跨流域输调水工程的大规模兴建,管桥结构将会朝着高大跨度、大管径、高水头持续发展,管桥设计将面临更多的难点和挑战,也亟须制定相应的管桥规范来指导。本文结合工程实例,给出了一种比较科学的管桥结构优化分析方法,可为相似工程优化设计评价提供参考。

参 考 文 献

[1] 赵永全.大跨度输水管道钢管桁架管桥设计选型与优化[J].特种结构,2019,36(3):79-83.

[2] 何明梅.悬索管桥在输水工程中的应用[J].水利科技与经济,2020,26(3):31-33.

[3] 郭春雷,陈端,孙建勋.大跨度悬索管桥在引水工程中的应用[J].水利水电工程设计,2018,37(1):27-29.

[4] 邱忠华.大跨度管桥变形计算与安全测试[D].青岛:中国石油大学(华东),2018.

[5] 马震岳,王银志,宋宏伟.水电站管桥结构分析与布置优化研究[J].水利水电技术,2004(8):59-61.

[6] 詹胜文,李国辉.管道悬索管桥有限元计算时应注意的几个问题[J].工程建设与设计,2008(12):103-104.
[7] 陈火红.新编 Marc 有限元实例教程[M].北京:机械工业出版社,2007.
[8] 中华人民共和国水利部.水利水电工程压力钢管设计规范:SL/T 281—2020[S].北京:中国水利水电出版社,2020.

129.悬索桥索夹与主缆紧固作用的数值仿真分析及抗滑计算

苗如松[1]　王忠彬[2]　沈锐利[3]　毛德均[4]

(1.云南大学建筑与规划学院；2.中铁大桥勘测设计院集团有限公司；
3.西南交通大学土木工程学院；4.昆明学院建筑工程学院)

摘　要：为研究悬索桥索夹与主缆紧固作用和主缆内部压力分布的机理规律及索夹抗滑计算方法，本文以江苏省龙潭长江公路大桥为主要背景，通过有限元仿真，分析了索夹螺栓预紧力、吊索拉力作用下销接式索夹与主缆表面接触应力、相对滑移量的分布和变化规律，主缆内部压力的分布和变化规律；对比分析了考虑吊索力不利影响的销接式索夹抗滑计算方法和现行悬索桥设计规范方法对抗滑安全系数计算结果的差异。研究结果表明：吊索拉力变化将导致索夹与主缆接触力及主缆内部压力变化，考虑吊索力增加对销接式索夹接触力的减小效应后，其抗滑安全系数计算结果将小于规范方法计算结果。

关键词：悬索桥　主缆索夹　应力分析　抗滑摩阻力　有限元分析

1　引言

悬索桥、建筑预应力弦支结构的预应力拉索需要借助专门设计的夹具在局部位置进行紧固，同时夹具还需要与传力构件吊索进行可靠的连接，以保证结构稳定[1-3]。悬索桥索夹由两个半块索夹体对合组成，由两列平行布置的高强预应力螺栓副紧固于主缆，在螺栓预紧力作用下，索夹对主缆产生巨大的箍筋作用，索夹与主缆表面产生抗滑摩阻力，从而倾斜的索夹能够承受竖直方向的吊索拉力荷载。《公路悬索桥设计规范》(JTG/T D65-05—2015)[4]给出了基于经典库伦摩擦定律的索夹抗滑承载力计算方法，并规定了不小于3.0的抗滑安全系数，用于保证索夹具有足够的抗滑承载力安全储备。然而规范方法对索夹与主缆间接触力的计算建立在线弹性力学和小变形等基本假定之上，与实际情形并非完全一致[5]。当前运营中的悬索桥出现吊索索夹滑移的案例报道数见不鲜，有些滑移距离可达到3cm，给结构安全带来隐患[6-7]，因此，对索夹与主缆紧固作用及抗滑承载力的进一步研究具有重要的意义。

为了检验悬索桥吊索索夹的抗滑能力，国内学者和工程师们进行了一系列的足尺索夹模

基金项目：江苏省交通运输科项目(2019H0377)。

型顶推试验[8-9],该类型试验测试得到索夹与主缆间的摩擦系数实际上仅为特定受力条件下的一种名义摩擦系数,并不能完全反映索夹主缆节点的真实受力情况,且试验的材料和设备成本较高。为了提高索夹抗滑设计水平和可靠性,特别是保证重载、大跨悬索桥索夹的抗滑承载力,提高结构安全可靠性,主缆索夹节点的受力特性受到关注[10],有限元数值仿真成为研究该类问题的重要工具。由于新型悬索桥主缆除湿系统的出现,涉及主缆内部送气管道的抗压设计,索夹节点部位主缆内部钢丝间挤压力大小和分部问题也成为一项新颖的议题[11]。

本文以江苏省龙潭长江公路大桥为主要背景,采用ANSYS软件建立了索夹与主缆紧固作用分析有限元模型,研究吊索力加载条件下索夹与主缆间接触作用和主缆内部压力的机理和规律,采用考虑吊索力作用和索夹结构形式的新型索夹抗滑计算方法对销接式索夹进行抗滑设计,并与现行规范设计结果进行对比分析,以揭示吊索力作用、索夹结构形式对索夹抗滑承载力的重要影响。

2 工程背景

江苏省龙潭长江公路大桥(简称龙潭桥)采用单跨钢箱梁悬索桥方案,主桥长约2 687m,主跨1 560m,单跨悬吊,主缆跨径布置为615m+1 560m+552m,两岸锚碇均为重力式结构,立面布置如图1所以。大桥采用上下对合销接式索夹,下半索夹耳板设两个销孔(用于和双肢吊索销接),索夹采用ZG20Mn钢铸造。由于位于桥塔附近的SJI索夹的安装倾角、吊点拉力最大,因此,以SJ1索夹作为数值仿真研究对象,SJ1索夹长度为1.6m,内孔径(内孔直径)为0.84m,安装倾角为23.5°,由16根M48高强度螺栓紧固,设计预拉力为540kN,设计最大吊索拉力为2 670kN。图2所示为SJ1索夹三维造型。

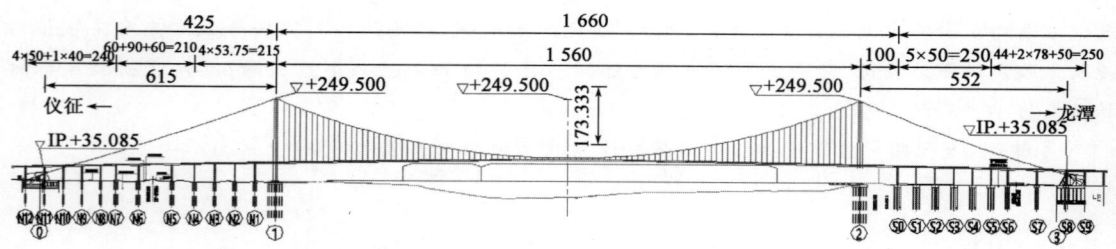

图1 龙潭长江大桥立面布置图(尺寸单位:m;高程单位:m)

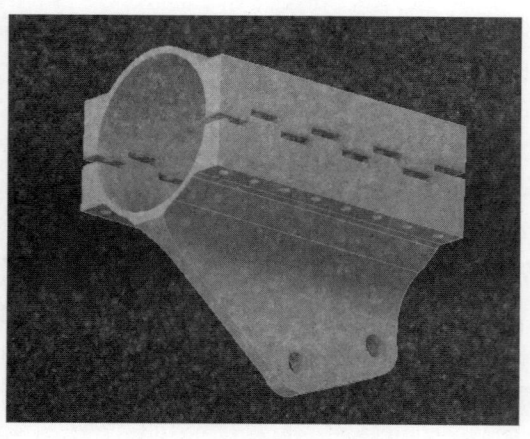

图2 龙潭桥SJ1索夹三维造型

3 有限元模型

采用 ANSYS 软件建立如图 3 所示的索夹与主缆紧固作用分析有限元模型,模型包括 1 个主缆节段、索夹及其螺栓副。索夹采用 Solid187 单元模拟,螺杆采用 Beam188 单元模拟,分别选择螺杆梁单元端部节点和索夹连接耳承压表面节点作为主、从节点,利用 CERIG 命令生成局部刚域,使螺杆预紧力能够以压力形式传递到索夹上。主缆节段采用正六面体 Solid45 单元模拟。采用 Cont174 和 Targe170 单元建立主缆与索夹孔内表面之间的标准面面接触关系,摩擦系数采用 0.15。采用预紧单元 Prets179 在各螺杆梁单元中间位置生成预紧截面,通过预紧单元模拟螺杆的紧固力。主缆节段两端面中心位置节点施加固定约束作为模型的边界条件。

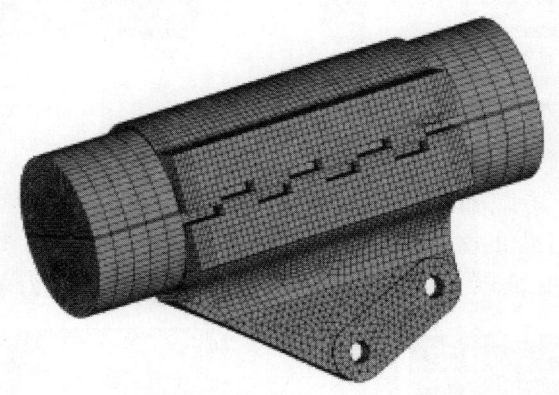

图 3 索夹与主缆紧固作用分析有限元模型

采用相同的建模方法共建立了两种不同尺寸的索夹主缆节点模型:模型一为龙潭桥 SJ1 索夹模型,用于索夹与主缆间接触状态分析;模型二中索夹仍为上下对合销接式索夹,耳板处设两销孔与吊索连接,索夹长度为 2.0m,内孔径为 1.2m,安装倾角为 23°,索夹由 16 根 M52 螺杆紧固,单根螺栓安装预拉力为 1 100kN,模型二用于索夹紧固力和吊索力作用下主缆内部压力分析。

4 索夹与主缆间紧固作用分析

4.1 接触状态分析:基于模型一

为便于叙述,定义以主缆截面圆心为原点的极坐标系,索夹与主缆接触面的圆周角示意如图 4 所示,图中±90°角分别对应主缆顶部和底部位置,0°角对应主缆侧面位置。

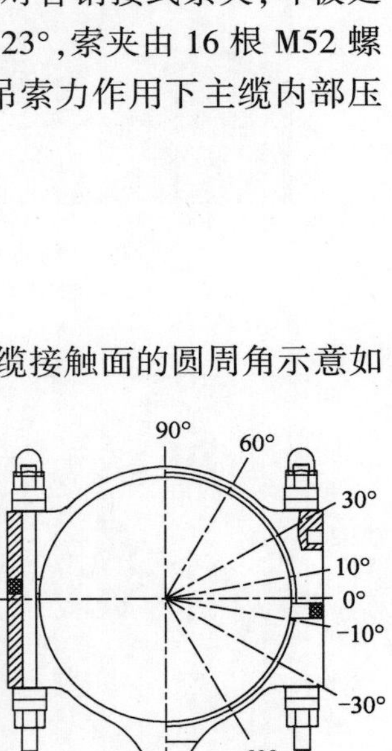

由于对称性,取方位角-90°~90°范围的主缆索夹接触面上的应力和滑移量计算结果进行分析。龙潭桥 SJ1 索夹和主缆表面的压应力如图 5 所示,图 5a)是吊索力为 0,仅有设计螺栓预紧力作用下的分析结果,图 5b)为 6 600kN 吊索力(2.5 倍最大设计吊索力荷载)和设计螺栓预紧力作用下的分析结果。从中可以看出,索夹与主缆表面接触压应力具有一定的不均匀性,主缆侧面位置的压应力高于顶面和底面位置,当增加 2.5 倍最大设计吊索力荷载之后,主缆底部部分区域的压应力减小,甚至出现零压应力。对于销接式索夹结构,吊索拉力直接作用于下半索夹,当吊索拉力过大时,索夹壁

图 4 索夹与主缆接触面的圆周角示意图

的变形可能导致索夹与主缆底部压力降低,甚至出现脱空。

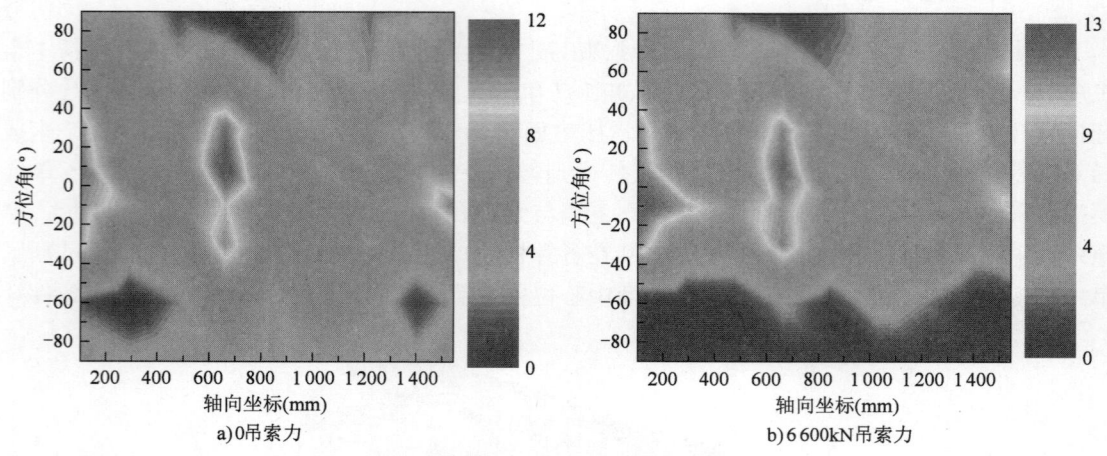

图 5　索夹与主缆间压应力云图(单位:MPa)

索夹与主缆表面沿主缆轴向的摩擦应力如图 6 所示。当吊索力由 2 400kN 增加到 6 600kN 后,上半索夹与主缆的摩擦应力显著增加,而主缆底部区域的摩擦应力有所减小。这表明随着吊索拉力荷载增加,更多下滑力将由上半索夹产生的摩阻力来平衡。

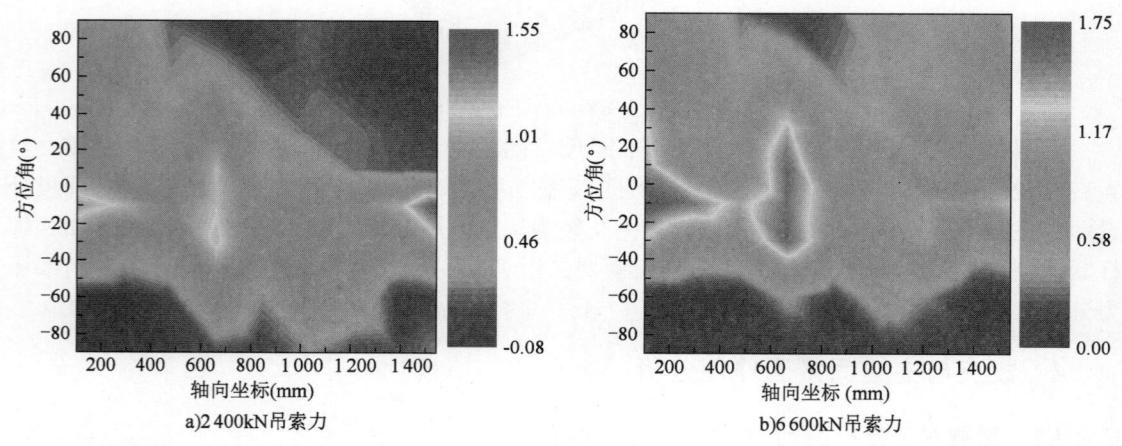

图 6　索夹与主缆间轴向摩擦应力云图(单位:MPa)

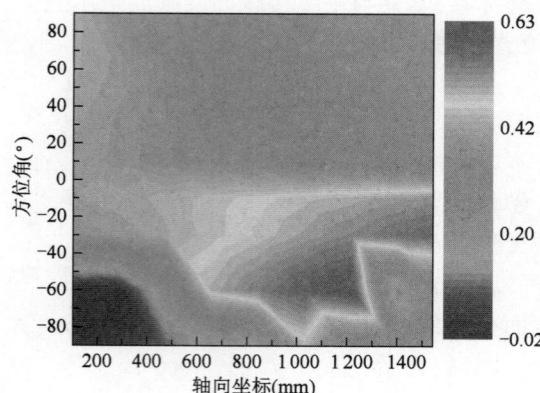

图 7　索夹与主缆间相对滑移量云图(单位:mm)

图 7 为 8 000kN 吊索拉力(3 倍最大设计吊索拉力)作用下索夹与主缆间的相对滑移量,可见大部分区域索夹与主缆间的滑移量在 0.5mm 以内,局部最大值仅为 0.63mm,索夹未出现滑移失效行为,这表明索夹满足 3.0 倍抗滑安全系数要求。

4.2　主缆内部压力分析:基于模型二

基于模型二,计算索夹螺栓预紧力和吊索力作用下主缆内部压应力,提取索夹中间位置主缆横截面径向压应力,绘制应力云图如图 8 所示,当吊索力为 0,仅作用螺栓预紧力时,主缆压应力分布具有中心对称性,随着吊索力增加,下半主缆靠近底部区域的压应力逐渐减小,上半主缆靠近顶部区域的压应力逐渐增加;此外,主缆侧面的压应力较主缆顶部和底部区域的压应力更大。索夹对主缆表面压应力和主缆内部压力的大小分布规律表现一致,这表明索夹对主缆表面的压应力分布规律决定了主缆内部压应力的分布。

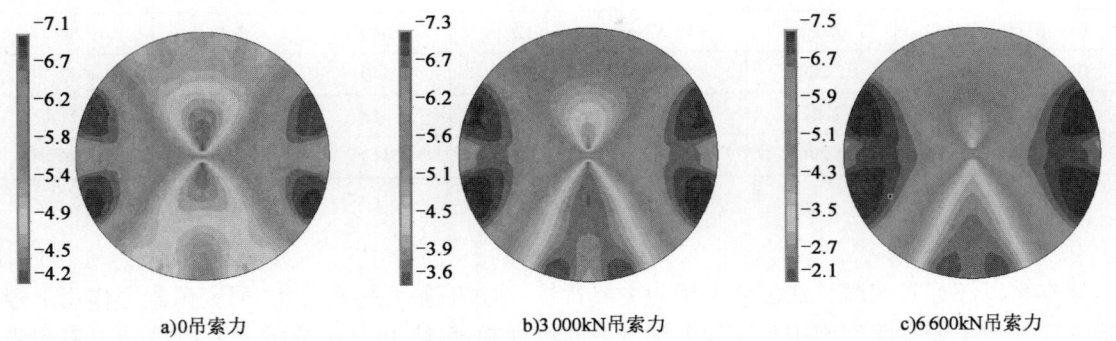

图8 索夹中间位置主缆横截面压应力云图(单位:MPa)

5 龙潭桥索夹抗滑计算

现行公路悬索桥设计规范[4]给出的索夹抗滑安全系数的计算公式为:

$$K_{fc} = \frac{F_{fc}}{N_c} \tag{1}$$

式中:K_{fc}——索夹抗滑安全系数;
  N_c——索夹下滑力;
  F_{fc}——索夹抗滑摩阻力,$F_{fc}=k\mu P_{tot}$;
  k——索夹紧固压力分布不均匀系数,取2.8;
  μ——摩擦系数,取0.15;
  P_{tot}——索夹总螺栓预紧力。

为考虑吊索力作用、索夹结构形式对索夹抗滑承载力的不利影响,文献[5]提出了新的索夹抗滑摩阻力力计算方法,公式为:

$$F_{fr}=\mu_a\left[\frac{2P_{tot}}{\mu_\theta}(1-e^{-\mu_\theta\pi/2})-\frac{(1+\mu_\theta^2)T\cos\varphi}{2\mu_\theta(1+\mu_\theta e^{\mu_\theta\pi/2})}(e^{-\mu_\theta\pi/2}+e^{\mu_\theta\pi/2}-2)\right] \tag{2}$$

式中:F_{fr}——索夹抗滑摩阻力;
  μ_a、μ_θ——索夹与主缆间的轴向摩擦系数和环向摩擦系数;
  T——吊索拉力;
  φ——索夹安装倾角。

以龙潭桥为工程背景,分别采用规范公式和文献[5]公式计算索夹抗滑安全系数,μ_a、μ_θ均按规范取0.15,部分索夹的计算结果见表1,可见考虑到吊索力使下半索夹与主缆间压力减小的效应后,索夹抗滑安全系数会略低于现行规范计算结果。

算例螺栓参数真值 表1

编号	类型	吊索力(kN)	倾角(°)	螺杆数量	设计螺杆预拉力(kN)	抗滑安全系数 文献[5]方法	抗滑安全系数 规范方法
1	SJ1	2 670	−23.569	16	540	3.34	3.40
2	SJ2	2 230	−23.095	14	540	3.57	3.63
10	SJ3	2291	−19.579	12	540	3.47	3.54
18	SJ3	2 289	−15.958	12	540	4.24	4.32
22	SJ4	2291	−14.110	10	413	3.01	3.11
28	SJ4	2 296	−11.298	10	413	3.74	3.86

6 结语

本文以江苏省龙潭长江公路大桥为主要背景,通过有限元仿真分析,研究吊索力作用下销接式索夹与主缆紧固作用用和主缆内部压力的机理和规律,并对比分析了考虑吊索力不利影响和现行规范方法对销接式索夹抗滑安全系数计算结果的差异,主要结论如下:

(1)索夹与主缆表面接触压应力、轴向摩擦剪应力分布具有不均匀性,接触应力随着吊索力的变化而改变,吊索拉力增加将导致销接式索夹的下半索夹与主缆底部接触区域压力减小,甚至出现局部脱空。

(2)索夹与主缆表面的压应力分布决定着主缆内部压力分布,主缆侧面区域的内部压应力大于主缆顶部和底部区域的压应力,吊索拉力增加将引起主缆底部区域内部压应力减小,原因是该位置索夹对主缆的表面压应力减小了。

(3)考虑吊索力引起销接式下半索夹对主缆紧固压力减小的效应后,采用式(2)得到的龙潭桥索夹抗滑安全系数略小于现行悬索桥设计规范计算结果,但仍满足大于3.0的规定。

参 考 文 献

[1] 周建林,王忠彬,唐凤林,等.基于改进密封性能的悬索桥索夹分析与优化设计[J].桥梁建设,2021,51(4):111-118.

[2] Gimsing N J, Georgakis C T. Cable supported bridges: Concept and design [M]. 3rd ed. Hoboken: Wiley, 2013.

[3] 陈耀,冯健,盛平,等.新广州站内凹式索拱结构索夹节点抗滑性能分析[J].建筑结构学报,2013(5):27-32.

[4] 中华人民共和国交通运输部.公路悬索桥设计规范:JTG/T D65-05—2015[S].北京:人民交通出版社股份有限公司,2015.

[5] MIAO R S, SHEN R L, WANG L, et al.Theoretical and numerical studies of the slip resistance of main cable clamp composed of an upper and a lower part[J].Advances in Structural Engineering,2021,24(4):691-705.

[6] 吴正安,杨俊.贵瓮高速清水河大桥的维养之道[J].大桥养护与运营,2019,5(1):32-36.

[7] 陈维珍,徐俊,龙佩恒,等.现代桥梁养护与管理[M].北京:人民交通出版社,2010.

[8] 斯晓青,张海良,顾庆华,等.锌镀层和锌铝合金镀层钢丝主缆抗滑移性能研究[J].金属制

品,2018,44(6):47-50

[9] 周祝兵,袁庆华,周昌栋,等.悬索桥锌-铝合金镀层钢丝主缆索夹抗滑试验研究[J].世界桥梁,2015,43(5):40-43.

[10] RUAN Y J,LUO B,DING M,et al.Theoretical and experiment study on the antisliding performance of casting steel cable clamps[J].Advances in Civil Engineering,2019(10),1-18.

[11] 万田保,陈巍,沈锐利,等.基于主缆内部输气的大跨度悬索桥除湿系统总体设计[J].桥梁建设,2020,50(S2):55-61.

130. 中跨长距离等截面矮塔斜拉桥长度参数研究

韩锋[1] 杨华[2]

(1.山西省交通规划勘察设计院有限公司;2.山西工商学院)

摘 要:本文通过晋蒙黄河大桥跨中长距离等截面矮塔斜拉桥工程实例,进行了有限元结构分析,并在此基础上通过改变桥梁主要结构长度设计参数(塔跨比、边主跨比及无索区长度),研究了结构在不同参数变化下的各种力学性能,得出了结构设计参数合理取值范围,为矮塔斜拉桥的设计提供必要的依据。

关键词:矮塔斜拉桥 塔跨比 边主跨比 无索区长度

1 引言

矮塔斜拉桥的总体特点是塔矮、梁刚、索集中,属高次超静定结构。其受力行为在很大程度上取决于主梁的刚度、拉索布置长度以及索塔的高度,边主跨比也是影响结构性能的重要参数[1]。

目前常规大跨径矮塔斜拉桥主梁设计大都按连续梁(刚构)设计思路进行变截面设计,主梁从墩顶到跨中都是变截面、变高度梁,但由于矮塔斜拉桥每根索在主梁上的锚固端都有一道横隔板,变高度梁给设计与施工带来很多烦琐工序,而且也不经济[2-3]。参照大跨斜拉桥主梁形式,充分考虑拉索的作用,可使矮塔斜拉桥拉索区梁段和跨中无索区梁段主梁设计成等高度主梁,主梁梁高变化范围仅在墩顶无索区段[3],如图1所示。

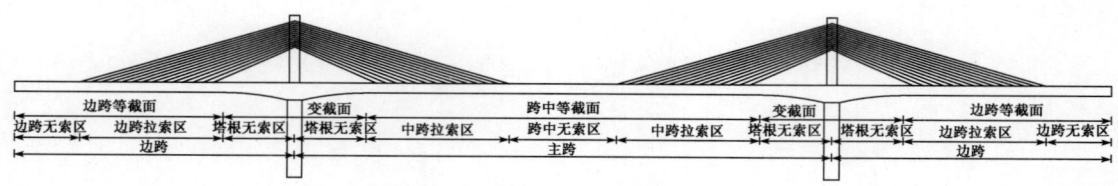

图1 晋蒙黄河大桥中跨长距离等截面矮塔斜拉桥示意图

2 结构设计

2.1 依托工程简介

以晋蒙黄河大桥工程为基础模型进行建模分析。该桥跨径布置为116m+210m+116m,桥长442m。主桥为三跨双塔双索面跨中长距离等截面矮塔斜拉桥,采用塔、梁、墩固结的结构形式。主梁为单箱三室箱形截面,顶板宽17.95m,底板宽6m,两侧腹板斜置,边腹板厚0.3m,中腹板厚0.8m,根部梁高7m,跨中梁高4m,梁体下缘按二次抛物线变化,跨中154m为等截面段箱梁。边跨无索区长24m,桥塔根部无索区长36m。斜拉索布置在中室,集中于塔顶通过,索在桥塔中心线竖向锚固间距0.8m,在箱梁上间距4.0m。主塔采用实心矩形截面,横桥向宽2.0m,顺桥向2.6~3.0m,塔高30m。其主梁结构典型断面如图2所示。

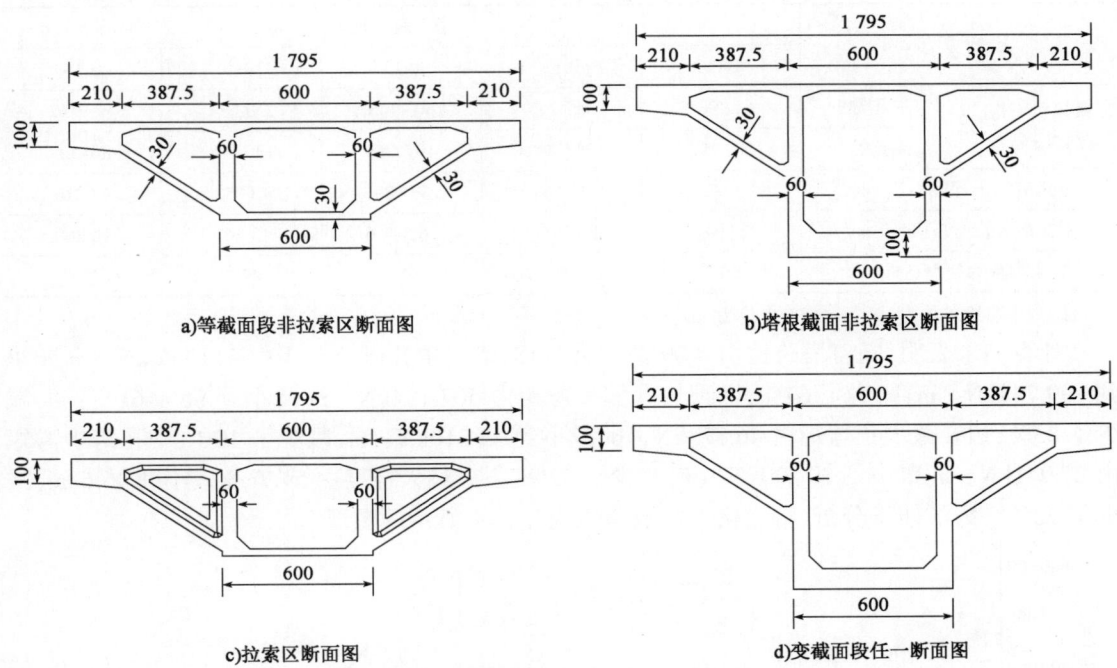

图2 晋蒙黄河大桥工程主梁典型断面(尺寸单位:cm)

2.2 分析模型建立

主桥采用116m+210m+116m预应力混凝土矮塔斜拉桥,桥高30m,采用塔墩梁固结的结构体系。箱梁采用C55混凝土,桥墩采用C40混凝土,桩基础采用C30混凝土。通过Midas Civil 2015建立有限元模型,主梁采用变截面梁单元进行离散,拉索采用只承受拉力的桁架单元进行模拟并考虑Ernst公式考虑拉索垂度引起的弹性模量修正,主塔和桥墩采用梁单元进行模拟,全桥计算模型如图3所示。

图3 主桥计算模型

3 塔跨比分析

塔高是矮塔斜拉桥整体高度的主导控制因素,在施工过程中,由于施工难度、造价方面及景观要求对塔高有一定的限制。主塔除提供拉索的竖向分力外,还可以通过调整斜拉索索力来改善结构的受力性能[2,4]。在相同跨径的情况下,塔高降低,斜拉索的倾角变小,索力在水平方向的分力增大,主梁的轴向力增大,其最大正弯矩和最大负弯矩的绝对值增大,挠度变大。一旦拉索有索区和拉索在主梁和桥塔上的间距确定后,塔高的改变就直接导致拉索倾角的改变,而拉索倾角又直接影响到拉索应力幅等矮塔斜拉桥的核心。因此,塔高是个相当关键的参数,有必要对其进行分析讨论[4]。设计分别采用塔跨比 0.09、0.11、0.13、0.15、0.18 进行成桥状态分析,计算结果见表 1。

不同塔跨比对主梁弯矩及最大挠度的影响　　　　表 1

分析目标		塔 跨 比				
		0.09	0.11	0.13	0.15	0.18
墩顶负弯矩 (kN·m)	中孔侧	611 981	412 255	303 546	239 634	199 742
	边孔侧	507 194	308 006	197 683	130 868	86 466
边孔最大正弯矩(kN·m)		46 823	45 165	43 989	43 058	42 210
中孔最大正弯矩(kN·m)		27 041	20 781.2	16 544.6	13 261	10 200
主梁最大挠度(cm)		59.7	54.5	52.1	49.7	46.6

注:表中弯矩单位为 kN·m,挠度单位为 cm,下同。

计算结果表明,随着塔跨比由 0.09 渐变到 0.18,墩顶中孔侧负弯矩由 611 981kN·m 减小到 199 742kN·m,减少了 67%;墩顶边孔侧负弯矩由 507 194kN·m 减小到 86 466kN·m,减少了 83%;边孔最大正弯矩由 46 823kN·m 减小到 42 210kN·m,减少了 10%;中孔跨中弯矩由 27 041kN·m 减小到 10 200kN·m,减少了 62%;主梁最大挠度由 59.7cm 减小到 46.6cm,减少了 22%。为了便于分析,将表格中的数据绘成如图 4 所示的图形。

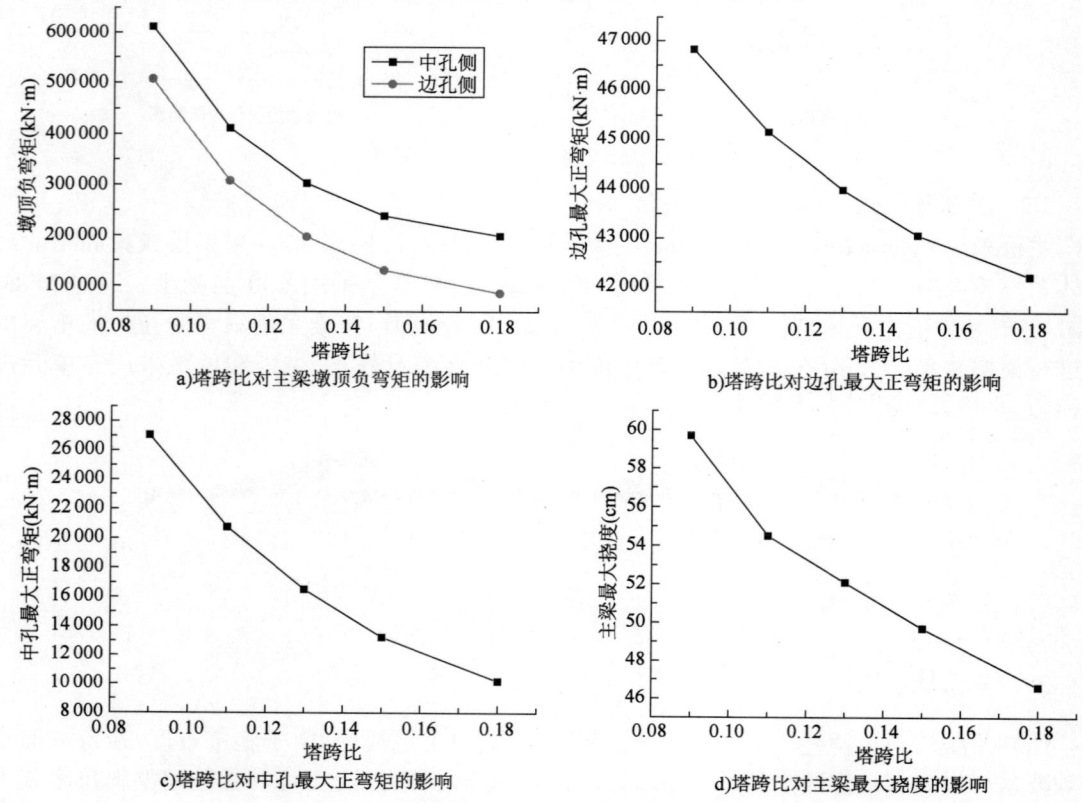

图 4　不同塔跨比对主梁弯矩及最大挠度的影响

由图4可以看出,随着塔跨比由0.09渐变到0.18,主梁墩顶中孔侧负弯矩、墩顶边孔侧负弯矩、中孔跨中最大正弯矩、均单调递减,且幅度较大;边孔跨中最大正弯矩及主梁最大挠度也单调递减,但幅度相对较小。可见,塔高对主梁受力影响十分敏感[4]。

4 边主跨比

矮塔斜拉桥主梁的边主跨比是设计上非常重要的结构参数,尤其对于大跨径矮塔斜拉桥,若边主跨比选取过大,边跨会出现较大弯矩,对斜拉索的调整和边跨预应力束的配置都是不利的,造成桥梁的不经济。若边主跨比选取过小,边跨支点会出现负反力,会影响桥梁的受力及安全性。因此,合理的边主跨比对桥梁的力学性能和经济性都是必要的,在设计中需要引起注意[4-5]。

以晋蒙黄河大桥工程为基准,保持主塔高度、斜拉索布置和主梁高度不变,选取主梁最大挠度、主梁边跨正弯矩、中跨跨中正弯矩、主梁墩顶截面最大弯矩为目标,研究成桥状态主梁的边主跨比变化对结构性能的影响。通过改变边跨边部无索区长度来实现边跨长度的变化,从而达到改变主梁边主跨比的目的。设计分别采用边主跨比0.5、0.55、0.60、0.65、0.7进行成桥状态分析,结果如图5所示。

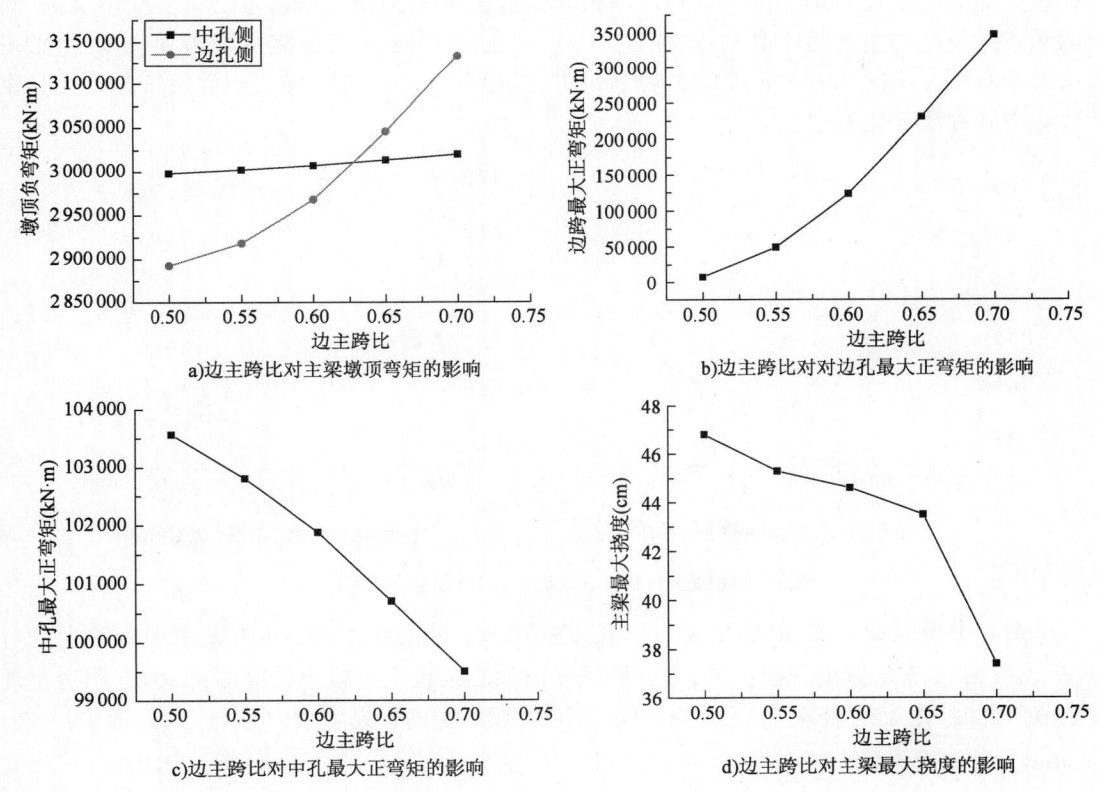

图5 边主跨比对主梁弯矩及最大挠度的影响

随着边主跨比由0.50渐变到0.70,主梁墩顶中孔侧负弯矩基本保持不变,边孔侧负弯矩由2 892 874kN·m增加至3 133 383kN·m,增长幅度较大;主梁最大挠度及主梁中跨正弯矩逐渐递减,但减少幅度不大;边孔跨中正弯矩由7 464kN·m增加至347 558kN·m,增加近了

40倍。这是因为随着边跨长度的增加,拉索分担荷载的比例不断下降,主梁边跨分担比例不断上升,导致弯矩迅速增加。

5 无索区长度

矮塔斜拉桥的无索区的长度包括塔旁无索区长度、边跨边部和主跨跨中无索区长度,是影响矮塔斜拉桥整体力学性能的重要参数。一般来说,不同的无索区长度设置会对结构产生不同的影响。在主梁刚度不变的情况下,可以通过调整无索区长度来降低荷载对塔根附近主梁的弯矩作用[5]。

本文针对此类桥型的无索区长度通过改变斜拉索在主梁上的锚固位置来实现,索塔、主梁及拉索的刚度,全桥基本尺寸保持不变,选取主梁关键点内力及最大挠度为分析目标,分别研究成桥状态下塔根无索区、跨中无索区长度对结构性能的影响。由于矮塔斜拉桥的拉索是穿过设置在塔上的鞍座而锚固于桥塔两侧的主梁上。因此,中跨跨中无索区长度改变的同时,边跨边部无索区长度也在改变[6]。

5.1 塔根无索区

在分析塔根无索区长度时,保持边跨及中跨无索区长度不变,拉索根数不变,仅改变拉索的在主梁上的间距及倾角。设计分别取塔根无索区长度为21m、25.2m、31.5m、37.8m、42m,对应的无索区长度与主跨的比值k_1分别为0.1、0.12、0.15、0.18、0.2,研究主梁最大挠度、主梁塔根截面偏心距在不同无索区长度的影响下变化。为便于分析比较,将上述量值转化为无量纲的表达方式并绘于图6中。

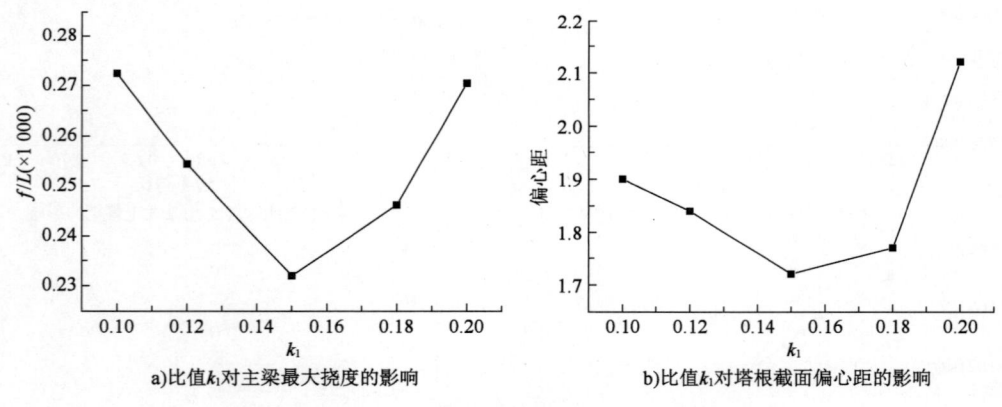

a)比值k_1对主梁最大挠度的影响　　　　b)比值k_1对塔根截面偏心距的影响

图6　塔根无索区长度对主梁挠度及截面偏心距的影响

从图6中可以看出,随着塔根无索区长度的增大,主梁最大挠度经历先减小后增大的过程,在比值为0.15附近出现极小值;主梁塔根截面偏心距也是先减小后增加,在0.15附近出现极小值。此时,主梁变形较小、活载偏心距较小,主梁的配筋较易实现。

5.2 跨中无索区

一般来说,边跨边部和中跨跨中无索区长度的设计要综合考虑斜拉索和主梁的受力,在拉索容许应力范围内而中跨跨中弯矩不太大的情况下可以适当加大跨中无索区长度。保持边跨及塔根无索区长度不变,拉索根数不变,仅改变拉索的在主梁上的间距及倾角。设计分别取跨中无索区长度为42m、52.5m、63m、73.5m、84m,对应的无索区长度与主跨的比值k_2分别为0.2、0.25、0.3、0.35、0.4进行成桥状态分析,研究主梁最大挠度、主梁塔根截面偏心距在不同无索区长度的影响下变化。为便于分析比较,将上述量值转化为无量纲的表达方式并绘于图7中。

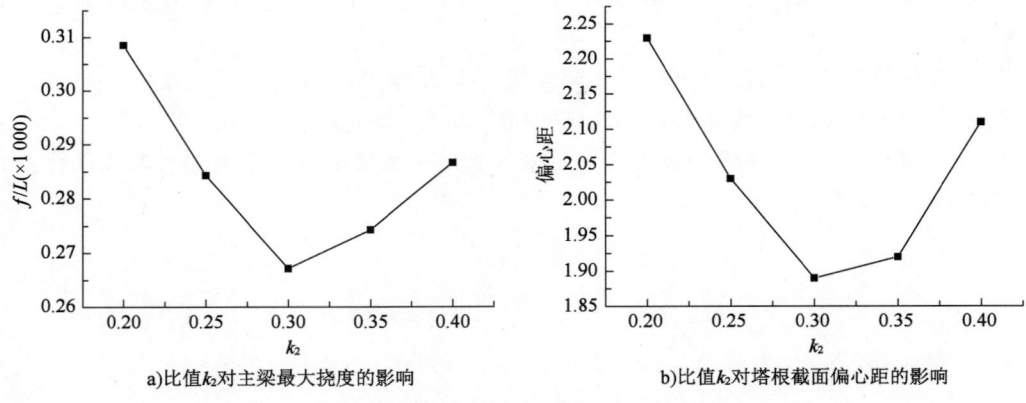

a)比值k_2对主梁最大挠度的影响　　b)比值k_2对塔根截面偏心距的影响

图7　跨中无索区长度对主梁挠度及截面偏心距的影响

从图7中可以看出,随着跨中无索区长度的增大,主梁最大挠度经历先减小后增大的过程,在比值为0.30附近出现极小值;主梁塔根截面偏心距也是先减小后增加,在0.30附近出现极小值。

《公路斜拉桥设计细则》(JTG/T D65-01—2007)规定:矮塔斜拉桥主梁上的无索区长度,索塔附近宜取0.15~0.20倍主跨跨径;中跨跨中宜取0.20~0.35倍中跨跨径。《公路斜拉桥设计规范》(JTG/T 3365-01—2020)第5.3.3条规定:塔高较矮、采用塔梁墩固结或塔梁固结体系的混凝土部分斜拉桥,总体布置参数及基本参数应符合以下规定:主梁上的无索区长度,索塔附近宜取0.15~0.20倍主跨跨径;中跨跨中宜取0.20~0.35倍中跨跨径;边跨宜采用0.20~0.35倍边跨跨径。从本工程的分析数据来看,塔根无索区长度及跨中无索区长度与主跨长度比值分别取为0.15和0.3是较合理的。

6　结语

(1)随着塔跨比的增大,主梁墩顶中孔侧负弯矩、墩顶边孔侧负弯矩、中孔跨中最大正弯矩均单调递减,且幅度较大;边孔跨中最大正弯矩及主梁最大挠度也单调递减,但幅度相对较小。建议在实际桥梁设计时,可适当提高索塔的高度,这对全桥的受力有利。

(2)随着边主跨比的增大,主梁墩顶中孔侧负弯矩基本保持不变,边孔侧负弯矩增长幅度较大;主梁最大挠度及主梁中跨正弯矩逐渐递减,但减少幅度不大,影响不明显。

(3)随着塔根无索区长度的增大,主梁最大挠度经历先减后增的过程,在比值为0.15附近出现极小值;主梁塔根截面偏心距也是先减小后增加,在0.15附近出现极小值。

(4)随着跨中无索区长度的增大,主梁最大挠度经历先减后增的过程,在比值为0.30附近出现极小值;主梁塔根截面偏心距也是先减小后增加,在0.30附近出现极小值。

(5)各构件长度比值对于晋蒙黄河大桥工程中跨长距离等截面的矮塔斜拉桥的受力均有相当的影响,设计时应协调各构件的长度比值,达到经济、美观、安全的设计效果。

参 考 文 献

[1] 刘凤奎,蔺鹏臻,陈权.银湖矮塔斜拉桥无索区长度分析[J].桥梁,2004(5):11-15.

[2] 雷忠伟,刘龙.大跨径矮塔斜拉桥设计参数研究[J].低温建筑技术,2014(6):73-75.
[3] 刘文会,李雁,田鹏,等.矮塔斜拉桥塔高优化分析[J].公路交通科技,2009,26(10):82-86.
[4] 周翔.矮塔斜拉桥结构行为研究与设计实践[D].成都:西南交通大学,2009.
[5] 史海涛.矮塔斜拉桥结构体系及参数研究[D].西安:长安大学,2010.
[6] 田兴,完海鹰.单索面矮塔斜拉桥主梁无索区长度对主梁受力的影响[J].工程设计,2015,29(4):471-476.

131. GH 可视化编程在桥梁实体建模中的应用

孙先锋　谢　峰

（中国建筑西南设计研究院有限公司）

摘　要：进行曲线梁桥、异形梁桥等不规则桥梁的结构计算时，采用单梁进行模拟的简化算法不能真实反映构件的实际受力状态，在此种情况下，除梁格法外，建立实体单元模型进行计算是常见的解决方法。在实体有限元分析中，异形结构几何模型的建立往往占据了整个建模过程的大部分时间，对此，本文提出一种利用 grasshopper 可视化编程建立参数化实体模型的思路。

关键词：不规则桥梁　实体单元　grasshopper　参数化

1　引言

随着城市的发展，城市交通量变得越来越大，交通拥堵现象日益突出，许多城市纷纷修建城市快速路工程，包括大型互通式立交，其中有大量曲线匝道、变宽桥、裤衩等不规则桥梁结构形式。

对不规则桥梁结构，采用简化的杆系单元不能真实反映构件的实际受力状态，为此，梁格法和实体模型分析是两种较常见的解决方法。梁格法可以考虑桥梁横截面的畸变，也能直接输出各主梁内力，便于直接利用规范进行强度验算，因此得到了广泛应用。但梁格法对原结构进行了面目全非的简化，也意味着计算过程较为烦琐，建模工作量较大。精细的实体有限元模型可以较为准确地反映结构实际受力情况，实体模型主要重难点为几何模型的建立、网格划分、结构求解数据量大等，随着计算机的发展，网格划分、结构求解数据量大等问题可以得到较好的解决。目前，对于不规则的桥梁结构，几何模型的建立往往占据了整个实体建模分析的大部分时间。

为提高桥梁几何模型建模效率，诸多人员进行过各类探索，笔者在以建筑为主体的单位从事桥梁工作，有幸接触到建筑专业广泛应用的强大造型软件 Rhino 及其内置编程插件 Grasshopper（简称 GH）。GH"可视化编程"的优点是上手容易，使用者可利用软件本身提供的各种控件，像搭积木一样去构件程序，适合没有计算机程序编制能力的结构设计人员，结合 GH 实现参数化，可大大减少修改几何模型的工作量。

本文以曲线现浇箱梁为例，介绍利用 GH 建立参数化模型并导入有限元分析软件 FEA 中进行计算的各个过程，供有需求的设计人员参考。

2　参数化几何模型的建立

将几何模型分为外轮廓、箱室、预应力钢束、普通钢筋、支座等部分，各部分均根据需求设置可调参数。整个建模所有初始输入条件为桥梁段的道路中心线及各可调参数。

2.1 外轮廓的建立

在本参数化案例中,外轮廓仅与道路中心线及桥宽、梁高、悬臂宽度等参数有关,悬臂端部厚度固定,根部厚度随悬臂宽度变化。通过道路中心线根据桥宽、梁高、悬臂宽等参数进行偏移,得到结构纵向外轮廓线,然后通过 loft 电池及 Cap Holes 电池即可生成结构外轮廓(图1)。

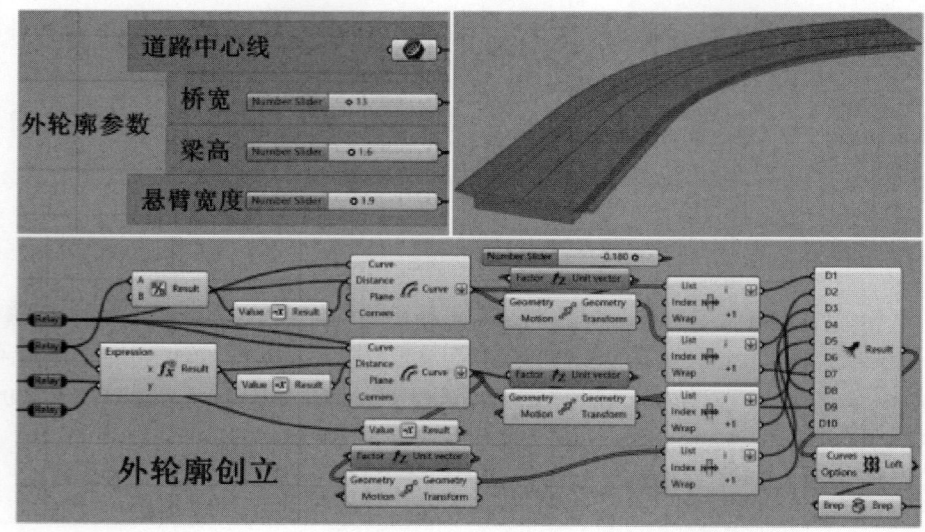

图1 外轮廓创建

2.2 箱室的建立

在确定外轮廓的基础上,搭建内部箱室。跨径布置参数可提供桥梁各跨跨径,同时 GH 通过 List length 电池可得到该栏输入参数数量,并将其作为桥梁的跨数。箱室个数参数 n 控制了箱室数,通过在两条外轮廓底缘纵向边线之间等距生成 $n-1$ 条曲线,即得到 $n-1$ 条腹板中心线,再通过 $n-1$ 条腹板中心线及两条边缘线的偏移,可得到各腹板轮廓线。内部箱室的建立如图2所示。

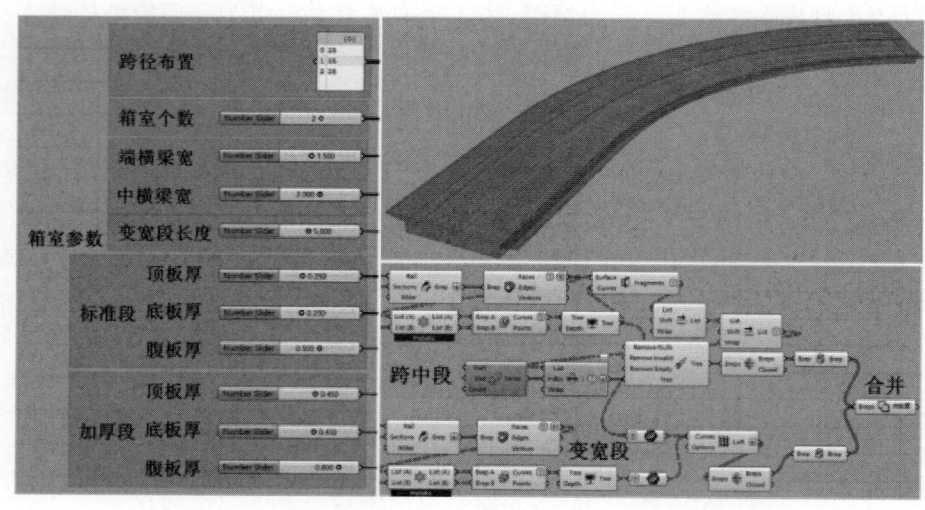

图2 箱室创建

2.3 预应力钢束的建立

本案例预应力钢束参数有竖向根数 m、钢束竖向间距、弯曲半径等。创建思路是通过求得道路中心线位置的竖向 m 根钢束后,使用 Pull Curve 电池将该钢束投影于横向对应各钢束位置的竖曲面上,从而生成横向各个钢束。预应力钢束的建立如图3所示。

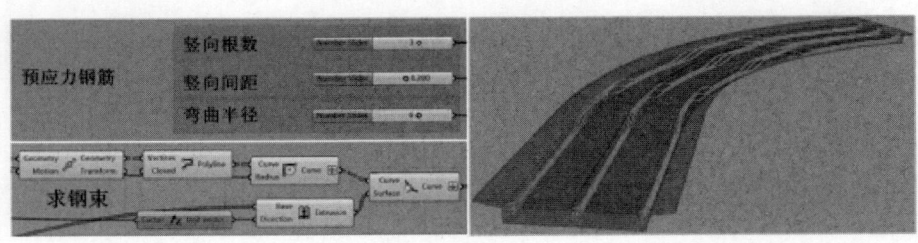

图3 预应力钢束创建

2.4 支座的建立

为在实体有限元分析时快速确定约束的位置及范围大小,本案例亦将支座的创建纳入其中。创建思路是根据支座尺寸参数首先在原点位置创建一个标准支座,在求得各个支座中心位置后,通过 Orient 电池,将标准支座映射于各支座位,即得到全桥支座。支座的建立如图4所示。

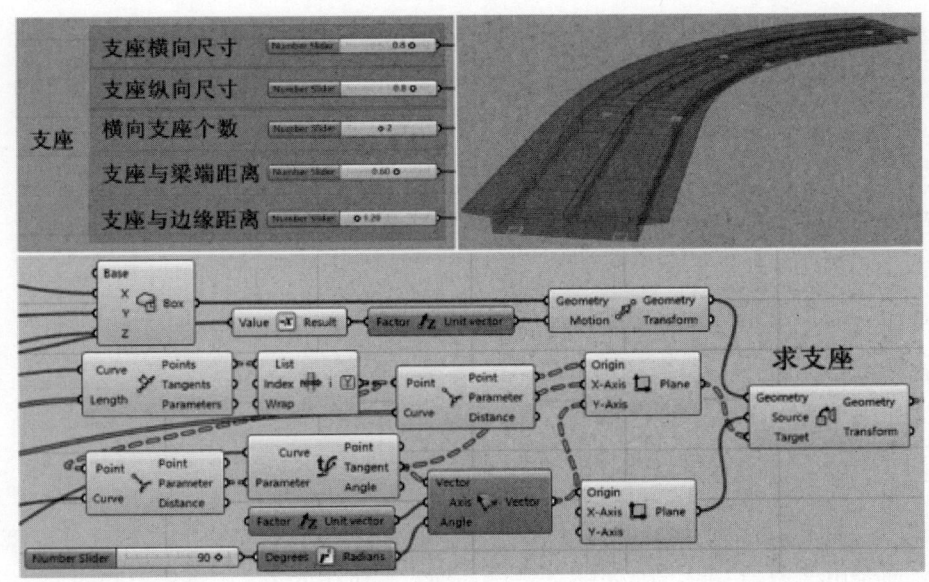

图4 支座创建

3 参数化几何模型的建立

GH 箱梁参数化程序编写完成后,可在以后的项目中多次重复使用,对符合程序预设参数范围的现浇箱梁,仅需通过输入道路中心线,并根据项目实际情况修改各参数,即可快速得到现浇箱梁的几何模型。应用案例如图5所示。

得到几何模型后,导入有限元分析软件的方式较多,本文通过从 Rhino 导出 step 文件,再导入 Midas FEA,即得到箱梁的几何模型。该方法省去了箱梁几何模型建模的时间,得到几何

1005

模型后,经过网格划分及特性、荷载、边界条件等设置,即可进行计算分析,计算案例应力结果如图6所示。通过GH参数化的应用,大大减少了实体模型分析过程中建立几何模型的工作量。

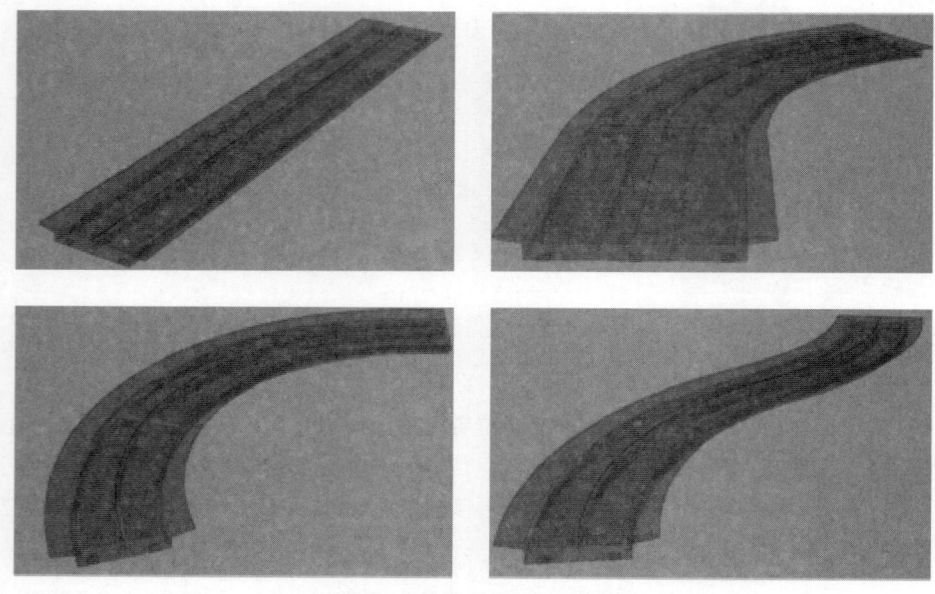

图5 GH参数化程序应用案例

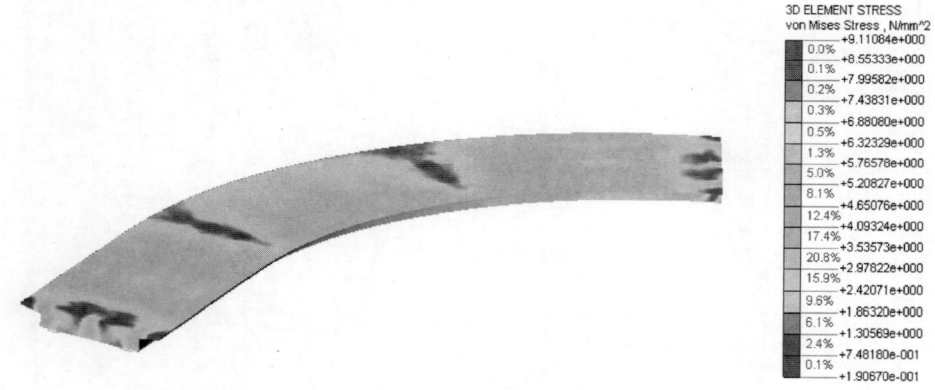

图6 Midas FEA计算案例

值得注意的是,Rhino本质上是一款几何造型软件,不具有信息化的内核。其模型不是真正的实体,而是由一系列"面"围成的封闭盒子。通过GH在Rhino中烘焙出的图形,本身亦不具有体的概念。由于内部箱室与外轮廓不相交,箱室面与外轮廓面之间没有相切,因此,在Rhino中无法实现外轮廓对其内部箱室进行布尔差集的运算。尽管如此,通过导出与导入step文件格式将模型导入FEA中,这些"封闭盒子"均会被识别成体,在FEA中进行简单布尔操作,即可得到带空腔的箱梁。

参 考 文 献

[1] 曾旭东,王大川,陈辉.Rhinoceros Grasshopper参数化建模[M].北京:中国建筑工业出版

社,2012.
[2] 王皖.基于参数化技术的花瓶墩设计与分析[J].住宅与房地产,2021(5):116-117.
[3] 朱卓晖,范华冰,李亚琴.基于参数化的复杂地形 BIM 建模研究[J].四川建筑,2021(10):211-213.
[4] 陈柯,李迅涛,吴兵,等.结构参数化建模在大跨空间钢结构中的应用[J].土木建筑工程信息技术,2021(4):145-152.
[5] 邴海华.景观桥梁方案设计思路探析[J].交通世界,2020(9):135-136.

132. 重力式桥台墙体应力分析研究

许延祺

(交通运输部规划研究院中路港(北京)工程技术有限公司)

摘 要：桥梁设计中重力式桥台被广泛应用，对于桥台墙体受力性能的计算，多数设计人员按照土力学理论计算墙体底部最大弯矩指导配筋。但是对于带有侧墙且侧墙较长的重力式桥台来说，由于侧墙的影响，这样计算的结果是偏保守的。本文利用 Midas FEA 三维有限元程序，以 10m 高的带有侧墙的重立式桥台作为研究背景，建立实体单元模型讨论前墙底正应力变化，分析前墙宽度/侧墙长度不同比值的重力式桥台前墙底最大拉应力的取值规律，并用 Matlab 软件进行拟合，得出墙底实际拉应力对于土力学理论计算拉应力的折减系数。

关键词：桥台墙体 实体单元模型 重力式 多项式拟合 应力

1 研究对象及研究内容

本文选取重力式 U 形桥台高 10m，前墙宽度取 4~20m 之间变化，侧墙长度为 5m，前墙厚度由 1.5~3.5m，前墙底部厚度为桥台高度的 0.35 倍，侧墙长度由 0.5~3.5m。考虑汽车荷载等代土压力作用，汽车荷载等代土厚取 1m，由于重力荷载对桥台的作用可以看作是在土压力作用上的线性叠加，所以此处忽略重力的影响，仅考虑土压力对桥台的作用。桥台平面图、前墙断面图(含土压力示意图)详见图 1、图 2。

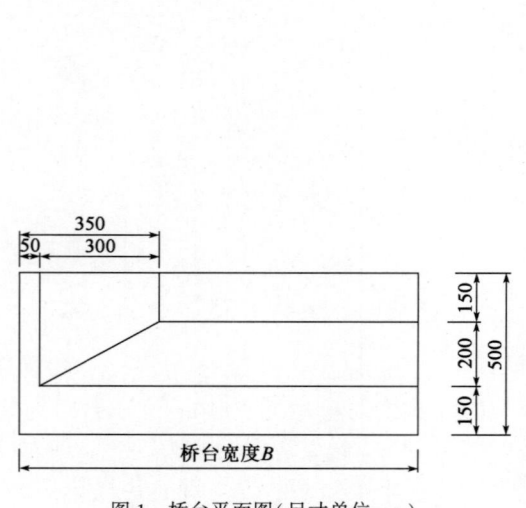

图 1 桥台平面图(尺寸单位:cm)

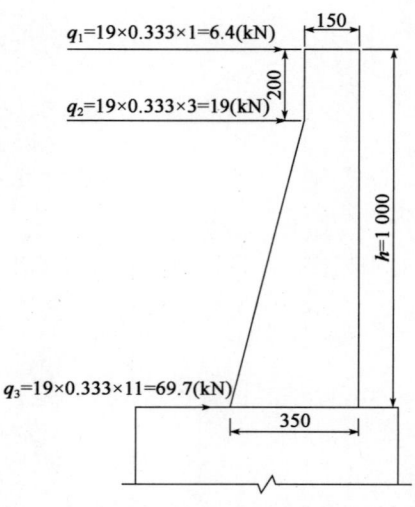

图 2 前墙断面图(尺寸单位:cm)

重力式桥台在承受土压力作用时,一般情况下桥台内侧(台后)受拉,外侧(台前)受压。对于无侧墙的桥台,在计算其前墙底最大拉应力时,按照土力学和材料力学相关公式进行理论计算就可以简单地计算得出,而且理论计算的结果与结构实际的结果应该是吻合的。但对于更常用的U形桥台或者L形桥台,这样计算出来的最大拉应力有可能是偏大的。即存在如下关系:

无侧墙桥台:结构实际最大拉应力值≈理论公式计算值

U形桥台或L形桥台:结构实际最大拉应力值≤理论公式计算值

得到精确的结果需要利用三维实体单元程序进行分析,但如果对每个桥台都这样进行分析,是很复杂也很烦琐的。所以如果能得出此类桥台墙底最大正应力与等高的无侧墙桥台墙底最大正应力之间的比例关系,以后在进行桥台设计时,即可以先简单算出等高无侧墙桥台墙底最大拉应力值,然后用这个比例关系计算U形台或者L形台前墙的最大拉应力值,然后进行配筋的估算,可以大大降低设计时间,提高设计的精确度。本文分别在不同宽度桥台的前墙底截面内侧、外侧及截面中心沿桥台横向各选取一条直线,在每条直线上每隔0.5m选取一个测点,做出不同宽度桥台沿各条直线竖向正应力的变化图形,测点分布示意如图3所示,研究以下内容:

(1)总结出不同宽度桥台前墙底竖向正应力沿桥台横向的变化规律。

(2)首先计算出不同宽度U形桥台前墙底最大拉应力值与等高无侧墙桥台墙底最大拉应力值的比值,然后计算不同宽度桥台前墙宽度与侧墙长度的比值,最后得出两个比值的相互关系,用Matlab软件进行多项式拟合,得出拟合公式。

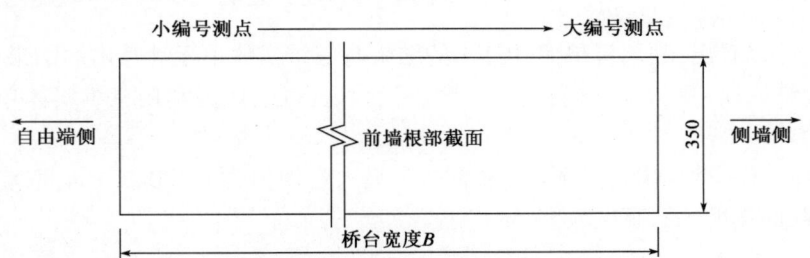

图3 测点分布示意图(尺寸单位:cm)

2 桥台模型的建立

利用有限元软件Midas FEA对桥台进行仿真模拟,分别建立前墙宽度为4m、6m、8m、10m、12m、15m、18m、20m八座U形桥台以及一座无侧墙的桥台,单元网格划分时为了简便,且考虑到计算的精确度,选择自由网格划分方法,划分为4面体单元,单元尺寸为0.2m。图4为20m宽桥台模型划分单元图。其余模型与此类似。

3 不同宽度桥台对比分析

3.1 受力性能分析研究及经济性比较

为了验证实体单元建立桥台模型计算的准确性,首先对无侧墙的10m高桥台进行建模,分别利用土力学和材料力学知识进行理论计算,Midas/Civil建立板单元模型,Midas FEA建立三维实体单元模型,然后分别提取墙身底部弯矩值进行比较。表1为3种方法计算出的墙身底部弯矩值对比表。

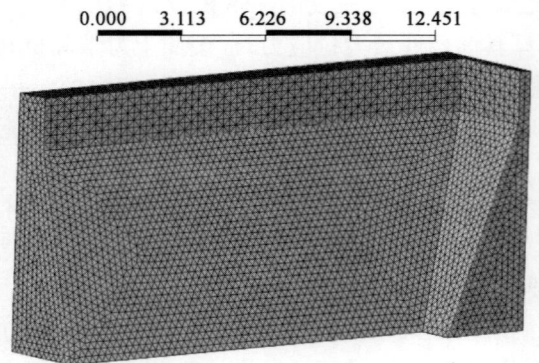

图4 20m宽桥台模型

墙身底部弯矩值比较表 表1

计算方法	理论计算	板单元	三维实体单元
弯矩值(kN·m)	6 875	6 465	6 470
与理论计算误差	0%	5.96%	5.89%

在计算桥台时,若不考虑侧墙影响,可以通过土压力计算公式及材料力学知识,依据上文土压力分布情况,取5m宽桥台进行计算,得到墙身底部弯矩值:

$$M = q_1 h \cdot \frac{h}{2} + (q_3 - q_1) \cdot \frac{h}{2} \cdot \frac{h}{3} = 6.4 \times 5 \times 10 \times \frac{10}{2} + (69.7 - 6.4) \times 5 \times \frac{10}{2} \times \frac{10}{3} = 6\ 875(kN \cdot m)$$

通过表1可以看出,利用板单元计算出的结果与三维实体单元计算出的结果相差不大,与理论计算出的结果误差在6%以内,通过三者相互验证,可以认为利用三维实体单元计算出的结果是准确的。

利用 Midas FEA 计算出的无侧墙5m宽桥台最大弯矩值为6 470kN·m,取墙身底部截面为研究截面,截面宽度5m,高度 $h = 3.5$ m,则:

截面惯性矩 $I = \frac{1}{12} bh^3 = \frac{1}{12} \times 5 \times 3.5^3 = 17.86(m^4)$

墙身底部最大拉应力 $\sigma = \frac{My}{I} = \frac{6\ 470 \times 1.75}{17.86} = 0.633(MPa)$

桥台宽度不同,侧墙对前墙受力影响也不同。图5~图12分别为不同宽度桥台前墙底内侧、外侧、中心竖向正应力沿所选直线的变化规律(图中拉应力为正,压应力为负)。

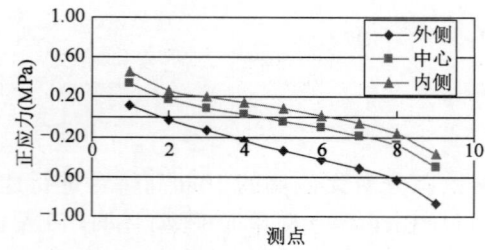

图5 4m宽桥台前墙根部竖向正应力变化曲线

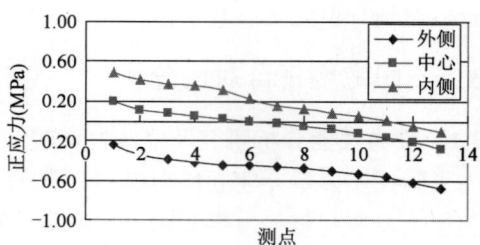

图6 6m宽桥台前墙根部竖向正应力变化曲线

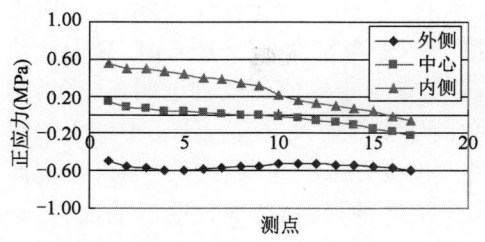
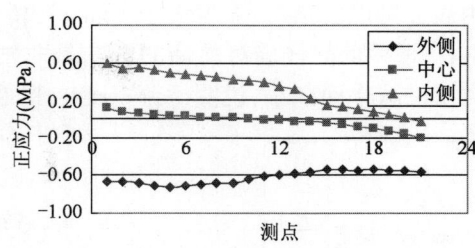

图7 8m宽桥台前墙根部竖向正应力变化曲线　　图8 10m宽桥台前墙根部竖向正应力变化曲线

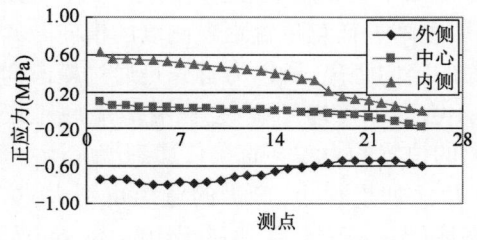
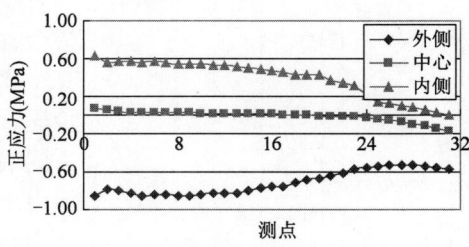

图9 12m宽桥台前墙根部竖向正应力变化曲线　　图10 15m宽桥台前墙根部竖向正应力变化曲线

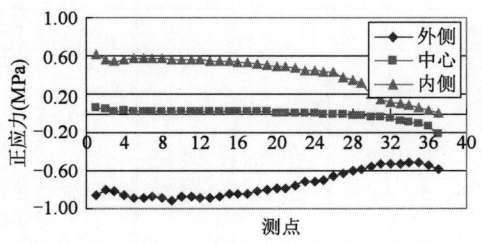
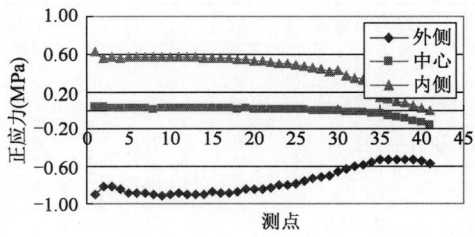

图11 18m宽桥台前墙根部竖向正应力变化曲线　　图12 20m宽桥台前墙根部竖向正应力变化曲线

由图5~图12可以得到以下几点：

（1）桥台内侧前墙底部拉应力靠近自由端一侧较大，靠近侧墙侧拉应力变小，总体趋势为拉应力由靠近自由端一侧向靠近侧墙一侧逐渐变小，当桥台宽度小于12m时，前墙与侧墙夹角处附近会出现压应力。

（2）桥台外侧前墙底部压应力变化规律根据桥台宽度的不同而不同，当桥台宽度小于6m时，总体趋势为压应力由靠近自由端一侧向靠近侧墙一侧逐渐变大，但当宽度大于8m时，压应力由靠近自由端一侧向靠近侧墙一侧呈现先变大后变小再变大的趋势，且这种趋势随着桥台宽度的增加越来越明显。

（3）桥台宽度越小，桥台内侧前墙底部拉应力沿横向减小斜率越大，当桥台宽度小于12m时，基本呈直线变化趋势。4m桥台拉应力变化斜率约为0.2，6m桥台拉应力变化斜率约为0.1，8m桥台拉应力变化斜率约为0.08，10m桥台拉应力变化斜率约为0.06，12m桥台拉应力变化斜率约为0.05，当桥台宽度继续增大时，变化趋势越来越缓，宽桥台在靠近自由端一侧约3/4宽度范围内，拉应力变化很小，但靠近侧墙一侧约1/4宽度范围，拉应力迅速减小。

（4）随着桥台宽度的增加，桥台内侧最大拉应力逐渐增大，且最大值出现在靠近自由端的位置。表2为不同宽度桥台最大拉应力值对比表。

由表 2 可以看出,当宽度大于 12m 时,桥台最大拉应力值为无侧墙桥台最大拉应力值的 98% 左右,说明此时侧墙对前墙的影响是非常小的。但是当宽度小于 10m 时,这个比值随着桥台宽度的减小而减小,说明桥台宽度越小,侧墙对前墙弯矩峰值的改善越明显,当桥台宽度小于 6m 时,前墙底部最大拉应力值还不到无侧墙桥台前墙底部最大拉应力值的 80%,此时,如果再按照无侧墙桥台去考虑配筋,明显会造成钢筋量的浪费,是不合理也是不经济的,需要进行优化。究其原因,主要是因为力永远是沿着最短的方向传递的,对于 U 形桥台,侧墙可以看作前墙一侧的弹性支承,对于 10m 高较窄的桥台,由于墙顶附近任意位置距离侧墙的横向距离小于其距离墙底的竖向距离,所以力首先是通过横向向侧墙传递,而并不会向下传递到墙底,只有离墙底距离小于离侧墙距离的位置的力才会直接传递到墙底产生弯矩,但由于 $M=Fl$,l 如果很小,产生的弯矩也不大,这样必然会减小墙底的弯矩值。比如对于 10m 高、6m 宽的桥台来说,其力的传递路径如图 13 所示。

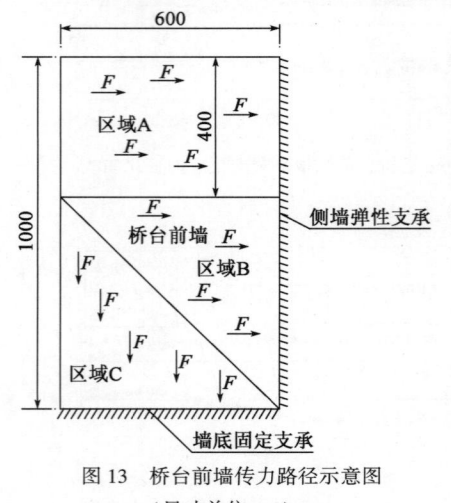

图 13 桥台前墙传力路径示意图
(尺寸单位:cm)

不同宽度桥台最大拉应力对比表　　　表 2

桥台宽度 B_1(m)	4	6	8	10	12	15	18	20
侧墙长度 B_2(m)	5	5	5	5	5	5	5	5
U 形桥台最大拉应力 σ_1(MPa)	0.46	0.49	0.56	0.60	0.62	0.63	0.62	0.62
无侧墙桥台最大拉应力 σ_2(MPa)	0.63	0.63	0.63	0.63	0.63	0.63	0.63	0.63
σ_1/σ_2	72.4%	77.3%	87.9%	94.6%	97.9%	98.9%	97.9%	98.3%
B_1/B_2	0.8	1.2	1.6	2	2.4	3	3.6	4

通过图 13 可以看出,区域 A 和区域 B 内各点的力根据力按照最短边传递的原则,将会向侧墙传递,区域 C 内各点的力将向墙底传递,且由于区域 C 内各点距离墙底 l 相对较小,所以对于 6m 宽 U 形桥台,墙底的弯矩值会远小于等高无侧墙的桥台前墙底的弯矩值。

3.2　Matlab 曲线拟合

综上所述可以看出,对于无侧墙桥台来说,前墙底部最大正应力值与依据土力学和材料力学公式计算出的最大正应力值理论上应该是相同的,但对于 U 形桥台来说,这是不同的,前墙底部最大拉应力值随着桥台宽度的减小而变小。下面利用 Matlab 软件对表 2 的数据进行多项式拟合,得出不同桥台宽度与侧墙长度的比值情况下墙底的最大拉应力变化规律,拟合曲线如图 14 所示。

得出 6 次拟合方程:

$$y = 1.061\,3x^6 - 16.588\,4x^5 + 105.091\,2x^4 - 342.004\,6x^3 + 589.493\,7x^2 - 481.732x + 217.722$$

通过解上述一元六次方程,得出当 $x \geqslant 2.03$ 时,$y \geqslant 95\%$,所以今后设计 10m 高 U 形桥台时,当前墙宽度与侧墙长度比大于 2.03 时,前墙实际最大拉应力值与无侧墙桥台的最大拉应力值误差小于 5%,可以认为此时侧墙对前墙受力没有影响,可以按照理论计算公式对前墙进行配筋计算;当前墙宽度与侧墙长度之比小于 2.03 时,前墙根部实际最大拉应力值就应该等于等高桥台理论计算得出的最大拉应力值乘以上述比值,即 $\sigma_{实际} = \sigma_{理论} y$,从而指导设计。

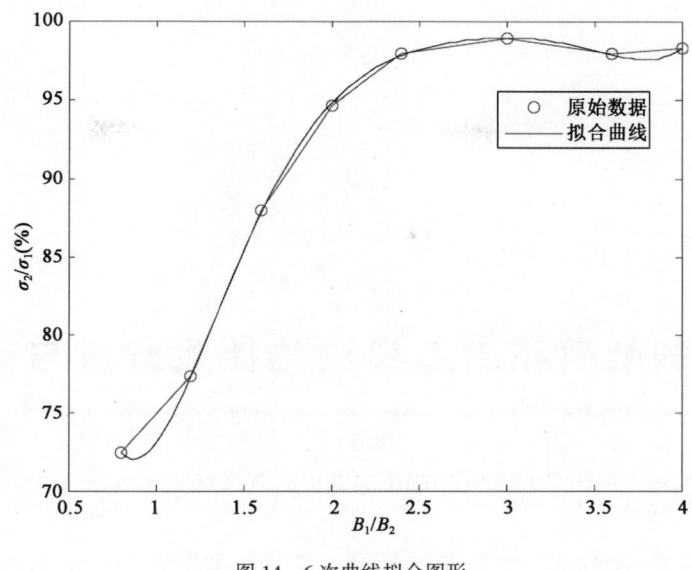

图 14　6 次曲线拟合图形

4　结语

通过上述分析研究,可以得到如下结论:

(1)桥台前墙底部拉应力越靠近侧墙位置越小,且桥台宽度越小,变化斜率越大,当桥台宽度小于 12m 时,桥台前墙与侧墙夹角处会出现压应力。

(2)当侧墙长度一定的情况下,桥台前墙宽度越大,墙底最大拉应力值越接近理论计算值,对于 10m 高 U 形桥台,当前墙宽度/侧墙长度>2.03 时,可以忽略侧墙对前墙受力的影响。

(3)根据上文拟合出的一元六次方程,在设计 U 形桥台时,先按照土力学理论公式计算出桥台前墙墙底最大拉应力值,然后根据 $\sigma_{实际} = \sigma_{理论} y$ 即可以得出墙底实际最大拉应力值从而指导配筋。

参 考 文 献

[1] 要兴雷.U 型桥台开裂的原因及设计建议[J].北方交通,2009,12(3):83-85.
[2] 陈海明.U 型桥台土压力计算[J].邵阳高等专科学校学报,2002,15(1):33-35.
[3] 宋述评,张世友.浅谈重力式桥台[J].黑龙江交通科技,2010,202(12):81.
[4] 汪亚琴.确定 U 型桥台基本结构尺寸的简单方法[J].吉林交通科技,2001,12(3):26-29.
[5] 门广鑫.重力式 U 型桥台开裂的非线性有限元模拟分析[J].北方交通,2009,12(4):72-74.
[6] 姚玲森.桥梁工程[M].北京:人民交通出版社,2009.
[7] 盛洪飞.桥梁墩台与基础工程[M].哈尔滨:哈尔滨工业大学出版社,2005.

133.新型钢悬臂拓宽盖梁结构性能分析与试验研究

陈 瑶[1] 袁江川[2] 陈露晔[2] 杨世杰[2] 陆潇雄[2]

(1.杭州市交通运输行政执法队;2.浙江数智交院科技股份有限公司)

摘 要:本文基于几种常见桥梁拓宽方式,提出了一种无须新建桥墩、施工快捷、造价经济的新型拓宽法,即采用钢悬臂拓宽混凝土盖梁法。为验证该拓宽混合结构的受力性能,以1:4的相似比例进行模型试验和数值模拟,对比数值模拟和试验结果得到以下结论:数值模拟能较好地还原该混合结构加载点挠度、应力应变等随着荷载增大的变化情况,得到的混凝土裂纹发展情况与试验基本一致,验证了模拟方式的准确性;在182kN(根据比例换算得到的支反力效应值)的荷载作用下,各组成部分均能满足规范要求,且试验时结构仍处于弹性工作阶段,该拓宽方法对实际的桥梁拓宽项目具有一定的应用价值。

关键词:桥梁拓宽 钢悬臂 数值模拟 模型试验

1 引言

自改革开放以来,经济和社会等各个方面的发展导致交通量不断增加。早期建成的桥梁通行标准较低,车道数较少,导致旧桥的交通容量无法满足现有的交通量,堵车现象频繁发生。这对人们的日常出行和运输事业带来很多的不便,对社会和经济发展产生了不利的影响。

为解决这个问题,需要提高桥梁的通行能力,主要有以下两种方式:一种是对桥梁进行拓宽,另一种是拆除旧桥修建新桥。相比后者,拓宽桥梁可以充分利用已建的旧桥,减少资金的投入,避免拆除旧桥时对周边环境产生的影响,减轻了对交通的影响。因此,桥梁拓宽是解决旧桥堵车问题的最佳方案。桥梁拓宽现如今主要有以下几种方法:新建复桥拓宽法[1-2]、增设悬臂挑梁拓宽法[3]、增设斜撑杆拓宽法[4]、增设钢-混凝土组合梁拓宽法[5]、正交异性钢悬臂板拓宽法[6]。

新建复桥能大幅度提升通行能力,但需新建下部结构占用地面空间,影响桥下通行,已有较多工程实例;增设悬臂挑梁拓宽法由于拓宽幅度较小仅用于增设人行道;增设斜撑杆拓宽法需在原桥设计时预留拓宽构造,暂无应用实例;增设钢-混凝土组合梁拓宽法施工快耗资少,但连接处构造复杂且质量不宜保证,已用于北京马甸桥拓宽;正交异性钢悬臂板拓宽法耗资少施工快,但对原桥质量要求高,已用于大连东北路立交桥拓宽。拓宽断面和平面示意如图1所示。

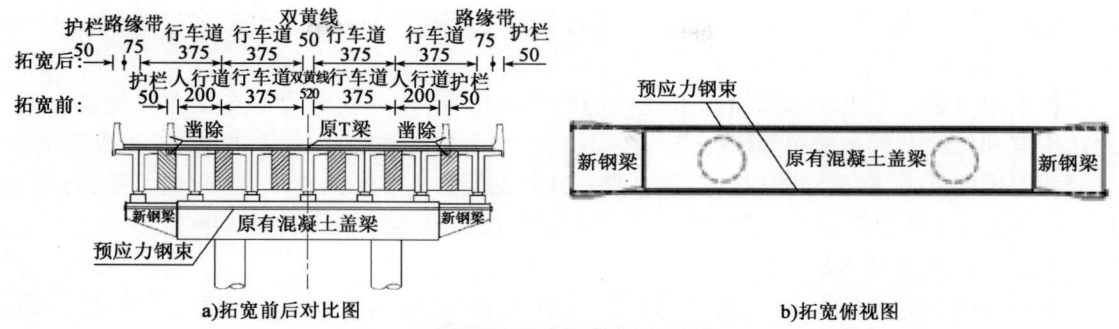

图1 拓宽断面和平面示意图(尺寸单位:cm)

结合以上拓宽方法的拓宽能力和优缺点,提出一种无须新建桥墩、施工快捷、造价经济的新型拓宽法,即钢悬臂拓宽混凝土盖梁法。该法是在原混凝土盖梁两端增设钢盖梁,钢盖梁的承压板与原混凝土盖梁通过螺栓与粘钢胶相连,在钢盖梁两侧施加预应力使钢盖梁与混凝土盖梁成为整体共同受力,最后在原主梁两侧增设新的主梁达到拓宽的目的。新增梁体支座设置在钢盖梁上,主梁通过每隔一段距离增设横隔板与原主梁共同受力。

采用钢悬臂拓宽混凝土盖梁法可用于以下两种情况:①在原有行车道两侧新增人行道;②拆除原有的人行道之后再增设新的车道。以第二种情况为例,拓宽前后横断面及桥面布置对比如图1a)所示,拓宽后原桥由双向二车道变为双向四车道,此方法能有效地提升通行能力。图1b)为拓宽俯视图,预应力布置在盖梁两侧,无须在原结构预留孔道或重新打孔。该拓宽方式除打锚栓孔、灌浆以及拼装等少量工作需要现场施工,新增梁体、钢悬臂等各部件都能在工厂预制完成,施工快捷并能保证施工质量;无须新建桥梁或者拆除旧桥,对周围的交通和环境影响较小,并有较好的经济效益。

2 试验设计及数值分析

2.1 试件尺寸

由于实际盖梁尺寸过大,试验场地与设备难以支持足尺实验模型的制作与试验,综合考虑各方面,此次试验采用1:4的相似比例进行试验设计。为方便试验设计,对盖梁悬臂部分进行适当简化试件尺寸如图2所示。

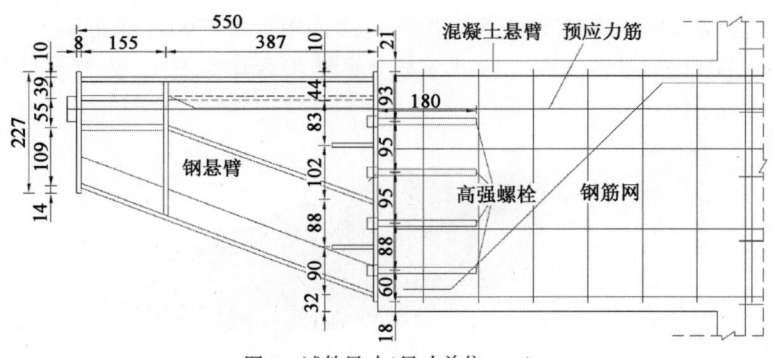

图2 试件尺寸(尺寸单位:mm)

2.2 试验设计

2.2.1 支反力计算

拓宽混合结构在实际工作时将受到新增边梁通过支座传递下来的荷载。因此,需计算新增边梁底下的支反力用以验证该拓宽方式的可行性。采用 Midas 建立新增边梁后的上部结构模型,汽车荷载考虑偏载和中载两种情况。

根据规范规定采用永久作用和可变作用的基本组合,计算新增边梁支反力效应设计值。对比中载和偏载两种车道布置情况,车道偏载时新增边梁梁底的支反力较大。考虑到联间墩承受两跨梁的反力,在偏载作用下新增边梁的最大支反力为 2 905kN。根据相似关系,力为原尺寸的 1/16,换算得到作用在试验模型上的荷载为 182kN。

2.2.2 测点布置及数据采集

试验各测点的布置位置如图 3 所示。其中,⊕代表压力传感器;○代表位移传感器;⊗(大)代表安装于混凝土梁上的单向应变片;⊗(小)代表安装于钢悬臂上的应变花。

试验照片如图 4 所示,试验时采用千斤顶加载,将 C1 压力传感器安装在千斤顶和反力架中间,加载时根据显示器确定加载的力,其余应变片、应变花、位移计和压力传感器通过 JM3813 多功能应变测试系统采集数据。每级加载为 5kN,持荷 1min 后进行数据采集。

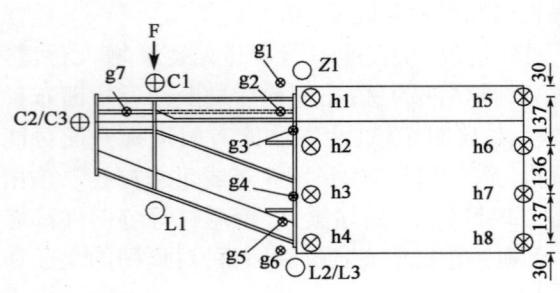

图 3　试验测点布置(尺寸单位:mm)　　　　图 4　现场

2.3 数值模型

2.3.1 单元类型和边界条件

在 Abaqus 中,合理运用单元类型和边界条件对模型计算结果的准确性及收敛速度具有重要影响。

对于混凝土盖梁和螺栓采用三维减缩积分六面体单元 C3D8R;钢筋和预应力筋采用三维二节点桁架单元 T3D2;钢悬臂采用三维减缩积分四边形壳单元 S4R,为节省计算时长,建立半结构模型,如图 5 所示。

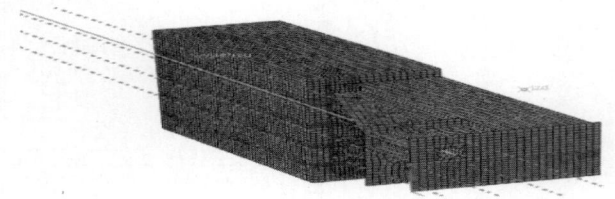

图 5　有限元模型

钢悬臂与混凝土接触面采用法向硬接触+切向摩擦,钢悬臂与螺母接触面采用硬接触。钢筋和螺栓埋入混凝土部分与混凝土之间采用 embedded 约束,钢悬臂与螺栓之间采用壳-实体耦合,预应力筋锚固点 1 与钢悬臂锚固区采用 coupling 约束,加载点与加载区域采用

coupling 约束。

混凝土悬臂根部设置固定边界,预应力筋锚固点2设置铰接,混凝土和钢悬臂的半结构面上设置边界 U1＝UR2＝UR3＝0。

2.3.2 材料参数

除上述单元类型,还需设置C40混凝土、8.8级高强度螺栓、HRB335钢筋、Q345钢板和1860钢绞线的材料参数。基于混凝土本构关系(混凝土单轴应力状态下的应力-应变曲线如图6所示),并参考混凝土塑性损伤模型的理论模拟混凝土材料加载过程中刚度退化的现象。8.8级高强度螺栓、HRB335钢筋、Q345钢板和1860钢绞线的单轴应力状态下的应力-应变曲线如图7所示,均采用双折线模型。

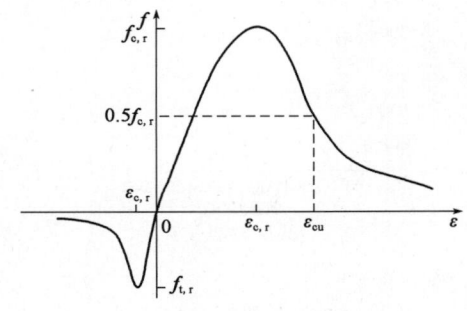
图6 混凝土应力-应变关系

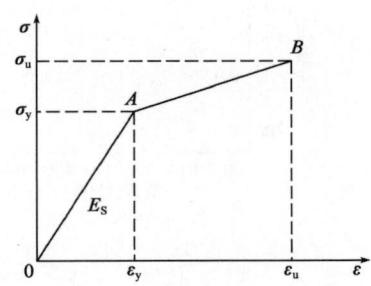
图7 钢材应力-应变关系

3 试验与数值模拟结果对比

3.1 加载点挠度

试验荷载从0增至250kN的过程中,荷载-挠度曲线的斜率没有改变,在这过程结构还未出现损伤,刚度没有变化,结构仍处于弹性工作阶段。随着荷载继续增长,荷载-挠度曲线的斜率逐渐减小,混凝土结构出现裂缝并不断发展,结构刚度逐渐减小。直至荷载增至515kN,位移持续增大,混凝土悬臂表面已布满裂纹,混凝土悬臂端部下缘斜裂缝的扩展导致结构的传力路径发生变化,荷载无法继续增大(图8)。

数值模拟得到的结构极限承载力约为510kN,与试验非常接近。由于试件的拼装间隙以及模拟时混凝土悬臂根部采用固定约束,导致相同荷载下数值模拟得到的加载点位移略小于试验得到的位移。

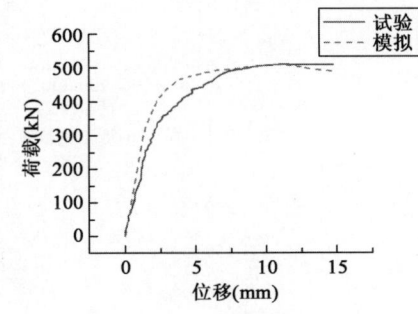
图8 荷载-挠度曲线

3.2 混凝土悬臂上下缘应变

测点h1和h4分别对应混凝土土悬臂端部上缘、下缘应变,测点h5和h8分别对应混凝土悬臂根部上缘、下缘,测点布置具体如图9所示。

由图9可知:随着荷载的增加,h5处压应变随之减小直至此处受到较大拉应变开裂,h4和h8处压应变不断增加。h1处应变在加载前期不随荷载增大有较大的变化,在荷载大于450kN时,迅速从受压变成受拉开裂。数值模拟能较好反映混凝土悬臂上、下缘应变的发展趋势。

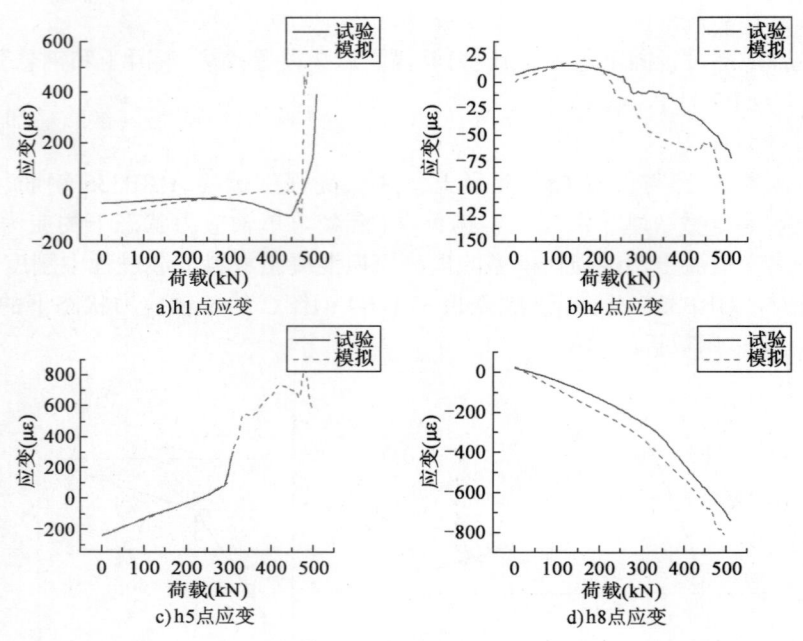

图9 混凝土应变-荷载曲线

3.3 钢悬臂部分点位应力

g1、g2为顶板上的测点,g5为腹板下缘的测点,g7为锚固承压区的测点,测点布置具体如图3所示。图10所示的应力采用的Mise应力,通过公式换算应变花3个方向的应变即可得到。

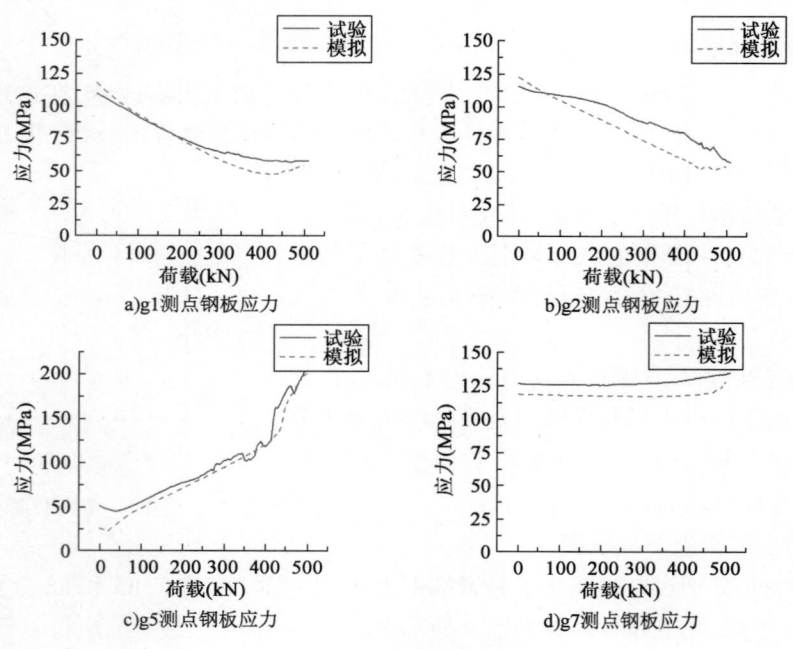

图10 钢板应力-荷载曲线

施加预应力后未加载时,压力主要通过钢悬臂的顶板以及腹板上缘传递到钢-混接触面,此时g1和g2处应力较大;随着荷载不断增大,压力逐渐分散到腹板下缘和底板,g1和g2处应力随之减小,g5处应力逐渐增大。整个加载过程中,锚固区钢板应力并未有较大变化。

数值模拟得到的钢悬臂点位的应力发展趋势与试验结果基本一致。

3.4 螺栓变形

荷载刚达到最大值时,顶部螺栓最大应力还低于屈服强度;随着位移的增加,顶部螺栓与钢板接触处的应力不断增大,直至超过屈服强度,变形持续增大。

螺栓应力云图(图11)的变化与试验中位移持续增大过程中顶部螺栓出现颈缩相对应(如图12所示,荷载达到最大值后)。

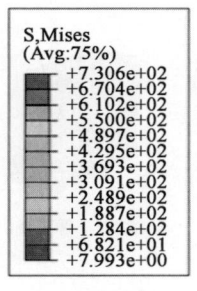 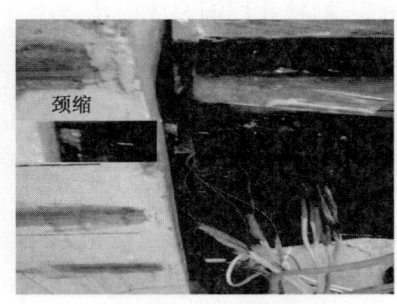

图11 顶部螺栓应力云图(单位:MPa)　　图12 顶部螺栓出现颈缩

3.5 混凝土裂缝发展

试验荷载加到250kN时(图13a),混凝土悬臂根部顶面中间开始有裂缝出现;试验荷载加至300kN时,混凝土根部的裂缝从中间横向扩展至两边;荷载增至335kN(图13b),顶面与侧面交界处出现第二条横向裂缝,第一条裂缝在侧面向下延伸;试验荷载335~440kN时[图13c)、d)],顶面及侧脸的裂缝不断地扩展并有新的横向裂缝出现,此后出现的横向裂缝均由顶面与侧面交界处开始扩展,新出现的横向裂缝的位置逐渐靠近混凝土悬臂端部;荷载达到440kN时(图13e),混凝土悬臂端部侧面下缘出现斜向的裂缝。随着荷载的增加,顶面及侧面的裂缝数量及扩展长度不断增加。直至荷载无法继续增加时,随着混凝土位移持续增加,混凝土裂缝继续扩展,裂缝宽度及长度不断地增加。

  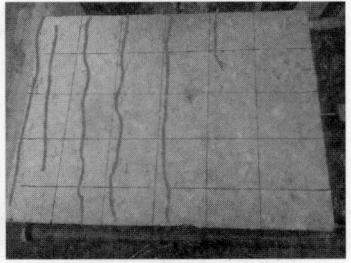

a)根部顶面中间出现裂缝　　b)第二条裂缝从边上出现　　c)第二条裂缝从边上出现

 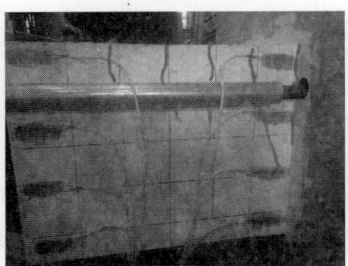 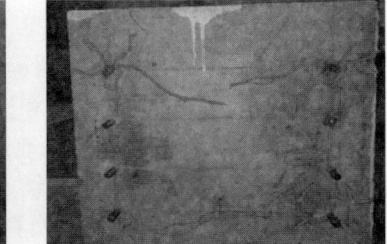

d)侧面裂缝不断发展　　e)端部侧面下缘出现裂缝　　f)螺栓周围的放射状裂纹

图13 试验过程中的混凝土裂缝发展状况

试验完成,拆除预应力筋和钢悬臂,可观察到螺栓周围存在以螺栓为中心呈放射状分布的裂纹,最上缘和最下缘的4个螺栓周围的裂缝扩展范围最广(图13f)。

图14a)~d)为Abaqus计算得到的混凝土塑性损伤(拉)云图,以塑性损伤值最大的部位来反映裂纹出现的位置。第一条横向裂缝也是在混凝土悬臂根部顶面中部出现,此时荷载为257kN。随着荷载的增加,混凝土顶面和侧面的裂缝数量和扩展范围不断增加,且后续出现的裂缝均从顶面与侧面交接边上向顶面、侧面扩展。随着荷载继续增加,混凝土悬臂端部侧面下缘有斜裂缝出现,螺栓孔周围有放射状裂纹。

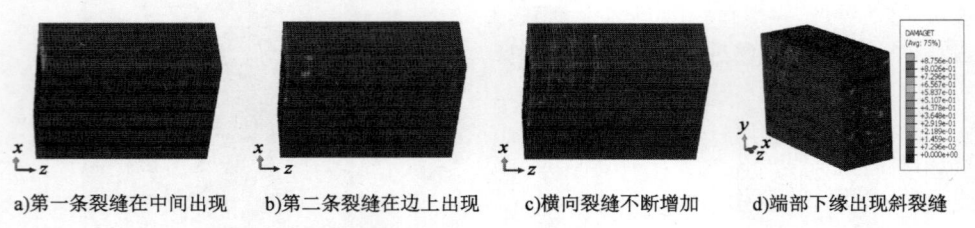

a)第一条裂缝在中间出现　b)第二条裂缝在边上出现　c)横向裂缝不断增加　d)端部下缘出现斜裂缝

图14　数值模拟得到的混凝土塑性损伤云图(拉)

对比试验照片和塑性损伤云图可知,该数值模拟的方式能较好地演示混凝土裂纹的发展状况。

3.6　各组成部分应力(作用182kN)

荷载达到182kN时,各组成部分的应力云图如图15所示。钢悬臂最大应力为226.8MPa,出现在锚固区;钢筋最大应力为43.1MPa;螺栓最大应力为91.8MPa;混凝土最大主拉应力为0.785MPa;混凝土最大主压应力17.55MPa。拓宽混合结构在182kN的荷载作用,各组成部分均能满足规范要求。

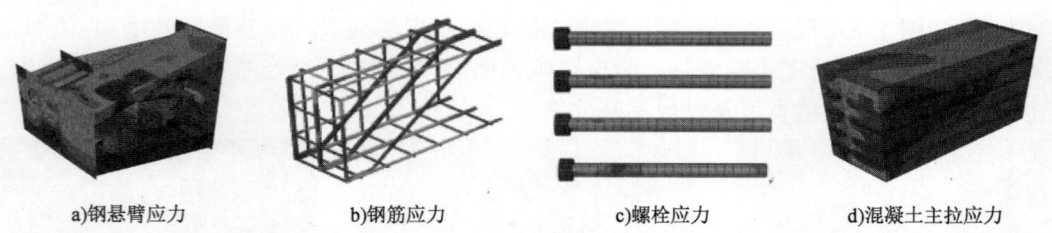

a)钢悬臂应力　　　b)钢筋应力　　　c)螺栓应力　　　d)混凝土主拉应力

图15　各组成部分应力云图(作用182kN)

试验荷载达到182kN时,结构并未出现混凝土开裂以及刚度下降(荷载-挠度曲线斜率没有变化),结构仍处于弹性工作阶段。

以上结果表明,证明该拓宽方法对实际的桥梁拓宽项目具有一定的应用价值。

4　结语

为验证采用钢悬臂拓宽盖梁混合结构的受力性能,本文采用1∶4的相似比例进行模型试验和数值模拟,对比数值模拟和试验结果,可得到以下结论:

(1)此次数值模拟能较好地还原该拓宽混合结构加载点挠度、应力、应变等随着荷载增大的变化情况,得到的混凝土裂纹发展情况与试验基本一致,验证了模拟方法的准确性。

(2)在182kN(根据比例换算得到的支反力效应值)的荷载作用下,各组成部分均能满足规范要求,且在正常工况下均处于弹性工作阶段,证明该新型拓宽方式在建设条件受限时可作为一种可行方案。

(3)此新型拓宽方式施工快捷、造价经济,对实际的桥梁拓宽项目具有推广应用价值。

参 考 文 献

[1] 宗周红,夏樟华.既有桥梁拓宽纵向接缝研究及应用[C]//全国既有桥梁加固、改造与评价学术会议论文集,2008:394-402.

[2] 李群,叶建龙,余茂峰.沪杭甬高速公路拓宽工程通车状态下新老桥梁的拼接工艺[J].公路交通技术,2011(2):74-78.

[3] 王曦婧.预应力混凝土连续箱梁拓宽结构的分析研究[D].南京:东南大学,2006.

[4] 聂建国,陶慕轩,樊键生,等.钢-混凝土组合结构在桥梁加固改造中的应用研究[J].防灾减灾工程学报,2010,30(S1):335-344.

[5] 王骞,邱文亮,张哲,等.SCWCBM中钢悬臂优化设计[J].大连理工大学学报,2013,53(2):227-233.

[6] 李泽涛.钢悬臂拓宽砼箱梁的组合结构破坏机理研究[D].大连:大连理工大学,2016.

134. 基于精细有限元模拟的组合-混合梁斜拉桥结合段构造优化研究

赵澜婷[1]　穆勇勇[1]　蒲广宁[1,2]　郭　琦[1,2]　袁阳光[1,2]

(1.西安建筑科技大学土木工程学院；
2.城市基础设施绿色建造与智慧运维陕西省高校工程研究中心)

摘　要：本文针对一座组合-混合梁斜拉桥主梁结合段选型优化的需求，采用精细有限元模拟手段，分别建立了3种常见钢混结合段有限元模型，分析了各结合段构造形式下的抗剪连接件、混凝土梁、钢梁及承压板的受力性能与材料利用率，并综合考虑安全储备与材料利用率等因素，形成混合-组合梁斜拉桥主梁结合段构造优化方案。通过研究发现：对于前承压板式结合段，剪力连接件较为充分地发挥了承剪传压作用，而且PBL连接件的承剪传压作用更优于焊钉连接件，但其强度储备偏低。混凝土梁底板应力较高，腹板应力较低，在运营过程中可能会出现拉应力。结合段内钢梁应力自顶板至底板降低，过渡段至标准段由于截面形心下移发生应力突变；对于后承压板式结合段，焊钉连接件和PBL连接件剪力变化规律与前承压板式构造类似，而且强度储备适中，又充分发挥了承剪传压作用。混凝土与承压板接触位置处由于挤压作用较强，应力发生突变。结合段内钢梁底板及腹板应力水平高于顶板，标准段钢梁受力性能良好；组合承压板式结合段内，剪力连接件虽有较高的强度储备，但未能发挥好承剪传压作用。承压板之间的混凝土应力变幅较大，距离承压板较远的混凝土受力区域平稳。结合段内钢梁截面竖向分布不均，随着与承压板距离的增加，标准段钢梁应力水平逐渐稳定。

关键词：组合-混合梁斜拉桥　钢混结合段　构造优化　方案比选　有限元模拟

1　引言

组合-混合梁斜拉桥因其灵活的结构创新设计，集钢材与混凝土两种材料的优点于一体，在大跨径桥梁中具有卓越的发展前景。其中，钢混结合段是该类型斜拉桥体系的关键构造和薄弱部位，构造复杂且有多种构造形式，在时变性能研究中受力行为较为敏感，因此必须探求其规律，从而对结合段的构造进行有针对性的设计。

目前，国内学者已对结合段的构造优化进行了大量的研究，陈开利等[1]对某混合梁斜拉桥结合段制作了1:2的缩尺模型，研究了结合段受力机理及截面应力分布规律，为后续研究奠定了基础。江祥林等[2]通过对比承压式、承剪式、压剪式3种结合段类型，研究了不同类型结合段构造的传力效率,发现压剪式传力最为合理。周立兵等[3]通过理论分析的方法证明了承压传剪式结合段辅以大尺寸钢格室、高性能填充混凝土、PBL剪力连接件的构造形式有效地提升了钢-混结合段的传力性能。唐细彪等[4]以重庆某主跨730m的混合梁斜拉桥结合段制作了1:4缩尺模型,并对比数值模拟,分析了结合段受力、变形和钢混滑移规律。韩建秋等[5]对主跨530m的某混合梁斜拉桥制作了缩尺模型,对比了有无钢格室顶板的结合段轴向加载试验下的破坏形态,发现未设置钢格室顶板的结合部承载力略有降低,但仍然满足设计要求,并且还有较大承载力储备。曾奎等[6]采用有限元模型研究了成都某混合梁斜拉桥结合段构件传力分担比,该结合段采用了鱼腹式箱型截面设计,研究结果表明轴向荷载传递顺序依次为钢梁加劲段、钢格室承压板、剪力连接件及核心混凝土、混凝土梁加劲段。姚亚东等[7]以某跨径468m的混合梁斜拉桥为依托工程,分析了结合段各断面应力变化规律,提出了结合段设计应力控制为主、线形控制为辅的原则。

可见,现有研究已通过模型试验等手段深入研究了混合梁结构体系中主梁结合段的力学性能,然而,面对种类繁多的主梁结合段形式,如何针对特定工程需求选择最优的结合段构造仍需进一步研究。此外,现有关于混合梁主梁结合段的研究多针对纯钢梁段与纯混凝土梁段的连接,有关混凝土梁端与钢混组合梁端的连接问题仍有待于进一步探索。本文为解决混合-组合梁斜拉桥主梁钢混结合段构造选型的问题,依托某大跨径组合-混合梁斜拉桥,采用ABAQUS分别建立了不同构造形式下的精细有限元模型,并分析各构造形式中关键构件及材料的力学性能,综合考虑构件安全储备与材料利用率,形成该类桥型的主梁结合段选型方法,研究结果可为相关工程设计建造提供参考。

2 工程背景

某大跨径组合-混合梁斜拉桥共分主线、连接线两部分,总长2 610.742m,为7跨双塔双索混合式叠合梁斜拉桥,其跨径布置为40.5m+42.5m+67m+400m+67m+42.5m+40.5m,桥梁总长700m。主跨跨中部分采用钢混组合梁,钢主梁及其拼接板采用Q370qC低合金钢,横梁及其拼接板、小纵梁、锚拉板采用Q345C钢,边跨采用纯混凝土梁,混凝土型号为C55高性能混凝土。主桥立面布置及主梁典型横断面分别如图1a)、b)所示。

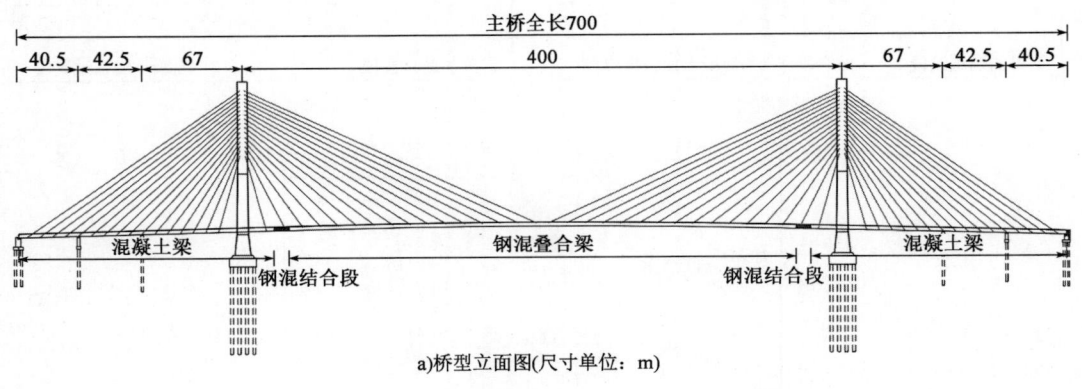

a)桥型立面图(尺寸单位:m)

图 1

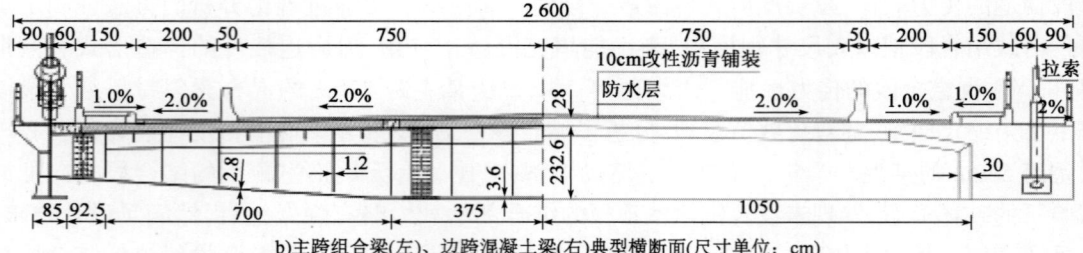

b)主跨组合梁(左)、边跨混凝土梁(右)典型横断面(尺寸单位：cm)

图1 某大跨径组合-混合梁斜拉桥总体信息

3 混合梁钢混结合段构造特点

综合调查国内、外现有混合梁斜拉桥结合段构造形式,按照结合段有无钢格室可分为有格室钢-混结合段与无格室钢-混结合段。相比无格室钢-混结合段,有格室钢混结合段增加了钢梁和混凝土梁的接触传力面积,并且将结合部位的混凝土包裹在钢格室中,从而对混凝土形成三向约束,有效提高了混凝土的强度,而且能够明显减弱钢混结合段中出现的应力集中现象。

有格室的钢-混结合段按照承压板的相对位置可分为前承压板式、后承压板式、组合承压板式3种类型,如图2所示。前承压板式主要由混凝土梁侧承压板及顶底板上剪力连接件承担轴力和弯矩,格室内的剪力连接件将填充混凝土中的轴力转化为剪力承担荷载,刚度过度较平顺;后承压板式主要由钢梁侧承压板及顶底板上剪力连接件承担轴力和弯矩,剪力连接件与前承压板式构造相同,钢格室中应力较小且分布均匀,刚度过渡平顺。组合承压板式结合了前两种构造的特点,主要由前后承压板及顶底板上剪力连接件承担轴力和弯矩,钢格室内应力较分散且承压板承担的内力更小,刚度过渡连续,但该构造形式存在钢梁焊接及混凝土施工性较低的缺陷。

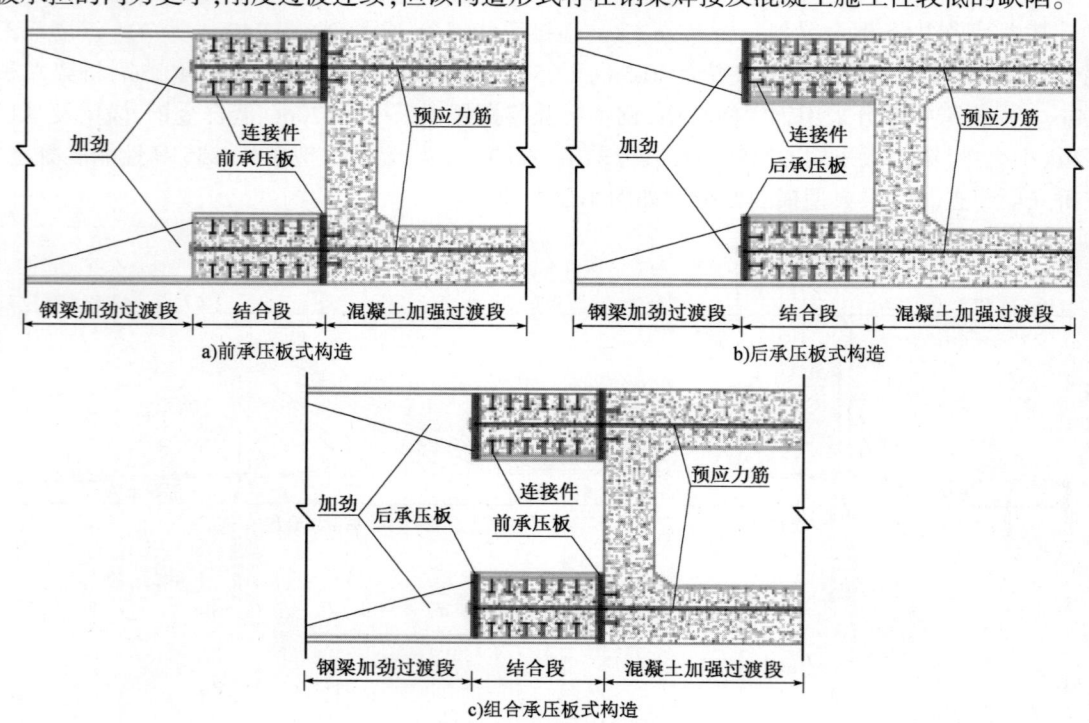

图2 结合段不同构造形式示意图

4 有限元模型

4.1 有限元模拟方法

采用 Abaqus 软件对前承压板式、后承压板式、组合承压板式 3 种不同构造形式的结合段分别建立数值仿真模型,模型模拟采用 1:6 的缩尺比例进行缩小。为了提高模型计算速度,在保证计算结果精确的前提下,尽可能减少单元数量,并对结合段内不同部位采用不同精度的网格划分,混凝土梁段的网格划分尺寸为 100mm,采用实体单元模拟,混凝土梁段中预应力钢筋采用线单元模拟,钢梁段网格划分尺寸为 50mm,采用曲面单元模拟,在钢混结合段处网格进行加密划分。承压板与钢梁和混凝土梁的接触作用采用绑定约束模拟,对于剪力连接件,选取连接单元模拟其剪切作用。选取简直铰接作为模型约束条件,在模型钢梁侧施加 X、Y、Z 三个方向的约束,在混凝土梁侧施加 X、Y 两个方向的约束,两端形心位置处建立运动耦合参考点,在参考点处施加依托桥梁成桥 25 年后轴向力。材料型号选用与实际依托桥梁一致,其中混凝土采用单轴拉压模型作为本构关系,弹性模量及泊松比分别为 $3.55×10^4$MPa、0.2。钢主梁、剪力连接件、承压板、加劲肋板采用理想弹塑性模型为本构关系,弹性模量及泊松比分别为 $2.06×10^4$MPa、0.3。对于结合段钢格室内混凝土的三向受压状态,由于纵桥向应力是本文研究的主体,因此在本构关系选取中考虑适当简化。以组合承压板式为例,有限元模型如图 3 所示。

图3 组合承压板式有限元模型

4.2 整体应力结果分析

以组合承压板式结合段整体应力云图为例,如图 4 所示,钢梁应力分布在 23.1~272.9MPa 之间,各部位都承受压应力且沿纵向分布均匀,压应力均小于钢材屈服强度,钢梁处于弹性工作状态。对于混凝土梁,忽略局部应力集中现象,其纵向压应力分布在 1.18~20.1MPa 之间,小于 C55 混凝土轴心抗压强度,材料处于弹性工作状态,表明本构模型选取合理,并且 3 种备选方案满足基本的受力情况,可进行后续分析比较。

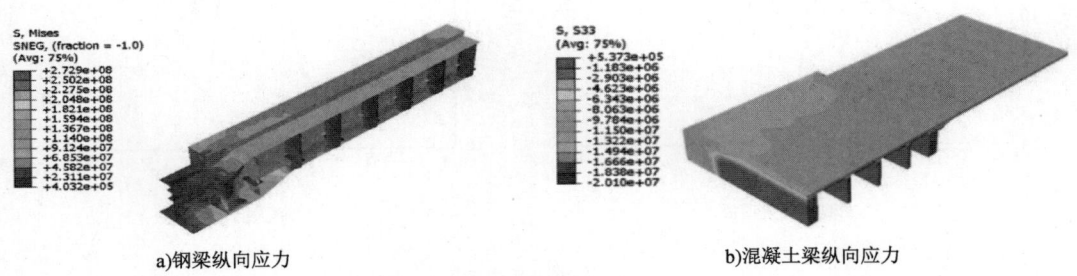

a) 钢梁纵向应力　　　　　　　　b) 混凝土梁纵向应力

图4 组合承压板式结合段整体应力云图

5 主要构件受力性能分析

5.1 剪力连接件

图5为结合段剪力连接件承受剪力情况,可见3种构造形式下的剪力连接件所承受最大剪力分别为32.33kN、28.11kN、13.79kN,均小于设计值36.67kN,符合强度要求。平均强度储备率分别为27%、35%、66.6%,而且相较于焊钉连接件,PBL连接件所承受剪力普遍较高,有较高的传力效率。

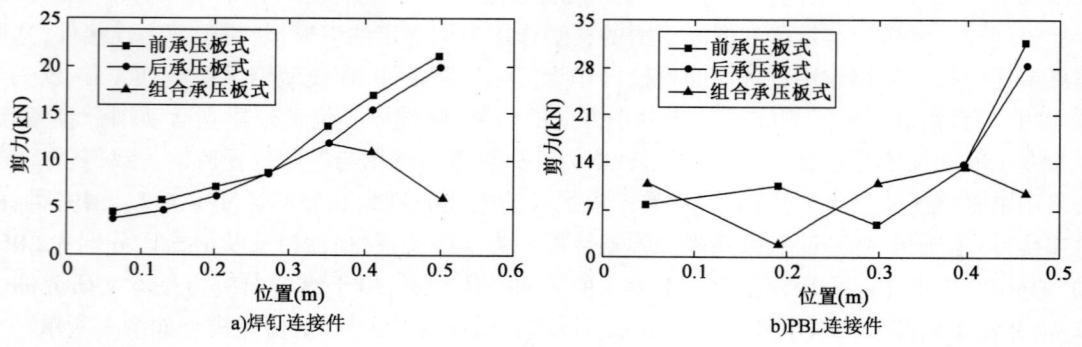

图5 剪力连接件剪力图

5.2 混凝土梁

图6为结合段混凝土梁的应力情况,对比分析可知:3种构造形式下的混凝土梁各部位所承受的最大压应力分别为16.32MPa、13.90MPa、16.63MPa,均小于C55混凝土轴向抗压强度标准值35.5MPa,符合强度要求,平均强度储备率分别为54%、65%、57%。在前承压板式和后承压板式中,承压板附近的应力较大,而在组合承压板式构造中,两承压板间的应力变化起伏较大。另外,前承压板附近腹板区域压应力较低,在荷载作用下可能会出现拉应力,在设计中应考虑在腹板位置加大配筋量,后承压板处部分位置应力出现突变,后趋于稳定,在组合承压板式构造中,靠近承压板处的腹板压应力较小,在运营阶段可能会出现拉应力,在设计时应考虑在该位置进行加强处理。

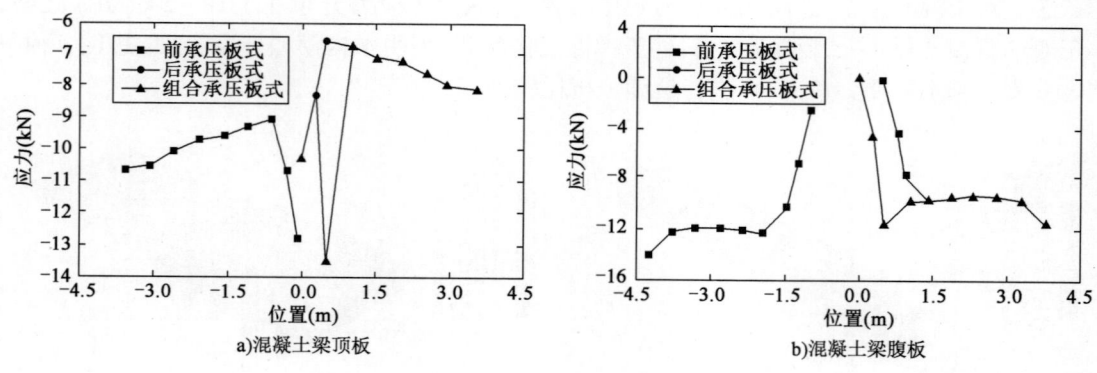

图 6

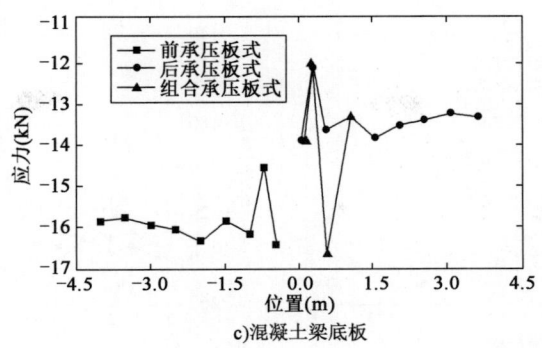

c) 混凝土梁底板

图6 混凝土梁应力图

5.3 钢梁

图7展示了结合段钢梁的应力情况,对比分析可知:3种构造形式下的结合段钢梁整体承受最大压应力分别为120MPa、109MPa、114.53MPa,均小于Q370钢材屈服强度370MPa,符合强度要求,平均强度储备率分别为67.6%、71%、70%。对于结合段钢梁,3种构造形式下,轴向力均完成了从结合段钢梁到混凝土梁的平稳过渡,其中,在后承压板式构造中,由于承压板与钢梁加劲段以焊接方式连接,出现应力集中现象;对于标准段钢梁,在前承压板式构造中,钢梁过渡段内由于主梁截面形心下移,应力出现突变现象,在组合承压板式构造中,在靠近结合段位置处,钢梁应力有较大变幅,钢梁过渡内加劲肋板与承压板焊接部位出现了应力集中现象。

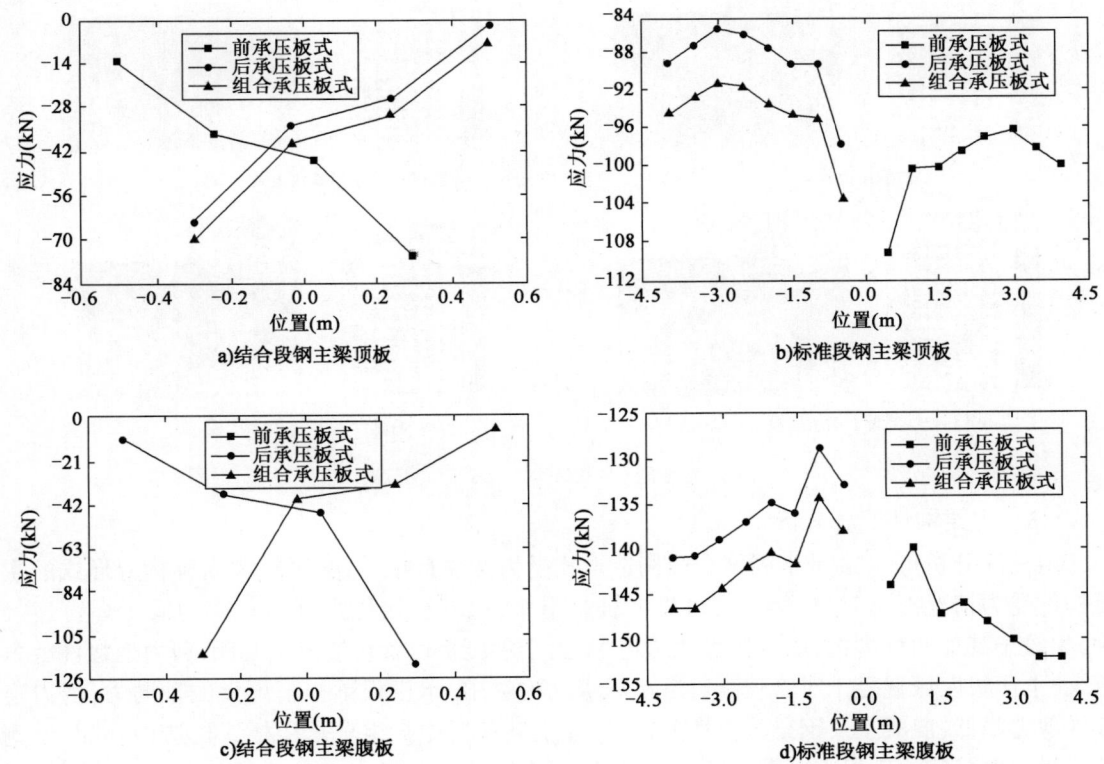

图7

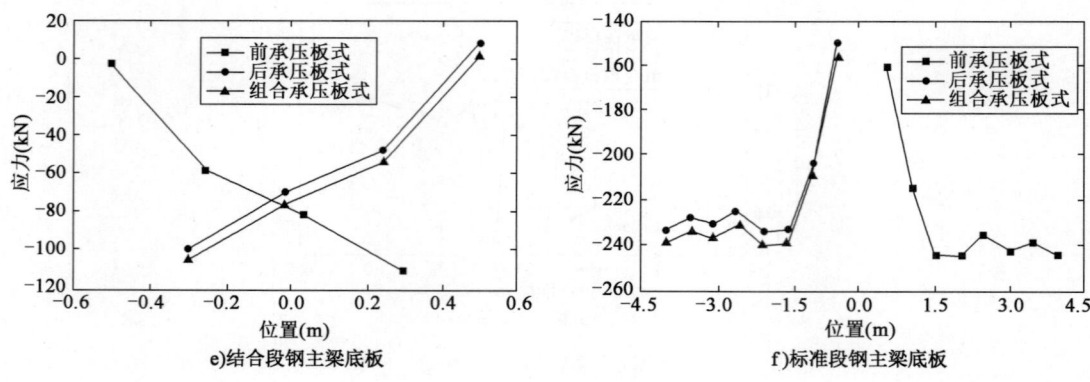

e)结合段钢主梁底板   f)标准段钢主梁底板

图7 钢主梁应力图

5.4 承压板

图8为不同构造形式下承压板应力,可见3种构造下承压板中部应力水平均低于顶部和底部,其中,底部局部区域会产生应力集中现象,应力沿竖向分布不均。前承压板式构造中,最大压应力110.2MPa,后承压板式构造中,最大压应力为132.0MPa,组合式承压板构造中,混凝土侧承压板最大压应力为93.4MPa,钢梁侧承压板最大压应力为126.2MPa。应力水平从大至小依次为后承压板式、组合承压板式、前承压板式,各构造形式承压板均小于钢材屈服强度,强度储备率分别为70.1%、64.4%、70.5%。

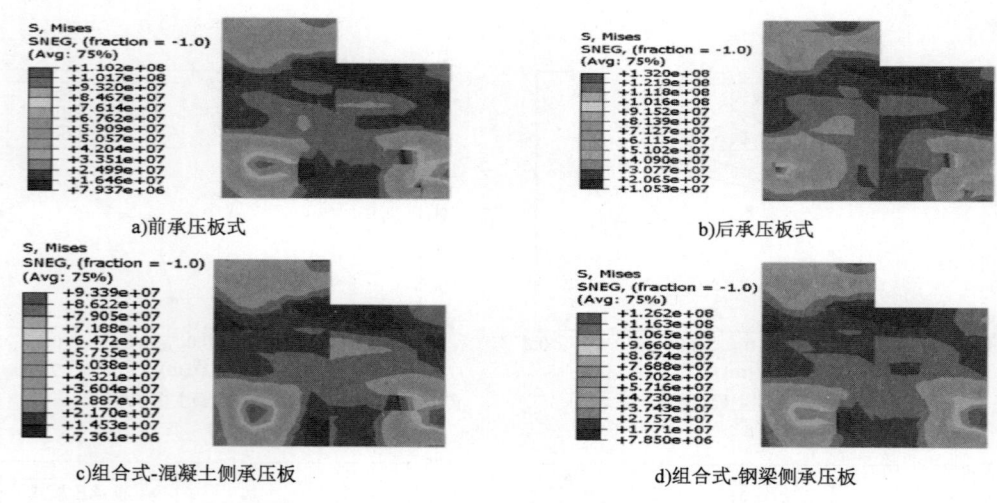

a)前承压板式   b)后承压板式

c)组合式-混凝土侧承压板   d)组合式-钢梁侧承压板

图8 结合段不同构造形式承压板应力云图

5.5 主要构件汇总分析

由前述分析可知,3种不同结合段构造形式受力性能存在一定差异,将3种构造形式的主要构件受力情况汇总对比(表1),可见3种构造中,PBL连接件强度储备率低于焊钉连接件,相较于其他两种构造,前承压板式构造中,由于承压板设置在混凝土梁侧,剪力连接件剪力更大,承压板区域混凝土应力较高。后承压板式构造中,承压板承担了更大的轴向力,剪力连接件剪力降低,混凝土及钢梁受力性能良好,强度储备适中。组合承压板式构造中,混凝土侧承压板与钢梁侧承压板应力有一定的差异,剪力连接件承受剪力偏小,混凝土及钢梁应力水平与后承压板式构造差异不大。

不同结合段构造形式受力性能对比　　表1

构造形式	焊钉连接件 剪力(kN)	焊钉连接件 强度储备	PBL连接件 剪力(kN)	PBL连接件 强度储备	混凝土 应力(MPa)	混凝土 强度储备	钢梁 应力(kN)	钢梁 强度储备	承压板 应力(kN)	承压板 强度储备
前承压板式	21.02	43%	32.33	12%	16.32	54%	120	67%	110.2	70%
后承压板式	19.70	46%	28.11	23%	13.90	65%	109	71%	132.0	64%
组合承压板式	10.64	71%	13.79	62%	16.63	57%	114.53	70%	93.4	75%
									126.2	66%

6　结语

（1）对于前承压板式结合段，剪力连接件较为充分地发挥了承剪传压作用，且PBL连接件的承剪传压作用更优于焊钉连接件，但强度储备偏低。混凝土梁底板应力较高，腹板应力较低，在服役中可能会出现拉应力。结合段内钢梁应力自顶板至底板降低，过渡段至标准段由于截面形心下移发生应力突变。

（2）后承压板式结合段焊钉连接件和PBL连接件剪力变化规律与前承压板式类似，强度储备适中，但整体剪力小于后者，混凝土与承压板接触位置处由于挤压作用，应力发生突变，结合段内钢梁底板及腹板应力水平高于顶板，标准段钢梁受力性能良好。

（3）组合承压板式结合段，剪力连接件虽有较高的强度储备，但未能发挥好承剪传压作用，其值低于前两种构造。承压板之间的混凝土应力变幅较大，距离承压板较远的混凝土受力区域平稳。结合段内钢梁截面竖向分布不均，随着与承压板距离的增加，标准段钢梁应力水平逐渐稳定。

（4）3种不同构造形式的承压板均表现为两端应力水平较高，中间较低。后承压板式构造应力最高，前承压板式应力居中，组合承压板式混凝土侧承压板应力最低；对依托工程，后承压板式结合段受力性能良好，较之其他两种构造，有较高的安全储备，同时材料性能发挥更为充分，方案最优。

参　考　文　献

[1] 陈开利,王戒躁,安群慧.舟山桃天门大桥钢与混凝土结合段模型试验研究[J].土木工程学报,2006(3):86-90.

[2] 江祥林,刘玉擎,孙璇.混合梁结合部受力机理模型试验研究[J].土木建筑与环境工程,2014,36(6):48-53.

[3] 周立兵,丁望星,张家元.斜拉桥主梁钢-混结合段技术性能提升关键技术[J].桥梁建设,2019,49(2):30-35.

[4] 唐细彪,王亚飞,伍贤智,等.混合梁斜拉桥钢-混结合段模型试验研究[J].桥梁建设,2019,49(S1):92-97.

[5] 韩建秋,顾奕伟,商程宇,等,樊健生.钢格室顶板对斜拉桥结合段受力性能的影响研究[J].桥梁建设,2020,50(4):61-65.

[6] 曾奎,邱敏捷,罗实.无背索斜拉桥主梁钢-混凝土结合段有限元分析[J].公路,2020,65(11):118-123.

[7] 姚亚东,徐佰顺,贾舒阳,等.甬江铁路特大桥施工控制[J].世界桥梁,2021,49(1):26-32.

135. 装配式桥梁预制构件与现浇混凝土结合面性能研究

严科 谢祺 李晓菡

（中建安装集团有限公司）

摘 要：装配式桥梁预制构件的湿接缝结合面成型现主要以传统拉毛、机械凿毛、高压水枪冲射工艺处理，但此类工艺依赖施工人员工作经验，常出现结合面粗糙度不均匀、降低结合面抗剪性能等问题。免凿毛止浆带作为新型复合材料，正逐渐在装配式桥梁施工中应用，本文通过设置4组12个试件，试验研究盖梁湿接缝采用不同的结合面形式对结合面受剪性能的影响，涉及的参数有结合面处理方式、是否配置连接筋、混凝土强度等级，试验结果表明各组试件中抗剪承载力性能最好的是钢刷处理的露骨料结合面试件，其次是免凿毛止浆带成型试件。免凿毛止浆带成型的结合面处理工艺虽然抗剪性能上比不上露骨料工艺，但胜在结合面处理方便、节省时间、原材料较易获取，有一定的使用价值。

关键词：免凿毛止浆带　装配式桥梁　盖梁湿接缝　混凝土结合面

1 引言

现盖梁湿接缝的结合面成型采用机械凿毛工艺为主，结合面粗糙度不均匀，现场施工费时费力，产生的粉尘会影响施工人员身体健康，且会在混凝土表面形成微裂缝，降低结合面的抗剪性能[1]。

免凿毛止浆带是一种新型复合材料，可以在现场制作成各种尺寸，贴在模板内侧即可在混凝土上形成规整的麻面效果，且施工方便，可重复使用，能大大节省人工成本。免凿毛止浆带形成结合面工艺目前主要用于小箱梁侧边接缝[2]。国内外对于传统拉毛[3]、凿毛、高压水枪冲射[4]等工艺方法已有较为成熟的研究成果，而对于使用免凿毛止浆带形成的结合面性能有待研究，因此本文拟开展相关试验研究采用不同粗糙度的免凿毛止浆带形成结合面的抗剪性能。

2 新老混凝土界面试验构件特性

参考以往学者研究新老混凝土界面抗剪性能的试验设计，试件结构形式主要Z字形单面

基金项目：312 国道南京绕越高速公路至仙隐北路段改扩建工程课题研究项目（ZAFH2020-146）。

剪切试件和双面剪切试件。考虑到试验的安全性[5-6],采用双剪试件结构形式,并施加水平轴压以减轻附加弯矩的影响。

试验设计 4 组共 12 个双剪试件,涉及 3 种结合面成型工艺:机械凿毛、水洗露骨料和免凿毛止浆带成型。钢筋均采用 HRB400 级,纵向钢筋为 $\phi12@100$,箍筋为 $\phi10@100$,保护层厚度为 25mm。采用灌砂法测量不同结合面的粗糙度[7],分别用试件结合面相同的成型工艺制作边长为 150mm 的混凝土立方体试块各一组。粗糙度的计算公式为:

$$\Delta = \frac{V}{A}$$

式中:V——灌砂法获得的标准砂体积;
A——试件结合面的表面积。

各类试件粗糙度见表 1。

各类试件粗糙度　　　　　　　　　　　　　　　　　　　　　表 1

表面类型	用砂体积(mL)	表面积(mm²)	粗糙度(mm)	平均粗糙度(mm)
机械凿毛	28.0	22 500	1.244	1.258
	27.3	22 500	1.213	
	29.6	22 500	1.316	
水洗露骨料	25.1	22 500	1.116	1.111
	24.2	22 500	1.076	
	25.7	22 500	1.142	
止浆带成型	20.0	22 500	0.889	0.840
	18.9	22 500	0.840	
	17.8	22 500	0.791	

不同类型结合面形式的表面粗糙度由大到小依次为:机械凿毛>露骨料>免凿毛止浆带成型。

3　装配式桥梁预制构件与现浇混凝土结合面性能研究试验方案

3.1　试验测量内容

本次试验测量内容主要包括连接钢筋应变测量和位移测量,加载时需观察裂缝发展情况并做详细记录。

为了测量试件加载过程中连接钢筋的应变变化情况,在结合面靠后浇部分约 5cm 处的连接钢筋上布置应变片,一个构件上布置 12 个测点,连接钢筋的应变测量点布置如图 1 所示。

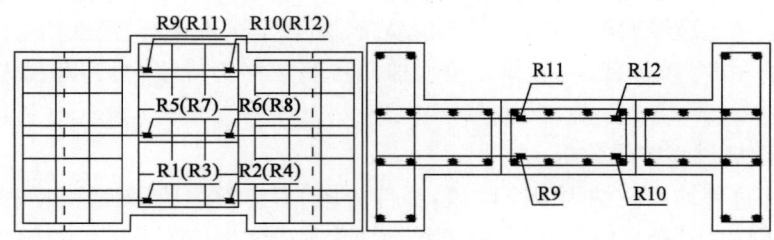

图 1　连接钢筋的应变测量点布置图

用乳胶漆将试件表面刷白,每级荷载加载完后在试件表面描绘裂缝分布,并做详细记录。

为了测量加载过程中试件结合面的剪切错动位移和加载台座的位移,分别在试件后浇部分两侧底端和对角线台座上各布置两个位移计。位移计选用YHD-50型位移传感器,通过DH3816N静态应变测试系统进行数据采集。

本次验采用的1 000t液压式压力试验机,可以通过控制台的进出油阀控制施加的荷载,在机械表盘上可读取施加荷载的大小。

3.2 试件加载装置和加载方案

本次试验在东南大学九龙湖土木交通结构试验室进行,试验采用1 000t液压式压力试验机加载。试验时在设备与试件之间铺撒约5mm厚的细砂找平,使设备与试件良好接触。

(1)首先进行预加载,消除各部件间隙的同时检查仪器设备是否正常工作。预加载时对试件施加20%左右的计算破坏荷载,以20kN为一级分级加载,加载过程要缓慢,每级加载完成后持荷60s后方可下一级加载,达到预加载值(无结合面配筋试件为150kN,有结合面配筋试件为200kN)后缓慢卸载。

(2)正式加载时先用试验工装对试件施加50kN的侧向正压力,然后用连续分级加载的方式施加竖向荷载。加载时前面荷载阶梯前大后小,试件开裂前以一级50kN进行加载,达到开裂荷载附近时降为20kN一级加载,直至试件发生滑移破坏且荷载下降20%时停止加载。每级荷载加载完成后持荷60s,读取数据并绘制裂缝图。加载装置示意如图2所示。

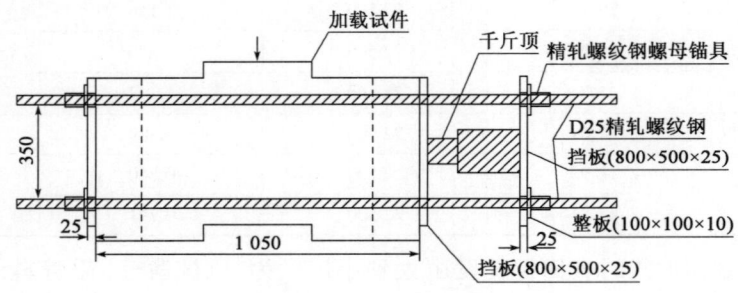

图2　加载装置示意图(尺寸单位:mm)

4 试验现象及测量结果分析

试验加载前通过小型千斤顶施加50kN侧向轴压,布置好测量仪器后,将底部台座升起至台座滚轮脱离轨道,在试件顶部铺设约5mm厚细砂,下降上部反力架至反力架与试件紧密贴合。加载过程分为4个阶段:第一阶段为预加载阶段,以50kN为一级,施加约20%计算破坏荷载的荷载后缓慢卸载;第二阶段为正式加载,以50kN为一级,每级加载后持荷60s,待数据采集完成后进行下级加载,加载至试件开裂;第三阶段为试件开裂后加载,以20kN为一级,每一级加载完成后描绘裂缝发展情况,测量裂缝宽度,加载至试件破坏;第四阶段为出现荷载下降后以50kN为一级继续加载,若荷载无法增加而台座位移仍持续增长,则视为试件破坏,试验结束。

4.1 试验破坏过程结果分析

试件的破坏过程均可归纳为4个阶段:弹性阶段、裂缝发展阶段、破坏阶段、荷载下降阶段。无连接筋试件尤其是机械凿毛组,两侧结合面裂缝的发展速度并不一致,往往有一侧结合面先发生剪切滑移破坏,因此在荷载-位移图中在裂缝发展阶段会出现一小段的平台,之后两侧结合面承受的剪力的重新分配。整体性越好的试件荷载-位移曲线越平滑,两侧结合面先后开裂的现象越不明显。

各类试件裂缝发展情况大致相同,先由结合面底部开展竖向裂缝,发展至一定高度后出现向加载横梁中部发展的斜向裂缝,无连接筋试件的斜向裂缝出现位置相比有连接筋试件更高。无连接筋试件的裂缝主要集中在后浇部分内,有连接筋试件的部分斜向裂缝会穿过结合面。与其他试件最初裂缝出现的位置不同,整浇对比组最初出现裂缝的位置在试件后浇部位的底部中间,先在试件后浇部位的底部中间出现细小的竖向裂缝,然后才是结合面底部开裂。

4.2 试验抗剪承载力与剪切滑移结果分析

各组试件不同加载阶段的抗剪承载力与剪切滑移量表见表2,各类结合面试件荷载-滑移曲线对比如图3所示,同组试件荷载-滑移曲线对比如图4所示。

试件抗剪承载力与剪切滑移量表　　　　表2

试件编号	试件类型	开裂阶段		屈服阶段		极限阶段	
		承载力(kN)	滑移量(mm)	承载力(kN)	滑移量(mm)	承载力(kN)	滑移量(mm)
1	整浇 C40	500	0.32	1 260	1.15	1 360	2.88
2	整浇 C50	550	0.34	1 400	1.18	1 500	2.16
3	整浇 C50 φ10@200	750	0.38	2 200	2.15	2 320	2.75
4	露骨料 C40	400	0.55	1 240	1.21	1 280	1.36
5	露骨料 C50	500	0.49	1 420	1.36	1 460	1.59
6	露骨料 C50 φ10@200	300	0.14	2 040	3.68	2 150	4.75
7	凿毛 C40	200	1.00	890	3.83	910	4.95
8	凿毛 C50	250	1.59	950	4.40	1 000	4.91
9	凿毛 C50 φ10@200	450	3.56	1 590	6.42	1 650	7.59
10	止浆带 C40	300	0.31	1 090	0.97	1 150	1.16
11	止浆带 C50	300	0.75	1 200	3.72	1 300	4.76
12	止浆带 C50 φ10@200	550	0.47	1 900	3.99	1 970	4.67

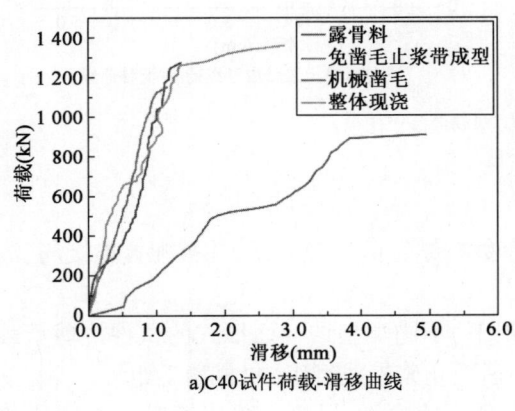 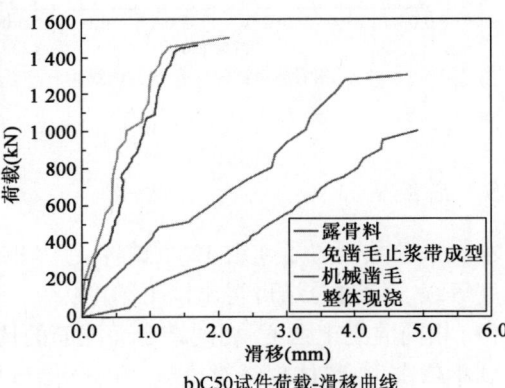

a) C40试件荷载-滑移曲线　　　　b) C50试件荷载-滑移曲线

图 3

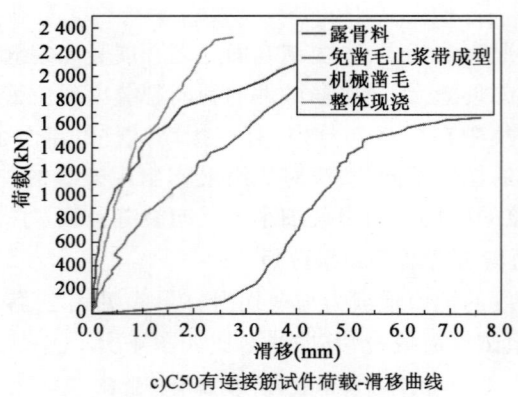

c) C50有连接筋试件荷载-滑移曲线

图3 各类结合面试件荷载-滑移曲线对比

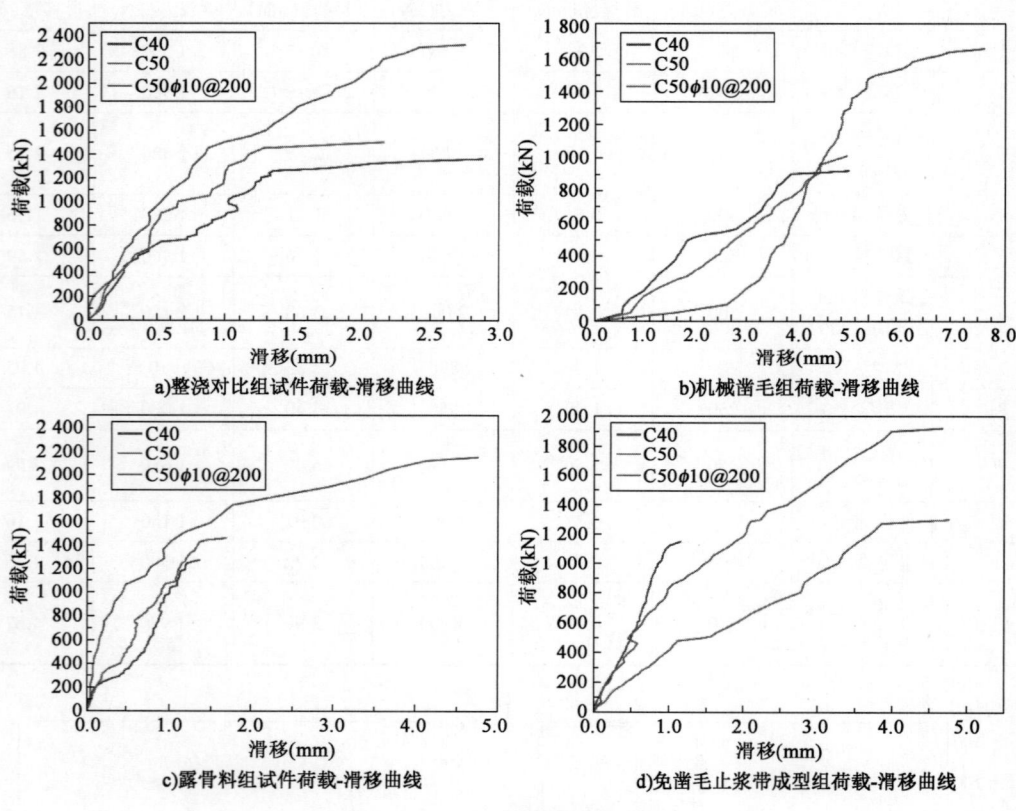

图4 同组试件荷载-滑移曲线对比

5 总结

本次试验共设置了4组12个试件,涉及的参数有结合面处理方式、是否配置连接筋、混凝土强度等级。通过总结可得出以下结论:

(1)相同混凝土强度、相同结合面配筋的情况下,不同类型结合面形式的试件抗剪承载力由大到小依次为:整体现浇对比组>露骨料组>免凿毛止浆带成型组>机械凿毛组。

(2)相同结合面类型的试件抗剪承载力由大到小依次为:混凝土强度等级C50配连接筋

试件>混凝土强度等级 C50 无连接筋试件>混凝土强度等级 C40 无连接筋试件。

（3）提高混凝土强度等级对结合面抗剪承载力提升最大的是露骨料组试件，试件混凝土强度等级由 C40 提高为 C50，抗剪承载力提升幅度为 14.1%；提升最小的是机械凿毛组试件，提升幅度为 9.9%。

（4）为结合面配置连接筋对结合面抗剪承载力提升最大的是机械凿毛组试件，配置 ϕ10@200，试件抗剪承载力提升幅度为 65.0%；提升最小的是露骨料组试件，提升幅度为 47.3%。

（5）相同混凝土强度、相同结合面配筋的试件中，试件后浇部分滑移量最大的是机械凿毛组，最大滑移量为机械凿毛 C50 有连接筋试件的 7.59mm。

（6）同组试件中，混凝土强度等级为 C50 的试件开裂荷载都不小于混凝土强度等级为 C40 的试件。

各组试件中抗剪承载力性能最好的是钢刷处理的露骨料结合面试件，其次是免凿毛止浆带成型试件。免凿毛止浆带成型的结合面处理工艺虽然抗剪性能上比不上露骨料工艺，但胜在结合面处理方便，节省时间，原材料较易获取，有一定的使用价值。

参 考 文 献

[1] 张国炜.混凝土二次浇筑凿毛过早对混凝土质量产生病害研究[J].建筑安全,2019,34(8):70-72.
[2] 刘薇.铁路高墩预制节段拼装梁湿接缝施工工艺探析[J].云南科技管理,2021,34(6):61-64.
[3] 叶澍华.水工构筑物施工缝处理技术[J].黑龙江水利科技,2021,49(1):202-205.
[4] 黄明波.水洗凿毛工艺在预制小箱梁的应用[J].广东公路交通,2015(1):24-26.
[5] 叶铮,谭伟,李枝军.新旧拼宽空心板桥受力特性及湿接缝刚度对主梁内力影响分析[J].山东交通科技,2021(6):50-55.
[6] 朱爱珠,田知典,曾敏,等.预制拼装 UHPC 湿接缝模型拉伸试验[J].土木工程与管理学报,2022,39(1):7-13.
[7] 鄢稳定,邬晓光,胡科坚,等.装配式梁桥桥面板湿接缝凿毛粗糙度量化研究[J].铁道建筑,2021,61(11):39-43.

136.龙潭长江大桥纵向间隙约束研究

陈 铭　王忠彬　杨光武

（中铁大桥勘测设计院集团有限公司）

摘　要：鉴于国内多座大跨径悬索桥运维数据揭示了梁端日常伸缩幅值远小于伸缩装置设计行程的现象，龙潭长江大桥采用纵向间隙约束以减小梁端伸缩极值，提出了间隙约束效应的量化评估方法，并就间隙量对结构关键响应的影响展开了参数分析，归纳了纵向间隙约束设计原则，最后指出间隙约束能以较小代价有效控制梁端伸缩量。

关键词：悬索桥　梁端振动特征　纵向间隙约束　并发加载工况　参数分析

1　引言

一方面，国内多座大跨径悬索桥的运维数据[1-2]揭示：运营中梁端伸缩幅值远小于伸缩装置设计行程；另一方面，梁端伸缩装置的可靠度、行车舒适性随伸缩装置行程增大而降低，故在大跨径悬索桥中控制梁端伸缩极值极为必要。而在大跨径悬索桥中，塔、梁纵向约束方式是影响梁端伸缩极值的关键因素，因此控制梁端伸缩极值的关键在于合理设计塔梁纵向连接方式。

江苏省境内的龙潭长江大桥为主跨1 560m单跨悬吊钢箱梁悬索桥，按双向六车道高速公路设计，设计速度100km/h，汽车荷载等级为公路—I级，设计基本风速28.9m/s，地震设防烈度7度。大桥采用半飘浮体系，在索塔横梁位置设竖向支座、横向抗风支座、纵向阻尼器与主梁连接，为减小梁端伸缩极值，在塔梁间增设纵向间隙约束[3]。间隙约束设计的出发点是释放日常状态下梁端的高频振动，约束极端工况下梁端的位移，其难点在于间隙约束效应的量化评估和合理间隙量的确定，本文主要介绍相关研究。龙潭长江大桥立面布置如图1所示。

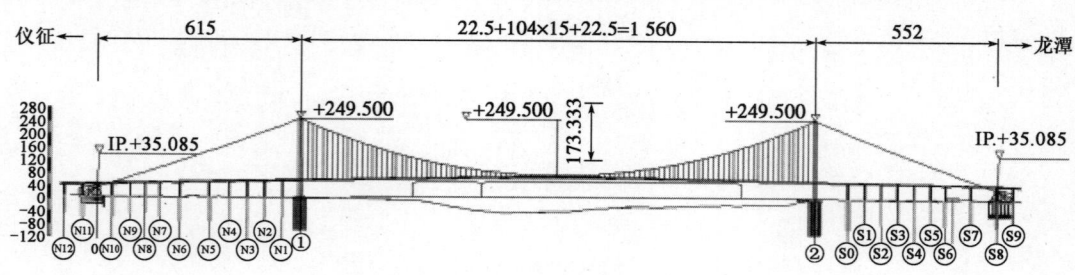

图1　龙潭长江大桥立面布置图（尺寸单位：m；高程单位：m）

2 纵向间隙约束效应的量化评估

由于间隙约束的引入,传统基于分项作用效应组合的评估方法不再适用,本文采用等效组合作用效应的评估方法,具体如下:

(1)根据影响线结果将活载转化为8种指定加载工况(分别对应两侧梁端纵向位移极值、承台顶纵向弯矩极值);

(2)根据分项作用效应结果,按不利组合原则将活载指定加载工况、运营纵风、制动力、体系温度转化为八种等效作用(并发加载工况);

(3)分别计算等效作用效应,并按不利取包络即纵向最不利组合效应。

3 纵向间隙约束对结构关键响应的影响

为研究纵向间隙约束对结构关键响应的影响(梁端纵向位移、索塔承台顶纵向弯矩、间隙约束内力),共对9种方案作量化分析,方案1~9对应间隙量 δ 分别为 ∞、90cm、75cm、60cm、45cm、30cm、25cm、15cm、0($\delta=\infty$,即不设纵向间隙约束;$\delta=0$,即纵向固结约束)。

由表1、表2可知:①最不利等效组合作用下方案1($\delta=\infty$)的梁端位移约为方案9($\delta=0$)的17.7倍,方案9的承台顶纵向弯矩约为方案1的3.2倍(取组合控制值)。②方案1的梁端位移极值中,温度效应占比17.8%/17.8%,活载效应占比56.8%/57.2%。③方案9的承台顶纵向弯矩极值中,温度效应占比82.8%/87.4%,活载效应占比9.5%/4.3%。④最不利等效组合作用效应与分项作用效应的组合存在一定差异,但偏差较小,从本桥梁端位移、承台顶弯矩来看,传统基于作用效应组合的评估手段偏安全。

方案1、方案9在分项及最不利组合作用下梁端的纵向位移值   表1

项目	方案	极值	活载	运营纵风	温度	制动力	最不利组合 等效组合作用的效应	最不利组合 分项作用效应的组合
梁端位移 (m)	方案1	min	−0.795	−0.098	−0.250	−0.257	−1.250	−1.400
		max	0.814	0.098	0.252	0.258	1.274	1.422
	方案9	min	−0.002	−0.003	−0.061	−0.002	−0.058	−0.068
		max	0.017	0.003	0.061	0.002	0.072	0.083
位移占比	方案1	min	56.8%	7.0%	17.8%	18.4%	89.2%	—
		max	57.2%	6.9%	17.8%	18.1%	89.6%	—

方案1、方案9在分项及最不利组合作用下承台顶的纵向弯矩值   表2

项目	方案	极值	活载	运营纵风	温度	制动力	最不利组合 等效组合作用的效应	最不利组合 分项作用效应的组合
承台顶纵向弯矩 (kN·m)	方案1	min	−592 920	−167 371	−328 660	−18 789	−1 103 362	−1 107 740
		max	0	167 344	327 837	18 766	193 865	513 947
	方案9	min	−341 821	−192 325	−2 987 631	−86 495	−3 479 745	−3 608 271
		max	145 488	192 143	2 949 987	86 481	3 272 263	3 374 100
占比	方案9	min	9.5%	5.3%	82.8%	2.4%	96.4%	—
		max	4.3%	5.7%	87.4%	2.6%	97.0%	—

综上可认为,纵向不设约束或设固结约束均无法实现梁端位移和承台顶纵向弯矩的双控;各分项效应在两种约束条件下的位移与力的占比不对等,这为纵向间隙约束的应用提供了条件。

3.1 对由分项作用引起的承台顶纵向弯矩的影响

由图 2 可以看出:①当 $\delta<25\mathrm{cm}$ 时,由温度作用引起的承台顶纵向弯矩对间隙量异常敏感,呈负相关。②当 δ 从 30cm 减小至 0 时,由温度作用引起的承台顶纵向弯矩增大 9 倍,由活载、风、制动力引起的承台顶纵向弯矩有一定变化但变化相对较小。③当 $\delta \geqslant 30\mathrm{cm}$ 时,由活载、风、制动力、温度引起的承台顶纵向弯矩基本保持不变。

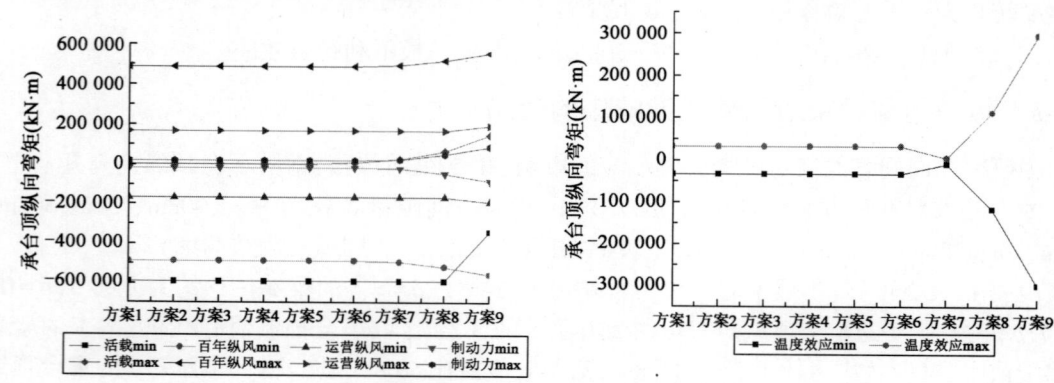

图 2 间隙量对分项作用下承台顶纵向弯矩的影响

3.2 对最不利作用组合下承台顶纵向弯矩的影响

由图 3~图 5 可以看出:①承台顶纵向弯矩绝对值、间隙约束力绝对值与间隙量呈负相关,当 $\delta \leqslant 25\mathrm{cm}$ 时,二者对间隙量变化异常敏感。②梁端纵向位移与间隙量正相关,数值接近。③当 δ 由 25cm 减小至 0 时,承台顶纵向弯矩绝对值增大超过 4.4 倍,间隙约束力绝对值增大超过 4.7 倍。④当 $\delta \geqslant 25\mathrm{cm}$ 时,承台顶纵向弯矩基本保持不变,间隙约束力 $\leqslant 18\,958\mathrm{kN}$(对应下横梁底单个塔肢剪力值 9 479kN,而 E1 地震作用下单个塔值剪力为 33 400kN),不控制塔柱截面设计。

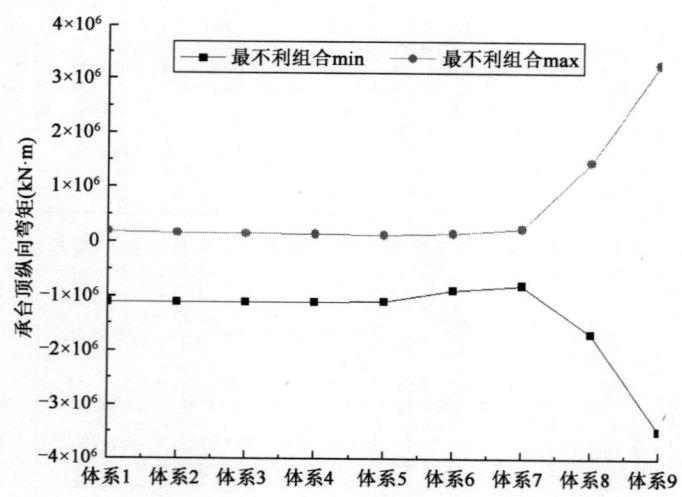

图 3 间隙量对最不利作用组合下承台顶纵向弯矩的影响

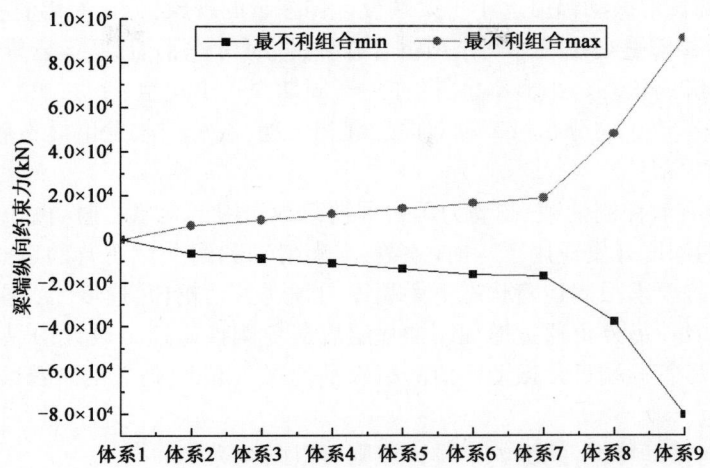

图 4 间隙量对最不利作用组合下间隙约束力的影响(对应单侧梁端)

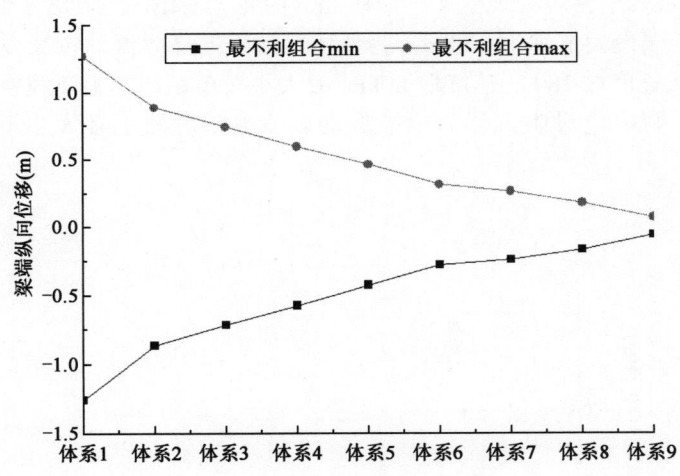

图 5 间隙量对最不利作用组合下梁端纵向位移的影响

综上可认为,间隙约束能以较小代价(增加了间隙约束力,但不显著增加承台顶纵向弯矩)有效控制梁端伸缩量,且间隙量的取值范围较为宽泛,但宜大于由温度效应引起的梁端位移。

4 合理间隙量的确定

纵向间隙量的取值需综合考虑结构的动力响应,宜避免日常运营过程中梁端发生频繁碰撞,而这需要建立在对梁端纵向振动特征充分认识的基础上。

运营数据表明[1-2,4]:

(1)运营过程中梁端日位移曲线主要由日温差效应波和车辆或风等短周期效应波叠加而成,前者整体呈现出与温度强相关性,后者整体呈现出高频小幅振动的特征。

(2)梁端日常振动幅值远小于梁端设计伸缩量。

对于出现梁端日常振动幅值远小于梁端设计伸缩量的现象,分析原因有:

(1)梁端设计伸缩量是按最不利作用组合计算,同时考虑了活载、运营纵风、制动力、整体温度等效应,其对应的状态为小概率事件,在运营周期内极少发生。

(2)考虑随机车流单向分布概率和双向加载相干性,汽车荷载发生最不利加载(双向同一半跨加载)为小概率事件。

(3)阻尼器能有效控制活载、制动力等短周期荷载作用下梁端的振动幅值。

随着阻尼器的深度开发应用[5-8]和伸缩缝、支座滑动副耐久性改善的客观要求,设计开始关注、重视甚至明确要求限制运营状态下梁端纵向频遇振动幅值、速度[5],这极大降低了间隙约束发生碰撞的能量,另外可通过增加缓冲垫层以避免刚性碰撞。设计中纵向间隙约束常与阻尼器联合应用,尽管梁端日常振动幅值的精确量化存在困难,但总的来看梁端的小概率碰撞基本可控。

结合梁端纵向振动特征,间隙约束设计原则可以归纳为:
①允许梁端日常运营过程中的高频小幅振动;②有效降低伸缩缝规模;③避免主塔受力大幅增加(相对$\delta=\infty$);④挡块反力合理,不控制主结构设计;⑤避免地震作用下挡块参与受力。

龙潭长江大桥在每个主塔处设置4个液压黏滞阻尼器,阻尼器阻尼系数为2 500,速度指数为0.1,E2地震梁端最大位移为0.68m。为评估梁端纵向高频振动特征,对活载作简化时程分析(移动荷载车队长度取780m,速度取80km/h,大小按单幅四车道活载换算,同时考虑频遇组合系数),分析结果如下:设阻尼器后梁端振动幅值大幅度减小且大小不超过5cm,如图6所示。

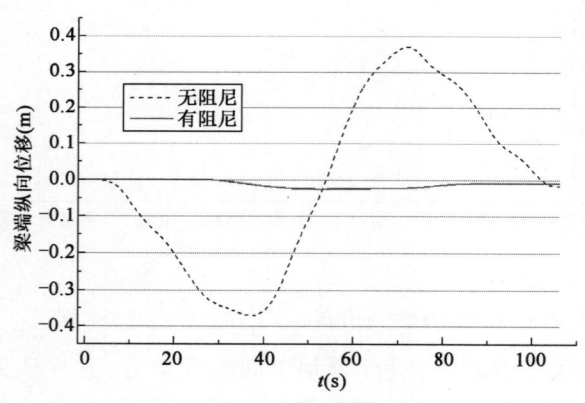

图6 活载作用下梁端纵向位移曲线

综合考虑梁端静动力响应、施工误差等因素,结合江阴桥的梁端位移监测曲线[2],龙潭长江大桥纵向约束间隙量δ取±760mm,对应承台顶最不利纵向设计弯矩不变(相对$\delta=\infty$),对应纵向约束力理论值为8 769kN(单个塔肢剪力为4 385kN)。

5 结语

基于对多座大跨径悬索桥运维情况的调研分析,明确了大跨径悬索桥宜通过采取合理的纵向约束方式以降低梁端伸缩装置规模。通过对纵向间隙约束建立量化评估的方法,揭示了其对结构响应影响的规律,提出了适合龙潭长江大桥的纵向约束方案。目前纵向间隙约束在斜拉桥中也有应用,当然合理的方案并不唯一,具体应用须结合实际工程背景并以量化分析为支撑,如福州闽江长门大桥、诺曼底大桥、昂船洲大桥等工程综合考虑风、地震等条件,巧妙地利用了塔(墩)梁纵向固结方案,同样实现了非常高效的结构效率。

参 考 文 献

[1] 刘扬,李杜宇,邓扬.大跨度悬索桥伸缩缝位移监测数据分析与评估[J].长沙理工大学学报(自然科学版),2015,12(2):21-28.

[2] 张宇峰,陈雄飞,张立涛,等.大跨悬索桥伸缩缝状态分析与处理措施[J].桥梁建设,2013,43(5):49-54.

[3] 董萌,崔冰,王满军.三跨连续弹性支撑体系悬索桥结构体系设计研究[J].中国工程科学,2013(8):18-25.

[4] 丁幼亮,周凯,王高新,等.苏通大桥斜拉桥伸缩缝位移的长期监测与分析[J].公路交通科,2014,31(7):60-64,71.

[5] 万田保.改善桥梁结构耐久性的阻尼器性能要求[J].桥梁建设,2016,46(4):29-34.

[6] 万田保,张强.铜陵公铁两用长江大桥主桥设计关键技术[J].桥梁建设,2014,44(1):1-5.

[7] 秦顺全.武汉天兴洲公铁两用长江大桥关键技术研究[J].工程力学,2008,25(S2):99-105.

[8] 马长飞,汪正兴,王波,等.武汉杨泗港长江大桥变参数黏滞阻尼约束体系研究[J].桥梁建设,2019,49(A01):45-50.

137. 新型密肋双T梁承载能力试验分析

武继民[1] 邱志雄[2]

(1.广东省交通规划设计研究院集团股份有限公司；2.广东省高速公路有限公司)

摘 要：为研究新型密肋双T梁承载能力，结合工程实例，开展了足尺试验。试验包括不同箍筋形式对结构抗剪性能影响测试、抗弯正常使用频遇组合、承载力极限状态试验等，测试各工况下梁体的挠度、混凝土应变、钢筋应变等。分析结果表明，足尺试验梁具有较好的抗剪、抗弯性能，具有较好的延性。

关键词：新型密肋双T梁 承载能力 足尺试验

1 引言

开口截面预应力混凝土双T梁较空心板具有显著的优势，可避免空心板内膜施工质量难保证、耐久性差及养护检修困难等弊端；较单T梁结构增加了运输、架梁等施工过程中稳定性，同时减少了现场湿接缝施工、节约工期、提高效率[1-3]。姚爽等[4]开展了密肋式预应力混凝土T梁足尺试验，获取了试验梁的应变分布规律、破坏形态等，研究表明：密肋式预应力混凝土T梁桥整体性能较好，但刚度仍存在一定的不足。金涛[5]对密肋式T梁在城市中小跨径桥梁设计中的应用展开了研究，并对密肋式T梁顶板湿接缝的设计优化提出了改进意见。王思佳等[6]基于混凝土损伤模型理论对预应力混凝土T梁桥顶板的疲劳性能展开了试验研究，研究表明：双向桥面板的疲劳性能优于单向板，且随桥面板厚度的增加其疲劳性能有所提高。虽然国内多家研究、设计单位对密排单T梁开展了相关研究，但是对密肋双T梁研究较少。李洞明[7]参考美国NEXT双T形梁研发出适应国内规范要求的装配式双T形梁，并利用工程试验段进行了初步验证。故须通过足尺试验来验证结构使用的安全性及受力性能，为此类新型结构大面积推广应用做支撑。

2 研究目的

因国内双T梁的足尺试验较少，本文结合广东省深汕西高速公路改扩建工程，开展了16m双T梁单梁的足尺试验。结合预制装配化及施工快速化，通过试验研究验证16m双T梁抗弯、抗剪承载能力；验证圆头钢筋双T梁的受力性能，并与普通钢筋双T梁方案的受力特点对比；对圆头双T梁方案配筋设计提供一定的指导；对圆头钢筋双T梁的建模提供基本参数，并可作为有限元模型结果的验证。

3 试验模型

试验模型采用深山西高速公路改扩建工程中16m标准跨径,采用等高等厚腹板,预制梁高0.90m,预制宽度220cm,双T梁横断面如图1所示,足尺试验模型如图2所示。

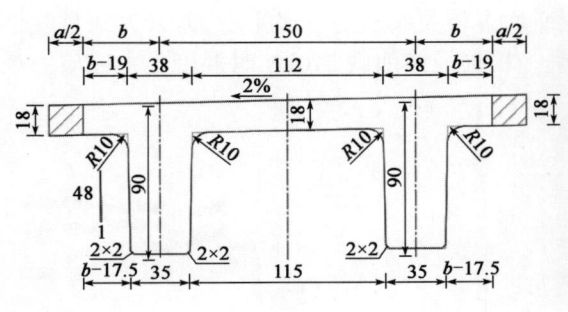

图1 双T梁标准断面(尺寸单位:cm)

图2 足尺试验模型

因足尺试验费用较高,本次试验只有一片加载梁,通过桥梁博士、理论分析以及考虑材料非线性的三维实体有限元分析,最终破坏模式为抗弯破坏。故为实现研究目的,试验分为抗弯正常使用极限状态加载试验、抗弯承载能力极限状态加载试验以及抗剪普通箍筋和开口箍筋加载试验。根据试验目的,试件制作时,梁端一端配置圆头钢筋,另一端配置普通箍筋。

4 试验加载方案

通过理论分析确定试验最终加载值,抗弯正常使用极限状态加载力约250kN,承载能力极限状态加载力约880kN。

按照等效原则,抗弯试验、抗剪试验加载方案如图3、图4所示。

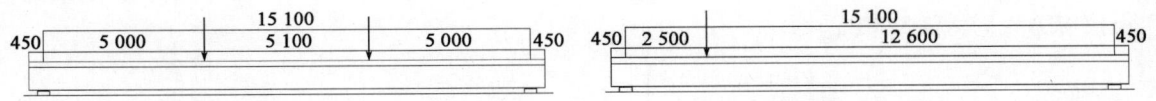

图3 抗弯试验加载(尺寸单位:mm)　　　图4 抗剪试验加载(尺寸单位:mm)

考虑到开口箍筋与闭口箍筋对比抗剪试验,该测试须在抗弯正常使用状态加载完毕后,采用单边加载方案。根据计算结果,抗剪最终的加载荷载为370kN;当最后一组观测完成后,需将双T梁水平旋转180°,进行另一端箍筋试验。

5 试验结果分析

5.1 开口箍筋抗剪试验

按照加载方案,试验分8级加载,最终荷载为370kN。每级加载完成时,保持荷载不变,检查人员应观测梁体裂缝情况,主要试验结果为挠度、裂缝及应变。

5.1.1 挠度

由图5可知,在开口箍筋构件逐级施加荷载的过程中,挠度与荷载梁呈线性增长,加载到350kN时产

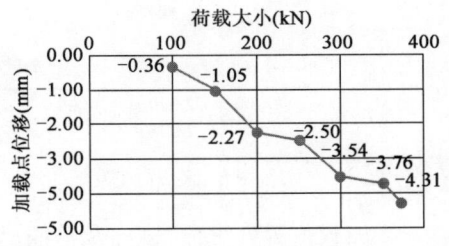

图5 开口箍筋多级加载下荷载-位移曲线

生最大挠度变形约4.3mm。

5.1.2 裂缝
试验过程中未发现裂缝。

5.1.3 应变
(1)受剪应变。

根据图6~图8应变花测试结果,各方向应变均有较为明显的分级平台,并且大致呈线性递增的形式,证明应变片完好且记录数据较正确。根据最终加载370kN时混凝土主拉应力最大约为1.8MPa,混凝土未开裂。

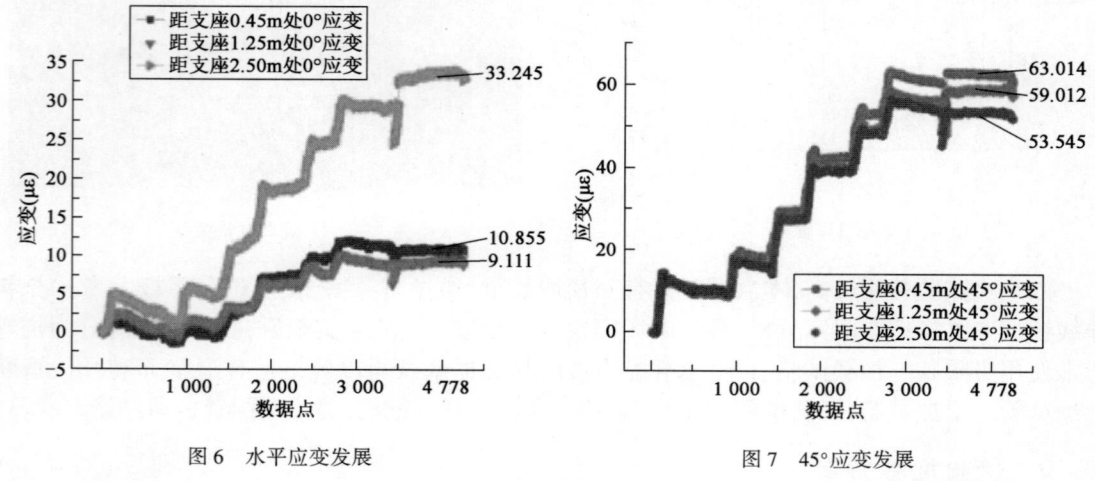

图6 水平应变发展　　　　　图7 45°应变发展

(2)受弯应变。

①梁底混凝土纵向应变。

如图9所示,从加载点、5m及跨中3个位置的腹板底部混凝土应变变化可知,均具有阶梯状分级加载的状况,且没有较异常的数据。在加载位置处其腹板底侧拉应变最大,换算成混凝土拉应力大约为3.32MPa。

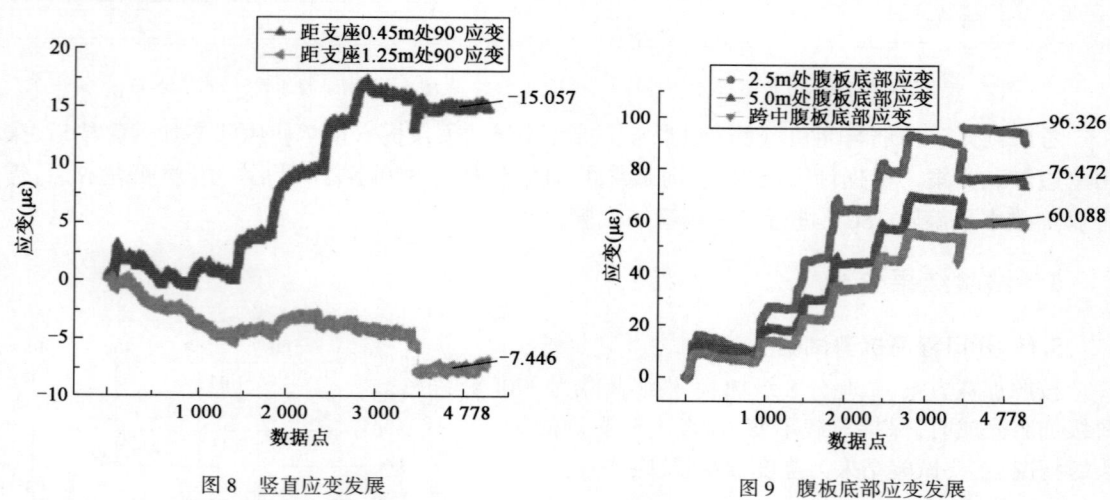

图8 竖直应变发展　　　　　图9 腹板底部应变发展

②加载位置处纵向、横向及箍筋(竖向)钢筋应变。

由图10~图12可知,在加载位置处纵向钢筋最大应变约70με,换算成应力约14.7MPa;

箍筋应力较小,箍筋受压;横向钢筋的应力水平也较小,在正常阶段发挥作用较小。可见梁体具有较强的抗剪富裕度。

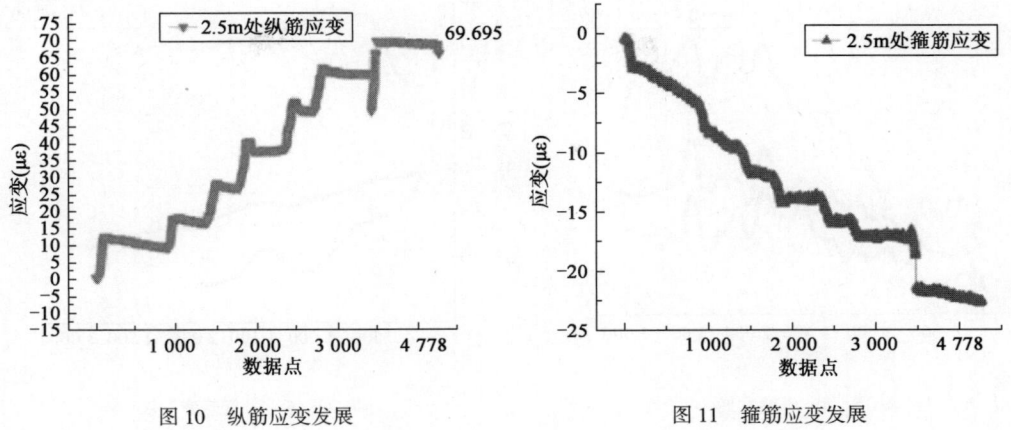

图10 纵筋应变发展　　　　　　　图11 箍筋应变发展

5.2 闭口箍筋抗剪试验

闭口箍筋抗剪试验中试件的试验加载位置及荷载与开口箍筋抗剪试验相同。试验结果如下:

5.2.1 挠度

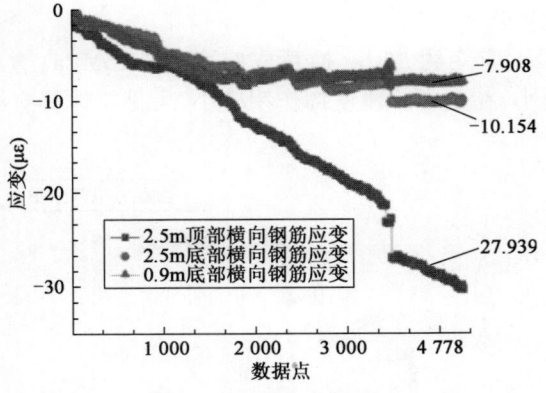

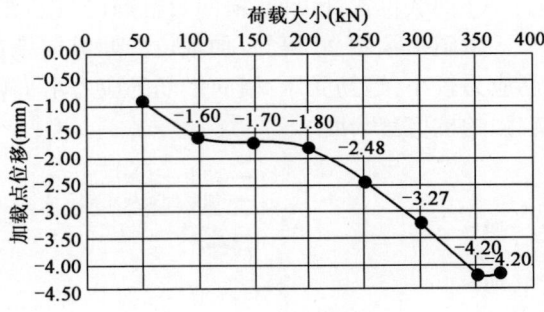

图12 横向钢筋应变发展　　　　　图13 闭口箍筋多级加载下荷载-位移曲线

由图13可知,在闭口箍筋构件逐级施加荷载的过程中,挠度与荷载梁呈线性增长,加载到350kN时产生的最大挠度变形约4.2mm。

5.2.2 裂缝

本工况无裂缝。

5.2.3 应变

(1)受剪应变。

由图14~图16可知,各方向应变均有较为明显的分级平台,并且大致呈线性递增的形式,证明应变片完好且记录数据较正确。根据最终加载370kN得到3个方向的应变花结果,混凝土主拉

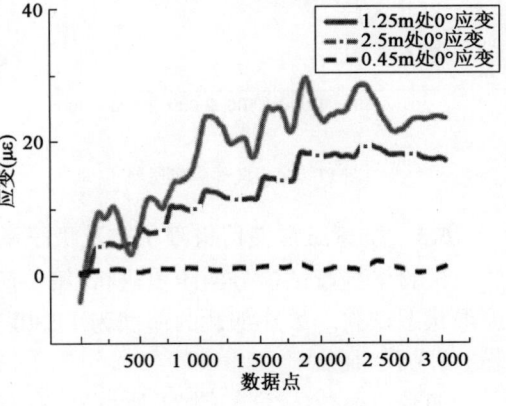

图14 水平应变发展

应力最大约为 1.8MPa,混凝土未开裂。

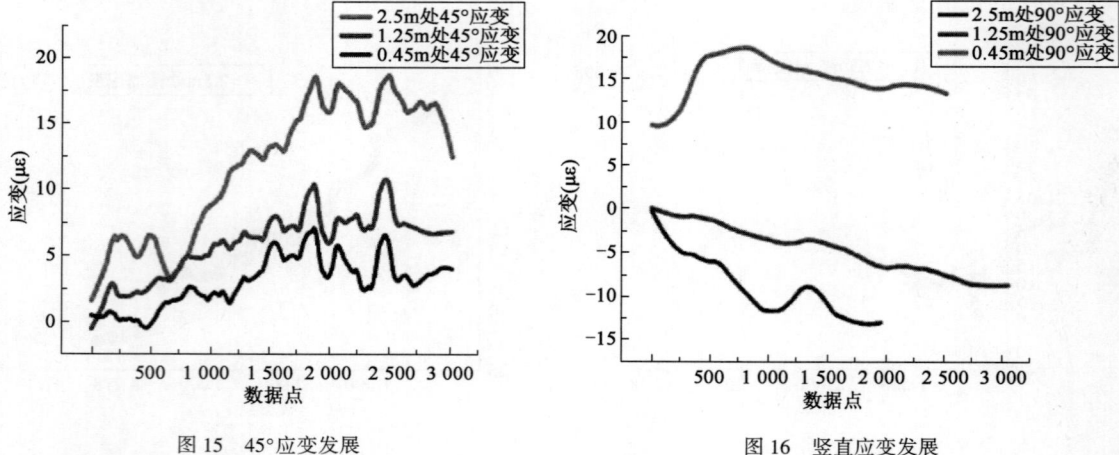

图 15　45°应变发展　　　　　　　　图 16　竖直应变发展

（2）受弯应变。

①梁底混凝土纵向应变。

由图 17 可知,在加载点 5m、跨中的腹板底部混凝土应变变化,均具有阶梯状分级加载的状况,且没有较异常的数据。在加载位置处其腹板底侧拉应变最大,换算成混凝土拉应力大约为 2.7MPa。

②加载位置处纵向、横向及箍筋(竖向)钢筋应变。

由图 18～图 20 可知,加载位置处纵向钢筋最大应变约 $55\mu\varepsilon$,换算成应力约 11.6MPa;箍筋应力较小,箍筋受压;横向钢筋的应力水平也较小,在正常阶段发挥作用较小,可见梁体具有较强的抗剪富余度。

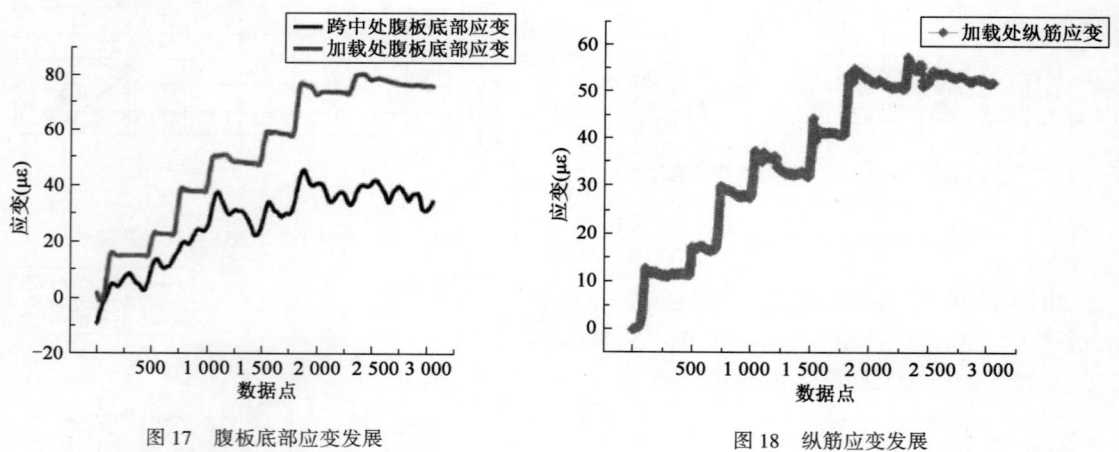

图 17　腹板底部应变发展　　　　　　图 18　纵筋应变发展

5.3　抗弯正常使用极限状态及极限承载能力极限状态试验

试验梁抗弯试验分两阶段进行:第一阶段为正常使用极限状态试验,第二阶段为承载能力极限状态试验。最终加载的荷载为 1 130kN,产生抗弯破坏。测试结果如下:

5.3.1　挠度

加载点荷载-挠度如图 21 所示。

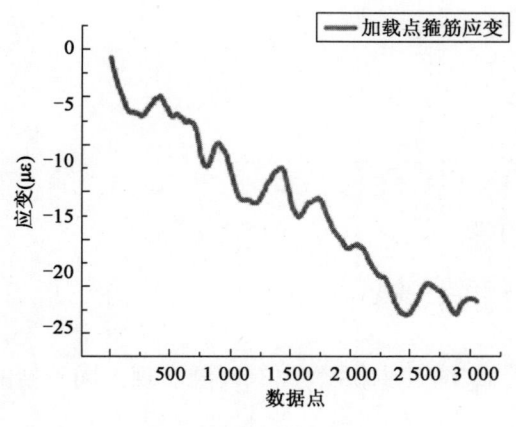

图19 箍筋应变发展

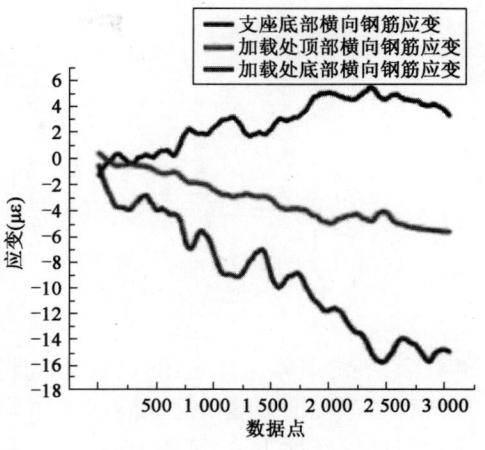

图20 横向钢筋应变发展

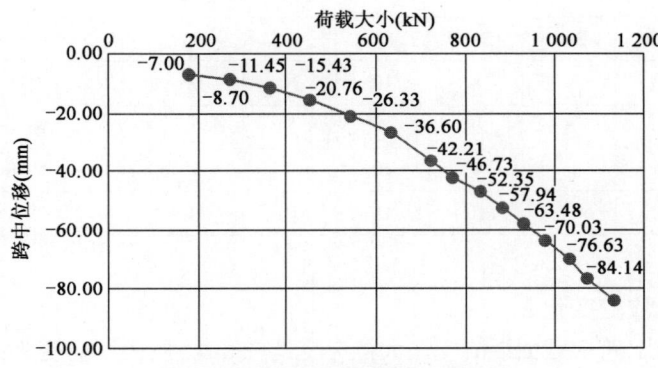

图21 抗弯承载力试验荷载-位移曲线

由图21可知,双T梁在逐级施加荷载的过程中,挠度与荷载梁呈线性增长。第一阶段,加载270kN时产生最大挠度变形为8.7mm;第二阶段继续加载,加载770kN时达到理论计算承载能力极限状态,产生的最大挠度变形为42.2mm;最大荷载1 130kN时最大挠度变形为84.1mm。

如图21所示曲线大致呈现3段直线:第一段为0~630kN,其刚度最大;第二段为630~1 030kN,其刚度次之;第三段为1 030~1 130kN,其刚度相较于第二段略微减小。

5.3.2 裂缝

(1)正常使用极限状态频遇组合工况。

此工况下未见裂缝。

(2)抗弯极限承载能力。

加载至$P=620$kN时,在左侧腹板出现一条斜裂缝(裂缝宽度0.02mm),主要原因为左侧支座脱空所致。

随后每一级工况裂缝逐渐增多,裂缝长度也出现不同程度的延展。

由图21可知,加载至$P=620$kN,刚度略有下降;加载至$P=1~030$kN时,刚度下降幅度增大,趋向于平直段发展;最后加载到$P=1~130$kN后,因千斤顶行程有限,最大裂缝超过1mm,暂停加载。裂缝在加载区域内分布均匀,如图22所示,结构具有较好的延性。

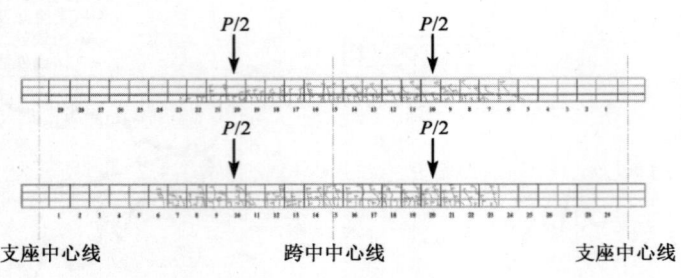

图22 双T外表面最终裂缝分布图

卸载后,裂缝基本上完全闭合,裂缝肉眼不可见。

经统计各工况的裂缝情况,随着荷载的增大,裂缝逐步新增,原有裂缝出现不同程度的延伸。裂缝发展以新增为主,延伸为辅,详见表1。

各工况裂缝统计结果(单位:条) 表1

位置		荷载 P/2 (单位:kN)									
		310	360	385	415	440	465	490	515	540	565
第一片	新增	13	9	8	10	10	0	0	0	出于安全,未记录	
	延伸	0	8	9	4	5	0	0	0		
第二片	新增	14	15	8	10	3	4	0	0		
	延伸	0	11	10	11	13	11	0	1		

5.3.3 应变

(1)跨中混凝土应变变化。

从图23可以看出,跨中截面混凝土最大拉应变约350με,最大压应变为611με,换算成混凝土名义拉应力约12.78MPa,名义压应力约22.3MPa。

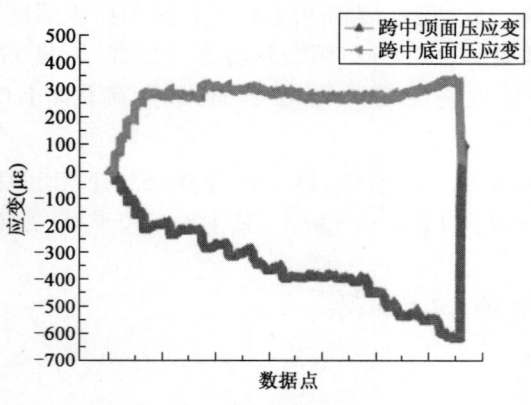

图23 跨中顶面和底面混凝土应变

(2)钢筋应变变化。

由图24可知,纵筋在最大荷载时应力约220MPa,钢筋未屈服。说明梁的抗弯极限承载能力比最大荷载工况时要高。

由图25可以看出,左侧钢筋应力比右侧钢筋应力大,说明开口箍筋较闭口箍筋局部受力偏高;但两者在极限状态下都远未达到屈服,具有较高富余度。

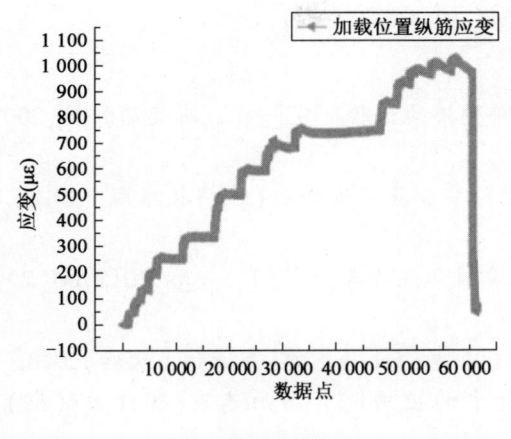

图24 跨中纵筋应变

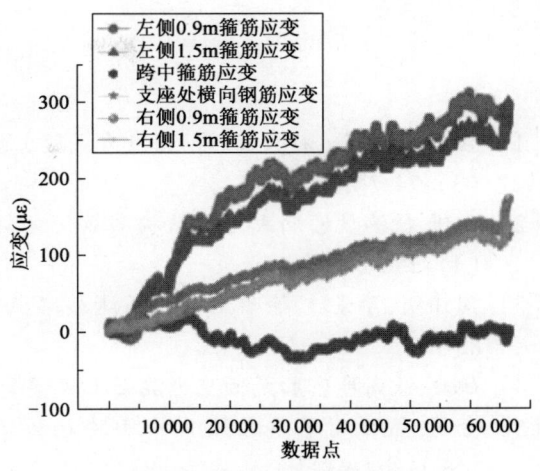

图25 横向钢筋和箍筋应变

6 结语

6.1 现象分析

（1）正常使用状态的抗剪极限荷载作用下，双 T 梁未产生裂缝，证明双 T 梁具有较好的抗剪性能，可以满足正常使用状态下的需求。

（2）正常使用状态的抗弯极限荷载作用下，双 T 梁未产生裂缝，证明双 T 梁具有较好的抗裂性能，可以满足正常使用状态下的需求。其开裂荷载为 620kN，相比于正常使用状态下的极限荷载超过 130%，证明其具有很好的抗裂性能。双 T 梁极限承载能力理论值为 770kN，实际加载到 1 130kN，富余度约 150%。可见双 T 梁在抗弯性能具有较大的富余度，结构承载能力满足规范[4-5]要求。

（3）两种抗剪工况下的最大位移分别是 4.3mm 和 4.2mm，在正常使用状态下开口钢筋和圆头钢筋作用较相似，均具有较好的抗剪性能。

（4）抗弯承载能力极限状态下的最大位移约 84.1mm，荷载-位移曲线大致呈现三折线的状态；第一阶段为弹性阶段，第二阶段为混凝土开裂阶段，第三阶段为受拉钢筋屈服阶段。表明结构有较好的延性。

（5）抗弯极限承载能力试验，加载到 1 130kN 后部分纵筋仍未屈服，承载能力富余较高。

（6）相同荷载作用下开口箍筋的应力水平比闭口箍筋的应力水平高，圆头钢筋在开口箍筋屈服后发挥作用。

6.2 试验结论

（1）对比开口箍筋和闭口箍筋试验所得到的挠度与应变数据，两者抗剪性能均满足要求，且无明显差别，箍筋形式对结构抗剪性能未产生显著影响。

（2）正常使用频遇组合下的试验结果表明，结构刚度未产生变化，未见开裂现象，抗裂安全系数为 1.3。

（3）极限抗弯承载能力试验结果表明，结构在加载到 1.5 倍设计荷载时，仍有较好的延性，刚度也未产生明显下降，结构承载能力满足规范要求。

参 考 文 献

[1] 金秀辉,黄侨,杨大伟,等.预应力混凝土矮T斜梁桥的试验研究[J].公路交通科技,2005(3):74-77,85.
[2] 席进.低高度密肋式T梁结构参数化分析研究[J].公路交通科技(应用技术版),2012,8(4):256-260.
[3] 周伟明,李景丰.徐州至明光高速公路低高度梁创新设计与应用[J].公路,2015,60(7):83-87.
[4] 姚爽.低高度密肋式预应力混凝土T梁受弯性能分析[D].哈尔滨:东北林业大学,2018.
[5] 金涛.密肋式T梁在城市中小跨径桥梁设计中的应用[J].山西建筑,2021,47(11):116-118.
[6] 王思佳.预应力混凝土矮肋T梁桥受力性能分析[D].哈尔滨:东北林业大学,2020.
[7] 李洞明.一种先张法预应力混凝土双T形梁的研发与应用[J].城市道桥与防洪,2019(12):178-180,198,20.
[8] 中华人民共和国交通运输部.公路桥梁承载能力检测评定规程:JTG/T J21—2011[S].北京:人民交通出版社,2011.
[9] 中华人民共和国交通运输部.公路钢筋混凝土及预应力混凝土桥涵设计规范:JTG 3362—2018[S].北京:人民交通出版社股份有限公司,2018.

138. 上承式钢管混凝土拱桥上部小箱梁架梁方案受力分析及比选

左 雁 彭云涌 罗桂军 钟远帆

(中建五局土木工程有限公司)

摘 要：本文对某净跨252m上承式钢管混凝土拱桥建立Midas/Civil有限元模型，通过对钢格构立柱上14×19.43m预制小箱梁架设顺序进行比选，重点研究钢格构立柱、拱肋在不同架设方案下受力情况。研究表明：施工计算应该考虑小箱梁橡胶支座剪切刚度影响；其次，为确保钢管拱肋管内混凝土受力合理，在架设类似拱桥上部小箱梁时应细化架梁方案，且遵循"逐次分条、对称均衡"原则，且对称分条越多，其对钢管拱受力越有利。

关键词：上承式 CFST拱桥 支座剪切刚度 合理架梁顺序

1 工程背景

某上承式钢管混凝土拱桥，净跨252m，计算矢高45.818m，矢跨比1/5.5，拱轴系数1.65，采用斜拉扣挂工法，管内混凝土为C55，钢管为Q345qD。主拱采用四管桁式断面，立柱采用四肢格构柱，立柱编号如图1所示，立柱上端盖梁为钢箱。桥面板为14×19.43m桥面连续箱梁，小箱梁由横桥向8片组成，桥面箱梁支座为普通板式橡胶支座。主桥总体布置及立面构造如图1所示。

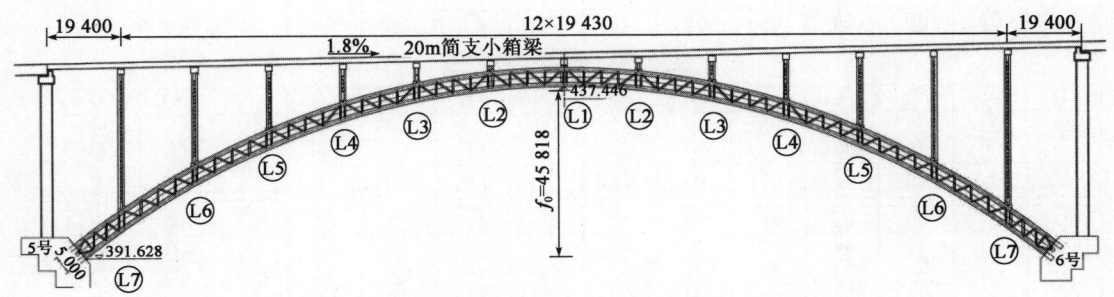

图1 工程实例平面示意图(尺寸单位：mm；高程单位：m)

在对该桥进行有限元施工模拟时，扣锚索均采用桁架单元，钢管混凝土采用共节点双单元，其余均采用梁单元，模型共节点6 627个，单元11 353个。考虑混凝土收缩、徐变引起内力重分布效应,核心混凝土取年平均相对湿度 RH=90%,构件理论厚度 h 取足够大,在 Midas/Civil 取桥面梁单元节点与相应位置钢盖梁节点之间采用一般弹性连接,可考虑支座剪切刚度。桥梁施工全过程有限元模型如图2所示。

图2 桥梁施工全过程有限元模型

2 架梁方案初拟

该上承式钢管混凝土拱桥上部共计112片小箱梁,利用缆索起重机进行吊装就位,架梁时遵循"逐次加载、对称均衡"原则,结合设计、施工、监控单位意见,综合拟定如下3个架梁方案,如图3所示。

图3 某上承式钢管混凝土桥面小箱梁架设方案初拟

图中带圈的矩形表示一片待架设的小箱梁,按照编号"①→②→③→…"的顺序进行架设。

方案 A 中:遵循拱脚→拱顶→拱脚逐跨循环顺序,但横桥向架设顺序不明确。

方案 B 中:遵循拱顶→拱脚的 4 轮架设顺序,但横桥向对小箱梁进一步分为 4 条,按照先中间后两边的顺序。

方案 C 中:遵循拱脚→拱顶→拱脚的循环顺序,同时横桥向进一步分为 2 条,按照先两边后中间的顺序。

3 计算结果分析

考虑 Midas/Civil 运行一次施工全过程耗时约 12 000s,为提升效率,首先探讨方案 B 下板式橡胶支座剪切刚度对格构立柱受力影响,并在精确模拟支座刚度基础上,探讨 3 种方案受力特点。

3.1 支座刚度对格构立柱受力影响

为节省篇幅,本文仅列出方案 B 条件下,应力较大短立柱水平联杆钢管应力大小。图 4 中,横坐标对应于图 3 中同编号桥面小箱梁架设工况,纵坐标表示应力。图中"YC"表示模拟支座剪切刚度,"NC"表示忽略橡胶支座剪切刚度。根据设计,桥面小箱梁根据采用 GYZ D300×63(CR)板式橡胶支座,其剪切刚度为 1 500kN/m。

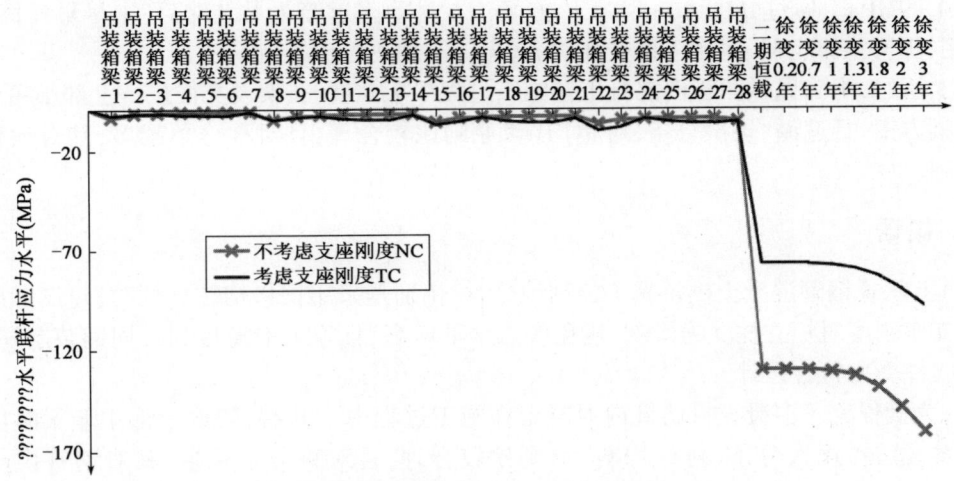

图 4 3L 号格构立柱水平平联杆应力历程(单位:MPa)

由图 4 可知,对于应力较大短立柱水平联杆钢管 3L 号立柱,考虑支座刚度与否,小箱梁架梁全过程中,应力水平均较低,约为 11.5MPa(拉应力),且变化不大,但二期恒载施加后,该立柱水平联杆会存在较大差别。而不考虑支座剪切刚度,二期恒载施加后钢管应力为 130MPa(拉应力),考虑支座剪切刚度,则钢管应力为 77.3MPa,相差 68.2%。

根据有限元约束理论,不考虑支座剪切刚度,小箱梁一端为理想固定铰(水平刚度=∞),一端而理想滑动铰(水平刚度=0),其剪切刚度与实际支座水平剪切刚度(1 500kN/m)差异很大,导致不考虑支座剪切刚度,格构短立柱水平联杆应力水平"虚高"。

因此,施工模拟需考虑支座剪切刚度,且施工中需严格控制二期铺装层厚度,确保格构立柱受力符合设计。

3.2 考虑支座刚度的方案计算结果

为了比较 3 种施工方案受力情况,表列 3 种架梁方案时钢管内混凝土成桥时刻应力及架设过程最大拉应力(表1),通过管内混凝土的应力水平说明3种方案的可行性。

3种方案时钢管内混凝土应力结果(单位:MPa)　　　　表1

方案A	成桥	8.18	8.6	7.5	4.01
	过程拉应力	-0.1	-0.08	—	-3.88
方案B	成桥	6.19	7.38	5.95	3.55
	过程拉应力	3.01	3.8	1.57	0.58
方案C	成桥	6.94	7.76	6.75	3.39
	过程拉应力	-1.16	-0.6	-0.29	-0.7

方案A为逐跨对称施工,在第4阶段荷载都一次性集中于拱顶,使得拱顶下弦管下缘产生-3.88MPa拉应力,应力超限,说明方案A是不可行的。

方案B为分条逐跨对称施工,在第7阶段荷载全桥已经拉通,方便形成施工通道,且拱顶下缘、拱脚上缘产生无拉应力,说明方案B架设方式既不产生拉应力,又能在成桥时准备一定的压应力,该方案可行。

方案C为分条循环施工,但该方案在12阶段全桥箱梁才贯通,该方案使拱脚上弦管上缘产生-1.16MPa拉应力,使得拱顶下弦管下缘产生-0.7MPa拉应力,但均未超过管内混凝土抗拉强度1.89MPa。通过分析可知,由于该方案1/4拱肋附近箱梁吊装滞后,未尽早发挥"压舱石"作用,提升拱脚上缘、拱顶下缘受压储备,但该方案仍然可行。

综上所述,为确保拱肋管内混凝土在施工过程中不拉裂,在架设类似拱桥上部小箱梁时应细化架梁方案,且遵循"逐次分条、对称均衡"原则比较合理,且对称分条越多,其对钢管拱受力越有利。

4　结语

(1)上承式钢管混凝土拱桥施工控制计算时,特别是采用钢格构柱立柱时,建议考虑桥面小箱梁支座刚度对短立柱受力影响,避免应力水平虚高,且施工中需控制二期铺装层厚度,确保格构立柱受力符合设计。

(2)为确保钢管混凝土拱肋管内混凝土在施工过程中不开裂,架设上部小箱梁时应细化架梁方案,遵循"逐次分条、对称均衡"原则比较合理,且对称分条越多,其对钢管拱受力越有利。

参 考 文 献

[1] 陈宝春.钢管混凝土拱桥实例集(一)[M].北京:人民交通出版社,2002.
[2] 陈宝春,韦建刚,吴庆雄.钢管混凝土拱桥技术规程与设计应用[M].北京:人民交通出版社,2011.
[3] 左雁.上承式钢管混凝土拱桥低扣塔架设的合理施工顺序与控制方法[D].长沙:长沙理工大学,2013.

五、桥梁抗风、抗震与耐久性

139. 喇叭形山口风参数概率特性

沈正峰[1,2,3] 方金苗[1]

(1.皖西学院建筑与土木工程学院；2.长安大学陕西省公路桥梁与隧道重点实验室；
3.长江精工钢结构(集团)股份有限公司)

摘 要：本文基于典型喇叭形山口的长期风观测,结合桥位附近气象站连续47年的观测数据,分析喇叭形山口的风参数概率特性。研究结果表明典型桥位处强风风向主要在340°和210°附近,西北强风的风速和样本数量明显大于西南。风观测塔实测风速满足两参数Weibull分布,100年重现期风速为29.78m/s。实测湍流参数A_u和A_w最优概率密度函数是Weibull分布,σ_u和σ_w最优概率密度函数是Lognormal分布,A_u和A_w在各个速度区间随机分布,σ_u和σ_w随速度增加而增加,同类型湍流风参数之间存在明显相关性。气象站的极值风速最优概率分布是Loglogistic分布,估算的100年重现期极值风速为26.48m/s,采用传统的广义极值分布将低估重现期风速。

关键词：喇叭形山口 风参数 实测 概率分布

1 引言

高大的山脉阻碍了空气的流动,在迎风侧和背风侧产生了不同的风环境,高山之间的峡谷成为气流的狭窄流道,流速和流向受地形影响显著。由于气象观测点的有限性,很难收集到山区桥位处完整的气象资料,这给桥梁的抗风设计增加了难度。为此,学者开展了大量的现场实测活动,并且得出很多能够指导桥梁抗风设计的有益结论。一般实测到的是风速时程,通过定义数学模型提取描述风特性的量称之为风参数。但是,气流流动过程受到地形、温度和建筑等各种因素的影响,导致实测风参数时刻都在变化,这增加了实测风参数直接运用到结构抗风设计的难度。Fenerci等[1]基于现场实测分析了Hardanger桥址处的平均风和脉动风的特性,讨论了不同风参数之间的关系,单独建立了每个实测风参数的概率模型。Li等[2]采用Copula函数去构造风速和风向联合概率分布,结果表明其能够很好地对风速风向联合分布进行估计,且是一种预测重现期风速的可靠方法。黄铭枫等[3]基于Copula函数构建极值风速风向的联合概率密度函数,结果表明确定给定重现期的设计风速应考虑风向相关性的影响。Zhang等[4]通过安装在猫道和桥塔上风速仪对深切峡谷风参数进行了实测研究,对比了不同来流方向下

基金项目：2021年度安徽高校科学研究项目(KJ2021A0949)；中央高校基本科研业务费资助项目(300102219531)；皖西学院自然科学重点项目(WXZR202024)。

风参数的异同,结果表明风参数的概率分布和空间位置密切相关。Lystad 等[5]基于布置在 Hardanger 桥上的 8 个风速仪的实测结果,分析了平均风速、平均风向和湍流强度沿桥轴线的变化规律,讨论了平均风速的极值概率密度函数沿桥轴线的变化形式。以上研究结果表明风参数是一个随机变化的量,需要采用概率的方法进行描述。

我国是地形复杂的国家,各种地形类型广泛交接,形成很多半开口特征的地形,这里统称为喇叭形地形。由于独特的地形特征,导致来流不同,流体经历不同的缩放效应,风参数较普通地形存在很大差异。张玥等[6]对某喇叭形地形进行了风洞试验,结合气象站数据,总结了以梯度风高度及基本风压推算桥址区基本风速的方法。Shen 等[7]实测了某喇叭形地形下不同位置和不同高度处的风场特性,分析了不同风场特性下∏型叠合梁斜拉桥的抖振响应。Li 等[8]收集了典型喇叭形山口连续 47 年的风观测数据,结合多普勒声雷达实测了喇叭形山口的风剖面,得出此喇叭形山口的概率风剖面和年最大风速概率密度分布。李加武等[9]通过三维扫描式激光雷达获取了典型喇叭口桥位展向不同位置处的风剖面,平均风速和风向,分析得到该地形下的平均风特性。基于现场实测、地形风洞试验和主梁节段试验,开展了非均匀风特性下主梁抖振响应的初步研究,考虑了风参数展向变化对气动导纳函数的影响[10]。

本文在喇叭形山口下桥位布置风观测系统,基于 5 个观测塔进行的长期风观测,结合桥位附近气象站连续 47 年的实测数据,分析喇叭形山口的风参数概率特性和风参数的相关性特性,为此类地形下桥梁抗风设计提供参考。

2 风参数实测及分析

2.1 桥位及风观测设备

某典型的喇叭形山口,其西北为高山,东南为扇形沙滩,河流穿山而过,在河口宽度收窄,来流不同,流体经历的缩放效应不同。在西北来流下,河滩处于越山风和穿谷风共同作用下,在桥位处河口处扩散;在东南来流下,流体经高山阻挡,流道受到压缩,初步研究结果表明此类地形的风场特性较一般地形差异很大。在此喇叭口山口下的两个桥位处建立 5 个风观测塔和 1 个 Model VT-1 相控阵多普勒声雷达系统。在 1 号桥位处设置 3 个风观测塔,东侧为 60m 高梯度风观测塔 M1,在 10m、20m、45m 各设置一个二维超声风速仪;在 30m 高度通过外伸平台设置两个二维超声风速仪,观测仪相距 18m;在 60m 高度设置一个三维风速仪。在西侧设置两个 30m 测风塔 M2 和 M3,在塔顶各设置一个三维风观测仪,分别位于西引桥的东北侧和东南侧。在 2 号桥位两个主塔附近,各设置一个 30m 观测塔,在塔顶各设置一个二维风速仪;同时在西侧桥塔附近设置一个相控阵多普勒声雷达 VT-1。桥址的风观测系统如图 1 所示。

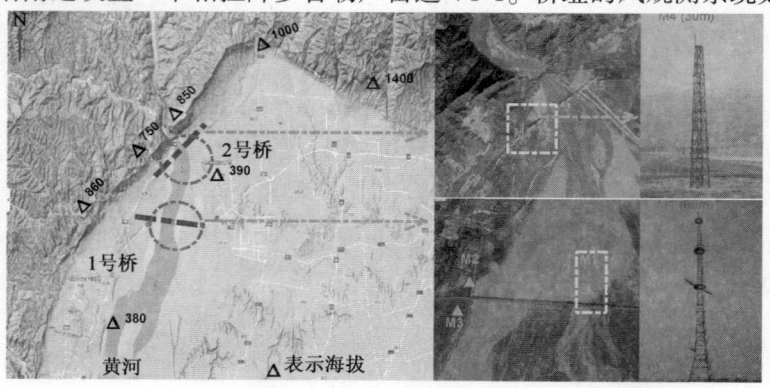

图 1　桥址的风观测系统

2.2 实测结果分析

本文仅对 M2 进行分析,将观测到的数据以 10min 步长进行无重叠分割,M2 共计实测了 70 949 个有效样本,其中风速大于 10m/s 的样本有 1 905 个,强风样本的玫瑰图如图 2 所示。

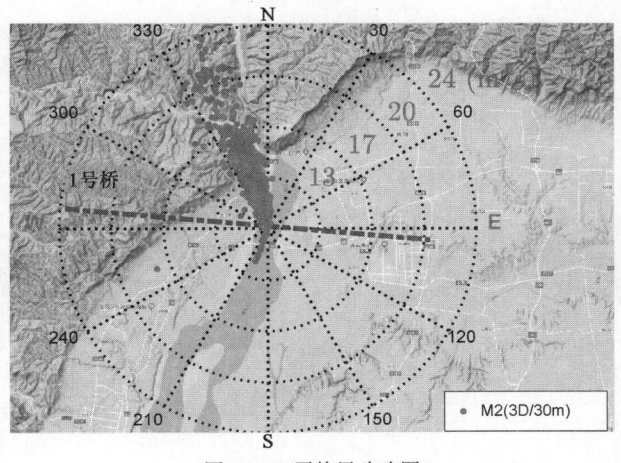

图 2 M2 平均风玫瑰图

图 2 表明此地形的强风近似平行河流方向,主要集中在 340°和 210°附近,西北来流的风速明显强于南边来流,强风风向单一可能是由于河道的低洼以及河道两边的高山导流作用影响。风致桥梁的振动响应主要与平均风和脉动风特性有关,且平均风对振动响应极值有关键作用,单一的主流方向降低了估算风致结构响应的不确定性。

对全风速区间实测的 70 949 个样本进行脉动风参数分析,并且对实测样本进行功率谱密度估计和拟合。为了减少功率谱密度函数中不确定参数的数量,目标功率谱密度函数采用如下模型[1],某一样本的功率谱密度结果如图 3 所示。

$$\frac{nS_i}{\sigma_i^2}=\frac{A_i f}{(1+1.5A_i f)^{5/3}} \tag{1}$$

$$f=\frac{nL_i}{U}$$

$$i=u,v,w \tag{2}$$

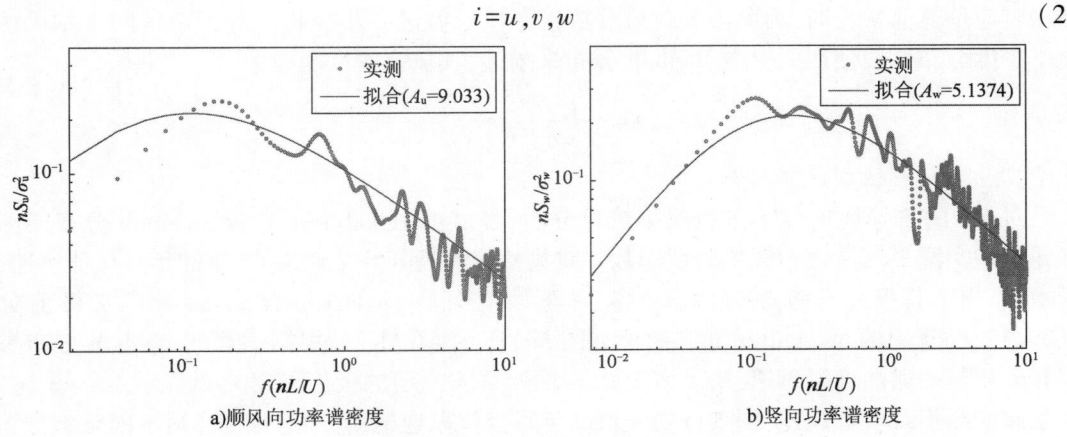

a) 顺风向功率谱密度 　　　　b) 竖向功率谱密度

图 3 功率谱密度

1059

M2 实测脉动风风参数关于平均速度的散点图如图 4 所示,采用一次函数进行拟合,图中 k 和 c 是拟合斜率和常数。

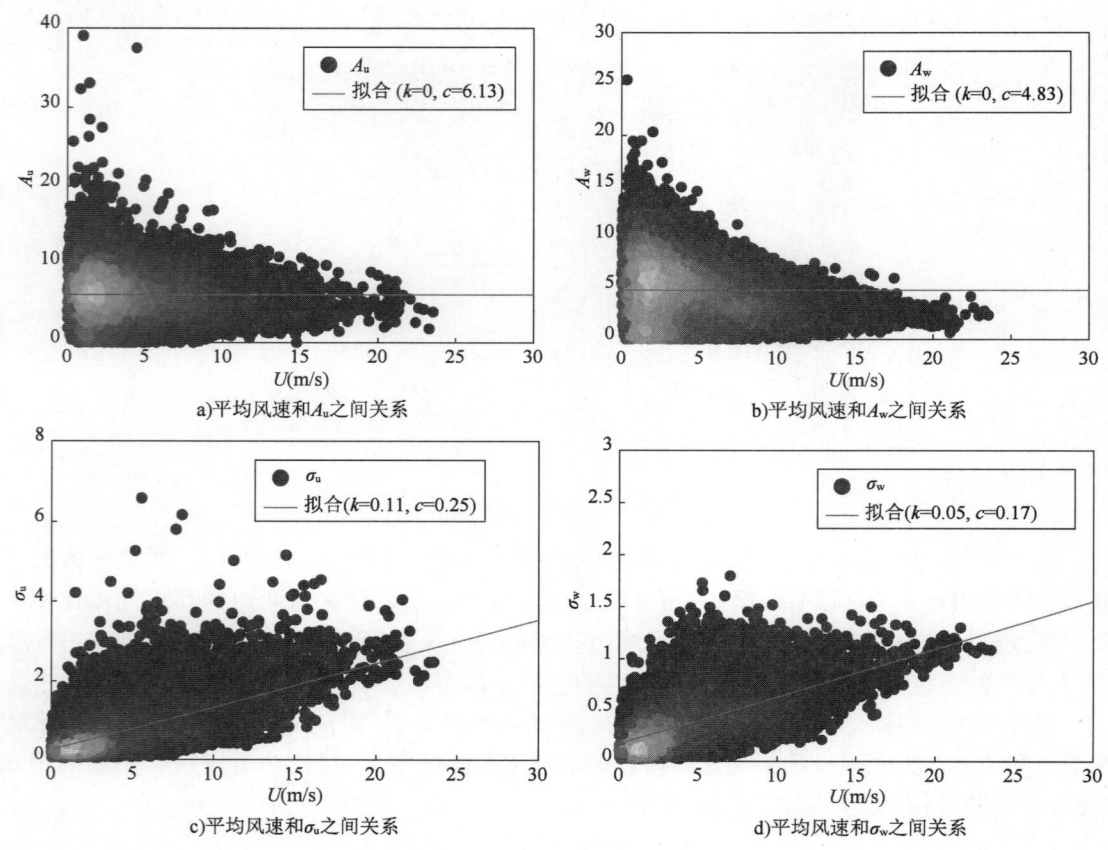

图 4 平均风速和脉动风风参数关系

由图 4 可以看出,描述功率谱密度的脉动风参数和平均速度之间的相关性并不是很强,每个风速区间的脉动风风参数都是随机分布。脉动风的紊流强度随着风速的增加而增加,呈现正相关趋势。

虽然进行了长期风观测,但是观测到的海量湍流参数是一个随机变化的量,将会导致风致结构响应估算非常耗时,为此需要对风参数概率模型做进一步分析。对于全区间平均风速的概率密度分布一般使用两参数 Weibull 分布来描述,其概率密度函数为[11]:

$$f_U(U) = \frac{a}{b}\left(\frac{U}{b}\right)^{a-1}\exp\left[-\left(\frac{U}{b}\right)^a\right] \tag{3}$$

式中:a、b——形状和尺度因子。

对 M2 的平均风速样本进行概率统计分析,经过 LogLikelihood 检验,Weibull 分布能够很好地描述实测平均风速的概率密度函数。收集桥位附近气象站连续 47 年的年月极值风速,经过检验,描述其概率分布较好的 3 个概率模型依次是 Loglogistic、Gamma 和广义极值分布(GEV)。估算出的 Weibull 分布参数值如图 5a) 所示,图 5b) 是根据估算的 Weibull 分布参数推算的百年一遇的极值风速,结果为 30m 高度处百年一遇的极值风速为 29.78m/s。图 5c) 是气象站实测年月极值风速,图 5d) 是气象站年月极值风速概率分布,图 5e) 是不同概率分布估算的百年重现期风速。图示表明,GEV 分布不能很好地描述气象站实测的极值风速,而 Loglogistic 能够较好地符合实测数据,百年重现期的极值风速为 26.48m/s。两者重现期风速差异的重要原因之一是测量高度的差异。

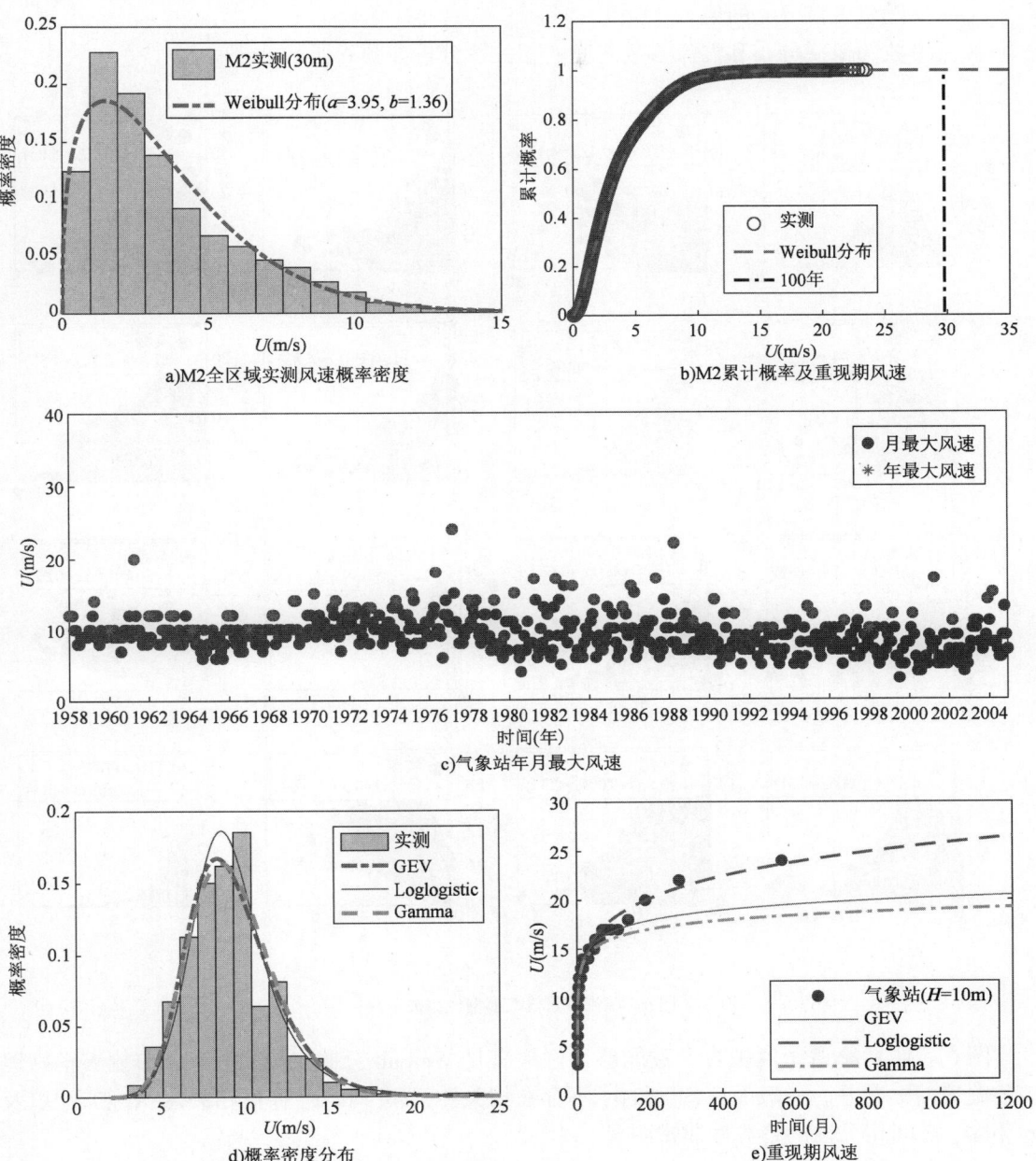

图 5 M2 实测风速和概率模型

对 A_u 和 A_w 实测数据进行 LogLikelihood 检验获取的最优概率密度函数是 Weibull 分布,使用同样的方法获取 σ_u 和 σ_w 的最优概率密度函数是 Lognormal 分布,其中 Lognormal 分布概率密度函数可以表示为[12]:

$$f_{\sigma_{u,w}|U}(x\mid U)=\frac{1}{\sqrt{2\pi}\sigma x}\exp\left[-\frac{1}{2}\left(\frac{\ln x-\bar{u}}{\sigma}\right)^2\right] \tag{4}$$

式中：$\bar{u}$——分布参数，随机变量自然对数的平均值；
σ——随机变量自然对数的标准差；
x——随机变量 $\sigma_{u,w}$ 的值。

湍流参数的概率分布和湍流参数之间的相关性分析如图 6 所示。

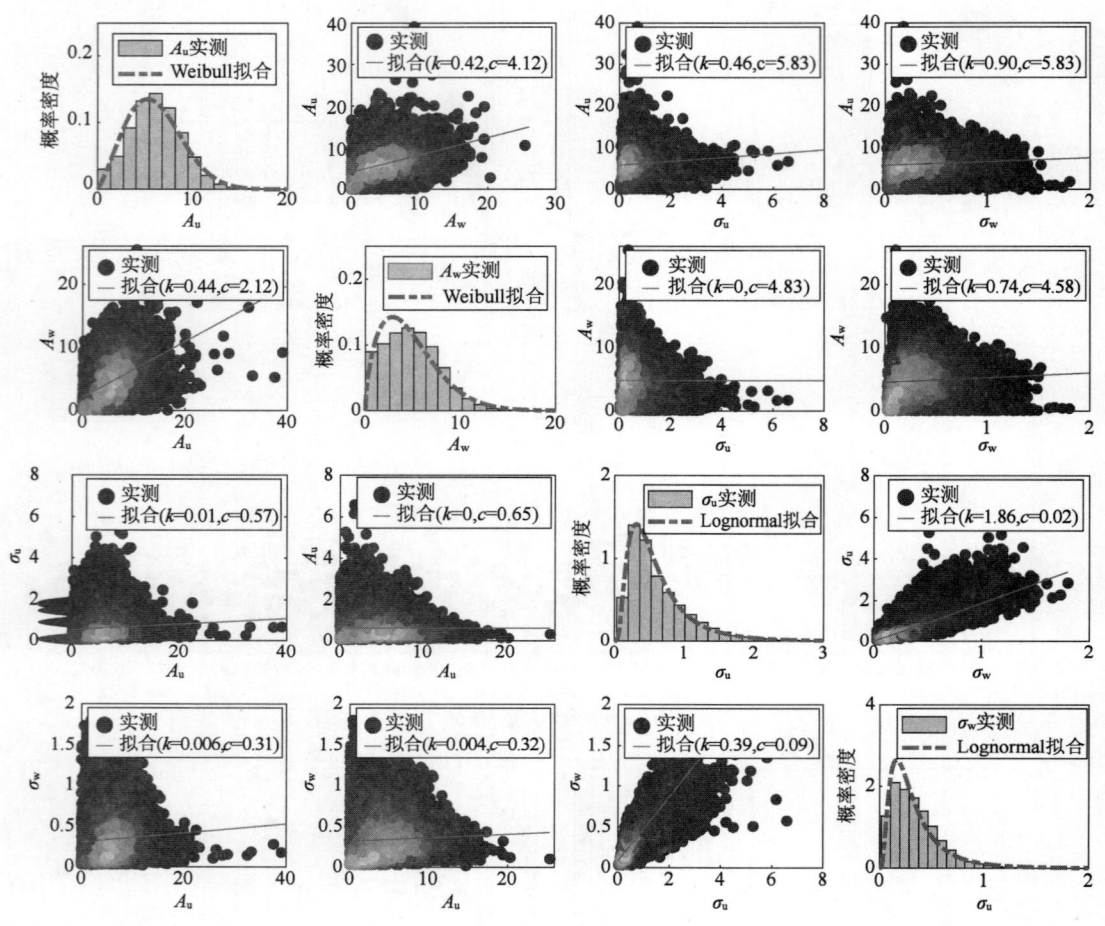

图 6 湍流参数概率模型及相关系数

图 6 表明功率谱密度拟合参数能够很好地满足 Weibull 分布，Lognormal 分布能够很好地描述湍流的标准差。一般而言，A_w 和 σ_u 不存在相关性，而 A_u 和 σ_w 存在相关性；A_u 和 A_w 以及 σ_u 和 σ_w 之间相关性的趋势性非常明显。

3 结语

此喇叭形山口的强风主要是西北来流，连续实测到的风参数是一个变化值，统计意义上，有些风参数之间可能不存在线性关系，有些风参数之间存在明显的线性关系。气象站实测到的极值风速不满足广义极值分布，采用最优分布 Loglogistic 分布估算的百年重现期的极值风速为 26.48m/s。对 A_u 和 A_w 的最优概率密度函数是 Weibull 分布，σ_u 和 σ_w 的最优概率密度函数是 Lognormal 分布。

参 考 文 献

[1] Fenerci A, Øiseth O. Site-specific data-driven probabilistic wind field modeling for the wind-induced response prediction of cable-supported bridges[J]. Journal of Wind Engineering and Industrial Aerodynamics, 2018, 181: 161-179.

[2] LI H N, ZHENG X W, LI C. Copula-based joint distribution analysis of wind speed and direction[J]. Journal of Engineering Mechanics, 2019, 145(5): 04019024.

[3] 黄铭枫, 李强, 涂志斌, 等. 基于 Copula 函数的杭州地区多风向极值风速估计[J]. 浙江大学学报(工学版), 2018, 52(05): 828-835.

[4] ZHANG J X, ZhANG M J, LI Y L, et al. Comparison of wind characteristics in different directions of deep-cut gorges based on field measurements[J]. Journal of Wind Engineering and Industrial Aerodynamics, 2021, 212: 104595.

[5] Lystad T M, Fenerci A, Øiseth O. Evaluation of mast measurements and wind tunnel terrain models to describe spatially variable wind field characteristics for long-span bridge design[J]. Journal of Wind Engineering and Industrial Aerodynamics, 2018, 179: 558-573.

[6] 张玥, 唐金旺, 周敉, 等. 峡谷复杂地形风场空间分布特性试验研究[J]. 振动与冲击, 2016, 35(12): 35-40.

[7] SHEN Z F, LI J W, GAO G Z, et al. Buffeting response of a composite cable-stayed bridge in a trumpet-shaped mountain pass[J]. Advances in Structural Engineering, 2020, 23(3): 510-22.

[8] LI J W, SHEN Z F, XING S, et al. Buffeting response of a free-standing bridge pylon in a trumpet-shaped mountain pass[J]. Wind and Structures, 2020, 30(1): 85-97.

[9] 李加武, 徐润泽, 党嘉敏, 等. 喇叭口河谷地形基本风特性实测[J]. 长安大学学报(自然版), 2020, 40(6): 47-56.

[10] SHEN Z F, LI J W, Li R, et al. Nonuniform wind characteristics and buffeting response of a composite cable-stayed bridge in a trumpet-shaped mountain pass[J]. Journal of Wind Engineering and Industrial Aerodynamics, 2021, 217: 104730.

[11] CHENG Z, Svangstu E, Moan T, et al. Long-term joint distribution of environmental conditions in a Norwegian fjord for design of floating bridges[J]. Ocean Engineering, 2019, 191: 106472.

[12] Hannesdóttir Á, Kelly M, Dimitrov N. Extreme wind fluctuations: joint statistics, extreme turbulence, and impact on wind turbine loads[J]. Wind Energy Science, 2019, 4(2): 325-342.

140.水下悬浮隧道地震响应分析方法及研究展望

杨云深[1,2]　项贻强[1,2,3]　申永刚[1,2,3]

（1.浙江大学建筑工程学院；2.浙江大学建工学院悬浮隧道研究中心；
3.浙江大学-浙江交工协同创新联合研究中心）

摘　要：悬浮隧道是一种新型的跨越长深水道的交通结构物，明确其在地震作用下的动力响应对实现工程应用至关重要，而目前关于悬浮隧道在地震作用下的动力响应及分析方法的研究并不多见。基于此，本文在给出地震与地震波基本概念的基础上，讨论了结构工程中三种常用的地震响应计算方法及比较，并针对悬浮隧道在地震作用下的动力响应，总结归纳了相关研究的进展，对悬浮隧道地震响应研究进行展望。

关键词：悬浮隧道　地震响应　分析方法

1　引言

悬浮隧道（Submerged Floating Tunnel，SFT），又名阿基米德桥，一般由浮在水中一定深度的管状结构、锚固在水下基础的锚缆杆（或水上的浮箱）装置及与两岸相连的构筑物组成（国际隧道协会，1993）。与传统桥梁及海底隧道方案相比，悬浮隧道因其对周边环境影响小、受气象条件限制少、纵向坡度平缓、单位造价稳定等优势成为21世纪最具竞争力的跨越江河湖海的新型交通结构物[1]。

悬浮隧道的概念最早由英国的Edward Reed爵士于19世纪末探讨跨英吉利海峡通道时提出。1923年，世界上第一个关于悬浮隧道的专利诞生于挪威[2]。针对悬浮隧道的实质性研究始于1969年，英国工程师Alan Grant正式提出将悬浮隧道作为跨意大利Messina海峡通道的比选方案之一[3]。之后，悬浮隧道又逐渐吸引了来自美国、日本、中国等国的研究者的兴趣，并被应用于挪威Høgsfjorden峡湾[4]、瑞士Lugano湖[5]、美国Washington湖[6]、中国金塘海峡[7]与千岛湖[8]、日本Funka湾[9]、印度尼西亚Seribu群岛[10]、墨西哥Baja California[11]等跨湖跨海工程的可行性研究。

我国悬浮隧道研究起步晚、发展快。根据文献调研结果，在EI（工程索引）和SCI（科学引文索引）收录发表的悬浮隧道研究相关文献中，有近60%~70%的文章由中国学者发表。然而，目前我国对悬浮隧道地震作用下的动力响应及分析方法的研究并不多见，试验研究在世界

基金项目：国家自然科学基金项目（51279178，51541810）。

上少之又少。与此同时,作为潜在修建悬浮隧道的琼州海峡、渤海湾、台湾海峡等均位于地震带周围,地震响应的研究和设计方法,在一定程度上决定该结构能否安全运营。

在世界范围内,悬浮隧道地震响应研究始于跨 Messina 海峡通道工程[12]。但时至今日,理论研究与数值模拟相较于工程设计应用的方法研究还有一段距离,还有很多工作值得进一步研究探讨。因此,考虑到地震响应研究对悬浮隧道的设计、施工与运营的重要性,有必要对悬浮隧道地震响应研究现状进行梳理,探讨其未来的发展方向。

2 地震响应计算方法

地震是典型的随机过程,地震响应求解依赖于离散化的数值积分。对于传统桥梁结构,抗震计算早期采用拟静力法;20 世纪 50 年代发展的反应谱法,影响深远,应用广泛;随着计算机技术的发展,动态时程分析法已成为地震响应计算的主流[13]。

2.1 拟静力法

1899 年,大房森吉假设结构各部分与地震具有相同的振动形式,提出采用拟静力法进行抗震设计。此时,结构上只作用地震加速度乘以结构质量所产生的惯性力,再将惯性力作为静力作用于结构上进行抗震分析。惯性力计算公式如下:

$$F = \ddot{\delta}_g M$$

拟静力法不考虑地面运动特性与结构动力特性对抗震分析的影响,以结构强度作为破坏准则,无法全面分析地面运动的强弱、地基的优劣、结构的重要性和抗震设防标准等多方面因素,具有较大的局限性。

2.2 反应谱法

1943 年,Biot 提出了反应谱的概念,即一个单质点弹性体系对应于某个强震记录情况下,体系的周期与最大加速度(或相对速度、相对位移)的关系曲线。1948 年,Honsner 提出了基于反应谱理论的抗震计算动力方法。1958 年第一届世界地震工程会议后,世界上大部分国家将反应谱方法作为抗震设计标准。

但是,反应谱法仍属于静态方法,破坏准则仍是强度准则,无法反映许多实际存在的复杂因素,如行波效应、非线性二次效应、结构-基础-土的耦合作用等。

2.3 动态时程分析法

通过建立多节点、多自由度的有限元动力计算模型,将地震波(加速度时程)直接输入模型进行瞬态分析,从而得到结构地震时程响应结果,这个过程被称为动态时程分析。

动态时程分析法可以精确地考虑行波效应、非线性二次效应、结构-基础-土的耦合作用等因素,使抗震计算在强度准则之外增加了变形(延性)准则。

动态时程分析法的分析精度与地震波的选取密切相关。因此选择一条合适的地震波对抗震计算至关重要。常用的地震波有 El-Centro 波、Taft 波等[14]。

采用动态时程分析法对结构在地震动荷载作用下的反应进行分析时,主要求解方法有振型叠加法和直接积分法两种。数值计算中主要采用直接积分法,其通过数值积分法求解线性或非线性运动方程,从而直接求得结构的地震响应。常用的数值积分法有中心差分法、Newmark-β 法、Wilson-θ 法等。

3 悬浮隧道地震响应的研究进展

3.1 理论研究

Brancaleoni 等(1989)[12]假定流体为非黏滞的、不可压缩的,提出了悬浮隧道在地震和波浪作用下的动力响应计算方程,并分别对柔性锚索固定的短跨径和刚性墩柱支撑的长跨径等两种类型的悬浮隧道进行了地震响应分析。计算结果表明,刚性墩柱支撑的长跨径悬浮隧道结构(类似于"水下桥梁")是不合理的。

Kiyokawa等(1990)[15]基于势流理论,论证了深水流体的压缩性对高频地震引起的动水压力的影响。Morita S 等(1994)[16]基于多项理想假定,运用格林函数法,进一步验证了流体的压缩性对悬浮隧道在竖向地震激励下的动力响应及其所受动水压力的不可忽略的影响。但其采用的计算模型中的刚性地基会引起波的反射,从而导致分析结果不准确。

孙胜男等(2006,2008)[17-18]忽略管体上方流体的影响,推导了平面SV波和P波从海底岩土斜入射到与海水的交界面时,悬浮隧道所受到的动水压力的理论公式,并分析了海底岩土性质、SV波参数、P波参数以及锚索的刚度和间距对动水压力的影响。其中,作用在悬浮隧道上的动水压力幅值峰值随锚索刚度的增大而增大,随锚索间距的增大而减小。晁春峰等(2013)[19]基于悬浮隧道管体不产生弹性变形的假定,进一步考虑上、下部海水的影响,推导了理想流体层中悬浮隧道所受平面纵波引起的动水压力的计算方程组和边界条件,并针对上部海水厚度等参数对动水压力的影响进行了分析。

Chen等(2010)[20]考虑地震行波效应对结构的影响,采用大质量法对多支承激励下的结构动力响应进行讨论,证实了悬浮隧道同其他大跨径结构一样,受行波效应明显。同时,该响应会随着地震波传播速度呈现非线性变化,整体结构最不利的响应部位是悬浮隧道与岸基的连接处。

Xiao等(2010)[21]讨论了不同驳岸结构简化边界条件(固支、铰支、弹性支承、双边弹性支承、减震支座等)对悬浮隧道地震响应的影响。分析结果表明,基于刚度重分配原则,通过选择合适的弹性支承刚度,可以显著降低地震作用对悬浮隧道的影响。Xiang Y等(2015)[22]以三个方向上的土弹簧单元模拟驳岸段土体对悬浮隧道的约束作用,并考虑驳岸结构周围岩土性质对边界条件的影响,采用大质量法计算了地震作用下悬浮隧道的动力特性。

董满生等(2014)[23]首次将张力腿定位的水中悬浮隧道简化为弹性支撑梁,基于Euler梁理论推导地震激励下悬浮隧道管段的运动方程,采用虚拟激励法研究平稳随机地震下悬浮隧道管体的动力响应。数值模拟结果得出,增大张力腿弹簧刚度K可有效控制SFT管体的地震动;研究中采用的细长悬浮隧道结构受消能连接结构的阻尼系数c影响较小。

Lee J.H.等(2016)[24]将悬浮隧道模拟为矩形截面,严格考虑海水的可压缩性、柔性海床对压力波的吸收以及能量无限远辐射来计算流体波动方程中的动水压力。在考虑流固耦合的基础上,将动水压力施加到结构上。研究指出,海水深度、管体位置、海水的可压缩性以及柔性海床对能量的吸收等在数值模拟中常被忽略的因素,对悬浮隧道地震响应具有不可忽略的影响。

项贻强等(2017)[25]对悬浮隧道动力响应分析方法及模拟的研究进展进行了相关的总结,指出有必要在车-隧-流耦合振动方面开展研究;同时针对地震、冲击荷载等偶然作用引起结构振动的计算模型不够精确及缺乏试验数据,有必要建立多种特殊荷载和灾害作用下的多尺度动力响应理论模型并展开试验研究。

Lee J.Y.(2017)等[26]利用商业程序OrcaFlex(OF)和程序CHARM3D(CP),对在波浪和/或地震激励下、具有垂直和倾斜系锚索的短/刚性/自由端截面的悬浮隧道动力性能进行了分析评估,指出当海床地震作用于水下悬浮隧道(SFT)系统时,SFT系统的动力响应较小,但系锚索的张力明显增大,特别是水平地震将极大地增加倾斜系锚索的动张力,而垂直地震则对垂直系锚索产生类似的影响。

Wu 等（2018）[27-28]针对悬浮隧道缆索,利用欧拉梁理论和伽辽金方法建立了在水动力和地震同时作用下的运动方程,并采用随机相位谱法在时域内生成随机地震记录,对水下的锚索动力响应进行分析和参数敏感性研究,以评估关键参数的影响。研究发现,参数频率与固有频率之比、地震激励的方向和量级、索内初始张力、阻尼比等因素对索的水动力和地震反应均有显著影响。

Lin H 等（2019）[29]以位移势函数为基础,将海底岩土作为弹性半空间,海水作为理想流体,锚杆作为弹簧,推导了纵波入射时水下浮动隧道动水压力的计算公式,讨论了不同海底岩土剪切模量、泊松比参数、锚杆弹性常数和锚杆间距对水动力压力的影响。结果表明,在正入射条件下,海底岩土体的剪切模量和泊松比对动水压力幅值没有影响,动水压力峰值随海底岩土泊松比和锚杆弹性常数的增大而增大,随锚杆间距的增大而减小。

Jin C.K.（2021）[30]以 SFT-锚索-列车相互作用为研究对象,采用杆系有限元对其进行建模,其通过虚拟连接质量、线性弹簧和旋转弹簧与系锚索连接,对 7 个刚体车厢组成的列车则提出采用三维多刚体系统动力学模型模拟,分析了悬浮隧道在波浪和地震作用下的动力和水弹性相互作用,研究了土质条件、SFT 长度、系锚索间距、地震波传播方式的影响。指出列车运动引起的 SFT 向下运动与地震引起的运动相比较小;地震将使 SFT 产生瞬态响应,结构的阻尼和地震传播对结构的动力响应起着重要作用,给出了不同列车速度下悬浮隧道与移动列车的相互作用评价。当列车速度高达 250 km/h,可以通过降低列车速度来减缓与地震响应叠加的影响,以满足安全性和乘坐舒适性准则。

罗刚等（2021）[31]基于 D'Alembert 原理建立了波浪地震耦合作用下悬浮隧道的管体-锚索模型,并结合悬浮隧道待建工程的荷载及参数对系统响应进行了分析,结果表明,波浪地震耦合作用下悬浮隧道管体-锚索模型与锚索振动模型具有较好的一致性,但后者无法考虑系统的参数振动;地震方向对悬浮隧道系统相应方向的参数响应有显著影响;当地震荷载叠加考虑波浪荷载后系统的响应有所增大,且随波浪波高和波长增加,并呈线性增大,且较小波浪的周期（小于 10s）易引发系统的共振。

Xie J.M,Chen J.Y（2021）[32]将 SFT 简化为弹性支撑梁,将水平地震输入作用视为通过峡谷流体传递的荷载,提出了一种考虑峡谷水对原始水平地震波输入的传输效应的 SFT-峡谷水系统在水平晃动作用下的动力响应分析模型,并编制了 MATLAB 程序,来分别求解正弦波和地震波作用下系统的动态响应。

3.2 基于具体工程的研究

针对 Messina 海峡悬浮隧道方案,Fogazzi P 等（2000）[33]利用空间梁单元,开发了能分别模拟流体-结构耦合和土体-结构耦合的简化计算程序,并构造了一种允许大变形的锚索单元。在此基础上研究了悬浮隧道多点支撑地震输入的非线性响应。计算结果虽然无法满足工程设计要求,但得出细长锚索在惯性力和动水力等作用下会产生压力的结论。Di Pilato 等（2008）[34-35]进一步开发了一种适用于非线性动力分析的五自由度的锚索单元,分析了悬浮隧道在地震激励和水动力荷载作用下的动力性能。同时,还基于经典随体转动方程（CR 模型）编写了空间梁单元模型,并将人工合成随空间变化的地震动时程引入地震荷载,应用于非线性离散系统的动态时程分析,但该方法不适用于悬浮隧道的设计阶段。Martire（2010）[36]考虑海床的竖向运动在水中的传播,采用有限元方法分析悬浮隧道地震响应,比较了不同跨径的悬浮隧道的振动特性,并研究了不同锚索布置形式对悬浮隧道动力响应的影响。

以千岛湖悬浮隧道方案为基础,Martinelli 等（2010,2011）[37-38]提出了一种基于功率密度函数产生的中值伪加速度谱来获取地震反应谱的新方法（该法兼容 EN 1998-1）,并在建立的非线性离散数值模型中开发了一种考虑流体力作用的三节点等参数锚索单元,运用动态时程法分析了地震响应。Zhang S 等(2010)[39]分别基于等效抗弯刚度原理和复合材料的层合理论,计算了千岛湖悬浮隧道"三明治"结构的杨氏模量,并通过理论计算进行了悬浮隧道在波浪、流和地震作用下的强度分析。计算结果显示,在地震作用下,管段连接处的栓钉应力远大于钢材的屈服强度,结构的安全性无法保证。

Han J.S.等(2016)[40]以韩国 Mokpo-Jeju 拟建悬浮隧道为背景,提出了减少计算占用空间、通过 Krylov 子空间法,以可接受的误差缩减瞬态地震响应模态阶数的方法,为简化全尺寸模型分析过程提供了行之有效的方法。

3.3 试验研究

关于悬浮隧道的模型试验研究,由于涉及水环境和复杂的相似关系模拟,尤其是大型的具有波流模拟池的水下地震台全世界都非常少见,所以相关的试验研究少之又少。我国天津大学正在研发制造一座长 20m、宽 10m、具有两分离式振动台的波流池。孙胜男(2008)[41]利用大连理工大学的小型振动台附加水栏装置(水箱)首次进行了悬浮隧道地震响应模型试验研究,在此基础上根据势流理论建立了对应的数值模型,并与相关试验结果相对比,而后对悬浮隧道进行了地震响应影响参数的敏感性分析。在该模型试验研究中,管体采用聚氯乙烯(PVC)材料制作,模型长 3m,外径 0.16m,壁厚 4mm,并用铅作为配重,以弥补原型与模型质量密度的差距。锚索采用直径 1.5mm、间距 100cm 的钢绞线模拟。模型所有可能的进水部位都用硫化硅橡胶进行了密封。为调节锚索拉力,在锚索端部接入花篮螺丝。

模型试验研究结构表明,水平地震激励时,悬浮隧道管体产生整体水平转动;竖向地震激励时,悬浮隧道整体产生一致竖向运动;地震激励方向对悬浮隧道地震响应影响较大:无论是正弦波激励还是随机波激励,悬浮隧道在承受竖向激励时的响应普遍大于承受水平激励时的响应;在正弦波和随机波激励下,锚索倾角为 60°时的悬浮隧道地震响应大于锚索倾角为 45°时的响应。

4 结论与展望

综上所述,悬浮隧道地震响应研究仍处于理论探索阶段,数值模型简化过多,模型试验研究受试验设备条件和经费投入限制,存在尺寸小、试验的波浪流-地震耦合作用、非一致激励输入、试验边界条件对试验结果的影响等问题,故其远未达到工程应用的要求。研究成果仅可对个别构件设计参数(如锚索布置、管段长度与放置深度等)的选择提供参考。

根据当前的研究现状,悬浮隧道在地震作用下可能面临的主要问题,如图1所示。

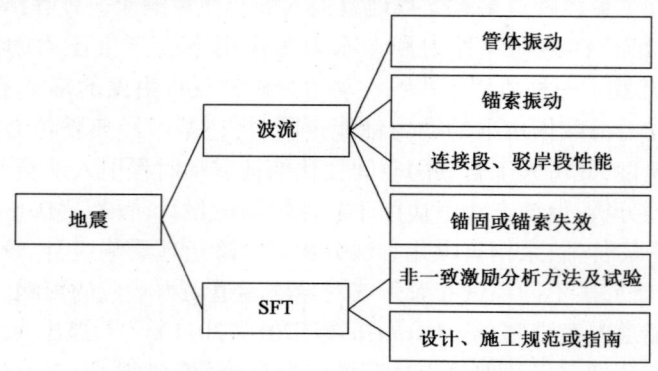

图 1 悬浮隧道在地震作用下可能面临的主要问题

首先,目前已有研究主要着眼于考虑波浪-地震耦合作用下悬浮隧道的管体和锚索振动特性,而对悬浮隧道具有复杂边界支撑或约束条件(如两端的弹性支撑等)在波流-地震耦合作用下隧-流-岸边连接段性能的效应及非一致激励的振动响应问题未有深入研究;其次,减振同时满足行车平顺性要求的管体间连接段究竟采用何种消能、阻尼装置的构造设计还有待于进一步研发;最后,还缺乏一整套能反映实际波流-地震耦合作用工况、进行悬浮隧道各种参数布设的试验研究和理论设计方法。为此,有必要对地震作用下悬浮隧道结构动力响应机理及安全性进行研究,期望从以下几个方面取得突破:

(1)考虑波流与非一致激励同时作用的悬浮隧道地震响应分析方法研究,包括水环境下悬浮隧道的数值建模方法研究,波流与地震非一致激励输入计算方法研究。同时从局部锚索突发断裂研究出发,进一步探讨由地震引起的锚固失效及锚固结构变位等对悬浮隧道动力响应的影响;对悬浮隧道参数及抗震、减震措施分析研究,提出相应的控制措施。

(2)悬浮隧道关键部位构件复杂应力累积的材料恢复力特性研究,包括管段接头材料的滞回本构模型、管段接头的疲劳机理和特性分析,以及抗疲劳设计措施。

(3)波流-地震激励作用下的悬浮隧道试验研究。整合多方资源,开展悬浮隧道地震响应大比例尺模型试验研究,打破当前模型试验研究设备匮乏的局面,进行包括波流地震试验环境模拟、悬浮隧道试验模型设计和水环境下地震激励悬浮隧道的力学分析模型验证。

(4)悬浮隧道的地震安全性评估,编制相应的抗震、减振设计规范和指南:包括SFT地震安全性的评估指标体系构建和基于层次分析法及云理论的实例评估应用等;在上述研究的基础上,编制我国悬浮隧道的地震安全性评估、相应的抗震、减震设计的规范或指南,加强抗震构造或装置的原始创新与发明。

参 考 文 献

[1] 项贻强,薛静平.悬浮隧道在国内外的研究[J].中外公路,2002,22(6):49-52.

[2] C.Hakkart.State of the art of the submerged floating tunnel[C]//International Tunnelling Association.International Conference on Submerged Floating Tunnels,Sandnes,1996.

[3] ANON. Italy- Sicily link competition. New British floating tunnel wins Italian award[J]. Tunnels,1971,3(1); 50-51.

[4] Skorpa L, Østlid H. Owners experience with the pilot project Høgsfjord submerged floating tunnel[C]// Strait Crossings 2001. Bergen, Norway: Swets & Zeitlinger Publisher, 2001: 547-550.

[5] Haugerud S A, Olsen T O, Muttoni A.The lake Lugano crossing-technical solutions[C]// Strait Crossings 2001.Bergen,Norway:Swets & Zeitlinger Publisher,2001:563-568.

[6] Felch J.The Seattle-Bellevue loop with still-water submerged floating tunnel[C]// Strait Crossings 2001.Bergen,Norway:Swets & Zeitlinger Publisher,2001:581-590.

[7] Mazzolani F M,Landolfo R,Faggiano B.Submerged floating tunnel(Ponte Di Archimede)in the Jintang strait[R].Naples:Federico II University of Naples,2001.

[8] Mazzolani F M,Landolfo R,Faggiano B.The archimede's bridge prototype in Qiandao lake(PR of China)[R].Naples:Sino-Italian Joint Laboratory of Archimedes Bridge(SIJLAB),2007.

[9] Kanie S.Feasibility studies on various SFT in Japan and their technological evaluation[J].Pro-

cedia Engineering,2010,4:13-20.
[10] Endah Wahyuni,I Gusti Putu Raka,Ery budiman.Structural behaviour of submerged floating tunnels with different cable configurations under environmental loading[J].Dinamika Teknik Sipil,2011,11(3):212-215.
[11] Faggiano B,Panduro J,Rosas M T M,et al.The conceptual design of a roadway SFT in Baja California,Mexico[J].Procedia Engineering,2016,166:3-12.
[12] Brancaleoni F,Castellani A,d´Asdia P.The response of submerged tunnels to their environment[J].Engineering Structures,1989,11(1):47-56.
[13] 宋一凡.公路桥梁动力学[M].北京:人民交通出版社,1999:212-214.
[14] 范立础,李建中,王君杰.高架桥梁抗震设计[M].北京:人民交通出版社,2001.
[15] Kiyokawa K,Inada Y.Analysis of hydrodynamic force acting on submerged structures during earthquakes[J].Proceedings of Coastal Engineering of Japan,1990,37(1):639-643.
[16] Morita S,Yamashita T,Mizuno Y,et al.Earthquake response analysis of submerged floating tunnels considering water compressibility[C]//ISOPE.Proceedings of the Fourth(1994)International Offshore and Polar Engineering Conference.Osaka:ISOPE,1994:20-26.
[17] 孙胜男,陈健云.地震下悬浮隧道所受动水压力研究-SV 波[J].防灾减灾工程学报,2006,26(4):425-430.
[18] 孙胜男,陈健云.海底锚固悬浮隧道所受动水压力研究-P 波[J].哈尔滨工业大学学报,2008,40(8):1292-1296.
[19] 晁春峰,项贻强.理想流体层中悬浮隧道管体动水荷载研究-P 波[J].海洋学报,2013,35(5):156-161.
[20] Chen W,Huang G.Seismic wave passage effect on dynamic response of submerged floating tunnels[J].Procedia Engineering,2010,4:217-224.
[21] Xiao J,Huang G.Transverse earthquake response and design analysis of submerged floating tunnels with various shore connections[J].Procedia Engineering,2010,4:233-242.
[22] Xiang Y,Chao C.Transverse seismic response analysis of submerged floating tunnel considering boundary soil property[C]//NULS.Proceedings of International Conference on Engineering Vibration.Ljubljana:National and University Library of Slovenia,2015:336-345.
[23] 董满生,李满,林志,等.随机地震激励下水中悬浮隧道的动力响应[J].应用数学和力学,2014,35(12):1320-1329.
[24] Lee J H,Seo S I,Mun H S.Seismic behaviors of a floating submerged tunnel with a rectangular cross-section[J].Ocean Engineering,2016,127:32-47.
[25] 项贻强,陈政阳,杨赢.悬浮隧道动力响应分析方法及模拟的研究进展[J].中国公路学报,2017,30(1):69-76.
[26] Jooyoung Lee,Chungkuk Jin,Moohyun Kim.Dynamic response analysis of submerged floating tunnels by wave and seismic excitations[J].Ocean Systems Engineering,2017,7(1):1-19.
[27] Zhiwen Wu,Pengpeng Ni,Guoxiong Mei.Vibration response of cable for submerged floating tunnel under simultaneous hydrodynamic force and earthquake excitations[J].Advances in Structural Engineering,2018,21(11):1761-1773.
[28] 阳帅,颜晨宇,巫志文.随机地震作用下悬浮隧道锚索的动力响应分析[J].防灾减灾工程

学报,2021,41(02):304-310.

[29] Heng Lin, Yiqiang Xiang, Zhengyang Chen, Ying Yang. Effect of marine sediment on the response of a submerged floating tunnel to P wave incidence[J]. Acta Mechanica Sinica, 2019, 35(4):773-785.

[30] Jin Chungkuk, Bakti Farid P, Kim MooHyun. Time-domain coupled dynamic simulation for SFT-mooring-train interaction in waves and earthquakes[J]. Marine Structures, 2021, 75.

[31] 罗刚,张玉龙,潘少康,任毅.波浪地震耦合作用下悬浮隧道动力响应分析[J].工程力学,2021,38(2):211-220,231.

[32] Xie Jiaming, Chen Jianyun. Dynamic response analysis of submerged floating tunnel-canyon water system under earthquakes[J]. Applied Mathematical Modelling, 2021, 94.

[33] Fogazzi P, Perotti F. The dynamic response of seabed anchored floating tunnels under seismic excitation[J]. Earthquake Engineering & Structural Dynamics, 2000, 29(3):273-295.

[34] Di Pilato M, Perotti F, Fogazzi P. 3D dynamic response of submerged floating tunnels under seismic and hydrodynamic excitation[J]. Engineering Structures, 2008, 30(1):268-281.

[35] Di Pilato M, Feriani A, Perotti F. Numerical models for the dynamic response of submerged floating tunnels under seismic loading[J]. Earthquake Engineering & Structural Dynamics, 2008, 37(9):1203-1222.

[36] Martire G. Seismic analysis of a SFT solution for the Messina Strait crossing[J]. Procedia Engineering, 2010, 4(6):303-310.

[37] Martinelli L, Barbella G, Feriani A. Modeling of Qiandao Lake submerged floating tunnel subject to multi-support seismic input[J]. Procedia Engineering, 2010, 4:311-318.

[38] Martinelli L, Barbella G, Feriani A. A numerical procedure for simulating the multi-support seismic response of submerged floating tunnels anchored by cables[J]. Engineering Structures, 2011, 33(10):2850-2860.

[39] Zhang S, Wang L, Hong Y. Structural analysis and safety assessment of submerged floating tunnel prototype in Qiandao Lake(China)[J]. Procedia Engineering, 2010, 4:179-187.

[40] Han J S, Won B, Park W S, et al. Transient response analysis by model order reduction of a Mokpo-Jeju submerged floating tunnel under seismic excitations[J]. Structural Engineering & Mechanics, 2016, 57(5):921-936.

[41] 孙胜男.悬浮隧道动力响应分析[D].大连:大连理工大学,2008.

141. 近断层地震作用及可恢复抗震设计研究

邢 帆[1] 陈惟珍[2]

(1.乐山师范学院经济管理学院；2.同济大学桥梁工程系桥梁评定与加固研究室)

摘 要：近年我国地震工程研究的发展方向正逐步向可恢复设计转变。在回顾了历史上所发生的几次大的近断层地震动基础上，总结了近断层地震动的基本特点，研究了近断层脉冲运动的频谱特性和对结构的作用影响。重点对抗震韧性与可恢复设计的减隔震措施进行了介绍，分析了不同自复位耗能装置的特点和存在问题。最后针对大跨径斜拉桥的塔梁减震问题，提出引入缓冲型钢拉索对或者由新材料——形状记忆合金(Shape Memory Alloy,SMA)制成的超弹性减震索对的设想，以实现震后性能快速恢复的目标。

关键词：近断层地震 可恢复设计 自复位能力 SMA减震索

1 引言

近年我国地震工程研究的发展，已完成从提高结构强度向减隔震的转变。针对不同结构特点和性能要求，设计者应当使用合理设计参数、结构体系、构造措施和减震装置等，以保障不同设防水准下的抗震性能。现阶段基于防倒塌的设计思想，对于大多数工程来说是合理可行的。但对于重要建筑、生命线工程，正逐步向可修复设计转变。不仅要求结构在地震作用下保护生命，而且要求结构在震后能够快速恢复，体现可恢复抗震设计理念。近断层地震形成机理复杂，对近断层地面运动特性的认识也不够完全。强烈脉冲运动带来的减隔震装置大位移需求，要以更加有效的自复位耗能减震设计予以解决。

2 近断层地震特性研究

近年来全球地震活动较为活跃，特别是环太平洋地震带以及喜马拉雅到地中海的欧亚地震带的板块边界特大震频发，屡次挑战设防标准。例如，震级里氏7.6级的中国台湾"9·21"集集大地震，为1999年9月21日发生在台湾中部山区的逆断层型地震，因车笼埔断层发生错动产生约100km的地表破裂带，断层上下盘间错动达7~8m。而2008年5月12日发生的里氏8.0级的"5·12"大地震，处于四川龙门山逆冲推覆构造带上，震中位置靠近映秀，即在北川—映秀断裂上，成为新中国成立以来破坏性最强、波及范围最大的一场地震。2011年3月11日在日本东北部太平洋海域发生"3·11"大地震，地震的矩震级达到9.0级，为全球历史第五大地震(第一为1960年发生的智利9.5级地震)。

2.1 近断层地震动基本特点

近断层地震动是一种以脉冲型地面运动为最显著特点的地震动。与远场地震动相比,近断层(也称为近场或近源)地震动呈现了更复杂的破坏特性。已有的研究通过对近断层地震动记录进行分析,发现在靠近活动断层区的近场地震动记录很多具有峰值高和中低频成分丰富的特点,对桥梁结构存在高能量和大变形的需求。历史上在近场区内均记录到了不少高加速度峰值、速度峰值和位移峰值的地震动,并且通过记录分析发现近场地震动含有比人们想象中丰富得多的低频成分(周期1s以上)。例如,在阪神大地震中,其水平加速度峰值最大超过800g,速度峰值高达100cm/s。中国台湾集集地震采集到上千条地震动记录,其水平加速度峰值最大接近1 000g,速度峰值高达300cm/s。2008年发生的汶川强震过程中(根据中国地震局数据,面波震级达8.0Ms、矩震级达8.3Mw),中国数字强震动观测台网获取到的近场强震加速度记录多达420组。其中,龙门山断裂带及其周围地区有50多个台站获得了大于$1m/s^2$的加速度记录,还有46组三分向加速度记录的断层距小于100km。

概括起来,近断层地震动主要有以下五个特征:

(1)方向性效应。地震断层在破裂释放能量时在地震传播方向一定区域内存在类似脉冲形式的地面运动现象,也是近断层区域有别于非近断层区域的重要原因之一。

(2)滑冲效应。这是近断层区域产生的重要原因之一。由于地震产生时断层上下两盘相互错动和滑动,进而在近断层区域产生地面永久位移的现象。

(3)上盘效应。这是指断层的上盘地震动明显强于断层下盘的一种现象。这种现象在逆冲断层的上盘更为明显,产生原因是断层上盘的地面相比断层下盘的地面更接近断层,相应的地震动传播到上盘地面的距离更短,进而造成上盘的地震动和震害都更加剧烈。

(4)速度脉冲。在近断层区域记录的地震动速度时程中会存在明显的速度脉冲。这种速度脉冲可能是由于近断层地震动的方向性效应或者滑冲效应产生的,方向性效应产生的速度脉冲一般发生在与断层垂直方向上,是一个明显的双向脉冲。滑冲效应产生的脉冲一般发生于平行于断层方向上,是一个明显的单向脉冲,并时常伴有明显的地面永久位移。速度脉冲效应是近断层地震动的重要特性。脉冲型地震动相对于普通地震动,速度幅值更大,包含更高的破坏能量。初步评价地震动的脉冲特性,就是以PGV/PGA(地面速度峰值和地面加速度峰值之比,即峰值比,简称VA)是否大于或等于0.2为标志的。VA值越大,表明脉冲特性越明显。

(5)竖向加速度效应。在近断层区域记录到的地震动具有很强的竖向振动效应,一般建筑结构对于竖向加速度并不十分敏感,因为建筑结构的地震响应以水平摆动为主。但这种竖向加速度效应对某些桥梁结构却是十分致命的。大跨度桥梁往往会由于竖向加速度效应而产生较大的竖向位移,这些竖向位移十分难以控制,在强震作用下这些竖向位移时常会发散,进而造成桥梁结构的垮塌。

2.2 近断层地震动对结构的作用影响

与无脉冲地震动作用相比,近断层脉冲地震动作用下的建筑结构地震响应显著增大,而且滑冲效应引起的速度脉冲使隔震建筑底部的层间变形和楼层剪力明显增大,并使隔震建筑的上部加速度响应有所增加,这意味着滑冲效应脉冲比向前方向性效应脉冲对建筑结构的破坏更具危害性[1]。在集集地震和土耳其Kocaeli、Duzce地震中地表破裂造成了明显永久地面位移,导致跨断层或近断层区内的工程结构出现了严重的损伤或倒塌[2]。

图1给出了中国台湾"9·21"集集地震CHY026-N台站记录的地震波加速度时程曲线和频谱特性。地震波的PGV/PGA为0.504,属于近震效应明显的类型。从加速度时程来看,地

震信号在第10s和20s附近发生明显的长周期脉冲运动。小波局部谱密度体现出在频域方面地震信号的能量高度集中在1Hz之前的低频段范围，并在时域上表现出具有显著能量集中峰值的特点[3]。加速度信号的卓越频率是0.165Hz，地震信号的能量高度集中在0.586Hz以前的低频段，在0.977Hz处能量已经衰减很明显。

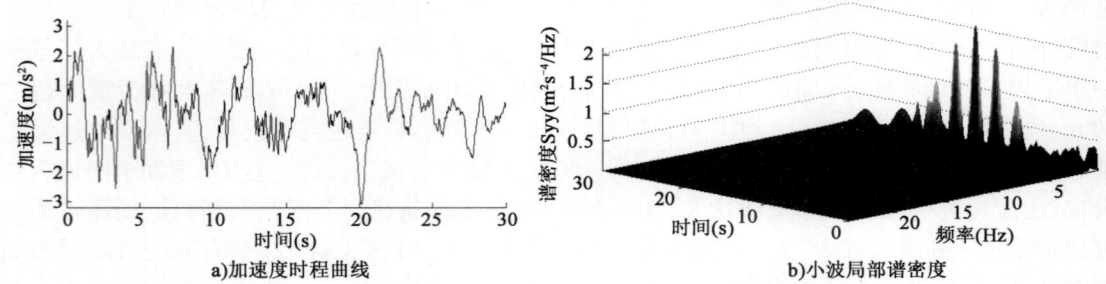

图1 中国台湾"9·21"集集地震CHY026-N台站记录的地震波加速度时程曲线和频谱特性

根据震害调查，场地效应往往会对地震动的传播和作用产生极大影响。按12度分级的地震烈度表评价，集集地震的震中烈度为10~11度。台北地区虽然距事发震中约150km，然而当地的地震烈度仍达8~9度，超过300多栋建筑物受到严重受损。这是由于盆地对地震动的放大效应使得地震动增强，场地特征周期和建筑物所在位置的地质构造相关，地震波长周期分量破坏作用显著。

图2合并给出了三条软土场地上的集集地震加速度记录反应谱。

从图2可以看出，在加速度反应谱的中长周期段，随着近断层脉冲效应的变大（PGV/PGA比值会增大），其加速度反应谱曲线有着"变胖"的趋势，反应谱值将趋于增大。对于第三类软土场地上的加谱峰值普遍出现在中长周期段，显然会对自振周期较长的高层建筑或者大跨桥梁带来严重危害，随着近断层脉冲效应的加剧而愈发凸显，应该引起工程抗震研究的足够重视。

对于2008年5月发生的四川汶川地震，震源破裂过程研究表明，汶川地震是一次沿地震断层朝北东向单侧破裂为主的逆冲破裂事件，脉冲型记录台站均位于沿着断层破裂传播的方向上，且这些台站与地表断裂的距离都在小于30km的范围，并认为近断层速度脉冲的形成可能主要由破裂的方向性效应引起[4]。但是近断层地震记录数据却表明，加速度反应谱的长周期分量并不明显。图3给出了三个主震（什邡八角51SFB-EW、绵竹清平51MZQ-EW、汶川卧龙51WCW-EW）台站东西向记录的地震主震加速度反应谱曲线（阻尼比为5%）。

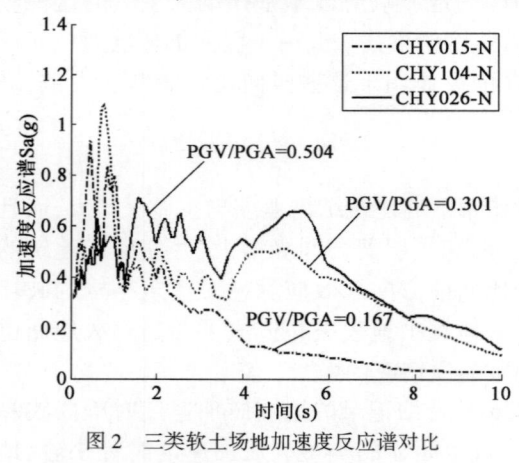
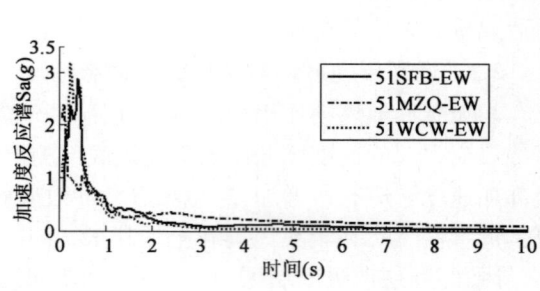

图2 三类软土场地加速度反应谱对比　　图3 记录的汶川地震主震加速度反应谱曲线

通过反应谱可以体现由结构动力特性(自振周期、振型和阻尼)所产生的共振效应。汶川地震断层附近的地震波长周期成分并不明显,但是加速度反应谱峰值却非常大(可达中国台湾"9·21"集集地震3倍左右),且显著集中在0.5s短周期附近(在1s周期段之后就已经衰减很明显)。由于在震区断层附近,基本上多为低矮民用建筑,各类结构自身基频多在0.1~1.0s,多数未采用隔震装置和措施来延长整个建筑物的自振周期,所以地震给该地区带来了严重的破坏。

3 可恢复功能抗震设计理念

过去我国抗震设计规范中关于性能化设计的规定均集中于保障建筑物结构部分的抗震安全性能,对建筑功能的震后可恢复性关注不足。现今抗震研究的发展趋势向可恢复性的抗震设计理念转变,在可方便替换"保险丝"构件、摇摆自复位体系、更有效的减震隔震措施等方面有所推进[5]。

3.1 抗震韧性与可恢复设计

2009年1月在NEES/E-Defense美日地震工程第二阶段合作研究计划会议上,首次提出将"可恢复功能城市"作为地震工程领域的一大发展方向。提升城市的抗震韧性,其首要环节是提升建筑抗震韧性[6]。建筑物的抗震韧性被定义为:建筑遭受特定水准地震作用后,维持与恢复原有建筑功能的能力。"特定水准地震作用"沿用了我国的三水准设防理念,"维持或恢复原有建筑功能"是指建筑物保持震前状态或在发生损伤后100%恢复至震前状态。

可恢复功能抗震结构(Earthquake Resilient Structrues)是指地震时保持可接受的功能水平、地震后不需修复或稍许修复即可恢复其使用功能的结构[7]。其特点是结构体系易于建造和维护,全寿命周期中成本效益高。作为一种新型的结构体系,可恢复功能防震结构不仅能在地震时保护人们的生命财产安全,而且帮助人们在地震之后尽快恢复正常生活,是未来防震减灾新的发展方向。

近年来一系列涉及减隔震规范设计的国家、行业标准相继出台[8-11],全面凸显我国对可恢复功能抗震设计理念的高度重视。新兴减隔震技术的涌现和对基础抗震设计理论(如工程需求参数矩阵扩充和建筑损伤状态判定)的重视,对建筑抗震韧性设计的落实提供了有力保障。

在具体内容上方面,我国《建筑抗震韧性评价标准》(GB/T 38591—2020)依据国内已有结构构件的抗震性能试验数据,确定了损伤状态划分标准。并且经统计分析,给出了部分常见钢筋混凝土结构和钢结构构件的易损性曲线参数,包含损伤状态界限对应的构件变形(角)中位值及标准差,方便绘制出不同类型结构构件的易损性曲线。桥梁抗震研究的发展趋势也与整个地震工程界倡导的可恢复性的抗震设计理念同步,更有效的减震隔震措施不断被引入具体项目之中。《公路桥梁抗震性能评价细则》(JTG/T 2231-02—2021)也吸收了近年来国内外在桥梁抗震概念设计、延性抗震设计、减隔震设计以及构造措施等方面的成熟研究成果,全面细化和完善了减隔震体系桥梁抗震设计内容,并从减隔震体系桥梁设计理念和方法、抗震分析方法、减隔震装置的要求等方面给出较全面系统的规定和说明。

3.2 可恢复性的减隔震措施

在结构上应用能够自复位的隔震和能量耗散装置,如预应力钢筋混凝土墩柱、可恢复性防屈曲支撑及金属耗能梁段、形状记忆合金装置以及钢拉索或减震索配合黏滞阻尼器等,均是良好的可恢复性减隔震措施。

3.2.1 自复位结构降低墩柱残余位移

作为生命线工程的桥梁结构,在强震作用下进入非线性阶段会产生不可恢复的永久位移或残余变形。一般墩柱结构在强震作用下反复受剪,震后严重破坏,通过对桥梁震害的调查表明,震后墩柱体系的残余位移是衡量震后桥梁可修复性的主要因素。随着桥梁结构抗震设计理念从抗震、减震向性能可恢复设计转变,国内外许多研究者进行了具有自复位性能的桥墩体系探索研究。自复位结构即便在地震中经历了较大的变形,但也可以通过特定的自复位荷载显著减小震后残余位移[12]。例如,提离式桩-承台自复位基础是指充分利用地震中桥墩的摇摆效应,通过地震时所引发的承台与地基之间的提离,来减小结构地震反应,控制桥梁震后残余位移。

预制节段拼装桥墩中预应力钢筋以有无黏结加以区分。黏结力的存在可以提高墩柱的抗侧力性能和耗能能力,但黏结力又使墩柱节段核心混凝土的应力变化较大,削弱了墩柱的自复位能力,宜应用在地震烈度低的地区。在高烈度地区,可以在预制节段墩柱中采用无黏结的预应力钢筋进行连接,墩柱会具有良好的自复位能力,核心混凝土的应力变化幅度小。还有研究表明,在无黏结预应力预制桥墩节点连接中增加有黏结普通钢筋,能增大滞回耗能能力,降低位移需求。

3.2.2 耗能支撑自复位装置

普通屈曲约束支撑(Buckling Restrained Brace,简称 BRB)是一种无论受拉还是受压都能达到承载全截面屈服的轴向受力构件。屈曲约束支撑一方面可以避免普通支撑拉压承载力差异显著的缺陷,另一方面具有金属阻尼器的耗能能力,可以在结构中充当具有可更换性的"保险丝",提高传统支撑框架在中震和大震下的抗震性能。

但是传统的防屈曲耗能支撑在强震产生屈服后,震后通常具有较大的残余变形,对结构造成不利的影响,而且支撑自身修复困难。近年来出现了自复位耗能支撑(Self-centering Energy Dissipation Brace,简称 SCB),是在普通 BRB 的基础上发展而来。它能够消耗地震输入能量并将残余变形尽可能减小,甚至消除,在确保结构安全性的同时减少震后修复时间,降低成本。

根据耗能支撑自复位装置的不同,可分为基于拉索(如采用普通预应力钢绞线)或高性能纤维筋(如芳纶纤维筋)的自复位耗能支撑、基于 SMA 的自复位耗能支撑和基于碟形弹簧的自复位耗能支撑。但是常用的预应力筋预应力过高,弹性变形能力不足,限制支撑的轴向伸长能力;高性能纤维筋的锚固效果欠佳,且材料脆性有突然断裂的风险;形状记忆合金 SMA 造价较高,且其材料力学性能受温度影响大;组合碟簧构造复杂,预压力施加及组装部件困难。这些客观限制因素都亟待解决。

从耗能机制来说,金属屈服耗能的滞回曲线饱满,比如使用常见 Q235 钢材屈服耗能组成纯钢防屈曲约束支撑。还可利用磁流变液耗能组合碟簧复位设计,并且阻尼装置具有饱满的滞回响应,阻尼力可随加载振幅和频率的增大而增大,复位能力良好[13]。但是,考虑到磁流变液易沉降且具有时间滞后性,而金属屈服耗能兼具动阻尼耗能特性,已经在防屈曲约束支撑中得到了推广应用。有研究认为[14-15],从材料耐久性、可更换性和工程推广的角度,以金属屈服耗能为原理的支撑发展和应用前景更加广阔。

值得一提是形状记忆合金 SMA。它早在 20 世纪 90 年代就问世了,目前已开发五十多种形状记忆合金新材料,广泛应用于航空航天、现代医学和建筑减震等领域。人们看重其具有受力卸载后材料无明显残余变形,可恢复到初始形状的优良超弹性(superelasticity)和形状记忆效应(shape memory effect)。当形状记忆合金在高温相奥氏体状态下受到外力发生较大变形,去除外力后,大变形完全恢复。但是在变形过程中,应力-应变曲线并不是线性的,会产生耗散能。由于Fe-Mn-Al-Ni基SMA材料具有温度敏感性小、材料延性较好、初始弹性模量高、焊接性能优良、良好的超弹性及形状记忆功能,因此可将耗能梁段腹板材料更换成Fe-Mn-Al-Ni基SMA金属材料,形成一种新型SMA耗能梁段[16],具有理想的旗帜型滞回曲线,从而基于材料的超弹性实现结构的自复位功能。

图4对比了传统软钢阻尼器与SMA自复位钢框架的滞回性能。虽然以传统软钢耗能方式的滞回曲线饱满,具有良好的耗能能力,但当荷载卸载至零的塑性残余变形较大。如果把耗能梁段的软钢腹板替换为SMA合金,不仅可以实现耗能梁段的自复位功能,而且塑性残余变形极小甚至为零。

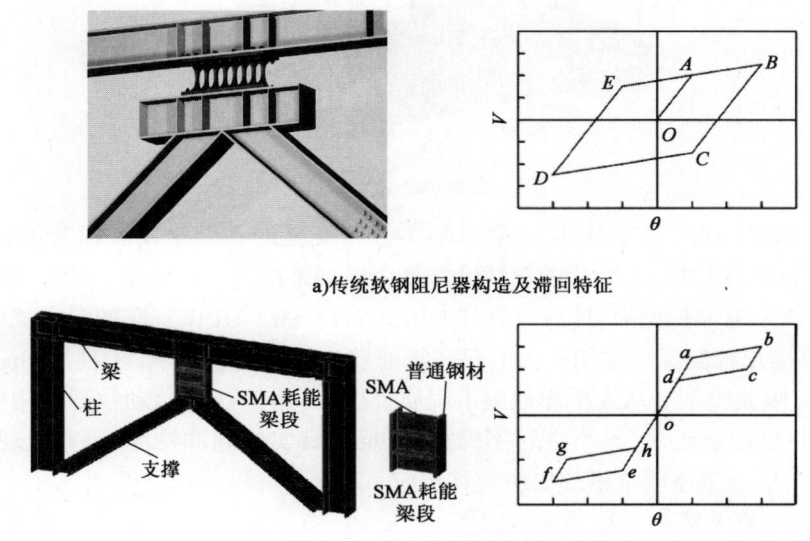

a)传统软钢阻尼器构造及滞回特征

b)SMA自复位钢框架构造及滞回特征

图4 传统软钢阻尼器与SMA自复位钢框架滞回性能对比图

3.2.3 SMA减隔震复合支座

SMA的超弹性是由于合金内部发生相变而形成的,对材料没有损伤,且抗腐蚀性能好,可制作不同类型的耗能和隔震装置。桥梁上使用的SMA-橡胶复合支座(图5),就是将SMA拉索置于夹层橡胶支座中,记忆合金丝可提供饱满的滞回曲线,叠加橡胶支座的隔震能力,使结构的减震隔震效果更好。研究者在SMA橡胶复合支座中采用SMA拉索,拉索由直径1mm的Ni-Ti合金丝构成[17]。附加记忆合金拉索之后,整个控震装置的滞回历程类似于具有弹塑性滞回阻尼的铅芯橡胶支座或高阻尼橡胶支座。

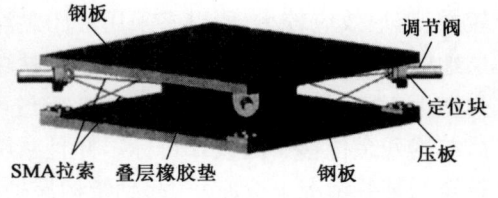

图5 SMA-橡胶复合支座模型

运用隔震策略的目的是能够拉长桥梁结构的基本周期,使之远离地面运动的主导周期,从而减少传递到主结构的能量。正如前文所介绍的近断层地震频谱特性那样,由于近断层地震长周期脉冲运动效应的存在,会因为隔震支座的引入导致桥梁结构更容易受到脉冲作用的影响。与远场地震动相比,这些强烈的长周期脉冲更有可能引起与基本周期延长的隔震系统的共振,并导致支座位移增大。过度的支座位移可能导致一些不可恢复的损坏,如支座错位、相邻梁跨间的碰撞,严重者还可能导致落梁。

同济大学的研究团队认为,使用约束隔离支座会是一个可行的解决方案[18]。他们设计出的新型 SMA 约束高阻尼隔震橡胶支座如图6所示。所使用的 SMA 缆索束是由7股组成,而每股又是由7根直径为1.2mm 的 Ni-Ti SMA 合金丝构成,其中镍占比50.8%,钛占比49.2%。这种钛镍合金丝在室温下就可表现出超弹性(奥氏体表面温度约为5℃)。

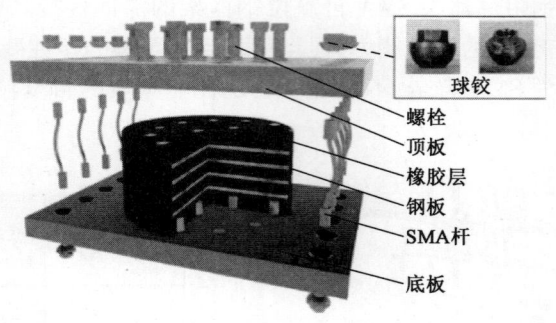

图6 新型 SMA-HDR 支座

这种 SMA-HDR 支座,是在 HDR 高阻尼隔震橡胶支座的基础是发展而来的。单纯 HDR 支座的滞回行为可以通过一个简化的双线性恢复力模型来描述。在确定了带有初始水平间隙的 SMA 合金丝拉索滞回模型后,即可以叠加的方式获得 SMA-HDR 支座的滞回规则。为了证实 SMA-HDR 高阻尼橡胶支座适用于可能存在脉冲效应的近断层区域,还利用 OpenSees 建立了桥梁的三维有限元模型。从太平洋地震工程研究中心(PEER)地运动数据库中选择一组具有脉冲特性近断层地震记录,且不进行不缩放,以反映真实的脉冲特性,研究发现新型 SMA-HDR 支座确实可以抑制连续梁桥的支座位移响应。

3.2.4 并联减震系统改善塔梁变形需求

大跨径斜拉桥的塔梁纵向连接方式对结构受地震作用的反应影响很大,所以有包括纵向全飘浮体系(塔梁间不设支座)和半飘浮体系(塔梁间设纵向滑动支座)以及应用阻尼器加弹性连接装置的并联组合连接体系的解决方案。类似,在横桥向减震方案中,可以使用钢阻尼器或黏滞阻尼器加弹塑性减震索的设计。

黏滞阻尼器(VFD)出现时间不长,但是发展到现在,已经是应用最为广泛的减震装置之一。黏滞阻尼器可以为结构提供较大阻尼而不增加结构整体刚度,加之大跨度桥梁结构体系较柔,阻尼效应较小,所以多采用液压黏滞阻尼器。关于斜拉桥黏滞阻尼器设计参数[19]、近断层地震条件下使用弹塑性减震索以及黏滞阻尼器进行减震等系列研究表明[20],使用弹性索或弹塑性索(弹塑性索采用 1 725MPa 钢绞线)与黏滞阻尼器进行组合的减震体系,可以实现震后结构残余位移小的设计目标。并且减震索进入塑性,塔梁间相对变形的需求不会明显增加,甚至在某些情况下会减小,起到结构保护的作用。

在大跨径连续梁上基于球钢支座或摩擦摆支座形成拉索减震支座体系,技术已相对成熟。基本原理是在拉索限位段前加入具有缓冲效应的弹簧部件,成为缓冲型拉索减震支座,能够在脉冲型地震动作用下表现出更加高效的减震性能[21]。基于这个思路,可以考虑在大跨径斜拉桥上引入缓冲型钢拉索对或者由新材料 SMA 制成的超弹性减震索对,再与黏滞阻尼器并联使用,预计能进一步改善塔梁构件的综合受力性能,实现结构震后快速恢复性能的设计目标。图7给出了斜拉桥横向并联减震设计方案。

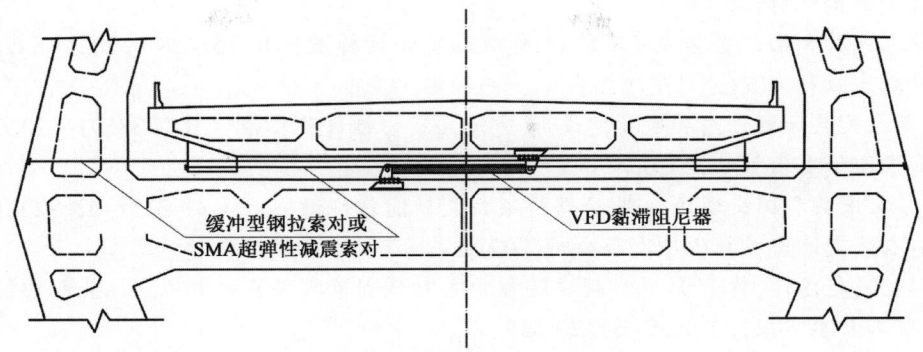

图 7　斜拉桥横向并联减震设计方案

这样的并联减震系统,是将横向布置的 VFD 黏滞阻尼器一端锚固于斜拉桥的主梁底部,另一端锚固于主塔横梁之上。对于钢拉索或减震索建议使用两对,呈纵向对称状布置在主塔横梁两侧面。每对索分别将一端锚固于与主梁连为一体的锚固块上,另一端锚固于对侧斜拉桥的塔柱上。

4　结语

历史上所发生的几次大的近断层地震动,导致了严重的破坏。人们意识到需要深入了解近断层地震的频谱特性以及结构震害作用机理,并要把地震动分布特征和脉冲运动特性等因素同减隔震装置的设计参数结合起来。现阶段基于防倒塌的抗震设计思想,对于大多数工程来说是合理可行的,但对于重要建筑和生命线工程,应向可修复设计转变。为实现近断层地震作用下的可恢复抗震设计目标,根据设计目的和需求,可以灵活运用具有自复位能力的减隔震策略,包括使用自复位预应力钢筋混凝土墩柱、耗能支撑自复位装置、SMA 减隔震复合支座以及减震索配合黏滞阻尼器等装置,从而向全面提高结构的抗震韧性。

参 考 文 献

[1] 杨迪雄,赵岩.近断层地震动破裂向前方向性与滑冲效应对隔震建筑结构抗震性能的影响[J].地震学报,2010,32(5):579-587.
[2] Chen S M,Loh C H.Estimating permanent ground displacement from near-fault strong-motion accelerograms[J].Bulletin of the Seismological Society of America,2007,97(1B):63-75.
[3] 邢帆.钢管混凝土拱桥近断层地震抗震性能分析[M].北京:中国铁道出版社,2018.
[4] 谢俊举,温增平,李小军.基于小波方法分析汶川地震近断层地震动的速度脉冲特性[J].地球物理学报,2012,55(6):1963-1972.
[5] 黄勇,张良,乐威杰,等.桥梁抗震研究的近期进展[J].地震工程与工程振动,2017,37(3):166-174.
[6] 王涛.建筑抗震韧性评价研究进展[J].城市与减灾,2021(4):33-38.
[7] 吕西林.可恢复功能防震结构——基本概念与设计方法[M].北京:中国建筑工业出版社,2020.
[8] 中华人民共和国住房和城乡建设部.建筑抗震设计规范:GB 50011—2010[S].北京:中国

建筑工业出版社,2010.

[9] 中华人民共和国住房和城乡建设部.建筑隔震设计标准:GB/T51408—2021[S].北京:中国计划出版社,2021.

[10] 中华人民共和国住房和城乡建设部.建筑抗震韧性评价标准:GB/T 38591—2020[S].北京:中国标准出版社,2020.

[11] 中华人民共和国交通运输部.公路桥梁抗震性能评价细则:JTG/T 2231-02—2021[S].北京:人民交通出版社股份有限公司,2021.

[12] 李树宝,赵建锋,黄云青.局部现浇连接形式对预制节段拼装桥墩抗震性能的影响[J].青岛理工大学学报,2018,39(6):27-33.

[13] 谢行思.自复位阻尼耗能支撑-高层韧性钢结构抗震性能与设计方法[D].北京:北京交通大学,2021.

[14] 周颖,申杰豪,肖意.自复位耗能支撑研究综述与展望[J].建筑结构学报,2021,42(10):1-13.

[15] MILLER D J,FAHNESTOCK L A,EATHERTON M R.Development and experimental validation of a nickel-titanium shape memory alloy self-centering buckling-restrained brace[J].Engineering Structures,2012,40:288-298.

[16] 刘文渊,孙国华,冷捷.新型自复位SMA耗能梁段的滞回性能[J].防灾减灾工程学报,2016,36(4):624-632.

[17] 庄鹏,薛素铎,李彬双.SMA-橡胶支座滞回性能的理论模型[J].北京工业大学学报,2006(10):890-894.

[18] Fang C,Liang D,Zheng Y,Lu S.Seismic performance of bridges with novel SMA cable-restrained high damping rubber bearings against near-fault ground motions,Earthquake Engng Struct Dyn,2022;51:44-65.

[19] 李建中,管仲国.桥梁抗震设计理论发展:从结构抗震减震到震后可恢复设计[J].中国公路学报,2017,30(12):1-9,59.

[20] 管仲国,游瀚,郭河.近断层斜拉桥弹塑性索与阻尼器组合横向减震[J].同济大学学报(自然科学版),2016,44(11):1653-1659.

[21] 袁万城,谷屹童,党新志,等.缓冲型拉索减震支座脉冲地震下减震性能[J].哈尔滨工程大学学报,2018,39(9):1511-1516.

142. 发生黏结滑移半套筒连接纵筋预制拼装桥墩抗震性能分析

高奇[1] 张涛[2] 闫兴非[2] 郝晨宇[1] 王志强[1] 杨通[2]

（1.同济大学；2.上海市城市建设设计研究总院(集团)有限公司）

摘 要：为了探究发生黏结滑移时半套筒连接预制拼装桥墩的抗震性能，本文设计了两个灌浆不密实的半套筒连接预制拼装桥墩并开展拟静力试验。通过观察其损伤发展过程、最终破坏模式以及非线性力学行为综合评价其抗震性能。试验结果表明，灌浆不密实的半套筒内部纵筋会发生严重的黏结滑移，主要破坏模式为半套筒内纵筋滑移和墩底接缝张开过大。套筒高度范围内基本保持弹性，墩身裂缝发展，墩身混凝土无明显的压溃剥落。通过 Opensees 对试验试件进行模拟，准确再现了试件的强度变化，与试验结果基本相同。此外 Opensees 研究结果表明，半套筒内纵筋不发生黏结滑移时试件水平强度、耗能能力、延性等抗震性能较发生黏结滑移时明显提高，抗震能力强。综合来看，半套筒连接纵筋预制拼装桥墩半套筒内发生黏结滑移时会严重影响其强度、耗能、延性等抗震性能，在实际工程应用中应采取措施予以避免。

关键词：预制拼装桥墩 半套筒连接 黏结滑移 拟静力试验 数值模拟

1 引言

桥梁下部结构采用预制拼装技术进行施工，即在工厂预制生产好桥墩节段再运输到施工现场进行拼装，具有施工效率高、环境污染小、施工质量高、对城市交通影响小等优点[1]。现有的预制拼装桥墩连接方式主要包括承插式连接、插槽式连接、波纹管连接、预应力筋连接以及灌浆套筒连接等，灌浆套筒凭借其施工方便、经济性好等优点逐渐成为预制拼装桥墩中主要应用的连接方式[2-3]。

灌浆套筒具体可分为全灌浆套筒和半灌浆套筒，有许多学者对灌浆密实、施工质量高的全灌浆套筒和半灌浆套筒连接纵筋的性能开展研究并证明其可靠性[4-5]，但实际施工过程中发现套筒内易出现灌浆不密实的缺陷，进而影响套筒连接预制拼装桥墩的抗震性能。针对套筒灌浆不密实影响套筒连接纵筋可靠性这一问题，有部分学者通过制作大量的套筒连接纵筋试件对此开展研究，研究结果表明，灌浆不密实会严重影响灌浆套筒连接纵筋的可靠性[6-8]，肖顺等[9]制作了 7 个全套筒连接预制拼装桥墩，通过拟静力试验研究了全套筒灌浆缺陷对桥墩抗震性能的影响，结果表明，灌浆缺陷会导致套筒内纵筋发生黏结滑移，严重影响预制拼装桥墩的抗震性能。

但关于半套筒内灌浆不密实对预制拼装桥墩抗震性能的影响国内几乎没有研究。

针对以上问题,本文开展了灌浆不密实对半套筒连接预制拼装桥墩抗震性能影响的研究,共设计制作了两个灌浆不密实的半套筒连接预制拼装桥墩,通过拟静力试验观察其破坏模式、损伤发展,并通过试验数据对其抗震性能进行分析。同时本文通过有限元软件Opensees对试件试验结果开展有限元模拟,并在此基础上对不发生黏结滑移的半套筒连接纵筋预制拼装桥墩开展数值模拟分析。

2 试验概述

2.1 试件设计

本试验共设计两个半套筒连接纵筋预制拼装桥墩试件,两试件采用相同设计(后文分别称为S1、S2),试件缩尺比为1∶3,静力试验模型的其余相似常数如表1所示。

静力试验模型的相似常数　　表1

C_l	C_x	C_E	C_σ	C_ε	C_p	C_M	C_q	C_k
1/3	1/3	1	1	1	1/9	1/27	1/3	1/3

注:C_l-长度相似比;C_x-位移相似比;C_E-弹性模量相似比;C_σ-应力相似比;C_ε-应变相似比;C_p-集中力相似比;C_M-弯矩相似比;C_q-线分布力相似比;C_k-线刚度相似比。

试件墩身以及承台混凝土均采用C40混凝土,灌浆套筒内采用C60高强灌浆料。为了使半套筒内灌浆料不密实,每个灌浆套筒内灌浆料用量仅使用达到灌满状态时的0.5~0.7倍。半套筒连接纵筋示意图如图1所示。采用1∶3缩尺比后两试件的构造如图2所示,两试件纵筋采用10根直径20mm的HRB400热轧带肋钢筋,配筋率1.19%;箍筋采用直径8mm的HPB300热轧光圆钢筋,加密区间距50mm,其余部分间距70mm。

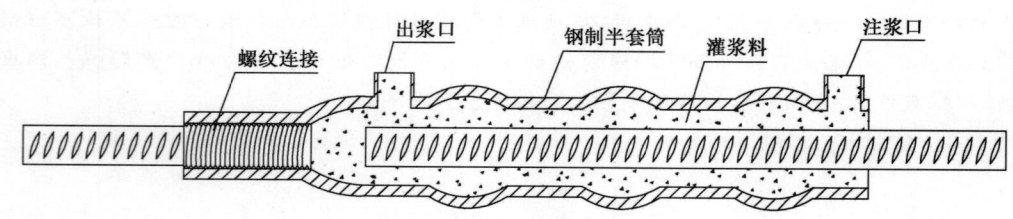

图1 半套筒连接纵筋示意图

2.2 加载装置及加载方案

静力试验试件加载如图3所示,加载装置主要包括反力墙、作动器、竖向千斤顶、两幅竖向反力架以及支撑在上部的钢横梁。试件下部承台通过螺栓进行固定。竖向千斤顶采用吨位100t的液压千斤顶,千斤顶与钢梁之间设置滚轴,以保证在水平位移荷载较大时千斤顶能随试件顶部位移进行移动,在液压控制系统安装传感器以监测竖向荷载的大小。水平推拉往复荷载由加载吨位为150t、位移行程为±250mm的电液伺服作动器(MTS 793系列作动器)施加,电液伺服作动器一端支撑于反力墙,一端与试件加载端连接钢筋连接。试验数据采用国产DH3817数据自动采集系统进行采集,采集频率为5Hz。

墩柱承受竖向荷载对其延性、残余位移等抗震性能有重要影响,为了合理对桥墩的抗震性能进行模拟分析,本文参考原型桥墩所受荷载,并结合缩尺后试件的尺寸最终设计轴压比为10.3%。试验过程中保持竖向荷载不变,在水平方向采用位移控制循环加载,每级做3次加载循环,第一级的3次加载循环控制位移相等,其余加载级别中前2次循环控制位移相同,第三次循环位移与前一加载级别相同,加载制度如图4所示。

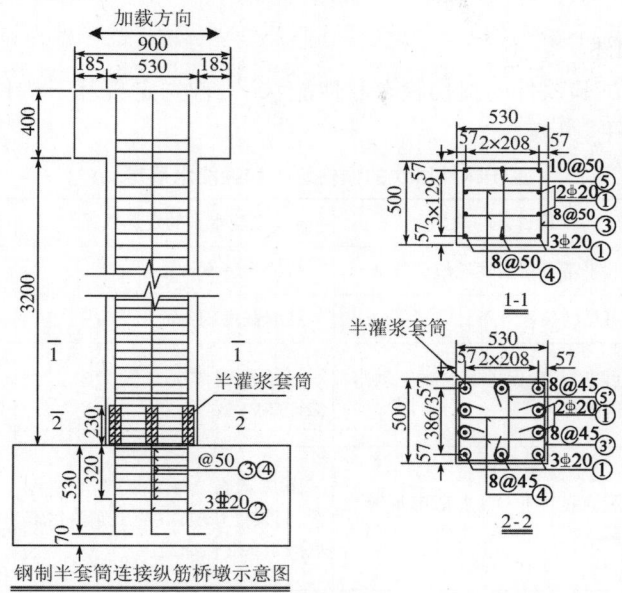

图2 立柱构造图(尺寸单位:mm)

图3 试件加载图

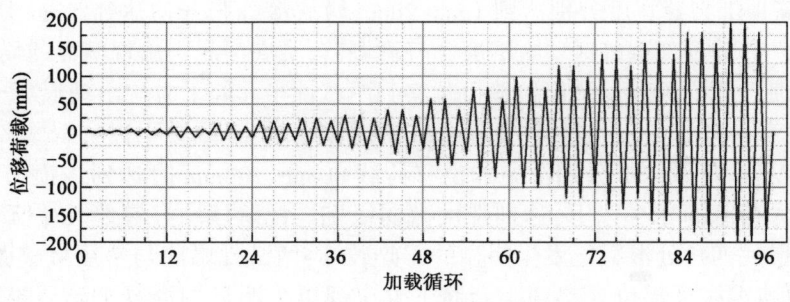

图4 加载制度示意图

3 试验现象描述及结果分析

3.1 试验现象描述

为了更好地描述试验试件的损伤状态和性能水平,首先定义基于构件层次的五水准损伤级别和对应的性能水平,见表2。

基于构件层次的损伤级别和性能水平定义　　　表2

损伤级别	损伤状态	构件破坏现象	性能水平的定量描述	功能性评价和可修复水平
Ⅰ	无损伤	几乎不可见的发丝般裂缝	裂缝几乎不可见	不需要修复,可正常运营
Ⅱ	微小损伤	可见的裂缝开裂	裂缝宽度<1mm	不需修复或小修可运营
Ⅲ	中等损伤	可见裂缝;保护层混凝土剥落;接缝张开	混凝土剥落区高度大于1/10截面高度	简单修复,可紧急车辆有条件限速通行
Ⅳ	严重损伤	裂缝宽度很大;大范围混凝土剥落	距离承台2/3截面高度范围内,斜裂缝开展;混凝土剥落区高度大于1/2截面高度	需要大修,接近倒塌,仅可保证生命安全
Ⅴ	局部失效/倒塌	永久可见变形;钢筋屈曲、断裂;核心混凝土压碎	核心混凝土裂缝宽度>2mm;核心混凝土膨胀>5%;强度下降至85%	倒塌,替换

损伤级别Ⅰ:试件S1、S2均在施加位移荷载10mm时达到损伤级别Ⅰ。此级别为开裂阶段,试件沿柱身出现发丝般微小裂缝,卸载后裂缝闭合且裂缝主要出现在套筒顶部以上,如图5a)、b)所示。

损伤级别Ⅱ:试件S1、S2均在施加位移荷载20mm时达到损伤级别Ⅱ。此阶段试件弯曲裂缝进一步发展,最大裂缝为套筒顶部裂缝,宽度达到0.5mm。此时两试件墩底垫层接缝出现轻微张开,如图5c)、d)所示。

损伤级别Ⅲ:试件S1、S2分别在施加位移荷载40mm、60mm时达到损伤级别Ⅲ。此阶段S1、S2试件套筒顶部裂缝出现明显张开,裂缝宽度分别为0.6mm、1mm。墩身裂缝进一步发展并有多条裂缝贯通。墩底接缝处张开均达到3mm。此阶段墩身混凝土无明显剥落,墩底混凝土有轻微剥落,如图5e)、f)所示。

损伤级别Ⅳ:试件S1、S2分别在施加位移荷载60mm、80mm时达到该损伤级别。此阶段S1、S2试件套筒顶部裂缝宽度分别达到1mm、2mm,墩底接缝张开均达到5mm,墩身其余裂缝仅有轻微发展。套筒顶部裂缝区域有混凝土轻微剥落,墩底混凝土出现明显的局部压溃剥落,垫层混凝土压溃。此阶段通过垫层接缝可观察到两试件半套筒下方均出现混凝土碎屑锥形堆积,推测内部套筒纵筋已经发生滑移,如图5g)、h)所示。

损伤级别Ⅴ:试件S1、S2分别在施加位移荷载80mm、100mm时达到该损伤级别,试件承载力降低至最大荷载的85%以下,达到强度减弱级别。此阶段墩身裂缝几乎无进一步发展,垫层混凝土和墩底四角处混凝土发生明显的压碎破坏,两试件墩底与垫层接缝张开宽度达到7mm,此时通过接缝张开部位观察到半套筒下方出现更为明显的混凝土碎屑锥形堆积物,如图5i)、j)、k)所示。

图5 损伤过程示意图

3.2 试验结果分析

试验试件的水平力-位移曲线反映了其基本的抗震性能,包括延性变形能力、耗能能力和残余变形等。在低周往复位移荷载作用下两试件的滞回曲线如图6所示。两试件的滞回曲线整体变化趋势以及最大值基本相同。在前期荷载作用下,试件基本处于弹性阶段,滞回环集中和重叠,残余位移较小;随着混凝土的开裂、钢筋屈服,滞回环逐渐拉开呈现梭形;但随着位移荷载的进一步增加,半套筒内部纵筋开始滑移,试件强度迅速降低,滞回环逐渐分散且趋于扁平Z形,试件残余位移明显增加;最终接缝处纵筋滑移,墩底接缝张开过大破坏,试件承载力降低到极限承载力的85%。

骨架曲线是滞回曲线的包络线,由每循环的峰点连接而成,能够比较明显地反映构件的初始刚度、最大荷载、屈服后刚度、延性等抗震性能指标。两试件在低周往复荷载作用下滞回曲线对应的骨架曲线如图7所示。由骨架曲线可明显看出,在0~8mm范围内试件刚度大且基本保持弹性,位移荷载超过8mm后试件刚度开始逐渐降低;当S1、S2施加的位移荷载达到57mm、64mm时分别达到最大强度117kN和129.7kN,随后由于半套筒内部纵筋严重的黏结滑移,两试件强度开始迅速降低。

残余变形是表征结构弹塑性行为的一个重要参数,可以用来评估结构在震后的损伤或者可修复水平。如果结构残余变形小,则有利于震后的继续运营,保证救援工作的开展;同时有利于震后结构的修复,减少经济损失。残余变形是指构件卸载后不可恢复的塑性变形。本文以残余变形指标 $RDI=\dfrac{\Delta_r}{\Delta_y}$ 评价试件墩顶的残余位移。其中,Δ_r 为一定位移荷载下的残余位移,Δ_y 为屈服位移。两个试件残余变形指标随荷载位移的变化如图8所示。由图8可见,前期荷载作用下两试件的残余均随着荷载位移的增加而增加,而后期两试件均出现了残余位移指标减小的情况,结合滞回曲线以及破坏现象分析是因为后期半套筒内纵筋发生严重的黏结滑移、纵筋连接完全失效。

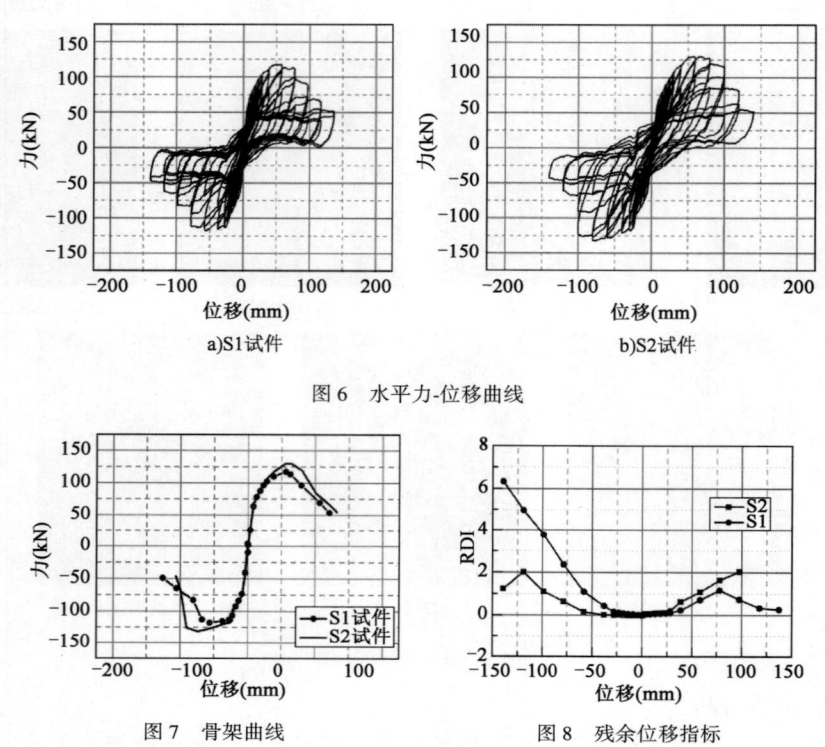

a)S1试件　　　　　　　b)S2试件

图6　水平力-位移曲线

图7　骨架曲线　　　　　图8　残余位移指标

4　试件黏结滑移数值分析

为了研究灌浆不密实状态下半套筒内纵筋发生黏结滑移时的受力状态,选取了S2试件,采用有限元软件 Opensees 进行数值分析。模型中墩身采用非线性梁柱单元 Nonlinear Beam Column 进行模拟,墩身核心混凝土采用能较为精确考虑循环往复作用下混凝土特性的 Concrete07 材料模型模拟,保护层混凝土采用较为简单的 Concrete02 材料模型进行模拟。Opensees 中由于 Steel02 材料模型较为简单,计算效率较高,并且其双线性骨架曲线也能较准确地反映绝大部分应变区域内的材料行为,因此被研究人员广泛应用,但其主要缺点在于,不能考虑钢筋的初始屈服流幅、钢筋屈曲和循环加载过程中的强度和刚度退化以及钢筋断裂的问题。但 Hysteretic 材料模型可有效对上述问题进行模拟。因此本文模拟中采用并联 Steel02 材料和 Hysteretic 材料模型来模拟墩身钢筋。

墩底接缝的模拟是建立预制拼装桥墩有限元模型的重要一点,为了模拟墩底接缝的张开以及黏结滑移现象,墩底采用零长截面单元 ZeroLength Section Element 进行模拟。接缝处混凝土不考虑抗拉能力,采用 Concrete01 材料模型进行模拟。关于墩底接缝处钢筋,为了能较为方便地模拟黏结滑移过程中强度的变化,采用三折线的Hysteretic材料模型进行模拟,如图9所示,并且由于应用于零长度截面单元,因此采用应力-位移对其本构关系进行输入。墩底半套筒通过等效为HRB400钢筋进行模拟。

有限元模拟的试件水平力-位移滞回曲线与S2试件拟静力试验得到的滞回曲线对比如图10所示。可以看出,有限元模拟结果与试验结果基本一致,试件初始刚度、峰值水平荷载、峰值荷载对应的水平位移以及达到峰值荷载后的下降趋势基本一致。

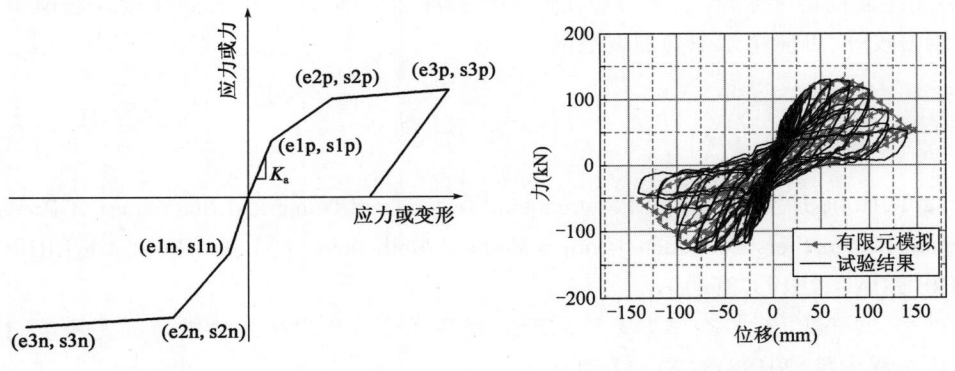

图9 Hysteretic材料模型　　　　图10 有限元与试验滞回曲线对比图

通过材性试验测得的本试件使用的HRB400钢筋屈服强度为430MPa,极限强度为610MPa。根据有限元模拟结果,墩底半套筒连接纵筋最大应力仅达到460MPa,远低于材性试验测得的极限强度,试件加载到140mm时纵筋应力仅约20MPa。由此可见,灌浆不密实导致半套筒内纵筋出现黏结滑移,使得在荷载作用下纵筋可达到的峰值应力远低于其实际的极限强度,不能充分发挥材料性能。

通过有限元分析,墩底半套筒内纵筋最大应力远低于材性试验测得的极限强度,由此可见纵筋的抗拉性能并未得到充分发挥。为了探究半套筒内纵筋不发生滑移时半套筒连接纵筋预制拼装桥墩的抗震性能,将材性试验得到的能充分体现纵筋抗拉强度变化的应力-应变关系应用于墩底纵筋,以模拟墩底半套筒内纵筋不发生黏结滑移的情况。模拟得到的滞回曲线如图11所示,由该图可看出,当半套筒内部不发生黏结滑移时试件的极限水平强度明显增加,最大达到了150kN,滞回环更加饱满,

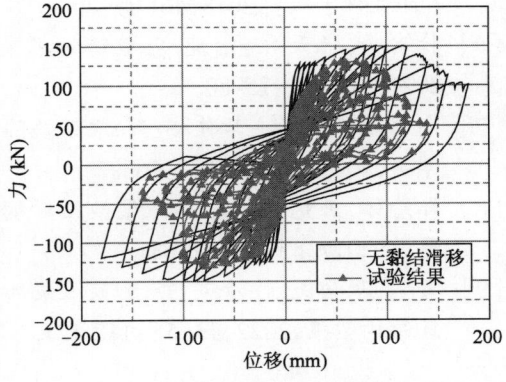

图11 无黏结滑移试件与试验试件滞回曲线对比图

试件达到最大水平荷载后强度下降也更加缓慢,试件的强度、延性、耗能等抗震性能均有明显提高。

5 结语

通过对灌浆不密实的半套筒连接预制拼装桥墩的拟静力试验以及相关的数值模拟,可得到以下结论:

(1)当半套筒内部灌浆不密实时,桥墩的主要破坏模式为半套筒内部纵筋严重的黏结滑移破坏以及其导致的墩底接缝张开过大。墩身裂缝开展,但无明显的混凝土压溃剥落。

(2)当半套筒内部灌浆不密实时,半套筒内纵筋滑移导致桥墩水平强度严重降低,桥墩耗能能力以及延性等抗震性能均受到明显影响。结合数值模拟结果分析,发生黏结滑移时半套筒内部纵筋仅达到屈服强度,较材性试验所得的纵筋极限强度相差较大,导致材料性能未得到充分发挥。

(3)由数值模拟结果分析,当半套筒内纵筋不发生黏结滑移时,试件的强度、延性、耗能能力等抗震性能较发生黏结滑移时明显提高。

(4)当半套筒内灌浆密实,桥墩施工质量得到保障的前提下,半套筒连接纵筋预制拼装桥墩抗震能力较好,可应用于中高烈度地区。

参 考 文 献

[1] Sung Y, Hung H, Lin K, et al. Experimental Testing and Numerical Simulation of Precast Segmental Bridge Piers Constructed with a Modular Methodology[J]. JOURNAL OF BRIDGE ENGINEERING, 2017, 22(11).

[2] 葛继平,闫兴非,王志强.灌浆套筒和预应力筋连接的预制拼装桥墩的抗震性能[J].交通运输工程学报,2018,18(2):42-52.

[3] 魏红一,肖纬,王志强,等.采用套筒连接的预制桥墩抗震性能试验研究[J].同济大学学报(自然科学版),2016,44(7):1010-1016.

[4] 黄远,朱正庚,黄登,等.钢筋半套筒灌浆连接的静力拉伸试验研究[J].华南理工大学学报(自然科学版),2016,44(2):26-32.

[5] 王志强,张杨宾,蒋仕持,等.套筒连接的预制拼装桥墩抗剪性能试验[J].同济大学学报(自然科学版),2018,46(6):767-775.

[6] 杜永峰,张天允,李虎.内壁锈蚀灌浆套筒与灌浆料黏结性能试验研究[J].工业建筑,2021,51(11):75-80.

[7] 向绪儒,顾箭峰,李佳栩,等.灌浆缺陷对半灌浆套筒连接件强度的影响[J].武汉工程大学学报,2021,43(6):657-663.

[8] 郑清林,王霓,陶里,等.灌浆缺陷对钢筋套筒灌浆连接试件性能影响的试验研究[J].建筑科学,2017,33(5):61-68.

[9] 肖顺,李向民,许清风,等.套筒灌浆缺陷对预制混凝土柱抗震性能影响的试验研究[J].建筑结构学报,2022,43(5):112-121.

143.京雄高速公路常规桥梁桩基抗震设计分析

王国兴 王航

(北京市市政工程设计研究总院有限公司)

摘　要：在桥梁抗震设计中，要求桩基在设计地震烈度下保持弹性，目前针对桩基静力研究已经较为成熟，但不同的桥梁体系，对桩基的动力特征也表现出不同的规津。本文依据几种常规桥梁结构形式，结合上下部结构的连接形式、桩基对应墩柱在整联桥中的位置等因素对桩基受力影响进行研究，给出桩基在设计配筋及对应轴力下的强度包络图折算成 $P-M_y/M_z$ 比值。对基础液化层的深度和液化程度，分析桩基的内力变化，为桥梁桩基的动力设计提供有益的结论。

关键词：能力保护构件　结构体系　基础液化　桩基抗剪　$P-M_y/M_z$

1　项目概况

京雄高速公路北京段项目起点为北京西五环路，向南延伸至市界。全长 27km，项目常规结构桥梁占比为 97%，主线标准断面宽 42m，上下分幅，半幅桥梁断面宽 20.6m。上部结构主要包括预制小箱梁、现浇连续箱梁、悬浇刚构、钢混叠合梁等。下部结构采用双柱墩，每个墩下面为四桩基础，项目所处地域地震基本烈度为Ⅷ度，地震动峰值加速度 $0.2g$，场地类别为Ⅱ类，地震动反应谱特征周期为 0.4s。

本项目沿线地质情况为第四系覆盖层厚度一般为 30～50m，局部房山线稻田站附近为古近系基岩隆起区，基岩埋深最浅接近自然地面，现状水四路向南覆盖层厚度逐渐增大，一般厚度大于 50m，中间多处夹杂不同厚度的细砂层，存在不同程度的地震液化现象。

2　理论基础

有限元模拟桩和土相互作用时，采用《公路桥涵地基与基础设计规范》(JTG 3363—2019)中的"m"法确定土的地基系数 C (m 的取值根据土的物性而定)，再由其计算出土弹簧的水平刚度。

在常规桥梁抗震分析中，延性墩柱底部屈服情况发生时，基础应能抵抗相应于塑性铰产生超强弯矩的输入，这需要基础在超强弯矩下保持弹性。如图 1 所示，图中基础形式承受轴向荷载 P(含地震力部分)，超强弯矩 M_n 和剪力 V^0。

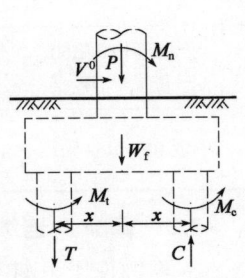

图 1　桩基计算示意图

对于图中的桩基,计算要求：

$$\phi^0(Cx + Tx + M_c + M_t)n \geq M_n + V_0 h_j \tag{1}$$

$$n(C - T) = P + W_f \tag{2}$$

式中：W_f——总的基础重量；
n——每排桩基根数；
T——桩基受压力；
C——桩基受拉力；
ϕ^0——强度折减系数,一般取 $\phi^0 = 1$；
M_c、M_t——适当的超强剪力作用下压力和拉力桩基中的弯矩。如果压力和拉力桩基上的轴向荷载相差较大,即便是对应于同样的曲率,弯矩 M_c 和 M_t 也会有较大的差异。

3 不同体系对桩基影响

3.1 算例1：连续刚构体系

本算例位于京雄高速公路的R60~R66号墩,跨径为40m+60m+40m,中墩采用墩梁固结,分联墩采用盆式支座。算例1有限元模型如图2所示,主墩横断面如图3所示,桩基内力见表1。

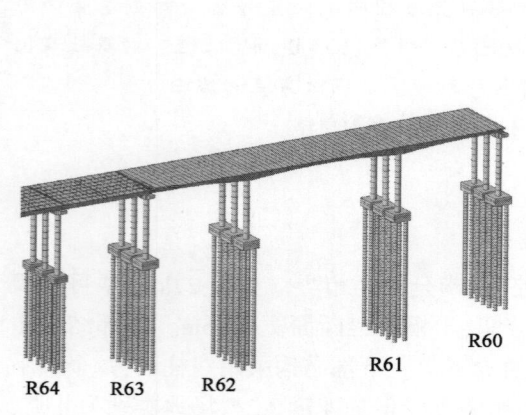

图2 有限元模型(算例1)

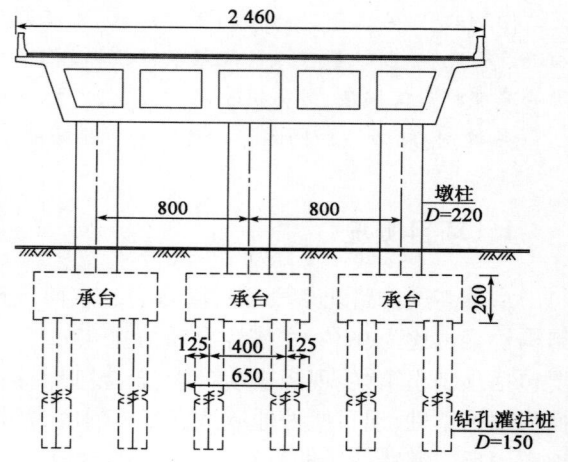

图3 主墩横断面(半幅桥)(尺寸单位:cm)

算例1：桩基的内力及 $P\text{-}M_y/M_z$ 比值　　　　表1

墩 号	位置	轴力最大(kN)	轴力最小(kN)	桩顶水平力(kN)	桩顶最大弯矩(kN·m)	$P\text{-}M_y/M_z$比值	墩高/墩径(m)	桩径(m)/配筋(mm)
分联墩 R63/R60 盖梁+支座	顺向	−6 821	285	517	1 587	0.461	20	1.5
	横向	−9 175	1 742	705	1 868	0.750	2.0	30φ28
中墩 R61/R62 固结	顺向	−11 423	−493	657	2 327	0.497	20	1.5
	横向	−13 882	1 701	939	2 619	0.836	2.2	34φ28

3.2 算例2：连续梁-刚构组合体系

本算例位于京雄高速公路的R6~R9号墩,跨径40m+55m+40m,分联墩R6和R9盖梁上设置盆式支座,中墩R7柱顶直接设置盆式支座(非框架结构墩),中墩R8与主梁固结。

算例2有限元模型如图4所示,分联墩R9横断面如图5所示,桩基内力见表2。

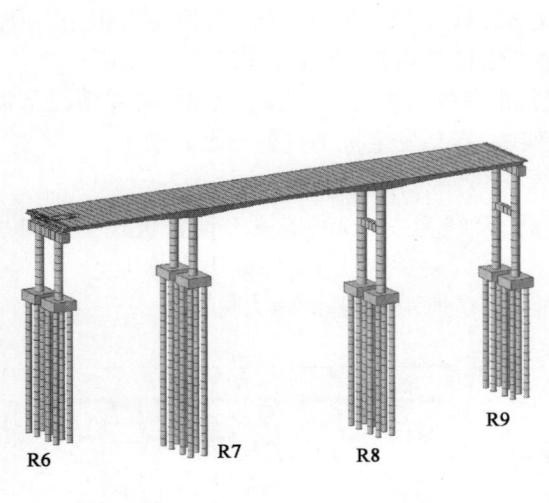

图4 有限元模型(算例2)

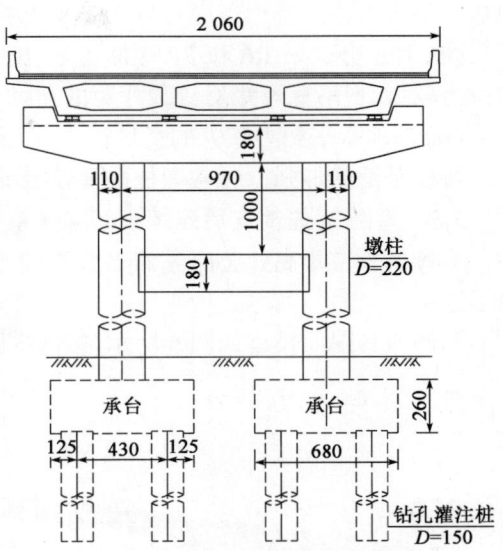

图5 分联墩R9横断面(半幅桥)(尺寸单位:cm)

算例2:桩基的内力及 $P\text{-}M_y/M_z$ 比值　　　　表2

墩　号	位置	轴力最大(kN)	轴力最小(kN)	桩顶水平力(kN)	桩顶最大弯矩(kN·m)	$P\text{-}M_y/M_z$ 比值	墩高/墩径(m)	桩径(m)/配筋(mm)
分联墩R6 盖梁+支座	顺向	−7 775	−740	541	1 409	0.306	15.6	1.5
	横向	−10 290	2 609	805	1 479	0.998	2.2	30φ28
中墩R7 墩+支座	顺向	−12 310	−964	674	2 231	0.485	16.5	1.5
	横向	−10 680	481	478	980	0.317	2.2	34φ28
中墩R8 固结	顺向	−12 899	−1226	555	2 293	0.476	28.8	1.5
	横向	−15 494	4 732	520	1 480	0.997	2.5	34φ28
分联墩R9 盖梁+支座	顺向	−7 084	−830	368	1 035	0.2	27.3	1.5
	横向	−12 810	4 155	422	1 041	0.936	2.2	30φ28

根据上述算例1和算例2的计算结果,得出如下结论:

(1)结合表中弯矩值,在桩基受拉时,$P\text{-}M_y/M_z$ 比值较容易接近1,桩基进入屈服。因此,桩基配筋设计,一般以桩基作为拉弯构件时为控制指标。

(2)在横向地震力作用时,中墩墩顶直接设置支座时,桩基一般不出现轴向拉力或轴向拉力较小,因此R7主墩下面的桩基在地震力作用下,配筋率可以较低;但是横向地震力效应会传递到相邻的分联墩R6和中墩R8的桩基上,导致相邻桩基在横向地震作用下轴向受拉且弯矩值都较大。

(3)中墩与主梁固结的情况,分联墩设置盖梁,即各墩柱均为多柱框架结构墩。因此,在横向地震力作用时,全部桩基协同受力,一般桩基都会受拉,但受拉值较为均匀,如算例1中墩下各桩基受拉值。

(4)对比中墩R8和分联墩R9的桩基,中墩R8直径较大,刚度较大,墩顶和墩底的屈服弯矩大,导致桩顶弯矩要比分联墩R9桩顶弯矩大,因此,不同位置桩基配筋要对受拉力和桩顶弯矩综合考虑。类似情况在算例1中也有体现。

(5)对比分联墩R6和R9墩的桩基,R9墩柱较高,相同条件下,在横向地震力作用下,轴向拉力较大;但墩底弯矩对桩顶弯矩的贡献还要视墩柱的高差、直径和配筋情况而定。

(6)桩顶水平剪力较大的受拉桩基,需要进行桩基的抗剪验算,比如R6墩,必要情况下需要进行桩基箍筋加强。通常墩柱高度较矮的框架墩,容易发生桩基抗剪不足的情况。

3.3 算例3:先简支后连续小箱梁体系

本算例为京雄高速公路先简支后连续小箱梁,跨径为3×35m,盖梁上设置板式支座与小箱梁连接。

算例3有限元模型如图6所示,标准横断面如图7所示,桩基的内力见表3。

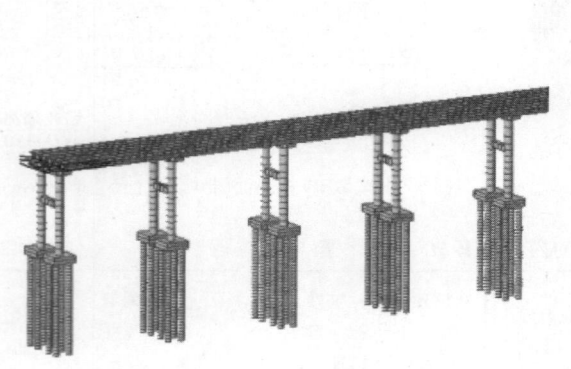

图6 有限元模型(算例3)

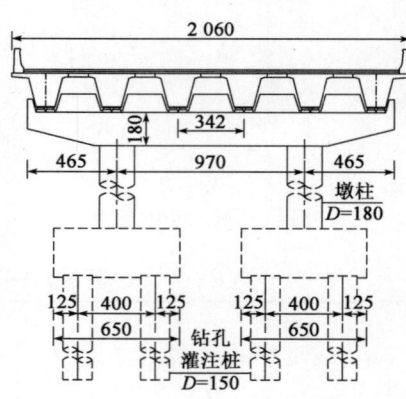

图7 标准横断面(半幅桥)(尺寸单位:cm)

算例3:桩基的内力及 $P\text{-}M_y/M_z$ 比值　　　表3

墩 号	位置	轴力最大 (kN)	轴力最小 (kN)	桩顶 水平力 (kN)	桩顶 最大弯矩 (kN·m)	$P\text{-}M_y/M_z$ 比值	墩高/ 墩径 (m)	桩径(m)/ 配筋(mm)
分联墩+支座	顺向	-7 717	-162	541	1 432	0.447	26	1.5
	横向	-9 034	1 215	362	1 286	0.651	2.2	30φ25
中墩+支座	顺向	-8 328	-564	318	1 483	0.393	26	1.5
	横向	-8 967	778	345	1 285	0.568	2.2	30φ25

根据上述结果,得出如下结论:先简支后连续小箱梁全联均为多柱框架结构墩,中墩和分联墩协同参与横桥向受力,虽然也会导致桩基出现拉力,但是由于小箱梁设置板式支座,传递的水平地震力较小。因此,桩顶的最大弯矩小,所以桩基配筋并不会特别控制。

4 地基液化层对桩基的影响

京雄高速公路北京段南段,地质情况相对较差,多处出现不同程度、不同深度的液化。本文以3×30m先简支后连续小箱梁的桩基础为研究对象,考查液化层深度7m情况下,分三种工况进行研究:①不考虑液化层;②考虑部分液化层,桩侧摩阻力折减一半;③全部为液化层,液化层范围内桩基无侧摩阻力。

液化层分布与桥梁立面图见图8。

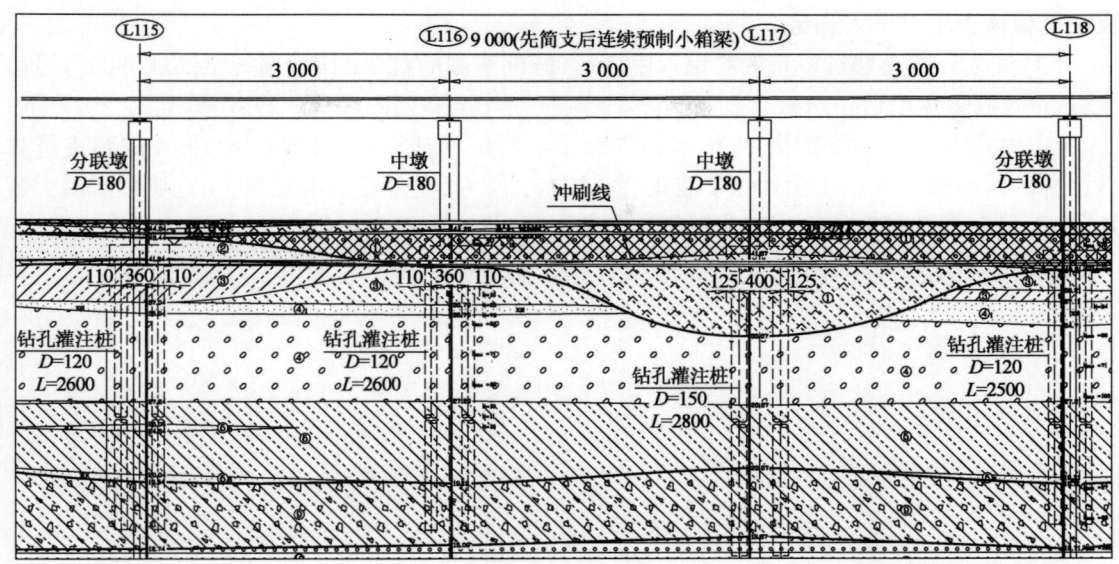

图8 液化层分布与桥梁立面图(尺寸单位:cm)

(1)不考虑液化层的桩基内力,见图9。

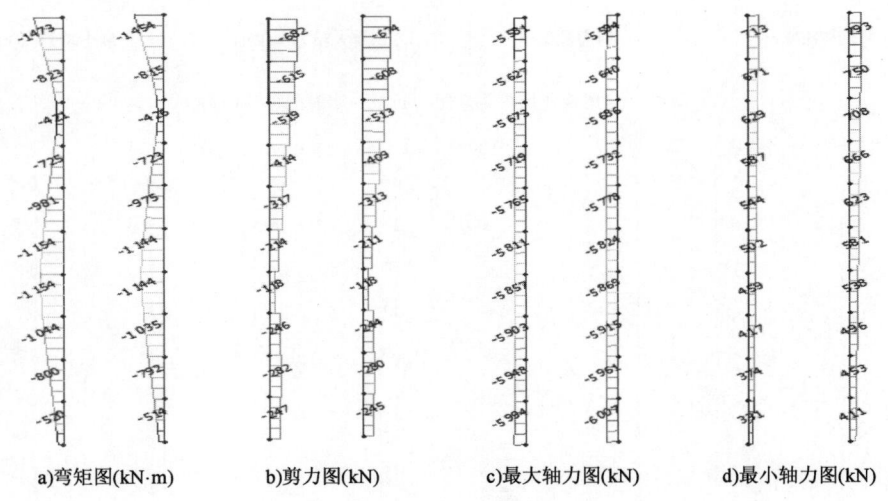

a)弯矩图(kN·m)　　b)剪力图(kN)　　c)最大轴力图(kN)　　d)最小轴力图(kN)

图9 不考虑液化层的桩基内力

(2)液化层范围内桩侧摩阻力折减一半时的桩基内力,见图10。
(3)液化层范围内全部失去侧摩阻力时的桩基内力,见图11。

上述三种工况的分析,体现了液化层对桩基内力的影响,液化层全部失去侧摩阻力的工况,同时代表了桩基遇到矿洞、松散土层等任何无法考虑侧摩阻力的情况。根据上述结果,得出如下结论:

(1)基础存在液化层时,桩基的弯矩峰值将加大,最大可达到无液化层情况下弯矩的2倍,同时弯矩峰值点也会随着液化的程度下移。

1093

（2）液化会导致桩头的剪力增加，并且随着液化程度的增加，剪力峰值的范围加大，并且反向峰值剪力也呈增大趋势。

（3）液化导致土层对桩基的约束程度降低，群桩基础的抗弯刚度下降，导致桩身的弯矩增大，$P\text{-}\Delta$ 效应更突出。

（4）桩基作为能力保护构件，桩基计算除了抗弯配筋计算、承载力计算，另外需要进行弹性构件的抗剪箍筋验算。尤其处于液化层的桩基，第一批主筋截断的位置，一定要超过最大弯矩点，而最大弯矩点下移的位置并不是整个液化区，与液化程度有关。

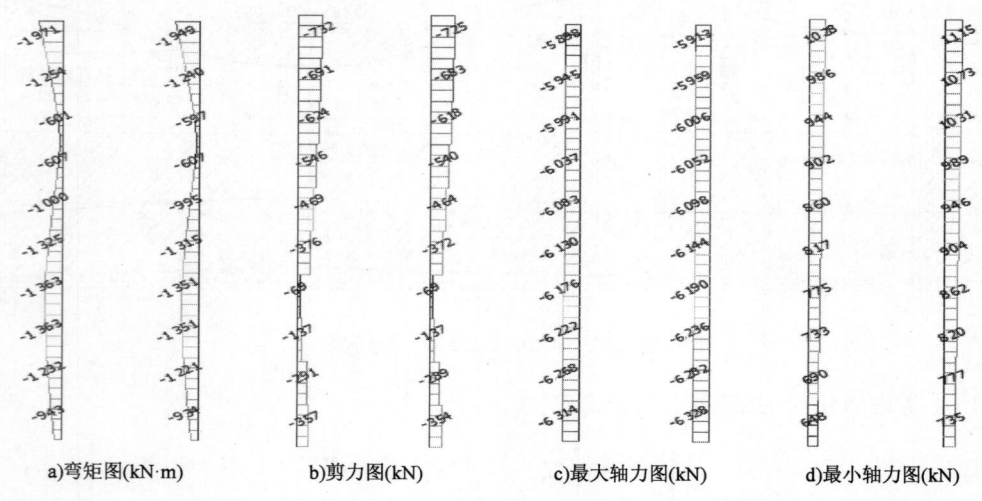

图 10　考虑液化层桩侧摩阻力折减一半时的桩基内力

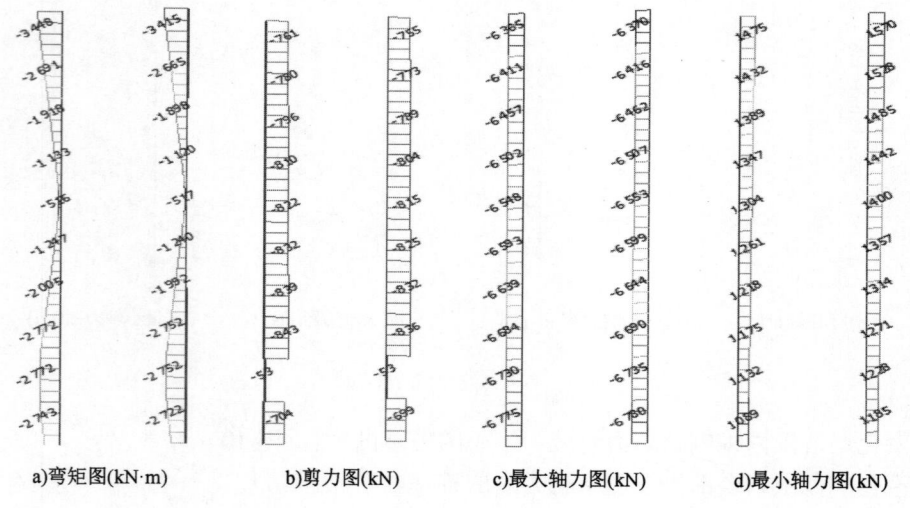

图 11　全部液化层内无侧摩阻力的桩基内力

通常情况下，桩基周围原状土体的约束作用，使得桩基的抗剪能力都不是设计的控制因素，但是对于桩身部分摩阻力缺失的情况下，桩基的抗剪能力需要进行验算。桩基作为弹性构件，参考文献 2 第 11.4.8 的规定进行抗剪计算，如表 4 所示。

不同液化情况下桩基抗剪能力 表4

液化情况	N(kN)	Q(kN)	M(kN·m)	箍筋直径(mm)	肢数	抗剪能力(kN)	是否满足抗剪需要
不考虑液化	-793	682	1 454	10	2	1 336	√
考虑一半液化	-1 115	732	1 971	10	2	1 116	√
考虑液化	-1 570	843	3 448	10	2	782	×
考虑全部液化	-1 570	843	3 448	12	2	1 011	√

根据上述结果,得出如下结论:当考察范围内的土层全部液化丧失摩阻力后,桩基的剪力和弯矩同时增加,常规设计中采用的直径10mm的箍筋,将不能满足桩基的抗剪需要,箍筋增大到直径12mm方可满足规范要求。

5 总结

桩基的动力分析,与墩柱是否为框架结构以及框架结构墩柱在全桥内布置、土体约束能力影响较大。多柱框架结构墩对应桩基受拉,成为控制桩基配筋的主导因素。

在土层存在液化的情况下,除了桩长计算中对这一部分的摩阻力进行相应的折减以外,还要充分考虑液化程度和深度对桩基内力的影响,包括弯矩和剪力的增大,必要情况下需要进行桩基的抗剪验算。

参 考 文 献

[1] 中华人民共和国交通运输部.公路桥梁抗震设计规范:JTG/T 2231-01—2020[S].北京:人民交通出版社股份有限公司,2020.

[2] 中华人民共和国交通运输部.混凝土结构设计规范:GB 50010—2010[S].北京:中国建筑工业出版社,2015.

[3] 范立础.桥墩延性抗震设计[M].北京:人民交通出版社,2001.

[4] (美)M.J.N.普瑞斯特雷,(美)F.塞勃勒,(意)G.M.卡尔维.桥梁抗震设计与加固[M].袁万城,等,译.北京:人民交通出版社,1997.

[5] Liu T,Wang X,Ye A. Roles of pile-group and cap-rotation effects on seismic failure mechanisms of partially-embedded bridge foundations:Quasi-static tests[J].Soil Dynamics and Earthquake Engineering,2020,132(May):106074.1-106074.17.

[6] 冯玉涛,戎进章,曹芳,等. 动水及桩-土-结构相互作用对跨江大桥稳定性的地震影响分析[J].岩石力学与工程学报,2006,25(1):2713-2718.

144. 先损状态的混凝土桥墩抗震性能拟静力试验研究

王志强 侯力元 孙先锋 杨介立

(同济大学土木工程学院桥梁工程系)

摘 要：为研究先损状态的混凝土桥墩抗震性能，本文按照1:4的缩尺比设计了一个单柱式桥墩，并在震损后对其进行静力试验。即先用振动台实验使其有一定程度的损伤，再对震损后的混凝土桥墩模型进行单向循环水平荷载作用下的静力试验，观察先损桥墩在后期荷载下的损伤机理、最终破坏模式、延性变形能力和耗能能力等。研究结果表明，从滞回曲线、飘移比、位移延性、残余变形和等效阻尼等参数来看，先损状态的混凝土桥墩具有同未损现浇混凝土桥墩相当的抗震性能，且具有干接缝节段拼装桥墩的损伤和滞回特性。

关键词：先损状态 桥墩 抗震性能 静力试验

1 引言

随着地震对人民的生命安全和财产安全造成的危害日益增加，人们对结构的抗震性能的重视程度也越来越高。特别是在5·12汶川地震后，我国对桥梁的抗震能力有了更高的要求。

一般当地震发生时，常伴有余震发生，在此时，桥梁下部结构桥墩可能已经因前期主震造成损伤，如果未及时对结构进行加固，可能由于桥墩的前期损伤造成其破坏程度加剧甚至倒塌。因此进行先期已损伤桥梁的抗震性能研究很有必要。

目前国内外广大学者通常对已损伤桥墩加固后的抗震性能进行研究，涌现出许多加固损伤结构的方法，如扩大截面法、纤维加固法和外包钢加固法等[1-8]；黄建锋等[7]通过低周往复试验，验证扩大截面的方法能够提高损伤结构的耗能能力和承载能力，彭雨佳[8]进行了9个喷射纤维增强复合材料(FRP)材料加固的有损伤混凝土柱的试验，发现喷射FRP显著恢复了构件的延性、耗能能力和承载能力。

但是一般在余震来临前还没有足够的时间和合适的环境来进行桥墩震损部位的加固，此时，震损而未加固的桥墩能否抵抗余震是一个亟待研究的问题。一些学者研究了损伤对结构抗震性能的影响，例如王猛[9]通过Abaqus数值模拟研究了损伤桥墩的骨架曲线，发现损伤降低了桥墩的承载力，同时震损先期残余位移会扩大后续地震的位移。李磊[10]以PEER数据库中已试验的RC钢混柱为基础，研究了地震中钢筋和混凝土损伤演化规律、建立了损伤演化本构方程，并基于此在Opensees中建立了震损数值模型，较准确地预测了剩余抗震能力。郝霖霖、耿相日和杨昀[11-19]等学者也对此进行了一定的研究。

但是目前尚未出现对先损未加固钢筋混凝土桥墩的抗震性能的试验研究。为了填补这方面的空白,本文进行了震损后钢混桥墩的抗震拟静力试验,来研究在没有加固措施的条件下,桥墩是否有足够的耗能能力和承载能力来抵抗余震。

本文以单跨桥梁的振动台试验为基础,针对其中的保护墩构件进行后续的拟静力试验,研究先损桥墩在后期循环往复水平荷载作用下的损伤机理、最终破坏模式、延性变形能力和耗能能力等。

2 试验设计

本文采用拟静力试验对试件进行研究,试件缩尺比 1:4,恒载轴力 320kN,对应墩底轴压比为 9.0%。试件在先期振动台试验后移至试验场地进行水平单向加载,研究其损伤破坏机理并总结其抗震性能。

试验试件净高 2 600mm,采用尺寸为 400mm×450mm 的矩形截面,盖梁尺寸为 2 400mm×750mm×600mm,承台尺寸为 1 350mm×1 350mm×500mm。试件的有效加载高度为 1 800mm,沿短边加载。试件构造如图 1a)所示。

试件混凝土均采用 C50 混凝土,纵筋采用 HRB400 钢筋,箍筋采用 HPB300 钢筋。试件墩身配筋见图 1b),由 12 根 $\phi16$ 纵筋沿截面周边布置,纵筋配筋率为 1.34%,箍筋采用 $\phi8$ 钢筋,加密段间距为 60mm,非加密段间距为 120mm,加密区体积配箍率为 1.89%,净保护层厚度为 29mm。

立柱拟静力试验装置如图 1c)所示。竖向荷载由一台工作吨位为 150t 的作动器施加,作动器中心对准柱顶截面的形心位置,水平作动器吨位为 50t,位移行程为 ±500mm。

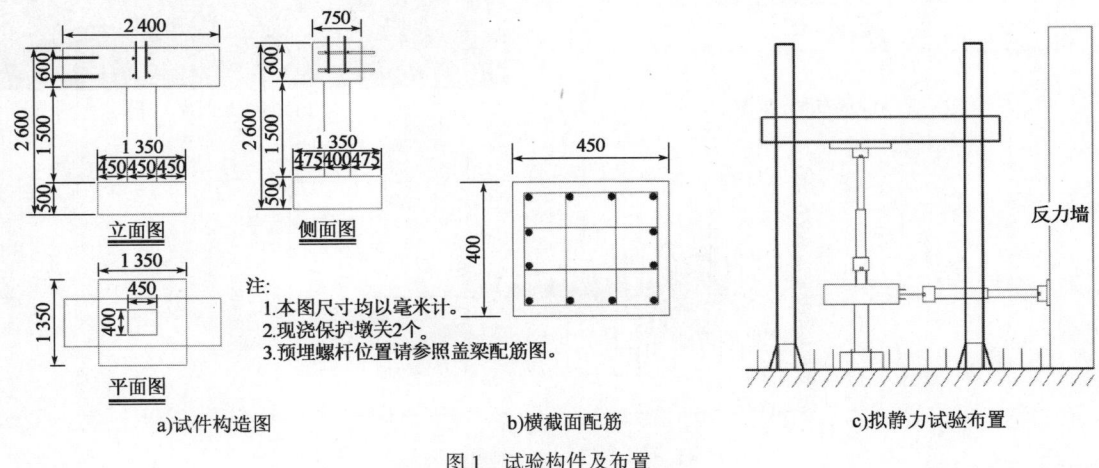

图 1 试验构件及布置

试件水平向荷载以位移的形式分级进行单轴往复加载。每个荷载等级包括 2 个循环,各级加载位移幅值为 2 mm、5 mm、10mm、15 mm、20mm、25 mm、30mm、40mm、60mm、80mm,其后以 20mm 的梯度递增。各循环加载幅值见表 1。直至试件的强度下降至最大强度的 80% 以下时加载结束。

单向水平循环加载幅值　　　　表1

加载级数	控制位移(mm)	加载级数	控制位移(mm)	加载级数	控制位移(mm)	加载级数	控制位移(mm)
1	2-2	3	10-10,持载3min	5	20-20,持载3min	7	100-100
2	5-5	4	15-15,持载3min	6	25-25,持载3min	8	120-120

注:"2-2"表示每级加载做 2 次循环,每次循环加载位移是 2mm。

3 先损构件的形成

3.1 振动台试验介绍

先损构件由对一座简支梁的保护墩通过振动台试验得到,图2a)为该简支梁振动台试验装置,该简支梁设置2个主桥墩,中间设置2个保护墩。保护墩通过地脚螺栓锚固在振动台,墩顶不与钢板梁相连。

地震荷载由两台工作吨位为70t的主振动台施加,两台振动台之间采用连接板连接而同步一致工作。试验中采用的地震波(E波)由某市南北快速路工程场地地震安全性评估报告提供的人工波经过调整峰值后并按时间缩尺比调整后得到,调整后持时20.48s。试验中对E波进行分级调幅,形成多条振动台输入地震波,各地震波加速度幅值为$0.12g$、$0.2g$、$0.3g$、$0.4g$、$0.5g$、$0.6g$、$0.7g$、$0.8g$、$0.9g$、$1.0g$,模拟桥梁在多个工况下的工作条件,仅沿纵桥向单方向输入,其中加速度峰值$0.12g$、按时间压缩过的E波见图2c)。

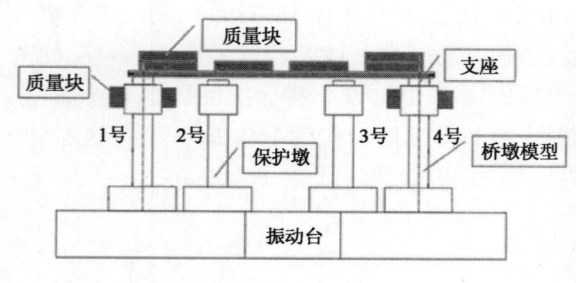
a)试验布置示意图

b)试验安装照片

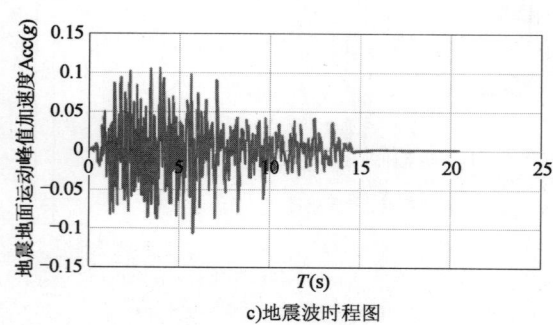
c)地震波时程图

图2 振动台试验

3.2 振动台试验现象分析

保护墩在振动台试验下的损伤状态如图3所示,由于试件在振动台试验中作为保护墩使用,虽然盖梁上方未与主梁接触,但是自身质量产生惯性力亦使试件产生初始损伤,从图3所标识的振动台试验后构件表面裂缝分布状况可见,从墩底至墩高1.1m处,产生了数条于试件的四个面之间呈贯穿性的裂缝,间距15~20cm,裂缝为目视几乎不可见的细微裂缝,残余裂缝宽度仅约0.04mm。

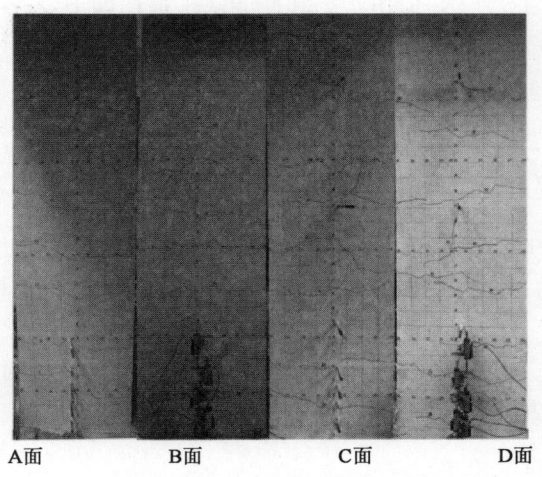

A面　　　　B面　　　　C面　　　　D面

图 3　振动台试验后试件损伤状态

注:为了清晰显示,图中裂缝已被描线标识。

4　先损构件的拟静力试验现象描述及试验结果分析

4.1　试验现象描述

为了更好地描述试验试件的损伤状态,首先定义基于构件层次的五水准损伤级别,如表 2 所示。

基于构件层次的损伤级别定义　　　　表2

损伤级别	损 伤 状 态	构件破坏现象	可修复水平	功能性评价
Ⅰ	无损伤	几乎不可见的发丝般裂缝	不需要修复	可正常运营
Ⅱ	轻微损伤	可见的裂缝开裂	不需修复或小修	可运营
Ⅲ	中等损伤	可见裂缝;保护层混凝土剥落	简单修复	仅可保证生命安全
Ⅳ	严重损伤	裂缝宽度很大;大范围混凝土剥落	需要大修	将近倒塌
Ⅴ	局部失效/倒塌	永久的可见变形;钢筋屈曲、断裂;核心混凝土压碎	替换	倒塌

试验加载前后的变形状况如图 4 所示。

a)加载前　　　　　　　　b)加载后

图 4　试件试验加载前后对比

试件的损伤状态如图 5 所示,损伤状态和性能水平描述如下:

损伤级别 I:因试验开始前试件已有几乎不可见裂缝分布(图 3),故将初始状态定为损伤级别 I。

损伤级别 II:加载位移到 15mm 时,应变片监测到纵筋已屈服。本阶段先期裂缝的进一步发展和增宽(图 5a)。此时主裂缝位于墩底上方 15~25cm,宽度约为 0.5mm,卸载后所有裂缝均闭合。

损伤级别 III:加载位移到 30mm 时,墩底裂缝明显张开,张开宽度约 3mm(图 5b),而墩身裂缝最大宽度仅 0.55mm,较上一级变化不大。卸载后所有裂缝仍能闭合,角部混凝土开始剥落。

损伤级别 IV:加载位移到 60mm 时,墩底裂缝增宽至 7~8mm(图 5c),主裂缝出现在 5~15cm 高处,最大宽度为 2mm,卸载后裂缝宽度为 0.28mm,此阶段墩底四个角点保护层混凝土压碎,高度约 5cm。

损伤级别 V:加载位移到 100mm 时,试件承载力降低至最大荷载的 85%以下,达到强度衰减级别。此时墩底裂缝宽度达 12~15mm,墩身主裂缝宽度已达到 3~4mm(图 5d)。墩底 10cm 高度内保护层混凝土压碎并剥落,A 面、D 面产生 2mm 宽的竖向裂缝。从墩底接缝往里可看到主筋,但未观察到钢筋有断裂。

继续加载至 120mm,A 面、D 面角端混凝土从上一工况产生的竖缝处大块剥落,导致结构强度急剧下降,且纵筋屈曲断裂,试验加载停止。

清理后,试件墩底破坏情况如图 5e)所示。或因试件制作原因,试件两加载面损伤不对称,一侧角点有约 90cm 高的三角锥状混凝土剥落,而另一侧的破坏高度仅 15cm。试验结束后钢筋大部分屈曲,且有 2 根钢筋断裂。未见墩柱与承台间产生错动。

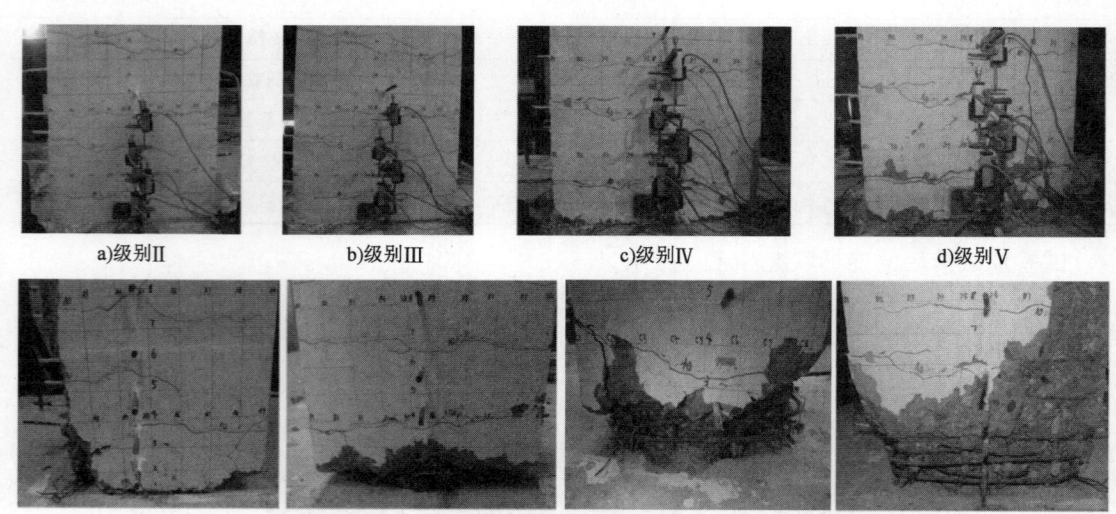

a)级别II   b)级别III   c)级别IV   d)级别V

e)试验结束后试件墩底破坏情况

图 5 试件损伤状态

归纳总结试件的损伤状况,可知本试件具有干接缝的预制节段拼装桥墩的损伤特点:

(1)主裂缝性。

从加载位移 30mm 开始,墩底处接缝张开成为主,墩底裂缝宽度随着加载级别的增加而扩展,而其余位置裂缝宽度不大变化。如图 6a)所示,在 60mm 工况中,墩底与其上第一道裂缝宽度分别是8mm、2mm；在100mm工况时(图6b)，墩底截面裂缝张开程度更大，可较为顺畅地将钢尺插入裂缝50～100mm。试件的开裂状态表现出如干接缝的预制拼装桥墩的损伤形态，墩底接缝的大张开及大深度。

a)+60mm工况深度1/2

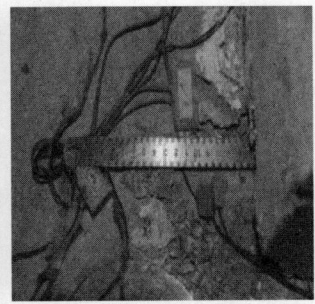
b)+100mm工况b面局部

图6 试件局部损伤状态

（2）损伤局部性。

如图5所示，试件主要为底部保护层破坏，其他部位仅裂缝处混凝土表皮脱落，墩柱核心混凝土完整性良好。

4.2 试验结果分析

4.2.1 滞回性能

静力试验中试件滞回曲线如图7所示。在较低荷载阶段，试件基本处于弹性阶段，滞回环集中重叠；随着混凝土的开裂、钢筋的屈服，滞回环逐渐拉开呈现梭形；随着荷载的不断增大，滞回环趋于饱满，试件表现出明显的弯曲破坏。试验试件骨架曲线如图8所示，从图中可得到，当位移达到60mm时，试件达到极限承载能力，此时水平力为172.2kN，之后随着位移等级的提高，试件承载力开始下降。

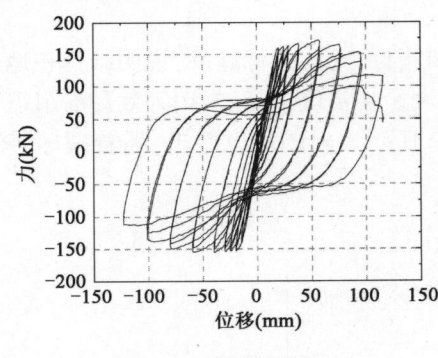
图7 试件滞回曲线

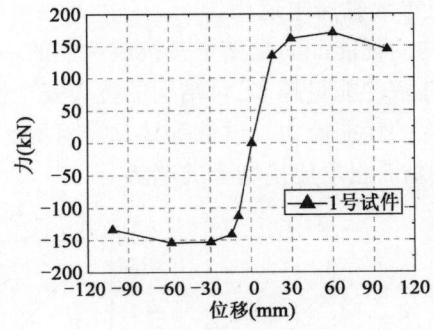
图8 试件骨架曲线

试件的滞回曲线特性也与干接缝预制节段拼装有黏结钢筋混凝土桥墩类似，具有较饱满的滞回环。

4.2.2 试件性能参数

关于试件的漂移比、位移延性、残余变形指标RDI、等效黏滞阻尼比抗震性能指标描述如下：

（1）漂移比。

构件变形能力是指其达到破坏极限状态时的最大变形，一般采用无量纲的飘移比表示，即试件在各个加载等级下的水平向控制位移与试件有效加载高度之比。试件在各级别状态下的飘移比如表3所示。

试件飘移比(%) 表3

级别	I	II	III	IV	V
飘移比	0	0.83	1.67	3.33	5.56

(2)位移延性。

此处采用通用弯矩法[20]来计算试件的理想屈服位移。取试件强度下降到最大强度值85%时的位移作为极限位移。根据骨架曲线即可得出位移延性系数,本试件的骨架曲线特征点及位移延性系数如表4所示。

骨架曲线特征点及位移延性系数 表4

试件	P_y(kN)	Δ_y(mm)	P_{max}(kN)	P_u(kN)	Δ_u(mm)	μ_Δ
1号正向	160.6	20.0	172.2	146.4	98.3	4.9
1号负向	143.4	16.2	155.1	131.8	103.0	6.4

(3)残余变形指标RDI。

残余变形是表征结构弹塑性行为的一个重要系数,以评估结构在震后的损伤或者可修复水平,一般采用残余变形指标RDI评价,即残余位移与屈服位移之比。本试件在各级别状态下残余变形指标如表5所示。

残余变形指标 表5

级别	I	II	III	IV	V
1号正向	0.00	0.00	0.51	1.75	3.76
1号负向	0.00	0.00	0.73	2.47	5.06

(4)等效黏滞阻尼比。

结构的耗能能力是衡量其抗震性能的一个重要指标,耗能指标越高,说明结构在地震作用过程中耗散的能量越多,对结构的抗震安全性越有利。在抗震中,经常用等效黏滞阻尼系数来衡量结构的耗能能力。试件等效黏滞阻尼比如图9所示。由图可以看出:随着破坏等级的增大,等效黏滞阻尼比呈增大的趋势。

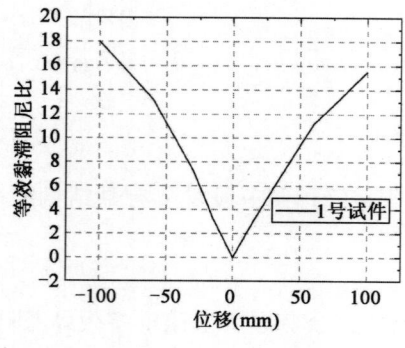

图9 等效黏滞阻尼比变化图

5 结语

对经过振动台试验后由于自身惯性力产生先期损伤的试件进行拟静力试验后,得出下列结论:

(1)由试件的各水准损伤状况可知,试件具有"干接缝的预制节段拼装、有黏结钢筋混凝土桥墩"的损伤特点如下。①主裂缝性:基于先损裂缝分布状态,墩底和墩身裂缝随加载过程开合有序,随着加载级别的增加,墩底处裂缝张开及程度加大为主,墩身其他位置上的裂缝宽度则不太变化。墩底截面的承压面积随荷载增加逐渐减小。②损伤局部性:试件的最终破坏形式为弯曲破坏,纵筋屈曲断裂和保护层混凝土剥落。墩底塑性铰区高度较小,仅为15cm左右。墩身损坏部位主要是保护层混凝土,墩柱核心混凝土的完整性良好。虽然试件的先期损伤构成贯通的裂缝,但未见墩柱与承台之间、墩柱与墩柱之间错动。

(2)对试验所得的滞回曲线、漂移比、位移延性、等效黏滞阻尼比和残余变形等抗震性能参数分析表明,先损状态试件的抗震性能与整体现浇混凝土桥墩相当,证明先损桥墩具有抵抗余震的抗震性能。

参 考 文 献

[1] 王新玲.碳纤维布和角钢复合加固损伤混凝土柱抗震性能理论研究[J].建筑结构,2013,43(7):14-16.

[2] 高子祁.纤维增强复材加固损伤混凝土梁抗弯性能的有限元分析[J].工业建筑,2021,51(5):44-50.

[3] 刘灿.基于碳纤维布和角钢复合加固损伤混凝土柱抗震试验设计研究[J].混凝土,2021,2:157-160.

[4] 陈彬彬.钢管加固震损钢筋混凝土柱抗震性能研究[D].广州:华南理工大学,2020.

[5] 王元栋.震损混凝土结构加固方法现状与概述[J].土木工程与管理学报,2011,28(3):65-68.

[6] 欧进萍.采用耗能减震装置修复震后有损伤钢筋混凝土框架的试验研究[J].地震工程与工程振动,1996,16(1):30-37.

[7] 黄建锋,朱春明,龚治国,等.增大截面法加固震损钢筋混凝土框架的抗震性能试验研究[J].土木工程学报,2012,45(12):9-17.

[8] 彭雨佳.喷射混杂BF/CFRP加固震损混凝土框架柱抗震性能的试验研究[D].武汉:武汉理工大学,2013.

[9] 王猛.基于位移的震损梁桥抗震性能研究[D].成都:西南交通大学,2017.

[10] 李磊.震损钢筋混凝土柱剩余能力的数值模型[J].工程力学,2020,37(12):52-66.

[11] 丁晓艳.带有损伤和缺陷的混凝土框架结构抗震性能评价方法及其应用[D].镇江:江苏科技大学,2017.

[12] 黄义龙.既有损伤结构地震反应分析与抗震性能评估[D].上海:同济大学,2008.

[13] 郝霖霏.基于性能冗余率的震损混凝土结构残余抗震性能评价[J].建筑结构学报,2020,41(8):29-39.

[14] 耿相日.混凝土柱震致残余侧移和剩余抗震能力评价方法[D].哈尔滨:哈尔滨工业大

学,2019.

[15] 周小龙,李英明.钢筋混凝土框架结构地震损伤分析模型确定方法[J].土木工程学报,2014,47(2):280-285.

[16] 欧进萍,吴波.压弯构件在主余震作用下的累积损伤试验研究[J].地震工程与工程震动,1994,14(3):20-29.

[17] 刘杰东.震损钢筋混凝土框架滞回模型研究[D].重庆:重庆大学,2015.

[18] 李英明,周上鉴,等.考虑地震损伤的RC框架构件滞回模型研究[J].特种结构,2019,36(3):1-7.

[19] 杨昀,徐赵东,等.考虑震损的混凝土框架结构改进建模方法[J].东南大学学报,2021,51(3):371-377.

[20] 中华人民共和国住房和城乡建设部.建筑抗震试验规程:JGJ/T 101—2015[S].北京:中国建筑工业出版社,2015.

145. 库区深水高墩大跨连续刚构桥地震动水压力对比研究

朱克兆 史召锋 闫海青

(长江勘测规划设计研究有限责任公司)

摘 要：本文以乌东德水电站库区洪门渡特大桥为例，对比了公路、铁路和城市桥梁抗震设计规范中动水压力的计算方法，将水体考虑为附加质量或集中力，采用有限元方法分析深水高墩大跨连续刚构桥的地震响应。分析结果表明，考虑动水压力作用后结构的自振频率减小，桥墩内力和位移值均明显增大。鉴于各类桥梁结构体系不同，所处水深不同以至于地震响应也不尽相同，因此建议尽可能按照各规范给出的计算方法偏保守地取计算最大值，以保证结构的安全性。

关键词：深水高墩 动水压力 地震响应

1 引言

我国西南地区蕴含丰富水力资源，同时也是地震高烈度地区。随着西南地区水电清洁能源逐步开发，为解决水电站库区内交通出行需要，需要修建一批深水大跨桥梁。此类深水大跨桥梁在地震作用下，由于桥墩与水的相对运动使得水对桥墩产生动水压力，不但会改变结构自身的动力特性，同时增大结构的动力响应，对桥墩产生不利的影响。考虑到桥墩墩底是地震作用震害较为集中发生部位，且在库区深水情况下对墩身进行检修极为困难，因此需要在设计阶段开展地震作用下动水压力对桥墩动力响应的专项研究，以确保结构的受力安全及运营维护的便利。

近年来，国内外学者结合相关工程实例对地震作用下桥墩动水压力问题进行了一系列研究。高学奎等[1]利用 Morison 方程考虑地震动水压力作用分析圆形实心桥墩动力响应，得出地震动水压力作用增大了桥墩结构动力响应的结论；黄信等[2]分别采用了 Morison 方程和辐射波浪理论，分析动水压力作用对桥墩地震响应的影响，并比较了动水压力作用对桥墩地震响应的影响；杨万理[3]从 Morison 方程中提取附加质量和附加阻尼，并将考虑动水压力的结构运动微分方程转换为能用传统方法计算的形式，建立了基于 Morison 方程的墩水耦合数值计算模型。本文以乌东德水电站库区洪门渡特大桥为依托，对比《公路桥梁抗震设计规范》(JTG/T 2231-01—2020)[4]（简称《公桥抗震规范》)、《铁路工程抗震设计规范》(GB 50111—2006)[5]（简称《铁桥抗震规范》）和《城市桥梁抗震设计规范》(CJJ 166—2011)[6]（简称《城桥抗震规范》）中给出的动水压力计算方法，研究动水压力在不同计算方法下对库区深水高墩大跨连续刚构桥抗震响应的影响。

2 动水压力的计算方法

2.1 《公桥抗震规范》计算方法

《公桥抗震规范》中关于动水压力的计算规定,对浸入水中的桥墩,在常水位以下部分,当水深大于5m时,不考虑地震动水压力对桥梁竖向的作用,对桥梁水平方向的作用,应按附加质量法考虑,即浸入水中的桥墩水平方向总有效质量应按桥墩实际质量(不考虑浮力)、空心桥墩内部可能包围的水的质量、浸入水中桥墩的附加质量之和取值。矩形截面桥墩附加质量按式(1)计算:

$$m_w = k\rho\pi a_y^2 \tag{1}$$

式中:k——矩形截面桥墩附加质量系数,与矩形截面形状参数 a_y/a_x 有关,可查表按照线性插值得到;

a_x、a_y——分别为矩形截面沿水平向地震动输入方向和垂直方向的边长。

《公桥抗震规范》计算方法参考《欧洲桥梁抗震设计规范》(2005版)相关规定,计算方法采用了简化的 Morison 方程,忽略了结构运动对水体的影响以及动水阻力引起的桥墩结构动力响应[7],上述方法附加质量的计算仅与桥墩截面尺寸和截面形状有关,而和水深无关。

2.2 《铁桥抗震规范》计算方法

《铁桥抗震规范》中动水压力的计算规定同样是当水深大于5m时,应计入地震动水压力对桥梁水平方向的作用,动水压力附加质量按式(2)和式(3)计算。

当 $0 < h_i < 0.8h_w$ 时

$$m_w = \frac{\rho A}{g} \tag{2}$$

当 $0.8h_w < h_i < h_w$ 时

$$m_w = \frac{5(h_w - h_i)\rho A}{h_w g} \tag{3}$$

式中:h_w——常水位至基础顶面的高度;

A——桥墩 h_w 处以垂直于计算方向的截面长度为直径计算圆形面积。

式(2)和式(3)仅适用于圆形或圆端形截面桥墩,针对矩形截面桥墩,根据竺艳蓉[8]给出的有限几个相同小横向尺寸矩形截面柱和圆形截面柱上动水附加质量之间的修正系数,采用最小二乘法进行拟合得到以矩形截面长宽比系数 a_y/a_x 为参数的近似计算公式(4)[9]。通常桥梁矩形墩截面形状参数 a_y/a_x 比值在 0.1~10,式(4)可适用于工程中绝大多数情况。

$$k = 0.94732 + \{2.59648/[(1 + a_y/a_x/0.09516)^{0.54638}]\} \tag{4}$$

《铁桥抗震规范》计算方法虽然与水深存在一定的相关性,即在 $0.8h_w$ 水深以下时 m_w 为定值,在水深 $0.8h_w$ 以上时 m_w 线性增大,但其在 $0.8h_w$ 水深以下时计算公式与《公桥抗震规范》是一致的;此外,上述计算方法也仅针对实体墩,对空心墩域内水的影响未做明确要求。

2.3 《城桥抗震规范》计算方法

《城桥抗震规范》中动水压力计算对水深并无最小值要求,动水压力按式(5)~式(7)计算。

当 $b/h \leq 2.0$ 时

$$E_w = 0.15(1 - b/4/h)A\zeta_h\rho b^2 h/g \tag{5}$$

当 $2.0 < b/h \leq 3.1$ 时

$$E_w = 0.075 A \zeta_h \rho b^2 h / g \tag{6}$$

当 $b/h > 3.1$ 时

$$E_w = 0.24 A \rho b^2 h / g \tag{7}$$

式中：E_w——地震时在 $h/2$ 处作用于桥墩的总动水压力；

ζ_h——截面形状系数，矩形墩和方形墩取 1；

h——从一般冲刷线算起的水深；

b——与地震作用方向相垂直的桥墩宽度，可取 $h/2$ 处的截面宽度，对于矩形墩取长边边长。

《城桥抗震规范》给定的动水压力为作用于桥墩 $h/2$ 处的总动水压力，属于静力计算方法，且未考虑桥墩域内水的影响。

3 地震响应分析

3.1 工程概况及计算模型

洪门渡特大桥(图1)位于云南省禄劝县和四川省会东县交界、乌东德水电站大坝上游约6km处，横跨金沙江。大桥设计总长为522m，设计桥型为135m+240m+135m三跨预应力混凝土变截面连续刚构桥，桥面总宽12m，设计汽车荷载为公路—Ⅰ级，验算荷载为挂-300。主桥箱梁横断面采用单箱单室截面，桥墩采用变截面双肢薄壁空心墩，墩高均为85m，枯水期淹没水深为44m，丰水期淹没水深达到74m。单肢薄壁墩采用纵桥向顶宽为3.5m，沿墩高按1:80比例双向放大，横向尺寸为7m，纵桥向壁厚为0.8m，横桥向壁厚为1.0m。桥墩基础采用直径2.5m的群桩基础。

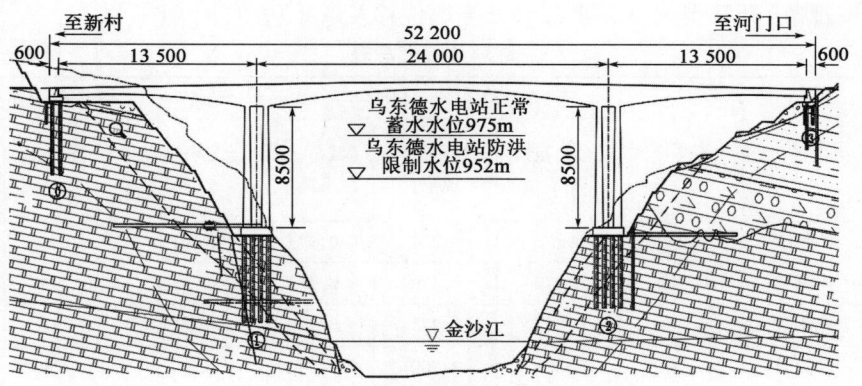

图1 洪门渡特大桥立面布置图(尺寸单位:cm)

本文运用 midas Civil 有限元软件建立洪门渡特大桥抗震计算有限元模型，分别进行线弹性E1和E2水准下的抗震分析。主梁、桥墩、桩基均采用空间梁单元进行模拟，桥墩与主梁之间采用刚性连接进行连接，边跨支座采用弹性连接模拟，桩基础模拟考虑桩-土相互作用，土弹簧的刚度根据场地土地质勘查资料和各墩底桩布置，由m法确定。洪门渡特大桥有限元计算模型见图2。

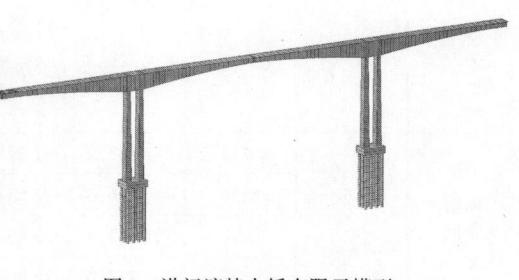

图2 洪门渡特大桥有限元模型

3.2 动力特性分析

按死水位(水深44m)和正常蓄水位(水深74m)计算动力特性,同时考虑桥墩域内水+域外水,分别按照前述《公桥抗震规范》《铁桥抗震规范》和《城桥抗震规范》计算动水压力,并与无水体状态进行对比分析,计算结果见表1。

不同工况下自振频率变化对比表　　表1

工况	无水体	水深44m			水深74m		
		《公桥抗震规范》	《铁桥抗震规范》	《城桥抗震规范》	《公桥抗震规范》	《铁桥抗震规范》	《城桥抗震规范》
横向基频(Hz)	0.1804	0.1801	0.1802	0.1804	0.1783	0.1788	0.1804
纵向基频(Hz)	0.2598	0.2581	0.2586	0.2598	0.2460	0.2497	0.2598

由表1计算结果可以看出,在相同振型情况下,考虑域内水+域外水动水压力工况自振频率总体比无水体工况低。其中,纵向基频降低幅度相对较大,约降低了5.3%,而横向基频降低幅度十分有限,这说明大桥结构本身体量大,在正常蓄水位时水的存在对结构动力特性有一定的影响,但影响并不显著。

3.3 地震时程分析

大桥地震反应采用时程分析法进行分析,加速度时程采用地震安全性评估报告提供的50年超越概率10%基岩水平峰值加速度为$0.129g$、50年超越2%基岩水平峰值加速度为$0.234g$的地震波数据,地震荷载工况分别考虑了纵桥向+竖向和横桥向+竖向的地震作用效应。限于篇幅,本文仅给出E2水准纵桥向+竖向和横桥向+竖向地震作用下墩顶位移及墩身关键截面弯矩(表2、表3),水深74m时按各规范计算外侧墩位移及弯矩包络图(图3、图4),以及按《公桥抗震规范》计算得到不同水深时外侧墩位移及弯矩包络图(图5、图6)。

墩顶位移汇总表　　表2

工况	位置	无水体	水深44m			水深74m		
			《公桥抗震规范》	《铁桥抗震规范》	《城桥抗震规范》	《公桥抗震规范》	《铁桥抗震规范》	《城桥抗震规范》
E2-顺桥向+竖向(m)	外侧墩	0.268	0.276	0.274	0.273	0.307	0.299	0.293
	内侧墩	0.263	0.272	0.270	0.269	0.303	0.295	0.289
E2-横桥向+竖向(m)	外侧墩	0.266	0.275	0.275	0.269	0.285	0.282	0.280
	内侧墩	0.291	0.301	0.300	0.294	0.312	0.309	0.306

墩身关键截面弯矩汇总表　　表3

工况	位置	无水体	水深44m			水深74m		
			《公桥抗震规范》	《铁桥抗震规范》	《城桥抗震规范》	《公桥抗震规范》	《铁桥抗震规范》	《城桥抗震规范》
E2-顺桥向+竖向(kN·m)	外侧墩 墩顶	228838.2	241275.9	240381.4	230331.7	272280.0	263848.5	237693.8
	外侧墩 墩底	403276.0	436637.7	435708.1	428163.1	519326.9	500336.6	470810.7
	内侧墩 墩顶	224434.8	233837.4	238418.8	225929.4	272506.3	260393.3	233297.3
	内侧墩 墩底	402727.0	425906.4	440932.5	427615.1	488804.6	471698.0	470267.5

续上表

工况	位置		无水体	水深 44m			水深 74m		
				《公桥抗震规范》	《铁桥抗震规范》	《城桥抗震规范》	《公桥抗震规范》	《铁桥抗震规范》	《城桥抗震规范》
E2-横桥向+竖向（kN·m）	外侧墩	墩顶	114 245.3	125 924.2	131 534.8	114 427.1	139 857.8	136 429.4	115 090.3
		墩底	429 199.3	465 959.6	457 450.1	444 487.5	513 846.2	522 446.0	469 420.3
	内侧墩	墩顶	77 974.4	76 680.1	76 822.6	77 667.9	83 165.5	85 306.2	76 549.5
		墩底	500 276.1	517 346.3	530 367.2	516 160.5	553 180.4	564 172.0	543 268.7

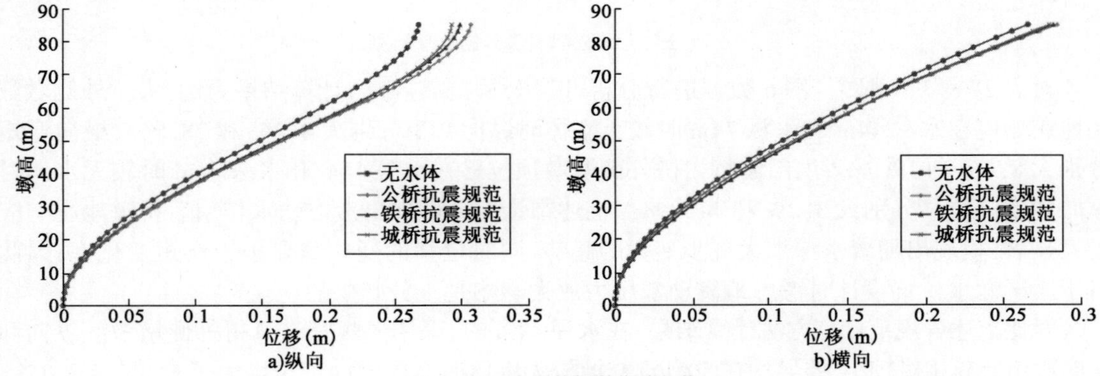

图 3 74m 水深外侧墩位移包络

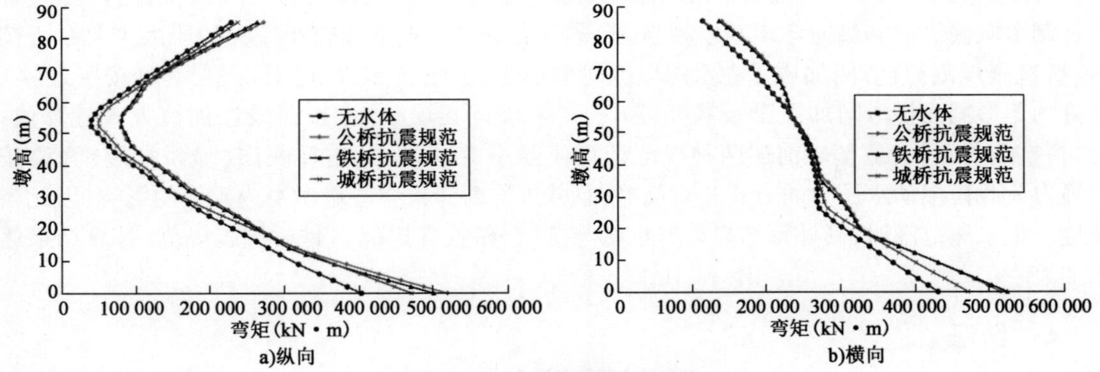

图 4 74m 水深外侧墩弯矩包络

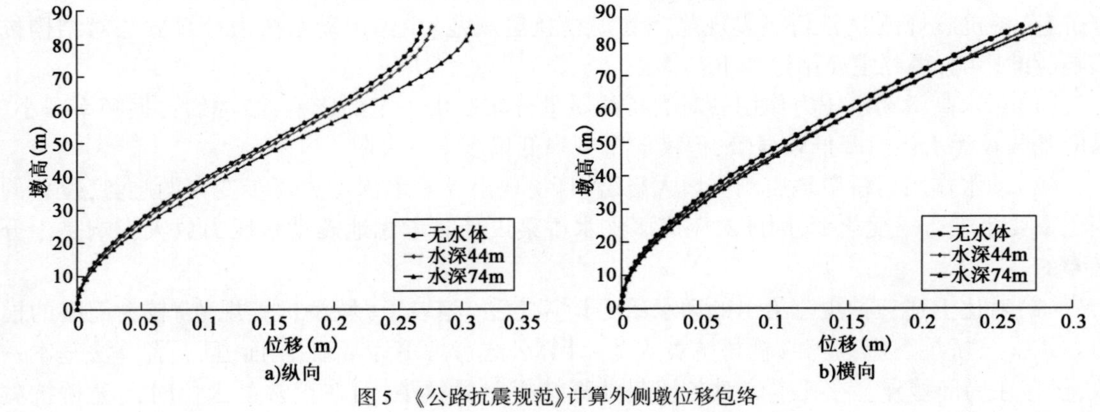

图 5 《公路抗震规范》计算外侧墩位移包络

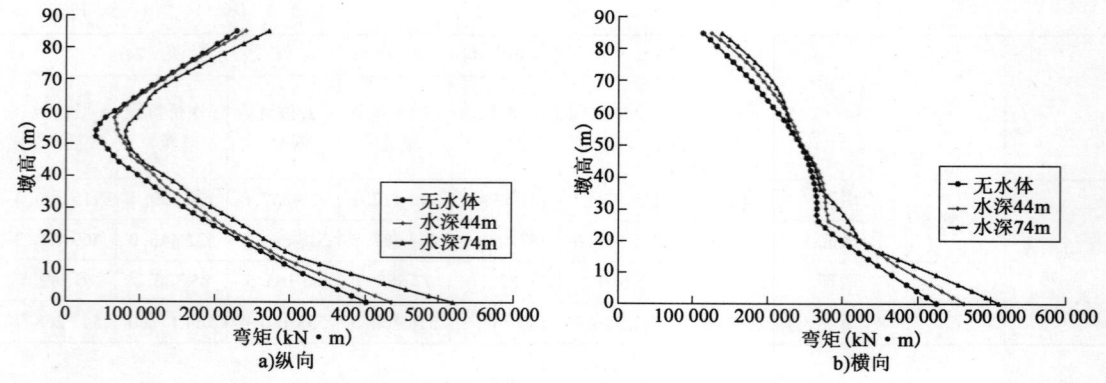

图6 《公路抗震规范》计算外侧墩弯矩包络

对表2、表3及图3~图6数据进行分析,以《公桥抗震规范》计算结果为例,大桥外侧墩墩底地震响应在水深44m和水深74m时较无水体时纵向弯矩分别大8.3%和28.8%,横向弯矩分别大8.6%和19.7%;洪门渡特大桥外侧墩墩顶位移在水深44m和水深74m时较无水体时纵向和横向位移分别大3.2%和14.8%。上述结论充分体现出考虑动水作用后桥墩地震响应增大显著,呈现出随着水深加大逐步变大的趋势,同时位移的变化率要小于弯矩变化率,因此对于库区深水桥梁设计时考虑地震动水压力放大影响是十分必要的。

对比上述各规范计算方法计算结果,在水深44m时,采用各规范计算得外侧墩墩底纵向和横向弯矩差异相对较小,差异均在5%以内,但较无水体时对应纵向弯矩增大了6.2%~8.3%,横向弯矩增大了3.6%~8.6%。在水深74m时,按照《公桥抗震规范》和《铁桥抗震规范》计算外侧墩墩底纵向和横向弯矩基本相当,差异均在4%以内,造成较小差异的原因主要在于按《铁桥抗震规范》计算附加质量在水深以上时要小于《公桥抗震规范》对应值,并且按照式(4)计算的矩形截面桥墩附加质量系数要略小于《公桥抗震规范》中按照线性插值方式计算值;《城桥抗震规范》计算值较前述两种规范计算值要小10%左右,这反映出《城桥抗震规范》按照静力荷载模拟动水压力的方式相对简略,且并未同时考虑空心墩墩身内水体的影响,因此当超过一定水深范围时,其计算结果差异也将与按《公桥抗震规范》《铁桥抗震规范》计算结果逐步加大。

4 结语

本文以乌东德水电站库区洪门渡特大桥为依托,根据洪门渡特大桥不同淹没水位,对比研究了《公桥抗震规范》《铁桥抗震规范》和《城桥抗震规范》中给出动水压力计算方法对结构抗震响应的影响,得到主要结论如下:

(1)深水高墩动水压力作用后对大桥的质量分布产生一定的影响,结构的自振频率减小,纵向基频较无水体时降低较显著,但横向基频降低幅度十分有限。

(2)动水作用后桥墩地震响应增大显著,且呈现出随着水深加大逐步变大的趋势,位移的变化率要小于弯矩变化率,因此对于库区深水桥梁设计时考虑地震动水压力放大影响是十分必要的。

(3)对比上述三种规范给出的动水压力计算方法,相较于《城桥抗震规范》较为简略的模拟方式,《公桥抗震规范》和《铁桥抗震规范》计算公式考虑更为精细、全面,且二者算法基本一致,仅存在局部差异。在死水位时各规范计算结果差异很小,而在正常蓄水位时,《公桥抗震规范》和《铁桥抗震规范》计算值基本一致,但均要大于《城桥抗震规范》计算值。

(4)考虑到各类桥梁结构体系不同、水深不同,以至于地震响应也不尽相同,因此在库区深水大跨桥梁设计时,建议尽可能按照各规范和方法给出的计算方法,偏保守地取计算最大值,以确保结构安全性。

参 考 文 献

[1] 高学奎,朱晞.地震动水压力对深水桥墩的影响[J].北京交通大学学报,2006,30(1):55-58.
[2] 黄信,李忠献.动水压力作用对深水桥墩地震响应的影响[J].土木工程学报,2011,44(1):65-73.
[3] 杨万理.深水桥梁动水压力分析方法研究[D].成都:西南交通大学,2012.
[4] 中华人民共和国交通运输部.公路桥梁抗震设计规范:JTG/T 2231-01—2020[S].北京:人民交通出版社股份有限公司,2020.
[5] 中华人民共和国建设部.铁路工程抗震设计规范:GB 50111—2006[S].北京:中国计划出版社,2009.
[6] 中华人民共和国住房和城乡建设部.城市桥梁抗震设计规范:CJJ 166—2011[S].北京:中国建筑工业出版社,2012.
[7] 李彤.地震作用下土-群桩-结构-水相互作用体系的动力反应分析[D].上海:同济大学,1999.
[8] 竺艳蓉.海洋工程波浪力学[M].天津:天津大学出版社,1991.
[9] 黄信.地震激励下水-桥墩动力相互作用分析[D].天津:天津大学,2008.

146. 不对称钢管混凝土拱桥地震响应影响规律研究

张佳文 黎 罡 黄志平

(吉首大学土木工程与建筑学院)

摘 要：以宜万铁路野山河大桥为工程背景，建立了该桥的空间有限元模型，研究了该桥的动力特性。基于大质量法的多支承激励运动方程，探讨了一致输入、传导效应、部分相干效应等空间变化特性对其地震响应的影响，并分析了竖向地震分量、波速等特性对大跨度钢管混凝土拱桥地震反应的影响规律，综合评价了该桥的抗震性能。

关键词：钢管混凝土拱桥 动力特性 地震响应 空间效应 抗震性能

1 引言

拱桥是我国山区使用较为普遍的桥型之一，传统拱桥多以拱顶竖直线为对称轴，两边拱轴线对称。不对称拱桥则打破了这一常规，不对称拱轴线可以适应路线纵坡和协调地形、地物、地貌与景观，桥孔布置灵活，不苛求伸缩装置和支承条件，同时有利于减小下部工程数量，经济效益显著[1-2]。正是这些优点使得近年来不对称拱桥中得到大规模的应用。目前，国内不对称拱桥典型代表为酉水大桥(图1)与野山河大桥(图2)，其中，宜万铁路线的野山河大桥采用非对称坡拱桥，跨径亦达124m，位于西部山区深切河谷，地质条件复杂。

图1 酉水大桥　　　　　　　　图2 野山河大桥

大跨度钢管混凝土拱桥的抗震性能，尤其是不对称钢管混凝土拱桥，现行规范尚无明确规定[2]，对其在考虑行波效应、局部场地效应和部分相干效应等空间变化特性作用下的响应特性

基金项目：湖南省教育厅科研项目(18C0562,19C1541)，国家自然科学基金项目(51078356)。

研究还远不能满足工程的需要。本文采用Clough拟静力位移与大质量法相结合的概念,建立不对称拱桥多点激励动力有限元模型,并以宜万线野山河大桥为工程背景,计算了该桥的动力特性和空间地震响应,综合评价了该桥的抗震性能。

2 动力特性分析

2.1 工程概况

野山河大桥位于新建宜万铁路线上,由于地质情况特殊,采用了不对称坡拱的形式,万州侧拱脚比宜昌侧拱脚高15.85m。两半拱均为悬链线拱轴线,宜昌侧半拱拱轴系数 $m_1 = 1.9$,矢高 $f_1 = 40.0$m;半跨跨径 $L_1/2 = 70.375$m;万州侧半拱拱轴系数 $m_2 = 1.7$,矢高 $f_2 = 24.15$m,半跨跨径 $L_2/2 = 53.625$m,全桥长124m,其立面布置图如图3所示。两个半拱均采用钢管混凝土横哑铃形断面,即每条拱肋由4根弦管构成,上、下两横哑铃之间通过H形腹杆连成整体,形成空间桁架式结构。主梁为纵横梁格构式飘浮体系,纵梁梁高采用等高度,梁高 $h = 1.5$m,孔跨布置为 $3 \times 9.75\text{m} + 11.25\text{m} + 10 \times 9.75\text{m}$,全长138.65m,采用部分预应力混凝土构件;横梁梁高2.0m,采用全预应力构件。其中,纵梁采用C55混凝土,横梁采用C50混凝土,弦管、上下平联、腹板灌注C50无收缩混凝土;预应力钢绞线采用低松弛高强预应力钢绞线。

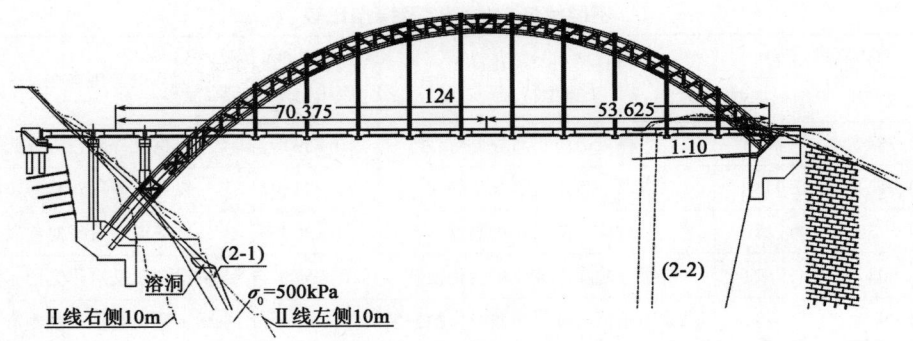

图3 野山河大桥立面布置图(尺寸单位:m)

2.2 有限元模型

野山河大桥采用有限元法离散结构,主拱、横撑、立柱均采用空间梁单元模拟,吊杆则采用空间杆单元建模,主梁单元采用梁格法,按实际情况简化为五主梁模式,并按实际截面建模。模型中 x 轴沿桥纵向,y 轴沿桥竖向,z 轴沿桥横向,如图4~图6所示。野山河大桥换算几何特性和材料特性见表1。

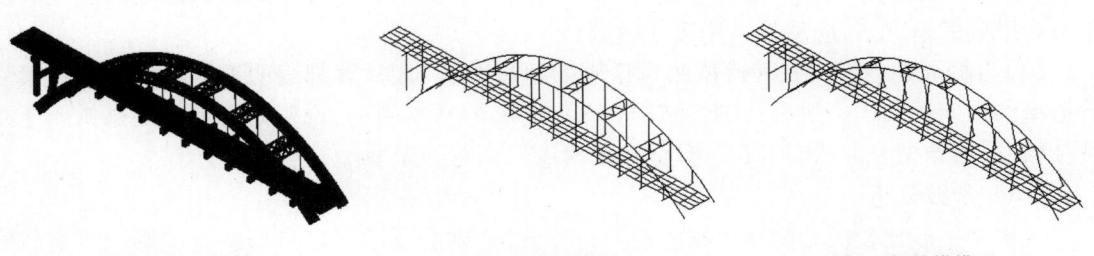

图4 仿真模型　　　　　　　图5 简化模型　　　　　　　图6 提篮拱模型

野山河大桥换算几何特性和材料特性　　　　　　表1

序号	构件	A (m^2)	I_z (m^4)	I_y (m^4)	换算密度 (t/m^3)	换算弹性模量 (kPa)
1	弦管、腹板厚24mm,平联板厚20mm	7.240	9.945	3.401	2.023	3.55×10^7
2	弦管厚24mm,平联板厚20mm	4.055	8.632	1.745	2.014	3.55×10^7
3	弦管、平联板厚20mm	3.863	8.190	1.640	2.059	3.55×10^7
4	弦管、平联板厚16mm	3.620	7.671	1.531	2.122	3.55×10^7
5	横撑弦管	0.052	0.118	0.002	8.080	2.10×10^8
6	横撑腹杆	0.022	0.025	0.0003	8.080	2.10×10^8
7	吊杆	0.0065	—	—	8.0	2.00×10^8

根据现场实际情况与研究内容需要,分别建立了三个模型进行对比分析。在简化模型的基础上,以左拱脚为原点,将拱肋内倾5°形成提篮拱,用以研究提篮拱桥的抗震性能,其余与简化模型相同。提篮拱模型见图6。

2.3 动力特性分析

桥梁结构动力特性为进行桥梁动力分析提供基本资料。为比较模型的精度,本文计算了三种模型的自振频率及对应振型,见表2。

不同模型自振频率及振型比较　　　　　　表2

序号	自振频率(Hz)		仿真模型与简化模型振型特征	提篮拱自振频率(Hz)	提篮拱振型特征
	仿真模型	简化模型			
1	0.7525	0.7979	拱梁一阶正对称侧弯	0.8398	拱梁一阶正对称侧弯
2	0.9128	0.9481	拱梁一阶正对称异步侧弯	1.0740	拱梁一阶正对称异步侧弯
3	1.5734	1.7281	拱梁一阶反对称竖弯	1.8261	拱梁一阶反对称竖弯
4	1.6033	1.7626	拱梁一阶反对称侧弯+稍扭转	1.7579	拱梁一阶反对称侧弯+稍扭转
5	2.0078	2.0796	拱梁一阶反对称异步侧弯+稍扭转	2.0399	拱梁一阶反对称异步侧弯+稍扭转
6	2.1542	2.1542	1号墩自振	2.1542	1号墩自振
7	2.2918	2.3719	拱梁一阶对称竖弯	2.3470	拱梁一阶对称竖弯
8	2.8976	2.9915	拱梁二阶对称侧弯+稍扭转	2.9837	拱梁二阶对称侧弯+稍扭转
9	3.0315	3.3042	拱梁二阶反对称竖弯	3.2429	拱梁二阶反对称竖弯
10	3.2618	3.4594	拱梁一阶反对称扭转	3.4915	拱梁二阶反对称竖弯+稍扭转

从计算结果可知:

(1)仿真模型和简化模型结果基本一致,两个模型都较准确可靠。在保证结构刚度和质量分布准确的情况下,应尽量采用简化模型。

(2)自振周期较长。三种模型的自振周期超过1s,一般计算都表明钢管混凝土拱桥第一阶振型的周期远大于一般单孔刚性结构0.3~0.4s的基本周期,说明钢管混凝土拱桥属于柔性结构,采用振型叠加法时,应考虑比中、小跨度更高阶的振型。

2.4 参数分析

工程中一般比较关心的是主拱的动力特性,讨论拱肋及横撑对自振特性的影响具有较大的工程意义。讨论了以下三种工况:①提高拱肋刚度;②提高横撑刚度;③减少横撑数量。

（1）表3给出了将拱肋刚度提高20%时结构的自振频率。

拱肋刚度提高20%时结构的自振频率　　　表3

振型序号	1	2	3	4	5	6	7	8	9	10
频率(Hz)	0.813 0	0.975 1	1.822 5	1.857 3	2.144 4	2.154 2	2.425 9	3.067 1	3.363 8	3.618 2

（2）表4给出了横撑刚度提高20%时结构的自振频率。

横撑刚度提高20%时结构的自振频率　　　表4

振型序号	1	2	3	4	5	6	7	8	9	10
频率(Hz)	0.802 5	0.956 0	1.728 1	1.773 4	2.086 7	2.154 2	2.372 0	3.003 2	3.304 2	3.526 7

（3）野山河大桥横撑布置图见图7，分别计算以下四种情况下：①减少拱脚1号横撑；②减少肋间横梁；③减少拱顶4号撑；④减少3号、5号撑。结果见表5。

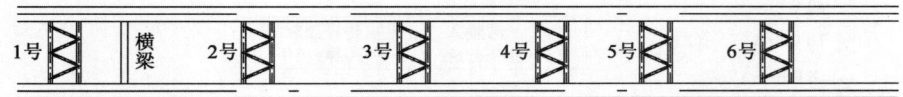

图7　野山河大桥横撑布置图

横撑变化对自振频率的影响　　　表5

工况	原设计	减少1号撑	减少肋间横梁	减少4号横撑	减少3号、5号横撑
侧弯基频(Hz)	0.797 9	0.780 7	0.765 8	0.772 6	0.766 5
竖弯基频(Hz)	1.728 1	1.727 9	1.720 7	1.692 6	1.733 1
扭转基频(Hz)	3.459 4	3.457 1	3.369 0	3.205 2	3.052 0

根据上述计算结果可知：

（1）增大拱肋和横撑刚度对结构自振频率影响较小，在实际设计中，拱肋和横撑以满足静力性能为主，通过改变拱肋和横撑截面尺寸来改变结构自振频率的效果不明显。

（2）横撑数量对结构侧弯基频和扭转基频有较大影响，而对竖弯基频影响较小，这主要是横撑数量越多，横向刚度就越大。

（3）拱脚横撑对自振频率影响较小，而拱顶横撑的影响则相对较大，设计中应尽量使横撑分布均匀，同时应综合考虑横向稳定与横撑带来的横向地震力的作用，合理设置横向连接系。

3　空间地震响应分析

3.1　输入地震动

以宜万线野山河大桥为例，合成了该桥桥址处地震动时程样本[3-4]，见图8、图9。

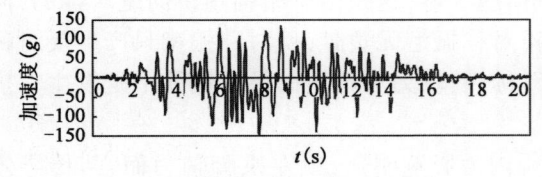

图8　宜昌侧加速度时程样本

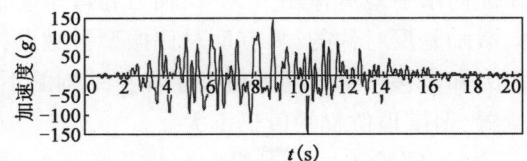

图9　万州侧加速度时程样本

3.2　不同输入方式的结构内力

为了分析上述四种输入模式对结构地震响应的影响，图10、图11给出了纵向和横向地震下结构的内力包络图，而图12、图13给出了主拱典型截面内力的对比图。

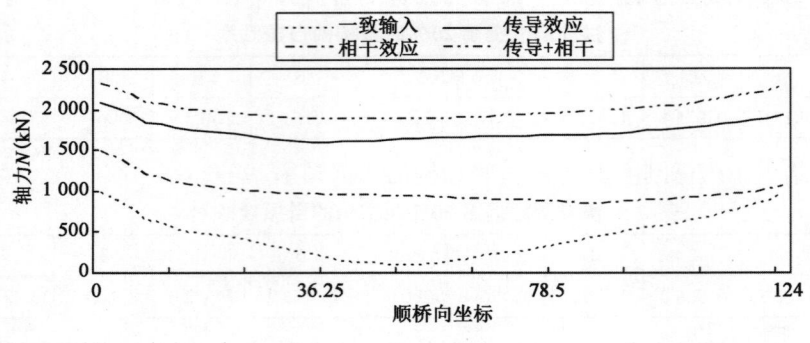

图 10 轴力 N

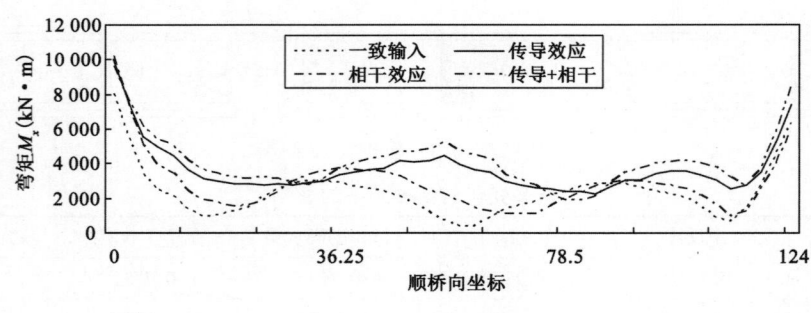

图 11 弯矩 M_z

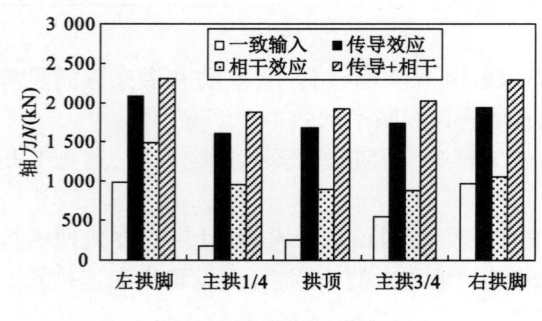

图 12 主拱典型截面轴力 N

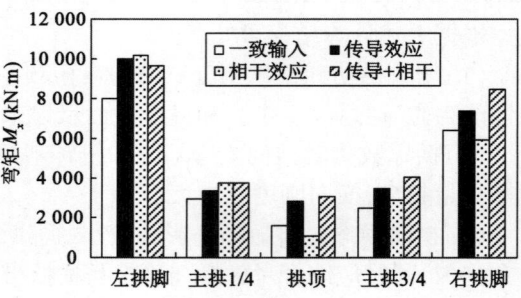

图 13 主拱典型截面弯矩 M_z

计算分析表明：

(1) 纵向一致输入时，最大内力发生在拱脚截面，拱顶截面的内力较小。实际上，对称结构在纵向水平地震作用下，拱顶轴力和弯矩理论值应为零，这是由于结构顺桥向是对称的，而纵向激励是反对称的，只有反对称振型被激发，正对称振型无贡献，反对称振型只产生反对称的内力和位移。野山河大桥由于本身结构的不对称性，轴力和弯矩的最小值并不是发生在拱顶位置，但拱顶位置的值仍不大。

(2) 不同输入方式对纵向地震作用下的结构内力影响明显，就左拱脚轴力而言，传导效应、相干效应、传导加相干效应分别为一致输入时的 2.11、1.51、2.35 倍，拱顶达到了 6.74、3.58、7.75 倍。纵向地震输入时，不同输入方式对结构内力(轴力 N 和剪力 F_y)的影响为：传导效应+相干效应＞传导效应＞相干效应＞一致激励。而对纵向地震输入时结构弯矩 M_z 和横向地震输入时的内力，几种输入方式影响复杂，具体结构要通过计算确定。

3.3 竖向地震分量的影响

当考虑竖向地震动输入时,竖向分量取水平分量的2/3。图14、图15给出了竖向地震分量对一致输入和传导效应加相干效应时的影响。

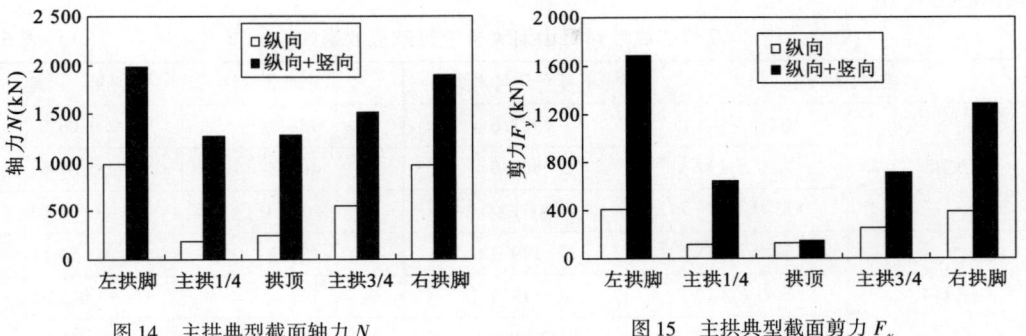

图14 主拱典型截面轴力 N　　　图15 主拱典型截面剪力 F_y

计算分析表明,竖向地震分量对不同输入方式下的结构内力影响规律基本相同:

纵向一致激励下,考虑竖向地震分量影响时,对轴力 N、剪力 F_y 影响较大,就不同截面轴力而言,左拱脚、主拱1/4截面、拱顶、主拱1/4截面和右拱脚分别达到了2.00、7.10、5.17、2.74和1.96倍,而对弯矩 M_z 的影响较小。究其原因主要是竖向激励是正对称的,使正对称振型被激发。

3.4 波速的影响

为讨论波速对结构内力的影响,计算了波速分别为1000m/s、1500m/s和2000m/s时的结构内力,计算结果见图16、图17。

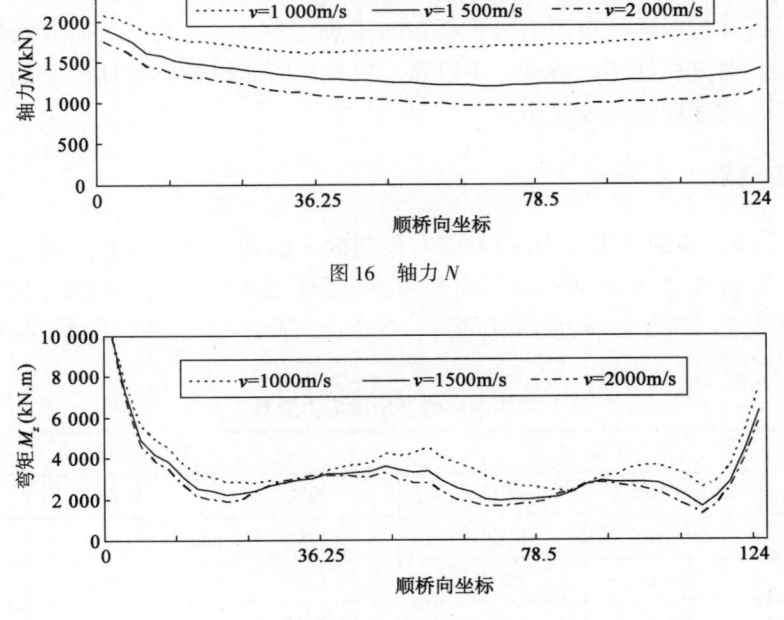

图16 轴力 N

图17 弯矩 M_z

计算分析表明,纵向地震输入时,就拱顶轴力 N 而言,波速为1 000m/s、1 500m/s和2 000m/s时为一致激励下的6.74倍、4.84倍和3.84倍,波速对结构内力影响明显。一般来说,小的波速将导致大的结构内力,其原因是小的波速将导致大的相位差。

3.5 几何非线性的影响

为研究几何非线性影响,讨论了野山河大桥在纵向一致输入下考虑几何非线性时的响应,计算结果见表6。

几何非线性对野山河大桥地震响应的影响　　　表6

典型截面		不考虑几何非线性	考虑几何非线性	相　差
左拱脚	轴力 N(kN)	987.6	988.2	0.06%
	剪力 F_y(kN)	409.5	409.8	0.07%
	弯矩 M_z(kN·m)	8 032.0	8 034.0	0.02%
主拱1/4	轴力 N(kN)	179.3	180.2	0.50%
	剪力 F_y(kN)	119.8	119.4	−0.33%
	弯矩 M_z(kN·m)	2 948.0	2 949.0	0.03%
拱顶	轴力 N(kN)	248.5	249.4	0.36%
	剪力 F_y(kN)	131.1	131.3	0.15%
	弯矩 M_z(kN·m)	1 586.0	1 588.0	0.13%
主拱3/4	轴力 N(kN)	551.3	552.4	0.20%
	剪力 F_y(kN)	251.0	252.6	0.64%
	弯矩 M_z(kN·m)	2 433.0	2 431.4	−0.07%
右拱脚	轴力 N(kN)	968.9	970.0	0.11%
	剪力 F_y(kN)	395.0	396.2	0.30%
	弯矩 M_z(kN·m)	6 390.0	6 391.5	0.02%

由表6可见,几何非线性对野山河大桥影响不到1%。目前关于几何非线性的影响还没有形成统一看法,对其机理还有待进一步研究。本文几何非线性影响比较小的主要原因是该桥跨径并不太大,加速度峰值也较小。

4　抗震验算

为验算野山河大桥的抗震安全性,需要对控制截面的强度进行验算。通过前述地震反应分析,可以得出地震内力,并可进一步与恒载内力组合验算截面应力。验算了主拱典型截面应力,计算结果见表7。各表中轴力以受压为正,弯矩以下侧纤维受拉为正,应力以压为正,计算中将钢管换算为混凝土。

主拱控制截面地震应力验算　　　表7

截面位置	地震内力		应力(MPa)		
	轴力 N(kN)	弯矩 M_z(kN·m)	地震	恒载	组合
左拱脚	1 980.0	8 339.0	1.87	4.15	6.01
主拱1/4	1 273.0	3 024.0	1.03	4.46	5.50
拱顶	1 285.0	1 709.0	0.78	5.46	6.23
主拱3/4	1 509.0	2 668.0	1.08	5.33	6.41
右拱脚	1 899.0	6 442.0	1.49	2.85	4.34

计算结果表明,结构控制截面应力均在容许范围内。实际上,由于钢管对混凝土的套箍作用截面容许应力还会得到很大提高,因此主拱不会因强度不足而发生破坏。野山河大桥结构形式合理,抗震性能优越。

参 考 文 献

[1] 胡晓勇,黄永辉,汪大洋,等.某大跨度外倾式非对称系杆拱桥的数值模拟研究[J].公路,2021,66(11):208-213.
[2] 阳发金.大跨度不对称钢管混凝土拱桥受力特性研究[D].长沙:中南大学2008.
[3] 郑家树,金邦元.大跨度钢管混凝土拱桥空间地震反应分析[J].西南交通大学学报,2003,38(1):53-56.
[4] 程纬.地震加速度反应谱拟合的直接法研究[J].工程力学,2000,17(1):83-87.

147. 预制拼装下部结构 UHPC 接缝足尺模型拟静力试验研究

邱志雄[1] 李华生[1] 石雪飞[2]

(1. 广东省高速公路有限公司；2. 同济大学桥梁工程系)

摘 要：为研究依托工程中预制拼装下部结构三种超高性能混凝土（UHPC）接缝构造的力学性能与破坏形态，验证开发的 UC120、UC100 型号超高性能混凝土材料性能，设计墩接盖梁、墩接承台以及桩接盖梁试件，通过现场加载进行足尺拟静力试验，记录三种 UHPC 接缝构造的破坏过程，对静力性能以及抗震性能进行评价。试验结果表明，与现浇墩柱结构相比，三种接缝结构的承载能力以及结构初始刚度均满足结构设计性能需求，不同接缝形式抗震性能有所差异，应根据性能需求选用。同时试验结果能为实际工程提供可靠依据。

关键词：UHPC 破坏形态 拟静力试验 受力性能 承载能力

1 引言

本试验依托工程为广东省深汕西高速公路改扩建工程，工程规模较大，该路段四座桥梁全长约 9.3km，所处的梅陇农场路段为基本农田，临时用地紧张。地质条件为滨海地区深厚覆盖层，且该桥紧邻长沙湾和国道 G324，海运及陆运运输条件好且对于快速建造的需求迫切，因此需在水域和陆域都采用全预制拼装桥梁。上述依托工程的预制拼装下部结构方案中共包含三类接缝，分别为管桩与盖梁之间的连接、桥墩与盖梁间的连接和桥墩与承台间的连接，这三种接缝均采用后浇超高性能混凝土（UHPC）湿接缝的形式。

UHPC 作为一种新型材料，具有高强度、良好的延性和耐久性等特点。UHPC 既可以作为建筑材料应用于桥梁结构[1]，也可以作为灌浆材料应用于预制墩柱塑性铰区域来提高桥梁结构的抗震性能[2]。研究表明，UHPC 材料拉伸和弯曲中的应变硬化行为以及压缩中的高韧性，使其成为结构承受剧烈循环荷载（例如地震荷载）的合适材料[3]。莫金生等[4]针对 UHPC 良好的力学性能，提出一种新型的预制桥墩连接构造，拟静力试验结果表明 UHPC 连接的节段拼装墩柱破坏模式为非接缝区的弯曲破坏。李文韬等[5]针对既有预制桥墩于承台间的承插式连接接缝界面存在黏结性能问题，提出一种界面预埋分布式钢纤维的连接技术，通过双面剪切试验和轴拉试验，验证了 UHPC-普通混凝土新旧界面预埋分布式钢纤维工艺的可行性。吴平平等[6]通过 2 个桥墩足尺模型拟静力试验，探究了插槽结构高强度装配式桥墩在地震作用下的力学性能及可靠性,结果表明,插槽结构装配式桥墩承载能力与延性满足设计要求,具有较好的抗震性能。Mohebbi等[7]对一种新型后张法预制桥墩进行了振动台试验,UHPC用于塑性铰区域;试验结果表明,UHPC有助于防止屈曲并消除低周疲劳失效,证明预制拼装桥墩可以抵抗大的侧向位移并在地震期间表现出良好的自复位能力[8]。

本依托项目中的接缝形式属于钢筋搭接和现浇UHPC接缝构造,形式较为特殊。考虑所用材料性能和结构构造的变化,针对三类下部结构接缝的抗震性能开展研究。通过开展足尺模型拟静力试验,研究不同连接形式下墩柱结构的损伤和破坏机理,总结得出预制拼装结构接缝的力学性能特点,并针对其中重要的设计参数给出设计参考依据。

2 拟静力试验设计

2.1 模型设计

该试验在施工现场开展,试验模型的几何相似比为1∶1,即墩柱的截面尺寸等几何量与实际结构完全对应。此外,墩柱的混凝土、钢筋,接缝处的UHPC材料都与实际结构相同,模型中材料的力学性质也可以按1∶1的相似关系对应到实际结构。

(1)墩接盖梁

墩接盖梁接缝构造如图1a)所示。该试件构造中,墩柱与盖梁的接头位置完全在盖梁之外,采用UHPC外环缝进行连接,盖梁和墩柱的外伸钢筋采用直径32mm的HRB400钢筋间隔互插,通过UHPC黏结传力而未直接连接。

(2)墩接承台

墩接承台试验接缝构造如图2所示。在原结构中,墩接承台在纵向及横向地震作用下均会承受弯矩,由于墩柱、承台、墩柱钢筋和UHPC接缝的设置在纵、横两个方向均相同,因此接缝在纵桥向和横桥向具有相同的抗震性能,在试件设计时,承台凹槽、墩底锥头及外伸钢筋按照原结构设计即可,试验时只需考虑一个方向的地震作用。

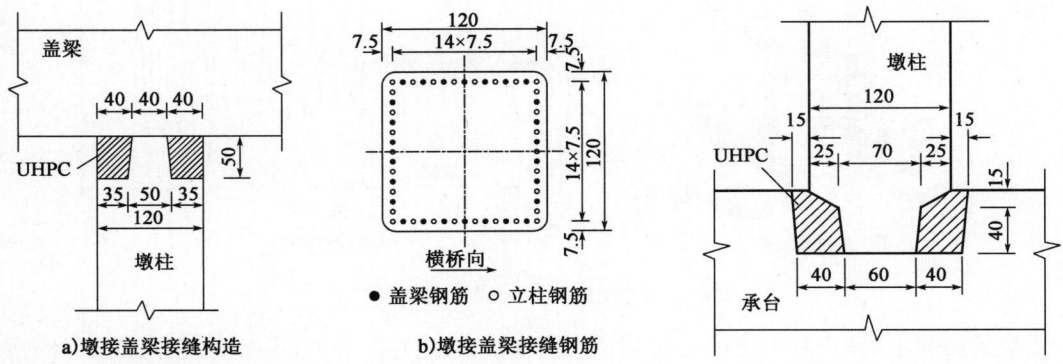

图1 墩接盖梁试验接缝示意图(尺寸单位:cm)　　图2 墩接承台试验接缝构造图(尺寸单位:cm)

墩柱与承台的接头位置位于承台内部,采用UHPC内环缝进行连接。除此之外,与墩接盖梁试验一样,承台和墩柱的外伸钢筋也没有直接连接,主要通过UHPC进行传力,钢筋布置如图1b)所示。加载梁的构造及与墩柱试件的连接与墩接承台试验相同,且试件正置加载。

(3)桩接盖梁

桩接盖梁接缝构造如图3a)所示。在盖梁中预埋钢波纹管,管桩顶部深入接头10cm,在浇筑接头前需要在管桩顶部2m高度范围内设置内部钢筋笼,浇筑UHPC时不仅需要充满波纹管内的区域,还需要充满至管桩2m高的区域内。该接头UHPC浇筑量大,UHPC浇筑在波纹管和管桩顶部节段中,使得UHPC和盖梁、管桩有复杂的接触和约束关系。

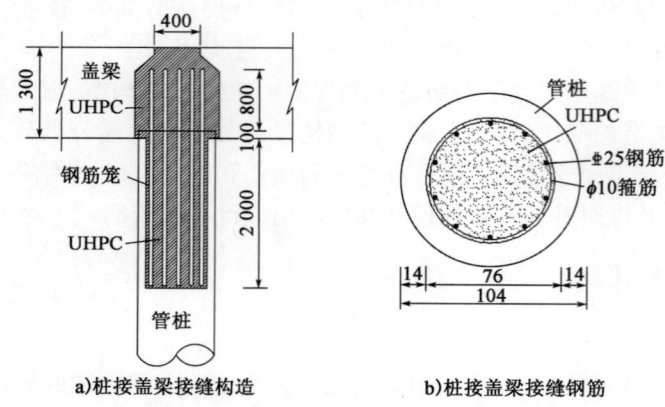

图3　桩接盖梁试验接缝示意图(尺寸单位:cm)

依托项目开发的UHPC分为UC120、UC100型号,分别对应抗压强度120MPa与100MPa两种等级,其中墩接盖梁、墩接承台采用UC120型号,桩接盖梁采用UC100型号。

2.2　加载与数据采集

需要对相应的试验装置进行特殊设计,以满足足尺模型原位测试现场使用要求。本试验底座固定系统为整体承台;采用钢管撑架作为固定装置,通过千斤顶对墩柱提供推力与拉力;墩柱竖向轴力采用外部预应力,通过钢绞线对墩柱施加轴力。具体试验装置及加载曲线如图4所示。试验均采用力-位移混合加载的方式。

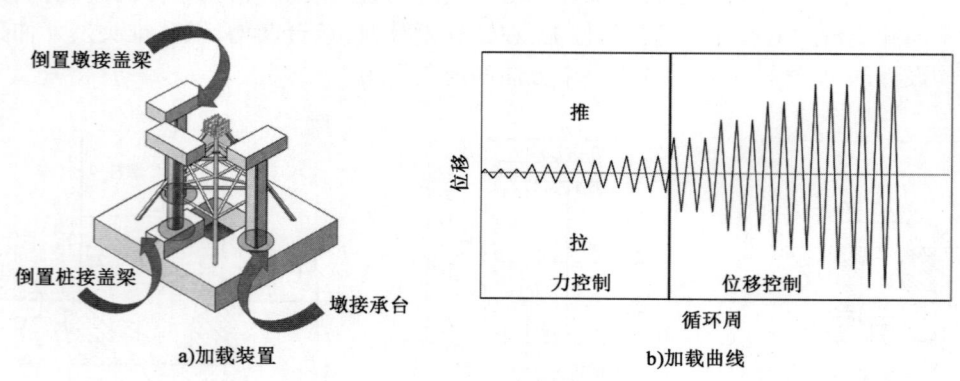

图4　拟静力试验装置及加载曲线示意图

试验量测的主要内容:关键位置位移(水平力加载点位移、墩中部位移、竖向预应力钢束两端相对水平位移、塑性铰区位移)、墩柱-承台节点中承台预埋钢筋和墩底外伸钢筋应变、墩柱-盖梁实验中盖梁外伸钢筋和墩柱外伸钢筋应变、管桩-盖梁试验中管桩顶部节段钢筋骨架应变、塑性铰区钢筋应变。

3　试验现象与结果分析

3.1　墩接盖梁

当水平作动器加载力为503kN(正号表示作动器施加推力,施加拉力为负)时,墩身受拉侧混凝土出现第一条水平裂缝,长度约为墩柱宽度,距结合面 1.2m 左右。荷载继续增大,当墩顶水平位移增至 40mm 左右时,钢筋接近屈服,受拉受压侧混凝土水平裂缝发展至非加载方向侧面,且逐渐向下倾斜,同时出现新增混凝土裂缝。当承载力下降至最大值 85% 时结束试验,此时混凝土裂缝宽度增长至厘米级,多条裂缝向下贯穿 UHPC 外环缝,UHPC 发生劈裂现象。作动器施加拉力时受压侧墩柱表面混凝土被压溃,结合面上端出现混凝土剥落现象,承载力下降明显。

在加载前期,试件结合面与其上部一定范围为构件连接薄弱区域,在受拉作用下结合面与混凝土表面首先出现受拉横向水平裂缝。加载中期,与其他普通现浇混凝土墩柱构件相同,损伤裂缝进一步发展,墩柱底部塑性铰区域损伤裂缝沿试件高度均匀分布。不同的是,由结合面薄弱部分所产生的裂缝开始,向 UHPC 外环缝延伸,说明结合面在加载后期逐渐发展为局部受力问题。

墩接盖梁破坏过程如图 5 所示。

a)混凝土压溃　　　　　　　b)UHPC劈裂

图 5　墩接盖梁破坏过程

3.2　墩接承台

在加载位移不大的情况下,墩柱混凝土逐渐出现等间距环形裂缝;并随着加载过程的持续推进,墩柱推、拉两侧的裂缝长度不断延伸并相互贯通。随着加载位移的不断扩大,墩身高度 1m 范围内的混凝土裂缝数量不断增加,并相互扩展延伸;墩身高度 0.5m 范围内混凝土出现受压破损的现象,可认为在该高度范围内墩柱纵向钢筋与混凝土已出现剥离的现象;此时,墩柱纵向钢筋主要承担墩柱竖向拉压应力。随着加载位移的持续增大,墩柱及其纵向钢筋弯曲变形,墩身高度 0.5m 范围内箍筋因无法承受纵筋的弯曲变形而断裂崩开。随着箍筋的断裂破坏,箍筋的失效加速了墩柱纵向钢筋的屈服,墩柱承载能力迅速下降,墩柱整体塑性变形明显。此时,墩柱加载方向两侧在墩身高度 1m 范围内混凝土出现明显破碎现象。

墩接承台破坏过程如图 6 所示。

结合墩接承台模型试件的试验过程及最终破坏形态,可认为墩接承台试件破坏主要以墩柱根部塑性铰区域混凝土破碎为主,该区域内墩柱纵向钢筋承担墩柱主要拉压应力,随着区域内箍筋断裂破坏而迅速屈服并最终丧失承载能力。

图6 墩接承台破坏过程

3.3 桩接盖梁

加载过程中，管桩本身基本未出现裂缝，桩壁混凝土保持完好。水平加载力达到600kN时，结构发生初始开裂，管桩端钢板与管桩之间、管桩插槽处与盖梁UHPC之间均产生环向的脱开裂缝。水平加载力达到700kN时，在管桩榫头的撬动下，盖梁UHPC及混凝土产生沿管桩径向放射的劈裂裂缝。随后在位移加载过程(每级加载位移2cm)中，劈裂裂缝继续延伸、贯穿盖梁顶面，发展至盖梁侧面、角部，盖梁中线也出现了贯穿裂缝；在水平位移达到6cm时，盖梁混凝土撬动鼓起，出现碎裂、崩坏现象。后续位移加载过程中，盖梁裂缝不断加深、加宽，在水平位移达到16cm时，结构承载力出现突然下降，试验终止。最终破坏形态下，除管桩端板及插槽处的环向脱开裂缝、盖梁劈裂裂缝以外，盖梁预埋钢波纹管处混凝土发生脱开裂缝，管桩混凝土发生小范围崩裂。桩接盖梁局部破坏照片见图7。

a)局部破坏侧面图　　　　　　b)局部破坏顶面图

图7 桩接盖梁局部破坏照片

从试验现象来看，管桩-盖梁节点在水平荷载作用下发生的裂缝及破坏形式主要可分为两类：一类是管桩端板与桩身混凝土之间、插槽处管桩与盖梁UHPC之间、盖梁预埋波纹管处UHPC与普通混凝土之间的环向裂缝，另一类是从管桩根部沿径向放射的盖梁UHPC及混凝土的劈裂裂缝。随着这两类裂缝的不断延伸、发展，盖梁顶面及侧面部分混凝土在管桩榫头效应的作用下撬动鼓起，发生局部崩坏，最终丧失承载力。

4 结语

通过针对墩接盖梁、墩接承台、桩接盖梁三类新型UHPC连接的足尺拟静力试验，对结构力学性能与破坏形态进行验证与评价，主要结论详述如下：

（1）墩接盖梁达到极限承载能力时，底部UHPC多处劈裂，墩柱拉压面均出现一道劈裂裂缝，损伤程度较小；墩柱内侧混凝土压溃，表面出现剥落现象，并伴有多条裂缝贯穿至UHPC劈裂裂缝，损伤程度较大。

（2）墩接承台模型试件的主要破坏形态表现为：墩身高度1m范围内混凝土存在明显破损现象，墩身高度1.5m范围内的混凝土裂缝密布；墩底部分纵向钢筋屈服破坏，箍筋断裂破坏；墩接承台连接位置处UHPC部分接缝部分未见明显裂缝。

（3）桩接盖梁最终破坏形态为管桩底面与盖梁连接断面上的UHPC及混凝土在弯剪作用下完全断裂，盖梁UHPC及混凝土形成劈裂裂缝，导致盖梁顶面混凝土撬动鼓起而崩坏，结构承载力迅速下降。

（4）试验表明，墩接盖梁与桩接盖梁极限承载能力与现浇结构相当；桩接盖梁隼芯发生破坏，管桩未产生开裂，与设计预期相当。

（5）抗震性能方面，墩接承台滞回性能、破坏形态与现浇结构相当；墩接盖梁表现为UHPC开裂，滞回性能略低于现浇结构；桩接盖梁试件虽然耗能较好，但破坏位置位于盖梁，可通过加强盖梁优化。三种接头抗震性能不同，可根据抗震性能需求选用。

参 考 文 献

[1] Shota Ichikawa, Hiroshi Matsuzaki, Ayman Moustafa S. M. Seismic-Resistant Bridge Columns with Ultrahigh-Performance Concrete Segments[J]. Journal of Bridge Engineering, 2016, 21(9).

[2] Tazarv M, Saiidi M S. Design and construction of UHPC-filled duct connections for precast bridge columns in high seismic zones[J]. Structure and Infrastructure Engineering, 2017, 13(6):743-753.

[3] Krahl P A, Carrazedo R, Debs M E. Mechanical damage evolution in UHPFRC: Experimental and numerical investigation[J]. Engineering Structures, 2018, 170(1):63-77.

[4] 莫金生,马矗,张洁,等.UHPC连接节段拼装桥墩拟静力试验[J].结构工程师,2018,34(S1):88-95.

[5] 李文韬,贾俊峰,王玉果,等.装配式结构新旧混凝土新型接缝力学性能试验[J].工业建筑,2021,51(2):40-46.

[6] 吴平平,周小伍,汪志甜,等.插槽结构装配式桥墩足尺模型拟静力试验研究[J].桥梁建设,2020,50(3):76-80.

[7] Mohebbi A, Saiidi M S, Itani A M. Shake Table Studies and Analysis of a Precast Two-Column Bent with Advanced Materials and Pocket Connections[J]. Journal of Bridge Engineering, 2018, 23(7).

[8] Ou Y C, Tsai M S, Chang K C, et al. Cyclic behavior of precast segmental concrete bridge columns with high performance or conventional steel reinforcing bars as energy dissipation bars[J]. Earthquake Engineering & Structural Dynamics, 2010, 39(11).

148. 矩形空心墩拟静力试验研究

孙南昌[1,2,3,4]　郑建新[1,2,3,4]

(1. 中交第二航务工程局有限公司；2. 长大桥梁建设施工技术交通行业重点实验室；
3. 交通运输行业交通基础设施智能制造技术研发中心；
4. 中交公路长大桥建设国家工程研究中心有限公司)

摘　要：塑性铰长度是获取单柱墩在地震作用下容许位移的重要参数，其计算的准确性十分关键。Paulay 和 Priestley 提出的计算模型较为成熟，已被多国规范采纳，该模型是在实心墩试验的基础上得到的，能否适用于空心墩仍需深入研究。以常见的矩形截面空心墩为研究对象，设计制作了 7 个不同设计参数（剪跨比、纵筋率、配箍率）的拟静力试验模型，结合塑性铰区的损伤状态、滞回曲线、骨架曲线及沿墩身高度方向的曲率分布曲线，探讨各设计参数对试件等效塑性铰长度的影响规律，结果表明，构件剪跨比越大，变形能力越大，而抗力越小，纵筋率可在一定程度上提高空心墩的变形和承载能力。

关键词：塑性铰模型　矩形空心墩　拟静力试验　数值分析

1　引言

与外部尺寸相同的实心墩相比，空心墩因其自重轻、抗弯惯性矩大、抗震性能良好等特点，在西部地区高墩桥梁中得到推广应用。然而，在地震作用下，空心墩塑性铰区易发生开裂、屈曲、混凝土剥落、钢筋裸露、压溃、剪断等震害，为了吸收和耗散地震能量，通常采用延性设计。塑性铰与"理想铰"有较大差异，塑性铰通常表现为结构或构件某一截面能够发生微小的塑性转动，且能够承受一定的弯矩。由于塑性铰的这种特性，使得结构或构件的延性得到改善，可有效降低震害。

在单柱墩侧向容许位移的计算过程中，等效塑性铰长度是不可或缺的重要参数。Park 和 Paulay 在试验基础上，探讨了墩身曲率的分布规律，提出了塑性铰长度模型，即假定构件屈服后，塑性铰区的截面可发生塑性转动，且塑性曲率为一定值，其他部分则处于弹性。Paulay 和 Priestley 结合前人的研究成果，在试验论证的基础上，提出了弯曲效应和钢筋-混凝土联结滑移影响的塑性铰长度计算模型（记为"Paulay-Priestley 模型"），并被多国规范采用。

基于上述分析，设计了 7 个不同纵筋率、配箍率、剪跨比的矩形空心墩，进行拟静力试验研究。

2 试验概况

2.1 试件设计

共设计7个不同剪跨比、纵筋率和体积配箍率的矩形空心墩试件,墩身截面外轮廓尺寸均为800mm×500mm,壁厚均为120mm,桥墩试件设计参数如表1所示。混凝土材料为C40,轴心抗压强度28.5MPa,钢筋材料力学性能见表2,配筋方式如图1所示。依据《建筑抗震试验规程》(JGJ/T 101—2015)可得到各试件的等效塑性铰长度 L_p,除G-1为292mm外,其余试件均为333mm,在计算所得的塑性铰区内重点布设传感器。

桥墩试件设计参数　　表1

试件编号	高度(mm)	剪跨比	混凝土抗压强度(MPa)	纵向钢筋 纵筋配筋情况	纵向钢筋 配筋(%)	横向钢筋 直径(mm)	横向钢筋 间距(mm)	横向钢筋 体积配箍率(%)
G-1	1950	3.9	42.5	20φ12+16φ16	2.15	10	110	2.125
G-2	2950	5.9	42.5	20φ12+16φ16	2.15	10	100	2.125
G-3	3950	7.9	42.5	20φ12+16φ16	2.15	10	100	2.125
H-1	2950	5.9	42.5	20φ12+16φ16	2.15	10	70	3.036
H-2	2950	5.9	42.5	20φ12+16φ16	2.15	10	150	1.417
I-1	2950	5.9	42.5	26φ12+6φ16	1.63	10	100	2.125
I-2	2950	5.9	42.5	32φ12+16φ16	2.69	10	100	2.125

钢筋材料力学性能　　表2

类别	直径(mm)	强度等级	屈服强度(MPa)	极限强度(MPa)	弹性模量(MPa)
纵筋	12/16	HRB400	445	635	210000
箍筋	10	HRB335	400	540	210000

2.2 试验装置及加载制度

静力试验加载装置如图2所示,其中侧向力由MTS伺服液压作动器来施加,最大推拉力为1000kN,行程±300mm,能够满足各桥墩的试验需求。

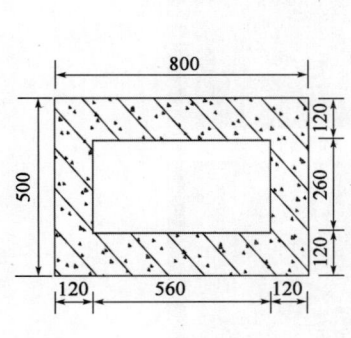

图1 桥墩构造和钢筋布置(尺寸单位:mm)

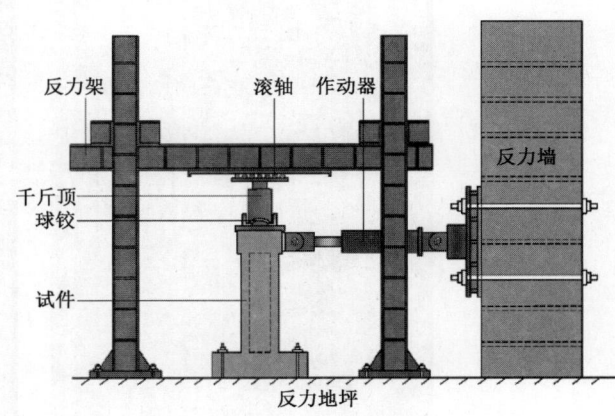

图2 试验加载装置

竖向荷载以轴压比 0.05 进行恒定加载，侧向荷载加载制度如图 3 所示，开裂前力控制，开裂后位移控制，每级荷载重复 3 次。在实际加载过程中，根据应变数据合理调整加载制度，以便获取试件的主要损伤状态。当承载力下降到最大抗力的 85% 时视为极限状态，结束试验。

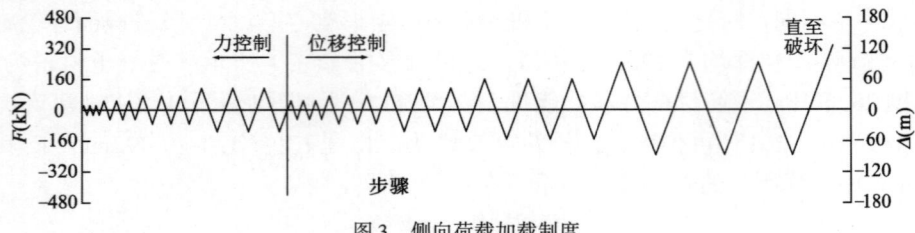

图 3　侧向荷载加载制度

3　试验结果

3.1　损伤状态描述

7 个试件均为弯曲破坏，破坏过程大体相同。在低荷载水平作用下，构件处于较为理想的弹性状态，截面应力较小，构件的内力和变形几乎呈线性变化；随着荷载增大，构件逐步进入弹塑性阶段，墩身的上、下游面均在根部出现首条裂缝，发生塑性变形，桥墩刚度开始退化，承载力与变形成曲线关系；继续增大荷载，纵筋出现首次屈服，上、下游面裂缝增加较多、较快、较深。随后，混凝土保护层逐渐出现初始剥落，角隅处纵筋裸露明显，进而混凝土压溃，构件达到极限承载能力。

以试件 G-1 为例，当侧向力达到 55.3kN 时，上游面根部显现首条微小可见裂缝。此后，荷载转为位移控制，当施加 5mm 位移荷载时，距墩底一定高度范围内，上、下游面的弯曲裂缝几乎呈等间距（约 200mm）分布；当施加到 +10mm 位移荷载时，裂缝数量大幅增加，墩身根部裂缝几乎贯通，墩身高约 200mm、300mm 和 500mm 处的裂缝宽度分别为 0.22mm、0.13mm、0.07mm。当施加到 +20mm 位移荷载时，新裂缝几乎没有，但侧面既有斜裂缝扩展较快。当位移达到 74.5mm 时，构件达到最大承载力 469.2kN。当施加到 +105mm 位移荷载时，角点处混凝土剥落严重，箍筋、纵筋外露，且纵筋屈曲现象显著，继续增加至 +120mm 时，承载力下降至 279.1kN，试验加载完成（图 4），裂缝如图 5 所示。

G-1 的受力状态

倒塌前

倒塌后

图 4　G-1 试件倒塌前后的破坏情况

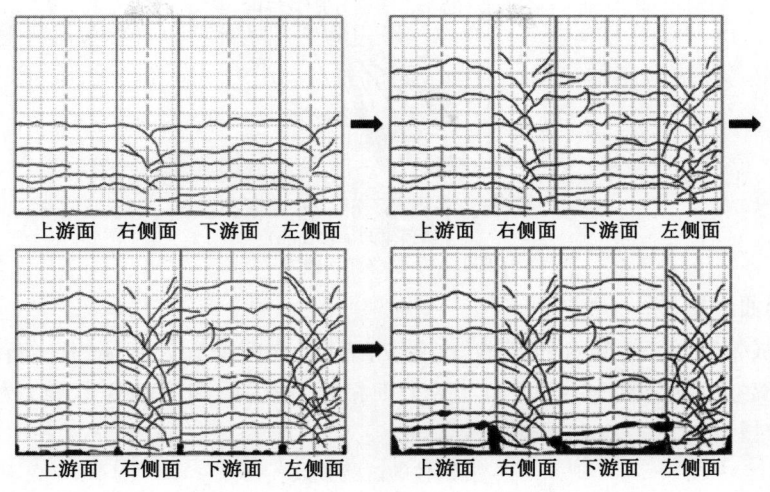

图5 G-1 混凝土裂缝扩展图

3.2 力-位移滞回曲线

力-位移滞回曲线是强度、刚度及延性的重要体现。从图 6 上看,在弹性阶段,试件加卸载曲线几乎重叠,线形变化较为明显;混凝土开裂后,加载与卸载曲线非线性变化程度明显,滞回环面积逐渐增大,进而形成"梭形",耗能现象趋于显著;纵筋应变达到屈服应变后,构件变形加快,滞回环包络面积加速增大,耗能能力逐渐变强;继续加大荷载,塑性铰区裂缝宽度增大较快,钢筋-混凝土出现黏结滑移,由此导致滞回曲线出现略微的"捏缩"现象。随着加载等级的提高,滞回环越来越饱满,加卸载刚度退化加速,结构承载力大幅度减小。

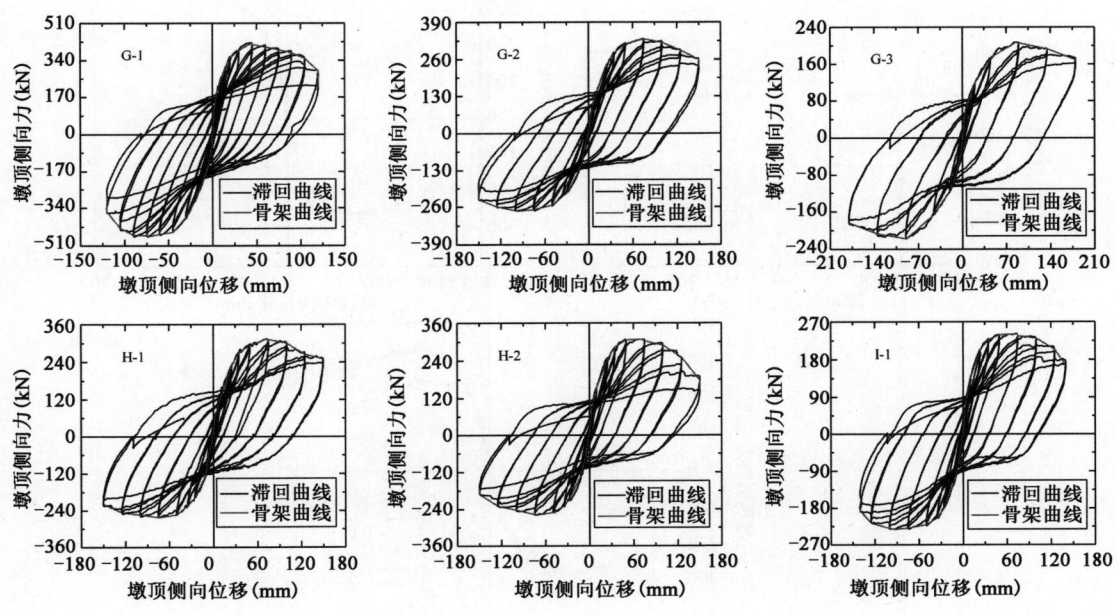

图 6

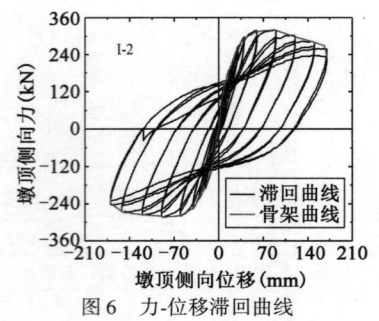

图 6 力-位移滞回曲线

3.3 骨架曲线比较

各试件的试验参数(表3)和骨架曲线(图7)表明,在剪跨比为变量的一组试件(G-1、G-2、G-3)中,剪跨比越大,极限位移越大,而承载力则相反,这说明高墩的变形能力相对较高,而其承载能力则相对较低。

各试件的试验参数 表3

试件编号	最大承载力(kN)		极限承载力(kN)		极限位移(mm)	
	正向	反向	正向	反向	正向	反向
G-1	420.8	-469.2	357.7	-398.8	112.8	-121.5
G-2	332.2	-273.7	282.4	-232.6	132.3	-151.2
G-3	207.2	-217.5	176.1	-184.8	166.9	-177.5
H-1	313.2	-262.7	266.2	-223.3	124.1	-145.7
H-2	308.2	-259.2	262.0	-220.3	117.9	-130.5
I-1	241.1	-232.2	205.0	-197.4	124.3	-134.4
I-2	320.4	-283.6	272.4	-241.1	161.1	-168.1

注:正向为推力,反向为拉力。

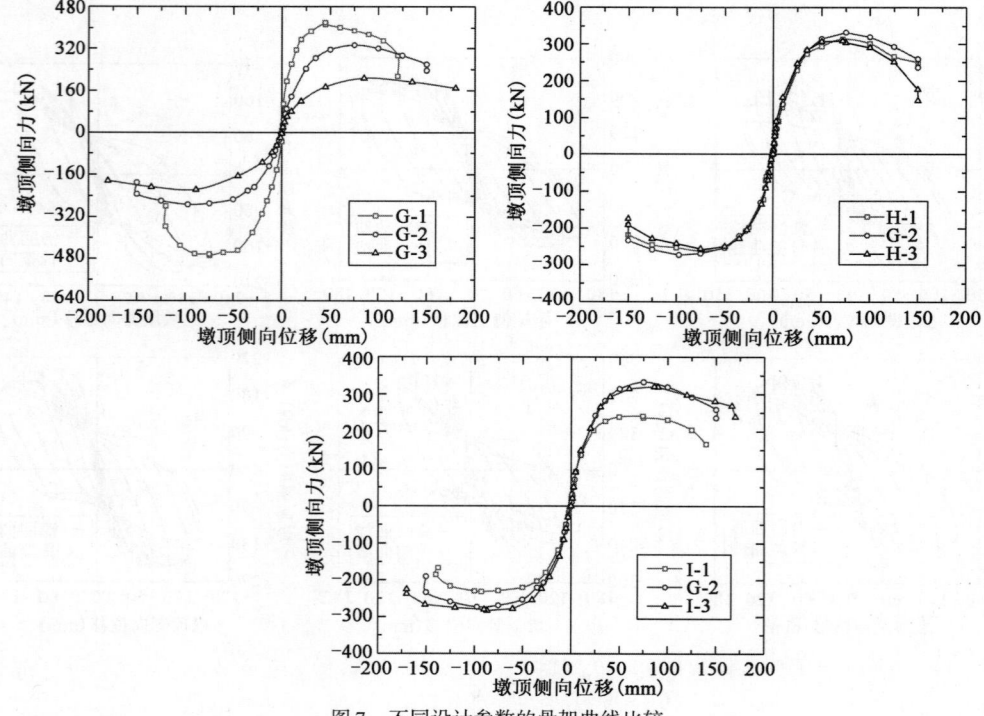

图 7 不同设计参数的骨架曲线比较

在体积配箍率为变量的一组试件(H-1、G-2、H-2)中,体积配箍率对构件最大承载力和极限位移的影响并不明显,H-1、G-2 和 H-2 的最大承载力分别为 -313.2kN、-332.2kN 和 -308.2kN(表3),极限位移分别为 -145.7mm、-151.2mm 和 -130.5mm,可以看出 G-2 承载能力和变形能力略大于 H-1 和 H-2,说明低轴压作用下,体积配箍率对本组试件的影响程度较小,出现这种现象的原因可能是空心墩的约束混凝土效应程度不高;在纵筋率为变量的一组试件(I-1、G-2、I-2)中,纵筋率对试件的承载能力和极限位移有一定影响,这种现象可能是剪跨比较大引起的。

3.4 墩身曲率曲线

从图8可以看出,各墩曲率沿墩身高度的分布具有一定的规律性:在墩底一定高度范围内,荷载越大,曲率越大,变化现象十分明显;而墩身上部的曲率变化不大,近似线形,表明构件后期的变形主要依赖于墩底区域的塑性转动能力。其中,"+45mm、+60mm、+75mm、+90mm、+105mm、+120mm"表示试件正向位移加载等级。

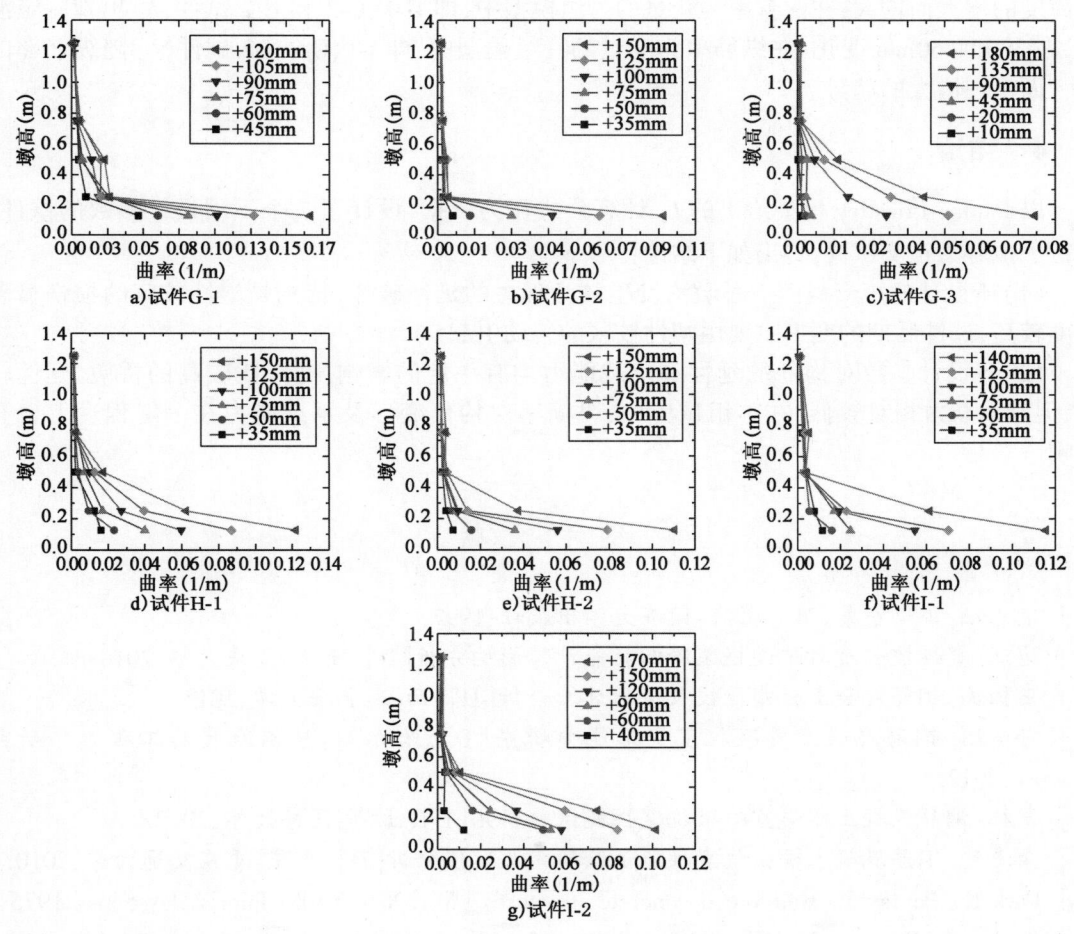

图8　各试件沿墩身高度方向的曲率分布曲线

结合墩身曲率分布曲线,可获取等效屈服位移 Δ_y(按 Park 法取值)和极限位移 Δ_u 对应的曲率 ϕ_y 和 ϕ_u,进而反算出试验值 L_p,并将 Paulay-Priestley 模型的计算值(记为 P-P 值)一并列于表4中。

等效塑性铰长度 L_p 与 P-P 值　　　　表4

试件编号	Δ_y (mm)	Δ_u (mm)	ϕ_y (1/mm)	ϕ_u (1/mm)	L_p (mm)	P-P (mm)
G-1	27	119	8.7×10^{-6}	9.6×10^{-5}	354	292
G-2	36	141	8.3×10^{-6}	9.3×10^{-5}	459	372
G-3	51	176	9.6×10^{-6}	7.3×10^{-5}	541	452
H-1	33	138	8.2×10^{-6}	9.8×10^{-5}	406	372
H-2	28	126	8.2×10^{-6}	9.8×10^{-5}	371	372
I-1	28	131	7.6×10^{-6}	1.1×10^{-4}	350	362
I-2	35	163	8.2×10^{-6}	9.2×10^{-5}	536	368

注：屈服位移、极限位移取为正向和反向位移的均值。

从表4中可以看出，在剪跨比为变量的一组模型中，即 G-1、G-2 和 G-3 试件，L_p 随墩身悬臂高度的增大而增大；在配箍率为变量的一组模型中，即 H-1、G-2 和 H-2 试件，L_p 出现一定波动，在 370~460mm 变化；在纵筋率为变量的一组模型中，即 I-1、G-2、I-2 试件，L_p 随纵筋率的增大而呈现增大的趋势。

4　结语

以 Paulay-Priestley 模型给出的 L_p 计算公式作为依据，设计了 7 个不同设计参数的试件，进行了拟静力正交试验，得出如下结论：

（1）所设计的矩形截面空心墩均发生较为理想的延性破坏，特别是塑性铰区的损伤显著程度较高，试件后期的变形主要由塑性铰区的转动引起。

（2）各设计参数对构件的延性和承载能力均有一定的影响，剪跨比较高的桥墩，延性较好，但其承载力相对较低；在本组试验中，纵筋率对构件变形及承载能力在一定程度上也有影响。

参 考 文 献

[1] 范立础.桥梁抗震[M].上海:同济大学出版社,1997.
[2] 边江.塑性铰长度对平面框架滞回耗能计算影响分析[D].重庆:重庆大学,2010.
[3] 王振民.钢筋混凝土柱塑性铰长度的计算分析[D].西安:长安大学,2013.
[4] 孙治国.钢筋混凝土桥墩抗震变形能力研究[D].哈尔滨:中国地震局工程力学研究所,2012.
[5] 罗征.钢筋混凝土矩形空心墩抗震性能试验研究[D].上海:同济大学,2012.
[6] 李贵乾.钢筋混凝土桥墩抗震性能试验研究及数值分析[D].重庆:重庆交通大学,2010.
[7] Park R, Paulay T. Reinforced concrete structures [M]. New York: John Wiley-Sons, 1975.
[8] Paulay T, Priestley M J N, Seismic design of reinforced concrete and masonry buildings[M]. New York: John Wiley-Sons, 1992.
[9] 中华人民共和国交通运输部.公路桥梁抗震设计规范:JTG/T 2231-01—2020[S].北京:人民交通出版社股份有限公司,2020.
[10] 中华人民共和国住房和城乡建设部.建筑抗震试验规程:JGJ/T 101—2015[S].北京:中

国建筑工业出版社,2015.
[11] 范立础,卓卫东.桥梁延性抗震设计[M].北京:人民交通出版社,2001.
[12] 熊仲明,史庆轩,王社良,等.钢筋混凝土框架-剪力墙模型结构试验的滞回反应和耗能分析[J].建筑结构学报,2006,27(4):89-95.
[13] 孙治国,郭迅,王东升,等.钢筋混凝土空心墩延性变形能力分析[J].铁道学报,2012,34(1):91-96.
[14] Park R. Evaluation of ductility of structures and structural assemblages from laboratory testing[J]. Bulletin of the New Zealand National Society for Earthquake Engineering,1989,22(3):155-166.

149. 钢结构桥梁平板疲劳裂纹高强螺栓止裂方法研究

范 杰[1]　张焕楠[2]　刘 朵[1]　王贤强[1]　张建东[1]

(1. 苏交科集团股份有限公司在役长大桥梁安全与健康国家重点实验室；
2. 河海大学土木工程学院)

摘 要：为研究高强螺栓平板裂纹加固效果，利用ABAQUS有限元软件建立高强螺栓加固平板裂纹模型，根据孔周、扩展路径以及垫片与钢板接触区域最大主应力及应力集中情况，分析了不同加固方式下的高强螺栓加固效果，研究结果表明：螺栓加固能够降低止裂孔周、扩展路径上应力，有效降低止裂孔周应力集中；双螺栓加固效果优于单螺栓加固，单螺栓裂纹尖端加固效果优于裂纹中部加固；螺栓加固会在垫片与钢板接触区域外边缘产生应力集中，具有一定开裂风险。

关键词：高强螺栓　加固效果　孔周应力　应力集中

1　概述

横隔板弧形缺口部位是正交异性钢桥面板典型疲劳细节之一，受制造工艺与加工精度影响，加上单次车辆通过时会产生多个应力循环的特点，致使该部位容易萌生疲劳裂纹[1]。该部位疲劳裂纹通常采用钻孔止裂技术进行修复。钻孔止裂，是指裂纹尖端钻孔消除应力集中，达到阻止或延缓裂纹进一步扩展的目的。钻孔止裂孔技术原理简单、操作便捷，在钢桥疲劳裂纹修复中被广泛采用[2]。止裂孔短时间内能够阻止疲劳扩展，但随着疲劳荷载的持续作用，止裂孔壁将会出现新的应力集中点，裂纹穿过止裂孔在应力集中区域发生二次扩展[3]。因此提升止裂孔的加固效果，必须着重关注孔壁应力集中区域，探究如何进一步降低孔壁处应力集中。根据这一特性，国内外学者开始关注一种新的疲劳裂纹维修加固方式，即高强螺栓止裂法。

日本学者 Chitoshi MIKI 等[4]提出螺栓加固止裂孔法，并与钻孔法和补强法进行比较，试验证明螺栓加固效果优于钻孔法而劣于补强法。Chakherlou 等[5]采用高强螺栓加固了含中心裂纹试板，有效降低了裂纹尖端应力强度因子。松佐利治[6]等通过试验得出结论，循环轴拉荷载加载作用下，当裂纹长度为板宽度的33% ~ 50%，钻孔法加固无效，而使用螺栓加固止裂孔法能延长疲劳寿命8倍以上；姜旭[7]等通过试验对比了止裂孔与高强螺栓加固钢板的疲劳寿命，试验结果显示，高强螺栓修复后的钢板寿命是止裂孔修复的9倍以上，并对高强螺栓止裂参数进行了优化。Toshiyuki Ishikawa 等[8]结合有限元分析与试验结果,证明螺栓加固能够限制裂纹张开位移,同时有效降低止裂孔壁应力集中。王贤强等[9]对横隔板-U 肋足尺试件采用高强螺栓加固后进行疲劳试验,试验结果表明,螺栓加固后的疲劳寿命是传统止裂孔加固的近 5 倍以上,螺栓直径和强度等级对加固效果影响显著。

本文拟通过建立高强螺栓加固平板裂纹模型并施加拉伸荷载,对比不同加固方式下的止裂孔周、裂纹扩展路径、最大主应力和应力集中情况,综合评价高强螺栓加固效果。

2 有限元建模

根据《金属材料 疲劳试验 疲劳裂纹扩展方法》(GB/T 6398—2017)[10]中第五章关于标准单边缺口拉伸试样的规定,设计钢板轴拉模型,如图 1 所示,模型尺寸为 1 020mm×320mm×10mm,缺口宽度 20mm,缺口总长度 40mm,缺口前部设 10mm 导角,角度 45°,预制裂纹 60mm,左侧固定端完全约束,右侧加载端施加 20MPa 轴拉应力,设计尺寸均满足规范要求。网格划分如图 2 所示,网格属性采用 C3D8R,网格单元尺寸为 2mm×2mm,局部尺寸加密到 0.5mm。预制疲劳裂纹通过"seam"命令设置。螺栓和垫片尺寸参照《钢结构用高强度大六角头螺栓》(GB/T 1228—2006)[11]的相关规定,螺栓选择 10.9 级 M14 高强螺栓,标定预紧力单元设置为 77.5kN,模型内接触面均采用硬接触,库仑摩擦系数取 0.35。钢板和螺栓材料设置属性如表 1 所示。

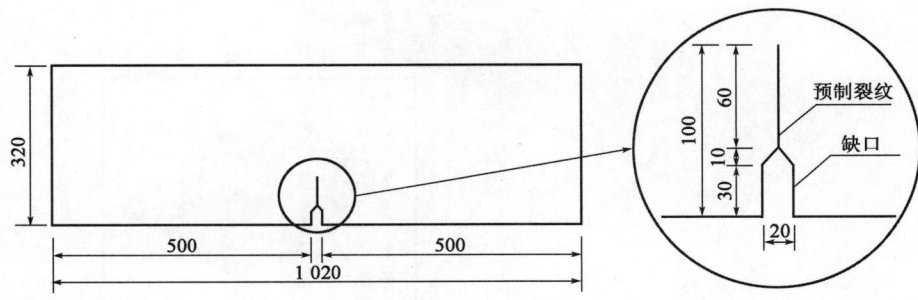

图 1 模型尺寸示意图(尺寸单位:mm)

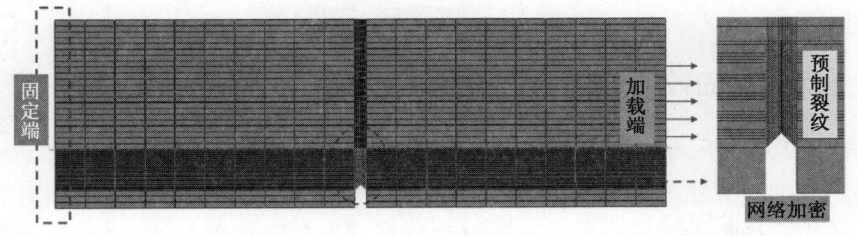

图 2 网格划分示意图

材料设置属性 表1

材料	弹性模量(MPa)	屈服强度(MPa)	抗拉强度极限(MPa)	泊松比
钢板	2.1×10^5	345	490	0.3
螺栓及垫片	2.1×10^5	640	800	0.3

针对预制缺陷钢板,采用四种不同的加固方式对开裂部位进行修复,如图 3 所示。图 3a):裂纹尖端正前方设置直径 15mm 止裂孔,孔中心与裂纹尖端重合。图 3b):图 3a)基础上,将螺

栓置于止裂孔中,通过引入预紧力将螺栓与钢板连接。图3c):图3a)基础上,预制裂纹中部设置直径15mm止裂孔,置入螺栓并连接。图3d):图3c)基础上,裂纹尖端止裂孔置入螺栓并连接。基于上述四类加固工况对有限元模型进行计算,根据孔周局部区域的最大主应力分布和主应力方向等信息,对比分析相应工况下加固效果。

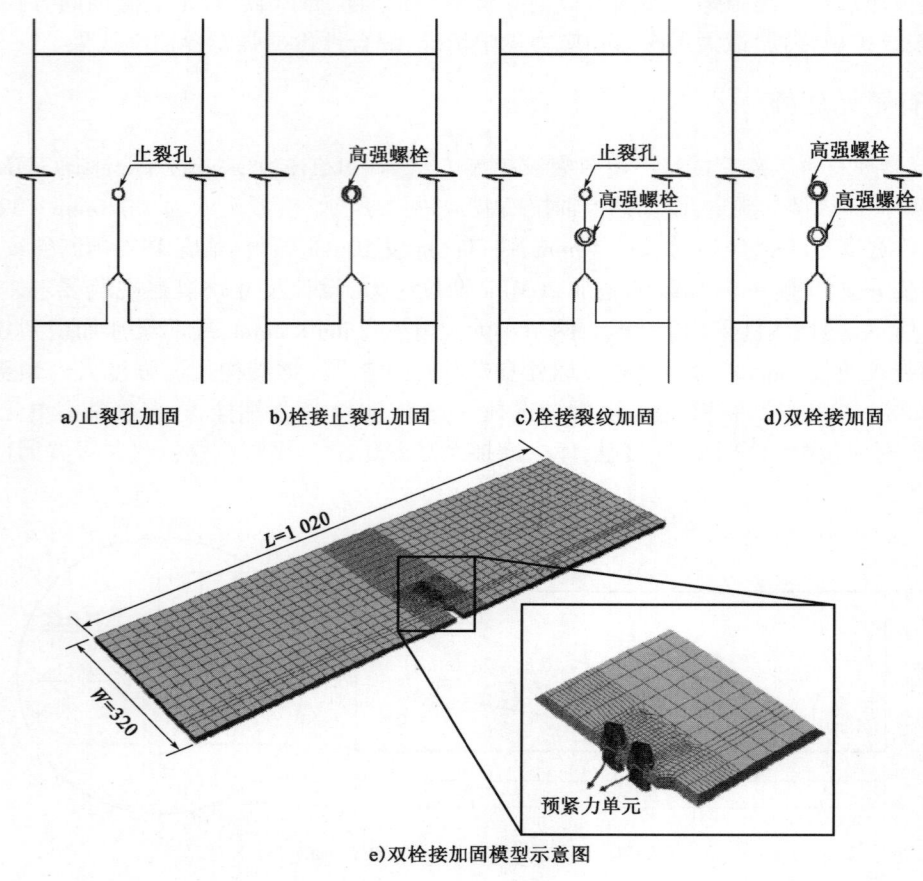

图3 不同加固方式示意图

3 高强螺栓加固效果分析

3.1 孔周应力分析

图4为不同加固方式下止裂孔周最大主应力图。由图4可知,在轴拉荷载作用下,不同加固方式下的止裂孔周最大主应力均沿孔周对称分布。当采用止裂孔加固时,孔周应力随角度变化先增大后减小,180°方向达到应力峰值265.69MPa,有显著的应力集中现象;当采用栓接裂纹加固时,孔周应力曲线变化趋势与止裂孔加固曲线基本保持一致,应力峰值163.29MPa,降低38.5%。由此可见,裂纹中部进行螺栓加固,能降低裂纹尖端止裂孔周应力峰值。栓接止裂孔加固和双栓接加固的曲线变化趋势一致,孔周整体应力水平较低且无明显应力集中现象。0°~15°角度区间内应力短暂提升,20°~180°角度区间呈现典型"峰谷"型曲线,90°方向为曲线峰谷,分别为-7.55MPa和-14.04MPa,此处孔边应力已经降低至负值,180°方向为曲线峰顶,分别是71.74MPa和25.46MPa(图5)。

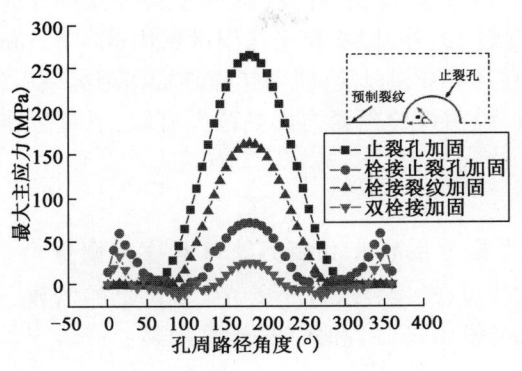
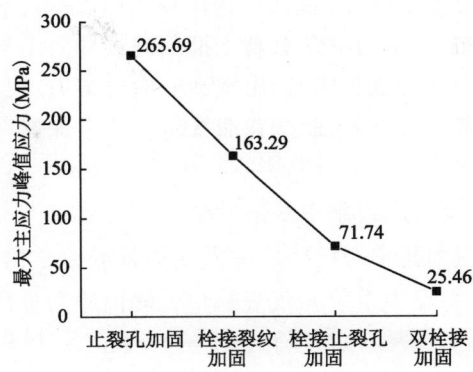

图4 不同加固方式下止裂孔周最大主应力　　　　图5 裂纹尖端止裂孔边峰值应力变化

本计算工况下,相较于止裂孔加固时的孔周应力峰值,栓接裂纹加固应力下降38.5%,栓接止裂孔加固下降73.0%,双栓接止裂孔下降90.4%。由此可见,双栓接加固效果好于单栓接加固,裂纹尖端栓接加固效果好于裂纹中部栓接加固效果,双栓接加固可以理解为裂纹尖端加固与裂纹中部加固的复合加固形式。

3.2 孔外应力分析

疲劳裂纹通常沿着主应力垂直方向扩展,轴拉荷载作用下,最大主应力方向垂直于板宽方向,板宽方向即为裂纹拟扩展路径方向。图6为螺栓加固示意图,图7为不同加固方式下孔外扩展路径最大主应力。如图7所示,四种加固曲线按应力变化趋势进行分类,止裂孔加固与栓接裂纹加固为第一类,栓接裂纹加固和双栓接加固为第二类。

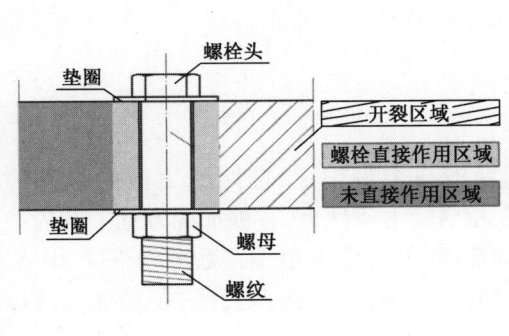
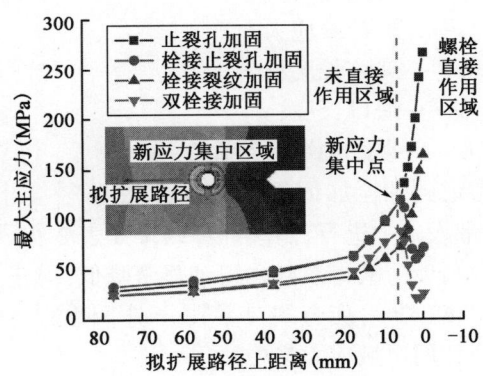

图6 螺栓加固示意图　　　　图7 止裂孔外侧路径上最大主应力

当采用止裂孔加固时,起点(对应孔周180°方向)应力为整条曲线的应力峰值,0~18mm范围内,应力下降202.07MPa,下降76.05%,应力梯度大,应力集中现象明显,实际工程中极易发生孔壁开裂;当采用栓接裂纹加固时,整体应力水平降低,起点应力有效下降,说明裂纹中部采用螺栓加固能部分降低路径上应力水平,不能完全消除裂纹尖端塑性区域的影响,应力集中现象仍然存在。栓接止裂孔加固与双栓接加固曲线起点应力不再是最大值应力,以栓接止裂孔加固的应力曲线为例,应力随距离变化关系为,应力经过短暂下降之后迅速提升,5.75mm时达到应力峰值118.28MPa,此处已临近垫片与钢板接触区域外边缘线(6.5mm),随后应力下降,后期曲线与止裂孔加固曲线近似重合。

两类曲线变化趋势不同的原因在于,栓接止裂孔加固与双栓接加固方式下的路径起点区域直接承受螺栓预紧力产生的压应力作用,消除了止裂孔周塑性区域的影响,导致接触面应力重分布,且应力分布有利于抑制裂纹的萌生与扩展。此外,螺栓直接作用区域内(0~6.5mm)路径上应力显著提升,出现新的应力集中点,具有一定开裂风险;脱离螺栓直接作用区域后,应力梯度放缓,四条曲线在曲线末端基本保持一致,说明螺栓预紧力影响范围有限,对直接作用区域之外的应力分布影响较小。

3.3 应力集中系数分析

应力集中对结构疲劳强度的影响通常由应力集中系数 K_t 和疲劳缺口系数 K_f 衡量[12],其中,应力集中系数 K_t 代表缺口处峰值应力提高的程度,K_f 代表缺口处疲劳强度降低的倍数。点位对应为裂纹拟扩展路径上应力峰值点,K_t 和 K_f 分别由式(1)和式(2)计算得到:

$$K_t = \frac{\sigma_{max}}{\sigma_{nom}} \tag{1}$$

式中:σ_{max}——实际最大应力,取扩展路径上应力峰值;
σ_{nom}——名义应力,由公式得到。

$$K_f = \frac{1 + (K_t - 1)}{1 + \frac{c}{\rho}} \tag{2}$$

式中:c——与材料有关的常数,对于 Q345qD 钢,c 可近似取 0.45;
ρ——缺口曲率半径,这里指止裂孔半径。

$$\sigma_{nom} = \frac{SW(2a + 2b + D + W)}{(W - a - b - D/2)^2} \tag{3}$$

式中:W——模型宽度;
S——外荷载应力;
a——裂纹长度;
b——缺口长度;
D——裂纹尖端止裂孔直径。

考虑到螺栓加固下裂纹拟扩展路径会出现新的应力集中点,取路径上应力最大值为 σ_{max},带入式中进行计算,计算结果如表2所示,在相同受力条件下,各种加固方式下的应力集中系数与疲劳缺口系数均得到显著降低,与止裂孔加固相比,应力集中系数分别下降38.5%、55.5%、67.0%,疲劳缺口系数分别下降37.8%、54.5%、65.9%,由此说明,螺栓加固可以缓解止裂孔周区域应力集中。

应力集中系数、疲劳缺口系数计算表　　表2

参数名称	止裂孔加固	栓接裂纹加固	栓接止裂孔加固	双栓接加固
σ_{max}(MPa)	265.69	163.29	118.28	87.62
σ_{nom}(MPa)	75.83	75.83	75.83	75.83
K_t	3.50	2.15	1.56	1.16
K_f	3.36	2.09	1.53	1.15

4 结语

本文通过有限元模拟开展高强螺栓加固平板疲劳裂纹效果研究,结果表明:
(1)轴拉荷载作用下,高强螺栓加固能显著降低止裂孔周、扩展路径上应力,有效缓解应力集中现象。螺栓直接作用区域内应力重新分布,直接作用区域边缘会出现新的应力集中现象,具有一定的开裂风险,实桥采用高强螺栓维修裂纹时需特别关注。

(2)加固效果方面,通过综合对比止裂孔周、扩展路径上应力以及应力集中系数等数据可知,双栓接加固效果好于单栓接加固,裂纹尖端栓接加固效果好于裂纹中部栓接加固,双栓接加固可以理解为裂纹尖端加固与裂纹中部加固的复合加固形式。

参 考 文 献

[1] 何志刚,蔺鹏臻,刘应龙.横隔板弧形缺口疲劳性能试验研究[J].兰州交通大学学报,2021,40(2):23-28,37.

[2] 傅中秋,吉伯海,谢曙辉,等.Crack stop holes in steel bridge decks:Drilling method and effects[J].Journal of Central South University,2017,24(10):2372-2381.

[3] 姚悦,傅中秋,王益逊,等.弯曲荷载作用下平板贯穿裂纹钻孔止裂试验研究[J].建筑钢结构进展,2019,21(4):54-60.

[4] Chitoshi MIKI,Yukihiro TOYODA,Takeshi MORI,et al. Fatigue of large-scale welded girders under simulated highway loadings[J]. Japan Society of Civil Engineers,422:1-14.

[5] Chakherlou T N, Abazadeh B, Vogwell J. The effect of bolt clamping force on the fracture strength and the stress intensity factor of a plate containing a fastener hole with edge cracks [J]. Engineering Failure Analysis, 2009, 16(1):242-253.

[6] 松佐利治,岩田正純,野口新二.ストップホールとボルト締め併用による疲労き裂抑制効果の評価[J].四国電力,四国総合研究所,研究期報,2018,06.

[7] 姜旭,吕志林,强旭红,等.高强螺栓止裂法修复含裂纹钢板疲劳受力性能[J].同济大学学报(自然科学版),2021,49(4):476-486.

[8] Ishikawa T,Kiyokawa S,Nakatsuji W. Reduction of stress concentration at stop-hole by bolting a crack[J]. International Journal of Steel Structures,2020,20(6):2076-2085.

[9] 王贤强,杨羿,刘朵,等.平板贯穿裂纹高强螺栓止裂加固试验研究[J].建筑结构,2022,52(3):104-109.

[10] 全国钢标准化技术委员会(SAC/TC 183).金属材料 疲劳试验 疲劳裂纹扩展方法:GB/T 6398—2017[S].北京.中国标准出版社,2017.

[11] 全国紧固件标准化技术委员会.钢结构用高强度大六角头螺栓:GB/T 1228—2006.[S].北京.中国标准出版社,2006.

[12] 吉伯海,傅中秋.钢桥疲劳与维护[M].北京.人民交通出版社股份有限公司,2016.

150. 基于模型-数据同化的钢桥面焊缝疲劳可靠度综合评估方法

衡俊霖[1]　周志祥[1]　楚玺[1]　董优[2]

（1.深圳大学；2.香港理工大学）

摘　要：正交异性钢桥面的焊缝疲劳开裂频发，是影响其使用性能的主要劣化问题。本文基于模型-数据同化方法，提出一种融合预测模型与监测、检测数据的钢桥面焊缝系统级疲劳可靠度综合评估方法。首先，结合焊缝分布与劣化行为特征，面向使用性能建立系统级疲劳可靠度的评估框架；其次，提出适用于钢桥面疲劳可靠度分析的动态贝叶斯网络，针对性地改进网络结构与算法；而后，采用动态贝叶斯网络同化监测荷载与预测模型，考虑不同失效准则预测钢桥面系统级疲劳可靠度；同时，考虑未见裂纹和部分焊缝开裂等两种情况，依据动态贝叶斯网络同化检测数据与预测模型，实现对钢桥面焊缝的系统级疲劳可靠度诊断。本方法为预测模型与监测、检测数据的融合提供框架支持，以综合评估钢桥面焊缝系统级疲劳可靠度，有效把控疲劳劣化状态，支撑钢桥面焊缝的智能运维与管养。

关键词：正交异性钢桥面　焊缝　疲劳　可靠度　模型-数据同化

1 引言

正交异性钢桥面（简称"钢桥面"）具有轻质高性能、整体性好、建造便捷和易循环利用等优点，但在车辆交变荷载的持续作用下，其焊缝存在突出的疲劳开裂问题[1]。钢桥面各类构造细节中，顶板-纵肋连接焊缝总量大，极易疲劳，且开裂后严重影响行车安全且难以修复，已成为影响钢桥面使用性能的主要劣化问题。各类新型监测、检测手段的涌现，无疑为钢桥面疲劳评估提供更有利的数据支撑，而如何融合理论预测模型与实测数据，已成为当前研究重难点。Kwon 与 Frangopol 等[2]在钢桥焊缝实测应力幅谱的基础上，结合其疲劳强度分布进行可靠度评估。郭彤等[3]依据实测车辆数据建立随机车流模型，通过有限元概率模拟推导各类构造的应力幅谱，联合其疲劳强度分布评估可靠度。类似地，鲁乃唯等[4]采用支持向量机推导焊缝的疲劳应力幅谱，结合疲劳强度分布进行可靠度评估。上述方法可有效同化荷载监测数据与预测模型，但如何进一步融合检测数据，依旧是当前行业痛点[5]。模型-数据同化方法[6]

深圳市科技创新委，深圳市海上基础设施安全与监测重点实验室（筹建启动），编号：ZDSYS20201020162400001。

的提出,无疑为该问题解决提供有效的理论和方法支撑,即在理论模型的动态预测过程中实时同化实测数据,以提升模型预测效能、降低结果不确定性。随着该方法的日益成熟,其应用逐步由前沿领域拓展至传统工程结构。Straub[7]提出模型-数据同化的动态贝叶斯网络方法(简称"动态贝网"),以在结构劣化分析中融合预测模型与检测数据。朱金等[8]针对钢桥面焊缝的疲劳问题,建立单构造细节的动态贝网,有效同化疲劳裂纹检测数据与预测模型。但是,现有研究多针对单构造细节疲劳可靠度,未考虑同类构造细节数目对钢桥面系统级可靠度的影响。Maljaars 和 Vrouwenvelder 等[9]基于预设应力幅谱,建立钢桥面关键构造细节的概率疲劳损伤模型,通过串联法则简化计入多个细节对系统可靠度的影响。结果表明,钢桥面系统级疲劳可靠度随细节增加而显著降低。

综上所述,针对钢桥面焊缝的疲劳可靠度评估,现有研究主要存在两方面不足:

(1)既有评估方法难以在融合监测数据的基础上进一步融合检测数据,以动态贝网为代表的模型-数据同化方法可望解决该问题,相关研究尚待开展。

(2)既有方法多针对单一构造细节,未从结构系统层面考虑易疲劳细节数量的影响。

因此,本文聚焦典型的钢桥面顶板-纵肋焊缝的疲劳问题,基于模型-数据同化方法提出一种钢桥面焊缝系统级疲劳可靠度的综合评估方法,通过融合预测模型与监测、检测数据,以增益预测效能。

2 钢桥面焊缝系统级可靠度评估的动态贝叶斯网络

2.1 钢桥面焊缝的概率疲劳劣化模型

钢桥面各类焊缝中,顶板-纵肋连接焊缝占比较大、开裂风险较高、修复较难且后果严重。基于此,本文聚焦顶板-纵肋焊缝,选取成都凤凰山高架桥(45m + 68m + 45m 连续钢箱梁)为背景工程展开研究,如图 1 所示。横向上,该桥宽 12.5m,包含 3 车道,其范围共 15 道 U 形纵肋,计为 U1 至 U15,下标"L"和"R"分别表示该 U 肋左侧及右侧焊缝。纵向上,其钢桥面由 111 道横隔板、横肋划分为 112 个节段。

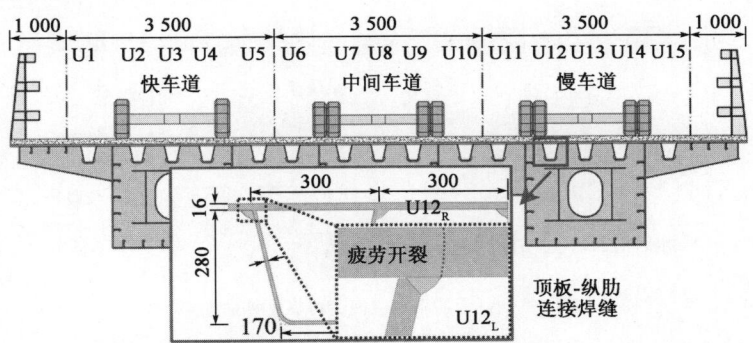

图 1 典型正交异性钢桥面的顶板-纵肋焊缝开裂模式(尺寸单位:mm)

在焊缝疲劳劣化模型方面,选取近年来广泛应用的结构热点应力方法与线性累积损伤准则[10],根据欧洲规范 Eurocode 3[11]的两阶段应力幅-寿命(S-N)曲线,建立如式(1)所示的疲劳劣化模型。

$$D_i(t) = \begin{cases} \left(\dfrac{\Delta S_i}{R_\mathrm{C}}\right)^{m_1} \cdot \dfrac{n_i(t)}{N_\mathrm{C}}, & \Delta S_i > R_\mathrm{D} \\ \left(\dfrac{\Delta S_i}{R_\mathrm{D}}\right)^{m_2} \cdot \dfrac{n_i(t)}{N_\mathrm{D}}, & \Delta S_i \leqslant R_\mathrm{D} \end{cases}, \quad D_\mathrm{sum}(t) = \sum_t \sum_i D_i(t) \tag{1}$$

式中：$D_i(t)$——i型应力幅ΔS_i在t时刻的疲劳致伤度；

$D_{sum}(t)$——t时刻总疲劳损伤度；

$n_i(t)$——ΔS_i在t时刻的作用次数；

R_D、R_C——分别为$N_D=200$万次和$N_C=500$万次下的等效疲劳强度，即疲劳抗力。

依据欧洲规范Eurocode 3[11]，在97.5%的保证率下，顶板-纵肋焊缝的疲劳强度R_C与R_D设计值分别可取为100MPa和74MPa。文献[12]依据大量实验数据统计，提出焊缝疲劳强度服从对数正态分布，其变异系数可取为0.13。此外，根据文献[13]确定其相关系数为0.16。此外，根据国际焊接协会指南建议[14]，劣化模型的两阶段指数常数取作固定值，分别为3.0和5.0。疲劳劣化模型抗力参数分布汇总如表1所示。

疲劳劣化模型抗力参数分布　　　　表1

符号	变量	单位	分布类型	平均值	标准差	相关系数	参考文献
R_C	200万次等效疲劳强度	MPa	对数正态	135.0	19.3	0.16	[11,12,13]
R_D	500万次等效疲劳强度	MPa	对数正态	99.5	14.2	0.16	[11,12,13]
m_1	疲劳劣化模型1阶段指数	—	固定值	3.0	—	—	[14]
m_2	疲劳劣化模型2阶段指数	—	固定值	5.0	—	—	[14]

结合上述劣化模型，即可确定单个焊缝的极限状态方程，如式(2)所示。

$$g(D,t) = \Delta - D_{sum}(t) \tag{2}$$

式中：Δ——累积疲劳损伤系数，本文取1.0。

2.2 面向使用性能的系统级疲劳可靠度评估框架

钢桥面系统为多道焊缝组成的冗余传力结构，单一焊缝的疲劳开裂不危及结构整体安全，但影响其使用性能问题。基于该认识，采用Daniel系统的概念[15]，从焊缝-车道-节段-系统等四个层次出发，将钢桥面理想化等效为图2所示的串并联系统。

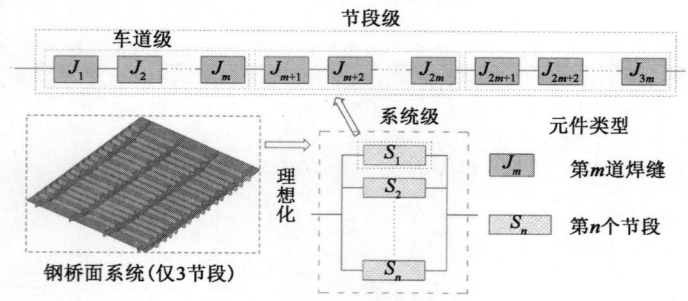

图2　钢桥面的系统级疲劳可靠度评估框架

结合式(2)所示的极限状态方程，可得单道焊缝J_m的疲劳失效概率，如式(3)所示。

$$P_f[J_m(t)] = P[g_{J_m}(D,t) \leq 0] \tag{3}$$

由于任意焊缝失效均影响节段正常使用，故将节段等效为多道焊缝构成的串联系统，如式(4)所示。

$$P_f[S_n(t)] = 1 - \prod_m \{1 - P_f[J_m(t)]\} \tag{4}$$

此外钢桥面结构冗余度虽较高，但当t时刻失效节段数目$N_f(t)$高于预定目标k时，须及时维修而导致使用性能暂时丧失。相应地，钢桥面可等效为多个节段的并联系统，其疲劳失效概率如式(5)所示。

$$P_f[\text{OSD}(t,k)] = P[N_f(t) \geq k] \tag{5}$$

2.3 动态贝叶斯网络模型的建立与改进

基于上述概率疲劳劣化模型,可构建涵盖多道焊缝疲劳劣化状态的动态贝网,如图3所示。特别地,钢桥面各焊缝采用同类材料在相同工艺下制造,且后期承受一致的车辆荷载,其疲劳劣化状态间存在关联。因此,在既有动态贝网的基础上进行结构改进,引入超参数以模拟上述关联性,如式(6)所示。

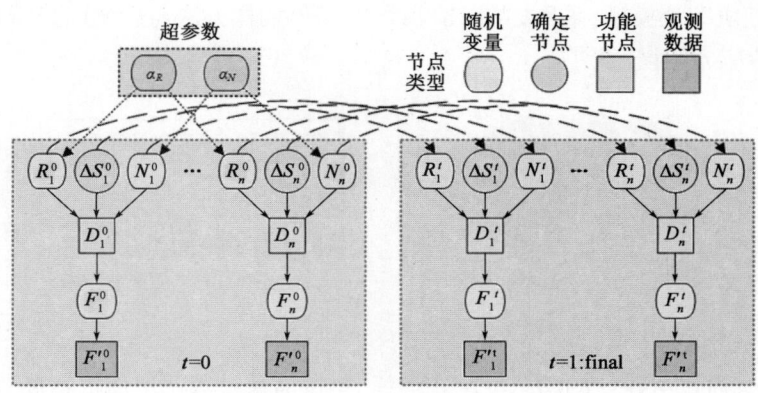

图3 钢桥面焊缝疲劳可靠度的动态贝叶斯网络

R_i-i号焊缝疲劳抗力;ΔS_i-i号焊缝等效应力幅;N_i-i号焊缝经历日交通量;D_i-i号焊缝累积疲劳损伤;F_i-i号焊缝疲劳状态预测值,0/1分别表示未开裂/开裂;F'_i-i号焊缝疲劳状态观测值;a_R-疲劳抗力R的超参数;a_N-日交通量N的超参数

$$F_{X|\alpha}(x) = \Phi\left\{\frac{\Phi^{-1}[F_X(x)] - \sqrt{\rho_U} \cdot \alpha}{\sqrt{1-\rho_U}}\right\} \tag{6}$$

式中:$F_{X|\alpha}$——超参数α控制的条件概率分布;

Φ、Φ^{-1}——分别为标准正态的累积分布函数与逆函数;

F_X——关联变量的边缘分布函数;

ρ_U——标准正态空间的等效相关系数,可由原始相关系数ρ_X依据文献[16]确定。

同时,为提高动态贝网推理效率,应用确切推理算法,对原始概率劣化模型中的连续型随机变量进行离散化等效,如图4所示。采用上述经过结构和算法改进的动态贝网,即可实现:①融合荷载监测数据的正向劣化状态预测;②融合检测数据的反向劣化状态诊断。

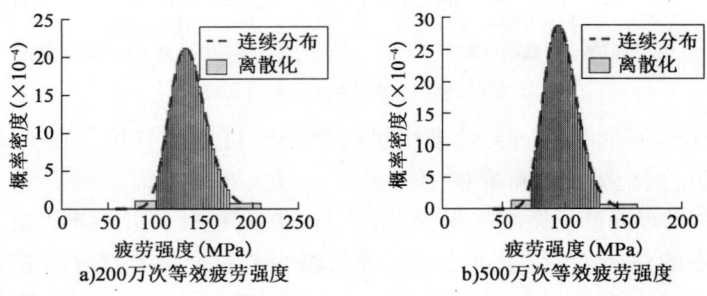

图4 连续随机变量离散化

3 预测模型与监测、检测数据同化的疲劳可靠度综合评估

3.1 融合荷载监测数据的疲劳可靠度预测

采用 ANSYS-APDL 分析软件,针对 2.1 节选取的背景桥梁,建立如图 5a)所示的多尺度有限元模型。其中,全桥模型的主要功能为边界条件传递,故采用相对较大尺度的板壳单元模拟;对于验算焊缝所在的关键节段采用细化网格建模,并通过子模型技术与全桥模型连接;验算焊缝处进行局部网格精细化,其应力提取点附近的最小网格尺寸可达 2mm。进一步,结合文献[17]中的随机车流模型,采用如图 5b)所示的条件抽样方法与影响面分析技术,即可建立验算焊缝的疲劳应力幅谱。

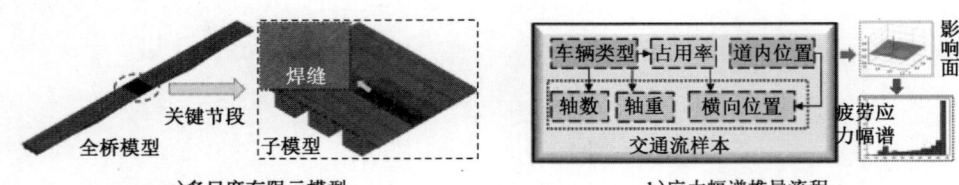

a)多尺度有限元模型　　b)应力幅谱推导流程

图 5　疲劳应力幅谱建立

在此基础上,通过所建立的动态贝网在焊缝、钢桥面系统等两层面进行疲劳可靠度的正向预测,结果如图 6 所示。为便于对比,根据 JCSS 规范[18]建议,图中引入面向使用性能的目标可靠度指标 2.3 和 1.3 作为安全上、下限,分别代表需计划检查和应立即检查等两种情况。为便于展示,图 6a)中仅示出首年可靠度低于 7 的顶板-纵肋焊缝(对应失效概率 $P_f < 1.3 \times 10^{-12}$)。由于各焊缝所处横向位置不同,其疲劳可靠度演化的差异较大。但总体上,各焊缝表现出较好的疲劳可靠性,仅最为不利 $U12_L$ 焊缝经 100 年服役后,可靠度略低于安全下限;除此不利的 $U9_R$ 外,其余焊缝的可靠度均高于安全上限。

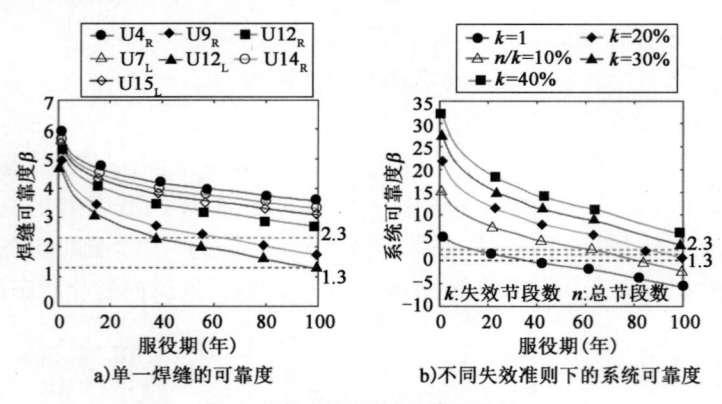

a)单一焊缝的可靠度　　b)不同失效准则下的系统可靠度

图 6　钢桥面焊缝疲劳可靠度预测

同时,选取图 6b)所示的不同失效准则进行系统级可靠度分析。在 $k=1$ 的极端情况下(即单纯串联系统),系统级疲劳可靠度衰退迅速,仅约 20 年后即突破安全下限。可知,对于钢桥面这类包含海量焊缝的复杂结构系统,服役期内的焊缝疲劳开裂难以避免,其运维应侧重于对疲劳劣化状态的整体把控。同时,对比所选取的 5 种失效准则可以看出,当失效比例为 30% 时,钢桥面经 100 年服役后的系统级疲劳可靠度仅略高于安全上限,符合既有工程认识,后续研究均采用该失效比例。

3.2 融合焊缝检测数据的疲劳劣化状态诊断

除上述荷载监测数据融合外,所建立的动态贝网更为重要的功能是融合检测数据。研究假定背景桥梁在服役 30 年、50 年和 70 年后,分别就全桥所有的顶板-纵肋焊缝进行 1 次全面疲劳裂纹检测。首先,针对 3 次检测均未发现焊缝疲劳开裂的情况,采用所建立的动态贝网同化预测模型与检测数据,结果如图 7 所示。可以看出,由于检测均未发现疲劳裂纹,在融合每次检测结果后,钢桥面的系统级疲劳可靠度均显著提升。经 100 年服役期后,其可靠度较未检查情况明显提升,可为桥梁的延寿使用提供量化数据支撑。同时,随不断融合检测结果,可靠度退化速率有所缓和。对比同化前后的关键模型参数分布可知:

(1)融合后疲劳强度分布整体右移,如图 7b)所示,表明初始疲劳强度估计过保守;

(2)融合后日交通量整体左移,如图 7c)所示,表明初始交通估计过高。

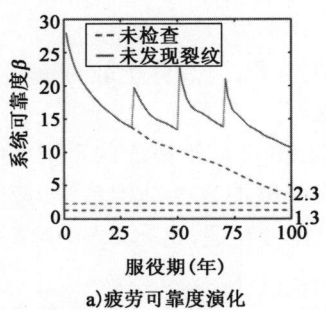 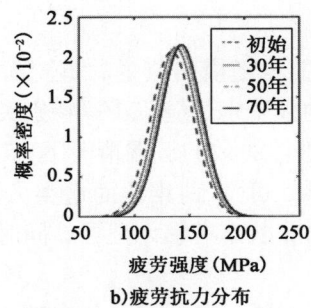 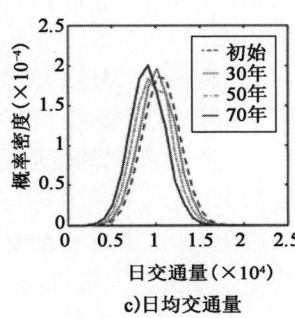

a)疲劳可靠度演化　　b)疲劳抗力分布　　c)日均交通量

图 7　焊缝未见裂纹下的疲劳劣化诊断

结合表 2 假定的检测数据,分析结果如图 8 所示。为便于对比,分析中未考虑对已开裂焊缝进行维修。在每次融合后,系统级疲劳可靠度也有不同程度提升,这是由于 3 次检测数据均尚未达到假定的 30% 失效准则。但是,每次融合后钢桥面的系统级可靠度退化速率均显著提高。

焊缝疲劳裂纹检测数据　　表 2

检测次序	检测时间	开裂焊缝数目						
		$U4_R$	$U7_L$	$U9_R$	$U12_L$	$U12_R$	$U14_R$	$U15_L$
1	30 年	0	0	0	0	0	0	0
2	50 年	0	0	2	3	0	0	0
3	70 年	0	1	5	7	0	0	0

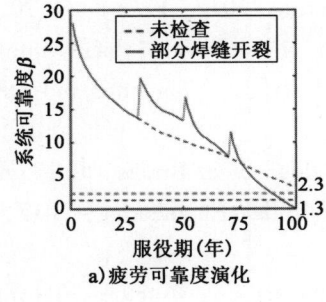 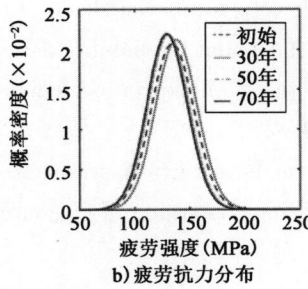 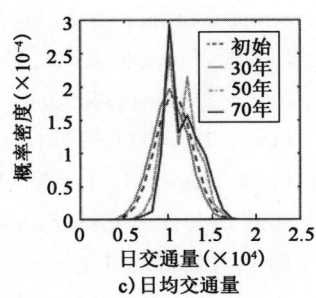

a)疲劳可靠度演化　　b)疲劳抗力分布　　c)日均交通量

图 8　部分焊缝开裂下的疲劳劣化诊断

最终，在服役 90 年和 94 年后，可靠度指标分别低于安全上、下限，需针对性地制订运维计划。类似地，对比融合前后的关键模型参数分布可知：

①融合后疲劳强度分布整体左移，如图 8b)所示，表明初始疲劳强度估计过高；

②融合后日交通量整体右移，如图 8c)所示，表明初始交通量估计不足。

特别地，随检测数据融合，日交通的分布逐步偏离初始对数正态概型，最终呈现多峰正态分布特征。

4 结语

本文聚焦钢桥面中疲劳问题较突出且较典型的顶板-纵肋连接焊缝，面向使用性能，建立系统级疲劳可靠度评估框架。构架相应劣化状态可靠度评估的动态贝叶斯网络，实现融合疲劳劣化预测模型与荷载监测数据、焊缝开裂检测数据的钢桥面系统级可靠度综合评估，得到如下主要结论。

(1)顶板-纵肋焊缝的疲劳可靠度随横向位置的不同而存在差异，但总体上较好满足 100 年期可靠服役的要求，仅慢车道内极个别焊缝应予以特别关注。

(2)在考虑首条焊缝开裂即整体失效的极端情况下，仅服役 20 年后钢桥面的系统级疲劳可靠度即低于 $\beta=1.3$ 的安全下限。可知，对钢桥面这类大量含焊缝的复杂结构系统，疲劳开裂难以避免，其运维应侧重疲劳劣化状态的整体把握。同时，对比分析建议，可取 30% 节段开裂作为系统疲劳失效准则。

(3)在假定 30 年、50 年和 70 年等 3 次检测均未见裂纹的情况下，钢桥面疲劳可靠度明显提升且劣化放缓，融合后疲劳强度与日交通量分布分别较原始分布有提高和降低，可支撑钢桥面的延寿服役。

(4)当上述 3 次检测均发现不同程度的焊缝开裂后，钢桥面的疲劳劣化明显加速，疲劳强度与日交通量在融合后的分布分别较原始分布有降低和提升，导致未达到服役期时其系统级疲劳可靠度即突破安全上、下限，需根据该结果制订相应的运维计划，以保障钢桥面的正常服役。

参 考 文 献

[1] Yang M, Ji B, Yuanzhou Z, Fu Z. Fatigue behavior and strength evaluation of vertical stiffener welded joint in orthotropic teel decks[J]. Engineering Failure Analysis, 2016: 222-236.

[2] Kwon K, Frangopol DM, Soliman M. Probabilistic Fatigue Life Estimation of Steel Bridges by Using a Bilinear S-N Approach[J]. Journal of Bridge Engineering, 2012, 17(1): 58-70.

[3] Guo T, Frangopol DM, Chen Y. Fatigue reliability assessment of steel bridge details integrating weigh-in-motion data and probabilistic finite element analysis[J]. Computer and Structures, 2012, 112-113(4): 245-257.

[4] Lu N, Noori M, Liu Y. Fatigue Reliability Assessment of Welded Steel Bridge Decks under Stochastic Truck Loads via Machine Learning[J]. Journal of Bridge Engineering, 2017, 22(1): 4016105.1.

[5] Bucher C. Computational analysis of randomness in structural mechanics: structures and infrastructures book series[M]. CRC press: London, UK, 2009.

[6] Guzzi R. Data Assimilation: Mathematical Concepts and Instructive Examples[M]. Springer: Switzerland, 2016.

[7] Straub D. Stochastic modelling of deterioration processes through dynamic Bayesian networks [J]. Journal of Engineering Mechanics, 2009, 135(10): 1089-1099.

[8] Zhu J, Zhang W, Li X. Fatigue damage assessment of orthotropic steel deck using dynamic Bayesian networks[J]. International Journal of Fatigue, 2019, 118: 44-53.

[9] Maljaars J, Vrouwenvelder, ACWM. Probabilistic fatigue life updating accounting for inspections of multiple critical locations[J]. International Journal of Fatigue, 2014, 68(1): 24-37.

[10] Niemi E, Fricke W, Maddox SJ. Fatigue analysis of welded components: designer's guide to the structural hot-spot stress approach[S]. Woodhead publishing: Cambridge, UK, 2006.

[11] CEN. EN 1993: Eurocode 3-design of steel structures[S]. CEN: Brussels, Belgium, 2005.

[12] Zhao Z, Haldar A, Breen FL. Fatigue-Reliability Evaluation of Steel Bridges[J]. Journal of Structural Engineering, 1994, 120(5):1608-1623.

[13] Heng J, Zheng K, Kaewunruen S, et al. Dynamic Bayesian network-based system-level evaluation on fatigue reliability of orthotropic steel decks[J]. Engineering Failure Analysis, 2019, 105: 1212-1228.

[14] Hobbacher A. IIW Recommendations for fatigue design of welded joints and components[S]. Springer: Switzerland, 2016.

[15] Gollwitzer S, Rackwitz R. On the reliability of Daniels systems[J]. Structural Safety, 1990, 7(2-4): 229-243.

[16] Liu P, Kiureghian A. Multivariate distribution models with prescribed marginals and covariances[J]. Probabilistic Engineering Mechanics, 1986, 1(2): 105-112.

[17] Guo T, Liu Z, Pan S, et al. Cracking of Longitudinal Diaphragms in Long-Span Cable-Stayed Bridges[J]. Journal of Bridge Engineering, 2015, 20(11): 04015011.

[18] JCSS. JCCS probabilistic model code, part 1: basis of design[S]. JCCS: Aalborg, Denmark, 2000.

151. 碳纤维布修复钢桥面板 U 肋对接焊缝疲劳性能

吕志林[1]　姜　旭[1]　白　洁[2]　强旭红[1]　张冠华[3]

（1. 同济大学土木工程学院；2. 中国建筑第八工程局有限公司；3. 辽宁省交通规划设计院）

摘　要：钢桥面板 U 肋对接焊缝是正交异性钢桥面板典型的疲劳细节之一，对钢桥面板的安全运营起到重要作用，因此探究该关键细节的修复方法具有重要意义。设计并制作 2 个足尺带嵌补段 U 肋试件，在疲劳荷载作用下获得真实裂纹，随后利用碳纤维布（CFRP）进行粘贴修复，以增强对接焊缝抗疲劳性能。试验结果表明，带衬垫板 U 肋对接细节的 200 万次平均疲劳强度仅为 59.7MPa，但经过 3 层 CFRP 布粘贴修复后平均疲劳强度为 76MPa，可延长疲劳寿命为原来的 2 倍以上。因此粘贴碳纤维布可有效改善 U 肋对接焊缝疲劳性能。

关键词：钢桥面板　对接焊缝　CFRP　疲劳裂纹　修复

1　引言

正交异性钢桥面板因质量轻、施工速度快及承载力高等优点已成为大跨度桥梁的现行选择。然而由于正交异性钢桥面板焊缝众多、结构复杂以及重载车辆的激增，应力集中引起的疲劳损伤已成为正交异性钢桥面板的主要问题。在之前的研究[1-2]中发现，早期建成的钢桥面板 U 肋对接焊缝受车轮反复荷载作用和焊接缺陷影响容易出现疲劳裂纹，当裂纹扩展贯穿到纵肋全断面，势必会威胁到桥梁结构的安全运营。为此，亟须开展钢桥面板 U 肋对接焊缝疲劳修复研究。

为了解决既有钢桥的疲劳开裂问题，学者提出了止裂孔法、裂纹复焊法及栓接钢板法等传统钢桥疲劳裂纹修复方法。止裂孔法通过去除裂纹尖端塑性区实现遏制裂纹扩展的目的[3]，但在止裂孔边缘会造成新的应力集中，短时间内可能出现疲劳易损点[4]。裂纹复焊法是对既有焊接细节或疲劳裂纹局部研磨或切削后进行重新焊接，从而延长使用寿命[5]，但该方法焊接质量难以保证，易重新引入焊接残余应力。

在钢结构疲劳损伤区域栓接钢板可以通过提高局部刚度来降低疲劳应力幅，进而提升受损区域的疲劳寿命[6]，但栓接打孔容易削弱截面强度，可能出现新的疲劳细节；重型钢板导致结构自重增加，且不易安装。与钢材相比，碳纤维复合材料（CFRP）因质轻高强、方便施工和

基金项目：中建股份科技研发计划资助（CSCEC-2020-Z-1），上海市科技计划项目（20DZ2253000），公路桥梁诊治技术交通运输行业研发中心开放课题（2018KFKT-07）。

耐腐蚀能力强等优点具有更强的竞争力,外贴 CFRP 材料是一种有效的钢结构疲劳加固方法[7]。李传习等[8]对粘贴 3mm 厚 CFRP 板加固及未加固的含人工缺陷弧形缺口细节的疲劳性能进行比较研究。结果表明,粘贴 CFRP 板可有效抑制裂纹扩展,同时未在纤维层以及胶结面发现任何破坏。含人工裂纹的弧形切口在单面粘贴 CFRP 板修复下可延长结构疲劳寿命14.5 倍以上。关于 FRP 加固焊接接头疲劳性能的研究较少。Nakamura 等人[9]开展 CFRP 板加固的开裂焊接接头的疲劳试验,并证明黏结 FRP 板可以显著降低裂纹的扩展速率,并延长剩余疲劳寿命。徐伟伟等[10]通过扩展有限元方法证实了 CFRP 加固正交异性钢桥面板顶板-U 肋连接细节疲劳开裂的可行性。

在此基础上,本文利用 CFRP 布适应曲面结构的特性,通过对 2 个带真实疲劳裂纹的单 U 肋试件进行碳纤维布粘贴修复以验证疲劳改善性能,达到对钢桥面板疲劳裂纹无损修复的目的。

2 试件设计与修复

2.1 带裂纹试件

设计并制作两个足尺带嵌补段单 U 肋试件模型,如图 1 所示。模型沿桥梁纵轴截取一个横隔板间距,而垂直轴线方向取 300mm 部分,并使 U 肋嵌补段一侧对接焊缝处于试件正中。正交异性钢桥面板单 U 肋模型长 3720mm、宽 600mm、高 526mm。其中顶板厚 14mm,横隔板厚度 12mm,横隔板下翼缘厚 12mm。横向共设置一个 U 肋,其尺寸为 300mm × 280mm × 6mm。根据实际现场情况,U 肋嵌补段长度取 400mm。图 1 中焊缝 A 和焊缝 C 为 U 肋对接焊缝,焊缝 B 为顶板对接焊缝,U 肋对接焊背垫板宽度和厚度分别为 60mm 和 4mm。试件材质均为Q345qD 钢材,制造工艺、板件厚度及构造细节参数均与实桥一致。在修复试件之前,先采用跨中单点加载的方式对试件进行疲劳荷载,加载区域为 600mm × 200mm,疲劳荷载频率为4Hz,具体加载历程及相关裂纹特征见表 1。

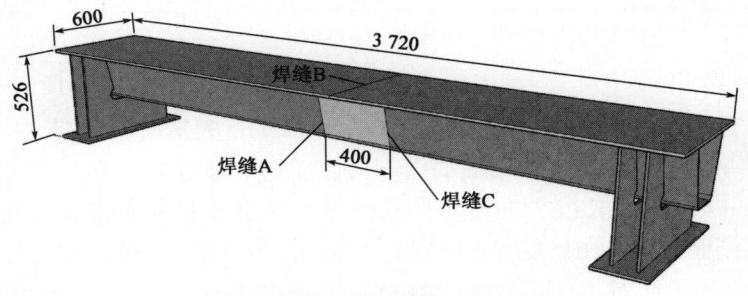

图 1 单 U 肋试件模型三维图(尺寸单位:mm)

疲 劳 开 裂 试 件　　　　　　　　　表1

试件编号	加 载 历 程		裂纹长度(mm)	裂纹示意图
	等效应力幅(MPa)	循环次数(万次)		
U1-C	118.1	39	345	

续上表

试件编号	加载历程		裂纹长度（mm）	裂纹示意图
	等效应力幅（MPa）	循环次数（万次）		
U1-A	110.9	49	90	
U2-A	166.5	3	70	

注：试件编号规则：U2-A 代表试件 U2 的焊缝 A，余类同。

2.2 修复方案

针对钢桥面板 U 肋对接焊缝疲劳裂纹，应根据裂纹的开裂情况（裂纹长度和位置）选择不同层数和尺寸的单向 CFRP 布进行粘贴加固。为保证纤维方向与受力方向一致，选择常用规格最宽长度 500mm，而纤维长度方向取不同长度进行阶梯式粘贴来保证一定的粘贴锚固要求。因此从底层到面层的 CFRP 布尺寸分别为 150mm×500mm，200mm×500mm 和 250mm×500mm，如图 2 所示。针对 U1 嵌补段一侧较长的疲劳裂纹，由于 CFRP 的模数宽度仅为 500mm，故采用各 3 层 CFRP 布搭接交叉粘贴形式，如图 3a）所示。针对试件 U2 底部 70mm 长的疲劳裂纹，选择 3 层 CFRP 布进行局部粘贴，如图 3b）所示。

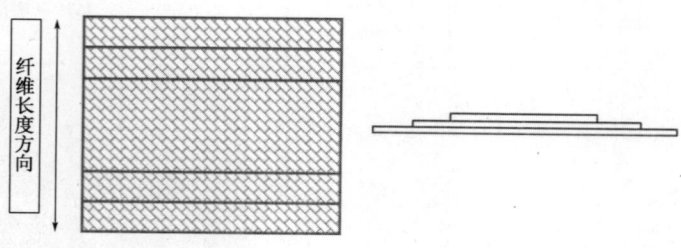

图 2　CFRP 阶梯式粘贴示意图

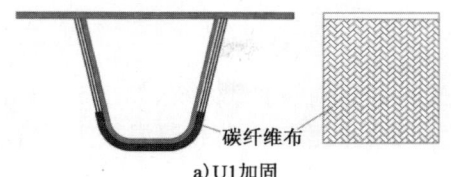
a) U1加固

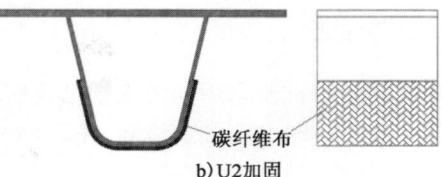
b) U2加固

图3 CFRP加固方式

2.3 修复流程

试验的加固材料由上海悍马建筑科技有限公司(简称"悍马公司")提供,其中CFRP布为高强Ⅰ级碳纤维布,其性能指标列于表2。结构胶采用悍马公司生产的配套的HM-180C3P碳纤维浸渍胶,其抗拉强度53.1MPa,受拉弹性模量2.49×10^3MPa。使用时需将A、B双组分以2∶1的质量比均匀混合。

碳纤维布材料性能 表2

型号	单层厚度 (mm)	抗拉强度 (MPa)	拉伸弹性模量 (MPa)	层间剪切强度 (MPa)	伸长率 (%)
HM-30	0.167	3 668	240 000	51.5	1.8

具体CFRP布加固钢桥面板U肋对接焊缝步骤如图4所示。

a) 角磨机打磨焊缝除锈

b) 用酒精棉擦拭钢结构表面

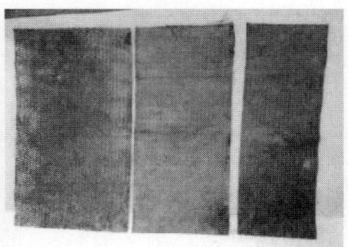
c) 用电动剪刀裁剪CFRP布

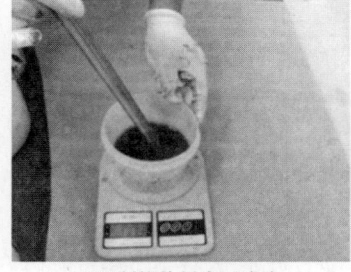
d) 配制搅拌纤维浸渍胶

e) 涂抹底胶后粘贴CFRP布

f) 用金属压轮进行滚压压实处理

g) 常温养护一周以上

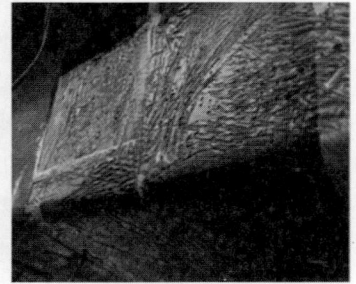
h) 加固试件成型

图4 CFRP布加固钢桥面板U肋对接焊缝步骤

3 疲劳试验

加固试件疲劳试验采用同济大学结构实验室 MTS 液压伺服加载系统,如图5所示。采用高清摄像头进行实时监测细节位置,用以判断试验疲劳损伤程度。荷载幅根据实桥等效应力幅选取,疲劳加载历程如表3所示。

图5 试件加载

疲 劳 加 载 历 程　　　　表3

试件编号	疲劳荷载(kN)	循环次数(万次)
SU1	15~35	200
	20~50	50
SU2	15~35	200
	20~50	50
	25~75	26

4 分析与讨论

为方便表征初始损伤程度对结构疲劳性能提升的影响,定义初始损伤度 α 为:

$$\alpha = \frac{L_c}{L_t} \tag{1}$$

式中:L_c——初始裂纹长度;
　　　L_t——U肋截面全部长度。

试验加载过程中发现,所有加固试件疲劳破坏均包含CFRP部分脱胶破坏和钢结构裂纹扩展破坏。对于损伤程度较小的焊缝先发生钢结构裂纹扩展,而损伤程度较大的焊缝先发生CFRP局部脱胶破坏。限于篇幅,这里以SU1焊缝C破坏过程进行分析。图6为SU1试件焊缝C经加固后各关键测点的应力历程。为了监测钢结构裂纹是否扩展,在钢结构原有裂纹延展方向上距离尖端1cm处各布置一个测点(图6测点11和12),为尽可能减少埋入导线对CFRP粘贴性能的影响,选择外径为0.6mm的细导线进行应变片外接。在经过CFRP布粘贴后,在CFRP底端布置3个测点(图6测点8、9、10)以获得CFRP布的受载应变。分析图6可知,疲劳加载初期,上侧裂纹尖端(测点12)附近处于压应力状态,表明CFRP增加了裂纹U肋截面刚度特性。纤维布表面测点10的实测应力幅最大,表明损伤严重处CFRP布协助承担的应力更大。随着疲劳损伤的加剧,测点10应力幅率先发生突变,观察到U肋底部发生CFRP

布脱胶破坏。在失去 CFRP 补强作用后,原裂纹尖端发生应力突变,随后应变片失效,表明钢结构裂纹开始扩展,最终的破坏形态如图 7 所示。综上所述,CFRP 与钢结构的剥离破坏发生最早出现在疲劳损伤处,且损伤程度越大,剥离破坏越显著。

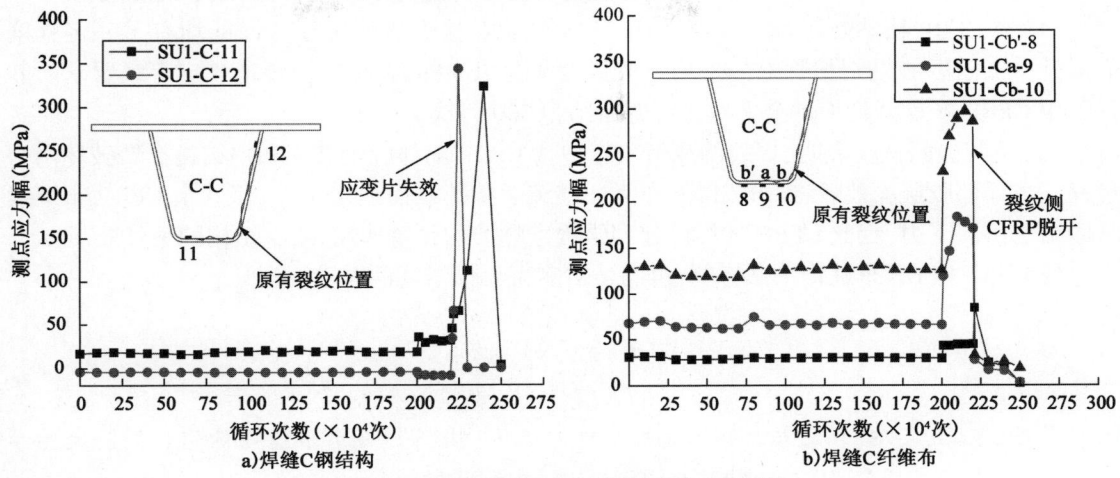

图 6 SU1 试件焊缝 C 各关键测点的应力幅历程

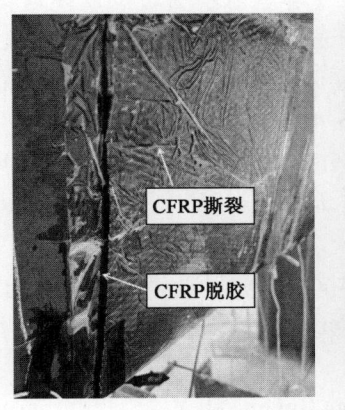 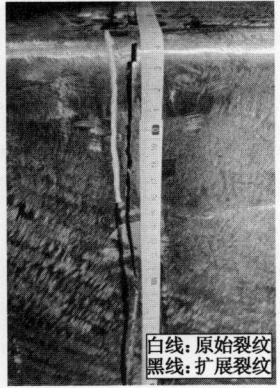

图 7 试件疲劳破坏最终形态

根据 Miner 损伤累积原则,进行加固后焊缝疲劳强度评定。表 4 记录了修复后试件疲劳性能提升结果。修复前各焊缝的平均强度仅为 59.7MPa,尚不满足欧洲规范规定的 71 级,而经过 CFRP 修复后强度得到一定提升,为 76MPa。计算得到的平均等效疲劳寿命为原来的 2.3 倍,表明粘贴 CFRP 布可以提高损伤对焊细节的疲劳抗力。另外,随着初始损伤程度的增大,修复后的疲劳强度显著降低,所以一旦发现疲劳开裂,应立即进行修复处理。

修复试件疲劳性能提升评估　　　　　　表 4

试件编号	初始损伤度 α（%）	疲劳强度(MPa)		等效疲劳寿命(10^4次)	
		修复前	修复后	修复前	修复后
SU1-C	47.4	68.5	53.4	180	88
SU1-A	12.4	69.4	69.6	187	189
SU2-A	9.6	41.1	105.1	39	649
平均值	—	59.7	76.0	135	309
提升倍数	—	76/59.7 = 1.3		309/135 = 2.3	

5 结语

本文针对钢桥面板U肋对接焊缝的修复与性能提升进行了研究,得出以下几点结论:

(1)经CFRP粘贴修复后,不同损伤程度的U肋对接焊缝的抗疲劳性能均有了一定程度的提升。加固后U肋对接焊缝的平均疲劳强度约为76MPa,满足各国规范规定等级要求。并且采用CFRP修复可延长剩余平均使用寿命约为300万次。

(2)疲劳加固试验表明,焊缝的疲劳破坏包含CFRP局部脱胶破坏和钢结构扩展破坏两个过程。当局部胶层失效后,部分CFRP布无法继续承担荷载而退出工作,而其余CFRP布继续与原结构协同受力,因此CFRP加固可起到结构破坏前的预警作用,避免结构的突然断裂。

(3)采用CFRP布进行粘贴修复,可满足对实桥无损修复的需求。

参 考 文 献

[1] 吴冲,袁远,姜旭.正交异性钢桥面板闭口加劲肋对接焊缝疲劳性能评价[J].同济大学学报(自然科学版),2018,46(4):18-25.

[2] 黄云,张清华,卜一之,等.港珠澳大桥正交异性钢桥面板纵肋现场接头疲劳特性[J].中国公路学报,2016,29(12):34-43,59.

[3] Okura I, Ishikawa T. Stop-hole conditions to prevent re-initiation of fatigue cracks[J]. Steel & Composite Structures, 2002, 2(6):475-488.

[4] Xu Jiang, Zhilin Lv, Xuhong Qiang, et al. Improvement of stop-hole method on fatigue-cracked steel plates by using high strength bolts and CFRP strips[J]. Advances in Civil Engineering, 2021: 6632212.

[5] Fu Zhongqiu, Wang Qiudong, Ji Bohai, et al. Rewelding Repair Effects on Fatigue Cracks in Steel Bridge Deck Welds[J]. Journal of Performance of Constructed Facilities, 2017, 31(6): 04017094.

[6] Rikken Maarten, Tjepkema Daan, Gibson Rupert, et al. Refurbishment of orthotropic steel decks with steel plates[C]//IABSE Congress Ghent 2021:1496-1503.

[7] Teng J G, Yu T, Fernando D. Strengthening of steel structures with fiber-reinforced polymer composites[J]. Journal of Constructional Steel Research,2012,78(6):131-143.

[8] 李传习,柯璐,陈卓异,等.正交异性钢桥面板弧形切口及其CFRP补强的疲劳性能[J].中国公路学报,2021,34(5):63-75.

[9] Nakamura H, Wei J, Suzuki H, et al. Experimental study on repair of fatigue cracks at welded web gusset joint using CFRP strips[J]. Thin-Walled Structures, 2009, 47(10):1059-1068.

[10] 徐伟伟,祝志文,牛华伟.正交异性钢桥面板纵肋-面板疲劳开裂的CFRP加固研究[J].铁道科学与工程学报,2021,18(11):2933-2943.

152. 粘贴角钢加固钢桥面板U肋-顶板焊缝疲劳性能

范铭新　姜　旭　吕志林　强旭红

(同济大学土木工程学院)

摘　要：正交异性钢桥面板U肋-顶板焊缝细节是钢箱梁疲劳损伤最为严重的部位之一，因而亟须对这一疲劳细节进行加固。为解决由焊根处萌生的穿透焊喉的横向裂纹，本文对缺口U肋局部足尺试件模型进行粘钢加固疲劳试验。试验采用腹板侧向加载模式，经等幅和变幅荷载作用后计算得到等效应力幅和疲劳强度，并估算疲劳寿命。研究结果表明，疲劳细节换算为200万次的疲劳强度平均值仅为58.5MPa，小于欧洲规范和我国公路钢桥规范规定的71MPa。同等荷载幅情况下，与未加固试件相比，经角钢加固后的腹板焊根侧的平均应力幅显著降低，降幅约为85.6%。加固角钢能有效降低腹板焊根处的疲劳应力，若按欧洲规范的三段式S-N曲线进行换算，可推测其疲劳加固寿命至少是未加固试件疲劳寿命的13倍以上。

关键词：正交异性钢桥面板　U肋-顶板焊缝　疲劳裂纹　粘钢加固　疲劳寿命

1　引言

钢箱梁因具有自重轻、抗弯刚度大、施工快速方便等优点被广泛应用于大跨度桥梁中。由于钢箱梁自身结构、使用环境、运营养护等影响，使其焊缝处经常成为结构最容易出现裂纹以及裂纹发展较快的部位，尤其是正交异性钢桥面板部分。其中正交异性钢桥面板U肋-顶板焊缝部位的疲劳裂纹数量较多，是疲劳损伤最为严重的部位之一[1]。

考虑到许多大桥已经在U肋-顶板焊缝位置发现裂缝，因此亟须对这一易疲劳细节进行加固。目前常用的加固方法有止裂孔法、裂纹焊合、裂缝冲击闭合、改良桥面铺装和补强法等。在裂纹尖端或距离一定位置处钻止裂孔可以阻止裂纹的继续扩展，构造简单。但受现场条件影响裂纹尖端不好辨认，容易设置不准确[2]。将角焊缝消除并打磨干净进行重进焊接的方法，在重新焊合后裂纹可能在其他地方寻找应力释放点产生新的裂纹。且由于施工时处于仰焊角度，焊合效果难以保证，导致重新开裂[3]。裂缝冲击闭合技术是将焊趾处疲劳裂纹周边引入塑性屈服区，带来较高的残余压应力，从而使裂纹闭合，提高疲劳寿命，主要适用于焊趾较小的裂纹处，快捷经济，但在实际工程中很少应用[4]。采用改善桥面铺装的方法主要是将钢桥

基金项目：上海市自然科学基金资助项目(21ZR1466100)；广东省重点领域研发计划"现代工程技术"重点专项(2019B111106002)；中央高校基本业务费。

面改为组合桥面,借助桥面板刚度的提高,从而抑制裂纹的产生。但施工时需要破除桥面铺装和长时间封闭交通,还要考虑与原体系兼容的问题[5]。补强法可采用 CFRP(碳纤维增强复合材料)加固,也可采用粘贴钢板法。粘贴钢板法是用高性能黏结剂将加固钢板与桥面板和 U 肋连接,可以有效减小桥面板变形和 U 肋应力,起到局部补强作用。并且加固钢板可拆卸,为无损加固,采用此加固方法较简易且对交通影响小[6]。

本文主要针对 U 肋 – 顶板焊缝处由焊根处萌生的穿透焊喉的横向裂纹开展粘钢加固疲劳试验研究,并确定粘贴钢板加固方法的疲劳性能提升效果。

2 试验设计与加载

2.1 试验准备

2.1.1 试件制作

本试验设计了一个带缺口的 U 肋局部足尺试件模型,由顶板和半 U 肋模型组成。顶板纵向长 400mm,横向长 900mm,厚 14mm;U 肋开 45°坡口,厚度为 8mm;试件采用 Q345 钢材,角焊缝熔透深度不小于 0.8 倍的板厚,焊喉深度 8mm 以上。试件尺寸如图 1 所示。

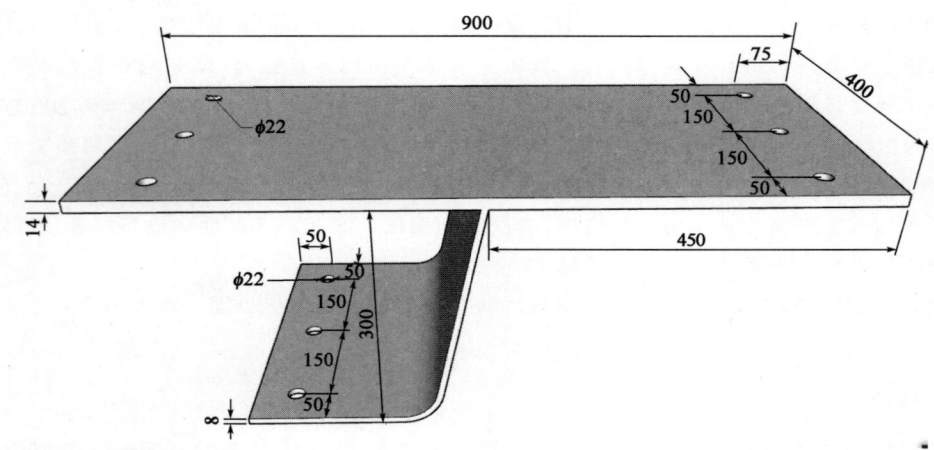

图 1 非闭口 U 肋-顶板试件尺寸(尺寸单位:mm)

预制焊根处裂纹:设定裂纹沿纵向通长开裂,长度 L 为 400mm,裂纹深度 H 为 2mm,与水平面夹角 α 为 30°,其几何特征见图 2。

角钢试件按以下步骤进行加固:①准备试件;②打磨试件张贴区域;③打磨角钢张贴区域;④搅拌胶水;⑤涂抹胶水粘贴角钢;⑥木工夹加压养护。

角钢大样如图 3 所示。粘贴角钢加固试件如图 4 所示。

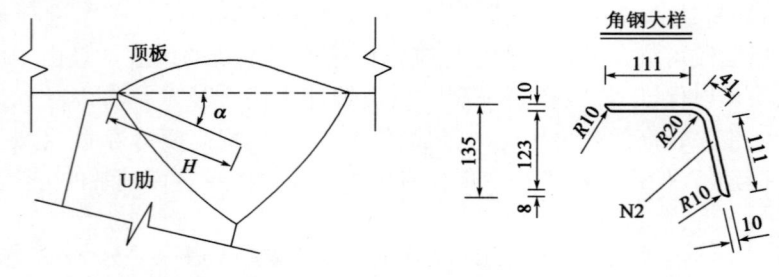

图 2 预制裂纹几何特征   图 3 角钢大样(尺寸单位:mm)

图 4 粘贴角钢加固试件

2.1.2 试验装置

本试验采用 MTS 液压伺服加载系统、DH3820 动静态应变测试系统进行数据采集,设置应变片和位移传感器来监测区域应力变化和试件的刚度变化情况。采用高清摄像头实时监测细节位置,用以判断试验疲劳开裂程度。

根据实际桥梁在车辆荷载作用下的响应,尽量满足模型试验与实桥受力等效,达到小尺寸试件简便试验的要求,考虑桥面板加载影响范围及圣维南原理后,加载装置拟采用螺栓连接实现边界处的固结。采用腹板侧向加载模式,加载装置示意如图 5 和图 6 所示。支架采用 Q235B 钢材,钢板厚度均为 20mm,其中螺栓孔直径为 22mm,采用高强螺栓连接。

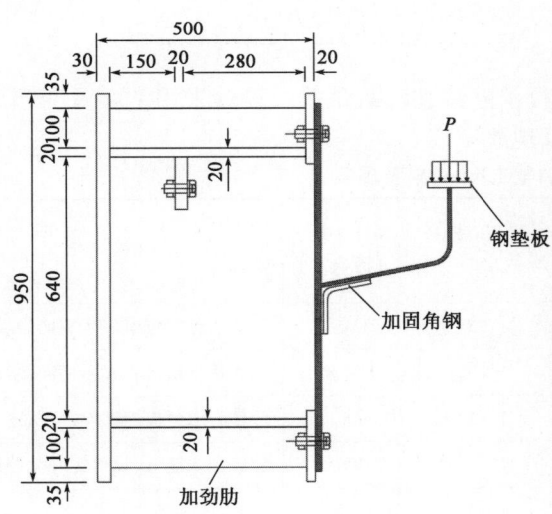

图 5 腹板侧向加载模式(尺寸单位:mm)　　图 6 粘贴加固角钢试件侧向加载

2.2 加载测试

2.2.1 测试方案

试验采用以应变测试为主,位移测试为辅的测试手段。为了监测纵向上裂纹扩展历程中的变化规律,在试件纵向方向 4 个测区跨中、1/4 截面、3/8 截面以及 1/8 布置应变片。同时在加载位置顶板正下方布置位移计,观测位移情况并在变形过大时终止试验。

图 7 为未加固试件测点布置示意图。应变片距焊缝焊跟、焊趾均为 15mm。对于已加固试件,在角钢端部布置应变片,以观测端部脱胶受力情况,具体的测点布置如图 8 所示,由左往右分别为 A/D1~A/D5,其中 A/D1、A/D3、A/D5 为角钢横向应变,而 A/D2 和 A/D4 为角钢纵向应变。

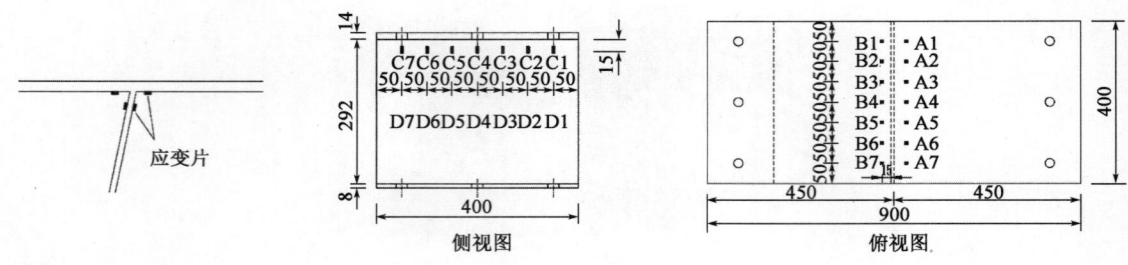

图7 未加固试件测点布置示意图(尺寸单位:mm)

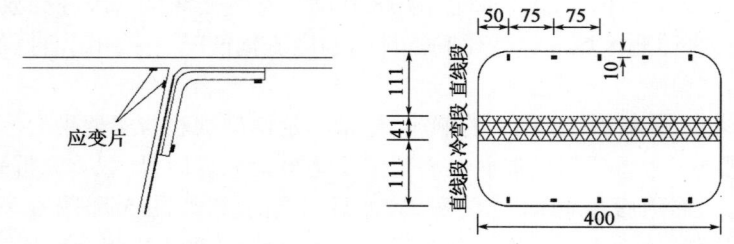

图8 粘贴加固角钢试件测点布置(尺寸单位:mm)

2.2.2 加载过程

本次试验共测试5个试件,对试件进行了静载和动载试验。设计采用常幅及变幅两种荷载循环方式,具体的试验加载工况、结果及现象见表1。

各试件加载工况、结果及现象 表1

试件编号	是否加固	疲劳荷载(kN)	循环次数(万次)	现 象
1号	未加固,U肋腹板一道加劲板	1~3	33.9	腹板处沿焊喉发生横向裂纹8mm
2号	未加固,U肋腹板一道加劲板	1~3	114.8	腹板处沿焊根发生横向裂纹8mm
3号	未加固,U肋腹板一道加劲板	1~4	68	U肋加劲板焊脚裂纹23mm
4号	角钢加固	1~3	200	胶层未脱开,试件完好无裂纹
5号	角钢加固	1~3	100	胶层未脱开,试件完好无裂纹
		1~4	600	
		1~6	60	
		2~20	150	
		4~40	43	顶板U肋焊缝开裂,裂纹往板厚方向延伸,腹板侧胶层出现裂纹

限于篇幅,仅给出2号未加固试件和4号加固试件的腹板应力幅分布(图9~图11),以及2号试件和5号加固试件的疲劳破坏情况(图12、图13)。2号试件的腹板应力幅分布在焊根上下表面呈现两端小、中间大的趋势,最大拉应力幅为115MPa,最大压应力幅为98MPa。而经过角钢加固后,4号试件腹板各测点的应力幅水平不超过10MPa,角钢上的应力幅同样很小。

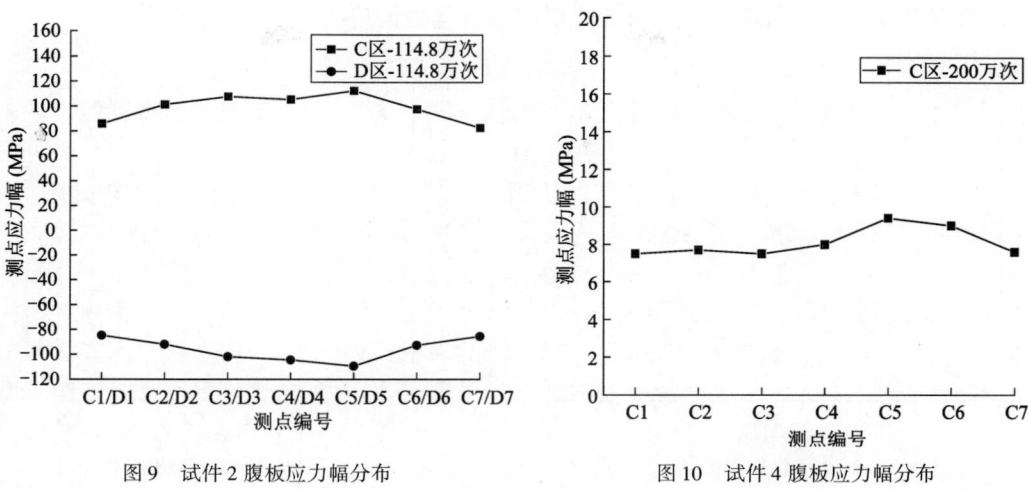

图 9 试件 2 腹板应力幅分布　　　　　　　图 10 试件 4 腹板应力幅分布

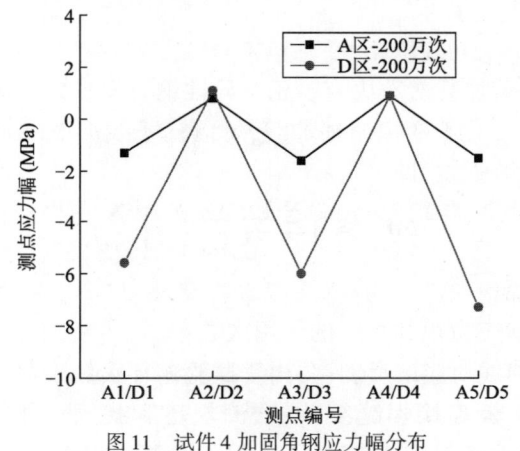

图 11 试件 4 加固角钢应力幅分布

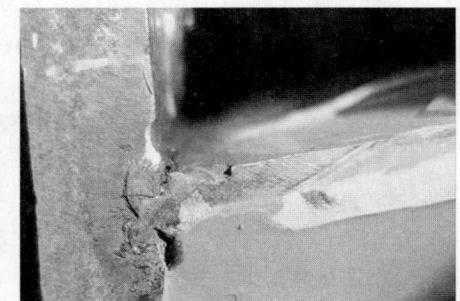

图 12 试件 2 腹板疲劳裂纹　　　　图 13 试件 5 疲劳裂纹和胶层脱开

3 分析与讨论

3.1 静载试验分析

试件在荷载下的位移及应力如图 14 所示。经过角钢加固后，腹板的位移显著降低，平均降幅约为 75.6%，加固角钢对限制腹板与顶板的相对变形十分有效。加固后的腹板焊根侧整体拉应力水平均在 15MPa 以内，平均应力为 11MPa，而未加固角钢的腹板焊根侧平均应力为

167MPa,降幅达93%,表明角钢可以有效降低腹板焊缝处的应力,起到加固作用。

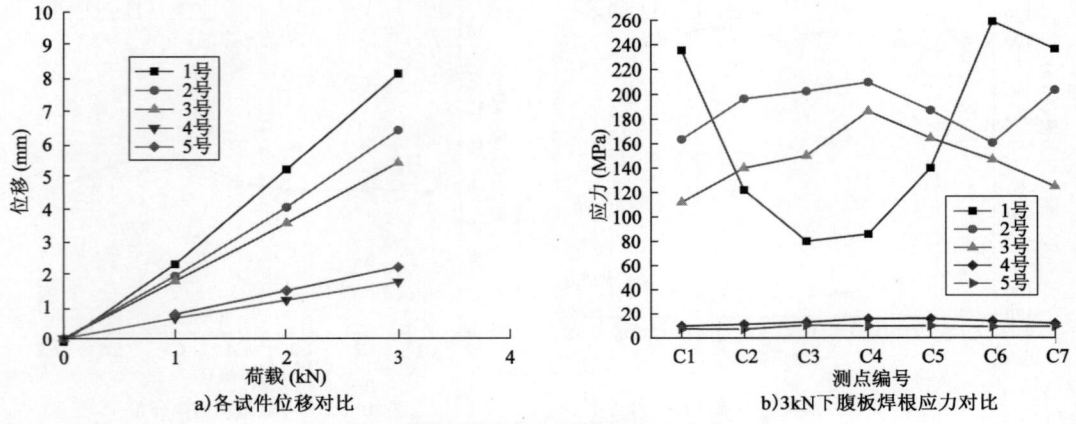

图14 腹板侧向荷载各试件位移和应力对比

3.2 疲劳寿命分析

等效应力幅值及其疲劳加载次数决定了正交异性钢桥面板典型构造细节的疲劳损伤累积速率及其相应的疲劳寿命。对于变幅循环加载,可以基于线形 Miner 损伤准则将其等效为具有相同加载次数的常幅疲劳强度,即:

$$\Delta\sigma_{eq} = \left[\frac{\sum n_i (\Delta\sigma_i)^m}{\sum n_i}\right]^{1/m} \tag{1}$$

式中:$\Delta\sigma_{eq}$——等效应力幅;

$\Delta\sigma_i$、n_i——分别为变幅应力幅和相应的作用次数;

m——疲劳强度曲线对应的反斜率,由于试验循环次数未超过500万次,故取3。

对于熔透的U肋与顶板连接焊缝细节,欧洲规范和我国钢桥规范将其疲劳等级定为71MPa。根据前述对焊缝参考点应力幅变化历程的分析,按式(1)计算各开裂试件测点的等效应力幅,取其中最大测点的应力幅作为代表值统计在表2中。按照《公路钢结构桥梁设计规范》(JTG D64—2015),根据规定的疲劳强度曲线进行换算后,疲劳强度较低,平均值为58.5MPa,小于该规范规定的70MPa等级。

等效应力幅计算及焊缝强度评定　　　　表2

试件编号	加载至开裂次数(万次)	等效应力幅(MPa)	换算为200万次的疲劳强度(MPa)
1	33.9	62.5	34.6
2	114.8	99.1	82.4
3	68	126.6	88.4
4	200(未裂)	9.4(加固)	—
5	953	24.9(加固)	—

根据欧洲规范3:钢结构设计 BS EN1993-1-9(2005)第7.1节,采用三段式 S-N 曲线可以得到顶板U肋连接疲劳细节对应5×10^6次循环的常幅疲劳极限$\Delta\sigma_D$为52.33MPa和对应1×10^8次循环的疲劳截止限$\Delta\sigma_L$为28.73MPa。根据三段式 S-N 曲线,当应力幅大于常幅疲劳极限$\Delta\sigma_D$时,m取3;当应力幅大于截止限$\Delta\sigma_L$而小于常幅疲劳极限$\Delta\sigma_D$时,m取5;当应力幅

小于截止限 $\Delta\sigma_L$ 时，m 取 ∞。故可以得到下列该疲劳细节的三段式 S-N 曲线式(2)：

$$\begin{cases} \log N = \log C_1 - m\log\Delta\sigma_{eq} & \Delta\sigma_{eq} \geq 52.33\,\text{MPa} \\ \log N = \log C_2 - (m+2)\log\Delta\sigma_{eq} & 28.73 \leq \Delta\sigma_{eq} < 52.33\,\text{MPa} \\ N = \infty & \Delta\sigma_{eq} < 28.73\,\text{MPa} \end{cases} \quad (2)$$

式中：N——疲劳寿命；
C_1、C_2、m——S-N 曲线表达式中的常数。

由于加固试件在经历 200 万次后未发生疲劳开裂，因此尚无法计算其疲劳强度，但可根据三阶段 S-N 曲线预测其疲劳寿命。由前述表 2 中试件 4 和试件 5 的实测平均等效应力幅为 11.65 MPa，小于该细节的疲劳截止限 28.73 MPa，故可推测该加固试件的疲劳使用寿命远大于 1000 万次，甚至更长。

4 结语

本试验对 5 个试件进行了静载和动载试验研究，采用腹板侧向加载方式，得出以下几点结论：

(1) 在腹板侧向加载模式下，所关注的疲劳细节发生沿焊缝开裂的横向裂纹，试验结果表明，该疲劳细节换算为 200 万次的疲劳强度平均值仅为 58.5 MPa，小于欧洲规范和我国公路钢桥规范规定的 71 MPa。

(2) 同等荷载幅情况下，与未加固试件相比，经角钢加固后的腹板焊根侧的平均应力幅显著降低，降幅约为 85.6%。未加固试件在不足 200 万次便发生疲劳开裂，而加固试件经过 200 万次加载循环后未发现角钢脱胶以及焊缝开裂。

(3) 加固角钢能有效降低腹板焊根处的疲劳应力，若按欧洲规范的三段式 S-N 曲线进行换算，可推测其疲劳加固寿命至少是未加固试件疲劳寿命的 13 倍以上。因此采用角钢加固顶板 U 肋细节具有较好的抗疲劳性能，但需控制胶层的厚度，不宜过厚。

参 考 文 献

[1] 吉伯海,袁周致远.钢箱梁疲劳开裂维护研究现状[J].工业建筑,2017,47(5):1-5,11.
[2] 李代卓.正交异性钢桥面板疲劳性能与疲劳裂缝修复方法研究[D].大连:大连理工大学,2018.
[3] 范军旗,杨永强.钢箱梁桥面板裂纹产生原因和焊接处治方法[J].电焊机,2018,48(10):61-64.
[4] 王秋东,吉伯海,袁周致远,等.正交异性钢桥面板疲劳裂纹锤击闭合修复试验[J].江苏大学学报(自然科学版),2018,39(1):96-101.
[5] 邓鸣,张建仁,王蕊,等.UHPC 铺装加固斜拉桥正交异性钢桥面板[J].长安大学学报(自然科学版),2018,38(1):67-74.
[6] 周家刚,徐志民.粘贴钢板技术修复钢箱梁疲劳裂纹[J].公路,2020,65(11):224-230.

153. 自动驾驶对正交异性桥面板疲劳寿命的影响

邹圣权[1]　邓　露[1,2]　王　维[1,2]

（1.湖南大学土木工程学院；2.工程结构损伤诊断湖南省重点实验室）

摘　要：正交异性桥面板中疲劳细节的应力响应对车辆荷载的横向位置十分敏感，导致其在交通荷载的反复作用下极易发生疲劳开裂现象。随着自动驾驶汽车的发展，车道内车辆横向位置的分布概率可能发生显著变化，从而影响正交异性桥面板的疲劳寿命。本文考虑两种不同的自动驾驶车辆横向位置控制模式（正态分布和均匀分布），利用有限元软件分析了自动驾驶车辆作用下正交异性桥面板中六个典型疲劳细节的等效应力幅，并与采用实测车辆横向分布及规范推荐的车辆横向分布的计算结果进行对比，评估了自动驾驶车辆对正交异性桥面板疲劳寿命的影响。结果表明，车辆横向位置分布可以显著影响正交异性桥面板的疲劳寿命；自动驾驶车辆作用下疲劳细节产生的疲劳损伤最高可超过人工驾驶车辆的3倍；当自动驾驶车辆横向分布范围一致时，均匀分布模式比正态分布模式更有利于延长桥面板的疲劳寿命；当自动驾驶车辆横向分布范围在车道中心线（-10cm,10cm）以内时，采用规范推荐的车辆横向分布概率进行疲劳评估或设计可能导致结果偏于不安全。

关键词：正交异性板　等效应力幅　疲劳寿命　自动驾驶　车辆横向位置

1　引言

因其全寿命周期成本低、强重比高、施工便捷，正交异性桥面板已被广泛应用于国内外的大跨度桥梁中[1]。然而，正交异性桥面板构造复杂、焊缝众多，在交通荷载的反复作用下极易发生疲劳开裂病害，影响桥梁的正常运营，甚至危害桥梁安全[2]。正交异性桥面板的疲劳寿命不仅与材料和结构的性能密切相关，还与直接作用在桥面的车辆荷载紧密联系[3]。研究表明，正交异性桥面板内疲劳细节的应力响应对车辆荷载的横向位置十分敏感，只有当轮载靠近时才会出现显著的应力[4]。因此，在评估正交异性板的疲劳寿命时应考虑车辆在车道上的横向位置分布概率[5]。然而，正交异性桥面板局部构造的应力受车辆横向位置分布的影响十分显著[6]。不同的车辆横向位置分布概率可能导致正交异性桥面板疲劳细节的等效应力幅相差14%以上[7]。

近年来，随着人工智能技术的发展，全自动驾驶汽车有望在21世纪成为现实[8]。由于自

基金项目：湖南省科技创新人才计划科技领军人才项目，项目编号：2021RC4025。

动驾驶车辆可以突破人工驾驶车辆的局限性,因此其驾驶行为可能不同于人工驾驶车辆[9]。事实上,现有的自动驾驶汽车通常受动态控制系统的约束,以保证车辆沿车道中心线行驶[10]。因此,自动驾驶车辆的横向位置分布更倾向于单点分布,这将导致交通渠化及车辆轮迹线过度集中[11]。一旦自动驾驶汽车占据一定的市场份额,必将导致现有的交通网络发生变化,包括车道内车辆横向位置的分布概率。如前所述,车辆横向位置的分布模式能显著影响正交异性桥面板的疲劳寿命。然而,自动驾驶技术的研发目前主要集中在车辆控制、运输效率、节能减排、用户便捷性等方面[9],鲜有研究深入分析自动驾驶车辆对正交异性桥面板疲劳寿命的潜在影响。

本文为评估自动驾驶车辆对正交异性桥面板疲劳寿命的影响,考虑了两种不同的自动驾驶车辆横向位置分布模式(正态分布和均匀分布)。通过建立某大跨径斜拉桥的正交异性桥面板局部梁段有限元模型,计算了自动驾驶车辆组成的交通流的作用下正交异性桥面板中六个典型疲劳细节的等效应力幅,并与采用实测车辆横向分布及我国规范推荐的车辆横向分布的计算结果进行了对比,分析了自动驾驶车辆横向位置控制模式和控制参数对正交异性桥面板疲劳寿命的影响。

2 桥梁模型

2.1 工程背景

本文以一座钢箱梁双塔斜拉桥为工程背景进行分析。该桥主梁采用正交异性桥面板体系,设双向六车道,桥面宽35.4m,中心线处箱梁高4m,斜拉索间距为16m,桥面板横断面细部结构如图1所示。其中,桥面铺装采用55mm厚双层环氧沥青,钢顶板厚14mm,纵向加劲肋采用闭口U形肋,开口宽为300mm,中心间距为600mm,壁厚为8mm,横隔板间距为4m,厚度为12mm。

2.2 有限元模型

考虑到局部轮载对正交异性桥面板的影响范围十分有限[2],而本文主要关注车辆荷载作用下桥面板的应力响应,因此,本文仅建立钢箱梁的局部节段有限元模型,如图2所示。该节段模型长16m,桥宽7.2m,包含5片横隔梁和12片U肋。其中,钢板(弹性模量210GPa,泊松比0.3,密度7 850kg/m³)采用Shell181单元模拟,沥青铺装层(弹性模量2GPa,泊松比0.2,密度2 400kg/m³)采用Solid185单元模拟。为提高计算效率,在疲劳细节附近进行网格加密处理,最小单元边长为4mm,在远离本文关注的疲劳细节处逐渐增大网格尺寸。在有限元模型两端,约束除端横隔板外其他节点的纵向(Z轴)平动自由度及绕竖向(Y轴)和横向(X轴)的转动自由度,来模拟连续钢箱梁的作用;在有限元模型两侧,对钢顶板和横隔板两侧节点的横向(X轴)平动自由度及竖向(Y轴)和纵向(Z轴)转动自由度进行约束,以模拟相邻钢箱梁的作用;在横隔板底部,约束节点的平动和转动自由度,以模拟横隔板的支撑作用。根据圣维南原理,边界条件对远离边界处的单元和节点的应力的计算结果影响较小[12]。此外,本文假定桥面板结构体系一直处于线弹性受力状态,并未考虑材料的非线性。

3 典型疲劳细节

正交异性桥面板中板件和加劲肋纵横交错,焊缝密集,存在多处易开裂的疲劳细节。据统计,我国正交异性桥面共发现约17类疲劳裂纹[1],本文选取6类典型疲劳细节进行分析,如图3所示。根据国际焊接学会(IIW)[13]的建议,本文分别采用名义应力法和热点应力法获取疲劳细节的应力,如表1所示。

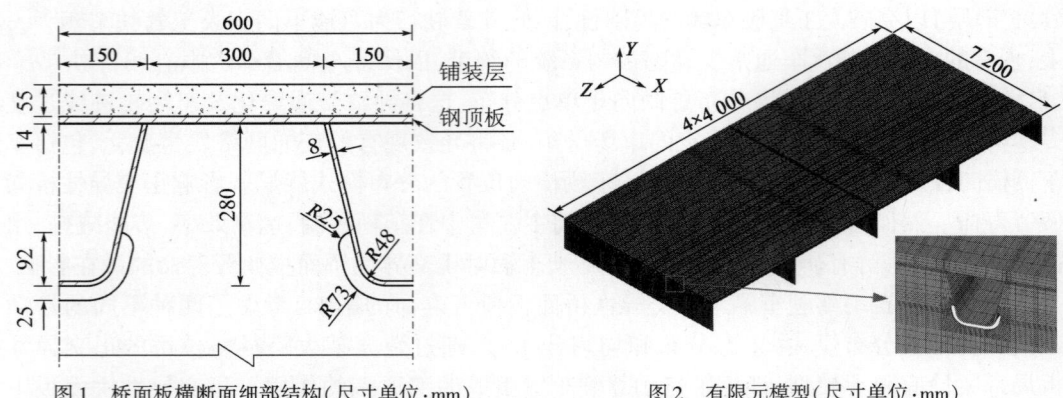

图1 桥面板横断面细部结构(尺寸单位:mm)　　图2 有限元模型(尺寸单位:mm)

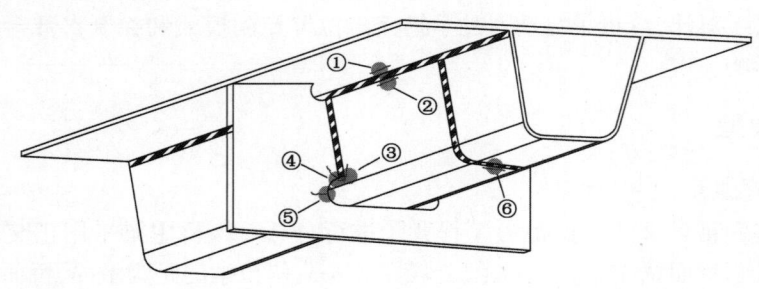

图3 U肋与顶板连接焊缝处疲劳细节

①-面板与U肋焊缝处的面板纵向裂纹;②-面板与U肋焊缝处的U肋纵向裂纹;③-U肋与横隔板交叉部位U肋腹板裂纹;
④-U肋与横隔板交叉部位横隔板裂纹;⑤-弧形切口处裂纹;⑥-U肋下缘对接焊缝处裂纹

应力分析方法　　表1

疲劳细节	分析方法	外推方法	外推路径
1-3	热点应力法	两点线性外推	$\sigma_{hot}=1.5\sigma_{0.5t}-0.5\sigma_{1.5t}$
4	热点应力法	三点二次外推	$\sigma_{hot}=3\sigma_4-3\sigma_8+\sigma_{12}$
5-6	名义应力法	—	—

注:表中σ_{hot}为热点应力;$\sigma_{0.5t}$、$\sigma_{1.5t}$、σ_4、σ_8、σ_{12}分别为距离焊趾0.5t、1.5t、4mm、8mm、12mm处参考点的应力(t为焊趾处板件厚度)。

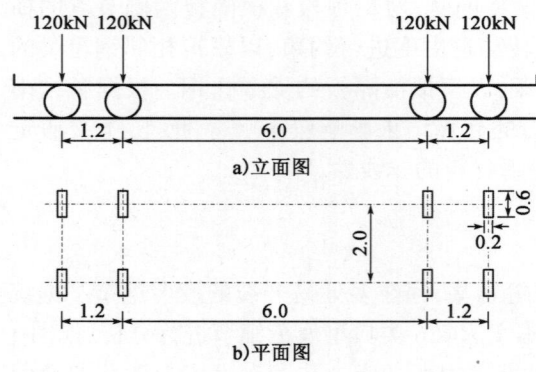

图4 疲劳荷载模型Ⅲ(尺寸单位:m)

4 荷载及横向分布模式

4.1 疲劳荷载

由于正交异性桥面板的疲劳问题主要受重载交通影响,本文的分析仅考虑中大型车辆。选取《公路钢结构桥梁设计规范》(JTG D64—2015)(简称《规范》)[5]中的疲劳荷载模型Ⅲ(图4)作为标准车辆荷载进行加载,取15%的冲击系数考虑车辆动力冲击效应的影响。考虑到标准疲劳车中两组联轴的轴距较大,前后轮组间的叠加效应可以忽略[12],本文只采用标准疲劳车的单联轴(120kN+120kN)进行加载。此外,忽略了多车效应。为准确获取车辆从各个横向位置驶过桥梁时疲劳细节的应力响应,采用响应面加载方式,加载轮组沿纵桥向和横桥向的移动间距分别为200mm和50mm。

4.2 车辆横向分布模式

据统计,车辆在车道上的横向位置整体分布近似服从以车道中心线为对称轴的正态分布,但不同地区的实测数据有显著差异[14]。这是由于车辆受驾驶员行为、行车安全性、控制稳定性等因素的影响。对于自动驾驶汽车而言,目前的车辆横向控制技术研究主要专注于车辆的居中行驶性能。试验阶段的测试数据表明,自动驾驶卡车已基本实现利用横向位置控制鲁棒性稳定行驶在车道中心线左右10cm的范围内[15]。由于自动驾驶车辆的横向位置分布具有较强的可控性,Chen F等人[8-9]基于自动驾驶对沥青面层寿命的影响提出了多种车辆横向位置分布控制模式。本文选取其中两种较为常见的车辆横向位置分布控制模式(即以车道中心线为中心的正态分布模式和均匀分布模式)进行分析。考虑到车道宽度及车身宽度的限制,自动驾驶车辆的横向分布控制模式为正态分布时,按标准差(σ)设置为6个等级:30cm、25cm、20cm、15cm、10cm、5cm。根据正态分布特征,$(-2\sigma,2\sigma)$的区间包含正态分布函数95.4%的数值分布,为对比两种车辆横向分布模式,自动驾驶车辆的横向分布控制模式为均匀分布时,按其偏离车道中心线的最远横向距离(s)同样设置为6个等级:60cm、50cm、40cm、30cm、20cm、10cm,其分别与正态分布模式下的6个等级一一对应,且每个等级的车辆横向分布范围基本一致,即车道内车辆基本上分布在车道中心线$(-2\sigma,2\sigma)$或$(-s,s)$范围内。

5 自动驾驶车辆横向控制模式的影响

5.1 等效应力幅计算

《规范》指出,在采用疲劳荷载模型Ⅲ评估桥面系构件的抗疲劳设计时应按图5a)所示的横向分布模式考虑轮载落入各个横向分布区域的概率,疲劳细节的等效应力幅按下式计算:

$$\Delta S_E = (\sum p_i w_i^m)^{1/m}$$

式中:i——轮载横向分布区域编号;

p_i——轮载落入i区域的概率;

m——疲劳细节对应的S-N曲线的斜率;本文取3;

w_i——轮载从i区域通过时产生的最大应力幅。

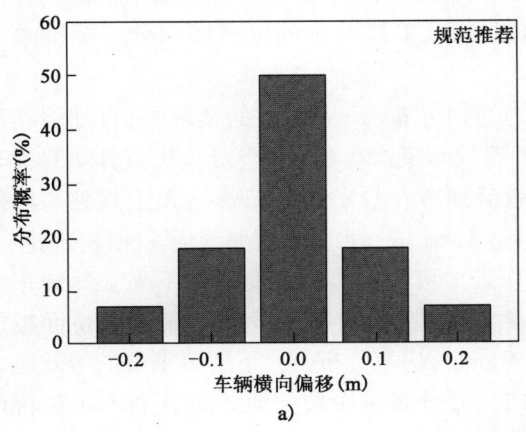
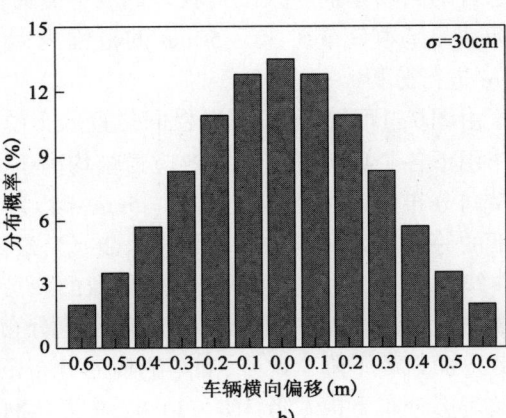

图5 车辆横向分布概率

本文采用同样的方式计算自动驾驶车辆采用不同横向分布控制模式时各个疲劳细节的等效应力幅。为方便计算，本文将所考虑的车辆横向分布概率离散化，每10cm为一个区域，以标准差为30cm的正态分布为例，车辆横向分布概率离散化后如图5b)所示。此外，考虑到未来交通模式的不确定性，本文在计算各个工况下疲劳细节的等效应力幅时，均假设最不利车辆横向位置在车道中心线处[3]。计算结果如图6所示。

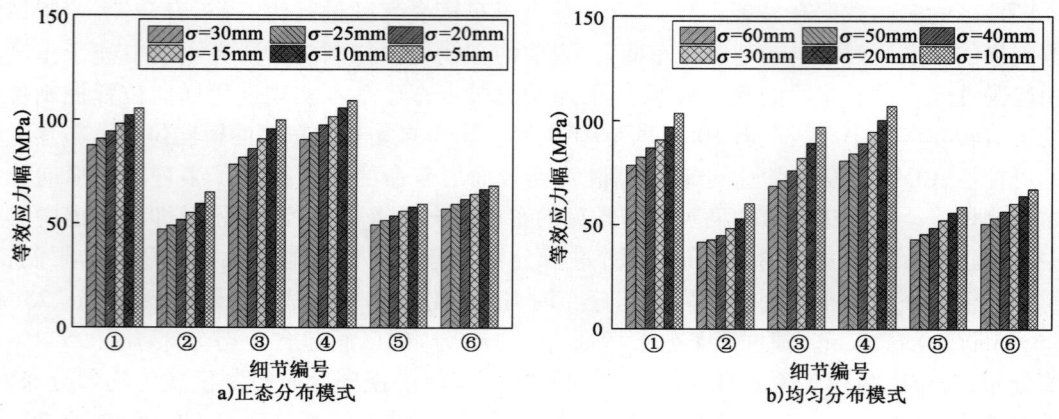

图6 等效应力幅

由图6可知，自动驾驶车辆的横向位置分布模式为正态分布时，随着标准差的降低，各个疲劳细节的等效应力幅明显增加。以疲劳细节②为例，车辆横向分布标准差为30cm时，其等效应力幅为47.0MPa，而当标准差降为5cm时，其等效应力幅增加至65.2MPa，增幅高达39%；同样，自动驾驶车辆的横向位置分布模式为均匀分布时，随着分布区域变窄，各个疲劳细节的等效应力幅同样明显增加，偏离车道中心线的最远横向距离从60cm降低至10cm时，疲劳细节的等效应力幅增幅最高达45%。说明车辆的横向位置分布概率可以显著影响正交异性桥面板中各个疲劳细节的等效应力幅。

5.2 等效应力幅对比

为分析自动驾驶车辆对正交异性桥面板疲劳寿命的影响，本文计算了不同横向分布模式的自动驾驶车辆与人工驾驶车辆作用下的等效应力幅比值，如图7a)所示。需要注意的是，本文分析的是相同交通量下自动驾驶车辆与人工驾驶车辆对正交异形板疲劳寿命的影响，并未考虑自动驾驶车辆与人工驾驶车辆混合交通流的情况。此外，由于我国各地区车辆横向分布的标准差基本分布在30~50cm的范围内[15]，本文取人工驾驶车辆轮迹横向分布标准差为40cm进行分析。

由图7a)可知，除了车辆横向位置分布模式为均匀分布($s=60cm$)的情况外，自动驾驶车辆作用下各个疲劳细节的等效应力幅均高于人工驾驶车辆产生的效应。其中，当自动驾驶车辆横向分布模式为正态分布($\sigma=5cm$)时，各个疲劳细节在自动驾驶车辆与人工驾驶车辆作用下的等效应力幅的比值均超过1.28倍，最高可达1.46倍。根据线性疲劳累积损伤理论，S-N曲线斜率为3时，自动驾驶车辆导致的疲劳损伤最多可能超过同等交通量下人工驾驶车辆的3倍。可见，自动驾驶车辆的横向位置分布过度集中在车道中心线附近可能导致桥面板的疲劳寿命显著下降。此外，当车辆横向分布范围相同时，均匀分布模式下疲劳细节的等效应力幅比正态分布下模式低3%~14%，说明车辆横向位置分布采用均匀模式更有利于延长桥面板的疲劳寿命。

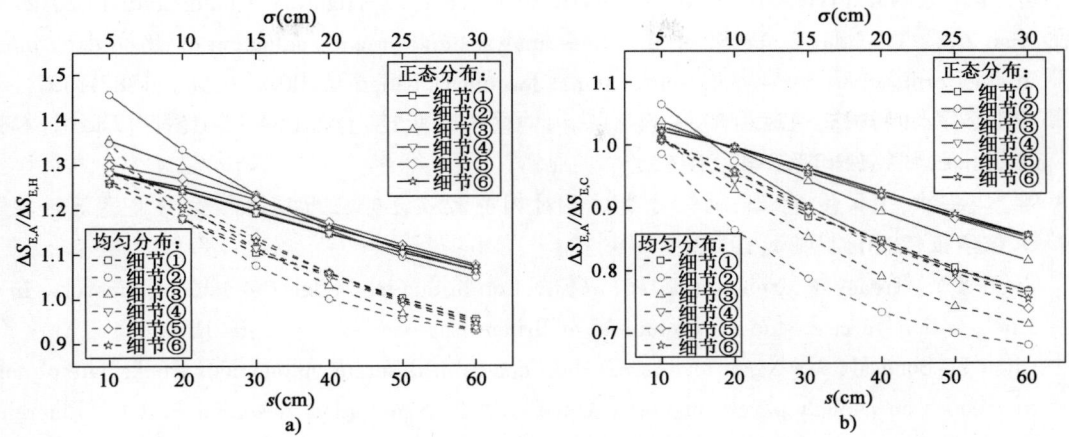

图7 等效应力幅比值

为分析自动驾驶车辆对正交异性桥面板疲劳设计与评估的影响,本文计算了不同横向分布模式的自动驾驶车辆与采用《规范》推荐的车辆横向分布概率计算的等效应力幅比值,如图7b)所示。结果表明,当自动驾驶车辆横向分布范围为(-10cm,10cm),即 $\sigma=5$cm 或 $s=10$cm 时,各个疲劳细节的等效应力幅比值均接近或大于1。说明当自动驾驶车辆的横向分布范围控制在(-10cm,10cm)以内时,采用《规范》推荐的车辆横向分布概率进行疲劳设计或评估可能导致结果偏于不安全。可以预见,在自动驾驶技术进一步强化后,自动驾驶车辆的行驶行为将更稳定可控。因此,在进行自动驾驶卡车横向控制器参数设置时,有必要考虑其控制模式及控制参数对正交异性桥面板疲劳性能的影响。

6 结语

(1)在两种不同的车辆横向位置分布模式下,疲劳细节的等效应力幅均随着车辆横向分布区域变窄而明显增大,增幅可达45%,表明车辆横向位置分布概率可以显著影响正交异性桥面板的疲劳寿命。

(2)自动驾驶车辆作用下正交异性桥面板中疲劳细节的疲劳损伤可能超过同等交通量下人工驾驶车辆的3倍。当自动驾驶车辆横向分布范围一致时,采用均匀分布模式时疲劳细节的等效应力幅比采用正态分布模式时低3%~14%,说明在同等情况下,均匀分布模式更有利于延长桥面板的疲劳寿命。

(3)自动驾驶车辆的横向位置分布过度集中在车道中心线附近,可能导致桥面板的疲劳寿命显著下降。当自动驾驶车辆横向分布范围在车道中心线(-10cm,10cm)以内时,采用《规范》推荐的车辆横向分布概率进行疲劳评估或设计,可能导致结果偏于不安全。

参 考 文 献

[1] 张清华,卜一之,李乔.正交异性钢桥面板疲劳问题的研究进展[J].中国公路学报,2017,30(3):14-30,39.
[2] 童乐为,沈祖炎.正交异性钢桥面板疲劳验算[J].土木工程学报,2000,33(3):16-21,70.
[3] Connor RJ. Manual for design, construction, and maintenance of orthotropic steel deck bridg-

es. Report No. FHWA-IF-12-027. United States: Federal Highway Administration, 2012.
[4] Xiao Z G, Yamada K, Ya S, et al. Stress analyses and fatigue evaluation of rib-to-deck joints in steel orthotropic decks[J]. International Journal of Fatigue, 2008, 30(8):1387-1397.
[5] 中华人民共和国交通运输部.公路钢结构桥梁设计规范:JTG D64—2015[S].北京:人民交通出版社股份有限公司,2015.
[6] 崔冰,吴冲,丁文俊,等.车辆轮迹线位置对钢桥面板疲劳应力幅的影响[J].建筑科学与工程学报,2010,27(3):19-23.
[7] Zhou X Y, Treacy M, Schmidt F, et al. Effect on bridge load effects of vehicle transverse in-lane position: a case study[J]. Journal of Bridge Engineering, 2015:04015020.
[8] Chen F, Song M, Ma X, et al. Assess the impacts of different autonomous trucks' lateral control modes on asphalt pavement performance[J]. Transportation Research Part C: Emerging Technologies, 2019, 103:17-29.
[9] Chen F, Song M, Ma X. A lateral control scheme of autonomous vehicles considering pavement sustainability[J]. Journal of Cleaner Production, 2020, 256:120669.
[10] Lee J W. Model based predictive control for automated lane centering/changing control systems: US, US8190330 B2[P]. 2012.
[11] Noorvand H, Karnati G, Underwood B S. Autonomous Vehicles: Assessment of the Implications of Truck Positioning on Flexible Pavement Performance and Design[J]. Transportation Research Record Journal of the Transportation Research Board, 2017, 2640:21-28.
[12] 丁楠,邵旭东.轻型组合桥面板的疲劳性能研究[J].土木工程学报,2015,48(1):74-81.
[13] HOBBACHER A. Recommendations for Fatigue Design of Welded Joints and Components [M]. New York: Welding Research Council, 2016.
[14] 赵延庆,王国忠,王志超.沥青路面轮迹横向分布系数的实测与分析[J].同济大学学报(自然科学版),2012,40(4):569-572.
[15] 宋明涛,陈丰.自动驾驶对沥青面层寿命及养护成本影响分析[EB/OL].中国公路学报,2021.

154. 钢-UHPC组合桥面板矩形干接缝开裂特性分析

肖涵[1] 王巍[2] 徐晨[1] 马骉[2]

(1. 同济大学土木工程学院桥梁工程系；2. 上海市政工程设计研究总院(集团)有限公司)

摘 要：正交异性钢-超高性能混凝土(UHPC)组合桥面板的接缝性能是影响其安全性和耐久性的重要因素，接缝开裂特性的影响因素包括接缝形状和尺寸、配筋率、界面处理方法等。目前部分因素影响尚未明确。为此，首先开展2个组合桥面板轴向拉伸试验，结果表明，试件破坏模式主要为大量UHPC裂缝和钢结构屈服，接缝是结构受力薄弱位置。接缝初开裂荷载为400kN，对应UHPC板名义拉应力为4.7MPa。然后，本文采用材料塑性损伤模型开展有限元参数化分析，结果表明，增大配筋率对提高初开裂荷载贡献较小，但有利于改善裂后性能，配筋率从2.2%增加至5.6%，初开裂荷载提高1.3%~3.8%，0.2mm裂宽对应荷载提高10.8%~32.1%；此外，矩形接缝尺寸改变对承载能力无较大影响，但增大尺寸会加快裂缝发展速度。本文研究内容可为实际工程应用提供一定理论依据。

关键词：桥梁工程 钢-UHPC组合桥面板 接缝 开裂特性 参数化分析

1 引言

正交异性钢桥面板由于自重轻、承载能力强、施工方便等优点在大跨径桥梁中广泛应用[1]。UHPC是一种具有超高强度、高韧性、高耐久性的新型水泥基复合材料，其抗压强度约是普通混凝土的3倍，表征弯拉韧性的抗折强度约是普通混凝土的10倍[2]。在传统的正交异性钢桥面板上，铺装UHPC结构层并用剪力连接件连接，可以极大提高桥面板局部刚度，从而减少桥面结构病害[3]。

钢-UHPC组合桥面板现场浇筑面积大、耗时长，沿纵桥向需要分段浇筑，从而形成UHPC板接缝。通常情况下，组合桥面板接缝是结构中较薄弱位置，一方面因为钢纤维在此处不连续分布，另一方面由于接缝处存在浇筑龄期差，导致收缩、徐变不一致等状况[4]。

多年来，国内外一些学者对接缝性能进行了研究，并且在工程应用方面进行了探索。Zhao等[5]测试了活性粉末混凝土组合桥面板燕尾形湿接缝的弯拉性能，并且分析了钢筋配筋率对裂缝宽度的影响。陈斌[6]对加密钢筋传统平直接缝、加强钢板接缝、企口形接缝及异性钢板接缝的抗弯拉性能进行了系统的试验研究，并给出了相应的裂缝宽度计算方法。陈德宝等[4]

基金项目：国家自然科学基金，51978501。

依托上海青浦大桥工程背景,开展了 UHPC 湿接缝足尺模型的轴心受拉试验,揭示了不同界面处理下的接缝受力机理。陆凯卫[7]以南京长江五桥为工程背景,研究了含粗集料 UHPC 桥面板接缝的疲劳性能。邓舒文[8]针对先后浇筑 UHPC 试件进行了界面抗折和斜剪试验,获得基于内聚力模型的 UHPC 接缝界面弯拉、压剪行为数值模拟参数和模拟方法,同时讨论了各参数的确定方法及影响范围。潘仁胜等[9]采用有限元计算对 UHPC 大键齿干接缝的性能展开研究,验证了有限元计算方法,并揭示了其主要破坏模式。

对于 UHPC 现场浇筑施工,接缝的构造形式是影响施工便利的重要因素。相比于复杂接缝形式,矩形接缝既有较好的力学性能,又能降低施工难度,目前已得到广泛运用[10]。近年来,Pan 等[11]研究了 5 种组合桥面板不同接缝形式的轴拉性能,发现虽然平口、矩形、锯齿等接缝形式力学性能接近,但是抗裂性能有较大的区别,其中矩形接缝抗裂性能较好。袁嘉梁等研究了矩形接缝的受力机理与性能,发现矩形接缝接合面由于钢纤维的不连续,其抗拉强度可忽略。史占崇等[12]研究了钢-UHPC 组合桥面板分段浇筑矩形接缝的轴拉性能,并且推导了配筋 UHPC 轴拉构件的主裂缝间距计算公式以及接缝与 UHPC 主裂缝间距计算公式。

综上所述,矩形接缝开裂特性受尺寸、配筋率、界面处理方式等因素影响,但是目前部分影响因素尚未明确,这对钢-UHPC 组合桥面板矩形接缝设计造成阻碍。基于此,针对处于受拉区域的组合桥面板接缝开展两组轴拉试验,总结了接缝位置的开裂特性,并且基于材料塑性损伤模型的有限元模型对试验进行验证和参数化分析,为桥面板矩形接缝设计提供理论依据。

2 试验概况

2.1 试件设计与制作

设计并制作了 2 个钢-UHPC 组合桥面板试件,编号分别为 JF1 和 JF2,试件安排如表 1 所列。为方便加载,试件设计为哑铃形,长 2 250mm,宽 1 400mm;接缝测试段长 1 150mm,宽 600mm,如图 1 所示。试件由 UHPC 板(厚度 60mm)、钢板(厚度 12mm)、球扁钢加劲肋(厚度 11mm)组成。其中,UHPC 板中配有直径为 16mm 的钢筋网,钢筋保护层厚度 15mm。UHPC 板与钢板通过焊钉连接,焊钉直径 13mm,高 35mm,纵、横间距均为 200mm。

试件安排 表1

试件编号	浇筑工艺	接缝尺寸(mm)	UHPC厚度(mm)	纵筋数量(根)	纵筋直径(mm)	配筋率(%)
JF1	连续浇筑	—	60	6	16	3.3
JF2	分段浇筑	200	60	6	16	3.3

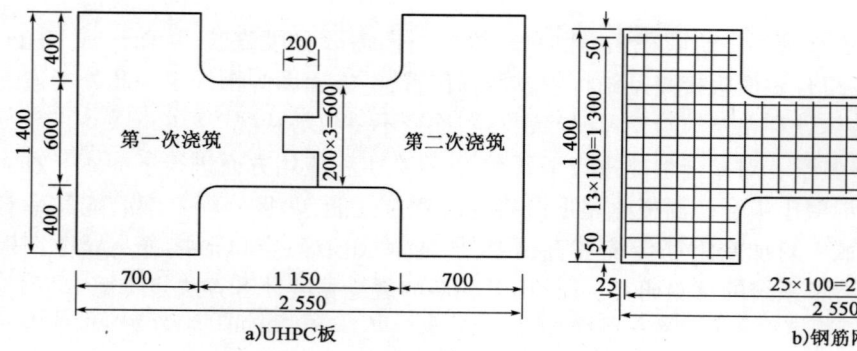

图1 接缝试件尺寸(尺寸单位:mm)

为模拟组合桥面板真实浇筑情况,JF2分为先浇段和后浇段,两次浇筑时差为72h。其中,先浇段拆模后对其进行凿毛处理,随后进行后浇段浇筑。UHPC层覆膜常温养护28d后将试件倒置,进行哑铃端头底面UHPC层的浇筑,底面UHPC层覆膜常温养护28d后进行加载试验。

试件浇筑采用的UHPC由粉体材料和外掺定制特种钢纤维组成。钢纤维的体积掺量为2.3%,抗拉强度大于2500MPa,直径为0.2mm,长度为16~18mm。龄期28d UHPC抗拉强度、立方体抗压强度、轴心抗压强度和弹性模量分别为9.2MPa、127.4MPa、110.6MPa和47900MPa。钢结构部分采用11mm和12mm厚钢板,屈服强度分别为455MPa和411MPa,极限强度分别为608MPa和547MPa。

2.2 加载与测试方案

轴拉试验加载装置如图2所示。试验采用两个千斤顶通过钢垫块顶推试件"哑铃形"端头,达到拉伸接缝组合桥面板的效果。其中,为保证同步加载,两个千斤顶采用同一油源。试件置于圆形钢筋上,便于加载时轴向位移。正式加载前先进行预加载,荷载值取预估极限承载力的10%。正式加载阶段以100kN为增幅逐级加载,每完成一级加载,持荷2min,记录各观测点数据,然后进行下一级加载。

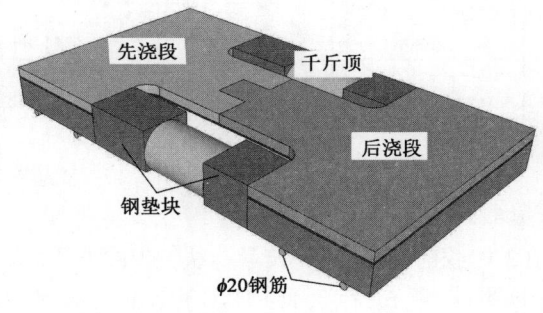

图2 轴拉试验加载装置示意图

在UHPC板和钢顶板两侧对称布置4个拉线式位移计来测量轴向变形,UHPC层、钢板、纵筋上采用电阻应变片测量加载过程中的应变变化。此外,试验过程中采用精度为0.01mm的裂缝观测仪记录UHPC层裂缝宽度的发展。

3 试验结果

3.1 试验过程与破坏形态

由于未考虑到千斤顶偏心,在接近极限承载状态时,JF1出现端部翘起现象。JF2的破坏过程可分为四个阶段:第一阶段,结构呈现弹性状态,UHPC板无裂缝产生;第二阶段,UHPC发生初开裂,且裂缝主要集中在接缝处;第三阶段,裂缝快速发展,位移计数据增长较快,钢纤维发出"呲呲"的拔出声响;第四阶段,钢筋和钢板屈服,裂缝宽度急剧发展,钢纤维不断拔出,直至试件破坏。图3为极限状态下UHPC开裂情况,其中虚线所示为接缝位置。

3.2 UHPC裂缝发展

图4所示为试验过程中测得各试件荷载-裂缝宽度曲线。连续浇筑试件JF1的初开裂荷载为500kN,其两条主裂缝几乎同时出现且宽度发展速度在前期基本重合,而接缝试件裂缝出现有一定间隔且发展速度不同,JF2初开裂荷载为400kN。可见,作为受力薄弱部位接缝会导

致初开裂荷载降低;同时由于接缝部位开裂会导致结构受力不均匀,性能不能充分利用。

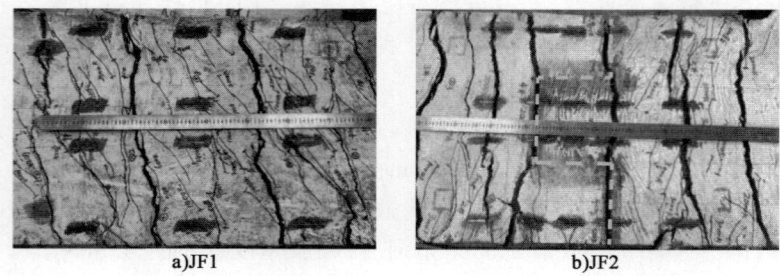

图3 极限状态下 UHPC 开裂情况

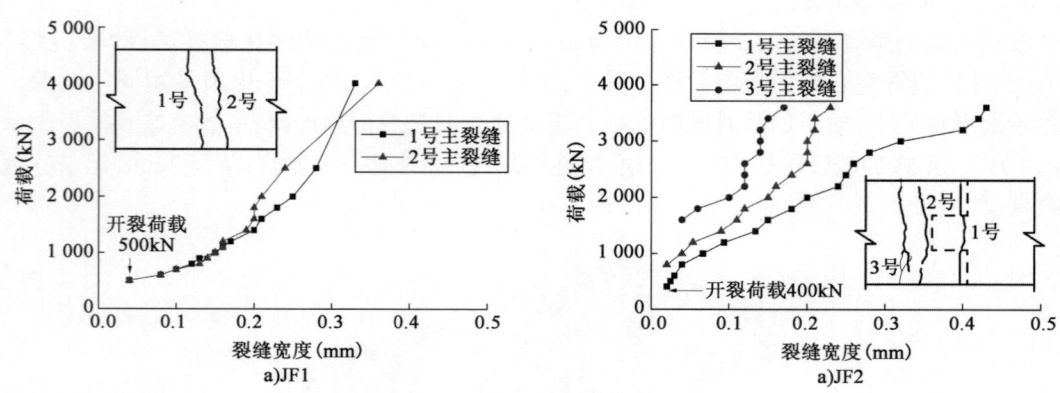

图4 试件荷载-裂缝宽度曲线

3.3 轴向荷载-伸长量曲线分析

图5a)、b)为 JF1 和 JF2 加载前期荷载-伸长量曲线,图中可明显观察到 UHPC 板和钢板曲线发展差异。钢板整体呈现平缓、顺直特点,而 UHPC 板不同阶段的曲线切线斜率有较大的变化,这反映 UHPC 板由于开裂导致其刚度不断退化。对比图5a)、b)中,JF1 伸长量为0.2~0.8mm时刚度明显大于 JF2,说明接缝位置过早开裂导致 JF2 刚度下降快于连续浇筑试件。

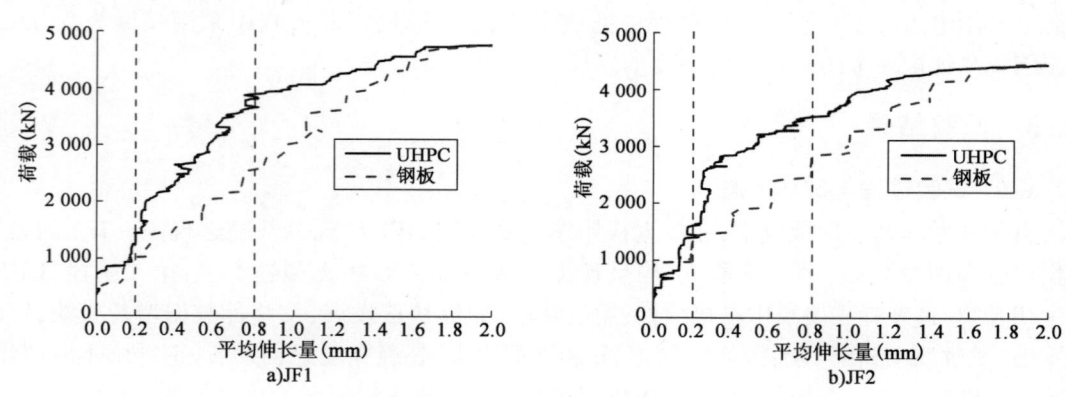

图5 荷载-伸长量曲线

4 有限元模型验证

为了进一步研究接缝破坏机理,利用 Abaqus 建立有限元模型分析,并通过对比试验结果验证模型可靠性。模型尺寸参照 JF2 试件尺寸,记为 JF2-A。

4.1 有限元模型及材料本构

4.1.1 有限元模型概况

模型中 UHPC 板、钢板、钢筋分别采用 C3D8R 单元、S4R 单元、T3D2 单元模拟,钢筋通过 embedded 嵌入 UHPC 板,焊钉采用弹簧元模拟,有限元模型如图 6 所示。为保持与试验加载条件相同,模型四个扩大端头位置施加位移边界,位移方向沿试件纵向,数值为 5mm。

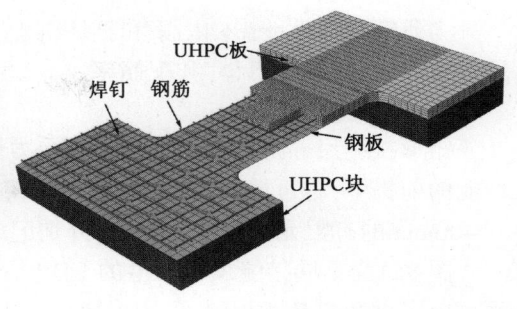

图 6 有限元模型

4.1.2 参数设定

引入混凝土塑性损伤模型,以模拟 UHPC 受拉开裂特征,UHPC 损伤曲线参考徐晨等[13]总结的相关数据。假定钢板和钢筋为理想弹塑性材料,相关参数与材性试验结果一致,泊松比取 0.3。为模拟 UHPC 接缝界面特性,采用基于接触参数设定的内聚力模型(Cohesive Behavior)。内聚力模型假设需要定义接触-分离本构和损伤演化曲线,本文参考冯峥等[14]试验参数,如表 2 所列。

Cohesive Behavior 接触参数设定 表 2

$K_{nn}/K_{ss}/K_{tt}$ (MPa/mm)	$t_n^0/t_s^0/t_t^0$ (MPa)	G_f (MPa·mm)	黏性系数
184.43/184.43/184.43	6.64/6.64/6.64	0.0533	1×10^{-6}

注:$K_{nn}/K_{ss}/K_{tt}$ 为界面刚度;$t_n^0/t_s^0/t_t^0$ 为界面最大拉伸应力;G_f 为界面断裂韧性指标。

4.2 有限元模型计算结果

图 7a)为试验与有限元计算中钢板的荷载-伸长量曲线对比,在弹性阶段两者曲线吻合较好。此外,JF2 和 JF2-A 的极限承载能力分别为 5 032kN 和 4 740kN,两者相差 5.8%。将试验所得钢筋荷载-应变曲线与计算结果比较,两者仅极限承载能力略有差别,其余特性相同,如图 7b)所示。根据试验所得 JF2 的初开裂荷载,提取对应分析步下 UHPC 受拉损伤和接缝处黏结接触损伤,发现有限元模型中较大损伤位置与试验时 UHPC 开裂位置一致。综合上述分析认为,有限元模拟方法和相关参数设定可靠。

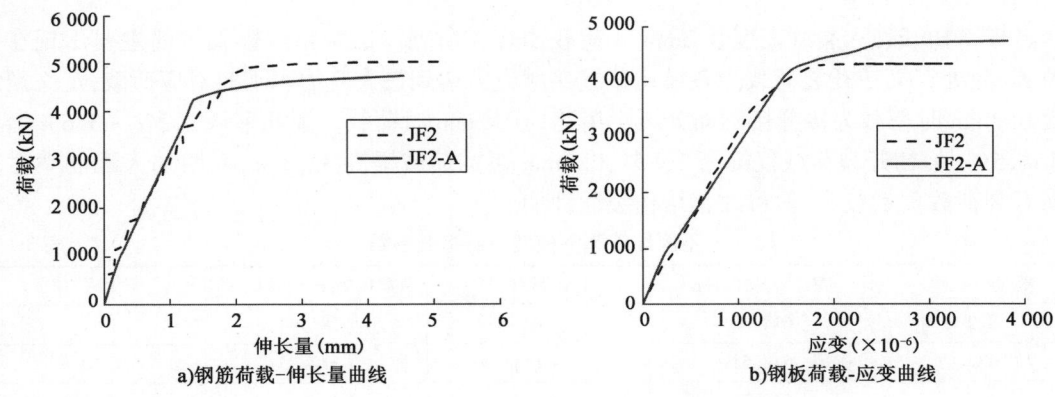

a)钢筋荷载-伸长量曲线   b)钢板荷载-应变曲线

图 7 试验与有限元计算结果

5 矩形接缝抗裂性能参数化分析

为研究接缝性能影响因素和破坏机理,基于有限元模型进行参数化计算与分析,所研究设计变量参数包括接缝尺寸和配筋率。

5.1 接缝尺寸

矩形接缝尺寸是影响组合桥面板受力性能和施工难易程度的重要因素,因此在满足基本性能的前提下,尽可能增大尺寸,以提高施工效率。建立尺寸分别为200mm、250mm、300mm和400mm的有限元模型进行分析,分别记为S200、S250、S300和S400。

图8a)为不同接缝尺寸模型的UHPC荷载-伸长量曲线,四条曲线在加载早期保持重合,而且极限承载力基本相同,可知接缝尺寸的变化对桥面板承载能力影响较小。图8b)为接缝界面荷载-分离距离曲线,各尺寸接缝初开裂荷载约为600kN,并且随着尺寸增加,接触面分离速度加快。主要原因是接缝黏结强度弱于连续浇筑的UHPC基体强度,当破坏发生后,裂缝会沿着接缝迅速发展。

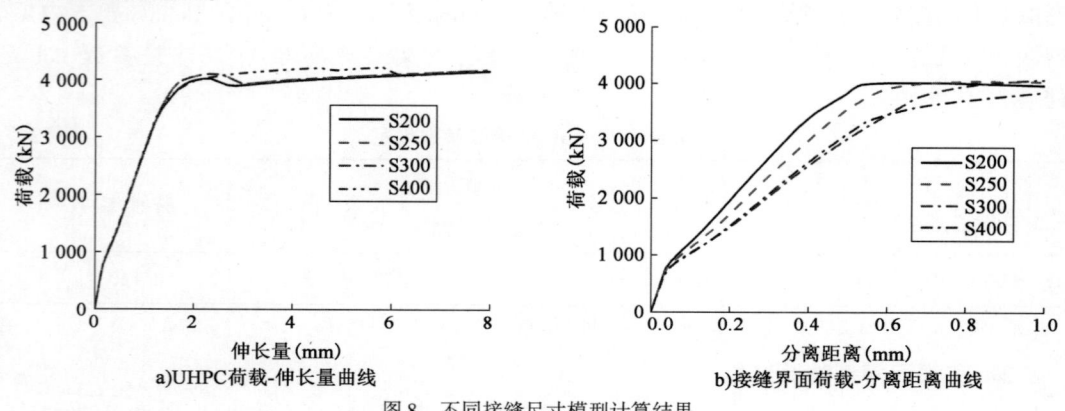

图8 不同接缝尺寸模型计算结果

5.2 配筋率

配筋率是影响桥面板受力和开裂性能的关键因素,本文采用尺寸为300mm的矩形接缝模型对配筋率为2.2%、3.3%、4.5%和5.6%进行计算分析,分别记为R22、R33、R45、R56。

在不同配筋率模型钢板荷载-伸长量曲线中,各模型的刚度在弹性阶段基本保持一致。与R22相比,进入塑性阶段后,配筋率分别为3.3%、4.5%和5.6%时,结构极限承载能力各提高5.5%、11.0%和15.7%。

各模型初开裂和裂缝宽度0.2mm时荷载如表3所列。试验中观察到裂缝主要出现在接缝位置,此处定义初开裂荷载为各模型接缝接触应力达到最大应力水平时对应荷载,定义裂缝宽度0.2mm时荷载为接缝接触面分离距离达到0.2mm时荷载。配筋率从2.2%~5.6%增长了154.5%,但初开裂荷载仅提高3.8%,0.2mm裂宽荷载提高32.1%,表明加大配筋率对提高初开裂荷载贡献较小,但可改善结构裂后性能。

不同配筋率下模型关键荷载参数 表3

模型编号	初裂荷载(kN)	变化率(%)	裂宽0.2mm荷载(kN)	变化率(%)
R22	624.09	—	1 185.04	—
R33	632.51	+1.3	1 312.85	+10.8
R45	640.73	+2.7	1 440.94	+21.6
R56	647.74	+3.8	1 565.98	+32.1

6 结语

本文通过钢-UHPC组合桥面板轴拉试验和有限元模拟,考察了浇筑方式、配筋率和接缝尺寸对组合桥面板轴拉性能的影响特点,得到以下结论:

(1)根据本文所述轴拉试验结果,试件极限破坏形态均表现为大量UHPC裂缝产生和钢板屈服。相比于连续浇筑试件,接缝试件裂缝萌生更早,之后沿试件横向发展。接缝试件初开裂荷载为400kN,对应UHPC板名义拉应力4.7MPa。

(2)根据对比结果,引入材料塑性损伤本构的有限元模型,再现了组合桥面板轴拉试验过程。与试验数据相比,计算结果仅极限承载能力略有差别,其余特性基本一致。同时,根据试验得到的开裂荷载与位置,通过混凝土受拉损伤和接缝接触损伤本构关系对有限元模型进行了标定,验证有限元模拟方法和相关参数设定可靠。

(3)通过进一步的参数化分析可知,接缝尺寸的变化对桥面板承载能力影响较小,尺寸从200~400mm,接缝界面分离速度加快18%~43%,表明较大的接缝尺寸会影响裂缝开裂后的发展速度。初开裂荷载对界面配筋率变化敏感性较弱,但提高配筋率可改善结构裂后性能。

参 考 文 献

[1] 戴昌源,苏庆田,冯小毛,等.纤维混凝土组合桥面板裂缝宽度计算方法[J].同济大学学报(自然科学版),2020,48(6):788-795.

[2] 邵旭东,邱明红,晏班夫,等.超高性能混凝土在国内外桥梁工程中的研究与应用进展[J].材料导报,2017,31(23):33-43.

[3] 丁楠,邵旭东.轻型组合桥面板的疲劳性能研究[J].土木工程学报,2015,48(1):74-81.

[4] 陈德宝,曾明根,苏庆田,等.钢-UHPC组合桥面板湿接缝界面处理方式[J].中国公路学报,2018,31(12):154-162.

[5] Zhao C, Wang K, Zhou Q, et al. Full-scale test and simulation on flexural behavior of dovetail-shaped reactive powder-concrete wet joint in a composite deck system[J]. Journal of Bridge Engineering,2018,23(8):04018051.

[6] 陈斌.正交异性钢-UHPC轻型组合桥面结构湿接头抗弯性能研究与试验[D].长沙:湖南大学,2018.

[7] 陆凯卫.含粗骨料UHPC桥面板疲劳性能研究[D].南京:东南大学,2018.

[8] 邓舒文.全预制钢-UHPC轻型组合桥梁设计方法研究[D].长沙:湖南大学,2020.

[9] 潘仁胜,何伟伟,程灵霄,等.UHPC大键齿干接缝直剪性能及尺寸参数分析[J].湖南大学学报(自然科学版),2021,48(7):129.

[10] 广东省交通运输厅.超高性能轻型组合桥面结构技术规程:GDJTG/T A01—2015[S].北京:人民交通出版社股份有限公司,2015.

[11] PAN W H, FAN J S, NJ G, et al. Experimental Study on Tensile Behavior of Wet Joints in a Prefabricated Composite Deck System Composed of Orthotropic Steel Deck and Ultrathin Reactive-Powder Concrete Layer[J]. Journal of Bridge Engineering,2016,21(10).

[12] 史占崇,苏庆田,邵晓东,等.钢-UHPC组合桥面板分段浇筑矩形接缝的轴拉性能[J].土木工程学报,2022,55(2):50-60.

[13] 徐晨,张乐朋,江震,等.短焊钉布置对超高性能混凝土组合桥面板抗弯性能影响[J].同济大学学报(自然科学版),2021,49(8):1088-1096.

[14] 冯峥,李传习,李海春,等.超高性能混凝土湿接缝界面黏结性能[J].硅酸盐学报,2021,49(11):2393-2404.

155. PPC斜拉桥主梁抗疲劳性能模型试验研究

颜东煌 郭 鑫 袁 晟 彭坤帅 刘 昀 袁 明

(长沙理工大学土木工程学院)

摘 要：为研究大跨度部分预应力混凝土(PPC)斜拉桥主梁的抗疲劳性能，以某双塔混凝土斜拉桥为工程依托，依据实桥参数并采用几何相似原理制作缩尺比例为1/7.4的节段模型，通过索力及预应力将主梁调整至部分预应力受力状态并开展疲劳试验，结合实桥荷载谱确定斜拉桥模型疲劳荷载为4~16kN，加载频率为1.5Hz，得到主梁在无初始损伤及最大裂缝宽度0.1mm预损伤情况下各250万次疲劳加载过程中体系刚度的退化规律。研究结果表明，在无初始损伤的情况下，斜拉桥体系刚度在全寿命周期内基本不发生变化；在带裂缝工作的情况下，跨中截面体系刚度随疲劳次数的增长按线性退化，最大退化量为3.35%，表明PPC斜拉桥体系具有良好的抗疲劳性能，为混凝土斜拉桥采用部分预应力设计提供了理论依据。

关键词：桥梁工程 斜拉桥 部分预应力 模型试验 疲劳性能

1 引言

混凝土斜拉桥是一种桥面体系受压，支撑体系受拉的特殊桥梁结构[1]。1962年在委内瑞拉建成马拉开波桥是世界上第一座预应力混凝土斜拉桥，采用单索面稀索体系，主跨达到235m，斜拉索在主梁上锚固间距较大，主梁以受弯为主，为后期混凝土斜拉桥的发展提供了宝贵的经验[2]。随着斜拉桥设计、施工工艺不断改良，现阶段混凝土斜拉桥大多采用密索体系，斜拉索竖向力可以等效为弹性支承，主梁在斜拉索竖向力作用下近似为多点弹性支承梁；斜拉索水平力可以等效为主梁体外预应力。对于采用全预应力混凝土主梁的斜拉桥，主梁承受的压应力比较大，而过大压应力提高了混凝土的强度等级要求，同时还会使混凝土存在被压溃的隐患，且容易引起预应力锚固区开裂的状况[3]。尽管《公路钢筋混凝土及预应力混凝土桥涵设计规范》(JTG 3362—2018)[4]中规定跨径大于100m桥梁的主要受力构件，不宜进行部分预应力混凝土设计，但随着全预应力混凝土斜拉桥缺陷逐渐显现，学者发现若主桥跨中区域按部分预应力混凝土(PPC)设计，允许此区域出现拉应力甚至出现未超限裂缝，既不影响结构正常使用，又可有效减少过大的预应力引起的结构不利影响。因此，采用PPC作为斜拉桥主梁具有较大的工程应用价值。

基金项目：国家自然科学基金项目(51878073)。

采用 PPC 结构作为斜拉桥主梁是一种处于探索阶段的设计思路,在应用到实桥设计前,要验证结构的承载能力,也需要验证其耐久性与可靠性,颜东煌、刘昀等[3,5]已经完成了 PPC 斜拉桥的静力性能研究,论证了其工程应用的可行性。现有 PPC 结构疲劳试验研究主要监测结构在疲劳过程中挠度、裂缝发展、钢筋及混凝土应变等参数,推导结构刚度退化过程计算公式,预测结构剩余疲劳寿命,研究成果能较好地反映中小跨径桥梁服役的实际情况,但研究对象多集中于简支梁,针对 PPC 斜拉桥在疲劳荷载下主梁刚度退化研究较少。韩基刚[6-7]等分析疲劳荷载作用下 PPC 梁的残余挠度与普通钢筋的残余应变,分析试验梁的残余性能,并提出非预应力钢筋疲劳黏结应力-滑移关系,设计出 PPC 梁裂缝宽度计算模型,并与 PPC 梁疲劳试验结果对比;雷兵[8]结合 PPC 梁疲劳破坏全过程试验,总结了试验梁挠度、钢筋应变、裂缝发展均成三阶段增长,初期和后期发展较快,中期发展较慢,并推导出疲劳全过程总挠度计算公式;Zhou 等[9]建造了一个 1∶4 比例的无砟轨道混凝土箱梁试件,通过 1.8×10^7 循环的多级疲劳加载试验,研究了 CRTS Ⅱ 无砟轨道桥结构体系的挠度演变和刚度退化;Zhang 等人[10]针对混凝土板梁在标准车辆荷载及超载荷载循环作用下结构刚度及承载能力变化情况进行分析;Liu[11-12]等人对钢筋混凝土梁在等幅疲劳荷载作用下结构损伤和裂缝发展规律进行研究,对本文研究有参考作用。

基于此,本文以某双塔混凝土斜拉桥为背景,依据实桥参数并采用几何相似原理制作缩尺比例为 1/7.4 的节段模型,通过调整索力及预应力将主梁设计为部分预应力受力状态并开展疲劳试验,研究主梁在无初始损伤及最大裂缝宽度 0.1mm 预损伤情况下 PPC 斜拉桥体系的静挠度、主梁线形及刚度随疲劳加载次数的变化规律,并以此反映 PPC 斜拉桥主梁的抗疲劳性能。

2 试验方案

2.1 工程背景

某双塔混凝土斜拉桥为一座主跨 220m 的预应力混凝土斜拉桥,全长 440m,桥跨布置为 38m+72m+220m+72m+38m,边中跨比为 0.5。桥塔采用双菱形塔,通过空间四索面将上下行两幅主梁锚固于主塔上,如图 1 所示。该桥跨径布置处于混凝土主梁的经济跨径,采用典型的 Π 形混凝土主梁,如图 2 所示,其力学受力特点对同类型桥梁具有较高的参考价值。

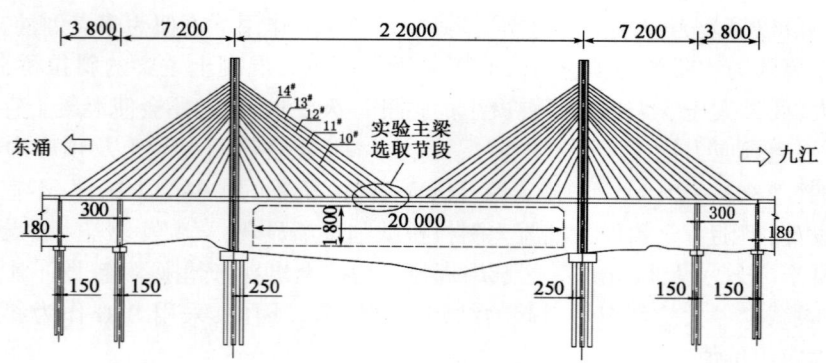

图 1 某双塔混凝土斜拉桥立面布置图(尺寸单位:cm)

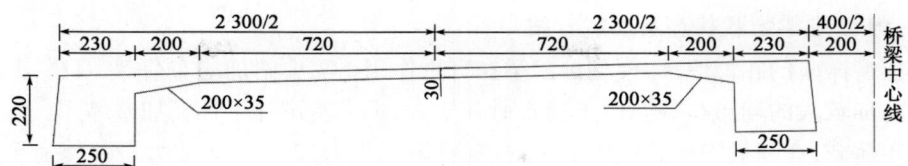

图2 主梁断面尺寸图(尺寸单位:cm)

2.2 节段缩尺模型

原斜拉桥体系主梁为Π形截面,斜拉索采用平行钢丝索,考虑部分预应力混凝土斜拉桥设计中,主梁压应力储备由跨中处向桥塔处递增,体系受力最不利位置位于跨中附近,因此本文截取单塔侧近跨中处10～14号斜拉索及其对应5个梁段进行模拟,根据斜拉索几何相似原理,构建了比例1:7.4的节段缩尺模型,斜拉索采用单根$\phi15.2$mm钢绞线模拟,主梁选用T形横断面(模拟一半桥宽)。主梁尺寸及配筋如图3所示。

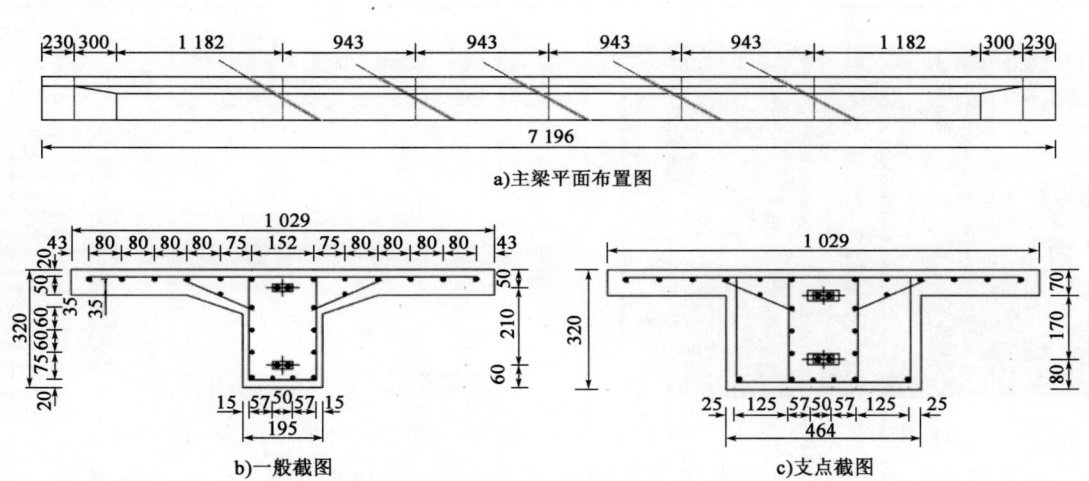

图3 PPC斜拉桥模型梁尺寸及配筋(尺寸单位:mm)

2.3 材料

节段缩尺模型主要由主梁、斜拉索、弹性支承构成,试件模型材料主要参数如表1所示。主梁采用C50细集料混凝土,主梁中纵向受力普通钢筋采用型号为HRB335钢筋,直径为10mm;其余普通钢筋采用型号为HRB335钢筋,直径为8mm;主梁中预应力筋采用4束抗拉强度标准值为1860MPa的$\phi15.2$钢绞线,预应力线形采用直线,分上下两处锚固,采用部分预应力设计,张拉控制应力$\sigma_{con}=930$MPa;斜拉索采用一束$\phi15.2$钢绞线;弹性支承采用定制设计刚度的弹簧。

节段缩尺模型材料主要参数　　　　表1

参数	混凝土	钢筋$\phi10$mm	钢筋$\phi8$mm	斜拉索	预应力筋
材料	C50	HRB335	HRB335	钢绞线	钢绞线
长度(m)	71.96	85.2	301.26	71.19	28.784
弹性模量(GPa)	34.5	200	200	195	195
抗拉强度设计值(MPa)	1.83	280	280	1260	1260
抗压强度设计值(MPa)	22.4	280	280	—	—

2.4 PPC 主梁恒载状态及加载方案

根据模型试验的相似原理,模型试验梁在自重作用下需要附加均布荷载,且模拟车辆荷载时也需要施加较大的均布荷载。由于均布荷载较大,本试验设计了杠杆加载体系,通过多点加载模拟均布荷载,在挂篮中放置砝码,通过杠杆将砝码重力按 1∶4 的放大系数传递至主梁,杠杆体系布置如图 4 所示。

建立 midas Civil 有限元分析模型,调整索力至 1.0 倍恒载 + 1.0 倍活载下主梁不开裂,1.0 倍恒载 + 1.4 倍活载下设计截面刚好开裂的情况,符合 A 类部分预应力混凝土构件设计[13]。设计张拉索力及恒载配重大小如表 2 所示,成桥状态下主梁下缘正应力如图 5 所示。

设计张拉索力及恒载配重大小　　　表 2

斜拉桥模型设计张拉索力(kN)					预应力筋张拉控制应力(MPa)	恒载大小(kN/m)
10 号	11 号	12 号	13 号	14 号		
45.5	47.0	48.4	48.8	51.1	930	25.03

图 4　杠杆体系布置图　　　　　图 5　成桥状态下下缘正应力分布(单位:MPa)

疲劳试验中静力及疲劳荷载采用电液式脉动疲劳试验机进行跨中关键截面集中力方式进行加载。模型试验疲劳荷载模拟实桥汽车荷载的疲劳作用,模型试验疲劳应力幅采用实桥荷载谱作用下得出的实桥主梁底缘应力幅,幅值为 3.0MPa。通过试验模型的有限元分析结果,该应力幅值下,集中力荷载幅值为 12kN[14],疲劳荷载上下峰值作用下,梁底正应力分别为 1.516MPa 及 -1.304MPa,梁底正应力在拉压区交替变化,满足试验设计要求,如图 6 所示。

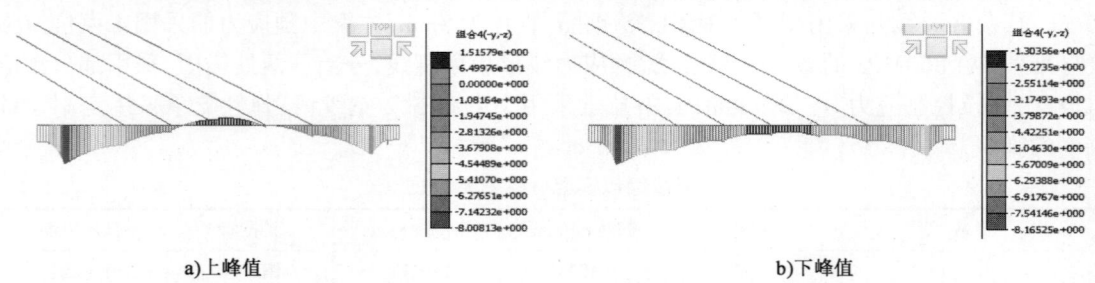

a)上峰值　　　　　　　　　　　　　b)下峰值

图 6　疲劳上下峰值对应主梁应力分布(单位:MPa)

为研究 PPC 斜拉桥主梁处于拉压应力状态及产生 0.1mm 裂缝损伤后的疲劳性能,拟定疲劳-预损伤静载-疲劳试验总过程为:①疲劳加载工况一:无损伤下,疲劳荷载设计值为 16 ~ 4kN,疲劳加载 250×10^4 次;②采用活载倍数分级加载至主梁裂缝达到 B 类部分预应力混凝土允许裂缝宽度0.1mm(预损伤静载,对应活载倍数为2.86倍);③疲劳加载工况二:在0.1mm裂缝预损伤后卸去活载回到初始状态下,进行疲劳试验,荷载设计值为16~4kN,疲劳250×10⁴次。工况一及工况二均采用实桥等效疲劳荷载作用,疲劳试验过程中静载试验采取分级加载,荷载范围为零值至疲劳荷载上限值,并进行索力、位移、裂缝、应变等测试项目的观测,每次静载重复试验三次,疲劳试验加载工况及疲劳荷载设计值如表3所示。

疲劳试验加载工况及疲劳荷载设计值 表3

工况序号	初始状态	疲劳荷载		应力幅(MPa)	频率(Hz)	疲劳(万次)
		上峰值(kN)	下峰值(kN)			
工况一	无损伤	16.0	4.0	3	1.5	250
工况二	0.1mm裂缝预损伤	16.0	4.0	3	1.5	250

2.5 测点布置及测试装置

在模型梁从近塔端开始分别在近塔端支座处(0L)、1/4跨径处(L/4)、跨中处(L/2)、3/4跨径处(3L/4)、远塔端支座处(L)布置一个静态位移计(分别为F4、F8、F11),其中L表示两端支座间距离,L=6.3m,在模型梁位于斜拉索的正下方各布置一个静态位移计(分别为F3、F6、F8、F10、F12),并且位移计间距较大处增加三个静态位移计。全模型梁共设置13个位移计,具体布置位置见图7,精度均为0.01mm。为了避免模型梁振动对位移计精度的影响,将位移计固定在模型梁正下方钢管支架上,支架锚固于地锚梁上,并在位移计附近设置百分表,以验证位移计数据的准确性。

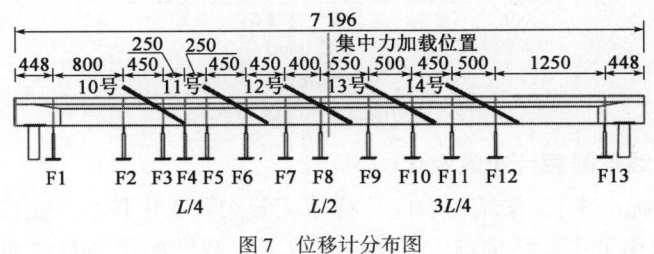

图7 位移计分布图

3 疲劳荷载下结构挠度演化规律

3.1 关键测点荷载静挠度曲线

在整个疲劳试验过程中,每次疲劳工况下在0、5、20、50、80、100、120、150、180、200、230、250万次时刻采集结构响应静载数据,每次循环3轮静载试验。共选取主梁底板三个关键点1/4跨径处(L/4)、跨中处(L/2)和3/4跨径处(3L/4)的数据进行分析,以50万次疲劳为间隔,提取静载结构位移响应与荷载数据分析,得到荷载-位移曲线,如图8所示,图例中1-0E4表示工况一中第1×10⁴次疲劳荷载作用后静载工序,其余数与之类同。

模型体系在5.0×10⁶次循环荷载作用下,主梁各次静载试验的荷载-位移曲线均接近于线性;工况一和工况二疲劳加载开始前,主梁在疲劳荷载上峰值16kN静载作用下,结构跨中处初始位移分别为2.180mm、2.515mm,各工况疲劳加载结束后,结构跨中处位移分别增加-0.006mm和0.101mm。PPC主梁在工况一无初始损伤条件下,体系主梁位移变化量值基本为0,说明斜拉桥体系在实桥设计荷载的等效疲劳荷载作用下无损伤,结构始终处于弹性阶段。PPC主梁在工况二有初始损伤条件下,主梁开裂导致部分底缘混凝土退出工作,模型体系在实桥设计荷载的等效疲劳荷载作用下,随着疲劳次数增加,各关键截面结构位移响应均逐渐增大,但增幅较小,结构体系损伤平稳缓慢增加。

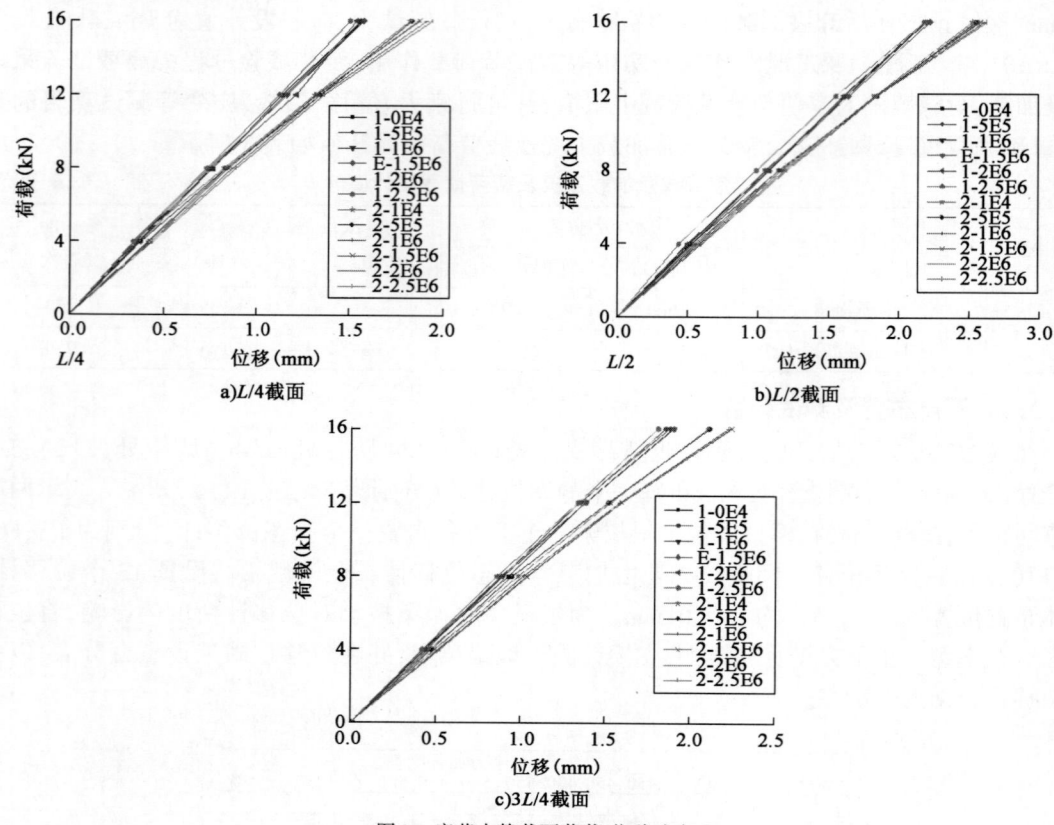

图8 疲劳中静载下荷载-位移响应

3.2 结构整体线形随疲劳次数变化

如图9所示,工况一中,主梁结构响应位移随疲劳次数变化基本不变;工况二中,疲劳静载工序在16kN荷载作用下主梁结构响应位移随着疲劳次数增加而稍有增加,疲劳次数从50万次到100万次主梁结构响应位移发生小幅跳跃性变化,且位移变化主要集中于$3L/4$附近,说明此疲劳阶段内,主梁在$3L/4$附近刚度下降速度较快,疲劳次数超过100万次后,主梁结构响应位移平稳缓慢增加。

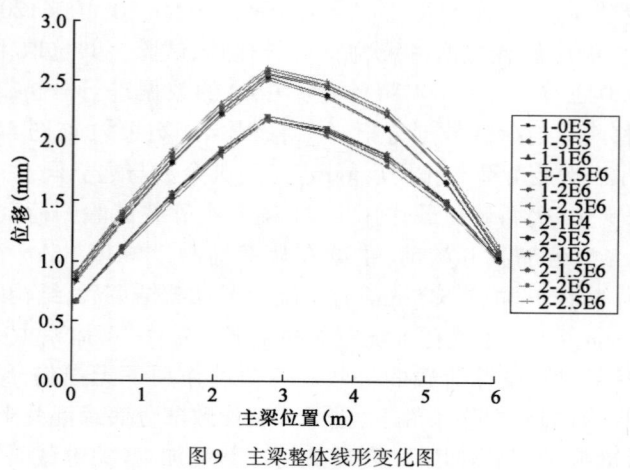

图9 主梁整体线形变化图

4 体系刚度退化规律分析

图10表明,整个疲劳试验过程中,主梁 $L/4$、$L/2$、$3L/4$ 截面静刚度下降趋势相近。工况一疲劳过程中,结构主要截面静刚度先减小后增加,说明结构主梁无初始损失情况下,实桥等效疲劳荷载作用对结构体系基本不构成损伤,同时使索与主梁和塔端锚固构件联系更加紧密。工况一结束阶段与工况二初始阶段,主梁在预损伤荷载作用下加载至主梁最大裂缝宽度达到 $0.1\,\text{mm}$,主梁底缘部分混凝土因开裂而退出工作,主梁出现明显的开裂损伤,导致刚度出现了突变。工况二疲劳过程中,结构主要截面静刚度随疲劳次数的增长按线性缓慢退化。

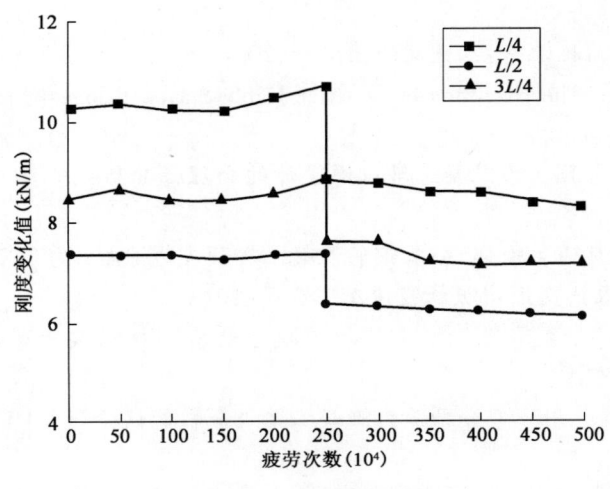

图10 主梁刚度变化图

工况一和工况二疲劳开始前跨中截面静刚度分别为 $7.34\,\text{kN/mm}$、$6.36\,\text{kN/mm}$,各工况疲劳结束后跨中截面刚度相对变化量分别为 $0.02\,\text{kN/mm}$、$-0.24\,\text{kN/mm}$,工况二中跨中截面体系刚度最大退化量为 3.35%,说明实桥对应疲劳荷载作用下,模型体系具有良好的抗疲劳性能。各疲劳工况下结构关键截面静刚度退化比例如表4所示。

结构关键截面静刚度随试验工况变化　　表4

截面位置	静刚度值(kN/mm)				刚度退化比例(%)	
	工况一		工况二		工况一	工况二
	初值	终值	初值	终值		
$L/4$	10.26	10.71	8.82	8.28	4.42	-5.32
$L/2$	7.34	7.36	6.36	6.12	0.28	-3.35
$3L/4$	8.45	8.86	7.62	7.04	4.87	-6.78

5 结语

通过 250×2 万次多工况疲劳荷载试验,研究了PPC斜拉桥体系刚度退化规律,得出以下结论:

(1) PPC斜拉桥体系在无初始损伤情况下,设计疲劳荷载对结构体系基本不构成损伤,主梁未出现开裂等情况,说明部分预应力混凝土斜拉桥体系在全寿命周期内设计疲劳荷载作用下体系刚度基本不退化。

(2) PPC 斜拉桥体系在有初始损伤情况下,体系静刚度仅呈现出轻微的下降趋势,跨中体系刚度下降比例为 -3.35%,下降幅度很小。说明 PPC 斜拉桥在主梁已经开裂且裂缝宽度达到 B 类预应力混凝土构件裂纹宽度限值 0.1mm 情况下,在设计疲劳荷载作用下体系刚度的退化幅度仍有限。

(3) 全过程疲劳试验结果,验证了 PPC 斜拉桥具有良好的抗疲劳性能,该研究成果为混凝土斜拉桥主梁采用部分预应力设计提供了理论依据。

参 考 文 献

[1] 林元培.斜拉桥[M].北京:人民交通出版社,2004.

[2] Walter Podolny Jr. The Evolution of Concrete Cable-Stayed Bridges[J]. Concrete International, 1981, 3(8):34-42.

[3] 刘昀,颜东煌.部分预应力混凝土斜拉桥设计的合理性分析[J].中外公路,2015,35(2):83-86.

[4] 中华人民共和国交通运输部.公路钢筋混凝土及预应力混凝土桥涵设计规范:JTG 3362—2018[S].北京:人民交通出版社股份有限公司,2018.

[5] 刘昀,袁明,颜东煌.大跨径混凝土斜拉桥模型试验[J].长安大学学报(自然科学版),2019,39(5):78-87.

[6] 韩基刚.疲劳荷载作用下部分预应力混凝土梁残余性能试验研究[J].建筑结构,2021,51(4):96-70.

[7] 韩基刚,宋玉普,常继峰.疲劳荷载作用下部分预应力混凝土梁裂缝宽度计算模型[J].中南大学学报(自然科学版),2014,45(11):9.

[8] 雷兵.部分预应力混凝土梁疲劳性能试验研究及数值模拟[D].大连:大连理工大学,2013.

[9] Zhou Ling-Yu et al. Experimental study on stiffness degradation of Crts Ⅱ ballastless track-bridge structural system under fatigue train load[J]. Construction and Building Materials, 2021, 283.

[10] Zhang Jinquan et al. The Mechanical Properties of Reinforced Concrete Plate-Girders when Placed Under Repeated Simulated Vehicle Loads.[J]. Materials (Basel, Switzerland), 2019, 12(11):1831.

[11] Liu Fangping, Zhou Jianting. Experimental Research on Fatigue Damage of Reinforced Concrete Rectangular Beam[J]. KSCE Journal of Civil Engineering, 2018, 22(9):3512-3523.

[12] Liu Fangping and Zhou Jianting and Yan Lei. Study of stiffness and bearing capacity degradation of reinforced concrete beams under constant-amplitude fatigue[J]. PloS one, 2018, 13(3):e0192797.

[13] 中国建筑科学研究院.混凝土结构设计规范:GB 50010—2010[S].北京:中国建筑工业出版社,2010.

[14] 颜东煌,邹恺为,袁明,等.采用 PPC 设计的斜拉桥模型疲劳试验研究[J].中外公路,2021,41(1):59-63.

156. 日本高速公路桥梁养护管理调研与分析

邢丹丹[1] 闫畅[2] 刘朵[2] 张建东[2]

(1. 江苏苏通大桥有限责任公司;2. 苏交科集团股份有限公司)

摘 要:目前我国高速公路桥梁正处于从大规模建设转向运营养护的关键阶段。由于现代经济发展的起点不同,日本已经形成较为成熟的高速公路桥梁养护管理体系,对我国桥梁养护管理具有重要的借鉴意义。以本州四国联络高速公路公司为例,在调研其高速公路桥梁养护管理体系的基础上,对比我国高速公路桥梁养护管理过程中存在的问题和缺陷,并提出一系列调整优化建议。

关键词:公路桥梁 养护管理 对比 优化

1 引言

近年来,随着我国公路交通网络的进一步完善,我国进入了高速公路建设的高潮期,根据国家交通运输部公布的数据,从2011—2020年,10年间我国高速公路里程从29.32万km增长至72.31万km[1],高速公路建设规模和增长速度世界领先。相对于我国高速公路的建设而言,现有的高速桥梁养护管理体系的建设已相对落后。我国早期建设的高速公路桥梁已经暴露出各种典型病害,有不少桥梁还经历了大中修,如何在管养阶段,做好高速公路桥梁的养护工作,避免安全风险,节约养护成本成为一个重要课题。

在日本,高速公路管理在2005年经历了由国有制向私有制的转变。目前日本境内主要的高速公路管理公司有本州四国联络高速公路公司、阪神高速公路公司、首都高速公路公司等[2]。由于建设时间大多集中在20世纪60—80年代,高速公路桥梁老龄化的养护问题在日本已经得到充分重视,随着科学研究和精细化管理的深入,目前形成了一套较为成熟的管理体系,对我国的高速公路桥梁管养具有重要的借鉴意义。

本文以本州四国联络高速公路公司(简称本四公司)为例,在调研其养护组织、养护计划、养护实施、养护评价等养护全过程管理的基础上[3-4],对比我国高速公路桥梁养护管理过程中存在的问题和缺陷,并提出一系列调整优化建议。

2 日本高速公路桥梁养护调研

2.1 养护组织

本四公司总公司分监察室、总务部、保全部、长大桥梁技术中心等12个部门,并在神户、鸣门等地方设立6个管理中心。其中保全部负责制定高速公路桥梁养护规划及准则,并对具体养护实施工作进行监督与检查,长大桥梁技术中心主要负责长大桥梁养护技术开发,各管理中心主要负责所辖高速公路养护管理工作,并接受总公司的监督检查。

总公司下属三个子公司:①本州四国联络高速公路服务公司,主要负责收费站、服务区的运营工作;②本四行驶系统有限公司,主要负责收费系统维护、养护软件开发、服务器运营等工作;③桥梁养护工程有限公司,主要负责道路桥梁的检查管理与维修等工作。

本四公司组织架构如图1所示。

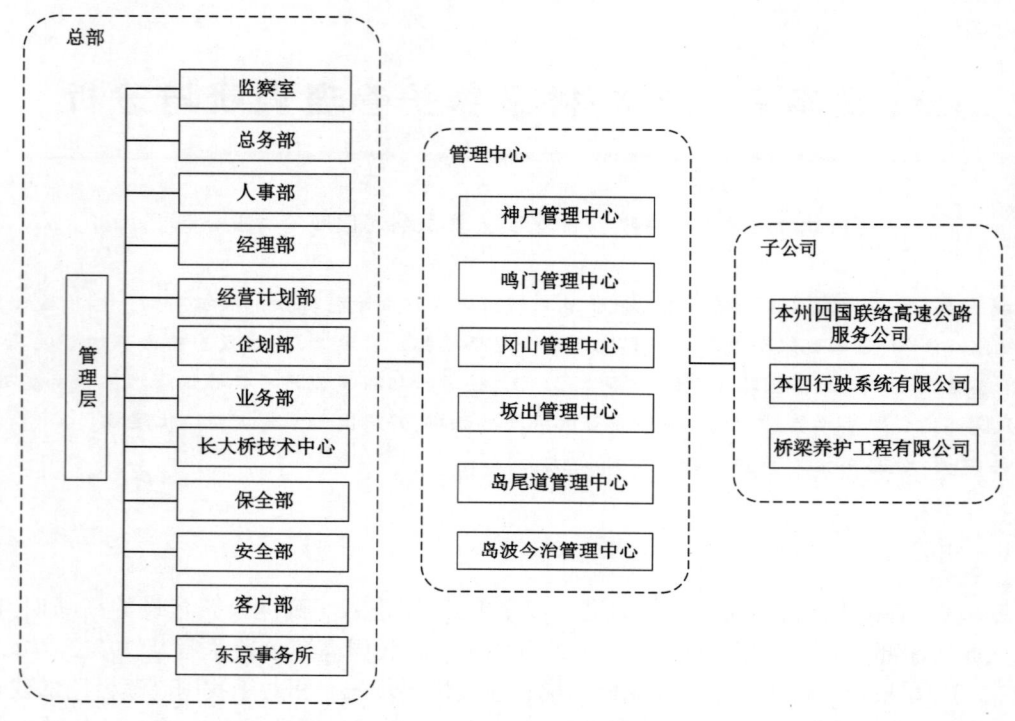

图1 本四公司组织架构

针对高速公路桥梁养护,总公司保全部一般按钢结构、混凝土结构、机电等不同专业配置不同数量的技术管理人员,主要从事技术管理工作,涉及具体实施,公司每年将根据养护工作规划量统筹安排,一般检查与小型养护维修项目由桥梁养护工程有限公司负责,较大的桥梁维修工作由总公司对外发包,通过专业的第三方养护公司实施。

2.2 养护计划

本四公司每三年制定一期养护管理计划,并每年跟踪养护指标的完成情况。一般养护计划的制定涉及包括道桥养护、交通安全、商业运营、用户体验及其他五个大类共23项指标,涉及道桥养护的指标有:①快速行驶路面率,指用户舒适行驶的路面占比;②长大桥梁保全率,指不会发生受力及耐久性问题的长大桥梁比例;③桥梁检修率,指基于规范要求的桥梁检修实施率;④维修桥梁数量,指被诊断为3、4类桥梁的维修数量;⑤道路附属物检修率,指基于规范要求的道路检修实施率;⑥道路附属物维修数量,指被诊断为3、4类道路的维修里程;⑦桥梁抗震加固率,指桥梁抗震性能在2级以上的比例。此外,本四公司针对设计寿命120年以上的长大桥梁的养护会针对性制定2100年以内的长期养护计划,以多多罗大桥为例,针对主桥涂装的大修工程约30年进行一次,每期维修为期5年。

2.3 养护实施

由于日本国土狭长、岛屿众多,考虑当地海洋性季风气候特点,使得众多桥梁腐蚀环境严峻,劣化发展比较迅速。因此,为确保桥梁处于健康运营的状态,本四公司以预防性养护为基础,引入资产管理的概念,以期实现全生命周期养护费用的最优化。所谓资产管理,是指为了提高养护效率,根据养护计划实行桥梁定期检查,全面准确地掌握结构物的状态,在此基础上进行健全性评估,并进行劣化预测;据此选择最佳时期实行维修及处治,依托数据收集和管理系统,进而验证其结果,应用到下一次的检查、维修。

资产管理流程如图 2 所示。

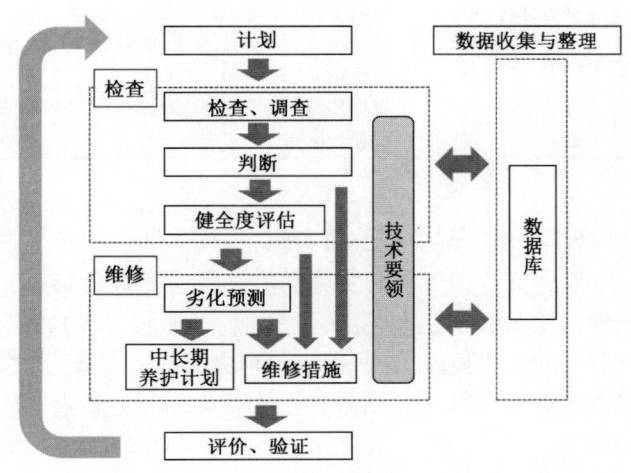

图 2　资产管理流程

本四公司的桥梁结构检查主要分定期检查与临时检查两类。桥梁检查整体流程如图 3 所示。在检查过程中,实施人员根据现场情况,将病害状态及损伤度判断结果录入电子系统,实现无纸化检查。各管理中心根据上报结果判断是否进行下一步检查或维修。一般来说,损伤程度分 S、A、B、C、OK 五类,对应 T_0、T_1、T_2、T_3 等养护对策,判断依据见表 1、表 2。

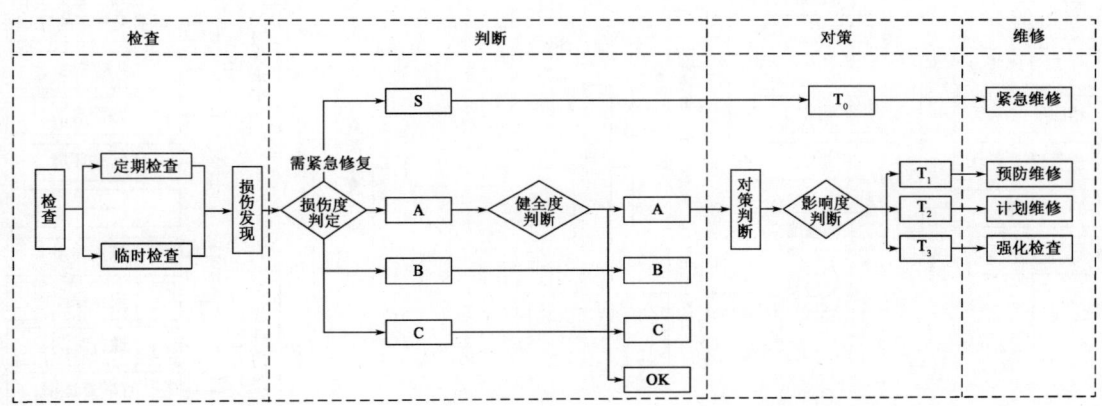

图 3　桥梁检查整体流程

损伤等级判断依据 表1

损伤等级		损伤状况
S	S1	性能下降明显,从结构安全性出发,需紧急维修
	S2	考虑到对用户有严重影响,需紧急维修
A		性能下降,需要预防性维修
B		需观察损伤状态
C		轻微损伤时
OK		除上述问题以外

养护对策判断依据 表2

对策分类	对策名称	对策内容
T_0	紧急维修	从损伤状况来看,需立即采取紧急性对策
T_1	预防维修	针对损伤的状况,从恢复结构长期性能的角度出发,期望优先处理的预防性对策
T_2	计划维修	根据其他中长期养护计划,期望有效恢复结构长期性能
T_3	强化检查	根据各种检查的实施,对损伤部位进一步跟踪

2.4 养护评价

由于大部分养护维修工作由外部养护公司实施,因此本四公司针对外部供应商单位制定了明确的考核评价体系,以保证养护工程的实施品质。供应商评价指标主要分为过程评价及结果评价,其中过程评价占比60%,主要包括专业技能、管理能力、沟通能力、工作态度等二级指标,为避免主观打分造成的结果偏差,这些指标分别由技术负责人、技术审核人、现场检查人员打分,再根据不同权重计算最后得分。结果评价占比40%,主要依据质量检验相关的计算方法对工程质量进行测算。

除了供应商评价,本四公司每年11月都以线上调查问卷形式向公众进行为期4个月的满意度调查(满足5~不满1),其中一级指标为服务水平与行驶品质,二级指标包括服务态度、通行时间、行驶舒适度等16项指标,并将调查结果反映在养护管理计划中,以期实现"为顾客提供安全、安心、舒适的服务"。

养护评价相关指标如图4所示。

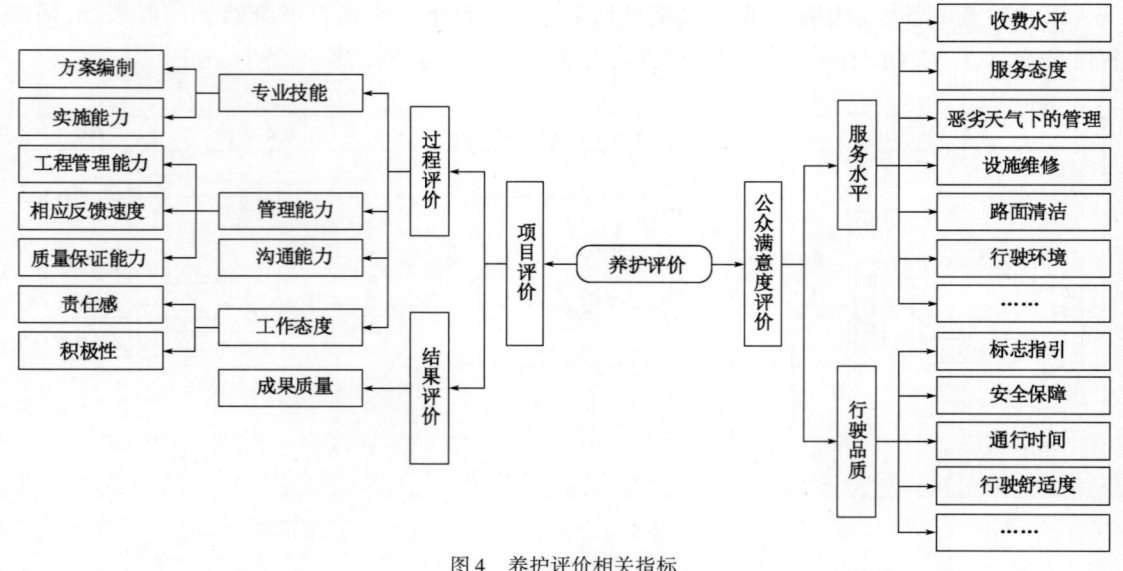

图4 养护评价相关指标

3 我国高速公路桥梁养护现状及分析

3.1 养护现状与问题

对比日本的高速公路桥梁养护管理的经验,我国高速公路桥梁的养护管理工作主要存在以下几个方面的问题:

(1)交通流量大,养护任务与日俱增。我国国情与日本最大的不同点之一,是我国拥有巨大的人口基数与交通流量。苏通长江大桥建成通车14年以来,日均车流量已突破10万辆,客货比近60:40,而同样是大跨径斜拉桥,日本多多罗大桥2018年日均车流量仅7601辆,这意味着我国高速公路桥梁养护面临着大流量、重交通保通保畅与养护作业施工之间的矛盾。

(2)养护精细化水平有待提高。在传统维修观念的影响下,各级养护管理部门并未进行精细化维护管理工作,包括责权划分、管理流程、过程控制等。高速公路桥梁养护工作涉及管理部门、设计、施工、监理、第三方检测、交警、路政等多方协作,因此也需要主管部门分对象、分专业、分阶段地做好养护全流程的质量把控,明确各方权利与责任。

(3)桥梁养护缺乏长远规划。一是设计阶段对未来交通量缺少预估,如混凝土保护层厚度过小,导致后期结构耐久性不足。二是养护前瞻性不够,缺乏全寿命养护管理顶层设计。目前虽然部分高速公路管理公司制定了桥梁中长期养护规划,但是总体规划偏于宏观,指导性不强,既没有突出地域环境特色,也没有阶段性的养护目标,比如养护资金如何分配,养护科研的重点研究方向等。

3.2 优化建议

通过以上调研分析,吸收日本先进的高速公路桥梁养护管理经验,结合我国国情与"十四五"新时期桥梁养护需求,笔者认为可以从以下三点做好高速公路桥梁养护管理工作:

一是积极探索大流量、重交通下的养护模式。根据日常管养项目,在基础条件基本相似的情况下,做好分开施工和集中养护的数据采集和对比,依据交通影响程度、现场融合操作情况以及施工周期长短等数据,不断优化管养模式。采用智能化自动化手段提升养护作业效率,尝试夜间施工项目。

二是做好桥梁养护管理顶层设计。建立日常养护与养护工程管理的长效机制,从桥梁养护管理工作原则、养护管理责权划分、养护计划、检查与评定、监测与预警、养护工程管理、技术档案管理、应急预案管理等各个方面进行详细的制度设计与建设。贯彻"PDCA"循环方法,建立持续改进的桥梁养护质量管理体系。

三是做好低碳环保顶层设计。坚持"生态优先"的原则,注重生态环保、资源节约和节能减排,开展低碳环保养护施工技术开发、绿色养护设备装备升级,建立施工环保评价标准,建立公众满意度评价机制。

4 结语

日本桥梁建设的高峰期约领先我国30年,许多经验及教训值得我国总结归纳。为切实保障高速公路桥梁的安全,需要重点提高养护管理能力,科学分析桥梁病害成因,制定更加有效的解决方案,同时要制定科学的管理组织与管理制度,加快建设安全、便捷、高效、绿色、经济的现代化公路交通运输体系。

参 考 文 献

[1] 2020年交通运输行业发展统计公报[EB/OL]. http://www.gov.cn/xinwen/2021-05/19/content_5608523.html.
[2] 陈开利. 日本公路桥梁养护管理技术[J]. 世界桥梁,2018,46(6):66-72.
[3] 2020ディスクロージャー誌全ページ[EB/OL]. https://www.jb-honshi.co.jp/corp_index/company/booklet_disclosure/pdf/2020_booklet_disclosure_00.pdf.
[4] 本州四国連絡高速道路(株). For safe, secure, and comfortable use of Honshu–Shikoku Expressways[J]. 高速道路と自動車 = Expressways and automobiles,2018,61.

157. 基于元胞自动机的受荷混凝土碳化过程仿真模型

马俊军[1]　蔺鹏臻[1]　刘应龙[1]　何志刚[2]

（1. 兰州交通大学土木工程学院；2. 兰州交通大学建筑与城市规划学院）

摘　要：为对受荷混凝土碳化过程进行模拟和分析，根据CO_2在混凝土中的传输规律，基于元胞自动机原理建立了用于模拟CO_2在混凝土中扩散过程的元胞自动机模型。根据不同应力状态下混凝土加速碳化试验结果，建立了考虑应力状态和应力水平的CO_2扩散系数表达式，并建立了一种改进的元胞自动机模型，该模型考虑了截面应力状态和水平变化对碳化效应的影响。通过与试验结果的比较对模型的可靠性进行了验证。结果表明，CO_2扩散系数与应力水平之间满足抛物线的变化规律；改进后的元胞自动机模型可用于模拟CO_2在受荷混凝土中的扩散过程，且精度较高；碳化深度随应力状态的不同而不同，总体规律是碳化深度随拉应力水平的增加而增大，随压应力水平的增加呈先减小后增大的变化规律；角部区域混凝土碳化深度约为普通区域混凝土碳化深度的1.5倍。所建立的模型为碳化环境中混凝土结果耐久性设计和寿命预测提供新的思路。

关键词：混凝土　碳化　元胞自动机　应力状态　扩散系数

1 引言

对于处于大气环境中的混凝土结构而言，由碳化引起的钢筋锈蚀是引起混凝土结构发生耐久性失效的主要原因[1]。因此研究CO_2在混凝土中的传输机理，准确获取碳化深度在截面上的分布，对于新建钢筋混凝土结构的耐久性设计以及既有混凝土结构的维修、加固以及寿命预测具有重要意义[1-2]。

自 Papadakis 等[3]采用 Fick 第一定律研究CO_2在混凝土中的扩散过程以来，Fick 第一定律以被国内外学者广泛应用于混凝土内CO_2扩散过程的模拟[4-8]。张誉等[5]基于混凝土碳化机理，建立考虑水泥用量、水灰比等影响的混凝土碳化深度实用数学模型。牛荻涛等[7-8]基于 Fick 扩散定律，提出了考虑碳化部位、混凝土质量等因素的混凝土碳化深度随机预测模型，并利用实验结果对模型的可靠性进行了验证。文献[9]建立了碳化与钢筋脱钝时混凝土 pH 值相关联的理论模型。王青等[10]利用有限元法对混凝土碳化过程进行了模拟，并验证了碳化过

基金项目：国家自然科学基金（U1934205，51878323）；甘肃省建设科技攻关项目（JK2021-03）。

程与热传导过程的相似性。文献[11]通过各神经元自学习能力,建立了基于神经网络的混凝土碳化深度预测模型。虽然目前利用不同模型对混凝土碳化过程进行了相当研究,但对于其他理论模型在混凝土碳化过程中的应用还相对较少。Biondini 等[12]针对侵蚀环境中的混凝土结构,提出了用元胞自动机方法来解决结构在外部侵蚀性物质作用下的耐久性分析和寿命评估问题。目前,该方法已在土木工程领域,特别是在混凝土氯离子侵蚀方面得到了广泛应用[13-14],然而对于混凝土碳化过程方面的研究还较少。因此,本文根据 CO_2 在混凝土中的扩散机理,基于元胞自动机原理,建立了 CO_2 在受荷混凝土中扩散的元胞自动机模型,并利用模型对不同应力状态下混凝土碳化过程进行了仿真。最后通过与实测结果的对比,对模型的正确性进行了验证。

2 基于 CA 的混凝土碳化预测模型

2.1 混凝土碳化深度预测模型

混凝土碳化过程是指大气中 CO_2 进入混凝土后,与混凝土中的水化产物发生化学反应,使混凝土 pH 值逐渐降低的过程。碳化使得混凝土钢筋脱钝,进而导致钢筋表面钝化膜破坏,从而引起钢筋锈蚀,造成结构承载力不足或者提前破坏。CO_2 在混凝土中的传输过程遵循 Fick 扩散定律,由此得到的混凝土碳化深度公式为[3]:

$$h_c = \sqrt{\frac{2D_c C_s}{m}} \cdot \sqrt{t}$$

式中:h_c——碳化深度,m;

D_c——CO_2 扩散系数,m^2/s;

C_s——大气中 CO_2 浓度,kg/m^3;

m——单位体积内混凝土吸收的 CO_2 含量,kg/m^3;

t——碳化时间,s。

值得注意的是,上式为无荷载作用下混凝土结构常规部位碳化深度计算公式,故无法在受荷混凝土结构中应用,特别是对于混凝土梁等应力沿截面变化的混凝土结构。因此,为克服上述不足,确定该类结构在荷载作用下混凝土碳化深度沿截面的分布,本文采用了一种特殊的数值计算方法来求解 CO_2 在混凝土中的扩散方程。

2.2 混凝土碳化预测 CA 模型

2.2.1 元胞自动机概述

元胞自动机(Cellular Automaton,CA)又称为细胞自动机,是一种用来计算时间和空间离散的物理系统的数值计算方法[12]。由于求解过程简单,已在混凝土耐久性模拟方面得到了广泛应用,特别是在混凝土中氯离子扩散模拟方面。元胞自动机主要由元胞、元胞空间、元胞状态、元胞邻域类型、局部进化规则等构成[13]。利用元胞自动机模拟 CO_2 在混凝土中的扩散过程,首先需设置合理的元胞邻域类型。由于 Von Neumann 型元胞邻域类型(图1)较为简单,也容易用计算机模拟,因此常被用于二维元胞自动机模型的构建。在采用图1所示的元胞邻域类型的情况下,元胞自动机局部演变规则可表示为[14]:

$$S(t + \Delta t, r) = f[S(t,r), S(t,r_2), S(t,r_4)] \tag{1}$$

式中:$S(t,r)$、$S(t + \Delta t, r)$——分别为 t 时刻和 $t + \Delta t$ 时刻位于点 $r = (x,y)$ 处中心元胞的状态值;

$S(t,r_i)$——t 时刻位于点 $r_i=(x_i,y_i)$ 处邻域元胞的状态值;

$f(\cdot)$——元胞自动机局部进化规则。

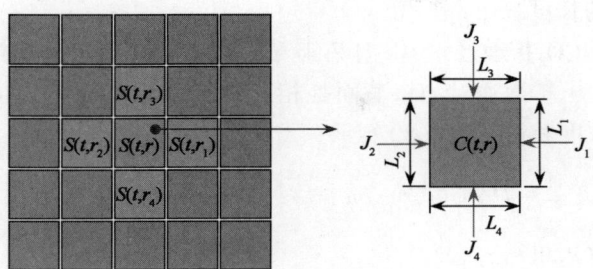

图1 二维元胞自动机邻域类型

2.2.2 CO_2 扩散方程的元胞自动机解答

根据质量守恒定律,CO_2 在混凝土中的传输过程可以用来描述,其表达式为[10]:

$$\frac{\partial C(t,r)}{\partial t} = D_c \nabla^2 C(t,r) + V_c \tag{2}$$

式中:$C(t,r)$——t 时刻位于截面内点 $r=(x,y)$ 处的 CO_2 浓度,g/m^3;

D_c——CO_2 扩散系数,m^2/s;

∇——哈密顿算子,其中 $\nabla^2 = \nabla \cdot \nabla$;

t——时间,s;

x、y——分别为位置坐标,m;

V_c——CO_2 反应速率,$(s \cdot mol)^{-1}$,在已碳化区,CO_2 与混凝土水化产物之间的反应已经结束,即式(2)中的 $V_c=0$,此时,式(2)可简化为:

$$\frac{\partial C(t,r)}{\partial t} = D_c \nabla^2 C(t,r) \tag{3}$$

基于上述提到的型元胞领域和元胞自动机局部演变规则,可给出式(3)所示的 CO_2 扩散微分方程的元胞自动机解答,其表达式为:

$$C(t+\Delta t,r) = \varphi_0 C(t,r) + \varphi_1 C(t,r_1) + \varphi_2 C(t,r_2) + \varphi_3 C(t,r_3) + \varphi_4 C(t,r_4) \tag{4}$$

式中:$C(t,r_i)$——t 时刻位于截面内点 $r_i=(x_i,y_i)$ 处邻域元胞内 CO_2 浓度,g/m^3;

Δt——时间步长,s;

φ_0——t 时刻中心元胞对 $t+\Delta t$ 时刻中心元胞的进化系数;

$\varphi_i(i=1\sim4)$——t 时刻各邻域元胞对 $t+\Delta t$ 时刻中心元胞的进化系数,根据质量守恒定律,各进化系数之间需满足如下关系[12]:

$$\varphi_0 + \sum_{i=1}^{4} \varphi_i = 1 \tag{5}$$

若将混凝土视为各向同性材料的情况下,即 $\varphi_1=\varphi_2=\varphi_3=\varphi_4$,此时结合式(5)和式(4),可得:

$$\Delta C(t,r) = C(t+\Delta t,r) - C(t,r) = \varphi_1 \sum_{i=1}^{4} [C(t,r_i) - 4C(t,r)] \tag{6}$$

假设 t 时刻元胞(r)内 CO_2 含量为 $m(t,r)$,则根据质量守恒定律,元胞内 CO_2 的质量分数与 CO_2 扩散通量之间的关系可用式(7)来表示,其中各方向 CO_2 扩散通量方向如图1所示。

$$\Delta m(t,r) = \Delta t \cdot \sum_{i=1}^{4}(J_i \cdot L_i) \tag{7}$$

式中：A_r——元胞面积，m^2；

$\Delta m(t,r)$——t 时刻位于点 $r=(x,y)$ 处元胞中 CO_2 的含量差；

L_i——扩散面的长度，m；

J_i——沿 i 方向 CO_2 扩散通量，根据 Fick 第一扩散定律，在单位时间内通过垂直于扩散方向的 CO_2 扩散通量与该截面处相邻元胞的浓度梯度成正比，可通过相邻元胞内 CO_2 浓度获得，如式(8)所示。

$$J_i = -D_c \partial C(t,r)/\partial n = \frac{-D_c[C(t,r) - C(t,r_i)]}{L_i} \tag{8}$$

将式(8)带入式(7)，可得：

$$\Delta m(t,r) = D_c \Delta t \cdot \sum_{i=1}^{4}[C(t,r_i) - 4C(t,r)] \tag{9}$$

根据大数定理，可得元胞内 CO_2 的质量分数与浓度成正比，即：

$$\Delta m(t,r) = A_r \cdot \Delta C(t,r) \tag{10}$$

从而联立式(9)和式(10)，可得：

$$\Delta C(t,r) = \frac{D_c \Delta t}{A_r} \cdot \sum_{i=1}^{4}[C(t,r_i) - 4C(t,r)] \tag{11}$$

对比式(6)和式(11)，可得：

$$\varphi_1 = D_c \Delta t / A_r \tag{12}$$

结合式(5)和式(12)，可得 t 时刻中心元胞对 $t+\Delta t$ 时刻中心元胞的进化系数为：

$$\varphi_0 = 1 - 4\varphi_1 = 1 - 4D_c \Delta t / A_r \tag{13}$$

利用式(4)、式(12)和式(13)，就得到 CO_2 在混凝土中扩散的元胞自动机模型，以下简称 CA 模型。

2.2.3 CO_2 扩散系数的确定

从上述分析可知，CO_2 扩散系数 D_c 和碳化反应速率 V_c 对 CA 模型的求解至关重要，利用元胞自动机对混凝土中 CO_2 扩散方程求解时，CO_2 扩散系数 D_c 与环境温度、湿度的变化可根据 Saetta 等[15]提出的多因素模型进行确定，具体计算公式如下：

$$D_c = D_{c,0} \cdot e^{(E/R) \cdot (1/T_r - 1/T)} \cdot (1-H)^{2.5} \tag{14}$$

式中：$D_{c,0}$——标准状态下 CO_2 扩散系数，m^2/s；

T——环境温度，K；

T_r——参考温度，取 296K；

E——1mol 的 CO_2 反应所消耗的能量，取 21 800J/mol；

R——气体常数，取 8.314J/(mol·K)；

H——环境湿度，%。

同有限元方法相比一致，利用元胞自动机对混凝土碳化规律进行分析时，可假设混凝土表面 CO_2 浓度与大气环境中测浓度相等，未碳化区 CO_2 浓度为 0，将混凝土中 CO_2 浓度从表面最大值降到 0 时的距离作为碳化深度。

3 考虑应力水平对碳化过程影响的 CA 模型

3.1 应力水平对 CO_2 扩散系数的影响

目前，研究应力水平对混凝土碳化效应的影响时，一般通过在原有 CO_2 扩散系数的基础上

乘以相应的影响系数来考虑荷载对碳化的影响。因此,受荷混凝土中 CO_2 扩散系数与应力水平之间的关系可表示为:

$$D_c(t) = f(\eta) \cdot D_c \tag{15}$$

式中:$f(\eta)$——应力水平对碳化效应的影响系数;
η——应力水平。

为探究应力水平对混凝土碳化效应的影响,本文选取唐官保等[16]开展的不同周期、不同应力状态下混凝土碳化试验的实测结果,以无荷载作用下的混凝土碳化系数为基准,运用公式和最小二乘法拟合得到不同应力状态下混凝土截面应力水平比对混凝土碳化系数的影响,如式(16)所示。

$$f(\eta) = -0.5801\eta^3 + 0.5868\eta^2 + 0.2239\eta + 0.9547 \tag{16}$$

将式(16)代入式(15),并结合式(14),可建立多因素耦合作用下 CO_2 氯离子5扩散系数:

$$D_c = (-0.5801\eta^3 + 0.5868\eta^2 + 0.2239\eta + 0.9547)D_{c,0} \cdot e^{(E/R)\cdot(1/T_r - 1/T)} \cdot (1-H)^{2.5} \tag{17}$$

结合式(4)、式(12)、式(13)及式(17),就得到考虑应力水平对混凝土碳化效应影响的 CA 模型,成为 CSCA 模型。值得注意的是,当式(17)中应力水平取 $\eta = 0$ 时,CSCA 模型就退化为 CA 模型。

3.2 CSCA 模型计算流程

基于以上理论推导,利用 MATLAB 软件,编写了上述 CSCA 模型的计算程序,具体计算流程如图2所示。

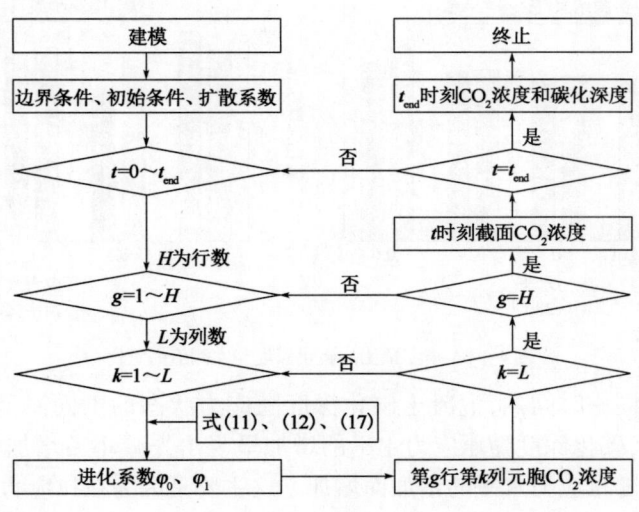

图2 CSCA 模型计算流程

4 模型验证

为探究应力水平对受荷混凝土碳化效应的影响,以文献[16]所述的不同应力状态下混凝土碳化试验为例,利用 CSCA 模型对不同应力水平作用下混凝土碳化试验过程进行模拟,并将 CSCA 模型的预测值与试验值进行比较。混凝土试件断面尺寸为 100mm×100mm。CSCA 模拟时,模型各参数分别取:28d 扩散系数 $D_{c,0} = 1.02 \times 10^{-11}$ m²/s,56d 扩散系数 $D_{c,0} = 1.25 \times$

$10^{-11} m^2/s$,$C_s = 0.0392 kg/m^3$;$\Delta t = 0.005 d$;$T = 20℃$,$H = 70\%$;$f(\eta)$根据式(16)进行取值;φ_1和φ_0分别根据式(12)和式(13)确定。图3显示了28d、56d后CO_2浓度沿混凝土截面深度的变化,其中应力水平的负号表示混凝土结构承受压应力,正号表示混凝土结构承受拉应力。

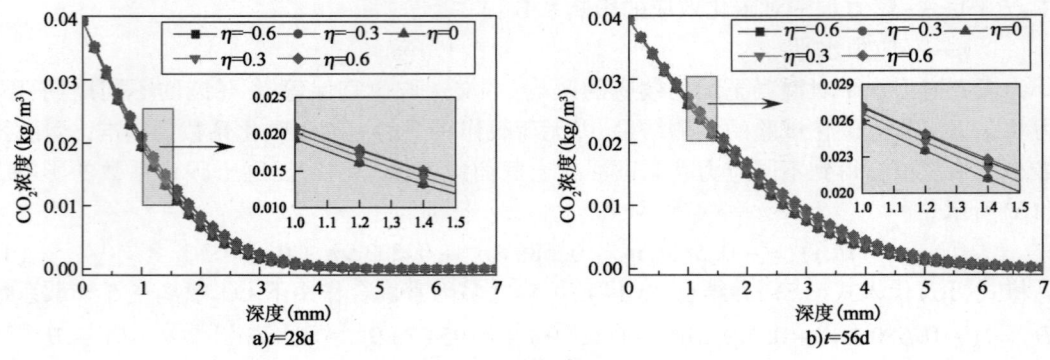

图3 CO_2浓度随深度的变化

从图3可知,不同应力状态下混凝土截面中CO_2浓度随深度的增加而减小,随服役时间的增加而增大;一定计算时间内,距混凝土表面同一深度处CO_2浓度随应力状态的不同而呈现出不同的变化规律。为探究应力水平和应力状态对混凝土碳化效应的影响,将图3进行了量化,给出了混凝土中CO_2浓度从$0.0392kg/m^3$降到0时的距离,即碳化深度,结果绘制于图4中,同时为便于比较,图4中同时给出了不同应力水平作用下的碳化深度实测值。

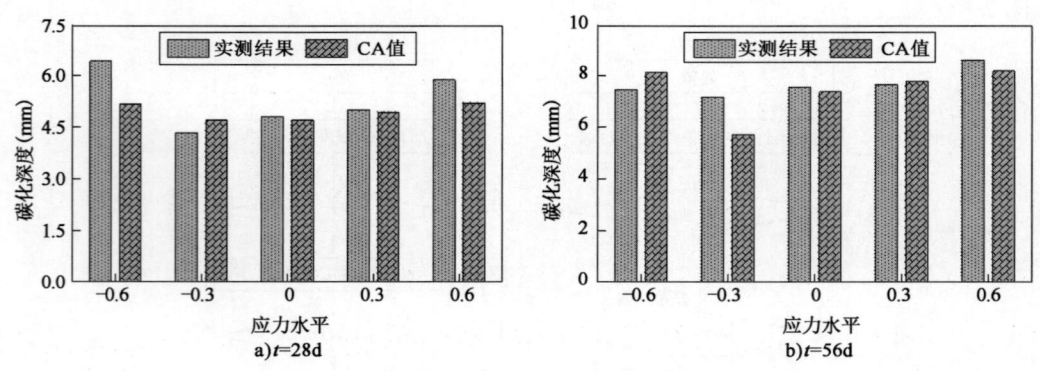

图4 CA模型预测的碳化深度与实测值的对比

从图4可知,在同一时间内,混凝土碳化深度随应力状态的不同而呈现出不同的变化规律,在压应力作用下,碳化深度随压应力水平的增加呈现出先减小后增加的变化趋势;在拉应力作用下,碳化深度随拉应力水平的增加而增加。这主要是因为在拉应力作用下,混凝土结构内部原有微裂缝等的发展,使得结构内部裂缝变大、变宽,从而导致CO_2在混凝土中的扩散系数增大,碳化深度有所增加。在压应力较小的情况下,压应力会抑制结构内部微裂缝的发展,使得结构变得更加密实,导致CO_2在混凝土中的扩散系数减小,碳化深度减小;当压应力较大时,由于塑性变形的产生,使得混凝土中氯离子扩散系数增加,进而导致混凝土碳化深度有所增加。此外,从图4还可知,除个别数据外,利用CSCA模型模拟的混凝土碳化深度与实测值之间吻合良好,最大偏差不超过10%,表明利用元胞自动来计算CO_2在受荷混凝土中的浓度分布和碳化深度是可行的。

图5为CO_2在混凝土截面中的浓度分布,从图5中数值结果可知,角部区域混凝土碳化深

度约为普通区域混凝土碳化深度的1.5倍,满足文献[17]的取值要求。利用图5可直观了解混凝土截面内碳化效应最明显的区域,可为混凝土结构的耐久性设计提供依据。

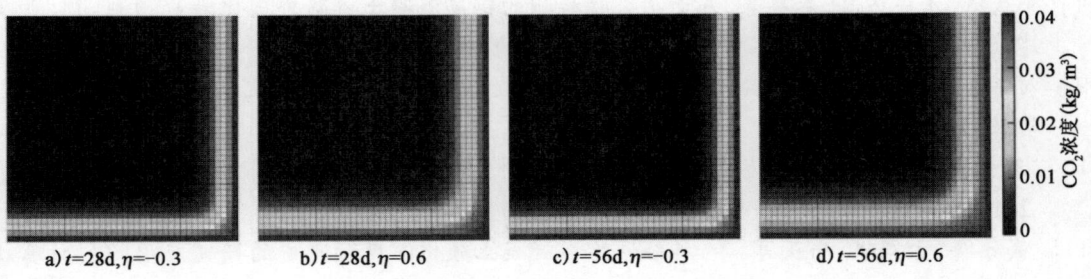

图5 CO_2在混凝土截面中的浓度分布(1/4截面)

5 结语

针对现有混凝土碳化深度计算公式在应用上的不足,本文根据CO_2在混凝土中的传输机理,基于元胞自动机原理,建立了用于模拟混凝土中CO_2扩散过程的CA模型。考虑混凝土结构应力状态对混凝土中CO_2扩散效应的影响,根据既有混凝土碳化试验结果,提出了考虑截面应力水和应力状态的CO_2扩散系数计算公式,并在此基础上,提出了改进的元胞自动机模型(CSCA模型)。数值计算结果表明,根据CSCA模型得到的截面混凝土碳化深度预测结果与试验值之间吻合良好。所建立的模型能够用于模拟CO_2在受荷混凝土中的扩散过程,精度较高,可为碳化环境中混凝土结构的耐久性设计、评估等提供计算方法。

虽然改进后的元胞自动机模型能够有效模拟CO_2在混凝土中的扩散过程,也考虑了应力水平和状态对碳化效应的影响,但对于实际服役环境中的混凝土而言,除碳化作用外,还面临冻融、氯离子侵蚀等的危害,如何建立碳化、氯离子侵蚀、冻融等耦合作用下的混凝土耐久性性能演变的元胞自动机模型将是今后研究的重点。

参考文献

[1] Li T, Wang S, Xu F, et al. Study of the basic mechanical properties and degradation mechanism of recycled concrete with tailings before and after carbonation[J]. Journal of Cleaner Production, 2020, 259.

[2] Chen C, Liu R, Zhu P, et al. Carbonization Durability of Two Generations of Recycled Coarse Aggregate Concrete with Effect of Chloride Ion Corrosion[J]. Sustainability, 2020, 12(24).

[3] Papadakis V G, Vayenas C G, Fardis M N. Fundamental modeling and experimental investigation of concrete carbonation[J]. ACI Materials Journal, 1991, 4(88): 363-373.

[4] Demis S, Efstathiou M P, Papadakis V G. Computer-aided modeling of concrete service life [J]. Cement Concrete Comp, 2014, 47:9-18.

[5] 张誉,蒋利学.基于碳化机理的混凝土碳化深度实用数学模型[J].工业建筑,1998(1):16-19,47.

[6] Carevic V, Ignjatovic I, Dragaš J. Model for practical carbonation depth prediction for high volume fly ash concrete and recycled aggregate concrete[J]. Construction and Building Materi-

als,2019,213:194-208.

[7] 牛荻涛.混凝土结构耐久性与寿命预测[M].北京:科技出版社,2003.

[8] 牛荻涛,元成方,王春芬等.基于耐久性检测的钢筋混凝土铁路桥碳化寿命预测[J].西安建筑科技大学学报(自然科学版),2011,43(2):160-165.

[9] 刘志勇,孙伟.与钢筋脱钝化临界孔溶液 pH 值相关联的混凝土碳化理论模型[J].硅酸盐学报,2007(7):899-903.

[10] 王青,卫军,董荣珍,徐港.混凝土结构碳化进程实时仿真分析[J].武汉理工大学学报,2014(5):91-96.

[11] 高攀祥,于军琪,牛荻涛,等.神经网络在混凝土碳化深度预测中的研究应用[J].计算机工程与应用,2014,50(14):238-241.

[12] Biondini F, Bontempi F, Frangopol DM, et al. Cellular automata approach to durability analysis of concrete structures in aggressive environments[J]. Journal of Structural Engineering, 2004, 130(11): 1724-1737.

[13] 马俊军,蔺鹏臻.混凝土桥梁中氯离子传输的元胞自动机模型[J].铁道科学与工程学报,2018,15(12):3135-3140.

[14] 马俊军,蔺鹏臻.混凝土箱梁氯离子扩散效应分析与寿命预测的 CA 模型[J].长江科学院院报,36(6):121-126.

[15] Saetta A V, Schrefler B A, Vitaliani R V. 2D model for carbonation and moisture/heat flow in porous materials[J]. Cement and Concrete Research, 1995, 25(8): 1703-1712.

[16] 唐官保,姚燕,王玲等.应力作用下混凝土碳化深度预测模型[J].建筑材料学报,2020,23(2):304-308.

[17] 屈文俊,张誉.构件截面混凝土碳化深度分布的有限元分析[J].同济大学学报(自然科学版),1999(4):412-416.

158. 玄武岩纤维在钢桥面铺装维修工程中的应用研究

刘连湘 祁妍娟

(江苏润扬大桥发展有限责任公司)

摘 要：目前冷拌树脂混凝土中掺玄武岩纤维已经成为大跨径钢桥面铺装研究的一个热点。本文以润扬大桥钢桥面铺装维护工程为依托，通过相关试验研究了掺玄武岩纤维树脂混凝土的抗高温性和水稳定性等路用性能，并探讨了在实际施工中的注意要点。通过实践表明，玄武岩纤维具有良好的路用性能，是一种值得推广的路面外掺材料。

关键词：玄武岩纤维 外掺材料 路用性能

1 引言

玄武岩纤维是以天然火山岩为原料生产加工而成的无机纤维，是一种纯天然绿色纤维[1-3]。玄武岩纤维具有较好的拉伸强度、剪切强度及弹性模量，良好的化学稳定性和热稳定性，抗老化、耐酸碱、耐高低温、绝热、电绝缘、隔音等特性[4-5]。

玄武岩纤维主要通过吸附、稳定等作用机理提高沥青混合料性能，其吸附作用主要通过吸附沥青形成分界层缓冲应力来实现，该分界层使得沥青混合料具有良好的力学性能[6-8]。稳定作用是牢固吸附自由沥青，避免自由沥青从沥青混合料内部流出，提高了沥青混合料的稳定性[9-11]。相较于其他掺入沥青混合料中的材料，首先，玄武岩纤维在低温时具有良好的延展性能、抗裂性能[12]；其次最高工作温度可以达到690℃，在高温条件下工作状态稳定，有效提高沥青混合料高温性能；最后水稳定性好，玄武岩纤维吸水能力低，降低道路水损坏发生概率[13]。

冷拌树脂混凝土所用短切玄武岩纤维是由连续玄武岩纤维短切而成的纤维，在冷拌树脂混凝土中掺加短切玄武岩纤维，可以减少冷拌树脂混凝土的早期裂缝，提高冷拌树脂混凝土的防渗、抗裂性能、抗冲击性能、耐腐蚀性、耐久性、降低混凝土的脆度系数[14-15]，而且施工性能良好，纤维与冷拌树脂混凝土混合时容易分散，体积稳定、和易性好，因此短切玄武岩纤维对冷拌树脂混凝土具有良好的抗裂、增韧、增强作用[16]。

2 工程概况

润扬长江公路大桥(简称润扬大桥)是江苏省公路主骨架和跨长江公路通道规划的重要

组成部分,对完善国家和省公路网络结构,改善镇江、扬州的交通运输条件,加强两市经济文化联系,促进沿江地区经济发展,加快实施长江三角洲经济带的开发战略具有重大意义。润扬大桥由主跨1490m的南汊悬索桥和406m的北汊斜拉桥组成,于2004年夏季完成钢桥面铺装,铺装采用下层2.5cm环氧沥青+上层3.0cm环氧沥青的结构方案,全桥于2005年5月通车。

本文针对润扬大桥钢桥面双层环氧沥青混凝土铺装结构容易产生坑槽、养护施工工艺复杂的缺点,依托润扬大桥钢桥面日常养护维修项目,分析了大跨径桥梁钢桥面铺装的应用需求,对润扬大桥钢桥面铺装冷拌树脂混凝土掺入玄武岩纤维进行了结构设计、材料性能和施工工艺研究。

2.1 本项目养护需求分析

(1)较好的高温稳定性。在高温和重载交通耦合作用下,钢桥面铺装层易在短时期内出现永久性蠕变变形。因此,要求铺装层在夏季高温时应具有优异的高温稳定性。

(2)较高的劲度模量。钢桥桥型结构在车辆荷载作用下,铺装层承受着较高的剪切变形和扭转变形作用。因此,要求铺装层应具有较高的劲度模量来承担这两种变形带来的破坏。

(3)较强的密水性。水是引起钢桥面病害的主要外部因素,并极易引起桥面钢板锈蚀。因此,需要钢桥面铺装有足够的密度、较低的孔隙率,使桥面水无法渗入铺装层。

(4)较快的养护便捷性。养护作业要求封闭时间长,要求实现快速化养护,及时开放交通;冬季养护材料能够在3~4h内固化成型,降低交通封闭造成的压力。

2.2 坑槽修补方案

对润扬大桥钢桥面铺装单个分散的坑槽采用冷拌玄武岩纤维树脂混凝土快速材料进行修复。冷拌玄武岩纤维树脂混凝土复合材料的结构组成:组合式防水黏结层+高弹界面剂+玄武岩纤维树脂混凝土铺装层。

主要工序如下:

(1)确定好坑槽修补的范围

按照"圆洞方补、斜洞正补"的原则,用石笔或粉笔划出所修补坑槽的轮廓线。病害的处治面积一般为沿病害四周向外扩大5~10cm的方形范围。

(2)挖除病害混凝土

采用切割机、风镐等工具清除已确定范围内的铺装层混凝土,使暴露出钢板,确保坑洞四壁无松动混凝土。

(3)钢板除锈

清除坑槽内的残余混合料,并采用砂轮磨光机将钢板打磨除锈;对于局部凹点的锈迹,建议配合使用电动钢丝轮处理钢板后,再用砂轮片打磨。

(4)防水黏结层施工

钢板打磨除锈、吹干吹净后,立即施工环氧碎石防水层,涂布环氧树脂并撒布碎石,环氧树脂用量为1~1.2kg/m^2,碎石采用3~5mm的玄武岩碎石,撒布率为满布的70%~80%。

(5)冷拌玄武岩纤维树脂混凝土施工

首先进行树脂黏层施工,待树脂碎石黏结层完全固化后,涂布黏层树脂及侧面高弹界面剂后,并立即施工上层混凝土铺装。采用强制式卧轴拌和机,拌和时间以保证混合料拌和均匀、无花白料为宜。采用人工摊铺,混合料的摊铺厚度以碾压厚度略高于旧铺装表面为宜。采用平板振动夯或小型手持式压路机碾压混合料,保证混合料的密实,以混凝土表面略微泛油为宜。冷拌树脂混合料技术要求见表1。

冷拌树脂混合料技术要求 表1

检验项目	单 位	技术要求	试验方法
稳定度(70℃)	kN	≥40	T 0709—2011
流值	0.1mm	≥20	T 0709—2011
空隙率	%	≤3.0	T 0705—2011
低温极限破坏应变	10^{-6}	≥2 000	T 0715—2011
动稳定度	次/mm	≥10 000	T 0719—2011
残留稳定度	%	≥85	T 0709—2011
冻融劈裂强度比	%	≥80	T 0729—2000
固化时间	h	≤5	T 0709—2011

3 玄武岩纤维树脂混凝土配合比设计

3.1 原材料

3.1.1 集料、矿粉物理性能

本次配合比设计所用胶料、集料、矿粉均为施工单位提供。集料为玄武岩,规格为3~5mm和0~3mm,依次为1号和2号料;依据要求进行了集料、矿粉的密度试验,试验结果见表2,各种矿料的筛分,结果见表3。

矿料及环氧树脂相对密度试验结果 表2

材料名称	表观相对密度	毛体积相对密度	吸水率(%)
1号料	3.017	2.939	0.88
2号料	3.028	2.858	1.96
矿粉	2.714	—	—
玄武岩纤维相对密度		2.71	
RPF胶料相对密度		1.07	

各种矿料的筛分结果 表3

矿料	通过筛孔(方孔筛,mm),百分率(%)							
	9.5	4.75	2.36	1.18	0.6	0.3	0.15	0.075
1号料	100	83.1	1.8	1.3	1.3	1.3	1.3	1.3
2号料	100	100	84.0	61.4	41.8	27.6	20.6	13.4
矿粉	100	100	100	100	100	100	99.8	90.4

3.1.2 玄武岩短切纤维物理、化学性能

(1)沥青路面用玄武岩短切纤维应呈金褐色或深褐色,平直,无杂质。
单根玄武岩纤维几何规格及要求应符合表4的规定。

玄武岩短切纤维的几何规格及要求 表4

项 目	规 格	偏差(%)	试验方法
单根纤维直径(μm)	16	±5	GB/T 7690.5
纤维公称长度(mm)	6、9、12	±10	JT/T 776.1

(2) 玄武岩纤维的物理、化学及力学性能指标应符合表5的要求。

玄武岩纤维的物理、化学及力学性能技术要求 表5

技术指标	技术要求	试验方法
断裂强度(MPa)	≥2 000	GB/T 20310
弹性模量(GPa)	≥80	GB/T 20310
断裂伸长率(%)	≥2.1	GB/T 20310
耐热性,断裂强度保留率(%)	≥85	GB/T 7690.3
吸油率(%)	≥50	JT/T 776.1
含水率(%)	≥0.2	JT/T 776.1
可燃性	不可燃	JT/T 776.1
(Fe_2O_3 + FeO)含量(%)	≥8.0	GB/T 1549
酸度系数	≥5.0	GB/T 1549

注：将玄武岩纤维置于210℃烘箱内加热4h后检测。

3.2 混合料级配

玄武岩纤维环氧树脂混合料工程设计级配范围见表6。

玄武岩纤维环氧树脂混合料工程设计级配范围 表6

筛孔	9.5	4.75	2.36	1.18	0.6	0.3	0.15	0.075
上限	100	100	72	55	43	30	22	16
下限	100	90	55	35	25	16	12	8

3.3 矿料配合比设计计算

依据设计要求,在选择混合料结构时,根据集料的筛分结果首先初选出粗、中、细三个级配(级配A、级配B、级配C),然后根据工程实际应用情况选择油石比,分别制作马歇尔试件,得出试件的体积指标。根据体积指标初选一组满足或接近设计要求的级配作为设计级配。表7为三个级配的矿料配合比组成,表8是试验矿料的级配明细表。

试验矿料配合比组成 表7

矿料	级配A	级配B	级配C
1号料	28.0	26.0	23.0
2号料	68.0	68.0	71.0
矿粉	4.0	6.0	6.0

试验矿料级配明细表 表8

筛孔尺寸(mm)	通过率(%)		
	级配A	级配B	级配C
9.5	100	100	100
4.75	95.3	95.6	96.1
2.36	61.6	63.6	66
1.18	46.2	48.1	49.9
0.6	32.8	34.7	36
0.3	23.2	25.1	25.9
0.15	18.4	20.3	20.9
0.075	13.1	14.8	15.2

参照以往玄武岩纤维环氧树脂混合料配合比的工程应用情况,选择油石比8.5%作为设计级配油石比,双面各击实75次成型马歇尔试件。马歇尔试验结果汇总如表9所示。

玄武岩纤维环氧树脂混合料设计级配试验结果 表9

级配类型	油石比(%)	空隙率(%)	稳定度(70℃)(kN)	流值(0.1mm)	毛体积相对密度	计算理论最大相对密度
级配A	8.5	2.1	44.33	41.6	2.538	2.591
级配B	8.5	1.9	41.74	38.6	2.539	2.587
级配C	8.5	1.8	42.14	41.7	2.539	2.586
要求	8~10	0~3	≥40	20~50	—	—

由表9可以看出级配B和级配C体积指标满足要求,结合实际情况及实践经验,本次设计选择级配B为设计级配,详细结果见表10,级配曲线见图1。

玄武岩纤维环氧树脂混合料设计级配组成计算结果 表10

矿料名称及用量(%)	各方孔筛通过百分率(%)							
	9.5	4.75	2.36	1.18	0.6	0.3	0.15	0.075
1号料(26.0)	26.0	21.6	0.5	0.3	0.3	0.3	0.3	0.3
2号料(68.0)	68.0	68.0	57.1	41.8	28.4	18.8	14.0	9.1
矿粉(6.0)	6.0	6.0	6.0	6.0	6.0	6.0	6.0	5.4
混合料合成级配	100	95.6	63.6	48.1	34.7	25.1	20.3	14.8

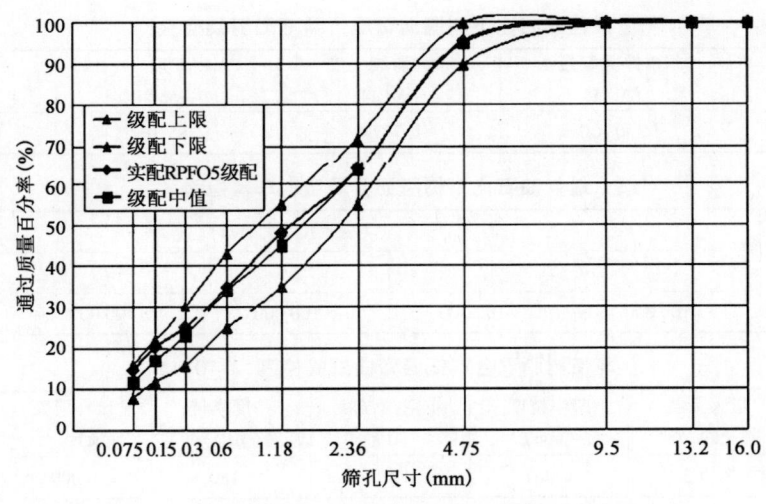

图1 玄武岩纤维环氧树脂混合料设计级配曲线图

玄武岩纤维环氧树脂混合料受级配的影响小,因此在具体的级配设计过程中以拌和的树脂沥青混合料的施工和易性以及空隙率设计范围要求来确定混凝土的级配。由表9可以看出级配B级配体积指标满足设计要求,结合实践经验,使用设计级配B进行后续性能试验。

3.4 马歇尔稳定度试验

按设计矿料比例配料,采用8.0%、8.5%、9.0%的油石比进行马歇尔稳定度试验(试验条件为70℃),试验结果见表11。

玄武岩纤维环设计级配马歇尔稳定度试验结果　　　　表11

级配类型	油石比（%）	稳定度（kN）	流值（0.1mm）	空隙率VV（%）	试件毛体积相对密度	计算理论最大相对密度
玄武岩纤维	8.0	44.60	42.5	2.2	2.548	2.604
	8.5	42.14	39.6	1.9	2.545	2.587
	9.0	43.30	41.0	1.8	2.524	2.570
要求	8~10	≥40	20~50	0~3	—	—

3.5 设计油石比的确定

根据玄武岩纤维环氧树脂混合料设计要求及上述试验分析，随着油石比的增加，混合料的流值指标有所提高，能够提高玄武岩纤维环氧树脂混合料的变形性能。因此，本次玄武岩纤维环氧树脂混合料配合比设计选择级配B为设计级配，矿料比例为1号料∶2号料∶矿粉＝26.0%∶68.0%∶6.0%，油石比为9.0%，外掺0.3%玄武岩短切纤维。

3.6 玄武岩纤维环氧树脂混合料的性能试验验证

进行最佳油石比下的浸水马歇尔试验、冻融劈裂试验来检验设计环氧树脂混合料的水稳定性能（水浴温度均为70℃）；车辙试验（70℃）检验环氧树脂混合料的高温稳定性能；低温弯曲试验检验环氧树脂混合料的低温抗裂性能。试验结果见表12~表15。

最佳油石比下浸水马歇尔稳定度试验结果　　　　表12

混合料类型	非条件马歇尔稳定度（kN）	条件马歇尔稳定度（kN）	残留稳定度S_0（%）	要求（%）
玄武岩纤维	42.47	37.99	87.1	≥85

最佳油石比下树脂沥青混合料冻融劈裂检验　　　　表13

混合料类型	非条件劈裂强度（MPa）	条件劈裂强度（MPa）	TSR（%）	要求（%）
玄武岩纤维	2.0910	1.7774	85.0	≥80

最佳油石比下树脂沥青混合料车辙检验　　　　表14

混合料类型	动稳定度（次/mm）				要求（次/mm）
	1	2	3	平均	
玄武岩纤维	>100 000	>100 000	>100 000	>100 000	≥10 000

环氧树脂混合料低温弯曲试验检测（-10℃）　　　　表15

混合料类型	最大荷载（kN）	跨中挠度（mm）	抗弯拉强度（MPa）	劲度模量（MPa）	破坏应变（×10⁻⁶）	要求（×10⁻⁶）
玄武岩纤维	2.263	1.062	17.8	3 180	8 000	≥3 000

3.7 设计结果

采用委托单位组织送样的原材料，进行玄武岩纤维环氧树脂混合料配合比设计，得出配合比、马歇尔体积指标，分别如表16、表17所示。

矿料配合比及油石比　　　　表16

混合料类型	下列各种矿料所占比例（%）				油石比（%）
	1号料	2号料	矿粉	玄武岩纤维	
玄武岩纤维	26.0	68.0	6.0	0.3	9.0

设计油石比马歇尔体积指标　　　　表17

混合料类型	油石比（%）	空隙率（%）	毛体积相对密度	计算理论最大相对密度
玄武岩纤维	9.0	1.8	2.524	2.570

4 玄武岩纤维树脂混凝土坑槽修补施工方案及技术要求

4.1 基本要求

(1)钢桥面铺装出现坑槽后,应选择适宜天气进行修复。
(2)采用冷拌玄武岩纤维高韧性环氧树脂混凝土材料进行修补,材料性能应不低于原铺装技术要求。
(3)坑槽修补宜当日养护当日开放交通。
(4)当坑槽破坏发生至钢板时,应对钢板进行除锈处理,并施工防水黏结层后方可回填混合料。
(5)坑槽修补表面宜进行防滑处理。

4.2 材料要求

坑槽修补所用材料都必须进行试验,不符合要求的,不得使用。
(1)集料、填料。
坑槽修补用集料和填料应满足现行(公路沥青路面施工技术规范)(JTG F40)相关要求。
(2)防水黏结层及黏结层。
采用环氧树脂碎石防水黏结层。
环氧树脂黏结料技术指标要求见表18,撒布碎石技术指标要求见表19。

环氧树脂黏结料技术指标要求　　　　表18

检测项目	单位	技术指标要求	试验方法
固化时间(23℃)	h	≤8	《色漆和清漆 拉开法附着力试验》(GB/T 5210—2006)
拉拔强度(23℃)	MPa	≥8	
拉拔强度(70℃)	MPa	≥3	
断裂延伸率(23℃)	%	≥10	

撒布碎石技术指标要求　　　　表19

检测项目	单位	技术要求	试验方法
表观相对密度	—	≥2.60	《公路工程集料试验规程》(JTG E42—2005)
坚固性(>0.3mm部分)	%	≤12	
砂当量	%	≥60	
棱角性(流动时间)	s	≥30	
小于0.075mm的含量(水洗法)	%	≤1	
吸水率	%	≤2.0	
含水率	%	≤0.5	

(3)胶结料。
采用冷拌高韧性环氧树脂混凝土进行修复时,环氧树脂胶结料技术指标满足现行《双组

分环氧沥青钢桥面铺装施工技术规范》(DB32/T 2284)相关要求。

冷拌高韧性环氧树脂混凝土胶结料技术指标要求见表20。

冷拌高韧性环氧树脂混凝土胶结料技术要求　　表20

检测项目	单位	技术要求	试验方法
固化时间(23℃)	h	≤8	《色漆和清漆 拉开法附着力试验》(GB/T 5210—2006)
拉伸强度(23℃)	MPa	≥2.0	《硫化橡胶或热塑性橡胶拉伸应力应变性能的测定》(GB/T 528—2009)
断裂延伸率(23℃)	%	≥200	

(4)冷补混合料。

采用马歇尔方法进行配合比设计,级配宜采用细粒式或中粒式,具体要求见表21。

级配范围　　表21

级配类型	通过下列筛孔(mm)的质量百分率(%)								
	13.2	9.5	4.75	2.36	1.18	0.6	0.3	0.15	0.075
细粒式	—	100	90~100	55~72	35~55	25~43	16~30	12~22	8~16
中粒式	100	95~100	65~85	50~70	—	28~40	—	—	7~14

冷拌环氧树脂混合料性能技术指标要求均应满足表22要求。

坑槽修补混合料技术指标要求　　表22

检测项目	单位	技术要求	试验方法
空隙率	%	≤3.0	《公路工程沥青及沥青混合料试验规程》(JTG E20—2011)
稳定度(60℃)	kN	≥40	
流值	0.1mm	≥20	
残留稳定度	%	≥85	
冻融劈裂强度比	%	≥80	
动稳定度(60℃)	次/mm	≥6 000	
低温极限破坏应变(-10℃)	10^{-6}	≥3 000	

(5)接缝材料。

新老铺装接缝宜采用高弹界面剂或高弹接缝材料进行处理,高弹界面剂技术指标要求如表23所示。

高弹界面剂技术指标要求　　表23

检测项目	单位	技术要求	试验方法
拉伸强度(23℃)	MPa	≥0.5	《硫化橡胶或热塑性橡胶拉伸应力应变性能的测定》(GB/T 528—2009)
断裂延伸率(23℃)	%	≥500	

(6)玄武岩纤维进场时应按表24的规定检测,断裂强度等力学指标应由使用方委托专业机构进行检测,并符合相关规定。

玄武岩纤维进场时质量检查项目 表24

序 号	检查项目	技术要求	检测方法
1	颜色	金褐色或深褐色	目测
2	长度合格率(%)	≥90	《公路工程 玄武岩纤维及其制品》(JT/T 776.1—2010)
3	含水率(%)	≤0.2	
4	吸油率(%)	≥50	
5	(Fe_2O_3 + FeO)含量(%)	≥8.0	《纤维玻璃化学分析方法》(GB/T 1549—2008)
6	酸度系数	≥5.0	
7	直径合格率(%)	≥90	《增强材料 纱线试验方法 第5部分:玻璃纤维纤维直径的测定》(GB/T 7690.5—2001)

4.3 养护施工

4.3.1 基本要求

修补宜按照"圆洞方补、斜洞正补"的原则。坑槽切割如图2所示。

4.3.2 设备要求

坑槽修补机械应配备切割机、磨光机、风镐、小型拌和机和碾压设备等。

4.3.3 技术要求

(1)钢板可采用机械或手工打磨(图3)方式,要求清洁度达到St3.0。

图2 坑槽切割

图3 钢桥面板手工打磨

(2)钢板打磨除锈后应立即施工环氧树脂碎石防水黏结层(图4),环氧树脂涂布量宜为1.0~1.2kg/m²,碎石撒布率宜为满布的70%~80%。

(3)混合料填补前,应在接缝四壁施工高弹接缝条或高弹界面剂(图5)。

图4 防水黏结层施工

图5 侧边高弹界面剂涂刷

(4)根据环境条件确定材料养生时间,必要时采取加热措施加速固化。

(5)混合料拌和宜采用机械拌和,确保拌和均匀,无花白料(图6)。

(6)混合料可采用平板振动夯或小型手持式压路机进行碾压,保证密实、平整(图7)。

图6　玄武岩纤维环氧树脂混合料拌和　　　　　图7　修补后坑槽外观

(7)树脂防滑罩面可紧跟混合料碾压后进行。

(8)修复材料养生完成后,方可开放交通。根据环境气候条件,养生时间宜为2~4h。

4.3.4　质量检验

(1)坑槽修补材料应按批次进行检验,符合技术要求。

(2)坑槽修补表面应平整密实、粗糙,无泛油和离析现象。

(3)新铺装宜平整或略高于原铺装3mm以内。

5　结语

(1)通过玄武岩纤维树脂混凝土的相关试验,表明玄武岩纤维树脂混凝土稳定性能、抗水损害性能均满足技术要求,可作为玄武岩纤维树脂混凝土在工程中施工的参考与依据。

(2)玄武岩纤维树脂混凝土的应用不但有效解决冷拌树脂混凝土需要长时间养生的问题,而且快速实现日常养护机械化。为了实现玄武岩纤维树脂混凝土日常机械化施工,江苏润扬大桥发展有限责任公司同江苏中路交通发展有限公司合作开发了混凝土智能一体车。混凝土智能一体车(道路养护车)的主要功能是对沥青路面的坑槽、裂缝、松散、车辙等病害进行快速维修作业。车体包含动力单元、集料仓、强制式拌和设备、A/B双组分液料系统、控制系统、辅助系统、卸料螺旋和工具箱等。该车经济实用,为现场作业提供支持。在进行跨江大桥的养护过程中,该车使用车体自带的工具,如包括风镐、小型路面压路机等。该车集现场拌和、路面切割破碎、除尘、整平压实等功能为一体,作业灵活快捷、提质增效,可达到"快速到位、快速修补、快速撤离"的要求。

(3)通过半年的跟踪观测表明,玄武岩纤维树脂混凝土具有优良的抗车辙、抗裂和抗水损害性能,具有广阔的市场应用前景。

参 考 文 献

[1]　文月皎.玄武岩纤维沥青混合料增强机理及路用性能研究[D].长春:吉林大学,2017.

[2]　仰建岗,刘燕,林天发.玄武岩纤维沥青混凝土路用性能研究[J].筑路机械与施工机械

化,2015,32(1):53-57.
[3] 赵丽华.玄武岩纤维对沥青混合料性能影响机理的研究[D].大连:大连理工大学,2013.
[4] 王安.玄武岩纤维SMA-13的路用性能研究与应用[D].长沙:长沙理工大学,2013.
[5] 吴帮伟.玄武岩纤维增强沥青混合料性能试验研究[D].扬州:扬州大学,2013.
[6] 汤寄予.纤维沥青混合料组成与性能试验研究[D].郑州:郑州大学,2013.
[7] 赵豫生,李红涛.玄武岩短切纤维对沥青混凝土性能的影响[J].公路交通科技,2012,29(9):38-42.
[8] 宋云祥,韦佑坡,李玉梅,等.玄武岩纤维沥青胶浆的路用性能[J].公路交通科技,2012,29(8):15-19,24.
[9] 高春妹.玄武岩纤维沥青混凝土性能研究与增强机理微观分析[D].长春:吉林大学,2012.
[10] 韦佑坡,张争奇,司伟,等.玄武岩纤维在沥青混合料中的作用机理[J].长安大学学报(自然科学版),2012,32(2):39-44.
[11] 徐刚,赵丽华,赵晶.玄武岩矿物纤维改善沥青混合料性能研究[J].公路,2011(6):167-171.
[12] 许婷婷,顾兴宇,倪富健.玄武岩纤维增强沥青混凝土试验与性能研究[J].交通运输工程与信息学报,2011,9(2):115-121.
[13] 郝孟辉,郝培文,杨黔,等.玄武岩短切纤维改性沥青混合料路用性能分析[J].广西大学学报(自然科学版),2011,36(1):101-106.
[14] 范文孝,康海贵,郑元勋.玄武岩纤维改性沥青混合料路用性能试验研究(英文)[J].Journal of Southeast University(English Edition),2010,26(4):614-617.
[15] 范文孝.玄武岩纤维增强路面材料性能试验研究[D].大连:大连理工大学,2011.
[16] 汤寄予,高丹盈,韩菊红.玄武岩纤维对沥青混合料水稳定性影响的研究[J].公路,2008(1):188-195.

159. 典型预应力连续梁桥主梁结构病害溯源分析

刘能文[1]　孙运洪[2]

(1. 北京市市政工程设计研究总院有限公司；2. 北京市首都公路发展集团有限公司)

摘　要：本文分析了预应力连续梁结构的主要破坏类型及成因分析，并通过某高速公路典型案例桥梁跨中的裂缝的开展位置、形态、宽度及跨中下挠的实测数据，来分析并溯源造成桥梁现状病害的各种可能因素及其影响程度；通过不同因素的单独或者组合作用下的精确溯源，找到了桥梁产生裂缝的位置、形态等病害的原因，据此制定科学而有效的桥梁加固方案，给此类桥梁的主梁开裂及跨中下挠溯源分析提供了一定的思路和方法。

关键词：桥梁　病害　裂缝　下挠　加固

1 引言

预应力混凝土桥梁，由于其超静定结构特点，差异沉降往往较为敏感，且主梁预应力钢束在安装、混凝土振捣、张拉、预应力管道注浆等环节，容易因预应力钢束应力不均匀、整体预应力不足、灌浆不密实、钢束保护层厚度不足等造成耐久性不足。预应力桥梁尤其是主梁的病害形式，主要表现为混凝土破损、钢筋锈胀、主梁纵横向裂缝及主梁墩顶位置下沉及跨中下挠等主要病害，进而造成桥梁整体刚度和承载能力下降、安全储备不足，甚至达不到原桥梁设计荷载标准，进而给桥梁的运行带来安全隐患。

北京作为特大型城市，始终是将桥梁加固方案的安全放在首位，对桥梁的加固方案提出很高的要求，且一定要在分析桥梁产生病害的原因及其影响程度的基础上，制定精准、有效的加固方案。因此，如何保证在桥梁严重受损的情况下尽快进行桥梁病害溯源分析，将分析结果作为加固方案制定的基础，加固并恢复桥梁的原有承载能力及通行能力，是必须要考虑的问题，且显得尤其重要和迫切。

国内对于悬索桥、斜拉桥和大跨度刚构桥进行结构病害溯源分析案例较多，如番禺大桥主梁裂缝成因分析及处置对策，宁波招宝山大桥保留结构主梁裂缝成因分析及处理措施，成都到汶川高速公路庙子坪岷江大桥主梁早期裂缝的成因及控制措施等，这些案例主要集中于桥梁的设计及施工、材料等方面的不足而造成的开裂。对于城市桥梁而言，绝大部分论文都是对桥梁的开裂成因从定性上进行分析，很少有定量的典型案例分析。桥梁在后期使用过程中因为使用地基环境的变化（主要是地下穿越）而导致的连续梁开裂的裂缝溯源案例较少，比较有代表性的如北京新兴桥南异形板的西幅桥因地铁穿越而产生的不均匀沉降开裂分析。通过复杂的计算分析,最终判定当8-2号沉降值为3mm、8-3号沉降值为8mm、8-4号沉降值为6mm,可出现与主梁一致的裂缝分布状态与裂缝宽度。

国外的桥梁上部结构出现结构裂缝并进行溯源分析的案例较少,美国田纳西州和阿肯色州交界横跨密西西比河的埃尔南多·德索托大桥(The Hernando DeSoto Bridge)在2021年5月例行检查中发现主梁结构裂缝后,进行了结构分析并封闭2个月进行维修;2018年3月,连接美国佛罗里达大学校园的FIU天桥因为出现多道宽而深的结构裂缝而导致垮塌,该桥跨度约53m,为重约930t的混凝土桁架桥,根据美国职业安全与健康管理局的分析报告,该桥出现开裂并倒塌的主要原因为桁架节点设计不足,无法承受设计荷载,且当发现结构裂缝越来越大时,设计、施工单位未及时采取专业及及时的应对措施,而是选择无视并继续施工。

综上所述,国内对于预应力连续梁桥主梁结构病害尤其是结构开裂进行溯源分析较多,但主要集中在桥梁的设计、施工阶段,对于桥梁使用期间地基条件发生重大变化(主要是地下穿越)导致的结构病害研究较少;国外这两方面研究都很少。因此,很有必要通过典型案例的研究来总结这类预应力连续梁桥主梁结构病害尤其是主梁裂缝的特征和形态。

2 预应力连续梁主要破坏类型及原因

根据预应力主梁结构受损的部位及表现形式,预应力连续梁主要破坏类型可以归结为以下几大类,即主梁混凝土强度不足,主梁底板、腹板开裂(裂缝有横向裂缝、纵向裂缝及斜裂缝等),主梁混凝土剥落、破损,主梁普通钢筋生锈及其引起混凝土锈胀,主梁下挠、主梁线形发生较大变化,行车颤动明显(刚度下降)等。

对于预应力结构,不允许主梁混凝土出现大于0.2mm的结构裂缝,因此,除不规则的细小温度裂缝之外的结构裂缝,都是在桥梁使用阶段形成的。预应力连续梁主梁形成结构裂缝的原因很多,主要包括桥梁基础的差异沉降,以及超载、温度力及预应力钢束受损或收缩徐变而引起的预应力下降等。主梁整体不均匀下沉,往往是下部结构中的基础不均匀下沉引起的,而主梁线形改变并在使用过程中跨中相对于墩顶产生了较大的下挠,则是因为主梁混凝土强度下降、混凝土最大拉应力超标(差异沉降过大、超载、预应力度下降等)而引起的主梁开裂、刚度下降等病害。

引起桥梁基础差异沉降的因素既有内因,也有外因。内因主要是桥梁基础所在的位置地质情况并不完全相同,桥梁在使用过程中会持续缓慢发生不同程度的下沉,桥梁设计计算时会根据经验进行预估,一般情况下不会导致主梁开裂。外因主要包括地下结构物(地铁区间、车站及通道、管线隧道、管廊等)穿越,邻近基坑施工等扰动基底或者桩周、桩底土体,以及桥上车辆超载或者桥下车辆撞击墩柱等意外事故。一般而言,对于特大城市,由于桥梁建成后地铁或者管线穿越、邻近基坑施工造成桥梁基础差异沉降过大的主要原因。

主梁纵向墩柱差异沉降过大、主梁受力裂缝宽度大于0.2mm,主梁跨中下挠过大、明显行车震颤等病害往往是主梁整体承载能力明显下降的表现特征,甚至表明桥梁已经低于设计承载能力,必须进行病害溯源分析、桥梁荷载试验。本文通过对北京一座预应力连续梁桥主梁开裂及跨中下挠明显的四类桥进行深度溯源分析,来剖析此类病害桥梁的病害分析、加固处理等方法与技巧。

3 典型案例简介

北京市四环路与市区某主干路相交高速路,桥梁结构为跨线桥,桥梁建于1996年。桥梁上部结构形式主桥为预应力混凝土连续箱梁,下部结构为预应力混凝土盖梁、独柱墩;柱下基础为四桩承台;桥台为重力式桥台接承台、桩基础。出现开裂的西幅桥由北向南跨径布置为19.62m+40m+27m,为预应力混凝土连续箱梁。

由于近年邻近该桥的大型地下建筑物及隧道开挖,导致该桥西幅桥基础受到了严重扰动,桥梁基础出现了较大的差异沉降,主梁出现箱梁梁底开裂、中跨箱梁跨中挠度超限等病害。根据有关专业检测机构的检测报告,西幅桥由于裂缝超限、箱梁挠度超限等因素被评定为4类桥。2015年7月,对西幅桥主跨跨中进行了紧急临时支护,并重点对病害因素及其影响程度进行了推演与分析,在此基础上制定加固方案,并于2021年10月最终完成桥梁加固。

3.1 主梁开裂状况

该桥主梁梁底横向开裂较为严重,共有近40道裂缝,边腹板的侧面也发生局部开裂现象,腹板共有6道裂缝,梁底裂缝并非对称于跨中,而是偏向于西3轴一侧,裂缝主要集中于靠西3轴1/3跨位置。裂缝横向未形成贯通裂缝,部分裂缝宽度大于0.2mm,箱梁底板裂缝最宽为0.32mm,最深为199mm,梁腹板裂缝最宽为0.7mm,最深为85.6mm,且裂缝位置及特征为明显的结构受力裂缝。

主梁梁底开裂状况见图1。

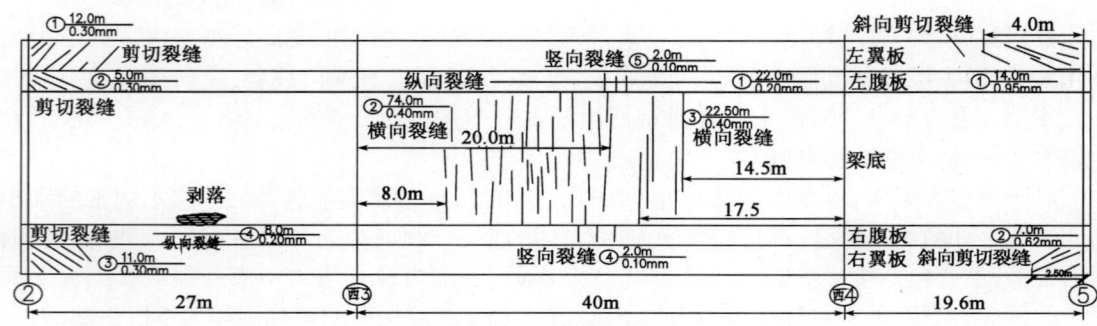

图1 主梁梁底开裂状况

3.2 主梁下挠状况

2017年2月18日,对主梁的中腹板及边腹板线形进行了测量,结果表明,主梁中墩相对于边墩有了明显的下挠,尤其是中跨跨中相对于中墩下挠明显,其与中墩墩顶连线的差值达到了87.4mm。考虑到施工与设计的高程误差,中墩与边墩的下挠值并不能说明全部是在桥梁建成后产生的差异沉降,跨中下挠值也不一定是全部由使用后产生的,部分值也可能是施工过程中现浇主梁时的基础及支架沉降、高程误差等因素产生的,但是87.4mm的下挠测量值比较大,足以对主梁的结构安全及行车舒适性产生很大的影响。

主梁下挠曲线如图2所示。

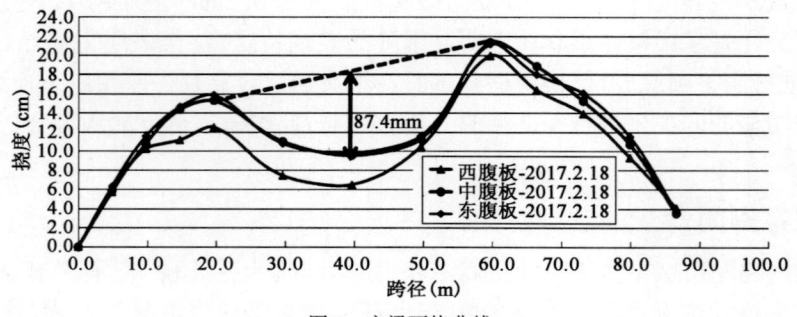

图2 主梁下挠曲线

4 原桥核算

通过查阅设计图纸,在原设计荷载作用下,且不考虑桥梁的老化及病害的情况下,对原桥建立空间有限元模型并进行复核计算,分别计算其设计时的短期组合下的主梁下缘、主梁下缘应力包络图,以及长期组合下的主梁下缘、主梁下缘应力包络图,可知短期组合下的主梁下缘跨中最大应力值为受压1.3MPa,短期组合下的主梁上缘墩顶最大拉应力值为0.7MPa,均小于C45混凝土的受拉允许值1.75MPa,长期组合下的主梁下缘跨中最大应力为受压-2.1MPa,长期组合下的主梁上缘墩顶最大应力为受压-0.01MPa,均未出现拉应力。计算表明,桥梁设计时连续梁中跨跨中、中支点承载能力均满足要求,且有一部分安全储备。

5 桥梁病害原因分析

结合桥梁结构形式、桥梁服役年限、环境因素等,导致主梁局部应力超限的主要影响因素考虑以下三种:超载、中墩基础变位及预应力损失,并围绕这三大影响因素的占比及组合来计算分析主梁的理论开裂状况及下挠值,并将其与实测值进行对比,推断桥梁的病害主因及其影响程度。

根据该桥位于重载线线路及北京市区位置,桥位处有地铁以及管廊、电力的暗挖隧道,桥梁施工工期紧及桥梁运行时间较久,预应力钢束也会有松弛现象,该桥前述三大影响因素均由可能发生。

原桥在设计荷载作用且完好状态下,计算结果表明,长期组合下主梁下缘不存在拉应力,不会引起裂缝。先分别就超载、差异沉降及预应力松弛等三种因素单独作用及组合状态下,来分析主梁的理论病害值及其位置,并与主梁实际开裂值、开裂位置等进行分析,来最终确定主梁的病害原因。

5.1 超载

此条高速公路曾经超载严重,近年来,国家大力治超,这种状况才得到有效缓解,根据调查资料,最大超载值为汽-超20级设计荷载的1.8倍。为提高桥梁裂缝验算的准确性,采用桥梁的标准组合(恒、活载不考虑结构重要性系数、分项系数及组合系数等)来计算。经过计算,标准组合下主梁下缘最大拉应力为4.2MPa,主梁会出现开裂现象,计算主梁开裂宽度、范围等基本与实测一致,但是开裂位置基本上位于中跨跨中,与实测的开裂范围偏向于西3轴不一致。

超载工况下标准组合中跨跨中拉应力与开裂范围对比如图3所示。

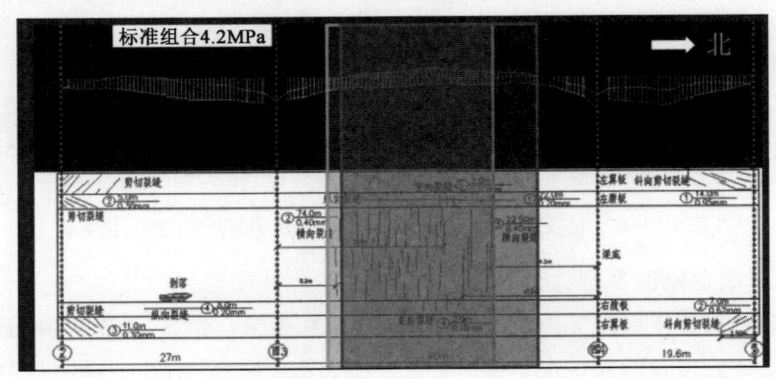

图3 超载工况下标准组合中跨跨中拉应力与开裂范围对比图

5.2 中墩基础差异沉降

该桥中墩邻近处有不同距离的地铁隧道及地下车站、电力隧道穿越,各墩柱距离地下构筑物穿越位置不同,产生的沉降绝对值也不相同,两处中墩必然会产生差异沉降。根据现场实测值,西3轴与西4轴的中墩差异沉降约为45mm。经过计算,标准组合下主梁下缘最大拉应力为2.1MPa,虽然主梁计算拉应力范围基本与实测裂缝范围一致,但是2.1MPa的最大拉应力不足以引起主梁全面开裂。

中墩差异沉降工况下标准组合中跨跨中拉应力与开裂范围对比见图4。

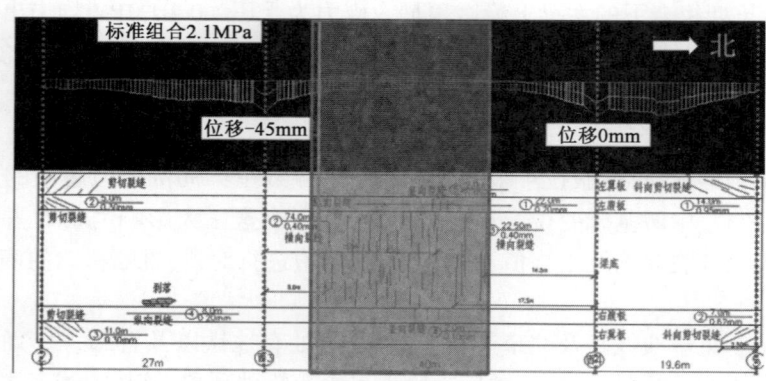

图4　中墩差异沉降工况下标准组合中跨跨中拉应力与开裂范围对比图

5.3 预应力损失

此桥施工快速,且运营了20多年,预应力松弛完全有可能。经过分析,预估此桥的预应力损失值为设计之初的20%较为合适,经过计算,标准组合下主梁下缘最大拉应力为4.2MPa,虽然主梁计算拉应力足以引桥主梁开裂,计算主梁开裂宽度、范围等基本与实测一致,但是开裂位置基本上位于中跨跨中,与实测的开裂范围偏向于西3轴不一致。

预应力松弛工况下标准组合中跨跨中拉应力与开裂范围对比见图5。

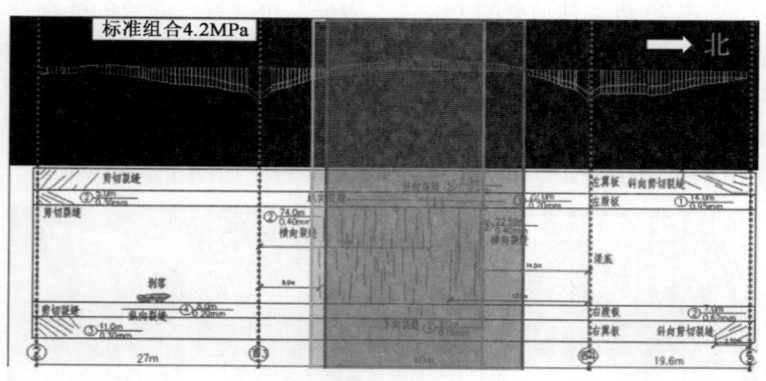

图5　预应力松弛工况下标准组合中跨跨中拉应力与开裂范围对比图

5.4 主梁开裂后刚度及应力分析

前述计算都是假设主梁在完好状态下,来分别计算主梁在超载、中墩差异沉降及预应力损失等工况下的主梁应力及开裂情况。实际上,主梁开裂之后,其刚度下降明显,承载能力也会相应下降。主要原因是,开裂后主梁断面的惯性矩、惯性积下降,间接导致主梁的预应力损失加大,进一步导致主梁的拉应力增大。经过计算,主梁跨中断面惯性矩下降了约10%。开裂引起的主梁跨中截面特性见表1。

不同阶段主梁跨中截面特性　　　　　　　　　　表1

设计时主梁截面特性			现况主梁截面特性			削减程度(%)
截面有效高度(m)		1.4	截面有效高度(m)		1.305	6.7
面积(m^2)		7.371	面积(m^2)		6.611	10.3
周长(m)		45.210 1	周长(m)		45.020 1	0.4
惯性矩(m^4)	X方向	4 575 655	惯性矩(m^4)	X方向	4 102 794	10.3
	Y方向	30 639 410		Y方向	27 480 284	10.3
惯性积(m^2)	XY	11 840 394	惯性积(m^2)	XY	10 618 172	10.3

根据以上计算,采用因裂缝削减的主梁截面,重新按照设计荷载对竣工完成后的桥梁进行了核算,在长期组合下,主梁中跨跨中最大拉应力值为2.3MPa,但是在主梁不开裂状况下长期组合主梁下缘未出现拉应力,两者应力值变化明显。

5.5 组合因素下主梁计算分析

考虑到超载车是活荷载,对桥梁而言是瞬间荷载,但是经过现场调查,即使在没有车辆活荷载作用下,主梁梁底的裂缝宽度也没有明显变化,说明目前裂缝的状态及形成与超载关系不是太大,并且货车一般行驶在最外侧车道,而本桥有3条车道,即使最外侧车道超载1.8倍,但是3条车道总体超载率并不是很高。因此,重点研究在中墩差异沉降及主梁纵向预应力损失两种影响因素组合作用下,按照主梁裂缝分布范围、裂缝深度情况分析,建模时考虑主梁相应位置的刚度削弱(截面特性变化),计算分析桥梁受力状况。

从图6可以发现,标准组合下跨中最大拉应力值为4.6MPa,会导致主梁开裂,且开裂的范围及位置基本与实测值保持一致。因此,可以判定,该桥主梁目前的开裂原因主要是地下构筑物穿越造成的中墩45mm差异沉降及主梁预应力损失约20%这两大诱因,且造成主梁承载力不足,现况桥梁不能满足设计荷载标准。

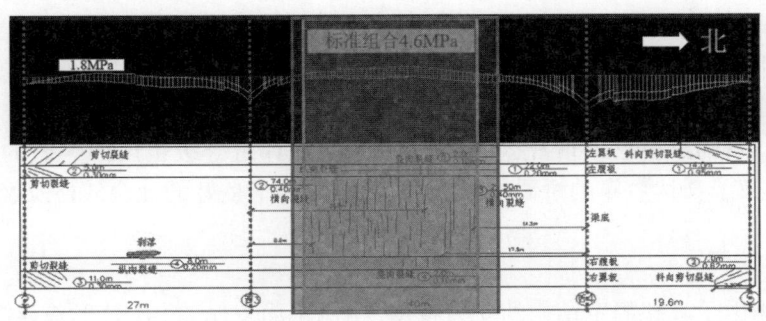

图6　组合因素下标准组合中跨跨中拉应力与开裂范围对比图

6 中跨跨中挠度分析

对于主梁跨中的恒载挠度值,主要是由自重、预应力、二期恒载(桥面铺装、栏杆、地栿等),以及混凝土收缩徐变等因素形成的。为了进一步验证前述主梁应力及开裂状态产生因素的可靠性,还需要将中跨跨中主梁下挠值的计算分析与实测值进行对比。根据主梁的开裂状态,对主梁在刚度下降的情况下,计算东、中、西三个腹板各个分项荷载作用下的挠度值,见表2。

中跨跨中主梁恒载作用下各腹板的挠度计算值（mm）　　　　　表2

影响因素	西腹板挠度（mm）	中腹板挠度（mm）	东腹板挠度（mm）
自重	-52.12	-52.06	-52.12
预应力	35.75	35.67	35.78
二期恒载	-15.90	-16.39	-17.09
徐变（20年）	-41.91	-42.16	-42.39
合计	-74.18	-74.94	-75.82

将上述计算恒载产生的挠度值，与中墩45mm差异沉降值及考虑20%的预应力损失产生的挠度值进行叠加，叠加后的计算挠度值可以作为目前桥梁中跨跨中产生的理论下挠值，并将其与实测挠度值进行对比，见表3。从表3中可以发现，东腹板、中腹板的计算值与实测值非常接近，西腹板的计算值与实测值相差不大，进一步证明了桥梁主梁开裂病害溯源的可靠性及准确性。

各种影响因素下主梁中跨跨中挠度值（mm）　　　　　表3

位置	①正常形态（考虑主梁开裂）（mm）	②45mm中墩差异沉降（mm）	③预应力损失20%（mm）	①+②+③组合作用下（mm）	⑤实测值（mm）	误差率（%）
西腹板	-74.18	-5.52	-5.95	-85.65	-97.01	13.2
中腹板	-74.94	-5.52	-5.97	-86.42	-87.40	1.1
东腹板	-75.82	-5.51	-6.01	-87.34	-86.91	0.5

7　桥梁加固方案

在上述准确溯源的基础上，得知导致危害该桥的安全因素主要是中墩下挠及预应力损失，而导致的中跨跨中下缘拉应力超标，故主要加固措施据此来考虑。最有效，最经济的加固措施是在中跨跨中增设永久性墩柱，并同时对主梁各墩墩顶进行同步顶升，来调整主梁的跨中及支点上下缘应力值，并调整主梁线形。该方案优点是投资少、施工快、加固效果好，但是增设永久中墩必须满足现况及未来交通流及行车视距的要求，还要考虑墩柱防撞、墩柱位置管线复杂等因素。通过管线调查、桥下交通优化组织及施工时间的合理安排及交通导行等措施，很好地解决了以上问题。目前该桥已经正常运行，桥梁技术状况评定等级也由四类差的状况改变为二类较好状况，结束了长达数年的桥梁临时支撑状态，取得了良好的社会效益及经济效益。

8　结语

连续梁结构由于其超静定结构的受力特点，相比于简支结构，其对于差异沉降更为敏感，主梁上下缘应力超限就会导致主梁开裂，降低承载能力，而开裂的原因是多方面的，可能是一种因素，也可能是几种因素的组合，本文对典型桥梁主梁结构裂缝成因溯源分析，可以得出如下结论：

（1）引起主梁开裂的因素较多，通过分析，主要有超载、基础差异沉降及预应力损失三大类。

（2）主梁跨中横向开裂现象较为常见，溯源分析调查裂缝的位置、形态非常重要。

（3）主梁开裂后，应详细调查桥梁的使用环境及建造过程，分析每种开裂诱因的可能性。

(4)主梁开裂是结果,形成这种病害的成因为单独或者多种组合,必须根据每种主梁开裂诱因的可能性进行分析,预估影响程度进行试算,并将试算结果与实际裂缝状态进行对比分析,两者越接近,溯源结果越准确;试算工作量大,计算复杂。

(5)可以根据裂缝成因溯源结果,找到桥梁主梁开裂的主因,更科学地选择桥梁维修加固方案。

(6)根据溯源分析结果,排除桥梁使用过程中对应的风险源,提高桥梁的使用寿命及安全度。

本文提供的案例具有代表性及典型性,从以上几点可以看出,本案例对于典型城市预应力混凝土连续梁桥的溯源过程及计算分析思路具有较好的通用性。本文为今后此类桥梁主梁开裂的溯源及抢险加固方案提供了一定的参考。

参 考 文 献

[1] 刘能文,张恺,齐萱,等.综合加固技术在桥梁加固工程中的应用[C]//2008年全国桥梁学术会议论文集,浙江舟山.

[2] 刘能文,张恺.突发性损伤桥梁的抢险(修)应急技术研究[J].市政技术,2015.33(6):41-46,50.

[3] 刘能文,王琛妹.地铁隧道穿越桥梁的综合技术[J].市政技术,2013 31(3):76-80,96.

[4] 蒋龙祥,施卫星.某工程沉降、倾斜过大原因分析及处理[C]//工程安全及耐久性——中国土木工程学会第九届年会论文集,2000.

[5] 戴竞,彭宝华,李杨海.公路预应力混凝土梁桥裂缝成因分析与处理对策[C]//工程安全及耐久性——中国土木工程学会第九届年会论文集,2000.

[6] 周刚,洪显诚.番禺大桥主梁裂缝成因分析及处置对策[C]//中国公路学会桥梁学术会议论文集,1998.

[7] 陈明凯,黄金平,孙跃祉,等.庙子坪岷江大桥主梁早期裂缝的成因及控制措施[C]//第十七届全国桥梁学术会议论文集,2006.

160. 氯离子侵蚀下 UHPC 耐久性试验与箱梁寿命预测

颜维毅[1]　蔺鹏臻[2]

(1. 兰州交通大学甘肃省道路桥梁与地下工程重点实验室；2. 兰州交通大学土木工程学院)

摘　要：为研究超高性能混凝土(UHPC)中氯离子扩散规律，制作试块，进行不同时间下的一维、二维与三维氯离子侵蚀试验；以某 UHPC 箱梁为研究对象，预测了其在氯离子侵蚀下的耐久性服役寿命，先后研究了不受荷载、受荷载但不考虑损伤、受荷载并考虑损伤三种不同的情况。结果表明，对于本文所配制的 UHPC，氯离子扩散系数随着时间逐渐减小，表面氯离子浓度逐渐增大，最后稳定于 0.1%（占混凝土质量分数）左右；相比一维扩散，二维与三维扩散深度较大，二维与三维扩散深度分别为一维扩散的 1.47 倍与 1.84 倍，在扩散深度范围内其氯离子浓度也大于一维扩散；当保护层厚度为 30mm、临界浓度取 0.05% 时，在一维与二维氯离子扩散状态下其耐久性服役寿命分别为 180 年与 90 年，远大于普通混凝土；在荷载作用下，UHPC 箱梁耐久性服役寿命随着应力水平的提高而减小，较未受荷载时减少近 50%；在箱梁底板开裂状态下，耐久性服役寿命大幅度减小，不足 15 年。

关键词：超高性能混凝土　氯离子　耐久性　箱梁　寿命预测

1　研究背景

超高性能混凝土(UHPC)与普通混凝土相比，力学性能与耐久性能大幅提高，在过去 30 年中发展迅速，并在实际工程中得到了很好的应用。混凝土结构的耐久性一般为结构在设计基准期内，不需要大修加固就可以保证其安全性与舒适性的能力[1]。评价混凝土耐久性指标通常有抗碳化性、抗氯离子渗透性、抗硫酸盐腐蚀性、抗冻融性以及抗碱集料反应等[2]。其中，氯离子渗入混凝土引起的钢筋锈蚀，是暴露在氯盐环境中的钢筋混凝土结构劣化的主要原因。

UHPC 的氯离子渗透系数较普通 C80 混凝土小一个数量级，具有优良的抗氯离子渗透性能[3]。在自然浸泡条件下，UHPC 氯离子扩散系数随着时间的增长呈指数形式衰减，表面氯离

基金项目：国家自然科学基金高铁联合项目(U1934205)；国家自然科学基金重大项目(11790281)；国家自然科学基金(51878323)。

子含量呈指数形式增加[4]。UHPC 的低孔隙率决定了其优异的抗氯离子渗透性,其孔隙率极低,仅有普通混凝土的 1.8% ~ 4.0%[5]。

在多数研究中,通常采用基于 Fick 第二定律的模型来描述氯离子在混凝土中的渗透作用[6]。在此基础上,有学者提出了改进的多因素修正氯离子传输模型,可有效预测混凝土中实际氯离子浓度分布情况[7]。此外,荷载对 UHPC 中氯离子渗透性也有较大影响,氯离子扩散系数与损伤度正相关,钢纤维对提高荷载作用下 UHPC 的抗氯离子渗透性具有积极作用[8]。

尽管目前对 UHPC 的氯离子渗透性能已有很多不同程度的研究,但多以氯离子的一维扩散为主,而实际的混凝土结构为空间三维结构,大多现有研究成果很难直接应用于实际工程结构。为此,本文基于氯离子浸泡试验,研究了一维、二维与三维氯离子扩散下 UHPC 试块中的氯离子分布情况,并以 UHPC 箱梁为研究对象,预测了其在氯离子侵蚀下的耐久性服役寿命。

2 UHPC 中氯离子扩散理论

2.1 混凝土氯离子扩散方程

扩散作用、压力渗透作用、毛细吸收作用和电迁移作用是混凝土中几种常见的氯离子传输方式。其中扩散作用是饱和混凝土中氯离子传输的主要方式,可用 Fick 第二定律表述[9]:

$$\frac{\partial C(x,t)}{\partial t} = \frac{\partial}{\partial x}\left[D \times \frac{\partial C(x,t)}{\partial x}\right] \quad (1)$$

式中:D——扩散系数,m^2/s;

C——扩散物质的体积浓度,kg/m^3;

x——扩散深度;

t——扩散时间。

设定初始条件 $C(x,0) = C_0$,边界条件 $C(0,t) = C_s$,可得到式(1)的解:

$$C(x,t) = C_0 + (C_s - C_0)\left[1 - \mathrm{erf}\left(\frac{x}{2\sqrt{Dt}}\right)\right] \quad (2)$$

一般认为扩散系数 D、表面氯离子浓度 C_s 与时间 t 的关系如下[10]:

$$D = D_0 \left(\frac{t_{\mathrm{ref}}}{t_{\mathrm{ref}} + t}\right)^m \quad (3)$$

$$C_s = C_s^0 (1 - e^{-\alpha t}) \quad (4)$$

式中:D_0、D——分别为初始时刻和 t 时刻的扩散系数;

t_{ref}——养护龄期 28d;

m——时间衰减系数;

C_s^0——稳定后的表面氯离子浓度;

α——氯离子累积速率系数,二者同样可通过拟合得到。

D_0 反映了氯离子在混凝土中的扩散速率,即混凝土抗氯离子侵蚀的能力。混凝土抗氯离子侵蚀能力越强,扩散速率越小,D_0 就越小。m 反映了扩散系数减小的速率,m 越大,扩散系数减小速率越快。D_0 与 m 可通过拟合得到。

2.2 荷载对扩散系数的影响

荷载作用导致了混凝土内部孔隙产生变形[11],氯离子传输通道因此受到影响。应力状态的变化会影响荷载作用下混凝土中氯离子扩散能力：当拉应力作用时，混凝土内部产生微裂纹，孔隙变大，扩散系数因此变大；在压应力作用时，混凝土内部孔隙受到挤压，扩散系数减小，但当压应力超过一定范围时，扩散系数会增大。

荷载对氯离子扩散的影响系数(m_σ)可写作应变$f(\varepsilon)$和损伤$f(d)$的函数：

$$m_\sigma = 1 + f(\varepsilon) + f(d) \tag{5}$$

假设荷载影响系数与应变成二次关系[12]，$f(\varepsilon)$可表示为：

$$f(\varepsilon) = A\varepsilon + B\varepsilon^2 \tag{6}$$

其中，A与B为常数，通常由试验拟合得到。$f(d)$可表示为[13]：

$$f(d) = \frac{D_{\max}}{D_0}\left\{1 - \left[1 + \left(\frac{d}{d_{cr}}\right)^n\right]^{-1}\right\} \tag{7}$$

式中：D_0——混凝土未受荷载时的氯离子扩散系数；

$D_{\max}$——混凝土完全损伤后的氯离子扩散系数；

d——混凝土损伤变量；

d_{cr}、n——常数，通过拟合得到，一般取$n=5$，$d_{cr}=0.4$[13]。

对于UHPC，$D_{\max}/D_0$可取8。

根据荷载作用下UHPC的氯离子扩散试验数据[14]，可得到$f(\varepsilon)$表达式：

$$f(\varepsilon) = \begin{cases} 1.611 \times 10^{-3}\varepsilon + 1.490 \times 10^{-6}\varepsilon^2 & \varepsilon \leq 0 \\ 2.767 \times 10^{-3}\varepsilon + 2.543 \times 10^{-5}\varepsilon^2 & \varepsilon > 0 \end{cases} \tag{8}$$

2.3 氯离子侵蚀下UHPC的耐久性寿命预测

钢筋混凝土结构在氯盐侵蚀作用下耐久性失效过程一般经历4个阶段：钢筋脱钝、保护层胀裂、锈胀裂缝开展至限值、承载力下降至限值[15]。当氯离子通过保护层厚度x_c，钢筋表面的氯离子浓度达到钢筋去钝化浓度时，可视为混凝土达到了耐久性失效的极限状态，此时钢筋表面的浓度称为临界浓度C_{cr}，根据Fick第二定律表达式可求得耐久性服役寿命t_{eff}[16]：

$$t_{eff} = \frac{x_c^2}{4m_\sigma D\left[\mathrm{erf}^{-1}\left(1 - \frac{C_{cr}}{C_s}\right)\right]^2} \tag{9}$$

3 UHPC氯离子侵蚀试验

3.1 原材料及配合比

采用祁连山水泥厂生产的52.5普通硅酸盐水泥，矿物掺和料采用硅灰与粉煤灰，集料粒径范围为0.125~2mm，按粗细程度分为细砂、中砂、粗砂，粒径分别为0.125~0.45mm(细)、0.45~0.63mm(中)和0.8~2mm(粗)的三种石英砂颗粒。采用聚羧酸高效减水剂，添加短细钢纤维，细圆形，表面镀铜，直径0.22mm，长度约为13mm，抗拉强度2800MPa。UHPC水胶比为0.2，配合比如表1所示。

UHPC 配 合 比　　　　　表1

原材料	水泥	粉煤灰	硅灰	粗砂	中砂	细砂	钢纤维	水	减水剂
用量(kg/m³)	635	159	88	810	287	276	124	176	18

试验所采用的UHPC试块尺寸为100mm×100mm×100mm，经过测试其抗压强度大于120MPa，满足UHPC的抗压强度要求。

3.2 试验方法

为研究多维度侵蚀作用下 UHPC 试块中氯离子的扩散规律,使用环氧树脂对部分表面进行密封。对于一维试块,仅使 2 个相互平行的表面暴露,其余表面用环氧树脂密封;对于一维试块,密封 2 个相互平行的表面;三维试块表面全部暴露。

将试块浸泡在质量分数 5% 的氯化钠溶液中,每隔 3d 利用盐度计测定溶液浓度,当由于水分蒸发导致其浓度偏大时,加入适量蒸馏水直至浓度降为 5%。试块浸泡至 60、90、120、180、240d 时将相应试块取出,测量其不同深度处氯离子浓度。

对于一维扩散试块,从试块 6 个不同深度处(0~5mm,5~10mm,10~15mm,15~20mm,20~25mm,25~30mm)分别取样;对于二维与三维扩散试块,从相应的棱边与角点处取样。由于二维与三维试块上样本较少,故对于二维扩散从两个试块上取样,三维扩散从三个试块上取样。得到样本后,根据《混凝土中氯离子含量检测技术规程》(JGJ/T 322—2013)[17]进行氯离子含量的检测。

4 试验结果及分析

4.1 一维氯离子渗透试验结果分析

通过上述试验步骤,可得到一维扩散下 UHPC 试块中的氯离子浓度分布情况,如表 2 所示。

UHPC 中氯离子浓度测量结果(%)　　　　表 2

深度(mm)	60d	90d	120d	180d	240d
0~5	0.002 747	0.004 047	0.005 373	0.007 652	0.009 969
5~10	0.000 232	0.000 350	0.000 406	0.000 461	0.000 681
10~15	0.000 083	0.000 101	0.000 113	0.000 115	0.000 115
15~20	0.000 120	0.000 094	0.000 077	0.000 097	0.000 100
20~25	0.000 084	0.000 081	0.000 114	0.000 098	0.000 094
25~30	0.000 099	0.000 094	0.000 084	0.000 087	0.000 095

根据式(2)、式(3)与式(4)对试验结果进行拟合,可得到 D 和 C_s 与时间的关系。由于混凝土中本身含有氯盐,根据氯离子浓度测量结果,取 $C_0 = 0.000\,095\%$,结果如图 1 所示。通过图 1 可以看出,扩散系数 D 与时间负相关,表面氯离子浓度 C_s 与时间正相关。其中,扩散系数 D 随时间减小,是因为随着水化作用的进行,孔隙率不断降低,内部结构逐渐变得密实,从而导致氯离子扩散系数的降低。扩散系数 D 随着时间逐渐减小,趋向于 0;表面氯离子浓度 C_s 逐渐增大,其值最后稳定于 0.101 3% 左右。

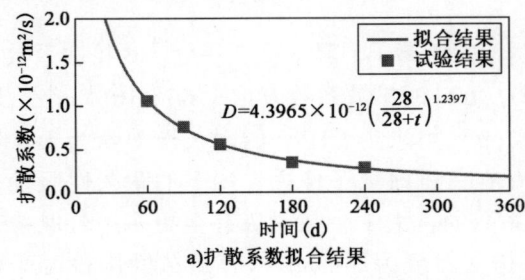 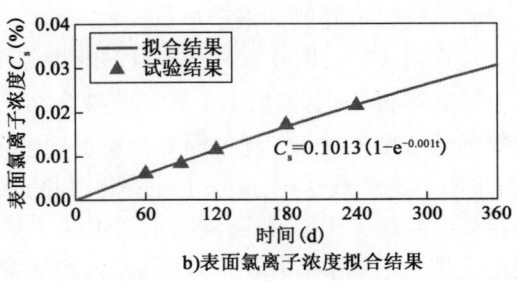

a) 扩散系数拟合结果　　　　b) 表面氯离子浓度拟合结果

图 1 D 和 C_s 拟合结果与试验结果的对比

4.2 二维与三维氯离子渗透试验结果分析

利用一维扩散试验结果，在COMSOL Multiphysics软件中建立试块模型，可得到试块中氯离子浓度分布的模拟计算结果，并与二维和三维扩散下的试验结果进行对比分析。为了更加直观地观察不同维度的氯离子浓度分布规律差异，选取图2a)所示的截面上的三条截线进行研究，其中x_1、x_2、x_3分别为一维、二维与三维扩散方向。将模拟计算结果与试验结果绘制于图2b)~f)(为便于观察，二维和三维结果较一维结果纵坐标分别上移0.001和0.002)。

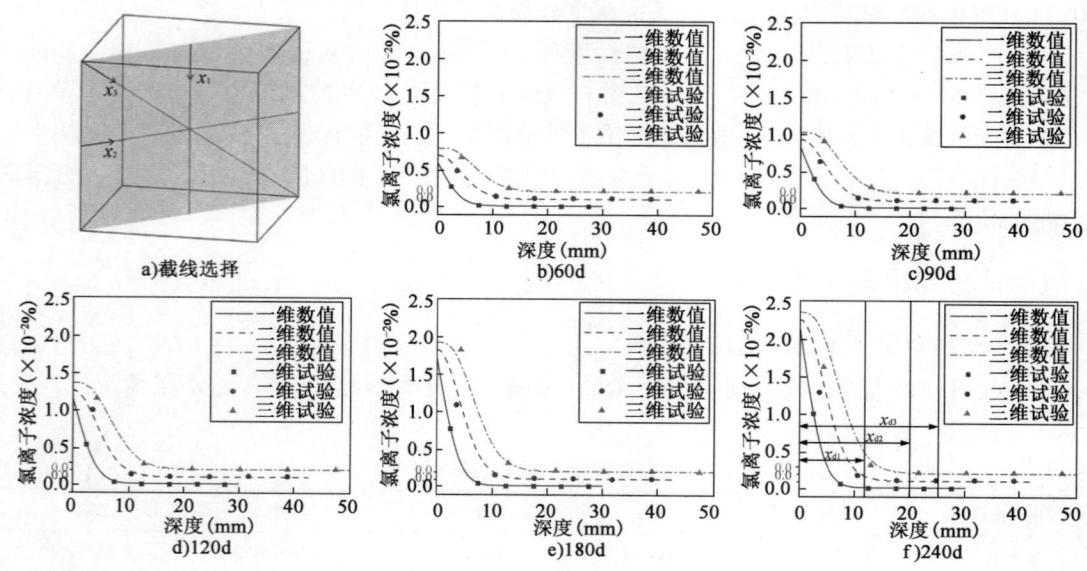

图2 计算数值与试验结果对比

通过图2可以看出，对于二维与三维扩散，COMSOL Multiphysics软件模拟结果与试验结果较为接近，且相较于一维扩散，其效果显著。若将混凝土表面到氯离子浓度减小为0(或初始氯离子浓度C_0)处的距离定义为扩散深度x_d，如图2f)所示，可以看出，不同维度下的扩散深度x_d关系为：三维>二维>一维，且在扩散深度范围内，不同维度下的氯离子浓度也呈现出相同的规律。通过计算可知，在试验时间范围内，二维扩散深度约为一维扩散的1.47倍，三维扩散深度约为一维扩散的1.84倍。

5 氯离子侵蚀下UHPC箱梁耐久性寿命预测

5.1 仅考虑氯离子侵蚀作用下UHPC箱梁寿命预测

某高速铁路UHPC箱梁截面如图3所示，其中钢筋保护层厚度为30mm，钢筋直径为20mm，取底板最外侧的钢筋进行研究。

根据研究[18]，取0.05%作为UHPC中钢筋锈蚀的氯离子临界浓度。一般认为扩散系数D在1年后不再变化，根据4.1节试验拟合结果，t为360d时扩散系数D取$1.66 \times 10^{-13} m^2/s$，表面氯离子浓度$C_s$取稳定值，即0.1013%，根据式(9)，可求得UHPC的耐久性寿命为180年(由于不考虑荷载作用，$m_\sigma=1$)，由此可见，UHPC在一维氯离子侵蚀作用下的耐久性服役寿命较长。相比UHPC，普通混凝土的氯离子扩散系数通常大1个数量级甚至更多。若取普通混凝土扩散系数$D=1.0 \times 10^{-12} m^2/s$，可求得保护层厚度为30mm时，其耐久性服役寿命为30a，由此可见，UHPC在氯离子侵蚀下的耐久性服役寿命较普通混凝土可大幅提高。

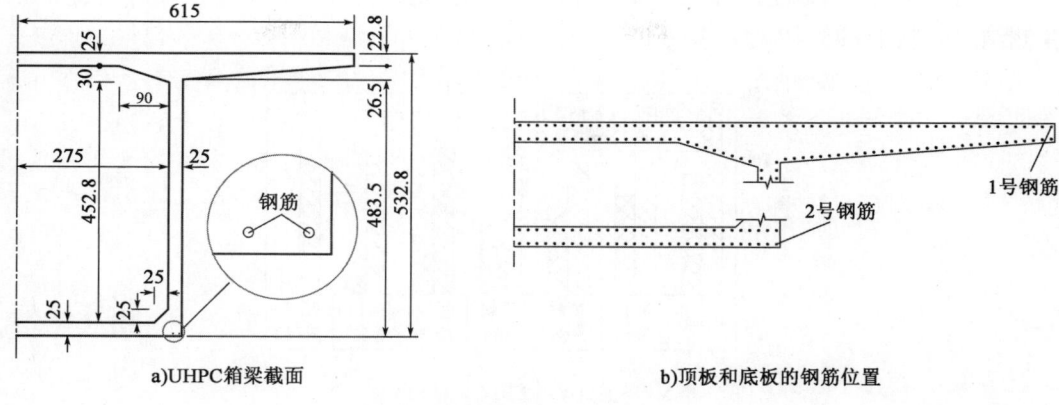

图 3 UHPC 箱梁截面(尺寸单位:cm)

为更加直观地观察钢筋表面的氯离子浓度变化,在 COMSOL Multiphysics 软件中输入相关参数,可得到不同时间下 UHPC 中的氯离子浓度分布情况(保护层厚度 30mm 为例)。当时间 $t=180$ 年时,UHPC 截面上氯离子分布情况如图 4a)所示,从中可以看出,0.05%浓度等值线到达右侧钢筋表面,可认为在一维氯离子扩散情况下其耐久性服役寿命为 180 年。

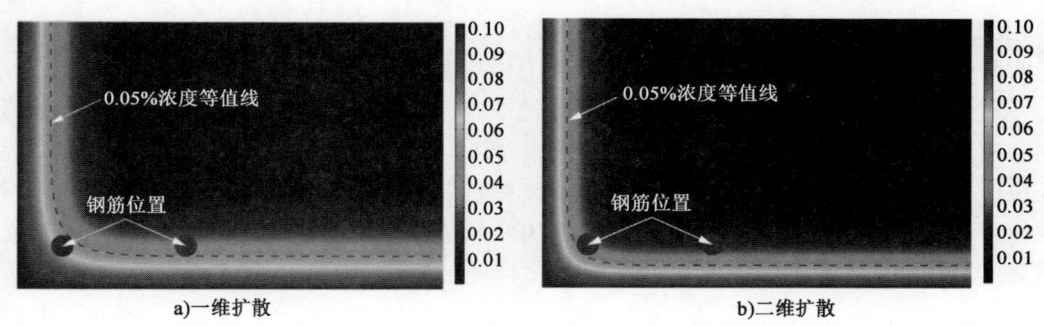

图 4 UHPC 截面氯离子浓度分布情况(单位:%)

值得注意的是,当临界浓度等值线到达底部一维扩散钢筋表面时,已经超过左下角钢筋表面,这表明处于二维扩散部位的钢筋表面会更早产生锈蚀。当 0.05%浓度等值线到达 2 维扩散部位钢筋表面时,截面如图 4 所示,此时 $t=90$ 年,与一维扩散相比,时间提前 90 年。

5.2 考虑荷载作用的 UHPC 箱梁耐久性寿命预测

由于箱梁顶板与底板受力情况不同,取处于二维扩散位置的顶板 1 号钢筋与底板 2 号钢筋进行寿命预测分析,如图 3b)所示。箱梁跨径 48m,UHPC 抗拉强度标准值取 7MPa,弹性模量 41.9GPa。将箱梁底部应力达到 UHPC 抗拉强度时的荷载定义为最大荷载,分别取最大荷载的 30%、50%、80%与 100%进行研究。此时结构未破坏,不考虑损伤,在荷载影响系数 m_σ 中 $f(d)=0$。

当 UHPC 达到抗拉强度后继续加载,箱梁底部会产生裂缝,发生损伤,进而使氯离子的扩散速率加快。为进行开裂状态下受氯离子侵蚀的 UHPC 梁寿命预测,荷载考虑自重、二期恒载和 ZK 活载,其中二期恒载为 100kN/m。通过有限元计算可得到此时跨中挠度为 27mm,小于《高速铁路设计规范》(TB 10621—2014)规定的最大允许挠度 30mm[19]。为研究 UHPC 箱梁在开裂后的抗氯离子侵蚀性能,分别考虑以下两种情况:情况 1,箱梁受到自重 + 二期恒载 + ZK 活载作用;情况 2,箱梁跨中挠度达到最大允许值 30mm。

将 UHPC 箱梁在不施加荷载、施加荷载但不考虑损伤、考虑损伤(情况1和情况2)时的寿命预测结果绘制于图 5 中。

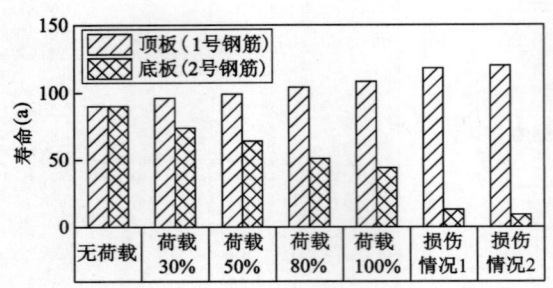

图 5　不同情况下 UHPC 箱梁的寿命

通过图 5 可以看出,随着应力水平的增大,按 1 号钢筋(受压侧)计算得到的寿命有所增加,按 2 号钢筋(受拉侧)计算得到的寿命呈现减小趋势。若以受拉侧钢筋表面氯离子浓度先达到临界浓度的时间作为耐久性服役寿命,则应力水平为 100% 时,寿命为 44 年。在箱梁底部发生开裂后,按顶板受压侧计算得到的寿命进一步增大,而按底板受拉侧计算得到的寿命大幅度减小,在两种情况下其耐久性服役寿命都不足 15 年。

相比未受荷载的情况,UHPC 箱梁在受到荷载后,顶板钢筋表面氯离子浓度达到临界值所需的时间有增大趋势,这是因为混凝土在压应力作用下内部孔隙被压缩,平均孔径尺寸变小,同时一些微裂纹也会闭合,降低了氯离子的渗透性;而底板钢筋表面氯离子浓度达到临界值的时间有明显减小趋势,受荷载后其耐久性服役寿命较未受荷载时减少近 50%,其原因是混凝土在拉应力作用下内部孔隙平均孔径增大,发生弹性变形,渗透性增强;随着裂缝的产生,耐久性服役寿命进一步减小。由此可见,在研究 UHPC 箱梁耐久性问题时,要充分考虑荷载与受到荷载后梁底开裂的情况。

6　结语

(1)在氯离子侵蚀下,扩散系数随着时间逐渐减小,表面氯离子浓度逐渐增大,最后稳定于 0.10% 左右。相比一维扩散,二维与三维扩散深度较大,分别为一维扩散的 1.47 倍和 1.84 倍,在扩散深度范围内氯离子浓度也较大。

(2)在一维与二维扩散状态下,当保护层厚度为 30mm、临界浓度取 0.05% 时,其耐久性服役寿命分别为 180 年与 90 年,而普通混凝土在一维扩散状态下寿命仅为 30 年,UHPC 在氯离子侵蚀下耐久性服役寿命远大于普通混凝土。

(3)计算了荷载作用下 UHPC 箱梁的耐久性服役寿命,分别考虑了无损伤和有损伤两种情况。在无损伤状态下,随着应力水平的增大,UHPC 箱梁受压侧寿命有所增加,而受拉侧寿命呈减小趋势,较未受荷载时减少近 50%;在有损伤状态下,底板受拉侧临界浓度等值线到达钢筋表面所需的时间大幅度减小,其耐久性服役寿命不足 15 年。

参 考 文 献

[1] 刘均利.混凝土桥梁耐久性评估与预测[D].长沙:湖南大学,2014.
[2] 罗大明,牛荻涛,苏丽.荷载与环境共同作用下混凝土耐久性研究进展[J].工程力学,

2019,36(1):1-14,43.

[3] 未翠霞,宋少民.大掺量粉煤灰活性粉末混凝土耐久性研究[J].新型建筑材料,2005(9):27-29.

[4] 王月.氯盐冻融循环与侵蚀作用下活性粉末混凝土的耐久性研究[D].北京:北京交通大学,2016.

[5] Alkaysi M, Sherif E T, Liu Z C, et al. Effects of silica powder and cement type on durability of ultra high performance concrete (UHPC)[J]. Cement and Concrete Composites, 2016, 66.

[6] Liu W, Li Y, Tang L, et al. Modelling analysis of chloride redistribution in sea-sand concrete exposed to atmospheric environment[J]. Construction and Building Materials, 2021, 274(2):121962.

[7] Tran V Q, Soive A, Baroghel B, et al. Modulization of chloride reactive transport in concrete including thermodynamic equilibrium, kinetic control and surface complexation[J]. Cement & Concrete Research, 2018, 110:70-85.

[8] 安明喆,李同乐.活性粉末混凝土损伤后的抗氯离子渗透性能研究[J].混凝土,2012(3):15-17.

[9] Wang G, Wu Q, Zhou H, et al. Diffusion of chloride ion in coral aggregate seawater concrete under marine environment[J]. Construction and Building Materials, 2021,19(284):122821.

[10] Paul S K, Chaudhuri S, Barai S V. Chloride diffusion study in different types of concrete using finite element method (FEM)[J]. Adv Concr Construct, 2014, 2(1):39-56.

[11] 孟宪强,王显利,王凯英.海洋环境混凝土中氯离子浓度预测的多系数扩散方程[J].武汉大学学报(工学版),2007,40(3):57-60,92.

[12] 袁承斌,张德峰,刘荣桂,等.不同应力状态下混凝土抗氯离子侵蚀的研究[J].河海大学学报(自然科学版),2003(1):50-54.

[13] Jebli M, Jamin F, Pelissou C, et al. Leaching effect on mechanical properties of cement-aggregate interface[J]. Cement and Concrete Composites, 2018, 87:10-19.

[14] Ma Z M, Zhao T J, Yao X C. Influence of Applied Loads on the Permeability Behavior of Ultra High Performance Concrete with Steel Fibers[J]. Journal of Advanced Concrete Technology, 2016, 14(12):770-781.

[15] Wee T H, Wong S F, Swaddiwudhipong S, et al. A Prediction Method for Long-term Chloride Concentration Profiles in Hardened Cement Matrix Materials[J]. Materials Journal, 1997, 94(6):565-576.

[16] 杨绿峰,周明,陈正.海洋混凝土结构耐久性定量分析与设计[J].土木工程学报,2014,47(10):70-79.

[17] 中华人民共和国住房和城乡建设部.混凝土中氯离子含量检测技术规程:JGJ/T 322—2013[S].北京:中国建筑工业出版社,2014.

[18] Brad V. Life-365 Service Life Prediction Model[J]. Concrete international, 2002, 24(12),53-57.

[19] 中华人民共和国国家铁路局.高速铁路设计规范:TB 10621—2014[S].北京:中国铁道出版社,2015.

161. 基于随机腐蚀坑的鞍座内钢丝极限承载力分析

柳晨阳[1]　沈锐利[1]
(西南交通大学土木工程学院)

摘　要：作为悬索桥的关键承载结构，鞍座内主缆钢丝处于纵向拉力、钢丝间接触应力、钢丝与鞍槽间接触应力、摩擦力等复杂的多向应力状态。同时，桥位环境产生的腐蚀作用对鞍座内钢丝的几何形貌和力学性能均有一定的退化作用。因此，有必要综合考虑复杂应力状态及腐蚀作用对钢丝极限承载力的影响。针对这一特点，基于1860MPa级高强钢丝加速腐蚀试验数据，建立不同腐蚀度下腐蚀坑随机分布的钢丝几何模型，分析复杂应力状态下鞍座内腐蚀钢丝的破坏模式和极限承载力，为分析鞍座内腐蚀钢丝的工作性能提供依据。

关键词：悬索桥　钢丝　复杂应力　腐蚀　极限承载力

1 引言

作为悬索桥的关键承载结构，主缆支撑于塔顶索鞍、锚固于两端锚碇，在通过索鞍实现跨间平顺过渡的同时，主缆将在鞍槽内作用强大的挤压力，使鞍座内的索股在径向压力的作用下而压紧密实，并在索股与鞍座的接触面间产生压力[1-3]。然而，目前设计人员将钢丝的受力状态视为单向受拉状态，而实际上钢丝在鞍座中处于纵向拉力、钢丝间接触应力、钢丝与鞍槽间接触应力、摩擦力等复杂的多向应力状态。针对这一特点，张清华等[4]基于接触面间的相互作用力关系建立了主缆与鞍座间摩擦特性的理论方程，阐明了主缆与鞍槽间摩擦力的主要构成。季申增[5]建立了主缆与鞍座精细化分析模型，探讨了索股排列方式、索股张力及接触面摩擦系数对侧向力分布的影响。高文丽[6]通过建立简化的索股与鞍槽接触分析模型，研究了索股与鞍槽间动态接触与滑移机理，给出了钢丝与隔板、钢丝与鞍槽间接触和滑移的参数范围。然而，在单向受拉状态下的钢丝极限承载力可以根据单轴抗拉强度试验确定，但对于复杂应力下的钢丝极限承载力是否与单向受拉状态的结果一致，目前尚未见深入研究。

此外，由于悬索桥通常位于江河、海洋、峡谷等位置，桥位环境湿度较大，大气中含有较多的盐雾且容易形成酸雨环境。虽然主缆外层有缠丝等防护措施，但长期暴露于易腐蚀的环境中，其防护设施也会逐渐退化，而失去防护功能。另外大气中的腐蚀物质通过鞍座等未缠丝的地方进入主缆，在主缆的空隙处聚积，更加速了主缆钢丝的腐蚀[7]。对此，Furuya等[8]基于悬索桥主缆镀锌高强钢丝腐蚀试验，验证了新型防腐系统的可靠性；Suzumura等[9]基于加速腐蚀试验，探讨了主缆不同位置处钢丝腐蚀程度的分布规律；Nakamura等[10]研究了不同几何初始缺陷下高强钢丝力学性能的退化规律。既有研究表明[7],当金属材料承受的拉力超过其应力腐蚀门槛值后,在腐蚀介质的参与下就会发生应力腐蚀,导致金属出现裂纹并断裂,即主缆钢丝的自身受力状态等也会影响其腐蚀和退化。因此,有必要综合考虑腐蚀作用和复杂应力状态对鞍座内钢丝极限承载力的影响。

2 金属材料破坏损伤

强度理论是研究复杂应力状态对结构承载力影响的基础。其中,第四强度理论考虑了三个主应力的共同影响,认为形状改变比能 u_d 是引起材料屈服破坏的主要因素,复杂应力状态下材料的形状改变比能达到单向拉伸时使材料屈服的形状改变比能时,材料发生屈服。基于此,ABAQUS/Explicit 提供了延性损伤本构模型,以表征钢材等延性金属材料的破坏断裂过程,如图1所示。该模型主要分为两个阶段:损伤萌发和损伤演化。A 点为损伤起点,B 点为材料完全失效点,AB 段为损伤过程,AC 段为未损伤的材料响应。其中,σ_0 为材料屈服应力,σ_t 为材料极限应力,$\overline{\varepsilon}_0^{pl}$ 为材料达到极限应力时对应的等效塑性应变,$\overline{\varepsilon}_t^{pl}$ 为单元极限应变。

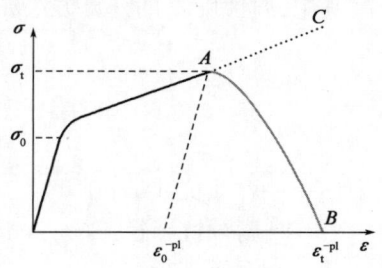

图1 延性损伤本构模型

在 ABAQUS 实体分析中,需要定义损伤失效位移 $d_{failure}$:

$$d_{failure} = (\overline{\varepsilon}_t^{pl} - \overline{\varepsilon}_0^{pl}) \cdot l_c$$

式中:l_c——网格单元特征长度,对于近似正方体单元,其特征长度即为单元的边长。

对于实体模型,延性损伤本构模型的断裂机制为:当某一实体单元达到材料极限应力时对应的等效塑性应变 $\overline{\varepsilon}_0^{pl}$,单元开始累积损伤变形。当单元累积损伤变形达到损伤失效位移 $d_{failure}$ 时,单元完全失效,即通过"删除"单元的方式,实现失效过程。损伤单元失效后,其他单元进行内力重分配,并继续工作。随着失效单元的递增,实体模型会出现类似"裂缝扩展"的临界断裂形态,最终形成模型的断裂全过程。

3 数值模型

3.1 不同腐蚀度下钢丝本构模型

基于腐蚀钢丝静力拉伸试验结果[11],得到不同腐蚀度下直径 5mm 的 1860MPa 级高强钢丝基本力学参数如表 1 所示。

不同腐蚀度下直径 5mm 的 1860MPa 级高强钢丝基本力学参数 表1

腐蚀度 φ (%)	屈服强度 (MPa)	屈服应变	极限强度 (MPa)	极限应变
0.00	1 665.4	0.008 30	1 849.6	0.062 32
0.01	1 672.0	0.008 28	1 847.8	0.061 74
0.08	1 662.2	0.008 22	1 837.8	0.059 88
1.36	1 654.0	0.008 18	1 831.8	0.059 02
3.83	1 655.8	0.008 20	1 809.4	0.054 70
4.75	1 661.4	0.008 20	1 799.0	0.043 36
6.42	1 623.2	0.008 14	1 776.4	0.036 00

续上表

腐蚀度 φ (%)	屈服强度 (MPa)	屈服应变	极限强度 (MPa)	极限应变
8.21	1 610.4	0.008 10	1 757.4	0.029 80
11.46	1 609.4	0.008 11	1 714.6	0.027 86
18.98	1 611.6	0.008 15	1 628.4	0.009 50
20.27	1 609.4	0.008 13	1 614.4	0.008 71

其中,腐蚀度 φ 的计算方法如下:

$$\varphi = \frac{n \times \frac{1}{2} \times \frac{4}{3}\pi r^3}{\pi \times \left(\frac{D}{2}\right)^2 \times l} = \frac{8nr^3}{3D^2 l}$$

式中:n——腐蚀坑数量;
　　　r——腐蚀坑半径;
　　　D——钢丝直径;
　　　l——腐蚀区域长度。

由钢丝基本力学参数,建立不同腐蚀度下钢丝双线性硬化本构模型如下:

$$\sigma = \begin{cases} E\varepsilon & \varepsilon \leqslant \varepsilon_y \\ E\varepsilon_{y\varphi} + \dfrac{\sigma_{u\varphi} - \sigma_{y\varphi}}{\varepsilon_{u\varphi} - \varepsilon_{y\varphi}}(\varepsilon - \varepsilon_{y\varphi}) & \varepsilon_{y\varphi} \leqslant \varepsilon < \varepsilon_{u\varphi} \\ 0 & \varepsilon > \varepsilon_{u\varphi} \end{cases}$$

式中:$\sigma_{u\varphi}$、$\sigma_{y\varphi}$、$\varepsilon_{u\varphi}$、$\varepsilon_{y\varphi}$——分别为腐蚀度 φ 时钢丝的极限强度、屈服强度、极限应变和屈服应变。

3.2 不同腐蚀度下钢丝几何模型

基于腐蚀钢丝三维扫描结果[11],并对不规则的腐蚀形貌进行简化,假设腐蚀坑均为半球形,得到不同腐蚀度下钢丝腐蚀坑数量和半径的平均值及标准差(表2)。

不同腐蚀度下钢丝腐蚀坑数量和半径的平均值及标准差　　表2

腐蚀度 φ (%)	腐蚀坑数量平均值 (个/30mm)	腐蚀坑半径平均值 (mm)	腐蚀坑数量标准差 (个)	腐蚀坑半径标准差 (mm)
0.01	35	0.080	1	0.010
0.08	64	0.150	1	0.010
1.36	78	0.332	11	0.026
3.83	96	0.466	12	0.043
4.75	111	0.516	2	0.011
6.42	117	0.550	6	0.020
8.21	121	0.624	4	0.011
11.46	126	0.712	4	0.022
18.98	130	0.740	3	0.020
20.27	137	0.794	5	0.011

基于上述腐蚀坑统计数据,假定钢丝表面腐蚀坑的大小服从高斯分布,腐蚀坑位置服从随机分布,通过 Python 语言编制 ABAQUS 脚本程序,得到不同腐蚀度下半球形随机腐蚀坑钢丝几何模型,具体建模流程如图 2 所示。

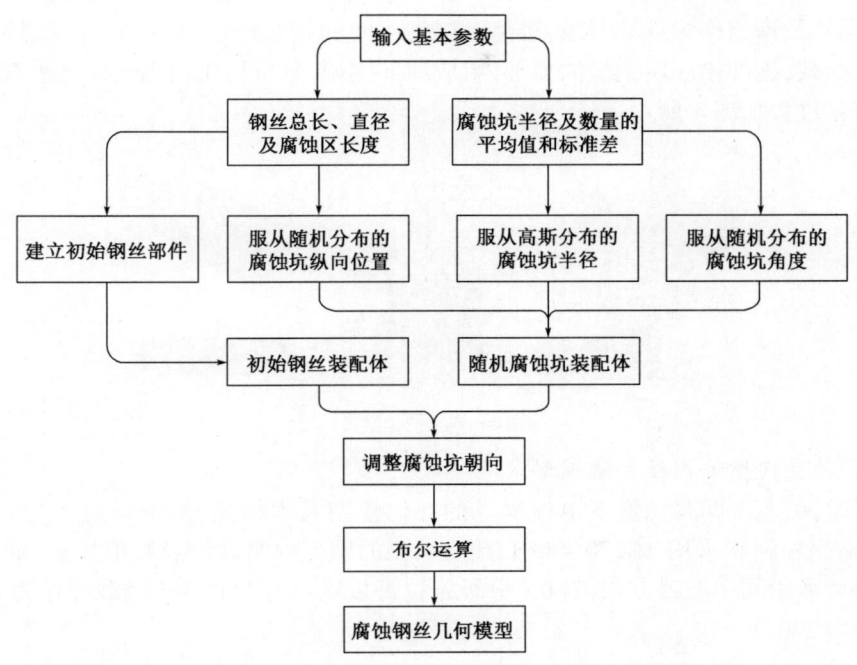

图 2 基于随机腐蚀坑的钢丝建模流程

由于腐蚀坑周边网格密度较大,为减小计算规模,单根钢丝总长取 40mm,腐蚀区长度取 30mm,参照建模流程,得到不同腐蚀度下单根钢丝几何模型,如图 3 所示。可以看出:①当腐蚀度 $\varphi \leqslant 0.08\%$ 时,腐蚀坑半径极小,腐蚀坑分布较为稀疏;②当腐蚀度 $0.08 < \varphi \leqslant 6.42\%$ 时,腐蚀坑半径显著增大,腐蚀坑分布逐渐密集,且出现少部分腐蚀重叠区域;③当腐蚀度 $\varphi \geqslant 11.46\%$ 时,腐蚀坑直径均已超过 0.2 倍钢丝直径,出现大量腐蚀重叠区域。

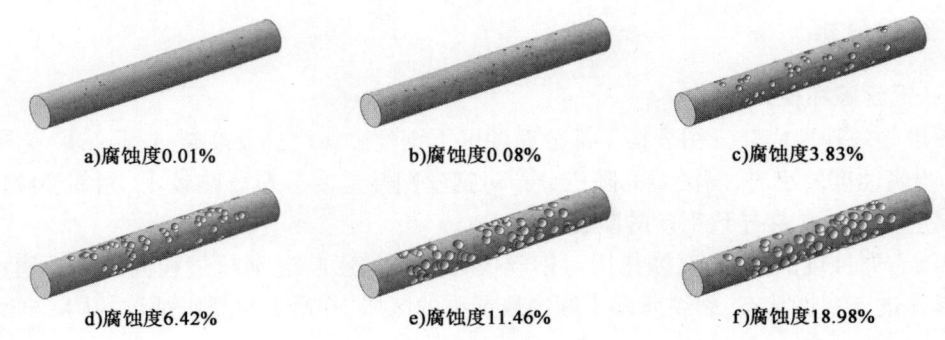

图 3 不同腐蚀度下单根钢丝几何模型

3.3 基于随机腐蚀坑的鞍座内钢丝局部模型

3.3.1 模型的简化与转换

鞍座内钢丝极限承载力的计算涉及实体分析、接触分析和损伤模拟等复杂有限元分析,其对网格精度的要求较高,往往达到了 0.5mm 级,若直接分析鞍座－主缆钢丝全结构接触模型,计算成本较大,且尚无有限元软件可以实现这一分析过程,故需对整体模型进行科学、合理的简化。

由鞍槽槽路内各层钢丝的传力过程可知,中央列索股底层钢丝为最不利受力状态,故可将底层钢丝、隔片及槽路作为计算对象,忽略上层钢丝间的相互作用,仅将其对底层钢丝的径向压力作为外荷载,施加于底层钢丝的顶部,组成局部模型,分析鞍座内钢丝极限承载力。

模型简化过程如图 4 所示。

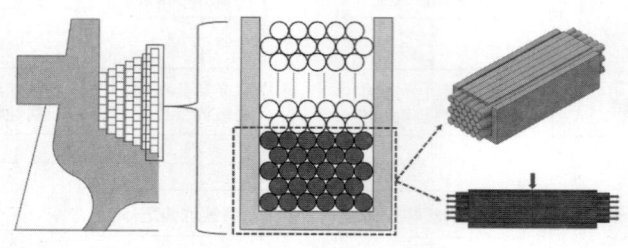

图 4　模型简化过程

3.3.2　鞍座内腐蚀钢丝数值模型

综上所述,引入不同腐蚀度下单根钢丝的几何模型及本构模型,钢丝总长为 40mm,钢丝直径为 5mm,鞍座材料采用 ZG270-480H,建立典型的鞍座内腐蚀钢丝数值模型,如图 5 所示。所有数值模型采用同一加载方式:自 0N 分级张拉每根钢丝至 34 000N,加载增量为 170N,最大荷载增量步为 200。

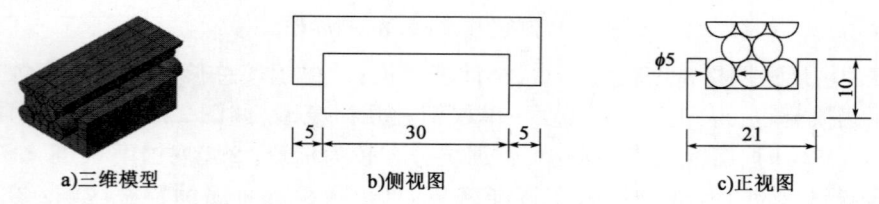

图 5　典型的鞍座内腐蚀钢丝数值模型(尺寸单位:mm)

4　结果分析

4.1　钢丝破坏模式

图 6 以等效塑性应变云图表征了部分腐蚀度下钢丝破坏模式及断裂过程,结果表明:

(1)当腐蚀度较小时,腐蚀坑的随机分布对钢丝塑性应变分布影响较小,相邻裂纹的合并以及向高应力区的扩展导致钢丝的断裂。

(2)随着腐蚀度的增大,腐蚀作用对钢丝应力分布的影响逐渐超过径向压力。腐蚀坑周边区域最先进入塑性状态,裂纹萌发于腐蚀最严重的区域,并沿着重叠腐蚀坑的圆心连线迅速扩展。

(3)当腐蚀度 $\varphi > 11.46\%$ 时,由于腐蚀钢丝显著的几何缺陷,钢丝与钢丝、钢丝与鞍槽接触面均产生较为严重的应力集中。在较小的拉力下,大部分腐蚀坑周边单元应力已达到材料极限强度,钢丝与钢丝接触区域的腐蚀坑单元最先进入塑性状态,产生竖直裂纹后迅速扩展,钢丝脆性破坏特征明显。

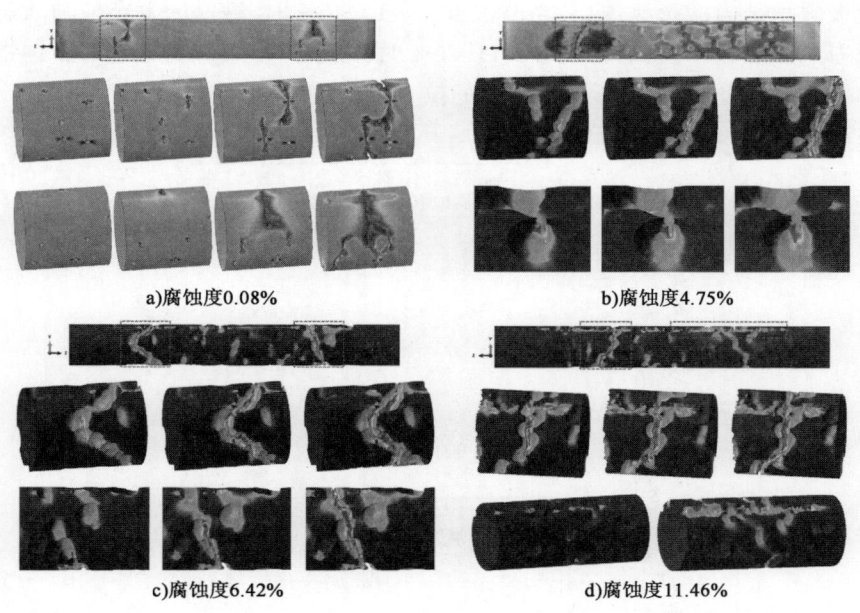

图6 不同腐蚀度下钢丝破坏模式及断裂过程(等效塑性应变云图)

4.2 钢丝极限承载力

图7给出了不同腐蚀度下鞍座内钢丝荷载–位移曲线,结果表明:当 $\varphi < 1.36\%$ 时,腐蚀对鞍座内钢丝屈服强度和极限强度的影响较小,但会降低钢丝的极限应变;当 $1.36\% \leqslant \varphi \leqslant 6.42\%$ 时,腐蚀对鞍座内钢丝屈服阶段和强化阶段的影响较大,随着腐蚀度的增大,鞍座内钢丝极限强度、屈服强度、屈服应变和极限应变显著下降,屈服后的强化阶段逐渐减小;当 $8.21 \leqslant \varphi \leqslant 11.46\%$ 时,随着腐蚀度的增大,鞍座内钢丝屈服强度和极限强度显著降低,但对极限应变的影响较小,虽有一定屈服平台,但强化阶段几乎消失,即钢丝屈服后迅速失效;当 $11.46\% < \varphi < 20.27\%$ 时,腐蚀对鞍座内钢丝屈服强度和极限强度的影响极大,钢丝在远小于材料屈服强度的荷载下破坏,破坏模式由弹塑性断裂转变为脆性断裂。

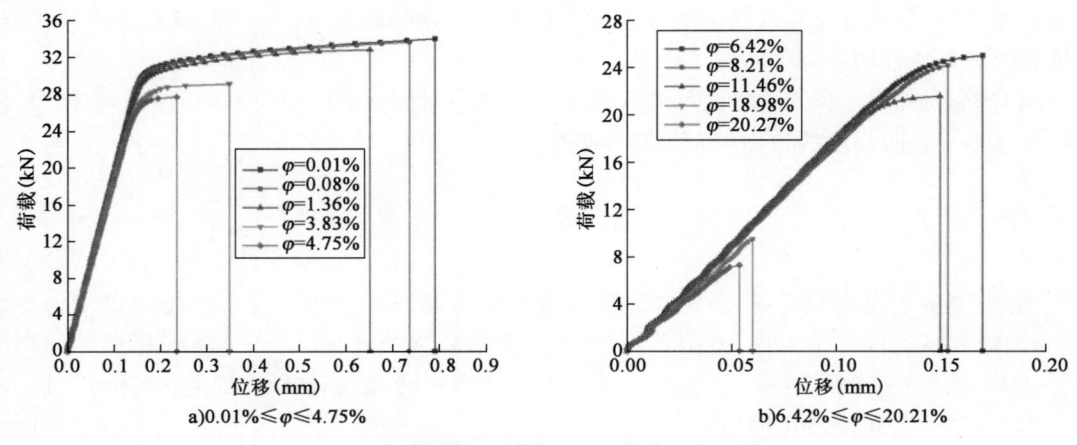

图7 不同腐蚀度下鞍座内钢丝荷载-位移曲线

基于不同腐蚀度下钢丝本构模型和几何模型,建立腐蚀钢丝单轴拉伸数值模型,得到腐蚀钢丝单轴拉伸极限承载力,并与鞍座内腐蚀钢丝极限承载力比较(图8),可得到复杂应力状态对腐蚀钢丝极限承载力的影响规律:当腐蚀度 $\varphi \leqslant 11.46\%$ 时,鞍座内复杂应力状态对腐蚀钢丝极限承载力的影响较小;当腐蚀度 $\varphi > 11.46\%$ 时,鞍座内复杂应力状态对腐蚀钢丝极限承载力的影响极大,使钢丝在远小于屈服强度的拉力下脆性破坏。

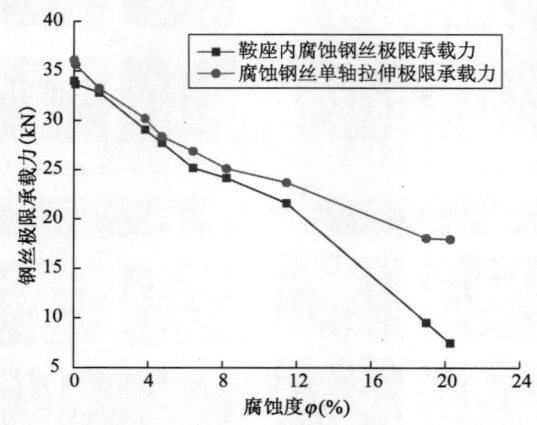

图 8 不同腐蚀度下复杂应力状态对钢丝极限承载力的影响

5 结语

(1)基于高强钢丝加速腐蚀实验数据,通过 Python 语言建立随机腐蚀坑钢丝几何模型,结合不同腐蚀度下钢丝本构模型,可建立复杂应力状态下考虑初始几何缺陷和材料力学性能退化的钢丝极限承载力数值模型。

(2)当腐蚀度较小时,腐蚀坑的随机分布对钢丝塑性应变分布影响较小,相邻裂纹的合并以及向高应力区的扩展导致钢丝的断裂;随着腐蚀度的增大,腐蚀作用对钢丝应力分布的影响逐渐超过径向压力。腐蚀坑周边区域最先进入塑性状态,裂纹萌发于腐蚀最严重的区域,并沿着重叠腐蚀坑的圆心连线迅速扩展。

(3)当腐蚀度 $\varphi > 11.46\%$ 时,由于腐蚀钢丝显著的几何缺陷,钢丝与钢丝、钢丝与鞍槽接触面均产生较为严重的应力集中。在较小的拉力下,大部分腐蚀坑周边单元应力已达到材料极限强度,钢丝与钢丝接触区域的腐蚀坑单元最先进入塑性状态,产生竖直裂纹后迅速扩展,钢丝脆性破坏特征明显。

(4)当腐蚀度 $\varphi > 11.46\%$ 时,鞍座内复杂应力状态对腐蚀钢丝极限承载力的影响极大,使钢丝在远小于屈服强度的拉力下发生脆性破坏。

参 考 文 献

[1] 王路,沈锐利,白伦华,等.悬索桥主缆与索鞍间滑移行为及力学特征试验[J].中国公路学报,2018,31(9):75-83,103.
[2] 王路,沈锐利,王昌将,等.悬索桥主缆与索鞍间侧向力理论计算方法与公式研究[J].土木工程学报,2017,50(12):87-96.
[3] 沈锐利,王路,王昌将,等.悬索桥主缆与索鞍间侧向力分布模式的模型试验研究[J].土木工程学报,2017,50(10):75-81.
[4] 张清华,李乔,周凌远.悬索桥主缆与鞍座摩擦特性理论分析方法[J].中国公路学报,

2014,27(1):44-50.

[5] 季申增.悬索桥主缆与索鞍间侧向力及摩擦滑移特性分析[D].成都:西南交通大学,2017.

[6] 高文丽.悬索桥主缆钢丝动态接触与滑移行为研究[D].徐州:中国矿业大学,2020.

[7] 陈小雨,唐茂林,沈锐利.悬索桥主缆钢丝腐蚀速率的影响因素分析[J].重庆交通大学学报(自然科学版),2015,34(1):25-29,47.

[8] Furuya K, Kitagawa M, Nakamura S, et al. Corrosion mechanism and protection methods for suspension bridge cables [J]. Structural Engineering International, 2000, 10(3): 189-193.

[9] Suzumura K, Nakamura S. Environmental factors affecting corrosion of galvanized steel wires [J]. ASCE Journal of Materials in Civil Engineering, 2004, 16(1): 1-7.

[10] Nakamura S, Suzumura K. Experimental study on fatigue strength of corroded bridge wires [J]. ASCE Journal of Bridge Engineering, 2013, 18(3): 200-209.

[11] 薛松领.高强钢丝及平行钢丝索腐蚀疲劳效应分析与损伤识别[D].成都:西南交通大学,2021.

162. 考虑桥台约束的预应力混凝土梁火灾响应

宋超杰　张　岗　李徐阳　赵晓翠　陆泽磊

（长安大学公路学院）

摘　要：为研究桥台约束对实际预应力混凝土桥梁耐火性能的影响，本文利用计算机程序 ANSYS 建立了两种有限元模型（建立桥台和不建立桥台），并采用缩尺预应力混凝土箱梁火灾试验数据进行验证。研究分三步进行：①进行碳氢化合物火灾下考虑空腔影响的传热分析，以评估梁截面内的温度分布；②将热分析产生的温度作为节点荷载施加在结构模型上，考虑了温度相关的材料特性、材料和几何非线性，以模拟受火期间桥梁上部结构的热力学响应；③比较分析两个模型，对有无桥台约束下的结构响应进行详细分析。分析结果表明，桥台约束显著影响预应力混凝土桥梁的耐火性能，有无桥台的预应力混凝土桥梁跨中挠度和轴向位移的发展趋势具有显著差异。

关键词：桥梁工程　桥台约束　数值分析　预应力混凝土梁

1 引言

交通基础设施在其服役期间，经常面临各种极端荷载条件和自然灾害，如洪水、冲刷、超载、爆炸、地震、台风、碰撞和火灾[1-2]。火灾是最严重的极端荷载之一，严重威胁桥梁结构在施工和运营期间的安全。当桥梁遭遇火灾时，任何损伤，如局部构件损伤，甚至结构完全倒塌，都可能对整体交通网络产生不利影响[3]。火灾通常会造成巨大的直接（维修和重建成本）和间接（交通延误）经济损失[1-3]。近年来，人们对建筑物和隧道的火灾损伤分析和防火措施进行了广泛而深入的研究[3]。然而，当前的规范和标准[中国、欧洲标准委员会（CEN）、美国国家公路与运输协会（AASHTO）、美国消防协会（NFPA）标准]没有为桥梁提供明确的抗火安全规定[2-3]。

火灾下混凝土结构可能由于材料性能退化、材料高温蠕变以及混凝土剥落而过早失效[4]。此外，火灾引起的从混凝土外部到内部钢筋和预应力钢绞线持续的热传导会导致结构损坏，甚至在火灾后发生垮塌[4]。例如，2017 年 3 月 30 日，乔治亚州亚特兰大 I-85 立交桥下储存的高密度聚乙烯管和玻璃纤维管引发火灾，根据 NTSB 公路事故简报，一跨长为 28m 的预应力混凝土（PC）T 梁在受火 69min 后垮塌，由于火灾造成相邻五跨结构损伤，需要拆除并更

基金项目：国家自然科学基金项目（51878057，52078043）；陕西省杰出青年科学基金项目（2022JC-23）；中央高校基本科研业务费专项资金——长安大学优秀博士学位论文培育资助项目（300102211706）。

换。火灾后修复耗时43d,耗资1500万美元[5]。这一桥梁火灾事故清楚地说明了PC桥梁遭遇火灾的严重后果。

在过去几十年中,一些学者通过数值模拟对PC构件的火灾行为进行了一些研究[5-7]。这些研究主要集中在集料类型、轴向约束、几何形状、空腔形状、荷载水平、火灾场景、混凝土保护层厚度、有效预应力、火灾诱发的次弯矩、钢筋指标和跨径对温度分布、挠度、轴向膨胀、钢束应力和破坏模式的影响。也有一些学者对PC构件进行了火灾试验研究[8-10],然而,这些研究中的构件通常用于建筑中,由于桥梁火灾升温速度快、火灾强度高、不受氧气量限制,且桥梁中构件长细比更大,因此火灾下建筑结构的研究成果不适用于PC桥梁[2,3,5]。此外在桥梁结构中,在两梁端之间或者梁端与桥台之间设置伸缩缝以释放上部结构由于热胀冷缩而产生的变形,这些研究中大多没有考虑桥台对构件火灾响应的影响。

为了降低火灾后预应力混凝土桥梁的垮塌风险,并为桥梁的抗火设计提供有效的信息,本文提出一种考虑轴向约束的数值分析方法,以研究PC箱梁在火灾下的响应,并采用缩尺预应力混凝土箱梁火灾试验数据对其进行验证。随后,通过对30m跨径实桥(含桥台和不含桥台)建立两种有限元模型,得到其在火灾下热力学响应,进一步比较分析得到桥台对PC梁结构响应的影响。

2 考虑轴向约束的分析方法

利用有限元分析程序ANSYS建立了PC梁火灾响应的数值模型,该模型考虑了与温度相关的材料特性、材料和几何非线性、混凝土含水率、箱梁空腔内传热以及桥台约束。PC梁在火灾下的热-结构响应分析需要分为热分析和结构分析。在热分析中,混凝土和预应力钢绞线采用SOLID70和LINK33单元模拟。通过将热分析单元SOLID70和LINK33分别转换为结构分析单元SOLID185和LINK180建立结构模型。将热分析得到的温度作为节点体荷载施加在结构模型上,以模拟PC梁在火灾下的实际情况。SOLID185单元与REINF264单元共同离散建模,以模拟任意位置的普通钢筋,以实际测得的有效预应力作为预应力钢绞线初始应力在LINK180单元中作为初应变输入。为了说明混凝土和预应力钢绞线之间的相互作用,混凝土节点和预应力钢绞线节点轴向采用COMBINE39单元连接模拟滑移,其余方向采用耦合约束。为研究轴向约束的影响,分别建立有桥台和无桥台的两个模型,桥台与梁端留有8cm的伸缩缝,采用接触单元TARGE170与CONTA173模拟梁端与桥台的接触,在轴向变形达到伸缩缝最大变形后控制其不再增大。基于上述方法,对30m预应力混凝土箱梁建立有桥台和无桥台的两个模型,如图1所示。

分析中所需的材料热力学性能,即密度、导热系数、比热容、热膨胀系数、弹性模量、泊松比和应力应变关系均按照欧洲规范2(EN 1992-1-2—2004)取值。混凝土的导热系数采用欧洲规范2规定的下限,混凝土含水率按100~200℃的比热容峰值考虑。

热分析中,SOLID70单元的外表面用于模拟通过热辐射和热对流从火源到火灾暴露表面的传热,对于碳氢化合物火灾曲线,根据欧洲规范1(EN 1991-1-2—2002),对流换热系数取$50W/(m^2 \cdot K)$,辐射系数取0.9。PC箱梁箱内空腔的传热机制不同于连续介质中的热传导,利用ANSYS中的辐射矩阵法求解腔体的辐射过程,将箱内表面包围的独立空腔定义为辐射面单元,表面辐射率取0.5。支座下表面的所有节点都受到约束,以模拟桥梁的支撑条件,这一边界条件模拟了实际支座宽度,有效减少了应力集中,提高了解的收敛性。

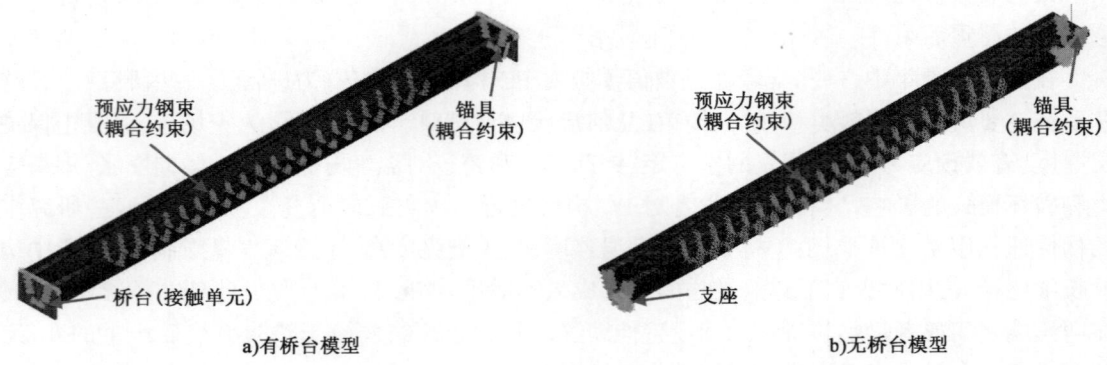

a) 有桥台模型　　　　　　　　　　　　b) 无桥台模型

图1　PC箱梁数值分析模型

3　模型验证

采用文献[10]中PC梁火灾试验数据与上述分析方法得到的预测结果进行比较，验证了数值模型的有效性。

3.1　试验概况

PC缩尺箱形截面试验梁计算跨径5.7m，总长6.1m，梁宽700mm，梁高400mm，高跨比约为0.07，试验梁的详细构造如图2a)所示。试验梁采用C50混凝土浇筑，普通钢筋采用公称直径6mm的HRB400钢筋，保护层厚度25mm。预应力钢束采用公称直径15.2mm的1 860MPa级低松弛高强度钢绞线，混凝土保护层与管道轴线距离为50mm。对试验梁养护28d后对预应力钢束进行张拉，张拉控制应力1 395MPa，随后对预应力孔道压浆，试验梁养护270d后进行火灾试验。

试验梁在炉内布置如图2b)所示，试验梁跨中4.1m长部分除顶面外的其余表面均受火，炉温按HC火灾曲线升温。试验梁两端简支，跨中间距1m施加两个集中荷载，单个荷载大小为70kN。试验采用恒载升温方式，试验过程中荷载大小保持不变。当跨中挠度超过$L^2/400d$（其中L为跨径长度，d为梁高）或当试验梁不能再承受施加的荷载时，试验梁失效，停止加热。在跨中截面布置13个K型热电偶测量梁截面温度场，热电偶编号及位置如图2a)所示。在跨中、四分之一截面和支点处共布置5个位移传感器测量挠度。试验具体细节见文献[10]。

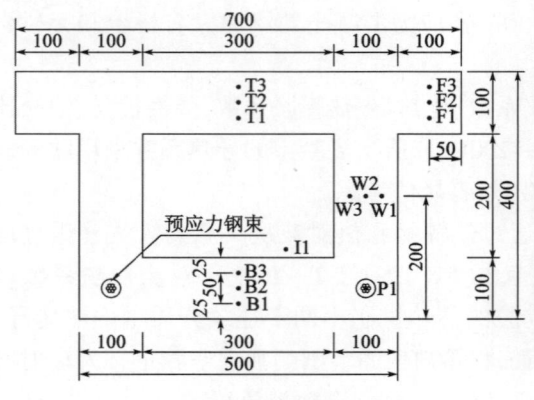

a) 试验梁详细构造　　　　　　　　　　b) 火灾试验

图2　试验概况(尺寸单位：mm)

3.2 结果对比

试验梁截面温度场试验值与数值预测值对比如图3a)所示,可以看出,截面各测点温度实测值在整个受火阶段与数值预测结果吻合良好,存在一定偏差的原因可能是温度测点位置的偏差、材料热工参数取值与实际有所差异、热传导边界条件取值不合理。

试验梁跨中挠度试验值与数值预测值对比如图3b)所示,可以看出跨中挠度预测值与实测值吻合良好,其中存在的微小差异主要是分析中所采用的理想应力-应变关系和简化的边界条件造成。上述分析表明,所提出的模型能够研究PC箱梁在火灾下的响应。

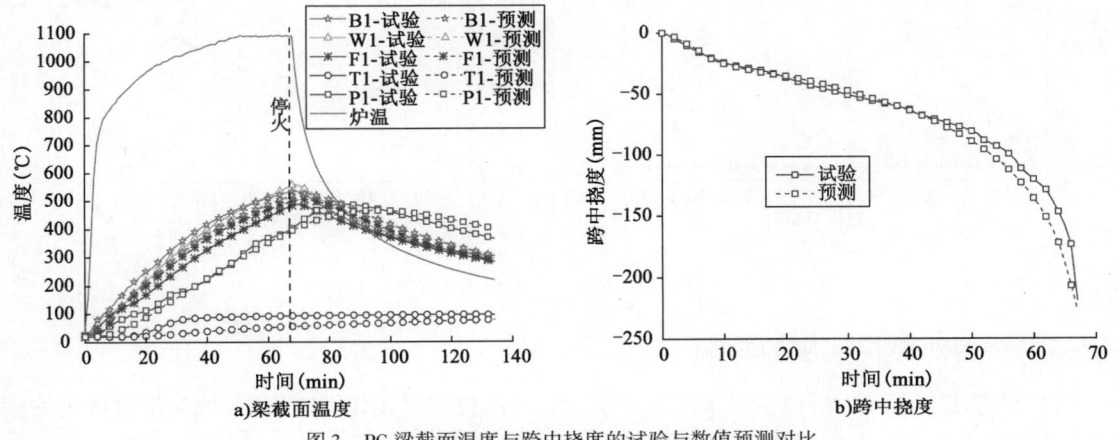

图3 PC梁截面温度与跨中挠度的试验与数值预测对比

4 温度场

PC梁在受火150min时温度场分布如图4a)所示,可以看出,PC箱梁温度场呈U形分布。为说明顶板、腹板、底板和预应力钢束温度随受火时间的变化过程,在跨中截面设置测点,如图4b)所示,其中混凝土中布置9个测点,预应力钢束布置5个测点。得到PC箱梁混凝土各点温度-受火时间曲线,如图5a)所示。可以看出,距离受火面越近,混凝土温度上升越快,这主要是混凝土较大的比热容和较小的导热系数。靠近受火面的测点(TC1和TC4)温度在受火150min时达到450℃左右,而远离受火面的测点(TC3和TC6)温度明显较低,在受火150min时仅达到150℃左右。此外,由于热沉效应,底板温度略高于腹板温度。由于封闭截面箱梁仅外表面受火灾,顶板测点的温度显著低于其他部分的温度。

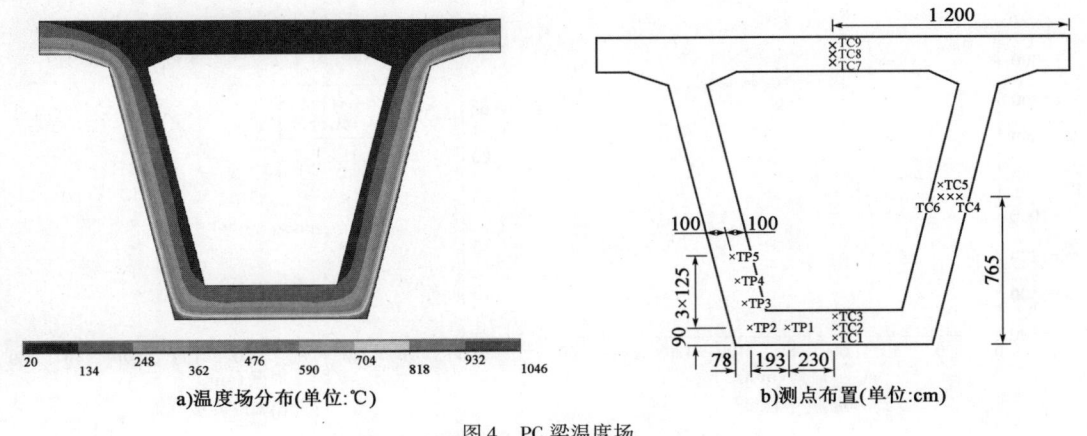

图4 PC梁温度场

PC梁中预应力钢束温度随受火时间的变化过程如图5b)所示。随着受火时间的增加,除角点处预应力钢束外的其余钢束温度几乎以相同的速度增加,在受火150min时达到200℃左右。而角点处由于热量积聚,预应力钢束温度快速升高,受火150min时已达到300℃左右。

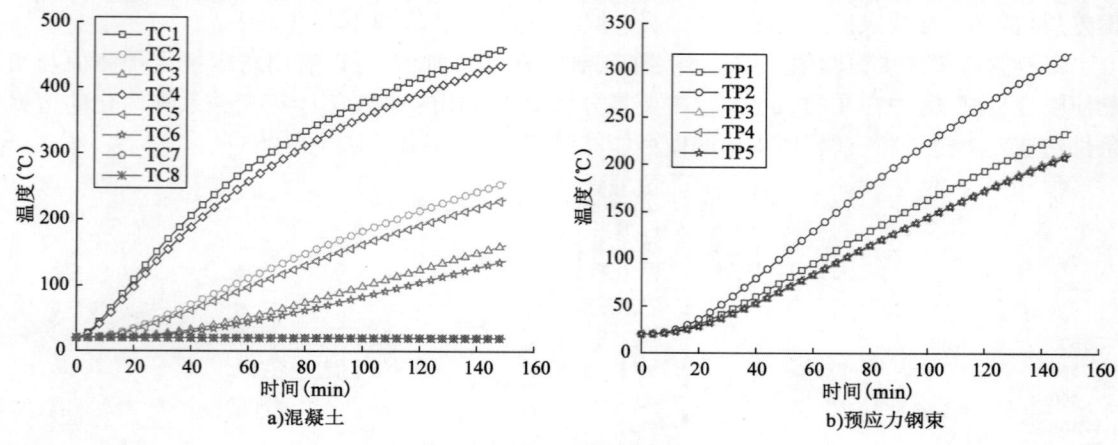

图5 PC梁温度-受火时间曲线

5 桥台对结构响应的影响

PC梁考虑与不考虑桥台情况下的跨中挠度和轴向位移对比如图6所示,轴向位移取为梁端底部的轴向变形值。可以看出,无桥台情况下,PC梁底部和侧面受火,因此梁由于底部热膨胀而向下挠曲。此外,材料在高温下的力学性能衰退,以及预应力钢束高温蠕变,导致PC梁在荷载作用下向下挠曲。PC梁挠度主要由这两种效应叠加而成,其发展趋势可分为三个阶段:

(1)受火初期,跨中挠度显著增大,这主要是由于底部和侧面的快速升温导致底部部件的热膨胀造成的。在此阶段,预应力钢束温度低于100℃,材料性能仅轻微衰退,因此挠度主要由构件的热膨胀决定。

(2)受火中期,跨中挠度逐渐增大,这主要是由于混凝土、钢筋和预应力钢束的温度快速升高,导致材料力学性能迅速退化,引起梁向下的挠曲变形逐渐增大。

(3)受火后期,挠度迅速增大,由于材料力学性能严重衰退,以及预应力钢束高温蠕变,使得PC梁跨中挠度迅速增大。最终截面抗弯承载力下降至所施加的荷载引起的力矩,梁不能继续持荷,预应力钢束断裂,PC梁失效。由于PC梁向下挠曲导致轴向位移在整个受火过程不断增大。

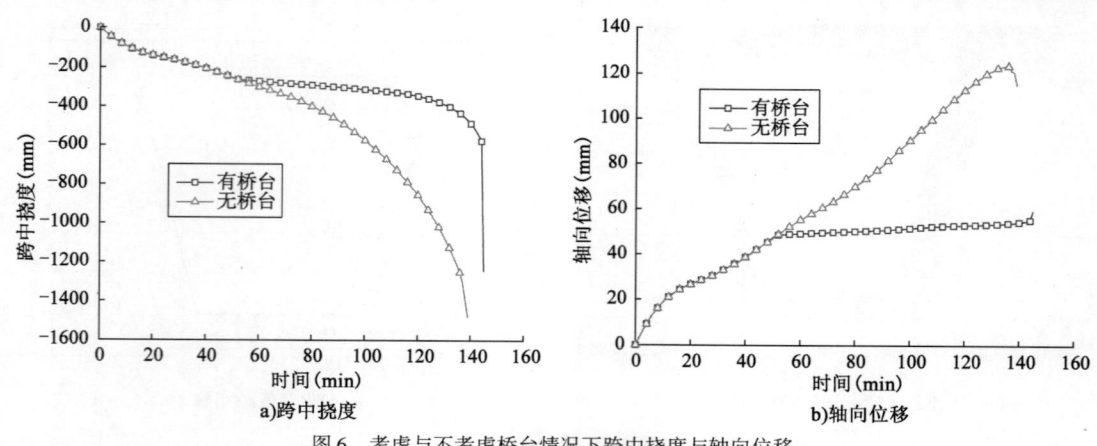

图6 考虑与不考虑桥台情况下跨中挠度与轴向位移

而在有桥台情况下,在受火初始阶段,梁端未接触桥台,轴向位移不断增大,跨中挠度的发展与不考虑桥台约束的情况是相同的。受火52min后,梁端轴向变形已超过伸缩缝限值,轴向位移不再增大,PC梁由于受到轴向压力作用跨中挠度缓慢增大。最终受火132min后,由于材料力学性能严重衰退,以及预应力钢束高温蠕变,PC梁在桥台产生的轴向约束下不能继续抵抗所施加的荷载,跨中挠度急剧增大,发生突然垮塌。与不考虑桥台的情况相比,考虑桥台约束可以显著减缓火灾下挠度发展,然而在火灾后期由于轴向约束失效,导致PC梁极短的时间内达到破坏极限状态。

6 结语

本文研究了预应力混凝土梁桥在碳氢化合物火灾下的温度响应、跨中挠度和轴向位移变化,并考虑了桥台约束的影响,以便深入了解预应力混凝土桥梁上部结构的耐火机理,得出以下主要结论:

(1)本文所提出的考虑材料和几何非线性、依赖于温度的材料特性、箱梁空腔内传热、混凝土含水率、桥台约束的数值分析方法,能够较好地模拟火灾下PC梁热力学响应。

(2)火灾下PC梁跨中挠度不断增大,最终由于材料力学性能严重衰退、预应力钢束高温蠕变,使得预应力钢束被拉断,跨中挠度迅速增大,PC梁发生垮塌。

(3)桥台约束显著影响PC梁的耐火性能,桥台约束所产生的轴向压力可以减缓跨中挠度增长,然而会导致PC梁在受火最后阶段发生突然垮塌。

参 考 文 献

[1] 张岗,贺拴海.桥梁结构火灾理论与计算方法[M].北京:人民交通出版社股份有限公司,2020.

[2] 张岗,贺拴海,宋超杰,等.钢结构桥梁抗火研究综述[J].中国公路学报,2021,34(1):1-11.

[3] Kodur VK, Naser MZ. Fire hazard in transportation infrastructure: review, assessment, and mitigation strategies[J]. Frontiers of Structural and Civil Engineering, 2021, 15(1): 46-60.

[4] 郑文忠,侯晓萌,王英.混凝土及预应力混凝土结构抗火研究现状与展望[J].哈尔滨工业大学学报,2016,48(12):1-18.

[5] Song CJ, Zhang G, Hou W, et al. Performance of prestressed concrete box bridge girders under hydrocarbon fire exposure[J]. Advances in Structural Engineering, 2020, 23(8): 1521-1533.

[6] Pečenko R, Hozjan T, Planinc I, et al. A computational model for prestressed concrete hollow-core slab under natural fire[J]. International Journal of Concrete Structures and Materials, 2019, 13: 60.

[7] Zhang G, Kodur V, Hou W, et al. Evaluating fire resistance of prestressed concrete bridge girders[J]. Structural Engineering and Mechanics, 2017, 62(6): 663-674.

[8] Beneberu E, Yazdani N. Performance of CFRP-strengthened concrete bridge girders under combined live load and hydrocarbon fire[J]. Journal of Bridge Engineering, 2018, 23

(7): 04018042.

[9] Wu X Q, Huang T, Au F T K, et al. Posttensioned concrete bridge beams exposed to hydrocarbon fire[J]. Journal of Structural Engineering, 2020, 146(10): 04020210.

[10] 张岗,宋超杰,李徐阳,等. 燃油火灾下预应力混凝土梁耐火试验[J]. 中国公路学报, 2022,35(1):210-221.

六、桥梁监测、检测与试验

163. 南京栖霞山长江大桥主桥结构健康监测系统应用研究

孙小飞[1] 李金桥[2] 何秋雨[1] 胡孝阳[1] 汪 航[1]

(1. 中交公路规划设计院有限公司;2. 南京长江第四大桥管理有限责任公司)

摘 要:南京栖霞山长江大桥(原名南京长江第四大桥)主桥结构健康监测系统自2012年投入使用,针对大跨度悬索桥监测系统运营维护、数据处理与分析进行研究。完善大桥监测系统维护管理机制,定期开展系统的数据校核、设备检查更换和维护,保障监测系统的正常运行。对积累大量的悬索桥实桥监测数据进行规范化数据处理与分析;通过大桥所遭受的环境荷载作用(包括风荷载、环境温湿度、交通荷载等)以及结构静动力响应(包括关键截面内力状态和空间变位)等监测数据,获取结构实际状态,支持结构安全评估。建立特殊事件应急监测管理机制,保障大桥安全运营。

关键词:结构健康监测 系统运营维护 数据处理与分析

1 引言

南京栖霞山长江大桥(原名南京长江第四大桥)位于长江江苏南京区段内,在南京长江第二大桥下游约10km处,距长江入海口约320km。大桥起于六合区横梁镇以东与宁通高速公路相交处,经龙袍镇跨越长江,与对岸石埠桥连接,止于沪宁高速公路相交处的麒麟枢纽,接南京绕越高速公路东南环段,全长28.996km。其中,主桥采用576.2+1418+481.8=2476(m)双塔三跨连续钢箱梁悬索桥;跨江大桥设计速度为100km/h,两岸接线设计速度为120km/h,双向六车道高速公路标准。大桥于2008年1月6号奠基开工,于2012年12月24号建成通车,同期结构健康监测系统投入运行。

该桥健康监测系统分为荷载源、结构静力响应、结构动力特性等监测内容:
(1)荷载源监测项:风荷载、环境温湿度、地震、船撞、动态交通荷载。
(2)结构静力响应监测项:关键代表性构件受力、主缆、加劲梁和索塔关键位置的空间变位情况。
(3)结构动力特性监测项:桥梁主缆、索塔、加劲梁的固有动力特性监测与分析以及地震、船撞振动响应监测。

主桥结构健康监测系统测点布置如图1所示。

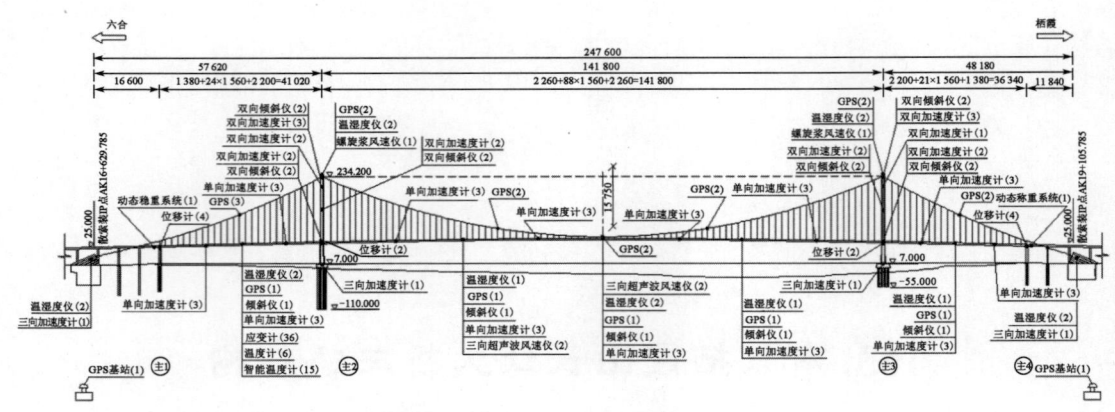

图1 主桥结构健康监测系统测点布置(尺寸单位:cm;高程单位:m)

王凌波等研究了国内桥梁监测系统20多年的发展历程,指出随着网络技术的发展,监测系统逐步实现了实时监测、同步分析和数据网络共享等目标,并提出传感器的匹配和选择很重要,研究监测内容参数,特别是结构响应参数与结构健康指标的关联机制,是监测技术应用的一个发展方向。周超研究了国内桥梁监测系统的应用,总结提出目前在用的桥梁监测传感器如挠度仪、应变计等多种传感器耐久性差、容易受潮损坏失效,系统构成复杂,管理难,这些难题成为监测学术界多年不断努力却始终难以跨越的技术瓶颈。针对已有桥梁在用的监测系统,如何应对多种类传感器的维护管理难、传感器耐久性的问题,最大限度保障系统的正常运行,研究监测系统的维护管理机制、数据分析评估,总结特殊事件发生时利用监测系统进行快速处置的经验,具有现实意义。

2 系统维护管理研究

2.1 建立维护管理机制

要使系统发挥作用,首先应保证系统的稳定正常运行。针对主桥监测系统,运营单位构建了专门的维护管理机制,安排专人负责运行维护管理,建立了责任工程师—部门—公司三级管理机构;委托专业单位负责系统的数据校核、设备检查更换和维护,定期开展数据分析评估。

2.2 日常运行管理

日常运行管理职责由监控中心值班员负责。日常运行管理内容包括软件界面数据查看、系统报警处理、系统供电和通信保障。界面数据查看要求关注到所有监测项的数据情况,关注各监测功能界面是否刷新,数据是否有变化,每天查看2次并形成日志记录。系统出现报警后依据报警处理流程处置,记录报警的项目、报警值、预警阈值、出现时间;并对报警进行初步判断,进行甄别,如果是数据误报警,则确认后即解除报警;如果确实为结构报警,需上报并形成预警报告。经对故障类别分析,系统供电类故障的占比约为30%,因此监控中心安排设备管理员每日巡查系统供电和通信设备状况,出现供电故障及时进行处理;桥梁现场安排大桥电力和通信班组进行保障,开展巡查和故障处理。

2.3 定期巡查管理

定期巡查分为软件巡查和硬件巡查。软件巡查内容主要包括软件功能模块状态、数据通道测试验证、数据库及配置维护。系统软件后台运行24个数据库实例和多套功能模块,因此在运营阶段专门开发应用了状态巡查软件,实现自动巡查和手动一键巡查。经过多次优化后,系统设置为每天凌晨开展一次自动软件状态巡查。

定期硬件巡查,以季度为间隔开展外场硬件设备检查,记录硬件工作状况,形成检查报告。检查维护报告包括检查的点位和设备类型,故障设备的数量统计、位置统计、照片,故障设备明细,疑似故障设备明细,拟定更换计划。

2.4 设备更换和维护管理

如果出现突发故障,启动故障处理程序,开展设备检测和维修更换。经 2012—2015 年的运行情况统计,形成重点易损设备部件表,并针对性地进行采购,补充备品备件。2016—2020 年重点开展了易损件的备品备件库存机制的建立,制定并执行维护更换过程的验收、确认和复核管理流程,使系统每年设备故障停机时间缩短 30% 以上。

2.5 数据存储管理

执行完善的数据存储管理机制。除系统自身的数据分类存储,定制存储数据管理方式,采用异地冷备份数据磁盘进行永久数据保存,同时将一份副本刻制为光盘,实现双备份。按照工程档案管理办法,对重要数据的光盘介质进行编目管理。

3 数据分析评估研究

3.1 风荷载统计分析

通过实施上述的维护管理措施,保证了该桥监测数据完整、连续。以风荷载监测为例,全桥在主跨两个断面处上、下游侧各布设了 2 台三向超声风速仪,南北两侧塔顶各布设 1 台螺旋桨风速仪,监测桥面以及索塔的风场。经统计分析获得 2020 年 10—12 月风速数据,如图 2、图 3 所示。

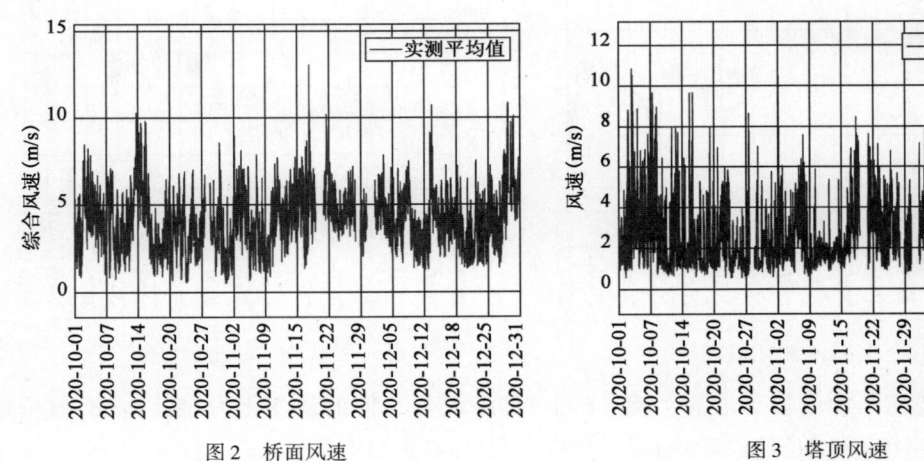

图 2　桥面风速　　　　　图 3　塔顶风速

数据显示,监测位置平均风速最大值为 13.0m/s,为 6 级风,未发生 8 级以上大风。可见该桥实测风速属于合理范围,受强风影响很小。

3.2 温湿度统计分析

全桥在主跨中桥面上布设一台温湿度仪监测大气温湿度;在北边跨中、主跨四分之一、主跨中、主跨四分之三、南边跨中五处钢箱梁内布设了温湿度仪,监测梁内温湿度;在塔顶 4 个鞍罩内各布设一台温湿度仪;在 4 个锚室内各布设一台温湿度仪。经统计分析得到 2020 年 10—12 月温湿度数据,以主桥跨中处为例,温湿度监测数据如图 4、图 5 所示。

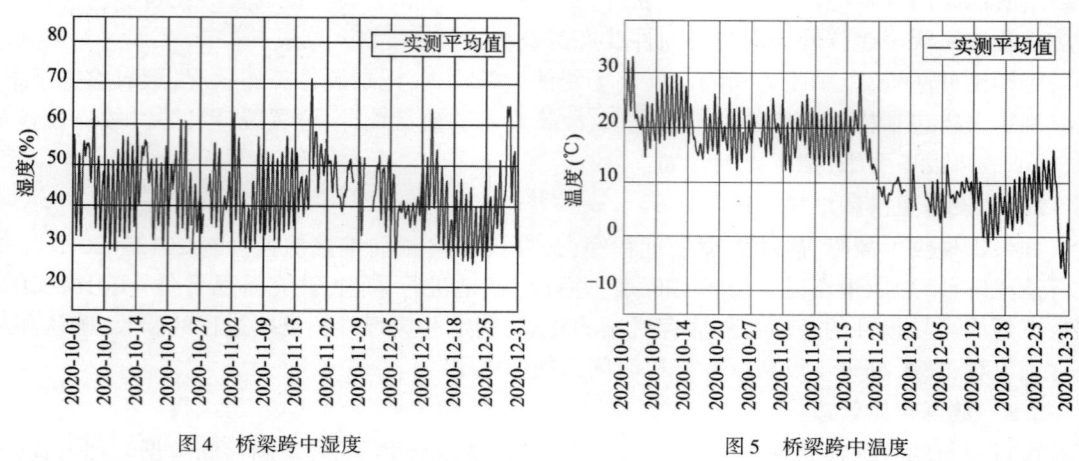

图4 桥梁跨中湿度　　　　　　　　　图5 桥梁跨中温度

实测跨中最高温度32.1℃,均属于正常温度范围,未见极端异常天气;跨中出现湿度高于50%时段,桥面湿度较大。

3.3 梁端位移分析

全桥在南北塔上、下游支座处,主桥南北侧上、下游梁端伸缩缝,主桥南北侧梁端上、下游支座处,各布设了2台位移传感器。统计分析表明,最大位移变形在主桥南侧梁端,如图6、图7所示,分别对应主桥南侧梁端上游侧支座位移和下游侧伸缩缝位移。

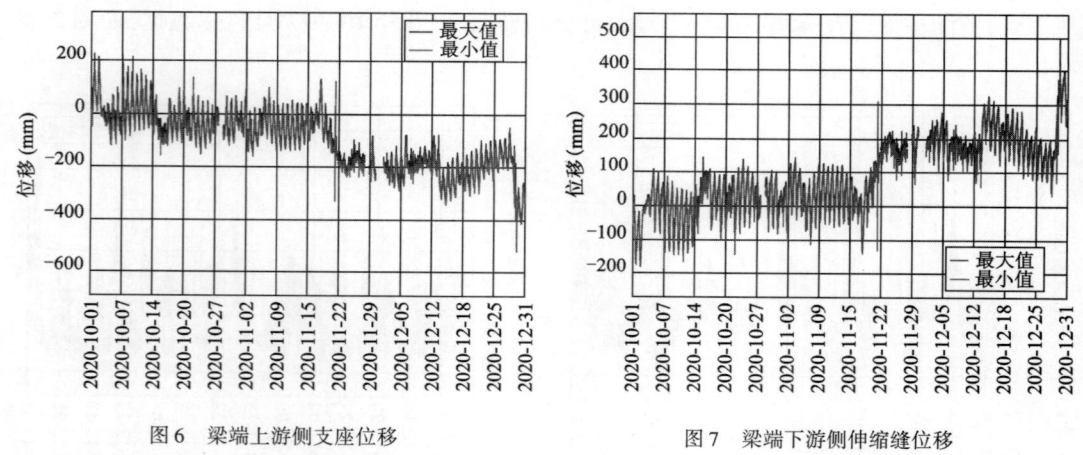

图6 梁端上游侧支座位移　　　　　　　图7 梁端下游侧伸缩缝位移

实测梁端支座最大位移变化量为744.6mm,伸缩缝最大伸缩量变化为683.8mm,该桥最大允许变形为1440mm,故支座和伸缩缝位移均在允许范围之内。

3.4 加速度统计分析

全桥在主梁13个断面处布设加速度传感器监测竖向及横向振动,其布设位置如图8所示。统计分析表明,最大加速度数值如图9所示,在北边跨第三断面下游(左侧)竖向,NJ_ACC_G05_001传感器处。

主梁最大竖向加速度均方值为14.5mg;竖向加速度响应幅值大于横向(东西向)振动幅值,表明交通流荷载为影响该桥梁结构振动的主要因素。振动幅度均较低,未对结构产生影响。

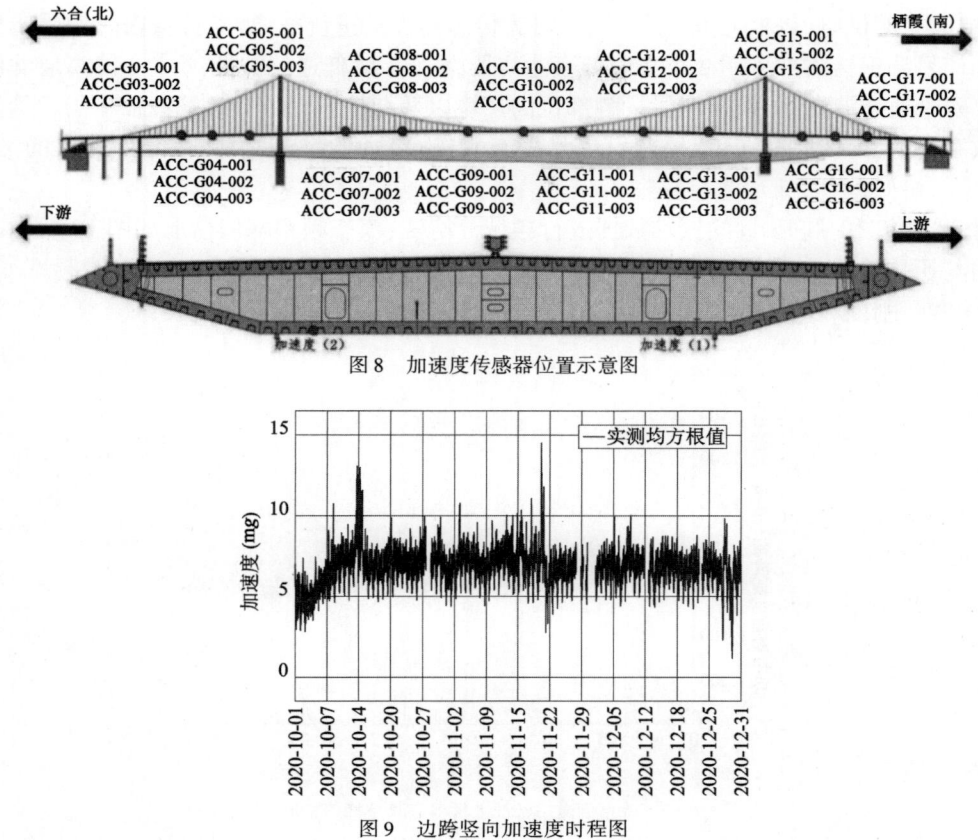

图8 加速度传感器位置示意图

图9 边跨竖向加速度时程图

3.5 动力特性分析

桥梁由于受外界(自然风、地脉动等)的干扰,处于微小而不规则的振动中,利用高灵敏测振传感器测量并记录结构在环境随机激励下的脉动信号,因脉动信号包含的频率成分相当丰富,且为平稳各态历经随机过程,通过对脉动信号进行快速傅里叶变换(FFT),可直接得到自振频率 f。振型测量:通过在水平或竖向方向布置一定数量的拾振点,同时测量各拾振点的脉动信号,应用模态分析法可以识别对应频率的振型。

动力特性包括结构的自振频率、振型、阻尼比,由结构形式、质量分布、结构刚度、材料性质、构造连接等因素决定,与外载荷无关,为结构的固有特性。通过动力特性试验和理论分析来了解桥梁结构在试验荷载作用下的实际工作状态,分析桥梁病害对桥梁各项性能的影响,主要分析桥梁刚度情况、桥梁抗扭、抗风情况以及桥梁耗散外部能量输入的能力强弱、衰减快慢,为桥梁运营管理及改造提供科学依据。例如,在其他条件不变的情况下,若发现桥梁振动频率降低,则说明桥梁的整体刚度退化。

南京栖霞山长江大桥健康与安全监测系统以加速度传感器为动态信号,选用的加速度数据采集设备具有抗混叠滤波器及相应的快速数据采样能力。选用加速度信号调理器,专为低频动态信号采集设计,符合 IEC61158-3、IEEE1588 和 IEEE802.3af 标准[①],具有工业以太网接

---

① IEC61158-3、IEEE1588 和 IEEE802.3af:IEC61158-3 是国际电工委员会 IEC(International Electrotechnical Commission)的现场总线和工业以太网标准的数据链路层服务定义;IEEE1588 是网络测量和控制系统的精密时钟同步协议标准 IEEE 1588 precision clock synchronization protocol 简称 PTP(precision timing protocol);IEEE802.3af 是以太网供电(Power over Ethernet,PoE)技术的一项国际扩展协议标准。

口,支持以太网供电(PoE)受电功能,同时可为传感器提供正负电源,支持精密时钟同步协议。该智能信号调理器内部采用2个2阶低通滤波器,1个1阶低通滤波器,1个2阶高通滤波器,构成7阶带通滤波器,分类拾取桥梁各部位的环境以及结构振动响应。滤波器输出送给24位模拟数字转换器 ADC,由 CPU 控制对信号采集并进行数字滤波来消除信号中混入的无用成分,减少随机误差。

对2020年10月15日的振动数据进行频域分解法,模态频率峰值拾取如图10所示,将计算数据与历史数据和荷载试验数据对比,见表1,可得桥梁在2020年10月实测频率变化较小,结构实际刚度和实际约束条件满足有关设计要求,结构整体性能状况良好。

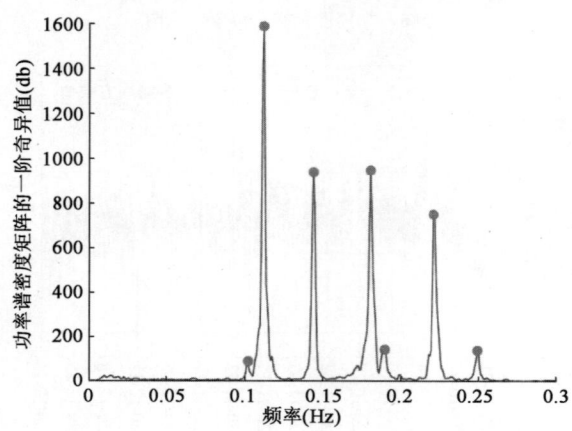

图10 南京栖霞山长江大桥模态频率峰值拾取

南京栖霞山长江大桥动力特性测试结果　　　　表1

阶数	本次计算频率（Hz）	2019年监测频率（Hz）	荷载试验频率（Hz）	理论频率（Hz）	备注
1	0.1019	0.1020	—	0.1104	一阶反对称竖向弯曲
2	0.1120	0.1125	0.11	0.1142	一阶对称竖向弯曲
3	0.1443	0.1442	0.14	0.145	二阶对称竖向弯曲
4	0.1810	0.1816	0.18	0.179	边跨反对称竖向弯曲
5	0.1901	0.1914	—	0.1936	二阶反对称竖向弯曲
6	0.2218	0.2221	0.22	0.2241	对称竖向弯曲
7	0.2496	0.2509	0.25	0.2557	对称竖向弯曲

4 监测系统在桥梁特殊事件应急处置中的应用研究

4.1 台风等恶劣天气中的监测应用

南京栖霞山长江大桥监测系统在多次台风等恶劣天气情况下发挥了重要的作用,例如在2018年的"温比亚"台风期间,监测系统在第一时间获取风荷载数据和结构响应数据,为桥梁的结构安全状况提供数据支持,方便业主采取交通措施,针对性开展结构检查检测。

4.2 车辆拥堵处置中的监测应用

每年的重大节假日小客车免费通行,易导致大桥拥堵,引起客货车短时间大量汇聚,给桥梁带来短时荷载,给结构安全带来极大的风险挑战。结构监测系统可实时提供桥梁响应信息如挠度、塔偏数据,为业主评估桥梁的结构安全状态提供良好的技术手段。

4.3 特殊事件应急监测机制

特殊事件不可避免,建立应急情况下的响应机制十分必要。基于该桥应用经验,建立特殊事件应急响应小组,业主设置固定的应急联系人,监测单位成立应急监测小组负责系统硬软件保障、数据快报、特殊事件报告分析等,报告传递的时限要求为2h以内。监测团队建立规范的应急事件数据分析流程,例如台风应急分析重点关注风荷载、主缆变形、主梁及主塔振动;车辆拥堵应急分析重点关注主梁下挠、偏载、主塔偏位等;制定了数据快报模板和应急分析报告软件模块,方便进行分析报告编制。

5 结语

随着时间的推移,南京栖霞山长江大桥结构监测系统的应用效果不断显现,通过监测系统的应用,建立良好的系统维护管理机制,开展日常运行管理、定期巡查、设备更换管理,保障系统的运行正常;对监测数据开展分析评估,应用监测数据的实时性和快速分析,可对桥梁特殊事件的应急处置提供良好的技术支撑,同时也为类似桥梁的监测系统应用提供参考。

参 考 文 献

[1] 王凌波,王秋玲,朱钊,等.桥梁健康监测技术研究现状及展望[J].中国公路学报,2021,34(12):25-45.

[2] 周超.基于区域分布光纤传感的桥梁健康监测技术综述[J].现代交通技术,2019,16(6):1-8.

[3] 储彤,刘志强,冯良平,等.南京长江第四大桥结构健康监测系统设计[J].中国交通信息化,2013(S2):62-65.

164. 大跨径悬索桥健康监测系统设计与研究

于利存[1]　谢静轩[2]　王晓光[1]　张　立[1]　庞　立[1]

(1.中交第一公路勘察设计研究院有限公司;2.厦门市路桥管理有限公司)

摘　要：本文以海沧大桥为依托,针对桥梁交通流量大、台风频发、海洋环境腐蚀等特点,研究在役大跨径悬索桥及集群式桥梁的系统架构设计方法、监测测点布设方案、光纤—无线混合数据传输技术、结构安全预警与评估方法,为大桥集成构建了一个统一的软硬件网络平台,从而实现对大跨径悬索桥安全运营状况的实时监测、评估分析和安全预警。

关键词：集群式桥梁　悬索桥　安全监测　光纤—无线混合监测　安全预警

1　工程概况

科学保障桥梁工程的运营安全、结构耐久是国家的重大需求。物联网、大数据、云计算等新技术的快速发展为桥梁的健康监测与安全运营提供了新思路和新方法。这些技术的进步也推动了国家加快建立健全桥梁安全防控体系的发展[1-2]。2021年3月,交通运输部发布了《公路长大桥梁健康监测系统建设实施方案》(交办公路〔2021〕21号)文件,实施范围包括公路在役单孔跨径500m以上的悬索桥,海沧大桥被纳入公路在役长大桥梁清单,需开展实时监测。

海沧大桥主桥是三跨连续全飘浮钢箱梁悬索桥,全长约5926m,于1999年建成通车。本次监测系统设计范围为对技术状况较差的桥梁建立安全运营健康监测系统,含东、西航道桥、东、西引桥、石塘立交A、G匝道桥、东渡立交A匝道桥,共7座桥梁。东航道桥为230m+648m+230m全飘浮钢箱梁悬索桥,其他桥为预应力或钢筋混凝土连续箱梁桥。东航道桥是本次安全监测的重点,东航道桥的桥型布置及横断面如图1和图2所示。

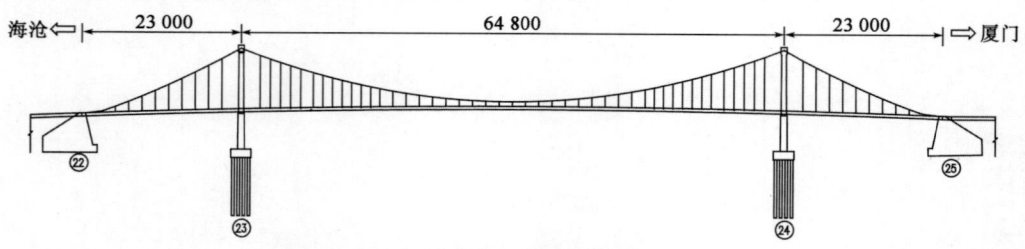

图1　东航道桥桥型布置示意图(尺寸单位:cm)

基金项目：交通运输行业重点科技项目,基于B/S架构的桥梁智能检测系统研发与应用,2020-MS1-060。

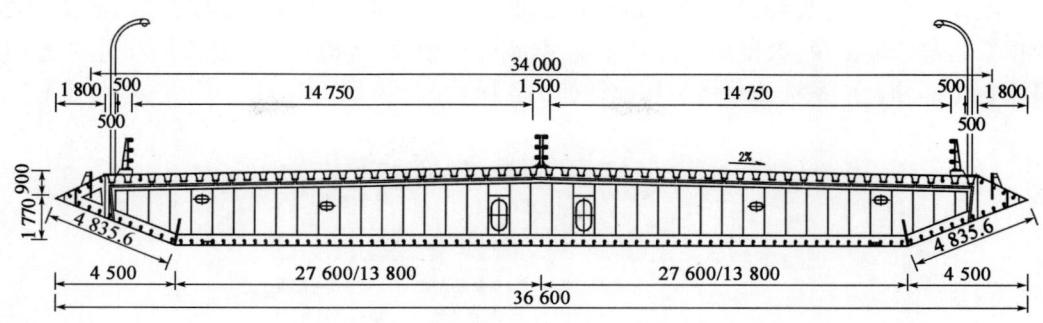

图2 东航道桥横断面示意图(尺寸单位:mm)

随着近年来海沧大桥交通流量的不断增大,桥梁超负荷运营,加上海洋腐蚀环境、强台风等作用,桥梁性能出现了明显的退化。东航道桥发现了多处钢箱梁内正交异性桥面板裂纹、吊索锈蚀、横向抗风支座卡死、钢箱梁以及主缆下挠、涂装剥落、锚室内渗水泛碱等病害。建立海沧大桥桥梁安全运营健康监测系统,旨在将桥梁监测、检测、评定、维修等功能集中于同一平台进行管理,结合实时的监测桥梁环境、荷载状态和结构动静态响应,实现桥梁运营状态监测和运维管理等功能;同时实现管养数据与监测数据的互补,从而为全面综合评估桥梁的状态提供可靠的基础数据,确保大桥的运营安全性和良好的服务水平。

2 系统总体设计

2.1 系统设计内容及流程

安全运营健康监测系统主要包括外场的传感器、数据采集与传输设备、数据处理与存储设备、供电防雷等附属设备以及内场的系统软件。海沧大桥安全运营健康监测系统设计首先对海沧大桥现有技术状况、主要病害及运营过程中面临的风险进行分析,从而确定监测项目,并根据结构特点,对健康监测系统传感器测点的布置方案进行设计,确定科学合理的布设方案,以获得有效的监测数据。确定监测项目和测点布设方案后,根据大桥运营环境和结构受力特性,综合确定传感器、数据采集与传输设备、数据处理与管理设备的主要技术参数和型号,确定各监测项的采样频率、信号传输方案、数据处理与存储方法和结构安全预警方案。最后对系统软件开发进行功能需求分析,确定软件架构和技术实现方案[3-4]。系统设计流程如图3所示。

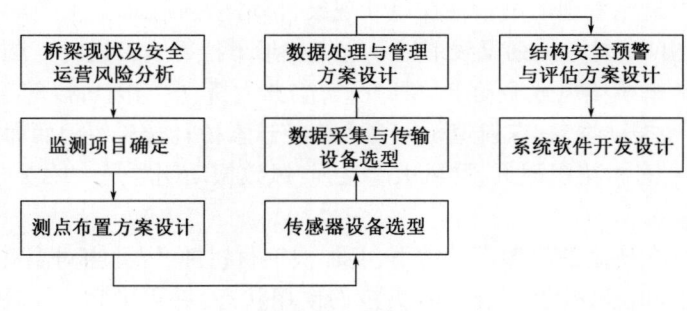

图3 系统设计流程

2.2 总体架构设计

安全运营健康监测系统是通过获得荷载作用、结构响应、损伤识别信息,结合人工检查结果进行结构安全评估，为桥梁运营提供全面数据支持[5]。根据监测功能要求，本系统主要包括数据采集与传输模块、数据加工计算模块、数据管理模块、结构安全预警模块和可视化UI软件模块5个部分。该系统的总体架构设计如图4所示。

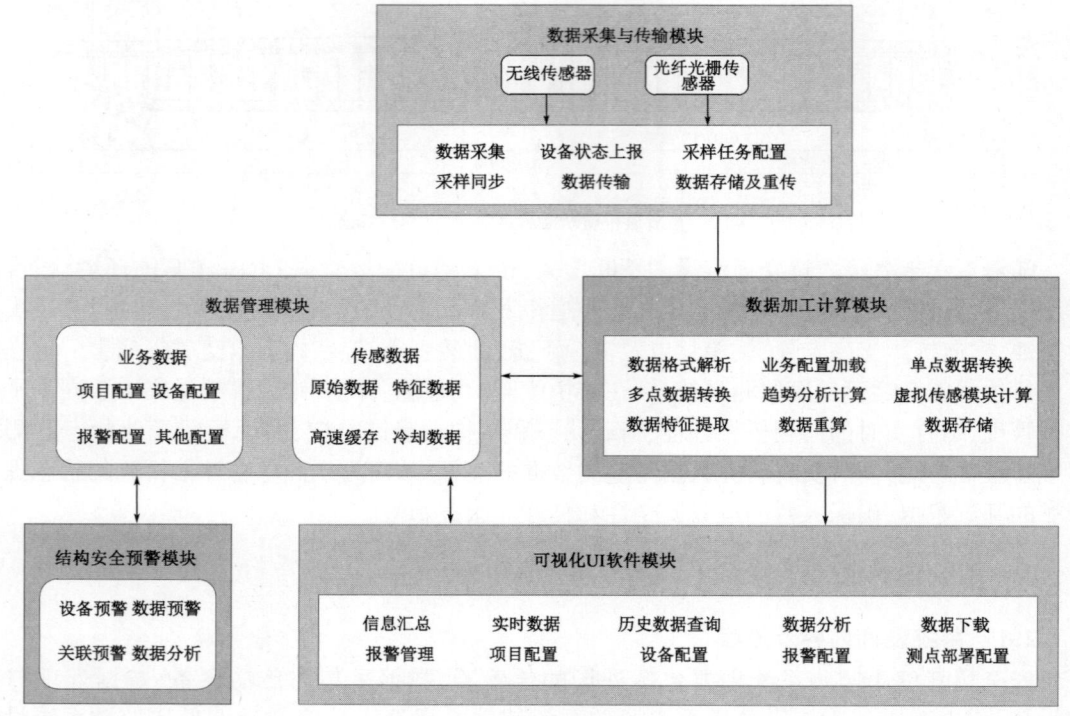

图4　系统总体架构设计

3　东航道桥监测测点布置方案

3.1　监测项目的选择

海沧大桥安全运营健康监测系统，监测重点主要包括针对影响结构安全的荷载源监测、表征大桥整体刚度的变形监测、代表大桥整体性能的动力监测。结合同类型悬索桥监测的经验[6]，确定东航道桥监测重点的具体内容如下：

（1）针对东航道检测发现的吊索存在锈蚀现象、桥塔横向抗风支座严重挤压、加劲钢箱梁的正交异性桥面板出现裂纹、加劲梁线形以及主缆线形下挠等病害进行监测。

（2）考虑到近年来桥梁风致振动事故频发，鹦鹉洲大桥、虎门大桥以等大跨径悬索桥均发生过不同程度的涡激振动现象，东航道桥同为大跨径悬索桥且处于厦门西海域，属于季节性台风区，风场环境复杂，且桥梁阻尼低、受风敏感性强，风致振动问题是大桥安全运营需要监测的关键问题。

（3）加劲钢主梁在特定的温湿度条件下，会加快钢材锈蚀，因此需对温湿度进行监测。

（4）较大的变形和位移能够直观反映大桥的使用状态，并很大程度上影响车辆运行的舒适性和安全性，主要包括梁端位移、主梁和主缆挠度以及桥塔偏位等。

（5）加劲钢箱梁的正交异性钢桥面板受车辆荷载效应显著，正交异性钢桥面板在运营期间的疲劳性能需加以重视。

(6)汽车是桥梁的主要荷载源,车辆过桥时车-桥耦合振动响应显著,且超载车辆是造成桥梁破坏和影响桥梁寿命的主要因素,为全面获取不同车辆荷载对桥梁结构响应的影响,须对车重、车速等进行监测。

(7)为了解桥梁结构的整体使用性能,从宏观上分析结构受力特性的变化规律,需要重点监测基频、阻尼等结构动力特征参数。

(8)健康监测系统是为桥梁的养护管理服务,对于养管人员难于到达的养护部位和巡检工作繁杂的部位,需对其进行重点监测。

3.2 测点布置及传感器选型

结合桥梁情况以及现场运营环境等因素,根据规程要求、检测病害结果、后期加固维修方案及涡振监测要求,东航道桥的监测分为两大部分,运营环境监测包括塔顶和桥面的风速风向、塔底的地震、船撞加速度、钢箱梁、索鞍、锚室等温湿度;结构响应监测包括加劲钢箱梁梁挠度、主缆挠度、桥塔偏位、钢箱梁端转角、锚碇位移、伸缩缝及支座位移、吊索索力、钢箱梁应变、裂纹、结构动力特性[7]。东航道桥的传感器布设方案如图5所示,具体测点及传感器见表1。

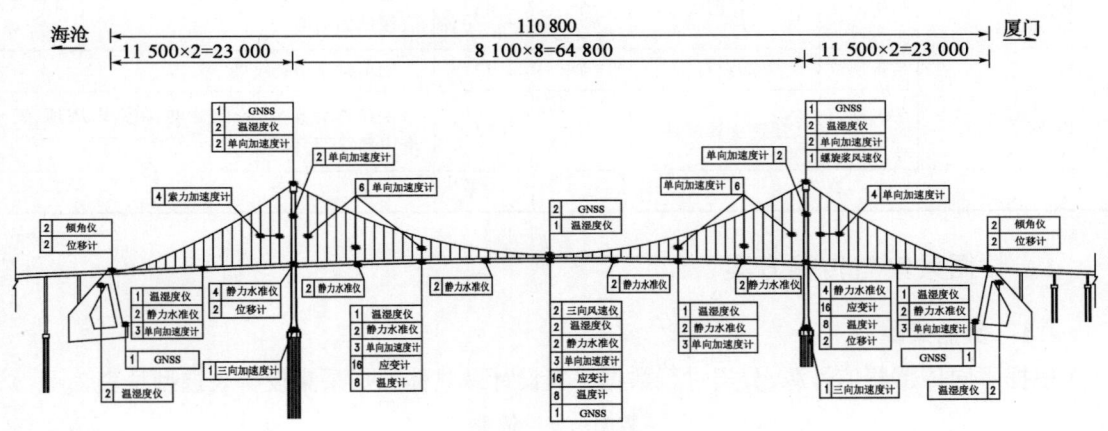

图5 东航道桥测点布设方案(尺寸单位:cm)

东航道桥测点布置表　　　　表1

序号	监测项目	传感器类型	单位	测点数量	安装位置
1	风速风向	螺旋桨风速仪	台	2	两索塔塔顶
		三向超声风速仪	台	10	边跨跨中、主跨跨中、四分点桥面两侧
2	地震动、船撞	三向加速度计	台	2	两索塔承台顶部
3	运营环境温湿度	温湿度仪	台	5	主跨跨中、主跨四分点边跨中钢箱梁内
			台	1	主跨跨中钢箱梁外
			台	1	主跨跨中主缆
			台	4	两索塔塔顶鞍罩内
			台	4	锚碇锚室内
4	结构温度	温度计	个	36	主跨跨中、主跨厦门侧四分点、厦门侧塔梁交接处钢箱梁

续上表

序号	监测项目	传感器类型	单位	测点数量	安装位置
5	结构响应	加劲梁挠度	静力水准仪	台	26	主跨8分点、两边跨跨中、塔梁交接处基准点
6		吊索索力	索力加速度计	个	20	开窗检查存在严重锈蚀吊索及长吊索
7		空间变位	全球导航卫星系统（GNSS）	台	2	主跨跨中主缆
				台	4	塔顶
				台	10	主跨跨中、四分点、边跨跨中
				台	2	东、西锚碇
				台	1	桥址附近基准点
8		梁端转角	倾角仪	个	4	海沧侧、厦门侧钢箱梁梁端
9		伸缩缝及支座位移	位移计	个	4	主桥两侧伸缩缝处支座
			位移计	个	4	梁索塔横向抗风支座处（横向）
10		结构应变	应变计	个	48	主跨跨中、主跨厦门侧四分点、厦门侧塔梁交接处加劲梁
11		结构裂纹	裂纹计	个	12	钢箱梁典型裂纹处
12		结构动力特性	单向加速度计	个	53	主跨八分点、边跨四分点、两索塔塔顶、索塔中部
	合计			255	

4 数据采集与传输方案

4.1 数据采集

根据不同传感器信号源，分类进行数据采集设计。具体数据采集设备表选型见表2。

数据采集设备表 表2

序号	传感设备类型	信号采集/转换设备
1	光纤温度传感器、光纤裂缝传感器、光纤单轴加速度传感器、光纤应变传感器	光纤信号解调仪
2	压力变送器（静力水准仪）	多通道模拟采集仪
3	拉线式位移计（悬索桥）	
4	螺旋桨风速风向仪	
5	光电挠度仪	—
6	超声波风速风向仪	串口服务器
7	拉线式位移计（梁桥）	电信号采集仪
8	温湿度计（RS485）	串口服务器
9	GNSS	—
10	振弦式应变传感器、振弦式裂缝传感器	振弦采集仪
11	无线传感温湿度/高精度无线智能加速度计	一体化传感器

系统按传感器和数据采集设备的不同，根据结构分析需要设置监测设备设置的自动采样频率见表3。

数据采集频率 表3

序号	设 备 名 称	采 样 频 率
1	无线智能温湿度计	1次/min
2	温湿度传感器	1次/min
3	光纤光栅温度传感器	10Hz
4	风速风向计	10Hz
5	静力水准仪(压力变送器)	10Hz
6	智能静力水准计	10Hz
7	GNSS	10Hz
8	无线智能倾角计	1次/min
9	表面固定应变计	1次/min
10	光纤光栅表面焊接应变计	10Hz
11	表面测缝计	1次/min
12	光纤光栅裂缝传感器	1次/min
13	拉线式位移计	10Hz
14	光纤光栅加速度传感器	50Hz
15	高精度无线智能加速度计	62.5Hz

4.2 数据传输

数据监控中心位于大桥外场,在监控中心服务器内部署综合管理平台。综合管理平台监测数据来源于光纤通信系统,包含光电挠度子系统、光纤光栅子系统、485传感器(压力变送器、振弦式表面应变计等)及智能无线传感设备子系统。其中,智能网关是无线传感网的核心,所有的无线智能传感器所采集的监测数据都将汇集到智能网关,并通过网关进行协议转换之后,通过千兆以太网交换机将数据上传到后端服务器,进行进一步的数据处理分析和存储[7]。系统数据传输架构如图6所示。

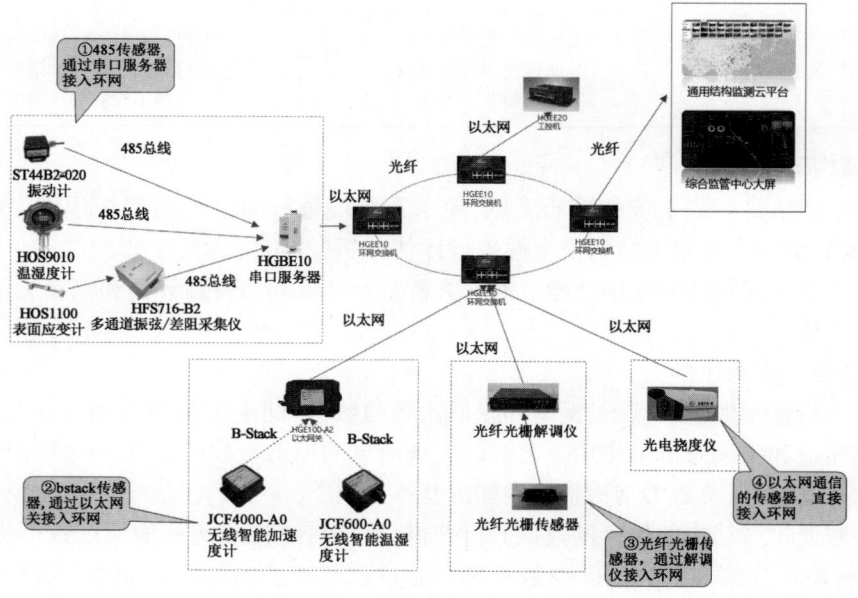

图6 系统数据传输架构

5 结构安全预警与评估

5.1 结构安全预警

海沧大桥结构安全预警主要通过以下三个方面实现：

（1）通过监测桥梁结构环境参数及结构静动力响应统计分析，当结构运营环境或安全状态出现重大变化时进行预警，提醒养管人员及时启动应急相关响应机制，并通过人工检查排除风险源，保障桥梁安全运营。

（2）通过参考桥梁相关设计规范、运营养护技术规范、施工监测技术规范等设定桥梁相关变形及内力变化速率等监控量值。

（3）采用基于有限元模型修正方法进行问题的正分析。通过运营初期传感器监测桥梁结构反应的有限点数据，对桥梁结构模型进行修正，并进行动、静态特性分析，从而设置相应的响应阈值，然后与实时监测值进行比较，自动判别是否触发预警和进行紧急处理[8]。

结构安全预警指标及阈值设定见表4。

预警指标及阈值设定　　　　表4

监测项目	预警指标	阈值设置依据
环境温湿度	①温度 ②湿度	①结构设计温度荷载 ②养管人员户外作业健康及安全
地震	振动加速度值	①地震烈度分级表 ②结构抗震设计值 ③船舶撞击力
主梁挠度	主梁各测点竖向位移值	①结构设计荷载组合下理论值 ②荷载试验实测值 ③监测数据统计分析值
主梁整体位移	梁端支座位移	①结构设计荷载组合下理论值 ②监测数据统计分析值
结构振动特性	①振动加速度值 ②加速度统计均方值 ③振动频率	①振动监测数据统计分析值 ②行车舒适度评价指标 ③荷载试验实测频率值

5.2 结构安全评估

结构安全评估是监测系统的核心大脑，要求系统能够针对结构的损伤识别、异常状态识别、性能发展趋势预测和整体结构安全性进行评估分析，并报告大桥主要构件的承载能力，评估大桥整体及各主要构件的使用性能。海沧大桥重点开展动力特性评估和钢箱梁正交异性桥面板板疲劳评估。

5.2.1 动力特性评估

结构动力特性参数包括频率、振型和阻尼比等参数，对健康监测和损伤诊断至关重要，尤其是当大车流量和强风对桥梁作用显著时。完全信息的模态参数可以唯一确定结构系统的动力特性和动力反应，反映桥梁结构整体性能的基本参数[9]。

模态参数通过对结构的加速度数据分析获得，通过对结构监测的加速度数据进行滤波等处理，借助相关算法实现结构模态参数识别。通过已有方法的分析，考虑到工程的实际实用性，综合比较，海沧大桥结构模态参数识别采用峰值法（PP）和随机子空间方法相结合的方法，首先通过峰值法进行模态参数的初步判定和识别,然后采用随机子空间方法进行校验和精确分析,并与成桥荷载试验相比较,确保模态参数识别的可靠性和准确性。

5.2.2 钢箱梁正交异性桥面板板疲劳评估

在重复或交变的荷载作用下,经过反复的变形积累,结构容易产生疲劳破坏。疲劳寿命分析方法是一种基于 S-N 曲线和 Miner 线形累积损伤法则的方法(应力—寿命分析法)。钢箱梁正交异性桥面板局部构造在车辆荷载作用下的疲劳损伤计算具体步骤为:

(1)明确关注部位构造细节分类,预估桥梁设计寿命期内交通量。
(2)计算关注部位应力影响面。
(3)在实际车轮横向分布范围内,根据影响面加载,计算应力时程。
(4)采用雨流计数法计算应力幅值和相对应循环次数,形成应力幅频值谱。
(5)计算各个应力幅值对应的疲劳寿命极限。
(6)按照 Miner 线性损伤累积准则计算损伤度。

6 结语

本文以海沧大桥为工程背景,重点对东航道桥(大跨径悬索桥)现有技术状况、主要病害及运营过程中面临的风险进行分析,提出了传感器测点布置方案。应用无线—光纤混合监测技术,设计了大跨径悬索桥集群式桥梁的数据采集与传输方案和结构安全预警与评估方案。大跨径悬索桥安全运营健康监测系统将桥梁监测、检测、评定、维修等功能集中于同一平台进行管理,从而为全面综合评估桥梁的安全状态提供可靠的数据基础,进一步打造"数字化平安大桥",提升桥梁养护信息化水平。

参 考 文 献

[1] 杜彦良,孙宝臣,吴智深,等.关于建立健全交通基础设施长寿命安全保障体系的战略思考[J].中国工程科学,2017,19(6):1-5.

[2] 孙利民,尚志强,夏烨.大数据背景下的桥梁结构健康监测研究现状与展望[J].中国公路学报,2019,32(11):1-20.

[3] 乔盘.交通基础设施群智能监测与预警系统建设方案研究[J].内蒙古公路与运输,2021,182(2):55-58.

[4] 张启伟.大型桥梁健康监测概念与监测系统设计[J].同济大学学报(自然科学版),2001(1):65-69.

[5] 吴巨峰,钟继卫.桥梁结构云监测平台设计与实现[J].计算机时代,2017(2):13-15+19.

[6] 梁鹏,李斌,王晓光,等.基于桥梁健康监测的传感器优化布置研究现状与发展趋势[J].建筑科学与工程学报,2014,31(1):120-129.

[7] 张林,张富有.基于工业以太网的大型悬索桥健康监测系统的设计与集成[J].公路,2020,65(12):57-64.

[8] 刘恒,贾同伟,朱航,等.桥梁集群安全运营监测系统研究[J].江苏建材,2019(S2):111-112+116.

[9] 张门哲,金耀,李小龙,等.湖北石首长江公路大桥结构健康监测系统设计研究[J].中外公路,2019,39(1):158-163.

165. 基于自然纹理特征追踪的桥梁全息形态监测

楚玺 周志祥 衡俊霖 段鑫 罗瑞 孟俊豪

（深圳大学土木与交通工程学院）

摘 要：目前,结构健康监测大部分是针对桥梁有限个关键测点展开,实测数据不完备导致力学方程反演结果不唯一是桥梁损伤识别问题的根源,数字图像对结构形态的全场描述能力可有效缓解测试数据不完备导致损伤识别困难的问题。本项目针对自然纹理条件下的桥梁全息形态监测方法展开研究。首先,利用图像特征提取方法,形成桥梁表面同名像点数学表征,解析变形前后特征点相对位置变化数学模型,提出了结构全场位移矢量计算理论,首次在自然纹理条件下获取了结构全场位移矢量监测结果。验证表明,全场矢量长度绝对误差最大值 0.24mm,相对误差小于 5%。研究成果可促进数字图像处理技术在结构健康监测领域的应用和发展,提升桥梁安全预警水平,实现结构变形监测和损伤识别自动化、智能化、可视化。

关键词：摄影测量 特征提取 变形监测 全息变形 位移矢量

1 引言

在结构的有限的测点上布置相应的传感器获得动态响应信息开展结构损伤识别,都是假定结构模型自由度与观测自由度保持一致。然而,在实际工程中,由于各种条件的影响,经常会造成观测数据不完整的问题。要从根本解决这一问题,需要测点越多越好,但是实际结构上布置的测点数是有限的。对于结构损伤识别而言,若监测数据不完整,那么得到的有用信息就不够充分,这将使得损伤识别问题只能在没有充分已知信息的状况下求解。因此,参数损伤识别方法面临因测试数据不足导致损伤识别困难的问题。

近年来,伴随着预装摄像头、无人机、可穿戴虚拟现实设备等硬件设备的发展,基于机器视觉的损伤检测与识别技术开始应用于实际结构上。在结构构件局部裂缝检测上,图像处理技术满足了直观、快捷的检测需求,计算机视觉和图像处理技术已经广泛应用于混凝土裂缝[1]、混凝土剥落[2]、路面裂缝[3]、地下混凝土管裂缝[4]、沥青路面坑洞[5]等图像数据集上进行损伤识别。Prasanna 等[6]开展了混凝土桥梁裂缝自动化检测的研究,先使用不断增大的结构元素对图像进行交替开闭滤波,平滑图像并去除噪声,然后使用多尺度形态学边缘检测器准确提取

基金项目：国家自然科学基金项目——基于影像轮廓线叠差分析获取桥梁全息变形及结构状态演绎方法探索,项目编号：51778094。

了桥梁裂缝的边缘,并对裂缝的发展进行跟踪定位。Sarvestani[7]等开发了一种基于视觉的机器人图像采集装置,并随后提出了一种更先进的自动视觉监控系统。该系统采用基于视觉的遥控机器人进行图像采集,并通过数字图像处理软件对采集到的裂缝大小进行识别,使检测过程更加快速、安全、可靠,并且成本低廉。Dyke 等[8]通过目标检测和分组进行自动处理,提出了一种基于视觉的桥梁裂缝检测技术。Yang 和 Nagarajaiah 等[9-10]结合稀疏表示的低秩方法,利用视频实时检测局部结构损伤。

以上方法实质上与常规传感器监测方法并无本质区别,均是针对结构的局部区域,因此测试数据不完备导致损伤识别困难的问题并没有从根本上得以解决。目前数字图像处理技术和图像采集硬件不断发展,利用相机对结构全息监测已然成为未来桥梁结构安全监测的发展方向。借助图像对结构形态的完整描述能力在一定程度上可以有效缓解测试数据不完备导致的结构损伤识别困难的问题。可以非接触式的采集所需的测量数据,快速获取被测结构的全息形态信息,避免测量人员在恶劣环境下开展测量工作,具有传统测量方式难以实现的技术优势。

2 自然纹理条件下结构表面同名像点数学表征

在实际应用中,需要寻找到对结构表面同名像点具有数学表征能力的描述子,桥梁表面的自然纹理特征在变形前后具有一致性,可构成天然的同名点。只要摄影测量的精度够高,这些纹理特征就能够在图像的尺度空间内以极值点的形式被检测和表征。目前,在图像的尺度空间内寻找和检测极值点最常规的方法就是利用尺度不变特征变换(Scale-invariant Feature Transform,SIFT)[11-12],SIFT算法可以在多尺度空间内开展图像特征点的检测,并且提取的特征点具有尺度、位置和方向特征,这些特征可以通过生成的特征向量描述子来实现匹配。

通过尺度不变特征变换(SIFT)可将图像中的每一个特征点赋予位置、尺度以及方向信息。为验证将桥梁图像特征点用来作为同名点数学表征的有效性,采用相机校验棋盘格开展验证试验。不同角度两幅棋盘格图像特征点的提取如图1所示(2117个)。

图1 两幅图像特征点的提取

对图1提取出的特征点进行匹配,如图2所示。因图1中特征点提取数多达2117个,为直观地展示特征点的配准结果,图2仅展示前40个特征点的配准效果。由图2可知,各特征点的配准位置准确,验证了提取的特征点对同名点的数学表征能力。

图2 特征点的配准

3 桥梁结构图像采集试验

本次试验采用的钢桁-混凝土组合梁试件的构造和实物如图3所示。

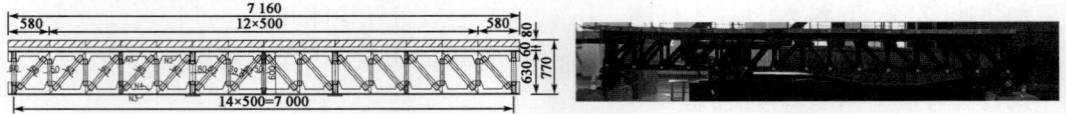

图3 钢桁-混凝土组合梁构造和实物图(尺寸单位:mm)

3.1 试验数据的采集方法

监测相机的选取根据测量精度、视场角、焦距等方面进行综合分析,选用富士GFX 100普通民用相机。根据实际摄影距离选取合适焦距的镜头,本文选取富士GF 32-64/4 R LM WR镜头。相机和镜头技术参数见表1。

相机及镜头参数表　　　　　表1

相机及镜头参数项	具体参数	相机及镜头参数项	具体参数
像素数目	10200万	传感器尺寸	43.8mm×32.9mm
数据接口	USB3.0	长宽比	4:3
感光元件	CMOS	镜头型号	GF 32-64/4 R LM WR
镜头相对孔径	F4.0~F32	镜头焦距	32~64mm
最大直径及长度	约φ92.6mm×116mm	镜头质量	约875g

试验过程中相机位于距试验梁中心5m位置。试验采用百分表来获取结构变形实测值,在组合梁试件的斜腹杆与竖腹杆底部节点位置布置共计13个百分表,在两端支座位置布置两个百分表监测结构刚体位移,在梁三分点位置布置三个垂直于梁体立面的百分表监测结构平面外位移,相机摆放位置和百分表布置如图4所示。

图4 测量相机摆放位置和百分表布置

3.2 试验梁的加载制度

试验梁加载点位于试件跨中,以100kN为增量从0kN加载到400kN。每级荷载加载到位后,持荷两分钟保证试验梁充分变形,然后进行试件图像的拍摄和百分表数据的采集。加载点和加载制度如图5所示。

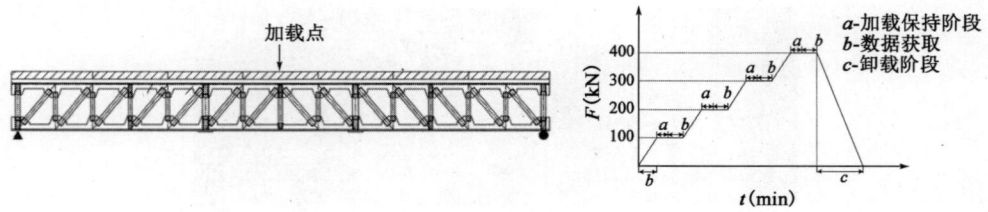

图5 试件加载点示意图

3.3 试验梁图像的获取

以100kN工况为例,获取的试验梁图像如图6a)所示。利用尺度不变特征变换(SIFT)提取各工况下试验梁的图像的特征点,100kN工况下获取的试验梁特征提取结果如图6b)所示。

a)100kN荷载下试验梁图像

b)100kN荷载下试验梁特征提取结果

图6 100kN荷载工况获取的试验梁图像及特征提取结果

主体边缘包含了结构的形态信息,是结构图像特征点分布的主要区域,构成了结构全息变形信息提取的重要载体。将各工况的特征提取结果进行简化,删除不必要的环境特征点,突出显示结构主体特征如图7所示。

图7 100kN工况试验梁主体特征分布

4 基于特征点追踪的结构表面全场位移矢量提取方法

4.1 桥梁结构全场位移矢量计算方法

通过变形前后结构表面的特征点来代替同名点近似模拟"全场"位移。利用SIFT特征点提取方法,对100kN和200kN局部图像进行特征点的批量提取和匹配如图8所示。

a)100kN作用下图像特征点提取

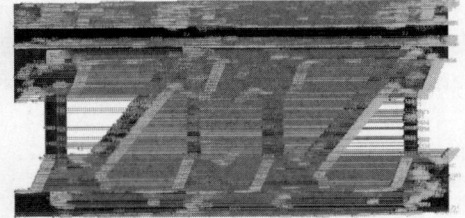
b)100kN作用下图像特征点匹配

图8 试验梁图像特征点的提取和匹配

采用SIFT特征点匹配方法获取的变形前后图像特征匹配结果组成了结构全场位移提取的源数据。特征点的匹配只是批量完成了结构表面同名点之间的联系,而变形前后同名点对的相对空间位置变化尚无法确定。

确定桥梁图像测量平面内点对位置及相对位移量的难点在于变形前后图像是完全自由的,所有的桥梁特征点都处于各自独立的测量平面,因此需要有一个标准参考系贯穿于不同工况的各个图像中,为各工况图像提供统一的约束条件才可能求解变形前后特征点对的相对位置关系。使用固定棋盘格参考系来简化特征点的空间几何变换,将特征点位置与指定棋盘格平面进行联系,进而将特征点对在像方空间的复杂变换转换为物方平面的简单平移变换。本文试验过程中设置的棋盘格位置如图6a)所示,在整个试验过程中棋盘格位置固定不变。平面参考系的选取为变形前后结构图像特征点对的平面位置提供了定位依据。为实现变形前后结构图像特征点对位移值的精确计算，提出特征点对相对位置变化数学模型，如图9所示。

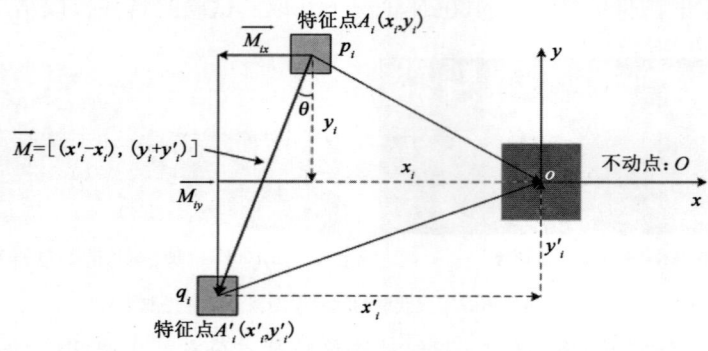

图9　同名点对相对位置变化生成模型图

黑色方块区域为平面参考系，理论上棋盘格任一特征点都可作为不动点 O，本文选取棋盘格正中心的特征点作为参考系的不动点。如图9所示，由变形前起始端点 A_i 和终止端点 A'_i 组成位移矢量 $\overrightarrow{A_iA'_i}$，该位移矢量是结构全场位移矢量的基本元素，如图9加粗线向量所示，用 $\overrightarrow{M_i}$ 表示。变形前后特征点对的 $\overrightarrow{M_i}$ 按照下述生成：给定变形前后桥梁图像 (i_1,i_2)，首先从图像中提取特征点，分别表示为 A_i 和 A'_i，并得到 n 个初始匹配 $C,C=\{(A_i,A'_i):i=1,2,\cdots,n\}$，其中 $A_i\in i_1,A'_i\in i_2$；将特征点 A_i,A'_i 投影到指定的不动点 O，得到特征点坐标 $A_i(x_i,y_i),A'_i(x'_i,y'_i)$，在本文摄影测量坐标系下，可提取特征点 A_i,A'_i 与不动点 O 之间的坐标值 $(x_i,y_i),(x'_i,y'_i)$，进而得到 $\overrightarrow{M_i}=[(x'_i-x_i),(y_i+y'_i)]$。一个 $\overrightarrow{M_i}$ 为拥有长度 L 和转角 θ 两个属性的位移矢量，长度 L 和转角 θ 均可通过已知特征点坐标 $A_i(x_i,y_i),A'_i(x'_i,y'_i)$ 求得。结构变形前后初始匹配特征点对可以生成 n 个 $\overrightarrow{M_i}$ 所组成的集合 $M=\{\overrightarrow{M_i}:i=1,2,\cdots,n\}$。基于上述方法，可以通过求解矢量集合 M 来提取结构表面的全场变形矢量。按照上述方法，计算各工况结构表面全场位移矢量，并按矢量的大小进行色谱赋值，得到各工况结构表面全场位移矢量如图10所示（仅展示100kN、400kN）。

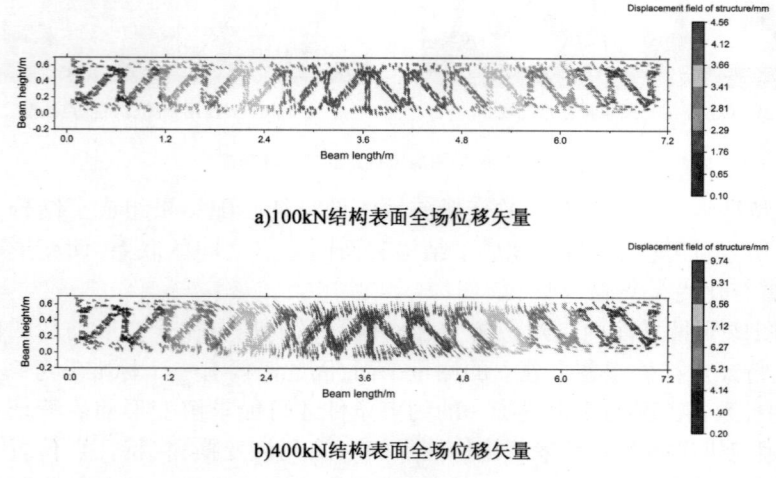

a)100kN结构表面全场位移矢量

b)400kN结构表面全场位移矢量

图10　各荷载等级结构全场位移矢量图

图 10 的结构表面全场位移矢量展示出了结构在荷载作用下的全息变形特征,极大地扩充了结构的变形监测数据,进一步将结构变形监测由单点测量扩展到平面全场位移测量,有效地缓解了常规结构损伤识别过程中测试数据不足与待识别参数过多形成的矛盾。

4.2 结构位移矢量场精度验证

由图 10 反映出的全场变形矢量分布呈现出两点突出特征:

(1)试验梁上弦分布的矢量方向向跨中集中,下弦分布的矢量方向向两端分散,说明试验梁上弦钢板受压,下弦钢板受拉,这一矢量分布特征与钢桁梁结构在荷载作用下的力学性能吻合;

(2)矢量分布显示试验梁最大挠度呈现向右侧倾斜的特征,这与百分表获取的挠度线型所反映出的不对称性一致。

定量验证方面,试件下缘对整个结构变形起关键约束作用,首先取百分表测量值对试件下缘的矢量分布进行验证。提取各工况百分表附近区域的结构表面全场矢量长度与百分表实测值对比,验证结果见表 2(仅展示 400kN)。

S01 工况整体变形测量精度对比 表 2

荷载等级	挠度提取位置	百分表实测值 R_1(mm)	矢量大小 R_2(mm)	$R_2 - R_1$(mm)	误差 $|S|/R_1$(%)
400kN	580	3.73	3.9	0.17	4.56%
	1080	5.88	6.16	0.28	4.76%
	1580	7.16	7.28	0.12	1.68%
	2080	8.19	8.22	0.03	0.37%
	2580	8.96	8.94	−0.02	0.22%
	3080	9.13	9.33	0.2	2.19%
	3580	9.47	9.51	0.04	0.42%
	4080	9.22	9.46	0.24	2.60%
	4580	8.94	9.18	0.24	2.68%
	5080	8.35	8.23	−0.12	1.44%
	5580	6.64	6.77	0.13	1.96%
	6080	4.65	4.74	0.09	1.94%
	6580	2.76	2.86	0.10	3.62%

验证表明,结构下缘矢量的最大绝对误差 0.24mm,最大相对误差小于 5%。

5 结语

本文特色在于:完全解除传统影像位移分析必须借助人工色斑的约束,率先探索基于桥梁自然纹理的结构全场位移信息提取方法,主要得到以下结论:

(1)通过图像尺度不变特征变换(SIFT)实现了结构表面特征点的提取,提出将变形前后图像特征点作为结构同名像点的数学表征。

(2)基于标定板的强特征和严格误差标准,提出通过布置平面参考系来对测量平面特征点的位置进行约束。

(3)提出了变形前后特征点相对位置变化数学模型,建立了变形前后结构图像位移矢量场计算理论,实现了自然纹理条件下结构表面全场位移矢量的提取和表征。

(4)验证结果显示,全场矢量长度绝对误差最大值 0.24mm,最大相对误差小于 5%,提取的结构全场位移矢量准确反映了结构的变形特征。监测数据由常规单点数据扩充至结构表面全场位移数据,有效缓解了测试数据不完备带来结构损伤识别困难的问题。

参 考 文 献

[1] Abdel-Qader I, Abudayyeh O, Kelly M E. Analysis of edge-detection techniques for crack identification in bridges[J]. Journal of Computing in Civil Engineering, 2003, 17(4): 255-263.

[2] German S, Brilakis I, Desroches R. Rapid entropy-based detection and properties measurement of concrete spalling with machine vision for post-earthquake safety assessments[J]. Advanced Engineering Informatics, 2012, 26(4):846-858.

[3] Zalama E, Gómez-García-Bermejo J, Medina R. Road crack detection using visual features extracted by Gabor filters[J]. Computer-Aided Civil and Infrastructure Engineering, 2014, 29(5): 342-358.

[4] Sinha S K, Fieguth P W, Polak M A. Computer vision techniques for automatic structural assessment of underground pipes[J]. Computer-Aided Civil and Infrastructure Engineering, 2003, 18(2):95-112.

[5] Koch C, Brilakis I K. Pothole detection in asphalt pavement images[J]. Advanced Engineering Informatics, 2011, 25(3):507-515.

[6] Prasanna P, Dana K J, Gucunski N. Automated crack detection on concrete bridges[J]. IEEE Transactions on Automation Science & Engineering, 2016, 13(2):591-599.

[7] Sarvestani A A, Eghtesad M, Fazlollahi F, et al. Dynamic modeling of an out-Pipe inspection robot and experimental validation of the proposed model using image processing technique [J]. Iranian Journal of Science & Technology Transactions of Mechanical Engineering, 2016, 40(1):77-85.

[8] Yeum C M, Dyke S J. Vision-Based automated crack detection for bridge inspection[J]. Computer Aided Civil & Infrastructure Engineering, 2015, 30(10):759-770.

[9] Yang Y, Nagarajaiah S. Dynamic imaging: real-time detection of local structural damage with blind separation of low-rank background and sparse innovation[J]. Journal of Structural Engineering, 2015, 142(2):04015144.

[10] Nagarajaiah S, Yang Y. Modeling and harnessing sparse and low-rank data structure: a new paradigm for structural dynamics, identification, damage detection, and health monitoring [J]. Structural Control & Health Monitoring, 2017, 24(1):e1851.1-e1851.22.

[11] Zhong Q, Wang T, Shiquan An. Image seamless stitching and straightening based on the image block[J]. Iet Image Processing, 2018, 12(8):1361-1369.

[12] Cao J L, Xu L, Guo S S, et al. A new automatic seamless image stitching algorithm based on the gray value of edges[J]. Applied Mechanics and Materials, 2014, 496-500: 2241-2245.

166. 基于点云与深度学习的混凝土梁式桥智能识别研究

舒江鹏 李文豪

(浙江大学建筑工程学院)

摘 要：基于计算机视觉的桥梁结构智能运维是当前的研究热点。为了更好地对服役期混凝土梁式桥进行评估，本文开发了一种基于激光扫描点云与深度学习的混凝土梁式桥智能构件智能方法，提出了一种基于坐标矩阵和几何特征的桥梁点云构建方法，可快速生成大量用于深度学习分割网络的桥梁点云数据集。基于 PointNet++网络建立了桥梁构件自动化语义分割算法框架，通过二阶段训练策略以提高网络模型的特征提取能力实现桥梁构件的识别。本文研究结果显示，仅在合成点云数据集上训练的 PointNet++模型在三个扫描桥梁点云上测试的平均准确率为 98.39%，平均交并比为 95.65%，表明所提出的分割框架实现了对多种类型桥梁构件的高精度识别，具有较高的泛化能力。本文所提出的合成数据集构建方法可较好地替代真实扫描数据集用于实际应用，解决该领域有效数据集不足的问题。

关键词：混凝土梁式桥 点云分割 PointNet++ 构件识别

1 引言

截至 2020 年底，交通运输行业发展统计公报显示中国已建成公路桥梁约 91.28 万座，并且以每年 2 万~3 万的数量在不断增加[1]。由于自然环境材料劣化等因素，服役桥梁会出现不同程度的损伤和病害，需定期检测桥梁状况为结构安全性评价提供依据。进行服役桥梁的三维建模可更加便捷直观地展示出桥梁的几何、结构、变形等丰富的信息，并可获取损伤位置解释局部损伤对结构整体健康的影响，基于模型进行相关力学联合分析。对桥梁结构而言，构件的识别至关重要，基于识别结果可提取各构件的关键几何参数进行自动化建模，对后期充分了解桥梁使用状况及损伤评估也具有重要意义。

三维激光扫描仪可高精度快速地获取物体表面点云数据，且具有非接触、主动性等优势，已广泛应用于土木工程领域，如施工进度检测[2]和结构健康检测[3-4]等。点云包含全局结构的空间及语义信息[5]，也常应用于构件的识别分类及三维建模。Wang 等[6]总结了点云近年

国家自然科学基金，52108179。

来在建筑行业的应用。周绪红[7]等基于点云提出大型复杂钢拱桥的智能虚拟预拼装方法,为钢桥施工质量和安装效率的提升提供理论和算法支撑。熊文[8]等提出一种基于点云模型与工程知识的桥梁形态变化识别与跟踪方法,可快速准确识别出桥梁构件在某一时期内的形态变化。Wang等人开发了一种利用彩色激光扫描数据对预制构件上钢筋和混凝土进行识别的技术[9]。Riveiro等[10]基于点的拓扑特性,提出了一种砌体拱桥的自动分割策略。Kim等[11]比较了PointNet等不同深度学习模型对混凝土桥梁构件的分类效果。Zhao等[12]提出了一种基于点云的预制构件自动化识别方法,在预制柱点云上实现了良好的分割识别,但泛化能力不足,难以应用在其他的预制构件或桥梁。目前,基于点云的方法已成功地应用于一些简单构件的识别,但准确率及泛化能力还需提高,此外由于获取扫描点云的成本较高导致桥梁的点云数据集较少,为了更好地对构件进行识别,应该适当地解决这些问题。

总体而言,国内外学者对混凝土桥梁的识别已进行了一定的研究和应用。但由于桥梁类型繁多或数据集匮乏等而导致识别鲁棒性不足且精度较低。鉴于此,本文旨在基于点云与深度学习框架提出一种泛化能力强的混凝土桥梁构件识别方法,并开发了一种桥梁点云自动化生成算法以弥补数据集匮乏现状,最终实现了多种混凝土梁式桥的自动化构件识别。

2 方法原理

本文基于PointNet++架构与一种桥梁点云生成算法提出了一种创新的桥梁结构点云语义分割识别方法,并通过实验对扫描桥梁点云进行了构件识别测试。图1所示为本文研究方法的主要内容与流程,主要分为点云识别及实验分析两部分。

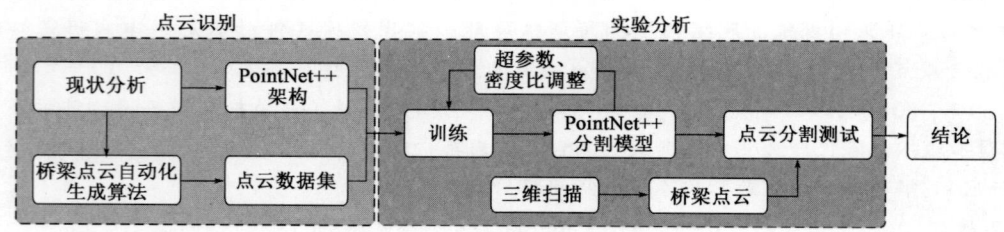

图1 研究内容与流程图

基于深度学习的桥梁点云分割识别方法如下:

2.1 基于坐标矩阵的桥梁点云自动化生成算法

收集点云最广泛使用的方法包括利用激光扫描仪、基于图像的几何方法或使用BIM软件开发的三维模型经多次转换形成点云,但这些方法既耗时又耗费资源。本研究基于上述不足提出一种创新的桥梁合成点云生成方法,区别于软件由宏观整体三维模型转换成点云,该方法从微观出发侧重于建立每个点的三维信息,其流程共包括两个阶段,如图2所示。

阶段一从三维设计尺寸构建出坐标矩阵,首先基于桥梁的结构形式定义其三维尺寸(代数形式),该过程无须软件进行实体建模(图中桥梁模型为帮助理解全过程)。接着以桥梁构件为单位进行拆分,再对构件以面为单位进行拆分。三维扫描获取的点云内部为中空,故每个面应设置无点区域,以使后续所生成点云拼接后构成标准的内部中空的点云。最后亦是本阶段最关键的一步,即为每个面基于边界构建对应的坐标限定算式进而获取坐标矩阵。基于边界的坐标限定算式包含了点云中所有点的坐标分布规律,并将以此为基础生成点云。为了模拟三维扫描采集到的点云,本过程点的分布均为离散化分布。以桥柱侧表面为例,对于半径为

R 高度为 H 的柱而言为生成其对应的点云模型,可建立坐标限定算式:

$$\begin{cases} x_i = R \cdot \cos\theta_i, y_i = R \cdot \sin\theta_i, z_i = H \cdot \theta_i, i = 0,1,2,\cdots,n, \\ X = [x_1,x_2,\cdots,x_n]^T, Y = [y_1,y_2,\cdots,y_n]^T, Z = [z_1,z_2,\cdots,z_n]^T, A = [X,Y,Z] \end{cases} \quad (1)$$

式中:x_i、y_i、z_i——柱点云中第 i 个点的三维坐标;

θ_i——0~1 之间的随机数;

n——点云中点的个数;

X、Y、Z——分别为柱点云的三维坐标构成的矩阵;

A——点云的坐标矩阵。

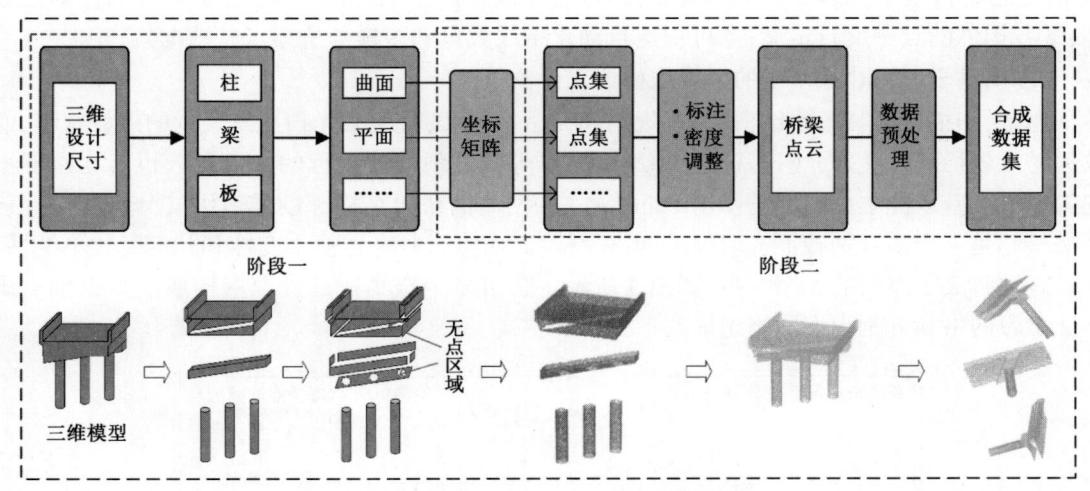

图 2 桥梁合成点云数据集生成流程图

其他平面或曲面基于相似的规律与不同的坐标限定算式构建出不同的坐标矩阵。对于大小相同的面,由于位置不同亦会导致坐标矩阵存在差异。每种结构类型的桥梁对应一组不同的坐标矩阵。

阶段二由坐标矩阵生成桥梁合成点云数据集。该过程为实现自动化,将设计桥梁的有点区域面积与对应生成点云中点的数量建立联系。初始设定中两者相等,例如设计桥梁中 100mm×100mm 的平面对应点的数量为 10 000 个。在该设定下基于每个面的坐标矩阵与 python 环境在空间坐标中生成点集分布在相应位置,所有面上的点集组合即构成构件点云。

在获得构件点云后,需对点标注使其具有评估深度学习算法所必需的语义信息。但手工标注成本高且耗时长,且需要主观判断影响精度。因此本方法通过对象添加标签,即在各构件被组合成桥梁点云之前,在各构件点上附加标签可被视为标注步骤。例如,"a""b""c"分别附加在桥柱、梁以及桥面板点云坐标后作为标签特征,即完成点云标注。相比逐点式标注可避免人为错误且大大节约时间。由于桥面板的点相较于其他构件较多,故考虑了不平衡数据的特殊及相关采样策略的启发[13-14],对各构件的点云密度进行调整,在实验章节研究不同的密度比对模型训练的影响。完成标注与密度调整后,各构件进行规则组合,得到初步合成点云。建立以下标准化数据预处理流程获取最终合成点云数据集。

(1)切分、采样

深度学习模型处理数据能力有限,提出一种切分加采样的策略。基于坐标范围将桥梁点云沿横向或纵向切分为多个样本,相较于数据量更大的点云样本可更好地提取特征。基于曲率的下采样方法对每个样本执行采样,使得样本的点数与深度学习模型相匹配,充分利用深度学习模型的数据处理能力。该方法可最大限度地保留各部分连接处等关键点。

（2）归一化

归一化为点云样本选择了一个以质心为中心的有效标准坐标系,提高了数据处理速度。

（3）数据增强

为使数据集更加全面多样,结合点云特性,对点云样本进行旋转、抖动(加噪)和位置移动三种变换,以增强网络训练提高其泛化能力。

概括而言,定义不同结构的桥梁及其尺寸经上述方法可获取结构多样的桥梁点云,对同种桥梁改变尺寸比例即获取大小不同的桥梁点云。该方法总结有以下优点:①点云的自动化标注;②各构件的点密度自定义;③可快速自动化生成大量和多样的桥梁点云数据集。

2.2 基于 PointNet++ 的桥梁结构语义分割算法

通常,扫描点云具有非结构化、不规则和无序等特征,且距激光扫描仪较近的点较密集,而较远的点较稀疏。此外,经过基于曲率的下采样等数据预处理流程的合成点云也存在密度不均匀现象。基于此本文提出了基于 PointNet++ 网络的桥梁结构深度学习语义分割算法。该算法核心是一个多级别特征提取神经网络架构,其对点云具有置换不变性和几何变化不变性,且较好地解决了点云的无序特征,如图3所示。它由多个点集特征提取层构成的多级别点集特征学习网络和分割识别网络组成。

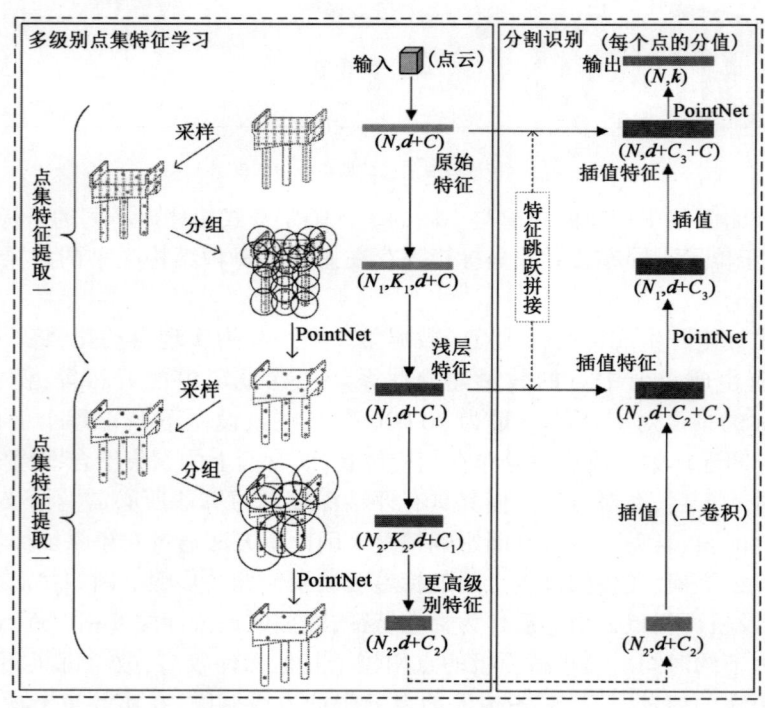

图3　PointNet++ 网络架构特征提取过程

点集特征提取层由三个子层组成:采样层、分组层与 PointNet 层。第一组点集特征提取层的输入是 $(N, d+C)$,其中 N 是输入点数量, d 是坐标维度, C 是特征维度。输出为 $(N_1, d+C_1)$,其中 N_1 是输出点数, d 是恒定坐标维度, C_1 是新的特征尺寸。其中采样层对输入点进行采样,基于最远点采样法选出质心点。分组层基于选出的质心点将所有点划分为若干区域,它使用球查询算法为采样层采样的点生成 N_1 个对应的局部区域。在采样层和分组层之后将所以点划分为重叠的局部区域。PointNet 层将每个区域编码为特征向量,完成点集特征提取。在第一次点集特征提取后,实现了小范围内提取局部特征(浅层特征)。在第二次特征提取后,在更大范围内基于浅层特征提取更高级别特征。第三次特征提取过程与前述类似(实际共实现了三次特征提取,图中仅对两次提取进行描述)。

分割识别网络主要由插值与 PointNet 组成。首先全局特征通过插值(上卷积)返回到上一级别点。在完成插值后获得对应级上的特征点数据(插值特征),与点集提取层的点进行特征拼接。最后 PointNet 作为特征提取器对每个点计算分值实现分类,完成点云分割。

基于上述 PointNet++架构,该桥梁结构语义分割算法对由 2.1.1 节所述方法生成的桥梁点云数据集进行训练,不断提高算法对桥梁构件的特征学习与分割识别能力,进而对激光扫描获取的真实桥梁点云各构件实现良好的分割识别。

3 试验及分析

3.1 数据集

本实验选取的数据集由基于 2.1.1 小节的方法生成的合成数据集和激光扫描获取的数据集组成。图 4 为合成数据集样本,作为 PointNet++网络的训练和验证集;考虑到梁式桥结构的代表性,选择如图 5 所示的三座服役公路桥梁节段的扫描点云作为测试集。其中桥 1 为单向双车道的高架线路桥,位于浙江省衢州市何田溪段 12 号桥 616 县道段,点云由 FARO Focus° 350 激光扫描仪获取;桥 2、桥 3 分别为单向双车道的跨线桥、双向四车道的跨线桥(无主梁),均位于英国伦敦郡[15]。表 1 为数据集包含样本数量。

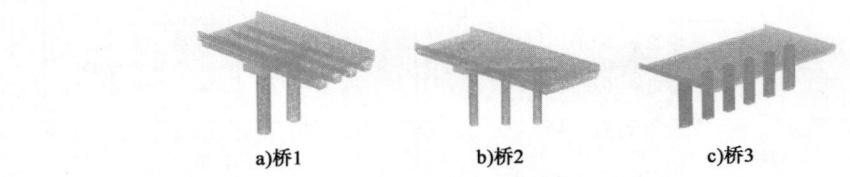

图 4 桥梁合成点云数据集示例

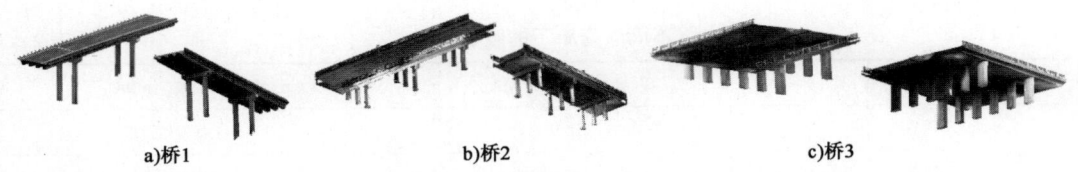

图 5 桥梁扫描点云测试

实验数据集组成 表 1

项目	训练集(合成)	验证集(合成)	测试集(扫描)
组成	30 座桥	15 座桥	3 座桥
数量	240	120	46

3.2 深度学习识别试验

3.2.1 实验环境及设置

本实验是在一个深度学习 GPU 服务器上执行的(CPU:Intel ® Xeon ® CPU E5-2678 v3

@2.50 GHz，RAM：64 GB，GPU：NVIDIA RTX 2080 Ti）。训练过程采用Adam算法作为优化器更新参数，动量为0.9，权值衰减因子为0.000 5。训练次数（Epoch）为200。实验中的点云批处理大小为4。本实验使用平均准确率（mean accuracy，MA）与平均交并比（mean Intersection over Union，mIoU）来评价模型：

$$MA = \sum_{i=1}^{n}\left(\frac{TP_i}{TP_i + FN_i}\right)/n, mIoU = \sum_{i=1}^{n}\left(\frac{TP_i}{TP_i + FP_i + FN_i}\right)/n \quad (2)$$

式中： n——类别数量；

TP_i、FP_i、FN_i——分别为预测的真阳性、假阳性和假阴性。

3.2.2 模型训练及测试

学习率作为模型训练过程中的重要超参数之一，有助于通过损失函数的梯度来优化网络参数，决定了模型是否可以收敛到全局最小值。初始学习率为0.01、0.001、0.000 1，训练时记录每次的平均损耗，在得到最佳mIoU时对训练模型进行验证并保存。图6显示了不同学习率下PointNet + +验证过程的MA和mIoU，在前50次训练，这些度量显著增加。这一结果证明了PointNet + +体系结构可以通过学习各桥梁构件点云的特征。表2总结了不同学习率下的验证结果。

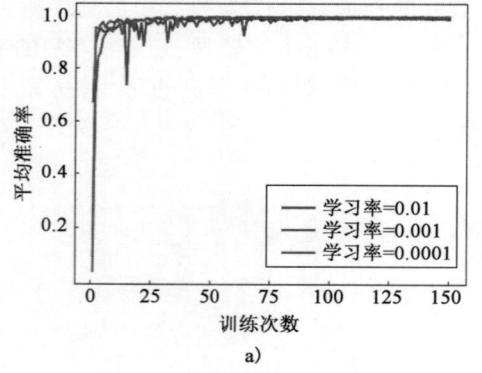 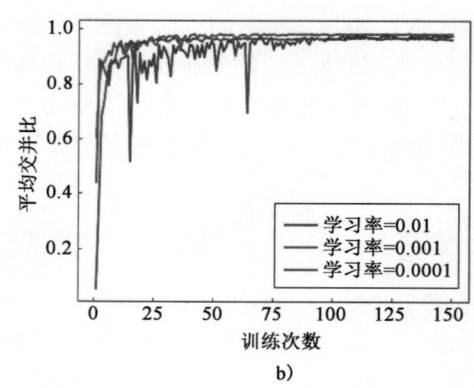

图6 不同学习率下的平均准确率与平均交并比随训练次数的变化

表2 不同学习率下的验证结果

学 习 率	最 大 MA	最 大 mIoU
0.01	0.992 0	0.977 7
0.001	0.994 1	0.984 0
0.000 1	0.988 9	0.970 3

从图6可以看出，在一定范围内，学习率越小，收敛速度越快，但从表2可以看出，学习率较小或较大，PointNet + +最终的准确率都更低。因此，选择较小和较大学习率之间的正确学习率为0.001作为最佳学习率。获得并保留PointNet + +的最佳学习率0.001。

获得并保留PointNet + +的最佳学习率0.001，并在此基础上开始第二阶段的培训。在第二阶段，一个技巧被用来训练的数据集以实现更有效的分割。密度比μ（合成数据集中桥的主梁点云密度与其他构件点云密度之比，且其他构件点云密度一致）作为超参数。因此，我们选取合成数据集的密度比为1、2、3、4、5进行训练。图7给出了不同密度比下PointNet + +验证过程的验证 MA 和 mIoU。当密度比为 2 时,这些评价指标达到最大值。当密度比大于 2 时,指标降低,这可能是由于桥主梁数据的过拟合。这一结果证明了密度比可以看作是一个超参数,并对训练和验证有影响。

经过训练后,学习率为 0.001,密度比为 2 的 PointNet++ 模型的 MA 最高,为 99.67%,mIoU 最高,为 98.64%。因此,用混凝土桥梁扫描点云测试集在该模型上进行测试,测试结果中 MA 为 98.39%,mIoU 为 95.65%。测试结果如图 8 所示。

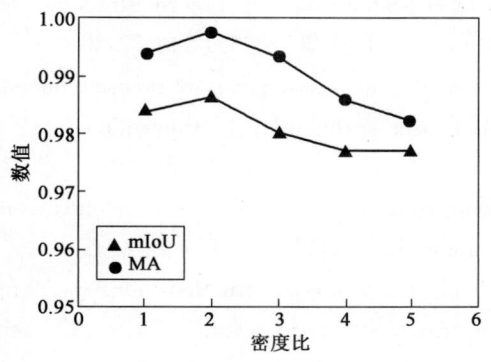

图 7 不同密度比下的验证 MA 与 mIoU 数值

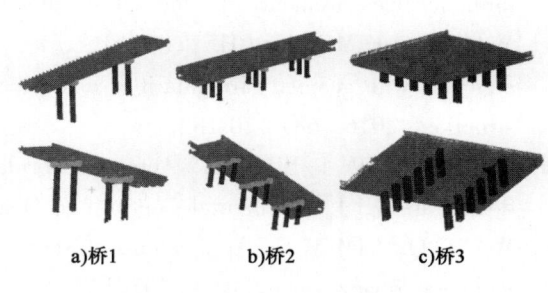

图 8 桥梁扫描点云测试结果

这一结果说明所提出的基于 PointNet++ 架构的分割方法在学习各种桥梁构件特征方面具有较高的识别和泛化能力。此外,测试结果相较于训练结果的评价指标略微下降,表明纯在桥梁合成点云上训练,可使深度学习模型学习桥梁扫描点云的细节特征。因此,本研究生成的桥梁合成数据集可以很好地替代真实的扫描数据集,用于实际应用。

4 结语

本文基于改进的 PointNet++ 网络及桥梁构件点云分割方法研究分析建立了混凝土梁式桥点云的智能识别方法,通过构建合成点云数据集方法,优化网络模型,对扫描获取的混凝土梁式桥各构件进行了较好的识别。主要创新点及结论如下:

(1)本文考虑三维扫描获取点云的特征及和手工标注方法的困难,基于坐标矩阵和深度学习的特点提出了一种快速和自动化的点云生成方法用于建立各种类型的桥梁点云。经过提出的数据预处理方法,可以设置各构件的点密度,实现自动标记,生成适合深度学习分割网络的合成数据集。实验中测试结果相较于训练结果准确率(MA)及交并比(mIoU)分别下降 1.28%、2.99%,表明该合成数据集能够较好地替代真实扫描数据集,具有实际应用价值,可为桥梁点云数据集的采集提供思路。

(2)本文建立了一种优化的基于 PointNet++ 的混凝土梁式桥点云分割识别方法,基于合成数据集的训练过程可使深度学习模型学习桥梁各构件的特性。从训练结果中准确率与交并比的不断提高可以推断通过基于学习率和点密度比的两阶段训练策略成功提高了 PointNet++ 模型的多层次点集特征学习的能力。

(3)本文在扫描梁式桥点云上的测试验证了所提出的智能识别的精度,98.39% 的准确率及 95.65% 的交并比说明训练后的 PointNet++ 模型对各种桥梁构件具有较高的识别和泛化能力。所提出的分割框架显示出从扫描桥梁点云进行稳健和自动的构件识别的巨大潜力。

参 考 文 献

[1] 贺拴海,赵祥模,马建,等. 公路桥梁检测及评价技术综述[J]. 2017,30(11):63-80.

[2] EL-OMARI S, MOSELHI O. Integrating 3D laser scanning and photogrammetry for progress measurement of construction work[J]. Automation in Construction, 2008, 18(1): 1-9.

[3] GORDON S J, LICHTI D D. Modeling terrestrial laser scanner data for precise structural deformation measurement[J]. Journal of Surveying Engineering, 2007, 133(2): 72-80.

[4] WANG Q, KIM M K, CHENG J C P, et al. Automated quality assessment of precast concrete elements with geometry irregularities using terrestrial laser scanning[J]. Automation in Construction, 2016, 68: 170-182.

[5] KIM H, YOON J, SIM S H. Automated bridge component recognition from point clouds using deep learning[J]. Structural Control and Health Monitoring, 2020, 27(9): 1-13.

[6] WANG Q, KIM M K. Applications of 3D point cloud data in the construction industry: A fifteen-year review from 2004 to 2018[J]. Advanced Engineering Informatics, 2019, 39(September 2018): 306-319.

[7] 周绪红,刘界鹏,程国忠,等. 基于点云数据的大型复杂钢拱桥智能虚拟预拼装方法[J]. 2021,34(11):1-9.

[8] 熊文,李刚,张宏伟,等. 基于点云数据与工程知识的桥梁形态变化识别方法. 湖南大学学报(自然科版),2022,49(5):101-110.

[9] WANG Q, CHENG J C P, SOHN H. Automated estimation of reinforced precast concrete rebar positions using colored laser scan data[J]. Computer-Aided Civil and Infrastructure Engineering, 2017, 32(9): 787-802.

[10] RIVEIRO B, DEJONG M J, CONDE B. Automated processing of large point clouds for structural health monitoring of masonry arch bridges[J]. Automation in Construction, 2016, 72: 258-268.

[11] KIM H, KIM C. Deep-learning-based classification of point clouds for bridge inspection[J]. Remote Sensing, 2020, 12(22): 1-13.

[12] ZHAO W, JIANG Y, LIU Y, et al. Automated recognition and measurement based on three-dimensional point clouds to connect precast concrete components[J]. Automation in Construction,133(2022): 104000.

[13] HE H, BAI Y, GARCIA E A, et al. ADASYN: Adaptive synthetic sampling approach for imbalanced learning[J]. Proceedings of the International Joint Conference on Neural Networks, 2008(3): 1322-1328.

[14] GRIFFITHS D, BOEHM J. Weighted point cloud augmentation for neural network training data class-imbalance[J]. International Archives of the Photogrammetry, Remote Sensing and Spatial Information Sciences-ISPRS Archives, 2019, 42(2/W13): 981-987.

[15] LU R D, BRILAKIS I. Digital twinning of existing bridges from labelled point clusters[J]. Proceedings of the 36th International Symposium on Automation and Robotics in Construction, ISARC 2019, 2019(Isarc): 616-623.

167. 基于评级系统的大型桥梁各构件检测周期确定方法

许 翔

(东南大学交通学院)

摘 要：为了确定大型桥梁各关键构件的检测周期，本文提出一种基于危险性和易损性分析的评级方法。首先，根据危险性和易损性分析，确定评级指标，并分配相对权重。其次，对分析的桥梁结构进行划分，分成若干构件组和独立构件。最后，根据高斯模型，评估评级过程中的不确定性，形成综合评级结果。该方法通过青马大桥进行验证。结果表明，各构件的检测周期不尽相同。其中，支座和伸缩缝的检测周期最短 6 个月，其他构件的检测周期分别为 1 年或 2 年。

关键词：大型桥梁 检测周期 评级系统 危险性评估 易损性评估

1 引言

对于大型桥梁而言，各构件的检测周期确定涉及结构安全和全寿命成本问题。在既有规范中，一般规定按照固定周期对桥梁进行检测，如 2 年一检。但是，这种固定检测周期的方法没有考虑具体桥梁结构的桥龄、结构状态、所处环境等。随后，一种基于危险性分析的方法被用来确定检测周期以提高结构安全性和合理优化资源配置[1-2]。但是，鉴于危险分析的复杂性，基于危险分析的方法很难在实际中应用，特别是对大型桥梁结构而言。

鉴于大型桥梁结构的构件数目众多，为了减少不必要的检测费用和集中资源提高检测质量，需要根据各构件的具体情况合理安排检测周期。本文通过基于危险性和易损性评估的大型桥梁评级系统，考虑评级过程中的不确定性，确定大型桥梁结构各构件的检测周期。

2 评级方法

2.1 评级系统结构层次和权重

本文根据层次分析法提出了一个三层的评级结构来确定检测周期（图1）。其中，目标层为综合评级结果，用于协助管理部门确定检测周期（表1）；准则层有两个要素，分别为危险性分析和易损性分析；指标层包括了危险性分析和易损性分析的指标。

基金项目：香港理工大学特别项目，PolyU-ZVM9。

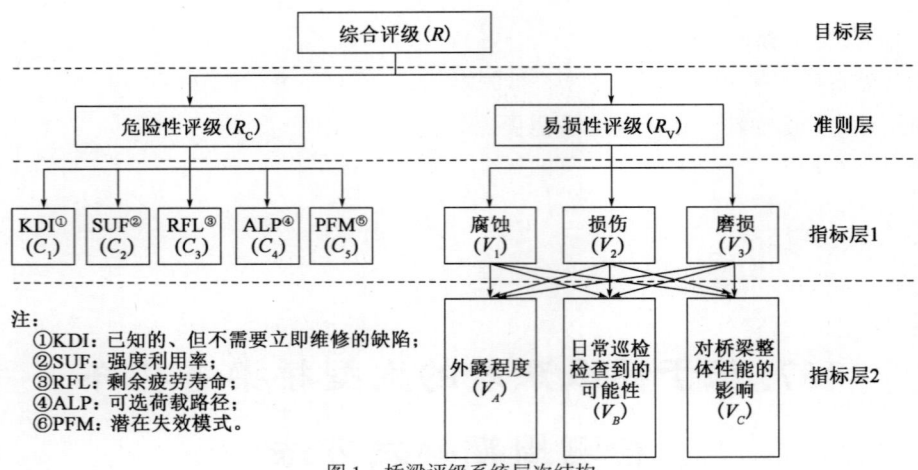

注:
① KDI:已知的、但不需要立即维修的缺陷;
② SUF:强度利用率;
③ RFL:剩余疲劳寿命;
④ ALP:可选荷载路径;
⑤ PFM:潜在失效模式。

图1 桥梁评级系统层次结构

综合评级结果与检测周期对应关系   表1

等级	Ⅰ	Ⅱ	Ⅲ	Ⅳ
综合评级区间 U	[75,100]	[57.5,75)	[25,57.5)	[0,25)
检测周期(年)	0.5	1	2	6

在构建出评级分层结构后,需要对各指标进行权重分配。根据已有文献资料[3]可知,各层次评级指标的相对权重见表2。

评级系统中各指标对应权重   表2

项目	权重	项目	权重
危险性评级(R_C)	0.5	易损性评级(R_V)	0.5
KDI(C_1)	0.123 7	腐蚀(V_1)	0.50
SUF(C_2)	0.394 5	损伤(V_2)	0.25
RFL(C_3)	0.234 3	磨损(V_3)	0.25
ALP(C_4)	0.123 8		
PFM(C_5)	0.123 7		

为了考虑评级过程中的不确定性,引入正态云模型[4]。根据表1中评级等级划分,可以产生对应的高斯云模型,以模拟评级过程中的不确定性(图2)。

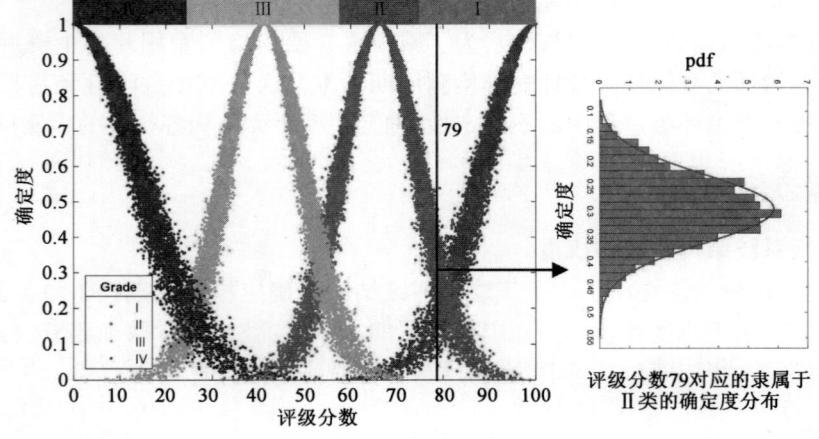

图2 高斯云模型

2.2 危险性和易损性评级

在构件的危险性分析中,一共有5个危险性指标,分别为:
(1)已知或发现的缺陷但未到立即需要修复的程度(KDI);
(2)强度利用率(SUF);
(3)剩余疲劳寿命(RFL);
(4)可选荷载路径(ALP);
(5)潜在失效模式(PFM)。

根据已有的检查和养护资料,可以确定 KDI 的取值,一般取 100、67 和 0。其中,KDI 的取值越大,表示构件的可靠度越低,风险越大。SUF 定义为名义荷载效应和名义荷载抗力的比值,代表了构件的强度可靠性。在计算 SUF 的过程中,需要利用修正的有限元模型。SUF 一般取 100、67 和 0。SUF 的取值越大,表明构件的可靠度越低,危险性越大。为计算 RFL,首先需要预测和模拟交通荷载,然后进行应力分析,关键构件的疲劳寿命最后能够根据曼纳准则估计得到[5]。RFL 一般取 100、67 和 0,其值越大,表明构件的疲劳剩余寿命越少,可靠度越低,危险性越大。可选荷载路径越多,即结构的冗余性越大,结构越稳定。首先,根据强度利用率确定关键构件,然后分析去除关键构件后,结构的稳定性。如果去除关键构件后,SUF 的值变化极大,则表明该构件可选荷载路径少。ALP 一般取 100、67 和 0,其值越大,表明构件的可选荷载路径越少,可靠度越低,危险性越大。上述4个指标主要针对独立的构件,关键构件对结构整体的影响未能在上述指标中反映。全局失效分析包括但不仅限于屈曲分析、风致颤振分析和地震倒塌分析。局部失效分析包括但不仅限于船撞分析和索失稳分析。PFM 一般取 100、67 和 0,其值一般可以通过基于有限元整体模型和局部模型的敏感性分析确定。

大型桥梁构件的易损性分析包括3个指标,分别为腐蚀、损伤和磨损。腐蚀代表极其缓慢效应引起的损伤,例如氯离子侵蚀、碱骨料反应、碳化和钢材锈蚀。在腐蚀指标下,又分3个指标,分别为腐蚀速率、可检测性和对桥梁整体影响程度。损伤指标一般由快速效应引起,如船撞和车撞。磨损指标一般由缓慢效应引起,如支座、伸缩缝磨损。

3 案例分析

本文以香港青马大桥为例,进行评级系统的案例分析。青马大桥主跨 1 377m,双塔高度为 206m,如图 3 所示[6]。

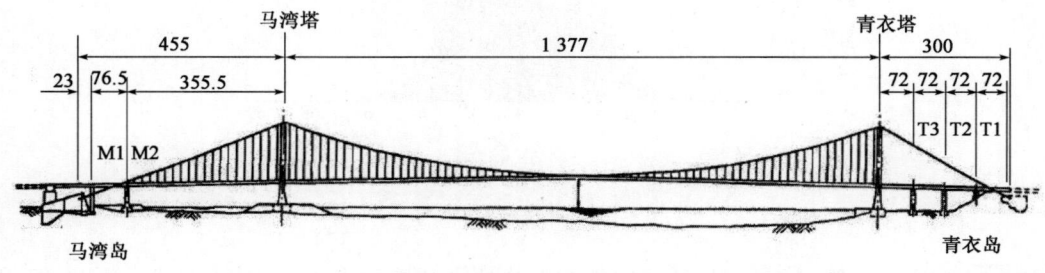

图3 青马大桥正视图(尺寸单位:m)

首先,将青马大桥构件划分为 15 组,共 55 个进行危险性和易损性评级。其中,15 组分别为主缆、吊索、索塔、锚碇、桥墩、外桁架、内桁架、主横架、中横架、横隔、桥面、铁路梁、支座、伸缩缝和引桥桥面。以吊杆为例,其危险性和易损性评级结果见表3。

吊杆的危险性和易损性评级结果　　　　　　　　　　　　　　　　　　　　表3

危险性指标	得分	易损性指标	得分
C_1	0	V_{A1}	100
		V_{B1}	100
C_2	100	V_{C1}	50
		V_1	79.4
C_3	67	V_{A2}	100
		V_{B2}	100
C_4	67	V_{C2}	50
		V_2	79.4
C_5	33	V_{A3}	0
		V_{B3}	50
		V_{C3}	50
		V_3	0

和吊杆的危险性和易损性评级类似，其他构件的危险性和易损性评估结果也可计算得到。随后，利用高斯云模型，计算吊杆的综合评级结果，如图4所示。

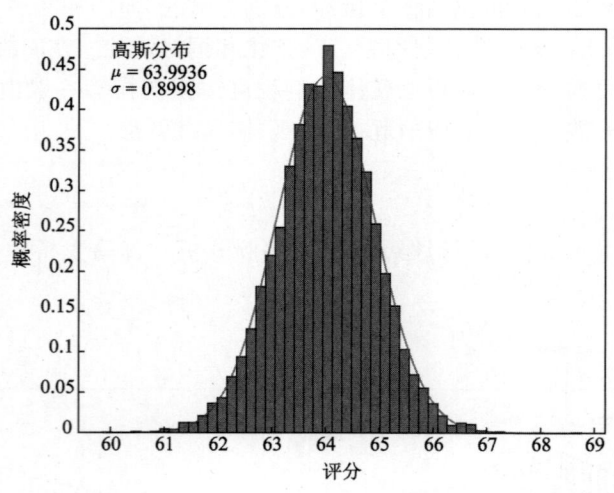

图4　吊杆的综合评级结果

和吊杆的评级计算过程类似，其他构件的综合评级结果见表4。由表4可知，第13组、第14组构件(支座和伸缩缝)的检测周期均为6个月。支座和伸缩缝和其他构件相比，由于其一直处于运动状态，更易发生损伤。因此，安排6个月检查一次是合理的。其次，主缆、吊杆、斜杆、竖杆、下弦杆、斜腹板、下腹板和第11组的构件安排的检测周期是1年。剩余其他构件的检查周期是2年。

各构件的综合评级结果 表4

分组	编号	构件	C_1	C_2	C_3	C_4	C_5	V_1	V_2	V_3	综合评级 均值	综合评级 标准差	检测周期（年）
1	1	主缆	0	100	0	100	100	100	100	0	69.60	0	1
	2	索靴	0	67	0	67	100	79.4	79.4	0	53.54	0.9012	2
	3	锚杆	0	67	0	67	100	79.4	79.4	0	53.53	0.8989	2r
	4	螺栓	0	67	0	67	100	79.4	79.4	0	53.54	0.9018	2
	5	索夹	0	67	0	67	33	100	63	0	52.67	0.1935	2r
2	6	吊杆	0	100	67	67	33	79.4	79.4	0	63.99	0.8998	1
	7	加劲杆	0	100	0	67	33	79.4	79.4	0	56.18	0.9102	2
	8	座板	0	100	0	67	33	79.4	79.4	0	56.18	0.9120	2
3	9	塔根	0	67	0	100	67	100	0	0	48.47	0.1261	2
	10	入口	0	67	0	100	67	100	0	0	48.48	0.1275	2
	11	索鞍	0	67	0	100	67	100	0	0	48.47	0.1265	2
4	12	锚室	0	0	0	100	100	100	0	0	37.37	0	2
	13	预应力锚	0	100	0	67	67	79.4	0	0	48.03	0.7951	2
	14	散索鞍	0	67	0	100	67	79.4	0	0	43.50	0.7995	2
5	15	墩柱	0	0	0	100	100	100	0	0	37.37	0	2
	16	横梁	0	67	0	100	67	100	0	0	48.47	0.1255	2
6	17	上弦杆	0	67	0	100	67	100	0	0	48.47	0.1246	2
	18	斜杆	0	100	100	100	67	100	100	0	79.25	0.0377	1
	19	竖杆	0	67	67	100	67	100	100	0	68.79	0.1435	1
	20	下弦杆	0	100	100	100	67	100	0	0	66.75	0.0375	1
7	21	上弦杆	0	67	67	67	67	100	0	0	54.22	0.1475	2
	22	斜杆	0	67	0	67	67	100	100	0	58.91	0.1300	1
	23	竖杆	0	67	67	67	67	100	100	0	66.72	0.1498	1
	24	下弦杆	0	100	67	67	67	100	100	0	73.29	0.0883	1
8	25	上腹板	0	100	0	67	67	100	0	0	52.98	0.0529	2
	26	斜腹板	0	67	67	100	67	100	100	0	68.78	0.1439	1
	27	下腹板	0	100	0	100	67	100	100	0	67.54	0.0382	1
	28	下弦杆	0	100	0	100	67	100	100	0	67.54	0.0376	1
9	29	中腹板	0	0	0	67	67	100	100	0	45.75	0.0530	2
	30	斜腹板	0	67	67	67	67	100	100	0	66.72	0.1500	1
	31	下腹板	0	100	67	67	67	100	100	0	73.29	0.0883	1
	32	下弦杆	0	100	67	67	67	100	100	0	73.29	0.0874	1
10	33	上桥面	0	100	0	100	67	100	100	0	67.54	0.0371	1
	34	下桥面	0	67	0	100	67	100	100	0	60.97	0.1262	1
11	35	排水沟	0	100	67	67	67	79.4	79.4	0	65.85	0.9096	1
	36	板	0	100	0	67	67	79.4	79.4	0	58.04	0.9014	1
12	37	T梁	0	0	67	100	67	100	100	0	55.63	0.0809	2
	38	顶法兰	0	0	0	100	67	100	100	0	47.81	0.0379	2
	39	连接件	0	0	0	100	67	100	100	0	47.81	0.0376	2

续上表

分组	编号	构件	C_1	C_2	C_3	C_4	C_5	V_1	V_2	V_3	综合评级 均值	标准差	检测周期（年）
13	40	摇轴支座（MW）	0	100	0	100	67	100	100	100	80.04	0.0375	0.5
	41	PTFE支座（TY）	67	100	0	100	67	100	100	100	84.16	0.0532	0.5
	42	PTFE支座（T1）	67	100	0	100	67	100	100	100	84.16	0.0533	0.5
	43	PTFE支座（T2）	67	100	0	100	67	100	100	100	84.16	0.0537	0.5
	44	PTFE支座（T3）	67	100	0	100	67	100	100	100	84.16	0.0526	0.5
	45	PTFE支座（TY）	67	100	0	100	67	100	100	100	84.16	0.0526	0.5
	46	摇轴支座（M2）	0	100	0	100	67	100	100	100	80.04	0.0374	0.5
	47	PTFE支座（M2）	67	100	0	100	67	100	100	100	84.16	0.0533	0.5
	48	PTFE支座（L）	0	100	0	100	67	100	100	100	80.04	0.0369	0.5
14	49	公路伸缩缝	0	100	100	100	67	63	63	79.4	76.14	0.4485	0.5
	50	铁路伸缩缝	0	100	100	100	67	63	63	79.4	76.14	0.4488	0.5
15	51	上腹板	0	67	0	67	67	100	0	0	46.41	0.1323	2
	52	斜腹板	0	67	0	67	67	100	100	0	58.91	0.1304	1
	53	下腹板	0	100	67	67	67	100	100	0	73.29	0.0876	1
	54	下弦杆	0	100	67	67	67	100	100	0	73.29	0.0886	1
	55	K字撑	0	100	67	67	67	100	100	0	73.29	0.0894	1

4 结语

本文提出一种大型桥梁构件评级方法以确定各关键构件的检测周期,并考虑了评级过程中的不确定性。通过本文的研究,可得到以下结论:

(1)引入了一个三层的评级结构,并通过层次分析法合理分配了各指标权重值。其中,危险性和易损性指标由实测数据、表观检查和有限元分析获得。

(2)评级系统的可行性由青马大桥案例分析进行验证。其中,高斯云模型模拟评级过程中的不确定性。

(3)全桥55个构件分别根据评级结果安排6个月、1年和2年的检测周期。

参 考 文 献

[1] Sommer A M, Nowak A S, Thoft-Christensen P. Probability-based bridge inspection strategy [J]. Journal of Structural Engineering, 1993, 119(12):3520-3536.

[2] Washer G, Connor R, Nasrollahi M, et al. New framework for risk – based inspection of highway bridges[J]. Journal of Bridge Engineering, 2016, 21(4):04015077.

[3] Li Q, Xu Y, Zheng Y, et al. SHM-based F-AHP bridge rating system with application to Tsing Ma Bridge[J]. Frontiers of Architecture and Civil Engineering in China, 2011, 5(4):465-478.

[4] 许翔,黄侨,任远.局部变权和云理论在悬索桥综合评估中的应用[J].浙江大学学报(工学版),2017,51(8):1544-1550.

[5] 朱太勇,周广东,张欢,等.钢箱梁正交异性桥面板疲劳评估全空间S-N曲线研究[J].工程力学,2017,34(11):210-217.

[6] 王柏生,倪一清,高赞明.青马大桥桥板结构损伤位置识别的数值模拟[J].土木工程学报,2001,34(3):67-73.

168. 超声波测试法在高强螺栓轴力检测中的应用

郭勇[1] 王凯[2] 王富颉[1] 徐文城[2]

(1. 浙江嘉绍跨江大桥投资发展有限公司；2. 中交公路规划设计院有限公司)

摘　要：高强螺栓的轴力一直以来是运营期钢结构桥梁的重点关注与检测内容，然而现有规范对于检测方法没有给出明确的规定。本文通过实验室测试与桥梁结构现场测试的综合性对比试验，探讨了超声波测试法在高强螺栓轴力检测中的适用性。试验结果表明，超声波测试法用于螺栓轴力检测具有对螺栓结构无损坏、可重复测试、效率高等优点，测试精度和稳定性均满足工程要求，具有很高的推广价值。

关键词：超声波测试法　轴力检测　高强螺栓　压力环　压力机　实验测试

1 引言

在钢结构桥梁的构件连接中，高强螺栓是常用的一种连接方式。受到振动、材料蠕变、夹板材料变形等因素影响，螺栓预紧力会产生一定的衰退，当螺栓预紧力降低到一定程度时会危及螺栓连接节点安全性。因此，对于重要的钢构件连接，需要定期进行螺栓预紧力检测，以及时发现螺栓预紧力过量衰退的情况，并采取补拧等处治措施。

目前，高强螺栓预紧力的检测是在每年的大桥定检项目中进行的。对高强螺栓预紧力的检测主要依据《钢结构工程施工质量验收规范》（GB 50205—2001），规定："高强度大六角头螺栓连接副终拧完成1h后、48h内应进行终拧扭矩检查。"检测方法有扭矩法和转角法，其中扭矩法更为常用，其方法是在螺尾端头和螺母相对位置划线，将螺母退回60°左右，用扭矩扳手测定拧回至原来位置时的扭矩值，如图1所示。该扭矩值与施工扭矩值的偏差在10%以内为合格。

扭矩法的基本原理是利用拧紧扭矩与螺栓预紧力的线性关系，在弹性区进行拧紧控制。为了获得较高的安装预紧力精度，需要控制扭矩系数的范围，采用合适的液压扭矩扳手。采用扭矩拧紧法拧紧螺栓时，拧紧力矩计算公式为：

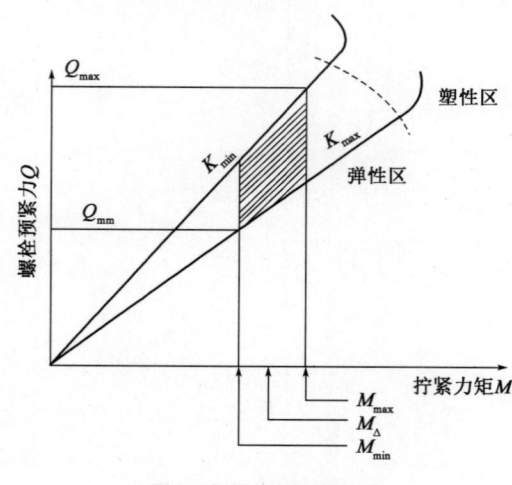

图1　扭矩拧紧法原理图

$$M = K \cdot Q \cdot d \tag{1}$$

式中：M——拧紧力矩，$N \cdot m$；
Q——预紧力，kN；
K——扭矩系数；
d——螺栓公称直径，mm。

扭矩法参考的规范适用于钢结构新建工程，而对于运营养护期的螺栓预紧力监测，存在一些不足，主要有：

(1)在长时间运营过程中，螺纹接触面的腐蚀状态、摩擦因数有所变化，因此最初建设期的螺栓扭矩系数与当前运营期的扭矩系数也发生了较大变化，这种扭矩间接测量高强螺栓预紧力的方式存在较大误差。

(2)按照规范下限扭力系数计算的扭力值偏保守的，采用计算得到的扭矩进行加载，螺栓不转动不足以说明螺栓的预紧力满足设计标准值要求。有可能是摩擦力变大，扭矩系数增加所致。

(3)扭矩系数不明确的情况下，若计算扭矩偏大，易发生超拧现象，造成螺栓损伤，易发生延迟断裂，埋下安全隐患。

2 超声波测试原理

近年来，随着传感测试仪器技术的发展，出现了一种新型螺栓轴力检测方法——超声波测试法。超声波测螺栓预紧力是一种依据声弹性原理的间接测量方法，通过获得螺栓轴向预紧力与超声波在螺栓中传递时间的变化关系，实现螺栓预紧力的测量，测量过程中螺栓不会出现扭转应力，对螺栓也不会造成螺栓不利受力影响。

超声波方法检测螺栓的轴力，其原理是采用超声波在螺栓中传播时间的变化来计算螺栓轴力的变化，测试原理如图2所示。

螺栓预紧力 F 与伸长量 ΔL 的关系为：

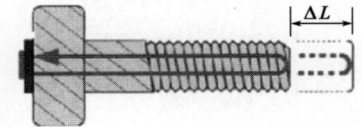
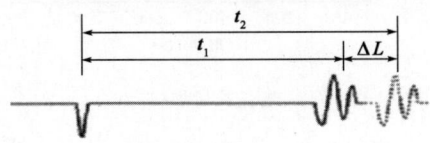

图2 螺栓轴力的超声波测试工作原理示意图

$$F = \frac{E \cdot S \cdot \Delta L}{L} \tag{2}$$

式中：F——预紧力，kN；
L——螺栓夹持长度，mm；
ΔL——螺栓变形伸长量，mm；
E——弹性模量，MPa；
S——螺栓应力截面积，mm^2。

计算所采用的公式是同批同类型的螺栓在标准压力机上分级进行加载，并使用超声波测试设备同步采集超声波传播时长，获取多组轴力、声音传播时长数据后，采用线形规范方法进行线形拟合，即可得到标定的螺栓轴力—生时差曲线，可根据生时差变量来计算螺栓轴力变量，反过来也同样适用。

3 试验方案

以嘉绍大桥刚性铰处的小箱梁固定端为例,通过实验室与桥梁结构现场螺栓的综合性对比试验来验证超声波法测试螺栓轴力的可行性与精确性,试验思路如下：

(1)选取嘉绍大桥钢箱梁刚性铰的小箱梁固定端处代表性的 4 颗高强螺栓(规格为 M24-10.9s),将其更换为新批次的加长螺栓,同时夹板上安装压力环螺栓轴力传感器(已通过压力机标定),参考《钢结构高强度螺栓连接技术规程》(JGJ 82—2011)表 6.4.13 中规定,新换的四颗 M24-10.9s 螺栓采用扭矩扳手一次性拧紧至 250kN。

(2)声弹性曲线标定。从新更换螺栓的同一批次中,选择的 3 颗螺栓采用超声波设备采集无应力状态下的超声波传播时长。然后在实验室在压力机上分 4 级逐步加载到 200kN(图 3、图 4),同时在每级加载完成后采用超声波传播时长,各级加载后的超声波时长与无应力超声波时长相减即可获得生时差,每颗螺栓获取包括无应力状态在内的五级轴力—声时差数据点,见表 1。依次完成三颗螺栓的加载测试后进行拉伸力—生时差标定曲线的数据拟合,如图 5 所示。

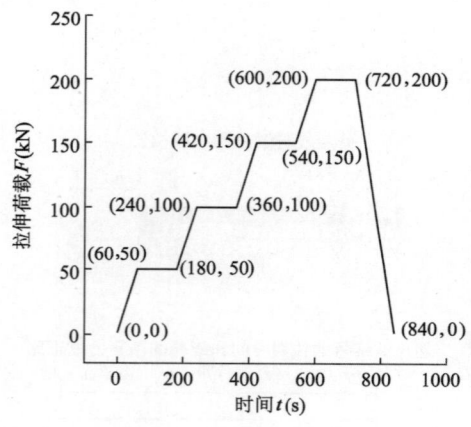

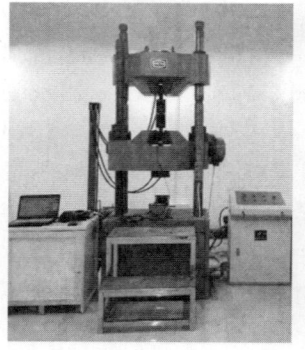

图 3 标定试验加载示意　　　　　　图 4 压力机试件装置

新增螺栓的实验室标定 表 1

螺栓编号	拟合 K 系数(kN)	拟合 b 系数(kN/ns)
B9-1	0.6077	5.985
B9-1	0.6046	7.074
B9-1	0.6029	6.775
平均拟合	0.6051	6.6113

最终拟合的拉伸轴力—声时差标定曲线为：

$$F = 0.6051\Delta t + 6.6113 \tag{3}$$

式中：F——螺栓受拉力；

Δt——螺栓受力状态超声波传播时间与无应力状态传播时间差,ns。

(3)超声波生时差现场测试。

测量桥上在第(1)步中新更换的四颗螺栓的超声波声时差,通过生时差采集结果代入式(3)即可获取超声波法的螺栓轴力测试结果,同时读取压力环设备测量到的螺栓轴力,以进行精度对比,如图 6 所示。

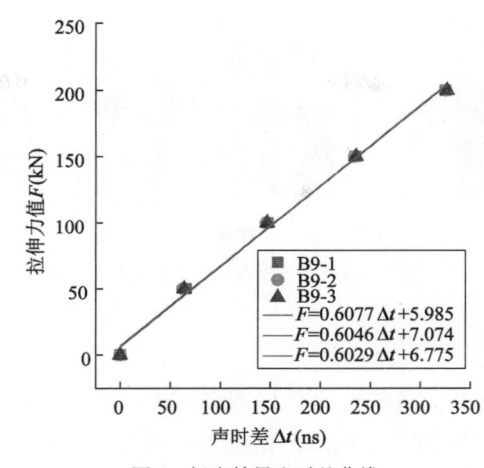

图 5 标定结果生时差曲线

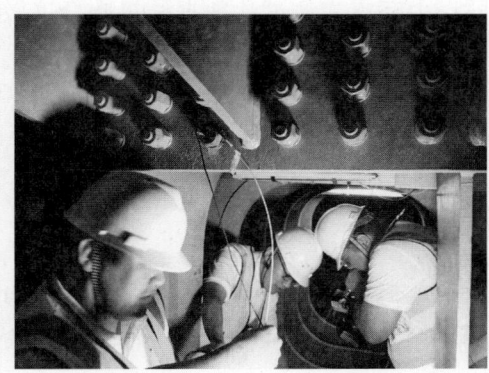

图 6 大桥现场超声波测试与压力环同步轴力采集照片

4 试验结果

在超声波检测轴力的过程中,因为实桥检测时的温度与实验室标定螺栓轴拉力—声时差曲线时的温度不同,会造成计算结果的误差。因此需要进行内业修正,修正方法是根据现场测试温度与实验室温度差来计算螺栓的温差伸长量,通过温差伸长量来反算超声波传播时长作为温补声时差。经过修正后,超声波监测轴力结果和压力环的测量结果见表 2、图 7。

超声波测量轴力与压力环对比 表2

螺栓序号	基准温度（℃）	检测温度（℃）	温补声时差（ns）	声时差（ns）	预紧力（kN）轴向拉伸	压力环数据（kN）	数据偏差率（%）
1	19.54	12.50	488.38	488.42	281.59	287.54	2.07
2	19.45	11.64	376.87	376.94	217.72	216.94	0.36
3	19.59	12.01	466.37	466.40	268.98	262.73	2.38
4	19.59	12.50	488.15	488.42	281.59	272.23	3.44

如上所示,通过超声波测试法获取的现场螺栓轴力与压力环数据对比发现,超声波的通过两种不同方法标定的螺栓轴力基本相同,说明超声波测量螺栓轴力同压力环直接测量法有相同的精度,实际最大偏差率 3.44%,满足 5% 的工程精度要求。

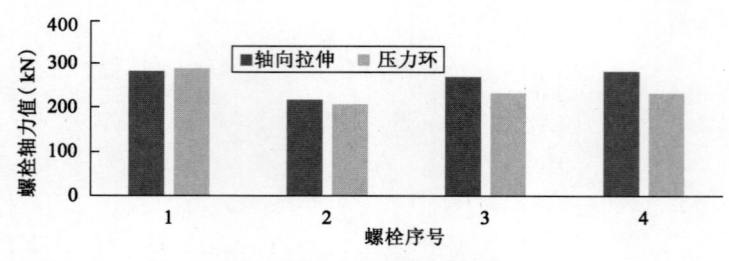

图7 超声波与压力环测量数据对比

5 结语

本文中综合实验室压力机试验与桥梁结构现场试验,得出如下结论:

(1)在实验室条件下,螺栓轴力与超声波法测试的生时差具有很强的线形关系,采用此生时差标定曲线来进行螺栓轴力反算可保证测试结果的稳定性。

(2)大桥结构现场螺栓超声波轴力测试结果同压力环直接测试法数据结果吻合度较高,说明超声波测试法具有较高的现场测试精度。

(3)超声波测试法属于原位测试方式,具有不损坏螺栓等优点,可以反复测试,相对于传统的扭矩法检测方法,更具科学性,具有较高的推广价值。

参 考 文 献

[1] 孙国峰.基于超声波技术的螺栓紧固轴力测量应用研究[D].杭州:浙江工业大学,2012.
[2] 蒋靖,郭涛,杨轶,等.风电机组叶根螺栓超声波预紧力监测技术研究[J].风能,2021(4):94-98.
[3] 刘家斌.超声波螺栓应力自动标定试验系统研制[D].成都:西南交通大学,2020.

169. 在线监测系统在桥梁施工支架变形安全中的应用

程 斌　林贤光

(武汉城市职业学院)

摘　要：桥梁施工支架类型多样，相关规范体系复杂，支架设计安全系数因施工单位的不同也时常存在较大差异，支架实际状态与设计方案也经常存在差异，支架施工方案中图纸不完整，细节不够严谨等，导致支架安全风险隐患突出，因此，加强对支架的安全监测非常必要，通过对支架受力状态、变形等进行在线监测，掌握其随施工过程的变化规律，为优化支架设计、形成技术标准等提供技术积累；建立支架安全评判标准，为施工支架安全提供预警，规避支架事故；建立支架安全预警管理平台系统，实现远程管理控制，提高智慧施工的覆盖面。

关键词：在线　监测　支架现浇　变形

1　引言

目前，桥梁施工更多关注点在线形和内力控制方面，通过专门的施工控制来保证达到成桥的设计理想状态。但是施工过程中的质量和安全必然还与施工方法及所用到的施工临时支架等因素有关。习惯上通过预压来对支架结构进行安全检验和变形控制，现浇桥梁施工时支架预压及沉降观测安全监控一直是桥梁建设领域的监测难点[1]，如何及时有效地监测支架施工变形情况，提高支架施工变形监测的无人化、自动化，是亟待解决的重要问题[2]。

2　桥梁支架设计存在的问题

梁柱式支架中，贝雷梁做立柱，柱高横向连接不够、地基的不均匀沉降等对支架的稳定性影响较大，容易造成支架的失稳，如图1所示。因此，在贝雷支架施工过程中注意加强纵横向联结系，以增强其整体稳定性，同时在施工前要注意加强对地基的处理，尽量降低基础沉降对支架稳定性的影响[3]。

连续梁0号块可以采用落地支架，也可以采用墩旁托架，如图2所示。不同单位设计经常差别很大，安全系数也参差不齐，从施工成本方面考虑，落地支架高度不宜大于25m，对于高墩往往采用墩旁托架，托架与墩身的连接通常采用焊接，焊接施工属高空作业，施焊比较困难，质量不容易保证，安全系数的取值往往较大[4]。

图 1　贝雷梁柱支架图

图 2　0 号块现浇支架图

支架构造及布置处理存在差异性,造成了安全风险程度的差异性,立柱往往与斜柱的安全系数不一样,如图 3 所示。

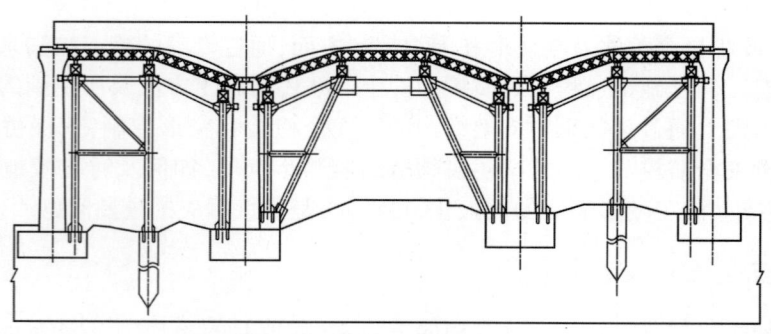

图 3　斜腿支架与立柱支架布置图

支架细部存在不合理之处,增加了安全事故的可能性。特别要注意工字梁支点处局部失稳和工字梁整体失稳,如图 4、图 5 所示;基础与梁的支点位置不明确,且造成浪费,如图 6 所示;高差过大的支架的不均匀变形对结构的不良影响,如图 7 所示。

满堂支架中,地基承载能力不足,会导致满堂脚手架沉陷失稳。对地基进行处理时需要注意,一旦个别的位置下沉过多,就会造成整体失稳,如图 8 所示。

纵向、横向、水平向剪刀撑搭设不规范或根本未设置,造成满堂脚手架架体在纵向、横向、水平面三个方向的结构体系不牢固或呈瞬变结构体系,在承受荷载时,一旦有水平推力出现或者受荷不均匀产生的水平面扭矩力出现,将导致满堂脚手架失稳和坍塌[5],如图9所示。

图4 工字钢局部支点图

图5 工字钢支点悬空图

图6 基础与梁的支点位置图

图7 高低位支架图

图8 满堂支架图

图9 盘扣式支架图

立杆纵距、横距搭设不规范间距过大。造成纵杆、横杆间距过大,使实际承受荷载跨度超过理论计算值跨度,致使纵杆、横杆杆件承受的荷载超出允许承载值而产生变形过大或失稳,如图10所示。

图10 满堂支架搭设图

3 支架动态监测案例

3.1 监测系统介绍

监测系统的设计力求符合针对性和实用性、先进性和可靠性、完整性和开放性、可操作性和易维护性及可更换性相统一等几个原则[6]。

3.1.1 监测系统总体构架

监测系统总体构架如图11所示。

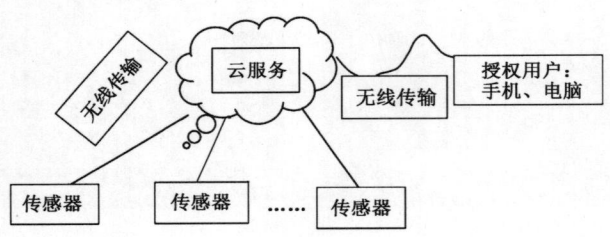

图11 监测系统总体构架图

3.1.2 监测系统特点

系统结构紧凑,实现无线采集传输,安装方便,快速安装部署;采集的数据可以实时无线传输云端,保证了采集数据的准确性;数字信号传输,避免了电缆带来的测量噪声,测量精度高,抗干扰能力强;提供简捷易用的项目级数据云平台,数据存储、分析、计算、预警在线数据服务等;云采集:在云端汇聚各种传感数据,突破传感器及其硬件平台兼容限制;云图表:在云端提供各种实时图表,快速掌握监测动态;云预警:在云端设置各种多级预警值,实现实时预警监测和多级报警。

3.1.3 监测平台及监测显示

系统支持网页、手机App、微信小程序等多种查看方式,技术人员能够实时掌握结构物的运营状态,如图12、图13所示。

3.2 工程概况

某城际铁路跨大广高速公路拱桥42.5m+132m+42.5m连续梁系杆拱桥,梁体采用梁柱式支架现浇施工。前后边跨梁高3.6m,单箱三室,桥宽由12m渐变为17m。中跨桥宽17m,拱脚部位的梁宽加厚为18.2m,梁高3.6m,单箱三室。腹板厚35cm。箱梁中部设有多道横隔板,如图14所示。

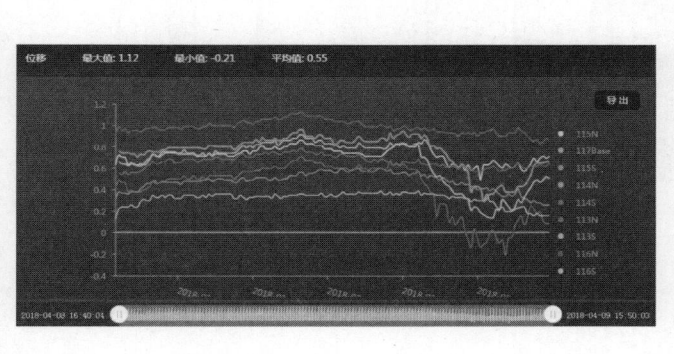
图12 施工支架变形变化趋势图

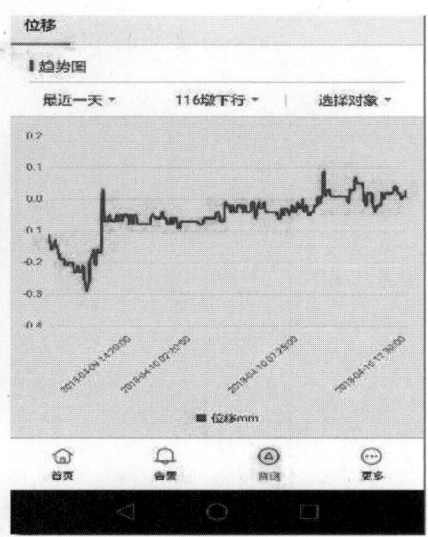
图13 手机用户查询界面图

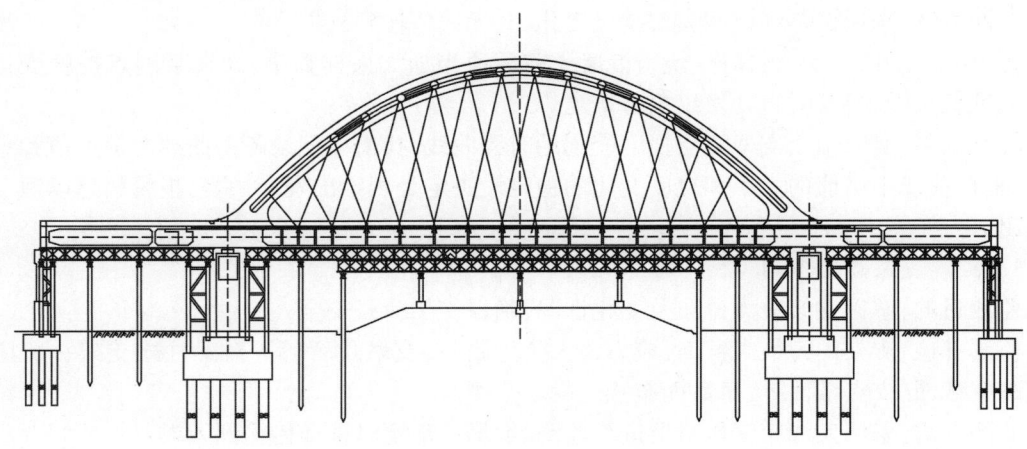
图14 支架立面布置图

3.3 支架系统安全性分析

采用MIDAS等软件,对施工方案进行核算,目的是找出支架的薄弱环节,为支架监测位置、测点数提供依据,如图15所示,一般应包括:

(1)支架内力最大截面,应力最大点位置,以及支架构造最薄弱处设置应变测点。
(2)支架变形最大截面,设置挠度测点,每个截面不少于2点。
(3)支架变形差异较大截面附近,设置挠度测点,每个截面不少于2点。
(4)通过构造分析认为薄弱位置,可以补充测点。

运用有限元软件对支架结构进行稳定性分析时,计算模型的选取与整体建模一致。取820mm钢管柱最不利情况进行计算,受力状况如图16所示。

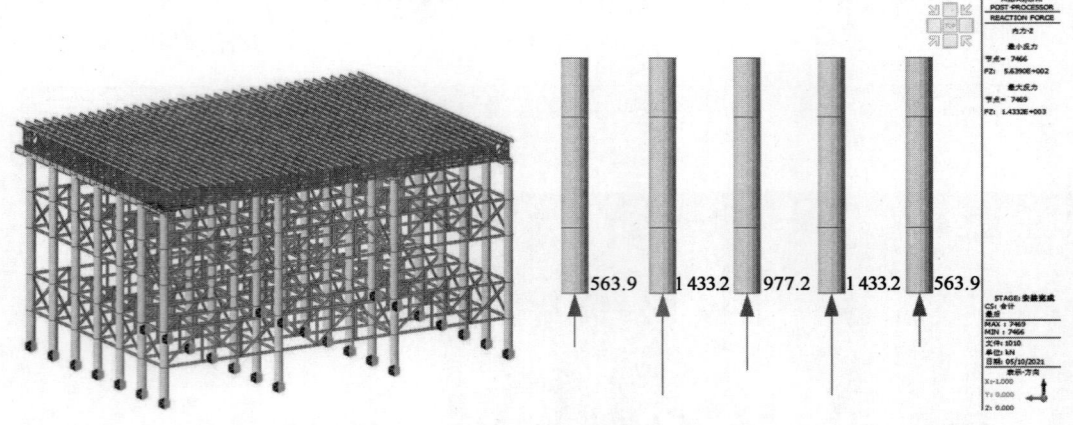

图15 支架结构体系模型图　　图16 820mm钢管中支柱轴力图(单位:kN)

3.4 监测项目

3.4.1 支架变形监测

监测目的:了解施工过程支架在荷载作用下挠度变化情况,验证支架预拱度值,为分析评价支架安全风险提供可度量的依据,保证施工过程安全[7]。

监测部位:挠度最大截面、相邻截面变形差异可能较大截面,每截面不少于2个测点。

监测方法:采用位移计监测支架挠度变化,并无线传输到云端。

每10min采样一次,在预压、浇筑混凝土前后适当加大采样频率,如果某测点挠度变化不稳定或数值超限,将及时自动发出报警信息。

提交结果:实时给出支架测点挠度变化的时程曲线,找出并记录各条曲线的最大值和最小值,并根据曲线中极值的大小和挠度变化的稳定性决定是否给出安全预警,报警信息以短信形式发出。

3.4.2 支架应变监测

监测目的:掌握支架应力分布及变化情况,确保支架荷载安全。

监测部位:支架内力最大截面,应力最大位置附近,支墩位置等。对梁柱式支架一般应选择在跨中截面,支点截面等,每截面布置至少2个测点。

监测方式:采用无线应变传感器进行监测,数据采集定时采样传输到云端。

提交结果:实时给出支架应力变化的时程曲线,在预压阶段、混凝土浇筑前后重点监测测点应力变化,并与理论应变值进行比较;正常情况下每24小时作一次数据分析,找出每天采样过程中各测点的最大应变值及其发生的时间,绘出其应力时程曲线,找出并记录各曲线中的最大值,预警支架受力安全状况情况。

3.4.3 城际铁路跨大广公路系杆拱桥测点布置情况挠度测点

在最不利受力状态下对支架结构进行受力分析后,监测截面选择如下:

挠度监测截面:拱桥主跨支架跨路段选择跨中截面,共2个截面;主跨支架两边跨每侧选择两个分跨跨中截面,共4个截面;每边跨各选择两个截面,共4个截面;每截面设置挠度测点2个。

应变监测截面:主跨支架跨路段贝雷梁选择跨中截面,共2个截面;主跨支墩选择2个截面;每侧边跨支架选择2个贝雷梁截面和2个支墩截面,每侧4个截面,总共8个截面。

温度监测：为应变监测提供修正基础数据。测点如图17所示。

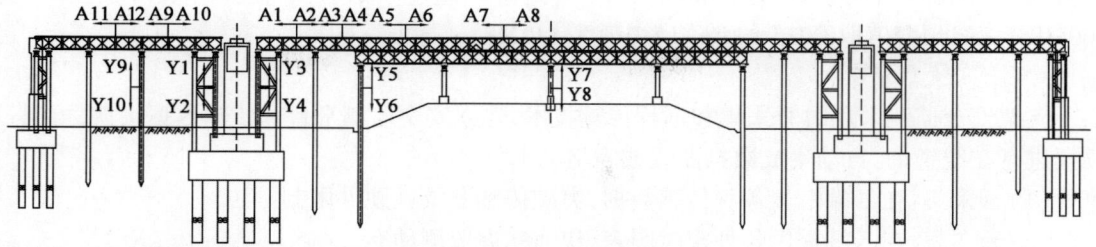

注：1. ┬ 表示挠度测点所在截面，即中跨、边跨支架第一、二、五分跨中心截面。每截面两个测点，均位于腹板下。
2. ├ 表示应变测点所在截面，每截面两个测点，均位于腹板下。

图17 测点布置图

3.5 监测方法

采用应变传感器、挠度传感器对待测点进行监测，如图18所示。传感器可以将数据通过无线传输设备到信息云平台上，信息平台可对支架进行全天候实时监测，并且用户与监测人员可在平台上进行实时查询与数据的处理。该信息平台设有三级预警系统，可对现场超值情况进行及时反馈，并提示监控者进行及时处理。

图18 传感器埋设图

通过信息化的检测平台进行监控可以提高测试人员的效率，并且能够减少因人为读数等造成的误差，以及更加方便对大量数据进行处理，所以信息化程度比较高，符合未来的发展方向。

3.6 安全评价方法

核算时，应使每一构件满足其强度、刚度和稳定要求，符合设计及相关规范要求。对本工程核算的变形要求：贝雷梁最大控制挠度不应超限；满堂支架最大挠度不应超限，应变不超限。

3.7 安全评价报警系统

3.7.1 预警值设置

根据前面支架结构受力分析的结果，来设定贝雷梁支架施工安全预警值。

（1）贝雷梁在最不利受力状态下的模型计算挠度值为11mm，则贝雷挠度预警值设置为：一级预警值取弹性变形理论计算值的5%，为11.5mm；二级预警值取超过一级预警值但未尚构成危险，为13mm；三级预警值取最大极限挠度值为15mm。

(2)在最不利状态下钢管支柱的最大应力为56MPa,则钢管支柱应力预警值设置:一级预警值取理论计算值的5%,为58MPa;二级预警值取超过一级预警值但尚未构成危险,为100MPa;三级预警值取Q235的允许应力值为140MPa。

3.7.2 预警管理

支架安全监测采用时时采集和远程传输技术,建立安全监测平台和传输数据接口,可通过授权进行在线查询,自动生成数据曲线或表格。

(1)云采集:在云端汇聚各种传感数据,突破传感器及其硬件限制。

(2)云图表:在云端提供各种实时图表,快速掌握监测动态。

(3)云预警:在云端设置各种多级预警值,实现实时多级报警。

(4)云分析:在云端自动进行多种专业分析,自动形成报表。

(5)云配置:在云端可实现传感器、网关状态及配置。

根据监测目标,设置三级预警,其中第一级当变形、应变达到设计计算理论值时,提示"达到设计状态";第二级当变形、应变达到接近允许最大值时进行第二级预警,提示"接近允许值";当达到设计控制最大值时,进行安全预警,并提示"已达到规范允许值,需要停工核查",另外,还可提供以下两种异常预警:

(1)变形异常预警,如在支架荷载无明显增加时,出现变形持续增加或者变形超过支架理论最大挠度值5%,进行自动预警。

(2)应力预警,根据监测位置最大应力限值要求,如果达到就立即启动预警。预警时,需要预报预警原因和危险程度,以及建议措施等。

4 结语

通过实际工程进行测试试验,桥梁支架现浇施工在线监测系统与传统人工监测系统相比,能自动化实时进行支架监测,第一时间即可发现问题,避免人工报警的延误,能迅速做出现场响应,且可在云台实时查看,避免现场误判等因素影响,从而形成一套较完整的可操作性强的桥梁支架现浇施工实时监测技术手段。通过城际铁路跨大广高速公路拱桥施工支架的现场实测数据与模型的理论值进行对比分析,结果表明:从整体挠度实测值来看,小于预警值及设计规范限值15mm,挠度满足要求;主墩应力最大压力值为-103.8MPa,各监测点实测应力值均小于预警值及规范值,钢管立柱强度及稳定性满足要求。表明在现浇阶段,该支架结构具有足够的安全性。

参 考 文 献

[1] 张宇.BIM现浇桥梁支架安全智能监控系统的应用[J].天津建设科技,2019(1):24-26.

[2] 王卫星,黄冠杨.大跨度桥梁高支模支架安全监测技术[J].评估与检测,2018(4):69-73.

[3] 雷坚强.移动贝雷梁柱支架施工中的稳定性问题研究[D].重庆:重庆交通大学,2008.

[4] 夏艳国.悬臂浇筑连续梁0号块现浇支架探讨[J].铁道建筑技术,2013(11):8-11.

[5] 王生辉.现浇箱梁满堂支架搭设方案及结构安全性分析[J].甘肃科技纵横,2014(6):85-88.

[6] 杜彦良,苏木标,刘玉红.武汉长江大桥长期健康监测和安全评估系统研究[J].铁道学报,2015(4):101-110.

[7] 杨格.桥梁盘销式满堂支架预压过程应力-应变动态监测[J].交通世界,2020(2):110-111,240.

[8] 李海东,闫亚光.桥梁浇筑过程中盘销式满堂支架应力应变动态监测[J].低温建筑技术,2019(11):31-34,39.

170. 基于涡流热成像技术的 CFRP 加固钢桥界面损伤无损检测研究

马 浩[1] 邹星星[1] 王立彬[1] 王景全[2]

(1. 南京林业大学土木工程学院；2. 东南大学混凝土及预应力混凝土结构教育部重点实验室)

摘 要：碳纤维增强复合材料(Carbon Fiber Reinforced Polymer, CFRP)具有轻质、高强、耐腐蚀的优点，已在钢桥加固中得到较多应用。CFRP—钢界面脱粘危害结构安全，因此，CFRP 加固钢桥后需进行无损检测以预防可能出现的破坏。本研究使用涡流热成像技术(Eddy Current Thermography, ECT)对 CFRP—钢界面进行无损检测，并通过多物理场数值模拟揭示其内部生热和传热机理。试验测试了 1 个带缺陷试件在 ECT 下的温度响应，同时模拟了多个不同形状、不同位置的界面缺陷对热成像图像的影响。试验和数值仿真研究发现：本研究 ECT 系统在 80s 左右就能有效检测到缺陷；多物理场数值模拟和试验的温度变化趋势相一致；试件边缘和四角会受到边缘效应的影响从而阻碍在加热阶段对损伤区域的精确定位；边缘效应在加热阶段突出，但在冷却阶段由于样本内部热量重分布而减轻；热扩散从内部缺陷扩散到 CFRP 外部表面造成的模糊效应也妨碍了损伤区域形状的确定；通过引入温度变化率的概念可解释面积较小的界面损伤难以发现的原因，利用温度变化率比值可以确定最佳检测时间窗口。

关键词：涡流热成像技术 界面缺陷 碳纤维增强复合材料 边缘效应 模糊效应

1 引言

钢材因其比强度高、自重轻、工业化和节能效果好等优点被广泛地应用到桥梁结构中[1]。钢桥在服役过程中，钢材通常会暴露在空气中，由于环境中存二氧化碳、水等腐蚀性介质，会引起钢材发生化学腐蚀和电化学腐蚀，尤其是在空气潮湿或海水等恶劣环境中腐蚀现象更为严重[2]。另外，疲劳破坏也是危害钢结构安全性的重要原因，钢桥疲劳影响结构使用寿命，甚至会发生灾难性事故[3]。

目前，对于钢结构环境腐蚀和应力疲劳作用的防范措施主要是金属涂层覆盖和焊接新钢板，传统的钢结构加固技术往往存在一些不可避免的缺陷，不仅施工复杂还会产生新的应力集中区域。碳纤维增强复合材料(Carbon Fiber Reinforced Polymer, CFRP)耐腐蚀性好、强度高等

基金项目：江苏省自然科学基金青年项目，BK20210620。

优点备受关注,被越来越多地应用在现有结构加固上[4]。CFRP加固技术的应用恰好可以极大地弥补传统防护和加固钢结构方法的不足,并且可以显著提高钢结构的抗疲劳性能和耐久性,延长结构的使用寿命[5]。将CFRP粘贴在钢梁的底部是加固钢结构的主要方式,其中粘贴的胶层是组合结构的薄弱环节。大量研究发现,CFRP脱粘导致界面破坏是引发组合结构发生故障的主要原因之一[6]。不仅是由于温度、疲劳、潮湿等因素会导致界面脱粘,而且在FRP粘贴过程中,因施工工艺的原因产生气泡等界面初始缺陷也会导致界面脱粘,危害组合结构的安全[7]。因此,需要一种检测技术在不损害结构的情况下探测界面初始缺陷,及时修复。

红外热成像(Infrared Thermography, IT)技术是近年来发展较为迅速的一种无损检测技术,它通过扫描、记录被检测物体的表面温度分布实现对被检测构件内部缺陷分析的一种检测方法[14]。根据热激励源的不同,可以分为卤素灯激励、微波激励、激光激励和涡流激励等[8]。这些激励方式也各有优缺点,如,Jawdat T. 等利用卤素灯对CFRP—混凝土和CFRP—钢界面缺陷进行了试验,发现虽然卤素灯能在短时间内将大量能量传递到被检测试件的表面,导致温度快速升高,但是也可能会改变材料的性质[15]。涡流热成像无损检测技术和其他的检测技术相比在检测缺陷方面不仅不需要接触被检测对象、不受材料表面状态影响,而且具有检测效率高、速度快、成像直观等优势[9]。众多学者对利用涡流热成像无损检测技术进行构件缺陷检测的可行性和有效性进行了大量的研究,遗憾的是,大多都集中在如,金属的腐蚀[13]、钢材的裂缝和FRP内部缺陷[10]等单一材料的缺陷探究。对于组合结构的界面缺陷研究较少,尤其是对可探测FRP—钢组合结构的界面缺陷面积,不同界面缺陷位置的热成像规律探索更是鲜为人知。

在本研究中,使用涡流热成像技术检测了一块预制八边形缺陷的CFRP—钢组合结构,同时进行数值仿真,模拟了多个不同面积的有缺陷试件在ECT下的温度响应,探究了界面损伤面积对热成像图像的影响。

2 CFRP加固钢结构界面缺陷检测试验及结果

2.1 试件设计概况

为研究涡流热成像技术检测CFRP—钢组合结构界面初始缺陷的热成像规律,本试验选取钢板、环氧树脂和CFRP布三种材料。缺陷部分,因泡沫在导热性、导电性和介电常数等方面和空气相似,故选用泡沫来模拟初始缺陷。如图1a)所示,钢板的长×宽×厚为100mm×120mm×4mm,环氧树脂均匀涂抹在钢板和CFRP布之间,厚度约为2mm,根据制造商提供的数据,CFRP布的厚度约为0.168mm。试件中间有一个人为制造的八边形缺陷,如图1c)所示。

试验所用到的材料中,CFRP布的产品型号为Tyfo® SCH-41,弹性模量为82.0GPa,极限抗拉强度为834MPa,极限拉应变为0.0085[11]。钢板的极限抗拉强度为250MPa,弹性模量和泊松比分别为200GPa和0.26,在20℃下电阻为0.142μΩm。CFRP布和钢板之间的环氧树脂的生产厂商及型号为Master Brace P3500,抗拉强度为17.2MPa[12]。

2.2 试验及模拟设置

图2a)为本试验所采用的涡流热成像检测系统示意图,系统中涡流发射器是一个市售的电磁感应加热器,如图2b)所示。被测试件放置在加热器表面的中心。红外相机和标本之间的距离为500mm,以便使用红外相机查看检查区域。红外相机采用的是型号为FLIR T430sc热像仪,如图2c)所示,可产生320像素×240像素的热图像。温度剖面以2Hz的帧频采集。为便于检测CFRP—钢组合结构界面缺陷在加热阶段和冷却阶段的热成像规律,本试验选取0~20s为观测时间段,记录未加热前的试件状态。热激励时间段为20~60s,冷却时间段为60~120s。

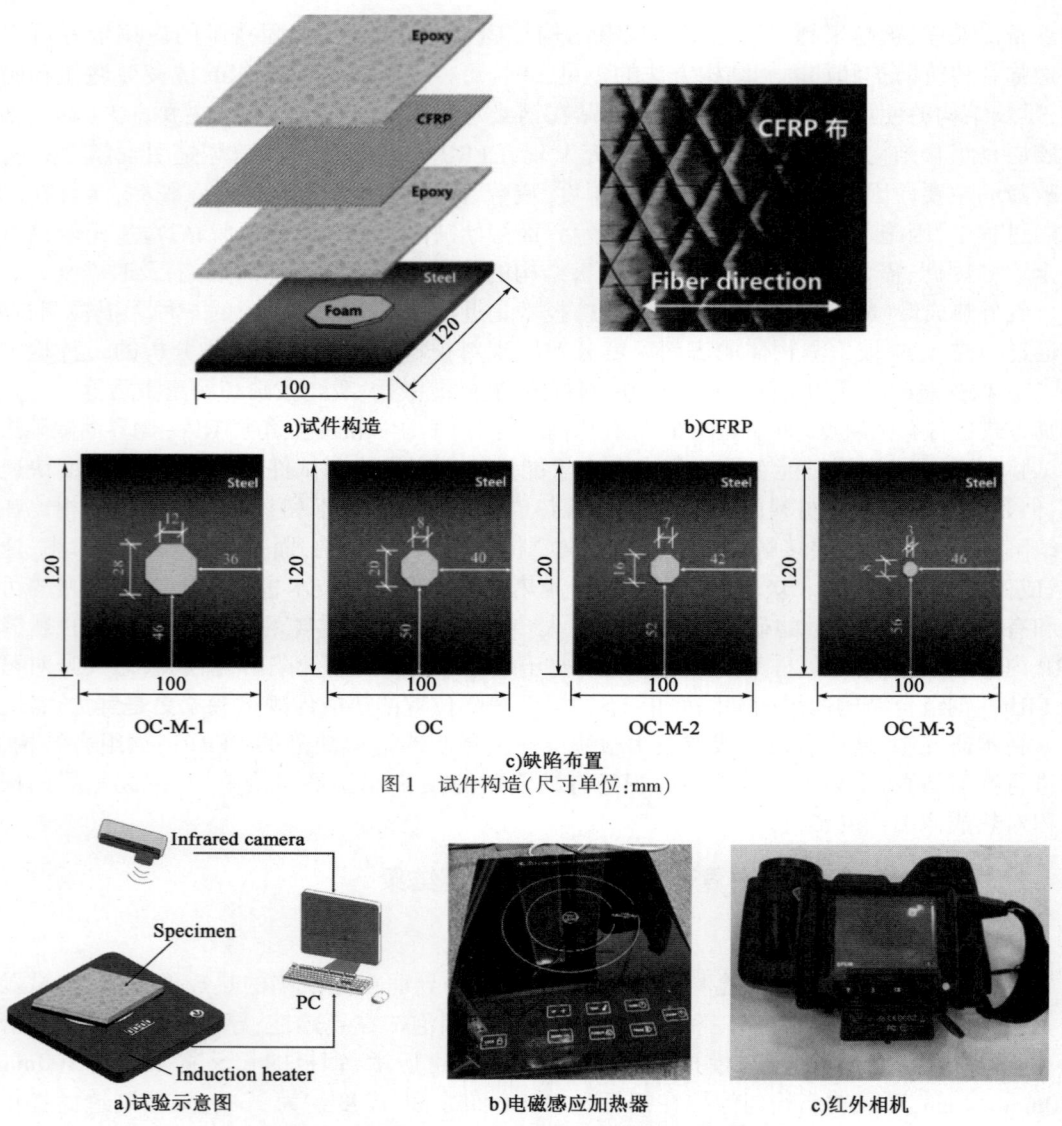

a)试件构造　　　　　　　　　b)CFRP

c)缺陷布置

图1　试件构造(尺寸单位:mm)

a)试验示意图　　　b)电磁感应加热器　　　c)红外相机

图2　ECT检测CFRP—钢组合结构界面缺陷示意图

本文通过建立低频电磁场三维模型,利用AC/DC模块中的感应加热,添加"磁场"和"固体传热"接口,进行电磁热的多物理场耦合。线圈采用圆形均匀多匝线圈模拟实际线圈,提离为2mm。线圈激励为10A交流电,加载频率为200kHz。线圈和被检测试件外围被空气包裹,大气压为1Pa、环境温度设置为0K。网格划分的效果决定着最后数值模拟结果的精确程度,本文将试件部分设置为自由四面体网格,大小为较细化;其余地方网格大小为常规,根据物理场来自由划分网格。根据涡流热成像检测的物理原理,设置空气边界为磁绝缘,热通量设置为试件外侧所有边界,对流热通量满足方程$q_0 = h(T_{ext} - T)$,传热系数h设置为10W/(m·K),外部温度$T_{ext}=0$K。

2.3　预置缺陷和TC图像对比分析

图3对比了数值模拟和试验中A~E点的温度—时间变化曲线,由图可知数值模拟可以较好地模拟出各点的温度变化趋势,在0~20s为观察阶段,温度不变;20~60s为加热阶段,各

点的温度均直线上升;在60~120s为冷却阶段,A点和E点温度在逐渐降低,B点、C点和D点缓慢上升,最终温度到15K左右。其中,在60~70s时间段内试件边缘,无论是数值模拟还是试验都表现出升温状态,但是试验过程中温度上升的持续时间较长,这可能是由于数值模拟过程中设置的热通量过大以及材料厚度和实际不符合,导热系数过于理想化,没有考虑材料的各向异性所致。

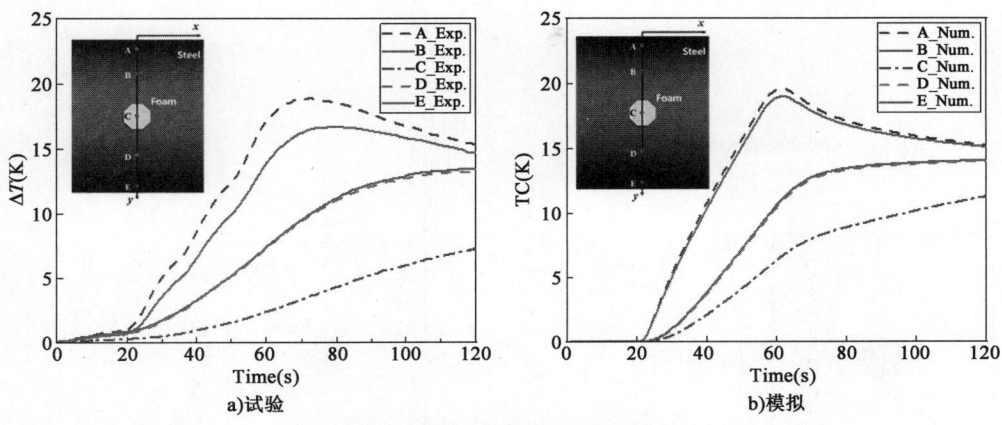

图3 温度—时间曲线的试验和数值分析对比图

图4示出了数值模拟和试验的TC(Temperature Contrast)对比图片,从图可以看出,缺陷上方的CFRP区域温度明显低于表面其余部分,红外热像图所显示缺陷位置非常匹配。因此,本试验所采用的涡流热成像系统能够检测到CFRP—钢组合结构界面缺陷的存在。但是,无法检测"泡沫"的锐角,不能准确的显现出缺陷的实际形状,这种现象称为模糊效应。由于钢材的趋肤深度较低,所以模糊效应的出现主要是由于在热量的传导过程中,缺陷和钢板的导热系数不同,热量在缺陷的边角处堆积,传递受阻所导致。数值模拟和试验的热成像变化规律基本一致。从图中可观察到:都是试件的边缘先被加热然后逐渐扩散到中心位置,而且缺陷处的温度始终低于其余部位的温度。由于"模糊效应"的影响,在加热阶段(20~60s),都可以观测到缺陷的存在但并不明显,在降温阶段尤其是80s左右,此时间段是数值模拟和试验的最佳检测时间,能够较好地反映出缺陷的存在,但是缺陷形状都不能够准确地反映出来。

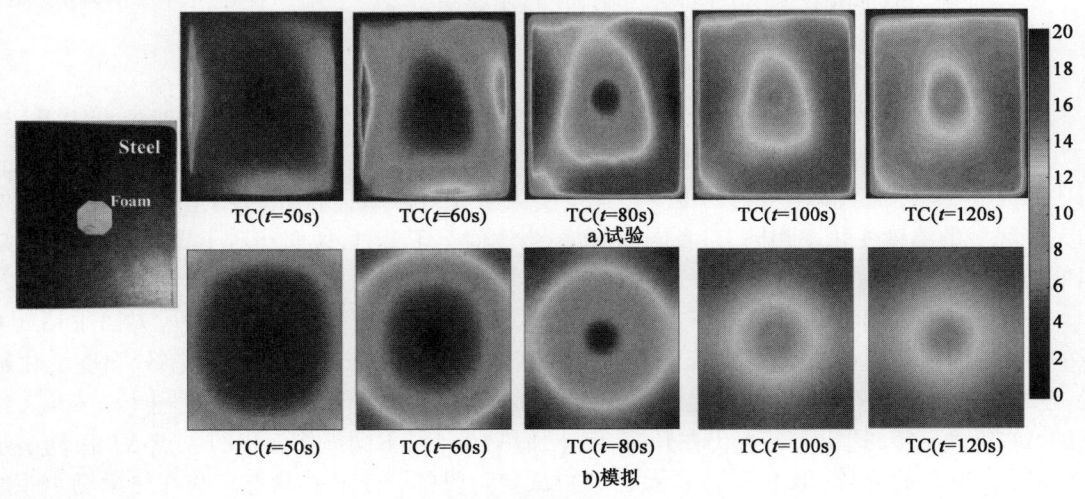

图4 数值模拟和试验的TC对比

2.4 温度变化曲线分析

试件的 x、y 方向的中心线不同时间的温度分布如图 5 所示。可以看到,TC 在试件外几乎为零,这意味着这个区域没有加热。在 $t=40\text{s}$,TC 是相对均匀分布的,在标本的边缘具有相对较高的温度值。当试验持续到 80s 左右时,边缘温度最高,和中间温差最大。当 $t=120\text{s}$ 时,在冷却阶段边缘的热量逐渐转移到中间,并在缺陷区域形成尖锐的 TC 谷。

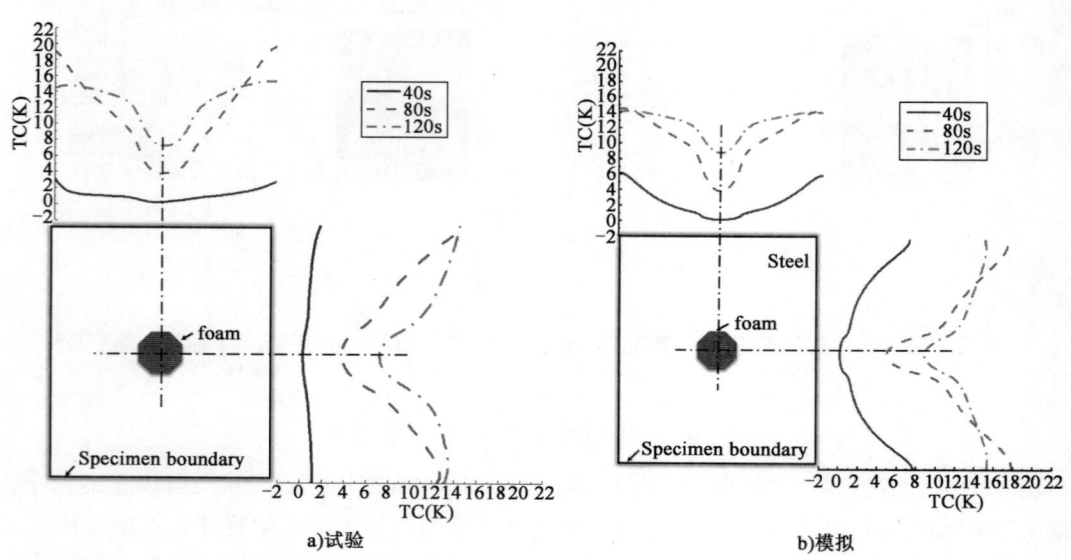

图 5 试件的 x、y 方向的中心线不同时间的温度分布

2.5 不同的界面缺陷面积的热成像规律

为了更好地探测界面脱粘的可检测性能,定义了一个关于时间的界面脱粘处和无缺陷的温差 ΔT 公式:

$$\Delta T(t) = T(t)_{\text{delamination}} - T(t)_{\text{sound}} \tag{1}$$

易知,当 ΔT 数值越大时,界面脱粘处和完好区域的温差越大,在图像上的温度对比就会越明显,缺陷处则更容易识别。

某一时刻的温度变化率 $\Delta T'(t)$ 可以用式(2)来表示:

$$\Delta T'(t) = \frac{T(t+\Delta t) - T(t)}{\Delta t} \tag{2}$$

$\Delta T'(t)$ 的绝对值越大则温度变化得越快,当 $\Delta T'(t)$ 大于零时意味着此时温度上升,当 $\Delta T'(t)$ 小于零时温度下降。计算脱粘处和完好区域的温度变化率之比,即 $\Delta T'_{\text{delamination}}/\Delta T'_{\text{sound}}$。当比值大于 1 时,说明缺陷处的温度变化速度要大于完好区域;当比值等于 1 时,说明缺陷处和完好区域的温度变化率相同,二者同步变化;当比值小于 1 时,说明相对于界面脱粘处,无缺陷处的温度变化较快。

图 6 为不同面积的界面损伤各点温度变化率,从图中可以发现,在加热阶段界面脱粘处 C 点的温度变化率均小于距离缺陷较近的 B 点和试件边缘的 A 点,加热期间缺陷处温度变化较慢,越靠近边缘升温率越大,处于边缘的 A 点更加容易被加热升温。在加热停止($t=60\text{s}$),各点的 $\Delta T'$ 仍大于零,这说明各点仍在升温,停止加热 10s 后,不同损伤面积的 A 点 $\Delta T'$ 值均小于零,说明 A 点开始降温,但 B 点和 C 点在整个试验阶段都处于升温状态。约在热激励 10s 过后 A 点的 $\Delta T'$ 达到最大值然后开始降低,且不同试件的 A 点最大升温率($\max\Delta T'$)降温率

（$\min\Delta T'$）接近，达到最大升温率和降温率的时间也相近。但缺陷面积大的试件 OC-M-3，到达 $\max\Delta T'$ 后下降的时间要晚于其他点，A 点达到 $\min\Delta T'$ 时间也比其他试件要晚，这说明较大的脱粘面积会推迟试件的降温时间，使得同一时间内缺陷面积较大的试件表面温度较高。

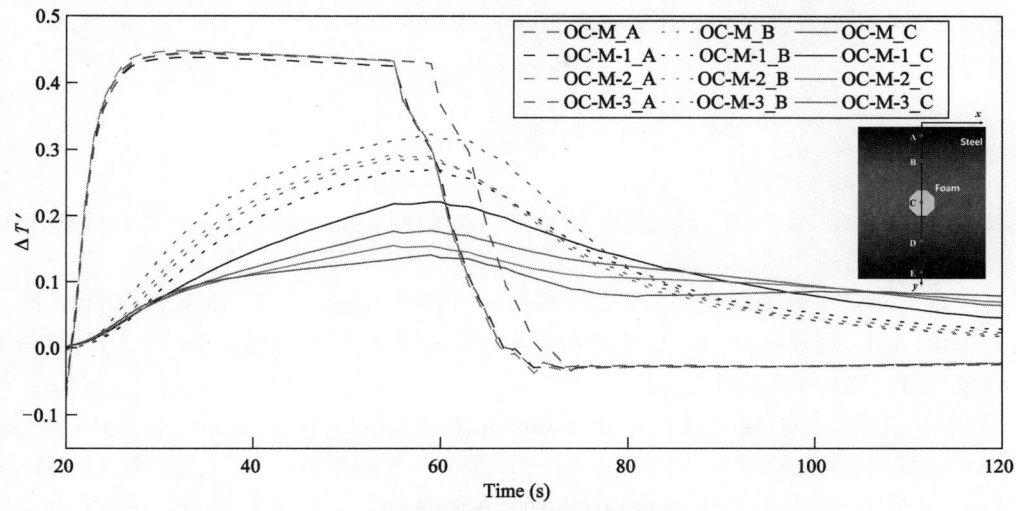

图 6 不同面积的界面缺陷各点温度变化率

和 A 点不同，在加热阶段的 B 点和 C 点 $\Delta T'$ 一直处于上升阶段，当加热停止时，$\Delta T'$ 立刻开始降低但仍大于零，即在整个试验期间都在升温。对比不同缺陷面积的 C 点不难发现，在加热开始的 10s 内，不同试件 $\Delta T'$ 的增长速度几乎一致，说明缺陷面积的大小不会影响缺陷升温的速度，但在加热 10s 后，缺陷面积小的 $\Delta T'$ 越大，温度升高得越快，这使得面积较小的缺陷更难以发现。有意思的是，和其他试件的 C 点不同，在 $t=80s$ 后，缺陷面积最大（OC-M-3）的 C 点 $\Delta T'$ 又在增大，这可能是由于来自试件边缘的温度传导至缺陷处所致。B 点的 $\Delta T'$ 和 A 点的变化规律完全相反，脱粘面积越大的试件 $\Delta T'$ 越大。正是因为这种现象，使得面积较小的试件 OC-M-1 中的 A 点和 C 点的 $\Delta T'$ 最为相近，这就使得缺陷处和完好处的温度变化相近二者温差较小，从而较难发现面积较小的缺陷存在。

3 结语

在本研究中，利用一种电磁热激励装置和数值模拟对 CFRP—钢组合结构的界面脱粘现象的热成像规律进行了分析研究。试验结果表明：

（1）本研究 ECT 系统在 80s 左右就能较好地检测出缺陷的存在，但是热扩散从内部缺陷扩散到 CFRP 外部表面造成的模糊效应也妨碍了损伤区域形状的确定。边缘效应在加热阶段突出，但在冷却阶段由于样本内部的热量重分配而减轻，在降温阶段的热成像效果要好于加热阶段。

（2）建立了多物理场耦合数值模型，对本次试验的试验结果进行了重现和验证。结果发现，在加热停止后的 10s 内，无论是数值模拟还是试验的试件边缘的温度都在缓慢上升后下降，多物理场数值模拟和试验的温度变化趋势相一致，并且重现了边缘效应和模糊效应的成像规律。

（3）基于多物理场耦合的不同的界面缺陷面积的热成像规律探究发现，试件的缺陷面积越大，检测到缺陷所用的时间越短，越容易被发现，但是无论面积的大小都不能准确反映出缺陷的形状。在试验结束时，界面缺陷面积最小试件的表面温度明显大于面积最大的试件温度，这可能是由于缺陷面积越大的试件热量的传递受到的阻碍越大所致。

(4) 引入了温度关于时间的一阶导数 $\Delta T'$,当界面缺陷面积越小时,缺陷中心的 $\Delta T'$ 越大,而位于缺陷附近无损伤区域的 $\Delta T'$ 则越小,这意味着缺陷处和非缺陷处的温度几乎同步变化,这也就解释了较小的缺陷难以发现的现象;采用 $\Delta T'_{delamination}/\Delta T'_{sound}$ 可以定位界面损伤最佳检测时间的范围。当温度变化率的比值为 1 时,说明此时的缺陷处和非缺陷处的温差最大,为最佳检测时间。

参 考 文 献

[1] 王元清,石永久,陈宏,等. 现代轻钢结构建筑及其在我国的应用[J]. 中国建筑金属结构, 2002(1):26-31.

[2] 胡津津,石明伟. 海洋平台的腐蚀及防腐技术[J]. 中国海洋平台,2008,23(6):39-42.

[3] 史炜洲,童乐为,陈以一,等. 腐蚀对钢材和钢梁受力性能影响的试验研究[J]. 建筑结构学报,2012,33(7):53-60.

[4] FENG P, HU L, ZHAO X L, et al. Study on thermal effects on fatigue behavior of cacked steel plates strengthened by CFRP sheets[J]. Thin – Walled Structures, 2014, 82: 311-320.

[5] 郑云,叶列平,岳清瑞. FRP 加固钢结构的研究进展[J]. 工业建筑,2005,35(8):20-25.

[6] HE J, XIAN G. Debonding of CFRP-to-steel joints with CFRP delamination[J]. Composite Structures, 2016, 153: 12-20.

[7] CROMWELL J R, HARRIES K A, SHAHROOZ B M. Environmental durability of externally bonded FRP materials intended for repair of concrete structures[J]. Construction and Building Materials, 2011, 25(5): 2528-2539.

[8] 曾伟,王海涛,田贵云,等. 基于能量分析的激光超声波缺陷检测研究[J]. 仪器仪表学报, 2014,35(3):650-655.

[9] XU C, ZHOU N, XIE J, et al. Investigation on eddy current pulsed thermography to detect hidden cracks on corroded metal surface[J]. NDT & E International, 2016, 84: 27-35.

[10] LI X, LIU Z, JIANG X, et al. Method for detecting damage in carbon-fibre reinforced plastic-steel structures based on eddy current pulsed thermography[J]. Nondestructive Testing and Evaluation, 2018, 33(1): 1-19.

[11] https://www.aegion.com/-/media/Files/Fyfe/2013-Products/Tyfo% 20SCH% 2041. ashx (accessed August 31st 2021)

[12] https://assets.master-builders-solutions.basf.com/en-ru/basf-masterbrace-p3500-tds.pdf (accessed August 31st 2021)

[13] TIAN G Y, HE Y, CHENG L, et al. Pulsed eddy current thermography for corrosion characterization[J]. International Journal of Applied Electromagnetics and Mechanics, 2012, 39(1-4): 269-276.

[14] LI T, ALMOND D P, REES D A S. Crack imaging by scanning laser line thermography[J]. AIP Conference Proceedings. American Institute of Physics, 2011, 1335(1): 407-414.

[15] TASHAN J, AL-MAHAIDI R, MAMKAK A. Defect size measurement and far distance infrared detection in CFRP-concrete and CFRP-steel systems[J]. Australian Journal of Structural Engineering, 2016, 17(1): 2-13.

171. 普适性 GNSS 用于桥梁施工实时监测研究分析

李新瑞[1]　赵立都[2]　向中富[2]　王叙乔[1]　张双成[1]
(1. 长安大学地质工程与测绘学院；2. 重庆交通大学土木工程学院)

摘　要：本文以重庆郭家沱长江大桥为监测对象，对施工期间关键结构位移进行实时自动化监测，在主塔塔顶及主缆跨中位置布设普适型 GNSS 接收机，建立了施工期间的 BDS/GNSS 实时监测系统。系统主要由数据采集模块、数据流管理模块及数据解算模块组成，可实现实时单历元解和近实时基线解两种解算模式。实时监测精度平面方向在 2mm 左右，高程方向 4mm 左右，可满足施工期间位移监测需求。为削弱 GNSS 监测数据的高频噪声及多路径误差影响，利用完备集合经验模态分解(Complementary Ensemble Empirical Mode Decomposition，CEEMD)方法进一步对监测结果进行滤波处理，结果表明：CEEMD 可有效去除监测时序中的高频噪声及多路径误差，进一步提高监测结果的精度。

关键词：GNSS　实时监测系统　CEEMD　桥梁监测

1　引言

城市桥梁安全影响着城市的交通运行及人员安全，对桥梁结构性能进行监测和诊断，及时进行损伤评估和安全预警已成为桥梁建设的必然要求[1]。桥梁安全受结构本身、外部荷载、气象环境等多重因素影响，自身存在老化、病害、超载风险大、车船冰撞击风险高等问题[2]。

由于缺乏监测系统和定期维护，国内外出现过多起桥梁坍塌事故。2007 年 8 月 13 日，正在施工建设中的湖南省凤凰县堤溪沱江大桥发生特别重大坍塌事故，造成 64 人死亡，多人受伤；然而，2018 年 7 月 27 日发生的四川省眉山市彭山区岷江大桥垮塌事故，由于桥梁监测系统监测出较大位移并提前封闭了大桥，本次坍塌并未造成人员伤亡。可见，为保障桥梁结构在施工及营运期间的承载能力、耐久性和安全性，对施工运营期间的桥梁结构进行动态监测是一项非常重要的工作[3]。

目前，可以监测桥梁结构整体动态响应参数的技术有很多，如 GNSS、加速度计、地基合成孔径雷达(GB-SAR)、地面摄影测量和三维激光扫描等技术。GNSS 技术具有高精度、高采样率、全天候、全时段监测桥梁结构动态位移的能力，是桥梁结构监测的重要技术手段[4]。GNSS 技术在桥梁、高层建筑监测等领域已经取得一些成功案例[5-7]，然而现有 GNSS 桥梁结构监测系统多为后处理模式，且存在硬件设备贵、施工烦琐等问题，难以大规模推广使用。

为实现桥梁实时高精度三维形变监测的目的，本文采用普适型 GNSS 接收设备[8]，基于

Ntrip(Networked Transport of RTCM via Internet Protocol，通过互联网进行 RTCM 网络传输的协议)数据传输协议构建了一套桥梁动态监测系统。系统可实现实时动态单历元定位和近实时高精度基线解算两种模式，目前已成功应用于重庆郭家沱长江大桥的实时监测。

2 桥梁实时动态监测系统

本文搭建的桥梁实时动态监测系统主要由数据采集模块、数据流管理模块、数据解算及分析模块组成，系统自动可实现从数据采集到监测结果发布全过程。

2.1 数据采集模块

目前传统高精度 GNSS-RTK 接收机通常集成了数据处理单元、存储单元、电池单元等多种功能，其销售价格则常在数万元(国产接收机)到数十万元(国外接收机)不等。为提高 GNSS 动态监测技术的精度、降低监测成本，本文将仅保留数据采集模块和通信模块的普适型 GNSS 接收机用于桥梁监测，其相对于传统接收机无论是成本、功能还是体积均更满足桥梁监测需求。

普适型 GNSS 接收机支持 Ntrip 传输协议通过 RTCM 格式进行实时数据流的传输，并利用 4G/5G 通信手段将监测数据实时传送至云端服务器，在云服务器上实现云存储和云计算。普适型 GNSS 实时动态监测系统简要技术路线如图 1 所示。

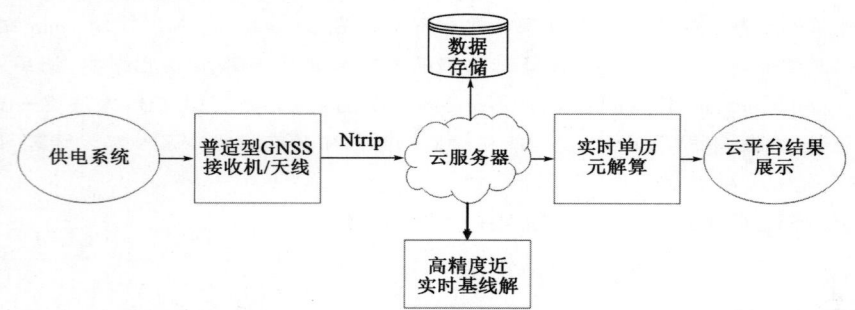

图 1 普适型 GNSS 实时动态监测系统简要技术路线

2.2 数据流管理模块

随着通信技术的发展，利用 4G/5G 技术将监测站的 GNSS 数据流实时传输至云端数据管理中心，可实现 GNSS 数据的实时处理。目前主流的 GNSS 数据流传输格式为基于 Ntrip 的 RTCM 格式，Ntrip 协议可将数据流产生、传输、管理与使用的各个环节划分为独立而又有效连接的整体。本文基于 Ntrip 传输协议建立实现了数据流管理模块，其中 NtripSource 为布设在桥梁监测点上的普适型 GNSS 接收机。NtripServer 为每一台接收机定义了唯一的挂载点(Mountpoint)，可将通过 4G/5G 通信模块远程传输的 GNSS 数据流发送至 NtripCaster。NtripCaster 布设在云服务器上，可同时接收多台来自 NtripServer 的 GNSS 数据流，并根据挂载点对数据流进行甄别、解码、存储和转发，对 NtripClient 用户进行身份鉴别，对访问情况进行监控。

2.3 数据解算模块

数据解算模块可实现 GNSS 基线解算、实时单历元解算、坐标结果展示与分析等功能。其中基线解算基于高精度基线处理软件 GAMIT/GLOBK 实现，实时单历元解算采用 RTK 定位模式，该系统主要思路如下：

(1)部署在云服务器上的数据流管理模块可实时接收来自各监测站的数据流,并同时进行解码、存储,生成一系列 RINEX 观测值文件。另外,系统可实现自动下载超快速精密星历、广播星历、表文件、IGS 站观测文件等数据。

(2)近实时基线解算模块,实现了 GAMIT/GLOBK 的自动解算、结果提取等功能,通过提取 GAMIT 基线解算结果 q 文件中的监测站相对于基准站的 NEU 坐标,获取天解下的监测站形变信息。

(3)实时单历元解算模块,依托开源 GNSS 定位软件 RTKLIB,实现了服务器端监测结果的实时单动态解算,并将监测结果实时发布至网页端监测平台。桥梁实时动态监测系统数据处理流程如图 2 所示。

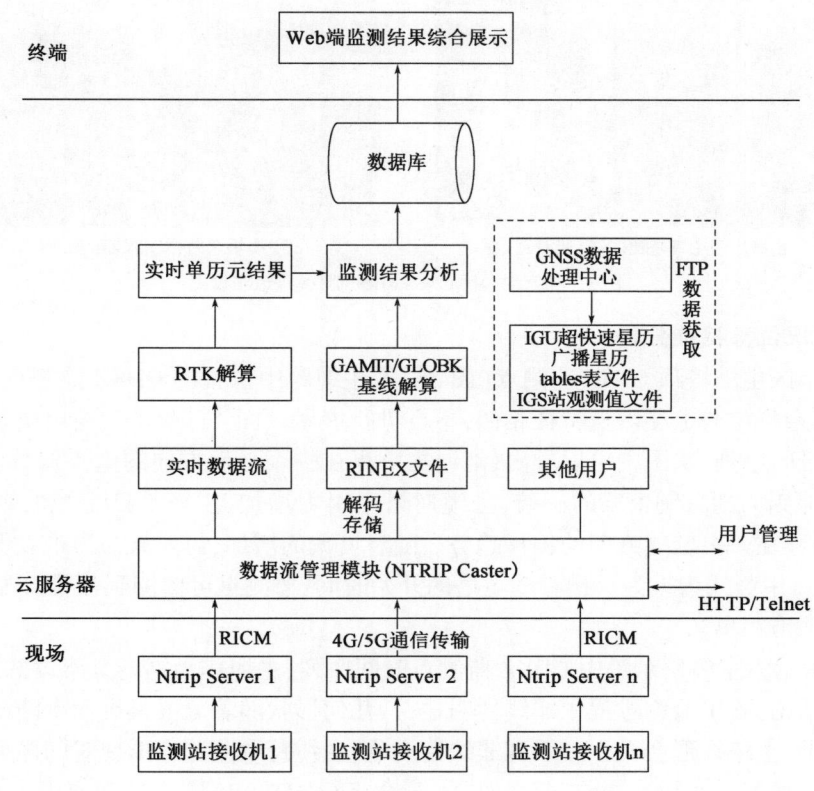

图 2 桥梁实时动态监测系统数据处理流程图

3 实例应用

3.1 郭家沱大桥概述及测点布设

重庆郭家沱长江大桥为公轨两用悬索桥,是中国国内跨度最大的公轨两用悬索桥,大桥全长 6.2km,其中主桥长 1403.8m,主跨 720m,设计采用单孔悬吊双塔三跨连续钢桁梁悬索桥,预计 2022 年底通车。

为实现对施工建设期间的桥梁结构监测目的,在南北主塔塔顶及东西主缆跨中位置布设了 4 个 GNSS 监测点,基准点布在南岸区距离主塔约 150m 处的下游平坦地区。监测点具体点位布设如图 3 所示。

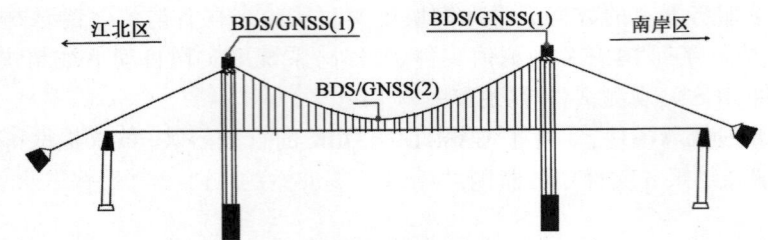

b)南岸区主塔塔顶QNT1监测点　　　　c)主缆桥东跨中QDKZ监测点

图3　郭家沱大桥 GNSS 监测点具体点位布设图

3.2　工况位移特征分析

选取南岸区主塔塔顶 QNT1 监测点(图3b)及主缆跨中位置的 QDKZ 监测点(图3c)数据进行分析，其余点位与上述两点特征相似，不再进行展示。图4a)所示为主塔塔顶 QNT1 点连续6天位移时间序列，从图中可以看出，南岸主塔存在一个平面方向的微小偏移趋势(向北岸方向);分析原因为随着钢桁梁的吊装，主缆对塔牵引力增加，主塔受到主缆的牵引力逐渐增大，使得主塔存在一个轴线方向的偏移趋势。随着塔偏的增加，需要人为顶推以保证主塔线形的稳定,图4a)中竖线为人为顶推移动主塔的开始时间，监测点可监测到顶推开始到结束的完整过程以及顶推距离。

图4b)所示为主缆桥东跨中 QDKZ 监测点时间序列,主缆作为钢桁梁架设的支撑结构，由于其为柔性结构，施工监测过程中非线性明显，其几何形状随着梁段架设而不断改变。随着主跨梁段的架设，主缆线形会发生一系列非线性变化，主缆跨中监测点形变时间序列也随之发生一系列改变。如图4b)所示，2022年2月24日全天(GMT+8)跨中监测点形变时间序列，竖线显示的为缆载吊机吊装工作的开始，主缆一侧受力增加，主缆受力使得跨中位置上翘;随着钢桁梁的闭合铰接，主缆受力减小，跨中线形恢复。

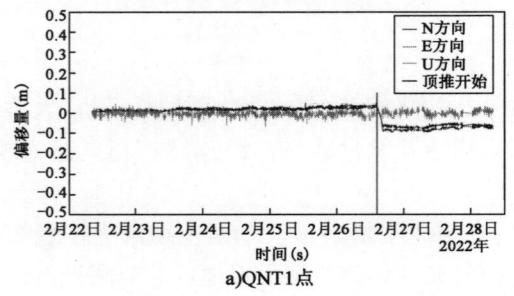
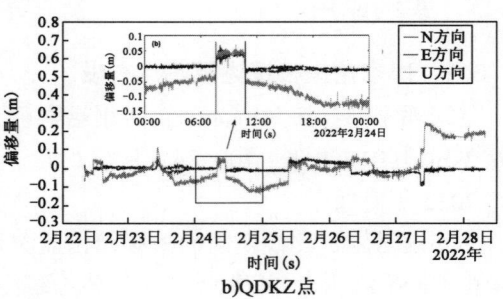

a)QNT1点　　　　b)QDKZ点

图4　监测系统各监测点位移时间序列

表 1 所示为两监测点 NEU 方向内符合精度(STD)统计结果,从表中可以看出,桥梁实时动态监测系统的平面方向精度在 2~4mm,高程方向精度在 4~10mm 之间。由于尚处于施工期间,主塔塔顶存在较多遮挡物,QNT1 监测点多路径误差较大;且 QNT1 监测点与基准点高差差值较大(150m),差分不能完全消除对流层延迟误差影响[1],上述原因综合叠加导致 QNT1 监测点精度相对较低。

监测点 NEU 方向内符合精度(STD)统计结果(单位:mm)　　　　表 1

方向	E	N	U
QNT1	3.9	4.3	10.2
QDKZ	1.9	1.9	4.4

4 CEEMD 滤波分析

4.1 CEEMD 原理

CEEMD 方法是在 EMD 和 EMMD 的基础做了进一步的改进[9],CEEMD 通过向信号添加正负白噪声的互补处理方法,来消除重构信号中的残余辅助噪声,可有效解决 EMD 方法中的模态混叠问题,在分析非线性非平稳的时间序列方面具有很大的优势。该方法具体步骤如下:

(1)向原始时间序列 X 添加 W 次高斯白噪声,并进行 EMD 分解:

$$\mathrm{IMF}_{k+1} = \frac{1}{W}\sum_{i=1}^{W}E_1[r_k + \varepsilon_i E_k(\omega_i)] \tag{1}$$

式中:E_1——对原始信号 EMD 后获得的第一个本征模态;

ω_i——正太分布的白噪声;

ε_i——噪声系数;$k=1,2,\cdots,N$,N 满足分解判断 IMF 条件的次数。

(2)循环计算 IMF_{k+1},当残差极值点个数小于 2 时分解结束。

(3)确定噪声分量与有用信号的分解点 K,本文利用互相关系数法[10]确定分界本征模态分量 IMF_k,首先求取 n 个 IMF 分量与原信号的互相关系数,再搜索求取一系列互相关系数中的第一个取极小值的互相关系数对应的本征模态分量 IMF_k,即为噪声和有用信号的分界 IMF。再基于 FFT 频谱分析判断分界 IMF 取舍。互相关系数法计算方法为:

$$R(x,\mathrm{IMF}_i)\frac{\sum_{t=1}^{Q}[x(t)-\bar{x}][\mathrm{IMF}_i-\overline{\mathrm{IMF}_i}]}{\sqrt{\sum_{t=1}^{Q}[x(t)-\bar{x}]^2}\sqrt{\sum_{t=1}^{Q}[\mathrm{IMF}_i-\overline{\mathrm{IMF}_i}]^2}} \tag{2}$$

式中:$x(t)$——原始信号;

IMF_i——第 i 个 IMF 分量;

Q——采样点个数。

其中:

$$\bar{x}=\frac{1}{Q}\sum_{t=1}^{Q}x(t);\overline{\mathrm{IMF}_i}=\frac{1}{Q}\sum_{t=1}^{Q}\mathrm{IMF}_i(t) \tag{3}$$

(4)对分解后的 IMF 分量进行信号重构,得到最终的降噪结果,表达式为:

$$C=\sum_{k}^{n}\mathrm{IMF}_k + R \tag{4}$$

式中:C——最终降噪后的信号;

R——CEEMD 分解剩余的趋势项成分。

4.2 降噪分析

由于主塔塔顶 QNT1 点遮挡较为严重,受多路径效应影响较大,选取该点高程方向进行分析。采用 CEEMD 方法对其进行分解,得到了各阶模态分量 IMF 及快速傅里叶变换(FFT)后的频谱图,如图 5 所示。

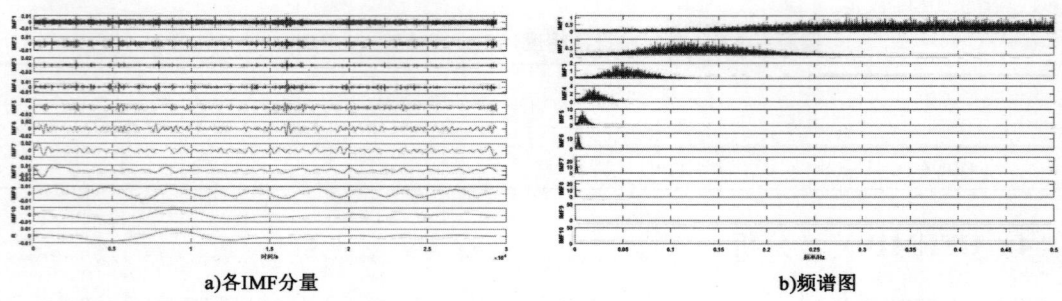

a)各IMF分量　　　　　　　　　　b)频谱图

图 5　降噪信号的 CEEMD 分解

计算各模态分量 IMF 对应的互相关系数,如图 6a)所示。可以看出分界 IMF 为 IMF_3,结合频谱图,前三个 IMF 远高于实际值,频谱图接近正态分布,认为其为高频噪声,将 IMF_3 作为噪声项进行去除。此外,$IMF_7 \sim IMF_{10}$ 中低频信号明显,将其归为低频多路径噪声[11]。最终得到的降噪信号如图 6 所示,可以看出 CEEMD 方法有效消除了原始信号中的高频和低频噪声,其内符合精度 STD 提高了 50.4%。

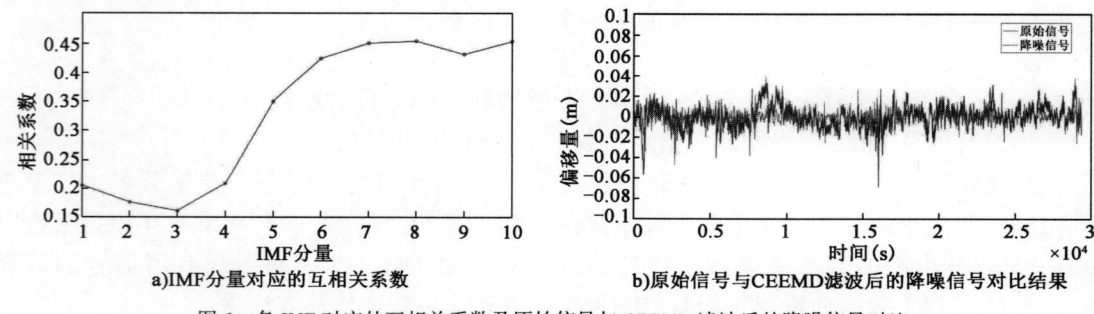

a)IMF分量对应的互相关系数　　　　　　b)原始信号与CEEMD滤波后的降噪信号对比结果

图 6　各 IMF 对应的互相关系数及原始信号与 CEEMD 滤波后的降噪信号对比

5　结语

本文采用普适型 GNSS 接收机,构建了一套普适性低成本 GNSS 桥梁实时动态监测系统,并成功应用于郭家沱长江大桥施工建设期间的位移监测。实时监测精度平面方向在 2mm 左右,高程方向在 4mm 左右,满足施工建设期间的桥梁结构安全监测要求。近实时基线解算系统可为主塔及主缆提供高精度绝对坐标,为桥塔及主缆线形控制提供支持。

本文针对信号遮挡较为严重区域,实时监测精度相对较低情况,采用 CEEMD 滤波技术对监测结果进行处理。结果表明:利用 CEEMD 技术可有效剔除监测结果中的高频噪声和低频多路径误差,进一步提高 GNSS 监测结果的精度。

参 考 文 献

[1] Ou J, Li H. Structural health monitoring in mainland China: review and future trends[Z].

London, England: SAGE Publications, 2010: 9, 219-231.

[2] 葛耀君,赵林,许坤.大跨桥梁主梁涡激振动研究进展与思考[J].中国公路学报,2019,32(10):1-18.

[3] Meng X, Nguyen D T, Xie Y, et al. Design and implementation of a new system for large bridge monitoring-GeoSHM[J]. Sensors (Basel), 2018,18(3).

[4] Xi R, He Q, Meng X. Bridge monitoring using multi-GNSS observations with high cutoff elevations: A case study[J]. Measurement, 2021,168:108303.

[5] Wang X, Zhao Q, Xi R, et al. Review of bridge structural health monitoring based on GNSS: from displacement monitoring to dynamic characteristic identification[J]. IEEE access, 2021, 9:80043-80065.

[6] Yu J, Meng X, Yan B, et al. Global Navigation Satellite System – based positioning technology for structural health monitoring: a review[J]. Structural control and health monitoring, 2020,27(1):n/a-n/a.

[7] Yi Z, Kuang C, Wang Y, et al. Combination of high- and Low-Rate GPS receivers for monitoring wind-Induced response of tall buildings[J]. Sensors (Basel), 2018,18(12).

[8] 白正伟,张勤,黄观文,等."轻终端+行业云"的实时北斗滑坡监测技术[J].测绘学报,2019,48(11):6.

[9] Yeh J, Shieh J, Huang N. Complementary ensemble empirical mode decomposition: a novel noise enhanced data analysis method.[J]. Advances in Adaptive Data Analysis, 2010,2:135-156.

[10] 贾瑞生,赵同彬,孙红梅,等.基于经验模态分解及独立成分分析的微震信号降噪方法[J].地球物理学报,2015,58(3):1013-1023.

[11] Huang S, Wang X, Li C, et al. Data decomposition method combining permutation entropy and spectral substitution with ensemble empirical mode decomposition[J]. Measurement, 2019,139:438-453.

172. 基于小波包排列熵的钢箱梁正交异性板损伤识别

郭 健[1,2]　余作操[2]　王仁贵[3]　马开疆[2]

（1. 西南交通大学桥梁系；2. 浙江工业大学桥梁工程研究所；3. 中交公路规划设计院有限公司）

摘　要：钢箱梁正交异性板易发生损伤开裂的现象，利用测试数据来实现结构损伤识别，在振动加速度数据中进行小波包分解重构再引入排列熵，以排列熵差构造损伤指标。本文通过正交异性钢桥面板损伤动力试验，分别对构件无损与有损状态下的加速度响应信号进行小波包分解，然后选取归一化后能量最大的组分进行重构，计算重构信号后的排列熵，最后使用排列熵差进行损伤识别，并且通过数值仿真建立正交异性钢桥面板模型，分析了小波包排列熵对于噪声干扰的鲁棒性。研究结果表明，基于小波包排列熵的结构损伤识别方法具有敏感性，抗噪性高。

关键词：钢箱梁正交异性板　小波包排列熵　损伤识别　损伤敏感性　噪声鲁棒性

1　引言

正交异性钢桥面板因具有自重轻、强度高、稳定性好等优点，在大跨径缆索体系钢箱梁桥梁中得到了广泛运用[1]。但由于该类结构受力及构造复杂，焊缝较多，其服役期间，关键部位会不断累积损伤和缺陷，影响使用安全。这就要求结构健康监测系统能及时发现损伤的发生并能准确地定位损伤部位。

小波包分析是一种精细化的时频分析方法，具有较高的分辨率，所以许多学者对其在结构损伤识别中的应用进行了深入研究[2-6]。余竹等[3]基于曲率和小波包分解，提出了小波包能量曲率差指标，并利用数值模拟和实桥试验对指标的有效性进行了验证。朱劲松等[4]通过简支梁数值模拟验证了损伤前后小波包能量变化率平方和指标的有效性。韩建刚等[5]提出了小波包能量率指数，对测得的结构动态响应信号进行小波包分解，通过小波包能量率指标进行损伤识别定位，可识别三种损伤情况下的钢梁情况。

而熵对系统的非线性特性具有显著的凸显作用，将熵这种评价参量应用到结构损伤技术和结构健康状态监测中成为研究热点，并在机械结构、土木水利工程中得到了深入研究，其熵的度量方法有近似熵、样本熵和排列熵等[7-11]。苏文胜等[7]利用小波包样本熵对滚动轴承的故障特征进行提取，通过对各种熵进行对比，分析实际轴承的故障信号，从而确认了计算样本熵的最优参数，验证了小波包样本熵提取机械故障特征的有效性。郑近德等[8]通过在滚动轴承故障诊断中使用多尺度排列熵,对不同程度下振动信号的动力学特征进行分析,有效地提取出机械故障特征,进而对其诊断。排列熵是一种对信号复杂度的度量,对时间具有较高的敏感性,可以很好地检测出复杂系统的动力学突变,因此将排列熵应用于振动信号突变检测可以获得较好的效果[10]。正交异性钢桥面板裂纹常出现在纵肋对接焊头、纵肋与面板焊缝、纵肋与横肋交叉处等部位,且多为混合型裂纹,具有多尺度、随机性、隐蔽性等特点[1]。小波包分析具有较高的分辨率,而排列熵算法在信号的突变点处具有较强的识别性,可以更加方便地对信号突变点进行确定和分析,将两者方法相结合能够凸显结构动力响应中损伤信息。

目前还没有关于小波包分解与排列熵相结合用于正交异性板损伤识别的相关研究,本文提出一种将小波包分解和排列熵相结合的损伤识别方法。在正交异性钢桥面板加速度振动信号的基础上,基于小波包分解利用排列熵差作为指标的损伤识别。通过试验结果证明了该方法的可行性,并通过 ANSYS 数值仿真分析,验证了该方法对于噪声具有较好的鲁棒性。

2 小波包排列熵基本理论

2.1 小波包分解

根据多分辨率分析理论,$L_2(R) = \oplus W_j, j \in Z, W_j$ 为小波子空间。小波包分解进一步对 W_j 分解,对整个分析频带给出更好的划分,因此提高了频率分辨率[12]。小波包分解可以表示为

$$W_j = U_{j-k}^{2k} \oplus U_{j-k}^{2k+1} \oplus \cdots \oplus U_{j-k}^{2k+1-1}, j, k \in Z \tag{1}$$

式中:U_j^n——通过小波包分解得到的子带,$n = 2^k, 2^k + 1, \cdots, 2^{k+1} - 1$。

小波包分解后,原始信号能量被划分到各个子带中。假设原始信号为 $\{x_k, k \in Z\}$,通过小波包分解,得到子带信号 X_j,$X_j = \{x^{j,n,l}, j, n, l \in Z\}$,其中:$x^{j,n,l}$ 为第 j 层第 n 个子带的第 l 的样本。

2.2 排列熵

复杂性是衡量系统无序程度的一个重要的非线性特征,对正交异性钢桥面板振动信号的复杂度的度量,有利于从复杂的振动信号中挖掘出正交异性钢桥面板的损伤状态,有效地判断损伤位置[10]。复杂性衡量的主要方法有排列熵(Permutation Entropy,PE)算法、样本熵(Sample Entropy,SampEn)算法、近似熵算法(Approximate Entropy,ApEn)等。基于熵的复杂性衡量算法具有计算简单的特性,而排列熵是由 Christoph Band[13] 提出的时间序列的复杂性衡量方法。

排列熵算法过程如下:

对于长度为 N 的时间序列 $\{x(k), k = 1, 2, \cdots, N\}$,按照相空间延迟坐标法对任意元素 $x(i)$ 其进行重构,对每个采样点取其连续的 m 个样本点,得到点 $x(i)$ 的 m 维重构向量

$$X(i) = \{x(i), x(i+f), \cdots, x(i+(m-1)f)\} \tag{2}$$

其中,$m \geq 2$ 是嵌入维数,f 是时间延迟,$i = 1, 2, \cdots, N$,将 $X(i)$ 中的 m 个重构分量按照从小到大的顺序进行排列,即

$$\{x(i+(j_1-1)f) \leq x(i+(j_2-1)f) \leq \cdots \leq x(i+(j_m-1)f)\} \tag{3}$$

如果 $X(i)$ 存在相同的元素,即 $x(i+(j_p-1)f) = x(i+(j_q-1)f)$ 时,那么按照 i 的大小来排序,也就是 $p \leq q$ 时,排列方式为 $x(i+(j_p-1)f) \leq x(i+(j_q-1)f)$。

根据排列组合的定理,与 m 维的相空间映射的 m 个不相同的符号序列一共具有 $m!$ 种不同的排列方式,而 $S(g) = (j_1, j_2, \cdots, j_m)$ 是包含在 $m!$ 中的一种,设每种 $S(g)$ 发生的概率分别为 $P_1, P_2, \cdots, P_k$,则根据香农熵定理可得,该序列 $\{x(k), k = 1, 2, \cdots, N\}$ 的排列熵可定义成:

$$PE(m) = -\sum_{g=1}^{k} P_g \ln P_g \tag{4}$$

当 $P_g = 1/m!$ 时，$PE(m)$ 就达到最大值 $\ln(m!)$。为了方便使用，将 $PE(m)$ 进行归一化处理。

当结构发生损伤后，其动力响应将发生改变，结构振动响应的能量分布也会发生相应的变化。因此，为能够提高损伤识别效果，利用损伤前后结构振动响应的排列熵构造损伤识别指标：

$$PED = |PE^u - PE^d| \tag{5}$$

其中，PE^u、PE^d 分别表示为无损情况及有损情况下的排列熵。通过各测点的动力响应信号的 PED 值突变情况来判断正交异性板是否损伤，并且进一步判断损伤裂纹处于哪两个测点区域位置。对于嵌入维数的选择，通过文献[10]选取嵌入维数取值为 $m=4$，计算动力响应信号的 PED 值来判断正交异性钢桥面板裂纹损伤位置。

3 试验研究

3.1 试验概况

为证明小波排列熵在损伤识别中的可实用性，本次试验以正交异性钢桥面板单U肋模型作为研究对象。试件尺寸为 1 500mm（长）×900mm（宽）×780mm（宽），横向设置一个U肋纵向加劲肋，模型采用两端锚固的约束方式，每个锚固点区域布置横隔板。试件材料采用Q345qD，顶板、U肋厚度分别为4mm和2mm，试验模型如图1所示。

试验采用 TZT3828E 动静态信号采集仪采集正交异性钢桥面板上的动力响应信号。本实验采用加速度响应信号，加速度响应信号通过放大器放大后接入采集箱中，并采用分析软件进行动力响应的采集和存储。为有效采集加速度响应信号，加速度传感器采样频率为1000Hz，加速度传感器测点布置如图2所示。

图1 试验模型图

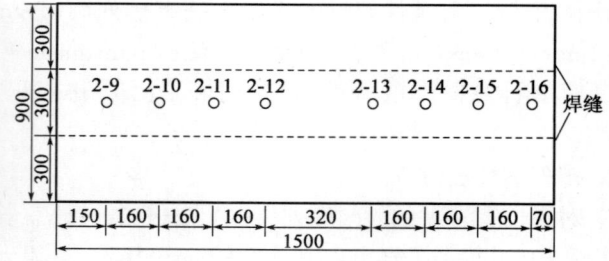

图2 加速度传感器测点布置图

3.2 试验测试

试验中，通过激振器对正交异性钢桥面板进行激励振动测试。在顶板中心处施加120N、10Hz的简谐力，采集无损情况下正交异性钢桥面板的加速度响应信号。然后在2-12和2-13加速度传感器区域设置顶板与U肋之间焊缝开裂的损伤工况，设定为产生1cm的裂纹，如图3所示。然后继续利用激振器对顶板中心处施加相同激励，采集加速度响应信号。信号采集完毕之后，再将裂纹破坏扩展至3cm，施加同样的激励在顶板中心处，采集加速度响应信号，试验工况见表1。图4为2-12加速度传感器三种工况下采集的加速度响应信号，信号采样点为5 000个点，仅仅直接是无法从加速度响应信号中判断损伤情况。

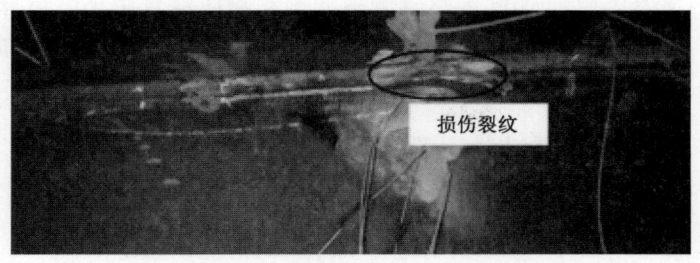

图 3 裂纹情况(致损后裂纹)

试 验 工 况　　　　　　　　　　　　　表 1

工况情况	无损工况	损伤一工况	损伤二工况
裂纹长度	0cm	1cm	3cm

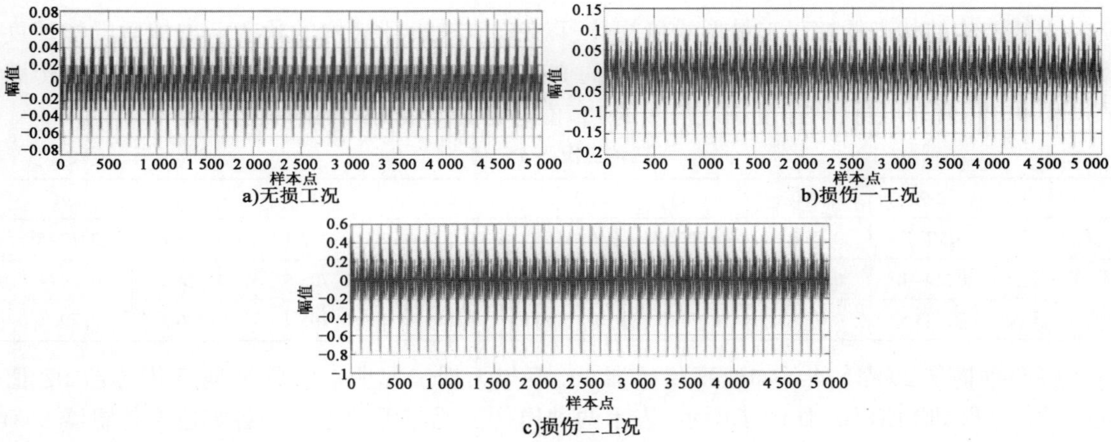

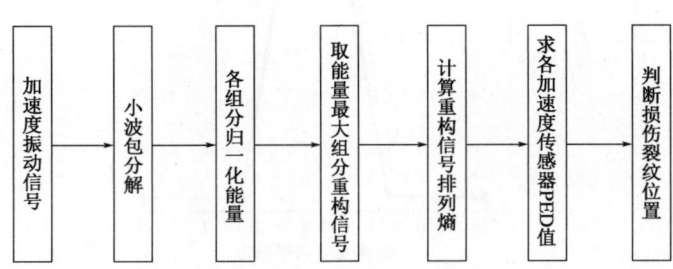

图 4 2-12 传感器测得的加速度响应信号

4 试验结果分析

将 2-9 至 2-16 加速度传感器测得的加速度响应信号(包括无损情况和损伤情况)进行小波包分解,选择 db6 小波基函数,分解层次为 6,将各组分的能量进行归一化,选取归一化后能量最大的组分进行重构信号,计算重构信号后的排列熵,将无损工况下得到的 PE 值与两种损伤工况下得到的 PE 值代入式(5)中得到 PED 值,将 PED 值作为损伤指标判断正交异性钢桥面板裂纹损伤位置。小波包排列熵分析流程如图 5 所示。

加速度振动信号 → 小波包分解 → 各组分归一化能量 → 取能量最大组分重构信号 → 计算重构信号排列熵 → 求各加速度传感器PED值 → 判断损伤裂纹位置

图 5 小波包排列熵分析流程

图6为三种工况下2-12加速度传感器测得的振动响应信号用小波包分解归一化之后的子带能量占比图。从中可以看出,不同工况情况下,小波包分解之后的子带能量占比有明显的差异,从中选取归一化后能量最大的组分进行重构。

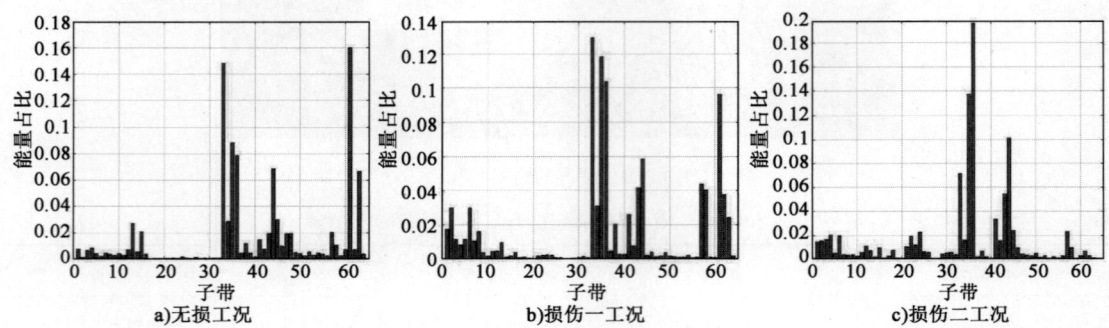

图6 2-12加速度传感器的子带能量占比图

为使结构的状态能够以定量形式可视化,以PE值来表征结构的状态。重构后的加速度动力响应信号利用式(2)~式(4)得到信号的PE值,表2为三种工况情况下每个加速度传感器所得的PE值。可见,加速度响应信号的PE值是能够反映出结构的状态情况。

表2 三种工况下PE值

编号	2-9	2-10	2-11	2-12	2-13	2-14	2-15	2-16
无损工况	0.7737	0.7761	0.7777	0.3569	0.3544	0.7741	0.7764	0.7777
损伤一工况	0.7911	0.7949	0.7993	0.7750	0.7711	0.7936	0.7942	0.7940
损伤二工况	0.7935	0.7973	0.7998	0.7967	0.7914	0.7959	0.7968	0.7969

将两种损伤工况下的各加速度传感器PE值与无损工况所对应的加速度传感器PE值代入式(5)得到PED值,如图7所示,表示两种损伤工况与无损工况的各加速度传感器PED值。从表2和图7中可以看出,当钢桥面板发生损伤时,与损伤位置相近的测点处PED值会发生突变,且变化程度比较大,说明该指标能够对损伤裂纹位置进行识别,并且损伤裂纹位置处于2-12与2-13加速度传感器区域之间。当损伤程度增大时,正交异性板钢桥面板上同一个测点处的PED值也会相对应地增大,说明PED值损伤指标也能够粗略对损伤程度进行评估。

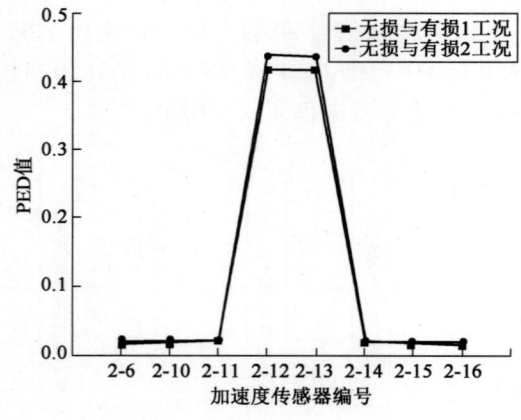

图7 无损工况与两种损伤工况的PED值

5 基于数值仿真的抗噪性分析

在试验测试中,由于设备及环境等因素影响,加速度响应信号不可避免存在噪声,而噪声的存在会对结果分析产生一定的误差。通过 ANSYS 数值仿真建立实体单元模型,施加与试验相同的荷载工况,并且在测得的加速度响应信号中加入噪声影响进行对比,来验证小波包排列熵具有较好的噪声鲁棒性。模型采用实体单元 Solid45 进行模拟,共 2 864 个单元,有限元模型尺寸、材料属性及约束条件与试验模型均保持一致,正交异性钢桥面板实体模型如图 8 所示。

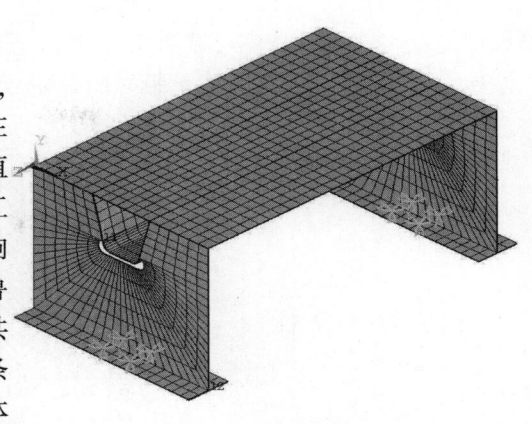

图 8 正交异性板实体模型

为保证实体单元模型的精度要求,在仿真模型和试验模型中心上施加面积 200mm × 100mm 的静荷载,力的大小分别为 5kN、10kN、15kN。以试验距离中心 120mm 的位移传感器位置为准,对比两者顶板相同位置的位移大小,从而判断模型的精确性,对比结果如表 3 所示。从表 3 中看出,测点的位移最大误差小于 5%,模型精度符合要求。

实测仿真位移对比 表 3

加载荷载(kN)	5	10	15
实测位移(mm)	2.437	4.814	7.225
仿真位移(mm)	2.329	4.658	6.987
误差(%)	4.43	3.24	3.29

实体单元模型的各测点位置与试验加速度传感器布置保持一致,在模型中心位置处施加与试验相同的荷载工况,提取每个测点的加速度响应信号,然后在各测点处的加速度响应信号中分别附加 5% 和 10% 水平的噪声。含噪加速度响应信号为:

$$a_{d,n} = a_d + E_P N_n \sigma(a_d) \tag{6}$$

式中:$a_{d,n}$——含噪声的加速度响应;

E_P——噪声水平;

N_n——噪声服从标准正态分布;

$\sigma(a_d)$——无噪声加速度响应的均方差。

将三种工况下的加速度响应信号代入式(2)~式(4)得到各测点处的 PE 值,如表 4 所示。再将三种工况下的 PE 值代入式(5)中,结果如图 9 所示。可见,含噪声的两种工况与无噪声工况的 PED 值均小于 0.05,并且两者相差比较小,说明小波包排列熵算法对噪声具有较好的鲁棒性。

无噪声工况与不同信噪比工况的 PE 值 表 4

编号	2-9	2-10	2-11	2-12	2-13	2-14	2-15	2-16
无噪声工况	0.696 5	0.694 0	0.695 4	0.267 6	0.268 4	0.696 8	0.693 2	0.694 4
5% 水平噪声工况	0.713 5	0.714 3	0.715 2	0.297 6	0.302 4	0.716 8	0.714 3	0.712 2
10% 水平噪声工况	0.722 3	0.725 2	0.728 3	0.305 4	0.314 3	0.723 8	0.722 3	0.721 4

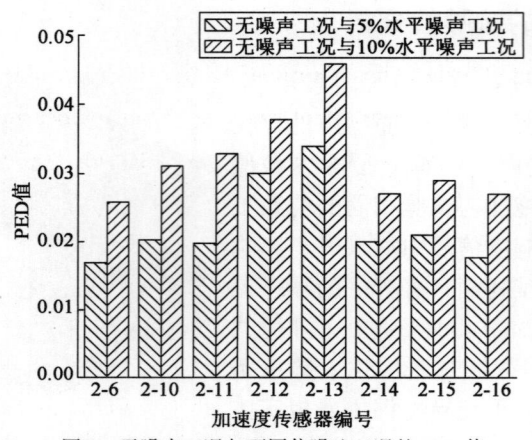

图9 无噪声工况与不同信噪比工况的PED值

6 结语

本文基于小波包分解和排列熵相结合对正交异性板进行损伤识别试验研究。通过激振器对正交异性板产生简谐振动,采用小波包排列熵算法对各测点的加速度响应信号进行分析,对比损伤前后排列熵的变化对正交异性板裂纹损伤进行识别,并且利用ANSYS数值仿真来验证小波包排列熵的噪声鲁棒性。得到以下结论:小波包排列熵算法能够对正交异性板进行损伤识别,对损伤位置附近的信号突变具有敏感性,可以明显地判断出裂纹损伤处于哪个区域位置,且当损伤程度增大时,同测点处的PED值也会相应地增大;小波包排列熵算法具有较好的噪声鲁棒性,在噪声水平5%与噪声水平10%工况下各测点的PED值不超过0.05,且两者相差较小。

参 考 文 献

[1] 郭健,杭达.基于马尔可夫链的钢箱梁正交异性板疲劳状态分析[J].土木工程学报,2020,53(3):60-66.

[2] Bayissa W L, Haritos N, Thelandersson S. Vibration-based structural damege identification using wavelet transform. Mechanical Systems and Signal Processing, 2008, 22(5): 1194-1215.

[3] 余竹,夏禾,战家旺,等.基于小波包能量曲率差法的桥梁损伤识别试验研究[J].振动与冲击,2013,32(5):20-25.

[4] 朱劲松,孙雅丹.基于小波包能量的桥梁损伤识别指标[J].振动、测试与诊断,2015,35(4):715-721.

[5] Jian-Gang Han, Wei-Xin Ren, Zeng-Shou Sun. Wavelet packet based damage identification of beam structures[J]. International Journal of Solids and Structures, 2005, 42(26).

[6] 郭健,顾正维,孙炳楠,等.基于小波分析的桥梁健康监测方法[J].工程力学,2006(12):129-135.

[7] 苏文胜,王奉涛,朱泓,等.基于小波包样本熵的滚动轴承故障特征提取[J].振动、测试与诊断,2011,31(2):162-166+263.

[8] 郑近德,程军圣,杨宇. 多尺度排列熵及其在滚动轴承故障诊断中的应用[J]. 中国机械工程,2013,24(19):2641-2646.

[9] Gustavo de Novaes Pires Leite, Alex Maurício Araújo, Pedro André Carvalho Rosas, Tatijana Stosic, Borko Stosic. Entropy measures for early detection of bearing faults[J]. Physica A: Statistical Mechanics and its Applications,2019,514.

[10] 刘永斌,龙潜,冯志华,等. 一种非平稳、非线性振动信号检测方法的研究[J]. 振动与冲击,2007(12):131-134+176.

[11] 赵志宏,杨绍普. 一种基于样本熵的轴承故障诊断方法[J]. 振动与冲击,2012,31(06):136-140+154.

[12] 郭健,陈勇,孙炳楠. 桥梁健康监测中损伤特征提取的小波包方法[J]. 浙江大学学报(工学版),2006(10):1767-1772.

[13] Bandt C, Pompe B. Permutation Entropy: A natural complexity measure for time series[J]. Physical Review Letters, 2002, 88(17):174102.

173. CFRP黏结型锚具锚固性能试验研究

贾丽君 张文超 张宇涵 刘 松
(同济大学)

摘 要：为充分发挥CFRP筋材高强轻质的特性，设计了一种黏结型锚具，通过改变锚具的锚固直径、锚固长度、黏结厚度参数，对10组锚具进行了试验研究，测试了CFRP黏结型锚具的极限荷载、应力分布曲线，观察了锚具的破坏形态，分析了不同参数对黏结型锚具锚固性能的影响规律。试验结果表明：5mm筋材的4种锚固长度，都达到90%以上的锚固效率，且黏结介质选用2.5d厚度时锚具的锚固性能最佳；CFRP筋直径对锚固性能的影响最大，随着筋材直径的增大，黏结型锚具效率降低，当筋材为14mm时，锚固效率仅为30%，并且14mm直径的试件发生了黏胶滑移失效；CFRP筋表面的黏结应力分布并不十分均匀，且随着荷载的变化黏结应力分布规律也在变化；锚具的破坏形式主要包括CFRP筋自由段被拉断、自由段剪断、黏胶滑移三种形态，破坏形式受CFRP筋直径的影响较大。

关键词：悬索桥 CFRP 黏结性锚具 锚固效率 黏结应力

1 引言

碳纤维增强复合材料(CFRP)在缆索承重桥梁中的应用研究日趋成熟，理论上采用CFRP缆索可提高这类桥梁的承载效率和跨越能力[1-2]。然而，CFRP筋材是一种各向异性材料，其横向抗剪强度低，这一缺点造成了CFRP筋材锚固困难，而CFRP筋材在实际桥梁结构中能否充分发挥出其轻质高强的性能，很大程度上取决于它的锚固系统[3]。因此，必须研制适应CFRP筋材特性的锚固系统。现有的研究表明，黏结型锚具是一种比较适合锚固CFRP筋材的锚具，黏结型锚具通过界面上的黏结应力来传递剪力，能够防止出现过大的应力集中，因而适用于锚固缆索承重桥中的缆索系统。

国内外学者对黏结型锚固系统进行了研究，但多数研究是通过理论与数值模拟的方法对锚具进行受力分析[4-5]。此外，对于CFRP筋黏结型锚具，其极限承载力与锚具中CFRP筋表面的黏结应力分布情况紧密相关。锚固参数不同，黏结应力分布的情况也不同，这样将会影响锚具的锚固效率及破坏形式。因此，对于锚固系统来说，直接通过试验的方法来确定锚具形式及尺寸是十分必要的，有必要对锚具进行实测试验研究，以优选合理的锚固形式和尺寸参数。

国家自然科学基金：超大跨度悬索桥CFRP主缆弯折效应和锚固性能研究，51878488。

基于此,本文设计了一种CFRP筋黏结型锚具并进行了张拉试验,以确定锚固系统合理的锚固参数,不致使CFRP筋滑移破坏,避免筋材发生剪断破坏,充分发挥CFRP高强的抗拉性能。本文通过对该锚具进行静载试验,研究不同设计参数对其锚固效率的影响,分析不同设计参数锚具的应力分布曲线以及破坏形态,给出锚具优化设计的合理建议,以期为工程实际的CFRP缆索锚固系统的设计提供借鉴。

2 试验研究

2.1 锚具设计

试验设计了一种直筒式CFRP筋黏结型锚具,由钢套筒、CFRP筋、黏结介质、限位螺母、端堵组成,结构形式如图1所示。其中端堵上有相应的定位孔使CFRP筋穿过并固定其位置。端堵孔洞比CFRP筋直径略大一些,保证穿筋过程的顺利。试验制作了10组锚具试件,选用的5mm、8mm、10mm和14mm的CFRP筋对应的端堵孔径分别为6mm、9mm、11mm和15mm。套筒侧壁设有灌胶口,并将导线从此处穿出,直筒式黏结型锚具试件的尺寸见表1,锚管材料选用45号钢,强度满足试验需求,CFRP筋的力学特性见表2,黏结材料选用喜利得RE500植筋胶,为环氧树脂类黏胶,硬度与CFRP筋相近,性质与CFRP筋中的树脂基体相近,理论上能使CFRP筋的强度充分发挥。

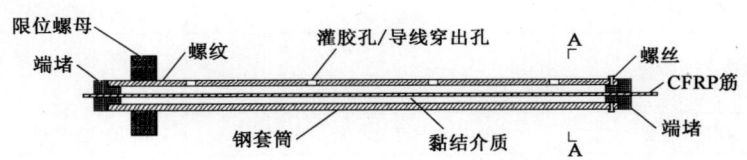

图1 直筒式锚具纵截面示意图

各试件参数取值   表1

试件编号	CFRP筋直径 d (mm)	锚具长度 (mm)	黏胶厚度 (mm)	相应套筒内径 (mm)
1	5	800	12.5	30
2	8	800	20	48
3	10	800	25	60
4	14	800	35	84
5	5	500	12.5	30
6	5	600	12.5	30
7	5	700	12.5	30
8	5	800	7.5	20
9	5	800	10	25
10	5	800	15	35

CFRP筋材料性能   表2

材料	抗拉强度 (MPa)	轴向弹性模量 (GPa)	轴向泊松比	横向弹性模量 (GPa)	横向泊松比
CFRP筋	2300	150	0.27	10.5	0.02

2.2 张拉装置

试件养护3～5d后,使用静载张拉装置进行张拉,CFRP锚具试件如图2所示,张拉装置如图3所示,配合两个千斤顶同步张拉。单个千斤顶量程为5800kN,最大行程为200mm。

图2 CFRP锚具试件

图3 CFRP锚具张拉装置

2.3 测试内容与加载

为了研究CFRP筋锚固系统的受力情况,在试验中测试了多项内容,从多个角度分析锚固系统的受力性能。表3为试验测试内容及目的,其中,试件上的应变测点布置如图4所示。

试验测试内容　　　　　表3

测试内容	布置情况	研究目的
试件的极限拉力	力传感器	锚固系统的极限承载力
试件的破坏模式及位置	—	锚固系统可能的破坏模式及影响因素
CFRP筋自由段的应变	自由段中点处布置一个测点	CFRP筋受到的拉力
CFRP筋锚固区的应变	沿纵向每100mm/200mm布置一个测点	锚固区筋材表面的黏结应力分布情况和变化规律
极限状态下CFRP筋相对套筒的位移	试验前后用卷尺测量	CFRP筋滑移情况

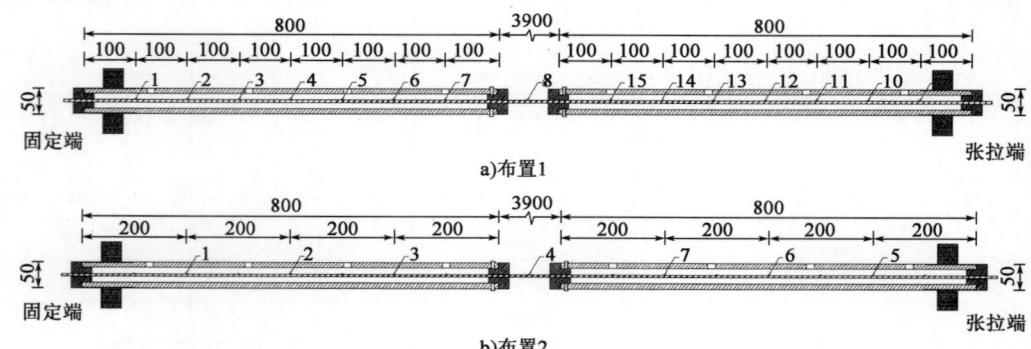

图4 试件应变测点布置(尺寸单位:mm)

试件1～试件4的测点按第一种布置,其余试件的测点按第二种布置。试验加载方案参考《预应力筋用锚具、夹具和连接器应用技术规程》(JGJ 85—2010)[6],加载速率为0.2kN/s,当CFRP筋发生拉断、剪断等破坏现象或者滑移过大导致荷载无法继续增加时,试验结束。

3 试验结果与分析

对所有试件进行加载,直到试件失效破坏。同时,引入锚固效率系数η来反应CFRP筋锚固系统的锚固性能。

$$\eta = \frac{F_u}{f_u} \tag{1}$$

式中：F_u——CFRP 筋材实际的破坏荷载；
f_u——CFRP 筋的理论极限拉力。

3.1 CFRP 黏结型锚具参数分析

3.1.1 CFRP 筋直径对锚固性能的影响

试验使用了 4 种不同直径（5mm、8mm、10mm 和 14mm）的 CFRP 压纹筋材，均采用直筒式黏结型锚具来锚固。保证各组锚具的锚固长度和黏胶比例相同，根据效率系数 η 的计算公式得到锚固效率系数随筋材直径变化如图 5 所示。

从图 5 可以看出，在直筒式黏结型锚具锚固下，随着 CFRP 筋直径的增加，锚固的效率系数逐渐下降，且下降的趋势越来越明显，尤其当直径从 8mm 增加至 10mm 以及 10mm 增加至 14mm，锚固效率变化明显。这表明 CFRP 筋直径对锚固性能的影响最大，随着筋材直径的增大，直筒式黏结型锚具效率降低，在实际应用中需要选择合适的 CFRP 筋材直径以保证锚固性能。

3.1.2 锚固长度对锚固性能的影响

对于直径 5mm 的 CFRP 压纹筋，本次试验采用了 4 种不同长度的直筒式锚具来锚固，各组锚具的内径相同（即黏胶比例相同），锚固效率系数随锚固长度变化如图 6 所示。

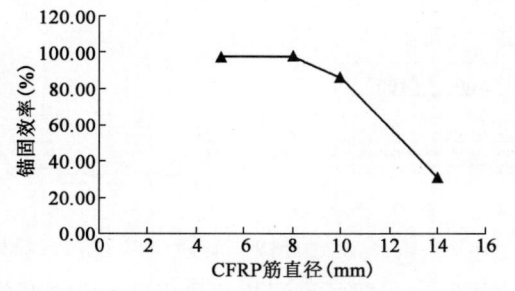
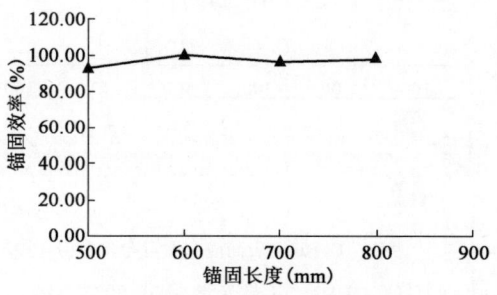

图 5　不同 CFRP 筋材直径锚固效率对比　　图 6　不同锚固长度时的锚固效率对比

从图 6 可以看出，锚固长度从 500mm 增大至 800mm 时，锚固效率的变化不大，且都达到了 90% 以上，CFRP 筋破坏形式都为拉断破坏。这表明，设计的这几组直筒锚具均能较好地锚固 5mm 的 CFRP 筋，使 CFRP 筋的强度得到充分发挥。实际应用时，在保证锚具锚固效率的前提下，尽量用较短的锚固长度，从而减小锚固空间和锚具成本。

3.1.3 黏胶厚度对锚固性能的影响

如果黏胶厚度过小，灌注时胶体较难均匀填充筋材与套筒之间的空间；黏胶厚度过大，又会导致锚具外径过大。再考虑到市场上常见的无缝钢管规格，试验时黏胶厚度分别取为 1.5d、2d、2.5d、3d，锚固效率系数随黏胶厚度变化如图 7 所示。

从图 7 可以看出，黏胶厚度为 2.5d 和 3d 时，锚

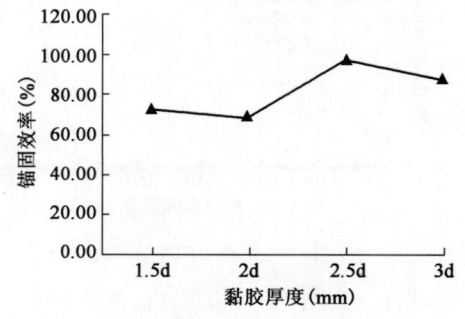

图 7　不同黏胶厚度时的锚固效率对比

固效率高于黏胶厚度为1.5d和2d的情况。表明增大黏胶厚度有利于提高锚固系统的锚固效率。但当黏胶厚度从1.5d增加至2d和从2.5d增加至3d时,锚固效率略有下降,这表明黏胶厚度不能无限增大,当达到最大厚度后反而会使锚固效率下降。在实际应用时,黏结介质适度厚度选用2.5d厚度时锚具的锚固性能最佳。

3.2 CFRP黏结型锚具黏结应力分析

对于黏结型锚具,锚固区内CFRP筋表面的黏结应力分布对锚具的锚固性能有着至关重要的影响。CFRP筋表面的应变测点布置如图8所示。利用锚固区CFRP筋表面的实测应变,通过计算可以得到黏结应力的分布情况。

取第$i-1$个测点和第i个测点之间的CFRP筋进行受力分析,如图9所示,假设该段长度范围CFRP筋表面黏结应力为均匀分布,根据筋材轴向受力平衡,有:

$$\tau_i \cdot \pi d l_i = (\sigma_i - \sigma_{i-1}) A_c \tag{2}$$

则第i段CFRP筋的平均黏结应力计算如下:

$$\tau_i = \frac{(\zeta_i - \zeta_{i-1}) E_c A_c}{\pi d l_i} \tag{3}$$

式中:σ_i——CFRP筋在第i个测点处的轴向应力;

ζ_i——第i个测点的实测应变值;

E_c——CFRP筋的轴向弹性模量;

A_c——CFRP筋的横截面面积;

d——CFRP筋的直径;

l_i——第i段CFRP筋的长度。

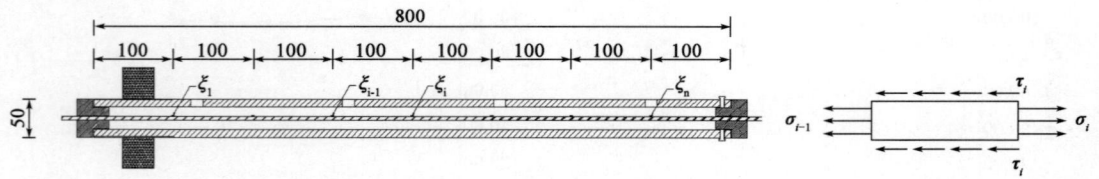

图8 CFRP筋表面应变测点布置图(尺寸单位:mm)　　图9 第i段CFRP筋受力示意图

将锚固区CFRP筋表面各测点的实测应变值代入公式即可得到相邻测点间CFRP筋的平均黏结应力,以各段中点为横坐标,黏结应力为纵坐标,作出不同荷载水平下的黏结应力分布图,选取试件1、试件3为代表进行分析,如图10、图11所示。

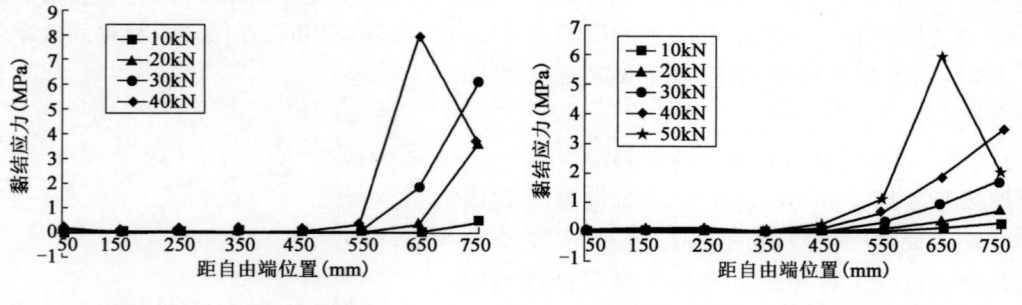

图10 试件1的黏结应力分布　　图11 试件3的黏结应力分布

从图10、图11可以看到,加载过程中锚具受荷端及中段的黏结应力变化明显,自由端黏结应力一直保持较低的水平,CFRP筋表面黏结应力沿锚具长度的分布并不十分均匀。荷载较小时,CFRP筋表面的黏结应力水平整体较低,峰值出现在锚具受荷端;且随着荷载的增加,黏结应力峰值也越来越大,黏结应力分布范围越来越广;但当荷载继续增加时,黏结应力峰值逐渐向锚具自由端移动,不过仍随荷载的增大而增大。此外,从图10、图11还可以看出,CFRP筋在锚具受荷端的黏结应力随着荷载的增加呈现先增大后减小的规律。分析原因,可能是刚加载时,该处黏结应力随荷载的增加逐渐增大,达到最大值之后再增加荷载时,CFRP筋与黏结介质之间出现了局部剥离,黏结应力峰值逐渐向自由端移动,受荷端黏结应力逐渐减小。因此,实际应用时,为了减小锚具尺寸和黏胶用量,需要采用合适的锚固长度。

3.3 CFRP黏结型锚具破坏形式分析

试验最理想的破坏形式为CFRP筋在自由段被拉断而不是锚固区发生失效。张拉过程中观察记录试件的破坏形态,试件破坏前听到了连续断丝声,然后突然筋材发生拉断破坏,破坏为脆性破坏,破坏形态如图12~图15所示。

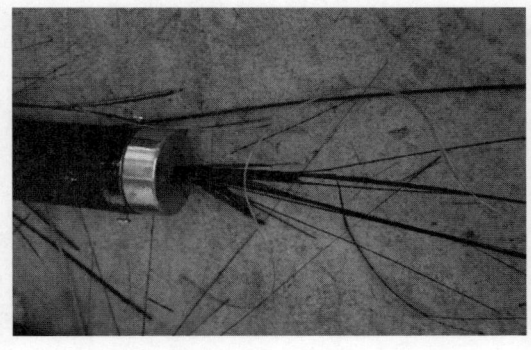

图12 筋材拉断、丝股炸裂

图13 筋材拉断、锚具端口纤维丝剥离

图14 黏胶滑移

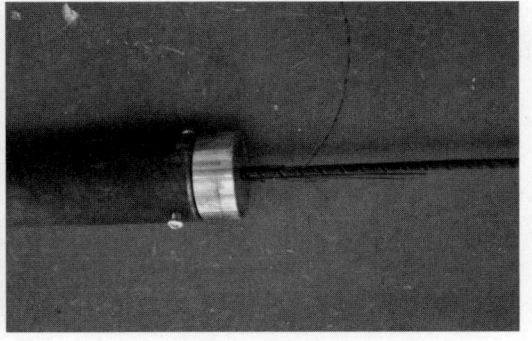

图15 筋材脆断

测试的试件数量较多,破坏形式主要包括:筋材拉断、筋材自由段脆断、黏胶滑移,试件3发生了筋材滑移、脆断,试件4发生了黏结介质滑移,其余试件为理想的筋材拉断。10mm筋材的破坏形式为自由段发生剪断,并且CFRP筋在锚具张拉端和固定端都发生了一定程度的滑移;14mm筋材,黏胶和筋材黏结完好但整体从套筒中滑出,CFRP筋未被完全拉断,远远没有达到理论上的极限承载力,强度没有得到充分发挥。

4 结语

本文设计了一种CFRP黏结型锚具,对其进行了静载试验,研究了CFRP筋直径、锚固长

度和黏胶厚度参数对锚具锚固性能的影响,得出以下结论:

(1) CFRP 筋直径对锚固性能的影响最大,随着筋材直径的增大,直筒式黏结型锚具效率降低,CFRP 筋直径为 5mm 时,本次试验设计的 4 种锚固长度,都达到 90% 以上的锚固效率,筋材直径为 14mm 时,锚固效率仅为 30%,并且 14mm 直径的试件最终是发生了黏胶滑移失效,因此,对于大直径的 CFRP 筋,建议使用带内锥段的黏结型锚具来锚固。

(2) 直筒式黏结型锚具内,CFRP 筋表面的黏结应力分布并不十分均匀,且随着荷载的变化黏结应力分布规律也在变化。实际应用时,为了减小锚具尺寸和黏胶用量,建议采用较小的锚固长度。对于 5mm 直径的 CFRP 筋,500mm 的黏结长度已满足要求。

(3) 锚具的破坏形式主要包括 CFRP 筋自由段被拉断、自由段剪断、黏胶滑移三种。锚固长度或黏胶厚度改变时,破坏形式没有明显的差别,均为 CFRP 筋被拉断,只是程度有所不同。破坏形式受 CFRP 筋直径的影响较大。

参 考 文 献

[1] 侯苏伟,龙佩恒,诸葛萍,等.CFRP 索股黏结型锚具锚固机理试验[J].中国公路学报,2013,26(5):95-101.

[2] 李扬.大跨度 CFRP 缆索悬索桥的关键问题研究[D].上海:同济大学,2011.

[3] 梅葵花,吕志涛,张继文.CFRP 筋黏结型锚具试验研究及实桥应用分析[J].中国公路学报,2016,29(1):53-60.

[4] 李扬,贾丽君.基于 Tsai-Wu 准则的 CFRP 拉索黏结型锚具仿真分析[J].重庆交通大学学报(自然科学版),2020,39(1):60-66.

[5] Cai D, Yin J, Liu R. Experimental and analytical investigation into the stress performance of composite anchors for CFRP tendons[J]. Composites Part B: Engineering,2015,79:530-534.

[6] 中华人民共和国住房和城乡建设部.预应力筋用锚具、夹具和连接器应用技术规程:JGJ 85—2010[S].北京:中国建筑工业出版社,2010.

174. 基于正交试验的超高性能混凝土力学性能研究

雒　敏　蔺鹏臻　杨子江　孙理想　刘应龙

(兰州交通大学甘肃省道路桥梁与地下工程重点实验室)

摘　要：本文用聚乙烯醇(PVA)纤维和直型钢纤维及其混杂纤维分别配制出了抗压强度大于100MPa的超高性能混凝土。PVA纤维及钢纤维的体积掺量为1.0%~3.0%。通过28组正交试验，研究PVA纤维体积掺量、钢纤维体积掺量、硅灰掺量、水胶比对超高性能混凝土抗压强度、抗拉强度的影响。结果表明水胶比对超高性能混凝土抗压强度有显著影响，随着水胶比的增大超高性能混凝土抗压强度呈线性减小；钢纤维、PVA纤维对超高性能混凝土抗拉强度有显著影响，随着钢纤维和PVA纤维掺量的增加超高性能混凝土抗拉强度呈现增大趋势。

关键词：超高性能混凝土　PVA纤维　钢纤维　硅灰　水胶比　力学性能

1　引言

近年来，随着混凝土材料的快速发展，超高强混凝土越来越多的应用于新建大型结构和既有结构的维修加固中，但混凝土强度过高使得其脆性增大、抗裂性变差甚至出现爆裂现象，基于此国内外学者不断尝试新的配合比和外掺料的方法以求获得高强度、高韧性、低收缩、耐久性好的混凝土材料，研究较多的超高性能混凝土有ECC、UHPC、SHCC等。Vector Li教授于2001年将聚乙烯醇(PVA)纤维掺入水泥基材料中，并成功制备了价格更加经济的PVA-ECC[1]。Hakan Nuri Atahan博士试验研究了纤维体积和水灰比对15mm厚短切PVA纤维增强胶凝复合材料力学性能的影响，并得出纤维含量和水灰比均对其抗弯性能和抗冲击性有显著影响，特别是在冲击载荷作用下，较高的水灰比和PVA纤维含量显著提高了复合材料的能量吸收能力[2]。Rui Zhong等设计了各种UHPC浆料并评估了其材料抗压强度、可加工性、单位成本和可持续性的影响[3]。Branko Šavija等利用X射线断层摄影术监测和量化了SHCC的吸水量，从而分析了裂缝对应变硬化水泥基复合材料(SHCC)吸湿性的影响[4]。邓宗才等分析了不同预应力度、不同配筋率对预应力高强混凝土的抗震性能的影响规律，得出预应力度能改善梁的变形恢复能力[5]。文献[6]利用高钙粉煤灰成功配制了拉伸应变达到3%的PVA-ECC，并以粉煤灰掺量、水胶比、试件形式为变量研究了其力学性能和裂缝开裂模式。

基金项目：国家自然科学基金高铁联合基金资助项目(U1934205)；国家自然科学基金重大项目(11790281)；甘肃省建设科技攻关项目(JK2021-03)；甘肃省教育厅青年博士基金项目(2021QB-056)。

综上所述,既有研究主要针对PVA纤维或钢纤维单一因素进行研究,将不同体积掺量的PVA纤维和钢纤维同时加入混凝土基材中进行力学分析很有必要,故本文结合正交试验,重点研究混杂纤维对超高性能混凝土力学性能的影响。

2 材料性能及配合比

2.1 混凝土基材

水泥为甘肃祁连山牌P·O 52.5级水泥,试验所用砂为剔除颗粒直径大于1.18mm的标准砂。减水剂为苏博特聚羧酸高效减水剂,硅灰为埃肯国际贸易(上海)有限公司生产的微硅粉,其SiO_2含量大于95%;纳米二氧化硅采用20nm的超细型,其参数见表1。

纳米二氧化硅性能参数　　　表1

外观	粒径（nm）	含量（%）	比表面积（m^2/g）	密度（g/cm^3）	分子量	熔点（℃）
白色粉末	20	99.8	280	2.6	60.08	1 610

2.2 PVA纤维

PVA纤维为日本可乐丽公司生产的K-ⅡREC15型纤维,如图1a)所示,见表2。

可乐丽PVA纤维性能参数　　　表2

直径（μm）	长度（mm）	弹性模量（GPa）	极限延伸率（%）	抗拉强度（MPa）	密度（g/cm^3）
39	12	42.8	7.0	1 620	1.2

2.3 钢纤维

钢纤维采用直型,如图1b)所示,参数见表3。

a)PVA纤维

b)钢纤维

c)抗压强度试块

d)直接拉伸试块

e)抗压强度测试

图1 超高性能混凝土试验

钢纤维参数　　　表3

型号	纤维特征	直径（mm）	长度（mm）	抗拉强度（MPa）	密度（g/cm^3）	弹性模量（GPa）	外观
直型	直钢纤维	0.2	8	2 850	7.8	200	表面镀铜,金黄色

2.4 基材配合比

基材配合比见表4。

试验基材配合比 表4

水泥	砂子	水	减水剂	纳米 SiO_2	水胶比
1	1.2	0.2	0.02	0.02	0.2

2.5 正交试验方案

结合本文4因素3水平共设计了27组正交试验和第28组对比试验,见表5。

正 交 试 验 表5

序号	钢纤维(%)	PVA纤维(%)	硅灰掺量(%)	水胶比	序号	钢纤维(%)	PVA纤维(%)	硅灰掺量(%)	水胶比
1	3	3	15	0.20	15	3	3	20	0.20
2	3	1	25	0.23	16	3	2	25	0.21
3	1	3	20	0.21	17	2	2	20	0.20
4	2	2	25	0.23	18	3	1	20	0.23
5	3	3	25	0.20	19	2	1	20	0.21
6	2	2	15	0.20	20	2	3	15	0.23
7	1	1	15	0.20	21	1	3	15	0.21
8	1	1	20	0.20	22	2	2	25	0.21
9	2	1	25	0.21	23	1	1	25	0.20
10	2	3	20	0.23	24	3	3	15	0.23
11	1	2	20	0.23	25	1	2	25	0.23
12	3	2	15	0.21	26	2	1	15	0.21
13	3	2	20	0.21	27	1	3	25	0.21
14	1	2	15	0.23	28	0	0	0	0.20

注:PVA纤维、钢纤维为体积掺量,硅灰为质量掺量。

3 试件制作试验方法

3.1 抗压强度

本文选取抗压强度试块均为40mm×40mm×160mm,试件成型24h后拆模,室温水养护28d后在2 000kN的压力试验机上进行试验,试验时以0.5MPa/s的速度连续加载直至试块破坏,如图1所示。

3.2 抗拉强度

试验将40mm×40mm×160mm模具进行改进得到15mm×40mm×158mm直接拉伸模具,试件成型24h后拆模并进行室温水养护,28d后取出,待试件表面晾干后在夹压端两侧粘贴1mm×40mm×40mm的铝片,在材料试验机上进行试验,应变采用两面标距为50mm的引伸计测定,如图1所示。

4 结果分析

经过28d水养护后,测得各试验方案所对应的抗压强度、抗拉强度,结合SPSS数据分析软件获得了各因素对超高性能混凝土抗压、抗拉强度的影响规律,结果如下。

4.1 抗压强度

4.1.1 方差分析

方差分析(Analysis of Variance, ANOVA),又称"变异系数分析"或"F检验",是R. A. Fisher发明的。方差分析是从观测变量的方差入手,研究诸多控制变量中哪些变量是对观测变量有显著影响的变量[6]。通过方差分析,可以检验各因素和交互作用是否有显著性意义。在显著性水平 $\alpha = 0.05$ 下,各因素对超高性能混凝土抗压强度影响程度见表6。

抗压强度方差分析表　　　表6

来源	平方和	自由度	均方	F值	显著性
模型	1 472.074[a]	8	184.009	4.658	0.003
截距	352 489.815	1	352 489.815	8 922.398	0.000
钢纤维	71.630	2	35.815	0.907	0.422
PVA纤维	21.407	2	10.704	0.271	0.766
硅灰	102.296	2	51.148	1.295	0.298
水胶比	1 276.741	2	638.370	16.159	0.001
误差	711.111	18	39.506		
总计	354 673.000	27			

由表6可以看出,水胶比所对应的显著性值小于0.05,故可知水胶比对超高性能混凝土抗压强度有显著影响,其他因素对超高性能混凝土抗压强度的影响不显著。

4.1.2 极差分析

极差又称范围误差或全距(Range),以 R 表示,是用来表示统计资料中的变异量数(Measures of Variation),其最大值与最小值之间的差距,即最大值减最小值后所得之数据[7]。通过极差分析,可以确定出最优方案配合比。通过SPSS输出各因素对抗压强度极差的计算结果见表7。

抗压强度极差分析表　　　表7

| 因素 | 水平1（均数 K_1） | 水平2（均数 K_2） | 水平3（均数 K_3） | 极差（绝对值） | | | 最优方案 |
				$\|K_2-K_1\|$	$\|K_3-K_1\|$	$\|K_3-K_2\|$	
钢纤维	111.330 0	111.130 0	110.777 8	0.200 0	0.552 2	0.352 2	1
PVA纤维	110.555 6	109.111 1	113.777 8	1.444 5	3.222 2	4.666 7	3
硅灰	112.667 0	117.400 0	113.111 0	4.733 0	0.444 0	4.289 0	2
水胶比	121.888 9	115.667 0	114.259 3	6.221 9	7.629 6	1.407 7	1

由表7可以看出,各行的极差是不同的,这说明各因素的水平改变对抗压强度指标的影响是不同的。极差越大,说明这个因素水平改变时对试验结果指标的影响越大。极差最大的那个因素的水平改变时对试验结果指标的影响最大,那个因素就是要考虑的主要因素。针对抗压强度影响最大的是水胶比,以1水平最好(1水平水胶比最低),其次是硅灰,以2水平为好,第三是PVA纤维,以3水平为好,第四是钢纤维,以1水平为好。综合上可得最好的方案是钢纤维1%、PVA纤维3%、硅灰20%、水胶比0.21。

4.1.3 超高性能混凝土的抗压强度

图2所示为不同钢纤维掺量、PVA纤维掺量、硅灰掺量、水胶比下28d混凝土抗压强度平均值变化情况。图中横坐标1%、2%、3%为钢纤维或PVA纤维体积掺量，15%、20%、25%为硅灰掺量，0.2、0.21、0.23为水灰比。

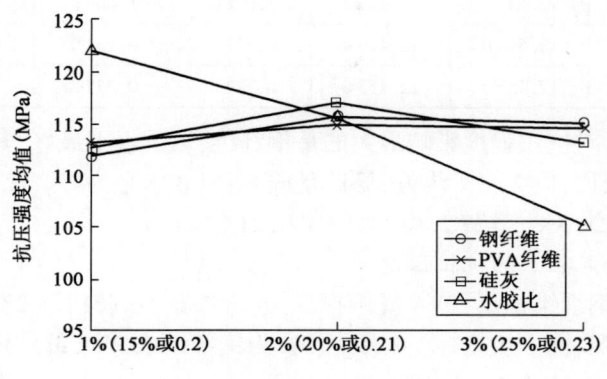

图2 抗压强度

由图2可知，随着水胶比的增大(0.2~0.21~0.23)超高性能混凝土抗压强度呈线性减小，各水胶比间最大减小幅度为30.3%；其次随着硅灰掺量、钢纤维掺量和PVA纤维掺量的增加其抗压强度呈现先增大后减小的趋势，抗压强度增大或减小幅度最大的为硅灰。综上可知针对混凝土抗压强度影响最大的是水灰比，其次为硅灰掺量，第三位钢纤维，第四位PVA纤维。

4.2 抗拉强度

4.2.1 方差分析

在显著性水平 $\alpha = 0.05$ 下，各因素对超高性能混凝土抗拉强度影响程度见表8。

抗拉强度方差分析表　　　　表8

来源	平方和	自由度	均方	F值	显著性
模型	21.230a	8	2.6537	12.1030	0.0000
截距	4171.3837	1	4171.3837	19024.8919	0.0001
钢纤维	10.5696	2	5.2848	24.1030	0.0004
PVA纤维	9.4430	2	4.7215	21.5338	0.0009
硅灰	0.3607	2	0.1804	0.8226	0.4551
水胶比	0.8563	2	0.4281	1.9527	0.1708
误差	3.9467	18	0.2193		
总计	4196.5600	27			

由表8可以看出，钢纤维、PVA纤维所对应的显著性值小于0.05，故可知钢纤维、PVA纤维对超高性能混凝土抗拉强度有显著影响，其他因素对超高性能混凝土抗拉强度的影响不显著。

4.2.2 极差分析

通过SPSS软件输出各因素对抗拉强度极差的计算结果见表9。

抗拉强度极差分析表 表9

因素	水平1（均数K_1）	水平2（均数K_2）	水平3（均数K_3）	极差(绝对值) $\|K_2-K_1\|$	$\|K_3-K_1\|$	$\|K_3-K_2\|$	最优方案
钢纤维	11.5889	12.6111	13.0889	1.0222	1.5000	0.4778	3
PVA纤维	11.6222	12.6444	13.0222	1.0222	1.4000	0.3778	3
硅灰	12.2667	12.5000	12.4296	0.2333	0.1629	0.0704	2
水胶比	12.1778	12.5556	12.4556	0.3778	0.2778	0.1000	2

由表9可以看出，对抗拉强度影响最大的是钢纤维，以3水平最好，其次是PVA纤维，以3水平为好，第三是水胶比，以2水平为好，第四是硅灰，以2水平为好。综合上可得最好的方案是钢纤维3%、PVA纤维3%、硅灰20%、水胶比0.21。

4.2.3 超高性能混凝土的抗拉强度

图3所示为不同钢纤维掺量、PVA纤维掺量、硅灰掺量、水胶比下28d混凝土直接拉伸抗拉强度平均值变化情况，图中横坐标1%、2%、3%为钢纤维或PVA纤维体积掺量，15%、20%、25%为硅灰掺量，0.2、0.21、0.23为水灰比。

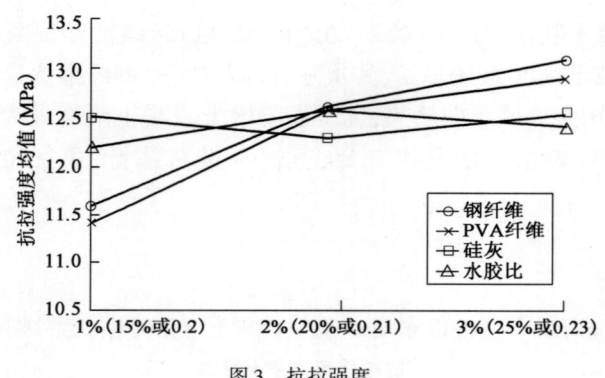

图3 抗拉强度

由图3可知，随着钢纤维和PVA纤维掺量(1%~2%~3%)的增加超高性能混凝土抗拉强度呈现增大趋势，各掺量间最大增加幅度为37%；随着水胶比的增加其抗拉强度呈现先增大后减小的趋势；随着硅灰掺量的增加其抗拉强度呈现先减小后增大的趋势。综上可知针对混凝土抗拉强度影响最大的是钢纤维和PVA纤维掺量，其次为水胶比，最后为硅灰掺量。

5 结语

（1）正交试验有效地减少了试验次数，其结果与大量试验结果等效，节省了大量人力、物力，极大地提高了科学研究的效率。

（2）针对抗压强度，由方差分析可得水胶比所对应的显著性值小于0.05，故水胶比对超高性能混凝土抗压强度有显著影响，由极差分析可知各因素最好的组合方案是钢纤维1%、PVA纤维3%、硅灰20%、水胶比0.21。

（3）针对抗拉强度，由方差分析可得钢纤维、PVA纤维所对应的显著性值小于0.05，故钢纤维、PVA纤维对超高性能混凝土抗拉强度有显著影响，由极差分析可知各因素最好的组合方案是钢纤维3%、PVA纤维3%、硅灰20%、水胶比0.21。

（4）由超高性能混凝土的抗压/拉强度分析可知：随着水胶比的增大(0.2~0.21~0.23)

超高性能混凝土抗压强度呈线性减小,各水胶比间最大减小幅度为30.3%;随着钢纤维和PVA纤维掺量(1%~2%~3%)的增加超高性能混凝土抗拉强度呈现增大趋势,各掺量间最大增加幅度为37%

参 考 文 献

[1] Li V C, Wang S, Wu C. Tensile strain-hardening behavior of polyvinyl alcohol engineered cementitious composite(PVA-ECC)[J]. ACI Materials Journal,2001,98(6).

[2] Hakan Nuri Atahan,Bekir Yılmaz Pekmezci,Erman Yiĝit Tuncel. Behavior of PVA fiber-reinforced cementitious composites under static and impact flexural effects[J]. Journal of Materials in Civil Engineering,2013,25(10):1438-1445.

[3] Rui Zhong,Kay Wille,Roberto Viegas. Material efficiency in the design of UHPC paste from a life cycle point of view[J]. Construction and Building Materials,2018, 160:505-513.

[4] Branko Šavija, Mladena Lukovi'c, Erik Schlangen. Influence of cracking on moisture uptake in strain-hardening cementitious composites[J]. Journal of Nanomechanics and Micromechanics, 2017,7(1):04016010.

[5] 邓宗才,王义超. 预应力超高性能混凝土梁抗震性能试验研究[J]. 桥梁建设,2016,46(6):29-34.

[6] 刘曙光,张栋翔,闫长旺,等. 高钙粉煤灰PVA-ECC拉伸性能试验研究[J]. 硅酸盐通报,2016,35(1):52-60.

[7] 宋志刚,谢蕾蕾,何旭洪. SPSS 16实用教程[M]. 北京:人民邮电出版社,2008.

[8] 茆诗松,王静龙,濮晓龙. 高等数理统计[M]. 2版. 北京:高等教育出版社,2006.

[9] 朋改非,杨娟,石云兴. 超高性能混凝土高温后残余力学性能试验研究[J]. 土木工程学报,2017,50(4):73-79.

[10] 张君,公成旭,居贤春. 高韧性低收缩纤维增强水泥基复合材料特性及应用[J]. 水利学报,2011,42(12):1452-1461.

[11] 邓明科,樊鑫淼,高晓军,等. ECC面层加固受损砖砌体墙抗震性能试验研究[J]. 工程力学,2015,32(4):120-129.

[12] 卜良桃,马益标. PVA-ECC钢筋网加固钢筋混凝土梁截面刚度计算[J]. 铁道科学与工程学报,2017,14(3):514-519.

[13] 汪梦甫,张旭. 高轴压比下PVA-ECC柱抗震性能试验研究[J]. 湖南大学学报(自然科学版),2017,44(5):1-9.

175. 新型预制装配双T梁承载性能试验研究

邱志雄[1] 陈长万[1] 石雪飞[2]

(1. 广东省高速公路有限公司；2. 同济大学桥梁工程系)

摘　要：本文依托深汕西改扩建项目新型预制装配式双T梁，为明确新型结构的承载性能，并探索采用圆头拉筋、开口箍筋等新型配筋方式的可靠性，开展单梁足尺模型试验研究。首先，基于有限元模型对双T梁的力学性能进行了理论分析；其次，根据计算结果设计了双T梁的试验方案及加载方案；最后，分别对双T梁的抗弯、抗剪性能进行了试验加载及结果分析。主要研究结果如下：圆头拉筋以及开口箍筋形式对抗剪性能未产生显著影响，正常使用频遇组合下双T梁的抗裂安全系数为1.9，结构在加载到1.5倍设计荷载状态下仍有较好的延性，结构承载能力满足要求。

关键词：双T梁　装配式　圆头钢筋　抗弯承载能力　抗剪承载能力

1 引言

公路中小跨径桥梁中常采用空心板，但其采用闭口断面存在预制难度大、质量控制难度大、养护检修困难等缺点[1-3]。为保持此类桥梁较低梁高、低成本的目标，同时弥补空心板上述缺点，提出了在小跨径桥梁结构中采用双T梁结构充分发挥其耐久性好、预制质量高和施工便捷等优点[4-6]。

赵培等人研究了18m和24m两种跨度可用于装配式停车楼的足尺预应力混凝土双T板，通过静力性能试验，验证了所构建的预制预应力混凝土双T板的安全性和适用性满足停车楼结构的要求[7]。黄清等人对FRP预应力混凝土双T梁进行了足尺模型试验，研究表明：双T梁的极限破坏荷载和开裂荷载分别为工作荷载的3.3倍和1.2倍，实测抗弯强度为计算值的1.6倍，腹板在加载至破坏荷载前已经出现明显开裂[8]。刘超等人对钢筋混凝土π梁在近爆作用下的防护性能展开了研究，研究表明：各防护工况π梁的破坏模式均为局部破坏，无整体变形，翼缘板、腹板未发生破坏[9]。

本文针对新型装配式圆头钢筋双T梁承载性能展开了足尺模型试验研究，通过有限元模型对双T梁的力学性能进行了计算，并设计了试验方案。通过对比"抗拔锚桩+反力架"加载方案和"配重梁+反力架"加载方案，确定了双T梁足尺模型试验的加载方式，并对正常使用状态及承载能力极限状态下的双T梁试验结果进行了分析。

2 工程背景

由于双T梁结构造型的特殊性，预制和运输过程中存在弯、剪、扭等耦合受力现象，需要总结分析单梁受力特点,并在理论研究、有限元模拟的基础上开展足尺模型试验研究。依托沈海高速公路汕深段改扩建项目(K0+000~K71+288.003),其标准段采用双T梁。主梁梁高90cm、宽2.2m,主梁采用C50混凝土,整体化层为厚度10cm的C40混凝土,见图1。

此外,为便于工业化建造,有效减少配筋数量及钢筋绑扎工作量,提出了采用圆头钢筋替代原有抗剪钢筋的配筋优化方案,见图2。

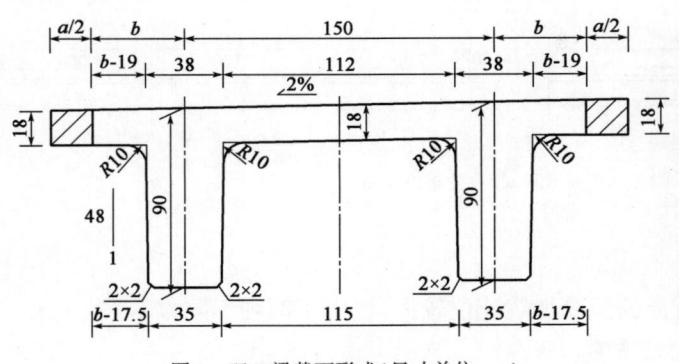

图1 双T梁截面形式(尺寸单位:cm)

图2 圆头钢筋配筋形式

3 试验方案

3.1 力学性能计算

采用桥梁博士建立的双T梁有限元模型,计算其抗弯承载能力、抗剪承载能力,见图3a)。利用有限元模型得到的计算结果,见图3b)、c)。

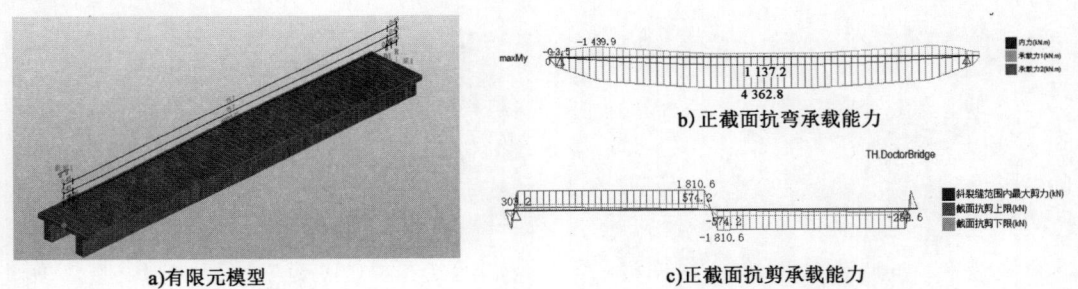

a)有限元模型　　b)正截面抗弯承载能力　　c)正截面抗剪承载能力

图3 承载能力数值计算

由计算结果可知,考虑结构重要性影响系数1.1以及1.0的分项系数,得到自重作用下的弯矩效应为947.7kN·m,跨中抗弯承载力为4361.6kN·m。自重作用下的剪力最大效应为303.2kN,结构抗剪承载力为2150.1kN。在不考虑自重作用影响时,得到该双T梁的抗弯承载力约为3450kN·m,抗剪承载力约为1850kN。

当采用四分点加载使梁体抗弯破坏时,其所需的加载荷载较小,约为700kN;当按照抗剪破坏时荷载较大,破坏荷载约为1850kN。因此实验装置可按照此进行设计,并提供安全系数为2左右的安全储备。

3.2 试验方案设计

为验证圆头钢筋双T梁配筋方案的可靠性,对采用新型装配式圆头钢筋的双T梁承载性能展开研究。为此,试验梁的一端采用普通箍筋,另一端采用开口箍筋,以此对比两种不同布筋方式的差异性。

本试验中设置的工况,分别为:正常使用状态下普通箍筋的抗剪试验、正常使用状态下圆头箍筋的抗剪试验、正常使用状态下抗弯试验、极限承载能力状态下抗弯试验。为提高试验效率,试验中先验证正常使用状态下双T梁的弯、剪性能,然后加载至破坏验证其极限承载能力状态下抗弯性能。抗剪采用两点加载的方式,加载点位在顶板T梁上方,见图4a);抗弯实验加载采用四点加载法,加载点位位于顶板T梁上方,见图4b)。

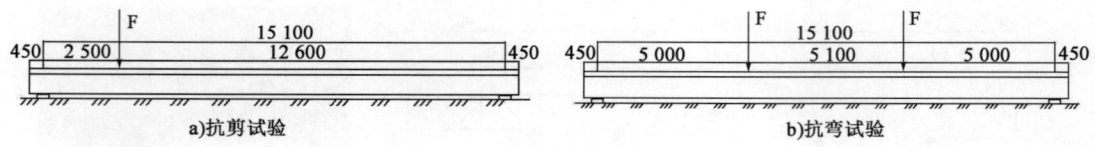

图4 加载布置形式(尺寸单位:mm)

4 加载方案比选

由于采用足尺模型试验梁,所需的试验加载吨位较大,提出了两种不同方案:

4.1 "抗拔锚桩+反力架"加载方案(图5)

根据前期地质勘测结果可知,试验场地素填土埋深 -1.62m,淤泥质粉质黏土埋深 -22.8m,卵石埋深 -31.57m;由于素填土和淤泥质粉质黏土承载力较低,需要将桩端深入卵石层。拟定于抗拔桩桩长为35m,桩头漏出地面500mm,桩径1m,每个反力梁左右各一个桩基,共4个桩基。其抗拔桩轴向承载能力为5509.7kN。在正常使用极限状态下单根桩受到910kN的荷载,拥有较大的安全系数,但是必须保证桩端深入卵石层5m以上。

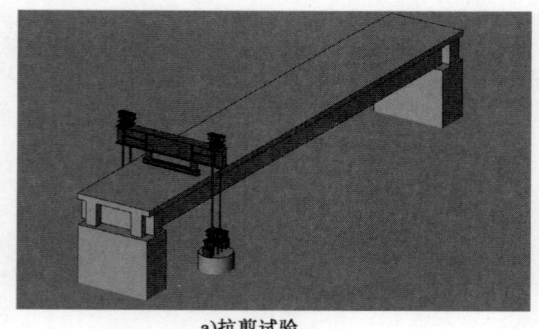
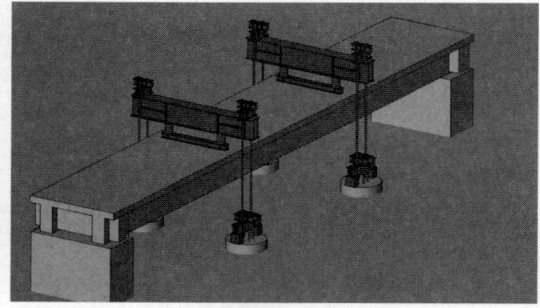

图5 "抗拔锚桩+反力架"加载方案

4.2 "配重梁+反力架"加载方案(图6)

采用30m小箱梁进行压重,考虑实验最大荷载为单边1600kN,按照安全系数为2,可知每个小箱梁重力需要大于1600kN,小箱梁重力约为850kN,可以竖向叠两个小箱梁。反力梁采用双拼窄翼缘HN700×300型钢,总梁长4.5m,跨径3.9m。采用PSB830精轧螺纹钢,尺寸φ40mm,每侧布置2根,共计8根。小分配梁采用双拼HM400×300型钢,长2.9m。

通过两种加载方案的对比,可知:"抗拔锚桩+反力架"加载方案由于采用抗拔锚桩、反力支座加载的方式,反力装置制作成本较高,但安全系数较高;然而"配重梁+反力架"加载方案可直接采用施工现场已有小箱梁进行压重,直接减少了反力装置制造成本,但其对反力架设计要求较高。综上所述,综合考虑试验经济性和装置可靠性,推荐采用"配重梁+反力架"加载方案进行试验。

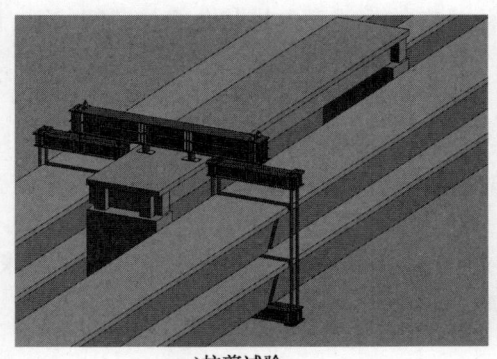 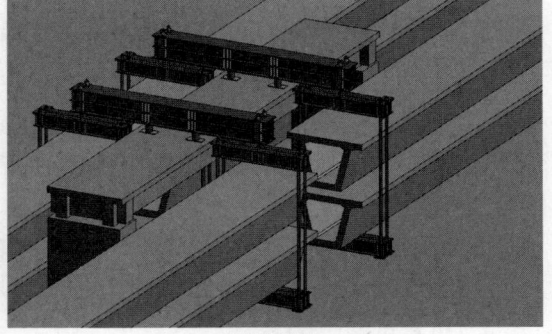

a) 抗剪试验　　　　　　　　　　　　　　b) 抗弯试验

图6 "配重梁+反力架"加载方案

5 试验结果及分析

5.1 抗剪试验

5.1.1 圆头钢筋抗剪试验

采用两点单边加载装置进行加载,分8级加载;最终加载荷载为370kN,最大挠度变形为4.3mm。此时,圆头钢筋加载端混凝土的应变见表1。由计算可得:混凝土主拉应力最大约为1.8MPa,混凝土未开裂。

圆头钢筋应变结果表　　　　表1

应变位置	水平应变 ($\mu\varepsilon$)	45度应变 ($\mu\varepsilon$)	竖直应变 ($\mu\varepsilon$)	主拉应变 ($\mu\varepsilon$)	主压应变 ($\mu\varepsilon$)
0.45m	33	53.5	15	54.84	-6.84
1.25m	11	59	-7.5	59.74	-56.24
2.5m	9	63	—	65.54	-86.54

在加载点、5m以及跨中的腹板底部混凝土应变变化,均具有阶梯状分级加载的状况,且没有较异常的数据。在加载位置处其腹板底侧拉应变最大,换算成混凝土拉应力大约为3.32MPa。

加载位置处最大荷载下的钢筋应变约为$70\mu\varepsilon$,换算成应力约为14.7MPa,箍筋应力较小,箍筋受压;横向钢筋的应力水平也较小,没有在正常阶段发挥较大的作用。可见梁体具有较强的抗剪富裕度。

5.1.2 普通钢筋抗剪试验

与圆头钢筋抗剪试验相同,普通钢筋侧的最终荷载为350kN,最大挠度变形为4.2mm。此时,圆头钢筋加载端混凝土的应变见表2。由计算可得:混凝土主拉应力最大约为0.61MPa,混凝土未开裂。

普通钢筋应变结果表　　　　表2

应变位置	水平应变 ($\mu\varepsilon$)	45度应变 ($\mu\varepsilon$)	竖直应变 ($\mu\varepsilon$)	主拉应变 ($\mu\varepsilon$)	主压应变 ($\mu\varepsilon$)
0.45m	23.5	3.4	14.3	35.07	2.73
1.25m	17.5	7.3	-8.8	17.83	-9.13
2.5m	0.5	16.7	-13	17.67	-30.17

加载点以及跨中的腹板底部混凝土应变变化,均具有较为明显阶梯状分级加载的状况,且没有较异常的数据。在加载位置处其腹板底侧拉应变最大,换算成混凝土拉应力大约为2.7MPa。

在加载位置处最大荷载下的钢筋应变约55με,换算成应力约为11.6MPa,箍筋应力较小,箍筋受压;横向钢筋的应力水平也较小,没有在正常阶段发挥较大的作用。可见梁体具有较强的抗剪富裕度。

对比开口箍筋和闭口箍筋试验所得到的挠度与应变数据可知,两者抗剪性能均满足要求,且无明显差别,箍筋形式对抗剪性能未产生显著影响。

5.2 抗弯试验

抗弯试验中,双T试验梁的荷载-位移曲线见图7。构件在逐级施加荷载的过程中,第一阶段于270kN时产生最大挠度变形,为8.7mm;第二阶段在第一阶段荷载基础上继续加载,在770kN时达到理论计算承载能力状态,此时产生的最大挠度变形为42.2mm,在最大荷载1 130kN情况下的最大位移为84.1mm。

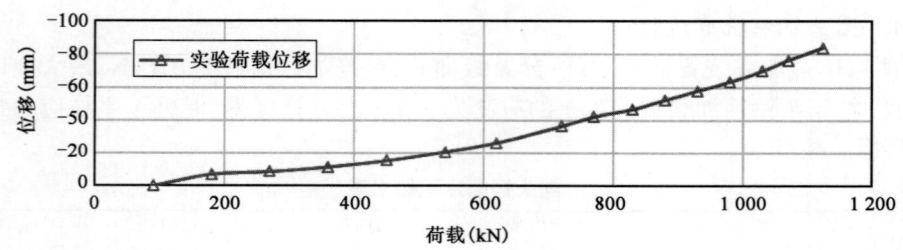

图7 试验梁荷载—位移曲线

正常使用状况下,试验梁无裂缝开展。而在极限承载能力状况下,加载至$P=630$kN时,梁体出现开裂,相较于使用阶段频遇组合内力270kN,计入自重效应计算抗裂安全系数达1.9。随后每一级工况裂缝逐渐增多,裂缝长度也出现不同程度的延展。最后加载到$P=1\ 130$kN后,由于千斤顶量程有限,最大裂缝超过1mm,因此暂停加载。裂缝在加载区域内均匀分布,结构仍有较好的延性,见图8。卸载后,裂缝基本上完全得到闭合,裂缝肉眼不可见。

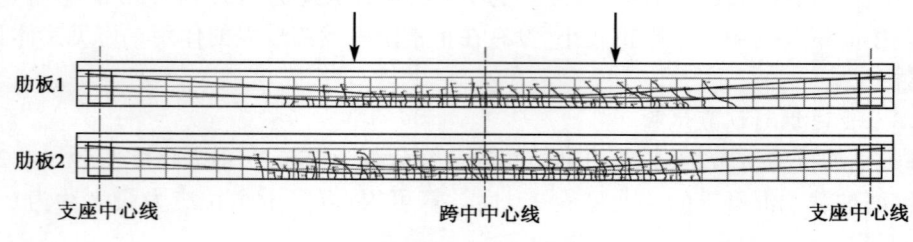

图8 试验梁最终裂纹分布情况

跨中混凝土拉应变最大约为350με,压应变大约为611με,换算成混凝土名义拉应力约为12.78MPa,名义压应力约为22.3MPa。而纵筋在最大荷载工况时应力约为220MPa,钢筋还未受拉屈服。证明该梁的抗弯极限承载能力比最大荷载工况要高。圆头钢筋应力比普通钢筋应力大,证明圆头钢筋较普通箍筋局部受力偏高,但两者在极限状态下都远未到达屈服,具有较高富余度。

6 结语

对新型装配式圆头钢筋双T梁承载性能展开了试验研究,主要结论如下:

(1)对比圆头箍筋和普通箍筋试验所得到的挠度与应变数据可知,两者抗剪性能均满足要求,且无明显差别,箍筋形式对抗剪性能未产生显著影响。

(2)正常使用频遇组合下的试验结果表明,结构刚度未产生变化,也没有产生开裂情况,随后加载表明,抗裂安全系数为1.9。

(3)极限抗弯承载能力的试验结果表明,结构在加载到1.5倍设计荷载状态下,仍有较好的延性,刚度也未产生明显的下降,结构承载能力满足要求。

参 考 文 献

[1] 许延祺.刚接空心板在中小跨径桥梁中的应用[J].特种结构,2022,39(1):96-101.

[2] 储兵.空心板梁桥深铰缝受力性能研究[J].公路,2021,66(11):178-181.

[3] 周娟.简支空心板桥梁典型病害及维修加固措施[J].交通世界,2021(29):154-155.

[4] 李洞明.一种先张法预应力混凝土双T形梁的研发与应用[J].城市道桥与防洪,2019(12):178–180+198+20.

[5] 那振雅,王晓锋,赵广军.预应力混凝土双T板端部连接方式综述与发展[J].建筑结构,2020,50(13):7-12.

[6] 王巍,马骉,黄少文,等.基于UHPC预制π梁的UHPC–RC组合梁设计方案及工程应用[J].城市道桥与防洪,2019(9):101–105+121+13–14.

[7] 赵培,张文龙,周威,等.足尺预应力混凝土双T板静力性能试验研究[C]//.第26届全国结构工程学术会议论文集(第Ⅰ册),2017:586-592.

[8] 黄清,安群慧.预应力双T梁足尺比例模型试验[J].世界桥梁,2004(2):40-43.

[9] 刘超,孙启鑫,李会驰.近爆作用下钢筋混凝土π梁防护性能的数值模拟[J].振动与冲击,2022,41(4):223-231.

176. 既有钢筋混凝土板桥极限承载力试验

王 鹏[1] 张建川[2] 舒 皓[3] 胡文华[4] 朱俊良[1]
(1.招商局重庆交通科研设计院有限公司桥研院;2.成都西南交通大学设计研究院有限公司凉山分公司;
3.重庆市宾宗房地产开发有限公司;4.云南省公路科学技术研究院)

摘 要:本文以一座运营30年的钢筋混凝土板桥为依托开展现场实验研究,取该桥上部结构的整体现浇钢筋混凝土板作为研究对象,解除加固措施,针对裸梁开展极限荷载试验研究。采用规范公式预估整体现浇板的极限荷载,据此采用逐层堆载的方法进行加载,在加载过程中观测梁体的应变和变形,并与有限元仿真分析结果作对比研究。试验表明,该整体现浇板实际承载力较规范估算值大,具有较高的安全储备;与相应的恒、活载标准值总效应比较,该板桥的安全系数超过4.0,仍可继续服役。试验方法及成果可为同类桥梁评定提供参考。

关键词:整体现浇 钢筋混凝土板桥 极限荷载 试验 极限承载力

1 引言

我国在20世纪七八十年代修建的桥梁就很多,其中大部分都是三、四级公路桥梁,由于当时桥梁设计荷载较低,加之年代较久又缺乏保养维护,一些桥梁已出现了一些病害。而由于交通需求增加,原三、四级公路需要拓宽改造,其中的桥梁是拆除重建还是维修拓宽是摆在管理单位面前的一道难题。为了评定此类既有桥梁的力学性能、技术状况,最直接的方法就是进行实桥加载试验,但由于试验费用高、难度大、机会少等原因,国内对旧桥的加载破坏性试验研究仍十分有限,尤其缺少对整体式现浇钢筋混凝土板桥极限承载力的试验研究。

2001年,魏炜、李满囤通过对整体式钢筋混凝土简支斜交板桥的模型试验和模拟分析,对其在集中荷载下的破坏形态和极限承载能力作了研究[1]。2006年,谢家全、吴赞平和华斌等人分别对预应力混凝土简支T梁桥和预应力混凝土连续箱梁桥进行极限承载能力试验研究,试验完整地记录了桥梁从加载至破坏的整个过程,通过分析进一步了解了桥梁破坏机理和规律,为同类型桥梁加载破坏性试验积累了经验[2]。2008年,张健飞、张宇峰以沪宁高速公路新兴塘大桥主桥为例,介绍了预应力混凝土连续箱梁桥破坏性试验的方法,根据试验实际加载过程对桥梁试验进行了仿真计算,研究了桥梁的受力特性、破坏机理和承载能力等情况,研究认为承载能力具有较大的安全储备[3]。2009年,张建仁等人对一座服役43年的钢筋混凝土简支T梁桥进行现场加载破坏性试验,用千斤顶模拟两轴、三轴重车荷载以研究桥梁在超限荷载作用下的受力性能,试验结果表明试验桥梁对于超限荷载有相当的承载力储备[4]。2011

年,彭晖、张建仁等对湖南省宁乡县一座服役43年的钢筋混凝土简支T梁桥实施了破坏性试验,试验中采用2个5000kN千斤顶对桥梁进行加载直至结构破坏,在此基础上进行有限元分析并与试验结果进行比较,研究认为实桥的破坏形式可能由多个因素控制[5]。

本文借助云南省国道改建机会,对其中一座整体式现浇钢筋混凝土实心板桥开展极限承载力试验。

2 桥梁概况

试验桥建于1986年修建,跨越小河,全长8m。上部结构为整体现浇钢筋混凝土简支实心板,计算跨径7.45m,净跨径6.9m,桥面宽度为7.8m(桥面铺装)+2×0.4m(护栏)=8.6m,除去桥梁横向两侧滴水槽尺寸,桥梁计算宽度取8.5m。设计荷载等级为:原汽车—15级、挂—80。中央7.0m段板厚0.4m,两侧各0.8m厚0.67m;混凝土板采用C35号混凝土,上层受压钢筋为R235,直径8mm,下层受拉钢筋为HRB335,共设置107根直径22mm钢筋,净保护层厚度30mm。下部结构采用重力式U桥台,扩大基础,如图1所示。

图1 桥梁横断面

该桥已采用粘贴钢板、增加桥面混凝土层进行过加固,限速10km/h,限轴重7t。

为更明确掌握原桥承载力状况,现场极限承载力试验前,采取拆除粘贴钢板和桥面混凝土层等加固措施并设防撞护栏,拆除加固措施后桥梁横断面及桥梁立面如图2所示。

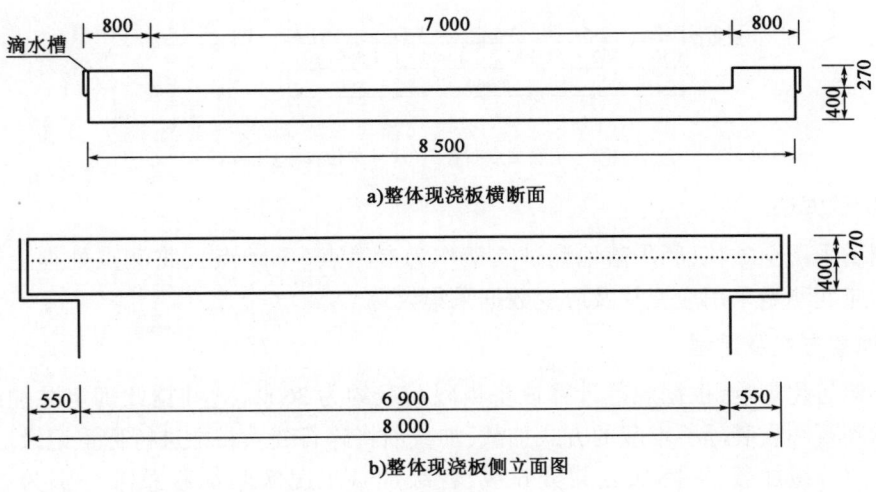

图2 桥梁立面(尺寸单位:mm)

极限承载力试验前,首先对该桥梁进行专项检测,包括混凝土强度检测、混凝土碳化深度检测和钢筋锈蚀检测。检测结果表明,混凝土强度略高于设计值,桥梁底板混凝土碳化深度在 5.0~6.0mm 之间,桥梁侧面混凝土碳化深度都大于10mm,钢筋锈蚀结果在 -400 ~ -300mV 之间,表明钢筋有锈蚀活动性,发生锈蚀概率大于90%,但通过在跨中截面两点主钢筋位置凿除混凝土保护层,观测发现钢筋基本无锈蚀。

3 试验过程

3.1 测点布置

为了能够尽可能完整地记录该桥在荷载作用下受力全过程的结构反应,掌握其受力性能,在试验中进行较为全面的测试,主要测点的布置位置为:在梁板底部 $L/4$、$L/2$、$3L/4$ 及靠近桥台4个角点位置布置应变片(贴钢筋和混凝土上)和棱镜(用于水准仪测量挠度)。将应变片接入桥下数据应变采集仪,数据采集信号接收装置与计算机相连用于采集测点应力变化,测试人员远离桥跨,以确保安全。如图3所示,编号3-6、3-7为跨中截面钢筋应变片测点(凿除混凝土保护层,打磨钢筋后贴在表面),其余为混凝土表面应变片和挠度测点。

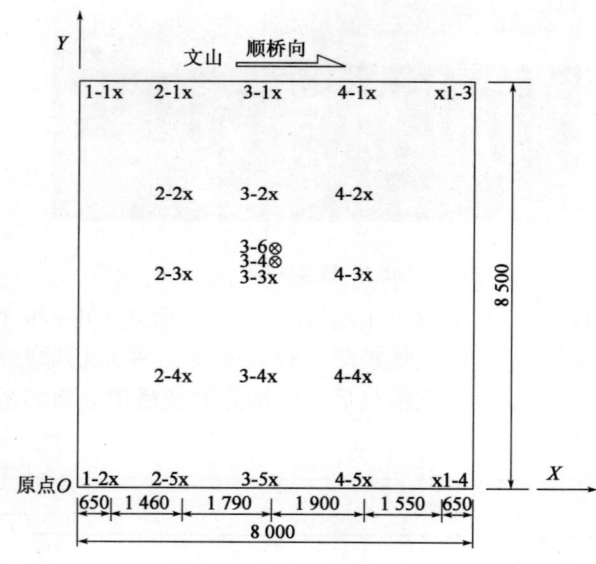

图3 梁底测点布置图(尺寸单位:mm)

3.2 测试方法

挠度测量采用全站仪,利用落地测试支架作为参考点(不动点),将测点处挂上棱镜观测挠度变化。应变测量采用应变片及应变数据采集仪。

3.3 加载方式及过程

考虑结构劣化影响,根据规范计算该桥极限荷载约为3600kN,并据此确定总加载量。试验采用摊铺碎石和袋装碎石堆载的方式加载,加载前将碎石装入袋中进行称重记录。

试验采用分级加载,实际加载共分6级,各级加载工况实际加载总重分别为218.5kN、976.1kN、1 740.5kN、2 490.2kN、3 038kN、3 438.8kN。加载情况见图4。由于试验条件及加载高度等限制,加载至工况6最大荷载3 438.8kN时,因袋装石子存在坍塌风险,无法继续加载而终止试验,此时试验桥梁尚未破坏。

a)加载工况4　　　　　　　　　　　　　　b)加载工况6

图4　试验加载过程

4　试验成果与分析

4.1　试验挠度分析

图5给出了1/4截面、1/2截面、3/4截面代表性测点荷载-挠度曲线,其中结构下挠挠度为"-"。由图5可以看出,随着荷载逐渐增大,测点挠度绝对值基本认为呈线性增长,未发生较大突变,跨中最大挠度为5.3mm,为$L/1\,400$,未达到规范允许正常使用极限状态变形限值$L/600$(为12.4mm)。

4.2　试验应变分析

如图6所示,测点3-3为跨中混凝土表面测点,测点3-6为跨中钢筋表面测点,荷载加至2 490.2kN之前钢筋应变较混凝土应变略大,可认为在前期加载阶段,钢筋和混凝土黏结性良好;荷载加至2 490.2kN之后,混凝土应变出现较快增长,超过钢筋应变,说明混凝土发生开裂。荷载加至3 438.8kN时,钢筋的最大拉应变为$305\mu\varepsilon$,相应钢筋拉应力达到61MPa,小于其设计强度,如图6所示。在整个加载过程中,钢筋均处于线弹性变化阶段,未屈服;而随着荷载的增加,混凝土的拉应变呈现非线性变化,实测得混凝土的最大拉应变为$450\mu\varepsilon$,表征应力为14.2MPa,大大超出混凝土实际抗拉强度,说明板体粘贴应变片处出现开裂(出于安全考虑和测量手段限制,加载过程中未实施板体裂缝观测)。

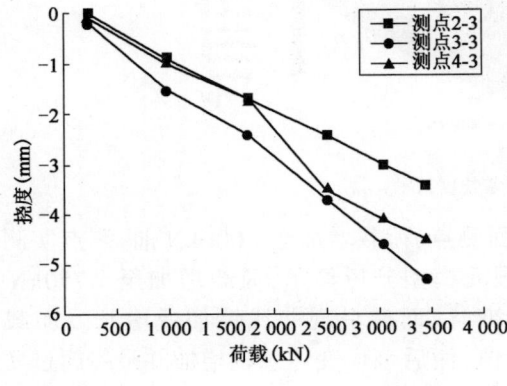
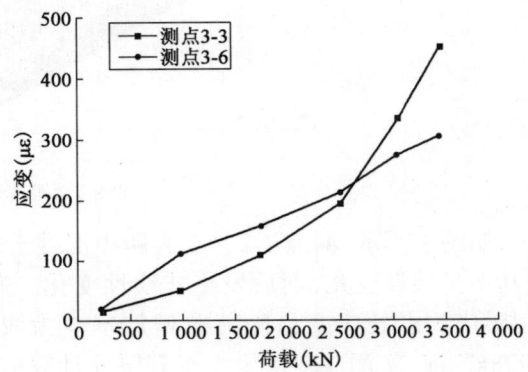

图5　代表性测点荷载-挠度曲线　　　　　图6　跨中钢筋、混凝土表面荷载-应变曲线

4.3 极限荷载计算

由于实桥在加载过程中未发生破坏,为了得到桥梁极限承载力,采用有限元软件 FEA 建立实体模型计算其极限荷载。计算桥梁极限荷载采用理想状态下简支板桥实体单元模型。考虑材料非线性,计算模型中混凝土材料本构关系采用"总应变裂缝模型",该模型不仅能够模拟裂缝和压溃,还能模拟横向影响;钢筋本构模型则采用范梅赛斯模型。梁体采用 C35 混凝土,取抗拉强度平均值 2.75MPa、抗压强度平均值 28.65MPa;HRB335 钢筋初始屈服应力取屈服平均强度 400MPa,如图 7 所示。

图 7 加载破坏性试验桥梁网格划分示意图

计算结果表明,理想状态下,该板桥开裂荷载为 1 724kN,可承受极限总重力约为 5 000kN 的外加均布荷载,荷载集度为顺桥向 671kN/m,此时,跨中最大挠度为 25mm,为 $L/300$,钢筋最大应变为 1 401$\mu\varepsilon$,如图 8 所示。

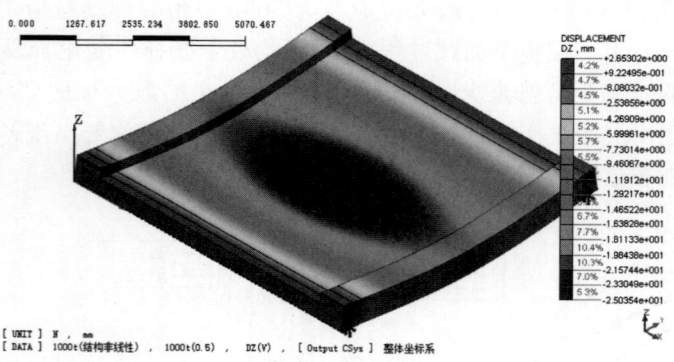

图 8 极限荷载计算挠度云图

如图 9 所示,测点 3-2、3-3 为跨中混凝土表面测点,荷载增加至 1 000kN 前,测点实测应变基本呈线性变化,而后发生非线性变化。有限元模型分析显示,荷载增加至 1 750kN 以前,对应测点处应变值随荷载增加基本为线性变化,而后呈现非线性加速增长。加载至 3 038kN 前,实测应变值要大于有限元计算应变值,而后该应变值急剧增加并最终超过实测应变值。

跨中测点荷载-挠度曲线对比如图10所示,如前所述,整个加载过程实测挠度曲线基本呈线性变化;而荷载加载至2 500kN之前,有限元分析结果基本呈线性变化,而后出现非线性变化。荷载加载至3 038kN之前,挠度实测值比理论值大,究其原因,旧桥运营时间较长,板体存在病害损伤,仿真分析中所取材料本构关系、强度等参数与实际结构存在差异。荷载加载至3 038kN之后,挠度计算值迅速增加,超过实测值。上述对比分析表明,采用有限元软件准确模拟板桥实际情况尚存在困难,需要开展更为深入的研究。

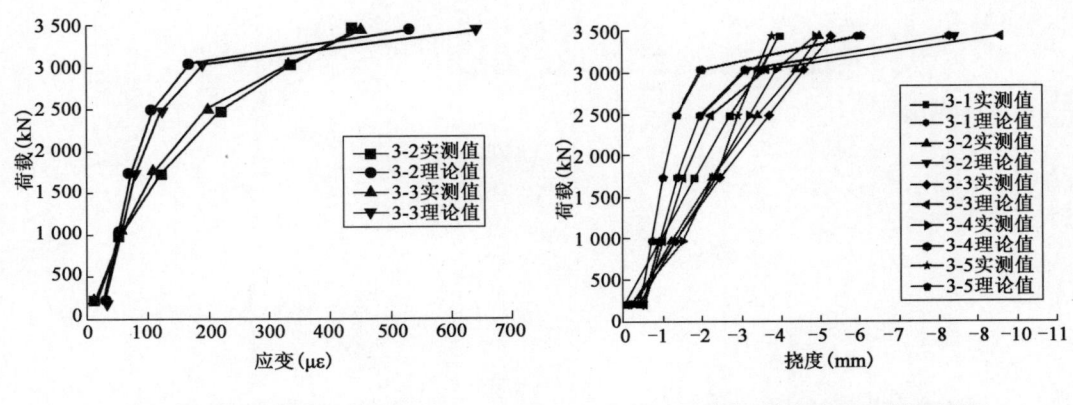

图9　跨中测点荷载-应变对比图　　　　　图10　跨中测点荷载-挠度曲线对比图

5　结语

本文是对云南一座运营近30年的钢筋混凝土板桥进行现场极限承载力试验,试验采用堆载的方式对实桥进行加载。

在本文中,加载破坏性试验由于受现场试验条件限制,最终未能将桥梁加载至破坏阶段;荷载总重最大加载至3 438.8kN,此时该桥跨中截面总弯矩(含钢筋混凝土板自重)为3 862kN·m。而按照公路Ⅱ级采用的车辆荷载,考虑冲击效应,跨中截面含自重的设计总弯矩标准值为1 272.0kN·m。试验加载为设计总弯矩标准值的3.04倍,而此时钢筋混凝土板尚未进入塑性阶段;若按仿真分析所得极限荷载计算,该桥跨中截面极限承载力约为5 316kN·m,为设计总弯矩标准值的4.18倍,表明该整体现浇混凝土板桥具有较大的安全储备,从承载力角度看,该桥可以继续使用。

本文针对整体式现浇钢筋混凝土板桥所采用的极限承载力试验方案及其研究成果可为同类桥梁极限承载力研究及评定提供借鉴。

参 考 文 献

[1] 魏炜,李满囷.钢筋混凝土斜板桥极限承载力试验[J].西安公路交通大学学报,2001,(4):49-52.

[2] 谢家全,吴赞平,华斌,等.沪宁扩建桥梁极限承载能力实桥试验研究[J].现代交通技术,2006,(5):77-84.

[3] 张健飞,张宇峰.预应力混凝土连续箱梁桥破坏性试验研究[J].公路交通科技,2008(10):63-68.

[4] 张建仁,彭晖,张克波,等.锈蚀钢筋混凝土旧桥超限及极限荷载作用的现场破坏性试验研究[J].工程力学,2009,26(S2):213-224.

[5] 彭晖,张建仁,张克波,等.既有钢筋混凝土旧桥受力性能的破坏性试验研究[J].工程力学,2011,28(7):186-195.

177. 高速铁路 40m 跨度简支箱梁预制工艺试验与理论计算对比研究

张 迪[1] 襟 一[2] 李 奇[1]

（1.同济大学桥梁工程系；2.中国铁路设计集团有限公司）

摘 要：高速铁路 40m 跨度预制后张法预应力混凝土简支箱梁在江苏南沿江铁路工程中得到大规模使用。为了检验其设计及施工质量，对 1 孔试验梁进行预制工艺试验，并根据相关设计与实测参数建立了两种杆系有限元模型——设计参数与实测参数模型。对比试验结果和有限元计算值可知：对于由钢束和孔道之间摩擦所引起的预应力损失，靠近梁端时主要受管道摩擦系数的影响，远离梁端时主要受管道偏差系数的影响；终张拉过程中，试验梁跨中弹性上拱实测值与有限元模型计算值变化规律基本一致；终张拉完成时，试验梁跨中截面底缘的预压应力实测值与计算值相近，梁体预应力施加准确，预应力效果满足设计要求；试验梁实测自振频率与实测参数模型计算值相近，高于设计参数模型计算值，表明试验梁梁体刚度满足设计要求。

关键词：高速铁路 预应力效果 数值计算 40m 跨度简支箱梁 预制工艺试验 有限元模型

截至 2020 年底，中国高速铁路运营里程达到 3.79 万 km，占世界高铁运营里程的 2/3 以上，稳居世界第一[1-2]。为保证列车运行时的安全性和舒适性，同时达到节约土地、保护线路周边环境的目的，高速铁路通常采用桥梁跨越的形式，且常选用预制后张法预应力混凝土简支箱梁[3-4]。我国铁路简支箱梁常用跨度为 24m 和 32m，但当桥梁跨径大于 32m 时，多采用现浇简支梁桥或连续梁桥等结构，其经济性下降，且质量不易控制。发展跨度 40m 及以上预应力混凝土简支箱梁，并采用集中预制、运梁车移运、架桥机架设的施工模式，将显著提高桥梁的经济性[5-6]。然而，相比常规 32m 简支箱梁，40m 简支箱梁对制、运和架梁工装设备以及预制梁浇筑养护、存放吊装与运输架设等工艺工法都提出了更高要求。

本文以江苏南沿江城际铁路 40m 跨度后张法预应力混凝土简支箱梁（简称 40m 简支箱梁）为工程背景，根据其相关设计参数及实测参数，建立了杆系有限元模型，并将有限元计算值与试验结果进行对比，达到检验设计及施工质量的目的，并为后续设计优化提供技术支撑。

基金项目：上海局集团公司科研计划课题，2019120。

1 40m 简支箱梁计算参数与模型

1.1 设计参数

40m 简支箱梁采用 C50 混凝土,其设计弹性模量取值为 35.5GPa。箱梁全长 40.6m,计算跨度为 39.3m,截面类型为单箱单室形式(图1)。箱梁梁体中心线处高度为 3.235m,顶板宽 12.6m,翼缘板悬臂长 2.916m,底板宽 5.4m,横桥向支座中心距 4.4m;箱梁跨中截面顶板厚 285mm、底板厚 280mm、腹板厚 360mm;梁端截面顶板厚 685mm、底板厚 700mm、腹板厚 950mm,梁端顶、底及腹板局部向内侧加厚。

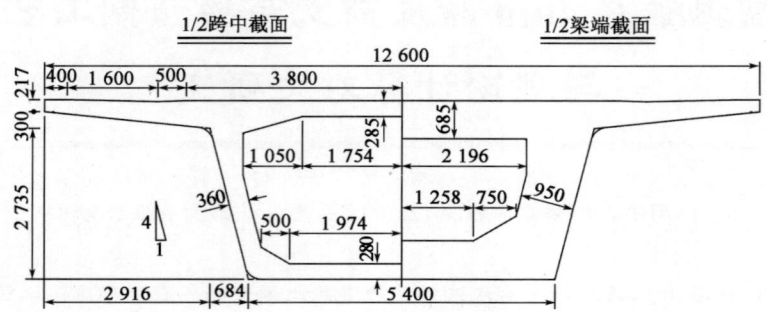

图1 40m 简支箱梁截面(尺寸单位:mm)

箱梁预应力采用 1×7-15.2-1860 型钢绞线,共布置 19 束。预应力束布置如图2所示,其中底板共 11 束(N1a,2N1b,2N2a~2N2d),钢束规格 15-φ15.2;腹板共 8 束(2N3~2N6),钢束规格为 22-φ15.2。底板和腹板钢束管道直径分别为 90mm 与 120mm,管道摩阻按抽拔成孔计算,设计管道摩擦系数为 0.55,管道偏差系数为 0.001 5。

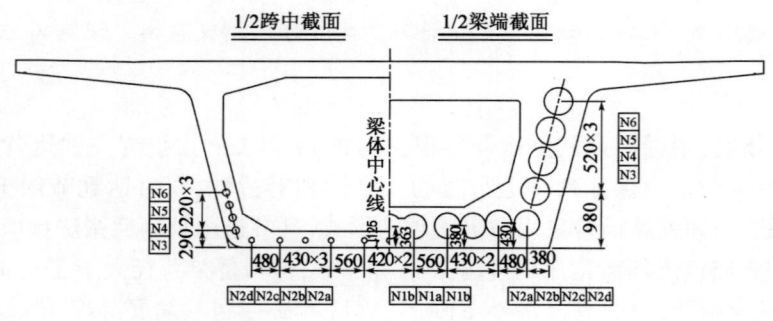

图2 箱梁截面预应力束布置(尺寸单位:mm)

1.2 实测参数

以江苏南沿江城际铁路江阴东制梁场所生产的 40m 简支箱梁为试验对象,对其进行预制工艺试验,试验包括混凝土静力受压弹性模量测试、预应力损失测试、预应力张拉效果测试及自振特性测试等内容。由混凝土静力受压弹性模量试验结果可知,试验箱梁在第 10 天和第 28 天混凝土实测弹性模量分别为 38.9GPa 和 44.3GPa;由管道摩阻测试结果可知,试验箱梁实测管道摩擦系数为 0.442 7,管道偏差系数为 0.003 0。钢束管道摩擦系数 μ 与偏差系数 k 的设计值及实测值见表1。

钢束管道摩擦系数与偏差系数汇总 表1

系 数	设 计 值	实 测 值
管道摩擦系数	$\mu_0 = 0.55$	$\mu_1 = 0.4427$
管道偏差系数	$k_0 = 0.0015$	$k_1 = 0.0030$

1.3 计算模型

如图3所示,根据40m简支箱梁设计和实测参数,采用有限元软件分别建立了基于设计参数与实测参数的40m简支箱梁有限元模型(简称设计参数模型、实测参数模型),两模型均划分单元46个、节点47个。

图3 40m简支箱梁有限元模型

为模拟混凝土弹性模量随时间的变化情况,先选取CEB—FIP(1990)规范定义混凝土强度发展曲线。表2列出了箱梁在第10天和第28天混凝土弹性模量的有限元模型计算值与实测值。由表2可知,设计参数和实测参数模型在第28天时混凝土弹性模量分别为35.5GPa和44.3GPa,与箱梁混凝土弹性模量设计值和实测值一致,表明所采用的混凝土强度发展曲线是合适的。

混凝土弹性模量实测与模型计算值对比 表2

时间(d)	实测值(GPa)	模型计算值(GPa)	
		设计参数	实测参数
10	38.9	31.27	39.0
28	44.3	35.50	44.3

2 结果分析

2.1 预应力损失

在张拉预应力钢束过程中,由于管道摩擦、锚具变形、混凝土弹性变形等原因,钢束预应力均会发生损失。钢束的预应力损失主要包括张拉过程中的瞬时损失以及张拉完成后的后期损失。

由《公路钢筋混凝土及预应力混凝土桥涵设计规范》(JTG 3362—2018)[8]第6.2.2条可知,钢束和孔道之间的摩擦损失σ_{l1}可按式(1)计算,锚具变形、钢筋回缩和接缝压缩引起的损失σ_{l2}则参照附录G计算。

$$\sigma_{l1} = \sigma_{con}\left(1 - \frac{1}{e^{kx+\mu\theta}}\right) \tag{1}$$

式中:σ_{con}——预应力钢筋锚下的张拉控制应力值;

x——从张拉端至计算截面的孔道长度,可近似取该段孔道在纵轴上的投影长度,m;

θ——从张拉端至计算截面曲线孔道各部分切线的夹角之和,rad;

k——管道偏差系数;

μ——管道摩擦系数。

对于设计参数和实测参数模型,其管道摩擦系数μ和管道偏差系数k按表1选取。底板钢束张拉控制应力为1320MPa,腹板钢束张拉控制应力为1340MPa,考虑张拉过程中的预应力瞬时损失后,两种参数模型中典型钢束预应力计算值随梁长的变化如图4和图5所示。

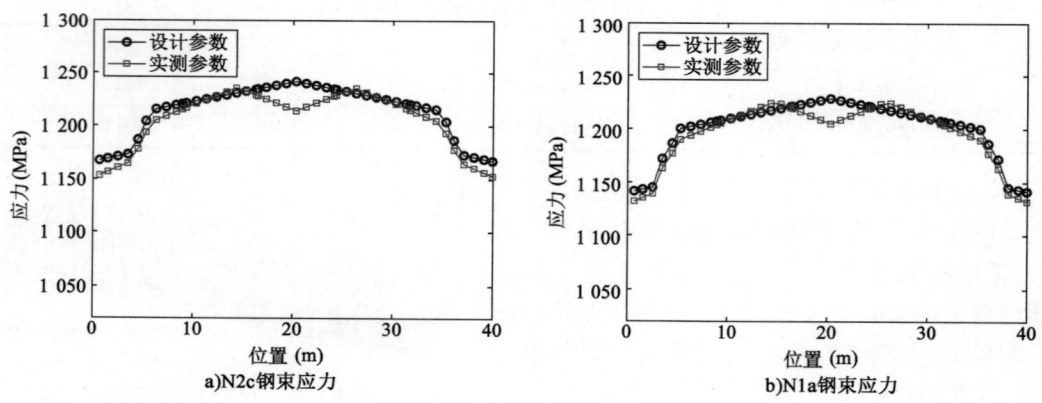

图4 底板钢束预应力计算值(考虑瞬时损失)

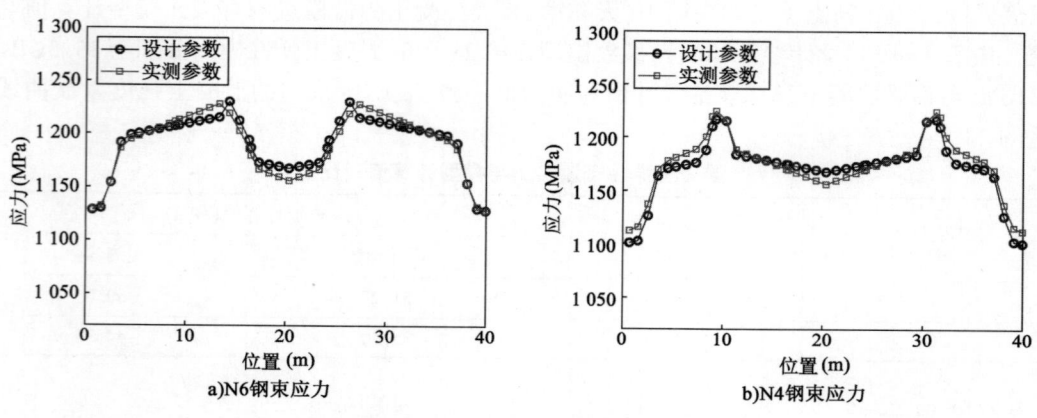

图5 腹板钢束预应力计算值(考虑瞬时损失)

由图4和图5可知,在两种参数模型中,因为锚具变形、钢筋回缩以及接缝压缩等原因,底板和腹板预应力钢束在锚固端均发生了较大的预应力损失σ_{l2},损失可达张拉控制应力的15%左右;该损失在锚固端最大,离端部越远损失越小。当远离锚固端逐渐靠近跨中时,由钢束和孔道之间的摩擦所引起的预应力损失σ_{l1}逐渐增加。

当箱梁模型分别采用设计参数和实测参数时,腹板钢束预应力沿梁长变化规律基本一致,而底板钢束预应力在梁中部变化规律存在差异。随着管道摩擦系数μ的减小($\mu_0 \to \mu_1$)以及管道偏差系数k的增加($k_0 \to k_1$),底板钢束预应力沿梁长均发生不同程度的降幅,并且越靠近梁中部,预应力降幅越明显。由此可推断,对于底板预应力钢束,离梁端越远,管道偏差系数k引起的预应力损失σ_{l1}影响越大。

对于腹板预应力钢束,当靠近梁端时,由于腹板钢束弯曲角度较大,且设计参数模型的管道摩擦系数μ_0(0.55)大于实测参数模型($\mu_1 = 0.44$),所以设计参数模型的摩擦预应力损失大于实测参数模型。当靠近跨中时,腹板钢束线形变化逐渐趋于平缓,此时管道偏差系数k对预应力摩擦损失的影响逐渐增大。由于实测参数模型的管道偏差系数k_1(0.0030)大于设计参数模型($k_0 = 0.0015$),则实测参数模型的摩擦预应力损失大于设计参数模型。

综上所述,张拉预应力钢束时发生的瞬时损失,在梁端以锚具变形、钢筋回缩和接缝压缩引起的损失σ_{l2}为主;远离梁端时,预应力瞬时损失则以钢束和孔道之间的摩擦损失σ_{l1}为主。对于钢束和孔道之间的摩擦损失σ_{l1},当靠近梁端时,管道摩擦系数μ对其影响较大;当远离梁端靠近跨中时,管道偏差系数 k 对其影响较大。

2.2 预应力终张拉效果

2.2.1 弹性上拱

在预应力张拉过程中,箱梁会产生弹性上拱现象。预应力束的张拉顺序及控制应力见表3。

张拉顺序及控制应力表　　表3

张拉阶段	张拉顺序	张拉控制应力/(MPa)
预、初张拉	N1a→2N1b→2N2b→2N2d→2N3→2N5	1 060
终张拉	2N2c→2N2a→2N6→N1a→2N2b→2N4→2N1b→2N2d→2N5→2N3	1 320(底板钢束) 1 340(腹板钢束)

在试验箱梁跨中截面和两端支座中心线截面左右各布置一个百分表,用以测量终张拉过程中梁体跨中弹性上拱度。梁体跨中累计弹性上拱值如图6a)所示,张拉不同批次预应力钢束时对应的弹性上拱增量如图6b)所示。图中各批次对应的弹性上拱值均已扣除由预、初张拉所引起的梁体弹性上拱效果。

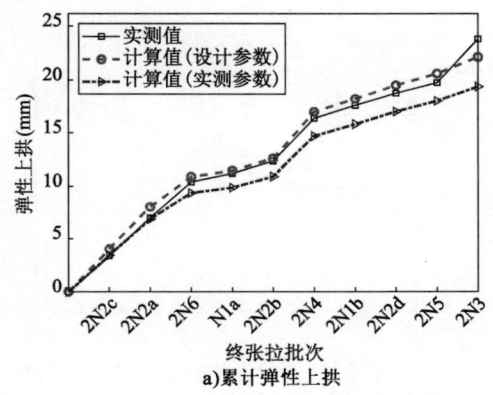
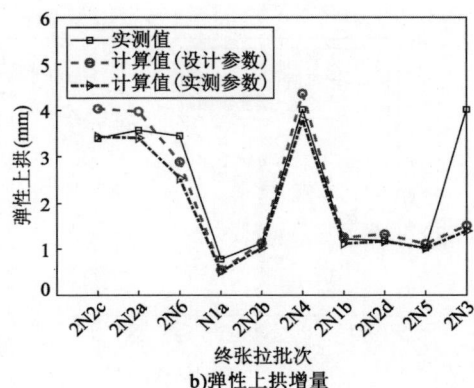

a)累计弹性上拱　　b)弹性上拱增量

图6　终张拉阶段箱梁跨中弹性上拱

由图6a)可知,试验梁跨中弹性上拱实测值与两种参数模型计算值变化规律基本一致。张拉 N6 预应力钢束之前,实测值与实测参数模型计算值相近;张拉 N6 预应力钢束之后,前者逐渐高于后者,并接近设计参数模型计算值。在张拉最后一批预应力钢束(2N3)时,对应的弹性上拱实测值出现了明显的增幅。

图6b)结果表明,在终张拉阶段首次被张拉的钢束批次,如 N2c、N2a、N6 及 N4,其对应的梁体弹性上拱值增量均大于2mm;在之前已进行过预张拉或初张拉的钢束批次,如 N1a、N2b、N1b、N2d 及 N5,因在终张拉阶段仅需补张至控制应力,对应的梁体弹性上拱值增量均小于2mm。由于对 N3 钢束也进行过初张拉,故在终张拉阶段进行补张后对应的梁体弹性上拱增量应与其他补张预应力束对应的弹性上拱增量相近。由此可推断出张拉 N3 预应力钢束时,试验箱梁跨中弹性上拱实测值存在较大误差。

2.2.2 混凝土应力

图7所示为测试试验箱梁最终预应力效果,分别在试验箱梁跨中截面和1/4截面处布置外贴测点,并依据终张拉时实测弹性模量换算出各点实测应力;同时在设计参数和实测参数模型中,分别计算出跨中截面和1/4截面处对应测点的应力。

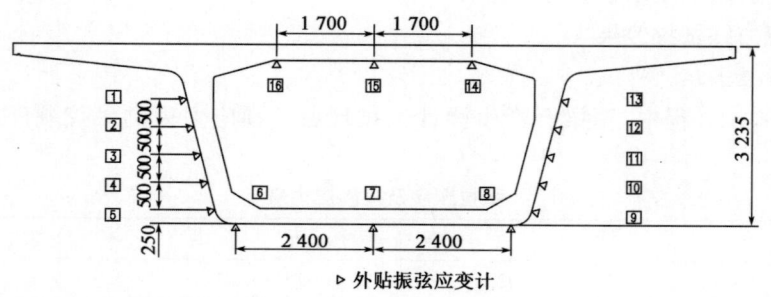

图7 跨中截面和1/4截面外贴测点布置(尺寸单位:mm)

图8给出了终张拉过程中,箱梁跨中和1/4截面底缘混凝土所受预压应力均值,图中应力均为扣除预、初张拉引起效果后所得。由图可知,终张拉过程中,跨中和1/4截面底缘混凝土所受预压应力实测值与计算值变化规律基本一致,随着钢束的分批张拉呈逐渐升高趋势。终张拉完成时,跨中截面底缘预压应力实测值略高于两种参数模型计算值;1/4截面底缘预压应力实测值与实测参数模型计算值接近,但均高于设计参数模型计算值。

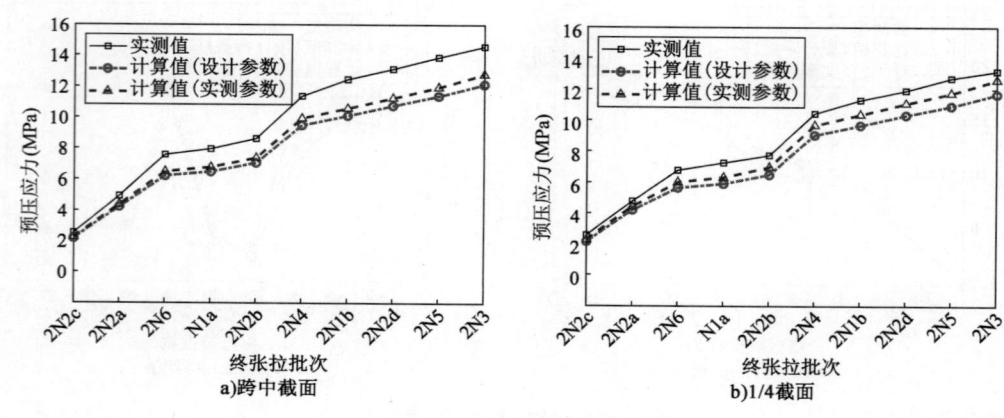

图8 截面底缘预压应力

表4给出了试验箱梁底缘的预压应力实测值及由设计参数模型得到的计算值,实测值与计算值均为扣除预、初张拉引起效果后所得的底缘预压应力值。由表4知,跨中截面预压应力实测最大值为14.57MPa,理论计算值为12.14MPa,试验箱梁实测值与理论值均较为接近,表明梁体预应力施加达到预期效果。

试验箱梁底缘预压应力实测值及理论值 表4

试验梁号	跨中截面		1/4截面	
	实测值(MPa)	理论值(MPa)	实测值(MPa)	理论值(MPa)
379号	14.57	12.14	13.16	11.67

2.3 自振特性测试

为了解试验箱梁自振特性,对其进行振动测试,采用大地脉动法测试箱梁的竖向一阶自振频率。试验箱梁实测竖向基频与两种参数模型计算结果见表5。由表可知,实测参数模型计算值与实测值接近,仅相差0.3%,故该模型梁体刚度与试验箱梁相近,也再次说明实测混凝土弹性模量的准确性。由于设计参数模型混凝土弹性模量采用C50混凝土的设计值(35.5GPa),低于试验箱梁的实测弹模(44.3GPa),故设计参数模型计算所得竖向自振频率低于实测值。

箱梁竖向基频对比　　　　　表5

试验梁号	实测值(Hz)	计算值(Hz)	
		设计参数	实测参数
379号	5.113	4.642	5.129

3 结语

本文根据江苏南沿江城际铁路江阴东制梁场40m简支箱梁设计和实测参数,采用有限元软件建立了设计参数和实测参数模型,并对比研究了两种参数模型计算结果以及40m简支箱梁预制工艺试验结果,得出结论如下:

(1)张拉预应力钢束时发生的瞬时损失,在梁端以锚具变形、钢筋回缩和接缝压缩引起的损失σ_{l2}为主;远离梁端时,预应力瞬时损失则以钢束和孔道之间的摩擦损失σ_{l1}为主。对于钢束和孔道之间的摩擦损失σ_{l1},当靠近梁端时,管道摩擦系数μ对其影响较大;当远离梁端靠近跨中时,管道偏差系数k对其影响较大。

(2)终张拉过程中,试验梁跨中弹性上拱实测值与两种参数模型计算值变化规律基本一致,实测值与设计参数模型计算值接近,但均略高于实测参数模型计算值。

(3)终张拉过程中,跨中和1/4截面底缘混凝土所受预压应力实测值与计算值变化规律基本一致,随着钢束的分批张拉呈逐渐增大趋势。终张拉完成时,试验梁跨中截面底缘的预压应力实测值与计算值相近,梁体预应力施加准确,预应力效果满足设计要求。

(4)试验梁实测自振频率与实测参数模型计算值相近,高于设计参数模型计算值,表明试验梁梁体刚度满足设计要求。

参 考 文 献

[1] 熊嘉阳,沈志云.中国高速铁路的崛起和今后的发展[J].交通运输工程学报,2021,21(5):6-29.

[2] 丁叁叁,陈大伟,刘加利.中国高速列车研发与展望[J].力学学报,2021,53(1):35-50.

[3] 胡所亭,牛斌,柯在田,等.高速铁路常用跨度简支箱梁优化研究[J].中国铁道科学,2013,34(1):15-21.

[4] 陈胜利,苏永华,石龙,等.高速铁路40m跨度预制后张法预应力混凝土简支箱梁试验研究[J].铁道建筑,2020,60(4):111-114.

[5] 叶阳升,魏峰,胡所亭,等.高速铁路跨度40m预制简支箱梁建造技术研究[J].中国铁路,2016(10):5-10.

[6] 牛斌.高速铁路预制后张法预应力混凝土大跨度简支梁技术研究[J].铁道建筑,2015(10):31-37.

[7] 中国铁路设计集团有限公司.南沿江城际铁路时速350km后张法预应力混凝土40m简支箱梁试验报告[Z].天津:中国铁路设计集团有限公司,2021.

[8] 中华人民共和国交通运输部.公路钢筋混凝土及预应力混凝土桥涵设计规范:JTG 3362—2018[S].北京:人民交通出版社股份有限公司,2018.